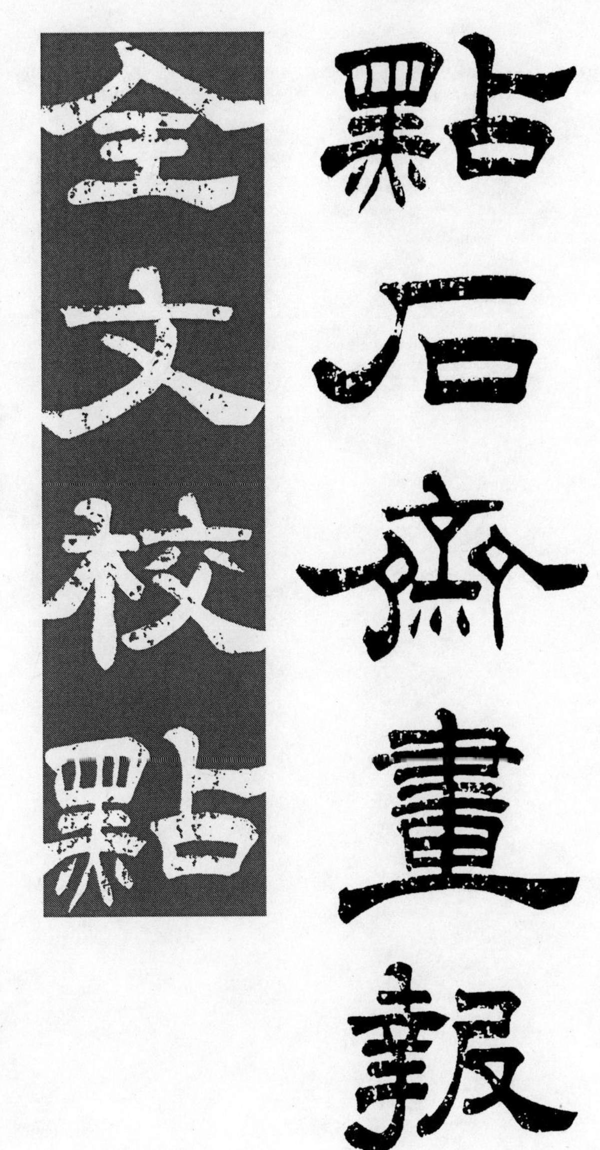

葉漢明　蔣英豪　黃永松　校點

商務印書館

點石齋畫報全文校點

校　點：葉漢明　蔣英豪　黃永松
責任編輯：楊克惠
封面設計：楊愛文
出　版：商務印書館（香港）有限公司
香港筲箕灣耀興道 3 號東滙廣場 8 樓
http://www.commercialpress.com.hk
發　行：香港聯合書刊物流有限公司
香港新界荃灣德士古道 220-248 號荃灣工業中心 16 樓
印　刷：寶華數碼印刷有限公司
香港柴灣吉勝街勝景工業大廈 4 樓 A 室
版　次：2023 年 11 月第 1 版第 2 次印刷

ISBN 978 962 07 5633 7
Printed in Hong Kong

校點説明

一、《點石齋畫報》創刊於1884年，至1898年停刊，前後十四年，共刊圖文4666幅，內容極其豐富，涵蓋時事、新知、官場、民俗風情、社會百態、民間信仰、城市生活、大眾文化、傳統與現代性、中外關係、上海風貌 、晚清歷史等範疇，是一個圖文並茂的珍貴資料庫，對學術上眾多學科的研究都深具價值。

二、《點石齋畫報》每幅有圖有文。文字分標題、正文、閑章三部分。標題一般四字，標示正文內容。正文為文言文，每篇二百餘字。正文之後附閑章，多以篆文出之，或取之經典，或採用成語俗語，字數不定，用以總結正文，點出主題，雖間或流於惡俗，而往往能見撰文者之幽默機智。

三、《點石齋畫報》正文4666則，總字數約一百二十萬字。原稿用毛筆抄寫，剪貼在畫稿上。文稿夾雜了大量異體字，訛誤不少，部分字體不易辨認，加上並無標點，對後世讀者構成諸多不便。本書以現代標點符號標點全文，辨識難認字體，將部分異體字改成正體，其明顯訛誤之處，則以【　】號標示改正。

四、閑章是《點石齋畫報》的特色，用以聯繫圖與文，有助了解繪撰者的用心。但由於辨識不易，一向為讀者所忽略。我們在這方面費了不少心力，部分由於印刷技術問題而致模糊不清的閑章，不遠千里親往上海歷史博物館查看原件，以求正確辨識。蒙上海歷史博物館慷慨借閱，謹此致謝。四千餘個閑章，仍未能辨識者有十一個，均以空心〔〕號標示，以俟將來。

五、為便讀者檢對原文，每則正文均附四項檢對資訊。第一項為為四位數字，自0001至4666，乃本書為《點石齋畫報》全部4666則圖文編製的順序碼；第二項代號為「原」，指《點石齋畫報》原有的總號數及頁碼，如「原1/1」，即《點石齋畫報》第1號第1頁；第三項代號為「廣」，指廣東人民出版社版所用的頁碼，如「廣甲1/3」，即廣東人民出版社版《點石齋畫報》(廣州：廣東人民出版社，1983)甲集第1部分第3頁；第四項代號為「大」，指大可堂版《點石齋畫報》所用的頁碼，如「大1/1」，即大可堂版《點石齋畫報》(上海：上海畫報出版社，2001)第1冊第1頁。

水軍弔古

端午競渡之舉到處通行是人
之懷屈
大夫與抑屈大夫之靈爽寔有
不可磨
滅者在與江陰八圩港大通營
水師勇
丁將砲船徧插彩旗裝成龍船
式樣嗚
金擊鼓宕槳中流彷彿汨羅江
上憑弔
欷歔也赫、楚懷何無一人垂念
耶誠不
富亦衹以異其斯之謂與

〔《點石齋畫報》文字原貌〕

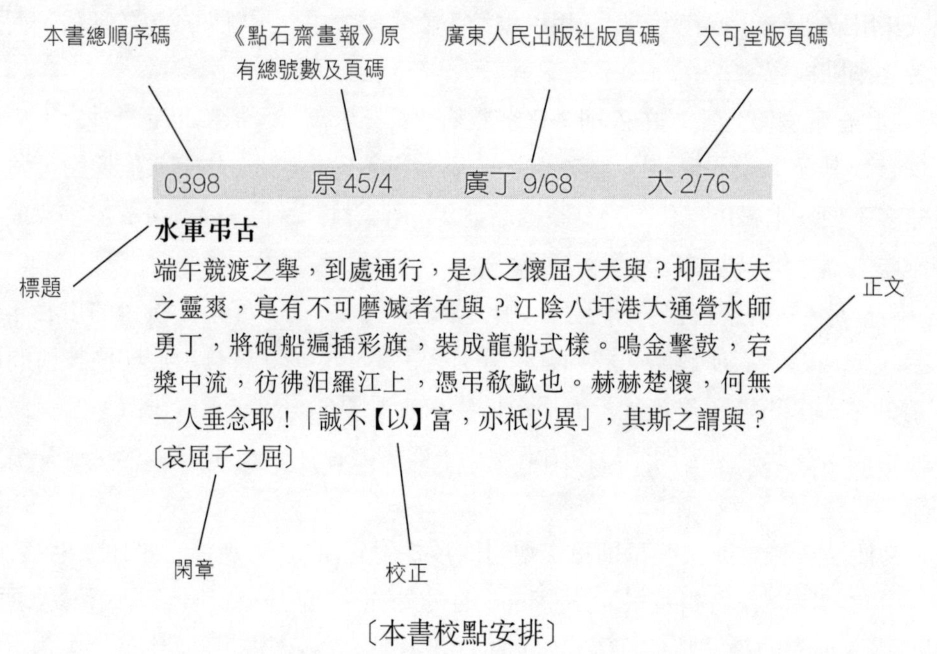

〔本書校點安排〕

六、本書為《點石齋畫報通檢》（香港：商務印書館，2007）之姊妹篇，讀者可以與該書配合使用。

七、本書辨識校點過程中，李潤桓教授和李今先生曾提供寶貴意見，謹致謝忱。

八、本書為香港特區政府研究資助局資助之“The Dianshizhai Pictorial and the Cultural History of Late Imperial China”研究計劃（編號：CUHK4402/04H）成果之一，謹向該局致謝。

目　錄

校點説明 01

檢索 04

正文 1

檢索

0001 力攻北甯......1
0002 輕入重地......1
0003 水底行船......1
0004 新樣氣球......1
0005 演放水雷......1
0006 觀火罹災......1
0007 風流龜鑑......1
0008 刲肝療父......1
0009 火鼠焚居......1
0010 雅集名蕙......1
0011 熙朝人瑞......1
0012 盜馬被獲......2
0013 秋錄大典......2
0014 賽馬誌盛......2
0015 行竊尋歡......2
0016 圭玷須磨......2
0017 庸醫殺人......2
0018 越事行成......2
0019 曾襲侯像......2
0020 見財起意（上）......2
0021 見財起意（下）......2
0022 斯文塗炭......3
0023 海屋添籌......3
0024 去思滋永......3
0025 苦樂不均......3
0026 英國地震......3
0027 人財兩失（上）......3
0028 人財兩失（下）......3
0029 不堪回首......3
0030 病中易腿......4
0031 犬馬報主（上）......4
0032 犬馬報主（下）......4
0033 撞騙可惡......4
0034 雷殛侍者......4
0035 輪船擱淺......4
0036 夏姬再世......4
0037 奇形畢露......4
0038 厘卡積弊......5
0039 淘井得銀......5
0040 倫常乖謬......5
0041 懲辨假犯......5
0042 暹羅白象......5
0043 美使抵漢......5
0044 公主入朝......5
0045 義婦可風......5
0046 野老閒談......6
0047 鋼船下水......6
0048 革員病瘋......6
0049 追踪屈子......6
0050 看戲軋傷......6
0051 私律斃人......6
0052 習俗移人......6
0053 自取撓敗......7
0054 寃沉孽海......7
0055 迎神入廟（上）......7
0056 迎神入廟（下）......7
0057 入海撈物......7
0058 巡勇擾民......7
0059 命案傳疑......7
0060 孽不可逭......8
0061 洪水為災......8
0062 欽使驗骨......8
0063 銀行倒閉......8
0064 遇人不淑......8
0065 法使抵滬......8
0066 冒認親子......8
0067 法國節期......9
0068 誣良為盜......9
0069 陰譴可畏......9
0070 少婦騎樑......9
0071 勛舊殊榮......9
0072 帝城勝景（上）......9
0073 帝城勝景（下）......9
0074 海行不測......9
0075 路不拾遺......10
0076 脫人於危......10
0077 純孝感人......10
0078 窮途可憫......10
0079 野人報德......10
0080 爵帥抵滬......10
0081 全人名節......10
0082 天鑒不遠......11
0083 立時報應......11
0084 忍心殺子......11
0085 貞魂不泯......11
0086 官署被劫......11
0087 逞凶可惡......11
0088 兩蛇互鬥......11
0089 基隆懲寇......11
0090 香港畫會......11
0091 豐隆擊惡......12
0092 京師求雨......12
0093 民教為難......12
0094 卜居宜慎......12
0095 妖言惑眾......12
0096 好行其德......12
0097 道士技窮......12
0098 吳淞形勢......13
0099 法敗詳聞......13

0100 活埋逆子……13
0101 年例洗象……13
0102 離婚奇斷……13
0103 興辦鐵路……13
0104 佛寺曬經……13
0105 優人作賊……14
0106 劉帥殪虎……14
0107 萬壽盛典……14
0108 法犯馬江……14
0109 伸冤遇拐……14
0110 日人送葬……14
0111 醫院被竊……14
0112 卜人受詐……15
0113 賭匪鬧事……15
0114 幻術竊財……15
0115 狎妓忘親……15
0116 刺血請援……15
0117 局賭害人……15
0118 法人棄尸……15
0119 逃犯正法……16
0120 尼發僧奸……16
0121 操演技勇……16
0122 行尸厭勝……16
0123 父代子責……16
0124 髣髴鯨鯢……16
0125 恭邸養痾……16
0126 乃見狂且……16
0127 五世同堂……17
0128 基隆再捷……17
0129 和尚冶遊……17
0130 得虎失馬……17
0131 超度孤魂……17
0132 落花流水……17
0133 存問鄰交……17
0134 賞恤將士……17
0135 西商集議……17
0136 死有餘辜……17
0137 悍婦傾家……18
0138 勒丐當差……18
0139 西女受驚……18
0140 提人釀禍……18
0141 六根未淨……18
0142 豪傑歸心……18
0143 兔罝中林……18
0144 法酋孤拔……19
0145 返魂無術……19
0146 侯相出京……19
0147 江干試炮……19
0148 破案述奇……19
0149 設局騙財……19
0150 溺女宜拯……19
0151 教士受詐……20
0152 臺軍大捷……20
0153 古蹟云亡……20
0154 緹縈復見……20
0155 江洲坍陷……20
0156 不容逼處……20
0157 採辦公繡……20
0158 入土為安……20
0159 覓死甚奇……21
0160 賊有義氣……21
0161 梟法示眾……21
0162 西藏入貢……21
0163 愛民如子……21
0164 婦棄其夫……21
0165 財色誑人……21
0166 無恥之尤……21
0167 惡婦遊街……22
0168 同室操戈……22
0169 協濟軍需……22
0170 練軍入海……22
0171 以迎王師……22
0172 別有洞天……22
0173 西人賽船……22
0174 大鬧妓院……22
0175 不認親母……23
0176 藏嬌不易……23
0177 尼庵被盜……23
0178 侯相述夢……23
0179 大賚貢使……23
0180 過門大嚼……23
0181 鬧房涉訟……23
0182 水路保甲……23
0183 天緣暗合……24
0184 醋溜黃魚……24
0185 佛門罪人……24
0186 左道惑人……24
0187 臨流設奠……24
0188 普天同慶……24
0189 日之方中……24
0190 為龍之光……24
0191 博士肇事……24
0192 取與皆非……25
0193 大破象陣……25
0194 土地娶媳……25
0195 誤認桃源……25
0196 著手成春……25
0197 日使宴賓……25
0198 人面蜘蛛……25
0199 無賴兵官……25
0200 領事捉賭……26
0201 致祭海神……26
0202 宦舟被劫……26
0203 棉衣助賑……26
0204 瞽禿爭財……26
0205 斷案奇聞……26
0206 九重高拱……26
0207 高麗錢禁……26
0208 嘗鼎一臠……26
0209 薙洗野豬……27
0210 西兵會操……27
0211 殺狐取禍……27
0212 薄俗宜懲……27
0213 逸盜當兵……27
0214 求榮反辱……27
0215 追記去思……27
0216 大帥打靶……27
0217 無故殺子……28
0218 感謝天恩……28
0219 馬車溜韁……28
0220 誠求保赤……28
0221 乾綱不振……28
0222 使節受驚……28

0223 瘍醫受騙 28
0224 驗收駝馬 28
0225 串吃白食 28
0226 匪寇婚媾 29
0227 大婦間妾 29
0228 輿脱輻也 29
0229 禁軍合操 29
0230 好生之德 29
0231 通惠總局 29
0232 侮弄情痴 29
0233 爛其盈門 29
0234 龍頭走水 30
0235 魑魅喜人 30
0236 薊州奇案 30
0237 飛鸞新語 30
0238 花骰為媒 30
0239 出爾反爾 30
0240 癱子殺人 30
0241 疑案待雪 31
0242 祝椴情殷 31
0243 郊祀紀盛 31
0244 呈控魘勝 31
0245 冰上行槎 31
0246 豬胎誌異 31
0247 直言賈禍 31
0248 亂點鴛鴦 31
0249 能吏難為 31
0250 純孝性生 32
0251 征税出入 32
0252 西人跑紙 32
0253 同一孟浪 32
0254 得窺全豹 32
0255 淘沙得利 32
0256 婦女騎驢 32
0257 琴川風月 32
0258 服毒愈病 33
0259 夢書祭春牛文 33
0260 日有戴氣 33
0261 別歲 33
0262 鎔金卜 33
0263 青鳥銜書 33
0264 京師放燈 33
0265 天慶節 33
0266 御明堂 33
0267 餞賀監 33
0268 朝鮮亂略 33
0269 郵政局肆筵速客，頑固黨放火戕官 33
0270 假傳虎節召倭兵，威逼鸞輿遷別院 33
0271 中奸謀韓廷飛碧血，避亂黨關廟泣青燐 34
0272 雲屯霧沛大帥鷹揚，海潤天空藩王豹隱 34
0273 奮天戈奸臣授首，投華寨弱主潛身 34
0274 犯眾怒避禍走仁川，普皇恩送孥歸濟浦 34
0275 電報飛傳求保衛，星軺移指壯聲威 34
0276 霜鋌雪鋌海上觀兵，玉敦珠槃城中立約 34
0277 朝鮮亂略跋 34
0278 良馬抽角 35
0279 新年團拜 35
0280 紳僧聚訟 35
0281 鬥牛為樂 35
0282 飽暖思淫 35
0283 難裔飄零 35
0284 枷犯互毆 35
0285 醉漢毆尼 35
0286 梨園先生 36
0287 貪小失大 36
0288 甬江戰事 36
0289 劇盜就擒 36
0290 江豚為祟 36
0291 新人落水 36
0292 法艦兵叛 36
0293 骸垢想浴 36
0294 采茶入貢 36
0295 猝遭剪徑 37
0296 消受不起 37
0297 歌舞昇平 37
0298 幸獲生還 37
0299 吞烟遇救 37
0300 賣野人頭 37
0301 財神被毆 37
0302 攔輿伸冤 37
0303 小孩捕賊 38
0304 觳觫可憫 38
0305 冰玉兩傷 38
0306 走索翻身 38
0307 愚人自愚 38
0308 擒象二法 38
0309 登高罹禍 38
0310 官體何在 38
0311 九華進香 39
0312 偽為貞木 39
0313 邑宰仁厚 39
0314 洋槍自斃 39
0315 挑選內使 39
0316 法人殘暴 39
0317 貞節可貴 39
0318 好勇鬥狠 39
0319 服之不衷 39
0320 宜其毒死 39
0321 陳平再世 40
0322 入山遇蟒 40
0323 犯婦越獄 40
0324 丁祭盛儀 40
0325 絲炮異製 40
0326 飢民戴德 40
0327 沉亂于酒 40
0328 慘斃多命 40
0329 王妃移宮 41
0330 矯若游龍 41
0331 父被子毆 41
0332 遊戎忠勇 41
0333 天牖其衷 41
0334 好事多磨 41
0335 各樹一幟 41
0336 搶女得僧 41
0337 花間縱火 41

0338 以身殉犬........................42
0339 盜劫僧寺........................42
0340 易牙故轍........................42
0341 天生奇童........................42
0342 滬尾形勢........................42
0343 以強遇強........................42
0344 長者可風........................42
0345 水勇陸操........................42
0346 舟婦打店........................43
0347 邪術可疑........................43
0348 破姦自首........................43
0349 牧童遇虎........................43
0350 賊智殊新........................43
0351 貓獵........................43
0352 蛙嬉........................43
0353 梳洗鬼頭........................43
0354 狐遭雷殛........................44
0355 旗女應選........................44
0356 永錫難老........................44
0357 道殊無道........................44
0358 大力和尚........................44
0359 須防失足........................44
0360 格蘭脫像........................44
0361 烈婦殉夫........................44
0362 地下徵歌........................45
0363 嘉偶怨偶........................45
0364 大名不朽........................45
0365 衣食賴汝........................45
0366 子婦尋親........................45
0367 無稽之言........................45
0368 犯斃牢頭........................45
0369 柔物風土（上）........................45
0370 柔物風土（下）........................46
0371 主翁虐婢........................46
0372 饒孺人傳........................46
0373 和尚尋歡........................46
0374 研訊盜案........................46
0375 妖妄宜懲........................46
0376 為害行旅........................46
0377 孤拔真像........................47
0378 和議畫押........................47
0379 司寇入都........................47
0380 畫舫飛災........................47
0381 緝獲梟匪........................47
0382 廟祀財神........................47
0383 駑馬傷人........................47
0384 石獅肇事........................47
0385 皖鄉蛟水........................48
0386 妖胎志異........................48
0387 漕米起運........................48
0388 母彘食人........................48
0389 和尚打架........................48
0390 士貳其行........................48
0391 天壇遇魅........................48
0392 鎮軍逐犬........................48
0393 妙峰香市........................49
0394 過陰關亡........................49
0395 避雨遇鬼........................49
0396 鞭責女堂........................49
0397 女堂遊街........................49
0398 水軍弔古........................49
0399 監犯越獄........................49
0400 儺以逐疫........................49
0401 為害口腹........................49
0402 廣東水災........................50
0403 地火明夷........................50
0404 朝鮮科甲........................50
0405 彷佛穿楊........................50
0406 虎口求財........................50
0407 好結佛緣........................50
0408 劇賊成擒........................50
0409 旗童校射........................50
0410 柳營桃宴........................50
0411 法界懸燈........................51
0412 法官拜客........................51
0413 食肉宜慎........................51
0414 怡情鵰鹿........................51
0415 為國捐軀........................51
0416 好殺之報........................51
0417 不准為娼........................51
0418 醉漢闖禍........................51
0419 處女出家........................51
0420 夫婦對縊........................52
0421 沿途分娩........................52
0422 雷殛蜈蚣........................52
0423 商局收回........................52
0424 挑購戰馬........................52
0425 仁濟施醫........................52
0426 訟棍宜懲........................52
0427 難民集........................52
0428 逼孀為妾........................52
0429 烟消花謝........................52
0430 悉力捕蝗........................52
0431 請出本相........................53
0432 蚱蜢傷禾........................53
0433 人鷹相搏........................53
0434 高門盛賭........................53
0435 要結越民........................53
0436 于思遭劫........................53
0437 島民鬧事........................53
0438 刃傷五命........................53
0439 官署巨蟒........................53
0440 野獸噬人........................54
0441 飛龍在天........................54
0442 邪教宜治........................54
0443 牛瘟盛行........................54
0444 尸居餘氣........................54
0445 鼻遭犬噬........................54
0446 蛇鷺相爭........................54
0447 劇賊盜棺........................54
0448 海程遇怪........................54
0449 以一服八........................54
0450 大蛇述異........................55
0451 蟲生於瘤........................55
0452 狼子野心........................55
0453 謀產滴血........................55
0454 忍飢詐死........................55
0455 鼻之於臭........................55
0456 遭狐侮弄........................55
0457 懲辦臺基........................55
0458 身首兩分........................56
0459 求雨述聞........................56
0460 泉下夫妻........................56

0461 押解假官......56
0462 英君相像......56
0463 伶人肇釁......56
0464 開棺相驗......56
0465 馬賊劫餉......56
0466 忘情比翼......56
0467 西人滋事......57
0468 東方之樂......57
0469 帷內奇聞......57
0470 驢嚙御夫......57
0471 復見侏儒......57
0472 備盜述聞......57
0473 鬥雞走狗......57
0474 二美獨占......57
0475 幸遇盜棺......57
0476 五足巨鱉......57
0477 迎神驅疫......58
0478 異鼠傷人......58
0479 穢物污人......58
0480 王八能事......58
0481 古井宜封......58
0482 法兵肇事......58
0483 科場果報......58
0484 操演水龍......58
0485 太常仙蜨......58
0486 進呈題目......59
0487 醉打山門......59
0488 救火妙藥......59
0489 無臂小孩......59
0490 奇案奇聞......59
0491 履新盛儀......59
0492 患生骨肉......59
0493 人不類人......59
0494 卵石待考......59
0495 靈輀回籍......60
0496 海外奇書......60
0497 殺鹿報怨......60
0498 女伶得庇......60
0499 愛鬥蟋蟀......60
0500 錢莊被盜......60
0501 神之格思......60
0502 削木為衣......60
0503 賽船續述......60
0504 親勘河工......60
0505 淫祀無福......61
0506 押匪私逃......61
0507 鹽梟拒捕......61
0508 驢房失火......61
0509 登高生子......61
0510 小鬼作橫......61
0511 殺人償命......61
0512 西人賽技......61
0513 一蹶不振......62
0514 兵輪祭海......62
0515 大盜狡謀......62
0516 文武爭毆......62
0517 院君回國......62
0518 禍福並至......62
0519 愛酒若命......62
0520 西例成婚......62
0521 換照傷人......62
0522 罰清心地......62
0523 鄉人獲虎......63
0524 暢飲龜溺......63
0525 活埋罪人......63
0526 津人惡打......63
0527 創見異豬......63
0528 賊不改志......63
0529 詐死誑錢......63
0530 手生於頬......63
0531 華山觀龍......63
0532 喜而不喜......64
0533 五馬齊翻......64
0534 惡婦相打......64
0535 血濺羅襦......64
0536 痛定思痛......64
0537 妓客同逃......64
0538 不受羈勒......64
0539 曲在西人......64
0540 蒲王能軍......64
0541 人貧智短......65
0542 紀鷹揚宴......65
0543 緬民善獵......65
0544 擲果滿地......65
0545 爭柴斷臂......65
0546 緝土遭毆......65
0547 眸子眊焉......65
0548 緬亂述略......65
0549 緬甸都城......65
0550 水陸兩宮......65
0551 緬甸文臣......66
0552 緬甸兵將......66
0553 取獸冰上......66
0554 中法換約......66
0555 路狹人稠......66
0556 雷擊耕牛......66
0557 小流氓......66
0558 紐約口岸總圖......66
0559 化險為夷上圖......66
0560 化險為夷下圖......66
0561 文壇演武......67
0562 搜神小記......67
0563 萑苻不靖......67
0564 暴客驚禪......67
0565 考終命......67
0566 異形乞丐......67
0567 邊防巨炮......67
0568 短小精悍......67
0569 謬託相知......67
0570 購鎗舞弊......68
0571 妖髡拐婦......68
0572 疑案待查......68
0573 怪風斃孩......68
0574 竊豬奇想......68
0575 折獄以武......68
0576 文童鬧市......68
0577 無心獲賊......68
0578 水手可嘉......68
0579 莫可告語......69
0580 自經界始......69
0581 武員被逮......69
0582 傭婦逞凶......69
0583 殊不雅相......69

0584 番輿異製......69
0585 赤道媚神......69
0586 廟蓄馴猴......69
0587 獵遭猛虎......69
0588 駝營百物......69
0589 獅廟千年......69
0590 阿崇回教......69
0591 河濬蘇彝......70
0592 有鱷知音......70
0593 因貓發跡......70
0594 水城築意......70
0595 雪嶺救人......70
0596 墨境土番......70
0597 東京舊治......70
0598 天壇肅仰......70
0599 影戲同觀......70
0600 大鬧龜茲......70
0601 提審法員......70
0602 上林春色......70
0603 媚狐飲刃......70
0604 圍擒水手......71
0605 尼庵滋事......71
0606 埃及亂黨......71
0607 招認小孩......71
0608 彩輿焚頂......71
0609 禿子匿孩......71
0610 第一樓災......71
0611 西人遊京......71
0612 熏籠失慎......72
0613 鐵甲南行......72
0614 拿獲女盜......72
0615 毀卡傳聞......72
0616 因瘋釀命......72
0617 盜劫豬船......72
0618 查辦狗案......72
0619 救人奇法（上）......72
0620 救人奇法（下）......72
0621 刑天之流......73
0622 斬決會匪......73
0623 儒釋為難......73
0624 二老新婚......73
0625 搶親惡俗......73
0626 藥局飛災......73
0627 制獅妙法......73
0628 樹葉能行......74
0629 擲錢傷耳......74
0630 火球肇禍......74
0631 殺婿駭聞......74
0632 殄滅小醜......74
0633 栽誣棼詐......74
0634 莽漢尋花......74
0635 小駟傷人......74
0636 馮軍門像......75
0637 大鬧教堂......75
0638 名妓下場......75
0639 夜半鏖兵......75
0640 攔柩請驗......75
0641 一落千丈......75
0642 婦拒官兵......75
0643 鐵甲巨工......76
0644 收生害命......76
0645 人面生毛......76
0646 西人見龍......76
0647 受辱跨下......76
0648 擠死巨豹......76
0649 諭祭先農......76
0650 道士有妻......76
0651 棄寘怪胎......76
0652 花窟逃生......77
0653 得孩志喜......77
0654 死有餘臭......77
0655 為鬼揶揄......77
0656 百華生日......77
0657 舉舍利會......77
0658 擅冒巡丁......77
0659 牝雞司晨......77
0660 劫案可疑......78
0661 公餞逆犯......78
0662 獲無意財......78
0663 躍馬翻身......78
0664 幻術難憑......78
0665 網魚述異......78
0666 雙瞽遇盜......78
0667 一目已眇......78
0668 蛇破小匪......78
0669 兄妹相逢......79
0670 看戲無益......79
0671 不失官樣......79
0672 藏僧過滬......79
0673 軍火無情......79
0674 游魂為厲......79
0675 星使指南......79
0676 忽來五虎......79
0677 善遣病魔......80
0678 昧良慘報......80
0679 生番向化......80
0680 玳瑁放生......80
0681 無賴攫洋......80
0682 水底行車......80
0683 熬煮江豚......80
0684 和氣致祥......80
0685 女醫互鬥......81
0686 混堂火著......81
0687 強劫民婦......81
0688 異胎又見......81
0689 附會雷神......81
0690 捕鼠談奇......81
0691 滅火藥水......81
0692 毛人駭見......81
0693 馬車墮河......81
0694 人面犢身......81
0695 瞽瞍又見......82
0696 巡捕被拔......82
0697 妓女墜樓......82
0698 落槍自斃......82
0699 伶人荷校......82
0700 西戲重來（上）......82
0701 西戲重來（下）......82
0702 獵戶除盜......82
0703 鬧漕懲辦......82
0704 手足難為......83
0705 將軍不武......83
0706 周四相公......83

0707 逞凶應責 83
0708 挑痧笑柄 83
0709 拐匪站籠 83
0710 學究作賊 83
0711 面目可憎 83
0712 捉姦削耳 83
0713 當妻談新 84
0714 校書急智 84
0715 見嗤於鬼 84
0716 歡喜怨家 84
0717 招領失孩 84
0718 二女遇救 84
0719 虱生膜間 84
0720 武童淫暴 85
0721 鼎甲游街 85
0722 解犯脱逃 85
0723 歸城隍妾 85
0724 牛背不穩 85
0725 塾師殺弟 85
0726 法人吸烟 85
0727 東瀛蠟人 85
0728 不愧節烈 85
0729 野豬拒捕 85
0730 鬥鳥啟釁 86
0731 放龜獲報 86
0732 掌珠頓失 86
0733 覆轍相循 86
0734 不忍觳觫 86
0735 官妓之夫 86
0736 美匪扇亂 86
0737 吞賑慘報 86
0738 攖怒海神 87
0739 醫局成災 87
0740 花案賄和 87
0741 鬼迷入井 87
0742 是何妖孽 87
0743 犬識舊主 87
0744 犬生八足 87
0745 查酒殞命 87
0746 雙龍取水 87
0747 執輿為誰 88
0748 西醫治病 88
0749 乘風西去 88
0750 惡索錢文 88
0751 妒奸釀命 88
0752 大黿識時 88
0753 贖放大龜 88
0754 總統完姻 88
0755 圮屋傷人 88
0756 嚇死妙常 89
0757 攢毆縣役 89
0758 遭誣索命 89
0759 及鋒而試 89
0760 鳩鵲爭巢 89
0761 殷雷劈棺 89
0762 震及口耳 89
0763 當當頭 89
0764 水流花謝 90
0765 日人防疫 90
0766 俗服僧身 90
0767 荒郊遇祟 90
0768 悍媳毆姑 90
0769 言語不通 90
0770 瘋婦投河 90
0771 請坐正桌 90
0772 龍戲珠 90
0773 戮屍迹奇 90
0774 殺蛙生蛙 91
0775 群賊盜骨 91
0776 和尚竊物 91
0777 不忍出母 91
0778 群馬驚雷 91
0779 倫常大變 91
0780 非籠中物 91
0781 民歌大有 91
0782 輕信謠言 91
0783 袒裼裸裎 92
0784 好花同謝 92
0785 全人骨肉 92
0786 以術驅蝗 92
0787 古塔自焚 92
0788 舟子謀財 92
0789 瘋犬可畏 92
0790 鬧考愈橫 92
0791 藏身不 92
0792 太湖救生 93
0793 惡丐索錢 93
0794 嚴辦混混 93
0795 點肉身燈 93
0796 大鬧盂蘭 93
0797 捨命求雨 93
0798 援之以手 93
0799 砥柱中流 93
0800 更夫遇鬼 94
0801 跡近會匪 94
0802 覷破賊智 94
0803 奸謀敗露（上） 94
0804 奸謀敗露（下） 94
0805 假官藏私 94
0806 種荷花 94
0807 蛇虎相鬥 94
0808 盂蘭誌盛（上） 94
0809 盂蘭誌盛（下） 95
0810 獅生醫死 95
0811 縊鬼討替 95
0812 緝私得犬 95
0813 一產三孩 95
0814 黿龜示兆 95
0815 金孝女 95
0816 放下屠刀 95
0817 網船會 95
0818 讀書賊 95
0819 心恙自戕 95
0820 狂瞽 96
0821 豐城劍晦（上） 96
0822 豐城劍晦（下） 96
0823 頂上圓光 96
0824 洋油可畏 96
0825 淩虐拐孩 96
0826 善人有後 96
0827 撫署獲賊 96
0828 世產派捐 97
0829 巧謀避劫 97

0830 煽民為惡......97
0831 薙匠受罰......97
0832 假官查私......97
0833 畢命泥犁......97
0834 狀鬼......97
0835 鏢師發鏢......97
0836 風流學博......98
0837 西樂迎神......98
0838 從容肆竊......98
0839 雙斃輿中......98
0840 土匪猖狂......98
0841 白晝搶人......98
0842 美人肇事......98
0843 老蛇為祟......98
0844 欽命督辦欽廉防務兼辦瓊州客黎事宜馮......98
0845 中外好會......99
0846 香軟紅塵......99
0847 獲盜以智......99
0848 讌會盛儀......99
0849 點綴昇平......99
0850 美婦司舟......99
0851 姻緣前定......99
0852 嚼舌而死......99
0853 動地驚天（上）......100
0854 動地驚天（下）......100
0855 有利被盜......100
0856 異樣親迎......100
0857 水火交作......100
0858 室女還陽......100
0859 槐老神馮......100
0860 誠能動物......100
0861 失勢而死......101
0862 太守興利......101
0863 開膛相驗......101
0864 龜嫖龜......101
0865 小老虎......101
0866 遊鄉溺斃......101
0867 路過借糧......101
0868 夫人能軍......101
0869 砲彈傷人......102
0870 巨鼇報德......102
0871 日妓歌舞......102
0872 小大蒜頭......102
0873 解網施仁......102
0874 使節臨滬......102
0875 武弁訛僧......102
0876 情急自盡......102
0877 一元大武......102
0878 堅請出家......103
0879 德之賊也......103
0880 緬僧治兵......103
0881 占驗天文......103
0882 遇丈人......103
0883 捕魚遇蟒......103
0884 有心殺弟......103
0885 師道陵夷......103
0886 洋樹雙奇......103
0887 旱魃為虐......104
0888 京婦異產......104
0889 會操存真......104
0890 鬼責負心......104
0891 西人遭砍......104
0892 官酸僧苦......104
0893 惡僕忤主......104
0894 武妓可愛......104
0895 禍由麴糵......105
0896 無頭案......105
0897 悍役畏妻......105
0898 後來居上......105
0899 潰兵受戮......105
0900 的盧的盧......105
0901 武員遭誣......105
0902 蛇入口......105
0903 完貞全節......105
0904 兩僧奪肉......106
0905 無故輕生......106
0906 亦尼亦俗......106
0907 無衣無褐......106
0908 以永今夕......106
0909 吐握遺風......106
0910 借廟催租......106
0911 溫民鬧局......106
0912 氣球洩氣......107
0913 漁翁失利......107
0914 納諸溝中......107
0915 鼠飛......107
0916 猴舞......107
0917 駝負......107
0918 蠍馴......107
0919 鵬摶......107
0920 魚異......107
0921 貍噎......108
0922 馬痴......108
0923 狗盲......108
0924 示人肺腑......108
0925 嚴懲槍替......108
0926 改裝作賊......108
0927 絕處逢生......108
0928 愛賭成鬼......108
0929 掩捕海盜......108
0930 龜背受擊......109
0931 汲水超生......109
0932 擲錢如雨......109
0933 置忤兒死......109
0934 霖雨除舊......109
0935 痴女伏卵......109
0936 猛虎銜人......109
0937 沉冤......109
0938 巨鼠鬥狗......110
0939 豔婦偷羊......110
0940 跳灶翻新......110
0941 索蕩婦歸......110
0942 絞死要犯......110
0943 游園遭厄......110
0944 隔山飛雷......110
0945 難民遭劫......110
0946 枯骨生燐......110
0947 殺父謀財......111
0948 披枷邀賭......111
0949 女盜斷路......111
0950 以羊易牛......111

0951 驚喜交集......111
0952 流妓拉客......111
0953 垂筋示寂......111
0954 父子爭風......111
0955 智出賊下......112
0956 地保勤能......112
0957 甘為情死......112
0958 智井有蛇......112
0959 好心惡跡......112
0960 難兄難弟......112
0961 萬年青勝......112
0962 黑洋老鼠......112
0963 屍臍出鱉......113
0964 雪中送炭......113
0965 智女擒盜......113
0966 為情所累......113
0967 火藥飛災......113
0968 鑄金事之......113
0969 兩頭豬......113
0970 西妓彈詞......113
0971 看戲坍台......113
0972 變起閨房......114
0973 誤認賭場......114
0974 兒戲神祇......114
0975 功盜罪盜......114
0976 前車之覆......114
0977 因愛成仇......114
0978 宮門謝恩......114
0979 愛花成癖......114
0980 以死勤事（上）......114
0981 以死勤事（下）......115
0982 人面獸身......115
0983 花燭笑談......115
0984 玁獐可笑......115
0985 罰作苦工......115
0986 疑心生鬼......115
0987 老道作怪......115
0988 祝花神誕......115
0989 代友報仇......115
0990 輕薄受懲......116
0991 淫僧入籠......116
0992 禁放鷂燈......116
0993 將妾代女......116
0994 屍棺遭劫......116
0995 殺妻洗恥......116
0996 剖蚌見佛......116
0997 花叢惡劇......116
0998 勇得鞘銀......116
0999 巢樹女兒......117
1000 賢令饋貧......117
1001 醉婦亭記......117
1002 關提甬妓......117
1003 盲婦問卜......117
1004 以赤保赤......117
1005 賊無空顧......117
1006 拘拿清串......117
1007 孝子出廬......117
1008 小能制大......118
1009 龜子橫行......118
1010 擒渠告捷......118
1011 厚歛致禍......118
1012 文壇講武......118
1013 下逐客令......118
1014 勤求民隱......118
1015 於意云何......118
1016 投畀柴火......119
1017 貞操可風（上）......119
1018 貞操可風（下）......119
1019 異獸助耕......119
1020 游春敗興......119
1021 慘遭附驥......119
1022 香憐一瓣......119
1023 索償孽債......119
1024 賞額旌善......119
1025 新婦嬌癡......120
1026 朝鮮瞽會......120
1027 風流跌宕......120
1028 控雉翩翔......120
1029 頃刻炎涼......120
1030 血去無咎......120
1031 抱璞完真......120
1032 謬託知己......120
1033 扛賣巨魚......120
1034 化始人倫......120
1035 勘破紅塵......121
1036 耽耽視虎......121
1037 出一頭地......121
1038 天垂異象......121
1039 自投羅網......121
1040 便乎不便......121
1041 不父其父......121
1042 翰墨因緣......121
1043 靈椿一枝......121
1044 虐侮盲人......122
1045 遊客遇僊......122
1046 有挾而求......122
1047 廣文屈膝......122
1048 仇深齧臂......122
1049 毒謀自戕......122
1050 見色不迷......122
1051 親迎誌奇......122
1052 燒香遇盜......123
1053 西湖放生......123
1054 拿獲拐婦......123
1055 蜂蠆有毒......123
1056 博徒膽大......123
1057 賣蛋受騙......123
1058 貧兒暴富......123
1059 黠婢裝鬼......123
1060 鍾馗嫁妹......123
1061 駝撞僧關......123
1062 賊有化身......124
1063 認丐為父......124
1064 逢凶化吉......124
1065 鬧房受創......124
1066 牧奴肆虐......124
1067 拐匪作法......124
1068 英君主象......124
1069 寓滬英人望祝英君主陟位五十載慶典第一圖......124
1070 寓滬英人望祝英君主陟位五十載慶典

第二圖 125
1071 寓滬英人望祝英君主陟位五十載慶典第三圖 125
1072 寓滬英人望祝英君主陟位五十載慶典第四圖 125
1073 寓滬英人望祝英君主陟位五十載慶典第五圖 125
1074 寓滬英人望祝英君主陟位五十載慶典第六圖 125
1075 寓滬英人望祝英君主陟位五十載慶典第七圖 125
1076 漢口租界英領事署縣鐙圖 125
1077 殺妻以蛇 125
1078 科稅及佛 125
1079 公餘訪古 125
1080 變驢償債 126
1081 海外清游 126
1082 殺商傳聞 126
1083 雷擊木妖 126
1084 做人極圓 126
1085 失金復得 126
1086 食粽傷生 126
1087 鎮靜弭患 126
1088 鄉老失鬚 126
1089 花圍和尚 127
1090 黠猴戲虎 127
1091 惡劇驚師 127
1092 疑是教匪 127
1093 僧俗械鬥 127
1094 反目斷臂 127
1095 醉漢騎牛 127
1096 中海演舟 127
1097 收腸入腹 127
1098 頭髮分離 127
1099 老道裝女 128
1100 鬼友禦侮 128
1101 淩遲犯婦 128
1102 扮差嚇鬼 128
1103 竊者漆也 128
1104 犬亦知恩 128
1105 捕房押豬 128
1106 一覺春夢 128
1107 弄假成真 128
1108 拉韁受苦 128
1109 伶倫入海 129
1110 寶氣干霄 129
1111 誤劫公文 129
1112 符水合緣 129
1113 溺愛招尤 129
1114 一場鬼鬧 129
1115 探囊取物 129
1116 象背馱鵝 129
1117 興戎惟口 129
1118 餓虎食神 129
1119 報捕索妻 129
1120 借屍還魂 130
1121 截耳療毒 130
1122 僧預俗事 130
1123 盲人評古 130
1124 夜臺幽詠 130
1125 閩魚出海 130
1126 制死大蠍 130
1127 羅浮異人 130
1128 考驗醫生 130
1129 目能視鬼 130
1130 尼愛兵丁 131
1131 蝠異 131
1132 斷橋脱輻 131
1133 黑婦迷人 131
1134 一死一生 131
1135 花燭創聞 131
1136 掩捕訟棍 131
1137 義犬救孩 131
1138 巨魚入網 131
1139 蝶僊 131
1140 言提其耳 132
1141 銅人跨海 132
1142 手足情深 132
1143 洗腳大會 132
1144 神有俠腸 132
1145 鴉片醫牛 132
1146 棒喝情魔 132
1147 妖狐獻媚 132
1148 探囊少興 132
1149 力困猴圍 133
1150 同車及溺 133
1151 作孽現報 133
1152 放蓮花燈 133
1153 嫖客贖身 133
1154 狼與人鬥 133
1155 哀謀潛沮 133
1156 驚回好夢 133
1157 除去一害 133
1158 恭閱欽工 134
1159 蕉龍致雨 134
1160 神臂受傷 134
1161 忠魂拒疫 134
1162 蠹役成群 134
1163 以盜易道 134
1164 毀體募緣 134
1165 破案神速 134
1166 臨別贈言 134
1167 罰令換水 134
1168 蒐訪古書 135
1169 名士鑽籬 135
1170 痛責妖巫 135
1171 彼何人斯 135
1172 激怒殲淫 135
1173 鬼計多端 135
1174 巫師矛盾 135
1175 片語聯姻 135
1176 冥誅吞賑 136
1177 力不同科 136
1178 騙局翻新 136
1179 抱子尋夫 136
1180 學使憐才 136
1181 永錫難老 136

1182 書某少年 136
1183 督毀淫祠 136
1184 戾氣致殃 137
1185 偷兒狎妓 137
1186 奇書出塚 137
1187 登高落褲 137
1188 醜夫被控 137
1189 紀蒲愛妮（上） 137
1190 紀蒲愛妮（下） 137
1191 助賑銷災 137
1192 漁師報賽 138
1193 學署煙異 138
1194 憨女忘形 138
1195 病夫見屏 138
1196 賢媛僅見 138
1197 覆舟遇救 138
1198 旌閭勸孝 138
1199 請嘗異味 138
1200 良工拜賜 139
1201 雲髻煙生 139
1202 琴堂合卺 139
1203 竊被連孩 139
1204 劫火殪狐 139
1205 虎臣入覲 139
1206 瘋象奪門 139
1207 祝融破案（上） 139
1208 祝融破案（下） 140
1209 蓮臺甘露 140
1210 海國掄才 140
1211 葬身火坑 140
1212 金鍼乞度 140
1213 芹觴雅集 140
1214 長人傷股 140
1215 戕尸驗病 140
1216 攀轅求救 140
1217 波臣留影 141
1218 盜竊金蛇 141
1219 宿世因緣 141
1220 煙妓搶帽 141
1221 奇婦難得 141
1222 飛舟窮北 141
1223 殺盜成讎 141
1224 愛蓄異龜 141
1225 巫媼可殺 141
1226 駢誅伐木 142
1227 奇騙解頤 142
1228 不羅人卓 142
1229 涿州三沈 142
1230 訟師受騙 142
1231 老當益壯 142
1232 窮且益堅 142
1233 尋歡取辱 142
1234 虎頭蛇尾 142
1235 一蹶不振 143
1236 名醫偶誤 143
1237 暹邏女兵 143
1238 偷兒風雅 143
1239 俚歌悅耳 143
1240 函虎歸骨 143
1241 覆水能收 143
1242 殺生賣藝 143
1243 大鳥傳書 143
1244 閨秀論文 144
1245 肉寶塔酒 144
1246 量吞煙海 144
1247 蹴踘神技 144
1248 妙語破慳 144
1249 情天魔障 144
1250 鐵網珊瑚 144
1251 謬對受笞 144
1252 吉語題聯 145
1253 登科預兆（上） 145
1254 登科預兆（下） 145
1255 財星照臨 145
1256 喜抱雙孫 145
1257 喜慶大來（上） 145
1258 喜慶大來（下） 145
1259 元寶進門 146
1260 風追莘野 146
1261 四美比武 146
1262 手揮目送 146
1263 獸態炎涼 146
1264 牽率老夫 146
1265 因疑悔過 146
1266 打彈招親 146
1267 乞靈朽骨 147
1268 啣筆揮毫 147
1269 上林校射 147
1270 海鳥息爭 147
1271 悍番向化 147
1272 謬稱盲左 147
1273 盛名難副 147
1274 猩猩能言 147
1275 枯骨眠香 148
1276 圖陳戰績 148
1277 龍圖新案 148
1278 脫帽露頂 148
1279 詩嘲懼內 148
1280 搶親胡鬧 148
1281 圓光欺人 148
1282 妓船獲匪 148
1283 鼠竊垂涎 149
1284 巡捕戴枷 149
1285 雪中贈笠 149
1286 命案存疑 149
1287 文虎標新 149
1288 志遂凌雲 149
1289 回師觸忌 149
1290 女盜逞強 149
1291 奇寒澈骨 149
1292 喉科新法 150
1293 張燈鬥寶 150
1294 酒魔喪膽 150
1295 歌舞臺空 150
1296 酒軍奪幟 150
1297 崇祀名賢 150
1298 還治其人 150
1299 計殲野兔 150
1300 小人得志（上） 151
1301 小人得志（下） 151
1302 制禮遠嫌 151
1303 花樣一新 151
1304 倉神附體 151

1305 冰舟創格......151
1306 談虎二則（其一）......151
1307 談虎二則（其二）......151
1308 擇配奇聞......152
1309 救飢獲福......152
1310 香閨豪興......152
1311 八旗武備......152
1312 鄉戀黑甜......152
1313 聾人應試......152
1314 重修香冢......152
1315 欺貧釀禍......152
1316 挖洞拉客......153
1317 鳥焚其巢......153
1318 洪鐘出土......153
1319 野岸臨盆......153
1320 賀婚西例......153
1321 妖道掠孩......153
1322 嚴懲悍犯......153
1323 術鬼自迷......154
1324 吳大中丞勘水紀事詩圖（戊子四月石友題 /〔石友〕）......154
1325 飛舸報災......154
1326 登城避水......154
1327 巨甕漂孩......154
1328 鼓輪澤國......154
1329 放船施粥......154
1330 開倉移粟......155
1331 焚香露祝......155
1332 大言不慚......155
1333 英烈夫人......155
1334 雷殛盜葬......155
1335 老妓行醫......155
1336 意員遭辱......155
1337 雨中習戰......155
1338 巡員陪禮......156
1339 禁作淫巧......156
1340 薙髮還俗......156
1341 蓄髮擇配......156
1342 忍餓坐關......156
1343 僧尼受戒（上）......156
1344 僧尼受戒（下）......156
1345 和尚開印......156
1346 相夫成立（一）......157
1347 相夫成立（二）......157
1348 相夫成立（三）......157
1349 相夫成立（四）......157
1350 點金幻術......157
1351 恭應考差......157
1352 琵琶高會......157
1353 鎔毀古錢......157
1354 因誤殺子......157
1355 同類相殘......157
1356 別有洞天......158
1357 劉軍門小象......158
1358 緣木求豬......158
1359 孝筍又見......158
1360 誘嫖失眼......158
1361 闖席行竊......158
1362 枕靴納諫......158
1363 異艸食人......158
1364 儉以養廉......159
1365 打靶中人......159
1366 賢婦衛夫......159
1367 盜劫釐卡......159
1368 閒曹顧曲......159
1369 私酒充公......159
1370 鬼染嗜好......159
1371 長爪飾觀......159
1372 閬苑仙班......159
1373 文員擒盜......160
1374 車中鬥口......160
1375 義塾查課......160
1376 逋逃有藪......160
1377 人頭生角......160
1378 細柳香巢......160
1379 鴛譜鐫新......160
1380 僧頭紅腫......160
1381 假還魂記......160
1382 釁過鬩牆（其一）......161
1383 釁過鬩牆（其二）......161
1384 消夏閒談......161
1385 鳳化梟飛......161
1386 瓜分私種......161
1387 疑剖爭兒......161
1388 督除毒卉......161
1389 發養犬子......161
1390 殺人飼鴨（上）......162
1391 殺人飼鴨（下）......162
1392 猴吞生煙......162
1393 爆竹禦虎......162
1394 西婦當爐......162
1395 朝臣械鬥......162
1396 王妃被縶......162
1397 漏洩春光......162
1398 可憐一炬......162
1399 印捕行劫......163
1400 池黿齧人......163
1401 突而弁兮（上）......163
1402 突而弁兮（下）......163
1403 虐妓慘聞......163
1404 孕龍述異......163
1405 異龜合誌（上）......163
1406 異龜合誌（下）......163
1407 狎客談新（上）......163
1408 狎客談新（下）......163
1409 瘋狂可駭......163
1410 以筆代舌......164
1411 愚婦受愚......164
1412 女誡須知......164
1413 儺近于戲......164
1414 破慳禳祟......164
1415 免逐鴟夷......164
1416 雷殛佛婆......164
1417 怪物鑿山......164
1418 怨女成群......164
1419 爭慕乘龍......165
1420 賀新禳疫......165
1421 壎篪重奏......165
1422 金字招牌......165
1423 仙蝶徵祥......165
1424 縮尸異術......165
1425 幼女魁梧......165

1426 偕離孽海 165
1427 去來了悟 165
1428 圍稅新章 166
1429 巨黿拯溺 166
1430 香火因緣 166
1431 棘闈誌異（其一） 166
1432 棘闈誌異（其二） 166
1433 記劉孝子 166
1434 儀不及物 166
1435 閹割拐孩 166
1436 鄒孺人孝行圖 167
1437 仙人勸賑 167
1438 醒酒良方 167
1439 仰企英風 167
1440 泉臺合巹 168
1441 貍奴作祟 168
1442 書某殿撰軼事（一）：誤觸禪關 168
1443 書某殿撰軼事（二）：請君入甕 168
1444 書某殿撰軼事（三）：杯酒殺人 168
1445 書某殿撰軼事（四）：豐隆解厄 168
1446 書某殿撰軼事（五）：馮夷效靈 168
1447 書某殿撰軼事（六）：一枝願偕 168
1448 書某殿撰軼事（七）：人若雙佳 168
1449 書某殿撰軼事（八）：揮涕贈行 168
1450 書某殿撰軼事（九）：誅仇告奠 169
1451 書某殿撰軼事（十）：百年偕老 169
1452 施惠無形 169
1453 格致遺骸 169
1454 戕尸類誌（上） 169
1455 戕尸類誌（下） 169
1456 捕蛇者說 169
1457 警回蝗夢 169
1458 幸蹈危機 169
1459 悔遭樂境 170
1460 鎮壓潛蛟 170
1461 第一高樓 170
1462 隔牆有耳 170
1463 有犯必懲 170
1464 鬻夫息爭 170
1465 得慶更生 170
1466 覆姓歸宗（一） 170
1467 覆姓歸宗（二） 170
1468 覆姓歸宗（三） 170
1469 覆姓歸宗（四） 171
1470 奪歸母櫬 171
1471 演劇勸賑 171
1472 倩如再世 171
1473 神不任咎 171
1474 武人野祭 171
1475 徐園採菊圖 171
1476 西醫治疝 171
1477 借光異類 172
1478 摒除煩惱 172
1479 游戲生涯 172
1480 捕盜二則（其一） 172
1481 捕盜二則（其二） 172
1482 談巫二則（其一） 172
1483 談巫二則（其二） 172
1484 小頭人 172
1485 仁術驅邪 173
1486 幼女工書 173
1487 如塗塗附 173
1488 齋匪伏誅 173
1489 僧房產子 173
1490 岑宮保小象 173
1491 修德獲報 173
1492 狎妓遭刑 173
1493 淩虐產婦 174
1494 留鬚惹禍 174
1495 人獸孽緣 174
1496 綠瓢 174
1497 新婚三則（其一） 174
1498 新婚三則（其二） 174
1499 新婚三則（其三） 174
1500 苗婦變虎 174
1501 人禽構怨 174
1502 喬梓爭風 175
1503 鳥蹶勁捷（上） 175
1504 鳥蹶勁捷（下） 175
1505 激怒狂礬 175
1506 美人蛇 175
1507 一門三鼎甲 175
1508 夢迎天榜 175
1509 濟困得珠 175
1510 二害並除 175
1511 玉面露形 176
1512 藍田種玉 176
1513 卹孤現報 176
1514 賣藥遇仙 176
1515 字簍放光 176
1516 金甲示兆 176
1517 願賜全緋 176
1518 徒多一手 177
1519 羅浮仙境 177
1520 雉鳴求牡 177
1521 債臺奇遇 177
1522 埋香韻事 177
1523 捕狼妙訣 177
1524 還金活子 177
1525 網得玉印 177
1526 偽書發解 178
1527 繩技翻新 178
1528 歡娛如夢 178
1529 通衢劫美 178
1530 戲謔成真 178
1531 貍奴報主 178
1532 神童給債 178
1533 石馬騰空 178
1534 花間一笑 179
1535 臨平仙猿 179
1536 縫工妙諷 179
1537 虐姑示罰 179
1538 華山遇仙 179

1539 矜全廢疾........................179
1540 高僧翫世........................179
1541 璇閨令式........................179
1542 城隍司燈........................180
1543 一方無恙........................180
1544 瑞光塔蛇........................180
1545 畫報更正........................180
1546 衰翁舉石........................180
1547 鬼妻猶妒........................180
1548 脱冒喪身........................180
1549 肖而不肖........................180
1550 石獅喫麵........................181
1551 蕩婦急智........................181
1552 義犬建亭........................181
1553 黠賊竊畫........................181
1554 種花得果........................181
1555 張孺人小影........................181
1556 珠江尋夢圖........................181
1557 綠雪名姝........................181
1558 訟師惡謔........................182
1559 貞孝可風........................182
1560 雷殛逆子........................182
1561 青豆房開........................182
1562 吳門橋鬼........................182
1563 柳樹成精........................182
1564 戲乃有益........................182
1565 澉水療疾........................182
1566 珙璧浸軟........................182
1567 高真羽士........................183
1568 愛鸚成癖........................183
1569 溺縊爭替........................183
1570 女轉為男........................183
1571 悔偷靈藥........................183
1572 幼孩客忤........................183
1573 老蚌成精........................183
1574 長舌鬼........................184
1575 同衾證果........................184
1576 知白守黑........................184
1577 粉象厭病........................184
1578 善賈深藏........................184
1579 懸崖縋險........................184
1580 頑徒惡劇........................184
1581 鬼計徒工........................184
1582 人頭漉酒........................185
1583 吁嗟闊兮........................185
1584 記天然籥........................185
1585 狹邪炯鑑........................185
1586 負局尋讎........................185
1587 貪歡現報（上）........................185
1588 貪歡現報（下）........................185
1589 少見多怪........................185
1590 駕言出游........................185
1591 花萼相輝........................186
1592 眸子眊焉........................186
1593 女劉伶........................186
1594 綏猺有道........................186
1595 剪綹肆毒........................186
1596 聖經靈應........................186
1597 孤亭玩月........................186
1598 一子兩祧........................186
1599 盛筵難再........................187
1600 以表驗人........................187
1601 懲淫速報........................187
1602 夫也不良........................187
1603 東災告急........................187
1604 設計謀虎........................187
1605 佛誕進香........................187
1606 情虛自狀........................187
1607 花油造孽........................187
1608 私逃遇賊........................188
1609 感召異類........................188
1610 善醫心疾........................188
1611 豬婆........................188
1612 施嫫相攻........................188
1613 賊還自賊........................188
1614 負債尋死........................188
1615 心花怒放........................188
1616 偷葷吃素........................188
1617 鬼婢救主........................189
1618 活死人........................189
1619 五狗值更........................189
1620 瀘州大火........................189
1621 獸分善惡........................189
1622 塞外野人........................189
1623 儒釋兩誤........................189
1624 半賊禿........................189
1625 陰溝出火........................190
1626 四蛇為禍........................190
1627 癡鬼爭妻........................190
1628 直上干霄........................190
1629 馴象索食........................190
1630 重利遭騙........................190
1631 啞子能言........................190
1632 太太難做........................190
1633 巡查得力........................191
1634 強搶女僧........................191
1635 穩婆訛詐........................191
1636 涓滴不遺........................191
1637 飛鳥依人........................191
1638 女將操演........................191
1639 鏢局失竊........................191
1640 狐善了事........................191
1641 老鼠感舊........................192
1642 玉潤香溫........................192
1643 跑車角藝........................192
1644 徐孝子殉母........................192
1645 人頭作枕........................192
1646 西女蹴踘........................192
1647 捉放白鴿........................192
1648 善士舉襄........................192
1649 雷擊翁仲........................192
1650 倚勢釀事........................192
1651 黃狼搬場........................193
1652 淫棍無法........................193
1653 夢游斗宿........................193
1654 殺青蛙報........................193
1655 鎮平大水........................193
1656 道學惹嘲........................193
1657 官府旌善........................193
1658 獸不知名........................193
1659 食孩宜辦........................194
1660 謀財新法........................194
1661 過渡行凶........................194

1662 人樹交柯......194
1663 回煞述奇......194
1664 溯洄從之......194
1665 閩中多狼......194
1666 鬼制凶暴......194
1667 大官毆人......195
1668 佛山多猴......195
1669 娶婦妄譚......195
1670 捕魚得人......195
1671 戈壁蠍虎......195
1672 得賊失賊......195
1673 屍產......195
1674 袖刃行凶......195
1675 花間勘賊......196
1676 捕婦服盜......196
1677 罔識歹人......196
1678 鬧房啟釁......196
1679 再醮不成......196
1680 鸞書助振（上）......196
1681 鸞書助振（下）......196
1682 白鴿餘波......196
1683 說鬼......196
1684 西劇二則（其一）......197
1685 西劇二則（其二）......197
1686 闊賊有妻......197
1687 英師問字......197
1688 妖婦采生......197
1689 小竊有窩......197
1690 有心得罪......197
1691 僧道打架......197
1692 跳舞結親......198
1693 丐婦大力......198
1694 借命圖財......198
1695 聞風喪膽......198
1696 鐵匠昧良......198
1697 飛穢洩忿......198
1698 忠良有後（一）......198
1699 忠良有後（二）......199
1700 忠良有後（三）......199
1701 天生奇偶......199
1702 術擅青烏......199
1703 智解鹿圍......199
1704 姘新拆舊......199
1705 牛代人產......199
1706 瀛海流風......200
1707 飛來佳偶......200
1708 鳥不知名......200
1709 名並桓檀......200
1710 恰斯送行......200
1711 老去還童......200
1712 惡客自辱......200
1713 學究耽吟......200
1714 西戲補遺......200
1715 逼姦縊鬼......201
1716 善解鬼話......201
1717 一雞兩命......201
1718 淫龜心狠......201
1719 比匪終傷......201
1720 奸捉奸......201
1721 同氣連枝......201
1722 完婚未完......202
1723 紅妝季布......202
1724 贖夫......202
1725 科場果報......202
1726 爭筍殺妻......202
1727 術無不敗......202
1728 光頭難過......202
1729 客從何來......203
1730 同占滅頂......203
1731 翁婿皆非......203
1732 典婦......203
1733 太歲被打......203
1734 一錢傷手......203
1735 六女捉姦......203
1736 斬魅未成......204
1737 花和尚......204
1738 遊滬觀審......204
1739 請看逆子......204
1740 勞燕分飛......204
1741 狐諧......204
1742 烏龍孃......204
1743 習射奇談......205
1744 遇匪枉死（上）......205
1745 遇匪枉死（下）......205
1746 死婢冤申......205
1747 心中有妓......205
1748 善於應變......205
1749 齷齪到死......205
1750 捉刀破獲......205
1751 三足蟾蜍......206
1752 瞽者盛會......206
1753 演放氣毬......206
1754 假武松......206
1755 黠賊有智......206
1756 貪夫殷鑒......206
1757 擊斃殘狼......206
1758 忍心殺子......206
1759 猛虎啣犬......207
1760 四目小孩......207
1761 海濱一叟......207
1762 行善免菑......207
1763 生入棺中......207
1764 惡姑賣姦......207
1765 違禁獵獸......207
1766 不甘雌伏......208
1767 禁屠笑話......208
1768 監犯自戕......208
1769 愚人自愚......208
1770 大花園記......208
1771 止雨新法......208
1772 尋春無賴......208
1773 煙花董事......209
1774 災黎獷悍......209
1775 置身無地......209
1776 棄妻虐妾......209
1777 因忿傷財......209
1778 庸行可嘉......209
1779 賑譚（一）......209
1780 賑譚（二）......209
1781 賑譚（三）......210
1782 烈婦相護......210
1783 東瀛社會......210
1784 西僧犯戒......210

1785 放砲擊蛟......210
1786 新臺冤案......210
1787 花間袪篋......211
1788 汪烈婦傳......211
1789 誦咒殪蟒......211
1790 復生述奇......211
1791 醋拌黃魚......211
1792 和尚胡鬧......211
1793 江心覆舟......211
1794 實命不猶......212
1795 黠狐假威......212
1796 碩鼠誌異......212
1797 人魚雙生（一）......212
1798 人魚雙生（二）......212
1799 人魚雙生（三）......212
1800 貞節可風......212
1801 楓林被劫......213
1802 適逢其會......213
1803 毒蛇傷人......213
1804 賊歎氣......213
1805 文章憎命......213
1806 山猺合婚......213
1807 臧獲喬妝......213
1808 龜亦耽詩......214
1809 老翁擊豹......214
1810 賭徒藐法......214
1811 智婦拒姦......214
1812 賊謀狡譎......214
1813 姑媳相爭......214
1814 驊騮歸廄......214
1815 催妝佳話......214
1816 酒犒山猺......215
1817 閨秀騙局......215
1818 仁心獲報......215
1819 二人同桌......215
1820 搶親述奇......215
1821 禪門不法......215
1822 烟醉......215
1823 鶴鹿同春......216
1824 辛盤薦瑞......216
1825 椒花晉酒......216
1826 鏡聽卜吉......216
1827 喜迎紫姑......216
1828 衣鉢傳家......216
1829 林壬祝嘏......216
1830 鷹揚誌盛......216
1831 古鼎躍水......217
1832 東瀛孝子......217
1833 歌舞昇平......217
1834 冰玉雙渾......217
1835 延師虐政......217
1836 職官不謹......217
1837 技進于神......217
1838 枯楊生稊......217
1839 狂徒宜懲......218
1840 巨戈誌異......218
1841 題詩惹嘲......218
1842 海外桃源......218
1843 燒餅離奇......218
1844 蛛鬥蜈蚣......218
1845 劫妓述新......218
1846 驗放火箭......218
1847 打破龜巢......219
1848 西國扁盧......219
1849 墮民幻想......219
1850 楹聯笑柄......219
1851 征番捷音......219
1852 恩深挾纊......219
1853 翰墨因緣......219
1854 有志竟成......219
1855 快人快事......220
1856 鬼能伸冤......220
1857 悍婦可畏......220
1858 挖石中毒......220
1859 征番再捷（上）......220
1860 征番再捷（下）......220
1861 六世同堂......220
1862 飛奴妙用......221
1863 小星有耀......221
1864 孳孳為善......221
1865 義盜獲報（一）......221
1866 義盜獲報（二）......221
1867 義盜獲報（三）......221
1868 中西濟美（上）......221
1869 中西濟美（下）......221
1870 典隆述職......221
1871 良方壽世......222
1872 禪参歡喜......222
1873 文昌示兆......222
1874 豪俠遺風......222
1875 蠹役後身......222
1876 松筠競節......223
1877 鼎鼐先聲......223
1878 鯨魚志巨......223
1879 征猺初紀......223
1880 漁舟異製......223
1881 逢凶化吉......223
1882 祖靈示戒......223
1883 左右做人難......223
1884 踏春贅譚......224
1885 兒戲肇禍......224
1886 流民絕技......224
1887 以戲行善......224
1888 卵生異相......224
1889 妖僧敗露......224
1890 神童幼慧......224
1891 行舟新法......225
1892 射雉餘談......225
1893 姑妄言之......225
1894 匪徒鳧水......225
1895 韋君軼事（一）......225
1896 韋君軼事（二）......225
1897 韋君軼事（三）......225
1898 韋君佚事（四）......226
1899 征猺凱旋......226
1900 石不能言......226
1901 瓣香往哲......226
1902 桃李爭春......226
1903 蘭因猝合......226
1904 英皇子像......226
1905 英皇子觀燈記......226
1906 續南柯（上）......227
1907 續南柯（下）......227

1908 差役該打 227
1909 奇花述事 227
1910 怨偶堪嗟 227
1911 帶繫郎心 227
1912 以詩為博 227
1913 蚌珠放光 228
1914 勦番三捷 228
1915 王師凱旋 228
1916 一刻千金 228
1917 掃盡煩惱 228
1918 打鬼驅災 228
1919 甘棠遺澤 228
1920 求嗣可哂 228
1921 釣龜誌異 229
1922 雲物書祥 229
1923 烟劫 229
1924 山猺跳舞 229
1925 木樨香味 229
1926 刻薄殷鑒 229
1927 異端宜禁 229
1928 他鄉作合 229
1929 渭陽無情 230
1930 犬怪 230
1931 解人難索 230
1932 辦賑獲報 230
1933 蛤戰異聞 230
1934 神豈導淫 230
1935 虎兕出柙 230
1936 裝女騙錢 231
1937 暴殄天物 231
1938 女鬼索命 231
1939 廉恥道喪 231
1940 西女裹足 231
1941 宿沙遺風 231
1942 火山發燄 231
1943 靈藥英光 231
1944 草菅人命 232
1945 佛地宣淫 232
1946 吳回惡劇 232
1947 雉鳴求牡 232
1948 處女產蝟 232
1949 多男獻瑞 232
1950 法拿交綏 232
1951 無常賽會 233
1952 牛鬥奇案 233
1953 計賺金夫 233
1954 山靈作祟 233
1955 菩薩救命 233
1956 萍水良緣 233
1957 解衣推食 233
1958 珠泉愈疾 233
1959 龍舟競渡 234
1960 恭送聖蹟 234
1961 虔祀曹娥 234
1962 命若鴻毛 234
1963 護花恩重 234
1964 果報不爽 234
1965 因賭致禍 234
1966 小題大做 235
1967 牛母奇姿 235
1968 蜃樓妙景 235
1969 輪船被焚 235
1970 令尹賢聲 235
1971 靈蔡誌異 235
1972 舟子治盜 235
1973 女中丈夫 235
1974 西捕不法 236
1975 調情失履 236
1976 奇鶉 236
1977 郊原幻景 236
1978 天雨粟 236
1979 琵琶疋集 236
1980 淫書害人 236
1981 碧玉奇逢 237
1982 服翼紛蜚 237
1983 同歸於盡 237
1984 雙頭小孩 237
1985 科名異兆 237
1986 傳臚盛典 237
1987 神僊異境 237
1988 不近人情 237
1989 西湖放生記 238
1990 喬裝敗興 238
1991 蛇繞人頸 238
1992 胭脂虎猛 238
1993 夫婦皆非 238
1994 眾母興歌 238
1995 海東奇遇 238
1996 奉祀述奇 239
1997 車中猴 239
1998 瞽目鴛鴦 239
1999 風流惹禍 239
2000 孝子可師 239
2001 踏青受窘 239
2002 一胎五子 239
2003 同室操戈 239
2004 生番風俗 240
2005 頭出殯 240
2006 火燒淫禿 240
2007 逞忿釀禍 240
2008 尋春敗興 240
2009 野雞入籠 240
2010 乞兒異相 240
2011 酒鬼該打 241
2012 雷殛怪物 241
2013 禍因惡積 241
2014 鄉人儺 241
2015 橫遭奇禍 241
2016 烈婦殉夫 241
2017 陋俗異聞 241
2018 愚民歸化 241
2019 富翁竊蔬 242
2020 戒賭斷指 242
2021 昧良遭殛 242
2022 還金報（上）......242
2023 還金報（下）......242
2024 校人故智 242
2025 氣毬險事 242
2026 執法如山 243
2027 攫食生人 243
2028 螳臂當車 243
2029 四明熊見 243
2030 善人有後 243

2031 絕處逢生........................243
2032 天官賜福........................243
2033 虎頭蛇尾........................243
2034 搢紳受侮........................244
2035 驚散鴛鴦........................244
2036 庸醫笑柄........................244
2037 天譴可畏........................244
2038 騎驢肇事........................244
2039 女尼披度........................244
2040 馬寶堪珍........................244
2041 禿鶖被縶........................245
2042 老蚌生珠........................245
2043 律重誅心........................245
2044 樹名薙頭........................245
2045 罪疑惟輕........................245
2046 沉溺淫僧........................245
2047 惡鴇遭殃........................245
2048 六夕乞巧........................246
2049 萬壽盛儀........................246
2050 康成生日........................246
2051 擊鼓祈晴........................246
2052 乘槎遺韻........................246
2053 仙侶重逢........................246
2054 封姨惡劇........................246
2055 蓮瓣孤飛........................247
2056 聲價無憑........................247
2057 喬木參天........................247
2058 神龍不測........................247
2059 嗔鶯叱燕........................247
2060 和緩名高........................247
2061 賊婦跳梁........................247
2062 八月過年........................248
2063 彩鳳雙飛........................248
2064 三女同溺........................248
2065 拉客攫鐲........................248
2066 鮎魚述異........................248
2067 崇祠屹峙........................248
2068 妖由人興........................248
2069 瘡痍滿目........................249
2070 吳牛當車........................249
2071 羅漢蛇............................249
2072 盜賊公行........................249
2073 禪門情障........................249
2074 花禿................................249
2075 白石放光........................249
2076 東塾宏開........................249
2077 開樽賞菊........................250
2078 祀仙焚髮........................250
2079 氣毬奇觀........................250
2080 一門賢孝........................250
2081 英女魁梧........................250
2082 計賺玉人........................250
2083 巨鷹攫孩........................250
2084 桃杏再花........................251
2085 泅水絕技........................251
2086 空心大老官....................251
2087 府差搗鬼........................251
2088 妓館被焚........................251
2089 鬥蛩雅戲........................251
2090 文昌逐疫........................251
2091 一鳴驚人........................252
2092 英雄末路........................252
2093 青蛙變幻........................252
2094 孤竹遺風........................252
2095 騙騙................................252
2096 觀潮紀盛........................252
2097 道人逞兇........................252
2098 醒鐘................................253
2099 婦人奇妒........................253
2100 馳馬肇禍........................253
2101 興盡悲來........................253
2102 價重青萍........................253
2103 江樓攬勝........................253
2104 古塚見寶........................253
2105 枷犯掩面........................254
2106 採桑釀禍........................254
2107 賽燈求雨........................254
2108 拐匪橫行........................254
2109 賽美大會........................254
2110 買肚懸牌........................254
2111 產鹿述奇........................254
2112 韓使清游........................254
2113 工館笑談........................255
2114 婚禮誌盛........................255
2115 巫童殺人........................255
2116 蜈蚣梯............................255
2117 天道不遠........................255
2118 頑童惡劇........................255
2119 羽士淫兇........................255
2120 螐磯軼事........................256
2121 馴獸新法........................256
2122 嬌小鴛鴦........................256
2123 道院藏春........................256
2124 龍潭禱雨........................256
2125 鬼破邪術........................256
2126 婦為魚困........................256
2127 佞神可笑........................256
2128 誤中副車........................257
2129 印捕拔鬚........................257
2130 循吏可風........................257
2131 鬥睡奇談........................257
2132 黠賊難防........................257
2133 先生休矣........................257
2134 奇緣巧合........................257
2135 羽翼已成........................258
2136 海外異俗........................258
2137 天上行舟........................258
2138 盼盼後身........................258
2139 不翼而飛........................258
2140 土地娶婦........................258
2141 椰樹奇形........................258
2142 一錢釀命........................258
2143 醋海風波........................259
2144 強違素願........................259
2145 孽由自作........................259
2146 勞燕分飛........................259
2147 冶遊烱鑒........................259
2148 一喜一懼........................259
2149 侏儒留影........................259
2150 一炷香............................260
2151 鬼瞰其室........................260
2152 募勇新法........................260
2153 空際火流........................260

2154 妄自尊大......260
2155 捕賊被嚙......260
2156 綠衣黃裏......260
2157 俊婢全貞......260
2158 人頭飛墜......261
2159 髮短心長......261
2160 巾幗變相......261
2161 輿夫昏憒......261
2162 書堂留影......261
2163 完璧歸趙......261
2164 騙局離奇......262
2165 桂林奇魚......262
2166 賜祭盛儀......262
2167 西婦善御......262
2168 為虺弗摧......262
2169 輪船又火......262
2170 妙判解頤......262
2171 至誠感神......263
2172 凱風再咏......263
2173 痛失掌珠......263
2174 五福駢臻......263
2175 呦呦鹿鳴......263
2176 富貴壽考......263
2177 登科有兆......263
2178 吳中年景......263
2179 屠蘇晉酒......264
2180 仙吏探梅......264
2181 財神示夢......264
2182 遠餽名泉......264
2183 雛鳳清聲......264
2184 別開生面......264
2185 仙塔無影......264
2186 西人拋球......265
2187 富不可求......265
2188 雌虎交鬨......265
2189 有志功名......265
2190 邪緣莫狎......265
2191 達人快論......265
2192 友愛可嘉......265
2193 賢令毀像......266
2194 上元謁祖......266
2195 因貪受騙......266
2196 典史悖謬......266
2197 官邪宜儆......266
2198 衣冠禽獸......266
2199 索婦述異......266
2200 老饕敗興......267
2201 奇人奇事......267
2202 樂極生悲......267
2203 潑酒滅火......267
2204 好奇受責......267
2205 猛虎為患......267
2206 爆竹肇禍......267
2207 物是人非......267
2208 生死相依......268
2209 釁起鬩牆......268
2210 舐犢情深......268
2211 天下第一奇境：山門......268
2212 火災待賑......268
2213 狡獪不測......268
2214 雙雞異狀......268
2215 水怪可驅......269
2216 風 致禍......269
2217 見利思義......269
2218 剪裁妙手......269
2219 若合符節......269
2220 香燭大觀......269
2221 長髯誌異......269
2222 高上刀梯......270
2223 無故相驚......270
2224 搶親笑柄......270
2225 誤認藁砧......270
2226 假雷公......270
2227 欲蓋彌彰......270
2228 夢中示兆......270
2229 賭童受責......270
2230 生菜盛會......271
2231 銅鼓驅疫......271
2232 鷺江畫舫......271
2233 老鴉跨鳳......271
2234 偽婿騙婚......271
2235 悍妾虐婢......271
2236 因醉肇釁......271
2237 瞽姬度曲......272
2238 賢令捉賭......272
2239 忍心害理......272
2240 難民作盜......272
2241 吸煙異教......272
2242 販夫暴富......272
2243 捲逃可惡......272
2244 火車被燬......272
2245 紅顏醉臥......273
2246 小星毒計......273
2247 神技可觀......273
2248 俾相軼事......273
2249 佳人撲蜨......273
2250 舟行呼救......273
2251 積怨釀命......273
2252 求親受辱......274
2253 為花祝嘏......274
2254 頑徒縱火......274
2255 乩飛述異......274
2256 俄儲遊寺......274
2257 德政何在......274
2258 燭龍游戲......274
2259 摩挲古蹟......274
2260 清介可風......275
2261 締姻陋俗......275
2262 蕩子喬裝......275
2263 人面離奇......275
2264 仙吏風流......275
2265 沉冤待雪......275
2266 別有洞天......275
2267 神檢藥......276
2268 佞神被玷......276
2269 剖石得龜......276
2270 母豬脱殼......276
2271 妖婦宜誅......276
2272 雉罹于罦......276
2273 降頭可畏......276
2274 去思彌永......277
2275 陋俗可嗤......277

2276 妄想發財........................277
2277 賢侯殉難........................277
2278 禁彈白鷺........................277
2279 妖道成禽........................277
2280 馬屁難拍........................277
2281 好夢重圓........................278
2282 鬼猶求偶........................278
2283 鍾馗賽會........................278
2284 遇人不淑........................278
2285 海隅異鳥........................278
2286 育蠶須知........................278
2287 骷髏變石........................278
2288 自上匾額........................278
2289 盜亦有道........................279
2290 游僧竊鞋........................279
2291 鼎新有象........................279
2292 快艙述奇........................279
2293 瘋犬宜防........................279
2294 道士見鬼........................279
2295 綠林奇跡........................279
2296 塾師鹵莽........................280
2297 賊蟹........................280
2298 豺噉舟子........................280
2299 薄命可憐........................280
2300 狗盜宜懲........................280
2301 祈雨新奇(上)........................280
2302 祈雨新奇(下)........................280
2303 罪魁駢戮........................281
2304 奧王軼事........................281
2305 藤鼓易革........................281
2306 斫踣僵屍........................281
2307 崇祀字祖........................281
2308 狡謀不測........................281
2309 人作酒瓶........................281
2310 財神募捐........................282
2311 甘作烏龜........................282
2312 老鼠搬家........................282
2313 一長一短........................282
2314 狗少爺........................282
2315 刁佃........................282
2316 庸醫受辱........................283
2317 脱卻布褌........................283
2318 火龍疊見........................283
2319 名賢勝蹟........................283
2320 巧奪天工........................283
2321 禁扮淫戲........................283
2322 昆蟲誌異........................283
2323 雌雄翔集........................283
2324 露馬腳........................284
2325 救食砒毒良方........................284
2326 黔驢產卵........................284
2327 老烏龜........................284
2328 璇宮課織........................284
2329 錢南園侍御松石鳴琴小像........................284
2330 昇平人瑞........................284
2331 飛蝗食人........................284
2332 龍母紀異........................285
2333 鹵莽肇事........................285
2334 獵獲奇獸........................285
2335 細崽先生........................285
2336 貓鼠同眠........................285
2337 天池絕境........................285
2338 獸語可通........................286
2339 數羅漢........................286
2340 乞丐遇仙........................286
2341 毒謀天譴........................286
2342 嚴防記室........................286
2343 日人操刀........................286
2344 小鬼索命........................286
2345 喬木述奇........................287
2346 伴觀音........................287
2347 火蝦奇景........................287
2348 職員荒謬........................287
2349 奇方保赤........................287
2350 護花受辱........................287
2351 抑強扶弱........................287
2352 土偶無靈........................288
2353 假煙膏........................288
2354 貓不敵鼠........................288
2355 日人賽美........................288
2356 雌虎寒心........................288
2357 能通豕語........................288
2358 斯文掃地........................288
2359 閱小操記........................289
2360 賺取書畫........................289
2361 春夢婆........................289
2362 鵬鳥誌異........................289
2363 悖入悖出........................289
2364 大殺風景........................289
2365 蝙蝠洞........................290
2366 枯楊生華........................290
2367 登科佳話........................290
2368 潑悍宜責........................290
2369 巧脱樊籠........................290
2370 可欺以方........................290
2371 婦人生龜........................290
2372 釀雨奇聞........................291
2373 蓬萊仙境........................291
2374 淑媛全貞........................291
2375 巨黿戲水........................291
2376 闡發幽光........................291
2377 假官撞騙........................291
2378 攀桂先聲........................291
2379 活佛誌異........................292
2380 古鐘出現........................292
2381 石卵呈奇........................292
2382 鷹攫試卷........................292
2383 名泉忽湧........................292
2384 禍起蕭牆........................292
2385 猶有童心........................292
2386 沙磧亡羊........................292
2387 喬扮瞷夫........................293
2388 食鴿生鴿........................293
2389 計試蕭郎........................293
2390 人身傅翼........................293
2391 誣良為盜........................293
2392 風流孽債........................293
2393 水氣上騰........................293
2394 嬌藏道院........................294
2395 封姨猖獗........................294
2396 鬥毆釀命........................294
2397 鸓鳥止火........................294

2398 黠賊免脫......294
2399 女巫惑世......294
2400 漢將英靈......294
2401 鴕鳥忘卵......295
2402 僧尼成偶......295
2403 天佑節婦......295
2404 蒯緡獲賞......295
2405 鳴槍擊鬼......295
2406 大龜善飲......295
2407 鬻子奇聞......295
2408 奇症可疑......295
2409 南闈放榜......296
2410 天誅忍人......296
2411 濫祀宜斥......296
2412 百日艾......296
2413 相逢意外......296
2414 捕賊有術......296
2415 良馬殉主......297
2416 風鑑無憑......297
2417 嘉禾獻瑞記（上）......297
2418 嘉禾獻瑞記（下）......297
2419 江湖妙技......297
2420 因夢成名......297
2421 同轉放蛇......297
2422 驅祟被祟......298
2423 誤入桃源......298
2424 五木有靈......298
2425 黔驢無技......298
2426 西人赴試......298
2427 預迎經魁......298
2428 儌倖成名......298
2429 菩提證果......299
2430 卜士謬妄......299
2431 園丁獵虎......299
2432 以夢救夢......299
2433 吸毒石......299
2434 雌虎無威......299
2435 奇胎又見......299
2436 望榜笑談......300
2437 人面瘡......300
2438 花傭奇遇......300
2439 龜生明珠......300
2440 扮鬼攫物......300
2441 左道惑人......300
2442 木妖畏匠......300
2443 蠱毒遇救......301
2444 車夫仗義......301
2445 良吏軼事......301
2446 賺聘惡計......301
2447 盜棺奇案......301
2448 降術神奇......301
2449 猛虎斷尾......302
2450 捕蛇斫臂......302
2451 牛女尋冤......302
2452 癡人雋語......302
2453 奇花占驗......302
2454 臥佛顯靈......302
2455 捉賭奇聞......302
2456 風漏郡公......303
2457 得失有數......303
2458 合巹異事......303
2459 穢德彰聞......303
2460 妙語解圍......303
2461 剖腹明心......303
2462 菊開並蒂......303
2463 東瀛異俗......304
2464 雨師聽命......304
2465 術可迷天......304
2466 天雨黑粟......304
2467 菩薩化身......304
2468 蛟異......304
2469 鬼能卻盜......304
2470 詩妓......304
2471 對花思睡......305
2472 勇力絕倫......305
2473 邑尊訊鬼......305
2474 娶婦異聞......305
2475 海外東坡......305
2476 西童跳舞......305
2477 計賺登徒......306
2478 生前出殯......306
2479 姊妹易兒......306
2480 腹有應聲......306
2481 古碣出土......306
2482 石破天驚......306
2483 惡僧該殺......306
2484 八戒為祟......307
2485 奇樹三株......307
2486 術工禁制......307
2487 賺出重圍......307
2488 馴獅妙法......307
2489 別有會心......307
2490 祀灶採風......307
2491 躍鯉呈祥......308
2492 四代同堂......308
2493 兩頭人......308
2494 焚鬚惡劇......308
2495 探囊急智......308
2496 賭婦鬻夫......308
2497 泉竇忽開......308
2498 萬福攸同......309
2499 僊鶴祝壽......309
2500 掉元寶......309
2501 掄元佳話......309
2502 奇財頓發......309
2503 及第先聲......309
2504 螽斯衍慶......309
2505 畫雞餘韻......309
2506 人鏡雙圓......310
2507 出人頭地......310
2508 走橋韻事......310
2509 白門煙景......310
2510 再世奇緣......310
2511 紫姑為祟......310
2512 挈妾尋芳......310
2513 為羊請命......310
2514 餘桃潑醋......311
2515 漏稅巧計......311
2516 樹上獲豹......311
2517 水府奇聞......311
2518 賃傘公司......311
2519 水族奇形......311
2520 女賊譎計......311

2521 畫舫飛災 312
2522 登徒喪膽 312
2523 縱牛暴虎 312
2524 禪理除魔 312
2525 貢諛笑談 312
2526 女中豪俠 312
2527 一蹶不振 312
2528 妖魅幻形 313
2529 鬼求伸冤 313
2530 婦能禦侮 313
2531 螺螄成精 313
2532 沙魚化虎 313
2533 風流惹禍 313
2534 電表巧製 313
2535 孤寡銜恩 314
2536 假獅驚人 314
2537 騙術誌奇 314
2538 拾爆啟釁 314
2539 誤狐為兔 314
2540 冥讞難逃 314
2541 藥叉就擒 314
2542 治病神術 315
2543 行道有福 315
2544 河清獻瑞 315
2545 鳩茲吊古 315
2546 俄督微行 315
2547 迎春釀禍 315
2548 水上生涯 315
2549 新婿被侮 316
2550 官邪受辱 316
2551 拒奔延壽 316
2552 彩雲易散 316
2553 孝婦旌門 316
2554 瀆神慘斃 316
2555 冤鬼爭妻 316
2556 誤認青樓 317
2557 靈爽式憑 317
2558 茂才薄倖 317
2559 獸作人立 317
2560 狎優龜鑑 317
2561 墨寶流傳 317
2562 古蹟重新 317
2563 風箏雅會 317
2564 生番異俗 318
2565 雌雄莫辨 318
2566 果報昭彰 318
2567 遊街新樣 318
2568 詭計敗露 318
2569 慶封復見 318
2570 聊勝螟蛉 318
2571 記孫貞女事 319
2572 名樓劫數 319
2573 西婦被窘 319
2574 番雞誌巨 319
2575 貪官見辱 319
2576 歌童惡習 319
2577 泉亭勝跡 320
2578 十年有臭 320
2579 蛇附女身 320
2580 印人搶表 320
2581 舟子不法 320
2582 城狐猖獗 320
2583 新郎被縶 320
2584 越臺懷古 320
2585 嬉戲釀命 321
2586 姦夫捉姦 321
2587 倀鬼殺弟 321
2588 誠孝格天 321
2589 妙製飛車 321
2590 劣醫宜辦 321
2591 番社勝景 321
2592 怨耦堪危 322
2593 大黑天 322
2594 強劫閨女 322
2595 粵婦產怪 322
2596 竹林開花 322
2597 寶刀變價 322
2598 魚城可破 322
2599 將機就計 323
2600 絕大魚骨 323
2601 蜃樓幻景 323
2602 活佛出世 323
2603 私掘鐵山 323
2604 群盲聚賭 323
2605 蟻媒詭計 324
2606 善人是富 324
2607 逢凶化吉 324
2608 蛇妖 324
2609 術妙回生 324
2610 瘋子殺人 324
2611 還妻得妻 324
2612 虎為黿困 325
2613 地保荒謬 325
2614 義賊 325
2615 二老互鬥 325
2616 遊山獲讞 325
2617 女丐無敵 325
2618 方外鍼神 325
2619 騙子被騙 326
2620 駕長解危 326
2621 官紳用武 326
2622 以鬼殺鬼 326
2623 誤銀為鐵 326
2624 絕處逢生 326
2625 龍見 326
2626 跑竿買禍 327
2627 兔起鶻落 327
2628 麥化為蛾 327
2629 賴婚狡計 327
2630 典夥鹵莽 327
2631 郝連大娘 327
2632 人面羊 327
2633 巨蚌生珠 328
2634 捕蝗新法 328
2635 土地顯靈 328
2636 划水仙 328
2637 錯認麻子 328
2638 關西大漢 328
2639 逆子入井 328
2640 量人蛇 329
2641 溺女顯報 329
2642 神魚祝嘏 329
2643 賽會誌奇 329

2644 鬧房肇禍……329
2645 降神惡俗……329
2646 侮人自侮……329
2647 捕蛇奇術……329
2648 倔強性成……330
2649 誘妓洩恨……330
2650 拾金不昧……330
2651 選樓餘韻……330
2652 一字岔爭……330
2653 單人命……330
2654 查蝗舞弊……331
2655 營勇犯姦……331
2656 天理難容……331
2657 黑人……331
2658 馬夫兇橫……331
2659 邂逅姻緣……331
2660 毫髮無憾……331
2661 堯峰毓銀……332
2662 淩虛有術……332
2663 履險如夷……332
2664 室女產石……332
2665 四頭奇獸……332
2666 粉黛變相……332
2667 問道于盲……332
2668 想想笑……333
2669 西婦殉節……333
2670 畸陰畸陽……333
2671 哨官荒謬……333
2672 鴨生四足……333
2673 雷公得賄……333
2674 山魈梗路……333
2675 以雞代婿……333
2676 庖丁絕技……334
2677 奇胎駭聞……334
2678 妄想招邪……334
2679 良馬護主……334
2680 瘋官可笑……334
2681 虎口餘生……334
2682 啞子奇遇……334
2683 沖破姻緣……335
2684 假官作賊……335
2685 異物飛昇……335
2686 煙蛇害人……335
2687 麗華再世……335
2688 人工虎嘯……335
2689 大風拔木……335
2690 冰肆新奇……336
2691 造福無涯……336
2692 猴能衛主……336
2693 剖腹出兒……336
2694 馬皮神術……336
2695 小竊受創……336
2696 蜈蚣誌巨……336
2697 天佑孝子……337
2698 跡類濟顛……337
2699 奇樹天生……337
2700 野鹿知音……337
2701 劣馬肆虐……337
2702 拐匪邪術……337
2703 狂且被辱……337
2704 妖豕兆災……338
2705 瑞蓮可愛……338
2706 似山非山……338
2707 猢猻肇禍……338
2708 孤苦堪憐……338
2709 貞女急智……338
2710 豕生六足……338
2711 驅鬼遇鬼……338
2712 物性相制……339
2713 犬異……339
2714 古磚出世……339
2715 談經惑眾……339
2716 捨身求雨……339
2717 善泅可觀……339
2718 裂石傷人……339
2719 尼冒為僧……340
2720 視而弗見……340
2721 城頭墮馬……340
2722 蛇現誌奇……340
2723 夢囈可笑……340
2724 求雨奇聞……340
2725 殺妻療母……340
2726 赴潭搶龍……341
2727 瞽目復明……341
2728 攘雞故智……341
2729 顛倒衣裳……341
2730 捕蛇非易……341
2731 寶鼎賤沽……341
2732 花開稱意……341
2733 國香聲價……342
2734 風捲燕脂……342
2735 斃於車下……342
2736 孿生異狀……342
2737 動多忌諱……342
2738 愚不可及……342
2739 褪殼龜……342
2740 茅塞頓開……343
2741 拳師奇遇……343
2742 夢裏胡行……343
2743 嬉笑怒罵……343
2744 祀兔成風……343
2745 佞神取禍……343
2746 瓜具奇形……343
2747 以水化煞……343
2748 豪豬……344
2749 循城求鱉……344
2750 烈婢身殉……344
2751 重陽習射……344
2752 狗醫……344
2753 仙蝶呈祥……344
2754 妖獸變幻……344
2755 蛇口吞童……344
2756 猴子放火……345
2757 鱉寶……345
2758 漁婦生魚……345
2759 文籥再世……345
2760 鼠作人言……345
2761 魂逐香車……345
2762 蟾蜍誌巨……345
2763 助賑驅祟……346
2764 母子重逢……346
2765 修蛇吸鳥……346
2766 棋癖……346

2767 錢妖……346
2768 衣製新奇……346
2769 勇於排難……346
2770 虎不敵牛……347
2771 華捕宜懲……347
2772 先咷後笑……347
2773 爭鳥涉訟……347
2774 店夥昧良……347
2775 黠賊免脫……347
2776 犬生異獸……347
2777 歐西巨蟹……348
2778 放生獲報……348
2779 控象奇案……348
2780 冒喪圖騙……348
2781 和尚變相……348
2782 嬌娃被祟……348
2783 募捐巧計……348
2784 妒婦笑談……349
2785 指甲現形……349
2786 偃武修文……349
2787 強為傳戒……349
2788 謂他人母……349
2789 揭帖笑談……349
2790 妖尼可惡……349
2791 蚌殼現佛……350
2792 周倉嚇鬼……350
2793 串騙新奇……350
2794 無鹽遇主……350
2795 守貞獲福……350
2796 獅吼笑談……350
2797 探礦遇熊……350
2798 擲骰得妻……351
2799 望洋興歎……351
2800 高僧入定……351
2801 解衣情重……351
2802 天降紅雨……351
2803 東瀛巨蟹……351
2804 不狐不兔……351
2805 肥遯風高……351
2806 害人自害……352
2807 催科滋擾……352
2808 假捐被獲……352
2809 戲場大火……352
2810 靈禽呼救……352
2811 座船脱底……352
2812 妖術可駭……353
2813 異人……353
2814 燕窩洞……353
2815 海底仙山……353
2816 大佛僅見……353
2817 新官塗臉……353
2818 賽會肇禍……353
2819 抽水蛇……353
2820 吳牛鬥獅……354
2821 作俑宜懲……354
2822 左文襄公軼事（一）……354
2823 左文襄公軼事（二）……354
2824 左文襄公軼事（三）……354
2825 苦節獲佑……354
2826 菩薩遷居……355
2827 戲言解禍……355
2828 求凰得鳳……355
2829 產異……355
2830 狠心辣手……355
2831 竹妖入夢……355
2832 女兵衛宮……355
2833 禦盜奇謀……355
2834 大士靈應……356
2835 撫番善政……356
2836 人生尾……356
2837 拜老官……356
2838 捕鳥慘報……356
2839 賺娶醜婦……356
2840 掃雪遇仙……356
2841 輕身仗義……357
2842 跳灶盛典……357
2843 撒錢惡劇……357
2844 孖生志異……357
2845 涉冰迎娶……357
2846 象有孝思……357
2847 窮形盡相……357
2848 橘中苦……358
2849 財神降臨……358
2850 耆英復會……358
2851 大放爆竹……358
2852 放鳩示惠……358
2853 香閨韻事……358
2854 海舶呈奇……358
2855 鹿寨……358
2856 古道猶存……359
2857 拖鉤雅戲……359
2858 白粥迎神……359
2859 一本萬利……359
2860 駱駝臨陣……359
2861 銅街走馬……359
2862 奇疾……359
2863 修德獲報（上）……360
2864 修德獲報（下）……360
2865 饋貧糧……360
2866 樹神顯形……360
2867 鬻媳巧計……360
2868 人立鳥籠……360
2869 槍炮致雨……360
2870 案元被黜……360
2871 豕人異種……361
2872 一騙再騙……361
2873 美人計……361
2874 鐵線蛇……361
2875 悍賊罵人……361
2876 腹刀可吐……361
2877 龜子報春……361
2878 糊塗知縣……362
2879 官場話柄……362
2880 鬥雞殺人……362
2881 水底行舟……362
2882 雪媒……362
2883 寄打絕技……362
2884 威伸巾幗……363
2885 鼠蒙犬皮……363
2886 德政亭記……363
2887 純孝回天……363
2888 奇人軼事……363
2889 岳墳鐵像……363

2890 雄雞異孕......363
2891 不愁無褲......364
2892 還魂述異......364
2893 騙子難防......364
2894 麟閣英姿......364
2895 彈絲聯響......364
2896 兒女英雄......364
2897 陵魚出海......364
2898 貧員苦況......364
2899 人頭大鳥......365
2900 枯骨為厲......365
2901 人熊撫嬰......365
2902 巧計卸過......365
2903 治聾有法......365
2904 賓筵用武......365
2905 電氣大觀......365
2906 賁獲呈能......366
2907 小蜨爭香......366
2908 日犬能言......366
2909 老饕啖蛇......366
2910 海外崇山......366
2911 產石誌奇......366
2912 大富招忌......366
2913 鳴鳳呈祥......367
2914 僬僥遺種......367
2915 三足雞......367
2916 巨魚駭聞......367
2917 童子軍......367
2918 活佛何來......367
2919 庸醫自殺......367
2920 公蝗蟲......367
2921 解砒有術......368
2922 英將遺烈......368
2923 鶴峰紀勝......368
2924 大鬧考場......368
2925 強人作佛......368
2926 愚人祭象......368
2927 喜怒不常......368
2928 神獸食豬......369
2929 被騙輕生......369
2930 游戲神通......369
2931 公家書房......369
2932 劍仙......369
2933 瞎子賽會......369
2934 佞神可笑......369
2935 義犬護兒......370
2936 白煙難吸......370
2937 一豬二身......370
2938 蛇蠱......370
2939 乩變......370
2940 秀女候選......370
2941 西婦聚會......370
2942 龍王出巡......371
2943 拳師受窘......371
2944 爭娶笑談......371
2945 捕亡奇術......371
2946 養而不癢......371
2947 蟾蜍可殺......371
2948 幼孩識字......371
2949 景仰先賢......372
2950 五雷勝景......372
2951 大賽龜燈......372
2952 製衣禦彈......372
2953 更生有慶......372
2954 拐妻謀命......372
2955 假冒新郎......373
2956 嗜痂成癖......373
2957 女見歡......373
2958 力士賽行......373
2959 恭迎孝子......373
2960 銀鑄美女......373
2961 白雉獻瑞......373
2962 菌具人形......374
2963 狗獾困人......374
2964 桐生異狀......374
2965 孝女化男......374
2966 鬥草風清......374
2967 力大於獅......374
2968 鍾馗捉鬼......374
2969 花叢蝨賊......374
2970 惡犬成妖......375
2971 牛生六足......375
2972 一害三命......375
2973 衣冠掃地......375
2974 泥貓肇釁......375
2975 猴稱草聖......375
2976 文塔騰光......375
2977 犬乳棄嬰......376
2978 城隍示諭......376
2979 幸離虎口......376
2980 柏舟苦節......376
2981 瞎有趣......376
2982 川沙鬧事......376
2983 當人頭......377
2984 鸚鵡啟釁......377
2985 于清端公軼事......377
2986 奕爭美婢......377
2987 鐵人善走......377
2988 山西災狀......377
2989 控妻笑柄......378
2990 犬救主溺......378
2991 狐兔爭鋒......378
2992 蒺藜似蝗......378
2993 因疑釀禍......378
2994 養鴿傳書......378
2995 晉災續述......378
2996 奇童鼎足......379
2997 妖狐憑佛......379
2998 瞎捉......379
2999 小人得志......379
3000 車夫還金......379
3001 孩生六臂......379
3002 濶丐......379
3003 長橋......380
3004 秀才難得......380
3005 李代桃僵......380
3006 家丁狂悖......380
3007 再生緣......380
3008 雙矮巧合......380
3009 奇遇可疑......380
3010 醋海奇聞......381
3011 老猴閱文......381
3012 英京慧女......381

3013 迂哉夫子......381
3014 狐祟......381
3015 鬼拆梢......381
3016 延師笑柄......381
3017 逸馬投廁......382
3018 煙鬼......382
3019 誕生怪物......382
3020 鱉怪......382
3021 八大人......382
3022 七死一生......382
3023 雷殛石獅......382
3024 虛室生花......383
3025 孀婦奇智......383
3026 八哥知火......383
3027 龜子請客......383
3028 無頭小孩......383
3029 相士欺人......383
3030 女塾宏開......383
3031 誤惹情魔......384
3032 惡僧釀命......384
3033 山魈搏人......384
3034 幼孩失勢......384
3035 悍姑虐媳......384
3036 遊園肇禍......384
3037 捕遭賊騙......384
3038 見利思義......385
3039 巨鐘新製......385
3040 書生獲賊......385
3041 牛遭雷殛......385
3042 法官捉妖......385
3043 醉舞墮樓......385
3044 巨蛛轟斃......385
3045 燕磯 異......386
3046 路鬼揶揄......386
3047 解元老爺......386
3048 假冒翰林......386
3049 輕狂受辱......386
3050 釘關宜毀......386
3051 巨蛇吞豕......386
3052 誤僧為尼......387
3053 煞神被弄......387
3054 煙館知幾......387
3055 大棗療飢......387
3056 借書笑柄......387
3057 龜鴇遊湖......387
3058 山神靈異......388
3059 以酒餌賊......388
3060 地下樓臺......388
3061 出爾反爾......388
3062 良馬通靈......388
3063 武夫失色......388
3064 禿奴狡獪......388
3065 虎避孝子......389
3066 奸商拔舌......389
3067 戕及佛骨......389
3068 蛟牛大門......389
3069 奇男子......389
3070 悖人悖出......389
3071 火蛇吞火......389
3072 控訴陰司......390
3073 嗜蝨成癖......390
3074 歐西小女......390
3075 羅漢出遊......390
3076 龍王造宮......390
3077 三朵花......390
3078 串月可笑......390
3079 蝟怪......390
3080 法官墮廁......391
3081 白貓示變......391
3082 誦經致異......391
3083 侮狐被弄......391
3084 裝鬚冒考......391
3085 向神借珠......391
3086 岳襄勤公遺事......391
3087 吃夢笑柄......392
3088 登高致禍......392
3089 一角怪獸......392
3090 縣令祛蜂......392
3091 賊遭犬噬......392
3092 修眉被薙......392
3093 呂仙顯聖......392
3094 幸免天誅......393
3095 人馬同殉......393
3096 力除妖魅......393
3097 烏龜受罰......393
3098 痴官......393
3099 雷警逆子......393
3100 文童打鬼......393
3101 下第焚鬚......394
3102 術妙化生......394
3103 求雨誌奇......394
3104 神誅不孝......394
3105 功名心熱......394
3106 曲全情種......394
3107 鼉龍貪餌......394
3108 古樹自焚......395
3109 牝雞殉牡......395
3110 賽燈盛會（一）......395
3111 賽燈盛會（二）......395
3112 賽燈盛會（三）......395
3113 賽燈盛會（四）......395
3114 賽燈盛會（五）......395
3115 賽燈盛會（六）......396
3116 賽燈盛會（七）......396
3117 賽燈盛會（八）......396
3118 賽燈盛會（九）......396
3119 完人骨肉......396
3120 節孝可風......396
3121 吞賑顯報......396
3122 錢虜喪膽......397
3123 迂腐受欺......397
3124 人乳哺豬......397
3125 鬧房肇禍......397
3126 一女兩婿......397
3127 爆竹成妖......397
3128 智拒狡童......397
3129 兄代妹嫁......398
3130 鵲巢鳩占......398
3131 新郎惡劇......398
3132 昧良速報......398
3133 醫視鬼病......398
3134 煞神被刺......398
3135 誤毒己子......399

3136 殺妻求妻......399
3137 錯學馮煖......399
3138 財神降福......399
3139 猴能捕鱷......399
3140 綠頭巾......399
3141 新婦退敵......399
3142 優宿空箱......400
3143 狐入人腹......400
3144 樹脂醫病......400
3145 魚腹有蛇......400
3146 井底雞鳴......400
3147 統制打圍......400
3148 銅佛何來......400
3149 狗咬雷公......401
3150 死生有命......401
3151 鷹蛇纏結......401
3152 女巫計敗......401
3153 人身猴形......401
3154 披蓑禦火......401
3155 酒蕈愈病......401
3156 虬客突圍......401
3157 巧婦應變......402
3158 龍圖破案......402
3159 慨還遺金......402
3160 善人是福......402
3161 長蛇吸水......402
3162 龍鬥為災......402
3163 驢異......402
3164 萝藦退賊......403
3165 畜犬拯溺......403
3166 黃冠絕技......403
3167 雪中逐鹿......403
3168 獅嶺金苗......403
3169 養虎貽患......403
3170 天雨紅粟......403
3171 錯認西施......404
3172 是何蟲豸......404
3173 佈金滿地......404
3174 麒麟送子......404
3175 福田利溥......404
3176 相國軼事......404
3177 南極星輝......404
3178 卜歲奇談......405
3179 漁人遇仙......405
3180 頌洽多男......405
3181 松風拂戶......405
3182 小財神......405
3183 上元登高......405
3184 蠶王......405
3185 獨樂神燈......405
3186 卜繭私祈......406
3187 和尚過年......406
3188 人面蟹......406
3189 智不如猴......406
3190 酒仙......406
3191 削鼻求豔......406
3192 淩波仙子......406
3193 大度包容......406
3194 雪痴......407
3195 多財為患......407
3196 龍神附舟......407
3197 逐鬼驚人......407
3198 善門難開......407
3199 犬羊交鬥......407
3200 芝生於房......407
3201 海外壽民......408
3202 咽彈傷命......408
3203 奪冢爭先......408
3204 慘遭牛禍......408
3205 送麒麟......408
3206 百身莫贖......408
3207 當場出醜......408
3208 神童料事......409
3209 弔鐘花......409
3210 曲成鴛偶......409
3211 盂光復生......409
3212 慘無天日......409
3213 苦肉計......409
3214 彼狡童兮......409
3215 庸醫奇遇......410
3216 鞭屍笑柄......410
3217 以錢煮茗......410
3218 再生緣......410
3219 西犬彈琴......410
3220 佛門除害......410
3221 信及豚魚......410
3222 鷹攫野雞......411
3223 禿奴兇暴......411
3224 斂錢惑眾......411
3225 火從何來......411
3226 邪術復仇......411
3227 意欲何為......411
3228 法人崇佛......411
3229 小鬼賽會......412
3230 妖狐何在......412
3231 路鬼揶揄......412
3232 鐘鼓自鳴......412
3233 鬧房笑柄......412
3234 殺虎報仇......412
3235 現身說法......413
3236 食蛇惡報......413
3237 為國除奸......413
3238 蛛精鬥龍......413
3239 福從天降......413
3240 高不可登......413
3241 槁餓自甘......413
3242 一婦六夫......414
3243 元神......414
3244 童化魚身......414
3245 更新守舊......414
3246 以術制術......414
3247 北海奇觀......414
3248 繩妓絕藝......414
3249 失足可憐......415
3250 樹生人物......415
3251 狐請看戲......415
3252 考試異事......415
3253 大盜神通......415
3254 石異......415
3255 能前知......415
3256 酒色釀禍......416
3257 伏妖有術......416
3258 三官救難......416

3259 力能制象......416
3260 縱蛟入水......416
3261 畫士情痴......416
3262 巨鱉食人......416
3263 貞烈可風......417
3264 地師被創......417
3265 採藥遇仙......417
3266 神兵除害......417
3267 別有肺腸......417
3268 變幻離奇......417
3269 烏煙劫......418
3270 媳代女嫁......418
3271 納寵異聞......418
3272 擲杯笑談......418
3273 萬年鐘......418
3274 拋童子會......418
3275 尸居有象......418
3276 陰曹視事......419
3277 是何怪物......419
3278 奇童治病......419
3279 牛傚逆子......419
3280 苦了先生......419
3281 少尼神勇......419
3282 借髮種髮......419
3283 鍾馗為祟......420
3284 竹報平安......420
3285 毒甚虎狼......420
3286 術邁少林......420
3287 鬼護節婦......420
3288 痛定思痛......420
3289 生而能行......420
3290 太上先生......421
3291 魚身有火......421
3292 虎口餘生......421
3293 龜子殺人......421
3294 猴有煙癮......421
3295 草製新婦......421
3296 武弁用武......421
3297 獅靈示夢......422
3298 鼠劫......422
3299 磨折十年......422
3300 武帝顯靈......422
3301 畫師狡獪......422
3302 猴攫葵扇......422
3303 絕處逢生......422
3304 藉術防姦......423
3305 步武逢蒙......423
3306 電火焚身......423
3307 聚螢瓶......423
3308 得失有數......423
3309 陰陽一體......423
3310 淫兇破案......423
3311 牆中有女......424
3312 蕉公為祟......424
3313 溺女果報......424
3314 湖州水怪......424
3315 妙製入神......424
3316 孩生異手......424
3317 巨蜂成精......424
3318 狹路遇救......425
3319 天師難侮......425
3320 狐女多情......425
3321 龍門僵屍......425
3322 信船自盜......425
3323 奇門捉賊......425
3324 縊鬼求替......425
3325 嗜鱔孽報......425
3326 丐醫......426
3327 巫支祁......426
3328 我佛化身......426
3329 大龜擒賊......426
3330 投江產子......426
3331 草木皆兵......426
3332 狼子野心......426
3333 青蠅示警......427
3334 雞卵生兒......427
3335 醫林笑談......427
3336 電母接生......427
3337 鳥言買禍......427
3338 燃炮明心......427
3339 神讓貴人......427
3340 妖鼠作祟......428
3341 義犬解紛......428
3342 人鬼不同......428
3343 醜漢可憐......428
3344 改頭換面......428
3345 牙山大勝......428
3346 海戰捷音......428
3347 形同海盜......428
3348 拘民當兵......429
3349 倭兵無狀......429
3350 僵屍會親......429
3351 瓜棚異事......429
3352 生魂忘死......429
3353 大鳥伏誅......429
3354 紙幣充餉......429
3355 西艦救人......430
3356 倭奸被獲......430
3357 戒酒設會......430
3358 裝盜報怨......430
3359 蛇妖難治......430
3360 羅將軍逸事......430
3361 青衣遇魅......430
3362 自殺同謀......431
3363 破竹勢成......431
3364 戰倭三捷......431
3365 萬福來朝......431
3366 雷誅暴客......431
3367 無常行劫......431
3368 願效雄飛......431
3369 逆子懺悔......431
3370 一面緣......432
3371 軍令森嚴......432
3372 計本火牛......432
3373 大同江記戰（一）......432
3374 大同江記戰（二）......432
3375 倭人膽落......432
3376 乞靈土偶......432
3377 盜認年伯......432
3378 小竊酬恩......433
3379 松鼠......433
3380 天誅不孝......433
3381 木罌渡軍......433

3382 嚴鞫倭奸......433
3383 營兵不法......433
3384 割股祈雨......433
3385 以身報國......433
3386 弄假成真......434
3387 借屍還魂......434
3388 詐病真死......434
3389 潭陷志奇......434
3390 鴨綠江戰勝圖......434
3391 亮節可風......434
3392 孔雀傷人......434
3393 化蛙雪恨......434
3394 鬼姻緣......435
3395 命繫一毛......435
3396 學徒惡劇......435
3397 妄傳凶信......435
3398 古木孕鵲......435
3399 西員受賀......435
3400 瞽人説象......435
3401 節孝格天......436
3402 婢能擊賊......436
3403 倭奴無禮......436
3404 冤魂附體......436
3405 貨船觸雷......436
3406 煙鬼......436
3407 鬻菜翁......436
3408 倭奸正法......436
3409 請飲便酒......437
3410 捆仙索......437
3411 鴿戲......437
3412 巧受苞苴......437
3413 蛇驅惡客......437
3414 賭徒滅父......437
3415 名妓好施......438
3416 惡夢驚人......438
3417 勢成騎虎......438
3418 土炮誌奇......438
3419 求榮反辱......438
3420 冒官伐木......438
3421 姑嫂成親......438
3422 豺倚人行......438
3423 鬧房肇禍......439
3424 人面瓜......439
3425 倭王小像......439
3426 紙製征衣......439
3427 瓜瓞迎祥......439
3428 門兵傷宦......439
3429 黿神顯靈......439
3430 喇嘛異術......440
3431 褻瀆神明......440
3432 呼彘為母......440
3433 義雀......440
3434 倭后......440
3435 賽燈申慶......440
3436 土地解餉......440
3437 重陽桀石......440
3438 生魂書額......441
3439 為民請命......441
3440 疑主為鬼......441
3441 爆竹除怪......441
3442 澗賊......441
3443 倭太子......441
3444 藉瀑生電......441
3445 異鳥凌風......441
3446 兩世喬妝......442
3447 豬虎同懸......442
3448 打退神仙......442
3449 韋馱救人......442
3450 智賺縊鬼......442
3451 漁人獲璧......442
3452 賽行致病......442
3453 西使觀光......443
3454 嵩呼華祝......443
3455 書獃獻策......443
3456 名利兩全......443
3457 倭龜......443
3458 賠棺異聞......443
3459 倭兵凍斃......443
3460 漏洩春光......444
3461 庸醫刺面......444
3462 自投羅網......444
3463 遁身現法......444
3464 女學士......444
3465 藉賑索賄......444
3466 形同狼狽......444
3467 雞異......444
3468 匿孩肆竊......445
3469 犬乳幼主......445
3470 忠孝兩虧......445
3471 寒冬麥秀......445
3472 舁神試冰......445
3473 持斧砍佛......445
3474 鷂為蝠制......445
3475 借物警人......445
3476 色鬼......446
3477 和尚被熸......446
3478 犬識舊主......446
3479 拾銀笑柄......446
3480 姑嫂保鏢......446
3481 挽回造化......446
3482 錢癖......446
3483 咄咄怪事......447
3484 妙手割瘤......447
3485 謂他人父......447
3486 臭味相投......447
3487 野燒斃孩......447
3488 孝女刲臂......447
3489 江神顯靈......447
3490 冒兵詐妓......448
3491 蛇腹吞羊......448
3492 刀起拳落......448
3493 丐俠救婢......448
3494 逆婦變龜......448
3495 執柝賊......448
3496 卜人解事......448
3497 祥徵榜眼......448
3498 大福無量......449
3499 神朝天師......449
3500 掘窖暴富......449
3501 氣球妙用......449
3502 財神內向......449
3503 説經奪席......449
3504 純孝相感......449

3505 韓文驅鱷.........................450
3506 綵勝同簪.........................450
3507 占鰲迎兆.........................450
3508 精金遇主.........................450
3509 倭酋好鴨.........................450
3510 財運亨通.........................450
3511 親迎淨桶.........................450
3512 奇形怪狀.........................450
3513 掘窖見怪.........................451
3514 盜亦有道.........................451
3515 魚腹藏珠.........................451
3516 活路頭.........................451
3517 娶妻歸妹.........................451
3518 鐵面僧.........................451
3519 人面獸.........................451
3520 痘神化身.........................451
3521 古塔自焚.........................452
3522 浮家泛宅.........................452
3523 履舄交錯.........................452
3524 大氣盤旋.........................452
3525 痌瘝在抱.........................452
3526 倭兵殘廢.........................452
3527 倭僧招魂.........................452
3528 長三四六.........................452
3529 太歲被打.........................452
3530 游戲三昧.........................453
3531 神貓捕鼠.........................453
3532 移尊候教.........................453
3533 庸醫龜鑑.........................453
3534 瘋人難防.........................453
3535 炎荒異獸.........................453
3536 白黿兆災.........................453
3537 力制雌虎.........................454
3538 情鬼鸞書.........................454
3539 設阱陷人.........................454
3540 山君為患.........................454
3541 狎客偷鞋.........................454
3542 直道不孤.........................454
3543 應變多才.........................454
3544 掃除五國.........................455
3545 平雞將軍.........................455
3546 開山得舟.........................455
3547 海闍黎.........................455
3548 炸藥自轟.........................455
3549 賭棍遇騙.........................455
3550 詐死騙錢.........................455
3551 鼠號財神.........................456
3552 謫宦榮行.........................456
3553 忠勇絕倫.........................456
3554 竹放奇光.........................456
3555 誤彘為妻.........................456
3556 神雞不死.........................456
3557 借雪雪憤.........................456
3558 馬倒車翻.........................456
3559 魚形志異.........................457
3560 生而有髭.........................457
3561 求神驅魅.........................457
3562 牛稱老祖.........................457
3563 名山勝景.........................457
3564 眾怒難犯.........................457
3565 烏龜索命.........................457
3566 瘋人誣婦.........................457
3567 以布名肉.........................458
3568 六盡先生.........................458
3569 夜光豬.........................458
3570 靈芝呈瑞.........................458
3571 天道昭彰.........................458
3572 情殷殺賊.........................458
3573 幼罹大辟.........................458
3574 人禽之別.........................458
3575 龜過橋.........................459
3576 么麼小醜.........................459
3577 雷誤擊人.........................459
3578 虎威何在.........................459
3579 花大如輪.........................459
3580 倭奴火化.........................459
3581 別樹一幟.........................459
3582 解圍韻事.........................460
3583 貪詐相生.........................460
3584 嗜煙鬻子.........................460
3585 神警僭越.........................460
3586 雷殛青蛙.........................460
3587 天足會.........................460
3588 驚殺劊子.........................460
3589 衣冠賊.........................460
3590 迷途未遠.........................461
3591 剝衣亭.........................461
3592 嗜賭喪子.........................461
3593 石佛為祟.........................461
3594 屍手毆人.........................461
3595 香生九畹.........................461
3596 試雷邀賞.........................461
3597 贊成和局.........................462
3598 奇人軼事（上）.........................462
3599 奇人軼事（下）.........................462
3600 保尸不變.........................462
3601 菩薩遭劫.........................462
3602 綵輿空返.........................462
3603 馬夫惡劇.........................462
3604 老命該盡.........................463
3605 紫燕啣珠.........................463
3606 伏闕陳書.........................463
3607 教匪拒捕.........................463
3608 木隸催糧.........................463
3609 蓮瓣罹殃.........................463
3610 嬰孩過關.........................463
3611 以身殉鵠.........................464
3612 逃婦械足.........................464
3613 豆腐錢莊.........................464
3614 倭兵喬裝.........................464
3615 索門生帖.........................464
3616 象怒殺人.........................464
3617 化吉為凶.........................464
3618 女公子.........................464
3619 種銀受騙.........................465
3620 李怪.........................465
3621 頭上生頭.........................465
3622 視錢如命.........................465
3623 相士買禍.........................465
3624 海外扶餘.........................465
3625 站肩卻疾.........................465
3626 錢神守庫.........................466
3627 竹妖.........................466

3628 釁起倫常......466
3629 草偶顯靈......466
3630 天誅逆子......466
3631 靈姑術破......466
3632 密訪桃源......466
3633 不納倭款......467
3634 西士規釋......467
3635 背母尋妻......467
3636 監犯娶親......467
3637 郡神迎路......467
3638 紙牌殉葬......467
3639 雉妓爭雄......468
3640 還金愈疾......468
3641 喜從天降......468
3642 示人不測......468
3643 倭兵中計......468
3644 臺軍大捷......468
3645 扣餉養妓......468
3646 鬼會......469
3647 舟子被騙......469
3648 鼠子演戲......469
3649 男丐喬裝......469
3650 將星誌異......469
3651 計沉倭艦......469
3652 狗陣破倭......469
3653 皇華生色......469
3654 江上飛魚......470
3655 歸馬如飛......470
3656 鬼話......470
3657 賽狗求雨......470
3658 打鴨驚鴛......470
3659 山猿報時......470
3660 出奇制勝......470
3661 倭兵大創......470
3662 海嘯淹軍......471
3663 開窗選婿......471
3664 青蚨化銀......471
3665 銃擊巨蛛......471
3666 虐妾宜辦......471
3667 嬰絕復蘇......471
3668 番食倭肉......472
3669 克復名城......472
3670 大帥誓師......472
3671 劉家軍......472
3672 聞聲相應......472
3673 渴龍攫瓜......472
3674 蜥蜴成妖......472
3675 撈人疑怪......472
3676 閹子遇救......473
3677 明察秋毫......473
3678 女將督師......473
3679 婚禮志奇......473
3680 人瘦我肥......473
3681 當堂自刎......473
3682 預卜榮行......473
3683 木朽蛀生......474
3684 易履奇聞......474
3685 縊鬼幻形......474
3686 福星照臺......474
3687 倭又敗績......474
3688 天厭倭奴......474
3689 擒獲倭奸......474
3690 名將風流......474
3691 倭敗確情......475
3692 墮水索詐......475
3693 履險如夷......475
3694 人畜關頭......475
3695 褒鄂英姿......475
3696 賢母守城......475
3697 輿尸以歸......475
3698 捕蛇奇術......475
3699 鳥獸前知......476
3700 墮桃鳴冤......476
3701 溺鬼索豆......476
3702 夾蛇龜......476
3703 發狂投水......476
3704 碩鼠奇形......476
3705 劉軍門軼事......476
3706 焚屍滅跡......477
3707 劇盜成擒......477
3708 土地驅瘟......477
3709 白晝殺人......477
3710 手揮目送......477
3711 坐地虎......477
3712 乘涼肇禍......478
3713 謀財誤殺記（上）......478
3714 謀財誤殺記（下）......478
3715 伯樂前身......478
3716 琉民戀主......478
3717 禳星解難......478
3718 頌揚得體......478
3719 有顯者來......478
3720 花叢獲盜......479
3721 畫符去針......479
3722 聲在樹間......479
3723 疑兵卻敵......479
3724 僕犬同殉......479
3725 日兵狂妄......479
3726 六足蛇......479
3727 好客遺風......479
3728 釁起重儓......480
3729 妓女作賊......480
3730 一震之威......480
3731 祝融示罰......480
3732 木偶成軍......480
3733 日兵訴苦......480
3734 童子逃禪......480
3735 道士前知......480
3736 佛地交鬨......481
3737 捉迷肇禍......481
3738 大姐含冤......481
3739 一拍送命......481
3740 拘姪得婢......481
3741 番目投誠......481
3742 籠絡生番......481
3743 鐵丸誌異......482
3744 妖術驚人......482
3745 神龍護木......482
3746 伶人獲盜......482
3747 賊捉捕快......482
3748 瘧鬼畏刀......482
3749 仙侶同舟......482
3750 就地正法......482

3751 校書避地......483
3752 彩輿迷路......483
3753 畜生難教......483
3754 蛇吸人氣......483
3755 釁起禿驢......483
3756 車中失火......483
3757 山神拯阨......483
3758 齒落增悲......484
3759 彭公軼事......484
3760 墜樓驚駕......484
3761 求天赦罪......484
3762 先生被嫁......484
3763 新婦擒盜......484
3764 僧被鬼侮......484
3765 馬牛其風......485
3766 引人入彀......485
3767 千里井......485
3768 拱北飛災......485
3769 假冒神人......485
3770 古井騰蛙......485
3771 毛人擲食......485
3772 天師除妖......485
3773 癡不忘名......486
3774 狗熊傷孩......486
3775 妖術迷人......486
3776 火星化石......486
3777 官眷成擒......486
3778 仙女聽琴......486
3779 賭棍毆官......486
3780 蟲亦畏威......487
3781 樹神求救......487
3782 山魈顧曲......487
3783 冥案存疑......487
3784 三頭鳥......487
3785 碩大無朋......487
3786 怨聲載道......487
3787 否極泰來......488
3788 水怪中毒......488
3789 神火誌異......488
3790 龍駒渡河......488
3791 參木樨禪......488
3792 現身説法......488
3793 頑父殺子......488
3794 獵虎併命......488
3795 將軍出險......489
3796 石獅失所......489
3797 穿窬絕技......489
3798 掘碑志異......489
3799 父子遊街......489
3800 似非人類......489
3801 請觀刑具......489
3802 驚破鼠膽......490
3803 童遭鳥禍......490
3804 犬助行軍......490
3805 墜鯉遇救......490
3806 虐婢報女......490
3807 刀下餘生......490
3808 聲震醫林......490
3809 道士奇談......491
3810 賭鬼迷人......491
3811 巧取豪奪......491
3812 助雷擊蟒......491
3813 武穆聲靈......491
3814 奇女入幕......491
3815 救火奇法......491
3816 傀儡成妖......491
3817 睡鞋繫辮......492
3818 剖割怪胎......492
3819 夜叉盜酒......492
3820 小惠大費......492
3821 老眼無花......492
3822 河神顯靈......492
3823 劍俠......492
3824 新人被侮......492
3825 秦淮勝會......493
3826 買油得土......493
3827 虎患難除......493
3828 喜從天降......493
3829 腹有人言......493
3830 日東怪獸......493
3831 女俠洩忿......493
3832 火在水上......493
3833 活沉賊婿......494
3834 輿服被焚......494
3835 召亡示報......494
3836 新郎難做......494
3837 天網難逃......494
3838 群孩索命......494
3839 殲除虎穴......494
3840 天亡回逆......494
3841 兵不厭詐......495
3842 河州解圍......495
3843 屋陷志異......495
3844 先淫後烈......495
3845 父子殉桑......495
3846 色相未空......495
3847 獅吼可怖......496
3848 金鑄范蠡......496
3849 玉堂富貴......496
3850 團圓佳話......496
3851 德門盛會......496
3852 鱉作人言......496
3853 大龜獻寶......496
3854 雨葉......496
3855 神通廣大......497
3856 僕婦仗義......497
3857 財神送寶......497
3858 剿回獻俘......497
3859 跳鮑老......497
3860 畫鼠失鼠......497
3861 夜游宜戒......497
3862 梟飛示變......497
3863 北方之強......498
3864 禦火至寶......498
3865 象占虎變......498
3866 紫姑靈異......498
3867 遠尊孔教......498
3868 百鳥朝王......498
3869 魚耶獸耶......498
3870 人逢妙鬼......498
3871 大令審樹......499
3872 城隍微行......499
3873 淫禿再世......499

3874 調戲被侮........................499
3875 樹魚........................499
3876 孝烈可嘉........................499
3877 上匾洩忿........................499
3878 營官鹵莽........................499
3879 大守宮........................500
3880 海狗鳴冤........................500
3881 畢命誌奇........................500
3882 沒後生鬚........................500
3883 打滑澾........................500
3884 合肥傅相小像........................500
3885 財神請客........................500
3886 孝媳感神........................500
3887 強中有強........................501
3888 燒香被圍........................501
3889 高蹺肇禍........................501
3890 冠禮異聞........................501
3891 異鄉年景........................501
3892 都司討債........................501
3893 雞異........................501
3894 俄援高亂........................501
3895 壽考作人........................502
3896 標客肇禍........................502
3897 流水無情........................502
3898 訓蒙受累........................502
3899 窮財神........................502
3900 推孩投火........................502
3901 神物誕生........................502
3902 道不拾遺........................503
3903 公宴使相........................503
3904 探極人回........................503
3905 野番巢居........................503
3906 樹結成刀........................503
3907 新娘赤足........................503
3908 孝丐........................503
3909 麻雀紛爭........................503
3910 產蛇........................504
3911 李傅相行年七十四之像504
3912 迎匾誌盛........................504
3913 玉猴救主........................504
3914 麥秀兩岐........................504
3915 佳耦天成........................504
3916 褻字被殛........................504
3917 命案駭聞........................504
3918 天網難逃........................505
3919 火羊飛天........................505
3920 濟人不易........................505
3921 仙人易衣........................505
3922 義貓救主........................505
3923 奮身救火........................505
3924 燒香被責........................505
3925 高國妖人........................505
3926 殺馬求馴........................506
3927 厲鬼畏犬........................506
3928 蜚蟲為患........................506
3929 將軍顯靈........................506
3930 仙翁猶在........................506
3931 佳人拾翠........................506
3932 會神訊案........................506
3933 放鷹掃興........................507
3934 水怪搏人........................507
3935 輪船撞沉........................507
3936 喬裝可惡........................507
3937 煙狗........................507
3938 蜜騙........................507
3939 海邦尚齒........................507
3940 海底清泉........................508
3941 齋貓........................508
3942 還金救子........................508
3943 刨棺破案........................508
3944 日抽妓税........................508
3945 為夫懺悔........................508
3946 守貞........................508
3947 夜郎可笑........................509
3948 追頌前勛........................509
3949 敵人差稱........................509
3950 西士義憤........................509
3951 流氓兇橫........................509
3952 摘伏如神........................509
3953 坍屋傷人........................509
3954 屠夫殉豕........................510
3955 驅蚊神術........................510
3956 土地顯靈........................510
3957 加冕盛儀........................510
3958 日后巡行........................510
3959 還炮誌盛........................510
3960 假道學........................510
3961 呂蒙後身........................510
3962 重懲馳馬........................511
3963 嫁禍於人........................511
3964 嫖帳難討........................511
3965 雞醫........................511
3966 風災........................511
3967 神鯉........................511
3968 孽貓........................511
3969 人劫........................511
3970 賺贓........................512
3971 兵釁........................512
3972 龜橫........................512
3973 蛇報........................512
3974 五鳳呈祥........................512
3975 靈官顯靈........................512
3976 考童吃醋........................512
3977 咒盜........................513
3978 朝鮮妖孽........................513
3979 鳴鶴在陰........................513
3980 死裡逃生........................513
3981 嫖客剝衣........................513
3982 覆車可鑒........................513
3983 長臥奇聞........................514
3984 罄控呈能........................514
3985 前因可證........................514
3986 蛇妻........................514
3987 貓怪........................514
3988 龍鬥蜈蚣........................514
3989 天鑒不遠........................514
3990 鬧房釀命........................515
3991 救鯉遺珠........................515
3992 嗜痂得道........................515
3993 瑤池宴會........................515
3994 德皇逸事........................515
3995 舞刀卻敵........................515
3996 五子遭雷........................515

3997 捕蟾行術......516
3998 賭騙......516
3999 馳馬殷鑒......516
4000 寬仁獲福......516
4001 指節騰龍......516
4002 鮮國孤忠......516
4003 女巫跳神......516
4004 風塵逸士......517
4005 大煞風景......517
4006 犬除狐媚......517
4007 賊猶嗜賭......517
4008 果報昭然......517
4009 異鳥......517
4010 剖鯉獲鏡......517
4011 款迎相節......518
4012 訛傳笑柄......518
4013 蚌珠難得......518
4014 天警淫嫗......518
4015 水懦易狎......518
4016 爭水釀命......518
4017 弩弓射虎......518
4018 驢異......519
4019 適從何來......519
4020 雄兵貽笑......519
4021 醫疫奇效......519
4022 水怪成擒......519
4023 一震而蘇......519
4024 道術被破......519
4025 陰兵夜戰......520
4026 少林復生......520
4027 女祟惑人......520
4028 牛販轉生......520
4029 菩薩救火......520
4030 留碑遺臭......520
4031 望子奇聞......520
4032 人不如鳥......520
4033 佯狂免辱......521
4034 媚鬼求財......521
4035 蛇入船孔......521
4036 意欲何為......521
4037 兩頭鵝......521
4038 嶽神判案......521
4039 臺民待賑......521
4040 鬼迷遇救......521
4041 水族奇形......522
4042 瘋人放火......522
4043 以盜懾盜......522
4044 賣嫂易妻......522
4045 偷兒殺人......522
4046 尼姑有道......522
4047 別有肺腸......522
4048 捉姦笑柄......523
4049 片言折獄......523
4050 蛇繞人頸......523
4051 魚形誌異......523
4052 五命同殞......523
4053 攫鼻奇聞......523
4054 目淫宜懲......523
4055 蠼螋......524
4056 龍王返駕......524
4057 水中有火......524
4058 韓盧大鬥......524
4059 雷儆小竊......524
4060 龍破磚窯......524
4061 咳獸述奇......524
4062 貪色忘身......524
4063 計脱叔囚......525
4064 丐癖......525
4065 奇園讀畫......525
4066 求神可笑......525
4067 北極采風......525
4068 節婦為神......525
4069 樟柳神......525
4070 雞生人面......526
4071 天從人願......526
4072 農婦刺虎......526
4073 人面犬......526
4074 褒功令典......526
4075 煙火奇觀......526
4076 洞中有怪......526
4077 符術驅蠅......527
4078 蜘蛛食鼠......527
4079 求神護法......527
4080 人食犬乳......527
4081 屍變述異......527
4082 撒豆成形......527
4083 白象西來......527
4084 演劇笑談......527
4085 俠客受欺......528
4086 水中砲彈......528
4087 阿香滅灶......528
4088 謠言宜禁......528
4089 謀財害岳......528
4090 賣驢被騙......528
4091 鶴雛下墜......529
4092 人尾述奇......529
4093 剖竹探丸......529
4094 不平難抱......529
4095 貓犬同殉......529
4096 異僧食蛇......529
4097 屠狗償命......529
4098 借嬰捕鱷......529
4099 焚符卻鼠......530
4100 行人掘窖......530
4101 棋局翻新......530
4102 少見多怪......530
4103 宅妖......530
4104 人食虎乳......530
4105 忍辱免禍......530
4106 舟涉重洋......531
4107 典妻販婢......531
4108 義貓反哺......531
4109 思妻扶乩......531
4110 盤古生日......531
4111 鸚鵡罹殃......531
4112 賴債行兇......531
4113 形同贅疣......532
4114 頑徒侮師......532
4115 毛將焉附......532
4116 莽夫殺妻......532
4117 情死奇聞......532
4118 還珠邀獎......532
4119 沙漠古蹟......532

4120 信妖演劇......533
4121 孝廉成擒......533
4122 阿姨代嫁......533
4123 劫親駭聞......533
4124 天道禍淫......533
4125 絞決兇犯......533
4126 誤踐囚屍......533
4127 藝林佳話......534
4128 參戎好善......534
4129 野鴛情重......534
4130 水賊難擒......534
4131 儉不中禮......534
4132 負心必報......534
4133 淫婦喬裝......534
4134 小龜出醜......535
4135 大家風範......535
4136 海底月......535
4137 好古被愚......535
4138 電焚鐵甲......535
4139 盧令利用......535
4140 狹路相逢......535
4141 巨棍成擒......536
4142 嫉惡如仇......536
4143 蠢差被困......536
4144 詩婢......536
4145 孝婦苦衷......536
4146 女貞不字......536
4147 啞孝子......536
4148 虎子暖足......537
4149 犢生異形......537
4150 驅蛇被困......537
4151 斫臂何為......537
4152 新娘撒潑......537
4153 鏡圓結髮......537
4154 全人眷屬......537
4155 一鳴驚人......537
4156 眾志成城......538
4157 靈符活人......538
4158 落花流水......538
4159 火會成圖......538
4160 鬧房嘗糞......538
4161 頭上生頭......538
4162 嚙勢奇聞......539
4163 頑童惡劇......539
4164 北極難尋......539
4165 畫師奪魄......539
4166 童子化虎......539
4167 大襪計......539
4168 賊膽如天......539
4169 海外奇談......540
4170 妹報兄讎......540
4171 羽士遇鬼......540
4172 天賜金豆......540
4173 神仙可致......540
4174 龜寶......540
4175 飛紽餘韻......540
4176 元寶飛舞......541
4177 雙龍搶珠......541
4178 巨黿求救......541
4179 喜得牛眠......541
4180 偷嫁觀音......541
4181 剜肉醫瘡......541
4182 千炬圍......541
4183 婦女保標......541
4184 因禍為福......542
4185 裂石除蛟......542
4186 父子陌路......542
4187 娘子軍威......542
4188 瘋父阻嫁......542
4189 急智斃狼......542
4190 童有善心......542
4191 大王顯靈......543
4192 踏車軍隊......543
4193 詐術日新......543
4194 吳儂説鬼......543
4195 探極縈回......543
4196 賃衣被騙......543
4197 婚禮志異......543
4198 貓鼠併命......544
4199 先賢何罪......544
4200 毛民志異......544
4201 車行水底......544
4202 蝦蟆獻金......544
4203 犬護醉主......544
4204 善門難開......544
4205 巨魚報德......544
4206 忍心奪食......545
4207 鼠諳律法......545
4208 鱷魚誌巨......545
4209 合歡橘......545
4210 離婚奇談......545
4211 賭算讕言......545
4212 野性難馴......545
4213 蠻觸紛爭......546
4214 跪樓笑柄......546
4215 信局肇事......546
4216 犬知朔望......546
4217 醉判......546
4218 老當益壯......546
4219 同病相憐......546
4220 假鬼逐虎......547
4221 井圈浮水......547
4222 四上弔......547
4223 放鴿未成......547
4224 車穿馬腹......547
4225 埋沒英雄......547
4226 狗能救人......547
4227 大鬧洋場......547
4228 春郊鬥馬......548
4229 伙夫產子......548
4230 幼娃退賊......548
4231 女立大學......548
4232 戲外有戲......548
4233 和尚捉姦......548
4234 猴知報德......548
4235 天生異人......549
4236 御風行舟......549
4237 官紳被辱......549
4238 蓬島奇觀......549
4239 神靈何在......549
4240 起死回生......549
4241 猴能報信......549
4242 鼠精作祟......549

4243 小人大頭......550
4244 短人有種......550
4245 開關納客......550
4246 墜樓生變......550
4247 小題大做......550
4248 合浦難還......550
4249 馮婦復生......550
4250 人墮煙囱......550
4251 春藥害鼠......551
4252 淫婦毒手......551
4253 不認同年......551
4254 燒香遇禍......551
4255 雷警惡人......551
4256 邑侯路斃......551
4257 猴子殺賊......551
4258 三生有幸......552
4259 兇惡性成......552
4260 悔不可追......552
4261 流水無情......552
4262 鼠能復讎......552
4263 王妃顯靈......552
4264 拔出火坑......552
4265 牛生小孩......552
4266 溺鬼搶物......553
4267 鏢師拒盜......553
4268 蜂蠆有毒......553
4269 剝屍顯報......553
4270 老奴無良......553
4271 兒生有尾......553
4272 傅相逸事......553
4273 虎登王位......554
4274 祝壽坍檯......554
4275 劍池龍躍......554
4276 樹妖誌異......554
4277 玩世不恭......554
4278 慨發慈悲......554
4279 姻緣錯配......554
4280 頭重腳輕......555
4281 殺人放火......555
4282 老將笑柄......555
4283 砍樹問罪......555
4284 火藥肇禍......555
4285 武弁不法......555
4286 太不自重......555
4287 死不旋踵......555
4288 虎不食人......556
4289 妙畫通神......556
4290 航海奇觀......556
4291 訓犬成軍......556
4292 龍穴已破......556
4293 樹妖案結......556
4294 珠光變幻......556
4295 強中有強......556
4296 犬能獲賊......557
4297 兩頭鱉......557
4298 龍姿鳳彩......557
4299 演龍行慶......557
4300 西童賽馬......557
4301 賽腳踏車......557
4302 狐欽孝女......557
4303 球升忽裂......558
4304 龜殼幾碎......558
4305 西蜀古錢......558
4306 老蛤貪餌......558
4307 太史愛才......558
4308 掛劍遺風......558
4309 濶老出醜......558
4310 貪色忘身......559
4311 誣竊釀命......559
4312 惡聲何來......559
4313 花林擺陣......559
4314 韋馱被毆......559
4315 智珠獨得......559
4316 慈悲何在......559
4317 氣球破敵......559
4318 鼠山貓鎮......560
4319 瞽姬被虐......560
4320 丐求祖師......560
4321 天理循環......560
4322 虛題實做......560
4323 狗亦荷枷......560
4324 夙孽相報......560
4325 蒙師難做......561
4326 王子私婚......561
4327 樹老通靈......561
4328 計破賊船......561
4329 賊思嫁禍......561
4330 笑罵由他......561
4331 驚散鴛鴦......561
4332 黃犬變人......562
4333 吞洋自刎......562
4334 捉月奇談......562
4335 元寶翻身......562
4336 舟子捉鬼......562
4337 知法犯法......562
4338 匪黨煽惑......562
4339 拐孩匿窖......563
4340 圖畫紈袴......563
4341 假夫妻......563
4342 失卻真面......563
4343 樹神治疾......563
4344 砲隊鉅災......563
4345 來不得......563
4346 不愧孝廉......564
4347 擊犬戕生......564
4348 賊遭賊算......564
4349 殺子下酒......564
4350 欲蓋彌彰......564
4351 人幻蛇形......564
4352 賣瘋宜防......564
4353 劇賊神通......564
4354 鏢師退賊......565
4355 看戲遇禍......565
4356 豪奴犯上......565
4357 搶親奇事......565
4358 冒官串詐......565
4359 貪色忘命......565
4360 雞卵生怪......566
4361 殺兒求醮......566
4362 姦盜笑柄......566
4363 凌轢花枝......566
4364 庵尼被砍......566
4365 大人遊街......566

4366 碩鼠害人......566
4367 嗜奇笑柄......567
4368 不敢與交......567
4369 兩頭鷹......567
4370 牧童掘窖......567
4371 賢令手裁......567
4372 王子比武......567
4373 巨梟神通......567
4374 肉身燈......567
4375 強索陋規......568
4376 番瓜幻龍......568
4377 淫禿行兇......568
4378 黃泥果腹......568
4379 仙人傷足......568
4380 醫生出醜......568
4381 彩雲變幻......568
4382 犬知代責......569
4383 人馬同殉......569
4384 鴨鬥......569
4385 少爺鹵莽......569
4386 惡鼠焚屋......569
4387 燐火何來......569
4388 因夢得物......569
4389 公子威風......569
4390 生死關頭......570
4391 道士捐官......570
4392 鬼話哄官......570
4393 孝女感神......570
4394 妖人可怖......570
4395 易妻貽笑......570
4396 指不若人......570
4397 犬識主人......570
4398 攀留佳話......571
4399 石龍出見......571
4400 角藝釀命......571
4401 煙壺破案......571
4402 媚神笑柄......571
4403 是何妖魅......571
4404 骨肉奇逢......571
4405 狸奴救主......572
4406 紙灰化蜨......572
4407 禁城失火......572
4408 塗山鬥牛......572
4409 頑石成魔......572
4410 頭角崢嶸......572
4411 氣球炸裂......572
4412 名花任俠......572
4413 臺基游街......573
4414 豬孽......573
4415 大頭蘊寶......573
4416 金豬炫富......573
4417 交印奇談......573
4418 鴿歸萬里......573
4419 換枷駭聞......573
4420 殺子報......574
4421 花叢蟊賊......574
4422 異獸將來......574
4423 僧魂顯靈......574
4424 命等彈丸......574
4425 樹之風聲......574
4426 蜘蛛救駕......574
4427 游魂冒騙......574
4428 信鴿靈捷......575
4429 失勢奇聞......575
4430 懺情斷指......575
4431 老官難做......575
4432 偷兒晦氣......575
4433 幻術得穴......575
4434 碑沉海外......575
4435 財可通神......576
4436 尾人被劫......576
4437 武士除妖......576
4438 恥入雞群......576
4439 目不識丁......576
4440 是何冤孽......576
4441 非種何來......576
4442 何怨於禽......577
4443 游觀臺......577
4444 新郎負婦......577
4445 婦負新郎......577
4446 落花有主......577
4447 煉金妙術......577
4448 與犬同枷......577
4449 奇魚四翼......578
4450 善解相思......578
4451 良友存孤......578
4452 名將手裁......578
4453 石化人物......578
4454 吃肉不易......578
4455 老鷹復讎......579
4456 人鱷......579
4457 雞子傷人......579
4458 魚被鱉咬......579
4459 貧員鬻妾......579
4460 白頭艷福......579
4461 納賄放妖......579
4462 搶媳奇聞......580
4463 錯認主人......580
4464 土和尚......580
4465 迎神遠遊......580
4466 老婦撒嬌......580
4467 一誤再誤......580
4468 童子識鬼......580
4469 掩骼得金......580
4470 剖腦療瘡......581
4471 寶鏡新奇......581
4472 水孩兒......581
4473 道人有道......581
4474 知幾免禍......581
4475 失鼓警惰......581
4476 貪淫無厭......581
4477 疑姦釀命......582
4478 輪舟作佩......582
4479 強項何來......582
4480 禁僧入城......582
4481 螟蛉難養......582
4482 顛僧謁貴......582
4483 傳文有賊......582
4484 送活嫁妝......583
4485 殭屍出嫁......583
4486 開闢有價......583
4487 聽響報......583
4488 喜覯龍光......583

4489 陞官有數........................583
4490 澤流一國........................583
4491 菩薩拜年........................583
4492 姻緣美滿........................584
4493 裙釵大會........................584
4494 同軌蒙庥........................584
4495 觀音洗心........................584
4496 金龜發財........................584
4497 為民請命........................584
4498 鼓鐘無聲........................584
4499 灶神福善........................585
4500 女金剛........................585
4501 嶺陷奇聞........................585
4502 財神無目........................585
4503 假鬼盜穀........................585
4504 攘雞失雞........................585
4505 杏苑先聲........................585
4506 天生偉人........................585
4507 僧尼過年........................586
4508 爭奪財神........................586
4509 專欲難成........................586
4510 騙子神通........................586
4511 巡船買禍........................586
4512 狐仙警世........................586
4513 解酒妙法........................586
4514 犬救主難........................587
4515 包探私刑........................587
4516 私刑定讞........................587
4517 枷示劣探........................587
4518 穴居有人........................587
4519 舉網獲屍........................587
4520 活葬喇嘛........................587
4521 紅拂難奔........................588
4522 火藥遺害........................588
4523 一枝蘭........................588
4524 水門被燒........................588
4525 義猴鳴冤........................588
4526 方敏恪公逸事一........................588
4527 方敏恪公逸事二........................588
4528 方敏恪公逸事三........................589
4529 方敏恪公逸事四........................589
4530 盜扮女裝........................589
4531 戲妻服禮........................589
4532 網魚得金........................589
4533 士林公憤........................589
4534 父子奇逢........................589
4535 俠僧........................589
4536 至性感神........................590
4537 迷藥宜防........................590
4538 狗熊食虎........................590
4539 扇化枯髏........................590
4540 縊鬼現形........................590
4541 射龍睛........................590
4542 青樓好義........................590
4543 黃耳傳書........................590
4544 鍾情土偶........................591
4545 術士禦盜........................591
4546 蕩子喬裝........................591
4547 紅線猶存........................591
4548 海參化人........................591
4549 魚身人首........................591
4550 救嬰獲報........................591
4551 曹交再世........................591
4552 猛虎怕官........................592
4553 木鐸徇路........................592
4554 電氣捉賊........................592
4555 羽士猖狂........................592
4556 遺臭萬年........................592
4557 黑虎轉身........................592
4558 離婦苦衷........................592
4559 失金得寶........................593
4560 盜賊指異........................593
4561 癱童入泮........................593
4562 甕中捉賊........................593
4563 轟灘遇怪........................593
4564 孩提告狀........................593
4565 賭棍會盟........................593
4566 瞎子串騙........................593
4567 公是公非........................594
4568 酒龍........................594
4569 輪車賽會........................594
4570 酷吏慘戮（上）........................594
4571 酷吏慘戮（下）........................594
4572 狐戲狂生........................594
4573 翠竹生花........................594
4574 美人計........................594
4575 夜叉報怨........................595
4576 羽人國........................595
4577 金雞被獲........................595
4578 石神有靈........................595
4579 御碑焚燬........................595
4580 天道好還........................595
4581 雷驚怨女........................595
4582 假鬼勾魂........................595
4583 失餉奇聞........................596
4584 持籌誘姦........................596
4585 鬼能驅賊........................596
4586 黃人作祟........................596
4587 海中有樹........................596
4588 蝴蜨迷人........................596
4589 大龜........................596
4590 城坍斃馬........................596
4591 鷩鴦打鴨........................597
4592 羅漢擒賊........................597
4593 阿香除妖........................597
4594 器作箴誡........................597
4595 天官示兆........................597
4596 大魚吐珠........................597
4597 節婦生鬚........................597
4598 村牛搏虎........................597
4599 歡喜冤家........................598
4600 雷埋逆婦........................598
4601 珠光示異........................598
4602 妖物可怖........................598
4603 海獸何來........................598
4604 虎睛放光........................598
4605 錫杖禦盜........................598
4606 虎不犯貴........................598
4607 得子奇緣........................599
4608 紅線遺風........................599
4609 捕役誣良........................599
4610 捕賊買禍........................599
4611 匪棍橫行........................599

4612 驚怪迷人......599
4613 身輕若燕......599
4614 西人恤囚......600
4615 佞臣遺臭......600
4616 冥官慎獄......600
4617 蛤蚧酬恩......600
4618 少林尚在......600
4619 木人為祟......600
4620 捉姦割耳......600
4621 墩異......601
4622 雷異......601
4623 映照誌奇......601
4624 御風而行......601
4625 優伶頌德......601
4626 賭棍銘恩......601
4627 邪不勝正......601
4628 馬腳大露......601
4629 鬼父擇婿......602
4630 蠅亦知醫......602
4631 黃耳多情......602
4632 抗捐肇變......602
4633 禍首伏誅......602
4634 觀察自刎......602
4635 壽翁吃醋......602
4636 舉鼎懾盜......602
4637 埋佛惑眾......603
4638 水牛化龍......603
4639 母豬產犬......603
4640 貓作人言......603
4641 評花韻事......603
4642 莽公子......603
4643 文人不法......603
4644 休妻笑談......603
4645 知音犬......604
4646 秘戲難演......604
4647 蠹役驚人......604
4648 神鳥......604
4649 飛鳥牽人......604
4650 強奪公所......604
4651 法人殘忍......604
4652 幾釀人命......605
4653 祖師何罪......605
4654 冶容誨淫......605
4655 盜舟贖妓......605
4656 大打山門......605
4657 老奴訐主......605
4658 侮兄笑柄......605
4659 割耳代首......606
4660 換棉獲利......606
4661 調停得法......606
4662 螢城......606
4663 時文鬼......606
4664 報荒受責......606
4665 脩心補相......606
4666 乘舟觀怪......606

0001 原 1/1 廣甲 1/3 大 1/1

力攻北甯

北甯之役，中法迭有勝負。其城之收復與否，雖無確耗，而戰績有可紀，即戰陣亦可圖也。此次法兵三路並進，竊恐深山窮谷中遇伏驚潰，故布長圍以相困。比會合，奮勇齊驅，一時煙燄蔽空，驚霆不測，地軸震蕩，百川亂流。而華軍已於前一日退守險要。狐善疑而兔更狡，總如善弈者之爭一先着耳。

0002 原 1/2 廣甲 1/4 大 1/2

輕入重地

法人攻奪北甯後，露布四出，舉酒相賀。不惟各埠商人所不及料，抑且統兵將士所不敢望也，始猶疑畏，逡巡而不進。偵探數日，知無華兵潛伏於中，遂嚴陣而入。嗚呼！虎狼惡獸也，而設阱以待之，即極其跳號狂噬之雄，而卒以自斃。彼不奪不饜者，其亦可幡然變計矣。

0003 原 1/3 廣甲 1/5 大 1/3

水底行船

地球外圍皆是水，東西則通，南北則窒；以日光不到，水結層冰故也。西人每於人力告窮之處，思有以通之。美國李哲禮者，精格致之學，新創一船，能行水底，蓋知冰山之下仍有水也。船長二百尺，以銅為質，形如卵，中藏機器，設電燈。上下前後左右俱有孔，鑲嵌玻璃，以通外視。外附兩輪，一在船底，一在船尾，鼓氣入其中，便可浮沉隨意；而其浮沉之所以隨意者，以螺絲旋為樞紐也。至於駛行之法，則不用煤而用油，燃火於油，機輪環動。從此天地之秘俱可昭宣，而風浪有所不驚，山礁知所預避，行海者如履平地。雖古所稱為地行仙，當亦無多讓也。

0004 原 1/4 廣甲 1/6 大 1/4

新樣氣球

「巧奪天工」之説，昔有是言，今有是事。從前普法相爭，用氣球以為間諜。據傳此球之製，向以皮為。今用上好純絲織造而成，而中實以藥煉之氣，下垂一筐，人坐筐中。嗣恐球落之時，適當洋面，乃易筐而為船，帆櫓具備，即墜海，亦能破浪乘風，無沉溺之患。夫船可游於水底，球可浮於青空。列子御風而行，猶覺其藝之未盡精純，而後來者可以居上矣。

0005 原 1/5 廣甲 1/7 大 1/5

演放水雷

中國與泰西通商，事事仿效西法，而於戰守器具，則尤加意搜羅，出貲購辦。近來蘇撫衛中丞委營務處某觀察，至江陰防營勘閱水雷。是日，江心下水雷三具，岸上安設電箱，以電線接引兩頭以通電汽，約長三百餘丈。機發聲應，響震陵谷，水勢反激，壁立萬仞，是誠防江海之第一要務也。語曰：「兵可百年而不用，不可一日而無備。」如中丞者，得之矣！

0006 原 1/6 廣甲 1/8 大 1/6

觀火罹災

諺有之曰：「三場不到。」良以無妄之災，猝然波及，無益而有損也。日前滬上老閘西首失慎，觀火者駐足橋上，愈聚愈多，竟有寖不能容之勢，而巡捕持棍驅人，哄然思竄，橋欄擠折，落河者不下數十人。是不獨失冠遺履之紛紛也。「城門失火，殃及池魚」，古人豈欺我哉？

0007 原 1/7 廣甲 1/9 大 1/7

風流龜鑑

問柳尋花，韻事也。而處之無其術，每家破而身亡。前者蘇城內天庫前高墩上掘出一屍，隣近喧傳報官請驗。邑尊飭差查覆，知亡者係鎮江人，在土棧為夥，積薪水資作狎邪遊，與該處之某妓相識，蜂狂蝶戀，與盡綢繆。無何金盡床頭，炎涼頓異。向之相期白首者，至此反遭白眼，惱羞成怒，乃服毒死於妓所。該鴇草草掩埋，連夜逃遁。噫！鏡花水月，未可認真，安得花魁女不負秦鍾一片熱腸乎！

0008 原 1/8 廣甲 1/10 右 大 1/8

刲肝療父

鵂鶹夜叫雲如墨，孝子持刀泣昏黑。父兮年高病已亟，兒願刲肝兒力竭。天地鬼神森四列，慘聞兒言陡變色。白刃一揮二豎卻，春風頃刻來床席。里有豎儒頭已皓，謂兒雖賢未聞道。以身博孝孝亦小，吾謂此言理未純。即今風俗難還醇，讀書幾輩知彝倫。自古盡孝祗率真，勢當孔棘遑圖存。不見龍比稱藎臣，亦惟以身酬君恩。漢陽紛紛述如此，書義其名田其氏。

0009 原 2/1 廣甲 2/10 左 大 1/9

火鼠焚居

「禍福無門，惟人自召」，人視為老生常談，然而其中有至理焉。慈祥可召天地之和，殘忍終犯鬼神之忌。如近日溫州火鼠一事，有足引為戒者。蒼橋錫箔店獲一鼠，塗以火油而焚之。鼠痛甚，竄入柴堆，一時煙飛燄射，勢已燎原，轉瞬之間，俱成灰燼。夫「投鼠忌器」，古人有明訓矣。而此君以一念之忍，天即假手於鼠，以火其廬，報復之捷，捷於影響，則殘刻居心者其鑒諸。

0010 原 2/2 廣甲 2/11 大 1/10

雅集名蕙

滬城邑廟豫園之內園，每年於立夏節邊，盛設蕙蘭會三日，藉娛神而兼角勝也。裙屐聯翩，遊人如織。蘭之品類不一，有似梅瓣者，有似水仙瓣、荷花瓣者，其餘朱瓣素心，亦登上選。惟一年而數種皆備，是為難能耳。安徽黃州有墨蘭，僕於曩年曾攜數本歸，燥濕其宜，寒燠其時，冀放一莖以供眾賞。乃有意種花花不發，倘亦所謂遷地弗良乎？

0011 原 2/3 廣甲 2/12 大 1/11

熙朝人瑞

〈洪範〉「五福」，一曰「壽」。〈祭義〉曰：「天子巡狩，諸侯待於境，天子先見百年者。」可見引年之典，異世而同揆也。江蘇揚州狄君俊，乃欽賜翰林院檢討，現年一百一十歲。近由蘇到杭，晉謁兩省各大憲，趨拜強駛，精爽不衰，無年老人態度。聞明年乙酉科為重赴鹿鳴之期，儒林中將播為美談矣。李嶠龜息、錢朗童顏，狄公豈苗裔歟！

0012	原 2/4	廣甲 2/13	大 1/12

盜馬被獲

昔昌黎有詠馬詩，曰：「借問價幾何？黃金比嵩邱。借問行幾何？咫尺視九州。飢食玉山禾，渴飲醴泉流。問誰能為御，曠世不可求。」其意為懷才不遇者惜也。京師豫邸有坐騎，日可行五六百里。圉人不謹，猝被盜去。行經宣武門，經官役拿住，呈獻豫邸驗收，益加珍愛。夫此馬之得遇其主，幸矣！盜挾之去，幾乎失身；而卒之浦望還珠，趙終歸璧，夫固幸之又幸矣。士不遇時能無哭煞！

0013	原 2/5	廣甲 2/14	大 1/13

秋錄大典

每年於三四月間，例行朝審大典。其日期則由藩臬兩司會詳，撫轅批准。各縣人犯先期解省寄監，屆期至撫轅過堂點名發落，給發席扇錢食等物。一時赭衣絡繹，黑索琅璫。延頸跂足而觀者，謂地獄之變相云。

0014	原 2/6	廣甲 2/15	大 1/14

賽馬誌盛

西人於春秋佳日，例行賽馬三天，設重金以為孤注，捷足者奪標焉。其地設圍闌三匝，開跑時，人則錦衣，馬則金勒，入闌而後，相約並轡。洎乎紅旗一颭，真有所謂「風入四蹄輕」者。圍角有樓，西人登之以瞭望。一人獲雋，夾道歡呼，箇中人固極平生快意事也。而環而觀者如堵牆，無勝負之攖心，較之箇中人，尤覺興高采烈云。

0015	原 2/7	廣甲 2/16	大 1/15

行竊尋歡

《禮》云：「飲食男女，人之大欲存焉。」一大字中，便有無窮事變，無限防閑之意。上海南市豆麥行學徒某甲，年十八歲，乘間竊行主洋三百圓，潛遊妓院，匿三日不出，而衣服玩好等物，概屬妓處傭人置辦。該妓察其行為，有所不類時下之所謂「闊少」者，於是兩兩三三輾轉傳說而聞於捕房，即飭包探往拘送案矣。吁！行主不能任慢藏之誨盜，妓女不必辭冶容之誨淫。而某甲以人欲橫流，甘為胠篋探囊之舉，圖歡片刻，貽玷終身，何其不知自愛乎！……

0016	原 2/8	廣甲 2/17	大 1/16

圭玷須磨

……其竊洋之計之得售也，乃父實有應得之咎也。子弟習業之年，正情竇初開之日。世不乏質實地方，見聞不奢，思念自不亂。乃所習既非絲茶，又非洋貨，而必置之通商巨埠，則所以染濡其耳目，與夫搖蕩其心神者，已非伊朝夕矣！一朝失足，匍伏公庭，乃翁縱認賠洋，而此子已成不完之璧。是故君子貴知幾、貴慎微。

0017	原 3/1	廣甲 3/18	大 1/17

庸醫殺人

《禮記》不云乎：「醫不三世，不服其藥」，何其鄭重也。滬城南市有擺舊貨攤者，其子患外症，就醫於董家渡之張某。張某妄用針刀，致病者血溢不止，立時斃命。夫病急亂投醫，天下之通病也。而醫家以人命為兒戲，實為人情天理所難容。兵官無後，刑官無後，蓋為枉殺人者言之耳。吾為之進一解，曰「庸醫無後」。〔張印〕

0018	原 3/2	廣甲 3/19	大 1/18

越事行成

南服不靖，中法交誼幾有瓦解土崩之勢，君相之廑懷彌甚，士民之義憤同深，於今將二載矣。乃忽焉而天心厭亂，世運轉機，欽命李傅相與法欽差福尼兒在津商訂和約，言歸於好，化干戈為玉帛，藉樽俎以折衝。國之福也，民之幸也。〔清河〕

0019	原 3/3	廣甲 3/20	大 1/19

曾襲侯像

曾劼剛襲侯，文正公之長子也。籍隸湖南湘鄉縣。同治紀元，髮逆平，敘至策勳。舉朝交推文正，錫爵一等侯。文正薨，今侯襲焉。光緒初，泰西各國請放大臣駐其國，以聯交誼。朝廷知侯通西學，命秉節旄，出使英法。其時俄與我有隙，伊犂之事，前使俄使者辦事不稱旨，簡調侯往，遂訂利瓦諦亞之約。越南之役，旨下廷議，主戰主和者，各執其說，惟侯則謂實力備戰，以保和局。觀其致李傅相書，字字起稜，針針見血。其智周乎全局，而其利害所伏，直綜乎十世百世，而權其重輕。斯真柱石之臣也。爰謹敬模像以饜世之傾心景仰者。〔子〕〔沖〕

0020	原 3/4	廣甲 3/21	大 1/20

見財起意（上）

揚城東三十餘里之馬家橋有小集，亦旅客往來可以謀棲止者。橋左有餅店，兼市酒菜，杏帘一角，斜挂林梢，大有「雞聲茅店月，人跡板橋霜」景象。一日，有甲乙兩人，皖籍而懋遷於外者，過其地，日丸欲墜，口燥思漿，乃就飲以解渴。櫃中一中年婦當壚滌器，蹀躞其間不為意也。食頃，乙謂甲曰：「今日不及到揚城，我往集上招廣所。」言已匆匆去。甲飲畢，將往迎乙，就櫃付酒貲。婦覷其有橐金也，詒為有室可以下榻，誘之入，突前揪甲髮曳令倒地。夫從背後握刀，……

0021	原 3/5	廣甲 3/22	大 1/21

見財起意（下）

……效陳平宰社肉故事，分切而下於鍋，以為人不知鬼不覺也。未幾，乙回，向索甲。婦辭以去久。乙尋之不獲，疑入煙花叢，歸廣獨宿，倦極思寢。廣主豢一犬，賴以司閽者，入室狂吠，啣衣使出。乙知有異，邀集廣公數人，尾犬所至。及該店，犬益號，眾於是排闥入，見竈下有燈熒然，釜鍋中氣騰騰，上揭蓋視之，則甲首尚可辨認也。乃將該店四人扭送江都縣署，不日將繯首市曹矣。微斯犬，則甲之沉冤未知何日始能昭雪。此犬亦神矣哉！〔承臚〕

0022	原 3/6	廣甲 3/23	大 1/22

斯文塗炭

苦恨年年壓金線，為他人作嫁衣裳。士子讀書不得志，專恃管城子以覓生活，傷矣！溫州參戎某，胸無點墨者也。今年接篆時，因未請幕友，遂以前任某遊戎所延之某甲承其乏，一切詳文咨扎，既經委之某甲之手，而又強作解事，胡亂改竄。某甲懼其誤事也，思為出谷遷喬之計，向索薪水，翻攖其怒，竟以雞肋奉尊拳。噫！泛淥水，依芙蓉，庾景行何其麗也。世有王仲寶，此君庶可吐氣乎？〔臚印〕〔子翀〕

0023	原 3/7	廣甲 3/24	大 1/23

海屋添籌

秣陵東牌樓有張姓者，縣役也。前日為懸弧吉日，特召兩部女伶在家合演，絲竹交作，賓筵四張。入室者舉為主人壽。主人曰：「樂哉，亦極人生快意事也。」無何，福退災生，禍不旋踵。本官惡其越分，簽提到案。笞責三千，畢，謂之曰：「吾為爾海屋添籌」。〔君言〕

0024	原 3/8	廣甲 3/25	大 1/24

去思滋永

鐫碑頌政，遮道乞留，古今有異治，古今無異民也。天河兵備道裕觀察長奉命升授奉天府尹。溯在任時，政尚嚴明，毋枉毋縱；故闔境士民畏之如神明，愛之如父母。今去任，紳耆祖餞，婦孺攀轅，公亦當顧而樂之也。上有以報國恩，下有以慰民隱。安得天下臨民者而盡如公哉！〔翰〕〔蓴〕

0025	原 4/1	廣甲 4/26	大 1/25

苦樂不均

春水未生，秦淮清淺。燈船畫舸，鱗次來遊。簫管之聲，已與隔江玉樹後庭花相應答。前日有一糞草船，思趁晚照出水西關，以便來早挂帆東下。不意行至桃葉渡，忽被遊船擁擠，居然犬牙相錯，進退兩難。舟子只顧用力掙扎，未暇慮及船身載重，纔一欹側，汩汩者前後艙已灌滿，立即沉下，人雖滅頂，而覺岸旋登，當為不幸中之大幸耳。〔春水有情〕

0026	原 4/2	廣甲 4/27	大 1/26

英國地震

英國東邊地方於三月廿七日早九點半鐘地震，其伊潑蘇依出與戈吉思德兩處為尤甚焉。始則鐘鐸錚然作響，俄而門戶震撼，器皿徙移。戈吉思德有大禮拜堂一所，有塔高十五丈，突然傾塌，禮拜堂碎成虀粉。居民亦覆壓不少，一時奔避倉皇，號哭遍野。然猶幸在日間，受傷之人雖不計其數，而震死者則僅一小孩一婦人而已。設在黑夜，其禍當更有烈者，然亦非常之災已。〔守愚〕〔以直〕

0027	原 4/3	廣甲 4/28	大 1/27

人財兩失（上）

距金陵八九十里，與句容相接之處，有小湖焉。上承高醇定浦，下接丹陽太湖，實帆檣之孔道，非荒汀冷港可比。居人時聞湖中有鎗火聲，然以事不干己，姑置之。湖之南半里許有郭某者，崇明人，初以耕湖濱漲灘為業。黃收金粟，紅摘玉蘆，暇或結網捕魚，雜長頸瓠跂牙薑，相與擔貨於市。日獲其利，家遂康。自以三十許人，娶婦頗少艾，力能舉孟光之杵。然「青荷中婦鏡」，「黃竹女兒箱」，尚堪顧影翩翩，不似農家塵俗物也。一日，與孔武有力之某甲相遇於市，自稱亦崇明人，彼此敘鄉誼，酬飯食。聞郭有錢鎛之役，願為傭。郭貪其直廉，引與俱歸，呼之曰弟，即爨下而嫂其妻。次日，甲請行隴畝，郭一一指示之，甲果戴星出入，辛苦異於常傭。郭轉恨得甲晚。久之，郭并瞻杏望蒲，視昏戒旦，悉諉諸甲；己則昕夕於市逐魚鹽，權子母，思以什一起家。市上有黠者為之主，郭深信之，舍其家，或數日不歸，或數日一歸；歸亦匆匆不暇問家計，視家如傳舍。不知甲自操家政，早已移居於內，鼾睡乃兄之榻，不啻食其肉而寢其皮矣。一日，郭忽乘暮歸，不為備，見其妻與甲有皇遽狀，心疑之。徐察婦，婦力諱。然心終不釋，婦恐其下逐客令也。因謂甲曰：「子速去，毋令彼牢籠我也。」蓋婦諗知甲為綠林之豪，有巢穴，以避禍而隱於傭。事已解，故令其速謀瓦全，毋為鏡破，兩人之相期白首者，非一日矣。至是，甲偽以索貲與郭口角，且數郭妻而痛罵之，恨恨出門，郭果不疑……

0028	原 4/4	廣甲 4/29	大 1/28

人財兩失（下）

……其妻待之如初。妻又勸郭貸租於人，孕其值三年，不取息，可免置傭工者；又勸郭將肆中所入，藏之內府，不以太阿倒持於人；又勸郭就家中宿，自持門戶。郭見其計殊切實，頗自喜。越兩月，甲忽搖扁舟泊湖側，湖上人多語以似曾相識者，甲亦以故燕歸來自認。天將晚，直詣郭宅，伏牖下，見郭據中庭，方食，即繞至爨下與郭妻語所以。妻且驚且慰，舉案置郭前，笑謂曰：「今日方得為梁鴻妻矣。」夜既半，甲率六七人破門入，縛郭反接於柱，以絮塞其口。搬物既盡，始負其妻而出，且謂曰：「不勞君送」，急解纜矣。天既明，鄰人始來相視，蓋盜以一人遍號於左右，禁其出入，故鄰佑無一人敢啟扉者。郭得釋，顧家中別無一長物，放聲大哭，自恨依然一耕灘窮漢也。〔風雅〕

0029	原 4/5	廣甲 4/30	大 1/29

不堪回首

佐貳雜職，本是朝廷不甚愛惜之官；然自其本身視之，則固儼然一命之榮，不與齊民為伍矣。乃以余所聞則大不然。洋場之拉東洋車者，至苦亦至賤也。流氓游手，生計毫無，借此日獲數文錢，差勝沿階托缽。故雖雨淋日炙，路遠宵深，而馳逐爭先，甘與驢馬同其困苦者，誠以自視其身本無足貴耳。不謂曾任江蘇實缺巡檢某，而亦淪落於其中也。日前石路中有人僱東洋車，車夫應聲至，未及問價，即忸怩遁去。乃知拖車者為某巡檢，而僱車者其衙門當差者也。可不畏歟？吁！青蚨飛去，不復來歸，數十輛軋軋奔波，不知幾許紈絝也。然如某佐雜者，鳩形瑟縮，猶憶及騶導傳呼日耶。〔大吉祥〕

0030	原 4/6	廣甲 4/31	大 1/30

病中易腿

杭城長慶街某甲，以箔為業，年來命途乖舛，賦閑家居；邇日又抱沉痾，漸就羸瘠，呻吟床褥間，生氣奄奄，僅存一息。一日，上燈後，妻女下樓用晚膳；短檠獨對，無限感懷，意似合眼睡去。恍惚有人直達臥室。視之，一矮漢黑而肥，肩負一腿云：「從清波門外來，與君掉換。」不俟問故，即出刀襲其左者，而以負來之腿相與拍合，不啻移花接木也。某懼極聲嘶。妻女疑有他故，亟奔樓頭，備詢巔末，秉燭審視，而兩腿之巨細判若天淵。顧不奇哉！夫人精爽一衰，鬼物憑而為祟，不必斥為事理之所必無。特無解於持一腿來，易一腿去，並告以清波門外來，於義何所取也？姑存之，以質世之博物君子。〔正〕〔大〕

0031	原 4/7	廣甲 4/32	大 1/31

犬馬報主（上）

劉伶荷鍤，李白哦詩。名士襟期，往往以麴糵為性命，乃朝鮮之某甲有同嗜焉。一日飲至酩酊，行經毛洞街，玉山頹矣，遂酣眠於泥潦中。其地僻處窮巷，行人稀少，只有數小孩在彼嬉戲。不料突來數惡犬，繞其身，勢將狂噬，饜彼老饕，蓋岌岌乎瀕於危殆矣。無何，復來一犬，眈眈怒視，大肆咆哮。眾犬力不敵，相率奔竄，而某甲遂為驚醒。小兒輩近前告語，始知後來之犬乃某甲家所豢之犬也。時有好事者為作義犬歌以傳之。不數日，而有馬救主一事出焉。……

0032	原 4/8	廣甲 4/33	大 1/32

犬馬報主（下）

……東城外某村，某甲以牧馬為業，雖非伯樂復生，而維縶有時，芻秣有候。以故馬亦引為知己，而家道遂康。一夜，有二偷兒持械入室，大恣搜掠，已將財物捆縛，欲負之而去。忽馬從廐中逸出，嘶聲不已，與盜相持。某從夢中驚覺，披衣起視，則見一盜已被踢倒，一盜皇遽欲遁，遂被獲住。天明，解送有司衙門辦理。二事相隔止數日，皆確鑿。夫食人祿者忠人事，物類且然，可以人而不如畜乎！〔冀北良才〕

0033	原 4/9	廣甲 4/34 右	大 1/33

撞騙可惡

蘇城有專造偽物之某甲，前月握戒指兩隻，係銅質而麗以金者，伺於道前街濟元當之門口，冀有人受騙焉。時適有某公館之老僕婦，奉主人命抱古銅鼎一尊就櫃質錢。當夥估值四千，嫗以須質六千，請益不可，遂攜鼎而行。甲伺之既久，知為可欺者，俟其出，出戒指求為代質。嫗視其人貌羞縮而足趑趄，似顧恤體面者。憐而允之，付以鼎，屬代守，反身入內。而某甲即抱鼎逸去。及當夥告以故，而璧已入秦，烏乎歸趙。號啕大哭，幾欲輕生。嫗固自愚，而若輩之為鬼為蜮，混跡於闤市場中者，實繁有徒也。所望賢有司嚴捕以治之也。〔安良〕

0034	原 5/1	廣甲 5/34 左	大 1/34

雷殛侍者

雷殛一事，西人不信。謂磺伏地中，鬱極必洩。故始於春末，盛於夏秋，至冬則殺焉。人自誤觸耳。英國牧師某攜一侍者，僱南船由山東青州赴天津。初七日，舟次唐官屯。雷電以風，一震之威，將侍者提至岸上，肩穴兩洞大如拳，由胸至脅皮肉殘破；而船桅則由頂削下，有爪痕深逾一寸，寬約二寸，餘俱無恙。夫造物弄人，恒多不解，謂為誤觸，亦未敢深信而不疑。冥冥中殆別有權衡與？〔天〕〔威〕

0035	原 5/2	廣甲 5/35	大 1/35

輪船擱淺

怡和洋行之寶生輪船，於月之初三日，在吳淞口外三百餘里之捕魚島邊擱淺。一聲霹靂，盪魄驚魂。雖未罹滅頂之凶，而同濟諸君則已面無人色。幸有太古公司之海口輪船由汕頭來滬，見之，馳往救援，將其船上貨物、書信及中西搭客均為裝運至埠。初聞船身受傷尚輕，當可施救。閱十八日報，則謂該船拖救之時，艙面忽然迸裂，船底又有巨孔，萬難出險云云。假令事機順遂，即重洋萬里如履堂階，然而風狂霧緊，陡觸沙礁，轉瞬之間禍生不測者，亦所在多有。斯船雖遭敗壞，而人則全數無恙，猶為不幸中之大幸耳。〔古雅〕

0036	原 5/3	廣甲 5/36	大 1/36

夏姬再世

山右某翁，在京貿易有年，家頗充裕，其妻孥均在原籍。翁以縫紉需人，且苦岑寂，因謀諸媒媪，訪有巨室之妾某氏，夫故，遵太夫人之命而欲改適者。既艷於姿，復饒於財，翁乃百計得之。既入門，枯楊生稊，歡好自不必言。甫半載而舉一子，非翁血脈也。無何，翁遘疾。妻子聞訊，星夜來京。易簀而後，嫡室綜核翁之貲財市肆，而以一酒肆一茶肆付氏。曰：「汝母子好為之，吃著不盡也。」先是，翁在日，氏好為葉子戲，徵逐無虛日，日不足，繼之以燭，流連忘返，習以為常。至是大婦家子扶櫬旋里，益無忌。子亦染紈絝習，日事遊蕩，家道遂替。一日，氏臨鏡自照，歎曰：「豈有猗頓可以立致而甘淪為原憲者乎！」屬家人秘其術，靚妝出門，匿跡於素識之李媪家，媪固賭博之囊家也。市廛年少，藉作勾留。山左某賈雄於財，性愛樗蒲間，詣媪所，見氏隱於幕間，半面窺人，極其嫵媚，輒心為之醉，浼媪執柯。三五日間，居然鴛鴦交頸矣。氏素機警，有幹才，自操家政，有條不紊，內外出入，無累黍差。主人愛其能，益暱之，俾司管鑰，初不虞太阿之倒持也。其子自母出門後，益無聊賴，藉媪力，偽為氏之親串，得達賈室。往來既數，餽遺自多。子促母歸。氏曰：「毋亟亟，將有待。」時屆歲闌，賈有急需，檢取蓄積，十無二三。詰氏，氏不承，遂占脫輻，日夕詬詈，且欲鳴官。賈不堪其擾，自悔其非，願還婚柬，更與多金以遣之歸。人竊有以闒茸議賈者，然而孽海無邊，回頭是岸，賈亦見幾哉！〔風韻猶存〕

0037	原 5/4	廣甲 5/37	大 1/37

奇形畢露

自泰西脫影之法行，而隨地皆可拍照。尺幅千里，纖悉靡遺，人巧奪天工，洵非虛語也。滬埠之洋涇橋，橋河雖不寬闊，而潮水盛漲時，舟楫往來頗夥。日前有華人某，乘小艇容與中流，意頗自得，偶不謹慎，其手持之洋三十元掉落河中，輾轉躊躇，擬俟潮退，設法撈摸。岸上有知之者，赤體下河，冀有所獲。行人皆作壁上觀。有業照相者，見人頭如蟻，攜鏡箱雜稠人中，拍一照去，醜態奇形，活現紙上，正無俟溫嶠之然犀已。〔忘形〕

0038	原 5/5	廣甲 5/38	大 1/38

厘卡積弊

閱報，登有「杭城厘卡巡丁、司事表裏為奸，商情大困」一則。往者，僕在蘇，亦親嘗其味，姑就身受者而申言之。咸豐初，髮逆披猖，蹂躪幾遍天下。握兵柄者，苦於餉項奇絀，辦賊無下手處，議於克復地方，奏設厘卡，抽收助餉，原屬一時權宜之舉。其時商民望治迫切，故輸捐者不但無吝色，且無機心。嗣後各省漸就肅清，彊吏猶以善後事宜百廢待舉，一時不遽撤為言，不謂悠焉忽焉垂二十年。從前言官屢登奏牘，朝廷亦知於民不便，飭各省大吏規復舊制，不得藉詞阻撓。議者謂見諸諭旨，民困可稍蘇矣。乃旋有以「帑項支絀，軍需浩繁」入告者，而其事遂寢。迄於今，再無有以此事為言者矣。市道之衰，於今為烈，而推原其故，則抽厘雖較納稅為重，猶屬小民應輸之款。凡有血氣莫不尊親，化日光天得鼓腹以遊其下者，皆君上賜也，豈敢吝此區區，便生怨望哉。惟卡員不得其人，斯罔上淩下，無所不至耳。兢兢自守，誓不多取者，十無一；滴滴歸公，絕不染指者，百無一。言公，則憂繳數之不長；言私，則念得差之匪易。於是捐之不足而議罰，罰之無名而訛詐。花名不對，分量不符，故意留難，藉端勒索。行商切齒，坐賈剝膚，籲苦天高，謀生路窄。此市面之所為蕭瑟，而厘金之所以年不如年也。若夫巡丁司事猶犬也，不有嗾之者，其敢舞爪張牙而肆噬哉！奚足責哉，奚足怪哉！〔恤〕〔商〕

0039	原 5/6	廣甲 5/39	大 1/39

淘井得銀

聞之，除人世之害者，受人世之利；盡一己之勞者，享一己之福。金陵湖南會館照壁外有一井，固所謂取之無禁，用之不竭者也。今春突然淤塞，飲此水者每患河魚之疾。入夏以來，倍形乾涸。左近某絲經染坊，邇以新絲上市停湅，店夥等無所事事，願淘井使清，以便居民。乃浮泥甫盡，井底若有刺足者，初猶以為瓦石楞角也，視之則錫燭臺、銅香爐。再加淘汰，則有翡翠簪、玉器數件。旁有一缶，上布、泉、刀若干，傾所有，則白鏹藏焉。歸白，坊主且驚且喜，並願出若干金，以修街市井泉及清理官溝之用，所餘之項憑四鄰分與眾夥。說者曰：「坊夥固因勞而得利，坊主亦染指之曾無。賢主嘉賓，世所罕覯聞。」是井自南京恢復後，未經淘過，此寶殆髮逆踞城時所遺與？〔自〕〔然〕

0040	原 5/7	廣甲 5/40	大 1/40

倫常乖謬

候補都司張登五奸占姪女一案，早列奏章。張逃匿後，盤川消乏，而又懸念意中人不置，潛回山陽原籍，欲以扁舟一葉，載西施作五湖遊。其嫂偵知，首於官，差役登門。張知事洩，懷小洋鎗而出，將為脱逃計也。詎差役早作準備，刀棍交下，張力不敵，遂被獲。押赴山陽。邑尊略訊數言，即命監禁。夫「新臺有泚，中冓難言」，其不為孔子所刪者，將以垂殷鑒也。武夫不讀書，故甘冒瀆倫而不悔與？〔大吉祥〕

0041	原 5/8	廣甲 5/41	大 1/41

懲辦假犯

日前，滬城新北門外有乞丐二人，頸繫鐵鍊，肩負巨石；捕房見其形蹤詭異，獲解公堂。訊得該丐常熟人，其父洪貴曾犯案，本縣地方官責令負此二物，挨戶乞食。父死子襲之，以其向鋪索錢較易他丐耳。夫犯非美名也，丐非恆業也；而之二人者，乃樂得而冒襲，是人心之不同如其面，倘亦所謂別有肺腸乎？〔窮〕〔民〕

0042	原 5/9	廣甲 5/42 右	大 1/42

暹羅白象

象出暹羅，而白象則殊不易得。美國人有豢獸者，羅諸獸以供人觀玩，藉此獲利。向欲購一白象，求之暹羅境內，久而弗得。今幸覓得一頭，命名曰東光。其色較尋常灰色為淺，如白灰者然，并略帶淺紅色。覓得之後，置之籠中，裝入輪船。忽遭風，船身欹側，籠遂倒而籠門頓碎，象逸出。象本以山薯為糧，爾時適有廣橘在旁，立食盡。厥後，象奴仍以法閉置籠中。先載至法國，由法赴紐約，觀者甚眾。繼又載至飛來對立飛鴉地方，聚觀者益甚。刻下尚在該處。據聞是象僅生六年，其牙尚在初出，暹羅人事象為神，故該象在暹羅時名曰「食虎」云。〔食〕〔虎〕

0043	原 6/1	廣甲 6/42 左	大 1/43

美使抵漢

美國欽差楊大臣乘美國兵船到漢口，率同水師提督及兵官數人拜會兩湖督憲。督憲先派委員迎迓入署，款以酒筵。翌日，督憲排列儀仗至美兵船回拜。出署時，鳴砲一聲，護衛兵丁分隊站立，江干旗幟飄颺，如荼如火。督憲到美兵船，楊大臣亦張筵款待。飲至半酣，即命船上兵丁操演各種陣式，又放水雷俾督憲縱觀，再行入席飲酒。稍頃告辭，然炮十九門以送。中國炮台亦升炮相應，其聲如連珠云。〔賓至〕〔如歸〕

0044	原 6/2	廣甲 6/43	大 1/44

公主入朝

固倫公主，恭王之郡主也。太后以王功在社稷，故撫郡主如所生，號固倫公主。昔者，漢以衛青外戚勛高，三子猶在襁褓，皆封侯。況乎金枝玉葉，系出天潢，尤非外戚所可比乎？夫天家眷屬，豈易仰瞻。今以入宮朝覲之故，前遮後擁，儀衛盛陳，街市所過，萬民屏息，見者咸歎為榮幸非常云。〔榮幸〕

0045	原 6/3	廣甲 6/44	大 1/45

義婦可風

漢皋為洋街一都會，駕扁舟以就餬口者無遠近。中有一船，操之者為黃陂縣人，夫婦二人外，并偕一弟。弟素無賴，不可付以事。而兄以手足誼，不忍棄之，以蹙其生。故住漢雖久，兄仍以弟撫之不稍替。一日，兄特患失明，其弟猝起詐慝，將劫嫂作奇貨。兄聞之，不能為遠引計，不能為先發計；又念兩目已瞽，恃妻猶得相助為生，一旦離披，必至就斃溝壑；計無所出，赴河自盡。妻聞之，亦偕逝焉。旁觀義之，俱得無恙，遂逐其弟而寢其事。嗟乎！舍舊圖新之舉，今之富貴家且有然矣，又況雙眸已失，十指僅存，白頭偕老之謀，無非茹苦含辛之日。即使中途改計，容非情之所有乎？又況有以迫之，使得所藉口乎！爾乃雖出寒微，偏明節義，食貧既久，同穴相要。蓬首如飛，式彼有筠之竹箭；蓮心自苦，不染濁水之汙泥。以視席豐履厚，致隳名節者，相去何止萬萬哉！爰書其事，以俟采風者述焉。〔節操〕

0046	原 6/4	廣甲 6/45	大 1/46

野老閒談

有客買棹赴吳。守風於黃渡之浦，登岸獨行，入茶肆啜茗消閒。邊坐四五野老，相謂曰：「鎮北發倉穀，鎮南剝皮肉。」意以為此間必有因發賑而滋事者。詢之野老，曰：「否否，苦樂不均平，夏雨隔田生。客亦知此鎮以一水為界乎？鎮之北為嘉定，鎮之南為青浦。去秋風災，木棉被害，方一二十里之內，初無所謂南熟而北荒也。今日鎮北發倉穀，口八升，小半之，男婦老幼相屬於道。鎮之南設鄉徵局，適縣大老爺來比限，高坐堂皇，各圖地保跪階下，繳數不足笞責五百。頃受笞者已十餘人，敲朴之聲，與隔河唱籌之聲相應答，可為長歎息也。」客曰：「鎮南無紳士為請發棠乎？」答曰：「紳士於二月間進城，會同城紳商稟，其時鄰境之稟請者未奉憲批。城紳意存觀望，訂以且緩。嗣聞上海嘉定等縣皆蒙批准，乃始具稟。又值縣試，不理公事。至三月，抄奉到縣。批云：『春秋在望，毋庸議濟。』噫！『二月賣新絲，五月糶新穀，醫得眼前瘡，剜卻心頭肉。』祗一春熟耳，而既須餬口，又須種本，其何能支！」談至此，一碗旗槍已如白水。野老唏噓，而散客亦步夕陽而登舟云。〔不〕〔均〕

0047	原 6/5	廣甲 6/46	大 1/47

鋼船下水

前者，彭大司馬飭令本埠製造局趕造鋼板輪船一艘，現已工竣下水。其長有二百十七英尺，艙面有三十六尺闊，深則二十三尺，入水一丈四尺。重則一千四百七十七墩，機器有二千四百匹馬力。艙面兩旁置砲六尊，能容七十磅彈子，首尾各置大砲一尊，能容二百磅彈子，每點鐘能走十六個諾脱。惟艙面之門窗及桅桿等物，尚未裝好。下水之日，局中正副兩總辦隨同蘇松太道邵觀察至彼觀看。船下糊滿牛油五六分厚，故開閘放鍊，不過二分時，船已卸至中流矣。一時岸上浦中中西人士之觀看者，如鼎沸，如潮湧，極形熱鬧云。〔製〕〔造〕

0048	原 6/6	廣甲 6/47	大 1/48

革員病瘋

前者，浙藩司德方伯詣文廟拈香，有已革候補知縣陳某徘徊門左。錢塘縣程邑尊見其形跡可疑，命役盤詰，搜出洋鎗一桿，小刀一柄。程邑尊帶至杭府請示，方伯亦於是刻閱信面稟，撫憲即飭讞局訊問。該革員狀似瘋癲，聲稱被參後，家累甚重，不能回里。頃間欲稟明上憲，倘或不准，願自死於階下云云。局員據情上稟，刻下聞已批准，祇作瘋子處理。想大憲有好生之德，瘋員亦當有悔罪之忱矣。〔宦況如此〕

0049	原 6/7	廣甲 6/48	大 1/49

追踪屈子

蕪湖端陽節有龍舟競渡之舉，爭先鬥捷，各奏爾能。時適有湖南煤船泊於此，船中東夥十餘人蒲觴醉後，逸興遄飛，戲以划船裝作龍舟模樣，相隨大隊容與中流。不料一轉側間，竟作紫燕翻身之態，所幸眾人熟於水性，如點水蜻蜓，款飛赴岸。內有兩人賈其餘勇躍登船背，若無所謂敗興也者。觀者無不相與拍手，歎為奇觀。逾時，攏船近岸，反之使正，一人忽流入江心，比及救起則已追踪屈大夫矣。水懦弱，民狎而玩之，故多死焉，諒哉！〔樂極〕〔生悲〕

0050	原 6/8	廣甲 6/49	大 1/50

看戲軋傷

京口西門外廣東會館，例於五月十三日演戲敬關帝。游人雜沓，熱鬧非常。有某姓子經其地，聞得鑼鼓聲喧，臺方開演，情不自禁，逐隊以嬉。無何，看戲之人如潮湧入。某子極力支格，進退兩難，懼極聲嘶，並無一人代謀出路。迨至口噴鮮血，眾人始喊停劇，讓開一線之路，令人背馱送伊歸家。家人趕緊延醫調治，勢已危殆，至晚而殞。孟子不云乎：「知命者不立乎巖牆之下」，凡危地而與身命有關者，皆巖牆也。所願為子弟者，知所自愛，勿貽堂上憂，則於孝道不遠矣。〔慎〕〔之〕

0051	原 6/9	廣甲 6/50 右	大 1/51

私律斃人

美國馬利尾地方有深山數千里，林木蓊翳，人跡罕到。近有數千人在彼開礦。該處向無官長管理民情，遇有偷盜殺傷等事，眾人在暗裏商議；議定後，將該人拿來處死，往往行於黑夜，名曰「林志律法」。其律法非設於國，非行於官，寔是私拿私辦。故自會議以迄將人處死之際，眾人均以布抹其面，並將平時所穿衣服盡行改換，使人不知議者為誰，行者為誰耳。近來華人出洋者多矣，留心風土人情者，似宜稍稍問津耳。〔化外〕

0052	原 7/1	廣甲 7/50 左	大 1/52

習俗移人

金陵俗例於四月十八日，謂之過關。凡兒女矜貴之家，先數日，即飾掌上珠為羽士，服星冠霞帔，隨寶馬香車，相與焚香頂禮於玉皇大帝香案前，口中喃喃如解禳狀。初不知其所謂，後詢知各處羽士與子平家，聯絡一氣，絃索撥動，闒綮紛來，致深閨弱質，張口驚詫，恨不泥首紫薇座下，舍為弟子，故一聞紫薇誕期，可以解厄，可以禳禍，遂不免舉國若狂。無災無難到公卿，從此似可操左券矣。古來身登九五，且有受方士之愚而不悟者，況女子家乎！〔阿嬌〕

0053	原 7/2	廣甲 7/51	大 1/53

自取撓敗

黷武窮兵，古人所戒。故老成謀國，苟非萬不得已，必不肯輕啟兵端，殘人血肉之體。前者和議已成，薄海人民同深慶幸，不謂近旬日，聞海防來電，殊駭聽聞。閱初八日報，登有本月初一日，法軍無故率大隊至廣西邊界，見我防營，遂即開炮。我軍為其所逼，故亦列隊迎拒，法人負傷而退。初十日報登香港中外新聞紙則云：「法軍剿捕海盜，不識路徑，致犯黑旗，遂為黑旗大敗。法兵二百名，生還者僅五六人。」合兩事以參觀，其亦咎由自取矣。《傳》不云乎：「兵猶火也，弗戢將自焚也。」中朝俯准議和，而猶不自斂抑，縱兵四出，天心好生不好殺，決不佑其譎詐，以遂其投間抵隙之謀也，徒糜爛其民而已矣。〔平〕〔夷〕

0054	原 7/3	廣甲 7/52	大 1/54

冤沉孽海

肅鴇振羽，雛鳳驚魂。世人好冶遊，但説此間樂；而寔則當面戲嬉，背地啜泣者，不知凡幾。情天，一孽海也。良家婦女驟入火坑，雖迎新送舊，迫於勢而無如何，而必非其心所樂為也。揚州新城明瓦巷內有曹姓者，陽開客棧，而春色暗藏，寔與娼寮無異。春間，在興化包一婦來揚作夥。婦有夫，言明每年得洋五十元。該婦至棧後，朝雲暮雨，生意蓬勃，舉室推為翹楚。近來有大腹賈，日夕與俱，深知其底蘊，願出五十金脱其籍以歸於趙。不料棧主倚為錢樹子，故昂其值，不畀以破鏡之重圓。客以所謀不遂，即行束裝。婦忿極，乘人不覺，服阿芙蓉膏而死。死之日，接得興化來信，其夫亦於數日前病故。曹家婦以為可欺，天良頓昧，置屍僻巷，擬賄地保報善堂收殮，而婦之母與兄及夫弟，聞信趕至，大與為難，一面先行報官請驗云。〔殉〕〔情〕

0055	原 7/4	廣甲 7/53	大 1/55

迎神入廟（上）

本埠虹口鐵路新建天后宮落成，遂於五月二十四日，由小東門行宮迎法像至彼。所有英法兩租界中應過所在兩旁，男女駐足縱觀，殊有萬人空巷之勢。凡執事之入會者，無不恪恭將事，捕頭率領中西捕，節節照料，處處彈壓。所有儀仗，除尋常清道鳴鑼、天后聖母之銜牌、鑾駕馬執事外，有大萬民傘一頂，嵌以銀字，光采陸離。清音迭奏，頂馬分陳。中有扮作戲齣乘馬者，并有年將及笄之女郎，紅妝騎馬，按轡徐行，殊有婀娜之態。他若仙童玉女，各乘白馬，並童子扮作八仙，亦皆跨馬翩翩而至，栩栩欲仙。看馬三匹，錦韉玉勒，耀日嘶風，馬夫亦衣履簇新。臺閣三架，亦以童男女扮為戲齣，惟妙惟肖。繼有粵人，身穿官紗衫褲，手戴金鐲，敲鑼掮旗，及頭戴涼帽，身穿荷色雪青紡綢熟羅長衫，并戴墨晶眼鏡者，……

0056	原 7/5	廣甲 7/54	大 1/56

迎神入廟（下）

……或掮旗，或舁額，不知萬幾。俄而鉦鼓喧闐，笙樂迭奏，則為清客班也。其鑼鼓則在船式涼亭中，僱人舁之，隨行隨敲。各種香亭約十隻左右，托臂香者約二十人，香煙繚繞，撲人鼻觀。乘馬執令字旗者數對。閩廣幫進香，供桌如全豬、全羊、糕果等，按隊齊行，鄉民扮為侍衛，乘輿捧敕印，執清香步行者，肅肅穆穆，絕無喧譁。神輿係黃緞紅腳，頂用五鶴朝天。隨後乘轎執香者，約四十人。凡經過之處，觀者填街塞巷，真一時之盛會也。此亦可以見太平之景象云。〔觀〕〔止〕

0057	原 7/6	廣甲 7/55	大 1/57

入海撈物

前者，遇甯波人，知其能入海底撈取百物，余故挾之以啜茗，相與談藝事，不嫌煩瑣，屬耳而諦聽之。客曰：「此藝習之自幼，由近而遠，由淺而深，不能閉氣者，不足與語斯藝之精也。時則由一刻而二刻，最久者能歷半時而後出。腰圍以帶，刀斧筐筥咸寄於是。肩膊繫長繩，繩尾綴以巨鈴，手繩者全神貫注不少紛，以備在水者之應求焉。然而一往一回，體憊甚，不可以數數試也。」余韙其言，識之未嘗一日忘。今聆西人言，則布置更為周密也。自頂至踵，以皮為裹，融上下為一片，無少隙漏。當目處嵌以玻璃，以通外視，腰繫之物與華人相類，惟口鼻之際有氣管，管尾出水面，可以通呼吸焉。夫呼吸既通，百體從令，勞逸之判奚啻天淵。華人為其難，西人為其精，可以類誌，可以並存。〔拾遺〕

0058	原 7/7	廣甲 7/56	大 1/58

巡勇擾民

安設電線省分，原為緊急文憑傳遞迅速起見，沿塗貼有憲示，不許民間繫寄牛馬，致損電柱。巡查電柱之勇丁，亦不得藉端訛詐，擾害民間，致干查究云云。不謂勇丁不體憲意，屢滋事端。九江大東門外之平嶺地方，距城約三里許，是處電桿直達湖口縣境。月前有某巡勇在彼梭巡，見廖姓放牛一頭，離柱尚有箭許；而該勇聲稱挨壞電柱，近前牽奪，恫喝多方。廖大怖，現屆農忙，屈意求宥，出錢五百文而寢其事。諺曰「好鐵不打釘，好人不當兵」，雖兵丁中未必無好人，然而捕風捉影，擾害閭閻，惟若輩為甚。懲一以警百，除莠以安良，則吾望之賢父母。〔失察〕

0059	原 7/8	廣甲 7/57	大 1/59

命案傳疑

營口西大廟藥王誕辰，遠近男婦聯袂來遊，本街大會上恐人眾滋事，稟請道憲派武巡捕馬某前來彈壓，向例男婦之入廟燒香者，分上下午。是日人數過多，不免男女混雜。時有陳姓妓女，挈姊妹行，款款而來，觀者益形擁擠。妓見馬，謂之曰：「能令閒人退讓一步，俾吾們趨前頂禮乎？」馬固妓之狎客也，聞妓言，旅進旅退，極意周旋。從旁有非笑者，有竊竊私議者。馬不能堪，憤燄中燒，喝令護勇舉棍亂擊。有胡瘋子者，出惡言，遂被擊傷。馬不能為片刻留，乘妓車同逸。瘋子歸，未數日，因傷斃命。有子年尚幼，別無戚屬代為出頭，故除買棺收殮外，僅給伊子東錢二十弔，而其事遂寢。郵述之詞，大略如此，而真是真非，還當質諸知此事者。〔狐假〕〔虎威〕

0060	原 7/9	廣甲 7/58 右	大 1/60

孽不可逭

鬼神之事，下愚佞焉，上智闢焉，而要皆狃於一偏也。聖人以神道設教，正以濟刑政之窮。所謂民可使由，不可使知，此其間有深意焉，不必齗齗與人爭也。杭城聯橋大街烏龍巷口，有王姓者，開設蘇貨店。端午日，舉家慶節，忽見樓頭火起，撲而熄。初七日，屋後又見火光。午後，樓中又火，床帳燬壞，幸未成災，然四鄰之受驚不淺矣。眾人疑為狐祟，促王禱祀之以免禍，王自詡強項，負氣不服。俄而王之學生某，倒地譫語，旋即厲聲向王曰：「汝火我廬，沒我財，且制我命，我非狐，係湖州某某也。今已告准陰司，許我報復。」王聞言大窘，隱慝既彰，不寒而栗。於是伏地哀求，且許超度，未識能解冤釋結否也。世之設計害人者，終恐自作自受爾。〔自作孽〕

0061	原 8/1	廣甲 8/58 左	大 1/61

洪水為災

水旱偏災，國家代有。然近數年來，各處飢饉荐臻告賑之書，直唇焦而舌敝。即如廣東，此次大水，寔亦罕見。其浸淫在岸者，低處竟有二丈之深。居民蕩析離居，困苦萬狀。新甯縣屬有兩處村莊，全被沖去，是誠非常之災矣。君子一視同仁，不且議賑議蠲之急急哉。〔禍災〕

0062	原 8/2	廣甲 8/59	大 1/62

欽使驗骨

欽差查辦湖北余姓一案，孫、烏兩星使抵省後，示期於五月初七日，落廠重驗屍骨。是日清晨，帶同司員四人，刑部發出之仵作一名，至廠升座。堂上設公案十四，欽憲督撫俱面南，司員藩臬及各道員平分兩側。須臾，弔骨到案，排成人形，如法下鍋煎煮。鍋旁另設一案，乃臬憲監煮處。煮畢，據刑部仵作報稱，驗得傷痕兩處，一在頂後，一為缺齒一粒，與前驗符合。但部位痕色究為何物所傷，據各仵作言種種，令人不可思議。比驗竣，各憲命駕還轅，已在上燈後矣。此次關防十分嚴密，各官除隨帶茶房一名外，餘悉在外伺候。蓆轅左右，標兵圍繞，雖在場當差官，一出入亦必嚴詰。説者曰：「慎重欽命，固應爾也。」〔水落石出〕

0063	原 8/3	廣甲 8/60	大 1/63

銀行倒閉

今年各處倒帳之多，自來罕有其匹。自麗如銀行倒閉之信傳開，以至本埠有利銀行幾於出事。茲聞四月二十日，紐約地方有大銀行兩家，洋行七家，同時倒閉，其情形有甚於有利者。聞者不勝惶駭，恐有繼此而倒者，彼此奔走傳説，路為之塞。此處持票取銀，銀尚未取，彼處又倒，則舍此趨彼，汲汲跋涉，流汗相屬。有持存摺者，有持股票者，紛紛擾擾，約計有數千人。事緣該處大洋行收買鐵路股分，大多其銀皆向某銀行借用，其後不能收回，以致銀行不能應手，至有此變，被累者亦同時並及。次日，該銀行經各同行相助，仍得如常安業。而當日之棼如亂絲，踵趾相錯，男女老幼，奔走擁擠，扒手小竊，亦乘間肆其伎倆。此情此景，殊有可觀。圖成，故照《申報》所敘情狀而書之於此。〔負人〕

0064	原 8/4	廣甲 8/61	大 1/64

遇人不淑

佳人難得，蕩子無良。境遇所遭，雖曰天命，然而好花墮溷，弱絮沾泥，行道者每為惋惜焉。揚城有于氏者，世家女也，幼失怙恃，依叔與姑。稍長，美而才，薛靈芸之針神，衛夫人之楷則，兼擅其長，以故問字者踵趾接於門。而叔與姑愛女甚，擇婿彌苛。年十四，姑叔相繼歿。杜鵑無力，空自悲啼，乃為姑之夫弟朱某篡之去。朱素無賴，而又嗜利，以奇貨居之，求善價而沽。即有武弁某，年逾不惑，涎女美，詐稱喪偶，以重金啗朱，娶女為繼室。寔則嫡妻與子皆在原籍，女不知也。入門後，底蘊漸洩，谷蓷嘆濕，啜泣頻頻。無何，弁之長子，自湖南來，備訊巔末，歸述於母。嫡妻怒率子女來揚，大肆獅吼，幸而小星知命，不怨宵征，委曲將迎，以博大婦歡。不久為所化，矜恤有加焉。自是一門雍睦，人且謂何物傖父，乃消受艷福如斯耶。詎料某不自知足，厭故喜新，既得隴，又望蜀。去年七月間，奉檄往天津，聞新故某總戎之妻，富有數萬金，無子待醮。某遂劌盡于思，厚賂媒媼，數日之間，居然武相如挑到卓文君，但聞新人笑，不念舊人哭矣。前月，嫡妻復有所聞，遣子探實，又率全家航海北上，將以怨老奴之故，討李勢之女。而新婦系出貴盛，驕抗性成，弟兄又高踞要津，問罪之師將至，周旋無策，仰阿芙蓉膏而死。在揚之女聞信，亦雉經。吁嗟乎！某弁之死固不足惜，而終身不幸如于氏，真所謂怨偶曰仇矣。〔孽緣〕

0065	原 8/5	廣甲 8/62	大 1/65

法使抵滬

初九日，早九點鐘，法欽差巴得諾脱，乘法公司輪船進口。在浦兵船升旗、燃炮以致敬。船上兵丁執洋鎗登岸，排隊迎接。法捕頭率領通班西捕，在利名碼頭持鎗伺候。其時法使猶在巨船也。俄而炮聲隆隆如連珠，下小艇，泛浦江。法總領事暨副領事，以及工部局董事、漢口領事，肅肅穆穆，鵠立於公廨門首。巴使登岸，即入公廨。水師提督孤拔，亦於十二日晚十一點鐘，乘赫墨林兵船到滬，現在均駐本埠。聞須俟法廷命下，然後啟輪云。〔皇華〕

0066	原 8/6	廣甲 8/63	大 1/66

冒認親子

寓揚徽人洪巨川，以製墨為業，家道小康，老夫婦年逾耳順，膝下兩子俱已授室。咸豐三年，髮逆陷揚城，避難倉皇，中途失長子，僅四齡，至今存亡未卜也。然年久則思悊，亦既忘之矣。乃日前忽來一人，約年三十許，逕造中堂，伏地哀哭，歷訴失散之後，為某營官撫養子；旋又為賊擄去，流入黑旗，今始歸自越南。叩以瑣屑家事，一一符合。子哭，母亦哭，深信而不疑。洪翁頗精細，念其呼父母、揖家人，備陳三十年前事，爛熟如口授，豈四歲孩童記憶到今無絲毫訛誤也。質疑於老夥，夥斷為確鑿無疑義。夥固數十年之老綱紀，深知翁之底蘊者也。翁有妹，年亦老，因寡依兄，為言此兒身上某處有黑記，有傷疤。一反手間，水落石出，驗之皆無。其人知為窺破，不可留，遂託故去。不數日，夥亦告假歸。旋有翁之同業告之曰，此係老夥之子，意圖分產而來，今事已敗

露，故後先遁去。該處探事人所述大略如此，然細繹之，情節有不甚可通處。姑存之，以為世之貪而愚者戒焉。〔想入非非〕

0067	原 8/7	廣甲 8/64	大 1/67

法國節期

初六日，本埠法捕房大自鳴鐘前，豎立二桿，兀峙東西，繫鐵條，其上懸五色琉璃燈，光彩燦爛，令人目眩。屆日，西人皆集六角亭中，跳舞狂歌，及時行樂；而香車寶馬，窄袖纖腰，一時乘興來觀者，當不數長安女兒踏春陽也。二十二日為法國立國之期，其熱鬧尤勝數倍云。〔年例〕

0068	原 8/8	廣甲 8/65	大 1/68

誣良為盜

湖北黃州府屬縣民某甲，家素封；女字鄰村某乙，在塾讀書以待試者。一日，師出外，塾中諸童為樗蒱戲；局終，乙負錢數千文，未敢歸取，稱貸於岳。岳適無錢，而以婿故，未忍卻之。屬家人裹衣數襲，飭付質以應急需。女知之，恐不敷用，即以己之釵釧、銀錠潛置衣中，未白父母。是處近因新出盜案，捕役踹緝甚緊。乙匆匆詣典，未曾寓目。典夥檢視物件，疑其來路不明，苦相盤詰。乙應對不符，遂為捕役拘去送縣。縣令以盜案有礙考成，胸有成竹，略訊數言，遽施極刑。乃誣服。乙體素怯，不耐諸苦，移時殞命。外間輾轉傳播，漸入某甲之耳，疑為婿。訪之果真；遂率妻女直奔縣署內宅，哭罵交加。縣令無如何，飭內眷慰藉之。不料其女乘人不防，遽自刎死；蓋其來縣時，已暗懷利刃也。刻已赴省上控矣。《書》曰「罪疑惟輕」，又曰「哀敬折獄」。刑訊之案，可任性妄為乎！〔屈〕〔服〕

0069	原 8/9	廣甲 8/66 右	大 1/69

陰譴可畏

炮烙之刑，創自商紂。《泰誓》所謂「焚炙忠良」，殆即指此。獨夫肆虐，殘忍過甚，故後世無有行用者。不謂冥冥之中，仍相沿襲也。杭城上皮市巷圓件公所內，寄居徐姓老婦。婦雖以貞木自居，然涉溱洧，而逢士女，自必多方煽誘，共上撮合之山，俾冰上人利市十倍也。一日，婦方就寢，披衣而坐，信手拈一火以吸旱煙；火星落而未覺，衣褲沿著，灼及肌膚，一時手戰心慌，大聲呼救。迨鄰婦畢集，相與解鈕釋帶，剝落衣襦；而胸前兩臂腿腹間，皆已紅腫，日漸潰爛，臭穢之氣，人不能近。知婦之根底者，僉謂地獄變相也。前日，招集親鄰，泣告曰：「我生平媒人失節者十一人，現經諸婦之亡夫告准陰司，日受炮烙之刑，以抵生前罪惡。」眾婦不解炮烙何謂，私相猜測。婦叱曰：「我胸前抱一銅柱，前身皆成焦炭。」言訖而逝。死後驗之，果然。夫亦備極苦楚矣。世風不古，廉恥道喪。若輩之多，奚止恆河沙數，安得冥王震怒，一一窮其罪而懲治之耶。〔現〕〔報〕

0070	原 9/1	廣甲 9/66 左	大 1/70

少婦騎樑

蕪湖某，近於本處大興土木，前月擇吉上樑豎柱，賀者盈門。而忽然來一少婦，金蓮飛舞，玉臂攀援，直上梯頭，竟登樑脊，口中喃喃，作床笫褻語。一時行道之人，聚觀如蟻。自上午八點鐘至下午四點鐘，了無倦容，尚未跨下，大約其心必有大不堪者。至婦之與某有何轇轕，而猥褻至此，則言不踰閾，非外人所得而知也。〔遝集〕〔於此〕

0071	原 9/2	廣甲 9/67	大 1/71

勛舊殊榮

國家武備之隆與武功之盛，為歷代所無。合滿洲、蒙古、漢軍、綠旗四項內，而京師宿衛，外省駐防，以及綠營之額設於各行省者，奚止百數十萬。而神機營之兵，為近今二十年來所設立（即於滿、蒙、漢八旗與綠旗兵內，挑選幹練精熟者，別為一營），而統之以親王大臣，未聞以漢員而總管營務者。朝廷知人善任，成法不拘，以左侯相之卓識異能，崇勳碩望，命管理神機器營，此何如異數哉。其赴樞垣也，則有蘇拉伺候；其召見也，則有太監掖扶。國家厚澤深仁，即於優待勳臣已可概見。士也有志，其亦遠到自期，毋自外於覆載生成之德也。〔借〕〔箸〕

0072	原 9/3	廣甲 9/68	人 1/72

帝城勝景（上）

「距京師永定門外十里，有南頂娘娘廟，乃古剎也。襟山帶水，位置天然。是以三輔少年，五侯貴裔，或挈眷，或挾妓，繡幰雙輪，錦障十里，咸喜於此選勝焉。廟為有明正德間所敕建，規模雖極宏敞，而風霜剝蝕，半就圮頹。廟外有石坊二殿，設碧霞元君、東嶽大帝位。庭設几凳，以供遊客憩息。當門有土阜若山，土人結茆廬其上以沽飲。酒旗風影，飄颺半空。憑高眺遠，萬山起伏如錦屏。南望南苑，紅牆粉壁，綿亙無際。帝城在北鳳闕，虬宮歷歷在目。俯視其下，則芳草成茵，野花遍地，暝煙欲濕，好風送香，恍惚置身畫圖中。下有一溪，其形若帶，石梁橫焉，明漪澈底，小魚唼喋其中，殊有濠濮間想。河橋之側，有河棚，亦遊客譜謔飲啖所。管絃競奏，觥搦交飛，不喜飲者，烹泉瀹茗，垂釣臨流。間有三五村童，戲水為樂，擲以金錢，則爭取，可博一噱。迨至夕照將沉，游人競返，馬龍車水，橫絕一時。說者謂都下風景，究非他處所能及云。」是作來自北友，而列入《申報》者。余愛其說之清麗，故屬畫家照說繪圖，特以篇幅稍長，有占貼說地步，不得不略加刪節耳。作者勿嗤為裂帛碎錦也可。〔快〕〔覩〕

0073	原 9/4	廣甲 9/69	大 1/73

帝城勝景（下）

前圖繪成後，而京師畫友，也繪是圖寄下。僕不雅於此道，為門外漢，瞢不識其中三昧，自何敢妄肆雌黃。兩圖並存，以供賞鑒家之評量仔細也，何如？〔其式〕

0074	原 9/5	廣甲 9/70	大 1/74

海行不測

《易》曰：「履道坦坦，幽人貞吉。」良以居易則安，行險則危；安危視乎履，履不可不慎也。乃自輪舶通行，一如危地悉屬坦途。然統地球而計之，則一年之中，失事者亦指不勝屈。本年三月間，啞夫勿老禮達輪船從美國紐約開往英國，行至英國海面愛力四地方，與一帆船名把馬乃者相撞，兩船俱遭沉溺。啞夫船裝客一百六十五人，帆船裝客十五人，幸有的力殺帆船經過，儘力施救，共救四十三人，其餘俱逐波臣矣。吁！慘矣！〔宇海〕

0075	原 9/6	廣甲 9/71	大 1/75

路不拾遺

甬郡城外老江橋，為貿易人出入孔道，往往剪綹小竊，乘間伺隙以攫物。一日，有鄉人某，負布袋經其地，有一小包遽遺於某老嫗之腳下。嫗拾之，覺重，知為番餅，亟呼鄉人。而人眾擾攘之際，鄉人不之聞，忽忽進城去。嫗呆呆坐橋欄側，自午至日暮，寸步不移。無何，鄉人得得來，愁急之態見於眉睫。嫗詢之，曰：「被剪手剪去洋數十元。」嫗出洋歸趙，並道久守之誠。鄉人驚喜過望，感激涕零，出四洋相謝。嫗卻之堅。旁人有竊竊議之者。嫗曰：「一絲一粟，具有命在，悖入者必且悖出。我年已老，且乏子嗣，其所以不填溝壑者，徒恃區區方寸耳。取之，天必不佑。」言已，逕去。噫！今之士夫，且有昧良以攫人財物者，況女子家之老而貧困者乎！斯言出而天下曉然於臨財毋苟得，其功不在聖人下。〔且格〕

0076	原 9/7	廣甲 9/72	大 1/76

脫人於危

美國地狹人稠，故建造房屋之家，其樓有高至十許層者；房租則愈高愈賤，居者貧戶為多，脫遇地震，不堪設想。地震即不恒有，而火災究屬難免。萬一祝融稅駕於此，其更上一層者，猝難為退避之謀。以故救火諸人，亦常設法操演，為施救地步。今年三月間，紐約某處高樓失慎，幸有兩人飛身直上，用濕布裹其口鼻，以避煙火冒入。時有兩婦人被煙暈倒，獲救而脫於險，亦云幸矣。晉人有言曰：「矛頭淅米劍頭炊，百歲老翁攀枯枝。」喻危險也。夫世間危險事，日出而不窮。達觀者委諸命，而知命之君子，則又不立乎巖牆之下。〔臭〕〔惡〕

0077	原 9/8	廣甲 9/73	大 1/77

純孝感人

間關跋涉，遠道尋親。或故里同歸，或遺骸哀負，求諸說部書中，時或遇之。乃近日京師某孝子，其事相類而其心尤摯。上月中旬，從遠方拾父遺骨歸，將及都，納入布袋，繫於車後，恐為守門兵盤查滋擾。詎料纔入都門，行人雜遝，車馬縱橫，偶不經心，布袋已失所在。孝子哀痛迫切，自咎粗疏，遍處託人懇代找覓。初，翦綹剪獲之後，竊喜得利，歸家檢視，白骨纍纍，大失所望。斷將拋棄荒郊矣。旋聞有人找尋，并願出金酬謝，乃播其事以入孝子之耳。孝子欣然往取，果獲之。翌日，奉百金以贈，并勸剪手改圖，毋辱身。詩曰：「孝子不匱，永錫爾類。」孝子有焉，惜不詳其姓氏里居也。〔百善先〕

0078	原 9/9	廣甲 9/74 右	大 1/78

窮途可憫

袁江有一丐，日游行於市，嬉笑怒罵無度，跡類乎狂，而寔由於瘋。其人蓋宦裔也，曩年軍興時，曾辦某營文案，保至直刺。嗣因患瘋，遂占家食，疾不愈，家益困。大憲憫之，月給薪水資以養贍之。奈彼無意拘留，隨心寢食，飢來則乞之市上，睡來則臥倒階頭，廬山面目不可復識。一日，正在譆謔間，王邑尊騶導過其前，役斥之；丐亦還以惡聲，不稍讓。邑尊詢悉其事，飭其家人看守，毋俾滋事。邑尊賢已哉！而該丐之落魄窮途，亦大可憫已！〔今若此〕

0079	原 10/1	廣甲 10/74 左	大 1/79

野人報德

華人李某，喬居舊金山。前歲春初，結伴入深山採金。猝遇野人二，皆大駭，繼察其無相害意，即亦不之拒。朝饔夕餐，隨其量而分給之。由是習處漸久，偶俱無猜，相與搬泥運土，操作如一家人。逾年，李等以獲有多金，謀出山。既束裝，野人隨後送之。行途未及半，突出其類數十，欲行襲劫。二野人左右翼衛之，得無恙。送至坦途，野人欲辭去，李等不捨，邀與俱行，野人自知不類，乃不果。夫一飯細事也，而漂母且獲報於王孫，況乎朝饔夕餐，隨量分給，枵腹而來，鼓腹而去，宜有以生其感激矣。李等謂野人不能言。夫不能言之物，猶介乎人與畜之間；而觀其存心行事，則人也，而非畜也。其相助為理也，為義也。其翼衛長途，俾免不測，仁也。仁之至而義之盡，人也，而非畜也。其不肯以身狥人者，何也？ 曰：本來面目不可忘也。今之人類，至不一矣，交接於始，而傾陷於終，非義即非仁也，野人不願為也。而以口腹之故，不察其心之所安，遽欲挾之以就我牢籠，則非野人之知己也。宜野人之不肯終從也。〔信及豚魚〕

0080	原 10/2	廣甲 10/75	大 1/80

爵帥抵滬

九帥從戎之日，正內地多故之秋。由湘而鄂，而江皖數年，拔金陵老巢，崇勳碩望，中外同欽。今以法事齟齬，奉旨特授全權大臣，與法使訂約。初三日抵滬，駐節製造局。不數日，內江外海，均駐重兵，不露聲色，而布置已極周密。不獨江南人民倚之如泰岳，即國家任用勳舊，詎不以長城視之與？〔萬里〕〔長城〕

0081	原 10/3	廣甲 10/76	大 1/81

全人名節

困窮之至，廉恥弗貴。君子心非之，而弗深責者，以其情之可矜也。所謂「救死惟恐不贍，奚暇治禮義哉」。乃近有境遇未極困窮，而杳不知廉恥為何物者，如繅絲棧揀茶棧之婦女是已。商人之僱用女工也，以其價廉也。而婦女之樂為所用也，則視尋常女紅尤為利市；故趨之者如蟻附羶，如蠅逐臭。洎乎習處既久，形骸相忘，保無不肖司事，私牽暗引，敗人名節者乎？九江恒昌茶棧主，有鑒於此，屆開揀日，請保甲局委員彈壓給粟。王委員深知弊竇，專擇年老貧苦者，悉數填給。而衣服華麗、舉止輕盈者，概弗錄。且曰：「爾等溫飽有餘，何苦與彼爭此微利，遂至出閨露醜。」一時年輕婦女，眼流電白，頰泛霞紅，癈然而返。噫！轉移風化，扶植綱常，惟默化潛移者，為最得治體，而勢禁令閑，猶末也。該員不動聲色，似諷似嘲，而所以保全者不少。真賢有司哉！〔與

子宜之〕

0082　原 10/4　廣甲 10/77　大 1/82

天鑒不遠

越南海防地方，於閏月十六日下午，狂飆陡作，淫雨頻傾，船舶民房多遭覆沒。其在海面之法國運糧船，悉數沉溺，船上兵官，隨水刷去甚夥。向走河內之小火船名宣泰者，遇風幾危，急將所載軍儲拋棄江濱，始獲免。其陸路法軍營壘，均被沖倒。南定、河內等處，一望汪洋，盡成澤國，所有法軍儲糧倉厫及火藥軍械各局，淹沒無算。設電線之機器船及岸上已築之電桿，盡數摧毀。凡此，中外新聞紙眾說僉同，固事之鑿鑿無疑者。法人與我為難，一若尋盟寒盟，可以惟所欲為；而中國之人之心，恨不即食其肉而寢其皮。人怨所叢，天怒隨之矣。照說模圖，庶普天率土之憤懷，或得稍洩夫萬一云爾。〔天厭之〕

0083　原 10/5　廣甲 10/78　大 1/83

立時報應

泗涇鎮左祈石橋角地方，有葉姓孀婦，膝下祇一女，恐暮年無所倚賴，遂招馬姓子入贅於家。女年雖及笄，而共牢合巹之禮未行也。一日，孀婦之夫姪某，頓懷不良，藉上鎮置物名，邀馬偕行。至鎮，沽酒市脯，殷勤勸爵。馬為所挾，遂逾量。酒罷，同歸。葉斃馬於中途，投諸河而返。及家，詭辭掩飾，家人不疑。翌日，該處港中浮一屍，至哄動鄰近聚觀，群指為馬。婦痛之甚，擬捆縛送縣。而葉某旋為鬼憑，歷言被害顛末，口流鮮血，倒地若死，刻聞已解縣懲辦矣。噫！設心險惡者，亦知陰律王章之兩不相貸邪。〔能為鬼〕

0084　原 10/6　廣甲 10/79　大 1/84

忍心殺子

聖賢責己不少恕，而於家庭骨肉之間，意曲而情真，仁至而義盡，此易子而教，所以全父子之恩也。乃本埠新閘西首北奚家宅之徐姓一事，有足異焉。鄉人徐春山之長子某，好游蕩，不務正業，屢竊四鄰物件。前日又竊堂叔某甲衣服，甲歷數其父母治家不嚴、縱子為匪之罪。春山夫婦忿甚，誘子至新閘橋上，推墜浦江淹斃。噫！忍矣。天下無終於自棄之人，亦無自棄而為生我者見棄之人。惟操之過蹙，繩之太猛，斯自新無路，而為鄉黨宗族所見棄之人，即為父母所決棄之人。斯子陷溺其身而不悔，其親陷溺其子而勿悲，敗類所鍾，戾氣感之與？真不可以為訓矣。〔父不慈〕

0085　原 10/7　廣甲 10/80　大 1/85

貞魂不泯

揚城西山談家集有談二麻子者，嘉道時，擁貲五百萬，嗣遭兵燹，家道中衰，然數十萬朱提猶可咄嗟立辦。夏初，被綠林客破扉入，恣意劫掠，且刃傷二人。至今案懸未獲。該盜遁跡江南，在常郡某街煙館內過癮，指手上戒圈謂同黨曰：「此即談家女兒物也。」一笑而罷。館主聞之，疑為盜，欲報捕，慮其遽爾遁走。正在躊躇之際，盜忽垂頭熟睡，鼻息如雷。遂報縣，擒獲，移解揚州，一鞫即伏。噫！天下豈有不破之案哉。該盜之就獲，似為漏言所致，然必有鬼使神差者。遲速有時，萬無倖逃之理。曾經失足，及早回頭，庶獲保首領以沒乎？〔罪無可逭〕

0086　原 10/8　廣甲 10/81　大 1/86

官署被劫

安徽甯國府屬旌德縣，於前月上旬，有盜二十餘人，明火持械入署肆劫。門役、更夫以及內眷當之，輒受重傷。縣令為熊君祖詒，當即稟明上憲，行文各縣，一體嚴拿。即數日內，前後獲到十八名。一經研訊，立正典刑。惟熊令以名進士現宰官身，忠厚宅心，潔清勵行，反遭橫禍，真事之不可解者已。〔入虎穴〕

0087　原 10/9　廣甲 10/82 右　大 1/87

逞凶可惡

游民失業，流蕩無依，至拖東洋車以為餬口計，人也，而下同於畜也，可不矜哉！乃猶有欲分其餘潤者，是真全無心肝者矣。同一坐車客而拉載西人，則尤為踴躍，以其出錢較多也。然亦有大失所望者。日前，匯德豐洋行之寫字西人曰軋倫者，僱李長泰東洋車，至虹口公和祥碼頭某西人處，出四開一個。命侍者陸阿順轉付車夫，陸欲瓜分，遂啟釁端。西人不曉中語，突將車夫踢傷，下體傷勢甚重。雖送醫院調治，未審能無性命之虞否也。西人之作威也久矣，曾亦思天道好還乎？〔鴟張〕

0088　原 11/1　廣甲 11/82 左　大 1/88

兩蛇互鬥

天下怪怪奇奇之事類，多見於說部，受而讀者，鮮不以為誕妄無根。然誕則誕矣，安知不有得諸親見者乎。粵省肇慶府高要縣屬之頂繼鄉，前月某甲巡視田禾，見禾無風自搖，俯仰不定。逼視之，則有兩蛇纏鬥於中。甲乃歸告鄉人，各持鎗炮同往攻擊。蛇以鬥久力倦，不能脫，遂轟斃。蛇長有丈餘，重約二十餘斤，咸以為怪而投諸海。嗟乎！龍戰於野而道窮，蛇鬥於鄭而患作。聖王之世，所為驅而放之菹乎。〔吉凶焉在〕

0089　原 11/2　廣甲 11/83　大 1/89

基隆懲寇

基隆一島，兀峙閩省洋面，左臺灣而右福州，澎湖在其北，巖疆也。上命劉省三爵帥馳防臺灣，而澎湖基隆皆其所管轄。法以索費不遂，遽於十五日朝八點鐘，寇犯斯土。相持約五點鐘，時我燬其兵輪一艘名未拉司者。寇見我炮台有損，遂揮兵四百名，攜炮四尊登岸。經劉爵帥飭臺灣鎮章總戎率隊由後包抄，斃寇百數十名，生擒酋目一名，奪獲法炮四尊，旗幟帳棚等物甚多。餘俱逃入兵船，退出海口。夫其耽耽於此，仍是舍堅攻瑕之故智，然而一經肇釁，敗衄遽遭。設非我聖朝大度包容，則欲其靡有孑遺，直指顧間事耳。螳臂當車，殆哉岌岌乎！〔人心大快〕

0090　原 11/3　廣甲 11/84　大 1/90

香港畫會

西人素性愛新奇，爭贍博，學有種類，藝有專家。前月，香港博物院大會堂中，西人賽畫，繽紛五色，各奏爾能。是會創設以來，迄今第十七次，此次赴會之人尤多數家，識者咸嘆為模繪天然，得未曾有云。〔各奏〕〔爾能〕

0091	原 11/4	廣甲 11/85	大 1/91

豐隆擊惡

處州龍泉縣南鄉某甲，遭官事，衙門使用，無可設措；不得已，鬻其床頭人，得洋七八十元，置諸暗室中。守戶無人，每自扃鐍。比鄰某乙，村學究也。聚徒十數輩，南面擁皋比，利其所有，遣徒穴入而竊取之。徒各得一枚，餘則皆為己有。自此，阮囊不羞澀矣。而某甲既失妻，又失財，煢煢一身，涕泣欲死。霎時間，天色晦暝，雲垂似墨，電掣如銀，霹靂一聲，合塾震死。止一七齡童子，分洋時堅不肯受，故未罹是罰。夫冬烘頭腦，本自可憎，而又乘人之危以為利，宜阿香之不肯輕恕矣。所可異者，臨財毋苟，一介不取，士夫猶或難之，而偏出於婉孌之卯角，夫非有夙慧與？吾是以思司馬溫公也夫。〔赫赫在上〕

0092	原 11/5	廣甲 11/86	大 1/92

京師求雨

重農貴粟，國有常經，故雨澤愆期，地方官必焚香祈禱，為民請命。而民間之好事者，亦從而附會之。今年北地又患雨少，閏月初旬，四鄉父老邀集年輕子弟之強有力者，駕船於運糧河中。船凡五六艘，每艘可容十數人，擊鼓鳴鉦，飛叉擲劍，澤臉若鬼魅，翻身如鞦韆，諸般惡劇，不可描摹。遂謂雨師遽肯效順，豈不大可笑耶？然而習俗相沿，君子有時而從眾，試觀奪禽以祭，逐疫有儺，孔子不違，所以小同於俗也。〔為民請命〕

0093	原 11/6	廣甲 11/87	大 1/93

民教為難

營口有張某者，素以授徒餬其口，大有一片青氈，吾家舊物之風。膝下少子，甫九歲，愛之甚於婦人。五月下澣，忽失去。偵騎四出，蹤跡杳然。一日，見教民夏某，攜帶童子十餘人，游行市上。張見其子亦在其中，喜出望外，直前牽挽，夏堅不與，詞氣十分倨傲。旁人不平，欲攢毆夏，夏懷恨。翌日，糾集教民十餘人，挾張出城，至曠野，抉雙眸而去。家人跡得之，一面扶歸醫治，一面具呈控縣。鄰佑亦具公稟，叩請懲辦。按關東教民，常有倚勢欺人，魚肉鄉人之事。此次糾眾逞凶，尤屬目無法紀，未審賢有司如何辦理也。夫人寡廉鮮恥，異教是趨，則其天良已盡泯滅，惟有投畀豺虎而已矣。〔目無法紀〕

0094	原 11/7	廣甲 11/88	大 1/94

卜居宜慎

揚州某甲，不知何時挈眷來蘇，因城中賃屋價昂，卜居於葑門外之某尼庵。庵中止一司香火者，寔無尼也。甲工繪事，竭數日揮灑之力，持往城市，易錢而歸。妻性貞靜，有殊色，中饋之餘，兼工刺繡。以故，伉儷極為敦篤。庵址濱大河，雖有鄰佑，俱在數百步外。遠望之，如魯靈光殿，巋然獨峙。三月間，有游勇數輩過其地，窺婦美，群屬以目。即於夜間，泊棹河干，操戈入室，負婦徑行。甲心恚氣短，冒死求赦。盜手刃之而裹以被，途半擲諸河。婦知不可抗，徒死無益，姑隱忍之。天明，至平望鎮，寄頓於某家，將與貨之者而議值焉。婦窺屋後有園，纍亂石為牆，牆有隙，可接武。更深人靜，守者酣睡，乘間攀躋跨越，竟獲脱身。翌晨，守者覺，就近找覓，頗稽晷刻，而婦已搭附航船開行里許。無何，盜追至，亟呼停舟。婦始涕泣對眾宣言。眾不平，欲合力擒之，而盜乃遁。先是，婦離盜穴，東方既白，徑赴平望司衙門申訴，官適上省見太太，以力不逮辭，給銀圓數枚，令其進省呈控，并遣人送至航船焉。船至胥門，泊萬年橋。有同鄉某乙在彼貿易，婦往投，告以故，乙自請為抱告，直奔藩轅喊控。譚方伯立傳元和縣派捕乘小輪船掩襲之，俱就擒。聞刻已繯首市曹矣。雖然，家有艷妻，寄居客地，不於善地而於荒郊，乃令奸徒一見生心，罹於非命。某甲寔疏於計較，猶幸室有謝小娥，間關上控，矢志復仇，此冤終賴以昭雪。人嘉其節，吾哀其遇已。〔自取之也〕

0095	原 11/8	廣甲 11/89	大 1/95

妖言惑眾

吳俗酷信鬼神，久成痼習，因而黠者乘之，愚者惑焉。今以極可鄙之舉動，助極可笑之談鋒。凡人家住處，適衝橋梁街巷，其門首必豎一石，長尺有咫，鐫其文曰「泰山石敢當」，謂為可以鎮煞也。前月抄，城中皮市街美巷口，忽稱石敢當顯靈，數日之間，進香膜拜者，絡繹於道，不啻人盡米顛。於是附近游民據為奇貨，賃屋一椽，香燭紙帛，簽書籤筒無不備。階前祈卜者，喃喃自語。以故香灰一撮，清水一碗，皆可易錢數文或數十文不等，每日約可得錢十餘千。垂涎者思有以分肥之而不可得，因糾眾無賴，擔糞澆之，醍醐灌頂，酣暢淋漓，是真可笑之至矣。佛頭著糞，古人之言，信有徵與。〔石何能言〕

0096	原 11/9	廣甲 11/90 右	大 1/96

好行其德

前日，有一女郎，破瓜年紀，解佩風神，至老閘浜北某繅絲棧，領取工錢。祇以人多手雜，遂至墮珥遺簪，不覺失聲大哭。棧中某西人聞之，除照給工資外，再償所失銀飾，而遣人送女歸。如某西人者，亦可謂好行其德矣。〔惜花主人〕

0097	原 12/1	廣甲 12/90 左	大 1/97

道士技窮

營口有某甲，操駁船為業，娶一婦，姿僅中人，而善修飾，蹴居於三義廟之東南隅。甲恆宿於舟間，數日一歸，故雖「羅敷自有夫」，而仍小姑居處，無郎慣也。上月二十三夜，玉漏將沉，銀燈欲炧，正思迷矇睡去，恍惚見一偉丈夫登榻求歡，婦欲拒之而手足癱軟，任其狂暴而去。如是者三夕。適甲歸，見婦聲色迥異曩時，異而詢之，婦以寔告。甲曰：「此間有某道士善勅勒術，邀之來或可驅也。」天明，即往。俄偕道士到家，披髮仗劍，口中喃喃誦符咒。久之，無聲息，以為妖魔懾伏矣。無何，婦發狂。道士且慚且忿，亂擊響木，空中若有物擊其首，即亦倒地僵臥，魂魄若失。此豈婦之夙冤與？抑道士操

術未精，輕炫取辱，俾不敢妄言妄作與？〔無法〕〔可施〕

0098　原 12/2　廣甲 12/91　大 1/98

吳淞形勢

基隆開戰以來，邊防益加嚴密。前月二十二日，專派友人赴吳淞口，周覽形勢。見臨口高築砲台，架有開花、後膛、克虜伯各炮，計有五種，遠近均能施放命中。其左堅築土城，直接寶山縣，城俱有熗炮架起，防兵輪守。其泊淞口者，有小兵輪二艘，活砲台一座。左首長江口岸，泊有南琛、南瑞、虎威、策電、開濟、澄慶、登瀛洲、靖遠、測海等鐵甲九艘，小兵輪二艘。其活砲台與鐵甲船以及岸上砲台，分守如品字式，互為犄角。而法之兵輪兩艘，與其公司船一艘，並泊海面。是日，我鐵甲船之名開濟者，管駕官為徐參戎傳隆。友人登舟往謁，參戎接入，則見熗炮器具，堅整鮮明，參戎亦深諳管駕，布置井井，與泰西無異。時將薄暮，餘船不及遍登，乃辭別言旋。內地未知虛實，搖惑滋多，故將淞口的確情形，繪成圖幅，以供眾覽，俾知我國家武備之隆，卓越前代，而中興以還，益見力圖自強之不遺餘力已。〔保障〕〔東南〕

0099　原 12/3　廣甲 12/92　大 1/99

法敗詳聞

基隆一役，前將戰勝情狀，繪畫成圖，呈電諸君矣。近得日耳曼人來滬，述及戰事，尤為詳細。其時，彼船亦在基隆海面，親見法人扯旗開炮，燬我炮台，台上火藥被炸，華兵遂退。此時，法弁派兵三百名，攜車輪炮四座，大小旗幟帳棚一切登岸，遍置炮台以及台後山上。方欲前進，而華軍約千人，嚴陣以出，相與對敵。法大不支，委旗棄砲，倒戈爭逃，棚帳衣帽，隨路遺棄，墮崖落澗，死亡枕藉。奔至水邊，又以船離岸遠，相率下水，而又為海水漂沒。幸有小划子趕來相救，乃剩一半歸船。否則，三百人無一生還矣。又云：「法兵素稱勁旅，生平觀戰亦經數次，從未見此次法人之敗之狂奔亂竄，狼狽不堪者。於此可見華軍之可用，而法人之膽之落矣。」以上皆日耳曼人所述於尊聞館主人者。竊思此人係局外人，無所諱，亦無所飾，即謂為實錄可也。兵事不厭精詳，見聞較確，用再繪圖以供眾賞云。〔普天同快〕

0100　原 12/4　廣甲 12/93　大 1/100

活埋逆子

江都儀徵毗連處，有一小村落名陶家凹。居民程某，微產也。父早世，母氏黃守志撫孤，乃能成立。近年為子娶媳氏周，滿望含飴弄孫，樂此餘年。不謂其子待之虐，媳又胭脂虎暴，視其姑若眼中釘。近程以失業閒居，益復恣睢暴戾，小夫婦嗔鶯叱燕，竟使其母不能片刻安。一日，因烹魚失飪，大受子媳怒罵。母冤極涕泣，謂子媳曰：「汝輩可給我盒中煙，我將服以畢命，免致取汝厭憎。」媳應聲奉之，程亦聽其所為，不與灌救。時有鄰女在旁目擊，歸述諸父。其父糾人往視，則已奄奄一息，不可救治矣。母死里中，耆老令地甲呼媳父至，歷訴二人忤逆之罪，問其若何處置。媳父謂事一經官，必多拖累，不如將逆子媳坎地活埋，以絕其命。眾從之，遂擇山僻處，雙雙生瘞。而盡貨所有，以殮其母。噫！慈烏一微禽耳，尚知反哺其母；而程以靦然人面，忘所自來，致犯逆倫而不悔，繩以法律，自必處之極刑，豈活埋遂足蔽其辜哉！〔不可逭〕

0101　原 12/5　廣甲 12/94　大 1/101

年例洗象

同治初年，僕有外家弟，隨侍乃翁宦蜀任所。任未滿，乃翁以丁內艱卸縣篆，由陝達京以返蘇。時蘇城克復未久，避劫歸來，殊抱戚屬凋零之感。以故一經謀面，同慶更生，悲喜交縈時，輒道平生經歷事。一日，爽氣秋高，親朋偶集，置酒一室，藉訴離悰。乃云抵京後，聞說有象數頭，亦供職事。相傳是前代物，月食餼廩，有定例，有等差。象奴稱象曰「爺」。人往就視，必先由奴稟請，首肯則可，否則無相強焉。其喜也，以鼻捲奴，顛倒播弄以媚人，蓋欲閱視者之多給錢文也。有時奴以窮訴，即竟日不食以畀之，倘不告而取，必有禍，夫非物之通靈者與？年例初伏第一日，牽象出城，在宣武門外西首城河洗刷，監洗者為鑾儀衛堂官。京師畫友，繪圖郵遞，故追憶夙昔所聞者，而畫之於此。〔年例〕

0102　原 12/6　廣甲 12/95　大 1/102

離婚奇斷

田舍翁多收十斛麥，便思易妻。有是說者，詎必有是事。乃近來泰西有一婦，赴衙門控告，請與其夫離異，則真事之相反而適相對者也。官訊其所以，曰：「年老頭童齒豁，面目可憎，寔不能與偕老。」官召其夫至，以酸牛乳灌其頂，令婦餂之，并飭人牽一驢，命婦倒騎於背而策之，乃准離婚。豈此邦之法律使然與？抑問官之心裁別出與？然斷案之奇，未有奇於斯者也。夫鹿車共挽，鴻案相莊，坤道成女，以順為正，該婦或未之前聞。而此老之所遭，當可與馮敬通、劉孝標一流人同，慨遇人不淑者已。〔出人意外〕

0103　原 12/7　廣甲 12/96　大 1/103

興辦鐵路

泰西通商以來，仿行西法之事，至近年而益盛。將從前一切成見，雖未能破除盡淨，然運會至而風氣開，非復曩時之拘於墟矣。同治季年，火車已肇行於滬埠，由上海達吳淞，三十餘里，往返不踰二刻。惜為當道所格，議償造作之費，遽毀成功。茲於五月下旬，天津來信云，創辦鐵路一節，朝廷業已允准。由大沽至天津，先行試辦。嗣於六月二十三日悉，朝廷又頒諭旨，飭令直督李相速即籌款，興辦天津、通州鐵路。其火車式樣，前一乘為機器車，由是而下，或乘人，或裝貨。極之一二十乘，均可拖帶。將來逐漸推廣，各省通行，一如電線之四通八達。上與下利賴無窮，竊不禁拭目俟之矣。〔革故〕

0104　原 12/8　廣甲 12/97　大 1/104

佛寺曬經

京師善果寺，在彰儀門內大街路北，殿宇宏敞，院庭幽深，古剎也。藏經頗富，年例六月六日，舉曬經會。一時善男信女，攜香火貲來結善緣者眾，僧延接不少怠。後堂有鐵缽一，大可六尺，中種榆樹，名曰「吉慶有餘」。

每年以枝葉之榮枯，卜香火之衰旺。昔郝隆於暑日坦腹臥烈日中，人問其故，曰：「曬書」，其氣象何等豪邁也。該僧等藉曬經之名目，賺眾姓之錢文，而其胸次殊覺委瑣齷齪。〔防蠹〕

0105	原 12/9	廣甲 12/98 右	大 1/105

優人作賊

兩淮鹽務甲天下。咸豐以前，鹽商萃處揚城，其富饒氣象，直將上捋王侯。往往家藏鞠部，張筵演劇，習為故常。以故梨園中之色藝俱佳者，趨之如水赴壑。赭寇歷劫，原氣大傷。雖承平已閱二十年，而舊觀未能遽復。若輩生涯冷淡，流入穿窬。六月初二夜，新城兜肚巷淩宅，獲一賊，班中之副淨也；舊城雙井街所獲者，老旦也；初四夜，彩衣街郭宅後院，有二賊緣樹而下，一大淨，一武旦也；均經送官懲辦。從前三五雛齡，登場一曲，輒得纏頭數百緡；今以飢寒之故，流為竊賊。事雖出於不得已，然世道之盛衰，其能無今昔之感乎！〔樑上〕〔君子〕

0106	原 13/1	廣乙 1/1 左	大 1/106

劉帥殪虎

淵亭劉帥，倡義越南，與法人為難。二年以來，法人詫為天人，聞其名而夢魂驚，望其旗而心膽落。神出鬼沒之計，奔雷掣電之師，各報言之詳矣。乃五月上澣，由營回保勝，途遇猛虎。時從者僅兩人，一負刀，一荷鎗，淵亭亦徒步行。從者以鎗擊虎，不中。淵亭奪鎗，一發而殪。此豈足以彰威武哉！然而淵亭傳矣。〔為民除害〕

0107	原 13/2	廣乙 1/2	大 1/107

萬壽盛典

本年六月二十八日，為今上萬壽聖節。所有應行各禮儀，各衙門俱已敬謹預備。一時瑤階玉闕，蹌濟冠裳，其儀文之肅穆，固非草莽小臣所能導揚於萬一。自二十五日起，在東安門內甯清宮開臺演戲。皇太后、皇上俱辰刻入座。凡天潢貴胄，清要大員，俱在侍從之列，得以渥荷隆恩。而各衙門堂官，以及各司員，皆朝服朝冠，隨同王公大臣，至午門外行禮。樂奏鈞天，歡臚海宇。煌煌鉅典，誠哉大一統之規模焉！〔普天同慶〕

0108	原 13/3	廣乙 1/3	大 1/108

法犯馬江

時局不同，戰事亦異。從前西人犯境，均從口外攻擊。我兵專注一面，較易為力。此次法人入馬江，在和戰未定之時。和議一日未曾決裂，即不能堵塞口岸，闌人出入，蓋緣牽涉各國也。而法人即投間抵隙，深入而盤踞之。茍我華人俱曾經過海戰者，乘此法人輕入，能進而不能退，必殲無疑；無如華軍皆初次觀場也。譬如童子應試，筆下縱極矯健，將來造就或未可量；而驟令與老作家抗衡高下，則必自知其弗如，蓋理勢然也。然而如揚武師船之捨身拚命，絕不畏懼退卻，雖敗猶榮。從來西人素重信義，而法獨以凶殘譎詐為能，寔貽歐洲各國之恥。約期既定，忽又竄易，意其胸中早有成竹，不過以倒後顛前者，炫亂我軍心耳。夫殷憂所以啟聖，歷劫乃能成材，艱鉅之投，藉資磨鍊。國家方欲籌立海軍，經此次之挫折，而因以籌日後之腳踏寔地，立於不敗，乃有把握。昔胡文忠公云：「勝不足喜，敗不足憂。」只求振作士氣，培植將才，終有底定之一日。又況敵愾同仇之義憤，環薄海而從同哉！至於戰陣之勝負，各報已屢言之，不必贅述，而時日則不可不記也。馬江戰於甲申七月初三日，基隆戰於六月十五日。〔天怒人怨〕

0109	原 13/4	廣乙 1/4	大 1/109

伸冤遇拐

鄂省孝感縣，前年有姪毆叔斃一案，至今凶手監禁，未正典刑。屍妻氏李，近聞欽憲到鄂，欲往伸雪。貨田於族，懷銀抵省，倩人作狀詞，詣欽轅。無奈地處森嚴，不准擅入，自朝至暮，進退維谷。忽來二人問氏何為，氏以情告。二人請閱狀詞畢，謂之曰：「是不能准也。」氏以雪冤心切，還叩所以。曰：「離此四十里，有某翰林者，素仗義，慣代人雪不平，同往求之，事無不諧。」氏以道遠為嫌。曰：「但求昭雪，勿慮途長，況只一葦可達邪！」婦惑之。是夜，借宿於二人相識之成衣鋪。翌晨，二人來，伴婦出城，買棹東下。約半日，榜人艤舟，二人匆匆去。半晌，偕肩輿至，促婦登輿，行如飛。有頃，入村落，至一宅門，懸燈彩，一時爆竹聲、鼓吹聲嘈嘈雜雜，又有粉白黛綠者數輩出迎。氏睹此，知遭匪騙，聳身躍出。哭曰：「妾大家女，巨族婦，孀居有年，所以不即從夫於地下者，徒以沉冤未雪耳。今若此，有死而已。」主人聞之，欲覓二人根問，而已逸去。先是，主人喪偶，欲續娶；為奸人所聞，遂串是局，騙去禮物錢數十千文。主人忿，遣人分追二人。氏亦乘間遽返身，走約一二里，途遇中表武弁某，心始慰，哭述顛末。弁曰：「無傷，弟晉省赴轅驗看，道出此，遇嫂，豈非天乎！」雇車一輛，共乘之。車行亦速，晚即抵漢口。次日，渡江赴縣，喊稟邑尊。簽差先拘縫匠研訊，二匪因而並獲。僕謂該匪罪惡亦已貫盈，人第見氏之遭際為苦，而不知冥冥中特假手於氏，以使其罪無可再逭，而婦之冤亦藉以昭雪。豈非天乎！豈非天乎！〔迫人太甚〕

0110	原 13/5	廣乙 1/5	大 1/110

日人送葬

本月初，有日本兵頭去世，其柩行經法馬路，送喪兵勇約百名左右。柩後隨馬車二輛，中坐水師頭目及領事等，迤西轉北往英租界，至墓所掩埋。飾終之典，無甚奇異，惟兵弁之裝束，則皆從西派云。〔執〕〔紼〕

0111	原 13/6	廣乙 1/6	大 1/111

醫院被竊

京師崇文門內西人設施醫院醫生，英人也，於閏午下旬回國。即其所居之室，概行封鎖。六月初，有賊撬門入，竊去物件頗夥。該院有教士文姓者，同居而異室，知其事，報官勘驗。被竊之夜，天陰雨，足跡宛在。由是悉拘院中人，以履印證，即得主名，案遂破。原本齋創行畫報之初意，必取各處事蹟之穎異可傳者，方繪圖以證新聞之確鑿，而瑣屑無謂者，概不闌入。是圖來自北友，就畫論畫，尚堪節取。閱者幸勿以竹頭木屑、馬勃牛溲，

嗤本齋之兼收並蓄也，斯已耳。〔節取〕

0112	原 13/7	廣乙 1/7	大 1/112

卜人受誑

廣東番禺縣某鄉落有瞽者，善嚴君平術，日賣卜於市中。占者以其素著靈異，故事無大小，人無遠近，咸紛紛造其廬以叩吉凶。積之數年，腰纏頗富。村中諸無賴思有以魚肉之，知其未有室，偽為執柯。瞽者亦以中饋乏人，諸多未便，而又自念殘廢，誰肯以盼兮美目，下耦矇瞍。差幸致富有術，或不終鰥乎！適有以某女之庚帖進，欣然允諾，備大禮，將親迎。而忽來數人，謂某女已字某家子，爾胡得聘有夫婦。瞽以口眾我寡，亟尋媒妁，窮究根底，而室邇人遠，理直而不得伸。一時眾口嘵嘵，議罰百元以寢事。所賴里中耆正，代抱不平，欲縛眾以送官，而始各鳥獸散。噫！青蚨飛去，彩鳳不來。瞽者甯不知歸妹久凶耶，何明於卜人者而暗於自卜也？〔咎由自取〕

0113	原 13/8	廣乙 1/8	大 1/113

賭匪鬧事

平湖姚家廊下村，店數十家，素為博徒淵藪。其最著名者，為計中和、沈阿喜、沈白悌三人，同設賭局，而各不相能。前月，計方聚博徒作牧豬奴戲，呼盧喝雉，一擲十金。突沈白悌率黨數十人，操刀弄棍，排闥而入，擒計按地，拳腳交下，遍體鱗傷。時計家屬未敢與抗，俟其去後，始延醫調治。計素以小惠小信得同黨歡，至是皆攘臂起，欲圖報復。即糾集百餘人，往白悌家，以期雪恥。詎白悌聞風遠遁矣。嗣本地紳士，恐釀禍，勸沈黨湊洋五十元給計，為醫藥資，事乃寢息。然而開場聚賭，糾眾行兇，匪類橫行，至於斯極。有地方之責者，安可充耳不聞乎？〔肆行無忌〕

0114	原 13/9	廣乙 1/9 右	大 1/114

幻術竊財

松郡於上月初，來一外方客，擇幽僻寓所而居之。終日坐臥其中，無所事，而衣服麗都，銀錢揮霍。數日以來，若有取之不盡者。主人異之，不敢詢。祇於夜間穴孔於壁，以窺其異。室中置銅盆一，燃線香，繞以數匝，口中誦咒語，將身躍入，即不見。有頃，從盆中出，而懷中銀洋纍纍，潛置篋中。時晨雞唱曉矣。翌日，主人向之借，客似覺其來意，給洋二十餘元，即束裝啟行。問所之，則云無定。噫！是殆有縮地方、障身術與？異教不滅，終為民害。所願地方官明查暗訪，務絕根株，則造福無涯矣！〔邪說〕〔又作〕

0115	原 14/1	廣乙 2/9 左	大 1/115

狎妓忘親

馬車之盛，無逾於本埠。妓館之多，亦惟本埠首屈一指。故每日於五六點鐘時，或招朋儕，或挾妓女，出番餅枚餘，便可向靜安寺一走。柳陰路曲，駟結連鑣，列滬江名勝之一。欣慕者，無不願執鞭焉。乃前日，有某少年由靜安寺返滬，花偎身而熨貼，轡在手而縶維，興高采烈，其樂可知。行經泥城橋，其母某氏蹤跡至此，見此情景，頓足搥胸，號啕大哭。經旁人阻遏，而少年始住車；其母向前，扭挽髮辮而去。蓋少年擅取契券，抵押洋圓，出外遊蕩，久不歸家矣。噫！蓼莪之詠，不逮生存；苞杞之詩，乃勤王事。若該少年者，因戀章臺之柳，竟忘樹背之萱，清夜自思，尚有天良一線乎？宜加捶楚，以儆冥頑。〔苦樂不均〕

0116	原 14/2	廣乙 2/10	大 1/116

刺血請援

江西巡撫潘偉如中丞，為已故兩江總督沈文肅公之夫人林氏，奏請祔祀廣信府城專祠；並將當日刺血請援稿書進呈，用以慰懿忠而伸遺愛。俾天下曉然於義烈之至，可泣鬼神。功德在民，詎分士女。皇仁之所推而暨，即風化之所賴以端也。咸豐六年，文肅攝守廣信。八月間，赴河口勸捐助餉。時粵逆楊輔清連陷貴溪、弋陽等縣，民間相率走避。吏役星散，守城兵亦聞警自潰。夫人隨官任所。當文肅未回署之前，烽燧飆馳，警報日數十至。夫人懷印與劍，坐井闌，以死自誓。僕媼請暫避，皆卻之。又念受國厚恩，徒死負咎；刺血作書，乞援於饒總兵廷選。其書義正詞嚴，懍若霜日。饒得書，感泣，星夜奔赴，而文肅亦歸。城虛無人，供億胥缺。夫人躬汲爨，具壺漿，以饗士卒。用是感激爭奮，連戰皆捷，而郡城賴以保全。夫人之功，顧不偉與？夫周室人才之盛，上媲唐虞，而九人之治外，尤賴有邑姜之治內，因盛，所以見難也。間氣所鍾，今不讓古，矧在上者為女中堯舜哉！〔巾幗〕〔丈夫〕

0117	原 14/3	廣乙 2/11	大 1/117

局賭害人

賭博本干例禁，近來官捕綦嚴，而若輩亦不敢明目張膽，顯行不法。於是翻新樣而理舊業，遂從花天酒地之中，串行喝雉呼盧之舉。借彼錦繡，飫此膏粱，而迷魂陣即消金窟也。前日，有甲乙兩甯人，計誘人家子弟某某，在慶雲里某妓家為摴蒱戲。某某初不之疑，嗣微覺，而輸洋已七八十元。始則口角，繼至用武。是強者尚敢破其機關，而弱者必至恣其播弄，傾家蕩產直轉瞬間耳。東晉六朝時，此風頗盛，朝野上下，競相馳逐。陶士行斥為牧豬奴戲，鄙之也。寄語濁世佳公子，慎毋入彼牢籠也。〔入其彀中〕

0118	原 14/4	廣乙 2/12	大 1/118

法人棄尸

馬尾之役，言者紛如，然而言不由衷，斷難據為實錄。乃十四日各報言接福州之電，最為近情云。某團兵船，道出福州洋面，見離長門海口數十里之芭蕉山外，有法船多艘停泊，均已落旂。該兵船之水師官疑之，特往拜，孤拔答以傷重不面。蓋法提督坐船之引水人湯姆生者，為我炮擊去。其時孤拔亦傷一臂，至此疑其死矣。又於天將曙時，見法船上將兵士死尸擲入海中，約二三百名；當時藏在艙底，至此始行出卸。余以此事質西人，謂法人沿途棄尸，其心傷乎？語云：「兔死狐悲，物傷其類。」既經陣亡，而又巨浸是投，如棄敝屣，不使骸體載歸故土，其心傷乎？西人曰：「不然，彼苟有陸可據，亦即隨地掩埋，故土與異鄉一也。當此天炎尸臭，又無安土可任棲遲，不投諸海，將奈何？其棄也，用重物貼裹尸身，自頂至踵，毫無罅漏，沉之海底，了而已矣。又況脫帽以致敬，下旗以誌哀。養生送死，禮不外是。」余曰，此說亦未嘗不是，萬物同歸於盡，死後之事，亦何足深究哉！惟上天好生不好殺，何不上體好生之意，俾若輩不罹鋒鏑之為愈乎！〔葬乎魚腹〕

0119	原 14/5	廣乙 2/13	大 1/119

逃犯正法

上年九月間，蘇臬署監內，逸出情罪重大犯人二名；一名王二，一名彭學誌。王二早經獲到正法，而彭學誌一犯，則於上月由清江浦漕標中營獲住。傳電到蘇，經臬憲派撥砲船，迎提到省，即日詳院，旋奉撫憲牌示，定於二十四日巳刻，恭請王命，綁赴市曹處決。闔郡之人，同聲稱快。該犯行經護龍街時，忽而高聲唱戲，忽而怒罵途人。獷悍之氣，至死不改。是真亡命之尤者矣。〔明正典刑〕

0120	原 14/6	廣乙 2/14	大 1/120

尼發僧奸

佛，西方之聖人也。勵清操，敦苦行，使一個心地乾乾淨淨，罣礙全無。其寔與聖門之明德歸仁相表裏，特聖門以身為重而致其修，佛家並以身為輕而亦致其修，其間微有不同耳。後世髡徒，不喻宗旨，往往誤解「皆大歡喜」一語，遂把莊嚴地弄成齷齪窩。近聞某大叢林中，其徒數十人，不知戒律為何物，納污藏垢，任意所為。祇以結納要津，常藉慈雲庇護，故雖滔天惡積，從未有發其覆而摘其奸者。某尼饒於財，寺僧欲引為眷屬，尼情急而求計於其妹。妹婿孝廉公，陰授以計。時有某巨公以中丞乞休，極聲妓園林之樂。一夜，方宿妾所，忽一禿子穿櫺入。婢僕聞聲競集，乃就縛。訊其原委，該僧自認作賊，並申訴寺中某僧盜、某僧奸，如掐牟尼珠一串。公令給筆扎，飭其自書顛末，質明送縣署。邑尊略訊數言，即逮某寺僧至，一鞫而伏，寺乃封。或曰行竊之僧，係尼所賄出，俾供明眾僧罪狀，蓋即孝廉所授之計也。其然，豈其然乎！〔大有醋意〕

0121	原 14/7	廣乙 2/15	大 1/121

操演技勇

近世戰陣之事，火器為先，一若刀矛搏擊，皆可廢棄而不用。不知利於遠者，必不利於近。深山遇伏，狹巷鏖兵，倉猝不及，措手火器，轉多忙亂。京師善撲營，在東四牌樓迤西大佛寺內。每年夏間，本營佐領，在廟中閱看兵丁操演技勇，尚勇力不尚軍械，蓋猶古時拳擊類也。閱畢，分等第以示獎勵，而後歸旗。夫偏勝者，必多弊；由舊者，貴折中。毋震人之巧，毋失己之長，因地制宜，因材器使；而又忠信以維之，爵賞以縻之，斯無敵於天下矣。〔北方之強也〕

0122	原 14/8	廣乙 2/16	大 1/122

行尸厭勝

蘇城接駕橋醃臘鋪，娶一媳，貌頗秀麗，性亦諧和。乃其姑則奇悍，動輒尋釁。其媳一切隱忍之，眼淚流面，已非一日。前日，忽病故。母族飲恨已深，至此糾同親串，借送殮之名，一洩積忿。將尸遍插鮮花，濃抹脂粉，眾手攙扶，繞行各屋；末則跪拜家堂、灶家，蓋欲其鬼出現作耗，故為此惡劇也。此等風俗，固不可以為訓；然而奇悍之姑，實有情遣理恕而不能者。慈祥可召和甘，殘賊終多絕滅，蓋理勢然也。各親其親，各子其子，斯不特一門之瑞，抑亦一國之休已。〔居心不善〕

0123	原 14/9	廣乙 2/17 右	大 1/123

父代子責

蘇城某甲，性沉著，貌謙和，素工心計。見知於現任州縣某公，專司會計，操縱一切，以故家道亦漸豐贍。置妾有年，生有二子，俱勝衣就傅，延師某乙為教讀。子以母寵，珍愛異常；雖生性冥頑，而夏楚之威，設而不用。一日，師以不遵約束故，將施撻記；為主人所聞，急赴書室，為子緩頰。師不允，故強之。師益怒。主人亦忿然作色，出手掌以示師曰：「撻我何如？」蓋將以不敢撻者挾師也。孰意師少年負氣，遽應聲而擊三下。嘻！異矣，夫師之於弟，非有意氣也，而怒必遷於東翁；父之於子，欲其成材也，而權不授於西席。此兩人者，殆諺所謂什麼東西耶！〔是皆已甚〕

0124	原 15/1	廣乙 3/17 左	大 1/124

髣髴鯨鯢

印度洋面，時有鯊魚出沒。近有某輪船，停泊在彼，見有鯊魚三條，游泳其側。眾水手屈鐵作鉤，挂肉於上以餌之。魚果上鉤，齊力拖曳，而跳躍擊擲，人不能近，於是鐵木交下，頓斃船唇。剖其腹，得羊半體，吞而未化者也，其大可知已。〔魚吾所欲也〕

0125	原 15/2	廣乙 3/18	大 1/125

恭邸養痾

恭邸為天潢貴胄，中興事業，實冠百僚。乃以久在軍機，積勞殊甚，匪躬蹇蹇，二十年如一日也。皇太后、皇上眷念勳勞，著令開去差使，就邸養痾。聖恩何如高厚哉！近於北山之麓，建築別墅。臺榭曲折，花木扶疏，長橋臥波，清流見底。信安體之佳所，誠養神之勝地。漸占勿藥，無慮采薪已。昔周公謂魯公曰：「君子不施其親，周道所以稱忠厚也。」予日望之矣。〔不可以風〕

0126	原 15/3	廣乙 3/19	大 1/126

乃見狂且

《詩》不刪鄭、衛，所以示美刺也。「黃裏」、「青衿」之作，「芃蘭」、「蔓草」之吟，具見男子無良，婦人無恥。顧及爾偕老，畏人多言，終勝嗜慾而牝牡者之人盡夫也。風俗之淫，本埠尤甚。自長三以迄花煙間，其公然插標，招迎主顧者無論已。下而住家也，臺基也，有陰以綏狐寡鵠為生涯者；但其一面甫交，遽與磬控而縱送。事後靜思，其與豕狗所為何以異？是廉恥喪盡，夫亦何足深責哉！所可怪者，碧玉年華，綠珠風格，嬌藏無屋，傭賃有工。如本埠繅絲棧之婦女，每當晚歸，輒不下數十人，而一任沿途無賴評妍媸，恣戲謔，牽衣撩袖，會辱蒙羞；遂使禮教之邦，等諸化外乎！七月初十日，報登婦女受辱一則，即此事也。〔放浪形骸〕

0127	原 15/4	廣乙 3/20	大 1/127

五世同堂

羊城西關民人談某，現年一百九歲，算花甲之籌，幾臻兩度。集林士之福，罕此大年，廁諸香山九老、商山四皓之儔，亦無愧色。其長子則已八十有奇，而孫亦六十矣。下至玄曾，又復良冶良弓，肯堂肯構。衍箕疇之五福，比天保之九如，洵為熙朝人瑞。詩曰：「俾爾壽而臧，俾爾熾而昌。」可為談君頌矣。〔五福壽為先〕

0128	原 15/5	廣乙 3/21	大 1/128

基隆再捷

各報登七月十六日下午廈門來電云：「法尚有兵船兩艘，泊在基隆，近與該處山上之華兵相攻。查是處之法兵船，一為巴夏爾鐵甲，一為小號兵船。緣華兵於海關後面山上建築砲台，法知不利於其船，故特然砲轟擊，以冀阻遏不行」等語。是晚又有輪船從台灣來滬，云：「本月初十、十一兩日，法人又在基隆開仗。船共三艘，計受中國十一砲，三船均遭傷損，故即退出口外。法兵被擊死者十餘名，我軍僅亡一名。此係的確捷音」等語。觀於此，知法人之貪詐凶殘，幾無人理。孟子曰：「仁之勝不仁也，猶水勝火。」法剱為不仁之甚者哉，亦終必亡而已矣。〔再接再厲〕

0129	原 15/6	廣乙 3/22	大 1/129

和尚冶遊

佛自周昭王時下生，迄於滅度，足跡未嘗履中國土。和尚胡來哉？乃後八百年而有漢明帝，說謊說夢，惹出這場事來。今之僧人，遍天下矣。其寔那個是佛門弟子，但非顯行不法，人亦不予深究耳。乃前日本埠老丹桂戲園夜演時，來一和尚，手搖鵰扇，身服羅襦，高坐正廳，妄談時事。嗣又喚到一妓，就坐其旁，以遨以嬉，相偎相倚，種種醜態不可描摹。夫原其出家之始，必其父母生而不能育，窮而無所歸也。不然，歷盡艱苦，厭履塵囂，薙去頭毛，期清心地。又不然，身犯巨案，遁入空門，匿跡銷聲，視生如死。從未有忘卻本來，絕無忌憚，荒淫謬妄，至於如此之極者，是直人妖而已矣。有司官宜確切訪拿，置諸站籠中，以著罪惡而昭炯戒。〔極樂世界〕

0130	原 15/7	廣乙 3/23	大 1/130

得虎失馬

江西省上高縣茶紫嶺一帶，近多虎患，薄暮即無人行。他若宜春縣之排石凹、紅米寨等處，往往白晝噬人。嗣經人持械往捕，始獲之。萬載縣到一野馬，肥壯高大，迥異尋常。惜鄉人率眾追逐，仍被逸去。意者天閑上駟，不受人間羈勒者與？〔苛政猛于虎〕

0131	原 15/8	廣乙 3/24	大 1/131

超度孤魂

京師西直門外高梁橋，為玉泉山水東流必經之處，然地近荒僻，時有投河身死之人。七月十五日，該處建盂蘭盆會，延僧設醮，普濟孤魂。一時鬢影衣香，絡繹於道。入夜，念經畢，施放河燈，萬朵金蓮，浮盪水面，波光照耀，上下通明，誠一時之佳景也。〔實著虛〕

0132	原 15/9	廣乙 3/25 右	大 1/132

落花流水

揚州上游金灣河，一日浮下一木板，板縛女子腿二，紅綾鞋子雙，弓窄裹束，殊形端整。諦視之，則自胯截下者。地保、河快見之，欲稟官，而為值日差人叱阻，不得行。於是推入中流，隨大江而東去。不審何處小嬌娃，蠆被強徒殘害。可恨縣差昧良，不予稟究，則此冤何從昭雪哉！〔粉身碎骨〕

0133	原 16/1	廣乙 4/25 左	大 1/133

存問鄰交

日本藤田一郎者，士族也。近聞法人恃蠻，肆擾中國海疆，不覺怒從心起。乃修書一封，并具洋蚨五十圓，徑詣駐日欽使公館中投獻，備訴來意。欽使以公出，某隨員出而見之。受書璧金，婉辭致謝。夫其胸懷不平，愛莫能助，如見於色，如聞其聲，而必藉餽遺以伸其衷曲，則失之陋矣。然而公論自在，直道猶行，西國公使之駐我土者，如星羅，如棋布，而絕無一人出一言以折法人之凶暴，明中國之寬仁者，則對此藤田一郎，能無愧死？〔忠肝義膽〕

0134	原 16/2	廣乙 4/26	大 1/134

賞恤將士

閩防諸帥，狃於「不先啟釁」之一語，已定做了一局輸棋，況遇訂期爽期凶殘貪詐之法人乎！其於前一日之一點鐘，扯紅旂，放黃煙。管駕官紛紛請令，而大帥仍執前說，不稍動。向使下令於前日，見敵人有戰意，准便宜從事，而我軍官於其扯旗放煙之際，先行轟擊，即不能醜虜盡殲，亦何至束手就死！而乃堅持小信，絕不通融，兵輪之碇未起，而砲彈已從天而下。但見半空中，肢體橫飛，紛紛旋舞，是不啻以十萬人之性命，供敵人之一轟而已。嗚呼！慘已。朝廷軫念將士慘遭鋒鏑，特發帑金一萬兩，查賞傷亡官弁。夫敗而猶賞，以敗於帥之不知兵，非敗於兵之不敢戰也。聖人之明，燭及海隅；聖人之仁，侔於天地矣。〔皇恩〕〔浩蕩〕

0135	原 16/3	廣乙 4/27	大 1/135

西商集議

七月十六日，海關道邵觀察奉曾爵督扎，飭照會各國領事堵塞淞口一節。西人於二十七日，集議於英國戲園中，人不下四五百。意見容有差池，而大旨以塞口後，慮商務之衰落者，十居其九。但聞其紛紛議向華官阻止，而不聞有高才卓識，遠慮深思，為兩國策萬全，為各國謀樂利，見解別開，令人欽佩者；不慮法人之擾害為有礙時局，而慮華人之防禦為不便商人。仍是隔鞋搔癢，卑之無甚高論，吾不願聞之矣。〔空言無補〕

0136	原 16/4	廣乙 4/28	大 1/136

死有餘辜

揚城江都縣有王宏者，充當地保，作惡多年，強占孀母與內姪女為妾。該婦本夫皆在，不敢與較。其凶橫可知矣。又有安慶道友王友章，相與結為兄弟，同惡相濟，如虎傅翼，人益畏之。由是從心所欲，無惡不為，奸賣婦女百數十名，放火十七次，因械鬥而刃傷人者二次。種種罪狀，擢髮難數。近為大憲訪實，飭江都縣從嚴究辦。當日各笞臀十餘板，血肉淋漓，置諸站籠中，期之以死，見者咸稱快焉。地方除此二害，良善之受賜多多矣。〔殺無赦〕

0137　原 16/5　廣乙 4/29　大 1/137

悍婦傾家

金陵秣陵鎮孫某，原籍江北，薄有蓄積，而人甚庸愚。近以悼亡之故，偏託蟻媒，求為鸞續。齊大固非偶也，降格以求，嫠也何害。村南之王氏婦，有夏姬目，朝為行雲，暮為行雨，群惡少之巫山也。而孫以垂涎之故，染指於鼎者，亦非一次，計不如自取之以了願。婦洞窺其隱，與孫謀偕老。孫意良得，遽匆匆迎歸；而不知婦之急於歸孫者，固醉翁之意不在酒也。先是，婦以悍著鄉里，咸不齒。近則恃其鵠寡，益甚鴟張，群謀興問罪之師，為蕩婦下逐客之令。婦知振旅有期，故假孫為金蟬脫殼，所謂火燒眉毛，且圖眼下也。入門後，見堂上約束嚴密，已左右之不宜，交謫之聲，時達戶外。一日，搗衣簷下，身煖解衵，置砧畔，又嫌釧礙手，脫釧置衵偏。諸姑伯姊之小兒，時來遊戲，弄釧。有賣貨郎播鞀武過其門，群兒趨視，失釧所在。由是嗔鶯叱燕，指桑罵槐，語侵比鄰，老婦支杖出辯，乃倒地而氣絕。經人調處，孫費百千餘緡始了事。二老知為禍水，亦氣憤病故。曾未兩月而喪亡顛倒一至於此，取悍婦者，其鑒諸。〔禍〕〔災〕

0138　原 16/6　廣乙 4/30　大 1/138

勒丐當差

乞丐，窮民也。苟不犯法，何莫非朝廷赤子哉？乃丐頭凶狠，往往恃有約束江湖橫丐之權，而遂將懦弱者，逼勒而魚肉之。此等惡習，到處皆然，而揚州為尤甚。運河為南北通衢，官船過境，無日無之。丐頭賄通衙役，沿途脅丐勒令當差，稍不承順，輒鞭撻從事。於是強者勉力支持，弱者委填溝壑。風砭雪虐，日炙雨淋，種種苦情，目不忍睹。從前邑宰奉大憲扎，示禁在案。其最著者，為衛守備李公，稟請漕憲，永禁各屬捉丐當差，其示中有云：「凡遇差船過境，按名計里，給價僱夫拉縴，不准硬拉乞丐應差。」勒石河干，似此可謂鐵案矣。乃日久生玩，故智復萌，官示視若具文。夫價充其私橐，忍心害理，無逾於此。昔者文王治岐，首重窮民之無告。安得震聵發聾之賢有司，奮其風行雷厲之權，為若輩警覺之也。〔窮民無告〕

0139　原 16/7　廣乙 4/31　大 1/139

西女受驚

西國之通商於中華者，凡一十有六。其文為制度小異而大同，故雖華人中之通曉西俗者，猝求其辨別識認，亦恐未必無累黍差。近以法事牴牾，內地人民，啣之次骨；而不逞之徒，往往皂白不分，任意狎侮。此風何可長哉！前月，有西國婦女二，同坐馬車，往遊徐家匯；杏靨煙籠，柳腰風曳，幾樹堤陰之曲，一鞭夕照之中，以縶以維，載言載笑。無何，與賽會者相值於道，若輩本多無賴，作惡直是有心。鴟喙齊張，知其語言之不達；雄心各奮，利其柔弱之可欺。而二西女者，進退維艱，倉皇失措，正慮地非租界，欲鳴捕以胡從？猶幸星到解神，始脫圍而歸去，然而受驚不淺矣，然而懷恨已深矣！〔無妄之災〕

0140　原 16/8　廣乙 4/32　大 1/140

提人釀禍

前有鹽城縣差役，攜有公文，到滬關提蘭芳里某妓鴇。婦央滬城公門中人某甲，與之關說，花費洋數十元，作回銷之費。翌日，又有差役到滬，亦持有關提憑據。兩相詰辨，始知後來者係屬真確，前則歹人假冒也。龜鴇等憤恚之餘，言出不遜，差亦反唇相譏。於是，兩下扭毆，龜出利刃，將差戳傷。嗣經巡捕一起拘去，解送公堂。所可異者，差為假冒，其關文必不真，經滬城公門人之手，而亦未曾窺破，假差之幸，經手人之疏也。而該龜乃遷怒於其真者，膽敢白晝持刀，對眾拒捕，亦凶橫之尤者矣。昔人以其畏首畏尾，而稱之曰龜，殊不盡然。〔反遭毒手〕

0141　原 16/9　廣乙 4/33 右　大 1/141

六根未淨

蓮根者，金陵詩僧月潭之大弟子也。曾為蘇台滄浪亭住持。犯案，為吳縣高碧湄邑侯拿責枷示，遞解回籍。江東父老見之無面，乃一瓢一笠，去為汗漫游。客春返金陵，大言不慚，傲睨一切，日坐藍呢官轎，招搖過市。為保甲總局所聞，簽差往拘，知風走逸。局憲以其尚無大過，即亦不究。乃本月間，仍回白門，狂妄如昨。前日，正乘輿出門，即被局差拿去。合城士民，同聲稱快。想經此次創懲後，當可悟徹迷津，或不至終墮野狐禪也。〔為什麼出了家〕

0142　原 17/1　廣乙 5/33 左　大 1/142

豪傑歸心

呂成，粵之鶴山人。少時不治生產，喜與匪類伍，與淵亭劉軍門為總角交。數年前，大憲以其為鄉里患，募有能擒之者，賞朱提七千兩。呂知桑梓無容足地，隻身走越裳，投軍門麾下。上年，法事起，命統黑旗兵四百名，與法鏖戰，屢敗法人。軍門倚之如左右手。日前飭赴粵垣，購軍中攸需物。抵粵，聞彭雪琴欽憲招地匪，准投誠報效，并見懸格有能殺法人者，得上賞。意怦怦動，遂泥首憲轅，自述歸附意。彭憲問客何能，呂呈所著書一帙，其中所言，皆邊防事；而於水師戰守，尤中窾要。大蒙歎賞。語曰：「士為知己者死」，呂生其勉之歟。〔心悅〕〔誠服〕

0143　原 17/2　廣乙 5/34　大 1/143

兔罝中林

左侯相將出京，醇邸餞行於中右門外；見其護衛親兵百名，異常矯健，心愛之，請侯相移贈。侯送至福州後，遣回京。夫項籍八千子弟，田橫五百軍人，自來名將麾下，必有同患難、共功名之人，為前驅，為後勁。況身經百戰如侯相，其足以供驅策而備緩急者，無非干城之選也。移以贈醇邸，若輩之榮幸多多矣。〔志士〕

0144	原 17/3	廣乙 5/35	大 1/144

法酋孤拔

張子房以韓故，散家財，求力士，製巨椎，相與狙伏於博浪沙中，以擊無道秦，而誤中副車。今人讀書至此，不能無惋惜。似乎天道幽深而莫測，志士頹喪而空悲；而不知冥冥者正別有權衡也。假令鐵椎所指，秦始伏誅，喪君立君，易暴以仁，安見秦祚之不可久長哉？矧夫長子扶蘇，素有賢望，反父之政，蓋父之愆，行之數十年而民心大順，則秦豈能為漢有哉？而乃鄙薄仁義，重行殺戮，戍邊遠之兵而兵力疲，徙豪富之民而民財匱。怨毒之積，瀰溢宇宙，故陳涉首發難，而群雄響應，四海崩離，卒至郊社墟，宗祀絕。暴戾之禍，洵如是之迅且烈也。由此觀之，一椎之利，不足以覆其國，天心未饜，甯濡滯耳。法酋孤拔，挾其陰狠之性，使貪使詐，擾我邊陲。馬江之役，其殘忍幾無人理，果其中炮身亡。法知悔禍，息爭以休兵，生財以足用，行之數十年，猶可以為善國。如其出死入生，詡詡自幸，恃其善陳善戰而東馳西突，怙惡不悛，一朝貫盈，即破國亡家相隨屬。曾劼侯致李傅相書曰：「法人朋黨相競，政出多門。」又曰：「法於西洋，無一友邦。」則是該國之人之心與其政令，已可概見。其亡也，可立而待也。正不必以湯姆生之擊斃而疑孤拔之幸生，所謂一椎之利，不足以覆其國。天心未饜，甯濡滯耳。謂予不信，請觀暴秦。〔禍〕〔首〕

0145	原 17/4	廣乙 5/36	大 1/145

返魂無術

揚州新城左衛街某姓，望族也。有女年及笄，貌美而心慧，遠近皆知。堂上愛之如掌珠。豪華巨室，咸思委禽；而女必自鑒然後許，以故東床猶虛坦腹。時有某生，寄居維揚，陳思才藻，叔寶丰儀，久已藉藉人口。有某甲，為女中表親，願為執柯，兩造俱喜。惟某姓夫人，必得一見雀屏，始盡鶯諾。甲諷生，生自知不凡，宜若可為，許之。次日，相約至某姓園，散步泉石間，任夫人之伺隙窺也。俄而一片笑聲，群呼「大姑娘來！」(揚俗呼處女曰「姑娘」) 生疑之，繞廊欲出，驀見一女，濃妝艷服，斜倚欄干，以目注生。生大疑，潛問其僕，以「姑娘」對。生以甲與某親，令道女公子狀，與所見符合。生遽疑其不德，托故辭婚。女知之，羞愧自盡。後生察知女父母以愛故，許其自鑒，白璧故無瑕也。大悔，哀慟迫切，亦自縊。幸為人知覺，救之而蘇，送之返里。生雖飲續命湯，而女已無返魂術。絕好姻緣，以疑團敗之。離恨天中，又添一重公案矣！〔紅顏薄命〕

0146	原 17/5	廣乙 5/37	大 1/146

侯相出京

前者左侯相被命進京，屢蒙召見。帝心簡在，一德交孚，誠千載一時也。今以閩防諸帥，有孤倚畀。侯相陳詞慷慨，願以閩事自任，上紓宵旰之憂勤。蓋老成謀國，自必有勝算之可操也。七月二十六日，陛辭出京，輕車減從，除提協參遊前後護擁外，祇有親兵一二十名，隨之以行，殊覺威風凜凜。烈士暮年，壯心未已；馬伏波之征南，其後先輝映也夫。〔誓滅〕〔匈奴〕

0147	原 17/6	廣乙 5/38	大 1/147

江干試炮

前任浙撫楊中丞，扎委道銜候補府張君，監製巨炮四尊；每尊重有三千二百斤，受藥四十二兩，子重一百二十兩。今任劉中丞，於七月二十九日，委饅頭山統領在候潮門外接官亭前試放。一時驚霆走空，飛燄蔽地，削壁欲墮，寒潮退流，聲聞數十里，真大將軍也。演畢，運往甯郡，高架海口炮台，以固吾圉云。〔必先利其器〕

0148	原 17/7	廣乙 5/39	大 1/148

破案述奇

嘉邑西門外，地名黃泥墩，有佃田而種之某甲，本在上海營生，今則寓居該處廟中。娶三林塘鹽船之女為婦，係老夫而得女妻也。婦與道士通，謀殺甲，置尸村外野冢洞中，以泥塞口，事在六月初三夜。七月中，俗例設饌祀先，必以祭餘宴親鄰。是日，親鄰具在。忽大雨，雷電交作。婦以驚恐之極，向母寔言。母代女哀求，願首官以雪冤，天始收雷止雨。俄頃，有人來言，洞中尸被雷攝出，報官詣驗，身受四刀而亡。事隔四十餘日，且值炎天，而面目如常，衣服未毀，奇哉！天道昭彰，斷難幸免，害人者適以自害，人亦何苦而生此毒心邪！〔天道邇〕

0149	原 17/8	廣乙 5/40	大 1/149

設局騙財

揚州新城南大街，近有皖人某甲，月出數十金，賃一巨宅。自稱兩淮候補人員，聲勢煊赫，僕從繁多，門外多顯者車轍跡。甲有心腹僕三人，時在內室論事，非他人所得聞。甲時寄娼家宿，時有妓女登門，詢起居，伴寂寥，揮金如糞土。向鋪戶買物，亦不議值，以故鋪無大小，舉以得交某甲為幸。一日，諭其僕曰：「凡有客來，悉擋駕。」隔夕，又有客來，僕持帖詣上房，但見門戶洞開，闃其無人。意疑甲宿眷妓梅秀林家，往探無著。復於甲之交好處詢之，亦無有。回檢箱篋，空空如也。由是風聲一布，眾戶畢集，各出所負，核對約七八千金，始知為所誑，相率報官。噫！大盜不操戈矛，此之謂與。〔劇盜〕

0150	原 17/9	廣乙 5/41 右	大 1/150

溺女宜拯

浙江嘉興府嘉善縣東鄉一帶，溺女之風頗甚，相沿成習，殊不為怪。不知誰為作俑，而流毒至於今日也。昔讀《勸戒錄》有某翁，年登大耋，其八十歲賀壽日，躋堂稱觥者，不下千數百人。不知者異而詢之，翁曰：「此亦吾始念不及料，而不覺孳生化育之如此其眾也。」翁故多子女，中年而後，向平之願已了，屬女與媳之有乳者，哺人棄女各一二。視其力，三年免懷，再取棄者哺之。終而復始，核計二十年中，所活棄人七八十，為擇婿，為遣嫁。棄女知其身之所由生，咸願奉翁家法，遵循而勿替。由是而又二十年，則活人盈千，永諧秦晉，以迄於今。翁固具聖賢學問哉！惜乎里居姓氏則遺忘之矣。〔惡習〕

0151	原 18/1	廣乙 6/41 左	大 1/151

教士受詐

西教士愛爾文者，杭州牧師也。因告假回英，挾眷屬暫住上海英租界，以俟公司船開行。公司船泊淞口，愛君先期往訂，帶小孩乳媼以俱去。及歸，時已暮，舍舟登陸。少行，屬鄉人引導，途未半而鄉人逸。村童知為失路者，嬲之入村落。群不逞之徒乘機相擾，有向索洋圓者，有欲奪其洋傘者。愛君智窮慮竭，心急足違，窘甚。旋見一星如豆，知為燈火，疾趨而進，乃一小店。店有先生，亦教中人，與語悉被侮由，出為排解，眾始散去。乃為僱小車二輛，擇村夫之長厚者，送之回滬，皆先生力也。翌日，愛君照會道憲，請查辦。會審官即飭差拘人到案，荷校笞責，分別開發。按此事固屬鄉愚遇事生釁，自貽伊戚；第華官於中西交涉事件，處之未必情真罪當，抑揚得其平也。天道好還，人心思逞。得者失之伏，盈者虧之機。寄語西人，毋為已甚可耳。〔攻乎〕〔異端〕

0152	原 18/2	廣乙 6/42	大 1/152

臺軍大捷

前者法人悉銳東來，擾臺擾閩，互有勝負。後屯船芭蕉山，養精蓄銳者月餘。復於八月十三、四兩日，將兵船十一艘攻基隆，別將統船六艘犯淡水。而一敗於十七日，一敗於二十日，俱於登岸之後，大遭懲創。除溺斃投誠不計外，兩處陣亡之數約有千人；並奪獲巨砲八尊、火鎗三十桿，貲我軍之用。誠如《申報》所謂「大可喜」者也。據云，投誠之人，越南土人為多，而粵省沿海之民，間亦有之。惟其額兵不足，故隨地招集人口，易其衣服，黧其面目，訓練數月，以之衝鋒陷陣；而勝固有所利益，敗則非其人民，誰謂非計之得者。不知大敗之餘，前徒業已倒戈，而棄兵就戮、覆舟就溺者，非其素稱勁旅、恃為心腹者與。仁者以其所愛及其所不愛，不仁者以其所不愛及其所愛。孟子之斥梁惠王，為萬世有國者戒也。而不謂法人甘蹈其轍也！〔好謀天成〕

0153	原 18/3	廣乙 6/43	大 1/153

古蹟云亡

八月初四日，鄂垣北風勁疾。晚七點半鐘時，漢陽門外街東門坡地方失慎，一時箕伯揚威，祝融肆虐。城內黃鶴樓之護欄，亦被延及，立兆焚如；附近黃鶴樓之官廳與湧泉臺亭頂，同付一炬。沿江一帶，木作、板廠、舖面、住宅，約共焚去二百家左右。延至平湖門邊，始行止息，時已十一點鐘矣。所最奇者，胡文忠公祠，近在旁側，而一木未灰。可見忠藎之氣，僅寄附於栗主，亦必有呵護之神靈也。其旁之祖師殿、魯班閣，俱賴以並存。聞起火之家，為張姓骨貨作坊云。〔可憐焦土〕

0154	原 18/4	廣乙 6/44	大 1/154

緹縈復見

某甲者，秣陵人，居旱西門內，與某乙合本開浴堂。甲性懦弱，乙遇事恆魚肉之。嗣因虧本，甲求退股，另覓生計。乙堅不允，以致爭毆，甲因是抑鬱而死。其妻恨乙所為，即就浴堂裝殮，遲遲不葬。乙本武弁，聲勢赫然，炙手可熱，乃控甲妻藉喪霸屋。官即限期押令出柩。甲妻冤不得申，亦仰阿芙蓉以殉。此今年三月間事也。甲夫妻死後，遺有子女各一，女年十七，子甫十三。乙心大喜，以為從此可以為所欲為，莫予毒矣。不意甲女歷赴府縣各署呈控，情詞哀惻，行路傷之。賈邑尊許斷洋一百二十元，為甲夫婦安葬之費。女志在復仇，不肯應允。嗟乎！十七齡女子，乃能誓報父仇，百折不回。以視緹縈之上書救父，雖有生前死後之不同，其深明大義則一也。世有魯莊公一流人，聞之能無愧死！〔不共戴天〕

0155	原 18/5	廣乙 6/45	大 1/155

江洲坍陷

揚州東南隅有洲名團窩，濱臨大江，潮水沖突，日就傾圮。加以淫雨浹旬，上淋下瀉，上月十五日午刻，全洲盡行坍陷。計灘田一百餘畝，莊子十三處，居人四五百口，盡付陸沉，亦一大劫也。近處漁戶以水中有物為怪，因設毒餌於上流，并備滾鉤叉矛以待之。廿一日，果見豬婆龍一條、穿山甲三隻，皆中毒死。孽畜為患，陷害無數生靈，其干天怒也深矣。假手人謀，特天牖其衷耳。〔陸〕〔沉〕

0156	原 18/6	廣乙 6/46	大 1/156

不容逼處

粵省自聞馬江開戰，張制軍即照會寓居該省之法人，無論官商，悉令出境，房屋產業著屬員查檢封閉。法人自知理屈，即欲勉強遲留，知必不安，故隨於二三日間，相率徙去。說者謂粵防大帥最得治體，無論民間仇恨已深，一旦滋生事端，勢必防不勝防，護不勝護。而彼既自絕和好，行同無賴，猶自居我腋肘，顯作間諜。朝廷雖甚寬大，恐亦無此仁政。諭旨謂：「居內地而安分之法人，亦一體保護。」夫安分與否，非可以面目求也。有地方之責者，自宜仿照粵省，一律驅逐，不准一人逗留，為最合朝廷命意。若因旨中有一「亦」字，遂乃因循苟且，任其盤踞而安居之，則誤會之處，恐即是貽害之處。質諸衮衮諸公，以為然否？〔法〕〔極〕

0157	原 18/7	廣乙 6/47	大 1/157

採辦公繡

本年十月，恭逢皇太后五旬萬壽。我皇上純孝性成，慈歡是博，先期傳旨南中織造辦理一切，而蘇省尚衣亦設局採貢。會見錦濯江頭，綃呈鮫室，蟠龍團鳳，竇氏機成，錯彩鏤金，靈芸繡就，雲霞色煥，金碧光浮，是所謂以天下養，養之至也。今者駐寇萊於北門，命方叔以南邁，烽煙不警，壽宇宏開。書所云：「一人有慶，兆民賴之」者，十指之勤，其即三多之祝歟！〔年年作嫁〕

0158	原 18/8	廣乙 6/48	大 1/158

入土為安

前日午後，有德國兵船之百總兵官二柩，登岸治葬。前導者為該船之西國樂人十餘名，沿途競奏西樂，音韻鏗鏘。隨後有玻璃馬車二輛，裝載二柩，緩緩而行。二車後隨有水師帶兵官數員，均穿金線戎服，並水師兵約二百名為之護送。由浦灘經法大馬路迤邐向西，至八仙橋西首紅房子之外國墳山埋葬。骸骨以入土為安，中外原無二理。

我華人以惑於風水之説，恆有累年停柩而不即舉行者，毋乃為西人所竊笑已。〔同歸〕〔于盡〕

0159 原18/9 廣乙6/49右 大1/159

覓死甚奇

裏虹口鄉間陶家灣鄉民瞿掌掌，娶妻某氏，式好無尤。前夜就枕後，鴛鴦交頸，同夢方甘。迨至雞鳴，而其妻忽失所在。疑有他故，急出追尋。擾擾久之，杳無蹤影。天明而後，始見妻坐屋後數武外之水潭內。撫之，已僵。究其因何覓死，外人或不得知。所可異者，潭甚淺顯，即終日危坐其中，亦無可死之理。何該氏乃藉以畢命也？真欲索解人而不得者已！〔費解〕

0160 原19/1 廣乙7/49左 大1/160

賊有義氣

鄂省某姓，家小康，房闥深邃。一夕，被竊衣飾十數件。某即申縣捕緝，延久未獲。旋於夜深時，忽聞聲如爆竹。驚起視之，堂屋櫃鎖啟矣。檢點各物，幸不少缺。几上遺書一函，開讀之，謂「前日局於貲斧，承僭區區，權作道途之費，特將質劑送還。今日絲毫未動，以明不苟。」某覽畢，為之撟舌，不復追捕。嗟夫！利之所在，人之所競也。嘗見方面大府，統轄州郡，便搜括脂膏，飽填欲壑，即黃標、紫標充棟溢宇，猶復羅織豪富，以資攫取，是直盜賊之不若矣！爰績其事，使司牧者知所法焉。〔不苟財〕

0161 原19/2 廣乙7/50 大1/161

梟法示眾

法人啟釁以來，我華人同仇敵愾，莫不欲食其肉、寢其皮，使法人靡有孑遺而甘心焉。今者法人分攻淡水，揮兵登岸，意蓋為踞守計。而孫軍門督率各營，分路設伏，旋以中營誘敵。法人恃有堅甲利兵，長驅直入；我軍皆潛伏山凹，偃旗息鼓以俟。法人不知焉，猛力攻撲，如入無人之境；驀逢我軍四圍兜合，前後夾攻，將法軍截而為三。戰至四點鐘之久，法人大敗。我軍乘勝追殺，法人退至海濱，淹死者百餘名。生擒三劃金兵頭一，擊斃七劃金兵官一，斬法人首級四十餘具，在馬祖廟前懸竿示眾，以快人心而伸義憤。夫法人自諒山一役，藉為口實，我朝大度含容，不予深詰，乃竟狡焉思逞，自取敗北。而今而後，法亦舉目寒心，不敢肆猖獗矣。〔差強〕〔人意〕

0162 原19/3 廣乙7/51 大1/162

西藏入貢

今上御極之十載，握鏡風清，垂裳化洽。左、李標柱石之功，彭、劉宣爪牙之力。恩威遐扇，迄無外矣。乃者八月上旬，西藏土斯庫爾噶奉命入覲，呈獻貢物七十餘種。其最貴重者，赤金番佛千尊也；其最新奇者，鑲嵌寶珠掌扇也。其餘藏香、藏藥、藏草，則諸壤奠也。伏念我皇上守不寶遠物之箴，懍玩物喪志之戒；雖周公之讓白雉，漢文之卻走馬，無以尚矣。然彼既切就日瞻雲之志，我自普天覆地載之仁，特命內務府大臣於隆宗門軍機房內院，驗視明確，然後進呈。噫嘻！塗山之玉帛萬重，王會之蠻荒畢至，史冊傳為盛事。今我朝聖聖相承，無有遐邇，胥樂內屬，咸五登三，獨有千古矣。豈不庥哉！〔蠻夷率服〕

0163 原19/4 廣乙7/52 大1/163

愛民如子

聞之，「狗吠不驚，足下生氂。」古盛時含哺鼓腹，食德飲和，懿鑠哉。古今有異勢，古今實無異民也。前月，廣州府蕭紀山太守，往白雲龍王廟舉行秋祀之典。禮畢下山，突有流丐十數人，在半山亭攔輿哀乞，前者呼而後者擁。輿隸呵叱之，將以五色棒從事。太守曰：「不可！此亦吾民也。吾儕身膺司牧，正宜撫字斯民，群登衽席，乃對茲纍纍，其不至轉溝壑而逃四方者，幾何哉！」遂分給青蚨若干，翼勸其歸，俾圖生理而去。韋蘇州詩云：「邑有流亡愧俸錢」，讀之使人心惻。如太守者愛民如子，其亦可媲美前人矣！〔一視〕〔同仁〕

0164 原19/5 廣乙7/53 大1/164

婦棄其夫

京師某公子者，以閥閱之家聲，擅風流之俊譽，神姿朗徹，雖玉樹瑤林不啻焉。雇一僕婦，秀慧絕倫，公子艷之，而與之私款洽。既久，遂置之媵妾間，鈿盒金釵，三生密誓。僕婦以為此間樂不思蜀矣。其夫某甲，京師之東鄉人也，家貧而貌寢，訪妻不得見者將一載。秋仲初旬，甲於公子第宅東，突遇車馬一簇，風捲而來；遙見車中華袂輕裾，粉白黛綠，翩翩然儼若天人。逼視之，即其妻也。甲驚喜，攀輿呼之曰：「疑汝已死，今尚在人間耶？」從人驅逐之，甲不釋手。甲妻坐車中厲聲答曰：「我與汝不相識，癩蝦蟆乃想吃天鵝肉耶！」即誣以攫取首飾。公子乘馬在後，訟於官而禁錮之。嘻！天下美婦人多矣，公子而欲求佳麗，又何顧之不償，乃至下與田舍郎爭此一婦。此其中毋亦有孽緣在耶？若僕婦者，挾蟓眉螓首之姿，抱彩鳳隨鴉之恨，「之死靡他」之什，固不能為愚婦人詠哉。〔貪新忘舊〕

0165 原19/6 廣乙7/54 大1/165

財色涎人

粵省蓬萊里紫竹庵，屋宇宏敞而雙扉常掩。月逢朔望，則裙屐少年爭先恐後，蓋競結一重香火緣也。庵尼某，雖披緇入道，繡物長齋，而玉貌花容，足冠儕輩，妙常芳譽，早已籍籍稱揚。庵素富饒，繞床阿堵。劣紳某，垂涎已久，思染指而分肥焉。詎該尼一塵不污，學投高氏之梭，萬念俱空，不染元機之習。紳遂隱恨，思所以中傷之，捏詞控縣。邑尊飭差拘尼，尼即畏罪自盡矣。夫紅顏薄命，古有是言，何該尼既已勘破紅塵，而猶不得慈雲庇護耶。嗚呼傷已！〔六根未淨〕

0166 原19/7 廣乙7/55 大1/166

無恥之尤

鄂垣糧道街護國寺住持僧，有富名。一師二徒，專於色慾界中參歡喜禪，而其師尤甚。前年，有賃該廟屋以開粉館者，其妻略有姿，住持艷之，誘以金而成姦。雖人言籍籍，不顧也。近因生意清淡，遷往漢陽。一江阻隔，恆抱天孫河鼓之憂。前日，婦渡僭鵲橋，舊歡新續，倍極綢繆，宿廟中者三日夜。事為仇家所覺，特糾無賴數輩，裸僧婦而雙繫之，意蓋在訛詐也。計不得，遂眾議送官。邑尊訊得不誣，笞僧臀千、掌嘴百，枷本廟門首以示眾。婦亦懲責，著原夫領去。夫人至削髮入空門，原以避塵囂就清苦也。乃有富名，則是溫飽有餘，便思淫慾。敗壞風俗，無有甚於此者。與其懲處，何如勒令還俗，以償其素願之為愈乎。〔傷風敗俗〕

0167	原 19/8	廣乙 7/56	大 1/167

惡婦遊街

昔朱伯廬先生格言有云：「三姑六婆，實淫盜之媒。」至哉言乎，點污帷薄者，盡於是矣。蘇城王洗馬巷劉朱氏，素行不法，為著名之蟻媒。平日引誘良家婦女，或餂之以甘言，或啗之以重利，多方撮合，白晝行淫。婦女無知，往往為其所惑，有不墮其術中者，鮮矣。前月，保甲局委員某，明查暗訪，察得該氏無惡不為，立提究訊；而氏亦自知敗露，一一認承。將氏嚴加鞭扑，飭役械杻，遍遊六門，標旗鳴金，觀者囂逐。夫壞他人之名節，充一己之橐囊，即處之以極刑，亦不為過。所願有地方之責者，加意懲治，以儆其餘，亦未必非挽回風俗之一助矣。〔罪孽〕〔深重〕

0168	原 19/9	廣乙 7/57 右	大 1/168

同室操戈

虹口公義局招募勇丁，延請拳師二名，以資訓練；一係粵人，一係山東人。前日，兩拳師比較武藝。山東人視粵人稍遜，而拳法過之；粵人力不能支，跌仆二次，於是變羞成怒，遂將山東人奮拳肆毆。各山東人心不能平，齊出相助；粵人亦揮黨力拒，並取腰刀亂砍。山東人致傷二名，餘皆逃逸，局中器具亦被損毀。噫！延拳師所以訓勇丁也，今不思外侮之禦，徒為同室之鬥，則非練勇之助，而為自焚之具矣。夫此蠢蠢無知之輩，固不足以語大體；而身任團練之責者，夫亦嚴其彈壓哉。〔將自焚也〕

0169	原 20/1	廣乙 8/57 左	大 1/169

協濟軍需

兵法有云：「興師十萬，日費千金。」又云：「有石城十仞，湯池百步；無粟，則不能守。」軍之需餉，前賢論之熟矣。迺者法人搆釁，侵犯邊疆，各口堵防，日縻帑藏。而馬江一役，兵艦鎧仗燼於法燄，費尤不貲矣。恭邸以天潢之宗派，慰宵旰之憂勤，慨輸銀百萬。而前協辦李蘭蓀、前大學士寶佩蘅、崇厚、崇禮兩侍郎，以及內務府文錫、粵海關監督文銛、崇光，後先接踵，各輸巨款。指顧已成千萬，以為犒賞軍士之需。竊思我國朝厚澤深仁，亶洽區宇，屬在編氓，咸思粉骨碎身，捐義憤以酬高厚。而列在貴戚者，又復蒿目時艱，不待詔命，各竭輸將，標毀家紓難之風，作秣馬厲兵之氣。所謂「文臣不愛錢，武臣不恤死」者，於是乎在。特繪此圖，上以為國家慶，下以為臣僚勸。而身居保傅，坐擁高貲，請開捐例，以作權宜之計者，其亦聞風知愧矣。〔無吝色〕

0170	原 20/2	廣乙 8/58	大 1/170

練軍入海

法人啟釁，海口吃緊，而粵省整頓防務，最為嚴密。雄師霧集，大有聚法殲殄之勢，則以雪琴彭欽憲駐節粵防故也。近聞欽憲於各營兵勇，擇選熟諳水性者另成一軍，每日在海面游泳訓練。並有新製欖核船數十艘，以補水師所不逮。按該船首尾皆尖，與橄欖核相似，故以為名。船身頗極輕便，可在海底行駛。遇開仗時，即令此船藏帶火藥，逼近敵船以作焚毀之計。夫法人所恃以騷擾中國者，船堅砲利，僅僅十數艘兵艦遊奕洋面，即有不可向邇之勢。今粵防得此一軍，又何往而不克，何敵而不摧哉！藐茲醜類，尚敢愍不悔禍，殆欲自取滅亡而後已耶？〔天下〕〔無敵〕

0171	原 20/3	廣乙 8/59	大 1/171

以迎王師

「得道者多助，失道者寡助。寡助之至，親戚畔之；多助之至，天下順之。」我輩讀書，往往隨口滑過，而實則至理名言，千古不能易也。越南土人，遭法人蹂躪，如日坐水火中，今得岑、潘諸帥，統師出關，該處土民備豕羊、盛酒漿，勞王師於郊，蓋冀出水火而登衽席也。望歲之誠，要豈刑驅勢迫所能得者哉？讀孟子天時章與對齊宣王勝燕後語，益覺其言之親切而有味已。〔誠服〕

0172	原 20/4	廣乙 8/60	大 1/172

別有洞天

蘇省道前街一帶，有所謂花客棧者，密室數椽，曲折深邃，暗藏春色，別有洞天。凡吞吐煙霞，逍遙雲雨，一任客所欲為。方伯聞之，思欲抵其隙而未發焉。前月上旬，保甲局巡夜委員某，查至萬盛豐客棧，左顧右盼，卒不得其門而入。驀至廚下見積薪纍纍，中彷彿若有光，而雙扉隱焉。薪移門闢，則香紅衵軟，同夢方酣矣。飭役扭押，并棧主帶至總局懲辦。即將房屋扃鎖，入官充公，以昭炯戒。春散桃花，雲封洞口，應無漁郎問渡矣。〔藏污納垢〕

0173	原 20/5	廣乙 8/61	大 1/173

西人賽船

西人於春秋佳日，例行賽船之舉，設重金為孤注，分先後為勝負。以視雅歌投壺、擊劍彈棋諸游戲，懸霄壤矣。然而短櫂雙飛，疾若穿簾之燕；扁舟一葉，輕如狎水之鷗。出沒於洪濤巨浪中，雖濡首沾裾而不悔。箇中人固興高采烈，而旁觀者亦歡呼夾道，舉國若狂焉。東坡有云：「譬人嗜菖歜羊棗，未易詰其所以嗜者。」我於西人賽船亦云。〔使舟如馬〕

0174	原 20/6	廣乙 8/62	大 1/17

大鬧妓院

申江妓院之盛，甲於天下。嘗見紈絝少年，僭花天酒地之場，作喝雉呼盧之舉。雖揚州三月煙花，白下六朝金粉，方之蔑如矣。乃前夜，有博徒十數人，突往西棋盤街富仙堂妓院尋釁，嗔鶯叱燕，打鴨驚鴛，脂盝鏡奩，盡遭損毀。一時詬誶聲、辱罵聲、排解聲，鬨然四起，與隔院歌喉遙相應答。下至服御數人，亦一飽老拳，始各散去。說者謂尤雲滯雨，鄉本溫柔；換羽移宮，窩真安樂。胡遇人之不淑，竟橫逆之相加，毋亦尤物之儲，不免女戎之兆耶！護花有鈴，誰為芳叢一繫乎？〔煞風景〕

0175　原 20/7　廣乙 8/63　大 1/175

不認親母

杭城大街中市，前月有一老婦，背負黃布，大書「冤單」二字，席地而坐，意若抑鬱不得者。詢之，則云：氏生一子，值髮逆離散，迄今垂三十年。近悉子捐觀察，在浙候補，是以間關跋涉而來。乃訪至客館，反顏不識。無從一溯原由，以明子母之分，所以持書冤單，姑待廉明者白焉。一日，新任孫廉訪回轅，乃婦攔輿呼冤，傔從者鞭箠交下，婦抵死不釋手。廉訪命取狀閱之，帶回讞局，細加詰訊，悉將顛末愬塵，以俟聽斷。噫嘻！生人在三之義，昊天罔極之恩，夫人知之矣。是以入秦獲遇，無間五十之年，復姓陳書，得遂一官之後，瞻仰前賢，如出一轍。胡乃白雲非遙，丹忱是昧，比無根之芝草，等墮水之楊花，將毋桃僵李代，未敢遽信故耶？不然，銜慈恩而反哺，應酬烏鳥之私；啄母腦而翻飛，日作鴟鴞之子。乃如之人，毋亦為長官者所宜按律誅鋤，以扶名教哉。〔形同梟獍〕

0176　原 20/8　廣乙 8/64　大 1/176

藏嬌不易

某甲者，本南中富戶，納貲為郎官，在京供職有年。性忠厚，量慷慨，同列恆稱道之。甲年臻強仕，膝下猶虛。其妻有賢聲，將為其夫作金屋藏嬌計，謀於媒媼。越數日，攜一報命，則二八佳娃，慧中秀外，舉止大方，旂妝人物也。甲與妻大喜，即著女之親來寓署券，給二百金以去。女至甲家，款待殷勤，倍極懇摯，時小星未泳也。女感主人意，直陳其隱，謂主人曰：「主知我親鬻我意乎？我宗室也，主納我，墮親訛詐計矣。」主人聞言大驚，急召媒媼至，願以女為螟蛉，而命媼領回。所給銀兩，不復追問，事遂寢。〔美人計〕

0177　原 20/9　廣乙 8/65 右　大 1/177

尼庵被盜

嘉郡普信庵，香火素盛，庵尼著有富名，無賴輩涎之久矣。八月十三夜，特糾匪黨十數人，面敷五色，往庵行劫，傾筐倒篋，約計千金。他庵某尼寄宿庵中，亦預是禍。庵尼恐遭物議，遂隱忍之而不敢鳴官焉。夫《易》不云乎「慢藏誨盜」。今人間撫有千金，猶不免抱火厝薪，寢食不安之慮；況受菩薩之戒，為清淨之依，乃復塵垢未離，滿儲阿堵，是非夙敦苦節，安能免於降殃哉？象齒焚身，其亦自貽之戚乎。〔冶容〕〔曼藏〕

0178　原 21/1　廣乙 9/65 左　大 1/178

侯相述夢

左侯相之經泰安也，道梁父，陟泰山，稽首於碧霞祠，下而祈夢焉。是夜，夢元配侯夫人周氏，姍姍來遲，自稱：「已隸上清仙籍。今君仗鉞閩疆，聖眷之隆，與倚畀之重，至矣極矣，蔑以加矣。」侯相曰：「宵旰久勞，正臣子枕戈待旦之日，其他何暇計哉。」夫人曰：「國家鴻福，如金甌之無缺。法人雖極跳梁，而君去如摧枯拉朽，不足平也。勉哉！此行後會有期。」夢乃醒。噫嘻！良弼賚予，周公不夢，載在簡冊，信而有徵。夢為思之應，其亦繫念君國之誠所迫而出焉者也，豈偶然哉！〔是邪非邪〕

0179　原 21/2　廣乙 9/66　大 1/179

大賚貢使

奉賚獻琛，藩屬不辭梯航之遠；薄來厚往，聖朝豈靳撫字之恩。內廷驗收貢品訖，使臣退就四譯館。越日，得旨宣召，使臣俯伏丹墀下，其身穿金甲冠履類西洋，耳垂環而短髮，離離垂寸許者，為庫爾噶人。紅布纏頭，衣五采疋練，袒兩肩，手握念珠，土斯、西藏兩種人，服色相近而容有差。奉天語以褒美，賚銀帛以酬庸。典至隆，恩至渥也。王道豈外人情哉！〔柔遠〕〔人也〕

0180　原 21/3　廣乙 9/67　大 1/180

過門大嚼

虹口公義局新募勇丁，屯紮朱家宅地方。初九日傍晚，勇取局中大錫蠟臺，暫抵於近處之同興飯館，為群勇晚餐資。人眾而勢盛，自取自攜，大咀大嚼，店主莫能禁也。巡街捕經此，恐滋事，報捕頭。傳電至老巡捕房，飭西包探麥根赴虹口，協同西捕往查。麥根詢原委，知為餬口之資，枵腹難忍故。麥根善遣之。竊謂召募與籌餉相需，關發容有稽遲，而管帶之員宜有以安插之。勇之擅取物件以為質，固屬不法；而令若輩飢腸轆轆，同為負腹將軍，則亦駕馭者所寸心滋愧者也。日前教習持械互鬥，亦出該局中。該局何多事乎？知恥近乎勇，譁囂不靖，滋擾類聞，是之謂不知恥。〔誰實使之〕

0181　原 21/4　廣乙 9/68　大 1/181

鬧房涉訟

離寶山縣十五里之沈巷鎮，有朱鳳岐者，年纔弱冠，家尚小康。日前涓吉行合巹禮，親友循俗例，為鬧房之舉。其表兄顧某，喜惡作劇。朱怒，反顏相向。顧飲酒已多，氣為酒挾，乃以尊拳奉敬，致朱受傷。朱遂具稟琴堂，邑尊准詞，簽差拘顧到案集訊。驗朱被毆之處，幸無大礙，判顧收押。朱回家調治，候痊核辦。諺云：「三日無大小」，此語壞盡世事。古訓男女有別，豈有此三日內任人搴衣撩袖，百般揶揄者乎？況乎新郎之心，未有不曲護新娘者，而人必以其所愛而狎侮之，則觸其怒也尤易。洎乎葡萄公堂，押羈飯歇，始悔孟浪，亦已遲矣。而朱某以嬉戲之故，遽至激成訟累，誼屬親親，毋亦太甚。〔弄假成真〕

0182　原 21/5　廣乙 9/69　大 1/182

水路保甲

禦外侮，先靖內亂；靖內亂，必自保甲始。誠千古不易之善政也。然而陸地則易，水鄉則難。操一葉舟，倏來倏往，人非土著，到處為家，孰從而知其良莠哉？譚序初方伯興辦水路保甲，編查蘇城外附郭河干停泊之江北小船，飭前統帶水師砲船之焦蕃臣都戎，在閶門北濠新開河築木柵，啟閉兩頭，將六門之異路小船，盡驅入內，挨號編給牌票。其有稟稱即日回鄉，不願進柵者，派砲船護送出境，不准規避逗留，致生事端。柵內現泊百數十號，如欲開往他處，稟明巡局始放行。似此實心稽查，可無慮行路難矣。語云：「有治法，尤貴有治人。」諒哉！〔意良法美〕

0183	原 21/6	廣乙 9/70	大 1/183

天緣暗合

揚城瞽者張補金，雖秋水雙瞳，不分黑白，而靈犀一點，寔有扣槃捫燭之明。幼習君平術，設研賢良街某客寓內。年逾不惑，猶賦雉飛，常自歎永夜鰥魚，錦衾空抱。然人家閨秀，誰肯以師曠一流人入雀屏之選哉！同城瞽孀某氏，亦賣卜以為生，每攜鐺市上，過張寓，輒入聆清誨。往來既稔，各道苦衷，然有狐綏綏，實未嘗嫌生裳帶也。好事者憫其孤獨，遂令共登撮合山，俾成眷屬。由是占黃道之吉，載效于飛；入黑甜之鄉，同甘好夢。因緣巧合，月老不煞費苦心哉！〔明星有爛〕

0184	原 21/7	廣乙 9/71	大 1/184

醋溜黃魚

世有以「黃魚」名妓者。余初疑其取喻之未必確當。既而思之，大約謂新鮮者亦頗適口，而信宿過朝，色惡臭惡，遂無過而問者。蓋取及時則不妨，偶嘗而不可以常常食也。揚州新城東營地方張姓，以煙霞窟為雲雨窩，藏垢納污，如鮑魚之肆。一日，值陰雨，客某甲與黃魚姊妹作葉子戲。晚間，魚有舊識某來見之，憤不能平，始口角而繼用武，遂成一場花戰。說者曰「醋甕翻矣」，因標其題曰「醋溜黃魚」。〔一股〕〔酸氣〕

0185	原 21/8	廣乙 9/72	大 1/185

佛門罪人

譚序初方伯藩吳數載，善政不可殫述。其最深惡而痛疾者，娼寮與煙館是已。乃愚民玩法，仍有陽奉陰違者。月初，府城隍山門口，有兩僧同荷一枷，硃標其封，曰「吸食花煙」；蓋在瓣蓮中某小戶家，為巡員偵獲者。玩法而試以身，弛律而作之孽。今之和尚，今之佛門之罪人也。〔頂上圓光〕

0186	原 21/9	廣乙 9/73 右	大 1/186

左道惑人

京師東安門內南池子口，前日忽來一嫗，雞皮鶴髮，年近古稀，身穿破衲，手握念珠，趺坐蒲團上，口中喃喃不知作何語。愚民惑之，目為神仙，伏求者授以黃紙一方，令長跪而默祝之。俄見紙上現五色光，嗅之有香，焚化沖服，間愈小病；以故崇信者日甚一日，幾於舉國若狂。竊謂城狐社鼠，斷難容於光天化日之中，況近在輦轂地哉！左道惑人，盡法懲處，則賢有司之責也。〔妖由人興〕

0187	原 22/1	廣乙 10/73 左	大 1/187

臨流設奠

生為國士，死作國殤，忠義之氣，充塞宇宙，洵天人欽之矣。然而歿者長逝，存者何堪。九月晦日，法租界浦灘有一中年婦人，穿縞素，攜楮帛，列麥盂酒醴，於河干南面設奠，失聲大哭。好事者詢之，則云七月初三日，閩江之戰，其夫被炮擊中，投海身死，今不知枯骨飄流何所矣。且泣且述，行路酸鼻。陳陶有詩云：「可憐無定河邊骨，猶是深閨夢裏人。」背誦一過，益覺沈痛。〔哀江頭〕

0188	原 22/2	廣乙 10/74	大 1/188

普天同慶

光緒十年十月初十日，恭逢皇太后五旬萬壽。皇上特命禮部衙門預擬禮節，將於是日為皇太后祝嘏禮也。欽維誕聖凝庥，體天立極。大艱修濟，凡攝政乎三朝，丕冒遐周，允懋膺夫百福。皇上沖懷益慎，孝思彌隆，承太上之慈顏，以天下為大養，行見恩流罔外，欣大地之臚歡，春滿寰中，祝普天之同慶。〔萬壽〕〔無疆〕

0189	原 22/3	廣乙 10/75	大 1/189

日之方中

本埠法租界外洋涇橋堍，於秋間新製「驗時球」與「報風旗」。按旗於每日之上午十點鐘扯起，遞報吳淞口外風信；其視風之所向，或大或細，或晴或雨，隨時改懸各旗傳報。至球則每日十一點三刻鐘時升起半桿，十一點五十五分鐘時升至桿頂，至十二點鐘球即落下，以便居民驗對時刻。允稱奇製。旗無定形定色，但視風之趨向、力量以為準，未易摹繪，故舍旗而存球。〔一望而知〕

0190	原 22/4	廣乙 10/76	大 1/190

為龍之光

督辦全臺軍務劉省三爵帥，有別墅在金陵，即大香爐之花園是也。園規十餘畝，荷亭竹榭，月檻風廊，幽雅精工，殆無其匹。八月二十六日，為爵帥正夫人設帨之辰。凡列箕帚班者，咸詣合肥原籍奉觴上壽。重九後，天氣晴朗。一夕，夜過半，忽見帥府屋上有光熊熊然，上接天際，照如白晝。司柝者疑為火築，柝而號，遠近畢集，四望無所睹。司柝者亦莫解所以，以為眼花，一笑置之。詎越數日，而爵帥已奉巡撫福建之命。論者於是知其為祥光也。〔氣佳哉〕

0191	原 22/5	廣乙 10/77	大 1/191

博士肇事

滬北之閬苑第一樓，為諸茶寮之冠。几案整潔，房廊宏深，甌茗清心，梭花迷目；而又彈丸競擲，煙榻橫陳，遣興消閒，各從所好。故自日中以至宵中，接踵摩肩，曾無虛晷。前月下旬，有妓挈女奴登樓啜茗。博士某與奴戲，奴謂其「窮相未除色心熾，天鵝肉豈予癩蝦蟆吃乎？」博士知為諷己，惱羞成怒，詈之。奴告妓，妓曰：「是宜掌。」奴果舒玉臂，駢五指突前而掌其頰。妓有母曰銀珠，少頃來，知被侮由，出惡言。博士不堪屢辱，乃與銀珠爭，扭顛交仆，鬨聲雷動，游人皆作壁上觀。久之，始各釋手。博士奉頰竄；而銀珠則脂粉剝落，釵鈿飛流，玉貌花容，頓成羅剎。觀者咸嗤嗤而笑以鼻云。〔難兮為情〕

0192	原 22/6	廣乙 10/78	大 1/192

取與皆非

髮捻敉平之後，儘有官階已至副參，而求借補一小缺而不得者；蓋以人之浮於缺者過多，即朝廷亦無如之何也。前月，廈門有一武職官員，衣便衣，後隨一勇，手托頂帽，頂已紅，沿街挨戶，告求幫助。各戶隨分給之，亦不較。及至亭子下街萬全堂藥鋪，以計數多寡而至口角。該鋪言出不遜，該員義難忍辱，兩相頡頏，遂被土人拿送廈防廳署。嘻！過矣，諺云：「一錢逼死英雄漢」，況在異鄉客地哉！在陳絕糧，子路不免慍貌。有的不知無的苦，自昔已然，乃於市徒而求其慷慨濟施，則誠戛戛乎難之也。該武員亦不達時務者已。〔皆非也〕

0193	原 22/7	廣乙 10/79	大 1/193

大破象陣

隋命劉方征林邑，林邑人列象為陣，以拒隋師，為劉方大破之。迺者駐越法人襲林邑人故智，以八月十四日為我軍攻敗，故於十八日驅象衝突，冀獲一逞。越五日，為我蘇姓軍門轟斃數頭，象返奔，自相踐踏，法又敗北。嗚呼！法人之忍，法人之愚也。讀書至〈騶虞〉二章五豝五豵，美仁政者且及於庶類；而法以越南之人陷烽鏑，並以越南之獸罹死亡。嗚呼！法人之忍，法人之愚也。〔所向披靡〕

0194	原 22/8	廣乙 10/80	大 1/194

土地娶媳

南有五通北有狐，由來舊矣。愚氓崇信之，誠懼其為祟也。前湯文正公撫吳時，知吳俗信鬼，乃親臨是處，碎其像，火其廟，重懲師巫，勒石永禁。至今萌孽不復作，誠甚德也。不謂日來杭垣荐橋之缸兒巷內之土地廟，又有類於是者。廟號日新，以橋得名。劫後，胡君秋槎重新之，堊茨丹雘，輪焉奐焉。司香火者，為羽士，每值菊秋，必禮朝真斗。游人因此瞻仰廟貌，裙屐聯翩，莫予禁也。近處茶博士之女，年及笄，人端靜而貌娟秀，亦乘輿往游。歸，倦而臥，見一方面長髯者，衣帽古雅，自稱當方土地，為子擇婦及汝，汝無辭。女驚而寤，備述於父母，父母以為夢也，不為意。俄即狂歌狂舞，狀類瘋癲。父母不得已，詣廟禱釋，迄不效。天明，瞑目逝矣。好事者勸備妝奩，塑偶像，舁而送之，如出嫁然。社老即於偏殿供少年郎君像，以附會之。是日，設樂部，張喜筵，繡幕搖風，紅燈閃影，熙熙攘攘，以賀神君。噫嘻！愚矣。竊謂土地非淫祀，膺敕封為民保障，致祭春秋，載在祀典。陽律，官斯土者，不能娶其屬以為妻妾。幽明一理，豈有聰明正直而強索子民以為家人者乎？此必無之事，特附會者神其說耳。即有之，是五通之續也，為湯文正可也。師巫煽炫，即為西門豹亦可也。〔陽奉陰違〕

0195	原 22/9	廣乙 10/81 右	大 1/195

誤認桃源

羊城某妓，平康之翹楚也。前年有客暱之，謀脫籍而挈之去。為愛春色，別築花塢。有韓某者，亦羊城人，經紀在外，數年未歸，曾與妓有囓臂盟。近則遄歸故里，邂逅於所居之門首，不期而會，驚喜過望，尚未知護花有鈴也。方啟口申訊前情，而驀為其夫覺，以為何物登徒子敢無禮，跳而出，敬以老拳。韓某既受辱，始知為其夫，不敢與較而逸。說者曰：「武陵漁父，誤入桃源。」一古一今，其幸不幸之相去何如也，然而情欲累之矣。〔雲封洞口〕

0196	原 23/1	廣乙 11/81 左	大 1/196

著手成春

讀得《湯頭歌訣》，便號時醫，胡亂開方，草菅人命。死也而委之數律無抵，偶然僥幸，病者之稱道也，人情也，而醫者亦居之不疑，以為非我莫汝生也。及叩其所以病，所以生之理，而膚淺支離，不待其詞之畢，而已掩耳之不及矣。迺者西國女醫名麗盈始乃逗者，婦科其專門也，而旁通外科。有徽婦生一瘤，其大無匹，就醫於虹口之同仁醫院。女醫按之曰：「是可治。」出利刃而刓之，下敷以藥，匝月而愈。權之，重可人身四分之一，大何如乎！是症不遇是醫，萬難望病之卻；是醫不遇是症，誰為知術之神。之兩人者，殆有天緣乎！華醫聞之，將不免舌撟不下，首俯不禁矣。〔神乎技矣〕

0197	原 23/2	廣乙 11/82	大 1/197

日使宴賓

享神之禮，必藉牲牢；款客之誠，無踰酒醴。迺者九月十六日，為日本國君壽辰。駐京日公使榎本武陽君，於其署盛張筵宴，招請各國駐華公使，與總署各大臣，以答賀意。筵惟中西參半，從國俗也。敦槃修好，樽俎折衝，維彼使臣，真不愧輶車之選矣。〔有容色〕

0198	原 23/3	廣乙 11/83	大 1/198

人面蜘蛛

桐鄉闡微子，肄業於廣方言館，偶於公餘之暇，怡賞庭中菊花，見花葉搖動。伺之，得一蜘蛛。其色綠，具人形，烏鬢覆額，面白唇朱，媚態嫣然，一女兒相也。大異之，窺以顯微鏡，分外分明。於是居以小盒，飲以香露，傳示同人，詳求考證。此非闡微子之好奇也，所謂致知原於格物也。闡微子曾為記，登之日報，冀與博物君子賞奇而析疑。僕不敏，莫得其定名。格致之學，竊比於望洋，惟思《爾雅》諸書，古人亦繪圖以存其說。爰引其例以仰副闡微子之雅意，闡微子其或許我乎？〔目所未見〕

0199	原 23/4	廣乙 11/84	大 1/199

無賴兵官

法總兵福祿諾，前在津門訂約。其所請撤兵日期，未經李傅相允許而自行抹去一案。始則志在邀功，乃捏詞以奏報；繼則情虛畏罪，思嫁禍以脫身。我國家洞燭其奸，故將原文布告各國，曲直昭然矣。近閱各報所譯法國之某新聞館之主筆名羅熙福者，亦論其才不勝任，辱國殃民。若謂抹去二條，苟出華人之手而委過於他者，只須函問李傅相便見分曉云云。而福祿諾惡其張揚，恨入骨髓，約於某日某處互相搏擊，以洩積忿，豈不異與。夫撫劍疾視，匹夫之勇也。身為總兵，其不願學一人敵也，審矣。而乃恃其血氣，仇視國人。無論該報所論確中竅要；即使意存誹謗，而高官其身，無賴其行，傳揚各報，其醜益彰。以是知無足重輕之毀譽，且能鼓無關得失之喜怒；則其事前之蒙告本國，事後之貽禍中朝，愈無疑義矣。嗚呼！若而人者而付以全權，託之修好，其不辱國體以貽鄰邦笑者幾何哉？嗚呼！法無人矣。〔毫無體統〕

0200　原 23/5　廣乙 11/85　大 1/200

領事捉賭

古者計夫授田，有恆產因有恆心，故死徙無出鄉。世風下而民俗媮，乃有輕去其鄉而為游惰者。今之賭徒，蓋游惰中之一類也。上海為通商巨埠，作奸犯科者不一而足。近因查禁綦嚴，若輩無可售技，乃相率走漢皋。漢皋一埠，向於聚賭案件鮮有所聞。乃前月十九晚，老有利銀行底子空房中，有博徒計誘細崽出店等人在彼聚賭；為捕所覺，密報領事，帶同通班華捕，掩獲二十餘人。即由領事訓斥，從寬開釋完案。竊謂游惰即飢寒其始，飢寒必盜賊其終，端甚微而害滋大。故今之治民者，惟有使之習勤而已。〔莠〕〔民〕

0201　原 23/6　廣乙 11/86　大 1/201

致祭海神

每歲春秋兩季，朝廷必命大臣出口，循例舉行致祭青海祀典。茲屆秋祀之朝，李大臣慎遵照向章，分別預傳蒙古王公、扎薩克台吉等，先期齊集盟所，屆期隨從陪祭。祭畢，有賚。該王公、扎薩克台吉等，歡呼頂感，望闕謝恩。行典禮，所以廣皇仁也。海若效靈，兆民利賴，知中國有聖人。〔誠則靈〕

0202　原 23/7　廣乙 11/87　大 1/202

宦舟被劫

浙省之塘棲鎮，距省垣之艮山門約四十里。近鎮有地名五港博陸者，亦一小小市集。當大河之衝，鹽梟搶匪，時有出沒；故上憲派兩炮船以鎮壓之。前月三十夜，有某官坐船過此，時已四鼓。突有四、五小艇，疾若飛猱，剪波而至，一聲胡哨，躍登宦舟。舟中人咸股栗，不敢聲張，遂任其搜括一空而去。天明，詣縣報案，聞為數甚巨。噫！居今日而以廉潔責人，固不免迂腐氣；非聖人之徒，未易言操守也。顧何以囊橐充盈，詎不可倩人匯兑者，而必挾巨金走夜路，生宵小之心，則其來路亦自可疑。「慢藏誨盜」，《易》固早為垂戒哉！〔悖人乎〕

0203　原 23/8　廣乙 11/88　大 1/203

棉衣助賑

饜膏梁者，粗糲不適口；衣狐貉者，縕袍不御身。而不知求粗糲而不得，懷縕袍而常虛者，比比皆是，況頻年水災、旱災之迭相乘乎！往者晉、豫告飢，悉賴南中源源籌解，乃獲更生。説者曰：「諸善士可告無愧矣，可稍息肩矣！」不謂山東、江西兩省，今年久遭水患，告糴之書等於雪片。君子憂市道之衰，而慮肩厥任者之未易始終也。絲業公所施翁，不畏難，不辭瘁，籌賑之方既多，如傷之隱斯切，輸義粟以救餒，製棉衣以禦寒，應之而不窮，而轉令求之者之忘其為無厭也。嗚呼！仁哉！《易》曰：「作善降之祥」，《楚書》曰：「惟善以為寶」。有力之家，其亦聞風興起也夫。〔好生〕

0204　原 23/9　廣乙 11/89 右　大 1/204

瞽禿爭財

北京有瞽者王某，星士而兼師巫，説鬼説神以餬其口。近與石板胡同之寺僧，朋比為奸，大書消災降福等説，張帖街市，冀惑眾以賺錢，原議得錢則瓜分。比及一月，計斂錢約百千。瞽食言，絲毫不丐僧。僧不甘，欲訟於步軍統領衙門，擾攘不已。該處奸人，見瞽者不在室，計誘其妻，遣回母家，將其貲搜括去。噫！螳螂捕蟬，黃雀在後，此之謂與？〔蹠徒〕

0205　原 24/1　廣乙 12/89 左　大 1/205

斷案奇聞

本埠虹口一百七十八號之華捕，行奸於三百二十七號華捕之妻。本夫知而捉之，將情由訴知捕頭，擬將奸夫重懲以雪恥。不謂捕頭聽斷時，謂本夫曰：「爾不能約束其妻，其何以辦公？」該捕唯唯諾諾，不敢答一言，乃將其名革除，易人充當。其一百七十八號之華捕，雖有不合，議罰辛工四天以示戒。噫吁嘻！斷案之奇，未有奇於斯者也。奸人者受薄懲，被奸者遭斥革，問官而盡如斯，天下從此多事矣。而捕頭之意，反自謂惟明克允也。説者曰：「家齊而后國治」，該西人曾熟讀《大學》者？〔是非倒置〕

0206　原 24/2　廣乙 12/90　大 1/206

九重高拱

慈禧皇太后所居之宮，曰「長春」。近年聖體時有不豫，命拓儲秀宮之舊址，營二宮，曰「翊坤」，曰「永和」。九月吉日，始告成。一切上用物件，著太監、宮女營運前去。臨幸之日，各王、貝勒、貝子及福晉、主公等，皆朝服入賀。休哉！夫「靈臺」「靈沼」，《詩》美文王；作福作威，《書》稱「惟辟」。尊之至，斯養之至，不必追茅茨土階之遺風已。〔巍乎煥乎〕

0207　原 24/3　廣乙 12/91　大 1/207

高麗錢禁

銀錢為國寶，中外各國皆有禁犯者，罪輒不赦。蓋銀也，而寔以鉛銅；銅也，而和以沙土。爭端暗伏，流弊無窮，故犯者罪輒不赦。上月，朝鮮有犯私鑄鉛錢案者三人，經人告發，送官究治。路見反接其手，以白紙糊其面，口目之際皆有孔。每犯一名，挾之行者二人。據云定讞後，即當處決。特無解於以紙糊面之是何政令也，豈至死猶存其體面耶？〔存心〕〔不善〕

0208　原 24/4　廣乙 12/92　大 1/208

嘗鼎一臠

世俗有所稱為「放鵓鴿」者，將年輕女子，價賣於大家望族，專為抱衾之小星。入門不數月，或假大婦遇之虐，或藉家人視之輕，託故生嫌，下堂求去。如是而再而三，腰纏充滿，一生吃著不盡矣。甬鄉某氏習其術，女有姿色，已三易姓。近復適奉邑殷戶某。某固虎而冠者，得女甚嬖之，有求必應，不稍拂其意。凡三閱月，女無釁可尋，遂託病，水漿不入口者三日。某逆知其意，大怒，謂之曰：「汝已入我樊籠，甯怕飛上天去。」生平喜食鵓鴿肉，遂於房中生火爐，架小鍋，傾濁醪於盃，命侍女褫其衣，取利剪，剪臂肉投之鍋中，沸聲漉漉然。且飲且煮，女至此始知無幸脱理，大痛長號，曲跽求宥，遂為夫婦如初。説者曰：某殆於嚙臂之盟，而翻新花樣者與？〔食其肉〕

0209	原 24/5	廣乙 12/93	大 1/209

薙洗野豬

洞庭東山，屹峙太湖中，非舟楫不可通。近年有野豬穴居而處，滋生蕃息，日積日多，引類呼群，嚙食禾稻；甚至新葬屍棺，亦被攻破，以供大嚼。嗣經官憲出示勸捕，營丁、獵戶相率搜擒，始無噍類。聞最大者，權之，得三百十五斤之重。遲此不搏，將為人患。夫益焚之而獸蹄匿，周公驅之而百姓甯，今之薙洗，亦猶行古之道與。〔除害〕

0210	原 24/6	廣乙 12/94	大 1/210

西兵會操

十月初五日，為寓滬西人團操之期。三點鐘時，群集於老巡捕房之隙地。越半點鐘，由拋球場向西，過泥城橋至跑馬圈。頭隊銅炮五尊，用雙馬拖載，以炮兵五名押之。次則馬隊二十名，再次西樂二十名，以步隊百餘名為之殿。其操演時，炮馬二隊在內圈，步隊在外圈，各操各陣，俱係空演，並不施放鎗炮。至五下鐘，正隊而歸。按西兵會操一事，時有所見，非必其習勤勞，免生疏也。超越重洋，寄居客地，示人以弱，必為人所欺，此其中殆有不得已者在與？〔觀兵〕

0211	原 24/7	廣乙 12/95	大 1/211

殺狐取禍

《聊齋》為説狐説鬼之祖，讀者靡不心醉，而愛之不忍釋手。顧同一文也，要有雅俗之殊焉。俗者愛其風情；雅者愛其筆致，修辭命意，寄託遙深。後有作者，弗可及也。已説凡四百餘則情事，無一從同，而大旨恩怨分明，可以一言蔽之。近有王某，涇縣人，業雜貨，設鋪於甯國府屬之某鎮。一日，自外歸，見鋪後暗陬潛伏一物，尾修修而毛茸茸，知為狐也。擊以棍，首碎而斃。從此家無一日安，顛倒作惡，毀物無數，乃謀遷避會館中。晚，忽無故火起，盡付一炬。嗣經里老勸，備香燭鼓樂，舁送南門城樓上仙姑堂，就隙地瘞之，始得安。竊謂貪生怕死，物與人同。其來就我也，蓋有所為也，無迕於我，而我殺之，則其為厲也亦宜。君子仁民而愛物，好殺者可引為戒矣！〔報復〕

0212	原 24/8	廣乙 12/96	大 1/212

薄俗宜懲

閱日報，登有「薄俗宜懲」一事，余疑其事之不必果有；然據該報訪事人之言，謂為確鑿無疑義，并望該處大憲，飭屬查禁，則事之必非無因者。京師東北三河縣一帶，鄉間風俗，幾同化外人家。子女生有過多，則將初生之孩，置之荒煙蔓草間，供惡獸食；越宿，無恙，始負歸以撫養之。一也。老者年垂耳順，無論男婦，概令絕粒。前一日，邀親友備酒漿，老者亦預飲食。席散，任人捆縛於椅，以待斃；且有不及待其自斃，而強納之棺者。又一也。該報所錄如此。夫慈烏亦解哺私，舐犢不忘乳育。觀於物類，猶有人心，豈天性之孝慈，竟汨於移人之習俗乎！抑官斯土者，聾瞶等於土木偶乎？真欲索解人而不得者已。〔惡習〕

0213	原 24/9	廣乙 12/97 右	大 1/213

逸盜當兵

江西解餉砲船一艘，寄泊揚州鈔關外。事畢，將解維，忽來短衣窄袖，手持木棍者三人。躍登舟，驀向勇丁某甲，當頭一擊。甲禦以竹篙，哨官宗姓駭且怒，飭他勇拘三人。三人呈出懷中公文，為甯國府某縣捕役，奉文跴緝某案盜。甲本漏網，而投效於該砲船，以充兵目者。宗君廉得寔，擬縛甲，而甲又乘間逸去。甲謀亦狡矣哉！國家網開三面，若輩果能立功邊徼，以自贖前愆，則奮發有為，榮膺懋賞不難也。慎毋以綠林為樂土也。〔自〕〔新〕

0214	原 25/1	廣丙 1/1 左	大 1/214

求榮反辱

本朝沿有明舊制，取士必以制藝。三年中，歲科兩試，以課士子之勤惰。而列優等者，花紅綸獎，焜耀比閭。故一衿之青，恆視納粟入監者以為榮。粵東番禺文童某甲，正場文字，倩人代作，已入選。提覆之日，握管不能出一字，大窘。乃抄他題陳文一首以塞責，而將學憲所命之題，擅自改竄。學憲閱卷，大怒，傳廩保交出該童，令荷校示眾。夫魏武令崔季珪見匈奴使，而自捉刀立床頭，是為捉刀之祖師。後人效法魏武，施於文字者居多也。詎不計功令所關，求榮而適以取辱乎？〔為真才吐氣〕

0215	原 25/2	廣丙 1/2	大 1/215

追記去思

子產治鄭，猛不癈寬，故始諷以孰殺者，繼即頌以誰嗣，傳所以稱遺愛也。黎壺山明府署上海縣篆，于今二載，瓜代者至；即於卸事之前一日，傳集各房書吏、各班差役，在內署諄諄勸諭，曉以毋誤公、毋徇私、毋留難、毋助惡。苦口叮嚀，淚隨聲下，書差等亦掩面汍瀾，叩頭領教。峴山墮淚碑，知其感人者深矣！詎今人之不古人若乎？〔誠能動物〕

0216	原 25/3	廣丙 1/3	大 1/216

大帥打靶

吳清帥自戊辰通籍後，服官京師，潛心程朱性理之學，故都中多稱為道學先生。一自簡命，前往吉林邊徼，辦理軍務，遂研習戎機，現在駐節直隸之昌黎縣境。雖所部不滿萬人，而訓練之精，即老於治軍者，咸自鏡弗。短於視者，每日黎明，必令樹的營中箭道，戴眼鏡，視準頭，燃前後膛鎗數十響，無不一一中靶。近已纂成一書，書中備載各式鎗子遠近準的，以及天時晴晦，風色方位，得心應手，百不失一。大將之丰猷，儒者而已矣。〔文武〕〔通才〕

0217	原 25/4	廣丙 1/4	大 1/217

無故殺子

順天甯河縣屬之蘆台鎮，居民某甲，於本年春間喪偶，遺有一子一女，女稍長而男幼之。旋娶某氏女為續妻，嬖幸殊甚。氏性不良，日搆子女隙以為言，故膝下孤雛，歡愛漸薄。近氏懷孕，將彌月，召瞽者推算命理。瞽者信口奉承，謂當生狀元兒，詐得厚貲以歸。語同類，同類識之。越日，同類者出其門，甲又召之入，為臨產卜臧否。同類者一如前瞽言，益以若得生人腦子而食之，則此子宜壽，否恐殤也數語。甲惑之，媚妻心切，擬刃前室之子，以遂其奸謀。為女所偵覺，私告於其弟之塾師，以冀挽回。詎俟塾師造其廬，則此子已遭殘賊矣！夫衛宣納伋之妻以殺伋，千古僅見，而猶假手於人，不忍目擊其事。即謂瞽者以一言啟殺機，厥罪惟均，然非梟獍性成，則人言亦何從而入哉。庸詎知無故殺子之律有明文哉！〔倫理絕滅〕

0218	原 25/5	廣丙 1/5	大 1/218

感謝天恩

劉淵亭軍門奉到恩旨後，即望闕謝恩；並因張香帥密摺奏保，復向軍牙旗行四拜禮。是日，部下將士，椎牛釃酒，設宴慶賀。軍門泣謂眾曰：「予與諸君，待罪於浪泊西里間有年矣，自分今生不得見天日，今顧先諸君而膺上賞，彌滋慚怍。」諸將起而對曰：「大皇帝不吝爵賞於將軍，豈獨遺我輩乎！俟將軍鼓行而南，紅旗報捷，我等不患無富貴功名也。」於是合座盡歡而散。昔蕭何荐韓信於漢高祖，卒賴以平項楚。今上掄才破格，棄瑕錄瑜，宜劉義之感激涕零矣。張撻伐以申國威，吾於劉義有厚望焉。〔非常〕〔知遇〕

0219	原 25/6	廣丙 1/6	大 1/219

馬車溜韁

近年本埠馬車過多，沿途肇事，時見於日報。而日報亦屢道捕房戀捐無限制，遂令四路充斥，行人舉步懷戒心，脫不幸，莫申冤苦，無如諄諄之言，入藐藐之聽，而肇事仍所不免。前月下旬，有馬車一輛，行經浦灘，馬忽溜韁，撞斷道旁楊樹一枝，車折為二，馬大顛仆，坐客幸免，險哉。凡物好逸而惡勞，終日奔波，無稍休息，而又鞭之、撻之，以速其行，則馬之怒也必暴。馬夫之頭破血流也，宜也；而路上行人，恐猶有猝遭無妄者。〔王良不再〕

0220	原 25/7	廣丙 1/7	大 1/220

誠求保赤

小孩子未過種痘一關，為父母者恆惴惴多憂慮，其稀少者仍頑耍而無所苦，而堆朵繁重之孩，往往因而殞命。圈點眉目，猶屬幸事也。自泰西牛痘之法進中國，各省大吏，知其有利無弊，飭屬籌費設局，如法施行，而每年保全幼赤無數。岑君春華，向在體仁醫院為醫生，善種牛痘。出院後，求者頗眾。近因商之西醫哲君，於本埠英界大馬路，另設一局，施種牛痘，不取分文，於前月開辦。仁哉！余引孟子之言，而別解以頌之曰：「大人者，不失其赤子之心者也。」〔幼吾幼〕

0221	原 25/8	廣丙 1/8	大 1/221

乾綱不振

王東生以其妻翟氏在昇寶洋行為傭婦，屢招不歸，遂訟於會審公堂。領事以東生為無賴，不令攜歸。華官以倫常所繫，風化有關，未便以東生之故而任其離叛。而昇寶洋人，意存袒婦，以格於例而不能遂其私，乃毆東生於戶外，令人擁翟氏以去。吁！西人固不合，東生亦自取也。大抵女子之心，見利即奪。身為男子而不能庇一婦，反藉其傭二所貿之利，取以為衣食貲，是不啻以其婦拱手而讓之他人矣。有錢時，作啞裝聾；無錢時，便欲正名定分，此必不可行之事也。東生何足惜哉！〔夫心不良〕

0222	原 25/9	廣丙 1/9 右	大 1/222

使節受驚

鄭玉軒星使持節往秘魯，六月中旬，始達其國之都城，駐旌利馬。七月初，內山有叛酋，率黨千人，突攻利馬，以爭統位。一時彈雨橫飛，鎗雷暴作，官軍與亂黨相持於使館街前，蓋以此處適當總統宮府之衝，故尤為危險。嗚呼！蝸角相爭，特寓言耳，喻以至微極細之蝸角，而大者可知。嗚呼！天下一爭局乎？〔天涯〕〔烽火〕

0223	原 26/1	廣丙 2/9 左	大 1/223

瘍醫受騙

某先生，瘍醫也，善醫痔。一日，有輕年華服客，造其廬，謂有親串患痔。先議值而後就診，言明番鷹六翼為包治，出定洋二元而去。臨行時，謂醫曰：「患在下體，施之眾目昭彰之地，殊不雅觀，患者必有難色，宜引入幽室也。」醫頷之。次日，客向某綢鋪，置綢綾幾包，計值銀九十餘兩。驀問某處有某先生，知其人否？曰：「知之」，曰：「某即下榻在彼，可遣人同去取銀。」綢鋪不之疑，令夥隨往。及至，醫生笑而起，寒暄數語，即返身入內，以手招夥者再。夥意其付銀也，隨之入，而不解醫之闔戶為何故也。略道酬應一二言，即請解褲。夥愕然，不知所對。醫疑其忸怩，速之，夥大怒。各道所以然，始知受詐。急出招客，而客已遠颺。嗟乎！機械變詐，愈出愈奇，而如客所為以惡作劇者，濟其詐物之私，可發一噱。〔謔而虐〕

0224	原 26/2	廣丙 2/10	大 1/224

驗收駝馬

十月初，蒙古諸王、委員進貢白駝百匹，健馬四百匹。到京，投報理藩院。理藩院會同上駟院，定於望日，在東華門內驗收。夫貢獻方物，國有常經，試觀《禹貢》所載，山川田賦之外，備詳貢品。後世成憲是遵，乃知物之所自出。而議者乃以「不寶遠物」為言。不知所謂「不寶」者，非不收受之謂；蓋恐玩物喪志，有累聖德，即九經賤貨意也。不然，塗山王會，玉帛紛陳，史冊乃傳為盛事哉？〔職〕〔貢〕

0225	原 26/3	廣丙 2/11	大 1/225

串吃白食

杭垣望仙橋畔之三陽樓麵館，即俗所謂「小吃大會帳」，頗有名。一日午後，有無賴四人，闖入店。夥知來意之不善，伺候倍加小心。或烹焉，或炰焉，或燔焉，或炙焉，悉聽所命，俾無所尋釁。至上燈時，酒醉矣，菜飽矣。一人託言有事去，一人曰小溲急，宜矢之。兩人鼓餘興，呼添酒，再行勸酬。俄而，一人問夥曰：「有水果否？」夥知店中無有，而詭應之曰：「有」，此人接口曰：「汝物未必佳，不如自買去。」僅存一人，該店結錢九百數十文，其人長歎一聲，曰：「此數百文者，非我一人食，無以登我帳上。」遂起身，跛倚而出。店東無如何，忍氣不出聲，怒目而送之。語云「市中有虎」，此之謂與。〔無賴耳〕

0226	原 26/4	廣丙 2/12	大 1/226

匪寇婚媾

杭城之東喬司地方，有鄉鎮焉，鱗次櫛比，而居者皆務農桑。某甲之子，年方冠，聘鄰村某乙女為媳。小春之吉，恰賦桃夭時，則賓朋親串，交集於戶。少選百兩臨門，華堂交拜，禮成合巹，送入洞房。新人方行撒帳禮，忽來強徒十餘人，一擁而入，拒之輒披靡，遂任其席捲一空，並刃傷事主而去。嘗見子平家懸挂在門曰「合婚選吉」，吉而曰「選」，以避凶也。曾不謂紅鸞甫至，白虎偕來。則此子之選，理容有未精乎。不然，諏吉諸書，直可付祖龍一炬矣。〔又驚又喜〕

0227	原 26/5	廣丙 2/13	大 1/227

大婦間妾

金陵三元巷前，有業淮南術者，即俗所謂「豆腐司務」者是。司務徐其姓，一妻一妾，有齊人風。店事委之二婦，己則肩擔奔波，向炊煙多處覓生活。傭乙、丙為夥，以任水火既濟事。妾有寵，衾裯穩抱，不致怨實命之不猶；而妻以向隅故，絀於口而怒於心。一夕，恍然大悟曰：「予得師資矣，蓋昔年曾聞人言《聊齋》恆娘事，以一笑置之，不謂今日躬逢之，而起予之也。」於是日夕揣摩，略為變通，曾不逾月，夫果以寵妾者寵之矣。妾由是大恚，日夕詬詈。夫益怒，勃谿之聲達戶外，聞者以言殊不雅，付之一笑。《詩》曰：「中冓之言，不可道也；所可道也，言之醜也。」賦詩斷章，請以移贈徐之妻妾可也。〔二難并〕

0228	原 26/6	廣丙 2/14	大 1/228

輿脫輻也

夫婦為人道之始，禮以華為貴；故女子之嫁也，必用彩輿。其輿為轎夫所置備，每逢嫁娶周堂之日，必先期賃定，頗不貲，舍此別無他用。不謂前日粵東新城內某姓，娶婦所賃之轎，竟錦繡其外，而枯朽其中者。迎娶時，道經歸德門，新人所坐木板忽折斷，玉體怒壓，遂并其底而脫之。新人蹲伏於地，欲退不得，欲進不能。一時呵斥聲、慌亂聲、譁笑聲，眾口呷嘈，倉皇失錯。夫婚姻之家，必圖吉利，偶不經心而破一物，議者遽謂為不詳。矧在沿途，遭斯意外，兩宅之疑慮，不知何時釋也。可不慎與！可不慎與！〔進退兩難〕

0229	原 26/7	廣丙 2/15	大 1/229

禁軍合操

京營八旗滿蒙漢，綠營左右前後中，共計馬步全軍萬人，統歸步軍統領管轄。平時各營分操有定期，閱操者為各管官。而九月二十五日，則在教場中，合操一次。是日，皇上臨幸簡視，懸賞罰以示鼓勵。今上尚在沖齡，派王大臣數員恭代。其氣象雖不及聖駕親臨，扈從繁盛，而規模曾無少異。我國家龍興漠北，武功之盛，度越前古。矧中興而後，西國之來華互市者愈盛，兵備可一日弛哉？偃武修文之語，其可行於今日哉！〔張國威〕

0230	原 26/8	廣丙 2/16	大 1/230

好生之德

南市清靜庵，為優婆夷焚修之所。該庵有尼名紹金者，年不滿二十，為其師父扭至十六鋪巡防局委員處，稟稱「塵緣未斷，難守清規」，求飭傳其家屬領去。局員移送上海縣署，邑尊訊供時，問其有無家屬，答曰：「無。」曰：「既無家屬，放爾還俗，如何？」曰：「聽憑公斷。」該尼之意向，可知矣。夫太王好色，而使天下無曠夫，無怨女。可見天之生物，與人之生人，知嗜慾而牝牡焉，亦性分中固有之事也。但使維之以禮，斯不陷於禽獸之所為耳。而必欲強人以閉塞也，天地無此氣機，即帝王無此政教。莫邑尊斷令婚配，真曲體人情哉！〔如願〕〔以償〕

0231	原 26/9	廣丙 2/17 右	大 1/231

通惠總局

海禁弛，而各國商人來華互市。近年，華人之出洋貿利者，亦寖繁有。徒然而一身，作客萬里，辭家飄泊重洋，羈栖孤館，必非有恆產者所樂為。聖上憫我民之適異國，謀生涯，事件交涉，或被欺負；命鄭玉軒星使駐節其地，一以聯此邦之交誼，一以衛我國之生靈。良法美意，維持無弊。茲者，旅秘華民，奉欽憲命，設通惠局，作小引，勸捐同人，意謂裒集掖以速成，石眾擎而易舉。同作天涯之客，時通兩字「平安」，縱羈異地之身，免慮數更寒暑已。〔天涯咫尺〕

0232	原 27/1	廣丙 3/17 左	大 1/232

侮弄情痴

十一月十二日，《申報》登有假狐仙一事。初讀之，頗解頤，及至終幅，殊歎輕薄子太惡作劇云。濟南有周生者，性憨而情痴，因讀《聊齋》「阿瑣」、「青鳳」諸小傳，遂爾顛倒神魂，被人戲侮。夫始則美婢牽引，不啻異想天開，償我素願；繼則莫吉聲來，觳觫床下，則且歎好事之多磨；終且醍醐灌頂，色惡臭惡，直懊惱欲死矣。夫因其痴而嘲笑之，君子猶或非之，乃因其痴而以穢物淋漓其踵頂以為取樂，其異乎敗類之所為者，幾何哉？少年喜事，以乖覺成其輕薄，殊非載福之道。〔半由自取〕

0233	原 27/2	廣丙 3/18	大 1/233

爛其盈門

上月初旬，本埠北市偷雞橋西首永興里，於午後三點鐘時，某姓失火。其鄰於是日行合巹禮，新人甫交拜，入洞房，即遭是劫。珠冠霞帔，躑躅街頭。見者以為笑柄，但不知新人之心如何怨慟也！灼灼者，不為桃花，而為槐火，抑亦所遭之不幸矣。〔驚鴛鴦〕

0234	原 27/3	廣丙 3/19	大 1/234

龍頭走水

本埠通行自來水，龍頭林立，不但飫和甘者隨地隨時可以啟閉而取攜；而以之救火，寔為亙古以來未有之善政。倘啟閉偶不謹慎，則水勢噴溢，如玉龍之夭矯，直上霄漢，即歷一時半時之久，曾不少殺。前日午前十點鐘，英會審署東之水龍頭，皮條未經套牢，水已直注，不可遏抑。適有馬車經過，馬驚而逸；行道之人，不及奔避，致被撞倒。孟子與告子言性，曰：「搏而躍之，可使過顙；激而行之，可使在山。」曾不謂昔日之踰詞，有以應今日之時事也。故曰：「以之救火，寔為亙古以來未有之善政。」〔忽犇騰〕

0235	原 27/4	廣丙 3/20	大 1/235

魑魅喜人

貞娘張氏，賈人之女子也，世居桃源縣。幼時即聰穎，及長，刺繡之餘，兼耽吟詠。父母以珍愛故，雖問名求字者，踵趾接于門，而未輕許也。一夕，心有所感，方剪燭憑几，搦管搆思，忽聞有女子聲笑而入，凝眸審視，則已卓立背後。靨酒暈紅，髻雲堆墨，丰神真絕世也。詢家世，曰鄰右某紳之侍姬。紳外出，踏月閒行，偶到此耳。聆吐屬，甚雋永，大相傾慰，恨相見之晚。清譚良久，絕不言去，貞娘亦不忍促之歸，遂留伴宿。及登榻，忽化為偉丈夫，肥體怒壓，聲塞不通，任其顛倒而去。噫！是何妖與？近聞貞娘已削髮，不願再字人，築庵舍後，以全貞木。父母固知之，而不忍強之也，故聽之。而妖亦遂絕。〔莫非命也〕

0236	原 27/5	廣丙 3/21	大 1/236

薊州奇案

薊州八間房地方某姓農婦，自鄉間省親歸，攜有衣服一包、青銅一串，獨行踽踽。途遇一人，起不良，弛擔要遮。婦有機智，見擔中有鐵錘，將物置地，俾令自取，乘其俯身拾物，即奪錘而擊之。仆，又擊之，偃臥不動，疑已死。忽遽前行，時已薄暮，自度不能及里門。正懷疑慮，遙見燈火一星，出道旁茅屋中。趨之，則一媼一女在。求信宿，且告以故。媼意良殷，備物與食，命女與婦同榻睡。婦因日間受驚，反覆不成寐。忽聞扣戶聲，媼啟之。入門數語，聲先高而後低，隱約皆日間事。急起，窺之門際，果其人，大懼。自分甕中捉鱉，無生理。而乃絕處逢生，回見室後有一竇，度以小窗，乃洞之以脫身。到家，已半夜。夫怪問之，備述所遭。明日，夫糾眾以問罪，而反為綑送，誣以強奸媼女，不從被殺等。先是，其人入門後，知婦與其妹宿，抽刀掩入，摸有頭，即刃之。取火照視，則已李代桃僵，而婦已失所在。女已受某姓聘，懼遭訟累，故誣之。經邑尊隔別研究，其冤始雪。嗚呼！人心險惡，日出不窮，而如該婦者，不可謂非徼天之幸矣！〔屢瀕于危〕

0237	原 27/6	廣丙 3/22	大 1/237

飛鸞新語

扶乩一事，各省皆行，無論其為神為仙也，為鬼也，而要必藉生人之精氣以印合之。其能詩者詩入彀，其善書者書可觀；而讖語亦有應、有不應。日報登江夏生遇一羽衣客，自言善乩政，生請試行，倩二友扶之。無何乩走於盤，審視之，七絕一首，曰：「銀箭丁丁夜已闌，曲房露重怯衣單。無情頗怪雙紅蠟，心易成灰淚易乾。」生誦之，泫然出涕，蓋詩係其室氏在生時所作也。生方添香叩祝，乩又大動，書五絕一首，曰：「辣手霹靂鳴，驀把檀郎送。一朝頸血飛，至今猶抱痛。」生知為犯婦之就戮者，倩客焚符退之，而乩遂寂。然事畢而生記之，原文頗修潔，篇幅較長。茲因限於地步，割愛殊多，裂帛碎錦，無如何也，幸作者毋遽議其後也。〔雖小道〕

0238	原 27/7	廣丙 3/23	大 1/238

花骰為媒

法人某甲，舊家子也。家道衰落，骨肉凋零，既鮮交遊，亦無親戚，自歎終年如此，何以度日。心生一計，作告白，登日報。自稱青年美貌，欲聘妻室，如有待字女子，願賦于歸者，請先致書，約日相會。此信一出，數日之間，致書者不下數十人。甲一一答以會期。屆時，香車寶馬，絡繹奔赴。閱其貌，則紅顏者有之，白髮者有之；計其年，則破瓜者半焉，拱木者半焉。甲悉款以茶點，移時謂眾女子曰：「今日之會，一似園裏看花，無朵不鮮；既不能擇其一而棄其餘，又不能一網兜盡，消受艷福，奈何？」沉吟半晌，曰：「得之矣！請以骰子角勝負，如搖會然，以色最高者為花冠，餘請返璧。」眾允諾。再進茶點，挨次三搖，而奪標者為二九麗人，隨嫁妝奩亦豐厚。甲真喜出望外哉！但不知不入選者之嗒焉若喪，其掃興又當何如也。〔得〕〔色〕

0239	原 27/8	廣丙 3/24	大 1/239

出爾反爾

本埠南市陸家浜，某姓甲乙丙兄弟三人，均習花行生理。父故後，遺有薄蓄，甲以長而掌握之，未瓜分也。甲於前年，妻忽死。本年五月間，又娶醮婦某氏以為室。於是乙丙等謂兄以公款娶兩妻，嘖有煩言。嗣經族叔出為理勸，議丙已出嗣，合歸嗣父母與為婚配，將某氏改妻乙。氏見乙年較輕，亦無異言。甲此時絀於理勢，無可如何，然懷恨在心，不能一日忘。近日，乙欲將婦議讓於兄。乙自得婦後，男女嬾惰，不及半載，變賣一空。不得已，仍央族叔，勸甲出洋三十元，願嫂其妻以了事。聞之，直欲噴飯。從前邊省有一家兄弟六人，皆授室。伯妻早世，而最幼之弟恰又病故。兄欲循鄉風叔接嫂之例，與弟婦諧琴瑟；弟婦不願，控之土司。土司詰問隱衷，弟婦曰：「非不願比翼鶼鶼，奈枯楊生稊何。」土司乃判令，將乙妻移配甲，餘以次遞升。五人者，皆年歲相當，可無觖望，眾情皆喜而退。噫！某姓之事，毋亦有所效法乎？〔兄弟〕〔同科〕

0240	原 27/9	廣丙 3/25 右	大 1/240

癱子殺人

有某癱子者，宿遷人，僑寓儀之十二圩，負祖母以居。日往鹽場，討鹽為活。人以其殘廢也，亦不之靳。今春，圩之西街失慎，綿延數十家，相傳為癱子所縱；然以事無寔證，故未深究。越數日，而癱子竟以圖財殺人聞。事緣赴塾幼童某，湖北人，家道小康，兼祧伯叔行，愛若掌上珍，耳墜、手鐲、身鎖僉備。癱子垂涎久，伺其赴塾，誘之偕行。至僻處，將其服飾剝去，加以利刃，內之溝中。挾所得詣質庫，典番佛三尊有奇，以為絕無知之者。孰知童家正在尋覓間，適有年稍長之里童，過其門，告其所以然。蓋癱子行凶時，里童遙望之，故知之甚詳。童之家人鳴冤於官，拘癱子到案，一鞫而伏。然而十齡童子，無辜遭此，亦慘矣哉！〔殘賊〕

0241	原 28/1	廣丙 4/25 左	大 1/241

疑案待雪

粵婦王來富，與其同鄉黃錫夫婦，同居於本埠虹口。前日，來富饋送肉食一碗，黃錫之子女食之，而殤其三。於是呈控縣署，謂碗底藏有毒藥，藥死多人，求請檢驗。比提來富，刑訊數堂，而又不認，至今猶未水落石出。夫以同鄉之誼，僑居客地，意存見好，盃碗傳食，亦屬人情。至謂前曾以細故而競口角，要無深讎闊恨，何至心起不良，欲斃其一門數口。意其中另有別情乎？事關重大，未敢懸揣，想智珠在握者，必有以破其奸謀焉。〔毋枉毋縱〕

0242	原 28/2	廣丙 4/26	大 1/242

祝嘏情殷

從前每逢萬壽，各省皆興燈彩，錦屏十里，銀炬萬家，小民舞蹈。皇仁發揚聖德，不惜物力以慶昇平，蓋中心悅而誠服也，非一朝一夕之故矣。今歲，慈禧皇太后五旬萬壽，大內之坤甯宮南極殿前，支錦障，懸各式宮燈，四壁嵌菊花，堆朵群仙。其自親郡王之福晉、貝勒、貝子與八分公之夫人，并公主、郡主等，皆入內廷，敬呈如意一柄，以為祝嘏。衍箕疇之五福，進萊臺之五章，「大德曰生」，「大寶曰位」，巍巍蕩蕩，民無能名焉。〔一人有慶〕

0243	原 28/3	廣丙 4/27	大 1/243

郊祀紀盛

冬至祀天，鉅典也。曩歲，聖駕親臨，儀仗扈從，極赫喧亦極肅穆。今上以未親政，故此次郊天，特派睿邸恭代行禮，而一切儀注俱如初。《易・益卦》：「王用享於帝，吉。」〈鼎卦〉：「以木巽火，亨飪也。聖人亨以享上帝。」禮器祀帝於郊，敬之至也。郊特牲，郊之祭也，迎長日之至也，於郊故謂之郊。夫惟聖人為能饗帝，孝子為能饗親，報本追遠，仁孝誠敬之至也，猗歟休哉！〔簡在帝心〕

0244	原 28/4	廣丙 4/28	大 1/244

呈控魘勝

有旅居香港之日本人，赴英刑司署，控稱近日諸恙齊發，滿身俱疼，必有仇人暗中作耗。其法束草為人，集剌如蝟，有時納入油鍋，燔之炰之，致生是疾。英刑司諭令候查。越日，查之，果不謬。乃備文移交日本領事官署，著令自辦。夫書符以療病，蓄蠱以賊人，中國邊鄙之民多擅厥術，乃不謂流傳之遠，直走東瀛也。病者逆知被人之暗算，而查之竟獲其人，與其言悉符合，則真事之大可異者已。〔是何術與〕

0245	原 28/5	廣丙 4/29	大 1/245

冰上行槎

京師近日天氣甚寒，護城河渠，積冰厚尺許，冰槎以此均下河。都人士女，乘之往來，疾如飛梭，風雪中望之，儼然圖畫。初三日，阜城門外北河，有少女三人，僱之而赴西直門。掣電流星，快利無比。行至半途，槎忽陷入，幸經別槎救起，始獲無恙；然而羅襪淋漓，受寒不淺矣。說者曰：河伯殆將娶婦，故特致意於冰上人乎。〔滑漏〕

0246	原 28/6	廣丙 4/30	大 1/246

豬胎誌異

淡水大稻程馬祖宮廟之左鄰，有某甲者，牧豬奴也。豢一䝐豬，以冀滋育而攬利權。詎前月下澣，䝐豬臨產，纍纍十餘頭，中有一頭，形不類豬。審視之，則自額際以迄唇邊，俱無毛，兩眸灼灼，耳小而如人，一猿猴之元也。事聞於四鄰，競往觀看；即旅居之西人，亦相率往視，而究莫辨其所以然。可見天下之大，無奇不有；而是物，則奇之尤奇者也。狐九尾，麟五蹄，其備載於志怪之書者，古人有知，不且歎挂漏之猶多也乎！〔絕〕〔類〕

0247	原 28/7	廣丙 4/31	大 1/247

直言賈禍

加美利巴斯，法國《刺扶蘭士日報》之訪事人也。去月，因採訪時事，前往東京，隨同法營觀戰。按西例，凡隨營訪事者，必先向統帶人員處立一約詞；其大意言必恪守營規，所有信件寄回，先交統帶閱視云云。訪事人因非此不足資採訪，姑從其言，曰：「生平不喜作妄語，據事直書，當不獲戾。」法將心滋不說，令人默刺其隱。一日，截執於營外，搜其身，則有公文一角，所言皆軍政之是非，營伍之得失。法將怒，謂其走漏消息，定按軍法，遂於翌日之六點鐘時，用槍擊斃。噫！該訪事以直言而罹死罪，則必詭詞以媚其國人者，可握政柄矣。上下交相蒙，至法人而極，福祿諾之敗盟，其所以漸靡者久矣。〔必及于難〕

0248	原 28/8	廣丙 4/32	大 1/248

亂點鴛鴦

本埠有龔姓者，製造局之工匠也，住居南門外。前年，曾聘陸家浜計姓之女為室，雖經文定，未遂親迎。原夫歸妹之愆期，衹為孔兄之作梗。籌思輾轉，乃循俗例；搶親之舉，冒昧以嘗試。不謂倉猝之間，誤將袁姓女子，搶回成禮。比至袁父母查悉細情，興師問罪，而始知指鹿為馬者之非真馬也。夫世惟有岳家之賴婚，而後有婿之搶親。今乃習俗相沿，不問其果賴與否，而動輒一倡百和，慫恿為之，一似名極正而言極順者，而不知寔干例禁也。苟得賢有司禁令時申，俾生女之家，勿索重聘；娶婦之家，勿蹈非禮，則庶幾兩得其平矣。〔半塗而廢〕

0249	原 28/9	廣丙 4/33 右	大 1/249

能吏難為

某甲，浙之紹興人。其大父曾為蜀中丞倅，歷典繁劇，一時有能吏之稱。惟秉性貪酷，而才又足以濟之。半歲，宦囊何止以千萬計。甲父需次皖省，席豐履厚，日事冶遊，不待十年一覺揚州夢，而十萬腰纏早已化鶴飛去。甲幼孤，無恒業，日與二三惡少鬥雞走狗以為樂。比來家計益落，至不能贍其妻子。乃攜眷來秣陵，投戚好；不合而出，單衣蔽體，瑟縮風雪中。有識者曰：「此即炙手可熱，向所稱為能吏之子孫也，今乃一寒至此耶！」為歎息者久之。昔叔孫通為相，其子負薪，致後人有廉吏不可為之歎。噫！廉吏且然，況能吏乎！〔而今安在〕

0250	原 29/1	廣丙 5/33 左	大 1/250

純孝性生

朱松亭，秣陵人，向充督轅科房。自髮匪陷城，竄走兵間，備嘗艱苦，投身戎幕，得保雜職。亂後歸來，仍理故業。在營之日，積受寒濕，時發時愈。近年，病益增劇，行動需人；幸其長女秉性賢淑，每事先意承志，曲盡孝道。朱之轉側床蓐，得以冷煖無虧者，皆女之力也。女年漸長，戚友時來議婚。女聞之，輒背人啜泣。一日，將有成說，女益悲，長跽而請曰：「女不幸，不能易笄而冠，取菽禾以博堂上歡，今舍父而去，父將誰賴乎？」涕不可仰，朱憐其意之誠，姑許之，將為萬全計。嗚呼！朱有是女，朱可慰矣。世之峨冠博帶而蔑視天親者，對此丫髻能無愧死。〔難得〕

0251	原 29/2	廣丙 5/34	大 1/251

征稅出入

京師崇文門之稅課司，為入京貨物納稅總匯。近來牙行浮收，吏胥舞弊，一貨之稅，幾加數倍，而商賈之受累為不淺。閻大司農察知其弊，乃將投稅則例，刊明價目，懸牌於監督之大門外，俾商賈有所折衷，而浸漁浮冒之徒不得高下其手。噫！仁人一念之慈，其利普矣。〔一目了然〕

0252	原 29/3	廣丙 5/35	大 1/252

西人跑紙

西人於春秋佳日，必賽馳馬，以博輸贏。定例一年兩次，每次三日，無多舉也。今年本埠秋後，又添跑紙之戲，馬數少則十餘匹，多則五六十匹，曾無限制。其法薈萃一處，一西人繫囊於身，中儲五色紙條，臨風一撒，錦繡滿天，風力所向，紙條隨之而去。而群馬即視紙條之所指，絕塵而馳，其能冒過紙條之頭者，為得彩焉。由靜安寺至法華，均有馬路，西人恆於此乘興云。〔飛〕〔舞〕

0253	原 29/4	廣丙 5/36	大 1/253

同一孟浪

楚人尚鬼而信巫，畏病而忌醫。金陵有某營官，楚產也，朔望衙參，每寄宿於某客棧。先是，棧有客與該處之某醫善。醫性豪，喜與人抵掌作劇，數往就客。是日客適去，營官即下榻於其室，而醫不知也。上月望日，衙參歸，仍擁被臥。醫驀入，揭其帳，搖而謔之。營官不解所為，斥問為誰，並出惡聲。醫見非客，亦厲應之。旁有一人，恐肇事，以「醫生」告；而適觸營官之所忌，怒不可遏，吼聲如雷，令親兵曳而笞之。棧主恐釀命案，極力解勸，始釋手。而該醫忿忿去，且圖報復。說者曰：營官何禁忌之深也，然醫生之舉動輕率，亦可見一斑矣。持重者不輕戲，老成者不輕怒，兩君皆當反而求諸己。〔誰是誰非〕

0254	原 29/5	廣丙 5/37	大 1/254

得窺全豹

本埠四馬路一品香番菜館前，有巴蛇數條，供人觀玩。近又以巨金購一豹，豢養其中。有人往視，據云：豹生不過十閱月，而大已如猘犬，嗥聲如豕，伏籠中，啖以生牛肉，頃刻盡數磅。厥性類貓，投以圓物，則玩弄不已，向人猙然獰然。小時了了已如此，宜乎雄威所至，足以震乎山君也。日報述見者之言如此，其幸而獲睹全體也，有非管中所窺、僅見一斑者所可同年而語矣。〔為阱〕

0255	原 29/6	廣丙 5/38	大 1/255

淘沙得利

漢江塘角一帶，道光年間，鹽船皆萃泊於此，一、二十里之江面，帆檣如織，亦可見當年鹽業之盛矣。嗣於道光二十九年十一月二十九日，驀遭回祿，千百號艨艟，盡付祖龍一炬。由此塘角江口，沈失金銀器皿，何止數十百萬。其間狎水之居民，每於江水枯涸之際，駕一葉扁舟，挖取江泥，以淘汰之，時獲遺物。今年水涸尤甚，故淘沙者不須舟楫，而俯拾即是矣。近聞有挖得舊式元絲錠、金銀首飾、銅錫器皿等者。貨惡其棄於地，顧視取之者之何如耳。民生在勤，勤則不匱，殆謂是夫。〔自食其力〕

0256	原 29/7	廣丙 5/39	大 1/256

婦女騎驢

南人使船，北人使馬，言其習也。習則狎，狎則巧。北方多旱道，村民家每畜牲口一、二頭以代步；暇或受僱於人，以為芻豆資。從前有友自北南旋，道出黃家營，見有二婦女跨牲口，對面交馳；及相值，拍鞍一躍，彼此交易，而疾馳仍如故也。噫嘻！神乎技矣。前月上江某處，有數婦女跨長耳公，蹀躞道上。適邑尊出，觸前導。邑尊怒斥而去之。聞現已示禁，然道上之驢可以禁，室中之驢不可以禁也。紅頭在側，盍於背人處一試之乎？〔是常技也〕

0257	原 29/8	廣丙 5/40	大 1/257

琴川風月

昭文，一名琴川，以城河七條如絃而得名，山水清淑。小家生女，輒擇秀而慧者習彈詞，色藝冠各邑；以故滬上書寓，率帖琴川某先生，即非琴川者，亦冒以引重也。然在琴邑，初不甚行。前為某紳首開風氣，而近則群相步趨，上而搢紳，下而商賈，遇有吉事，必喚一、二人，或十餘人不等，名花賸爵，清謳發聲，賓客滿堂，欣然醉飽。非是，則座客不樂。主人懼慢客，即謹厚者，亦聊復為之；以故北里群花，日形繁盛，而狎游者亦濟濟一時。其最得名者，為坤寶，為淑寶，為曾寶也。箇中人戲呼為「三大憲」，相遇必問今日上衙門否，聞者絕倒。農部某君戲於愛花諸君中，擇其風雅而有才藝者，得二十八人，目為雲臺二十八將，諸君亦欣然受之。《詩》云：「善

戲謔兮，不為虐兮。」某農部三復而出之矣。〔品花佳話〕

0258	原 29/9	廣丙 5/41 右	大 1/258

服毒愈病

《本草》：蘄州產異蛇，可以已大風，又云蚺蛇能明目袪翳。本處人捕得之，盤旋薰炙，以售於四方。服者有應、有不應。若得生者而食之，必有奇效。甯郡西門某，惰民也，少時有登徒子癖，踰牆穿穴，靡惡不為，兩目以是瞽。近又患疥癩，遍體狼藉，動輒需人。寡婦某，係其總角交，今以同居之故，受累不堪。一日，向婦索巨鰻食，婦憾於心而口允之，知牆下有蛇窟，命其子掘而得之，煮羹以進。瞽者立食盡。越數日，體奇痒，思浴。浴竟，兩目漸明，肌膚滑膩勝疇昔，樂不可喻，若獲更生，而初不知病之何自而瘳也。此蛇，其遺類與？所可怪者，稔惡如某，而顧因禍而得福也。不且搔首而呼夢夢之天乎！〔造化他〕

0259	原 30/1	廣丙 6/41 左	大 1/259

夢書祭春牛文

《志林》：「元豐六年十二月二十七日，天欲明，夢數吏人，持紙一幅，其上題云：『請祭春牛』。書其上云：『三陽既至，庶草將興，爰出土牛，以戒農事。衣被丹青之好，本出泥塗；成毀須臾之間，誰為喜慍？』吏微笑曰：『此兩句復當有怒者。』又一吏云：『不妨，此是喚醒他。』」〔重歲首也〕

0260	原 30/2	廣丙 6/42	大 1/260

日有戴氣

《玉海》：「宸熙六年十二月二十八日，日有戴氣。太史奏：君德至於天，為萬民愛戴，則有是瑞。上於是議蠲租，國號因避廟諱故，以宸字恭代。」〔誠能格天〕

0261	原 30/3	廣丙 6/43	大 1/261

別歲

《北京歲華記》：「先除夕一日，曰『小除』；人家置酒宴，往來交謁，曰『別歲』；焚香於戶外，曰『天香』，凡三日止。帖宜春字，小兒女寫好字。」〔除舊〕〔更新〕

0262	原 30/4	廣丙 6/44	大 1/262

鎔金卜

《瑯環記》：「除夕，梅妃與宮人戲，鎔黃金，散瀉入水中，視巧拙以卜來年否泰。梅妃一瀉，得金鳳一隻，首尾足翅，無不悉備。」〔好手段〕

0263	原 30/5	廣丙 6/45	大 1/263

青鳥銜書

《雲笈七籤》：「上靈元年正月一日，六元合慶，甲子直辰，元始天王乘碧霞流飆輦，上登九元之崖，裴回洞天，逍遙極元。有青鳥來翔，口銜紫書，集於玉軒，奉受記文。」〔神遊〕〔於穆〕

0264	原 30/6	廣丙 6/46	大 1/264

京師放燈

《歲華紀麗譜》：「咸通十年正月二日，街坊點燈張樂，晝夜喧闐，蓋大中承平之餘風。由此言之，唐時放燈不獨上元也。」〔金吾不夜〕

0265	原 30/7	廣丙 6/47	大 1/265

天慶節

《宋史・禮志》：「大中祥符元年，詔以正月三日天書降日為天慶節，休假五日。兩京諸路州、府、軍、監，前七日建道場設醮，斷屠宰；節日，士庶特令宴樂，京師燃燈。」〔消災降福〕

0266	原 30/8	廣丙 6/48	大 1/266

御明堂

《舊唐書・禮儀志》：「永昌元年正月四日，御明堂布政，頒九條以訓於百官。翌日，又御明堂，饗群臣，賜縑纁有差。」〔服之無斁〕

0267	原 30/9	廣丙 6/49 右	大 1/267

餞賀監

唐明皇〈送賀知章歸四明〉詩序：「天寶三年，太子賓客賀知章，正月五日將歸會稽，遂餞東路，乃命六卿庶尹大夫供帳青門，寵行邁也。」〔何等榮幸〕

0268	原 31/1	廣丙 7/49 左	大 1/268

朝鮮亂略

《朝鮮亂略》，光緒乙酉陬月，問潮館主人書。〔友之〕

0269	原 31/2	廣丙 7/50	大 1/269

郵政局肆筵速客，頑固黨放火戕官

我朝龍興遼瀋，朝鮮首列附庸，故三百年來，待之如家人父子焉。顧其國小而逼，北與俄疆接壤，南與日本為鄰，非藉大國之帡幪，難杜奸人之窺伺。曩年啟關納使，修好通商，逆知時勢使然，意在達權通變耳。但事屬創始，經營匪易，是者半而非者半，守舊、開化，遂成冰炭不相入之勢。旋賴中朝威福，撫字而戍守之，而國難斯靖。甲申之年十月乙亥，亂臣又謀為不軌。亂臣者誰？曰洪英植，曰金玉均，曰朴泳孝，曰徐光範，曰徐載弼。之五人者曾遊日本，故與日人為親密。國君以其薄有才幹，通外國之情，故派洪英植總辦郵政局事務。事前致書中朝官員及各國使臣，約以月之十七日戌刻，會飲於其署。是日下午，漢城內屯於泥峴之日本兵，以車載槍凡多箱，并拽大砲數尊，運至日本公使館中。戌初，中國總辦商務、慶軍營官，與朝鮮官僚及各國公使、總領事官，齊赴洪英植之宴；惟日本公使竹添進一郎，稱疾不至。酒行之際，亂黨於外間布置周密。時交戌正，火起垣外。朝鮮禁衛大將軍閔泳翊，聞警離席，甫及門，為盜刺傷，負痛返身入內，仆堂上，在座者一驚而散。〔設計〕

0270	原 31/3	廣丙 7/51	大 1/270

假傳虎節召倭兵，威逼鸞輿遷別院

二鼓時分，日本軍士排門入景祐宮，兵刃遍列，阻絕行人。少選，金玉均、朴泳孝、徐光範三人，直造寢殿，謊奏於王曰：「清兵為亂，諸處火起，滿城百姓遭其荼毒，將及宮門矣。宜召日本公使，速入衛，遷駕別宮，以避凶鋒。」王以事起倉猝，不遽允。忽聞炮聲隆隆，大震陵谷，均、範等促之曰：「事急矣，不可緩。」乃矯詔，速日使入衛，而移太王、太妃諸人於景佑宮。〔劫〕〔駕〕

0271	原 31/4	廣丙 7/52	大 1/271

中奸謀韓廷飛碧血，避亂黨關廟泣青燐

十八日清晨，左營使李祖淵、前營使韓圭稷、後營使尹泰駿，為亂黨所害。方其亂之未萌也，李、韓輩皆領禁軍，玉均、英植無兵柄，慮事急無助，先遣人以游説之，若肯同謀，則王之左右皆其羽翼矣。李、韓諸人，佯許之而不為動，奸黨銜之，乃引入後堂，登時殺死。自殺三人之後，復矯召輔國閔台鎬、趙甯夏、總管海防閔泳穆入殿，而并戮之。日方向午，該黨自除官職，洪英植為右議政，金玉均為戶曹參判，朴泳孝為前後營使，徐光範為左右營使，兼署督辦通商交涉事件，而前營正領官以徐載弼為之。官職既定，乃議癈立，英植欲幽王於江華島，進一郎欲幽王於日本東京，議久不決。恰值外間勤王之師鼓譟而起，於是共圖脅王，濳避於後苑。〔殲良〕

0272	原 31/5	廣丙 7/53	大 1/272

雲屯霧沛大帥鷹揚，海潤天空藩王豹隱

事起一日兩夜，官民共圖義舉，行近宮門，為日兵阻卻。十九日，內外上下，請我駐防慶軍，前往保衛。於是，吳軍門兆有、張總戎光前、袁司馬世凱，公同致書日使竹添進一郎，請其撤兵。自辰至酉，復書弗至。外間圖勤王者勢洶洶，弗可遏。無奈，再遣人詢之。人甫及闕，日兵即於普通門施槍炮以搆戰。我軍疑王之猶在宮寢也，未便格拒，故死傷頗多。中國軍士互相籌商曰：「日使惑於賊黨之言而弗悟，擁兵據宮門，不許外人出入；一再致書詢問，而又弗答。是助逆也。我之進兵，求罪人也，衛王所以衛日使也，否則義民將為亂。」於是驅兵直前，互相搏擊，宮門之外遂作戰場。王於此時，乘間避至玉流泉後北關廟，為別抄軍士迎護出，金玉均追阻弗及，自與日使退守濟物浦。〔戡亂〕

0273	原 31/6	廣丙 7/54	大 1/273

奮天戈奸臣授首，投華寨弱主濳身

我軍乘勝之餘，四面找尋國王，尋至北關廟，始知王在該處，我軍官入廟參見。王泣語於眾曰：「賊臣亂國，一至此乎！」眾趨前慰答數語；而太王、太妃、王妃、世子俱不知下落。吳軍門曰：「此地離宮不遠，非停鑾之所，不如暫駐營中，再圖復辟。」王曰：「善。」方王之濳出後宮也，正在炮火相爭之際，玉均等分頭料理，幾於自顧不暇。其手下之責令監王者，亦以生死祇爭俄頃，意緒棼亂，奔走探聽，故王得乘間逸出。比洪英植、朴泳孝知風追趕，而已為慶軍所得。英植昧於利害，猶自直前，牽挽王袍，不令前進，被朝鮮軍士牽出，斫為肉虀，并斬朴泳孝及生徒七人以徇眾。此二十日事。〔遇救〕

0274	原 31/7	廣丙 7/55	大 1/274

犯眾怒避禍走仁川，普皇恩送孥歸濟浦

金玉均等至是心懷疑沮，向進一郎而商之曰：「兵力不敵，王已出奔，事不諧矣。守此不去，直待斃耳。」於是進一郎率其兵，帶領玉均等，自焚其漢城之使署，出西門，向仁川之濟物浦進發。一路風聲鶴唳，疑為追兵，疊放連環鎗以自衛。二十一、二十二兩日，查檢屍骸，慶軍兵丁陣亡者十人，朝鮮大臣被害者七人，陣亡兵丁十有一人，百姓罹禍而斃者九十一人。大將軍閔泳翊被傷雖重，尚可醫治。日兵死者三十三人，逆黨伏誅者九人，惟金玉均、朴泳孝、徐光範、徐載弼及士官、生徒等，早於事敗之時，易服逃遁。其時朝鮮土人，仇視日人，見輒械鬥。我軍官即將日兵之妻子，并貿易於漢城之日人，遣兵護送，不許高人遷怒於無辜。〔賊沮〕

0275	原 31/8	廣丙 7/56	大 1/275

電報飛傳求保衛，星軺移指壯聲威

二十三日，朝鮮通商衙門請各國領事官，先往濟物浦與日使竹添進一郎商議經變事宜；一面授禮曹參判徐相雨為全權大臣，以穆麟德副之。穆麟德，德人也；向為朝鮮辦理通商事務，現膺兵曹參判之職，同赴日本國，賫遞國書。行抵濟物浦，適日本之新公使井上馨至，遂止厥行。一面申奏中朝，求為保護，遣使航海，先至天津，求李傅相代為奏聞。皇上俯念藩屬三百年來曾無失德，蕞爾國其何堪屢遭不造耶！即派吳清卿、續燕甫兩使臣，星夜馳赴高麗，查辦一切。〔扶危〕

0276	原 31/9	廣丙 7/57	大 1/276

霜鋋雪鋋海上觀兵，玉敦珠槃城中立約

井上馨之赴高也，帶有兵艦六艘，兵屯於濟物浦之三里寨。我慶軍仍駐漢城。十一月初旬，朝鮮督辦交涉通商事務趙秉鎬至濟物浦，邀各國公使仍入漢城居住，並請從中調處。而吳、續兩星使至高後，駐節營中，彼此照會，約期議事。高王復派金宏集為全權大臣，所有日高議款原文，備錄於後：第一款，朝鮮修國書致日本，表明謝意；第二款，恤給日本遭害商人遺族並負傷者，并賠補貨物之掠奪者，由朝鮮撥支十一萬元；第三款，殺害磯林大尉之凶手，察獲從重正刑；第四款，日公使館擇新基建築，由朝鮮撥二萬元以充公費；第五款，護衛日公使館兵弁營舍附近，擇定設置兵員若干，修蓋兵營，朝鮮國任之。夫日高既已行成，中日有何嫌隙？易干戈為玉帛，修盟聘於敦槃，九重紓南顧之憂，億兆慶如天之福矣。爰仿章回書式繪圖，而遞敘其事云。〔行成〕

0277	原 31/10	廣丙 7/58 右	大 1/277

朝鮮亂略跋

亂臣賊子，人人得而誅之，春秋之律也。《畫報》雖小道，而凡事之可喜可驚，足以備遺聞而昭法戒者，無不隨時采入。此次洪英植、金玉均輩以臣子而犯上作亂，君上因而播遷，臣民陷於水火，幸而蒼蒼厭亂，底定在數日間。不則干戈擾攘，波及三國，其禍可勝言哉！繪圖演説，懲首惡也，雖不必據以為寔錄，而大略具備於是，閱者會其意而勿泥其詞也可。光緒十一年乙酉正月，尊聞閣主人跋。〔美查〕

0278	原 32/1	廣丙 8/58 左	大 1/278

良馬抽角

滬上日報登有丹麥國國王馬廄中，有駿馬一匹，忽於左右耳根挺生兩角，槎枒四達，形如雞距。司馬者聞於王。王命博物醫生勘驗無訛，而莫名其故。嗣越一月，舊者落而新者生，按月遞易，不愆時日。該報意謂世無伯樂，即歧嶷如此馬，僅得備博物院之考鏡，而其追風逐電之才能，仍無以大展也。蓋為此馬惜也，而豈獨為此馬惜乎！〔出一頭地〕

0279	原 32/2	廣丙 8/59	大 1/279

新年團拜

團拜始於京官。凡在同鄉，由會館中之執事，備帖分請，約期行禮。嗣是而行之外官矣。嗣是而大家望族，房分過多者，亦相將學步。事簡而禮賅，誠良法也。浙撫劉仲良中丞，於去臘預飭各屬：苟無面稟要公，而專為循例上省賀年者，立予奏參。蓋不欲屬員之奔走於浮文，而欲其黽勉於職守，睠懷時事。正臥薪嘗膽之年，而顧交相慶賀，欣欣色喜乎？劉撫此舉，固可敬亦可師已。〔循例〕

0280	原 32/3	廣丙 8/60	大 1/280

紳僧聚訟

金陵聚寶門外普德寺師徒兩人，師曰大倫，坐方丈；徒曰妙香，為行者。行者當沙彌時，寔賴其師為之開不二法門，而灌頂以醍醐，俾壁不必面九年，而火可以消三昧者也。於佛法，當受大倫衣鉢，詎大倫別有所屬，妙香不能平，漸至成訟。訟時，眾檀越有附大倫者，有附妙香者；正如為劉氏左袒，為呂氏右袒，頡頏不相下。城外局員某，謂以徒訟師，傲不可長；以紳訟僧，欲不可縱，將胥大倫妙香而逐之，另飭公正叢林舉戒行僧以為該寺主。是批也，意在斥僧以退紳，亦止沸抽薪之法也。乃叢林謂「江湖日下，佛法全非，異時所舉非人，反增牽累」以為辭，故案仍懸而未結。嗚呼！和尚倚紳為護符，紳士藉僧而魚肉，一言以蔽之曰：「孔門、佛門之罪人」。〔貽笑〕〔大方〕

0281	原 32/4	廣丙 8/61	大 1/281

鬥牛為樂

大呂宋打剌干拿地方，向有鬥牛之戲，習俗相沿以為樂也。其法以偉丈夫一人，渾身結束，矯健若猱，一手持利刃，一手挾色帕一方。圈地為場，場外搭蓋棚廠，為觀鬥者偃息之所。臨時，人與牛俱入圈內。人觸牛，使之怒。牛逐人，人繞圈奔，三匝既周，驀地駐足。牛至，以色帕拂牛目，牛目炫亂，而人即以利刃刺其項，牛亦應手而倒，觀者咸稱快焉。否則為牛所斃。莊子不云乎「解牛而至三年，而目無全牛」，其操之也熟矣。顧以取悅於人之故，而以性命為兒戲，則愚甚。〔游刃有餘〕

0282	原 32/5	廣丙 8/62	大 1/282

飽暖思淫

直省豐潤縣有錢婦者，生有二子，長者年弱冠，在外習貿易術，次猶在塾讀書。婦以勤儉起家，故兩媳豢之膝下，而未予成婚也。媳本大家裔而式微者，嫻閫教，貌亦妍麗，雖妯娌而咸目為大、小喬也。婦有夫姪某甲，無恆業，依婦以餬口，而婦亦以一門細弱，照料須人，亦未令其他出。一日，親串家有壽事，婦往慶賀，留二媳守門戶。夜膳已過，並坐姑房刺繡以待。夜深人倦，隱几而臥，不料甲頓生淫念，挾刃入房，意圖逼姦。兩女懼，罔知進退，即以手中利剪刺甲腕，腕痛刀墜；而婦適自外歸，遂解斯圍。嗚呼！室有麗女，強暴最易生心，身出外而不將甲以俱去，婦之失於計較也。幸而兩女皆賢，猶完柏操，否則迷離撲朔，其不為香殘玉污者，幾希矣！君子所以貴杜漸防微也。〔人面獸心〕

0283	原 32/6	廣丙 8/63	大 1/283

難裔飄零

叻中新到一妓，宦裔也，名噪甚，姿僅中人以上，而詩詞歌曲，無一不精。叻報館諸君子訪之，而知其梗概。妓浙產，襁褓中，父以副將銜花翎都司，需次於粵。同治間，曹沖之亂，從蔣中丞往剿，歿於陣。母以哀父故，雉經以殉。無昆季，遂無依賴。父執某亦以武職官粵，攜之歸，撫之如己出，讀書識字，習女紅，皆其力也。年十四而養父母亡，所遺諸兒，不肖居多，冒不數年，家產蕩盡。乃以女計賣於人，遂入平康籍。該報述女言如此。嗚呼！乃父為國死綏，下無子嗣，已餒若敖氏之鬼，況令雛姬又陷火炕耶！父忠母節，其下式微，我將搔首而問夢夢之天矣。〔報應〕〔或爽〕

0284	原 32/7	廣丙 8/64	大 1/284

枷犯互毆

去臘本埠有串騙受懲一案，枷犯為余渭、陳鶴山、李雲卿、楊月山四人。署中發交地保收管，逐日鎖繫頭門示眾。余妻某氏，往視其夫，見楊大罵，謂：「我夫本不敢妄告他人，由爾唆使，遂致受辱。」楊言：「事出兩願，休怪我，況局賭之人亦枷在此。」陳、李二人聞言大怒，曰：「局賭者，唐菊亭、錢錦壽也。爾以分肥不遂，故乃串余妄控錢、唐，反得置身事外。」於時各荷校紛紛亂撞，毆作一團，夫亦凶惡之尤者矣。姑無論凶終隙末，本屬小人之交；而其揑案滋事，為害地方，即監禁終年，亦豈得為過也。政寬則民玩，懲治此輩，正宜盡法。〔兩臂欠舒〕

0285	原 32/8	廣丙 8/65	大 1/285

醉漢毆尼

女尼街頭彳亍，出門求財者見之，以為不祥，況在年頭數日，尤易惹禍招非，蓋人之所惡也。本埠新正初旬，大東門外直街來一浦左某庵之女尼，適有醉漢數人，跛倚而過此，邂逅相遇，遽出手批尼頰。尼不服，欲扭醉漢赴巡防局；然終以眾寡不敵，且哭且詈而去。夫同一女子也，苟其掠雲鬟，攏翠花，見者必眈眈熟視，笑逐顏開；一經披薙，便招人忌；則所謂祥與不祥者，祇爭此數莖黑髮乎？風俗既有此禁忌，乃不為掠鬟攏花，為人愛見之女子，而必赤此數莖，以冒不韙而犯眾惡，則更無謂之極，兩者俱不可解也。總之，其尼也，其愚也；其毆也，其莽也。兩者俱不足責也。〔誰是誰非〕

0286	原 32/9	廣丙 8/66 右	大 1/286

梨園先生

梨園雖年老，亦稱弟子，至易弟子為先生，亦事之罕聞者也。徽州同春班有程某，隨其師來金陵。師故善拳勇，多識草頭方，治跌打損傷，尤為得心應手。其法以生三七一味為君，而用紅花、當歸為佐引，煮酒一升，隨其量而飲，飲盡而病除。客臘程在笪市橋，見一人從橋上跌下，橋高水涸，跌者折骨昏絕，不省人事。程撫之未冰，急傾所攜之三七酒，楔其齒灌之。越三日，傷者扶杖來望程，崩角出袖金，為程先生壽。程拒而不納，眾人高其義，故尤樂道之。於是程先生之名，洋洋乎在人耳矣！〔稱名頓易〕

0287	原 33/1	廣丙 9/66 左	大 1/287

貪小失大

南京人向有拐子之目，以其專售偽物，人被欺侮所致。乃近日，錢業中亦有此輩。湧源錢店不甚大，東夥俱有射鵰手段，為該業中之飛將軍。一日，有人持銀信一封，交櫃換洋，封面標明二十一兩，權之得二十三兩零。店主竊喜之，按市價與其封面所標數目，核算付訖，視其人入對門酒肆去。後慮其銀或不盡真，剪之果偽質，懊惱甚。乃遣夥入酒肆，邀與熟商。其人隨夥赴店，問銀安在，且曰請平以準之，如符合可歸趙璧。該店不敢平，此人挾平與人，將以誣訟，嗣反出洋數枚以求息事。吁！世之小利是貪者，可以知所儆矣。人心雖不古，其如天道好還何！〔其愚〕

0288	原 33/2	廣丙 9/67	大 1/288

甬江戰事

正月十五日，鎮海口外有法船四艘，一為巴夏爾，一為德利用芳，一為答拉克，三船遊弋洋面；而以名紐回利者，於兩點半鐘時，向我炮台轟擊。管帶陸路炮勇之吳吉人遊戎，親自燃放，不假手於兵弁。口內則有南琛、南瑞、開濟、超武相助為理。是日，旗昌之江表輪船往甯波，停輪七八里外觀戰。但見紐回利傷桅，繼傷船頭而退。二十七日，法船又向小港炮台轟十數炮。查鎮海形勢，金雞與招寶為犄角，海口外窄內寬，祇有漲潮兩刻許，敵船可以駛近，潮退便易擱淺。小港在金雞南，亦一口子。二十七日被法人所擊之炮台，係道光季年所築，因不適用，遂成廢壘。現在新建之炮台，在廢壘之後，暗藏山內。法人以無有應之者，疑有計，即亦退去。〔不奪不饜〕

0289	原 33/3	廣丙 9/68	大 1/289

劇盜就擒

揚州邵伯鎮東楊家莊，有一著名劇賊，曰王小桃，年纔三十餘；妻某氏，與其徒三人，亦孔武有力者。每出行劫，明目張膽，不作鼠竊狗偷伎倆。附近一帶，悉遭其魚肉，無敢有忤之者，然而銜之次骨矣。一日，又向本地富紳徐某借錢，勒出三十千文；徐央人緩頰，許借十千。王不允。徐察知眾怒可用，入城稟甘邑令，請得馬快四名，又合十三圩居民，議圍其宅而擒之。馬快先往敲門，王妻出見勢不佳，舞刀奔馬快，徒應之。小桃登屋脊，飛瓦片，希圖脫。旋被眾人動手，以次就縛。是役也，聞傷馬快一名，百姓數人，而一方之大害除矣。徐亦智者哉。〔除惡務盡〕

0290	原 33/4	廣丙 9/69	大 1/290

江豚為祟

大江之中，有一物焉，體龐大，毛茸茸，時出沒於驚濤駭浪中，舟子名之曰「江豬」。豬喜西迎風，弄浪如漱玉，如噴珠。浪愈高，豬愈多，即風愈大，見者輒有戒心。前日，有桐城五艙子船，挂半帆，乘西北風，行如箭脫，風水相逆，浪湧如山，船身回轉處，高下可數丈。舟子利其速，雖水拍船頭深尺許，勿顧也。駛近螃蟹磯，忽來怪風，將帆噙住。船欹側，舟子急截蓬索，而轆轤膠滯，旋轉不靈。正在存亡一線間，而江豬從下浮起，船遂覆。舟中人遇救，得不死，然已面無人色矣。危乎殆哉！〔偶然耳〕

0291	原 33/5	廣丙 9/70	大 1/291

新人落水

周浦屠某，向在本埠某香店為夥，幼時聘定三林塘某姓女為室，紅絲雖繫，未賦夭桃也。去臘屠父病故，中饋乏人，遂援俗例，於父二七之期，議畢姻。新正初吉，備鼓樂彩轎，往坤宅迎娶。道經楊家木橋，該橋年久失修，礎柱朽壞，方臻橋頂，砉然一聲，人如鞦韆倒挂，盡落河中。去冬本埠狗基橋，有某姓迎親，方行交拜禮，入洞房，而鄰右失火，奔避倉皇。今則傾入水中，倍形狼狽，真所謂無獨有偶也。議者謂此兩新婦，殆急於水火之既濟，而有此朕兆與？〔河伯示喜〕

0292	原 33/6	廣丙 9/71	大 1/292

法艦兵叛

去臘福州海面，泊有兵輪七艘。內有一艘名卑壓者，軍心不服，猝然叛亂，禍起蕭牆。法官見勢危迫，懼為所害，急令心腹親兵，放鎗擊斃亂兵十二名。一時同艦變作戰場。夫同寅端貴和衷，兵部之大員胡為而辭職；同舟本期共濟，前驅之下弁竟至於反戈。為鬼為蜮，上下離心，而猶詡詡然謂無敵於天下也，亦自知其顏之厚哉！〔自相矛盾〕

0293	原 33/7	廣丙 9/72	大 1/293

骸垢想浴

金陵某浴堂，一日有三、五少年，翩翩入官盆，座中雄辯高談，彼此嬉笑，堂倌不之異也。及至傾水請浴，解衣磅礴之際，則有一人焉，瑟縮趑趄，嬌嗔嬌喜，口應而身不動，身起而帶不解，似欲浴又似不欲浴者。值堂人疑，逼視之，蛾眉淡掃，覆額髮隱隱與帽簷齊，雖易髻為辮，而鬢蓬鬆，固丈夫而依然巾幗也。堂主不欲多事，僅下逐客之令乃已。知之者謂是某鴇家之雛妓也。男女淆亂，至滬北而已極，然未聞有冒入浴堂者。三山二水間，撲朔迷離，而風流放誕至於如此，可異已。〔逝不以濯〕

0294	原 33/8	廣丙 9/73	大 1/294

采茶入貢

皖屬六安州英山、霍山等縣，俱產茶。穀雨之前，嫩牙初茁，鄉人相率趕采，無敢稍遲；遲則葉老而味薄，雖陰雨，不獲暇逸。茶樹矮小，故采者多婦稚。每屆，省憲派委幹員會同地方官前往採辦進呈，以供上用。想見香生雀舌，品貴龍團，洵足貢天廚而邀宸賞矣。〔不盈一掬〕

0295	原 33/9	廣丙 9/74 右	大 1/295

猝遭剪徑

嘉興之西真寺鎮有小四弟者，開設煙館。去臘小除夕，赴禾城收帳。歸時已薄暮，背後突來一人，以索套其頸項，負之而趨。被負者急將手插入索內，蓋冀失錢猶可得命也。約行里許，置之地，掠所有而去。歸述所遇，家人咸以未遭傷害為大幸事。甚矣！行路之難也。〔背娘舅〕

0296	原 34/1	廣丙 10/74 左	大 1/296

消受不起

某甲，本地人，家裕而業微，一妻一妾，有齊人風。凡北里各妓寮之缺乏貲本者，向甲稱貸，無不允，以故得龜鴇歡心。近識一妓，有白頭約，陸續借甲洋千餘元。債臺高築，無力歸償，計不如效文君之私奔。一日，詣甲家，告以故。甲猶豫未決，而其妻妾醋甕遽翻，令下逐客。妓進退維谷，惱羞成怒，猝將煩惱情絲齊根剪去。甲情急，罔知所措，亦去其髮辮以徇情。擾擾數日，竟不得了。説者曰：「既可以二一添作五者，詎不可三一三十一耶？」〔妒疾難瘳〕

0297	原 34/2	廣丙 10/75	大 1/297

歌舞昇平

元旦日，皇上臨殿受百官朝賀畢，觀劇，鼓吹休明，頌揚郅治，典至隆也。所演名目，如彈簸箕，唱庫們，金斗人，雙頭人，跑竹馬，舞獅子。滿洲、西番、蒙古各曲演唱畢，又令善撲營兵官演貫跤，勝者賞賚有差。預於一月之前，在禮部衙門演習，監視者為該部堂官，及期進呈。〈禹謨〉之終篇曰：「帝乃誕敷文德，舞干羽於兩階，七旬有苗格。」今即邊陲不靖，而惟德可以動天，先聖後聖，其揆一也。〔極視聽之娛〕

0298	原 34/3	廣丙 10/76	大 1/298

幸獲生還

法人肆擾海口，惟閩洋為尤甚。而閩民之泛海謀生，時而船被轟沈，時而人被擄去，萬分冤苦。呼籲無門者，正不知凡幾。前月，得忌利士火船，由福州抵廈門，載有汕頭人二十名、廈門人四名，均於海面被法人小輪舶擄去，而留之以充水手者也。某日，該小輪由淡水往香山港，駛回之時，大霧漫空，水程誤走，行至一島，莫識其名。斯船除管駕、管車二法人外，餘皆被掠之人。船既泊，法人登岸遊覽。華人乘此機會，相約起碇，鼓輪駛回福州。報官領賞訖，即附得忌利士火船以回故鄉者也。是真不幸中之大幸也。〔虎口餘生〕

0299	原 34/4	廣丙 10/77	大 1/299

吞烟遇救

粵垣某孝廉，人本瀟灑，新納妾，懼不見容於大婦，築別院居之。院故有鬼，時出為祟。孝廉有霞癖，一日狂吞煙膏兩餘，勢已危殆，救者僉束手。有友謂家人曰：「盍延西醫。」西醫至，謂可救。用象皮管如指巨細，長可尺許，由喉入腹，留端於外。端分三支，中者接玻璃管以候氣息，其左者激清水以入腹，右者吸之，使煙與水俱出。至再至三，煙盡水清，而人愈矣。按救煙之法，以木棉花灰和鹽沖服為最靈，然亦有應、有不應焉。得此西醫者廣傳其法，俾度眾生，則且以生佛奉之矣。孝廉何幸乃遇此人！〔海國春回〕

0300	原 34/5	廣丙 10/78	大 1/300

賣野人頭

本埠四馬路第一樓茶室對門，有一美國人賃屋一幢，門前插標，大書新到美國野人，有頭無身，供人觀覽。余於暇日，亦逐隊往觀。入內，圍幕重重，雖日中亦設燈。室之半，遮以欄，遊人至此不再進。欄內設琴臺一座，離琴臺丈許，即高置人頭處也。頭之上下左右，用紅布遮滿，適中處嵌玻璃一方，由外視內，空洞無物，意蓋示人以無身者。西人鼓琴一曲，曲罷起身，取洋燭引火，照近人頭，即被吹滅。聽其音，似上海左近口氣。余故短於視者，而自駐足以迄退出，為時不及一刻。雖心知其為賺錢之戲，無甚奧妙，不足推敲；然既屬新聞，詎不可圖之，以供世之未曾寓目者。〔欺人耳〕

0301	原 34/6	廣丙 10/79	大 1/301

財神被毆

金陵釣魚巷為藏嬌窟，縱横四五家，家各有名花數十株。其例歲朝後，無論生客、熟客，初闌入者謂之財神。房中燃椽蠟，簪紅、綠花於燭上。意中人奉香茗，以手帕荐時新鮮果。外間聲爆竹，龜鴇向客道賀，名曰「接財神」。財神有各項開銷，至儉亦須七、八元；闊綽者自十金至數十金不等，否則求榮反辱。某甲者，世家式微子，飲於某友家，已酩酊矣。因浼其友赴釣魚巷尋其所歡，友曰：「是非可輕往者，無已，請與孔方兄偕。」甲不聽，昂然入，則接財神者循例進。友慮為難，早經遁去。久之，紛紛請賞，而甲無以應。龜鴇曰：「是非財神，直晦氣神也，可偕來打晦氣。」於是攢毆之而驅之出。嗚呼！青皮白賴，圖占便宜，是其常技，而溫柔鄉中要未容若輩托足也，千紅萬紫，愛惜者自有東皇耳！〔該打〕

0302	原 34/7	廣丙 10/80	大 1/302

攔輿伸冤

去臘中旬，有河南彰德府民女，年十六，攜其弟九歲，在西安門內攔容左翼之車，呈訴冤情。訊據供稱本年七月夜，突有匪徒撞進，將伊父母傷斃，並將伊兄脅去，迄今未見回家，一切物件擄掠罄盡。已與弟因避得免，呈報勘驗已及半載，未獲一犯，無奈來京呈訴。當經鎮軍交步軍統領衙門照例辦理。夫以弱女子而能千里叩閽，不辭艱苦，雖緹縈之上書代父，木蘭之易服從軍，以古方今，今人何多讓與！〔好女子〕

0303	原 34/8	廣丙 10/81	大 1/303

小孩捕賊

粵東南海縣西樵鄉，一夜有二賊穴入某姓家，竊取衣物數事而出。為更夫所見，獲住一人；其一正欲遁去，被更夫之子，年僅六齡之小孩揪賊辮髮，堅不釋手，仍為更夫所獲。孩亦知識過人者矣！昔司馬溫公丱角時，與群兒嬉遊，有一兒誤落水缸中。水泛溢，瀕危殆。群兒瞠目視，無援溺策。溫公力舉巨石擊缸沿，俾裂縫水漏出，而人無恙。夫急智之由於天授者乎？更夫之子，詎敢望此；而其有膽有識，已可概見。將來克自振拔，或不至如農子恒為農與。〔有膽〕

0304	原 34/9	廣丙 10/82 右	大 1/304

觳觫可憫

前有鄉人牽小牛一頭，行過白大橋。該處巡捕以租界定章「日中不得牽牛而過」，向前攔阻，問其從何處來，向何處去。鄉人答以八仙橋來，往虹口宰殺。正在盤問之際，牛忽長號數聲，前蹄向巡捕跪下不起，如求救然。嘻！異矣，大抵貪生怕死，物與人同；而況土牛上應列星，代人耕種，其裨益於人事者不淺，無故而屠戮之，牛固不自主，牛何嘗不自知也。苟將冤痛之情，為牛一想也，當有瘢然思返，放下屠刀者爾。〔無罪〕〔就死〕

0305	原 35/1	廣丙 11/82 左	大 1/305

冰玉兩傷

蕪湖甯淵觀前河沿街有某甲，先年業鹽時，曾將其女許字某乙之子。嗣後乙病故，子不務正，甲漸生厭惡心，因其不娶，遂將女置之新開之煙館中，以為活招牌。乙子銜之，乃於上月下旬，糾人往搶，縛女於背，負之而趨行，至湖北會館門首，為甲追及。甲持刀欲刺乙子，乙子力大，返奪刀劈甲頭，頭傷血流。女袒父，嚙乙子耳，耳傷血亦流。旁觀者聲擾擾，有不直甲者，有不直乙子者，事必經官而後可了。昔人稱樂彥輔為冰清，衛叔寶為玉潤，翁婿相當，世無其比。迄於今，江湖日下，益歎古人之不可及也已。〔為怨成仇〕

0306	原 35/2	廣丙 11/83	大 1/306

走索翻身

晴日麗空，芳草碧色，人競為嬉春之遊；而江湖賣拳把戲者流，亦到處布圈以博蠅頭微利。元宵後，揚城校場北首，有山西男婦五六人，頑耍雜技，遂於場地支木為架，貫以巨索如臥虹。一女郎頗娟好，短衣窄袖，玉立亭亭，兩手握竹竿，竿之兩端繫布囊，寔以砂。俄而舞動蓮鉤急促而登，翩若驚鴻，矯若遊龍，觀者齊聲喝采。不防擾攘之際，一小孩將繫索樁頭搖活，索遽弛而人亦墜地。眾人皆失色，而女郎已如蜻蜓點水，一躍而興，觀者又齊聲喝采，曰：「美哉，跌乎！」〔身輕如燕〕

0307	原 35/3	廣丙 11/84	大 1/307

愚人自愚

金陵某銅錫器鋪，資本頗巨。一日，有某甲懷鉛一塊來鋪求售，察之色黝而形圓，權之可重十斤，鑽之則上上點銅。叩其值。曰：「得之土中，貴賤寔不知也。」鋪主意其可欺，案時價折之又折而給之。問有餘，應曰：「有。」於是相約上燈後再行送至。屆時果負兩巨囊，徑入該鋪室。鋪主欣然也，亟覓燭燭之，但見血跡殷然，毛髮茸茸黏附囊口，面目模糊，不甚可辨。大駭，問何為，曰：「不相欺，即日間所約之物也。」鋪主懼甚，莫知所措，具雞黍留之，願罰多金以明知過。良久，議出三百金，始為負去。去後，該鋪猶惴惴不自安。翌日，巷口小兒取出檢視，係十餘枚絕大炭團，即某甲委而去之者也。合市喧傳，始知某鋪被侮之由，是可為圖便宜者戒焉。〔一個乖一個〕

0308	原 35/4	廣丙 11/85	大 1/308

擒象二法

緬甸北鄙多象，常結隊遊山谷間。出遊時，往往分道而馳。土人當之，輒被食。而擒之者，亦必於是時舉事焉。一法掘地成坎，上設木板，鋪以草，中置機括，象蹄誤踹之，前足陷入，腹膨脝不得動，掙之不起而就縛矣。然必飢餓數日，俟其力殺，乃敢牽歸喂養，調之而後馴。又放草時，引馴象審野象所居，縱馴者入其群，則必有偕之而出者，交頸歡躍如舊識然。象奴隱身他所，以巨緪繫大樹根，持其端挽作圈，伏身馴象下，套住野象後足，遂呼馴者歸，而野者欲隨行而不得脫。數日後力不支，如前法牽歸喂養，調之而後馴。遵其法，嫻其性，百不失一。物之受愚於人有如此者。〔畢竟人乖〕

0309	原 35/5	廣丙 11/86	大 1/309

登高罹禍

甯城南隅有天封寺，寺有浮屠，高與雲齊，因寺得名，曰「天封塔」。其合尖處仰置巨缸，若葫蘆然。蓋數百年物也。塔門惟新正及重陽一啟，任人登眺，餘則扃。數層以上地盤窄狹，雖設梯級，而兀動危險，殆不可喻。近二十年來，竟無人至其顛者。今年元宵後，有鄉人信足登臨，直至塔頂，潛身缸內，拾碎磚以擊之，聲浪浪然出霄漢。郡人震驚，往觀者蟻屯麕集。寺僧懼招禍，聞之郡伯，派勇執訊，知為有心疾者，因責而釋之。《曲禮》曰：「登城不指，城上不呼。」蓋指則惑人見，呼則駭人聞，況值烽煙不靖時乎！〔駭人〕〔耳目〕

0310	原 35/6	廣丙 11/87	大 1/310

官體何在

錢債之案，每稱「細故」，相沿既久，遂成口頭言語，一若「貸於人者不必還，為人貸者不當索也」。不知所謂「細故」者，特較重大案情而稍輕耳，豈真不當索、不必還哉？所可笑者，問官於此等案件，隨意批判，絕不問出者、入者之苦情；及至犯到自身，則又視一錢如性命。武昌日前大憲衙門口有甲乙二官，索負於途。始口角，繼毆鬥，而以怒詈終。觀者塞途，大為途人誚讓，寔屬不成體統。仕途之雜，於今為烈。官而讀書者也，縱極迂腐，宜知自愛。此等匪官，大半援例中人。即不然，濫竽一衿，而廁足於佐雜中者，間亦有之。〔行若皂隸〕

0311	原 35/7	廣丙 11/88	大 1/311

九華進香

相傳九華山為地藏菩薩成正果之所，故每年正二月間，四處之朝山進香者，牙檣畫楫，櫛比如鱗。人之裝束殊離奇，有狐貉而冠棕纓者，有枷鎖而扮罪囚者。男女不分，履舄交錯。雖曰佛門廣大，無所不容，然擾擾眾生，菩薩未免厭惡。謂予不信，請看佛面，不為大眾作歡喜容，而必垂眉閉目者，何耶？〔愚甚〕

0312	原 35/8	廣丙 11/89	大 1/312

偽為貞木

金陵隱名橋後街小家婦，年可二十許。望之艷如桃李，而犯之凜若冰霜；蓋非其所心許者，不肯輕接一言也。惟與某甲有嚙臂盟，甲無夜不宿婦家，而遲早不可知。一夕，婦待甲不來，虛掩其戶，而己則於燈下針刺。適狗盜者經其廬，見戶未下鍵，蛇行而入。望房中有燈火光，刀尺之聲鏗然作響。姑伏簷壁下，久之入睡鄉。而某甲施施從外來，見人影，疑婦有他。詰婦，婦不解。移燭偕出視，擬縛之以送官。而事為同院者所聞，以物未遺失，故勸而釋之。初，婦家之有甲出入也，諱之惟恐不深。至是，對眾宣賊狀，乃指甲之獲睹以為言；言未及終，自知敗露，嗤然一聲，返身入內。詰朝相見，遂覺怒目之金剛，忽變為笑顏之喜彌陀矣。〔歸不到耳〕

0313	原 35/9	廣丙 11/90 右	大 1/313

邑宰仁厚

上海縣差人張春生，係謝慶、蔡錦之副身也。前日，奉提某姓搶蘸一案，擅將案內無名之圖甲，並提到案。圖甲備訴原委。邑尊怒喝，笞百六十板，以儆其擅。不料笞至滿百，遽扒起向外逃走。堂上下人眾纍纍，幾乎失笑。夫官長耳目難周，私提私押等事，往往而有。若夫既經喝責，豈有受責未終，而遽思逃遁者。後雖補責滿數，猶屬邑尊之仁慈也。如此藐法，笞之宜加數倍，否則刁風易長耳。〔痠痛難忍〕

0314	原 36/1	廣丙 12/90 左	大 1/314

洋槍自斃

粵東之河南有伍某者，世家子也。生平好弄洋槍，其自一門以至十三門者，雖重金必購之。室中林立，珍愛甚於鼎彝。暇則施放數門，習為常事。前日，大聲發於樓上。一門之後，絕不聞聲。家人初不介意，旋以有事入其寢室，乃見鮮血淋漓，仰臥地上，撫之冰矣。但其所以致斃之由，無有知其根底者。推測者曰：伍生前曾誤斃一人，或鬼之為厲報復與？殺人者償命，縱逃國典，難免冥誅，理或然與。〔有天理〕

0315	原 36/2	廣丙 12/91	大 1/315

挑選內使

日前，醇邸諭知總管內務府大臣，面奉懿旨，宮中使女，不敷策遣，著衣三旗各戶下女子，自十五歲至二十歲者，查明年歲、姓氏，造冊報呈，以備本年二月間奏請皇太后選擇。讀徐陵〈玉臺新詠序〉：「五陵豪族，充選掖庭，四姓良家，馳名永巷。」掩卷低徊，彷彿遇之矣。〔天顏咫尺〕

0316	原 36/3	廣丙 12/92	大 1/316

法人殘暴

本月初二日，旗昌行之保大輪船，由津抵滬。途遇中國商船裝運米石而被法人所擄者，人則充當工役，船則縱火焚燒，行徑直似海盜。夫平民泛海謀生，其險阻艱難，有甚於內地之食力者；而又不幸遭此無妄，其痛心疾首之情形，令人不堪設想。寄語海外行商者，毋冒險而自陷於虎口也。〔為害非人〕

0317	原 36/4	廣丙 12/93	大 1/317

貞節可貴

襄陽之賒店鎮，有某姓姑媳，兩代皆孀居。媳有姿，人涎之。而以遺腹故，誓死不肯他適，因與姑同寢處。一日，媳在睡鄉，忽見有金甲神二，聳立榻前，遂寤生，乃一男；姑夢中亦見神，自房內出，向祖堂作禮而去。次日外間喧傳，僉謂佳兆。或曰此事頗涉荒誕，然而苦節之貞，神靈為之默佑。天道有可信，即人事不必力闢其誣也。故圖之，以為守節者勸焉。〔呼護有神〕

0318	原 36/5	廣丙 12/94	大 1/318

好勇鬥狠

京師同發細皮局，著名字號也。去臘有素識之某甲，騙去細皮數襲，該局訟之官。甲懼，浼武姓侍衛為調停，已有成說矣。而甲潛使其妻，砌詞控皮局。問官受詞出差，傳被告。被告自恃理直，與差爭；爭之不已，遂與差毆。差負，訴本官。官怒，會同營汛兵弁，圍皮局。時武亦在彼，忿與械鬥，既以眾寡不敵，乃被擒縛，并繫皮局多人以去。尋為上官聞知，謂此案辦理不善，撤問官之任云。夫此一案也，盡誤於「輕躁」二字也。皮局理直氣壯，大可赴案伸訴，何至與差爭毆，反膺咎戾。武侍衛意存見好，遽出械鬥，未免太不自愛。若夫南面折獄，兼聽偏聽，古有明訓。而乃始聽甲妻之詞，繼徇差人之訴，輒即會同營兵如捕巨盜。俾詐物之某甲，置身事外；而無辜之民，幾乎釀成命案。責以辦理不善，實無可對之詞。總而言之，盡誤於「輕躁」二字也。〔小不忍〕

0319	原 36/6	廣丙 12/95	大 1/319

服之不衷

江甯邑尊桂明府，於履新點卯日，諭各差役須要正身伺候。時方新年，差役等大半狐裘黃黃，邑尊大怒，曰：「爾何人斯，乃衣斯衣，其平時所入錢文必多不義。」飭從人將其麗服剝去，堆積於堂下而火之；每人給錢二千文，易製布衣。聞者為之大快。夫僭踰既屬非分，需索又累平民，無妄用斯無妄取，拔本塞源，莫大功德。〔身之災也〕

0320	原 36/7	廣丙 12/96	大 1/320

宜其毒死

草鞋夾有緝私局扞子手，上船無覆不發，久為江湖所側目，號為神手。推原其故，蓋係募船戶而充之，如李愬得降將力，所獲益多。前日忽有一船自清淮來，船上客與神手有一面緣，贈以紅綾餅四，甚精緻。神手於吸洋煙時，剖而食其半，遂斃；而不知贈之者之為誰也。或曰，是餅係毒狗之藥，雜餡中，故毒發甚速。謹告城社諸公，己果不以毒手為木李，則人必不以毒狗之物為瓊玖。〔以毒〕〔攻毒〕

0321	原 36/8	廣丙 12/97	大 1/321

陳平再世

金陵某甲，髫年失怙恃，嫂撫之而成人。嫂故「天生麗質難自棄」者，嫌其兄「重利輕別離」，眉宇抑抑，多惆悵痕。甲長，憐嫂怯空房，朝夕親暱之，而陳平遂不能專美於前矣。久之，嫂慮人詠牆茨詩，出私蓄為甲納婦，然非醋娘子心中所願也。結褵之夕，其新孔嘉，伉儷之歡，非常敦篤。翌晨，甲夢未覺，而報嫂病者已數至。甲亟往，就寢問病狀。呼之不應，泥之不動，心知為昨宵事；然慮負荊不足洩其忿，因而長跪床頭，且泣且訴，願棄新硎，還我故劍。嫂憐其誠，意稍霽，乃與約法三章而後罷。然自此孟姜無相莊之鴻案，桓君無共挽之鹿車矣。政由甯氏，祭則寡人，吾為新婦一哭。〔難乎為兄〕

0322	原 36/9	廣丙 12/98 右	大 1/322

入山遇蟒

武昌府屬之咸甯，有山焉，洞深而徑僻，怪石參差，古木蓊翳，人跡之所不到。相傳昔日有人修道於此，成仙而去。邑中士人每視此山之落石，卜科名之多寡。石落如斗大者，中舉人一名，加大則名數亦增。前科石落甚巨，果有四人登賢書，因名之曰「挂榜山」。該邑十二都周某，磨硯將穿，芹香未掇，因棄家人生產，從赤松子遊。聞挂榜山幽邃，裹糧獨往，得一洞府，四壁皆白石，中有座可憩。周危坐其上七晝夜。忽來一蟒，口大若箕，齒尖如鋸，目灼灼有光。周大怖，狼狽奔歸，遂絕是想。嘗聞道家言，煉丹將成，必有魔來敗之。周之遇蟒，豈金榜無名者，仙籙亦無分耶？〔嚇煞〕

0323	原 37/1	廣丁 1/1 左	大 2/1

犯婦越獄

三姓犯婦馬蘇氏，因與民人李泳青通姦，致姦夫起意，在途用火鎗擊傷本夫馬幅身死，同逃被獲一案，定罪擬絞，監禁外封。上年二月二十七夜，獄官防範稍疏，致該犯婦扭脱刑具，上屋潛逃，旋即緝獲。夫殺人者償命，陰與陽無二理。縱使憲典有時疏漏，而死者有未伸之冤氣，即犯者無幸免之生機。若要不死，除非莫為。世之愚而狠者，尚其於下手時通盤一算。〔天不女容〕

0324	原 37/2	廣丁 1/2	大 2/2

丁祭盛儀

先師至聖孔子，地方官春秋兩致祭。茲屆上丁之期，各處舉行典禮，威儀棣棣，鐘鼓喤喤。祭畢而歸，曙色甫動，誠盛儀也。大哉孔子，生民以來所未有。〔神之〕〔格思〕

0325	原 37/3	廣丁 1/3	大 2/3

絲炮異製

自有火器以來，而惟炮尊為大將軍，蓋無敵不摧也。西人從前製造，據云以木為質，而包以鐵；未幾，而以全鐵鼓鑄矣；又未幾，而易以鋼、易以銅，體堅而用利，更無有駕而上之者。乃西報近來登有以絲造炮者，則更新奇矣。德國之某武員，於製造一道，素喜別出心裁；近復以鋼管為炮心，而外裹以絲。蓋絲之為物，韌而堅，既無炸裂之虞，而火氣亦難於穿透；即施放數十門，亦不甚炎熱，非比鋼銅者之易於炙手也；而其分量之重輕，約減去十之五六，營運益形便捷。人巧極而天工錯，此之謂也。子輿氏有言曰：「矢人惟恐不傷人」，蓋其淵源有所從來矣。〔剛克柔克〕

0326	原 37/4	廣丁 1/4	大 2/4

飢民戴德

一簞食一豆羹，得之則生，弗得則死。人當飢寒交迫，呼籲無門，欲求一餐以延奄奄一息之殘喘，此情此境，其何以堪乎！上海北市善堂林立，賙恤備至，貧民賴以生全。即如施粥一事，常例至清明日，概行停給。而六馬路仁濟堂諸君子，謂今春雨水過多，天氣陰寒，待哺饑民，驟然失所，仍不免委填溝壑耳。於是輾轉籌款，加施四十餘日，惟月計約費六百元。該堂無產可資周轉，竊恐難於持久。為善不終，亦吾道之憾也，此施少翁所以為貧民叩募月捐也。少翁善名震天下，登高一呼，眾山皆響，聞風興起，自必有人。吾既服當局者之不遺餘力也，吾尤望慨助者之後來居上也。〔種福田〕

0327	原 37/5	廣丁 1/5	大 2/5

沉亂于酒

金陵之釣魚巷為妓藪。有名金寶者，平康之翹楚也。一日，有一口操鳳穎音者，自稱某局司事，至其家求見不得，意殊不歡；降格以求，即於金寶之妹之房中，呼酒痛飲。金寶之妹非其所愛，特聊以解嘲耳。酒入悶腸偏易醉，出門時漸覺不能舉步，跛倚至中正街；見道旁有淅米巨桶，將身跨入，側卧其中。俄而司更者來，疑為尋短見者，駭而號。鄰近啟戶出視，群策群力，拽之出；而醉者亦醒，對眾一揖，拖泥帶水而去。姑無論其為惡少、為狂生，即其沉浸酣睡之時，大有請君入甕之勢。〔不修邊幅〕

0328	原 37/6	廣丁 1/6	大 2/6

慘斃多命

從前福星輪船為怡和洋行輪船撞沉，人傷數百，誠罕遇之奇禍。曲為説者則曰：「洪濤巨浸，人力難施，兩不小心，遂出是變。」猶之可也。若由吳淞而至申浦，僅五十里耳；啟行出口之輪船，在浦中必不開足火門。何以前月十三日太古之藍烟囱輪船，將流雲小火船撞沉於陸家嘴相近，已屬可異。出事之後，絕不援手，揚長以去，致該船之百數十人，僅存遇救得生之三十餘人。視中人之性命直雞犬之不如，忍心害理，至於如此，不大可異乎！英人與我，素敦睦誼，而其行事乃亦同於絕好之法人乎？非我族類，其心必異，願我中人牢牢謹記。〔飲恨九京〕

0329	原 37/7	廣丁 1/7	大 2/7

王妃移宮

朝鮮此次變亂，雖數日間即行底定；而其禍發之時，宮闈之地，儼作戰場。內而大臣被害，外而戰士陣亡，慘雨愁雲，彌漫禁闥。國王恐其蒸為疫厲，故將宮人移置新宮。其王妃臨幸時，扈從使女不下數十人，髻挽雲以高堆，衣迎風而蕩漾，觀者如入山陰道上，應接不暇。「宮女如花滿春殿」，誦謫仙句不禁神往。〔駕〕〔到〕

0330	原 37/8	廣丁 1/8	大 2/8

矯若游龍

賊之最著名者，曰「義賊」。賊何義？曰：「擇不義之家之財而取之，而人且以義之名奉之。」余幼時聞長老言，蘇城於道光中葉來一劇賊，曰莊三，曾至某姓巨室，擾擾半月。巨室人丁故多，備之嚴；然而室中物件，顛倒作惡如小孩子頑雜耍，倏東倏西，無一人目覩其營運。一夕，莊三坐簷上吸潮烟，即以烟筒擊簷頭瓦，守者相率急出視，而銷聲匿跡，已失所在。去後檢視屋面，惟餘桂圓殼數斗而已。前月新聞某姓家，亦有梁上君子，於夜深時揭去瓦蓋，懸繩而下。家人知覺大呼。賊乃緣繩升屋而去，亦足見此賊之武藝超羣矣。諺所謂「白龍挂」者，即此是與？〔全憑手足〕

0331	原 37/9	廣丁 1/9 右	大 2/9

父被子毆

聖人以孝治天下，故忤逆之罪，告發者必無寬縱。誠以天經地義，有維之而無敝之也。乃閱前月二十七日《申報》，則一事殊駭聽聞。西捕於虹口途遇一五十餘歲之老人，狀類瘋癲，慮其滋事，拘入捕房。捕頭察知，實有瘋病，飭包探送往其家管束。甫及門，即有一少年人，揪老人而拳擊之。包探詢悉為其子，欲拘以歸。嗣因少年口稱悔過，乃釋之。嗚呼！世風日下，致以老拳敬其病父，其亦知此身之從何得來乎？亦知一轉瞬間便成衰朽，其子且將加利以奉還乎？及早回頭，尚屬幸事。〔夜氣不存〕

0332	原 38/1	廣丁 2/9 左	大 2/10

遊戎忠勇

古來稱大將者，必有過人之知識、膽量，而後人心賴以不渙，勝算因而獨操，是非可僥幸當之也。管理招寶山炮臺之吳吉人遊戎，蓋倜乎遠矣。語云：「知彼知己，百戰百勝。」遊戎於元宵節法人犯甬之後，駕小舟，率親兵，備鮮魚、雞子等物，貌為漁人，開赴金塘洋面法船旁，借求售以偵探其虛寔。瞻眺良久，形跡幾敗，反棹歸時，已被法人窺破，放槍遙擊。遊戎無懼色，從容返防營。呂子明白衣搖櫓，羊叔子緩帶輕裘，遊戎兼而有之矣。〔自有天相〕

0333	原 38/2	廣丁 2/10	大 2/11

天牖其衷

去年，李傅相與法兵官在津門訂立簡明草約。時我國家俯念前好，准如所請，甯寬毋刻，甯讓毋爭，懷柔有經，仁義交盡。法宜如何感激哉！不謂諒山敗盟，藉詞要挾，以迄於今日；而仍於諒山大受懲創，喪失不貲，幾將經營越南二十載之苦心於一旦隳之。人窮則思通。盈廷執政，變易紛紛，知得隴望蜀之非為亡羊補牢之計，亟倩他人居間通詞，俯首就欵。雖所議若何，未見明文；而就其啟釁以諒山始，行成以諒山終，祇此一撮土之多，為中法離合之局之絕大關鍵也。故不得不圖而存之。〔我武維揚〕

0334	原 38/3	廣丁 2/11	大 2/12

好事多磨

天下無不好色之男子，亦無不妬嫉之婦人；古與今一轍，貴與賤同途。蓋女子之適夫也，以夫為天，其死喪而失所天也，命也；其攘奪而失所天也，則必有起與為難者矣。某甲浙人，業絲，寓滬上，家有一妻兩妾。近又與某媼之寄女有私，因復浼蹇脩，置粧匳，賃屋宇，涓吉而行合巹禮。不料機事不密則害成，大婦聞風，攜帶兩妾光降，一場大鬧，事乃中止。夫裘談、陳慥何如人也，而惡聲所臨，鬚眉之氣頓減。我輩不為馮敬通、劉孝標一派人，已屬萬分幸事，而必得隴望蜀，謀狡兔之三窟，不遭惡訕，定蒙醜聲。境過情遷，當必有惱恨無已者，特箇中人不肯遽悟耳。〔難為情〕

0335	原 38/4	廣丁 2/12	大 2/13

各樹一幟

大勇角知，小勇角力，統五洲、歷萬古，一轍也。朝鮮於燈節後，必有一場惡鬥。雖愚民之習俗使然，然亦足以覘風氣而資談助。中人某，逆旅於彼。一日忽聞人聲喧雜，如潮湧，如鼎沸，如山崩。趨而視之，則人頭濟濟，倏東倏西。有赤身揮拳者，有持棍旋舞者，有桀石亂投者。不移時而勝者凱歌，負者嗒喪。細詢其故，謂為各立一幟，互決雌雄，而寔則好勇鬥狠，易視性命而已。苟能正用，何必非腹心干城之選也。匹夫之勇敵一人，君子不取焉。〔毋好小勇〕

0336	原 38/5	廣丁 2/13	大 2/14

搶女得僧

浦左倪姓有女，婚田戶屠某，而怙恃胥失，依孀潘氏而居。潘有外好，某寺僧也。女平日不善潘所為，言語時帶譏刺，潘以是恨之，而無如何也。今年屠欲畢姻事，潘觸前恨，乃堅索財禮洋二百元，以為留難地步，並恐屠姓搶親，將女藏匿深處。屠果以不能應命，如潘氏所料，糾眾往搜，不獲。至臥房，見被底有人，上覆女衣。屠大喜，捲負而疾馳。行至半途，緣被中人無聲息，慮悶死，置路隅，發衾檢視，乃一禿奴。禿奴故有財，對眾哀求，願出潘氏所索洋數以贖罪愆。屠許之。即將此資送潘氏，而婚禮以成。說者曰：這個雄糾糾、亮晃晃的光頭，足當「和事老人」四字。〔豈勢為〕

0337	原 38/6	廣丁 2/14	大 2/15

花間縱火

桂花黃魚者，四明山下女校書也。僦居江北岸三板橋頭。雲髻頹鴉，星眸睃鳳，亭亭梟梟，丰致殊佳。三河子弟走馬章臺者，舉以一睹芳顏為幸事。初與陳某情好甚篤，香薰繡被，夢繞巫山，固非一次；要不獨女牛相對，私語喁喁，為足盡兩人繾綣也。無何風送楊花，點水黏泥，校書不能自主；而前度劉郎今又來，殊覺情懷不適。一夕，陳謂校書曰：「漢果負德，不足責陵之辜恩矣，我且效赤壁周郎故事。」校書疑為戲言，不介意。不謂夜深人靜，陳某竟踐前言，舉室皇遽，毀失物件不少。噫！陳某一忍人也，校書之不終所好，宜有以窺其微矣。〔驚散鴛鴦〕

0338	原 38/7	廣丁 2/15	大 2/16

以身殉犬

馬，吾知其代步也；牛，吾知其代耕也；豕與羊為祭品所需，而人亦藉以養生者也。若夫犬，稍具知覺，僅堪守戶；初與民生日用無甚關係，其為得失，何足重輕。乃日人增喜太郎之妻，則大可異已。其妻名御幾，日以針黹佐夫饔餐。家豢小犬二頭，以為玩物。一日，一犬病死，該婦哭之慟，擬將自裁。夫覺之，而慰解再三，終不快意。忽於夜闌人靜之後，出小刀刺咽喉，以期必死。噫！何其愚也！萬物之靈人為貴，泰山鴻毛，惟求得所。以身殉私，君子猶或非之，而況其為畜類乎！噫！何其愚也。〔孽畜〕

0339	原 38/8	廣丁 2/16	大 2/17

盜劫僧寺

京口之西三十餘里，有鎮曰高資。鎮有小廟曰香山洞，廟有僧人二，一師一徒也。僱一傭司香火，雖不至炊煙常斷，而香積廚中決無厚藏。一夜，有數盜毀門入，翻箱倒篋，恫喝萬端，僅得番餅二十元。此外寶蓋、幢幡、鐘磬、鐃鈸，縱可易錢，亦易破案。或謂勿取，或謂取之。正在擾攘之間，傭人登屋呼救。盜恐高資營勇邀截，重復反身入內，殺斃二僧；並將傭人剜去二目而後逸，至今尚未弋獲。猶憶丁卯省試，泊舟該處，亦被盜，并傷同伴一人。該處何盜之多也，有巡江之責者，亦知安良之必先除暴乎？〔梁山泊乎〕

0340	原 38/9	廣丁 2/17 右	大 2/18

易牙故轍

英京西報載有法國某城某婦，將其親生之子無端縊斃；而置屍於大盒之中，嚴封盒口，簽書其上，持贈該處教堂之牧師某。牧師得書，知為頂上牛乳餅，大喜。啟而視之，則一孩屍，不敢隱匿，報捕往拘。到案，婦亦直認不諱。昔者，易牙殺子以媚齊桓，千古忍人，歎為僅見，今則無獨而有偶矣。〔無故殺子〕

0341	原 39/1	廣丁 3/17 左	大 2/19

天生奇童

山左有奇童焉，田其姓，掖縣其籍；生而穎異，其未經目見之事，視諸掌，即了然，言之無累黍差。七歲時，鄰村失一牛。戲問童，童舉以告，即得主名，人以是知其異。父母懼取禍，而又慮察察為明，非載福器，禁之使勿復言，迄今十五歲矣。山東巡撫陳雋臣中丞，採訪確寔，咨送到京。醇邸見之，舉數事以問，皆若合符節；大奇之，俾優其禮，厚其餼，安其居。行將上達天聽，傳為熙朝人瑞云爾。〔生而知之〕

0342	原 39/2	廣丁 3/18	大 2/20

滬尾形勢

三月初，台灣擢勝營友遽來滬尾地圖一紙，其中一切布置，井井有條，爰倩名手臨摹一通，並附誌數語，以告世之留心形勢者。滬尾之山分南北，北曰大屯，南曰觀音，水在中央。海口西嚮，口之窄處，塞以竹排，排外有竹網。網之外埋水雷十餘具，其護水雷者，則沉溺之石船焉。由石船而水雷，而竹網，而竹排，凡四重。而又慮為敵所乘，復於排內伏水雷二十餘具，此水路之設防嚴密也。大屯西麓圍以長城，城有炮，駐兵守之。向東地勢漸高，壘石為座，方可數十畝，置巨炮其上，是謂「大炮台」。分駐五營，築城以為屏蔽。再進則南面為滬尾街，即洋人設埠通商處，英有護商兵輪泊焉。山北港道分歧，有兵三營駐其處，為大屯之後路。觀音與大屯相為犄角，而大小之數，止及其半。其西面海口，三營為前敵，一營為後援，不設炮台，挖濠數重以自守。濠外沙灘，築有水城，藏兵其中，看守堵口料物，與陸兵相呼應，此陸路兩岸之設防嚴密也。去秋滬尾之戰，法人戰斃、溺斃者，約數百人。而其登岸之處，即在長城之外。是圖出，而與親履其地目睹形勢者無以異也，而戰事可無煩贅述已。〔山無恙〕

0343	原 39/3	廣丁 3/19	大 2/21

以強遇強

行腳僧朝山進香，其鋪蓋、衣服、牒鉢等，皆於一擔裝之。不必其盡通武藝也，而通武藝者為多。前月中旬，甬上來一比邱、一頭陀；頭陀台州口音，比邱北京人也。從該處叢林挂單後，擬渡江往普陀。道經竹林巷時，則山銜夕照，鳥倦歸林。有童子六、七人，憨跳街衢，遮僧去路，蓋戲之也。無如兩僧趲程要緊，略將擔尖一撥，該童應手倒地。童之父武弁也，素恃強，突前攘臂，經比邱駢指一抹，即痛不可忍，幸無傷，片刻即止。此殆比邱之略顯神通與？從前少林寺僧人，拳勇之名，舉世無匹。今則餘韻流風，不絕如縷矣。《廣陵散》能無繫人思乎！〔不好惹的〕

0344	原 39/4	廣丁 3/20	大 2/22

長者可風

督署中之戈什哈某甲，奉飭行文至撫署。行經麻嶺正街，馬忽不前，曳之如故，極力策之，而反退卻。市中人勸之曰：「不如下馬溜走數武，再乘未晚。」甲執不可，怒策不已。豈知馬性之拗，尤甚於甲，退縮之疾，一如前行。有某候補官，乘四人轎經其地；轎與馬碰，馬失蹄而轎亦與之俱傾。嗣經旁人代為控挽，戈什哈去而官亦徒步而返。說者曰：「轎已毀壞，人亦受驚，絕不與較，灑落以去。某官之氣度雍容，誠有過人者矣。」〔犯而不校〕

0345	原 39/5	廣丁 3/21	大 2/23

水勇陸操

初九日報登水師操演一則，曰：初四日黎明，泊守黃田港之兵輪，如登瀛洲、龍驤、飛霆、策電、靖遠、虎威六艘，起碇至君山前會齊，操演西法陣圖。計勇二百四十名，持來福鎗先演一字長蛇陣，次四排，次八排，次十六排，忽起忽伏，且卻且前。觀者歎為步伐整齊，無少錯亂云云。細味之，知非操兵輪也，仍以水勇陸操也。若操兵輪，當以歷練風濤，測量沙石為第一要義；否則進退操縱，萬難如志。躐等以求之，大敵當前，膽氣先怯。譬之大家司夜者流，門戶堂階素未深悉，而曰賊來必於汝奏厥功也，其有不眩亂而為賊所乘者，鮮矣。吾故知兵輪之操演陣圖，猶非其時也，故以水勇陸操斷之也。〔遷地弗良〕

0346	原 39/6	廣丁 3/22	大 2/24

舟婦打店

泗州一帶，民鮮務農，每駕一葉扁舟，行泛江湖，一家眷屬，相聚於此，到處為家，迄無定所。揚州鈔關門外，亦該幫艤舟之處也。街有槽坊號賈仁和，舟人婦恆向此坊沽酒。店夥輕浮，輒以游語爭相戲謔。婦則屢次忍辱，未與為難。一日，該婦又以沽飲至，游語頻聞，羞忿交作，乃糾集多婦，與該店大鬧。酒甕醬瓿，紛紛擊碎，經人勸阻，而所損已多。人無論貴與賤，廉恥其性生也；人而無耻，則與禽獸奚擇哉！〔東家悔氣〕

0347	原 39/7	廣丁 3/23	大 2/25

邪術可疑

俗傳江湖上有鐵算盤一流人，云能驅使靈鬼，搬取人家金銀，而人不知覺者。自幼聞之，已不能無疑，閱世四十年，而卒無人焉一徵其信者，何歟？或者曰：「君囿一隅，蠡測蛙窺，豈識海天之高遠乎？」然而近來電綫通行，報章林立，奇聞所出，舉世周知。果有若輩，則其徒黨且日出而不窮，致富之易，孰逾於此。顧何以據報傳來，仍不免疑竇滋多乎？襄垣某紳，家饒裕。一日，有二道人踵門化緣，給數文錢，不受而去。去後，內眷報失金飾、銀洋，遂疑二道人為鐵算盤流亞。然乎，其不然乎！〔吾不信也〕

0348	原 39/8	廣丁 3/24	大 2/26

破姦自首

朝朝江上望，錯認幾人船。閨中怨望之情，何等專壹。女子適夫，以夫為天；苟非有甚不滿於其夫者，必不自外於其夫。不自外而至於不能不外，度其夫必有所可外者，而婦乃從而外之。不觀前月津郡一事乎？津郡之某甲，操舟以為業，終年不一歸，即歸亦忽忽出門去。其婦不能為柏舟操，遂有外好。夫知之，偽託為遊雲夢之漢高祖，而於夜半返身掩入，兩殺之而自首。北方風氣剛勁，且以好漢自居，然而無足取也。小家婦烏知義禮，終年離索，而防範又不早為之地，是不啻俟其人欲之橫流而罔之也，正不得以其自首而曲恕之也。〔兩敗俱傷〕

0349	原 39/9	廣丁 3/25 右	大 2/27

牧童遇虎

虎為獸王，號山君。其出入有風，必據高崖危石、長林豐草之間，以穴其居。然其種類，殊不繁甚。可見凶猛之物，天亦靳之甚，不欲以大生、廣生者為儔人患也。浙之溫屬方岙地方，王姓有子，年十餘。偕二童入山采藥，猝遇虎，避之不及，嚙為兩段。二童亡命疾趨，乃免。茲聞王某思子心痛，糾鄉人挾器械，期捕而殺之以雪恨、以除害。竊謂真虎之患，究亦罕見，悉力擒治，猶易奏功。若夫虎而冠者，隱身市中，逢人便啞，則真有捕之無可捕，殺之不勝殺也。可奈何！〔不彀大嚼〕

0350	原 40/1	廣丁 4/25 左	大 2/28

賊智殊新

新塲某甲，擅妙手空空術，絕有機智，生發而不窮。東村有農家，編茅而獨處者。甲遊其地，知可欺。入門見一孩坐竹輿中，睨而視之。婦出而問，曰：「客視此子何為者？」甲曰：「此子命犯搗臼關，不早鎮壓，恐壽不延。」婦問客有術解乎？曰：「有，須與汝家男子議謝儀。」蓋探其男子之在家否也。婦不悟其奸，遽應之曰：「客果有能，謝儀不汝靳也。」甲於是抱兒於懷，口喃喃若誦符咒。扶兒至臼邊，囑婦履杵尾，使高仰，乃置兒於杵之下，戒婦勿動。曰：「動則覆巢之下無完卵，當取火為焚符。」而實則將其家中所有，搜之括之，囊之負之而後逸。機變之巧，真愈出而愈奇矣。〔計取〕

0351	原 40/2	廣丁 4/26	大 2/29

貓獵

「迎貓」，為其食田鼠也，此禮癈而不舉者，久矣。甬上某公子，喜畜貓；花、白、烏、黃、斑、貍諸種類，靡不備。其中有黑、白、黃三色相間成文，名玳瑁者，質小而尾脩，雙眸炯炯，作金銀色；尤矯健，善撲鼠，左右居鄰亦賴以無耗子患。暇日嘗攜諸貓赴荒郊，縱登高，凡遇田鼷、狡兔，必搜捕一空而後歸。人因呼之為「獵貓」，是可於獵犬、獵鷹之外，別立一幟者已。〔社鼠嚇煞〕

0352	原 40/3	廣丁 4/27	大 2/30

蛙嬉

象山、甯海之間，有養蛙以為戲者。其法，畜青、蒼色蛙，每種十餘頭，分儲兩籠中。演時將篋匾三隻，位置如品字式；手持尖角小旗二厥，色黃綠，引蛙出籠，各登一匾。於是演之者隨意唱俚歌一二曲，檀板漁鼓，亦嫻節拍。鼓聲咚咚然，與蛙聲閣閣若相應答。觀者喝采不住口。無何，鼓停聲，蛙亦止鳴。群蛙怒目齊視執旗人，旗招颭，蛙亂跳，此往彼來，若翻觔斗。觀者至是齊出錢，轉瞬之間，錢已盈串。執旗人引蛙分隊各歸各匾，次弟入籠中，負而去。〔出之井底〕

0353	原 40/4	廣丁 4/28	大 2/31

梳洗鬼頭

甯海、象山交界處，每多劫案。土人稱盜為「戮哭」，蓋言愍不畏法，至就戮時，而始哭也。自冬徂春，經紅單師船斬首級十餘顆，盛木桶，懸於石浦十三公大樹間。十三公者，昔有巨寇，駢首於此，其厲不滅，時出為作祟；土人患之，建屋一所，饗以血食而始安頓。其屋之額，曰「十三宮」，取「宮」與「公」同音也。城有癡女，瘋癲十餘年，徉狂街市，歌哭不倫。會有好事者，戲之曰：「而夫挂頭樹上，而不之哭乎？」女聞言，即奔樹下，竟哭其夫。仰見髮血模糊若亂絲，因就桶中取出首級，置凳頭，為之梳洗。見者咸錯愕，袖手作壁上觀。嗣經鄰婦挽之而始歸。翌日晨起，對鏡勻鉛黃，入廚供操作，癡病竟爾霍然。曾不謂二豎譸張，亦懾於無知之骷髏也。顧不奇與。〔不知生死〕

0354	原 40/5	廣丁 4/29	大 2/32

狐遭雷殛

金陵某夫婦兩人，設肆市中。婦有姿，夫暱之，視其所欲，恆多遷就以曲從。一日，夫出外，有一美少年逍遙過市門，見婦，注目者久。婦見其美，亦心動。入夜，方就寢，而少年至，未通謦欬，遽荐枕席。自是往來日益密。某憾之而力不能制。每逢夜戰，僅作壁上觀。無何婦有孕，足月臨盆，類父不類母。母羞之，投諸廁。狐大噪，與婦爭，婦不耐，出利刃，謂狐曰：「有敢再踰此閾者，吾且宮而大辟之。」狐知婦心不可回，惡作劇將鍋中晚炊，傾入淨桶中。婦懼罪，望空拜祝，明狐之所為。天鑒果不遠，電雷迅至，狐遽震死。噫！一狐也，而亂人閨幃，作踐五穀，其死固宜也。亦該婦一念之邪，有以致之也。冶容誨淫，《易》之垂戒也，深矣。〔自作孽〕

0355	原 40/6	廣丁 4/30	大 2/33

旗女應選

旗女應選者，即前三十六號之挑選內使也。前以日報登有是說，故屬名手謹敬懸擬，所謂寫意也。今得在京友人，於三月初十日，目睹內務府三旗女子乘輿至禁城神武門外，祇候旨下，魚貫而入；其不中選者，即由太監送至原處。據云：車轅上所懸燈盞，剪紙為花，各各不同，取其退選之人，識認較易耳。是圖較前作尤為真確，兩圖並觀，自是珠聯璧合。伯仲之間見伊呂，此之謂與。〔捧日〕

0356	原 40/7	廣丁 4/31	大 2/34

永錫難老

嘉興協俟副戎之太夫人，年八十六。上年恭遇皇太后萬壽，頒賜匾額、紫檀三鑲玉如意、小卷江綢袍褂料、八絲緞袍褂料。由部頒發到省，由省齎到嘉興。協俟戎用全副儀仗，至東門外官馬頭迎接入城，至嘉協衙門前作樂升炮，跪迎進署，行三跪九叩禮。太夫人亦穿朝服，叩謝天恩，然後端坐中堂，受副戎叩賀。屬下武員印委各官，咸來道喜。以華袞作萊衣，借戰轅為海屋。人世榮華，孰有過於此者。然非聖天子之錫類推恩，曷克有此。〔榮幸〕

0357	原 40/8	廣丁 4/32	大 2/35

道殊無道

童子勝衣就傅，氣質不必其盡同。聰穎者，固宜嘉獎。而冥頑不靈之質，逃塾屢屢，家人無如何，輒於其放學歸來時，給錢數文或十數文，取其有所利而勸學焉。而又慮其妄用也，復以居積之方，為防閑之地。階頭有賣悶罐者，購一二枚置床頭，日以所餘納入罐中，竭一二年之力，取床頭累累者破之，不下數千文。不謂京師城隍廟道士，逆料童稚無知，心生覬覦。其於諷經禮懺外，別設一名，曰「打罐還願」。此四字殊覺鄙俚可笑，而信從之家，偏願以銖積寸累者，供其口腹之所需。是則小孩子之勸學錢，乃道士之養命錢也。孩子不足責也。破奸謀而挽陋俗，不能不有望於一、二賢父兄。〔愚弄〕〔小孩〕

0358	原 40/9	廣丁 4/33 右	大 2/36

大力和尚

淮安有遊方僧，自稱從西貢來，駐錫於南門外之碧霞宮。好事者叩以語，而答與不答不可必，惟饋以食，無有卻者。時而嬉笑，時而怒罵，時而高聲吟詩數首。或謂其瘋也，或謂其狂也，但不為地方害，人亦相與安之。一日清晨，昂然入新兵營，徧觀營壘軍械，褒貶參半。百斤之石，兩手舉之如舉一羽；舞大刀但聞風聲颼颼，日光之下，滾滾如一團雪；經濠溝一躍而過。觀者咸相錯愕。嗚呼！其勇如此，其遇如彼，本領雖真，亦無用武處也，良可慨矣！〔遯世者流〕

0359	原 41/1	廣丁 5/33 左	大 2/37

須防失足

杭城鳳山門外三郎廟前一帶，淤沙時坍時漲。即有經年不坍處，人亦莫敢踐走；緣其沙隨潮去來，面雖如砥，而下寔鬆浮也。向使有船起貨而必經其地，則先以稻草平鋪，厚尺許，而後可用力。前日有江船抵岸，以牛車運貨，未知其法，牛蹄忽陷。牛且驚且怒，思自拔，其力愈猛，其陷愈深。幸經土人如法施治，羣策羣力，而牛始出於難。嗚呼！雄武如牛，一失足而且無以自拔；同處軟紅中，其以牛為前車之鑒乎！[危道〕

0360	原 41/2	廣丁 5/34	大 2/38

格蘭脫像

西國有君主、民主之分，君主家天下，民主官天下也。其例四年為一任，任滿而國人皆曰賢，則慰留之；否則讓賢，貶為庶人，不與國政。其慰留者，并前八年以為兩任，過此則止，其不與國政也從同，泰西民主之國類如此。格蘭脫者，美之前總統也。攝位以來，勵精圖治，攘外安內，不遑暇逸，固一朝令主也。前年偕其夫人來遊上海，西人傾心已久，舉以一瞻丰采為榮。故是日之迎謁於浦邊者，男女老幼，傾屋而出，其聞望為何如哉！上年閱西報，謂格蘭脫退位家居，依然寒素。近今日用缺乏，而又老病，延醫生四人診視，未知能否奏效。嗚呼！此格蘭脫之所以為格蘭脫與！向使家居之後，貨利聲色，充牣後庭，則其當年之南面而治，利己非利人也。唐虞三代之隆，有天下而不與。人為格蘭脫惜，吾為格蘭脫幸已。〔賢良也〕

0361	原 41/3	廣丁 5/35	大 2/39

烈婦殉夫

饒繼起，湖南臨湘縣人也。其妾周氏，於同治十三年歸饒，侍嫡室張氏盡禮。嗣張氏病故，周為經理喪事，人無間言。至光緒六年，饒繼起同周氏到粵，依其胞兄廣東候補知縣饒繼惠。是年十二月，饒繼起病歿寓所，遺子一人，甫三歲。周氏哀慟逾禮，幾不欲生。因念其夫窀穸未安，幼子在抱，勉為節哀，茹痛含淚撫孤。無何，其子又殤，周氏死志遂決，每撫棺而言曰：「此柩有回鄉之日，吾誓與之俱偕。」聞者意謂扶櫬回籍，矢志不踰耳，而不知其誓以身殉也。十年三月，饒繼惠赴花縣新任，靈櫬擇閏五月二十二日返里。周氏於起程之前一日，謂家人曰：「向之所以不遽死者，惟冀妥幽魂，撫孤子，延饒宗一脈耳。今已矣，志願畢矣。」言畢，屬家人治後事，掩面悲泣，神色慘變。始知周氏已先仰藥，解救不及，於次日辰刻殞命。今經粵省大吏奏准旌表矣。嗟乎！嘒彼小星，竟明大義似此，節烈宜荷旌揚，維風化而植人倫，周氏洵足千古哉！〔義不〕〔獨生〕

0362	原 41/4	廣丁 5/36	大 2/40

地下徵歌

江西女班彩鳳堂，其妓名鳳寶、鳳珠者，有殊色，而藝亦冠絕等倫。近則寓居甬江，聲稱藉甚。一夕，來一叟，若宦家僕，口稱江東某太史家今宵宴客，其速往毋遲。值班人應曰：「諾。」備轎二乘，匆匆出靈橋門，越七塔寺里餘，荒塚纍纍，行人絕跡。輿夫懼，不肯行。叟曰：「疾行數武即至，何懼？」為言未已，即有二三廝僕，掌燈來迓，謂叟曰：「來乎？」曰：「來矣。」果見獸環漚釘，門第赫奕。雙鳳下輿入，廳事東西，賓朋滿座，笑語喧嘩，第衣服均非時下裝。正在懷疑之際，太史索劇本，點雜齣數闋，箏琶簫管，一時競奏。眾賓客齊聲曰「善」。出賞賚，俱白鏹，諸伶歡愜所望，莫可言喻。無何，一聲長嘯，堂上燭滅，索影影不見，索聲聲不聞；仰視屋宇，但見疏星三五點，隱現雲際。駭極奔歸，知為遇鬼。翌日訪之，蓋是處為前明翰林某公之松楸云。〔作怪〕

0363	原 41/5	廣丁 5/37	大 2/41

嘉偶怨偶

西俗，男女往往有先好合而後完姻。推其意，或恐情性不投，無以持久；久也而水乳交融，然後正名定分，此所謂無於禮者之禮也。日本駐德公使沙，與一比利士國女子名真尼者，交好有日，真尼且以白首期之矣。乃遲之久，遲之又久，成婚之禮不備。真尼懷疑，詰其故，始悉「使君自有婦」也。於是懊惱之至，繼以哭泣，哭泣不已，終以鬥爭。一時忿火莫可遏抑，順取手鎗，勢欲作擊；不料鎗中故有藥彈，應手而出，適中沙頭顱，倒地即氣絕。事聞於官，擬科罪以抵。嗚呼！冤哉！夫癡女子暱就男夫，情殊可憫。天下惟男女之情為至情，其情至固結莫解處，真有饋不食、寢不安，極天下至奇至好之物而無以易其心。自我得之，復自我而隳之，夫亦所處之未善矣。沙君之死，不得盡歸咎於真尼矣。〔歡喜怨家〕

0364	原 41/6	廣丁 5/38	大 2/42

大名不朽

咸豐之季，髮逆蹂躪，江浙無完土。同治二年，傅相李伯銜撫蘇命，提師履滬地。時有美人華爾者，洋商而知兵，樂為我用，招健卒，日夕訓練之，曰「洋鎗隊」。所向有功，旋克松江郡城。及於難，朝廷議卹，為建專祠。繼華爾而興起者，則有戈登、白齊文焉。白齊文見利忘義，有始而無終；惟戈登隨大兵，累克名城，戰功卓著。事平，乞休歸國，英主嘉其能，亦以兵屬之。去年，奉英廷命，征埃及。兵不敷用，乞援者再，卒以援絕而以身殉。嗚呼！戈登之節彰，戈登之心苦矣；戈登之心苦，戈登之名永矣。嗣經英廷議，於埃及境上之蘇彝士河北首，建醫院一所，即以其名名之，志不忘也，猶我國敕建專祠之意也。勸忠効忠，相得而益彰矣。〔千古〕

0365	原 41/7	廣丁 5/39	大 2/43

衣食賴汝

古云「談虎色變」，況為真者夫。其盤踞於深林密菁之中，呼嘯一聲，百獸率伏，何其豪也。一旦被人迫脅，毛舉耳戢，飢飽由人，而人且恃以為衣食資，又何其憊也。無錫崇安寺，為遊玩之所。一日，有山左人舁一虎至，供人觀玩。觀者但須給錢如干文。一頑童不知利害，撩虎，虎怒，突前而撲之，幾為所嚙。雖餘威亦自驚人，然已無能為力矣。猶憶黃仲則〈圈虎行〉，其首四句云：「都門歲首陳百技，魚龍怪獸罕不備。何物市上游手兒，役使山君作兒戲。」中有句云：「少焉仰臥若佯死，投之以肉霍然起。觀者一笑爭醵錢，人既得錢虎搖尾。」結句云：「舊山同伴倘相逢，笑爾行藏不如鼠。」虎耶！人耶！其感慨也深矣。〔不武不知〕

0366	原 41/8	廣丁 5/40	大 2/44

子婦尋親

人家走失幼孩，招尋者必鳴銅鉦。乃前月，揚城彌勒菴橋之江姓子婦兩人，背插黃旗，大書特書，一為尋母，一為尋姑。途人查訊緣由，知二老以口角故，老婦負氣出門，子與婦恐釀家禍，故分投追覓。嘗見小户人家，往往役使長者如奴隸，稍不遂意，即出惡聲，儘有垂白年華，怨無生人之趣者。江姓有此子若婦，薄俗庶知所自愧已。〔依依孺慕〕

0367	原 41/9	廣丁 5/41 右	大 2/45

無稽之言

近日盛京居民，哄傳四川出有人妖，身長三丈，膀濶五尺，日攫十數人以為食。繪圖貼説，榜示通衢，真無稽之言也。然妄言、妄聽，詎不足資野老談助耶！付之一粲也可已。〔頎而長兮〕

0368	原 42/1	廣丁 6/41 左	大 2/46

犯斃牢頭

牢頭者，禁中當大灶者也；充是役者，必由犯人出身。三月中，豐潤縣有新獲盜犯一名，拘押內監。是犯食量素豪，入獄以來，每飯不飽，私念罪可以殺死，而不可以餓死；官長給有囚糧，豈有不能鼓腹者。詢同類，言被牢頭侵剝使然。犯銜之，而未遽發也。一日，腹饑甚，回視牢頭高臥土坑，暢吸洋煙。吸畢，睡去。犯曰：「兔死狐悲，物傷其類，同類相殘，人不如畜矣。早晚總歸一死，餓死不如殺死之愈也。」乃毀厥枷，以碎木向牢頭頂上猛擊一下，腦裂漿迸，猝然氣絕。噫吁嘻！侵削他人以自肥者，可不慎與！〔該死〕

0369	原 42/2	廣丁 6/42	大 2/47

柔物風土（上）

柔物一部，濱海而立。其界近暹羅，為亞洲極南地盡處之一隅，與中國滇黔諸省同一經線，在赤道二、三度之間。向屬暹羅，一若古諸侯之附庸也者。今則自君。其國中有地名曰新山，柔之國都，王宅在焉。凡官府、獄禁、廛市之區罔弗備，並有中國商民，與該處土人錯雜而居，甚相得也。新山距新嘉坡僅一河之隔，其間通水陸兩路。由陸路行半日可往還；若棹舟往遊，計水程三、四十里。境內土著人民有四五萬，中土商民之貿遷其地者倍之。該處有一種土民，山居穴處，屏跡不出，不耕不植，不火食，不衣履；並不分男女，取椒皮檓葉之類以蔽下體。狉狉獉獉，猶有古懷葛氏之遺風焉。平日喜獵獸，各以標鎗、毒矢、吹筒為械。又善馳，能與猛獸齊驅。其地雖近赤道，而天氣宜人，寒暖適中。土產則名類甚多，若籐條、竹木、胡椒之屬，不可勝計。……

0370	原 42/3	廣丁 6/43	大 2/48

柔物風土（下）

……別有一種水居者，人競呼之為海民。扁舟一葉，而家人父子，咸集其中。出沒於洪濤巨浸間，乘長風，破萬里浪。生生世世，不諳陸居。四時惟魚是食，閒則張羅設網，一以捕魚為業；但食魚過多，濕毒傳染，遍體半生瘡疾。身無點瑕者，百不得一二焉。噫！天下之大，無奇不有，爰為繢圖演說，以補職方氏所未載。世之好奇者，見之若不啻親歷其境，目睹其人矣。〔猶有古風〕

0371	原 42/4	廣丁 6/44	大 2/49

主翁虐婢

古人有言曰，人生不幸作女子身。至女子而為婢為妾，一舉一動，曲意承迎，務得主人歡而後罪戾可免；稍有拂逆，輕則呵斥，重則鞭箠。其視尋常女子之不幸為何如哉！京師某甲家，有使女二人，已收房作妾矣。一日，因事觸主人怒，懸樑弔打，遍體鱗傷；且將使女之父，送交西城巡街御史，請為究辦。某侍御知甲情虛，提甲；甲不出，移刑部。刑部亦提甲，甲益懼，挽人說情而後寢事。嗚呼！弔打之罪，官刑也。藉非遊供、翻供不得其情者，官且不敢濫用，而謂施之使女乎！若得地方官出示嚴禁，許受苦之家屬，據寔揭稟，懲辦一二，則土豪庶知所改過與。〔人心何在〕

0372	原 42/5	廣丁 6/45	大 2/50

饒孺人傳

孺人姓饒氏，祁門之士族女也。歲庚申，年十八，歸陳孝廉得荃為繼室。孝廉家貧，館於外居。一年，孝廉病咯血，孺人勤調護，廢飲食。甲子夏，孝廉又病，孺人得一夢，有人謂曰以人心血療之良。乃乘間刺心取血，和湯以進。孝廉卻之，泫然慘沮，若不勝情也者。孝廉重違其意，一飲而盡，味之有血腥，詰其狀，泣不言。時據醫家言，孝廉之病，終不能除，恐冬至將益劇。於是孺人日夕憂泣，誓先孝廉逝，絕粒數日而亡。時知祁門縣事者，為侯官劉邑侯，論之曰：「孝廉存而孺人死，不得謂烈死，而無裨於病者，且益之悲，不免於愚。顧孺人何知焉？知不能愈夫病，不如死耳。」嗚呼！此其志亦極人生之隱痛，不可磨滅也夫。〔不可〕〔多得〕

0373	原 42/6	廣丁 6/46	大 2/51

和尚尋歡

一二年前，本埠之東洋茶館，止有三五家。雖人物鋪陳，俱極陋劣，而物希見貴，鈔費無多，故人無論上下中，意在消閒遣興，亦間一問津。今則望衡對宇，且百十家矣。日前，有一遊方僧，往寶善街日昇日妓館，出佛餅三圓，欲結皆大歡喜緣。日妓不吝玉體，遽爾首肯。其傭，華人也，以干冒禁令之說進。時則和尚已作大解脫，事經中變，慾火未殺，憤火又從而熾之，其不肯干休，務遂所欲之情景，令人不堪注目。後經巡捕再三勸導，不聽，挾之去。竊謂和尚亦人也，其不能無欲也，亦有生以來自然之氣機，人道也，亦天道也。講佛法者，謂佛為好生，極之一蟲一蟻，必令得所，毋相殘害；而於本體之生生不已，則又禁之遏之，閉之塞之，如槁木，如絕蹙，此何故耶？其義有不可通者矣。一陰一陽之謂道，佛豈不從陰陽中來乎？於和尚乎何尤？〔欲罷不能〕

0374	原 42/7	廣丁 6/47	大 2/52

研訊盜案

去冬，盜劫本埠羅家灣外國酒店，刃傷人口，尚未破案；今年，小禮查西酒店又被盜。包探秦少卿據楊阿全投訴，捕房經捕頭派捕往高昌廟左近，獲到湖南人王行山、王寶清、吳倫其、吳張氏、王柏林等。柏林，年十四歲，據供在高昌廟炮隊營學吹號筒，耽擱在同鄉人吳倫其家。吳倫其供二月間，攜妻來滬，租高昌廟姜姓房屋，開設煙館，而以餘屋轉租於王寶清，而王行山則為寶清之友。前日經莫邑尊反覆研訊，雖有端緒，尚無確供。然而天網恢恢，自不難水落而石出，毋枉毋縱，斯明刑而期於無刑耳。〔哀矜〕〔勿喜〕

0375	原 42/8	廣丁 6/48	大 2/53

妖妄宜懲

鐵路大橋之北，荒塚纍纍，浮厝、無主棺木亦不少。年深月久，日炙雨淋，棺蓋為破。一經陰雨浹旬，柩蓄清水，無足異也。不謂淫巫、妖覡者流，遽爾造言生事，謂焚香禱求而飲此水者，立愈沉痾。愚民惑之，爭相傳播，竟有寔其人以為徵信者。嗣經近處善堂飭夫掩埋，並諭地保看守，數日而其風始息。由此推之，吃素誦經、拜會結盟諸惡教，發端祇在一言，貽禍及於四海。涓涓不壅，終為江河，是有望於防微杜漸之君子。〔煽惑〕〔人心〕

0376	原 42/9	廣丁 6/49 右	大 2/54

為害行旅

本埠西門外四明公所一帶，地僻人稀。黑夜時，常有匪徒出沒，行人咸惴惴焉。前夜漏敲三鼓，有某洋行人某甲，行經其地。突有匪徒二人，短衣窄袖，驀從榛莽中騰躍而出。一人手持竹竿，竿梢繫麻繩圈一，從後上前，將甲之頭脛套住；一若近今西人於街市上遣惡少捉狗者。然甲見力不能敵，噤不敢出聲，任其劫掠一空而去。噫！聖王之世，路不拾遺。不謂城市咫尺之間，竟至橫行無忌。苟得賢有司緝獲一二，盡法懲治，以便行人，未始非挽回風化之一助云爾。〔行人不便〕

0377	原 43/1	廣丁 7/49 左	大 2/55

孤拔真像

法蘭西提督孤拔，係法國阿卑未里人，生於泰西一千八百二十七年六月二十六號。幼時，赴兵部學堂肄業。越二年，棄學，始登兵船，習練水師，為小兵官焉。一千八百五十六年，擢為大兵官，始入中國；既而赴古巴查辦事件。一千八百七十三年，法廷命以管理海防諸事，旋即陞為總督官，赴任加利篤宜亞地方。一千八百八十年九月，轉水師副提督。及法國有事東京，遂派往越南辦理水師，法王以大寶星賞之。嗣迷祿將軍抵東京，乃舍東京而至中國。去年攻福建之澎湖，忽得痰症。今年舊疾復作，至六月十一號，電傳中法和議已定在津畫押之信，即於是晚卒於澎湖水師舟次。嗚呼！馬江一役，説者謂孤拔中炮身亡，迄今猶存疑案云。〔不可活〕

0378	原 43/2	廣丁 7/50	大 2/56

和議畫押

中法交涉之事，自戰而和、和而復戰者，閲三載餘。海內人民咸惴惴焉，懼兵爭之無已也。今春諒山奏捷，法勢頓衰，於是有乞和之議。我朝允其所請，命太傅李爵相為全權大臣；特簡星使錫公、鄧公馳赴津郡，會同爵相。准於四月二十七日知照法國公使巴德諾脱及各國領事等官，集議條約十款，同時畫押，而和議之局成。按是日未刻，升炮作樂，交換和約。爵相、欽使與法公使居中正座，餘官旁座。是役也，在事中西各員計三十餘人。畫押時，各取約中全文熟視一遍，然後落筆，昭鄭重也。從此珠槃玉敦，修好偕來；航海梯山，輸忱恐後。宜乎滬上軍民聞此佳音，莫不歡欣鼓舞，謂能靖干戈以玉帛也。休哉！〔仍歸于好〕

0379	原 43/3	廣丁 7/51	大 2/57

司寇入都

昔人有衣錦榮歸之樂，極言富貴而還鄉里也。若我大司寇潘公則異是。公，吳郡人，為相國文恭公孫。往年奉諱旋里，屏絕塵務，惟以儉德為里黨型。客有以公事干謁者，為榜數事於其門以謝之。今因服闋入都，道出滬上，滬城文武各員前迓蜺旌。公諭止供張，傳見有差。翌日，遂乘海晏輪船，鼓輪上駛，蓋挈眷以同行焉。人謂公當日總司棘院，肺石風清，近又喜覲天顏，嘉謨入告，將以福天下蒼生者，福我三吳里中諸父老，曷禁額手以頌焉。〔固服〕〔朝心〕

0380	原 43/4	廣丁 7/52	大 2/58

畫舫飛災

「夜市賣蔆藕，春船載綺羅」，為唐人遊吳郡佳句。金閶外七里塘，列吳郡勝景之一。每當春秋佳節，畫船歌舫，容與中流。花市香塵，輻輳兩岸。士女駕飛舸而來者，咸集於此。俄焉夕陽西墜，明月東升，設宴張燈，謳歌四起；酣呼拇戰之聲，與脆竹豪絲相激楚。水窗遙望，惟見月影燈光，照耀如同白晝；凡虎邱山之仁壽塔、仰蘇樓，無不歷歷在目。余曩遊其地，竊歎我吳勝景，於斯為盛。今則畫舫煙波，寥落殊甚。並有浪遊子弟，善煞風景，如毆擊舟人石大塊一事，為可嗤也。諱其名，以存忠厚。〔少年孟浪〕

0381	原 43/5	廣丁 7/53	大 2/59

緝獲梟匪

東南濱海地方，素饒鹽利。如甯郡之岱山，松屬之川沙，以及江北之崇海等處，類皆產鹽之區。以故私販梟匪，往來出沒，習以為常，非一日矣。今者整理鹽綱，將清其源流，以裕鹺課。緝獲之令，日復加嚴。前月中，有督帶蘇撫標水師營遊戎焦某，會同蘇、浙兩軍，合力緝查。駛抵震澤縣境之廟港，適遇梟首蘇姓等鹽船群集。該匪瞥見官軍，膽敢登岸燃炮，率黨抗拒。官軍亦即督飭弁勇，奮力兜拏，相持閲一時之久。當擊斃梟目、梟匪等多名，並擒住蘇姓之著名梟首，奪獲鎗船、軍械、鹽斤甚夥，隨同移解省垣，聽候核辦。自是盡法處治，懲一警百，庶鹽引諸務不難蒸蒸日上矣。〔不遺餘力〕

0382	原 43/6	廣丁 7/54	大 2/60

廟祀財神

京師彰儀門外有廟焉，榜曰「五顯財神廟」，廟中列神像為五，貌極修偉。相傳神為盜魁，生時尚豪俠，嘗劫人財物以濟貧苦，誠綠林中豪傑也。廟不知始於何代，建自何人。四時香火之盛，自神誕外，惟每歲之正月為最。凡入廟祈禱者，無非求財居多，神亦畧示顯應，故俗有「還元寶」、「偷元寶」諸名目。京城自勢家豪富，與夫衙役胥吏，下至倡優鼠竊之輩，莫不供獻而虔祀焉。若搢紳顯貴，則百無一至其廟者。斯其神之聰明正直為何如？夫越有五通神廟，吾吳亦有五聖土地廟，人每謂之淫祀，其與此廟類而不類，誠有不得而知者。想覽斯圖者，能自辨之。〔習俗相沿〕

0383	原 43/7	廣丁 7/55	大 2/61

駕馬傷人

滬城西北為徐家匯，其地有靜安寺。每於四月八日，寺僧為浴佛之會，大開壇場。凡男婦之禮佛而來者，不可勝計。本年於進香日，天朗氣清，遊人如織，雕輪繡轂，絡繹爭馳。午後有客駕四輪馬車一乘，意氣揚揚，揮鞭前進。離寺門半里許，馬忽驚逸，其勢狂奔。道旁適有傭婦與一村婢，同坐羊角小車，其聲軋軋然，在前行走。馬夫不善駕馭，急欲勒住馬韁，不料馬四蹄亂蹶，掀倒傭婦小車，碾傷該婦之頸，又撞翻東洋二輛。車中坐客二人，甲傷左手，五指俱裂；乙則自腰及足，並有傷痕。一時人聲鼎沸，觀者如堵牆。該馬夫策馬飛馳而逸，經巡捕將受傷者舁至醫館調治，甲、乙二客狼狽回家。噫！少年子弟以馳騁為樂者，尚其鑒諸。〔無妄〕〔之災〕

0384	原 43/8	廣丁 7/56	大 2/62

石獅肇事

《禮》：入國問禁，入門問俗。俗之所行，習以為常而牢不可破。粵之穗城五仙觀，門首向有石獅兩座，分列東西，屹然相對。每歲值上元之夕，婦女輩踏月前來，或焚帛，或燒香，口中作喃喃聲，各向石獅前稽首禱祝。祝畢，即以利市易生菜、水果等物，謂取宜男之兆。事雖不經，久為俗例相沿。蓋粵人之信奉者，幾視石獅為靈物矣。本年元宵節，天氣晴朗，星月交輝。往來摸拜石獅者，較前為盛。適有某旗婦攜數女郎來此遊玩，頗解粵城土俗，亦向石獅而下拜焉。旁有賣水果之童子，詫以為異數，向女郎詰問，眾人見而譁之。該婦遂謂辱及其女，變羞成怒，竟如獅吼一聲，譴呵童子，得旁人解勸而罷。夫童子，無知者也。旗婦又女流也，以玩耍之故，而致別生枝節，其咎將安所歸。春秋誅首惡。余為之窮其究竟，追其原始，故大書特書之，曰石獅肇事。〔怪誕不經〕

0385　原 43/9　廣丁 7/57 右　大 2/63

皖鄉蛟水

蛟水之患，猝發而莫制，《禮・月令》言：「伐蛟，欲防患於未然也。」皖江桐邑之草牛坂地方，忽於前月初三夜間，陡發蛟水，居民被害。按是夜天高氣清，及黎明時，毒霧漫天，陰雲蔽野，咫尺間不辨人面。未幾大雨傾盆，山水迸發，有老蛟從山罅中騰空而起，雨勢助之。平地水高丈許，居民未及走避，為其淹斃者，約有三四十人。該處廬舍田園，盡成澤國。人謂皖民之餘劫云。〔居民被害〕

0386　原 44/1　廣丁 8/57 左　大 2/64

妖胎志異

「誕彌厥月，先生如達，不拆不副。」此詩狀后稷之生也。后稷生時，胞衣不破。姜嫄疑為異類，故寘之隘巷，而又寘之寒冰。今聞津郡某姓婦，生下一孩，寔駭耳目，頂圍青髮一圈，旁生兩角，巨口獠牙，牙出口外者寸許，數之得四枚，額後具耳四。闔家駭甚，舉而棄之城垣下。次早為行路者所見，喧傳遐邇。好事者咸往觀之，究不知所感何氣而生此怪物也。嗣經某善士僱人瘞之，而仍有啟土出之，圍繞而觀者。事屬離奇，見之固新耳目；然人掩之而我出之，骸骨暴露，亦未免存心之忍已。〔戾氣〕

0387　原 44/2　廣丁 8/58　大 2/65

漕米起運

漕糧為天庾正供，江、浙兩省，為數尤鉅。前以法人梗阻，屯積海隅，較往歲之運津，已遲數月。幸而天心厭禍，俾法改圖，兵氣銷為日月光，而漕糧尚可及時以出口。維時江、浙兩省糧儲道，會同蘇松太兵備道，率同文武僚屬，詣邑廟豫園致祭海神。敬王事以迓神庥，百爾趨蹌，自百靈效順也。海不揚波，中國有聖人乎！〔安瀾〕

0388　原 44/3　廣丁 8/59　大 2/66

母彘食人

浙省溫屬平陽縣之南門外湘巷地方，有吳阿雲者，搗米為業。家有一妻一子，並蓄母彘一頭，為生息計。吳友張文珍妻病亡，遺有一女，歲未及期。阿雲以婦有乳，願代撫養，藉作養媳。一日，鄰近有婚事，吳婦挈子往視，而置女孩於搖籃中。為時過久，母彘之食亦因以失時。母彘飢，出苙覓食，鼻之所觸，搖籃為翻，竟將呱呱者拖之去。迨至吳婦歸家，而已嚙傷不可救治矣。吳婦雖非其所生，見之亦殊不忍；而張文珍妻既病亡，女又屈死，其悼慟又當何如哉！〔孽畜〕

0389　原 44/4　廣丁 8/60　大 2/67

和尚打架

本埠打狗橋來一和尚，名真慧，四川人，手攜錫茶壺一柄，向押鋪質錢。旁有陸和尚者，非和尚也，大呼和尚偷茶壺。和尚大怒，遽揮老拳，陸亦挺身而進，不肯稍讓。勸者不知竊者為那個和尚，糾結一團，聲如鼎沸。詎又來一和尚，見真慧之面，即揪住亂毆，謂「爾將我物件偷盜一空，今日相逢，決不爾饒。」而寔則茶壺猶非其物也。當被巡捕拘去，解案審訊而得其梗概。夫萬緣皆空者，和尚也，而偷竊則貪念未消；與物無競者，和尚也，而鬥毆則嗔心未化。二者均犯佛氏之戒也。賢太守斷案如流，行見以五花妙判，與大師參玉版禪矣。〔賊禿〕

0390　原 44/5　廣丁 8/61　大 2/68

士貳其行

聘則為妻，奔則為妾，名分攸關，豈容淆亂。即極之為劉孝標、為馮敬通，門以內暴悍之氣，至不可嚮邇，而倫理要不能倒置也。乃蜀人某君，以名進士官內閣中書，人固風流倜儻者。不知何故，日與其妻反目；反目不已，遂至用武。其妻不堪其虐，遽尋短見，投繯自盡。同鄉官有知其事者，聯名繕稟，鳴冤於刑部。今已革職，待罪禁中。或曰某故寒士，所娶本小家女，一朝通籍，羞與為婚；故逼令其妻下居側室而出此事也。吁！此亦妄人也已矣。〔夫不夫〕

0391　原 44/6　廣丁 8/62　大 2/69

天壇遇魅

京師天壇之南，有低窪一區，雖不甚寬深，而溺死之人，時有所聞。前月有一宦家子，貌魁偉而衣麗都，薄暮經此，即向窪中疾走。旁人見而異之，謂：「此非尋短見者，曷為而出此？」因相與扶之出。俟其甦醒，叩其所以然。則云：「見一姣好女子，年可十五六，立門首，不言不語，以手相招，故隨之而行。初不知為窪也。」言次，猶歎息不置口。夫幻由心造，魔從幻生，感召之機，惟人自致之耳。是故君子貴正心、貴誠意。〔命不該絕〕

0392　原 44/7　廣丁 8/63　大 2/70

鎮軍逐犬

聖人以神道設教，所以順輿情，以濟其刑法之窮，無論功德在民，列入祀典者，春秋致祭，千古不廢。即一二無名寺院，苟非左道惑人，大干例禁，亦姑聽之而不予深究也。京師朝陽門外有廟，名甕城。一日，文鎮軍經其地，但見熙來攘往，爭相告語；謂有一犬俯伏神案下三五日，不肯去。下民無知，以為神助。鎮軍恐惑眾，傳住持而細訊之。訊得前數日，有人在旁午餐，誤投魚肉骨於神案下。此犬本無豢養主，日抓坑廁以為生。今獲此味，思有以繼。若得主人憐念，即有終焉之志，以視逢人乞食時，不勝一籌乎？鎮軍笑而起，謂住持曰：「子之視犬如見其肺肝然，但群疑不釋，易滋事端。」乃持鞭而逐之去。〔則不得食〕

0393	原 44/8	廣丁 8/64	大 2/71

妙峰香市

東南之山多幽秀，西北之山多雄奇；地氣使然，不可強也。京師之西，有妙峰山，山上有廟，廟號娘娘。四月一日，為開山之期，入山進香者無遠近。路分兩臂，下夷而上峻。半山茅屋鱗鱗，隨意憩息。出茅屋，登棧道，巖循巖屈，曲折入山徑。徑窄而陡，凡數折，始達嶺。廟居嶺巔，木石環裹，駐足下視，第見絕壁萬仞，而來路已渺不可尋矣。京友熟遊之地，摹繪必真。附綴數語，以質世之曾遊其地者。〔徼福〕

0394	原 44/9	廣丁 8/65 右	大 2/72

過陰關亡

排雲馭氣奔如電，升天入地求之遍。術士愚人，古人有行之者。日前蘇城侍其巷某姓，引一關亡婦女至其家，裝腔作勢，疑鬼疑神。而深閨弱質，繫念亡人，偶聞一二欺人語，便自揮淚不止。初不知詐偽為何物也。今更有以男子而行是事者，薄俗頹風，可發一嘆。〔吾不信也〕

0395	原 45/1	廣丁 9/65 左	大 2/73

避雨遇鬼

江甯某卒，向為馬號及各鋪急足，雖甚風雨，亦剋期而至，曾不誤事。前月又以送信往鎮江。不半途而雨作，自恃路熟，冒雨前進。而雨益甚，昏黑不辨咫尺，心計前有土地祠，可暫棲止。祠無司香火者，荒祠也。至則貿然入，纔駐足，即聞窸窣聲，異之。潛身佛龕以為伺。電光一閃，見一物，毛毿毿，躍而號，兩目灼灼，與電光相激射，一僵屍也。蓋即近處人家寄存於此者也。無何，雨漸止，天亦將曙。屍返棺，而急足者疾趨而出門。至鎮告人，吃吃然不能出之口。驚魂未定，神色死灰，則其當時之心膽碎裂可知矣。東坡說鬼，至此益信而有徵。〔嚇〕〔煞〕

0396	原 45/2	廣丁 9/66	大 2/74

鞭責女堂

同治之季，本埠煙館中所用堂倌，俱易男而女。數日之間，到處皆是。事聞於當道，掣籤關提，嚴懲示禁。一時風行雷厲，此輩始知斂跡。不謂日久玩生，法租界之乾源祥、望蘭閣以及祥發、陸記、順興各煙館，意圖嘗試，芽孽復萌。為翁太守訪拿到案。除店主顧海泉笞臀枷示外，再將店主婦陳蔣氏、陶張氏、陸陳氏各鞭背二百；其王小妹、嚴阿五、王阿二三女堂各鞭背一百。責畢，判還甲所，翌日遊街以示眾。〔該打〕

0397	原 45/3	廣丁 9/67	大 2/75

女堂遊街

懲一所以儆百，觸目乃能驚心，此犯案者所以有遊街之舉也。時有友人，道遇若輩，歸述所見，并申論其事。以為租界中之非女堂而似女堂者，或相倍蓰，或相什伯，何公堂不之禁也。么二、長三，詎非金耗銀銷之地；花煙、日妓，更多垢藏污納之區。是可忍，孰不可忍？而必於女堂而懲之，則其心果折而服哉。予曰不然。長三、么二，非境遇舒展者，不輕入其門。日妓，果廉矣，而設茶不設煙，害止得半。花煙間，以煙為媒，百文之煙，止一二口，欲作數刻之勾留，非十盒八盒不可，似廉而寔貴；而其地又委瑣齷齪，不堪插足，稍知自愛者，即不輕往。若夫煙館之有女堂，房屋器皿，既惟潔而惟精，花去百數十文，儘足消閒半日；而又有此輩在側，偎倚撫摩，則下流之是趨，直如水赴壑耳。敗俗傷風，至於此而極矣。翁太守之懲之也，亦曰：「情或寬於可原，弊必去其太甚。」〔請朝〕

0398	原 45/4	廣丁 9/68	大 2/76

水軍弔古

端午競渡之舉，到處通行，是人之懷屈大夫與？抑屈大夫之靈爽，寔有不可磨滅者在與？江陰八圩港大通營水師勇丁，將砲船遍插彩旗，裝成龍船式樣。鳴金擊鼓，宕槳中流，彷彿汨羅江上，憑弔欷歔也。赫赫楚懷，何無一人垂念耶！「誠不【以】富，亦祇以異」，其斯之謂與？〔哀屈子之屈〕

0399	原 45/5	廣丁 9/69	大 2/77

監犯越獄

四月二十九日，福建閩縣獄中劫出斬犯李玉山、蕭蘭甫二名。軍犯袁漢廷、朱玉亭、湯有傳三名，未定犯王金祥、郭樹郎二名。預伏黨與二三十人於外，約時斬關直入，壞鐐銬，挾之而出。出獄之後，穿號衣，執短刀，見者不敢近，因得逐隊從容出水部關。維時閩邑尊祁司馬正在審案，倉卒聞報，即稟大憲，傳電水陸各營，協同緝捕。五月二日，在閩安山中，首獲王金祥一名。李玉山投其舊友於長門營次，沿途進退躑躅，被人查獲。朱玉亭亦為其友用計擒獻。其餘四名雖未被逮，而萬無幸生之理。據云斬、軍犯皆武員，曾是煌煌命官。既以作奸而獲戾，復以越獄而速死。何苦！〔不可活〕

0400	原 45/6	廣丁 9/70	大 2/78

儺以逐疫

四時沴厲之氣，非由於陰愆陽伏則不生，故調燮之責，任之相臣。日來粵東新城街道市民設獅燈，於入夜時游行各處。喧闐者金鼓，飄蕩者旌旗。而各鋪戶之燃放爆竹以相迎迓者，相屬不絕。此即古所謂「儺」乎？周禮方相氏掌國儺，每歲行於四序之季，其行於鄉里者，為「鄉儺」，凡所以逐疫也。粵人，其猶行古之道與？〔古禮〕

0401	原 45/7	廣丁 9/71	大 2/79

為害口腹

世傳河豚一品，味極鮮美；而烹調不得其法，食之最易為禍。日前香港魚行收魚一種，買者、賣者不得而知其名。港人因價值之賤，煮而食之，味甚佳。無何，毒發，肌膚紅腫如患瘋，不數日而殞命，凡食者一轍於是。好善者繪魚形狀，並綴戒語，遍貼通衢，為不知者告。魚有八爪，腹如蠔（按：蠔音豪，蚌屬），以蠔狀魚，則其色淡紅而帶青，所謂灰色也。色惡不食，宣聖固戒之矣；人毋以老饕之故，而自促其天年。〔養小失大〕

0402	原 45/8	廣丁 9/72	大 2/80

廣東水災

粵省自道光十三年以來，未有如此次之大水者。現先酌墊款項，匯解廣東向來經辦協賑各省之愛育堂，經手放賑。如有各省善士慨助捐款，可託上海四馬路浦灘電報局對門招商局樓下，文報總局王心如先生代為彙解。掣有收票，並登《申》、《滬報》為憑。但係民捐民辦，捐款並不核獎，經募善士亦無保舉。好善君子，倘能慨然協助，但祝功德無量。〔可憐〕

0403	原 45/9	廣丁 9/73 右	大 2/81

地火明夷

火居五行之一，有形無質。鑽燧取火，火生於木；鐵與石相摩相擊，石亦生火。而硝磺為極熱之物，故洋人製之以為自來火。惟其無質，不能無所麗而存，亦不能無所觸而生也。意大利國有火山，二十年來其威已殺，今又祝融稅駕，日熾一日；木石焦爛，人畜死亡，制治無方，祇聽其自衰而自息。竊謂西人格致之學，素精電光，且可收以為用，豈有山生火燄，而不思易害而為利者。果得其法，則避之惟恐不速者，將趨之又恐不及已。〔純陽〕

0404	原 46/1	廣丁 10/73 左	大 2/82

朝鮮科甲

朝鮮科目與中國無甚差池，其廷試所拔之第一人，曰狀元，餘則概稱進士。榜發之日，獲雋者跨馬游街。狀元頭戴紗帽，其形方，綴紙花其上，身衣綠袍，云係國王所賜者；進士之袍，與狀元同，惟紗帽無翅。其最幼者，祇一十二歲。旗旄導前，騶從在後，亦極人生快意事哉！〔也重科名〕

0405	原 46/2	廣丁 10/74	大 2/83

彷佛穿楊

京師永定門外有南頂娘娘廟，常例五月一日開山門。半月之間，遊人甚夥。五月十四日，突有乘肥馬著戰衣，自北而南者三十餘人，各佩軍器，超乘而過。觀者肅立道旁。無何，一人聳身立鞍上，馬疾馳而人不動；一轉瞬間，忽又蹲下，空其胯。在後者，尾之行，發無鏃矢二，由前者胯下過；第三矢甫脱手，而前者忽翻身落馬，矢過而人又躍登鞍橋，馳而去。觀者歎為得未曾有。知之者謂為張朗齋軍門之親兵也。果爾，則軍門之立功邊徼，可想見矣。〔遊豫〕

0406	原 46/3	廣丁 10/75	大 2/84

虎口求財

柔佛境中多虎患，山民時遭搏噬。柔王憫民死之慘，乃諭其國人曰：「有能除此患者，賞勿吝。」有某甲，年老而志勇，聞獲虎有賞，偕其子，裹糧入深山，子亦膽壯而力勁者。所遇輒殪，蓋其獵虎之法，別具心裁，故十不失一。法用洋槍二門，寔以藥彈。逆料某處為虎出入所必由，而以其槍對設於兩旁；束機以繩，繩橫於道，虎觸繩而機發，適中要害。由是虎患除，而某父子之家道遂康。嗚呼！天下惟利可以役人，亦惟役人以重利，而人且不顧其死，而樂為我用。凡事何莫不然，豈獨獵虎已哉！〔殺虎之計〕

0407	原 46/4	廣丁 10/76	大 2/85

好結佛緣

浙省望江門外海潮寺，古刹也。慈溪方姓，為齋僧之舉，費不貲。人有以佞佛譏之者，而殊不然。猶憶幼時，聞同里長者言：長者故望族，族人俱擁厚資，喜布施，遇有事故，輒令僧眾誦經咒。時有某寺方丈，名僧也，謂長者曰：「孝子慈孫，慮亡人身後獲冥譴，冀藉佛力以資超度，固也。雖然，佛非今之和尚也；而和尚者，則固凍餒之孑遺，而孤苦之極品也。世人忘其孤苦，與佛等視，一似冥福之權，惟和尚是操，而使福德具備之家之祖宗，轉於至孤極苦之人之吻喙而是賴，天下甯有是理乎？大抵富貴之家，自宜散福。知若輩之孤苦而施濟之，若輩無以為報，乃誦佛號千聲以為酬，所謂做好事也。」余服僧言之精，故因方姓事而追述之。〔散福〕

0408	原 46/5	廣丁 10/77	大 2/86

劇賊成擒

小竊匪類，統名曰賊；而或以智勝，或以藝勝，名同而實不同。移步換影，聲東擊西，而攫去之物，出人意料之外，智也；踰絕壁如戶限，入重幃如外舍，擇肥而噬，來去無蹤，藝也。若夫鑿壁撬門，見物即取，雖亦稱賊，亦賊之末流矣。蘇城五月二十二日，在閶門內定光寺空屋內，經捕獲住一賊，丹陽人，年約三十餘。行竊於宋仙洲巷，彭姓事主覺，逐之。賊梟水時，曙色已白。小營生之趁早市者，見賊由水登陸。賊奔，眾亦奔，將追及，賊情急，緣人家簷口竹竿以登屋。有二匠，躡足上，被摔顛。賊得脱，隱身於定光寺之螭吻間。經理問廳飭保報捕，兜拿乃獲。聚百人之眾，窮半日之力，而始成擒，亦云難矣！〔不容易〕

0409	原 46/6	廣丁 10/78	大 2/87

旗童校射

八旗滿、蒙、漢童子應試，例於府考期前，由兵部奏請，欽派王大臣二員，閱視各童馬、步二射。如二射不能合式，例將該童扣除，不准入場。倘因故未到，箭冊無名者，亦不准入場。故必由兵部將王大臣閱過馬、步之各童，造冊咨送順天府，然後按冊點名給卷。夫文治佐以武功，壯行原於幼學。我國家造就人才，洵獨有千古哉！〔不忘本也〕

0410	原 46/7	廣丁 10/79	大 2/88

柳營桃宴

人有百年易盡之身，而有百年不盡之名；故太上立德，其次立功，其次立言。凡所以為壽也，而壽非爭之一身也。雖然，一身之壽，要豈易言。則有花甲甫周，林士協慶，及身富貴，裕後螽麟。當年戰績，躍馬烽火之中，甬水軍威，置兔干城之寄。如甯郡城守營松雲峰都戎，其壽不足述乎！都戎在任十餘年，軍民翕若。四月下旬，為六十誕辰。其時法人方就款，上下交相慶；而都戎遂張筵演劇，在署稱觥，唱鐃凱之歌，衍箕疇之福。固已榮幸，

不可及已。〔百壽〕

0411 原46/8 廣丁10/80 大2/89

法界懸燈

本月初三日，即西歷七月十四號，係法國改為民主之節期。年例必於租界中盛設燈旂，以盡賀忱，以抒樂意。大自鳴鐘為法官商聚會之所，故設燈最盛，迤邐向東，至浦灘兩旁，無稍罅漏。而浦灘法馬路口，則又高撐燈棚一座。形方而勢峻，圍以彩綢，望之如錦屏；木柱數十，分行排立，望之又如千門萬戶。新開河橋在其南，外洋涇橋在其北。棚式與馬路口無異，而形稍扁。上有西字，并有洋圓背面花紋如蛛網者，有屈曲回環如太極圖者。引用煤氣火，風搖之，如銀蛇萬道，夭矯空中。又有西人，在洋房高處欄杆外，燃五色火，或紫，或藍，或白，照耀所及，天地一色。觀者歎為得未曾有云。〔不夜〕

0412 原46/9 廣丁10/81右 大2/90

法官拜客

中法和議既成，兩國重敦舊好。日前有小火船一艘，進甯波口，至江北岸。有法人坐籐轎三乘，赴中西官憲衙門，投刺拜謁。雖不識其為何許人，要之不離乎官者近是。「于思于思，棄甲復來。」吾誦《傳》言，為彼寫照。〔修好乎〕

0413 原47/1 廣丁11/81左 大2/91

食肉宜慎

盛暑之月，畜類亦易感疾，而豬尤甚。疾發時，膚起紅色如方印，人故稱為「打印豬」。豢者未肯棄置，衹賤值以售於肉莊。肉莊轉可因以獲利，秘不告人；而食者遂被傳染而致疾。日前香港之人，誤食毒魚，致斃多命。是雖口腹之需，礙難屏絕；而要宜察之細、防之周也。〈月令〉：「仲夏之月，薄滋味，毋致和。」蓋薄其調和之滋味也。君子齋戒，其以是乎！〔貪嘴弗留窮性命〕

0414 原47/2 廣丁11/82 大2/92

怡情鵰鹿

金州副都統新得活鵰鳥二隻、梅花鹿一對，差弁呈送某邸世子。世子家本有花園，得此，位置泉石間，馴擾不驚，載飛載鳴。世子當顧而樂之也。「麀鹿濯濯，白鳥鶴鶴」，〈靈臺〉之詩，可為世子詠已。〔享清福〕

0415 原47/3 廣丁11/83 大2/93

為國捐軀

君辱臣死，千古大義。越南阮氏兩夫人，恨法人無道，乃集義兵，力攻法人於北甯。無何，法人厚其兵力，分路迎擊。夫人之兵，多烏合，仗血氣，非法人敵；悲聲震野，慘氣連天，兩夫人均負重傷，猶死戰不退。嗚呼！慨遷殷社，思復漢京，十二金釵拚攢身於鋒鏑，三千紅粉甘委命於蟲沙。讀〈車鄰〉、〈駟鐵〉之詩，女子知兵，婦人赴敵，無是過矣。奈何天不祚越，遽使婺星隕於雄風耶！〔巾幗完人〕

0416 原47/4 廣丁11/84 大2/94

好殺之報

土牛上應列星，代人耕作，故屠牛之例禁綦嚴；而人往往私宰之，以獲厚利。既食其力，又從而宰割之；牛之冤苦不能言，牛之痛恨獨不思報乎？通州東關有屠戶，一日買一牛以就戮。牛懼不肯行，強而曳之。及過市，忽駐足於錢鋪門首。錢鋪人出而觀，牛遽屈膝跪，淚雨下，如求援救。錢鋪憫之，詢知價八千，願備價為貸死，屠不允。酬以利，亦不許。曰：「此牛獰惡，必剸刃而後快，雖萬貫不易也。」牛聞言，蹶而起，隨之去。屠戶殺之，煮肉於釜。故事五更必起視，此次起視，久無聲息。妻子秉燭出，則見身投釜中，腰以上與牛俱糜。論者以為好殺之報。〔同一糜爛〕

0417 原47/5 廣丁11/85 大2/95

不准為娼

嗚呼！洋場之妓女何限，而嫖客何窮。樂事也，而氣隨之；豪舉也，而害終之。身名兩辱，尤悔交攻，可不懼哉！妓女沈幼卿與妓女謝二寶，侑酒於公陽里朱小寶家。兩人本有心病，一見面即以言語誚讓，而繼以爭毆。迨至涉訟公堂，問官責令從良，不准為娼。溯其起釁之由，則沈與謝均為某客所眷，而客非二妓所愛。有業賤而貌美者，沈傾心事之。謝亦垂涎久，曾嘗鼎一臠，但不能攘為己有，故銜沈甚。是日，適相值。謝譖沈於客，客惑謝言，助謝以淩沈；沈不堪其辱，訴捕以拘謝。謝求客庇，而客遂為謝所累。幸而在座諸君，尚知大體，否則妓與妓爭，客與客鬧，巡捕聞聲，不問是非曲直，一並拘去，事後追悔，即決西江之水，不足洗此辱矣。中無主宰，而意氣用事之人，仔細仔細。〔打把勢〕

0418 原47/6 廣丁11/86 大2/96

醉漢鬧禍

某甲，本邑人，小工也。住居外虹口。年近六十，鬚眉疏落，斑白相間。體幹頎長而有膂力。性粗鄙，重利；利之所在，不占不快。喜飲酒，而無酒德，三爵之後，輒狂言肇事。一日，酒已醉，持刀尋乙釁；乙與甲同業，而為所忌者。登乙門，跳號狂噬，不可理論。該處地保、鄰右，惡其老悖，縛而送之官，并凶器呈案。昔原壤夷俟孔子，而孔子稱之曰「賊」。若大年華，而猶與人鬥狠，倘遇孔子，度必另有美稱。〔老殺千〕

0419 原47/7 廣丁11/87 大2/97

處女出家

丈夫生而願為之有室，女子生而願為之有家。可見室家之願，盡人所同。乃不謂甌東望江門外毛家莊某氏女，竟不願適人，而願出家。且謂父母屢欲為女相攸，而女卒不允。無已，聽其至對江漁棚廟內，削髮受戒，隔絕塵緣。嗚呼！人得天地之氣化以生，即亦體天地之生以為生。向非所遭萬不得已，而貿貿然出家者，終嫌其不近人情。〔只怕你後來難過〕

0420	原 47/8	廣丁 11/88	大 2/98

夫婦對縊

霸州一富室，為兒新娶婦，年輕而貌美，玉人一對，人望之如神仙。結褵之次日，天曉，戶不啟。呼之不應。穴窗窺之，則各穿吉服，左右相對縊。視其衾，則落紅殷褥，已合歡矣。叩其婢嫗，則云昨夜卸妝安寢，初無別故。按此事說部書中，亦曾見過，豈前後事之適相符合乎？纔經人道，遽入鬼鄉。即龍圖復生，恐亦無能破此疑案。〔一戰而止〕

0421	原 47/9	廣丁 11/89 右	大 2/99

沿途分娩

女子之苦，十倍於夫男。即如分娩一事，真有死生出入，懸命於呼吸間者。大家水槳藥餌，穩婆醫生，一切早為籌備，猶不免禍生不測。下而編氓小戶，所需日用，急切未能多得；儘有懷胎彌月，而碩腹膨脝，猶向街頭彳亍者。日前揚州有一婦，年約三十餘，行經石牌樓前，猝然叫苦，半晌產一女孩；隨手以所穿裙幅胡亂包裹，且泣且訕，一步一蹶而去。是則小家婦之苦楚，尤甚於大家十倍也。人生不幸作女子身，信然！〔血漬溝渠〕

0422	原 48/1	廣丁 12/89 左	大 2/100

雷殛蜈蚣

四海之大，毒物之害人者何限；而天不能盡誅之，不盡誅而又忽誅之，此天之所以不測也。慈溪橫溪地方，一日天忽黝黑，風雨交集，電光閃處，霹靂隨之。居人危坐家中，似聞空中有物，與電雷交戰。而少頃，雨過天晴，見有蜈蚣一條，半拖河內，半挂隴頭，蓋遭雷殛而死者。其長不可知，而寬廣約有三尺，是真非常之妖物已。〔老百腳〕

0423	原 48/2	廣丁 12/90	大 2/101

商局收回

上年法人搆釁，商局遽歸旗昌承辦。一時聞信者相顧錯愕，群議蜚騰。甚至在股諸人，欲與總理局務者為難。時有識者，即箸為論說，力勸股中人毋輕信，毋妄動，從容屏息，以觀其後。今則法人就款，商局歸來，而始信當軸之通變達權，有不足為外人道者。其易主也，如疾雷之不及掩耳；其復璧也，如撥雲而重睹青天。於此見老成謀國，別具權衡，要豈寡識淺見之人所能窺測哉！〔船政一新〕

0424	原 48/3	廣丁 12/91	大 2/102

挑購戰馬

張家口喇嘛廟一帶，馬大蕃息。內地軍營所用，悉從該處購來。現經李傅相奏請，敕部給票，由各軍統領派弁前往挑取膘壯戰馬，押解回營，分給補換，以資操練。騏騮騊驪，咸備天家之策遣矣。庶幾為王前驅者，乘時立汗馬功哉！〔範我馳驅〕

0425	原 48/4	廣丁 12/92	大 2/103

仁濟施醫

人莫樂於康健，莫苦於疾病。病而且貧，則且餬口之不暇謀，而有餘力為醫藥計哉！仁濟善堂諸君子，惻焉傷之，於是商求名醫十餘家，按日診視。往年擇實在無力者，給藥一劑；今則慮有偏枯，照方統給，不設限制。然而就診之人，日計不下四五百，所費亦不貲矣。該堂向無恒產，深恐難於持久，故又為間日一施之謀，而要非該堂諸君子之本心也。安得關心痛癢之仁人，盡一分心，助一臂力，拯無告之苦，造無量之福乎！〔壽寓〕〔同登〕

0426	原 48/5	廣丁 12/93	大 2/104

訟棍宜懲

訟棍顛倒黑白，武斷鄉曲；其於耳目最近之官，必有所忌憚，慮其不利於己也。浙之定海，孤懸海外，民俗強悍而喜訟。劣衿舞弄刀筆，遂倚此為生涯。其地有岑港司、道頭司、司獄司三衙門。訟棍懼發其覆，因為先發制人之計，遞呈道轅，控佐貳不合收受民詞。道憲據例申飭屬員，無偏無頗，而訟棍之訐告官長，亦豈得謂分所應為者。刁風不可長，是所望於智珠在握者。〔筆如人〕

0427	原 48/6	廣丁 12/94	大 2/105

難民麕集

皖垣西門外，到有被災男婦老幼一千一百餘名口。類皆捉襟見肘，鵠面鳩形，瑟縮零丁，麕聚於江岸下坡、獅子山、汪家埠等處。聞來自楚北廣濟、祈水等縣。現經該處善堂清查人口，大口給餅三枚，小口給二枚；搭蓋草棚，聊安棲止。今年災區之廣，災黎之多，較往年晉、豫為甚，而惟江、浙兩省為最完善，而人亦最稱樂善。吾輩何德何修，而不逢其厄，其殆托諸大善士之蔭庇，而不知不覺也乎！〔失所〕

0428	原 48/7	廣丁 12/95	大 2/106

逼孀為妾

寶坻張某，述其縣民有賣寡媳於富室為妾者。婦不從，翁姑以紅巾反接其手，促擁登車，疾馳而去。婦慮不可免，呼天叫苦。車驢聞婦聲，若知婦冤者，直趨縣署門。縣官提訊，笞婦族，而罰富室多金，以贍婦身而完婦節。說者曰：此其中，蓋有天焉！〔何無骨肉情〕

0429	原 48/8	廣丁 12/96	大 2/107

烟消花謝

日前許星臺方伯過揚州，揚城各官紛紛出徐凝門外官碼頭迎接。該處設官廳，廳之旁有淮城人開設花煙館。時有煙客欲欠錢而不果，致口角。喧嚷之聲，適聞於江都縣謝明府之耳。立傳差役，將其房屋拆毀，而人則驅逐出境。識者咸歎明府之仁而明，但煙消花謝之餘，未免箇中人舊地怕重經耳！〔失足香塵〕

0430	原 48/9	廣丁 12/97 右	大 2/108

悉力捕蝗

今年梅雨過多，南邊數省，均罹水患；而北地又遇熯乾，蓋不均則偏，偏則患也。京東寶坻縣迤南各村落，自四月杪至五月初，蝗蟲遍地，傷害禾稼，農人儘力擒捕而不能盡絕。聞日內已得甘霖，而蝗亦就死。幸哉！猶見天心之仁愛也。〔不留餘孽〕

0431	原 49/1	廣戊 1/1 左	大 2/109

請出本相

京東東壩某寺僧，偕鄰人某甲，入城市物；隨帶小荷囊，中儲裕泰莊五十兩銀鈔一紙，繫之腰間。中途甲向僧商借五金，僧不能拒，強允之。比至該鋪，遍索不得，僧惶遽無措，欲挂失票而號數不記憶。甲疑僧之詐也，出語譏刺。僧窮於置辯，盡褫衣褲，當街兀立，以明其志之無他。該處有小家婦，見此兩頭光，不覺面紅耳赤，大聲斥之曰：「禿禿。」〔忘形〕

0432	原 49/2	廣戊 1/2	大 2/110

蚱蜢傷禾

美國舊金山地方，夏秋之際，多食木之蟲。十餘年中，必遭旱蝗一次。今年雖無蝗患，而蚱蜢之多，為歷來所未見。其飛也，天日虧蔽；其止也，苗條芟夷；甚至火車所經之路，隨剷隨滿，填塞而不能行。該處居民，幾於無法可治。讀〈大田〉之詩，曰：「去其螟螣，及其蟊賊，無害我田稚。」此言以人力治之也。下云：「田祖有神，秉畀炎火。」則又慮人力之所不能及者，祝田祖之神，持此四蟲而付之炎火。昔姚崇遣使捕蝗，夜中設火，火邊掘坑，且焚且瘞，亦引此為證。遺法具在，願後人遵而行之。〔火攻為上〕

0433	原 49/3	廣戊 1/3	大 2/111

人鷹相搏

英人某，挾一阿富汗土人遊阿境。見一峭壁，高數十丈，奮力登其巔，突出一鹿。從人見之，隨放一鎗，鹿驚而奔；從人追之，一失足與鹿俱墜。時有二鷹，陡然飛出，側翅而從之下。某知從人必不免果鷹腹，就山洞避之。少焉，聲息不聞。出而窺之，不見人，不見鹿，并不見鷹。正擬循途返，乃兩鷹驟下，急擊以鎗，即翔去；又下，則又擊之，又翔去。如是者數次。不謂一鷹橫飛，掠面而過，鎗為刷去。某惶遽，隨手一抓，執鷹一足，再抓而兩足俱執焉。鷹情急，鼓翼欲上，而人則持之使下，借鷹翅力以足躡峭壁，如張蓋盤辟而降，離地五丈許。鷹乏力，遽斂翼，而人亦昏然墮地。比甦，則鷹已亡去。身雖獲免，然亦徼倖萬分矣！〔不如鳥〕

0434	原 49/4	廣戊 1/4	大 2/112

高門盛賭

上年蘇城陳裕南家，因賭啟釁，致釀人命，至今尚未結案。今則城東某姓家，又以賭而肇事。某固蘇之望族，以摴蒱為事者幾十年，而城鄉遐邇，入其門而傾家、而殞命者，亦不知凡幾。噫吁嘻！縉紳子弟，而下儕牧豕奴，固太褻尊；而入局高呼，千金一擲者，亦非自愛者流也。所可異者，當道整飭地方，於一切干禁事宜，搜捕何嘗不力；獨於此等處所，情與法未能兩持其平。觀於此而益信。勢惡土豪，剪除固大非易事。〔知法犯法〕

0435	原 49/5	廣戊 1/5	大 2/113

要結越民

法之虐越民也深，而越之恨法人也亦不淺。今即全越歸其保護，而揭竿斬木之雄，時圖報復。法官無如何，思所以羈縻之，特於諒山一帶，設藩、臬兩司，將牛、羊、米、麵等物，分給貧民。乃越人謝絕不遑，無甘收受；蓋知鴆酒之解渴，烏喙之救飢，濟急在片時，一轉瞬間，而死期即至矣。傳云：有土有財，首重有人。而有人必原於有德，法不惟德而惟力，越人其肯順從乎？〔非心服也〕

0436	原 49/6	廣戊 1/6	大 2/114

于思遭劫

金陵之崇仁善堂，有某甲司放嫠婦月恤錢文者，侈然自大，目中無人；人咸憎惡之，而不屑與校也。近屆堂中放錢之期，有宦裔某，代某姓節婦請補月恤一名，蓋前月已函告堂董而補實者。不意屆期赴領，某甲發聲徵色，大放厥詞。宦裔不能堪，迎面一掌，順將其鬚扯去一半，見者鼓掌大笑。蓋怨毒之於人，甚矣哉！《書》曰：「滿招損，謙受益。」為善堂一司事，而其聲色俱厲，逢人得罪已如此，亦多見其不知量也。髯乎髯乎，問何日歸來乎？〔伐毛〕

0437	原 49/7	廣戊 1/7	大 2/115

島民鬧事

前有美國輪船，遭風漂至日本之小笠、廣島。因缺糧食、煤火等，出重貲向島民購之。島民以獲利故，該船啟行之日，極力護之出口。嗣聞美船主備金具函，寄交該處官吏，以伸謝悃。民以官吏未曾散給，起與為難，致將官署圍住。眾情洶洶，勢不可遏。日廷聞信，迅派刑官馳往查辦。夫官吏吞占民財，固有應得之咎；而民以儻來之物，為數無幾，干戈驟動，犯上作亂，亦非善類可知。特美船主以好意而啟爭端，夫豈意料所及者乎！〔上下交征利〕

0438	原 49/8	廣戊 1/8	大 2/116

刃傷五命

京師六月初，廣渠門外有一人連殺五命，自首到官。據述凶犯任姓，一賣菜傭，與比鄰某甲婦有私。甲知之，與婦反目，語侵任。任聞之，銜恨甲。次日懷短刃，入婦室，甲適他出。婦與其女、其母見任來，觸越宿事，氣憤不能遽釋。而任以為婦之怒己也，即以手刃加婦項，婦立斃。其母與女同出遮攔，皆被砍死。婦有舊好某乙，與鄰某婦聞喧攘聲，來解勸，亦及之。嗚呼！以一人而傷五命，凶悍之性，殆不可以常情測矣。國法至凌遲而止，然豈足蔽其辜哉！〔戾氣〕

0439	原 49/9	廣戊 1/9 右	大 2/117

官署巨蟒

光祿寺署，在禁城東安門內。六月望日，大堂額首有蟒一條，長丈餘，蜿蜒及於柱。庭有大樹，上有鳩巢。蟒探首出，鳩為所食。於是署之內外，觀者接踵。署役懼，焚香禱祝。移時蟒縮身，從堂後銀庫門隙入，遂不見。説者謂為守庫神。其然，豈其然乎？〔一向在何處〕

0440	原 50/1	廣戊 2/9 左	大 2/118

野獸噬人

浙省永嘉、上鄉等處，萬山綿亙，古木幽深。近有怪獸，匿伏其中，乘間傷人，并噬牲畜。鄉民患之，攜械往捕；無奈林密山深，終未能搗其巢而殲其類。昔周處殺虎於南山，昌黎驅鱷於潮水；事不必其盡同，要之與民除害，則一也。古人，我師也。〔豺狼當道〕

0441	原 50/2	廣戊 2/10	大 2/119

飛龍在天

乞巧已過，秋暑轉酷，檢點寒暑表針，升至百度上下。噫！熱甚矣。十二日之三點餘鐘，陰雲漸起，即有人曰：龍挂。起而望之，果見東方有黑氣兩條，下垂雲表。是蓋暑天之所恆有，而亦近海之區之所習見者，不之異也。無何，雲漸黑，遮布半天，而下垂之氣，縮而上。有風自東來，雲益翻墨。即有白氣一條，蜿蜒伸縮，屈曲夭矯於陣雲之中；由東南而西北，隱不遽隱，現不盡現者，是非所謂龍耶？有生四十年，初未之見也。陣雨乍過，新涼一味，即屬畫手摹繪圖幅，以存其真。〔雲行雨施〕

0442	原 50/3	廣戊 2/11	大 2/120

邪教宜治

前月京西哄傳有邪民，驅使紙人剪人髮辮一事。近日平則門外富新莊某姓家，於屋後水缸中，獲一紙人。身長三寸許，耳、目、口、鼻、四肢，無不備。一手持刀，一手持剪，作躍躍欲試狀。某家慮其竄逸為患，揉碎而焚化之。猶憶同治季年，蘇省亦有是事，不但辮髮被剪之人，不一而足；且有被魔魅押體，氣不得伸而死者。居民惶遽無措，故上燈之後，鳴鉦擊鼓之聲，不絕於耳，而人人皆有坐以待旦之思。卒之擾擾月餘，迄未見有紙人，亦未見有魔押身死者；惟剪辮則確鑿有之。說者曰：此邪民之自試其術也，縱極靈驗，亦必自敗，徒足以殺其軀而已矣。〔亂民〕

0443	原 50/4	廣戊 2/12	大 2/121

牛瘟盛行

土牛上應列星，佐人耕作，故力田之戶，自一頭以至四五頭者，飲食有時，休養有時，待之不啻家人骨肉焉。近聞閔行鎮黃浦以南，自金匯橋劉港以西，至蕭塘鄔家橋為止，迤邐十餘里，沿浦一帶，牛疫大行。雖有獸醫治之，百無一效。該處有某茂才，讀而不廢耕者。其家之牛，亦染疫。明知其難治也，而姑得所備之吉祥藥水，融以開水，灌入牛口。一宿方過，視之已能健食，大喜。於是閭里數十家之牛，踵其法而行之者，罔不效。吉祥藥水者，係二馬路信昌珠寶鋪施治霍亂、痧症之藥水也。維時頌聲交作，皆曰其才不在丙吉下。〔傷農〕

0444	原 50/5	廣戊 2/13	大 2/122

尸居餘氣

蘇城之西有某姓，於上月下旬，新死一人，陳屍內寢，尚未安殮。時喪家人口多疲憊，延親友伴屍。親友隨在廳事作葉子戲。忽幃幔中大聲呼天牌者再，舉座聞聲，相顧錯愕。回視內室，則屍身已植立幃幔之外。膽怯者向外走，而知魘勝之術者，以敝帚擲之，即應手而倒。守至明日，棺殮亦了無他異。說者曰：是謂尸居餘氣。〔死弗死〕

0445	原 50/6	廣戊 2/14	大 2/123

鼻遭犬噬

嘗聞之父老云，食犬肉者，犬見之而必吠；猶之屠戶入豚苙，豕見之，必狂嗥而驚竄。大抵凶狠慘毒之氣，流露眉睫間，物知之而人昧之耳。前月蘇城有某甲，行經吳縣直街，有犬向之吠，忽前忽後，作扑噬狀。甲驚懼，無善步，足之所履，適踐低陷處，仰面而顛。犬直前扑甲身，嚙去其鼻而竄。嗣經旁人舁之歸，終以血溢不止，越宿而死。嗚呼！是豈有夙冤與？〔蓋故有也〕

0446	原 50/7	廣戊 2/15	大 2/124

蛇鷺相爭

武昌多公祠前，有水一渠，曰長塘。水寬而深，行人偶不經心，即易溺斃。上年有某宦，議築長垣以繚之。旋因經費不敷，而此舉不果行。是處地既荒僻，凡飛者、潛者、動者、植者，分類而處，亦聚族而居。一日，池畔有青蛙數百，嬉水為樂。一蛇伏草際，作勢如弓，將突前捕之。時有鷺鷥在旁，方覓食，見蛇，力啄之。蛇負痛，舍蛙與鷺鬥，相持良久，同斃於水。嗚呼！機變何窮，矯強難恃。詐力之是競，而仍自取其滅亡，則何如與世無爭之為愈乎！〔兩敗俱傷〕

0447	原 50/8	廣戊 2/16	大 2/125

劇賊盜棺

浦左之新場鎮南市五灶港畔，有徽州會館，內停棺柩數十具。本月初二夜，被宵小潛入，開棺九具；有一具雖未被開，而斧鑿之痕已滿。內有某姓老嫗一柩，已停四載，亦在被開之列。查檢屍骸，尚未腐敗，五官四肢，儼若生前，惟肌膚稍黑耳。會館主據實稟報，南匯縣邑尊到鎮勘驗。掌地保以頰，笞捕役以臀，治其防範疏忽之罪。夫一夜之間，開盜至九具之多，終宵僕僕，所見無非髑髏。縱使賊膽如天，有不寒噤懼怯者乎！其必非一人做此勾當也。停棺不葬之子孫，遭此者何以為人。而幸免者，盍早為地哉！〔子心安乎〕

0448	原 50/9	廣戊 2/17 右	大 2/126

海程遇怪

翁豐財者，甯波沙船之名也，寄碇於石浦之海面。倏有物數十登艙面，往來奔走，不知何所事。形像模糊，不甚可辨。諦視之，則額間有髮，蓬蓬如頭陀。揮之不去，擒之不獲。正在猜疑之際，而船已漸漸沉下，船上人大驚，狂呼「娘娘救命！」忽聞空中霹靂一聲，則海碧天青，依然無恙。曩之所見，不知消歸何有，豈不奇與？後該船駛抵甌郡，即在該處天后宮演戲，以答神庥。時有舉此事以詢諸老於湖海者，亦不識所遇之何怪。姑存疑以質博物君子。〔無奇不有〕

0449	原 51/1	廣戊 3/17 左	大 2/127

以一服八

京都德勝門內慶雲齋肉鋪，為山左人某甲所開，錢色素來挑剔。附近有恩某，營中之教習也。遣其子赴鋪購肉，應付錢五百餘，內有小錢數十文。鋪夥令孩易換，孩不允。夥怒掌孩頰，孩哭訴於恩。恩往評理，夥不服，欲毆恩。未見近身，已顛仆。同夥二人，見之殊不平，左右上，纔進門，亦仰面臥地。恩於是犯眾夥怒，齊出者五人，圍而攻，而恩手足一伸縮，五人不先不後，擲踣於大外兩旁。觀者高聲喝采，曰：好手段。〔勇甚〕

0450	原 51/2	廣戊 3/18	大 2/128

大蛇述異

徽人某，採樵以為業。每當夕陽西下，炊煙四起之時，始束薪而負之歸。道經林木深處，憊甚，箕踞坐樹根。坐時覺有陰氣一縷，盤蜒股際；然休憩不過片時，要亦不暇細辨。隨身帶有煙桿，取火吸之，隨吸隨擊，火星歷亂；而所坐之樹根，忽躍而起，將甲騰擲數丈外。但聞樹葉怒落，澗水沸騰。凝神而審視之，則向所坐者，蛇也，非樹也，約計尺寸不下數十丈。駭極奔歸，備道顛末，而深以未遭毒噬為幸云。〔險極〕

0451	原 51/3	廣戊 3/19	大 2/129

蟲生於瘤

京師某甲，為刑部李宅之車夫，額生一瘤有年矣。雖不甚苦楚，而終以日漸肥大為憂。所最奇者，經女手撫摩之，而其大更甚。遍訪名醫，思所以芟薙之；而或云血瘤，或云肉瘤。議者紛紛，然要未有以奏功自任者。一日，瘤中作癢，始猶微微，繼則加甚，而漸至於不可忍。數日之後，又如錐刺，以手按捺之，忽然迸裂，飛出數蟲，形如蜂蠆。雖流血被面，而皮肉已膠黏平復矣。張華博物，子產多才。起九京而問之，其能不付之闕如乎！〔費解〕

0452	原 51/4	廣戊 3/20	大 2/130

狼子野心

金陵莫愁湖，向由徐氏效維正供。湖中水利，必歸中山王後裔之司香火者；旁支族姓，不得篡弋。裔止母子二人，居湖西。髮逆之患，子失所在。克復後，有一壯男來投嫗，自稱為嫗之子，備述離散後遭際一切。嫗以家無次丁，姑留之，以娛暮年，真偽不遑計也。無何，此子入門後，無惡不作，屢治弗悛。所遺湖田，朝割一弓，暮棄一角，不十年，罄如洗矣。近更謀遷其母於土室中，欲以遺居售之他人。母不可，乃負母於背，行投之水。幸為鄰右所見，群毆之，而扶其母以歸。《傳》曰：「狼子野心。是乃狼也，其可畜乎？」天下之為螟蠃者，切宜仔細。〔喪盡天良〕

0453	原 51/5	廣戊 3/21	大 2/131

謀產滴血

山西人某甲，行商於外，所積貲財，寄於其弟乙，俾掌握而出納之。甲在客中，娶有妻，生一子，越十餘寒暑矣。近來妻已病故，己亦年老，作客他鄉，自知非計，攜子徑歸。乙慮貲產之必復於兄也，誣其子為抱養，援「異姓不亂宗」之義，鳴於官。官召親族，問之，則皆以嫡子對；而乙力辯非己出，案不能決。官無如何，命依古法，滴血驗之，而血凝合無間，欲笞乙。乙不服，請以己子效法兄，而血又不合，乃囂然謂官斷不公，欲上控。親族惡其貪媢無人理，因言其子本非乙種，蓋其婦私於丙而懷孕者。眾口分明，具徵姦狀。官提丙，鞫之，亦俯首引罪無異詞，而案遂定。說者曰：此中有天理焉，願持以告世之昧良而謀佔兄產者。〔不可以為人〕

0454	原 51/6	廣戊 3/22	大 2/132

忍飢詐死

巫與醫，自古並稱，以其利人之生也。然醫之罪，止於誤，誤出無心；巫之罪，同於誑，誑則有意。故巫可禁而醫不可禁也。滬南陸家浜有楊嫗，金陵人，俗所謂「看香頭」者。鄉人頗信之，有仙人之目。日前仙人忽患暴病卒，衣衾棺槨，措置停當。及是時，屍身入木，將閉蓋，而忽坐起，開口便索飯吃，豈非奇事。說者曰：此即該巫誑騙之術也。自此以往，又將演說冥中事，以聳人聽聞，以哄人財帛矣。但一晝夜之忍飢詐死，亦大可憐。〔愚人自愚〕

0455	原 51/7	廣戊 3/23	大 2/133

鼻之於臭

王某，山東人，喜冶遊，一日不登花柳門，意不愜也。近則囊空如洗，慮妓家以閉門羹相待，乃偽造一錢帖圖章，印紙散用。一日，在韓家潭妓寶如家飲酒，鴇母積有數紙，知為偽物，婉言向王掉換；王以非其所使對。事無佐證，鴇亦容忍。及至酒後，所賞之下腳錢，則與前帖無絲毫異。於是褫其衣服，以穢物塗其面而逐之。說者曰：杯盤狼藉，尚有一次蟹膏炒蛋奉敬。〔好滋味〕

0456	原 51/8	廣戊 3/24	大 2/134

遭狐侮弄

都門貢院左水磨胡同英宅，相傳有狐。主人信禮之，逢朔望，備物致祭，親自拈香，以故相安無擾。近有吳中考生，賃其屋。聞有異，往窺之，而几案精整，絕無纖塵。內有自恃膽壯者，曰：「妄耳，即有狐，亦妖耳，邪不勝正，胡為乎惑之！」言未已，額角有物砰然，遭一擊。某益怒，大肆嫚罵。及夜，眾就寢，某忽大聲呼救。秉燭四照，則弔懸簷際，搖搖欲墜。眾人大驚，望空禱拜而負之下，並誓以後不再無禮，始獲安。嗚呼！一股客氣，而便自謂邪不勝正，真是少不更事。一擊一弔，猶是從寬發落也，戒之哉！〔自取之也〕

0457	原 51/9	廣戊 3/25 右	大 2/135

懲辦臺基

鄉婦顧周氏，攜其妹阿六，至滬為傭。阿六年幼嗜利，不知世情險惡，被婦王林氏計誘至阜康里，串通傅陸氏，揹勒接客。嗣經阿六不願業此，奔告其姊；姊與兩婦評理爭執，經巡捕詢悉，解送公堂。葛大令嫉惡如仇，訊供之後，飭荷雙連枷，遍遊租界，以聲其罪，以儆其餘。昔人云：救一人性命，勝造七級浮屠。予謂全一人名節，如作萬家生佛。安得志在風化者，盡如大令之措施哉！〔整頓風化〕

0458	原 52/1	廣戊 4/25 左	大 2/136

身首兩分

甯波呼童巷有秦老八者，多行不義，日前暴卒，停屍堂上，將備棺殮。至夜半，聞屍床上有聲，疑為屍變，眾皆不敢逼視。正在躊躇之際，突有一犬，從床上躍下。揭幃視之，秦已身首兩分矣。嗟乎！在生作惡，臨死分屍，果報即在眼前，不必歷九幽地獄也。多行不義者，其鑒諸！〔冥誅〕

0459	原 52/2	廣戊 4/26	大 2/137

求雨述聞

金陵上元縣境，晴久不雨，乃於縣署後之龍王廟中，設壇祈禱。壇中建高臺，按方位排八卦陣，豎五色旂，焚檀香，插柳枝。僧道日夕登臺，諷經作法。大殿下置水缸，中蓄四足蛇十二尾。缸外立四小童，衣青衣，裹紅巾，以手擊缸，呼風喚雨。龍王有靈，矜此兆民，庶幾奮跡海底，鼓響蒼冥，風雲會合，而大沛乎甘霖！〔誠則靈〕

0460	原 52/3	廣戊 4/27	大 2/138

泉下夫妻

京師西直門內茶葉胡同某家有女，年及笄，韶容稚齒，儀態動人；鄰居某乙之子，年相若，而亦翩翩自喜者。朝夕見面，互相悅愛，既採蘭而贈芍，復誓海而盟山。兩家父母不知情，乃各為子女議婚他族。二人無計回天，有心同穴；相約至皇城門外護城河內，赴水偕殞。次日，二屍漂浮水面。經西城副指揮帶同仵作、書差往驗，以無屍親認領故，飭善堂備棺收殮。嗚呼！鑽穴踰牆之事，不容於名教，其溺乎情者，其背乎禮矣。該父母不肯領回，則其見屏於父母之心，可知也。徇私喪身，不孝孰甚！〔不待父母之命〕

0461	原 52/4	廣戊 4/28	大 2/139

押解假官

世運日非，人心日惡，誑騙之案，層見疊出而不窮。日前有廣東人李仁山者，冒充廣幫字號，號名瑞生和，開設在三洋涇橋左近。計取各鋪貨物，盈千累萬，迨經發覺，而受害者三十餘家。今則又有冒充部選震澤縣知縣，欲用帶肚子家丁，將其偽照供人觀看。幸即被人窺破，往縣告發。經莫邑尊飭差往拘，而猶公然衣帽乘輿而出，則其人之膽大妄為何如也！其人姓蕭，名錦棠，江西人。寓滬數日，而被其害者，已有三四人。嗚呼！世運之盛衰，人心之純駁為之也。江河日下，能無慨然！〔彷彿上任〕

0462	原 52/5	廣戊 4/29	大 2/140

英君相像

君相之尊，兆民欽仰，理固然也；然必繪圖以示人，則未免鄰於褻狎。西人則不然。微特百工藝事者流，其物為若人所創製者，必附圖於物，令人識認以為榮。即百官庶尹，推而上之為冢宰，為國君，亦必規模小像，四海傳觀。今坐者為女英后，名維多里亞；而其站立旁側，若相啟事者，為英首相舍利司普里，前相杞公致仕後，而新登相位者也。〔西方之人兮〕

0463	原 52/6	廣戊 4/30	大 2/141

伶人肇釁

蘇護撫譚中丞，於前月二十一日，飭縣封禁閶門外普安橋金桂戲園。事緣二十日開演《八蜡廟》時，突有一人手持利刃，飛身上臺，洶洶尋鬥；不料戲房中飛出一鏢，適中頂門。其人回身，飛步進城，投吳署驗傷。任邑尊驗得囟門偏左及腰脅、臀上，均受金刃傷五六處。訊供稱因看戲論價爭執起見。園主為徐姓，而行凶者，徐二也。有知其事者，謂受傷人亦優人，因有三徒被徐勾去，故來并命。而其身受之五六傷，係自知囟門擊破，必無生理，特手刃數處，以期速死。然猶能忍痛，強步數里，詣縣喊冤，則其猛鷙之情，亦可想見。封禁而驅逐之，自是地方之福。〔亡命〕

0464	原 52/7	廣戊 4/31	大 2/142

開棺相驗

德化縣南昌鄉吳某，家道殷寔。中年喪偶，續娶朱氏，係鄰邑瑞昌縣人，與前妻子不相能，日事譖愬。吳忿極，毆朱；而朱即於是夜死。事聞於母家，糾眾肆鬧，逢人毆人，見物毀物。擾擾兩日，經親戚賄和過去。嗣朱母又往生事，吳某置之不理，故又砌詞報縣請驗。所可異者，事隔數月，而開棺檢驗之際，面目一如生前。說者謂案經賄和，冤氣未伸所致，理或然與？〔骨肉成仇〕

0465	原 52/8	廣戊 4/32	大 2/143

馬賊劫餉

月前口外某官，奉委押解餉銀赴京，數逾巨萬。經過張家口，遇馬賊數十人，勢力不相敵，只得任其劫去。賊得銀，尋僻處，將贓瓜分；而又欣欣然共至一鎮，相與沽飲。時已薄暮，其中有赴醉鄉者，有因勞倦入黑甜鄉者。不料某委員躧緝在後，知若輩心志已懈，各自散處。暗飭護餉兵弁，要結附近村民，掩而襲之。斃二人，獲九人，解送察哈爾都統衙門，訊明監禁。君子曰：該解官於失事之後，猶能跟蹤，嚴捕截獲多人，亦可謂膽識俱優者矣。雖失事，不為無功。〔殺毋赦〕

0466	原 52/9	廣戊 4/33 右	大 2/144

忘情比翼

皖垣某甲，年逾大衍，本以耕種為生者。年來煙霞成癖，視沾體塗足為畏途。不得已，在碼頭為扛抬夫。妻則傭於某公館中，為壓線娘。月得工貲，甲時來索之去。一日，妻謂甲曰：「爾與我年老孤貧，將來百年後，兩手空空，誰與任喪葬事。必留此區區者，以為日後飾終之費。自今以往，不能予取予求，不汝瑕疵也。」甲由是恨妻，計誘妻歸，將腰間帶子套妻項，欲置之死地。鄰人惡甲無賴，竭力解勸，將妻灌醒，送往公館中，而欲飽甲以老拳。諺云：「柴米夫妻，酒肉朋友」，蓋言朋友不過酒肉之往來，而夫妻則柴米是資，相依為命者也。乃某甲以垂老年華，而索資始，而并命終。鄰人謂為無賴，真無賴之尤者矣！〔老悖〕

0467	原 53/1	廣戊 5/33 左	大 2/145

西人滋事

京師彰儀門外有西人，跑馬於新築河隄。護隄兵士攔阻，不遵，反將中丞令箭抛擲河中。諸軍士惡其無禮，縛送地方官收押；一面統帶稟明中丞，咨請總署核辦。總署以滋事者為英人，照會英國駐京公使。而公使回文，則稱除將二人懲處外，如再有不知自愛者，即請縛來，從重治罪云云。該公使政持大體，情不徇私，亦西員中之不可多得者已。〔無理取鬧〕

0468	原 53/2	廣戊 5/34	大 2/146

東方之樂

有日本樂工數十名，至朝鮮結廬南山之麓，演習諸樂。金石聲，絲竹聲，匏土革木聲，或間作，或和同，八音齊奏，聽者忘倦。云將送入王宮，俾娛耳目。王以諸臣勸誡，不敢受。防微杜漸，用意深遠，否則聲色之後，繼以狗馬，有投所好而陳於王前，以蠱惑王心者矣。齊人饋女樂於魯，不可援為殷鑒哉！〔新聲〕

0469	原 53/3	廣戊 5/35	大 2/147

懼內奇聞

夫為妻綱，以妻而控其夫，人倫之大變也；而泰西則恆有之。近傳一事，更足噴飯。英屬愛爾蘭省，有輕年婦，遞呈於官。官訊之，則以夫也不良，女也不爽，怨終宵之獨宿，願好月以長圓為對。官謂其夫曰：「伉儷之樂，人有同情，汝何以異於是？」夫曰：「彼有利器，使人畏怖。」官問利器何在？某即以言詞挑怒其妻；但見婦柳眉倒豎，杏眼圓睜，就裙下取出一物，揪夫亂擊。問官喝阻，取驗，則腿與足以木為者，每占脫輻爻，即以作當頭之棒喝也。於是飭釋不究，相與捧腹者久之。〔殊難為足下謀〕

0470	原 53/4	廣戊 5/36	大 2/148

驢嚙御夫

京師西華門外有朱福者，素在熙宅御車。一日，熙拜客回，照例卸車牽驢溜走。纔數往回，驢忽從後銜朱衣，掉頭一擲，朱仰卧於地；而驢即以兩蹄踐其胸，而咬其腹。急聲號救，腹已破裂。談因果家又曰：前生冤孽也！〔獸食人〕

0471	原 53/5	廣戊 5/37	大 2/149

復見侏儒

前月本埠小東門外，到一矮人，云產自意大利國。其人身長不滿二尺，手足相稱，惟頭顱則與平人無異，鬚髯如戟，年約四十左右。繞屋一走，便思休憩；察其情形，若憚於行動者。今則又往杭垣賺錢矣。聞諸父老云：江湖乞丐，拐騙小孩，以巨甕剖兩半，圍其身而出其首，豢養數年而後出之；則其面目已蒼老，而身則猶是孩子。老丐居為奇貨，乞錢之易，十倍於他丐。今之意人，倘亦師其故智乎？〔小人〕

0472	原 53/6	廣戊 5/38	大 2/150

備盜述聞

粵東新會縣陳姓，大族也，有高屋兩座，左右對峙，形勢鞏固，闔鄉無匹。向者租於富商，開設當鋪。數百年來，被盜圖劫凡十餘次，卒以危樓孤立，無可攀援而止。屋外四面環以池塘，塘以外又有圍牆周護。如欲登樓取物，通浮橋以為出入；萬一不虞，去浮橋，則路斷矣。近則當主為堪輿家所惑，於樓旁建有廳事。前月抄，盜率多人，攻破圍牆，躍登廳屋，洞穿重房，將貴重物件盡數取去。始歎前人建屋，用意深遠。一經改竄，便遭大禍。事後追悔，殊無及已。〔慢藏〕

0473	原 53/7	廣戊 5/39	大 2/151

鬥雞走狗

流娼命名野雞，不知是何取義。本埠四馬路之新永慶里，為野雞所聚居；稍不自愛者，行經其地，易被攫入。日前有外路人，名阿狗者，不知禁忌，入里小溲。群雞以為食也，祝祝朱朱，呼朋引類，此拖彼拽，欲其為塒桀之棲。而狗非箇中人，不識箇中滋味。怒雞距之橫施，遽揮拳與雞鬥。事為巡街捕所見，知狗之負冤，乃出狗於重圍，拽之而走。〔行路難〕

0474	原 53/8	廣戊 5/40	大 2/152

二美獨占

有劉令在京候選，出五百金，納一姬，蠻腰素口，綽約宜人，亦既我心實獲矣。會有事，詣天津。還京之日，途遇一友，下車為禮。遙見一姬與二媒媼同車馳過，蓋即所納之姬也。大疑，草草話別而返。比至家，則其姬故在。劉以言餂之曰：「爾先至耶！媼將媒爾何處去？」姬倉皇，不知所對。劉益疑，乃遣傭，急呼二媼來，責其又將媒姬何處去，答言「無之。」劉曰：「適遇於途，猶抵賴乎！」媼悅然曰：「此非爾姬也，爾姬之妹也。」劉曰：「若然，可同來一觀乎？」媼即招女，與其父母至。視之，貌絕類，而風韻又過之。大喜，問價幾何？曰三百金未許也。劉即於笥篋中，取出五百金，交其父母而歸劉。嗚呼！萍水相遭，天緣湊合，大小喬得一猶難，乃兼而有之乎？何物老劉，消受如許艷福！〔左抱右擁〕

0475	原 53/9	廣戊 5/41 右	大 2/153

幸遇盜棺

聞諸父老云：人當垂斃之年，必有地府差役來拘魂魄；而又畏陽氣太重，未敢近前，則必協同陽世之人以俱往。其人奉差之時，狀類死人，不飲不食，無聲無息；差竣，乃還陽，俗所謂「走陰差」者是也。本埠城南某甲，陰差也。前忽抱病，竟成不起。家人棺殮之，厝其棺於潮州會館義塚後。而盜棺之賊，見而生心，入夜持斧往撬。比蓋脫而陰差甦，持賊足起，賊幾嚇死，然而差之感恩不淺矣！〔生死人〕

0476	原 54/1	廣戊 6/41 左	大 2/154

五足巨鱉

禍人之人，縱逃國典，必伏冥誅雷擊，其顯然也；而禍人之物，亦如之。津門於七月下旬，雷雨大作，擊斃一鼈於河東某家屋後。其大無匹，驗之，足有五。雖不詳該鼈之如何害人；而其形既異者，其毒必深，天道無私，詎無罪而誅耶！〔毒物〕

0477	原 54/2	廣戊 6/42	大 2/155

迎神驅疫

今年秋疫流行，幾於無處不然。漢陽一帶，甚至舉家遠徙，如避兵災者。然人情樂生而畏死，里中父老，創為迎神之舉。其神，青面赤鬚，具手六，每手各執一物，如鏡，如針，如環，如鈴之類；又有雷公、雷母、冥判、鬼王，逐段巡遊，冀消沴癘。此無論事之有益與否，而孔子朝服立於阼階，非所謂儺以逐疫乎？其風蓋已古矣。〔古禮〕

0478	原 54/3	廣戊 6/43	大 2/156

異鼠傷人

禎祥妖孽之乘除，國運之盛衰繫焉；然而禎祥不足信，而妖孽大可懼。史不絕書，所以垂戒後人者，至深切矣。朝鮮近日新出一種巨鼠，喙長而爪利。無論晝夜，見人不畏；貓欲捕之，而反為所傷。稚子夜間熟睡，而眼珠被穿，肚腹遭嘬者，時有所聞。或曰：鼠，陰物也，主小人柄國。朝鮮近年禍亂頻仍，則其說非同穿鑿矣！〔夢想〕〔不到〕

0479	原 54/4	廣戊 6/44	大 2/157

穢物污人

本邑人趙某，訓蒙為業；賃居南市陸家浜湯姓房屋，以為坐地。近嫌屋小不敷居住，議遷他處。核計租金少八千文，趙意擬將頂首劃扣之外，尚有贏餘，不必以出乎爾者反乎爾也，無所謂不直也。乃湯某不允，始以鬥口者，繼以揮拳。趙妻懼夫不敵湯，竟以荷葉包裹穢物，按置湯之口鼻間。而眾於是不直趙之所為，將以扭解巡防局。夫穢物入人口，律有明條。以身試法，該婦太無知矣。諺云：妻不賢，夫遭禍。信然。〔蠻做〕

0480	原 54/5	廣戊 6/45	大 2/158

王八能事

津郡徐家冰窖東，王姓昆季三人，長曰王六，次曰王七，次曰王八。八年輕而喜事。一日，值藥王廟賽會之期，八在門前支板為看臺，接其親串來家看會。而同居之韓姓，與某大寮差官有舊；趁看臺之便，亦邀其眷屬同來。地窄人稠，寔逼處此，因而口角。該眷屬忿不能平，乘輿逕去。俄而有皂靴紅帽者四人，冒稱某汛兵役，指索王八。八突前，曰：「我不窩娼，不聚賭，即有官事，亦有地方官傳問，於汛弁何與？倘敢入我門，必有以處置。」該役畏縮不前，被八擒一而走三。一番恐嚇，而贗鼎自陳，且服禮始釋去。說者曰：「藉非王八，又遭若輩之魚肉矣。」〔有肝膽〕

0481	原 54/6	廣戊 6/46	大 2/159

古井宜封

皖省旌德縣人某乙，與其兄某甲同居合爨，式好無尤。今春乃弟購有隙地，起造住屋。翻運瓦礫，得古井一具。僱工淘摸之，出磚、磁器、古玩數種，皆鐫有嘉靖年號者。前日家人向井汲水，得女履一雙，白主人。遍查室中，獨少嫂氏。亟為撈救，業已斃命。旋據家人云：屋宇落成之後，入夜常有白衣女郎坐井，呼之即滅。至此皆疑為嫂氏之預兆。殊不知古井與古墓同。既出古物數種，詎無貞魂、義魄葬身於其中乎？逝者以蓋藏為安。封閉既久，忽啟而攪擾之，則鬼之為厲於嫂氏者，其不至於封閉不已也。特某姓人不早悟耳！〔宿孽〕

0482	原 54/7	廣戊 6/47	大 2/160

法兵肇事

津沽口外，泊有法兵艦。該水手等，每至下午，即登岸沽飲，飲必醉，醉則橫行無忌，市間人畏之如虎。近又馳馬以嬉，躲避不及者，往往為所撞倒；而猶幸無性命之憂，人亦不敢多事。乃前月十二日，又有水手跨怒馬疾馳驟於英醫院前；一高姓老翁被跌，馬蹄適踐翁面，口鼻遂成血餅，不移時而殞命。刻雖經天津縣陳邑尊照會法領事及會審西員辦理。而西律無抵命之條，則死者之冤，無可伸雪矣。非我族類，其心必異。修好云乎哉！〔犬羊之性〕

0483	原 54/8	廣戊 6/48	大 2/161

科場果報

三載賓興，三場試畢，疇不作掄元想；然而文章學問，屈抑恆多，即朱衣無如才人何也。士先器識而後文藝，捨陰騭，更無功名。隱慝未可告人，即冥誅難邀寬典。祇如浙闈二場，十二日五鼓時，西文場某號內某上舍生，自取小刀，猛劙其腹，縱橫上下不下數十回。號軍稟號官，號官稟提調，至頭牌開放時，飭二兵扶掖回寓。雖膺慘報者，不止此一人；而此一人，則眾目共見者也。諱某姓名，而存其事，為有志上進者勸。〔慘亡〕

0484	原 54/9	廣戊 6/49 右	大 2/162

操演水龍

西人善用火，而亦善防火；其利普者，其害亦烈。故自火船、火車之外，其通商埠頭之工部局中，必置新式洋龍數條，以備民間失火。而又不時操演，察看其靈鈍，預防其損壞。甚不願臨事張皇，等有備於無備也。實事求是之功能，終讓西人出一頭地。〔思患預防〕

0485	原 55/1	廣戊 7/49 左	大 2/163

太常仙蝶

京師宣武門內顯靈宮廟，於七月中旬，有五彩蝴蝶一對，大小約四、五寸。每至日中，向殿前飛舞。觀者招以手，輒翩至，轉瞬即不知其何往。旬日之後，不復可見。識者謂為太常仙蝶。按蝶在元時，已居太常寺署，事詳《日下舊聞》中。乾隆戊申冬至，純皇帝因尚書德明所奏，命宣見德公，求之寺署，錦函以進。上啟觀，盤旋拜舞上下者九，因賜封「蝶仙」。長白麟見亭先生，官中書時，曾兩見之。聖天子恩周罔外，雖化生亦效靈已。〔莊周後身〕

0486　原 55/2　廣戊 7/50　大 2/164

進呈題目

順天為皇畿，故舉行鄉試，一切典禮較各直省尤為崇閎。題目本係欽定，將四書折一角，交軍機處傳送貢院。主考即於摺角之書頁內，公同酌議，刊頒各號士子。其五經、詩、策等題，亦如之。每場放頭牌時，監臨官朝衣朝冠，將題目用黃緞封卷，高托至龍門口，恭置黃亭中，抬送軍機進呈御覽。鉅典煌煌，懿歟鑠哉！〔為國錄賢〕

0487　原 55/3　廣戊 7/51　大 2/165

醉打山門

木匠潘景陽，甯人也。僑居老閘北。嗜酒無度，而又無酒德，所謂不醉無歸，無事尋煩鬧者。港北有送子庵，庵前有女孩，設炒熟白果攤。潘醉後闖至，向索食；女孩懼，避入庵。潘追之，尼知醉漢不可以理喻，隆禮厚貌，甘詞以遣之去。明日，潘又來，依然爛醉，破扉入，藉詞圖詐。尼不堪擾，喚地保拘潘，送會審公堂。讀施耐庵《水滸傳》魯智深打山亭，是何等豪邁；今潘景陽鬧尼庵，是何等齷齪。可見梁山泊大盜，行為亦自不可幾及。〔無賴〕

0488　原 55/4　廣戊 7/52　大 2/166

救火妙藥

西人救火之具，無一不精。近有美人，名耿者，新製藥水一種，攜來本埠。日前在白大橋側試演，尤覺靈妙無匹。其法支松木板架一座，於橋之南堍，高約丈餘，闊八尺許；其中木檔縱橫，交柯接節，下鋪木花，上灌火油。維時中西男婦之來觀者，不下千餘人。耿君布置完畢，以竹竿縛竹花於其梢，引火入松棚，一彈指頃，煙燄透頂。俟至不可嚮邇，乃將藥瓶二個擲入；瓶遇火碎，火威即殺。又擲二瓶，火遽化為煙；而煙隨風散，火亦消滅。再用二瓶，四周一灑，餘燼全歸烏有。真神妙品也。上海一隅之地，房屋鱗次櫛比，而城內尤為危險。一或失慎，潮水不至，雖有水龍，束手無策。安得視民如傷之當道，為未雨之綢繆乎！〔而時出之〕

0489　原 55/5　廣戊 7/53　大 2/167

無臂小孩

生人五官不全，一生必無好際遇。至於肢體不全，則舍乞丐一途，更無以為生。有手臂屈曲而不伸者；有兩足脱落，僅存肢幹者；有前腫後擁，身長不滿二尺者。沿街告化，寔現在地獄也。果其天生殘廢，則亦無可怨懟；然豈無為惡丐騙去，造作奇形異相，以為賺錢計者。京師前門甕洞內，日前來一頒白叟，攜一幼子，乞食道旁。此子兩臂俱無，僅存臂際之根。與以食，以足指撮置股上，俯首而就之。問其年，曰十二。觀者塞途，丐錢者十有七八。所謂惻隱之心，人皆有之也。僕前題意大利國矮人圖説，曾謂江湖惡丐，拐騙人家幼孩，矯揉造作，改換面目，到處哄動，乞錢倍易等情。觀於此，不益信而有徵乎！〔廢人〕

0490　原 55/6　廣戊 7/54　大 2/168

奇案奇聞

男女高裝，陰陽倒置，眾人之耳目，或可塗飾於一時，而究之是是非非，犯案者先自虛心，告發者豈容誣指。乃日報所登之弁而釵一事，則大可異已。楊吉堂，明明男子，娶有妻室；而其友曹幼園之兄，竟於途間，指楊為弟婦；扭解捕房，挺身對簿，始終堅執，千真萬真。旁觀逖聽者，竟莫測其所以然之故。迨至公堂上飭立切結，照牆後任眾環觀，而後二曹之詞始窮，楊某之冤始雪。俯首引罪，受責盈千。則回憶數日間之無理取鬧，畢竟其意何居也。無頭無緒，憑空撰出一重公案，真是奇絕。〔指鹿為馬〕

0491　原 55/7　廣戊 7/55　大 2/169

履新盛儀

法國新簡上海總領事官，名愷自邇，坐該國之公司輪船，於前月二十七日抵埠。維時迎新者，有華捕，有西捕，各隨捕頭往法公廨碼頭，分班伺候。又有執持洋鎗之西兵十餘名。按奏西樂之樂工十餘名。部署甫定，遙見濃煙起處，小輪船鼓浪而來。舊總領事葛君、副領事白君，偕打樣西人上船拜會；除帽握手，互敘寒喧，相邀登岸，分坐馬車，同往密采里西飯店小駐。而于役西人，乃躑躅而各歸故處云。〔徒多事耳〕

0492　原 55/8　廣戊 7/56　大 2/170

患生骨肉

李眉生廉訪，於中秋日疾終蘇寓之網絲園，鄧伯道長抱無兒之戚，至此已矣，無復望矣！在生之日，嗣族姪之子為孫，以奉宗祀；詎孫承大事，即提某處存款一萬兩，藉為治喪之需。事聞於廉訪之如夫人，傳入內堂，正言規訓；而嗣孫非但不聽，竟爾出言無狀。如夫人既痛逝者，又念將來，九曲腸迴，仰藥殉節；而生有一女，亦以怙恃胥失，背地雉經。其情若確，雖節孝萃於一門，而數日之間，牽連三命。「謂他人子」，「入此室處」，其事實多隱痛耳！〔飲恨〕〔九京〕

0493　原 55/9　廣戊 7/57 右　大 2/171

人不類人

大凡物之反常者為怪。人為萬物之靈，尤有多一物不能，少一物不可者。乃印度之勒鐃地方，生一童，現年已十三。頭一而身二，手與足各具四，身則前後相疊，如兩人串行狀；前足舉步，後足隨之而行，手亦如之。有波斯人，出俄銀一千羅卜與其父母而賃之，挈往蒲拿賽物會，以作奇觀；尋又攜往孟買。凡來觀者，須納以貲，計取俄銀羅卜數千。西人素尚格致之學，而於此人之生化，亦無能道其所以然。解人難索，此之謂乎！〔雖多亦奚以為〕

0494　原 56/1　廣戊 8/57 左　大 2/172

卵石待考

卞和獻璞，至刖足而不悔，蓋心知其為寶也。寶藏之興，非即在卷石之山哉！直隸蔚州有樵夫，於山坡剜得土卵一枚，大可徑尺。去其外裹之泥，則一圓石，而形微長，故名之以卵。就澗水洗之，作淡黃色，如鐵生銹；其紋則五分六裂，如數百年前物。樵夫懷之歸，獻於某西士；令玉工察之，亦不能識別其美惡。刻姑存儲西士處，以

俟博物君子。〔抱璞〕

0495	原 56/2	廣戊 8/58	大 2/173

靈輀回籍

左文襄以名孝廉佐戎幕；經曾、胡諸公推挽出山，洊陟封圻，晉位閣部。其間督師陝甘，底定回疆，偉烈豐功，不可殫述。上年欽命督辦福建軍務，艱險盤錯，肩任弗辭。乃於本年七月二十七日，薨於福州行轅。長城猝頹，天子震悼，賜銀治喪，遣官奠醊，飾終典禮，地厚天高。發引之日，官紳路祭，鋪戶輟業。儀從之盛，筆墨難宣。生榮死哀，大丈夫不當如是耶！〔哲人其萎〕

0496	原 56/3	廣戊 8/59	大 2/174

海外奇書

國朝沿有明舊制，以八股取士。士之有志上進者，不得不舉其聰明才力，盡瘁於其中。乃自西國互市以來，風氣一變。秉國鈞者，因勢利導，設同文館，招聰穎子弟，延西人分門督教造就，漸漸可觀。鐵嶺張在初駕部，精英文，熟公法，星軺所指，必帶隨行，往返重洋，歷經四次。去歲請假回國，所得外洋天文、地理、公法、國史等書，共二百數十部，獻之總署。王大臣欽奉諭旨嘉獎，著存書庫，備充公用。識時務者為俊傑，張君固加人一等哉！〔讀未見書〕

0497	原 56/4	廣戊 8/60	大 2/175

殺鹿報怨

前步軍統領榮君，於花園內豢一鹿。司其事者，有圈頭，有圈夫。一日，圈夫陳某入園，不隄防被鹿撞倒，頭顱破處，鮮血淋漓。圈頭王某見之，上前威喝；而鹿不懼人，又將王某觸倒，挑以角，心肝迸出，頓時殞命。陳某竭聲呼叫，圈人始至，一面用械圍鹿，一面呈報統領。統領怒鹿之不馴，諭將此鹿屠宰，以首致祭亡魂。夫虎兕出於柙，監守者與有過焉，圈頭其能解免乎！〔可以食肉矣〕

0498	原 56/5	廣戊 8/61	大 2/176

女伶得庇

營口西大廟住持僧某某，卓錫於茲近三十載。官紳咸敬禮之。近有女伶，自山東來，招搖太甚。當道飭差，驅之出境。領班李某，素知和尚具大神力，稽首慈雲，乞為緩頰。和尚以皆大歡喜為心，允之。於是舞袖歌喉，又得勾留數日。說者曰：「佛家以清淨為本，此僧未免多事。」〔非其義也〕

0499	原 56/6	廣戊 8/62	大 2/177

愛鬥蟋蟀

邗上某翁，風雅士也。生平好促織，每屆仲秋，即邀約友人，效半閒堂故事。頹垣破壁間，覓者之跡幾遍。果獲青頭玉翅，厚值所不吝也。入其室，瓦盆累累，分等標名，鄭重其事。有同嗜者至，款接殷勤，花紅列几，擇吉開場。噫嘻！此老其猶有童心與？〔樂叟〕

0500	原 56/7	廣戊 8/63	大 2/178

錢莊被盜

本埠九月初七日晚八點鐘，三洋涇橋南首西面、抱角第二家朝東、潤康錢庄被盜；劫去寶紋、金鐲、現洋共計一千六百數十元之譜。聞之殊為駭然。夫租界周圍十餘里，人煙之稠密，巡捕之輪行，偵刺有中西包探，踴緝有捕盜局勇。縱有匪類，小竊或不免；而明火執仗，公然結隊行劫於極熱鬧之區，為時尚在黃昏，如入無人之境，一任其傾筐倒篋而去，前此未之聞也。幸而當時拿獲田五一名，解縣審訊，略有端倪。否則，囊橐既滿，四散奔竄，破案不知何日，宵小因而生心。闤闠之中且生荊棘，荒陬僻壤，更何以安？即使天網恢恢，總有弋獲之一日；然而入秦之璧，返趙為難。出事之家，已不知何以為情矣。危哉！險哉！〔惡莠〕

0501	原 56/8	廣戊 8/64	大 2/179

神之格思

閩嶠吳回春藥鋪，著名已久。其售下之銀洋與鈔票等，鎖置一庫。前日因事啟庫，見失去現洋三百餘元。而經管鎖匙之某甲，察視鎖鑰，毫無損傷。遍查不獲，反無以自明。俗傳南台尚書廟二將極靈驗，失竊之家誠求之，案無不破。甲於是披髮跣足，奉二將到店，日夕禱告，冀顯靈佑。噫！典守不慎，乃欲乞靈於土木之偶，不亦愚乎！〔誠則靈〕

0502	原 56/9	廣戊 8/65 右	大 2/180

削木為衣

泰西好奇之士，運其巧思，竭其慧力，每創一器，莫不以別開生面為能。據西報云：英京有某甲，製造新衣之士也；凡英國家水陸各軍所需之衣褲，多經其手辦理。近來思以歐洲軟木，即用以為瓶塞者，削成至薄之質，裁剪為衣式；然後以綢布之屬，內外夾製。令人穿之入水，可以入水不沉，蓋藉木質上浮之力也。製成後，報驗於考工之官，同詣河干，飭令不諳鳧水之人，穿之入水。雖湍急如箭，不過隨流飄蕩，無陷溺之患。然則航海而有此衣，則人命之保全為不少也。群生普濟，該西士誠莫大功哉！〔利涉大川〕

0503	原 57/1	廣戊 9/65 左	大 2/181

賽船續述

西人賽馬以嬉，年必兩舉，舉必三日，相沿已久。賽船則前此未聞，今又行之數年矣。十六、十七兩日，在本埠老閘河中，西人名之曰蘇州河，自東訖西，約三五里。賽時，自二船以迄於四船、六船不等；人則或三五焉，或五六焉。以船配人，務求相稱；惟並賽之船與人，則大小多寡必相埒，無差池。尾隨小火輪二艘，竭火輪之力，不能突過其前。則亂濺鷗波處，正輕飛鷁首時也，如弦激箭，若風送鳶。雖曰嬉遊，亦極能事。〔彷彿競渡〕

0504	原 57/2	廣戊 9/66	大 2/182

親勘河工

京師城濠淤塞，朝廷著張朗齋中丞委營務處遣兵挑濬，已數閱月於茲矣。前月醇王乘騎繞城，親勘工程。計由順治門出西便門，赴彰儀門經右安、永定、左安、廣渠，進東便門。巡行一周，不下四十餘里。貴為賢王，不自暇逸，固苞桑而奠磐石。國家億萬年有道之長，基之此矣！〔本固〕〔邦安〕

0505　原 57/3　廣戊 9/67　大 2/183

淫祀無福

南人崇祀五通，由來已舊。蘇省之上方、高錦等山，疊經前憲毀廟毀像，懸為厲禁，犯者因而斂跡。乃日久玩生，近又有敢蹈故轍者。江陰鄉間，農隙舉行喜事，必款神；神即五聖也，名曰「蜡筵」，又謂之「喜筵」。抱病者，不求醫而求巫；巫之所斷，即至貧極苦之家，不敢不遵，謂之「半筵」。南門沈姓，縣役也；以患病故，許「蜡筵」。延羽士，僱樂工，堂中供五聖神焉。牲牢用全品，需用之物，惟其備，惟其潔，必誠必敬，毋倦毋媮，一似休徵可以立致者。撤筵之夕，召戚友食餕餘。翌日食者患吐瀉，類時疫，人以是咎沈而不敢詈神。且將召巫，為沈之續，可謂愚矣。「淫祀無福」，「明德惟馨」。先民有言，何足為愚氓道哉！〔妖孽〕

0506　原 57/4　廣戊 9/68　大 2/184

押匪私逃

租界之有捕房羈押犯事諸人，不過如縣署中之飯歇耳。案情重大者，無不移縣懲辦。在押之人，無非拆梢、打架、賭博之類，三月、兩月期滿，責釋無甚關係。乃日前虹口捕房，有小匪劉三等數名，擅自逃逸。一時中西包探帶同巡捕，在新閘一帶偵候，果被獲。辦事非不認真也，特未免小題大做耳！〔焉往〕

0507　原 57/5　廣戊 9/69　大 2/185

鹽梟拒捕

軍旅飢饉交相迫，老弱填溝而待斃，少壯恃力以橫行，時與勢為之也。近年鹽禁綦嚴，而甘作私梟者，偏又厚集多人，廣置軍械，遇捕則敢於拒，逢卡則闖而過。前月中旬，有梟頭郭老四、杜老四者，在南奉等處，裝載私鹽二十餘艘，夜泊龍王廟地方。經黨人何姓挾嫌投訴，該處巡防營營官帶領兵丁數百，掩而襲之，船鹽並獲。人則死者死，逃者逃。匪類失風，官軍奏凱。嗚呼！同此兆民，同此謀生，而乃作奸犯科，甘冒不韙，抑獨何與？故曰：時與勢為之也。〔貫盈〕

0508　原 57/6　廣戊 9/70　大 2/186

驢房失火

金陵中秋夜，抱芳閣肇祖龍氏焚書之禍。厥後興武衛署後有某宅，宅旁有草廬，廬為長耳公息肩之所。一夕遺火種於短萁中，控者方酣寢，而星星者漸爾飛揚跋扈。長耳公恐灼其尾，群策群力，為避地計，而草廬遂被拖倒。及人知覺，驚呼議救，而炎炎之勢已殺，正宅幸而無恙。事定查檢長耳公，見項下俱拖殘木，維縶之繩猶在也。始知此屋不經拽坍，回祿氏未必遽肯返駕。驢其知恩報德者乎！〔庣焚〕

0509　原 57/7　廣戊 9/71　大 2/187

登高生子

甯波城南沙泥街天封橋畔，有寺曰天封寺；寺有浮屠十一級，曰天封塔，高與雲齊。陟其巔下視，城如鋸牙，河如束帶。重九之日，附近居民循例登高，必於此塔乎是遊。裙屐聯翩，所不禁也。某氏婦，性好遊，而懷孕已逾七閱月，體又柔弱，經鄰女過提，邀與俱去。纔登數級，已覺氣急不可耐。少憩，腰際酸楚益甚，徒步為難。不得已，僱健兒負之下，喚轎舁歸。甫及家門，而呱呱者已墮裙底。殆哉！世謂生產本是生死關頭，況措手不及乎！〔脱胎〕

0510　原 57/8　廣戊 9/72　大 2/188

小鬼作橫

杭人阿掌，著名之惡少也。其人短小精悍，故綽號「小鬼」。年甫二十餘，而惡如山積，膽可天包，凶燄所呑，即桀驁者亦退避三舍。前月某日昏黃時，在貫巷口煙館中吸煙。有某甲，亦小鬼之類，而不與小鬼為比者。小鬼詈之，甲答以惡語，刺小鬼隱事。小鬼怒揪甲辮；甲亦非畏事者，曰請往門外寬闊處一較手，扭結出門。人但聞甲呼「阿掌」二字，纔脱口即拍然倒地。人競取火燭之，見甲左胯受刃傷，血流遍地。適巡夜委員姚二尹過，拿去，喝笞籐條千八百，且跪鐵練，蓋稔知其惡也。稂莠不除，嘉禾不茂，二尹固賢父母哉！〔討苦吃〕

0511　原 57/9　廣戊 9/73 右　大 2/189

殺人償命

鄂王城下有水閘，前曾浮出一屍。經地保報官，翌日凶手即拿獲。凶手韓姓，開烘糕鋪於人字街，死者其學徒也。當時淺埋室中，旋聞臭穢之氣，謀之於其夥，許以五十千錢為滅跡計。夥利其財，即於深夜將屍支解，包裹而溺之於閘下。事畢分手，而糕鋪亦移設後宰門矣。初韓某懼屍親之索人也，為先發制人之計，以竊物宵遁告其父；且勒其父出不索人據，故從未有屍屬登其門者。豈知天理昭彰，不旋踵而事敗。拘而鞫之，即吐寔。人命關天，作惡自斃。狠心毒手者，臨事尚請三思。〔有天理〕

0512　原 58/1　廣戊 10/73 左　大 2/190

西人賽技

西人之賽事多矣。跑馬為盛舉，三日內停辦公事，午後之逐隊往觀者，寶馬香車，絡繹不絕。其次則賽船，在水一方，爭先恐後，彷彿汨羅江競渡遺意。箇中人未必不以此自豪，然而遊人少殺矣。前月二十四日，又有所謂賽技者，仍在跑馬圈，花樣翻新，不可不一寓目。因屬畫師趨而視之，歸述所睹，則曰：各人持一杓，不知其質之鐵與木，約長尺餘；杓中置一球，如雞卵；舉足齊行，標界為限，務使兩物不相離，而捷足先至者為勝。又見兩木對峙，木有孔，中貫以繩，繩之兩端，一維於木，一繫釘，浮插孔中，離地約三尺許；人則於百步外作勢狂奔，一躍而過；力不逮者，足與繩交絆而繩脱，人雖無顛仆患，然而負矣。跡此二端，特孩子家頑遊兒耳，而亦列入賽事，以供人遊觀，其毋乃每下愈況乎！〔無謂〕

0513	原 58/2	廣戊 10/74	大 2/191

一蹶不振

賽馬之記，書者筆禿，觀者興闌。數見則不鮮，習聞則生厭，天下事大抵如斯也。然賽馬一番，事同而情跡容有不同者，又不可以無言。第三日以跳浜為尾聲。此次偷公事之餘閒，邀同伴出門，一應故事。比至，見眾人引領西望，予亦逐隊仰觀；第見四馬齊出，一黑色，二淺黃，稍後者為白馬。數百步外，每間一浜，浜之沿，堆積浮土若小阜，上插花萁如疏籬，故謂之「跳浜」，又謂之「跳花萁」也。超躍而過，即有前後之不同，而矯健寔相伯仲。將及一周，黑色馬屈前膝，連人和馬陷泥淖中，人名密司海，昏不知人，舁之而後歸。噫！賠了金錢殃及身，當如周郎之氣死。〔傷人〕

0514	原 58/3	廣戊 10/75	大 2/192

兵輪祭海

前月二十八日，吳淞口海塘上，高搭帳篷，中設牲牢祭品。內外洋水師營官率領兵弁，各執旗鎗登岸，在海塘行禮。船則高懸彩旗，齊向口外停泊。岸上排鎗聲與炮聲相為應答。致敬盡禮，咸拜手稽首而頌曰：海不揚波。〔海瀾〕

0515	原 58/4	廣戊 10/76	大 2/193

大盜狡謀

廣東三水縣崗根鄉某典肆之被劫也，群盜深夜明火持械，闖門而入；典夥不敢與抗，任搜括而去，計值銀三十餘兩。該典報巡檢司署，稟請踏勘。其時盜寔未遠颺，探悉官不遽來，乃冒司官衣頂，以眾盜扮差役、房科等人，乘輿呵殿而至。至則重責地保、更夫，俾不能行動，閒人逐出，閉門傳典東訊問情由，令將首飾櫃舁出檢驗。乃一聲暗號，將典中人一起捆縛，以絮塞口，即將櫃中金銀首飾，擄掠一空，啟門喝道而去。又失三千餘金。予初疑為捏詞取笑，然報者確有日月之可指，則非子虛烏有可知矣。以力取，復以巧取，盜之技，亦愈出而愈奇矣！〔如串戲〕

0516	原 58/5	廣戊 10/77	大 2/194

文武爭毆

日報所載之事，不必其果確也，而事屬離奇，姑圖之以供閱者之談笑。揚州徐凝門有新泰錢鋪。前月初，有廣東王姓參將，在該鋪換銀，坐櫃中。適有顯者呵殿過，命停輿，傳問此是何人，敢如此自大。參戎曰：「汝為汝官，我為我民，兑銀換錢，法所不禁，動問何為？」顯者怒喝，責五十板。責畢，參戎高叫曰：「打得好！我乃某軍門屬下參將，亦被朝廷之命者，與汝上省，見制軍去。」伸手將轎中人提之而欲出，經差役七手八腳，擁之而俱去。竊疑此事必有傳聞失寔者。地方官騶從所經，途人相與肅立，是他人之敬我也；以其不敬而遽責之，恐亦無此多事之官長。萬一勢在必責，亦必一訊來歷。就使該參戎自恃命官，不肯先言，而察其狀貌，亦豈積惡匪類之所可擬，乃遽拽而笞之耶？此必傳聞之失寔也。等之妄言妄聽焉可矣。〔下不去〕

0517	原 58/6	廣戊 10/78	大 2/195

院君回國

高麗大院君李應昰，旅居保定數載於茲。今者，高王上書闕下，懇請釋回。皇上以孝治天下，寬鴟毀之前愆，遂烏私之天性；即於八月下旬，派文武官兵護送歸國。到國之日，仰望丰采者，人以萬計，歡聲如雷。高王固至性過人者也，亦由我國家大度如天所致耳！〔殊恩〕

0518	原 58/7	廣戊 10/79	大 2/196

禍福並至

賢書捷報鄉荐，榮膺科第，而在少年旁人，且忻羨之，矧在當局。乃不謂以些小之酬勞，竟致抽刃擊刺，顧不異與。廣東南海縣西樵鄉有新孝廉某者，素有文名。鄉人某甲，逆知其必售，集貲僱快艇赴省，以待放榜。比榜發，某果占高魁。回鄉報喜，冀獲重賞。奉承之詞畢，所欲不滿，即挺撞之詞進矣。孝廉惡其無禮也，揮刃擊之，傷一人。語云：「塞翁失馬，安知非福」，得意失意，集於俄頃，真造化弄人哉！〔小不忍〕

0519	原 58/8	廣戊 10/80	大 2/197

愛酒若命

酒以為人合歡，款賓接客，非此不可；顧一經酩酊，即便不能自持。往往有醉後失事，而醒時千萬悔恨者。杭城琵琶街張錦昌酒店，一日於夜深人定時，有四人闖入沽飲。店夥拒之無可拒，任其持瓢倒甕，大肆牛飲。巡街官職司查夜，動問情由，乃偏遇罵座之灌夫，大遭斥辱。巡員送信總局，差役前來拘去。明日枷示局門，便覺垂頭喪氣。試問昨宵豪興，消向何處去了。〔怨杜康〕

0520	原 58/9	廣戊 10/81 右	大 2/198

西例成婚

西俗凡男女配合而為夫婦者，必署券，領事為簽字；行禮於教堂，必設誓，掌教為主婚。前月二十八日有法人某完姻事，循例先往領事衙門，復往天主堂。車後有西婦十數人，隨之而行，其為伴娘送嫁者流與？抑賀喜之戚友，相與成其美與？莫名其禮，姑會之以意。〔猶是有情人〕

0521	原 59/1	廣戊 11/81 左	大 2/199

換照傷人

租界定章，所有小車、東洋車等，按月於三號為始，執舊照會向英法兩捕房捐換新照會，始准出賃；否則查為漏捐，照章科罰。此定例也。日前為西歷十一月分換照之期，各車戶老少男婦，紛紛至法捕房投報。其捕頭之寫字房，須經石扶梯而進。車戶過多，彼此擁擠，石欄脱筍，壓傷夫男九、婦女一。或破頭，或傷股，或折肱，舁往醫院醫治。所可異者，無心之失，亦無妄之災；而其數適符乎武周之亂臣也，是何故與？〔苛政〕

0522	原 59/2	廣戊 11/82	大 2/200

罰清心地

身入空門，心地不清，強而遏之，是猶防川；川壅而潰，欲橫則流。同在氣化之中，而必令其如枯井之無波，難矣。大抵節操二字，惟聖賢為能寔踐，下此即難言之；況又有披薙非其本心，而為父母強令之者乎！金陵妙相菴住持，號慧根者，與蓮根同受月潭法戒，為弟子。蓮根以不守清規，屢為有司所呵斥。今慧根又不知因何事故，經各護法罰令，在五百尊羅漢前各誦金剛經百遍，清其心以修其身，亦君子愛人以德耳！然究不如勒令還俗之為愈，如願以償，斯為莫大功德。〔勉強而行之〕

0523	原 59/3	廣戊 11/83	大 2/201

鄉人獲虎

前人有言曰：「虎為百獸之雄，性亦通靈。人命關乎天，未敢貿焉攫食。而其所以敢於食之者，以為善之人，頭上有三昧光，虎避之；惡者澌滅盡，虎不避也。」言固等諸齊野，然亦勸人為善之一端。溫郡永嘉西溪地方有潘姓弟兄二人，入山樵采。來一虎，將弟銜之去。兄涕泣不舍，持鋤擊之，呼同伴援救之。眾人圍繞，群械齊進。虎怒釋人，奮身一胡旋，而棍棒刀槍，嚙斷數十桿。後經拳師某力斃之，潘某之弟得以無恙。然則既入虎口，仍慶更生，而虎轉因之自斃。不知附會穿鑿之家，其又作何詞以為解乎！〔徒搏〕

0524	原 59/4	廣戊 11/84	大 2/202

暢飲龜溺

故家子某，寓金陵城南親串家。被服甚都，與人酬接，知與不知，輒稱莫逆。日率其僕，呼朋引類，徵逐於丁簾笛步間，酒地花天，興頗豪邁。狎妓某，形影不離，夜輒宿其寮，為日已兼旬，而一毫未拔也。計酒席夜合貲，約百餘金。龜鴇以其往來多顯者，未敢啟齒。後經其僕道破隱事，始恨前此承迎之過當，無可出氣，乃剝去其衣服，而以便溺灌之以洩忿。噫！老官而空心者，請用一壺。〔臭惡〕

0525	原 59/5	廣戊 11/85	大 2/203

活埋罪人

前署廣東陸豐縣知縣徐賡陛，在任內活埋罪人一案，緣鄉民鄭承望教令其子鄭媽厚，糾同族人鄭牛建等，搶奪分居胞弟鄭承霖穀石。經鄭承霖之妻控縣，差拘無獲，添派勇丁，協同將鄭牛建拿獲。鄭承望輒敢糾眾持械，中途將鄭牛建奪脫，並將勇丁宋求毆傷。時徐賡陛在鄰鄉催糧，宋求就近稟驗，即帶勇掩捕，帶回審辦勒交。尚未出村，鄭承望倔強叫罵，不服審訊。因而用刀禁制，戳傷咽喉，令在路旁掘坑植埋示眾。雖鄭承望罪犯應死，而州縣官不伸國法，擅用私刑，仇殺罪人，其暴戾凶狠之性情，亦可見矣。出宰百里如保赤，而誠求此風，能無繫人思乎！〔不瞑目〕

0526	原 59/6	廣戊 11/86	大 2/204

津人惡打

北方風氣剛勁，自古已然；地氣為之，雖百世不易也。前月天津紫竹林有郭大、郭二者，與薛姓兄弟有嫌隙，各挾梃刃，各招黨羽，爭鬥於法租界中。一場混戰，郭大砍傷頭額，而郭二之手指去其三，薛四已力竭倒地，猶喝打不止口。觀者遙立數百步外，雖喝住手，要無一人敢於上前攔阻者。真惡打也。「衽金革，死而不厭」二語，不啻為若輩寫照。〔輕生〕

0527	原 59/7	廣戊 11/87	大 2/205

創見異豬

華人之旅居新嘉坡者，寔繁有徒。日前有華人在該處木匠街，手攜玻璃盆一具，中置一物，形如豬，一首二面，耳則有八。一時哄動，路人聚觀者，途為之塞。巡差拘解西官，西官命送西醫羅威處，令以藥水浸練，不使變形，送入博物院以備考核。西人之重格致，於此可見一斑。〔異相〕

0528	原 59/8	廣戊 11/88	大 2/206

賊不改志

王小五仔者，揚州人，不耕不織，無衣無食。每當飢寒交迫時，輒忿然作色曰：「大丈夫不能留芳百世，亦且遺臭萬年，安能鬱鬱久居此哉！」則去而從梁上君子遊。久之，飛簷走壁，胠篋探囊，無技不學，亦無學不精；乃於綠楊城郭間一試其妙手空空術。日新月盛，積案如山。某年案破，邑尊知箠楚不足窮其術，飭匠鑄鐵槍一桿，約重數十斤，繫之項與足，俾形影不離。又久之，居民憫其苦也，不復念其舊惡，每家日給數文錢，銖積寸累，居然有家室矣。上月某夜，忽又見獵心喜，穴某家壁而入。究以鐵槍笨重，運掉不靈，為事主所獲，執送公庭。君子曰：是為馮婦也。〔怙惡〕

0529	原 59/9	廣戊 11/89 右	大 2/207

詐死誆錢

商人建立會館，籌設公所，抽收羨餘，以恤同業之困乏，意至美，法至良也。乃有利必有弊，亦視奉行者之何如耳。上海金箔一業，亦循是例，凡同業死，無以為棺殮者，向司月處提取公項錢十千文，以濟其急需。有林某者，習是業而行為不正，早入窘鄉。日前令其母赴公所，報病故，司事攜錢往，見林僵臥榻上，無氣息。司事慮其譸張為幻，以紙煤薰其鼻觀，大嚏不止，挾持司事衣袖，曲跽求救，司事曰：「似此為人，此款終巴結得到手，但須稍待時日耳。」婉而多諷，語殊雋永。〔白辛苦〕

0530	原 60/1	廣戊 12/89 左	大 2/208

手生於頰

舜目重瞳，禹耳三漏，聖人賦稟，原異凡庸。乃營口訪事人，述一奇形，則更為前所未聞。曰：盛京刑部前司經承某君，本遼陽人，年已半百，辦事如漢廷老吏。近以考功之期將滿，守老氏「知止不辱」之訓，擬抽身以去。一日，右頰覺奇癢，以手抓之，其熱如火。無何，熱處墳起如塊壘，纔長增高，竟生一手。某大駭，去之不得，留之不可。親戚探問，嘲之為「氣使而頤指」，取喻固確切也，然未免謔而虐矣！〔享得好〕

0531	原 60/2	廣戊 12/90	大 2/209

華山觀龍

距金陵城七十里有花山。山不甚高，而頂有巨潭；潭水寒而碧，龍窟也。霜降後，龍歸潭。欲見者託山僧爇瓣香，植木錘於水，即有蜿蜒長尺餘者，緣之上。爪有五，當額處角痕隆起，鱗甲斑斑可數。觀畢，觀者為禮，不見其逝逝矣。噫！伏處則泳游在水，乘時則膏澤下民，大丈夫不當如是耶！〔潛龍勿用〕

0532	原 60/3	廣戊 12/91	大 2/210

喜而不喜

吳俗完姻之家，賀客於喜筵後，趁酒興相率入新房，為鬧新房之舉。推其意，不過欲一見新娘之顏色耳。揚州彩輿到門，不即啟帘，謂之「悶性」。安樂巷某姓為其子完姻，循俗例。乃有甲、乙兩少年，掀帘揭頂，囉唣盡情。主人惡其太無禮，拘送保甲局。局員不知此事本同兒戲，乃責令荷校以遊街；而議者且嘲之曰「吃獨桌」。嘻！過矣！鬧喜事者固惡習，而送官責懲，則直以無賴視賀客也，恐非主人之福也。〔唯何甚〕

0533	原 60/4	廣戊 12/92	大 2/211

五馬齊翻

湖北於十月初七日考武闈馬箭。頭場主試者為總督裕壽帥。闔省僚屬中，派有武闈差使者，先至閱馬廠恭迓憲節。壽帥至，升座堂。參畢督轅，武巡捕穿花衣，乘白馬，先由馬道奔馳一過；武生、馬夫各騎馬追蹤而上。霎時間，飛塵蔽天，萬目駐視。第一馬馳突稍緩，為次馬撞倒；而次馬亦以蹄阻不得奮，壓於前馬之身。由是而三、而四，以至於末者，無不翻跌，挨次背負；雖疊床架屋，未足喻其積累之厚也。所幸騎者以嫻熟稱，騰身躍下，未受重傷。否則，戰未死之沙場，而屍將裹之馬革矣。殆哉！危乎！〔今夫蹶者趨者〕

0534	原 60/5	廣戊 12/93	大 2/212

悪婦相打

花木蘭、沈雲英，以婦女而得勇名，後人稱道不置口。京師有新街，婦甲居其東，婦乙處其西。兩人之情若膠漆，蓋同以訛詐為事，巾幗之青皮也。近忽因事挾嫌，一日遇諸塗，各出惡言以相爭；爭之不已，則相詈；詈之不足，則相毆。露盡醜態，不可描摩，觀者拊掌大笑；且曰：若有人遴為娘子軍，自當拔戟自成一隊。〔蚌將軍〕

0535	原 60/6	廣戊 12/94	大 2/213

血濺羅襦

西人冶遊多粵妓，取其通西語，而又肯移樽以就教。粵妓亦以司空見慣，樂於承迎。前夜有某輪船之二副，招粵妓雙桂者至彼船作夜度娘。雙桂奉鴇命，不敢不去；去則西人早入醉鄉。不知西人因何意見，拔刀刺雙桂股。股裂血溢，大呼始遇救。時已夜深，不能登岸，忍痛拳伏於船隅。西人則仍為元龍之高臥。天明酒醒，始悔非是，自投捕房，願給醫傷費。而鴇與妓亦以勢力不敵，忍痛了事。嗚呼！以柔弱女子，而時與豺狼共處，不知前生作何罪孽！〔流丹〕

0536	原 60/7	廣戊 12/95	大 2/214

痛定思痛

「索欠不帶憑據，被告不知數目，真是一對糊塗。」此前日翁太守責房主陳瑞林、租戶袁松林之語也。袁欠陳租，經陳控案。審訊時原告立而不跪，太守斥之，旋跪旋起，自稱有功名人。太守駁之，則又出言挺撞。及為清理數目，乃原告有簿而未帶，被告並無一字之可呈。各執一詞，相距二十餘元。故將欠者管押勒交，將控者責手心八十下，以懲其出言之悖謬，而又用善言以開導之。君子愛人以德，在上者一片婆心也，此老幸勿誤會。〔討苦吃〕

0537	原 60/8	廣戊 12/96	大 2/215

妓客同逃

妓女從良，到官無有不准。非必為風化計，蓋慮其色衰齒長，流落無歸耳。然官斷憑理不憑情，故鴇兒之掯阻，在所必懲；而嫖客之串提，亦所必究也。於是詭計百出，更有出人意料者。東棋盤街敘秀堂妓院，某夥妓房適傍街口，前晚與其所暱之客，商約同逃。俟天明女傭等正酣睡，客以然巾繫妓腰，從樓窗懸之下，客則整衣從大門出。雖有司閽者，初未之覺也。迨午炊見餉，傭人揭帳探視，則室自邇、人自遠矣！近來本埠襲紅拂之故智者甚多，但恐所遇未必李衛公耳。〔中局〕

0538	原 60/9	廣戊 12/97 右	大 2/216

不受羈勒

瓊樓接霄漢，絲柳漾邊堤。風送浦水，自然成紋。火船鼓輪，划船盪槳。日西斜，向東曠視，萬景齊收。暇時安步當車，游行一過，異常愜適。沿浦一條路，正所謂履道坦坦也。曾不謂危險之事，即伏於其中。日前虹口百老會路老船廠門前，停有馬車一輛，馬忽溜韁，絕塵而馳。時則行人如織，避之不及，乃被撞跌。闖至大橋邊，有美國兵船水手某，見之躍而登。雖以韁索拖地，伎無所施；而攀躋衡軛，舒臂收其韁，而馬乃定。語云：安不忘危，願行馬路者三復之。〔危道〕

0539	原 61/1	廣己 1/1 左	大 2/217

曲在西人

造紙公司之西人，下鄉獵禽獸，誤斃鄉人公雞一頭；鄉人向之索賠，理也。乃西人初不之允，輒將鄉人毆傷，始擲出洋一元，掉頭不顧而去，自以為了事矣。宜乎鄉人不願，尾隨其返，以俟下落。乃西人復挾前怒，持棒出，擊傷鄉人五名，先往捕房投訴。幸而中西包探，不作庇護想，稟請領事官辦理，以伸其冤抑。否則鄉人何辜，肯無端受此淩辱乎！激成大釁，必自細故始，兩無裨益也。西人之橫，西人之愚也！〔滋事宜辦〕

0540	原 61/2	廣己 1/2	大 2/218

蒲王能軍

蒲而加里亞國王，生於西歷一千八百五十七年四月五號，現年二十八歲，原係日耳馬尼亞某王之世子。土、俄交戰之後，立為蒲王。今為賽爾維雅國兵壓境，蒲與之戰。初次電傳到滬，謂賽兵得勝，繼云賽兵敗衄。越日來電，又謂蒲之回亭城垣被賽轟燬，而末云賽兵大敗而退。程途數萬里，幾疑電傳之失寔。乃譯西報，謂：「賽之攻蒲，兵分兩路。一攻蒲之西南拉多米地方，奪獲其地，勝矣。蒲王聞凶耗，親率師，敗賽而復其地。一攻回亭，回亭在蒲之東南，其城垣已被攻破，賽又勝矣。而蒲王既摧賽於拉多米，即抽兵以捍回亭，賽又遭敗而退。」軍情瞬息千變，然蒲王之勇敢善戰，不可謂非發憤為雄之主矣！〔情同蝸角〕

0541	原 61/3	廣己 1/3	大 2/219

人貧智短

所識窮乏者得我與？則萬鍾之受，不辨禮義，子輿氏非之。然生今之世，而能以所受者周濟其所識，則且以古道可風奉之矣。某甲，本邑人，因失業入窘鄉，告貸於其友。友性吝，一毛不拔，而并斥其所以致窘之由。甲慚憤交并，歸語其妻曰：「飢寒固難忍，人言更難受也。」入夜雉經死，一切後事俱無著。王茂宏有言曰：「我雖不殺伯仁，伯仁由我而死。」不知此友聞之，知負疚於心否？〔可憐〕

0542	原 61/4	廣己 1/4	大 2/220

紀鷹揚宴

前月二十六日江南武闈報竣，例行鷹揚宴，典禮與鹿鳴同，陳設在貢院之至公堂。由堂而下至丹墀，共三十二席。首座為爵帥，餘則以官階之大小，定位次之高下。新武舉二十餘名，亦各就席坐。盃箸未及舉，而肴饌早被撤去，狼籍滿地，頃刻都盡。典禮如斯，習俗如彼，創之者誰，必別有命意之所在也。君子於其所不知，蓋闕如也。〔三嗅而作〕

0543	原 61/5	廣己 1/5	大 2/221

緬民善獵

緬甸西北邊境，民類不一；然皆短小善射，出必手挾弓，腰插箭，自幼操習，故百發而百中。有西人親見十齡童子，彎弓於百步外，射一野牛，弓弦響處，矢貫牛腹而過；又見一人，跨身樹梢，拈弓搭箭，一矢射斃二百步外之猛虎。其伎可謂神矣！是民不務耕織，獵獸以為食，性嗜酒，得飲輒醉，陶然自樂，無奢求。懷葛之風未渺乎，而甘酒禽荒，惜未讀〈五子之歌〉耳！〔盡羿之道〕

0544	原 61/6	廣己 1/6	大 2/222

擲果滿地

九江都天巷口，於前月十一日清晨，有弁兵乘馬自東得得來。在轉灣處遇某宅行聘夫役數名，猝不及避，致被撞倒。盒中果品，狼籍滿地，路上孩提爭取以為笑樂。其咎固在跨馬者，然亦只得委之兩不小心而已。〔造化小兒〕

0545	原 61/7	廣己 1/7	大 2/223

爭柴斷臂

溫郡永嘉楠溪五尺地方，胡某之子，年十四歲，入山采薪。與後山鄭某，爭柴口角。鄭取柴刀砍斷胡子右臂。胡某痛子情切，赴縣喊冤，求為伸理。夫使鄭某而為十餘齡之童子也，諒無如此大膽；若為壯者，則當知人命之關係至重，決不至因無多柴草，而造出一段命案來。是何仇讎，竟敢生此毒謀，下此毒手！〔折胳〕

0546	原 61/8	廣己 1/8	大 2/224

緝土遭毆

自洋藥加捐而後，當道密其網以為羅，私販多其智以為遁。雖被獲之案，日有所聞，而無從緝獲者，更不知日有幾許也。蕪湖江灘有木棚，售私奸儈，倚棚為寄頓處。緝私局有所聞，率巡丁於深夜掩捕之，冀不走漏也。詎意棚中人鳴鑼聚眾，大肆毆鬥。次日稟報，反誣局員夜半毀門，恣行搶掠，局員亦以販私拒捕詳上憲。亦可見辦理此事者之未盡善也。民俗豈盡梗頑，王政不尚操切，是在因其利以為利、使由不使知之君子。〔辦理〕〔不善〕

0547	原 61/9	廣己 1/9 右	大 2/225

眸子眊焉

虎狼在道，人皆知所畏懼而有戒心。若夫鳥，本非食人之物，宜不足備矣。乃青浦南鄉青村港某鄉人，於黎明時上鎮貿物，經過叢林下，有大鳥自巢飛出，掠鄉人之面而過，炯炯雙眸竟被啄去其一。雖不至有性命之憂，而負痛亦已不淺矣。有知之者，謂為疾視長上之報也，理或然與？〔猶有存者〕

0548	原 62/1	廣己 2/9 左	大 2/226

緬亂述略

緬甸在中國滇省之西，而斜入於南。雖與安南、暹羅同作中朝之藩服，而除歲時朝貢之外，一切政教號令，悉聽其自主。國俗重佛教，自君主以至於庶人，無不信禮之。百工藝事，惟女是承，男子坐而嬉，習俗使然，由來舊矣。今王名底母，出自嬪御，得國不以正；為人昏而暴，貪而忍，誅戮人民，不知慘酷。英人設埠於其沿海之仰光地方，歷有年所矣。今以商務之故，攖怒英人，至喪師失地，而人亦被放。按緬甸本非貧國，厥土宜禾，出米極多。多崇山，厥木惟喬。地不愛寶，尤為五色寶石之出處。英人利其木，糾公司以經理之。緬廷坐收若干銀，而不預其事。近以貸銀不合，暗通款於法，思借法力以拒英。英察知其有貳心，興問罪師，命印度將軍缽楞德加斯統兵一萬名，由印度進壓其境，一戰而兵潰，再戰而王虜。語云：「不度德，不量力」，其斯之謂與！

0549	原 62/2	廣己 2/10	大 2/227

緬甸都城

緬甸多地震，甚則牆垣屋宇，立刻傾頹。舊都遺址，委之荊榛，遭震劫也。茲都為二十年前所創建，城形尚方，高二丈六尺，為門十有二。城內居民八萬餘，房屋一萬三千所。王宮在其中，亦壯麗，亦爽塏。危樓傑閣，高入雲霄。而儲銀有庫，鑄錢有廠，製造局、火藥房悉備焉。規模頗不委瑣，惟治理無人，為可惜耳！〔百雉〕

0550	原 62/3	廣己 2/11	大 2/228

水陸兩宮

緬王之宮有二。其在陸地者，以磚木為之，下方上銳，形如浮屠，層層彫鏤，不數「翬飛」「鳥革」之華。城內有湖，湖面如鏡，寔木牌於水，首尾造成舟形，支屋七八層，彫鏤之工，與陸宮相伯仲，上下接以小舟。此緬王志在流水時，率群侍以流連於其中者也。「溯游從之，在

水中央」，葭蒼之詩，彷彿似之。〔有臺有沼〕

0551	原 62/4	廣己 2/12	大 2/229

緬甸文臣

語云：爵人於朝，與人共之；刑人於市，與眾棄之。明乎黜陟之權，雖國君不得而私也。緬之文臣，不以選舉進，鞶帶之錫也，視乎意；苟不如意，三褫隨之，甚則撻記橫施，貶為寺僧奴僕。在位者，不給俸，其官何地也，即以其地所自出之財，以養贍其身。圖中冠高冠者，為宰相；衣白衣者，為駐印公使。據云該公使曾遊英、法兩國，通曉兩國語言文字，亦庸中之佼佼者也，餘則自鄶而下矣。〔修文〕

0552	原 62/5	廣己 2/13	大 2/230

緬甸兵將

選將之道，古與今不必其符節，而大旨不外行伍出身者為上。取其身經百戰，膽識俱優，庶致勝之效，如操左券矣。緬無軍政而有軍籍。民之懼入軍籍者，賄將得免。將無出身，以強有力者當之。西人長於砲火，舊時之弓刀且不敵，而欲以漫無紀律之卒伍，當精鋭之師徒，欲不敗也得乎？南方故多象，負重致遠多賴之。此將即守禦緬南之將也，俾閱者知其大略焉。〔偃〕〔武〕

0553	原 62/6	廣己 2/14	大 2/231

取獸冰上

蒙古庫倫一部，地極荒寒，向稱不毛。居民生計，除由土默特駝運稻米、麥、麵外，餘皆田獵為事。地勢使然，無足怪者。該處多崇山，深林密菁中，為野鹿、野豕、獐、兔、狼、羊等所聚族。極其走壙之能，瞬息直可數里，取之亦非易易。惟堅冰既至，眾獸喜從冰上遊，獵戶即置食物於冰以誘之，隱身樹石間，擊之無不殪。今何時乎？以其時考之，則可矣。〔于畋于遊〕

0554	原 62/7	廣己 2/15	大 2/232

中法換約

中法條約前經法國議院核準，後由伯里璽天德簽押蓋印在案。此次全權大臣戈可當來華，經外部大臣弗來西內將該約齎交戈公使，敬謹攜來，訂期互換。先期照會總署，總署於奏聞後，恭錄諭旨復法使署。隨於十月二十二日三點鐘至總署互換。約內載明兩國大臣爵秩、官階，暨換約之年月日期，用華、法文字繙譯照錄。各備二分，鈐用印章。將事畢，戈公使率同參贊，恭獻頌詞，以祝兩國長享太平之福。總署各大臣亦起立酬答，彼此盡歡而散。〔修好〕

0555	原 62/8	廣己 2/16	大 2/233

路狹人稠

甯波老江橋東西兩堍，不甚寬廣，雜物攤之鋪陳於橋面者，又復多若繁星。行者殊形不便。上月二十九日上午，四鄉航船乘潮齊到。橋上往來行客，各欲爭先，致餳糖擔與麵粉擔碰撞，各自跌翻。麵既若糝徑楊花，餳亦如牽風荇帶。內有三人足力不支，傾撲於地。眾人自顧不暇，踐踏而過，迨為扶起，已受重傷。君子筮易，而得天雷之象，曰：是謂無妄之災。〔行路難〕

0556	原 62/9	廣己 2/17 右	大 2/234

雷擊耕牛

宜昌於九月杪，被雷擊斃一牛，遐邇哄傳。謂是日上午晴明，下午風雨。該處山前後，為農家牧牛地。牧者方牽牛以歸欄，忽霹靂一聲，某姓之牛為雷震死。牛背判有字，驗之則曰：「雷公本姓劉，平生不打牛，因他前生為知府，錯砍九人頭。」事固荒誕不足辨，而判語更鄙俚而不文。等之妄言妄聽焉可。〔然乎否乎〕

0557	原 63/1	廣己 3/17 左	大 2/235

小流氓

習俗移人，賢者且猶不免，況在初基未立時乎！本埠租界中，向多流氓拆梢事。近來十餘齡之童子，亦尤而效之，到處生事，無惡不作。當此稚齒，已入於下流而不自愛，異日成人長大，益覺自新為難矣。近朱者赤，近墨者黑，少成若性，此孟母所以擇鄰而處乎！〔習於惡則惡〕

0558	原 63/2	廣己 3/18	大 2/236

紐約口岸總圖

美國紐約地方，為商賈薈萃之區，其口外小島林立，舟行多曲折。當門更有一巨島，砥柱中流，巋然雄峙。海水至此，異常湍急，非用第一等引港人，偕之出入，船必立成齏粉。該處人名之曰「地獄門」，其險可知已。惟是生意日甚一日，帆檣出入，如梭如織。以貨稽之，不下四、五百萬金之數。故竭該處人之心思才力，欲鋤而去之，而迄未得化險為夷、一勞永逸之良策，俾輪行者歌履道坦坦耳！〔海外〕〔雄鎮〕

0559	原 63/3	廣己 3/19	大 2/237

化險為夷上圖

有將軍名紐登者，慨然曰：「天定可以勝人，豈人定不足勝天耶！」爰於九年之前，先將近口小島，漸次剷除，而後程工於其大島。其法，命人在石上鑽穴以進，先於巨島之顯於水面者，繼長增高，壘石為圍，以蔽海水之入穴，覆屋其上以居工匠。工匠持斧，鎚幽鑿險，寒暑無間。自始事以迄終事，凡九載計。石內所闢路徑，有二千一百六十七丈長。鎚下碎石，設鐵路以運出，壘於圍，如長城。地中曲折窵遠，左右上下悉有孔，如峰房。中不通光，置火於各人之帽沿，以事事。將軍預製炸藥，寔之銅管，至此以銅管納入孔中，為火發計。布置周密，乃定期舉事。……〔由地中行〕

0560	原 63/4	廣己 3/20	大 2/238

化險為夷下圖

……本年九月初三日，將軍命駕至止，命其十二歲之女，捩機發電。遠近來觀者，或在船，或在岸，皆屏息以俟。維時將軍之女，用手向電線一指，隱隱聞隆然一聲，如雷鳴地中，地亦略為震動。但見海水壁立如銀山，高至十五丈，乃大觀也。此後行經此水者，可放膽遄行，更無疑懼。是役所費頗不貲，即炸藥亦用至廿七萬五千磅。九年之功，成於一旦，將軍之勳，不其偉與。〔善用少攻〕

0561	原 63/5	廣己 3/21	大 2/239

文壇演武

松郡有汪姓文童，短小精悍，矯健絕倫。上月初十日，應縣試。門扃，題紙下，他人閉目凝思，欲一試奪標手，汪則酣嬉跳舞，若忘其為鎖院掄才也者。或諷之曰：「大丈夫當於長鎗大戟中覓生活，誰能耐此覆醬瓿物乎！」因折凳足，效公孫大娘舞劍器，取竹竿當綠沈鎗，信手揮來，人莫敢近。於是一片喝采聲，如疾雷之震耳。汪至此，益覺興高采烈，曰：「技不止此也。」乃更褪長衣，如猱之升木，握龍門懸燈索，為演梨園之三上弔。正在顧盼得意間，砉然一聲，索斷而墜，頭破血溢，襟袖皆紅。客有問其痛楚與否，曰：「此正朱衣點頭兆也。」聞者雖竊笑其頑，而亦未嘗不服其敏。〔好頑〕

0562	原 63/6	廣己 3/22	大 2/240

搜神小記

揚州仙女鎮之南，有地名江家橋，乃木商薈萃處。木商中有張姓者，其姪為叔司出納，人頗謹厚。一日途遇一女郎，姿態靡曼，飄飄若仙，心好之；祇以勞燕分飛，未通謦欬。入夜歸房獨宿，方合眼，見女郎至，謂張曰：「我本瑤池第三女，姊妹有七。因事小謫，當與君了一面之緣。」無何搴帘入者有六人，鳳髻盤雲，蛾眉彎月，衣服古雅，非時世粧，蓋女郎之姊妹也。紛紛捧奩具，為女易粧，又取靴帽袍套，為張穿戴。為間巨蠟高燒，雙雙交拜，攜手入帷。款洽臻至，張至斯暢然意滿，漸入黑甜鄉。聞耳畔小語曰：「離長會短，奈何！」張開眸審視，則女郎已失所在，檢視衾底，則落紅猶殷然也。但不知所遇者為何物耳！〔魑魅喜人〕

0563	原 63/7	廣己 3/23	大 2/241

萑苻不靖

松郡西門外有一元泰衣莊，近因減價出售，故聞風而至者，俱欲得便宜物以歸。而翦綹挖包之徒，亦廁足其間。有一操外路口音者，攫取鄉人洋若干元。為另一鄉人所瞥見，乃扭至東嶽中，裸縛於庭，鞭撻數次。并於身畔搜出白洋布一方，上有一印如寶塔形，內寫「楚岳山第六名，同心協力」字樣，當即解縣訊辦。愚民入教為非，亦知國典之未可倖逃乎！〔伏莽〕

0564	原 63/8	廣己 3/24	大 2/242

暴客驚禪

金陵出朝陽門沿鍾山南麓，拾級而上，約二里許，有寺曰「半山」，即王荊公之半山草堂也。亂後，祇存香積廚未遭劫火劫，有兩、三病頭陀相與埽紅葉補白雲而已。上月八日夜已深，老衲聞剝啄聲甚急，未及啟關，已一擁而入。取佛前香上火，覓殘蠟，往廚下炊白米，飫殘羹，胡亂大嚼，瓜分贓私。時山下雞聲已亂唱，找寺僧而謂之曰：「我輩從南中勾當來，所犯禍當不測。汝若為『豐干饒舌』，必有所不利。」言已，匆匆出門去。越數日，寺僧下山，向檀越言之如此，但不知南中那一家，又是連天叫苦。〔險嚇煞〕

0565	原 63/9	廣己 3/25 右	大 2/243

考終命

學院行文各屬，舉行縣試。松郡即於上月初十開考，有某童年逾六十，鬚髮皆白，冊年則填八十餘，蓋冀日後登壽榜也。正場作未冠題，案發名前列，趾高氣揚，大喜過望，無意中頓遭傾跌，斃於道。嗚呼！以六十餘歲之老翁，猶以熱中應童子試，偶列前茅，便爾喜出望外，而至於路斃。功名誤我，不亦大可憐乎！殆熟讀〈洪範〉之五福者乎！〔不知老至〕

0566	原 64/1	廣己 4/25 左	大 2/244

異形乞丐

殘廢之苦，見者慘目；不知身罹此厄者，更何以為情也。揚城教場街一帶，近有二丐，一則四肢雖具，而臂無手，腿無足，口無舌，胸以下柔軟如綿，蹴以足，團團旋轉如肉球。有疑為惡疾所致者，予終以為矯揉造作而成者也。夫人至飢寒交困，亦云苦矣。乃是丐於飢寒外，又受無數苦累，真是地獄！〔生不如死〕

0567	原 64/2	廣己 4/26	大 2/245

邊防巨炮

瑞生洋行之麥得臘司輪船，由外洋抵埠滬，裝有阿姆斯脫郎廠製成巨炮八尊，並彈子數百墩。皆係中國購辦者。日前在下海浦，用機器提置公和祥碼頭。每炮約重四十墩，每提一炮到岸，則船身為之浮起。其重可知矣。聞將運至吳淞口並長江口岸邊防所用。善夫，有備無患，國之善經也。〔大將軍〕

0568	原 64/3	廣己 4/27	大 2/246

短小精悍

自火器盛行，而習武之道衰矣。習之者，有內工，有外工。淺之足以衛身，精之足以奪命。惟獷悍者多，而循良者少也。京師東四牌樓隆福寺內，有一人身長不滿三尺，鬚髮已斑，善使槍棍，跳躍飛舞，捷於猿猴。其同黨居為奇貨，圍以布，入內索觀者，須納京錢二百。但無與為比較者，則不知其技藝之高下。〔一人敵〕

0569	原 64/4	廣己 4/28	大 2/247

謬託相知

近來滬上絲、茶、洋貨、錢業各幫，於時下新貴，無論一榜、兩榜，送硃卷打抽豐者，其出帳則曰「靴丐」。惡薄市儈，出言無狀，固也；然於素不相識之人，而欲其貺我，視居間人情面之大小，以決取數之多寡。雖非強賒硬討，而要不得謂取不傷廉也。自愛之君子，或不為此。江蘇某孝廉，儒而兼賈，宅前設一南貨鋪。本科棘闈戰捷，泥金帖投報紛紛。一日，有人至該鋪購物，應納錢五百餘文，乃罄腰橐，不足數。因以遇便帶來請於夥。夥以萍水陌路對。曰：「汝固不識我，貴東與我，友也。」夥之不已。孝廉聞聲出，熟視之，亦曰：「從何處邂逅來？」其人袖中出報單一紙，并賀儀二百文，笑謂主人曰：「無徵不信，世好之稱呼具在，何遽忘耶！雖然青眼惟君，白眼亦惟君，亦既棄予如遺矣。則報單所不敢受，賀儀似可無須。」乃拆紙裹納短數，乞餘錢，索索入

腰橐，取物昂藏去。觀者譁然。噫！此即靴丐之名所變而出焉者也。抽豐能有幾何？殊不值得。〔切須自愛〕

0570	原 64/5	廣己 4/29	大 2/248

購鎗舞弊

法事行成之後，各省籌備海防，不遺餘力。有山西候補知府董某，具稟醇邸，稱有俄商密爾司處買辦陳怡恭，由俄購到新式必波地火槍三千桿，鉛子三百萬顆。自甘照本出售，以明報效之忱，並具甘結。內開每桿價銀九兩，鉛子每顆二分云云。醇邸見稟中言詞肫摯，遂委前曾出洋之蔡別駕，察驗樣鎗，以定去取。嗣據別駕覆稱，此鎗靈捷可用，價亦甚廉。乃發給委札護照，飭赴申迎提。嗣接出使日本徐星使來文言：橫濱領事官咨稱，據美商米利敦言，刻有俄商密爾司偕華人陳怡恭，持神機營執照，來此購辦洋鎗；但此鎗已經糟朽，切須修理。其價每桿不過值洋五、六元。醇邸知受奸商誑，因急發電止之，勿與交易。一面飭傳董、陳二人到京候訊，以憑核辦。夫軍械何事也，乃罔上行私至於如此。誅之不勝誅矣！物必先腐也，而後蟲生之。異類之無良不足責，其如漢奸何？〔有天良乎〕

0571	原 64/6	廣己 4/30	大 2/249

妖髡拐婦

杭垣祥符寺僧人靜慧，鍵關求施捨，願滿將大興梵宮。有巨賈之妾，孀居已十載，蓄有餘貲，愛結善緣。近更自備齋糧，乞禪房花木深處，為清修地。不意塵魔未淨，冤孽相逢。坐關者既鑽穴以相窺，繡佛者乃開門而見納。兩心浹洽，俾小僧沐浴於甘露水中。揭諦揭諦，皆大歡喜。嗣慮紺宇琳宮非藏嬌所，另覓金屋。乘頭上煩惱絲新長養，易服潛行。寺中一切，委香司孫某謹守之。安置妥貼，仍返關以掩眾人之耳目。乃和尚色心熾，香司盜心生，伺其去遠，席捲而去，刻經地保報官查封矣。嗚呼！天下財色兩字，真是誤人不淺。〔無怨無曠〕

0572	原 64/7	廣己 4/31	大 2/250

疑案待查

京師前門外迤南珠市口，有華盛麻刀鋪，門以外設泡麻水缸數具。一日清晨，啟鋪門，見缸中倒浸一男屍，缸水皆赤，報官請驗。嗣經中、南、東三城司官會驗，得屍身無傷，惟外腎有自割痕。於其衣中搜出封套一扣，中空無物，面書「山西學政致禮部公文」，係十月初二日所發者。刻已咨明禮部，行文山西查訊原委。俟回文到日，再行核辦云。〔為色乎〕

0573	原 64/8	廣己 4/32	大 2/251

怪風斃孩

浦左高家巷四通橋某甲，家道小康，生有三子；長六歲，次三歲，幼者尚在襁褓中。前月中旬某日，兩孩嬉戲門外，突有狂風一陣，捲地而過，如說部書中所謂飛沙走石者然。孩之母在中堂織布，驀聞兩孩失聲狂叫，奔出視之，則長者失左足，而次者失左手。鄰女聞知，入視床上孩，則滿面血流，鼻亦不知去向。移時三孩輾轉斃命。該處鄉人且謂是風來時有黃色小犬乘之而行，好事者遂附會為天狗星云。〔涂說〕

0574	原 64/9	廣己 4/33 右	大 2/252

竊豬奇想

蔀屋小民，蓄豬數頭，為卒歲之需；飼之護之，惟恐其或失之。乃桀黠之賊，偏能竊負而去。其法，以酒和麵，成饅首，與之食。豬醉，嘶不成聲，任人顛倒。剛鬣剛鬣，那有福分與酸秀才為友。〔為賊所算〕

0575	原 65/1	廣己 5/33 左	大 2/253

折獄以武

中國官長之治不法人也以法，任爾恣睢暴戾，一經對簿，無不滿口乞憐，莫之致而致，千萬人一律也。乃聞舊金山一犯，則大可異已。當刑司伏案，手定爰書之際，該犯傲岸欲出，捕役阻之不獲，將兔脫。刑司見之，離座下堂，親自拘之。犯見刑司魁偉，氣稍餒，舉手對毆，力更不敵，始帖耳就縶。犯不畏法而畏力，真是海外奇聞。〔以力服人〕

0576	原 65/2	廣己 5/34	大 2/254

文童鬧市

十一月二十五日為蘇州府試之期，九縣童生畢集於此。圓妙觀前為市肆熱鬧處，候招覆者，亦往往朝茶暮酒，以此處為遣興消閒。初四夜十二點鐘，有下縣童生大鬧於大東陽火腿店。翌日，又向月中桂香粉店門口，幸而司帳人見機，再三陪禮，始了事。乃往間壁一陽樓徽館劇飲，而餘怒悻悻未息也。店係徽人所開，承迎每欠周到，加以錢洋出入，未肯圓融；則童等借此興問罪師，一呼百諾，我武維揚。市中人無可解勸，以至鳴鑼聚眾，如擒大盜。當經獲住三人，一屬吳江，一屬常熟，一屬新陽。拘解就近保甲局，局員移送長洲縣辦理。刻雖未見眉目，而稟請府憲兩邊懲治，是意中事也。父兄之教不嚴，子弟之率不謹，此「斯文掃地」之稱所由來乎！〔筆陣橫掃〕

0577	原 65/3	廣己 5/35	大 2/255

無心獲賊

「聽訟，吾猶人。」此非夫子自謙語，寔見夫春秋之世，獄訟繁興，不能使之無訟。上幾刑措之朝，則折獄有才，自是難能而可貴。故聖門七十二賢，此事獨推仲由。聽訟豈易言哉！本埠英法兩租界設會審公堂，巨案則移縣，其尋常案件，非華洋交涉者，即由華官判決。小東門外有捕房，一日巡街捕於清早見一人，單衣跣足，攜一包。疑而搜其身畔。有洋圓，有綢縐，另有元緞繡花小袋一只。送公堂審訊，太守問其物之所自來，則佯曰：收下之會項綢縐，係其所業本成衣，猶可飾詞。問其繡花小袋，則曰：「出錢買得。」太守曰：「似此便當重責。豈有衣履尚不完全，而轉有餘貲以買繡花袋者。」一針見血，破綻遂無可彌縫。真是絕妙聽斷之才。〔明鑑〕

0578	原 65/4	廣己 5/36	大 2/256

水手可嘉

蘇孩葉金寶被拐至廈，由淡水輪船水手頭目范阿來查悉扣留，送至駐汕英領事署。事載十二月初一日《申報》中。

寓滬蘇善士某，接蘇友信，為道葉姓根底。乃託太古洋人，電知駐汕領事，屬交海口輪船帶滬。茲已到埠，行將送之歸。骨肉散而復聚，真是夢想不到；然不遇阿來其人者，烏能及此。噫！阿來一微末傭工耳，而能留心察訪，見義勇為。若此則葉姓家人所當頂禮焚香，永世戴德者矣。君子人與？君子人也。〔全人骨肉〕

0579　原 65/5　廣己 5/37　大 2/257

莫可告語

閩省水部門外，有大園亭一所，曰「耿王莊」，係國初耿精忠王閩時所建。莊中園池清華，果木繁寔，偶一眺覽，殊適襟懷。春秋佳日，無論官紳，皆可借此處以宴客。園有出息，歸海防廳管理，而守莊另有委員，新由藩署札委者為某君。某以該庄空曠，感深離索，邀其親串某鎮軍之眷屬同居。不料十一月二十日有盜數十人，將鎮軍家錙重細軟，劫掠一空。大憲以該莊非私宅可比，不合擅自借人，遂撤差。日來兩家殊形懊惱，一以失物悲懷，一以撤差觖望。天下事兩無裨益，此類是與？〔事出意外〕

0580　原 65/6　廣己 5/38　大 2/258

自經界始

中法言和之後，議准各派大臣往越定界。周、鄧兩星使，銜命遄征，邊陲早抵。咨文到粵，請給擅丹青兼能測算輿圖者，發交前去，俾資量繪等事。粵督撫選有漢軍附生韓貞元、南海監生孔繼燊，并鄒進、鄒澄，番禺監生李播榮等五人，分送滇桂行轅，交二星使差委。但法員之遲遲不至，則又何也？說者曰：其未能折衷一是者，由於政出多門。〔廣土〕

0581　原 65/7　廣己 5/39　大 2/259

武員被逮

十一月二十七日杭垣統帶水師官林君，奉到撫憲劉中丞密諭，於下午三點鐘時，率領兵士，拿獲記名提督羅某、記名總兵劉某二員，飛解撫署。奉內諭發交杭州府，轉發仁和、錢塘兩首縣，各押一人。且索取保札甚急，未知究因何案牽涉。有人謂為哥老會匪首，亦是猜度之詞。總之朝廷設官，文武並重，煌煌紅頂，而猶不知自愛，可發浩歎！〔自貽〕〔伊戚〕

0582　原 65/8　廣己 5/40　大 2/260

傭婦逞凶

人稱妓院曰「把勢」，二字描摩曲盡，然此勢可把而不可恃，非如紳宦家之可以淩人也。本埠英界兆富里趙小寶家傭婦某氏，聞門口有磨剪刀者過，出剪刀屬磨。磨而嫌其不鋒利，角口鬨場，猝掌一頰。磨者不甘心，欲與較。婦復以剪刀刺其面，鮮血直迸。見者咸咎該婦之凶橫。經印捕拘之去，而送磨剪人於仁濟醫院療治。此婦獨宿捕房中，不且怨一朝失勢乎！〔恃有雙股劍〕

0583　原 65/9　廣己 5/41 右　大 2/261

殊不雅相

世俗浮淺之徒，遇一二順遂事，便爾趾高氣揚，自鳴得意。嘲之者謂為頭重腳輕。不謂朝鮮市上，竟有應是語者。身約三尺，而頭居其半，見者詫為怪物。僬僥僬僥，昔有其名，今有其人。〔與眾不同〕

0584　原 66/1　廣己 6/41 左　大 2/262

番輿異製

光緒十一年十月望日之夜，顏君永京出其遍歷海外各國名勝畫片，為影戲於本埠之格致書院。與觀者人輸洋蚨五角，集貲全數賑兩粵、山東各沙洲災民。甚盛德也。圖凡一百數十幅，……

0585　原 66/2　廣己 6/42 右　大 2/263

赤道媚神

……顏君一一指示之，曰某山也，某水也，某洲之某國，某國之某埠也。形形色色，一瞬萬變，不能遍記，……

0586　原 66/3　廣己 6/42 左　大 2/264

廟蓄馴猴

……而亦不盡遺忘。凡足以恢眼界，資學識者，斟酌去留，得圖十有六，曰番輿異製，曰赤道媚神，曰廟蓄馴猴，曰獵遭猛虎，曰駝營百物，曰獅廟千年，曰阿崇回教，曰河濬蘇彝，曰有鱷知音，曰因貓發跡，……

0587　原 66/4　廣己 6/43 右　大 2/265

獵遭猛虎

……曰水城築意，曰雪嶺救人，曰墨境土番，曰東京舊治，曰天壇肅仰，曰影戲同觀。何謂番輿異製也，顏君當日乘帆船，從本埠啟行，沿中國疆宇之所極，首至一埠，為印屬之格拉巴島。島近赤道，生民肌膚皆黑色，俗奉回教。……

0588　原 66/5　廣己 6/43 左　大 2/266

駝營百物

……大家女子出入亦乘轎。轎形方而下垂，穿杠於頂，兩人舁之以行。長途力乏，停輿道中。安富者役人，貧賤者役於人，天下之通義也。西例輪帆過赤道，水手必扮作龍王以演劇，歌無腔，舞無律。酣嬉、……

0589　原 66/6　廣己 6/44 右　大 2/267

獅廟千年

……跳擲如頑童，謂海神喜此，可發噱。過此則為印度。其內地有猴廟，廟貌崇閎；中豢無數猴，土人奉之以為神。其長身玉立，衣佩寶星者，為英太子。隨員三五，侍兩旁焉。境內多虎患，土人捕之不遺餘力，不慎即遭履尾凶。……

0590　原 66/7　廣己 6/44 左　大 2/268

阿崇回教

……驅猛獸而百姓甯，治道猶為近古。由印而西渡紅海，為埃及；埃及在紅海西，多旱地。其除由印入埃之迷祿港外，舟楫不可通。營運百物，悉用駱駝，名之曰「沙舟」，牛馬嗅之立斃。國門外王冢纍纍。悉銳其……

0591	原 66/8	廣己 6/45 右	大 2/269

河濱蘇彝

……巔，有古廟一所，就石穿鑿之。其廟外向之處，鑿一絕大面目，似獅形；鬼斧神工，蓋千百年前蹟也。有頃，現法屬之阿非利加洲圖。是處終歲無祁寒，男女皆赤身，僅蔽其下體。雖受治於法，而教從回。舉……

0592	原 66/9	廣己 6/45 左	大 2/270

有鱷知音

……凡文章政事，一切不足觀。民情樸而野，故治之匪難，斯圖其祀神也。下此則為蘇彝士河。河開於法人雷彼斯，費不貲。輪舶往來歐亞間，程途可省五、六月，至今歐人利賴之，稱頌雷彼斯之功不衰，且夫大行受……

0593	原 66/10	廣己 6/46 右	大 2/271

因貓發跡

……大名，細行受細名，亦顧其人之自立何如耳。有兩英人，一善琴，見知於鱷；一起家，得力於貓。事屬創聞，可以佐清談，可以發大噱，并可見技藝之不可以已也。蘇之濱，有鱷魚……

0594	原 66/11	廣己 6/46 左	大 2/272

水城築意

……焉，喜音樂。一英人善捶胡琴，遊其地。鱷魚聞琴聲，出水銜其衣，無惡意，使一彈再鼓。英人從之，盡出其秘，如伯牙遇鍾子期。鱷為傾倒，乃發狂。狂則烏可已也，則不知足之蹈之，手之舞之；而琴人之名大噪。又一士，……

0595	原 66/12	廣己 6/47 右	大 2/273

雪嶺救人

……少孤露，傭身為廚司，以餬其口。因與廚媪不相能，思出外。聞某國多鼠患，出貲購貍奴，攜之往。夤緣以獻於王，王嘉其功，酬之金，授之官。嗚呼！觀於兩事，而知技藝之不可以已也如此。夫復有頃，……

0596	原 66/13	廣己 6/47 左	大 2/274

墨境土番

……入地中海，其北為意大利。意亦望國。京中所蓋屋宇，上接雲霄，而下築基址，四圍水繞，出門跬步須舟楫，豈所謂雲水鄉耶！地中海之西，有國曰西班牙，境內有雪嶺，積雪經年不消，經其地者，輒……

0597	原 66/14	廣己 6/48 右	大 2/275

東京舊治

……顛墮。有善士憫之，知人力不足施，惟犬不畏寒，教之使馴擾。懸酒筒於項，裹氈被於身。遇有仆者，煦之使蘇，掖之使起，俾僵而復甦。夫人之欲善，誰不如我，中外異風俗，不必異性情也。由是而葡而法，而英而俄。折……

0598	原 66/15	廣己 6/48 左	大 2/276

天壇肅仰

……而至德，由德而奧。遍閱歐州各國，惟法之巴黎、英之倫敦，為最繁盛，最奢華。西向泛大西洋，至亞美利加洲。所繪土人，大抵黑若鬼薪，而蠢如鹿豖。自華盛頓開國後，土人無所容身，遁入內地。至今狉狉獉獉，……

0599	原 66/16	廣己 6/49 右	大 2/277

影戲同觀

……猶有太古風。不耕穫，故獵獸以為食；不桑麻，故彰身亦無文。行行重行行，繞出太平洋而至日本之東京。一葦之杭，仍返中華。殿以天壇示尊王也。而地球之遊遍矣。地球周而復始，故以觀影戲一圖，附於天壇之後云。〔如遊異域〕

0600	原 67/1	廣己 7/49 左	大 2/278

大鬧龜茲

煙花之盛，無踰本埠。無一家無男子，俗所謂烏龜也。他處之龜，多曳尾，多縮頭；本埠則衣服華美，游行街市間，昂首不知愧。該族亦有例，同業者不得冒充游人，入他院尋歡，察出議罰；然而自亂其例者，亦未嘗無人。蘇妓褚巧珠之弟，名金生，小龜也。近引諸年少遍游香國中，他妓明知之而姑隱忍不言者，以生客為所帶進，所謂「拉皮條」也。前日金生又往公陽里某校書處，因換銅洋，致角口，致較手。無何而龜背碎，無何而龜頭破。蠢茲醜類，渾如造反。説者曰：「山節藻棁」之居，祖宗之「作福」太甚，子孫宜有今日。〔硬碰硬〕

0601	原 67/2	廣己 7/50	大 2/279

提審法員

法國議院會審東京元戎柏里也，為諒山敗績一事。據該元戎言，是役之敗，其咎寔在副將赫爾冰架。時副戎尼格利也受傷，將兵柄下委，而赫爾冰架酗於酒，遽退兵，致有此挫云云。夫兵，凶器也；戰，危事也。身為統帥，則萬人之命，繫於一身。爭存亡於俄頃，而敢縱飲以誤軍國大事，則赫爾冰架之罪，固無可逭。而所託非人，尼格利也亦豈得謂為知人者。總之法人為政，黨類殊多，植黨未有不營私者。擯異阿好，上下一轍。無足取焉，無足取焉！〔聽鬼語〕

0602	原 67/3	廣己 7/51	大 2/280

上林春色

敬聞皇上於今春親政，即舉行大婚典禮。是以八旗外任各官，文職五品以上，武職四品以上，皆送女入都備選。上年入冬以來，寶馬香車之取道津沽者，絡繹不絕。輿邊插有黃旗，大書「奉旨入選」字樣。煌煌乎鉅典也。〔攀〕〔龍〕

0603	原 67/4	廣己 7/52	大 2/281

媚狐飲刃

狐修五百年可成人形，此言即出自狐口，謂人苟有志修道，較狐可省五百年，再修便成正果。然而采取人精以為己有，路徑雖捷，亦屬旁門。如人世盜劫貲財以為富，仍不免於天誅。此言殊為有理。朝鮮有士子，金其姓，遭狐媚。數月後，骨如柴瘦，家人以為病也；投以藥餌，不效。嗣於更深人定時伺之，聞喃喃與人私語，語多褻狎。乃兄素負雄直氣，備利刃。一夕於昏黑中突直刺，應手而倒。秉燭審視，則一黑狐。嗚呼！狐之殺人者屢矣，此殆天之假手於人乎！〔顯原形〕

0604　原 67/5　廣己 7/53　大 2/282

圍擒水手

日前有失業水手三人，在租界滋事。華人驅之至大橋邊，印捕上前攔截，獲住一人。其黨欲搶回，又一印捕奔來阻拿。水手力大如牛，將捕夾領一掀，捕踣於地；適又有印捕一人，偕同西捕一人、華捕一人至，始得拘獲。三人者，一美人，二英人，即送英刑司署懲辦。近來英界中所設巡捕，印度為多。軀幹魁偉，頗壯外觀。不謂中空如朽炮，臨用大窘，非有多人，將不敵矣。然而水手之凶橫，亦可見矣。〔惡其惡〕

0605　原 67/6　廣己 7/54　大 2/283

尼庵滋事

男女好合之私，聖人弗禁。同居生生氣化中，豈能外此洪爐之鼓鑄。但非閑之以禮，則與禽獸奚擇哉。石湖之濱，靈巖之麓，有蠡墅鎮，鎮有尼庵。尼喜整容，倩髮匠除毛髮，月必三、四次。匠與尼稔，兩願通家，自謂無罣礙、無恐怖也。乃惡少輩不做好事，伺其深入極樂世界，糾眾掩捕之。髮匠憊獲，乘間得脫，冒險踰牆，墮傷足，不可行，仍被執。拳腳橫施，竟爾殞命。陳妙常受恩深重，其何以為情？不識諸惡少定做人命，更何以為地？〔都不好〕

0606　原 67/7　廣己 7/55　大 2/284

埃及亂黨

埃及在紅海西，近赤道，多暑；故生民肌膚無潔白者。曩年該處有亂民，英廷命將征之。轉輸不繼，致大將戈登坐困長圍中數月，而終之以身殉。嗣後俄與英幾開兵釁，而埃及之事中止。今則該處亂黨又披猖，英兵官前往剿撫，與賊遇。埃人所持兵器，如羽箭，而銳其兩端，著體亦無生理。是圖即埃人持兵刺英兵官；其偏於兵官之左而稍後，眇一目開火鎗以擊埃人者，為印度兵。所乘之騎，駱駝為多；以埃及之西近沙漠，馬不如駱駝之適用。夫英人攻取緬甸，僅數十日；而其平埃及也，勞師縻餉，曠日持久。利鈍之數，判若天淵。則是緬王不如埃黨萬萬也，底母尚靦顏苟生乎！〔梗化〕

0607　原 67/8　廣己 7/56　大 2/285

招認小孩

拐案之多，今年尤甚。自淡水輪船水手頭目范阿來破獲蘇孩葉金寶一事，彰彰在人耳目間，人咸譽阿來之為人為不可及。而事之適相類者，則又有陳胡盧拐孩一案。胡盧，福建人，在鎮海大道頭地方，牽引三小孩欲附輪船往福建。有馬阿四者，操小划，渡人以為業。審胡盧與三孩口音不相類，詰原委於孩之稍長者。孩陸姓，名阿金，年八歲，籍無錫，父業皮鞋，住上海八仙橋；餘二孩，一五歲，一二歲，不能言其故。當被阿四扣住，扭陳回家，去其衣吊打，逼令出百洋為賄縱地。鄰右聞知，恐肇事，將一干人送巡局。局員移交縣署辦理。夫知其為拐而盤詰之，義也；知其為拐而勒索之，得錢賣放，為己非為孩，於孩無益也。事跡相類而心術不同，吾益穆然於范阿來之為人矣！〔保赤〕

0608　原 67/9　廣己 7/57 右　大 2/286

彩輿焚頂

吳越之俗，嫁娶之家，新娘所乘之輿，曰花轎；遍置燈彩，嵌空玲瓏。杭垣有主婦照轎之例，以紅紙搓成紙撚，入轎遍照，然後新娘入。近有某姓嫁女，新娘方登輿，閉置尚未舒齊，而轎中煙燄冒突，新娘逃出。原其故，即照轎之火，引上轎頂；新娘頭帶鳳冠，本係紙花扎成者，火落冠上，焦頭爛額。幸而人手眾多，顧彼顧此，未致成災；然已擾擾不堪矣。「爛其盈門」之詩，可以持贈。〔旺相〕

0609　原 68/1　廣己 8/57 左　大 2/287

禿子匿孩

本邑人名全全，業成衣，設店縣署西。光緒六年冬間，驀然失去一子，迄今六載，音訊杳然。為日漸遠，亦不復介懷矣。去冬十一月中旬，有一小僧造廬，跪膝下，呼全全為父。自陳年歲并所以散失不能回家之故。其時年方六歲，出外嬉遊，行至三牌坊，遇西門外淺井廟住持僧宏開，誘至寺中，將髮薙去，屬他徒為看守，不令出門。今因宏開犯案，寺僧皆有貳心，始得乘間逸出云云。嗚呼！俗家之所以重子息者，為似續計也。或不幸而無子，往往有過繼異姓以為移花接木者。佛門四大皆空，禪受何患無人，而乃拐騙幼孩，承我佛祖之一脈，其命意殊可笑也！其中必別有因情耳。〔賊禿〕

0610　原 68/2　廣己 8/58　大 2/288

第一樓災

本埠四馬路第一樓，為各處茶室之冠。遊其地者，靡不歎為觀止。樓凡四層，屋宇軒敞，几案精良，而又介乎枇杷門巷、花月樓臺之間。遊人每樂就之，故生意稱極盛焉。盛極則衰，忽於新正初九夜三下鐘時，遭祖龍之一炬，可憐華屋盡成焦土。附近諸校書正在香夢初酣之際，突聞警報，奔避倉皇。有雲髻蓬鬆者，有弓鞋脫落者，有穿衣忘扣、束褲無帶者。種種驚慌，不可殫述。雖屬香花小劫，已覺憔悴欲死。或曰：第一樓之扶梯，厥象為「離」；「離」為火，宜有此厄。僕於堪輿為門外漢，姑存其說，以質世之精通是學者。〔天厭之〕

0611　原 68/3　廣己 8/59　大 2/289

西人遊京

泰西於通商各國，無不簡派公使，以駐其京。非必其干預國政也，而於兩國交涉事件，可以就近商辦。急切不耐久候，其生性使然，亦各國一轍。曩年西人駐都，民間大以為異。現在十數年來，相安無事，亦可諒其志之無他。總之強則敬恭，弱則侮慢，能求其在我者，彼亦無如何耳。美國駐京公使由君，欲眺望南北海風景，攜其友人二三，散步於金鰲玉蝀橋上。閱時甚久，始歸驛館。梯山航海而來，就日瞻雲而去。傳之西國，有不播為美談者乎！〔快覩否〕

0612	原 68/4	廣己 8/60	大 2/290

熏籠失慎

天氣當嚴寒之際，民間用火爐以禦寒。有所謂手爐者，有所謂腳爐者，皆以銅為之。貧苦之家，衣更單薄，不能置銅器，每以瓦缽納火灰其中，隨身偎倚，一身生暖，不啻黍谷春回也。都中有書吏杜雲樵者，寓居琉璃廠。中年失偶，遺子女各一，子尚幼稚，而女稍長。一夕杜辦事稍晚，漏二下尚未回家，時子已酣睡，女則獨坐以待父歸。不謂夜深人倦，隱几瞢騰。衣旁有火爐，留餘燼，星星猶未熄；衣角牽引入爐，蔓延棉絮而上。及驚覺，極力一抖，遍體皆著。鄰人聞知，趕往撲救，則已體無完膚。父歸，醫之不效，越日而故。嗚呼！慘哉！九九之寒未消，尚望斜倚熏籠者，毋疏忽致嘅殃及。〔糜爛〕

0613	原 68/5	廣己 8/61	大 2/291

鐵甲南行

英國輪船進香港，報稱在洋面見中國鐵甲船數艘，并在德國所造之巡鑼船，成隊向南而駛。一、兩日前夜間，在媽嶼邊相遇。內有一艘燃點電燈，照耀海面如同白晝。夫黷武異國，古史曾有戒言，然居今日之局勢，而動引古訓，拘泥不化，必非識時務之通才也。耀德不觀兵，正所以示之弱矣。自強之道，首震國威，予小臣拭目俟之。〔我武維揚〕

0614	原 68/6	廣己 8/62	大 2/292

拿獲女盜

昂藏七尺之軀，無地自容，而遁跡於綠林，已為王法所不宥；況身非男子，而亦公然為盜，此真有駭人聽聞者矣。去冬金陵下陵衛村民獲到女盜兩人，送江甯縣署審訊。查女盜共有三人，一日見某少婦踽踽獨行，將其衣履首飾剝去。少婦羞憤之餘，蹲伏路旁，嚶嚶啜泣。適有車夫來，詢知顛末，向前追趕。女盜將物擲地，賺車夫俯拾，出利刃刺之，車夫斃。為一跨馬少年所見，報知村民；鳴鑼兜拿，獲其二而逸其一。送縣審辦，一鞫而伏。從此綠林豪客中，亦有攘奪其利者。噫！何天下搶生意之多也。〔學梁山泊乎〕

0615	原 68/7	廣己 8/63	大 2/293

毀卡傳聞

國家設關榷稅，與地丁、漕糧相輔而行。小民踐土食茅，無敢有起而梗化者。乃自髮逆肆擾，餉項奇絀。各省統兵大員請於恢復地方設卡抽厘，以助餉需，仍一時權宜之策耳。無何相沿已久，裁無可裁；而奉行者又不能仰體上意，動輒苛求。於是民間目為弊政，恒與卡員為難。上海浦東楊涇鎮地方有厘卡一所，凡鄉間男婦之抱布赴市者，每疋投捐一文錢。日來，卡丁多方搜索，致攜另布一二疋者，亦須抽捐。鄉民心滋不悅，乃糾婦女數十人赴卡鬧事。子輿氏有言曰：「古之為關也，將以禦暴；今之為關也，將以為暴。」二語不啻為今日厘卡作證。〔奉行〕〔不義〕

0616	原 68/8	廣己 8/64	大 2/294

因瘋釀命

顧德山，本埠浦東人，年約四十左右，有瘋症，向在某兵輪充當洋教習。家有一妻一妾，已生子娶媳，分居城鄉。顧有姪，名金泉，業鋸匠，住老八仙橋西首。時兵輪修理工竣，將展輪，顧欲挈妾同行。妾因媳將產，不肯去。顧與爭吵，妾恐夫病發，暫來金泉家中避囂。乃顧又尋至，一見即取硬木棍擊妾頭，腦漿迸流，逃至八仙橋河邊而斃。現在德山已由金泉投縣，求情免懲。邑尊准如所請，惟該妾之死，恐有不遽瞑目者，豈佛家所謂「冤孽」耶！〔何辜〕

0617	原 68/9	廣己 8/65 右	大 2/295

盜劫豬船

自海防解嚴，營勇遣撤，而盜案遂層見而疊出。去冬無錫惠山之南太湖中，有豬船一艘，裝豬三十三頭。突然遇盜，豬被劫去，船夥殺斃四名；船則隨風逐浪，任其飄流。艙板上血淋漓，人頭三個，見者駭目。夫船夥之為盜殺死，其必與盜爭衡可知；與盜爭衡而殺死，至於四人，盜之多於船夥又可知。以若干一班人而所劫之豬僅僅三十三頭，就使儘數變賣，值錢不過百千文左右，分贓所入，為數幾何，而破獲終須正法，該盜何其愚也！異日臨刑，度必有自悔失計者矣！〔笨賊〕

0618	原 69/1	廣己 9/65 左	大 2/296

查辦狗案

西人愛視畜類，無異平人，而於狗為尤甚。一人出遊，尾者累累，食則牛肉，眠則紅氍。有時身坐馬車中，亦且保抱在身如嬰孩。而求其所以貴重之而護惜之者，究莫名其利益之所在。公平洋行主人畜狗數種，新正初連夜被人槍斃三頭，行主報捕房。捕房派包探往查，見該行之園，與西國飯館通，狗則槍斃園中，莫得擊者主名。說者曰：此殆為墦間之齊人，「乞其餘，不足，又顧而之他」乎！〔率獸食人〕

0619	原 69/2	廣己 9/66	大 2/297

救人奇法（上）

行船之法，外洋最備；其船上救生之術，亦惟外洋為最多。奇想天開，令人不可思議。去臘，有比利時國帆船一艘，常裝空桶至美國紐約地方，販運火油以貿利，往返不知幾次。一日，該船又往紐約。行將近矣，忽然颶風大作，波浪掀天。附近船隻紛紛飄落，該船適擱於淺沙，岌岌可危，無所為計。該埠沿海，本設有救生局數處，維時風狂浪擁，苦於不能施救。內有一人，忽發奇想，取火箭繫繩於……

0620	原 69/3	廣己 9/67	大 2/298

救人奇法（下）

……其端，納入炮中；準對帆船，燃放火箭，注射該船，繩亦尾之而去。船上人得繩，挽於船之旁。又取木桶一，大可容人，底有兩孔，可插腳。上用關捩子，即以繩貫串之，另用一繩繫之，便可來去。於是船上二十三人，如數往返，全數救起，共慶更生。不可謂非大幸哉！因思近來輪船上備有救命帶，帶以象皮為之，而空其中，噓以氣，則飽滿如肉腸。帶首有銅器，可左右旋以啟閉其氣者。事急之際，繫諸腰間，不下沉。今更有為長方形者，納氣可作枕；洩之置箱中，如單衣一片，價亦不甚昂貴。遊行江湖者，可各置一件，以備不虞。茲因紐約救人之奇，而連類書之。〔匪夷所思〕

0621	原 69/4	廣己 9/68	大 2/299

刑天之流

意大利國監內羈禁女犯一口；該犯一日忽分娩，生下一孩，有身無首。見者莫不駭然。説者謂，該女犯在縲紲中時，恐首領不保，以故結想成胎，生茲怪異。然《山海經》所載，奇肱之國，有身無首者，以乳為目，以臍為口，持干戚而舞，名曰刑天。該女犯所生者，或即其流亞歟。〔厲氣所鍾〕

0622	原 69/5	廣己 9/69	大 2/300

斬決會匪

杭垣拿獲哥老會匪頭目，一名羅逢春，江西人；一名胡東山，一名劉海廷，一名黃大久，俱湖南人。經杭州府吳太守訊出口供，又攀出丁老大一名，在定海營充當營官。由府尊稟明撫憲，飛騎往提，一鞫吐實。並在羅逢春寓處，抄出結拜弟兄帖子三千餘副，及暗號手巾百餘塊，俱有火烙印記。情真罪當，無可揑飾，即於去臘十二月十四日，恭請王命，在清波門外，將羅、胡、黃、丁四犯，分別監斬，惟劉海廷尚在監禁。嗚呼！身為命官而謀為不軌，干典取戾，首領為分，上負國恩，下辱先祖，死者不足惜也。其為所煽惑，而失身於其中者，急求自拔。〔自作孽〕

0623	原 69/6	廣己 9/70	大 2/301

儒釋為難

松郡城內於元宵節興龍燈；世界昇平，官民同樂，觀者自是人海人山。有衣履翩翩之秀士，飲酒已極酩酊，搖搖擺擺，大踏步逐眾遊行。行至西門普照寺前，適龍燈至。秀士意得甚，手舞足蹈，無意中揮去寺僧帽子。僧誚讓之，秀士遽掌僧頰；僧有力，順手一推，顛秀士於道旁溲溺缸中。好事者高聲曰：「請君入甕」。於是惱羞變成怒，招所識之強有力者，入寺覓該僧而攢毆之。方丈陳設毀壞無遺，而又議罰住持僧洋十餘枚，名曰「洗臭資」。嗟乎！嗔怒犯佛氏所戒，和尚毆秀才，是佛門不肖；貪狠豈聖人之徒，秀才毆和尚，是孔門罪人。無地不生，無惡不作，偶舉一二，以概其餘。〔都不好〕

0624	原 69/7	廣己 9/71	大 2/302

二老新婚

夫婦為人倫之始，無貴賤，無貧富，無智愚賢不肖，當親迎以成禮，即好合而無尤。乃時事不齊，命途多舛，有中道分飛者，有遇人不淑者；則雖早諧夫花燭，未免興感夫谷蓷。茲得穗垣一事，真人生不易得之遭逢。有某甲者，幼年被拐出洋，為某大腹賈螟蛉子。如流日月，閱五十年，抱子生孫，已過花甲。初，甲之父母失子，遍尋不得，母以思子病故，父亦漸就耄老。其文定之媳婦，守貞不再字。時遣人問寢膳，貽修脯，特未過門耳。去冬甲自外洋滿載歸，父子重逢，渾如夢醒。為道媳婦賢德，甲遂涓吉親迎，行合巹禮。一個兒蝦鬚帶雪，一個兒鳳髻飛霜；一個兒冠玉面皺似雞皮，一個兒纖柳腰彎成駝背。但不知巫山入夢時，猶能興雲作雨否！〔怕見面〕

0625	原 69/8	廣己 9/72	大 2/303

搶親惡俗

婚嫁失時乃成怨曠。為父母者，宜早計之。毋望厚奩，毋索重聘，六禮既備，親迎斯行。如是，則子女之願償，而父母之心亦慰。乃近來滬上風氣惡薄，動輒搶親，致難悉數。推其故，男女兩宅不相諒，各存奢望，事至無可轉灣，乃哄然而為此。元宵之前夕，英租界三茅閣橋北首，有十餘人簇擁一轎，向北飛行。有一十餘齡之童子，攀住轎扛，哭喊不釋手。經巡捕拘訊，則知來自法租界興聖街，所搶者為童子之姊也。此等案件，即經到官，亦難窮究根底。男家輒誣女家為賴婚，實則應行之禮數，亦何嘗備也。總之均未為兒女輩計及之也。誠計及之，當恍然於男大須婚，女大須嫁之説矣！〔不親迎〕〔則得妻〕

0626	原 69/9	廣己 9/73 右	大 2/304

藥局飛災

常州府屬烏溪鎮有火藥局。去臘二十七日午後，無端失慎，轟然一聲，房屋頓毀，磚瓦器物，飛入半空。離局數箭地有古刹，當火發時，精藍梵宇，化作塵埃。鄰近民居十餘家，亦皆波及。河中所泊護局炮艇，擊成虀粉，僅存一舵，斜擱灘邊。當經地保據寔報官，次日下鄉履勘，則瓦礫中殘胔敗骼，血肉模糊。距局五里餘某姓桑樹枝上，絓住女子金蓮，并人頭兩顆。局中放有鐵錨一具，重數百斤，至此亦不知下落。詳稽該局執事及局外居人，斃至二百餘人之多。亦慘矣哉！上年杭省藥局，亦曾有此事，特人未遭劫。豈人事不謹乎，抑天災使然乎？〔巨劫〕

0627	原 70/1	廣己 10/73 左	大 2/305

制獅妙法

地球上孳生萬物，其不類而類，類而不類者，不啻恒河沙數。造物不憚煩，裝出無數形狀來。人亦物類中之一端耳。惟人最靈，故能識別萬物，定厥偁名。然而繪圖貼説之書，雖充棟汗牛，而未經目擊之物，亦不知凡幾。即如獸中之獅，中土罕生；聚父老百輩而叩之，不聞有一二親見者。西國畫報，繪有此物，前爪伏地，後身落土窟中。編巨繩為網，緊貼獅身，周圍豎樁，繩之端繫焉。有鼠緣繩行，竊飼其唾餘，若知其在牢籠中，不能為害於己者。然僕不曉西文，玩其意若謂其物不恒有，其性頗難馴。世有抱季常之懼者乎，亦知籠絡為善制之方乎？〔河東君敗矣〕

0628	原 70/2	廣己 10/74	大 2/306

樹葉能行

香港公家花園，於前月設賽花會。姹紫嫣紅，五光十色，品類之富，可想而知。內有小樹一本，高八九寸，葉約二寸長，寸許闊，與番石榴葉相似。枝間有枯葉數片，已脱落，能行動，頭足俱備，狀若琵琶，色帶青。緣枝行，葉與葉遇，避道不相競，又類螳螂前足，有時高舉如人作揖。詢之西人，則亦以未經寓目對。有謂為葉蟲者，有謂為行葉者，擬之議之，究莫得其定名。猶憶曩年避難鄉間，曾見有人握樹葉數片，上綴賭具如天牌、地牌之類。審之，係天然生就者。此真不可以理解矣。合併誌之，以質博物君子。〔化生〕

0629	原 70/3	廣己 10/75	大 2/307

擲錢傷耳

江湖賣技者流，趁新年覓利市，逢熱鬧處，拓地作圍場，搬演各種戲法。杭垣吳山麓來江左人陳姓，攜垂髫女郎二，演走索弄缸諸劇，色藝兩佳，觀者如堵。演畢求賞錢文。輕薄子故以錢擲女身，爭為喧笑；一倡百和，青蚨紛紛如雨下。有一游方僧，得少林衣缽，亦取錢數十文，緊縛兩端，堅如寸鐵，覷女耳擲去；環墜地而耳亦與之俱下，大痛欲哭。觀者憐女甚，咸不平，譟而起欲毆僧。僧左提右挈，顛者、仆者不一而足。眾知不敵，任僧潰圍，大踏步去。〔殺風景〕

0630	原 70/4	廣己 10/76	大 2/308

火球肇禍

火為陽明之物。春日載陽，為四序之首，故民間喜於新正施放竹爆煙火，以助陽氣。而踵事增華之輩，又復鉤心鬥角，為奇巧以娛人耳目。廈門靈應殿前，於正月下旬，循例亦為此。乃有無賴少年，暗置火球兩個，藏火箭火鼠於其中；視遊人將散未散之際，然藥線，擲人叢中。火星四射，人不及避。有燒破衣襟者，有灼傷肌膚者，有燔去鬚眉者。不知輕重，妄用火攻，嬉笑怒罵之聲，有如山崩地裂。無賴子造孽不淺哉！〔損人不利己〕

0631	原 70/5	廣己 10/77	大 2/309

殺婿駭聞

富貴不歸故鄉，如衣錦夜行；故凡作客他鄉，而囊槖不至羞澀者，其思歸之心尤切。北通州張家灣黑庄戶村有某甲，隨某逵官為立幕。比年來腰纏充牣，因於去臘束裝，辭主人以歸，順道省其岳父某乙。乙本眼孔如豆者，見甲行囊沉重，知有積儲，驟生歹心，為留止宿，而婿不知也。無何，雞黍雜陳，殷勤勸酒，酒酣耳熱，就榻高眠。鼾聲初起，乙率子丙與丁，挾刃而進，斃甲於床，而乾沒其所有。是夜甲妻與甲母，同夢甲遇害狀。翌日，兩相印證，疑駭甚。妻託故返母家，以覘蹤跡，竟於屋後得甲首級，潛告地保，同鳴之官。邑尊飭差掩捕之，悉數就獲。嗚呼！乙以財帛生心，戕賊骨肉，罪固不容於死矣；而甲妻以夢中見兆，尋獲實據，從容布置，一如行所無事，真奇女子也。然而世途之險巇，乃大可懼矣！〔絕滅天理〕

0632	原 70/6	廣己 10/78	大 2/310

殄滅小醜

湖北長楊縣西南有山，名株栗；其西與株栗相對兀峙者，曰四村。兩山形勢均極險峻。咸豐季年，有田世群者，嘯聚羽黨於此謀逆，經官兵剿平之。有張朋杰者，乃父本田黨，以報復父仇為名，招引無賴，步田後塵，造軍械，儲糧糗，橫行里黨，擇肥而噬十餘年，差役無敢過問者。長楊城守董千戎有智略，知張種種不法狀，適告發張逆者，縣署中案山積。邑尊趙明府商之董，欲請鎮憲調兵往剿。董君曰：「往返稽時，萬一走漏風聲，勢必先期逃匿。」乃選精鋭營兵十餘名，又挑民壯幹役三十餘人，又集練勇五、六十名，沿途獲張細作。悉張巢穴四村，并其手下人數。移文明府，懸重賞，散脅從，占據株栗山頂，窺賊巢。去年十一月十四夜，乘天雨，銜枚疾走，超越林菁。賊覺放槍，而火藥潮濕不能然。蓋有一婦被擄，恨賊入骨髓，知官兵至，以為內應者。董君振臂一呼，聲震山谷，當獲九人，分頭追竄。賊首張明杰與其叔光建，又反鬥。踰時賊勢孤，乃成擒。搜山又獲散賊十餘名，訊明口供，分別正法，而事遂平。董君之烈偉矣，不事張皇，獨操勝算，所謂疾雷不及掩耳，真深得兵家之秘奧已。董君固將材哉！〔除惡務盡〕

0633	原 70/7	廣己 10/79	大 2/311

栽誣縈詐

赭寇之亂，各處叢林，都付劫灰。姑蘇鐵餅巷中之永定寺，亦與斯厄。數年前，有僧人結茅募建，經巨紳出貲，為梵宇生色。近則善男信女，好結禪緣者，出入無避忌。地方痞棍垂涎久，欲誣詐而未得。其間廚役榮姓，甯波人，其妻以子墮煙瘴，知寺僧有戒煙方，求僧抄錄，為兒子除癮；故痞棍蹈隙，糾眾入寺，遽誣以穢語，雙雙就縛，議罰洋圓。經總巡訪知，拿交吳縣審訊，得水落石出。夫瓜田李下，自好者亦且遠嫌，婦女不准入廟燒香，譚序帥之所以屢申禁令者，防微杜漸，意深遠也。卸篆未久，而已滋事端，益令人深去思之感已。〔同一敗類〕

0634	原 70/8	廣己 10/80	大 2/312

莽漢尋花

松郡西門外某姓家，昆季二人，俱讀書，有元方、季方之目。松俗凡新年，無論世家大族，喜邀親戚為雙陸戲。一夜有女戚擲陞官圖於室，骰聲丁丁，笑言啞啞。戶外有數人，疑為桃花源，闖門而入。主人遣僕問以故。曰：「但請姊妹花來，不容煩絮。」主人知其誤也，遣之去，不允。主人怒，毆而揮之。不謂之數人者，不自愧悔，行且為報復計，夫亦無賴之尤者矣。南面者若肯枷責一二人，或者若輩知所斂跡乎！〔誣良為娼〕

0635	原 70/9	廣己 10/81 右	大 2/313

小駟傷人

車利尼馬戲，西國之名劇也。五年前曾至上海，設圍場於虹口曠野中，中西人士之逐隊往觀者，日有數百。其演馬戲也，能於馬背上作鞦韆之舞，絕塵而馳，不一顛蹶。馬戲之外，又有虎戲。虎防其逸也，圍以鐵柙。人入柙中，兩手執鐵尺，與虎鬥。虎聲怒號，高下疊撲；人則騰挪躲閃，如奔避之不遑，見者代為寒心。近在小呂宋，開演一日，有小駟忽嚙人。車利尼不之信，令驅入戲圈，振鞭招之來。不防小駟直扑車君，身頭面及手足均被咬傷，流血滿地，遂停演。余曰：「此獸之所以為獸也。」時有友在側，曰：「今天下受主人豢養恩，一旦反顏，其殘害主人，至不能存身者，比比皆然也，小駟何足責也。」此言雖激，寔寓無限感慨！〔反噬〕

0636	原 71/1	廣己 11/81 左	大 2/314

馮軍門像

有友人從廣東歸，行笈中攜馮軍門子材小影；草履粗服，玉立挺身，傳示同人，意在遠播。按軍門於咸同之間，駐兵鎮江。維時大江南北，遍地賊蹤。鎮江為水陸衝衢，四面受敵，且乏聲援；而卒能堅守數年，轉危而為安。人以是知軍門之治兵，有非尋常統帶所可比者。厥後李揚材為亂邊省，遁走安南境。上命軍門征之，卒伏顯戮。曩年法事起，北甯不守，諒山繼陷，廣西龍州關外，敵已大舉烽火。軍門以客兵與之戰兩日，出奇計，先勝敵眾，軍氣皆壯，合力夾攻，敵遂大潰，復地千里，獲錙重，斃敵兵無算。讀彭宮保奏捷疏，知眾軍之堅忍耐戰，皆軍門一人倡之也。此具督戰圖也。「褒公鄂公毛髮動，英姿颯爽來酣戰。」二語可以持贈。〔老當〕〔益壯〕

0637	原 71/2	廣己 11/82	大 2/315

大鬧教堂

本月初，松府屬七邑文童因就府試，萃於郡城。初六日，有童生遊玩邱家灣天主教堂，緣事滋釁，以致燬壞房屋，踐斃人命。一再生風作浪，兩日中俾闔城文武大小官員奔波止沸之不遑。松郡與上海差違帶水，傳聞容有過當，然必非爭毆細故可知已。原情者謂為始事，或出童生；而乘機簸弄、樂禍幸災者，定是流氓痞棍。姚太守「六言示」中有云：「各邑文童應考，皆知安分求名，打毀教堂器具，必是痞棍流氓。現在會營查訪，嚴拿為首重懲。」此示不激不隨，具有斟酌。首二句謂應考無非求名，求名宜知安分；中二句歸罪棍徒，一似為童生卸責也者；末二句謂訪查為首者而重懲之，咎有所歸，即法無可宥也。夫鬧事極數十人而止，此外無非旁觀；而此數十人者，氣燄方張，并不能拘一二人以去。解散以殺其勢，扃試以安其心，終場而後求之，則罪人之得，如甕中捉鱉耳。不必屬童生，不必不屬童生。童生、痞棍誠兩途；而鬧事之童生，亦痞棍也。此示已明曉之已。〔小不忍〕

0638	原 71/3	廣己 11/83	大 2/316

名妓下場

「十年一覺揚州夢，贏得青樓薄倖名。」是追悔語，是醒世語。丱角幾時，已臻耄老；每溯往事，回首不堪。古與今有同慨焉。朱桂仙者，平康中人，綺年頗著豔名。其往來之公子、王孫，殊鮮當意者。揮金如糞土，傲睨之氣，不可逼視。日月無情，漸成老大，而落花無主，一任飄零。近更深入煙瘴，其憔悴支離之態，亦不可逼視。生無以為養，親手自造香脆餅，置竹筐中，攜一小孩，抱舊時琵琶，向各煙間喚賣。一日遇舊識，亦鶉衣百結，為頭顱已朽之鄭元和。邂逅相逢，各訴幽怨；苦中得樂，即與揮絃撥軫，唱《賣胭脂》、《哭小郎》二曲。舊識身無半文錢，經旁人湊青蚨三十翼，以遣之去。嗟嗟！嫖客何限，而名妓何窮。竊恐後之視今，亦猶今之視昔耳！〔不堪回首〕

0639	原 71/4	廣己 11/84	大 2/317

夜半鏖兵

陰兵之說，不可盡信。讀〈弔古戰場文〉，謂天陰月黑，時聞鬼哭，行文者感傷兵禍，出乎情之不容已；故為是說，以動人心，非必有所見聞也。正月禾城外太平橋一帶，一夜居人將就寢，忽聞人聲鼎沸，嘈雜不明，眾疑為火警也。出門探視，則見火炬通明，照耀遠近。俄聞槍炮聲隱隱然，鼓角聲嗚嗚然，銅鉦亂敲，驚厖狂吠，知非火警，自是鬼燐。鄉人懼其入村為厲，特逐之耳。西人謂人死，骸骨外暴，受日月之精，采得雨露之浸淫，久之生光燄，作青碧色。人近之感動陽氣，即隨之而行，荒塚叢雜間多有之。此說頗為近理，存是說以解世之惑於陰兵者。〔杯影弓蛇〕

0640	原 71/5	廣己 11/85	大 2/318

攔柩請驗

京師某姓出柩，儀仗甚豐。行至崇文門，忽有人攔阻不使行，謂棺中人身死不明，須請官相驗。當經步軍統領衙門，拘原被告以去。訊得亡者某氏，為被告某乙之嫂。兄甲為長隨，病故於外，嫂氏扶柩以歸里。乙知兄有遺貲，甘言誘嫂出所蓄。於今所蓄垂盡，而遽易其面目，使嫂不忍見、不忍聞。嫂憤懣甚，莫可告語，遽仰藥死，驗之果然，且有傷痕。曩者北通州黑戶村地方，以岳父而殺婿；今則以叔而斃嫂。財之為害也如此。盜賊生於骨肉，毋亦世道人心之大變也乎！〔重見天日〕

0641	原 71/6	廣己 11/86	大 2/319

一落千丈

杭垣山水甲天下，偶一登眺，盪豁心胸。有某公子者，喜賞雪，本年正月中雪初霽，命輿遊吳山。山未半，舍輿徒步，冀臻絕頂。不料積雪寒沍，路滑於油。一失足如鄧艾渡陰平，從上滾下，遇砥而止。幸有重裘護體，未見大傷。昔謝希深、歐陽永叔同遊嵩山，升高躡險，氣豪心果，詣盡東峰頂；夕宿頂上，露下冷透骨髮，至今傳為美談。如某公子者，或亦慕古人而未得其法乎！〔滾雪〕

0642	原 71/7	廣己 11/87	大 2/320

婦拒官兵

《益聞錄》登有畿南鹽山縣屬地名營子村，頑民不法一事，云：「該處多回民，好械鬥，不畏死，婦人亦如之。正月內有地方官為訪案一起，帶捕役往，被該民勒詐；官無奈，授意某紳送金如數，始獲脫身。歸後，將情節稟明上憲，憲意刁風不可長，調營兵往捕不法者，俾頑民知所儆懼。孰知頑民竟敢糾眾為抗拒計，推某婦為首，率領娘子軍，與官兵大戰於村外。」愚謂此事必多傳聞失寔處，一二悍婦，撒潑容或有之；至括村中婦而列隊荷戈，與官兵為難，恐無此情節也。圖之，所以存疑也。〔雙股

劍〕〔利害〕

0643	原 71/8	廣己 11/88	大 2/321

鐵甲巨工

鐵甲船之創行，始於近十年中，從前無此名也。近今泰西，國無大小、無貧富，莫不製造。質雖笨重，而安置炮台，備帶水雷機器，不啻移金湯於洪濤巨浸中，進退惟所欲，能摧敵而不為敵摧，洵利器也。英國於三年前飭造一艘，竭三載之力，止成下半截；全船告竣，尚須三年。該船載重一萬墩，馬力九千五百匹。計所裝巨炮，其六十三墩重者，四尊；六寸對徑之後膛炮，六尊；小快炮十二，機器炮十六。所費固不貲，然欲雄長海外，俯視各國，亦自不得不爾。請問其目，曰：抗百當。〔揚威〕

0644	原 71/9	廣己 11/89 右	大 2/322

收生害命

有萬物，有男女，有夫婦，有父子，一陰一陽之謂道，氣化純任乎自然。然而十月懷胎，誕生不易。果其瓜熟蒂落，安穩無驚，自是幸事；萬一臨盆梗化，則性命之出入，在呼吸間。可不懼，可不慎哉！本城運糧河浜某氏，以難產而亡。方其欲產也，僱大南門內顧家弄中張姓穩婆為接生。婦孕雙胎，先產一女，在後者不遽下。據穩婆言，係盤腸生，非動手不為功。家人惶遽無措，任其施行。豈料竟將大腸拖出，婦痛極大叫一聲，登時氣絕。我雖不殺伯仁，伯仁由我而死。穩婆能辭咎乎？昔人云：男女相距五百級。觀於產事，則鬚眉之造化為何如？蒼蒼者天，其能為閨閣中人彌此厄塞乎！〔不生〕〔不滅〕

0645	原 72/1	廣己 12/89 左	大 2/323

人面生毛

緬甸自國破君俘後，英人於其別宮搜獲毛人二。一為女，年五十有三；一為男，年二十有六。口鼻耳目之際，遮掩蒙茸，作淡金色，長可五、六寸，如熊如羆，人不類人。緬甸內山，向有此部民也。近有英人擬帶往歐洲，售觀於人，以擴人眼界。《記》有之曰：「猩猩能言，不離禽獸。」中人於人性之易於惱怒者，輒謂之「毛面」。蓋以獸類喻之，詈人之隱語也。然而洋人因以為利矣。〔異相〕

0646	原 72/2	廣己 12/90	大 2/324

西人見龍

古人說龍之書，汗牛充棟，不必其一一目擊也，然亦必非盡屬子虛，幻造是名以欺後人可知已。人稱西人精於格致，力辨無是物；而中人亦以龍為不恒見之物，遂同聲和之。耳食多偏，亦學人之陋也。近日西報言有某輪船，行經阿非利加洲之南，忽見波濤上沸，鱗爪怒張。初疑為大魚，稍近則首尾皆現，高出水上二丈餘。約計其身不下十丈。然則西人之言無有者，欲核夫實也，所謂無徵不信也。中人知龍之變化不測，上下無時，風雲護其體，雷雨宏其功，狀九五之尊，豈能以尋常習見之物繩之哉！用夏變夷，不必其變於夷也。〔請朝〕

0647	原 72/3	廣己 12/91	大 2/325

受辱跨下

無賴痞棍，道逢人家女子，輒發游言以為樂。怯弱者不與較，潑悍者不樂受也。京師一夕興燈彩，觀者絡繹於道。有婦女數人，亦聯袂游觀，系出小家，嬉笑習慣。無賴輩以為可戲也，嚯就之。孰知婦女亦好事者，自稱「老娘」。角口非所懼，角力更所歡，捺倒諸無賴，跨於身而攢毆之。昔淮陰未遇時，出人跨下，不以為辱，議者嘉其能忍。今諸無賴出婦女跨下，不識是否私淑淮陰乎！〔微聞〕〔香澤〕

0648	原 72/4	廣己 12/92	大 2/326

擠死巨豹

順天府屬玉田縣之臨安倉鎮，有火神廟；廟前搭彩棚，招名班演劇數天。與觀者無遠弗屆。該鎮距山不甚遠，山中有巨豹，見人頭濟濟，思攫一二人以饜其老饕，奮爪直前。觀者大懼，奔避不及，徒自喧攘。不料豹入人叢中，威無可奮，一經擁擠，竟自嗚呼。夫天下不少豹類，張牙舞爪，自恃凶殘；卒之眾怒所歸，傾陷即在轉瞬。特未至其時，不知也。豹，其小焉者也。〔寡不敵眾〕

0649	原 72/5	廣己 12/93	大 2/327

諭祭先農

太常寺題三月初六日，祭先農壇。夫穡事始於后稷，萬民以食為天；故貴粟重農，自是有國家者所先務。外省則大憲扶犁，糧道布種；府縣以下等官，牽牛執鞭，各有所司。回衙演戲，唱勸農歌，俾足胝手胼者，相聚而觀。皞皞熙熙，知力田之可貴。毋曠土，毋游民，豐亨豫大之休，基之此矣！〔大典〕

0650	原 72/6	廣己 12/94	大 2/328

道士有妻

釋、道二教，由來已舊。和尚有禪門、有輔行。禪門中雖亦分宗派，而要皆以清淨寂滅為主；輔行則飲酒食肉，育妻生子，不忌也。道士之輔行，曰火居，上承其所自生，下綿其所已出，依附於祖師門下，而自業其業。東新橋南首有延壽菴，某火居在彼奉香火。一日，法捕房巡街捕路經是處，見有兩婦扭作一團，幾如接翼鴛鴦，不可猝解。有見而笑者，有見而勸者。有謂年稚而貌美者，為火居之妾，其稍長者為妻，以爭值宿故，議彼此不准當夕，致火居之火直冒而無可發洩。或者曰：道士窮於攝妖術，詎無敕勒符之可以暫代耶？一笑！〔左右為難〕

0651	原 72/7	廣己 12/95	大 2/329

棄寘怪胎

《詩》詠后稷之生也，如達達小羊也；羊之生也，胞衣不破，故曰不拆不副。然而姜嫄且以為異，故寘之隘巷與平林，而又寘之寒冰，實則頭目手足，無少異也。乃日前老閘所棄之孩，則大可異已。有巡街捕行至大橋堍時，已夜二點鐘，見有情景倉皇，遺一物於地而遁者。火之，則是初生之孩，人其身而豬其首。適有西捕來，相與觀之，大為詫異，即行知照該處地保，舁往義塚掩埋。特不知產婦於受娠時，所感何氣而生此怪物與？〔妖孽〕

0652	原 72/8	廣己 12/96	大 2/330

花窟逃生

女閭三百，始於管仲，迄今二千餘年，其流孔長。大邑通都，尤為繁盛。人苟會逢其適，何妨從眾一游；必欲閉目塞聰，道學自命，亦迂腐可嗤耳。顧入其中者，輒易於陷溺，不必少年浮蕩，失足難回；儘有已朽頭顱，自忘形穢，恃有孔方兄，登巫山以尋雲雨者。金陵釣魚巷中本妓藪，有韓某家來一客，年已老。始則張筵顧曲，繼且送客留髠。迨至好夢同甘，臺上洋燈驟然炸裂，焚如已兆，急欲逃生。袍褂不及整束，低衣男女倒置。所幸房臨秦淮河，覓渡舟，跳足就之，乃登彼岸。見者無不捧腹。説者曰：此老直以性命為孤注。〔未了緣〕

0653	原 72/9	廣己 12/97 右	大 2/331

得孩志喜

拐騙幼孩之案，日報中層見疊出，書不勝書。其失而復得者，惟蘇人葉金寶與譚士元之子，餘無所聞焉。葉金寶已拐至汕頭，經范阿來扣住，見諸日報，為蘇善士輾轉託人以覓之歸；而譚士元之子，苟無人焉，一再懸重賞，登告白，以布告四方，則璧將留於秦廷，珠詎還乎合浦乎！現經蘇撫衛中丞扎飭江海關道，於各輪開行之前，嚴密查拿，務在必獲。意至美，法至良也。而鄙人猶有慮者。如譚子之僅售於羅店，寺僧仍不免漏網。若更得由道飭縣，嚴定拐匪罪名，告示四方；即將告示錄入日報，宣播各省。則既有海關查截以扣留其已拐者，并有告示曉諭以警絕其未拐者，則拐風庶可稍熄乎！〔祖宗〕〔有靈〕

0654	原 73/1	廣庚 1/1 左	大 3/1

死有餘臭

天下處境之苦，鰥與寡類，貧與賤同。生也不辰，數端交集於一身，而又出於病，則苦不堪言矣！前月本城小娘浜有挑水夫，年約三十餘，帶病如廁，失足落廁中；經人撈起，已氣絕。此非貧病交困，曷為而至此。予引子輿氏之言，為易一字曰：死子蒙不潔，則人皆掩鼻而過之。〔入藏金窟〕

0655	原 73/2	廣庚 1/2	大 3/2

為鬼揶揄

松江府屬金山縣木工某甲，有袁彥道之癖，所得工貲，不敷一擲。一日，賭負而歸。行至曠野，聞嚶嚶啜泣聲。從林隙窺之，則一婦淡粧素服，倚樹悲啼；三五工人方舁一棺浮厝。大喜。私念失此不圖，將任其終歲飢腸轆轆耶！俟至夜靜無人，用斧鑿開棺蓋，褫屍身衣服及殉殮物，質諸長生庫，得青蚨數千翼。腰纏既裕，賭興復豪，不及數天，貲又告罄。於是取償則在荒塚，逢戰輒又敗北。一夕，重試其伎，為鬼物所憑，終夜徘徊，欲歸不得。被早行者所見，縶而送之官，案乃破。嗚呼！刨棺之案，時有所聞。人死以入土為安，所望為子孫者，及早掩埋，毋令宵小生心，則幸甚！〔貫監〕

0656	原 73/3	廣庚 1/3	大 3/3

百華生日

一架薔薇，半籬木槿，地不滿笏，而點綴花卉數種於其間，自具一種幽趣。二月十二日為花朝，剪綾羅片片，黏諸枝間，五色繽紛，彷彿奼紫嫣紅，迎風招颭。小兒女膜拜其下，口中喃喃，致頌詞為花壽。司花有神，神其首肯。所可異者，果實之樹，易其本者必繁盛，毋亦取乎陰陽相通之義乎！〔華旦〕

0657	原 73/4	廣庚 1/4	大 3/4

舉舍利會

隆興寺在杭垣西大街之長壽橋，一小蘭若也。紅羊劫後，孤塔巋然，荒草頹垣，久已無人過問。嗣經在籍紳士，尋碑吊古，考志徵名，籌款鳩工，大興土木。除殿宇房廊業經修治外，更於後園培土為阜，栽花木其上；鑿水為池，養魚鱉於中。延戒行僧為住持。寺中有塔，相傳唐代某禪師瘞舍利處。該僧於二年前，創為舍利會，建法壇，綴珠燈於塔，輝煌金碧，照耀遐邇。兩旁列巨案，覆以氍毹，上設奇珍古玩，周鼎商盤，繚以曲闌，命人看守，俾遊觀者可望而不可即。如是者三日。竊思佛法以清靜為本，設會非其宗旨，而又鋪陳古玩物，以炫人耳目。於佛無所取，於人無所裨；不過賺庸庸者之錢文，以供其揮霍耳。亦可見佞佛者之適成其愚耳！〔清苦不慣〕

0658	原 73/5	廣庚 1/5	大 3/5

擅冒巡丁

「紙灰飛作白蝴蝶，血淚染成紅杜鵑。」節屆清明，舉行上塚，萬家一轍，千古同揆。前日有某姓內眷，挈其女孩、傭婦，僱坐小車二輛，赴大場鎮掃墓，便道探親戚。隨帶衣箱一隻，及草髠、紙錠等，置車後。行至新閘，突有數人攔路，自稱緝私巡丁，勒令開箱檢視。該內眷慌張無措，力言無有。若輩愈加恫喝，聲言帶赴局中。幸遇熟人，向述始末，乃得釋乎。嘻！巡丁之責任在緝私。新閘之往來為孔道。祇以掃墓攜有箱籠，屬諸婦女，以為可疑也，正以其可欺耳！果為巡丁，亦殊擾民，而況乎未必其真也。局員在雲霧中，小民在荊棘中矣。嘻！〔莫辨真假〕

0659	原 73/6	廣庚 1/6	大 3/6

牝雞司晨

津城鼓樓西有某甲，性耽摴蒱，而懼尤甚於季常。平日出外，一舉一動，妻無不知之。一日游戚串家，有人方為葉子戲，見獵心喜，堅請入局，興之所至，顧忌都忘。妻以是夜甲不歸，翌晨發偵騎，訪悉所在，命駕前去。甲見妻至，黯無人色。眾人素耳獅吼名，亦各斂手。乃甲妻襝衽謂眾曰：「日長多暇，偶一遣興不為害，妾所以記罣不忘者，慮其宿娼耳。今從諸公遊，妾身復何患哉！」一笑入內去，遣婢出青蚨四千以助雅興。於是重入局，相與頌甲妻賢德不置口。無何，一聲「阿呀！」若仙女散花，點點滴滴，飄落滿室。群起而視之，則甲妻手持廁間滌糞帚，帚猶淋漓，抓甲辮髮，令嘗餘汁。甲大窘，百口哀求，始准記過，以觀後效。説者曰：好賭不必其無良，而亦未始非無良之見端。勒令嘗糞，俾此後不敢再犯，真是絕妙內政。〔式嗅而作〕

0660	原 73/7	廣庚 1/7	大 3/7

劫案可疑

順天寶坻縣城南有小村，村有小店。一日有鏢師二人，領鏢車四輛，叩門投宿；蓋因天色已晚，不及趕站，故來此暫息征塵也。店主揖之入，鏢師以該處地僻，懼有暴客。店主曰：「我父子七人皆通拳技，百夫可敵也，請放心。」相與坐談，燭盡而眠。俄聞門外剝啄聲，店主出問誰，門外人言「有鏢車宿此，特來借路費。」主人知係歹人，促鏢師起，破扉出。彼此交手，來眾敗竄。鏢師、店主交相賀。忽來縣役多人，縶店主及鏢師去。蓋盜以圖劫未成，冒為某營解餉勇丁，以經某村遇黑店報縣。縣官不疑，飭差隨同報案者至店，不由分辯，遽行拿去。盜則伺伏路旁，俟彼行遠，回店劫鏢車，反將店主一門殺死。愚案此事破綻甚多，牽枝帶葉，線索不清。姑作東坡泥人說鬼觀何如！〔吾不信也〕

0661	原 73/8	廣庚 1/8	大 3/8

公餞逆犯

駐防杭省旗營，去冬出有殺兄一案，凶手名二皮。上月二十日京詳已轉，即於二十二日綁赴清波門外，梟首示眾。方其出監時，有向之賀喜者，頷之；有贈之餅餌者，卻之。傳者謂言笑如常，並無戚容。竊疑縱極凶悍，至此應亦追悔。人當生死關頭，而謂漠然無動於中者，非人情也。同旗弟兄咸來訣別，以巨觥進飲，冀其昏醉，少忘痛苦。二皮亦以妻子託同儕；同儕皆曰「諾」，不以國法廢私恩也。總之骨肉為患，不祥孰甚，世有同室操戈者，其以此為鑒。〔送死〕

0662	原 73/9	廣庚 1/9 右	大 3/9

獲無意財

喜富貴而惡貧賤，性也，有命焉，君子不謂性也。九江慎和典停止後，出售滿期衣物。某甲以兩貫錢，購一舊川紡夾衫。歸嫌其塵垢，屬家人滌濯之。將入水，反覆一周，視見裏襟有小袋。探之有紙裹，拆之則錢票十張，往兑得如數以歸。雖不明言其數之若干，而分填十紙，約計當較夾衫為倍蓰，特不解具此十紙之鈔而不取，轉以舊衣典以為用，是誠何心哉！一得一失，非所謂有命存乎其間耶！〔小得意〕

0663	原 74/1	廣庚 2/9 左	大 3/10

躍馬翻身

春風十里，綠草如茵，走馬長衢，豈非快事；但不善控馭，而輒喜騰驤，則手忙腳慌，其禍立至。前日下午有某少年，被華服，策駿騎，向英大馬路轉南疾馳。一時控勒不住，翻身落馬，頭墜於地，而左足尚套踏鐙中，一路拖去，破膚折骨，勢所必至。更有怡和洋行大沽輪船之常姓茶房，在津沽賃馬馳騁，撞倒行人，馬由身上踹過，行人即時殞命。一傷自己一傷人，合兩事以並觀，具徵塞翁自有先幾之智。〔樂極生悲〕

0664	原 74/2	廣庚 2/10	大 3/11

幻術難憑

浙紳許姓泊舟蘇城閶門外被竊一案，為數甚巨。比捕嚴緝，消息全無。當道計無所出，乃延術士圓光，所現情狀，歷歷如繪。趨即帶役掩捕，其處所房屋與屋內位置之物，無一不符，而惟贓物無著。由前以觀，一若術士之術，千真萬真；由後以觀，則一番境界，皆屬疑團。於是論者援引前事兩則，以破世人之疑，而抉此中之弊。竊謂術之幻與真，姑不具論，地方失事，捕快自有專責；承緝之件，亦視有司官之意向以為進退，恩與威並用，案無有不破者。所謂捕快，賊出身也。若使人事有所未盡，而輒信世俗人之言，希冀鬼神之來告，則捕且因而圖卸，官亦等於贅瘤也。不大可笑哉！〔近乎左道〕

0665	原 74/3	廣庚 2/11	大 3/12

網魚述異

濱海之民，率多捕魚為業。近有閩縣屬之龍溪鄉民，捕得一魚，頭如稱錘，尾如蛇鱗，甲斑剝而具四足，置市中三日。市人以是物不經見，詢名於老漁，老漁不能舉以對。今雖不乏婁護其人者，要亦未敢煮為鯖，以獻於五侯家也。說者曰：是物若遇西人，購歸以儲博物院中，當必有考訂詳明者。〔姑待〕〔博物〕

0666	原 74/4	廣庚 2/12	大 3/13

雙瞽遇盜

殘廢之苦，無踰於瞽；終其身於天昏地黑中，一物無所見，一步不可行。方之九幽地獄，當亦不過如此。《論語》記子所見，坐必作，過必趨，哀矜惻怛之忱流露，要難自主。此外拳曲擁腫，不可謂非殘疾，而孔子不聞有是也。以是知遭此厄者，自有難言之隱，而人之見之者，具有不忍人之心焉。香港前有兩華人，皆盲於視者，操子平業，以餬其口。一日攜帶隨身物件，行經筲箕灣，就海濱濯足。不防背後來二盜，劫其物又刃傷其身。瞽者不能行，經途人送捕房，一因受傷過重，即殞命；一送醫院療治，未知能否無恙。嗟乎！祇此不仁之身，就其所業，以計其所入，為數當亦式微。儘數取去，亦萬無鬥毆紛爭之事。何至遽奪其命耶！盜之無良，一至於此！〔瞑目而逝〕

0667	原 74/5	廣庚 2/13	大 3/14

一目已眇

往年讀《勸戒錄》，載有匠頭某甲，為人家治土木事。一日，耳際似有人謂之曰：「殺人償命，欠債還錢。」回首視之，闃無其人，大疑。少頃，有人報某散工在某家樓上墜下，已氣絕。散工無家室，一切棺殮之費，皆出於匠頭。事畢，恍然曰：「散工之死，有索之者；而散工即以一死索逋負，此前生公案，今日了之也。」以是知天下事之類乎此者，不知凡幾。日前有賣斗笥、箕簸等物者，名祁尚祿，在法租界野花園地方拉地黃牛。適有老北門內張祥隆帽店學徒王寶生行經是處，駐足閒觀。不防拉者用力過猛，牛裂飛起，竟中寶生左目。雖送醫院醫治，而其眸子已失明。事誠無心也，然而過去因中，亦自有一重公案在也，特兩人各不自知耳。〔睨而視之〕

0668	原 74/6	廣庚 2/14	大 3/15

蛇破小匪

金陵多機戶；一機之費，動值百金。朝陽門內劉姓設機頗多，緯地經天，章施五色。有偷兒思竊經綸以為黼黻光寵。於二月十六夜，乘陰雨晦冥，穴牆垣而入。行近簷際，伸手一摸，有物觸手如木棍，竊喜曰：「是可藉為護身兵也。」攫而取之。蠕蠕動，亟思棄去，已自手至臂繞三匝。大懼，失聲狂喊。機匠群起而燭之，乃一二十餘歲男子。詰所自來，目灼灼不能對。由是擁送保甲局，笞責而釋之。誦〈羔羊〉之詩曰：「素絲五紽」，「素絲五緎」，而下即言「委蛇委蛇」者，自是此事天然玉盒子底蓋。〔賊無膽〕

0669 原 74/7 廣庚 2/15 大 3/16

兄妹相逢

僧人以朝山進香為功德，原其意以為活佛不可得而見，而生前之清修苦行，或藉我心之到處印証，可微窺其萬千之一二。故於著名之叢林，必使有以瞻拜而後快。日前有佛子從浙之定海至普陀山，紓道出甬江，渡頭待渡。舟中先有一女尼在。佛家無內外，進艙敘談。先語遊覽，次引釋典，終則各詢衣缽之相承，與夫家世之所自出。談語未畢，各注目相視而相訝，不禁失聲齊哭。合舟為之愕然。蓋僧與尼本屬同胞兄妹，自遭赭寇之亂，流離奔走，無家可歸，因削髮以入空門。昔皆少年，今已垂老，撫今感昔，凄慘何堪。然以二十年來彼此生死之不知，而竟於無意中得骨肉之見面，猶屬此生幸事！〔初不料〕

0670 原 74/8 廣庚 2/16 大 3/17

看戲無益

揚州南河下江西會館，連日演戲。館主素性豪邁，縱人游觀，故兩廊小臺上無虛座，無隙地。近處小家婦女，不知自愛，往往塗朱抹粉，聯袂同遊。而戲散言歸，每致墮履遺簪，懊惱欲死。一日有某姓女，亦為惡少所圍，衣裳顛倒，鬢髻蓬鬆。正在危急之間，忽一少年傾陷溲溺桶中，醍醐灌頂，遺臭不堪。突門而出，人亦避之。此女亦乘勢而潰圍，然而險矣！〔下此不敢〕

0671 原 74/9 廣庚 2/17 右 大 3/18

不失官樣

浙人王雲山冒稱知縣，撞騙陳姓銀洋、衣服；并借出永源棧票洋，累及棧主姚姓。旋經窺破，扭送公堂，究出誆騙實情，判令荷校遊街。見者謂為大搖大擺，依舊官場模樣。夫官，亦人也，曷為而有樣，則樣於妄自尊大，岸然表異之一心。官以樣傳已可慨。己冒官以樣，而犯案而遊街，而樣卒無補於偽官；而人猶泥樣以稱之官，尤為可嗤已！〔體面無用〕

0672 原 75/1 廣庚 3/17 左 大 3/19

藏僧過滬

僧與俗之別，不盡關頭髮之有與無；而其衣帽、鞋襪，無一與俗同。世人習見以為僧，則宜然不足怪也。而日前過滬之藏僧，則衣帽又介乎不僧不俗之間。冠僧冠，無緯而有頂，色尚黃；褂亦黃色；袍，綢質開叉，色深綠揚黃。坐綠呢四人轎，隨從六人，服色稍有異同，而無甚出入。轎前有頂馬，騎者藍頂花翎。往各衙署拜會，其名簡則書「匽頁巴都魯都普」七字。聞其過鄂時，督憲以下均往河干拜謁，則其尊崇有由來矣。東土不嘗見，故民間有譁為異服異言者。〔西方之人〕

0673 原 75/2 廣庚 3/18 大 3/20

軍火無情

蘇撫院書某甲，家有素事，延羽士諷經。前有武弁曾寄手槍一桿，遺置舊物堆中，已忘之矣。有小兒偶然搜出，裝以銅帽，聊試聲響；而生鏽不靈，腕力又弱，曾不少動。某道士見獵心喜，相助為理，轟然一聲，從闥門空處而出。間壁某公館兩庖人舁油一罈在門前經過，適中後肩人頭面，人倒地而罈亦粉碎。蓋槍中遺有舊藥，未經燃空故也。道士送縣管押，庖人傷費，惟甲認領。所費雖微，受驚匪細。殺人利器，居家者可漫焉藏之哉！〔無事尋煩惱〕

0674 原 75/3 廣庚 3/19 大 3/21

游魂為厲

稗官野史所載，僵屍不一其形。有新死未殮而即成者，有停棺不葬感受精氣而後成者。有謂見日月必朝拜，見生人必尾追，種種惡狀，不可殫述。然目擊其事者，殊罕聞也。松郡東鄉有荒塚，無力埋葬者輒置棺其上。近於月白風清之夜，有游魂出而為厲。夜行者至斯，往往心寒膽裂，草木皆兵。好事者則糾人持斧斤，揭開棺蓋以驗其情狀。而厝棺之家意良不忍，則又開列各人姓名，具呈於縣署，以訟若輩之無知。總之停棺不葬，開罪有由，子孫不自咎而轉咎他人也，何哉？〔死不如速朽之為愈也〕

0675 原 75/4 廣庚 3/20 大 3/22

星使指南

出使英、俄大臣劉芝田星使，抵香港後，即乘法公司輪船出洋，於二月廿四日行抵新加坡。該處總督及中國駐紮該處之領事左太守，先後到船恭迓，相見甚歡。坐譚片刻，星使隨與總督、領事，換坐小火輪以登岸。岸上防兵列隊若鴳行，樂工奏樂以相迎，砲台上升砲十五門，以致敬意。星使乃坐總督之馬車，至其私第，用午膳。膳畢，游公家花園，瑤草琪葩，目不暇給。游覽既竟，乃與參贊等回船，總督同領事則又送至江干以握別。彬彬乎情文兼至矣！〔聘問〕〔鄰國〕

0676 原 75/5 廣庚 3/21 大 3/23

忽來五虎

廣東番禺縣屬有一村，名飛游；村後有山，山有坑；坑有廟巍然，古柏蒼松，陰森可怖。是處雖非孔道，而間有鄉人彳亍過此。前月二十八日下午時，有某甲由菜園而來，瞥見籬內有虎，擒一婢女，大肆啖嚼。某驚駭無措，迅報鄉人。立即鳴鑼，冀同捕捉。詎虎見人至，跳出籬外，直望飛游坑而去。翌日傍晚時，又有牧童驅二黃犢路出山下，陡遇虎至；牧童駭走，二犢竟為虎食。蓋坑中共有大虎二頭、小虎三頭，得食則與共，故二犢不嫌其多也。虎乎！虎乎！食人雖傷天理，而得食而大小均嘗也，猶不失為義也！〔殺人者人恒殺之〕

0677	原 75/6	廣庚 3/22	大 3/24

善遣病魔

鬼神之道，聖經賢傳所不諱。經止有其名；傳則窮形盡相，變幻離奇，厥狀如繪諸紙上，豈盡屬虛誣哉。金陵某觀察，政體違和，百藥不效。有屬吏某，少尉，因公求謁。甫接見，仰視顏色，斂容稟告曰：「憲台清恙似為妖物所誣，若以敕勒召之，便知梗概。」觀察命試其術。因於室中布森羅狀，請觀察盛服升座，書符誦咒畢，拍案喝令詳供。忽聞案下應聲曰：「某姓宋，廣西人，生時好狎邪遊，虧累逼迫，至於自盡。刻已孽滿，將往他方投生，乏川貲，求佽助焉。」蓋宋與觀察賓主而兼同鄉也，少尉叱之曰：「爾自作孽，於人何尤，姑念孤魂無依，情急可憫，給汝冥鏹數百提，備文解，往投生處所，毋延遲自誤。」少尉書符斥退，而觀察之病霍然。此事脱令東坡聞之，必且曰：「大妙大妙，當浮一大白。」〔幽明涇渭〕

0678	原 75/7	廣庚 3/23	大 3/25

昧良慘報

南洋日裏地方有某甲家豪富，幼年失怙，為母氏所鍾愛。稍長，貌秀美，而氣沈毅，喜怒不形於色。北里多平康，時或過從。有黃某與甲有同嗜，因冶游而相識者。黃本老於世故，且善伺人意向。一日，甲告黃曰：「母氏謹司出納，揮霍不能如意，奈何！」黃曰：「是不難以計取之，無不成。」曰：「計將安出？」曰：「只須署偽券一紙，同向母氏索銀，得之則為二八之瓜分。」是時甲方沈酣於花柳，惑之，如其計以告於母。母不忍坐視，出銀三千兩以畀黃。黃得銀易面目，絲毫不與甲。甲始悟其奸，大悔；隱圖報復，而口中不出一惡言。久之，訪某處有麻風女，購以歸，啖以重金，兼授以計，功成而後退，重賞所不吝也。畫策既定，乃詣黃所。告以新納一姬，不容於大婦，願借屋一椽為寄頓所，且許厚酬。黃大喜，慨然諾，相與備衾枕，置器皿，陳設華麗，涓吉入門。甲謂黃曰：「某不能宿於此，一切賴君照拂，當抽間一至也。」於是或間日一至，或數日一至；至則夜必歸。一月後，黃私念曰：「是可襲而代也。」調姬，姬不拒，遂通焉。有子年少而未婚，亦與私。又一月，姬遁去。告甲，甲似不甚措意。無何，肌膚奇癢，手足拘攣，知患瘋；顧子，子亦抑搔之不暇，而聚麀之案遂破。遣人以視甲，甲固無恙也。乃恍然於姬之來也，為甲之所使，即干沒三千金之謝儀也，然而父子悉成殘廢矣。〔不為過〕

0679	原 75/8	廣庚 3/24	大 3/26

生番向化

台灣自國初入版圖；而其內山之生番，二百年來猶未歸化。朝廷不加兵革，任其自生自育，自為統率，各不相犯，並處相安。一若勝代逸民之食我毛、踐我土，而不束縛馳驟，以強令其就我者，固如天之仁也。然而生成自外，在我雖可甌脱；視之在彼，終難子孫保之。近奉諭旨，改為行省。爵撫劉省三中丞統兵一萬名，深入山谷，曉以大義，澤以皇仁；則彼酋目等熟審利害，詣行營輸誠。舊染污俗，咸與維新，番民知所從事已。〔率土之濱〕

0680	原 75/9	廣庚 3/25 右	大 3/27

玳瑁放生

古人蓍疑問卜，吉凶休咎，必取決於龜；龜之可貴也明矣。降至今日，則卜休咎、問吉凶者，不於龜；而龜亦每況愈下，至擬之為娼婦之夫。龜即不與人爭，而人之視龜，要不若從前之可貴矣。就予所見種類，亦自不多，有所謂「掐蛇龜」，其腹版兩截如門笱，蓄之家無蛇患；有所謂「綠毛龜」，背上毛長寸許，游泳缸中，披拂若雨蓑，蓄之家無火患。大抵二品皆可貴，不易得。日食肉或魚蝦，飼以疏食瓜皮等，不食也。其別類為玳瑁。日前穗垣有漁翁，捕得一枚求售，經鼎湖寺僧人以番餅六圓購去，放於白鵝涇。吾聞其語矣，未見其物也。〔幸遇慈僧〕

0681	原 76/1	廣庚 4/25 左	大 3/28

無賴攫洋

白晝劫奪者，盜也；而設計撞騙者，為賊。乃有人以賊之智，為盜之行者。如前日小東門內東來升金子鋪，有某婦在櫃兑換金飾，突有一人飛奔上前，大聲謂婦曰：「昨日向爾取錢付會，堅稱無有，今忽有洋置物乎？」舉手掌婦頰，取其洋向外便走。該婦羞痛交集，目定神呆；店中人亦以底細未明，不便攔阻。祇此片刻遲延，及婦説明追取，則已如黃鶴淩風，不知去向矣。古人云：賊有賊智，良然。〔是欺也是罔也〕

0682	原 76/2	廣庚 4/26	大 3/29

水底行車

英國在沒爾水河底鑿成鐵路一條，行駛火車，已見之西國畫報。即由該報譯登《申報》，聞者莫不歎為奇絕。案此事自始以迄乎終，有期也；每日在工之人，有數也。路計英尺二丈六尺闊，二丈三尺高。以其開車經行不過四分鐘時計之，此路當不甚長；然為日則有十五、六年之久，作工則有三千人之多。生吞活剝，以闢天地間未有之奇。由構思而創議、而興作、而成功，則在其堅忍不畏難之心，確乎其不可拔，是為難能耳。若以此事為極乎西人之靈敏而盡其所長，則恐未必然。〔不見天日〕

0683	原 76/3	廣庚 4/27	大 3/30

熬煮江豚

長江數千里，每當風雨驟至之時，必有江豚拍浮水面。雖不必全身皆現，而遠遠望去，已知其為龐然大物。江行者懼，見之為不祥。恒於船首焚香祈禱，奉之如神明然。習聞江甯所織之緞，苟不搓以江豬之油，則其色不肥，則江豚宜可以獵取。蒜山下有漁戶數家，掘地而為灶，架巨釜其上。有人經行此處，見相聚熬煮江豚油。權之，每隻約重三百斤，狀如水牛，而兩耳生鱗。然則豚之生於江者，非真通於神明也，特庸人自擾之耳！〔肉不可食也〕

0684	原 76/4	廣庚 4/28	大 3/31

和氣致祥

本埠購售洋廣雜貨鋪，全亨可推巨擘。入其中而猝視之，無鉅細，無精粗，目眩而神迷。正如所謂置身山陰道上，應接不暇。前有某達官戾止是鋪，議購洋龍。鋪中人周詳指示，極言靈巧。途人經行是處，與夫入鋪置物之老少男婦，群圍而聚觀。某官審視底細，偶將握手之管子一抬，無意中正觸於所挂之玻璃燈上。燈片落下，擦破旁觀一小孩之頭。鋪主意良不忍，商之某達官，酌給養傷費，善言慰藉而遣之去。〔無物不有〕

0685	原 76/5	廣庚 4/29	大 3/32

女醫互鬥

一言不合，起而攘臂，華人之情性褊急者，未嘗無之。而稍有涵蓄之人，則甯忍而勿輕鬥。從未有邀集人證，以搏擊為釋嫌地者。有之，自泰西始。曩者本畫報繪法兵官福祿諾，因不滿於某報館主筆名羅熙福者，曾亦約期擊刺，以抒積憤；但不知此後見面，其情好為何如也。茲譯香港《西字報》復有法、美兩女醫互鬥一事。據云兩人各誇所學，因而牴牾，乃亦約期邀證，各持小刀互決勝負，既而美女醫臂上受傷，經證人解勸而散，以為足洗前恥云云。竊思勝者固可蠲忿，負者益怨吃虧。萬一兵鐵無情，失手正中制命之處，又將何如也。惟是細腰窄袖，睜眼豎眉，一往一來，如項莊、項伯之舞，真是好看煞人。〔美人戰〕

0686	原 76/6	廣庚 4/30	大 3/33

混堂火著

蘇城閶門外南濠新開河橋有某姓浴堂，於前月二十三夜遭火厄。有謂偶不謹慎，火種係其自遺；有謂鄰兒弄火，致被殃及。維時垢膩滿身者，方且濯磨盪滌，欣欣於入水之不濡；而警告忽聞，要皆突門而出。淋漓其身，瑟縮其形，傴僂者鞠躬如，蹲伏者足蹜如。夜如何其？夜未央，庭燎之光。乃公無褌，下體何藏，吁嗟乎慌張！〔裸裎〕

0687	原 76/7	廣庚 4/31	大 3/34

強劫民婦

桀黠之徒，貧無聊賴，結死黨以圖劫搶。其意每屬於富家，貧者可無慮也。乃近聞江浦縣新兵營防兵，獲住王九皋一案，則在六合縣陡崗地方張姓飯店中，止劫寓居之萬張氏一口，沿途輪流背負。先行姦宿，意圖嫁賣，得錢瓜分等因。時至今日，盜之心益毒，盜之計益狡矣。家有年輕婦女者，其慎諸！〔破鏡〕〔難圓〕

0688	原 76/8	廣庚 4/32	大 3/35

異胎又見

日前本埠新閘橋之側，巡街中西捕見有人手攜蒲包一只，遇捕委棄於地而遽遁。捕燭之，則一人身豬首之小孩，奇矣。今得揚城燈籠巷某氏婦，一產而雙胎。其一人身而犬首，一則身首毫無歧異，惟首與足似犬爪。則真奇而又奇者也。不相謀而適相合，倘所謂無獨而有偶乎！〔未有能生者也〕

0689	原 76/9	廣庚 4/33 右	大 3/36

附會雷神

俗傳雷神雞爪猵目，朱羽爛然，以爪蹴雷鼓，便作霹靂鳴。此特小説家之卮言，不足信也。顧離奇之事，偏有以使人穿鑿附會，倡一和百，群奉以為真者，亦所在多有。三月初七日午後，漢皋董家巷長郡公所對面某姓家，瞥見一似雞非雞，似鴨非鴨，毛羽燦爛，嘴距鋭尖，頭面頸項又似野梟。不飛不鳴，不知來自何處。時方烈風雷雨，故見者皆以雷神屬之。天下事，往往出於流俗人之口，而非之無可非，辯之無可辯者，此類是也。〔疑以傳疑〕

0690	原 77/1	廣庚 5/33 左	大 3/37

捕鼠談奇

漢口郭家巷有裱糊店，店之樓頭為汪姓夫婦所僦居。婦一日見一鼠，奔走裙幅邊，孜孜作聲，不畏人。自是日隨之以行，即偶至鄰家消遣，鼠亦如婢子，或先導，或後隨，無弗與俱。婦心惡之，從鄰人教，擒之而果獲。張其前後足，而釘之於板。未幾，婦手足腫痛，一如鼠之被釘。而為患者，是冤孽耶？是果報耶？好作佛門語者，則又附會紛紛已。〔姑妄聽之〕

0691	原 77/2	廣庚 5/34	大 3/38

滅火藥水

火之為用也，居民不可一日無，即不能一日不為備。凡大都會人煙稠密之處，一家不慎，禍及四鄰。縱有水龍奔赴，澆灌倉皇，而勢已燎原，奏效終難於湊手。又況地處旱乾，既少長河，又無深井，徒手不能為力，有龍與無龍同。即以上海一城喻之，河道淤塞，潮不時至。每一失事，動輒數十間、數百間不等。有心人議設水廠，議通自來水道，而屢議屢梗，輒付之無可如何。茲得福利公司之藥水，真是神妙無匹。演試之日，中西人之與觀者，無不同聲喝采。而價值又廉，若得居民分段購儲，預備不測，利人利己，何幸如之。吾知必有好善之君子，起而任綢繆牖戶之計者。〔炎威頓殺〕

0692	原 77/3	廣庚 5/35	大 3/39

毛人駭見

粵東肇慶府開平縣屬，近產一野獸。厥狀類人，身高約八尺，有奇頭如斗大，爪甲若利刃，色黝黑。自頂至踵，毛蒙茸如蝟，膚革之厚，槍炮不能入。專食人家新厝屍具，致骸骨狼藉郊野中，鄉民聚眾逐之。其行如風，不可及。説者謂天地之大，無奇不有，斷為山魈、木魅之流亞。惜無人焉設計擒治，置之都會中，一擴人眼界，亦一憾事！〔適從何來〕

0693	原 77/4	廣庚 5/36	大 3/40

馬車墮河

虹口有橋名白墮，當南北之衝，年久欄干糟朽。工部局飭匠易置，尚未裝齊時，則滬上方當賽馬之期，車馬往來，尤形繁甚。一日，有馬車一輛，由虹口而南。馬至此，忽驚躍，連人帶車墮入河中。曾不謂昔日題橋，今成語讖，冥冥中若有先機之示者，良可異已。〔執御乎〕

0694	原 77/5	廣庚 5/37	大 3/41

人面犢身

杭省平陽縣下鄉，向產耕牛。台州人之作客者，販售於甯波府屬，可獲利。前月該縣南北港某甲家，產一犢，身牛也，而人其面。飼以草料，則掉頭而去；喂以食羹，則鼓腹而游。竊維此事其為寓言無疑。然本報前繪妖胎二則，均屬獸面而人身，此則面猶是人也；而獸其身者，自必獸其心。與前事恰成鼎足之三焉，是不可以不繪。〔目無全牛〕

0695	原 77/6	廣庚 5/38	大 3/42

瞽瞍又見

天下惟有舜之子，而後可以有瞽瞍之父。否則，憤激之氣，蒸成乖戾；戾戾不已，乃至戕賊，禍有不勝言者矣。鄂垣有某甲，見愛於母，而見惡於父。父以甲行為不檢，推墮江中以速其死。歸語其妻，妻大恚，與夫拼命。於是老夫婦自怨自艾，竟夜對泣牛衣中。天方曉，聞叩戶聲，啟而視之，乃子也。蓋甲經救生船上救起，得不死；復經善堂送之歸，得骨肉重圓。嗚呼！攘羊子證，夫子不許。反是以思，則父之於子，自有善全之道也。激烈任性，禍不遠已。〔忍心害理〕

0696	原 77/7	廣庚 5/39	大 3/43

巡捕被拔

中西捕手執木棍，任意毆人。弱者憚其橫，望之而鼠竄；即強者亦衹怒以目，而不敢發一言。蓋知其有所恃也。夫天下事，積怨之至，自有投間抵隙，以求逞於一朝者。無平不陂，無往不復，理勢使然也。前有法界三十七號華捕，巡至老北門外沿城河浜，忽被多人拔過吊橋，扭進城去。事後雖經拿辦，而眼前虧已吃多多矣。世人謂恃勢者，為狐假虎威。夫曰「假」，明乎非所自有，必有見還之一日。該捕之被拔，該捕自取之耳！〔以直〕〔報怨〕

0697	原 77/8	廣庚 5/40	大 3/44

妓女墜樓

滬北茶寮之華美，始於同治初年之麗水臺。臺凡三層，面街臨河，極軒敞。冬可以負曝，夏可以乘涼。西望隔一弄，皆妓館，憑闌可通謦欬。其時茶寮生意之盛，無有出其右者。厥後省垣復，避地者復邦族，而是臺之生意亦稍稍就衰。迄於今，屢易主，臺之夷三為二者，又且十餘年矣。市面日北向，妓館之上等者，亦屢北遷。是處縱有姊妹花向人招颭，而騷人雅客，間一經行，若將浼己，望望然去之，氣象迥非昔比。人情與為轉移，而是臺之舊觀，遂不可復。前月下旬，有長仙堂妓，偕其傭乘興一登，倚闌眺遠，闌木中斷，人與俱顛。世無石季倫，誰要爾效綠珠故事。〔落花〕

0698	原 77/9	廣庚 5/41 右	大 3/45

落槍自斃

姜某，仙居人，營兵也。暇輒下鄉獵野獸，發無不中。月初某日又滌槍灌藥，思一試其技。忽見後園梅子初綻，鮮碧可愛，欲摘之而手不可及。鉤以槍尖，槍忽失手，關捩激中銅帽，槍子迎胸而過。同人聞聲集視，則已口不能言。說者謂事雖偶然，可為好殺者鑒。愚謂裝藥之槍，視如兒戲，即不自及，亦將傷人。此人有可死之道。〔自作孽〕

0699	原 78/1	廣庚 6/41 左	大 3/46

伶人荷校

老丹桂戲園主劉維忠，稟究戲子汪桂芬收受包銀，立有筆據，忽又委身別家。太守廉得寔情，深知若輩狡滑，情與詎賴無異，判令荷校頭門以儆。夫此事之曲，固曲在汪；顧挾重貲開戲園，互相把持，互相爭勝，而所演之戲，半以淫盜為新鮮。議者舌敝唇焦，不聞有起而挽之者。園主詎遂無過乎！大雅不作，此法曲之所為終於凋零乎！〔倒包〕

0700	原 78/2	廣庚 6/42	大 3/47

西戲重來（上）

車尼利馬戲至申，自四月十九夜開演以迄於今，觀者引類而呼朋，談者眉飛而色舞。其所演種種名目，本埠日報已詳言，不必贅語。顧是戲有正劇，有雜劇。馳馬也，調獅也，搏虎也，令人心悸，令人神驚，是謂正劇；翻揹也，鑽圈也，擲帽也，走索如三上吊，合抱如兩頭人，中人同聲曰奇，西人擊掌為樂，是謂雜劇。若夫體擁腫而步蹣跚，龐然自大，其蠢無比者，象也。然而鼻之為用，能吹銅角，能韻胡笙，具見性……

0701	原 78/3	廣庚 6/43	大 3/48

西戲重來（下）

……靈，彌形奇幻。此外，如鳥首而羊身，牛首而駝身，馴犬與蟒，與猩猩。刻雖未竟其所長，大致花樣翻新，留待異日，必非設而不作，衹給游人靜觀也。總之合羽族、毛族、鱗族，極天下至猛至惡之物，皆能平其凶燄，瀹厥靈機，以就我範圍，而鼓人舞蹈，車君亦人傑矣乎！〔開眼界〕〔珍禽奇獸〕

0702	原 78/4	廣庚 6/44	大 3/49

獵戶除盜

遵化陳姓善用火槍，遐邇無不知其名。有叔姪二人，技尤精，取獐鹿於百步外，無弗中。一日，有貴介庖人，踵門市鹿脯，無以應，遂偕姪登山獵取。時則平蕪春盡，新綠成茵，趕起一兔，正擬發槍；忽聞山後有女子啜泣聲，求饒聲。陳從林隙遠望之，見有馬賊七八人，劫一少婦。一賊露白刃擬婦頸，逼褫衵衣，行將強污。陳語其姪曰：「我輩縱無慈悲心，但見強暴橫行無禮，而不一援手，非大丈夫也。」砰然一響，一賊應聲倒，群賊驚而噪。姪又繼之，又斃一賊，出林大呼曰：「鼠輩焉敢無禮，放汝行百五十步，莫望生。」賊懼伏地，乞哀就縛，而送之官。嗚呼！二陳，人傑也。是可傳也，惜不詳其名耳！〔以少許勝人多許〕

0703	原 78/5	廣庚 6/45	大 3/50

鬧漕懲辦

有隱憂道人於二月間，經丹徒縣屬之辛豐鎮，見有一舟泊河干，中坐二三父老，衣赭衣，手足釘鐐銬。訊之，知為上年鎮江鬧漕案中之江某。據云：上年鎮屬因災歉收，各屬紛紛造報江某，稟請縣署飭定劃一災歉分數，而適中漕總之所忌。於是漕總以拿人激眾怒，以眾怒激官怒；而鬧漕之勢成，而江某之罪坐，而漕總仍得行其高下其手之故智。猶憶曾文正公總制兩江，其時大難甫平，瘡痍殊甚，江南始准減賦。而開徵之始，其除全荒無人墾種外，歸一律徵收。獻策者謂地之荒熟，不能無差等，即升科不能無區別。文正越宿答之曰：「此事細思之，終覺不妥。」嗚呼！以文正之才之學，豈不知熟與荒之未能一律，而其不能不歸一律者，蓋深知以荒作熟，以熟作荒之為弊滋大也。滑吏之滑，早在文正洞鑒中矣！〔誰是誰非〕

0704	原 78/6	廣庚 6/46	大 3/51

手足難為

吳郡某公子，自幼性情便乖戾，膂力絕人，睚眥必報，謔之者故號之曰將軍。將軍籍父產，有田千畝。租之入，賦之出，主之者為其異母兄。將軍但向取息錢千餘千，而祖遺之公產一宗，不與焉。乃兄有袁彥道一擲千金癖，而無其能。上年負人數萬金，變產償之且不足。四月初旬，將軍欲於公款中抽提洋若干圓以為己有。迫兄，兄無以應，遽以老拳奉敬。兄畏其餤，力又不敵，跪而求赦。遣人通信其母，冀解圍。其母至，斥之。將軍以為羞也，遷怒於母，母亦傷。於是族人俱不平，公議具呈於吳署，以逮將軍。……〔鬩牆〕

0705	原 78/7	廣庚 6/47	大 3/52

將軍不武

……倫常之地，風化所基，縉紳之家，尤為齊民所觀感。邑尊得呈後，飭差拘將軍。將軍匿不出，差役守三日，索之急，不得已逡巡到案。兄與母先在，儼然兩造對質情景。馬明府略詰數語，命左右去其冠，將詳革功名。將軍始大懼，崩角若不及，涕泗交流，自陳悔過。邑尊轉問兄，兄仍以嚴辦請；邑尊以正言駁斥之。嗟乎！天官大夫之第，煊赫何如。乃翁作古未久，所謂骨肉猶未寒也；而乃好博之子破家財，好勇之子啟家釁。九原有知，能無痛哭！〔大失威風〕

0706	原 78/8	廣庚 6/48	大 3/53

周四相公

吳、越、閩、廣之俗，諂事鬼神者為多。正神無論已，即路頭、水角、泥塊、石礫、臭穢、齷齪之區，儘有捧香燭楮帛，肅衣冠拜禱於其下，而不顧識者之嗤者。習俗已久，猝難挽也。南台有橋名萬壽，其第六孔下有石穴，寬不盈尺，深亦相等。穴外供設香爐、蠟台等事，上有額曰「周四相公」。據云神能生殺人，善隨人意向，只須供雞一頭，焚香祝之無不應。吁！是何言與？人命關天，死生有數，周四相公詎能操其券、徇厥情乎？亦知神之為道，必在聰明正直者乎？愚夫婦之自愚愚人，殊可笑已。〔淫祀〕

0707	原 78/9	廣庚 6/49 右	大 3/54

逞凶應責

負郭村童摘蔬、筍、瓜、豆，置竹筐中，一肩入城市叫賣，日所得幾何？而凶狠之徒，輒以論價不合，與之爭毆。日前八仙橋西有甯人某甲，向村孩買蠶豆不成，遽批孩頰，且飛一腿中孩之要害，吐出蛔蟲十數條，恐不能無性命憂。嗟乎！天下人而個個循分，事事講理，則官長且可以不設。某甲不足責，儘有衣冠豪富，恃蠻逞強，不占便宜不休者，冷眼靜觀，可發一歎！〔戒之在鬥〕

0708	原 79/1	廣庚 7/49 左	大 3/55

挑痧笑柄

四港口某姓婦，患嘔吐；家人倩近處某甲為挑痧。至則夸大其詞，先鋪張其所救之某某，次議酬儀。然後裝腔做勢，出鐵針刺婦左肩，入肉二寸許，針不對穴，婦痛極狂嘶；且針為氣裹，力拔之而不能出。甲自愧技窮，願送滬北仁濟醫院。至則醫生知其謬，用刀割開，然後取出。所可異者，婦經一番驚痛，而痧已霍然而愈。有謔之者謂此婦之愈，未始不可歸功於某甲；但恐此言入妄人之耳，又將以別出心裁，詡詡誇耀人前，謂得自異人傳授者。〔不可以為醫〕

0709	原 79/2	廣庚 7/50	大 3/56

拐匪站籠

蘇城胥門外有客籍婦人朱氏，寄居於此。夫出外，不常歸。有子十齡，貌頗清俊。婦恃為人縫紉、洗滌以餬口。每當送還人家衣服時，僅將柴扉反扃，而子則任其在外嬉游，不介意也。寓滬粵人某，擬出錢買孩。即有江北人陳某，攜一孩至，議價四十元，將署券。孩大哭，歷訴被拐各情節。粵人良不忍，鳴捕送公堂。移吳縣，訊得實，裝入站籠，傳示犯事地方以儆。此月前事也。近則本齋工人阿楊之女，僅四歲，亦被拐去。幸而好善者眾，四處託人緝捕，乃於新閘下鄉破獲。嗚呼！天下何事不可為，而何冒死以求財者，乃如是之比比也。可慨也夫！〔出人頭地〕

0710	原 79/3	廣庚 7/51	大 3/57

學究作賊

京師頭條胡同某甲，本冬烘，曾欠和源木廠銀數百兩。廠東著夥索之屢而未見還。一日，又著乙、丙兩夥往取。甲仍無以應，惱羞成怒，遽取六門手槍，向乙施放。乙不虞其有槍子也，當之洞胸死。丙知不可以理諭，欲遁。而甲又發一門，雖著處不致制命，而亦受重傷。事聞於地方官，飭差拿凶手，并於其家搜出作賊器具。《水滸傳》載智多星，此君殆得真傳衣鉢。〔誤人子弟〕

0711	原 79/4	廣庚 7/52	大 3/58

面目可憎

時當夏令，鄉人之入城擔糞者，縣中諭令桶上加一木蓋，以免穢氣觸人，致生疾病。誠善舉也。日久桶蓋脱落，鄉人惰媮，輒多違犯。縣中又飭差役以督之，而差役無差不索規，是其故態。日前遇有桀黠者，誘令出南門，圍而毆之；且以穢物滿塗其面，縱之而使歸。夫縣役之需索固可惡，而鄉人之惡毒，亦宜重懲也。〔遺臭〕

0712	原 79/5	廣庚 7/53	大 3/59

捉姦削耳

前有一人捨命狂奔，後有赳赳者持刀追趕，若勢不兩立也者。追至西門內石皮弄，奔者觸物欲踣。狂叫一聲，一耳早被割去，淋漓鮮血，頰輔通紅。旁有知之者曰：「甲住孔家弄內，妻有姿，與乙通，為甲所見，將送之官。乙願出洋七翼以了事。及分派時，則又為地保等得其六。甲故忿然不甘休，乃釀成此禍。」但所歡樂者，非耳也。其除犯事首惡外，自頂至踵，若眼、若口、若手足，皆可一一攀入，惟耳於此案最無干涉。甲之割之也，毋亦治之非其罪乎！〔君何尤焉〕

0713	原 79/6	廣庚 7/54	大 3/60

當妻談新

前聞甯波某鄉有租妻之風。或十年，或七八年，或五六年，或四三年。憑中立券，交易而退，一若產業之可以意為出入者。今閱日報，袁州又有當妻風氣。當與租無二理，以人為稱貸也。據述甲以婦當于乙，得錢三十千，今春向乙找價，乙無力，聽甲贖歸而售於丙。婦因氣忿填膺而自縊。議者謂其不死於乙，而死於丙，前之不貞，後豈得謂之潔乎？雖然，「從一而終」之義，可以責備賢者；彼村落小家婦，為境遇所迫，又不獲自主，一任其夫之出之納之，如萍隨水，如絮黏泥，小星實命不猶，中谷遇人不淑，古與今有同慨焉。婦身死，婦心苦矣！〔與人共之〕

0714	原 79/7	廣庚 7/55	大 3/61

校書急智

京師某甲，花叢之蝨賊也。屬意於石頭胡同之校書某，往還既數，愛好有加。校書係七月七夕生，人故呼之曰「七姐」，為人秀外而慧中。一夕甲來，謂七曰：「今夜某處有影戲，頗堪悅目，擬與卿踏月銅街，一恢眼界，何如？」七不虞其有他意，允之。相與乘車，匆匆徑去。柳陰路曲，久不見至。七大疑，知見誑。然身已出廣渠門，四望野色迷離，東西莫辨。無如何，姑聽其所之。久之，至金家店，招寓信宿。七謂之曰：「君與我交好有年，何遽出此下策？其愛我色也，何竟絕不一謀，則為財也可知矣。果為財，只須送我還，數百金可立致。只說由人劫去，由君奪之而始歸。七十鳥心必喜，此計諧矣。若不然，誓死於此，不復行。」甲見七意堅，不可強勉，從其計，載與俱還。嗚呼！如七者，既墮奸人之手，而仍使入秦之璧，終能歸趙。藺相如千古遙遙，當引為知己。〔比之匪人〕

0715	原 79/8	廣庚 7/56	大 3/62

見嗤於鬼

胡某，世家子，貌倜儻而性離奇。每讀蒲留仙鬼狐傳，輒信以為真。擬置別墅一所，獨處其中，冀有所遇。時適有以廢園求售者，遂得之而下榻焉。信步閒行，見有殘碑斷碣，偃臥草際，摩之知為百年古墓，係閨麗抑鬱而死者。有動於中，乃為文以誄之，若曰：「幽明異路，古今異時，男女異體而無異情，泉下有知，毋遽遐棄」等語。每食，必饗之。一夕明月如水，清風送香，舉頭一望，見曲廊下倚一艷妝女子。胡心知其為鬼，顧以好之所投，亦不畏懼。延之入室，備叩往事，初猶將以敬恭，漸且流於褻狎。女聞言大笑，斥之曰：「妄人，豈有朽寒之骨而有生人之趣乎？若然，則地下多雖死亦生之鬼，無怪世間多雖生猶死之人也。妄人妄人！為蒲留仙所紿矣。」長嘯一聲而去，胡亦廢然而返。〔幻由心造〕

0716	原 79/9	廣庚 7/57 右	大 3/63

歡喜怨家

潮州人某甲，不知其何業，僦居小東門外。一日清晨，攜有青銅數貫，上街買物。遇一婦，即與爭論，爭之不已，彼此扭毆。旁人訊原委。甲曰，婦本煙花妓，係其為之脫籍者，近則視之如陌路，心實不甘。而婦則謂與甲並不認識，突遭毆辱，遺失釵簪等，亦未肯甘休。經巡捕來，一併帶之去。水落石出，當俟之公庭對簿時也。〔藕斷絲連〕

0717	原 80/1	廣庚 8/57 左	大 3/64

招領失孩

廈門厘捐局憲託招商局輪船，載來拐孩二口，請善堂留養以待家屬領歸一事，事隔多日，無人認領。善士陳君竹坪將兩孩面貌，照成畫片，黏貼牌上；僱夫掮行街市，另人鳴鑼，俾人招認。牌上大書特書，如有該孩親族人等，指明確實，即赴與昌絲棧說明；果與該孩兩相認識無誤，即可覓保領回云云。仁者，人也；以人為己任，即以仁為己任也。大人者，不失其赤子之心者也。〔誰無父母〕

0718	原 80/2	廣庚 8/58	大 3/65

二女遇救

京師西便門某姓女，年方二八，丰姿綽約，頗著豔名。一日忽不見，家人四出偵探，杳無蹤跡。翌晨有一老者，送女歸，另有一女與之偕。家人喜出望外，細叩其所以然。女曰：「昨在門首買物，有一人向背上一拍，心中便模糊，尾之行。至日暮漸了了，知身已在亂山中。定神審視，先有此女在，亦被拐來者，禁之一室中。至半夜時，兩人密商，踰垣出，向東行。聞鈴聲，遇此翁手挽駱駝，挈帶而後回。」其一女劉姓，住東四牌樓，亦由此老送去。觀於此，可見拐匪無地不有；而其所挾之術，更自怕人。〔守貞抱璞〕

0719	原 80/3	廣庚 8/59	大 3/66

虱生膜間

祝由一科，流傳已久。其書符治病，不必其皆效；而一二見效之處，竟有他醫束手無策，而彼治之，頃刻間便能奏功，神出鬼沒，令人不可思議者。甬上某翁左臂生一痞，習習作癢，形如覆碗。顧以屈伸無礙，亦自聽之耳。一日在途遇祝由科，因攘臂以示醫。醫審之曰：「皮裏膜外有虱據為巢穴，若不除去，將來生育蕃衍，遍體精血不足供其呼吸也。」翁懼，議療治。醫乃焚香，硃書黃紙如蚯蚓者十餘張，貼患處，口誦咒語良久，用長柄鐵圈如團扇狀者，向患處作開刀勢。須臾，血溢紙外，承以磁杯殆滿。驗之，果有白虱，八足紅頭，蠕蠕動，盈千萬。另書一符貼之，患若失。但不知其自內生，抑由外入乎？益令人不可思議矣！〔不得其門而入〕

0720	原 80/4	廣庚 8/60	大 3/67

武童淫暴

漢陽西門外有尼菴，菴名碧蓮。逢考，門貼考寓紅條，以餘屋出租。此次武童應試，此屋為漢川童租去。孝感武童至，以租之不獲，懷恨在心，思乘間為報復。聞漢川童過江招五妓，來菴侑酒。俟其至，興問罪師，逐漢川之童，褫妓女上下衣，大肆淫虐而後散。夫恃眾滋事，遇色宣淫，孝感武童固宜重辦；而漢川童之招妓侑酒為無行，侑酒於佛地為無禮。尼也，身入空門，自尋煩惱，貪小利而忘廉恥，不可謂非肇禍之魁也。尼菴當發封，兩縣武童當照地棍無賴分別懲處，以儆其餘。〔一并枷責〕

0721	原 80/5	廣庚 8/61	大 3/68

鼎甲游街

四月二十五日午前，三鼎甲應臚唱，由大內並轡出。插花披紅，導以旂傘，鼓樂迤邐，赴吏部文選司求賢科，登魁星閣，拈香行禮畢，乘馬至前門關帝廟，拈香行禮，旋由榜探送狀元至其本省會館。此次狀頭係貴州人，貴州會館在櫻桃街，同鄉官設筵演劇以俟其歸。春風得意馬蹄疾，一日看遍長安花。自昔美談，於今勿替。〔有命焉〕

0722	原 80/6	廣庚 8/62	大 3/69

解犯脫逃

泰州盜犯七名，籤差解省，遞經金匱縣，添差撥兵協護。日前由閶門起岸進城，轉右為專諸巷。該處劫後，民房大半未經起造，瓦礫堆裹接城根。行至此，有犯三名不謀而起，跳城逃竄。當時扭獲一名。越二日，在南濠河中，浮起屍身一具。地方報官檢驗，腳上尚有斷鐐，的係躍城後鳧水力竭而溺斃者。其一尚未就獲。夫盜犯至七人之多，進城不行大街，而由小路。無論有無賄縱情弊，而押解之疏懈，早在該犯意計中矣。其四犯之不與俱逃者，幸也，咎誰職之乎！〔前後七人〕

0723	原 80/7	廣庚 8/63	大 3/70

歸城隍妾

娶妻而熊羆協夢，生兒而堂構肯承，固人生極快意之事；然而不可必也。昔人有言曰：與其不肖，不如不生。雖非正論，亦有至理。然而無子者，必不作是想。湘中人某甲，年近古稀，猶虛似續。因念本境城隍神極靈應，買妾以獻之神。於廟之側建寢宮，其中位置、床帳、几椅、箱籠、盆盎一切所需之物，無欠缺。而屬其妾寢饋於斯，以冀神靈之下御。嘻！甲真想入非非矣。雖然，一陰一陽之謂道，陰陽和而後萬物生；安知此老非是讀書得間者！〔神且婳女〕

0724	原 80/8	廣庚 8/64	大 3/71

牛背不穩

芒種節至，鄉民及時刈麥。煙蓑雨笠，叱犢平土膏，戽水插秧針，一碧萬里，真絕妙畫圖也。廣州某鄉有老農，坐牛背，就河干飲水。牛以勞力，故入水就浴。老農亟起，立背上；至深處水流湍急，為水捲而去。逾時，牛自登岸，而人則已入水晶宮矣。前人有詩曰：「牧笛一聲牛背穩」，切忌問諸水濱。〔隨波逐流〕

0725	原 80/9	廣庚 8/65 右	大 3/72

塾師殺弟

秣陵闞某甲，貧無聊賴，以粗識之無，故為村塾師。徒某乙，家小康。凡遇斷炊，遽向之稱貸。乙以其貸之頻頻也，生厭惡心。一日，甲復為無厭之求，乙卻之。甲即挾白刃刺之，以至於死。自知不能免罪，即亦自刎而亡。嗟乎！師弟以義合者，尊而不親；甲以貧故，遽與其弟若有深讎者然，是賊義而兼賊仁也。殘賊之人，人人得而誅之。其自刎也，幸也。尚何有師道之可言！〔有何深仇〕

0726	原 81/1	廣庚 9/65 左	大 3/73

法人吸烟

鴉片入中國，流毒至於不可收拾。使非天意絕此種類，則補救挽回無善策已。向嘗謂吸食者惟我華人，而又不然。有法國人名堅地者，年方及壯，同其妻與一英國朋友，并一法國役人，出門歷地球，將皆必有車轍馬跡以為快。行至新加坡，僑寓客邸。堅地有煙癮，甫下榻，呼之吸之，若甚得意。大甫明而病，日未中而死。其未死之前，延醫診視，則謂吸煙過多所致。然則誤吞膏子者，其不救也，宜也。槍上所吸，僅屬清空之氣，而過多亦足以致死，可不懼哉！可不懼哉！〔罕見〕

0727	原 81/2	廣庚 9/66	大 3/74

東瀛蠟人

東瀛素尚僊佛、浮屠、泥犁之說，信之惟恐其不堅。有愛趨密而司者，由東京攜來蠟製人物數種，安置四馬路永康里之西洋房內，有如閻羅焉，鬼判焉，仙女與釋迦牟尼焉。善者游天堂，惡者入地獄，種種可怖，栩栩欲生。游覽一周，頗足生人悔過遷善之忱，夫非與人為善乎！〔醒世〕

0728	原 81/3	廣庚 9/67	大 3/75

不愧節烈

鎮海有袁姓婦，早年失偶，含辛茹苦，數十年無失德。里鄰親族咸敬服之。膝下有一孫，年僅十齡，相依為命。一夕煮田螺，遺火柴堆中，及覺已不可嚮邇。返身入內，急搶其孫出。時火已波及四鄰。婦謂人曰：「我一生自省無大惡，不幸失火害人，萬死何辭！」乃奔入烈火中以殉。翌日，撥瓦礫而出之，面目如生，無焦痕。人皆以為節烈所感，故有神靈默為呵護也。闡潛德而發幽光，是所望於輶軒使者。〔爭光〕

0729	原 81/4	廣庚 9/68	大 3/76

野豬拒捕

浙省新嵊交界處所，古木障天，叢茅匝地，半屬野獸窟穴。近出野豬一種，龐大不亞於牛，毛色黑白相間，齒森森如鋸，千百成群，出沒無定。鄉人慮其損傷田稻，預備火槍、刀械等，為戒嚴。一日野豬結隊出，鄉人方聚眾以拒，而豬即突煙冒火而前，逢人亂嚙。是役計傷鄉人七名，豬亦擊斃兩頭。權之，約重七八百斤。中天

禽獸逼人，此舜所以命益掌火，歷山澤而焚之乎！〔不殺不寧〕

0730	原 81/5	廣庚 9/69	大 3/77

鬥鳥啟釁

潯陽江上有甲乙兩人，素稱莫逆交，而亦彼此愛畜畫眉。每日必提籠至柳陰深處，引之調喉弄舌，以暢其性情。而又各自譽其鳥之善鬥，爭之不已，遂將兩鳥並入一籠，振翮奮爪，扭結一團。卒之，乙鳥勝而甲鳥負。甲憤甚，揮拳毆乙以至於傷，為鳥復讎也。嗚呼！視鳥之重，勝於好友，甲之為人，可想而知。〔小不忍〕

0731	原 81/6	廣庚 9/70	大 3/78

放龜獲報

瀕海之區多業漁，自幼狎水，見慣不驚。日本有甲乙兩童子，一日駕一小舟，沿海捕魚。一輪船過，浪湧如山，漁船為之激翻。甲童手快，爬上船底以待救；乙童不及攀附，隨水飄流而去。方危急間，忽來一大龜。乘以背，為他漁船所見，次第救之，得以不死。先是乙之父，見有人捕得一龜，其大無匹。乙父欲購之，而索價頗奢，不得已出重金，仍令放之。至是其子之得免難，雖未知是否即此龜，而一念之仁，獲報殊厚。語云：與人方便，自己方便。良然。〔有天理〕

0732	原 81/7	廣庚 9/71	大 3/79

掌珠頓失

鎮江西門外萬家巷底，有徐姓女郎，丰姿秀媚，頗可人憐。其母有煙霞癖，吞雲吐霧之外，不願聞家中瑣碎事。一日，女忽面色灰敗，行至榻前，曰：「兒殆矣！兒不得常侍膝下矣。」母審之，知已吞煙。急尋夫歸，延醫救治，已自不及。而未死之前，則謂此女自言遇祟，誤服煙膏所致。噫！天下容有是理乎！日報斷為勃谿自盡，真是秦廷照膽鏡。〔亮有別情〕

0733	原 81/8	廣庚 9/72	大 3/80

覆轍相循

本埠馬車之盛，日推而月廣。游人以其價廉，輒向斜陽影裏，邀二三知己，隨意東西南北一周游。不知駕馭偶疏，便生出無數禍患來。在後而欲突前，鬧市而急轉灣，無有不僨事者。即使銜尾而進，前者失足，後者必驚。即如日前新關南首有兩車，向南疾馳。前馬一蹶而遽止，後馬一撞而狂奔，車絓於樹，帶裂車碎，人從車上跳下，亦幾折足。嗚呼！險哉。〔不如安步〕

0734	原 81/9	廣庚 9/73 右	大 3/81

不忍觳觫

洋人食牛如豬羊，曾不以其力能耕作而少惜之。設埠以來，不知宰割了億千百萬頭，亦浩劫也。近更有宰及乳牛者，言之更慘。日前八仙橋左近某茶寮，有鄉人繫一耕牛於旁以求售。該處多殺牛作，鄉人之意，可知矣。巡防局員鄧君，散步經此，牛即屈膝跪地，涕泗交流，若求救然。鄧君見而心惻，出鷹餅十枚，取之而歸。閱兩日而牛死。噫！牛知人之殺己也，擇人而求之；而果能救之，牛之靈，牛之幸也。病死與刃死，相去天壤矣，安得天下人盡如鄧君之存心乎！〔得所〕

0735	原 82/1	廣庚 10/73 左	大 3/82

官妓之夫

龜為至靈至貴之物。不知何日何人，何所取義，移其名於妓夫身上。意者因其羞縮，畏見人乎？解之者曰：「龜以甲故不能牝牡，牝者憾其無能為，乃通好於蛇，牡者在旁熟視，不敢與蛇爭，職是故爾。」此言雖戲，近似有理。而高麗國人之為此業者，則又不然。頭戴細竹帽，兩旁插孔雀毛二片，帽頂剪紙為花，插之遍。洋洋得意，自在游行。非但不以為辱，且甚以為榮者。似乎羞惡之心，又出我華人之下矣！〔過好日子〕

0736	原 82/2	廣庚 10/74	大 3/83

美匪扇亂

外洋常有一種匪類，專喜為壞事；每以作奸犯科為得計，美國此種人尤多。有某報館人，在基加可地方為首，四處煽誘。其所誘者，多係工人。工人作事，有限定晷刻。彼則時與言及，以此區區工貲，不應勞苦若此。若輩愚魯者多，聞此説者，易為所惑，於是以一傳十，以十傳百，以百傳千傳萬，竟被誘惑至二萬人之多。本年四月初一日，忽聲稱有一善言道理之人，令眾工齊集往聽。眾人信之，一時蜂屯蟻聚，塗為之塞。匪首站立車上，抵掌而談。爾時，巡捕亦早知風聲，出為彈壓，計捕役一百五十人，見眾人攢聚一處，揮令退散。忽然眾工中有一人，取出一炸砲，以手擲入巡捕隊中。訇然轟裂，巡捕被傷者數名，紛紛亂竄。匪徒乘勢分作兩路，其攜有槍械者，即燃槍攻捕，捕亦還槍擊之。相持良久，亂黨始敗而逃。巡捕旋將受傷捕役，舁送醫院；匪黨亦將黨中受傷人，舁扶而去。次日巡捕往該報館捉獲首匪三人，匪黨數十人，並起出作炸藥、開花砲等物多件。其炸藥頗精良，以之試用於水中，轟然一聲，周圍一里遠近地為之震。其巡捕之死傷者，美人捐銀撫卹。一日之中，計捐集三萬餘金云。〔自作孽〕

0737	原 82/3	廣庚 10/75	大 3/84

吞賑慘報

自晉、豫旱乾，赤地千里。東南數省仁人君子，力籌巨款，廣卹災黎。以迄近年，兩粵、山東洪水為患，天災一日不遽澹，即賑務一日不敢停也。乃讀五月二十七日《滬報》論中，載有客述某甲、乙，曩年攜冊分募，擇有可以染指者，沒入私囊。甲已物化。乙於今春得怪病，纏綿床第，日夜呼號，謂有無數冤鬼，環而索命；并供出侵漁銀兩數目。嗚呼！若而人者，尚有人心乎？待賑者慮朝不保夕，施賑者慮少不濟多；而吞賑者專取隱名不識字之人之款。不察延頸企踵，難緩須臾，得之則生，弗得則死之慘，而安然假公以濟私。不知者猶奉以募賑之美名。其自謂得計者，其難逃天鑒也。乙不死於雷殛火焚，而必死於索命之冤鬼。所以發其覆，著其惡也，天為之也。〔作之孽〕

0738	原 82/4	廣庚 10/76	大 3/85

攖怒海神

高麗有民船，裝貨出口，行至大洋，忽風浪交作；遠而望之，有若牛形，有若馬形，有若驢形。而龍蛇魚鱉，種種不一，奔赴舟前。舟人見之，大驚。舵工曰：「此必有人私藏虎骨。」急索，得之，投之海。風濤頓息。竊疑虎為百獸之王，下此者見之而生畏，固也。曾不謂身為海神，而亦見懾於枯寒之骨殖，此何為者也？且不知拋擲之後，神將何所處置也。談之而色變，洵非欺世之言。〔不一其形〕

0739	原 82/5	廣庚 10/77	大 3/86

醫局成災

閩省南臺中洲有美醫設立濟世醫局，已歷多年。凡華人之抱恙垂危、和緩束手者，皆得到局乞醫，著手成春，屢著奇效。日前廚房失慎，遽兆焚如，十萬病魔一齊驚退。當有數十西人，冒火沖煙，捨命救護。先將病房中男婦老幼劍負而逃，然後汲水澆灌，滅此狂燄。所有貴重物件，悉付祖龍氏。最可惜者，有一顯微鏡，大可數百倍，購時出價五百金，至此亦遭炎劫云。〔失所〕

0740	原 82/6	廣庚 10/78	大 3/87

花案賄和

溫標兵丁某甲有妻，性淫蕩，受廛於溫郡之小南門外有瑞安營百總某乙。性佻達，好踰東家牆。兩性相投，遂成野合。甲初不知也。一夕，往續舊好事，為甲所聞。甲邀朋黨，深夜掩捕之，俱被獲。先將乙吊打，並剪去其髮辮。經乙同鄉人之居於此者，議乙出洋七十元，書伏辯一紙而罷。夫罰洋乃以為儆惡，得洋即以為遮羞。花案而准賄和，亦殊可笑之極。〔有財有勢〕

0741	原 82/7	廣庚 10/79	大 3/88

鬼迷入井

人生處境屢遭拂鬱，非大有學問者，不能涵養血氣，而使之平。蘇城鎮撫司前陳僖敏公祠內寓某甲，以訓蒙為業。其妻上年去世，遺一子，纔數齡，拂鬱可知已。一夕，夜膳畢，把幼子脱衣安睡，已則閒步庭中，以遣愁緒。聞戶外有呼其號者。啟而視之，一斑白叟，似曾相識。謂之曰：「憂能傷人，慎毋自苦，能從我游乎？」甲許之，迷離恍惚，若在夢中，所歷非所悉。行至荒草叢中，有古洞，視之異常幽邃。老者指謂入此便是桃源仙境。探身而下，及腰即捍格。老者竭力擠之。忽來一童子，大加呵斥。老者懼而遁。甲神識頓清，仰視心斗滿天，已則陷身眢井中。始悟遇鬼。昔人曰：幻由心造。鬼之來，亦人心自召之也。處境之順逆不可知，毋輕蹈至死不悟之轍。〔井有人焉〕

0742	原 82/8	廣庚 10/80	大 3/89

是何妖孽

營口五臺子地方有業淮南王術者，其所居極荒僻，出門數武外，荒塚纍纍，白楊衰草，滿目蒼涼。有子，年七齡，一日天未大明，出外小溲。忽見一人從草中出，無首，而自心口以至臍下，闢若門戶，臟腑屈曲可數。漸行漸近，若有意令其逼視者。子駭甚，返奔告。其父母以為眼花，不甚措意。無何，兒發狂，持菜刀跳擲不止，胸前血痕狼籍，腸胃俱流出，哀號宛轉而死。夫孩提之童，有何造孽，而所見之怪，一似為索命來者，倘亦佛家所謂前世事耶？異哉！〔刑天之流〕

0743	原 82/9	廣庚 10/81 右	大 3/90

犬識舊主

揚城某姓夫婦，年垂暮，無膝下，豢一犬以破岑寂。犬頗馴良，善識主人意。主人愛之甚，因命其名曰「丫頭」。今正忽然走失，訪之不獲，幾於廢寢忘食。一日偶遇於磚街羊巷之某甲家，狂喜，徑前呼曰：「丫頭，尚識舊主乎？」犬即跳入懷內，依依戀戀，一似人之久別相逢者。甲家譁然，謂此犬係出錢買得，豈可任人冒認，爭不已。在旁有人言曰：「視犬之所隨，而主者為出身價錢。」某允之，如數給納，揚長去。犬即猗猗尾之行。嗚呼！世之得新忘故，背義負恩者，有愧此犬多多矣！〔也知義〕

0744	原 83/1	廣庚 11/81 左	大 3/91

犬生八足

本埠八仙橋某姓老虎灶，豢一雌犬，色純黑，前日產小犬一頭。毛色與母犬同，數其足，則有八焉。遐邇喧傳，以為異事。夫水族種類繁多，有有頭無足者，有有足無頭者，有並頭與足俱無。而物無害其為生，而人初不以為異者。飛禽止兩足，而傅以兩翼，猶獸之有四足也。若彼化生，則六足、八足以至於無數足，習見亦忘之耳。大抵物非其類，則多與少，皆屬離奇可怪。日報言之鑿鑿，自是信而有徵。〔雖多奚為〕

0745	原 83/2	廣庚 11/82	大 3/92

查酒殞命

京師崇文門稅課司巡役崔九，因訪拿私酒過嚴，為販匪所銜。五月二十二夜四鼓後，偶出邏察，適與諸匪值。匪執之，將燒酒納入豬脬中，撬開其口而灌之。灌之不已，腹滿如鼓，崔哀乞饒命。匪曰：「諾，還我酒，不汝讎。」崔許沽諸市，匪曰：「須原酒，市沽非所欲。」崔知有心為難，遂不言。匪曰：「原酒亦何難。」出腰間利刃，剖崔腹，腸流於地，鮮血淋漓，登時殞命。幸為東城練勇所見，追獲一人，解送刑部。夫緝私，奉法也，販私，犯法也。與崔為讎，即與法為讎，矧又糾眾草菅人命乎！此風烏可長，惟有置之重典而已。〔私害公〕

0746	原 83/3	廣庚 11/83	大 3/93

雙龍取水

距甯波城數十里有龍王廟三處，曰白雲洞，曰穀囤基，曰泉井山。當咸豐中，禱雨靈應，浙撫黃公宗漢奏請封號，聲靈赫濯，廟貌猶新。前月該處鄉人邵某，經其地，天忽晦冥，知將陣雨，暫就廟中休避。但見神案香爐中，煙裊裊直上，凝結檐際，便成雲霧。俄而雷聲隆隆然，風過處，首尾夭嬌，奮爪作攫拏勢，雨即隨之而至。凡此皆鄉人所目擊者。風雲會合，好雨時行，龍兮龍兮，造福吾民。〔及時雨〕

0747	原 83/4	廣庚 11/84	大 3/94

執輿為誰

滬北四馬路為眾香國。夕陽西墜時，游客每向熟識妓館一探春色，即俗所謂「打茶圍」也。合興里有王姓書寓，一日來甲、乙、丙三人。書妓方謀上書場，甲與乙戲謂丙曰：「體胖力不虧，爾如此策肥，盍任轎役乘堅事乎？若能頂戴好花赴北益泰，當肆筵以勞從者。」丙曰：「是亦何難。」即趨妓登輿，岸然負之如飛去。昔崑崙奴負紅拂以歸李衛公，古今稱為豪豔。乃如丙者，僅以負妓賭酒筵，氣韻未免猥鄙。然其背之能負重也，則已朕兆自呈之矣。〔心乎愛矣〕

0748	原 83/5	廣庚 11/85	大 3/95

西醫治病

都中施醫院之西醫某君，初次蒞華，未諳言語；而治病給藥，必需詳詢，方知病之原委。有西女某，教中人，亦好善為懷者，願代某君喉舌之司。兩相得而益彰，故赴院病人日以百計。西士女不以煩冗為苦，殊足多矣。〔好生之德〕

0749	原 83/6	廣庚 11/86	大 3/96

乘風西去

日本郵船公司高千穗丸輪船，由高麗回長崎。中途遇風暴，船中客戰慄無人狀，攀物而臥，四體不敢展側。獨有一人焉，籍泰西某國，謂對此奔騰雪浪，非常開拓胸襟，高唱西洋曲，而以步履之聲為節奏。不料行近舷欄，竟被飛廉攝去。船主在上觀風，竊歎莫能相救。而該洋人載沉載浮，偏能以游以泳。船主知其善泅，乃停輪機，乃放舢板，飭水手援而出之。幸獲生還，差如輪迴一劫矣。惟船主入險地，而尚肯拯溺，洵屬不可多得。〔好一似斷線兒風箏〕

0750	原 83/7	廣庚 11/87	大 3/97

惡索錢文

揚城馬市口某庵住持僧，素尚戒行。平時除誦經念佛外，從不預聞門以外事。殆所謂六根既淨，五蘊皆空者歟。而乃事不由人，偏有惡魔之纏擾，亦無可如何者也。僧於俗家有姪媳，貧而潑。一日懷刃入寺，為寺鄰所見。見者方懷疑訝，忽聞寺內一片喧嚷聲。急入視，則適來之婦，倒臥地上，一手持刀，一手戟指怒詈。項間血涔涔下，特所傷未甚。僧則合十誦佛號，若懺悔狀。眾詢其故，則以稱貸不稱意，而行此以脅僧者。夫僧塵緣未斷，易滋事，而嫉俗過深者，亦不免生意外憂。好教我左右做人難。〔非其意也〕

0751	原 83/8	廣庚 11/88	大 3/98

妒奸釀命

婦女犯奸，律所不宥；良以淫蕩之性，以為人盡可夫，而狎暱者必生忌嫉心，則殺機伏於此矣。金陵教場之北，有演武廳，廳屋三楹，閉以木柵。一日天才曙，有兵勇同一大腳婦，毀柵而入。見簷下臥一丐嫗，即丐錢數十文，屬代望風。少頃，婦整衣出，即有赳赳者持刀奪門入。而先來之男子，遽從柵木跳下，望南狂奔。而持刀者回步緊追，不稍緩。至影壁下及，刺之倒地，又連劈之氣絕。時路上漸有行人，報知地甲，呈報上元縣署請驗；而兇手至今猶未弋獲。越兩日，丐婦言於所識者，云被殺者係婦之後識，而殺人者其先識也。然則婦不犯奸，此案何自來耶！〔淫為頭〕

0752	原 83/9	廣庚 11/89 右	大 3/99

大黿識時

鄱陽湖老爺廟有大黿，伏水底，不常出見，見則必起風。舟行者相率儆戒。若或遇之，即備香楮，燃鞭炮，斬雞釃血，奠酒以告。或幸免，或終不得免。人以是神之。前月杪，黿忽浮游水面，口噴水若濺雪，未幾大風發於水上，覆舟不少。黿鱉類較巨，背有塔紋，漁戶網得，置市中，人喜購之以放生。愛惜物命未可厚非，不必神其說以為通靈也。大抵風雲雷雨，行於地上者，必先洩於地中。在水之物，得氣為先。黿知之，黿不主之也。而必為崩角之禱也，毋亦愚乎！〔知機〕

0753	原 84/1	廣庚 12/89 左	大 3/100

贖放大龜

香港有西人某，捕獲巨龜一頭，其大無匹，持以示人。見者皆以為神物，不可留，請放生。西人謂亦既得之，焉用放為，執不允。眾人意不忍，議醵資取贖，縱之入海，並僱樂工鼓吹送之。噫！一龜也，而尊之敬之且如此，宜乎曳尾泥塗者，不以為恥，反以為樂也。〔泥涂軒冕〕

0754	原 84/2	廣庚 12/90	大 3/101

總統完姻

美為民主之國，總統四歲一舉。今總統名格拉威郎，於華歷五月初一日晚七點鐘時完婚，所娶係大牧師之女，名福爾生。與總統對面立而手執書卷者，為牧師。貴官命婦，按品分列，贊襄婚禮，誠隆禮也。吾因之有感焉。民主為眾推戴，或以功德，或以賢能，亦猶中國官天下之義。詢謀則從乎同，斷事則衷諸獨。而要未有以推戴由人，詭隨徇眾，以為能君其國者。旅美華人遭土人殘害，抵美欽使受關吏留難，雖經彼教中人反覆開導，萬不得已，始議略為賠補。事後並不聞革除一官，拿辦一賊。總統之為人可知已。予之照繪此圖，愛其畫，非重其人也。〔嘉偶〕

0755	原 84/3	廣庚 12/91	大 3/102

圮屋傷人

高閈閎，厚牆垣，暑雨祁寒，深居簡出，杳不知世上之不如我者，有幾何人哉！今年梅雨浹旬，潮濕殊甚。市中及小戶賃居之屋，料細而質薄，修葺稍稍失時，平白地便生出禍患來。蘇城吳趨坊慎思橋堍有板箱店，樓上為店主眷屬所居。當雨甚時，猝然傾頹，壓斃三命。扒出之時，其妻猶抱幼子於懷，而十四歲之長子，則頭已壓扁，腳上洞穿一穴。見者為之慘目傷心。聞房主係袁姓，住中市。近來蘇城風氣，薄有遺產之家，無不十分鄙吝，徵租金如官項。到期不備，遽出惡聲。租戶而循良者，每用虛好甘言，預支預借。而風雨不蔽敝廬，促其僱匠整修，則又如牽牛之下井。以予所遇，凡此者為多。袁姓，

特蘇城之一家耳。害理忍心，終恐有天道好還之一日。〔罪之所在〕

0756	原 84/4	廣庚 12/92	大 3/103

嚇死妙常

甯波大西壩附近有茆菴焉，風雨摧殘，香煙寥落，僅一比邱尼與一傭婦相依以為命。尼不必陳妙常一流人，而花雨著身，難免情魔之牽惹。一日與某甲目成心許，密約幽期，明去夜來，匪伊朝夕。本月某夜，甲又往，方登七寶蓮花床，結皆大歡喜緣，乃有賊人入菴旁之周姓家。周率工人追之急，賊入菴。周追至，庵尼疑為捉奸來者，倉皇出踣於樓下。周以為賊也，執之燭以火。則一赤條條，來去無牽挂者，固即平日手敲木魚，口念彌陀，沿門乞布施之某尼也。相與一笑而散。〔賊怨家〕

0757	原 84/5	廣庚 12/93	大 3/104

攢毆縣役

金山縣新進入學之日，邑尊排道親送，循盛典也。乃以看客過多，丁役遽往驅逐。時有老生葉姓在場，倡言毆人之非宜；而僕從某甲，偏假虎威，益甚鶻逐。諸生積忿在心，俟書院官課之期，挾某甲而攢毆之；且拖至溺器之旁，提其足而倒浸之，俾知遺臭之由頭，出自群酸之辣手，懲爾下次不再上人。〔能文能武〕

0758	原 84/6	廣庚 12/94	大 3/105

遭誣索命

蘇州有銅匠阿運者，不詳其姓氏，店設胥門內之司前街。曾為某公館退鎖，見桌上遺金約指一圈，順手取之，他人不知也。約指係主母物，有頃，主母悟，遍尋之不可得。家止一老嫗，因兩疑之。先徵阿運來，告以故，阿運不承。伺嫗不在側，陰以其事屬之嫗，且以親見寔之，云所以不先告主母者，恐結怨也。主母大信，召嫗辱罵之，迫令賠償。嫗本木訥，欲辯不能辯；自念遭此冤抑，不如死，乃投之河。事閱四載，阿運移居梵門橋。一日晚餐時，自稱有婦在外見召。拔關出，直奔閶門外之渡僧橋頂，躍入河中。經人救起，得不死。送之歸，在路對眾自述曩年竊金事，並言嫗在，必索命去。及家，竟自懸梁。嗚呼！世不乏阿運其人者，吾恨阿運之死之已晚已。〔報應不爽〕

0759	原 84/7	廣庚 12/95	大 3/106

及鋒而試

距九江四十餘里之義門鋪地方，有某甲者，恃其勇力，充局鏢手，押解茶銀是其責任。月初，又因解銀往武甯，便道回家。見門前晒有麥子一筐，知為己物，被某乙家二雞啄食，彈指二雞立斃。乙怒曰：「打狗要看主人面，一筐麥能值幾何錢？遽食盡耶！」往與理論。無多言，甲即抽刀刺乙胸，倒地死。乙妻聞信趕往，又遭甲鉤連鎗刺腹殞命。眾鄰見其橫暴，相與擒送官署懲治。噫吁嘻！是直以性命為兒戲也，亦孔武有力害之也。〔意氣用事〕

0760	原 84/8	廣庚 12/96	大 3/107

鳩鵲爭巢

金陵校場在太平門內覆舟山下，地甚荒僻，所居人家，半隸軍籍；然皆零星散處，不甚聯絡。有某營千總，湖南人，娶南門外某氏女為妻。妻素不貞，與同營某弁私相往來，本夫不知也。一夕歸家，已就寢，弁率多人奪門而入。千總躍而起，弁以木棍擊其首，千總格以手，木棍墮地。弁急抽壁上刀，亂砍不已，該黨助之，乃斃。後謀瘞諸隙地，以滅其跡。夫奸夫之戀色，志昏猶可言也，而該黨助之何為者？豈以此女為公同出入之門戶耶！殊不可解。〔淫而狠〕

0761	原 84/9	廣庚 12/97 右	大 3/108

殷雷劈棺

金陵之雨花臺，離城不甚遠，該處有僧庵；庵有餘屋一，任人家寄頓棺具，而年納香火貲。前月十三日，天忽陰晦，雲垂若墨，空中塵沙飛舞，風勢頗狂；而雨僅跳珠，數點而遽止。庵之僧，集香積廚下，方啜粥，初未覺霹靂之驚人。而香司報稱某姓棺蓋，為雷所揭開。僧即報知棺主，掩而埋之。但不知其何以必邀一擊於死後也？飛尸食人之謠，亦附會家之抄襲陳文耳！不必遽謂為好奇之過也。〔死有餘辜〕

0762	原 85/1	廣辛 1/1 左	大 3/109

震及口耳

中人謂雷為天怒，遭擊者必有隱慝。西人謂人身之電，與空中之電相擊觸，即死，不必其人之果有善惡也。眾訟紛紛，誰與叩九閽，而一明其故哉。然要不聞於忠臣孝子、義夫節婦之身，而亦及之也。京師六月十八之晨，大雨如注，直至下午五點鐘時，猶是雲陰潑墨，電火飛青，霹靂一聲，搖撼山岳。事後悉前門外石頭胡同壽春堂妓院中，擊去鴇婦之唇，與男傭之耳，而人之死生未明言。聞者滋疑，以相質證，予曰：「是不必疑也。唇，言之出也；耳，言之入也。出好興戎，胥於是寄之，雷已顯示之矣。不然，人為萬物之靈，天有好生之德，而謂使無罪、無辜者，適然而相觸耶！予不之信也。」〔搬是非之報〕

0763	原 85/2	廣辛 1/2	大 3/110

當當頭

石某，京師人，住西四牌樓護國寺左近。妻某氏，有外好，被石偵知，託故他出，將以探其寔也。越日潛歸，伏暗陬伺之。果見外好掩入，久不出。石曰：「是不冤矣！」挾白刃，踰垣達寢所。側耳聽，聲狎褻。怒髮上指，抽刃擬兩人頸項並斬之。割取首級，用帕裹就，將首之官。私念乏鈔使用，必吃苦。天方曙，入某典，啟帕提頭，求納質。典夥知其意，且懼貽累，亟出百千緡以與石。石得錢，逕奔官署，自首求辦。理官按得確係姦所殺死，例不償命，僅杖四十板以儆擅殺之罪。《水滸傳》載楊雄妻潘巧雲，私通和尚，為石秀殺死，因邀楊雄誘妻登翠屏山，令供招，然後就戮。石秀不耐楊雄之污辱，故下此辣手，矧躬逢其事者乎。家學淵源，其祖述有由來矣。〔如可贖兮〕

0764	原 85/3	廣辛 1/3	大 3/111

水流花謝

旗昌繅絲棧設在吳淞江北，繭絲抽乙乙，惟小家婦女之是親。其日出而往，日入而歸者，無慮數十百輩。平日攝裳聯袂，移鳳屧，過虹腰。要無倸揭淺厲深，詩歌匏葉。近以老閘橋易置柱礎，暫禁行人，則彳亍水濱者，乃卬須我友矣。二十七日清早，有繅絲女子十九人，同登周陳氏划船過渡。時則潮平如鏡，風靜無塵。方謂一轉瞬，即便誕登。不謂舟小人多，行近彼岸時，過一小火輪，激浪生波，全船傾覆。經人急救，而已死其三，皆處子也。吁！慘已哉！渡船貪多無限，失事時有所聞。所賴地方官隨時隨地以防範之，庶往者不可救，來者猶可追耳！〔河伯娶去〕

0765	原 85/4	廣辛 1/4	大 3/112

日人防疫

四氣不正，蒸為疫癘，稍不僅慎，傳染殊易。泰西各國，防之頗嚴。聞某處有疫，其自該處開來之輪船，止泊口外。必令醫生上船，逐一驗過，然後放入，法至密也。近來日本大阪亦有疫，日人防之，另出新意。曉示患病之家，務須報知巡捕，捕房僱人扛送醫院，濯以藥水。或因此而速死者，即用火葬。而其在生所用物件，悉付丙丁。該街不准行人往來，生意停止七天。有老婦舊病復發，巡捕即傳夫役，將該街兩頭，用繩圍繞；欲把老婦扛去，後為二子固求乃免。途人不知其故，誤入繩中，亦以藥水洗濯其身，水味異常臭惡。凡託宇下，固有頌日廷美意者，然滋擾紛紛，已不免怨聲載道矣。〔怕傳染〕

0766	原 85/5	廣辛 1/5	大 3/113

俗服僧身

僧人服俗服，頭戴瓜皮帽，綴以髮辮，閒游私街小巷中。為好事者所見，疑其如此溽暑而猶戴帽，因撮其辮而帽落，乃執之以送法捕房。捕房以其多事，斥退不理，僧大喜而逸。時有友人在側，曰：「此僧若待秋涼後為此裝束，或可不破案。」予則曰：「你那里曉得，小和尚等不及。」〔顯原形〕

0767	原 85/6	廣辛 1/6	大 3/114

荒郊遇祟

俗諺有「鬼打牆」之說。顧誰遇之而誰見之，穿鑿者好為新奇，附會者從而推演；但取妄言之姑聽，莫謂雖善而無徵。杭城油局橋狗兒山地方，向多邪祟。行人經此，遇陰雨或昏夜，忐忑有戒心。某甲一夕訪友歸，頗懷疑慮，而地勢所限，繞越無從，姑緣山麓，勉強而後進。陰風颯颯，砭人肌骨，心急足違，籠燭遽滅。神昏目眩中，彷彿見女郎四，障前翳後，莫可進止。幸聞擊柝聲，自遠而近；大聲呼救，相與俱歸。昔人云：幻由心造，妖由人興，疑與意並而形生，則俗諺打牆之說成。〔求之不得〕

0768	原 85/7	廣辛 1/7	大 3/115

悍媳毆姑

甯波府後山某姓一老婦，膝下一子一媳。子於春間謀生赴滬，至今未歸。媳年尚輕，慨想勞人，乃為思婦。姑窺其情癡意倦，出言譏諷；媳不能耐，答以惡聲。姑怒媳無禮，欲摑其頰；媳乃乘勢揪白髮，以捶姑之背。於是雞犬沸騰，驚動鄰里，經人勸而散。嗚呼！小家婦任性潑悍，得罪尊長，固宜懲辦；而老婆子不達時務，兒出外久不歸，好為譏言以挑其怒，亦不得謂有道之長者也。〈關雎〉列國風首篇，王道所以必準人情也夫！〔更望子歸〕

0769	原 85/8	廣辛 1/8	大 3/116

言語不通

法兵至高麗，相率游南山。居民少見多怪，屬目而視之；且有口講指畫，嗤笑其異言異服者。法兵疑其辱己也，抽刃以脅之。高民懼，急足奔。法兵見其無能也，挾刃以追之。山路崎嶇，失足乃扑。刃不外向，而自貫其脅，血溢如注。而高民已失所在。嗚呼！此言語不通之所致也。誠能通之，則俄頃之謦咳，即可化暴戾為和親。方今合四海為家，語言之學，可不亟亟講求哉！〔誤傷〕

0770	原 85/9	廣辛 1/9 右	大 3/117

瘋婦投河

京華地安門外後門橋下，水深不及一尺，而淤泥之深，可沒足踝。日前有一瘋婦，卸去衣服，入河亂滾，怒罵嬉笑，不知臭穢。子年已及十六、七，見母如此，無限哀痛，求人襄助，拽之以起；而婦且極力蹲伏，不肯出。嗚呼！犯此病者，真是現世地獄。〔面目可憎〕

0771	原 86/1	廣辛 2/9 左	大 3/118

請坐正桌

官署演劇，閑人不准入內，此通例也。官心雖仁愛，斷難與民同樂，況大憲衙門乎！杭城機匠，年少喜事，聞臬署於某日演戲，思入內一擴眼界。及宅門，為差役所阻，而銜怒不釋。日前永甯院演戲，適臬署書役在場，群起而毆之。嗣役赴告總局，按名拘案，荷枷於眾安橋邊示眾，蓋以此處近臬署也。說者曰：「前日署中不能叨末座，今日橋邊請汝坐正桌。」〔面面相覷〕

0772	原 86/2	廣辛 2/10	大 3/119

龍戲珠

《申報》登九江於初四清晨，陰雲垂墨，急雨跳珠；列缺一飛，怒雷頓發；封家十八姨相與助虐，如讀偃禾拔木之書。二套口有渡船，載客數人并貨物，剪江而過。恍忽見雲中有物若蜘蛛，自東向西；而追者為一龍，鱗爪隱現無定形，偶觸桅尖，格格有聲；而船隨之而覆，幸渡客未遭溺死。報章所載如此，予故戲標其題曰：龍戲珠。〔蛛有珠兮〕

0773	原 86/3	廣辛 2/11	大 3/120

戮屍述奇

作惡犯重案，到官審實者，案律例定罪，入奏京詳轉，恭奉王命正法。萬一先期監斃，則戮屍，彰國法也。從未有身死待殮，四肢脫落如鋸解，如《滬報》登有黎里友言陰斬一事者。據云：北柵之北，某甲新死，家人延僧道，禮懺伴靈。夜將半，忽聞靈床上悉索有聲。視之，屍忽轉側，眾疑為走尸也。懼而出走，反扃其戶，露坐簷下。及明，相率入，則頭與四肢，均在地下，如刀切然。請揭其罪，則曰：烝寡嬸，生數子。〔手足無所措〕

0774	原 86/4	廣辛 2/12	大 3/121

殺蛙生蛙

蛙形似人，生於夏初水際。農夫溉田插秧，蛙即隨水入田。入夜即作哥哥鳴，此唱彼應，百里一聲。凡傷禾之蟲，食之殆盡。人以其有功於禾苗也，謹厚者相戒勿食。皖人某甲，種秫田數畝，有陶淵明遺風；惟性好殺生。秫熟釀酒，必廣取田雞；或燔焉，或炙焉，日不下數十頭；積而久焉，生命不可屈指計。去夏，妻懷孕；及期，腹膨脝不產。日前，始作痛陣欲下。下後視之，則面目手足，不甚可辨；細審，則似一巨蛙。嗚呼！是殆好殺物命，專養口腹之報與？〔物命宜惜〕

0775	原 86/5	廣辛 2/13	大 3/122

群賊盜骨

松郡西門外白龍潭後，地本幽僻。白楊衰草間，不知多少賢愚，長眠於此；而無力之家，且有以浮厝為牛眠吉地者。六月中旬夜，有匪徒將棺木撬開七八具，盜竊枯骨。有謂以之為悶香，有謂以之合藥餌，事雖出於擬議，然非專盜衣飾可比矣。賊之罪，固浮於天；而停棺不葬之子孫，其能逃百身莫贖愆乎！〔罪大惡極〕

0776	原 86/6	廣辛 2/14	大 3/123

和尚竊物

凡叢林之敕建者，僧人必眾，自方丈以至打齋飯，各有職司，規矩亦整齊嚴肅。五更聞報鐘，上殿合十做功課，日暮亦如之。其有願為人家禮懺者，日得錢若干文；不願者，亦不相強。其一肩行李，因朝山而經此者，呈驗戒牒衣鉢具，即留食留寢，名曰「挂單」，一宿兩餐。顧人眾而品亦雜，自幼出家，操行殊潔者，固不乏人；而犯竊盜及血案，亡命遁跡於其中者，亦間有之。京師西直門廣善寺，一夜眾僧上殿諷經，內室無人看管，即有賊乘間入，竊去物件約值四五十金。迨聞犬吠急，四處搜查，知已踰牆遁去，亦一挂單僧也。俗謂和尚為賊禿，確語亦妙語。〔清苦不慣〕

0777	原 86/7	廣辛 2/15	大 3/124

不忍出母

婦女曹錢氏，浦東楊家鎮西南曹家宅人也。夫故有子。近被族姪曹丫頭誘領來滬，而又與蔡某私識，賃居南門外。其子曹冶生訪悉底蘊，糾族往拘，得母而失蔡。讀詩而至〈凱風〉，有七子之母，而猶不安於室；況在滬，況在今日之滬。而惟一則曰「母氏劬勞」，再則曰「母氏聖善」。風會之純漓，則今不古若矣，良可慨已！〔有虧婦道〕

0778	原 86/8	廣辛 2/16	大 3/125

群馬驚雷

今年黃梅頗多雨，小暑後漸就鬱蒸，日甚一日，民間望澤之心，又殊殷切。七月初二日下午五點鐘時，聞雷聲隱隱，天容不甚慘墨。俄而雨如注，至冥晦而止。一雨如秋，居者頗愜適爽快；而游行於沿途招涼者，則以靜安寺未返之馬車，為形狼狽；而尤以冒雨遄歸者為甚。淋漓若落湯雞，蜷跼如偷瓜蝟。居者、行者，一時已判苦樂之不均。是日靜安寺有西人馬車一輛，當雨甚時，猝然倒斃。訛傳者謂為雷震。他馬被驚，奪蹄奔躍，互相擊撞，馬車損壞不少。實則雨聲、風聲、雷聲交相迫，馬本膽小，一馬驚而群馬應之耳。猝斃之馬，以觸暑故，理或然歟。〔一震之威〕

0779	原 86/9	廣辛 2/17 右	大 3/126

倫常大變

南匯縣屬杜家行左近某姓昆季二人，本無嫌隙。近忽以其兄私摘田中豇豆，弟誚讓兄，兄不服，口角始，而以仇殺終。地保據實報縣，邑尊下鄉驗屍，得刃傷六處。死者為兄，凶手逃避候緝。夫村夫鄙吝性成，箕帚耰鋤，動形德色，亦人事之常。究何至以無足重輕之豇豆，而成拼命之深仇耶！是真倫常大變矣。〔細故成禍〕

0780	原 87/1	廣辛 3/17 左	大 3/127

非籠中物

鶴為仙禽，長距鋭喙，羽潔白，聲嘹亮；朝翔乎山之巔，暮宿乎水之涯，要非凡禽所能為伍。間或被人籠絡，無可脱身，而位置亦在林亭池石間，然非鶴素志也。高人某甲，得一鶴，畜於籠中，恐其軒軒霞舉，凌風以去也。一日來一鶴，徘徊天半，倏爾飛下，對籠哀鳴。主人知其意，啟籠放出，互相偎依；長鳴一聲，振翮俱去。主人嘆曰：終非籠中之物。〔王右軍猶有俗氣〕

0781	原 87/2	廣辛 3/18	大 3/128

民歌大有

朝鮮土瘠民貧，近年兵警時聞，年穀不登，故民困窮益甚。困無不亨，窮無不通。今年雨暘時若，四境順成。民間遇豐年，喜奏昇平之樂。奏之奈何？集五六人，各攜笙簫、管笛之類，擇平坦處所，席地而坐，按宮商而迭奏之。另有一人，穿隨身衣服，跳舞於其側，如中國演劇之跳加官模樣，舞而不歌。夫樂者，樂也。樂樂其所自生，生則烏可已也；烏可已，則不知足之蹈之，手之舞之。〔樂民之樂〕

0782	原 87/3	廣辛 3/19	大 3/129

輕信謠言

西班牙國有博士某，自稱通曉天文。一日謂國人曰：「不久將有天翻地覆之禍，世人化為蟲沙。」此語一出，國中人紛紛驚擾。有憂愁莫釋者；有悲泣相對者；有恣其所樂，邀集親朋以就死所者；有飲酒至醉，懵無知覺以俟死期者；有貌為曠達，而中心不免悲戚者；有怨在生困苦，而一死轉得優游者。至於婦人稚子，則又慮翻覆之後，絕了人種，將來世界不知成何樣子。情偽百出，不可描摹。詎知屆日依然天高氣爽，日朗風清，而群疑於焉大破。嗚呼！經此博士之一言，不啻舉一國之人之心而顛倒之也。謠言惑眾之罪，其可逭乎！〔庸人自擾〕

0783	原 87/4	廣辛 3/20	大 3/130

袒裼裸裎

漢口有一惡習，每當盛暑之夕，各作坊夥攜席扇，就涼於湖邊廠地。夜深人倦，褫褲褁鞋以為枕，赤條條，東倒西歪，一似顯父母清白遺體、俯仰無慚怍者。必俟杲杲出日，然後徐徐穿褲，卷席攜扇歸。早行者，時或遇之。一夕，暴雨至，有某甲覓褲不得，未知何時被偷兒竊去。甲旁有乙將醒未醒，甲即取其褲而穿之。乙起覓褲，亦不得，問甲；甲心虛不應，急足奔。乙逐之，及某茶寮門首被獲，拳足交下，適中要害，立斃命。說者曰：其始也張冠李戴，其繼也李代桃僵。〔翹然〕

0784	原 87/5	廣辛 3/21	大 3/131

好花同謝

粵東番禺縣屬之三山鄉，近因酬神還願，僱班演戲；觀者無論男女老幼，弗禁也。戲臺前有小涌，通潮水。天明有某甲，臨流舉網，網甫離水，覺有重物。甲以為土也。蓋甲於前日網得販私人棄土於此十餘枚，大獲利，故疑為取之未盡者。及近見，係婦人屍首，大驚欲棄去。而審視其身，則有新紅布束縛腰際。乃又盡力牽之，離數尺又一屍。如是者得其六，不啻牟尼一串珠。於是遐邇哄傳，以為非常奇事，真奇事也。此六人者，事前必有要約。何厭於所生，何快於所死，而借看戲以為拼命地，且又蟬聯繫縛於一紅布之上，又似從容閑適之極。令人索解人而不可得，真奇事也。〔輕於鴻毛〕

0785	原 87/6	廣辛 3/22	大 3/132

全人骨肉

博賭一事，小而廢時失業，大而蕩產傾家。愚者返本無術，凍餒所迫，為盜賊之歸；黠者設局迷人，網羅所張，為地方之害。而家人詬詈，官長訪拿，更屬事勢所必至。近者甯波江東百丈街某姓子，年近弱冠，性好賭；父銜之，屢犯屢懲，迄不少改。日前被父撞見，扭之歸，以刀斫其手，深入寸許，血溢氣絕。適一遊方僧過其門，自稱能治。家人延之入，僧以線縫皮肉，敷以草藥；再用黃紙畫符兩道，一貼患處，一化灰，服而痛遽止。設使某氏子從此革面，從此洗心，則此僧之功德，真勝造七級浮屠矣。但不知某氏子肯痛定思痛否！〔知過必改〕

0786	原 87/7	廣辛 3/23	大 3/133

以術驅蝗

旱歲蝗蟲為災，地方官令民撲捕，按斤給價，使之有所利而踴躍從事；並使一方之民，通力合作，保全禾稼自是不少，良法也，亦正辦也。乃今歲溫郡患蝗，用羽士驅之以術，亦有效。據云：羽士設壇東門外，纍桌十一張，桌之四角，豎長竹，挽以草索。主壇道士猱升而上，置米篩於其巔。道士繞篩周行者三，擲篩於地；而另取磁甕一，置桌角。道士披髮仗劍，口中念符錄。越一點鐘，作捉蝗入甕狀，加蓋封口，供神前。道士下壇，整襟叩拜，用旗鼓抬送入江，從此周圍二十里無蝗蟲跡，亦奇事也。但不知道士之枕中秘，從何處得來？〔惜其法不傳〕

0787	原 87/8	廣辛 3/24	大 3/134

古塔自焚

江西省垣之繩金塔，建自唐之天祐間。赭寇蹂躪，遍地荒蕪，而是塔獨巋然存。劉峴莊制軍撫江時，出資脩治，遂復舊觀。塔凡七層，登高眺遠，百里在目。舊記謂此塔能厭火災。七月初三日申刻，天大雷電以風，忽將塔之第五層闌干焚燬，炎上之勢，并將六層、七層延著。地方文武官員，聞警赴救，而高高在上，水不能及。所幸振武軍勇丁善猱升，設法救熄。議者謂舊記厭災，而偏自罹夫災，以舊記為不足信，則固未免為此記所愚矣。靜坐細思，自必啞然失笑。〔成敗有數〕

0788	原 87/9	廣辛 3/25 右	大 3/135

舟子謀財

燕河江干泊一煤船。一翁一媳，媳在船供炊爨，而忽動歸思，慮翁之不許也，貿貿然檢衣飾數事，招一小划渡過江去。划子見婦負一巨包，頓萌惡念。行至清水河，四顧荒涼，寂無人影，遽將婦手縶縛，以敗絮塞其口，而投諸河中。嗣為魚船救起，始知其所以然。而翁亦放舟追及，挈之以歸。夫年輕婦女，不知世務，攜帶衣飾，孑身私行，令宵小生心，幾以一身委諸魚腹，固屬自貽伊戚。然萑苻之不靖，於此可見一斑。〔阮小二〕

0789	原 88/1	廣辛 4/25 左	大 3/136

瘋犬可畏

聞人云：遇瘋犬被咬，無論男女，即懷犬胎。女則猶可醫治，下毒血可望生；男則無有不死者。事未目擊，即亦信疑參半。今得安慶小南門外某姓家所畜之犬，因食毒蛇而瘋。鄰家有一豬殊肥，特將出售，因估價牽出圈外而被咬。咬後豬即不食。豬主疑其病也，宰之而售肉。屠戶剖腹，中有小犬無數。則被咬懷胎之說，為不虛矣。然則洋人著人日在街頭捕無主犬，未始不慮及此。跡近殘忍，而不可謂非善政。〔氣之所感〕

0790	原 88/2	廣辛 4/26	大 3/137

鬧考愈橫

直隸河間府知府胡太守，按試屬縣各文童之日，交河縣童生王者香，以犯規遭申斥。而該縣童生，遽恃眾滋事。一倡百諾，哄入內堂，逢人毆人，遇物毀物。致令府尊隨從人等，四處隱避。而又擅自開門，紛紛散出。時交河縣已得報，率領府縣差役，各持繩索，堵塞兩轅門外，以備拿人。適童生奪門出，挾竹木為軍器，勢如潮湧；差役不能敵，潰敗若山崩，一任其東西奔竄而散。刻由縣牒學會同飭傳童之父兄師保，嚴查待辦。按童生鬧事，各處皆有。蘇城鬧市肆，松江鬧教堂，湖北漢陽孝感武童鬧寓所。為博功名，偏膺桎梏，其自居何等也。即使將來得意，已不免留一瑕疵，供人指摘矣。士子守身如處子，於今不可多得！〔亦文亦武〕

0791	原 88/3	廣辛 4/27	大 3/138

藏身不穩

營口王某，東營之鄉約也。因事至某典鋪，無意中見一人質銀簪一支，分量頗不輕，而質錢特寡。疑而尾之。

至五台子地方，見其入趕小車之馬家。去志之，回下處。適蓋平差捕來緝在逃案犯，於是商同往探。至則馬家只一女郎在，年可十七八。王佯與攀談，入屋周視。屋隅一大櫃，有煙縷縷自櫃中出，遂與差役共啟之。獲人二，金飾衣物累累。向使該二盜不遇冷眼旁觀之王鄉約，或蓋平差捕不遽來，充其量隨典隨用，其過好日子也能幾何？且所過之日子，如在九幽地獄中，不能為一日之出頭，則與入棺待死者無以異。桎梏以去，得見天日，何必非盜之幸！〔虎兕出柙〕

0792	原 88/4	廣辛 4/28	大 3/139

太湖救生

太湖居五湖之一，汪洋巨浸，跨接三府。一時風波不利，舟艦遽遭覆溺。光緒初，蘇善士設立救生局，議令沿湖漁船，隨見隨救。漁船頗堅巨，習風濤，船共八百餘號。救一生者，賞給四千文，死則半之。一年中計所救不下百數十人。今年五月二十日，風災尤為奇特。上午天空雲淨，水平如鏡。霎時，雲一片起空中，四出滿布，即有龍尾屈曲下垂，且不止一龍。俄而，雲黑如墨，濃如霧。船尾之人，不能自見船首。收港不及，紛紛淹沒。幸有漁船爭先恐後，奮力施救。其勇者以長繩繫腰際，一端挽檣上，躍身入水，拯之出。共得生者五十餘口，死者二十餘口。有顧姓父子二人，住蘇城內，亦在救中。得慶生還，於是傳播人口，知救生局之功德非淺云。〔利澤〕

0793	原 88/5	廣辛 4/29	大 3/140

惡丐索錢

京師西安門外有二丐，向某鋪戶唱曲索錢。自晨至午，鋪主執不與。丐乃集二十餘人，與該鋪為難。至翌日，經鄰人調處，給錢始得了事。〈檀弓〉載齊大飢，黔敖為食於路，以待飢者，徒以「嗟來食」三字，致彼蒙袂輯屨，貿貿然來之人，甯不食而死。夫黔敖之失言，正其哀矜惻怛之誠所迫而出焉者也，而飢者不願受。以視今之強索惡取，與夫堅不肯與者，其設心之相去何如哉！於此可見古今人之不相若已。〔窮凶〕

0794	原 88/6	廣辛 4/30	大 3/141

嚴辦混混

北方風氣剛勁。無業游民，輒恃其膂力過人，橫行鄉里，振臂一呼，附和十百。遭其害者，隱忍不敢發，真地方之患也。天津道胡雲湄觀察履任後，即飭縣備站籠數具，紅衣褲數襲，立提著名混混喬三、李煥章到案。傳髮匠，委員監視，薙去髮辮，祇留丫角如孩提然。背負三角小旗，標明姓名罪名，係以鐐銬，通衢游行；游畢監禁，期於洗心革面而後止。昔子產治鄭，寬猛交相濟，孔子歎為古之遺愛。觀察此舉，卓然有古君子之風。〔總角丱兮〕

0795	原 88/7	廣辛 4/31	大 3/142

點肉身燈

禾郡城隍廟，年例七月十四夜，四鄉男婦入廟燒香；竟夜城門不閉，燈火絡繹於道。廟中燭燄搖紅，人聲沸水。最可怪者，殿之四隅，有裝肉身燈者六人，赤身跣足，以鐵鉤橫貫胸脅間，下綴琉璃燈四十九盞，云是所以報親恩者。《孝經》不云乎，身體髮膚，受之父母，不敢毀傷。鄉愚不讀書，紛紛然為之。其志可諒也，其事不可訓也。〔愚而好自用〕

0796	原 88/8	廣辛 4/32	大 3/143

大鬧盂蘭

每年中元令節，各城市、各鄉鎮盛行盂蘭盆會，名曰振濟無主孤魂。相沿既久，乃成風俗。揚城灣子街亦興是舉，焰口放畢，例唱佛曲。其節拍則與土妓之小調相彷彿，故識者鄙之，而庸庸者轉樂道之。主座僧非揚產，且不諳其例。事畢坐蒲團入定，而為眾所非。好事者舉以告，復強之行，僧高聲曰：「是非所習，敢謝不敏。」眾益訕笑之。僧大怒，撩衣下台，勢頗洶洶。議者比之醉打山亭之花和尚，而竊不謂然。禪門例不習管絃，經典中亦有讚詞，而無所謂曲。以「不敏」對，非其過也。乃始則強之所難，繼則激之使怒，正以見施主胸中之齷齪。不得以其動惱故，而遂不曲審其是非。〔竭僧〕

0797	原 88/9	廣辛 4/33 右	大 3/144

捨命求雨

七月初，浙之鄞縣方苦旱，邑尊設壇祈禱。方橋江有龍潭。光緒五年有施姓寡婦二人，因歲旱禾槁，投身蔣山龍潭，為地方請命。今則又有楊姓女郎，年僅十七，住西南鄉上水碶，與其母織席度日者，亦以官民盼雨情切，伺母赴市，沐浴更衣，徑赴方橋江龍潭而死。越半日，雨果沛然下，苗遂勃然興。此女洵功德在民哉！竭血誠一片，當血食千秋。〔深入龍宮〕

0798	原 89/1	廣辛 5/33 左	大 3/145

援之以手

金陵元武、莫愁兩湖，荷花極盛，清風送處，香沁心脾。韻士騷人，每樂於此寄興。有客焉扁舟乍泛，雙槳輕挑，花為四壁船為家，屈曲溯洄，正在及時行樂。不料船身偏倚，此身已在水中央矣。幸逢采蓮諸女郎，相與舒玉臂、開笑顏，援之而後出。一時見者，軒渠不已，曰：不謂左抱右擁之趣，乃在拖泥帶水之中。〔叟溺〕

0799	原 89/2	廣辛 5/34	大 3/146

砥柱中流

台灣峙海外，為閩省外屏。往者法人啟釁，沿海各防軍，日夕戒嚴以待，而閩省寔遭蹂躪。長門之戰，法用詭計，壞我師船，而將帥之少勇寡謀，寔不能為諱。由是台灣之勢益孤，而法燄益熾。孫庚堂軍門駐滬尾，敵乘勝擾滬尾。軍門以無舟師可以犄為夾攻，而故示之弱，誘令登岸，出偏師迎擊之；法遂大敗，由是不敢正眼覷台北。向使滬尾之戰，亦蹈長門轍，則法之要求於我者，不知將若何！然則一戰而勝，固即安危禍福所由倚伏也。軍門之功，豈不偉歟！曩得台友寄來台北輿圖，已摹入九號畫報中，而戰陣之事闕如。今又有以接仗情形，屬為補入者，再三辭不獲，勉從其請；而事理寔不可通，人身無可再小，而營房樹木出其下，亦自知其可笑也。閱

者但審事寔，而勿泥圖畫尺寸之末則可矣。〔存河山半壁〕

0800	原 89/3	廣辛 5/35	大 3/147

更夫遇鬼

杭城武林門內有義倉，倉之左有隙地，浮厝一棺，歷有年所。相傳棺中係縊鬼。雨淋日炙，漸就枯裂。一夕夜將半，更夫擊柝過其處，微聞剝啄聲。時則新涼一味，淡月不明，恍惚有人徘徊於荒煙蔓草中。更夫憶及厝棺處，毛髮為豎，直奔下院門首。下院者，東嶽之行院也。該處有守瓜村夫，聚宿於此。眾見更夫倉皇至，叩所以。更夫以見對，守瓜者恃人眾，相率偕往。既近望之，見一鬼繞棺走。眾反奔，更夫亦奔，梆鑼棄於地而不顧。詰朝告段董，由善堂掩埋之，而是怪乃絕。嗚呼！人死以入土為安，久暴於外，陰陽搏擊而體魄不安；其出而作怪者，正其急於求安也。理之所有，不必為事之所無。〔一梆及地〕

0801	原 89/4	廣辛 5/36	大 3/148

跡近會匪

本埠英包探秦少卿，獲得張德生、葛友才二人，解公堂訊辦。緣二人形跡可疑，搜其身畔，則有白布一方，上書山名、堂名、內外口號，并七言荒謬不經語四句。當由公堂移縣研究。二人雖不承認，而要非安分良民已可決矣。鄂撫裕奏獲會匪彭海雲，究出同黨鄧桂霆、藺桂堂，并在浙拿到之顏紹溫。起出飄布、刀旗、逆書、偽印等，亦有山名、堂名。訊供直認不諱，惡跡顯然，立即正法。而餘黨之散布於各省者，度必不少。安不忘危，治不忘亂，是所望於勤求民隱者。〔以身試法〕

0802	原 89/5	廣辛 5/37	大 3/149

覷破賊智

揚城風箱巷內某姓女郎，偕鄰女在門前嬉戲。有一人行近身畔，在耳根一抹，將金環攫去；女負痛，揪住不釋手。女父母聞信至，見其人紈扇輕搖，衣服華好，疑不類小竊；而女堅執無訛。眾曰：「盍搜之。」解衣磅礴，了無所得。適本坊地保至，其人即以誣竊為言，殊不干休。旁一媼曰：「請再搜，弗得，誣良之罪，惟予是坐。」於是再搜，而果得於左足襪套中。蓋初時藏在舌底，因爭論急，背人騰出，納入襪中。襪已搜過者，曾不慮其再搜也。不謂媼之冷眼獨清也。寄語世人，人不可以貌相。〔無所弗有〕

0803	原 89/6	廣辛 5/38	大 3/150

奸謀敗露（上）

鄂居洞庭湖之北，故行省以湖北為名。環湖而居者，多業漁。利之所在，人爭趨之；而奪蕩械鬥之事，亦因之而起。漢陽北泉地方，近有甲乙兩村，爭湖肇事。甲村之主謀者為國學生，眾趨其第，拱手請策。國學生昌言曰：「若要官司贏，除非死一人。」眾服其才，皆曰：「諾。」問誰可死者，坐中一人起而言曰：「今日之事，丙為首，宜死丙。」國學生妻立屏後，聞眾議，亟趣國學生入內，謂之曰：「丙為我家螟蛉子，於此事有功，何可死？」國學生悟，出謂眾曰：「死丙不若死丁，蓋丁係逃犯，隱於某廟為火夫者。」下眾議，僉韙之。乃使人誘之來，殺而置之門處。……

0804	原 89/7	廣辛 5/39	大 3/151

奸謀敗露（下）

……事聞於乙村，乙亦有主謀者，曰：「是不難，彼以死人為要挾，此間詎無求死不得者乎？」邀眾集議。有一人曰：「某戊幼孤多病，勢且不祿，可俾速死以相抵，先發可以制人。」亟遞呈於縣。且令一寡媼冒為死者母，俟官相驗，呼伸冤。官得乙村呈，而甲村之呈亦至。官下鄉一一按驗，均非械鬥身死者。仵作高聲喝報，而媼請伸冤不已。官曰：「死者果爾子乎？」曰：「然。」曰：「爾子手指若干數？」曰：「十。」曰：「爾試數之。」媼勉強捋死者手，見六指，大驚瞠目，不敢復言。不俟用刑，盡情吐出，刻提主謀凶手懲辦矣。嗚呼！不動聲色，而案無遁情。苟非智珠在握者，未易臻此境界。〔兒戲人命〕

0805	原 89/8	廣辛 5/40	大 3/152

假官藏私

前日下午有外路人某甲，乘坐藍呢大轎，轎後懸燈，有「江南監督海關」字樣。人且疑為顯官。馳至南市祥記碼頭，有多人上前攔阻。甲曰：「是何為者？」多人謂：「我等係洋藥局奉公緝私之巡丁，轎中藏有何物，乞借一觀。」甲先索緝私據，巡丁示以腰牌。甲計窮意沮，逡巡下輿，乃被搜出漏捐大土三焦，人與轎一并解送局中。夫防弊者百其途，而舞弊者仍百其計。自來緝私無善政，如土一項，況非販土洋人所欲辦，齟齬掣肘，時有所聞，而奸民乃起而乘之矣。人言辦理此事，當拔本清源，談何容易！〔枉費心機〕

0806	原 89/9	廣辛 5/41 右	大 3/153

種荷花

新塍鎮南麻鄉有著名土棍二人，搶孀逼醮，聚賭唆訟，無惡不為，亦無人不畏。該處鄉人受害久，銜恨深，以為訟之官，或不免支生節外，而轉甚其報復之凶。於是私議斬棘除根，縛其手足，繫以巨石，而沉之於河，名曰「種荷花」。一鄉之人咸稱快。雖然孽固伊自作也，而除暴安良，則有司存。〔私辦〕

0807	原 90/1	廣辛 6/41 左	大 3/154

蛇虎相鬥

印度巴城地方有二人，攜槍出獵，忽聞遠遠有聲，如牛喘。蹤跡之，入深林。見一蛇一虎交相鬥，虎身被蛇盤住，各張口作對噬狀。二人以逼視太近，防禍及己，發槍兩斃之。惜哉！若遇車利尼，必且收拾焉，化其惡毒為我所用，俾供地球各國之人之巨觀。嗚呼！令人思車利尼不置。〔勝負未分〕

0808	原 90/2	廣辛 6/42	大 3/155

盂蘭誌盛（上）

本年七月下旬，蘇城大興盂蘭盆會。傳者謂除尋常之清道金鼓、牌轍、執事外，又有紙紮種種鬼神。窮形盡相，不可描摹。議者謂民窮財盡，至今日而極，正宜愛惜物力，留有……

0809	原 90/3	廣辛 6/43	大 3/156

盂蘭誌盛（下）

……餘，以蘇積困；詎可以有用之金，擲無益之地。旨哉言乎！惟是蘇省素稱繁庶，近十年中，花錢之舉，事事垂厲禁，而小民謀生之路，日形其窮蹙。富者屯膏，貧者所以仰屋耳！銀錢以流通為用，弊苟去其太甚，其無大傷於民者，即偶爾點綴昇平，何必非與民同樂也！矧儺近於戲，此風由來者舊乎？〔鬼討好〕

0810	原 90/4	廣辛 6/44	大 3/157

獅生醫死

美國排爾梯馬利人某甲，蓄獅一頭。近於牙關忽生瘡，已垂危矣。甲不忍，延牙醫倍羅地而為之醫治。醫飭將獅綁住，以繩撐獅口。療治將畢，獅盡力掙扎，繩索迸斷，銜醫而奔。甲懼傷醫，取手槍擊之。獅中槍子，狂怒，將牙醫且咬且撕，頓成粉碎。該醫年祇二十有四，死於非命，論者惜之。然則謂獅為神獸，厥性通靈，此說亦不盡然。恩怨不明，畢竟畜類。〔以德報怨〕

0811	原 90/5	廣辛 6/45	大 3/158

縊鬼討替

直隸交河縣李氏，孀婦也。有子不務正業，嗜賭；母屢戒之，弗悛。自怨自艾，已非一日矣。近則其子賭又負，央無賴族叔，行竊家中財物。叔入戶，匿牆隅。見外來穿孝婦人，一見婦即下拜，腰間出一繩，執繩向婦再拜。婦惟嚶嚶啜泣，若不見有人者。泣之不已，將取帶自縊。穿孝婦大喜，作鼓掌狀。叔見嫂將覓死，大聲疾呼。婦驚而醒，倒地，乃知為鬼所侮弄。按此事即京戲中之「三上吊」也，而報章則稱津友言之鑿鑿者。是舊事翻新耶？抑後事符前耶？吾不得而知矣。〔幻由人興〕

0812	原 90/6	廣辛 6/46	大 3/159

緝私得犬

緝私為國家禁令，中外一體，然非民之所樂從也。大抵嚴厲之政，易於擾民，而奉行者又甚之耳。香港有華捕，出外巡私土。忽見道旁遺有一箱，舉之殊重，舁至捕房。啟而視之，則一死犬在，已腐爛不堪。事固惡作劇，然何必非該捕自取之！〔出於意外〕

0813	原 90/7	廣辛 6/47	大 3/160

一產三孩

徐某者，東甌永嘉人也。小本營生，販賣芋艿、地栗等物。妻於去夏懷孕，約計今春已滿十月，而產信杳然，家人心竊憂之。迨至七月中，始腹痛分娩，連舉兩男一女。知之者僉以人瑞賀徐，請報官。徐恐獲賞不敷需費，寢之。而又慮三孩並育，不能並存，將女送入育嬰堂，而自哺其二男。夫四乳八子，古今無二。孿生雖或偶見，而累而至於三，則非為父母所及料。〈蓼莪〉之詩曰「劬勞」，真劬勞也；曰「罔極」，真罔極也。〔寔能容之〕

0814	原 90/8	廣辛 6/48	大 3/161

黿龜示兆

今年夏秋之交，直隸順屬地面，雨水過多，河流盛漲，為數十年所罕見。通州城西八里橋下，有極大黿龜三四，沈浮水際，背上馱小龜無數，三、五日不去，而水勢大漲。張州尊命駕往，焚香禱叩，乃遂隱形，而水亦漸次退落。是故至誠而不動者，未之有也。〔祥兮〕

0815	原 90/9	廣辛 6/49 右	大 3/162

金孝女

孝女姓金氏，名爾英，秀水人。七歲喪母，弟爾珍幼，父義不復娶，三人相依以為命；而門以內之事，實賴女為維持。父嘗病，目盲；女以舌舐之，數月而愈。及長，問名者至，悉卻之；蓋不忍膝下之一日離也。光緒乙亥病瘍卒，凡在室四十年。傳者謂史傳所載，女之孝獨繫於舅姑，而闕於父母。得金氏女之堅貞不字，以事其父，足以濟女子之孝之窮。而生人五常之本原，至是乃旁皇周浹而無所闕憾。旨哉言乎！孝女之行傳，孝女千古已！〔無忝爾所生〕

0816	原 91/1	廣辛 7/49 左	大 3/163

放下屠刀

京師東直門外有旗人某甲，善放線鎗，百步以外，取飛鳥如探囊取物，百不失一也。一日大將晚，復提鎗並攜六齡幼子，閒步郊外。舉目眺遠，見榛棘中有一小狐蹲伏，發鎗，鎗不響。異而視之，火藥由後出，擊倒其子，傷痕遍體。舁歸醫治，並矢願嗣後不再獵禽。人特患怙過不悛耳！苟知過，苟悔過，則立地成佛者，只須放下屠刀也。好殺生者，宜以此為殷鑒。〔宜惜生〕

0817	原 91/2	廣辛 7/50	大 3/164

網船會

嘉興北鄉連泗蕩普佑上天王劉猛將廟，為網船幫香火主，亦猶泛海者之崇奉天后也。浮家泛宅之流，平日燒香許愿，來往如梭，以故該廟香煙獨盛。八月十三日為劉王誕期，遠近赴會者，扁舟巨艦不下四五千艘。自王江涇長虹橋至廟前十餘里內，排泊如鱗。是日奉神登舟，挨蕩巡行，午後回宮，俗名為「網船會」云。〔祝利市耳〕

0818	原 91/3	廣辛 7/51	大 3/165

讀書賊

去京師阜城門外十餘里，荒草匝地，叢林界天。近日經此路者，喧傳有野豹出沒，於是行者有戒心。事聞於營汛，率兵丁，持火槍往搜捕。比至，不敢前，突見一人，由林中逸出，方悟傳言不盡實，亦不盡虛也。入林見腐草堆，上蓋敗殘豹革一張，問其所用，則曰：「窮極無聊，披此以為獵食者；尚有同伴一人也，入城消贓去矣，行將返。」待而并執之，送交刑部。《傳》曰：「胥臣蒙馬以虎皮」，賊殆竊此故智也，可呼之曰「讀書賊」。〔虎皮羊質〕

0819	原 91/4	廣辛 7/52	大 3/166

心恙自戕

州縣衙門中，凡庖廚、裁縫、薙髮匠等，皆稱官；亦在官言官耳。鄞縣朱明府，一日正在簽押房檢視公事，忽一人叩頭泣訴，曰：「京詳已轉，某罪當誅，第在大老爺處伺候，久無過失；若得開一線恩，改流徒，即是再造。」視之，則署中薙髮匠也。疑有心疾，叱之去。顧此人係自省帶來者，素知其謹愿。無何，忽報髮匠自死，蓋以薙刀斷其咽喉也。因念士子入場，有隱慝者果報顯然。此匠雖近心疾，然安知非有隱慝歟！〔人不知〕

0820	原 91/5	廣辛 7/53	大 3/167

狂瞽

醫、卜、星、巫，各挾一術以自餬其口，而其利只求人家多病。其業不相謀，其事實相比。江西楊家廠之錢米鋪，某甲所開也。家道殷實，有子愛如珍寶。忽患病，延醫無效。於是問卜、召巫，相繼而行。門前來一瞽者，自稱得茆山秘術，十日可愈病。酬錢二十千，該鋪允之。此即所謂「星」也。在家供設眾星象，某某召之來，某某退之去，一似星辰之可以惟命是聽者。數日法事畢，取錢去，而病仍不起。至此始悟為所愚。嗚呼！醫、卜、星、巫，由來舊矣。古人詣其精，不炫其術；今人竊其似，以養其生。此中相去天淵耳！於四字何尤焉。〔瞎說〕

0821	原 91/6	廣辛 7/54	大 3/168

豐城劍晦（上）

南洋有島，名柔佛，閩人某在彼耕一山園。新得一傭，曰黃經，粵人也。年三十餘。面色帶黃，髮帶蒼，筋骨外露；而兩目炯炯有神，能於黑夜雨晦，見物於尋常之外。為人口吃，寡言語，落落不與同伴合；人以是蔑之，凡苦工悉委之。一夕，有群盜入園主室，財帛衣飾，任意索取。同伴悉數蜎伏，不敢聲。盜將行，前者嗷然扑。群盜舉火逼視，僅一人，手掣短棍，截於道。盜大舉圍而攻；而若人聲東擊西，疾如風，猛如虎，眾皆披靡。盜知不敵，願繳贓物貸命，若人許之。時眾工稍稍從門隙窺窺，則見敗盜者非他人，即黃經也。奔告園主，園主喜，置酒慰勞。半酣，……

0822	原 91/7	廣辛 7/55	大 3/169

豐城劍晦（下）

……舉盃告眾曰：「某少時遇一武師，勇冠等倫。以其強占鄰女為妾，而又置之死，女父母畏其燄，不敢與較。某不平，冒死與鬥。刀械已被擊落，五指蓋某頂，重如山壓，幾殆矣。幸發拳中其脅，負痛，備稍懈；緊逼之顛，拾落刀，刺死之。亡命走他鄉十餘年，無以為生，不得不借徑於綠林。彼特鼠輩耳，受創去，不敢再來。某之所以來此者悔過，冀保首領，但不知蒼蒼者容人晚蓋否也！」言已，聲淚俱下。嗚呼！身懷絕技，而無一人一日之見知。脫不遇鼠輩，則將泯焉、滅焉；而終無一人一日之知其根底也。讀「無以為生，不得不借徑於綠林」數語，足為負絕大本領者同聲一哭。〔埋沒英雄〕

0823	原 91/8	廣辛 7/56	大 3/170

頂上圓光

杭城某公館之太太，赴親串家喜筵歸，為時已三鼓，更深人倦，漸就矇矓。懷中抱有小兒。手執安息香，香上有火；火當風生燄，燄引輿簾，頃刻皆著。一時乘者、肩者，皆驚慌無措。幸是處為學院轅門，巡夜兵丁協同撲滅。語云：「星星之火，可以燎原」，此真星星也。一或不慎，遽爾肇禍，然亦睡魔有以引之也。太太其倉皇矣！〔焦頭爛額〕

0824	原 91/9	廣辛 7/57 右	大 3/171

洋油可畏

浙之溫屬瑞安縣有某甲，販洋油，零售以為生。一日時已及晡，開箱取油，偶一傾側，遺於地板，而襟、袖、襪、履之間，亦所不免。急於燃燈，取火在手，而袖口遽被沿著。甲手痛，棄火在地，而地板亦燃。心慌意亂，舉足踐之，而襪、履之傳染如飛。故雖經人撲滅，而火毒攻心，越日即斃。僕新得一法。親戚家亦以洋燈墮地，室中皆火；該室近庖廚，主人即取灶灰糝之，立時消滅。僕既嘉主人之有急智，而並告點洋燈者，宜預儲此物以為備。〔不可不慎〕

0825	原 92/1	廣辛 8/57 左	大 3/172

凌虐拐孩

誘拐孩提販賣他省，屢經大憲嚴禁嚴辦，而此風不能絕。良由十案不破者九，即破矣，地方官憚於申詳，枷之、責之，滿月釋放，故若輩益無忌憚。此非地方之福，亦非地方官之福也。向使失孩之家，單傳一脈，則其所關系者為何如？就使子非獨子，或為女，被拐之後，亦未必遽死；而賣作奴隸焉，而淪落煙花焉。朝鞭夕罵之苦，百倍於其父母，此意中事也。萍蓬飄泊，不知如何結局。偶一設想，苦何可言。即如滬北保康里第五弄底有中年粵婦，陸續買得男女五六口。氣使威逼，鞭扑無常，諸孩體無完膚，哀哭之聲，致鄰里不忍聞。若得地方官澈底以究之，則造福於該孩者何限。更得申詳送省，上憲必不寬貸，懲一儆百，則造福於未失孩之家更何限。但不知治其地者，何憚而不為也。〔穉子何辜〕

0826	原 92/2	廣辛 8/58	大 3/173

善人有後

據九月初一日報章登，鎮江南鄉有某翁，素忠厚，饒於財，以無子故，撫姪為子。翁之妻，年踰半百，近忽懷孕。姪甚之，賄令穩婆，生男立殺之。穩婆惑於財，臨蓐，扼孩腎囊以徇，此前半節言也。後半則言兒因厚殮，為盜棺賊盜取衣飾。有客經過，兒已啼哭。有犬在旁，銜客衣，導客抱孩以送歸。姪夫婦為雷擊死，穩婆自首，還銀獲免云云。僕竊疑之，女子十四通經，其數七，至四十九而絕。縱極強盛，從不聞半百以外，而猶懷胎者。腎子已破，命根已絕，雖閻羅不能返之使生。其啼哭之際，未知腎子曾否完好？其完好也，孰與施治之。情節支離，可決其事之必無。惟標題曰善人有後，則可以勸世。因繪圖以儆暗圖產業而存心不良者。〔天不欺〕

0827	原 92/3	廣辛 8/59	大 3/174

撫署獲賊

江撫德曉峰中丞，以閱兵出轅，故署之四圍，添撥營兵駐守，昭其慎焉。乃八月十六夜，更鼓初鳴，月明如晝，上房忽報拿住一賊。司道齊赴轅門，傳差弁、營兵詰之，皆云未見。提賊鞫之，忽稱由前門進，忽稱由後垣入。雖用嚴刑，所供游而不確。前江西藩署中有皮箱失竊一事，經新建縣捕役因他案獲而破。賊何以畢集於江西也！況乎大憲衙門，關防何等嚴密；而賊之出入也，竟無一人之見聞。差弁自知詞窮理屈，乃委其過於倩人頂替；頂替固不得為是，而豈盡屬土木偶也。且賊之意，向在獲利，紳士之家，詎少蓋藏，舍易就難，豈所謂「不當王，非敵也」乎？嘻！異矣。〔賊大膽〕

0828	原 92/4	廣辛 8/60	大 3/175

世產派捐

初三日，英界公堂案載鐵路大橋北為美租界，再北川洪浜一帶為中西交界處。近由工部局派捕往巡，議取鄉民住房四季捐，每季每間出錢二百二十文。鄉民以無力辭，令婦女三十餘人，投案申訴。夫使此地而既入租界也，則一切捐項，自有定章，抗之無可抗也。設猶是我土，縱與毗連，萬難越畔，我居我民，捐於何有，爭之無容爭也。惟是華人寓美國者，既遭其荼毒，難保美人在中國者，不肆其侵陵。怨毒愈積而愈深，困無不亨，尚靜俟天心之來復。〔誰是誰非〕

0829	原 92/5	廣辛 8/61	大 3/176

巧謀避劫

丹徒以西，皆山麓，有地名曰分龍岡，達句容縣境。近有句容人某甲，從揚州歸，懷藏洋圓、信件。行至該處，遇一壯健匪徒，手執火槍，喝令止步，曰：「出汝所有，濟我所無，不則不利，毋貽後悔。」甲有智，不與較，出洋散擲於地。匪喜，置槍拾洋。甲出其不意，飛足中匪要害，奪其槍呼救。近處人紛紛集，助縛送官。猶憶同治初年，蘇城克復未久，伏莽未靖。有某紳收租催甲，年終算腳銷。腳銷者，按畝所取之力，米棧夥與催甲剖分之。除洋圓之外，餘錢七、八千。該催甲居負郭，不滿十里，恃路近，且力壯，肩錢出胥門，走官塘。時日猶未落也，覿面來一強人，腰插白刃。行近，手拍催甲肩，曰：「將錢假我。」催甲見有利器，即將錢卸諸地，掉頭不顧，向西便走。強人按千灣腰，置肩上。催甲疾反身，掇其臀，而射諸河。兩事如出一轍，故連類而書之。〔出其不意〕

0830	原 92/6	廣辛 8/62	大 3/177

煽民為惡

游方僧道，裝綴痴癲形狀，經行廛市，哄動一方，情節本殊可惡。而又有無知小民，助其燄而揚其波；彼乃公然自命天仙活佛，居之而不疑。皖城西門外來一羽士，自稱能知過去未來事，造言此間不久將有天災。好事者圍而詢之，則又以天機不可洩漏對，惟符籙可以禳解，給符一道，必輸錢十三文。數日之間，賺錢不少。似此鄙陋粗淺，亦竟有人輕聽之而輕信之。充其伎倆，未始非髮逆金田村之故智。而膺民社者，每視為不急之務也，此莠民之所以日出而不窮也。〔決非善類〕

0831	原 92/7	廣辛 8/63	大 3/178

薙匠受罰

一歲分建十二，以月為名，而惟中秋之月為最皎潔，故古人有「月到中秋分外明」之句。蘇人於是夕必設瓜果、餅餌，焚香為月壽。維時天氣不寒不煖，衣服單夾皆可御。入夜，親串朋友互相往來，謂之「走月」。他省風俗，不必盡同，度亦不甚相遠。寓居香港華人，是夕小孩子翦紙燈以為戲；燈上雜繪諸色，聊以娛孩，並無他意。有妓院之子，持燈舞弄，上畫薙頭擔一付，為該處薙髮匠所見。髮匠以為侮己，邀同業數人入妓院，毀器具，吵鬧不休。致遭巡捕拘去，罰洋了事。該髮匠何量之窄也！雜繪可觸忌諱，則開浴堂、業穩婆，就其平日所見，何止千百，將閉目不睹耶？抑逢人為難耶？靜坐一思，當亦自笑其無謂之極矣！〔無理取鬧〕

0832	原 92/8	廣辛 8/64	大 3/179

假官查私

皖垣狀元府側有醫生某，操術未精，而負累頗重。乃遂因緣匪類，以行不法事，非一次矣。鄂人某甲，販小錢往汴，經皖城，被醫生偵知。遽乘四人大橋，導以親兵四名，一似保甲局委員也者。直達甲寓所，搜出小錢，悉數取去。甲涕泣不肯捨，出洋四十元始返原璧。按此事與前報所繪假官藏私土一節相類而相反，藏私以官也，查私亦以官。甚矣！官之為用，大矣哉！〔相率為偽〕

0833	原 92/9	廣辛 8/65 右	大 3/180

畢命泥犁

田賴牛以耕，牛恃犁為力，農人馭之叱之，一牛之力，可抵十夫。下益人事，故上應天星也。江甯西北鄉有農佃某甲，驅牛下田，扶犁欲耕，而安放鉤衡尚未熨貼，牛忽前蹄高舉，勢將奔逃。犁頭未入泥中，其力尚輕，隨之而起。農夫懼其逸也，急挽鼻端之繩，不防犁頭迎胸而過，胸為洞穿，狂叫一聲，血溢而絕。此非牛之過也，人自不小心耳！〔誰職其咎〕

0834	原 93/1	廣辛 9/65 左	大 3/181

狀鬼

幼聞之父執某甲，言甲有友某乙，眼能視鬼，而秘不告人。甲本莫逆交，一日令言鬼之情狀，固求之，不獲辭，曰：「鬼無處不有，巷口街頭，臭穢不可近之處，尤擁擠如市。見人氣蓋軒昂，招搖過市者，笑臉承迎如不及；而遇寒酸悲苦之人，則閉目掉頭若將浼已。人與人遇，道寒暄，敘契闊，則竊竊然聽之。先及不得意事，便以涕唾揮其面；後言某年大獲利，則即揩拂涕唾，作揖長跪。」余識之。稍長，知為寓言。今報述溫州之縣城殿巷有成衣匠名進國者，一夕方睡，聞有人行走聲，疑是賊。覓燭，看見一夥跪地，一徒跪凳上，呼之不應，曳之不動。批頰然後醒，兩人皆言見一鬼，氣燄可畏，罰使長跪。嗚呼！是鬼也，則又易諂而為驕矣。可見炎涼之態，深入骨髓，至死不一日忘；而又挾之以為用，則其在生之日，奉為金科玉律者，更不知若何景象也！有友在旁，接語曰：「君自不知，觸目皆如斯。」〔作怪〕

0835	原 93/2	廣辛 9/66	大 3/182

鏢師發鏢

北方土地高厚；人之軀幹，亦較南邊為結實。其膂力過人者，精習拳棒，投入鏢局，為經商北省之家保銀貨，往來不失事，亦猶洋人保險意也。比來北上者，多附輪船以去，此風亦少衰矣。而東豫晉陝諸省，所歷多旱道，仍賴若輩挾之而後行。蘇城閶門內穿珠巷一帶，房屋雜瓦礫中，宵小易於匿跡。日前有米店學徒，持洋八十元經此，為游勇攫去。學徒哭喊，得鏢師追趕，發一鏢，適中游勇手，洋遽墮地，取以送之歸。然則鏢固不可以不發也，惟其得乎時，乃有益於事。〔著〕

0836	原 93/3	廣辛 9/67	大 3/183

風流學博

山左某縣儒學署之左側，有妓王二妮居焉。學官某，過訪之，泮水盈盈，如七夕銀河，一任牽牛過渡，從此得間即往，蹤跡頗密。為日既久，夜合資積欠累累。龜鴇不肯以皮肉作施捨，索償於苜蓿盤，而苦無以應。龜鴇不甘心，乃倡言於眾。合縣諸生大以為恥，是真可恥也。而議者歷引馬融絳帳、謝太傅東山故事以嘲之，語妙雋永絕倫。〔教養兼施〕

0837	原 93/4	廣辛 9/68	大 3/184

西樂迎神

西人無事不用樂。以予所見，團兵會操也，死喪出殯也，春秋兩季之跑馬，與夫官員調任到岸之時，咿咿唔唔，亦自可聽。節奏之疾徐，繫以足；萬足齊舉，如拍板然。近則通商埠頭，有力而好奇者，間亦僱用之。今年重陽令節，粵人之經商寓滬者，咸赴天后宮迎神賽會。除旗、鑼、扇、傘外，亦用西樂一班，隨之游行。夫郲用夷禮，《春秋》貶之。竊為讀書明理之君子所不取。〔何取乎此〕

0838	原 93/5	廣辛 9/69	大 3/185

從容肆竊

《申報》繹香港《西字報》，載有泰興洋貨鋪失竊一事。云該鋪於禮拜六關門較早，賊乘間混入其中。晚間不遽行竊，而在櫃檯上高臥一宵，絨毯為被，襪為枕，痕跡具在。食物則攜以俱來者。禮拜日仍宿其中，各種器具間有移取，而又撬開寫字台抽屜，括取銀洋一百數十元。至禮拜一清早，以一繩縋窗而逝。惟是賊之去也，有跡可尋，而賊之入也，竟無一人知覺者。在賊為利市，而在該鋪未免糊塗。〔去取隨意〕

0839	原 93/6	廣辛 9/70	大 3/186

雙斃輿中

浙省甯俗之開設轎行者，其轎散置街衢間，昕夕不收，向來如此。江東高家堰亦然。八月之杪，人見轎中坐有二人，一男一女；逼視之，皆已死。男年約三十餘，身穿藍布小衫褲；女服月白竹布衫，年亦相等。塗人哄動，觀者如堵。經地保報殮標簽，以待其家人之識認，而議者遂紛然也。私情兩字，自是口頭言語，然安知非舉案齊眉者，賃舂不遇皋伯通，顧惜顏面，遽爾出此短見乎！事無確證，無非臆度之詞。而其情好之肫肫，至死不踰，從容以殉，其情景亦自可憐！〔死則同穴〕

0840	原 93/7	廣辛 9/71	大 3/187

土匪猖狂

浙省兵燹之後，地廣人稀。當道以土著不足盡地利，招客民與並耕。客民多刁悍，與土著如水火。遇豐稔刈穫，即載之以去；稍遇水旱，即紛紛報荒。日前杭州富陽縣客民，亦以告荒，大鬧縣署。據述擅敢拆毀庫房，搶去帑銀二百兩，已屬駭聞。而於潛縣署，則又被盜，劫掠一空，報失數目約值弍千餘金；縣官致遭反縛，百般凌辱。目無法紀，一至於此。由前之說，髮逆之餘波；由後之說，海防之流毒。兵革之禍遠矣哉！勝殘去殺，期之百年，夫子是之，有以夫。〔犯上〕

0841	原 93/8	廣辛 9/72	大 3/188

白晝搶人

八月之杪，京師東便門有車一輛，被門軍攔下，中載男女各一口。先是門軍見御車者，頭戴紅纓帽，由城外飛御而來。將及門，門軍聞車內有相鬨聲，上前盤問，則御者先行逃竄。而車中之男，抱持一女。女口有絮填塞，不能言。代為取出，始得狀。蓋此女本京東良家女，被此男強搶而來者。嗚呼！輦轂之下，乃敢橫行不法，至於如此之極，可謂賊膽如天。〔詰奸慝〕

0842	原 93/9	廣辛 9/73 右	大 3/189

美人肇事

日報載虹口地方，有美國人二名，持洋槍互相轟擊，幸均未受傷。為巡捕拘解美領事署審訊。審得先放者，槍中無子，身在所居闌干內，後放者在路上。判罰洋元，略分多寡，以示區別。如其無力，各令監禁，而時日亦有短長。而其所以致事之由，則不及一言，依然一個悶葫蘆也。〔敵一人者也〕

0843	原 94/1	廣辛 10/73 左	大 3/190

老蛇為祟

蛇，水族也，宜居草澤；而頹垣破壁之中，亦時為窟穴。人見之，輒驚擾，懼其毒也。乃湖州府城中有老蛇，已成妖。據述白晝現形，往來市廛，老少惟所意，忤之輒作秏。某姓，茶食店之餅師，一日見壁上一小白蛇，俯首偷食月餅。順手取刀砍之，斷其尾寸許，而蛇失所在。餅師知之，他人不知也。翌日售出之物，悉退還，中臭穢不可食。爭競者踵趾交錯於門。店東叩夥，夥以直告。於是知為蛇所為，惶遽伏罪乃已。崑腔戲劇有《白蛇傳》，此豈其苗裔耶？〔毒極〕

0844	原 94/2	廣辛 10/74	大 3/191

欽命督辦欽廉防務兼辦瓊州客黎事宜馮

「瓊州一府，孤峙海南；黎巢其中，民環其外；地瘴而瘠，民弱而惰。其為地方之害者，一曰客匪，一曰黎匪。前代生黎，獉狉荒陋，為患尚輕。百年以來，熟黎與民人習為狡黠，生黎漸稀，出巢益數。近則客匪游勇，散入其中，奉惠州客民陳鍾明、陳鍾青為總頭。合生黎、熟黎、客匪、游勇為一夥，四出劫掠，全瓊遂無安枕之日。舊時駐瓊文武官員，進剿未能得力，粵督張奏請飭派統兵大員，大舉澈辦。嗣奉旨著馮子材督率各營赴瓊，相機辦理，欽此。」軍門受特達之知，膺海疆之寄。諒山一役，望重功高矣！矧茲小醜，其敢當我大軍哉！出檻車以獻馘，磨盾墨而書勛。予小臣拭目俟之。〔今之汾陽人也〕

0845	原 94/3	廣辛 10/75	大 3/192

中外好會

光緒十二年七月初五日，各國使臣率領參贊、繙譯等，至總署謁見醇邸。禮畢入座，各進頌詞一通。國則德、美、日本、英、比、俄、法、和使臣也，姓則巴田鹽華、維拉愷來等。頌詞畢，請各言志，以次對，而辭氣有同有不同。最後醇邸答之曰：「各國雖言語不通，風俗各異，皆係開闢以來天地間之人。通商之始，自然彼此不能融洽。現在交好既久，風氣日開，惟願大國字小國以仁，小國事大國以禮，大國與大國交涉以誠；從此大國無侵小國之事，小國無干犯大國之端。永息干戈，共敦和好。各國兵事，自應精練，專防本國亂黨，各國毋得干戈相尋。有嫌隙者，固可永化其心；無嫌隙者，不可妄生枝節。各成禮義之邦，共享昇平之福。」衹此寥寥數語，不啻提各國使臣之肌骨而針砭之。如雷之震，如日之明，如春風之祥和，如秋氣之嚴肅。要豈雜霸小邦，詞氣鄙背之使者，所能望其風規乎！〔柔遠人也〕

0846	原 94/4	廣辛 10/76	大 3/193

香軟紅塵

尼而兼妓，江、浙兩省多有之。衣俱綢縐，下體亦服裙，裙下蓮瓣雖不裹，亦頗瘦挺，著鑲鞋；不蓄髮，而四周茸茸，覆額被頸，即世所謂劉海頂也者。冠尼冠，衣皆長領，外罩馬甲，皆以元緞為滚邊。項間金練璀璨，時露於外。經懺亦自嫻熟，鐘磬、鐃鈸、笙管無不能。客至，可茗話，可筵宴，身價頗自高。求歡好，須極親密，而不吝多金，間有納為小星者。劫後此風亦少衰矣。浙江平湖縣北門外之太平橋，有韋陀庵，中藏少年尼姑數輩，來自嘉定，頗俊俏。地方年少子弟，乘興過訪，而為無賴子所算，大敗清興。低眉活菩薩，其奈此努目金剛何？〔衣錦妙常〕

0847	原 94/5	廣辛 10/77	大 3/194

獲盗以智

阜甯、興化一帶，比來劫案甚多。阜甯城內之某錢莊，被劫三千餘金，報縣飭緝在案。而交界處所，又劫商船一艘；船主夫妻子女并客，共斃六人，棄屍河干。邑令勘驗得實。比捕勒緝捕，懼盜遠颺，先令夥役設伏要路；並令年輕而有力者，易女服若母女，女嫁母送者然。揚言某日經此，奩贈頗富，誘盜之出，圍而擒之，兩案俱破。捕之智，惟邑宰有以激之也，然而該捕可嘉已。〔少勇〕

0848	原 94/6	廣辛 10/78	大 3/195

讌會盛儀

武會試既畢，讌有事各官於兵部，以大司馬為主席。是日黎明，主考以下官朝服，赴午門謝恩畢，齊集金水橋。兵部官請赴讌，各官由東安門詣部，主席者迎於堂檐下。鴻臚寺官引詣香案前，北面序立聽贊。行三跪九叩禮畢，揖讓升堂，樂作。武庫司官分派花幣，光祿寺官舉壺酌酒，授主席；主席立堂檐下，西面酹酒三，迺揖。主考官就位正席。獻爵，少退揖，主考官答揖，迺揖，知武舉副都統各就位。光祿寺官分獻監試等官酒，主考官詣主席前，酢如獻禮，各就席坐，光祿寺官供饌。讌畢，各官起，席撤，鴻臚寺官復引詣香案前，行一跪三叩禮，主席者送主考官如初儀，各官乃退。〔典禮〕

0849	原 94/7	廣辛 10/79	大 3/196

點綴昇平

蘇城八景，虎阜其一也，出金閶不十里，宜用舟。劫前逢五、八兩月，城內外紳商士庶，必相率往游。舟中隨意點綴名花一二枝，有來自妓寮者，有栽自本舟者。舟不論大小，無花即黯淡無色澤，其最巨而最華者，曰燈船。日間一字兒齊泊治坊浜口，一目無極。上燈始開筵，箏、琵齊奏，聲不絕於耳。筵半，乃發舟銜尾進，往來山塘七里間，自西自東，周而復始。涼月輪白，明星不輝。古人所謂「不夜城」，殆無此佳景也。劫後民力凋敝，不復原。大憲病民窮，一切縻費事皆垂禁，故有其廢之，莫敢舉也。今夏業其業者，聊為嘗試，另翻新樣，然亦不多。偶觸所見，恍惚置身在山塘七里間矣。〔畫舫〕

0850	原 94/8	廣辛 10/80	大 3/197

美婦司舟

男女之別，中國為重；而其等級之所判，直將霄壤。人特習焉而不覺耳。泰西各國則不然，自幼入塾，男女一體，故西女通書算者為多。美婦有名馬利以利沙八咯者，習海程經緯之學，沙線風濤、山川形勢，並行舟事宜，悉得其奧窔。投考授上等司舟之職。現赴某輪船總理一切，而其夫亦在該輪船為大管。夫婦共事一船，而又女先乎男，《易・繫辭上》傳曰：「一陰一陽之謂道」，於此事可謂鐵板註解。〔巾幗鬚眉〕

0851	原 94/9	廣辛 10/81 右	大 3/198

姻緣前定

世俗言婚姻事，有月老為之撮合，以紅絲繫男女足；雖極雲山迢遞，時事折磨，而反覆輾轉，終玉汝於成。顧所謂月老為何人，更所謂紅絲繫足之事，誰見之而誰知之，不可解也。揚城某公館，婢僕甚多。庖丁某甲，今之隻護也，且循謹。主母知其未有室人，擇陳姓婢與之。甲叩年歲里居，主母舉以告，且曰：「人本揚產，而購之東臺者也。」甲聞言，頗滋疑。甲幼時聘有室，亦陳姓，遭兵禍，彼此離散，聞避兵東臺，無確耗。合巹之夕，叩新人，即故劍。蓋在東臺時，合家貧不能存，因鬻身，父母現住本郡。乃歎姻緣固關前定，而月老紅絲之說，不盡無稽。〔彷彿徐言〕

0852	原 95/1	廣辛 11/81 左	大 3/199

嚼舌而死

聖經賢傳所載謹言之文，更僕不可數。而言之謹與不謹，仍視乎其人。一支毛錐子，變亂黑白，顛倒是非，其尤甚者也。有明知而故犯者；有不知而冥冥之中已所傷實多者，總之無非口過也。揚州舊城某甲，臥病不起，易簀之前，瞪目謂妻曰：「吾生平口過太多，罪合死，汝宜慎之。」言已，將舌咬下，鮮血滿口，嚼之有聲，見者莫不寒心。蒙自幼與人交，遇好為妄言者，雖極異敏，不願與深交，惡其不誠也。中年而後，傭書滬瀆，而求所謂不妄言者益鮮。縱使報應不必其相準，究無解於言不

由衷者之有何益處？〔三緘金人〕

0853	原 95/2	廣辛 11/82	大 3/200

動地驚天（上）

地氣鬱結，無所發洩，東攻西突，乃成震盪。小則金鐵器作錚錚響，甚則屋宇搖動，榱棟若將崩。或數年而一遇，或數十年而不遇，從未有如今年美國之甚者。據《申報》述西報言，自八月初三日起，連動十次。未動之兩、三日前，覺天有異色，欲雨不雨，欲風不風。而是晚之九點半鐘，忽聞隆隆聲，若雷鳴。俄而大聲四起，若海嘯，若山崩，居民哀號奔竄，不自知其所以然。被災地方，為華盛頓、紐約、白地麻、利濟們、查立斯東等處，而……

0854	原 95/3	廣辛 11/83	大 3/201

動地驚天（下）

……查立斯東受禍尤烈。最可異者，合城房屋，一如提向空中而擲諸地。以一處計之，已壞一千數百椽。而電桿、鐵路，到處縱橫，至不能廁足。又有五處一齊火發。有思奔往施救者，而途塞不能行。敗壞貨物不計其數，實為伊古以來未有之災也。該處現辦賑務，旅滬美人有勸我協賑公所佽助若干者。嗚呼！救災恤鄰，古今通義。惟一念夫旅美之華人，前方遭其驅禁，旋又遭其戕虐。我欽使奉命前往，則且遭關吏之留難。似此數大端，其能無耿耿於心乎？必欲以德報怨也，當熟思仲尼之言曰：「何以報德」。〔外海奇禍〕

0855	原 95/4	廣辛 11/84	大 3/202

有利被盜

有利銀行在本埠三馬路口浦灘，初六日之晚七點鐘，有盜九人闖進劫掠。其情形備詳日報中，不必贅。當場獲得二人，一為魏花天，一為康德紀。魏係徐州府豐縣人，年四十有三；康係山東濮州人，年二十有五。所供同黨，有馬姓、李姓、王姓，并老三、老張等。自認販賣水果，為馬、李所給。此為圖卸罪名地步耳。就其跟來索欠之言為實供，而至滬之後，又僱徐州人王姓之船，開往黃渡，忽又跟去何為者？無何，而又折回距黃渡十二里之紀王廟，由馬分給手鎗一桿，甘心接手，再同抵申，約赴有利。此時此際，不想發財而何為？百喙莫能辯矣。夫洋場防範之嚴，非他處可比。而前次劫錢鋪，今且劫銀行也，其不及洋場之防範者，居民能安枕耶？夜不閉戶，路不拾遺。此風渺難覯耳！〔發洋財〕

0856	原 95/5	廣辛 11/85	大 3/203

異樣親迎

各埠通商而後，各國洋人，各認段落，分疆劃界，定為某國租地，此言地面也；而地底則各有管業，仍須向各業主售得，定價每畝若干銀，無論田土、墳墓，一入租界，遽令一律遷讓。即如滬城之北，今之櫛比崇墉而為華屋者，皆昔之荒涼衰草而為山邱也。有時開修街道，久閉之骨殖，重又出土，良可悲歎！而華人之挾有重金者，往往先以賤直購入，轉售居奇。廈門有大腹賈黃姓，見淡水生意蒸蒸日盛，亦購山園基地數塊。其中墳墓纍纍，一律遷葬。有女，年及笄，忽得瘋疾，類花痴，治之不效。令柯人諷之男家，準備迎娶。過門之日，用羽士數輩，諷誦經咒於轎之前後左右，以為護持。復奉神像二尊，隨之行，以為鎮壓。嘻！自有親迎以來，未有如此之創格者。得罪於鬼而鎮之以神，可以想見此老胸襟之齷齪！〔非非想〕

0857	原 95/6	廣辛 11/86	大 3/204

水火交作

九月十三四兩日，北風驟勁，天氣轉寒。武漢江邊所泊之船隻與竹木簰等，走錨斷纜，不一而足；人聲鼎沸，已不免有叫苦連天者。而大王廟河下一帶，猝報失火，焚去二十餘家。方告救熄，乃大馬頭又報火起。祝融氏藉封家姨威，所向披靡，事後檢點，計收拾去一百數十椽。子輿氏曰：民非水火不生活。予為下一轉語曰：民非水火不死亡。〔可怕〕

0858	原 95/7	廣辛 11/87	大 3/205

室女還陽

起死人而肉白骨，極言恩施之重耳！而既死而果能返魂者，未之前聞也。乃金陵聚寶門內，抬過桐棺一具。薄而走氣，聞其中忽作吁歎聲。停而聽之，良是。赴告喪主。主命撬蓋，而喉間已咯咯有聲，漸漸呻吟，止不能言耳！因覓就近之尼菴，暫下榻，以為休養處所。健譚者詢原委，則知此女年止十七八，不粒食者已五年，每餐啖蔬菜一掬，得米便出哇，就醫則不審其為何證。入本年九月，漸不支。死之日，涅汗涔涔，重衾為濕。至此復蘇，其陽數容有未盡乎！特未蘇之前之所見所聞，不聞向人歷歷言其故，亦一大憾事！〔孰推孰挽〕

0859	原 95/8	廣辛 11/88	大 3/206

槐老神馮

嘉興有楞嚴寺。寺有古槐一本，在正殿西偏丈室之後。大逾合抱，高欲凌霄，望之亭亭若張傘然，百年前物也。近來住持僧欲拓基址，以增房舍，議去之。而夜夢偉丈夫一人，揖僧而言曰：「某忝居此土，幾閱星霜矣！縱無振興佛門功，而蔭庇老禪，光輝上剎，頗自謂不惡。今無辜將欲加之斧鋸。倘蒙見愛，則舍之。不然，則且不為上人福，從違唯所命也。」言已，徑去。僧夢醒不介意，諏吉興工，鋤鋸並下，一舉手而樹根出，脂如鮮血。大驚，急命撤工，致祭謝罪乃已。蒙以為神之有無不足論，惟古物流傳逾百年，自宜加倍護惜，況佛教尤以慈悲為本乎！〔休付劫灰〕

0860	原 95/9	廣辛 11/89 右	大 3/207

誠能動物

荒歉之區，良家年輕女子被騙售出，輾轉如風萍柳絮，而墮溷黏泥者，不知其幾許。有蟻媒某甲，住九江之岳師門外，一日購得江北某姓女。攜歸，拂拭之，秀其外；與之言，而又慧其中。大喜曰：「是天授我以居奇之貨也，妾之可得數百金，妓之千金操左券。」乃閉之蘆簾紙閣中，芳訊秘不輕洩。一日自外歸，見女泣暗陬，詢以故，女跪而告之曰：「奴大家女，遇荒。二老逝世，哥子肺腸惡。被誑，彼得錢，奴失身。是以悲耳！若荷見憐，為擇匹耦，則沒齒不忘德；必欲陷之，奴不惜死，與君亦不利也。」甲心動，為議親於土著某，獲番餅若秦關之數，而此女得所天。人謂人中梟獍，亦有牿亡未盡之夜氣。予曰此即所謂誠能動物。〔兩全其美〕

0861	原 96/1	廣辛 12/89 左	大 3/208

失勢而死

漢口某甲，業水果。一日飲酒沉醉，偃臥在床，而其勢忽被人割去。報官提家人研訊。家有一妻、一妻娣、一岳母。有謂母女同謀者。問官因受傷人未能到案，就其家問之；傷者口不能言，止以手指作形狀，旋即氣絕。按此事殊可疑，亦殊可笑。若謂女有外好，謀命之案，世未嘗無之；而必歸咎於此物者，何耶？向使味同雞肋，去之不足惜，而未便陳情於母。不知同謀之前，將此奄奄者，將何以為詞？萬一厥狀雄武，圓枘方鑿，苦於寔不能容。母兮鞠我，無所用其諱言。而同謀之際，女心憾之，母不必同憾之。對此翹翹者，更何以為情？然而失勢者死矣。蘇季子曰：人生世上，勢位富厚，蓋可以忽乎哉？勢字居其首也，憑權者藉勢，趨炎者附勢。請於勢利場中觀，得勢之人，其面目類無不翹翹。〔剗盡孽根〕

0862	原 96/2	廣辛 12/90	大 3/209

太守興利

范史稱王復、任延之明發姦伏，為能入循吏傳，失馬、班之恉。循吏者，與民休息，不動聲色，自能躋一世於治平之隆者也。而究其設施，不外尼父適衛對冉有之言，曰富之，曰教之兩端而已。鄂省居長江之上游，絲茶兩項為生意大宗，而地利容有未盡。前任武昌府王子泉太守曾捐廉購買桑秧，散給民間，並送《蠶桑輯要》一書，教民以蓺種。現任李薌園太守踵其意而推廣之。太守籍江右，稔知江右夏布甲天下，因設局於漢陽門內紅牆巷，延請精於辟績者，在局為之師。飭縣遍諭城鄉婦女，苟願學者，報名註冊，投局受教，務盡所能而後歸。嗚呼！太守洵今之良二千石哉！〔恩同挾纊〕

0863	原 96/3	廣辛 12/91	大 3/210

開膛相驗

日本捕役於本年七月十六夜，糾合無賴，襲傷我兵輪水手數十名案，逾百日未見眉目。蓋逆知我國家以休兵息民為心，不欲以細故尋干戈，故毅然一逞其橫逆。而就其案中一水手言之，已屬可慘之極。李榮者，濟遠船之水手也。被傷後，就長崎醫院療治，不見效。因僦居廣馬場之同鄉人家以養傷，仍不治。至死謂其友曰：「吾被日人踢壞腹部，打傷背脊，以至不救，死非其所也。」同鄉人憫其苦，據詞稟理事，請驗。蔡明府照會日官，帶同西醫布百布臥氏以往。日官堅請開膛，因對眾截斷四骨，取出臟腑，心慈者至不忍寓目。嗚呼！在生既遭荼毒，死後又復支解如豕羊，而冤仍不能伸。吾為李榮一哭，吾更為遭難諸人一痛哭！〔赤心為國〕

0864	原 96/4	廣辛 12/92	大 3/211

龜嫖龜

世人以妓之夫，與子若父，皆稱之曰龜，不知出於何典。或曰龜之為物，不能自為牝牡，雌龜心憾之，乃就其可與交媾者而合之；雄龜怒目視，然終以無能為役，不敢與雌龜爭。由是龜之名，沿至今弗替。不謂今之龜，又有舍其田而芸人之田者。某甲，小龜也。其父設妓寮於棨錦里，習見夫出入於其門戶者，大半服華服，揮金若糞土，豔之。年弱冠，貌亦不惡，竊優孟之術，邀貿易場中素識之乙與丙，徑往四馬路某妓家張筵。自謂障身有術，誰識廬山真面目乎？而乃鼓鐘聲聞，竟被某妓指破。龜亦有例，同類相犯必議罰，或問其罰云何？蒙曰：宜被宮刑。〔硬碰硬〕

0865	原 96/5	廣辛 12/93	大 3/212

小老虎

演獸戲之車利尼，在上海演畢，即往日本；為日已久，猶未離其境也。統地球而周歷之，所獲殊不貲。而馬、象、獅、虎等物，按日所需，食料亦不貲，東道主人頗不易做。虎凡三頭，內有一頭，即俗所謂雌老虎者，在日本生小虎，亦三頭。日君主觀戲數次，賞賜優渥，故車君俟小虎離母之日，擬選其一以為答。取猛獸以為玩具，而又如報李投桃之永以為好也，亦近年以來所創局，前此未聞也。〔其文炳也〕

0866	原 96/6	廣辛 12/94	大 3/213

遊鄉溺斃

西人喃而，前此屢上公堂，為私土案件爭執者。於今十月初八日，僱一舟，偕一友，時盪槳，時張帆，徜徉煙波飄渺間。四野黃雲初刈，野禽方茁，攜手槍，冀得一二頭以供老饕，其樂何如。纔至施港口，岸上鄉人隨而觀，七嘈八雜，言語又不通。喃而探首出窺，眾且嘲且笑。喃而怒以目，信手取煤塊，出船頭擲去。不防足下有物羈絆顛，遽被三閭大夫挾之去。其友慌無措，召漁戶撈以網，良久乃得，撫之冰矣。嗚呼！此非所謂一朝之忿，忘其身者歟！〔樂極生悲〕

0867	原 96/7	廣辛 12/95	大 3/214

路過借糧

華麻港胡姓，家道豐裕。一日在家宴客，方張筵，主揖客入座。突來暴客數人，作不速之客。最後者衣長褂，穿快靴，入廳事，自據首席；餘則亂次以濟，坐下便大啖。首席者謂胡曰：「過貴庄，糧不繼，乞借千金。」胡不敢拗，湊數如其言。暴客一聲呼嘯，口稱驚擾而去。按此等事，說部書中時有之，暴客之為此，毋亦鈔襲舊文乎！〔無弗與者〕

0868	原 96/8	廣辛 12/96	大 3/215

夫人能軍

沈雲英、秦良玉輩，以女子而知兵，至今猶豔稱之，而不必今人之不古若者，如臺灣林蔭棠觀察之夫人是已。夫人前在暖鶯鄉法人擾害時，曾帶兵接仗。今則觀察因彰化、嘉義居民，糾合生番，與官軍為難，統兵前往彈壓，被圍幾危。幸夫人率壯丁數百人，十盪十決，再接再厲，始將觀察救出。語曰「鬚眉巾幗」，又曰「兒女英雄」，夫人當之庶無愧歟！〔文武萃一門〕

0869	原 96/9	廣辛 12/97 右	大 3/216

砲彈傷人

往歲馬江之戰，法人用開花砲轟擊。其彈落泥中，而未經炸開者，挖得之，可售錢。有黃某者，唇肉不全，人即以缺嘴呼之，所得冠同儕。傾出火藥，售其殼，每個可得洋五、六元。一日在庭中，與其親串某甲，次第敲開。最後一彈殊堅固，用力過猛，內火猝發，屋面及兩邊廂房俱揭去，而左右鄰幸未波及，以火力上沖也。黃某及甲之頭顱、四支，俱不知所往，慘矣哉！貪小利而忘大害，雖黃某自取之，而法人之貽禍，寔令人恨入骨髓！〔狎而玩之〕

0870	原 97/1	廣壬 1/1 左	大 3/217

巨螯報德

嘉興北關外藍荷灣人某甲，以捕蟹為業。每當霜高月黑，水靜波平時，掉扁舟，入蘆葦深處，探手取之，自不竭。質明入市叫賣，得利市三倍。一日檢點籠中，有蟹一頭，大逾恒。權之，得一斤有奇，疑為神，仍置之水濱，再拜而送之曰：「願君韜戈戢甲，深自潛藏。若再誤入網羅，恐碎骨粉身，不足饜賞菊者之大嚼耳！幸自為計。」祝畢，蟹婆娑去。越數日，甲仍從事水次，見一穴，黝而深，疑為蟹巢。舉手探之，忽出一蛇，繞臂三匝。甲駭而踣，突來一蟹，伸螯剪蛇頸，蛇負痛而遁。嗚呼！莫謂公子無腸，亦知所圖報，勝於橫行自大者多多已。〔常山敗矣〕

0871	原 97/2	廣壬 1/2	大 3/218

日妓歌舞

十月八日為日本天長節期。日官肆筵款客以誌喜，民間戶懸綢彩，商家遍插本國旗幟。招颭和風中，顏色簇新，大有過新年景象。兵輪升砲隆隆然，奏樂嗚嗚然。所最可觀者，妓女聯翩，衣鮮衣，髮挽高髻如盤雲，面傅白粉；一手持摺扇，一手執木棍，棍尖黏紙條如麈尾；隨帶管絃一路鼓吹，酣嬉歌舞，極視聽之娛。〔瀛海承平〕

0872	原 97/3	廣壬 1/3	大 3/219

小大蒜頭

小大蒜頭者，蘇城賭棍之混名也。其先世亦望族，而陵夷式微，遂入於下流而不自憯。跡其生平，自幼即愛賭；久而其業精，於是張厥網，待雉罹于羅。有劉毅癖者，入局無不輸，輸無不巨。蓋其所用骰子，皆灌鉛者也。近為某甲偵知其弊，伺其興高采烈時，擬奪取其骰子，以為反本地。而小大蒜頭懼，擦入口中。甲即以手擠其喉，揠而出之。驗之，果然。於是所輸之數，盡得歸趙璧。朱竹石廉訪素惡蘇城之賭，大半出搢紳家子弟，扎縣拘案，盡法懲治。從此大蒜頭經火煨爛，不能如從前之臭而辣矣！〔臭惡〕

0873	原 97/4	廣壬 1/4	大 3/220

解網施仁

廣東陸豐縣頗多積匪，提督方照軒軍門，查獲數十名，議准就地正法。該處罪犯赴法場，以竹絲所編之籠代囚車。一犯至中途，繩如切而斷，易之復如故。一犯將臨刑，妻抱持不釋，引頸願代。手下回稟軍門，復又提訊，廉得為人誣攀實情，非正凶，軍門於是兩釋之。夫冤以妻伸，世或有之，而扛索之斷如刀切，而又出於再，不可謂非鬼神之默相也。是殆有陰騭存焉！〔罪疑從輕〕

0874	原 97/5	廣壬 1/5	大 3/221

使節臨滬

出使英、俄大臣曾劼剛襲侯，升任海軍會辦，奉命旋華。其抵埠之日，地方大小官員遠迓節麾，水陸齊備，等威所在，莫敢隕越。而西國駐滬各使臣，亦復親赴碼頭，登舟參謁。人第見人之致敬於襲侯，與侯之被命歸來，若是其顯赫；而不知侯之維持調護，不亢不卑，聯中外之人之心如父子家人，而作其敬恭，而生其歡好。其苦心固幾費躊躇已！嗚呼！僅已。〔喜見顏色〕

0875	原 97/6	廣壬 1/6	大 3/222

武弁訛僧

文昌閣在老閘北首，住持僧號義存。其由外路挂單來者，曰德照。此僧熟誦《心經》「色不異空，色即是空」句，而為怨女度一切苦厄。誘致該處婦人某某氏者三人，在禪房花木深處，細味滑膩塞上酥。柴某者，巡防局之武員也，訪悉之，破扉入。婦驚，遁其二，而一婦與僧並獲。惟時兩造皆願私休，許柴三百元，而以金飾暫作抵押。柴乃挾金去，土人不服，議其後。而事聞於統領，送縣澈底根究。夫拆梢之風，莫甚於滬上，世俗謂之流氓。不謂有職官員，亦尤而效之。正所謂笑罵由他笑罵，好官我自為之。〔得錢賣伎〕

0876	原 97/7	廣壬 1/7	大 3/223

情急自盡

正藍蒙七甲官廳某步之子，夏間在船板胡同刨挖地溝，被壓殞命。經左翼連翼尉許給銀一兩五錢、米一分以示體恤。每月由本旗固山廳支領。日前，連翼尉將米裁撤。步甲一時情急，趨至連翼尉宅門首，用刀將肚剖開，五臟迸出，登時身死。説者謂步甲米一分，每季不過斗餘，區區之數，何至自盡。雖然，必其中有大不得已者在也。諺云「有的不知無的苦」，此語可為狠心人作座右銘。〔可憫〕

0877	原 97/8	廣壬 1/8	大 3/224

一元大武

狀元、榜、探，武與文同，臚唱事畢，即跨馬游街以顯榮幸。狀元更易盔甲，簪金花，榜、探隨之出午門、端門、天安門，過金水橋，出西長安門。諸進士附於後，送狀元歸寓。功名者，國家使令人才之具，而亦賢豪所藉為進身之階也。人可不自勉乎！〔孔武有力〕

0878	原 97/9	廣壬 1/9 右	大 3/225

堅請出家

揚州舊城某甲子，自幼不食葷；強之，出而哇。屢思入空門為佛弟子而不可得，如是者二十年。今年遭失恃，出家之念愈堅。城外某禪林方丈僧，素與相稔，子乘父他出，潛赴該僧，求為披薙。僧知其父不允從，拒之。而某子不肯歸，繼之以長跪。僧不得已，詭辭以對之曰：「汝務欲除煩惱絲，亦須請親族來一作見證。」某子信為真，舉外祖母以問可否，且請諏吉。無何其父歸，蹤跡得之，拘以回家。近則神情類癲癇，不省事。嗚呼！是豈有因果在耶？出家固不得為孝，而較之無惡不為者，則情猶可原。必欲強拂之，增出無數氣惱煩悶來，何如曲徇之為愈也。特非所語於單傳一脈也。〔未免忘本〕

0879	原 98/1	廣壬 2/9 左	大 3/226

德之賊也

九江新壩縫工某，年老佞佛；每早盥洗畢，必合十誦南無數十遍，然後從事縫紉。梁上君子，習見其所為，俟其黎明俯伏拜佛時，潛入臥房，席捲所有而去。議者謂似此佞佛，宜佛默佑之，而佛不一發慈悲也，何與？予曰：「此正佛之所以為佛也。佛無我，亦無人，人猶我，人猶人也。偷兒與縫工，同一人；損有餘，補不足。大慈大悲，其是之謂乎！」〔佛不管事〕

0880	原 98/2	廣壬 2/10	大 3/227

緬僧治兵

緬甸蕞爾國，乏自強之策，而又失歡於英。英乘其敝，突發兵入其都城，俘其君，戍其地。曾不數旬，大功底定，快何如之。但不知緬之臣民中，詎無一二義士，思念故主，收拾餘燼，冀得一當以存緬半壁河山者。緬素崇信佛教，僧人亦受國恩。其酋於西曆十六、十七兩日，率其徒七百人，先攻甯仁城，勢頗猛。英員閣士威所統小隊，為所敗，英員受傷焉。嗣又於勝榜華地方相搏擊，歷一晝夜而退。嗚呼！英之夷緬已年餘，而其下之思為復仇者，猶不能為一日忘，天所為留人道於幾希也夫！〔雖敗猶榮〕

0881	原 98/3	廣壬 2/11	大 3/228

占驗天文

西人無學不本算，故算學為諸學之祖。占天文者，亦憑積數，預為推測，以驗生平之所學。京師同文館之天文生，預識十月初八日下午三點鐘時，金星與日行同道，爰在總署搭蓋高台，安置儀器。天文教習率領肄業生，邀請總署各大臣，登台窺測。休咎不足論，而考證未可疏已。〔可以前知〕

0882	原 98/4	廣壬 2/12	大 3/229

遇丈人

二十年前，聞有徽人詹五者，軀幹昂藏，為常人倍，我未之見也。今忽遇於滬，衣服從西式，站道旁，與其友語。友仰而詹俯，兩首相距，度遠四五尺。適有乘輿者過其前，而詹首高出轎頂約尺餘。嘻！長矣。昔曹交以其身九尺四寸，介乎湯與文王間，自示非弱小；設逢詹五，猶不免甘拜下風也！惜乎僅能食粟，徒為西人揶揄之，并使西人賴以衣食之，雖長亦奚以為！〔仰之彌長〕

0883	原 98/5	廣壬 2/13	大 3/230

捕魚遇蟒

美人葛檄曾為尼卑魚船之伙長，船中舵工共二十四人。一日由舊金山往南太平洋捕海魚，突遇鯨一條，大無匹，撞於船。船漏被沉，各人下杉板以逃生。見一小島，亟登之。島無草木，亦無禽獸，眾以為樂土也，休憩以待救。纔過一宵，即失同伴一人，三夜三如此。於是人人有戒心，相聚嚴為備。該島有池，池水忽濺雪，眾驚視之，一巨蟒出池中，鱗甲閃閃有光。眾方舉械，與之鬥；而蟒將身一轉旋，人紛紛折臂斷股，呼痛不能動，卒被銜一人去。但聞空中隱隱呼救聲，慘不可言。幸遇德國戰船經其地，將存者載之去，乃免，否則不盡果蟒腹不止也。噫嘻！險矣。〔委委蛇蛇〕

0884	原 98/6	廣壬 2/14	大 3/231

有心殺弟

金陵之東鄙有小村，村有某姓兄弟三人，一母所生。伯與季力田自給，而仲好游惰，偏得母憐。蓋伯與季時在母前，絮聒仲之所為也。無何，伯目盲，仰季力作以餬口。伯且將為季納婦，仲憾之。而又疑伯有餘蓄，計不如殺季；季死，則伯惟予左右之，而莫予忤也。計定，遂置石灰兩擔，置室之隅。而又市酒肉，付母，令季自斟飲。季歸，母給之，季不虞有他，數觥即大醉，而不知酒中已藏有迷藥也。由是仲提季入水缸，實以石灰，灰沸聲粥粥，母聞而出，阻已不及。而盲者聽之詳，知必及己，乃摸索後園牆缺處出，告族中，縛仲去。從此一門三弟兄，僅存一殘廢。骨肉之害，可不懼乎！〔人倫大變〕

0885	原 98/7	廣壬 2/15	大 3/232

師道陵夷

安慶府屬宿松縣典史萬少尉，在署延某生為其子教讀，歷時已五載，賓東素無嫌隙。十一月初一日，少尉正在署，而該生驀入廚取廚刀；見少尉，即向咽喉刺去，登時血溢氣絕。少尉有子二，在塾讀書，而某又揮刀砍之，以至於斃。現經宿松縣譚大令飭役飛拿，釘鐐監禁。噫！賓師之位，至尊也。尊其教也，而其所為，乃同於窮凶極惡之大盜也，是誠何心哉！〔是何仇讎〕

0886	原 98/8	廣壬 2/16	大 3/233

洋樹雙奇

飛、潛、動、植，各為類，而植物初無知覺，三者恆仰賴以為蔭庇，而巢穴於斯，而寢饋於斯。不聞具有性靈，伺物之來，而以葉之翕闢為吞吐，俾物之入其彀者，粉身碎骨而後已。如日報所述阿洲之樹為可異已。一樹，葉長尺許，作合掌形，而空其中。葉之端有縫，投以蟲鳥，輒捲合。久之，渣滓出。凡腥羶皆喜食，倘以瓦礫試之，即哇出，一若不能下咽者然，此一樹也。又有葉作苞形，苞之口有絲，頗堅利，其銳向裏，若倒鉤。苞有汁，香而甘，飲之，能令人醉。鳥承以喙，為倒鉤所勒，喙不得出，鳥亦漸醉而為所食，此又一樹也。曩者，香港公家花園有樹葉，作螳螂形，能蠕蠕動，謂之蟲樹，亦屬聞所未

聞者。生今之世，要不敢以未曾目擊之物遽斥為不經。天地之大，無奇不有，於斯益信。〔足補山海經之闕〕

0887	原 98/9	廣壬 2/17 右	大 3/234

旱魃為虐

西北土地高厚，易亢旱；東南低窪，多潮濕。此地勢使然，非此即為變。廣東為沿海區，向無一月不雨者，而今年旱甚。往讀張制軍十月初五日祈雨文，自八月至十月，已嘆乾不可言。近悉該處仍未得雨，井泉且告竭，居民惶惑殊甚。溯自上年遭大水，民重困猶未蘇，何堪復罹此厄乎！悵望天南，杞憂曷已。〔雲霓望切〕

0888	原 99/1	廣壬 3/17 左	大 3/235

京婦異產

士之子恒為士，農之子恒為農。克家曰肖子，言乎其習也，而有性焉，不關乎貌也。就貌言之，人無有不肖者。乃京都東正大茶葉店吳姓夥，住包子胡同。日前其婦產下一孩，長臂無足，而貓其頭。夫異產亦非一次矣。前此所繪，有首若豕，有足若犬，離奇種種，殊駭聽聞。憯乎其不育也，設育而長之，則天下又多一等物類。送存西人博物院中，乂將勞考據家往復辯論矣！〔孕厲〕

0889	原 99/2	廣壬 3/18	大 3/236

會操存真

西商經紀數萬里外，恐受土著欺；該國家發遣兵輪，往來於經商各埠，以為保護。而兵輪不能常駐也。慮有不測，各商自備貲斧，即推知兵之商人，以為統率，以時教導。安常則商也，而遇變即兵，衛身家，保貨財，計無有便於此者。十一月十四日，商團與水師兵會操於泥城外之跑馬圈，始以槍，繼以砲，陣則雁排也。忽變而為蛇行，由是析為二，析為四，俱方者也。居中者吹角嗚嗚然，變為圓，內者植立，層層遞卑，最外離地不遠，望之如饅首刺針。俄而兩陣相對，槍炮齊施，各不相讓，如臨大敵。人不滿三百，而離奇變化，層出而不窮。演畢，始班師，肅然穆然，不愆於步伐，是深得古人用兵遺意者爾。〔講武〕

0890	原 99/3	廣壬 3/19	大 3/237

鬼責負心

蘇城某孝廉，有弟不祿，遺寡妻，無子嗣。孝廉以其子承之，則似乎兄弟之間，可無間言矣。乃其子忽病，且沉重，孝廉百計不能治。一日子忽作鬼語，謂其妻曰：「爾良苦，受兄嫂節制，不能一日出頭。」以手指孝廉曰：「汝存心作事多不善，非但兒病不可救，將並及媳婦。」因歷發孝廉隱慝，孝廉懼，叩頭乞免，無效。兒卒，媳亦卒。是雖孝廉之惡未曾明敘，而既見惡於亡弟，並兒與媳之相繼去世，則其人大可知已。〔修慝〕

0891	原 99/4	廣壬 3/20	大 3/238

西人遭砍

法租界鹿鶴同春樓街之同德里前面樓房，有西人賃居其中。一夜，九點半鐘歸，方燃燈，見窗間玻璃忽碎一塊。察之，知有人從披屋扒入，即攜燈下樓照視。不防有人持刀從扶梯下突出，迎面劈來。西人慌，遽將手中洋燈擲去，火熄滅，而黑暗中又被砍傷頭額、肩臂等處。極聲呼救，凶手始逸去。該西人曾充法西捕者也。竊思此二人如係竊物來者，見火光，即應遁，何為留此破綻？俟其下樓突刺以刃，其必蓄恨久，冀一洩者也。則其禍根，疑伏於當捕之日者也。因思新北門外東洋車，當行人路，頗不便。推其意，無非欲招攬生意，期於先得。而巡捕緩緩來，則已紛紛四面奔竄。捕有巡街責，令四散歇開，固其職也。而昨日予出城，見車停路邊，一華捕立街中。予下弔橋，一車夫拉車迎前，予登之而該捕阻之止。車夫自度無不合，拉之行。該捕追上，擊車夫三下。予曰：「是何事？」捕無言，怒目去，豈非異事。車夫唔曰：「待汝脱下號褂，爺老子認識你。」試思如此逞橫，保不為西捕之續乎！寄語若輩，這號褂恐不免斷送此生。〔憤怨〕

0892	原 99/5	廣壬 3/21	大 3/239

官酸僧苦

以佛弟子而有登徒子之癖，人無不議之，不聞有曲為恕之者，乃議者自議，而犯者自犯也。京師之石頭胡同，本為藏垢納污區，十月下旬有某寺僧，在某堂子居然擺酒。有某部員亦尋花問柳客，適然而至。見僧左擁右抱，一個亮晃晃的光頭，在中間亂搖。大怒，立將僧、妓送官，而封其屋。夫辦僧固當也，而以醋故，遽壓之以勢，部員毋乃不恕。〔吃醋〕

0893	原 99/6	廣壬 3/22	大 3/240

惡僕忤主

自納粟之途開，朝韋布而暮翎頂者，不知幾萬人；其中未嘗無幹濟才，而庸惡陋劣、目不識丁者，亦所在多有。山左王君，家素封，忽萌官想，遵例報捐海防新班先縣丞，分津差委。傭僕某，幹練紀綱也，善承迎，而又極不孫。主人一日款客，因事叱僕，僕即對眾大張主人短處，致座客不能為之調停，是真可醜之極。女子、小人為難養，尼父言之矣。僕本無行，其冒不韙也，無足怪。特無解於如王某者，僕且不能馭，其何以治民。家中頗堪溫飽，何苦取此無端之煩惱。世有熱中而無官材者，還是藏拙的好。〔惡訐〕

0894	原 99/7	廣壬 3/23	大 3/241

武妓可愛

鹵男子入妓院不如意，大煞風景，作踐花枝，事寔可惡。乃報施之巧，即以花枝痛懲之，聞之殊為稱快。京師紗帽胡同有某妓，開行院於彼。一日有棍徒六七人，貿焉闖入。奉以茶不飲，奉以煙不吸。該院知為尋事來者。臨了，勢將用武。妓曰：「如不見宥，一試老娘手段可乎？」棍徒曰：「可。」刀棍齊舉，只見妓身一轉旋，棍徒已東倒西歪，呼痛不可仰。妓曰：「鼠輩，放汝習學去，藝精然後來，免在人前出醜。」棍徒且慚且忿，狼狽而出。翌日，糾黨與來報復，而其室邇，其人遠矣。能哉！妓也，力足以服人，而又智足以遠禍。神龍見首不見尾，不圖於平康中遇之。〔除惡〕

0895	原 99/8	廣壬 3/24	大 3/242

禍由麴

福州迤南有地，名海壇，又名平潭。海壇有總鎮，平潭有同知寔缺。總兵吳君奇勛因引見，以蔡君國喜為署理。近吳回任有日，其公子保泰在署為蔡鎮軍祝壽。席間有平潭華税卡委張君如瀾不能飲。公子拇戰興豪，及張，張辭。強之，亦不可。抽身起，遽取手槍擊斃。夫灌夫罵座，耽飲者每引以為戒；而乃罵之猶為不武，不如殺卻之為直捷痛快。脱令灌夫復生，當亦退避三舍。〔酗酒〕

0896	原 99/9	廣壬 3/25 右	大 3/243

無頭案

津郡河北護衛營濠中，在十一月初六日，有無首男屍一具。距濠里許之徐姓荒地上，得頭顱一個。地方據情報案，邑侯帶同刑仵相驗。頸項間刀痕如鋸齒，年約十七八，身上絮襖不完，似非謀財害命，亦非因姦致斃。并無親屬認領，破獲凶手殊為不易。然而遲速有時，萬無幸免之理，是在賢父母息心以求之耳！〔傷天〕

0897	原 100/1	廣壬 4/25 左	大 3/244

悍役畏妻

語曰飢寒生盜心，非甘為盜也，有迫之者焉。鄂垣望山門正街，一日有衣鶉結、面菜色之夫，手持古銅鼎一具，插標求售。乃為衙役所見，詢其價，故不斬直，惟屬同至家中取錢。至家，忽變驗，曰：「從何處得來？可直語，誑則不汝宥。」其人驚，長跽而請曰：「願公憐我異鄉人，落魄不能歸。計無所出，偶一嘗試，非慣盜也。願公憐我！」役聞言，色作怒，不但分毫不給，且欲刑之。妻出，罵役曰：「殺才，彼以貧，故為賊；汝以強，乃為賊之賊。汝敢於刑賊，老娘即以汝刑賊之刑，亦刑賊之賊。」説畢，給錢百文，揮之去。役至此呆若土木偶，似喜非喜，似嗔非嗔，憮然為間，曰：「娘子教我！」〔柔能克剛〕

0898	原 100/2	廣壬 4/26	大 3/245

後來居上

自中國長人詹五出，天下人士莫不知其長。其長云何？詹五得七英尺，與平人較，幾及倍，罕其匹也。而乃愈出愈奇，竟更有長於詹五者。澳國近有一人，計得英八尺七寸，祇以足論，得十八英寸。以此試想，雄偉可知已。其出入旅店之門，雖極高必俯其腰；就食於桌，以貼地之矮几承之，而猶傴僂以銘恭；及其臥也，一榻可敵他床之四，且猶填塞無餘地。此真開闢以來所未有者也。客曰：「其長如斯，未知有何好處？」曰：「有，出門一望，遍天下皆是小人。」〔人不類人〕

0899	原 100/3	廣壬 4/27	大 3/246

潰兵受戮

臨陣潰逃，國有常刑，中與外無二理也。往年諒山之役，法人所傷寔多，而失律之罪，要不容以不究。據西報云：「十月初七八日，諒山法署將前時失守之兵，全行提訊。隨於十三日將第二旗之亞非利加洲黑兵十八名，一律梟示」云云。僕聞之，竊不能無疑。夫行軍之將，統兆人，齊一心，驅之入死地而不畏懼者，恃有軍令也。軍令之迅如雷霆，勝賞敗誅，間不容髮，乃何以濡滯至今而始究辦。所究辦者，僅僅十八名之阿非利加人；而不及於本國之兵，并不及於將。則其軍政，大可思矣！阿人服屬於彼，前後總歸一死。〔欲加之罪〕

0900	原 100/4	廣壬 4/28	大 3/247

的盧的盧

登山利用馬，涉水利用舟；隨乎其所需，而不能相反以為用也。乃有時以船載馬，馬驚躍入水，人懼傷馬，泅水救馬；水急人飄沒，而馬驤首竟達彼岸。船與馬俱無恙，而人已無存矣！離皖垣百里有練軍營，營勇某甲，投效未久，而人頗習勤，為營主所識拔。近領公件，差往省中。乘一騎，帶一兵，從陸路去。既竣，擬由水路歸；習知小新橋有船可附，逕奔該處。行李物件俱上船，而該騎倔強不肯登，鞭之撻之，勉強拖上。行不及里許，馬忽躁，跳不可制，船中人俱不安，而馬亦翻身落水。甲既怒馬，又慮失馬，奮身而下，竟占滅頂。馬乎馬乎！非即所謂妨主之的盧乎？〔不羈〕

0901	原 100/5	廣壬 4/29	大 3/248

武員遭誣

兩江督轅巡捕唐君家，有廚役竊金釧一雙、洋百元而去。荐者為唐同鄉某甲，現充領哨，官階曾保至守備者。甲知事由己出，亟出追尋，至蕪湖輪船馬頭，忽邂逅。懼弗勝，猝邀一不識姓名之壯夫，相與窮追。因得其所委棄之原贓，大喜。乃與壯夫通姓名，邀往飯店，款以酒食；而為飯店所疑，密報駐蕪練軍營。營員楊姓千戎不察是非，貿焉責甲軍棍，匿贓而送之縣。甲在押所，憤極，竟自縊死。現已由縣詳報，批提楊姓歸案究辦。竊謂甲不必死；觀甲之死，與甲之荐乙，乙之害甲，贓返而仍釋乙，甲之為人忠厚可知矣！特其心腸過熱，所以比之匪人而不覺。而楊姓身為營員，輕舉妄動，見財誣陷，至人死而後交贓，其居心烏可問也，正不得以得報敢緝為能稱厥職。誅惡務誅心，豈好為深文哉！〔物傷其類〕

0902	原 100/6	廣壬 4/30	大 3/249

蛇入口

十五六歲男子，性好頑耍，父母旋禁之，而旋犯之，所謂童心也。因頑耍而生禍患，固意中事；而禍患之生，為意料萬萬所不及，則其事有足述以為戒者。杭城之清泰門外，多業農，茆屋四周植竹木以為蔭，有竹木即有禽鳥。禽鳥之性類人。構巢以蔽風雨，飲啄以遺子孫；見熹微而動，因倦飛而還；無害於人，亦人無害於我。乃不謂有農家子，倚梯於樹，攀枝而上，意在得雛鳥，置籠中以為樂。而巢高於首，伸頸仰視，口乃大開，亦自然之勢也。旁有蛇，疑為穴，直射而進。維時身懸懸，著力全在手足間，欲握之住而不獲。蛇及喉，氣閉墜地。家人奔救，則僅留蛇尾在外，倒拖不得出，頃刻而死。存此以為好頑者戒！〔頑極〕

0903	原 100/7	廣壬 4/31	大 3/250

完貞全節

婦人有以節稱，以烈稱，以孝稱者；女亦如之。在室為女，出閣為婦，名異而寔同。乃有稱為婦而無與同夢，稱為女而已賦于歸，其遇益悲，其心益苦已。杭城倉橋開張雜貨鋪之某甲，有子，年弱冠，擇吉為合巹。甲小康，且獨子，婚費概從豐。吉期將至，而忽失金飾一事，二老彼此埋怨，遂成反目。甲性暴，持刀將殺妻，子失驚破膽，遽死。甲夫婦追悔不及，請將聘媳退還另配，而女不從。父母不忍，力阻之，仍不聽，堅請過門，否則誓以死。兩家尊長不能強，遂從其志。嗚呼！可敬也夫！可憫也夫！〔難得〕

0904	原 100/8	廣壬 4/32	大 3/251

兩僧奪肉

人聞和尚食肉，每不齒；予謂和尚僅僅食肉，猶非惡之甚者，可以恕。請觀今之和尚，吸鴉片，偷老婆，無惡不為，且將出俗家人之上。降格以求，則食肉轉在可恕之例矣！杭省之昭慶寺，寺規頗嚴，有犯規者，稟方丈，無論為常住僧，為挂單僧，查有証據，斥逐即隨之。日前內薦橋大街有該寺募緣僧，毅然入肉鋪購肉二斤。將出，被一丐僧揪住不釋手。或戲之曰：「僧贊僧，佛法興。何計之左也。」丐僧曰：「不然，予因此獲戾，發難即彼也，翹人之過，而護己之短，幸我佛有靈，適被撞見，誓不休。」扭結而去。嗟乎！生今之世，責人以君子而自待不妨，不肖者觸目而皆是，兩僧何足責焉！〔有同嗜〕

0905	原 100/9	廣壬 4/33 右	大 3/252

無故輕生

十一月二十三日三點鐘時，有三十左右年紀男子一名，在增祥馬頭喚划船過渡。船戶李巧雲，女人也。渡未及半，渡者將衣脫下。巧雲問何為？以天熱對。無何，抽出一小刀，向喉間戳入。巧雲拋櫓奔前，奪之。乃遽縱身入水死。輪船救生局登報，招人認領。屍屬至今未至。所可異者，懷有洋圓十數枚，又有八件小表、一對衣服。雖不甚華麗，而綢布皆極完善。其為生意中人，置貨上輪無疑。作客十里，志在貿利，未至水盡山窮，何為而尋短見。夫豈有大不得已者在耶？擬之議之，莫得其究竟，則歸之癇症而已矣。〔自戕〕

0906	原 101/1	廣壬 5/33 左	大 3/253

亦尼亦俗

粵東藩司衙門前，來一浙省婦人。年近四旬，高盤雲髻，身穿長領尼衣，席地坐，手敲木魚，口誦佛號。不問而知其為求布施者。惟其中可疑之事，約有數端。以為尼也，則髮猶在也；以為俗也，則居然尼衣也。使因寡苦無依而入此門者，則麥飯一盂、清飲一瓢，稍資縫紉、漿洗之力，即亦可以度日，無苦奔波數千里；名為募化，而其實煩鬧。若謂自知罪孽深重，冀興佛門以為懺悔地，則何以煩鬧絲不先剷除。由此觀之，其設心殊不可測。萬一官紳內眷，垂憐而布施，此際挾有重金，只消剝去外衣，依然還我真面。然則募化何必非騙局邪？此言雖近刻薄，而要亦世途中事或有之者。〔好事〕

0907	原 101/2	廣壬 5/34	大 3/254

無衣無褐

鳩江新開沂園盆湯，人因鋪陳精潔，爭趨之。中有兩少年，衣服頗華美，煙茗一通，遽將衣服卸下，相將入浴房。突來數人，將兩人之內外衣服，儘數取去，少年癡立，不敢發一言。有知其故者云：皆係局賭黨與，分肥不均，乃出此惡劇。丹青客以命題請，予曰：「際此卒歲，即誦〈豳風・七月〉之詩，曰無衣無褐。」〔遺體〕

0908	原 101/3	廣壬 5/35	大 3/255

以永今夕

刑部獄內凡入情實人犯，處決之前一日，例准犯眷入內看視；並令各色玩藝，入獄唱演，而又賚以酒食，俾盡一夕之歡。聖天子法外施仁，可謂無微不至。《禮》曰：「刑人於市，與眾棄之。」以決棄之人，當未棄之時，猶不忍以其人之可棄，而先見棄於我心。哀矜勿喜，蓋不勝其引咎之思矣！〔樂極〕

0909	原 101/4	廣壬 5/36	大 3/256

吐握遺風

新疆巡撫劉毅齋中丞，素愛才士。一日有懷刺而請見者，係京師某大僚所推轂。從者見之，其人年纔弱冠，便服，長揖不拜。與言，則以兄弟行相稱。中丞見其氣象傲岸，意頗不愜，惟不知其才若何。叩以功名，曰：「童生。」中丞微笑，伸紙出一對；其人援筆立就，於是大加歎賞而留之幕中。雖然援大將軍有揖客之例，不拜猶可言也；而便服而登開府之堂，殊非所以自重。豈亦效晉人之言曰：「禮豈為我輩設哉！」〔入幕〕

0910	原 101/5	廣壬 5/37	大 3/257

借廟催租

立冬以後，蘇城各業戶門貼開倉條，設初二三限，以收租過限不繳，則送縣比追。邑侯煩劇，乃委丞簿代責之。今冬追租局，聞設在圓妙觀之東嶽廟中。僕於懲佃一事，向有所不愜，何也？設有人借千金百金去，期滿屢索不能歸，勢必涉訟。訟之，則官為限期勒繳，而往往有展期至再三，而所繳仍不滿十之二、三者。官無如之何，仍交中保清理，而二成、三成，亦可將就完結。而其未結之前，不過管押，亦不扑責；若一扑責，則並此二成、三成，亦無有矣。佃欠租米，極巨不過數十元，以至數元者不等；苟無事故，誰肯拚此血肉，以與業主為難。而業主無論巨細，輒狃於「糧從租辦」之一言，欠無不送，送無不准。每逢比期，堂上階下，纍纍若囚徒。則千百金之無可如何而了結者，轉於數元、十數元之佃戶，而用搏兔之全力，使其廉恥盡泯，終成頑梗，殊非積福之道。僕寒素家，無尺寸負郭田。明知此言不入耳，且必有為駁斥之詞者，而我盡我心，其他非所敢知矣。〔敗興〕

0911	原 101/6	廣壬 5/38	大 3/258

溫民鬧局

溫州招商局為購米出境，被地方無賴借名漏海，糾眾霸阻，乘機毀局一事，當道懼生事端，即將米粒截留，設法解散人眾，俾民安輯如故。所謂大事化小事，小事化無事也。竊謂從前內地之米，無許漏洋；本省之米，無許出境。漏洋者，防賫糧以饋海盜；出境者，慮本省有偏，災民不敷食而致亂。凡此皆在禁中，然而事有權宜，亦有酌劑。往年晉、豫旱災，南中籌賑紛紛。設使賫銀以往，而鄰近俱以閉糴為辭，則晉、豫之民，至今靡有孑遺矣！大抵滋事之民，必借大題目以挾制官長，人眾而勢凶，過激則生變。委曲遷就以順輿情，正通經達權之妙用也。特難為淺見者道也。〔逞刁〕

0912　原 101/7　廣壬 5/39　大 3/259

氣球洩氣

西人徐思國，製成一氣球，在本埠泥城外試演。先期出告白，招人往觀。人以習聞，久未遇目，至此咸思一擴眼界，故不約而至者萬人。及乎演放，則僅僅高與簷齊。徐君無如何，將繫球之繩截下，任其隨風飄蕩而南，絓於樹乃止，而球亦破矣。夫破球曷足繪乎！西人作事，向不苟且。大而槍砲、火輪，小而鐘表、玩物，惟其製之精，乃能行之遠。此次氣球之試行，度亦屢試屢準，無虞冒昧，而乃漫無布置，貽笑觀者。翌日則又自為彌縫之言，以遮越宿之羞。而後此之人，不我信者，皆由徐思國一人倡之也。但願明年重演時，另出新裁，勿踏故轍，則猶可解嘲。否則，設計賺錢之名，百口莫得而辯。〔破空〕

0913　原 101/8　廣壬 5/40　大 3/260

漁翁失利

老漁某，肩挑筠籃，中置鷸、蚌等，向法馬路叫賣。有甲貿貿焉與論價，價合而權重輕，分兩不對，因爭而罵而毆。甲力不如漁，大憊，而漁之鷸、蚌，亦傾翻滿路。巡捕見而拘漁去，鷸、蚌於是交相賀，曰：漁翁失利，鷸蚌得生。〔物生〕

0914　原 101/9　廣壬 5/41 右　大 3/261

納諸溝中

宜昌青草鋪農家某，僱一牧牛兒，年已十七八。主婦有孩，未離懷抱。一日，因事忙迫，呼牧兒代挈之，而孩啼不已。主婦怒斥，孩若再啼，可拋入田溝，蓋怒言而亦戲言也。及至事畢，找孩不得，問牧兒，則曰：「誠如主母命，已棄之矣。」今試取奸巧之人與誠寔者較，則人誰不喜誠實者；而乃誠實過火，致詞氣之真偽不能辨，亦曷貴有此誠實哉！忠厚為無用之別名，其以此也夫。〔誤解〕

0915　原 102/1　廣壬 6/41 左　大 3/262

鼠飛

鼠，一名耗子。人以其晝伏夜行，多不喜。偷油而食之，則脅生兩翼，與前足黏連，尾自脱落。數日出窠便能飛，其名曰蝙蝠。竊謂人自少至老，不變其形；而功名事業，何嘗不屢變焉以自新。騰達有時，則其造福亦普遍焉！字異而音同，義亦從同。繪此以為閱畫報之諸君子新歲休徵頌。〔受福〕

0916　原 102/2　廣壬 6/42　大 3/263

猴舞

獸之最近人形者莫猴，若五官不待言，前爪攫物可以納諸口，後足著地身兀立。久行不顛扑，偶坐也，足下垂，前爪頑耍雜物若小孩，此就外貌言之也。而其五臟六腑，度亦與人不相遠，何言之？雌者信水不失期，此其證也。特未能言耳。歲方新，江北人牽猴鳴鉦入鬧市，布圍場以為戲，竹箱一，中藏戲具。箱蓋上支木架，位置挂臉，烏、白鬚。箱中則藏有衣帽、鳩杖、馬鞭等。牽者鳴鉦鏜鏜然，口中高唱一二聲，猴遽披衣帶帽，裝鬚覆臉，登場周圍行。演「蘇武牧羊」，居然手握節旄，一步一跌，點頭若歎氣，一手握鬚飄飄然。又演「李三娘磨房養子」，肩挑水桶，隨磨轉旋，腹痛掩面泣。無何，牽者請賞，猴即卸衣脱帽，置箱中，坐蓋上。得錢必嫌少，作不肯再演狀，強之而後可，何其善會人意若斯哉！新春獻媚，叨猴賜者多多矣。〔禧春〕

0917　原 102/3　廣壬 6/43　大 3/264

駝負

西人重工藝，創建博物院；院中儲有百物，以備格致用。數年一開會，曰博覽會。各國皆有之。而開會之時，各國之人，皆可挾其所有以至彼。有相需焉，無相禁也。近來甘肅、西甯、青海一帶，有俄員三人在該處，越川度嶺，采獵琪花瑤草、異獸珍禽等。人皆為俄國博學院中人，物必為博物會中物也。惟從高臺地方出山，向蒙古一路去，皆旱道，提挈不便；則以駱駝十數隻，負之而北去。〔遠歸〕

0918　原 102/4　廣壬 6/44　大 3/265

蠍馴

日報有記蠍文字一首，意以蠍喻惡人，頗有見。因繪圖，節其文，間參鄙意，附錄於此。其文曰：「過商邱逆旅，童子蓄蠍以為戲。蠍之毒在尾鉤；去其鉤，其毒無所施，馴謹就食一惟人。惡人猶是也。而進一解者，則謂鉤去必更生，生必雙，遇之為害不可療。且即以魏延、侯景晚愆以為喻。兩言皆是也。讀書在善悟，閱世在會通。一蠍之細，而綽有經濟在其中。《大學》格物致知，而極於治平，是在有心人默會之耳！」〔近害〕

0919　原 102/5　廣壬 6/45　大 3/266

鵬摶

《爾雅》釋鳥，稱名不一，而未經目擊者為多。茲得高麗所紀一鳥，尤為罕見而罕聞。日者，江原道人驟覺天色冥晦，仰視之，一大鳥摩空而過；但見兩翅開張，約可蔽數十畝地。忽自退下羽毛一支，墮地，計可數丈，得兩人肩之，始能行。無以名之，名之曰鵬，取其萬里雲程，轉瞬即至耳。扶搖直上，願世人以此鳥為前導。〔摩空〕

0920　原 102/6　廣壬 6/46　大 3/267

魚異

〈鄉黨〉記「魚餒……不食」（已熟而腐敗者，謂餒），下曰「色惡不食」（大注指為色變，則亦熟者，然亦未嘗不包生者在其中）。由色而推之，則更有「形惡」者矣。高麗之黃海道某島中，近出一種魚，首尾俱無異，而前身有爪若犬形，探身出水，蹲立沙灘邊，見人則游泳以去。土人得而食之，多暴傷。形惡不食，所願與老饕共商之。〔怪類〕

0921	原 102/7	廣壬 6/47	大 3/268

貍噎

背人偷食，最易哽噎。其心慌，其氣餒，亟求下咽，而偏橫貫於氣管、食管之間；搴胸伸頸，欲吐仍吞。其神情極可笑，亦極可憐。不謂偷食貓兒，有時亦犯此病。請述之以博一粲。甯波北門外有某姓，凡所餕餘，過夜即失。疑鼠疑人，苦無實證。一夕，煮茶葉蛋十數枚，懸竹筐中。遽聞悉索聲，主母挈廚孃，秉燭趨視，而蛋已烏有。方疑訝間，則一斑貍在庭隅，作哇狀，涎流舌出，目瞪神呆。主母惡之，一擊而中。因噎廢食，此之謂也。〔殺饞〕

0922	原 102/8	廣壬 6/48	大 3/269

馬痴

尼父有言曰：「驥不稱其力，稱其德也。」可見牝牡驪黃，種類不一，而要以馴良者為貴。一至於痴，雖王良不能馭，雖伯樂不願顧矣。甯郡某營游戎某，蓄一馬，號神駿，頗善視之。一日，自後槽跳躍而出，東盪西決，近之即嚙，知其為痴也。集多人迎頭控制，良久始就擒。而人被撞傷，攤被撞倒者，已紛紛赴營揭告云。〔觸厲〕

0923	原 102/9	廣壬 6/49 右	大 3/270

狗盲

牛代耕而馬代步，有益於人匪淺鮮。狗非其比也，而司門守夜，非此不為功。本埠有蠡湖寓公者，豢一狗，善號，遇生人不嚙不已。寓公以其能稱職，竊喜，優給其所食。狗益狂，因獻媚以號也，因乞憐以號也。寓公漸生厭惡心，稍拂之，狗大恚；然而優給之食，未嘗稍減也。自是寓公於狗，外親而內疏。一日，狗患病，病在心，心火上炎，目生翳，然而灼灼之態依然也。一日，寓公有戚至，意似有所求者，而狗出而阻之甚。戚忿，欲擊狗，終以礙於主人之面而止。自是狗益狂，無親疏，無貴賤，聞聲即狂吠。遭其口毒者，將不利於狗。寓公於是問計於客，客曰：「欲愈此病，除非請他嘗糞。」〔狂瞽〕

0924	原 103/1	廣壬 7/49 左	大 3/271

示人肺腑

生人自頸至股際，為地不過尺許，而心肝臟腑之位置，惜不能剖而一視，亦大憾事。乃近聞甯波某姓嫗，得一腹疾，始僅膨脝，繼則紅腫，漸漸潰成一洞。望之如破開之石榴。日夜號叫，痛苦萬狀。有知其事者，謂某嫗專作水販，引誘孀嫠、貧女，蒙羞失節者多矣！此殆所謂現世報與？予曰：果若此，不為過。〔大開門〕

0925	原 103/2	廣壬 7/50	大 3/272

嚴懲槍替

魏武令崔季珪見匈奴使，而自捉刀立床頭，為千古頂替之濫觴。沿至今日，承其弊者，乃在應試之生童。此風無學不有，而廣東為尤甚。廣東以闈姓博輸贏，故有不入場之舉子；舉子且可不入場而得，而生童之入道考場者，自必推波而助瀾。今學使汪柳門按臨惠州，拿獲歸善、博羅兩縣之槍替，發交提調，枷號頭門。説者曰：適纔靴帽袍套而入，今忽帶一披肩而出。未考先獎賞，不可謂非曠典。〔求榮反辱〕

0926	原 103/3	廣壬 7/51	大 3/273

改裝作賊

男女改裝易服，有干例禁。説者謂罪在陰陽顛倒；而僕竊疑之，或者罪在衣裳顛倒耳。聖人制禮，別嫌明微，衣服之制秩然，而後陰陽不相淆亂，所謂男女有別也。淫昏之徒，偶一嘗試，破獲送案，罔不責懲，事雖戲嬉，難從寬宥。乃近更有冒此而作賊者。人家遇有吉素事，出入婢僕，雖主人不能一一遍識之；而入戶穿房，女婢尤較男僕為易。於是有空空兒作非非想，荊布釵裙，混入撞竊，而為管家婦所窺破。此去臘本埠大東門內東唐家弄王姓家故事也。諺云：偷雞不著折把米，此賊可謂撞物不著送了衣。〔雌弗雌〕

0927	原 103/4	廣壬 7/52	大 3/274

絕處逢生

革撫唐炯、徐延旭，革道趙沃，革參將張誠四官犯，於十一月十六日過刑部堂，已入勾決，案無生望。監斬官帶同劊子手，押犯人赴菜市。官犯皆穿元套，僕從皆穿白袍、元色褂。年寅世戚，隨後親送。眷屬號泣之聲，途人不忍聞。雲暗不明，風酸益慘。此時此際，何以為情？乃忽有一官，飛馬奉聖諭至，著加恩，免勾決，改發邊省，效力贖罪。斯真絕處逢生也！帝澤如春，有感激涕零焉爾！〔險些爾〕

0928	原 103/5	廣壬 7/53	大 3/275

愛賭成鬼

予幼時行經各衙門口，及街頭巷隅之成市集者，必有露天攤數處。高聲朗朗，公然無忌，凡此皆無業游民之所為。劫後，官垂厲禁，有獲必懲。而游民憚而不敢為者，紳富轉得而行其術。桃源深邃，不有熟悉路徑者，莫得而問津，以故官禁所不能及。而薄有貲財、年輕無知之輩之陷溺於其中者，不可以更僕數。二十年來，亦劫後一小劫也。上年冬，經蘇臬朱廉訪拿獲賭棍數名，一律監禁。其除徐績卿、唐福等外，有長洲魚總宋成慶者，僵斃監中。屍從牢洞拖出，鬚髮如雪，行年已望七矣！幸逃國法，終伏冥誅。天道報施，要無或爽。作惡者其鑒諸！〔橫死〕

0929	原 103/6	廣壬 7/54	大 3/276

掩捕海盜

有王阿海者，積盜也，屢緝之而不獲。嗣知避匿香港某甲家。甲懼被累，故為危詞，聳令潛遁某處，而又暗通消息於包探華人林姓。林即著為嚮導，帶捕掩獲。至則見阿海席地坐，尚有同黨二人，與彼談論。阿海犯事疊疊，林某亦頗認識，突前而擒之。阿海力大，幾被掙脱。出手槍擬之，阿海即奪其槍，爭持不相下。巡捕相繼而入，乃就擒，而同黨則已乘間逸去。廣東盜風頗熾，每恃香港

以為歸。庸詎知天網之無或漏免，即國法之未可幸逃乎！〔弋獲〕

0930	原 103/7	廣壬 7/55	大 3/277

龜背受擊

林鶴亭者，世代在滬開妓院，么二也，長三也，貲財廣積，固該業中之傑出者。於是有蕩婦阿金者，與之軿頭焉；又有阿寶者，與之搭腳焉。一為么二主，一為長三長。入夜歸去，居然左擁右抱，為一妻一妾之齊人。鶴亭有煙霞癖，一夕往綺園，正在呼之吸之，骨節靈通之際，而阿寶忽來。豎眉努目，怒容可掬，指鶴亭之面，而罵之曰：「死烏龜，累夜不歸，將何為？」握拳擊龜背，擊成粉粉碎。龜曳尾，又縮頭，望外竄，聲啾啾。〔藏頭露尾〕

0931	原 103/8	廣壬 7/56	大 3/278

汲水超生

聖經賢傳，明備如日星，而讀書者不必其盡信；佛家因果之說，誕妄虛渺，宜若無可信矣，而信之惟恐其不深。此何故哉？揚俗婦女產亡，有力之家必多置汲水桶，分置各處官井旁，任人取用，且求速毀。詢其故，則曰：「產婦身落血污池，滅頂不能自拔。汲之多，斯減之速；身上浮，可超生。」然則陽間之井水，即血污池之血耶？無論所謂血污池者，不知在何處；即有是池，而以我一人故，令無數不識姓名人共飲此血污，存心如此，恐閻老子必不容。好仁不好學，其蔽也愚。願若輩三復斯言。〔血食〕

0932	原 103/9	廣壬 7/57 右	大 3/279

擲錢如雨

杭州武林門外有飯鋪，鋪號宋德富，開張有年，座客常滿。一日煙囪中有錢漏下，取之而不盡。繼又在臨街樓上擲錢，散布街衢間，途人爭拾，致礙行步。約炊許，鋪主知為狐所為，而細檢存錢處所，並不缺少。於是焚香點燭，酌清酒，備鮮果、羔羊、雞子，羅列盤中，肅衣冠，虔誠拜祝，而其異遂絕。人謂狐能搬運百物。以其所好惡，移東而補西，富者使之貧，貧者使之富，狐之長伎也。予曰：貧富，人之命也。狐以一己之私好私惡，而顛倒之，於狐無益也，然而酒食已供大嚼矣！〔滿地金聲〕

0933	原 104/1	廣壬 8/57 左	大 3/280

置忤兒死

世人無論貧富貴賤，生男，戚友交相賀，指望其振興家業，高大門楣也。而乃性近習遠，漸入下流。師友規之而不聽，里黨避之而不面。父母以期望之切而生忿恨，以忿恨之極而遽棄置。事屬倫常之變，而其日夕傷心而莫可如何者，夫固共誰告語乎！本邑人華某，向充縣署門丁，有子好游蕩，恃勢作威，屢經犯事。華某於是幽閉一室中，圍以木闌，使無越畔。一日備稍懈，躍而出，竊父銀，圖遁。為父知，父忿極，以索繫頸，務置之死地而後即安。雖然華固不可訓也，亦伊子有以致之也。可見一室雍熙，亦極人生難得之遭已。〔子不子〕

0934	原 104/2	廣壬 8/58	大 3/281

霖雨除舊

一年三百六十五日，至臘底而盡。凡百往來，例於此數日間作一結束。寬裕者早為布置，人無求我，我無求人，暫抽身作數日安閒省事人。而量入為出、移東補西之家，必俟出爾反爾，反覆數四，始得勉強就緒。去臘小除、大除兩晝夜，淫雨不休，其僕僕於收付之職者，拖泥帶水，不能不怨天而尤人。予寓居之右鄰一小酒店，店主竟日奔波歸帳。下午妻謂其夫曰：「此去無論歸得多少，購四百文豬肉，煮就一餐年夜飯，吃了再說。」少頃，店主提肉歸，婦權之，大噪曰：「此打水肉也，汝何得不辨？」勒令去退換。店主曰：「適從城外購來，我已半身泥淖，有如落湯雞，就吃些虧罷。」予聞之撫掌，曰：「絕妙好對。」因為續成十四字，曰：屠戶欺人打水肉，家公淋雨落湯雞。新正若暇，當裁紅箋，寫就春聯，送與酒家，以博一粲。〔一洗之〕

0935	原 104/3	廣壬 8/59	大 3/282

痴女伏卵

日報載廣東鶴山縣某姓女，年約十四、五，近忽作癡獃狀。其家附近有山崗，女每於昏黃時，必踽踽往。母疑之，尾之行。至彼，潛伏於地，若母雞哺卵形。曳而起，見卵三，取一而擊碎之，中有盔甲一副，特甚小耳。女大哭，謂必死。越數日，果奄逝。說者曰：「女年十四、五，或已春心逗動。伏卵者，志在抱子，且冀其將來作武官。」積想成癡，事未可知。或詰之曰：「破卵之後，果應其言而死，何也？」曰：「犯癡，痰火也，病也，痰降而後病除；乃不降之，而顧拂之，則火熾而病益甚，病甚則死。夫何疑焉。」僕聞言而歎曰：「此言，頗亦有理。」〔求若所欲〕

0936	原 104/4	廣壬 8/60	大 3/283

猛虎銜人

法占越南，遣兵戍守。時為梗令土人出沒滋擾，殊歎不得一日安。近更有虎出山，作攫人之勢。法兵燃槍為備，虎遽反身去。法兵意其不復來，高談雄辯，指東話西。而虎掩至，銜一兵之項，欲拖去；幸人眾急開槍，乃放下。未飽虎腹，已入虎口，該兵之不死幸已哉！亦法人之狠毒，有以召之也。不然，《詩》何以詠〈騶虞〉乎！〔苛政所致〕

0937	原 104/5	廣壬 8/61	大 3/284

沉冤

杭城有福緣菴，菴之左近有某姓，巨家也。一日失去婢僕各一人，家主以為串逃，姑俟緝訪得實再究。其宅一面臨蕩，依勢佈置，憑闌眺遠，頗愜游懷。日者有淘沙數輩，入水撈摸，冀有所得。行至深處，有物觸足，踐之，棉軟而甚長。呼儕同舉，則一女屍。適某宅有人倚檻望見，令閽淺灘。驗之，女婢也。尚未腐爛，手反繫，背負石，其為他人謀死無疑。特不知凶手是否男僕耳？案即不遽破，而其因何致死之由，已可想見。冤哉！家主糊塗，百口難辭矣！〔何日得雪〕

0938	原 104/6	廣壬 8/62	大 3/285

巨鼠鬥狗

高麗某甲，家道饒裕；豢一犬，殊雄傑，以示主人翁之富有不吝食物者。一夕聞庭中有鬨聲，穴窗窺之，似一貓兒，不甚分明。此往彼來，殊酣戰，無何狗聲大號，似示主人以得勝者然。主人取火燭之，則一尺餘之巨鼠，僵斃庭中。過數日，其家即遭回祿。從來貓與蛇鬥，居家者恆以為不祥，而他無忌也。何以鼠狗相觸，其家遽兆焚如，毋亦其中有所講究邪？思之不得其故，當還問之禁忌家。〔小不敵大〕

0939	原 104/7	廣壬 8/63	大 3/286

豔婦偷羊

本城縣橋東首有京貨店，店主婦某氏，有子，已取媳。媳有姿，為貼壁羊肉店夥某甲所垂涎。一日偵知氏子出外貿易，穴隙之窺，竟易而為踰牆之摟；幸主婦防範有素，伺其至，大呼捉賊。甲急不得脱身，乃從簷際穿瓦而出。諺云：未曾吃羊肉，先惹一身騷，吾於此媳亦云。〔摟〕

0940	原 104/8	廣壬 8/64	大 3/287

跳灶翻新

今年元旦，宿雨雖止，而晴曦不明。加以除夕勞頓，倍於常年，故出門嬉游者絕少。初二日清晨，即見賀歲之人，或乘轎，或跨馬，或徒步，絡繹道左。無何，兩丐至。一人翦五色紙，如牛形，覆於首，灣其腰；一丐以繩牽之，作牛鳴數聲。牽者道吉利，取二錢去。又有以草繩作眼鏡，頭上扎箍，附足四，頭尾各一，若龜形，手持小扇，跳舞街頭。語雖鄙俚，頗可笑，得錢欣欣去。又女負花鼓，男擊小鑼，花其臉若丑。到處，觀者隨其後，得錢最多。此外，送盤者、打掃門戶者，啟口皆好語，故無吝而不與者。自是自朝至暮，所見不一。類此皆跳灶王之流亞也。無何，轉灣處，兩丐扭打當街中。有人詢其故，弱者曰：「上下兩岸，各自為乞，無相犯也，而彼不容我。」予曰：此正所謂告化子咽弗落討飯的。〔苦出頭〕

0941	原 104/9	廣壬 8/65 右	大 3/288

索蕩婦歸

貞女節婦，茹苦含辛數十年，采風者彙案以奏於朝；朝廷給帑建坊表，以風勵薄俗。用意抑何深遠哉！然而蕩婦尋春，廉恥道喪，窮鄉僻壤，仍所不免。有川沙婦人某氏，背姑出門，潛蹤滬瀆，與泥水匠某甲苟且，賃屋寓居於西門內之曹家橋。經姑尋得，欲送之官，而婦倔強不肯行。姑乃著人捆縛，擁之而去。〔不守婦道〕

0942	原 105/1	廣壬 9/65 左	大 3/289

絞死要犯

五刑至大辟而止，降一等即為絞。同一死也，而身首不分，亦視其情罪之重輕，按律例以為準，未可強而同也。故有時案情未定，犯先病故，一朝王命至，亦必戮屍。其入絞案者，若先期病故，檢驗得實，委無服毒情弊，奏明即無庸議。通州州署監中有劫案重犯二名，去臘釘封文轉，即行綁赴法場絞斃。據見者述言：絞死犯人，頸項特長，兩目突出眶外。未絕氣之先，腹膨脝如鼓，經人踐足於腹，氣從下洩而後絕命。〔全屍〕

0943	原 105/2	廣壬 9/66	大 3/290

游園遭厄

匪徒乘機搶掠，中外同風。試觀日報所載，印度乜打拉士地方公家院落被災一事，殊為可慘。該院落規模頗宏敞，裝飾頗鮮妍，亭臺池沼無不備。西國除夕之期，游人如市，院中忽發火，人競思出門走避，而外間忽稱有虎暴至。於是在外者思入院以避虎，在內者欲出院以避火。門闌窄狹，紛紛仆地；層累而上，積骸至四、五尺厚。事後經官檢驗，人死四百有餘。夫亦非常之災矣！杯弓蛇影，可以致病，非有定識，靡不惑亂。大麓風雷，處之而弗迷者，此舜之所以為聖人歟！〔訛言〕

0944	原 105/3	廣壬 9/67	大 3/291

隔山飛雷

自海軍設專官，而操演之事悉崇西法，師所長以救所短，當務之為急也。顧陸兵演陣，水師操輪，中的則樹之靶，發雷則走以電。亦既習聞之，習見之矣。從未有隔山埋雷，如設陷阱，砲彈所及，雷從地起。設使敵人列隊其上，則一震之威，全軍無不覆沒者，則此次津操有可紀焉。去臘津河塞沍，堅結層冰。當道邀同洋人，試演各砲。以船為靶，靶下有軸，冰鐵相交，異常滑溜，一如敵船之為進為退者然，是名活靶。而又埋雷於隔坡之外，測之既準，如響斯應，摧堅破敵，無出其右矣！止戈為武，道在有以自強。〔雷出地奮〕

0945	原 105/4	廣壬 9/68	大 3/292

難民遭劫

浙江硤石鎮民，設計殺難民一事，詳見日報中。初閱之，以為未必確也，而竟確焉。吁！慘已哉！議者謂鎮民殘忍無人理，誰與畫此策者。而難民因凍餒而出奔，而又挾帶禁物，強索硬討，致干眾怒，亦有取死之道。語極持平，良是良是！然而畫此策者，必不可赦也。夫人至飢寒交迫，不可一日之際，不為賊盜，即屬良善。惘惘出門，丐食於人，不藉人眾，或慮人之吝而不與；人眾則氣盛，氣盛則行橫，自然之勢也。求者之奢，以一日作數日之勾當；施者之吝，若越人視秦人之肥瘠。各不相讓，乃遂成鬨，亦自然之勢也。所可怪者，七圩長老出場開導，令宿橫山古廟中，以待賑濟。雖屬紿詞，而既已受我紿矣，可見若輩所志，不過錢米二字。為數雖巨，當不至萬分棘手。罪不至於聚殲，天何容不共戴。少年不知死活，耆老必明理；村民不察重輕，地保必曉事。何至一無救星，而令委填溝壑之餘生，復罹此凶燄，至於如此之多也。靜言思之，不禁淚下。〔殘忍〕

0946	原 105/5	廣壬 9/69	大 3/293

枯骨生燐

西人謂人死，骨入地，積久感天地之氣，漸生光燄，作碧紺色。陰雨之夕，荒阡古墓中，時或見之，即諺語所謂「鬼火」也。江陰杜康橋側，兵燹後，一片瓦礫，時有火光隱現出沒。而窮極無聊、異想天開之人，以為其中必有藏鏹，邀同類五六人，湊錢備楮帛，焚香禱祝而後發掘。

終宵僕僕，得棺一具。啟而視之，白骨纍纍。所望不遂，喪氣而歸。幸而棺中無物，可以絕其希冀。萬一少有所獲，且將以盜棺為生涯矣！膺民社之責者有聞，當窮治，慎勿以為不急之務而忽諸。〔碧血〕

0947　原 105/6　廣壬 9/70　大 3/294

殺父謀財

《記》云：「殺父之仇，不共戴天。」謂父為仇家所殺，必報之而後安；天經地義之所在，要不以身家性命為念也。《易》言子弒其父，子者統男女而言之，是為逆倫。然世有逆子，而罕有逆女。六合縣某甲，貿易在外，數年來積有洋蚨百餘元；自念年老，不如歸休。先至婿家，女留父信宿去。父以骨肉久離，深談歷年辛苦狀，並述如何獲利，舉實以告於女；信手取洋三十元，給女與甥，以誌欣幸。俄而婿歸，共酒飯，夜深婿睡，而父亦睡。不謂該女陡起不良，絕不謀於婿，持斧劈父首，至於死。嗚呼！見財生心，出刀謀命，行路容或有之。曾不圖為所親生之人，知其橐有餘金，遽爾下此毒手。此真地覆天翻也。狗彘且不食其餘矣！〔生之殺之〕

0948　原 105/7　廣壬 9/71　大 3/295

披枷邀賭

遍天下游手好閒，恒恃聚賭以為事，華樣層出而不窮，巢窟屢遷而無定，成群結黨，設計陷人。上自紳宦，下迄藍縷，一經迷入，樂此不疲。地方官知其害，有獲必懲。通州有賭徒，因賭成毆打。經巡查委員拘送州中，州尊判以三聯枷，枷號示眾。有人謔之曰：「團坐一桌，盍鬥牌以為消遣。」枷者答之曰：「本來三缺一，請君就此入局。」〔雖革面不洗心〕

0949　原 105/8　廣壬 9/72　大 3/296

女盜斷路

路見不平，拔刀相助，豪俠舉動，大抵如斯。而要不得謂為事不干己也。古潞西門外，地頗荒野，有一屠戶行經一小橋，聞啼哭聲。偵之，則一婦人蜷伏橋洞下，除褻衣、兜肚外，無寸縷。詢其故，則曰：被旗裝婦人三個劫去隨帶衣包，并剝去其衣服，無顏首塗，願死此耳！屠戶聞言，心怦然動，抽身急追。驀逢跨馬男子，叩以曾見旗婦否？並述被劫婦人狀。跨馬人亦好義，回馬逕奔，見三婦在前，遙喝之。婦駐足待，且將劫物擲地下，手槍一舉，跨馬人即應聲倒地。屠戶不敢前，返經原處，則婦已雉經。《水滸傳》中有女盜三人，曰顧大嫂，曰孫二娘，曰扈三娘，均好勇善鬥。彼旗裝女子，數適相符，毋亦有心私淑者與！〔色惡〕

0950　原 105/9　廣壬 9/73 右　大 3/297

以羊易牛

元旦甯波三官堂附近田間，為雷殛死一人，曰某甲。甲之友某乙者，自供與甲謀死毛姓一人，而劫其財。毛姓，江東人，本業田，歲暮負責不能償，爰將耕牛價賣於人，得洋拾元、錢八百，成交易於江東之某飯店中。維時甲乙在旁生心，商同狙伏道左，而為此事。或曰事屬同謀，何以甲遭殛而乙得免？曰：此天之所以為天也。天道與王法同而異，殛甲以正罪，而毛之冤伸；留乙使自言，而天之道著，此天之所以為天也。〔慢藏〕

0951　原 106/1　廣壬 10/73 左　大 3/298

驚喜交集

《孟子》言：「丈夫生而願為之有室，女子生而願為之有家。」「願」字似專指父母一邊說；玩下文「不待」二字，則父母之願，無非體兒女之願以為願也。近年滬上甚行搶親，其俗甚陋。而溯厥原委，大半女家索禮過奢，男宅無以應命，則遂哄然而為此。事後思維，為之長者能無抱愧乎！甯婦某氏，僑居南市，有女年已及笄，亦以屢梗婿家言，而為所搶去。計無復之，乃奔婿家，且哭且鬧，至氣息為之不屬。但不知春到洞房，瓜字已破，掌中珠方且消魂真個，惟一任老婆之徒自苦耳！〔摟其處子〕

0952　原 106/2　廣壬 10/74　大 3/299

流妓拉客

昔管敬仲設女閭三百，俾行旅之出於其塗者，有如歸之樂。故其時官山府海，百物駢填，齊由是富強而為諸侯長。曾文正開府兩江，金陵甫恢復，而秦淮花柳，不議芟夷，為地方起見，不以道學繩人也。方今通商埠頭，要惟上海為巨擘；居者、行者，憧憧往來，如恆河沙數，而妓院之鱗次櫛比亦如之。巨官大賈，纏頭一擲不吝數百千緡。近年官商交困，多從撙節。而若輩亦遂江湖之日下，賃屋一廛，名曰住家。不待引領有人，自願移樽就教。昏黃月黑，踽踽街頭，客子經行，相強入室，四馬路大新街口其尤甚者也。世號若輩為可憐蟲，是真可憐已！〔得其門者或寡矣〕

0953　原 106/3　廣壬 10/75　大 3/300

垂筋示寂

去臘本埠六出花，雖屢見，亦屢消。蘇垣較盛，丹陽以上則尤甚。湖北約得五六尺，由江而皖而鄂，為地數千里，人家不知凡幾，沒屋者效袁安之臥，斷炊者成臣朔之飢。即如金陵友人所述，目擊頹垣破壁間，凍死儉腹兒，鼻尖涕洟冰膠，如雪後簷淋。我輩身處繁華地，御厚褫，圍炎爐，幾不知冰天雪窖中，尚有叫苦連天者，何其幸也！可不知足。〔身冷於冰〕

0954　原 106/4　廣壬 10/76　大 3/301

父子爭風

梨園演董卓惱呂布戲，其愛姬貂蟬，擲戟鳳儀亭畔。事詳《三國演義》中。考陳壽《魏書》卓、布兩傳，俱無貂蟬名。但言布助卓殺丁原，誓為父子。又言卓性剛而褊，忿不顧難，嘗小失意，拔手戟擲布，布由是怨卓。又言布典守中閤，與卓侍婢私通，懼發覺，從王允議，乃殺卓。詳玩文義，擲戟與通婢，明明出兩事。演義乃從而牽連之，梨園即從而點綴之，事關勸懲，無不可也。不謂數千年後，數萬里外，有與此事如出一轍者。汝威士伯鑾，法人也，其子名囂伯鑾。父有外遇，囂烝之，觸父怒，伺其同車出游時，擬斃之以槍。《論語》載齊景公問政，善孔子之言，有曰：「父不父，子不子。」二語可以持贈。〔荒謬絕倫〕

0955　原 106/5　廣壬 10/77　大 3/302

智出賊下

賊，畏人之人也；而賊之黠者，轉足令人畏，以售其欺，而行其術。甯波城內有巡員，周歷通衢，偵察一切不法事，遇博賭必拘去。西門內有某姓，中落舊家子弟，坐客無能之病，因借枯骨頭以消閒，以獲采。日不足，繼以燭，漸浸漬潤，乃至達旦。賊聞之，大喜曰：「是可以計取也。」伺夜深擊其門，聲如雷，在內者惶遽，滅燭屏息，不敢出問誰。久之，燈火復燃，旗鼓重整，始猶有戒心。興漸豪，聲漸高，賊乘此時，將門撬下，擊之益厲。群疑官捉賭，出後門遁去，賊由是大獲利。兵家有抵隙蹈瑕之法，八公山草木皆兵，即「疑」之一字蔽之也。惜乎賊用之不得其正也！〔則某竊取之矣〕

0956　原 106/6　廣壬 10/78　大 3/303

地保勤能

北方風氣較南省為古。署中都頭、馬快，凡武職人員，自外委以至守備，蒞任必投刺，登門拜謁；遇有案件要與商榷，破獲為易。即地保一役，亦能稍顧公事。大江以南，斁敝彌甚矣。一切賭攤、煙館、妓寮，俱有陋規，而又窩賊窩盜，坐地分贓。匪徒其爪牙，衙役其護符，千人一律，易地皆然。偶得一庸中佼佼者，則取之以風若輩。京口迤西湯港，元宵有盜劫王姓，得贓，俟分乞，各遵路而行。沿途脅鄉民代負荷，鄉民懼被累，數武即辭去。潛報地保，保留鄉民在家，自與夥繞塗出盜前，襲留人贓，押解縣署。縣官以其破案之速也，大加獎賞。夫地保者，於一邑之戶口，人類之賢否，不必稽查已瞭如指掌。果得其人，則一方何難安謐。奈乎充此役者，無非滑面油頭耳！〔辦公無誤〕

0957　原 106/7　廣壬 10/79　大 3/304

甘為情死

目中有妓，心中無妓，此聖賢學問，千萬人不能得一二；其次，目中有妓，心中亦有妓，用強忍工夫，使人欲不橫流，即不失為守身如玉之君子。觀於粵東順德何某，有足述以為殷鑒者。何某奉父命，往石龍監察所開典肆諸夥友，夥友於其至也，事之惟謹。習之久，知可狎，餌名妓三姑，俾陷溺其中而不知自拔，至要三姑同死且同棺。噫！何其愚也！予幼時有父執，家頗裕，生有獨子，美丰姿。遇花宴，必與偕，且令諸妓與之見好。時子年方十五六，面赤耳熱，不可終席。後漸見慣不驚，擇善而從。蘇有妓船，春秋佳日，徜徉山塘七里間，時泊普濟堂門首。乃父睄堂中殘廢，坐岸沿，聚語當年狎妓事。子聞之，謂父曰：「何遽至此？」父曰：「淪胥不返，何必不至此？果至此，悔無及矣！」子警覺，自此終身不入此門。〔隧而相見〕

0958　原 106/8　廣壬 10/80　大 3/305

眢井有蛇

日報載廣東老姑山，山上有荒寺，寺庭有古井，井有巨蛇。初無人知曉，旋為避雨應試人窺出破綻。投以石，蛇躍出，幾為所嚙；幸遇獵戶斃蛇，人得免。事後填井，得雞羊骨無數云云。夫幽涯絕壑，長林豐草之間，異類潛藏，弱肉強食，造物不之禁。及其貫盈，強弱相等，所謂螳螂捕蟬，不知黃雀之在後也。是故明哲保身之君子，貴與物無忤，貴與世無爭。〔屠毒〕

0959　原 106/9　廣壬 10/81 右　大 3/306

好心惡跡

揚州永盛街有人攜女孩，被一營兵闌阻大毆。此孩與兵本鄰近，兵知該家失孩已二日；其阻而毆也，謂為拐也，確有見地也。被毆者自陳趙姓，傭於某公館，因見孩之失路而啼也，稟於主人，命送之歸也，自辯其非拐也。然則兩人者皆好心，可同往，可質疑，無庸嘵嘵也，而必互詈之而互毆之也。齊固失矣，楚亦未為得也。〔誰是誰非〕

0960　原 107/1　廣壬 11/81 左　大 3/307

難兄難弟

五倫，君臣遭際不可必，朋友聚散或無常，父子夫婦半世耳；而惟弟兄則自少至老，直將一世。故最難得者，為弟兄；亦最易忽者，為弟兄耳！比聞漢口有業雜貨生意者，家在蔡甸，離鎮六十里。除夕，店務畢，兄弟相約冒風雪歸家。纔出玉帶門，便模糊不辨路徑。再前，天色漸暗，兄失足墮坡下，雪壅路迷，身僵不能動，屬弟獨自回家，毋苦守并命。弟不忍，待援無人，而俱斃。世有同室操戈者，見之能無愧死！〔同歸於盡〕

0961　原 107/2　廣壬 11/82　大 3/308

萬年青勝

去臘二十六日，我萬年青船為你包而公司撞沉；勢不得不入訟，訟之而竟得直。滬上諸日報，論之詳且盡，無俟僕贅言。然試思所以能勝之者，未嘗無故也。從前中國積弱久，歐西人協以謀我，故難問。近則自強之機日起而有功，而西人以爭利故，各國猜忌，不似從前之見好。事異而勢殊，故得所藉手以告成功。若事在十年之前，恐未必如此之大公無我也。然而英已加人一等矣。〔直道猶存〕

0962　原 107/3　廣壬 11/83　大 3/309

黑洋老鼠

梁伯鸞夫婦相敬如賓，後人輒疑其拘墟過甚。不知「敬」之一字，所以泯嫌疑，弭災禍，胥於是基之。觀於嘻嗃之家，可以知其故也。距蕪湖四十里地，有黃池鎮。鎮有某甲，甲止一婦，貌僅中人姿，而詼諧善笑，頗得藁砧歡。所居土階茆茨，有陶唐氏之風，而朽敗過之。春初六出花，層累堆垛，榱棟不勝其重，以至於覆巢。是夕甲宿外，得信奔歸，從事畚挶，攘之剔之，妻仍偃臥被池中，春風面依然無恙也。大喜，纔救出，即見一男子，磬折死床頭，則又大怒。問妻，妻不承認，然而辯之無可辯也。適一捕役至，逼而視之，曰：「此黑洋老鼠，積賊也。」其事乃白。原其致疑之始，由於平日房中私語，每謂其夫曰：「須製一頂時樣新式綠頭巾與汝戴。」不謂戲詞幾成讖語。於斯時也，殆哉岌岌乎！〔賊殺手〕

0963	原 107/4	廣壬 11/84	大 3/310

屍臍出鱉

鱉介，族屬陰，號團魚，肉紫色，皮深青，醫書謂為滋陰降火者。然而老年人與脾胃薄弱者，食多運化遲，轉致疾病。有云莧菜與鱉同食，入腹成瘕；而其所以成瘕之故，亦無人道出。甯波北門外灣頭迤北某叟，酷好食此品。客臘病，腹脹而卒。大殮之前，攤屍堂上，俗例必召俊俏女尼，為諷經卷。鐃鈸甫舉，屍腹漸高，且大動若通呼吸。子婦啟衣審視，則小鱉三個，已蹣跚於臍之左右，當臍一巨者，出其首向外望。姑無論鱉之何由成，而鱉頭之近似乎龜頭，長其頸五、六寸，搖搖晃晃於臍之下，不知俊俏女尼兒，見之將何以為情？〔其直如矢〕

0964	原 107/5	廣壬 11/85	大 3/311

雪中送炭

世俗謂慣出門者，曰老道兒，曰老江湖。看這個「老」字，有無數閱歷在其中。稍遷就，即失事。由蕪湖至新安，遵陸而行，以南陵至涇縣之七十里為最孤僻。去臘天降大雪，行人益絕；即有勢難裹足者，亦必要約而後首塗。有數人經郵亭，聞草中有呻吟聲，撥而視之，見一白晳少年，裸縛巨石上，遍覆以草。叩之，不能言，因為負歸。煖以被，燎以火，灌以薑湯，得漸蘇甦，乃備訴肩夫、轎夫之所為。萬一不遇此數人，即遇之而又稽遲數刻，則此人無更生理矣！僕丁卯省試，遇盜於丹徒之高資鎮，亦以同伴皆少年，鮮閱歷之故。寄語風塵客，勿孟浪從事。〔一寒至此〕

0965	原 107/6	廣壬 11/86	大 3/312

智女擒盜

興化有村落，四面阻水，非舟楫不可通。十畝五畝之地，三家兩家之村，男子出外服賈，弱息亦無多，衹一嫂一姑。一夕，有盜七八人，操舟抵岸，破扉入。搜括無所得，并無人影兒，逆知有準備；然以該家無男子，故即亦不懼。出其家釀，殺雞為黍而食之。不謂姑嫂二人，俯伏場角草堆內，窺行止甚悉。姑要嫂竊盜舟渡隣村，集眾圍擒，無一得脫。先是日間盜來購稻草，取廉而與多，為小姑識破；因將值錢物，悉營運在外，隱其身以覘動靜。至是，果不出所料。而又以彼眾我寡，慮為所辱，求救於隣，大獲全勝。觀其措置，一如善用兵者之智勇兼全也，足令鬚眉望風下拜。〔一網打盡〕

0966	原 107/7	廣壬 11/87	大 3/313

為情所累

情有竇無有乎，啟之如古井之水，波瀾不生焉；情有絲無有乎，引之如春蠶之繭，彌綸無間焉。啟之引之，則流蕩無極，而纏綿不窮。近來芝麻膏舖生意頗興旺，鎮江有某，業於是。會計之權，悉付於其女。女秀外而慧中。其估客之坐庄於其店者，喜招妓侑酒，履舄交錯，耳鬢廝磨，見之心能無怦怦動。一日，忽失所在，遍訪累日，始得歸。玉猶是也，而太璞不完矣。父怒其無禮，竟置之死地。《聊齋》異史氏批花姑子一節，有曰：「悲者情之至，憨者慧之極。」惜乎此女不能得此訣。〔失其身〕

0967	原 107/8	廣壬 11/88	大 3/314

火藥飛災

湖州之南潯鎮，駐有防營，營官張姓，人即呼之謂張營。新正二十四夜，天將曉，該營火藥房失事，巨雷破空，震盪地軸。周圍十里窗櫺牆壁，無完全者。幸而受傷止有數人；死者一人，惟肚腹首足，分置三處，腐爛焦黑，不可識別。猶憶咸豐初年，我吳亦有此事。維時賊陷金陵未久，松府屬縣如青浦、上海，復有劉麗川之變。居民惶恐，夜不安枕。驟聞此警，群疑賊至，膽怯婦人至投井以殉。然則儲火藥之所，宜空曠，又宜遠市。地方紳衿、耆老，宜稟請當道，以遠禍而弭災。則一方之人，已隱受其福矣！〔奇禍〕

0968	原 107/9	廣壬 11/89 右	大 3/315

鑄金事之

議者謂近年金價之貴，由於消耗壅滯太多。婦人之首飾，富家之器皿，以及叢林所供佛像，皆是也。然而首飾與器皿，猶不失為藏富於民之義；而佛像所敷，終至斑剝脫落，消歸烏有而後已，似也而猶未盡也。松郡有灌園叟，貧無聊賴，荷其習用長短鑱，從事頹垣破壁間。瓦礫既去，乃至泥土，忽有物嚙鑱齒，鏗然作響。用力扒搜，見一古佛頭，黝暗無色，疑為鐵質；磨視斷處，乃璀燦黃金也。權之，重十餘斤。然則有頭必有身。古時一佛之費，已累巨萬。天下之大，奚止一尊；其消耗壅滯，更何可以道里計也。特不知為何朝物耳？〔橫財〕

0969	原 108/1	廣壬 12/89 左	大 3/316

兩頭豬

據日報述津郡城中，有人目睹一丐，懷抱甫生之小豚一頭；黑質白章，一身四足，無臀尾，而前後具有兩首。見者以為大奇，乃為繪圖貼說，四處傳觀。向嘗疑如此類者，多出自誕妄好奇者憑空結撰，以快其口舌而駭人聽聞；而耳食之徒又從而附會之，以證其確鑿。及今見《圖書集成》中所繪各種圖象，有非《爾雅》、《山海經》等書所能備載無遺者。少所見而多所怪，轉不免貽譏於大雅也。無已，為反子輿氏之言曰：不信書，則不如無書。〔首尾〕

0970	原 108/2	廣壬 12/90	大 3/317

西妓彈詞

中國彈唱一流人，無論男女，謂之江湖，故丐頭得而統屬之。今之業此者，幾忘其所自。向稱長三為最嬌貴，而拇戰豪飲之外，手不能撥絃索，口不能韻宮商。樹豔標者，懼陳陳相因之不足以制勝也；於是爭學燕趙聲，為足駕長三而上之。近年四馬路望衡對宇，無非彈唱，偶一經行，頗嫌煩聒。而也是樓主則又請西妓一名，間數日一臨，為獨出冠時。所唱止中國淫詞中之〈十八摸〉一曲；聞者不甚許可。夫亦無聊之極思矣！既灌之禘不欲觀，吾於彈詞亦云。〔或勉強而行之〕

0971	原 108/3	廣壬 12/91	大 3/318

看戲坍台

婦女入廟燒香，入廟看戲，性幽閑者不願與，重廉恥者不樂從。一二好嫵媚、賣俊俏者，風聞熱鬧事，即提挈姊妹，聯襼往游，招人輕薄，亦自取之也。大凡廟貌重新，土人必演戲以款神。戲台之左若右，支板為台，台設板凳。出錢數文或數十文，可登台坐觀。童孩惡作劇，取篾片，銳其尖，身伏台下，從板隙上穿入婦女褲管，令痛癢，不可以告人。方恍張，欲走，而台忽坍塌，遺簪失履，又不一而足。乘興而來，敗興而歸。暗地背人撫摩其私處，不且怨篾片之尖銳而欠渾圓乎！〔乏趣〕

0972　原 108/4　廣壬 12/92　大 3/319

變起閨房

夫婦為人倫之始，故〈葛覃〉、「桃灼」，首列風詩。閨房靜好之私，上聖下愚，有同情者，自無異趣焉。而乃乍協求凰之吉，遽遭飲鴆之凶，事或有因，言之足戒。粵人某甲，娶婦纔匝月，唱隨之好，頗無異詞。一日，藁砧自外歸，腹枵如也，謀食於婦。婦以熟雞子兩枚進。嚼之，舌麻木；咽之，喉間格格不能下。知有異，出而哇之；呼雞犬食之，霎時奄奄斃命。乃知是中藏有砒毒焉。衾裯之下列戈矛，其能無不寒而栗乎！〔非匹也〕

0973　原 108/5　廣壬 12/93　大 3/320

誤認賭場

婦女裙袄所滾花帶，男子束袍所用滿漢帶，皆由藝民梭織而成。蘇城中市頗多是鋪。機不甚巨，沿戶鋪張，扣端以繩，繫散錢以約束其重輕。推之挽之，悉索有聲。巡夜委員經過，疑為賭，叩門入。生意人見官必倉皇，官益疑。良久，彼此始悉底蘊。今夫佐貳雜職，奉上官差委，遇有干禁事，緝訪固其職也；其視闒茸不事事者，所別奚止上下床。然而循吏安民，能吏擾民，君請擇於斯二者。〔道之以政〕

0974　原 108/6　廣壬 12/94　大 3/321

兒戲神祇

俗傳二月八日為張大帝誕辰。泗安、廣德之間有神像，生鐵鑄就，面黑如鍋。土人以是日卜豐歉，宜風雨，若遇晴爽，群舁神投入澗谷，以示罰。嘻！異矣夫！神也者，可以禍福我者也。徼福之心切，即懼禍之心深。未有褻之瀆之，激而使怒，謂必如是可免禍，可獲福。則神且受制於人，人亦曷賴有此神哉！其俗可嗤，其惡不可恕。〔矧可射思〕

0975　原 108/7　廣壬 12/95　大 3/322

功盜罪盜

粵東江村某甲，習為不肖，嗜賭輒輸，行不改動，竊家用物件，以應其所求。鄰某乙，遠賈獲利歸，為盜偵悉，將劫之。無何甲母大呼捕盜出，盜疑事洩，竄江濱。遇甲，負錫器纍纍，疑為同黨，叩所得之由。甲慮其奪己物，隨手擲錫事一，中賊腦死，群盜亦遁。事後論功，皆曰甲母賢。乙曰：「甲若安分，禍且及我，宜獎甲。」甲曰：「不然，宜功過相抵，濫賞無以勸善，非計也。」一時雍容退讓之風，轉出自攘奪矯虔之後，豈不大可異歟！〔有幸有不幸〕

0976　原 108/8　廣壬 12/96　大 3/323

前車之覆

西人每日作事，有定晷。四點鐘後，相與歇手，或邀朋輩，或挈妻孥，駕輪蹄，挾鞭絲，循周道之倭遲，十里五里然後歸。亦古人游息意也。其性情喜開曠，故所居多在郊野。本埠中西浹洽久，雖在深夜馳逐往來，亦所不禁。西門外萬生橋為達徐家匯之要道，前夜龍星馬行主駕車出乎此。有巡夜局勇發空槍一聲，馬為所驚，跳躍不止；折橋闌，馬陷泥淖中，車亦隨覆。幸局員能事，趨往問候，認修理，送之歸，事得無恙。調和在俄頃，應變在臨時，局員亦出類才哉！〔涸轍〕

0977　原 108/9　廣壬 12/97 右　大 3/324

因愛成仇

自西人航海東來，遍地球之人，可以晤言一室，快甚；遍地球之男女，隨乎其所遇，可以成配偶，亦通融之甚。天地好生，斯天下一家矣！然而人情不能無愛憎，即不能無恩怨。天下從此多事，亦天地所無如何也。日本婦人奧斯奧，在舊金山開客寓，僱一日婦司烹飪，與一西人相識有年矣。近該婦又與同鄉人交好，西人來，漸疏淡。被窮底蘊，用槍擊斃。然則禍端之伏，兆於欲，訖於忿；故君子所貴乎懲忿而窒欲！〔無結局〕

0978　原 109/1　廣癸 1/1 左　大 4/1

宮門謝恩

聖主之用人也，有不測之罰，更有不測之賞；威則斧鉞，寵則鞶帶。雷霆雨露，莫非天恩也。前滇撫唐中丞，以諒山失機被逮。去冬已准恩赦；今又賞給巡撫銜，督辦雲南礦務。錄舊恩深，理財任重。為中丞者，當如何感激涕零，夙夜圖報哉！〔天高地厚〕

0979　原 109/2　廣癸 1/2　大 4/2

愛花成癖

古之愛花者多矣。周子愛蓮，陶令愛菊，逋仙愛梅，然皆各愛一花；且其愛之也，不過隨所賞翫，託諸吟詠。究之花因人重，非人因花著也。粵娼某，隨其夫客南洋。娼固如花兒，而有愛花癖者；奇葩異種，不惜以重價購，灌溉之役，必躬操之。每當月夕風晨，輒徘徊于花陰深處，樂而忘歸。一夕，夢紅衣女子，曰：「感卿培植，將託體于卿矣。」及醒，不解所謂。已而荳蔻含胎，丁香結子。臨盆之際，產下紅花數朵，鮮豔異常云。事出傳聞，不經可笑；然天下事，結想所至，容或有之。天花亂墜之言，姑妄聽之可耳。〔奇花初胎〕

0980　原 109/3　廣癸 1/3　大 4/3

以死勤事（上）

昔綠珠以死報答石崇墮樓一事，千古傷心；烈則烈矣，然無補于崇冤也。且崇之死，不死于孫秀，而實死于綠珠。為我死者，還以死報之，猶未足為傚死之奇者。今觀琴書之于某公，其深情遠識，苦志俠腸，以視金谷佳人，當有過之無不及也。琴書者，一妓爾。某公未遇時，嘗狎之。及貴，欲為藏嬌計。琴書知某公妻善妒，婉謝之，而求為之脱籍。某公許之，營別館居焉。某公宦游楚、浙，先後五六年，餽遺……

0981 原109/4 廣癸1/4 大4/4

以死勸事（下）

……存問之使，不絕于道。琴書感其恩，誓學關盼盼燕子樓之守。俄某公緣事下獄，戚友無過問者。獄吏需索無以應，倍受淩虐。琴書乃洗鉛華，翦鬢髮，作奚奴裝束，挾佽以賄吏；而事某公于狴犴中，凡三閱寒暑。撲朔迷離，雌雄莫辨也。時某公之仇方秉政，借失機罪，誣置重典。臨刑之日，琴書市雙櫬至，親縫其頸而殮之，拜哭曰：「陷公死地者，某也，公如有靈，當為厲鬼以報。妾願相助于地下。」出懷中小匕首，號于眾曰：「奴即琴書也。某公生前待奴厚，今某公以冤死，恨身為女流，力不能為某公復仇，惟以薄命軀，為知己報耳！」言畢，遂自刎。事聞于上，某公冤得白。嗚呼！某公當貴顯時，其門生故吏，受恩深重者，不知凡幾；一旦身在縲絏，相與趨而避之，竟無一人焉援之以手者。琴書以青樓弱質，相從于患難之中，卒能以一死雪沉冤，直令齷齪須眉，聞而愧死矣！〔女中任俠〕

0982 原109/5 廣癸1/5 大4/5

人面獸身

上古之世，有所謂人首蛇身，人身牛首者，大都如相經所云虎頭猿臂之類；但言其似，非真受此形也。乃愈出愈奇，竟有人其面，犬其身者，是亦可備好奇者之談助矣。京師平治門內有差役，押二婦人至，其少者手抱一孩，面則人，而身則犬，爪尾俱備，但無毛耳。見人，輒搖其尾而笑。其笑也，殆笑夫世之人面獸心者；其搖尾乞憐，亦猶是之現身說法乎！〔犬子〕

0983 原109/6 廣癸1/6 大4/6

花燭笑談

天下之害羞者，莫甚于新婦，一言一動，必有喜嬪焉，為之道達，為之扶持。即平時號稱燕支虎者，至是亦必強作溫柔，曲從乎周公之禮。乃觀甬人某娶婦一事，則大不然。某于前月中，以花輿鼓吹，迎新婦到門，將交拜矣。聞堂內一片聲喧，則其向所姘識之婦，向新郎理論也。相持許久，揹不許出。新婦待郎不至，忿火中燒；自將紅巾揭去，乘東洋車趕至捕房，控告時猶頭戴鳳冠，身穿霞帔也。見者莫明其故，疑為戲館中逃出者。然以婚姻大事而出此變幻，其與做戲也，亦奚擇哉！〔聞所不聞〕

0984 原109/7 廣癸1/7 大4/7

獵獐可笑

伏「獵」侍郎，弄「獐」宰相，一字之誤，貽笑千古。余為之解曰：「獵必取諸伏，然後獐可得而弄，嚴冬大雪，固非獵獐時也。」謂予不信，可以近事證之。金陵一獵戶，雪後經過神策門外，遙望蘆葦間一獐，踏雪往捕，期在必得。不料獐所立處，尚隔一小河，河冰積雪，高與岸平，及陷溺其中而後覺。越宿，始為路人救起，則已凍裂肌膚，萬無生理矣。若在伏天而行獵，何至為獐所弄哉！或曰冒險搏獸，事本忽略。余曰「略」與「獵」音同，請照「臘」、「璋」之誤，而名之曰「忽獵」。〔失足〕

0985 原109/8 廣癸1/8 大4/8

罰作苦工

客有以夷場街道，寬闊平坦，嘖嘖焉羨之者。余曰：「美則美矣，以余視之，則荊棘耳！陷阱耳！何羨為？不見夫沾體塗足、繫長鍊而曳滾石者，其中有一二西人否乎？驅之扑之，呵之辱之，則此五達、六達者，皆華人之血肉眼淚所填塞而成者耳！客，華人也，不當羨，亦不忍羨也。」先是華人之被押捕房者，若無人保釋，即罰作一切苦工。去年龔觀察采冒同轉言，札飭停止，改由工部局雇工營作。是舉也，實足以扶國體而伸民怨，宜其頌聲之載道哉！〔苛政〕

0986 原109/9 廣癸1/9右 大4/9

疑心生鬼

索命之說，始于釋氏，儒者弗道，實則左氏載公子彭生之類，即其濫觴。然必審察夫害命之人，而後向之索，如索負然。非其所負，即不能索也。諺不云乎，「冤有頭，債有主」哉！蕪營某兵，兼充劊子，一日得暴疾，自言有無數陰魂，向之索命。議者謂為殺人之報。不知劊子殺人，係奉公差遣，即有冤枉，豈能遷怒于彼？萬一天下之業是業者，苟鑒于此，相率而為善刀之藏，其果能致刑措否乎！因病生疑，因疑生幻，穿鑿傅會，殊失國家明刑之意矣！〔吾不信也〕

0987 原110/1 廣癸2/9左 大4/10

老道作怪

神仙之說，虛無縹渺，最易動聽；愚者惑之，智者亦不免焉。韓文公作〈原道〉，以闢異端為己任，而藍關秦嶺一聯，猶有訛傳為湘所作者。無恠乎不逞之徒，裝妖作怪，以煽惑庸眾人之耳目。皖郡姚家口純陽院，來一游方道人，異言異服，自謂得長生訣，采辟穀方，能不食人間煙火。一時遠近居民，群焉往觀，幾至生事。《禮》有之曰：「執左道以疑眾者殺」，當為若輩言之。〔老祅精〕

0988 原110/2 廣癸2/10 大4/11

祝花神誕

花朝有二，唐人于二月十五日，今則概從十二矣。世俗所稱之花神，近乎傅會，且亦不倫不類；而相沿既久，何妨人云而亦云。但必指其人以實之，且又拘于十二之數，泥矣！東方為木，青帝司之，言乎木而花可該也。閱日報，昭文花神廟酬神一節，想見金尊酒滿，慶八千歲春光；羯鼓聲催，占廿四番風信。聽鸝人至，撲蝶會開，綠女紅男，瓣香爭祝，洵足繼觴詠之風流，覘太平之景象矣！〔春常不老〕

0989 原110/3 廣癸2/11 大4/12

代友報仇

逢蒙殺羿，出于忌也，猶不失為英雄好勝。日報言鍾某，學武于黎敬昌之父。黎父將沒，曾託孤焉。鍾背義負約，吞其遺產，至敬昌幾為道殣。鍾之貪鄙陰險，雖不推殺羿之刃；而其處心積慮，又當為逢蒙所笑矣。敬昌友白某，勇而俠，攘臂擊鍾，為黎氏報仇。快人快事，以視朱家、郭解之流，無多讓焉！吾獨嘆夫天下之為鍾者多，而為白者鮮。此世事之所以多不平歟！〔不平之氣〕

0990	原 110/4	廣癸 2/12	大 4/13

輕薄受懲

人生不幸作女子身。其或生長名楣，香閨深處，并不知有井臼操者，固幾生修到也。至于蓬門弱質，壓線年年，藉十指為餬口計者，露面拋頭，事非得已；有心人方憐憫之不暇，何忍于陌上相逢，恣其調笑哉！怡和絲廠多女工，放工後，三三兩兩，結伴歸家。路遇流氓數輩，遽行調戲。經捕送官，立予笞責。既逢麴車而流涎，贈以荀乾而夾肉，寄語狂且敢再作饞貓故態乎！〔阿有趣〕

0991	原 110/5	廣癸 2/13	大 4/14

淫僧入籠

利之言乎瑣也，名之言乎繮也。茫茫塵世，焉往而非牢籠。至于遁入空門，則六根清靜，無束無拘矣。乃觀某僧則不然。僧卓錫本城青蓮庵，身棲白社，心戀紅塵，與流妓唐巧齡設無遮會，結歡喜緣。僧固大弟子，天花散來，著身不落。妓亦以一副鏁子骨，作慈悲施捨。比為老僧所知，屢加棒喝，覺路難開，爰製木籠羈之。從此一龕供養，入定易，出定難矣！〔何時解脱〕

0992	原 110/6	廣癸 2/14	大 4/15

禁放鷂燈

治民之道，與治家同。老于治家者，薄物必察，細故必謹，炊也而曲突，寢也而滅燭。豈好為是瑣屑哉？亦防乎其所不得不防耳！況乎以一邑之身家性命，舉而委之一人，可不加意檢點乎？松郡近多游蕩子，喜放鷂燈。綠楊橋畔，紅杏樓邊，一串燈光，與數點明星相掩映。邑尊以城之內外，市廛鱗比，且設有火藥局，恐線斷風箏，致釀焚如之禍，特懸示嚴禁，誠善政也。而或者謂「只許官府放火，不許百姓點燈」，是未深察夫賢有司之用心者。〔防微〕

0993	原 110/7	廣癸 2/15	大 4/16

將妾代女

牝雞司晨，維家之索。為人婦者，中饋而外，非所宜主也。至男婚女嫁，雖曰父母之命，然必夫為唱，而婦為隨。斯倫常正而家道成。金陵某甲買一女，頗麗，將納為簉室。婦多方阻礙。時甲有遠行，姑置之。甲有一女，貌奇醜，議婚某乙，乙欲先睹卿雲。甲婦謀以妾代，乙見而喜，遂下聘焉。迨迎娶入門，始知變卦，勒令原媒償還原物，否將涉訟。媒窘甚，走告婦，竟以妾易。女歸時，甲已在家，瞠目拱手，惟閫命是聽。拔去眼中釘，還我掌上珠。婦之計巧矣。獨不知為之女者，其將何以為情？〔泰山其頹〕

0994	原 110/8	廣癸 2/16	大 4/17

屍棺遭劫

送葬曰執紼，紼以挽柩，防傾跌也。然防之于意中，不能料之于意外。本鄉某姓家出殯，路過一橋，橋忽中斷，柩為橋石壓碎。舁者、送者，紛紛落水，死傷有差。嗚呼！牛眠兆卜，照來破棺之星；鶴化魂歸，愁對斷橋之雪。此殆佛家所謂「身後劫」者歟？其事偶，其情慘矣！〔難登彼岸〕

0995	原 110/9	廣癸 2/17 右	大 4/18

殺妻洗恥

中冓之言，人人羞之。即有涵養深沉者，犯之不校，唾之不拭。試詆以帷薄不修，未有不勃然怒，奮然起者。一頂綠頭巾，送遍天下人，皆不合頭寸也。嘉興魏塘鎮鄉人某，妻雖村婦，頗解風情。夫則胼手胝足，惟以百畝之不易為己憂；憐香惜玉，非所素諳。一日從田間來，見有人自房中逸出，其快如飛。某尋思良久，忽然大悟，忿不可遏，以刈草具斫妻至死。有不直于婦死者，為之說曰：「牛郎織女，亦農家者流也，鵲橋把袂，何等纏綿；尚且支機片石，私贈張公。況某之體態溫柔，又萬不及牛郎者乎？」〔仿翠屏山人法〕

0996	原 111/1	廣癸 3/17 左	大 4/19

剖蚌見佛

佛家之言，曰虛無寂滅，曰不著色相，曰無眼耳鼻舌身意；固已明鏡菩提，空諸一切矣。而有時必假託于物，以炫世而駭俗，何自相矛盾歟？潞江漁人網得一巨蚌，剖之，見佛像數軀，黏著殼內，非雕非繪，妙相天成。聞者異之，余獨否否。蚌為介類，即以介類為比。蟹筐中有一物，俗名蟹和尚，濃眉高鼻，亦與佛像相似。凡蟹皆有而人不之異，天下事少見則多怪，數見則不鮮。愚人之愚，何必與之置辯哉！〔珠光普照〕

0997	原 111/2	廣癸 3/18	大 4/20

花叢惡劇

娼寮妓館，一納汙藏垢區也。而好為冶遊者，輒美其名曰尋芳。當夫薰櫳斜倚，花氣襲人，繡幕低垂，鑪煙裊篆，茗談小坐，頗愜懷來。然而入芝蘭室者，大半碩腹豪賈，銅臭逼人。苟其阮囊羞澀，便覺臭味難投。粵人某，以貧故，見憎于妓，銜之而不發。翌日又至，攜一白磁罐，置案頭，匆匆數語，遺之而去。視其罐，封緘甚固，外有微漬，知為阿芙蓉膏也。匿之，不以告人。適妓有意中人來，一燈對臥，吐納煙霞；妓遂以厭客所遺，取供暱客。啟其罐，即有無數蚱蜢，跳躍而出。猛吃一驚，罐墮地碎，泛濫橫流，皆米田共濃汁也。于時蟲飛薨薨，或集于身，或撲于面，由几而案而榻，由帳而衾而枕。穢濁之氣，觸處皆是。始恍然于某之所為，實以報恨也。而所謂意中人者，以憐香客為逐臭夫。蜂蝫也，而下等蜣螂矣！〔遺臭〕

0998	原 111/3	廣癸 3/19	大 4/21

勇得鞘銀

金陵為粵逆久踞之地，收括民財，為抗守計。及曾文正督師攻克，盤查賊庫，竟無所有。當時告捷疏中，亦稱出於意料之外。說者謂賊於未破城時，將所擄金銀，埋藏各處，故至今積垣破壁間，往往有人掘得者。前月杪，下關地方有遊勇二人，伐薪江岸，誤壞一朽棺。睨而視之，敗絮中裹有銀鞘，乃相約取之以夜。謀泄，為同伴覺，麕聚而來，瓜分而散。按此事形跡詭秘。棺既有銀，即不當置之暴露，且至於朽而無人過問；或者亦賊之所為，物在人亡，留以待諸勇之交運歟！〔倘來〕

0999　原 111/4　廣癸 3/20　大 4/22

巢樹女兒

法國某邨有巢樹女兒，初不知其何自而來。女竟體如漆，其聲呦呦然；衣獸皮，食山果；巢樹而居，其升如猱；善搏擊，膂力過人。土民設計擒獲，獻于某王妃。妃挈以行獵，雖猛獸無得脱者。馴養既久，漸通語言。細察之，似當年覆舟于北極冰洋，父母死無所歸；遂入深山中，與木石居，與鹿豕遊云。考《列仙傳》，秦宮人王姜逃入華陰山，食松柏，遍體生毛，謂之毛女，其蹤跡亦頗相類。然此女則以野人始，以宮人終，則又類而不類矣。〔有巢氏之遺風〕

1000　原 111/5　廣癸 3/21　大 4/23

賢令饋貧

「書中自有千鍾粟」，斯語也，為勸學而發也。豈無文章憎命，坐守青氈，范釜生塵，原衣多結。雖曰貧乃士之常；然至煮字不足以充腸，多文不能以蔽體，孤寒況味，談者傷心。此白傅所以有大裘之願，杜陵所以興廣廈之歌也。署上元陸明府以名進士見宰官身，體恤寒儒至周且密。年臘月間，察得巴中某生等若干人，貧不能卒歲，爰分鶴俸，俾潤硯田。命紀綱僕，按名分送，並贈詩兩首。廉泉一勺，沾溉士林，不得以安邑豬肝視作累人之物已。〔歡騰寒士〕

1001　原 111/6　廣癸 3/22　大 4/24

醉婦亭記

歐陽永叔作〈醉翁亭記〉，閱八百年而有醉婦亭焉。亭在甬城東渡門內開明庵前，向為行人所愒息。月之上澣，來一中年婦，蓮步欹斜，醉容可掬。以手中長旱煙筩，扣闌而歌曰：「陌頭楊柳何青青，為覓封侯太薄情，一巵消受不勝，春力難禁，且向窗前，磕盹待天明。」歌既闋，酡顏帶笑，冉冉入庵去。餘韻悠然，猶繚繞于疏林夕照間也。好事者因為之記，而名其亭曰醉婦。從此四明山下，勝跡長留，百花臺、十洲閣，不得專美于前矣！〔酣歌〕

1002　原 111/7　廣癸 3/23　大 4/25

關提甬妓

《笠翁十種曲》有以〈慎鸞交〉命篇者。「鸞交」之上，著一「慎」字，語氣似覺迂腐；然苟失其慎，而鳳泊鸞飄，悔將奚及。甬妓楊小寶與申客某，有箕帚之約，相偕旋滬。不料客固無以為家者，居無何，妓所積蓄，盡被取用。奴不能安，轉而之甬，重理舊業。客又控之于新衙門，飭差關提押，趁輪船解滬。妓之姊妹行，皆灑淚相送。時則柳絮隨風，桃花逐水，感時觸景，雖合江文通〈別〉、〈恨〉兩賦，有未能曲傳心事者。〔薄命〕

1003　原 111/8　廣癸 3/24　大 4/26

盲婦問卜

人之所欲，莫甚于生。求死不得，特以嘲吳中高士耳！然使所遭之境，生不如死，則何以生為哉？丐婦某氏，年逾半百，孑然一身；瞽其目，跛其足，蹀躞而來，問卜于會審署前之測字攤。卜者叩以何事，則歷述其所處之苦況。意謂活地獄中，已受盡磨折，不識鬼門關何時始到也。卜者以好言慰之而去。若此婦者，誠生不如死矣！而猶必問之于卜，則其于欲死、不遽死之際，有餘倖焉！瞽者不忘視，其斯之謂歟！〔卜以決疑〕

1004　原 111/9　廣癸 3/25 右　大 4/27

以赤保赤

徐福説始皇，以童男女數千，求海上不死藥，實為千古拐孩之祖。不謂近來此風大熾，登諸報章，不一而足。鄂垣火星堂有鄭姓女孩，嬉于門外。一匪誘以餅餌，抱之而走。被同里某幼童所見，拉住辮梢，問：「此鄭家人，抱將焉往？」匪知事敗，詭曰：「汝既識之，則試抱之，不哭乃信。」童不知為計，以兩手接孩，匪遂逸。世有講程朱學者，搖頭側腦而嘆曰：「赤子之心，果誠一無偽哉！」〔童蒙吉〕

1005　原 112/1　廣癸 4/25 左　大 4/28

賊無空顧

楊玉環死馬嵬坡下，有老嫗得其錦襪一隻，過客索觀，必酬以百文錢。美人之遺，固如是其矜貴也。苟非其人，則視同敝屣耳。小東門外某花煙間，晾其纏足帛于簷際。有偷兒經過，不覺技癢。為巡街捕見，拘之而去。竊物將以易錢也。物微而穢，至于此極。賣向街頭，何人過問？或曰此物也，可以繫天下男子之足，而使之不敢胡行，曷嘗非奇貨哉！〔小竊〕

1006　原 112/2　廣癸 4/26　大 4/29

拘拿清串

優伶一道，與娼、隸卒，三者並列，例不得考核，蓋賤之也。而游手好閒者，亦復抹粉塗脂，逢場作戲，且所演皆誨淫惡劇；甚至貴介子弟，亦有時而效顰，名曰「清串」，言不自居于優也。然而彼以為清，吾以為濁。傷風敗俗，莫此為甚。甯鄉此風最盛，邑尊屢申厲禁；並當場拿獲二人，一則柳眉初畫，一則花面新搽。鐵索牽來，聯成一串。旁觀者拍手笑曰：「今而後，乃恍然于串字之義，此輩清流，宜其上串哉！」〔好下場〕

1007　原 112/3　廣癸 4/27　大 4/30

孝子出廬

廬墓之事，不著于《禮經》。而為孝子者，不忍以生死離其親，于是撫松楸而飲泣，聞震雷而號呼。孺慕私衷，蓋有不能自已者。陶孝子，名孝譜，蕪湖東鄉人，家赤貧，以傭耕養母。癸未秋，母病歿，葬近村山麓。孝子哀毀骨立，結茅其旁，朝夕守之。族眾矜其孝，恒助以饘粥。足不出墓門一步者，已五年于茲。事聞于錢邑尊，親詣其鄉，屏騶從，徒步入山，再四苦勸，扶之而出。又親授巾櫛，進衣履，使行服闋禮。四方來觀者，爭得其一

縗一經以為榮。嗚呼！若孝子者，誠無愧矣！而欲如邑尊之表揚至行，以厚風俗而勵人心，亦未易求之尋常俗吏中也。〔興孝〕

1008	原 112/4	廣癸 4/28	大 4/31

小能制大

英國某大僚，豢一獅，鉤爪鋸牙，氣吞虎兕。有謂其軀貌雖偉，而性畏雄雞者，乃以二雄雞投入柙中。逾旬往視，獅則神喪骨立，而雞羽益豐。以小制大，理不可解。考張華《博物志》魏武經白狼山，逢獅子，人不能禦；見一物從林中出，狀如貍，跳上獅頭；獅伏不敢起，遂殺之而還。未至四十里，雞犬無鳴吠者。按此則死獅且可致活雞之畏；而貍之小，不敵獅之大，亦未嘗不可以制獅。二說相歧，折衷孰是。將以古書為可信耶，則茫茫千載矣；將以近事為可憑耶，則迢迢萬里矣。世有聞河東吼而心膽俱裂者，何弗效孟嘗客昂首長鳴以試之。〔解人難索〕

1009	原 112/5	廣癸 4/29	大 4/32

龜子横行

將欲慕風雅，好高潔，則必遊山陰，登蘭亭；置身乎茂林修竹間，觴詠名流，遺徽未渺也。將欲滅禮法，喪廉恥，極人世間至不潔之行，而見所未見，則必到租界上四馬路，而後風俗之壞，嘆為觀止。試舉一端以概其餘。每當電氣燈然，琵琶聲動，即有無賴子聚黨而遊。遇出局轎過，則攔截其隨轎之婢女而調戲之；又乘勢竊其首飾，眾目昭彰，略無顧忌。然則此輩究何許人耶？曰：即諸妓館之龜子、龜孫也。洛水支分，淵源一脈，同類相侵，抑何太橫！〔卜正之裔〕

1010	原 112/6	廣癸 4/30	大 4/33

擒渠告捷

善言兵者，曰「克敵致果」，又曰「窮寇莫追」，二說皆是；然必熟審乎緩急之勢，以定其進止之機。涓涓不塞，流為江湖粵逆之禍，其前車也。馬正芳者，倡亂于法庫門地方，經官軍奮力進勦，連敗數陣，窮追至黑龍江而生擒之。雖跳梁小醜，就縛豕牢，不足以耀武功而銘竹帛。然其運謀之決，鏖戰之勇，杜亂萌于始發，慶凱還于俄頃，邊患潛銷，強鄰懾服，亦不得謂非干城之選哉！〔宣威沙漠馳譽丹青〕

1011	原 112/7	廣癸 4/31	大 4/34

厚斂致禍

季平子卒，將以君之璵璠斂，孔子歷級而救焉，曰：「送而以寶玉，是猶曝尸于中原也。」厚斂之戒，于古為昭矣！鄂有某富翁，死斂甚厚，厝于某寺。匪徒乘夜發棺。寺僧于睡夢間聞有聲息，疑鬼之為厲；遲徊良久，始糾眾持火而出。見一尸，躶體危坐，駭而狂奔，燭墮地滅。及驚定，諦視，則附身之物，已盡歸烏有矣。此斂不可厚之明證也。抑余更有進焉，古者葬有定期，大夫三月，士踰月。今人惑于風鑑家言，于是有窮年累月，停棺不葬者。問之，曰：「未有吉地也。」是直以遺骸為邀福具。一旦遭遇不測，抱恨何窮。彼厚斂者，尚不失為仁人之過耳！〔誨盜〕

1012	原 112/8	廣癸 4/32	大 4/35

文壇講武

日報言長洲縣童生鬧考，致將題目牌擲向縣官云云。牌上詩題為「下筆春蠶食葉聲」。因書吏粗心，誤將「聲」字擦去，亦細故耳；且題非冷僻，藉曰蓄疑，則童子軍中間有斲輪老手，不難問而知之。風簷寸晷之中，修辭飾句之不遑。何苦以無謂之紛爭，擾其文思哉！況考試實掄才大典，為士人進身之階，文行兼優，方不媿讀書種子。若以強而有力為能事，則赳赳之夫，國家原設有武科，所以待此輩也。〔無理取鬧〕

1013	原 112/9	廣癸 4/33 右	大 4/36

下逐客令

滬上為行旅通衢，亦錢神世界。宮室之美，妻妾之奉，叱嗟可辦；但使腰纏萬貫，無不賓至如歸。然而落魄江湖，一枝莫借者，亦不乏其人。青蚨飛盡，即黃鳥興嗟也。法租界某客棧，有客積欠棧伙，屢索不償，棧主願蠲其租，勸令他徙。閱數日夜間，客又敲門投宿，揮之不去，乃拘送捕房。《詩》有之曰：「縶之維之，以永今夕。」當不為客棧賦，而為捕房詠矣！〔可憎哉〕

1014	原 113/1	廣癸 5/33 左	大 4/37

勤求民隱

聽訟非難，無訟為難；無訟非難，由聽訟而至於無訟之為難。一邑之大，萬民之眾，固不能一日無訟也。農者廢其時，賈者失其業，奔走于代書、訟師之家。一紙乍投，而胥吏逞其需索，門丁肆其阻難，欲壑既飽而後達之官。官則曰：「我固以無訟為美談也，彼蚩蚩者，何不諒我之甚？」于是為幕中客者，仰承賢有司欲無訟之旨，吹毛求疵，任意批駁，終之以「不准」兩大字畢乃公事。惟然而有情者不得盡其辭，而民志亦居然大畏矣。惟甘泉縣舒明府不然，明府有使民無訟之心，而先為使民有訟之政。署前設木桶，令訟者書辭逕投。晚則親自開看，分別准駁，翌早即懸批曉示。甘泉之民，亦何幸而易訟也！若夫虛辭搆陷之弊，明鏡高懸，本難遁影。行之既久，將欲求民之有訟也，不可得矣。嗚呼！若明府者，其真知無訟之本與！〔息息相通〕

1015	原 113/2	廣癸 5/34	大 4/38

於意云何

天下事有為之甚褻，而非名正言順，不能為所欲為者。若曰此事也，固可智取而術求；於是，不問其人與其地，隨所遇而強為之，終成一無所不為之人而已。金陵某紳家，遣其婢以食物餉諸戚里。經過一小巷，忽有人自後奪其筐，竄身入巷。跡之，見其人置筐於地，蹲踞而待；將近，則移去數丈；再近，再移置某姓之照壁後，笑而招以手。婢見其衣裳楚楚，不似攫物者；四顧無人，且疑且懼，棄而反奔。誠見機也。使其畏主人之見責，而必欲取之以歸，吾不知其作何了局矣！〔一相情願〕

1016	原 113/3	廣癸 5/35	大 4/39

投畀柴火

火之為害，更甚于盜；盜止失物，火則蕩焉析焉，靡有遺也。猝也而聞鑼警，雖漠不相關者，心亦怦然動。間有輕薄者流，袖手而來，口稱「好看」；眾必唾之罵之，以為不近人情。惻隱之心，固人皆有之也。自有放火者出，而天理人情兩無可恕。慈溪駱駝橋有放火而當場捉住者，搜其身，內襯紅縐女褻褲；失主在旁，認明不誤。于是眾怒難遏，積薪于場，舉火而投之。當此時也，環而觀者，莫不火從三天門出；而身在火坑中者，恨不得收火之人，以貸其放火之罪。頭爛矣，額焦矣，火化天真已虛左待矣。〔大快人心〕

1017	原 113/4	廣癸 5/36	大 4/40

貞操可風（上）

貞女黎氏，粵東人，幼受聘于同里王氏。王子少孤失教，日與無賴子游，以飲博鬥狠為事，不數年罄其產。族叔某，財雄一鄉。王招集群匪，導劫其家，殺傷多人。叔偵知之，指名懸賞以購王。王逃匿女家，女父贈以資斧，令遠避。瀕行之際，喚女出見，曰：「此汝婿也，今以罪出亡。吾老矣，恐見其出，不見其入。汝兄弟不明大義，一旦我死而食前言，將為外人笑；故命汝一識王郎，使他日相逢，不致茫然也。」時女年十五，聞父言，悲羞交并，含淚而入。王亦泣數行下，匆匆別去。變易名姓，附航至新嘉坡，痛改舊惡，獲交于土著某。某嘉其誠謹，假之事權；居十餘年，得小康。每勸之娶，不對而泣。固詰之，始道其真姓名，而詳述前事，誓不為負義客。某憐之，許以代訪。未幾得女耗，聞已削去青絲，……

1018	原 113/5	廣癸 5/37	大 4/41

貞操可風（下）

……向空門寄跡矣！先是，女父母相繼去世；兄嫂欲奪其志，女誓以死守，而不堪其擾，遂迫而為出世之想。王聞信，悲不自勝，欲歸不得，惟呼負負。某乃歸而謀諸婦，使逆女于粵。婦至粵，親詣蘭若，告以王在，勸之偕行。女初不之信，婦追述其翁婿囑別語以證之；女猶以久謝塵緣，心無挂礙為辭。婦責以大義，曰：「子之守貞，為王氏也。今王郎守義，非子不娶；子如不往，不且絕王氏後乎？」女感其誠，勉從之。而圓光頂上，渾不勝簪，必待重整雲鬟，相將就道。婦先致書于某，為治奩具；奈所託非人，青鳥佳音，未能逕達。王待之既久，疑事不諧。因思琴瑟之情，此生莫望；刀環之願，何日能償。即令視息人間，亦了無生趣。言念及此，心如死灰，遂自翦其髮，作頭陀裝，一去飄然。雖知己如某，未嘗走別也。迨婦偕女至，則距王之去已數月矣。女惟自怨命苦，仍返故鄉，終其生于蓮花座下。〔抱貞守一〕

1019	原 113/6	廣癸 5/38	大 4/42

異獸助耕

琿春自設局招懇以來，遠方之民，負耒耜至者，得五、六萬人；田之報熟者，十餘萬畝。東作西成，熙熙焉有擊壤歌衢之樂。相傳是處山中，產有一種異獸，非牛非馬，非象非犀，土人呼為「四不象」，能代人耕作。聞胡笳聲，則成群而至，留其一而餘自去，事畢即歸；且不食人間一物，較之內地養牛，覺更為便益也。仰見聖天子首重農桑，治隆教稼，一時象耕鳥耘，爭效靈于阜財之世也。〔慶豐年〕

1020	原 113/7	廣癸 5/39	大 4/43

游春敗興

西人酷好游歷，有謝宣城之風。足跡所經，必周覽夫某山某水，以擴眼界。登涉之勞，所不憚也。蕪湖赭山，為前唐古跡，樓觀亭臺，點綴入畫。客有自印度來者，慕其名，欣然往游。彳亍於蒼崖翠壁間，遙望蟂磯、鳩港諸勝景，歷歷在目，顧而樂之，流連不忍去。時則節屆清明，居民皆入山掃墓，見其異言異服，群起而呼曰：「無滋他族，實偪處此。」印人見勢不佳，飛奔下山。瓦礫投來，紛如雨下。虬髯黑面之威風，乃竟一敗塗地哉！〔于思于思〕

1021	原 113/8	廣癸 5/40	大 4/44

慘遭附驥

從來不羈之人，比之不羈之馬，無束無拘，游行自在也。若人羈而馬不羈，則人受其累矣。房山縣公差某，派督民夫修路；見有偷閒者，繫其辮于馬尾，帶至縣署請懲。馬驚而驟，控御無術，將被拘之人，拖至二里外，皮肉去而筋骨見。慘哉！爰集葩經語誄之，曰：「瑣兮尾兮，我馬瘏矣，載馳載驅，不我活矣。」〔不得開交〕

1022	原 113/9	廣癸 5/41 右	大 4/45

香憐一瓣

「南陌踏青春有跡，西廂立月夜無聲」，此詠繡鞋名句也；非深于綺習者，不能道其隻字。杭郡某少年，裙屐翩翩，風流自賞。偶過三元坊，有賣東洋磁器者，弛其擔于茶店門口；樓上墮一女鞋，正落擔中。瘦削苗條，不盈一握。其人拾還店主，樓上人辯為非是。少年見此尤物，情不自禁，強索之而去。路人皆笑之，或曰：「此纖纖者，殆將歸遺細君，以傲其所不如。」〔剛半折〕

1023	原 114/1	廣癸 6/41 左	大 4/46

索償孽債

「嫖」之為字，從「女」從「票」，故凡欠夜合資者，名曰「票局」；蓋買笑場中，罕有現錢交易也。然而欠債易，還債難也；放債濫，討債狠也。某甲者，與其所識之妓，遇之于華眾會茶館；妓向索纏頭，甲無以應。妓乃始而罵，繼而打，終則揪其髮辮，曳之而去。以堂堂男子，當眾目昭彰，受辱于下賤女流，其將何以為情？然回憶偎紅帖翠之時，則固打之而愈覺其俏，罵之而愈覺其騷也。而孰意此時之真生活，竟如是其難吃乎！〔狼形〕

1024	原 114/2	廣癸 6/42	大 4/47

賞額旌善

發棠移粟，有國者事也；然博施濟眾，堯舜猶病。故救災恤鄰，凡屬齊民，皆得效挹注之勤，而不以為非分，于以見一體同仁之盛軌也。前者順、直偏災，朝廷特沛恩施，發帑散賑。而粵省愛育堂紳士，復仰體國家子惠黎元之

意，廣勸捐輸，源源協濟，無一夫不得其所。大憲入告，蒙恩賞，給匾額，以為樂善好施者勸。天語煌煌，榮于華袞矣！〔殊榮〕

1025	原 114/3	廣癸 6/43	大 4/48

新婦嬌癡

女子之于將嫁也，固無不知羞也；惟其知之，所以羞之；惟其羞之，故克免于羞。然試問何以知其可羞而羞之，則轉因知而更可羞矣！廣州伍某娶同里林氏女，百兩迎來，四更向盡，花輿乍啟，虛無其人。奔問林，林言親送上轎，安得有誤？于是各處搜尋，得之于鄰近稻堆中。林至，而讓之。女泣曰：「平生與彼不相識，強使居其家，至不獲與姊妹輩共嬉遊。雖死不願，故逃于此也。」林慰以日後得常至母家，始勉成合巹禮。既而琴瑟頗調，並不彈思歸之操，夫則曰：「胡不歸？」女則曰：「惟君之故。」蓋非不羞也，而無如其已知也。〔此間樂〕

1026	原 114/4	廣癸 6/44	大 4/49

朝鮮瞽會

昔子夏受喪明之責，而以離群索居，深自引咎。若生而為瞽，雖聚百師曠于一堂，亦不值離婁之一笑。朝鮮南山廟，向有瞽會。屆期則不速而至者數百人。鐘鼓齊鳴，鐃鈸並奏，口中喃喃如諷經狀。意者乞大士靈光，付正法眼藏，俾得宏開覺路，指示迷津，彼岸同登，不難向暗中摸索歟？色即是空空即色，卿須憐我我憐卿，以持贈會中人也可。〔相逢何必成相識〕

1027	原 114/5	廣癸 6/45	大 4/50

風流跌宕

既不能如李鄴侯屏風上行，又不能如揚子雲身投高閣；而欲向溫柔鄉裏自去自來，吾知其難矣。蘇人某，與一襪店婦有眉眼之諾。一日，伺其夫他出，趨赴佳期，攜手登樓。纔交數語，夫忽自外歸。某不知所措，忽避匿窗外之撐水闌上，用力過重，板折人墮；衣帶牢拴如騐絓木，蕩漾于不上不下之間。環而觀者，齊聲喝采，曰此三上弔也；更有口中作鑼鼓聲者，曰狂童之狂也且。〔馮虛公子〕

1028	原 114/6	廣癸 6/46	大 4/51

控雉翶翔

騎鶴者有之，跨鳳者有之，乘鸞者有之；雖寓言八九，而羽客騷人，常津津乎道之。從未聞有控雉者也；有之，自阿非利加始。相傳雉高七尺，能負人而飛；其卵則每顆重三磅餘。有美博士卜蘭者，精化學，擬將此卵鑽一孔，傾去其黃，庶可耐久。乃鑽未及穿，卵忽炸裂，致受重傷。幸西人善醫，投以藥而愈。否則，凡傷易治，卵傷難醫，欲再覓野雞而騎之可得乎？〔雄飛〕

1029	原 114/7	廣癸 6/47	大 4/52

頃刻炎涼

李泌游衡嶽寺，寺僧嬾殘，煨芋食之，曰領取十年宰相；王播客惠昭寺，隨僧齋餐；僧厭之，于飯後擊鐘。此二人者，後皆為宰相。當其未遇之時，則一敬之，一慢之；敬固特識，慢亦常情。以昔證今，而京師憫忠寺之僧可笑也。僧居方丈，妄自尊大。日者，寶中堂微服往游，竟遭白眼，從者告之，即易驕而諂；中堂但得付之一笑而已。豈不以能弱能強，是和尚本來面目，故雖獨具隻眼，要未能責以一目了然也。〔前倨後恭〕

1030	原 114/8	廣癸 6/48	大 4/53

血去無咎

古者醫有九科，無內外之目。自伊尹創為湯液，而諸科之服習者少；故常有疑難雜症，時醫之所束手者，偶奏其效于江湖賣藝之流。揚郡小校場，來一懸壺叟，高談闊論，人以「野郎中」目之。有某甲攜其子來，形瘦腹脹，言三歲時誤吞戒指，于今六年矣。叟投以丸藥，令張口頻頻作嗽，旋以手擊其腦後，病者吐出淤血一塊，形如鱉。所吞之戒指，則堅嵌于鱉之背上。諺有之曰：手到病除，此叟當之無媿矣！〔速效〕

1031	原 114/9	廣癸 6/49 右	大 4/54

抱璞完真

築懷清之臺，暴嬴旌節；過朝歌之邑，墨子回車。此貞操所以流芳，而處仁所以稱智也。金陵某婦，守節八年，近遷居馬道街。房主一老嫗，貌慈善而心叵測。婦一夕夢見其夫，若有愁苦嘆息之狀；醒而悟其為嫗故，遂他徙焉。憶同治年間，吾鄉葉氏女，字同里周氏子。未嫁而周死，女以守自誓，背人而泣；忽見房門外踞一少年，瞬息間不知去向。可見一念之堅，幽冥默鑒；金石盟之，鬼神通之。理固然也。〔守身如玉〕

1032	原 115/1	廣癸 7/49 左	大 4/55

謬託知己

凡所謂大人先生者，位高金多，恒存一患得患失之心；故樂與術數家游，使決其某日陞遷，某時降調。談言微中，禮貌加之。若輩遂竊其聲勢，到處招搖，此風固有所由啟矣。事雖細微，所關甚大。半顛僧者，術操相面，寓寶善街聚興客棧。匾署粵督張制軍款，實則與制軍無一面緣。梁上高懸，乃蕭翼蘭亭贋本也。近為制軍訪聞，函致海關道，札飭會審委員查辦。于是毀其匾，逐之出境。道旁觀者咸謂其滿面皆晦氣色云。〔假張飛〕

1033	原 115/2	廣癸 7/50	大 4/56

扛賣巨魚

朝鮮地濱東海，居民多捕魚為業。鰷、鱨、鰋、鯉之屬，滋息蕃生，取之不竭。前月偶網得巨魚一尾，長約二三丈，重不知其幾百斤焉。以七八人扛入城中，居為奇貨。見之者曰：「魚我所欲也。若是其大乎！校人烹之，八口之家，飽食終日，寔不能容。不出三日，魚餒，委而去之，乞人不屑也。」漁者以為然，遂零割以求售。〔摰鯨〕

1034	原 115/3	廣癸 7/51	大 4/57

化始人倫

羊能跪乳，烏且反哺。人為萬物之靈，非但不能順其親，而竟至于忤其親，是禽獸之不如也。不待教而誅可也。而為民上者，猶不忍以不屑教，視之必諄諄焉，反復開導，冀挽天良于一線。其用心亦良摯矣。潞江有逆子二人，久羈縲絏。前月望日，許觀察督率官紳，宣講《聖諭廣訓》，令帶至階下，跪伏敬聽。所講者為敦孝弟以重人倫，開宗明義，大聲疾呼。彼忤逆子，縱屬蠢頑，能無汗流浹背哉！〔法語之言〕

1035	原 115/4	廣癸 7/52	大 4/58

勘破紅塵

女子生而願為之有家，「有」之云者，言得所歸也。乃反乎有家之常，而偏為出家之想。或者所天早喪，膝下無依，寄跡空門，餘生斷送。心跡非不清也。而旁觀者猶譏以不出閨門之套話也。況乎以待字年華，強銷磨于暮鼓晨鐘之地哉！松郡鄉間一女子，年十七八，自言勘破紅塵，祝髮于西門外之福庵。四大空耶？六根淨耶？心其死灰耶？形其槁木耶？然耶否耶，其自言之而自信之耶！〔鏡花水月〕

1036	原 115/5	廣癸 7/53	大 4/59

耽耽視虎

入虎穴得虎子，智勇兼全，談何容易。若力不足以勝虎，智不足以防虎，而徒以膽氣用事，則殆矣。廈門山中有虎穴，常出為民患。鄉間有大膽者三人，逐虎歸穴；二人舉巨石堵之，使不得再出。一人曰：「吾未見虎之雌雄也。」乃從石縫中注目深窺。不意穴通兩頭，虎從後穴出，繞而至前。二人見即狂奔，窺者不及閃避，竟為所齧。夫「談虎色變」，古語云然，乃深入虎境。而猶好以整，好以暇，其何能免乎？魂而為倀，當長守此穴，作山公之近侍矣！〔忒寫意〕

1037	原 115/6	廣癸 7/54	大 4/60

出一頭地

《禮》凡乘輿將駕，命有司修治道路，辟除行人，所以昭肅穆，示謹嚴也。三月二十三日，皇上躬行耕耤，禮畢回鑾，將從天橋經過。于是步軍統領，率各營武員，排立橋下。時則鳥鵲無聲，纖埃不動。正在屏息鵠俟之際，忽橋西溝內，露一人頭，知其為叩閽者。急令兵役拖出，置諸僻靜之處，待法駕回宮，然後帶署詰問。故外間傳聞，但知是四川人，不知其所控何事也。天威咫尺，扈從綦嚴，乃敢冒死瀆陳，則非尋常辭訟可知矣。〔見天日〕

1038	原 115/7	廣癸 7/55	大 4/61

天垂異象

西人之講天文也，詳于推步，略于休咎。良以天體有常，求其故，則千歲之日至，可坐而至；至于變，則怪誕離奇，不可思議。即在中國，亦惟修德以禳之，而無所用其穿鑿也。比聞高剌連地方，忽見空中一火球，自天而墜，不即至地，向西疾移，光沖牛斗，化作煙雲而散。案《晉書》王宏為吳郡，晝見天上有一赤物，遙集人家，火即大發，意者彼處其將有火警歟？而亦未可必也。造化經營，何嘗有刻板文字哉！強而例之，則泥矣！〔火從三天門出〕

1039	原 115/8	廣癸 7/56	大 4/62

自投羅網

魚網之設，鴻則離之。同為物類，事猶近情。乃以求魚之器，而忽為取人之具，是則可異也，亦可笑也。嚴郡某鎮有泅水向客舟行竊者，為舟人覺，即悠然而逝。泳游約半里許，將浮于水面。適有夜漁者舉網高起，覺甚重，疑為巨鱗。燭之，則人也。賊此時欲再跳入水，而網懸空中，帶著軟性，不能作勢，惟哀懇解網，許以厚謝。漁翁知來路不正，笑曰：「諒爾一絲不掛，烏乎謝？」賊即反手向臀縫間，取出洋蚨一枚，擲于岸。漁翁喜，援手出之，而整理其網。一轉瞬間，樹上挂有旱煙筩，已不知去向。然以所得較所失，在漁翁則已占得利也。〔發臭財〕

1040	原 115/9	廣癸 7/57 右	大 4/63

便乎不便

當舖之設，曰以「便民」也。乃有物以「便」名，而獨不便于質錢者，則「便民」之說，亦有時而窮。邗江某當舖，有以破被當者，當夥不允，其人復出一便壺，曰：「吾聞濁富曰銅臭，此物臭味相投，又名飲器，其與爾主人翁，買春賞雨，當酬我以美酒十千之價也。」當夥怒其穢，擲碎之。其人大肆咆哮，定欲索賠，乃縛送保甲局。論者謂便壺雖穢，使其易磁而為銅，安知其不見許可也。〔不當穩便〕

1041	原 116/1	廣癸 8/57 左	大 4/64

不父其父

「積穀防飢」，「養兒防老」，二語卻不可偏廢。使其有子而莫慰老懷，猶幸有穀而庶免飢餓也。揚郡某茶館，來一少年，華服翩翩，坐而啜茗。旁立一叟，鶉衣菜色，屏息鞠躬；少年傲然不動。久之，叟忽以頭觸少年懷，曰：「爾真不顧我，我尚要此老命何為？」眾紛紛解勸，詢知為父子也。蓋忍餓不得，向其子行乞耳。眾聞而大駭，極力排解；少年轉憎其多事。于是激動眾怒，將縛以送官，始勉強出洋蚨一枚，擲于地而去。忤逆如此，得未曾有，反〈蓼莪〉之詩，當為斯人作矣！〔殺不可恕〕

1042	原 116/2	廣癸 8/58	大 4/65

翰墨因緣

高麗為海外文物之邦。其士大夫雅尚詞翰，尤好臨摹古帖，出入于晉唐諸大家。蓋彼國取士，不以繩墨；故即臨池一道，亦素無所為館閣體者。趙君玉坡，以名進士具大手筆，奉使來華；頃將返國，星軺攬勝，道出邗溝。一時耳其名者，爭求墨寶，戶限幾穿。邑有某善士，勸賑多年。趙君雅慕之，書聯額相贈。某則取各種善書，以答嘉貺。銀鉤鐵畫，出睎賓筵；玉律金科，攜歸閬苑。以視古之人投桃報李無多讓焉！而在某善士者，于萍水相逢之際，得木天供奉之書，什襲珍藏，尤多欣幸已。〔君子之交〕

1043	原 116/3	廣癸 8/59	大 4/66

靈椿一枝

以臧文仲之智，猶不免有祀爰居一事，況智出文仲下哉！可見物之罕有者，皆足駭人耳目。加之以傅會，動之以禍福，而愚夫愚婦，奉若神明矣。蕪邑江防營地方，忽生一椿樹，錯節盤根，類百年物。見者以是處向無此樹，群相驚異。有劉某者，言樹有靈心，有求必應；乃張以布篷，供以香案，祈嗣乞藥者，接踵而至。不數日，獲香金頗厚。實則此樹，即劉從山中掘得，私種于此者。韓昌黎詩云：「偶然題作木居士，便有無窮祈福人。」誦之不禁失笑。〔錢樹〕

1044	原 116/4	廣癸 8/60	大 4/67

虐侮盲人

《魯論》記聖人見瞽者，雖褻必以貌，類而書于見冕者之下。可見矜不成人之心，無殊乎尊有爵也。觀于師冕見一章，何等殷勤，何等體帖。使天下而皆奉此教，彼殘疾窮民，不知所苦矣。乃有生性刻薄之津人孫某，見一瞽者在門口算命，戲以爆竹一串，挂其所彈之三弦琴上，取火然之。瞽者大驚，擲之于地，弦斷鼓裂，不免以惡聲相加。而孫之父，又怒其辱己，奉以尊拳。此種人，固未必曾讀《論語》，而其暴戾乖張，至于此極。要不可以尋常戲謔論也。〔小忽雷〕

1045	原 116/5	廣癸 8/61	大 4/68

遊客遇僊

入天台之洞，飽餕胡麻；經漢皋之臺，解遺珠佩。以仙子而遇凡人，鮮有不情致纏綿者。良由瑤島栖真，不異小姑居處。此李義山詩所謂「嫦娥應悔偷靈藥，碧海青天夜夜心」也。然苟無仙骨，雖結仙緣，交臂失之，則遇猶不遇耳！虞山齊女峰，相傳齊景公女葬此，層嵐翠削，奇境獨闢。有常熟某生，挈眷往遊，遙見麗人三、五，席地坐談，皆不作時世妝。心疑之，尋蹤而往，見其舉足若飛，冉冉入白雲深處，乃悵望而返。人耶？仙耶？何可望而不可即耶？〔其中綽約多仙子〕

1046	原 116/6	廣癸 8/62	大 4/69

有挾而求

婚嫁之事，貴熱鬧，不貴冷靜；然事雖取鬧，亦視乎其人。使其客盡簪纓，門多車馬；即窮日夜之款接，而不以為厭。偶有一、二乞人，思得其殘羹冷炙，以療飢腸，則必呵罵之，驅逐之。若輩遂因其見憎，從而得挾制之術，此鬧船頭之風所由起也。松郡西門外某成衣，家本小康，有女適某姓，住趾稍遠，出嫁之日，排場頗豐。當新人下船後，突有群丐擋路，吉其讖曰「鬧發」，謂非重賞，不肯散也。以布政司而嫁女，宜其送親者之紛紛哉！〔庶不寂漠〕

1047	原 116/7	廣癸 8/63	大 4/70

廣文屈膝

每見新進案發為學官者，于填注方策之先，憑認挨保，預講贄儀，朝天討價，著地還錢，如市井買賣然。可笑也。然此猶分中應得之錢也。至佾生一項，例由學憲挂牌，非老師所能拍賣也。而奉化教官某，曾倩門斗向某童索贄儀八元許，以注入佾生冊，免應縣府試。經瞿宗師于院試點名時，當堂察出，立傳某教官，著償還原贄，並喝令長跪。膝之屈，手之伸也，是則真可笑也。幸一年兩度，飽啖牛脯，其筋骨之間，早經培補。非然者以老態龍鍾，遭此困憊，恐一彎之後，有不能再彎者矣。〔師之過〕

1048	原 116/8	廣癸 8/64	大 4/71

仇深齧臂

齧臂盟心之事，未必盡屬子虛；意者情之所鍾，不過略見齒痕，寸心聊表耳。豈必傷筋動骨，肉綻皮開，而後見為親愛哉！鎮海某生，狎一妓，偶于席間，談及齧臂事。妓曰：「此何難。」起捉生臂。生以為戲也，袒臂示之。詎此妓則大啟瓠犀，猛效屠門之嚼，一臠嘗處，鮮血迸流。生痛極而忿，仗一臂之力，將席面掀翻，咬牙切齒而去。有座客問于妓曰：「此臂較金華火腿，其味何如？」一客曰：「非也，昔孫楚有枕流漱石之誤，此更以誤傳誤，而誤漱其枕耳！」〔生吃〕

1049	原 116/9	廣癸 8/65 右	大 4/72

毒謀自贛

古人以睡為黑甜鄉。言其五官不用，七情胥蠲，有津津之味，無擾擾之形也。然惟心地清白者，乃克臻此妙境；否則顛倒夢想，有更勞于醒時者。某甲，蓋州人，傭于田舍翁家。值翁女歸省，甲睹其美，屢作妄想，女不之覺也。一日婿來接女，翁以天色太晚，留宿其家，訂于明日備車送女，遂命甲治膳。婿食之，睡至夜半，遽呼腹痛，泄瀉不止。一家惶恐，覓甲往請醫生，至其臥處，聞甲于睡夢中作囈語，曰：「此兩顆巴豆，定送他命也。」家人始悟其故，投以解毒藥而愈。恐外人生疑，隱其事以終。若處以官法，例得徒罪。顛倒夢想之餘，不將繼以遠離哉！夫紅豆寄相思，何其韻也；乃欲寄紅豆而不得，竟借巴豆以逞毒。單相思之為禍烈矣！〔莫見乎隱〕

1050	原 117/1	廣癸 9/65 左	大 4/73

見色不迷

世稱柳下惠坐懷不亂；暗室中事，誰實見之。無論其女固不肯告人，賢如柳下，亦決無告人之理。而今之傳柳下者，無異辭，信柳下乎？信賢耳。海虞某生，年少，美姿容，偶過一妓家門口，妓招以手而笑。生見之，以指擦其鼻，書空而對曰：「與爾素昧生平，何為招我？豈不知瓜李之嫌耶？」妓色沮而退。夫于血氣未定之時，而漫言戒色，難事也。況路柳牆花，本任行人之攀折哉！若某生者，殆聞柳下惠之風者。〔奇男子〕

1051	原 117/2	廣癸 9/66	大 4/74

親迎誌奇

親迎，古禮也。其在中國，則准諸《禮記・昏義》一篇，而參之以《文公家禮》。雖間有風俗各殊，要亦大同小異耳。奇莫奇于泰西之渣理亞地方，試覽此圖，歎為創見。其鵠立門外，脫帽而俟者，男家之男客也；花冠綺服，結隊而送者，女家之女客也。面障文紗，騎騾而至者，則新娘也；其緊隨騾後，至則扶新娘而入者，新郎也。更有手折樹枝，向新郎拚命亂打者，皆新娘平日之男友也。老的少的、郁的俏的，紛至沓來，無所為男女之嫌也。古稱齊俗不親迎，譏為非禮。觀于此，而俟著俟堂，尚不失為敬以將事也。〔合歡〕

1052	原 117/3	廣癸 9/67	大 4/75

燒香遇盜

婦女燒香，本干例禁；禁之，實所以庇之。奈蠢愚無知，輒敢違禁入廟。即幸而安然無事，而以清白閨媛，俾賞鑒于緇流之目，辱已甚也。況種種禍機，皆隱伏于三寶地哉！溫郡嶴上山楊府廟，地最荒僻。僧常出外募化，只留一香火管廟。前有牧童三、四，進廟嬉遊，見燒香婦女數人，皆散髮躶體，口塞敗絮，縛于廟左右柱。急反告各家，取衣接去。詢知為盜劫也。祈福歟？討賤耳！〔自取之也〕

1053	原 117/4	廣癸 9/68	大 4/76

西湖放生

「放生」二字，不見儒家書。即成湯解網，不過隨所見以施仁，非必永為成例也。杭人佞佛，每屆浴佛日，向西子湖濱作放生大會；故凡以捕魚為業者，必預為竭澤之求，以待善價。聞此次有某公子者，以番餅十元，買放一巨鱉。不知此十元之數，移以助賑，豈止救人一命。仁民愛物，輕重何如。然則生固不必放乎？曰：「非也，好生之心不可無，會放之期不必有。」惻隱之心，隨處發見。子產畜魚，餽自友人，何嘗買從市上哉！〔置之死地而後生〕

1054	原 117/5	廣癸 9/69	大 4/77

拿獲拐婦

武清縣鄉人王大年者，家僅一妻。王偶出外勾當，歸時已暮，路遇其妻，隨一外路婦人向西而行。王叩以何往？其妻不答，亦不回顧，而步履益迅。王知有異，疾趨而前，將引路之婦人扭住，振臂一呼，村農咸集。搜其身，得藥粉一包、翦刀兩把。及問其妻，則神殊恍惚，形若痴呆，乃以冷水噴面，良久始醒。自言在屋中時，見此婦無端直入，待欲問訊，而心忽迷罔，亦不知如何到此也。眾欲將此婦執送官府。王搖首咋舌，曰：「以我喪妻而得妻，已出萬幸。以若所為，是欲使我賣妻以徇也，是得而仍喪也。烏乎可！烏乎可！」〔璧返珠歸〕

1055	原 117/6	廣癸 9/70	大 4/78

蜂蠆有毒

有印度總督者，挈眷游禮拜堂，帶有隨從兵弁。附近居民，咸聚觀焉。牆外有大蜂窠，蜂見人眾，驚而飛出，蔽日漫天，遇人即螫。一時男女老小，痛極呼號，聲如潮沸。有一馬，竟被螫倒，于是眾兵弁拔刀出鞘，奮力撲捕，儼臨大敵。奈蜂勢太盛，不克抵禦，繼用大砲多門，轟其巢穴而後制勝。昔鄒湛對晉武帝曰：「蜂蠆作于懷袖，勇夫為之驚駭。」倉猝之間，固有張皇失措者。況乎以千百萬毒蟲，大施其鑽刺之技，如何分發得開哉！〔蜂擁而至〕

1056	原 117/7	廣癸 9/71	大 4/79

博徒膽大

賭為民害，禁令綦嚴，乃以顯違禁令之事，而密邇于禁令所從出之地，是則藐法之尤者矣。蘇郡撫署旁，搭蓋席棚數間，外通小門，晝扃夜闢，出入紛如。門口懸有撫院燈籠，見者以為辦公地耳，而不知其為賭場也。按是處多胥役往來，又巡員之所加察也，而竟有此事乎？噫！異矣。〔肆無忌憚〕

1057	原 117/8	廣癸 9/72	大 4/80

賣蛋受騙

本城魚行橋有賣鴨蛋者，弛擔橋下，與一買客講價論量。半晌，其人並不付錢，取蛋兩枚，疾行而去。賣者高聲喚索，旁有二人，曰：「諒爾喊破喉嚨，徒然無益。速往追之，吾為爾守擔也。」賣者感其意，放心追趕，而其人已遠不可及，力盡而反。但見空擔一副，彼二人者，亦不知去向，始悟為同黨也。天下惟人之太好者，其居心最不可測。彼聖賢其口，盜跖其心者，隨在有之。處事接物之際，曷取此以為殷鑒。〔著道兒〕

1058	原 117/9	廣癸 9/73 右	大 4/81

貧兒暴富

使富者而忽貧，其抑鬱無聊，當有莫可名言者；反是，而樂可知已。常熟北鄉彭家橋某甲，本富家子，不事生產，流而為丐。偕其妻，行乞于城中。回憶祖業所遺，尚有毛廁一間，未經易主，遂歸而求售。一日早起，見廁上有雙紅燈，瞬息即滅，異之，以告妻，乃于鄰家借得一鑱，妄作掘藏之想。不料臭腐之下，果有神奇。地皮剷去，寶光大來。其中有銀餅焉，有金條焉，有數百兩之大元寶焉，更有二尺方之大漢玉焉。鄰人以廁本丐產，莫與爭者。于是大起第宅，謂其妻曰：「今而後，吳市簫聲仍變而為秦樓逸響矣！」〔不亦樂乎〕

1059	原 118/1	廣癸 10/73 左	大 4/82

黠婢裝鬼

臺灣府署中有小花園，內通眷宅。某家丁者，偶于夜間攜取茶具，由此經過。時則一勾新月，纔上柳梢。見一垂髫女，背立花陰，意必署中小婢，踐黃昏後約者。某頓起妄念，躡足而前。女忽轉，向之視；其面潔白渾成，無眼耳口鼻。大驚仆地。及醒，已不知去向。或謂此必婢之黠者，恐為某所識，故以素巾蒙面，為脱逃計耳！此説亦頗近情。嘗聞友人述一膽大者，見一女鬼披髮舌出，其人曰：「爾貌良醜，其餘想與人同，吾姑為『葑菲之采』焉。」鬼窘而遁。設以此語語此婢，雖黠亦窘矣。〔遮羞〕

1060	原 118/2	廣癸 10/74	大 4/83

鍾馗嫁妹

金陵有丐頭鍾姓者，棲身土地堂廡下，面目黎黑，鬚髯怒張，人以「鍾馗」呼之。丐有妹，自幼捨某庵為尼，長而美。近因彼處疫氣流行，居民于五月五日舉行土地會。好事者取鍾馗嫁妹故事，令丐裝老進士，尼扮新嫁娘。藍袍烏帽，榴紅簪及第之花；繡帔珠冠，蒲綠染承筐之實。蓋丐也而金榜挂名，尼也而洞房花燭。雖一日之榮也，而天下事皆可作如是觀也。〔兄妹為之〕

1061	原 118/3	廣癸 10/75	大 4/84

駝撞僧關

京師宣武門外某寺僧，年纔十三、四。老僧以募修殿宇，派使坐關。關多鎖，每啟一鎖，必捨數百金，功德無量，名曰「開關」。固非有力者，不能從事也。一日僧方入定，適門外牽過一駝，為寺鐘所驚，狂奔直入，居然打破機關。小和尚經此一嚇，登時挺硬。老僧指駝而罵曰：「吾設此關以待富翁久矣！畜生何德何能，亦來開關耶？」駝主答曰：「開關之事，原非有力者不辦，此獸能任重致遠，亦不得謂非有力者。」〔大施主〕

1062	原 118/4	廣癸 10/76	大 4/85

賊有化身

人之聰明，正用之則曰「智」，誤用之則曰「黠」。雞鳴狗盜中，多絕頂聰明者。煙臺海岸有一小竊，潛入某舟，向艙底攫物。適為舟人所見，將艙板蓋定，踞坐其上。聞艙下擊撞有聲，舟人笑其為釜中魚、甕中鱉也。久之，見賊由船梢逃出，曰：「爾船已被我鑿穿，尚呆坐耶？」舟人急上岸窮追，而不知艙底之賊，依然在焉。轉得從容搜括，飽所欲而去。以其偽者，亂其真者，即兵家所謂多方誤之者。具此聰明，視天下何事不辦，特無如其誤用。〔真偽〕

1063	原 118/5	廣癸 10/77	大 4/86

認丐為父

寓滬上粵人某翁，年近花甲，饒于財而艱于嗣。前月，聞其婦一索得男，翁喜出望外，而患得之餘，忽又患失。謂老年得子不易，撫育須認一窮爺以厭禳之。乃覓一老丐至家，餉以酒食，俾子其子焉。是舉也，雖不免為婦人氣，然亦有見。夫飢寒中多遠到材，紈袴中盡天札相。丐之貧，丐之所以壽也。且世之昏夜乞憐，稱乾兒子于權貴之門者，其于生身之父，不啻視之如陌路，厭之若乞人。翁之為此，得毋有隱諷歟？獨羨此蒙袂緝屨，貿貿然來者，何修而得此多財之子。〔寄生〕

1064	原 118/6	廣癸 10/78	大 4/87

逢凶化吉

桐鄉某婦，夫蚤故，一子年十二。婦事姑以孝聞，十指經營，旨甘無闕。姑偶得一病，身熱氣喘，口噤舌燥，延醫診之。醫曰：「此傷寒症也。」以大承氣湯定方而去。婦使其子煎藥，己則為病者按摩胸腹。久之，聞藥沸有聲，呼其子，取與姑服。子適倦而假寐，有貓捕鼠，將藥罐掀翻，當頭潑下。婦驚而出視，其子並不呼痛，且言似冷水澆者。正疑訝間，忽叩門聲甚厲。啟之，一老者奔入，曰：「藥已服乎？」對曰：「未也。」老者連稱恭喜，曰：「我某醫也，適來診者乃我之舊徒，據述病情，知其用藥大誤，故急來一視。」遂入診其脈，出曰：「果誤！果誤！此血虛中風也。」乃用四物湯加減，服數劑，病良已。夫借貓鼠以傾藥，冥冥中殆有神助。而百沸之湯，萬難驟變為冷，或者其子睡熟，爐炭早熄。而傳此事者，因婦之孝而神其說歟？然而其事足風矣！〔天祐之〕

1065	原 118/7	廣癸 10/79	大 4/88

鬧房受創

或問喜事宜鬧乎，宜靜乎？曰宜鬧。「間關」之詩曰「式歌且舞」，曰「燕笑語兮」，皆鬧之明證。然鬧之于堂，非鬧之于房也。鬧房之俗，以甯波為最盛。有陳姓者，娶婦之日，賀客盈庭，賓既醉止，招我由房，群賢畢至，少長咸集，樂甚也。不料人數太多，竟將擱樓板之橫木壓折一二。諸客如大羅天眾仙，紛紛墮落，受傷不少。幸新婦適在窗口，未遭此劫。惟一座廣寒宮，須倩吳剛之斧，重加修整；故玉杵搗霜，不無小有耽誤耳！〔一團糟〕

1066	原 118/8	廣癸 10/80	大 4/89

牧奴肆虐

天下惟蠻人不知有理；蠻人而有理，其理必曲。即如漢口洋街賣牛乳之某西人，平時豢牛之外，兼豢洋雞。鄰家小孩，見其毛羽斑斕，鳴聲腷膊，相與擲石賭中，以博嬉笑。西人大怒，提兩孩之耳，碰其頭，又舉足踢傷一孩。鄰家以童子何知，向之理論。西人強辯曰：「童無知，吾籠中雞，豈有知者？擲之而不知報，吾是以不平耳！」鄰人知不可以理諭，控諸領事署，罰養傷費二十五元。今而後，應恍然于強辭之不能奪理矣！〔牛肞〕

1067	原 118/9	廣癸 10/81 右	大 4/90

拐匪作法

常熟某甲，從虞山經過，見言子墓前跽一小孩，膝下墊一劍，劍用銅錢結成。旁一人，短衣窄袖，戟其指，口中喃喃如道家咒語。某屏息偷窺，則跽者即其子也。大聲疾呼，其人即逸。喚其子不應，提之亦不起。乃用力拔去其劍，子即清醒。據述因被拐至此云。世稱錢為國寶，可以驅邪，故有結成寶劍，綴以流蘇，懸于床帳間者。不謂驅邪之器，亦可助邪為虐。解之者曰：「錢之為物，論有無，不論邪正。有則邪可害正，無則正難敵邪。驅與助固在錢，不在劍也。」天下之見錢而跽者多矣，特為未結成之劍耳！何獨疑乎被拐之孩？〔物器〕

1068	原 119/1	廣癸 11/81 左	大 4/91

英君主象

英君主名越多利亞，即位于西歷一千八百三十七年，即中國道光十七年也。先是三十七年六月十九號，前英君主肯活倫謝世。群臣遵彼國傳及之舊例，于是月二十號，奉英君主御素服即位，蓋肯活倫女弟也，時年一十有八。三十八年六月二十八號，受君主冕。四十年，贅德國某親王為婿，與英君主同歲生。六十一年十二月十四號，即中國同治元年，親王謝世。按英君主生西歷一千八百十九年五月二十四號，即中國嘉慶二十四年。屈指在位已五十載春秋。六十有八，生四男五女，今已有孫男女、外孫男女三十一人，內外曾孫男女六人。彼英人之頌君主者，亦如華封老人之祝陶唐氏焉。〔寫真〕

1069	原 119/2	廣癸 11/82	大 4/92

寓滬英人望祝英君主陟位五十載慶典第一圖

西人凡遇喜慶事，必升砲；其砲聲之多寡，則准諸事之大小以出之。初一日午刻，浦江各兵船升砲至五十門之多。隆隆然大聲，發乎水上，雲垂波立，海氣騰空。是時西商團練兵，亦各排立岸上，升砲荅之，聲如其數。眾西人脱帽歡呼，同聲相應。更有阿斐利加洲樂工，手執諸樂器，奏西樂一章。軒乎鼓，蹇乎舞，依永和聲，望而知為國

人之愛戴也。〔歡聲雷動〕

1070	原 119/3	廣癸 11/83	大 4/93

寓滬英人望祝英君主陟位五十載慶典第二圖

是日又有拜經堂規矩。會中各西人排對而出，或執旗旛，或持棍木，或操刀劍，或挺戈矛。其裝束則頭戴白帽，頸繫藍綬，胸前垂有繡花囊、功勛牌之類。經過之處，雖觀者如堵，而步武仍不稍亂。如魚之貫，如蟬之聯，如射之有耦，如舞之有列。秩秩彬彬，亦可見其儀文之嫻習也。〔好整以暇〕

1071	原 119/4	廣癸 11/84	大 4/94

寓滬英人望祝英君主陟位五十載慶典第三圖

八點鐘後，自小東門外法租界，北達虹口四、五里之遙，內而岸上各洋行，外而江中各公司船，莫不結綵懸燈，同申慶賀。其所放煙火，光怪陸離，尤為出奇制勝。更有一種流星，放時先見黑煙一縷，直沖而上。少選，聞空中爆竹聲，即有無數彩球，隨風吹下；其高不可以丈尺計，甚至有飛入層雲，不復墮下者。是晚浦灘一帶，天色為之屢變，倏紅倏綠，層出不窮。微雨洒來，散成香霧，蓋由燈火之光，上薄霄漢也。〔日不暇給〕

1072	原 119/5	廣癸 11/85	大 4/95

寓滬英人望祝英君主陟位五十載慶典第四圖

西人之有水龍會，始於西歷某年，因迎美國故總統格蘭脫而創。自後，必遇喜慶事，始一舉行，故非易覯也。此次本擬於初一日出會，值連日陰雨，緩至初五日十點鐘。各水龍由法租界浦灘迤邐迎來，龍上皆紮有奇巧花燈。是晚，絲業會館之水龍，亦紮成龍燈一條，盤繞其上，出而助興。西人見之，皆拍手稱妙。隨後，則有燈船一架，船身上下以五色鮮花攢聚成文，有西童十餘人奏樂於中，頗足極視聽之娛焉。〔其從如雲〕

1073	原 119/6	廣癸 11/86	大 4/96

寓滬英人望祝英君主陟位五十載慶典第五圖

車利尼來滬開演，巧技紛陳，已為有目共賞。班中所蓄馴象，係出印度。印為英屬，故亦以班中所有，出賽盛會。先之以大象二頭，神牛一頭，皆結以綵帛，綴以纓珞。又有臺閣二架，嵌空玲瓏，每架有童男女數人，扮成各樣西劇；駕二小駟，比犬略大，而能負重，亦駿物也。〔魚龍曼衍〕

1074	原 119/7	廣癸 11/87	大 4/97

寓滬英人望祝英君主陟位五十載慶典第六圖

自來水臺在二擺渡之冰廠街，上下三層，柱櫛闌檻，皆以鐵為之。中置大鐵柱，空其腹，為水脈總匯之所。繞柱而上為銕梯，作旋螺式。登高一覽，全滬在目。建造以來，迄今五、六季，而點燈之舉，則于此次為創見。臺之頂燃電火一叢，約十餘球；每層周圍懸燈數百盞，密似垂旒，圓如擎蓋，四通八達，十色五光。朱竹垞詩云：「夜半真如塔火明」。有此光焰，無此洞澈。〔激而發之〕

1075	原 119/8	廣癸 11/88	大 4/98

寓滬英人望祝英君主陟位五十載慶典第七圖

出大馬路口，當浦灘之中，搭有高臺一座，約十餘丈，上下四旁裹以柏枝，頂建紅旗，逐層懸電燈數盞。臺之北，掘地為圓池，池中壘石成山，貫行銕管，引自來水從山頂沖上，高與臺齊。上置玻璃燈，用五色電光，映射而下。其水忽紅忽綠，忽藍忽紫，光彩奪目，頃刻變幻。匡廬瀑，赤城霞，合而為一，庶幾有此奇觀。〔夜色樓臺〕

1076	原 119/9	廣癸 11/89 右	大 4/99

漢口租界英領事署縣鐙圖

此圖友人從漢口寄來。據云五月初一日，彼處租界亦舉行燈會，特攜照相具，在英領事署前攝取真景，囑登入畫報，以供眾覽。本齋重違其意，照樣臨摹，列于篇終，借為後勁焉。〔良辰美景〕

1077	原 120/1	廣癸 12/89 左	大 4/100

殺妻以蛇

夫婦居五倫之一，有同心之好，無切齒之仇。乃有需次蘇垣之某姓，不知因何故，欲置其妻于死地，預購大蛇一條，藏諸甕中。至夜半，其妻睡熟，潛揭其衾，將蛇放入。妻覺而起坐，則已盤繞遍身，一驚遂絕。鄰右知其事，有非議之者。某恐為有司所聞，急買棺殮之。嗚呼！虺蝪，毒物也，而不謂人心之毒，一至於此，則較虺蝪為尤甚矣！安得三尺劍，剖而視之。〔狠毒〕

1078	原 120/2	廣癸 12/90	大 4/101

科稅及佛

東漢時佛以幾句空談，賺入中土，迄今數千年，奉之弗替。乃有佛所未到之處，而其人又不喜空談，專講實濟；于是乎一葦慈航，轉難飛渡。美屬金山一帶，向不知有佛。華人寓此者，集資建寺。其佛象購諸中國，載由美稅關經過。美人以為傀儡也，令納稅。華人不允。美人謂耍貨中之洋孩兒，尚在稅例，況如許大木人。爭之不得，卒勉從焉。昔老子過函谷關，守關吏迎候維謹。由今觀之，廣大神通，釋不如道矣。然苛斂及此，亦真所謂佛面刮金者。〔奇貨〕

1079	原 120/3	廣癸 12/91	大 4/102

公餘訪古

歐陽詢下馬觀索靖碑，宿其下三日不去，千古傳為美談。片石留遺，何令人欣賞贊歎一至于斯哉！寶漢茶寮在粵垣小北門外，咸豐年間店主人掘地得漢碑，因以名也。張制軍博學好古，慕此碑久矣。前月偕吳中丞暨兩書院山長，輕車簡從，親往觀之。碑為南漢馬廿四孃墓券，高不及一尺，廣一尺有奇，凡三百四十五字。首鐫符篆一行，以下真體。首行順下，次行逆上，餘放此迴環。讀之文頗俚俗，而書法奇古，決非近代所能作偽。諸公流覽之餘，歎為僅見。夫金石之學，通乎經史，考古者尚焉；而不圖殘碑斷碣，什襲珍藏者，偏出于學士文人之外，亦足多矣。〔逸興〕

1080　原 120/4　廣癸 12/92　大 4/103

變驢償債

高郵某甲，貧時曾借某乙錢若干，死後遺產頗豐，乃向其子丙取索。丙曰：「我父一生辛苦，積有遺金，原為後人嫖賭資，債務非所知也。」越數日，乙家驢棚中產一小驢，腹有某甲字樣，遂牽至丙家，曰：「爾父來矣。」丙仍以閉門羹待之云。按此事頗涉荒誕。傳其事者，殆深疾甲之吝嗇，丙之無賴，故託輪迴之說以嘲之云耳！諺有之曰：「兒孫自有兒孫福，莫為兒孫作馬牛。」達哉！有為丙畫策者，曰：「何弗效諸葛君故事，取粉筆續之曰某甲之驢，如此則驢可為丙有，揮霍不足，則賣其父以濟之。」〔孽畜〕

1081　原 120/5　廣癸 12/93　大 4/104

海外清游

白浪山在閩海流球接壤處，居民皆古衣冠，習中國文字。客有自呂宋歸者，損其舟，借葺于此。與同舟數友登岸閒游，其土著樂為之導。至一處，左右皆峭壁，徑容一人，出徑纔數武，古木參天，濃陰匝地。上有鳥，狀類孔雀而尾較長，導者指曰：「此即佛經所稱迦陵鳥也。」又有一種奇樹，枝幹甚高，花作茄青色；微風吹之，花瓣招颭，花鬚縈拂，如蝶舞枝頭，栩栩欲活。外此則奇峰怪石，幽澗鳴泉，皆足極視聽之娛。一時同游諸人，相顧流連，幾幾乎樂而忘返云。〔廣眼界〕

1082　原 120/6　廣癸 12/94　大 4/105

殺商傳聞

日報載湖南商人某，販瓷器一船，經過饒州某卡，照章完稅。巡丁向索陋規，謂此間過客，于完釐外，向有此項，無則不准開船。客自問正捐已完，理直氣壯，與之爭論。巡丁怒出匕首，刃商人腹，腸出而死，隨手撥入河中。舟子大懼，邀各船戶控諸饒州府。太守立飭卡員，撈起商尸，並著竭力和解。聞現已了息云。夫巡丁欺虐商民，事所常有。未聞有光天化日之下，膽敢藐法行兇者。上司蔽護屬員，亦事所常有，未聞有白晝殺人之案，飭令當官和息者。此事在聞之者，皆以為訛傳也；而日報述江西人來信，則言之鑿鑿也。取而繪之，非欲實其事也。但以告夫凡為卡員者，當知巡丁之不可縱；而凡為客商者，亦只可認吃三分虧，勿與狐鼠輩斤斤較量。性命之憂，固不必有，意外之禍，亦未必無。〔豈其然乎〕

1083　原 120/7　廣癸 12/95　大 4/106

雷擊木妖

《搜神記》載橘叟圍棋事，頗涉荒唐。然草木精靈，見諸載籍者，若柳九烈、桑子明之類，不一而足。總之年久之物，易為邪祟所憑，無足怪也。粵東岡州井根鄉有荔枝樹一株，數百年物也。每當果熟之時，其鄉人常於月下見二叟對坐樹間，一衣紅，一衣白，近之即失所在。前月中，天大雷電以風，陡將樹本劈碎。人謂二叟作怪，故有此厄。然安知非推車之阿香，或亦垂涎于三百顆者哉！〔二老者〕

1084　原 120/8　廣癸 12/96　大 4/107

做人極圓

有賈于梧州者，偶過市上，聞銅鉦聲出布幔中。輸數文錢，隨眾入觀。見一肥孩，其圓如球，四肢攣縮，耳鼻深陷，蹴之圓轉如人意。客笑曰：「天下乃有此圓人，但惜其少骨氣耳。」時天色已晚，有人將此孩裝入籠中，攜之去。客躡其後，見其置小屋中而出。客入詢來歷，籠中人瑟縮四顧，其聲啾啾，然兩目垂淚。自言四歲被拐，用一圓甕對破，合置于中而封固之，上下鑿二孔，通飲食便溺。不數年，漲滿一甕，碎而出之，啖以棗栗，恐其長大也。客曰：「吾始以爾為一團和氣，故能腦滿腸肥，而孰知矯揉造作，亦嘗盡苦趣哉！」遂許為鳴官究治，歎息而歸。翌晨訪之，已不知去向矣。〔圭角不露〕

1085　原 120/9　廣癸 12/97 右　大 4/108

失金復得

粵商某，買舟至蘇；見岸上一人，蹣跚而行，欲附舟，舟人不允。商憐而納之。次日艤某處，其人別去。商偶啟行篋，則所攜資本，盡歸烏有。自念半生心血，一旦蕩然，何以為生？遂登岸入樹林中，將自縊。忽來一老者，勸阻之，且問其故。商以情告。老者曰：「子歸而俟諸舟，見白衣者痛哭而來，當有濟商。」如其教。至夜，果見一人身服斬衰，手挈壺漿，且灑且泣，蓋即附舟人也。舉首見商，驚而立定，邀至其家。見棟宇輪奐，陳設精雅，延之上坐。曰：「吾師傳授此術，嘗言得不義之財，必遭奇禍。當素服哭泣，若子受父之遺業者，以厭禳之。然三日內有人物色，仍當歸還原主。」遂命僕舁置舟中，封識宛然，始悟老者即其師也。〔庶見素冠兮〕

1086　原 121/1　廣子 1/1 左　大 4/109

食粽傷生

龜茲地有二饕，一為買豆芽菜之某甲，一為買角黍之某乙。一日甲乙中途相遇，各誇食量，乙曰：「兩雄不並立，我有角黍三十枚，子能食盡，甘拜下風；苟不能，毋再嘵嘵聒耳也。」甲曰：「諾。」隨一一取食之，始厭其少，繼苦其多，終則欲卻不能，欲咽不下。角黍甫竟，口噤氣絕矣！一飽無餘，九原遂逝。若敖氏之鬼，曾憂其餒，乃如之人，其不與餓鬼村中為儕輩哉！〔鼓腹〕

1087　原 121/2　廣子 1/2　大 4/110

鎮靜弭患

涓涓不塞，流為江河；熒熒不滅，炎炎奈何。清淮某營弁有通哥老會者，約於端午日之夜，放火為號，內外應合。主將某，陰偵其期，堅壁戒嚴而靜伺之。點二更，一哨弁突報營外民房火，請救之。主將不應，火亦熄。將即升帳，傳報火之哨弁至。搜其身，得黃絹、小旗及偽文若干件。鞫其黨，十有一人，立梟以殉。一軍寂然，若無事者。噫！若非該將軍智勇深沉，則涓涓熒熒者，不知如何矣。〔真將軍〕

1088　原 121/3　廣子 1/3　大 4/111

鄉老失鬚

日前鄉老某，至法界玉露春啜茗；倚窗憑眺，兩鬢覺微癢，亟呼匠脩容。匠運刀如風，頷下毵毵，應手而盡。鄉老大驚曰：「子胡然。余兒孫滿堂，今換此面目，還家何以為情？」修髮匠無辭以對，邀友謝罪，乃畢。唐人詩云：「少小離家老大回」，今乃「老大離家少小回」矣。兒孫見之，不更歡然一笑耶！〔學少年〕

1089	原 121/4	廣子 1/4	大 4/112

花園和尚

揚城施放瑜珈焰口，中秋為盛。常時紳宦布施，亦舉行之。一日薄暮，有客散步旗亭間，忽見一第重門洞闢，紅燭高燒，膨脝一禿，高高上坐，多人環擁之。僧揚手玲瓏，似作捏訣狀。既而絲肉交作，音韻悠揚。客以為吹打焰口也，迫趨之。及至，乃僧設席妓館，珠圍翠繞，抒寫豪情。揚手捏訣狀者，則與諸姬拇戰也。慾海掀天，塵根匝地，和樣耶？和障耶？客憤咤數聲而出。〔無遮大會〕

1090	原 121/5	廣子 1/5	大 4/113

黠猴戲虎

南洋理沙希地馬合坡村有一虎，憩臥林下。一猴適經其地，見虎困憊甚，拾樹枝戲撲虎頭。虎咆哮怒，攫噬之，而猴延緣樹杪矣。虎益怒，持守之。伺稍懈，猴輒乘間戲虎。相持者數日不解，虎益困憊。猴即奮身躍下，逕扼虎頸。虎欲噬不能，欲脱不得，負氣狂奔，直入郵中。猴始擇木避去。虎脱猴困，欲覓舊逕歸，遂為鄉人所斃。嗟夫！猴也微，虎也鉅；猴也弱，虎也猛。猝為所困若是。世以強大自負而藐兹弱小者，其亦監於兹虎哉！〔彼昏不知〕

1091	原 121/6	廣子 1/6	大 4/114

惡劇驚師

愛憐少子，丈夫不免；然挾舐犢之情，廢童牛之牿，患亦有不可勝言者。杭城某翁，家小康，得子已暮年，愛愈甚，延鄰叟課之讀。日事戲游，不遵約束，乃翁不之禁也。一日兒取燈籠，罩圖一鬼相。日晡後，揭竿倚樓頭師案前。師伏案作書，舉首瞥見，不知其為假也；失聲一呼，魂魄蕩越。旋得怔忡疾，未獲療愈。吁！一時惡劇，貽患師儒；乃翁溺愛，罪何可辭？〔非吾徒也〕

1092	原 121/7	廣子 1/7	大 4/115

疑是教匪

異服異言，大都妖魅。萌之不絕，禍且蔓延。近有蓄髮不薙之一種道裝人，編錢為劍，逢人唱賣；或編錢為龍，將兩針刺入兩乳下，掛錢龍於上，以炫異於眾。手持金鐃銅磬，同聲呼和，沿街乞食；而其狀貌，類皆凶惡可畏。前五月初七日，江陰縣訪獲教匪七十一人，率此類也。亟圖其狀，以告是邦之司管鑰者。〔凶惡〕

1093	原 121/8	廣子 1/8	大 4/116

僧俗械鬥

甯郡東鄉之靈峰寺者，琳宮紺宇，香火如雲。僧受牒金，富供香積。僡黨豔其利，亦造偽牒，阻中道以攬諸檀越者數矣。今年端午節，攬益甚。寺僧不能堪，則募山北大漢二十人，從高奮擊。僡黨亦併力死鬥，木棓鋼叉，縱橫盪決，香花衣裓，飛墮人天。童街一某檀那者，倉皇驚竄，誤觸一棒，頓返西天。鄞縣朱公，飛提凶犯而律辦焉，梵天宮行稍靜矣！〔華嚴小劫〕

1094	原 121/9	廣子 1/9 右	大 4/117

反目斷臂

甬江一鄉農夫婦，素睦十餘年如一日。近時鄉農常出醉酒，醉歸輒與妻忤；妻任受之，不以一言反。端節後，梅雨未歇。鄉農兀坐無聊，囑妻將所儲醃肉，臠切下酒。妻奏刀稍緩，鄉人口喃喃不休。妻積憤中炎，按臂礎上，舉刀一揮，臂落身倒矣。三生作合，鼓琴聯往日之歡；一釁彌天，斷臂觸今朝之痛。昏昏醉夢，鄉農狃此故態。雖彼荏弱，其能受之不洩歟？〔悔之何及〕

1095	原 122/1	廣子 2/9 左	大 4/118

醉漢騎牛

居叻某西人，素有騎馬癖，終日持鞭馳騁於康莊九逵間，甚自得也。上月初十日，酒罏伴散，步至施排埔頭，值麴生作威，眼迷離而步欹斜，不自支撐矣。路旁綠陰中見繫黃牛一頭，嬉涼掉尾，意甚悦之。緣角高跨，三上皆墜牛下。酒氣上湧，倒地酣眠，被牛踐傷其股。而西人黃粱一枕，痛癢茫如也。嗣有巡差經過，扶起西人，舁往醫院。〔懶步蒼苔〕

1096	原 122/2	廣子 2/10	大 4/119

中海演舟

南人操舟，北人騎馬，各擅勝場，兩不相假；使易而習之，則南人所能不止舟，北人所能不止馬矣。閏四月十二日，中海萬善殿管船太監，會同內總管太監，演試船於中北海。大船二，小船五，掌舵、持篙、蕩槳均係蘇拉內監為之。大船十二名，小船八名，袍帶翼翼，分班練習。舟行迅駛，電掣星飛，差堪彷彿也。南耶北耶，地為之耶？人為之耶？〔使船如馬〕

1097	原 122/3	廣子 2/11	大 4/120

收腸入腹

刮骨療毒，千古奇事；然得自簡編，未嘗呈諸目睫。俞跗扁鵲，徒深想像矣。京都齊化門內有某甲者，年逾弱冠，得瘋疾，用利刃將肚剔破，五臟迸出，血注人倒。家中人奔請英醫院醫生救治。醫取涼水二盞，徐點臟上，遂覺漸漸收入；少頃，吸水一口，狂噀甲面，甲一驚，而臟悉入矣。醫遂取針線，細縫甲肚，雖呻楚之時作，竟性命之無虞。家人出金酬之，不顧而去。〔一洒楊枝〕

1098	原 122/4	廣子 2/12	大 4/121

頭髮分離

閩人張某者，新嘉坡之役工也，禿如瓠；束髮數莖，行且瓜熟而蒂落矣。一日，役甚憊，鼾臥於貨箱。穆拉由惡少數人，覷其頭胡盧而辮鼠尾也，結辮箱索；紙黏其足心以火之，焰猛痛烈，迸力一掙，辮則無恙，頭則一絲不挂矣。惡少嗤笑于背，禿公大嗥，梃逐之，惡少梟水而去。若彼濯濯，牛羊又從而牧之，謔亦虐矣！〔搔首

踘躕〕

1099	原 122/5	廣子 2/13	大 4/122

老道裝女

福州該處某甲新娶婦，不一月，甲出外營生，婦獨居室中。一日有嫗款其門，云係某甲之姑。婦亦莫窺巔末，延坐款洽，以姑視姑而已。薄暮不去，婦乃潔一室以榻之，嫗亦安之若素也。裙甫解，兩脛毫毛茸茸然。婦見惑之，猝生一計，託言有物在外未收，潛出戶，奔告比鄰，入戶擒嫗。諦視之，乃某道士偽裝為嫗者也。送諸官，訊鞫得實，站籠以斃。〔明察秋毫〕

1100	原 122/6	廣子 2/14	大 4/123

鬼友禦侮

白日青天，人能作祟；昏黃暝黑，鬼或多情。粵東人某甲，婦頗姝麗。一日，薄暮倚門，適見鄰婦過，招之，鄰婦未之覺；而一陣尖風應手而集，旋入房臥，喃喃作鬼語不休。甲大駭，炷香床前，與鬼理論。研詰久之，鬼不覺失聲曰：「嘻！微子言幾失故人。余古康州某乙，前生與爾為刎頸交。爾妻吾嫂也，敢犯非禮，聊寄嫂身以敘契闊。幸恕我乎！」未幾；鬼別去。一日，突來厲鬼，憑婦為祟。甲危之。婦忽瞪目曰：「康州某叔來救我矣！」攫刃亂揮，房中啾啾有聲。少頃擲刃，向甲而揖曰：「嫂幸無恙，彼已驚竄矣。故誼獲伸，就此告別。」呵欠一聲，婦病若失。〔姑妄言之〕

1101	原 122/7	廣子 2/15	大 4/124

淩遲犯婦

燕支老虎，淫極噬夫；花面夜叉，毒能殺婿。不置重典，此風曷瘳。夏五十五日，穗城官憲奉到刑部咨文，由廉訪協同府縣，分別斬決死犯若干名。中有兩婦人，實謀殺其親婿，厥罪淩遲。其一瘦如鸛，蜷曲無人形；其一肥如瓠，束縛處飲肉寸許。臨刑，呼長官名謾罵之，不少慴，四支殊，兩目猶灼灼四顧也。為圖厥狀，以靖澆風。〔狂態〕

1102	原 122/8	廣子 2/16	大 4/125

扮差嚇鬼

常熟西麵店弄口某喜娘家，一雛姬久病魔，百方遣之，不能愈。喜娘設一計，賄三司神廟祝，用冥錢數千於神，請牌票一紙，標冥捕兩名，朱書「立提某鬼到案」云云。於神出會日，邀縣捕兩人持之，呵喝至其家。女見大號，左右避。縣捕持牌，故迫之，且曰：「三司神將至。」女聞失色，仆於床。俄欠伸起，病隨失。比會過門，女盈盈笑看矣。狐假虎威，百獸驚避，如彼淫昏，宜其聞聲立潰哉！〔先聲能奪〕

1103	原 122/9	廣子 2/17 右	大 4/126

竊者漆也

甯郡五鄉碶某氏婦，孑然一身，家頗豐，猝染病故。同胞妹為之棺殮，悉檢珠寶納入棺中。招漆匠某甲，封糊棺口。甲見而涎之，待厝荒郊，緣夜鑿開，棺中物悉行盜去。婦有至戚某乙者，耳其事而未之省也。一日，乙子見某山大樹上晒有女衣，歸以告乙。乙赴山，目之，其戚某氏服也。往視氏棺，屍暴於外，服物盡矣。仍至山中狙伏伺之。旋有人來，則漆匠也。擒縛痛毆，一一得實。乙以送官滋費，縛而沉諸河云。〔焉逃之〕

1104	原 123/1	廣子 3/17 左	大 4/127

犬亦知恩

宋鵲韓盧，捷能效獵；烏龍白雀，義解酬恩。獸其形，人其心也。京師小石興胡同張姓者，畜一犬甚馴，愛之逾等。月之初六夜，胠篋者入其家，笥已傾，而大門闢矣。犬突起，咋其脛。擊之，咋愈厲，賊不覺失聲長號。張覺，火之。一賊倒於地，兩牙穿其脛矣。細拾所遺，一針未失。犬猶如此，以視食人之食而開關揖盜者，相去何如也。〔可以人而〕

1105	原 123/2	廣子 3/18	大 4/128

捕房押豬

西人好潔，街衢馬矢，汛掃淨盡。邇時天氣炎歊，特行關白工部局，彭亨封豕，不得闖入租界；為其聲嘈雜，而氣臭穢也。前日，牧豬奴數輩未諳此例，數十為群，道經法租界，遂被西捕攔入捕房。孫行者奮挺一呼，八戒唯唯惟命矣。既入其苙，喧聞公子之啼；誰假之威，莫返宋朝之艾。彼則潔矣，占利市三倍者，其能堪此虐政歟？〔一視同仁〕

1106	原 123/3	廣子 3/19	大 4/129

一覺春夢

滬上花魔柳祟，竊攘成風；棒喝頻加，春婆未醒。近有陳楊氏，以養媳被誘，控於縣。縣緝得誘者，下二尹鞫云，初抵飾，懼以刑，始吐實。竊玉者為屠雲鶴，藏嬌者為吳某弁，作偷花之證者，為楊阿高、吳必森。讞成，將屠雲鶴等棒責收禁，限令五日珠還。交枝玉樹，未安翡翠之巢；一棒梨花，遽醒鴛鴦之夢。狂且憒憒，亦獨何哉！〔黃粱熟未〕

1107	原 123/4	廣子 3/20	大 4/130

弄假成真

禍端猝發，機伏至微，兒戲視之，動戕性命。昨閱日報載雪裏那地有兒童，耳其父兄劇談虛無黨狙刺俄帝事者，俠情凜凜，大悅之。亦立一假皇，結隊演習，飛魚腸之鋒，以試之者數矣。一日，有童獲一銕彈於塗，懷示其黨，而不知其為卵砲也。越日，又演狙伺，假皇過而以鐵彈擲之。轟然一聲，彈火裂而假皇斃矣。機在殺，殺應之，兒戲不免焉，可畏哉！〔博浪奇中〕

1108	原 123/5	廣子 3/21	大 4/131

拉韁受苦

《易》曰：「負且乘，致寇至」，言貴賤事之不相越也。前日下午，有華衣美少攜如意花，乘往靜安寺者，以宋左徒之英姿，效賈大夫之絕技，命御者下而代之御；洋洋乎右執鞭，左并轡，不遵軌而馳之。駛出四馬路，馬逸不能止，驂挂一東洋車。車夫迴輪急避之，車篷鐵梗早著美少之衣，而掀之以顛矣。君子曰，此之謂「尋歡而得

苦」。〔興復何如〕

1109	原 123/6	廣子 3/22	大 4/132

伶倫入海

否終則泰，悟造化之有心；樂極生悲，悵斯人之不幸。桐廬縣社廟，一日敬神演戲，士女駢闐，目謀耳謀，意快如也。砉然一聲，潛蛟從臺下怒起，霎時水高五六丈。紺宇琳宮，頓成巨浸。老幼男女，滅沒於喧豗波浪間矣。梨園四七尚存其二，餘則戴方巾，穿皂靴，服花衣，拖角帶，時隱時現，若合若離。白香山詩云：「猶似霓裳羽衣舞」者，樂耶？哀耶？何相值之巧也。〔悠然而逝〕

1110	原 123/7	廣子 3/23	大 4/133

寶氣干霄

玉魚葬地，金椀人間，世閱滄桑，物殊潛現。江北人某甲，僑寓禾中。一日墾地，得銅井闌一。形圓而色黑，質地堅厚，雕刻古朴。旁有篆文數行，漫漶不可讀；惟「寶祐四年」及「德作」六字尚能辨認。某孝廉出青蚨千翼，購之而去。昔乾德年宮鏡，記自竇儀；顯節陵冊文，証從束晢。一介寒酸，腹餘空洞。安得博雅名流，與証淵源也哉！〔能自發見〕

1111	原 123/8	廣子 3/24	大 4/134

誤劫公文

古云：「見似目瞿」，又云：「利令智昏」；智既昏，目益瞿矣。初四日，有走遞公文站夫，負一小包，晚經嘉郡，去西水驛尚遠，馳頗急。途遇數營卒，疑為胠篋者流，尾至僻處，要奪以去。站夫走報驛丞，驛丞飛稟秀水縣署。正錯愕間，所失公文，由某飯店主賫送縣署矣。先是營卒得包，即至某飯店瓜分，及覩公文，棄包而逸；而店主遂持以送縣也。檢視公文，無一遺失。邑尊出青蚨，厚賞店主以去。〔大失所望〕

1112	原 123/9	廣子 3/25 右	大 4/135

符水合緣

青絲二縷，纏綿結髮之情；丹篆一通，鏤刻銘心之契。此錄日報所載符水合緣事句也。事為佛山陳某，娶妻不和，陳母憂之，百計不能調。遇道士為畫硃符，屬翦兩人髮，化灰入茶，令服無不諧。母遵而行之，是夜果合歡。往年讀《聊齋》彷彿有是事，撮合者為女道士。不謂方外人，乃天下之有情人也。其術愈神，其心愈不可測已。〔宜爾室家〕

1113	原 124/1	廣子 4/25 左	大 4/136

溺愛招尤

虞山歸祠後姚氏婦，著名悍潑，鄰里苦之。一日，鄰家兒擁一賣餳擔過其門。氏子阿桂突出，要奪群兒錢。群兒父母與論理，氏右其子，而毒詈之。鄰人共怒，一聲响喝，蜂擁而前，將該氏裸縛大樹，枚數其罪，每人批十頰，裸逸之。婦有長舌，應加掌頰之刑；人而無儀，合配裸民之國。如律予罰，誰曰不宜。〔誰能堪此〕

1114	原 124/2	廣子 4/26	大 4/137

一場鬼鬧

盂蘭勝會，滬上殊盛。前月下旬，有道俗一群賽會，行香經英大馬路。襄事者沿塗焚楮，印捕阻之不止，將某乙、某甲，拉入捕房。會客怒，麾集鬼黨，馬其面而牛其頭，獠其牙而金其目者，鬨集捕房，持械互搏。紅頭健捕，頓張黑鬼之威；藍面魔軍，亦逞烏蠻之氣。而甲乙二人，陷入鬼國，尚未越鬼門關一步矣！〔誰生厲階〕

1115	原 124/3	廣子 4/27	大 4/138

探囊取物

保定府馬號旁空地一區，百藝輻輳，觀者如堵。日者，來一江湖士，鬻藝其間。空空布囊外，別無長物；持囊周行，口喃喃作咒，隨詢眾人所欲何物，探手於囊，應聲畢具。逼視之，無一偽者。旋即一一收入，不逾時，囊又空空如故矣！昔吞刀吐火，出入咽喉；漫衍魚龍，湧現指顧。乃如之人，亦其流亞歟？〔來去無跡〕

1116	原 124/4	廣子 4/28	大 4/139

象背馱鵝

客有貨五千鵝翎扇，自西貢來者，羽殊勁。詢其出，云西貢濱海山中，有大鳥，長翎銕距，厥名海鵝。採之法，先時驅象伏山僻，俟其千百飛迴，夜息而睡熟，暗中摸索，猝拗其項，枚斃之。旦則象馱以歸，油其脂，而扇其羽，一夜可汗十數象。炎洲翡翠，尚鎩羽之能歸；西海駕鵝，並片翎之不返。物為人用，亦稍苦矣！〔鳥亂于上〕

1117	原 124/5	廣子 4/29	大 4/140

興戎惟口

一攤賣卜，三寸生涯，衣缽真傳，逢人説好。卜者某，口如鐵鉗，設攤明瓦巷前。一夕，某甲乘輿而來，就卜財氣。斷之曰：「卦大凶，不利；相君面，父母應早世；且君眉間有死氣。」卜者語未竟，甲早一腳翻其攤，眥裂曰：「咒余死，奈何并咒余父母也？」驟毆之，觀者力勸，始得解。佞鵲報喜，聽者妄疲；忠烏告凶，逐之恐後。矧危苦之詞，出之以誕妄，將之以詐諼乎？彼卜者其何知。〔我舌猶存〕

1118	原 124/6	廣子 4/30	大 4/141

餓虎食神

廈門自春季至夏五，亢旱不雨。好事者詭言福壽宮保生大帝降乩，擬親自出宮，代民祈雨。於是為神披麻衣，躡芒蹻，戴箬笠。襄事者素服如一。六月朔日，舁神露坐。越一日，大雨如注，四野霑足矣。同安縣距廈門百里餘，聞其事而神之。以苦旱，故亦請是處保生大帝出宮求雨。袍服如故，露置宮前。該處多虎患，夜深，虎銜神像以去。比民覺，袍碎虎口，神墮溝中矣。夫同一事也，一祈雨而民蘇，一祈雨而神辱。神歟？人歟？誰之咎歟！〔無味〕

1119	原 124/7	廣子 4/31	大 4/142

報捕索妻

風瀟雨晦，密約何多，「淇上」「桑中」，竊妻不少。昔詠風詩，今徵滬上矣。前月某甲奔赴捕房，控稱髮妻逃逸。近日探知，隨某客來滬，寓萬安樓某號房，求請飭拘。即遣包探，同甲至棧。則該房係某旗人所寓，男女僕從，若登仕途者也。甲指目家丁，而使包探以此事詰之。家丁聞其説，嗾主人出，而以官法嚇之。甲目家丁曰：「匿人之妻，轉欲置人於獄乎？」奮拳搏之，其人匿房不出矣。探遂同甲回稟捕房以去。〔盜有所在矣〕

1120	原 124/8	廣子 4/32	大 4/143

借屍還魂

南海沙頭鄉李某者，年逾弱冠，猝病物故。家人購置棺木，翼日擬殮。夜半時，屍忽微動，家人驚避去。中有以膽氣自負者，迫屍而諦之，則一息初回，雙眸漸轉矣。母、妻奔集，投以姜湯。李張目，不相識，大叫曰：「我何姓子也，何為在此？送我歸，毋使老母望乎！」先是，鄉中有何氏者，僅一子，溺水死，事經十載矣。眾異其言，急延嫗至，入門便識。詰問之，一一不爽。眾始信為借屍還魂者也。何欲引之去，李不允，兩族會議，權合何、李為一家焉。〔貌是神非〕

1121	原 124/9	廣子 4/33 右	大 4/144

截耳療毒

蝮、蝎為患，隨地間出，而未若新嘉坡之甚。粵人某甲者，向寓梧槽，以販果為業。前月下旬，偕友至山園摘果樹。頂飄下一虫，適集甲耳，痛甚撥虫；墮地視之，長僅寸而毛蝟奮，殊駭人目。拾樹枝棖糜之。耳痛彌甚，暴腫如梳，即抽刀刈耳。耳墮地而腫未已，須臾大如手掌矣。陳琳有云「蝮蛇在手，壯士斷其節」，忍一耳之痛，不貽性命之憂，人猶知所輕重哉！〔為患不小〕

1122	原 125/1	廣子 5/33 左	大 4/145

僧預俗事

明珠落掌，浩劫剛逢，慧月浮空，覆盆忽照。金臺某院一雛伎，以桃李姿，挾冰霜性，受傴不任，飲毒死。鴇懼其事之覺也，秘尸於衾中，僱小車送荒野以埋之，亦既一人不覺矣。抵煤市，突一僧覷之破，止厥車，以鳴于官。發尸究兇罪如律。碧血埋來，黯青天之一片，白毫放去，洞黑獄之三千。誠如此僧也，雖曰預俗事，不亦可乎！〔大慈悲〕

1123	原 125/2	廣子 5/34	大 4/146

盲人評古

東坡〈日喻〉云：「生而眇者不識日……或告之曰：『日之形似銅盤。』扣盤而得其聲。他日聞鐘，以為日也。或又告之曰：『日之光似燭。』捫燭而得其形。他日揣籥，以為日也。」自盤而鐘，自燭而籥，而去日萬萬矣。則有回輪轉出，未備五官，懸圃探來，猶存寸舌。笑指懸黎結綠，競肆雌黃；不論燕栗截肪，妄加別白。持一心之炯炯，忘兩眼之蒙蒙。殊不知爾目不存，爾心亦不可恃矣！謂余不信，請以坡翁〈日喻〉之説進。〔亦有説乎〕

1124	原 125/3	廣子 5/35	大 4/147

夜臺幽詠

錢江數士人，讀書湖上寺。一夕，蹋月入林木深處，忽聞清詠聲，嫋嫋如縷。悄聽之，一唱云：「綠苔厚一寸，繡沒青虹骨，猶放秋水光，夜夜射清月。」一和云：「銷完碧玉肌，蛻盡紅瓊骨，化陣清冷風，飛入光明月。」尋聲跡之，人影風篁，紛然遽滅。虞淵百丈，不淹金刀之芒；幽壤千年，尚吐玉簪之氣。是可記也已。〔是耶非耶〕

1125	原 125/4	廣子 5/36	大 4/148

閏魚出海

離鹽城縣治十餘里有一地，名田港塢，周圍數十畝，葭菼蒙茸，濱海隙地也。今歲夏五二十八日晚，狂風暴雨，海水陡漲，灘壖變為澤國。翼日潮落，有一巨魚偃臥灘頭，宛若虹隄，鱗甲完而兩睛失矣。觀者環擁如牆。土人臠其肉而烹之，鮮美可口，其骨中椽。據耆老云：歲逢閏月，海中必推出大魚，俗所謂推魚暴也。嗟乎！吞舟昔日，鯨鯢逞海國之威；失水今朝，鬻釜果徧氓之腹。觀是魚也，可以興矣！〔莫能容〕

1126	原 125/5	廣子 5/37	大 4/149

制死大蠍

京師白雲寺門外一大磐石，平正滑淨，資游人憩臥者舊矣。近日每有人坐之，輒病腫脹，群傳為神，相戒勿近。一日有客荷川椒一囊，置石小憩，枕囊而臥之。石忽蠕蠕動，客大驚，掀石以觀，則一巨蝎，頭如栲栳，中椒氣而悶矣。金剛不壞，觸羚角而自開；毒蟒橫行，遇雄精而頓斃。亟傳其異，以資博聞。〔然否〕

1127	原 125/6	廣子 5/38	大 4/150

羅浮異人

阿顛者，羅浮白鶴觀行腳道人也。寒不綿，暑不扇，頂不冠，足不屨，行坐歌哭無常儀。佩二物如黑雞子，夜必鍊于火，索視輒匿。一日有虎曳觀中二牛去，阿顛亦失所在。薄暝，青林翠莽間有人牽一物，目光如紅鐙，風滾來，則虎而顛也。至山門，叱之伏，三批其頰而釋之。虎弭耳觳觫去。嘻！其殆所謂異人者非耶！〔仙乎仙乎〕

1128	原 125/7	廣子 5/39	大 4/151

考驗醫生

范希文有云：「不為良相，願為良醫。」以醫並相，抑何自待之厚，而視醫之重哉！近世人心不古，生涯日促，借徑於醫，以為餬口計。朝湯頭而暮本草，素問、金匱，茫乎未聞；而一線殘喘，遂懸於誕妄無知之手矣！浙臬蕭杞山廉訪署眷抱病，延醫診治，案方矛盾，佐使枘鑿。廉訪素精岐黃，取方一一詰之，某醫靦顏鉗口而退。遂相傳有考試醫生之説，凡非赴考錄取者，概行斥禁。噫！閻羅乏役，藉手庸醫，於若輩乎何尤？然此令如行，庶一目無知者，不至助閻羅為虐哉！〔則何以哉〕

1129	原 125/8	廣子 5/40	大 4/152

目能視鬼

阮生無鬼，幻成對面之形；竇嬰含冤，現出床頭之影。

事屬有因，信非無徵矣。甬城奉邑武生某甲，常言左目能視鬼，人未之信也。一日聞渡母橋某姓病，甲探之。病者問甲曰：「余病已久，是何妖也？願聞其詳。」甲曰：「係一女流耳。何妖？」為細述年貌。病者驚曰：「斯亡妻也，相離十三載矣。今侍左右，殆將與我偕往乎？」閱十餘日而沒。〔視無形〕

1130	原 125/9	廣子 5/41 右	大 4/153

尼愛兵丁

天花亂墜，忽黏迦葉之身；玉體橫陳，遽破阿難之定。但解有情，都堪成佛。嘉興塘渭鎮梅竹庵一女沙彌，容華絕妙，一夕亡去。細探之，為某營小勇藏匿南門磚橋弄中。初十夜半，率人掩入臥室，襲取之；則綠帳紅鴛，于飛甫倦也。繡衾包裹，負之以歸。如何白石青松客，現出紅蘭碧杜身。〔也思凡〕

1131	原 126/1	廣子 6/41 左	大 4/154

蝠異

京師西直門外有顯靈寺者，粉垣頹剝，畫棟欹斜，數百年古刹也。殿前有白蝙蝠一，約長尺餘，色如霜雪。每值夏令炎歊，傍晚納涼寺中者往往見之。有某甲者，當某營槍兵，驚為異物，思欲得之，百計不遂。一日袖鳥銃以去，伺蝙蝠飛出，舉銃擊之；銃中之藥未燃，而銃門炎回，甲頭額焦矣！擲銃狂呼，蝙蝠亦失所在。語有之：蝙蝠千年，其色方白。一片殺機，觸茲靈異，得禍宜哉！〔弋者何篡〕

1132	原 126/2	廣子 6/42	大 4/155

斷橋脫輻

昨接美客書，述其某公司之火輪車，搭客千餘，過一長橋。車如電，發未半濟，橋砉然斷，聯車崩傾，斃百餘人，傷四百餘人。細驗斷由，蓋樟木橋足，業已年久，自焚而炭矣。熒熒熸火，患隱伏於大劫之前；蕩蕩康衢，禍猝發于剎那之頃，謂為定數，其信然耶！〔行路難〕

1133	原 126/3	廣子 6/43	大 4/156

黑婦迷人

潮人吳喜者，美少年也，依其叔于新嘉坡，學賈甚勤謹。鄰一穆拉油婦，黑如漆，涎其美而挑之，喜大詫笑。詎知婦故善降頭術，咒而魅之。喜大惑，喪其初心，視黑婦美甚。朝斯夕斯，如膠如漆矣。叔百計悟之不醒。沙禮者，善破降頭術。叔懇之，一咒而醒，大羞奔返。青天晝陰，怪魅成市，變相鳩槃，黶奪西子。嘻！可畏也。〔燕婉之求〕

1134	原 126/4	廣子 6/44	大 4/157

一死一生

新塍鎮某病死，越日蘇。初不自知其死也，覺身輕似葉，向黃沙莽蒼中信足行，突二隸挽之去。俄虹梁飛跨，大河前橫，翠柏參天，朱門洞闢，遙見一美須而翎蟒者，南向坐。隸將入，曳之跪，虬髯吏手一冊呈上。南面者閱良久，目某曰：「汝數未至，不應至此，速回去，努力行善也。」隸仍將之出，忽見河中船，繹絡梭巡，皆插嘉興城隍司旗號。猛喫一驚，躍然遽醒，蓋死已三日矣。〔其嚴乎〕

1135	原 126/5	廣子 6/45	大 4/158

花燭創聞

粵人溫某者，總角時隨諸鄉閭赴新嘉坡謀生，以業圬起家；娶華人梁女為妻，瑋瓦遞更，兒女環列矣。坐擁豐亨，頓增逸慾，又納閩人黃某女為妾。溫素有季常風，因擇一僻遠處為藏嬌地。獅吼不聞，燕爾快咏。旋有女流，漏洩其事，梁統率僕役，蜂集其處。黃乘間遁去。梁捽溫髮，笞罵交集，縛輿以歸。昔桓溫納李勢女為妾，桓妻欲刃之；旋見婉媚，卒有「吾見猶憐，何況老奴」之說。世風日下，悍妒婦亦變本加厲哉！〔女戎〕

1136	原 126/6	廣子 6/46	大 4/159

掩捕訟棍

廣東區次彭者，出入公門，魚肉邑里，訟棍之尤者也。去年，某大憲有案覆奏，擬稿不合，倩區捉刀，酬以千金。由是益肆猖獗，毫無顧忌。張香濤制軍耳其名，密諭廣協黃副戎拘提。副戎偕該地某汛弁，帶領數勇登門拜訪，掩其不備，縛送督轅；旋傳廣州府孫太守帶回律辦。《易》云：「小人以小善無益而不為，以小惡無傷而不去；至惡積不可掩，罪大不可解，則荷校滅耳矣！」古今小人，如出一轍，詎獨一訟棍哉！〔貴虛〕

1137	原 126/7	廣子 6/47	大 4/160

義犬救孩

滸墅關鎮有胡姓者，年逾四十，方生一子，愛逾掌上，乳嫗保抱不少懈。胡屋背大河，帆檣如織。一日乳嫗攜兒眺望，扶持偶疏，身越隄墮水。乳嫗張皇失措，號呼方急；家中一黃犬，突赴河中，銜住兒衣，曳至灘壖。比胡聞聲奔集，兒已離茲坎險矣！抱負回家，兒竟無恙。陸機黃耳，應命傳書；張氏烏龍，聞呼救主。古今人不相及，彼蠢蠢者並有千古矣！〔功狗也〕

1138	原 126/8	廣子 6/48	大 4/161

巨魚入網

北溟有魚，其長千里，海客劇談，耳之可喜。客有譚舊金山近事者，云該處捕魚公司，距舊金山二十英里之遙，網獲一大魚，長三十五英尺，圍二十英尺，重一萬磅，挽用四馬力之車。近年太平洋所獲之魚，皆無其巨也。青天蕩蕩，不為大鵬之飛；滄海洋洋，竟入老漁之網。惜哉！〔龍伯之遺〕

1139	原 126/9	廣子 6/49 右	大 4/162

蝶僊

蘆溝迤西有皓公墓，松柏參天，藤蘿匝地；常有五彩大蝶，翔集樹杪，彷彿羅浮仙種。前月有涿郡馮某，行經是處。晚日已沈，酷暑未退。倚樹小憩，瞥見大蝶五六，翩翩可愛，伺撲兩枚，囊盛以去。而馮終夜奔馳，未越墓田一步。次蚤，人過，見馮旋繞不休，呼之不應。赴見之，將馮攜蝶放去，蝶去而馮醒矣。莊生夢蝶，自喻適志。彼何人，斯亦自苦矣！〔夢醒蘧蘧〕

1140	原 127/1	廣子 7/49 左	大 4/163

言提其耳

松寮晚磬，竹院晨鐘，僧之為耳聞根清淨焉。乃不向經壇而聽講，偏游妓館以徵歌。非耳負僧，實僧負耳矣。京師某寺僧，佛門中登徒也，偶至五皮胡同妓家，坐定即命彈唱。妓見僧貌肥醜怖，不肯出。僧怒將房中陳設，肆意打毀。於是龜鴇齊出，拳足交加。因無辮可拉，堅持其耳；僧極力掙脱，而左耳已齊根扯落。《心經》有之曰：「無眼耳鼻舌身意」。若此僧者，已得六無之一。〔法聰頭當磬兒敲〕

1141	原 127/2	廣子 7/50	大 4/164

銅人跨海

漢武帝範銅為仙人，以玉盤承露，高出雲表。或疑史冊所書，未免鋪張過分。近有客自海外歸，言樂德海島之港口，有銅人一具，跨海而立，其胯下能容大舶經過。左手執燈，然之，光照數十里，俾夜行者得認識港口，以便叢泊。據云，創造之時，每日鳩工千餘人，凡十二年而後成。至點燈之法，尤為奇巧，空其中，為旋螺式之暗梯，自內而登，由是至手，可拾級趨焉。聞者笑曰：「如子言，固堂堂一表也，但惜其為空心貨耳！」〔虛有其表〕

1142	原 127/3	廣子 7/51	大 4/165

手足情深

湖南新甯縣有王氏兄弟二人，伯六皆，仲七襄。其先人以名幕起家，遺數千金。仲固名諸生，讀書課子，不與家務；伯業賈連年失意，耗其產幾半。仲婦嘗勸夫分爨。仲曰：「子毋然，吾兄仁厚，聞此言決不介意。倘外人知之，得毋貽笑。」他日，婦故衣諸子以藍縷，執卷請業而前。仲訝之。婦曰：「吾視諸子日後必為丐，故使預習也。」仲知其意，不與辯，但曰：「苟能儉，亦可為兒輩惜福。」乃展卷講田家荊樹故事，命諸子環而聽。婦在旁忽嘆息，曰：「吾固不知兄弟之誼，真同手足哉！樹猶如此，人何以堪？」忽其兄排闥入，曰：「刑于化，何神速乃爾。」顧謂仲婦曰：「吾向者竊不自量，視陶朱猗頓輩，落落非吾偶；今而知有命存也，負郭田無恙，與吾弟同咬菜根，不復向貨殖傳討生活矣。」同邑姚子言嘉其行，繪連枝圖，徵諸名士題詠焉。〔怡怡〕

1143	原 127/4	廣子 7/52	大 4/166

洗腳大會

以光頭之賊相，欲觀跣足之美人，難事也。況乎聚無數蓮鉤，一一觀其脱瓣，此尤俗家人所遜謝不敏者，而維出家人能之。蓋婦女最信佛教，若輩即借修行之説，憑空煽惑，而事無不濟矣。雲南通海縣某寺，在城西隅，寺前有水塘，名「洗腳塘」。八功之水，瀰瀰然也。每年三月逢亥，遠近婦女，爭以其瞿曇白足來洗於此，名「洗腳大會」。觀者滿前，略無羞澀。於是寺中僧亦隨喜塘邊，與蘇內翰輩同參「玉版禪」焉。洗畢，宰牲還願，為鹿女踏花，緩緩歸去。問何以不知羞？曰：「求來生福也。」而不知今生之辱，雖萬里流烏能濯去哉！〔無遮〕

1144	原 127/5	廣子 7/53	大 4/167

神有俠腸

節婦王氏，太平縣人。翁姑以貧故，欲奪其志，隱受吳某聘。將醮矣，垂涕告之。婦默然，夜半飲泣于夫柩前。啟戶出，將赴水自盡。忽有雲自足下生，覺身輕不能自主。轉瞬已至門首，見翁送一叟出，叟去以問翁。翁曰：「汝在外耶？吾固疑門之無故闢也。此叟素未謀面，直呼我起，贈我銀，囑我毋醮汝。」婦亦自道其求死不得狀，相與驚異。次日，吳某央媒送歸庚帖。問其故，則因昨夢神人告曰：王氏守節，感動上蒼，強娶之必有禍；故懼而罷前議，並將原聘改助卹嫠，以全苦節云。〔完貞〕

1145	原 127/6	廣子 7/54	大 4/168

鴉片醫牛

阿芙蓉本藥籠中物，主治泄瀉；向但知可以醫人，而不知其可以醫獸。日報言金陵一帶，近多瘟牛。有鄉農入某煙館，口稱急欲過癮，將進城延請牛醫。煙主戲曰：「此牛煙癮發耳！何弗以煙泡伴草料飼之。」既而一燈熒然，某亦煙迷睡去。及醒，已夕陽在山，歸恐為家人責。乃如館主人言，懷煙泡數枝，詭稱醫生所給之藥，以試牛。牛立愈。異之。更以試鄰牛之病者，亦無不愈。第恐喘月告痊，而餐露成癖，相思草未能一日忘爾！〔樂此不疲〕

1146	原 127/7	廣子 7/55	大 4/169

棒喝情魔

潯城某生，讀書古祠中，見鄰女而悦之；眉語傳情，幽期密訂。一夕擁卷獨坐，有美少年搴簾入，曰：「客至矣，曷少憩。」急起延坐，燈光之下，認知為意中人。覺以弁易釵，愈形嫵媚。喜極狂笑，聲連戶外。住持僧聞而入視，作怒目之金剛。二人學龍女善才，向觀音而下拜。藍橋咫尺，風浪平興。僧以方外人而管此閒事，未免太煞風景。要知我佛多情，正是慈悲極處。〔南無鈍光王菩薩〕

1147	原 127/8	廣子 7/56 右	大 4/170

妖狐獻媚

世以婦女之妖冶者，比之狐狸，以其善於迷人也。人似狐已足以迷人，況其為真狐，況其為外國之狐。日本某島向多狐，有華客游經其地，忽腹中飢不可耐，以手捧腹而行。道有豔妝女子，拍其肩，笑曰：「得毋飢乎？妾家離此不遠，曷往小憩，自當為爾具餐。」客欣然偕行。不料是處有西兵操演，女聞鎗砲聲，即舍客狂奔。遙望之，狐也。狐既去，腹亦不飢，遂愕然而返。夫以海陬異類，冒託人形，卒之脩尾難藏，醜態畢露，亦可笑已。〔露本相〕

1148	原 128/1	廣子 8/56 左	大 4/171

探囊少興

梁上君子，挾其不告而取之術，更深夜靜，潛入人家，信手拈來，視天下無棄物也。乃有新疆徹防之營勇，路過甘肅地界，帶革囊數具，投宿旅店。偷兒乘夜攫取，啟視則白骨纍纍，驚棄道旁而去。蓋皆生者之相知戚友，戍死窮邊，攜歸以正首邱者。彼君子兮，入此室處，有

興而來，無興而返矣！〔可憐無定河邊骨〕

1149	原 128/2	廣子 8/57	大 4/172

力困猴圍

瓊州黎峒間，山逕欹窄，古木陰翳，人獸雜居，境稱荒僻。營弁某奉主將令，率勇數十人，開闢道路。裹糧持械，深入幽邃處。見一小猴子跳躍澗邊，一勇戲擊以鎗，猴即驚遁。少頃，突來大猴一群，攔截去路，愈聚愈眾，漫山遍野，圍匝數重。攫一人則伏而齧其腦，迨諸勇奮力殺出，已十傷八九矣。按近日馮軍門進勦黎匪，軍威大震，所向披靡；乃以百戰精兵，忽小挫於齊天大聖。欲報此仇，曷多選鳳陽婆以往。〔寡不敵眾〕

1150	原 128/3	廣子 8/58	大 4/173

同車及溺

西薈芳妓高雲卿，與某客締魚水之緣，誓挽鹿車以偕老。既而客將歸去，已搭定長江輪船。妓送之，呼馬車與客俱載。本欲至金利源碼頭，而御者誤為甯波碼頭。客令將車拉轉，馬忽倔強不能制，奔入黃浦。幸岸有挑煤小工，趕即救起。此日征衫替著，先教滌去紅塵；他時夢轂遙馳，應許盟尋白水。說者謂牛郎織女，分袂鵲橋；好雨洗車，未若此淋漓酣暢。〔有女同車〕〔載胥及溺〕

1151	原 128/4	廣子 8/59	大 4/174

作孽現報

穗垣某甲，家饒不義財。眾怨之，欲得而甘心。甲防患過深，致成心疾。袒裼狂奔入東明寺，取案頭筆，書其臂某姓某名，皆其平時所傾陷者。書竟，擲筆於地。顧見壁廂為寄柩處。挺臂呼僧，囑代禁壓柩底，並脫臂上玉釧及所佩時辰表以為謝。僧不堪其擾，取紙拭其字跡，繞柩三匝，曰：「吾為爾壓之矣！」甲大笑，曰：「如此，則若輩死乎？」僧曰：「將自斃。」乃合掌長揚而去。甚矣！放於利而行多怨，其操心也危，其慮患也深。而有斯疾也，以身發財，雖多亦奚以為？〔喪心病狂〕

1152	原 128/5	廣子 8/60	大 4/175

放蓮花燈

人，生屬陽，死屬陰。不知何時何人，於「陰」「陽」二字下，增一「間」字。而地獄之說，紛然起矣。俗傳七月三十日，為地藏王誕期，盡放獄中諸餓鬼。於是乎有盂蘭盆會，所以賑孤魂也。此風行之最廣，而淞郡尤盛；陸賑之外，更有水賑。又翦紙為蓮花燈，放乎中流，謂能照見九幽十八獄，通宵達旦，舉國若狂。博窮鬼之歡，果若是其易易哉。〔上下空明〕

1153	原 128/6	廣子 8/61	大 4/176

嫖客贖身

天下有贖身之妓，而無贖身之客。客之有身，固自主之也。而有時亦必待夫贖者，則惟以嫖故。京師百順胡同有貴元堂，蓄妓最多，接客甚眾。近因擅買拐女一案，突來司坊官查封房屋。一時狂蜂浪蝶，如蛛網罩住，無計脫身。不得已，競為贖身之舉，或解囊金，或書借券，盡賄差役而後得出。問身價若干，則或十金，或數十金，不及妓女之贖身遠甚。故曰君子守身如玉，無瑕乃可貴。〔買放〕

1154	原 128/7	廣子 8/62	大 4/177

狼與人鬥

斬蛟射虎之事，非力大於身者，不能猝辦。困獸猶鬥，古人所深誡也。涼州西鄉近出一狼，居民患之。有某甲者，投袂而起曰：「吾力足以舉百鈞，何畏此跋胡疐尾為哉？」與狼鬥不勝，幸鄉農糾眾出助，始擊斃之。於甲已五指受傷矣。豺狼當道，明哲保身。若某甲者，其志固足嘉焉，而何不量力之甚！〔血氣之勇〕

1155	原 128/8	廣子 8/63 右	大 4/178

哀謀潛沮

京師某氏婦，住東單牌樓。其夫久客於外，婦因入廟燒香，見泥塑皁隸對之微笑，駭而歸。夜夢隸來，曰：「吾與爾有夙緣。」強拉之去，至一處屋宇，精潔飲食器具悉備。謂婦曰：「吾有事，不能久陪；請少安毋躁，三日後來與爾成親。」語畢，竟出。婦自以清白閨媛，何堪受玷；且家有邁姑，藁砧未歸，乏人侍奉。言念及此，淚涔涔下。隸至，覩此情狀，若已覺之者，拱手謝曰：「吾固不知爾為孝婦，冥司極重孝行。吾何敢犯。」即送之歸，望見家門，如夢斯覺。姑泣於旁，死已三日矣。此事采諸日報，確否未詳。惟因一念之孝，能令淫昏之鬼，不敢揶揄。雖曰傳聞，而烏可以不記。〔亦足以風〕

1156	原 129/1	廣子 9/63 左	大 4/179

驚回好夢

凡吸洋煙者，至得意忘言之際，左手持籤，右手執鎗，一燈如豆，送入睡鄉，名曰「煙迷」。「煙迷」之狀，煙間尤多。杭州湖墅鎮某煙間，在臨河之三層樓下，上兩層買茶酒。適值地方賽會，座客為滿，有小輪船由此經過，眾客擁至窗口觀看。樓忽傾圮，死傷頗多。救者於頹垣折棟間，聞呵欠聲。撥視之，見一人手握筠簫，徐徐起坐。蓋「煙迷」乍醒也。履險出夷，抑何僥倖！然吾聞煙之為物，足以養性，初不必觀其迷也。雖當吐霧吞雲，而忽遇牆坍壁倒，有未肯丟鎗而逃者。〔安且吉兮〕

1157	原 129/2	廣子 9/64	大 4/180

除去一害

世間無業游民觀演《水滸傳》雜劇，輒自比於好漢一流。一旦飢寒交困，無計可施，迫而效及時雨故智，勢所必然。如粵中積匪莫亞光者，其為盜也，皆取法梁山，所居有義勝堂名目。凡近處鄉鎮，恃強約法，使之不劫而自獻，名曰「打單銀」。收一次動至數千兩，橫行不法二十餘年矣。順德協利鎮軍探得巢穴在小攬圍口，調集官兵，乘小輪船連夜往捕。亞光身挾三洋鎗，技能命中。官兵亦以鎗砲環擊，立斃之。惡貫滿盈，難逃顯戮。雖曰翦滅此不朝食焉，而亦可見《水滸傳》之禁，正所以杜亂萌也。〔滅寇功〕

1158	原 129/3	廣子 9/65	大 4/181

恭閱欽工

尊親之至，莫大乎以天下養。方今海宇承平，民康物阜。皇上躬行孝道，為天下先，命內府臣工，興修豐澤園，恭備皇太后幾餘游幸，養之至也。工竣之日，奉宸院卿率領司員人等，敬謹閱視。其間臺榭樓觀，彝鼎圖書，巍乎煥乎，矞皇典麗。〈靈臺〉之詩曰：「經之營之，不日成之。」海內臣民，咸拜手而頌箕疇之福矣！〔宸游到此歡無極〕

1159	原 129/4	廣子 9/66	大 4/182

蕉龍致雨

祈雨以龍，成例也。或刻以香木，或結以采繒，其法不一；而花樣翻新，即奇情入畫。比聞端州府屬，田禾待澤，禱祀空勞。有好事者斫芭蕉葉，縮成長龍一條，自首至尾，遍插以香。黑煙低護，疑興觸石之雲；綠蔭周遮，恍滴垂珠之露。其餘旌旗幢蓋，亦皆取材於蕉。令眾小孩揭游市上，借博嬉笑。不謂演法未終，而甘霖忽沛。其果有龍則靈歟？抑亦會逢其適歟？〔葉公之好〕

1160	原 129/5	廣子 9/67	大 4/183

神臂受傷

神之有是偶象也，憑依之焉爾。謂為有知覺則可，謂為能運動則未必然。甯郡大校場有賀監祠，神即唐學士賀季真也。一日神臂忽斷，神袍亦毀，初不知其何自而然。廟祝懼檀越之見責也，乃裝點其辭，謂夢見神與疫鬼鏖戰所致。然耶？否耶？誰信之耶！果爾，則請以四明狂客，配享藥王，以報醫疫之功。古不云乎：三折肱，知為良醫哉！〔臂功〕

1161	原 129/6	廣子 9/68	大 4/184

忠魂拒疫

謠言之興，無獨有偶。更舉一端以作前圖之陪襯。海甯城東某村有稻數頃，無端偃仆，似有人踐踏者。傳至城中，謂彼處鄉農，於某夜三更，見彭、吳二公，大罵溫元帥尸位溺職，不應放疫鬼殃民。溫帥言：「數由天定，我何能為？」爭鬧不已，遂至用武，故將田禾踹折云。按二公，湖南人，咸豐季年，帶兵幫守甯城，歿於戰陣。彭公諱兆梨，官訓導；吳公諱藎臣，官副將。今已合建專祠矣。〔正氣猶存〕

1162	原 129/7	廣子 9/69	大 4/185

蠹役成群

天下無不愛民之官長，而無不擾民之胥史。愛之如何，曰除莠安良也；擾之如何，曰假公濟私也。官愛之而吏擾之，小民無知，輒以怨吏者怨官，然而冤矣！日報載湖北某縣鄉間有著名訟棍，平時無惡不作，近更有活埋人命一案。經邑尊勘驗得實，派差四十餘人，到處訪拿，為民除害。仁心也，仁政也。無如村中人少見多怪，相率逃避。田間早稻初熟，被奸民賄通諸差，乘間偷割，而兇手仍未獲到。賢父母保赤心誠，竟成辜負。良可惜也！讀汪大令《學治臆說》，而恍然於約束家丁，整頓胥吏之非無故矣！〔好大蝗蟲〕

1163	原 129/8	廣子 9/70 右	大 4/186

以盜易道

天下凡可以致富者二，一曰官，一曰盜。惟視官之更勝於盜，故有因盜而求為官者。粵有大盜被獲到。官訊之日，官坐於上，盜跪於下。三木將加，盜忽大言曰：「我道也，非盜也。」官為之駭然。及吊驗部照，勘核贓証，則官固真，盜亦非假。日報謂，其遵海防新例，報捐道員，因闕捐免保舉一項，爰仍理舊業以為措資地，而不防其破案也。信如斯，則盜計良左。彼但見紗帽下無窮漢也，獨不知夫矯飾廉隅，欲取不取間之嘗盡苦趣。曷若以板刀麵、肉餛飩，喝留買路錢之為直截痛快哉！〔學道不成〕

1164	原 130/1	廣子 10/70 左	大 4/187

毀體募緣

佛講慈悲，墨言兼愛，其道一也。然墨之為道，摩頂放踵，利天下為之。今之託足佛門者，造一寺，建一庵，毀其肢體而不惜。及觀其廟宇落成，而寢斯食斯；雖富室大家，無此享受，則亦為己而已。京師西直門外有古寺，頹廢已久。住持僧浩然立願募修，將一臂用尖刀穿釘佛龕上，即有人拔去之，攜以勸捐，無不樂助。然安知拔刀之人，非暗受僧之賄囑者。非然者籌辦巨款，豈朝夕間事。雖曰忍痛，其能久乎？以此知僧之行詐也。〔忍痛須臾〕

1165	原 130/2	廣子 10/71	大 4/188

破案神速

七月二十四夜，秀水顧家浜顧姓被劫。次日，在中街豬廊下獲盜二名，供稱寄贓在荷花隄口聚順茶館；同夥四十餘人，有在北門外王姓客寓者，有在各駐防砲船中者。邑尊遂攜帶防身軍器，率領統班、差役，冒雨步行。將近茶館門首，時已四更，恐鄰居受驚，祇令一差叫開店門，搜出贓物。旋在王姓客寓，獲犯十名；又會同砲船幫帶，在中街暨秀城橋二處砲船中，續獲四犯。贓証分明，訊供確鑿。巨案立破，不出二日之外，亦神速哉！而其深夜疾馳，躬冒風雨，不辭勞悴，不務張皇，此又近世文員中所罕見者。能吏之稱，當之無愧矣！〔賢勞〕

1166	原 130/3	廣子 10/72	大 4/189

臨別贈言

讀何太史〈金陵雜詠〉，曰：「一體軍民呼九帥，元侯兄寫紀功碑。」伯仲勳名，固赫赫乎繫人懷畏哉！九帥開府兩江，紹文正之徽猷，作東南之保障，勤勞三載，入覲九重。去之前數日，集轅下材官、舊時部校，而飭以「安分守己，勤慎供職。吾與若相處有年，今臨別無他言，願若輩共保令名，庶異日重來，不致以忸怩之色對我耳！」眾唯唯叩謝，誓不負此訓辭。此數語者，實推「滿而不溢、高而不危」之道，以勗己者勗人。理學名言，英雄本色，重而有之。而又非平時之聲望足以傾倒一世者，亦未易侃道也。〔一片熱腸〕

1167	原 130/4	廣子 10/73	大 4/190

罰令換水

有百病叢生之人，無百病兼治之藥。即如疫病一端，渾言之則曰疫，分言之則有寒熱燥濕之辨。加以受病者之秉氣各殊，虛實陰陽，症隨人異，未可以一二藥味，概行施治也。近來津郡患疫，有同文堂刻字匠誤聽謠言，刊方傳播於梁家嘴一帶。法用黃布袋，裝柴胡、管仲，浸水缸中。謂出自神授，功效最良。不知二味性主疏散，致飲水之家，多患吐瀉。有張學究者，憤而欲控諸官。經旁人調處，罰令刻匠挑換新水，並每家償還藥資八十文，始得了事。在刻匠，雖以善門難開之説，自為解嘲；然其無知妄作之咎，實由自取耳！〔棗禍梨災〕

1168	原130/5	廣子10/74	大4/191

蒐訪古書

書之未遭秦火者，有朝鮮、日本兩國；而日本尤多。阮文達校《十三經注疏》，引山井鼎考文；其所援據，類皆足利古本。近者徐觀察奉使日邦，退食餘閒，留心典籍。特派隨員姚太守帶同鈔胥，往東京足利學校，借本繕寫，將攜歸中國，刊板流傳。誠善舉也。噫！祖龍一炬，黔首皆愚。二千年代有經生，而聚訟紛如，終多疑案。得古本而校讐之，雖斷簡殘編，直不啻吉光片羽。如觀察者，洵足紹前哲而惠後學者。載詠〈皇華〉，令人欣慕矣！〔抱遺訂墜〕

1169	原130/6	廣子10/75	大4/192

名士鑽籬

世間惟真才子不事邊幅，自然幽雅。其必待致飾於外者，皆不足於中者也。有寓居新嘉坡某甲者，其平日批風抹月，竊附於風雅一流；人亦以雅人目之。有招與詩酒醼者，欣然入座，雄辯高談，興復不淺。座客宣一令，曰：「犇字三牛，田壽合為疇，牛牛牛將有事於西疇。」次及甲，甲託言有事，起身告辭，眾譁曰：「有事西疇耶？令未畢，未許犇也。」一客接令，曰：「晶字三日，士口合成吉，日日日君子不家食吉。」甲見眾出口成章，諒不能敵，乃佯為沉醉之狀，隱几而臥。又一客續曰：「轟字三車，余斗合成斜，車車車遠上寒山石徑斜。」宣畢，推甲使醒，甲遽呼腹痛，如廁更衣，良久不至。命僕瞯之，杳無蹤跡，但見紫槿籬根，穿成一孔耳。〔乘隙而遁〕

1170	原130/7	廣子10/76	大4/193

痛責妖巫

《黃帝內經》云：「惡於鍼石者，不可與言至巧；信於鬼神者，不可與言至道。」愚俗凡遇疾病，不信醫而信巫；不知巫之為術，惟偽託鬼神，私圖射利耳。武昌武勝門外有因病求巫者。巫至，見病勢沉重，故作神語，曰：「此病本易治，惜誤於庸醫。今急而求吾，晚矣！」不料醫固在座也，攘臂起曰：「既是神降，應知吾用何方，方配何藥。」巫不能對，老羞變怒，激而用武。適巡撫委員經過，問悉情由，命重笞之。曰：「如有神，應不知痛。」巫始猶強忍不出聲；既而受創難熬，哀求饒命。委員笑曰：「知痛，則非神；非神而冒為神，豈非罪過。」命再笞一百，曰：「吾為爾懺悔也。」〔快人快事〕

1171	原130/8	廣子10/77右	大4/194

彼何人斯

煙臺近多竊盜，市有戒心。有某藥店者，深夜聞扣門聲，且操異鄉音，懼不敢問。俄而，扣益急，辭益厲。繹其語氣，似言若再不開，定要打進云云。一時鄰右盡起，始敢啟視；則係營勇二人，被蝎螫而購藥者。方音未解，即貿易難通，是以擅貨殖之長者，必讓諸言語之科歟！〔虛驚〕

1172	原131/1	廣子11/77左	大4/195

激怒殲淫

使夏徵舒不聞似汝似君之語，未必矢發廐中。天下固有學神龜之調息者，不灼其背，伏而不動也。如京師永定門外某甲者，其妻與鄰乙有染。甲以年邁，久服獨睡丸，雖知之不問也。偶偕友人夜飲，同席戲呼為介類。甲默然託故，歸家取刀，逕奔妻房，驚起野鴛鴦，贈以無情鐵。燈影之下，揮刀亂斫，將乙之頭顱，截去一半，如瓜祭上環焉。妻跪求，不獲免，與有情人同歸於盡。此後地下尋歡，在乙縱不能以眉眼傳情，猶得含雞舌而嗅麝蘭之氣。〔得半之道〕

1173	原131/2	廣子11/78	大4/196

鬼計多端

東武徐氏，舊族也。所居有古壁繞其宅，堊粉脱落處，磚文現紹興年號。每當風瀟雨晦，壁中隱隱出絲竹聲。施一釘，必腹痛三日，故其家向無失竊之患，蓋胠篋者亦習聞之，相戒勿穴云。然主人弗信也。邇於東南隅，穿一戶牖；而其女陡患目痛。家人謂壁神作祟，當祀之。徐不之聽。是夕月明如晝，徐聞窗外小語，潛窺之，見奇形者七，聚相謀曰：「必舍此而就彼，然後血食可操券得也。」乃一一化為異獸，竄入其子臥房。次日，目疾者愈，而其子得拘攣症，腿脛拗屈，肩背攲斜，投以藥弗效。徐愛子情切，迫而為祈禳之舉。通神未畢，痼疾若失。奇哉！〔泰山石敢當〕

1174	原131/3	廣子11/79	大4/197

巫師矛盾

古者巫醫共稱，故醫或作「毉」，即祝由之類。然其為説也，不盡可信。故誣亦從「巫」，若今之所為巫者，直妖言惑眾耳。鄂俗信巫，有修賢鄉某甲，患弱症，同村某巫謂能以符咒驅退病魔，乃延使作法。巫杖劍登壇，喃喃囈語，忽其友疾趨而至，呼巫與語；巫故作神附狀，不應。友怒曰：「爾家有大禍事，故急來報信，尚在此做夢耶？」巫駭而奔視，見其妻縊梁上。家人聚而紛救，已竟體如冰矣。於是合村傳為笑柄，謂巫之工於救人，而絀於救己，殆猶名醫之不自醫歟？〔鬼迷張天師〕

1175	原131/4	廣子11/80	大4/198

片語聯姻

皖南有二叟焉，曰方震仲，曰陸味辛。少相友，居相鄰，皆老於村學究者。課徒之暇，偶談家務。方曰：「吾二人老矣！方寸硯田僅餬八口，向平願未知奚日償也？」陸笑曰：「是不難，君家有三男二女，吾家則三女二男，以次遞配，年亦相當，若效朱陳村故事，一日而婚嫁畢矣。第不可狃於世俗之見，而以八字配因緣，復較量於奩聘之厚薄耳！」方然之，倩冰上人互委文禽。前月廿四日，交杯於陸氏之堂。兩家老夫婦，鳩杖醉扶，同觀花燭；五對小神僊，鳳簫韻叶，共賦桃夭。惟新嫁娘皆紅巾障面，故行禮之時，眾喜伴留心照顧，蓋防次序之錯亂云。〔五子登科〕

1176　原 131/5　廣子 11/81　大 4/199

冥誅吞賑

救災卹鄰，行道有福；泛舟之役，千古艷稱。若躬襲夫勸賑美名，而借鴻嗸之口，以遂其蠹蝕之私，是幸災也。救災有福，幸災烏得而無禍。某甲者，諱其姓氏里居。同治初，遊庠食餼，旋以納粟得官，儼廁縉紳之列。年來廣勸助賑，幾於樂善不倦，人亦疑其卒為善士也。近以病卒。有石門劊役暨桐鄉屠戶，同夢至石門縣城隍廟；見某縛跪階下，背插斬條，上載陰司新例，吞賑者立斬云云。有鬼卒授以利刃，使之行刑。醒而述於人，且言如不見信，則棺之前和有血跡一塊。乃向其寄柩處驗之，果然。紀其事，圖其狀，為溝瀆殘魂，一伸冤憤。〔莫道無禍〕

1177　原 131/6　廣子 11/82　大 4/200

力不同科

西人好動不好靜，好爭不好讓。賽巧之外，更有賽力；且不獨賽人之力，而更賽畜之力。何謂賽人之力？或以手搏，或以足跳，或以長繩集數十人分拉兩頭，仆者負，勝者拍手笑也。何謂賽畜之力？或叱牛羊，或驅雞犬，或沐猴而冠，或放豚出笠，使各逞其爪之鋭，牙之堅，喙之利，翮之健，以相矜尚也。總之人也畜也，雜而聚也，無不有求勝之念也。其地則泥城橋外之跑馬場，其時則在跑馬期之前數日也。〔出奇制勝〕

1178　原 131/7　廣子 11/83　大 4/201

騙局翻新

世以嫖不破鈔者，謂之「空心」。惟空故靈；靈則機械變詐，莫可測度。金閶某校書，泛舟鴛湖，有新相知許贈以金飾，令其挈同婢嫗，隨至天寶銀樓。店夥誤認為過路官眷，款待甚殷。客取金如意一枝，反覆把玩。忽向外招手，曰：「來！予與爾言。」即信步出門，良久不返。疑而問諸嫗，具道來由，始悟為騙。急起追之，不知去向。即鳴保押妓至船，見臥具之外，別無長物。責以賠償，惟珠淚兩行。非有情人，不堪持贈。店主恐釀事端，遂忍氣而寢其事。于是乎「空心」者，竟叨實惠焉。〔攸然而逝〕

1179　原 131/8　廣子 11/84 右　大 4/202

抱子尋夫

俗以華洋人串種而生者，呼為華洋童子。日本地處東洋，通商以來，國多華士。有某妓識一華客，半日郵亭，因緣草草。近生一子，華種也；抱以尋客，逢人輒詢。君子觀於此，而慨然曰：甚矣！狎邪之不可以近也。若此子者，苟非生長勾闌，安見異日之不為將相，不為公卿。而以片刻歡娛，遺佳種於汙泥窟穴，良可惜已。使其撫養成人，而琵琶肩背，步香車寶馬之後塵。為之父者，置身何地？然猶幸其為男也，倘不為男而為女，他日者，萍水相逢，種瓜自摘，如《聊齋》所記韋公子事者，又將何以為情？〔恩子生〕

1180　原 132/1　廣子 12/84 左　大 4/203

學使憐才

唐生，名繼盛，無錫人。父操姑布子卿之術，寄籍吳縣。生附讀於種善局義塾，工詞賦，才藻獨絕。王宗師按臨蘇屬，於前月二十九日試童經古，唐亦與焉。出場後，眾紳以唐非吳下蒙，稟請扣考。唐自知財勢兩絀，付之一嘆而已。不料先正場一日，突有巡捕官持學憲親筆諭單，飛遞吳縣辦考處，立取唐童冊卷。頃刻，聞又有兩承差，先後奔至，喘急汗流，傳呼送冊。學官遂立傳廩保，畫押呈進。眾見宗師之厚遇唐也，竊竊焉疑之。及閱經古正場兩案，皆名列第一。索觀場作，則果情真雅正，足冠一軍。於是嘆宗師之識拔真才，不惜破格以待孤寒之士，為難能也。〔感恩知己〕

1181　原 132/2　廣子 12/85　大 4/204

永錫難老

粵督張制軍，文章經濟，海內風傾；開府嶺南，頌聲嗥起。八月初三日，值嶽降令辰。先期牌示屬員，謝絕餽獻。有以壽屏進者，錄其文，卻其屏；蓋兩袖風清，惟許香留翰墨也。九月十三日，蒙聖恩，賞到匾額一方，文曰「籌邊錫福」；蟒服一襲，玉如意一柄，金佛一尊，福壽二字江綢八卷，吉綢八卷。制軍朝服詣日近亭，恭設香案，望闕叩頭謝恩。祇領訖，迎入署中，傳班演劇，誌盛也。臣心似水清，涵湛露之華；王言如綸溫，駐長春之景。一時賀客盈庭，莫不稱觴而進曰：「國恩家慶，惟公足以當之。」〔天錫純嘏〕

1182　原 132/3　廣子 12/86　大 4/205

書某少年

少年不知何許人，或曰衛玠後身也，或曰潘安再世也。一日，游于都門之護國寺。適菩薩開光，善信麕集，擇一清淨地小憩游蹤。有老嫗挈一女郎至，秀麗無匹。嫗展問邦族，少年唯唯以對，兩目惟注射女。女亦秋波微轉，脈脈通辭；乘嫗他顧，探懷出豆蔻一枚，笑置少年口。覺清芬滿頰，遍體皆酥，竟軟癱于地。女佯驚曰：「哥哥中痧矣！阿母守此，奴去喚車來。」嫗曰：「渠身上衣多，那得不痧？且輾轉塵垢間，沾汙可惜，曷卷懷之。」遂與女褫其上下衣，并眼鏡、班指、時表諸物，打成一包，女攜之去，良久不復至。時觀者漸眾，嫗央告曰：「小妮子去不返，恐有他故，煩代為照料片時，待老身一行。」語畢，逕出。頃之，少年醒，驚問衣物何在？眾曰：「爾母妹將去矣。」少年回憶乍事，心知中計，默然而歸。吾謂豆蔻微物耳！何必以重價購啖。書以告天下少年，讀此當如食諫果。〔風流藥石〕

1183　原 132/4　廣子 12/87　大 4/206

督毀淫祠

唐狄文惠巡撫江南，禁毀淫祠一千七百餘所。本朝湯文正治吳，境內五通廟，拆毀無遺。治民之道，亦去其誣民者而已。湖州姚灣鎮有蛇妖為患，民間創立祠宇，題其額曰「胡大人廟」，禳災祈福紛如也。縣令立限諭毀，而民莫敢從。乃親蒞是鄉，召集諸父老，告以淫祠本干例禁；妖如有靈，願身受奇禍，與爾民無涉。手握巨斧，斫其象；復飭差將匾額、儀仗，概付焚如，改其廟為土穀祠。是舉也，遠近居民莫不驚疑憂懼。既而安然無事，又莫不頌大令之德，謂足以鎮攝妖邪，當與狄、湯二公，後先媲美云。〔正能克邪〕

1184	原 132/5	廣子 12/88	大 4/207

戾氣致殃

舐犢之私，婦人尤甚。不幸而中年謝世，弱息無依。繼其後者，為之善視而撫育之。不但坐收多子之福，而又博賢慧之稱，亦何樂而不為哉？不此之務，而加以淩虐焉，則地下人之怨慟深矣！杭某婦，繼室也，虐其前氏之子女；而於己所出，則寵愛異常。一夕燈下刺繡，偶一舉首，見有少年婦現著衣鏡中，掩袂而泣，心知為前氏也。怒投以翦，誤中其子胸門，血溢立斃。婦本有孕，至是悲憤交集，肝氣橫沖，胎遽墮。視之，男也。人謂暴戾之報也。吾獨怪夫為之夫者，日見其種種酷虐，而惟袖手以旁觀也，抑又何也？〔炯鑑〕

1185	原 132/6	廣子 12/89	大 4/208

偷兒狎妓

某甲者，身有異相，視常人獨多一手。向與一劉姓人同寓鼎豐棧，有一面緣後，劉移寓福泰棧。甲謬託知己，數枉顧焉。見座客遺下之眼鏡、時表，即伸出第三隻手，小試其技。復於主人床頭，隨手取得洋蚨一封。於是戴乃鏡，挂乃表，趾高氣揚，入於舊相識某妓家。鴇因其曾欠局帳，頗慢之。某探懷出洋，擲桌上曰：「我豈空心哉？速將去，大少爺讓我做也。」正得意間，忽劉僕偕包探尋至，連人帶贓，一并獲往。腰纏解下，居然騎雀僊人；頸索牽來，仍露偷雞賊相。大爺也，小竊也，觀於此，而知人之不可以皮相也。〔樂取于人〕

1186	原 132/7	廣子 12/90	大 4/209

奇書出塚

蜀中馮生赴郡應試，夜宿村店，聞剝啄聲；啟視一蒼頭，手遞紅刺，書年家某拜。生以素昧平生，懷疑欲問，而客已逕入。白髮蒼顏，衣冠整肅，自言與生之叔祖為某科同年，僑寓此鄉二十餘年矣。出懷中書一卷，曰：「此平生心血，敬以持贈，敝廬咫尺，枉顧可乎？」生唯唯，乃步月偕往，命僕前導。轉瞬間即失所在，惟荒塚一坏，白楊幾樹耳！駭而歸，明日往視，見墓前有碑，詳載官階籍貫，咸豐間歿於差次，左右無眷屬，道梗不得歸櫬，同僚為之營葬，以老僕附焉。荊榛塞途，佳城欲圮。生悟昨宵語，亟捐金修葺之。所贈書皆經學家言，博綜淹貫，絕不以穿鑿為功。〔一坏黃土蓋文章〕

1187	原 132/8	廣子 12/91 右	大 4/210

登高落褲

粵人呼女僕曰「奶媽」，奶媽者，大半由婢贖身，傭工度日，後贖者必投先贖者師。入其行者，終身不嫁，死則其徒為之殯葬。粵中墳墓多有在白雲山者，俗於重九節，借掃墓登高，相沿已久。前月有奶媽二人，偕一比邱尼，以麥飯半盂，祭諸先師之壟。突來匪徒三、四輩，攫取衣飾；未饜所欲，逼於將下體羅襦，當場解贈，而易以短且破之犢鼻褌。三人彳亍下山，無顏向街頭行走，乃乘肩輿歸。輿夫覩此形狀，索價甚昂。好事者遂訪孟參軍落帽故事，而改其山之名曰落袴巖。〔脱卻布袴〕

1188	原 133/1	廣丑 1/1 左	大 4/211

醜夫被控

婿之言乎「贅」也，于贅疣乎何殊？然觀趙松雪「摶沙為你我」數語，即玉茗詞所為「肉兒般和你團成片」者。蓋帖肉夫妻，異乎尋常之親暱也。而考之西法，則未必然。有寓巴城之美國婦，控其夫鼻上有瘤，請斷離婚。問以既嫌貌醜，何得許配？婦言眼素短視，當相攸時，朦朧渾過耳！此事在問官，不責以夫婦大義，而亦挾以貌取人之見。可見夫醜斷離，諒應合例。獨是以一瘤之故，而下堂求去，則為之夫者。何不視其妻為蒙不潔之西子，而掩鼻過之，亦未始非藏拙之一道。〔膚受之愬〕

1189	原 133/2	廣丑 1/2	大 4/212

紀蒲愛妮（上）

愛妮，新鄭人，少孤，依兄居。兄無賴，鄉里側目，妮勸之不悛，常戚然以憂。社中以酬神演劇，卜晝不足，繼以卜夜。有邀兄往觀者，從之去，達旦不返。妮撫寐以待。忽一人報曰：「爾兄死田間矣！」駭而奔視，見尸有傷痕，大慟曰：「不聽妹言，至有此禍。今已矣。尚何言哉！雖然蒲氏絕矣，不報此仇，何以見先人於地下。漆身吞炭之事，弱女子謝不敏。會當泣訴公庭，乞三尺法，伸此奇痛。兄如有靈，陰為我助。」遂詣縣擊鼓，官問以兇手何人？兇器何物？則曰：「此非小女子所知。賢父母若許為伸理，雷厲風行，何患不水落石出。若其知之，奚不先以告兄，早為之備；而必待其身遭慘死，始上瀆鈞聽哉！」官怒其不遜，命逐去之。女出，悲不能勝，質簪珥，裹餱糧，間關走京師。值駕謁東陵，伏道旁呼冤。衛士脅以兵，女從戈戟林中，膝……

1190	原 133/3	廣丑 1/3	大 4/213

紀蒲愛妮（下）

……行而進，呈上冤狀。恩准交刑部，解回原省訊供。女指同族七人，皆常與兄往來者，悉逮之，認無實據。官問女年幾何？曾否許字？女艴然起立，曰：「今日之事，案情以外，請不必問。小女子忍恥偷生，跋陟千里，匍匐案下，惟求秦鏡高懸，俾泉下人出一口怨氣；非欲受溫家玉鏡臺，煩堂上官執柯也。」問者為之慚沮。事見八月間報章。證以近報，雖略有不同，而妮之誼篤孔懷，備嘗艱苦，已可見一斑矣！〔奇女子〕

1191	原 133/4	廣丑 1/4	大 4/214

助賑銷災

四明某翁，村學究也。聞鄭州水災，思稍助綿力而不可得。適學徒餽脩敬三元，即以助賑。一日薄暮，歸見有皁衣人，在其門口挈一甕，封緘處有「五瘟使」字樣。揭之，見十餘鬼跳躍而出，長不滿尺，將挨次入門。忽來一白髯叟，舉杖指門上一紙，曰：「小鬼頭，眼珠盡瞎耶？」群鬼仰而視，即稽首若崩，縮身入甕。皁衣人見即遁脱。叟提甕冉冉入屋後破廟中。翁奇之，視門上紙，即賑捐收照。蓋家中小孩，戲帖於此者。始悟賑票可用逐疫，較赤符、丹篆為良。或曰：此惟捐戶自用則驗；若己則不拔一毛，而乞靈於他人之寸紙，恐鬼神不受其欺也。斯言也，亦自有理。〔永無惡曜加臨〕〔常有吉神擁護〕

1192	原 133/5	廣丑 1/5	大 4/215

漁師報賽

客有泛舟彭蠡湖者，見夫鷗波如鏡，釣艇成行，吹簫擊鼓，其聲悠揚。老漁告曰：「此網船會也。每歲秋盡冬初，則奉其先聖先賢，而報以烝嘗。若夫雷澤虞舜，磻溪呂望，淮陰韓信，富春嚴光，莫不來格來享，降福無疆。於是陳醽醁，挹酒漿；鱣鮪魴鱮，鰋鯉鰷鱨，或燔，或炙，薦其馨香，再拜稽首，以誌不忘。」客顧而樂之，叩舷而歌曰：「漁家之樂兮，其樂未央。浮家兮蓼渚，泛宅兮萍鄉。傍西巖而夜宿兮，曉汲水于清湘。」老漁鼓枻而和曰：「漁家之傲兮，其傲非常。一蓑兮朝雨，一笠兮斜陽。將垂綸以沒世兮，何慕乎渭濱之璜？」〔獺祭〕

1193	原 133/6	廣丑 1/6	大 4/216

學署煙異

鎮江府學之明倫堂，規模宏廠。平日非有公事，人跡罕到。冷官衙署，固不近喧譁也。前月某日，忽見濃煙密布，騰上半空。遠近水龍望煙馳至，已對面不能辨認面目；然不見有火光冒起。廣文具衣冠，拜乞神佑。久之察悉，煙由庭柱透出，始得設法救滅。登堂四顧，他無所爇；惟見柱上一小孔，口有焦痕。豈祝融氏略施狡獪技倆，與奎壁爭光耶？抑來年大比欣逢，或者為燒尾龍門之兆。〔文光射斗牛〕

1194	原 133/7	廣丑 1/7	大 4/217

憨女忘形

以巾幗而效鬚眉，不過變窈窕為昂藏，易柔弱為英爽。雖不數見，世或有之。從未有放浪形骸之外，如粵女李二姑者。二姑住天平街仁慶里，年方二九，性頗放誕，謔浪笑傲，風流自賞。鄰婦戲謂曰：「爾若能脱去袒服，只穿小兒半臂，向街頭買物，吾當以百文錢輸汝。」女笑曰：「是何難。」遂如所言，結束而出。市上行人見其雪藕雙彎，雞頭半露，笑聲雷動。女顧盼自若，略無羞縮態，真閨閣中不羈材哉！然當青天白日之下，攘往熙來之地，而其脱略形跡，尚且如斯乎！〔旁若無人〕

1195	原 133/8	廣丑 1/8 右	大 4/218

病夫見屏

出婦之條七，殘疾與焉。是説也，余嘗疑之。蓋殘疾非由自作，以此見出，毋乃太忍！然舊例也，不敢厚非也。至若夫有疾而見屏於婦，則非舊例而新聞矣！有充神機營鋭字隊練兵奎某，家在西直門內橫橋南，因患疫症，勢甚重。該管官派隊長常某，送歸其家。其妻恐疫氣傳染，堅不肯納。論者謂此風一開，較之以殘疾出妻為尤酷。妻而出，猶有娘家領回；夫而屏，則我適安歸哉？或曰此事若在外國，當不足為奇；蓋夫醜既可以乞離，安見夫病不可以遠屏。故是冊以「醜夫被控」始，而終之以「病夫見屏」。於以見婦人之心，罕明大義，中外皆然。〔若將浼焉〕

1196	原 134/1	廣丑 2/8 左	大 4/219

賢媛僅見

虎威卻鬼，獅吼驚禪。妒為婦人之通病，而非所論於新安李敬堂妻。李業儒，家素殷實。妻金氏多病，艱於孕，常勸夫納寵。李曰：「卿年纔三十耳！何慮之蚤也。」然婦勸之切，至於泣下。不得已，買一農家女塞責。婦曰：「此蓬垢質，不足以侍君子。」使退居婢子列。鄰有褚裁縫女，名芳姊，年十六，美且慧。婦以五百金購得之。強使侍巾櫛，逾年舉一男。婦愛如己出，呼芳姊為妹。醫者謂婦病宜服人乳。芳姊於每日蚤起，登婦床，乳婦畢，而後乳其子。閱三年如一日。婦病體既痊，亦占一索。有客以詩賀敬堂，曰：「不用鶬鶊誇療妒，固應萱草號宜男。」蓋紀實也。〔宜家〕

1197	原 134/2	廣丑 2/9	大 4/220

覆舟遇救

宗元幹嘗曰：「願乘長風破萬里浪」，壯哉此言！千載下誦之，想見其英姿卓犖。然而涉歷重洋，談何容易！設有不測，而七尺昂藏，幾乎而不與波臣為伍也。近有遭風黑水洋者，擷之簸之，竟將船身翻轉，船底向天。中有十三人，浮出水面，爬登其上。飄流四晝夜，飢無以為食。幸有犬同登，宰分其肉，又掬取隨波躍上之魚，而生啖之。正危急間，遇日本敦賀丸輪船，救之出險。是役也，同舟者十九人，葬魚腹者六人，死凍餒者五人，慶更生者八人而已。此八人者，死裏逃生，誠顧愷之所謂「破冢而出」者，何其幸歟！〔入險出夷〕

1198	原 134/3	廣丑 2/10	大 4/221

旌閭勸孝

孝子之事親也，非以為名也；而表揚至行，實為起化之原。如日報登宜興縣令夢城隍告曰：「境內有鄭孝子，宜加旌獎。」醒而訪之，果有其人，以彈絮為業，原籍蘭溪。同治初，因傭工遷居宜邑。其事母也，一衣一食，務使適於口；體己則屢粗糲，被藍縷；晝夜操作，無事則足不出戶，蓋不欲須臾離母也。縣令嘉其行，親至其家，賞以匾額、花紅，並稱觴為鄭母壽。此癸未年事也。今其母年逾八秩，鄭亦鬚髮皆蒼。家漸小康，能置婢媼。而溫衾扇枕，仍必躬親。以為非如是，終不安於心。於戲孝矣！〔百行居先〕

1199	原 134/4	廣丑 2/11	大 4/222

請嘗異味

浙某丞下鄉公幹，以諭單給該圖地保，令毋辦供給。略言本廳潔己奉公，民膏民脂，加意體恤云云；實則欲其乾折錢文，希圖實濟也。保不甚了了，意謂民膏民脂者，無非要酒肉供給云爾。肴核既具，承筐以進。丞大失所望，又疑保之故違己意也，怒而笞之。時保正患泄瀉，痛不在臀而在腹，板梢起處，黃水迸流；三點、兩點，濺於丞之鬚髯間。猶伏地稟曰：「地方清苦，無從科派。些些民膏民脂，還出在小的身上。求太爺勿嫌菲薄，息怒賞收。下次當竭力報效。」丞無如何，揮之使去。蓋乾者未能到手，而稀者先已到口矣！〔不腆之儀〕

1200	原 134/5	廣丑 2/12	大 4/223

良工拜賜

今之講機器者，首推克虜卜。其廠圍廣數十里，良工利器，有美畢臻。日前德主親臨，遍觀製造，見一大鐵鎚，高懸空中，旁多輪軸。克君奏曰：「此鎚重十萬斤。司匠者，名屋加民。能以算法，合准分寸，運動機關，從空下擊，以手墊鎚下，著膚即止。」德主曰：「此絕技，可試一觀，但人手不可以冒險。」乃解其金鑽時表，置鐵砧上，命為演試。果見鎚之落處，離表僅半寸許。於是德主大悅，即以表賜之。一技之長，獲邀睿賞，亦榮幸哉！〔舉重若輕〕

1201	原 134/6	廣丑 2/13	大 4/224

雲髻煙生

金陵某婦，美而佞佛，人以活觀音呼之。一日赴清涼山進香，稽首佛座下，口中喃喃，禱祝良久。有杳頭墮髻上，風吹漸熾。痛而拂以袖，一朵烏雲應手落地，覺煙焰中猶微聞蘭麝氣。煩惱青絲霎時燬盡，乃懊悵而歸。嘗謂年輕婦女，入廟燒香，修其容，飾其貌，膏之沐之，務求俊俏。究不知其誰適為容？此婦霧鬢雲鬟，居然觀音出現，何以我佛多情，不似桓溫妻見李女髮長委地，而歎為「我見猶憐」乎！〔頂上員光〕

1202	原 134/7	廣丑 2/14	大 4/225

琴堂合巹

何謂好官？曰愛民如子。愛之，則必使男昏女嫁，各及其時，若父母之願於其子女者。無如末俗頹風，愈趨愈陋。凡嫁女之家，於花轎到門，苛索犒費，錙銖必較，如買賣論價。欲壑未充，則閉門不納。甚至如吳門葉姓娶婦，竟因此而涉訟。元和縣程明府，愛民如子者也。不究兩造，但責冰上人不善調停，累兩家向公庭屈膝。乃立傳儐相人等，高燒花燭，導兩新人當堂交拜，然後送歸其家，遂為和好如初。判書張草，頓銷雀鼠微嫌；炬徹金蓮，分照鸞凰仙侶。官則曰：「覯爾新昏，以慰我心。」民則曰：「樂只君子，民之父母。」蓋賢令主昏，誠一時佳話焉。〔願天下有情人多成了眷屬〕

1203	原 134/8	廣丑 2/15 右	大 4/226

竊被連孩

賊無空顧，志在必得也；而有時患即生於所得之中，則不若空顧之為愈矣。揚城有妙手空空者，行竊於某家。四顧徘徊，一無長物，惟床上有破被一條，因不甚值錢，將掉頭他去。忽轉一念曰：「有興而來，豈可無興而返？」遂捲之而出。天既明，持向典舖質錢。典夥展視之，中有未彌月之男孩，肢體尚未全僵，而氣息已絕。即縶送保甲局究治。其志止於竊物也，其罪則浮於行竊也。皆此一轉念之為害也。〔偷兒〕

1204	原 135/1	廣丑 3/15 左	大 4/227

劫火殪狐

嘗觀《聊齋》所志狐事，類能預知禍福，趨避吉凶。雖穴居野處，能使人誤為華屋高堂。獸類也，抑何神化？殆姑妄言之耳！朝鮮漢城有古樹一株，高大而中空；狐居之，常綏綏而出。近處一西人，秉燭逼視，效溫太真然犀照怪。不料火忽沿上枝柯，頃刻間，烈焰飛騰，不可嚮邇，樹遂焦爛。鋸之，則中惟枯骨一堆。然以一星之火，豈能燔向榮之木？於是有強為解者，曰：「狐將成仙，必先歷劫。劫火借人火而發。」然耶？否耶？又非余之所知矣。〔首邱奚正〕

1205	原 135/2	廣丑 3/16	大 4/228

虎臣入覲

記名提督劉淵亭軍門，今之名將也。當中法有事之際，提一旅雄師，折衝禦侮，效力邊庭。赫赫聲威，強鄰懾服。上受聖天子特達之知，驟升南澳鎮總兵，保障南疆，勳勤楙著。既而移鎮碣石，請覲入都，駐節廣濟寺。前月初三日，敬蒙召見，垂詢邊防事宜。軍門條對稱旨，天顏喜動，風雲際會，千載一時哉！都人士樂瞻丰采，繪為待漏圖，郵寄來申，爰倩名手臨摹。並綴小詩四首，以誌景仰：「寂寂禪齋宵漏傳，籌邊小疏草燈前。夜深祇恐趨朝誤，猶倚當年警枕眠。」「瘴雨蠻煙百戰身，玉關初入拜楓宸。側聞聖主虛前席，教把征南偉績陳。」「咫尺天顏喜覲瞻，寵承新命佩韜鈐。征衣霜換朝衣露，一例身叨帝澤霑。」「已將功業紀燕然，更見英姿尺幅傳。要識封侯褒鄂相，待看圖畫到凌煙。」〔瞻雲就日〕

1206	原 135/3	廣丑 3/17	大 4/229

瘋象奪門

嘗偕友人觀演車利尼戲，見二象跳躍圈內，進退指揮，悉如人意。友曰：「象性雖馴，然設遇驚駭之事，奔逸而出，圈外人不堪設想矣！」其言似迂，其慮亦當。象之馴者，莫馴於緬甸貢象。其調良之性，已先由出處習成。再經鑾儀衛不時教演，用以駕乘輿，備扈從。務使周旋中規，折旋中矩，昭其慎也。日前馴象所有象一頭，忽患瘋疾，竟將欄柵撞開，馳近街門。幸看門兵弁，急用巨索絆住，不致肇事。觀於此，而益信友言不謬。〔象傲〕

1207	原 135/4	廣丑 3/18	大 4/230

祝融破案（上）

劉某，販棉客，挾資赴江甯，館于水西門內之人和行。此行開設有年，凡操纖纊之業者，皆藉為東道主。行主范姓，人極謹愿，款客素稱豐腆；行李之往來，供其乏困，故人樂就之。劉至，以所帶洋蚨千三百元交范收藏。范當面納置匱中，以鎖鑰付劉，並將劉之臥具展設匱上，即以此匱，當留徐之榻。劉固高枕無憂也。過數日，劉于睡夢間，聞匱中有聲，急呼范啟視，則所謂握如冰而嗅無馨者，已飛不翼而走不脛矣！視內外門闥，扃固依然，莫解其致失之由。當時劉驚駭失措，范亦為之徬徨不安，相與坐待天明，報縣請勘。陶邑尊嚴比……

1208	原 135/5	廣丑 3/19	大 4/231

祝融破案（下）

……坊快，立限破案。終如大海沉針，無從撈摸。俄而，鄰近一爆竹店，陡遭回祿，延及行屋。有水龍會中人，向行內水缸挹取潑救，水盡而白鏹露焉。適為彈壓之縣差所見，稟官吊取驗。符劉所失之數，遂拘范嚴訊。范狡展飾供，不肯吐實。或曰：范向擅移星換斗之術，故竊之而略無形跡。然耶？否耶？姑勿具論。夫劉以千餘金出外營生，所到之處，固不能坐臥一室，杜門不出也。安見范非乘間而取哉？然則夜間所聞者何？曰：出門人身挾重資，何時不存一患失之念？更深漏永，睡思昏沉，蛇影盃弓，皆成疑幻耳！獨是范以謹愿見稱，一旦而為此貪鄙不足齒之事，則人固不可以貌取，天下之謹愿如范者多矣！可不慎諸。〔中藏畢露〕

1209	原 135/6	廣丑 3/20	大 4/232

蓮臺甘露

閩人何某，喜佞佛，與鄰寺僧無礙，訂方外交。日者，過訪禪齋，於其床頭得舊弓鞋一雙；細認之，則其妻物也。僧合掌進曰：「善哉！此活菩薩所捨，以供觀音大士者。會須斟以盃酒，爇之寸香，召眾僧圍坐誦佛，且誦且遞，周而復始。香熄，則罰以醍醐灌頂。計每隻宣佛號五百，嬉笑不禁，名『笑羅漢』；合之得千數，名『千佛酒』。歸遺細君，飲之得生貴子。然後將此鞋繫大士足，以還善願，能令其人死後步僊橋，踏淨土，不受地獄諸苦趣。功德何可量哉！」何聞而大悦，命如法施行，己執牟尼一串，從旁記數。〔杯渡〕

1210	原 135/7	廣丑 3/21	大 4/233

海國掄才

試士之有功令，非得已也。若搜檢，若彌封，皆為杜弊而設。弊不杜，則倖進者出其間，而真才轉致屈抑。今觀朝鮮試事，則竟無所為關防者。准民間于闈中隙地，雜擺各攤，喚賣食物。諸生兩旁對坐，席地作文，上覆紙繖，以蔽風日。出位喧譁，略無禁束。交卷處有屋三楹，狀類亭，垂以竹簾，為主試所居。諸生完卷後，即擲諸內，收卷官拾以呈上，隨定去取焉。夫考試為掄才大典，何其規模之苟且如斯？然吾觀彼都人士，彬文爾雅，究出乎泰西各國之上。蓋其所尚，固在文學也。〔游于藝〕

1211	原 135/8	廣丑 3/22 右	大 4/234

葬身火坑

火葬之俗，始于釋氏，流毒至今。然在彼教中，固習而不察，未嘗以為虐也。蕪湖之一層樓有禿而雌者，返真竺國。其徒為之卜宅，兆于離明之穴。法用鐵床一具，繚以薪材，縛尸于上，坐而焚之。徒眾手執法器，繞床而走，口喃喃誦《往生咒》。既而一聲爆響，煙焰中有物似瓜，騰空直上，蓋筋斷而頭飛也。于是眾尼合掌，念曰：「南無脱柄娑婆訶。」〔焚如棄如〕

1212	原 136/1	廣丑 4/22 左	大 4/235

金鉞乞度

隋煬帝嘗曰：「好頭頸，誰當斫？」此蓋自知好色貪淫，必不保首領以沒世。言雖荒謬，亦足見其曠達。而世之好色者，非不甘死花下；及身罹法網，又自傷其身首分離，則雖悔奚及哉！鎮江府處決因姦殺人之吳殿泉一犯。經過西門橋，有挑皮匠擔者從身畔挨過，吳即拉住不放，囑其縫項。夫既此日之梟頭欲續，何如當時之鴛頸休交，誓殉于有情人，乞憐于臭皮匠。可笑也，亦可矜已。〔求全〕

1213	原 136/2	廣丑 4/23	大 4/236

芹觴雅集

粵學使者汪大宗師，科試廣州府。事竣，開東閣以延賓，繼西園之雅集。一時耆英髦俊，連袂升堂。或泮水重游，白髮話登龍之事；或芹香新擷，青衿嫻舞象之儀。周甲科名，後先輝映；良辰詩酒，酬酢從容。與醮者，前海康教諭李君、南海歲貢生黃君，暨新進幼童番禺李生、順德羅生、新甯鄺生、新會陳生。〔羣賢畢至〕〔少長咸集〕

1214	原 136/3	廣丑 4/24	大 4/237

長人傷股

《漢書》稱長人巨無霸，軺車不能載，三馬不能勝。然則其人長，其車亦宜放大，然後可以任重而致遠。徽人詹五，長名著中外者也。前日乘東洋車過法租界，因身軀太重，致將車軸壓斷，轍覆而傷其股。竭七、八人之力，始能扛起。以視巨無霸，應不多讓。而或者曰：「否否，以夏后氏之車，載防風而僅容其骨；以叔孫氏之車，載僑如而僅容其首。小小東洋車，壓損之，何足奇哉？」斯言也，真所謂見長人而説長話者矣！〔玉山積〕

1215	原 136/4	廣丑 4/25	大 4/238

戕尸驗病

某西人寓虹口禮查客館，夜與友人打彈，忽患頭暈。醫至曰：「疾不可為矣！」及死，將殮于墳堂。醫復來剖腹驗病，循西俗也。按西律，刑不言辟，雖重罪亦得全尸。而醫生剖驗之事，獨未嘗設禁。良謂人死則遺骸等廢物耳。何足惜。故于安體魄之道，素不甚講究；且言驗一人之病，可推類以治他人之同此病者。蓋摩頂放踵之意。然墨雖異端，其頂也、踵也，自甘于摩且放也；茲之所為，果出于死者之自願耶？況乎天下之病同，而或死，或不死者，有矣；死狀雖同，而病實不同者，有矣。膠柱鼓瑟，轉致生誤。不能如秦越人飲上池水，見人五臟，而又藉口疑難，以奏其有形之刀，令死者無故而遭戮尸之慘。多見其技之庸，而手之辣。〔死不足惜〕

1216	原 136/5	廣丑 4/26	大 4/239

攀轅求救

北方風氣剛強，雖睚眦小忿，輒拔刃尋仇，有非情理所能化者。前豫撫李中丞在京拜客，車經琉璃廠門首，忽一人攀住車轅，號呼求救，駭而問故。其人氣促面赤，口不能語，但以手向前指點。見有洶洶者數人，手持白刃，飛奔而來。乃亟登號救者於車，而諭來人曰：「我雖係客官，然無見死不救之理。事之原委曲直，自有地方官公斷，無待我問。惟白晝行兇，得無太横。」遂將兩造送坊訊辦。寛柔以教，中丞之謂乎！〔救星〕

1217　原 136/6　廣丑 4/27　大 4/240

波臣留影

自萬年青輪船失事，而後蹈覆轍者屢見報章。撈獲尸身，雖招親屬認領；而或以路遠不能驟至，只得就地棺殮。其身無確証者，縱開具年貌籍貫，而領者猶不免有謂他人父、謂他人兄之慮。生前笑貌邈若山河，死後形骸難歸故土，誠可傷可慘，而莫可如何者。于是乎，香港東華醫院創為照尸留影之法，俾家人婦子得覩遺容，按圖索驥。間有面目腐爛不堪辨認者，仍就地掩埋，以妥幽魂。議既定，適有華洋火船遽遭不測，獲尸二百餘具，即以此法行之；而存歿之銜感者，不可勝道。〔維肖〕

1218　原 136/7　廣丑 4/28　大 4/241

盜竊金蛇

「慢藏誨盜」，古語也；而世之稱財翁者，輒好為黃紫標題，以炫人耳目。此種習尚，中外皆然。新嘉坡相近庇能鄰卜地方，有某酋長，富號敵國。庫中所藏金剛鑽，可用斗量；又鑄金為鳥獸蟲魚，維妙維肖。一夕有盜三、四人，穴牆而進，謀竊其金蛇，為邏者縶去，問成死罪。其刑甚酷，須受苦三日，始能畢命。於此見為富不仁者，其居心毒於虺蜴。特恐以金蛇遺子孫，而子孫所弄之蛇，有較此而愈覺其生動者耳！〔賣弄爾有家私〕

1219　原 136/8　廣丑 4/29 右　大 4/242

宿世因緣

甯波君子營有盧姓者，患病甚劇。戚串某，入室探問，忽倒地作囈語，曰：「我盧之元配張美意也。」眾問：「盧衹一娶，何來元配？」答曰：「此前世事，盧與我曾訂白首盟；被伊父所阻，不克遂願，抑鬱而死。今未泄恨也。」許以超薦，某即醒。盧病漸愈，乃營齋于僧寺。有見其題主字樣者，捧腹而笑，曰：無論前生之說，本屬渺茫；即果有其事，而以淫昏之鬼，忽加以元配之稱，其如今之妻何？此殆若敖餒魄揑詞索祭耳！信而奉之，惑矣！〔愚夫〕

1220　原 137/1　廣丑 5/29 左　大 4/243

煙妓搶帽

妓女之留客也，有長技也。酒闌燈灺之時，茶半香初之候，或匿其鞋，或藏其衣，必使欲歸不得而後已。然惟客本有心，故技乃得售。降而至于花煙間，無所不至矣。日前一鄉人經過孫家衖，突有煙妓搶其帽，擲諸樓上，意欲賺其入門取討也。而鄉人雖遇彈冠之慶，偏知納履之嫌，立定腳跟，大施叫罵。鄰右見而不平，代索還之。花煙間之不堪，于此可見一斑。而此中間有所謂升長三、升書寓者，人亦從而長三之、書寓之。誠不值鄉人一笑。〔路鬼揶揄〕

1221　原 137/2　廣丑 5/30　大 4/244

奇婦難得

為節婦難，為烈婦亦難；為烈婦而出於娼家則尤難。既娼家矣，何所用其烈？然惟其日近於娼，而終不失其為烈，夫是以見為難，難則奇矣。祥符縣張天保者，老龜也。為子娶婦而美，舅夫逼令接客，誓死不從，撻之致斃。事聞於官，收張父子於獄，而為婦建坊，表貞烈也。夫至以身為娼家婦，則其所從出者，不過一小家女，非必姆教嘗聞，閨箴解誦也。況乎冶容媚態之習於目，淫詞小曲之習於耳；而能磨涅胥忘，舍生矢志。是誠荊棘中幽蘭、榛蕪中勁箭也。但比為花中之蓮，謂能出汙泥而不染，猶未足以盡婦之難、傳婦之奇者。〔難能可貴〕

1222　原 137/3　廣丑 5/31　大 4/245

飛舟窮北

形而上者謂之道，形而下者謂之器。舟車，器也，勢不可以形上。故雖輪舟、輪車之窮極工巧，究不能離水陸而無所倚著。質考張華《博物志》，奇肱國民能為飛車。則車既可以離地，安見舟之不可以沖天？于是乎，飛舟出焉。美國芝加俄地方有名匠，造飛舟一艘，多其帆，如鳥革狀，能載二百人淩空使馭。將往窮北極，以廣眼界。演試之日，有在山頂寓目者，猶須仰面以觀，則其飛之高可知矣。視夏奡之陸地行舟，尤覺巧勝於力。〔一飛沖天〕

1223　原 137/4　廣丑 5/32　大 4/246

殺盜成讎

客有買茶六安者，道經沂水，晚投旅店。店主見有形貌險惡者尾隨其後，心知為盜所窺伺，密告之。客惶恐求計，乃引至某大戶家借宿；大戶憐而允之，命健僕械備。是夜，盜入店，不見客，執店主拷問。得悉，遂趨大戶，越垣數重。前者登，後者繼，皆見其入，不見其出。天將明，餘盜散去，檢視牆隅，得盜尸七具以報官。勇矣！智矣！而盜之恨愈深也。翌日，糾眾復至，猛不可當，任其飽掠而去。蜂蠆有毒，其是之謂歟！〔以逸待勞〕

1224　原 137/5　廣丑 5/33　大 4/247

愛蓄異龜

溫州某客有臧文仲之癖，賈於禾；出其生平所得之異龜，誇示於人。中有大龜二。其一方體白質，略帶淺紅，晶瑩如玉，名「白龜」，能禦火災。其一圓而背聳，銳其首，腹有縫，劃然中分，鋒銛如刃，時作翕張勢，名「剋蛇龜」；毒蛇遇之，卷屈不敢動，龜即鼓縫，寸截之。又一龜，大不盈寸，綠毛遍體；蓄玻璃瓶中，水草數莖，泳游其上。觀者笑曰：「以爾軀貌委瑣，既不能撲燎原之火，復不能擊出蟠之蛇；尚且華服翩翩，濫廁於山節藻梲間。無怪乎龐然自大者之咸奉為靈物矣！」〔異數〕

1225　原 137/6　廣丑 5/34　大 4/248

巫媼可殺

鄂俗信巫，屢見日報。其弊至於視人命為兒戲；撒謊騙財，猶小事也。唐華氏者，住望山門外白沙洲。家供女像，稱之為娘娘，自言已為娘娘之乾女。有鄉人妻受孕，疑為脹病。舁以輿，登門求治。氏曰：「娘娘命我，代為推拿。」於是袒其腹，按摩良久。病人血暈不能動。氏見勢不佳，即閉目厲聲曰：「娘娘命速去，毋使以血腥污清淨地。」鄉人且信且懼，匆舁歸，終以墮胎殞命。然則憤而控諸官乎？而鄉人不敢也。無怪乎妖妄者流，益肆無忌憚矣！〔無妄之災〕

1226	原 137/7	廣丑 5/35	大 4/249

駢誅伐木

所謂故國者，非謂有喬木之謂也。文王之囿，不禁蒭蕘，子輿氏稱之。日本近尚西法，凡境內一草一木，保護彌周。城外一帶松林，蔽日參天，綠陰可愛，皆百年物也。用以表路逕之分歧，便行人之憩息，特頒令甲，毋使芟夷，亦不得謂非善政。然其立法過嚴，違禁者殺無赦；甚至有駢戮十餘犯，以示懲警者。是較之蹊田奪牛，其罰更重。不知民為邦本，樹德務滋。古何以思召伯之棠，而興歌勿伐哉！〔采薪之憂〕

1227	原 137/8	廣丑 5/36 右	大 4/250

奇騙解頤

紙錢所以騙鬼也，而善于搗鬼者，轉用以騙人。如松郡楊家橋某布店，黃昏時來一客，看定布疋，計值八千文，令店夥同往取錢。至則有老嫗在室。客指夥謂嫗曰：「日間言定八千之數，交彼不誤。」嫗唯唯。客曰：「我覓裁縫去矣。」抱布徑出。夥待久而催。嫗提紙錢出，曰：「請先取四千去，餘容穿齊補交。」夥駭問故。嫗曰：「客日間以錢四百，囑穿紙錢八千，約同人來取。天寒日短，人手又少，故未能如數也。」夥聞言，始知著騙，而客已無從尋覓矣！彼殆視市井中人，形同鬼魅，故即以鬼所欲得者戲之歟？然而虐矣。〔奉申靈右〕

1228	原 138/1	廣丑 6/36 左	大 4/251

不羅人卓

《五代史》載孫晟官至司空，家多姬妾。每食，令群姬各執一器環侍，號「肉臺盤」。以生人之指臂，代几案之陳設。奇矣！而猶不足為奇。奇莫奇於伐人以為卓，卓在意國不羅鄉之離宮，宮名「碧緻」，意君所遊幸也。昔有彼國名匠，請於意君，發重罪獄囚百人，取其官骸臟腑，用藥水製煉，使之歷久不腐。然後審曲面勢，鬥角鉤心，閱三年而造成此卓。意人嘗津津道之。而吾謂獄囚雖賤，自有應得之罪，製以為器，未免失當；況乎以狴犴餘腥，進列於丹墀玉陛間，不祥孰甚焉！而西人曰：「非如此，不足以拍案而驚奇。」〔眾擎是舉〕

1229	原 138/2	廣丑 6/37	大 4/252

涿州三沈

客有向余談涿州三沈者，長大毛，次二毛，幼三毛。三沈皆務農，而能孝於親；凡可以博親歡者，心力俱瘁，必謀致之而後已。父性喜觀劇，晚年得痿疾，不良於行。離村十二里有盧家廟，春秋報賽，意欲往觀。沈氏乃創為竹輿。輿之四足圍以鐵箍，另削木柱四，長二尺餘；其憑式處有小抽替，以藏果餌；又以竹枝挑幅布為遮陽。舁父往，置稠人中，以木柱承接輿足，高瞻遠矚，甚便焉。而三子者復左右。前後之人，亦知三子孝，相戒勿擠。余聞而喟然曰：「潘令版輿，有此整暇，無此真摯。」〔天倫樂事〕

1230	原 138/3	廣丑 6/38	大 4/253

訟師受騙

蘇人某，縣差也；有煙霞癖，量甚巨，每餐必一、二兩。邑有老訟師，為大憲所訪，奉票屢拘；輒避匿內室，託言他往。官疑差之得賄也，嚴比之。乃坐候其家，自朝至暮，終無一面之緣。而煙癮忽來，四肢疲軟，探於懷，出清膏一盒，生吞之，藉以過癮也。其家人疑為尋死，手忙腳亂，進內通報。遂將計就計，閉其目，噤其口，躺臥地下。頃之，即有人奔出，以手按其胸口，令速覓解藥。張目視之，果主人翁也。於是拉其辮，一躍而起，曰：「趁我精神抖擻，正好追隨大駕。請即行，毋多言。」〔賺師〕〔上路〕

1231	原 138/4	廣丑 6/39	大 4/254

老當益壯

袁子通，貴陽人，年四十餘，無子，買妾陳姓，期而孕。妻馬氏，悍妒。臨產賄穩婆，扼殺之，棄諸野。創淺，得不死。黃【袁】弟子能夜歸，聞呱呱聲，知必陳產。燭之，男也。抱至一佃戶家，酬以重金，囑其撫養。長而慧，就傅鄉塾。子能以嫂故，不敢洩於家。偶與兄嫂共話，其子金寶聒索果餌，厭而呵之。嫂嘆曰：「我固求所厭而不得。」子能察其悔，起對曰：「兄固有子。」因歷述前事。子通喜，命僕取以來。馬見而復妒，曰：「此決非吾家子，小孽種生而不育，藁棄荒野，何處得返魂香？」能爭之不得，乃議滴血。滴兄，兄受；滴妾，妾亦受。嫂語塞，強納之。兄恐遭凌虐，命與金寶同學，依叔居焉。天下之妒者有矣，至鶴算已高，而獅威未斂，誠老當益壯哉！〔曾不知老之將至〕

1232	原 138/5	廣丑 6/40	大 4/255

窮且益堅

都下有「窮王」者，不詳其姓氏，或曰王其姓。以窮故，遂有是稱。王亦漫應之，蓋自居於窮漢中之王也。善丹青，性不羈，蓬首垢衣，行歌市上。或倩之畫，但取數文錢，多即棄道旁，或給丐者，故群丐樂與之游。荒亭古廟間，往往見其醉臥。跡所行為，殆如青藤道人之數奇不已，遂為狂疾者歟！然吾觀今之書畫家，高抬筆墨之價，而猶竊附於風雅場中。酬以重潤，則不問其人之清流濁流，兄之弟之，信筆題識。以視「窮王」，得毋滋愧！〔貧而樂〕

1233	原 138/6	廣丑 6/41	大 4/256

尋歡取辱

今試語好色者，曰：「尋歡之事，即取辱之機」，其人必笑為迂論。證以近事，應悟此言不謬。日報載鄂垣巡道嶺某甲，媾一火居道士妻。日者赴約花間，雙扉忘掩。有無賴輩閃入，見二人皆已熟睡。所覆被係用法衣改製者，遂取巨索，就榻上緊栓之。迨夢醒陽臺，已不能將被浪抓翻，化鴛鴦飛去。於是或挽之，或推之，連人與榻，舁以過市。見者知為道士妻也，拍手笑曰：「好箇鍊丹鑪，真十分火候哉！」甲藏羞無計，哀懇再三，始得釋去。尋歡歟？取辱歟？寄語登徒，盍銘座右。〔整備著擡〕

1234	原 138/7	廣丑 6/42	大 4/257

虎頭蛇尾

凡人作事，有始無終，謂之「虎頭蛇尾」。然苟若神龍之見首不見尾，亦未始不可以驚人。而乃強弱不相掩，如朝鮮所產之虎頭魚，則殆矣！日報言朝鮮有業漁者，舉網得巨鱗，喚賣市上。其頭似虎，其尾如蛇，國人罕有識者，但名之為「虎頭魚」云。想其奮鬣揚鬐，或不免於藏頭露尾。故斯時之結網而至者，第見其蜿蜒之狀，而不見其猛摯之容。夫是以狎而玩之，卒羅致於枯魚之肆歟！〔雖猛何為〕

1235	原 138/8	廣丑 6/43 右	大 4/258

一蹶不振

無孟嘗客之技，不可以竊狐腋之裘；無梁山賊之智，不可以盜雁翎之甲。乃問其技，則工矣；問其智，則巧矣。而猶未可必得者，則賊固不易為哉！吳有善竊者行竊于某家；由天窗縋下，傾筐倒篋，亦既取之自足矣。既而緣繩上，繩忽絕，墮落有聲。聞者驚起，遂被獲焉。夫其席捲而去者，事在意中也；其繩絕而跌者，事出意外也。吳人呼事之尷尬者，曰「絕跌」。誠哉！其絕跌矣。〔倒運賊〕

1236	原 139/1	廣丑 7/43 左	大 4/259

名醫偶誤

醫家言產科一門，最難精究；而胎前較產後為更難。良由母氣不同，故胎氣亦異；且有界乎疑似之間，無從以色脈證者。真偽莫辨，即攻補兩難，苟或不慎，誤即隨之。吳醫龔大綬，以婦科名家。某日黎明時，家僮啟戶懸牌，見鐵鉤上挂有死孩，背書「精理產科」字樣，手撚藥方一紙。僮驚而失聲。龔趨出，視其方，知係某家物。急令藏過，袖百金往餽某，囑勿聲張；然當時已被鄰人窺見矣。鉛山《九種曲》，有曰：「懷胎認做是停經」，「皮裏嬰孩打挺」，二語都堪持贈。〔先生休矣〕

1237	原 139/2	廣丑 7/44	大 4/260

暹邏女兵

昔齊宣王有言，曰「寡人好色」，又曰「寡人好勇」。究之，有勇者未必姿容絕代，有色者未必膂力過人。合勇與色，而以一好盡之者，則今之暹邏國王是矣。其好如何？選美女年十三以上者，隸入宿衛，號「唉猛沙雲」，以百人為一隊；隊設令官一員，而分期演習之。香飄翠袖，揮來柳葉之刀；風捲紅裙，控出桃花之騎。即令孫武再生，豈得以教戰吳宮，自稱獨絕。娘子軍威風凜凜，固不獨戰勝衽席已也。〔洵美且武〕

1238	原 139/3	廣丑 7/45	大 4/261

偷兒風雅

嘗有貧士贈偷兒詩，云：「風清月白夜迢迢，辜負蓬門走一遭。架上破書三五卷，不妨將去教兒曹。」誦之令人解頤。不謂此輩中，固不乏風雅士。津郡永豐屯姜氏多藏書，鄴架曹倉，差堪擬富。前月某夜，忽來偷書賊數人。內一賊取得詩集一卷，信手披吟；被齋僮知覺，大呼驚遁。人謂其品雖汙，其志頗雅；而吾謂近世所號稱文學士者，大都剽竊陳言，拾人牙慧，特不至於探囊發匱耳！竊其實，不竊其名，視若輩只爭一間。〔發篋陳書〕

1239	原 139/4	廣丑 7/46	大 4/262

俚歌悅耳

某婦，鳳陽人，其夫傭工于德國；婦與一小姑暨其妹，隨居旅次。既而藁砧亡，貧不能歸，飢食寒衣，一無倚賴。幸幼時曾學打連相。紅豆拈來，曲猶能記。于是截竹為筩，繫錢三、五，行歌乞食，顏色淒涼。適某宦夫人乘車歸，第驚為聞所未聞。遂召入，邀諸女伴圍坐共聽。三女同囀珠喉，聲聲入破。座中人皆拍手稱妙，各有遺贈。夫人問擅此妙技，何至行乞？婦泣訴由。夫人憐之，餽百金，俾扶柩回籍焉。物希則貴，自古云然。時來運來，而討飯腔居然絕唱矣！〔別調〕

1240	原 139/5	廣丑 7/47	大 4/263

函虎歸骨

英人某，家倫敦。其弟賈于印度，候時轉物，逐什一之利，致資累巨萬。某有子，年及冠，奉父命，往依叔學操奇贏焉。近某得乃弟書，言此子不幸夭殂，將尸柩由輪船寄歸云。某悲從中來，急命以靈轜載至。視其柩，短而闊，形類櫝。疑而剖之，中惟死虎一頭，大駭不知其故。乃發電往問，回電云：「子喪虎口，殺虎代殮。欲見子尸，可剖虎腹。」信斯言也，則殮虎之棺，實為殯兒之椁。古有以馬革裹尸者，此子乃皋比參擁矣！〔虎變〕

1241	原 139/6	廣丑 7/48	大 4/264

覆水能收

紹郡某婦，三十而寡，家小康，一子纔周歲，棄而改適。醮之夕，有言其日辰值祟，新婦宜面傅硃墨，以厭禳之。于是如法泡製。涂抹既畢，喜伴皆出房去。婦開窗，潑去盥水。對鄰有初來客，夜不成寐，瞥見之，詫為妖，取小洋銃放一空響。忽有少年人越窗飛遁，一時聞者盡起。問故，客備述之。問少年何狀？則所對者酷似其前夫。此時床頭兒亦驚醒。婦聞兒啼，不覺淚下；又懼故夫之為厲也，急倩冰上人璧還聘物，誓不再嫁。婿家聞此事，亦不敢強。說者謂人既恩斷義絕，夫且祟之矣！日辰之說，誕妄耳！禳何益哉？特借以引動客之放鎗，冥冥中有若或使之者。〔猛回頭〕

1242	原 139/7	廣丑 7/49	大 4/265

殺生賣藝

巴國有屠牛戲，日戕數生以為樂；其心忍，其力勇，其膽雄。法取牛之精壯者，教習之，招以帕則逐。屠人操刀而俟諸內。先數人騎馬出，馬皆蒙其目，使不知避。騎者揮戈刺牛，牛怒而鬥，角著于馬腹，馬腸出即倒。步者急以帕引去，恐傷人也。連敗數馬，牛益驕，狂跳亂舞，猛不可當。屠者忽趨出，迎面一刀，牛立斃。觀者擲賞錢物，同聲喝采焉！夫牛當鬥勝而驕，趾高氣揚，固儼然一員大武。而不知目無全牛者，且恢恢乎游其刃而有餘地。天下之得志即驕者，勿徒恃熾尾之威哉！〔非仁術也〕

1243	原 139/8	廣丑 7/50 右	大 4/266

大鳥傳書

有大鳥死于南洋阿斯脫辣利島，頸繫白鐵一塊；上書「西歷一千八百八十七年八月初四日，十三人航海覆舟，逃命于克勞日島」云云。見者以白當道，電告法國，命打利兵輪往救。按兩島相去萬餘里。計其時日，此鳥之來，飛僅三晝夜。聞者疑焉。然不觀張氏飛奴，能銜遠信。小鳥且然，大鳥可知；凡鳥且然，異鳥可知。獨此鳥不辭萬里之遙，為人作寄書郵，以死勤事，而十三人賴有生機。世有學殷洪喬之為人者，撫衷自問，如乎不如？〔飛鳥之遺書〕

1244	原 140/1	廣丑 8/50 左	大 4/267

閨秀論文

大興張某，勤學士也；新娶婦，伉儷甚篤。一夕歸自友家。夜既深，婦先睡矣。取八股文咿哦於繡榻之旁，妝臺之畔。婦醒，忽起，奪而擲諸地。張以為戲也，厲聲呵之。婦亦正色曰：「頃所讀明文耶？」曰：「然。」曰：「然，則擲之固宜，士以制藝為敲門磚，豈真代聖賢立言哉！特借以取富貴、蔭妻子耳！今舍近科闈墨而不攻，獨肆力於成宏隆萬，吾其為老秀才妻矣！」長嘆一聲，登床復寢。蓋婦固名太史女，亦工帖括。其所言，拾乃翁之唾餘也。〔誠如卿言〕

1245	原 140/2	廣丑 8/51	大 4/268

肉寶塔酒

有賈於奧國者，歸而述其所聞所見，奇不勝搜。其言某年月日，有西友招飲。席間出機器一架，高約二丈許；上多輪索，遍插鮮花，下層以玻璃盃環繞之。旋有歌妓數輩，袒而登。或轉其輪，或曳其索。聲如八音琴，諸妓各隨聲奏曲。尤可異者，輪索既動，即有小雨一陣，從空密洒流注下層，曲終而盃亦滿焉。取獻眾客；飲之，則酒香沁齒。座客告曰：「此肉寶塔酒，非有貴客上賓，未嘗輒用。今日之會，要算主人情重矣！」〔酒池肉林〕

1246	原 140/3	廣丑 8/52	大 4/269

量吞煙海

香港有土膏店，兼售吸煙器具。櫃設大煙具一副，以代招牌。就一鎗而言，已長可七、八尺。有過客向買煙斗，連看數枚，皆嫌小，為其藏灰不多也。店主戲指招牌，曰：「汝若能用此具試吸一口，吾為爾定造佳斗，不取分文。」客曰：「是何難？但須煩主人把火耳。」乃取清膏五兩，焙之使熟，裝于斗門；呼之吸之，閱半點鐘之久，而盡入斗中。所異者，當呼吸之際，鼻端口角，不漏洩一些煙氣。且曰：「此新鎗，味頗淡，嚼蠟而已。」〔酌以大斗〕

1247	原 140/4	廣丑 8/53	大 4/270

蹴踘神技

黃帝為蹴踘，以教武士；後世用之為戲具。按「蹴踘」，一作「蹋鞠」。「鞠」即毬類，以韋為之，實以柔物，故又名「毛丸」；「蹋」，義同「蹴」，蓋蹴蹋毬丸，以相戲也。今之工此術者，首推日伶小澤秀野。所用毬重六十斤，大可合抱。立其上作迴風舞，唱迴波曲。或旋或止，悉如人意。又支板於壁，闊三寸許。踏毬緣板而上，故使欹側，而仍不墮地，真絕技也。近開演於長崎八番町戲館。同班有二人，扛一銅鐘，頭戴石鼎而出。鼎三足，用其一，以著於囟門；手擊鐘，繞場數匝，疾走如飛。此則不獨以巧勝，而更以力勝，故觀蹴踘戲者，得從而一見武士云。〔奇觀〕

1248	原 140/5	廣丑 8/54	大 4/271

妙語破慳

孫某，徽州人，家巨富；生平善學伊尹，而僅得其半，曰「一介不以與人」。偶過友人家，脱帽坐談。有農婦登門，欲賣其子，自言「只此一塊肉。夫病不能耕。田主催租甚急，無可告貸，不得已而計出此」云。友問田主何？答言孫姓，蓋即某也。友曰：「吾為爾圖之。」遂起入內。有頃，出勸孫曰：「彼急而賣子，可憫也。盍稍緩其租。」孫曰：「賣其子何足恤？緩吾租，則群佃效尤矣。」言未畢，見一人進曰：「適遇某醫，言孫家小公子患驚風。」孫聞言，疾趨而出，忘戴其帽。歸家，見幼子無恙。還問，孫欲得造言者而甘心。友指農家子曰：「若非人子耶？賣之且謂奚恤矣！何以爾之子則咒之而必加罪也？吾逆料爾必不及人之幼也，故設此以相戲耳！」孫悟，遂許緩租焉。〔保赤〕

1249	原 140/6	廣丑 8/55	大 4/272

情天魔障

太原某生，貌韶秀，羊車中人也。偶觀社會，見某氏婦倚門立，睨之美，歸而寢食俱廢，恨無青鳥使，一通消息。生母信佛，有老尼時來募化。生啗以重金，使為撮合山。尼諾之。月餘告生曰：「小娘子亦為郎憔悴。一點靈犀，隨信物至矣。」乃于袖中出繡帕一方，綰青絲作同心結。生取玩，聞異香撲鼻，如對玉人；且玩且嗅，贊嘆不絕。適被乃翁撞見，問所由來？尼詭言沙彌戒髮。翁不信，欲施搒掠。尼大窘吐實。且言某婦貞，微餂之，便遭呵斥。因無以報命，買得丐髮數莖，澤以蘭膏，疊成方勝，藉圖厚謝耳！生聞言嗒喪，不復作求凰想。翁慮事泄，不便于婦家，揮使出，令毋得再來。甚矣！三姑六婆之不可以近也。有治家之責者，其鑒諸。〔單相思〕

1250	原 140/7	廣丑 8/56	大 4/273

鐵網珊瑚

昔王愷以珊瑚樹示石崇，高二尺，崇碎以鐵如意；命左右取六、七枝至，其高倍之，在當時固稱寶貴。邇來各國通商，見聞益廣。日報言日本樫、沖兩島，聞新得珊瑚一株，脩幹繁枝，寶光四射。殆與漢時南越王所獻，置積祤池，號「烽火樹」者，當可彷彿。其取法，則令善泅者向海底，鋸斷其根，終以鐵網曳出水面。今此物為高岡郡人淺野所得，惜不與石季倫同時，一挫其豪縱之氣。〔玉樹交柯〕

1251	原 140/8	廣丑 8/57 右	大 4/274

謬對受笞

秀水縣朱邑尊巡夜，至北門外塘滑地方。時已三鼓，見有一煙間尚未關門，屋中煙客滿焉。邑尊怒喝，令將店主拿究。其人意氣頗傲，供稱朱姓，係是監生。邑尊問：「既是監生，不應開設煙間，且干夜禁。」朱稱自幼讀書，應試不售，為貧所累，廹操是業。邑尊曰：「既曾讀書，必能屬對，可將地棍二字對來。」朱應聲曰：「可對父臺。」邑尊大怒，命重笞之。或下一轉語，曰：地為坤，坤為母。以此作對，足見其心思之巧，然而父臺怒矣！父臺怒，而地棍窘矣！〔通則不痛〕

1252 原 141/1 廣丑 9/57 左 大 4/275

吉語題聯

京師有賣卜者，矮屋一椽，垂簾讀《易》。雖未必參透郭景純青囊秘術，而與子言孝，與臣言忠，風趣頗不減成都高士。以故賢士大夫亦樂與之游。歲前買紅箋兩幅，造求某太史撰書春聯，並將「戊」、「子」兩字，平列上頭，俾見者知為庚開府清新妙句，非輕易乞得者。太史不解思索，振筆疾書。非但干支配偶，并將其單拆生涯，抬作絕高身分。金壺餘瀋，蓬蓽增輝矣！〔詞林妙品〕

1253 原 141/2 廣丑 9/58 大 4/276

登科預兆（上）

吳生某，家世清貧，自高曾以來，守青氈者五世矣。生克承儉德，合家內外，無衣帛者，脩脯所入，量而後出。故當歲除之夕，人皆孑孑，彼獨優游。避債臺固不必築，送窮文亦不屑為。惟將終歲所積詩稿，祭以酒脯，曰：「聊補我一年心血。」時則家人婦子，秉燭圍鑪。寒夜更長，薄醒乍解，相與為奪標之戲，以銷永夕。生祝曰：「倘來歲秋闈得意，當出手而得全紅。」祝畢，信手擲去，如響斯應。合座為之粲然，盡歡而後散。生亦歸寢，夢天上垂下一梯，青雲繞之。生拾級攀登，至絕頂處，忽逢異境，瓊樓玉宇，四壁光明。庭中老桂樹，大可數百抱，高不知其幾千丈。一玉兔搗藥其下。遙望石臺上，美人數輩，圍坐刺繡。行近之，見所繡皆姓名籍貫，並略載其人之行誼，與夫祖德宗功，類皆有善無惡。數至二十名邊，則己名亦與焉。正欲凝神注視，……

1254 原 141/3 廣丑 9/59 大 4/277

登科預兆（下）

……忽有藍面鬼，以筆點其額，遂驚而醒。推其妻告之。妻笑曰：「此秀才家做之夢。儂欲睡，一封五花誥，且漫贈也。」按此事雖屬夢幻；而吾嘗觀夫舊族書香，筆耕累世，其後人必有食文字之報者。況若生之樸素安詳，尤不愧寒儒本色。積之厚者，其光必流，理固然矣。今歲大比欣逢，轉瞬槐花黃候，舉子皆忙。試看龍虎榜中，都是潛修佳士，豈獨于生為然哉！〔夫乃容〕

1255 原 141/4 廣丑 9/60 大 4/278

財星照臨

馮某，揚郡世家子，性瀟洒，不事生產，家漸中落。臘月盡日，索負者紛紛然來。某揖而婉商曰：「今茲未能，以待來年。」眾不允，相約坐逼。某無如何，取壁間琵琶，彈《鬱輪袍》一曲，聊以解悶。眾怒而噪。某若不聞也者。忽憶窗外早梅已放，起折一枝，取瓶供養。眾益怒，擲碎其瓶。見有物如丸，散地亂走，光采奪目。諦視之，明珠也。數之，得百八顆。眾譁曰：「家有寶貝，何必裝窮？」某言：「此瓶乃昔年從舊貨攤購得者。因瓶底包鐵，難稱完善，故價祇百文耳。」眾遂起謝曰：「我等冒犯財星，大是罪過。幸勿見怪！尊款不必急急也。」相與一笑而去。〔歲歲平安〕

1256 原 141/5 廣丑 9/61 大 4/279

喜抱雙孫

福州盛翁，年近古稀，樂善好施，孳孳不倦；二子亦絕無紈袴氣，鄉里稱之。元旦日，長次二媳，同時添丁。舉家聞空中有仙樂聲，異矣！而更可異者，兩兒自落地後，呱呱之聲，晝夜不絕。家中人莫解其故。試抱置一床，啼果住；離之，則又如故。屢試不爽。乃議為輪流乳哺。然二子聲音面貌，無不相同。一經并合，竟不辨若者為伯子，若者為仲子矣。于春首吉日，而疊抱兩孫，良由翁之厚德栽培，乃得娛茲蔗境。而或者曰：「其子，爾力也，其孫，非爾力也。」此戲謔妄談，何足與語積善餘慶之理哉！〔雙璋合弄〕

1257 原 141/6 廣丑 9/62 大 4/280

喜慶大來（上）

趙巨卿，浙東人，生而膂力過人；眉間有爪印，作淺碧色。長業賈，娶同里魏氏。咸豐季年出外販鬻，值粵寇充斥，道路梗絕，囊資告罄，無家可歸。爰投某軍門麾下，積功保至游擊，隨戍口外。承平後，屢致家書，浮沉莫達，心懷故劍，欲歸未能。近得請假回籍，道出邗江，維舟野渡。聞岸上有聲甚哀，尋聲往視。有少年郎背一包，手一蓋，似將遠行者。老幼數人，相持而泣。中一婦，年四十餘，瞥見趙，神呆目定，若有所思。猝問曰：「客為誰？」趙對之。旁一老者狂喜曰：「巨卿識我否？」細認之，則其至友賈廉夫也，但頰上添毫耳。又聞婦呼曰：「兒且莫哭，爾父來矣！」趙茫然，不解所謂；覺其體態聲音，居然魏氏也。問訊之下，驚喜交集，亟詢何以在此？得非夢耶！婦泣曰：「自君去後，寇難頻遭，粒米寸絲，維賈丈是賴。流離轉徙，艱苦備嘗。……

1258 原 141/7 廣丑 9/63 大 4/281

喜慶大來（下）

……後以應募墾荒，始受一廛而居此。微賈丈，吾母子委溝壑久矣！」顧見少年夫婦，雙跪膝前。婦指少年曰：「此君骨血也。別君九月而生，小名阿庚，今二十八歲矣！幼而受傅，長而完姻，均出自賈丈賜也。」先是，阿庚從鄉塾歸，問母曰：「人皆有父，何我獨無？」母泣告之。恒悒鬱，不釋於懷。長娶洪氏女，孿舉兩男，曰琮，曰璧。私念趙氏有後，乃囑其妻，善事萱堂。誓將踏遍天涯，覓父蹤跡。不意於臨歧泣別之時，而忽來骨肉團欒之慶，未始非孝思所感召也。於是扶老攜幼，相將入室。趙使二僕，挽賈上坐，己則具衣冠，率妻子羅拜堂下，若吳將軍之待查孝廉者。斯時也，聚首一堂，闊衷共訴，悲歡離合，莫罄言宣。村中聞此事，咸以酒肉來賀。居數日，同返故鄉，重興第宅。解宦囊為賈妻營葬。賈固有子而蚤世，以長孫琮嗣之，報盛德也。〔合家歡〕

1259　原 141/8　廣丑 9/64 右　大 4/282

元寶進門

杭某甲，酒徒而懼內者也。除夕赴戚友招，連飲數家，不覺酩酊；歸途猶沽，得濁酒一壺，以備床頭之需。蹀躞行來，誤入乙家院落。其時，乙已抱細君入黑甜鄉。甲見其房門緊閉，錯認為妻之見屏也；不敢扣，以背著門，立而睡焉。乙婦聞鼾鼻聲，起拔關；甲即倒入，手中壺猶堅握不放。乙婦見是生人，將加詬罵。乙因大年三十，忌惹口舌，急搖手曰：「莫嗔！莫嗔！此大吉讖。大元寶滾進門來，理當迎接。何罵為？」欣欣焉詢其來歷，而送歸其家。〔恭喜發財〕

1260　原 142/1　廣丑 10/64 左　大 4/283

風追莘野

越山下有甲、乙二農，耦耕而食。田係合股向周氏契買，各種其半十餘年矣。前月間，甲田得藏鏹一甕，欲與乙均分。乙曰：「此物出自君田，我無分也。」甲曰：「田既合買，此物何可獨得？」讓之不已。乙母曰：「盍持此物以歸故主。」乃召周。周至，告以故。周勃然不悅，曰：「異哉！何居己於清流，而陷人於非義。田既屬人，此物豈我有哉？」不顧而走。乃仍埋原處。鄰某知其事，深夜往掘，聞空中有人語，曰：「此物入土，須百年後再出，勿妄想也。」某猶未信，啟視，惟一泓清水，照見鬚眉。於此可悟得失之有定分。〔廉泉讓水〕

1261　原 142/2　廣丑 10/65　大 4/284

四美比武

李小玉，楚女也；父好拳勇，玉盡得其家學。父歿，貧無以自存，遂賣藝江湖間。偶于某處鄉村闢場聚眾，獻技畢，向眾收錢。有三女子攜手同觀。一女取錢百數，以雙指掐其兩頭，而使之攫，竟不得脫；乃笑擲于地而去。玉訪之，知為劉姓姊妹，住前村，亦巾幗中賁獲也。翌晨造，求校藝；三女許之，即導入後圃。有排樁數十，高出地面者五尺，相離各三尺許，間以銳釘，視樁木略矮半尺。玉見此，一躍而上，三女曰：「未也。」又出綉鞋底四雙，磁其質，各繫于足，連袂而登。往來決蕩，各盡所長。未幾，玉自覺踏處微滑，稍一凝滯，鞋底忽斷，即屈一膝于樁。曰：「敢拜下風。」三女亦皆荅拜，遂訂為閨友焉。三女，長蘅芳，次芷仙，幼蘭因，生獵戶家，年皆及笄。以勇故，無有敢下聘者。〔步步金蓮花〕

1262　原 142/3　廣丑 10/66　大 4/285

手揮目送

吳遜齋，洛中名士，工詩文，善操縵，好為汗漫游。近客倫敦，同寓某西人見其壁上懸琴，願一洗耳。吳不可。強之。則曰：「余非吝也，因此間風土，無一點清淑氣。余始至而試之，觸指多濁音，故不彈三日矣！」客聞言冷笑，似疑其空言藏拙者。吳乃為之撫高山曲。未終視客，已欠伸欲睡。吳笑而起曰：「子毋倦，盍觀我小劇。」遂取二琴，調和其音。以一琴置戶外，雜取五色紙，剪各種蟲魚，分綴七絃。閉其戶，奏曲於內。忽外琴所綴諸物，蠕蠕移動。觀者皆拍手稱奇，喧聲聒耳，吳遂不能竟其曲。推琴而出曰：「諸公固但知有琴，而不知聽琴者。」眾曰：「如此好戲法，何不賣藝取值，亦可致富。」吳笑頷之。翌日束裝他去。按此法見沈括《夢溪筆談》。同聲相應，本不足奇，特可以之愚西人耳！〔知音難遇〕

1263　原 142/4　廣丑 10/67　大 4/286

獸態炎涼

西人愛犬，如衛懿之鶴，出則同車，亦習俗使然也。丹國某富翁有犬癖，豢犬甚夥。犬各有名，呼其名，即搖尾而至。項下皆挂牌子，書其名於上，同槽而食，不相爭攘。一日，犬奴正在喂食，一犬忽狂吠若呼痛然。顧見群犬已將此犬齧倒。訝其平日本極和睦，何一旦反顏，若不相識。細察之，則牌子已失去矣！始悟畜生眼中，固但知認牌子而已。有牌子則引為朋儔，無牌子即視同陌路，甚矣！牌子之不可少也有如是。若在租界而為犬，則牌子更不可少。無則落人圈套，請坐小車矣！〔蠢愚〕

1264　原 142/5　廣丑 10/68　大 4/287

牽率老夫

趙甌北〈題柳姬小象〉云：「妾膚雪白鬢雲烏，伴郎白鬢烏冗膚。」以老年而享艷福，惟才子名流又當別論。若無錢牧齋之才，而擁柳如是之貌，則自慚形穢爾。粵有賴翁者，年近花甲，髯長及腹。家中向有二妾。比游吳門，又買得名花一枝，歸藏金屋，名之曰「周姨」。得新忘故，二妾憾焉。周以翁多髯，殊礙偎傍，臨睡必替綰小辮，交纏頸後，翁亦樂之，取其辮才無礙也。一夕，翁正酣臥，忽因頷痛，驚起。見二妾拉其髯辮，向外疾走。周亦驚醒，急切無以為計，從帳中伸出一手，拉其髮辮。翁三頭受拉，欲以片語乞饒，而上下唇不得湊合，惟直喉仰喊而已。婢嫗聞聲，進勸，始得開釋。有友戲之曰：「授人以轡，宜其敗也。」翁顰蹙對曰：「予豈好辮哉！」〔阿育哇〕

1265　原 142/6　廣丑 10/69　大 4/288

因疑悔過

顧畹香，吳中畫史也；生三女，年皆及笄。月之某夜，顧他出。三女向其案頭，翻閱畫稿，得《繡像南樓記》一冊。時室內無人，三女聚而展玩，頰暈紅潮，相掩映于銀釭側畔。其室與鄰舍相隔只半截板壁。鄰有少年，聞笑聲，以小梯斜倚，作壁上觀。其友自外至，取拂具，挑落其帽。三女驚而入。顧歸，見書卷零亂，旁有小帽，以問女，皆推不知；而辭色之間，不甚從容。次日，見鄰人戴新帽而出，趨問曰：「君頭上冠，新買耶？」其人忸怩對曰：「買數日矣！」顧益疑。以家醜攸關，未便深究。既忽自訟曰：「此吾操術之不慎也。」遂取生平所作《橫陳圖》，盡付一炬，誓再不以淫巧居奇。亦可謂勇于自新者矣！〔革舊〕

1266　原 142/7　廣丑 10/70　大 4/289

打彈招親

法國一富家女，艷聲噪于鄉；性喜打彈，思得一善彈者嫁之。乃為大、小兩彈房。宣言能百發百中者，許為配。蓋效秦弄玉吹簫故事也。於是紈袴輩競挾技往，戶限幾穿，終難其選。甚至有日夜演習，因成勞傷症者。厥後來一美國商人，自言于此道三折肱。發如數，悉命中。視其人，則年近知非，蝟毛繞喙。女陰有悔心，脱臂上鑽石釧，但言酬采，不及昏議。眾譏其背盟，女不得已，擇吉贅焉。既而伉儷甚篤，人不解其強于始，而何以諧於終。或曰：其人年貌雖劣，要當別有所取。人問何以知之？則曰：知于其打彈之命中。〔布射僚丸〕

1267　原 142/8　廣丑 10/71 右　大 4/290

乞靈朽骨

粵人舒三，渾號「無袴」。三以愛賭成棍，傾人產，喪人命，不知凡幾矣！嘗誑其同黨劉六，曰：「凡造骰子，用魚齒固佳；而以人之天靈蓋為無上妙品。」舒死，乏人收殮，盛以施棺厝之義塚。劉偶憶前語，思得其枯骨頭以製必勝之具。深夜盜取，歸以付良工。就燈下觀之，隱隱有黑點，蓋么二三四五六也。於是切之磋之，琢之磨之，成而後試之，十局九勝；然其九局之勝，終不敵其一局之負。烏呼！此其所以為「無袴」歟！〔雖有不同〕

1268　原 143/1　廣丑 11/71 左　大 4/291

唧筆揮毫

自來論書畫者，先講筆力。其法如兵家言，身使臂，臂使指，骨節靈通，而後得揮洒自如之妙。今觀朝鮮表君之用筆，則不以手而以口。奇矣！表君為彼國名士，游藝中原，寓高郵北門外第一樓。人見其唧筆作書畫，無不精妙，歎為得未曾有。于是求墨寶者，座常滿焉。夫以三寸毛錐子，而吞吐于唇吻間，其形雖略欠雅觀，而要不得謂非神乎技者。〔牙慧〕

1269　原 143/2　廣丑 11/72　大 4/292

上林校射

右文之世，不廢戎行；「罝兔」儲材，《風》詩頌美。我朝講武宏規，超邁隆古；森嚴宿衛，盡號干城。去臘由東三省將軍，保送「三音哈哈」三十九員。上御紫光閣，校閱騎射。想見馬嘶金勒，迅追掣電之蹤；弓挽鐵胎，巧奏穿楊之技。於是賞差者三十五名，膺首選者為哈喇都布，均入神機營效力。按「三音哈哈」，猶漢人所謂「好漢」也。紫光閣向藏功臣畫象。於斯事也，於斯地也，歌大風而得猛士，聽鼓鼙而思將帥。聖天子出震乘乾，神武英明，誠由天縱哉！〔不失其馳，舍矢如破〕

1270　原 143/3　廣丑 11/73　大 4/293

海鳥息爭

太平洋中多鵲。分踞二島，種亦不同。居東島者，羽色黃，其白者，西島產也。各有首領，大異常鵲。前秘魯兵輪經過島下，適群鵲聚鬥，萬翮蔽天，海水為黑。舟客栗來雅各用測遠鏡照之，見其進退角逐，各按陣法。正在兩不相下之際，忽有大鳥從空飛下，狀甚貴倨，毛羽斑斕，五色俱備；昂首一鳴，群鵲即各歸隊伍，翹首敬聽。俄而，東西兩大鵲，由陣中飛出，交其頸而叩以喙；鳴聲和樂，似奉大鳥命而罷兵修好者。此時，大鳥已一飛沖天，不知去向。群鵲遂各還其島，依然海闊天空，澄波如鏡矣！〔真乃鳥合〕

1271　原 143/4　廣丑 11/74　大 4/294

悍番向化

臺灣邊界多番；番之種類不一，生番其尤悍者也。性好鬥，聚處無定蹤。勦之難，撫之亦不易。劉爵帥蒞閩以來，下令招撫。南北來歸者，已逾萬數。而其間尚有負嵎梗化者。爵帥以為非威不足以濟德，爰商諸林京卿，率領精鋭，用開花砲環擊之。眾番懼而投誠，願各質雛番一人以為信。京卿乃宣布朝廷恩德，許以戶給口糧，令薙髮，還山安居樂業，而番患由是悉平。振貔虎軍威，馴犬羊野性，其人偉焉！厥功楙已。〔我武維揚〕

1272　原 143/5　廣丑 11/75　大 4/295

謬稱盲左

西例，凡傭工者，因公受傷，則主人贍䘏之；傷不愈，贍亦不裁。日耳曼國之某鐵匠，左目傷于鎚。店主為之延醫。既愈矣，而某猶希圖久贍，詭言仍不見物，且甚痛。于是遍請諸醫，皆驗稱全愈。某堅持前説，事不得決。有某醫出眼鏡一副，其玻璃則右紅而左白，又以黑板書綠字，令戴鏡而視。問以何所見？答如所書。蓋自以為我固以右目見也。而不知綠附于黑，又隔以紅，勢不能覩。彼粗人，不知也。乃揭其詐，而裁其贍。然而紅紗障眼，衡文者且目迷五色矣！掩其右，不掩其左，匠猶具隻眼哉！〔眸子不能掩其惡〕

1273　原 143/6　廣丑 11/76　大 4/296

盛名難副

漢召信臣、杜詩，先後為南陽太守；民愛之，有「召父杜母」之稱。由今觀之，何循吏之多也。凡官將解篆，必有送德政牌、萬民繖者。文則「棠舍陰濃」，武則「柳營令肅」。信口揄揚，不嫌溢美。問何以需此物？曰「循俗例也」。烏呼！古有「循吏」，今惟「循例」矣！貴州某紳以縣令致仕林泉，頤養晏如也。近值懸弧令節，賀客盈庭，乃出其在任所得之紅緞繡金軟額一道，文曰「民之父母」，懸諸中堂，誇示親友。不料其衣裏合縫處，不以線而以漿。年久漿性已過，一陣風來，將外層吹落，但存裏面一重。有小字一行，曰：「自言此之謂，誰知惡在其。」〔怨豈在明〕

1274　原 143/7　廣丑 11/77　大 4/297

猩猩能言

滇民有獵得人熊者，其聲啾啾然，似有所語，而音莫能辨。蓄年餘，盡解人語。攜至外洋，售與某國商人，議價二百金。商慮其水土不服，難以久活，先付百金，約一年後憑票找足。及期而往。熊見之，拱其手，撟其舌，咿啞啁唧，都不可解。獵者曰：「一年不見，何仍露本相耶？」熊聞言，若有所悟，即改口曰：「適所操，乃西語，猶華言『久闊甚念』也。」獵者曰：「我本華人，爾亦華產，就學得幾句西語，何必對家鄉人講哉！」熊慙甚，但曰：「我非敢在舊主人前賣弄腔調；但習之既熟，故流露于無心耳！」〔是何言與〕

1275	原 143/8	廣丑 11/78 右	大 4/298

枯骨眠香

某校書，豔聲噪滬上。因失歡于某客，客銜之，思所以報。偶過外虹口，見有無主朽棺，髑髏拋露，懷之而往，陰納諸妓之臥榻。是夕，有新客飲其家。酒闌人散，將為高唐之游。繡被乍掀，枯骸忽露，驚魂欲喪，春興都銷。論者不以客之惡作劇為無賴，而以其殘毀尸骸為太忍。然安知地下幽魂，其生前非縈情于花柳者。一旦以已寒之骨，猶得一親芳澤，宛轉于香衾繡褥間，九京有知，當深感其提攜之力。是客之所為，誠不愧「牽頭」兩字耳。〔攜首向花間〕

1276	原 144/1	廣丑 12/78 左	大 4/299

圖陳戰績

閱正月二十日《滬報》，有補紀劉淵亭軍門入都事略。據稱，軍門于陛辭之日，恭進圖畫一冊，備陳越南戰務，並生擒法將悅未學情形。敘百戰之辛勤，供九重之乙覽。請纓願遂，匪誇不世之勳；擐甲躬親，敬用當陽之命。寫出鄂褒毛髮，敵膽先寒；揮來李郭旌旗，軍容益壯。宣威沙漠，馳譽丹青，軍門當之，允無愧色矣！〔大丈夫不當如是乎〕

1277	原 144/2	廣丑 12/79	大 4/300

龍圖新案

溫州平陽縣胡姓富紳，為其祖營生壙于山間。其子獨自上山游戲，抵暮不歸；到處搜尋，杳無蹤影。意必飽豺狼之腹，徒深悲悼而已。閱數月，邑尊湯公因喜事，召梨園侑觴。伶人有文龍者，唱《包孝肅坐陰陽堂》一齣。忽覺舉動失措，口稱有七、八齡童子，牽其袍袖。邑尊知有異，書一票，命與戲中所扮之張、趙二役，隨之而行。至山半，票為旋風吹去，落處離壽域僅數武。遂就地墾剷，孩尸在焉，而不得其致死之由。胡稱，當日在壙地做工者，惟石匠二人。立提嚴訊。據供，彼時見胡子臂上金釧，因商同謀殺云云。按此事頗多疑竇。姑無論富家治壙，奚止一二工人；童子登高，豈竟獨行無伴；且埋尸所以滅跡也，必不在壽域之旁；硃票何等鄭重也，何至被旋風吹去。東甌離滬甚遠，傳聞不無失實。日報亦謂其事近荒誕。惟是天網恢恢，聞者足戒。圖而記之，所以警貪殘也。〔戲而不戲〕

1278	原 144/3	廣丑 12/80	大 4/301

脫帽露頂

津郡北門一帶，往來要道也。近因新增東洋車，轂擊肩摩，愈形擠軋。有客焉，輕其裘，緩其帶，顧影自憐，徘徊道左。忽一車從身畔擦過，猝不及防，將辮梢絆住。車輪一轉動間，而十萬八千煩惱絲，齊根拔去。車夫驚皇亂竄。客則以兩袖蒙頭，若不勝其羞縮者。始知客固齊髡者流，其所謂星星而種種者，已如禹鐘之紐，蟲齧欲絕，故飾偽以壯觀，而不圖受困于城門之軌。然而輪迴小劫，痛癢無關，亦何幸而胡盧早畫哉！〔不毛〕

1279	原 144/4	廣丑 12/81	大 4/302

詩嘲懼內

梁伯鸞賃舂廡下，妻孟光舉案齊眉。皋伯通見之，曰：「彼傭能使其妻敬之如此，非凡人也。」夫人即不若伯鸞賢，則不為妻所敬而已；又何至轉而敬妻惴惴焉，奉令承教之不遑哉！禾人楊某，剛狠好鬥，而懾于閫威。妻曉妝，必奉匜沃盥，屏息侍立以為常。客有訪之者，戲言君勇士，何不能勝一弱女子？楊解嘲曰：「我非畏也。因內子素有肝病，觸之必怒；怒必增劇。維其憐之，是以耐之耳。」忽窗外婢報曰：「娘子理妝矣。」楊疾趨而進，良久不出。客題其壁，曰：楊子好勇爭氣概，頭觸不周天地晦。歸來走入繡幃中，耐！〔勇者不懼〕〔未入于室也〕

1280	原 144/5	廣丑 12/82	大 4/303

搶親胡鬧

婚姻，大事也。誰不欲其奠雁從容，禮成親迎哉！勢有所不能，則出之以搶，曷為而有所不能。如杭人某甲，行娶于王姓。王索聘甚奢，甲貧無以應，遂糾集多人，搶女到家。又恐被女家搶回也，于入門之際，即緊閉洞房，俾晝作夜。未幾，王果登堂索女，大肆咆哮。甲怒其敗興，出而毆之。女急整衣，出勸，而丈人峰已幾乎玉山穨矣！以百年好合之事，變而成兩造為難之局。冰固非清，玉亦欠潤耳！〔匪寇昏媾〕

1281	原 144/6	廣丑 12/83	大 4/304

圓光欺人

風可捕也，影可捉也，而後光可得而圓。「圓光」之說，等諸「圓夢」。夢固虛，光亦非實。天下惟虛者，最無把握。而欺人技倆，益日出而不窮。嘉興北門外塘灣街大昌米鋪，因遭失竊，延嘉善某術士，為之「圓光」。披髮怒目，杖劍登壇，口喃喃持咒也，足踽踽踏罡也。既使二童子視所設水缸，見有浮漚泛起，蟹眼魚眼汩汩而生。回視鏡中有垂髫女，撚花微笑，盈盈欲下。一轉瞬間，即失所在。于是收拾壇場，叨重謝而去。然終不能以所見證所失。是直風也而已，影也而已，夢也而已。安所見為放大光明，成圓滿功哉？愚人之愚，如是如是。〔鏡華水月〕

1282	原 144/7	廣丑 12/84	大 4/305

妓船獲匪

昔李敏達治浙，于娼寮妓舫，不甚嚴禁。曰：「留此以覓匪人蹤跡。」亦為政之別裁也。日報載某大令因訪案，帶同差勇，微服出行。見有妓船傍岸，遂效白太傅潯陽故事，欲借此一探消息。未幾有二人跳上船頭，大呼何物狂奴，不走我大獃子、小獃子門路，而敢在此行樂耶？令察其自通名姓，即訪案中人也。乃招手于蓬窗之外，一時差勇從蘆葦間趨出。小獃梟水遁，大獃即就縛。茲二人者，其平時魚肉鄉里，無惡不作。一旦鋤而去之，居民莫不稱快。而或者以為綺羅叢裏，現宰官身，若微傷居官之體者。則是除暴鋤奸，惟授其權于蠹胥滑吏之手，而于是乎漏網者多。〔久慕大名〕

1283	原144/8	廣丑12/85右	大4/306

鼠竊垂涎

有以侏儒之貌，而操粔籹之業者，一盤高托，口唱渭城，往來于揚城之轅門橋街。遇一饕餮者，見其金泥玉屑，堆積盈盤，不覺垂涎至地。于是佯與接談，暗圖竊食。信步而行，信手而攫，信口而啖。及至賣者見路上行人，皆掩口胡盧，疑而反顧，而其人已飽則颺去矣！于此可悟天下謀食之道，俛就則易，仰企則難。然必巧取焉，而始得餬其口，亦未免廉恥道喪耳！〔俯拾即是〕

1284	原145/1	廣寅1/1左	大5/1

巡捕戴枷

有久客于租界者，其言曰：「滬北一隅，五方雜處，匪類其潛匿也，車馬其交馳也。不有巡捕焉，為之偵察而彈壓之，將白晝行劫，覆轍傷人之事，幾無刻而不見。」余應之曰：「然，然則為巡捕者，其皆奉公守法歟？」曰：「論若輩之來歷，雖無非出于流氓、青皮之類，然一入捕班，即恪遵捕範。蓋惟其在公而有所不敢也，此西商立法之善也。」乃未幾，而有法租界三十五號巡捕侯阿二，因開賭枷責一事，爰繪之以示客，曰：「吾不必謂合租界巡捕，皆如侯阿二之敢于為非也；而侯阿二已居然敢矣！」〔方盤托出大西瓜〕

1285	原145/2	廣寅1/2	大5/2

雪中贈笠

雪中送炭，居者受惠矣。其如行者何。當夫天公玉戲，六出花飛。彼肩挑而背負者，沾其體，塗其足，往來于冰天雪地中。柳絮飄來，霑衣盡白，傴僂踏凍，作鷺鷥容，其艱苦有不堪設想者。金陵管帶振武軍某君，見而憐之。勸合營捐辦箬笠千餘件，置于德勝門城上。見凡冒雪出郊，手無擎蓋者，擲一笠贈之。一時戴德驩呼，頌聲載道，謂能于粥廠綿衣而外，生面別開，以推廣夫饋貧之策。而要不足語諸銷金帳裏，淺斟低唱，飲羊羔美酒者。〔託庇〕

1286	原145/3	廣寅1/3	大5/3

命案存疑

京師西城某甲，醉乘騾車，至虎坊橋畔；御者呼之不應，推之不動，乃解騾遁去。有二更夫見輿尸而驚焉，于是一人報官，一人守之。夜既深，倦而假寐；及醒，失尸所在。時報者已返，二人無計搪塞。適守者之兄，死纔三日，遂商同移尸車內。經官驗出，腦後一釘。正疑問間，甲忽奔至，自述醒後步歸情狀。更夫不能隱，以實告。訊其嫂，得姦情焉。然此事究不能無疑，豈有移兄尸以代驗，而不見阻于親手謀殺之嫂哉？吾觀京戲中有所謂《錯中錯》、《雙釘記》者，事之前後似之。或好事者依樣胡盧，言之姑妄歟！〔今宵酒醒何處也〕

1287	原145/4	廣寅1/4	大5/4

文虎標新

元宵後數夕，杭人有以燈謎遣興者，廋辭隱語，動解人頤。其間有增減一字之筆畫，而串成戲目者。若「雲」字則走雨，見鬼顯「魂」也；「妝」字則送女，撲犬寫「狀」也；「飽」字則跌包，加官書「館」也。眾方凝神注想，突有人也，貿貿然來，連揭數紙條，曰：「若者為《賣胭脂》，若者為《八蜡廟》，若者為《四郎探母》。」眾笑曰：「燈上註明崑戲，何得以京戲亂猜？」其人老羞變怒，將毀其燈。主人出視，則候補某君也。亟應曰：「良是良是。」取龍井茶一瓶贈之，曰：「此清品敬以供滌腸之需。」其人持誇于眾，曰：「何如？」遂揚揚得意而去。其餘猜戲目者，若「歌」字則別兄借債也，「汝墳」則潑水男祭也。亦皆清切可喜。而莫妙于「弓」字，合猜四書兩句。則曰：直在其中矣，如之何不弔？〔黃絹幼婦〕〔外孫齏臼〕

1288	原145/5	廣寅1/5	大5/5

志遂凌雲

鶴之為物，超超也，刷脩翎，引員吭，迴翔于青山白雲間。支公所謂：「有凌霄之姿，何肯為人作耳目近玩？」況乎溷跡藩籬，下與雞群為伍哉！邑廟萃秀堂，擅園林之勝，豢鶴數頭。前月間，邑令裴公詣廟拈香，小憩于此。見一鶴由籠中逸出，命園丁不必追捕，任其飛去。于是矯首遐觀，撚髭微笑。蓋不啻子產蓄魚，連呼得所，亦寬政之見端也。推此意以臨民，而熙皞群生，無非鶴子矣！〔或口放也〕

1289	原145/6	廣寅1/6	大5/6

回師觸忌

清真教由來舊矣，俗呼其教中人曰「回子」。其為彼教所推重者，曰「阿轟」。金陵多回籍。有某阿轟者，經過馬巷街，見某店招牌有「㺃絨㺃蝶」字樣，大怒謂：「不應于回字旁，加一反犬，明明以畜類比吾。」遂邀集同教，一鬨而至，取刀將回字刮去。店主寡不敵眾，聽其所為而已。考㺃字不載字書，經營中俗字甚多，豈必有意為此。若以犬字為嫌，則狄梁公未聞改姓，王獻之何不更名。吾聞彼教中禁食豬肉，人于是乎有豬爹狗奶之詆，豬狗從犬，或因此而觸其忌歟？〔觸類旁通〕

1290	原145/7	廣寅1/7	大5/7

女盜逞強

《水滸傳》寫一丈青、母大蟲，以紅粉嬌姿，挾綠林豪氣。特小說讕言耳！不謂天下竟有巾幗而萑苻者。和州鄉人婦某氏，貧不能卒歲，入城告貸，得二十金。歸途遇二婦，以捉牙蟲為業。間與攀談，無意中略露形跡。二婦見山逕無人，褫其衣，奪其洋，飛奔下山。俄有賫文報之某甲經過，問悉情由，解衣衣之；策馬追上，喝令速還贓物，否將縶送官府。二婦曰：「諾。」遂下騎取回，轉身理辮。忽被曳，倒地下，縛住手足，取剔牙鍼遍刺頭面，罄括所有而去。夫以甲之路見不平，仗義追盜，其勇敢要可想見；而彼婦乃以纖纖玉指，運細細金鍼，直當作牙蟲處治，何其狠也！〔燕支虎〕

1291	原145/8	廣寅1/8右	大5/8

奇寒澈骨

炮烙非刑，久垂例禁。而近世問官，猶間用燒香頭、跪火鍊諸法。蓋巨奸劇盜，非此不足以取供，猶得曰用之于官也。乃有犯不至于大惡，刑不用于當官。而其為虐也，則不取諸熱，而取諸冷，實則與炮烙同其慘酷者，如某府屬差役之私刑是已。厥刑維何？當隆冬之際，驅候質所之押犯，跣足立冰上，以勒索規費。欲壑未充，不放也。非同王太尉臥冰，而純孝可風；豈效越夫差抱冰，而大讐待報。世傳冥中有「寒冰獄」，此真活地獄矣！〔冰上人〕

1292　原146/1　廣寅2/8左　大5/9

喉科新法

西醫治病，每多奇想。日報載德國新君，前患咽喉腫脹，至出入之氣，不能略通一線。醫者慮其氣閉，乃于喉結下另闢一孔，插以細細銀管，俾通呼吸。余始聞而疑，既而信。此蓋借鍼刺之法，以神其變化之用者。凡刺法，認定俞穴，雖深入亦無妨礙。其曰管者，非管也，特鍼之空心者耳！又聞日本東都，曾有一種疫症，名「馬脾風」。初起即喉腫而痛，頑痰膠膩，氣不得宣。有太醫院某君，用此法施治，活人無算。可見插管通氣，由來已久，實可補《東醫寶鑑》之闕。特非精于刺法者，未可妄用耳！〔庶幾流圀〕

1293　原146/2　廣寅2/9　大5/10

張燈鬥寶

天下有至寶焉，不貪之謂也。信斯言也，則凡連城之璧、照乘之珠，其將拋棄滿地，與瓦礫、泥沙同其踐踏歟？曰：不然。其在豪富之家，金穴銅山，喫著不盡；故必朝獲一珍，夕收一寶，動費不欿之價，以銷耗之，而後子孫可得而窮也。及其窮而賣之，而向之以萬金得者，貶至千金，而猶曰不值。此販珠寶者之所以獲厚利也。前月間，京師各珠寶舖，盡以其寶器，賽會于琉璃廠。有竊得鼻煙壺者，當場收出。其黨羽一鬨而進，大肆劫掠，經坊官拿獲問罪。此亦貪之為害也。而慢藏者要可鑒矣！〔懷璧其罪〕

1294　原146/3　廣寅2/10　大5/11

酒魔喪膽

世傳山魈畏爆竹，故近人于除夕用之，所以祓除不祥。行之既久，踵事增華。于是有翦采為花，鏤金成字，以供人之玩耍者。京師東直門北新橋酒肆門口，擺設地攤，售賣各種花爆。有番僧購取數枚，疑藥性受潮，當場試放。乃火星誤落，幾同砲發連珠，響震六街，光騰萬道。番僧驚皇莫措，恨不能以八功水滅此三昧火。幸鬧市人多，霎時灌熄。而店中飲客，皆四散奔逃，不名一錢而去。蓋若輩素稱酒鬼，亦山魈之類也。〔平地一聲雷〕

1295　原146/4　廣寅2/11　大5/12

歌舞臺空

大凡地方之足以肇事者，曰娼優，曰匪棍。禁之孰先？曰：先匪棍。苟使害馬胥除，吠尨無警，雖若管敬仲為女閭三百，亦無損于齊國之治。津郡地號繁衝，娼優之所雜處，匪棍之所溷跡。有大王二、小王二者，著名積棍也。率其黨類，向如意茶園掠女優數人而去。園主費多金，始得贖還。光天化日之下，藐法橫行，一至于此，實為閭閻之害。斯語也，不盡出諸在場觀劇之人。〔驚破霓裳羽衣曲〕

1296　原146/5　廣寅2/12　大5/13

酒軍奪幟

酒，原名國封侯，而終老醉鄉；酒，亦稱兵制令，而罰依軍法。築糟邱之壘，拇戰稱雄；分麯部之曹，頭銜新署。此粵中春酒會之所由設也。當夫試燈風起，春熟甕頭，粵之人相與挈榼提壺，爭先赴約。其聚酒之多，誠如《列子》所云「望門百步，糟漿之氣逆于人鼻」者。會所懸帥字大旗。入其會者，必先滿引三巨觴，然後登壇較量。一斗一石，再接再厲。勝則拔幟狂咏，奏軍中凱還之樂；用以壯酒膽，盪酒魔，銘酒勳，頌酒德。群焉而推之為酒伯。蓋舉國若狂，此風固由來舊矣！〔酒盃在手而國仰〕

1297　原146/6　廣寅2/13　大5/14

崇祀名賢

粵督張制軍，改粵秀山之「鄭仙祠」為「三賢祠」，崇正黜邪，所以維風教也。落成之日，偕僚屬致祭，其祝詞膾炙人口，備錄于左。曰：「維年月日，兩廣總督張之洞、廣東巡撫吳大澂、廣東學政汪鳴鑾等，謹以少牢之儀，致祭于漢仲翔虞公、唐韓文公、宋蘇文忠公之神。曰：維三君立德功言，兼三不朽，歷漢唐宋，為百世師。經學參荀、鄭之間，文品列歐、曾以上。竭忠肝而悟主，守直道以危身。洎乎放廢之餘，力倡儒先之教。戍所抗遼東之疏，處待青蠅；南來書瀧吏之詩，居營白鶴。行芳志潔，比澤畔之靈均；雲集景從，成海濱之鄒魯。化民興學，異代同符。信鼎足之並尊，宜溪毛之共薦。爾乃蒼梧萬里，遷客飄零；柯林一枝，舊居搖落。訪潮州廟碑之記，披髮而下大荒；拜儋耳笠屐之圖，負瓢而行田野。合祠未備，守土滋慙。茲者就粵秀之山，徙安期之宅，重恢傑構，特舉明禋。率僚屬以告虔，命諸生而習禮。過江山之故宅，奉以師資；奏蕉荔之歌詞，尊為神道。庶幾激揚忠讜，啟牖人文。窮理則知天以知人，修辭則如潮而如海。宗仰媲東京之盛，踵陳寶以垂名；元精耿南極之躔，與斗牛而並燦。尚饗！」〔俎豆〕

1298　原146/7　廣寅2/14　大5/15

還治其人

鄂某甲，夫婦二人，攜一童養孫媳，寄食于中和門外施粥廠。前因所領之粥，被媳竊食少許，怒而斷其兩指，又以線縫其口。同廠者不服，稟知局憲。魏觀察立將此老枷責，並飭縫老嫗之口，左右各一鍼。更賞給錢文，俾受傷者為醫藥費。諭以若再凌虐，決不寬貸。噫！人生不幸作女子身，又不幸而為養媳，又不幸而為貧家之養媳。至養之不能養，復挈之以求養于人。在漠不相關者，尚惻然憫之；而身為尊長者，輒因細故，而忍加戕害，其居心之狠毒為何如？君子曰：其貧也，可憐也，而實不足恤。〔忍人也〕

1299　原146/8　廣寅2/15右　大5/16

計殲野兔

南洋澳大利亞，暨日新蘭島一帶，近忽產有一種野兔；爰爰焉，趯趯焉，千百成群，恣食田中禾稻。驅之復來，捕之不盡。所到處皆成荒欠。有司以兔災入告，懸重賞六十二萬五千佛郎克，廣求殲兔妙計。有名醫巴斯道者，謂須用瘟雞若干頭，遍擲田塍，釀成兔疫；俾兔類觸之，由近及遠，傳染遍而兔無遺種矣，此據日報所云也。然其于治法則用「雞」，其于醫生則姓「巴」。「斯」，「此」也；「斯道」者，「此道」也。分疏而合注之，恐除兔者，適足以召兔。而或者曰：其得力處，則在瘟。〔毒流三窟〕

1300	原 147/1	廣寅 3/15 左	大 5/17

小人得志（上）

昔有嘲矮人者，曰：「重陽白菜，錯認做老芭蕉。」刻畫精工，令人絕倒。今觀《滬報》所登小人伎倆，而益覺此二語之形容殆盡也。小人本金匱縣農家子，現已四十六歲矣。少曾授室，妻病其短于村，逃至申江，另有姘識。小人知之，不以為辱。囊澀則尋其妻，多方需索，鞋邊裙底，纏擾不休，必飽所欲而後去。蓋窮斯濫，亦其故態耳！小人善口給，工心計。有蘇人某甲見之，以指彈其面，作敗鼓聲。喜曰：「此奇貨可居也。」遂與商……

1301	原 147/2	廣寅 3/16	大 5/18

小人得志（下）

……定，偕至吳門。借其身，賣看于圓妙觀中。一時環而觀者，如列堵牆。小人以眾之樂與親也，遂得志。身披華服，足蹈粉靴，作勢裝腔，遽忝附于衣冠之列。遇有擲錢者，輒對之作鸕鷀笑。錢多者，揖而謝；否則以白眼相加。喜怒無常，惟視錢之有無為轉變。其與人對答，滿口操西語。或問曰：「爾豈熟于洋務乎？」小人曰：「我雖不習洋務，而與洋務中聲氣最通。如某某輩，或訂總角交，或結忘形契，皆我輩中人也。顧洋務而廁我輩，誠為可歎；然洋務又非我輩不治，此亦時勢之大局也。」其矜誇虛誕，類如此。居數日，得錢至三、四百千。侏儒飽死，斯言信矣！而臣朔常飢，亦非所論于當今之世。數年前有徽人詹五，以長大得名，為西人聘去，遨游各國，滿載而歸。蓋鈞是人也，或從其大體，或從其小體，皆可以身發財。而依乎中庸之君子，宜其遯世不見知矣！〔小人之尤〕

1302	原 147/3	廣寅 3/17	大 5/19

制禮遠嫌

男女避嫌，莫甚于土耳奇國。其宮人種痘，先懸大幕，幕一孔，僅容隻臂出入，選內監之狀貌獰惡者，侍幕外。每一臂種畢，則用錦帕遮醫生目，以俟換臂再種。其餘宮婢往來，皆有長罩覆首，僅露兩目；即民間亦然，恐被男子窺見也。吾觀泰西各國，除土耳奇外，皆無瓜李嫌，但使為夫也友者，雖雜坐亦不怪。嘗有西士論曰：「夫慾，猶水也，疏則平，防則決。」似矣！而不知男女以正，防也；婚姻以時，疏也。不必若簡雍之戲禁淫具以為防；亦非若齊髡之握手無罰以為疏。《禮》曰：「男女授受不親」，又曰：「男子由左，女子由右」。實大中至正之範。然如土國者，雖略覺矯枉過正，而以視他國，則夐乎尚已。〔是以有別〕

1303	原 147/4	廣寅 3/18	大 5/20

花樣一新

客有觴于尚仁里某院者，席間舉一令，曰：「今日之飲，在座者各召一妓，此意中事也；然所召來者，苟服飾相同，當罰依金谷酒數。」蓋客有意中人二，一好旗裝，一好日本裝，故倡此以相難也。于是眾客紛紛指索，花票分投，群芳畢集。有男子裝者，有道姑裝者，有泰西裝者，有燕趙裝者；並有避熟就生，而召粵妓以塞責者。花團錦簇，翠繞珠圍，令人如入山陰道上，應接不暇。莫不采烈興高，拍案叫絕。然而新則新矣，奇則奇矣，矯揉造作，終欠雅馴。噫！此《申報》中服妖論之所由作歟！〔無奇不有〕

1304	原 147/5	廣寅 3/19	大 5/21

倉神附體

京師各倉廨，皆供奉倉神。其為神也，雖不必農名帝而稷名官，要之廼積廼倉，是其職守。神也，非可以玩視也；而陋俗相沿，竟有倉神附體之說。奇哉！每歲正月二十五日，凡倉皆張樂懸燈，宰牲致祭。監督具衣冠上香，胥役輩拜跽維謹。聞歷屆祀倉，必需一扮作神象者，踞坐受享，若古祭之為尸者然。自能腋挾兩石米，略不知重。及至送神既畢，試使再挾，便不能復舉。遂以此米相贈，謂即倉神附體之靈驗。肅肅明禋，何乃與三家邨巫覡同其詭譎耶？然耶？否耶？吾斯之未能信。〔力大通神〕

1305	原 147/6	廣寅 3/20	大 5/22

冰舟創格

舟車之制，至近世而日多；多之不已，更求其備，則冰舟可紀焉。此舟創始墨洲。其地水多陸少，北極荒寒，堅冰早至。于是刳木為舟，以通載運。狀則首尾翹鋭，下列鋒刃，犬牙相錯；後有舵，亦多其刺；高挂片帆，乘風使御。登此舟者，但覺碎玉聲琤瑽悦耳，其速蓋不減火輪車云。向者節屆嚴冬，河流寸斷。行李之往來，輒多梗阻。自有此舟，轉若阻之者，適所以便之，而維恐東風之解凍也，亦可謂因勢利導者矣。〔招招舟子〕〔迨冰未泮〕

1306	原 147/7	廣寅 3/21	大 5/23

談虎二則（其一）

昔有短視而懼內者，至生平不識其妻之面目；蓋先存一「可畏」之想，從未敢帖近一覷。此畏之因心及目也。兇而至于老虎，當不減于老妻；而以短視者當之，不驟覺其可畏。是畏必由目達心也。日報登粵幕某，素短視。因赴館道，出山間，忽遇虎。輿從逃散，某茫然不解其故。徐焉出轎，而諦視之。時身上翻穿紫毛褂，頭戴紅風帽，鼻駕玳瑁邊眼鏡。虎見其黑毛紅頭，隻睛圓炯，終不敢啞而去，遂得免遭虎口。甚矣！人生在世，苟服飾而輝煌焉，虎且畏之；何惑乎鼠輩之奴其顏，而婢其膝。〔可畏可免〕

1307	原 147/8	廣寅 3/22 右	大 5/24

談虎二則（其二）

日報又言，柳州某農，以榼飯餉耕。將過橋，有虎搏而前。農遙揖曰：「且漫且漫。尚有下情告稟。我，窶人也。幾根瘦骨，一片枯皮，不足當山君大嚼。如必欲賞收，請果腹而效倀勞。」虎頷之。農啟榼，粒數而食之。虎待久不耐，掉頭竟去。或疑虎之發慈悲也。曰：不然。大凡此種人，火氣脱盡，血性全無，其肉必韌。虎之不食，殆嫌其不爽口歟！〔虛與委蛇〕

1308	原 148/1	廣寅 4/22 左	大 5/25

擇配奇聞

男女居室，人之大倫。在中國，則重之以父母之命、媒妁之言，非可造次苟合也。西人不然。有遮譬阿粒幼者，登一告白于澳門報，云：「僕行年四十，豐于財，現仍幹辦公事。性情和藹，容貌歡欣。今欲娶妻，必須名門之女，髫齡性敏，美姿容，且能彈琴跳舞者。如願許配，請由驛務局示訂。」越日，即有西女遮爹斯者，出而自薦；持回信一函，囑報館主筆代寄焉。以昏姻大事，竟同買賣招徠，濫登告白。奇矣！而願為之婦者，亦但憑一紙報章，率行承攬。則更奇！至若自炫其富，自表其情，自矜其貌，種種措辭，固已奇不勝奇；而莫奇于選格苛求，兼及跳舞。此豈名門淑女所擅長哉？抑彼國所謂大家閨範者，固非四德所能該歟！〔惠我好音〕

1309	原 148/2	廣寅 4/23	大 5/26

救飢獲福

蕭仲良，蜀之貧士，妻早故。一子纔五歲，因看會失散，遍覓不得。此六、七年前事也。近以事客金陵，勾留半月，束裝作歸計，偶於街上見勸賑啎箒。惻隱之心，油然而生。適懷中帶有青蚨三百翼，取投諸內。一醉漢見而笑曰：「三百文功德，亦求福報耶？孰若付酒家胡，倒博得眼前供養。」蕭曰：「爾為爾，我為我。勿見哂也。」醉漢曰：「爾不能為我，我偏要為爾。」扭住辱罵。勸者紛紛，人聲鼎沸。有童子開門出視，見蕭，忽抱足大哭；蕭視之，其子也。身雖長成，貌猶可認。急問兒何在此？童一一泣訴。始知曩被匪徒拐至金陵，猝病，棄道旁。幸對門劉翁，灌以藥，得甦。留作小紀綱。蕭至此喜出望外，急詣劉拜謝。劉慨許同歸，俾全骨肉。論者謂蕭不助賑，則不遭醉漢之罵；不罵則父子不得重聚。三百文之報，固如是其厚且速哉！〔善人有後〕

1310	原 148/3	廣寅 4/24	大 5/27

香閨豪興

陳某向會審署控蘇人汪蓮生之妻女，誘伊妾至謝硯亭家聚賭，在場者皆鴇妓一流。旋有人代謝登報辯誣。陳駁之，亦著于報。後經蔡太守飭傳鴇婦王馬氏到案，供稱實無陳妾同至謝家賭錢。又歷觀報章言汪係著名賭棍，屢次犯案者。是汪之為人，其行為不問可知。陳某者，何所取而與之為友？甚至金屋阿嬌，被引而置之呼盧喝雉之場。問其點，則長三也，么二也；問其伴，則亦長三也，么二也。滬上風俗頹壞，此等事本視為常有而無足怪。又何必以「取友必端」之語，為若輩責哉！〔龜〕

1311	原 148/4	廣寅 4/25	大 5/28

八旗武備

兵可百年而不用，不可一日而不備。雖承平日久，匕鬯無驚；而簡閱時勤，聲威益壯。我朝定鼎以來，訓練戎行，著為成例。每年春秋二季，凡八旗將士，應赴本教場演盔甲箭。又于九門城上，按各旗段落，吹演海螺。由兵部擇期奏請，欽派王大臣察閱，典至重也。本屆演盔甲箭，定於二月二十一日及三月二十一日；吹演海螺，則自二月十五日起，至三月初一日止。花飛雉堞，風高而畫角聲清；柳拂犀函，日照而金鱗光閃。洵武庫之良材，亦皇都之麗景也。〔公侯干城〕

1312	原 148/5	廣寅 4/26	大 5/29

鄉戀黑甜

凡人不能有醒而無睡。壽百年者，實止五十，其餘皆夢境也。然未有三眠三起，而時閱七年之久者。德人軒利咸士寓美國文尼梳達，七年前得一奇症，一睡不醒。家人疑其死；而鼾息如常，金鼓不能震使覺。三年後，忽起坐索食；食已復睡。又一年而後醒。食如前，睡亦如前。至今又三閱寒暑矣。自此一醒不復久睡，而病亦良已。奇哉！昔有好睡者，改蘇詩曰：「無事此靜睡，睡起日卓午。若活一百年，只當二十五。」以視此君，猶不為過。然而浮生若夢，空令蟻鹿笑人。天下之專會喫困者，雖在醒時，亦猶夢耳！既不能如呂文穆之稱渴睡漢，莫若為杜牧之「十年一覺揚州夢」，博得三、四覺，已足消受一生矣！〔黃粱未熟〕

1313	原 148/6	廣寅 4/27	大 5/30

聾人應試

試士之道，首杜倖進；杜倖進必先絕懷挾。故搜檢從嚴，著為功令。閱三月十一《申報》，載南昌某生應本屆科試，接卷入場。院差喝令候檢；生固耳聵，茫然不聞，匆匆逕入。差謂其不遵功令，稟諸學憲，受朴教也。生歸，憤不欲生，遽萌短見；幸即遇救，得甦。論者謂：「生雖重聽；但既非新生，則搜檢舊例，諒應熟悉，又何待院差之呼喝。」然每見考試場中，試官有憐才之念。為胥役者，不能仰體憲意，往往藉口奉公，玩褻文士。為考生者，以風檐寸晷中，所爭者大；若輩小人，何屑與較。于是乎喑啞叱咤之聲，竟舉而加諸儒冠儒服。是與賢長官殷殷愛士之心，大相違戾矣！若某生者，未敢將耳聵情由，當堂稟明，特其自誤耳！〔宋〕

1314	原 148/7	廣寅 4/28	大 5/31

重修香冢

朝雲墓在豐湖之西，其地有「六如亭」，為後人所建。雲生前隨坡公南遷，臨終猶誦《金剛經・六如偈》。事見蘇集，故取以名亭，並集經語為聯，曰：「如夢如幻如泡如影如露如電，不生不滅不垢不淨不增不減。」考墓葬于宋紹聖甲子。昔伊墨卿先生守惠州，曾葺而修之，碑題「蘇文公侍妾王子霞之墓」。迄今又數十年矣！斷碣苔封，荒亭茆塞。一坏黃土，埋艷骨于當年；幾樹白楊，吊香魂于此日。于是鄭大令敦善公餘訪古，觸景興懷，挹注廉泉，重修勝跡。宣金經之妙諦，淨土皈依；慰玉局之幽靈，伊人宛在。工既竣，徵諸名士賦詩紀事。誠佳話焉！〔湖山瘞玉〕

1315	原 148/8	廣寅 4/29 右	大 5/32

欺貧釀禍

京師某婦，因姑病垂危，向單西牌樓全興當，贖取壽衣。當夥挑剔過分，致錢數不敷；婦雖泣訴來因，仍不許贖。歸而姑已溘逝。附身之物，萬難摒擋，而又無資可措。一時悲憤交集，乃袖藏小刀，再向當中苦懇。夥竟置若罔聞，婦即自刎櫃旁。論者謂婦之輕生，即非圖詐，亦屬愚孝；然此理豈可責之婦人女子。且不死，而姑之殮具無著，至一再哀求，終于無濟。則其心之怨苦，可諒也。當不容情，亦非無故。蓋開當欲其致富也，奈當者必貧，貧必可憐；存一惻隱之心以開當，將情不勝情，富何由致？然不情，而英雄之漢一錢逼死矣，況弱女子哉！故曰：婦之死，不死于刃，實死于夥；而夥亦不任咎也。食人之祿，忠人之事，硜硜焉守其不容情之當規而已。〔維命之保〕

1316　原 149/1　廣寅 5/29 左　大 5/33

挖洞拉客

今有改《毛詩》者，曰：「雉之『夜』雊，尚求其雄。」問何所取義？答曰：此上海之野雞也。一旦禁其雊，阻其求，粥粥群雌，豈甘伏處哉！祥和里野雞顧寶珠，夜出拉客。值巷門已閉，乃將牆壁挖通。經管門喊捕，拘送公堂。野性難馴，雞廉失養，其生涯亦可憐矣！獨不思被其拉者，即願學賈大夫如皋之射，豈肯貽許尚書由竇之譏。而或者曰：否否。今之所稱為大老官，揮金如土，大抵從鑽營中來；向狗洞而效蛇行，乃其能事。所慮野雞之為物，實非祥禽。出門人見其飛集船頭，驚為不祥；集船頭且不祥，況其為拆牆腳哉！……〔桃源洞〕

1317　原 149/2　廣寅 5/30　大 5/34

鳥焚其巢

……越一夕，而祥和里乃火燒矣。巷中向為野雞窠，巷口即公一馬房。十二夜兩點鐘，諸野雞正與所拉之客，雙雙交頸，穩戀香巢。無端而火光起，鐘聲發。倉皇出走，顛倒衣裳。于是有以堂堂七尺軀，而穿鑲邊袴者。有以緻緻六寸膚，而拖厚底鞋者；並有一絲不挂，赤條條現無我相者。更有防客之乘間脫逃，拉其辮而使幫同搬物者；至于此，而拉之情愈急，拉之力益猛。維時眾馬夫將馬拉出廄外，橫衝直撞。幾乎而拉人之人，不受傷于拉馬之人；蓋惟恐巡捕到來，將不問拉人拉馬者，而一并拉去也。迨其火光熄，鐘聲定，有一、二數理名家，高談闊論。謂夫離為雉，亦為火；野雞所聚，實兆焚如。不知離明之象，若輩烏足以當之。總之，洞不挖，則火不發；古不云乎「洞若觀火」哉！今而後，真破壁飛去矣！〔聞焦氣否〕

1318　原 149/3　廣寅 5/31　大 5/35

洪鐘出土

金陵向有三大鐘，即俗稱姊妹三鐘也。其間有名「倒鐘」者，在雞鳴山上。兵燹後，鐘樓燬廢，「倒鐘」埋泥土中，僅露其追；蒲牢絕響，垂三十年矣！日前許方伯登山游覽，慨然于古跡之就湮，商諸機器局，設法起出。銅色黝綠，苔痕深漬，款鑄洪武二十一年九月。有善勾股算者，量得此鐘長一丈四尺，其下圍圓一丈六尺，厚五寸。若以曹沖秤象之法秤之，當得三萬斤。于是鳩工庀材，建一亭以覆護之。從茲月夜霜晨，鯨鏗遙送，不復嘆「瓦釜雷鳴」矣！〔大叩大鳴〕

1319　原 149/4　廣寅 5/32　大 5/36

野岸臨盆

婦人生產，誠不潔也；然苟非穩婆，以及貼身服役之人，則並無穢物沾身。乃世俗忌之；并其同居者，亦蒙以不潔之號，名曰「血光」。其為「光」也，殆如碧血青燐，忽明忽暗歟？不可得而見，則姑勿具論。惟是人多之家，或若張公蓺九世同居，將生育蕃滋；而合家中人，鮮有潔身之日矣。杭郡一鄉婦，附便舟進香天竺。婦本有孕，中途將產。同舟人憎其不潔，逼使上岸。婦臥野地哭。幸岸婦王氏者，覆以蘆席；並邀諸女伴，維持調護于其間，得無恙。夫以懷孕之身，而輕于遠出，在此婦固太不自量。而同舟者，非但不能照料，且更棄之如遺；慈悲、方便之謂何？而猥曰「修行」也，其愚可笑，其忍可惡。〔半路出家〕

1320　原 149/5　廣寅 5/33　大 5/37

賀婚西例

日報載西俗凡富室官家，有重賀新婚禮。其名有曰「木婚」，曰「錫婚」，曰「水晶婚」，曰「銀婚」，曰「金婚」，曰「鑽石婚」。凡成婚後，閱五年而重賀者，用木器；十年以錫，十五以水晶，二十五以銀，五十以金，六十以鑽石。壽愈高，則器愈貴。然則居是邦者，但使白頭偕老，無難以合巹觴代聚寶盆。惟不知六十年後，貴于鑽石者，更有何物？夜光珠歟？辟塵犀歟？非人世所易得也。受者望奢，而餽者計窮。奈何！曰：人生七十古來稀。雖曰早婚，至此時而行將就木。賵焉賻焉，轉不必如是其豐腆也。〔聚珍〕

1321　原 149/6　廣寅 5/34　大 5/38

妖道掠孩

拐孩之事，屢見報端。而究不知行其術者，出于何等樣人。近來滬地有一種賣藥道士，紮錢為劍，攜售市上，城廟內外到處游行。人但視為方外客，不甚異之。前日，法租界某飯店主之子，與鄰兒嬉門外，忽被一道士抱而飛奔。幸店主望見，追上喝住。道士稱，因見此孩傾跌，為之攙扶。店主笑謝曰：「危而持，顛而扶。以相師之道，為保赤之道。道士有道哉！然則飛奔而去，亦有道乎？是道也，何道也？願道士明以教我。」道士語塞，遂扭送捕房。說者謂，去年蘇淞各處，拿獲賣錢劍道士，訊之皆係教匪。今觀若輩形跡，大略相同，是可疑也。〔邪氣〕

1322　原 149/7　廣寅 5/35　大 5/39

嚴懲悍犯

天下有不畏王法者乎？不畏則以法加之，加以法而仍不畏，是真法所不容矣。上海縣獄中有悍犯四名，皆命盜正兇。所謂不畏法，而罹于法者也。三月初一日，有新犯下獄，四犯將其吊打，勒索進監費三百元。邑尊聞之，飭差提新犯研訊，四犯竟抗不交出。邑尊親臨獄中。四犯膽敢攔住牢門，口多不遜。其罹于法而仍不畏法也，有如此。邑尊以四犯為法所不能容，詳准上憲嚴辦，以儆效尤。十三日，辦齊站籠四具，命將四犯提堂，各責藤條一、二千。復離坐，督差責點鎚各數十；並飭提合獄眾犯，跪堂下看責，俾知警懼。時百姓來觀者，同聲稱快，

曰：「此等藐法潑囚，非用此嚴刑，不足以蔽其辜，而啟其畏。」〔用猛〕

1323	原 149/8	廣寅 5/36 右	大 5/40

術鬼自迷

歙人虞某，精風鑑。同治初，葬乃翁于黟山之陽，曰：「二十年後，吾子孫必有樹豐碑，而表墓道者。」及虞死，其子以游蕩傾家，將鬻其祖墓以償賭債。有父執冉姓者，出而阻之；又憐虞之暴棺未葬也，助以佽，俾附葬于舊塋之東。一日薄暮，冉偶過其地，見虞自墓後出，手執羅盤，呼而詈之，曰：「誰要爾多事，瘞吾骨于此。至巽水來龍，無端阻絕。」冉以其鬼而友焉者，亦不之畏，厲辭對曰：「賤骨頭！合被犬豕嚼。亦知汝子今作何狀耶？」虞曰：「固知之。然余言據郭璞《葬經》，古人豈欺我哉？」正辯論間，忽覩其子攜筐乞食而來。虞羞甚，倏即不見。〔埋怨〕

1324	原 150/1	廣寅 6/36 左	大 5/41

吳大中丞勘水紀事詩圖（戊子四月石友題 /〔石友〕

烏呼！近十年來，天災流行；幾乎無歲不聞，無聞不劇。始而晉，繼而豫，而皖，而直隸，而山東。或災于旱，或災于水。至去秋，鄭州決口，漫淹數府州縣。論者謂，天之降災，至此而發洩殆盡，其氣將漸平歟！孰知入春以來，粵省淫雨兼旬。東、西、北三江水勢暴漲，肇、惠各屬，頓成巨浸。烏呼！噫嘻！何一波未平，而一波又起耶？吳中丞聞報災狀，乘輪遄發，親履災區，賑撫窮黎，不辭勞瘁。途中感事，發為詩歌；憂民之心，溢于言表。謹取而繪之，譜為七圖，凡詩二十四首，分繕簡端。其間事實，有不盡出諸中丞詩者。傳聞月之八日，有舟子撈得一甕；甕中一男孩，並銀餅四枚。意者當水至時，倉卒逃避，不能襁負，故置此，以冀獲孩者之撫養歟？此即第三圖巨甕漂孩也。又聞李太守曉示通衢，禁抬米價，此亦荒政之要務。今補入第六圖。當中丞舟過新塘，見有災民之以船為家者，呼而問其被災細情，命左右以麵食散給；給未畢，而水驟長，駭浪奔騰，民舟激離數十丈外，其水力之猛可知。今補入第四圖。凡此皆采諸日報，藉作畫中點綴。竊謂，鄭監門《流民圖》，或未必若是之甚。抑余更有說焉，吾儕飽食暖衣，安居樂土，以視粵民之困苦顛連，其相去奚啻霄壤。覽斯圖者，當必有惻然憫，勃然興，救災卹鄰，媲美乎泛舟之役。則是冊之作，豈徒傳中丞之詩而已哉！……〔 〕

1325	原 150/2	廣寅 6/37	大 5/42

飛舸報災

……「一月春陰未放晴，雨絲不斷過清明。西江水緩東江急，數丈洪流壓郡城。」「惠州太守尺書來，星速郵程報水災。遙想東坡祠宇下，頑雲滿座不曾開。（惠州李宮山太守，初三日專差稟報，連日大雨滂沱，江流驟漲。城鄉、墟市、衙署、民房，多被淹浸等語。此稟于是日酉刻到省。）」「災區遠近說紛紛，消息如何竟不聞。（和平、龍川、長甯各縣，聞皆被水，迄無稟報到惠。）只有河源賢令尹，為民乞糴苦殷勤。（河源李令徵庸稟稱縣被水情形，尤為吃重，城墻沖缺十數丈，城內水深丈餘及數尺不等。沿江鋪戶民居，水與檐齊，有漫過屋脊者。該令率紳士，多募船隻，四處拯救，渡進上城。一面煮粥為賑，並開義倉，分別平糶。請由省中購米運往接濟。）」……〔衙縣黴解〕

1326	原 150/3	廣寅 6/38	大 5/43

登城避水

……「龍南一派過龍川，又與新豐水接連。大小兩江同日漲，危城岌岌勢孤懸。（大江即龍江，由江西龍南縣，過和平龍川縣境，直注河源城東；小江即新豐，水由長甯縣境，經河源縣城北，以達龍江。自二月二十五日至二十八日，大雨傾盆，晝夜不止，兩江之水同時漲發，河源縣城適當其衝。）」「無數小舟一葉輕，人聲滿市勢縱橫。莫隨雙槳爭歧路，土濕危牆觸便傾。（市上小舟爭路，土墻往往觸倒。）」「漫云屋小竟如舟，側帽妨檐忽打頭。猶恐夜深風雨急，飄搖一室付東流。（有屋檐離水尺許，仍撐小舟出入者。）」……〔蕩析離居〕

1327	原 150/4	廣寅 6/39	大 5/44

巨甕漂孩

……「九十三鄉共一圍，萬家性命此相依。那知鐵石有時裂，喬木驚風葉亂飛。（東莞所屬福隆圍，築自宋元祐年間，內包九十三鄉，圍基堅固如石壁。此次沖決數十丈，被災最重。百年來所未有。）」「滿郵煙霧尚迷蒙，愁慘音容萬戶同。破屋積垣防壓卵，那堪更受急流沖。（石龍鎮河面甚窄，水深溜急，勢極洶湧。）」「柴關何處叩雙扉，童叟扶持失所依。瓦面人多平水面，卻疑身在釣魚磯。」……〔一片汪洋〕

1328	原 150/5	廣寅 6/40	大 5/45

鼓輪澤國

……「野航幾日斷行蹤，忽駕飛輪到石龍。使者要知民疾苦，此來不為勸耕農。（初六日，余乘海東雄輪船，酉刻駛抵石龍。）」「田廬淹沒勢倉皇，作楫無村患莫防。溱洧濟人原小惠，敢云普渡有慈航。」「濁流滾滾挾風濤，兩岸平疇沒一篙。疑是金焦山下路，大江東去浪滔滔。（平日東江水深不過四、五尺，淺水小輪亦恐阻滯，石龍以上多不敢行；今則乘輪直抵惠州城外。沿途量水，自一丈五、六尺至二丈三、四尺不等。浩瀚奔騰，茫無涯涘。）」「近水人家積水多，櫂聲隱隱隔煙蘿。分明雉堞環山翠，雷雨滿江過博羅。（初七日酉刻，過博羅縣城，大雷大雨，陰霾翳空。舟中人無不惴慄。）」「維舟我到萘蘭郵，板屋家家上水痕。四望汪洋人不見，耕牛無主立荒原。」「豐湖亭榭水中央，直刺扁舟到講堂。（豐湖書院講堂墻上水痕已過五尺，今雖消退，門內尚深尺許，非小船不能出入也。）萬卷書樓無恙在，有亭我亦憶滄浪。（吾吳正誼書院在滄浪亭側。）」「江行十里望羅浮，豈有閒情作臥游。山危空濛雲黯淡，神僊無語亦含愁。」……〔目擊神傷〕

1329	原 150/6	廣寅 6/41	大 5/46

放船施粥

……「釜無餘米灶無煙，板閣容身命苟全。不信陽春真有腳，幾人擔粥到門前。（石龍紳士附貢生鄧蓉新，好善士也。于初三日開廠煮粥。因貧民無船，不能出入，乃置粥擔于小艇，沿門施送。)」「竹梢短短似新蒲，山麓平坡半有無。匍匐老農多菜色，也應繪入監門圖。」……〔義漿〕

1330 原 150/7 廣寅 6/42 大 5/47

開倉移粟

……「世上風波久不知，年年旨蓄有餘資。一朝漂麥成高鳳，奈此青黃不接時。」「浮梁何處駕黿鼉，估舶無從喚渡河。送米人來三百里，迎流飛到一鷹梭。(由惠州至河源二百八十里，灘多溜急，民船不能上駛。余留鷹梭小輪船，屬張縵卿太守賡雲，運米趕赴河源縣，以資賑糶之需。)」「文惠堂前曉氣清，評量穀價費經營。(李宮山太守，以米穀樣數種，商購數百石，就近運赴河源。)漢廷首重二千石，可使民無嘆息聲。(太守實心愛民，不同俗吏之所為。)」……〔仁臬〕

1331 原 150/8 廣寅 6/43 右 大 5/48

焚香露祝

……「愆尤叢集事因循，德薄災生莫怨人。願寫綠章連夜奏，小民無罪罪疆臣。」「雨後牽蘿補屋難，床床漏濕幾時乾。茆檐未獲棲身所，獨臥衙齋夢不安。」「莫問江流退淺深，喜看初日出平林。從今一洗陰霾氣，大慰三農望歲心。(初八日辰刻，余入惠州城，適值天氣晴霽，民情歡躍。蓋惠郡陰雨已一月有餘，從此積水消退，尚可補種稻秧。)」〔心誠求之〕

1332 原 151/1 廣寅 7/43 左 大 5/49

大言不慚

舟人某，向小東門外煙間過癮，喚泡蓮湯一碗。堂倌誤為紅茶。某飲畢，即將堂倌痛毆，曰：「我來時，纔服人參。因茶性克伐，故點品蓮湯。詎被爾以紅茶剋制，所服參需值四元，今補氣全銷，須償還參價。」堂倌答曰：「吾視汝跑跳如雷，有力如虎，補藥正在發性，何曾銷去？」旁觀勸曰：「汝再不可發威。堂倌未服人參，不經汝打也。」某見眾不服，乃曰：「饒汝這一遭。」揚長出門，并煙鈔而不惠。此真無賴之尤矣！嘗聞友人説笑話，云：有鄉人入城赴席，中途飢甚，就河邊掬浮萍啖之。及至，主人問「曾吃點心否？」答言「吃過。」問吃何物？以「蓮子湯」對。既而入席暢飲，醉甚而吐，浮萍見焉。主人訝問何物？鄉人曰：「可見天氣是熱，早起食蓮子，晚即生小荷葉。」類記之，以博説大話者一笑。〔克伐怨欲〕

1333 原 151/2 廣寅 7/44 大 5/50

英烈夫人

潘紫巖詩云：「淮海豔姬毛惜惜，蛾眉有此萬人英。」以青樓之弱質，蹈白刃而流芳，誠奇女子哉！惜惜本宋時官妓。端平二年，榮全據高郵叛，召令行酒。罵曰：「吾有死耳！不能為反賊行酒。」遂被殺。事聞賜廟，封英烈夫人。今城中有英烈祠，客歲州刺使謝公，因祠在上真殿，不足以壯觀瞻，特于城東別建一祠，奐輪頌美，俎豆維新。日報敘其事，而論之曰：「當榮全未叛時，夫人，妓女耳；全，宋臣也。及其據高郵也，全，叛賊也；夫人，宋民也。以妓女事宋臣則可，以宋民事叛賊則不可。」數語簡鍊切當，大義昭然。並錄之而圖其罵賊死狀，俾閱者肅仰英風，恍瞻遺像焉。〔巾幗須眉〕

1334 原 151/3 廣寅 7/45 大 5/51

雷殛盜葬

談堪輿者，祖郭璞；璞葬母，豫知其地必變水為陸。智矣！王敦反命之筮，自知命盡日中。智矣！然卒無術以禳慘戮之禍，何毋葬吉地，而子不得受其蔭耶？而世人猶奉其一卷錦囊，謂夫富貴壽夭，權操乎此。于是乎邀福之心深，而停棺、盜葬諸弊，由是興矣。粵省五層樓山後梁氏祖塋，向稱發地。旗人有其母死者，利其風水，將舊棺掘去，而盜葬焉。梁氏知而往爭。旗人橫，梁勢弱，不能勝，仰天長歎。天大雷電以風，殛死旗人。母葬吉地，子遭雷殛。所謂吉者安在？且梁氏當日，亦因其吉地而卜葬也，不數傳而被人發掘。所謂吉者安在？轉不若尋常邱壟，猶得免他人覬覦。旗人而知此理，亦無所用其盜葬矣！凡此皆堪輿之説害之也，無怪乎司馬溫公欲盡焚天下葬書。其言雖未獲施行，其識實出儕輩。〔陰地土也弗如心〕

1335 原 151/4 廣寅 7/46 大 5/52

老妓行醫

金桂嫂者，臺北之土妓也，住艋舺後街。少年頗樹豔幟。墮鞭公子，挾彈王孫，莫不戀戀于春風一曲；而金之風月無邊，尤非柳柳州《河間婦傳》所能摹寫者。今則秋孃已老，春夢難尋。巷冷枇杷，門稀車馬。爰改妓而為醫，專治風流症候；蓋閱人既多，其于此道三折肱矣！吾乃因臺妓而有慨于滬醫。昔吾友客滬，因肝病召醫，醫曰：「路遠，酬必三佛。」允之。朝而召焉，夕未至也。友怒，肝益痛，命速召某妓來，就床前握手談笑，肝氣得疏，痛亦立止。醫至，開一方，神麯、麥芽，涂鴉滿紙。友碎擲于地，曰：「吾病已占勿藥矣！匪醫之功，乃妓之效。同此所費三佛，爾之來也較遲。其醫我也，又不及此妓之對症。今而後，將信妓不信醫。即不幸而以嫖死，猶差勝于藥誤。」〔妙手回春〕

1336 原 151/5 廣寅 7/47 大 5/53

意員遭辱

屯邊將以弭釁也，而召釁者亦在是。陸抗戒戍卒毋專為暴；敵國且然，況其為友邦哉！意法交界處，地名麼甸拿，向有法兵戍守。近因意國整理鐵路，派員前往監工。有法營步兵十五人，手持洋銃，逼令意員下跪。意國聞之，怒謂此事大傷國體，不可不爭。因移請法國，將此十五人從公科罪云。夫法之與意，本無嫌隙。今以小小戍卒，辱虐鄰員，致兩國之君，費一番調停。甚矣！兵固貴強，又不可恃強而長其驕。是在專閫寄者，善為節制耳！法而欲修好于意焉，或將伸法國之法，以慰意國之意。〔橫逆〕

1337 原 151/6 廣寅 7/48 大 5/54

雨中習戰

操兵所以習戰也；戰不必擇晴而會，則操亦不可因雨而輟。小駟旋濡，誤于不習也。以是知冒雨開操，亦談兵家所不廢。今春穗垣多雨。營門細柳，樹暗雲低；泥滑滑，行不得；幕上鳥聲，嗚呼上下。誠如杜牧詩所謂：「清明時節雨紛紛，路上行人欲斷魂」者。而督撫兩標兵，仍按期在大箭道操演。雖雨勢傾盆，淋漓遍體，而披堅執鋭者流，進退指揮，終不失其好以整、好以暇之度。亦猶文章家之因難見工也。〔雲騰霧沐〕

1338	原 151/7	廣寅 7/49	大 5/55

巡員陪禮

漢口某巡員，捉得賭犯二名；行不數武，被其黨劫去。局快飛步追趕，倉遽間誤將孝感縣童生二人捉還。巡員問悉來歷，慌忙陪禮。童稱被扭時，失去墨晶眼鏡。巡員急除下自戴之鏡，鞠躬而進之。二童憐其媚，一笑罷去。見者謂差役失眼，致令老爺失鏡。不知今之當小老爺者，本不願以明察見長。陋規到手，雖日賭于其前，而視若不見；否則搜捉之，以示明察。自有此捉，而其餘之開賭者，皆不敢不以陋規進；蓋明鏡固不待再懸，舉以贈人，奚惜哉！〔聊以塞責〕

1339	原 151/8	廣寅 7/50 右	大 5/56

禁作淫巧

女媧摶土，男女定形，實為秘戲圖之濫觴。厥後見諸圖畫者，若太極兩儀，陰陽八卦，隱寓男女構精之義。此皆古聖人燮理權衡，用以贊天地之化育。他若《楞嚴經》所謂嚼蠟橫陳，《松雪詞》所謂「我身有你，你身有我」。或參禪悦，或譜清詞；非同奇衺之輩，刻畫醜態，但知射利，不顧誨淫也。某西人向虹口張和尚所開雕作，囑雕春宮。寫有西文券據，為西包探瓊，拘送公堂。判將張和尚及其雕夥施洪芝責押有差。或疑寫券定雕之西人，何得逍遙事外？不知此物在西人，並不為奇。十餘年前，猶有洋片春宮，出賣市上。據云係用活人照出者。此何事，而可對景寫照耶！蓋西人于房中之戲，本不甚秘密。彼定雕者，未知有違華禁也。故但以華法處華人，而不知者不罪云。〔不可雕也〕

1340	原 152/1	廣寅 8/50 左	大 5/57

薙髮還俗

薙髮出家者有矣，未有薙髮而還俗者也。而世之以身出家，不以心出家者，往往帶髮修行，名曰「頭陀」。良以髮之為物也，薙之易，蓄之難。故創此名目，介乎可僧可俗間，以便其趨避之途，計甚得焉。日前，裴邑尊公出，見一帶髮僧，貌甚兇惡，飭差帶署訊究。僧供湖南人，曾充隨丁，後因貧困出家。問在何處寺觀？答詞含混。遂傳髮匠至，當堂削薙，僅留一辮之髮，勒令還俗。昌黎所謂人其人者，公能行此言矣！然而度凡人者，佛法也。一旦而皈依佛法之人，轉以官法度使為凡。推此法也，盍將薙下之髮，梳成假髻，賞給尼姑添妝；則頂上圓光，亦得變而為煙鬟霧鬢矣！……〔損之〕

1341	原 152/2	廣寅 8/51 右	大 5/58

蓄髮擇配

……前圖紀薙髮還俗，事足解頤。乃未幾而有蓄髮擇配一事。楊家渡斗姆堂有三少尼，曰緣脩，曰緣根，曰宗法。緣脩年二十七，緣根年二十四，宗法年十六，皆師老尼悟空。近有某甲控妻某氏，背夫潛逃，亦在斗姆堂。裴邑尊提訊得實，飭將某氏發本夫領回，三尼發普育堂擇配，老尼亦不許脩行，發善堂收養；尼庵酌給屋價，改為義塾。昔也，經壇聽講，度暮鼓兮晨鐘；今也，講席橫經，忽春弦而夏誦。昌黎所謂「火其廬」者，公更妙于用也。然而度凡人者，佛法也。一旦而皈依佛法之人，轉以官法度使為凡。推此法也，盍于三尼中，分其一以配還俗之僧，是真得大解脱，結歡喜緣。我佛有情，當合掌而説偈曰：「善哉！善哉！」〔益之〕

1342	原 152/3	廣寅 8/51 左	大 5/59

忍餓坐關

「僧人發願，募修此塔。誓立餓關，七日募化。諸大護法，善男信女，開鎖助洋，功德無量。」此常熟僧明月募修方塔偈語也。或為下轉語，曰：「僧人發願，修五臟廟。欲飽先餓，設計巧妙。寄語臟神，且莫焦躁。熬過七日，施主來到。上自喉關，下至穀道。勘清界址，修理完好。肥魚大肉，鴉片老紹，酬神還願，神曰叨擾。」《申報》載此事，亦為下轉語，曰：「僧人騙錢，死不足惜。餓死一百，只當五十。奉勸世人，切莫聽信。與其助僧，不如助賑。黃河潰決，百萬災民，無食無衣，死亡相枕。助錢一千，可救一命。眼前功德，孰與比倫。」〔救人一命勝造七級浮屠〕

1343	原 152/4	廣寅 8/52 右	大 5/60

僧尼受戒（上）

凡受戒僧，頭上灸成骨牌點。嘲之者謂取《洛書》戴九之象，以配龜頭。然尼之曾受戒者，亦有此點。蓋非此不足以稱戒師，亦彼教中成例也。蘇城靈鷲寺，為方丈之冠，大和尚某，擇定本年三月內傳戒，遣其徒黨，遍告各廟。屆期遠近僧尼，咸往受戒，每人須出規費……

1344	原 152/5	廣寅 8/52 左	大 5/61

僧尼受戒（下）

……一分。無則多方勒索，甚至加以箠楚。規費既齊，然後請大師高坐戒壇，令受戒者跪聽誦經。又用棗糕為丸，排匀貼額；插香數截，焚燒及膚，痛極哀號。徒眾朗誦經咒，競奏鐃鈸，以亂其聲。迨香燼而髮根灸去，于是乎腫，于是乎爛；久之腐肉脱，新肌生，而骨牌點分明現出矣。此後凡人家延作佛事，見額上有點，便恭而敬之，曰：「若固從戒行中來。」蓋但問其戒之受與未受，而其餘一切之戒與不戒，則姑弗深究焉！〔焦頭爛額〕

1345	原 152/6	廣寅 8/53 右	大 5/62

和尚開印

僧綱司之設，所以約束眾僧。必其人無酒肉氣，無勢利心，然後可以豎起脊梁，硬著頭皮，作禪門護法。其勝任也難，故其擇人也亦慎。溫郡僧綱司員缺，將以東門內天甯寺僧亦覺承充。雖蒙邑令批准，而並未給札。亦覺急于到任，擅行先刻鈐記，升座開用。事經甲董查知，偕地保到寺，搜獲印敕架、紅黑帽等物，送縣究辦。道場也，而竊比官場；法門也，而僭擬法堂。派衍西方，

權操南面。禪宗佛祖，與有榮施矣！〔佛口增輝〕

1346	原 152/7	廣寅 8/53 左	大 5/63

相夫成立（一）

瀔江之鄉有二農，曰查叟，曰苗福，比屋而……

1347	原 152/8	廣寅 8/54 右	大 5/64

相夫成立（二）

……居。二農交以酒。一日，苗飲于查。查女正撥爐煖酒，見苗妻抱其子來，女接而弄之。查已醉，戲謂苗曰：「若子頗歧嶷，肯為吾婿乎？」苗亦乘醉戲諾，遂以盃酒互飲，當文定焉。時苗子阿明，生甫八月，查女年二十一矣。聞父言，……

1348	原 152/9	廣寅 8/54 左	大 5/65

相夫成立（三）

……羞而入。逾年，苗夫婦相繼逝。查念舊交，取遺孤代撫之；夜則與女同眠。然醉後之約，查已忘之。屢欲為女擇婿，女誓踐舊諾。查笑曰：「此酒後戲言耳！然汝……

1349	原 152/10	廣寅 8/55 右	大 5/66

相夫成立（四）

……能待亦佳。免得嫁汝後，致使吾釀秫無人。」既而阿明漸長，呼女為姊。每歸自塾中，女篝燈夜績，令執卷讀于旁。阿明慧，十五能文，補博士弟子員。鄰人以芹觴醵賀，即于是日行合巹禮。定情之夕，明拜床下，曰：「微姊力，不有今日。」女睬而曳之，曰：「今婦矣！猶沿舊稱耶？」于是乎枕席之間，惟女命是聽焉。〔小丈夫〕

1350	原 153/1	廣寅 9/55 左	大 5/67

點金幻術

《聊齋》寫賈子龍得仙人點金石，不磨磚而磨砧；貪狀可掬，令人解頤。今觀日報載粵人許某，賈于肇慶。常攜碎銀百兩，偕友至佛山購貨。友代計，其每日用度，須銀二、三兩，從未見其解囊。疑而問之。許乃出所攜之銀，悉置案頭。取硃砂一包，重約二、三兩，調以水，蘸于筆而點之；隨點隨滅，頃刻硃盡。秤其銀，已重溢二、三兩焉。使擅此術者，亦如賈之貪得無厭，則二物必須等分矣。然而點金術幻，事託子虛。貧富境殊，數由天定。若必用人巧以奪造化，則有兩字之秘訣在，其訣維何？曰「勤」，曰「儉」。〔神來之筆〕

1351	原 153/2	廣寅 9/56	大 5/68

恭應考差

每逢大比之年，欽放各直省試官，例於數月前，恭應殿廷考試，然後候旨簡放，所以昭慎重也。本屆戊子科舉行鄉試，在京各官，由正途出身例得與考者，均於四月十四日赴內閣點名，十五日黎明整肅衣冠，齊集保和殿應試。對天人三策，文章高華國之才；步日影八磚，春雅表詞臣之度。憶昔風簷辛苦，曾燒畫燭三條；即今星陛賡颺，同詠霓裳一曲。我國家右文造士，規制獨隆。將持玉尺以量材，先佩金壺而灑翰。行見木犀香裏，棘院宏開；冰鑑高懸，得人稱盛，以副聖天子籲俊闢門之雅意焉。豈不懿與？〔簡在帝心〕

1352	原 153/3	廣寅 9/57	大 5/69

琵琶高會

滬上固不乏琵琶哉。羅而致之，可以供百家一日之爨。然當酒酣耳熱時，聽其所彈，大都不過西皮、二簧，與夫魚調、馬調，及各種小曲耳！欲如花退紅江上，遺音已不可多得。陳君子俊，美鬚髯，長身玉立，以四絃鳴于滬。西園主人慮古調之失傳也，邀致園中；冀盡其所長，廣徵同調，而亦藉以悅遊人之耳。此琵琶會所由設也。則有青衫過客，紅粉名姝，載酒同游，撥絃入座。或彈《玉連瑣》，或譜《鬱輪袍》。眾弄雜會，六引遞奏，莫不推手卻手，應絃赴節。徐而聽之，不禁作謝仁祖「天際真人」之想。〔西園雅集〕

1353	原 153/4	廣寅 9/58 右	大 5/70

鎔毀古錢

古錢之可愛，尤甚于今錢。就其形制文體，可考見歷代錢法；非徒玩其斑剝陸離，盎然古色也。故嗜之者，列諸金石之學；與商鼎，周彝，同其寶貴。乃有江左人王姓者，文士也。作客煙臺，得古錢甚夥。見旁人嘖嘖稱羨，便以為銅質必佳，命銅匠鎔作墨盒。並製序文一篇，詳紀原委。帶至京師琉璃廠，囑硯華齋主人鐫刻。輒自詡為文房精品；而不知其煞風景處，何異于削圓方竹杖哉！或者曰：「否否。此盒傳至千百年後，仍轉而為古銅矣！」〔古物云亡〕

1354	原 153/5	廣寅 9/58 左	大 5/71

因誤殺子

某甲，海鹽人，務農為業。十畝之間，盡樹以桑，其育蠶多寡，則視產葉之數以為準。今歲葉價大長。某念蠶信雖好，而將來絲價低昂，未可預卜；莫若棄蠶賣葉，立可得重值。遂將所蓄之蠶，盡拋河邊。其媳深為可惜，揀取數筐，攜歸飼養，使其夫于夜間私翦蠶葉。時某正臥守桑下，搖見人影，疑為賊，擲以魚叉，立斃人。遂謂棄蠶者忍，宜有此報。然棄蠶雖忍，報不必如是之慘。試問偷葉者果係真賊，亦何至以兇器相加，必置諸死地。其居心之狠毒，可知矣！故曰：其報也，誠以其忍也；而擲叉之忍，更忍于棄蠶。〔毒手〕

1355	原 153/6	廣寅 9/59	大 5/72

同類相殘

馮瑞彩、俞連桂、王子林，同隸詠霓茶園。凡演戲有名角色，必排在第四、五齣。到遲則有罰，皆梨園之成規也。前月初十日，王子林排戲；將馮、俞二人合演之《佘塘關》，排在第一齣。二人心懷不平。又因到遲派罰，馮憤甚；袖六門小鎗，向王連發二響。受傷頗重。俞持刀相助，即為旁人奪去。案經公堂訊供，移縣。因細故而逞毒手，此風何可長哉！憶三年前，曾有某武員之子，鎗斃某委員一事。厥後效顰者不一而足。照部頒新例，火器傷人者，加等問罪。何馮、俞二人之敢蹈故轍也，此真北方之強與？〔亡命之徒〕

1356	原 153/7	廣寅 9/60 右	大 5/73

別有洞天

石言神降，左氏浮夸。可見無稽之言，自古通行。番禺李村興和坊南屏廟前，向有巨石數峰，兀立道左；縐瘦透陋，形狀絕奇。相傳宋時朱勔曾欲采入花石綱，以五百夫舁之不動，驚為神助，為文以祭。至今留為古跡焉。前月間有牧童數輩，嬉于石畔，瞥見石孔中晶瑩如鑑。伏而睨之，內有亭臺樓閣，花木紛披；行人往來，約可指數。探以細小竹枝，深不到底。走告村人，咸來審視。而空中樓閣，轉瞬皆虛。遂喧傳為石神偶降云。世而果有此境焉，吾其為石隱矣！〔此中有真趣〕

1357	原 154/1	廣寅 10/60 左	大 5/74

劉軍門小象

劉淵亭軍門事實，昔時日報所載，道路傳聞，悉不足憑。軍門為廣東欽州人，原名義，後改永福，字淵亭；九歲飄泊于外，旅居滇越之交。及長，行賈于越南，往來宣光、安平間。素性豪爽，散財結眾，得死力之士數百人。越境適有土匪蜂起，擾及興化之保勝；興化疆臣特募軍門往平之。一時軍功卓著，匪眾懾伏。乃許軍門駐劄保勝，隱為保障。越王以軍門積前後功，命為三宣副提督，畀以守土之責。馮子材軍門至越，以軍門為同鄉人，曾授以五品頂戴；見其意氣慷慨，將攜之歸國。然已授官任事，倚畀方隆，遂不果。軍門年未逾五十，髭猶未茁。其為人也，質弱而貌奇。法難既作，義憤勃興，出與之戰，每戰輒捷；計誘力攻，馘其梟帥，于是義聲震于天下。天下之人，無不想望丰采，願得一見軍門，亦當今之人傑矣哉！吳郡王韜謹志。〔王弢印〕

軍門豐功偉烈，久著邊陲。薄海內外，靡不樂瞻丰采。客冬，銜命入覲，道出滬江，照留小景。虎頭燕頷，望而知為封侯相。謹借摹尺幅，藉誌景仰；並以祝他日淩煙閣上，重煩右相丹青焉！〔點石齋〕

1358	原 154/2	廣寅 10/61	大 5/75

緣木求豬

西曆五月二十四號，英君主維多利亞誕辰。西商之客廈門者，舉行賽船會，以誌慶賀。又用一圓木斜挑于大船之首，梢懸竹籠，內置肥豬一頭，命有能取得者，即以此豬相贈。于是肉食鄙夫，莫不注目于長喙參軍，思得其二首六身，以為大君主亥算綿長之頌。無如木身盡塗澤膏油，膩滑難支，輒致傾跌。猱升之術，難降八戒之魔；雀躍騰懽，競效三多之祝。蓋雖事涉遊戲，亦足見群情之欣忭已！〔飛天食肉〕

1359	原 154/3	廣寅 10/62 右	大 5/76

孝筍又見

王某，華州農家子，年十七，事母以孝聞。茆屋數椽，環植修竹，春雷乍動，新筍掀泥。擇其最新鮮嫩者，熟而進之母。母欲其易錢，吝不肯食，王乃跪勸。必俟母食過三、四朝，然後將園中餘筍，劚取盈筐，喚賣市上。市人慕其孝，購不計值；王亦懸價不二，頃刻售盡。得錢市甘旨，歸以奉母。繩樞甕牖間，洩洩如也。人于是有「小孟宗」之目。按恭武學問氣節，彪炳儒林；其過人處，不僅在泣筍一事。以此相擬，或未免過當。而其天性之肫摯，則一而已矣！謂之曰「小」，誰曰不可。〔嘗新〕

1360	原 154/4	廣寅 10/62 左	大 5/77

誘嫖失眼

滬上百貨星羅，萬商雲集。凡作買賣，皆有掮客。甚至皮肉生涯，亦有人焉為之說合成交。如某甲者，渾名「瞎子」，本業茶夥；近因失業無聊，幫閒于西合興妓王金寶家。偶拉得洞庭山人某乙，疑為富家子。一宿曰宿，再宿曰信。不料乙固空心貨。飽餤胡麻，飄然颺去。前為甲所尋見，剝其湖色羅衫。旁人嘲乙曰：「雄狐綏綏，子之無裳。」乙笑脫其履，中藏洋蚨一枚，取買藍布衫，著之而去。蓋乙之虛有其表，頗似「還魂茶葉」，泡之無汁；而甲竟以「碧螺春」目之。真不愧為瞎子哉！失業固宜，改行亦未得當。〔尋窮開心〕

1361	原 154/5	廣寅 10/63	大 5/78

闖席行竊

西禮，凡大享宴，速客無限制。但使聞聲相知，雖素未識荊，亦得折柬招致。若素稱知己者，並可挈眷赴席。紐約報載中國星使在西班牙大設茶會，請彼國之王公大臣。席甫定，忽有多人闖入，雜坐筵間。星使疑為續到之客，正欲抱盞，而諸人已亂攫亂啖，饞涎飛濺。座客亦疑係主人所請，未便憎嫌。孰知諸人又無禮于同席婦女，于是合座嘩然。主人悟其非善類，喝令拿捉，眾始竄遁。席終更衣，衣盡失。有外務大臣之孤裘，亦被竊去；無以禦寒，衣從者之衣而歸。夫以秉國之卿，赴鄰交之約，而竟有偷雞之輩，冒式燕之賓，亂其籩豆，竊其裳衣，而并辱裙釵焉。抑何褻玩乃爾！〔大膽賊〕

1362	原 154/6	廣寅 10/64	大 5/79

枕靴納諫

良藥利病，忠言利行。自來敢諫之士，未嘗以廷爭面折為嫌也。朝鮮風氣，與中華相近。士大夫類能讀聖賢書，識為政大體，拾遺補闕，有古名臣風焉。本年三月間有朝士七人，俯伏光化門外，呈遞諫疏；備言政府費用多端，新令頻頒，關稅增額，民不聊生云云。書上不報，七人誓不歸家，輪流拜跪；倦則脫靴作枕，假寐道旁。如是者已數十日矣！其國為箕子遺封，其臣與比干並論。一疏效忠，七賢濟美。脫來吉莫，遺愛在民矣！〔披肝瀝膽〕

1363	原 154/7	廣寅 10/65 右	大 5/80

異艸食人

加斯加島在亞非利加洲之東，產有一種異草，狀如蘭。葉之長，本之高，皆以丈計；花開如酒盃，多其鬚，垂如流蘇。有西士繪為圖，而識其略曰：「某年月日，嘗攜僕經過島中。僕誤入深林，忽大聲呼救。趨視之，已為草葉所卷，圍匝數周，用力牽曳，良久始脫。覓土人問之，據云此草四季開花，花中有甘露，味同良醞。曩一老婦愛酒，攀緣直上。飲既醉，為花鬚絆住，不得下。俄而，眾葉向上，重重包裹；但見血流滿地，頃刻間骨肉俱化。見者將草本斫破，其中結有一果，形類小犬，蠕蠕欲動；

歷斫數株，皆有此物。莫得其名，遂以吃人草呼之。」〔草菅人命〕

1364　原155/1　廣寅11/65左　大5/81

儉以養廉

魏野獻詩寇萊公，曰：「有官居鼎鼐，無地起樓臺。」後遼使至，問公曰：「莫是『無地起樓臺』相公否？」何令人聞聲欽慕，一至于斯。今方伯李公菊坡，殆其人歟！公素以儉德為屬吏倡。其署陝藩時，長公子遠道省親，乞數百金葺理住宅。公曰：「吾家本寒素，烏用是高閈閎厚牆垣哉？」卒不許，且令速歸。然前者鄭功告急，公曾捐銀一萬兩。報國則厚，治家則薄。以視胡文忠之誓不以一錢肥家，而發其益陽私家之粟，以濟軍餉。大吏清風，後先合揆。如方伯者，可以風有位矣！〈羔羊〉之詩曰：「委蛇委蛇，退食自公。」載詠篇章，有餘慕焉！〔兩袖清風〕

1365　原155/2　廣寅11/66　大5/82

打靶中人

張家閘橋北，農人陸永海攜子寶奇、寶順，刈草田間。適有某西人在穿虹浜放鎗打靶，誤將陸氏昆季認作鎗靶。一彈橫飛，準中寶奇腰下，洞穿而出；復掠過寶順之脅。寶順傷，寶奇死焉。其案情詳載日報，茲不贅述。憶昔有人談某兵官演放火鎗，靶忽移動，欹仄不定；驚為祟，祭之。夜夢一人曰：「我靶神也，以多著鎗子為受用。自到爾營中，未曾略受微傷，不覺奇癢難熬，故移其身以就彈。今為爾告祭我，不如其彈我也。」今二陸不立于設靶之處，而欲效靶神之移身就彈，直自取其咎耳！然而中必疊雙，西人之技亦神矣哉！〔橫著〕

1366　原155/3　廣寅11/67　大5/83

賢婦衞夫

瘋人張富，持刀殺妻傷其頸；其子駭而奔，跌破頭額。經捕拘送公堂。富妻王氏訴稱，原籍崇明，隨夫客滬，為人洗衣。夫在同文書局挑水，女年十四，亦在書局摺書，四歲時曾許字同鄉人。夫因女年漸長，出外非宜，設有疏虞，無以對人；遂議節省日用，不令傭工。復于去年十月，邀婿父到來，領女回去，迄今音信杳然。夫慮途中有意外事，日夜耽憂，致成瘋症。昨天忽言「有人來劫女」，持刀突出，急上前攔阻；稍不留神，帶傷頸項云。蔡太守驗得頸傷甚險，斫痕顯然。問其子阿二曰：「此事究屬何故？」阿二稱父因思姊患瘋，昨欲殺母。言至此，王氏喝阻，曰：「爾父並非殺我，休得胡言！」太守喟然曰：「不圖小家婦深明大義，可嘉也。」即賞給川資，派差伴送回籍，俾得尋女相見。論者謂婦之賢，已見于太守一言。張以愛女得病，雖近于溺；然其甘自刻苦，不使閨中人拋頭露面。此等識見，亦未易于齊民中求之。若二人者，可為滬俗風矣！〔殺之而不怨〕

1367　原155/4　廣寅11/68　大5/84

盜劫釐卡

設關以禦暴也，亦有時而遇暴。建平縣定埠鎮釐卡，前月間收得捐洋二千餘元。忽于某夜二鼓時，被盜毀門直入，搜括一空，席卷而去。甚矣！盜風之日熾也。皇皇乎設之卡，而監之官，並撥有駐防砲船。其所存儲款項，國帑所關，何等重大。而愍不畏死之徒，乃敢掉臂游行，如探囊取物。無怪乎行旅往來之視為畏途。君子觀于萑苻不靖，而于時事常三歎息焉！若援引子輿氏之言，以譏夫今之為關。此有激之談，非論之出于正者。〔藐法〕

1368　原155/5　廣寅11/69　大5/85

閒曹顧曲

教坊之目，始于唐，歷宋元明，皆有之。其設官名號，曰「教坊使」，曰「樂工正」，曰「音聲博士」；妓之屬教坊者，名曰「官妓」。凡令節慶賀，官府牒召奏樂，猶百工之當官值役也。今朝鮮猶沿舊制，以春曹一員主司其事。有絲竹之亂耳，無案牘之勞形。三百女閭，按期傳演，隱囊紗帽，翠繞珠圍。啟素口櫻桃，囀出流鶯花底；折蠻腰楊柳，掠來飛燕風前。舞扇歌裙，司空見慣。幾生修到，管領群芳。雖仙尉司香，應亦妒斯艷福矣！〔桃李屬春官〕

1369　原155/6　廣寅11/70　大5/86

私酒充公

酒之有稅，猶鹽之有課；無稅者為私酒。私酒多，則官酒之銷路滯。京師各官酒店聯名稟請稅課司設法嚴禁。官以事關稅務，特委員率同差役，沿街查究。並用薄笨車駕一極大酒簍，每至一家，即停車戶外，索觀發票。無則將其甕盎所儲，不論苦酒、甜酒、酸酒、黃酒、白酒，並各種藥酒，盡取而傾入大簍之中，充公示罰。于是乎酒味變，酒香雜，酒色淆。而有嗜酒之癖者，尚且嘖嘖羨曰：吾何修而得比于此簍！〔道逢麴車口流涎〕

1370　原155/7　廣寅11/71右　大5/87

鬼染嗜好

陰司有鬼役也，奉票勾魂，不顧情面；然以煙鬼充當，而誤公不淺。三原縣社廟西廊塑有地獄變相，陰氣森凜，儼然狴犴。近日民間病者，輒作囈語曰：「吾社廟陰差也，若以鴉片享我，可佑之不死。」病家信之，備香燭虔禱，並用大土清膏，塗泥像口中。未幾，病者果占勿藥。事聞于官，斥為妖，嚴禁之，鬼遂不靈。然非鬼之不靈也，癮失則精神委頓，何能作祟哉！〔投其所好〕

1371　原156/1　廣寅12/71左　大5/88

長爪飾觀

長爪古推李賀；然賀之傳，不傳以爪。今臺郡怡記洋行之書記洪君，年四十二。左手中、名、小三指，自降生以來，未嘗觸損，形如旋螺，曲長三尺許；以鉤股法量算，直可得七尺三寸。洪君，晉江人，名逢春，字國翰，沈默寡言，妙解音律；花間壓笛，月下吹笙，三爪不疾不徐，偏反作態。迎風蘭草，未足比其曲條；裊篆鑪煙，詎能方斯宛轉。自有此爪，而洪君傳矣！〔賽麻姑〕

1372　原156/2　廣寅12/72　大5/89

閬苑仙班

海宇乂安，民康物阜。聖君賢臣，相與賞花釣魚，詠歌太平。載稽古籍，佳話猶存。孰若我皇上以孝治天下，敬奉皇太后駐蹕西苑。詩詠靈臺，易占頤養，九如頌晉，薄海歡騰。而文學侍從之臣，入隨天仗，歸惹御香，佩玉聲鏘，鳳池春暖。珥筆擬上林之賦，承恩霑太液之波。咫尺蓬瀛，天顏日近，亦何幸而恭逢盛遇哉！〔望之若神仙中人〕

1373	原 156/3	廣寅 12/73	大 5/90

文員擒盜

羅刺史生甫，湘鄉人。以將門子，出宰和州；年力富強，政聲卓著。前月初七夜，盜劫南門內鞠姓雜貨店。聞警即披衣出捕，手握雙刀，率眾役會同營弁，飛追至十里外之新河口。盜方登舟，見捕者至，回拒發鎗，彈從刺史耳邊擦過。刺史奮力前進，手刃盜魁，餘皆就縛，獲原贓而回。其官則文也，其事則武也。彈琴多間，用矛致果。撫茲繁劇，游刃有餘矣！〔式遏寇虐〕

1374	原 156/4	廣寅 12/74	大 5/91

車中鬥口

前月十九日，偕友登華眾會茶樓。忽街上一片喧騰，齊聲喝采。推窗覩兩妓車，銜尾疾馭。前驅者回顧後車，立而指罵；後車人亦起立回罵。勢洶洶然不相下。維時車聲鄰鄰然，號聲得得然；道旁吶喊聲，拍手聲，嘩然沸然。不辨所罵者何詞，但見啟櫻口，攘皓臂，粉汗淋漓，柳眉橫豎，卻別有一種逸態。歸倩畫史狀其形。友為口占，曰：馬如龍，車如水，一罵二三里，呶呶猶未已，車戰之法，今亡無矣！誰實能軍稱娘子？吁嗟乎，脣舌交鋒且如此。〔勁敵〕

1375	原 156/5	廣寅 12/75	大 5/92

義塾查課

古者凡二十五家，必有塾民，無貧富皆就學焉。今之義塾，雖專課貧家子弟，而立教則同；至延師督課，悉由紳董主政，官斯土者不過而問也。陝西觀察使黃公篤學愛才，判牘之暇，輕車簡從，巡視各坊義塾；面試塾童背書，書熟則優予膏火資。諸塾師仰體憲懷，加意教導。弦歌之化，烝烝日上云。夫義塾之設，本以正蒙養而培寒畯；斷虀畫粥中，正不乏有志士也。況得名公卿誘掖獎勸，其造就何可限量哉！〔鼓之舞之〕

1376	原 156/6	廣寅 12/76	大 5/93

逋逃有藪

租界設立捕房，拘犯事人罰作苦工。被拘者要皆流氓之類，受苦不堪，激而生變，亦勢所必然。香港山下有苦工八十八人，以十二捕督使操作。眾于暗中謀定，為首者潛登山上，舉紅旗為號，齊心動手，拿住捕頭。眾中有一西犯，奮力助捕，始得脱身。餘捕見勢不敵，任其逃散，手鎗皆被奪去。眾至河干，已有船隻接應，揚帆遠逝。事後到處緝捕，杳無蹤跡。想應遁入海島，襲虬髯故智矣！〔適彼樂土〕

1377	原 156/7	廣寅 12/77 右	大 5/94

人頭生角

天之生物，與之齒者去其角，傅之翼者兩其足；所受者大，無取乎小也。若人則萬物之靈，烏用是嶽嶽者為哉！粵某甲住大北直街，向充捕署皁役。峨其冠，博其帶，赫赫乎名齊得海也。一日值堂初散，歸至班房。忽覺髮際奇癢，脱帽爬搔，頓生兩角。心雖非靈犀之通，頭竟效神羊之戴。嶄然雙峙，譽起崢嶸，是何幻形之離奇歟？豈以身在公門，必現牛頭夜叉相，以壯其聲勢歟？然此角而生于皁隸之頭，則藥味一名，卻堪題贈，厥名維何？曰「皁角刺」。〔人獸關頭〕

1378	原 157/1	廣卯 1/1 左	大 5/95

細柳香巢

臺北昌字營勇丁魏金魁，安徽人，年二十許；與某勇為同鄉人，同時應募，同隸一哨。晝同餐，夜同寢，情同夫婦。同營中有黠者，見魏舉止羞澀，頗動人憐，挑以褻詞，某即怒形于色。遂鬨動營眾，戲解魏衣，本真畢露；蓋英雄而兒女者也。先是魏與某有私，某將應募，魏不忍別，遂與之偕。而孰知撲朔迷離，終難相溷哉！或謂此女失三從之義，而獨得一從，言從軍也。〔誼切同袍〕

1379	原 157/2	廣卯 1/2	大 5/96

鴛譜鐫新

某甲者，九江龍坪鎮人，年才二十許，娟好若處女，與同里某乙為斷袖交。二人皆不事生產，日以飲食游戲相徵逐。金盡床頭，愁城坐困。適有何姓者欲娶婦。乙與甲謀，詭為弟也姊者，囑媒媼説合，得財禮五十千。喬裝遣嫁，而藏巾于箱，將于合巹後，乘間賺脱。不料日間耳目眾多，無從改裝。一更之後，新郎乘醉入溫柔鄉。甲無計，就之以背；而何非所好也，事遂決裂。客以詩贈曰：「藍橋別有神僊窟，搗盡元霜玉兔馴。底是風流何冰部，後庭花擁洞房春。」〔求凰得鳳〕

1380	原 157/3	廣卯 1/3 右	大 5/97

僧頭紅腫

世傳九華山菩薩最著靈應；凡進香者，稍涉邪念，奇禍立至。有金陵僧，與寺鄰某婦，同為一切有情中人，常于維摩丈室中證禪悦焉。日者，僧往朝九華，一瓢一笠，展謁慈雲，蓮座皈依，十分虔敬。忽憶臨行時，意中人芳體違和，曾囑便奉瓣香，代申祈禱；因復跪下通誠。不料才一叩首，額即暴痛，頃刻間腫如熟桃。見者遂疑其來意不誠，致遭靈譴，而不知實其誠之至也。惟誠之至，故不覺叩之重；叩之重，故不覺皮之開、肉之綻也。要非尋常禮佛可比也。〔一心頂禮〕

1381	原 157/4	廣卯 1/3 左	大 5/98

假還魂記

魂可還乎？曰：「可。」孝子慈孫，竭其誠敬，以奉祭祀，僾見愾聞，音容如在焉。若謂死者可以復生，特玉茗詞人言之姑妄耳！充其類，更有持借軀還魂之説，似曾奉教于蒲淄川者。請舉一事以破世愚。某婦住南臺秋龍巷，夫死守節，事姑孝。一日，哭于靈前。忽有人排闥入，曰：

「卿莫哭，吾生矣！」婦駭奔，姑姑出視，其人泣拜呼母，曰：「冥王念兒在日忠厚，許借尸重生，俾遂事蓄。」又歷述生前瑣事，甚悉。姑信之。婦終疑焉，乃將夫臨終密語，舉以相詰。其人茫乎莫對，遂喚集鄰右，執而拷之。其人痛極自陳，曰：「我本永福人，託言還魂，希圖佔婦。凡婦家一舉一動，暗中自有人傳遞消息，故能言之詳也。」〔為鬼為蜮〕

1382	原 157/5	廣卯 1/4	大 5/99

釁遏鬩牆（其一）

每見富厚之家，其弟兄爭產構訟，做成榜樣，使小輩將來得所效法，甚覺無謂。況乎物腐蟲生，必有小人從中唆使，爭鷸蚌以利漁翁；欲求和好重敦，談何容易。寓滬紹人朱鴻仁，以霸產控其胞兄鴻德于上海縣。訊之日，鴻仁子廷貴、鴻德子廷柱，相皆隨父到堂。鴻德供出開寶山寓之施厚夫，從中唆訟。袁邑尊飭提到案，立予杖枷，諭朱等曰：「今訟棍已辦，爾等意將何如？」眾稱情願罷訟。邑尊喜，乃降座親將兩造導至正廳，令序次對拜；又設饌令弟兄叔姪同席而食。並飭書吏在旁勸戒，務使釋盡前嫌，重修睦誼。此前月二十日事也。……〔和為貴〕

1383	原 157/6	廣卯 1/5 右	大 5/100

釁遏鬩牆（其二）

……而無如二朱之訟興正濃也。二十七、八等日，仍各執一詞，稟求判斷。邑尊念二朱年老，不忍加以呵斥，專用好言相勸，謂：「夫訟則終凶，況乖骨肉。似此紛爭不已，試思乃祖乃父，得不抱痛于地下。顧為鴻德者，總宜體卹胞弟，慨然分潤；為鴻仁者，更當感激胞兄，幡然悔悟。釋嫌修好，一轉念間耳！」勸畢，更將施厚甫笞責百板，仍復枷號。諭曰：「此事本由爾唆使，能唆之使爭者，必能勸之使睦。今著爾設法排解，朱氏之訟一日不息，則爾之罪一日不得釋。」夫然而繫鈴者轉悔解鈴之不易矣！〔咎有攸歸〕

1384	原 158/1	廣卯 2/5 左	大 5/101

消夏閒談

溽暑逼人，招涼無地。二三同人，相與解衣磅礴，啜茗清談。手中扇不少停輟。一客曰：「我輩心地清涼，尚且汗流如瀋；無怪『脅肩諂笑，病于夏畦』。」一客曰：「是不繫乎心地。」乃述一近事，云：「昨英租界捕者見一人，貌不甚豐，而體極肥胖。近察之，則外罩夏長衫，內多其襯耳。問以故？曰『畏冷也。』然又略無病容。疑而褫其外衣，內則單夾綿皮，無所不備，花團錦簇，鑲嵌絕新。遂拘送公堂。訊得其人係馬夫，與蘭芳里煙妓富金串逃，所穿皆富金衣也。若人豈心地清涼哉？而當此炎蒸天氣，身裹重裘，不憚跋履，充其技可與世之趨炎者相角逐。」一客曰：「其人固執鞭，其志在求富。」〔衷其袓服〕

1385	原 158/2	廣卯 2/6	大 5/102

鳳化鳧飛

某婦，天津人，頗負艷稱；裙下雙翹，更覺魂銷真箇。性灑落，好于熱鬧場中賣弄姿首。偶值金家窰同善火會，劇演名班，客多選事。婦亦僱車一輛，逐隊觀優。停車處有惡少三、五輩，見婦所著鳳頭鞋，製絕精巧，七寶五文，光采奪目。猝攫其一，往來拋擲以為戲渾；如風過蓮塘，一瓣猩紅，淩空飛舞。眾乃不看戲而看鞋，喝采之聲，有甚于名角登場者。蓋頃刻間，而纖纖者已傳觀萬目矣！〔慶在知足〕

1386	原 158/3	廣卯 2/7 右	大 5/103

瓜分私種

淡水大稻埕甲乙二人，通于某婦，生一子，撫至四歲，二人爭之不能決。甲乃設為均分之法，取刀將孩斫成兩段，攜上半段而去。殘忍至此，實駭聽聞！昔陳靈公戲儀行父，曰：「徵舒似汝。」對曰：「亦似君。」何從容遜讓乃爾。今則不為讓而為爭。推甲之意，方且謂陳平宰肉，亦不過如是之公然。既攔腰截斷，則安見上截為甲種，下截為乙種哉？曰：以次序而論，固甲居上，而乙居下，此之謂評定甲乙，一秉至公。〔斷斷兮〕

1387	原 158/4	廣卯 2/7 左	大 5/104

疑剖爭兒

丹國某姓有二寡婦，妯娌也，遺孤皆襁褓。伯子亡，伯婦欲以仲子為己子，仲婦靳不與。伯婦銜之，乃興訟，指生者為己子，而以死者屬之仲。問官莫能斷。國有某大僚，善折獄，聞此事，親提研訊。二婦力爭，憤且詈。大僚命取兒至案前，曰：「因汝小小孽種，致令長者不睦。不如當堂殺卻，一概無分，免得淘氣。」說畢，擲利刃，命左右動手。于是仲婦捨命救護，號急聲嘶；伯婦雖似驚惶，而不若仲婦之甚。案遂定。此亦聽訟之別裁也。然以中國而決此獄，則固有滴血之法，承祧之例焉，智術奚為哉？〔真偽立判〕

1388	原 158/5	廣卯 2/8	大 5/105

督除毒卉

鴉片向產外洋。近數十年來，內地農民亦有栽種罌粟者。若滇若蜀，若浙之甯台，皆出煙土。而山西一省，種植尤多。傷稼病民，莫此為甚。雖屢經官府諭禁，奈愚民無知，狃于獲利之厚，未能仰體恪遵。巡撫剛公以條教之徒行故事也，爰于五月二十五日出轅，親蒞各鄉，督率撫標勇丁，見有種煙草者，拔而去之，不留遺孽。並召集村中父老，令其傳諭各農，此後樹藝五穀，毋俾異種佔害良苗。中丞此舉，實足以挽回積弊哉！〔非其種者〕〔鋤而去之〕

1389	原 158/6	廣卯 2/9 右	大 5/106

發養犬子

愛其人者，愛及屋上之烏。無知之物，且以人重，則義犬可記焉。上月間，上海縣署發出小犬八十餘頭，蓋皆義犬之苗裔。爰有二、三父老，追述往事，謂咸豐三年，劉逆作亂。時守土者袁公又村，罵賊捐軀。生前所蓄四犬，環守棺側，絕食而亡。即今袁公祠畫壁之義犬象也。當時遺有犬子，迄今三十餘年，孳生日眾，乃交各地保抱歸豢養。烏呼！維人死忠，維犬死義。生食公糈，死勤公事。匪物之靈，德化所致。敝蓋長埋，令名附驥。如何世人，受恩懷貳；聞義犬風，能無滋媿！〔亦足以風〕

1390	原 159/1	廣卯 3/9 左	大 5/107

殺人飼鴨（上）

鄂省多盜，有疑客民為患者，然未能確指也。日報載嘉魚、江夏交界處，地濱大江，一望數十里，人煙稀少。前月間有孤客經此，負錢數貫，踯躅而行。時已夕陽下山，林煙昏暗，恐為宵小所乘，急謀棲止。遙見小籬落，趨叩柴關。一少婦出應，客告以來意，婦言男子出外未歸，未便借榻。固請之。不可。乃轉而之他。百步外有草棚一所，斜傍水邊。居其中者，向非土……

1391	原 159/2	廣卯 3/10	大 5/108

殺人飼鴨（下）

……著，豢鴨數百頭，因以為業。見客至，殷勤延入，款以茶飯。客居之不疑，方怨前婦之不情焉。婦篝燈夜績，二鼓後聞呼救聲；啟戶潛聽，即又寂然。因念適來之客，肩荷青銅，得毋被害于鴨棚中人。自忖孤力難援，遂焚其離屋數武之草廁。遠鄰望見火光，奔集灌救。婦告以故。眾舍廁奔棚，問客所在？曰「不知。」入其中，遍搜不獲；而地下有血跡。灶中煙火甚熾，揭其鍋蓋，則手足頭顱俱在；蓋已臠割而熟烹之矣！眾將鴨奴拷問，曰：「爾等食人肉乎？」曰：「非也。欲以喂鴨耳！鴨食肉則肥，且易卵育，更藉以滅殺人之跡也。」天既明，送官請辦。人遂指客民所居，目為萑苻之澤。然執一以概百，亦未見其論之確也。〔魂游釜底〕

1392	原 159/3	廣卯 3/11 右	大 5/109

猴吞生煙

某甲蓄一猴，頗馴警。沐而冠之，居然優孟；常牽至豫園賣演各劇。此猴向豢于陳某；陳好博負，不能償，吞煙畢命。猴遂為甲所得。甲性暴且嗜煙，每日所獲戲資，僅足供購煙之用。猴固罕能飽也。若得錢少，歸必受鞭扑。日前，猴竊得殘膏半盒，背人舐食。甲見之，急覓藥灌救，已不克挽。始悔其平時相待之虐，。更恍然于猴之出此，實效法于陳某。誰謂蠢物無知哉！〔受毒不淺〕

1393	原 159/4	廣卯 3/11 左	大 5/110

爆竹禦虎

惠州多虎。其在歸善縣三多祝地方，萬山叢邃，班氏之所聚族也，以是行者有戒心。一農人手提竹筐，內置隻雞臠肉、香燭鞭爆等物，將以酬神。遙見一虎長嘯而來，懼甚，攀登樹杪。虎坐守其下，仰視眈眈。投以肉食而甘之，且將跳上。因念欲壑難填，與其餌之，不如驚之。遂取紙馬爆竹，拴縛雞爪，然以火，擲至地下，未及作響。虎見雞，到口就吞。一聲炸裂，響綴連珠，烈焰齊發，延燒項下茸毛。狂吼亂滾，躍過數峰，不知去向。〔然眉之急〕

1394	原 159/5	廣卯 3/12	大 5/111

西婦當壚

卓文君以絕代佳人，從長卿賣酒，臨邛市上，親自當壚，至今傳為佳話。然質言之，實後世女堂倌之濫觴耳。近讀靈槎仙吏所著《郵程筆記》，載有法國女堂倌，足資畫景。其言某月日，隨星使出洋，暫寓法境。有英友之旅法者，導游通衢，入一酒肆；肆中粉白黛綠者三五輩，奔走伺客，年皆十六七。以來客或注以目，即入座相陪。履舄交錯，麝蘭襲馨，弄月嘲風，略無禁忌。誠海外之極樂界焉！〔心醉〕

1395	原 159/6	廣卯 3/13 右	大 5/112

朝臣械鬥

自古無打降之朝貴，而亦無縱鬥之朝綱。理有曲直，諍之于廷；權有黜陟，操之自上。惟法國不然。法向為民主之國，近有保蘭將軍者，欲廢總統而自為君主。苟非其黨，必逐去之。西歷本月十二號，在議院擅令各員散班。宰相符路結駁之。保蘭怒而辱罵，符路結亦怒。兩不相下，乃照法國定例，用尖刀互鬥，以平怒氣。短兵既接，老命齊拚。未幾而宰相出血，將軍傷喉，二人怒始稍洩。然而國之所恃乎將相者，謂其秉鈞衡，備干城也。以若所為，則天津流氓且優為之矣！而安用枚卜，而奚事弓招？〔弗出血弗罷手〕

1396	原 160/1	廣卯 4/13 左	大 5/113

王妃被縶

衰魯烏衣耶國那他利耶王妃與其夫不睦，出居于澳之維也納城。偶過博物館，將入而瞻玩，門者阻之。妃告以來歷，其人察視服飾，與常人無異，卒不信。妃怒批其頰，為巡街捕見，縶之以去。論者謂妃之受辱，實由自取。古者，女子行必待姆。即近世大家閨秀，出則乘輿，婢媼夾侍。匪以飾觀瞻，實以肅閫範。乃問其人，則儼然宮眷也。縱不必呵殿出遊，即一輛高車，猝焉戾止。彼館人者，有不倒屣恭迎哉？而或者曰：「妃固有車，而早敝。不觀《易》之〈小畜〉曰：『輿説輻，夫妻反目。』」〔暫屈〕

1397	原 160/2	廣卯 4/14	大 5/114

漏洩春光

揚城某甲納一寵，而患其妻之妒，乃襲王丞相故智，營別館以藏阿嬌。妾固從青樓中來，水性楊花，依然未改。有舊相識某乙者，以前度劉郎，效重來崔護。一日，甲歸自外，聞室中私語聲，駐足竊聽。雖不著一字，而盡得風流。一時慚憤交并，歸與妻謀，率內外眾僕，將往擒之。及至，已為妾所知覺。叉手當門，故問來意；乙得從後院踰垣而出。妻進內窮搜，略無形跡。轉被妾所窘辱，遂各逞虎威，大張旗鼓。甲維袖手瞪目，作壁上觀而已。〔攸然而逝〕

1398	原 160/3	廣卯 4/15 右	大 5/115

可憐一炬

某公司船，由倫敦開往澳大利亞，中途炸裂，人貨皆歸烏有。事後查得，有某西人附寄四箱，箱中滿裝火藥，暗藏機器鐘；刻定鐘行六十四下，激動火機，藥自爆發。先向某行保險估銀八萬兩。西例，凡封固箱櫳，一切保險寄船，皆不准開看；以是得行其奸計。船既燬，某即向保險行取銀八萬，而眾客之性命身家，略無顧惜。稍有人心者，當不忍出此。吾今而知西人之奸險者，更十倍于華人。而一二奔走洋行之輩，動謂西人質直，尚信義，

亦但據其所見者言之耳。〔罪浮於盜〕

1399	原 160/4	廣卯 4/15 左	大 5/116

印捕行劫

滬北楊樹浦一帶，地最荒僻。有九十六號印捕，騎馬夜巡。遇太平寺僧念清，乘包車經過。遏令下車，取表對刻。見僧帶有金戒指，驟欲攫奪。僧急吞落肚，捕仍扭住索賄。納番餅兩枚，買路得脱。歸用肥皂水，將戒指吐出。剖腹藏珠，誠可笑也。若印捕者，以緝盜而轉自為盜，不更可笑耶！而一二信西法者，動謂西人捕務認真，無論華、印各役，罔敢營私藐法，亦但據其安分者言之耳。〔行路難〕

1400	原 160/5	廣卯 4/16	大 5/117

池黿齧人

杭城藩署前有方池，跨以石梁，繚以石闌。闌柱皆刻狻猊，故俗呼「百獅池」。池中向豢數黿，黿之大者圍可得二丈許，張其口，如箕。相傳昔有盜庫賊，由池底水溝泅入，乃蓄此以防患，故俗呼「管庫黿」。日前，一輿夫納涼橋上，仰臥橋闌，高唱京腔，意甚得也。不料，稍一攲側，翻身落水。群黿爭噬，見者趕即救起，已遍體傷殘，淹淹一息矣！夫黿之聚族于斯，由來已久。平時觀者惟以餅餌相投，蓋習以茹素為常。一旦遇此大葷，不覺饕饞更甚耳！〔肉食者鄙〕

1401	原 160/6	廣卯 4/17 右	大 5/118

突而弁兮（上）

武職某，客金陵，挾其保札，將投標而未果也。嘗眷釣魚巷某妓，積欠夜合資，持札作抵。妓笑曰：「此廢紙，曾不值如廁一用。能償我肉身布施耶？」適為曳尾……

1402	原 160/7	廣卯 4/17 左	大 5/119

突而弁兮（下）

……者見，頓觸彈冠之興，遂收而冒襲焉。並託兵房王姓註冊，酬儀豐腆。王不知其來自泥塗，酌酒言歡，推為上客。席間有召名花者，賓既醉心，握眙騰譁；獨首座人局蹐不安，側身閉目，佯作倦容。衆但笑其不合時趨；而孰知解語花，即渠家搖錢樹。綠頭巾上新晉榮銜，實仗娘子軍戰勝衽席之功，奪張冠以戴李耳！〔雄稱甲長〕

1403	原 160/8	廣卯 4/18 右	大 5/120

虐妓慘聞

鴇婦虐妓，屢見日報。尋常之箠楚不足奇，甚至以灼膚烙體相逼勒。為女子者，不幸而飄茵墮溷，實足寒心矣！蘇城倉橋堍惡鴇王嫗者，有養女名囡囡，頗具麗質。嫗固欲倚為錢樹子也；然女雖習處勾闌，而性耽幽靜，不能博巨腹賈歡。嫗怒其不率教，竟將煙籤燒紅，刺入雙乳。雞頭新剝，毒焰横遭。啼不成聲，慘斯極矣！或引請君入甕之事，謂當以此法還治其身；但老麵筋不怕油沸，何畏火籤哉！〔誰不傷心〕

1404	原 161/1	廣卯 5/18 左	大 5/121

孕龍述異

深山大澤，實生龍蛇。不聞以鱗蟲之長，而託孕于人身者。津郡某邨婦，懷孕已久，過期不產。一日覺腹中蠕蠕然動，漸且蜿蜒而上。正驚疑間，天忽雷電交作，霹靂一聲，有物從喉間衝出，破窗而去。家人有見者，謂似尺許之蛇，鱗角畢具。回視婦，則昏暈乍息，摩其腹，空空如矣。異哉！此豈感龍漦而然耶？傳聞如是，殊令人索其解而不可得。〔脱口而出〕

1405	原 161/2	廣卯 5/19 右	大 5/122

異龜合誌（上）

龜類甚多，見諸紀載者，不可枚舉。近聞日報又得異種者二。一曰「人面龜」，龜身人首，足有茸毛，出亞非利加洲。昔有漁人網得一群，其大者眉眼口鼻，燦然呈露。一曰「壽字龜」，質白如玉，背有壽字，腹多小字，皆星……

1406	原 161/3	廣卯 5/19 左	大 5/123

異龜合誌（下）

……宿名也。相傳廣西百色廳某姓，獲得此龜。廳尊夏司馬曾借入署中觀玩。按《史記・龜策傳》載有二十八宿龜，《述異記》稱越裳貢千歲龜，背有科斗文；惟人面龜無從考證耳。二龜一產外洋，一產中國。今繪并一冊，而詳記之。俾中外烏龜，得以類聚，亦足增介族之光焉。〔同類也〕

1407	原 161/4	廣卯 5/20 右	大 5/124

狎客談新（上）

嫖無取乎敬焉，而或且視同賓祭；愛嫖即不必吝焉，而或且較及錙銖，則近事可述已。客有訪兆榮里某校書者。坐甫定，忽一人身穿公服，肅然而入。客避入他舍，窺見其人出金飾數事，揖贈麗者，鞠躬如也。……

1408	原 161/5	廣卯 5/20 左	大 5/125

狎客談新（下）

……此一事也。三將軍者，不知何許人，或曰宦家子。遣其僕，向女校書左紅玉索欠百元。玉以將軍應歸局帳八十餘元照算，所欠無幾。使女傭阿鳳走告，將軍怒撻之。至被巡捕拘縶，此又一事也。二事一見《申報》，一見《滬報》。今繪并一冊，而節錄之，俾花柳場中，別開生面，亦足補嫖經之闕焉。〔情殊厚薄〕

1409	原 161/6	廣卯 5/21	大 5/126

瘋狂可駭

劉桂露，高郵人，在滬操舟為業。初一日晨起，至素識之聚豐木行廚下，取菜刀兩柄，霍霍然磨之。廚司查旺慶嗔曰：「刀也，奚弄為？」劉曰：「刀也，請吃！」遂被斫。行夥汪顯庭、胡俊卿、平才保、金榮奔救，皆受傷。復入源茂木行，砍傷於茂林、葉仁洪、汪祖浩、陳信福。狂奔入市，躍舞雙刀，當者闢易。各鋪閉戶，以避兇鋒。又連傷賣瓜陸萬春、髮匠王阿茂、車夫張阿二、水夫宋旭林，並路過之林徐氏、張桂春。一朝而傷十五人。旋

經局勇拿住，問以何故逞兇？劉大笑曰：「我將殺外國人去。」眾于是知其瘋。〔大風起兮塵飛揚〕

1410	原 161/7	廣卯 5/22 右	大 5/127

以筆代舌

五方之人，言語不通；猝焉晤對，欲有辭焉，必譯而後達。惟朝鮮文字與中國相同。趙君王坡以名進士游歷來華，謁蘇臬張廉訪。談瀛客至，通詞不用舌人；觀國光分，將命但須毛穎。一堂晉接，佳話流傳。以視郝參軍池躍娵隅，未若是之屑玉無聲，粲花有跡焉！〔書同文〕

1411	原 162/1	廣卯 6/22 左	大 5/128

愚婦受愚

閩人信尚巫覡，通病也。莫奇于信之深而行之果，如虹口某婦者。其夫在輪船謀生，近因開往他埠，逾期不歸。婦憂之，以詢巫。巫曰：「死矣！其速建功德，俾離苦海。」婦痛失所天，歸即為位招魂，並邀巫為之禮懺。或告以緩，俟確耗。則曰：「此巫所斷也，豈欺我哉！」于是布奠傾觴，哭望天涯。忽見有施施從外來者，其良人也。驚為鬼，趨而避。其夫訝，致詰問。婦始以巫語告。而此時巫已挾器潛遁矣！婦乃破涕為笑，叩以來遲之故。則因船遇擱淺，致滯歸程耳。〔伊人宛在〕

1412	原 162/2	廣卯 6/23	大 5/129

女誡須知

天下最好看者，莫過于美人梳妝。嘗見曉樓先生題畫云：「碧紗窗下理青絲，學挽靈蛇樣入時。故把一雙紅袖捲，儘郎偷向鏡中窺。」韻人韻事，摹寫逼真。然而秋月奩開，春山黛擁，其一種嬌慵之態，只宜于繡閣香閨，而不宜于街頭巷口。日前書錦牌樓簾子店女，在門外理妝。適袠邑尊騶從經過，惡其不雅，傳女父阿龍到堂，飭令回家教訓小女子。雲梳霧掠，巧擅新妝。大老爺雷厲風行，痛除惡習。君子平其政，行辟人可也，是正移風易俗之善政也。〔東涂西抹〕

1413	原 162/3	廣卯 6/24	大 5/130

儺近于戲

儺以逐疫，古禮也。黃金四目，方相氏掌之。然古者儺有常時，若季春，若仲秋，若季冬。各隨其時氣以行磔攘，故曰「時儺」。初不待疫之已見也。自此禮廢，而民間惟于疫盛之時，假鬼神以斂浮費。魚龍曼衍，優俳雜陳。游女如雲，萬家空巷。吾但見其近于戲耳！甚至如粵省第十舖珠巷，因驅疫迎神，竟將神象顛仆。既而民病益多，人遂謂神怒所致。然此日之舉國若狂，挨擠于烈日中者，筋力疲乏，喘息奮張。暑風吹來，飽嘗汗臭。其發而為霍亂，為吐瀉，宜也。神之怒與不怒，猶其渺茫者矣！〔隕越〕

1414	原 162/4	廣卯 6/25	大 5/131

破慳禳祟

金陵某氏子，童年嬉戲，誤殺一小狐，由是家中多祟。主人焚香默禱，願僱名班演劇，始得安靜。然其人素吝，陰念異類可欺，僅召傀儡塞責。狐復大擾。其子頓發顛狂，挾挺擊人，並爇火遍然簾幕。主人悔懼，乃改召鳳儀班而後已。夫狐之看戲，狐之學為人也。以狐學人，且力爭體面，無怪乎以人學人，必踵事增華。市儈焉而乘藍呢轎矣，白丁焉而戴紅風帽矣，其視狐之看鳳儀班，相去幾何哉？〔眼界頗高〕

1415	原 162/5	廣卯 6/26 右	大 5/132

免逐鴟夷

清簟招涼，重簾蔽日；揮雕翎之扇，剖雪練之瓜。而猶若不足以消炎暑，此之謂「不知足」。某甲，孝感人，在漢口茶廠傭工。際此赤日行天，操作于機汽爐火之旁而得病。欲歸則既乏川資，欲留則靡所棲止；乃至通濟門河干，自沈畢命。俄有人見一長繩繫樹，一頭浸入水中，曳之得其尸，始悟其惜此遺蛻也。昔劉伯倫天懷曠達，幾莖醉骨，猶使人荷鍤相隨；況其遠出賢知下哉！觀于此，而知掩骼埋胔，實為仁政之大者。〔窮民無告〕

1416	原 163/1	廣卯 7/26 左	大 5/133

雷殛佛婆

或問：「雷殛惡人。然歟？」曰：「然。」曰：「然則皈依佛法者，當非惡人，而亦有難逃天譴者。」溫州大南門外有七十二歲老嫗，前月二十二日，饁于田，震而斃。鄰人道其生平，茹素誦經，並無惡跡。不知何故而上干天怒。然天道誅心，決無誤殺平人之理。今而知「虔婆」之命名，特其虔于奉佛耳！矢諸口者必阿彌，充其腸者除宰割。貌非不善也，而僅可以欺人。〔一震之威〕

1417	原 163/2	廣卯 7/27	大 5/134

怪物鑿山

京西水災，談者謂禍起核桃溝地方。是處山上，向有天生石池，以供居民汲飲。相傳水由口外察哈爾發源。近因池水漸竭，眾疑泉眼為石所壓塞，乃移石掘深數尺。忽見黿魚無數，群取烹食。是夜，見山頭燈火熒然，似有千百妖魔擕長鑱巨斧作開山狀。閱一日，山竟分裂，奔流直下，恍如倒瀉銀河；頃刻間村舍田廬頓成巨浸。蓋由黿之作怪云。不知陵壑變更，數由天定。天而不欲降此災也，黿雖靈，何敢逆天而妄施斧鑿哉！而談者由信口開河，曰：「此固鑿鑿有據者。」吾但見其說之穿鑿耳。或曰，是役也，實因大雨連旬，渾河暴漲，山凹處致被衝塌。誠探源之論焉！〔神斤鬼斧〕

1418	原 163/3	廣卯 7/28 右	大 5/135

怨女成群

西例重匹偶。雖貴為君相，無置妾媵者；于是乎女多男少之國，大受厥累矣。美國北方有一省，地名麻薩朱色。其民數男一女九，患不在娶而在嫁。近有怨女一百六十二人，聯名稟請議政院，革除禁例，准令男子廣置姬妾，並具有永不妒寵甘結。但使終身有託，雖賤列侍婢，辱備箕帚，已出萬幸。梅有實兮，傾筐雉爭。鳴而求牡，特未知政府諸公，既斧柯之在手，將何以調燮陰陽，疏通閨怨焉？〔羣雌粥粥〕

1419	原163/4	廣卯7/28左	大5/136

爭慕乘龍

娶妻如之何？非媒不得，西人則否。德國某商欲娶婦，以其意登諸日報；隨接願嫁者之信二百餘函，皆附小照一紙，並各將履歷陳明。內有自誇其美者五十一人；自矜其富者三十五人；新寡、舊寡，年自二十五至五十二不等共三十七人；其夫尚在，或因反目，或因乏嗣，而思再嫁者共四十六人；已嫁兩、三次，而仍欲舍舊謀新者三人；年三十以外，而猶待字者十二人；年僅破瓜者十八人。紅鸞命照，紛傳青鳥之書；秋月奩開，遍識春風之面。但奏曲以求凰，儘按圖而索驥。風流占盡，月旦殊難矣！〔眼花撩亂口難言〕

1420	原163/5	廣卯7/29	大5/137

賀新禳疫

疫，役也，言有鬼行役，說見劉熙《釋名》。《禮》曰：「鄉人裼。」「裼」，謂逐強鬼。今人畏鬼，不敢逐而行之以欺，但不知鬼之受其欺否也。湘南疫，有行于野者，遇一老人，曰：「若要太平，須待新正。」言訖即不見。于是民間預借七月朔日，舉行元旦諸故事；以為鬼瞯其室，厥疾乃瘳。而不知疫之為病，實因時氣所感，故曰「寒暑不時則疾。」古者治疫，因時命儺，以正時氣。春言「畢」，秋言「達」，冬言「送」，各順其序。乃天時既見為不正，人事又從而顛倒之。于浮瓜沈李之時，而忽覩柏釀椒盤之獻，謂可以人定勝天也，不已惑乎！〔豫賀〕

1421	原163/6	廣卯7/30右	大5/138

壎篪重奏

鄂垣雙柏廟前某氏兄弟二人，紈袴也。或耽樗蒲戲，或好狎邪游。不數年，祖父遺產銷耗過半。一日稽查帳籍，兄責弟不應買笑徵歌，滿籯金揮如泥土；弟責兄不應呼盧喝雉，負郭田讓與人耕。遷怒不休，繼以用武。鄉鄰為之竊笑。親族正擬勸和；不料纔過宵，二人忽皆悔悟。邀其親族鄉鄰，到家宴飲。設香案于庭，割雞歃血，誓改前愆。嗚呼！人誰無過，過而能改，善莫大焉。獨是改則改爾，家庭間不尚激烈，何必指天誓日，效任俠者之所為哉！雖然，使二子而知此理，其始亦不至于爭，並不至于游蕩。東隅失而桑榆收，已足多矣！〔金不換〕

1422	原164/1	廣卯8/30左	大5/139

金字招牌

煙間藉野雞以廣招徠，野雞因煙間以便鉤搭，滬俗所以稱極壞也。煌煌禁諭，視若具文。官斯土者，久思有以懲創之。南誠信野雞肇事一案，詳見日報。王司馬命將胡阿寶、王才寶、張新寶三女，荷戴連枷；並將在案之顧松林及烏龜劉仁光鎖繫枷後，一并發南誠信示眾。且諭曰：「南誠信煙間頗大，今用爾等作個金字招牌，生意更當熱鬧，店主必重謝爾等也。」是日觀者如堵，街捕驅之不得，乃開放自來水，頂灌醍醐，鬨然四散。而于是湖羅之長衫濕，而于是墨晶之眼鏡碎。〔不能奮飛〕

1423	原164/2	廣卯8/31	大5/140

仙蝶徵祥

皖撫陳大中丞，原籍儀徵；監臨江南闈事，棘院宏開，梓鄉榮蒞，誠佳話焉。初六日，送兩主試入簾。是日天氣晴和，雲光靉靆。中丞駕及至公堂，忽見有雙蝶從空飛下，采羽翩躚，隨風飄舞，旋緩緩向明遠樓而去。見者皆引為佳兆，預卜秋榜中人，必將有探花上苑者。而或者曰：「江南為人文淵藪，鼎甲之選，不絕于科；簪仙杏，宴瓊林，本意中事。彼小小飛蟲，其來也，適逢其會，何必據以占科第哉！」是論也，亦頗得體，特微嫌其煞風景耳！〔僊乎僊乎〕

1424	原164/3	廣卯8/32右	大5/141

縮尸異術

畫家有縮本尺幅，而具尋丈之勢。妙筆也。自西法興而化學流行，電氣強水之用廣，幾至無物不可以求縮；固不徒石印書籍已也。今有人于此瞎其目，皤其腹，龐然而自大。余戲謂曰：「盍就西醫苦孛而為汝療治。」苦孛而者，美國之名醫也。製有藥水，能將新死之尸，縮成小體，長僅一尺五寸，闊一尺二寸，厚一寸三分。其堅如石，歷久不腐。盛以木匣，頗便攜帶焉。昔女媧氏摶土為人，實為生民之始。乃古聖定其初生之形，而時醫變其既死之格。此法一開，而新鬼雖大，不足恃矣！〔促狹鬼〕

1425	原164/4	廣卯8/32左	大5/142

幼女魁梧

衛人賦莊姜之美，先之以「碩人」，而益之以「其頎」。然則古之言美者，其必在長且大歟！乃有長至七尺餘寸，重至一百餘斤，如日本高卑某氏女者，得毋已甚。使其年已及笄，已稱奇特，況才十三齡哉！昔有嘲妻長夫矮詩，曰：「彼美人兮靡恃己，相夫子兮罔談彼。並向堂前德建名，剛剛碰到果珍李。」吾知此女將來于相彼之道，固必從長計議。而介蹇脩而問名者，誠不愧「仰攀」二字。〔太行山般仰望〕

1426	原164/5	廣卯8/33	大5/143

偕離孽海

潯城孝子坊有兩妓，曰王妹兒，曰劉千兒；姊妹花中，素稱雙豔。于是有周姓者，昵于王；有沈姓者，眷于劉。各以其憐香惜玉之情，訂而為地久天長之誓。奈鴇婦索身價甚昂，二客又無力為之脫籍。四人私相計議，與其生而無不散之筵席，莫若死而結不解之幽歡。遂于前月二十六夜，置酒痛飲，飲畢同拜，拜起而服砒霜。黃泉路上，攜手偕行，逍焉遙焉，無餘戀焉。問何以出此短見？曰：以為情也。噫，異矣！天下之最無情者，莫過于妓女，迎新送舊，強飾笑啼。彼二客者，果操何術，而能令甘為情死歟？然因狎妓而至以身殉，亦未免情痴太甚。鴆毒如飴，鴻毛等命矣！〔同歸於盡〕

1427	原164/6	廣卯8/34	大5/144

去來了悟

印度有異人焉，時而生，時而死。其生也，能前知；其死也，能先覺。其貌古，其聲宏，其頂禿，其目炯。其口如懸河，能歷數四百年前事，謂及身親見之；挾是以愚庸眾人耳目。常于某年月日謂死期已至，當閱四十日而再生。印王聞其異，命築臺廣場，預備布袋棺木。異人坐其上，口喃喃誦，始猶兀岸，漸倦，漸寂，漸殭，兩目一閉，冥然若睡去。侍者啟其吻，捩轉其舌，置諸袋而斂之。王親視封鍵佩鑰，以驗其甦。及期發視，面色如生，但無氣息；漸動，漸咳，漸起，薰沐而見王。國人皆曰異。然自有識者論之，直當作戲法觀耳！泰西戲法素稱奇幻，若抉首剖腹諸劇，見者皆知其偽，而莫能窮其術。異人之異，實亦類是。故曰：「未知生，焉知死。」脩身以俟，可以為君子。〔輪迴小劫〕

1428	原 164/7	廣卯 8/35 右	大 5/145

圊稅新章

南宋時征斂煩苛，至民間糞船插萬壽宮小黃旗。此極言民病于稅，未必稅果及此也。近日葡人在澳門地面，創立大便公鈔，列廁于市，派人看守。凡仕商賜顧者，每人須納一文錢，否則以閉門羹相待。蓋洋場素禁二便，故得借此以遂苛斂。相聞前月下旬，由葡署議定，將次舉行。生財有道，逐臭奚辭。計臣之計，亦云工矣！然而有錢則便，無錢則不便。天下事大抵然耳，于葡政乎何尤？〔分肥〕

1429	原 165/1	廣卯 9/35 左	大 5/146

巨黿拯溺

前報紀京西水災，謠言黿怪作祟；以今所聞，則等是黿也，而偏能救人之災。說在房山縣馬莊，有村農四人，為富戶馬氏傭看青苗，就田間結草為窩舖。一夕山水陡發，四人皆已熟睡，漫不知覺。及醒，則四顧汪洋，不知其處；驚視窩舖下，有大黿一頭，負之以背。遙見漁船，亟呼就避。回視大黿，已悠然而逝，窩舖亦側浮水面。問其地，離馬莊百里矣！當是時也，馬氏之峻宇崇垣，均被淹沒；而四農以看青獨存，何其幸歟！〔臥游〕

1430	原 165/2	廣卯 9/36	大 5/147

香火因緣

梁山伯墓在鄞邑。相傳梁，晉人，為鄞令，多惠政，沒後葬西鄉。宋武帝行軍過此，感神助，飭建梁聖君祠。俗又因小說家言有祝女同學故事，為增塑祝英臺像，以配古蹟。相沿由來久矣。近日山水大發，不知何處漂來一木質女像，居民謂是聖君新納之寵，止于門外，待禮迎也。爰飾以冠服，舁置神右。今而後，左擁右抱，蝶夢同酣，洵可樂焉。古有娶婦之河伯，今有納寵之山伯。安知傳及後世，不又將引為古典哉！〔祝英臺近〕

1431	原 165/3	廣卯 9/37 右	大 5/148

棘闈誌異（其一）

張某，山陰人。少時有同學周某，與陸某博而勝，張代周索負，致逼死陸氏夫婦。未幾，周以夭殂。張年屆六旬，始獲一衿。今科初次觀場，三藝將成；忽見男女二人搴簾怒喝曰：「三十年前事，猶記得否？」張驚悟，但乞饒命。鬼曰：「汝老死在即，予不屑索汝命；但不容汝得中而死，可速汙此卷。」張無奈，潑墨于卷。鬼即不見。同號生聞其始則囈語，繼則長歎，疑而過問；張亦不諱，為述其事如此。又聞本屆江南闈中，有大書「張大姐」、「江姑娘」等字于卷面者，亦奇聞也。一言以蔽之曰：自作之孽，可為文士之無行者戒。……〔濡染淋漓〕

1432	原 165/4	廣卯 9/37 左	大 5/149

棘闈誌異（其二）

……又閩闈第三場有某生者，倦甚假寐；忽來一大蛇，繞其身三匝，驚而醒，口不能號。鄰號生見而呼救，蛇已蜿蜒出牆去。號官奔至，將其人扶出，灌以薑湯，竟不復甦。聞是科閩試，因坐號不敷，拓地于平山之麓，支蓋席棚，編為新號；而某生適坐其間。牆外豐草長林，毒蟲之所聚族也。其罹于厄也，偶也。不然，若而人者，其生平有無愆疚，本不可知；而概以孽報疑之，未免有傷忠厚。《詩》有之曰：「委蛇委蛇」，亦委之于蛇也可耳！〔纏綿悱惻〕

1433	原 165/5	廣卯 9/38 右	大 5/150

記劉孝子

「哀」之言乎「節」也，所以「順變」也，而未可責之里巷細民。劉孝子，鎮海人。父福慶病。劉取其平日所嗜之芝麻糖粥，操匙登床，徐徐勸啜。乃纔咽數口，痰氣上壅，遽焉溘逝。孝子驚痛莫措，執父手，一哭而絕。兩拳緊握，多人力啟之，不能脫。其叔至，責以大義，始得解開。孝子死，人有以「愚孝」歸之者；然其生不託縉紳之族，目不覩孔孟之書。至性所發，竟以身殉；雖愚也，不可及也。且夫有「愚孝」，無「智孝」，「節哀順變」之說，僅見諸士大夫唁喪套話。而實則欲節無哀，處變猶順。烏呼！智孝多，而愚孝益可貴矣！是不可以不記。〔相從地下〕

1434	原 165/6	廣卯 9/38 左	大 5/151

儀不及物

有宦于廈門者，懃懃焉，懇懇焉，開誠布公，實事求是。署中差役于其懸弧令辰，各備壽燭進獻。官問此燭每對價值幾何？送者以「一元五角」對；蓋故昂其值，以表所餽之非輕。官曰：「如此，則徒令店家賺錢，何如乾而折之之為愈。」乃令一一吹滅，交還本人，著各送實洋一元五角。此事采諸日報，諱其人，諱其官，恐傳聞未確耳。或曰：若人之視吏胥也，殆猶至親也；至親無文，飾觀奚尚？此固餽者之文勝，而非受者之質勝。且夫居官而不親吏胥者，視之如蠹，防之如虎。一朝任滿，若輩惟有草鞋之敬。今乃椽燭雙輝，躋堂稱兕，要其平時感激之真忱，所與物具贛者也，而其如投非所好何？〔黜華崇實〕

1435	原 165/7	廣卯 9/39 右	大 5/152

閹割拐孩

數年前，有匪徒割辮之謠；各路喧傳，卒亦漫無憑證。近年來，拐孩之事，層見疊出。日報載韶州民有失其甯馨兒者，旋于荒僻處覓得之。視其下體，已如太史公下蠶室矣！惟割處貼有膏藥一張，揭之，則大聲呼痛，血湧立斃。控于官，捕拐匪，置諸法。其有幸未遭割者，自言被拐時，匪用膏藥貼其眉際，便覺迷惘隨行。此事據岡州人之賈于韶者，言之鑿鑿焉。果爾，則惟彼小人，一朝失勢，情何以堪？〔鳥乃去矣〕

1436　原 166/1　廣卯 10/39 左　大 5/153

鄒孺人孝行圖

孺人張氏，鄒大令戴堯德配也；淑慧工詩，事舅姑以孝。鄒封翁疾，孺人割臂，和藥以進，因得痊。今年七月十八日，卒于鎮平縣署，年二十有四。大令賦悼亡詩寄示，囑譜是圖，爰為之讚曰：「自來刲股療親，誠格蒼穹。此古孝子之風，不圖見諸巾幗之中。嗚呼！鞠育顧復，有生何從。報劬勞者且罕逢，而況于阿家翁。賢哉孺人，固宜與姜婦比蹤，蓋豈徒法郝而禮鍾。」〔誠則靈〕

附錄鄒孺人詩四首〔丙戌春，鄒君赴禮部試，孺人在廣州作此寄懷〕：

楊柳依依悵別離，漫將兒女說相思。高堂健飯君休念，努力功名在此時。

臨別牽衣兩淚零，曾經小語細叮嚀。客中眠食須珍重，莫向花間醉不醒。

寒衾獨擁怯身單，欲越關山夢也難。知得遠人情緒苦，聊將一語報平安。

含意無言倚鏡臺，桃花開處燕飛來。無端棖觸天涯思，日把歸期數幾回。〔繡餘吟稿〕

1437　原 166/2　廣卯 10/40　大 5/154

仙人勸賑

照錄馬大善士原擬貼說

京畿、奉天等處敬奉胡仙，係長白山舊派。自龍興以來，累膺封錫，屢著顯應。官民祈禱，感通如響。至今香火之盛，雖名山巨剎，莫之或過。奉天電局設有乩壇，胡仙疊次降乩；自稱洞主，所言無非勸人改過遷善。偶問休咎，或乞方藥，輒靈應異常。本年奉省水災之前，尤殷殷以修福免災為勸；特恐天機漏洩，未嘗明言耳。八月十三日有滌塵子、汗漫生兩人，請仙問事。胡仙到，即大書勸賑語一通，洋洋五百餘言；其疾如飛，而層折周到，情切意深，無一字可議。雖倚馬才，弗能追焉。在壇生等，肅然遵命，如法勸募；一、二日間，踴躍輸助者，已什百人。現將乩示刊印，散布各城，分給鄉里。不日源源巨款，集腋成裘，即以供奉省粥廠、綿衣之用。所以拯人於飢寒者，其澤溥矣！神仙之關心民瘼，不減於居位臨民者竟若此。

附馬大善士致滬局書

滬局諸善長先生閣下，敬啟者：此次奉省水災，前經疊次電聞，荷蒙付館登報。南中善士，源源助賑，以濟急難，皆諸善長功也。欽佩莫名。敝局于十三日設壇請乩，經本城仙人洞胡仙判示勸賑語一通，現已刊布。茲特寄呈五十紙，即乞分神，代為分交各善堂、賑局等處。並望飭貼數處；更祈交一紙與《申報》館登報。倘能翻刻勸募，其感召獲福，自必畛域無分，遐邇壹體。如有來款願交分香社者，請子翁先生代收，先行刊報；一面將款即寄敝局，以為粥廠及施放棉衣之用。不勝感禱。因事頗奇異，另擬〈畫報題記〉一則，並乞與乩示，一併代交點石齋，繪圖列入畫報；印成後即望惠寄數十本，俾此間同人，俱得先睹為快，尤深銘佩。專肅布懇，敬請升安，伏維善鑒。馬籀圖頓肅，八月十九日。

附乩壇勸賑語

僕承諸善人惠顧燒香，或求事，或完願，來者皆存一念之善。惟今日之善，莫大于活人；活人之功，莫大于助賑。現當災後民困甚急，僕受地方香火數百年于茲矣，不忍聽民生之飢饉，竊願成大眾之善功。請自中秋為始，有來求事者、完願者，各發慈心，共周急難。無論銀錢粟帛，十百千萬，隨緣而助，稱心以施。書某人為求某事、或完某願、助若干字樣一紙條，焚我爐中；一面將款徑送本城電報局收納，付給收票。其女流願捐者，即交家主或親戚、僕從男子代為交局，掣取收票為憑；均由該局即行散賑。每月十六日，局中將一月內所收各人捐款，列榜實貼廟牆，大眾聚觀以為徵信。如經手侵吞，立見焚殛。其有獻袍、上匾者，請以其錢代我入賑；收票可書洞主自捐字樣，獲福仍歸出錢之人。僕當于每月十五日彙報大神，達于天帝，量功以報。務望各如心力，慨解有餘。凡求利求名，求福求壽，求子求孫，無不可獲。今日之勢，能出數金之資，即可活一、二人命；活人既多，天報其有不厚者乎？倘商家舖戶，願以宴會酬賽之資，移作捐賑者，福報更大。此會名曰分香社，言分香火之緣，以與眾人受福也。特此奉勸。

附分香社同人啟

如蒙遠處彙寄捐款，請開列各善士姓名、捐數、求某事、完某願清單，交瀋城電報局代焚神前，即付收票寄回，不誤。〔分香〕

1438　原 166/3　廣卯 10/41 右　大 5/155

醒酒良方

有駁船水手醉乘東洋車至法租界。車夫問將何往？醉不能答。訝其不知人事，委諸道旁。其人即昏沉睡去。適有髮匠經過，呼之不應，蹴之不動，疑為痧暈。取針一挑，大痛猛醒，躍起而扭住，曰：「吾袋中有洋一元，被汝攫去。」爭鬧不休，而紅頭黑面者，遂得從容而試其技焉。嘗謂飲酒雅事，與賦詩並稱；獨不可使俗人為之。昔有巨腹賈好詩，偶出游，見有貼招于門外者，大書「詩醫」二字。賈人喜，攜詩稿就正。其人略一翻閱，曰：「病在脾，宜用澀。」乃出長木錐，使伏而塞其臀，曰：「從此不令洩氣。」今以鐵針醒酒，當與木錐塞詩，同為絕妙治法。〔神鍼法去灸〕

1439　原 166/4　廣卯 10/41 左　大 5/156

仰企英風

胥天下之人，雖婦人豎子，無不知有周將軍倉者。按將軍之名，不見于正史；《演義三國志》書其登城自刎一節，千載下猶凜凜有生氣。是書雖小說家言，而其徵引事實，類多有所根據；故今之黑面虬髯，從祀武廟者，當非亡是公。顧將軍之威名，素著于中土，并將遠播乎外洋。何以見之？見諸奧領事之返國，倩工人塑將軍象，高丈餘。蓋將載回本國，而夸示于人，曰：此中華一千四百年前之豪傑也。鑄之金而繡之絲，其慕義為無窮矣！〔有威可畏〕

1440	原 166/5	廣卯 10/42	大 5/157

泉臺合巹

吳俗凡有家者，為已故之祖若父薦祝生辰，名曰「陰壽」。字義絕新，莫得其對。或曰：可對「冥婚」。「冥婚」者，合男女殤以為婚；紮紙人一對，紙宅一所，床帳、奩具畢備；自親迎以至合巹，如常儀，送入洞房，隨即焚化。此風盛行于粵。新會南溪黃氏子夭殂，忽附家人之身，言欲擇配。父母哀之。訪得同邑林氏有殤女，年適相若；乃執冥柯，下冥聘，舉行冥婚禮，作地下好逑，補生前缺陷。他日者承祧有嗣，而追薦椿萱，冥慶筵開，居然雙壽矣！〔結未了緣〕

1441	原 166/6	廣卯 10/43 右	大 5/158

貍奴作祟

唐李義府笑裏藏刀，陰柔害物，時人謂之「李貓」。人似貓，既非善類；則貓似人，可稱怪物矣！相傳溫郡西門外馬姓家，蓄一貓，近忽為祟。主人方對客坐談，貓自門外入，立操人語，曰：「我有功爾家，爾須為我建一廟宇。」客異而捉之，即化為猿。鄰婦有失其銀釧者，遍覓不得。貓曰：「爾嘗輕視我，故略施小伎，若要得釧，須向我長跪。」婦如言，始告以釧所在。種種作怪，殊駭觀聽。夫是以丹爐舐罷，未許昇仙，子夜迎來，不羞號鬼歟！〔廣齊諧〕

1442	原 167/1	廣卯 11/43 左	大 5/159

書某殿撰軼事（一）：誤觸禪關

《字林報》述〈殿撰奇緣〉一則，敘事詳明，獨軼其年代氏貫。雖不必引為新聞，而語託搜奇，盍亦聽之姑妄。原稿篇幅甚長，節錄之，譜為十圖。圖中人物，衣冠不趨時派，存疑也。按殿撰某君，幼慧工文，手儀秀整。世族爭以女字。父夢神告曰：「若皆非汝媳，強娶……

1443	原 167/2	廣卯 11/44 右	大 5/160

書某殿撰軼事（二）：請君入甕

……之，必有禍。」以故因循未就。年十八，舉于鄉，偕榜友五人應南宮試。途間覩蘭若，甚壯麗，信步入游；至一靜室，壁畫維摩象，衣紋突起，疑是雕鏤痕。一友摩之以手，象忽移動，若戶頓開。視其內，別有洞天。數僧擁麗人調笑，見諸人至，拱手趨迎。眾不敢入，僧強挽之，曰：「此等婦女，乃寺中所僱，以款諸檀越者，幸勿見疑。」遂命香積廚設伊蒲饌。俄見洗爵者，擎箸者，拔來報往，皆二八妖……

1444	原 167/3	廣卯 11/44 左	大 5/161

書某殿撰軼事（三）：杯酒殺人

……姬。坐甫定，即有妙鬟四人，扶一老僧出。鬚眉盡白，似百餘歲人，而面相極兇惡。合掌致辭，曰：「蒙貴客辱臨，光增寒刹。請以一卮酒，結香火緣。」遂向侍女手中，取盃獻客，自長及少。某君居末座，視先飲者，頃刻醉倒。沙彌捽置階下石盆，僅餘白骨一堆浸血水中。某君驚魂欲喪，盃失手墮地；酒濺處，磚盡爆裂。乃言于僧，曰：「我等既入危地，自知必死；然似此慘死，情殊不甘。」諸女亦為……

1445	原 167/4	廣卯 11/45 右	大 5/162

書某殿撰軼事（四）：豐隆解厄

……婉勸，乃命驅入餓鬼獄，俾絕食自斃。至則四面高牆，宛如狴犴；地下白骨狼藉，陰氣逼人。某自問萬無生理，惟泣涕呼天，禱祈神祐。忽雷雨大作，震去椽瓦一楞，仰見梁上有懸琉璃燈索；妄想緣索上登，再尋生路。不料纔一攀援，足下似有助力者。及升屋，下覷周圍，盡僧人房舍，卷伏不敢動。時交初更，狂風未息，吹折屋後大樹，掃過瓦面，纏住某君衣帶，飄墮二里之外。遙見小……

1446	原 167/5	廣卯 11/45 左	大 5/163

書某殿撰軼事（五）：馮夷效靈

……村落有燈火光，奔往借宿。一婦啟關延入，某君縷述所遭，且自道其鄉閥，云俟赴試歸來，必圖厚報。婦聞言，俯首良久，若有所思。既而曰：「客餒矣！家無餘米，待往鄰家告糴，為君治盤飧。」因喚其女烹茶供客，即有垂髫女郎應聲而出。婦提燈自去。茶灶當門，與某君坐處遙遙相對。某君支頤注目，茶熟，女捧至面前，猶不知接。女不覺淚下，傾盃于地。某君始瞿然，見女面有淚痕，詫……

1447	原 167/6	廣卯 11/46 右	大 5/164

書某殿撰軼事（六）：一枝願借

……曰：「卿何見小生而下淚也？」女亦曰：「君何見儂而神癡也？儂見君死期將至，尚涎視儂。哀君憐君，不覺泣君耳！」某君曰：「卿誤矣！小生感卿母救命之恩，見卿容貌端莊，合受五花誥命；欲俟卿母回，問悉年庚，為卿覓一嘉偶。又恐交淺言深，未必垂聽，故自出神。卿謂我死期至而憐我。何耶？」女曰：「儂見君儀表不俗，年少登科。家有父母、妻子……」某君曰：「小生並未娶也。」女曰：「儂言未畢，君何……

1448	原 167/7	廣卯 11/46 左	大 5/165

書某殿撰軼事（七）：人茗雙佳

……急于表暴耶？」某君曰：「卿勿閒言，且告我死期之至。」女曰：「此村由惡僧所創。婦女有孕，悉寄于此；故村人皆和尚子孫。外人誤入者，不能再出。吾母非告糴，特告和尚來除君耳！」某君聞言，駭絕莫措，跪求畫策。女曰：「速逃可耳！何策之畫？」某君曰：「屋中祇爾我二人。僧來不見我，必疑卿放走；以卿代死，吾不忍也。」女曰：「君真書癡，但求己得生，何必顧他人死活耶？」某君曰：「己欲生而陷人……

1449	原 167/8	廣卯 11/47 右	大 5/166

書某殿撰軼事（八）：揮涕贈行

……于死，非丈夫所為。如無兩全之策，甯死于是，決不移禍他人。」女曰：「君不特有情，抑且有義，宜為神靈所祐。但君得脫網羅，何以處我？」某君曰：「當以卿為正室。倘不如願，鰥以終老。」女曰：「如嗣續何？但覓小星，亦足見不負矣！」因入房取銀一封，出贈某君。教使解下衣帶，曰：「請縛奴手足。母回，奴自有說。君出門，但認路旁有小竹樹，沿之以走，無者皆陷阱迷途。

三里外有市集，始可入而……

1450　原 167/9　廣卯 11/47 左　大 5/167

書某殿撰軼事（九）：誅仇告奠

……休憩。蓋彼處婦女，屢被惡僧擄掠，居人皆銜之入骨，如有來問者，不妨實告也。」又曰：「惡僧欲犯妾屢矣！妾不肯從，此後不知如何。君既為妾義，妾亦為君貞。倘有不測，便相見于黃泉矣！」言至此，哽咽不成聲，騈其手足，催令速縛。縛訖，某君遂泣拜就道。行半日，果見人煙稠密，入一村店，略整衣冠。市人叩悉來因，莫不切齒，曰：「寺中勢大財雄，有權要為之護法。某等屢告官，皆弗申……

1451　原 167/10　廣卯 11/48 右　大 5/168

書某殿撰軼事（十）：百年偕老

……理。望君成名，除此大害。」遂相與置酒壓驚，護送出境，得達京邸。即于是科成進士，臚唱第一。奏請燬寺除害。擒老僧至，剖腹剜心，以祭亡友，餘僧分別定罪。逆女以魚軒。女曰：「吾母無依，若許奉養，始可相從。否則，針黹養母，未能踐舊約也。」某君感其德，且嘉其孝。許之。後某君歷仕顯秩，終身不置妾媵；女以內助稱賢。〔文章魁首〕〔士女班頭〕

1452　原 168/1　廣卯 12/48 左　大 5/169

施惠無形

世所稱至友者，不過曰能共患難，託妻子耳，而孰知有進焉者。周子，皖人，與黃子友；黃富周貧。周有葭莩親，隨劉爵帥仕閩；招周為書記，周往。託家事于黃，黃力許資助，遂行。已而，周妻令僕婦請粟于黃。黃怒曰：「長年之計，我何能為力。今貸爾主母千錢，俾市鍼線，課女紅，取其值于余可也。」周妻無奈，依其言而行，如是者二年，頗足餬口。周歸，妻以告。周大駭異，念黃非吝嗇者，何遽出此？時黃聞周已歸，遣人送回鍼繡兩箱，並係以詩，援引敬姜論勞逸大意。周始感悟，率妻詣謝。君子謂如黃者，真可以託妻子矣！〔不負所託〕

1453　原 168/2　廣卯 12/49　大 5/170

格致遺骸

西人尚格致，化朽腐為神奇，幾令天下無棄物；乃至格無可格，而格及于人尸。謂熬成油，可以造鹼；屑其骨，可以壅田。其說倡于英國士葛蘭之某化士。洵如是，則中國之于格致，亦講之素矣。知死者之體魄求安也，故停棺不葬有罪；知貪者之殘忍尤甚也，故發塚盜棺必殺。粗之為條教，精之為仁術。載在律書，亦治國之一端也。然則西人之格致，亦可推及治國乎？曰：可。尸毀跡滅，則葬可以廢；曠土既無，而耕種之區益廣。家貧親死，則尸可以賣，喪具既省，而贏餘之利且收。但使售鹼者得求善價，力田者屢慶豐登，國富民裕，而治道成矣！此則西人之格致也。〔不如速朽〕

1454　原 168/3　廣卯 12/50 右　大 5/171

戕尸類誌（上）

大抵西人視既死之形骸，本不甚愛惜。而于好奇之一念，則至死不變。觀法國某甲、乙之事，雖精于格致者，有不能得其命意之所在焉。某甲向寓巴黎城外。一日，同居者訝其杜門不出，呼之不應；破扉入視，見一無頭尸橫窗下；手握一書，乃甲親筆，略言死出自刎，與人無干云云。因報官而姑斂之。閱數日，有鄰人道經距城二百里某村，見樹杪懸有人頭；審視之，甲也。駭報公庭，取驗良是。然不解其身首分離，何至若是之遠？迨細加考察，始悟甲于未刎之先，用輕氣毬……

1455　原 168/4　廣卯 12/50 左　大缺

戕尸類誌（下）

……繫其首，再以線綰窗而縛于足。頸項一斷，身重橫倒，窗即趁勢挽合。理或然歟！又某乙者，亦法國人，亦以自刎死。其懷中亦藏有遺囑，曰：「腰存法金十佛郎克，作為驗尸人茶金。祈將尸身片片臠割，送往大花園飼獸；但願各獸能賞吾肉之美，則無憾矣！」茲二人者，推其好奇之念，雖摩頂放踵，以為壅田之肥、澣衣之鹼，當無不可。于此見士葛蘭人之殘毀尸骸，在西人視之未必以為不近人情焉。故類而述諸篇。〔甘自菲薄〕

1456　原 168/5　廣卯 12/51　大 5/172

捕蛇者說

美國拿高打地方，產有一種異蛇。飲水入口，從尾竅注射而出，若灌花之蓮蓬壺。每飲必成群結隊，中有為頭者，濡首水中，餘則銜尾相接，以次貫注。土人捕得之，訓練馴熟，用代桔槔，名曰「抽水蛇」。有某農家，不戒于火；所居離水頗遠，倉卒間無從施救。幸笥中蓄有馴蛇，呼而出之，仗聯絡一氣，抽水于百步之外，竟得灌息。蓋可見美人之善于弄蛇也。夫以蛇頭而入于美人之手，雖曰倔強，終必柔順而後已。抽水之名，所由來歟？〔挹彼注茲〕〔維妙維肖〕

1457　原 168/6　廣卯 12/52 右　大 5/173

警回蜨夢

粵中婦女喜戴鮮花。凡賣花人用銀絲綰成巧樣，穿綴花朵，或如蜨翅雙分，或似半彎新月，隨其髻之盤曲以取熨帖。每晨攜供主客家，即換出戴舊之花，以便摘去殘英，重裝鮮朵。有某嫗者，賣花于吉祥坊陳宅，陳婦命婢取舊花蜨還嫗，婢誤將玉蝴蜨交還；及為婦覺，嫗已絕跡不來。欲覓之，不識其住址，惟日以撻婢洩恨。嫗得玉蜨，歸即大病；夢中輒見有老人索蜨，如是者數日。因暗祝若得病痊，當以原璧歸趙。翌晨，果愈，遂返蜨于婦。婦喜其誠，酬洋兩元，適符其病資所耗。〔香國生涯〕

1458　原 169/1　廣辰 1/1 左　大 5/174

幸蹈危機

英人有患半身不遂者，遍就時醫，莫能奏效；杖而行，自問以殘疾終矣！一日攜剡溪之藤，過烏衣之巷。巷甚窄，若二人相值，須肩摩而後能過；其右側短垣，僅可及肩。正在蹣躅維艱之際，忽來一癲牛，向前直撲。其人驚駭失措，奮不顧身，竟一躍而逾牆外。牛去既遠，喘息稍定，覺渾身骨節靈通，不扶能起，不杖能行，痼疾若失焉。異哉！經數十輩岐黃妙手，神鍼法灸之徒勞，而偏收其

效于一元大武。〔舒筋活血〕

1459	原 169/2	廣辰 1/2	大 5/175

悔遭樂境

隱憂足以致疾，狂喜亦足以傷生。懸一不可必得之樂境于心目間，一旦如願以償，有如士子讀書應試，一舉成名。當局者固欣欣自得，旁觀者亦嘖嘖交羨。要皆人情所同。莫奇于甘泉李君之外祖母某氏。氏向與李君同居；李君自幼聰慧，最為氏所鍾愛。今科初試棘闈，年方弱冠，名列賢書。氏見泥金報至，不覺手舞足蹈，狂笑不已。老年體氣本虛，心花一開，不能復閉，笑未止而溘然逝矣！李君此時，轉自悔其誤攀仙桂云。〔早登極樂〕

1460	原 169/3	廣辰 1/3	大 5/176

鎮壓潛蛟

江北來安縣烏衣鎮北後朱村，于上月十八日晚，鄉人聞場上潑刺有聲。出視之，見平地頓豁三穴，大如碗口，湧水高二、三尺。知其下有蛟，急取便桶覆壓，一釋手即被衝開。乃使婦女騎坐于上，桶底猶突突作聲。三穴纔遏，又旁溢為九穴。俄又增十二穴。便桶不敷所用，復益以穢布填塞。詰朝細驗，則遍地有小孔無數。行其上，如響屧廊，蓋地腹已枵矣！苟非捍禦有方，則其魚之患，可設想哉？〔坐鎮〕

1461	原 169/4	廣辰 1/4 右	大 5/177

第一高樓

美國拔分屯營造司，近因市中地價日益昂貴，乃創建二十八層樓，高三百五十尺，周廣八十丈。柱以鋼為之。其最下一層，全無障隔。設梯二道，並置起落機器十二架，編定逐層號數，欲由某層達某層，則按號。坐于其上，自有轆轤遞送，瞬息即到，無煩用力。其餘二十七層，皆隔為二十八間；除每層佔去機房一間，合計共得七百二十八間。絕頂登臨，憑闌俛瞰，真有咳唾落九天，隨風生珠玉之概。自有此樓，而齊雲落星，不得專美于前矣！〔登臨近日邊〕

1462	原 169/5	廣辰 1/4 左	大 5/178

隔牆有耳

獻縣某甲，生子女各一。女嫁同縣某氏。甲與其子乙，久客蒙古，積歲經營，囊資頗裕。前月杪，甲獨歸故里，道經婿家，入視女。女留之宿，代解行裝，窺見白鏹，貪心頓起；乘父熟眠，殺而棄其尸。閱數日，其子亦歸，便道省妹。妹見兄至，為烹小鮮。正在操刀而割，旁一小孩，呼曰：「今日血少，不比外祖血多。」女急掩其口，已為乙所聞，懷疑莫釋。伺其甥出，抱置膝上，誘以果餌，細詢得實。遂鳴諸官，正其逆倫之罪。可見天網非疏，冥冥中若有驅而納諸者；況乎行同梟獍，尤非尋常罪案可比哉！〔小孩兒家口沒遮闌〕

1463	原 169/6	廣辰 1/5	大 5/179

有犯必懲

猝焉而詬人曰「囚奴」，其人必色然怒。乃鄉愚無知，惑于僧道巫覡之談，謂病人許願扮犯，隨同賽會，則可以消災免晦。于是乎，有甘居縲絏而敬獻其香金者。前日，本邑城隍神出巡，有船夥陸昌富扮犯隨行。事畢，買醉而歸。路過法租界，乘醉吹其口中叫子。華捕向阻，不理，且以手銬亂擊。隨有開洋貨店西人，幫同拘解公堂，判押七天。假犯焉，而弄成真犯。消災免晦之謂何矣？〔名實相副〕

1464	原 169/7	廣辰 1/6 右	大 5/180

鬻夫息爭

美人眠發，寓堅尼那省，夫婦二人，倡隨頗樂。眠近日復與某氏女有「桑中之約」，效申公巫臣，攜夏姬出亡。婦知之，追及于美亞摩鳌地方，交捕解署，待質。眠低首乞憐，願免其出醜，誓絕外好。婦曰：「卿不憐我，而欲我憐卿耶？」顧謂女曰：「卿若憐之，趁此時案猶未訊，速以二百金買此薄倖郎去；我當息訟交人，遂汝私願。否則未便干休。」女應諾，袖出五十金，曰：「客中攜帶止此，餘請立期票三紙，分九個月歸清。」並倩巡捕作保，當場過割。女挾眠逕去；婦得價，亦欣欣然歸。夫良人者，所仰望而終身。今乃等諸產業之可以變價，開糧過戶，永不回贖；且所值亦僅三【二】百金，是真賤丈夫哉！〔貨真價實〕

1465	原 170/1	廣辰 2/6 左	大 5/181

得慶更生

自鴉片流毒海內，而地下別添怨鬼；其幸而免登鬼籙者，速救之功也。乃高郵焦家巷某甲，偶因小不忍，遽服紫霞膏，救之不及，齎恨以沒。將殮矣，尸忽起立。家人駭避他舍，穴隙潛窺，見其吐出痰涎，色盡帶黑，蓋煙膏也。吐畢，索飲茶湯，諸人始敢走近。是殆受毒本淺，故得死灰復然歟？此一吐也，其胃中之鬱勃，當隨之而盡洩。非然者，不幾若吳中高士，轉以求死不得為恨事哉！〔先號咷而後笑〕

1466	原 170/2	廣辰 2/7 右	大 5/182

覆姓歸宗（一）

署雲南提督蔡軍門標，當咸豐年間，剿辦……

1467	原 170/3	廣辰 2/7 左	大 5/183

覆姓歸宗（二）

……楚雄府屬小漂逆賊。于拔出難民中，見有一棄孩，頭角崢嶸。愛而收為義子，取名興國，教以讀書習武。稍長，即敢戰爭先，忠義奮發，所向克捷，疊保至提督銜，記名總兵，借補貴州歸化營游擊。光緒十三年，隨同軍門征猓黑踞匪。道經楚雄，訪得生父尚……

1468	原 170/4	廣辰 2/8 右	大 5/184

覆姓歸宗（三）

……在，蓋游戎系出張姓。張翁祇生一子，遭亂棄走，至今猶託人尋覓。遂由蔡軍門咨請岑制軍代奏，懇請覆姓歸宗。得旨俞允。國恩家慶，播為美談。論者謂若……

1469	原 170/5	廣辰 2/8 左	大 5/185

覆姓歸宗（四）

……張封翁者，自顧積齡，已問無兒同伯道；忽揩老眼，喜看有子如仲謀。蔗境甘回，何修得此？而若蔡軍門者，識英材于襁褓，授家學以韜鈐。類我頻呼，誠求式穀；迨其骨肉重逢，復能推錫類之仁，俾得敘天倫之樂。雲天高義，尤足多焉！然而張不遭難，則不棄子；不棄，則不為軍門有；非軍門則無由致通顯；且非軍門之豁達大度，則其子不得仍為張有。三十餘年中，離合悲歡，皆由天定，豈偶然哉！〔喜出望外〕

1470	原 170/6	廣辰 2/9	大 5/186

奪歸母櫬

某總戎髫齡失怙，長而好勇；遭粵寇之亂，母子離散，孑然一身，投入營伍。承平後，已積功保至記名總兵，統帶巡洋水師。近以假歸葬父，探得母已改適別縣某姓。總戎往訪其家。時某與母皆逝世，三子出見，長者為前母所生，次、三則醮母產也。乞引至葬處，設奠痛哭，既謂三子曰：「君等尚有一母，我則有父無母。請歸我母，千金之報，不吝也。」某姓兄弟不允其請。總戎長跽哀懇。執不可。乃怒歸舟中，令眾勇排隊登岸，發塚出柩。某姓兄弟始不敢與爭。總戎扶櫬旋里，合葬父塋。論者曰：此亡于禮者之禮也，蓋處人倫之變者，其苦衷要當曲諒爾！〔百身願贖〕

1471	原 170/7	廣辰 2/10	大 5/187

演劇勸賑

人之欲善，誰不如我，迎機以導，則從者如流。近來善舉莫大于勸賑，賑又莫急于奉省。十月初一日，漢口紳董接到營口等處災信，特借安徽會館，雇班演戲，邀請各善士觀劇，遍勸解囊。一日之間，來者約一千三百數十號；其非發帖邀請而自行齎助者，約共得錢二千餘串；易銀彙解，善莫大焉！適值營口、牛莊兩處銀串日落，賴諸善長稟請，海城縣及牛莊防守尉齊公親至各錢舖，以理剖諭，勸令平價便民。各舖主靡不感發，願以每兩十弔，如數作定；經用二成，分文不取，而民困益蘇。以善倡者以善應，其機亦神速哉！余故兩美之，而樂為之書，藉以勸夫他省之豐衣足食者。〔鼓之舞之〕

1472	原 170/8	廣辰 2/11	右 大 5/188

僑如再世

比方人物，較其短長，雖賢者亦不免。前報既登「幼女魁梧」一則，茲復舉一人焉以相較，覺魁梧者轉形短小。于此見人有所長，不可自恃其長；故一誌再誌，而不嫌其詞之複。美國開他雌甘州，有亨林枯力哥者，現年三十有六，長二丈四尺七寸半，重七百九十二磅。曾在紐約小博覽場，供人玩賞，得千金之彩。相傳其誕生時，重十一磅，及二周歲，已重至二百六磅，是豈有助之長者歟？何其驟也，而儕五輩，不得專美于前矣！〔翹然獨出〕

1473	原 171/1	廣辰 3/11 左	大 5/189

神不任咎

世傳財神即關西夫子楊伯起。史稱其暮夜卻金，以清白遺子孫，則一窮漢耳！蓋惟其見財不貪，而後能掌天下之財。今之利欲薰心者，乃僕僕爾亟拜焉；神且笑之矣。杭城純佑橋有老嫗，妄想發財，日禱于神前，乞賜白鴿票紅號。迄今三年，毫無靈驗，借貸已窮，漸至饔飧不給。乃彙集前後所買廢票，碎擲神前，指神謾罵。肚痛而怨灶君，謬甚也！然此票雖干例禁，而凡鬚眉而衣冠者，且不顧違條犯法，相率而買之矣！于老嫗乎何尤？〔貪生嗔〕

1474	原 171/2	廣辰 3/12	大 5/190

武人野祭

鄂省每屆武鄉試，例于入闈前數日，設野祭一壇；各武生齊集校場，虔誠拜酹，並以雙不借置之豆間之地。相傳昔有貨屩者，經過馬道，為馬踐斃；故祭之恐某祟也。祭畢，即將草履焚化，信手撒錢，使諸頑童爭拾；拾者必以吉語相酬。此俗蓋由來久矣！嘗見文闈中有陳酒果，焚冥鏹，喁喁禱祝于矮屋下者。每竊笑腐儒之腐。不謂挽強弓，馳怒馬，赳赳然以賁獲自負，亦復乞憐野鬼，冀免揶揄。可見邀福之心深，則懼禍之念切，理固有必然，情固有同然者矣！〔祭則吉〕

1475	原 171/3	廣辰 3/13	大 5/191

徐園採菊圖

十月十七日，徐園主人以持螯見招，酒闌出採菊圖索題。圖中席地坐者，即園主人；餘則未盡識荊，主人一一指示，歸而忘其六人。其間脩髯似雪，作道士裝，倚杖而立者，為日本詩人岸君吟香，其側立于岸君後者，為高昌寒食生；登晚宜亭，憑闌閒眺者，則徐郎介玉也。爰綴小詩，用誌高會。

葯藍攜向槿籬東，露莀霜莖摘幾叢。佳氣爽延秋九月，幽香徐引逕三弓。人來海外兼方外，興寄閒中況客中。歸去莫教頭滿插，好留冷豔伴西風。石友並識。〔石友〕〔人淡如菊〕

1476	原 171/4	廣辰 3/14	大 5/192

西醫治疝

英醫士臺君，寓甯郡孝門坊，能療疑難雜症。有南鄉陳某者病疝，腎囊下墜尺餘，舁請施治。臺君因症屬危險，令召其家屬，立據畫押，言明雖死無悔。然後投以藥劑，便昏沉睡去。剖取右睾丸，已大如升，腐如泥，權之重六磅；左睾尚無恙，隨用藥水敷洗，以線縫合。解之始醒。調理二十餘日，步履如常。據云僅留一睾，不能再生兒女，然其幸已多矣！或疑此事未免言過其實，則請援同時之新聞為證。蘇城崇真觀前某甲，因瘋疾自斷其勢。急召某西醫至，取割下之半截，照舊湊上；以銀絲鉤聯之，外敷以藥，翻弄數四，居然復續。據云結痂後，便可將銀絲抽去。合二事以觀，何西人之長于此道哉？〔探囊而取〕

1477	原 171/5	廣辰 3/15 右	大 5/193

借光異類

白獺醫傷，倉鵝療妒；有情血肉，藥籠珍焉。然而鶴脛續鳧，支離已甚；況合人畜而渾其官骸，豈必通氣血而同其功用？乃有美國某醫生者，雙目失明，已歷年所；忽悟得補睛妙法。命其徒輩，剜去雙瞳，取活兔之睛嵌入眶中，每日敷藥三次外，但閉目靜坐。百日後，張目四顧，覺翳障全消，纖微洞燭，并不似〈木蘭辭〉所云「雌兔眼迷離」矣！或問此法從何處參得，則惟引《曲禮》以強證之，曰：「兔曰明視」。〔自他有耀〕

1478	原 172/1	廣辰 4/15 左	大 5/194

拚除煩惱

滬妓左紅玉，色藝冠一時，與徽客朱某有齧臂盟。朱饒于財，允代償宿負五、六千金，即納為簉室，訂定返里後匯銀至滬。詎朱因家教綦嚴，所謀不遂，僅寄五百金，藉塞負約之責。妓大失所望，自嗟薄命，將一縷青絲，登時翦斷，謂將遁入空門，懺除孽障。朱聞而歉甚，挽人向說，願補贈三千金；如在安省焚修，當每月貼費二十金。由是觀之，則妓之髮雖短，而朱之心長。嘗白社新巢，證青樓舊夢，恐未了塵根，又非并州刀所能芟刈耳！〔不盡纏綿〕

1479	原 172/2	廣辰 4/16	大 5/195

游戲生涯

小桂林、小金寶，丹桂園之名旦也。璧合珠聯，並皆佳妙。登場一曲，有令人真箇魂銷者。前日，二人忽發奇想，扮作大姐模樣，乘東洋車過四馬路口。適為包探所見，認出本來面目。以其胡亂妄行，有干租界禁例，拘送捕房。捕頭問係優伶，不予深究，曰：「是其平時所習慣者，既樂此而不疲，則原情而可恕。」客為暢其說，曰：近來鬚眉中人，大半好內家裝束。袴腳也而邊鑲，鞋幫也而花繡；衫也而雪紅，褂也而茶綠；指環臂釧，金玉其相；香蜜文煙，芬芳竟體。充其量，恨不身入梨園，并此赧赧者而施以脂粉也，是亦俗尚使然也；況二小固隸名鞠部哉！〔出落得裙衫兒茜〕

1480	原 172/3	廣辰 4/17	大 5/196

捕盜二則（其一）

出奇計以捕盜，而巨案立破，說在管帶台防水師新前營吳喜祥游戎。先是，溫郡永嘉場恒泰、聚源、鼎盛各舖，均被盜。游戎以盜蹤出沒洋面，特用商船一號，匿廣勇于艙底；其上雜載貨物，為誘盜計。于九月十九日，由海門駛往外洋巡緝，夜過錦屏山，遇盜船三艘，攔住圖劫。廣勇躍出艙面，先發制人，將火藥包四散亂擲；適中一盜船之藥桶，帆揖盡焚。其二船見勢不敵，轉舵潛逃。各勇躍過焚燒之船，斬獲首級六顆，生擒悍盜四名；並搜出典衣四包，訊係八月間由鼎盛莊劫得云。謀勇兼長，寡能勝眾，將材也；治盜特其小試耳！……〔膽可包身〕

1481	原 172/4	廣辰 4/18	大 5/197

捕盜二則（其二）

……永嘉縣張邑尊訪得桐頭山盜魁潘汝良，糾合鄭頭山和睦山各匪，勢頗猖獗。乃特派素與潘相識之馬得麟，帶勇馳往，相機誘拿。馬行抵盜境，先將各勇散伏，單身詣潘。潘適患病，見馬欣然道契闊，對榻吸煙。忽一盜飛報，現有台州楊統領督兵圍燒鄰近各山。潘妻聞信，即取出六響後膛小洋槍兩桿、小尖刀數柄。潘全身紮縛，拱手別馬而遁。馬見其身藏利器，未便下手，又念空手不能銷差；乃徉向潘妻商借贓物，以作川資。潘妻答以贓寄鄰地某姓家。馬聞言即辭出，協同所帶之勇，趕往某家，搜出盜贓一擔；並將某姓兄弟擒歸解案。盜逸而得其窩，案有端倪，不難究緝矣！〔入虎穴〕

1482	原 172/5	廣辰 4/19	大 5/198

談巫二則（其一）

骨肉之情，幽明無間。愾聞僾見，相感以誠，無所庸其瑣瀆也。甬人祝某，曾任廣東平政司巡檢，歿十餘年矣！妻任氏守節撫孤，聞有某嫗自稱肚仙，能以術召鬼；遂邀至其家，欲起死者于地下，而一叩行藏。鄰右傳其異，爭來觀聽。仙忽指任切責，曰：「吾雖卑秩，忍以吾之靈入妖婦之口乎？此等邪妄者流，合批殺之，勿留以惑世。」言迄，拍案一聲，仙即倒地。舉仙掌自摑兩頰，滿口仙血直淋。任大懼，率子女跪，稱知罪；並代仙乞饒，巫良久始蘇，倉皇遁去。仙而邪，誠不敵鬼而正哉！……〔九京可作〕

1483	原 172/6	廣辰 4/20 右	大 5/199

談巫二則（其二）

……鄂人呼女巫曰「靈姑」。有某靈姑者，年約三十許，淡掃蛾眉，別饒風韻。惡少某甲，垂涎已久，以不得一親芳澤為憾事。乙獻計，曰：「君盍易弁而釵，偽為予也妻者，偃息在床，召使禳病，則事可圖矣。」甲稱善，依計而行。靈姑至，焚香持咒，畢問所苦。乙詭對曰：「拙荊有河魚之疾。」姑曰：「是宜按摩，氣洩即愈矣。」于是探手入衾，徐徐推盪，由胸口而腕，而臍而少腹，始悟受欺，不覺頰暈紅潮，匆匆遁去。蓋甲當受按時，雖渾身軟化，而別有不能軟者在也。乃說偈曰：「非鬼非仙慣作腔，自言妙手世無雙。兜羅棉觸金剛杵，任是天魔得不降。」〔格乎勢〕

1484	原 173/1	廣辰 5/20 左	大 5/200

小頭人

人莫不有頭焉；而頭之大小，視乎處境之豐嗇。腸肥則腦滿，腦滿則頭大而辮闊。反是以觀，而貧苦者宜乎其為小頭矣！有行乞于甬上者，男女二人，頭小如拳，軟如綿，聲細如蠅；肩以下如常人，但瘦弱耳。口操北音，自言三十二歲，同行者其妹也。或引朱註嘲之，曰：「蓋其為物小，而加乎眾體之上。」乞者聞言，瞪兩目如豆。反唇以譏，曰：「以余蒙袂輯屨，乞食白晝；然遇嗟來食，猶能掉頭不屑。頭雖小，重也。彼夫昏夜乞憐，向靴鼻下磕頭如搗蒜者，雖大，輕也。今子舍輕重而論大小，良由眼孔內但見有大帽子耳！」〔無足觀〕

1485	原 173/2	廣辰 5/21	大 5/201

仁術驅邪

寓滬粵人譚某，家有狐患；以二百金助賑，敦請施封翁遣妖。封翁啞然曰：「予非有異人術，其何妖之能遣？雖然，子以賑來，善可嘉。願替災民為爾虔禱，驗否不可知，亦聊以盡吾心耳！」乃具衣冠，造其家。見有眾道士作法登壇。壇前一磁缾，謂可收妖，亦羽流之習派也。封翁沐手拈香，鞠躬下拜；將二百金之賑票，焚化神前。忽見黑氣一團，從屋內滾出，冉冉入缾口。封翁亦不覺詫為奇事，揖別而歸。譚氏之妖遂絕。噫，異哉！此誰之力哉？眾曰：「封翁。」封翁不有，歸之道士。道士曰：「不然。」歸之神將。神將不自以為功，歸之磁缾；磁缾守口而罔應。而吾以勸人賑。〔諸邪交辟〕

1486	原 173/3	廣辰 5/22 右	大 5/202

幼女工書

慈谿女子張貞竹，字碧筠，年十有二，能書盈丈大字。陳鹿笙太守屬書「福、壽、龍、虎」四字，以贈俞蔭甫太史。太史贈詩云：「昔聞順德李氏兒，四歲能書盈尺字。御史馬公巡廣東，抱置膝頭所親試。童子已奇女更奇，如張碧筠吁可異。大字長至一丈餘，妙齡小止十有二。括蒼太守書家雄，羊真孔草靡弗工。亦復傾倒此女子，為之延譽諸名公。寄我雲箋大如席，一箋一字猶嫌窄。四字福壽虎與龍，紙色銀光文則赤。古來奇女盧眉孃，繡七卷經一尺方。彼以其細此以鉅，並推絕技無低昂。老夫好奇素有癖，對之起舞喜欲狂。取配明人大魁字，樂知堂上生奇光。」〔濡染大筆何淋漓〕

1487	原 173/4	廣辰 5/22 左	大 5/203

如塗塗附

穢物加人，雖干例禁，而市井輩不知也；然藉曰不知，苟設身處地，有不自覺其過分乎？某甲託某乙薦傭十三樓書場，乙頗有德色。近忽改就小廣寒，乙爭之不勝，心懷憤恨。越日，袖穢物一包，出門尋甲，遇之于戲園門外；見其駐足仰面觀看戲目，即將袖中物，照準掠去。甲驚覺，疾忙閃避，而口耳鼻舌間已至周且渥矣！遂將乙扭至昇平樓，邀人理論，罰令備香燭解穢而後已。此固乙之不情也；而或者謂看戲不可無點心，以此奉贈，足見乙之多情處。〔蒙不潔〕

1488	原 173/5	廣辰 5/23	大 5/204

齋匪伏誅

古未有以邪教而得保末路者。遠而蚩尤，近而白蓮，更僕難數。然其術之離奇，竟足以踏水火兵刃而身仍不壞，固未可以玩忽視焉！齋匪李子臣混跡西江，垂簾賣卜，自言家在贛州。或曰其人實姓池，名化龍，四川長門籍。蓋若輩行藏詭秘，其姓氏本不足憑。近經各營會拿，由信豐縣解省訊實處決。先用狗血淋頭，然後加刃。據云彼教素善妖法，故以此壓之。則雖有元始天真、洪君老祖，亦不能一援手焉。其說頗涉荒誕，然積年巨匪，明正典刑，世之惑于左道，潛為不軌者，聞此事，亦當革面洗心矣！〔了卻〕

1489	原 173/6	廣辰 5/24 右	大 5/205

僧房產子

經窗月照，乃老僧入定之鄉；禪榻雲封，豈少婦繃兒之地。境值其偶，即事見為奇。說在鎮海之章市廟，廟因新偶開光，綠女紅男，瓣香爭爇。有周氏婦，年約三十許，珠胎暗結，玉趾光臨；稽首纔終，捧心不語。諸女伴知其腹笥便便，將傾筐倒篋而出；奈離家稍遠，歸恐不及。幸此時僧舍無人，不得已扶匿其內，草草臨盆焉。耽禪悅者，謂其于生滅垢淨機關，參得透，打得破。即說咒曰：「揭諦揭諦，瓜熟脫蒂；瓜熟一脫蒂，輕鬆煞摩訶。」〔託生淨土〕

1490	原 174/1	廣辰 6/24 左	大 5/206

岑宮保小象

惟天眷我聖清，命簡元弼，業佐中興。惟公應運而生，建牙仗鉞，奉揚威靈。始定昆明，繼復榆城；黔山烽靜，閩海波清；深入林邑，越南來庭。黃裳赤舄，坐致昇平。勳勒竹帛，貌寫丹青。九重錫壽，萬國聞名。如汾陽之二十四考，如召公之一百八齡。覩公之象，知公報國之誠。光緒戊子夏五月二十有五日，恭逢西林宮保督部六秩嶽降。滇人士以鵾久侍戎旃，深悉顛末。謹就勳德所著，擬繪圖四十冊，倩昆明楊應選賦色，並寫公玉照，以誌敬仰之忱。山陰陳鵾謹題。〔陳〕〔鵾〕

岑彥帥玉照由包鴻卿大令交來，囑臨摹登報。謹錄原題，並附拙句，用誌瞻韓之宿願云。

屈指中興佐命才，如公碩望合群推。桂林秀稟山川氣，滇海深資砥柱材。帝賚耆勳開洛社，家傳將業繼雲臺。丹青妙筆傳神處，親見名臣器宇來。〔望之儼然〕

1491	原 174/2	廣辰 6/25	大 5/207

修德獲報

新孝廉某君，北人也；談者軼其姓氏。春間嘗夢至一官廨，古衣冠數輩坐堂上，給筆札，命試勸賑文。某君援筆立就。起句云：「堯洪湯旱，盛世亦有災祲；晉乞秦輸，善門本無畛域。」堂上官傳觀稱賞，命吏人檢一冊，示曰：「汝科名註定庚子，今改註戊子矣！勉為之，毋負初心。」醒而異之，遂立願勸賑，久而靡倦，果于今科獲雋。余謂天祐善人，名利一也，但使廣推仁術，則習儒者既可以成名，安見服賈者不可以致富。寄語世人：福田早種。〔其為人也好善〕

1492	原 174/3	廣辰 6/26	大 5/208

狎妓遭刑

酒固甚雅，妓亦不俗；兼收並蓄，有白司馬、蘇玉局一流。要非紈袴子、巨腹賈所能謬託。故一畀以狎妓飲酒之目，而俗容市氣，挾與俱來，談柄爭端，因之並起矣！廈門某甲夜飲酒家，妓客紛來，履舄交錯。醉後因撚酸而罵座，因罵座而攘臂叫囂，聲達戶外。時漏已三下，為巡員覺察，竟遭笞責。彈絲品竹之餘，以一部肉鼓吹作餘音之繞梁，苟遇知音，定擊節而賞，曰：「絲不如竹，竹不如肉。」〔尾聲〕

1493	原 174/4	廣辰 6/27	大 5/209

淩虐產婦

某甲向充隨丁，稅寓鄂垣石零前舖某乙家。甲婦進屋時，身已懷孕。乙知之，謂孕非其地而產者不祥，勒令他徙。甲哀告曰：「我一異鄉人，如梁伯鸞賃居廡下。設轉而之他，而他家人亦若子之拘牽禁忌，則柳下惠焉往而不見黜哉？」乙堅執不允，逼益甚。產之日，竟將甲婦從床上拖出門外；兒墮地死，婦因受困得病。甲憤，訴舖員，將治以威逼殺人之罪。旋有效魯仲連者，出為排解，罰令養傷，訟始息。夫添丁吉兆也；懷甲于彼，添丁于此，足見吉星照臨。自他有耀，而猥曰凶焉，誠愚俗之不可以理喻哉！〔不近人情〕

1494	原 174/5	廣辰 6/28	大 5/210

留鬚惹禍

伊尹之相，面無鬚眉。窮通遭際，豈繫諸頰上毫哉？此以知相術之欺人也。木客某，江西人，賈于漢陽。因連年折閱，詣相者問故；相者勸以留鬚，謂可致富。某歸而遵教，同幫客醵賀新髯，召妓侑觴，某固掀髯自得也。忽廚房失火，妓客紛逃，歡筵頓散。約計所燬，值數百金；而席妓遺失之衣飾，皆須陪償。始悔為相者所誤。幸而撲救得力也，否則火勢蔓延，不幾為然鬚之李勣，求財而適以破財。殆紅鬚火判，妒此美髯歟？〔不屬于毛〕

1495	原 174/6	廣辰 6/29 右	大 5/211

人獸孽緣

蜀山多猴，大者高與人等；每出有群猴簇擁，若鹵簿然。遇婦女單身經過，輒掠之以去。絕壑深巖，非人跡所能尋到也。有某婦被掠入一山洞，其中床帳什物悉具。進山果，不知其名，味甘，頗耐飢。未幾小猴以麗服珍飾獻。揣其情，似竊自人間者。婦本小家女，得此亦姑安之。居數月，大猴得羸疾，守稍懈。婦盡取珠玉錦繡，遁入後山，攀藤附葛而下，得樵者導歸。自述其所遇如此，有識者曰：此物名「馬化」，種非猴而形似猴耳！〔猿王猻王〕

1496	原 175/1	廣辰 7/29 左	大 5/212

綠瓢

老有老態，黃髮也，兒齒也，台文之背，凍梨之面也，皆不離乎人形。乃有越老越變，介乎不人不獸之間，則「綠瓢」是已。綠瓢者，蠻種也，為雲南之猓玀所變。猓玀多壽，類皆百數十歲。若至二百歲外，則將食人；子孫不敢與居，舁棄深谷中。體生綠毛，尻長脩尾，金睛赤髮，鉤爪鋸牙。越巖壁若履坦，攫獐兔以充飢。是為綠瓢。其命名之義，不可得而解。一言以蔽之，曰老變。甚矣！老者之不可以變也，苟其劭耆德，勵晚節，典型足式，不愧老成；人將敬之，養之，親炙之，而何至于棄？傅之色則綠，擬其形以瓢，何但于區區外貌間，表異于後生哉！〔老而不死〕

1497	原 175/2	廣辰 7/30	大 5/213

新婚三則（其一）

甯郡某翁，家小康，膝下僅一子；數年前領得某姓女童，養于家，將以為媳。近女年已及笄，翁抱孫望切，擬卜良辰，畢乃姻事。不料小兒女朝夕相親，情難自禁，開張之吉未擇，交易之行已先。迨至合巹筵開，催妝樂奏，喜嬪擁新婦升堂交拜；忽聞呱呱聲出裙帶間。急欲扶歸洞房，而甯馨物已先生如達矣！母乍參天，兒先墮地。一日而雙喜備焉，桑弧懸處，足令花燭增輝云。……〔何欲速乃爾〕

1498	原 175/3	廣辰 7/31	大 5/214

新婚三則（其二）

……鄂垣漢陽門外筷子街某甲，于前月下旬娶婦，肆筵設席，賀客盈庭。酒闌後，眾賓鬨入洞房，無小無大，紛紛吵鬧。徇俗也，亦所以盡歡也。有某客者秉燭近新婦身畔，目灼灼諦視；既又探手入裙底，戲捉雙蓮鉤，糾纏不已。忽「阿呀」一聲，翻身仰跌，一目已被新婦踢破，血流滿面。于是翁姑咸咎婦之鹵莽。然試問所謂尖如筍而軟如綿者，除卻枕邊人，更許阿誰把得？而顧託之于鬧，以為雖褻也，不必介意焉，是真無理取鬧哉！……〔裙裡得月〕

1499	原 175/4	廣辰 7/32	大 5/215

新婚三則（其三）

……黃道士家呂巷，生一子，聘某氏。將娶而新婦患瘧。鄉愚誤為邪症，以黃習遺妖法，遂不誦杜子美贈花卿奇句，而求許元長驅木客靈符。乃家翁雖不癡聾，而夢豎依然纏擾。親迎之夕，慮有病魔帶入己家，特命徒輩數十人，衣法衣，秉法器，步罡踏斗，夾擁花輿，繡旛颭風，寶劍耀日。〈步虛詞〉、〈朝元歌〉與〈引鳳簫〉，更唱迭和。觀者謂道其所道，親其所親。繪朱陳村嫁娶之圖，當令顧陸丹青，別開生面。〔神仙眷屬〕

1500	原 175/5	廣辰 7/33 右	大 5/216

苗婦變虎

黔疆多虎，或曰苗婦所變。凡婦為虎所獲，經宿不食而生還者，後必變虎。其變也，漸而癡顛，漸而暴躁；目漸圓，口漸闊，體漸生毛。即有虎來候門外，耽耽坐視。家人知其逆婦來也，乃用鐵牌鐫姓氏，繫諸婦頸；婦即跳入虎群，就地亂滾，立化為於菟。長嘯一聲，辭家遠去。嘗有經數百年後，為獵人射得，牌猶在頸者。其子孫贖葬之。是亦異聞也。然世間固有燕支虎，不待畫黛尉之睛，而能攝勇夫之魄；則其不變之變，更甚于變矣！〔頓長威風〕

1501	原 176/1	廣辰 8/33 左	大 5/217

人禽構怨

觀黃雀銜環，禽能報德，則反乎德而怨可知；誦鴟鴞之詩，鬻子恩勤，則取其子而怨更可知。朝鮮忠清道山中，有鶴巢樹二十餘年矣。近被一獵戶烹其二雛。後數日，獵戶妻因歸甯母家，道經山下。懷中抱有幼孩，生未滿月，忽被二鶴攫去，一飛沖天；轉過數嶺，懸崖絕壁，莫可追尋，號哭而返。顧或謂鶴雖靈鳥，安所識為讐家子，而快其報復哉？然苟其報而非出于鶴，則又無以為殺生者警。此中不平之氣，要不徒鶴所欲洩焉！鶴特其顯焉者也。〔直上青雲〕

1502	原 176/2	廣辰 8/34	大 5/218

喬梓爭風

鹺賈某，挈其子經營漢上。有妓月嬌者，與其子狎；既復結歡于某，兩地周旋，未許春光漏洩。日者，某飲于妓家；其子偕少年友數人貿然闖入，見乃父擁豔酣嬉，不覺怒髮衝冠，指而問曰：「汝平日責我不肖，今何轉而肖我也？」某無以對，探懷出小洋刀，直前逕刺。時嬌母在側，急攔住，曰：「君所眷者，老身耳，與阿嬌何涉？且嬌事賢郎久，名分早定。何必因誤會而傷父子之情。請息怒，勿為老身累。」諸少年亦勸其子，曰：「我輩終宜遜長者一籌。」遂強拉之去。在座者皆服嫗之能言，蓋鴇焉而進于鸚矣！〔勢不兩立〕

1503	原 176/3	廣辰 8/35 右	大 5/219

鳥蹶勁捷（上）

西婦飾帽以羽，如鄭子臧聚鷸，雖重價不吝。羽之最佳者，厥鳥名「駝」，出阿斐利加，本名「大馬爵」。頸膺，蹶狀類駝，故又名「駝」。舉頭高八、九尺，……

1504	原 176/4	廣辰 8/35 左	大 5/220

鳥蹶勁捷（下）

……張翅丈餘，毛色純蒼，不飛善走。捕者必騎馬窮追，窘無可遁，則匿其首于道旁泥窟中，自以為藏身孰固焉。縛歸，教使鬥。鬥不以喙而以足，一踢之勢，猛不可當。西商某販駝三十翼，將售諸法國；由馬西韲地方驅登火車。一英人愛其毛色，戲拔一莖，頓觸鳥怒。飛足踢去，其人立斃。拔一毛而慍見于色，其斯為鳥量歟？〔愛其二毛〕

1505	原 176/5	廣辰 8/36	大 5/221

激怒狂瞽

京師順治門內甘石橋某公府之內眷，喜聽盲詞。有黃姓者，瞽而諧，能為柳敬亭之伎；常承屜至府中彈唱，信口滑稽，笑聲動四座。一黠婢侍主人側，怒其嘲己，潛以糖和溺代茶以進。瞽飲而甘之。婢笑于旁。瞽疑焉，細辨回味，頓悟被欺；憤將茗碗亂擲，誤中一孩，淋血滿面。主人大怒，摽瞽者出諸大門之外。翌晨，有群瞽聚集府前，約四百餘人，勢洶洶，將擁入。急報司坊，各官帶同兵役鎖拿十餘瞽，始各鳥獸散。甚矣！瞽者之目無餘子也。昔者師慧嘗過宋朝而將私矣，今轉以不潔之物加諸若輩，宜其盲兇而瞎毒哉！〔其味若何〕

1506	原 176/6	廣辰 8/37 右	大 5/222

美人蛇

交趾山中產有一種異蛇，頭如美人，髮光可鑒，朱唇翠黛，風致嫣然。兩臂彎如雪藕，十指纖似青蔥，雙乳隆起，雞頭軟紅；以下則全具蛇形，但膚緻滑膩耳。性柔媚，善伏虎；虎狎玩之，輒受夷傷。土人莫得而名，呼為「美人蛇」。其名則脂粉也，其實則虺蜴也。可畏也。而或者曰：「余久客滬上，司空見慣。四馬路棋盤街其巢穴也。但狎之者悅其上半截之美，而忘其下半截之毒耳！」〔好姿首〕

1507	原 177/1	廣辰 9/37 左	大 5/223

一門三鼎甲

俗傳婦人除夕懷鏡出，聽鄰家偶語，卜來年吉兆，每多靈驗。謂之「聽春語」。崑山徐氏，先世有陰德，公肅、健庵、果亭昆仲未達時，餽歲宴後相約出門，藉聽吉語。封翁預知之，暗中立巷口；俟三子至，拱手曰：「恭喜一門三鼎甲。」一笑而去。昆弟以翁語未可憑也，復前行數步。忽遇兩醉漢踉蹌來，甲勾乙頸，謂曰：「好兒子，汝爺說話不錯的，牢記牢記。」後公肅中順治狀元，健庵、果亭康熙探花。封翁有心，醉人無心，兩言正巧合也。〔如有佳語〕

1508	原 177/2	廣辰 9/38	大 5/224

夢迎天榜

儀徵某生，弱冠舉於鄉，才名藉甚，親友皆以鼎甲期之。生亦自謂金馬玉堂，操券可待。春闈，荐而未售；年少氣盛，不以介懷。出都游泰山，將登日觀，夜宿碧霞元君祠；醉夢中忽聞人呼曰：「起！起！天榜至矣！」生急隨之出戶，仰見天門洞開，旌幢笙樂，對對前導。一星官幞頭絳衣，雙手捧一函，光燄四射；一童子星冠霞帔，眉目如畫，乘坐麒麟，仙童玉女，左右夾侍，冉冉駕雲南去。其人從傍指謂：「此汝會榜同年狀元、宰相某也。」生大聲叱其妄，蘧然覺，啞然笑謂：「積想生幻耳。」屢躓春官，名心頗淡。已復計偕入闈，鄰號一美少年，恂恂儒雅；詢姓名，則蘇州某也。是科同捷南宮，某大魁，生亦入詞林。〔生有自來〕

1509	原 177/3	廣辰 9/39	大 5/225

濟困得珠

李某業皮工，性豪邁，喜交游，屠狗椎埋，輒呼共飲；甕無隔宿糧，不顧也。會逼歲除，妻向母家商借斗米千錢為度歲計。越日，遣夫往取；恐其青蚨入手即飛，臨出門諄屬再四。李赴岳家負錢米歸，半途遇鶉衣百結人，手攜畫軸坐橋上，哭甚哀；詢所苦，告以家有老母，飢寒交迫，祖遺惟此畫，欲易升斗苟延殘喘耳。中心惻然，即舉錢米畀之，其人泣謝去。李陽陽挈軸歸。近家，見妻子倚門而望，頓憶廚中方待舉火；逡巡入門，囁嚅向述。妻聽未畢，怒極，捽畫擲地；軸頭脫，有物滾出，晶光奪目。拾視，蓋指頂大明珠也。盡傾之，得十顆。妻喜出望外。李則曰：「匹夫懷寶，禍至無日。」姑以小者質錢二百千，市酒肉，遍邀戚里，備述其由。展畫共視，一人袍服，面削無鬚，目上眡。識者曰：是明魏奄像。後遇大賈貨其珠，遂成巨富。某賙卹貧困，終身不衰。〔照車〕

1510	原 177/4	廣辰 9/40	大 5/226

二害並除

宜興多山，每患虎；長橋蛟水，中有巨黿窟，民居人畜並苦之。一日虎垂尾於水，以餌魚。黿遽出銜其尾，虎負痛，相持不下。波浪掀騰，屋舍震駭。良久，虎狂吼一聲，躍上城堵；黿銜尾不放，身懸城外。居人聚觀如堵。城上弓矢鳥銃麕集，斃其虎；城下叉鈀繩索，縛其黿，並舁獻邑令。令大喜，以一日而除二害，剝虎解黿，重賞眾人。翌辰於周孝侯廟演劇酬神，蓋月前令曾拈香致禱，感神靈之默佑也。語云：「鷸蚌相持，漁翁得利」，其虎與黿之謂歟！〔莫道無神〕

1511	原 177/5	廣辰 9/41	大 5/227

玉面露形

林氏子，行七，家鳳凰橋，與狐女狎，日就羸瘠。每口中喃喃自語。四顧無人，輒向空作揖。其家百計驅禳不去，顧從未見其露形。會其兄娶婦，三朝新人坐房中。嫗入謂曰：「有客來。」待久不至，詰嫗。則曰：「頃見前廳有艷妝美女斜立，向著衣鏡照影。儂審宅中無此人，意必親串女客。」遍詢之，無有。始知狐也。一日有武弁戚某，留宿園中。早起步回廊，瞥覩少女對鏡，兩手纖纖捧頭轉側，鏡中則現一狐形。某固膽壯，掩出背後，拔劍擊之，噭然一聲而沒。嗣後不復至，林子病亦瘥。〔 〕

1512	原 177/6	廣辰 9/42	大 5/228

藍田種玉

藍田某，襁褓喪父，家小康，幼與舅女結姻。中表常往來。舅業耕，無子，課女操作不少寬。女雖出農家，姿頗秀；及笄，愈妍媚。一日，父母山中掃墓，屬女守戶磨麥。某適來，見表妹粉汗盈盈。浼兄代磨。某戲之曰：「磨磨難，不如人磨易。」女佯怒以目，互相愛悅，遂私焉。歸告母，訶之曰：「逆子胡為，若阿舅知，打殺矣！」某懼，竊貲逃。久之，女腹漸彭亨。妹失子後，陰以情告嫂，至是知其有娠；接歸家，姑姪相處甚得。十月舉一雄，兩家皆喜。惟日望子歸，杳無蹤耗。某賈浙東西廿餘年，積重資返里。見垂髫女汲井畔，向之乞水。傍一老媼、一中年婦倚戶立。近之，蓋即其母與妻移居於此。子已娶婦生孫，汲女其孫女也。〔含飴樂事〕

1513	原 177/7	廣辰 9/43	大 5/229

卹孤現報

松江某甲，祈嗣白衣觀音殿。夜夢大士謂之曰：「汝命應有子。以夙昔所為，務占便宜。汝妻每墮胎一次，由汝有快意事準折。嗣後能痛改，尚可望延宗祀。徒請禱無益也。」某憬然覺，以告妻；力改所為，遇孤寡尤加意矜恤。已而，婦果生子，啼聲洪壯。荏苒三年，聰穎特異。所居臨街樓，樓下一江湖星卜叟，設攤門側。某婦初頗厭之。兒至門首，輒向之呷啞笑；叟市餹果餌之。某歸家亦恒與款語。以故相安。一日，婢抱兒戲樓窗，適有風箏墮簷際。婢引手仰掇，兒躍出欄，驀然墮。婢號呼，舉家奔出俯視；則見叟以兩手承兒，故嬉笑自若也。一時觀者咸謂某改行為善之報。後招叟住其家，以兒為附行子焉。〔明珠入手〕

1514	原 177/8	廣辰 9/44	大 5/230

賣藥遇仙

羅溪某翁，設生藥鋪，心存濟世，貧病者每施藥不取值。冬暮，有事赴鄰鎮，過一溪橋。見橋堍乞丐五、六人，疥癩蓬跣，藉草團坐，青荷葉鋪地，紅菱白藕，瓦瓶盛酒歡呼飲。翁初不介意，近鎮忽省悟，曰：「如此天寒，那得有鮮菱藕，殆仙人乎？」急返至橋畔，丐者已不見。荷葉菱殼，儼然遺衰草間；敬掇拾，帕裹而歸。異香盈裏，益信遇仙。深悔當面錯過，供奉案頭，望空禮拜。翌日啟帕視，色已枯，而清芬不散。以少許研末，和入膏藥貼，百病應手輒愈，遠邇轟傳，其門如市。翁後屢候橋側，冀再覩仙人，杳不可得。壽九十餘而終。至今距羅溪三里許，人皆呼為「遇仙橋」云。〔大有仙緣〕

1515	原 177/9	廣辰 9/45 右	大 5/231

字簍放光

蘇城姜翁，性耽麴糵。生平胸襟坦直，從不作誑人語、欺人事；輕薄少年狎侮之，亦不與較。咸呼之曰「姜老」。巨室喜慶事，每招之往，操作勤謹倍眾；惟入夜則蒼顏白髮，先頹乎其中矣！後以年老不任力作，薦入惜字局。每撿字簏，必細心掇拾無遺。吳俗有造還魂紙者，買字紙浸水霉爛，入穢物始碓成。因作公文袋，故厲禁不能革。姜老則必送庫焚灰，不肯賣。一夜，負擔歸，過張王廢基，鬼出揶揄之；沉醉中忽作噫，群鬼辟易。會有過者，見暗中煜煜有光；近視識為姜老，光正從字擔出也。〔文字有靈〕

1516	原 178/1	廣辰 10/45 左	大 5/232

金甲示兆

吳門潘姓，兄弟三人，析遺產分居，各得五萬金。伯仲營運皆獲厚利。季不善治生，喜揮霍；淫朋賭友，朝夕計誘浸潤之，不數年囊貲垂罄。諸兄以其比匪，不與通，食客亦漸疏。憤極，日閉戶臥，奄然遂病。一旦，伯兄念手足情，往視之。至臥室門外揭帘，羅帳低垂，藥香滿室，瞥見床前立一金盔金甲神，如世所畫財神狀。驚而卻步，出詢弟婦。則季固偃卧床中也。復入，撫弟慰藉良殷。出門，走告仲以頃所見，合貲四萬畀季。季乃招向所狎友宴戲園，從此謝絕往來。聘老成舊夥販貨赴都，與旗下諸佐領交厚。出關作參客，十年間積貲百萬，今稱富潘。〔友于之愛〕

1517	原 178/2	廣辰 10/46	大 5/233

願賜全緋

媚蘭，曲中名妓，與隴西公子有嚙臂盟。公子揮金如土，年餘罄其資斧，猶留戀不去；遭假母白眼，將以閉門羹待之。一日，蘭謂公子：「妾當出祈大士，得吉籤，始可歸君；不然盍早還鄉，毋俟阿母下逐客令也。」公子訝其有背盟意，俯首無辭。蘭升輿出門，薄暮始返。詰朝屬公子遍邀向日狎友，同赴夜宴。衣冠畢集，蘭殷勤款接，清歌妍唱，曲盡其技。酒半出骰盆，襝衽向客曰：「今日妾勸公子歸省，願諸郎各出巨注，妾代公子擲得全色，即舉助行裝。何如？」眾唯唯，或朱提，或條脫，堆案約值千金。蘭含笑一擲，六子皆緋。玉纖歛骰，向客盈盈拜謝，舉坐驚異。席散，俾公子畀母贖身。翌日，治裝偕行，伉儷甚篤。逾年生子，遽以產難卒。公子哭之慟，暇撿其奩具，得骰子六顆，面面俱紅。始悟其預製也。〔瓊叟通靈〕

1518	原 178/3	廣辰 10/47	大 5/234

徒多一手

杭州上天竺法喜寺，每歲二月十九日大士誕辰，進香如市，百戲麕集。山門下圍青布幔，一人提小鑼敲且喊，幔外聚觀者，男婦老少無數，餘人各向看場索錢。近視之，中一十餘齡童子，坐矮櫈上，俯首袒背；頸上生一手，五指悉具，惟不能舉動，如贅瘤然。忽一醉漢闌入幔中，遽執其手；童子號呼乞免，久之始釋。則見此手揸開如扇，作殷紅色，洵係血肉連屬，非假裝者。俗謂人善竊物，曰「三隻手」；此童何不幸，而蒙此惡名哉！語云：「手枝指，則賤之。」然前明祝京兆、唐解元皆以枝指得名，蓋在彼不在此也。〔妙手空空〕

1519	原 178/4	廣辰 10/48	大 5/235

羅浮仙境

光福梅花最盛。吾家山上有亭，萬樹香雪，一白如海；經翠華臨幸，為吳中名勝之一。某生家距十里許，每花時輒招同人往游，流連不忍去。一夕，友以事俱返。生因殘英猶馥，佳釀未罄，獨留山中；飲既醉，步月至澗上小亭，倚欄凝望，頗涉遐想。瞥見山徑林隙有紅裳女子冉冉來，隨二青衣，駐石橋畔；止隔盈盈澗水，望之神仙不啻也。喜近就之，女忽舉袖障面，迴身顧婢語曰：「箇兒郎濁氣熏人，盍去休。」生急前，思自剖不俗；足絆樹根而醒，則固身臥亭中。月落參橫，天光向曉；但覺霜風砭骨，踉蹌歸，已雞鳴矣！〔仙乎仙乎〕

1520	原 178/5	廣辰 10/49	大 5/236

雉鳴求牡

滬濱風月之藪，高張豔幟者固不乏人。小家碧玉，流寓紅妝，塗抹結束，燈紅月上時，或入市微行，或倚門獻笑。遇登徒子目成眉語，引入香巢。煙榻横陳，恣其謔浪；臨行酬銀餅一、二枚，習以為常。共目彼美為「野雞」。其實，婦女以色弋財，固為獵戶，少年子弟則野雞耳。聞日前一婦留客宿，煙酒綢繆，歡戀竟夕。次早，婦尚酣眠，客出洋銀兩餅，擲案而去。及婦醒，檢枕畔匳中，失去金銀飾數事，計所得不足償；則客真打野雞之獵戶矣。噫！螳螂捕蟬，黃雀伺其後；挾彈攝丸者，亦伺其後。而況世之巧偷豪奪，更有出人意外者乎！〔群雌粥粥〕

1521	原 178/6	廣辰 10/50	大 5/237

債臺奇遇

四明海貨鋪張翁，除夕逋負蝟集；匯款不至，計無復之。出避城樓上，暗中悶坐。更餘，忽有短褐人攜燈挾被而至。瞥見翁皮冠狐裘，吸淡巴菰，訝曰：「客亦避債者耶？」翁曰：「然。」詢某所欠，則青蚨五、六千。翁笑曰：「若為是區區者，乃亦至此伴我？岑寂良佳，顧我飢甚。」脱臂上金鐲，曰：「姑持去，質錢十緡，償子欠。餘錢市酒脯來，共遣長夜。何如？」某感謝，歸告妻，咸頌翁盛德。亟買米肉，入廚下烹之。灶突地忽陷，露甕口；掘視，纍纍十餘甕，悉白鏹也。喜極，奔告翁。翁躍起額手曰：「吾事濟矣！」同至某家，訂約歸。入門則索債者叫囂滿座。翁曰：「毋譁！俟表弟來，便了汝曹事。渠家金穴銅山，當首屈一指，但不自衒鬻耳！」密遣僮僕，持冠服，具安輿。須臾，迎某至，舁銀者隨其後，還諸逋畢，出盛餚歡飲達旦。元日，接某妻同居，割宅之半，并器用奴婢，皆與平分；鋪肆中事，全託某主持。兩家至今稱素封焉。〔　〕

1522	原 178/7	廣辰 10/51	大 5/238

埋香韻事

花湘雲，滬妓中之翹楚也，性雅澹，酷愛文字。凡寓公之以詩鳴者，無不款接，酒邊鐙下談諧，娓娓不倦；遇紈袴兒，雖擁厚貲，曾不足動其盼睞。曲中姊妹，咸以書獃目之。而雲則自傷淪落，不遇知心，眉睫間時含黯淡色。華晨月夕，車馬盈門，一種落落寡合之況，每令大腹賈不樂罷去。丁亥秋，以瘵疾遽殞。臨死含笑顧其假母曰：「阿母錢樹子倒矣。」踰年，諸詩人醵貲，營葬於靜安寺側西園隙地，覆以名亭，且鐫片碣曰：「花湘雲侍史埋香處」。環植梅、杏、棠、梨十株。春秋佳日，裙屐如雲。士流過者，每題柱憑弔，積詩詞成帙。茶磨山人有絕句云：「桐棺麥飯下場時，已了情緣未了癡。一字一珠堪一淚，累儂讀遍葬花詩。」虎阜真孃、西泠蘇小，并此而三矣。〔黃土紅顏〕

1523	原 178/8	廣辰 10/52 右	大 5/239

捕狼妙訣

泗安山中多狼，居民每以捕狼為業。於野外掘地坑，方圓如桌面。人夜出，藏其中。上覆寸許厚板，板四圍挖圓洞十數，居中小洞二，緪以繩索；手執索頭，口含蘆管嗚嗚吹，學小羊鳴。狼聞聲而至，嗅得人氣，兩足爬板，適陷入洞中。人從下牢持其足，負之起行，狼隔板不能噬。他狼見之，亦相顧不敢前。歸家擊斃之，食其肉，貨其皮。俗謂狼前足長，狽前足短，狼每負狽出入；狽多智，狼聽其驅使。嗚呼！人為萬物之靈，狽亦何所逞其智哉？〔任在背〕

1524	原 179/1	廣辰 11/52 左	大 5/240

還金活子

吳縣學前花生鋪李甲，妻死旬餘；僅一子，種牛痘，毒未淨，十歲復出天花，奄奄垂斃。甲徒手無計，至南濠尋表弟某乞貸。某疑其詐，令先返，將轉假闤亭。甲歸，立昇平橋以待。足踐一裹物，拾視，洋十枚，錢數十，質券一紙。念失者必急需，己雖窘，非義之財不可據。俄有嫗倉皇喘汗至，見覓且泣，曰：「不得，惟一死耳！」詰之，則主母命質金耳環，頃坐此遺失。即出懷中裹畀之。入門，表弟迎笑曰：「兄何誑我甚？汝子方坐床頭索食耳。」趨視，果然痘痂盡結。言昏沉中有人捉兒置船，閉艙底。突聞岸上馳騎呼止，一黑面猙獰人入艙，攫兒一擲，則身仍在床也。眾共歎謂還金之報。〔頃刻花〕

1525	原 179/2	廣辰 11/53	大 5/241

網得玉印

禾郡一老漁夜臥，聞湖濱有戈甲陣馬之聲，終夜不絕。曉起牽網，忽覺沉重異常。呼兒共舉之，網得數尺金色鯉魚，口啣一物，光芒四射。取視係徑寸方玉印，瓦紐朱文，質紅黑相間。赴骨董鋪售之，辨篆文為岳忠武王姓諱二字。適岳真吾明府見之，狂喜，出朱提五兩酬漁人；奉歸，什襲寶藏。明府名崇恕，蓋忠武二十六世孫也。神物出水，仍歸子姓，王之英靈，若呵護之已。〔萬古不磨〕

1526	原 179/3	廣辰 11/54	大 5/242

偽書發解

南陵顧生，品學並優，屢赴省試不售，彌自刻苦。一夕聞鄰家哭泣甚哀，詢之，知其家婦姑二人，子商于外，久無音耗；婦勤紡績養姑，值歉歲，衣食不給。鄰媼涎婦美少，勸姑鬻于富室為妾，已有成説。婦戀姑，且不肯失身。姑謂不去則同作餓莩，輾轉終宵，相對泣，不能決捨故。生亟返己室作書，詭託其子，言近年經營，獲利頗夥，先寄朱提八兩歸；即日束裝就道，省侍晨昏云云。親袖至其家，叩戶投遞。姑婦得書，喜出望外，遂絕鄰媼往來。越半月，子果擁厚貲旋里，舉家慰藉；惟銀信並未寄，莫測所從來，望空禱謝神祐而已。生秘不告人，是秋遂魁榜首，聯捷入詞林。〔天鑑〕

1527	原 179/4	廣辰 11/55	大 5/243

繩技翻新

蔡連喜，大同人，賣解為業。女阿虎善走索。索用雙股，結其中，分為四頭，布地作十字文；四人各立一隅，銜其端。俟女踏上，四人乃徐徐退步，索漸起漸直；女往來馳驟，若蛛在網。有時屈一足，效商羊舞，四人復盤旋不定。及鉦鼓聲絕，四人齊聲喝彩，齒啟索落，女植立平地，略無喘息。真神技哉！據稱此技出自祖傳。其先祖有兄弟二人，長耀魁，次錦山，分銜一索，上可立三人。今以四人銜而以一人走者，齒力有所不逮焉。〔尚齒〕

1528	原 179/5	廣辰 11/56	大 5/244

歡娛如夢

揚州某甲，充粵撫署長隨，狡黠有心計。凡地方詞訟，可影射獲利者，鬼蜮技倆無不工，囊橐充牣。顧性喜漁色。妻貌醜，留在籍，惟月寄薪水資；而花柳叢纏頭費固不計也。有宦家妾，主死，為嫡子所逐。甲稔其事，以為奇貨可居；嗾之控府縣，出籤提訊。嫡子懼，行賄求息。甲為居間，以千金畀父妾，啗吏胥三千餘金，甲乾沒過半。復因所眷妓，誘妾與通，意將人財兩得。會同黨發其奸，斥出。居妾家，繾綣約同逃。先寄千金歸，屬妻營金屋。扁舟載豔，渡江遇盜，胠篋一空。迨返里，則妻亦挾貲從所歡遁，家徒四壁立而已。宦妾不能食貧操作，不得已，竟作倚門妝。未幾，為有力者奪去。甲流落乞丐，不知所終。〔天道好還〕

1529	原 179/6	廣辰 11/57	大 5/245

通衢劫美

京都阜成門內，四達通衢，人煙輻湊。有一女郎，梳裹作吳下妝，短襖窄袖，縛袴無下裳；雙翹筍削，於稠人中珊珊徐步，顧影嫣然。突對面來一騾車，其駛如風，至女郎前忽駐。車上躍出惡少年兩人，遮道厲聲曰：「何處不覓到，若乃在此乎？」各牽女一臂。女但笑而不言，任其擁抱上車。少年跨車沿，拔腰間利刃，叱御者鞭騾疾馳，徑出城去。路傍觀者莫不駭且訝，謂「強劫則女必號泣呼救，態何暇？私逃則時當白晝，地當孔道，計何迂？」有識者曰：「此或優伶喬扮女裝，與同輩賭賽出此。將以登諸《申報》，作一段新聞；并使《畫報》中摹繪，作一幅奇觀也。」昌黎文曰：「其信然耶？抑傳之非其真耶？」吾於此事亦云。〔北地燕脂〕

1530	原 179/7	廣辰 11/58 右	大 5/246

戲縊成真

里中甲乙二生，諱其姓字，素佻達，無行檢，常從蕩婦眠，吝不給夜合資。遇少婦於途，品頭題足，出語褻褻，尾其後不捨；遭辱詈，嬉笑自若，以為風流行徑也。一夕，同步城南冷巷，瞥覩美女，衣裙綷縩，徐步月中，極媚行煙視之態，相約戲之。甲解襪，系結一家門環上，探首就圈，瞠目伸舌。乙伏對戶門隙窺。女至前，駐足微笑，以袖拂甲面。乙急出迫視。女回眸一顧，其去如風，乃謂甲曰：「渠已出巷去，盍履即從之。何尚作此醜態，為將嚇誰耶？」不答。近撫之，體冷於冰。始悟女正縊鬼求替者。甲家訟乙，幾罹縲絏，戲誠無益哉！〔真箇銷魂〕

1531	原 180/1	廣辰 12/58 左	大 5/247

貍奴報主

東城某翁，故家中落。迫歲暮，食指繁，仰屋愁歎。一貓蹲案上，似側耳聽。媼戲謂之曰：「汝日飽魚腥，既不捕鼠，又不能為主分憂，飼汝何為？」貓噭然應，一躍上屋去。移時，從承塵隙啣物置翁前。拾視，一小兒帽，色黯敗，上綴珠寶纍纍；拂拭之，光彩煥發。頓憶即二十年前所失，曾疑傭婦竊去，隱忍未發者。貨之值四、五百金。喜出望外，招傭婦來，告以故，仍用之。愛貓如兒女。未幾，子姪相繼掇巍科，依然素封矣！〔珠還〕

1532	原 180/2	廣辰 12/59	大 5/248

神童紿債

金陵某殿撰，父值歲除，逋負無償，夫婦坐歎于室。殿撰時十一齡，私謂母曰：「母第予兒錢五百，兒有計驅索債者去。」母故憐其慧，予之。除夕，諸逋畢至，父匿跡。有某翁索款最鉅，座中聞誦書聲琅琅出旁室，默念今夕尚讀不輟，必佳子弟。負手步至窗外窺之，光燄滿室。一童子燈右端坐讀，背後立一魁星；驚顧，忽不見。即出，婉言約眾，一時同散。元旦，肅衣冠登堂，某愧謝。翁請見其子，曰：「郎君貴人，僕止一息女，願求繫援。」出金鐲約其臂，果諾而去，并許為調停諸逋。父母詰兒何以故？則以五百蚨乞對門伶人扮魁星狀。詢伶人，則是夕亦出避債，固未來。蓋翁所見，真魁宿也。〔小時了了〕

1533	原 180/3	廣辰 12/60	大 5/249

石馬騰空

泗安山中多古墓，有群兒嬉戲其間。一兒年稍長，部勒群小，儼若主將，眾皆聽其指揮。斬木為戈矛，縛布為旂幟，隊分伍列，步伐止齊。主將則騎墓旁石馬，繫帶作韁，折枝作鞭。顧盼叱咤於斷碑喬木間。群兒奔走恐後，演習行陣，日以為常。一日，鞭叱石馬，忽馬足自動，奔馳十餘步。眾驚散，歸告家人，咸嗤其妄。越日往視，石馬竟移其處。乃嚴束兒輩，不敢入山，後亦無他。蓋或為妖物所憑，如晉之石能言歟？〔有馮之者〕

1534	原 180/4	廣辰 12/61	大 5/250

花間一笑

常州李生，客漢口，寓近平康。乘月散步，一雛妓倚門立，見生來，微笑而入；復回顧，招以手，生隨之入室。問其名，曰玉琴。生口占贈句，云：「玉貌應羞花一朵，琴心悄訴月三更。」坐談既久，蓮漏頻催。鴇母殷勤留宿，生亦為之流連不忍去。于是香衾徐展，寶帳低垂。妓勸客先睡，移燈向房後卸妝；既而從黑暗中，摸索登床。生于偎傍之際，覺玉軟全非，環肥殊甚；探手索蓮鉤，橫量三寸大。駭欲起，而枕上人緊抱不放，曰：「既入我彀中，須畢乃公事。」察其音，知即胖黑纚麻之七十鳥也。此時野僧興味，頓覺蕭然。無可奈何，強為敷衍。天微明，匆匆歸寓。此後雖憶玉琴，不敢作前度劉郎矣！〔疑雲疑雨〕

1535	原 180/5	廣辰 12/62	大 5/251

臨平仙猿

臨平山蒼翠秀拔，與西湖諸山相映射。有老翁結廬山麓，門設常關。或市魚蝦蔬果，索值如數，給不吝；負擔者爭趨之。或拄杖入市，與人言，和藹可親。白髭紅頰，望之若百餘歲。問其年，笑而不答。不入人家，不食市中酒脯。居民窺其室，圖書堆架，彝鼎臚列，瓶花吐豔，壁琴流韻，潔無纖塵。婦女皆妍麗，作時世妝。庭中雜蒔花藥，古香古色，都不知名；稍採摘之，亦不禁。問之，但笑而不言。後以遠近造訪者甚眾，頗厭酬應。一日晨，詣之，但見長松細草，屋宇俱無。竟如武陵漁父重訪桃源，迷不得路，惆悵而返。相傳翁為千歲白猿，幻形翫世云。〔彈指即見〕

1536	原 180/6	廣辰 12/63	大 5/252

縫工妙諷

揚州某氏婦，性悍戾，御下尤酷。一日，毒楚一小婢；逃至門首，伏縫衣店桌下。婦持梃追逐，訶令出受杖。婢哀號乞命，并呼縫工救。一老縫工指謂曰：「汝自作自受，將誰為汝緩頰？此汝前世毒撻婢女之報，罰令今世償還，不知何時填滿此債也？」旁人聞之，相和而笑。婦嗒然喪氣，垂首而入，後竟改行。太史公曰：「談言微中，可以解紛。」縫工有之；而此婦悔過甚速，亦可與為善者哉！〔當頭棒喝〕

1537	原 180/7	廣辰 12/64 右	大 5/253

虐姑示罰

通州婦殷氏，待其姑虐。夫賈于外，恒經年不歸。姑憚婦甚，子歸亦不敢告也。婦一日欲進香某廟，遣其姑購買香燭；應稍遲，即詬罵之。整妝既畢，將柴米封鎖，倖倖而去。至則有女伴先在，問何以到遲？婦取香燭然點，口囔囔歸咎于姑。拜處有燭淚未乾，誤踐之，滑而仆。適當燭山之上，排釘尖銳，入膚半寸許，痛不能號。經眾人扛擡到家。姑就問之，婦猶拍床遷怒。是夕，夢神責曰：「忤逆婦，本當賜死。姑示薄懲，俾受痛楚。吾正神豈受爾香煙。速蓋前愆，尚可苟活人世。倘能曲盡孝道，勝入廟燒香多矣！」醒而異之，由是改行。〔上釘山〕

1538	原 181/1	廣巳 1/1 左	大 6/1

華山遇仙

進士陳模，偕妻弟徐某出宰山，右過華山，游蓮花、玉女峰。時將暮，遙望前峰有炊烟起，尋徑赴之，茆屋十數椽。一白髮叟迎門延入，各展邦族。叟曰：「貴客蒞止，盤飧市遠，勿嫌輶褻。此地多狼虎，不可行矣！」呼童具山蔬薄酒，飯訖，叟謂：「長夜寂寥，奏小技破睡可乎？」目童子搬架上書，列地作八堆，指謂客曰：「試入之。」徐尚逡巡，陳闖然竟入。未數武，目眩耳鳴，頓迷方向；身如一葉舟，掀簸於驚濤駭浪間，不覺號呼。叟曳之出，曰：「毋恐，此即八陣圖也。客從驚門入耳。」一宿而別，後再訪之，迷不得路而返。〔凡骨難換〕

1539	原 181/2	廣巳 1/2	大 6/2

矜全廢疾

有泰西教士某君，在英屬孟買地方，擇聾瞽啞者，教以識字習藝。其道盛行，著有成效。今擬於滬上創設聾瞽啞學塾，專招三種殘疾人入塾。教聾之法，口含一物，形似扇，齩齒上，略舉使曲；對扇言之，其聲可以由齦入腦，而聾者聞。教瞽之法，以號碼製成凸字，俾手捫之而知其數。教啞之法，以手勢面色，令其意會。總不外字母音韻，擇三十七字可該滬上土音；上半音為字母，下半音為音韻，仿五方元音反切為之。聾者可以目代耳，瞽者可以手代目，啞者可以筆代口；心領神會，則無用之人皆有用。《詩》所謂「惠此中國，以綏四方。」中外一家，無分畛域。可知前報所載縮尸等事，皆齊東野語。誤采入畫報，不待智者而辨其誣矣！〔無用有用〕

1540	原 181/3	廣巳 1/3	大 6/3

高僧翫世

癡和尚居吳中珠明寺，終歲不知鐘聲佛號；寒暑一破衲，衣垢膩不洗。與之語，所問非所答，而過後多奇驗。闌入鋪戶，餉以酒食，或不受而去。其恆出入者，必利市三倍，故所至人爭款接。得蔬果布施錢，袖入市，分給兒童，群兒歡呼，隨之以行，街路為塞。病者試乞方藥，索紙筆書桌椅、鍋子、水缸若干件；以其紙焚灰，水沖服之，輒愈。夜臥，有二犬蹲伏其旁。道光癸巳夏大雨，漂沒田廬，經月不止。或詢之，瞠目答曰：「家家門前火燒，便住了。」吳俗七月三十夜，人家門首插香燭於地，私祭淮張王。是夕果霽。未幾示寂，二犬亦不食死。郡人漆其肉身，供寺中。噫嘻！和尚不癡；謂之癡者，乃真癡。〔不露本來〕

1541	原 181/4	廣巳 1/4	大 6/4

璇閨令式

唐氏者，濟南農家婦；以勃谿故，出為傭。主婦事姑孝。姑素有目疾，曉起垢膩滿眶，不得張；婦每以舌舐之，子女執巾櫛侍立。唐初至，以為偶然，久而察其無倦色，猶以為姑待亦不薄。一日，婦欲召女巫算命，稟諸姑；

姑切責之，謂非居家所宜。婦跪伏聽命。徐起，仍為之舐目。唐覩此，忽大感悟，泣而言曰：「吾向者不知姑為何物。今觀于主婦而知其當敬。好人家所為，必是好樣。吾家亦有邁姑。十畝之產，足供茶水，乃棄而不顧。使白頭人躬操爨具，吾其何以為人？今而後，受教多矣！請從此去，以贖前愆。」噫！世之忝為大家婦，而視姑若眼中釘者，豈少焉哉？誠不若農婦之尚知悔過；而良知之教，得行于閫內，尤非常婦所能。〔上行下效〕

1542	原 181/5	廣巳 1/5	大 6/5

城隍司燈

蘇撫轅武弁某深夜歸，過察院場。月淡雲蒙，見前有女獨行，衣裙裝束彷彿甚美。年少好事，疑赴私約者，履即從之。女回首嫣然笑，招之以手。某心迷不覺，隨往至一處，若為女家。女推門，復招之入房，並肩坐床上。方將狎寢，女忽驚駭四顧，倏然隱。某張皇間瞥覩燈光奪目，有「蘇州府城隍司」字，嗒若夢覺。審所坐處，怪鴟叫月，古木號風，蓋在葑門新學前泮池畔石欄上也。始悟女為溺鬼，脱上床臥則墮水死矣。吁！色之迷人綦危哉！〔神目如電〕

1543	原 181/6	廣巳 1/6	大 6/6

一方無恙

湖州荻港鎮乩壇相傳最久，屢著靈異。咸豐庚申粵匪之警，鎮上居民去者半，處者半。壇弟子虔誠扶鸞，叩問此鄉安否？乩大書云：「一方無恙。」於是有已遠徙而仍遷回者，有僦居而如歸市者。謂神之明示以樂土，故爭趨之為避劫地也。迨寇至，壇屋悉燬為焦土，村鎮亦焚掠靡遺。壇外照牆上有「福廕一方」四大字，塌其半堵。兵燹後重葺，惟「一方」兩字完好如故，始悟乩固預告之矣。〔天機不漏〕

1544	原 181/7	廣巳 1/7 右	大 6/7

瑞光塔蛇

蘇城盤門瑞光寺，相傳吳赤烏時建。寺已廢為菜圃，而塔七級巋然獨存。有種菜傭月夜聞塔上墮瓦聲。出視，見一巨蛇，光白如匹練，從第二級出半身蟠第一級，上及頂，昂首向月吐舌呿歙。驚不敢出聲，潛叩鄰圃，告眾，遠近齊出仰觀，莫不舌撟神悚。久之，蛇似覺有人，漸歛身，蜿蜒入塔而沒。寺近郡學傍，有七十餘老翁，言童時曾見其尾蟠大成殿鴟吻上，身亘西廡，首及戟門屋脊。然從未聞出而傷人，蓋數百年靈物也。〔猶龍〕

1545	原 182/1	廣巳 2/7 左	大 6/8

畫報更正

本齋向有畫報，係仿照西人成式；一切新聞，皆採自中外各報。去年八月間，登有「縮尸異術」一節，十月間登有「格致遺骸」、「戕尸類誌」各節。雖係各有所本，嗣經確探，始知事出子虛。本齋正在登報更正間，適奉憲諭傳知，合亟登報，聲明前誤，以釋群疑。

1546	原 182/2	廣巳 2/8	大 6/9

衰翁舉石

瀆川姜窯，一小市集也。有姜翁者，壯年出外，為人保鏢；老而家居，龍鍾白髮。行市中，眾人皆笑，以為風吹得倒也。會夏雨時行，溪澗水溢，褰裳涉者苦之。村中少年糾集十餘人，扛一石條，重數百斤者，橫架澗上，以便行路。繩索婁絡，邪許聲喧，石屹不動。翁適至，微哂曰：「諸郎毋苦，老朽試舉之。未知勝任否？」即近石邊，俯身下窺；略一蹲坐，以兩手托石高齊胸；乘勢大步，隔澗擲去，兩頭適平。翁略不喘汗，笑謂眾曰：「幸不辱命。」仍曳杖徐步去。一市皆駭歎。太湖劇盜赤腳張三，聞翁名，不敢擾，一方賴以安。放翁詩云：「時平壯士無功老。」名不出里巷，老死牖下若翁者，何可勝道？亟為表襮之。〔矍鑠翁〕

1547	原 182/3	廣巳 2/9	大 6/10

鬼妻猶妒

吳人沈某續娶。甫三朝，新婦獨坐房中。忽燭光黯淡，衣櫥門呀然自開。見一中年婦手攜小兒冉冉出，直前批其頰，倒床聲嘶。婢嫗奔入，見其兩手撐拒，口喃喃，語不可辨。舉家咸集灌救。時沈之妹在家，聽其操京口音，宛然亡嫂。因謂之曰：「嫂素明白，莫惡作劇，當為兄嗣續香火計；況新人乍入門，無遷怒理。趣設筵席，焚紙鏹，助冥中用，盍去休。」鬼唯唯，遂甦然。醒詰其所見狀貌，果符前妻；手挈兒，蓋其所生，五歲而殤者也。〔醋婆娘〕

1548	原 182/4	廣巳 2/10	大 6/11

脱冒喪身

陽湖某生，偶出散步，過故家園林。石橋流水，朱扉雙掩，園牆一帶花石扶疏，高樓簾捲。一美人倚欄凝望，不覺步為之駐。女俯首見生，四目注視，不能無情。忽女手指其背後，樓窗閛然闔。驚顧一短衣人，貌獰惡，若屠者狀。悵然歸，頗涉冥想。翌日訪問近鄰，知女方待字；父母亡，依兄嫂居。其戚某姓，故生媚婭，欲浼執柯而禍作。蓋巷口屠某，久涎女美，其夜踰垣，叩樓窗，自承為日間某生。女驚呼而逸。次夕，挾刃往，將強脅之。女陰告嫂。是夕，兄嫂臥前樓，屠闖然破窗入，兄突起捉其裾。屠驚，刃中兄肩，跳墮而下。幸傷不重，呼家人並起，下樓燭之，其人觸石破顱死。報官驗之，屠也。後女終歸某生偕老云。〔放下屠刀〕

1549	原 182/5	廣巳 2/11	大 6/12

肖而不肖

浙人貝姓者，以善博起家，積產千金。一日，忽毒撻其子。鄰人趨問故，則因其子不慧，教以樗蒲經，不能解誦也。或勸曰：「然則不慧亦佳。父以賭成家，子以不賭保家。何責也？」貝傴曰：「不賭固大好事，然此子生而有賭癖。方周歲時，嘗于晬盤中羅列文房，並雜置賭具，以試其志。乃授以書卷，則拋諸地。獨手取五木，愛不忍釋。今年十五歲矣，睡中聞喝雉聲，雖寒夜必披衣起視，吾故因其愛而教之。倘能熟讀父書，未始非營生之道；不謂投瓊出玖，動致乖訛。愛之而不能精，是為可恨耳！」

眾退而笑，曰：「千金之產，行將從來處去矣。」〔不肖而亦肖〕

1550	原 182/6	廣巳 2/12	大 6/13

石獅喫麵

開元寺前石獅二，俗傳吳太宰嚭宅門前物。右者以鐵釘釘其足。巷口故有麵店，每夜常少麵數觔；疑其徒竊取，屢撻之不承。緣假寢以伺之。一夕，月色朦朧，見黑物一團，毛茸茸，龐然甚大，自門隙入。亟起呼譟，共逐之，見其入巷而沒。晨興跡之寺門，瞥覩獅子口中拖麵條纍纍。詫為奇事，喧傳遠近，一時聚觀者如堵。土人恐其為祟不止，遂釘足，而怪絕。噫！以搏兔之神威，效饞猧之故智。其自取殘形也，宜哉！〔老饕〕

1551	原 182/7	廣巳 2/13	大 6/14

蕩婦急智

某甲耽麴蘗，不治生產，家事都委後婦。婦年少貌美，憎甲老醜，且類太常齋也，遂與鄰子私。翩翩一對野鴛鴦，誓將雙宿雙飛，過一生矣！一日，某赴村社飲約，觀劇，夜深不歸。婦大喜，招鄰子來，具酒食，將為長夜歡。方同在廚下調謔，忽聞剝啄聲甚急。詢之，則某甲醉歸。鄰子驚惶無措，欲踰垣遁，婦執其手笑慰之曰：「郎毋恐，有儂在，何畏老奴。」移燈置桌，牽鄰子衣使伏己身後，一手執量米斗，一手拔關。某入，婦即舉斗囊其頭，笑訶之曰：「唉！汝昨言前村鑾弄，許同往觀；今背儂獨樂，且罰汝串一齣儂看。」搶攘間，鄰子衝門出。黠哉！此婦從容措置，幾如《權書》所云「泰山崩於前而色不變，麋鹿興於左而目不瞬」。充此智也，於行軍用兵之道，思過半矣！〔玩之掌上〕

1552	原 182/8	廣巳 2/14	大 6/15

義犬建亭

四明某姓，富於財而嗇於丁；三房僅生一子，珍若掌上珠。乳母易數人，惟一乳母最鍾愛兒，兒願從之睡。一日早起，乳母方梳頭，兒蹣跚出房去，謂入主母室中。不以為意。俄一所畜犬，渾身水淋漓，嘷叫而來；銜乳母裙，嗚嗚作聲，若導之出戶狀。心訝其異，握髮隨之。犬徑奔花園池邊，則聞兒號哭聲嘶。急趨視之，臥池畔灘上，遍身泥淖。蓋已墮池中，犬銜之出，復來呼乳母也。述之人，無不稱其義。後患癩死，主人葬之園中，上覆以亭，署名義犬。噫嘻！可以人而不如犬乎？〔僅不能言〕

1553	原 182/9	廣巳 2/15	大 6/16

黠賊竊畫

某大姓家藏北宋范寬《江山雪霽圖》，名重一時。巧宦欲購以餽相國，百計求之，不得。一貧兒聞之，曰：「畀我十金，可立致也。」如數予之。其人託為大姓乳媼戚，逡巡入其門。候久之，背手閒觀。庭樹則撫玩之，湖石則摩挲之。漸入書室，窺無人，徑登几，捲畫軸徐行而出。忽主人歸。其人絕無惶遽色，鞠躬拱手向前，曰：「身係淩夷，族祖遺真容，是雍乾間名手所繢，不得已欲易一餐粥資，願得長者矜憐。」主人聞而厲聲訶叱之。急瑟縮掩面而逃。迨主人入內，則畫圖已作虎頭廚中物，通靈飛去矣。〔點睛飛去〕

1554	原 182/10	廣巳 2/16 右	大 6/17

種花得果

浙西某生，四十餘，無子。妻美而賢，苦不孕，勸夫納小星，不允。乃陰蓄一婢作女，日為之裝束，不使雜僕嫗操作；女亦慧美，依依膝下。一夕，醉夫以酒，暗中牽女登榻荐枕焉。迨明，己入易女出，俾嫗送至母家。夫詢之，答以還家遣嫁。詎女一度即有身，時託歸甯，撫之。越歲生男，加意愛護。某寂處無聊，乃出行賈。臨行，妻復申前說。某曰：「命中乏嗣，何必誤己更誤人哉！」游閩、粵七八載，歸而五十矣。入門，妻及女共攜兒出，眉目清秀。訝問為誰？妻笑曰：「是妾夢中與郎所生也。」女亦掩口胡盧，細述其由。某感極涕零，向妻再拜。稱觴日，戚友畢集。諗其事，咸歎其妻之賢。此與《聊齋》林氏事絕相類。〔蔗甘〕

1555	原 183/1	廣巳 3/16 左	大 6/18

張孺人小影

孺人姓張氏，名玉貞，字麗卿，廣西臨桂人；張星伯司馬建南長女，賓州鄒唐蓂孝廉戴堯德配也。淑慧工詩，著有《靜宜軒遺稿》，詩文凡五百餘首。年二十，歸孝廉，事舅姑孝。乙酉夏，舅鄒石卿司馬之麟病，孺人割臂和藥以進，疾遂平。本齋曾繪圖以彰孝行〔見戊子九月中浣畫報〕。茲得孺人小象，鉤勒成圖，弁諸卷首，以昭芳範。光緒十四年七月十八日，歿於鎮平，年僅二十有四。惜哉！〔曇華一現〕

1556	原 183/2	廣巳 3/17	大 6/19

珠江尋夢圖

圖為粵西鄒唐蓂孝廉戴堯作。丁亥春，孝廉偕其淑配張麗卿女士玉貞，放棹珠江，作花埭游，互相酬唱，誠韻事也。甫年餘，而女士物化，孝廉感念前事，為作〈珠江尋夢圖〉以寄意，并題以詩四絕，云：

記得珠江放畫船，一江春色雨餘天。相將攜手尋詩去，不是花邊即柳邊。

綺麗叢中酒一杯，尋芳曾共少君來。弓鞋幾點痕留處，寄語東風護綠苔。

青衫紅袖憶前游，往事今朝感不休。他日翠林園外過，桃花無語替人愁。

一幅春愁展畫圖，此中情事半模糊。游春當日人何在，芳草天涯客夢孤。〔花好月圓〕

1557	原 183/3	廣巳 3/18	大 6/20

綠雪名姝

綠雪軒花圃在吳郡滄浪亭畔。有女，生時母夢神人手執蕙一枝九朵授之，遂娩。乳名夢九。幼多病，見生人則啼，見字則注目視；戲抱入鄰塾，輒啞啞笑。七歲，母舅購蒙書教之讀，琅琅上口，背誦不遺一字。母鍾愛逾掌珠。及笄，豔名噪甚。貴介子弟偶窺其面，時託買花踵其圃。女匿不出。隔巷蔣氏子，少孤，能自刻苦，十五入郡庠。女聞之嘖嘖歎。值其走謁學宮過圃門，女秋波縈注之。入謂母曰：「兒惜不能變作男，為秀才，奉母終身也。」

母會其意，即浼媒媼膩合。贅之家，夫婦孝備至，每夜一燈雙影，輒過漏三商。蔣二十餘登賢書，以祿養故，為縣令以終。〔林下風〕

1558	原 183/4	廣巳 3/19	大 6/21

訟師惡謔

崇川張某狡黠好訟，人畏之若蛇蠍。偶趁夜航，遇一僧，傲睨不為禮，臥則坦腹伸足，旁若無人。某心銜之。晨至一市鎮小泊，眾爭登岸，僧亦脱帽著短褐如廁。某見岸邊小樓一少婦，臨窗梳頭；即戴僧帽，披僧衣，探首篷窗，作嗽引婦下窺，笑招以手。婦怒容，奔入，某脱衣帽，出立船頭。俄有數男子勢洶洶來覓和尚。某告以登廁。及僧回船，揪其耳群毆，且詈之。僧問何罪？曰：「賊禿汝自去想。」經眾勸始釋。僧茫不解被毆之由，某獨匿笑不止。謔亦虐哉！〔光頭栗爆〕

1559	原 183/5	廣巳 3/20	大 6/22

貞孝可風

梁溪孫氏女，字賽珠；雖系出編戶，而姿性明粹，事母純孝。問字者踵錯於門，女顧不願。母詢之，則曰：「阿母年高，兒無兄弟行，惟有效北宮嬰兒子奉甘旨終身耳！」里黨聞者交歎其賢。會母疾，女憂不食，朝夕焚香籲天，願以身代。已而，母夢大士以紅丸一粒予吞，霍然愈。因以告賽珠，遂倩至戚善丹青者，繪大士像，供養一室；茹素皈依，以祈母壽。寺院尼庵佛會，雖鄰媼百喙強之，從不一踐其地。母歿，獨處一室，藉鍼黹度日，鄰人罕覯其面，可不謂貞且賢歟？數年前，吳郡潘大司寇祖蔭，曾為馬貞烈女建碑徵詩，茲復得孫貞女事。噫！龍山二泉之靈，何鍾於閨閣獨厚哉？〔女貞木〕

1560	原 183/6	廣巳 3/21	大 6/23

雷殛逆子

虎邱山塘有逆子，欲酖其母。與藥鋪某稔，向之市砒霜。某屢勸不悛，恐其別市毒物，因以一紙裹授之，曰：「此白砒，性甚速。」逆子懷藥入茶肆。天忽晦冥，雷雨大作，提逆子跪街心，手持紙包，自供市藥毒母意。霹靂一聲，洞胸死。旁人撿紙裹，有某店字樣，共往詰責。某奪藥遽納諸口。眾懼欲奔。某笑曰：「毋恐，此固一服六一散耳。」夫甘草、滑石不能殺人，逆子何以遭殛？天神特誅其心也。迂儒每齗齗辯雷擊之誣，且謂癡雷不擇人而擊；是使惡人無所儆畏，悖理助虐，吾知聖賢所必斥爾。〔誅心〕

1561	原 183/7	廣巳 3/22	大 6/24

青豆房開

尼庵中清修練行者，固不乏人；而有借清淨地結歡喜緣，若新聞紙所載。某尼庵私藏少年，穢聲四播。有好事者乘隙闖入密室，尼不及拒。見一榻羅帳低垂，流蘇瓔珞，極華麗；床前男子履一雙，旁置溺器；桌上小帽、短煙管；架上男袍褂數襲。詰為何人物？尼赬頰不答。紛攘間，一老尼入，合掌求大護法海涵，延出客座奉茶。老尼忽作色曰：「此為王尚書家菴。臥者即貴公子，是我皈依弟子，與徒輩為兄妹行。其少夫人、女公子亦常信宿庵中。本屬一家，無預外人事。客去休，捋虎鬚何為。」眾愕眙，逡巡出。越日糾多人往；則郡守禁閒人示高懸庵門，硃筆判字猶濕也。〔散花天〕

1562	原 183/8	廣巳 3/23	大 6/25

吳門橋鬼

李瑞明弟方與傭販友數人，夏日納涼盤門外吳門橋上。時夕陽在山，見一人，葛衫葵扇，挾一包，匆匆行至橋欄邊，舉足徑跨。急向前拉之不及，已落波心。李兄弟及眾友多識水性，隨跳入河撈救。忽水底一手冷如冰，持瑞明足，號呼騰躍。始共挾其人上岸，吐水斗餘，灌以姜湯，半晌甦。詢之，固閶門放繡貨者。有人邀其至一大戶，漚釘獸環，類巨紳家。甫跨門限，不知何以落河中也。溺鬼幻化，白日迷人如此；而卒遇救得生，幸已。〔鬼手馨〕

1563	原 183/9	廣巳 3/24	大 6/26

柳樹成精

天津土娼柳氏，貌醜而善淫；塗抹脂粉，倚門賣俏。北方人多趫健，以其工媚，爭狎之。名噪一時，門庭若市。咸呼之曰「柳樹精」。大東施嫫母，顧影自憐，遇大腹賈、牧豬奴嗜痂成癖，愛戀不舍；且目為溫柔鄉，足以移情蕩魄。即海上煙花藪中，亦或有此種雲巢雨窟。蓋登徒子邂逅夜度孃，嗜好既同，工力悉敵。轉覺管絃歌舞為取厭之具，所謂醉翁之意不在酒也。故京調盛行，則崑曲廢；新戲層出，而院本衰。〔香粉地藏〕

1564	原 183/10	廣巳 3/25 右	大 6/27

戲乃有益

粵某甲務農為業。二子年俱幼，嬉戲門外。其一人騈足挺臥，足跟墊破缸片一，人自後掇其頭，推之疾行，如是以為常。久之，將浮土擦去，漸成蹊徑，忽露青石一角。甲見之，取鋤斸出，方逕一尺三寸，其上有字。邀某塾師識之，則唐趙府君墓志也。後為好古者購去，酬以百金。田舍翁居然暴富，實從兒戲得來。按碑文四百餘言，後有銘，不著撰人姓氏，書法在褚、柳之間。〔倘來〕

1565	原 184/1	廣巳 4/25 左	大 6/28

溦水療疾

某生優於醫。適有友暑月喜飲冷索粉，積滯成病。進以消導之劑，不效，頗為之慮。一日偶至米肆，見一索粉擔上人，掣住米鋪夥喧爭，視索粉擔中絲絲寸斷。詢其本，云值一千，隨向米鋪借與之，始去。因問所傾何物，則米潰水也。大喜。至友家，令某用米溦水一盃，飲之病若失。相傳葉天士先生有薺菜汁療索粉滯之説，當與此相發明也。〔草頭良方〕

1566	原 184/2	廣巳 4/26	大 6/29

珙璧浸軟

徽商某翁，業醬園。性耽古玩，不吝直；秦璆漢璧，磁銅玉石，真贋雜陳。一日見夥友手中摩挱布囊，索觀之。一珙璧圓徑寸許，色黝黑，中紅筋斑斕，肉好光潤，真漢物也。翁愛不忍釋，屬他友詢其價，欲售得之。夥故意言先人手澤，不忍售。友強之再三。則曰：「姑質洋銀十枚，璧暫存翁處，作外府之藏。徐議值可也。」翁大喜，把玩竟夕。早起泡濃茶浸之，良久撈起。拭之而璧軟如團艾，急呼夥友示之。笑曰：「此固紫陽茶乾琱琢而成者也，以翁謬愛，故不敢遽告。然安敢欺翁？」即出洋銀置几上，曰：「願翁嗣後弗受人紿，恐外人未必肯珠還也。」翁嗒然自失，而好古之興少衰。〔食古而化〕

1567 原 184/3 廣巳 4/27 大 6/30

高真羽士

蘇城織里橋高真道院某法師，善敕勒術，飲酒食肉，與人交極和。有友逼歲除，欲藉合項償逋負，商之法師。笑曰：「試去搖之，得色後須以酒餉我。」友往，掣第一籤，三搖六骰止十八點，失意歸。未幾，錢項送至家。詢之，云他人搖者祇有後十八。往覘法師，蓋以骰盆覆殿上，上鎮黃紙，點數正符也。採蓮巷某姓造高樓；法師踵門，懇其造低一尺，因礙道院風水，至執香跪門七日。某堅不允。法師於其上梁日，披髮仗劍禹步，口喃喃默誦，咒水一噴，用劍指之，梁三上三墮。法師復浼某至戚往求之，且為擇吉，乃低一尺。後八十餘，無疾而化。〔道亦有道〕

1568 原 184/4 廣巳 4/28 大 6/31

愛鸚成癖

京師琉璃廠王某，畜一鸚鵡；教以言語，口舌慧利，善伺人意；某愛之不啻掌上珠。雕籠金題玉接食，日以珍餌飼之。會某偶有事他出，屬家人愛護之；逾數日歸，竟為烟煤薰死。某痛惜不已，寢食俱廢。乃購沈香木斲小棺，實以珠玉香屑，手捧入棺，哀哭如喪子女。延僧五眾施放瑜伽燄口，瘞庭中花樹下。憶予有禰正平賦〈鸚鵡賦〉一聯云：「腥臊陋體，無勞鼎俎之烹；文采累身，難脫樊籠之錮。」可移作祭文。惜王某非雅人，不解築鸚鵡冢，遍徵名人題詠也。〔魂招隴上〕

1569 原 184/5 廣巳 4/29 大 6/32

溺縊爭替

有某甲醉歸，過荒郊，遇縊鬼、溺鬼爭之。縊鬼曰：「入我洞中，仙山樓閣，好景如畫圖也。」溺鬼曰：「何如我宅中粉黛盈前，金珠充牣，人間無此樂境也。」甲被牽曳左右，不知所從。會有一群販水果者來，鬼驚散；見甲於河邊樹底兩手撐拄，口喃喃不可辨，知其遇祟，掌頰數下而蘇。詢之，其自述如此。夫兩鬼競一人，均不得替。世人爭利，兩造交失，轉為他人得現成便宜者，往往然已。〔左右做人難〕

1570 原 184/6 廣巳 4/30 大 6/33

女轉為男

嘉興有某翁，富甲一邑。夫婦好佛樂善，僅生一女，至十八歲，忽得奇疾。聲變雄，居心粗豪，語笑若痴，自撕雙行躔，喜趿男子履。兩老皆憂之。聞吳江徐翁精於醫，命舟載千金延之來。出女診視，徐翁笑曰：「無妨，無妨，俾令嬡隨老夫去，不日定卜勿藥也。」翁慨然允諾，另備香舟，俾與隨之。吳江徐翁命潔邃房密室，俾女居。選一美婢，謂之曰：「今汝朝夕侍奉小姐，不可一事拂其意，功成賞汝金三百；不能愈，則惟汝之咎。」婢不敢違。女雖日出診脈，覺容光潤澤，頗有丈夫氣。兩月後，翁忽喚婢入寢室。屏眾，獨詰之，曰：「汝言兩月來事，毋隱！」女垂首，漲面下淚，跪曰：「爺誤我！此公子，非千金。強來逼人，嚴命不敢違。爺誤我！」翁大笑，攜之起。即備舟，寫書招某翁來。翁挈二千金登堂，徐翁攜女手出迎，曰：「兄竟憒憒！如此美少年，強令作閨秀，能無悶損？但姪女已兩月同寢處，奈何？」翁聞之，喜出望外，即跪謝曰：「此雖由大士靈感，亦賴神仙妙手，請以令姪女作兒婦。」出一千作酬儀，一千作聘金。徐翁笑請即以二千金作奩資，翁固不允。乃擇吉改妝成禮，居然佳兒佳婦，歡宴累月而別，遂如姻婭往來焉。〔燮理陰陽〕

1571 原 184/7 廣巳 4/31 大 6/34

悔偷靈藥

某資郎入都謀選，暇與二、三知己訪豔于枇杷門巷。妓以阿芙蓉膏餉客，一燈對榻，吐納烟霧。消渴之餘，調飢正甚。忽于枕畔搜得糖果一餅，揭其蓋，入兩指探取。妓見而奪去。某曰：「此區區者而不予畀，何鄙吝乃爾？」遂舐其指上之餘瀝以解嘲。清芬一縷，沁入丹田，玉液瓊漿，鮮此甘美。既而同伴將歸，某覺有物礙其跨，欲植立而不能焉。妓笑以冷茶進，曰：「饞貓兒合受此罰。」略啜即愈。歸述其事于館人。館人咋舌曰：「此何物可誤食耶？昔吾子惑于此妓，致成癆瘵，至今不得生育。諸君前程遠大，毋為此狹邪游也！」〔其直如矢〕

1572 原 184/8 廣巳 4/32 大 6/35

幼孩客忤

更上一層樓，煙霞窟宅，游人如織。有中年婦偕一少婦，淡妝素服，手抱小孩，石榻橫陳，共臥吸芙蓉膏。小孩初時嬉笑自若，忽嗷然一聲，手足角弓反張，閉目氣促，勢將痙厥。少婦抱持涕泣，狂呼慶麟。慶麟，蓋小字。傍人勸其就醫，遂匆遽上車而去，殆即所謂客忤也。夫孩提之童，輕攜出門，致猝遇此變，本非所宜，後不知如何耳？〔掌上輕拋〕

1573 原 184/9 廣巳 4/33 右 大 6/36

老蚌成精

雀入大蛤為水，戲語耳；而不謂竟有其事。相傳乍浦一木行夥，曉行海灘上，覺腥風觸鼻；見有巨蚌張其殼，內一赤身女子，貌甚美。適雙鶴飛來，向灘頭覓食。一鶴誤觸其殼，殼驟閉，被捲入；略聞唼唖聲便啟，全鳥皆化，惟噴出黑毛一叢。其一鶴伸頸窺探，殼又閉，逮遁不及，其頭已被夾斷。時潮水漸長，蚌即隨潮而去。或疑夥言類梨園所演，未可盡信。然考《搜神記》福州謝端得巨螺，置甕中。他日歸，見少女自甕出，曰：「妾天漢中白水素女也。」據此則螺可以成精，安見蚌之不能作怪。水類屬陰，故其象為女。所異者以如此大鳥，竟能頃刻消化，吞其一而猶嫌不足，何鳥量之宏也。是真不愧為老蚌哉！〔珠胎暗結〕

1574	原 185/1	廣巳 5/33 左	大 6/37

長舌鬼

無錫東街橋邊有鬼。每夜深，遇人輒吐，其舌甚長。見者驚走，歸而病作，必至其地焚紙錢乃愈。廚人某，素膽壯，一夕乘醉過橋畔。鬼出遮道，曰：「看我舌長不長？」某佯驚訝。迫視之曰：「長至此耶！是皆子之舌耶？」一手牢握，一手遽出刀割之。鬼大號而沒。歸，於鐙下出所斷舌，成枯木一片。焚之腥臭不可聞，從此鬼遂絕。〔有口難言〕

1575	原 185/2	廣巳 5/34	大 6/38

同衾證果

長枕大被，古人用以敍天倫，今人借以行左道。相聞江浙地面有所謂大被教者，行蹤詭秘，非外人所得見；而道路傳聞，間或得其梗概。大凡行此教者，以修行念佛為名。嘗于荒山古寺中聚眾焚香，夜則共臥一室，不分畛域。某甲者，亦教中人，因結怨于同教，陰圖報復。一夕，眾于睡夢間聞呼救火，齊起奔逃。不料有長繩駢繫眾足，一時男的女的，老的少的，村的俏的，東倒西歪，立足不定。及揉眼審視，並無火光。忽門外拍手大笑，始悟甲之所為。急覓之，遁矣。又聞若輩常扮作老嫗，託言募化，逕入人家內室。有治家之責者，當杜漸防微，毋令閨中人襲姜氏美名也。〔皆即兀該〕

1576	原 185/3	廣巳 5/35	大 6/39

知白守黑

世之言美者，曰雪膚，曰玉貌，皆取其白；獨亞非利加洲則反是。亞人皆黑種，故以黑為美。某富翁女，黑最深，國中推為絕色，不啻中國之有毛嬙。年及笄，未字。近有某國商人客其地，作小負販。翁見其精會計，善居積，欲招為婿；商亦利其財，允之。商本美少年，面如傅粉。贅之日，翁族竊議，曰：「以絕代佳人，贅此醜婿，真有巧妻常伴拙夫眠之嘆。」女雖心厭其白，迫于嚴命，強安之。居年餘，舉一子，遍體斑斕，黑白互見。商不雅之，謀諸醫。醫曰：「凡物皆易做，惟做人最難。做人之道，由白而染之使黑則易；由黑而濯之使白則難。請為其易可也。」乃用上等烏鬚藥水，出小銀刀，薄如紙，將其白膚浮面刮破，漬以黑水，謂能歷久不褪。今此子三歲矣，浸潤之餘，居然膚受。有時尋不見，立在炭旁邊。翁甚愛之，為其類母也。〔造化小兒〕

1577	原 185/4	廣巳 5/36	大 6/40

粉象厭病

杭郡半山有古廟，相傳神為趙姓，即晉大夫趙宣子也。凡患顛癇症者，以米粉摶作一人一犬，若梨園所演撲犬之狀，舁諸祠中，備物以祭。于是，遠近乞丐爭來取食，碎其象而瓜分之。謂能祓除不祥，使病者得占勿藥。事之果驗與否，不可得而知。而公生前曾以橐饘餽翳桑餓人，卒收倒戈禦甲之報。今之蒙袂輯屨，貿貿然來者，猶得託靈蔭而希圖一飽，亦可見此老好施之心，至今未泯云。〔無使尨也吠〕

1578	原 185/5	廣巳 5/37	大 6/41

善賈深藏

禾婦邵氏，販珠翠為業，往來江湖間。玉一釵，金一鈿，花樣絕新，以故閨中人樂與之市。近探悉甯郡某富家將嫁女，負笈而往，冀得善價。入其室，麗人四、五輩，環而索觀，倒篋傾筐，紛紛選擇。內一幼女，于其夾袋中，搜得一小包裹，圓而長，不盈一握。正欲解看，被邵奪去，藏置懷間。幼女曰：「媽媽亦太小氣，我已猜著，內惟十串之百文錢耳。又不汝取，直恁惶窘。」旁有女僕，掩口而笑。眾問之，不能答，笑益不可仰。以問邵，亦不答，但忸怩而已。眾疑百翼青蚨，何至秘藏若此，此婦殆有和嶠癖歟？〔莫名其妙〕

1579	原 185/6	廣巳 5/38	大 6/42

懸崖縋險

俄之西鄙，有山高三百餘丈，綿亘百數十里，南北兩面，聳削如屏障。居民因繞道往來，殊多不便，欲將此山開闢一徑，功程浩大，經費難籌。有藝士創設火輪盤車，懸大竹籃于皮帶之端，人貨皆可裝載。一上落間，為時不滿兩密納此。雖遇暴雨，有不及濕透衣服者，其快可想見焉。襲燭武縋城之智，代巨靈劈華之功。較之鄧士載裹氈度陰平道，夷險迥殊。古稱費長房有縮地方，此則一經攀附，立致青雲。即謂為縮天，亦無不可。甚矣！拉皮條之法力，一至于此哉！〔頃刻雲泥〕

1580	原 185/7	廣巳 5/39	大 6/43

頑徒惡劇

馮阿茂者，虞鄉之農家子也；年十四，頑劣異常，能泅入水底，伏行數里外。向從村夫子讀，視澤國為逃學之佳境。師以告其父，歸受撻楚，以是恨師。一日，見師母偕其二女在河灘澣衣，馮倩同學輩用油墨畫臀，眉目口鼻悉具。從遠處泅近灘邊，倒身湧出水面。三人狂駭喪魂，轉瞬間已杳無蹤跡。遂訛傳為水怪出現，而不知實油畫之小照耳。〔好大面孔〕

1581	原 185/8	廣巳 5/40	大 6/44

鬼計徒工

噫！世途多鬼蜮矣。空中樓閣，幻境蕞生。惟以老成人處之，步步留神，腳踏實地，則庶乎無失足焉。吳江邢叟，年近古稀，腰腳尚健。其家離城不遠。一日自城中歸，天色已黑，有一人持燈出其前，問：「翁家何處？」叟告之，曰：「然則同路也。」遂照以燈，殷勤前導。未幾已至石橋頭，其人信步上橋，叟以旱煙筩向橋堍試擊，覺空空如也；而其人猶立定橋上，向之招手。燈光之下，見並非石橋，似有五、六人手足鉤連，橫亘兩岸。叟微哂曰：「老朽行年七十，不久將從公等游，何急于寵招耶？不瞞列位說，吾往常走路，皆有步伐。自城外至石橋，計得三千二百五十七步，今纔二千八百三十九步耳。誰有此大力氣，將石橋無端移近耶？」言未畢，橋忽不見，燈亦遽滅；惟聞鬼聲啾啾然入蕞莽中而去。〔不可妄也〕

1582	原 185/9	廣巳 5/41 右	大 6/45

人頭漉酒

酒器之取諸人身者，有皮盃焉。脂香粉膩，攙入瓊漿，餘瀝分來，芳流齒頰。事雖不可為訓，不得謂非觴政之別裁。從未有戕賊人以為盃棬者；有之，則惟生番是。生番好食人，而又好飲酒。每殺人，先取其頭，用酒灌入口中，從喉管瀝出，使酒血交融，乘熱飲之，習以為常，不自覺其殘忍也。故漢民相戒，勿入番地。然間有甘冒鋒刃，輕生以試者。其人蓋以酒為命，急切無杖頭錢；與其不得酒而渴死，何如死而猶得解酒渴，亦聊且快意之一道。〔痛飲〕

1583	原 186/1	廣巳 6/41 左	大 6/46

吁嗟闊兮

日本某婦，產一男，臨盆時，先出一手一足，及下地，直長僅八寸，橫闊得尺二寸。舉家以為殃，絕其乳，遂斃。據云其母性嗜鱉，每飯不忘此，殆殺生之報。有某博士出數十金，買其尸去。云將漬以藥水，裝入玻璃瓶，待博覽會開，出以問世。噫！某士何所見之不廣哉？五都之市，百產之藪，富商豪賈之所輻湊，攘往熙來，無非闊老也；闊以老稱，且不足為奇，而何奇乎闊孩？〔闊哉闊哉〕

1584	原 186/2	廣巳 6/42	大 6/47

記天然簫

昔黃帝使泠綸斷解谷之竹，制十二筩，以調律呂。音聲之道，雖曰天籟，亦由人工。乃以今所聞，則竟有天造地設者。朝鮮一士人，愛種竹，園廣十餘畝，遍植修篁，更無雜樹；疊石為山，鑿池引水，結茅屋數椽，與諸名流嘯詠其間，脩然有晉人風焉。偶見竹竿上間有蟲蛀，督園丁搜剔之。內一竹，數至七、八節，上匀蛀六孔，一孔向陰，大小相同，光圓若鑽。命截下，去其節，得二蟲，身大如蠶，喙堅似鐵。乃蓄以木盒，飼以竹屑，其竹則就現成之竅，製為洞簫。吹之其音清越，遂名曰「天然簫」。更可異者，二蟲聞簫聲，即以喙叩木，一緩一急，聲如按板，動中節奏。試以他簫，則否。蓄半年，蟲死。其簫至今猶存。識者謂蟲名耶，當亦鞠通之類也。〔含宮嘸徵〕

1585	原 186/3	廣巳 6/43	大 6/48

狹邪炯鑑

淞江某氏子，少孤，年十七猶讀。其母將為完姻，料理衣飾，某鮮所當意。母以愛子故，使親至上海購辦。及抵岸，見馬車中多麗人，心知為妓，頗涉魔想，苦無熟人引路。船夥察知其意，導入一么二堂子。老龜響喊擺茶，不期而集者十餘人。某面赤神呆，不知所措，顧視夥；夥告以隨意揀擇。某游目良久，附耳曰：「綠衣者佳。」夥代擇之，遂訂好焉。居半月，母倚閭望切，遣人尋至，強迫以歸。而貨帶回頭，居然作水果客人矣，心忐忑不敢以告母。合巹後，託病臥他室。幸受毒尚淺，醫月餘得痊，始調琴瑟。博數夕勾闌之樂，遲洞房兩月之春。以彼易此，失算已多，況乎受累之不堪設想哉。〔幸不辱命〕

1586	原 186/4	廣巳 6/44	大 6/49

負局尋讎

日本某先生者，通國之善弈者也。自言幼時入山，得異人授，故能精通十訣。一日，偕一顯者弈于某氏園中，顯者已敗北。旁一少年人觀局，略一指示，滿盤死著盡變為活。顯者悅，命與某交手。某不能敵，推枰起曰：「汝以生力軍，乘吾強弩末，倖勝不足以為武。天曉矣，敢明日再戰乎？」少年笑諾。翌日復會，顯者已先在，並邀諸名流作壁上觀。某曰：「諸君請憑式寓目，余將翦滅此而朝食焉。」于是殫精竭神，額汗蒸騰。少年以袖揜鼻，若嫌其氣息之難受者。既而某三戰三北，突于懷中出小尖刀，曰：「三十年盛名，不圖喪于乳臭小兒之手。」眾急解勸，幸不肇事；而國手之號，無復交推矣！〔局上劫〕

1587	原 186/5	廣巳 6/45 右	大 6/50

貪歡現報（上）

甬人張連發，與同村俞阿貴妻有染。俞在城內傭工，歸時常少。家惟平屋一間，皮板為閣，妻臥其上。宅前有蔆塘數畝，秋間所採之蔆，未及售賣，堆置閣……

1588	原 186/6	廣巳 6/45 左	大 6/51

貪歡現報（下）

……下。一夕，張在閣上尋歡；適鄰有叩門者，誤為俞歸。裸起暗遁，忘其梯之所向，一足蹈空，全身墮落，適當蔆堆之中；手足腹背皆受刺，不敢呼痛，開後扉逃。歸于家，其妻見其衣履全無，纍纍然綴蔆遍體，大詫窮詰。張不能隱以告，且乞一一拔去。妻恨甚，不顧其身上寒冷，緩拔而絮聒之。由是得夾陰症，加以身受鱗傷，不堪腫爛，臨死輒自悔，曰：「此風流孽報也！」刀山劍樹，何必在地獄下哉！〔刺婬也〕

1589	原 186/7	廣巳 6/46	大 6/52

少見多怪

閩人鄒某，客香港，下榻友人家。越宿告友曰：「君風雅士，何買宅而未卜其鄰？」友茫然，不解所謂。鄒曰：「昨夜飲酒過多，不能成寐，出外小遺，誤投鄰院。見室中燈火猶明，就窗外窺之。有兩華人嬲一西婦，恣情狎褻，探袖撩裙，作諸醜態。余恐被所覺，急悄然而歸。」友聞言大笑，曰：「渠家常父子聚麀，白晝宣淫矣。盍再往觀乎。」遂拉至其處，則見縫匠四、五人，裁製西衣，衣內撐以竹架，若薰籠然。始悟鄰固操縫紉業。鄒素囿于鄉，西法裁衣，實未經見；加以醉眼朦朧，燈光之下，匆匆一覷，故未得其詳細爾。〔不知所以裁之〕

1590	原 186/8	廣巳 6/47	大 6/53

駕言出游

羊車乘于衛玠，鹿車挽于鮑宣。雖古有今無，猶得曰獸也，利在走也。從未有駕車以禽者；有之，則鶴馭鸞軿。雖出仙人狡獪，猶得曰空中縹轤，利用飛也。乃有用禽而不取其飛，如泰西之鷺車者，足誌焉。泰西產巨鷺，高三尺，力大善趨。編其羽，駕小輿，俾兒童乘坐，嬉游于公家花園。有車鄰鄰，白鳥鶴鶴，西人之子，載驅薄薄；而有于仙者，未必不有于凡矣！外此則茸客騷郎，莫不駕輕就熟。而有于古者，未必不有于今矣！但不知飛禽走獸而外，如水族者，亦可負重致遠歟？曰：「有。」請觀上海四馬路之轎夫。〔不介馬而馳之〕

1591	原 186/9	廣巳 6/48	大 6/54

花蕚相輝

太原項姓，兄弟四人，友于甚篤。季婦卞氏，鄙而黠。嘗于姑病中，竊其私蓄之三百金。後復譖季，曰：「聞諸昆皆得母遺金。」季力辯其無，且曰：「即有之，渠年長，亦所應得。」既而，鄰不戒于火，聞空中呼曰：「項氏孝友，勿誤及。」俄又拍手笑曰：「三百金復見矣。」時項家人已罄其室中所有，運堆後園。空地忽風反，火熄。聚而相慶，將諸物分運歸原。內一木匣，因搬時誤擲而碎，白鏹露焉。眾以非其所有，皆置不問。卞于無人處實告季，且令託言母賜。季詭應之，揚言于眾曰：「今而知神語空中，良非無故。適弟婦言曾于老母牀下見有此匣，寢室塵封，迄今三載。不因搬物，何由見也？」眾信之，遂舉而歸諸祭產。卞雖怨季之不自為謀，然終無可如何矣！〔鬼神來告〕

1592	原 186/10	廣巳 6/49 右	大 6/55

眸子眊焉

津人謝某，短于視，年弱冠，風流自賞。門口有女鞋店，偶來一綠衣女郎，欲購時花繡履，連著十餘雙，皆嫌寬廓。店主取極小者試之，恰到好處，成交而去。謝尾其後，遙覩女郎入一僧寺，趨而從之，即已杳然。但見破屋三楹，老衲二人，鶉衣菜色，似非佛地藏嬌者。回顧西北隅，有寄柩一具，戴鏡細觀，題曰：「三女秀姑之柩」。嗟訝而返，便覺肌寒起粟，臥病累日。愈後，復經過其地，見寺鄰某氏女倚門而立，裙底翹異常纖瘦。視其面，即綠衣人也。始悟前日所見者，乃其入此室處，而非歸到上方焉。〔分明打個照面〕

1593	原 187/1	廣巳 7/49 左	大 6/56

女劉伶

晉劉伶，生性嗜飲。晚年游行無定所，命奚童提榼荷鍤隨其後，曰：「死，便埋我。」後人讀其書，想見其為人。此達人之達，亘古無與為匹者。歲己丑清明日，法租界馬路中有一女郎，年可十七、八，兩頰霞紅，雙翹雪白，坦然自適，我醉欲眠。是可異矣！老劉有知，其引為同心否邪？〔事大如天醉亦休〕

1594	原 187/2	廣巳 7/50	大 6/57

綏猺有道

廣東之連州，居省城之西北，州治之西，為連山廳。廳居極邊，西接廣西富川縣，迤北為湖南臨武縣界。正猺民雜處之所也。威不懲而恩不勸，號稱難治。新任撫猺同知為輔司馬，蒞任之日，群猺相率入署，各帶器械。司馬窺見其心，開誠布公，遍給酒食。猺於是涕泣去。人言司馬之才，足以應變；吾願司馬之教，足以勝殘。苟有以善其後，天下不足平也，猺何有焉？〔默化〕

1595	原 187/3	廣巳 7/51	大 6/58

剪綹肆毒

北地之車如南方之轎，而較為寬展。若遇春秋佳日，塵沙不揚，高揭車簾，極目遠眺，胸襟殊開拓焉。有某公子者，衣鮮衣，佩鳴玉，郊原閒步。見覿面來車一輛，中坐麗人，不啻天仙。公子故好儀表，麗人亦目注之。霎時車近身，麗人忽出纖手，指公子身後以示意。公子覺，返身，一剪綹竊佩玉已入手。懼送官，仍交還。公子方感麗人不已；而不料剪綹緊隨車後，出不備，碎麗人口吻，惡其多言也。無奈此王孫萍水，難為了樊素櫻桃。惜哉！〔不利于口〕

1596	原 187/4	廣巳 7/52	大 6/59

聖經靈應

招商局未設以前，凡南省孝廉之赴禮部試者，皆走內河，至清江起旱。有孔某，亦計偕者。行經一集，日方卓午，議打尖。打尖者，就逆旅而謀午餐也。旅之右鄰，一老嫗喃喃誦佛經甚虔。室中設香案，案上置二斗一壺，其中一實黃豆。每誦佛經一遍，手撿黃豆一粒，納虛斗中以記數。誦畢，見孝廉立其旁，問客何為？曰：「赴都應試，行經此也。」問何姓？以「孔」對。曰：「聖人之後也。士人所讀之書，亦曰經，究與佛經孰賢？」曰：「佛何敢望孔聖？」曰：「可學而能乎？」曰：「能」，遂舉中庸首節十五字以教之。適車夫催趲路，一笑登車去。考事既畢，束裝南旋。舊地重經，因觸曩想。遙見多人圍繞其門，至則插身眾中，觀其所為。但見老嫗高聲念「天命之謂性」三句。聲絕，豆粒如生翅，絡繹飛過。大異之，因告人曰：「聖人之教，廣大悉備，而此嫗亦可謂善讀書者！」〔至誠動物〕

1597	原 187/5	廣巳 7/53	大 6/60

孤亭玩月

西人好興土木，一樓一閣，往往別出心裁。即以滬上而論，凡租界住宅，鮮有雷同者，而別墅無論矣。意人贊克潑蘭者，富紳也。家有園亭之勝，迴廊曲檻，傑閣平臺，鬥角鉤心，窮工極巧。一日忽發奇想，欲于水中鑄一鐵柱，建亭其上，以為納涼玩月之所。而慮梯之無從安頓也，商之良工，估款五千金。閱一年而工竣。柱空其中，垂索懸雙銅磴，設機于樓板夾層中；略一轉捩，隨手上落，頗覺便捷。于是折簡呼朋，置酒高會，奏康酸的乃之樂。皓月當空，澄潭如鏡，憑闌眺望，不啻羽化登仙，軒軒乎有凌雲之概焉。〔宛在水中央〕

1598	原 187/6	廣巳 7/54	大 6/61

一子兩祧

李錫穀者，粵人也；家道寒儉，娶妻生子，子僅三歲。懼饔飧不給，惘惘然出門，冀傭於人也。維時海禁初開，遇匪人誘往南洋海島；一經禁錮，插翅不能飛。越八年，能自立，冀通鄉音，百計求之；而回報者則曰：「妻已適人，子隨之去，莫可蹤跡矣！」去冬，李經商於檳榔城，隔房有少年，亦貿遷中人，朝夕相見，漸通謦欬。詢其籍，則同鄉；叩其姓，則同宗。棖觸舊感，備詢家世，則知少年即其子，檢視身上痣記，益信無疑。然後知其妻並未適人，因尋夫死異地；而子則為李姓名浚者豢養而成立，已娶有婦矣。錫穀由是轉悲為喜，復為子娶一婦，而令少年往來兩家，生子以為各門之似續云。〔左宜右有〕

1599	原 187/7	廣巳 7/55	大 6/62

盛筵難再

施某，通州人。有鄉友韓姓者，賈于滬，聘為西席。近友將攜眷北旋，束裝待發。施得間，請曰：「此行不知何日再來。所缺陷者，久客繁華世界，而于風月良宵，未獲坐花一醉耳！」韓笑曰：「此易事。」翌日觴諸某妓家，至則眾客已齊，推施首座。席間妓殷勤展問邦族。施忽雙睛橫射，兩腳直蹬，連人帶座，仰面跌翻，合席為之駭然。韓傴曰：「舊疾作矣！」即聞口有聲如羊，眾始知為羊顛瘋。急覓青草一束，納諸其口，咀嚼半晌而後蘇。遂命輿舁送歸寓。異哉！窮措大合擁黃瘦老婆，咬苦菜根。花天酒地中，豔福未脩，遽生妄想，宜其登杜司空之筵，而偏遇黃初平之叱。〔 〕

1600	原 187/8	廣巳 7/56	大 6/63

以表驗人

西人善造表。表之功用不同，占風雨者，知天；候水火者，知物。乃更有測驗人身之氣力，而亦取準于表者，如圖中所繪是已。氣表，以口吹；力表，以手擊。表各有鍼，隨觸而轉。各視其所指之分寸，而氣之盈虛、力之強弱，可得而見也。誠巧制也。然而，恃含忍以勝人，配道義而無餒者，更將何物以測量之？曰：「聲為律，身為度，望而知為一表人材，烏用是形下之器哉！」〔表而出之〕

1601	原 187/9	廣巳 7/57 右	大 6/64

懲淫速報

粵人伍建昌，登徒子之流亞也。問柳尋花，老而靡倦，內嬖如夫人者三人。年六十，始得一子，寵愛若掌上珠。伍偶因催租下鄉，見佃戶妻而悅之。雇令到家，以乳其子，實則志在漁獵也。婦亦巧承意旨，以博主人歡。一日獨坐小齋，溫習各種淫書。婦搴簾送茗，伍見左右無人，推至壁間，姿情調笑。二人情不自禁，竟忘其背負嬰兒，聞呱呱聲方始知覺。急撫之，已雙眼白翻，口流鮮血，莫可救藥矣！伍以一念之淫而失此甯馨，後顧茫茫，終作若敖之鬼。雖悔也，又奚及哉！〔作壁上觀〕

1602	原 188/1	廣巳 8/57 左	大 6/65

夫也不良

諺云：「經商弗著一次，種田弗著一年，討家婆弗著一世。」可見女子之賢否，家道之盛衰繫焉。然豈無紅顏薄命，歌「谷蓷」「條歗」之詩者。金陵王府園地方，一日有一無賴與一少年尼姑為難。途人詢其故，則知當年曾比翼，今日已分飛者；特女不願負失節名，遁入空門耳。因緣錯配，缺陷難平。如斯人者，正不知世有多少。月下老辦事草草，真是越老越糊塗。〔夫不夫〕

1603	原 188/2	廣巳 8/58	大 6/66

東災告急

東省頻年飢困，東撫疏請賑濟。有目擊人由東來，申述飢民近狀。既列諸報章，茲復就所述者，節其詞，繪為圖。願見此圖者，分有餘，補不足。體好生之德，獲福報之徵，亦本齋所厚望焉。事分三節，連類及之。其言曰：「一日，聞門外有喧嚷聲，就而觀之，一餓夫倒地，氣奄奄未絕。又一餓夫遽啖其腿肉以療飢，血流口角。見者惡其殘忍，而又憫其困頓無人形。責以理，正以速其死也。此一事也。又見有賣熟食於路者，食者頗眾。觀之，知為人肝；而賣者不肯言，即食者亦不明言。命人尾至其家，破釜中醃人肉纍纍，此取垂斃之人，煮之以療未斃之人者。又一事也。最後見一群婦女，自分必填溝壑；而不忍其兒女之俱死。苟有受主，即涕泣願離。有以一饅首易一男孩者，有以六千錢易得男女孩十三口者。」凡此三事，皆信而有徵。鄭監門進〈流民圖〉，有此慘悽，猶遜此沉痛。東南多樂施之士，盡人事以迓天休。時哉！不可失已。〔待哺〕

1604	原 188/3	廣巳 8/59	大 6/67

設計謀虎

洋人喜獵野獸，其利用在鎗。福之廈門沿海諸嶼，多生虎。自去冬至今春，先後共斃四頭。其法僱山中土人，伺虎歸洞，取棘木縱橫布洞口，虎即不能衝突，以鎗擬之，中彈即死。可謂黠矣！竊謂天地生物，其族類不啻恆河沙數；即毛族一類，其稱名肖形，亦恆河沙數。賦質為虎，百獸見之而懾伏，謂非得天之獨厚者乎？而乃慮患不深，荊棘之圍，如居陷阱。不遂其謀，不止也。人生何處無網羅，其以此為鑒乎！〔力不如智〕

1605	原 188/4	廣巳 8/60	大 6/68

佛誕進香

江浙閩廣之人喜媚佛，而女尤甚。女而為妓，則尤甚。上海一邑，除龍華外，絕少著名叢林。城之西北十餘里有靜安寺。近年通馬路，驅車而過者，日不知凡幾。然游憩者於茶室，不於寺。寺無以饜遊人之欲也。四月八日相傳為浴佛日，故北里之燕燕鶯鶯，西去納款者，幾傾其巢。名花終養，不識我佛肯開顏一笑否？〔紅紫萬千〕

1606	原 188/5	廣巳 8/61	大 6/69

情虛自狀

江右廣潤門外有趙公廟，近方演戲以款神。來外路口音者四人，逐隊仰瞻；衣服鮮明，規模闊綽，見者不知其為誰。有巡勇睨其旁，聞其忽操江湖隱語，知為盜，邀眾執之。其人矢口曰：「我非盜，將何為？」因憶《槐西雜志》中載有孫某夜宿山家，聞了鳥（了鳥，門上鐵繫也。）丁東聲。問為誰？曰：「我非鬼非魅，鄰女有所求也。」孫曰：「誰呼汝為鬼魅，而先辨之正？」與盜之先言非盜，同一意見。不待刑求而罪名已自坐實，是故善聽訟者，在抵隙。〔若或使之〕

1607	原 188/6	廣巳 8/62	大 6/70

花油造孽

今年二、三月間，城內外患喉症死者，日有所聞；甚有一門內傳染牽連至三、四口，或五、六口者。有人曰：「此花子油之害也。」語聞於袁邑尊，移文英法兩會審公堂，一體查禁。案花性本溫，搥子取油，質極黏滯。鄉人有引以為燈者，亦不明亮，色惡臭惡，實少銷場。去年豆油騰貴，有奸商設法融化，色遂澄紅；蓋用石灰以提之也。而食者不覺，遭其害也。今破案者有十餘家，從寬發辦，僅傾其所積以了案。而數日之內，聞有數家子女，亦染喉症而亡。天乎！果報如斯其速乎？利傍倚刀，貪還自賊，官刑幸免，冥譴難逃。世之顧利不顧害者，可以少悟矣！〔害人自害〕

1608	原 188/7	廣巳 8/63	大 6/71

私逃遇賊

某生少孤露，飲食教誨，依倚於中表親串家。親故有女，兄妹行也，貌娟麗，相見不避面。然三秋難得一日見，見則四目注視，不能作一言。有乳媼知其意，謀偕逃；令生先行，覓私窩，媼與女隨後至。女躑躅數里，疲憊已極，得郵亭暫憩息。忽來一賊，知可欺；四顧無人，擲媼路隅，擁女欲強污。生以久待不至，回身迎上，賊見而始遁。否則鵲巢必為鳩占矣！〔險遭彊暴〕

1609	原 188/8	廣巳 8/64	大 6/72

感召異類

山東齊河縣某村民婦，產蛋三十二枚。附會者乃謂：其夫惡其妖異，挖土掩埋之際，得二缸；中儲銀，并有磁碗、馬杓各三十二件。凡此知其皆讕言，惟產蛋則容或有之。夫牛犢馬駒，或生鱗角，蛟龍之所合，非真麟也。婦女露寢，為所合者亦有之。紀文達曾有是言。安知此婦之所胎，不由異物感召而得乎？〔得門而入〕

1610	原 188/9	廣巳 8/65 右	大 6/73

善醫心疾

德國某氏女，入山遇虎，為獵戶所救，送歸其家，竟成瘋疾；合眼即見有猛虎來撲，驚呼不輟。醫士謂宜解去其惑，乃用藥水塗玻璃窗，窗外放班貓一頭，視之其大如虎；病者從窗內望見，心膽具裂。急開窗，捉貓殺而示之，曰：「此貓作祟，今死矣！可無懼。」女覩此，恍然若失，病遂已。然天下更有極可怕之形狀，而人轉視為可愛者，鳩盤荼也，母夜叉也，雖毛嬙不是過也。是殆以藥玻璃作眼鏡歟？曰：此中自有遮眼法，能令管窺者不瘋而癡。此之謂大惑，非良醫所能解脫也。〔不惑不憂〕

1611	原 189/1	廣巳 9/66	大 6/74

豬婆

「既定爾婁豬，盍歸我艾豭。」此喻詞也。不謂竟有實事求是，如河間紀氏所云者。曰：「有甯夏布商何某者，年少美風姿，貲累千金，亦不甚吝。時烏魯木齊娼寮林立，通宵達旦，燈火熒熒，冶蕩者惟所欲為。官弗禁，亦弗能禁。而乃北里之游，非其所喜。但畜牝豕十餘，飼極肥，濯極潔，日閉門而沓淫之。是豈可以尋常情理求之哉！竊惟獸類之欲，其專熾必尤甚於人，故一交即胎。何某日與為歡，種子得子，不知作何形狀？倘舉以置之今日博覽會中，煞是奇品！煞是奇觀！」〔食肉寢皮〕

1612	原 189/2	廣巳 9/67	大 6/75

施嫫相攻

粵人某，同日為子娶兩婦，一醜而一妍，子則孿生，貌相若也。家人方慮弟兄之積不能平，而不虞妯娌之先相為戾。其美者恃寵生嬌【驕】，其陋者惱羞成怒。置冰炭於一器，未有不激而相搏者。勢使然也。有鄉先生未達時，生三子。冢婦係養媳，粗具荊布。其後，兩兒聯姻，皆望族，奩事無美不臻。入門後，即諭兩兒曰：「衣概穿布，珠翠金玉，不命不准戴。」由是，一室中彌融融怡怡。縕袍不恥，仲氏子獨能知，非易事也；況面目之天然缺陷者乎！〔所爭一面耳〕

1613	原 189/3	廣巳 9/68	大 6/76

賊還自賊

有馮阿升者，素無賴；始與賊通，竊得某姓窖藏累累。繼知捕役緝之急，送風與捕，捕餌之得盡言。捕逮賊，治之毒；賊大困，又賄阿升錢，乃得釋。賊由是恨入骨，伺間置之死，而沈之河。馮之死，馮自取之也；賊不料破案者之即其人，而又從而持之也；僅僅毆打，知馮必報復，賊亦騎虎之勢也。馮死而賊萬萬無生理，牽連殞滅，有天意存焉！於賊與馮為不幸，於地方則大幸。〔兩敗俱傷〕

1614	原 189/4	廣巳 9/69	大 6/77

負債尋死

甯城甲與乙本友也。乙負甲洋，索之不還。甲剝乙衣，將以抵償；而乙遽投河，幸得舟子解勸，還衣罷事。此事驟觀之，似乎甲心太忍，而乙實可憐；細思之，殊不然。借錢，情也；索錢，亦分也。至途遇為難，則乙之遊約延宕，必非一次可知矣！聽甲剝衣，遽以一死為恐懼計，則其設心陰險，意存要挾；後再索之，彼且振振有詞又可知矣！人孰不畏人命，一嚇再嚇，且將見之而不索，則其願償也。是故君子觀人，必略跡原心。〔以柔克剛〕

1615	原 189/5	廣巳 9/70	大 6/78

心花怒放

美國某富翁，起家會計，年七旬，猶日事掊克，誓不以錙銖讓人；以是得心疾，咯血數升。翁曰：「此老夫一生心血也。」埋諸庭前，立碑其上，翁亦尋卒。其子以游蕩傾家。後見埋血處有怒芽暴茁，三年後竟成樹本，多其刺，開一花，大如缽；色黑，嗅之有銅青氣，莫名其種。有某博士願以百金買去。問其用，則云：「此花名漢脱末苗，乃富翁心血所結。製為藥水，以鍍金銀器，歷久不褪，較電鍍為良；然有毒，著膚即腐。」以飼雞，雞果斃。子得金，不數日揮霍立罄，蓋不以父之心血為可惜焉！〔餘毒未盡〕

1616	原 189/6	廣巳 9/71	大 6/79

偷葷吃素

杭郡婦女，每于諸佛誕期，聚八人為一桌，循環誦佛名，曰「八仙佛」。有蔣氏婦，年近四旬。雖學蘇晉長齋，而實與鄰嫗子郭三有染。前月某夜，邀諸女伴在家誦佛，鄰嫗亦與焉。其子在旁間看，婦故作莊容，喃喃不絕口。

郭戲從暗中扒進桌下，探手入褌，撓著癢處。婦不便瑟縮，以足示意，教使去。不料誤觸其鼻，鮮血迸流，沾濡鞋襪。郭忍痛潛歸。天既明，佛事畢。嫗見婦襪上猩紅，疑為花信，矢口譏嘲，不歡而散。歸見其子鼻孔中塞有燈草，以問媳。媳曰：「渠言在蔣宅誤傷。」嫗大悟，告以來因；媳遂與夫口角。鄰右聞知，咸目蔣婦為偷葷吃素。〔錯認作那籌兒〕

1617	原 189/7	廣巳 9/72	大 6/80

鬼婢救主

越婦米氏，與夫反目；潛購阿芙蓉膏，就燈下取吞。忽一女子來奪去之。審視，則已嫁之媵婢阿繡，數年前亦以吞煙畢命者。婦此時自問將鬼，即亦不畏，嘆曰：「吾將脱離煩惱，爾何不知我苦情？」婢曰：「知之，然夫妻爭嚷，常事耳！何遽出此？況夫生煙致命，最為難受。將死未死之際，五臟六腑節節泛泡，如釜中水沸熱極；而腸腐寸寸皆斷，痛如刀割心死。再遲七日內猶時作疼楚，此時雖悔，已不及矣！」婦猶切齒曰：「吾誓不偷生，受渠氣惱；且我死可代汝，汝得超生矣！」婢搖首曰：「輪回替代之説，皆妄也。人死則魄降魂升，化為烏有。惟屈死者怨氣不散，故必索命，亦猶人世之有報讐。然婢子亦受良人之折挫而死，其所以不報者，自悔一時之輕生，難忘昔日之恩愛也。阿姑可記得新婚之夕，枕上噥噥曰：『郎莫太狂，阿繡臥後房』耶？」婦聞此語，不覺頰暈紅潮，淚簌簌下。忽其夫撞門直入，狀甚驚慌；鬼即由窗縫遁去。夫見案頭煙缸，頓足引咎，和顏勸慰；于是婦之氣漸平，久之而伉儷如初。〔慧心苦口〕

1618	原 189/8	廣巳 9/73 右	大 6/81

活死人

初三日，洋涇浜有車夫猝然倒地。經巡捕僱車載入捕房，疑其病也；而撫之已冰，由是報善堂備棺殮，舁往義塚，標志待認。越日十二點鐘時，棺忽自轉側，中有聲嗚嗚然。行道之人，知有異，碎棺而出之；掉首竟去。其病邪？抑死而復蘇邪？惜無好事者一叩其始終！其為死而復蘇也，冥判還陽，足明因果；其為病而人誤以為死也，人命至重，足戒粗疏。二者必居其一焉，惜無好事者一叩其始終！〔輪回一轉〕

1619	原 190/1	廣巳 10/74 左	大 6/82

五狗值更

《申報》後幅告白，登有東門外某街某姓，畜有五狗，輪遞值更，不爽不紊。是誰教之而能如是？果能如是，則車利尼班中百獸皆備而獨缺狗。狗主人既急於求售，何不讓之車利尼，飲食教誨，其進境必有可觀。且令五狗者在場，則與獅虎為朋友；在舟，則以海嶽為遨遊。狗亦豪矣哉！安得狗主人早玉成之。〔遇時不遇主〕

1620	原 190/2	廣巳 10/75	大 6/83

瀘州大火

四川之瀘州，直隸州城也；在成都之南，而稍偏於東。城有七門，曰東門，曰凝光門，曰南門，曰西門，曰小北門，曰大北門，曰會津門。起火處所，即在會津門外，穿城而過，內外來燒，共焚去三萬六千一百十七家；所未殃及者，僅向西一角，不存十之一。如斯奇災，殆不數咸陽一炬矣！頻年水旱，籌賑者已力盡筋疲。胡天不弔，乃又降此鞠凶邪！救災卹鄰，是所望於仁人君子。〔奇禍〕

1621	原 190/3	廣巳 10/76	大 6/84

獸分善惡

人類不齊，物亦如之，生性未可強同也。車利尼馬戲到埠，百獸舍舟登陸。時觀者塞途，一人被擠落水；象即以鼻鉤而出之，得不死。有稚虎，云離母腹僅五十日。一觀者逼近鐵籠，虎遽探爪而攫之，幾於身首兩分，險哉！均是獸也，一則惟恐不傷人，一則惟恐傷人；惟其惟恐傷人，則獸有人心矣！彼演劇中有象吃大餐一齣。始之以勃蘭地，終之以克阿非。細崽奔走供奉其間，亦稱之曰密司得。雖屬戲嬉，實極榮幸。非以其具有人心，乃能有此食報邪？獨奈何人面獸心者，世又比比皆是邪！〔天性也〕

1622	原 190/4	廣巳 10/77	大 6/85

塞外野人

苗也，猺也，生番也。其形狀雖未經目覩，而大致無以異於人。惟官師之教化未親，斯獷悍之性情不變耳。地球之大，無奇不有。《閱微草堂》所載一事，尤足以資異聞，而供談助。其言曰：有二人乘驢詣西藏貿易，失道入深山，迷不得出。遇毛人十餘，圍而𨅯之。殺其驢，吹火燔熟，環坐噉吞；二人前亦各置肉，令食。食畢，挾二人飛越峻嶺三、四重，置之官道旁，予以石，巨如瓜。攜歸貨之，獲利倍於所喪，蓋綠松也。又曰：「此非山精，亦非木魅。」觀其行事，大抵幽巖窮谷之中，本有此種野人。特從古未與世通耳！〔枉枉榛榛〕

1623	原 190/5	廣巳 10/78	大 6/86

儒釋兩誤

橋施欄楯，防失足也；上覆椽瓦者，行人遇雨藉此棲止，不為害也。一夜有人蹔止屋下，見有書吏、軍役，率囚徒數名，彼此互語。諦聽之。一囚曰：「吾為吾師所誤也。吾師日講學，凡報應因果之説，皆斥為無有。吾信其言，以為機械能深，彌縫能巧；則種種惟所欲為，可以終身不敗。乃不謂冥王地獄，竟有如佛氏所云者。」又一囚曰：「爾之墮落由信儒，我則以信佛誤也。佛家謂消除惡業，憑功德，仗經懺。以為生前焚香布施，歿後延僧持誦；佛法能護持者，地府即不得而按治之。不謂金錢虛耗，春煮難逃。向非恃佛之故，安敢縱恣如斯。」其人因嗽失聲，應聲而滅。然則天下事，那一件可以誤會邪？一經誤會，其流弊便至於是。鬼神來告，醒夢夢多多矣！〔徒呼負負〕

1624	原 190/6	廣巳 10/79	大 6/87

半賊禿

蕪湖向多痞棍。新署該縣邑侯王履任，首懲莠民。所獲竊匪、流氓，訊供笞責枷號，乞薙眉髮一半，使人一望而知。按此即古人墨刑之遺意也。國家定例，罪重者面刺字；其次軍流等犯，或荷鐵鎗，或荷石錘。非以示辱，蓋形無可遁，使不為惡耳！是之謂「不惡而嚴」。〔累及

髮膚〕

1625	原 190/7	廣巳 10/80	大 6/88

陰溝出火

京師街道衙門，每年清明節後，循例督飭鋪頭開挖各處陰溝，以防淫潦為患。竣工後，由工報官，由官按驗。其法東進西出，南北如之，防弊也。近屆崇文門外有二人，先後入內，為火薰死。揭石板開視，果有火燄冒出。此何故歟？謂火為地中所生者，則地宜震動，不應安靜無朕兆；謂火由人力所埋者，則埋之何用，不應寂寞無見聞。此必傳聞之失實也。姑據日報所言，質之審知是事者。〔熱地〕

1626	原 190/8	廣巳 10/81 右	大 6/89

四蛇為禍

蛇能報冤，古記有之；他物不多見也。京師阜城門內帥府胡同，有跨鶴呂公祠，久即傾頹，重加修葺。中有蛇穴，突出巨蛇四，傷一游童。最可異者，繞匝童身，至死不釋。是豈有夙冤耶？抑知巢之將覆，而遷怒於該童耶？是示人以為虺必摧之勢矣。恃其眾，恃其毒，群起而殺一孩，蛇何嘗不快心一時；然而覆亡無日矣！〔遍體鱗傷〕

1627	原 191/1	廣巳 11/81 左	大 6/90

癡鬼爭妻

景州李氏家有佃戶，最有膽，種瓜畝餘在叢冢間；熟時恆自守護，獨宿草棚中。一夕聞有聲，似相喧詬。出視，則二鬼方格鬥，一女鬼癡立於旁。呼問其故，一人曰：「君來大佳，一事乞君斷曲直。天下有對其本夫調其定婚之妻者耶？」其一人語亦同。佃戶呼女鬼，曰：「究竟汝與誰定婚？」女鬼靦腆良久，曰：「我本妓女。妓家之例，凡多錢者，皆密訂相嫁娶，實不能一一記姓名。不敢言誰有約，亦不敢言誰無約也。」事見《槐西雜志》。予寓滬言滬事。洋場周圍十里中，業此者不知其千百。女鬼此言，道盡妓女心坎事。其吃熱拈酸之嫖客，隱隱自命為本夫者，心事庸與二鬼異耶？是可嗤，亦可哀已。〔色中餓鬼〕

1628	原 191/2	廣巳 11/82	大 6/91

觀西戲述略

車利尼馬戲於今三至滬，游觀者眾矣。然此人所見例之他人，不必其從同；今日所見例之他日，亦不必其從同。然則既見而為所未見者，仍不少也。本月十二夜，月明如水，氣爽疑秋，偕吳君友如往。歸途謂予曰：「此戲繪圖者屢矣。今欲續之，毋乃蛇足乎？雖然，不可以不續也。戲無盡藏，日新而月異；而畫因之以成結構者，亦不犯重也。未見者，如良覿；已見者，證前遊。鴻爪雪泥，聊存梗概云爾。」特繪圖如左。

直上干霄

其法如津人所演之《三上弔》：以巨索貫屋梁，人緣索而上；索之南垂懸架。所謂「架」者，僅一銅棍，兩端繫繩，懸空中約五、六尺，可駢肩坐三人。三人者，一女二男，或以手攀，或以股勾，倒挂側垂，屈曲如志。此架之南北，又懸二架，僅容一人，相距約四丈，彼此摩盪。俟兩身將及，北人脫手攀南人之身以俱南；折而回，仍攀北架以去。觀者全神方注此，而不覺女子者已附麗竹木，幾臻屋頂。頂之中央，橫設鐵環十數枚。女子倒身以足背勾環行，行盡退行，如往而復，故意失足，直注而下。下張巨網，離地六、七尺，如魚出水，疊翻觔斗以告竣。〈洛神賦〉有言曰：「翩若驚鴻，矯若游龍」，其謂此也夫。〔身輕如燕〕

1629	原 191/3	廣巳 11/83	大 6/92

馴象索食

入戲園，歷弟二重門，便見兩廊列諸獸。其東則獅也，虎也，豹也，熊也，猴也。圍以鐵檻，戲觸之，則怒號，懍懍乎不可犯，而虎尤甚。西欄楯內有馬四、五匹，軀幹不甚修武；有牛一，曰神牛，身矮小，色兼黑白，肩有峰肉，一如駄。象則有三，龐然大物也。見人即侈鼻以求食，觀者或飼以餅餌，或喂以果瓜，由鼻遞口，宛轉自如。最可異者，人以手上揚，而彼即鼻翹張口以待物之自至。其嚼物也，兩腮生渦，如退齒老婦。足之所植，尺寸不少移，而身左右擺搖，無一刻之停。視其貌蠢蠢然，窺其意藹藹然。惟其賦性之純，故人樂與之狎。方今覓食者眾矣！不能為虎之橫，還當學象之馴。〔不足以嘸〕

1630	原 191/4	廣巳 11/84	大 6/93

重利遭騙

山西人之下等者，挾有數千文，便到處放債。其法借給人千錢，每日還一百文，十二日還清；一月輪轉，生子錢五百。亦有借給人千錢，每日還百二十，十日還清；一月輪轉，生子錢六百。故數年而後，無不成富家翁而去者。官明知之，而弗能禁。借債者明知其利之重，而舍此無門可貸；且以其千錢為小，營生亦可少獲利，故相安無事。茲則人情澆薄，且有設計以圖賴者。九江之龍坪鎮有夏某，借吳某錢二十餘千，息三分，到期不能償。夏妻誘之入臥房，陳烟具，令吸烟。吳以為說情展緩也者。不虞其夫呼捉姦而至，議罰惟倍，乃得寢事。知此事者稱大快。快固快矣，而夏某之刁風，亦何可長也？充其譸張為幻之心，則百千萬億之有心倒閉者，其設心猶夏某也。所謂快者，私也，非公也。〔都不是好人〕

1631	原 191/5	廣巳 11/85	大 6/94

啞子能言

眇一目，跛一足，傴僂擁踵，非所稱為殘疾乎？然而生人之趣，未嘗不與人同也。至瞽之失明，聾之失聰，與夫啞子之欲言不能言，缺陷在先天，後起無從補矣！而乃山東兗州府人有王貴兒者，則可異已。貴兒既攖此疾，又失怙恃，遂流為乞丐，夜宿寺簷階石上。僧憫之，令入寺洒埽，勤奮倍常人，三年如一日也。日者，患喉痛，兩晝夜竟能言。說者謂菩薩慈悲，有以救之；而實即勤奮不懈，有以感之也。人毋以天棄而遽自棄，則「人定勝天」之說，益信而有徵。〔豁然貫通〕

1632	原 191/6	廣巳 11/86	大 6/95

太太難做

日報述營口有寓居之三江人，曾充兵輪勇目，得保五品官職。在營娶有妻室，稱太太。今則棄官而學賈，外挂酒帘，內藏烟榻。支持店務皆太太，此不足異也。不觀司馬相如乎？著犢鼻褌，條【滌】酒器，文君當爐，千古傳為雅事。今謂太太垂青小旦，顯係訪事人吸白烟不遂，而遽加以污衊之詞可知矣！胸襟齷齪，真令人忍耐不得。〔挾嫌〕

1633	原 191/7	廣巳 11/87	大 6/96

巡查得力

風聞金陵水西門後之月牙巷，一夕有兩人持燈火扑某公館大門。甯城巡夜頗嚴密，司其事者，莫敢少懈。猝然相見，上前盤問。見其身帶凶器，因被執獲。夫甯城為省會，自制臺以下，文武水陸官員，不下數百人。月牙巷亦非僻靜之所也，鼠竊狗盜，直是飛蛾撲燄耳！多見其不知量也。〔自作孽〕

1634	原 191/8	廣巳 11/88	大 6/97

強搶女僧

溫州有某甲，豔上葉菴女尼美；串地棍某乙，借捕盜為名，出不意負載以去。幸遇衙門公幹船，尼呼救，乃被獲，解縣懲治。世人稱庵觀寺院為弱門，地方惡少有心欺負，僧尼畏其凶橫，惟有隱忍不發，冀免後患而已。身坐堂皇者，烏知覆盆之下，呼冤者日有幾許也。此尼其一端也。〔有天理〕

1635	原 191/9	廣巳 11/89 右	大 6/98

穩婆訛詐

婦女胎孕感受不正之氣，所產似怪非怪；古人記載之中恒有之。據報稱，京師宣武門內學院胡同，有旗婦懷胎滿月，延穩婆收生。不料產下呱呱者，藍面赤髮，頭生兩角，獠牙出吻外。穩婆借此索錢，由數貫以至數十貫，始怏怏而去。事之有無不可知，而小人之遇事生風，因風皺波，則實意中事。古人云：「借助小人之力，雖小必倍。其償不滿，其欲不止；即滿其欲，亦不已。」旨哉斯言。小人之不可一日居也如此。〔乘人之亟耳〕

1636	原 192/1	廣巳 12/89 左	大 6/99

涓滴不遺

直隸滄州之酒最著名，造酒之法出巨室，民間不傳其秘。歷年愈多，其味愈醇，遷地即弗良，故不能運至他所。時河間紀公家有壽事，奴子李榮派司茶酒，李匿半罌於其房。歸房就寢，思獨酌。聞罌中有鼾聲，怪而撼之。罌中忽語曰：「我醉欲眠，爾勿擾。」李怒極，力撼之，鼾益甚。探手引之，則一人首出罌口，漸巨如斗，漸巨如栲栳。李批其頰，則掉首一搖，連罌旋轉，砰然一聲，觸甕而碎，酒流滿地。李頓足極罵。聞梁上又語曰：「許爾盜，不許我盜耶？爾既惜酒，我又不勝酒，請還爾。」据其項而嘔，自頂至踵，淋漓殆遍。曉嵐先生曰：「小人貪冒，無一事不作姦，稍料理之，未為過。」先生此語殊雋永，而此怪之處治此事，亦允當而詼諧。〔辦得好〕

1637	原 192/2	廣巳 12/90	大 6/100

飛鳥依人

一女子冉冉由內出，右肩倚火鎗一，承以手，駐足中場。旋鎗向南發聲，即有十數鴿子飛而入。或肩焉，或背焉，或臂焉，或帽之頂與邊；鴿翅或斂或張，栖遲不定。女子一一引之，鎗不少動。忽一馬自戲房出，顛頭擺尾，牽挽無人；行至圍中，屈足高臥。乃女子躡足立其項，突發一鎗。觀者且一震；鴿子若不知，而馬亦若行所無事也。易武而為文，易動而為靜，變化離奇，不可思議已。吾於是歎觀止矣！〔翔而後集〕

1638	原 192/3	廣巳 12/91	大 6/101

女將操演

將凡四人，坐馬出；裝束明爛，首戴銀鎧，衣裳皆藍色，肩披銀綫如排鬚。馬出圍中，跑三、五通，回戲房。再出僅一人，首槍刺，次刀擊，次擲箭。箭製與中國異，銳首而尾無羽，以手擲之，無不中。殿以火鎗。圍之北，兩西人立圍牆上，東西曳布，高逾五尺。四將獻技畢，馬北嚮，躍而過，入房去。此即彼所謂古時羅馬國馬軍大操之式也。編戲以示中人，拓中人眼界多多矣！〔弓武弓义〕

1639	原 192/4	廣巳 12/92	大 6/102

鑣局失竊

北人有鑣局焉，其命名不知所自始。《爾雅・釋器》註：「鑣，馬勒旁鐵。」《釋名》云：「鑣，苞也，所以苞斂其口也。」總之不離乎馭馬所用者近是。北人好習武，命名取義或由此。輪船口岸未通，南北貴重貨物往還，皆藉該局之人為行運；盜不相侵，賊不相犯，商旅咸稱便。迄於今，稍衰替矣，然粗足自立，未至一敗塗地。蘇城王樞密巷中猶有存焉者。端午之夕，有黠賊穴入而肆竊，約失贓銀五、六百金。請官履勘，尚未緝獲。議者頗非之，謂制賊之人，乃為賊所乘，以為名不副實。然此非該局之恥也，貨未登途，與居家無異。居家之人，何嘗不防賊，要不能朝朝暮暮守候以待賊。事生於所忽，智勇有時而不免。惟該賊之敢於肆竊於該局者，似乎其智其勇出該局之上。人即不議其後，而可恥者已無可解免，投鼠忌器有如此夫。〔恐被竊笑〕

1640	原 192/5	廣巳 12/93	大 6/103

狐善了事

觀弈道人所撰筆記，寓意深遠，得味外味，讀之令人增長識見。茲得一事繪圖節說，以為駕馭凶惡者法。其言曰：「東光有薰狐者，挾罟載燧行墟墓間。一夜方伏，而伺見一方巾襴衫老翁自墓出，一聲長嘯，群狐四集，齊呼『捕此惡人，煮以作脯。』薰狐人逃無路，登樹頂。翁即指揮群狐鋸樹倒地。薰狐人窘急，俯而號曰：『如蒙見釋，後不再犯。』狐不應，鋸益厲。樹鋸過半，叩頭再三，申前說。翁曰：『可設誓。』誓乞，俱不見。」道人曰：「此狐可謂善了事矣！數數侵擾，不懲不已。以群狐之力，原不難於殺一人。殺一人而激怒眾人，不焚巢犁穴不止也。但使知畏，姑取和焉，則後患息矣。」兵家云：「知己知彼，百戰百勝」，可以人而不如狐乎？〔留餘地〕

1641	原 192/6	廣巳 12/94	大 6/104

老鼠感舊

日報載：有川客言涪州有胡氏婦，年已七十餘。一夕，房中來一鼠，大逾貓，繞室徘徊，若相認識。婦察之，猛憶舊事。合巹之夕，有鼠窸窣作嚙物聲。夫惡之，設計就擒，將斃之。婦曰：「今夕何夕？宜迓休和，鼠雖薄物，殺之恐不祥。」夫曰：「雖然，不可以不警。」去其尾，并兩耳，以釋之。今日之來，示不忘本也，且夫死生亦大矣哉！一鼠之細，何足挂齒。乃以饕餮之故，幾隕其身。慮患操心，深自韜晦。誰謂刑餘之後，不足以享大年耶？鼠乎，鼠乎，其智矣乎！〔如是乃得老〕

1642	原 192/7	廣巳 12/95	大 6/105

玉潤香溫

泰西所用自來水，有涼有溫，溫者可以浴。浴處措石柱為臺，臺下水管林立，臺上板多其孔，使水得穿孔而出。浴者登其上，或坐或臥，或仰或俛，或左右側；但以巾遍拭而盪垢滌瑕，淋漓盡致。臺外繚以鐵架，牽蘿補隙，如碧紗障，俾外人無從窺見。說本浪游客〈歐西竹枝詞〉註，其詩曰：「水精窟域自玲瓏，萬斛珍珠散半空。滿架藤花香霧靄，有人新浴試春風。」〔溫泉水滑洗凝脂〕

1643	原 192/8	廣巳 12/96	大 6/106

跑車角藝

乘車以取逸也，而腳踏車則勞甚，且更為獨輪之式，御失其法，顛蹶隨之。乃泰西風俗間有以此車賽跑者。選春秋佳日，闢場于郊外曠地，群焉騁逐于其間。遙立彩旗，先到者一手憑軾，一手拔幟；稍一傾跲，即為後到者奪去。又一法掘地為池，闊三丈許，橫木于上，窄僅五寸，驅而過者，十有九跌。賽畢，取花紅牛酒贈勝者而各散；而傷科醫生又增一番忙景矣！〔車驅之〕

1644	原 192/9	廣巳 12/97 右	大 6/107

徐孝子殉母

徐孝子者，字梅村，浙之盛澤人，世居該鎮後街。有母年逾古稀，病足，艱行動。妻先歿，乏子嗣。兄有女，年十五，撫之如己出。內政無人襄理，故妻之母亦依養焉。孝子業繒，朝出晚必歸。四月初一夜半遺火，屋被焚。孝子夢中驚覺，欲負母同行，屢負屢蹶，并及於難。兄之女亦殉焉。其死事之慘，備詳日報中，不復贅。惟是事起倉猝，母生則俱生；母不能生，則并命從容赴義，較之慷慨捐生者為尤難。孺慕終身，舜所以稱大孝也。徐子千古矣！〔不失其赤子之心者也〕

1645	原 193/1	廣午 1/1 左	大 6/108

人頭作枕

乾隆中，征霍集占。索公爾遜參贊大臣檄調中路，中途逢大雪，車仗不能至。僅一行帳隨，姑支以憩，苦無枕；覓得人頭數顆，主僕分枕之。夜中並蠕蠕掀動，叱之乃止。事定還京，索公官侍讀。一日與紀曉嵐先生同齋戒於待詔廳。先生時官翰林也，相與談逸事，溯舊聞。索公意為命衰遇鬼。先生曰：「非鬼也。此當斷首時生氣未盡，為嚴寒所束，鬱伏在中，得人氣溫蒸，凍解而氣外洩，故能自動；動則散，故不再動。大凡生氣未盡之物，以火炙之，無不動。是其徵也。」先生深通漢學，於絕無左證之事，實實還他左證。是之謂致知，是之謂格物。〔雖死猶生〕

1646	原 193/2	廣午 1/2	大 6/109

西女蹴踘

西人以技藝為戲，騰驤飛舞，色色精能；而其蹴踘一齣，尤為戲中最出色之作。故亟圖之以告閱者。曰：場中植酒瓶十數枚，錯綜參差，隨意布置。一皮球大如斗，居中央。女子出，躡而登；雙足運動，球隨之轉。繞瓶之隙，忽東忽西忽南北，委曲周旋，如蟻穿穴，斯已奇矣！又取一板，狀如花牆，約二尺高，使兀立；又取一板之狹而長者，橫亘其上。女子蹴球上板，身立球上，忽東行，忽西行。但見此板如扁舟浮浪中，首俯則尾仰，尾俯則首仰；而其俯焉仰焉，益助其嫵媚搖曳之姿，而不虞傾覆。斯奇之又奇矣！觀於此，而歎超距走索之猶有力之可著也，此之謂技神，乃以為尾聲。〔圓轉如意〕

1647	原 193/3	廣午 1/3	大 6/110

捉放白鴿

世人以寡婦餌鰥夫，謂之「放白鴿」。數日之後，飄然遠去。所費財帛，盡擲虛牝，甚有并男家物件席捲以去者。近則有業金箔之某甲，媒合一婦，一宵即遁去。甲於是報捕房，告包探。轇轕六、七日，訪知藏匿在法界新街之德春棧。於是邀同巡捕，入室搜查。得之裝病女齡之身側，而挾之以去。噫！昨宵倚旎，已成被底之春；今日遭逢，仍是陌頭之柳。相看四目，不難為情乎？〔歸巢〕

1648	原 193/4	廣午 1/4	大 6/111

善士舉襄

浙湖善士陳氏竹坪先生，忽於三月間作古。一時識與不識，聞之皆相與太息。況又及身受恩，貽世樂利者，宜其感激不能自已也。舉襄之日，談者侈言其儀從之炫赫，親友執紼者之相屬於道，舉不足為善士榮。惟此黃冠草履，執香遠送之數百鄉人，則大可思已。自古皆有死，人烏可徒死乎哉？〔蓋棺論定〕

1649	原 193/5	廣午 1/5	大 6/112

雷擊翁仲

報載福建福甯府福安縣屬之穆洋地方，有古墓一所，墓前翁仲高丈餘。一日雷電交作，闢翁仲為兩段，又云翁仲腹內有一石塊，如周歲孩提。竊謂天地之氣，不外陰陽；陰陽摩盪，乃生萬類。山魈水魅，未始非天地之氣之所結而成；況成形之翁仲，其變幻更非無因。但以男身而為女孕，斯其作怪中之尤作怪者矣！姑存其說，以俟來質。〔作怪〕

1650	原 193/6	廣午 1/6	大 6/113

倚勢釀事

子矜挑達，載在《詩》篇；仲尼不刪，所以垂戒。茲得兩事，知非子虛。節錄如左，願見者引為炯鑒；勿逞片刻之豪，致貽終身之悔，則幸甚。其一為吳姓江蘇候補縣之子，係寓盛家浜者。云有少艾行經其門，公子適見焉，故遺巾帕待其俯拾，以為通詞之媒。不料事與願違，遷怒途人，遽爾肇釁。於是以冶蕩始者，以毆鬥終。其一為葉姓典史之子，兄弟兩人在留園游玩，與人口角，亦遂用武。聞亦為女色起見，致人受傷。現為護撫院黃中丞訪聞確實，奉委者撤差，署事者撤任，榜示官廳，以為不能約束子弟者戒。兩月之間，兩家之事，如出一轍焉。異哉！〔作速改過〕

1651	原 193/7	廣午 1/7	大 6/114

黃狼搬場

津郡北門外侯家後地方，一日有黃鼠狼百十為群；馴而不擾，竄而不驚，由永聚樓飯館入萬有棧去。該處向有五、六家之目，黃狼居其一也。盤據人家倉廒中，主人之運亨，則佽助以炫其功；主人之運乖，則揶揄以肆其侮。周急不繼富，反其道以為用，是真狡黠已。近則津城之西李家樓之李某，檢粟籍，日消耗，忿甚。折柳枝為兵器，聲其罪。命家人向空中奮擊，果有聲哀哀乞饒恕而現形者。今之遷避以去，知主人之不再容也。狡黠如此輩，終不免有敗露之一日。〔屁王〕

1652	原 193/8	廣午 1/8	大 6/115

淫棍無法

上海淫風之盛，甲於天下，而甚於北市。其地為中外交涉之地，其民為五方雜處之民，故號稱難治。然西人於淫亂之事，未嘗不深惡而痛疾之；但於市道恐有關係，乃隱忍不言耳。曾不謂地為我地，民為我民，非深昏，非僻處，無賴成群，肆行無禮，如也是園南之事者。據報述，有女子二人過其地，竟被阻扭，欲圖強占。二女子極聲呼救，幸獲救免。噫！是可忍也，熟不可忍也。〔殺無赦〕

1653	原 193/9	廣午 1/9 右	大 6/116

夢游斗宿

婺源馬企良有餐露癖，偶買得老鎗一枝，舊斗一隻，款鐫「道光丁未」字樣。夜靜時，聞有聲自內出，細若蟲語。一日過癮未畢，朦朧睡去。夢見一叟小不盈寸，邀與同遊。馬自顧，體亦暴縮。叟導入一徑，徑窄而暗，幸不曲折。蛇行約半里，得一境，略寬闊。上有一穴，日光漏入。但見黑石叢壘，玲瓏如假山。以問叟。叟曰：「此黃金也，朝煆而夕煉之，今枯矣！」于是躡石攀登，探首穴外。則有華屋連棟，沃田繞之。子女玉帛，充牣其中。不覺豔羡。叟曰：「爾若隨老朽修真洞府，樂而忘歸，則穴外所有，漸將攝入穴中。」正眺望間，忽聞霹靂一聲，天傾地塌，驚而醒，則其子將煙斗把玩，誤碎于地也。內有煙膏一顆，凝結如人形。回憶夢境，始悟叟即此物。拾視，碎片已不能配釘復原，乃頓足而嘆曰：「惜哉！靈斗。」〔夫容城〕

1654	原 194/1	廣午 2/9 左	大 6/117

殺青蛙報

蛙俗名田雞。秧針初綠，其族乃繁。農人抽秧分蒔，彼遂蹲伏田中；凡蟲豸之有害於禾者，食之務盡。一身蒼翠，與秧齊色。力田人功畢歸，便吉各胡鳴，唱一和百，聲聞數十里。所謂「蛙鼓」也。說者謂其有功於禾，故相戒不食。溫郡西城下有業魚者子，年未弱冠，生性刁殘。見蛙即捕，捕則抵隙塞牆以為快樂。不虞牆內有伏蛇，探手入，突被射；蛇毒貫心，登時殞命。是即蛙假蛇以復讐也。多戕物命，必及其身。觀於此事而益信。〔以殺召殺〕

1655	原 194/2	廣午 2/10	大 6/118

鎮平大水

粵東鎮平縣屬，五月初四日，以霪雨兼旬，河水陡漲，田廬多被淹沒，沖斃人口以二、三千計。高原下隰，一片汪洋，居民受其災，不堪設想。邑侯鄒石卿司馬之麟聞報之始，刻即星夜下鄉，極力救護；并將被災情形，電稟省憲，請發巨款賑濟。司馬會同省委各員，親歷災區，分別賑恤，不致一夫失所。此次水患，潮州上流一帶，均受其災，而鎮平被害尤甚。何蒼蒼者之未厭禍耶？所賴當道諸公仁心仁術，拯濟情殷，是又中澤哀鴻所同聲感頌者也。按司馬為粵西賓州人，服官東省行三十年，歷任首要各缺，卓著循聲；再任鎮平將逾四載。彼都人士，有道出申江者，咸藉藉道賢侯善政如司馬者，洵不愧為民父母矣！〔民之父母〕

1656	原 194/3	廣午 2/11	大 6/119

道學惹嘲

有塾師授徒六、七，自負程朱後身。一日，有遊僧乞食於門外，木魚琅琅，自辰至午不絕聲。塾師厭之，擊以夏楚，叱使去。曰：「汝本異端，此地皆聖賢之徒，不受汝愚也。」僧曰：「今之儒，猶今之僧，皆失其本來，何必定相苦？」振衣逕去，遺布囊於地。久待不至，捫之，中儲散錢累累。其徒欲取，師曰：「須見數，免相爭。」甫啟囊，群蜂坌涌，螫師弟，頭面盡腫。大聲呼救，鄰里奔集，而僧忽至。謂師曰：「聖賢乃取人財耶？今日異端得罪聖賢矣！」此事見《灤陽消夏錄》，讀之頗快意。該僧猶自言其蔽，而塾師乃自忘其廉。然則今之儒，且不及今之僧矣！好裝道學面貌者，切須小心。〔見利思義〕

1657	原 194/4	廣午 2/12	大 6/120

官府旌善

功名富貴，賦命在天，人不得而爭；名教綱常，達道在人，天不能為限。故世有至行奇節，在若人祇行其所安，而朝廷必旌獎之，以振興風化，蓋其所視者重矣。方今金陵紳士稟請上官，捐設采訪分局，並保請嘉定徐君聞韶為董事。徐君在甯有年，與該處紳士相習善。人以其和而好禮，事不辭勞，而往還尤稱浹洽。事經批准，兼請給匾以為勸。茲由上江兩縣奉飭送交「樂善不倦」四字。蓋即上官俯順輿情，與人為善之至意也。擇吉懸挂之日，戚友相率登門叩賀，以誌寵榮云。〔西方之人〕

1658	原 194/5	廣午 2/13	大 6/121

獸不知名

車利尼去滬他適，將其所畜獅、虎、熊、象、牛、猴等，議售於楊樹浦之大花園。可謂處置得宜，彼此皆有益。因憶五月間，溫城突至一獸，入自望京門。市人起而逐之，因走入厝庫寺。好事者攔而納之豬籠中，移置小教場，任人觀看。據云：喙鋭而尾脩，毛黃而睛綠，體雄力厚，入水不濡。有以為熊焉，有以為獾焉。臆説紛紛，莫衷一是。今人見《爾雅》、《山海經》，每謂其悠謬支離，不足資我學；不知鳥獸草木之名，仲尼且詔人以多識。終軍辨豹鼠，試士質天雞。勉勉前修，令人穆然思、睪然望矣！〔從何處來〕

1659　原 194/6　廣午 2/14　大 6/122

食孩宜辨

有人言寶山縣屬之大場鎮開浴堂某者，賄穩婆洋一元二角，得貧家不能自育，送置善堂之小孩；又賄挑買湯圓之湖廣人錢六百文，殺而置之罐，煮而熟之，將以為食，以滋補其身。為挑水夫撞破，水夫乃述於人云云。斯言也，僕疑之。天下凶惡之徒，愍不畏法，崇信邪術，胡亂妄為，事所恆有，不足為怪；惟是大場地非荒僻，浴堂人不稀疏。水夫思動食指，轢羹乃見小手。則此小孩之得自穩婆，誰知之？殺之為湯圓夫，誰見之？穩婆之得洋一元二角，湯圓夫之得錢六百文，又誰言之？不待細辨，而已知其不足與辨矣！或曰子之繪圖也，何為？曰：借題立案，果犯事必論抵。而其挾嫌誣害以興獄訟者，獲罪亦匪輕也。不可不知也。〔豈有此事〕

1660　原 194/7　廣午 2/15　大 6/123

謀財新法

操刀入室，禁人發聲，席捲一空者，曰「盜」；穿壁竇牆，乘人熟睡，見物即取者，曰「賊」；等而下之，一闤之市，爾擠我擁，揣人囊橐，見利而為者，曰「剪綹」；又有指東畫西，移人心目，冷遞以去者，曰「扒手」。諸如此類，人所習見而習聞矣。茲得日本人謀財一法，尤為生面別開，不勞而獲，令人益嘆行路之難也。其言曰：「東海道鐵路汽車望沼津進發。客中有某甲者，身懷饅頭，與一生客談甚相得。因給一枚，與之食。食畢而腹痛，人亦沈迷不省事，帶有金圓五十，盡被取去。及至車停人醒，甲已逸去，追究無從。」然則萍水相逢，無端而與我見好者，其中必有毒也。出門人可勿鑒之？〔餌之以利〕

1661　原 194/8　廣午 2/16　大 6/124

過渡行凶

陳義德、俞錫卿兩人同業柴，而因以為友。俞以失業故，告貸於陳者數矣。陳惡之，而無以為拒；乃偽為下鄉收帳之言，反邀俞同行。俞不知其計也。呼吳姓渡舟逕渡浦之東，纔及中流，出不意掀俞入浦江。吳色駭，大聲呼救，陳又抽刃相向。幸有砲船覷面來，乃成擒；俞亦遇他船救去，得不死。現已送縣究辦矣。夫朋友通財，可以期君子而不可以責小人。俞之取厭於陳，咎誠在俞；而陳以不肯稱貸之故，遽思置俞於死地，且遷怒於呼救之渡夫，則陳之為人可想而知矣！有臨民之責者，慎勿以命案未成而輕縱之。〔狠心〕

1662　原 194/9　廣午 2/17 右　大 6/125

人樹交柯

普國某鄉有古樹一株，名相思樹；近根處擁腫若人形，肢體具備，但無眉目耳。相傳昔有奔女俟所歡于樹下，久之而不見子都之來，倦極抱樹假寐。及醒，手足已變為樹枝，力掙不得脱。天將明，人樹合而為一。至今葉上有斑點，云是淚痕所化。亦可謂工于傅會矣！〈長恨歌〉有曰：「在地願為連理枝」，此并欲求為連理而不可得。爰戲題一絕，曰：「竟向桑中作寄生，攀枝羞説女兒貞。望夫片石千年峙，一樣相思兩樣情。」〔情根〕

1663　原 195/1　廣午 3/18　大 6/126

回煞述奇

喪家回煞，沿為俗例；是有是無，莫可究詰。但據術者所批，曾無有執拘不遵者。北方尤為畏敬，舉家必須退避，翌日始歸。曩有黠盜，偽為煞神，踰垣入；方開篋攫簪珥，聞鬼聲嗚嗚，自遠而近。盜皇遽欲避，出相遇於庭，不知其亦盜也。彼此以為真煞神，皆悸而失魂，對仆於地。黎明家人哭入，突見之，大駭。諦視，知為人，以薑湯灌蘇，即以鬼裝縛送官，見者莫不絕倒。紀氏曉嵐曰：「人以是疑回煞之説，不可盡信。予謂鬼神之道，彌遠彌近，亦顯亦微。兩人之裝束同，兩人之心事同。共為盜而不約而約，不真而真。非有使之者，烏有如是巧合哉？雖謂煞神之播弄可也。」〔莫道無神卻有神〕

1664　原 195/2　廣午 3/19　大 6/127

溯洄從之

蘇城之北東南皆水鄉；柳陌菱塘，板橋茆店，鄉居風景，頗饒清幽。顧三里五里之往還，必藉扁舟以從事。否則，近在咫尺，雞鳴狗吠相聞，而帶水差違，一如避秦桃源，可望而不可即。故生長於此者，不獨丈夫能操舟，婦女亦能之；不獨強壯善泅水，童孩亦善之，安於所習也。松江普照寺前，一水盈盈，有孺子歌曰：「滄浪之水澄，可以濯我身。」唱予和汝，一時解衣磅礴者有六、七輩。見遠遠有蕩槳來者，欸乃一聲，與謳歌之聲相應答。睆視之，乃兩少艾。童子無知，扣其船舷左右傾，遽將船頭一女子翩然如綠珠之下墜。及至扶起，已頂踵淋漓矣。相與一笑而散，然謔而虐矣！〔手舞足蹈〕

1665　原 195/3　廣午 3/20　大 6/128

閩中多狼

前日有人傳言廈門多虎，被西人設法擊斃數頭。近又傳言西北關外被狼嚙斃男女，不一而足。其最著者，為新店鄉某家女子，年僅十二、三，被狼咬傷。有人逐之，竟負女渡溪而去。因憶説部中載有富室某，得二小狼，與家犬並畜，亦與犬相安；稍長亦頗馴，竟忘其為狼也。一日，主人晝寢廳事，聞犬作怒聲，起視無一人。再就枕將寐，犬又如前號，乃偽睡以俟。則二狼伺其未覺，將嚙其喉；犬阻之，不使前也。乃殺之。秉性凶殘，引與親暱，不害其身不止也。狼何知焉？〔中山之後〕

1666　原 195/4　廣午 3/21　大 6/129

鬼制凶暴

計大頭者，浦東之高橋人，暴戾恣且，無惡不作，鄰里奉之如神，備之如賊。一夜被鬼遮闌，陷泥淖中幾死。該處鄉人來，為予言之。予喟然曰：「此事與《灤陽消夏錄》

中王禿子事絕相類。」王禿子者，幼失父母，育於其姑王姓，遂冒姓王。凶狡無賴，所至童稚皆走匿，雞犬亦為之不甯。一夜與其徒行經叢冢間，為群鬼所遮。徒股栗伏草際，禿子揮拳與鬼鬥。一鬼叱曰：「禿子不孝，吾爾父也，敢肆毆？」禿子固不識父。方疑惑間，又一鬼叱曰：「吾亦爾父也，敢不拜？」群鬼又齊呼曰：「王禿子不祭爾母，致飢餓於此，為我眾人妻，吾等皆爾父也。」禿子跳踉旋舞，終以不勝。前後兩事如一轍。人不敢與計較者，鬼得而狎侮之。凶狠者可廢然返矣！〔英雄盡矣〕

1667	原 195/5	廣午 3/22	大 6/130

大官毆人

歐州某國兵部大臣某，日者以事道出倫敦之某道。該道因事人擁途塞，車遂濡滯不能進。大臣怒，下車，抽鞭向人亂擊。而某日報之訪事人，適當其厄焉；忿激欲訟，懼不得直，告之某大僚，曰：「國法無私，不以貴賤殊也，是宜訟。」但不知訟後宜得何罪？昔西人譏我中國官員作事，每紓緩不若彼國之勤敏。觀於此事，勤敏與紓緩較，果孰得而孰失耶？休休有容之度量，不足與彼族言之矣！〔先禮〕

1668	原 195/6	廣午 3/23	大 6/131

佛山多猴

有閩人李其姓，生長於新嘉坡。近歸自峇釐，言峇釐之附近有佛山；山之上有神，甚著靈異。進香禮拜者，登山必以步，輿馬非所用也。違之，即有猴子來纏擾。李有叔，知其故，約偕遊，至則戒舍馬而徒。李不遽聽，幾為猴困；及飼以食，乃免。所言止此。惜哉！李之陋也。夫人遨遊勝地，不可以無紀。此山之神，神為何像？廟貌如何其崇閎，建造伊何其年月？石徑盤紆，何如其險峻，澗流清澈，何如其瀠洄？司廟者為何人，人為何籍，作何狀？其餘琪花瑤草，奇獸珍禽，得於目者，以筆之於書，為曾至其地作質證，為未至其地作臥遊，豈不快哉！惜乎！所言止此什伯猴也。甚矣！李之陋也。〔附會〕

1669	原 195/7	廣午 3/24	大 6/132

娶婦妄譚

京師崇文門內馮某有子，聘沈姓女為室，完婚有日矣。馮之鄰蘇姓有女，頗有姿，馮子好之，潛通款曲，蘇女亦願締絲蘿；於是不待六禮之周旋，而已定三生之愛好。此事在沈女前，無人知曉也。無何，吉期至，蘇女誓以死。兩家父母俱不忍轇擾，議於前夕先迎蘇女，俟沈女到門，一同交拜。俄焉沈女至，沈之家人見之大駭，返告沈翁，翁訟之官。據云官善和事，斷蘇為元配，以沈為繼室，就此完案。噫！此何官耶？此演劇中之癡官耶？問官如此憒憒，恐九幽地獄中無此昏暗也。為人采訪新聞，縱不能事事徵實，而倫常所繫，即風化所關，信口胡言，或不免遭問官之提訊也。言不可不慎也。〔是謂無識〕

1670	原 195/8	廣午 3/25 右	大 6/133

捕魚得人

松江之西門外米市渡口有鄉人焉，支茅作屋，撒網撈魚，臨水生涯，頗為不惡。一日斂網，其重百鈞，疑為十倍利市也。極力曳出，乃見兩人，一女一僧，手皆反接，其為姦案無疑。夫色慾之事，亦難言矣！人苟非一貧徹骨，游蕩不事事者，誰無糟糠妻；然猶不免有踰牆穿穴，存得隴望蜀之心者。和尚獨非血肉體，而必於彼乎是靳，於理亦欠持平；況姦出於和，固有願與之和者。送官究辦，案律不過杖責，勒令還俗而已，無死罪也。鄉愚恃蠻妄作，殊非造福之道。〔樂極生悲〕

1671	原 196/1	廣午 4/25 左	大 6/134

戈壁蠍虎

《灤陽消夏錄》俞提督金鰲言：「嘗夜行闢展戈壁中，遙見一物，似人非人，其高幾及一丈。追之甚急，彎弧射之，中其胸。踣而復起，再射之，始仆。就視，乃一大蠍虎。」按戈壁碎沙亂石，水草不生，即所謂「瀚海」也。蠍虎何所得食而能成其生？且生也，而能如是之大哉？既大矣，無論遇人遇物，勢將攫而為食，可想而知矣！幸該提督之力足以制之也，否則殆哉岌岌乎！〔能殺人〕

1672	原 196/2	廣午 4/26	大 6/135

得賊失賊

鄞縣學署失竊交椅、圍屏等件，報縣捕緝。不數日，人贓並獲，捕即交保看守，稟官飭差提案。該保年老昏聵，隱几瞢騰，賊遽斷鍊逸去。世人稱儒學為冷官，苜蓿一盤，此外別無長物。賊而計及於此，計亦左矣！祇以空手往返為不利市，故負此笨重者，聊償其一宵之辛苦。固知案之無不破也。幸遇地保，睡魔即為賊之解神星，尚可數日置身事外。〔那裏去了〕

1673	原 196/3	廣午 4/27	大 6/136

屍產

日報言天津城西有蔡氏婦，染疫而死，停屍待殮。屍忽轉側，守者報知其夫。夫知婦孕已逾九月，乃將束帶寬緩，而呱呱者已應手而下；婦則身冷於冰，無望生還。按此事真是聞所未聞，夫人得天地之氣以為生。胎在腹中，亦藉其母呼吸之氣以為生。母之歿也以病，病之作也出自臟腑；臟腑壞而子安得獨存？且人之生也，雖曰瓜熟蒂落；苟非其母極力迸送，不能破關而過。今誰為送之？不得以尋常情理測之矣！讀《大學・致知補篇》，謂天下之物，莫不有理。竊恐非理之理，雖宋儒亦將窮於辭矣！〔一綫生路〕

1674	原 196/4	廣午 4/28	大 6/137

袖刃行凶

京師東直門外有地名紅橋者，一小村落也。有茶社翦茆作屋，倚樹為牆。清風徐來，頗足以留竹深之客，納荷淨之涼。楊阿八者，該處之土著也，曾隸顯宦臧獲籍，頗有積蓄。一日清晨，方倚檻啜茗，來一翁，謦欬未通，驀前作揖。楊匆遽作答，揖未畢而肩膊洞穿，腥紅遍體。荊軻獻督亢圖無此敏疾也。於是七手八腳，執翁而毆之，至於死。說者曰：楊某當年取財不義，此老不惜其身，至甘并命以洩其忿，其事可知矣。噫！怨毒之於人甚矣哉！〔是何讎〕

1675	原 196/5	廣午 4/29	大 6/138

花間勘賊

乾隆中有京官，一日飯罷，步階前看菊，忽聞大呼曰：「有賊！」其聲暗嗚如牛鳴盎中，連呼不已；諦聽之，乃在廡下爐坑內。急邀邏者來啟視，則儽然一餓夫。昂首長跪，自言前兩夕乘暗闌入，伏匿此坑，冀夜深出竊。不虞二更微雨，夫人命移醃虀兩甕置坑板上，尚冀雨霽移開，或得出。乃兩日不移，饑不可忍。自思出而被執，罪不過杖；不出則終為餓鬼，故作聲自呼耳。然則夫人是福星，移甕之舉，特會逢其適，而賊遽受困。古來命將出師，所以必求福將者，誠非無故矣！〔惛賊〕

1676	原 196/6	廣午 4/30	大 6/139

捕婦服盜

火器盛行，拳勇遂廢。跳刀舞棍，人疑所習非所用；然僅求免害，非以陵人。藝果造極登峰，數十人不足敵。日報述舊事曰：山東濟州解餉官差遇盜，餉盡失，哀鄰縣捕役。役有妻，矯健絕倫，隻身與盜戰，盜披靡，盡返所劫。因思吾吳素稱文弱，而離城數十里之巨富，在道咸間子弟猶多習武。髮逆之役，鄉民團練，累與賊搏揞拄二年餘。不有能武者，糜爛度更不堪矣！大抵貧民習武易滋事，富民習武乃能弭事。此理不可不知。今無繼起者，乃鴉片煙之為禍烈矣！〔眾不敵寡〕

1677	原 196/7	廣午 4/31	大 6/140

罔識歹人

蕪湖人言，六月初，江北某鎮有某甲為雷殛斃。甲本無恆業，藉煙館為生。某乙者，其主顧也。甲知乙新變產，貸得洋八元，約日歸款。乙屢索不得。一日遇諸塗，方紛爭不已。適有買豬客道出此間，毅然以魯仲連自任，為甲代償，期彼此釋嫌。不虞探囊取出番佛。甲見累累，心大動，詭言曰：「無以報德，願枉顧敝廬，供一餐以盡敬。」客本坦直，深信不疑，至其家，出妻款客，甲返身出門去。妻潛告客曰：「此非善地，客宜速行。」客皇遽，行未數武，甲已追及，脅以刃。客大懼，傾貲以獻，求饒命。甲不可，幸逢丙、丁為之緩頰。甲仍執不可，而於是為雷震死。雖然甲之死，固有餘辜；亦客之好為豪俠，罔識歹人，有以召之也。《易》曰：「慢藏誨盜」，出門人宜書諸紳。〔小心〕

1678	原 196/8	廣午 4/32	大 6/141

鬧房啟釁

人家有喜事，例有鬧房之舉；上而紳宦，下而士庶，不以此為嫌也。然非閑之以禮，則見輕於主人，貽笑於僕輩，亦可羞之甚。有人言京師宣武門外有田某，鬧楊家新房，調笑以口，撫摩以手；新婦不能堪，舉掌一摑，田某鼻流血如注。此以見輕薄者之適以自侮也。另聞家人言，有戚串亦以鬧房幾釀大禍。新房極華麗，床之左右及後，障以雕鏤花窗，不見牆壁。有年輕子退外服，猱升而上，隱身梁間，將伺新人作何語言，以為笑樂。不料窗質脆薄，承重筍折；窗為之覆，而人亦與之俱下。妝臺當其衝，所有陳設倒地粉碎，而鋒厲如刀山；人墮其中，血肉狼藉。養傷百日始出門，瘢結斑點，面目一片模糊，非復翩翩之佳公子矣。然僅免於死，亦云幸矣！〔打得好〕

1679	原 196/9	廣午 4/33 右	大 6/142

再醮不成

紀文遠有言曰：康熙甲午乙未間，北地有姜某者將死，屬其婦勿嫁，婦泣諾之。後有艷婦之色者，以重價購為妾。方靚妝登車，所蓄犬忽人立怒號；兩爪抱持，嚙婦面，裂婦鼻準，併盲其一目。婦容既毀，買者委之去，後亦更無覬覦者。人於是交譽犬。文達曰：「此非犬之功也，必有鬼藉犬以為厲也。」此說良是。〔鬼亦多事〕

1680	原 197/1	廣午 5/33 左	大 6/143

鸞書助振（上）

嗚呼！振之為道也，大矣哉！去年奉天秋水為災，彌漫千里。該處舊有乩壇，厥名「駐雲」，由壇分社，號曰「分香」，主社仙翁為陳氏希夷子。時因在壇弟子募振有功，賜書尋丈大字以相勸勉。茲於五月望日，又奉壇諭曰：「斯民待食孔亟，非振無以善後。其有願得仙人筆墨符篆者，……

1681	原 197/2	廣午 5/34	大 6/144

鸞書助振（下）

……按例呈銀，准如所請，以七月朔始，年終止。」書例詳載七月朔《申報》附頁中，覆按可得也。茲將希夷子所書八六尺大壽字各一挂、唐氏六如先生所書八六尺大虎字各一挂，以及種種符籙，寄交上海公所，分別懸示，任人觀覽，求書宜速，過期不書等因。分予餘潤，藉仙心佛手以為功；哺彼哀嗷，如玉液瓊漿之遙貺。行道則有福，盡人以回天；是所望於惻隱君子焉！〔善可格天〕

1682	原 197/3	廣午 5/35	大 6/145

白鴿餘波

趙陳氏再醮黃榮棠，兩次脫逃，並在德春棧拘獲。棧主為李得春，送案後，令償黃姓原洋。據氏稱，所積洋圓盡存李處；而李抵賴無有，挺押不繳。此其凶狡已見一斑。及官喝令重笞，又有伊子桂春者投案，願代父責。噫！此即抄陳氏之舊文章也。陳氏子容或激於天良，李則逆知官心仁厚，有意嘗試。蓋小客棧中有一等打雜差，圖糊口，所謂有飯無工錢者。李自知必笞，故串令冒子以代責。此其狡猾，尤可想見。若得本官父子并懲，且加倍重懲，自必有真情之吐露，而李之奸計可立破。惜乎問官真君子，可欺以其方也。〔便宜了它〕

1683	原 197/4	廣午 5/36	大 6/146

說鬼

中元節前後，紛紛到處見持簿寫疏，為盂蘭會。說者謂人借鬼力，半入私橐，因命其名曰「死活有分」。言雖近刻，事或有之。裝點其事者，則又剪紙為鬼，四處遊行。俗傳目能視鬼者，曰「走陰差」。幼聞其言曰：「鬼無地無有。午前陽盛依牆陰；午後陰盛，便雜行街市間。但與人稍遠，避陽氣也。不為害。」又曰：「喜圍繞廚灶噉飯氣，又喜伏溷廁窺人下竅；見婦女大小遺，則更俛仰嬉笑，不可描摹。大抵鬼之謀食，勝於人；鬼之謀生，尤切

於人。不得食，啾穀氣以解嘲；冀輪廻，對人道而癡想。此鬼之所以為鬼也。因揣鬼情狀以示諸人。〔自有鬼趣〕

1684	原 197/5	廣午 5/37	大 6/147

西劇二則（其一）

鍾君潄園通西學，尤長于音律；曾游泰西諸國。歸而告余曰：「五聲十二律，中外所同也。向在美國戲館聽其度曲，譯以中國字音，頗成文理。其詞曰：『陌頭楊柳青，陌頭楊柳青，到春來病轉深。昨宵有箇人兒俊，乍相厮相並，偏又是迷離夢境。睡起思昏沉，見窗外海棠紅褪，無那惜花心。小婢子太憨生，殷勤相勸去尋春。攙扶起瘦骨輕盈，闌干十二穿芳徑，怕蒼苔路滑，一步一留神。只見些粉蜨雙雙過，比鄰黃鶯對對囀花陰。似笑我生來孤另，只有藥爐親。』」余使操西音按拍一遍，則又滿口呷啞，渾難解聽矣！此殆以余固不善西語故，設此以資談助歟？余亦惟以不求甚解者，付之一笑而已。……〔清歌〕

1685	原 197/6	廣午 5/38	大 6/148

西劇二則（其二）

此亦鍾君所述也。據云：「癸未秋，客緬甸，聞有妓名珍珠者，以善舞得名，而聲價絕高，非五十金不能一覩妙技。有緬友與妓素暱，招致旅舍，妓問中國舞有幾法。鍾漫應曰：『甚多。若回鸞、七盤、縈塵、集羽、翹袖折腰諸舞，皆能之。』妓曰：『然則中外之舞同耳。』笑倩侍婢，取舞衣至，臨風一振，香滿四座。兩袖窄僅容臂。可見長袖善舞之說，亦不盡然。于是結束登場，婆娑作態，亞身成字，偃地為花。雖古有飛鸞輕鳳，諒不是過。其席地而奏樂者，皆召自梨園。器則非箏非琶，非竽非筑，莫可名狀；而五聲十二律，則仍與中國同。」「珍珠」二字，蓋鍾君從緬音譯出者。其本名須以緬音呼，余不能，故忘之矣。〔妙習〕

1686	原 197/7	廣午 5/39	大 6/149

闊賊有妻

楊翰卿，江湖巨竊也。此次海晏將開，在碼頭被包探窺破，拘入捕房，送案訊究。究出有妻有子，有同黨，有女僕奚童。身穿衫袴，時色綢羅。既遇明眼人上前盤詰，猶稱某道委員，大言欺人。及至吊妻到堂，歸案并辦。妻在押所，又且匿有金表、銀紐扣、洋圓等。審訊之時，游供表為某家託寄，洋係回里之資。清辯滔滔，冀圖脱卸。此固賊中之最狡獪者矣。乃夫犯竊五年，今始破獲；則此五年中所得贓物，度不可以數計。行江海者防範其可一刻疏也？會審公堂例不用重刑，故若輩終無忌憚。留照片以存案，計不如面旁刺字，使人一望而知。〔樂爾妻孥〕

1687	原 197/8	廣午 5/40	大 6/150

英師問字

鍾君又云，英國人亦有讀中國書者，嘗至一鄉塾，塾師出《千字文》請教，曰：「『黃』為地之色，則言天何不配色？『元』之為言始也，豈天地始黃乎？」鍾對以此字原文從「丄」從「幺」。因是我國廟諱，故以同音字敬代。師曰：「然則即孛辣克乎？」鍾曰：「如此則天地黑黃矣！從『丄』從『幺』之字，解作黑中有赤，與黑字有別。」師又曰：「華文讀法，既從直行，則併法亦當順下。『地』字何不書作『⿱土也』？」鍾曰：「英文有音無義，儘可橫排；華文發源六書，左右上下，皆有取義。即此四字而論，左手為『𠂇』，即真書『左』字；右手為『又』，即真書『右』字。兩手合為『𠂇又』，即真書『共』字，同『拱』。反『𠂇又』為『又𠂇』，即真書『攀』字，同『撲』。『丄』，上也；『丅』，下也。改為『⺊』，則象灸龜之形，非上下之義矣。故『地』之不能作『⿱土也』，猶『黃』之不能作『畉』。」師憬然曰：「吾固不知華文之如是其奧妙也。」臨別猶手執一卷，切問不已云。余戲謂鍾曰：「今而後，吾道其西。」〔質疑〕

1688	原 197/9	廣午 5/41 右	大 6/151

妖婦采生

京師人述言阜成門西南十數里，地名「兩家店」。有耕氓某甲，祇夫婦二人；夫耕婦饁，日以為常。一日午餐不至，疑婦身懷六甲，將臨蓐，荷鋤竟歸。歸見婦綳縛於屋柱，形迷罔不省事；旁有一婦出器具，若將有事於其妻者。執而詢之，絕無一言；毆之，亦不言。以為采生來者。夫僧道采生，見於小說者有之矣。有咒有術，務在必得。該婦誰教之？誰使之？無論小說不足信，即果有是事，豈草草為之，絕不慮及此事之能成與否，而遽陷其身以求不可必得之數哉！吾知其言之不足信也。姑妄言之，姑妄聽之。〔另有別情〕

1689	原 198/1	廣午 6/41 左	大 6/152

小竊有竊

蘇阿其，廣東人，年尚輕，而慣行竊。有鄉人陸和尚者，攜蔬菜入市擔賣，賣畢束千錢，置擔中欲歸。吻燥無茗，遇街頭分片西瓜攤，隨意咀嚼兩、三片，以和苦口，以沁清心。不虞食畢將行，回視擔中，筐則猶是，蚨已高飛。詢攤主沈春和，沈遽悖蠻，謂為誣竊，欲令和尚出茶酒資千文。實則阿其所竊，即匿其板下。幸得包探拘阿其送案，此事乃明。問官謂春和曰：「爾見竊不言，希圖分肥；及陸知覺，又索酬謝。爾之用心可謂巧矣！」聊聊數語，如見小人肺肝。〔不告而取〕

1690	原 198/2	廣午 6/42	大 6/153

有心得罪

府縣城隍神建廟本境，保障一方。逢清明、中元、十月朔，入壇祭祀，周境巡行；俾沴戾潛消，民咸獲福，典至隆也。而乃游手借事為榮，愚婦媚神徼福，無端而許願，無端而薦筵。猶以為未足，則且手桎梏，髮蓬鬆，披朱衣，服練裙，隨神行境，聳人觀瞻。可笑可憎，如妖如魅。神且弗福，身必遭殃果也。邑尊見此惡態，立帶回衙，不吝鞭笞，為神發落。庶乎其欲遂，其願償也。此之謂民之父母。〔弄假〕〔成真〕

1691	原 198/3	廣午 6/43	大 6/154

僧道打架

津郡有海潮寺，其方丈僧曾隸軍籍；紳士延之以為住持，因此寺為紳士所新也。近來該僧自遨遊歸，入門頂禮，廟貌全非；詰責緣由，蓋老子已占如來之香火。僧祛道，道不服，舌戰不已。道遽舞項莊之劍，僧亦飛少林之拳。驚動里人，懼出人命。有知其根柢者言不直本在黃冠也。相與逐道，而事乃寢云。〔兩教不和〕

1692	原 198/4	廣午 6/44	大 6/155

跳舞結親

西禮凡擇婦者，先期各折簡于女家，約定某日在某處會跳。至日，紅男綠女，結伴而來。廣夏宏開，鼓吹競作。男抱女腰，女搭男肩；彼以跳來，此以舞往。繞屋數匝，力倦而止。此後便成相識，時而尊酒對酌，時而盃茗談心。往來既稔，女心十分愛悅，然後結朱陳，為秦晉云。前報載遮譬求婚，兼取跳舞。竊疑其事涉玩褻，而孰知此禮實為泰西所重。可見風俗之殊，隨其方域。重洋遠隔，周公固未嘗到矣！而但執〈昏義〉一篇，稽媒氏一官，謂夫嫁娶之禮之盡于此焉，都見其囿于鄉已。〔鳳友鸞交〕

1693	原 198/5	廣午 6/45	大 6/156

丐婦大力

西洋某地，一鄉之人皆佃農。一日，來一丐婦，沿門托缽，求為布施；而氣象傲睨，不作乞憐態。人故欲與不肯與也。丐婦曰：「人能與我一交手，負則自屈。縱不蹈海死，亦當退避三舍。否則供養我，毋嚕嚕。」於是一鄉之人皆若狂，群女徒手進，不勝，助以夫男，又不勝；執器械而進，反為所攘，隨意指揮，人盡披靡。無奈議月佽助若干，乃得了事。生今之世，無人無事不尚霸，極而至於乞丐，猶霸足以屈人。柔懦者不可以為生矣，可慨也夫！〔不受人憐〕

1694	原 198/6	廣午 6/46	大 6/157

借命圖財

粵某陳姓，年弱冠，偶入賭寮，輸去衣服；歸家懼遭詰責，街頭彳亍，進退為難。而忽有自稱表兄，稱陳曰弟者，殷勤道故。詭問緣由，憫其所遭，邀與俱去。仍為之置易新衣，飽餐脫粟；又與之同遊花國，貼睡花邊。此福何來？乃得之困頓無聊之後，真是夢想不到。惟是潛給藥丸，謂可避毒。陳食之，而妓疑之。惺忪半夜，有夢未成。正在疑慮之間，客喉已漉漉作響。驚告鴇母，急倩醫人。丹藥有功，靈魂遂返。詳查本末，乃知二人本屬萍水；其十分要好者，欲借陳某一條命，以為圖詐地也。幸之至，險之至也。然出此計者，則已偷雞弗著，蝕了一把米。〔暗算〕

1695	原 198/7	廣午 6/47	大 6/158

聞風喪膽

美國芝加俄富商某，家有豔妻，伉儷甚篤。其住宅離店約五、六英里，設德律風以便問候。一日，聞壁上報鐘聲大作，啟櫝傾聽，音不類婦。但曰：「我輩係綠林豪傑。尊閫已被縶，定速假我萬金，當即釋縛；稍遲即加害矣！」某驚悉家中被盜，然歸救不及，急對曰：「萬金細事，但交付誰手？」盜曰：「吾已著人走取，並寄去暗號。其人面目若何，衣服若何。交楚後，可將口號照覆；吾輩自當退去，決無秋毫之犯。」語未畢，果有人登樓；衣冠狀貌，與盜言相符。駭絕，立取萬金之銀紙，交付其人。點閱一過，從容致謝，曰：「乞代覆吾友，輪船已便，宜即啟行。彼自悉也。」攜票逕出。某便將口號照覆。聞盜作謝語，曰：「此舉實因缺少路費，攪擾不安。容圖後謝。」言訖寂然。某驚魂未定，立刻馳歸。但見雙扉半掩，雞犬無聲。入其室，見婦閒倚雕闌，正無聊賴。撫其肩曰：「卿受驚矣！」婦曰：「安坐家中，何驚之有？」某駭曰：「適非遇盜耶？」婦笑曰：「白晝烏得有盜？」某益駭曰：「頃來吾家者非耶？」婦曰：「有之。渠言與君相識，因有生理要事，路遠不及修函。向妾借德律風一傳消息；且其人衣冠楚楚，何言盜哉？」某頓悟，備述前情，相與詫嘆。然得金者已杳如黃鶴矣！〔風聲鶴唳〕

1696	原 198/8	廣午 6/48	大 6/159

鐵匠昧良

今之崇尚西法者，學西學言；言日用飲食，起居服御，非西不適，亦非西不時。甚且以雷殛一事，亦謂適然相遭，無與善惡。然出之西人之口則可，出之中人之口則不可。試以近事證之。無錫西門外南向數里有白水蕩，近蕩有村，張姓某甲居焉。甲業鐵，地非市集，故不設舖。操一舟，載爐灶、鐵鐙、鐵錘，沿村招呼。遇有農家器具宜製宜修者，隨處為之。事畢又往一村以為常。有同業某乙，與共合夥，四處村莊遊遍，乃歸家。本年六月下旬，為雷震死田間；妻子掖以歸，見針孔上通頸骨，下達左股。其妻泣呼冤枉，而豐隆君繞其村，不遽去。適某乙聞風來視甲，謂其妻曰：「毋呼冤，吾疑之久矣！某日經某地，沿途有客願附舟，甲諾之。是夜宿某所。客身藏有洋圓七十餅，不為意。夜膳既畢，彼此就睡。予睡已瞢騰，隱約聞甲呼客曰：『便旋，然後睡。』客允之。此舟行者常事，不為意。明晨起身，不見客。問甲，甲曰：『久去。』此亦趁船者所有事，仍不為意。今日之遭殛，毋乃有隱慝乎？」遍找家中，果得洋如數，乃知客為所墮水而死者。此事為榮君子文所言。榮君亦無錫人，現在昇昌鐵棧司帳目，人誠實，不妄言。此事確鑿也。然則無與善惡，適然相遭之說，其然，豈其然乎？〔自作孽〕

1697	原 198/9	廣午 6/49 右	大 6/160

飛穢洩忿

老北門外大街有襪店，徽人某甲所開也。甲生性慳吝，店夥脩金月滿，不肯如數照付。乙其夥也，素啣之，近將乙辭歇。乙索工資，結算尚短二百有餘，恃蠻不給。乙曰：「果若是，必有以報，毋後悔！」乃將西瓜剜空，盛以糞，迎面抛去。老頭顱滿插後庭花。見者皆掩鼻而笑。鳴諸捕，捕頭判押乙一天以了事。時有客在座，曰：「乙殊乖謬。」予曰：「甲實便宜。惟其銅臭貫心，遂爾糞花滿面，感召在氣類，乙特假手於偶然耳！」客曰：「此有激而言，不可以為訓。」〔香〕

1698	原 199/1	廣午 7/49 左	大 6/161

忠良有後 (一)

黃桂圃培榮，浙之會稽人。道光末，官湖北武昌府同知。咸豐二年，粵寇至，鄂城……

1699　原 199/2　廣午 7/50　大 6/162

忠良有後（二）

……陷。桂圃衣冠坐堂皇，罵賊求死。賊縶之，并一妾二子，挾以入舟。桂圃得間自沈於江，妾與子皆至金陵。長子啟勳，時年十一、二，為鄉人竊負以出，逃至蘇州。桂圃有弟金谿刺史，需次於蘇，因撫育之。其妾為賊幽於女館，久之放出，居鄉間，以縫紉自給。幼子尚孩提，力不能養。有鄰村婦乞為子，不得已許之，密以鍼刺「天賜」二字於左肩，泣而畀之。天賜者，兒乳名也。及官軍收復金陵，啟勳長矣，至金陵訪其母；得之，迎以歸。光緒四年，啟勳預海運之役，溺死天津。金谿痛桂圃之無後也，其妾因言天賜事。乃致書江甯蔣鶴莊太守，物色之，得其母子，召至署中；解兒衣，驗其左肩，則「天」字二畫尚存，「賜」字貝旁亦未泯滅。乃謂村婦曰：「此黃氏子也，判歸黃氏。」桂圃為國捐軀，固宜有後；而其妾之智節，則亦足多矣！此事杜筱舫方伯為余言之。筱舫又言啟勳之溺也，失其屍，求之數日不得。筱舫之弟筱珊太守，時為江蘇海運津局總辦，命以紙作靈位，備書官職姓名，置木盆中，旁設羹……

1700　原 199/3　廣午 7/51　大 6/163

忠良有後（三）

……飯，飯箸具焉；浮之天津牐口，使人駕小舟從之。初入水，其盆向北逆流；及小舟解維，盆即順流下行約二里許。至寶林庵前，木盆忽自就岸；則屍已出自水中，面貌雖改，衣裝宛然。乃厚斂之，並請於朝，得優恤焉。筱舫問弟何處得此法？曰：「咸豐八年七月，有直隸廣文，忘其姓名，奉檄押送南漕剝船。舟中攜有一子，以便旋失足入水。欲覓其屍，有土人傳此法云。」鬼神之事，誠有不可解者。此法屢試屢驗，則亦奇矣！惟啟勳歿於王事，其道魄自不應葬之魚腹；或有神物護持，亦未可知也。〔失而復得〕

1701　原 199/4　廣午 7/52　大 6/164

天生奇偶

齊大非偶。小國不與大國為婚，猶之今日門第不相當者；懼貽後日悔，故少所遷就。而環肥燕瘦，較量於氣體之間者，無聞也。新聞紙稱美國報云：「有西婦某，與其夫西人某，氣體懸殊，不可以不較量。該婦十七歲時，便重得英權五百磅；及乎出嫁，則又增一百八十六磅。其夫身類侏儒，僅得四十五磅。」予以西人磅數合中國斤數，婦得五百十四斤半，夫得三十三斤半；婦浮於其夫者，約十五倍六。譬之中國以極肥無可加之人，與一新生小孩並處，情景相彷彿。檢遍五、六洲姻緣簿，恐無第二對。月老誠狡獪哉！但不知燕爾之私，能彼此如願否也？〔無小無大〕

1702　原 199/5　廣午 7/53　大 6/165

術擅青烏

倪嫗，楚人，流寓皖鄉，以捉牙蟲為業。畜鳥于籠，能銜牌算命；篋中藏黑白二龜，巨徑尺，謂能定陰陽兩宅，歷著奇驗。有劉封翁者，將營菟裘，聞其名，召使奏技。嫗至，先出黑龜置地，曰：「若家酬勞二金不為菲，爾其盡心焉。」龜不動。嫗曰：「貪哉！」顧謂翁曰：「渠知尊府好門第，故裝此身分。」翁益以一金，但伸一尾，伏如故。三益之，頭足全露，繞地蹣跚；良久始向西南伏定，縮其四足，僅露首尾，直如矢。乃佈向盤，令匠人經線撒灰以為準。翁欲使白者並試，嫗曰：「渠有嫉忌心，不可使也。」固強之；則略一觀望，便以足抹去灰跡，伏而東北向，兩目視翁，若自詡其別有高見者。翁大笑，予之金而去。人問翁于二龜之間，將何所適從？翁曰：「安宅廣居，吾方寸中自有趨向，豈為此物所動哉！」〔師法景純〕

1703　原 199/6　廣午 7/54　大 6/166

智解鹿圍

大西洋之北有一島，名地挨披克，周廣三百餘里。其間多產鹿，大者如馬，力能負重。鄉人獵得之，調良其性，用以代步，陟險登高，頗便驅策。有某姓女，乘一鹿赴其外祖家，道經山下，鹿飢而鳴，其聲呦呦然。俄有無數野鹿，尋聲而至，環之匝之；角如叢樹之柯，雖鞭之長，不能驅散。忽悟所乘者，固牝鹿也。危急間頓生一計。幸身畔有雪茄煙，取一枝，拴以髮，綴于鹿之尻際，任眾鹿走近覷視。果疑為牡，遂紛紛散去。于群雄角逐之間，略施小計，賺出重圍。人皆服此女之智，而益歎雪茄煙之為用，固無施不可云。〔得其形似〕

1704　原 199/7　廣午 7/55　大 6/167

姘新拆舊

蕩婦私人，不自今日始，卓文君自是此案鼻祖。顧例之今日上海之姘頭搭腳，則雅俗不可並言矣。北泥城橋東首有顧陳氏，年已不惑，閱人孔多。一日與現姘之張玉林，忽思離異，僱車搬物；慮張不容，因令王竹卿糾用流氓三、四人，以為護符。詎張私懷利刃，戳傷流氓，并及婦身，因而成訟。有知其事云：「王竹卿即是玉林替身，此事實由王起釁。」上海於此等事，幾於習見習聞，無足挂齒。然其忽而姘，忽而拆，拆而另姘；為今日未拆之姘，即為他日必拆之姘。若男若女，能否以此生閱歷，自詡為識見增長乎？諺云：「壞苕帚尋對破畚箕」，可為今日上海一則〈竹枝詞〉。〔一樣的傢伙〕

1705　原 199/8　廣午 7/56　大 6/168

牛代人產

產無所為難也，然或仗藥力以猛催，或借人力以作勢，失其自然，而易者難矣。法某婦有孕，產三日不下；自言比常婦多一橫骨，致成格閡。事聞于外，有華客踵門，書符一道，先令產婦吞服。又令牽牝牛一頭，取婦所蓋之被，罩于牛背，吸清水向牛面直噴；揑訣而咒曰：「太上老君急急如律令，敕！」砉然一聲，兒從牛腹突出。牛即喘汗倒臥，若不勝其疲乏者。其時，產婦已腹內空虛，略無痛楚。主人大悅，問此何術？曰：「祝由。」酬以金，不受而去。按祝由本十三科之一，治病專用符咒，能將癰疽瘻瘤，移生動植諸物；但未聞有移胎之法。其技太神，故談者亦疑信參半焉。〔代效劬勞〕

1706	原 199/9	廣午 7/57 右	大 6/169

瀛海流風

日人於華歷七月初六日，折新竹一支，取五色紙，翦成七巧圖及衣服、鳥獸等形，令小兒女描花寫字，繫之支頭。然後高揭樓簷，招颭臨風，與彩旗無二。至晚，於庭莾燃點香燭，供以時花鮮果，集他家兒女，一同歌唱麗詞，以為笑樂。蓋亦我華乞巧之遺意也。〔一年一度〕

1707	原 200/1	廣午 8/57 左	大 6/170

飛來佳偶

「飛頭獠」見《唐書・南蠻傳》，讀史者疑焉。然以余所聞，則嶺南溪峒中卻有此種。客有曾至其地者，歸而記之曰：「頭之飛也，以耳為翼。昔有某獠之頭，飛入山中，見其女與某氏子雙頭飛聚一處，相偎相帖，若不勝其繾綣者。旋向溪畔銜生魚一尾，分而食之。某獠歸，即以女配某氏子焉。」又云：「將飛之前，其人忽如病，項際有痕一縷，匝如紅絲。家人共守之，恐肢體移動，頭歸而不能復原。」此則與《唐書》頗相吻合。可見天下之大，無奇不有。史冊所載，不盡子虛。推之《山海經》之貫胸、歧舌、交脛諸異，要非附會矣！〔頡之頏之〕

1708	原 200/2	廣午 8/58	大 6/171

鳥不知名

有人居南海之濱，見有物類之奇異者，輒條而記之。今又得一物焉，曰：「鳥其首，身如羊。毛黑色，蒙茸下披，細如絲。頂有高骨，近似鶴，色不丹而蒼。頸屈曲，善伸縮，無毛有鱗。喙不利，而口角有軟肉，搖曳下垂，色帶朱。足幹堅巨，趾分為三，絕有力，疾馳，馬不能及云。不知其名。」憶車利尼二次來申，特帶有鳥，鳥之身酷肖羊，背有厚肉，因名駄鳥。云出阿非利加沙漠相近處，見人之追也，兩爪翻沙石如激箭，能致人死。此君所見，非其類也乎？〔是何物邪〕

1709	原 200/3	廣午 8/59	大 6/172

名並桓檀

斷瘧怖石虔之姓，禳鬼圖道濟之形；名將聲威，固如是其足畏哉！越南有賈人子，忽患瘋疾，口作囈語，曰：「我等死得好苦。祇因貪一時之利，助法人攻打城池，血肉橫飛，葬身無地。今法人安居樂業，我等餒魄無依，何處出一口怨氣？」譯其語，似亞斐利加人。賈人詰曰：「爾何不尋孤拔去？」病者曰：「渠惡貫滿盈，中砲身亡，已遭天譴。何能為我輩作主？」賈人為設壇致祭，卒亦不效。有客獻計，製黑旗一面，大書「劉」字。令諸人扮作營兵，鼓噪入房。病者大呼曰：「黑旗來矣！快些逃避。」即縮身入衾，戰栗良久，如夢忽醒，汗流浹背。問以病中所見，則曰：「有無數黑人，斷頭折足，奔竄去矣。」由是痼疾若失。〔鮑老旗〕

1710	原 200/4	廣午 8/60	大 6/173

恰斯送行

域異方殊，禮文迥判。拜也，跽也，揖也，各致其文，使筋骸因而受束，是謂「儀文」。拉手也，擦面也，親嘴也，交致其文，使肌膚得以相親，是謂「情文」。西人之尚「情」，猶之華人之尚「儀」。文不同，而盡禮之心則同。法某宦兄弟二人，將遠游；合家曉起送行，嫂擦叔，媳親翁，各致敬盡禮。幼媳某氏起稍遲，不及親送。姑責曰：「既為媳婦，禮當蚤起，向阿公親嘴，纔象箇宦家體統。」蓋婦家亦簪纓世胄，故怒其失禮也。又聞親嘴之法，須唧喋有聲，西語謂之「恰斯」。不通繙譯者，遂謂其聲如魚之吃水，則誤矣！〔親親之誼〕

1711	原 200/5	廣午 8/61	大 6/174

老去還童

姚叟，貴溪人，住縣西羅塘鎮。妻早故，二子俱老，長者年七十三，次六十九。孫、曾共二十七人。叟今年九十五矣，軀幹本不甚修偉。近數年來，漸又縮小，殆如八、九歲人。且改厥常度，好為童子戲，踏歌捉迷，竟日嬉耍。諸孫出外經營，孫婦輩嘗護持之。一日，其曾孫婦將產，諸婦料理一切，不暇照顧。叟得間偕群兒登山，傷其趾。其孫婦覓至，扶之不能行，乃抱之。叟忽悟翁媳有嫌，不願與抱，其新娶之曾孫婦攜果餌來誘，叟覩此忽又忘形，遂抱以歸。二子扶杖喘息，候村外，曰：「阿爺來，吾家又添得一丁矣！」一時傳為笑柄。叟生平無他奇行，惟性情和易，鄉里間從不聞其以惡聲加人焉。〔人瑞〕

1712	原 200/6	廣午 8/62	大 6/175

惡客自辱

《捧腹集》戲詠新婚云：「這般這般何便爾，如此如此竟公然。」數虛字得無限含蓄，讀之令人忍俊不禁。然祇可會意，不堪寓目也。近聞美國人某甲，新娶婦。賀客某乙者，性挑達，欲一觀其如此這般。乃乘房中無人，預將其床帳窗帘，暗用長線鍼穿出其端于風窗之隙。俟夜深人靜，袖回光燈，約眾客伏窗外，竊聽笑語。微聞，即將線頭掣動，帘帳齊開，燈光遙射，內外通明，鬚眉畢現。新郎怒，裸起拔關，將與眾為難。適有女客撞見，含羞而去。眾友咸向負荊，怒始得解。既而知女客者，即乙婦也。侮人者自侮，戲何益哉？〔作如是觀〕

1713	原 200/7	廣午 8/63	大 6/176

學究耽吟

蘇人姚姓者，村學究也，家在虎邱山下。自幼習帖括，屢應童子試，年三十未售。是處多農家子，識字者寥寥無幾；童蒙求我，猢猻王遂優為之。性疏嬾，耽吟詠，以風雅自矜。前月某日，值初度良辰，到館後詩興勃發，振筆而書，曰：「今日先生添鶴算」七字。初成，便覺江郎才盡，呷哦良久，倦而假寐。諸弟子離坐憨嬉，其頑劣之狀，有甚于翻墨塗鴉者。適有游客入此小憩，瞥覩吟箋，不禁捧腹，遂代為續成，曰：「今日先生添鶴算，昨宵師母太狼形。不然十點多鐘矣，怎尚貪眠攬不醒。」〔佳句不可多得〕

1714	原 200/8	廣午 8/64	大 6/177

西戲補遺

西戲之來中國者，技則走索、跳圈；物則猛獅、馴象。華人皆曾見之，然未足盡西戲之奇。法國某戲園，名班也；其所搬演，有曰瓶戲，曰豬戲。瓶戲者，取大、小玻璃瓶，雜壘如二塔；使幼女立其上，雙雙對舞，作垂手折腰諸態。技高者可壘至十餘瓶。豬戲者，黑、白二豬，能解人意，隨樂聲之卑亢疾徐，以為進退跳躍之節；有時效公子彭生人立而啼，有時以兩足抱瓶用力搖撼。瓶上人立定腳跟，使瓶不稍動；斷併良久，人忽一躍淩空，豬仆地而瓶碎矣。凡此皆車利尼所遜謝不敏焉。〔神乎其技〕

1715　原 200/9　廣午 8/65 右　大 6/178

逼姦縊鬼

《灤陽消夏錄》稱瘍醫殷姓，自病家歸；主人以路遠，遣楊姓僕送之。楊素暴戾，綽號「橫虎」，沿途尋釁，無一日不與人競也。日暮，投宿旅店皆滿，改投一寺。僧曰：「佛殿後有屋三楹，然有物為祟，不敢欺。」楊曰：「何物敢祟？楊橫虎正欲尋之耳！」促僧埽榻，共殷醫寢。醫心怯，近壁眠，橫虎臥於外，明燭以待。人定後，果有聲嗚嗚，自外入，乃一麗人。漸近榻，楊突起擁抱之，即與接唇狎戲。婦忽現縊鬼形，惡狀可怖。醫戰栗，齒相擊。楊徐笑曰：「汝貌雖可憎，下體當不異人，且一行樂耳。」左手攬其背，右手遽褪其袴，將安置榻上，鬼大號逃去。夫人至縊鬼可以逼姦，則其橫虎之名，定非虛得。〔陰不勝陽〕

1716　原 201/1　廣午 9/66　大 6/179

善解鬼話

南人呼鬼，音如「舉」；稱物價之貴，音如「據」；謂歸去之歸，音如「居」。義各不同，而音則同。有先正某公未第時，讀書空宅。宅素有怪。一夜篝燈坐讀，三更後陰風自來，窗戶為開；但見似人非人者數輩，擁而入。見公，一鬼呼曰：「有鬼。」群鬼齊呼曰：「大鬼、快鬼。」紛紛竄去。公不解所謂，即亦置之。是年舉於鄉，明年聯捷，入詞垣，侍禁近；不十年而官一品，告終養，乃歸。偶舉此事以告人。人曰：「此鬼有先知，有鬼者，有『舉』也；大鬼者，大『貴』也。終養之告，抽身歸去，所謂快鬼者，快『歸』也。」三字之義不同，而音則同。〔六書之諧聲耳〕

1717　原 201/2　廣午 9/67　大 6/180

一雞兩命

鄂垣賓陽門某地某婦，失一雞，不知竊者為誰，極口肆罵。近鄰婦某，適於是日煮一雞。村有某甲喜掉弄唇舌，砌詞以告失雞婦。婦往鄰灶查搜，果得雞，以為己物也，大辱之。婦冤抑莫白，入夜自經死。嗣失雞婦察得雞非己物，而人命已出，懼而投水死。因憶《勸戒錄》中載有一生，在鄉里授徒。人以其寒儉也，恆訕笑之。一日，鄰人報失雞，而生家方割雞。人以是議之。生不甘，賭誓於村後關帝廟，云：「如竊雞，出廟門當顛仆以示信。」誓畢，出廟門，果顛焉。於是譁然，群稱神之靈。生忿甚，襆被行，竟赴京，依其親，埋頭用功。應京兆試，獲雋；應禮部試，聯捷。他日歸告廟，拈香愬稱當年落魄時，何神靈亦徇眾狎侮人？夜夢關帝示之曰：「前適朝天村後有妖物竊據此座，取汝以為笑樂，而不知已干天譴，斬之矣！」往驗，果得死狐於荒冢中，此案乃明。然非有此狐之一激，恐不免以村學究終也。但其負冤而死，與負冤而不肯死，則男兒之識見，終勝於婦女多多矣！〔禍從口出〕

1718　原 201/3　廣午 9/68　大 6/181

淫龜心狠

八月初八日《申報》登「重辦淫龜」一案，讀之頗快意。讞詞具詳報中。分別笞責亦允當，但胡經球情節如此，僅予笞責，似不足以蔽辜。其買良為娼，已屬非是，而又姦宿以占先，扑責以示武；金陳氏助夫為虐，惡不可恕。胡經球出洋二百七十元，笞臀亦如其數，只算還他本錢；因其狡賴，加笞一百板，則是利錢矣。金陳氏內助有功，故鞭背一百下；張王氏、項陸氏各鞭二百。媒人錢不為輕矣。補提男人應有財歸案訊辦，則固未便逍遙事外者。惟阿順所供，揀茶葉同伴女兒福全，與某里門樓上之某粵人，一為起意之首犯，一為屯隱之窩家。何遽絕不提及？不與根追自是題中應有之義。即是案中必辦之人，意有所未盡，不能不借箸而籌之。〔其罪宜宮〕

1719　原 201/4　廣午 9/69　大 6/182

比匪終傷

本錢少，生意小，賺錢之途，彌艱彌巧；於是有寓賭博於生意之一術焉。其術維何？則截竹為筒，中儲竹籤，籤露尾而藏頭，頭嵌牌形三十二張；或繞色絲，任人抽取。有提筐者，有荷擔者，物不一類。有以白糖累成人形、獸形，霏金綴色以娛孩童者；有以玲瓏細巧，五色磁盎，貶價以待弋獲者。專恃賭勝，不肯價賣，其設心已可想見，而年輕子弟不悟其奸，偏思於此取勝以為得計，實則輸贏皆不合算。試觀近日營口宏興店小主人，負孫二立者抽籤錢七十文。詎孫索欠，謊稱三百千文，終以窮凶，死於該店。然則世之為子弟者，可以知所警懼矣！〔賭無益〕

1720　原 201/5　廣午 9/70　大 6/183

奸捉奸

捉奸之案，出諸下等人家為多；閥閱門弟，不聞有此事也。非閥閱之家之人無不貞也，內外之界嚴，斯名分之分定，所謂有別也。洋場為藏垢納污之區，壁單室淺，勾引尤易，故奸案日有所聞。但所捉者，果為本夫猶可言也。乃有身本姘夫，為日稍久，居然以本夫自居，一聞該婦又有所歡，即邀人捆縛以鳴於官。如八月八日《申報》所登丁蘭卿訴稱妻室金氏與沈登林犯奸，而該婦偏以沈登林為本夫。婦德無極，誠不足以污齒。而丁蘭卿之必非本夫可想而知，而沈登林也是奸夫亦可案而斷矣。《傳》稱「人盡夫也」一句，蚤為今日洋場婦人，曲曲道盡肺腑。〔無是無非〕

1721　原 201/6　廣午 9/71　大 6/184

同氣連枝

新聞紙稱：江西南昌章門外，新至孿生男孩二人；年已三歲，臍上有肉帶一條，僅三寸許，彼此黏連。行，側身而行；坐，對面而坐。觀者傾巷塞途，以此該父母頗獲利。按言此事者不一人，度非子虛烏有。果其真也，則日後將何以為計也？現在嬉小無知，未見所苦。而墮地免懷，于今三載。十年之後，即便成人。無論寢興便溺，事事牽掣。而知好色，慕少艾，思妻子，豈能令分體之人共聞共見；且即准其共聞共見也，而亦不能惟所欲為也。如之何？如之何？吾末如之何也已矣！〔不可須臾離也〕

1722	原 201/7	廣午 9/72	大 6/185

完婚未完

營口有某號商趙姓，原籍海城，而坐莊於是處者。年輕而幹練，舉動闊綽，氣象豪華。因是物色坦腹者，遂以是中東床之選焉。完婚之日，賀者方在門，而海城邑侯發票拘人之差役，適於是時至。時猶未行交拜禮也。紛紛擾擾，緩頰無從，竟拘之以去。偵探者知為虧負巨貲，為號東發覺，故紅鸞不能與白虎爭強。據此一端，有兩事足以勸世，年少者雖才能足錄，而不可遽付重權；聯姻者非根柢深知，而未可遽信為好事。原璧終難歸趙，號東之訟則終凶。羅敷仍未有夫，婦家之悔將何及？凡舉一事，切宜三思。〔空快活〕

1723	原 201/8	廣午 9/73 右	大 6/186

紅妝季布

臺地有某君眷一詞史，名玉雲，頗義俠。某君以赴閩應試，故將所挾輜重，寄頓於其家。不謂中途疾作，醫藥俱窮。未題金榜之名，已赴玉樓之召。玉雲得凶耗，大慟，棖觸舊情，改易素服。並倩書，郵召其子至，發篋陳貲，逐一交付；且勉以勵志讀書，無隳父業。吁！可敬已，方今世道日變，人心亦日漓。有設網張羅以巧取人之財者矣，有千方百計以乾沒人之財者矣。鬚眉且靦顏而為之，何論巾幗；妻孥且背人而盜之，何況柳花。無憑無證，人不能登門而索也。況其所習之業之本以利交，而又積有千金之多也，而謂能無動於中，視之如敝絮，捐之如弁髦。俾故人知我於生前，毋恫於死後。玉雲，玉雲，人願為金屋之藏者，吾願為繡絲而事也。吁！可敬已。〔女中君子〕

1724	原 202/1	廣午 10/73 左	大 6/187

贖夫

抱栗主成親，慘何可言。在本人為極不幸事，而旌表門閭，崇祠廟食，榮又何可言？在子孫為極有光事，顧豈易言哉！求之紳宦巨室，已不能數數覯，況在尋常經紀之家，既非好名，又非貪利；毅然行之而不惑者，宜存之以彰潛德矣！松江西門外里仁弄有陳姓昆季三人，其季曰慰庭，習紙業於外。聘室吳氏，徽人之女。外家已無人，故援俗例先過門。少慰庭一歲，年祇十七也。不謂慰庭得咯血症，日事瘦削。氏懼不免，每於清晨焚香祝天，願以身代，迄無靈。故於慰庭之死，決意相從地下者屢矣！今得夫兄悅庭者為立後，乃免焉。嗚呼！可以風矣！〔實維我特〕

1725	原 202/2	廣午 10/74	大 6/188

科場果報

果報之說，澆漓之徒以為無，謹飭之士以為有。非以為有者真有，以為無者真無也。殃禍之至，必有其時。每屆鄉試，各省皆有所聞。其最輕者為毀卷，登之藍榜，其過已彰；其甚者或自縊，或自刎，或拔舌，或剖腹，或去勢。觀其所犯之重輕以為報，無或枉，無可逃也。予舉醒省之事以告自愛之士。有親長，祖輩行也，應道光壬子省試。首場三藝甫脫稿，展卷謄真，燈忽幽暗，疑為燈花，仰首欲剪；見帘忽自開，一女子衣紅衣，兀立號角，注視號中人。啟口曰：「異哉！何號是而人非也。」旋聞鄰號生始而哀求，繼而啜泣，無何而氣絕。是科親長入場時，本號已被先進者占去，飭其更正。該生曰：「余之出此，非有心誤也。鋪設一切，已極疲憊。君坐予號，為貼鄰。蓋戳時，只須將卷一掉換，誰能以亂號責予與汝者。」親長故圓融，因徇之。而女子不虞該生之更號也，故為是言也。每舉此事以告後人，曰：「幸此鬼精細，不然則殆矣！」亦自問無愧，故得終場而獲售。否則因愧生疑，因疑生怯，縱不登鬼籙，亦無分於賢書矣！可不懼哉！〔鑿鑿有之〕

1726	原 202/3	廣午 10/75	大 6/189

爭筍殺妻

古人喻「弟兄如手足，妻子如衣服」，蓋言衣服之可輕，不敵手足之宜重也。而一經無識者之誤會，則衣服之破，並及於手足之傷，可述之以為見小輕忿者戒焉。嘉興府屬某縣有某姓昆季二人，同居而隔院。祖遺竹園一所，平分而取其利。日者有一筍，拆地而生，季之妻以為在己界也，取之。而昆之妻則曰：「子之生也不離母，母固在昆界也，季妻惡乎取？」相持相攘，雞犬皆為之不安。此婦人之小見也。乃者，昆見季，謂之曰：「爾妻不賢，宜訓斥。」季諾之。取廚刀入房，曰：「兄令我管教爾，今取爾首以謝兄。」突前割之，捧呈兄案，曰：「奉令教之矣，如何？」昆不虞禍之至於是也，詭言「取刀來，當有以報汝。」入內攜妻謀潛遁以避禍。有謂季之出此，遇祟也，非其素行凶殘也。然安知非乃兄之言有以啟其機也。一筍之微，所值幾何？而肇禍乃至於是，悔何及哉！悔何及哉！〔忍〕

1727	原 202/4	廣午 10/76	大 6/190

術無不敗

陳觀立，浙溫之平陽人，業藥材。與同族邦春之妻溫氏通。邦春業南貨，嗜煙，一燈之外，不暇計。觀立思以計斃之。一日，謂邦春曰：「汝田中夜有光，必有財。盍取之。」邦春信為真。入夜，果見火光熒熒然，倩人扶鋤，攜燈往。見一鬼立田中，毛茸茸可怖；蓋即觀立所扮以嚇邦春者。冀其因驚致病，配藥投以砒，則邦春之死，冥然無跡矣。不料邦春細審，知為觀立形，口啟聲良是。觀立至是無可諱，因出鐵器擊斃之。事聞於邑侯，逮案一鞫而伏。嗚呼！世之如觀立者多矣。佔人之妻，又謀人之命；果能坐而安享也，是無天道也。淫凶之徒，可憬然悟矣！〔作死〕

1728	原 202/5	廣午 10/77	大 6/191

光頭難過

永嘉離城三十里，有寂光寺。住持圓寂後，由郡城貝子王廟僧聞善也者帶管。即由聞善派徒前往，為該寺主。徒不守規，乃遭斥逐。聞善訪知某甲所為，詣甲理論。甲取枯樹根之有蟻窠者，蒙蓋僧頭，挾持其手，令人敲支。

蟻驚，四出橫行，無孔不穿，奇癢難搔，涕泗迸出。嘻，妙矣哉！夫以一個和尚頭，得物蒙蓋，美事也；蠕蠕作癢，欲搔不得，趣事也；有美有趣，致涕泗之迸出，則固舒暢之至而大快之事也。光頭何脩而得此？嘻，妙矣哉！〔非此之謂也〕

1729　原 202/6　廣午 10/78　大 6/192

客從何來

馬車至本埠而極盛，至今日而益侈。篷車、轎車行之已久。最後為船式兩輪、四輪，皆以木為；今且有鋼絲。鋼絲之僱，價惟倍，且輛數不多；故木輪未能遽廢。人則可多可少，天則宜雨宜晴。如舟滉漾而逾平，有馬奔騰而不覺；故無論為官、為商，為士民，男也女也，老也少也，無不樂乘之。因是車行愈開愈夥，而生意且亦愈盛。惟是人叢途窄，覂駕奔踶，小而受傷，大而納命，不免時有所聞。日前有兩妓兩婢，招搖過胡家宅。馬溜韁，車折軸。主婢八足一樣朝天，惹觀者評笑不住口。來一惜花人，另僱安車一輛，載一妓一婢去；一則啜泣道旁，無人存問。議者謂一樣名花，偏有此兩樣看待，正所謂有幸，有不幸。〔真湊趣〕

1730　原 202/7　廣午 10/79　大 6/193

同占滅頂

洋場車子之盛甲天下；除馬車、小車、東洋車外，工匠之車為最多。運木有車，運石有車，運門窗磚泥又有車；次為煤棧運煤、運木柴之車；餘則洗衣作有車，送牛乳有車，送西人點心又有車。此外，如修道之石子車，一日兩朝之垃圾車，灑塵之水車，其隔數日而一滌污泥，與不准經行於西人習行之馬路者，不計焉。其縱橫交錯於四叉路、五叉路口者，令人目為之眩，心為之震；故遊洋場者，恒惴惴有戒心。上燈以後，做工之車已停，載物之車亦歇，馬車與小車，亦較日間為稀少。惟東洋車班分晝夜，依然馳驟於大街小巷；而戲園門口，尤壅擠不開。說者謂出力者謀飲啄，出錢者節辛勞；兩相益，無相損也。不謂八月初，新開河內得兩屍車一輛，其如何失足畢命於此，無人知曉。然則險生不測，更有出人意料之外者矣！〔載鬼一車〕

1731　原 202/8　廣午 10/80　大 6/194

翁婿皆非

滬俗有搶親之舉，其事全出小家。或嫌婿家寒儉，起意賴婚；或婿家見女子長成，漸近冶蕩一流，邀人劫奪。近則女子尚未及時，婿家能自糊口，不宜有此事，而竟有此事；必兩邊皆有不是處。婿為周子蕉，甯波人，業紅幫。紅幫者，專製西衣之裁縫也。由鄰婦某某說合其同鄉包時興之女，名香鳳者為室，今年祇十二歲。近包挾女以歸本鄉；為周偵知，僱馬車伺碼頭之側，要而奪之。旁人見之不雅，送案訊辦。包供：「妻室已亡，在滬無人照顧，因而還鄉，家中猶有老母。」此祖母、孫女互相依倚，亦人情所有，事不得議其非；而於財禮一端，浮供四十元。回甯不謀之人，則其心不良矣！周供：「包挾女潛遁，因往碼頭尋見。」而據媒人所供云：「周尚欠我八元。邀媒尋人，周言之；備車劫人，周未言之也。」則周之為此，亦屬恃蠻。周不告官而私辦，即係滋事之人；包不告媒而潛蹤，已伏留難之本。翁婿宜並懲以示眾，亦整飭風化之一端也。〔無知妄作〕

1732　原 202/9　廣午 10/81 右　大 6/195

典婦

浙之甯俗有典妻之風。予初至上海，即聞之，而未敢信也。今則見公牘入報章，且有人為之論說矣。論之者之層層詰駁，暢快淋漓，非祇以供設談助也，冀有人革其弊也。予可無言矣。而予之必繪是圖者，以此次首半圖以貞女而成節婦，可憫也！大可敬也！殿之以此，亦以見廉恥道喪者，迫於困窮，不可訓而未始不可憫也。其初倡之者，祇救飢寒。其後效之者，遂成風俗。故出其身，以為親民之官者，有先事防閑之責，有後事補救之功。惟無權無位者，祇能以清議維人心。首圖彰善以示勸，後圖癉惡以示懲。善自性生，惡以習慣，君請擇於斯二者。〔貨肉〕

1733　原 203/1　廣午 11/81 左　大 6/196

太歲被打

歷書所稱「太歲」二字，原出偏書，十干十二支相配而成，名干支。本於五行，生剋有自然之理。人於其所剋之位，取土作事，多致不祥。而附會者以其能禍福人也，而以為神；則群起而神之者，儼若有臨上質旁之氣象焉。而桀黠之徒，偏又竊取此二字以為混號，思血食一方。傳聞京師有傅六者，即其人。百順胡同蘭馥堂有雛鳳二頭，新荷眷於兩公子，太歲欲得而食之，糾徒而入。公子故翩翩者，殊不駭異，駢肩而出，探手撮人，如執雞狗。太歲懼前則心怯，退則顏羞。正在為難之際，而此身已入公子之手。曾不謂能禍福人者，至此乃為人禍福，煞是笑話。〔無偽不敗〕

1734　原 203/2　廣午 11/82　大 6/197

一錢傷手

有粵人混號「虱子鑽」，以慳吝起家。生二子，善揮霍；而手足往來，絲毫不相讓。數年而後，家業蕩然。虱子鑽親見之，不能制；虱子鑽以憂悶死。殯殮無資，變賣舊物，僅能蓋棺。餘錢數百，核數瓜分，奇零其一。兄曰：「我長也，宜占之。」弟曰：「兄出世早，所占者多矣，宜讓弟。」相爭不舍，弟不耐，舉指自取。兄適持刀宰肉，順手一斬，落弟兩指。弟婦欲鳴官，訴諸社長。社長惡其一門無人理，拒不納。於是虱子之子，并窮於所鑽云。〔要錢不要命〕

1735　原 203/3　廣午 11/83　大 6/198

六女捉姦

「各人自掃門前雪，莫管他家屋上霜」二語，頗似自了漢聲口；然非深於閱歷者不能道。守此勿失，真覺受用不窮。觀於甯波近今一事，而益信此言為不謬。北門外甲某，與西門外乙某為親串。甲貿易在外，家止一妻。乙有妾，以親串故，往省之。相見後，異常親愛，話長漏短，時已黃昏。甲妻偽為留宿，乙妾慨然許諾。無何來一丙。甲妻知事不可諱，竟以外好直告之。乙妾忸怩，作欲歸勢。甲妻知歸必漏言，乃堅邀之，留宿之意始真。且縱丙亂之以杜其口。時已深昏矣，丙方左擁右抱，樂不可支。而忽有撬門而入者。視之，皆婦女，群呼捉奸，縛三人如縛豕。蓋鄰婦素惡甲妻之不潔，而初不虞乙妾之亦在其中也。轇擾至天明，乙已有所聞，反噬六婦，借端劫財，欲告官，重賂乃已。然則好管閒是閒非者，可以悟已！〔一場胡鬧〕

1736	原 203/4	廣午 11/84	大 6/199

斬魅未成

乾嘉之際，有額都統者，在滇黔間山行。見道士按一麗人於石，欲剖其心；女哀呼乞救。額急揮騎，馳及，遽格道士手；女噭然一聲，化火光飛去。道士頓足曰：「公敗吾事。此魅已媚殺百餘人，取精多而通靈久。僅斬其首，則神遁去，故必剖其心。今縱之，又遺患無窮矣！惜一猛虎之命，放置深山。不知澤麋林鹿，劘其牙者幾許命也。」匣匕首，恨恨去。語載《灤陽消夏錄》。由此觀之，死生亦大矣哉！道士力能制魅，奏功不待轉晌。而意外之變，偏不在魅而在人。誰謂此中無天數耶？時至則死，未至其時，弗死也。請少安焉，以俟其罪惡之貫盈。〔稍縱即逝〕

1737	原 203/5	廣午 11/85	大 6/200

花和尚

據新聞紙稱：「揚州財神廟僧某，有妻，有妾，有子，有媳，有孫；事事焉與俗家同，惟髡其首為異耳。廟為運署司香火，故有財；鹽務中之媚神者，皆與往還，故有勢。財勢兩全，而又奸巧，故得安然擁妻孥而無事。其所以無事者，則於同治二年稟呈地方官，稱某之出家迫於賊，今故妻重逢，請示作何位置？時官軍方全力搏南京，籌兵餉，且不暇不急之務，不甚措意。姑批給貲養贍，而適墮其奸計中。於是該僧之有眷屬，不啻奉憲諭而為之矣！近者，有滅鼻婦投稟甘泉縣，自認為僧之妻，指廟中之婦謂為妾。邑侯惡其無恥，提僧與婦，笞臀掌頰，分別施行，并荷連枷以示。」予思該僧出家而有家，不如令滅鼻婦并送之其家，以全其左抱右擁、美惡兼收之意云。〔方外齊人〕

1738	原 203/6	廣午 11/86	大 6/201

遊滬觀審

巴西國皇孫游歷至滬，欲觀中國官員提審各案犯事人；因由駐滬領事照會上海裘邑尊，訂期往觀。時八月初一日也，皇孫帶同領事、繙譯官，肩輿至署。邑尊循例款以茶點，飭發梆，坐大堂。是日審案凡四起。而案之最重者，為會匪李春江、逆子蔣伯森。李鞭背一千，蔣鞭背五百，均置諸木籠中。一為謀為不軌，一為忤逆不孝，案情所關者大，故懲創務從其嚴。審畢退堂，皇孫等告辭，邑尊恭送如禮云。〔采風〕〔問俗〕

1739	原 203/7	廣午 11/87	大 6/202

請看逆子

《論語》開卷第二章，述有子之言曰：「其為人也孝弟，而好犯上者，鮮矣；不好犯上，而好作亂者，未之有也。」可見不孝不弟之人，無不好作亂者。因事到官，必加等懲創。連日閱錄縣案，忤逆之件凡三起，一為蘇桂生，即湯桂生，一為蔣伯森，一為黃小狗。裘邑尊置之站籠中，舁之大東門外江海關前，將三人輪流站示。並准該父母後若有犯，送官再懲。從此三人者，當改過自新。「忤逆」二字情罪並重。站籠出入之權操諸官，即生死之權寄諸官。官有時升任去，而案無日可以銷也。為三人者宜痛改；而近乎三人者，可猛省矣！〔急須改過〕

1740	原 203/8	廣午 11/88	大 6/203

勞燕分飛

家主私通佣人，上海謂之「姘頭」，蘇人謂之「搭腳」，總而言之曰「和姦」。發覺到官，案律皆有罪，鄉黨自好者不為。洋場風俗之弊，莫可究詰。四鄉婦女逖聽風聲，便津津樂道。一朝戾止，所見同類，無非衣紬羅，首金翠。則其心中目中之想像，一如夥涉之為王；思出其身，與天下相親，何遽不可取而代也？一有餌之者，如魚之上鉤。垃圾大橋之北，有粵人賃屋以居婢。婢體矮而肥，年纔十六、七。為大婦所知，登門問罪。見粵人，系其辮，令實供，勒與俱歸。矮婦失所歡，遽投河以為要挾計，而不虞其本夫亦適遇於此。一場春夢，回溯不堪。孽債情天，問有幾人能勘破此中消息？〔物歸原主〕

1741	原 203/9	廣午 11/89 右	大 6/204

狐諧

河間紀氏筆記所稱狐鬼不一事，怒罵笑嬉，説理無不微至。中有一事，述之可發人猛省。其言曰：「有狐居某氏書樓中數十年矣，能與人語，而終不見其形。賓客宴集，或虛置一席，亦出相酬酢；談言微中，往往傾其座人。一日，酒糾宣觴政，約各言所畏，無理者罰，非所獨畏者亦罰。座人舉講學、名士、善諛、過謙、富人、貴官等，各認其所畏。最後問狐。狐曰：『吾畏狐。』眾譁然曰：『人畏狐，可也；君為同類，何所畏？請浮大白。』狐曰：『天下惟同類可畏也。夫甌越之人，與奚霤不爭地；江海之人，與車馬不爭路，類不同也。凡爭產者，必同父；凡爭寵者，必同夫；凡爭權者，必同官；凡爭利者，必同賈。勢近則相礙，相礙則相傾。反間內應，非其同類，不能疏其閑而入，伺其隙而抵也。由是以思，狐安得不畏狐乎？』狐言可謂中理矣。」紀氏為之進一解曰：「相礙相傾，天下皆知之。更有伏腋肘之間，而為心腹之大患；託水乳之契，而藏鉤距之深謀者。世人或未盡省也。」斯言更宜書諸紳矣！〔清夜聞鐘〕

1742	原 204/1	廣午 12/89 左	大 6/205

烏龍孃

天下有一物焉，能屈伸，善升降；示人以名，而不示人以形；在水則蛟黿臣僕，在天而風雨奔從。孰有如龍乎？顧龍生於龍，不聞生於人。而樂清之西鄉山頂有祠，名「烏龍孃」。相傳有姑嫂赴井汲水，得兩卵而分咽之，均由是有娠。姑以不夫而孕，頗懷羞忿，臨產震驚死，是為烏龍。後嫂分娩者，為白龍。土人憫姑之死，立祠山巔，而香火之殊靈應。事雖不可考，而由來舊矣。人有疑為荒誕不經者，曰：「吞鳦卵而生契，履帝武而生棄，商周

之祖有然矣！於此事乎何疑？」〔異稟〕

1743	原 204/2	廣午 12/90	大 6/206

習射奇談

弧矢為凡百兵器之祖，五經具有其文。自火器大行，而羽幹筋弦，幾類餼羊之可去；然武場仍自不廢者，以遺制遠也。金陵文闈既畢，武闈繼之。先期擇隙地，士子雲集溫舊業。君子無所爭，必也射乎。故弓矢較諸器為重，習者尤致力而專心。日者，一武生右拈箭，左拓弓，喝聲曰：「著！」果錚然一聲如響應，以為中的也；而不虞箭之橫飛，著者已自倒地。其人蓋趁墟而賣餃子者，時方鞠躬鼓火，以其催飢銅鉦，懸系腰際；鉦與鏃迸，人為之仆。其得免於禍者，幸矣！〔反求諸其身〕

1744	原 204/3	廣午 12/91	大 6/207

遇匪枉死（上）

浙紹會稽金姓出有婢女被人計誘致死一案，屢見報章，閱之深堪髮指。浙人男女業箔者多。有翁某氏，老虔婦也。始居金姓門房，繼遷出為近鄰，矸紙糊錠以為糊口。金姓之婢，曰蓮香，年祇十七，與翁婦相稔而認為母女。有余阿化者，搥箔匠也，時往來婦家，以游詞挑婢，婢不拒，婦亦不禁，遂成苟且。婦之遷居於近處也。金姓慮婢為不端，出婦冀免事，而婦啣之；故此案之成，實由婦。其計既行，勸婢偷遁。婢年少無知，一一如教。婦得贓物，與阿化均分，然知金姓必追究。牆卑室淺，慮為所見，又移寄於阿化之友，名阿敖者之家。阿敖故單身，猝遇異境，如飢者甘食，渴者甘飲；於是一婢而有兩夫矣。金姓既失人，又失財，追查甚急。阿化懼破獲，因購洋藥，置食物中，明告之，約與俱死；實則阿化自食者無藥也。阿化置婢於室，自避他所。阿敖歸見，婢神色已變，知禍及，負登翁某氏之門。而氏扃門已逸去。計無所出，乃置古……

1745	原 204/4	廣午 12/92	大 6/208

遇匪枉死（下）

……墓蘆葦中，以為弛累矣。詎知天網恢恢，適有粗通文墨，形近乞丐者經行至此。見婢僫僫一息，尚能言語，因備錄緣由，粘紙於金之門。比金知覺，往視，則已死。案此婢之死，實由自取；其愚如此，死固不足惜也。特無翁婦、阿化百般計誘，則必不至此。雖以二人擬抵，亦無不可。阿敖情節亦可惡，然是節外生枝，似可減等治罪。〔愚媍〕

1746	原 204/5	廣午 12/93	大 6/209

死婢冤申

金姓啟門見揭帖，知遭害，往視無誤，報官請驗，驗訖收埋。會稽邑侯林姓素稱精明幹練，密派人緝凶，不久皆就獲。審訊七次，無實供。提訊於城隍廟，懾以神威，亦不承招。入夜，鼉更三轉，復提全案人犯，跪堂上，謂之曰：「神已詔我，送蓮香來質審。」飭役帶蓮香。無何，蓮香冉冉至。衣服如生時，惟首蒙皂帕，有嚶嚶啜泣聲。官問阿化招乎？阿化疑信參半，但乞恩。官令撤皂帕，與阿化對質。時燈光閃爍，阿化仰視，見蓮香七竅皆流血，大駭；乃將誘奸圖財，私竄逼死，自始至終，一一吐實，而案遂定。有知其事者，謂蓮香實署中婢女代為之，上半罩以紙人，故行走自如。然邑侯之精明幹練，於此可見一斑。〔清官〕

1747	原 204/6	廣午 12/94	大 6/210

心中有妓

新聞紙稱：「澳門天主街某客棧，寓一僧，饒於財，日招妓侑酒。棧主乘間諷以言，答曰：『吾目中有妓，而心中無妓，侑酒何害也？』」按「心中無妓」一語，真是大言欺人。古來賢人君子，猶自知不能無想像，故以克復為脩省工夫，而淫禿反藉此以大過。試問心中之有妓無妓，誰見之而誰知之？果其心中精微潔淨，翳障全空，則設色相於目前，亦屬多事；且其所飲者酒，所嚼者肉，亦可謂為吾口中有酒肉，吾腹中無酒肉乎？祇此好為大言，便宜送官掌嘴。〔和尚胡亂〕

1748	原 204/7	廣午 12/95	大 6/211

善於應變

趙天申者，福建候官人，為某官長隨。官新置一婢，備家中使令者，貌頗娟好，而身價極廉。時趙欲告假旋里，官乘其便，飭帶歸。趙有妻氏王，妻有弟名金城，聘室尚虛。一日，趙同麗人歸，氏疑趙新置妾，叩所以，趙實對。王氏曰：「聞官故長者。我弟未有室，盍求官以給諸弟，不兩美乎？」趙本有季常恐，不敢執拗，將情稟官，而官果慨然諾。大喜，面告金城，令備聘儀，遂定婚。無何有某甲，涎婢美，願出三百錢載婢去。趙夫婦大惑，躊躇終夜，竟許之。婢知其所為，逕奔金城家，不避嫌疑，備述一切。并謂金城曰：「不留，則非汝婦也。」人有以此事問予，曰：「婢之此行，禮乎？」曰：「禮也。」「有說乎？」曰：「有。」《槐西雜志》之三載有焦氏女，已受聘。有謀為媵者，中以蜚語。婿家欲離婚。父訟於官，而謀者陷阱已深，非惟佐證鑿鑿，且有自承為所歡者。女見事急，竟倩鄰媪，導至婿家，升堂拜姑，曰：「女非婦比，貞不貞有明證也。兒與其獻醜於官媒，仍為所誣，何如獻醜於母前。」遂闔戶弛服，請姑驗，訟立解。此與婢前後如一轍，所謂無於禮者之禮也。舍此無以保貞節，破奸謀。笨漢拘墟，那有此種智慧？〔權也〕

1749	原 204/8	廣午 12/96	大 6/212

齷齪到死

本埠老北門外沿城糞窖梁間，一日，有人雉經死於此，經官相驗，委系自盡。查得此人係浦東川南交界人，姓王，名金富，向年曾充縣署差夥。夫人自有身以來，至不能自存，而又不能待其自死；死焉而又不擇一塊乾淨土，則其在生之齷齪，可想而知。氣機之感召，有鬼神為之播弄也，人特未之一思耳！〔十年遺臭〕

1750	原 204/9	廣午 12/97 右	大 6/213

捉刀破獲

崔季珪代魏武見匈奴使，使者出，人訊之。曰：「魏王雅貌非常，然床頭捉刀人，乃英雄也。」「捉刀」二字，始於此。凡為頂替者，皆可以名之，今人但知為代作文字之別名。今科各省官員，防弊皆從嚴，而粵闈仍有所不免。據述有人扮作號軍，蒙混入場。巡綽官以其狀貌不類，命搜之；果得文稿二篇，當送提調究辦，究出為某科孝廉。噫！登賢書而入爰書，該孝廉太不自愛矣！〔以身試法〕

1751　原 205/1　廣末 1/1 左　大 6/214

三足蟾蜍

物之三足者多矣；鱉三足謂之「能」，龜三足謂之「賁」。然而世人少見多怪，則牛以三足而致禍，雞以三足而稱奇。況共驚為月中僊品者，又何怪乎群相詫異？滬南放生局近有三足蟾，云係川沙陳姓于今年夏間得之。長不及五寸，其色青翠如黿，前兩足五爪，後一足七爪。因求觀者眾，爰送該局，以供眾覽。竊意此物大可入博覽之會，俾世之人，知物雖稀貴，究非月中所獨有也。〔仙物〕

1752　原 205/2　廣末 1/2　大 6/215

瞽者盛會

人至兩目失明，幾不知天地為何物，尚復有何生趣，然生機則固未絕也。古之樂師多以瞽，如師曠、師涓，皆以聰稱。蘇子瞻有云：「盲於目，不盲於心。」近世瞽人以樂師名者，如〈廣陵散〉矣。而手撣三絃唱盲詞者，尚有之；且多賣卜算命，自食其力。而利之所在，易起爭心。京師前門外火神廟內，聞有瞽人醵資起會，設立香案，供奉鼓板童子、老郎神位。擇瞽人中年長有才幹者為之官。遇有瞽人相爭，於聚會日據情控訴，瞽官為之訊理，瞽差、瞽役侍立於側。孰曲孰直，一聽瞽官審斷，莫敢或違。繼迺整理絲絃，高唱數曲，然後各自散歸。本年九月初一日為其始會日，如期而集者千有餘人。一時瞎說瞎話，瞎判瞎斷，膠膠擾擾，並無一明眼人焉。嗚呼！天下事當作如是觀。〔目空一世〕

1753　原 205/3　廣末 1/3　大 6/216

演放氣毬

氣毬創自泰西，最利行軍妙用，中國人則尚僅見。天津武備學堂于八月間製成氣毬，安排養氣、炭氣滿貯毬中。既蕆事，海軍、盛軍各統帥，以及各路防營統領，如期而集。荼火軍容，觀者傾巷。初係丁禹廷軍門、劉子薌鎮軍坐入籃輿，飭令啟機上駛，升至數十丈，旋即鳴號落下。次及賈制壇、衛達夫兩總統，又次某軍門等，相繼偕升。如摩霄之鶡、搏風之鵬，洋洋乎誠鉅觀也。而各軍門以柱石之軀，高升遠眺，以備有事之用，其膽略卓識，詎不加人一等哉！〔宜若登天然〕

1754　原 205/4　廣末 1/4　大 6/217

假武松

邗江某甲娶妻生子，有弟一人，友于甚篤。前年甲因病逝世，事嫂如母，撫姪如己出。嘗謂嫂曰：「有此呱呱者，予兄弟不患無嗣，其善保之。」詎知嫂性情乖張，不安於室；弟亦自以瓜李之嫌，遂即它徙。自是孤鸞寡鵠，外遇有人，醜聲遠播。弟聞之，深以為羞，糾同親戚數人，於某夜伺諸門外。隻身入內，從窗隙潛窺，見一壯漢正與嫂擁抱為樂。猝不及防，掩至臥榻。嫂一時情急，意欲反噬。門外人聞聲擁入，當即雙雙捆縛，擬欲送官究辦。經人調處，罰令姦夫出資若干，半為亡者超度，半給嫂氏養老，始得了事。小說家載武松殺嫂，并手刃西門慶，為兄報仇，咸稱快人快事。苟非其人，不幾為武松齒冷乎？〔嫂溺援手〕

1755　原 205/5　廣末 1/5　大 6/218

黠賊有智

尹湘，濱州人也，家貲鉅富，臧獲數十輩常川守院。一日，有王君廓之流，以主人無借乘之高風，效古人盜駒遺事。被守者知覺，喚集眾人，各持器械圍廐捕之。賊情急計生，出其所佩刀，將韁繩割斷，縛其身於馬腹下；復以刀背奮擊馬腿，馬負痛狂奔，踔厲無前。眾人志在捕賊，不之覺。迨入廐搜查，杳無影響，旋復追尋馬匹。豈知賊逸出後，早已上馬加鞭，翺翔於河上矣！或曰：「古人上馬殺賊，今迺在馬腹下作賊；雖鞭之長，其能及乎？」余曰：「見馬逸而不能遏，迨馬喪而妄追求。賊去不知，猶曰捉賊，是無異乎今世人好放馬後砲也。不然，賊雖狡，亦奚能為？」〔爰喪其馬〕

1756　原 205/6　廣末 1/6　大 6/219

貪夫殷鑒

粵婦某氏，年逾耳順，性甚譎詐。一日，有某甲以收買銅銀為業，正在沿街呼喚。招之入，出碎洋四百，謂係銅質，令其估值。甲見銀色甚佳，心竊喜，意謂婦女無識，誤真作贗；急與訂價五成，付些定銀，約期交易。匆匆然歸，措備百餘金。及時而往，先有同業者持洋驗視，異而詰婦。婦謂：「爾自逾限，夫復何尤？」同業者假意過昂其值。甲恐失此奇貨，密許其人出外重酬，乃得成交。肩洋而出，同業者隨之行，甚蹇。甲問之。云：「足疾也。」心益喜，至一歧路，獨由小徑奔回家中。取洋覆看，則盡銅臭，大驚失色，急至原處理說。室有數婦，齊聲斥曰：「言明變賣銅銀，安得反悔？豈以女流而可欺乎？」甲知不能爭，喪氣而歸。又復糾多人往，則已室邇人遠，杳如黃鶴。予曰：此等騙局，平淡無奇。為告世人，慎毋利令智昏。〔為小失大〕

1757　原 205/7　廣末 1/7　大 6/220

擊斃殘狼

秣陵雨花臺下某村有牧豕家，一日，來中山君，嚙豬耳拖曳以去，奮迅直前。二牧奴執梃奔逐，行將追及，忽為澗阻。狼沿水邊行，勢稍遠，逐者瞠乎後矣。適遇它邨逐疫者，由山路衝出；人聲鼎沸，金鼓交鳴。前列者皆面塗五色，手執鋼叉，形狀可怖。狼至此進退維谷，始棄豬，一躍過水。俄而，儺者去盡，狼見人稀，復超澗，與逐者拚力爭豬。一人乘間擊狼倒地，二牧者以一豬一狼牽曳而歸，指以示人曰：「狼性貪殘，否則不至此也。」夫狼狽為奸，豺狼當道，人亦無如之何。一念之貪，卒至喪命，世之貪黷無厭者，盍鑒諸。〔黃雀〕

1758　原 205/8　廣末 1/8　大 6/221

忍心殺子

後妻虐待前妻之子，婦人之通病也。然亦何至竟處以死，如浦左賈家巷某甲之繼室。可異焉！甲本負販營生，常出外。前妻生一子，年僅五齡，而妻尋歿。以內顧乏人，續娶一再醮婦。凶悍異常，待子甚虐，恆鞭撻之。某夜，甲適未歸，子先臥，忽焉遺矢。婦怒甚，持利剪遽將其陽具割下。子痛極狂呼，倒地亂滾，越時殞命。鄰里聞聲集視，莫解其故。次日甲歸，婦詭詞以告，亦不之疑。市具殮之，驀見血跡淋漓。查悉慘狀，目眦盡裂，而亦不能為之伸冤。余聞之，喟然曰：滬北各梨園，常演《殺子報》一齣，慘刻殘忍，大傷風化。竊訝官憲何不嚴示禁之。不期近處竟有此事，其以觀劇所見，而步後塵耶？抑真別有腸腑耶？欲挽人心，是所望於正本清源之賢有司。〔虺蝎為心〕

1759	原205/9	廣末1/9右	大6/222

猛虎啣犬

西人性愛狗，如〈秦風〉之誇「歇驕」，齊俗之美「盧令」焉。日報載有哪吔者，僑居朝鮮。蓄一狗，碩大無朋，不啻逐東郭兔之韓盧，愛養臻至。一日晚，忽山君入室，啣之去，西人甚惜之。桉《爾雅》：「虎之子曰狗」，虎毒不食兒，則虎不應食狗。旁有解者，曰：「此狗不是彼狗，是猶冒為人子者，更不螟蛉若也，於虎乎何尤？」〔強凌弱〕

1760	原206/1	廣末2/9左	大6/223

四目小孩

人之五官百體，不必表異於眾，亦不必無異於人。舜目重瞳，禹耳三漏，成湯之臂四肘，倉頡之胸四乳。此皆擅聰明之譽，著神聖之稱者也。自世風不古，妖由人興，胎產之異，見於小說，證諸近聞，固已無奇不有，然亦未聞生而有四目者。日報載福州黿裏鄉林姓婦，懷妊十二月，臨蓐產一男，其目有四，灼灼如列星。婦見之，大驚，立命拋棄之。其夫以舐犢愛，不忍下手，婦遂勉強下床，以水淹斃之。是何祥也？吉凶焉在？質諸個中人，尚其自省焉可。〔胎異〕

1761	原206/2	廣末2/10	大6/224

海濱一叟

天津大沽地方已故孝廉鄭步蟾家，藏有御袍、御扇。每年六月六日，恭晾一次；晾畢，用黃緞包裹，敬謹收藏。有人曾見之。其袍係寶藍色，貢緞裝棉，袖織團龍，領織長龍，前後兩旁，計開四氣，扇則不得而知。相傳鄭氏之七世祖，名夢琳者，初為海濱漁戶。康熙二十二年，仁廟幸大沽，巡閱海口。夢琳充御舟水手；以護駕有功，敕賜御袍一襲，旋復御書「海濱一叟」匾額，並賜御扇一柄。夢琳叩謝天恩畢，祇領而歸。什襲珍藏，子子孫孫，世守勿替。其匾額懸之家廟，至今年代久遠，已歸何無有之鄉，所存者袍、扇耳。是誠滎陽之佚事也，緬想遺風，令人景仰不置。〔龍章寵錫〕

1762	原206/3	廣末2/11	大6/225

行善免菑

浙紹新昌縣屬黃婆灘，突遭水災，人民蕩析離居，固已不堪言狀。先是有一道人，羽衣翩躚，向居民稱說大難將至，盍速遷避。居民以其狀類瘋癲，不為意。有某甲者家小床【康】，宅心行善，有長者風。道人徑至其家，亦以前言告之。甲以先人遺產在此，未便遠徙對。道人乃令於某日晚，洞啟門扉，鋪紅氈於堂中，聞外面人聲鼎沸，慎勿出視。叮嚀而去。甲依計行，迨夜半烈風，雷雨聲如萬馬千軍。其宅後枕山麓，前臨大溪，蛟水即從後山而發。鄰近屋舍，全數沖倒，人畜漂流；惟甲之住居，如魯靈光殿巋然獨存。君子觀於此，而知行道之必有福，人力之可回天，冥冥中固自有主宰在。〔自天祐之〕

1763	原206/4	廣末2/12	大6/226

生入棺中

無錫南門外觀音堂畔有學究，設塾於此，咿唔之聲，不絕於耳。一日，先生因事外出，童子六、七人，相率而至觀音堂內嬉戲。驀見壽器二具，一生顧謂六生曰：「汝等各匿其中，予為蓋棺。待先生歸，其將何處找尋？」眾如其言。俄而先生至，見室中闃其無人，遍覓無蹤，大驚失色。有知其事者，以入棺告。先生始猶不信，繼知情真，急往揭棺，則已牢不可開。蓋棺內生氣有限，被生人收盡，而棺外則有空氣壓之也。嗣有教以先鑽一孔，棺始得啟；而六生者，皆體冷如冰矣！霎時間，事聞於六生之父母，爭來責讓。先生計窮而逃。旋知禍由某生所致，群至其家，將該生毆斃。此事業經涉訟，未知問官如何訊斷。日報言之鑿鑿，想非子虛也。〔該死〕

1764	原206/5	廣末2/13	大6/227

惡姑賣姦

某甲，廈門人，家有一母一妻，經紀營生，頗相安也。前年，甲因目疾失明，妻甚賢淑，以鍼黹佐家計。有某乙者，俗稱賣貨郎，甲妻時向其購買女紅所用雜物。乙艷其貌，屢以游語挑引；婦正色拒之，絕不向其買物。乙思想無法，乃以番佛數尊，賂其姑，令設計，祇求春風一度。適某夜有親串邀甲赴宴者，姑約乙至，潛身己房，且誆令媳婦息鐙先睡。迨婦夢入黑甜鄉，乙偽為甲醉後歸來，潛入尋歡。婦驚醒，暗中摸索，知非本夫，大呼捉賊。其夫恰於是時回家，當即獲住。查見貨擔猶在姑房，乃知姑與串通，擬即送官究治。是役也，設非婦能細心辨別，尚堪設想乎？然乙之蓄意圖姦久矣，跡其所為，色膽如天，已屬罪無可逃；執而痛懲之，豈不甚快！至其姑之貪利忘義，猶豈可曲原者也？〔王婆再世〕

1765	原206/6	廣末2/14	大6/228

違禁獵獸

百獸舞而虞隆，騶虞作而周盛，聖王育物之仁，無異天地好生之德。京師永定門南苑地方，畜獸甚多，狉狉獉獉，不一其類。其地歸奉宸苑衙門管理，稽察綦嚴，不准私行田獵，蓋如湯網之開三面焉。一日，有張老等效雞鳴狗盜之徒，作驅牡從狼之想，率領黨與多人，相為犄角，手持槍械，私入苑中。竊擊野獸四隻，四不像、黃羊各數頭。當被官人瞥見，立即拿獲三名，送交刑部治罪。桉《封神演義》載姜子牙騎四不像，間嘗疑其語屬無稽；不謂今竟獲此，斯真可謂奇獸矣！至黃羊祀灶，載之史冊，無容贅述。〔藐視王章〕

1766	原 206/7	廣未 2/15	大 6/229

不甘雌伏

同安里校書王雲僊者，翩翩態度，顧影自憐。嘗謂今之姊妹行，效旗人裝扮者有之，效西國衣裳、東瀛結束者亦有之，皆不脱閨秀本色。於是奇想別開，以婀娜之丰姿，作昂藏之氣概，以為游戲人間，誰能辨我雌雄也？一日者，頭戴瓜皮小帽，上釘披霞，身穿京式元縐棉袍、竹根青馬甲，足穿旗裝鑲鞋，至中和園與某客侑酒拇戰。顧盼生姿，風流自喜。皮相之士，或以為窺牆之宋玉，擲果之潘安，而不知其固釵而弁者也。余聞之而有感焉。夫海上為通商之總匯，繁華之盛，甲於天下，四方遊客接踵而至。試問今之飛觴綺席，買笑瓊樓，朝停陌上之驄，夕宿花間之蝀，誰復辨其為盜為賊，為倡優為隸卒。蒼狗白衣，世情同慨。區區一妓云何者？〔服之不衷〕

1767	原 206/8	廣未 2/16	大 6/230

禁屠笑話

江浙兩省，淫雨為災，各屬告振之書，沓來紛至。地方官為民請命，出示禁屠，以冀挽回天意。間有無知小民，陽奉陰違；差役偵知，立即逮案責懲。故在禁屠期內，雖老饕亦不能染指，況身為民牧，宜如何反躬修省，俾化沴戾為祥和。孰意有浙西某縣事可異焉。日者，有該處鄉民數百人，入城報荒，擁至縣署。邑尊並不升堂開導，鄉民鼓譟而進。久雨牆圮，內適廚房，見豬羊雞鴨，積貯存多。僉謂民方竭誠求晴，官顧飽飫烹宰。爭相攫取，攜至大堂；被署中家丁，將肉奪去，所剩者魚蟹雞鴨。鄉民等攜呈府署，太守委員查辦。鄉民具稟前情，委員未免迴護，令差役將葷腥投之濁流；善諭鄉民，使之歸去。諺云：「只許州官放火，不許百姓點燈。」三復斯言，以見世風之日偷矣！〔葷官〕

1768	原 206/9	廣未 2/17 右	大 6/231

監犯自戕

人當橫行無忌時，兇惡殘忍，靡所不為，幾疑天道渺茫；而不知兇人固無一不報，報且無一不慘。天漏【網】恢恢，疏而不漏，理固無或爽也。福建侯官縣獄有外省寄禁要犯陳文獻一名，忽於某夜乘人不備，手掣利刃，自刺其腹，將內腸挖出；又復劃破胸際，手軟氣絕。迨禁人等聞聲喊救，業已無及；遂即稟詳上憲，委員勘驗。桉該犯身罹大辟，自宜明正刑章，以伸王法。乃不待顯戮，天遽假其手以自殺。孰謂天道無知哉？〔惡貫滿盈〕

1769	原 207/1	廣未 3/17 左	大 6/232

愚人自愚

紀文達公筆記載有一事，可為愚夫愚婦當頭棒喝，爰為節錄。云：「雍正甲寅年七月，有道士稱奉王靈官，擲錢卜事時有驗，求者甚盛。一日有惡少數輩，挾妓至廟被阻，心銜之。向伶人借得衣冠裝束如靈官模樣，乘道士夜醮時，突從屋脊躍下。靈官據上座詰責，令鬼卒用鐵蒺藜拷問。道士伏地哀求，自認冒名誑錢狀。乃各脱衣服，相與大笑而去。翼日，道士遂它竄。」余謂假冒之風，莫甚於今日，或稱某師傳授，或託某姓揚名，其實均子虛烏有，而蚩蚩者卒不之悟。使公見之，不將慨江湖日下乎！〔欺世盜名〕

1770	原 207/2	廣未 3/18	大 6/233

大花園記

滬上之別墅多矣，而臨于浦濱者甚少。除西人之公家花園外，若徐園、味蓴園，皆囿於一隅，而不能暢觀輪舶之往來，波濤之浩蕩。粵士卓君，心竊憾焉。乃度地於滬北楊樹浦之東，廣幾二頃；去租界有二十里之遙，與引翔港接壤，以避塵囂也。其中高樓傑閣，曲檻斜廊，結構經營，匠心獨運；珍禽異獸，嘉木奇卉，無不羅致。且又位置咸宜，清幽可愛。復於園中鑿地為沼，紆折分歧，悉栽荷芰。即以其土累成高阜，其上更建危樓兩所，憑闌四望，風景畢收。遍栽修竹，氣象蕭森，深堪留客，幾疑有輞川之高致。閒當約伴清遊，相與拾級而登假山，支笻而尋曲徑。玩獅虎之馴善，覩水木之清華。見夫美輪美奐，鳥革翬飛，軒然臨於園之中者，四面廳也。龍團雀舌，錯列紛陳，以遣玉川子之清興者，茶座之潔淨也；吐霧吞雲，香風繚繞，效宗少文之臥遊者，煙寮之幽邃也。至若劉伶豪放，買醉青山，佳肴既便取攜，番菜亦堪烹宰，則更有長春之酒國也。遊歷既遍，舍屋宇而至高原。臨流一覽，但見萬頃波光，風飄歷歷，殊令騷人興中流擊楫之思，作破浪乘風之想。詠「雲海盪我心胸」之句，又奚止擴人眼界而已哉！〔申江名勝〕

1771	原 207/3	廣未 3/19	大 6/234

止雨新法

江浙兩省，霪雨為災，下隰高原，盡成澤國。安慶防營統領宋軍門，飭令屬下兵弁，於某日辰刻，各持後膛洋槍，猱升省垣雉堞，向烟雨中扳機然放，以散鬱蒸。一時響若連珠，果見宿霾四捲，頓露曦光。浙撫崧中丞亦用是法，即日放晴云。按泰西天文家謂：雨係地中濕氣，鬱而蒸騰，被雲氣吸致，乃散漫而為雨；故將雲轟散，可殺雨勢。又西人向有巨火致雨之説。曩年倫敦大火，久旱之際，天忽大雨，西人僉謂為空氣鼓盪所致。並聞輪船在大洋中，如遇颶風，然砲向空，擊之亦能轟散。竊疑此係神奇其説，或不盡然。惟據故老傳言，道光二十九年，吳文節公撫浙時，亦以久雨兼旬，在吳山頂上然放大砲。其時杭人傳為笑談，不料後果晴朗。至咸豐九年，湖南大雨，亦有遵行此法，立見奇驗者。爰備錄之，以為格致之一助。〔霽〕

1772	原 207/4	廣未 3/20	大 6/235

尋春無賴

天津侯家後素稱煙花淵藪，有某勾闌雛鬟數輩，傅粉塗朱，一笑嫣然，幾令游人心醉。一日，有三河少年裙屐聯翩，同至彼處。群妓爭出迎迓，以為錢神下降，必能浪擲纏頭。玉軟香溫，纏綿情致。有某甲者，色中餓鬼，饞涎欲滴，見一妓而悦之，擬效楚襄王故事。妓未許，眾妓相與嘲謔，刺刺不休。甲老羞成怒，大肆咆哮，奮其老拳，將室中什物搗毀一空；復取碎椀劃破好頭顱，霎時鮮血淋漓，故為大言恐嚇。龜奴見勢不佳，鞠躬請罪，兼令某妓軟語溫存，許以春風一度；同遊者亦再三勸解，事遂寢息。按梨園中演《彩樓配》一齣，有小丑云：「為

了下頭，薙了上頭。」今觀某甲者，誠可謂：「為了下頭，壞了上頭矣！」名之以無賴，誰曰不宜。呵呵！〔苦肉計〕

1773	原 207/5	廣末 3/21	大 6/236

煙花董事

董事者，董其事也。必擇公正紳衿，身家殷實者為之。遇有公事，與地方官分庭抗禮，其名至重，其位極尊。自人心日壞，劣紳豪暴，競事鑽謀，視善堂董事之缺，為生財之道。往往不顧名思義，任意侵漁，有識者每心焉傷之。近日有趙世恩者，自稱花煙間董事，在外招搖，欺淩鄉愚。為法界讞員葛同轉訪問，飭差拘趙，並趙所開花煙間內之煙妓李銀寶及趙妻陳氏，一併逮案訊供。趙復串出棍徒楊輔臣，認銀寶為妻，希圖冒領。幸同轉秦鏡高懸，洞燭鬼蜮伎倆，卒將趙刑責數次，枷號三月，期滿遞籍；發銀寶于善堂，擇良婚配。聞者咸以為快，而吾于此益嘆董事之名，至此而淩夷已極矣！夫趙既為花煙間董事，而復自開花煙間；則龜而董，董而仍龜也。董事而可以刑責，可以荷枷，當以趙世恩為鼻祖。吁！〔體面龜〕

1774	原 207/6	廣末 3/22	大 6/237

災黎獷悍

甯波一屬突遭水患，人民蕩析離居。強悍之徒，往往擇肥而噬，糾眾滋事。近聞慈溪之鳴鶴場有某姓富戶，被饑民多人破扉直入，請為發棠。一時蜂屯蝟集，擁擠不堪。某姓無計遣散，立請榮鹺尹到家彈壓。蓋是地原設鹺官管理灶戶，兼及民事者也。詎眾饑民一見官至，口稱枵腹已久，爭挽其臂而嚙之。鹺尹大驚，允為賑濟。急令人取錢至，按名給以青蚨百翼，費去三百餘千，始各鳥獸散。而鹺尹兩臂為齒所傷，紅腫之痕猶堪辨認。昔年極荒之地，嘗有人相食之慘，從未聞有犯及官長者。今方災之初，民情已兇橫若此，該處風俗自可概見。幸天佑下民，業已放晴，尚可桑榆之補，否則其猶堪設想乎？〔頑民〕

1775	原 207/7	廣末 3/23	大 6/238

置身無地

古之人有遇朋友之喪，脫驂相贈者，傷其無所歸也。至于誼關一本，有無相通，死亡相恤，固屬義不容辭。自世風日薄，敦睦罕聞，骨肉之親，視同秦越。吁！可慨已。津人周某擅岐黃術，而不利于時，頻年坎坷，遘疾不起，貧無以殮。妻某氏，向夫族中告幫，卒無肯助者。氏忿極，回家將所畜雞犬，披蔴挂帛，牽至族人門前，大呼曰：「吾固族大支多者，今皆曳尾縮頭，坐視不顧；不得不藉光于異類，庶慰情聊勝于無。」蓋侮辱族人也。後不知如何了結。說者謂其族人固有取侮之道，然氏以禽獸比之，獨不思自居何等耶？〔擬不以倫〕

1776	原 207/8	廣末 3/24	大 6/239

棄妻虐妾

方某，西樵人也。在澳門太平街水巷開慎德堂店舖；年逾知非，性情暴戾。髮妻某氏，已因脫輻之占，遽作蒸梨之出。聞者咸以為冤。嗣納篴室，持家勤儉，頗著賢聲。生有一子，年已弱冠。方謂春秋之例，母以子貴矣！而方待之甚虐，稍拂其意，立加鞭撻，往往體無完膚，甚至皮破血流。又以椒末和醋，塗其傷處，使之痛楚不堪。其子無計求免，旁人亦不能為之緩頰者，是豈夙世冤歟？何妻若妾之遇人不淑也？昔人謂酷責俊婢，為大煞風景之事。今固不可以語方某，而室家之好，人孰無情？乃竟兇暴殘忍一至于此，誠不若齊人之妻妾，猶得共敦和好也。〔育生〕〔冤孽〕

1777	原 207/9	廣末 3/25 右	大 6/240

因忿傷財

本邑人某甲，卜居西門內文廟左近。茆屋三間，聊蔽風雨。日以灌園為業，秋菘春韭，生計頗佳。一日，有營馬四匹闌入，將所植菜蔬，踐嚙幾傾。甲不勝忿，繫馬而奮擊之。翌日，失馬者蹤跡之，見一馬已斃，三馬又傷，扭甲理論。甲知不敵，以番佛賠償了事。噫！終歲勤劬，銖積寸累，一朝忿恨，家破財亡。經紀之人，顧可以小不忍而亂大謀哉？〔小不忍〕

1778	原 208/1	廣末 4/25 左	大 6/241

庸行可嘉

紹興上虞縣人張君趾廔，名上道，少有至性，事父母以孝稱。自遷申後，兄燮廔隨父習賈。伯仲之間，友于甚篤。九歲入塾，師以成材器之。甫逾年，棄讀就賈；凡計然之術，靡不精進。其母多病，以家風寒素，常力疾操作。君見之，憂形于色。每于經營之暇，為之負薪淅米，汲水浣衣，甚至溺器亦為親滌，如朱壽昌故事。及母病沉篤，群醫束手，默禱于天，願以身代，減算以延母年。不數日，母病良已，而君竟以勞成疾不起。彌留時，猶執其兄手，曰：「孝當竭力。」語畢而逝，年纔十有七歲。倉山舊主重其行，為之立傳。嗚呼！斯人也，蒼蒼者何不假之以年哉？〔其為人也孝悌〕

1779	原 208/2	廣末 4/26	大 6/242

賑譚（一）

施君子英，辦賑多年，盡心竭力，不辭勞瘁，人皆頌為「萬家生佛」。今據述及前年豫省旱災籌款喫緊之際，忽有一口操楚音者，自稱「無名氏」，獨來辦賑。隨身並無僕從，就飢民中擇稍有才幹者用之。每十人立一頭目，如軍營例，部署井然；飢民樂為之用。約計是處五、六萬人，所散振銀，皆一身獨任；既未向人捐募，亦不知從何處匯來。但見其躬親乃事，毋濫無遺。俄而大病，屢瀕於危。賑所諸人再三研問，終不肯言。各路飢民爭來服侍，聚至數萬人；設香案於空庭，竭誠跪禱，稽顙出血，祈天永命。飢民稱之曰「無老爺」。及病愈，依然放賑。事畢將去，嚴佑之先生潛尾至蘇城，欲一知其居處。一日，忽不見，如神龍之見首不見尾。斯真曠世異人也，「為之執鞭，所深慕焉。」……〔上德不德〕

1780	原 208/3	廣末 4/27	大 6/243

賑譚（二）

……施君又云：「古稱蜀道之難，不過天梯、石棧相鉤連耳。河南則不然，其地多係沙漠，一望無垠，行路者時虞傾陷，往往一蹶不振。鄉人或負糧食重物，欲往街市求售，俛視地面，若已乾燥可行。甫經涉足，即便陷下，愈陷愈深，一至胸間，即不能掙動。嘗有肩挑背負之人，竟成活埋，無能解救；旁人雖見之，無如何也。聞之該處父老云：『初陷之時，即將身體臥倒，猶能滾以出之；而鄉人不肯捨所攜之物，多有以身殉之者。』殊為可歎！辦賑者幸未遇此，殆天亦默佑之歟？世人日行康莊之上，幾不知鳥道蠶叢而外，尚復有何繭足之處。今觀此境，其果地陷東南之明證耶！小民何不幸，而生于茲土。」……〔孳孳為善〕

1781	原 208/4	廣末 4/28	大 6/244

賑譚 (三)

……此亦施君所述也：「河南既多沙地，車馬往來，殊形不便。而熙熙攘攘，奔走於風塵之中者，常用笆斗坐人，以繩繫住拖曳，對舁而行；街頭巷尾，絡繹不絕，如騎竹馬，如泛芥舟，恍惚兮若兒童嬉戲景象。而是處習慣，自然毫不為怪。僕亦屢坐之矣。不但此也，且又曾經坐過迎娶新婦之花輿矣。蓋一日僕欲往某處稽查災戶，不能徒步而往，又無從雇轎；適有小家喜事，備有花轎，鄉人遂以此相接。此實生平未有之遭，亦今古以來宇宙間稀聞之事也。」以上云云，皆施君目擊身親之事，其閱歷之艱危，心力之勤勞，亦可謂饑溺為懷。方之古賢何多讓焉。而君救人救澈，卒能歷久不逾。至今各省賑務，仍賴維持大局，樂善不倦，其食報詎有涯哉！〔推己及溺〕

1782	原 208/5	廣末 4/29	大 6/245

烈婦相護

咸豐年間，慈溪有金烈婦者，年艾而孀。姑某氏，性同鴞惡，偪令與人通姦。婦不可，遍受酷刑，荼毒苦楚，不可言狀。鄰右人群抱不平，搶舁至縣，請官檢驗，旋以傷重斃命。其姑逮案，收禁囹圄，亦即庾死。地方紳士重婦之節烈，為之請旌於朝，糾資建墳於慈湖之左，形如岳鄂王墳，勒碑以紀其事。行人過此，咸肅然起敬焉。近日有姜家嶴人王姓，以弟已作古，婦尚青年，潛鬻於人，圖得重利。婦不可，遂以肩輿強劫送去。道經烈婦之墓，王婦哭泣默禱。俄而，狂風大作，霎時間失婦所在。婦之夫兄仆地自言，為烈婦所責，將發地獄；其妻叩頭如搗蒜，病迄未愈。邑東某紳，於是夕夢一莊容女子，語之曰：「我金烈婦也，憐王婦清節，故以風攝至公家，可速援手。」及紳寤，使人覓得之，妥為安置，守志以終云。夫人之正直清明，自有鬼神呵護；幽明相感之理，本無或爽。王婦之獲佑，其冰霜之操亦可知；故樂得而闡揚之。〔貞靈不泯〕

1783	原 208/6	廣末 4/30	大 6/246

東瀛社會

日本商人於中歷九月間，迎長崎諏訪社神出遊，旋至大波戶場廠中止宿。會中並無神像及鑾駕，執事惟舁空輿三乘。是處計七十二街，每街製成彩傘一柄、龍船一艘；裝潢窮極華麗，船中奏樂均選俊童，外有多人牽之以行陸地。更有華船一艘，船上兒童皆扮華人裝束，頭戴頂帽，各奏中華音樂；中坐一船主，晶頂煌煌，烏靴橐橐，補服挂珠，作指揮之狀。後隨各種戲劇，金童玉女，聲色俱佳，前後計共游歷三日，方始迎神返社。一時興高采烈，幾至人山人海，各國士商，靡不往觀。據日人云：每町所費多至千金，至少亦五、六百金；合之二十四町，其費已及二萬之譜，亦可謂鉅矣。蒙謂此實無益之費，曷不如餼羊之去，以恤民力。然而各國風俗，各行其是。臨其上者，夫亦因民之所好而莫之或禁，藉以點綴昇平景象歟！〔戲無益〕

1784	原 208/7	廣末 4/31	大 6/247

西僧犯戒

京師德勝門內鸚哥胡同有尤某者，家有一女，及瓜年紀，解珮丰神，人皆艷羨不置。每於夕陽西下，徙倚門前，嫣然一笑，媚麗欲絕。有護國寺喇嘛僧某，見而垂涎，多方引誘，哄至廟中，另闢小院以當金屋之貯。閉置半月，女頗能參歡喜禪，而僧亦現身說法。廟甚空曠，故住持僧等俱未之覺。從此借淨域為陽臺，嚙臂盟心，永不插紅塵之腳矣。詎知好會無常，一日，該僧忽與女口角，反唇相稽，女乃高聲呼救。僧恐肇事端，放之歸家。其父查知，即赴官廳控告，立即飭提該喇嘛僧到案訊問，照律究辦。未知公庭對簿時，一光頭，一丫髻，兩人作何情狀？或謂護國寺為京師極大禪林，今乃有此穢跡，豈活佛偶動凡心乎？抑女本散花仙子，偶與維摩游戲乎？則非余之所知。日報載之甚確，想非讕言也。〔光頭難熬〕

1785	原 208/8	廣末 4/32	大 6/248

放砲擊蛟

〈月令〉：「季夏之月，命漁師伐蛟。」《周禮》：「壺涿氏掌除水蟲，驅以瓦鼓，投以焚石，幹以牡橭，貫以象齒。」無非欲殺其神，使不為害也。至春秋時，兩蛟挾舟，而澹臺子羽獨能投璧於河，持劍斬之，其神勇實為僅見。是以古者蛟不為害。後世廢伐蛟之典，又無斬蛟之人，于是蛟之患大矣！近來各屬蛟水時有所聞，一片汪洋，民有其魚之嘆。一日，浙甯之鎮海關外，人群見有黑雲一方，低鋪海面，靉靆中似有一蛟，自首及爪，隱約可數。咸謂天久淫雨，皆蛟所致。適為招寶山上砲臺兵官見之，飭令開砲轟擊；隆隆之聲，振動山岳。夫槍砲同為軍器，利于行兵；今既鳴槍以止雨，又復放砲以驅蛟。軍火之用，果若是其大乎？天降之災，使蛟水為患；天又啟人假此物以止患，未始非災黎之福也。〔消災〕

1786	原 208/9	廣末 4/33 右	大 6/249

新臺冤案

施某，象山諸生也，年將周甲。有一子在漢口貿易，媳吳氏在家，性淫蕩。在家時與表兄周某有染，歸施後仍相往來。一日為翁所見，遂下逐客之令，媳銜之。而翁之臥房，與媳僅隔一壁，姑又早逝；媳乃伺翁出外，雇木工改裝活板壁。于某夜乘翁夢入黑甜鄉時，挖開活板，潛登其床，抱住翁大聲呼救，指為圖姦。家人聞聲驚起，勸令釋手。媳曰：「必須筆據，方可。」翁不得已，允之。嗣周又至，益無忌憚，人皆知媳之反噬也。翁無計，遷它處以避之。函知其子，催令速歸。夫「籧篨」「戚施」，詩人之刺衛宣，非所云而然也。今竟憑空誣陷，求遂其淫欲之心。媳之肉身，其可食乎？特不知為子者，歸將

何以慰椿庭之心？吁！〔逸則淫〕

1787	原 209/1	廣末 5/33 左	大 6/250

花間袪篋

蕪湖某校書，丰姿綽約，名噪一時，輿馬紛紜，幾滿枇杷門巷。一日，有某客招往侑酒，僅留龜奴守戶，被妙手空空兒篡入。迨夜半校書歸來，見雙扉半掩，心知有異；急入燭之，賊正在倒篋傾箱，肆行搜括。龜奴上前捉住，則一少年瑟縮欲遁；細審之，係某京貨店小主人，昔年曾與校書繾綣者。嗣以父故，家業凌替，流入匪類。校書追憶舊情，立命釋之。噫！選舞徵歌之地，揮金如土，誰復思量及此，迺致比匪之傷者。寄語風流客，其亦以此為龜鑑也。〔悔之何及〕

1788	原 209/2	廣末 5/34	大 6/251

汪烈婦傳

烈婦姓凌氏，歙縣人，年十七，適同邑汪君兆銘。汪故貧士，服賈四方，越六年而客死於外。烈婦聞訃，欲從死。時舅姑在堂，春秋高，遺孤甫二齡。戚鄰爭以大義相責，始黽勉從之。家徒壁立，餬口不易；烈婦百計撦拄，仰事俯畜無缺失。未幾，舅姑相繼逝，喪葬如禮，復謀葬高曾以下十餘柩，卒次第集事。子既成立，為娶婦洪氏；洪亦賢孝，習勞苦。烈婦得少休，而年已垂老矣。會寇警，厲詞遣子去；挈子婦、女孫，轉徙山谷間。訛傳寇退，乃歸省；中途遇賊，至死罵不絕。婦見姑畢命，懼為賊辱，抱幼女赴水死焉。凌年五十有四，洪年二十有二。事平後，大吏聞於朝，得旌表如例。論曰：「粵寇之為禍烈矣！蹂躪至十數行省。有民社之責者，其能嬰城固守，見危授命，已戛戛乎難其人。而凌以一老節婦，躬冒白刃，甘之如飴；洪亦義不受辱，與幼女相率以殉。三世濟美，嗚呼賢哉！」〔巾幗完人〕

1789	原 209/3	廣末 5/35	大 6/252

誦咒殪蟒

客有返自南洋吉靈埠者，述及該處土人，多諳邪術，名曰「降頭」；所奉神像，猙獰可怖，其術能服人，且能禦獸。該埠舊有一巨蟒，盤踞山間，興雲吐霧，常吸人而食，為患地方，人皆紆道避之。一日有土人某甲，自恃降術，逕走山下。蟒出欲啖，甲誦咒作法；蟒不能噬，而口啣其足不去。有見而奔告甲妻，立持數寸長之降刀一柄，用紅布封其口，沿途呪法而前；按蟒斷其首，其患遂絕。該國王與商于是埠者醵金贈之，酬其功焉。又有增城人某乙，商于此，為土婦所悅；以降法伏之，結為夫妻。降術頗神，合埠之人，皆聽使令。該王爰命為一埠之主，歲入極豐。迄今生有子女各一，而乙亦此間樂不思蜀矣！〔海外奇談〕

1790	原 209/4	廣末 5/36	大 6/253

復生述奇

死者不可復生，古之人痛言之矣。即小說家偶載死而復生之事，亦未有死已數年，猶能返魂者。乃紹興西門外東浦市地方農民某甲，生二子。長子出外，作染坊生理。前年因與同儕口角，致被刃傷殞命。某甲聞信趕往，欲控官，治以抵償之罪。經人勸解，令兇手從豐棺殮，並給洋蚨若干元，事始寢。甲運柩旋里，權厝於翦刀匯地方，迄今將及三載。前月十三夜，某甲夫婦就枕，忽夢其子至，曰：「兒命不該絕。本應蚤還陽世，因傷歿於外，關河阻隔，游魂飄泊無依，今始得歸。准於此月十九日午時，還魂復生。望父母將兒柩先三日啟蓋，等候至期。記取心頭微溫，急以稀糜哺我，即可活矣！」夫婦所夢皆同。甲望子情切，即於十五日至厝地，持斧劈開棺蓋。視其子與生無異，惟面目作青黑色，刃傷處血跡猶紅。待至十九日旁午，撫其心頭，果已溫暖。遂如法而行，旋即蘇醒。開目四顧，悲喜交集。其父扶之出棺，用舟載回家中。不知厥後作何景象？是誠異聞佚事也，不可以不誌。〔甦〕

1791	原 209/5	廣末 5/37	大 6/254

醋拌黃魚

鎮江俗語稱土妓之大腳者，謂之「黃魚」。日者，城外德星宮演劇酬神，鄉人某甲攜黃魚往觀，兩情款洽。不料有某乙者，與該黃魚有舊歡，驀地看見，大興醋海風波，謂魚網之設，豈宜鴻則離之？扭甲便毆，打成一團。黃魚不敢為左右袒。幸有某丙者，與甲、乙皆夙好，始得勸散。客有善詼諧者，謂予曰：「彼一魚也，兩人爭之，弱肉強食，其將果誰之腹？況此魚既有腥聞，又復著醋，酸氣撲鼻，得毋與窮措大氣味相投乎？」予曰：「噫嘻！彼牖下書生，足跡未遍天下，見聞囿於一隅；動輒稱《詩》說《禮》，宜於古而不宜於今，誠不免吾子之誚。然以黃魚例之，亦謔而虐矣！」〔酸氣〕

1792	原 209/6	廣末 5/38	大 6/255

和尚胡鬧

本邑人某甲，僑居茸城西門外。近以嫡母冥誕，特延僧道於廳事兩廊設經壇，禮懺追薦。風旛霞帔，無殊貝闕珠宮；法鼓梵鐘，如入琳堂紺宇。南無聲與步虛聲自相應和，觀者皆稱羨不置。至夜間，則大作法事，羽士復使香工、飛鈸以及拋舞火球，炫異矜奇，變化不測。正在興高采烈之際，忽有火星迸射，燒破某僧之袈裟。於是禿奴之頂，發出無名之火，聲如鼎沸。或效豐干之饒舌，或同歸宗之舉拳。清淨戒壇，幾等戰場。而道家者流，則以正在作法，恪守教規，不與計較。而旁觀之人，均不直僧；群起而攻之，并毀其法器，禿奴輩始抱頭鼠竄而去。論者謂：「生公說法，頑石且可點頭；法顯誦經，獅子自能降伏。今該僧等小忿之不忍，如來不幾為老君所笑乎？」〔不守佛戒〕

1793	原 209/7	廣末 5/39	大 6/256

江心覆舟

秣陵之下關，江流滾滾，水勢迅急；設有渡舟多艘，以便載客過江。八月下旬某日，風平浪靜。日方卓午，有考生多人欲過江，匆匆登舟；計同舟共二十七人，而考客居其二。纔解維，適船頭有雞一擔，倏一雄雞飛上岸去，賣雞人鳧水捉之，而舟已離岸數丈。賣雞人軟語浼舟子攏岸，篙工欲方便，而眾考生共咆哮不依。賣雞人無奈，祇得從水中將雞擔拖上岸去。該舟遂從此翦江，行至江心，驀地來風一陣，既狂且暴；霎時間舟中舵桅摧折，船遂傾覆。是日天氣晴朗，無風信，救生船例不出江；忽見江心渡船失事，急挂帆駛援，則已無及。僅救起三人，一舟子，二搭客；其餘則皆與波臣為伍矣。慘已！余嘗讀〈公無渡河〉之句，竊嘆風濤險惡，人生固不可以徼幸求免。若潮平岸闊，風正帆懸，容與中流，亦復何慮。乃二十七命之中，頃刻間不救者多至二十三人，此其故何歟？或曰：是殆冥冥之中，有牖其衷者，為之旌別淑慝也。諺有之曰：「舉頭三尺有神明。」觀于此而益信。〔逝水無情〕

1794	原 209/8	廣末 5/40	大 6/257

實命不猶

蔡蓮雲者，滬北勾闌中翹楚也，頗著艷名；頻年所積賣笑資，不下數千金。狎客吳某心焉蠱之，納為小星，已三年矣。近日吳又與林黛玉暱，盟山誓海，願共白頭。蔡知之，急往勸歸。吳大怒，謂：「小妮子干爾底事？敢煞乃公風景。」叱之去。蔡含淚訴于吳友某之妻，慰以好言。吳反以「捲逃」誣控于官。問官廉得其情，斷給洋三百元，為蔡養贍費；而所有衣飾，悉被吳吞沒。蔡返母家，鬱成狂疾，常披髮默坐，喃喃似啐經狀。知其事者，大為不平。世間薄倖之事何可勝道，慧眼如杜十孃猶誤識李生，況其下者乎？嗚呼！我懷紅拂，真不可及矣。〔遇人不淑〕

1795	原 209/9	廣末 5/41 右	大 6/258

黠狐假威

史記江乙謂楚王曰：「虎得一狐。狐曰：『子毋食我，天帝令我長百獸；不信，我為子先行，子隨我後。』獸皆畏虎而走。」桉此説世人以比倚勢為惡者。宋陳彭年，奸邪人，號為「九尾狐」，大率類此。今之人操尺寸之權，威福自用，特偶蒙虎皮耳！獨不思《易》占濡尾，《詩》詠為裘。狐之媚猶不可恃，況類于狐者乎？錄之以警世。〔冰山〕〔難靠〕

1796	原 210/1	廣末 6/41 左	大 6/259

碩鼠誌異

鼠之見於經傳者多矣。《詩》詠穿墉，《書》言同穴，《易》占貞厲，《禮》載化駕，《傳》譏晝伏；《山海經》記耳鼠可禦百毒，《爾雅》言鼮鼠之文似豹，鼯鼠之狀如狐。自世人少見多怪，則唐鼠易腸，鼷鼠食角。鼠能思而泣血，鼠以舞而為妖。鼲鼠呼於江東，鼣鼠見於南越。而不知碩鼠雖有五能，不成一技。投之忌器，特人自過慮耳！日報載朝鮮慶尚道有鼠大如狸，時出為患。有華人商於此，見而怪之，欲以手槍轟斃。而該處韓人，竭力阻止，謂為邨中之神，吁！陋矣。〔大佬蟲〕

1797	原 210/2	廣末 6/42	大 6/260

人魚雙生（一）

前年有粵人某甲，商於南洋吉靈埠，漸與該處人情浹洽；娶王婦，伉儷甚篤。旋即懷孕，及臨蓐，產一男，並一物，形若鱷魚，目灼灼如諳人性。甲欲棄之；婦不忍，呼為「娃娃」，與子某乙並乳之。魚飽食後，蹲伏床下，不與人並宿，若自知為異類也者。荏苒十餘年，魚身已重十數觔；依父母，無異致。一日，甲在粵中所生之子某丙，到埠省視。婦命子某乙出拜其兄；魚在床下亦出，向丙翹首為禮，若識其為昆弟也。丙見而愕然，默忖唐代鱷魚為患於潮州，賴昌黎作文驅之，民始安甯；今此物奚自而來，儼然在家庭之內。正驚訝間，婦急白其故，丙為之撫摩良久。魚從此每食相隨，依依不舍，如是者累月。……〔異聞〕

1798	原 210/3	廣末 6/43	大 6/261

人魚雙生（二）

……甲以丙離鄉已久，促之歸。婦飭其子送之登輪，魚聞亦緊隨之，有相送意。婦恐其異類驚人，欲不許；而魚已跳躍先去。婦無奈，令乙以巾蒙其首，負之而行。既至河干，魚甫見水，即觸本性，便躍下，以游以泳。乙喚之登岸，亦弗應。俄而輪船啟行，魚逐水而去。乙歸述其故，婦亦無如之何。魚在輪旁，丙屢揮之不去，慮有它失，因傍船舷而告之曰：「父母育爾十餘年，未嘗相離；今一旦棄之，是為不孝。與其兄弟義重，孰若母子恩深？爾宜速回家中，免致倚閭之望。予有金約指一事，乃爾母賜之者；今可啣歸以為信，後會有期也。」言訖，投之魚；果接啣口中，點首辭之，悠然而去。……〔魚有至性〕

1799	原 210/4	廣末 6/44	大 6/262

人魚雙生（三）

……維時煙波浩淼，風浪滔天，鼓鬣揚鬐，溯流而上。比登岸，日已西沉，蓋去家一晝夜矣。尋路歸家，舉首觸門，爪抓作響。婦聞而訝曰：「噫！娃娃回矣。」啟門納之。見魚身已驟巨，至尋丈，不覺大駭；蓋魚適水性故也。婦詢其何故久戲不回？魚昂首作狀，吐出約指於地，意以為因戀兄之故，藉此見信。婦乍覩約指，竟疑魚中途害兄。其夫某甲尚在疑信參半，而婦勃然大怒，執棍責之。魚負痛亂跳亂滾，闔室器具多被撞翻破碎。乙夢中驚醒，詢知其故，亦以為然，相與毆魚不已。魚被重傷而死，死後冤魂不散，祟母與乙，幾致病不起。於是方知其誤，許立魚位而奉祀之，乃各無恙。自是以後，凡吉靈埠內華商生育男子，皆須崇奉娃娃為神，即以其名稱之，始獲平安，否則不能長養也。語雖荒誕不經，姑錄之以見遠邦風俗之異。〔娃娃〕

1800	原 210/5	廣末 6/45	大 6/263

貞節可風

先達何廉昉觀察致政後，卜居蕪城，與江蘇候補道胡芸臺觀察比廬而居。里巷過從，深相浹洽，因以次女字於胡子名鍾俊者。吉期將屆，而胡公子遘疾卒。女聞耗，痛不欲生；便以〈柏舟〉自矢，欲過門守志。戚黨曲為慰解，亦弗從，竟絕粒飲，將以身殉焉。胡公嘉其貞，爰筮吉，以鼓樂、彩輿迎歸如禮，然後持服。見者咸嘆其賢。嗚呼！一死靡它，三生遺恨。嫁衣未就，空銷怨蛙之魂；玉鏡猶存，甘老孤鸞之影。古今閨恨何可勝言？女獨何心而能若此？松筠不足比其亮節，冰蘗莫能喻其苦心。當此風俗澆漓，廉恥道喪，得此女以矜式之誠，足以矯勵人心，而迴狂瀾於既倒矣！至表揚之典，請俟諸輶軒。〔貞如松筠〕

1801	原 210/6	廣末 6/46	大 6/264

楓林被劫

粵之大石鄉有楓林寺焉，幡影鐘聲，頗稱鼎盛，見者皆疑為布金之地。一日，住持僧收得租銀數百兩，被盜偵知，糾集黨與多人，至夜半明火執械，攻入山門。寺僧均有拳勇，出與搏鬥，相持良久。卒以僧用刀牌，盜執火器，利鈍既判，抵禦為難，遂被成禽，悉數縶縛。群盜一擁入內，將頻年積蓄，搜括一空，呼嘯而去。翌日，該僧赴縣稟報。經官勘驗，未知能否人贓弋獲也？《傳燈錄》云：「廣額屠兒，在涅槃會上，放下屠刀，立便成佛。」該盜何心，乃敢掠及清淨之區？古之高僧伏獅馴虎，祇在談經説法之間。近則鉢盂生涯，大都不守佛戒，無惑乎盜之見而垂涎也。不然，佛法亦豈有窮時耶？嘻，異哉！〔佛無靈〕

1802	原 210/7	廣末 6/47	大 6/265

適逢其會

甬上烏樓廟畔有張姓者，小康之家。一日漏三下，有鼠竊之徒，穿窬入室。家人尚未睡熟，旋即驚覺，高聲喊捕。時有場工幾人留寓在家，群起圍捕。賊進退維谷，無計脱身；倉皇中，從樓窗躍至小屋。不料該屋年久失修，為吳姓孀婦所居。婦不甘岑寂，素與柳姓有私。正在尤雲殢雨之際，忽砉然一聲，椽折人墜，恍如亞夫將軍，從天而下。由是打鴨驚鴛，吹皺一池春水。柳誤攜婦之褻衣，藉掩下體，赤身而逃；不隄防跌入糞窖之中。婦亦為斷椽上之釘頭刺傷，血流如注。而賊則兩臂受傷，捨命狂奔。是役也，為姦為盜，適然相值。設律以王章，宜若何從懲辦？乃法網倖逃，天誅難逭，同時受創，誰曰不宜。化工真惡作劇哉！閱竟，為之浮一大白，呵呵！〔中的〕

1803	原 210/8	廣末 6/48	大 6/266

毒蛇傷人

霜月淒涼之候，寒碪斷續之中，客有賈秋壑之癖者，讀促織之經，訪王孫之跡，不惜以數十百金，付之一喙。此固常事而無可異也；所異者，以鬥蛩之戲，竟致喪其軀耳！紹郡有紈絝兒四人，於秋間某日之夕，步月閒行，直至城根。忽聞蟋蟀聲，啾啾唧唧，出於瓦礫榛莽間，遂動捕捉之興，分頭尋覓。有二人者，至一塚側，聞蟋蟀聲似出亂石中；將石翻開，不虞有毒蛇突出，見人狂嚙。一傷手背，一傷手臂，須臾遍體青腫，昏暈倒地。待其二人尋蹤而至，趕為扶歸，卒以毒氣攻心，不及醫治而斃。按《前漢書》云：「蝮蛇螫手，壯士斷腕。」蓋慮其毒之內侵也。今世人但知畏禍，而不知所以免禍。凡若此類，可勝浩嘆！然則免禍之道奈何？曰：「昔圓丘多大蛇，黃帝將登焉。廣成子教佩雄黃，而蛇皆去。」蒙謂此法治蛇宜然，而不惟治蛇為然也。人之蛇蝎為心者，亦當思防患於未然乎！〔玩童炯戒〕

1804	原 210/9	廣末 6/49 右	大 6/267

賊歎氣

昔王羲之見賊入室，謂之曰：「青氈吾家舊物，可移置之。」賊慚而去，人皆服其量。詎事有大同小異者。甬東尚書第屠姓，累世簪纓，其後裔名紹康者，家業中落，又染煙霞，遂致高堂廣廈，不免有易姓之傷。所居破屋數椽，聊蔽風雨。一夕，屠尚未寢，忽聞拆壁聲，知有賊，徐謂之曰：「吾家棉被在典，餘無長物。足下辛苦多時，實為慚愧。幸有熱茶在，可飲一杯去。」賊聞而逸。噫！屠以世家子淩夷至此，識者為之神傷。該賊苟有人心，亦將聞之而浩歎乎！〔白辛苦〕

1805	原 211/1	廣末 7/49 左	大 6/268

文章憎命

紹興府學廩生俞某，年逾知命，品學兼優，而不利於場屋；常以羅隱無名，歌興罷氍。庚午科與其徒同赴秋闈，揭曉，徒已名列賢書，而俞則依然康了。從此鬱成心疾，或效阮籍之狂哭，或似殷浩之書空。近則獃狀更甚，每日步出門外，至中堰廟前，攜一竹筒，安置河畔；對河一揖，汲水而歸，無間風雨寒暑。有詢之者，則曰：「此鑑湖湖心之水，清澈異常。可以沁心，能使冰心之常在；可以洗眼，庶免肉眼之相譏。世無陸羽，誰復品泉及此？」吁！涇渭不分，滔滔皆是。先生于水，其亦同慨也夫！〔不知命〕

1806	原 211/2	廣末 7/50	大 6/269

山猺合婚

猺子深居八排，嗜好異性，土俗異制，為禮教之所不及。連之有猺，如瓊之有生黎，臺之有生番也。其俗無父子兄弟之親，而有夫婦之好；然其為婚也，不用媒妁，不事嫁娶。遞年以來，以十月十日為大會男女之期，名為唱歌堂。一時猺男猺女，年當婚配者，皆出而會於山野。鼓聲角聲相應，男女跳舞而歌，抑揚徐疾，相為節奏。或有數男而嬲一女者，或有數女而嬲一男者；更有一男一女，互相酬和者。大抵所歌之曲，借為問答，男歡女愛，則自成婚配，野合於山林巖穴之間。自是以後，猺男遂攜農具，就猺女同謀耕作，以成家室。其男其女，俱不知有父母也，即父母亦不能留。故猺雖子女眾多，至老仍勤勞耕作，自食其力，未聞有享受子孫奉養者。噫！是無異牛馬之游牝於牧也。安得有人焉，化其獉狉之俗哉！〔異于禽獸也幾希〕

1807	原 211/3	廣末 7/51	大 6/270

臧獲喬妝

之江巡檢某君，因缺瘠苦，孑身赴任；其眷屬留居省垣，為日已久。寓中有一火夫，俗呼為「大腳婆」者，幼年穿耳。近因太太等欲出拈香，遂令該火夫易弁而釵；四人同坐一車，無有知者。至呂祖祠，給付車資；以細微爭執，被車夫窺破。禮畢復如前，赴萬壽宮。車夫懷挾前忿，漏洩春光。旁人從而察之，見該火夫叩首起伏，頸後髮短，頸前頦起；即行拘住，交保甲局委員升坐訊問。據稱其髻係太太所梳，其衣則小姐所給。局員怒其衣履混雜，瀆亂典常，飭令裝入站籠，以憑重辦。説者謂此事畫蛇添足，自取其咎。其中暗昧，固不得而知。特某君治家不正，恐難免大府之上白簡也。甚矣！齊家之難也。〔不能齊家〕

1808　原 211/4　廣末 7/52　大 6/271

龜亦耽詩

瘦日烘窗，焚香默坐，讀「奴愛才如蕭穎士，婢知詩似鄭康成」之句，竊嘆奴婢之風雅，為不可多得矣！日者，有濯足扶桑客，顧予曰：「子毋少見多怪，近則龜亦耽詩矣！不信，吾與子談瀛洲之事。長崎之丸山町有花月樓者，艷名最著。其龜奴性喜文翰。每於花晨月夕，招集騷人墨客，觴於樓中。復令雛鬟數輩，捧硯攤箋，以供吟詠。故其行院中，亦多解語花。一日開餞菊宴。該樓龜主出一枕，長計二尺許；形似白鶴，周圍雕鏤精工；上下有細孔，按之可得五音。舉以示客，曰：『此唐時明皇宮中故物也。由麻姑仙所贈，流入東瀛已二百餘年矣。今請各賜珠玉，以誌奇珍。』是說也，不亦可異乎？」予曰：「噫嘻！此何足異。今海上且有能詩之龜矣。恃其東塗西抹之才，日在勾闌中，為妓女捉刀。人第見勦襲舊作，署香名，以為此詩妓之詩，而不知實詩龜之詩也。」盈篇累幅，列之報章。昔日已有人論之者。詩學之盛如此，詩人之多又如此，區區一龜云何哉！〔風雅龜〕

1809　原 211/5　廣末 7/53　大 6/272

老翁擊豹

昔南山有元豹，霧雨七日不下食。欲以澤其衣毛，成其文章，故藏以遠害。是豹固難見，無惑乎管窺者僅見一斑，已謂全豹盡在是也。宜昌南門外烟舖中，一日有人早起，見一金錢豹在樓上，懼而狂呼。豹遂從窗中躍出，奔至河干。眾人聞聲齊集。見豹驀擒住一擔糞之丁男，意圖吞噬。眾畏其猛，莫敢近前。正在危急，適為船上一老翁所見；手執短棍，一躍而上，奮擊豹頭。豹負痛轉身，直撲老翁，將前足搭住老翁肩，咬其頸。翁之右目為爪所傷，幸斯時圍者各執扁擔、木棍攢擊豹，豹始釋翁。旋被眾人擊斃。權之，約重五、六十觔。有客以五千錢購之去。其為唐風之豹褎歟？抑為楚子之豹舃歟？固不得而知。《易》曰：「君子豹變，其文蔚也。」今該豹不善隱藏，其見殺也宜哉！〔矍鑠哉〕

1810　原 211/6　廣末 7/54　大 6/273

賭徒藐法

賭禍之烈，前人言之詳矣，官憲禁之嚴矣，而賭風卒未稍戢者，非盡由差保之得規包庇也。蓋若輩肆行無忌，不畏王法，不顧身家；遂使懲者自懲，犯者自犯。如廈門海防局前設有賭攤數起，暴露於風日之中；呼盧喝雉，引誘鄉愚。入其彀者，無不腰囊立罄。日者為道憲訪聞，諭令保甲局委員帶勇查辦。旋即拘獲二人，當街笞責。忽有惡棍藐視官長，猱升煙寮屋頂，拾取鴛鴦瓦，向委員頭上飛來。幸一擊不中，誤傷旁人。委員隨向該煙寮查問，著令交出行兇之人。未知能弋獲否也？蒙謂該棍徒始而犯賭，繼而犯上，其目無法紀，可謂極矣！涓涓不壅，將成江河。防微杜漸，是在民之父母。〔憨不畏法〕

1811　原 211/7　廣末 7/55　大 6/274

智婦拒姦

粵之洞表地方有某甲者，娶黃江涇某乙之女為婦，已歷年所。一日，婦攜所生子女各一，輕移蓮步，欲返母家。行至曠野無人之處，時當薄暮，突遇一瘋人要於路，謂：「邂逅相遇，適我願兮。野田草露之詩，何必不自我而作？」婦心急足違，又以子女牽累，無可脱身。倉卒間生一計，遂勉強允從，陽為偎依之狀。瘋人不虞其詐，以為甕中之鱉，釜底之魚，當亦無處可逃，欣然相就，聊證三生石上一段因緣。詎婦出其不意，狠命般緊握腎囊不放。瘋人負痛，苦不得脱；遽仆於地，氣息奄奄，不能掙起。婦迺攜女負子，疾趨而逃。聞其事者，皆許該婦之智能全貞，勇能禦暴。較之樂羊妻之遇賊刎頸，韓憑妻之登臺隕身，能全節而不能保其身者，其相去蓋倜乎遠矣！〔有膽有識〕

1812　原 211/8　廣末 7/56　大 6/275

賊謀狡譎

蕪湖有妙手空空兒，探囊祛篋，案積如山。一日經官人拿獲，施以鞭撻，荷以巨枷，交地保某甲看守。該保家居大關後，是處房屋鱗次櫛比。而該賊情極計生，忽於某夜，乘人睡熟，縱火屋中；霎時間勢若燎原，不可嚮邇。洎保驚醒，倉皇無措，趕將雜物搬移。正在手忙腳亂之際，該賊大呼曰：「速開我枷，當代為移取；否則同葬火窟，悔莫能追也。」保墮其術中，將枷開去，該賊搶移物件，即奮步逃逸，不知所之。説者謂該保既遭火劫，而又失犯，尚恐難免官刑。然吾謂此賊以竊物而得罪，又以放火而脱逃，卒致無辜被累，其天良喪盡也可知。是真罪不容誅矣！〔殺無赦〕

1813　原 211/9　廣末 7/57 右　大 6/276

姑媳相爭

娶婦而計較妝奩之厚薄，庸俗之見，非有志者之所為。梁鴻眉案相莊，鮑宣鹿車共挽，載之史冊，傳為美譚。自俗情多鄙，貪念難忘，于是夫也不良，棄糟糠者有之；室人交謫，成覆水者有之。相尤而不復相好，蓋皆有自取之道焉。溫州有陳姓子，娶某姓女為室。過門之後，其姑以婦奩具不豐，嘖有煩言；婦亦反唇相稽，答以爾家聘金不多。遂致指桑罵槐，刺刺不休。有識者兩非之，而歎其戾氣之萃於一門也！〔上下〕

1814　原 212/1　廣末 8/57 左　大 6/277

驊騮歸廄

京都某侍衛家失馬一匹，偵騎四出，杳無影響，固已度外置之矣。不意某日之夕，忽聞撞門聲，司閽者拔關出視，見係所失之馬，不勝驚喜。咸謂咄咄怪事，是豈老馬識途，竟得乘間歸來乎？抑王君廓之流，或感主人德惠，故效合浦珠還之事乎？《淮南子》載塞翁一事，於得失之間，靜觀禍福，後皆歷歷有驗。不知今之得馬者，果亦有此卓識否？〔闖〕

1815　原 212/2　廣末 8/58　大 6/278

催妝佳話

香山何君乃斌，前閩浙總督何小宋制軍之族姪也。以兔罝之奇才，備鷹揚之妙選，聘得同鄉劉姓武大員之女公子為室。射雀乘龍，人稱佳耦。前科公車北上，高列一甲第三名；供職日下，已歷歲時。今秋乞假榮旋，涓吉親迎。先是租有衣飾馬匹，選鄉中艷婢裝扮各色故事；

中有喬扮小將軍游獵者，用俊童三十六人，盡態極妍，維妙維肖。繼則儀從如雲，戈矛映日，軍容嚴肅，步伐整齊；一望而知為武將家風，而女宅之相送者，亦如之。一時鳳管鸞笙，自他有耀。雖婦人孺子，無不想望丰采，誠盛事也，亦佳話也。《詩》曰：「韓侯顧之，爛其盈門。」何君有焉。又曰：「蹶父孔武，靡國不到。為韓姞相攸，莫如韓樂。」劉君有焉。〔囍〕

1816	原 212/3	廣末 8/59	大 6/279

酒犒山猺

廣東連州所屬之八排，為猺人所居，狉狉獉獉，風氣渾噩；生生不息，實繁有徒。終年惟事力作，頗有鑿井耕田之概。山中沃野寬曠，魚塍鳩隴，刈穫頗豐；核計一歲所入，除照例納糧外，可以自給。本年十月初旬，有山猺結隊百餘人，到州署完納田糧。州憲大加獎賞，每人犒以白酒一碗，油炸豆腐數塊。猺人得之，如猩猩之得酒，欣抃異常；即于大堂之前，席地而坐，捧杯鯨吞，興盡而歸，跳舞狂歌，醉態萬狀。方今國家德洋沛恩，普被遐方。生黎生番，既已征撫並用，使人懷德畏威。近以舉辦猺務，收服人心；故州憲仰體皇仁，特加犒勞。渺茲蠢類，宜其向風慕義，踴躍輸將也。〔飲醉以酒〕

1817	原 212/4	廣末 8/60	大 6/280

閨秀騙局

粵之西關耀華坊有嚴姓者，素稱殷富，家有一女，年已及笄。秋間有某婦到其家，炫玉求售。女向購玉器約百餘金，即如數交楚；又向婦稱出閣期邇，須再購珠玉、首飾、手釧，以為妝奩，但不可告知父母，願自解私囊。婦如其言，取物復來，遂與成交，價約五百金，訂日收銀。婦不之疑，至期向收，女匿不見面。次日復然。婦急告其父母，向之索償；而父母以無字據可憑，反大聲呵斥。婦無奈，姑置之；而潛賂婦人之往來於該宅者，使之窺探。一日見女在，即偕同玉店夥數人，掩入執之。蓋婦之玉器，固向玉店中取以販售者也。婦在旁指證鑿鑿。鄰里聞之，咸責其父母與女，串謀行騙，勒令賠償，始得了事。吁！金閨弱質，繡閣名姝，乃亦為此騙詐之術，世風尚可問乎？〔女流〕

1818	原 212/5	廣末 8/61	大 6/281

仁心獲報

乾隆癸亥，河間大饑，畜牛者不能芻秣，多鬻於屠肆。有二牛至屠者門，哀鳴伏地不肯前。適有農夫于某者，家小康，見而心惻，解衣質錢贖之，忍凍而歸。一夕，于因事外出。劫盜數人，從屋簷躍下，揮巨斧破扉，聲丁丁然。家惟婦女弱小，伏枕戰栗，聽其所為而已。忽所畜之二牛，怒吼躍入，奮角與盜鬥。梃刃交下，鬥愈力；盜竟受傷，狼狽而遁。此紀文達公筆記所述也。蒙謂于以不忍觳觫之一念，卒得牛之效死，矧人之靈於物者乎！僅救二牛，且得其報。方今災荒遞告，待振孔殷。有大力者，能推救牛之心以救人，其食報當更無量，牛其小焉者也。〔牛報德〕

1819	原 212/6	廣末 8/62	大 6/282

二人同桌

上年，有妖僧寶貞，年約二十歲，偽作比邱尼，在外騙借洋元；經法界讞員查辦，立予刑責，驅逐出境。詎該僧今又來滬，改名李惠貞，著女衣，帶耳環，蓄髮梳髻，足穿花鞋，如鄉婦然。與薙髮匠沈雲廷認識，途中邂逅；沈誤為尼已還俗，同至小東門外客棧借宿。迨至枘鑿爭鬧，拘押捕房，經葛同轉研詰數堂，各執一詞。總之沈見色而動，李無恥之尤。同轉明鏡高懸，判令沈、李二人各笞二百板，用連枷荷之，遍游法界。二月期滿，遞解回籍，交地方官嚴加管束。嗚呼！十里洋場，無奇不有；然變而加厲，愈出愈奇，未有若李惠貞之甚者。乃僅予枷責，與沈同科，其亦幸逢同轉之寬厚。否則，律以人妖，從嚴懲治，誰曰不宜？〔無恥之尤〕

1820	原 212/7	廣末 8/63	大 6/283

搶親述奇

會稽人某甲，操魯班之技，住居白雲菴前。有一妹，幼字鄉人某乙，春閨靜守，待賦桃夭。邇來年屆破瓜，一點芳心，不耐岑寂，與同業某丙有染，匪伊朝夕。一日為乃兄所見，深以為羞；爰集多人，將交頸鴛鴦，雙雙捆縛。正擬捉將官裏去，已為縣中差役偵知，競來索詐。紛紜擾攘之際，適值某乙以家計維艱，無力迎娶，亦於是時搶親。甫至門，見人已蜂屯蟻集，疑已聞風准備。探諸鄰右，始悉顛末。乙自忖窶貧，安能再娶完璧，不若收拾殘花，聊免春風抱怨，故擬仍將該女娶歸。而丙與女反守白頭之約，堅不允從，是誠無恥之尤矣！此事一波三折，殊駭聽聞。未知操風化之權者，有以挽回否也？〔兩路夾攻〕

1821	原 212/8	廣末 8/64	大 6/284

禪門不法

僧人犯戒，罄竹難書。本齋有聞必錄者，非不知數見不鮮也。亦以見佛法渺茫，皈依無益，使愚夫愚婦，或知猛省；不然何頭陀之兇悍，不能化為我佛之慈悲耶？羊城西禪寺有住持僧號心海者，善少林術，交結綠林豪暴，同夥行劫。嘗以鐵絲作圈，用長髮繫於四周而密織之，然後總其髮以為辮。當行劫時，將假製髮辮戴於頂上，故人無有識之者。近日有潘、呂兩家先後被盜，報經官憲購線緝拿。憑線密報；會同汛、哨各員，飭令團勇百餘人，分守寺外各門，以免兔脱。乃將該僧當場拿獲，解案究辦。業經供認不諱，想當按律定擬也。案民間窩藏盜賊，當減等治罪，今紺宇珠宮，亦為萑苻淵藪，佛之窩匿，其將何以自解？恐如來有知，亦覺汗顏矣！嘻。〔賊秃〕

1822	原 212/9	廣末 8/65 右	大 6/285

烟醉

本埠法界八仙橋堍有粵人蕭某，開設泰昌小烟館。孤鐙短榻，吐霧吞雲，以博臥遊之趣者，大都皆鶉衣鵠面之流。一日更深人靜，烟客散盡，迺將雙扉扃閉，令夥某甲煎熬烟膏。俄而鍋中聲沸，泡如潮湧，烟氣氤氳，霎時間滿室皆是。甲遂昏暈倒地；店主等時已高臥，亦均昏昏沈沈，如醉如夢。至翌日午刻，店主等半迷半醒，而甲則瞢騰

如故也。有烟霞之癖者，其亦有說否？〔黑甜鄉〕

1823	原 213/1	廣末 9/65 左	大 6/286

鶴鹿同春

鳳儀獸舞，樂虞陛之和聲；雉貢獒陳，仰周廷之雅化。我朝德隆上古，極之珍禽奇獸，無不應運而興；豈徒賡〈關雎〉、〈麟趾〉之詩，遂足盡王化所被哉！聞盛京有某大員，以梅花鹿兩隻、白鶴一對，送入某邸囿中。想頤養之餘，聊供玩好。從此梅花有伴，無煩對竹興思；蕉夢非迷，定與食苹共詠矣！〔長壽〕

1824	原 213/2	廣末 9/66	大 6/287

辛盤薦瑞

去冬有燕趙客旅次吳地，值元旦日，衣冠濟楚，往某姻家賀年。某款待殷勤，留之午膳。比往園中閒眺，見其家中幼輩捧銅盤，中置五味辛物，敬其尊長。客大異之。歸而舉以問人，人亦莫解。有識之者軒渠而笑曰：「此即薦辛盤之古例也。蓋取辛味能通神明，去穢惡；啗之，所以助發五臟之氣。何子之少見多怪也？」案《事物紀原》謂：「縣官當於是日懸羊磔雞，以羊嚙百草，雞啄五穀，殺之以助生氣；一似氣之生發，真能助之者。」尤其甚者，謂：「正旦當生吞雞子一枚，可以鍊形；煎五香湯以浴，可以黑髮。」語雖不經，要亦可以覘風土之不同。因辛盤一事而附誌之。〔循古禮〕

1825	原 213/3	廣末 9/67	大 6/288

椒花晉酒

楊玉如，申左人也；性耿介，有古人風，而不拘拘於俗。年屆古稀，喜飲酒食肉。去臘有客寓其家，至元旦見其家祀祖。禮神畢，子孫各將椒酒進於家長之前，稱觴祝壽。然後魚肉雞鴨，錯列紛陳，聚而暢飲，極盡和樂。客心訝之，謂之曰：「吾子古處獨敦，力矯末俗尚已，顧獨不知食肉者鄙乎？」楊曰：「今之人內行未修，平日肆行無忌；欲以不食葷腥，謂足邀神明之鑒佑。是真鄙而可笑。若吾家藹如秩如，無或違禮；即此椒花晉酒，老夫教之，數年來如一日。而子乃欲以愚夫愚婦之見，漫以例我耶？」客慚而退，以告予。予曰：「飲屠蘇酒而除疫，服梅花酒而卻老，今人猶有行之者，然不若此事之可以覘禮也。」因志之。〔一家春〕

1826	原 213/4	廣末 9/68	大 6/289

鏡聽卜吉

常熟王聽仙者，弱冠娶楊氏女為室，伉儷甚篤。去歲就童子試，冠其軍，妻喜甚，望其飛黃心益切。及秋風鎩羽，王甚悉然。除夜祀祖畢，點燈以照虛耗，王取詩稿以祭。妻謂之曰：「爾欲以一衿老耶？何不祭文稿而祭詩稿也？」王曰：「除夜祭詩乃島佛之故事。若易之以文，斯俗矣。」妻曰：「敲門之磚，詩則無用。子若專意於功名，請為子卜之。」至元旦，取銅鏡一，置竈上，插燭於扦，置香於爐而虔禱焉。禱畢，汲水盈鍋，置杓於其中，撥之使旋轉。杓東向而止，遂由東行出閭巷。忽聞人語聲。其一喜笑而言曰：「爾欲思中，尚須再等兩年。」妻折而歸，告其夫以所聞之語，且曰：「今年無科場，然則下科適符兩年之數，君必中矣！」相與慶幸無已。此古鏡卜之遺意，蓋亦雅戲也。〔吉兆〕

1827	原 213/5	廣末 9/69	大 6/290

喜迎紫姑

雲間俗例，每年於元宵，兒女輩焚香然燭，設茶果於桌，以兜套作婦人形，用飯箕擡之；或赴廁間，或於牆角，迎紫姑神。祝之曰：「子胥不在，曹姑亦歸，小姑可出。」迨神來，抬者覺重，能跳躍不住，以占行年吉凶。信之者眾，歷年來必於正月上旬舉行。相傳神是人家之妾，為大婦所嫉，役以穢事，于正月十五日憤激而死。子胥者，蓋其夫名，曹即大婦也。余去年家居時，鄰人嘗迎之，真若有神物附依，非人所偽作者。惟神祇一神，何以隨處迎之而皆得。豈亦如聰明正直之神，無所往而不在耶？吁，異矣！〔卜年〕

1828	原 213/6	廣末 9/70	大 6/291

衣鉢傳家

曠觀古今來文人學士，苟負雍容元度，大都絕後而空前；未聞有喬梓聯輝，竟得冠冕群英，如出一轍者。乃江右有庚午解元聶君明景者，其哲嗣謙吉於己丑科鄉試，又作第一人。文章聲價，朱衣人若鍾情獨厚者。說者謂家學相承，淵源有自，超超元箸，亦同衣鉢相傳。而不知其祖德留貽，食報正未可量也。先是，聶姓累世式微。自其祖好行其德，樂善不倦；而於凶年饑歲，尤篤意於振濟，盡力捐輸，無稍或吝。積之厚者流自光，宜乎其子孫之崛起也。一門兩世同此，不作第二人想。聶氏之福，其未有艾歟！〔鳳毛濟美〕

1829	原 213/7	廣末 9/71	大 6/292

林壬祝嘏

林時甫星使，自奉巽命，幫辦全臺撫墾事務。謹奉太夫人鄭氏頤養於節署中，春暉寸草，極盡孝思。去年十月既望，太夫人壽晉八秩，龐眉皓齒，福履康甯。星使舞萊綵以承歡，招梨園而祝嘏；堂開畫錦，曲譜霓裳；無不樂瞻鳩杖之儀，願進兕觥之酒。省中自劉省三爵帥以下，及印委各員，咸赴節署，恭祝坤齡。一時車馬喧闐，巷為之塞。最難得者，節署之前既高搭五色彩棚；而城廂內外舖戶，亦皆張燈結彩，遙伸慶祝。是則非星使平日之能得民心也，曷克臻此。而太夫人之喜悅，更可知矣！次日，太夫人飭轅下兵弁，扛出壽餅數百擔，每舖戶致送二枚，以答敬意云。〈洪範〉詳五福之徵，〈天保〉晉九如之頌。婺星朗曜，庶幾享受無窮。至累封一品，恩賜御書匾額，寵榮之盛，曠世罕觀，尤豈可倖得者哉！〔福備箕疇〕

1830	原 213/8	廣末 9/72	大 6/293

鷹揚誌盛

己丑科武會試撤闈後，十月初五日卯正，皇上升太和殿，欽點武殿試進士。經傳臚紀堪榮金殿唱名，狀元李夢說等引見畢，由順天府飭員派差，預備執事人等與夫清道、飛虎旗，狀元、榜眼、探花及第等牌在前引導。狀元李夢說、榜眼徐海波、探花傅懋凱等披甲頂盔，跨馬遊行。一時揚眉吐氣，不啻「春風得意馬蹄疾，一日看遍長安花」

光景。至正陽門甕城內武聖廟拈香，回至山左會館，肆筵設席，共賀登科。詠〈兔罝〉之三章，竊歎我國家干城之寄，固不乏赳赳武夫矣。〔平地一聲雷〕

1831　原 213/9　廣末 9/73 右　大 6/294

古鼎躍水

秦不能求周鼎于泗水，漢乃得寶鼎于汾陰；神物之顯晦，固自有時也。澳門漁人某甲，一日舉網獲一古鼎，其足三，其腹鐫有文；叩其聲鏘鏘然，權之重四斤有奇。甲不知寶貴，持向某骨董店求售。店主酬以賤值，重為濯磨，寶光煥發。惟篆刻則句奇語重，喻者甚少。後倩金工鎔化，盡係真金，換得銀蚨一千數百枚。或曰：「此必富室所鑄，不知何年失落水中者。若清廟明堂之器，則非金質。」然歟？否歟？以俟博物君子。〔欣歌得寶〕

1832　原 214/1　廣末 10/73 左　大 6/295

東瀛孝子

稗官野史每記日本風俗，有孝女而無孝子。余竊嘗疑之。近有仁太郎者，富岡町漁婦森田衣西之螟蛉子也。少有至性，事母以孝聞。宗族鄉黨，咸無間言。今母年已老，忽患沈痾，仁太郎侍奉湯藥，日夜無倦容。一日，母已垂危，仁太郎伏地籲天，一慟欲絕。有頃，母忽復甦，人皆謂為孝感所致。臥龍城下，播為美談，曾由《鎮西日報》記其事。本報特為采錄，以風薄俗而補小說家所不及云。〔至性感天〕

1833　原 214/2　廣末 10/74　大 6/296

歌舞昇平

上元佳節，江浙居民競尚賽燈之舉，往往興高彩烈。自去歲災荒迭告，物力維艱，於是共惜浮費，非復從前之鬥麗爭妍。欲問紫陌紅塵，燈明如晝，蓋已寥落如晨星矣！奉天某邨落，五穀豐登，人民和樂，集眾醵資，製成各色玲瓏彩燈，人山人海，幾同不夜之城。群行於鳩隴魚塍之畔，茆亭草屋之間。一時鑼鼓爭鳴，聲震林木，此歌彼舞，熱鬧非常。而富室則施捨金錢，又矗立木桿，高出雲霄，仿浮圖形，遍懸琉璃諸燈，大放無量光明；如南山上之九華燈，可以照見百里。詠「九陌連燈影，千門遍月華」之句，恰合此時風景；是誠盛世昇平之象也。該處於饑饉之後，繼以豐年，民情之歡樂，固不待言。特天道無私，安見不以福奉天者，轉而福江浙之民乎？草野微臣，故樂得珥筆而記之，以誌欣幸云。〔大地皆春〕

1834　原 214/3　廣末 10/75　大 6/297

冰玉雙渾

京師彰義門外張某，年近花甲，生有二女，年皆及笄。長有殊色，次則貌甚不揚。去秋有黃某者，聞其長女貌美，央媒作伐。誑言黃為太醫院御醫，張為所惑，遂即許字。比將納采，始悉黃祇以三指為生；為御醫者乃其弟也。然又不敢賴婚。思得一計，將次女頂替，任其娶去。至合巹後，黃細視其婦，則一效顰之東施也。急向冰人饒舌，翁婿各執一詞。嗣經旁人解勸，始各和好。昔樂廣冰清、衛玠玉潤，世人傳為美談。今若此，真可謂之冰玉雙渾矣！一笑。〔不清不潔〕

1835　原 214/4　廣末 10/76　大 6/298

延師虐政

尊師重道，古有明訓，而要不可語於豪暴之家。廈門有黃金條者，饒於財，性甚鄙吝，平日錙銖必較，故人皆惡之。生一子，年尚幼稚。延一石井鄉童生鄭姓，到家課讀。先與約法數章，其略云：「一不許先生夜間出門。二不許先生暑天裸體。三不許有朋友往來。四不許回家住宿。五不許與主人並坐；蓋主人逾知命，而先生則僅弱冠，故先生之見主人，當執弟子禮，呼主人為叔伯。六不許先生在主人之前笑言戲語。」其約如此。鄭因貧窘，隱忍就之。一日有友過訪，主人嘖有煩言；為友所聞，諷以微詞。鄭大慚，遂辭館去。嗚呼！師道日非，而待師之道亦日薄。淩夷至此，誠非韓昌黎所及料者。吾是以讀〈師說〉而神往也。〔先生休矣〕

1836　原 214/5　廣末 10/77　大 6/299

職官不謹

昔杜牧為分司御史，慕綺閣之紫雲；元稹當廉訪浙東，戀鏡湖之春色。古來迷香洞裏、銷金帳中，名士風流，鍾情獨厚焉。去年聞京師有某官，在前門外馥雲妓寮眷一名姝，楚雨巫雲，時尋好夢。一日，大寒薄莫，某官悄然而至，筵開玳瑁，低唱淺斟。正在酒酣耳熱，微聞香澤之際，忽敲門聲甚厲，突有壯漢數人橫沖直入，龜奴攔阻不住。問曰：「君非某寺之少卿乎？此何地而可輕入？請必無歸，當令看遍長安花也。」某官大窘，許給五十金，眾不允；又添五十金，始各星散。或謂堂堂京卿，偶欲領略箇中風味，乃偏遇若輩之惡作劇，亦太不情矣！獨不思輕身而出，鍾情于路柳牆花，一經發覺，身敗名裂；即倖而獲免，已遭窘辱。回首思之，尚復成何體統耶！〔漏洩春光〕

1837　原 214/6　廣末 10/78　大 6/300

技進于神

去冬某日，為京師神機營操演各陣之期。禮邸、慶邸、謨貝子並管營各大臣，齊集西教場，會同校閱。三令五申，軍容嚴肅。赳桓之士踴躍用命，靡不呈能獻技，各盡所長。有某委員者，精習西人測量之法，指揮各槍砲扳機而發，無不中的。或有疑其預將演放地步量度明白，故能臨時有準。委員因請別指一地，經某大臣親步至三里之遙，植立一鵠，令其再測。該員試之如前，依然不差累黍。於是王大臣服其神妙，相與嘆賞。我朝糜帑千百萬金培育人材，講求西法；而技藝之精，卒能駕而上之。武備之盛，誠可謂超軼前古；又豈止將諳韜略，士習干戈。虎貔熊羆，為足備干城之選也哉！〔發皆中的〕

1838　原 214/7　廣末 10/79　大 6/301

枯楊生稊

某甲在白門某署作蓮花幕友，館穀所入，積貯頗豐。性喜風流，而有季常之懼；故雖雲情雨意，春興未衰，又不敢公然左抱右擁。乃置密室一所，欲貯阿嬌。窺得某顯者有使令婢女，玉質冰肌，丰姿楚楚；央媒撮合，擬納為小星。媒貪重利，掉其生花之舌，娓娓動聽，遂邀顯者應允。甲甚喜，擇吉娶歸，將詠「嫩蕊嬌香蝶恣採」之句。不料好事多磨。為顯者訪知其人鶴髮雞皮，龍鍾殊甚。謂一樹梨花壓海棠，何物老奴，乃堪消受此豔福？不禁勃然大怒，急飭家丁多人，立刻至某甲家，將婢搶回。為時尚早，幸得完璧。或曰：「甲誠幸矣哉！設竟納為篷室，背地尋歡，恐它日疲于奔命，不免有左右做人難之誚。即不然，春光漏洩，何以息河東獅吼之聲乎？呵呵！」〔 〕

1839 原 214/8 廣末 10/80 大 6/302

狂徒宜懲

溫州某氏女，適某姓為室。姿容靚麗，而性格端莊；蓋雖碧玉小家，實具名門風範焉。一日歸母家，魚更兩躍，始賦言旋。途遇羅阿鴻等數人，目逆之餘，驚為絕艷；疑是高唐神女，赴襄王陽臺之約者。遂動感悅驚尨之興，尾隨其後，入以游詞。女頰暈微紅，低垂粉頸。伴嫗素與羅相識，正告之曰：「是為某家羅敷，因自有夫，莫誤作烟花隊裏人，請勿相溷。」羅聞言，更評頭品足，百計揶揄。女叱嫗曰：「歸休。人家好女子，豈屑與莽兒郎鬥閒氣耶？」羅怒甚，就地拾取破鵝籠，罩撲女之首。女大遭窘辱，歸告其兄；控之琴堂有司，准詞飭提究辦。誦〈行露〉之三章，古之人所以有多露之畏也。〔佻兮達兮〕

1840 原 214/9 廣末 10/81 右 大 6/303

巨戈誌異

客有來自惠州者，言在廣府會館，見有長槍一支，儼如丈八蛇矛，斑駁陸離，洵為古物。問之。則曰：「廣人客此，向無聯絡。前數十年創建會館，掘地得此。旁有石碑，經濯磨後，細為考驗，則宋將楊延昭之物也。」夫延昭為宋代名將，出鎮三關。未悉何故瘞其遺器於鵝湖耶？唐人詩云：「折戟沉沙鐵未消，自將磨洗認前朝。」洵堪為斯器借詠！〔古兵〕

1841 原 215/1 廣末 11/81 左 大 6/304

題詩惹嘲

世間俗腐之儒，輒喜效人執筆留題，忘卻本來面目。人笑其陋，我獨憐其愚。聞閩省去年秋試時，有黃生者舟過漁谿驛，阻雨，忽詩興勃發，遂題壁云：「澈骨涼風不勝寒，四面青山日色含。三日遇雨無人走，忽見舟人扛大杉。」迨過防口驛，又題壁云：「為應恩科上福州，山光水色兩悠悠。小妻今夜在家坐，孤守空房淚直流。」末署「海澄生員黃汝良題」。行人過此，見詩無不絕倒。嘻！若黃生者，信手塗鴉，致貽笑柄，亦太不自量矣！寄語題詩客，盍慎諸。〔獻醜〕

1842 原 215/2 廣末 11/82 大 6/305

海外桃源

客有由硫磺島航海至星亞鼇珊都海島者，言在該處見有日婦一口，日人二名，支帳棲於山下。或緣木取果，或礫石投禽，或敲鍼釣魚，或掬泉而飲。生計甚裕，儼然別有洞天。異而詢之。則云：「前年由夏高德埠駕馬蘇丸小輪舟，欲往亞和麼理境。附舟者尚有七人。行至中途，忽遇颶風大作，巨浪滔天，舟不能主，任風飄至此島。舟中人均登岸，但見古木參天，蓬蒿沒踝，野花遍地，鳥獸驚心，四望平原，杳無人跡。其七人懼有他虞，返舟徑去，不知所往。余等怵於風濤之險，留居此地，優哉游哉，聊以卒歲。蓋不知人世幾易寒暑矣！」硫磺島人勸之歸，亦弗肯。其殆有鑒於桃花源裏無處問津，故遂效此間樂不思蜀耶？海外神仙境，令人可望而不可即。〔別有天地〕

1843 原 215/3 廣末 11/83 大 6/306

燒餅離奇

兩男因一女而妒姦，華人謂之「吃醋」，日人謂之「燒餅」。去年某日，日本租界順興號店主王茂生，至警察署控告所雇倭女名洒諾者，忽然私奔出外，被竊洋五十元、時辰表一隻，請為查究。署中人即派巡捕尋獲該女，訊得並無竊物。事因與英兵船上之司庖某有白頭約，故擬相從。被王偵知，狂追不及，遂行誣控。次日，王又以女已回宿，請免究。巡捕將情照會華理事楊星垣都轉，立即提王至署，責以誣告之罪。王一再求恩，判罰洋蚨十翼，寄充振濟。說者謂日本女子本類野雞，大都無情無義；所綢繆者，錢耳！王不之悟，而溺愛若是。噫，亦傎矣！〔嬲〕

1844 原 215/4 廣末 11/84 大 6/307

蛛鬥蜈蚣

嘗論物性有相生相剋之奇：蠃蜾之負螟蛉，蜃蛤之啖螃蟹，皆出於自然，誠不知其何故。有靜觀客謂予曰：「子亦知蜘蛛與蜈蚣兩物，相遇必鬥，鬥必致死乎？」日者，粵城某地有巨蛛與蜈蚣同鬥於廁上者，各以其臀相對，鼓氣射溺。久之，蛛將不勝，回首向屋梁上急走，而蜈蚣則緣息在牆。少頃，則蜘蛛復下，引數十小蛛，來與圍鬥。蜈蚣欲退，為小蛛吐絲纏其足，不得脫。巨蛛又鼓腹撒溺以射之。迨群蛛均散，而蜈蚣仍臥不動。人或異而撥之，應手而下；視之，輕若僵。矗剖其腹，漿點盡沒，惟存皮殼，始知其精血已被吸盡。相剋之理如是，又何奇焉？〔毒物相制〕

1845 原 215/5 廣末 11/85 大 6/308

劫妓述新

租界中，拔妓之事，時有所聞。要皆暗約所歡，借坐馬車為名，中途偕遁。此等伎倆，固已司空見慣，然未聞有糾人搶劫者。去冬，有四馬路同安里妓女王文寶者，一日乘野雞馬車至靜安寺西之申園，瀹茗清談。遊興既闌，登車欲歸。突有多人蜂擁上前，乘勢將該妓效鍾建之畀我而去。迨龜鴇得知，已杳如黃鶴，徒喚奈何！傳說紛紛，或謂是妓之本夫，或謂是妓之狎客，姑置不論。特白晝劫人，如此明目張膽，果何恃而不恐耶？〔黃鶴〕

1846 原 215/6 廣末 11/86 大 6/309

驗放火箭

臺北機器製造局，自張瑾卿太守接辦以來，精心擘畫，綱舉目張；大廠小廠，各專一門，有條不紊。工匠人等三百餘名，或一月考驗一次，或數月考驗一次；觀其技之成否，以定賞罰。故人皆思奮，悉心攻苦，各獻所長。某日，有工匠數人，以其自製新式火箭，就大稻埕河干向上安置，稟請驗放。太守命如法燃試。甫一離弦，即如萬道金蛇，沖霄而去，頃刻間不知所之。數驗皆然，太守讚賞不已。惟末後一矢，功行未滿，不能效梅福白晝飛昇；而如天女散花，或大或小，紛紛飄墜。時觀者如堵，皆抱頭退避。太守隨諭以悉心仿製，剔盡流弊，再行示期考驗，分別等第，各膺獎賞云。〔備豫不虞〕

1847　原 215/7　廣末 11/87　大 6/310

打破龜巢

蘇城香腸弄底有妓寮焉，雛鬟十餘人，塗脂抹粉，日以皮肉作生涯。狎客中有馮師爺者，翎頂輝煌，廣通聲氣，龜奴邵榮倚為護身符。凡有地方無賴借風流之債者，咸慴於馮之勢，莫敢逞。一日，有人以飽啖閉門羹，銜馮入骨，約集羽黨多人，攻將進去。龜子鱉妻，蝦兵蟹將，倉卒登樓，飛瓦拒敵。該黨並不畏怯，各執短棍，毀物毆人。一時燕泣鶯啼，逃命未遑。馮至此亦無勢可行，被該黨凌辱不堪，擁之而去，狼狽殊甚。噫！龜本曳尾泥塗之物也，今迺效猱之升，其亦恐巢穴被破，踏碎龜殼乎？呵呵。〔幾無完卵〕

1848　原 215/8　廣末 11/88　大 6/311

西國扁盧

客有信泰西醫術者，為言二事，殊駭聽聞，爰為表之。一美國某醫院有一少婦，氣息奄奄，喘甚急，冷汗直流，勢將不起。醫生令一壯夫坐在婦旁。袖中出皮管一具，粗如小指，兩端有銀鍼，空其中。以一端刺壯夫臂，一端刺病婦臂。未幾，婦忽起，病若失。蓋婦本患血枯之症。醫生識其病原，故施其妙手，將壯夫之血吸與數升。遂令其向壯夫致謝。一係意大利國商人某，忽然患腹痛，眠食不安，急召西醫至。驗其病根，謂係腸中染毒，非洗滌厥腸不可。遂更召三醫來。一人下悶藥。一人以細木壓手足，俾不能動。二人奏刀剖腹，裂尺許，出其腸洗之；復納入腹，將皮縫合，敷以藥。然後乃去悶藥，人亦漸蘇，且不覺痛楚，而其患良已。噫，技至此可謂神矣！〔神醫〕

1849　原 215/9　廣末 11/89 右　大 6/312

墮民幻想

紹興有所謂「墮民」者，大都以唱戲為業。山陰偏門外後街居之者眾。某甲亦箇中人也，向為梨園之大淨。其嫂寡居，與前街屠戶某乙有染。一日正在綢繆之際，被甲偵知，破扉而入，不意甲非乙敵，致被兔脫。甲乃佯作風魔，手持喇叭，至屠舖中矢口頻吹。店中不堪其擾，乃給以青蚨一貫，始洋洋而去。或謂甲捉姦不成，變為索詐；又不敢明為索詐，忽為此惡作劇。真可謂想入非非矣！〔忘八〕

1850　原 216/1　廣末 12/89 左　大 6/313

楹聯笑柄

廈門生員某甲，才學平常，性情迂腐。祇以戊子科鄉試，幸蒙薦卷，遂侈然自滿，旁若無人。去年己丑恩科，甲揚揚得意，於赴試之前，大書一聯榜其門，云：「只為正科曾薦卷，預知恩榜必題名。」人皆目笑存之。未幾而槐黃踏遍，康了依然，時門聯猶未撤也。有好事者于夜間將其下句改易二字，以紙書就，黏於原字之上，云：「只為正科曾薦卷，預知恩榜又無名。」翌晨，見者無不掩口葫蘆。雖曰謔而虐，蓋亦有自取之道焉。〔求榮反辱〕

1851　原 216/2　廣末 12/90　大 6/314

征番捷音

臺灣宜蘭老狗社生番蠢動，戕官殺人，騷擾不堪，駐防各軍不能抵禦。劉省三爵帥聞報，隨飭吳瑞生軍門，總統各軍前往，相機辦理。適有大科嵌番社之變，遂移師進紮內家峰。業於客臘與必而歪地方一帶番社，先後開仗。彼眾雖蠻，終以草莽之徒，不諳紀律，兵刃甫接，旋即潰散。我軍奮勇爭先，勢如破竹，逆番之被我軍陣斬及生擒者，不計其數，而我軍並未損折一人。吳總統遂督師乘勝向內山進發。生番自知螳臂當車，力不能敵，相約潛遁一空。當此大兵進征，所向披靡，我朝德化遐敷，勦撫兼施；行見狼烟盡掃，海澨廓清，可指日而待。渺茲蠢類，何竟自外生成，梗頑難化哉！〔王者之師〕

1852　原 216/3　廣末 12/91　大 6/315

恩深挾纊

上海縣裴浩亭邑尊，自下車以來，興利除弊，鋤莠安良，善政多端，口碑載道。民之愛戴，固有甚於慈父母焉。日者，有江北災民形同乞丐，背負老嫗沿街求食。適邑尊鳴騶而過，見丐身穿破衲，老嫗則單寒特甚，飭差拘至輿前，問以所負何人？稱是祖母。邑尊謂：「爾祖母年老無衣，爾身獨有破納，實為不孝。」命差帶回署中，升堂訊究，飭將丐所穿破衲脫下，著嫗穿上。隨問丐曰：「爾知冷否？」丐叩首求恩。邑尊飭笞十板，令將破衲還丐，賞給嫗棉衣一襲，著令負之而去。事雖瑣屑，亦可見良有司關心民瘼，無微不至矣！〔惠政〕

1853　原 216/4　廣末 12/92　大 6/316

翰墨因緣

胡君墨仙，閩之同安縣人也。年舞勺，雅嗜作書；書工則喜，否則怏怏然如有所失。尤喜作擘窠大字，但苦力有未逮。一日，偶隱几上，酣然入華胥之鄉。行良久，見一山壁立千仞。正錯愕間，有童子告之曰：「此淩碧山也。頃者，吾主人親備筆墨，安排筵石之上，待子久矣。」遂促之行。蜿蜒數百步，始至其地，則一老者烏巾木履，高踞靜候，顧而謂曰：「子愁不工書耶？盍就石上試之。」胡援筆疾書，作「芾鶩」兩大字。老者稱善不置。俄而夢覺，自是書法益工。人以為得仙人筆法。今君年逾弱冠，自建「椽筆樓」，為洗硯揮豪之所。嘗繪圖作記，以述此事。其果結想而成夢耶？抑真有鬼神來告耶？翰墨因緣，其奇如是。〔筆入神〕

1854　原 216/5　廣末 12/93　大 6/317

有志竟成

紹興人沈某，幼年失怙，賴母撫養。嗣以家計益窘，母出外傭工。沈年甫十二，流落無依，棲宿於蕭寺中。寺鄰有王嫗，見而憐之，常給以饘粥。同治季年，沈有族伯供事吏曹，以年老乏嗣，遣人覓沈伴之。入京時，沈年屆志學，目不識丁，乃延師督課。沈日夜攻苦，比及五稔，能操不律，裁答信札。其伯喜甚，為之娶室，復出貲報捐鹺尹，旋即選授雲南某井鹽場大使。挈眷赴任，供職數年，宦囊充裕，得保知縣升用。於是請假回里，衣錦榮歸。求訪其母，業已物故；惟王嫗尚在，贈以朱提若干，致謝曩恩。昔韓信受漂母之飯，卒封淮陰侯。英雄失路，千古同慨。若沈者亦可謂有志竟成矣！〔衣錦〕

1855	原 216/6	廣未 12/94	大 6/318

快人快事

屠沽之輩，人皆輕之。然天下不平之事，智巧者退避而不敢爭，若輩負其抑塞磊落之氣，或出而為慷慨仗義之舉。載在史冊，何可勝道！宋鄭毅夫過朱亥舊里，詠詩云：「憑君莫笑金椎陋，卻是屠沽解報恩。」誠有感而言也。去冬某日，京師有農人某入市，購得布縷，以為禦寒之計。行至四牌樓，忽被小綹攫去。迨某知覺，號咷大哭。適屠夫某甲見而憐之，極意慰藉，且囑少待。未逾刻，竟將所失之物原璧取回，給之使去。該屠隨將小綹捽而痛毆之。以為如此貧民，何忍下此毒手，後再犯此，定須飽我老拳。小綹唯唯而逃。一時見者皆服其豪爽，而謂有英雄手段焉。〔豪舉〕

1856	原 216/7	廣未 12/95	大 6/319

鬼能伸冤

閩人某甲擅瘍醫業，與鄰女有私。迨女于歸某乙為婦，甲偽作中表親，時往續舊。被乙叔某丙窺破，囑乙慎防。乙詰之妻，且令勿與甲往來。女戀姦情切，即以乙語告甲。甲銜之，佯與乙敦和好；於某夜招之飲，灌以酒，至酩酊大醉而勒斃之，棄尸於江。次日，丙見乙未歸，至甲家找尋不得；聞江邊有尸，急往視之，果是乙。遂控甲于閩署。經官驗明，拘甲審訊，不肯供認，案懸未定；而丙亦病故。甲在押年餘，托人保釋，以為逍遙無事矣。詎某大憲一夕夢乙、丙叔姪訴冤，歷陳謀害情形，醒而異之。密飭福防同知查訪，果確。隨即吊到案卷，拘甲一鞫而服。冤魂不散，而能伸雪如此，有隱匿之心者其鑒諸。〔雪〕

1857	原 216/8	廣未 12/96	大 6/320

悍婦可畏

楚人某甲，僑寓潤州。年近不惑，娶妻某氏，結髮十餘載，未賦弄璋；遂慨然為嗣續計，納某姓女為妾，另屋而居。久之，為婦所聞，佯謂甲曰：「奴今多年不育，何怪郎納小星；既已娶之，另居何為？外人聞之，將謂奴不賢也。明日可用香車載歸。」甲聞而喜甚，果於次晨攜妾同回。甫入門，大婦色遽變，謂：「前聞薄倖郎背地胡行，猶疑信參半，今則千真萬真矣！試問有何失德，而竟不顧微時故劍耶？」正在爭鬧之際，適水利廳巡查過此，婦遂捏詞控訴。官惡其潑悍，大加申斥，謂以後如再胡鬧，定予提懲；官法如爐，管教汝雌虎之毛燎盡也。夫以唐太宗之英主，而不能治任瓌妻之悍妒，廳官雖嚴厲，恐亦無如之何。爰告世人有季常之懼者，尚其築金屋以藏嬌，毋令春光漏洩也可。〔燕支虎〕

1858	原 216/9	廣未 12/97 右	大 6/321

挖石中毒

秣陵之雨花臺為名勝之地，騷人韻士，爭往游覽。茶罷而歸，沿山檢取石子，雅人深致，良不虛也。去冬有某少年登臨斯地，見磊磊粼粼，幾如恆河沙數，隨手拾取，復為搜剔。遂深掘一洞，意將求其佳者。不虞孔中突出一物，長約四、五尺，形若龜類。少年驚仆于地，頭面受傷，經人扶送而歸。說者謂該少年乘興而來，敗興而返，皆由於少見多怪。然亦可為探幽好奇者戒矣！〔興也〕

1859	原 217/1	廣申 1/1 左	大 7/1

征番再捷（上）

前報錄征番一則，遐邇聞之，無不額手相慶。茲悉吳瑞生總帥既痛勦大科崁叛逆各番，乘勝進攻，勢如風捲殘葉。各番社心驚膽破，不敢再以螳臂當車，遂效肉袒牽羊之舉，匍匐悔辠，乞恩納降。立將元惡番酋名牛明老歪者，綁獻軍前，誓不復叛。吳總帥原以勦撫兼施，念其誠心歸順，俯如所請。因將該酋裝入檻車，解赴省垣，於去臘二十七日即行處決。……〔南人不復反矣〕

1860	原 217/2	廣申 1/2	大 7/2

征番再捷（下）

……查該酋目為十數番社之長，年纔二十許。性兇惡，好殺人而食，積年戕害人命至二百餘名之多，番眾怨之切骨。當下大兵搜其巢窟，見室中四壁遍懸首級甚多。聞之降番云：「皆為該酋所手刃者。」其殘賊可想而知。是日，並獲得番婆一名、番兒二名，狀貌猙獰，固似平日同惡相濟者；隨即一併解至省城，以便明正典刑。吳瑞生軍門遂於正月初旬，飭令銘定建諸軍先後凱旋防次；鎮標各營則暫紮郡城，聽候調遣。有人自該處來者，述及大軍所經，秋毫無犯，洵屬節制之師；么麼小醜，曷足以當之？並聞軍門本淮軍宿將，飽諳韜略，智勇兼全，素為劉省三官保倚任。此次面授機宜，督率各軍將領前往勦辦，故能戰無不捷，犁庭掃穴，殲厥巨魁，從此厚集兵力，進征宜蘭老狗社叛番。行見天戈所指，欃槍盡掃矣！〔執訊獲醜〕

1861	原 217/3	廣申 1/3	大 7/3

六世同堂

客有自瀛洲來者，言在該處杜大馬縣，與日商氈索相善。一日至其家，見有雞皮鶴髮者，則其祖也，名曰氈高，現年一百三十歲。有舉案於其旁者，則其祖母也，年一百三十二歲。有皓齒龐眉，侍於祖側者，則父若母也；父名氈巴，年一百零一歲，母少父二歲。有與母同輩者，則其姑也，現年一百零五歲。問及氈索之年，則已八十有一歲矣，而伊妻亦七十九歲矣。又見有問安而來者，則子婦雙雙；一則今年六十有一，一則剛纔花甲初周。孫名氈紀治，現屆強仕之年；孫媳三十有八歲。曾孫名氈施治，現年十有四歲；曾孫女五歲。一堂濟濟，福壽康強，曠世無匹。以視古之成鳩一族萬八千歲，恐不得專美於前矣！〔遐齡〕

1862	原 217/4	廣申 1/4	大 7/4

飛奴妙用

放鴿之風由來尚矣。稽之史冊，如張九齡託傳遠信，郭仲賢藉寄家書，曲端開籠而點軍，任福啟盒而致寇。古來傳遞消息，莫捷于此，正不第清脆鈴聲供人玩弄而已。京師某佐領，家於城外，距其該管官廳約六、七里，音問往來，殊為不便。乃蓄馴鴿數十翼，遇有公事，以片紙書就，繫於鴿足，縱之飛去，至該廳而集。值班人解視明白，隨覆數言，如法放還，習以為常，從無歧誤。羽族微類，靈捷若是，化工之妙用，真不可思議矣！〔曲端遺風〕

1863	原 217/5	廣申 1/5	大 7/5

小星有耀

京都某宦以正室無出，納一簉室，將為嗣續計。顧大婦妒悍成性，自妾入門，百端凌虐，從不容一薦枕席。妾隱忍之。一日，某宦因公外出。該妾淡掃蛾眉，著嫁時衣服，入大婦之室，向婦致詞曰：「吾之來此，原以爾家官人無嗣起見。今若此，則吾與其苟延歲月，終不免死在汝手。」言畢，袖出利刃，迎胸直刺。幸婢媼力救而解，妾則忿忿歸房。見之者皆為妾危，詎大婦嗒然若喪，深自引咎。是後大絃嘈嘈，小絃切切，和洽逾恒。人皆謂該妾有鬚眉之氣，而吾獨羨大婦之勇於改過。〔 〕

1864	原 217/6	廣申 1/6	大 7/6

孳孳為善

昔吳中潘功甫大善士，每當冬令祁寒之際，躬攜銀、米、衣三項票券各若干紙，獨行於小街僻巷之中；遇有無告窮民，酌給數票，俾向該舖自行取用。篤志為善，數十年如一日。至今譚軼事者猶津津樂道之，其遺愛之在人，固未嘗忘也。近者伯寅亦存是心，憫窮黎之失所，慨然思修復先人舊德，於去年冬間在京師米市胡同府第施放棉衣、銀、米。遠近聞風，扶老攜幼，爭來領票者，攘攘熙熙，絡繹不絕。無不歌頌功德，永矢弗諠。聞所費至萬餘金，可謂鉅矣！夫司空文章事業，彪炳一時。論者皆謂其祖德流長，故能臻此；而不知其好善不怠，後先濟美。於戲！潘氏之福，其未有艾歟！〔繩其祖武〕

1865	原 217/7	廣申 1/7	大 7/7

義盜獲報（一）

施金水，閩人也。性好善，有義俠風。少年落魄，曾為綠林豪客，糾夥行劫，案積如山。顧必擇肥而噬，至於貧寠之家，不輕擾累，反加賙恤焉。一夕，至某姓家，將肆其袪篋妙手。穴隙細窺，見有婦人淡妝素服，粉頸低垂，懷中抱一幼孩，在窗前嚶嚶啜泣，一似華周杞梁之妻也者。傾耳聽之，則因夫故子幼，生計維艱，淒涼沈痛之聲，溢於言表。施聞而惻然，不敢驚動，亦不忍坐視；潛至他處，盜取百金，擲之窗前，徑自逸去。迨婦拾得，喜從天降，不知此金何自而來。施與婦素不相識，亦未嘗告人。以故雖係儻來之物，而其一片惻隱之心，出于真摯，不可於盜黨中求之。是所謂「盜亦有道」歟！……〔有道〕

1866	原 217/8	廣申 1/8	大 7/8

義盜獲報（二）

……美色為人之所欲。風流輕薄，士大夫猶不能免，況強梁之徒乎？每見督撫奏稿陳及盜案，至偪姦婦女一節，幾成習慣。而施則惟女色是戒，嘗謂當見色動心之際，將他人妻女比己之妻女，則慾炎頓息矣！一日，與同伴行劫某富室，主人有女，年已及笄，素著艷名。施知同伴垂涎已久，蓄謀玷污，遂先入室窺之。見女果冰肌玉骨，身如月裏常儀。恐無瑕白璧，不免青蠅之染。躊躇四顧，適庭前有一大雞籠，因令女匿其下，猶慮著出破綻，復覆以碎敝紅裳。迨眾盜入內，覓女不得，相與搜括一空而去。此事人之所難，而施竟毅然為之。宜乎其食報也！……〔是難能也〕

1867	原 217/9	廣申 1/9 右	大 7/9

義盜獲報（三）

……以上二端，施所獨行，人固無有知者。而施亦棄邪歸正，家道自此盈富。迄今年逾知命，子孫林立，晚福無窮。雖已痛改前非，而人知之者，猶私相議論。近有少年數輩，相與為扶鸞之戲，未幾乩僊降壇。有某乙者素疾施，伏而請曰：「施金水以盜劫起家，偏能享受，豈天道歟？」鸞書云：「彼自有陰德。」眾叩問有可陰德？鸞又書云：「窗前白鏹，籠上紅裙。」乩遂寂然，眾咸不解。或以其情問施，施述前事以對，眾始恍然。噫！行善之人，若盜者猶獲報，人顧可不勉乎？〔陰德〕

1868	原 218/1	廣申 2/9 左	大 7/10

中西濟美（上）

京師有張四者，生一子名寶兒，年十五。以家貧，每日令其出外趕驢，求升斗之需。去冬，有一人由海甸雇其長耳公，騎至德勝門外土城地方，突出利刃砍傷寶兒，牽驢逃逸。事為城憲訪聞，飭仵檢驗，據報傷及食嗓，恐有性命之虞。迺通傳捕役嚴緝兇手，尚未弋獲。……〔行路難〕

1869	原 218/2	廣申 2/10	大 7/11

中西濟美（下）

……適有秦善士道出是地，見寶兒身受重傷，不覺惻隱之心，油然而興。隨專人至東四牌樓，邀請泰西醫生德大夫用藥敷治。該醫心存利濟，著手成春；數日之間，霍然全愈。善士酬以金，堅辭不受。時張四已經人報信趕到，告以情形，使之領回。張四喜其子之得慶更生，又感二君之仁心仁術，與其子感激涕零，蒲伏在地，叩頭如搗蒜。秦善士憐其寒苦，助洋四十元，張四父子拜謝而去。夫西人誠心濟世，醫院之設，幾遍天下；而實心辦事，則惟西人能之。設若以華人之稍習西法者，遇有危症，不論貧苦，必勒索重貲，是西人陽假以名而彼陰受其利，余固嘗於本埠數見不鮮矣！如德醫者，洵中流之底柱；然而秦君亦加人一等矣！〔胞與皆春〕

1870	原 218/3	廣申 2/11	大 7/12

典隆述職

蒙古諸藩每於歲杪到京，以俟元旦入朝申賀。內有某部落為國初某公主後裔，例得於冬至大祀圜丘之日，領食胙肉。今年該部到京，王、貝勒、台吉等蓋有十數人，皆衣羔羊之皮，而無五緎五紽之飾，蹌蹌濟濟，入覲龍光。皇皇乎盛典也。康熙年間，賽音諾顏部盟長超勇親王策淩平定準噶爾。大軍凱旋時，部將綽克渾曾為王作朔風天馬之歌，曰：「朔風高，天馬號，追兵夜至夭驕逃。雪山旁，黑河道，狹途殺賊如殺草。安得北斗為長弓，射隕欃槍入酒鍾。」其雄風勃崒，概可想見。至今該部之人勇悍渾樸，尤長於乘馬；誠足以帶礪山河，為國家屏翰之寄。宜其天庥永荷，常承湛露之恩也。〔尊王之義〕

1871	原 218/4	廣申 2/12	大 7/13

良方壽世

歸安江君涵敦刊有《筆花醫鏡》一書，內載癲狗咬人一方。查是病之原，每年驚蟄後，桃花正開，毒虺出洞；霜降後，梅花正開，毒虺入洞。其出也，必呼氣；其入也，必吸氣。吐納之毒氣常聚於洞口，犬性喜嗅，感觸其毒，從口鼻吸入，遂病癲。夫犬性義而善守。顛則不識人，不守家；頸硬而頭低，耳落而尾鞸；直向前行，不能返身。遇人即咬，見犬亦咬。好犬被咬，觸毒而顛。凡此之症，旁觀者皆不忍寓目，束手無策。遍考方書，並無起死回生之法。間有用以毒攻毒之劑，亦於死中求活，似此誠非善法也。此方據述得自醴陵舟人口傳者。先是有某甲者猝病，心腹絞痛，亂抓亂咬，醫不能治。會有醴陵舟人見之，以葵扇向病人一揮，見其遇風瑟縮；又急鳴銅鑼，病者益惕不自安。乃大呼曰：「此中顛狗毒發作，死症也。能酬我青蚨六千，有祕方立可治愈。」旁人苦勸減酬，不允。于是眾怒其忍，共執醴人，縛其手足，置於病者之側。其人懼，深自悔，願治不索酬。眾恐其食言，謂必口傳此方，醫好此人，然後釋汝。其人無如何，乃述此方。用大劑人參敗毒散，加生地榆壹兩、紫竹根壹大握，濃煎。如病人牙關緊閉，急用鐵器去其門牙，速灌；一劑盡而神識清醒，二劑而其病若失。又據醴人云：「凡遇顛犬，不及避而被咬，自覺有恙，畏風畏鑼聲；或在七日進一劑。至二七日試嚼生黃豆，以驗有無留毒；如無生豆氣，則毒已盡矣。即如好犬被咬，亦用是方。加烏藥壹兩煎湯，拌飯與食，斷不致顛矣。」此方之神驗，真不可思議，幸弗輕視為要，原方錄右：〔濟物〕

真飯黨　叁錢
前　胡　叁錢
桔　梗　弍錢
撫　芎　弍錢
羌　活　叁錢
紅柴胡　叁錢
茯　苓　叁錢
生地榆　壹兩
獨　活　叁錢
炒枳殼　弍錢
甘　草　叁錢
生　薑　叁錢
紫竹根　一大握
計十三味，煎湯溫服立愈。

1872	原 218/5	廣申 2/13	大 7/14

禪參歡喜

婦女佞佛多矣。往往入廟燒香，或被僧勾引，或受僧籠絡；其甚者，且宿于廟內，以為天女散花于維摩室，仙家不以為嫌。不知活佛容有凡心，將與同參歡喜之禪，而現身說法。于是和尚巧立名目，婦女瞞其夫男，背地胡行，何可勝道。金陵庵觀中，此風尤甚。每有蘭閨弱質，繡閣名姝，蓮步輕移，翩然入內；夜則留宿不返，名曰「團殿」。最忌外人闖入，故常重門緊閉，竟有至三、五日不啟者。上浮橋某庵，其最著也。近日罪惡盈貫，為某大令訪聞。怒其玷污佛地，飭將該庵住持拘到，立予收禁。待查明惡跡，加等嚴懲。蒙謂此風不止一處。有地方之責者，苟能明查暗訪，隨時拿辦，其保全名節豈淺鮮哉！〔頹風〕

1873	原 218/6	廣申 2/14	大 7/15

文昌示兆

吳縣學向無文昌宮。經高碧湄邑尊訪得該處有周孝子祠，破瓦頹垣，勢將傾圮，而地頗幽雅可愛；爰為募貲修葺，改建文昌宮。就其兩旁以奉周孝子栗主及梁高士祠。復籌款若干，以為祭品、歲修之費，由生員吳君經理其事。平日，文昌宮正殿三楹扃鍵不啟，無敢輕褻。去年十一月晦日，魚更三躍，忽聞正殿上砉然有聲。次日，經理人入殿拈香，見牆屋未損絲毫，而供奉之文昌神位倒覆于下，萬年檯一座坍如齏粉。眾人相顧錯愕，莫解所謂。桉道書以文昌為司錄之神，士子之貴賤窮通，惟神實為司命。今之異兆，豈有所示警乎？吁，奇矣！〔警〕

1874	原 218/7	廣申 2/15	大 7/16

豪俠遺風

旗籍有存君清泉者，善拳勇，慷慨有大志。自去夏僑寓白門，每從父老訪問當年湘軍平寇勝蹟。一日過旱西門，見有眾人圍住一叟一嫗，噫圖訛詐。存君纔擬啟齒解紛，詎眾棍徒指為好管閒事，勢甚洶洶。存君知不可理喻，屬嫗叟襁負行李先走，己為殿後。時已昏暮，眾欺其勢孤，以為砧上之肉，趕上相鬥。存君且行且拒，忽捉住一人，挈其手足為器械，迎人而擊，當者盡傷。及抵水西門，始將捉住之人擲諸道旁而去。其古之所謂豪傑者歟？抑游俠之流亞歟？是誠奇士也，不可以不誌。〔物不平〕

1875	原 218/8	廣申 2/16	大 7/17

蠹役後身

山陰人某甲，牧豕奴也。一日所畜母彘將產，恐無人照料，致遭壓斃。因囑其妻曰：「夜眠須警覺，以防豬產。」妻應諾。甲則和衣假寐，倏入夢境。見十餘人入門，有脫帽露頂者，有首戴紅帽者。惟前行三人，則項繫黑索；細認之，則素識之衙役某某也。心念之三人者，早經因案瘐死囹圄，今何為而來？正疑慮間，忽聞妻在耳畔呼曰：「豬已產矣。起起！曷往視之。」甲蘧然而覺，急起披衣，至苙旁，凝神諦視，則已產小豚一十八頭。翌日以所夢告妻，相與驚駴不已。迺將大小烏喙售之與人，從此改業。遠近紛播，竦人毛髮。噫！差役之狐假虎威，狼心狗肺，人幾無可如何。迨身入阿鼻，墮胎畜生，試問生前之顛

倒黑白，上下其手，至此猶能施其故智乎？夫亦悔之已晚矣！〔果報〕

1876　原 218/9　廣申 2/17 右　大 7/18

松筠競節

同治紀元，赭寇竄陷浙東時，有周姓嫠婦，慈溪人也，撫育三子，避難鄉間。原住之屋，為賊所佔。後聞訛言，賊已安民，不再淫殺。婦信以為實，遂偕傭婦先歸。倉卒遇賊，婦峻拒不屈，且厲聲大罵。賊怒而手刃之，并碎其屍，焚之于野。寇平後，聞大府請於朝旌表焉。今其少子某，居慈水之鄉，出外貿易，家有續娶婦某氏。一夜有強徒毀門入劫，瞥見新婦，陡起淫心。婦手執利剪，奮刺賊面。賊忿甚，揮刀亂砍，婦遍受鱗傷而死。三十年間，姑媳皆以罵賊不屈被害，一門雙烈，可以風矣！〔留芳百世〕

1877　原 219/1　廣申 3/17 左　大 7/19

鼎鼐先聲

京師貢院內有一古槐，相傳為前明所植；至乾隆年間，膺「槐蔭侯」之封。迄今干霄蔽日，大有龍蟠鶴舞之概。其斜枝低覆于龍字號舍，凡考生入者，必掇巍科。至若中夜聞絃管鏗鏘，或曉日見瑞靄輪囷，則籍隸本京之公卿必有入贊綸扉者。去冬，此槐又發清越之音，父老咸以為瑞，第未知兆於何人耳？昔唐都長安尚書省有古槐一株。省中若有入相者，古槐必先發絲竹之聲，屢徵不爽。由今觀之，其殆同此朕兆也夫。〔枚卜斗庸〕

1878　原 219/2　廣申 3/18　大 7/20

鯨魚志巨

奔鯨駭流，怒鯨橫海。白鯨舞于翠浪，赤鯨跨夫紫煙。吸百川而見鯨之長，偃溟渤而慕鯨之大。正非獨「斗水那容掉尾鯨」之句為足盡其詠物之能事也。泰西之義鄰蘭海面，近日有人捕得鯨魚一尾。色黑如牛，眼細如馬，睫上有毛，耳則有孔而無輪廓，口有鼻而腹有肺，胸有乳而皮無鱗。凡水族皆卵生，惟鯨胎生。胎一歲而生，乳一年而長，經二十年始大。頭上有竅，能決水至二十丈之高。長計里許，重約百墊，以英權之磅申之，共有二十二萬磅，約中國斤兩有十六萬五千之重。然則天地間生物之巨，當以鯨魚為最大。世所稱鯨能吞舟，洵非虛語矣！聞此魚因誤入淺港，致被人計獲。有數百人臠割其肉，更將其骨權之，亦重數萬磅。或取其油以為燭，或取其骨以製器具，皆獲厚利。古云：「六鰲戴地，一背成山。」以鯨方之，亦何多讓焉？〔吞舟〕

1879　原 219/3　廣申 3/19　大 7/21

征猺初紀

猺子深居八排，性情不測，叛服無常。蒞茲土而辦猺務者，每為扼腕。去年本報曾記猺事二則，似皆向風歸化，不致自外生成。然其中亦良莠不齊。馴善者安分守法；狡凶者竟恃險負固，劫掠四出，連州人深以為患。前督憲張香帥聞之，札調何觀察前往辦理。觀察先行出示，嚴禁軍民人等，不得販賣軍火，私通猺匪；隨即相度形勢，督兵深入。甫經接仗，猺匪不能抵禦，被我軍殺獲數十，餘皆逃竄入山。官兵僅有微傷，軍聲大振。該處州憲立即籌餉接濟，以圖進攻。蒙謂猺子與生番無異，非大加創懲，不足懾其頑梗之心。想觀察久在行間，老謀卓識，早見及此。瞻望王師，其何日唱凱而旋哉？〔如霆如雷〕

1880　原 219/4　廣申 3/20　大 7/22

漁舟異製

甯波之蛟門為濒海之區，西門外一帶曰後海頭。漁者咸集于斯，各有泥瞞一隻。其狀似船，而長僅四尺，兩頭皆鋭，中設一架木，藉以憑胸倚手。漁者屈一足于中，更一足㧜海濱之泥，行輒數丈。雖三里之遙，轉眴即至。以之網取魚蝦，捕捉蛤蚌，擲于瞞中，計亦良便。某日有孫、趙二姓，因爭起釁，互相搏鬥；孫力大，擲趙于泥塗之中。時風浪甚大，趙急不能起，幾占滅頂。幸同伴者援入己瞞，奮力㧜至岸邊，得以無事。亦可見利之所在，易啟爭端矣。夫自刳木為舟以來，舟之製，愈出愈奇。至今日而垂釣之徒，亦能利涉共占，標異于桂檝蘭橈之外。制作之巧，豈虞姁、工倕所及料哉！繪茲圖者，亦以備考工之一助云。〔公輸班〕

1881　原 219/5　廣申 3/21　大 7/23

逢凶化吉

南徐守真子，儒而醫者也。性好善，遇人就診，不論貧富，皆竭力施治；著手成春，輒著奇效。去冬薄遊滬上，流覽風光，鴻爪雪泥，逸興遄飛。一日，安步當車，行至法界致和里門首，突有四輪馬車迎面而來，倉卒不及避讓，遂被撞倒。維時見者皆為之危。詎一轉晌間，人已起立；惟稍有損傷，越日即愈。蓋當倒地時，御人急將繮繩緊勒，馬首高昂；前蹶雖已踏下，尚未著體，故無大礙也。於是道路紛傳，僉謂神靈呵護所致。以予觀之，或者君素以濟人為心，診脈不敢苟且，積有陰德。冥冥之中，因為默相，理所恒有。而君復樂助浙振二十金，以為更生之慶，其亦始終為善之心也夫！〔善心人〕

1882　原 219/6　廣申 3/22　大 7/24

祖靈示戒

益都有書生，才氣飆發，頗為雋上。一日晚涼散步，與村女目成，密遣僕婦通詞，約某夕虛掩後門以待。生如期而往，正在暗中捫壁，突見火光一掣，朗若月明。一厲鬼當門而立，狼狽奔回，幾失魂魄。次日至塾，其師忽端坐，大言曰：「吾辛苦積得小陰騭，當有一孫登第，何踰牆鑽穴，自敗成功。幸我變形阻之，未至削籍。爾教人子弟，何無約束至此？」自批其頰，昏然仆地。方灌治間，內宅僕婦亦自摑其面而言，曰：「爾我家三世奴，今幼主妄行，乃獻媚希賞，豈非負心耶？」語訖，亦昏仆，並久之乃蘇。事載河間先生筆記。可見祖父之積累如是其難，子孫之敗壞如是其易也。世有俊秀少年，放浪成性者，盍以此為龜鑑。謹修慎獨之功，豈曰小補之哉！〔小子識之〕

1883　原 219/7　廣申 3/23　大 7/25

左右做人難

娼、優一體也，故伶人不准妓院閑遊，各處咸有通例。而滬壖淫賤之妓，則偏喜與伶人交。然為狎客偵知，羞與為伍，每多絕足不至；故妓雖眷伶，尚恐自頹聲價，必多方隱瞞。即伶人亦自慚形穢，每至深宵掩入。其實伶之狎妓者甚多，人固未能盡知耳。日者，四馬路某妓與梨園花旦某相暱，匪伊朝夕。姑隱其名以存忠厚。一日，該花旦衣冠濟楚，洞入迷香，絮語喁喁。正在行樂之際，突有某客踵至。妓急出迎，不料已被客知，大呼花旦之名而詈辱之。該伶怒妓之不為己隱，拾石投妓。妓至此左右為難，殊為懊喪。論者謂娼優本下賤之質，不足深責。而吾獨怪某客不解事。否則以餘桃、斷袖待之，豈非左抱右擁，水陸皆宜，一舉而兩全其美矣！呵呵。〔後庭花〕

1884	原 219/8	廣申 3/24	大 7/26

踏春贅譚

上巳修禊，人皆知之。而金陵風俗，以正月十六日登城遊覽，謂之祓除不祥。相沿已久，莫知其所自始；即詢之父老，亦屬費解。今歲新春，風龢日妍，男女老幼，聯袂而來，搴裳而去，無不興高采烈。相與遨游于麗譙雉堞之間，各道吉語，以為歡悅。聚寶門，城之南門也。飛甍畫棟，層疊如雲，磴道曲折紆徐，允稱壯闊；故遊者更形擁擠。自朝至莫，攘攘熙熙，竟踵不相屬，語不相聞；甚至帽影鞭絲，往往以匆促不及讓，與釵索履綦互相蹂踐。最可惡者，有無賴少年，出入紅粉叢中，竟欲詠「伊其相謔，贈以芍藥」之章。幸遊者皆司空見慣，到此反唇相稽，辣於薑桂。否則「昨夜裙帶解，今朝蟢子飛」，何堪為若輩設想耶！〔春光好〕

1885	原 219/9	廣申 3/25 右	大 7/27

兒戲肇禍

白門某秀才，以訓蒙餬口。一日，因值書院課期，領卷他出。童子十數人在塾中嬉戲，無所不為。有一童伏地，十數童相疊其上，謂之「堆草堆」。迨耍玩既畢，而伏地者受重傷，口吐鮮血，趕送回家，須臾殞命。父母痛不欲生，至塾與茂才為難。茂才歸咎于眾童，向其家屬理說，各湊葬費以給之，其事乃已。本報屢記兒戲釀禍，不啻大聲疾呼。原以蒙童難端，凡為父母，必將子弟多方開導；而為之師者，其亦加意防範哉！〔戒之哉〕

1886	原 220/1	廣申 4/25 左	大 7/28

流民絕技

江湖賣解者流，其術亦多矣。劍也，而可吞；索也，而可走；人也，而可殺可生。游戲三昧，每令人不可思議。然比年來，亦數見不鮮矣。乃有別開生面者，江西高橋地方，正月中來一流民，手攜木植一株，長約數丈，豎于地上。其人猱升而上，一足立于梢頭，兩手亂舞。觀者莫不代為危之。一時解囊而賞者，頗不乏人，均嘆為絕技。可與《北史》中沈光之肉飛僊並傳矣。爰泚筆而誌之。〔妙入神〕

1887	原 220/2	廣申 4/26	大 7/29

以戲行善

新會人某甲，小康之家也。性好摴蒲，而不沾沾于利。去冬有農人某乙，遭父喪，家貧不得殮葬，售其所蓄群豕，得銀三十餘金；浼錢店驗視畢，出門徑去，竟將銀包遺落。時甲適在店，見而拾之，靜坐以待。俄而乙復來，冥索不得，疑為該店主人所匿，哀求賜還。甲見其情迫，詢以數語，徐向懷中出銀示曰：「此是原物否？」乙連聲稱是，伸手欲接。詎甲已收銀入懷，謂：「爾以父母大故，不知謹慎，安得容易任爾取去。」隨招乙曰：「來予向攤場博之，勝負一聽之天。」乙聞言急甚，追至博場，則甲已將銀為孤注，因立而俟之。甲果大勝，乃還乙原銀，復贈以十金，囑其速歸治喪。乙捧銀如執圭璧，鞠躬而謝，口吃吃不能道一詞。甲促之使去。噫！若甲者，可謂以戲行善矣！〔未能免俗〕

1888	原 220/3	廣申 4/27	大 7/30

卵生異相

牝雞司晨，徵商家之索；雌雞化雄，應桓氏之變。知物之不可反常，而要猶不失為雞類也。迺有未判青黃之雞卵，儼成龍虎之異形；則欲求失其本相，懷此奇胎之故，有令人不可思議者。斯亦奇矣！天津西門外有某甲者，家有翰音十餘翼，朱朱翽翽，棲櫟棲塒，頗得聞聲起舞之樂。中有母雞一頭，最稱茁壯，常一胎而得雙卵，愛養甚。至一日，又生雙卵，竟成硃色；剖而視之，一為無足之蛇，一為有翼之虎。雖無生活相，而望之實堪駭怖。一時聚而觀者甚眾，無不咄咄稱怪。假令張華復生，吾知《博物志》中又添一段佳話矣。〔觸類而生〕

1889	原 220/4	廣申 4/28	大 7/31

妖僧敗露

昔有妖人桑翀，弟子二十七人，矯揉造作，束髮為女子妝，假託巫醫，污人閨壼；其後一一伏法，見於說部。不謂證諸近事，竟有如出一轍者。天津附近之任莊地方有年少尼僧，相傳能看香頭，為人禳災療疾；見人不敢仰視，羞澀可憐。無知婦女奉若神明，認為乾阿彌，拜作佛弟子，指不勝屈。此尼忽來忽去，蹤跡靡常；如是半年，絕無疑之者。近日被人窺破，知其從不昂頭者，實護項下稜稜之結核，蓋非雌而實雄也。相與圍而捕之。時方夜半，該淫禿知事洩，踰垣欲遁。適為鄉民所擒，遂執而送諸琴堂。想父母斯民者，自當盡法痛懲。而世俗婦女，惑於看香頭者，亦可以憬然而悟矣！〔可殺〕

1890	原 220/5	廣申 4/29	大 7/32

神童幼慧

夫聯吟鸚鵡，群驚經緯之才；句詠芙蓉，卓著英明之譽。孔融表楊脩于幼歲，昌黎識長吉于髫年。名著神駒，譽稱人驥，陳編所載，英物殊多。乃以甘羅使趙之年，應虞陛闢門之典。慧由天悟，足徵人瑞于熙朝；秀徹風神，仰沐恩波于大府。雖鳴霄雛鳳，尚阻孫山，而得水神龍，不終涸轍。遙瞻朱園巍峨之際，曷禁蒼葭泂溯之思。去年恩科鄉試，甘肅伏羌縣附生何進明，年方十二，而才優雀頌，慧奪雞碑。三場一十四藝，字字珠璣，行行錦繡；惟以龍門額滿，因而虎榜名遺。當其入場點名之時，自監臨下各憲見之，皆嘆賞不置。場後楊石泉制軍飭學傳見該生，衣冠晉謁，對答如流。制軍益奇之，囑其敦品讀書，力圖上進；既而命家丁取出白玉硯一方，親手賞給。監試官則賞白玉約指一枚，提調某觀察賞白玉印色盒一件。

一時庠序之中，播為美談焉。新聞紙詳載其事，爰采錄之。〔後生可畏〕

1891 原 220/6 廣申 4/30 大 7/33

行舟新法

狂瀾怒濤之中，巨艦飄流；茍投一物能使船身鎮定，豈非快事。英國有愛蘭漁船數百艘，相與行駛于海中，爭賽勝負。適遇巨浪滔天，各船顛簸異常，而又不甘退讓，大都入死出生，冒險不顧。惟某漁船因有注油之法，獨能破浪而前，行駛自如，船旁安穩，一若無浪也者。是以該船得受上賞。據述備油二囊，遇狂風大浪，投之于海，可得二點鐘鎮定。議者謂此非拋棄海中，必將油囊繫在船之左右，投之入水，故得越時如許之久。是說也，頗為近理。或者西人言之過略，亦未可知。安得講求其法，俾普天下行舟者，共占利涉，其方便豈淺鮮哉？〔匪夷所思〕

1892 原 220/7 廣申 4/31 大 7/34

射雉餘談

邑人袁阿三，年逾不惑，作鹹貨生理。一日，遇其故人邀至酒樓，大白狂浮，漸至酩酊始出。行至石路，醉狀可掬，中途彳亍，適有野雞妓二人，翩然而來。袁見之，如雄狐綏綏，恣意輕薄。妓甚厭之。俄而，復有一雛妓至，袁遂舍此而就彼，謔浪笑傲，旁若無人。雛妓謂：「巫雲楚雨，自有高唐之觀；郎若多情，盍與奴去同夢乎？」詎前二妓見之，回嗔作喜，亦欲邀之。正在雞鶩爭食之際，被巡捕見之；以其通衢中行此無禮，上前拘拿。則雌雉已三嗅而作，惟獲袁管押捕房。次日送案，問官怒其無恥，判罰洋二元，斥之去。蒙謂袁于此殊不值得。以鷹餅兩枚，不能嘗一臠異味，反受一宵囹圄之苦。當嘆賈大夫射雉手段，亦未易步武後塵，然亦可為輕佻者作炯戒也。〔群雌粥粥〕

1893 原 220/8 廣申 4/32 大 7/35

姑妄言之

甯波有鄔、歐二人，素相契洽。去年秋闈報罷，幾同羅隱無名，相約開壽寺埋頭攻苦，簡鍊揣摩，以期再戰。該處地甚荒僻，與共晨夕，相得益懽。一日，開尊暢飲，卜其晝，更卜其夜，縱譚今古；言次及鬼，鄔言無而歐言有，互相爭論。忽一人叩門入，曰：「與君同類，步月至此。頃聞高論，何謂無鬼乎？」鄔以生平未見對。其人移凳，立其上，袖中出一規，曰：「試觀之。」歐即上登焉。旋鄔回首，見歐木立若癡，眼閉舌出，其人忽不見。乃大驚，急喚集多人，抱之下。寺僧灌以薑湯，久之始蘇。遂不敢再留，相與偕去。嘗讀干寶《搜神記》載阮瞻作無鬼論。一夕有客叩門，與談名理，間及鬼神。客作色曰：「鬼神之事，聖賢所共傳，君何謂無？僕便是鬼變為異形。」良久而滅，卒亦未聞被祟。今觀此事，傳者鑿鑿。姑妄言之，姑聽之可也。〔姑聽之〕

1894 原 220/9 廣申 4/33 右 大 7/36

匪徒梟水

《左傳》載閻敖游涌而出，實為梟水之始；至于今人，多有能之者。然非平日間深諳水性，恐亦不免爻占滅頂耳。羊城有大盜黃某，具飛牆走壁之能，肆祛篋探囊之技，案如山積，破獲為難。營汛將弁深以為患，飭令兵勇嚴密查訪，無使漏網。一日，黃游行街市，適為兵等所見，奮勇兜拿，冀無兔脫。詎該匪饒有手段，好整以暇，取出洋槍一桿，與兵相拒，且鬥且行；及至河干，聳身躍入水中，頃刻間渺無所之。兵勇等均不善水性，瞠目直視，一任其逝。想由惡貫未盈，暫爾倖逃。天網恢恢，疏而不漏，終有弋獲之日。然而該匪誠狡矣哉！〔網漏〕

1895 原 221/1 廣申 5/33 左 大 7/37

韋君軼事（一）

韋君允聲，粵東香山縣武孝廉也。技藝超群，精通韜略，才氣卓絕，不可一世，鄉里咸推重焉。道光季年，周公天爵總制兩湖，聞其名，延至節署，待以賓禮。每與縱譚古今兵法，輒大喜；以為得一上將，若天下有事，吾無憂矣！時有山左人孔某，亦在公帳下，以勇稱。見韋至，意甚輕之。欲與韋角藝，韋遜謝不遑；強之再三，韋輒引退。孔愈以為怯，聳身直撲。韋以手漫撥之，孔已顛出五丈許，觸於石上，血流如注，乃大慚而去。……〔大勇若怯〕

1896 原 221/2 廣申 5/34 大 7/38

韋君軼事（二）

……孔與湖北提督羅公思舉交甚厚，而又同出于一師；當下聞孔事，而陰憾之。乃謁周公而請曰：「聞公新得壯士，吾欲使部下健兒，與之一角勝負，何如？」公商之韋，韋許之。越日，邀集文武員弁，大會于演武廳。健兒數百人，皆手執利器，身跨駿馬，分立兩旁。韋單槍匹馬而至。羅公令各具殺死勿論狀，請藩臬為證。俄而，軍中鼓發，則有一人介冑挺矛，馳馬而出，與韋戰良久，力漸不支；復易一人。如此者數百次，均不能取勝。羅公見時已薄莫，待戰者尚有二百餘人，欲令合併攻之。周公大驚，以為不可。詎韋大呼曰：「一群狗，來來！」健兒大怒，聚而環攻；前之敗者，至此亦復來助。韋奮擊移時，眾皆披靡，軍中無不喝采。……〔萬人敵〕

1897 原 221/3 廣申 5/35 大 7/39

韋君軼事（三）

……維時星月交輝，燈明如晝。羅公肆筵設席，推韋上座，與各官暢飲。酒酣，羅公呼左右扛一大刀至，起而言曰：「吾自束髮從戎，身經百戰，此刀不知殺了多少英雄。聞之精技擊者，必能空手入白刃中。韋兄能與吾比校乎？」韋曰：「諾。」于是羅南面持刀立，韋北面垂手立，眾官離席而目之。則見羅躊躇滿志，以刀從韋頭上劈來，轉眴間韋已立於旗杆之下。羅大笑曰：「好縱跳。」左右睨視，猝以刀直擣其腹。忽失韋所在。迴顧之，乃立於背後。羅復大笑曰：「這遭不許走了。」言未畢，以刀橫截其腰。韋遽飛一腳踢之，其刀飛起半空；韋一手接刀，一手握羅公手，曰：「敢以奉還大人。」羅公羞慚滿面，自取其冠，加于韋之首，曰：「此冠宜汝戴也。」由是羅公亦禮重之。……〔矯矯虎臣〕

1898	原 221/4	廣申 5/36	大 7/40

韋君佚事（四）

……周公見韋智勇兼優，日加信任。未幾，有嫉韋者指名奏劾，公亦以它事被議去官。韋遂返原籍。比粵寇鴟張，朝廷起公為廣西巡撫。公忠勇性成，聞命之下，即函致韋，使募壯士五百人，以憑調遣。而公適患病，未即起程；韋以髀肉復生，久思戰鬥，不待公至，即率壯士先行。會有某大吏與公積不相能，忌其成功，思有以陷之。聞韋至，即檄令赴前敵勦賊；既勝，則責以不肯窮追，催令再戰。接連十餘日，前有勁敵，後無援兵，士卒死傷過半。久之，為賊偵知，乃設一計，先伏精卒於兩山之旁，而以老弱者誘戰。韋未之察，深入重地；比覺，伏賊將谷口塞住，從山上亂投矢石。韋進退不得，遂至陣亡，官軍罕有生還者。周公聞韋訃，亦一慟而絕。嗚呼！以韋之才略，使得假以重兵，何患賊不能滅。乃竟為人所撓，卒至以一死報國，不亦大可傷哉！予聞其事，想見其為人，故樂而為之記。〔忠烈可風〕

1899	原 221/5	廣申 5/37	大 7/41

征猺凱旋

去冬，連州排猺不靖。經前粵督張制軍札委廣西候補道何觀察，率兵進勦，大獲勝仗，已錄前報。茲悉大軍所至，勢如拉枯摧朽，猺匪心驚膽裂，望風解散，爭自投誠，誓不復叛。何統領威德並用，見其窮促歸順，爰為准如所請，予令自新。將善後事宜，責令綏猺同知鄭別駕妥為辦理；並將綏務初興之際，民人所獲之猺匪皮肉十等，一并解交審訊，隨即奏凱而旋。鄭別駕不加深究，略詰數語，即將該匪釋放。被人稟訐大憲，以其辦理不善，撤任候查。說者謂該匪本當駢首，明正厥辜。今乃倖逃法網，當益感皇仁之高厚，而戢其鴟張豕突之心也。〔有苗格〕

1900	原 221/6	廣申 5/38	大 7/42

石不能言

客有來自連江者，為言縣城東門外有一湖，旁有顯宦家故墓；墓前列石人二，裝束一文一武，屹然對峙。文者背湖西向，武者背山東向。歷年久遠，感受日月精華，遂著靈異。連俗如有夫婦不和及幽期有阻者，則持一瓣心香，向文石人耳畔喁喁默禱，必獲如願；但不可大聲疾呼，倘為武石人聞之，即無靈應。蓋文人好色為結習，而武夫剛直頗能寡慾故也。按此說殊屬荒誕。試思墓前翁仲，無處蔑有，獨茲土感受日月之精華乎？即使「石言於晉」，《左氏》載之，足徵妖由人興。而要其靈異能為癡心女子作和事老，恐生公說法，頑石即能點頭，亦無此奇驗。噫嘻！世俗婦女酷好淫祀，將無作有，視為神奇，亦其常耳！安得有人焉使之猛省哉！〔此亦妄人也〕

1901	原 221/7	廣申 5/39	大 7/43

瓣香往哲

昔蘇文忠遠謫惠陽，初居嘉祐寺，旋遷合江樓，後營新居於白鶴峰。其侍妾王子霞以忠敬事公，間關萬里，不憚相隨。在惠州師事比邱尼學道，粗知大義。於其將卒，誦《金剛經》二語而沒。公擇地於西湖棲禪寺前之山而瘞之。後人築亭於墓前，顏曰：「六如」，其楹聯曰：「不生不滅，不垢不淨，不增不減；如夢如幻，如泡如影，如露如電。」伊墨卿先生來守是邦，為修其墓，以隸法書其碑，至今山亭巋然獨存。惠人思公德澤，即公故宅建祠而祀之。每逢春秋佳日，地方官循例致祭，兼祭子霞。聞今歲春祭之期，舉行是典，頗盡誠敬。一瓣之香，心儀往哲；美人芳塚，與有榮焉。〔千秋俎豆〕

1902	原 221/8	廣申 5/40	大 7/44

桃李爭春

羊城大石街有酒肆主某甲，與附近某菴中之比邱尼結歡喜緣；禪榻鬢絲，蹤跡秘密。情魔綺障，蓋幾經金剛之努目矣。不謂邪緣所遇，復與某姓傭婦阿英有私。英巧擅梳掠，年雖二十，猶是雲英未嫁之身；物色得甲，方圖寵擅專房，白頭偕老。相暱既久，漸知甲與尼有染，乃密伺之。一日，跡得甲往菴中，徑叩禪關，扭甲而責其薄倖。尼亦惡英之驚散于飛，相與詬誶。佛堂之地，穢聲外揚。甲不敢為左右袒，出菴逃歸。英與尼相爭不已，扭至酒肆，質証於甲。觀者為之塞途，尼始含羞而去；英則已雇肩輿，要甲同返私室。噫！淫靡至此，果孰操挽回風化之權哉？〔嬾〕

1903	原 221/9	廣申 5/41 右	大 7/45

蘭因猝合

去秋穗垣有孝廉某君，道出澳門，下榻于某友家。一夕，主人開筵祖餞，招集群花，低唱淺斟，逸興遄飛。時座中有綺霞者，風神端雅，楚楚可人，見孝廉頻以秋波送情；孝廉亦不覺心醉。酒數巡，孝廉起，託辭歸寢所。主人知其意，隨令綺霞入侍。比至瓊閣，相與絮語衷曲。綺霞自言為嘉應人，侯姓，父兄皆庠生；以災荒失散，被匪誘入勾闌，淪落至此，不知郎君肯一援手否？孝廉聞而惻然，為之脫籍，遂效范蠡載西施故事，一夕之歡，三生之幸，它鄉作合，其天假之緣哉！〔三生石〕

1904	原 222/1	廣申 6/41 左	大 7/46

英皇子像

英國三皇子之來滬也，西人爭先快睹，皆以得一執鞭為幸；而望塵不及者，猶聞道旁嘆息之聲。蓋威望之在人耳目也久矣！考英國世系，英皇維多理亞生有三子，長已立為太子，次為水師統帥；今之來者名阿拉脫，幼列戎行，現年四十有一。當二十九歲時，娶普國公主為妃；至三十二歲征埃及有功，英皇簡為印度將軍。維時印有照片，戎裝偉貌，奕奕有神；本齋取而摹繪之，以慰都人士之瞻仰之心云。〔英姿奕奕〕

1905	原 222/2	廣申 6/42	大 7/47

英皇子觀燈記

聞皇子在將軍任內，本年值瓜代之期，去印度而回國。上月十九日道經本埠，中西各官迎迓之恭敬，款待之殷勤，倍敦輯睦。先是寓滬西商聞皇子來游，預令沿浦一帶遍懸彩燈，密若繁星，掩映於紅嫣紫姹間，頗覺目不暇賞。浦濱所鑄巴夏禮銅像一尊，長約五尺高，立石磴上。是夕，萬燭齊輝，照耀分明；尤可愛者，浦中所泊兵輪，均懸燈桅頂，蜿蜒曲折，恍若萬道金蛇。皇子乘船式馬車，皇妃另乘一車，相與憑軾而觀。西人更賽水龍會，以供清賞。所用各色電燈，變幻離奇，幾難偪視。斯時笙歌迭奏，鼓角競鳴，火樹銀花，輝煌奪目。遊人蜂屯蟻集，如入長明之國、不夜之城，誠大觀也。爰濡毫以誌之。〔觀止矣〕

1906	原 222/3	廣申 6/43	大 7/48

續南柯（上）

明湖子，少懷大志，坎軻半生，鬱鬱無所遇。一夕就寢，漸入黑甜鄉，見有五雲樓閣，月澹星華；香烟瑞靄中，忽聞臚唱聲，一甲一名則其姓氏也。應聲而躡金鼇之頂，方喜久廢舉業，未射甲乙科，遽登春秋榜。於是出入金馬，翱翔玉堂；甫登政府，旋總台司，吐氣揚眉，亦不知其何以驟躋於此？俄而賓客滿前，金貂燦然；謂西旅來賓，東藩底定，以武功得侯，客為誦冊命之文。有云：「鼎量滄海，詎足銘其殊勛；劍倚青天，用能彰斯偉績。」文情茂美，斐然可觀。自是晉爵酬庸，屢邀異數。一時狀元宰相，封侯拜將，皆以無心得之。人間之樂，至斯而極。亦居之不疑，視為大丈夫分內之事云。……〔天下事作如是觀〕

1907	原 222/4	廣申 6/44	大 7/49

續南柯（下）

……未幾，有一道士羽衣翩躚，驂鸞駕鶴，導之而行。至一高峰名長生島，步虛而前，風景幽雅。轉眴間已失所在。有聲砉然，石壁中開，曠埜平林，別有天地。凝眸審視，見有星冠霞帔者，與仙姝十數輩，共聚而飲，笑曰：「客從何來？亦大不易。」遂延之上座，命雛鬟奏技以侑酒。橫笛一吹，萬花齊放。一女囅然笑曰：「『安得當筵橫鐵笛，一聲吹落枝上花。』彷彿斯境。」主人擊節稱賞，問何人所作？則以明湖子對。乃曰：「客信解人，自宜酌以巨觥。」酒行數巡，氣體溫和，背癢殊甚。主人曰：「蔡經背癢，麻姑何往？」一女翩然而至，為之拊背輕搔，皆著癢處。正在仙境極樂之際，忽耳畔聞妻呼喚聲，蘧然而覺。噫！人生本如一夢，何取乎富貴？何慕乎神仙？天下事皆作如是觀可矣！〔神遊仙境〕

1908	原 222/5	廣申 6/45	大 7/50

差役該打

土妓倚門賣笑，引誘少年子弟，最傷風化。雲間此風最盛，而卒未能禁革者，則以妓之有護身符也。地方官雖高懸榜示，雷厲風行，而幕客之關說，紳衿之請託，已不旋踵而至。尤其甚者，衙署中惡差劣役，得規包庇，故欲執土妓而懲治之，驅逐之，官歷數任，蓋未聞有一人焉。去冬，有某公子與幕友數人至某妓家，坐芙蓉之帳，開玳瑁之筵，低唱淺斟，酒酣耳熱。忽有差役踵至，妓以迷香洞裏自有玉郎，未免以閉門羹待之。差役頓含酸味，大肆喧譁。某幕友聞而怒甚，立命人將該差縛送捕廉處，賞以竹肉滋味，為煞風景者戒。諺有之：「強中自有強中手，還有強人在後頭。」斯言信不誣也。〔竹肉風味〕

1909	原 222/6	廣申 6/46	大 7/51

奇花述事

客有自新會來者，言該處石頭鄉某古剎，有樹一株，其葉如竹，其花如禽；土人名之曰「禾雀花」，象其形也。每當三三節近，綠葉青蔥，紫花豔冶，令人流連其下而不忍去。相傳為勝國時所植。前有欲移種別處者，未幾枯萎，歷試皆然。盧某，風雅士也，聞而奇之，竭誠往祝，然後移栽園中；至今七十餘年，枝葉婆娑，鮮葩蕃衍。從此洛陽春色，移作兩家，旁人見而豔羨。每當吐紫舒紅，常往偷采。有以沸泉灌之者，其色尤美。惜具桃李之豔，而無蘭蕙之芬；故群芳譜中，不得遽添為佳話，然亦可見其奇矣！〔異卉〕

1910	原 222/7	廣申 6/47	大 7/52

怨偶堪嗟

松郡西門外過登龍橋迤邐而西，地名青松石。有某姓者，家有一螟蛉女，本為其子作童養媳；後以子頑梗性成，失愛於母，乃另贅某縫工為婿。張燈結彩，行合巹禮，洞房花燭，熱鬧異常。其子見之，波興醋海，大肆咆哮。霎時間將新人所穿之絳衣撕破，宛如血色飄揚，紛紛墮地。縫工睹此情形，羞憤交集，私服紫霞膏，堅臥不起，逾時畢命。其子見事決裂，已如黃鶴之高飛，杳無蹤跡。或曰兩雄不並立，此女既先配子，又贅縫工。其為難之處，固不待智者而後知。然該縫工身當其境，豈無不可自全之理；乃遽萌短見，視性命如鴻毛，亦殊不值得矣！予聞之而慨然曰：是真所為怨偶也，因緣簿上殆空挂虛名哉！〔惡因緣〕

1911	原 222/8	廣申 6/48	大 7/53

帶繫郎心

穗垣某地有小院落，中植修篁數竿、桄榔一株。竹下有小廟，塑女像，一名曰「竹樹三孃之神」。其桄榔之樹，高可百尺，旁無附枝，直幹參天，其心一而不分。相傳凡繡閣名姝，青樓蕩婦，欲求郎心固結者，必入院禱祀；翦紙為人，黏於樹上，呼郎之姓名而暗薦之。既乃自解其裙腰之繡帶，或鬆其袴腳之錦絛，繫於樹身；而更換新帶以自繫，如古詩所謂「昨夜裙帶解」者。相傳樹神頗為靈應，守院人視為利藪，扃閉綦嚴。凡婦女入內，必多方勒索，始肯啟鑰；若男子問津，則以閉門羹待之。誠不解其何意？去冬撫憲游中丞，令毀淫祀，院門洞開，猶見樹上所繫之帶，纍纍然纏繞榔腰。無知婦人謬妄若此，誠可笑也！〔愚妄可笑〕

1912	原 222/9	廣申 6/49 右	大 7/54

以詩為博

賭攤中有所謂「詩謎」者。其法取古詩一句，中空一字，將其字明注於下，匿不使見；而另寫五字於旁，大半似可嵌入其中者，任人猜壓。及圖窮而匕首見，如中則酬以三倍之錢。此風由來舊矣。近聞紹興有致仕某紳，宦囊充裕，每日隨一家丁肩負青蚨一貫，置諸攤側，與決輸贏。是豈以「僧推月下門」與「僧敲月下門」，古之京兆尚復停驂斟酌，遂以為風人之韻事歟！〔無所用心〕

1913	原 223/1	廣申 7/49 左	大 7/55

蚌珠放光

鹿耳大龍洞山麓有深潭焉。每當夕陽在山，或旭日初出，纖雲四捲，潭內蒸騰如釜上氣，倏然烟霏霧結，一道毫芒直衝霄漢。有時精光團聚，橫亘半天，璀璨陸離，不可逼視。土人云：中有多年老蚌，時放珠光。是與《文昌雜錄》所載高郵湖中，蚌浮水上，狀如張帆，光明如月，及《岳陽風土記》洞庭湖中有巨蚌往來烟波中，吐巨珠，與月光映射，大致相同。姑誌之以供海客談助。〔靈氣〕

1914	原 223/2	廣申 7/50	大 7/56

勦番三捷

台灣生番跳梁，既經吳軍門相機勦辦，所向披靡，業已群相歸順，惟老狗社恃險負嵎。劉省帥赫然震怒，爰親統大軍，前往宜蘭督戰；飭令諸將分道進攻，建碉設堡，步步為營。初時叛番尚敢公然抗拒我軍或以計賺，或以智取，或啣枚暗襲，或鳴鼓環攻，皆獲全勝。番匪始知螳臂不能當車，相率匿跡，不敢復出。我軍慮稽延時日，師老餉縻，實為兵家所忌，乃用火攻之策，將其山頭一排竹寨，盡行燒毀。轟轟烈烈，烟燄漫天。雖春秋時齊焚申池之竹，亦未必有此景象。番眾既無庇身之處，抱頭鼠竄，狼狽不堪，大有欲戰無兵，欲逃無路之勢。誠快事也。〔克奏膚功〕

1915	原 223/3	廣申 7/51	大 7/57

王師凱旋

劉爵帥復傳集將士，密授機宜；預於山麓設伏地雷，上樹帥纛，令一軍誘敵。番眾不知是計，果彌山塞谷而來，爭赴纛下，思有以攫之。及觸動機關，轟然一聲，炸彈至處，血肉橫飛，殘骸遍埜。我軍封以為京觀，其倖逃而獲免者，莫不心寒膽裂；但聞號哭之聲，窮促無歸。乃各赴麾下投誠，誓不復反。爵帥料番眾之無能為也，既畏之以威，復懷之以德；因其歸順，收而撫之，遂奏凱而旋。從征軍士，亦各回防次。夫自生番不靖以來，爵帥運籌帷幄，一戰而大科崁報捷，牛明老歪授首；再戰而老狗社蕩平，梗化番社，遂一律肅清。其出奇制勝，神機妙算，求之本朝將帥中，誠不可多得；即以方之諸葛武侯征服南蠻，亦何多讓焉！〔歸化〕

1916	原 223/4	廣申 7/52	大 7/58

一刻千金

嘗聞佛戒有五，以不淫為首；此高僧嵬戒行嚴潔，遇有天女相試，所以自明其心若死灰也。乃四明有某寺僧，與某氏婦有染，禪榻鬢絲，兩情繾綣。又恐被人窺破，令婦夜來曉去，同參歡喜禪；而我佛慈悲，亦不以玷污佛地斥之。一日，為慈水某孝廉偵知，帶同二從人，於五鼓時至該寺後門外坐待。天甫明，僧披衣送婦出；瞥見孝廉等，大驚，知事洩，邀之入室。孝廉密謂僧曰：「昨夜有人惡作劇，將排闥而入；吾恐驚好夢，特來為護身之符。否則事已敗矣！」僧取番佛四百尊，為孝廉壽。孝廉笑卻之，曰：「今正春宵，請以一刻之數畀我。」僧無奈，如數以獻，始散去。古人詩云：「春宵一刻值千金。」由此觀之，豈虛語哉！〔孝廉〕〔不廉〕

1917	原 223/5	廣申 7/53	大 7/59

掃盡煩惱

山東人某甲，在津沽挑一貨擔，賣女紅所用之物；謹小慎微，人常譏其如揚氏之一毛不拔。日者，行至僧王祠後，有崔姓女竊取針黹數事。甲怒髮衝冠，立揪其首如飛蓬之女，擢髮以數其罪。女之嫂，素有金毛獅子之稱。聞小姑與人紛爭，握髮出門，大肆詬詈；繼而扭其髮辮，以示伐毛之儆，而使作斷髮之身。遂至三千根煩惱絲，幾致掃除淨盡，露出頂上圓光。甲怒不可遏，謂不允徐徐之請，反遭種種之殃；勢非供養數年，蓄予髮能委地，誓不干休。昔北宮黝之養勇也，思以一毫挫於人，若撻之於市朝，某甲豈其流亞歟？何視一髮如千鈞之重也。呵呵！〔牛山濯濯〕

1918	原 223/6	廣申 7/54	大 7/60

打鬼驅災

「敬鬼神而遠之」，至聖嘗言之矣。可見無形無聲，不必過為諂瀆。即《左氏》新鬼故鬼之辨，事多附會，究不可以跡象求之。而後世愚夫、愚婦，不信阮瞻無鬼之論，偏喜東坡說鬼之言；遂以為鬼能為厲，非籍大法力則不能驅除。亦知近日之僧，其所謂法力果何如乎？京師德勝門外有黃寺，係喇嘛番僧所居。本年正月二十二日黎明，大喇嘛升座，眾喇嘛誦念經咒；令小喇嘛裝扮黑、白二鬼，在寺前跑耍。隨令眾喇嘛各執竹棍追打，名曰「打鬼」，以為新年驅災之舉，循向例也。吾於此竊有說焉：夫鬼不能為災，亦非可以活鬼代受其責；今該僧不能治真鬼，而欲以假鬼飾人耳目，亦愈見其鼯鼠之技耳！噫，天下事大抵皆然。〔出于何典〕

1919	原 223/7	廣申 7/55	大 7/61

甘棠遺澤

昔年左文襄公開府秦中，曾飭各營兵士，就秦關內外驛路兩旁，栽種樹木。十餘年來，濃陰蔽日，翠幄連雲。六月徂暑者，蔭暍於下，無不感文襄之德庇，而稱道勿衰。迨文襄移節兩江，都人士覩景懷人，不忍翦代。而無賴之輩，往往乘間斫以斧斤，致同牛山之濯濯。有心者因培養無人，不免有榮枯之感。近者，楊石泉制軍素蒙文襄知遇；曩年隨文襄出關時，曾目擊情形。自制軍繼文襄之任，事事以文襄為法，無異蕭規曹隨。乃令將此項樹木，重為封植，復嚴飭兵弁加意巡守。今當春日晴和，美蔭蔥蘢，依然與玉關楊柳遙相掩映。從此手澤在途，口碑載道。誦〈甘棠〉之三章，千載下猶遺愛焉。〔勿剪勿伐〕

1920	原 223/8	廣申 7/56	大 7/62

求嗣可哂

王妃有高禖之祈，聖母有尼山之禱；求嗣之說，古誠有之。然皆于正直神前，本至誠以相感；而況修德終以延嗣，非若世俗之妄為諂瀆也。廣州西門直街有元妙觀焉。門之左右分立兩石獅，雕鏤工巧，倍壯觀瞻。其右者背負小獅，俗語曰「獅之母」也。相傳此獅頗為通靈，如當年生公說法，能令頑石點頭；故婦人之望子者，以為獅既負子，必能佑人宜子。每于上元日詣觀參拜各神畢，並禱于觀外石獅以祈子嗣。聞今歲是日拜石者，尤覺香烟鼎盛；

衣香鬢影，姍姍而來，絡繹如織，一似真有宜男之兆也者。是豈取天上石麟之意乎？抑如晉石能言，竟有神靈憑依之乎？噫！淫祀之風，於今為烈。可慨也已。〔妄人〕

1921　原 223/9　廣申 7/57 右　大 7/63

釣龜誌異

閩中有漁人，駕一葉扁舟，臨流垂釣。一日，舉網甚重，力不能起，知有異，急喚多人助之。迨起岸審視，則一巨龜，重有四百餘斤，咸謂得未曾有。背上刻有篆文，刻有「永樂」二字；人皆疑為前明永樂間好善之士所放生者。漁人詫為神物，不敢留，仍縱之江中，悠然而逝。夫一龜也，而漁者猶有愛物之心，何怪滬上曳尾之流，浮沈自得，幾不自知為何物也。噫嘻，異矣！〔蔡〕

1922　原 224/1　廣申 8/57 左　大 7/64

雲物書祥

《周禮》：「保章氏以五雲之物，辨吉凶、水旱、豐荒之象。」注：「雲有五色，以二分二至日觀之，青為蟲，白為喪，赤為兵荒，黑為水，黃為豐年。」降其祲祥於國，使人預知而為備也。京師於本年春分日，天朗氣清，風輕雲淡，當寅賓出日之際，東起黃雲數片，輪囷炳蔚，歷一時許方散。父老咸以為瑞應。果若此，則糺縵當空，絪緼捧日，符雅歌於八伯，即占喜氣於三農。竊不禁額手慶之矣！〔卿雲爛兮〕

1923　原 224/2　廣申 8/58　大 7/65

烟劫

浙紹有賈生者，一夕解衣就枕，朦朧入華胥去。至一闤闠，由門而入。及大庭，見堂上坐一官，其前設大榨床；庭中有男婦數百人，被眾健夫手執鐵叉，任意叉置槽內；用盤機大石壓而榨之，膏血淋漓。下承以巨桶，至桶滿溢，乃扛出。後有一吏，隨之行。賈視之，則素識之周某也。因呼而問以故。周曰：「方今喫烟之人，日增月盛。冥間十八層地獄中，有進無出，實不能容。上帝震怒，特創鴉片烟劫，命將積年烟鬼之兇惡者，榨取其膏血，暗使諸神灌入罌粟花根內，俾其汁濃郁。復使其魂化為細蟲，隨其氣味入人之腹，吮其精血，使之面目枯槁，形容憔悴，而不能以天年終。如不早登覺岸，則雖歷萬劫而靡已。」賈尚欲再問，忽砉然一聲，驚而覺。以上云云，雖係夢境，要亦足以勸世。故錄而存之。〔清夜梵鐘〕

1924　原 224/3　廣申 8/59　大 7/66

山猺跳舞

去冬山猺不靖，業經何觀察征服；化外之人，無不洗心革面矣。聞今歲立春之前，山猺蜂屯蟻集，腰鼓而來，為跳花鼓之舞。隨從迎春彩仗，沿途跳舞以助慶。州官好為安撫，亦不之拒。迨事畢，猺眾群抵州署，互擊花鼓，跳舞而歌；鼓聲鼕鼕然，歌聲嗚嗚然，不知其作何語，大抵皆頌祝之意，吉利之詞。手之舞之，足之蹈之。歌之抑揚疾徐，與鼓聲相為節奏，嘔啞啁哳雖不能辨，亦覺別有天趣。嗣經州官各予賞賚，相率而退。至街市復作前狀，遍向店戶投刺求賞，人亦多有予之者。方今國家開辦猺務，而猺人果能向風歸化，其亦畏我威而懷我德也乎！〔嬉春〕

1925　原 224/4　廣申 8/60　大 7/67

木樨香味

今將跨錦韉，臨金埒，據鞍顧盼，馳騁於紅塵紫陌之中，誠春風得意之事也。杭垣某甲，有公叔段之好，以磬控縱送為能。每當夕陽芳草，執轡而游，帽影鞭絲，頗得年少風流之趣。一日，騎駿馬，霜蹏得得，疾行若飛，自金芝麻巷直抵萬安橋。適有賣菜傭，弛擔路旁，遽被馬足踢倒。馬上人恐阻豪興，更著一鞭，飛騎而去。將至銀洞橋，有擔糞者三、四人，絡繹而來，倉卒不及避；一轉眴間，糞既翻而桶亦碎，人與馬並倒在地，淋漓盡致，穢臭難聞。旁觀者皆掩鼻而笑，謂：「即入鮑魚之肆，未必有此風味也。」然則某甲其亦知樂極悲來，而深自澡身浴德也乎！〔好滋味〕

1926　原 224/5　廣申 8/61　大 7/68

刻薄殷鑒

粵人某甲，饒於財，性鄙吝，善權子母；錙銖必較，盤剝者不計其數。有佃某乙，負甲銀五兩，未及一年，合息計之，積成十二兩。湊數往還，適值午膳，令少待；出殘肴冷酒啖之，漸至醉飽，遂隱几臥；偶不留神，銀遺几下。甲拾而匿之，呼佃兑銀。乙摸索不見，心甚急。甲斥其詐，愈偪勒之。乙躊躇無計，默念家中秖有一豬，願以抵償其半，餘再籌措歸還。哀求不已，甲始應允，遣僕隨往牽豬。則見圈中偃伏者，即其主也。僕知主素無行，故幻形若斯，乃以詭言歸告其主。甲怒甚，復遣其子往。所見者與僕同，驚駭欲絕，趨歸私白其母。時甲已臥病，狀類顛狂，妻與子苦口規勸，卒不聽。越數日而亡。聞者為之悚然。冥譴之速若此，世之如甲者，盍鑒諸。〔鑿鑿有之〕

1927　原 224/6　廣申 8/62　大 7/69

異端宜禁

津俗有所謂「十祖會」者，大抵皆巫覡之流，藉以炫人耳目。年例於元宵節舉行一次。今歲風和日暖，會中人尤覺興高采烈。先是殿前熾炭於爐，中盤鐵練煅煉通紅，下橫鐵板架以柴薪，火光熊熊，不可嚮邇。屆時若輩十四人，露體赤足，上以紅布抹額，下繫紅犢鼻褌，先後登場。其一仗劍植立場前，餘各徒手於洪爐中撈取鐵練，盤旋飛舞，火星迸射；徐向鐵板上往來騰踔，一若不知為火烈具舉者。繼復取花筒，自向肢體燃之；並環繞仗劍者，如眾射之的，火雖著體而鬚髮無傷。見者皆咄咄稱怪。是雖取「火樹銀花合，星橋鐵鎖開」遺意。而其炫異矜奇，驚世駭俗，殊涉異端。所望良有司亟為禁革也。〔邪術可誅〕

1928　原 224/7　廣申 8/63　大 7/70

他鄉作合

因緣會合之奇，說部載之詳矣。要其合而復離，離而復合，皆非人力之所能為，乃月老之好為變幻也。山左人某甲，移家滬上，賃居英租界浙江路，已歷有年。比鄰有某乙者，近購一女為婢，年纔及笄。甲往窺之，見女神骨清秀，體態端莊，頗有大家風範，且似曾相識。隨向究詰原由，知係同鄉姨甥女，自幼已許其子為室；因避災至江北，父母相繼逝世，致被匪徒誘賣。乃浼人重為執柯涓吉，與子完姻。嗟乎！以魚沉雁落之姿，抱鳳泊鸞飄之感，香閨幽恨，何可勝言？而此女則紅絲蚤締，雖傷千里之相違；玉鏡方圓，永證三生之有幸。其天作之合，故天假之緣歟？〔非偶然〕

1929　原 224/8　廣申 8/64　大 7/71

渭陽無情

魏舒有宅相之稱，阿士擅文章之譽；蜚英騰茂，佳話流傳。乃無韓康伯出群之器，而效皇甫松輕薄之為，絕不念及何所自出者。吁！殊足令人齒冷已。鄂垣某甲，某黃堂之貴公子也。隨父宦楚，以財自雄。父故後，任意揮霍，不數年家貲蕩盡，炊烟屢斷。甲窮促無計，窺得舅氏某晚年得子，愛若掌珠，思有以挾制之。舅本以邑令需次是邦，一日會有大憲至，隨班迎迓。至其家，見孩戲於廳事，遂抱之去，乳媼不以為意。追蹤跡之，絕無影響，相顧錯愕。舅聞其事，心甚急，偵騎四出，無所獲。甲始則誆以被匪拐去，繼則使人傳書云：「表弟實在我處，甥近況拮据，請籌五百金，當令珠還合浦。否則，不及黃泉無相見也。」舅無奈，竟如數以償。誦〈渭陽〉之詩，亦太覺無情矣！〔宅相無賴〕

1930　原 224/9　廣申 8/65 右　大 7/72

犬怪

南洋大吧東地方，近有一瘋犬，吠聲吠影，時出噬人。有某西人猝然相遇，被噬致斃。其弟痛兄情切，欲為復仇，日懷利器，伺於道旁。未幾，犬果至，揮刀奮砍之，犬遂斃；分其屍為三，委之而去。詎犬竟能自合厥屍，以續殘生，依然肆惡如故。該處西人深以為患，糾眾各持利刃，復將此犬斫斃，而四分其屍。犬頭掩之於土，犬尾委之於溪，雙腿懸之於樹。次日覓之，又失所在，豈該犬有返魂之術歟？吁！異已。〔戾氣〕

1931　原 225/1　廣申 9/65 左　大 7/73

解人難索

蕪湖有一塔焉，浮屠七級，高聳入雲；惟塔身僅分層次，均無階級可登。蓋如海上神山，可望而不可即矣。詎今春忽傳塔之第四層，縷縷有炊烟起，眾皆疑有妖異。正凝眸審視間，見有一人忽隱忽現，幾如周亞夫從天而下，乃大譁。俄而塔內伸出一手，拾糞拋擲，眾益知為人而非妖。隨用長梯，邀強有力者猱升逼視，扭之以下。則見其人年約三十餘，語無倫次，狀類瘋癲，送請保甲局訊辦，經人保去。或曰：「塔既無徑可通，不知其人從何而入？」亦索解人而不得者已。〔無所為〕

1932　原 225/2　廣申 9/66　大 7/74

辦賑獲報

禾郡金苕人觀察，歷辦直、豫、秦、晉賑務，盡心竭力，勞瘁不辭。去秋，浙省突遭水災，觀察力籌巨款，躬為查訪，核實賑撫，全活無算。初觀察之封翁小岱廣文，當咸豐之季年髮逆肆擾時，在籍舉辦團練，奉潮撫憲王壯愍公檄守獨松關。會省垣淪陷，廣文殉難。觀察瑣尾流離，遍求遺骨，迄無所得。久之，乃以廣文衣冠阡表。事隔數十年，常抱終天之恨。今春浙省有以工代賑之舉，觀察親往餘臨等處，察看水利工程。忽有鄉人告以防封所在，導之展拜松楸。觀察大喜，復見佳城蔥鬱，不啻牛眠吉地，心益安。論者謂：觀察積德累行，以實心辦實事，數十年如一日；而蒼蒼者果能默鑒其衷，舉其生平極大之憾事，而一朝彌補之。此正天之所以報善人也。辦賑者，其益加勉哉！〔為善無不報〕

1933　原 225/3　廣申 9/67　大 7/75

蛤戰異聞

《禮・月令》：「季秋，雀入大水為蛤。凡蛤之屬，閉口；聞雷鳴，則不復閉。」《爾雅》謂之「魁陸」，《淮南》名以「方諸」。其物不乏通靈，能成佛，以感隋皇之嗜，或如月以照飛燕之形。從未聞其以同類自相戕殺，效鷸蚌之相爭者。新聞紙言日本蘇嘉武地方有一廟焉，廟前環有小河，水靜波澄，清漣可愛。一日有蛤蚌數千，從河內魚貫而出，大的小的，強的弱的，紛紛不一。雖無蜃樓之氣，鼉鼓之鳴，而皆不甘蠖屈，競效龍爭。其橫行也似蟹，其敢怒也如鼃。螳螂奮臂，不能敵其強；蟋蟀交攻，無以方其勇。自朝至於日中昃，始鎧坍而退，死亡枕藉，不啻鯨鯢之可封為京觀，其受傷者則蚊負而歸水府。次日復然。何物么麼，乃敢紛爭不息；獨不慮海龍王聞之，遣蝦兵蟹將，大興問罪之師乎？即不然，吾恐漁翁之竊乘其後，將食其肉而取殼以為藥也。然而蛤也蚌也，烏足以知之。〔蚌將軍〕

1934　原 225/4　廣申 9/68　大 7/76

神豈導淫

穗垣城隍廟中有十王殿焉，刀山劍樹，佈置森嚴，令人赫然可畏。殿角塑一潘金蓮女像，作對鏡梳掠狀；西門慶立而窺妝，武大郎怒目視之。旁有鬼卒，狀貌猙獰，作欲執西門慶狀。蓋援《水滸傳》中淫惡故事，使人觸目警心。乃青樓蕩婦，綉閣嬌娃，不知立像之云何，妄冀佞神之獲佑。凡有幽期密約難償者，每逢春秋佳日，群以鮮花香粉，供于金蓮妝前，喃喃默祝；取其所供舊粉以歸，自傅於面。謂可藉其神通法力，能使夙願畢償也。噫！淫為萬惡之首，有心人不惜大聲疾呼，立像示誡。而婦女無知，反以為導淫之機，不亦大失塑像之本意耶！〔愚妄可笑〕

1935　原 225/5　廣申 9/69　大 7/77

虎兕出柙

設兵以禦盜也，未有盜即藏於兵者。自遊勇散布四鄉，于是劫案日多，幾致莫可究詰；然猶曰此係已撤之兵也。乃明明緝盜之人，竟有為盜之事。嘻！此風其可長哉？京師崇文門內某甲家，一夕有暴客數人，排闥而入，肆行搜括。一盜直入內室，見其女欲強污之。女極力撐拒，將盜之右腕咬傷；僅被捋去手釧，幸免玷辱。次日，甲開單報案，經步軍校帶兵勘驗屬實，允為緝捕。女見其所帶兵，即夜間所咬之人，乃厲聲曰：「大盜在此，奚煩緝訪。不信，請看其右腕有齒傷。」試之果然，官大窘，

令勿聲揚，倩人調處始已。案此事，官既失察於前，復掩飾于後。虎兕出於柙，是誰之過歟？〔畏誰之咎〕

1936	原 225/6	廣申 9/70	大 7/78

裝女騙錢

某甲，武昌人，年弱冠，風神秀雅，狀類留侯；家計清貧，不務正業。有某乙者與之善，笑而謂曰：「以子天生美質，而淪落若此。何若易弁而釵，與我偕至它處，託言兄妹，求人物色，當必有登徒子來賞鑒者。屆時乘機兔脱，彼此分財，豈不較為得計？」甲大喜，依計而行。數年來，受其愚者甚眾。一日又至某鄉，有某丙見其美，出重價為其子丁納之。至夜分，丁欲圖歡。會甲始以體姅為辭，繼而極力撐拒。丁摸索良久，觸手崩騰，乃大呼人妖。群起而欲送諸官。有止之者，謂：「若治以桑翀之律，未免小題大做。盍于其面刺以裝女騙錢四字；而復鞭背，牽游四鄉，然後釋之。」丙如其言，事遂已。吁！騙術之奇，竟使人如神龍之不能捉摸，可慨也已。〔無偽不敗〕

1937	原 225/7	廣申 9/71	大 7/79

暴殄天物

閩人柯某，富甲一邑，為閩海關總書吏，勢燄炙手可熱。其子某，性甚浮躁。蓦至畫寓，見有劉某〈行樂圖〉，氣象軒昂，無異達官顯宦，勃然大怒。謂：「何物老奴，乃竟僭妄若此！」捽而毀之，拂衣徑去。畫工急報知劉。劉係兵輪管駕，聞之恚甚，率領多人至柯宅廳事上，將陳設各器，搗毀一空，值價約三千餘金。內有白玉如意兩架、玉碗一對及西洋大鏡一面最為可惜。柯某急赴督轅稟報，經下制軍批飭，提劉訊究，並箚閩縣往勘。聞邑侯勘畢，惟搖首云：「暴殄天物。」可想見玉碎珠沉之象矣。夫愚夫愚婦，每遇不得逞志之處，往往遷怒于其物，肆行擊毀，殊屬無理取鬧。今觀此事，不知官憲如何斷結，而要皆損人而不利己者也。事後思之，毋亦自悔否？〔惜哉惜哉〕

1938	原 225/8	廣申 9/72	大 7/80

女鬼索命

回民林某，僑寓鐵甕城西門內，開設大麥糖坊。家有一妻，伉儷甚篤。其比鄰某乙有一女，丰度娉婷，春情脈脈。林垂涎久之，多方勾引，遂成嚙臂之盟。未幾，珠胎暗結，玉體膨脝。為乙之中表親某丙所知，備以其情告乙。乙聞而大恚，歸家將女勒斃，瘞於榛莽之間。林自女死後，時聞空中啜泣聲，或拋磚作響，或暗室露形，亦內不自安。一日午後，甲在地灶大鍋中熬糖，忽見其妻在旁，陡起淫心。妻正詞以拒，甲固強之，偶一失足，顛入鍋內，遍體盡沾熱糖。妻駭極狂呼，眾人聞聲畢集，將甲撈起，越時遂斃。妻惻然不忍，將其身上之糖，用溫水抹洗，甫經下手，而肉已隨之而脱，白骨呈露，慘不忍覩。論者曰：「是女鬼索命也。」亟錄之，以為登徒子作暮鼓晨鐘云。〔淫報〕

1939	原 225/9	廣申 9/73 右	大 7/81

廉恥道喪

閩人某甲，農家者流也。性嗜牧豬奴戲，呼盧喝雉，習以為常。有某乙者，與之交最善，每博輒與焉。甲屢戰屢北，積負至百餘金，力不能償。乙索之甚急，甲無以應，乃議以床頭人相抵，惟須再找青蚨若干。乙允之。然甲不敢直商之妻，詭言有某紳覓傭，給令往就，而甲導之。迨抵乙家，妻始知中計，無可如何，只得隱忍。詎甲洋洋得意，以為吾固將曳尾於泥塗也。吁！無恥若此，尚復何言。花骨頭之為害，誠烈矣哉！〔不要臉〕

1940	原 226/1	廣申 10/73 左	大 7/82

西女裹足

昔李後主宮嬪劉窅孃以帛纏足，纖小屈上，作新月狀，是為中國婦女纏足之始。數百年來，皆爭效之，若西人則未之見也。近聞古巴婦女，從前六寸膚圓，有足白如霜之美者，今亦以小為貴，無不長僅三、四寸。雖不及潘妃之蓮步，仙子之淩波，而一種姍姍來遲之態，亦足動人憐愛心。蓋彼自垂髫之年，即著窄履以限其足，不令長大；非必以帛纏之，使尖削如菱角、蓮鉤也。亟錄之，以見異邦時尚之不同如此。〔淩波微步〕

1941	原 226/2	廣申 10/74	大 7/83

宿沙遺風

客有慕桃源之古趣，登釣臺而遐思者。一日駕扁舟，乘風破浪，直至蕪湖。見沿江一帶，自魯港至寡婦磯，迤邐二、三十里，漁戶鱗次，不下數百號。連檣並進，向水師船上報明戶口，由哨弁注冊後，繳換執照；如民間之有門牌然，循向例也。俄而衝烟晒網，落日懸罾。或扣舷而狂歌，或沽酒而暢飲，烟蓑雨笠，歸泊於柳陌菱塘之上。所謂婦女知潮信，兒童説水花，差堪似之。因憶古詩有「江干多是釣人居」之句，竊嘆古人誠善於寫景。設有丹青妙手，將此點綴而描繪之，不誠一幅天然圖畫哉？惜乎人心不古，竭澤而漁，竟作一網打盡之計耳！或曰：士大夫之釣譽且然，于捕魚乎何尤？〔漁家樂〕

1942	原 226/3	廣申 10/75	大 7/84

火山發燄

天下之山多矣。金山不必有金，玉山不必有玉，則火山不必有火；然土山吾知其為土，冰山吾知其為冰，則火山吾知其為火。顧名思義，不必盡同；惟視乎地氣之何如耳。日本素多火山，發燄之患，時有所聞。日者，邊高縣附近地方有火山名蘇湖者，一夕忽聞震動聲，越時方止。鄉民知為發燄先聲，徬皇奔走。俄而山果爆炸，如迅雷之起於空中。高峰暴裂，火燄四出，其光上燭霄漢，川谷為之暝晦，雲霧為之迷漫；走石飛沙，紛紛墜地，有積至尺許厚者。是役也，人畜之損傷，屋宇之傾圮，不可以更僕數。聞值價三百四十萬元之多，亦非常巨災也。〔☷〕〔明夷〕

1943	原 226/4	廣申 10/76	大 7/85

靈藥英光

茯苓為藥籠中物，有閱千年者，必發英光，食之延年益壽，特不可多得耳。南洋有一島焉，上有一大樹，老幹縱橫，干霄蔽日；樹旁有一物，若桑寄生之附麗而生，又若蔦蘿之施於松柏。邇來忽發光采，照耀奪目，人以為必有異藥。有甲、乙見之，曰：「此奇貨可居也。」持斧斫之，如膠投漆，黏結不能出。甲、乙用力太猛，遂同鉏麑之死于樹下。自是居民以為神，勿敢翦伐。久之，有陳、柳二人，忽萌採藥計，持瓣香默禱於山神，而祈示以夢。是夜，神果來告，竟許之。翌日，乃運斤成風，聲丁丁然，了無所異。得其藥，權之，重數百斤，善價而沽，可獲重利。由此觀之，天不愛道，地不愛寶。人之窮通有時，豈不信哉！〔人各有命〕

1944	原 226/5	廣申 10/77	大 7/86

草菅人命

巡檢為州縣之分司，兼理地方事務。捐班中之夤緣得缺者，往往高視闊步，動作威福。鄉民畏之如虎，敢怒而不敢言，固非獨一虎為然也。無為州奧龍巡檢楊少尉，春間某日鳴騶下鄉；至所轄地方，有韓姓子醉臥道旁。少尉大怒，謂：「朝廷命官至此，爾不知退避三舍，乃敢效豺狼之當道耶？」飭差重責八百板，意猶未快；復親自出輿，取鋤頭柄痛責之。詎纔打三下，誤及腰際，隨即斃命。于是鄉人譁然。少尉懼，急倩紳董調處，願出洋八百元求寢其事。苦主不允，未知如何了結？按韓姓子輕薄之行，固宜稍予懲儆。責而至八百板，論者已議其過。乃必處之以死，雖非有心，恐亦不能為少尉曲恕。所謂一朝之忿忘其身者也，可不戒哉！〔小不忍〕

1945	原 226/6	廣申 10/78	大 7/87

佛地宣淫

定海陳某，風神韶秀，不啻衛玠璧人。一日赴甬北觀永昌會，瞥見二美尼，亭亭裊裊，姍姍而來；其少者丰姿尤麗，如散花之天女，搔背之麻姑。心醉魂銷，低個不忍去。尼見陳，亦如天台仙子之逢劉阮，顧盼有情。遂尾其後，而行至某庵，隨之入；則尚有一尼，年約三十餘歲，主庵事，設酒待之。至晚，庵主留之同宿，結歡喜緣，陳勉應之。次日，始與少尼赴巫山之會。自此鬢絲禪榻，日在溫柔鄉，大有此間樂不思蜀之意。居無何，少尼謂陳曰：「奴之所望于君者，欲效吳彩鸞嫁文簫故事。今日夜歡會，恐雙斧伐孤樹，不待智者而知其不能久長。盍姑出而謀秦臺跨鳳計乎？」陳諾諾如命，想情魔終未易遣除也。妖尼恣淫若此，安得傾三江之水，為佛地一滌其污穢哉！〔仿佛申生〕

1946	原 226/7	廣申 10/79	大 7/88

吳回惡劇

晉省范村有三老焉，鶴髮雞皮，龍鍾可掬。日者，謂其子若孫曰：「吾邨自道光年間一放烟火，數十年來，此風寂然，已如〈廣陵散〉矣！憶少時耕釣之儔，都已凋零代謝，惟吾三人曾親見之。今垂垂老矣，風中之燭，能有幾時；若相繼作古，必將永失薪傳，吾心滋憾焉！及此時而為汝曹一擴眼界，亦以見老夫手段，豈不人生快事乎？」乃擬於文昌誕辰，踵行此舉。于是，三河少年聞其言咸拭目而俟；以為屆時烟餤中戲法，離奇變幻，定如神龍之不能捉摸。豈知好事多磨，工既竣，將燃放矣。忽於是夜祝兆焚如，花炮火藥，轟轟烈烈，竟與茆檐蔀屋同付一炬；焚斃十三人，二老與焉，其一亦受傷甚重，勢在垂危。是誠無妄之災也，然亦當歸之於數；不然，具壽者相，作田舍翁，何忽萌此異想哉？〔䷝〕〔之災〕

1947	原 226/8	廣申 10/80	大 7/89

雉鳴求牡

金陵城北有染坊主某甲，一子一女。子已受室。女則娟娟之豸，尚乏東床；在家料理一切，咄嗟立辦，井井有條。父母皆賴其能，人亦以「不櫛進士」稱之。坊中有徒某乙，與女年相若，性亦純謹。女時以青眼相待。每當單衫團扇，殘月曉風，不免藍橋暗渡；特苦如黃姑之遙遙相對耳！未幾，女父母相繼逝世，乃兄知乙事，以他故諷之去。豈知乙早得女囊底之智。既出，竟自立門戶，將丈人翁平日之交淺交深，一網打盡。人亦忘其為拔幟立幟也。繼乃遣心腹約女；女遂效文君奔相如故事，至香巢行合巹禮焉。迨兄登門問罪，女即自出，雙雙展拜，言頗娓娓動聽。兄怒尚未已，將訟乙於琴堂。想風流賢令尹，當有誦袁簡齋先生「護花恩比種花多」之句，曲全此一段因緣也。〔亦有因緣〕

1948	原 226/9	廣申 10/81 右	大 7/90

處女產蝟

京都有李姓，農家者流也。生一女，解佩丰神，破瓜年紀；雖小家碧玉，而頗嫻閨訓，人無間言。去秋，女腹忽漸膨脝，見者皆不知其珠胎之從何而結？延醫診治，亦莫能識。至某晚竟臨蓐產一刺蝟，大如碗，頭、足、皮毛俱具。未幾，又產一蝟。如是者三，均在地上蠕蠕而動。李惡其怪，立將鐵鍬砸斃而掩埋之。按蝟，似豪豬而小，物稍犯近，則毛刺攢起如矢。見鵲便自仰腹受啄，而為虎所畏。凡虎饑欲食，見蝟而伏，故能跳入虎耳。從未聞有生於人者，是何祥也？願質諸博物君子。〔怪胎〕

1949	原 227/1	廣申 11/81 左	大 7/91

多男獻瑞

昔成周有一母四乳而生八子者，其伯、仲、叔、季皆以孿生為異。可見人瑞之徵，誠不可多得。近世孿生者，時有所聞矣，若一產三子則尚僅見。故中國遇有此等事，地方官例給以賞犒，所以彰多男之慶也。近聞英京有工人名士排沙者，其妻臨蓐，一胎而生四子，舉家懽喜，僉謂異瑞。英皇特賞英金五磅，想從此聯芳競秀，必能昌大其門閭。竊不禁為該工人額手慶之。〔龍蛇斯媲美〕

1950	原 227/2	廣申 11/82	大 7/92

法拿交綏

阿非利加洲之拿荷美部，前曾率兵攻法國所轄之地，先後開仗；卒以強弱不敵，為法軍所敗。法人遂以拿荷美部為不足畏，且惡其前此侵擾邊疆，復大整軍旅，進偪其巢穴。拿軍遂為困獸之鬥，奮勇直前，無不以一當十。法軍不能抵禦，望風披靡，紛紛逃竄。是可見驕兵必敗，古語洵不誣也。聞該部有女子兵五千人，驍勇善戰，精悍絕倫。此次之勝，其得力於娘子軍者居多。然則孫武子吳宮所教之美人，終不能使之臨陣以戰者，不將相形見絀哉！〔彊中更有彊中手〕

1951	原227/3	廣申11/83	大7/93

無常賽會

無常，一鬼卒耳。小説家或紀其事，大都任意臆説，非實有所見聞也。溫州之瑞安縣某廟有無常鬼，相傳頗著靈異。人或患病，許願求藥，無不立應；因是香烟鼎盛。每屆莫春脩禊之辰，里人迎賽是會，以祈四季平安。今歲上巳，天晴日朗，凡病愈酬願者，皆扮作無常模樣，詣廟燒香，然後隨會而行；多至數百餘人，無不身披金銀紙錢，面塗雜色，頭戴高尖帽，上書「一見大吉」字樣。舉國若狂，毫無忌憚，誠可笑也。是夜，有某甲夢一無常謂之曰：「若等冒我形狀，在市招搖，行將與奸商、惡棍同科。」言訖不見。甲醒後，驚駭欲絕，且曰：「吾今而知假冒者之必遭冥譴也。」特不知靡靡者，能以此相戒否？〔一見大吉〕

1952	原227/4	廣申11/84	大7/94

牛鬥奇案

牛鬬之説，世不經見，乃近聞甯波慈溪潘家道口有因牛鬬而致斃三人者，誠奇案也。該處有章姓兄弟甲、乙兩人，素不相睦，分居各炊，視同秦越，固以為風馬牛不相及矣。不料戾氣所鍾，由人及畜。有秦家畧人配剛與其姪阿三同傭于甲家。三月十一日，配剛在田分秧，阿三牧牛於旁。未幾，乙之牧童五保亦牽牛至。詎兩牛相見，如狼之奔，似豕之突，奮角便鬥，大肆蠻觸。配剛無孟賁拔牛之力，庖丁解牛之方；貿貿然為之攔阻，被乙牛觸其腹，洞穿倒地。甲牛亦用角斜觸阿三，折頸而斃；又突前撞倒五保，踐成肉泥。迨甲、乙聞信趕到，則見三屍慘狀，二牛亦力盡而死。或謂是殆有夙孽，理或然歟？〔宿孽〕

1953	原227/5	廣申11/85	大7/95

計賺金夫

香港有女校書，艶名素著；經某公子納為側室，別營金屋以貯之。一日，有大腹賈見而垂涎，多方設計，厚賄其女僕，使作撮合山。校書將計就計，約以某夕具酒相待，惟一夕之緣，非三千金不可。賈大喜，及期而往，出銀券與之，校書款待殷勤，酌以巨觥，至酩酊大醉，扶之就寢，密令女僕伴之。賈亦醉中莫辨，為攜雲握雨之歡，忘接木移花之巧。至漏盡更闌，校書潛入，易女僕出，推枕促賈起。賈見榻下有公子屐，遂潛易而去。及曉，穿其履訪公子於其寓，公子疑焉，歸責校書。校書備述其事，公子囅然笑曰：「果爾，則拔幟立幟，娘子軍計亦奇矣！」何物癡男，竟被婦人女子玩弄於股掌之上哉！〔著了道兒〕

1954	原227/6	廣申11/86	大7/96

山靈作祟

閩有楊、葉二客，雇吳姓小舟，駛往谿灣。驀見河畔有一鱷魚，葉指而謂楊曰：「此物為患不淺。世無韓昌黎，誰復能驅之入海？」吳急止之，謂：「此係山靈所憑。不謹，將招奇戚。」言未既，忽有狂蜂千百為群，大肆蠆尾之毒。吳與楊急即登岸，分途逃逸，蜂亦尾隨不捨。二人情急，乃跪而默禱，自悔失言之咎。無何，蜂皆散，不知所之。惟葉在舟為蜂所困。迨吳、楊回，呼而告以跪禱之故；葉猶不信，自恃有吳兒善泅本領，翻身躍入波心，欲借水晶宮以暫避。詎群蜂若蜻蜓之點水，紛翔水面，俟葉破浪而出，即如蠅之赴羶。葉無計脱身，久之，遂占滅頂。傳者謂該處為山靈所據，凡道經其間，或有失言，往往能驅蜂以肆虐，舟行者尚慎旃哉！〔容或有之〕

1955	原227/7	廣申11/87	大7/97

菩薩救命

粵省佞佛之風，盛於他處。向年司祝必勒索重利，方能入廟燒香。自游中丞出示嚴禁，此風稍息。於是金屋名姝，綠窗弱質，皆得輕移蓮步，虔爇瓣香焉。該處之城隍廟，素稱香烟鼎盛；正月十七日進香者尤形擁擠。司祝數人如行山陰道上，大有應接不暇之勢。不隄防鑪中之香，堆積如山，其燄烘烘然，有火星迸出，燃及兩廊之木欄；霎時間烈焰上騰，不可嚮邇。紅男綠女，恐遭焦頭爛額之殃，紛紛欲遁。又被匪徒擠住，不得出。至此進退維谷，大呼菩薩救命，聲若連珠，聞之可笑。後經人手齊集，竭力灌救，得即撲滅。咸謂是真神靈顯應也。然歟？否歟？〔佞佛之風〕

1956	原227/8	廣申11/88	大7/98

萍水良緣

羊城有某漁船，母女二人，操舟為業，水上生涯，頗足自給。一日有木工趙某，年纔十六、七，因失業無依，欲歸故里；行經是處，倉皇迷路，心急足違。婦見其狀，招令下舟，問其所之。趙具以告。婦曰：「前路尚遙。盍暫宿於此，待天明再行朝發。」乃作東道主，殺雞為黍而食之。婦見其年少貌美，益加憐愛；問尚未娶，迺選為東床。女雖亂頭麤服，不施脂粉；而修潔之態，如清水出芙蓉，天然可愛。從此枕藉舟中，兩情歡洽，如水上鴛鴦，雙宿雙飛，同夢於水雲鄉裏。趙亦此間樂不思蜀矣。諺有之：「千里姻緣一線牽」。氤氳使者，作合之奇，於此可見一斑。〔于飛樂〕

1957	原227/9	廣申11/89右	大7/99

解衣推食

解衣衣我，推食食我。古君臣之相得有然，豈以施於鼠竊狗偷之輩。乃有事相同，而實則異者。如蘇州某姓家，于去冬除夕，有一賊潛入內室，竊得衣服數件。繞出廳事，見有錫暖鍋，雞、蝦、魚肉充牣其中；賊開懷大嚼，既醉既飽，方洞開大門，從容而去。説者謂某姓誠好行其德，既予以章身之具，復賜以適口之資，較之開門揖盜者，同一度量。故美其名曰：解衣推食。〔飽暖〕

1958	原228/1	廣申12/89左	大7/100

珠泉愈疾

惠州府城豐湖之濱有古榕寺焉。相傳坡公謫惠時，曾居於此。寺前有井，泉甚美，名曰珍珠。附近居民及寺僧，咸吸食之。僉謂此泉味甘而性涼，能愈積疾。一日，有文童李某，將應府試，場前忽患心痛，坐臥不安。乃詣寺，在佛前祈禱，并汲井泉，歸而飲之，病良已。果若此，則佛家所稱功德水者，此泉毋乃是乎？〔聖水〕

1959	原 228/2	廣申 12/90	大 7/101

龍舟競渡

浴蘭試罷，躪草還來。三湘七澤之間，素有競渡之戲，所以弔屈原也。今屆天中令節，楚人爭賽龍舟，尤饒豪興。飛鳧畫鷁，銜尾而來；桂檝蘭橈，迎頭上駛。篙入臨流打槳，頗有乘船如乘馬之能。讀盧肇詩云：「向道是龍剛不信，果然奪得錦標歸。」此景此情，非目擊者不能道。是日，羅衫團扇，聯袂偕觀，幾有萬人傾巷之勢。聞先期數日有張某夢一人，自稱三閭大夫，謂曰：「吾于漢建武中，因苦筒米為蛟龍所竊，見長沙人歐回，請易其製。歷年來皆以綵絲角黍見投，意亦良厚。今爾等只須駕小舟，以二物投之。若能撙節巨貲，以備振濟，其食報可操左券，不較愈于付諸流水乎？」某醒後，遍告同人。惜世俗之見，牢不可破，故其繁盛不減曩時云。〔弔古〕

1960	原 228/3	廣申 12/91	大 7/102

恭送聖蹟

臺北府西門外向有惜字文社一所。每屆三年，將平日焚化之字紙灰，送諸大海。本年三月二十日踵行是例，各紳士醵資賽會，備極繁華。前導有繡纛一面，上書「恭送聖蹟」四字。次則鼓吹執事，無不具備。最可觀者，有髫年女子九人，演吳宮教美人戰故事；殿其後者扮作男裝，手執令旗，人曰：「此孫武子也。」繼以諸女子勁妝古服，盡態極妍，端立于五彩製成之臺閣上，而以十數人舁之而行。又有一人在帳內葛巾儒服，狀若宿儒；帳前有童子十餘人，皆衣冠整潔，手執書卷。識之者曰：此仿馬融設絳帳故事也。其餘鐘鼓亭、鞦韆架，五光十色，璀璨陸離。迨遍遊各城畢，然後投諸清流，誠盛事也。故樂得而誌之。〔敬惜字紙〕

1961	原 228/4	廣申 12/92	大 7/103

虔祀曹娥

會稽有曹娥江焉。相傳漢時曹娥父為巫者，于五月五日泝江迎神，中流滅頂，不得尸骸。娥年十四，緣江號哭，晝夜不絕聲，遂投江死。數日，抱父屍出。土人追思其孝，因以曹娥名江。距江數十里有一廟，中塑女像，即曹娥神。紹俗以端午日，官為致祭；恭備牲牢、酒醴，舁至廟中，恪恭將事。有某客訪古碑之遺跡，指謂其友曰：「此即曹娥碑也。」玩「黃絹幼婦外孫虀臼」八字，使無楊修之智，誰能知其為絕妙好辭？然吾于此益以知曹娥之孝，于古為昭矣！當後漢時流風未遠，而爾時已為之立石；則其霜風勁節，自有足與日月爭光、河山並壽者。宜其俎豆千秋也。〔日月爭光〕

1962	原 228/5	廣申 12/93	大 7/104

命若鴻毛

揚州人呂某與皖人朱某，年逾弱冠，契洽殊深。邇日結伴來滬，忽動冶游之興，至英界東棋盤街洪順堂妓院，呂選得翠蘭，朱選得文寶；纏頭一擲，彼此定情。次日薄暮，聯袂偕來，出英餅二枚，令備酒肴，開懷暢飲。飲畢，横陳短榻，復尋臥游趣。有女傭見呂神色頓異，疑有急痧。詢明寓處，報知龜主浦雲卿。方欲送回，朱在旁言曰：「我與呂皆服紫霞膏，意圖畢命于此。」浦聞之，心益急，立雇東洋車二輛，令龜奴等扶之坐，疾馳而去。至法界京江棧門首，棧主見勢不佳，不肯納。不得已，乃折而復回。為巡捕所見，持燈燭之，則呂已氣絕。惟朱服煙較少，送仁濟醫館救治，得不死。聞二人者，以生意虧耗，無力彌補，故萌此短見。然亦知少年失足，正多補救之方，乃一則牽獲返魂之術，一則終無續命之絲。有識者心焉傷之，而歎其不善處世也！〔風流鬼〕

1963	原 228/6	廣申 12/94	大 7/105

護花恩重

叢桂，粵東名校書也；蠻腰素口，絕世風神，冠領群芳，頗高聲價。鴇母倚為錢樹子。有蔡生者，翩翩年少，顧影風流；與叢桂繾綣殊深，洞入迷香，鍾情獨甚。常欲置諸金屋，奈鴇母索值過奢，蔡生不能猝辦；乃商將叢桂先行領回，隨償其值。厥後鴇母慾壑未滿，遂以強奪其女，誣控于官。蔡畏訟，不敢到案。而叢桂已珠胎暗結，竊計苟且偷安，終非了局；於是自首番署，力白蔡之被誣。問官提鴇對質，蔡亦遣其弟到堂。經官訊悉前情，斷蔡給身價銀三百兩，仍將叢桂領回。是真能恩施護花者矣！判鴛牒者，其風流賢令尹哉！〔情緣〕

1964	原 228/7	廣申 12/95	大 7/106

果報不爽

粵東九龍司地方有某甲，開設洋廣雜貨舖，專以私販軍火，獲利頗豐。或勸之曰：「此等殺人之具，子毋以此售人。」則應之曰：「我不過售其具而已。其人之殺與否，彼為政，非我為政。且彼購去，未必遂以殺人也。」因是人咸緘默。如是者數年，匪徒咸趨之，利市三倍。一日，偕其二子一姪，赴香港收帳。途遇盜船，放鎗轟擊，二子及姪皆被擊斃。時某伏于暗陬，忽一彈中其腰，失聲長號。盜曳之出，孰視之，曰：「子非九龍某舖之某先生乎？」甲開目瞠視，則皆平日向其店中購辦軍火者也，遂宛轉叫號而死。按滬上洋涇浜一帶，此等店舖甚多，一若不知軍火為例禁之物也者。曷不思官法即可倖逃，冥譴終難或逭。但知有利，不顧害人，其實適以自害。如此事者，可不畏哉？〔害人害己〕

1965	原 228/8	廣申 12/96	大 7/107

因賭致禍

武昌平湖門內某甲，性嗜博，終日與牧豬奴為伍。識者已心竊非之。不料妻某氏有同癖，一日乘夫赴賭外出，即邀女伴數人作葉子戲，采烈興高；卜其晝，更卜其夜。時子在襁褓，已昏昏欲睡，婦因戀賭不忍釋手，使其幼女領之同眠。迨夫歸，賭局方散。婦入房撫其子，則早已為女壓斃；不覺興盡悲來，放聲大哭。其藁砧歸咎于婦，目眥盡裂，將室內器物，搗毀一空。捽婦髮，飽以老拳，怒猶未息；復執廚刀，欲效吳起殺妻故事。婦駭極狂嘶。鄰右聞聲集視，奪去其刀，群責其不應自先犯賭。甲乃幡然悔，恍然悟，且曰：「吾今而知賭之害人如是其甚也。」世有同嗜者，可不引為殷鑒與？〔自作孽〕

1966 原 228/9 廣申 12/97 右 大 7/108

小題大做

鎮海人包金水，以擺設糖攤為業。每于市上架一圓盤，貼以舉人、進士、狀元、榜眼等名色；上橫一木，繫綫拖鍼，視其所停，以決勝負。驀有二青衿見而謂之曰：「讀書人赴省赴都考試，實非易易。今爾處設有舉人、進士，吾輩即可應試，行當咨會眾人齊至。」包聞大驚，婉言謝罪，各餽洋三員而去。説者謂陞官圖上統當代之官階，爵秩無不羅列。果如該生言，當又何辭？甚矣，小題大做之訣，竟為秀才訛詐張本。可慨也夫！〔應試捷徑〕

1967 原 229/1 廣酉 1/1 左 大 7/109

牛母奇姿

玉膏灌丹木之根，金刀剖如何之實。古來千百年物，每有其味如飴，食之可以不饑者。野史所載，往往有之。近聞南美洲有樹一株，高十餘丈，圍七、八十尺；直上蔽日干霄，美蔭婆娑，幢幢如蓋。土人名之曰「牛母樹」。蓋此樹以利器鑽其身，則汁流如瀋，色白味甘，與牛乳無少異，因以為名。有時漿流數日始止。人或飲之，可以潤心肺、養顏色，相傳如是。養生家爭往取之，較諸萱草忘憂、合歡蠲忿，不亦同此功用乎？〔南有奇木〕

1968 原 229/2 廣酉 1/2 大 7/110

蜃樓妙景

世傳蜃市泥有疆界，其蒸氣也倏為樓臺，江海之上間或見之，特不可多覯耳。乃寧波近海有地名蟹浦，近日凌晨，屢現海市樓臺人物，變幻無常。一日黎明，有人見高閣中一明眸皓齒之麗人，紡織其間；另有二女子、十數孩童嬉戲奔走。尤奇者，時有漁人某甲，駛船收口，忽舟發如箭，瞑不見天。甲懼，緣桅猱升而上，第見霧氣迷漫，咫尺莫辨。有某乙與甲素識，則見其倚城堞木立，大聲呼之，不應。至烟消日出，彼此相晤，始悉其故。此等幻迹變化離奇，倘得善攝影法者，攜具而往，為之一一照出，誠一幅天然畫圖也。彼身親目擊，果何幸而得此奇觀哉！〔海市〕

1969 原 229/3 廣酉 1/3 大 7/111

輪船被焚

日前，寶清輪船自本埠開行，至揚子江口附近之狼山地方。洋面時正平明，不知如何失火，忽兆焚如；船上人施救不及，遂致燎原。在船二百餘人，悉從睡夢中驚醒；其焦頭爛額、同時遇難及躍入海中致遭滅頂者，不計其數。維時有安慶、萃利、泰和、公和等四輪船，繞在上風，竭力施救。有百餘人得慶更生。事後打撈屍身，祇獲二、三十具；皆已腐爛，不堪辨認。及將焚剩之船底帶回，其中所積血水，甚為穢惡。誠大劫也！所最慘者，尚有未獲屍身，或骨肉皆成灰燼，或沈入海底，身葬魚腹。讀唐人詩：「可憐無定河邊骨，猶是春閨夢裏人。」殊覺尤為淒楚，而或且歸之於數。嗚呼！其信然耶？〔浩劫〕

1970 原 229/4 廣酉 1/4 大 7/112

令尹賢聲

江寧縣趙明府政聲卓著，人頌神明，洵風塵中之能吏也。日者，有寡婦淡妝素服，貌似徐孃；送一十七歲之子至署，控其忤逆，請官盡法懲辦。官將婦再三開導，婦堅請治罪。官謂：「爾要將子處死，亦須給以一副好棺木，可速辦十千錢來。」少頃，婦持錢至，問從何來？則曰質庫。令出票辨之，見內有僧衣數件，詰婦。婦謂與此僧為鄰，向之商借。官立即飭提該僧至，責以出家人慈悲為念，何反助桀為虐，命笞之。僧叩頭不已，乃使罰鏹二千以自贖。既而又傳質庫人至，謂：「僧俗混雜之物，必是來路不清。爾典何不加盤問，漫焉受質，論法當罰。今本縣有一學生，欲命爾攜回典中學習生意，爾願之乎？」則應之曰：「諾。」遂命婦之子當堂拜謝師傅，且為述事；并將錢十二千，令代贖衣，餘交徒零用。案遂結。良有司全人骨肉、護人名節之苦心，真令人莫測哉！特該淫禿未免太便宜耳。〔神而明之〕

1971 原 229/5 廣酉 1/5 大 7/113

靈獒誌異

甘省蘭州某甲家，畜犬三頭；其一色純黑，善搏噬，盜賊相戒不敢犯，主人甚愛之。一夕，犬忽斃，令二人舁出。二僮執燭前行，及門，僮頓仆，不省人事。舁者埋犬畢，扶僮入室。正驚皇間，僮忽自言為山東鼓樓下吳姓，感主人恩，欲與訣別。及主人出，僮伏地叩首，曰：「予非僮，乃犬也。死後已將遠去。因憶及皮囊恐蒙掩埋；則此蒙茸者一日不去諸身，吾即一日不能脱此犬趣。故求主人剝而去之，俾免再墮畜生。」因勉許之。問以彼兩犬亦有姓氏否？則云：「小者姓柏，大者姓馮。日內有賊將來行竊，可令大者防之，當無慮。」言訖，僮遂醒。問以前事，茫然不復記憶。有好事者詢之，山東撫轅下果有吳姓，其人死已數年矣。是誠咄咄怪事也。姑筆之。〔警醒世人〕

1972 原 229/6 廣酉 1/6 大 7/114

舟子治盜

營口有某漁船，行至復州界島口夜泊。突來盜八名，解其纜，駛出口外，肆行搜索，空無所有；乃將船夥逼入艙中，取艙板釘之，使不得出。適有山東小瓜落船駛過。盜即分執槍械，一躍而登，求資財不得，令供一飽。船夥允之，飼以酒肉。盜至火艙聚而大嚼，船夥急將火艙板蓋住，壓以巨木，用小纜絞緊。盜知中計，即用火槍上轟，有管駕中彈殞命。船夥恐被轟裂，急汲水灌入。久而寂然。至天明稟報地方官，臨驗撬開火艙板。視之，則六盜已被水淹斃，兩盜尚一息奄奄。官遂帶回收禁，并飭將盜屍掩埋。是亦一快事也。該舟子宜給以重賞，以為獲盜者勸。〔情極計生〕

1973 原 229/7 廣酉 1/7 大 7/115

女中丈夫

閩人某甲，向為梨園子弟，娶得永春州某姓女為室。嗣以煙霞成癖，歌慵舞懶，貧不能支。該處有隆豐烟館，係地棍牛仔第所開，黨羽甚眾，雄踞一方。甲日至該烟館吞雲吐霧，積欠烟貲數千文。牛屢索無著，心憤甚，以計執甲而錮之于室，歷一晝夜，猶未釋歸。其婦聞之，輕移蓮步，翩然而來，據理以爭，詞直氣壯。牛勃然大怒，謂：「居此以來，從未有敢捋虎鬚者。爾何人斯？來溷乃公。」遽掌婦頰。詎該婦早已防及，忽飛一腳以迎；牛即隤然倒地。其黨兩人復齊來接鬥；婦雙手作開弓勢，兩人又倒。更有六人在門外見之，洶洶同入；婦偽跌于地，飛起一腳踢中一人，擠倒三人，餘不敢近。婦遂直入室內，攜夫手而歸。娘子軍誠勇矣哉！〔娘子軍利害〕

1974	原 229/8	廣西 1/8	大 7/116

西捕不法

租界之設立巡捕，使之查緝匪類而已；本不可倚勢橫行，欺凌良懦，亦不可調戲婦女，任意毆人。然華捕、印捕或尚有之。惟英捕辦事，最為認真；故人亦畏而敬之，從未聞有肇事者。乃上月某夜，時值大雨。忽有西捕名許四，因醉胡行；途遇王姓婦，圖姦未遂。復至某妓家，欲拉某妓入室尋歡。妓不允，遂拖至福寧里內，用強成姦；致該妓受傷甚重，步履維艱。龜鴇飛報捕房。麥總巡大怒，立飭探捕等將該捕緝獲。傳集已、未成姦各婦，送請英刑司質訊；而該捕尚敢邀狀師申辯。幸英刑司秉公核辦，衡情定罪。謂該捕即有強姦之事，惟係妓女與平人有間；是以照毆人例，判令監禁六禮拜，罰作苦工。一時輿論翕然。或謂此捕太不解事。若如印捕之偶將婦女調戲，不求實事，人亦相與隱忍，不致遽行控告。而巡捕頭反不及查察，豈非較為得計乎？然而此風亦烏可長也。〔知法犯法〕

1975	原 229/9	廣西 1/9 右	大 7/117

調情失履

滬北烟寮中，時有癡男蕩婦，同榻開燈，喁喁絮語，最為傷風敗俗之事。日者，有甯人某甲與某氏婦，至延齡堂吸烟，脱鞋而臥，孤燈相對，彼此談心。正在情濃意得時，有妙手空空兒，效張良拾履故事。迨甲吸烟畢，覓鞋欲穿，則正如白香山之飛雲履，已上升朱府。甲窘甚，翩經堂倌假以敝履，穿之而去。不啻東郭先生行雪之狀，見者皆嗤之以鼻。然為竊屨而來者，亦太惡作劇矣！〔光足〕

1976	原 230/1	廣西 2/9 左	大 7/118

奇鶉

鬥鵪鶉之習，由來尚矣；而粵中此風尤盛。近聞潮郡某地有一鶉，狀甚雄鷙，神出鬼沒，往來於神廟之間，弋者皆無計掩捕。一日，有某甲求鶉心切，具牲醴禱於神座。是夜，神果入夢，示以：「廟後古塚中殘碑之下有一蛇穴，此鶉係蛇所化，故巢於穴內。張網伺之，必可得也。然此神物，汝福不堪消受，當獻於勢豪，方為有益。」甲從之，弋獲後，獻於某巨紳，得厚賞。畜數日，使與群鶉鬥，竟無有取勝者。咸謂此鶉有雉之文明，而兼鷹之鷙猛云。〔玩物以喪志〕

1977	原 230/2	廣西 2/10	大 7/119

郊原幻景

天津西鄉有老農某甲，年逾古稀，精神矍鑠；服田力穡，躬親操作之勞。一日，甲蚤起，披星戴月，方將從事於西疇。忽見郊外一人，手持紅燈，前來引導；甲隨之至一甲第，堂宇巍峨。未幾，主人肅客入，意甚款洽，壽以朱提、四笏，而後遣去。甲下拜登受，如游夢境，初不問其姓氏。迨雞人䳘旦，晨光熹微，回顧人物，竟已渺然。惟白鏹尚在懷中，不覺狂喜。是豈故粲其生花之舌歟？抑為鬼狐所玩弄歟？予聞之而喟然曰：「天下一幻境也，人生一幻夢也，世事一幻影也。彼夫高堂華屋，倏變而為蔓草荒烟；貴胄豪宗，忽降而為庶人皁隸。升沈榮瘁，變化無常，百年如瞬息耳！陵谷滄桑之感，皆可作如是觀。此其顯焉者也。」〔齊諧語〕

1978	原 230/3	廣西 2/11	大 7/120

天雨粟

雨之非天上所有者多矣。夏時有雨金之瑞，商末有雨血之奇。漢武帝鴻嘉四年雨魚，長五寸以下。天漢元年，天雨白毛；三年，天雨白氂。後魏宣武帝景明四年，涼州雨土如霧。梁武帝大同三年，天雨灰黃色；其中年天雨珠時，虞寄因上〈瑞雨頌〉。金大定十六年，雨豆於臨潢之境。又《述異記》載：漢武時廣陽縣雨麥，《異苑》云：涼州張駿時天雨五穀於武威、燉煌，植之悉生。其他或雨肉，或雨石；更有雨人面豆者，則其豆粒粒皆如人面。證諸史冊，旁及雜説，事皆信而有徵。至雨粟之説，相傳倉頡造字既成，天雨粟，鬼夜哭。自是以來史不經見。乃貴州之青溪縣於三月三十日，天雨粟。民間持以報縣，已由邑令將所雨之粟，稟呈撫憲。是何祥也？吉凶焉在？它日當必有驗之者，吾其拭目俟之。〔朕兆年豐〕

1979	原 230/4	廣西 2/12	大 7/121

琵琶疋集

緊古以來，洞曉音律之人，其以專門名家者，亦寥寥可數矣。蕭史吹簫，湘靈鼓瑟，郝素著彈琴之譽，桓伊擅弄笛之名。嵇康雅善鼓琴，〈廣陵散〉竟成絕調；禰衡夙工擊鼓，〈漁陽摻〉遂無嗣音。至於善琵琶者，若朱生、阮咸、孫放、孔偉及唐之賀懷智，宋之范曄，皆調高韻古，世莫與倫。不謂浙慈周君永綱，竟有以慰向秀之悲思者。前年在滬北也是樓奏曲，一時聞者皆擊節稱賞，歎為〈鬱輪袍〉至今未絕。蓋雖有周郎，亦無以顧其誤也。本年四月中，有某西士聞其名，邀至監理會堂。周君一彈再鼓，時而促節繁聲，如萬馬奔騰，風雨驟至；時而平絃緩調，如潯陽一曲，足令白傅傷心。維時四座之坐而聆音者，有諸教士及各國領事與洋商等數百人，皆拍手叫絕。唐人詩云：「黃金捍撥紫檀槽，絃索初張調更高。」若周君之妙絕入神，不更令人唾壺擊碎哉！〔停雲妙技〕

1980	原 230/5	廣西 2/13	大 7/122

淫書害人

昔有某生，酷嗜《西廂記》，慕崔鶯鶯成病。有客紿之曰：「鶯鶯至矣。」生熟視之，則一老嫗，曰：「非也。」客曰：「天下無不老之人。鶯鶯顏色雖好，然至今已數百年，安得不變紅顏而為白髮，宜其老態之龍鍾也。」生遂醒悟，病立解。可見此等癡男子，亦在去其心之蔽耳。白門有王生者，天資聰穎，年少風流；稗官野史，無所不窺，而尤好「六才子」一書。讀至「檀口點櫻桃，粉鼻倚瓊瑤」之句，恒喟然而嘆曰：「得婦若此，始可無憾。」於是掩卷凝思，神情恍惚，心中口中，時有一鶯鶯在。未幾，奄奄成疾，瘦比黃花。母知之，急為之聘一某氏女，且佯謂曰：「汝所思者，不日當至矣！」嗣以生病益劇，亟為擇吉完姻。比至洞房花燭，生叩問新人姓氏，始知受母之愚；悲鳴嗚咽，嘔血數升而逝。新婦尚是完璧，即送歸甯。嘻！若王生者，何其愚也！然非淫書啟之，必不至此。可不戒哉！〔情魔〕

1981	原 230/6	廣酉 2/14	大 7/123

碧玉奇逢

寧波江東有小如意者，年方二八，嬌艷動人，俗呼之為伴娘。伴娘者，凡女子于歸，媵與俱去者也。一日至某姓家洞房花燭，擁護新人。有庠生某甲，見而悅之，心蕩神搖，急叩里居姓氏。小如意知甲係銅臭之流，非尋常窮措大，遂以實告。且密約幽期，效西廂故事。屆時，甲偎紅倚翠，情不自禁，遽圖真個銷魂。小如意不允，曰：「妾不幸墮身匄籍，心甚恨之。郎既多財，曷不謀置金屋，俾備小星。」適甲新賦悼亡，求凰心切，愛其色，不忍拂，付身價銀八百元納之；且欲立為正室。其兄與族深以為羞，苦勸勿聽，乃稟之族長，逐出宗支。而甲則琴耽瑟好，怡然自得。古人有言：「女為悅己者容」，不更可信哉！〔色迷〕

1982	原 230/7	廣酉 2/15	大 7/124

服翼紛蜚

福州府城西門外洪山橋梅亭地方，暮春中浣，有某姓家建造夜臺。掘土至丈餘，忽現一穴，陰風颯然。有蝙蝠千百成群，飛翔而出，大如車輪，其色黃碧。好事者俟其飛盡，入穴探視，則隧道也。其上下左右，皆用石築，如城闉然。不知造於何時？約行里許，茫無涯際，遂心悸卻回，互相傳述以為異事。按蝙蝠一物，《爾雅》稱為「服翼」，其狀似夷由，齊人呼為「蟙䘃」。更有謂之「仙鼠」者，則以交州丹水亭下有石穴甚深，穴中蝙蝠如鳥，得而取之，使人神仙。今之所出，果類是耶？然唐人張子真，竟以誤食蝙蝠而死。且此物非鼠非鳥，人亦不好玩弄，一任其入穴為鼠，出穴為鳥而已。甚矣！人之少見多怪也。〔問諸博物〕

1983	原 230/8	廣酉 2/16	大 7/125

同歸於盡

英國馬加利帆船，由亞洲啟行，中載珍禽奇獸，與夫巨鱗、纖介、昆蟲、異卽等類。有美畢收，無奇不備。將往美洲寶士頓博物院。詎好事多磨，行至中途，船上所儲食料被鼠竊食殆盡，遂至鸚鵡數百餘翼，相繼餓斃。途次又遇大風，巨蛇十二尾及鱷魚等破籠而出，竄入前艙，各水手驚皇失措，相率奔避。越日，殘喘遂絕，惟大鱷魚一尾最雄壯，如碩果之僅存。後因風大舟攲，倒卸貨物，亦遭壓斃。尚有猢猻一群，在船肆擾，或被陽侯攫去，或遭水手擊斃，亦無一存者。一場熱鬧，倏忽成塵。雖曰鳥獸不可與同群，亦可見盛衰之故有數存焉，豈人力所能強求哉！〔鳥獸不可與同群〕

1984	原 230/9	廣酉 2/17 右	大 7/126

雙頭小孩

客有自餘姚來者，言該處之夏家鄉有夏阿順之妻，於莫春某日舉一子，一頸而雙頭。左右攲側，中似相通；左啼則右亦號，右乳則左同嚥；眉目口鼻，兩頭一式。一時觀者皆咄咄稱怪。予謂此等胎產，古嘗有之。後漢靈帝中平元年，洛陽女子生兒兩頭并身；四年六月，雒陽西門外劉倉妻又有此產；建安中復見。又，靈帝光和二年，有女子生兒兩頭四臂，中平二年亦如之。其事皆在洛陽。考諸《漢書》，往事可證。大抵皆人妖之象也。〔人妖〕

1985	原 231/1	廣酉 3/17 左	大 7/127

科名異兆

鴟鴞，惡鳥也。凡見者多不祥，而亦有未盡然者。旗籍延君，今歲入都應試，場前獨居逆旅。一日晨起，突有鴟鴞飛入，作笑啼聲，越時方振翼而出。延君不勝驚恚，恐有意外禍及；入場草草塞責，意必名落孫山矣。詎榜後居然高掇巍科。知其事者，咸為駭異。某宿儒聞而笑曰：「此獨見聞未廣耳！如《魯頌》詠『翩彼飛鴞，集于泮林。』是此鳥實為文明之兆；又《唐代叢書》載韋顒舉進士時，亦有鴟鴞飛集，皆可為吉徵之明驗。夫何異焉？」〔盲報〕

1986	原 231/2	廣酉 3/18	大 7/128

傳臚盛典

本年庚寅恩科新貢士子，四月二十一日在保和殿殿試。既畢，二十五日舉行金殿傳臚故事。狀元吳魯，榜眼文廷式，探花吳蔭培，聽宣入自太和門，隨即由大內披紅簪花，跨駿馬而出。玉鞭金勒，掩映生輝。前導旗牌耀目，儀仗連雲。由正陽門繞道入崇文門，赴國子監恭拜至聖先師，並謁見祭酒畢，狀元然後及第。其榜眼、探花，則送狀元及第後，亦分道還第。為邦家光，為閭里榮。誠士人吐氣揚眉之候也。維時紅男綠女，白叟黃童，爭挹丰采者，幾致萬人傾巷。咸謂玉堂金馬中人，自非尋常窮措大所能望其項背。珥筆誌之，竊不禁為朝廷慶得人也已。〔青錢萬選〕

1987	原 231/3	廣酉 3/19	大 7/129

神僊異境

客有宦於西蜀者，胸襟洒落，曠然有遺世獨立之概。一日由成都回敘永，騶從紛紜，道途跋涉。驀至林密箐深之地，停輿小憩。四顧蒼茫，迥無涯際。遙見一山壁立千仞，非人跡所到，而登峰造極者，隱約間似有人家。適攜西洋遠鏡，取而試窺之。見峰頂草屋三楹，向陽啟戶。有老翁衣冠古處，倚長松而立。旁有一女子，停鍼佇綫，若有所思。正錯愕間，忽雲氣滃鬱，遂不復睹。後重過其地，則林壑依然，空山不見人矣。然則古人詩云：「桃花源裏有人家」，洵非虛語。獨惜海上神山，可望而不可即耳！我懷斯境，曷禁心嚮往之。〔神遊六合〕

1988	原 231/4	廣酉 3/20	大 7/130

不近人情

某西人新喪其偶，思續鵾絃。為子女所知，恐將來枯楊生稊，析產時必致分己之利；遂託詞諷其父，情詞肫摯，一似不忍使吾親有限之精神，更消磨于生我劬勞之後者。其父情有不甘，而恥于啟齒。乃生一計，購一猛犬，豢于內室。凡有外來之男子，欲與其女往還者，即噉而噬之。並謂父不可續娶，而各女亦不可嫁人；父為老鰥，女為少寡，各領略獨旦風味。以免筋力未固者，多所戕代；筋力已老者，尚有損虧。女亦無如之何。夫彼以愛親之道來，此即以愛子之道往，誠持平之說也。但該西人不禁其子不娶，而獨禁其女不嫁，豈以此意生於其女，而其子和之，首從之罪，微有不同歟？〔奇聞〕

1989	原 231/5	廣西 3/21	大 7/131

西湖放生記

四月初八日，相傳為彌勒佛誕。是日，錢唐士女咸集于西子湖邊。帽影鞭絲，過長堤而得得；鞋弓屐印，步曲徑以遲遲。或徙倚于孤山，或流連于鄂墓，或尋芳於蘇小墳頭，或喚渡於段家橋口。於是輕衫小扇，盡是護法之檀那；雲鬢風鬟，多於散花之天女。遂乃結放生之會，開方便之門。嘯侶命儔，自朝及夕。坐獅坐象，道參佛子之心；或龜或蛇，利獲乞兒之手。魚皆脫網，縱大壑以藏身；鳥盡開籠，任長天而鼓翼。半擔青螺，簇簇頓隱旋紋；一盆紅鯽，鱗鱗迴看攸逝。何來螃蟹，動文君關切之心；亦有蝦蟆，致惠帝官私之問。了種種慈悲之願，體恤物情；結人人歡喜之緣，宣揚佛號。蓋一日之內，一湖之中，萬人之所施，眾生之所活，統而計之，不啻恒河沙數。此真勝地之善緣，而亦良辰之功果也已。〔好生之德〕

1990	原 231/6	廣西 3/22	大 7/132

喬裝敗興

鳩茲有某甲者，年少美丰姿，不啻衛玠璧人。一日適舉賽城隍會。該處俗例每有年輕婦女，扮作罪犯模樣，隨神遊行。甲異想天開，于是易弁而釵，傅何郎之粉，畫張敞之眉，艷服濃妝；思混跡於珠圍翠繞之中，以遂其輕薄之性。詎行至半途，驀遇惡少數輩，一見之下，驚為天女下凡，群向戲謔。甲低垂粉頸，蓮步輕移；惟行色匆匆，絕少婀娜之態。惡少尾隨不去，愈擁愈多。迨入廟焚香，甲情虛惶恐，跪拜時忘為襝衽狀，直以長揖從事。被人識破，扭至空地，將衣服首飾，悉數攫去；直至赤條條，一絲不挂，始各一哄而散。甲猶作女嬃申申之詈。嗣經行道者給以長手巾一條圍之，踉蹌而歸。然則戲有何益哉？〔見出本來面目〕

1991	原 231/7	廣西 3/23	大 7/133

蛇繞人頸

奉化人張某，性情暴戾，武斷一鄉，人皆側目，畏之如虎狼焉。一夕，解衣就枕，朦朧睡去。未幾黃粱夢醒，忽覺胸口有物如冰；急按之，則蛇也。大驚起坐，舉手欲擊。詎蛇已圍繞其頸，如鐵箍一般。張大聲呼救，家人齊集，拉之不得脫，張遂睛突舌出而斃。蛇尚盤繞如故。後有效漢高祖斬蛇故事者，持利刃將蛇身寸割之，始得解。按稗官野史載蛇能報冤之事，不一而足。今觀此事，豈亦有宿世孽歟？然荒誕之說，儒者所弗道。以理觀之，或者張心同蛇蝎，天特假此以示警也。雖然，世之心同蛇蝎者，獨張某也哉？〔報猶不爽〕

1992	原 231/8	廣西 3/24	大 7/134

胭脂虎猛

西國的沙士地方有婦人焉，年六十，精神矍鑠，力可拔山，身重二百四十餘磅。其夫素有季常懼，一聞河東獅吼，即俛首帖耳，以乞其憐。土人名之曰「胭脂虎」，蓋效中國語也。日者，甲因事逮案，經官訊明判罰。婦在旁聞之，大肆咆哮，將問官及狀師、原差等，飽以老拳；而官等皆虎頭蛇尾，莫敢與爭，相與退避三舍。婦遂扼守該署大門，作負嵎之勢，見者相顧色變。後有黠者，用調虎離山之計，始得揮之使去。夫娘子軍之勇猛，世常有之，然未有若此婦之使人辟易者。安得官法如鑪，俾將雌虎之毛燎盡也。〔獅吼〕

1993	原 231/9	廣西 3/25 右	大 7/135

夫婦皆非

粵人某甲，年逾而立，家有一妻，伉儷甚篤。顧甲酷嗜摴蒲戲，雖當三戰三北之際，猶廑再接再厲之心；而金盡床頭，難圖再舉。常私攜釵鈿、環珮以為孤注之資，而妻不知也。嗣婦查知各物不翼而飛，嚴加防範。甲無間可乘，乃于某夜，由屋後鑿壁，將圖竊取一空。方欲入，婦已驚覺，疑其為盜，急持手槍轟之，傷其股，并大呼捕盜。眾鄰聞畢集，持燈燭之，則受傷而偃臥者，即其夫也。婦方知其誤，扶歸醫治，鄰人咸唾罵之。〔婦不婦夫不夫〕

1994	原 232/1	廣西 4/25 左	大 7/136

眾母興歌

處州之龍泉縣，近日拐案甚多。地方官設法緝捕，遇有異言異服之人，即窮加盤詰，法至善也。日者，緝獲拐匪二名，皆口操閩音，肩負大筬籮擔兩隻。內有一女孩，已玉殞香消，想係被其悶斃者。先是一匪攜孩至某菴游覽，被女尼窺破，密稟縣署，遂成禽焉。夫拐匪奪人子女，離人骨肉，事外逍遙，坐收漁利；其罪擢髮難數，固人所欲得而甘心者。今顏大令果能為民懲治，其保赤之功，不亦偉哉！〔保赤〕

1995	原 232/2	廣西 4/26	大 7/137

海東奇遇

某秀才，翩翩才調，年少風流，應日本某商人西席之聘。館課之暇，時或臨風步月，以滌煩襟。一夕，徙倚橋上，獨自沈吟，忽聞女子咳唾聲，心甚異之；奈昏黃月黑，莫辨人形，遂不為意。適巡捕掌燈至，照耀之下，瞥見橋邊立一麗人，髫年美貌，頗有「天寒翠袖薄，日莫倚修竹」風概。俄而，巡捕去遠，此女即姍姍其來，與茂才作寒暄語。茂才拒之，拂袖而回，與諸友言之。有甲、乙者聞其事，心慕焉，請偕茂才重往訪之。見女仍傍圍牆移徙，若有所待者。忽見來者人多，頓現羞澀態，匆匆望河邊而去。及諸人趨而偪視，倏焉不知所往。狐耶？鬼耶？令人無從猜測。若茂才之見色不動，殆佛家所謂有定力者歟！〔藍橋即是神仙窟〕

1996	原 232/3	廣西 4/27	大 7/138

奉祀述奇

百工雜技之流，均好引古人以為之師，往往馨香禱祀，倍極尊崇。如攻木之工祀公輸子，奏樂之工祀師曠，屠戶之祀樊噲。雖以附會而相推戴，然木工猶得援規矩方員之說，樂工且可引六律五音之言，即屠戶亦可本《漢書》「樊噲為屠沽」一語以相解說。執意無理取鬧之事，竟有愈出愈奇者。天津河東地方有祖師廟焉，其中不知所祀何神？殿左有精舍三楹，中塑新安朱晦菴夫子像，衣冠古處，道貌岸然。詢其奉祀之由，則稱神為邑中裝池家祖師。每屆上巳，群相敬祀。問其傳心之法，則取《大學》中「表裏精粗無不到」一語，聞者為之絕倒。夫朱子為理學名儒，入祀聖廟。何物手民，乃敢漫焉供奉耶？嘻！異已。〔傅會可笑〕

1997	原 232/4	廣西 4/28	大 7/139

車中猴

昔謝小娥父、夫為盜所殺，志欲報仇，莫得主名。夢神來告曰：「車中猴，東門草，一日夫。」此不過隱語耳。不謂「車中猴」一語，今竟實有其事。日者，西戲中有四輪轎狗車一乘，一猴執策而御；兩猴坐車內，一穿男衣，一穿女衣，儼然排場闊綽，如空心大老官之挾妓然。車後立一猴，作傔從狀。行至中途，遇一猴店，即停輪。車中兩猴並肩出，至店飲荷蘭水各一杯，同含雪茄烟一枝而出。復乘車，揚鞭飛駛。有客見而色變，謂：「我輩平日慣坐馬車，彼猴也而亦效之。無怪今日坐馬車者之多也。」尚有白洋狗七頭，或以前兩足行，或以後兩足行，或作商羊舞，或作回鶻笑；忽而七狗皆如人立，互以前兩足搭于肩而行，皆西戲士客柳畫而門教之有素，而大有可觀者也。故泚筆誌之。〔招搖過市〕

1998	原 232/5	廣西 4/29	大 7/140

瞽目鴛鴦

晴川有雲中鶴者，雖具雙瞳，不分黑白，顧盲於目，不盲於心。自幼習君平術，藉以糊口。邇來年逾不惑，猶嘆鰥魚，忽作室家之想，遍託冰人，物色佳偶。適近處有瞽孀某氏者，同道也。每日敲鑼上街，常至其寓小憩，往來既稔，各訴衾寒枕冷之情。比鄰某甲聞而憫之，為作撮合山，遂成一對瞎鴛鴦，俾得領略箇中風味，琴耽瑟好，恩愛逾恆。某氏稍有妝奩，歸雲後藁砧有靠，不復蹀躞街頭，重理故業。或遇春秋佳日，往往攜杖同游，流連茶室，慕玉川子之風。說者謂此二人，雖非比目之魚，恰是和聲之鳳。因緣巧合，月老真煞費苦心哉！〔因緣暗合〕

1999	原 232/6	廣西 4/30	大 7/141

風流惹禍

某貳尹需次粵垣，兩營籧室，熊羆再夢，蛇虺三徵。前年因病逝世，清風兩袖，身後蕭條。二子扶櫬而歸，其二妾與三女，則以資斧竭蹶，不得同行。寓中祇一老僕，性甚誠實，服役如故。有某縣丞者，與貳尹有同寅誼，素知「嘒披小星」，「洵美且都」。時適因公晉省，聞其顛沛流離之況，頓動幸災樂禍之心。以為文君新寡，當不讓司馬相如獨占豔福。遂商之其僕，且賄以重賂。僕頗知大義，執不可。二妾聞之，甚恚。或告丞曰：「彼金屋中盡係阿嬌，絕無鬚眉之氣，曷不以力脅之？」丞惑焉，于某夜竟排闥直入，被二妾與三女群起而執之，翦其辮髮，大呼有賊。保甲局委員聞聲而至，縶丞送縣，而二妾已至撫轅喊稟。想撫憲嫉惡如仇，定當嚴加懲儆，以肅官方。如該丞者，可謂知法犯法矣！〔不守官箴〕

2000	原 232/7	廣西 4/31	大 7/142

孝子可師

京師有袁某者，窶人子也，性甚孝，事老母維謹。年甫成立，娶李氏女為婦。與姑常有違言，袁規戒之，不聽，深以為慮；日夜躊躇，心得一計。一日，忽作中邪狀，目瞪口呆，喃喃自語。婦惶恐禱告。袁佯言曰：「我乃某大仙，今來勸汝敬奉活佛。如能遵行，汝夫可保。」婦伏地稱願。問活佛何在？則指其姑曰：「此即是也。若再忤逆，行將誅殛！」言訖，病尋愈。而婦亦從此改過。夫世之惟婦言是聽，因而不孝其親者，士大夫猶不免矣！苟得一矯其失者，不至為名教之罪人，已可為厲世磨鈍。而袁獨能以己之孝，警其婦之不孝。至於情理難喻之處，復以權術感化之。其用心亦良苦矣！世之為人子者，其亦師此孝行哉！〔活佛宜敬〕

2001	原 232/8	廣西 4/32	大 7/143

踏青受窘

白門俗例，于財神誕辰，居民多遊玩金山，入寺焚香，以徼吉兆。今歲正月初五日，適天朗氣清，春光明媚。游人興高采烈，帽影鞭絲，絡繹如織。有少婦數人，淡妝濃抹，風韻天然，乘薄笨而至。惡少數十人，尾隨其後，評頭品足，任意嘲謔。婦見勢不佳，退避於金山寺之客堂中。惡少株守之，不出；遂以莫須有之事，誣及寺僧。僧不敢效金剛之努目，惟勸以好言，亦不肯散。迺令香火輩護送少婦下山，始各獸散。夫婦女入廟燒香，最干物議。無如佞佛之性，牢不可破，其誠心皈依者，雖不乏人；而藉為口實，陰與寺僧結歡喜緣者，亦所在多有。今此婦未爇瓣香，遽遭輕薄。我佛有知，其亦怒吹縐一池春水否？〔狂且可惡〕

2002	原 232/9	廣西 4/33 右	大 7/144

一胎五子

一胎三子，地方官應給獎賞；自元明以迄我朝，相沿為例，所以彰人瑞也。乃粵垣番邑某氏婦懷娠數月，而喪所天。有心人皆望其兆協夢蘭，以為碩果僅存，足延宗祧一綫。顧膨脝之腹，碩大無朋，初不知其珠胎之何以獨異？迨臨盆一舉五子，一時呱呱之聲，此倡彼和，不啻塤箎並奏。苟異日撫養成人，擬荀氏之八龍，雖須三索；比河東之三鳳，已溢二人。倘得科第同登，竇氏子不得專美於前矣！〔多男子〕

2003	原 233/1	廣西 5/33 左	大 7/145

同室操戈

葺城胡甲，性桀驁，事老母不謹；有弟一人，素不輯睦。自分居各炊以來，甲在東門外開設米肆。一日，弟胡乙過其門入焉。母見之，偶動愛憐少子之心，留與一飯。適甲自外至，勃然大怒。謂：「陳仲子不食其兄之食，後世以為廉士；況予無蓋祿萬鍾，何堪果汝之腹？」取碗碟擲之，傷其弟頭顱，鮮血淋漓，若忘其為手足也者。慨自世道日非，人心不古。骨肉也而仇讎視之，比比皆是矣！今甲縱不愛其弟，獨不慮傷母之心乎？不孝不弟，其何以為人？〔倫常乖舛〕

2004	原 233/2	廣西 5/34	大 7/146

生番風俗

臺灣生番自我朝收入版圖，征撫兼施，統歸駕馭；化外頑民，已稍稍易其狉獉之習矣。顧番社林立，種類繁多，大抵土番較為馴善。若斗尾龍岸之番，則披髮文身，狀同魔鬼；恃其膂力過人，動以殺掠為事。阿蘭番與之接壤，俗亦相似。彼族亦畏之。又有雞距番者，則足趾槎枒，與雞距無異。善緣木上升，往來跳躍，捷若猿猱。食息皆在樹間，非種植不下平地，常深夜獨至海濱取水。邇來生齒漸衰，邨墟零落。日聞內地人情風俗，性與習移，半從漢俗；且諳通番語者，反覺寥寥可數。是亦聲教覃敷之明驗也。若復數年，有不洗心革面也哉？〔渾噩之風〕

2005	原 233/3	廣西 5/35	大 7/147

匄頭出殯

乞人，溝中瘠耳！如淮陰之為母築墳，行營高敞者有幾人哉？然尊之為丐頭，則固乞人中之出人頭地者也；而于是乎亦效奢侈僭妄之習。天津有某丐頭，平日游手好閒，浮沈自得。凡托鉢吹簫之侶，無不仰承頤氣，蓋儼然雄長一方焉。某日，丐頭病斃，群丐既吊以生芻一束，復醵資雇備各式儀仗，僧道、音樂以及影亭無不畢具。其後丐子丐孫，麻衣如雪。而群丐之執紼步送者，又多至百餘人；且沿街擺有路祭，仿佛達官模樣。惟視其人，則大半藍縷齷齪，面目黧黑。觀者傾巷，莫不嗤之以鼻。因憶梨園中有《紅鸞喜》一齣，丐女招贅士子，既成婚，忽欲進京趕考；乃岳因將丐頭一缺授與某丐，接受居然行三跪九叩首接印禮。今之出殯，殆亦本此戲劇乎？哈哈！〔叫化痞放肆〕

2006	原 233/4	廣西 5/36	大 7/148

火燒淫禿

鳩江西門外白衣菴某僧，塵緣未了，綺障殊深；與附近某姓女有染，肉蒲團上結就因緣。久之，春光洩漏，為人捉獲。僧自知不守佛戒，向眾叩頭謝罪，許以重賄，始得釋。歸頓爽前約，眾怒甚，向僧官具控。僧官惡其玷污佛門，援引佛祖荼毗之例，令在菴後空地，堆置乾柴，灌以桐油，使僧端坐其上，諸沙彌圍繞唪經。旋命舉火，碧燄上騰，紅光四射。該僧初猶躍起欲逃，在後無名火、三昧火一片熊熊，僧始跏趺示寂。說者謂近世禿子，大率犯淫，若盡援是例，吾恐焚之不勝其焚。安得大士慈航，盡此僧而度登彼岸耶！〔四大皆空〕

2007	原 233/5	廣西 5/37	大 7/149

逞忿釀禍

人當血氣方剛之際，往往好勇鬥狠，置身家性命于不顧。迨至禍生不測，變起噬臍，始悔從前之暴戾恣睢、橫行無忌者。逞其志，乃所以速其罰也。京江某甲，年少無賴，善拳勇，武斷一鄉，人皆側目。一日，不知何故，與賣糖叟齟齬，擲其糖于河，復毆擊之。叟雞肋不足以供尊拳，遂傾仆倒地。有某乙者見之，代抱不平，向甲理論。甲怒其多事，復向乙尋釁，勢甚洶洶；乙不能敵，隨又跌倒。旁人見其傷重，急為送歸，越日而殞。于是乙之家屬，鳴諸官。經仵作驗明傷處，拘甲及叟，訊供核辦。想當按律抵償矣。逞一朝之忿，罹大辟之科，聖人云：「忿思難。」旨哉言乎！〔惑〕

2008	原 233/6	廣西 5/38	大 7/150

尋春敗興

杭垣某公子，年少風流，雅有登徒之癖。一日，有狎客數人，偕至枇杷門巷，獵豔尋芳。見一女郎，髫年玉貌，風韻聯翩，引入迷香洞裏，倍極溫柔。公子顧而色喜，方思洛水神來，巫陽夢穩，隨即橫陳一榻，呼吸烟霞。忽聞叩門聲甚厲，有一貌赳赳者登堂入室，見公子，大怒曰：「何處狂郎入人家室？」扭其辮，剝其衣，將金約指及翡翠斑指、時辰表等，悉行攫去；衹剩上下衣衫，揮諸門外。公子踉蹌遁歸，亦不敢言。次晨訪其同伴，已杳如黃鶴，方知入其彀中，業已無可如何。噫嘻！垂餌以引魚，設阱以待獸。在釣魚獵獸者，固不懷好意；然吞此餌、陷此阱，則魚獸自蹈之，而非釣與獵者促迫之也。尋春者亦可引為鑒戒矣！〔沒趣〕

2009	原 233/7	廣西 5/39	大 7/151

野雞入籠

英界富春里野雞妓陳文卿，即共呼為「寧波阿鳳」者，殘花敗柳，顧問無人。日夜至茶寮、烟室，勾引狂且，蓋不勝「門前冷落車馬稀」之慨焉。一夕，有本地人姚錦堂行經該處里口，時適手攜洋繖一柄，被陳攫去。向索不還，迫令出洋一元，邀與同宿。姚允之。至天明，龜子陳松濤忽稱洋係銅質，向之掉換。姚無以應。遂褫其所穿官紗衫袴，給以洋布袴一條，釋之去。姚心不能甘，逕投英公堂具控。蔡太守怒其設局串詐，判將妓與龜各枷十四天，以儆效尤。一時雄雉阻于飛之願，雌雉無翔集之安；惟見和盤托出野雞一對，風味偏佳。特咀嚼時不免老而無味耳。身經嘗臠者，其以為何如？呵呵！〔一盤異味〕

2010	原 233/8	廣西 5/40	大 7/152

乞兒異相

天賦人以身，即畀人以五官、四體。雖其間不能無殘廢之人，而亦未聞有手足也可以倒置，五官也而竟缺其四者。乃甬東有二丐焉，形狀之奇異，不獨見所未見，抑亦聞所未聞。據人傳述，一丐左腿插入右肋下，右腿彎入左肩上，分毫不可攀扯；偶或倚坐牆隅，如東瓜然。一丐則耳、目、口、鼻，無一或備；鼻際有二孔，大如錢，可以納食。各執一袋，沿街求乞。一時見者或念其殘疾堪憐，略為施予；或惡其無復人狀，掉頭不顧。是豈天地生成有此缺陷，而無可彌者耶？抑被匪徒矯揉造作，致有此奇狀耶？亦世不經見之事也，故誌之。〔殘疾堪憐〕

2011　原 233/9　廣西 5/41 右　大 7/153

酒鬼該打

吳縣淩大令之查勘香腸弄龜巢鬧事也，有某生為麴秀才所迷，竟效灌夫之罵座，大令優容之。某生遂趾高氣揚，隨入縣署，在法堂上大肆咆哮。大令見其醉容可掬，念係庠序中人，飭責手心數十下，遣差扶掖而歸。曩閱蒲留仙《聊齋志異》載〈酒人賦〉一篇，歷言酒鬼之不可救。其後幅云：「惟有一術可以解酩，厥術維何？祇須一梃繫其手足，與斬豕等，止困其臀，勿傷其頂，捶至百餘，豁然頓醒。」大令之處置酒鬼，其深得此意哉！〔醒酒〕

2012　原 234/1　廣西 6/41 左　大 7/154

雷殛怪物

天之有雷霆，猶帝之有刑罰也。物苟無害於人，天亦無不公以愛物之心；特物非馴善，天乃震其威而降之罰耳。甯波於某日清晨，雷電交作，大雨傾盆，霹靂一聲，聞者失箸。迨雲收雨霽，哄傳大教場神農殿神座下殛斃一物，似貓非貓，人曰：「是妖狐也。」按狐之遭雷殛者，說部載之詳矣。大抵罪惡貫盈，無可逃逭，天故以一殛殺之也。此其毋乃是歟？〔殪妖〕

2013　原 234/2　廣西 6/42　大 7/155

禍因惡積

天津某甲，初係一無賴子。嗣投某署補黑衣之役，工心計，善逢迎；官信任之，遂拔充頭役。屢值大案，私橐漸豐。由是起樓房，置田產，居然面團團作富家翁矣。比及中年，忽患癲癇，日惟書空咄咄，對影喃喃。官知其心疾已成，不復任用。甲乃大聲呼冤，肆行騷擾。官大怒，遂援瘋人監禁之例，飭役管押木籠中。一日，甲忽歷述生平惡跡，如何詐贓，如何枉法，不遺鉅細，如數家珍。役卒見其形神委頓，急呈病狀；未及開釋，而已一命嗚呼。死時身體暴縮如小兒，手足皆攣曲。此前年事也。至今夏，其妻亦斃。田園易主，弱息伶仃。造孽之錢，頓歸烏有。噫嘻！果報之昭彰若此。彼狐假虎威，上下其手者，可不戒哉！〔罪惡盈貫〕

2014　原 234/3　廣西 6/43　大 7/156

鄉人儺

杭垣旌德觀有溫元帥焉。今夏鄉人舁神出遊，藉以驅邪逐疫，蓋占儺禮也。先是紳士置備儀仗，爭奇鬥麗，璀璨陸離，令人目不暇賞。最可喜者，旛竿亂舞，高蹺成行；采蓮船則翦綵黏花，移春檻則裁紅刻綠。俄而古裝古服，或儒或釋，赤壁之扁舟也；環聲佩聲，亦鬚亦眉，終南之嫁妹也。更有昭君出塞，裝成馬上琵琶；太白題詞，扮作宮中袍笏。仿西子泛湖之事，長袖飄風；擬楊妃醉酒之圖，宮袍繡綵。別有龍雕鱗甲，虎繡斑文；鳳則結彩綫而輝煌，獅則滾繡毬而圓轉。拜香凳二百餘人，肉身燈五、六十盞，皆為它會所罕聞，而實一時之勝事也。安得以儺而忽之。〔古禮也〕

2015　原 234/4　廣西 6/44　大 7/157

橫遭奇禍

困獸猶鬥，況人乎？可見天下事激則生變，特在明眼人之見機耳。金陵城北洪武街有武庠生高某，膂力方剛，人莫與敵。近以婦為二豎所侵，高在家料理湯藥，每至夜深始睡。一夕房門未鍵。病者在床上，忽見一人以紙蒙面，入房啟篋，即呻吟而呼曰：「有賊。」高從睡夢中驚起，時賊已遁至天井中。高上前扭住，破其蒙臉之紙。賊大窘，求釋手，懇之再三，卒不聽。賊情急，乃退至門外。其同黨見高無釋意，相與舉刃亂搠；直搠至二十五處，穿其脅，高始暈絕而倒。家屬痛遭慘死，報縣相驗。聞兇手尚未弋獲。傳者謂高屋與某染坊同院。當高與賊相持甚久，而染坊中人竟置若罔聞，實為太忍。是以縣尊拘其東夥，交差管押。聞者稱快。諺云：「好漢不吃眼下虧。」此言雖俚，最為深切。使高早知之，豈及此難哉！〔窮寇莫追〕

2016　原 234/5　廣西 6/45　大 7/158

烈婦殉夫

閩人黃朱纘，生而羸弱。妻陳氏有賢聲。當訂姻後，其母聞婿得伯牛之疾，欲悔議；女矢志靡他，不可奪，遂遣嫁焉。未及一載，黃疾大發，陳事之維謹。初閩地設有東西二院，曰養濟院者，為痲瘋人所居。至此黃之昆弟，恐其傳染丁人也，逼令入院。陳氏欲隨之。甲首揮之門外，不肯納。陳氏以頭撞門，血流滿面，方憐而允之。陳在院坐臥不離，形神俱敝；而黃思家心切，不得已扶之歸。至中途不能行，陳氏負之入門。未及一夜而殞，遂葬于高蓋山之陽。陳氏誓以死殉，抱黃木主送入家廟已，即立節孝祠門外，搭臺自縊。蓋閩俗本有此例也。嗚呼！郎命不長，妾心難轉。既泉臺之同赴，與亙古而為昭。他時同葬一邱，鴛鴦塚豈堪比擬哉！〔彤管流芳〕

2017　原 234/6　廣西 6/46　大 7/159

陋俗異聞

印度部落中，有以全家女子而奉事一男者；長幼尊卑，皆勿論也。此種陋俗，實為聞所未聞。姑舉一事以證之。該處所屬之孟俄地方有某僧，乃居鄰部人，而偶焉寄跡者。室中擁有妻孥，見者咸不勝駭異；然猶曰俗例使然，無足怪也。乃近來某僧竟以全家女子，盡嫁與一年不過十齡，尚屬未通人事之小孩；而亦儼然舉行婚禮，迎娶過門。計其所娶者，則某僧之姑母六人，姊妹八人，並其女四人，計共十八人。年齒老幼不齊，最老者已五十歲，而最幼者則僅三齡，乃概行遣嫁于孩。當行婚禮時，其三齡之幼女不知行禮；乃以銅盤，飾其女坐盤內，使人扛之而與孩成合巹禮。誠弊俗也，安得有人焉革除之耶？〔聞所未聞〕

2018　原 234/7　廣西 6/47　大 7/160

愚民歸化

楚督張香帥，前因欲運機器至製造廠，議暫拆額公橋中段；為無識之民，倡議梗阻。府縣各官回稟情形，香帥不但不怒，且歎曰：「此予之不德也。大信未孚，妄有舉動，于民何尤？諸公休矣！我儕退省可也。」各官諾諾而退。及香帥會同譚敬帥頒發「裁減典當息錢」告示，民間始知其愛民無微不至；拆橋之舉，實萬不得已。竟至有感激涕零者。于是各紳耆會議曰：「大府愛民如此其厚，我等忍坐視而不效微勞乎？」立召金、白二洲人，執鋤鍤以從事于橋；不轉瞬間，中段業已拆去。即命上搭跳板六塊，行人仍便往來。俟機器運畢，即行使復舊觀。于此見張公之感人以心，而不脅人以勢焉。小民雖愚，有不望而歸化哉！〔惠政〕

2019	原 234/8	廣西 6/48	大 7/161

富翁竊蔬

語云：「飢寒起盜心」，此不得已之所為耳。人苟一衣一食，堪自飽煖，萬不肯為此寡廉鮮恥之事。從未聞坐擁厚貲，猶貪得無厭，效妙手空空兒所為者。乃江西進賢門外某翁，家累數千金，倉儲數百石。平日吝嗇異常，一毛不拔。且好剝削貧民，無所不至；甚至園蔬之微，亦必狗偷鼠竊，以佐盤飧，自為得計。人固無有疑及者，惟相約嚴行守望。而翁猶意其無備也，率傭工等復往某姓家竊取。遂致被人捆獲，大受箠楚。諸人忿猶未消，復將其所儲之穀，攫取一空，然後釋之去。《書》曰：「既富方穀」，《孟子》曰：「有恆產者有恆心」。驗之今日，殊不盡然，大約利令智昏，遂致廉恥俱喪。世之面團團作富家翁者，當其鑒于此老也可。〔貪小〕

2020	原 234/9	廣西 6/49 右	大 7/162

戒賭斷指

甯波鎮海人胡阿五，本舊家子，而生平酷嗜牧豬奴戲。雖家無儋石，弗顧也。妻某氏以炊煙屢斷，歸寧母族，而胡不知也。一日敗北歸來，入室不見其妻，惶急無措。有鄰人謂之曰：「子自貽伊戚，於人何尤？」胡悔憤交集，即取廚刀斷其左手四指。鄰人笑曰：「子果能改，何須斷指；若或不能，右手之指依然，于喝雉呼盧奚損焉？」胡復斷去右手四指，人已痛極而踣。迨其妻聞信回，胡已作廢人矣！賭之害人甚矣哉！〔花骨頭之害大矣哉〕

2021	原 235/1	廣西 7/49 左	大 7/163

昧良遭殛

東甌西門外潘某，逸其名，家素赤貧。前年出門云往台州、甯波謀生。次年歸，衣服麗都，氣象大異。有問其何由致富者？則以賭博及中呂宋票彩對。去冬，娶鄰邨小康戶某氏女為室。族人咸羨之。今春三月初六日，天大雨，潘某偕其夥在西溪涼亭坐談。電光閃處，霹靂一聲，竟將潘某殛斃。好事者察其項背間，隱隱有「甯台界搶洋害命」字樣。由是傳播遐邇，咸謂某謀財害命，雖逃陽律，卒受天誅。可不懼哉！〔天道有知〕

2022	原 235/2	廣西 7/50	大 7/164

還金報（上）

洞庭東山有翁氏者，素封之家也。婦某氏亦山中人。兩家相距約九里，而中有崇岡峻嶺以間之。先是婦有首飾寄儲母家，一日遣婢取回。行至中途，草木叢雜，急欲私焉，趨入深林。適有采樵子高唱而來，婢即踉蹌避去。遺物在林，樵者見而拾之；則一枕箱，外襲錦巾。意必婢之所遺，爰拂白石倚青松以待之。俄而，婢果至。樵者見其色甚美，遂有挾而求，出物示之謂：「須得卿身上一物，俾予領略箇中風味，方可給還。」婢面赤苦求，不得免。默念篋中物可值二千金，若不從，將不得珠還璧返；不如聽其所為，乃縱體投地，反袂掩面。時值赤日當空，如張火繖。樵者正擬前而狎抱，忽仰頭見日麗于天。心中惺然如有所覺，喟然歎曰：「此乾坤何等時。青天白日，乃欲效畜類所行耶？」棄枕箱于婢旁，掉臂徑去。婢心異之，尾其後，默識其居處而返。……〔臨崖勒馬〕

2023	原 235/3	廣西 7/51	大 7/165

還金報（下）

……翌日，婢偕其母重往訪之。樵者已赴吳門貿易。有老母出迓，細詢來歷。婢母具道巔末，因述感德意，欲以女配其子；而樵者已有室，乃請為寄女而通往來焉。既而婢歸吳門賈人子，生有子女，已歷年所。一日，忽遇樵者于途，似曾相識；凝眸審視，各詢近狀。爾時樵者方擬宵征，附渡航還山省母。適急雨欲來，邀還家中暫避，樵者不可。值女夫至，相見歡然，邀之甚堅，遂入其家。蓋女常陳其事于夫前也。既至，潔酒漿，具雞黍，若延上客。須臾雨止，欲行。風勢尚狂，夫婦苦留不已，方下榻焉。次日晨起，忽聞闤市間人聲鼎沸，僉言昨夜風浪掀天，渡船失事，無一更生者。細探之，則即樵者所欲附之夜航也。因遇前婢得免于難，互相嗟訝。夫樵者始見財色而動心，繼以天日昭昭，忽然轉念。其人固有可取，而天竟以其命當水厄，即藉此婢以救之。報施之道，不亦巧歟？〔報施善人不爽哉〕

2024	原 235/4	廣西 7/52	大 7/166

校人故智

福州忽遭大水，田廬被淹，人民蕩析離居，不堪言狀。上憲委員查勘，飭令妥為搶救。膺是選者，宜何如芒鞋草屨，往來風雨之中，蹀躞波濤之側，為民捍患，勞瘁不辭哉！乃有武弁某甲，奉委查探水勢；甲轉飭跟丁代查，已則親詣憲轅稟報。恐無以表其急公奉上之誠，急取清水一盆，向身上倒下，自頂至踵，淋漓盡致，以為涉水之證。甫到轅門，同伴某乙見之，詰其襪布如何尚未濕透？甲愕然，復以水潑之。見者皆相視而笑。後聞某憲見其親歷水區，下體遍濕，再三慰勞。君子可欺以其方，此子產之智所以反出校人下也。甲之效尤，不亦黠歟！〔君子可欺以其方〕

2025	原 235/5	廣西 7/53	大 7/167

氣毬險事

某西國氣毬師名荷吉士實賓沙者，近在法京演放一氣毬，中坐五人，如法昇起。嗣以天風甚大，即轉機放下。至距地稍近，忽所持之傘，為高樹所繫，遂致洞穿。各人如折翼之鳥，顛墜於地，所幸尚無大礙。時有英國氣毬師聞之，曰：「甚矣哉！氣學之難精也。方余少時學習氣毬之法，用心苦鍊，藝至極精。乃自造氣毬一具，與某水師副將乘之。由英京放起，御風而行，扶搖直上。該副將頭昏眼花，把持不住，從空墜下；已則隨毬飄蕩，直至法京方墮地。厥後心仍不服，復製一具，獨自乘之。不料氣毬忽崩裂，幸心定手快，將傘拓開，懸之而下。復誤落於某姓菜園鳥網之內，身被羈絆，不能脫。大聲疾呼，始遇園主人相救。從此不敢復作登天想。」果如所

言，然則世之演氣毬者，不亦危哉！〔西人大膽〕

2026	原 235/6	廣西 7/54	大 7/168

執法如山

近來官場凡遇地方公事有牽涉同鄉人者，無不力為袒護。此固積習皆然，而福州將軍希軍憲獨不然。聞該處有旂民某甲毆斃楚人秦某一事，經人稟請地方官相驗；而甲恃以旂籍為護身符，巧為掩飾，多方阻撓。官恐冒不韙，遂索然氣阻。希軍憲聞之，立傳該協領理事到署，責以玩視命案之咎，飭即檢驗。協領猶力辨其誣。軍憲拍案大怒，謂：「旂人殺人，豈不容抵償？」立將協領摘去翎頂，各官始懼而往驗。據仵作喝報，傷痕數處，填明屍格，即拘兇手審辦。按此事若非希軍憲愛民如子，嫉惡若仇，則覆盆之冤，幾于無由伸雪。嗚呼！世之抱沈冤者多矣。安得執法之人，盡以軍憲之心為心哉！〔鐵面〕

2027	原 235/7	廣西 7/55	大 7/169

攫食生人

美國某帆船由新金山啟行，中途忽遭海風飄蕩。時船內共有七十九人，皆驚駭欲絕。俄而飄至一海島，眾方以為絕處逢生，相率躍登彼岸。詎行未數武，瞥見野人無數，歡奔而來。男女皆裸體，惟私處則以鳥毛蔽之。其聲呦呦，向人而笑。迨逼近，則以手攫人。前行者被攫，後行者譁然返奔。而山內野人，已四出兜截，竟被攫去五十一人。尚餘二十八人奔至船旁，解下三板駛離該島。有攜手槍者回向岸上轟擊，野人始不敢窮追。及諸人驚魂甫定，遙見野人將所攫去者，或裂而生食；或掛于樹上，以火炙之而後食。悽慘萬狀，目不忍覩。遂飛駛而逃，遇輪船獲救。有知其地者，曰：「該島名麻力哥魯，人跡罕到。野人之以人為食固也。今客竟得脫離虎口，不亦如天之福乎！」〔人獸〕

2028	原 235/8	廣西 7/56	大 7/170

螳臂當車

飛龍島之創設自行車也，自高而下，勢同建瓴；取其重力墜下，便趁力激上。一墜一激之間，其車自然行走；不煩人力，不煩馬力，不藉火力，不藉汽力。妙用天然，出人意外。識者曰：「此智者之所為也。」有某西人焉，孔武有力，思以拔山扛鼎之材，阻其逐電追風之氣。伺于道旁，欲待車過，從後面拉住；意謂此時萬人失色。不料車力甚大，飛駛而前。非但不能阻住，人竟隨之而去。忽高忽下，如蜨逐馬蹄，蠅附驥尾。頃刻間血流皮破，大受損傷。人皆笑其不自量力，咸以笨伯目之。何智愚相去之遠甚哉！猶憶前年吳淞築鐵路，時有一華兵異想天開，欲在前面攔住去路；卒致為輪車輾過，壓成兩截。事隔十餘年，至今又有某西人事，一前一後，遙遙相對。真所謂無獨有偶者也。〔不量力〕

2029	原 235/9	廣西 7/57 右	大 7/171

四明熊見

有熊見韓土之樂，夢熊協大人之占；熊蹯思自楚王，熊皮掌自方相。熊之見於經傳者，類以罕而見奇矣！乃甯波鄞縣西十字港地方，近有某姓童子，遙見一物，似人非人，似獸非獸；蹲于深林之下，見人至，跳躍直前。童飛奔至家，告以狀。識者曰：「此人熊也。」糾率多人，持鋏叉、耒耜等物，至該處掩捕，而熊已遠去。設竟得而烹調之，不又增一熊掌之風味哉！〔熊〕

2030	原 236/1	廣西 8/57 左	大 7/172

善人有後

姑蘇護龍街黃某夫婦，年逾不惑，猶抱伯道之憂；近日其婦忽碩腹便便，孿生二子。人第見筵開湯餅，賀客盈門，而不知其積德固有素也。先是黃曾在盤門外見一人，愁容可掬，澤畔行吟，意欲效屈大夫懷沙故事。再三勸慰，其人感悟而回。又在鵲坊橋拾得一重包，知為洋蚨，鵠立以俟失主。良久，見一人匆匆至，愁急萬狀。詢之，則云：「父母病危，向親友商貸若干，將延醫療救，蒼黃間竟將此洋遺失。」言已，若不勝哀痛者然。黃因將原包歸之，其人感激涕零而去。有此兩端，宜乎其晚年得子也。天之報施善人，不于此可信乎！〔老蚌生珠〕

2031	原 236/2	廣西 8/58	大 7/173

絕處逢生

「天梯石棧相鉤連」，古稱蜀道之難也。陸行者常苦之，水行者或不然。乃近聞一事，具見行舟之險，更甚於棘地荊天，載舟覆舟，直俄頃間事。其卒而出死入生，轉危為安者，誠假天之福也。某客由川押運貨物下荊沙，乘坐民船，順流而下。駛至巫峽口，突遇旋風，將船吸入山洞中。船上人進退維谷，神魂飛蕩，驚駭異常。有兩人躍上洞巖，將圖設法施救。未及下手，洞中突起大泡，水急湍流，將船沖出。篙人乘機駕駛，得慶平安，至宜昌下碇。其洞巖上二人，佇俟良久，亦即遇救。甚矣！行路之難也。彼安居斗室，日行康莊之上，幾不知天地間有鳥道蠶叢之境者，烏足以語此。〔蜀道難〕

2032	原 236/3	廣西 8/59	大 7/174

天官賜福

松郡西門外闊街某甲歿已有年，家中惟寡婦、孤兒支持門戶。雖薄田數畝，可繼饔飧；然庭戶蕭條，其情亦堪憫惻矣！某夜有負旺帶鈴者，毀大門而入，掩至臥室，正在囊括家貲。婦聞有窸窣聲，從睡夢中驚起，高呼有賊。賊即脫逃。比鄰佑聞聲而來，秉燭視之；突見房外壁上，畫一賜福天官，旁有一小童，狀貌雄偉。并大書：「道經此地，偶乏川資，告借洋銀三百元」等字。外間壁上亦如之，惟較小耳。説者謂鼠偷狗竊之徒，將胠篋探囊之不暇，何亦拈弄筆墨，欲謬附於藝苑之末。不亦深可異乎？予謂近世文人無行者多，彼禮義廉恥之不顧，其所以異於賊者幾希！今此賊究為何如人，姑置弗問。惟其好整以暇，從容不迫，而必以書畫示異者，殊令人索解不得已。〔是耶非耶〕

2033	原 236/4	廣西 8/60	大 7/175

虎頭蛇尾

前日蘇州府試，時有元和縣某童與常熟童生互相爭鬧；元和縣訓導唐明經妥為彈壓。某童非但置若罔聞，且大呼「老鼠」以揶揄之。蓋吳語「鼠」與「師」音相似也。明經並不發怒，直入某童號舍，和顏語之曰：「願得大作拜讀。」遽取其卷，視其姓名曰：「吾得之矣，當稟府尊扣考。」語畢，拂衣逕入。某童始大驚，踉蹌跟入，泥首求恩。明經笑曰：「何前倨而後恭也？今姑恕爾，但須痛自改過。」某童赧顏而退。説者謂近世為父師者，但知驅其子弟早開筆、早出考。教之以若何佔號板，若何備夾帶，而於規矩一切，全未講究。以至身入考場，目無官長，惹出事端，被人恥笑。甚矣！父兄之教不先，子弟之率不謹，關係于士習民風者，非淺鮮也！〔前倨後恭〕

2034	原 236/5	廣西 8/61	大 7/176

搢紳受侮

江西狀元橋關帝廟門外，某夜有某生員偃臥竹榻，披襟納涼，不覺睡鄉深入。適城內保甲總局委員過此，巡丁喝稱：「官來矣，速起速起。」生揉搓倦眼，漫應之，仍未之起也。巡丁怒以火把燭之，生醒，遂與齟齬。委員聞而震怒，立飭扭下笞臀。生哀求矜全體面；委員不允，喝笞四百板。時某武進士在內聞知，出而代求寬免；委員斥其抗拒，亦笞六百板。於是各士子紛紛具詞上稟，請雪笞責生員之辱；而該武進士係投標候補千總，亦已辭標赴都，將圖京控。此案不知如何了結？或謂該委員素與二君有隙，故特借以逞忿耳；或又曰非也，委員實有灌夫使酒之性，以致罔知顧忌。想一經審訊，必能水落石出。然二君以搢紳之族，受竹肉之刑，冤雖雪，此身其可贖乎？〔百身莫贖〕

2035	原 236/6	廣西 8/62	大 7/177

驚散鴛鴦

蘇城來遠橋刷染店為兩代寡婦所開，已閱多年。姑老態龍鍾，無復徐娘丰韻，尚能相安于室。媳某氏，小字阿聚，空閨寂寞，不慣無郎；加以生成嫵媚，作態弄嬌，攀紅杏於牆頭，飛青禽於月下，事遂有不可問者。初時問津者祇賈人子。後與某公子有嚙臂盟，兩情繾綣。一氣氤氳，公子遂流連忘反，不復顧家，以為漢帝溫柔鄉不是過也。詎料事機不密，春色難藏，為公子之叔偵知。先將公子擒獲，處以家法；一面密稟官憲，將寡婦拘押懲辦。是役也，余竊有議焉。夫公子為簪纓世冑，不知檢束，為此敗人名節之事，其咎實無可辭。乃一則借家法為詞，曲全體面；一則以官法從事，不予矜全。試思出寡婦之醜者何人乎？同罪而不同科，何怪人言之藉藉也。〔漏洩春光〕

2036	原 236/7	廣西 8/63	大 7/178

庸醫笑柄

滬上醫生遇有病家延請，必捱至晚上方到；草草診視，拂衣徑去。其貽誤病人，實非淺鮮。有客問於予曰：「若此者，其果有應接不暇之勢乎？抑故裝身分，拿架子乎？」予曰：「唯唯。吾試與子論某醫事。某醫者，粗知脈訣，自詡名家，常以人命為兒戲，病者咸畏之如虎，不敢相邀。一日，有某大家延之，更深始至。坐甫定，故作忙迫態。脱帽揮汗，匆匆診脈；開方而去，忘取其帽。病家知其偽也，故匿之。及醫生令輿夫來索帽，則云：『無之。』輿夫謂：『先生言放於客堂霽紅花瓶上，何得云無？』病家曰：『觀先生昨日來時匆忙之甚，或者遺在它家，先生自不記憶耳。』往來數次。帽上有所綴碧霞犀，值價頗巨，不忍捨去。遂實言昨日出門，並無它家，決不至于記錯。主人始笑而還之。」噫！若此類者所在多有。特彼幸未遺忘物件，不至遽貽笑柄耳！呵呵。〔皆可作如是觀〕

2037	原 236/8	廣西 8/64	大 7/179

天譴可畏

蘇州閶門外某嫗，生有一子，撫養成人。嫗積銖累寸得數十金，將為子娶媳；每出必將此銀藏諸囊帶以自隨。一日，嫗赴元妙觀進香，就觀前街某米舖夥某甲交明暫寄。不意甲包藏禍心，串同對門某乙三七分之。比嫗歸向索，對以並無其事。嫗驚訝良久，因憶交銀時某乙曾親見之，商令出為見證。乙面斥其誣，不之問。嫗含淚返，遂懸樑自盡，經其子趕為棺殮。是夕，嫗于夢中囑其子，俟三日後赴元妙觀，必有天雷殛死二人，其手持銀兩即己物也。子醒而異之，如期往。俄而，風雨驟至，雷電交加；但見二人跪在廟門前，霹靂一聲，同遭擊斃。少頃，乙復甦，自述吞銀三分，並非起意，故不致死；甲則形如焦炭，其銀包尚在手中。噫！天道昭昭，鑒觀不遠。其定罪之斟酌于輕重間者，纖毫不爽也。如此昧心之事，顧可為乎？〔殷鑑不遠〕

2038	原 236/9	廣西 8/65 右	大 7/180

騎驢肇事

金陵人某甲，跛一足，眇一目，而衣服麗都。一日因事出外，跨長耳公得得而行。至邊營地方，有一六、七齡幼孩，不及避讓，遂被撞倒；驢蹄復踏孩身，孩痛極狂呼。甲惶急下騎，偶一失足，亦遭跌仆，眼珠既破，衣履亦污。俄而，孩之父母聞信來，見子傷尚輕，而甲亦願出洋五枚為養傷費；旁觀者復從而勸解，事遂寢。世有據鞍顧盼，揚鞭得意者，盍以此為前車之鑒。

2039	原 237/1	廣西 9/65 左	大 7/181

女尼披度

六月十九日相傳為觀音大士渡海之期，凡璇閨弱質，繡閣嬌娃，每向蓮花座下虔爇瓣香，深深下拜。習俗相沿，已非一日，而以潯陽大南門外地藏庵尤為繁盛。緣該庵有某尼閉關三年，謝絕塵俗，是日期滿出關。各處女冠以及優婆夷、優婆塞欲證善緣，共赴無遮大會。俄而某尼沐以香潔水，斬去煩惱絲，身披袈裟，口宣佛號，就蒲團上合十。僉謂我佛慈悲，默為呵護，所以三年心願，有始有終也。予嘉其志，故樂誌之。〔修行〕

2040	原 237/2	廣西 9/66	大 7/182

馬寶堪珍

豫章直隸會館某司馬有青馬一匹，近以疲老，給圉人貨諸市。屠馬者九人，於是奏刀劃然，或剝皮剔骨，或伐腑湔腸；及至小腹，殊覺有異。剖之，則一石也。潤如玉，圓如月；其色蟹青而微紅，掩映生光，頗能鑑物；衡之，重英權五磅。一時矜奇炫異，咸謂珍同拱璧，價重連城。有奇癖者爭相購，卒亦莫能識其為何物也。嗣有某客摩挲良久，給重值攜歸焉。為之遍徵典籍，詳考厥名，至《新唐書·武后傳》有曰：「長壽二年九月乙未，陳七寶於庭，曰金輪寶，曰白象寶，曰女寶，曰馬寶，曰珠寶，曰主兵臣寶，曰主藏臣寶，凡大朝會則陳之。」乃拍案而起曰：「今之所得，其所謂馬寶者非耶？」予觀其記，採而錄之。亦以見天地菁華，秘無不洩云。〔什襲〕〔藏之〕

2041	原 237/3	廣西 9/67	大 7/183

禿鶖被縶

嗚呼！佛門至今日可謂玷污之甚矣！其僧巧立名目，誘蕩婦以宣淫；其尼暗設陽臺，招蕭郎而赴會。種種不法，正不第如說部所云而已也。甯波某庵有女尼，塵緣未了，不慣寂守空門，時與某僧同參歡喜之禪。久之，春光漏洩，為鎮海革生吳廷舉所聞；即糾人排闥直入。則一對光頭儼如夫婦，正效鴛鴦交頸而眠。遂雙雙捕獲，縛於柱上，欲勒索重賄。則以僧甚貧，不能應，僅將庵內搜括一空而已。夫男僧女尼，皈依佛座，原以清淨寂滅為宗。今乃借施捨之金錢，養此輩以恣其淫欲。豈我佛慈悲，亦憐此色中餓鬼，將藉以救苦救難耶？嘻！可慨也已。〔佛地宣淫〕

2042	原 237/4	廣西 9/68	大 7/184

老蚌生珠

黃某，四會縣人也，年七十有一，精神矍鑠，無龍鍾態。妻某氏，年亦七十。伉儷之情，老而愈篤。比年來屢抱喪明之痛，延宗祧者，幸有蘭孫；私心竊思，夫亦堪娛晚景矣。客秋，黃妻腹漸大，珠胎暗結，蘭夢有徵，然終以年將就木疑之。越數月，果臨蓐產下一子，身體雄壯，頭角崢嶸，真所謂寧馨兒也。夫老陰不生，天理之常；故世人抱伯道憂者，往往娶少女以求嗣續。今黃某夫婦均屆古稀，尚復一索得男，其故何歟？或謂粵人喜負螟蛉，此特故神其說以掩耳目耳！然枯楊生稊，《周易》嘗著其義。大抵人之稟氣獨厚者，即閨房之事，亦老當益壯也。錄之以博一粲。〔枯楊生稊〕

2043	原 237/5	廣西 9/69	大 7/185

律重誅心

本邑人郁某，以銅臭自雄，捐有職銜。雖年逾不惑，子女成行，而輕薄之行，無所不至。日者，偕其友謝某，亦有職人員也，至會香里松江老太婆所設之臺基處小飲。復招平日所狎之婦女某某氏等，翩然而來；以為酒興方闌，春興可發矣。不料罪惡貫盈，事機敗露。為英界讞員蔡太守訪聞，親率巡捕、包探嚴密圍拿；遂得一併捉獲，無一漏網者。郁、謝復改易姓名，希圖朦混。太守以案情重大，移送上海縣審辦，想當按律嚴懲也。夫松江老太婆年已七十餘，其開設臺基固非一日；婦女之入其彀中者，亦必不止此數人。一旦破案，立予重懲，固無足怪。所不可解者，郁、謝素廁鄉紳之列，乃亦入此齷齪淫污之地。蓋其入臺基也，非無妻妾以供枕蓆之歡也；非無長三書寓以為淫樂之所也。推其心，竟有如道路傳言，有心悅某姓婦女，不得到手，乃至臺基處賂以重賄，使之多方設計，必敗其名節而後已者。嘻！居心若此，尚可問哉？予故先為誌之，以見天網恢恢，疏而不漏云爾。〔春色滿園關不住〕

2044	原 237/6	廣西 9/70	大 7/186

樹名薙頭

美國華盛頓公家花園有一樹焉，老幹參天，濃陰蔽日，誠數百年物。問其名，則曰「薙頭」。考其命名之義，則以此樹之葉，在人頭上摩擦，其髮自落；且擦過後不復重生。故人有以八千根煩惱絲為累者，即取以相擦，後即逐漸稀少，不難變作牛山之濯濯，南中之不毛。更有好奇之人，將葉在頂之正中摩盪；則四周有髮，而獨於所摩盪處一莖不生，或大如銀元，或小如棊子；互相傚效，以為美觀。此真所謂頂上圓光者歟！世有一毛不拔，視一髮如千鈞者，當以此樹治之。〔得未曾有〕

2045	原 237/7	廣西 9/71	大 7/187

罪疑惟輕

六馬路棺材舖主朱某，其子名蓮生，年二十六，好狹邪遊，致染瘡毒。比鄰有李唐氏者，生有一女，名美郎，年纔六齡，常至朱處遊玩。朱時或提抱，以致毒氣沾染，蔓延甚大；女痛極，說出情由。經其母稟請英界讞員審理。後經蔡太守訪得朱實係有心過毒，提案話問。據美郎所供，亦似非莫須有之事。乃大怒，立予笞責三百板，著延醫將女醫治。省中大憲聞之，惡其居心之殘忍也，飭縣嚴辦，未知如何判斷。客有深知此事者，謂此女常在朱處往來，朱之提抱時或有之，並非有心過毒；女之所供情詞，雖似甚確，亦或教之使然。試問過毒時果誰為見證，乃必憑一面之詞耶？予聞其言，不敢謂其有心，亦不敢決其無意。《書》曰：「罪疑惟輕」，竊不禁為上憲望之。〔觀過〕

2046	原 237/8	廣西 9/72	大 7/188

沉溺淫僧

粵人陳某，家有一妻一妾，而膝下尚虛。其妾性喜佞佛，時以祈嗣為名，入廟燒香，因與某僧有染。或效天女之散花，或學麻姑之搔背，鬢絲禪榻，繾綣殊深；而大婦與夫固未之知也。一日，僧喬裝比邱尼赴妾處，託言誦經求子，以掩耳目；大婦亦不之疑。及陳歸，尼似有驚皇狀。遂留心窺察，見其與妾眉目傳情，知有暗昧。商諸妻。具伊蒲饌以餉之，而使妻與接席，勸飲再三；尼辭以醉，妻故強之。酒污其襟，乃佯為拂拭；而實捫其胸，知其無乳峰，暗告於陳。執而驗之，則男子身也。遂納之豚笠，舁至河濆而投諸水。其妾亦鬻諸他姓。嘗閱野史載姦僧犯色界而被溺者，有填〈望江南〉詞一闋以嘲之，其詞曰：「江南竹，巧匠製為籠。付與法師藏法體，碧波深處伴蛟龍。方信色皆空。」可以移贈此僧矣！〔暗藏殺機〕

2047	原 237/9	廣西 9/73 右	大 7/189

惡鴇遭殃

法界蘭芳里某花煙館，為某氏所開，上下房間，常有窄袖短衣之客，尋歡買笑，良自得也。前晚嫖客盈門，樓上所懸之洋油燈，忽然炸裂。該氏在旁見之，急上前撲滅。不料油火淋下，延燒衣袖；一霎時遍體焚燒，皮焦肉爛，幾如孫行者入火雲洞。痛極臥地，極聲呼救。經人扶送仁濟醫院施救，聞已火毒攻心，恐不免有性命之憂矣！夫鴇之兇惡，擢髮難數。該氏之身遭火厄，其天譴之昭

著者也。亟錄之以為七十鳥警。〔剝膚之災〕

2048　原 238/1　廣西 10/73 左　大 7/190

六夕乞巧

七夕為乞巧之期，相傳久矣；至用六夕，則實罕聞。惟《容齋隨筆》嘗載乞巧而六夕，始自唐末五代時。要亦無所取義，乃粵俗竟相沿成習。凡綠窗弱質，繡閣名姝，每以是夕為雙星渡河；無不趁佳期，鼓清興，陳瓜果於中庭，穿繡鍼於暗處，謂之向天孫乞巧。不知天孫而無巧則已，果其巧不可階，恐此時烏鵲橋邊，仙蹤尚未戾止，亦未必見人間有此癡女子也。然則如之何而可？曰：不先不後，是乃今之巧於迎合者。〔年年乞與人間巧〕

2049　原 238/2　廣西 10/74　大 7/191

萬壽盛儀

六月二十六日恭逢皇上萬壽聖節，衢歌巷祝，各抒蟻忱。躬行典儀者，幾遍天下；而金陵為尤著。先是上元、江甯兩邑尊於是夜三鼓時，會同三學、五廳，先詣萬壽宮陳設一切；次則藩憲率文武官員聯鑣而至。及宮太保曾九帥駕至，樂舞競奏，各官咸朝服排班，行慶賀禮。復於萬壽宮外雇優伶對臺演戲，以效嵩嶽之呼。是日民間亦各高搭彩棚，五光十色，璀璨陸離；間有以紅綾製燈，上書各色字樣及一切聯額，無非稱神頌聖之詞。入夜，燈燭齊輝，城開不夜，自聚寶門迤邐數里，爭妍鬥麗，世界光明。遊人則團扇輕衫，美人則衣香鬢影，肩摩轂擊，麕聚而觀。聞所費不止數千金，誠昇平氣象也。窗下書生，敢不珥筆誌之。〔高呼萬歲〕

2050　原 238/3　廣西 10/75　大 7/192

康成生日

漢鄭康成以箋註名家，開宋儒訓詁一派；談經學者無不奉為儒宗。業已附祀聖廟，祀典昭垂，令人肅然起敬。蘇藩憲黃子壽方伯，前年創建學古堂，在正誼書院西偏，行令肄業諸生治經治史，各有專門。而於堂之中央供奉鄭康成、朱紫陽栗主，以為諸生模楷。七月初五為鄭康成生日。方伯爰備清酌庶羞，謹敬致祭；諸生蹌蹌濟濟，共襄祀事者，備極恪恭。按康成得馬融之心傳，當建寧初黨禍作，康成杜門修業。時何休著《公羊墨守》、《左氏膏肓》、《穀梁廢疾》。康成乃發《墨守》，鍼《膏肓》，起《廢疾》。為休所畏，國相孔融深敬之。時異端並起，康成隨方辨對，大道賴以不墜。註《詩》、《書》、《易》、《禮記》、《儀禮》、《論語》、《孝經》凡百餘萬言。誠可謂經師矣！至今觀書帶草，猶想見其為人。〔俎豆千秋〕

2051　原 238/4　廣西 10/76　大 7/193

擊鼓祈晴

鼓之為用也不一。《周禮》：「鼓人掌六鼓四金之音，以雷鼓鼓神祀，以靈鼓鼓社祭，以路鼓鼓鬼享，以鼖鼓鼓軍事，以鼛鼓鼓役事，以晉鼓鼓金奏。」禹之治天下也，曰：「教寡人以道者擊鼓」，是鼓可以進德也。《魯論》「小子鳴鼓而攻」，是鼓又所以聲罪也。然淵淵者不特可以備人事，且可以感天心。《春秋》「伐鼓於朝」，則救日食者用之矣。《後漢書・禮儀志》「旱則伐朱鼓」，則求雨者用之矣。至用以求晴者，惟《晉書》載：「雨多則禜祭，赤幘朱衣，朱索禜社，伐朱鼓」一說。知此道者其惟張朗帥乎。聞朗帥以東省入夏後陰雨連緜，經月不已。為民請命，竭誠祈晴；飭令各營兵丁，在四門城樓打鼓以為開霽之助。夫雨，陰氣也；鼓，陽氣也。求晴而擊鼓，其即扶陽抑陰之義乎？〔旋轉乾坤〕

2052　原 238/5　廣西 10/77　大 7/194

乘槎遺韻

秋色平分，孀娥無怨。清齋兀坐，與二、三知己，談軼事，溯清遊。至張騫乘槎一事，有曾經滄海客，振襟而起曰：「是非子虛烏有之言也。前年八月間從某大臣遊。乘風破浪，至大海中，茫無津涯。開軒一望，危悚異常。俄而，明月當空，波光容與。憑闌閒眺，風景宜人。驀見有浮槎而來者，衣冠古處，飄飄乎有神仙之氣。行駛若飛，不可蹤跡。意即海上人之往探河源者。急尾其後，欲窮其止處。至一支機石，則織女在焉。女見客，即問曰：『子非張騫三十四世孫乎？予嘗與爾祖相會；今重見子，亦良緣也。』言訖不見，而此槎亦即不知所之。乃悵然而返。至今每一念及，猶歷歷在目。」客言如是夢耶？其故粲生花之舌耶？姑誌之以補中秋佳話。〔我思古人〕

2053　原 238/6　廣西 10/78　大 7/195

仙侶重逢

中秋之夕，客有邀飲於醉月樓者。比歸，解衣磅礴，倚枕睡去。夢至鍾陵西山，遙聞笙簫競奏，音韻鏗鏘。心異之，因登其峰。見一姝甚麗。旁有一俊男子，嘲之曰：「若能相伴陟仙壇，應得文簫駕綵鸞。自有錦繻連甲帳，瓊臺不怕雪霜寒。此與卿初會時之詩也。方今畫工數輩，引為故事，繪之成圖，貽為口實。我其如百世千秋何？」女曰：「予以私意洩天機，至謫為民妻一紀，心甚悔焉！今天帝使我二人相會於此，以了舊緣。慎毋效薄倖郎也。」是時仙童玉女，羅列而侍。予備聞其言，遽前而問曰：「卿非吳綵鸞與文簫乎？當茲佳節，正宜賞心，何致反脣相稽？」遂攜手與之憑闌遠望。仰視之，則月光皎潔，清風徐來；俯視山下，家家供奉香火，慶賞中秋。自思予以凡骨，得與仙人同樂，誠三生之幸也。忽家人呼曰：「起起！」遂遽然而醒。醒而異之，因記其事。〔黃粱一夢〕

2054　原 238/7　廣西 10/79　大 7/196

封姨惡劇

風者，大塊之噫氣也。有時拂暖噓寒，則有剪葉裁花之妙；有時飛揚跋扈，則有撼山走石之奇。以故揮虞陛之絃，阜財解慍；入楚臣之賦，度幙穿窗。不僅漢祖有大風之歌，飛燕作迴風之舞也，可見風之為用至神。人苟正氣稍虧，再為狂風所觸，則五官肢體往往有拘攣牽動之病。揚州灣子街某翁，素在闤闠經營，性嗜茶；每當會計餘閒，輒赴茗肆消遣，龍團雀舌，風味殊佳。一日，正在憑闌閒眺，忽有狂風吹至，不覺毛髮竦然，歸家擁衾而臥。俄而，枕畔夢回，倚床起坐，家人驚訝曰：「口則猶是也，而已歪斜矣！」翁尚不信，引鏡照之，果然。始知為封家姨所作弄也。戲成二句曰：「歪斜一張口，偃蹇百年身」，為此翁寫照，何如？〔毋多言〕

2055	原 238/8	廣酉 10/80	大 7/197

蓮瓣孤飛

婦女入廟燒香，本干例禁；而佞佛之性，牢不可破。往往衣香鬢影，錯雜於稠人廣眾之中；以致品足評頭，任人調笑，亦何樂而為此也？廣州某寺素稱香火鼎盛。大士誕日，士女雲集，競爇瓣香。廟中幾無容足地，後至者即就廟外膜拜。忽一少婦輕移蓮步，姍姍其來，雛鬟扶侍之，翩若驚鴻，互相目送。有惡少於人叢中躡其足，隻履脱焉；惡少拾之飛奔而去。婦半跣其足，不能行。旁有人諷之曰：「王喬之舄，已化鳧飛。盍效達摩手攜隻履西歸乎？抑效藍采和半跣靴而踏踏歌乎？」婦羞顏暈頰，俯首坐廟簷下；自言願出洋二枚，以贖隻履。有老嫗訝而問其故？則言此履繡雙蛺而綴明珠，每一珠值價數金；今珠已失，恐不能復還合浦矣！遂遣婢雇肩輿乘之，半跣而歸。〔半跣〕

2056	原 238/9	廣酉 10/81 右	大 7/198

聲價無憑

白門某地有古井焉。旁有一石，夜生光，照耀奪目。土人以為妖，不敢動。有某甲見之，曰：「此奇貨可居也。」度其中必有美玉，持歸。求玉人相之，亦以為寶。於是什襲珍藏，非善價不肯沽。某客願以六百金購歸，甲不允；以為此價重連城，不止區區數。一日，有某富翁至，甲炫玉求售。翁審視良久，曰：「此碔砆也。何足貴？不信，可剖視之。蓋係積受日月光華，故亦能如劍氣之直沖牛斗也。」及破之，果然。乃大為懊喪。嘻！玉石之不分也久矣。今以石而淆玉，而其值之忽昂忽賤，頓判須臾。聲價無憑蓋若此。〔玉石不分〕

2057	原 239/1	廣酉 11/81 左	大 7/199

喬木參天

美國鬱錦地方有一樹焉，不知其名，亦不知其幾歷寒暑。身長英度三百尺，大四十四尺；枝葉昌茂，數畝之內，常臥濃陰。計其橫幹之第一枝，即已距地七十五尺。蓋亙古以來，未有如此之高樹也。世稱龍門之桐，其高百尺。此言其生於峻嶺，人從下視，非其樹身有此修偉也。乃該樹拔地參天，迥異尋常。當於《爾雅・釋木》之外，別命一名矣。〔仰之彌高〕

2058	原 239/2	廣酉 11/82	大 7/200

神龍不測

我朝聖主當陽，百靈效順。各處所有龍神，每逢水漲之年，輒見化身禦患，曰某大王，曰某將軍。凡老於舟楫者，往往見而能辨之。一日，神忽見於豫河北大關。近處有某太守官舫，鳴金而過。篙工誤以為蛇虺，挑擲河滸。霎時間風雨驟來，波浪大作，河水矗立，朗如玉山。官舫旋轉如磨。舟子驚懼中，見蜿蜒之物，長尺許，白章黑質，頭扁而方。不覺色然曰：「此黨將軍也。」叩首如搗蒜，亟以銅盤請登岸，神不許。太守知之，易冠服，備香燭，祀于船頭；然後捧盤恭請，送入大王廟如儀。一瞬間，波浪悉平，風雨亦止。次日，傳優演劇；道、府、縣先後到廟拈香，恪恭將事。當舁神入廟時，神尾誤被觸傷。道憲大怒，罰令住持僧跪香一炷以謝罪。而神則蟠屈盤中聽戲。夫白龍魚服，困于豫且，自古而已然矣！今此龍幸未失水耳。不然，其所以異於池中物者幾希。況士之不得其時乎？〔變化無窮〕

2059	原 239/3	廣酉 11/83	大 7/201

嗔鶯叱燕

昔袁簡齋先生詩云：「為告風流賢令尹，護花恩比種花多。」此為憐香惜玉者言之也。而近來往往有打鴨驚鴛之事。天津紫竹林一帶，素稱藏嬌之所。墜鞭俊侶，挾彈王孫，停訪艷之車，入迷香之洞；徵歌選舞，采烈興高。固已如蟻附羶，如蠅逐臭。蓋其為煙花淵藪也久矣！近者駐紮該處各國領事，惡其冶容誨淫，函請津海關道為之驅逐；俾得滌瑕蕩垢，世界一清。當經劉觀察飭令隆小邨大令查拿懲辦，旋即拘獲鄭三家娼妓三口、李寶順家娼妓二口及煙娼何氏一口；逮案訊責，並將房屋一律發封。一時風行雷厲，鶯鶯燕燕，各徙香巢。從此枇杷門巷，舊時之風景全非，鸚鵡簾櫳，此日之笙歌何在？若教崔護重來，當不勝人面桃花之感矣！〔吹皺一池春水〕

2060	原 239/4	廣酉 11/84	大 7/202

和緩名高

陳君篤卿，梁溪人也。早歲通經史，蜚聲庠序；兼習岐黃業，得祖父之秘傳。凡所診視，輒奏奇效，與其兄曲江先生齊名。自曲江先生作古，而滬上之論醫者，必以君為巨擘。去年喬遷於石路南懷仁里，求診者戶限幾穿。前任上海道龔仰蘧廉訪嘗贈以匾，曰「杏林春暖」。時人榮之。今年五月二十一日，升任通州裘浩亭直刺復贈額，曰「仁術」，送至陳君寓所。陳君整肅衣冠，拜領嘉貺。其時鼓樂競奏，爆竹齊鳴，鄰里聚觀；咸謂三折肱為良醫，陳君其庶幾乎！按陳君之以醫鳴于時已數十年，起死回生者亦不下百餘人。而近日悠悠之口，若有不滿於陳君者。夫是非自有一定，妄逞雌黃，顛倒黑白，徒以快一己之私忿耳！豈能淆公是公非哉！且龔仰蘧廉訪、裘浩亭直刺，固皆得位行道、正直不阿者也。若非深知陳君之濟世活人，豈肯濫贈匾額，漫為揚詡哉？今而後，陳君但當益勉前脩，勿隳初念；則公道自彰，謠諑自息矣！何必與説短論長者計較得失耶？〔是良醫也〕

2061	原 239/5	廣酉 11/85	大 7/203

賊婦跳梁

粵省盜風之熾，甲于他處。然皆莽男子為之；未聞有以紅粉之姿，甘作綠林之客，獨行踽踽，往來於稠人廣眾中，肆其強梁手段者。乃某日有婦一，弓鞋窄窄，喬扮鬟眉裝束，向某當鋪勒索銀蚨二百翼；謂若不從我言，管教汝典寸草無遺。當夥不敢與較，當以婉語卻之。越數日，婦又至。當夥已預告營勇在外守護，而內則將銀如數付給。迨婦腰橐既飽，方思出門，忽覩兵勇數十人，手執軍械而來。即騰身一躍而上，手持簷瓦，欲於屋面逃遁。不虞兵勇中有執長矛者，在下挑之，應手墜地。眾兵上前拿獲，遂即解縣訊辦。想當按律定擬也。嘻！盜賊橫行，婦猶若此，人心風俗尚可問乎？〔殺無赦〕

2062	原 239/6	廣西 11/86	大 7/204

八月過年

近來疫癘流行，無處蔑有。人或一經沾染，往往朝發夕死，雖名醫亦束手無策。僕嘗私心痛之。然其原雖由天時不正，而冥冥中要亦自有定數；不然何有幸有不幸，竟顯示區別也。天津自交處暑節後，瘟神下降，傳染甚多；相繼登鬼籙者，日有所聞。街談巷議，僉謂俟過元旦，方可高枕無憂。於是庸夫愚婦畏二豎之為祟者，從而附會其說，一倡百和，舉國若狂。遂以八月朔日改為元旦。家家荐五辛盤，獻椒花酒，煥桃符之彩，傳爆竹之聲；男則衣冠濟楚，婦則艷服濃妝，彼此相見，各道吉語以為慶賀。說者謂其愚若此，不亦可哂乎？君子曰：莫非命也，順受其正。〔夫婦之愚〕

2063	原 239/7	廣西 11/87	大 7/205

彩鳳雙飛

男女相悅，或芍或蘭，互相贈答，此〈溱洧〉所不諱。不料今日竟有效紅拂之累騎而逃者。先是江右一胡姓者，僑寓白門四象橋某姓宅內。胡本武人，以武職投標，得管某局庫鑰；恃其巧於伺應，所用之人，亦未免尚文而薄質。今夏忽移居城北之一枝園。某日夕陽將下，忽一男一女各跨長耳公，揚鞭得得。纔到四象橋，詎迎面一人大呼曰：「爾何往？」蓋此人因與驢背之人相識，今偶見，故作此寒暄語耳。乃做賊心虛，男子見問，便慌急無措，滾下鞍來，潛自逸去。女見男已遁，已便呆立若木雞，詢之亦不作聲。問者曰：「頃竄之男子，乃胡公館長隨。爾何人？而與之一路同行，今更窮蹙若是？」女仍不答，後仍騎其驢折回而北。揆其情狀，似係串逃。不知此段姻緣，尚能離而復合否也？〔好事多磨〕

2064	原 239/8	廣西 11/88	大 7/206

三女同溺

九江黃梅縣屬之陳家沙灘有一塘焉，水甚澄清，游魚可數。迤西有一小山，箐深林密，美蔭交加。時有陳姓閨秀三人，年俱及笄；喜其清幽，每日相邀憩塘邊大樹下，習女紅，敘款曲，相得甚歡，遂訂為姊妹行。一日，有星士扶杖而過，三女延推八字，皆不相上下，乃相與笑曰：「吾三人生則若是，不知死復何如？」星士笑而應之曰：「他日死則同穴，亦未可知。」及星士去，三女憶及同穴之言，欲證其事，遂攜手河梁，互相推溺。時有垂髫女牧牛於旁，亦從而躍入塘內，恍惚中似有人抱起，謂之曰：「此非爾安身地也，可速歸。」女凝神視之，身已在岸。即奔告三女之父母，始得撈香軀于水底，埋玉骨於隴中。嗚呼！紅顏未老，白水無情。三女但願同日死，不願同日生。是豈兜率宮中仙子，塵寰福滿，撒手人天，棄簪環如敝屣耶？抑係龍女轉世，厭棄紅塵，仍歸水府耶？不可得而知已。〔命竟何如〕

2065	原 239/9	廣西 11/89 右	大 7/207

拉客攫鐲

四馬路胡家宅附近新興里內有大姐朱阿昭，蘇人也。性淫蕩，專在里口勾引輕薄子弟，朝雲暮雨，穢褻不堪。蓋其於秦樓楚館之外，別樹一幟。雖異於野雞妓，而實近於花煙間焉。一日，有某皮貨店夥沈瑞卿行經是里，朱阿昭見其手帶金鑲籐鐲，遽行攫取，邀之至家，遂成苟合。次日，沈心不甘，投控英公堂，蔡太守斥其無恥，著一併攆逐。夫租界中殘花敗柳，往往沿路拉客，纏擾不休。此風早奉嚴禁，若不重懲一二，恐示諭終成具文也。〔情而不情〕

2066	原 240/1	廣西 12/89 左	大 7/208

鮎魚述異

漢口人某甲，老漁也，江干垂釣，生計頗佳。一日舉網得一大魚。識之者曰：「是名鮎。」權之，重七、八斤，生有四足，每足長二寸許，似貓足而四爪。人以為異，不敢食，亦無敢購者。嗣經好善者酬以值，放諸江心。按周益公記宜興洞有四足鮎，又宋乾道六年行都北關有鮎魚，色黑，腹下出人手於兩旁，各具五指，人皆以為魚妖。甚矣！水中之物，無奇不有，世無溫太真牛渚之犀，烏能一一照見哉？〔魚妖〕

2067	原 240/2	廣西 12/90	大 7/209

崇祠屹峙

沈文肅之撫江也，時值髮賊屢來蹂躪。防堵之兵，以席研香方伯寶田一軍為最得力。故其功為尤偉，士民至今追思，猶有感泣下涕者。上年奉旨准建席方伯專祠于立功省分。其舊部將士，爰各捐助鉅款，購地於東湖之東。今春鳩工庀材，大興土木，現已將次落成。模模宏敞，將來俎豆馨香，足報方伯之功于不朽。且地據形勝，左則沈文肅、江忠烈、張文毅之祠，巍峙百花洲；右則曾文正、左文襄、劉恪慎之祠，巍峙于貢院前；中則蘇翁之亭，對峙於湖水中央。或為當日之統帥，或為鄉先達，或為私淑艾者。吾知方伯在天之靈，與諸名公鉅卿、高人遺老，相與揖讓於數武之地，必有顧而樂之者。聖朝崇德報功之典，不誠卓越前古哉！〔崇德報功〕

2068	原 240/3	廣西 12/91	大 7/210

妖由人興

白門石城外有楚人某甲，年逾知命；日間以小本營生，夜則茅屋一椽，孤衾獨宿。而與之比屋而居者，時聞其室中絮語聲，似與女子相狎狀，無夜不然。詢之，甲則以夢囈對，鄰人亦一笑置之。一日曉鐘報罷，日上三竿，甲尚酣睡未起。有鄰孩從門隙窺之，見帳外有繡履一雙，回告家人，群相奔視。見甲正擁一女郎，乃大譁，排闥直入，促甲起。時雖人聲鼎沸，而女仍不動聲色，高臥如故。好事者開其衾而拽之，訝其肌膚不類；視之，則皆以布為之也。眾疑為妖狐幻形，懼招尤，反向甲求免。甲遂鼓謠惑眾，謂此係已故妻某氏魂魄所附，今無端受辱，必降戾于汝曹。眾情惶惶，莫知所措。事為總巡何總戎所聞，率勇至；見布人，令以火焚之。查其身，皆以棉絮束就，手足則以竹木削成。焚之逾時，火始滅，亦無他異。《傳》曰：「妖由人興，人無釁焉，妖不自作。」誠哉是言也。〔癡漢〕

2069	原 240/4	廣酉 12/92	大 7/211

瘡痍滿目

蓋聞王者痌瘝在抱，合四海之含生負氣，無在不動以哀矜之心。是以禹稷以飢溺為懷，文王有如傷之視，蓋其愛民如子，常若有顛連困苦之形，呈于吾前。然天地間卒不能盡為福壽康甯之人，而無殘疾、無告者，所謂數也。姑蘇七子山有三官大帝廟。俗傳七月十五日為大帝誕辰，自月朔以迄是日，無明無夜，無女無男，膜拜進香，不絕於道。于是乞丐之瘤者、瘍者、跎者、跛者、盲者、啞者、膿血被體者、涕泗交頤者，皆手擊木魚，哀求佈施。游人目擊心傷，皆解囊助之。按此等事所在多有，特未聞有若該處之甚者。《書》曰：「一夫失所，時予之辜。」所望賢有司曲加體恤也。〔窮民無告〕

2070	原 240/5	廣酉 12/93	大 7/212

吳牛當車

昔有吳牛望月而喘，人皆笑之；而我獨憐之者，為其積勞成疾，幸尚苟延殘喘耳。乃有不知自量，妄思以全牛之力，效螳臂之當車者，則其不至喪身亡命也幾希矣！小呂宋大埠有火車展輪啟行，馳駛若飛，瞬息數里。至中途，遙見吳牛　頭，忽立丁軌道。駕車者叱之，不肯避，且延頸而望，一似風馬牛不相及者。然而車勢甚急，不能停止，鼓輪而前，將及牛；牛奮角欲觸其車，卒以勢力不敵，為車衝仆，死于輪下。車輪旋亦被損，車中人相率倒下，壓斃七人，餘則受傷輕重不一。說者謂以一牛之故，致傷七人之命，此中殆有夙孽。予謂牛特蠢然一物耳！彼誠何知哉？惟恃其雄壯，冥頑不靈。其不得死所也，不亦宜乎？〔該死〕

2071	原 240/6	廣酉 12/94	大 7/213

羅漢蛇

新嘉坡某地有沈某者，以灌園為業。今夏每近黃昏及黎明時，聞園中有呱呱聲，似兒啼然。率以為常，時無或爽。異而跡之，則在樹下一穴內。駭極奔歸，告其友某甲。甲固世所稱捕蛇者，令導往視之，則曰：「是蛇穴也，其毒殊甚。吾力不能制，當請吾師除之。」俄而偕一老翁至。翁李姓，慨然以斬蛇除患為己任。至穴口審視良久，咋舌曰：「此羅漢蛇也。幸尚雛，稍易制伏耳。」乃請擇一肥豕，縶於穴前；而以沸湯一釜，傾之穴中。己與徒皆以藥抹其身，匿林內。伺之未幾，蛇即衝出，挺然直立，見豕便圍繞三匝，越時而豕旋斃。翁乃出而捕之，相持片刻，蛇方力竭而斃。呼沈視之，則見此蛇長六、七尺，具色金黑相間。惟首作人形，耳、目、口、鼻畢具，兩耳垂珠，頂上並無一髮，絕類羅漢狀。故有是名云。〔包藏禍心〕

2072	原 240/7	廣酉 12/95	大 7/214

盜賊公行

通屬燕郊下店西集，近有一種馬賊，飛簷走壁，履險如夷。膽敢青天白日向各舖櫃上留名詳說住址，量舖本之多寡，勒借銀兩若干，定期收取，或送至寓所。如有好事者出為調處，亦可稍減。眾畏其兇燄，莫可誰何。一日，向錢舖借銀二十兩，舖主不允。賊亦不多言，拱手而去。是夜，不知何時被賊竊銀百兩，臨行且自留姓名焉。乃託人商懇，願送原借之數。賊許之，遂將所竊銀如數奉還。又有某錢舖已付過銀二十兩，賊許以不再失物。迨該舖雇驢十數頭，馱錢袋赴城內交納，行至半途，被人截去。告知原借銀之賊，彼云此非我輩所為，許為查明歸趙。數日後果將截錢匪徒四人並錢袋一併送至，即在舖前將該匪大筋割斷，送回各家。噫！盜賊橫行一至於此。有緝捕之責，何竟漫無聞見耶？〔目無王法〕

2073	原 240/8	廣酉 12/96	大 7/215

禪門情障

鳩江東門外環城數里，琳宮梵刹，棋布星羅。有雛尼名妙依者，華年三五，丰致嫣然；雖已削去八千根煩惱絲，而傅粉塗脂，無異閨中妙選。時有宦家女夙耽禪悅，繡佛長齋，與妙依共參玉版禪。顧幼已許字某姓子，今秋將賦桃夭。女聞而憂之，遂與妙依謀，急急筮期披薙。夫家怒，據情控諸琴堂。蕪湖縣王明府乃帶差親往拘拿，圍住山門；甫欲入內，忽一比邱自雲房出。遂飭按住，就佛前笞責九百板，縶以黑索，連女及妙依與老尼帶回研訊。聞其供詞支離矛盾，明府亦不與深究，祇飭將僧尼分別責懲，女則給其家領回。噫！佛法以清淨為宗，今乃齷齪若此。奈何世之沈迷不悟者，猶願皈依蓮座，甘心佞佛耶？〔佛法何在〕

2074	原 240/9	廣酉 12/97 右	大 7/216

花禿

粵東某寺有一比邱尼，丰姿楚楚，不啻月裏嫦娥；顧雖遁跡空門，而一點塵心，偏慕春閨梳掠。一日，淡妝濃抹，螺髻堆雲，行至某洋貨舖購備鍼黹。舖夥見之，以為是必某家之眷屬也，遂持以與之。尼探囊辨其直，正效河間姹女數錢時，不料觀者麕集，擁擠愈甚，竟將尼假髻掀之于地，陡露頂上圓光。眾乃大譁，而尼亦驚皇失色。夫八千根煩惱絲，固尼所自有者也。乃既至牛山之濯濯，而復羨此時世梳妝。回首當年，不亦多此一舉乎？〔人見其濯濯也〕

2075	原 241/1	廣戌 1/1 左	大 7/217

白石放光

廣東順德縣屬某神廟門前，左右各列一石，磷磷氣象，殊壯觀瞻。客歲，二石大放光明，直可以鑑。好事者眺矚之餘，山川形勝，朗若列眉；日月星辰，恍然在目。一時喧傳遐邇，來觀者絡繹不絕。是豈中韞美玉，故有此光輝歟？若使米元章見之，又將衣冠肅拜，呼之為兄矣！〔不頑〕

2076	原 241/2	廣戌 1/2	大 7/218

東塾宏開

荒尾精氏，瀛洲人，近就海上創設日中貿易研求所。筮期八月初七日開塾，寓滬東人士絡繹而來。諸樂迭奏，摐金伐鼓，其聲鏜然。樂既闋，宣誦祝詞，座客皆傾耳而聽。既而教師某君，率學徒一百五十四人，魚貫而出，齊集賽馬場對面。分植紅、藍、白三色旗，各學徒以紅、藍、白布蒙其頭，奮足狂奔，取旗而返。捷足者有賞，是以人皆踴躍爭先。一時鼓掌聲如百面春雷，聞於遠近。如是者二次。復以綢製成一袋，形若銅鐘；下繫一紅燈，爇火置袋中，則直上扶搖，瞬息入雲際。蓋仿西人氣毬之制，而少變其形也。縱覽及之，夫亦足以擴眼界云。〔別開生面〕

2077	原 241/3	廣戌 1/3	大 7/219

開樽賞菊

江左某生，風雅士也；性豪邁，喜賓客，人皆以「小孟嘗」稱之。室有一亭，巍峙于河水中央，開軒四望，風景畢收。生每設盛宴必于斯亭，賞其清幽也。重九佳節，黃菊盛開。欣然起曰：「滿城風雨，幸無胥吏之催租。際此月夕花晨，正宜及時行樂。吾其可讓彭澤令陶然獨飲菊花杯乎？」乃邀舊侶，開綺筵，相與話滕王閣之遺風，項羽臺之故事。有一客，故落其帽，仰天大笑，曰：「若是，則吾亦今之孟嘉也。」旁有一劉姓者，取彩箋，振筆疾書，云：「劉郎竟敢題糕字，不負詩中一代豪。」生聞之，投袂而起，忿然作色曰：「諸君競襲古人陳跡，自以為雅人深致，妄自標榜，是欲為近日之詩人也。請從此別，吾將割席。」言畢，拂衣徑入，客亦掃興而散。若生者，可謂克自振拔者矣！何其憤時嫉俗至於若斯之甚耶？〔桓景遺風〕

2078	原 241/4	廣戌 1/4	大 7/220

祀仙焚髮

粵人六夕乞巧，前報略記之矣。茲悉是夕，西撒金巷內某宅有女郎六人，結隊聯群，亦作乞巧故事。陳設雖不甚豐美，而皆梳就銀錠髻，雲鬟高掠，居然少婦風神。乃正在焚香並祝間，不知緣何失慎，竟將六女頭上八千根煩惱絲，無端盡付一炬。案上供設等物，俱拋于地。時燕泣鶯啼，無不在地亂滾。迨婦媼輩聞聲集視，諸女已不省人事，趕即醫治。聞有二女已瀕于危，未知有轉機否？當下疑說紛紜。有謂其祀仙不潔，故為天孫所譴者；有謂其不合女作婦妝，冶容露坐，或惹邪魔之祟者。而達人則疑其為火油燈所致。第燈即爆裂，被災當不盡六人，亦不盡焚髮。種種可異之處，實出意表。仙乎妖乎？抑人事之不細乎？請還以質之當局者。〔解人難索〕

2079	原 241/5	廣戌 1/5	大 7/221

氣毬奇觀

西人范達山精格致之學，出其新法製一氣毬。大可五、六丈，高約八丈餘；以布為之，上圓下鋭。在楊樹浦大花園演放。鼓氣既足，直上扶搖。毬下繫以繩索，垂一巨圈，使西女名華利者，拽之而上，直薄雲霄。列子御風，亦無以過。并能於半空中作種種戲劇，以顯其奇。迨升至四里之遙，將繩一抽，隨持巨繖而下。此其神妙為何如也。當將升時，先遍告諸人，深防誤觸。至毬下有一小工，不及避讓，竟致掃仆塵埃中，可謂無妄之災矣！是日觀者蜂屯蟻集，無不翹首跂足，一恢眼界，誠大觀也。不可以不誌。〔御風而行〕

2080	原 241/6	廣戌 1/6	大 7/222

一門賢孝

自來孝子之侍親疾，有以刲股割肝和藥以進者矣；然不過一人為之耳。未聞有子女同心，以三人而共敦至行者。本埠有沈梓田，湖州人，習計然術。妻程氏有賢聲，生一子二女，自幼有至性。今夏六月，梓田患時疫甚劇，諸醫束手。程氏焚香默禱，願以身代。長女年十九，次女年十八，其子巧生，年十七，見父疾篤，輪流侍奉，衣不解帶者十餘日。未幾病漸瘳。而二女與巧生左臂運動之際，頗似微有不便。詢之不答。驗之束帛尺許，血跡尚鮮；始知姊弟三人，固嘗割臂療親者。群相敬服。夫程氏不愛其身，願代夫死，可謂賢矣。而一子二女，更能激發天良，損己軀以全父命，此其孝行為何如哉！有輶軒之責者，其亦奏聞而旌表之。〔是宜旌表〕

2081	原 241/7	廣戌 1/7	大 7/223

英女魁梧

防風之骨專車，長狄之眉見軾；巨霸枕鼓而息，申香拂蓋而行；賈逵號作長頭，張蒼素稱肥白。古來賦形之巨，代有其人；求諸今日，不可多得。即如詹五共稱長人，已為絕無僅有。而要其魁梧奇偉，皆係男子之身；未聞有以垂髫之妙質，別具修偉之香軀者。乃英京倫敦地方有某女子，年纔五齡，而其身已長至英度四尺，重至英權一百一十七磅；腰圍英度四十二寸半，胸圍三十二寸，頸圍十四寸，頭圍二十二寸，半臂圍十二寸半，然則其體之巨可知。且該女孩勇而有力，氣足神完，食量亦甚宏大。異日長成，不知更復何如？尤異者，孩之父母兄弟，則均如常人，並無異人處。說者曰：是天之生是使獨也。殆或然歟！〔碩大無朋〕

2082	原 241/8	廣戌 1/8	大 7/224

計賺玉人

今之為女相攸者，我知之矣。或取其家資之富，或貪其財禮之多；至身家若何，門第若何，弗顧也。噫！如此者其將置女於何地哉？江西人梁某，僑寓鎮江南門內，生有一子一女；子尚幼，女則芳年二九，姿態嫣然。梁愛之若掌上珍，非得衛玠一流人，未易珠聯璧合。一日，有某翁見而悅之，詢知孔雀屏風，尚虛射目之選，欣然以撮合山自任。于是掉生花之舌，欲為其戚某氏子圖之。梁固勢利熏心者。聞其言，竟信蝭媒，遽書鴛諾、書庚帖付之；訂明禮金二百元及衣履、金飾數事，遂涓吉迎娶。至日笙管嗷嘈，花輿至梁宅，迨更魚兩躍，喜娘扶女登程。次晨，梁使女僕往婿家探望，詎室邇人遐，查無蹤跡。急訪冰上人，已人面桃花，不知何處去矣？始知為其所賺，放聲慟哭。現已控諸丹徒縣，未知如何辦理。古云：「利令智昏」，其梁之謂歟！〔利令智昏〕

2083	原 241/9	廣戌 1/9 右	大 7/225

巨鷹攫孩

美國有地名勃憐實丕者，半村半郭之鄉也。日者，一髫年童子獨在門前嬉戲，忽聞蓬蓬作風聲；舉頭視之，則見一巨鷹從空際疾下，兩翼鼓盪，驟以爪抓該孩，如捕雞然。孩胸已為其爪所攫，幸童尚膽壯眼定，即以兩手合抱鷹頸；鷹被扼，不能脱。遂被該童按之地中，以足踐之，折其一翼，當即就擒。權之，重四十餘磅。夫鷹之鷙，不過能逐鳥雀耳。今更欲以攫孩，不自量力，惟兇猛是肆，其見獲也宜哉！〔鷙鳥〕

2084　原 242/1　廣戌 2/9 左　大 7/226

桃杏再花

桃李秋華，明季有之。史官嘗垂以示警。近聞順天昌平州境自河水泛漲後，不獨禾稼一空，即園圃果木，亦多被水淹浸，半就凋零。忽有杏樹數十株，蓓蕾競吐，花萼重開，燦爛枝頭，又復鬧將春意。時聞者方以為異，不謂天下事無獨有偶。越數日，又聞廣州城西瓊林園有一桃樹，亦于八月初奇花大放，姹紫嫣紅，不減三春風景。一時傳説紛紛，皆謂秋行春令，乃天時不正之故。是何朕兆？有心人惟靜以觀焉可矣！〔不時〕

2085　原 242/2　廣戌 2/10　大 7/227

泅水絕技

英人刺頓識水性，雅能載沈載浮，出沒於洪濤巨浸中。人謂吳兒善泅，不是過也。一日有諷之者，曰：「《詩》詠褰裳，《易》占滅頂，若固可免貽誚矣！然泅水之技，惜亦不過數里之程，瞬息之頃耳。其能于溟渤中淩萬頃之茫然，而縱一葦之所如乎？」刺頓曰：「能。」於是鼓豪興，逞奇能，解衣磅礴，躍入波心。由倫敦海口，以泳以游，浮沉自在，期以至法國奴佛地方為止。時旁觀者方誦杜工部「水深波浪闊，無使蛟龍得」之句，而勸「公無渡河」。詎未及十二時，已登彼岸；且復興會淋漓，絕不作吳牛之喘。是時見者，無不鼓掌稱快事；餽以金，為刺頓壽。刺頓之梟水也，將身仰臥水際，而以兩足伸縮其間；便覺推波助瀾，可以破萬里浪，可以作竟日游。行乎其所不得行，止乎其所不得止。嗚呼！技至此可謂神矣！〔力爭上游〕

2086　原 242/3　廣戌 2/11　大 7/228

空心大老官

「空心大老官」，不知何許人，亦不詳其姓氏；年逾弱冠，美丰姿而善修飾，好作狹邪游。平日排場闊綽，衣服麗都，大搖大擺，徜徉於秦樓楚館間。有時挾名妓，坐馬車，過市招搖，罔知顧忌；有時眼戴墨晶鏡，口含雪茄煙，與惡少數輩，酒食游戲相徵逐。顧影風流，自以為翩翩濁世之佳公子也。孰知金玉其外，敗絮其中。端午已過，中秋又來。舊日債臺依然高築，往往入林惟恐不密，入山意恐不深。不牽而狹路相逢，蜨使蜂媒，團團圍繞，情遣之不得，力爭之不能。當此之時，愁眉雙鎖，頬暈桃霞，跼蹐于馬路之間，轉覺登天無路，入地無門。而曳尾之流，則趾高氣揚，恣意輕薄。同伴見而汗顏，正人聞而齒冷。而紛紛作壁上觀者，僉謂是人也，所謂可憐而不足惜者也。豈不可恥之甚哉！〔外強中乾〕

2087　原 242/4　廣戌 2/12　大 7/229

府差搗鬼

蘇州府署差役於六月二十七日舉賽盂蘭盆會。前導有歪戴紅涼帽，身穿葛布袍，騎馬而行者四十人。繼以俊童十餘人，身跨錦韉，色頂皁靴，作達官模樣。其次，有背插黑旗，怒馬而馳者又數十騎。又次，則一切紙紮之件，或以兩人舁之，或以一人擎之，如高而鋭者尖刀山也，狹而長者奈何橋也；他若烟鬼、賭鬼、色鬼、酒鬼及士農工商之類，醫卜星相之流，鬼形鬼狀，惟妙惟肖。在後，有衣冠而頂戴之鬼數十輩，更覺離奇不一。或以黃金糊其目，或以白銀箝其口，或以臭墨塞其胸，或以裙帶繫其足，或于髮辮後結一龜殼，或於腰帶下佩一賭具；更有傴僂屈膝而柔若無骨者，傅粉塗脂而貌似婦人者。乃回視其形，則皆儼然職官身分。人咸不能解其故。既而殿之以觀音大士及青面獠牙之鬼王，而會終焉。〔踵事增華〕

2088　原 242/5　廣戌 2/13　大 7/230

妓館被焚

本埠英租界四馬路一帶為繁華勝地，歌樓舞館，棋布星羅；游其地者，不啻入迷香洞，登不夜城焉。日者，西薈芳里姚雅仙家於月落參橫之候，兆焚琴煮鶴之災；烈燄飛騰，上燭霄漢。被底之鴛鴦驚散，簷前之鴉雀紛飛；鴇婦龜奴，東奔西竄；蝦兵蟹將，左突右衝。或顛倒其衣裳，或袒蕩而裸裎，或鬚眉而有巾幗婦人之服，或赤身而無一絲半縷之遮；狼狽情形，莫可言狀。燕鶯啼泣，能無愴懷？而所積纏頭之錦，賣笑之金，俱付劫灰，同歸焦土。其被殃及者，有左右鄰妓院數家，亦如阿房宮之被楚人一炬。最可憐者，妓女顧洪卿則折其足，如哥舒翰之半段槍；女傭某氏則焚其髮，如孫行者之入火雲洞。計焚去樓房二十幢，各家所失約值數千金。是豈悖入悖出之道歟？然有情人于此正不得謂吹縐一池春水，干卿底事也。〔驚破霓裳羽衣曲〕

2089　原 242/6　廣戌 2/14　大 7/231

鬥蛩雅戲

鬥蛩之戲始于唐天寶間，長安富人鏤象牙為籠而蓄之，以萬金之資，付之一喙。厥後，宋丞相賈秋壑酷有是癖，日流連于半閒堂中，置軍國重事於不顧。有識者心竊非之。然蟋蟀一物，見於〈豳風〉，或號「王孫」，或稱「促織」。騷人墨客，吟詠良多。今屆入秋以來，寒砧斷續，霜月淒涼。杭州大塔兒巷有某公子，席先人之餘業，游手好閒，競為此戲，先期折柬邀諸客為鬥蟋蟀會。一時輕薄少年，攜盆而往，喧賓奪主，采烈興高。想見喓喓草蟲，怒髯高磔，奮鬥不休。效螳臂之奮，確能量力而行；擬蛙怒之容，尤克乘機以進。較之鷸蚌相爭，蓋亦未肯多讓。誠于鬥鵪鶉之外，自成一雅戲也。〔逸興遄飛〕

2090　原 242/7　廣戌 2/15　大 7/232

文昌逐疫

梓潼帝君，相傳神姓張，名亞子。居蜀七曲山；仕晉，戰歿，人為立廟。道家遂附會帝命梓潼掌文昌府事及人間祿籍；故天下學校，亦有祠祀者。明初禮部張九功請釐正祀典，謂梓潼顯靈於蜀，廟食其地為宜；文昌六星，與之無涉，宜罷免。其祀在天下學校者，俱令拆毀。何其持論之嚴正也！然功名之士，因其掌祿籍而崇奉之，如商賈之祀財神，猶有説也。乃松郡于中秋前數日，城內外競賽文昌會，為逐疫之舉。前導者為楊錢二茂才，手執大黑旗，跨馬而行，據鞍自得；次以笙籥、鑼鼓及各色執事儀仗，彩旗數十對，隨風飄颭，簇簇生新；更有楊顧等茂才，藍衫雀頂，各執一小旗，分書二十八宿，聯鑣並轡，顧盼風流，絕似當年入泮時景象。是豈峨冠博帶之倫，更勝于黃金四目之設歟？抑又聞之，魁星隸文昌官。說者謂是舉也，乃以鬼逐鬼之義也。〔好事者為之也〕

2091	原 242/8	廣戌 2/16	大 7/233

一鳴驚人

粵城之西渡頭地方有北帝廟焉，神靈顯應，香煙繁盛。廟旁一池，直透廟底，中豢靈龜，如箕如碗，鉅細不一。茲聞自七月既望以來，每當鼉鼓罷敲，雞籌初報之際，大龜小龜，連聲狂叫，絕似滬上年頭臘尾街坊乞丐所學之音。司祝奇之，言于值事；約眾往聽，果如所言。據耆老言，數十年前曾有此異，是年風雨極多。今若此，不知主何朕兆也？〔莫如女信〕

2092	原 242/9	廣戌 2/17 右	大 7/234

英雄末路

九江有一壯士，操三湘音，裋褐不完，吹蕭市上。手執保札厚寸許，見人則哀哀乞一文錢。自稱少年躍馬從戎，揮戈殺賊，由白丁洊保至專閫；方謂吐氣揚眉，直指顧間事耳。不料承平既久，撤散歸田；以致落拓風塵，難資餬口。歷游江南、安徽等省，遍訪舊日同僚，亦無所遇。長途金盡，靦顏而作乞人，更不知此後飄零何所也？言畢，不勝嗚咽。客有熱心古道者，給以鷹餅一枚，其人始拜謝而去。噫！亭中醉臥，皁隸來呵；市上佯狂，兒童聚笑。英雄末路，其殆千古所同悲也夫！〔命也何如〕

2093	原 243/1	廣戌 3/17 左	大 7/235

青蛙變幻

杭俗相傳金華將軍即青蛙也，其小如錢，身旁金絲纏繞；往往降臨人家，青色者吉，紫色者凶，灰色者有疾病死亡之災。其應如響。近有某大家於案頭忽見此蛙，不知其為神也。青翠可愛，玩弄良久而色變紫，一轉瞬而色又變灰，即持以示人。識者曰：「此金華神也，當以燒酒、香燭送至金華廟，否則必有災異。」某且驚且懼。回視蛙神，而灰者紫矣。即如其言，送至廟中，而紫者仍青矣。噫！一蛙也，而幻形若斯，真有令人不可解者；惟明理之君子為能以不解解之。〔端倪莫測〕

2094	原 243/2	廣戌 3/18	大 7/236

孤竹遺風

客有自孤竹城來者，言城在大欒河西岸，即古墨胎氏紹封之地。後人重伯夷、叔齊清風亮節，為之立廟於山上；香蘋潔藻，奉祀彌虔，由來蓋已遠矣。廟前有清風臺，登臺下而望欒河之水，晶瑩如鏡；水深一、二尺，中現一泉，大可七、八尺，其深莫測。相傳此泉即海眼，流沙不能淤澱。廟中有古松一株，係千百年物。先已彫零枯槁，近忽自根下復生新芽，將枯樹包裹在內，外長新皮厚尺許，而樹亦大可四、五圍矣。夫伯夷、叔齊生當商周之際，首陽高餓，志節凜然。聞其風者，懦立頑廉，雖千載下亦無稍異。不謂古廟巍峨，屼然常峙，竟與西山片石，北海清波，並垂不朽。何其流風之遠也！〔民到于今稱之〕

2095	原 243/3	廣戌 3/19	大 7/237

騙騙

叻有某甲者，粵人也，性敏而機警；偃蹇風塵，鬱鬱無所遇。嘗念天下無本之生涯，惟盜與騙兩者而已；然盜騙事有傷陰騭，實不忍為。因思得一策，欲騙騙徒。緣有某乙者，工騙術，頗有所獲；甲與之相識，窺伺良久，遂謂乙曰：「近有某丁，性愚戇，而腰纏甚富；與余有一面緣，若邀其來，以天師之局籠絡之，數百金可立致也。」乙聞言心動，即倩甲往而許以重酬；甲曰：「是不難；但僕一身寒儉，恐彼不相信，奈何？」乙尋思未對。甲曰：「不如與君暫假衣物，而後攜手偕往。」乙利令智昏，亟諾之，出鮮衣一襲、銀表一具與甲。甲衣之，儼然一富家子也，揚長而去，後竟多方兔脫。乙候久不至，始知墮其計中，懊喪不已。異日遇諸途，乙即前扭之，不肯釋。甲曰：「君無爾，且聽吾言。汝之騙人也多矣，吾誠騙汝，然以騙騙騙，庸有何傷？倘搆訟公庭，而令吾友為干證，必多不便。」乙無奈，遂縱之去。〔入吾彀中〕

2096	原 243/4	廣戌 3/20	大 7/238

觀潮紀盛

仲秋既望，錢塘士女相率觀潮于之江之上。或命蘭橈，或移桂槳，或徘徊乎沙岸，或躑躅乎江濱。俄而一線痕牽，四圍光澈。雲若蒸兮絮滾，風欲起而蘋開；花粲粲乎銀噴，練迢迢其玉曳；正鼓盪以作氣，亦漭瀁而驚神。其為狀也，崢兮嶸兮，峭峻嶒兮；一噴一醒，再接再厲，如銀山之排列，一落千尋；如白馬之奔騰，一息千里。地維為之折挫，天宇為之沈冥。其為聲也，訇兮訇兮，怒澈湍兮，震若雷霆。疾于風雨，有石破天驚之勢；來岸橫衝，有千軍萬馬之雄。斬關直入，撼排山嶽，震蕩乾坤。豈水怪與江神奪海門而跋扈？抑前胥與後種洩餘怒而未平？聽之者耳為之驚，觀之者目為之眩。故大聲之既發，各返走而狂奔；慮芳塘之下湮，登高岸而竦立。斯真漫漫浩浩而極乎天下之奇觀也已。〔水哉水哉〕

2097	原 243/5	廣戌 3/21	大 7/239

道人逞兇

佛山城隍廟素多羽士唪經禮懺，別具生涯。一日，有道人身軀雄偉，遍體刀瘢，自稱由山東來，至廟求宿。道眾以其為教中人也，款而留之。居數日，無去志。道眾諷以言，下逐客令。道人遂老羞成怒，大肆咆哮。道眾畏其兇悍，不敢與較。有道徒何壽記者，性好勇，見之忿不能平；潛集更練十餘人，協力拘拿，出鐵索繫之，鐵鑰鎖之。道人不受羈鎖，怒而發力，鐵索、鐵鎖鑰皆斷。道眾大恐，急令更練易以大鐵索，而繫于廟柱。道人愈怒，擺撲之下，其柱震動，梁塵落焉。廟中住持遣人謀于道長，道長遣兩道童到廟，說以法言而釋其縛。該道人始俯首帖耳，隨道童去。夫生公說法，能令頑石點頭；法顯誦經，可使龍虎降伏。僧家之妙用有然矣！今該道

童不知受道長如何指授，而能傳言以戢其強暴也？〔有力如虎〕

2098	原 243/6	廣戌 3/22	大 7/240

醒鐘

德皇偉烈而莫第二，天姿英武，大度寬仁；御極以來，日夜孜孜講求武備。國例非世家子不得作將弁，皇令除此一例，以收人才。又以承平無事，將士易荒厥職，命各營官每晨自六下二刻至七下二刻，親為士卒講解兵法，以期有所領略。一日晨起，皇微行都中，暗察各營將弁，果否奉令維謹？至某營見轅門大闢，軍士鵠立，而獨統領未至；啟表視之，已六下二刻有奇。皇乃升座，口講指畫，教以戰守事宜。比鐘報七下，統領始至，瞥見皇在座上，大驚卻步。皇不發一言，惟令升座，己則轉身而去。統領懼，且深悔此番孟浪，惟靜候處分而已。詎俟至旬有四日，皇使持封至，統領驚悸特甚。比發封視之，則一醒鐘也。使者曰：「將軍勞苦，睡味甚濃，恐不能知時刻；故皇賜醒鐘一架，聊代晨雞。」統領聞之大慚，顏忸怩者數四，然後拜賜。〔一鳴驚人〕

2099	原 243/7	廣戌 3/23	大 7/241

婦人奇妒

昔人詠美人圖畫云：「料得紅顏應妒煞，阿誰狡筆畫將來。」此雖游戲之詞，然天壤間固未嘗無是事也。閩人某甲，生長新嘉坡，家擁中資，而其婦悍妒異常，甲畏之如虎，平日一顰一笑，無不仰承眉睫。一日，購得西國美人磁像一具，眉目如生，攜歸置諸廳事，摩挲撫弄，無間昕夕。婦見之，大怒，遂直前攫其像，當甲面碎之。甲雖心有所惜，然亦不敢發一言，惟袖手旁立，任婦所為；而婦餘怒未息，猶作女嬃申申詈。見者無不薄婦之妒，而鄙甲之懦。有不能平者，戲問諸甲婦曰：「是不過一偶像耳，亦既碎之。醋葫蘆何至沸騰若是？」婦為之解曰：「吾非遷怒及物也。但以夫己氏每日與之默對，神情如醉，誠恐迷惑于此，因而致疾，故特碎之以醒其迷耳！」聞者無不絕倒。〔物猶如此〕

2100	原 243/8	廣戌 3/24	大 7/242

馳馬肇禍

杭垣某公子好馳馬，鞍披紅錦，埒鑄黃金，雙鐙風馳，一鞭電閃，致足樂也。一日據鞍顧盼，將至駐防旗營。時則路直如繩，街平似砥。逞磬控之技，誇馳驟之雄，惟見得得而來，逐日追風，興正不淺。不謂樂極悲生，馬去人來，適當其會。旗人某甲之子，退則不能，避尤不及；為馬足所掀翻，當頭顱而踏碎，肌膚既裂，鮮血交流。都因蒲葉鞭長，揮來馬腹，好比桃花色嫩，染到街心。嗚呼！身仆路旁，魂遊地下矣！嗣有魯仲連其人為之排難解紛，願償某甲鷹餅二千圓，為超拔幽冥之資。聞甲尚不允，未知如何了結？世有公叔段之癖者，盍以此為龜鑒。〔轡在手〕

2101	原 243/9	廣戌 3/25 右	大 7/243

興盡悲來

邗江俗例，每屆中秋令節，必于節後一、二日內，將女子之已嫁者，接以歸家，謂之「食剩餅」。不論大家小戶，習俗相沿，牢不可破。街頭巷尾，常見衣香鬢影，絡繹如梭。御者輿夫，無不利市三倍。一日，有舊城某氏婦，乘薄笨車由母家食餅而回。御者因急欲卸載，再攬他處生涯，直撞橫衝，迅如流水；不隄防足下為瓦礫所絆，人車翻倒。從者趕為扶起，婦已面有損傷，血涔涔然，羅衫盡赤。想回家後，痛定思痛，驚定思驚。其亦以興盡悲來，而深悔多此一舉乎？〔爻占〕〔脱輻〕

2102	原 244/1	廣戌 4/25 左	大 7/244

價重青萍

閩人黃某，僑寓長崎。家藏寶劍一口，係日本太政太子所佩，柄上有字，歷歷可徵。初以數十金得之，鈍若鉛刀，幾難一割。後為一冶工所見，曰：「是可為也。」拭以鵜膏，礱以礪石，霜鋒頓露，犀利無前。時有南洋兵船統領某軍門聞其精美，願以善價求沽，黃始割愛售焉。向使此劍不復濯磨，亦何由知其為干將、莫邪之選；即知之而不入軍門之手，終亦不適于用，曷貴此豐城寶氣哉？甚矣！顯晦有時，而知己難得。正不獨一劍為然也。〔寶劍贈于烈士〕

2103	原 244/2	廣戌 4/26	大 7/245

江樓攬勝

九江古稱名勝之地，如庾亮之南樓，白香山之琵琶亭，古蹟流傳，足供雅人游眺。自遭兵燹，蕩焉無存，一片荒郊，無復珠簾畫棟。有心人欷歔憑弔，蓋不禁感慨係之已。今歲有人闢地于西關外建一江樓，土木丹青，大興工作，至九秋方慶落成。鳥革翬飛，高聳雲表。開軒四望，惟見遠山如黛，江水湯湯，風景清幽，頗足以滌煩襟而清俗慮。潯城內外騷人墨客、公子王孫，無不約良朋，攜俊侶，躡梯而上，縱目開懷。或品陸羽之茶，或賞淵明之菊，或傾李供奉之斗酒，或持畢吏部之雙螯。莫不逸興遄飛，流連忘倦。然則是樓也，豈不足繼南樓、琵琶亭之後哉！雖然，亦視其主人何如耳？〔登山臨水〕

2104	原 244/3	廣戌 4/27	大 7/246

古塚見寶

山東武定府樂陵縣，相傳三國時漢後主降于晉，封安樂公，歿後葬於樂邑城南五里塚村。墓廣一畝許。近有董姓者在塚下耕田，拾得銅鎗頭，長二尺餘，寬約二寸半；銅刀頭長三尺餘，寬約五寸。更有杯盂等物，皆古磁，極華美，夏時貯肉不臭。董攜至京都售之，其家因此小康。又有惠王塚在城南四十餘里。傳者謂塚內有金人男女十二；騾馬、雞犬及一切器皿，均係黃金形狀，大小皆類真者。然亦不可考。有王姓者，得金鴿一隻，售之亦獲重價。并聞該處每遇立冬後五更報曉，有夜明珠一顆出現。曉行者時或見之，皆疑為皓月落地；及趨至其處，深黑不見，遠觀之復然。因思古諸侯王之陵墓，至多將寶器以殉者。適啟後人掘發之端，非所以善其後也。觀于此，不益可信哉？〔積厚流光〕

2105	原 244/4	廣戌 4/28	大 7/247

枷犯掩面

搶火與放火相因。惟其欲搶火，是以先放火；惟其為放火，故無不搶火。不然如魏玉亭者，其搶火也非一次矣。探捕拘之公堂，懲之亦歷歷有案可稽矣！何以近日博經里失火，方火起時，巡捕包探尚未至，而魏又捷足若飛，頃刻奔至；一若預知此處將失慎，而先來伺候者然。故説者謂魏之搶火，實即魏之放火也。其言豈過激哉！乃天理難容，狡謀立敗。方持皮箱而出去，即逢包探之拘拿。次日，解經英界代理讞員朱森庭明府審訊，惡其怙惡不悛，判責一百板，管押一年；荷以巨枷，發火燒場示眾。該犯尚敢以手巾掩面，使人無從認識；而看守之巡捕，亦竟聽其所為。無怪若輩膽愈豪，而心愈肆也。嗚呼！若輩之幸，抑亦租界居民之不幸也夫？〔罪不容誅〕

2106	原 244/5	廣戌 4/29	大 7/248

採桑釀禍

金陵為蠶桑之地，凡養蠶家之有待於桑固也。今歲以春寒料峭，蠶多僵而不食，以致采葉者雖青青滿筐，皆委積而無所用。孰料一交首夏，天氣忽暖，蠶亦三眠三起，頓有起色；而索之枝頭，則已如牛山之濯濯，於是桑價陡昂。時江甯南鄉有湖熟鎮某甲，蓄桑一園，初無人問津，以為待隕其籜耳。一日，買者忽昂其值，父已許伐以斧斤矣；子猶思取盈，持不可。父乃俟子睡，私掎女桑而與之。如是者再。子見葉漸稀，疑為人所盜，即約人伺諸夜。果見黑暗中有人影來往，遂上前不問情由，拳棍交下；及知是其父，則已奄奄一息矣！是役也，雖係誤傷，而確是以子毆父，遠近無不駭然。世有以人子而侵乃父之權者，可不以此為殷鑒哉！〔悔莫能追〕

2107	原 244/6	廣戌 4/30	大 7/249

賽燈求雨

昔成湯桑林禱雨，特下罪己之言；誠以蒼蒼者天，惟至誠為能感格。此固不獨帝王為然也。方今天氣元陽，杲杲日出，凡我小民皆以旱熯為慮。宜如何竭誠祈禱，以迓天和，而冀甘霖大沛哉！乃南省居民連日以天時元旱，競為賽燈之舉。前導有牌燈數對，上書「祈求雨澤」等字；次則龍燈一條，盤旋夭矯，飛舞街衢；繼以獅虎、魚蝦各式燈彩，鉤心鬥角，踵事增華；更有扮演各種戲劇，陸離光怪，策馬而行，令人目不暇賞。試問挽回天意之道，果如是乎？噫！勞民傷財，無益于事。我小民其亦各盡誠敬，而毋為此過舉也可。〔無知妄作〕

2108	原 244/7	廣戌 4/31	大 7/250

拐匪橫行

匪徒誘拐人口，向惟街市上有之。不謂近日更有一種划船，游駛河干，搶劫婦女。如白門王姓一事，殊足令人髮指矣！聞王新娶某氏女為婦，既入門，婦性和順，勤操作業，無家薤野鶩之事。一日至江干淘米，忽一去不返。查問親串中，咸不知其下落。幾疑偷藥嫦娥，永奔月窟矣，否則或為河伯所娶矣。詎遲之又久，婦忽託人帶口信。謂某日正在淘米，陡一巨船沿岸而過，趁婦起身，突出兩健漢，將婦劫入艙中，閉置艙底；後被輾轉售賣，墮入烟花，望速來超拔。王聞之，訪查屬實，即控諸江甯縣，經趙明府簽差，將一干人提案。現已審有端倪，想當徹底根究。拐風之熾若此，賢有司將何以安靖閭閻耶？〔目無王法〕

2109	原 244/8	廣戌 4/32	大 7/251

賽美大會

前年歐西有賽美會。時本齋以未知其詳，不敢貿焉繪圖，致貽率爾操觚之誚。近得西國畫士攜來一冊，展觀之下，見各西女風韻嫣然，栩栩欲活，爰即摹仿之。聞是會德、法、奧、意及士威士、比利時等國，與西印度島各派員駐英舉辦會事。其選格須良家女，年十六至三十五方許入會。此次選得超等三名，特等五名，一等十二名。超等首名係法國女，名梳加利，年十八，得獎銀五千佛郎克。二名德國女，名羅沙，年十六，得二千佛郎克。三名奧國女某，年二十三，得一千佛郎克。以下或給洋銀，或賞首飾，以次遞減。一時名花薈萃，玉尺評量，蓋不數燕瘦環肥，令人飽資眼福也。予喜其事屬新奇，圖又真確，竊願與諸君共賞之。〔眾香國〕

2110	原 244/9	廣戌 4/33 右	大 7/252

買肚懸牌

粵俗素有「買肚」之舉。凡富家妻妾，艱于孕育，暗訪貧婦之懷妊者，與之商定。己則裝腔做態，偽為玉體膨脝，以掩外人耳目。比分娩，即撫為己出。此等事大都諱莫如深，從未聞有大書特書，別標一幟者。乃該處近有閘夫某甲，於更樓外高懸「買肚」字樣。旁綴云：「現有合九、十兩月者出賣。」此外，更有奇離故事數條，均列書牌上，謂能代人説合；並于門楣上書貼「奪我者亡」四字。可謂別開生面矣！夫移花接木，紊亂宗枝，此何等事，而敢明目張膽，居然如店舖之高掛招牌，不亦大可異乎？〔聞所未聞〕

2111	原 245/1	廣戌 5/33 左	大 7/253

產鹿述奇

鹿之牡者曰麚，牝者曰麀，其子曰麛。鹿固產於鹿者也，未聞有生於人者。乃宜昌某甲之婦某氏，身有孕已將十月，方謂蚌胎既結，熊夢堪徵矣！詎臨盆忽產一鹿，兩耳生在臉上，角將出未出；未聞呦呦之聲，儼具濯濯之象。諦視之，已無生氣。觀者莫不驚駭。是豈天上石麟、人中騏驥之變相歟？何竟以人類而生畜類也。〔是何祥也〕

2112	原 245/2	廣戌 5/34	大 7/254

韓使清游

趙玉坡，高麗進士也。日前銜命而來，觀光上國。歷重洋之萬里，訪勝跡於五羊；帽影鞭絲，恣情游歷。一日至端江，假館北城外之八賢祠，向城中文武大僚，各饋土物二包，以修客禮；復乘肩輿，遍至各衙署投刺晉謁。其服寬袍大袖，前後加以補子，中以白絲繡作禽鳥飛翔之狀，而掛珠焉。冠以墨緞為之，旁有兩翼，其制皆如前明。一僕穿大領白衣隨之，各憲款接如禮。問答之下，口操北省正音，而雜以土音。分饋各官紳以所寫擘窠大字，有見其「龍虎」二字者，一筆書成，勁氣直達，骨力兼到，

真有古名家龍跳天門、虎臥鳳闕之勢。誠遠邦風雅士也，故誌之。〔使乎使乎〕

2113　原 245/3　廣戌 5/35　大 7/255

工館笑談

世之稱公館者，向惟客官能之。近來滬上則不然，不論身家若何，託業若何，動輒牓其門曰「公館」。以為必如此，方可誇耀里閭也。於是效尤者眾，見者亦莫識其誰何。嘻！奢侈僭妄之習，一至於此，可慨也已。申左某村有張某者，習魯班業，雖目不識丁，而善營造房屋。數年來頗有積蓄，今歲購地一區，經營堂構，落成後美輪美奐，煥然一新。自思似此規模，非貼一「公館」字樣不可。因倩某茂才為之大書特書。茂才固解事者，遂漫應之，竟直書曰：「申左張工館」。而張不知也，持歸懸諸門外。有某客見之，啞然笑曰：「有是哉！何怪滬上公館之多也，彼何人斯？而竟妄思襲用。」然則今之所謂公館者，將毋同。〔謔而虐〕

2114　原 245/4　廣戌 5/36　大 7/256

婚禮誌盛

馮鏡如同轉，粵産也，寓居長崎；為廣幫董事，工書畫，尤喜吟詠。日人獲其片紙寸幅，無不珍同拱璧，什襲而藏。為人忠厚謙和，年屆古稀，精神矍鑠。八月杪，為其次公子完姻吉期，新郎頭戴金花，身披紅綾，行親迎禮。坤宅李姓係同鄉人，僑居大浦，迎過新地廣馬場，沿途燃放花砲。入門後，新郎向轎三揖，手擊轎門三下，堂前備火盆一具，新娘出轎，必令跨過，以取興旺之意。廣東俗禮也。是日賓朋趨賀者，自領事以迄江幫、建幫各紳董，皆登堂恭敂。間有詠催妝詩，爭相投贈，碧紗籠處，輝映洞房。日人聚而觀之，咸嘖嘖稱羨不置。夫年少風流，喜聽鸞和之曲；誼聯中外，群伸雀抃之忱。固屬海內之良緣，抑亦人生之快事。說者謂通商以來，婚禮之盛，自黃氏後于今為烈云。〔詩詠桃夭〕

2115　原 245/5　廣戌 5/37　大 7/257

巫童殺人

南洋柔佛地方有和成港焉，其人好植甘椒類，以灌園為業。邇日，忽有猛虎為患，往往噬傷人畜；居民深以為憂，而莫能除也。某椒園素奉九天娘娘像，心香一瓣，事之甚虔；而適無虎患，僉以為娘娘之靈感，爭來祈禱，一時信之者甚眾。娘娘每降壇，必隨一神將，相與附於二童之身。一日，娘娘忽言曰：「吾夜來望氣，知鄰園有妖為禍，吾當為汝輩除之。」言已，仗劍出門。所謂神將者，尾隨之至鄰園。適有某甲由園中出，娘娘見之，即喝曰：「孽魅何往？可速引頸受誅。」其人叩頭如搗蒜，力辨非妖。娘娘斥其妄，顧神將曰：「可速與吾斬除此魔。」神將以其人哀求不已，持劍逡巡。娘娘大喝曰：「汝何敢違吾法令？」於是神將揮劍斬之。事聞于該處地方官，率差至，欲執二童；而二童力甚巨，差莫能敵。人謂神猶未去，當宰一黑狗以血浴之，始就逮焉。噫！巫蠱之害若是，獨怪世之甘受其愚者，竟至死不悟也。〔沉冤宜雪〕

2116　原 245/6　廣戌 5/38　大 7/258

蜈蚣梯

京都近有一種偷兒，別出心裁，製成蜈蚣梯；乘夜深人靜時，猱升房屋，以肆其胠篋探囊之技。一日，海佛寺街某宅紀綱晨起，見屋上有一麻繩，長三丈餘；自首至尾有草管層層橫繫，相間尺餘，形若蜈蚣之足。始猶茫然不解，繼而恍然曰：「此殆所謂蜈蚣梯也！」隨即收置之。至夜更魚三躍時，有樑上君子踞坐屋脊，大言曰：「可速送出東西來！」主人大驚，不知所措，惟滅燭屏息以待。天明賊始去。乃聚家人而議曰：「昨夜賊索東西，何如此之膽大乎？」紀綱笑而答曰：「此非要主人之東西，特索晨間所拾之蜈蚣梯耳！」乃將原物拋擲屋上，後忽失所在，賊亦絕不復至。〔教猱升木〕

2117　原 245/7　廣戌 5/39　大 7/259

天道不遠

天下兇殘之輩，起意謀人致死，已為天理所不容。況以生我之人，竟敢無端置之死地；則其天良喪盡，無復人類，有不為雷霆所立殛哉？福建連江縣五都地方有蕭某者，性嗜博，兼有煙霞癖，以致貧無聊賴。家有老母，賴兩弟為活。甲非惟不能奉養，反時向索擾。母雖䑛犢情深，終未能暢其所欲。因此甲心銜之。一日，頓起不良，沽清酒一壺，將其母灌醉。偽報於人，謂母中痧暴卒。隨市薄棺草草收殮，偕妻舁至屋後山上，將葬焉。正在開壙，其弟聞信趕至，號咷大哭。驀聞棺中有聲，急為開視，則其母已甦。比扶起，歷訴前情。霎時間黑雲蔽空，雷電交作，霹靂一聲，將蕭殛斃。由此觀之，人言天道遠，吾不信也。〔子不子〕

2118　原 245/8　廣戌 5/40　大 7/260

頑童惡劇

昔田單熾牛尾以破燕，後世服其奇計。豈不以牛有奔放之力，世無孟賁其人，誰能拔其角而力為抵禦哉！乃以兒童偶爾嬉戲，謬效當年田單故智，以致降阿飲池之類，轉貽狼奔豕突之憂。恐桃林初放時，亦未必有此景象也。慈溪某鄉有謝姓者，蓄水牛一頭。郵童牧之，扣角狂歌，橫背歸去，意良自得。一日繫于樹旁，突一頑童將牛尾縛以鞭砲，舉火燃之。牛驚躍，斷靷狂奔，直撞橫衝，勢甚雄猛。較之出柙之兕、觸藩之羊，殆有過焉。聞在鄉被撞人物多有損傷，誠無妄之災也。然而童亦惡作劇哉！〔養不教〕

2119　原 245/9　廣戌 5/41 右　大 7/261

羽士淫兇

江西進賢門外純陽觀為道人修煉之所，相安已久。一日，某道人將其徒手足綑綁，外加棉絮將身捲緊，纏以銅絲，淋以洋油，縛於木架，置于柴堆，舉火焚之。頃刻皮焦肉爛，慘不可言。謂其與某香舖之婦有姦也。先是某道人與婦有嚙臂盟，後其徒亦復暗度巫山；至此妒姦起意，將其徒致死。當有鄉人目擊情形，控諸南昌縣馮邑尊；審悉各情，飭令收禁。夫僧道私刑，謀死徒眾，乾隆間案例具在，法應擬極。今該道人淫兇若此，想當援照辦理也。〔殺無赦〕

2120	原 246/1	廣戌 6/41 左	大 7/262

螐磯軼事

螐磯廟居蕪湖之北岸。兵燹後，督師彭剛直公掃瓦礫而金碧之，遂復舊觀，并拓舊楹語「思親淚落吳江冷，望帝魂歸蜀道難」十四字於版，鋟跋語于其旁，而懸之龕上。磯乃沙岸邊之亂石堆耳，勢不峭拔，僅一斷石，倚廟後壁。彭公又為之剔蘚磨崖，作老幹一株，迎風嘯月，泣雨怨秋；彷彿弔古者悲歌慷慨，一往情深。緣公生平善畫梅，其出處正如梅之孤蹤亮節，卓絕塵寰；故當落筆興酣，為梅寫照，即不啻為畫梅者自寫其照。宜乎壽諸貞珉，永垂不朽矣！〔地以人傳〕

2121	原 246/2	廣戌 6/42	大 7/263

馴獸新法

性之桀驁不馴者莫如獸，故古有具降獅伏虎之術者，已詫為佛法神通。而初未嘗有人焉，能制一器以馴其兇猛之性也。近聞西國有獸苑，思得一制服諸獸之法，能使野性自馴，不致有搏噬之慮。其法用銅鋏綫一條，一面通接電箱，一面貫穿於手執之木棍。凡遇猛獸咆哮，用棍輕輕點觸，使電氣略著獸身，即戰栗畏懼，伏不敢動。一時熊羆虎豹，無不指揮如意，得免咥人之凶。西人格致之學，可謂精矣！吾於此益嘆電氣大用，日出不窮。若得持此道以行深山窮谷間，又何患豺狼當道、虎兕出柙哉？〔神通廣大〕

2122	原 246/3	廣戌 6/43	大 7/264

嬌小鴛鴦

古者男子三十而娶，女子二十而嫁，載諸《禮經》，昭然可考。說者謂此特極其年歲而言，非謂必如此方為合禮也。然男以女為室，女以男為家，桃夭之詩，正宜及時而賦。若必待有女懷春，吉士相誘，曠夫怨女，內外交譏，固非所宜；而必以垂髫之子女，締成好合之情，使一對小鴛鴦，竟得雙宿雙飛，則實世所僅見。乃甯波高遠橋有施姓女，年甫十五，姿態嫣然；自幼許字於沙泥街余姓之子。余子小施女四歲，家號小康。施因艷其聘金，催令早成眷屬，由余涓吉迎娶過門，行合巹禮。甯俗凡婚事，先延紳士之有品望者為儐相，至此余遂從俗遵行。一時衣冠蹌濟，幾疑金童玉女，不啻神仙中人；而小兒女之登堂雀躍者，更無不嘖嘖稱羡。誠姻緣簿上一段佳話也。〔情竇未開〕

2123	原 246/4	廣戌 6/44	大 7/265

道院藏春

古來菴寺之中，往往藏垢納污，不守佛戒。在和尚則禪參歡喜，在女尼則冶容誨淫；其甚者合僧尼於一處，宣淫佛地。種種不法，擢髮難數。惟道士奉黃老之教，以清靜寂滅為宗。雖其中不無敗類，而寡廉鮮恥之事，尚屬罕聞。不謂京師皇城內西華門側正大光明殿為敕建寺宇，有道人住持其間。今春購置二女，潛納入廟；使之塗脂抹粉，招引墜鞭俊侶、挾彈王孫，月夕花晨，作風流勝會。道士亦趨承惟謹，縮頭曳尾，不以一頂綠頭巾為老君顏其聲價，蓋居然與賣笑生涯同一蹊徑焉。詎積惡既稔，穢德彰聞，當被幹差一齊捉將官裡去。從此翩躚羽衣之中，又添老元緒一流人。而凡為道士者，可以作龜鑑矣！〔背道胡行〕

2124	原 246/5	廣戌 6/45	大 7/266

龍潭禱雨

九江自入秋以來，天時元旱，民廑殷憂。德化縣張玉珊明府為民請命，親詣廬山龍潭求雨。輕車減從，迤邐而行，沿路箐深林密，水複山重。至山麓太平宮梵境，漸覺深窈；轉過山坡里許，則為東林、西林二寺。寺前虎溪橋，相傳遠公與陶彭澤在此結蓮社焉。比登山，路漸崎嶇，盤旋十餘里，方至龍潭庵。住持僧出寺迎迓。明府入庵稍憩，小沙彌進盆盂漱沫；然後撞鐘擂鼓，頂禮拈香。隨導上山巔，整肅衣冠，焚香誦疏。忽見洞內一縷青煙，沖上雲霄。僧喜曰：「雨將至矣！請即下山。」明府遂飛輿而回。霎時間雨師風伯，聯轡而來，大有不崇朝而遍天下之勢。是雖由祈禱之誠，而要其感應之捷，抑亦未可多覯。竊不禁誦喜雨之詩，為斯民額手慶之。〔至誠感神〕

2125	原 246/6	廣戌 6/46	大 7/267

鬼破邪術

婦之樂有其夫，情也。乃有學巫蠱之術，謀害其婿者，是真別有肺腸已。粵東順德縣何乙娶同邑某氏女為室，入門後琴耽瑟好，伉儷甚諧。孰知包藏禍心，竟有人不可測而鬼獨知之者。一日，何之妹忽作男子舉動，大言曰：「我何甲也，因弟為新婦之術所害，特來相救。可速喚新婦來。」須臾，僕婦扶婦出。鬼叱之曰：「狠心婦，汝何於床板下畫三虎頭，床頂板上硃書一「人」字，床腳地磚下鋪白灰少許，床頂外貯豕肉二臠，床下用紅綠綫縛一人形，化寶盤中藏一小鋏鉤。種種邪術，非欲以害吾弟邪？弟速搜檢之。」乙如其言，一一吻合，家人爭以詰婦，逼令作法解之。婦乃使備辦柳枝一束，雞卵十六枚，益果、酒粉團之屬。翦紙為帽。用黑犬一頭，割足取血，滴柳枝上；即以柳枝鞭床席者三十六，然後以所備之物祭而送之。乙遂得無恙。果若此，則乙兄鬼也，而尚能救弟之厄。世有手足而視同陌路者，能無愧歟？〔勃勃有生氣〕

2126	原 246/7	廣戌 6/47	大 7/268

婦為魚困

鰔魚形長而銳似鰔，故名。尾有刺如蜂，能螫人。為《爾雅》、《山海經》所不載。近有西友為余言其狀，且述一事以證之。據言該處有幼婦三人，在剎頓海邊以泳以游，作澡身浴德之舉。忽有鰔魚乘浪逐來，自首至尾，長約九尺，口喁喁然，欲吞一婦。婦急，驅之不去，驚而狂呼。適有男子經過，聞聲就視，見玉體香軀，絕不蔽以寸絲半縷；遂赧顏卻步，不肯援之以手。嗣經同浴者急登彼岸，拾取鞭竿，將魚刺斃，始得免葬魚腹。然婦已狼狽不堪，不能如楊妃出浴，分外增妍矣！〔問諸水濱〕

2127	原 246/8	廣戌 6/48	大 7/269

佞神可笑

杭州銀洞橋蓮花庵中供一佛像，謂之「天使平娘娘」；名號頗奇，妝飾更異。既不知起於何代，亦未識創自何人；

惟見一木偶高踞蓮臺，左執楊枝，右擎膽瓶，道服法冠，弓鞋窄窄。有一老嫗，自稱為娘娘之符官。人若志誠皈依，則求財得財，求子得子。如響斯應，無禱不靈。鄉愚無知，被其蠱惑，鷹銀爭擲，以結善緣。嫗見布施已多，爰鳩工庀材，重新梵宇；丹楹刻桷，美奐美輪。吾知他日落成，媚神佞佛者流，當更趨之若鶩。然此特「五髭鬚」、「杜十姨」之類耳。奈何信而奉之者，竟奉若神明，瓣香虔爇。有正人起，安得不以淫祀而廢之？〔愚婦〕

2128	原 246/9	廣戌 6/49 右	大 7/270

誤中副車

朝鮮人某甲性好博，婦某氏甚悍潑，屢禁之不聽。一日甲敗北，歸竊婦之釵，質錢而往，將圖恢復。婦知之，急往尋覓；至某姓家，忽聞窗內有人云：「釵值又輸罄矣！可若何？」婦意其為藁砧也，怒不可遏，礫石投之。適傷博徒王某左脅。迨婦入室，不見其夫；始知向之所聞，乃他人之以婦釵為孤注者。不禁嗒焉若喪，鼠竄而逃。然王則已遭無妄之災矣！〔雌虎〕

2129	原 247/1	廣戌 7/49 左	大 7/271

印捕拔鬚

焚鬚療功臣之疾，割鬚見權變之才；若拔鬚則未之前聞。乃有印捕麥來葛勒白在天福茶園司閽，長大其身，黧黑其貌。平日視眈眈而欲逐逐，人多望而畏之，從無有敢捋虎鬚者。一日，有銅匠阿二入園硬看白戲，該捕阻之不聽，互相爭執。阿二便伸手拔其鬚，雖未致同牛山之濯濯，而鬑鬑者已羅羅清疏矣！誦「于思于思」之句，該捕得毋有餘痛乎？〔有覥〕〔面目〕

2130	原 247/2	廣戌 7/50	大 7/272

循吏可風

賢有司之去任也，或脱靴以誌愛，或臥轍以攀留；小民愛戴之忱，有甚於慈父母者矣。而求之今日，則不可多得。雖其間萬民傘、德政牌不乏一二，紳衿貢諛獻媚，而循良未著實跡。頌揚者半，詛咒者亦半。此其人要不可論。海澄縣何淮浦明府有幹才，而心甚慈祥，善聽訟。凡地方雀鼠之爭，無不立為判決。往往有胥役一時不及站堂，官已在花廳審訊，勸令和息者；有案已訊結，而書差尚未得知者；有在街中遇見爭執，即就人家簷下集訊以免差傳堂費者。蓋其以實心行實政，於今三年矣。今屆值滿當交卸，進省時合境紳民，在城廂內外擺設香案、酒席，跪送者共計一千七百餘處。海澄距廈僅一衣帶水，明府坐五槳船到廈，以待趁搭輪船。其時鄉民乘小舟護送者，不下六百餘艘；爆竹之聲，燃放不絕。此為數十年來所僅見，誠循吏也。故樂為之記。〔遺愛在民〕

2131	原 247/3	廣戌 7/51	大 7/273

鬥睡奇談

閩人林某僑居新嘉坡，好與麴秀才游；醉則必睡，睡輒數日，習慣自然，毫不為怪。一日，有同籍人胡某踵其門，曰：「聞子以善睡得名，請道其詳。」林曰：「汝豈不知我能醉臥三天，絕不飲食者乎？不信試于我酒後覘之。」胡曰：「予亦有同嗜。但君之能久睡者，以酒氣迷之耳；我則不須飲酒，惟嚥檳榔一小枚，便能深入黑甜鄉，三日不寤。以此相較，君當退避三舍。」林大喜，乃請一博以決勝負。約以三日為率，飲食不進，惟起而溲溺聽之；且以五十金為彩，各邀親友數人為證，以觀醒之遲速。于是林則痛飲美酒，胡則細嚼檳榔。彼此分床而臥，鼻聲鼾然。越宿始各起溺一次，而于下床登床之頃，仍似在夢中也。至期滿，二人猶未醒，直至第四日清晨，林始覺；胡則又越三時許，方呵欠而起。林乃深相歎服。夫醉生夢死，人之所恥；今乃樂居其名，不亦大可異乎？〔大夢誰先覺〕

2132	原 247/4	廣戌 7/52	大 7/274

黠賊難防

客有自京師來者，言及前年有某王爺駕言出游，忽失所帶金表一隻。初不知覺，至晚求之不得，急飭步軍統領衙門查緝；并與番役約，必須該賊親自交還，亦不深究其罪。越日，還報賊已得之，約明日在某戲園交還，請駕往待之。如期而去，危坐竟日，不見有持表來還者，廢然而返。傳番役至，責其爽約，將重懲之。番役曰：「表已在王爺靴內，尚不知耶？」脱靴視之，果如所言，不禁駭然。番役曰：「頃在某戲園與一老者聯坐，有之乎？是即賊也。」因回憶在座時，果有老者鬚髮皓然，衣服華麗，一似貴官之封翁也者。偶唾污王爺之衣，急起親為拂拭數四，深致不安而去。蓋即從拂拭時，將表置之靴中；而受之者乃一無所覺，其技可謂神矣！〔神出鬼沒〕

2133	原 247/5	廣戌 7/53	大 7/275

先生休矣

子弟奉師傅為模楷，凡師之一舉一動，自宜亦步亦趨。自師道衰，鄉塾多腐儒，不獨無教學相長之益，且有反致比匪之傷者。於是人品之壞，蓋不可問矣！甯波象山東溪有施姓者，饒於財，生二子；長已弱冠，均束髮受書。本年延蛟門某生在家課讀。「人之患，在好為人師」，固未識其能溫故知新否也？一日，師因事假歸。長子遂託言訪友，貿然出門，信宿未返。施偵騎四出，杳如黃鶴。正疑訝間，忽有以蹤跡來告者，則其子在迷香洞裏也。施因率家人至某妓家，挑闥直入，見男女四人，正似鴛鴦雙宿、好夢方圓。施勃然大怒曰：「乃公尋汝久矣！乃在此眠花宿柳耶？」言畢，以杖叩其脛。迨創鉅痛深，大聲疾呼，似非己子音；舉火燭之，乃其師也。至此方知師與弟同為北里之游，然已如博浪沙之誤遭一擊，業已無可如何。乃將長子喚回而痛責之，彼先生其何以為情？〔大誤蒼生〕

2134	原 247/6	廣戌 7/54	大 7/276

奇緣巧合

英京某村有農人某甲，年逾不惑，家頗小康；自冰絃斷後，膝下芝蘭雙雙挺秀，已翹然獨異矣。鄰邨某氏家有姊妹花兩枝，父蚤世，惟弱母是依；近其二女年已及笄，遂與甲之兩子定情，以諧婚媾。夫以二子而配二女，已歎月老作合之巧。不謂事更有愈出愈奇者。方子與女同至禮拜堂，行婚禮畢，雙雙攜手而出。甫及門，見又有新人一對聯袂而來者。則新婿非他，即二子之父也；新娘亦非他，即二女之母也。蓋一則久賦鰥魚，一則自傷寡鵠，彼二人見子女已訂鴛盟，遂作親上成親之舉。趁其兒女聯姻吉期，遂亦併成眷屬。諺云：「恰可現成，皆大歡喜。」吾於此亦云。〔一舉兩得〕

2135	原 247/7	廣戌 7/55	大 7/277

羽翼已成

新金山各小工以索值停役，互相挾制，聯成會黨。時烏龍岡某船澳至他處雇得工人數十名，為會中人所知，遂遷怒焉，咸欲得而甘心。一日，有某工人不知底細，閒步郊原。被會內五婦人偵知，狙伏要路以俟。俄而，工人獨行踽踽，貿然而來。五婦出其不意，截而痛毆。某工人見其係巾幗中人也，以為是砧上肉、釜中魚耳。詎娘子軍未可輕敵，揮之不散，竟被團團圍住。一婦益以草繩套某工人之頸，用力扯緊，該工人一時氣閉，遽仆于地。五婦乃褫其上下衣，至赤條條一絲不掛；乃以油漆遍塗其身，然後以雞鴨等毛，密砌使滿。蓋裸蟲也，而已成羽族矣。該婦可謂惡作劇哉！〔人類畜鳴〕

2136	原 247/8	廣戌 7/56	大 7/278

海外異俗

士華思蘭，歐西之小國也。僻陋成風，猶有狉獉之氣，未嘗有政教號令、文物聲明，故不通于上國。蓋孤懸海島之外，其土地人民，邈焉無考矣。近得該處西人來信，言及新君踐阼之禮，殊足駭人聽聞。緣該國凡遇王將踐阼時，國人乃四出畋獵，以求獅子、老虎、野牛、巨蟒四物。至期殺之，取獅、虎、牛之心，以果王腹；取蛇膏以塗王身。然後置牛首於地，王則披獅皮以出，坐於牛首之兩角間。翌日，改披虎皮，至三日，始衣王服出，受酋長、民人等慶賀。是真絕異之俗也。亟錄之，以廣見聞云。〔奇聞壯觀〕

2137	原 247/9	廣戌 7/57 右	大 7/279

天上行舟

今天下水行有火輪船，陸行有火輪車，皆瞬息千里，迅疾若飛。然行遠也而不能升高；能升高者，意者其氣毬乎？而西人曰：「氣毬鼓氣而上升，猶未足為異。」於是發奇思，出奇智，匠心運用，製造氣船；以宗慤破浪之資，效列子御風之舉。當扶搖直上時，有西人以遠鏡窺之。惟見凌空摩盪，絕跡飛行，不啻搏霄之鵬，凌雲之鶴，誠巧奪天工者也。彼周饒國之飛車，恐不得專美于前矣！〔奇想天開〕

2138	原 248/1	廣戌 8/57 左	大 7/280

盼盼後身

廈門有校書名盼盼者，不知其姓；自言生時母夢神人告之曰：「予將以關盼盼畀汝。」俄而果產一女，甚敏慧，因以名之。自幼喜吟詠，尤酷嗜白香山詩；嘗讀至燕子樓三絕，輒嗚咽不自勝，人咸不解其故。年十五，父母相繼逝，鄰人張某素無賴，艷其姿色，誘而貨之，遂入勾闌。顧盼之性沈靜，弄翰攤箋，別饒興會；居恒好作古時妝，雖姊妹花互相誚讓，弗顧也。夫近時妓女效旗人裝束者有之，效西國衣裳、東瀛裙屐者有之。從未有古趣獨敦如盼盼者。彼豈有遺世獨立之概歟？何竟欲生今反古也？〔古之人與〕

2139	原 248/2	廣戌 8/58	大 7/281

不翼而飛

姑蘇夏侯橋北圓通庵，紺宇珠宮，香煙鼎盛。比邱尼數輩焚修其間，時蒙檀越佈施，香積廚中頗多積蓄。一日傍晚，驀有嬝嬝婷婷而來者，蓮步輕移，桃腮微暈，呼姨喚妹，鶯燕喧闐；一瓣心香，虔爇於蓮花座下，既乃深深下拜，許願皈依。禮畢隨喜上方佛殿，遍歷曲廊洞房。尼見其舉止大方，以為必是名門眷屬，款待殷勤，不啻得了數尊活菩薩。少頃，興辭而去。尼送至山門，猶謂今夕何夕，見此粲者。及回，忽見禪房洞闢，鎖鑰自落；箱未啟而已空，物不飛而盡去。蓋向之來者，即所謂銕算盤也。聞所失不貲，業經開單報案，未知能弋獲否？〔探囊胠篋〕

2140	原 248/3	廣戌 8/59	大 7/282

土地娶婦

昔西門豹聞河伯娶婦之說，為之投巫於淵，以破小民之惑。不謂沿至今日，粵中猶有此風。如廣州城內之石將軍，城外之靈菩薩，往往有以一神而據夫人十數位者。是可異已。日者，寶源大街土地祠內鼓樂悠揚，人聲鼎沸，有數人舁一女偶像至。詢之，其人則言前曾許願於神，求中大彩，當以佳耦相配；今果如願，故特以此酬之。然則「好逑」之詩，當為神詠之；「燕爾」之喜，當為神賀之。神亦猶夫人哉！或曰近世官場中下之媚上，動以姬妾相投贈，冀獲餘寵。此殆師其故智歟？然而事已太褻矣！〔無知妄作〕

2141	原 248/4	廣戌 8/60	大 7/283

椰樹奇形

南洋各山園多種椰樹。相傳此樹質直幹粗，無一橫枝，其實纍纍然貼於樹身。雖椰子不甚貴，而其葉既可作薪，其纓復可作帚，直使全樹無一棄材也。近聞小白蠟之某山園有椰樹三株，賦形獨異。其一，則於樹頂發橫柯七枝，大葉蔥蘢，且皆結子；今先殞落其四，僅餘三枝；從下仰觀，儼如古鼎倒置而三足翹天。其二，則一幹直聳，於盡頭處分而為二，作倒書人字形；葉實相符，一若互爭雄長者然。其三，則由發根之處，判而為二；皆上凌霄漢，如漢陽之雌雄樹。該處土人僉謂覩此樹形，主有兩酋長之兆。齊東野人之言，不知何所見而云然也？〔人云亦云〕

2142	原 248/5	廣戌 8/61	大 7/284

一錢釀命

諺有之曰：「一錢如命」，此為貪吝者言之，而非竟因一錢故，而殉之以身也。不謂有湖北人伍有福者，僑寓法界，常至新街二號弄內王李氏家聚賭，喝雉呼盧，匪朝伊夕。日者，由該氏家出，向對門李阿二擺設之風菱攤購菱四文，內搭一小錢。李謂之曰：「我雖非河間姹女工數錢，然似此輪廓太小，未易行使。無已，請易一大者來。」伍隨取爛菱一隻，迎面擲之曰：「汝之菱若此，真是一錢不值。今乃錙銖必較，其亦知乃公不名一錢乎？」兩相口角，遂致鬭爭。李知力不敵，急避入家。伍餘怒未息，回至王李氏家，邀同賭徒張達多、祝雲山、許松山等，追至李阿二家。時李子金壽見來勢洶洶，急出解勸。伍等不問情由，將金壽拖至街心，肆行毒毆。不隄防一腳飛去，竟中小肚，遂致斃命。嗣經上海縣陸春江邑尊詣驗屬實，提伍詰審，直認不諱。惟幫兇為誰，則不肯承招。不知祝、許等果係誤拘否？世有見利忘身，好逞血氣之勇者，尚其鑒之。〔戒之在鬥〕

2143	原 248/6	廣戌 8/62	大 7/285

醋海風波

近世候補人員乘聽鼓餘閒，為問柳尋花之舉者，所在多有。從未聞有方面大員，與印委末秩，以徵歌選舞之場，啟打鴨驚鴛之釁；衣冠埽地，拳腳交施，頓忘卻本來面目者。有之，自某觀察始。某觀察于役雲津，風流自喜，心悅侯家后某妓館之某校書。錦擲纏頭，花開並蒂，盟山誓海，繾綣殊深。一則甘作小星，一則待營金屋，有成約矣。不料有某委員者，自恃官場中人，大搖大擺，偕同狎友突如其來。校書以閉門羹待之。委員大怒，謂：「汝等有眼不識泰山，亦知我係朝廷命官乎？今夕非真箇消魂，誓不爾恕。」正在聲色俱厲間，為某觀察所聞；率領家人興師問罪，以決劉呂之雌雄。委員見彼眾我寡，倉猝間以茗碗擲之，適中某觀察顱門，登時鮮血迸流，不省人事。委員乃懼而逸。是真有玷官箴矣！不知上游聞之，能免譴責否也？〔知法犯法〕

2144	原 248/7	廣戌 8/63	大 7/286

強違素願

四明有羅姓者夫婦二人，年逾花甲，性皆佞佛，日以茹素唪經為事。生一子，已長成，為之娶某氏女為媳。方謂我佛有靈，自當使皈依蓮座者抱孫有慶矣！詎其子以少年遊蕩，沾染隱疾，致艱嗣息。羅嫗觖望久之，不免鬱鬱寡歡。媳許氏素悍，疑其懟己，時肆勃谿，語侵及姑。姑不能堪，潛服阿芙蓉膏，將圖畢命。幸同居者多，聚而施救；急切無解藥，取盆魚搗灌之。叟大驚，倉皇攔阻曰：「是害之也。四十年長齋全功盡棄矣！」眾人不聽，強灌得甦。叟猶連呼罪過。眾噪曰：「修行以求保佑也。今有子如斯，有媳如斯，幾使白頭老伴非命慘遭，所謂保佑者安在？」叟不答，但合掌低頭曰：「地獄之設，正為若輩。」按金魚莫辨其性。考之方書，亦無以之治吞煙者，閱者幸勿輕信。但玩其事，足解頤可矣！〔老素餐〕

2145	原 248/8	廣戌 8/64	大 7/287

孽由自作

溫州瑞安縣屬有名沛雨者，游手好閒，素稱無賴。近更心裁別出，每於夤夜刨棺。及既得贓，即以無名異和桐油塗之，俾棺口仍無裂縫；以故積惡如山，從未敗露。某夜又刨鮑姓棺一口，褫其衣衾，搜其珠玉；僅將青布衫裹屍體，側置棺中。時則星月韜光，殯宮昏黑，倉卒中誤將黃絲絲挂於棺外。翌晨經屍親所見，訪知行徑，拘而搜其身畔，則典票百餘紙，纍纍然皆殮衣也。村人恨深入骨，咸欲食其肉而寢其皮，遂送交族長處死，以絕根株。族長允之，就山麓掘穴等身，推置其中而活埋之。一時見者或拍手稱快，或咋舌相驚。合謂是人也，其死雖可憐，其罪誠不可恕已。〔死有餘辜〕

2146	原 248/9	廣戌 8/65 右	大 7/288

勞燕分飛

女子從一而終，禮也。自世有不貞之婦，不甘食貧處賤，於是有下堂求去者；及丈夫一旦得志，轉思覆水之重收。此不獨朱買臣難之，即尋常儕輩亦有所不可。京師阜成門外北驢市口有技勇兵小萬者，娶妻劉氏，素無淑德。過門後家計益窘，常斷炊煙，妻不能堪，時懷去志。小萬無計挽留，遂具一紙休書，令回家另嫁。此客歲三月事也。小萬自妻去後，屢蒙拔擢，遞升至坐廳領催，非復昔時寒乞相。該氏聞之，遂覥顏赴廳求納，以冀藁砧之見憐。詎小萬言已決裂，終難轉圜。僅給京錢二十千，揮之使去。噫！世態炎涼，其於此略見一斑。〔覆水難收〕

2147	原 249/1	廣戌 9/65 左	大 7/289

冶遊炯鑒

蕪湖某店夥某甲，少年輕薄，性好狹斜游；累寸積銖，藉供揮霍，夜合資不知銷磨幾許矣！一日薄暮，店主令往某錢莊支取洋蚨八十餘翼，甲袖藏之。趾高氣揚，徑至某煙妓家，高踞胡床，取洋包置之案上，鏗然有聲。龜奴某乙在旁見之，笑而言曰：「大老官固非空心者，何我家小姐，竟得消受此鴻福也。」隨將其洋拈掇之，竟攫而逸。甲尾追之，已杳如黃鶴。遷怒及妓，扭至團練局，訴請究追，恐未能珠還合浦矣！然則甲歸，將何以對主人也？生意中人，其可浪作北里游哉？〔自貽伊戚〕

2148	原 249/2	廣戌 9/66	大 7/290

一喜一懼

邇來盜劫之風，何處蔑有；案如山積，緝捕者既已無可如何。然或於夤夜為之，或於僻壤見之；猶未敢明目張膽，公行於大庭廣眾中，一肆其綠林好身手也。乃主人方張筵而飲，暴客忽闖席而來，旁若無人，目無法紀。抑何盜之猖獗若此耶？肇慶府西關外大河基某甲有一子，年已長成，為之娶某氏女為婦。某日為其親迎吉期，合巹後洞房花燭，玉鏡團圓，賀客盈門，衣冠濟楚。主人肆筵設席，卜其晝，兼卜其夜，拇戰飛觴，興正不淺。霎時間，突有不速之客三人來，手持利刃，皎皎如霜；努目一呼，屋瓦都震。時座中人心驚膽裂，目定口呆，面面相覷，不發一言，任其傾筐倒篋而去。想一對璧人亦不免魂銷魄散矣！未得鴛鴦同夢，先聞雞犬皆驚。彼強梁之徒，亦太煞風景哉！〔盜賊公行〕

2149	原 249/3	廣戌 9/67	大 7/291

侏儒留影

昔僬僥氏人長三尺，陁移國人亦長三尺，鵠國人長七寸，畢勒國人長三寸。徵諸往事，荒徼外自有一種小人。而非若維翰之以半人貽誚，阮孚之加帽相嗤，僅見中國侏儒之類也。前年有西人士甸尼往探亞非利加洲形勢，行至一地，箐深林密，綿亙數十里。正疑訝間，忽見有短而小者，長僅二尺餘，熙來攘往，聚族而居；男任漁獵，女任耕作；生意盎然，自敦古趣。轉覺王珣之短主簿，孟嘗之小丈夫，中國人固少見多怪，惜未嘗覩此形狀耳！士君心異之，誘致其人，欲攜回歐洲，中途忽多病斃，方知此人之遷地弗良也。出其攝影法，為之各照一小像，釋之去。若是，則《神異經》、《博物志》之所載，固未盡子虛矣！〔小人國〕

2150　原 249/4　廣戌 9/68　大 7/292

一炷香

粵中試場弊端指不勝屈，有所謂「一炷香」者。自縣府試以至院試，均雇槍一人，頂名代考。迨簪花日，本人始出面到學院行禮。此事固非有大力者不辦，凡廩保、教官，在在皆須納賄，動費七、八千金。今年廣府科考有南海縣新生何葆宸，倩人捉刀，業已入學矣。忽經紳士聯名向學憲稟攻，學憲聞之駭然，批飭縣尊先傳該生到案，交保看管；俟巡試回省時，再提該生面試。並於面試日准明倫堂眾紳到來認識，以別真僞。聞該生係紈袴子弟，於文字全不知曉。吾知他日必有曳白貽羞者。噫！求榮反辱，果何為哉？〔文非己出〕

2151　原 249/5　廣戌 9/69　大 7/293

鬼瞰其室

陳平盜嫂，史冊傳為冤案，有識者且斥其誣。而近世無行之徒，則反群相藉口。往往有青燈好待嫂嫂，黃泉難對哥哥者。此其人倫常乖舛，無復人理，特欺死者之無知耳。雖然，莫謂死者之無知也。甬人杜某，家小康，繼室汪氏，丰姿綽約，相處數年，生一子；而杜病日劇。易簀時，指兒謂汪曰：「卿年少，恐不能守節。脫不幸改適人，幸善視此一塊肉，以延香火，俾成家業。余亦瞑目矣！」汪涕泣自誓，願守柏舟。杜既卒，屍骨未寒，口血猶在。族弟某乙艷其貌，欲通之。汪亦弗拒，潛約於某夜梯登園牆，赴巫山之會。詎乙甫踰垣，恍惚中聞人語曰：「此非人所為，幸毋輕貽門戶羞也。」時乙心醉魂銷，恬不為怪，徑持洋燈奔至軒內。則杜已怒目立前，突掌其頰；不覺心寒膽裂，大號而仆。迨汪與傭婦驚起出視，扶之坐而問其狀；則所述歷歷，令人毛髮竦然。觀此可知陰靈固有未泯者，奈何人其面而獸其心哉！〔萬惡淫為首〕

2152　原 249/6　廣戌 9/70　大 7/294

募勇新法

冬防為除暴安良之善政，比年來州縣多有舉行者；要皆有名無實，而未嘗有人焉認真辦理也。其甚者且終夜高枕而臥，不出戶庭。一遇縣官親自出巡之夜，則早由地保、差役，預為通知；彼得屆時四出巡邏，槍聲隆隆然，以掩官長耳目。此各處冬防之通弊也，而其原則由於募勇之不得人。陽曲縣馬大令有見及此，特設守望局，招募勇丁二十名。患人之濫竽充數也，破除情面，設立新法。先為列几於庭，有能超躍而過者，再試技勇，然後收錄。一時不量力者，多至隕越貽羞；而赳赳桓桓，則無不用作干城之選。可謂法良意美矣！安得辦冬防者，皆仿而行之哉！〔保衛閭閻〕

2153　原 249/7　廣戌 9/71　大 7/295

空際火流

客有自臺灣艋津來者，言該處於十月十三夜，霜月交輝之候，忽見窗櫺間似有火光熊熊，照耀奪目。意以為吳回氏之稅駕也。啟闢出視，則見三火毬大如盤盂，飛舞空中，如火鴉之盤旋摩盪，火獸之光怪陸離；由東北而西南，萬丈光芒，直射牛斗，至月落參橫光始滅。一時觀者皆咄咄稱怪，而議論亦從此蠭起。或謂兒童燃放火爆；或謂地氣陰鬱，凝結而成；或更謂耿漢流光，偶爾墜落之。數説者皆不可考。天時與，人事與？質諸博學君子，必有能辨之者。〔明同白晝〕

2154　原 249/8　廣戌 9/72　大 7/296

妄自尊大

予嘗慨師道之不存也，為之大聲疾呼，歷紀其事。無如鄉曲冬烘，罔知道義，往往有授人以口實者。蓋人品之不端也，由來久矣！潞河某先生，門首貼「訓蒙書屋，童蒙任附」字樣。一日，有某徒因告謊假數日，有妨功課。先生大發雷霆，立飭幹徒數人，手執銕索，將某徒登時拘到。先生端坐皋比，令某徒跪階下，兩旁鵠立者均係幼徒，詳加訊詰，喝令戒斥二十下；後因不吐實供，款以兩部肉鼓吹，鎖押書房，飢餓一日。家人聞之，以為先生非官長，弟子非盜賊，何得施以酷刑，邀同鄰友與之理論。脣槍舌劍，大費譸張。家人聲言非涉訟琴堂，不肯罷休。果如其言，恐先生亦將長跪階下矣！〔大誤蒼生〕

2155　原 249/9　廣戌 9/73 右　大 7/297

捕賊被嚙

人生不能自食其力，至欲以狗偷鼠竊，僥倖于不可必得之財，無他，饑寒迫之也。而不諒其心者，每惡其胠篋探囊，往往有得而甘心之勢。噫，亦已甚矣！江北龍坪鎮某雜貨店主婦，於某夜抱孩登樓。正輕移蓮步間，忽見一賊倉皇欲遁。婦奮力執之，大呼捕賊。賊情急，狠命將纖纖玉手，連嚙數口，齒痕甚深，婦痛極釋手，賊遂踰窗逸去。及家人集視，則已一息奄奄矣！兵法云：「圍城必缺，窮寇莫追。」旨哉斯言！擒賊者，請以此事為鑒。〔賊咬〕

2156　原 250/1　廣戌 10/73 左　大 7/298

綠衣黃裏

白門某甲娶某氏女為室，結褵數年，未徵蘭夢。甲嗣續之計甚迫，物色得近處某姓女為簉室。意謂江汜知恩，小星知命，此其選也。詎妾入門後，蛾眉擅寵，驕妒性成，反視大婦如眼中釘。大婦素懦弱，雖厲聲厲色，亦吞聲忍氣受之；蓋既懾雌虎之威，復畏終風之暴也。日者，妾又因細故，大肆勃谿，大婦低頭不語；妾怒猶未息，搏其髮，飽以老拳。後復欲執而投諸江。被婦之母族偵知，興師問罪，始得解娘子軍之圍。然婦已狼狽不堪矣！〔小和大〕

2157　原 250/2　廣戌 10/74　大 7/299

傻婢全貞

江右人某太守風流瀟灑，頤養林泉；室中多蓄姬妾，有汾陽後庭絲竹之風。侍婢有柔雲者，貌娟好，伶俐過人，頗能得太守歡心。太守有公子二，年皆漸長，性甚輕薄；窺婢美，欲通之，無間不敢發也。一夕，太守赴某閥閱宴會，其夫人亦在戚家未返。二公子窺堂上之他出也，皆心念柔雲不置，特未敢相告。未幾，長公子遇柔雲於後園，上前偎抱，遽欲偷香。柔雲素有御要才，婉辭以拒，約於廳事之東隅相會，始得解圍。行十數武，又遇次公子要之如前，柔雲令於廳事之西隅相會。二公子喜得密約，懷蓆以待，暗中摸索屏息。久之，更魚三躍，家人解衣就枕，柔雲由屏後出，舉火燭之，見二公子皆狙伏地上。笑而言曰：「難弟難兄，孰先孰後？今夕何夕，真教我左右做人難也。」遂掩袂而退，二公子赧然有慚色，相與不發一言而去。〔寶秋香〕

2158	原 250/3	廣戌 10/75	大 7/300

人頭飛墜

廈門某西人向在海關緝私，凡往來船隻，無不認真稽查，循成例也。某日至頓渣士都帆船查看貨物，正凝神注目間，忽有似亞夫將軍之從天而下者，適中該西人頭上；血涔涔然，沾衣欲赤。諦視之，則面目如生，乃一小孩之好頭顱也。俄見有一巨鷹，健翮風生，凌空摩盪，一若有所失者然。方知此孩已為鳥腹中人，特僅餘一元耳。心惡之，遂舉而投諸海，以絕鷹望，想此頭不免復葬魚腹矣！先是該處某姓家有一子，年方總角，愛若掌珠，常在門前嬉戲。一日忽失所在，方疑被匪拐去，猶冀異日重逢。迨聞是秏，驚疑交集，咸欲得鷹而甘心，則已杳如黃鶴矣。是邪，非邪？魂兮有知，其能自訴於生者否？〔魂飛魄散〕

2159	原 250/4	廣戌 10/76	大 7/301

髮短心長

伶人汪桂芬大頭矮頸，身類侏儒；而當袍笏登場，高唱入雲，足令四座擊節。近應天仙茶園之聘，重來滬上。方謂優孟衣冠，不難復覩矣。詎該園懸牌數日，汪竟聲影闃如；以致紅氍毹上，未易相逢。觀者拭目久之，索然興盡，不免舍而之他園。主人心焉憾之，猶未發也。日者，汪忽因家室不和，怒髮衝冠，徑取并州快剪，將八千根煩惱絲，一齊斬卻。事為園主所知，舁老郎神位，置諸臺中；焚香頂禮畢，邀同通班伶人，侍坐左右。傳汪至，令跪於神位前。領班人詢之曰：「京劇中有《割髮代首》一齣，子豈欲實事求是耶？」汪曰：「非也。余髮如此種種，余何能為？」領班人曰：「汝鬢髮雖非面目，猶是霓裳一曲，人猶愛聽。吾園倚之，正如一髮千鈞之重。今而後，務當盡相窮形，備呈其技，以贖前罪。」汪唯唯而退。〔不堪回首〕

2160	原 250/5	廣戌 10/77	大 7/302

巾幗變相

閩垣於葭月初六日為寓居各西人舉行賽馬之期；玉勒紛馳，紅塵飛動，錦標奪得，顧盼自雄，致足樂也。時紅男綠女，白叟黃童，麕聚而觀，幾致萬人傾巷。有某院麗人，破瓜年紀，解佩風神，平時六寸膚圓，絕無蓮步姍姍之態。至此遂易為男子裝束，雲頭絲履，款步香塵，隨同甲、乙二狎客來覩。見之者疑為鄭氏櫻桃，固不知其即郭家芍藥也。既而諸無賴命儔嘯侶，圍聚喧囂；麗人隨亦效女嫛申申之詈。無賴怒，相與掀其冠；則雲鬢低籠，靈蛇髻散。乃譁然曰：「是殆釵而弁者也。乃公非兩目青盲之輩，豈不能辨烏之雌雄乎？」遂解履褫衣，互相毆辱。兩狎客見勢不佳，急喚某公差來，為之護送而去。人間游戲，無益有損，觀此可見一斑。〔不甘雌伏〕

2161	原 250/6	廣戌 10/78	大 7/303

輿夫昏憒

石匠張某，嘉應人也。開設萬盛石店於三水縣屬之三江墟，歷有年矣。生一子，年逾弱冠，為之聘相距該處十餘里之某姓家婢女為婦。某日為合巹吉期，向鄰近某轎店租一彩輿，舁往迎娶。至鼉更三下，輿夫舁婦回，停諸門外。因路遠力疲，不及伺候，逕往煙館過癮。蓋該處俗例，新婦到門，須炊斗米飯以餉迎親人，然後接新婦下輿也。是夕，張妻炊黍良久，尚未將婦接入，而輿夫已吸煙回。時夜深人靜，意以為婦已下輿矣，遂將彩輿舁回轎店，初不知有新婦在也。及張使人迓婦，則彩輿已不知所之。相顧錯愕，疑其被盜擄掠。即糾集多人，分路追尋，杳無蹤跡。急覓輿夫，已不知所往。因叩轎店門根追之，始得尋見輿夫。詰以新婦何在？則曰：「在君家門前停輿許久，豈箇中人尚未去邪？彩輿固在店中無恙，盍往觀之。」比返轎店，揭簾相視；則新婦垂首掩面，兀坐其中，痴呆若木偶人。張既惱且怒，欲向店主饒舌。經人勸解，令該店燃放爆竹數萬響，送婦回家，事始寢。是役也，一誤再誤，情節離奇。然非輿夫之昏憒，必不至此。〔糊塗蟲〕

2162	原 250/7	廣戌 10/79	大 7/304

書堂留影

歐西某山之麓有書館焉，窗明几淨，位置天然；生徒數十輩，咕嗶其間，一室雍雍，怡然自得。館旁有園，花木明秀，時有珍禽來去，作鉤輈聲。師館政餘閒，每至園中尋芳覓句，掃葉灌花，亦甚適也。一日，有二女郎貿然入園，向師乞花，師允之；旋至館中小憩而別。不數日，二女郎又至，適師他出；縱觀壁間各像，若甚欣賞。頃之師返。一女謂師曰：「先生書館甚佳，壁間各像亦裝潢華麗；特上屆來時，曾有吾兄玉照，今已無之。不知何故撤去？」師茫然曰：「令兄何人？僕實素慳一面。」女笑曰：「吾兄非他，當今皇上也。」師聞之，驚喜交集，急前謝過；并稱願置一美像，冠於諸像之首。公主止之而別。逾數日，使者至，奉公主命，贈以呈像屏一架，光彩奪目，美妙絕倫。師乃祇領而懸諸壁，是誠海外之佳話也。一時聞者，皆艷稱之。〔壁上觀〕

2163	原 250/8	廣戌 10/80	大 7/305

完璧歸趙

蘇州葑門外某姓家，花開姊妹，譽著二喬；一縷紅絲，早經暗繫。其姊桃夭已賦，琴瑟頗調；妹則興寄摽梅，每慨婿家之中落。近日其姊歸寧母家，流連未返。不料某日之晚，妹婿忽邀同媒妁前往搶親；蜂擁而來，姊氏不及躲避。冰上人指鹿為馬，新郎遂桃僵李代，誤將其姊擁歸。

迨交拜禮成，始知鋳聚六州，鑄成大錯，急舁婦送歸。而丈人峰已興師問罪，僚婿亦勢不肯休。未諧劉阮之豫，遽啟蔡息之釁。彼妹之婿固可笑而可憐矣！所最難堪者，阿姊既多行此合巹禮，而阿妹反誤了春光。因緣作合之間，故分遲速若此，月老亦好弄哉！〔誤中副車〕

2164　原 250/9　廣戌 10/81 右　大 7/306

騙局離奇

溫州東山下潭郡之僻靜處也，一夕有口操淮音者，不衫不履，如醉如癡，短嘆長吁，懸衣帶於樹杪，欲圖雉經。其時譙鼓三下，地鄰某甲見而憐之，詢其何為？則以遺失銀信對。甲亦代為欷歔，爰向眾人醵資持贈。適某乙過此，近前諦視，叱之曰：「此老騙局也，客歲曾在獅子頭古廟懸樑自盡，經人救下，糾集青蚨二千翼與之。彼旋入煙室談笑自若，反哂他人之受其愚弄。一之為甚，其可再乎？」眾聞其言，一鬨而散。噫！騙局至此，可謂愈出愈奇矣！〔顏之厚矣〕

2165　原 251/1　廣戌 11/81 左　大 7/307

桂林奇魚

粵西之桂林，河中有奇魚焉；色黑而四足，能作獸行，土人名之曰「狗魚」，象其形也。每當夜深人靜，魚即舍水而陸，猱升樹杪，攫食巢鳥；兼能吸引月光，鍊形納氣，故其矯捷非他類比。凡土人欲捕之者，必伺其升樹後，布網於地，俟其自下罹網；否則雖有香餌，不能取也。聞是魚能療癆瘵，故獲者皆居為奇貨云。〔水族〕

2166　原 251/2　廣戌 11/82　大 7/308

賜祭盛儀

曾忠襄公之薨於位也，朝廷痛失長城，特頒恩諭，飾終典禮，備極崇隆，初何待牖下書生珥筆恭紀。惟是江南為我公再造之區，赫赫功勳，彪炳宇宙。各日報既備紀其事，則本齋亦不可以無圖以慰薄海臣民之望。先是江甯將軍承留守，接奉諭旨，躬代致祭。預備各式鑾儀衛、執事，擇期十一月初六日，恭詣忠襄靈前恪恭將事；當由公孫廣漢預將公之跪容懸挂。時陪祭官有新任督憲沈仲帥、織造文尚衣、藩司瑞方伯，及儲憲、鹺憲、馬、馮兩觀察，與文武各官，鵠立左右，肅肅雝雝，頗極誠敬。迨將軍禮畢，始與公孫廣漢同更吉服，望闕謝恩。誠盛典也。公而有知，亦當銜感九京矣。〔生榮死哀〕

2167　原 251/3　廣戌 11/83　大 7/309

西婦善御

陸行宜車，由來尚矣。然小車不及東洋車之安穩，東洋車不及馬車之穩而且速，馬車又不及火輪車之迅疾若飛，瞬息千里。比年來火輪車已格不能行矣！其通行於市上者，惟小車、東洋車、馬車為多。間有乘西人所創之獨輪脚踏車者，不用人拖，祇須一人坐之，以兩足伸縮其間，便能運動自如，惟所欲至。顧非習之精熟，不免隕越貽羞。故乘此車者，雖健男子猶懍懍焉，況其為婦人乎？近聞新嘉坡西婦燕里夙精是技，能於稠人廣眾中乘馬之法，傍坐於車畔，而以一足踏機器，其行如飛；且能於車輪流動之時，不必復以足踐，任意上落，自覺攸往咸宜。是亦可謂絕技矣！〔微長足錄〕

2168　原 251/4　廣戌 11/84　大 7/310

為虺弗摧

滬上之小流氓多矣，小流氓之兇橫，亦可謂極矣！雖以洋場十里，巡捕羅列，如此周密，而不能禁區區一小流氓，此其故何歟？蓋以此等頑童，多係龜子鱉孫之種類，娘姨大姐之私胎。平日無拘無束，游手好閒。不知有父母，安知有官長。動輒三、五成群，身穿密門鈕扣小衣，盤踞巷口，膽大妄為，無所不至。客有衣服麗都，閒步經過；或攫其表，或取其洋，恣情搜括，與盜賊行劫無異。而調戲妓院之女傭，揶揄轎中之妓女，辱罵擡轎之夫役；任意叫囂，旁若無人，尤不足怪。嘗於某夜行經四馬路某里，見小流氓嘯聚一處，七手八脚，正在攫取資財。而里口適有一華捕伸首探望，不敢直入。一若恐開罪於小流氓也者。予因怪而視之，彼竟揚長而去。嘻！巡捕之聾聵若此，小流氓之恣肆若彼；養癰成患，其將伊於胡底哉？〔滋漫難圖〕

2169　原 251/5　廣戌 11/85　大 7/311

輪船又火

本報前紀寶清輪船失事，傷心慘目。方歎此等劫數實為絕無僅有之遭，乃曾幾何時，而太古洋行之上海輪船又在距大河口十數里地方失火。嘻！是可異已。聞該船是日搭客約有四百餘人。當火烈時，船上人或攜籃襆被盤旋艙面，或行險徼倖躍入波心，或緣船側之繩縋而下水，或偶抱木板浮沉巨浪中。死裏逃生，幸而遇救者，不過十之一、二。所不可解者，洋人見火勢已猛，將艙門紛紛封閉；竟欲使艙內諸客同歸於盡，不使有一生路。無怪目擊者嘖有煩言，而嘆其別有肺腸也。維時漁舠小艇相率爭撈物件，置罹難諸人於度外。而該處之砲船、紅船素為衛民而設者；亦只顧撈江面所漂行李等物，蓋不救人，此罹難之所以既多且慘也。若不急為整頓，吾恐人將視輪船為畏途，而何貴有此砲船、紅船也哉？〔數耶命耶〕

2170　原 251/6　廣戌 11/86　大 7/312

妙判解頤

某明府，姑諱其姓氏，為人倜儻，有幹才。前年奉上憲檄綰某縣篆務，一行作吏，兩袖清風。平居案牘餘閒，偶集賓朋，喜作葉子戲。蓋雖繩墨不拘，而亦不失為風流賢令尹也。一日，差役拘獲賭徒數人，解案請訊。時明府方在手談，不覺得意忘言，得言忘象，攜其紙牌以出；及門而覺，遂袖藏之。登堂後，南面高坐，氣象森嚴。明府將一干人詳加研詰，審知犯賭情由，赫然震怒。方拍案時，不意一伸手間，紙牌從袖中出，遽遺於地。明府隨喝曰：「爾所犯之賭具，不是這樣兒麼？」堂下跪者連連稱是，僉謂偶然游戲，叩乞恩施。明府乃判令薄責數十，一併開釋。退而言於幕友，相與鼓掌大笑。於是人皆服明府之急智，而吾獨幸賭徒之蠢愚；不然，恐知法犯法，亦非一、二言所能解嘲矣！〔急智〕

2171	原 251/7	廣戌 11/87	大 7/313

至誠感神

近世婦女酷好佞神，由來尚矣；不知幽明相感，祇在一念之誠。予試以一事證之。明季魏忠賢竊柄時，內不自安，欲徼福於神，以固寵位。聞某廟神靈顯。待神誕日，預命廟祝，須俟其上第一炷香，毋許外人先入。廟祝恪謹遵命，比魏璫至，則爐中已有炷香。璫怒責祝數十，謂於翌日再至。廟祝入夜後，巡守更嚴；詎夜半璫至復然。欲窮其異，親宿廟內。更魚三躍，登殿拈香；恍惚見一垂髫女子在神前跪拜，其服色面貌，見之極真。將欲執問，轉瞬已杳。乃使人遍訪之，得某氏女；召至，果是晚所見者也。先是該處有貧家女，母患目疾，百藥罔效。聞距該處五百里外有某廟神極靈應，欲往禱而不能遠行；乃向鄰右之曾至該廟者詳詢其道路遠近，一日夜能行幾時，每時能行若干里。一一識之。潛於侍母湯藥外，持香一柱，繞室而行，日夜不輟；歷五晝夜，計程將到，因跪而求藥；撮香灰療母，母目頓明。至此，魏璫聞其事，嘉其純孝，遂禮遇之。《傳》云：「鬼神非人實親，唯德是依。」觀此益信。彼紛紛焉入廟燒香者，其亦知自返於心也哉！〔一瓣心香〕

2172	原 251/8	廣戌 11/88	大 7/314

凱風再咏

某甲，申左人也，習魯班業。年弱冠而父歿，母某氏，徐娘雖老，春興尤饒。自喪所天，角枕錦衾，時傷岑寂。久之，與鄰近某乙有染，雙飛雙宿，居然一對鴛鴦矣。詎其子執業雖微，尚知廉恥；不以吃安佚飯為樂，而以戴綠頭巾為羞。見母所為，心頗不直，不免婉言規諫。母心銜之，由是視子如眼中釘。時與姦夫密議，欲置之死地以滅口，而子猶未知也。一夕，甲歸家就寢，漸入黑甜鄉。婦與乙起而執之，拖至浦濱，將使效屈靈均懷石沈江故事。幸甲命猶未絕，適遇某客經過，急前勸解，得免於難。諺云：「虎不食子」，今此婦之毒，可謂猛於虎矣！〔姦藏殺機〕

2173	原 251/9	廣戌 11/89 右	大 7/315

痛失掌珠

杭垣獅子巷某甲年逾知命，嗣續尚虛；因商諸妻，納一雛姬，冀徵熊夢。居無何，珠胎暗結，一索得男。荏苒光陰，甯馨兒已三歲矣。妻弟某乙，素有煙霞癖，近日因事館於其家，見呱呱者方在襁褓，頗以得一宅相為喜。一日午後，乙橫陳短榻，吐霧吞雲。適兒嬉戲床頭，給以果餌，其樂融融。少頃，乙因事往外舍，回視盒中煙膏，已去其半。知兒誤食，急為灌救。詎因臟腑脆薄，染毒已深，不及救治。白髮婆娑，惟有空揮老淚而已。甚矣！鴉片烟之害人也，可弗慎歟！〔伯道無兒〕

2174	原 252/1	廣戌 12/89 左	大 7/316

五福駢臻

揚州某封翁年屆古稀，精神矍鑠。其哲嗣某太守于役豫章，王事賢勞，不遑將父。封翁優游家食，頤養林泉，含飴弄孫，致足樂也。今正元旦，天甫平明，封翁整肅衣冠，心香虔爇。迨頂禮畢，忽有蝙蝠翩然飛入堂奧間。次公子竊議其出不應時，遣僕欲逐之。封翁止之曰：「蝠音同福，元日見此，殆有福自天申之兆乎？」相與雀躍者再。行見德門有慶，和氣致祥，異日吉語傳來，有可操左券者已！〔吉祥歲〕

2175	原 252/2	廣戌 12/90	大 7/317

呦呦鹿鳴

《本草》云：鹿一名斑龍。鹿與游龍戲，必生異角，鹿得稱龍以此。《述異記》云：「鹿千歲而色蒼，又五百年而白，又五百年而元。」漢成帝時中山人得元鹿，烹之，骨皆黑色。仙家以元鹿為脯，食壽二千歲。此古事之可徵者也。京師於去年到有盛京貢鹿十二隻，業已發往南園畜養。一時䴥角生芝，麑斑錯錦。或眠於草，或飲於泉。其高似馬，其馴如牛。方之紫袍青裾，草衣黃練，真幻立分，妍媸各別。對此飛毛雪灑，列髮冰浮，果能飲食毋失其時，訛寢毋拂其性，誠可以賞心悅目者也。夫鹿為獻瑞之獸。今盛京所貢者十有二頭，仰見王者孝道則至之休徵，為不誣已。〔仙品〕

2176	原 252/3	廣戌 12/91	大 7/318

富貴壽考

在昔磻溪釣叟，方溷跡於江湖；絳縣名賢，已忘情於鐘鼎。雖具壽者之相，未作富家之翁，恐未能取精用宏，以樂餘年也。香港有閩人黃逸仙者，由服賈起家；積資十餘萬，捐有二品封典。比年來，已了向平之願，暇則精究衛生術；故雖華顛白髮，而老子於此興復不淺。本年元旦為其九秩壽辰，海屋添籌，畫堂介祉。占〈洪範〉而祥徵五福，歌〈天保〉而頌協九如。黃君乃開綺筵，謁嘉客；冠裳雲集，珍錯星羅。興既盡乎椒觴，情復悅以菊部。雖當年叔度雅量，亦未易消受此鴻福也。彼耆英高會，文潞公興會淋漓；袍笏盈庭，郭汾陽精神矍鑠，恐不得專美於前矣！〔吉人天相〕

2177	原 252/4	廣戌 12/92	大 7/319

登科有兆

山左某縣有文昌宮焉。昔年公置香火田地以為修理經費，歲久失其契據，田被勢豪侵奪，以致廟宇頹毀異常，迄未修葺。去秋某茂才倡議重修，欲覓昔時田契不可得，議遂寢。然此志終未嘗忘也。今正元旦，茂才焚香禮畢，忽和衣假寐，夢一白面書生叩門入，手持故紙一幅，授於門者而去。未幾，門者入，具告所以，正與夢符。茂才取其紙，諦視之，皆文昌宮舊有之田契也。驚喜而起，問來人可在？則曰：「某先生已去矣！」茂才嗟訝久之，遍訪其人，不可蹤跡。翌日，告於眾，相與驚異，僉曰：「君一念之誠，幽明相感，此必文昌遣使送來。君可按籍追回原地矣。今歲正逢大比，君元旦會文昌，殆有掄元之兆歟？」為之稱賀不已。嘗閱某説部載有道光壬午科黃解元先有是兆，後果不爽。今茂才毋乃先後同符乎？姑誌之，以為異日證。〔至誠感神〕

2178	原 252/5	廣戌 12/93	大 7/320

吳中年景

客有自姑蘇來者，為余談除夕風景。知該處去年收穫頗豐，閭閻卒歲有資，皆欣欣有喜色。城廂內外，各家門首皆置一火盆，其中滿積獸炭，光燄熊熊，謂之「相煖熱」，蓋猶有古昔遺風焉。某村落則於除夜高燃火炬，縛長竿之杪，遍照田土，一望爛然，如萬點明星掩映於魚塍鳩隴間。而各舖夥友下鄉索逋者，當秉燭夜行時，忽遇此光明如晝，皆歎得未曾有。好事者前叩其故。據父老言，此本故事，相傳能祈年穀豐稔。道光某年間，吾鄉曾有是舉，後果歲登大有。今猶有慕於斯風，亦聊盡田家之樂事而已。〔田家自有樂〕

2179	原 252/6	廣戌 12/94	大 7/321

屠蘇晉酒

嘉興桐鄉縣蔣悟禪明經，性耿介，古趣獨敦；年屆古稀，精神矍鑠。蘭孫桂子，羅列滿前，一室雍雍，怡然自得。今歲元旦，客有登堂叩賀者，見其家人從井中汲水置酒；由少而老，歡然暢飲。問之，曰：「此屠蘇酒也。其法用藥一劑，先於除夜，浸於井中；次日汲水和酒以飲，相傳是酒能除疫癘。蓋取屠絕鬼氣，蘇醒人魂之意。古時曾有是事，世人但知其名，而不知其法，故飲者寥寥。」去年各處疫氣盛行，而明經家果能安然無恙，僉謂是飲屠蘇酒之效也。信如此言，則是酒實亦衛生之一道，居家者皆當倣行。豈可與柏葉、椒花諸酒一例視之哉！〔驅瘟逐疫〕

2180	原 252/7	廣戌 12/95	大 7/322

仙吏探梅

梅為百花之魁，以韻勝，以格高。古來逸士奇人，動多寄興。是以陸凱則情深驛使，師雄則夢繞羅浮。正不第相國石腸作賦，而丰神偏逸；道人鐵腳大嚼，而肺腑皆香也。溫州永嘉縣甯琯軒明府，吏治精明，襟期瀟灑，風塵中之良吏也。日者，親督兵役赴楂山地方查辦賭案；畢即偕堂叔甯雲生封翁，暨幕友數人，駕舟徑詣某鄉，為尋梅之舉。至則老幹橫斜，天然潔白，恍如仙女淡妝縞袂，飄飄而來。明府巡梭索笑，逸興遄飛；相與話林逋故事，誦梅花詩數章而返。一時傔從人等，皆手執梅花數枝，大有「看花歸去馬蹄香」之景，亦一時佳話也。故泚筆誌之。〔雅人逸致〕

2181	原 252/8	廣戌 12/96	大 7/323

財神示夢

蘇州元和縣李生，小有才；屢困場屋，藉課讀以餬口。年來染煙霞癖，家計益窘，負人金纍纍，弗能償也。去年除夕，索逋者紛至沓來，生無以應，欲覓避債臺而不得。聞距家數里外有一財神廟，敗瓦頹垣，冷落特甚，遂詣廟暫避。居無何，獨坐假寐，心神恍惚。忽一法冠道服高坐堂皇者，謂之曰：「天下惟黑心人不能致富。今措大一寒至此，亦何樂而為此乎？」生自恃坦白，嘵嘵力辨。神曰：「汝特不至若商人之見利忘義、變壞本心耳。然平日食古不化，多飲墨汁，心安有不黑？而復重以窮年累月，日與紫霞膏浸淫漸漬，心更安有不黑？此所以有今日也。」生聞言爽然若失，急求援手不已。神曰：「汝能洗心，予便福汝，但亦有命存焉。」隨取一冊繙閱良久，覼然曰：「汝明年尚有三分財氣。下月若購呂宋票數十金，可立致也。」生喜甚，遂蘧然而醒。急起回家，時天已黎明矣。〔富貴在天〕

2182	原 252/9	廣戌 12/97 右	大 7/324

遠餽名泉

常州惠泉山泉味清甘，品評者推為天下第一。前署福藩張笏臣方伯，去夏調補蘇臬。到任以後，與閩中僚屬、紳士，常以書札通問。嗣因商輪之便，寄惠泉水數十擔，分送將軍、督撫、司道各官。衮衮諸公，於簿領之餘閒，試煎茶之韻事，相與評量色味以為較。閩中北庫井老鴉壑之水，尤為芳冽也。夫當簿書鞅掌之時，尚能託興煙霞，寄懷風雅。東坡調水符不得專美於前矣。然水以證交淡，亦以比心清。方伯此舉，固別有深意，不僅以往還贈答，自詡風流也。〔臣心如水〕

2183	原 253/1	廣亥 1/1 左	大 8/1

雛鳳清聲

新會章村人黃某之妻高氏，自去春懷妊後，珠胎暗結，玉體膨脝。去冬某夜臨蓐，一索得男，舉家歡喜。詎未及周時，兒便能呼其父母，黃與妻大驚，以為是怪物也；留之恐不祥，言於鄉人。鄉人爭來觀看，隨聲附和，皆恐其長為家門之禍。於是黃與妻亦竟無舐犢之心矣！豈知老子亦生而能言，何不祥之有？天生慧根，生而能言，實英物也。彼蚩蚩者，烏足以知此。〔一鳴驚人〕

2184	原 253/2	廣亥 1/2	大 8/2

別開生面

闍婆國山多猴，不畏人，呼以霄霄之聲即出；投以果實，則群集爭食。其類曰㹟，曰玃，曰狖，曰禺，曰蒙頌，曰果然，曰獑胡。聚挨而居，不一其類。猴性喜動，常四出騷擾，或至人家攫取財物。居民深以為患，而亦無可如何。一日，該處土人忽聞鑼聲鏜鏜然，鼓聲鼕鼕然，間以琵琶、檀板之聲；譁然雜然，眾樂齊鳴，洋洋盈耳。異而蹤跡之，則見眾猴圍坐一處，正在拊擊，咸興高采烈；此歌彼和，其聲嗚嗚，非知音人不能辨也。特不知其樂器從何處竊來耳？土人且笑且惱，擒數猴以歸，或截其爪指，或斫其前足。居無何，群猴畢集，土人不堪其擾，乃將所擒各猴，縱之去。越日，而諸猴之鳴鑼擊鼓如故也，管絃絲竹之音亦如故也。噫！是猴也，其雖慕滬上四馬路各書場之風乎？何竟與滬上四馬路各書場同一蹊徑也？〔奇聞壯觀〕

2185	原 253/3	廣亥 1/3	大 8/3

仙塔無影

惠州府龍川縣乃南越王之故治也。縣有古塔，層累九級，矗立千尋，倒插霄漢；雖在日中而無塔影。相傳為仙人所築。當築塔之初，其下素多土人曝曬稻穀，或有慮之者曰：「此塔若成，則塔倒影於地，有妨曝曬稻穀矣！」仙人曰：「吾築此塔，可令無影，無慮相妨也。」及成，雖斜日四照，果無影。其塔以古磚層累而上，磚色近紅，工巧而料固。閱年既久，無少剝蝕，洵仙跡也。惜說者失傳其為何代所建。去年某日，狂風猛雨時，塔頂竟被吹倒。嗣經邑人重為修理，頓復舊觀。惟舊頂以銕鑄成

作葫蘆狀，大可二圍，重數百觔，今特無此宏壯耳！〔神妙不測〕

2186　原 253/4　廣亥 1/4　大 8/4

西人抛球

抛球一事，為西國通行之技，其式甚多。有擊於桌上者，其球製以象牙。有擊於地上者，其球製以木，鋪板於地而擊之。更有擊之於野者，其球式亦有二。一則以樹乳製成，抛者各持一軟拍，往來交擲；一則以皮製就，其抛擊全恃手力。蓋皆西人之藉以行血氣而舒筋絡者也。去冬香港有西人在抛球場擊擲皮球，其法立三木於場中，一人持球遙擲之，若能擊倒其木，即為得勝；而以一人持片板若槳櫓狀，立於木傍，俟其球至，而反擊之，無使中木。凡擊此球者，大抵皆孔武有力。一時采烈興高，樂而忘返，中西士女，無不約伴來觀云。〔逢場作戲〕

2187　原 253/5　廣亥 1/5　大 8/5

富不可求

廣東省城西關有黎祺者，素性慈善，業小販以餬口。去冬某日，忽謂其妻曰：「吾將往佛山文昌沙武廟為馬軍矣。」妻不之信。黎曰：「至期當自知之。」越日，黎果病。適有友某甲至其家，妻具以黎言告；甲慰以好言而去，然心甚異之。他日復至，及門聞哭聲，知黎已死，遂入弔。計其時，正在該武廟重修告竣，奉神陞座之頃。因嗟訝久之。後數日，甲詣該廟；見門外泥塑赤兔神馬旁，一馬軍執鞭牽馬而立，其像與黎宛肖。知其歿後，果已託魂於此。因持瓣香向馬軍喃喃默祝，隨出所備籤筒，分列鴿票八十字，搖而祈之。籤示十字，即晚猜買，果中七字，得彩銀八兩有奇。翌日，酬謝馬軍，復暗祝之，乞再示十五字；搖籤禱之，又示十五字而歸。是晚，甲喜甚，沽酒暢飲，漸至酩酊。比醒時，已夜半，不及購票，懊喪不已。次晨開彩查對號數，則所示之十五字，當得彩銀五百餘兩。而甲竟以麯秀才誤之，豈非命也耶？〔順受其正〕

2188　原 253/6　廣亥 1/6　大 8/6

雌虎交鬨

娶婦求淑女，弗貪厚奩。此朱子之格言也。梁鴻眉案相莊，鮑宣鹿車共挽，傳為佳話，世艷稱之。自人心不古，妝奩厚薄，計較偏多，於是閨房釁隙之端，有愈出愈奇者矣。粵人朱某，年逾弱冠，娶錢氏女為室。女家素貧，一切奩具，不能從豐，以為乾宅生色。過門後，妯娌數人見其釵荊裙布，竹笥練裳，皆嘖有煩言。旋被送親女僕所聞，訴于錢氏。氏固巾幗中健將也；聞其言，大怒，舌劍脣鎗，遽作女嬃申申之詈。妯娌亦齒牙伶俐，不肯稍讓。遂至娘子軍皆摩拳擦掌，蠻觸紛爭。時新人衣冠猶未卸，群雌粥粥，恍如吳宮之教美人戰；而賀客之聞聲集視者，無不詫為笑柄。《詩》曰：「婦有長舌，惟厲之階。」諒哉！〔娘子軍〕

2189　原 253/7　廣亥 1/7　大 8/7

有志功名

江右某太史由京請假，歸將至家，舟泊南昌府東湖北。時更漏三下，月色當空，船上人皆鼻息齁然，太史亦漸入睡鄉。有妙手空空兒，褰裳而涉，至船傍窺伺良久。見行李中有一冠，金頂煌煌，適與月光相映，照耀奪目，疑係淨金鑄成；遂一眼覷定此頂，伸手竊取，急切不能脱，因硬摘之。及得頂，轉身便走。船為觸動。太史驚醒，披衣而起；查檢篋笥無所失，惟冠上之頂已無，疑賊決不出此。後乃恍然悟曰：「是殆認為金質也。故他無所取而獨竊此，真可謂笨賊矣！」予曰：「不然，今天下濫膺名器者多矣。彼衣冠絢赫、色頂輝煌者，亦孰知其為何如人？今此賊豈不知頂係銅臭，特不能納粟以捐；不得已而出此下策，其志固猶向上也。予姑美其名曰：有志功名。」〔笨賊〕

2190　原 253/8　廣亥 1/8　大 8/8

邪緣莫狎

肇城東門外某街高、陸兩人，素相友善，出入必偕。一夕，高偕陸同往觀劇，時戲場中有少婦，年約二十許，姿色佳麗，送睞含情。蓋瘋婦而不見於面，欲借此以衒玉求售者也。陸目逆而送，情不自禁，遂與婦兩相會意於不言之表，而高不覺也。迨至夜深，歌場人散，高與陸亦相率而歸。婦亦起而暗隨之。陸知其有意于己，故意行遲落後，向婦調之，以求樂中之樂；婦不甚峻拒，偕入河旁之廁中。高前行迴顧，失陸所在，急循原路覓之；覺廁中有人小語聲，以所持籠燈，入而燭之，則野合鴛鴦忽被驚散。陸謂高曰：「何不少假片刻，而遽敗興耶？」高曰：「若遲片刻，則雲消雨散，君將不堪。」後聞陸亦竟無恙，方感高之德。由是觀之，野田草露之中，其可貪戀邂逅之緣哉？〔守身如玉〕

2191　原 253/9　廣亥 1/9 右　大 8/9

達人快論

鳩江某甲籍隸細柳營。家有一馬，齒已加長。怒其不堪伏櫪，僅能識途，時欲藏諸外廄；馬雖戀棧情深，弗顧也。一日，牽其馬至市上，雙蹄得得，執轡而前。適某乙經過，見其馬，注視良久。甲疑為相馬也者，謂之曰：「是良馬也。平日負重致遠，志在千里。吾子其欲為九方臯乎？幸毋相以皮毛也。」乙曰：「君言誠是。此馬若不調良，何能至此老邁。然壯而用之，老而棄之，於心為不仁。吾不忍以購馬之故，貽子以不仁之名。古之人敝帷不棄，以裹馬屍，其留意焉可！」言畢，遂一笑而去。〔窺破機關〕

2192　原 254/1　廣亥 2/9 左　大 8/10

友愛可嘉

粵東有甲、乙二人，兄弟也；分居各爨，皆以小販營生。乙頗友愛，而時運偃蹇，常斷炊煙。甲則衣食稍裕，性甚悖戾；雖見弟貧迫，不之恤也。一日，乙忽病，纏綿床蓐，境況蕭條；幸有友某丙時來佽助，為之措醫藥資。至甲處，告以乃弟病狀。甲峻拒之，分文不肯給。丙不忍坐視，竭力周全，乙得痊愈。未幾，甲亦遘奇疾，數日勢益劇。乙聞之，急往閱視，且為侍奉湯藥，雖勞弗怨。丙尼之亦弗聽，為之稱歎不已。悌弟若此，亦可以風世矣！〔相形見絀〕

2193	原 254/2	廣亥 2/10	大 8/11

賢令毀像

異端之盛行於中國，非一日矣。所最可異者，愚夫愚婦初不問其為何神？有其舉之若有不可廢者，因從而附和之，無惑乎近來邪説之踵事增華也。揚州地藏菴東某姓嫗，妄造妖言，謂有仙姑降臨，塑像惑眾。一時善信爭趨之。事為甘邑宰訪聞，親詣該處查辦；見往來香客甚眾，並有不僧不俗之二人侍奉香火，不禁勃然大怒。立飭從人，將籤筒、仙方及案上所供各物全行捽毀。並將偶像置諸積薪之上，舉火焚燒，轟轟烈烈，霎時間盡成灰燼；雖仙法亦不能護持也。是時觀者如堵牆，有咋舌者，有搖頭者，有口稱罪過者，有拍手稱快者。惟該嫗老邁龍鍾，經眾鄰緩頰，幸免受刑。無知者尚望仙佛有知，有以默佑之者。其愚抑何可笑？〔佞人佞事〕

2194	原 254/3	廣亥 2/11	大 8/12

上元謁祖

新婦過門舉行廟見，禮也。然他處則隨時行之，惟粵中俗例，必於上元張燈之夕，以為新婦謁祖之期，是則銀花火樹中，又增一綺羅世界矣。饒平縣屬黃岡余姓家，聚族而居，不下數千戶，前代多顯宦。當宋時所建祠宇，雕楹刻桷，有類宮殿，至今猶沿其制；雖粵垣素多大族，而祖祠之堂皇華麗，無有能出其右。今歲上元之夕，余族循行是例。先雇梨園子弟在祠堂演劇，袍笏登場，魚龍曼衍，頗極可觀；後有麗人數輩，翠繞珠圍，錦團花簇，姍姍蓮步，皆到祠內謁祖。一時新郎新婦，貌似璧人；惟見簇簇生新，雙雙下拜云。〔靄然洗然〕

2195	原 254/4	廣亥 2/12	大 8/13

因貪受騙

甯波慈谿有邵小毛者，以販魚為業，日攜罾罶至市，藉博蠅頭生涯，亦頗不惡。一日，踽踽獨行，腰橐中藏有英洋六枚。偶焉露眼，為匪人窺見，尾隨其後。行至郡城北門外，忽有前行之人，失落一手巾包。匪徒拾而視之，則某鹹貨行洋票十二元一紙，注明付洋日期。邵謂之曰：「路上拾遺，須得分潤。不然將呼失主。」該匪故作懊恨狀，因曰：「若能給我洋八元，可持票去。」邵至此，利令智昏，便答曰：「予汝六元，何如？」該匪應允。兩下交換而散。及邵至江廈照票，則係贋鼎。蓋前行之人，實即該匪之串黨也。方知遭騙，大哭而回。貪之誤人甚矣哉！是故君子以不貪為寶。〔悔之無及〕

2196	原 254/5	廣亥 2/13	大 8/14

典史悖謬

蜀人姚某胸無點墨，藉銅臭之力，捐納佐雜，選授松江府華亭縣典史；歷任有年，肆意胡行，無所不至。日者，譁傳其寵妾蔑妻一事，殊足令人髮指。先是該典史娶某氏女為婦，生子早殤，苦無嗣續；乃購一雛姬，置諸篷室，連舉兩雄。妾因恃寵而驕，視大婦如眼中釘；姚亦不念香火情，常虐待之。大婦吞聲飲泣，忿不欲生。某縣令夫人憫之，招入署中，款留半月餘。旋有某幕友者，與姚為兒女姻親，憐婦困苦，逕由縣署接至家，待之甚優。以為自此可苟延殘喘矣。不意蓂月某夜，竟作審案模樣，傳差役提婦；差不敢拂，遂執以獻。姚乃居然公服升堂，謂大婦本係使婢，收房後並未生育，不信可差官媒驗之。官媒如法檢驗，顯係曾經產育者，據實稟報。姚假作痴聾，胡言亂語，逼寫休書。婦不從，喝令鞭背數百，掌頰二百，直至鮮血淋漓；復以腳鐐手銬，禁諸幽室，如罪囚然。噫！夫婦居人倫之一，該典史忍心害理，一至于此，尚復成何事體耶？〔聞所未聞〕

2197	原 254/6	廣亥 2/14	大 8/15

官邪宜儆

方姚典史之蔑視嫡妻也，見者酸鼻，聞者傷心；僉謂官場中人，不料竟有此荒謬之輩。事為松江府恩太尊訪查，立傳該典史入署，大加申斥。姚自知悖謬，長跽不敢起。越日，委華亭縣葛邑尊研審。據大婦所供平日淩虐情形，及當下擅用私刑，慘酷萬狀，為千萬年所罕聞。復將典史署差役提究，皆謂奉本官之命，故不敢違。邑尊斥其謬妄，令將動刑之差趙某，笞一千六百板，嚴行收禁；其餘轎役、禁卒及跟丁等，各笞數百板。聞者莫不稱快。後經太尊親提集訊，眾供鑿鑿；乃備文申詳上憲，立將該典史撤任；尚須提省審辦，不知如何結案。慨自綠衣黃裏，風詩所譏；金寒玦離，史冊所戒。自來並后匹嫡，未有不肇家國之禍者。該典史聽彼婦之譏言，待嫡妻以非禮，卒致身敗名裂，為天下笑。嗚呼！可不慎哉！〔維持名教〕

2198	原 254/7	廣亥 2/15	大 8/16

衣冠禽獸

某生，粵之肇慶人。小有才，性甚悖戾，武斷鄉曲，靡惡不為，人皆畏之如虎。其胞姊某氏適商人某甲，早喪所天；膝下一女，年已十二齡，形影相依，含辛茹苦。某生非惟不能賙恤，反利甥女稍有姿色，視為奇貨可居；陰謀詭計，唆令其姊改醮。姊數痛斥之，而某生未之悛也。有某甲者，年雖老大，猶賦鰥魚。生暗以其姊議婚，訂明身價洋十元，有成約矣。恐其姊不允，知其素善挑痧，託言有某大家請往治疾，給令其姊乘輿而往。甫及門，姊知中計，立即乘輿而歸。迨至家，則他輿已候於門；某正欲強誘甥女使登。姊怒甚，執生而嚙其臂，既泣且罵，誓不肯休。嗣經鄰右解勸，生始得竄回。噫！荒謬若此，可謂儒門之敗類，名教之罪人矣！〔儒林不齒〕

2199	原 254/8	廣亥 2/16	大 8/17

索婦述異

某甲，順德陳村人也，幼時父母聘鄰近某氏女為室。比甲長，患目疾，遂致失明。女家雖知之，然因一與之齊，終身不改，將錯就錯，卒行合巹禮。婦入門見此良人，雖具師曠之聰，不知子都之佼，心焉惡之；遂歸寧母家，歷久不返。某日，值甲母設帨之辰，遣人接婦歸，婦竟掉頭不顧。一時佳偶翻成怨偶，姻家變成冤家。甲再四思維，憤無可洩，潛購火藥數兩，袖至岳家，向泰水理論，欲婦即返。岳母不允，甲大聲曰：「果如是，將縱火燒屋，同歸於盡。勿謂言之不先。」眾以為妄，漫應之。甲即燃火藥，擲於廳事；甲及岳母皆受剝膚之災。幸鄰人急為撲救，火始息滅。然二人已受重傷，雖經醫治，不知可

無性命之憂否？該盲人之計，可謂毒矣！〔瞎毒〕

2200	原 254/9	廣亥 2/17 右	大 8/18

老饕敗興

蕪湖某酒肆製妙新豐，座客常滿，飛觴醉月，興會淋漓。一日有某甲，衣裳楚楚，翩然而來。見桌上所陳各物，皆不堪下箸；遂露出老饕本相，欲得美味而大嚼之。乃先取金錢一枚，給酒保曰：「此錢賞爾，有何佳味，可即實告。」酒保附客耳低聲曰：「不瞞先生說，此處實在不佳，還是別家的好。」甲至此，懊喪不已，旁觀者無不掩口葫蘆云。〔爽然若失〕

2201	原 255/1	廣亥 3/17 左	大 8/19

奇人奇事

衡陽縣有咄咄子者，逢人輒云咄咄，人因以「咄咄子」呼之。縣有彭剛直公墓廬，恆宿食其中。數年前，公入山掃墓，其人突然入，見公拜亦拜；拜畢，乃拜公。公命之坐，與談數語，即辭去。公嗟嘆者久之。去年，聞公薨；乃麻衣如雪，負芻牽羊，欲進公第弔奠。閽人阻之，不得入。及公將安葬時，又欲強行進內。問其名，不告。閽者怒，送縣羈押。翌晨城廂內外，俱有揭訟其冤，並述其所為。邑宰因釋之，後不知所終。〔咄咄子〕

2202	原 255/2	廣亥 3/18	大 8/20

樂極生悲

甯波慈溪縣岐山頭余某，翩翩年少，狂縱性成。新正初三日，整肅衣冠，往葉家兜葉姓岳家賀歲。泰山、泰水見了佳婿，款待殷勤，留諸甥館。是夜，家人畢集，共擲狀元籌為戲。夜將闌，狀元已為五紅五點所得，以為錦標無人敢奪矣！詎余復擲得五紅六點，不禁狂喜，拍手叫快。豈知一俯首間，旁有水煙袋一支，余眼竟套於其嘴，血流如注，暈倒復蘇。次日舁送回家，求醫療治，已難奏效。聞此目業已喪明，恐不免與李克用把臂入林矣！〔 〕

2203	原 255/3	廣亥 3/19	大 8/21

潑酒滅火

杭垣石板巷某酒肆，新豐妙製，座客常盈，有劉伶癖者爭往趨之。去臘初十夜，因酒爐餘火未熄，以致延燒他物；霎時間轟轟烈烈，聲震屋宇。店主急起視之，見火勢炎炎，將延及樓板，急欲取水澆之；恐遠水不濟近火，遂以酒代水。約取十餘罈，拋擲火中，火勢頓滅。想祝融氏已酩酊而去矣。夫世之以沽酒作生涯者，往往攙水於酒，以圖獲利。此次事起倉卒，燃眉勢迫，竟不惜以酒代水。安知非冥冥中有意播弄歟？寄語賣酒家，尚其以此事為殷鑒也可。〔吳回大醉〕

2204	原 255/4	廣亥 3/20	大 8/22

好奇受責

蒼史造五百四十字而字學興焉。迨其後，偏旁點畫變變相尋，遂分篆、隸、真、草之屬。然士子考試制藝，謄真皆用楷書。惟杭垣西湖孤山之麓，阮文達公創建詁經精舍，以訓詁、論說、詞章之學課士；而字體不拘篆、隸、真、草，各盡所長。但考生講解字學者少。即有兼通六書之士，誠恐試士者未必識字。故謄寫仍用楷書。近聞某月朔課有某生脫稿後，謄用說文字體。閱卷某員批示云：「這人膽大妄為，殊屬不成字體。」飭該監院責手心十板。課卷既發，聞者莫不傳為笑柄。按說部中所載，如主司頭腦太冬烘，誤認顏標作魯公之類，正復指不勝屈。不謂徵之近事，居然先後同符。彼靦然操選政者，豈竟甘授人以話柄耶？昔人嘗悔讀書太多，今則又悔識字太多矣！〔貽笑大方〕

2205	原 255/5	廣亥 3/21	大 8/23

猛虎為患

福州南安縣轄後店鄉係吳姓聚族而居。去秋八、九月間譁傳有猛虎為患，居民之罹於虎口者，計有四、五人。某夜有二人宿於祖祠，突有山君嘯風而至，直入祠內，啣一人出；其人大聲疾呼，自思此身必葬虎腹矣！幸眾人鳴鑼奔救，虎始懼，棄人於地，一陣腥風，飄然逸去。其人虎口餘生，始免於難。然則該處虎患之甚，於此已可見一斑。據父老言，向來雖有虎患，不過負嵎作惡，從未有敢至鄉間肆其咥人之威者。是安得卞莊子其人，盡行搜捕也哉！〔山君〕〔肆虐〕

2206	原 255/6	廣亥 3/22	大 8/24

爆竹肇禍

爆竹所以驚山魈，逐厲鬼。古人制造之初，原有深意。延至今日，每屆臘尾年頭，送灶祀神無不樂用爆竹。一若不如此，即無以盡敬神之意也者。豈知爆竹最易引火，餘燼未息，被風吹煽，延及引火之物，即有不測之禍。如本埠小東門外洋行街北首源泰、泰源兩洋棧，前後相連。於新正初四夜，因接財神燃放鞭砲，火星遺落總扶梯下麻袋堆內；延至天明，火勢炎炎，致將扶梯焚燬。及樓上人知覺，欲逃無路，乃將腰帶繫在樓窗，憑空縋下。其時燎原之勢已不可遏，房屋貨物，付之一炬。噫，慘矣！夫祀神以祈福也，送神而放爆竹，原所以明敬也。乃福尚未降，而禍已先臨；財神未來，而火神先蒞。是豈初念所及料哉？然苟不放爆竹，何至若此。願明理人以此為鑒。〔無益有損〕

2207	原 255/7	廣亥 3/23	大 8/25

物是人非

湖北臬司衙門依山而建，署後園林天然佳勝，不若他署之以人力成者，終露雕琢痕也。原任湖北布政使司黃子壽方伯，當陳臬鄂中時，酷愛此園，增植紅梅數百株；并於園之中，興建一草堂，名之曰「梅鶴」，自為題跋，懸諸堂中。公餘之暇，偕幕僚飲酒賦詩，極盡一時之樂。自方伯調任秦中，園林幾為之減色。去冬值惲觀察祖翼權署臬事，飭役重新培植。楚督張香帥聞而慕之。一日，命駕入園，藉供游眺。旋至梅鶴堂小憩，一時調鶴觀梅，幾不知世間有富貴事。時則新雪初霽，枝頭遍綴殘霙，一似繫念舊園主，為紅梅加縞素，而不許其濃妝鬥艷也者。香帥亦不禁慨然曰：「樹猶如此，人何以堪？」為之相顧悽然而別。〔歸然獨存〕

2208	原 255/8	廣亥 3/24	大 8/26

生死相依

南海關氏有一僕，年纔十餘齡，執役頗謹，主人深愛之。先是，僕四、五齡時，隨同寡母依其家，時蒙優恤；因此感其情，誓以終事少主為報。比僕年稍長，遂從少主某甲服役，雖給以優使，弗去也。俄而，僕母既歿，僕亦旋亡。關皆殮葬之。詎僕亡後，甲常見僕侍立榻畔；慮其為祟，默禱之。至夜，夢僕謂曰：「僕感君厚恩，無可圖報。今魂為隨侍，是護君也。毋恐。」關知之，遂立僕位而祀之。一日，甲至鄉間，道經殤嬰葬地，因從僻處小解。霎時間陰寒砭骨，毛髮竦然。歸而疾作，痛益甚。甲婦大懼，急禱於僕之靈。是夕，甲從睡夢中見諸小鬼環繞床下。僕持木棒自外入，叱曰：「蕞爾小鬼，敢祟吾主？」悉揮逐之，眾小鬼皆鼠竄去。復見僕回立床沿下，稟曰：「僕護主，今無恙矣！」霍然而醒，疾亦尋愈。按此事頗近荒誕，特言者鑿鑿。姑錄之，以補坡公説鬼所未及云。〔義僕〕

2209	原 255/9	廣亥 3/25 右	大 8/27

釁起鬩牆

烟臺有某姓兄弟二人，意見參商，素不輯睦。弟恃父母之偏愛，往往虐待其兄；兄無如之何，陰嗾某家兒，乘間毆之。一日，彼此相遇於途，拳腳交下。兄見之不忍，婉語解之。兒怒曰：「勸駕者爾，緩頰者亦爾。豈以吾為傀儡，任人提挈耶？」因兩相爭毆，其弟復助之，扭作一團，幾忘其為手足也者。行路人問知原委，勸解再三，始各釋手。吹壎弗洽，尋斧堪傷。風俗澆漓，於此可見。〔同室操戈〕

2210	原 256/1	廣亥 4/25 左	大 8/28

舐犢情深

金山縣呂巷鎮地方，近有難民三、五成群，四出騷擾，稍不遂意，搶劫隨之，閭閻深以為害。一日，有老嫗龍鍾白髮，行至鄉間，問村人曰：「此處有某某其人否？」時某適在此，聞之便挺身出曰：「予是也，何問為？」嫗曰：「余非他人，乃爾母也。當賊擾時被擄，在外有夫生子，家亦溫飽。今作難民乃生涯耳。余亦不需爾供養也。惟前出逃時，藏鏹四百元在大門下，爾可掘取使用。」言畢，飄然竟去。迨某如言掘之，果得此數。嫗亦絕不復至。嘻！慈母之愛子也，雖事遠年湮，尚不忘情若此。〔母子〕〔重逢〕

2211	原 256/2	廣亥 4/26	大 8/29

天下第一奇境：山門

世人讀〈桃花源記〉而神往武陵，實無此山也。甯國縣西北三十里，一山百里而中空，天下惟此山無名。山有一門，故曰「山門」。天下之以門名山者，皆兩山對峙，上不相屬。山門上下左右，一石天成，高廣皆五、六丈，真山門也。入其中，有良田、清溪，又有三十六峰、七十二洞之勝。山門之旁，復有水門；山中三十里之水，皆匯而出於山底焉。何法盛《晉中興書》云：「瞿硎先生，不知姓名，隱宣城文脊山。桓溫訪焉，先生披鹿裘，坐石室中，神色不動。溫莫測，命參軍伏滔勒頌而去。」文脊乃三十六峰之一，瞿硎石室則七十二洞之一。瞿硎者，洞中方石也。洞中丹灶、劍匣諸石，皆形色畢肖。洞門鐘、鼓二石，叩之聲如其形。顧《晉書》不曰「山門」，而曰「文脊山」。是以謝朓、李白日對文脊之背，而不知山門。山中屠、程諸姓五百餘家，世相婚娶，不與世通。及明世宗朝山人屠枰石出為祭酒，視學浙江，撰《山門圖記》八卷，山門之名，始著國朝。施愚山作後記。自來安徽學使，無不游山門者；羅椒生先生嘗再至焉。咸豐兵燹後，輶軒絕跡。前年聞雪琴宮保解兵柄，因折簡招遊，并函蕭金伯明府飭地方糞除洞府。宮保病，不果遊茲土，有恨遲十年負此奇境之歎。及子驤云亡，恐無復問津者矣！然山門有一洞，名桃源洞，初纔通人，漸入漸小，其中又漸大，移時即聞雞犬聲，若在數里外。是山門中又別有桃源也。辛卯春，屬畫士寫之，以公諸海內之好奇者。然止能圖山門，若七十二洞曲折幽深，非筆墨所能貌也。七十二洞天，不食煙火。蓉裳道人識。〔蓉〕〔裳〕

2212	原 256/3	廣亥 4/27	大 8/30

火災待賑

邇來火患之多，甚於往古；而大火疊見，則為往古所未聞。如川省之火，焚至四千餘戶；吉林之火，災及二千餘家。人幾疑此等巨災，為天火所及，非人力所能挽回，而不知火政或猶未備也。乃甯波定海廳署附近某豆腐店，突於新正初二夜，因潑翻火油燈，延燒房屋，霎時間火勢炎炎，上燭霄漢。時正北風甚大，祝融氏更覺跋扈飛揚，一路蔓延，如摧枯拉朽，無可施救。該處共有水龍六架，齊集噴水。無如火鴉軍東奔西竄，竟將三架水龍化為劫灰。猶幸人口並未傷斃，計焚去房屋三千椽。可謂巨災矣！現在該處人民風餐露宿，困苦不堪。雖經各善士竭力佽助，終覺災廣款絀，待賑孔殷。所望覽此圖者，慨解腰囊，施當其厄。若謂為鄭監門〈流民圖〉，幾於數見不鮮，則非予之所知矣！〔功德無量〕

2213	原 256/4	廣亥 4/28	大 8/31

狡獪不測

童子出外游戲，被無賴剝去衣袴，此等事時有所聞，然猶不敢明目張膽也。乃觀於漢口三善巷口一事，令人歎人心之險詐，有防不勝防者矣。某日，有一童年僅十餘齡，身穿棉袍褂，行至該處，突遇一人，按之於地，將其袍褂逐一剝去。童且哭且罵。其人故作怒狀，批童頰，叱曰：「畜生爾不受教訓，終日在外剝衣賭博，爾娘為爾幾乎氣死！今復敢罵我，真是膽大包天。與其留此衣為人所剝，甯由我自剝。」言畢，持衣憒憒而去。迨童扒起，其人已遠颺。時觀者甚眾，皆疑其為父子也。而不知賊之狡獪，既剝其衣，又冒為其父。無惑乎青天白日之下，肆其搶劫手段，而人皆不敢顧問。嘻！人心之壞，抑亦世道之憂也！〔黠賊〕

2214	原 256/5	廣亥 4/29	大 8/32

雙雞異狀

雞之神異，説部載之詳矣，不謂更有愈出愈奇者。南海蕭水生向在新嘉坡江橋頭開園飼牲為業。客臘二十日，籠雞二頭至山坡中擺賣，謂非善價不肯沽也。人聞其異，則令就籠諦視。蓋此二雞，皆賦形甚異；一則一身而二首，一則二身而一首。一時聚而觀者，如堵如牆，皆歎得未曾有。呂宋人尼壽，好奇士也，以銀五元購之去。嗣有問蕭此雞之來歷者。蕭言園中畜有母雞一頭，形甚茁壯，近已抱卵；而卵中均係雙黃。因取十四卵畀令哺育，內有六卵已成㾮卵；所餘八卵，則六卵各出雞二頭，此二卵則產此異。果如所言，則古之三足雞，恐亦不足稱奇矣！〔羽族〕

2215	原 256/6	廣亥 4/30	大 8/33

水怪可驅

江西袁州府宜春縣有秀江焉，在府城北；其水澄清深碧，潮汐應時。昔年某日水忽大漲，高數丈，居民深以為憂。時綰府篆者為某太守，聞警之下，立命閉城塞堙，登陴守禦。俄而水勢滔滔，奔騰澎湃。遙見一物，形似牛，首足皆類，惟無角，正在推波助瀾，逆流而下。太守慮城垣衝倒，秀江橋亦必坍塌，急取衣冠遙擲之，且祝曰：「予雖不德，惟茲冠服命自朝廷。爾牛縱不畏予，其敢抗王命乎？請速去，不然予將以鎗砲擊之，毋悔。」祝畢，旋見此牛旁竄北門嶺下，遶越而去，城與橋賴以保全。于是居民翕然僉曰：「是賢太守精誠所感也。」彼韓昌黎為潮州刺史，能為文以驅鱷魚者，今而後恐不得專美於前矣！〔精誠感格〕

2216	原 256/7	廣亥 4/31	大 8/34

風箏致禍

春日晴明，和風飄拂。兒童競放風箏以相娛樂，此風由來久矣。從未聞變生倉卒，身繫半空，竟欲效列子之御風而行者。乃甬人陳某於新正初九日，因風和日朗，忽將大鷹鷂一具，綆以巨索，乘風試放，直上扶搖。時有其子阿寶，年僅十齡，隨同往觀，亦春風得意事也。俄而，陳忽欲小遺，隨喚阿寶暫持鷂索。不料風力甚大；阿寶身小力微，撐持不住，竟被狂風提懸空際。孩駭極狂呼，霎時間已離地二丈許，凌空摩盪，向東飛行，飄飄乎有凌雲之概。陳見之，手足無措，方慮此一塊肉，若不幸墜地，不免碎成虀粉矣！幸阿寶神識尚清，力與風禦，飄至城堞，牽掛而止。當由巡勇援之下，得慶更生，然已面無人色矣！〔 〕

2217	原 256/8	廣亥 4/32	大 8/35

見利思義

甯波人徐亞侯年近古稀，身猶康健。去臘度歲，尚短錢文；乃出和義門，將渡江北岸，向婿家暫假六、七金，彌縫其缺。行至渡口涼亭，足疲小憩，瞥見石凳上有一手巾包，持之頗重，納諸袖內；默思此中必係洋銀，失者恐貽性命憂，乃坐以待。少頃，果有老者奔至，倉皇遍視，淚下如雨。徐急詢之，答曰：「吾有急需，往甬北質田得洋一百二十元。今失去，吾死矣夫！」徐即以巾歸璧，老者檢視無訛，願以零數作酬。徐不受，奉之再四，乃取八枚。徐亦義人哉！〔古道可風〕

2218	原 256/9	廣亥 4/33 右	大 8/36

翦裁妙手

杭垣某甲，翩翩年少，衣服麗都，蹀躞街頭，風流自喜。一日，道經橫大方伯街，適有演猢猻戲者，正令一猴騎狗背上；據鞍顧盼，好似紈袴兒之跨馬然。甲本眼小如豆，駐足觀之，嘖嘖稱羨。不意有妙手空空兒，窺伺其後，私出小洋刀，將其皮袍後幅截去一方。甲初尚不知。觀畢，得意揚揚，大搖大擺而歸。迨眾人互相揶揄，甲始知覺，急覓該剪綹；則鴻飛冥冥，已難動弋人之慕矣！〔裋褐不完〕

2219	原 257/1	廣亥 5/33 左	大 8/37

若合符節

孿生之子，形貌多同，固也。乃更有聲音言笑與性情志趣，亦若有不謀而合者。如西國有甲、乙二人，兄弟也。一日，分道揚鑣而出，甲遊蘇格蘭，見市上有玻璃酒杯一套，精雅絕倫，愛而購之，將以誇示於弟。不謂乙在英國，亦見此器，以為兄必未經目覩，亦珍藏以歸。比至家，出以相示，不獨杯之大小精粗，如出一手，而且採買之時日，復不差累黍。斯真可謂奇人奇事矣！〔難兄〕〔難弟〕

2220	原 257/2	廣亥 5/34	大 8/38

香燭大觀

事神之道，貴盡誠敬，初不在乎香燭之巨細也。而近世佞神之徒，每恐閒時不燒香，臨時抱佛腳，或致勢有所不及；又或以人爭一口氣，佛爭一炷香，謂冥冥中固未嘗無求。於是有不惜資財，窮極華麗，以獻媚於神者；然猶不過爭奇鬥巧，未必能極鉅觀也。乃今歲春初，廈門居民醵資定製大香三炷。長一丈七尺餘，較之正殿中欂櫨短三尺許；粗如椽柱，圍二尺五、六寸。火燭一對長七、八尺，圍如斗；中用巨竹裹棉布為心。權之，重一百二、三十觔。至上元張燈之夕，擡至關帝廟供奉。聞該廟香煙鼎盛，素為各廟之冠。今茲青煙裊篆，絳蠟增輝。不知武聖在天之靈，其亦以此為虔敬否？抑將怒其奢侈而斥之也？〔矜奇炫異〕

2221	原 257/3	廣亥 5/35	大 8/39

長髯誌異

昔王通鬚垂至腰，許惇鬚垂至帶，謝靈運鬚長過膝。考諸載籍，傳為美談。然皆不言其尺數；惟《前趙錄》載劉淵鬚長三尺餘，《唐書》載蝦蛦使者鬚長四尺許。此等異相，自尚空前絕後矣。乃《益聞錄》載有某西人鬚多且長，下垂至地，約五尺許。是與中國之所謂長髯者，又加人一等矣！昔張華多鬚，好以帛纏之；陸雲見之，笑不能止。向使陸雲見此西人，其狂笑當何若耶？顧予獨惜其僅能長髯耳！苟得如賈逵之長頭，老君之耳長七寸，唐之胡僧眉長數寸，秦始皇時之巨人足長六尺；合眾長而備於一身，不誠一代之偉人歟？雖然，其一長亦可取也。〔片長〕〔足錄〕

2222	原 257/4	廣亥 5/36	大 8/40

高上刀梯

潮人篤信鬼神，有病不事醫藥，惟召巫禳災。巫之術不一，而以上刀梯一事為尤奇。大抵梯用直木兩根，各長三丈餘，矗立於大木盤內；而以大索繫於木杪，四圍牽住，使不搖動。旋用利刃百二十柄，橫架兩木，刀鋒上向；次第層級而上，皆以繩維縶，直至其巔。屆時巫童披髮仗劍，跣足拾級而上，視蹈白刃如履平地然。及至絕頂，垂綆而下。取病者之衣，在梯上焚符念咒，播弄神通，呼其名而招之，名曰「贖魂」；然後仍將衣縋下，即令病者衣之。旋在梯上以二竹竿掛紅布於上，如旗幟狀；兩手執旗，拈颺而舞，盤旋夭矯，作種種變態，恍若與金鏡法鼓之聲相吻合。時觀者皆曰：「是神靈保護，故無失足顛撲之虞也。」聞潮人以此治病，時或見愈，宜其信之篤也。〔驚愚駭俗〕

2223	原 257/5	廣亥 5/37	大 8/41

無故相驚

昔蘇洵論為將之道，曰：「泰山崩於前而色不變，麋鹿興於左而目不瞬。」此言能鎮定也。又晉謝安與諸客乘舟，當風濤險惡之際，舟人盡恐而安獨神色自若，亦惟其能靜鎮也。雖然，此惟有大識見、大膽力者能之，下此者則當求勉強之道。道何在？曰：「以安命聽之而已。」前晚滬上四馬路更上一層樓，茶客、煙客方霧集雲屯，忽有人譁傳火起；頃刻間人情洶洶，爭相竄避。時樓梯上人如潮湧，擁擠不堪。未幾，梯欄被眾擠斷；隨之而墮者，不論男婦老少，皆互有損傷。及問其火在何處？則錯愕不知所對。其實因對過書場門前有一紙燈被風吹燃，見者遂大呼火起，從而和者數十人，以致受此虛驚也。向使眾人皆以安命聽之，何至隕越貽羞若是？雖然，「知命者，不立乎巖牆之下」，亦視其所處之時為何時耳。〔人人自危〕

2224	原 257/6	廣亥 5/38	大 8/42

搶親笑柄

搶親最為惡俗，然事多出於不得已，識者猶或原之。松郡西關外某甲，早年聘黃氏女為室，嗣以家境清貧，不克行親迎禮。客臘心生一計，預約多人集於黃之門外，肩輿以待。已則短衣敝履，扮作傭工模樣，操一豚蹄、酒一盂，逕登其庭；謂物係某宅持贈，幸毋揮諸門外。泰水初不之辨，欣然受之，與女俱出，致聲道謝。詎甲見女便振袂直前，掖之而出；又恐女兔脫，扭作一團，雙雙入轎。輿夫舁之而行，甫經秀野橋，轎忽如桶脫底。女乃顧謂甲曰：「請君先行，妾可易輿相隨。」遂得草草行合巹禮。後聞甲夫婦伉儷頗篤，是亦可謂逆取順守者矣！〔隕越貽羞〕

2225	原 257/7	廣亥 5/39	大 8/43

誤認藁砧

某甲杭人也，卜居葵巷口；娶某氏女為室，釵荊裙布，風韻天然。甲素有煙霞癖，恆流連於雲房霧窟中，非漏下三商不返。室中僅婦一人，影隻形單，未免自嗟岑寂。一夕，有偷兒穴牆而進，見婦正倚榻假寐，陡起淫心，遂滅燭求歡。婦睡眼朦朧，誤以為夫，亦不阻拒。及事畢，下床徑去，始知贗鼎，然已合三十六州鐵，不能鑄此錯字矣！正驚疑間，適其夫施施從外來。見爨下泥壁洞穿，知有賊，急呼婦；婦茫不能應。回視衣物具在，以為賊已聞聲遁去，亦不深究。及登床，見枕畔有破氈帽一頂，因疑婦有外遇，嚴加詰責，始吐實情。婦羞憤交集，欲投繯自盡。幸母家聞信，將女接歸；並向婿曲為解勸，始得和好如初云。〔竊玉偷香〕

2226	原 257/8	廣亥 5/40	大 8/44

假雷公

雷霆者，天之震怒也；故世謂雷殛之人，必有隱慝。原本神道設教之意，以儆愚頑，其說亦未可厚非；然必過信其說，則反有借此以行其奸詐者矣。聞之某先儒云：「昔有貧民家夫婦二人，琴耽瑟好，相敬如賓。一日，忽怒雷洊至，撼屋搖檽。突一雷公尖嘴拗睛，從窗間飛入，持楔殛其夫致斃，仍出自窗間。其婦哭之哀，草草為之棺殮。閱半載，婦以貧不能守，再嫁與人，既生兒矣。偶檢後夫衣箱，見有雷公假面具及楔子在，疑而窮詰；後夫不能隱，告以實情。蓋涎婦色殊尤，計不得遂。偵知其夫素畏雷，乃賄囑亡命者，乘迅雷之際，假扮雷公以斃其夫，然後謀取其婦也。婦乃奔訴縣庭，論後夫如律。」〔天道遠〕

2227	原 257/9	廣亥 5/41 右	大 8/45

欲蓋彌彰

吾師高昌寒食生，嘗設一譬以儆世之諱莫如深者。其言曰：「昔有人得樹葉，或紿之曰：『此蟬翳之葉也。持以自障，則人不之見。』其人即障其面，問人曰：『見我否？』紿之者曰：『不見也。』遂信而藏之。他日復自障，私問妻孥，妻孥知其故，則亦應之曰：『不見。』乃益寶之。一日，見有少女美姿首，顧而愛之。訪悉其家，持葉自障。登其堂，欲入女闥。閽人扭而掌其頰。則曰：『子安得見我？』嘻！其愚若此，可與掩耳盜鈴者把臂入林矣！」〔愚不可及〕

2228	原 258/1	廣亥 6/41 左	大 8/46

夢中示兆

某生甬人也，年逾不惑，文行俱優，素為儕輩推重。每屆秋闈，雖時邀鶚荐，卒未得朱衣人之點頭。生鬱鬱久之，功名心熱，未嘗一日去諸懷也。本年元旦，向空默祝，叩以棘闈利鈍。是夕，夢家中堂前懸一匾額，硃質金字，文曰「新柳譽金」。次日，言於親友，眾咸莫解其兆。有某生性最敏慧，為之賀曰：「君今科必獲雋矣！此辛卯舉人也，請誌吾言以為後證。」一時聞者皆詫為新奇。其驗與否，則非予之所知已。〔是何祥也〕

2229	原 258/2	廣亥 6/42	大 8/47

賭童受責

丹徒縣帥邑尊於新正初二日鳴騶而出，道經西門外，聞某舖戶有擲骰聲，勃然大怒；立命停輿，飭差入內查看。見有幼童三、五人看守門戶，因閒暇無事，偶效劉盤龍故事。及見差至，各童膽落魂飛，面面相覷。差乃拽之出，令跪街心。邑尊略詰數語，謂：「何物狂童，膽敢聚眾賭博。豈不知本縣執法如山乎？」著各笞數百板以示炯戒。説者謂邑尊此舉，誠出人意料之外；蓋在差等，既已得賄，聊拘童以塞責。亦謂邑尊當念童子無知，必能法外施仁也；而孰料邑尊竟不稍假貸哉？嘻！差役之神通廣大，吾於此已略見一斑。〔殷鑑不遠〕

2230　原 258/3　廣亥 6/43　大 8/48

生菜盛會

生菜，本名萵苣；粵人因其菜可生食，故以名之。每屆新歲，居民互相贈答，蓋取生發之意。不謂今更有以之為會者。南海縣屬人窯墟有觀音廟焉，中奉神像，被以白衣，手抱嬰兒，俗謂之白衣送子觀音。土人以元月二十六日祝神靈誕，不知何故謂為「生菜會」。男婦祈嗣者麕集該廟，虔爇瓣香。廟前飯館、酒館，鱗次櫛比，以備遊人飲食。惟是日肴饌中，雖水陸並陳，必以生菜為主，以致老圃皆利市三倍。雖價值稍昂，人亦不靳。有市以赴會者，煙苗露甲，嚼齒香生；有會後市歸以取生機者，嫩綠柔青，盈筐滿篋。亦一時佳話也。故誌之。〔良辰美景〕

2231　原 258/4　廣亥 6/44　大 8/49

銅鼓驅疫

羊城波羅廟供奉南海之神，頗著靈應。廟中有一銅鼓，凸臍束腰，廓內無底，其製古雅可愛。或言馬援所鑄，或謂駱越所造。代遠年湮，已不可考。相傳此鼓常有神靈式憑，藉以驅瘟逐疫，靡不歷驗。每當仲春神誕日，居民焚香頂禮畢，援桴鼓之，激昂發越，不啻禰正平〈漁陽三撾〉。洵神器也。本年春初，該處疫癘盛行，猝不及救。番禺縣楊明府惻然憫之，爰詣該廟，竭誠默禱。使人舁鼓至署，置諸香火廟內。好古之士，多往觀之。及上元令節，飭差役、書吏，恭請玉虛宮所奉之真武上帝及廣利洪聖王巡行街市中；舁銅鼓以徇於路，一擊再擊，聲徹雲衢。誠可使疫鬼聞而斂形，瘟神望而卻步也。鼓之為用大矣哉！〔扶陽〕〔抑陰〕

2232　原 258/5　廣亥 6/45　大 8/50

鷺江畫舫

廈島，一名鷺江。陸則岡巒突兀，吐月藏雲，竹樹蕭森，捎風滴露，幽人隱士之所徜徉也。水則潮汐往來，沙痕蝕岸，港汊屈曲，水色疑秋，漁師釣叟之所窟宅也。自市舶東來，闤闠輻輳。潤山川以脂粉，雜畫舫於漁舟。岸嘴沙頭，蘭橈斜倚。花時月夜，歌管時聞。攬鏡晨妝，對菱花而欲笑；飛觴夕醉，取竹葉以同斟。前身合是鴛鴦，夢入菰蒲深處。生計不離舟楫，家居雲水光中。郎本多情，矢同心於白水；妾甘偕老，指後約於青山。此固秦淮月夜之游，別開粉藪；邗水笙歌之外，另結勝游者已。追憶歡蹤，付之粉本，閱是圖者，其亦神往於波明月滿、停橈賭酒時乎？〔平章風月〕

2233　原 258/6　廣亥 6/46　大 8/51

老鴉跨鳳

古人詩云：「一樹梨花壓海棠」，此以比老夫之得少婦也。然或為續絃，或為簉室，雖曰艷福，猶屬常情。從未有龐眉皓首之人，獨得竊玉偷香之樂，而能使小妮子癡心相向，留戀難忘者。乃奉化徐某年屆古稀，精神矍鑠；蘭孫桂子，繞膝堪娛。顧有登徒子之好，老而愈甚。比鄰有汪姓女，年甫二八，姿態嫣然，綺思柔情，脈脈欲語。徐雲挑雨逗，遂成嚙臂盟，而其母未之知也。女自與徐私後，情不自持，月下花前，不免春光漏洩。母大怒，遂乘陽臺赴會之時，將被底鴛鴦，雙雙擒獲。詎所謂姦夫者，非他人，即徐某也。錯愕久之。女自言願賜一死，以魂從徐，此身誓不二適。家人無如之何，乃縱徐逸去。其殆有夙世緣歟？不然，必徐有老當益壯之本領，故能得女之歡心也。呵呵！〔枯楊生稊〕

2234　原 258/7　廣亥 6/47　大 8/52

偽婿騙婚

浙人陳某，富而宦者也。生有女公子，丰姿楚楚，頗可人憐。幼年許字於同籍某姓，後陳宦游至粵，遂與婿家音問隔絕。陳念女年已長，不免興起摽梅，因致書於婿，約令來粵入贅。未幾，有到粵訪陳者，通以名刺，則未婚婿之姓名也。詢其家世，言亦吻合。陳深信之，為之涓吉招贅。婿亦將禮物納之陳室，多係紬緞綾羅之屬，皆成匹，用紙封固。陳亦不啟視。至日，迎以鼓樂，館於貳室。合巹後，洞房花燭，魚水歡諧。方謂射雀乘龍，不是過也。越日，婿託言遊，至暮未返。久之，竟不復至。陳與女大疑，啟其紬緞之封，四、五十匹中祇數匹可用，餘皆偽物。蓋此婿窺女妝奩豐備，已將金珠、首飾竊取一空。其去之速者，恐真婿來而敗露也。此同治初年事也，後聞婿亦絕無確耗。此女年已四十，誓不再嫁。其殆有悔於厥心乎？〔人心叵測〕

2235　原 258/8　廣亥 6/48　大 8/53

悍妾虐婢

滬北福仁里某姓家有婢女二人，年均幼稚；其主母某氏本係勾欄中人，自為簉室，常以恣睢暴戾之性，鞭鸞笞鳳，靡所不為；每至體無完膚，始肯釋手。所最慘者，婢既縶之於柱，遍受酷刑；而所雇乳媼，復為幫兇。以致呼號之聲，如殺豬一般，聞者為之酸鼻。人皆曰：是殆別有肺腸者也。夫曰妓曰妾曰婢，皆下賤之人耳。鴇母之虐妓，大婦之虐妾，世固有目不忍覩、耳不忍聞者矣！今某氏以為妓為妾之身，乃遽忘卻本來面目；獨不念曩時之被人淩虐，其痛苦果何如乎？同類也，而相逼若此。甚矣！雌虎之威為難遏也。夫此其小焉者也。〔我見〕〔猶憐〕

2236　原 258/9　廣亥 6/49 右　大 8/54

因醉肇釁

羊城有屈氏媼，年逾花甲，久失所天。近以門戶式微，家存曠室，招得辛姓賃居。時將半載，頗相得也。一夕，辛自宴罷歸來，酩酊大醉，誤入媼房，偃臥床中，大有「我醉欲眠君且去」之態。媼大驚疾呼，辛妻聞之，急為扶夫返室。次日，媼盛怒未已，誣以欲行非禮，邀眾集議。眾見辛年逾弱冠，貌類璧人，媼則老態龍鍾，毫無丰韻，知係莫須有之事。祇以媼搖脣鼓舌，誓不干休，乃令辛當堂謝過，事始解。麴秀才真誤人哉！〔入此室處〕

2237	原 259/1	廣亥 7/49 左	大 8/55

瞽姬度曲

粵東有瞽姬者，女中之師曠也。善度曲，色藝雙絕，座客常盈。有富家子何某艷之，願出重價，為之脱籍，將姬貯諸金屋。數載後，姬不安於室，復思別抱琵琶。何大怒，遂揮諸門外。姬於是仍在龍珠里復理舊業。時雖芳春易度，艷色已衰；而一曲清歌，猶有潯陽餘韻。世有白太傅，不更當淚濕青衫耶？〔雅韻〕〔欲流〕

2238	原 259/2	廣亥 7/50	大 8/56

賢令捉賭

捉賭不難，而捉虹口之賭則難。虹口為上海一大賭墅，神通之廣大，黨羽之繁多，幾有防不勝防，禁無可禁之勢。陸春江大令心知其然，不動聲色。密札法華司麥二尹，暗帶兵役混入賭場；繼即親會英界讞員蔡二源太守，督率差役至該處，以鳴砲為號。迨砲聲一震，麥二尹知憲駕已至，飭令從人一齊動手，內外夾攻，如疾雷之不及掩耳。賭徒東奔西竄，卒被四面兜拿，拘獲十餘名，解案徹究。惜是日所獲者，衹係新檯中人；若老檯之賭棍，則先已聲影闃如。豈早有傳消遞息之人歟？然邑尊此舉，風行雷厲，已足為若輩寒心矣！〔為民除害〕

2239	原 259/3	廣亥 7/51	大 8/57

忍心害理

新甯人雷某，習計然術；商於香海，納一篷室，以主中饋，頗相得也。越數年，雷攜妾歸，與大婦同居。大婦固胭脂虎也，見妾入門，與其成童之子，日肆凌虐，妾隱忍之。一夕，大婦與子謀置妾於死地，命婢篝燈，操刃入室。時妾已深入黑甜鄉。其子即用巨鍬，猛鋤其首。妾痛極暈倒，噤不能聲。婦以為已死，命取火油，焚屍滅跡。妾痛定而醒，聞其語，急起跪求。婦揮刃斫之，傷其腹，遂斃命。適婢已取火油至，婦乃遍灑其屍，引火燃點。不隄防火勢蔓延，燒及蚊帳。婦大呼救火。鄰人齊集，將火撲滅。查見妾屍，嚴加盤詰。據婢供訴前情不諱，遂執其母子遊行街市；一面函促雷歸，將婦與子交令管束，恐不免倖逃法網矣！地下有知，其將何處呼冤耶？〔玉碎珠沉〕

2240	原 259/4	廣亥 7/52	大 8/58

難民作盜

邇來常有難民結隊成群，到處強索硬搶；名為逃荒，實與盜賊無異。祇以行蹤詭秘，外人雖相擬議，究不敢直決為柳下之跖，並非翳桑餓夫也。乃江西宜春縣到有難民二百餘人，借住各祠廟，逗遛頗久，初尚相安。客臘有某孝廉，家忽失青蚨三百餘緡；孝廉心疑之，潛往某廟窺探。不意該難民做賊心虛，內有一人突出兇毆，將孝廉頭額擊破，血流被面，狼狽回家。召鄉人謀之，聚眾圍住廟門，從灰中搜出銀數千兩、錢數百緡；乃將人贓綑縛而歸。細加盤詰，供認不諱，遂解送縣。署尊訊得賊首皆江湖銕算盤之流，習得掩形之術；糾約夥黨假作逃荒，散佈各村，巧偷豪奪。隨飭禁諸獄中，以待重辦。是亦一快事也。然自是之後，恐真難民轉難處置矣！〔人贓並獲〕

2241	原 259/5	廣亥 7/53	大 8/59

吸煙異教

天下教門甚多，今人所知者，不過已行之教耳。此外各教之未聞未見者，尚屬不知凡幾。今姑舉其一端，有足令人失笑者。查附近南美國有地名八打干那者，其土人係屬黑種。所奉之教惟有吸煙一法，而平日并不吸煙。惟於年節等日，同赴教堂，預置清水一巨盆，諸人圍坐盆下。主教者出呂宋烟一枝，燃火而自吸一口，即交諸人各吸一口，均禁其煙而不吐。迨輪吸已遍諸人，乃伏於地，以布蒙首。有頃，始一齊將煙吐出。於是口中喃喃，不知作何語，大抵如經咒之類。但覺人語嗷嘈，無異萬牛齊喘。喧畢，又吸煙，又伏地，如是者三次方畢。即各就盆飲水一口，相與出門而散。教規如是，不知其中有何理説存焉？遐荒孤陋，觀此可見一斑。〔吐霧吞雲〕

2242	原 259/6	廣亥 7/54	大 8/60

販夫暴富

諺云：「一兩黃金三兩福。」又曰：「命裡窮，拾著黃金變了銅。」可見人之得財有命，未易強求也。新金山有甲、乙二人，皆以負販為業，同力合作，習以為常。一日，以牛車載貨，道經模里亞高地方，忽覺車輪間似有物觸動；視之，則金光燦然。二人異甚，停車審視，果係純金，半陷土中；惟輪磨處露出金光。因俯拾之，纍纍者不止得尺得寸已也；且金色甚高，既不同點石而成，更何待披沙以揀。二人欣喜過望，攜歸以化學陶鎔之。寄至英倫銀行，兑換得英金九千五百三十四磅。二人均分之，家遂小康焉。夫近日金礦雖多，然須挖掘至深，始有金苗可採。今乃於沙石間，忽得如許巨金，此豈財由天賜耶？亦可異已。〔地不愛寶〕

2243	原 259/7	廣亥 7/55	大 8/61

捲逃可惡

滬人高臣裕，向操洋廣貨業，積有多金。前年以正室久無所出，遂納粵婦郭氏為妾；生一子，高因寵愛之。大婦性亦和順，待妾頗優。大絃嘈嘈，小絃切切，洵人生樂事也。詎郭氏淫賤性成，與屠夫顧松林有嚙臂盟。一日乘高不備，竊取身契，席捲而逃，賃居馬本立家。居無何，囊橐幾罄。郭氏稔知高歷年積蓄，貯有三罈。每罈儲洋一千二百五十元，內有一罈尚還未滿，約有八百元。皆藏在地室。因指使龔阿五潛往竊之。迨龔竊得兩罈，並金飾等約共二千四百餘元，竟圖乾沒。郭氏心有不甘，兩相齟齬。旋為高查知，控諸英公廨。經包探查獲人贓，解經蔡太守審辦。予聞之，喟然而歎曰：「有是哉！納妾之難也。世固有蛾眉見嫉，不容於大婦者矣。既能容於大婦矣，而其夫復以恩愛之故，傾心待之；豈知妾竟背地胡行，一至於此。《傳》以『謀及婦人』為戒。宣聖稱：『女子為難養』，嗚呼！可不慎歟！」〔誰生厲階〕

2244	原 259/8	廣亥 7/56	大 8/62

火車被燬

水行有火輪舟，陸行有火輪車，皆電疾風馳，瞬息千里，其利便可謂甚矣。自近年輪船屢致失火，人幾視為畏途。所恃攸往咸宜者，惟火輪車耳。雖間有失事，尚未聞禍兆焚如，是以乘之者尤眾。乃二月十六日，天津有一火車，自塘沽開行，展輪未久，貨車上忽然火起。查知起火之由，係因煙筒迸出火星，落在車上所載之棉花包內，致有此禍。而是日風力又大，遂致轟轟烈烈，燄燭重霄。雖有水龍，無從取水；一任回祿君乘興而來，盡興而返。車輛均被燒燬，人物亦互有損傷。此為火車開行以來僅見之事也，故誌之。〔勢等燎原〕

2245	原 259/9	廣亥 7/57 右	大 8/63

紅顏醉臥

滬上有王朱氏者，徐娘半老，風韻猶存；性疏狂，酷嗜杯中物。日者，不知向誰家酒樓暢飲而回。行至英租界，醉態酩酊，昏昏欲睡；竟將冰肌玉骨，橫臥街衢。有巡捕見而謂之曰：「卿豈欲演京劇中《貴妃醉酒》一齣耶？然此非海棠春睡之地，盍歸乎！」朱氏不應。為雇東洋車，送至捕房，依然爛醉如泥。迨捕頭命送英公廨，該氏始醒，適有人前來領回。是亦巾幗中之笑柄也。〔玉山其頹〕

2246	原 260/1	廣亥 8/57 左	大 8/64

小星毒計

粵人某甲娶妻生子，家擁厚貲。祇以重利輕別，常在香港貿易，因納一側室，相得甚歡。久之，為大婦所聞，令長子某乙至港窺察，且促之歸。甲無如之何，攜妾回粵，賃居別室。賄其子，令弗言。詎子陽諾之而陰告之。婦以詰甲。甲弗能隱，告以妾之所在。婦直詣妾所，將妾逐去而後回。妾由是深怨其夫，習巫蠱術，欲害之。未幾，甲忽倚牆木立，形同魔魘。與之食，弗食；喚之眠，弗眠。如是者數日。婦與子深憂之，知係妾計，急向妾求解。妾弗允，而甲遂以斃。諺云：「最毒婦人心」，其該妾之謂歟？〔包藏禍心〕

2247	原 260/2	廣亥 8/58	大 8/65

神技可觀

鄂垣有某甲者，江湖賣技之流也。日者，至望山門外覓一隙地，假茶室長凳三十條。兩面對挑各一條，相去二尺許；其上又橫架二條，層累而上，至十五層；中成井字形，極巔則橫一凳。甲身蒙布紮之獅，緣凳而上，直至其巔。立獨凳上，作獅子舞。或伸足彈蝨，或作勢攫物，或臥如虎，或立如熊，極盡猛獅之態。致使三十條板凳顫顫作聲，無一刻停止。觀者莫不閉目咋舌，而作者閒暇自如。舞畢，仍緣凳而下，神色不變。次日，有某公子聞之，飭役傳至某署中，試演各技。甲更益凳十條，排作二十層，高約三丈，盡獻生平能事。演畢，公子大喜，立賞青蚨數千翼，是亦可謂神乎其技矣！〔片長〕〔薄技〕

2248	原 260/3	廣亥 8/59	大 8/66

俾相軼事

德國相臣俾士麥公，夙優智略，眾望咸推；祇以晚節作事過剛，未洽輿論，遂退老林泉焉。日者，攜一手鎗，與某友出獵，登山涉水，興會淋漓。詎其友偶一失足，遽陷泥淖之中；愈陷愈深，行將滅頂。因呼公求救，公語之曰：「君既陷於此，安望更生。是固命也。為君計，瀹久則多受痛苦，不如速死。吾將以一槍送君之命，聊盡友誼。請伏而受之，毋少動。」友聞言，既惱且怒，呼救益急。公笑曰：「吾不能救君之身，但能救君之靈魂耳。今欲以槍擊中君額，方得速死。」言已，即舉槍作審諦狀，然不遽發也。友見之，莫解其故，心恚甚；左騰右閃，已忘其身在泥淖之中。忽持得樹根一株，即乘勢騰起，遂出於險。因深怨公之不良。公乃笑慰之曰：「此正吾之所以救君耳！君不見污泥之甚深乎？吾若從之援手，勢必俱斃。故聊用此計，俾君急極，則奇力頓生。此其所以竟能出險也。」友至此，始恍然於心；因改容謝公，歡笑而散。〔發微闡幽〕

2249	原 260/4	廣亥 8/60	大 8/67

佳人撲蜨

〈溱洧〉有采蘭贈芍之風，〈蘭亭〉有曲水流觴之會；佳人韻士，逸興遄飛，皆所以修褉事也。至若馬射為歡，龍錢作宴；或鬥草成俗，或射兔分朋。佳話流傳，何可勝道。求諸今日，則已不可多得矣。乃蘇垣有某公子者，風雅士也，性豪放。席祖父餘業，有汾陽後庭絲竹之風；每值月夕花辰，臨風把酒，藉遣雅懷。今歲上巳之辰，天朗氣清，惠風和暢，公子顧而樂之。時適園中萬花放蕊，嫣紅姹紫，香氣襲人，蛺蝶紛紛，雙飛自得。公子乃令姬妾數人，競以小扇撲之，共為戲樂，仿開元宮中遺事也。一時香鬟粉翅，爭隨花影而輕狂；玉質冰肌，敢畏春風之料峭。姍姍蓮步，徘徊於軟紅十丈間。彼杜工部詩云：「三月三日天氣新，長安水邊多麗人。」安得有此景象？〔游目騁懷〕

2250	原 260/5	廣亥 8/61	大 8/68

舟行呼救

某甲、乙父子兩人，皆粵產也。日者，乘北江船由清遠順流而下。行至南海縣屬之紫洞地方，乙見該處有湖廣巡緝扒船在此灣泊，疾聲呼救。扒船兵丁聞之，攜帶槍刃，飛棹而前。北江船夫三人見勢不佳，梟水而逸。楚勇亦梟水從之。當經擒獲兩名，帶至該船，向乙詢問情形。據言與父素在清遠貿易。父以年老倦勤，故召頂別人，得資數百兩。雇素所認識之船夫載返故鄉。是日，父忽無故猝斃，已堪驚異；復察船夫三人，言語舉動，形跡可疑。因之呼救。乃船夫先已心虛，聞喊便逃，奸謀大露。其如何謀毒致斃，想稟官檢驗後，不難水落石出也。噫嘻！人心叵測，荊棘叢生，行路之難，一至於此。舟行者可弗留意歟？〔謀財害命〕

2251	原 260/6	廣亥 8/62	大 8/69

積怨釀命

安慶府屬太湖縣，有朱茂才名傳者，素心剛直，疾惡如讎。一日，雇成衣匠六人在家製衣。內有一匠，足著高底鞋，身穿馬蹄袖袍。茂才見而惡之。翌日，該匠復與婦女戲謔。茂才聞之，面斥其非。該匠銜之。及晡，茂才到館，匠等亦即歇工。尾隨其後，始而詈罵，繼竟用烙鐵擊碎茂才後腦，復將兩頰翦至耳根，遂至死於非命。後為族人某甲所見，查悉原委，知被成衣匠所害，稟縣伸冤。想殺人者死，自當按律定擬也。說者謂：「茂才不能將婦女禁之弗出，而反斥縫工之相與戲謔，其計已左；

然即因戲謔之故，致受面斥之辱，亦情理之常，何至欲殺其身以洩忿；且其釁啟於一人，其謀害竟出六人，何其同心若此？」甚矣！小人之心，其毒惡竟如是哉！〔荊天棘地〕

2252	原 260/7	廣亥 8/63	大 8/70

求親受辱

金陵俗例，凡婚娶之事，每屆吉期，先有求親之舉。蓋仿劉先主入贅東吳，先謁國太，始得以孫夫人歸蜀故事也。日者，有李姓子與王姓締姻，涓吉將行親迎禮，新郎則先時循行是例。王姓以聘禮不足，令於門外守候多時，始行接入；又令於謁岳後，向小舅百拜。時新郎僕從在旁求免，大受泰山呵斥。新郎不得已，勉從其命；小舅復多方譏誚之。新郎怒不可遏，拂袖竟出，大罵而去。後幸冰人婉言説合，始得將新婦接歸，行合巹禮焉。澹定室主人聞之，瞿然而起曰：「婚姻以聯兩姓之歡也。乃以乘龍佳婿，丈人峰必多方磨折之。至以小舅而受新郎之拜，不與結婚之初心大相剌謬乎？」雖然，世固有石榴裙下三千拜者矣！「兒女情長，英雄氣短」，請以此語為李氏子解嘲，何如？〔成何體統〕

2253	原 260/8	廣亥 8/64	大 8/71

為花祝嘏

容易一年花朝，又屆江南春早。每屆中和時節，則桃紅李白，燦耀園林，不徒出牆見杏而已也。今歲春和景明，紅杏枝頭，尤覺繁華倍昔。金陵之業花者，向循天寶宮中故事，必於花朝日雇菊部，具彩觴，為花神祝嘏。本月恰逢晴爽，首事者興高采烈，既就離城五里之花神廟演戲一日。至十七、十八兩日，復由郇氓集資演劇。一時鸞笙鳳管，紫韻紅腔，幾幾乎響遏行雲，盡砭俗耳。而墜鞭俊侶，拾翠佳人，聯袂而來，頗極游目騁懷之興。不識花神有知，其亦能鑒彼真誠，而以千紅萬紫償之否？〔良辰〕〔美景〕

2254	原 260/9	廣亥 8/65 右	大 8/72

頑徒縱火

杭垣助聖廟巷孫姓機坊有某學徒，年祇十一，秉性愚頑；屢因作事乖張，被師訓責。該徒懷恨於心，誓必有以相報。二月初八夕，坊中人皆已就枕，漸入睡鄉。該徒潛於樓梯下茅柴堆裏，縱火焚燒，乘間逕逸。迨火勢上炎，樓梯燒斷，樓上人從睡夢中驚醒，則已無路逃生；不得已，乃各取棉被裹身，爭從樓窗躍下。有兩男一女暨一幼孩，因逃避不及，遂及於難，可謂慘矣！然該徒以童稚之年，而兇惡若此，有心世道者，能不為之隱憂哉！〔罪惡滔天〕

2255	原 261/1	廣亥 9/65 左	大 8/73

乩飛述異

榕垣烏石山麓有一書塾，為潘某課讀之處。塾中素奉乩壇，凡有占問，無不奇驗。一日，有某學徒年甫十六，忽失其家中童養媳，偵騎四出，毫無影蹤。該徒遂舉其事卜諸乩。未幾，乩忽轉動，旋據判云：「被人拐存何氏祠中。」徒復叩以城中何氏祠宇甚多，殊難遍覓。復判云：「夜已闌矣，帶爾往尋。」判畢，乩即飛出。徒尾隨之。至一何姓宗祠，乩破扉直入，將近內闥，作叩門狀。室中人以無男子不肯啟；而徒疑益甚，然終以未得真跡，怏怏而返。按此事頗近荒誕。姑錄之，以資談助云。〔姑妄言之〕

2256	原 261/2	廣亥 9/66	大 8/74

俄儲遊寺

華林寺在粵城西，為穗垣四大叢林之一，紺宮珠宇，廟貌巍峨。中奉五百羅漢，乃祇園和尚雲遊京都募化時所得佛像，摹寫而回，肖而塑之。計五百尊中形貌、神情，各殊其狀，亦可見其雕塑之精矣。本年二月下浣，俄皇太子游歷至粵。我中國既待以至優極沃之禮，而俄皇太子亦更肯襟瀟灑，興會淋漓，帽影鞭絲，恣情遊覽，遂詣該寺。覩佛像之莊嚴，仰規模之宏敞，而知中國佛教之所由盛也。時有得挹丰采者，謂俄儲年逾弱冠，器宇不凡，狀貌清癯，鬚眉精彩。當日頭戴平圓帽，上插彪尾一枝，巨如手指，長約尺餘；所衣之服，皆繡金紋，蓋俄國頭等爵之戎裝也。〔觀光上國〕

2257	原 261/3	廣亥 9/67	大 8/75

德政何在

前署廈防同知秋丞嘉禾蒞任月餘，忽見街中家家懸掛「秋青天」、「秋司馬」、「官清民安」燈籠。論者幾疑有何德政？較之孔聖期月三年為速，實係罕聞。嗣經吳觀察密訪，輿論僉云：「有一、二劣紳逢迎，傳諭地保多做燈籠，挨家分送。凡懸燈之戶廳主，均用名片道謝。」始知「官清民安」，原來如此。可謂不明義利、喪盡廉恥矣！尤其甚者，凡該處紳商皆勒令致送牌匾，頌揚德政。雖間有不肖劣紳諂媚迎合、徇情致送者。有貢商金益和等不服誅求，據情控告。於是向之粉飾惟恐不及者，至此遂大白於天下。嘻！近世州縣每當離任之時，無不有人恭頌德政。其果有政蹟可紀者有幾人哉？予故觀於此而有慨焉！〔欺世盜名〕

2258	原 261/4	廣亥 9/68	大 8/76

燭龍游戲

廣東省河迎米街向南一帶，乃珠江之煙花藪、風月場也。妓船晚泊，黃龍青雀之舟；客舫春游，綠酒紅燈之局。際此陽春召我，煙景怡人，春江花月夜，更有勝於平昔者。〈珠江竹枝詞〉云：「儂是珠江水上生，今年水比往年清。海珠石畔魚珠在，無數人來看月明。」一詠及之，可想見其勝概矣！今春，妓船之人束禾為龍，靈活異常。復於龍身遍燃蠟炬，黑夜中舞於船頭，東船西船，蜿蜒旋轉，恍若燭龍銜炬而戲。時則嬌歌方罷，清酒正酣，醉客滿船，喜其娛目，互燃爆竹以助興。火龍則飛舞於爆竹叢中，滿天星火。洵奇觀也。〔不可〕〔捉摸〕

2259	原 261/5	廣亥 9/69	大 8/77

摩挲古蹟

浮雲石在甯波城內東南隅東堂廟前，鄮山書院側之池中；相傳天欲雨，石即浮於水面。其石大可合抱，靈奇神異，亦四明之古蹟也。年久月深，不可得見，但有石碑、石亭矗立池側。前數年，都人士見其日形荒穢，恐古蹟遂致湮沒，因飭匠重脩之。池前繚以磚垣，開門處作月洞式，門額篆「古雲石」三字，乃無錫薛公分巡是邦時所題。其門經年不開，探奇四明者，亦惟有於門隙窺之；然奇勝古蹟，自此可無湮沒，亦幸事也。〔探幽選勝〕

2260	原 261/6	廣亥 9/70	大 8/78

清介可風

北通州浮橋馬范莊一帶為災民群聚之所。每日赴呂祖祠領粥者，扶老攜幼，狼狽不堪。某姓，隱君子也；日伺橋側察驗情形，默記極貧、次貧，意將分別撫卹。二月二十三日，狂風怒吼，塵沙蔽天。某姓牽騾至橋邊，負大銀袋一及綠布袋若干，滿貯散碎銀包，每包重二、三兩許；見有領粥貧民之過者，酌量給之。有某婦衣服藍縷，手提瓦罐，某姓予以銀一包。婦誤會其有歹心，擲銀于地，怒曰：「妾非羅氏女郎，將學作秋胡耶？」言畢，掉頭不顧而去。噫！當此困苦流離之際，猶能潔身自好，立意鳴高。其志可嘉，其情益可憫已！〔守身如玉〕

2261	原 261/7	廣亥 9/71	大 8/79

締姻陋俗

天下之地甚廣，風俗因而甚歧。觀亞士金漠土人之婚禮，殊可笑已。查北亞美利加洲北極邊境有地名亞士金漠者，終年冰結，一苦寒之地也。該處土人不知文字，不習經營，大抵如中國苗猺之類。壯年男子欲娶某家之女，即先與媒氏言明。媒皆老媼充之，聞其求婚之請，即聚諸媒共議婿家果能贍其婦否。若眾以為可，則無庸再議。儻不知其可否，則須試其材；命欲娶婦者孑身入山尋獵，須獲得白狗熊以出，方為勇武。蓋該處所產白狗熊一種，最為兇猛，其力更雄於虎，故以此為試勇之方也。若果獵得狗熊，則人皆道賀，而婚事能成。但其迎娶之法，又與他處不同。迨吉期，新婿預備雪車一輛，置於岳家門外；而婿伏於門後，其岳設法誘女出門，婿即從後突抱而持之。女必堅拒不從，啼號掙扎，必至擺脱而後已；脱即狂奔，婿從後逐之，於是諸媒媼亦相率逐之。迨追及新婦，即各執獸皮等物，向新婦之身亂撻，撻至新婦力憊筋疲，伏於地中，而後新婿抱婦登車，載回家中，遂成婚禮。錄畢，不禁為之絕倒。〔俗卻〕〔榛柸〕

2262	原 261/8	廣亥 9/72	大 8/80

蕩子喬裝

甯波郡城隍廟香火鼎盛。某日來一乘轎少婦，纖趾高髻，絕世風流；後隨二僕婦，大腳盤髻，狀類蘇人。少婦下轎後，二僕婦扶至殿上，瞻拜已畢，因遍閱左、右房廊。方欲上轎，忽來一衣服麗都之年少，扭住一隨來僕婦，大笑不止曰：「汝今日作此奇事，幾乎小弟亦被瞞過。」被其所扭之少年僕婦聞其言，色頓變；求弗聲張。觀者甚眾，皆莫能測其故。須臾，少年釋手，三少婦即匆匆而逸。觀者奇之，固問少年何為其然也？少年曰：「余所扭者，乃城內某武宦之後某甲也，乘轎少婦其妻也，同行僕婦其僕婦也。此人素性佻達，今日作此勾當，則余之所不及料也。」於是眾人皆知為喬扮，而轉恨其言之不早云。〔嫐〕

2263	原 261/9	廣亥 9/73 右	大 8/81

人面離奇

嘗見梨園子弟登場演劇，無不塗紅抹綠，如狙公面目，暮四朝三；時而紅如重棗，時而黑如點漆，時而白如傅粉。窮形盡相，變幻無常。即見者亦知其有意描摩，初未敢實事求是也。乃盱眙鄉間近有某姓家一產三子，其面目或紅，或黑，或白，竟成三色；出自天然，絕不似梨園中之矯揉造作者。一時見者皆咄咄稱怪，議論紛然，莫衷一是云。〔三異〕

2264	原 262/1	廣亥 10/73 左	大 8/82

仙吏風流

昔楊修以「黃絹幼婦，外孫虀臼」八字解作「絕妙好辭」，人皆服其神悟。論者謂後世燈謎之説，實權輿於此。自是而後，鉤心鬥角，妙語玲瓏，愈出愈奇；非慧心人不能道其隻字也。江甯藩憲瑞茀侯方伯風雅性成，夙耽翰墨。今春公餘之暇，特設燈虎，任人猜射。一時芸窗詞士，玉案仙曹，皆得於公堂外騁妍抽秘。其有參透機關，一言道破者，贈以文房寶玩，否則以樽酒為罰。是可見方伯之胸襟瀟灑，洵非風塵俗吏所能望其項背者也。〔雅人〕〔韻事〕

2265	原 262/2	廣亥 10/74	大 8/83

沉冤待雪

前晚有南匯人沈兆龍，在法界新開河橋相近處，不知如何被西捕兇毆；時有見證人王全生、龔阿寶目覩情形。嗣沈因傷殞命於仁濟醫院。經上海縣陸邑尊會同英、法讞員及法領事、法繙譯等，詣院相驗；時英醫生與法醫生亦至。因死者傷在左太陽穴，西醫將藥水搽之，側耳細聽，繼又將屍抱起聽之。陸邑尊先訊王、龔兩見證，供詞鑿鑿，皆言被西捕毆斃。乃將屍身擡至場中，令仵作如法檢驗。當據喝報屍身左太陽穴有傷。查太陽穴確係致命要穴，《洗冤錄》具載其説。而西醫則謂太陽穴不足致命；欲知內傷，須照西例破腹驗視。邑尊謂死者係華人，應照華例辦理。辯論再三，會審數次，迄未定讞。日後如何，想秉公執法者，此中自有權衡，不敢妄議也。〔法人不法〕

2266	原 262/3	廣亥 10/75	大 8/84

別有洞天

南海西樵山名峰七十二，為嶺南一大勝景。山腰有石洞，中頗宏敞，羅列各色石景；祇以洞深境幻，人跡罕有至者。某日，山下余村某姓家被盜，查緝未獲。忽見洞口有衣服曬晾，群疑匪徒匿跡其間。糾集多人，手持軍械，圍住洞口。復令勇夫數人，以火燭路，入洞尋覓。見有石檯天然布置，擺列奇書百卷。巖畔隱藏石榻陳設；被帳內穩睡一老人，年近花甲，鼻息鼾然。旁置碗碟、爐鐺，精雅可愛。諸人乃至榻前呼醒老人，問居此何為？則言隱此已十一年；日惟下山賣卜，號吳萬靈，他無所異。於是諸人相驚為異，皆入洞見之，多有似曾相識者，相與一笑而散。説者謂此老既隱居十有一年，何以逐日往來，人無所見。狐耶，仙耶？吾不得而知之矣。〔隱君子與〕

2267　原 262/4　廣亥 10/76　大 8/85

神檢藥

江西風俗，凡有疾病，不事醫藥，多請命於神。其最可笑者，有如神檢藥一事。先是廟主用大藥盒一個，置於神座前；盒格分數十百間，裝藥數十百味。請尺許木塑神像降座，以兩人拽神兩手，作搖曳狀，向藥盒迴環四顧。神忽頭磕於藥，即檢取某藥；迨神不搖曳，則止而不再檢。其分輕重也，亦以兩人拽神手而搖之。廟主將藥每味初用戥秤兩許。若神搖曳不止，則漸減輕；神不搖曳，則止而不再減。聞有某甲偶染風寒外感，神檢藥用大黃等猛劑，一服而斃，屍現黃色。噫！愚民無知，甘罹速禍，抑何可憫？獨不思神非真能檢藥者也，所假手者人耳。彼以胸無分寸之人，漫為取藥，其不至殺人也幾希？雖然，今之以人命為兒戲者，豈獨神檢藥而已哉！〔惝怳〕〔無憑〕

2268　原 262/5　廣亥 10/77　大 8/86

佞神被玷

太白山天童寺，四明之巨剎也。每屆春間，遊人上山進香，絡繹如織。今春天朗氣清，風和日暖。香閨弱質，繡閣嬌娃，爭以一瓣心香，虔爇於蓮花座下者，尤形熱鬧。有某少婦隨鄰媪雇棹而來，行至山上，忽失所在。鄰媪數人遍覓不得，至晚歸宿舟中。次日復同舟子於下山一路尋覓，忽得之於荒僻無人之茅屋中；則已雲髻蓬鬆，紅潮暈頰，裙袴片片作蝴蝶飛。咸知有異，因問其由。據少婦言，昨日隨行時，因足瘦礙石，痛不能行，偶於道旁石磴少坐。迨至起身，不見同伴。心慌誤入此徑，遇二男子，問以歸路，被誘至此屋，肆行無禮，遂被輪姦。言畢，淚下如雨，鄰媪乃扶回舟中，急令解纜而回。吁！近世婦女以燒香念佛為事者多矣。乃未獲慈雲之庇佑，先遭暴雨之摧殘。卒至身被玷污，莫可補救。嗚呼！可不鑒歟？〔自貽伊戚〕

2269　原 262/6　廣亥 10/78　大 8/87

剖石得龜

金陵為龍蟠虎踞之區，異寶奇珍，韞藏於山明水秀間者，何可勝道，特無人焉賞識之。雖遇諸目前，弗知珍貴，亦惟有湮沒弗彰耳。日者有德員數人，泊舟江干，偶見岸旁一巨石，令人下水拾取。時適風狂浪湧，其人有難色。某德員固命取之。隨將此石玩視良久，復以鼻嗅之。歎曰：「惜哉！此無價寶也。然賞音遲遇矣！」人問其故？答曰：「石中有一龜。因離水過久，業已涸斃；不然，連城之璧、照乘之珠，弗能比其聲價也。」剖之，果然。據德員言，此物雖死，尚可備藥籠之選。拾石者喜甚，炫而求售。有某藥肆主以一洋購之，未知果有用否？夫石從土生，龜由水蓄。若以龜而藏於石，實為《博物志》所未載。彼德員果操何術以知之？〔縮頭曳尾〕

2270　原 262/7　廣亥 10/79　大 8/88

母豬脱殼

物之能脱其殼者，惟龜為多；或數百年而一脱，或數十年而一脱，是之謂神龜。不必如近今龜殼被人踏碎，始得脱除也。其他皆不足數，曾是剛鬣之族，而亦有效蟬之自蜕其衣者乎？乃松郡泖西油濱地方農夫徐耀亭，家畜母豬一頭；圈苙相依，素無他異。上年秋初，忽脱去黑皮，渾身雪白，腹漸膨脝，與白象相似，但鼻端稍有不同耳。聞脱下之皮，凡有怪病，取以覆之，無不立愈。一時聞者皆詫為神奇。或謂此豬當變象，或謂此豬當產象；或又謂此豬因感龍而有孕，故其皮微有腥氣。異説紛紛，莫衷一是。質諸博物君子，當必有能辨之者。〔革故鼎新〕

2271　原 262/8　廣亥 10/80　大 8/89

妖婦宜誅

甯波奉化馬王嶺下小屋十餘椽，居家七、八戶；望衡對宇，洽比克敦，蓋亦別成一村落者也。有阿翰者，家有一妻，懷妊七、八月，腹已膨脝矣。某晚，阿翰因事不歸，被二媪偵知之，突入其室，向婦借宿。婦年幼無知，許之，供以夜膳，並向鄰家借枕以待客。詎時至五更，阿翰回家，呼婦不應；破扉直入，則見妻腹已剖開，死於血泊中。大駭而號。鄰人聞聲集視，憶及夜來事，知被妖婦謀害。分往追尋，已無蹤跡。惟有撫膺大慟，草草棺殮而已。按采生之事，多在鄉僻；大抵乘夫不在而下此毒手耳。苟能各家預為防察，凡外來之婦，不准借宿，亦未始非防患之一道。獨怪此等案既時有所聞，而破獲者十無一、二。豈鄉里小民，未敢報官歟？抑地方官因其不報案，遂置弗問歟？律載折割采生，罪至淩遲。所願仰體律意，無使兇殘之婦，倖逃顯戮。是則小民之深幸也夫！〔殺不容恕〕

2272　原 262/9　廣亥 10/81 右　大 8/90

雉罹于

野雞妓女沿路拉客，早奉英公堂嚴禁。無如日久玩生，陽奉陰違，勢所難免。所幸者未遇探捕耳，若既遇之，逃避惟恐不及，從未有自投羅網者。不謂英界平和里有野雞妓胡桂仙者，湘潭人也。某夜見英包探秦少卿在街行走，誤以為尋花問柳也者，偕同女傭強行拖住。或告妓曰：「此捕房之包探也。若竟拖之，豈發瘋耶？」該妓以為紿己，仍置不理。後經華捕幫同拘獲，解送公堂，奉判發棲流女所，擇良婚配。甚矣！見色斯舉，翔而後集。今之雌雉，苟能見機若此，彼弋人其何慕乎？〔自投〕〔羅網〕

2273　原 263/1　廣亥 11/81 左　大 8/91

降頭可畏

新嘉坡某氏婦徐娘丰韻，衣服麗都。一日，薄言出遊，途遇一生，目逆而送，意甚輕薄。婦嗤之以鼻，歸家後旋亦忘之。他日，婦偶倚門前，生適至，見婦便停趾注目，婦含怒而入。詎生素習降頭之術，謂婦兩次辱己，思有以報之。霎時間有花鍼一枝，從門外飛入，直刺婦腕上，轉瞬不見。迨婦痛不可忍，醫藥無功，知為降頭所害。急聘一善解者至，用清水一碗，向婦喃喃。頓見鍼由婦腕躍出，直入水中，水作青色，而痛頓止。旋用檸檬一枚，口念咒言，若有持之力刺者，鍼竟沒於檸檬之內。噫！其術若此，亦可畏已。〔邪術〕

2274　原 263/2　廣亥 11/82　大 8/92

去思彌永

陸春江明府之蒞任上海也，興利除弊，鋤暴安良，政績官聲，卓卓在人耳目。而其所最足令人欽敬者，莫如沈兆龍一案。連鞫數堂，與法員齗齗辨論，聲色愈壯，氣節森然，不屈不撓，誓必為苦主伸冤。惜乎未及定讞，而明府已去任矣！滬人見案懸莫結，益思明府不置。蓋其所感人者深也。當明府去之日，沿路店舖各設香案，約有千餘家；而各鄉鎮之紳董設筵把酒，更無論矣！本城各業董及仁濟堂董施少欽等，均衣冠伺候於大碼頭。明府接見後，各董先以杯酒致敬，繼請脱靴，以志不忘。明府謙遜再三，始命從人將靴脱下，方克解纜遄回珂里。然則明府之德政及人，不以去留而人心稍異者，豈沽名市惠者所可比擬哉！爰誌其崖略如此。〔奪我使君〕

2275　原 263/3　廣亥 11/83　大 8/93

陋俗可嗤

亞美利加南海地方有土人一種，聚族而居。其俗凡見佳客，相逢之下，主人即取瓦缶一具，滿貯清水，向客頭上擲下；缶破水流，不啻醍醐灌頂。直至客首面、衣裳淋漓盡致，始為歡愛；雖皮破血流，弗問也。夫中西見客之禮，本不相同。華人則曰拜、曰揖，曰拱手、曰點頭；西人則以免冠握手，禮雖不同，其示愛敬一也。至如亞納人見客，以交頭擦面為最重之禮。印度人見大賓則倒身而伏，見長上則捧其足而嗅之，以為恭敬。日本人見客則遽脱其雙屐，叉手於胸。緬甸人則必嗅客之面；嗅畢，復請客嗅己。新金山土人相遇各吐其舌，互以舌尖相舐。習俗相沿，良堪詫異。然較之亞美利加見客之禮，則更有令人噴飯者。因縱論及之，以見異邦風俗，其不同也如此。〔不近〕〔人情〕

2276　原 263/4　廣亥 11/84　大 8/94

妄想發財

遼陽南屯地方有孫春者，向以務農為業，生子兩人，長曰大虎，次曰二虎。一日，在市買得刀魚三十餘斤，歸家滷之；因無缸甕，置之飯鍋中。孫於夜分起溺，睡眼朦朧，見黑暗中有光閃爍，以為藏鏹發露；急急出門，事畢而入。索得鴉嘴鋤擎在手中，向天而祝曰：「老天以我孫春有福，賜以不動尊，謝天不盡。如不與我孫春，則給與大虎、二虎，彼亦有福消受。」祝畢，舉鋤盡力擣下。砉然一聲，其光忽斂。就地摸索，腥而且滑。以火燭之，池中物也。不覺失笑，而飯鍋則已碎矣。時婆子在坑上驚醒，詫問何為？具以實對。大罵野牛精，半夜三更，尚不安睡，毀此吃飯傢伙，豈活得不耐煩耶？孫至此痴若木雞，不能措一語。夢裏譫言，空中搗鬼，卑鄙情形，一何可笑！〔一場春夢〕

2277　原 263/5　廣亥 11/85　大 8/95

賢侯殉難

滇省毗連川界，人民獷悍，蠢動堪虞。今歲春初，突有川民糾集滇中無賴約數百人，闌入富民縣，殺汛官，戕典史，聲勢洶洶，乘勝直撲武定州城。幸官兵已預為之備，賊不得逞。先是距州城十五里之祿勸縣，當賊犯武定時，早得警報，知其不日將臨城下，奈該縣城垣卑陋，向未設有營汛。時綰縣篆者為李公世琛，蒞任甫匝月，倉猝間難為守計，急飭典史赴鄉號召。團練未至，而偽帥李憎等已率悍賊突入縣城，劫倉庫，縱獄囚。李公知事不可為，衣冠端坐大堂，罵賊被害。迨援兵馳至，克復縣城，並將各匪殲夷殆盡；全境肅清，直數日間事。在事官紳之忠勇，洵堪嘉許矣！惟李公見危授命，不稍屈撓，所謂殺身成仁者非耶？宜乎朝廷優加卹典，有以慰忠魂而褒亮節也。〔至死〕〔不變〕

2278　原 263/6　廣亥 11/86　大 8/96

禁彈白鷺

肇慶府署有鷺鷥焉，相傳是鳥攸關闔郡風水，居人恒視其聚散以卜世之盛衰。昔咸豐甲寅紅逆作難，城為所陷。府署白鷺先已飛去，無一存者。及大亂敉平，水田漠漠，白鷺亦依舊飛來。是其物性之靈，見機固獨早也。查署後有披雲樓一所，四周古木參天，濃陰匝地。白鷺群巢於樹巔，生育繁衍。朝則四出覓食，暮則倦飛知還，見人亦不驚避。蓋自去自來，不啻梁上之燕，相親相近，渾同水中之鷗。唐人詩云：「一行白鷺上青天」，其風概亦可想見矣。近有弋人見而慕之，竟在署外彈以火槍，以致白鷺驚飛，且時有中槍而墜者。事為府憲張太守所知，立即出示嚴禁，懸賞購緝。想彼小民，當不敢自罹法網矣！〔愛物〕〔之仁〕

2279　原 263/7　廣亥 11/87　大 8/97

妖道成擒

京師西直門外白塔庵道人王某，自號純陽老祖，售符籙，施法水，斂錢惑眾，鬨動一時；致有無知婦女，紛紛願列弟子行。該道乃以三、六、九等日，創為傳道之期。閨閣嬌娃除焚香膜拜外，環而聽者，粉白黛綠，如醉如癡；若問其在庵所作何事？在婦女，喜結僧道之緣固不肯言，而亦不能言也。近有某旂人之女被該道誘匿，控案請拘。當經兵勇嚴密圍捕，擒獲該道及賽濟顛等道眾七名，起出銕尺及七節鋼鞭、洋槍十數桿；並搜獲婦女三口，解經官憲訊鞫。據婦女同供，被用迷藥強姦，情形鑿鑿有據。該道等亦自知罪無可逭，供認姦污各情不諱。想此案自當按律懲辦矣！嗟彼婦女，以入廟燒香之故，致玷名節，觀此亦知自返否？〔殺無赦〕

2280　原 263/8　廣亥 11/88　大 8/98

馬屁難拍

今天下有不知廉恥之人，一見勢豪，多方迎合；雖嘗糞舐痔，亦所弗顧。世人呼之為「拍馬屁」，言其如牧馬之賤也。然苟非素所狎暱，承顏希旨，能得歡心，即有託葭莩之誼，偶一逢迎，彼亦有所弗受。此正如俗諺所謂「馬屁拍了馬腳上」也。然皆罕譬之言，未嘗實有其事。乃宜昌南門外某營員有馬廄一所，中畜名駒數匹，日有兵勇餵養其間。一日，該兵將馬洗刷，適有某甲，年逾不惑，過而見之，欣然曰：「世人多喜拍馬屁。予以傲骨淪落至此；今亦將變計，以竊斗升之祿矣！」言畢，舉手向馬後一擊，不料馬蹄旋起，將甲踢倒。一時觀者譁然，且嘲之曰：「有是哉！馬屁之難拍也。無怪今之善拍馬屁者，

詡詡然自鳴得意，謂吾能猜某之心思也。」然則欲拍馬屁者，請先投此輩為老師，何如？〔物猶如此〕

2281　原 263/9　廣亥 11/89 右　大 8/99

好夢重圓

金陵有魏家兒者，早年娶賈氏女為室，伉儷甚篤。嗣以父母相繼逝世，為債戶所迫，舍家遁去，蹤跡杳然。賈氏旋亦披度為尼，遁入空門，忽忽已十載矣。魏自去家後，束髮為羽士裝，雲遊天下，隨處募資，囊橐頗裕。客秋回里，易髻為辮，遍訪賈氏音耗不可得。一日，忽遇諸途，各訴離緒，願效樂昌之破鏡重圓。賈氏曰：「人則猶是也，而髮已濯濯矣！何如？」魏曰：「何懼。」購髮綱為之妝飾，則一三十許麗人也。相與重締舊緣，復為夫婦如初。觀此可見離合之奇，月老真好為作弄哉！〔離而復合〕

2282　原 264/1　廣亥 12/89 左　大 8/100

鬼猶求偶

嘗見世之人子，當強壯之年，每多急於娶妻，以慰孤眠之苦；蓋男女之際，人之大欲存焉。不謂冥間之事，亦有如出一轍者。粵人某甲生二子，長已亡有年矣。一夕，母忽夢其子謂曰：「兒不慣獨宿，已聘城西某氏女為室，乞以禮迎之。」母醒後，告其父，相與駭異。急至城西，訪得該處果有某氏家，數月前曾殤一女，乃倩冰人往說。其父母先已夢女，正與所言脗合，遂許之。擇日為迎芻像，行合巹禮，兩家則聯為姻婭。特不知鬼夫鬼婦，新婚之樂，亦如人世耶？是可異已。〔姑妄言之〕

2283　原 264/2　廣亥 12/90　大 8/101

鍾馗賽會

天中令節，紅傳榴火，綠泛蒲觴；角黍新嘗，蘭湯初浴。邀俊侶，步芳郊，不覺至申浦之濱。遙見有簇擁而來者，凝目視之，行漸近。前導有「賜進士出身」等牌，心異之，以為是達官顯宦也；否則，宦家子孫或因婚喪大事，僭用祖父之銜牌也；又不然，則必紳富之家，借用於族中以為光寵也。正驚疑間，則見魑魅魍魎，光怪陸離，鬼卒數十人，皆兒童為之。笙簫競奏，音韻鏗鏘，恍如市上之清客串，又如滬北之小堂名；跳舞而來，洋洋得意。顧謂友曰：「若輩今日，豈亦被藍袍鬼收去耶？」俄而，筍輿一乘，中有一童，高坐堂皇，鬚眉虬豎，狀貌猙獰，一似真能擊鬼者然，則即所謂鍾馗也。夫鍾馗為終南進士，除天下虛耗之孽。雖曾入明皇之夢，其事終屬無稽；乃歷世相傳，奉為除邪驅魅之神。豈以進士為可畏耶？噫嘻！鬼之進士，鬼猶畏之，況今之進士乎？〔兒戲〕

2284　原 264/3　廣亥 12/91　大 8/102

遇人不淑

海上女校書林可卿，齠年玉貌，楚楚可憐。去冬，由本城黑橋濱人朱子青納為篷室。以為名花有主，不致風雨摧殘矣。不料朱乖戾性成，笞鳳鞭鸞，多方淩虐。校書不堪其苦，因之遁入空門。朱遂指為捲逃，向新署捏控。差役四出偵探，鴻飛冥冥，迄未弋獲。上月十二日，朱在更上一層樓吞雲吐霧，校書忽頂上光光，翩然而至。朱驟見之下，錯愕不知為計。校書且泣且道，瀝陳刻薄情形，聲淚俱下。朱騂顏欲避，校書牽其裾，堅不釋。旋相將下樓，行至街上，向西徑去。後校書自投英廨聲訴，問官訊得捲竊無憑；且校書實有冤抑，不予准理。噫！妾真薄命，猶是飄零；郎太無情，尚思磨折。一腔幽怨，不難勘破紅塵；畢世清修，永合盟茲白水。潔身遠引，悟道入禪，有足多者，彼校書其能守焉否耶？〔紅顏〕〔薄命〕

2285　原 264/4　廣亥 12/92　大 8/103

海隅異鳥

羽族之異葩，經《爾雅》載之詳矣。不意海外之物，更有為古人所未知，諸書所未載者。新金山君士蘭省有鳥一種，狀如鴉，而毛若雄雞，不知其名。他無可異，惟每出則必十二頭為一隊，飛鳴宿食，無不與俱；即其結巢亦同一樹，其數皆無或差爽。西人以其必十二頭為一隊，因呼之為「都剌亞巴士多」，譯言「十二弟子」。蓋以耶穌之十二弟子比之也。彼都人士，因是多敬畏之，無敢捕捉；鳥亦漸與人相洽，頗不畏人。憶昔中國有所謂「應時鳥」者，每伏卵必十二頭，以分應十二時。然則此鳥，豈即應時鳥之苗裔歟？然亦不敢臆斷也。〔奇禽〕

2286　原 264/5　廣亥 12/93　大 8/104

育蠶須知

《陰騭文圖説》云：某姓以育蠶為業，生子娶媳，且抱孫矣。某年，桑價大昂。某自計有桑若干，鬻之可獲大利，較鬻絲之利且倍之。與媳謀棄蠶於水，而售其桑。媳諫之，至於泣下。不從。是年果大獲利。至次年，又育蠶數萬，蠶成一巨繭，大如五石瓠，五色絢爛，光彩奪目。某以為瑞，欲設宴，邀親朋賞之；且傲其媳，以為棄蠶無禍，而且有此瑞應。媳偶有違言，痛詈之，乃挈其子回母家。是晚，親友畢集，歡呼暢飲。忽聞繭中隱隱如雷鳴，砉然一聲，繭破火出，盡焚其家。某父子皆死，止存寡媳孤兒而已。按棄蠶之報若此，世有貪鄙之夫，因桑貴而自斃其蠶者，可弗引為殷鑒歟？〔果報不爽〕

2287　原 264/6　廣亥 12/94　大 8/105

骷髏變石

美國人晏直汝麥者，生前負盛名，歿後營葬高原已七年矣。邇因塚墓朽壞，狐鼠穴居。其親屬擬檢拾遺骸，為之遷葬。比掘塚見屍，則全體畢具，惟肉作深棕色。用布為之擦盪，竟變作純白色；且儼同石質，扣之有聲。五人舁之，尚覺沈重；權之重五百餘磅。當時見者驚以為奇，互相傳説，觀者麕集。有化學生某斷之曰：「此無足異，大抵其人生前所服之藥，與地氣相感觸，故結成石質耳！」按屍骸化石，曾見於長安老人墳。蓋老人於生前最好煉丹，血凝盤筋，至死不化；入土之後，感陰氣而成，其色晶然，較西人為尤異。然則古已有之，此事當非臆造。又何必少見多怪哉！〔駭人聽聞〕

2288　原 264/7　廣亥 12/95　大 8/106

自上匾額

邇來人心不古，詐偽日生。曰盜、曰賊、曰流氓，紛紛擾擾，人皆視為難防。而不知此等伎倆，猶易防之。所難防者，有等無賴之徒，冒厠紳士之列，託名行善，賃小房售偽藥，謬謂一月中能救濟若干人；而又恐人之不我信也，於是揑造姓名，自為標榜。受其惑者，昧然不察，慷慨解囊；或捐助百金，或數十金及數金不等。彼乃知此中大有佳境，以其所得之資，遍刊揚名報德之語，廣為傳播。揣其意，不過望人之入彀耳。此在市儈僅為招徠生意起見，猶可言也；獨奈何假為善之名以騙人之捐款乎！予嘗登其堂焉，見匾額羅列，大抵皆名臣遺筆；而字跡則相髣髴，初不之辨。一日，忽有二工人舁一小匾，當門懸挂。見該堂主人高視闊步，正在口講指畫。因深訝曰：「何人贈匾，敢以重勞主人，何不敬乃爾？」越日，姑為登門乞藥，則以已滿號對。又試之，復然。蓋彼所謂行善者，如是如是。嗚呼！噫嘻！我知之矣。〔飾偽〕〔亂真〕

2289	原 264/8	廣亥 12/96	大 8/107

盜亦有道

粵人林某以課讀餬口，館於羊城某姓家；館政彌勤，賓主頗相得也。一日，接家書，知萱幃病亟，喚艇趕歸。驀有二人來，求附搭，不能卻，遂同載焉。林在艇內長吁短歎，默默無言。一人問曰：「先生何憂之深也？」林曰：「聞母病亟，方寸亂矣！」又問君何業？答曰：「在城舌耕，修脯無幾。今向居停籌貸，祇得數金；病費恐不能支。奈何？」二人肅然起曰：「君文士，又孝子也。」探諸懷中，出十金贈之。林固辭。二人曰：「君毋卻。實告君，我乃綠林豪客也。平日但取不義財，從不敢犯正人。今聞君言，於心有感，故以持贈，幸毋以盜泉為嫌也。」林受之，歸侍母疾，兩月始愈。其金適給用焉。夫盜也，而能重文人，敬孝子，不誠大可奇哉？昔人贈盜詩云：「相逢不用相迴避，世上於今半是君。」若此盜者，恐世上不多見矣！〔慷他人之慨〕

2290	原 264/9	廣亥 12/97 右	大 8/108

游僧竊鞋

甯波城內沙泥街某姓婦，冰肌玉骨，顧盼生資；而蓮步姍姍，不啻凌波仙子。顧性莊重，見人輒羞澀欲避。一日，踏青歸來，弓鞋窄窄，稍染纖塵，婦易之。手提繡鞋，曬於簷際。正閒眺間，忽有游方僧來求檀越佈施。婦見之，頰暈紅潮，回身便走。迨僧去，婦出覓鞋，則已化作雙鳧飛去，惟大罵賊禿不止。說者謂此僧素有楊鐵崖之癖，今之竊此，將以效觴鞋故事也。然歟，否歟？敢質之該僧。〔賊禿〕

2291	原 265/1	廣金 1/1 左	大 8/109

鼎新有象

閩人黃某貿易香港，遂設一肆，號曰「鼎新」；數年來頗有積蓄，因移家居焉。一日，黃閒步街衢，見有荷蓑戴笠，狀若漁翁者，手攜一器求售，且言得自水中。黃審視之下，知是古鼎。出一洋購之，持之頗重。至骨董店估價，則云鼎係金質，值銀數千兩。黃大喜持歸，設席邀親朋賞之。皆賀曰：「君舖號鼎新，今果得此鼎，日新之象，可操左券矣。」黃欣然而起，取鼎供之中堂，焚香點燭，以謝神貺。雖其言無稽，而亦未始不可謂之瑞應也。〔蒸蒸日上〕

2292	原 265/2	廣金 1/2	大 8/110

快鎗述奇

金陵南門外有機器製造局焉，總局務者為郭月樓觀察，而以徐仲虎觀察副之。局中工首唐履堂，心思入細，年未三十而髮已白，人皆以「唐白頭」呼之。其所製各器，皆新奇靈捷，莫與比倫。前年匠心運用，造成快鎗。計鎗身共長三尺，圍徑六寸，重僅百斤，能以兩人舁之而行。其間注冷水有大筒，避敵彈有鐵板，度遠近有小孔，盛子袋有木盒；其餘各式機器，皆布置周密。用法以一人坐皮座上，一手握定鎗後鐵桿，以兩指將小機關一頂，鎗子即聯珠而出。雖放至數百出、數千出，而鎗筒亦不至炸裂，得水故也。唐君之心靈手敏，誠加人一等哉！予去年聞快鎗名，欲圖其樣未果。今有友自甯回，出示唐君手繪之圖。因取而摹之，一以慶製造之得人，一以表良工之苦心云爾。〔利器〕

2293	原 265/3	廣金 1/3	大 8/111

瘋犬宜防

樂安山人，今之有心人也；讀醫書數載，頗有心得。近見甯波鄉間多瘋犬之患，覓得良法，以備施治。其言曰：「凡犬初起瘋時，其尾下垂，眼紅如血。不論生人、熟客，見而即咬。初或不以為意，迨至百二十日，腹中小犬成形，破腹而出。其時，人不能近，竟與瘋犬無異。往往扃閉室中，任其暴死。雖有名醫，亦多束手。予深憫之。遍考方書，獨得一法。凡人如遇此症，先視頂心中，必有紅髮一根，立即拔去；而用萬年青葉搗汁二、三酒杯，用陳酒送下。約歷二、三時，寒熱交作，次日下瀉血錠，瀉出即愈。已試多人，歷著奇效云云。」予聞之，欣然曰：「此秘法也。惟仁者為能傳不傳之秘，而使人知所治。山人其仁矣乎！」因復繪圖貼說，以廣其傳；並以補去年本報所錄治癲狗咬良方所未備云。〔濟世良方〕

2294	原 265/4	廣金 1/4	大 8/112

道士見鬼

諺云：「張天師鬼迷，有法無使處。」天師尚然，何況道士乎？日前，有道士兩人赴龍華鎮某姓家接煞，事畢言旋，更魚已三躍矣。兩人手持燈籠，行行重行行，至打布橋；方欲上橋，見橋面中央黑魆魆一物，以為鬼也。兩人遂將平生所得秘授，竭力施為。書符揑訣，不見效驗。因憶俗說謂溲溺可以辟鬼，試妄為之；而所見黑物依然不退。道士疑為妖，轉身急退，斜抄小徑至羅家灣，向巡防局訴知。局勇聞之，疑信參半；攜燈同去，果如道士言。於是三人大呼直前，以為區區妖魅，必當嚇退；而黑物兀立如故。局勇回告哨官，急攜洋槍同往，疊放數聲。哨官喝令勇丁奮勇向前。定睛細視，不覺失笑。蓋所見者，非鬼非妖，乃棺木也。此棺暫置橋畔，欲往義塚掩埋，夜間被喜事之徒豎立橋心，以致生出無數波瀾。釁由人作，幻由心生。君子於此可以悟道。〔豎頭棺材〕

2295	原 265/5	廣金 1/5	大 8/113

綠林奇跡

嘉慶時，粵東海盜郭婆帶，性豪放，藝勇超群，綠林之魁首也。賊船數十艘，出沒風濤，為患商旅；屢經官兵勦捕，終不能獲。郭所乘之船，坐擁奇書百餘種，日手一編，無間寒暑。船頭一聯云：「道不行乘桴浮於海，人之患束帶立於朝。」後招降之，予以職不受；在穗垣舊倉巷僦屋而居，與文士遊談，論極風雅。方其為海盜時，見文人學士，必加保獲，不許掠其資財；或遇寒士，且贈以金，多方佽助。嘗慨然曰：「予不能效近世守錢虜，平日較錙量銖，好在窮人身上痛加剝削也。」按此事曾見於某說部。觀其所言，豈深惡為富不仁之輩，故憤激而出此耶？然以跖蹻之身，而愛才重士，慷慨若此，其行可謂奇矣！故樂得而誌之。〔盜亦〕〔有道〕

2296	原 265/6	廣金 1/6	大 8/114

塾師鹵莽

滬人丁悅樓以訓蒙餬口，皋比坐擁，館政綦嚴。童子六、七人，咸畏之如虎。一日，有鄰居吳姓之子錦渭，偶在門前閒立。不知如何觸怒於丁，以致大發雷霆，立飭生徒將錦渭拖進，痛施夏楚，直至受傷始已。錦渭歸，訴知其父吳熙林。熙林謂：「予家固自延塾師，童即頑劣，不應由丁擅責。」遂控諸英公堂，由公堂移送縣署。袁邑尊升堂提訊，驗明該童傷痕。以丁不應為而為，殊屬不合，著責手心一百下，案遂了結。或謂吳子曾在丁處讀書，至今春忽易他師。丁因挾嫌施責，以圖洩忿。是說也，不獨不能為丁掩過，且更見其品之下矣。慨自師道日非，鄉曲冬烘，往往以姑息誤人子弟；而矯其弊者，又或以《尚書》「扑作教刑」一語，故裝先生身分。作威作福，轉忘越俎之嫌。如丁悅樓者，亦可以鑒矣！〔先生〕〔休矣〕

2297	原 265/7	廣金 1/7	大 8/115

賊蟹

印度有下加剌島焉，其地產蟹甚多。內有一種既巨且長，捷若猿猱，狡黠殊甚，專上椰樹竊椰而食。雖樹高十餘丈，亦上下自如，不殊平地。且能知椰之美惡，其所竊者，必係佳種。蟹至樹頂，鉗斷其蒂，椰墮於地。蟹復下地，挖一小穴，埋半椰於其內，使之不能轉動；因以鉗撕去椰衣，而後擘以啖其肉，啖畢遂行。聞此蟹之殼，僅生於背，而腹以下則纍纍皆肉，似此實不便於緣木。乃此蟹黠甚，能取常蟹之殼以蔽其腹，若人之衣甲然。該處種椰者，恆為所擾，然亦無可如何。有貧民往拾其食餘之椰殼以為器者，每一朝而獲數擔之多，亦可見其種類之繁矣。杜牧詩云：「莫道無心畏雷電，海龍王處也橫行。」今若此蟹，則不獨橫行於海龍王處矣！〔橫行無忌〕

2298	原 265/8	廣金 1/8	大 8/116

豺噉舟子

《禮》有祭豺之典，《詩》有畀豺之文，《埤雅》載漢律捕豺一購錢百。王褒言「牧獸者不育豺。」誠以豺之為物，猛如虎，貪如狼，人皆望而畏之。世有羊質虎皮，見草而悅，見豺而戰者，未有不禍及噬臍也。古人詩云：「當道恐遭豺」，又云：「白首飢豺夢裏驚。」世無王業之德政，誰能致山無豺狼之化哉？宜昌南門外一帶江岸，參差臨水。每當潮落風定時，有舟人拉縴，手胼足胝，風景堪憐。一日，有某甲手緣繩索牽船而行，忽有一豺突出其後。甲手無利器，不能抵禦，倉猝間神魂俱飛。船上人見之，大聲呼喊，豺不稍卻；未幾直噬甲臀，立時倒斃。迨船泊岸，聚眾欲捕，則豺已逸去矣。噫嘻！當此清平世界，而惡獸橫行若此。豺狼當道，安問狐狸。有鋤惡之責者，其何以為情耶？〔惡獸食人〕

2299	原 265/9	廣金 1/9 右	大 8/117

薄命可憐

福州某氏女，姿色甚麗；雙鉤點地，纖小若出水紅菱。平時鍼線之餘，略涉書史。幼年許字某甲之子，迄今女年已二十有七，猶未迎娶，不免感賦摽梅。甲以子出外跟官，歸期莫卜；遂倩冰人告知女家，迎女行拜鏡禮。拜鏡者，堂中設一古鏡，令新人對之交拜。合巹之夕，洞房寂然，女抑鬱久之，忽發癲狂，蓬頭徒跣。一日，手持線香一炷，步出閨門，一路喃喃自言自語。見者皆歎紅顏薄命，而至遇人不淑若此。可悲也已！〔遇人〕〔不淑〕

2300	原 266/1	廣金 2/9 左	大 8/118

狗盜宜懲

漢口有某姓童子，年約十二、三齡，狀貌猙獰。每於黑夜中，身披狗皮，狺狺而吠。出入某署，較之孟嘗食客為狗盜以取狐白裘，而秦宮無人疑及者，其技恍惚似之。一夕，署中忽失首飾一匣及衣服數襲。正查察時，驀見此狗跳躍而出。有某幕友見其高大異常，留心窺察，頗為滋疑。次日，犬又至，飭人取鐵尺擊之，則遽爾踣地，易嗥叫而作呻吟。迨剝去其皮，真形畢露，則固覥然人也。乃送交委員審辦，判令荷校遊街。噫！今之人其面而獸其心者，亦當以狗皮蒙之。如該童者，可謂有自知之明矣！〔無復人類〕

2301	原 266/2	廣金 2/10	大 8/119

祈雨新奇（上）

白門以天久不雨，歷經官憲祈禱，迄未渥沛甘霖。於是祈雨之法，愈出愈奇。清和晦日，江甯府李太守以癩蝦蟆四頭，先用朱筆書四「火」字於其背，繫於堂畔，堂之旁復設龍王神位。迨太守公服升堂，略為審視，飭差將蝦蟆攜出南門外離四十九步之處，掘地埋之。蓋採術士之言也。居民舖戶，則剪黃紙尺許，書「石燕高飛」、「商羊起舞」等字，遍挂通衢；或倩吳道子一流人，畫龍其上，蜿蜒雲際，極東雲見鱗、西雲見爪之勢。兒童數十輩，塑土龍於門板上，以雞子殼為目，以碎磁片為脊，以細螺螄為鱗。兩童執黃旗前導，兩童鳴鑼從之，眾童各執楊枝，沿途灑水。時觀者僉以為奇，而猶未足為奇也。……〔上行下效〕

2302	原 266/3	廣金 2/11	大 8/120

祈雨新奇（下）

……有主理數之說者，以旱為陽亢所致，思抑陽以扶陰；乃選美男子數人，傅以脂粉，飾以巾幗。有作老嫗持杖龍鍾者，有高盤墮馬髻、鸞帶鳳裙為閨中少婦者，有長衫高履為八旗服色者，又有一醜婦滿頭插通草花，手持雨蓋前行。易弁而釵，是真鬚眉短氣矣。更有主風水之說者，謂癸水可制丙火，因取元武湖水以洗朱雀橋；飭令兵勇向城北隅取水，至聚寶門向下直澆，淋漓盡致。凡若此者，無非厭勝之術，乃施之良久，卒未見效。是豈其說有驗有不驗歟？抑以事同兒戲，固未足挽回天心歟？談天時者，將何以處此？〔無理取鬧〕

2303	原 266/4	廣金 2/12	大 8/121

罪魁駢戮

蕪湖匪徒蠭起，焚燬教堂，搶劫財物；聚眾至萬餘人，幾致禍及洋關，其凶燄可謂甚矣！事後經當道緝拿，一一拘獲，詳加研審。其無干、誤拘者，准予取保開釋；餘犯分別輕重，按律懲辦。而為首之王光金、傅有順二名，經劉峴帥委員審實批飭，就地正法。該處地方官奉文後，立將該二犯綁赴市曹，令劊子手奏刀劃然；霎時間身首異處，血流滿地。由蕪湖，而安慶、金陵、揚州、無錫、丹陽等鬧教之處，皆將該首級懸杆示眾。現雖皮爛肉腐，而見者猶能辨之，曰：「此蕪湖鬧教之首犯王光金、傅有順也。」治亂民，用重典，峴帥深得此意哉！噫，誰無父母？誰無妻子？而顧自取滅亡，甘作無頭之鬼乎？世有被匪煽惑，狡焉思逞者，尚其以此為殷鑒。〔明正〕〔典刑〕

2304	原 266/5	廣金 2/13	大 8/122

奧王軼事

奧國古王約瑟第二，性耽遊玩，而好微行。一日，羸馬敝車，衣冠樸陋，道出城中。忽有兵士扣馬而呼曰：「好朋友，盍與我同車乎？」王曰：「可。」遂登焉。談頃，兵疑王形貌赳赳，當是營伍中人。王漫應之。問曾早膳否？兵曰：「已食矣，但我用何物作饌，請試猜之？」王歷猜數味，皆不中。兵曰：「物異尋常，無怪汝難猜度。今晨在王囿內，竊取山雞而烹之。將軍亦不負腹矣！」王曰：「此非兵家口食所應有，吾豈能猜。但汝之詰我亦多矣，我亦將詰汝。汝頃言我是武夫，汝亦知我居何職乎？」兵以王衣冠破敝，細加揣測，由把總而百總而千總。王皆曰：「非止此也。」兵曰：「非此，亦不過都司而止。竊恐未必然也。」王曰：「亦不止此。」兵戰慄曰：「非此得無元帥乎？」言罷欲跳下車。王挽之曰：「尚不止此。」兵面色如灰，以手舉帽，齒震而言曰：「然則王矣！小人該死，開罪甚矣！」遂躍下，形神俱失。王乃出銀一包，擲而予之曰：「來取此，以作車費。毋懼。」兵乃叩頭謝恩而去。〔謙光下逮〕

2305	原 266/6	廣金 2/14	大 8/123

藤鼓易革

肇慶府屬德慶州有大藤峽焉。相傳峽有妖藤，生於水中；每夜五鼓，則起於水，大如浮梁，度賊而過。韓刺史雍討賊平之，斷藤以為鼓。今肇府署尚存其二，一置儀門樓上。儀門之制，環堵如城，以石疊而為之；門上作樓，置鼓於上，司夜者擊之，以為更籌。一置於大堂之東隅。鼓身約寬八尺有奇，可使兩人合抱；蓋皆以藤為之，而空其中者也。數百年來，無少朽敗；然藤雖不朽，而革已不知幾易。今春革又破裂，屈指敗鼓之皮，已歷四十寒暑。現經府憲張太守理而新之，飭差舁鼓至佛山，購覓大牛之皮，重加修理，以復舊觀。訪古者摩挲及之，謂足與漢之銅鼓、唐之石鼓並垂不朽云。〔舍舊謀新〕

2306	原 266/7	廣金 2/15	大 8/124

斫踣僵屍

說部載僵屍事詳矣。儒者或非之，謂其事多附會，固未可盡信也。乃竟有身親目擊者。甯波慈谿車廄開壽寺左首，邇來喧傳有女僵屍追人事。行人於深夜時，無敢往來此途者。四月十七日，有屠夫章阿海往完婚家宰豕畢，夜膳後已入醉鄉，明月伴人，酩酊亂步。忽見樹下有一少婦，向告曰：「客將何往？願附驥隨行二、三里，可否？」章知是怪，然已不及奔避。遽曰：「吾負若行。」即以兩手執其脈門，反負疾行，而無計以致其死。因至小池，擲之而逸。詎前行數武，屍又躡蹤追至。章窘甚，驀見大樹一株，遂猱升而上。該尸守而弗去，忽直竄高約丈許，幾及其足。章情急智生，憶及腰間有斫肉斧，乃持以待。屍又躍起，劈之中顱而踣，章始得下樹奔歸。向人言歷歷，猶駭汗欲流也。〔姑妄言之〕

2307	原 266/8	廣金 2/16	大 8/125

崇祀字祖

蟲紋鳥篆，實開書契之文；玉檢金泥，遂易結繩之治。天開景運，世紹文明，字祖之遺澤長矣。然百神香火，遍布人間，惟字祖獨鮮奉祀之人。有識者心竊非之。粵東前十數年始建一廟於西關後，復建一廟於粵秀山下。邇來惠州府城大西門外亦創建字祖廟一座，虔祀倉頡、沮誦二聖像於中廟後層樓上；矗高並城垣，近臨豐湖，山色湖光，憑欄在目，其地頗占形勝。及落成日，先聖復乩書楹聯云：「圖書啟經緯，俎豆藉湖山。」書法古峭，有非人力所能摹倣者。三月二十八日為倉頡聖誕；彼都人士聯袂而至，敬祝千秋，一瓣之香，心儀往聖。該處識字之人，洵能知所本哉！〔崇德〕〔報功〕

2308	原 266/9	廣金 2/17 右	大 8/126

狡謀不測

杭垣貫巷口有存德堂藥舖，係甬人葉某所開，兼售小彩票，頗獲利市。月前售出六月分頭彩一號，計錢九十千文，為某乙所得。乙持票向葉取錢。葉稱票係本店學徒所作，寄此代售；該徒現適他往，我當親往呼來，請君少待。言畢，徑出見該徒，詭辭邀之。徒不之疑，隨葉至店。葉命店夥將徒捆縛於柱，肆意毒毆，責以私造小票，不知廉恥。徒不解所謂，疾聲呼救。乙目擊情形，頗信其真，勸葉釋手，默然而去。然徒已受傷甚重矣！奸商狡獪若此，地方官可不亟為查禁耶？〔忍心害理〕

2309	原 267/1	廣金 3/17 左	大 8/127

人作酒瓶

舊金山有洋人名顯利者，性嗜杯中物，每出沽飲，不醉無歸。西歷某日，赴一酒肆開樽獨酌，如長鯨吸川，不覺酩酊大醉。比歸，見床頭人正似海棠春睡，醉眼朦朧，以為酒缾也；拾得螺絲鑽向好頭顱，竭力鑽之。且曰：「開此大缾，作平原十日之飲，方暢所懷。」其妻夢中驚醒，負痛大呼。鄰人聞聲趨視，詢悉情由，無不絕倒。是豈醉翁之意不在酒耶？抑真為紅友所誤耶？吾知劉伶見之，當把臂入林矣。〔醉漢〕

2310	原 267/2	廣金 3/18	大 8/128

財神募捐

近世無賴之徒每借施醫給藥及戒煙等名目，勸募捐款，以為生財之道；實則未濟一人，所濟者一己耳。此等人或謂之「假難民」，又謂之「假財神」。蓋彼非真有生財之道，特以他人之財據為己有，復以他人濟人之財圖遂己私；故雖為「假財神」，而仍不免為「假難民」也。從來未有身為財神而亦有乏財之慮者。不謂蘇城吳縣署西首有財神堂一所，近有署中差役，擬建一戲臺，恐籌款不易。爰擇五月初二金危之日，舁神賽會，製一黃牌，曰「親臨勸募」；儀仗輝煌，車馬雜沓。蓋以人情勢利過甚，皆喜錦上添花，非得神親勞玉趾，恐其款不集也。然一戲臺之費不過數百金，以窮措大而處此，固覺其難；既為財神，則雖千百萬之金錢，何難一朝而集。而乃為此區區之費，猶必親出勸募，效沿門託鉢者之所為，豈財神亦徒擁虛名而內無蓋藏乎？自有此舉，吾恐今之冒名收捐、歛錢肥己者，皆將以財神為藉口而樂於從事矣。〔為富〕〔不仁〕

2311	原 267/3	廣金 3/19	大 8/129

甘作烏龜

人生不幸而娶有淫婦，致將一頂綠帽巾，暗暗戴上，此誠事之大可恥者。然好男兒當此，毅然出妻如覆水然，一發而不可復收，尚不失家聲之清白。若明知之而故縱之，裝聾做瞶，一任妻之胡行妄作，此其人即俗所謂「死烏龜」。金陵有機匠某甲，春間納一婦，某屠夫之女也。性淫蕩，與同居某乙有私，被甲查知之。甲性甚懦，不敢自治，訴諸泰山。某屠夫聞之，責甲治家無道，痛加鞭撻。乃攜縛豬之索、剸豬之刀與紫霞膏一盞至女處，數其罪而責之，曰：「此三者皆可畢命，惟汝自取之。」時女雖受父責，身無完膚，猶復強辨曰：「我為此，僅辱沒夫家體面，何煩老父前來相逼？」屠夫語塞，即持刀、繩授甲，令轉授與女。甲癡若木雞，悽然淚下。屠夫擲刀而罵曰：「唉！豎子不足教，我固知汝實縱姦也。」言畢，憤憤去。甲無言半晌，仍復展其經綸，軋軋作機杼聲，且亦不為遷避計。此殆甘與老元緒為伍乎？亦人類所不齒者矣！〔廉恥道喪〕

2312	原 267/4	廣金 3/20	大 8/130

老鼠搬家

客有謁澹定室主人而告之曰：「近者盱眙大火，焚至千餘家，登諸日報，通國皆知。亦知未火之前，有老鼠搬家之事乎？」主人曰：「異哉！夫鼠烏知天之將火，而先為是避禍計也？請申其說。」客曰：「盱眙居民多緣山而居，山上山下皆有屋宇存焉。當未火前數日，山下民家之鼠，忽千百成群，銜頭接尾，自下而上，直入山中。見者相顧錯愕，莫明其故。或相告曰：『老鼠搬家，當有火災。』人亦疑信參半。越數日而火起，不論高堂矮屋，悉為瓦礫之場。是災雖未至，物已先知，而人卒無能挽回者，豈非數哉！」主人曰：「有是哉，鼠之黠也！世之人有貪如狼，猛如虎，狠如羊，詐如狙，而專以狡獪欺人者矣。及其臨禍患，則以身為殉而不知趨避，此其智不更出鼠之下哉？嗚呼，可以人而不如鼠乎！」〔靈物〕

2313	原 267/5	廣金 3/21	大 8/131

一長一短

人之長短不同，伊古至今，不勝枚舉矣。其荒遠無稽者，姑置弗論。若申香身長一丈八尺，巨無霸長一丈，阮翁仲長一丈三尺，賈逵長八尺二寸，朱雲長八尺餘；王商亦長八尺餘，為匈奴所畏。此長人之最著者也。其短焉者，若郭解精悍，臧紇侏儒，王珣稱短主薄，孟嘗為小丈夫。舉其崖略，無非以短相傳。之數人者，或長或短，不一其類，亦不一其時，而又不能同居一處，成一洋洋大觀，誠憾事也。今我華有詹五者，其事業萬不及十尺之文王，九尺之湯，而其食粟卻如九尺四寸之曹交。其他皆不能見長，所長者一身耳。然歐洲人多傾慕之。近者行至法國，有法人某見之，曰：「此奇貨可居也。」乃覓一矮子，使與詹五並身而立，僅可為之捧足；遂欣然自為得計，邀至巴威倫會堂演劇。一時觀者無不失笑，及臨場度曲，詹五則銅琶鐵板，高唱大江東去，聲若巨雷，高出雲表；而矮子則法服法言，聲如蠅蚋，嚶嚶不絕，側耳聽之，終不可辨。蓋相形見絀如此，不誠天下之奇觀哉！〔天淵〕〔迥判〕

2314	原 267/6	廣金 3/22	大 8/132

狗少爺

世之稱少爺者，向惟官家子孫則有之。至今日而不論何人，凡傭之稱主，動以少爺呼之。至其門第若何，身家若何，竟有不堪聞問者。識者謂「少爺」二字，至此而埽地矣！顧此風惟上海為尤甚。良以上海五方雜處，人類不齊，不獨稱謂之僭妄，即名器亦可濫膺。往往有曳尾之流，購一功牌，便藍頂花翎，儼自廁衣冠之列者。有心人竊傷之，然猶謂彼固覥然人面也。乃金陵有駐防旗人，某日，藉祈雨為名，以小犬置筍輿中，加以冠服，以小紅蘿蔔作頂，呼為「狗少爺」；一若紈袴兒之捐有職銜者然，搖頭擺尾，幾忘本來面目。前導雙牌，大書「見官大一級」五字；其餘一切鹵簿及侍從人等，簇簇生新，招搖過市。不知者見之，且群羨少爺之厚福，而不知其實為畜生也。嗣為瑞莘儕方伯所聞，斥其謬妄，立提狗少爺之僕從，送縣懲辦。彼狗少爺，其亦能為之緩頰否耶？〔似人非人〕

2315	原 267/7	廣金 3/23	大 8/133

刁佃

湖北孝感縣某甲，小康家也，有田數十畝，佃於某乙已有年矣。乙知甲有長者風，數年不償租值。甲不能堪，控諸官。拘乙懲責，限期償付。閱一日，乙詣甲家，謂曰：「小人自蒙控官懲責，頓有生機矣！」甲問故。乙曰：「主人豈不聞里諺乎？『笞臀一板，值錢十千』，今小人笞數百板矣，除抵完租課外，尚有贏餘，乞即算給。」甲無詞以應，乙遂告辭。數月後，乙忽登門作悔罪狀，邀甲至家，杯酒言歡；并算明積欠，陸續償還。甲聞而喜甚。次日，偕兄弟二人至其家。乙先以茶煙款待。少頃，興辭入室，久之不出。俄聞室中作呻吟聲，心知有異，入內覘之。則乙正扶其癱瘓之老母懸梁，已將投入繯內。大驚而出，告知其弟，遍訴鄰里。乙知之，將母放下，持利刃窮追；責甲逼索貲財，致母情急圖盡。甲由是不敢再至乙處。乙居然據有其田矣。刁佃之刁，竟至此哉！〔人心叵測〕

2316	原 267/8	廣金 3/24	大 8/134

庸醫受辱

金陵西門街有外科醫生佘某者，聲價自高，悍然自是。日者，有金某患一疽，邀佘醫治。佘言此症甚為棘手，苟得番佛百尊，尚可保治。金允之。醫治數日，迄未見效，而病益劇。金之妻妾謂佘曰：「病至此，得毋有他慮乎？」佘大怒，斥其妄，且不許更延他醫。是夜，金某竟卒。時佘已假金姓八十餘金矣。至天明，金姓妻妾麻衣如雪，突如其來，竟將招牌什物，搗毀一空。妾年少，齒牙尤伶俐，袖出小匕首曰：「我等此來，非有他事，欲取若之命，以償我故夫耳。」佘強辨之，被妾掌其頰，且曰：「汝行不顧言，何面目見江東父老。我為汝蒙蓋之。」即解白裙，令僕從蒙於佘某之首，拽出街心。觀者蝟集，佘窘甚，願以八十餘元悉數歸趙，始得寢事。噫！醫如佘某，雖食其肉亦不為過。乃內無濟人之術，外有掩面之慚；而徒留此有覥之面目，是亦生不如死矣。雖然，醫之以人命為兒戲者，豈獨佘某也哉！〔自取其咎〕

2317	原 267/9	廣金 3/25 右	大 8/135

脫卻布褲

粵有無賴子某，家本小康，以好賭故，貲產蕩盡，至為無袴之公。一日，與妻同宿而起，潛攜其袴去。及妻醒，如禽言之脫卻布袴，羞不能言。適是日其鄰招往早膳，妻辭之。鄰婦親至，見其偃臥，即在床下促駕。妻辭愈堅。鄰婦詢其故，初不肯言；固問之，始知其袴為藁砧所竊也，遂歸取袴與之，始能下床。吁！遇人不淑，至此極矣！雖然，婦亦有自取之咎，慧心人試一參之。〔無遺下體〕

2318	原 268/1	廣金 4/25 左	大 8/136

火龍疊見

客有自津沽來者，言：「五月二十二日平明時，天氣驟熱，風雷隨之。居民揮汗如雨。瞥見穆清之表，有龍飛騰空際。熊熊火燄，附之而行，其光不堪逼視。越兩日清晨，更有琉璜氣自天而降。時則火龍淩空夭矯，由南而北，轉瞬即見首不見尾。一時見者皆傳以為奇。」按龍之變化莫測，世皆推為水中神物；論其為霖為雨，則翻江倒海，挾水而行，宜也。今則易水而為火，豈其五行遞嬗，陰極陽生，故易習坎而為重離乎？嘻！異已。〔夭矯〕〔不羣〕

2319	原 268/2	廣金 4/26	大 8/137

名賢勝蹟

「天上仙槎莫問津，乞休歸去鏡湖濱。湖光無恙狂如故，千古風流賀季真。」此慈溪童拙園上舍月湖秋泛詩也。湖西尚書橋下賀監祠，相傳即柳汀逸老堂故址。唐開元、天寶間，賀公為秘書監，與老杜、謫仙為詩友；文章風義，千古罕儔。迨後明哲保身，四明歸隱，築逸老堂於月湖十洲間。今其祠前有亭翼然，名曰「眾樂」；遠吞山光，近挹湖籟，實亦四明有數古蹟。前數年，有王孝子之父墜於湖，孝子殉焉。事為鄞縣朱友笙大令所聞，為之立豐碑於亭側，以記其事。從此孝子賢臣，後先輝映。訪古者猶低徊留之而不忍去云。〔流風餘韻〕

2320	原 268/3	廣金 4/27	大 8/138

巧奪天工

日本人皤榮有公輸子之巧，年七十有五，而目力尚明；每製一物，新奇靈妙，令人不可思議。當有栖川親王至崎時，嘗製人形一具以獻之；高一尺七寸有奇，身穿單衣，內襯袒服，手持團扇。脅下有細孔，內藏關鍵，以手撥之，則耳目四肢俱動；掉頭四顧，把扇輕搖，栩栩然一裙屐少年也。夫近世紈袴子弟，席祖父之餘業，平日鮮衣華服，趾高氣揚；當其昂頭天外，旁若無人，直與木偶人無異。乃以木偶人而猶能舉動自如，轉覺龐然自大之輩，坐而不動，雖含生負氣，反未有若斯之靈捷。其巧為何如也。故誌之。〔面目如生〕

2321	原 268/4	廣金 4/28	大 8/139

禁扮淫戲

京劇中有《翠屏山》一齣，事本《水滸》，描摩姦淫情狀，惟妙惟肖。梨園中常常演之。官憲以其傷風敗俗，曾出示嚴禁，而仍不免陽奉陰違者。亦以人心好淫者多，將藉此以招徠生意也。若地方之舁神賽會，原不必以優孟衣冠從事；而邇來好事之徒，輒裝扮各色戲劇，踵事增華，窮形盡相。其間一、二無恥之輩，尤喜淡妝濃抹，扮作淫戲。曾是光天化日之下，而容若輩招搖過市乎？日者，杭垣旌德觀溫元帥賽會時，有高蹺一起，扮作《翠屏山》故事。適被某署差役所見，一併捉將官裏去。而所穿戲衣，弗令更換，即面上塗抹之脂粉煤墨，亦弗令洗去。觀者為之譁然。及官升堂審訊，判將各人重加笞責，然後開釋。是亦維持風化之一端也。不知之數人者，痛定思痛，其亦以樂極生悲而深悔多此一舉乎？〔維持風化〕

2322	原 268/5	廣金 4/29	大 8/140

昆蟲誌異

西人某，好奇士也，愛搜奇蟲異豸，藉供玩賞。嘗至亞非利加洲之南境，寄居逆旅，四出搜捕。一日，捕得螳螂一頭，五色斑斕，異於常物。某攜之回寓，以鍼貫其胸而釘於紙；旋以紙裹之，置諸巾箱中。居兩月餘，欲回歐洲，附船而行。清閒無事，啟其行篋，取諸蟲出為展視；蠕動蠉飛，無奇不有。觀者咸歎賞焉。及開至螳螂，則覺其爪翅間，與包裹時有異。因將鍼拔出，欲再理妥。詎鍼方拔，而螳螂竟應手跳逸，墮於船中。某急撲之，飛集於桅。乃命人登桅尋之，則又飛去，而迷所往。夫螳螂奮臂以當車，人且傳以為異。今以鍼貫其胸，至兩月餘而不死，不尤覺其可異乎？錄之以待博物家之明其理焉。〔生氣〕〔欲出〕

2323	原 268/6	廣金 4/30	大 8/141

雌雉翔集

予嘗至四馬路某茶寮，見妖姬蕩婦，三三兩兩，無不濃妝艷服，圍坐於明窗淨几間；見有衣服麗都之客，則便眉目傳情，姿意勾引。血氣未定者，往往為之神搖，如蟻附羶，如蠅逐臭，紛紛者不乏其人。且一席之間，更有輕薄少年雜坐其間，謔浪笑傲，旁若無人。因喟然而歎曰：「斯何地？而顧若是之藏垢納污乎！」當工部局之未禁吸煙也，彼時茶寮雖有流妓，猶無此繁盛；自煙館中無所容身，乃相率而啜茗，頓使茶博士利市三倍。是不啻為淵毆魚，為叢毆爵。而開煙館者，皆將藉口曰：「是何厚於彼而薄於此也？」甚矣！流妓之宜禁，禁其冶容誨淫，傷風敗俗耳！若謂吸煙則當禁，啜茗則不當禁。試一權其輕重緩急之道，當不若此。有心時事者自能辨之，無俟予之贅述也。〔時哉時哉〕

2324	原 268/7	廣金 4/31	大 8/142

露馬腳

鄂人性喜佞神。凡家有病者，每舍醫而降神。其俗謂降神為下馬，神所附者曰「馬腳」。不知何所取義也。一日，有某病家邀一馬腳作種種變幻態；適被爛沿數輩窺出破綻，私相訾議。馬腳聞而大怒，曰：「汝敢竊議吾神乎？是宜責。」遂飛一棒擊之，適中爛沿之首，登時血流被面。爛沿者，該處無賴之別名。當時諸爛沿見同類被辱，便蜂擁而上，將馬腳拖出，痛加鞭撻。馬腳初猶裝神弄鬼，若真有神明依附者然。既而爛沿輩褫其衣服，倒拖兩足，頻加敲扑，且語之曰：「汝果神乎？我當撻汝，使之不為神而後止。若汝以人而冒稱神祇，須喚一聲『爛沿爺爺饒命』，即當赦汝一死。」言未畢，遽聞神嚌曰：「爺爺饒命。」諸爛沿乃笑而釋之；惟將攜來各物，打成虀粉，始各揚長而去。噫！世之掩著為工，中無所有，而不免於露馬腳者，比比皆是矣。於此又何尤焉！〔在醜〕〔而爭〕

2325	原 268/8	廣金 4/32	大 8/143

救食砒毒良方

聞之某名醫云：砒霜性最毒，人或誤食，往往慘死；有心人思救之，每以不得良方為憾。有某甲者得一秘法，能解救砒毒。顧其方不肯輕示，戚友苦求之，不可得也。一日，甲因事羈于囹圄，其甥某乙餉以黍肉；惡其方之秘而不宣也，心生一計，潛於飯中置砒若干，令甲食之。始具以告。甲曰：「爾欲得方，抑何惡作劇乃爾？可速取薜荔來，為我煆灰服之。」未幾，果愈。又某說部載萊郡劉某一事，謂白礬三錢，亦可以解砒毒。二說未知孰為靈驗？然古來所傳秘方，足以救人於危急者，正當遍示於人，俾得及時救濟；而貪鄙之徒，乃欲據以自私，甚至坐視其死而不救。忍孰甚焉！予既有所聞，不敢不錄。竊願有心人留意焉可。〔春回黍谷〕

2326	原 268/9	廣金 4/33 右	大 8/144

黔驢產卵

嘗考《說文》：驢父而馬母者，謂之騾；馬父而驢母者，謂之駃騠。是可知驢之所產，終不外乎其類也，從未有生育之理，竟至反其常者。乃盱眙西鄉仇家集有養牲者，家畜長耳公數頭，時而長鳴，時而策騎。詠李白詩云：「蹇驢得志鳴春風」，此景彷彿見之。一日，其牝者忽產卵三，色白形圓，蠕蠕而動；驢則環視其旁。人方詫為咄咄怪事，未幾而大火起，災至千餘家。說者謂是火災之先兆。是耶，非耶？惟明理人自能決之。〔妖由人興〕

2327	原 269/1	廣金 5/33 左	大 8/145

老烏龜

昔有在西班牙國域基馬地方捕得一龜者。細視之，其背有文，知為西歷一千七百年時，有法人分拿多在法屬之申專河捕獲此龜，因鐫龜背以誌其事，而放之於河。嗣復在印度被人捕獲，亦刻字於背而放之。以至於今，歷二百年之久。復在西班牙為人所獲，查見前字，詫為神奇，不忍加害；復刻字於背，并嵌以西班牙印而放於大江之中。人皆曰此神龜也。以視滬上曳尾之流，因案被獲，無人憐而釋之者，其相去為何如乎？〔三不朽〕

2328	原 269/2	廣金 5/34	大 8/146

璇宮課織

京師西苑門綺華館，係奉皇太后懿旨敕建，以為蠶織之所。由總管內務府大臣福箴庭大協揆總司其事，咨由浙江明尚衣購備各色經絲五百斤，各色緯絲五百斤，織江綢、織紗、織紡紬機張三，分運機、運車、練染等項器具全副；招雇通曉織纅、練染管工一名，工匠十名；復經歸安縣招覓養蠶婦人五口，由浙起程，航海入都，點交內務府，以供綺華館之用。按蠶桑為中國自然之利，延至今日，不免漸為外洋所奪。今者皇太后以親蠶為天下先倡，特於禁篽之中，研究織纅之法。從此後宮嬪御、大內才人，咸得以妙手靈心，贊襄黼黻。村嫗里婦，遂聽風聲，其有不益勵蠶工，勤修女織也哉？〔典重〕〔親蠶〕

2329	原 269/3	廣金 5/35	大 8/147

錢南園侍御松石鳴琴小像

有盤者石虬者松，援琴而鼓南園公。榆邨為摹仰亭本，快若親炙生乾隆。公曾自寫守株像，甫除館職嚴禔躬。靖共尟歷蹶復起，此圖之作皤已翁。一標貞固君子志，一傳歌詠先王風。如松不凋石不轉，堅操介性完初終。樞垣一疏糾執政，根本萬事調黃鍾。白華賦闋鴇羽奏，孝乎唯孝能移忠。山澤之度冰霜容，金鑄絲繡夫何庸。第一流人四海望，願印萬本傳無窮。我今刺舩東海東，破篋亦有焦尾桐。松湍石瀨鳴淙淙，公乎不作吾安從。後學趙藩題。〔趙〕〔藩〕

2330	原 269/4	廣金 5/36	大 8/148

昇平人瑞

〈洪範〉「五福」，壽居其先；故香山九老之圖，洛下耆英之會，史冊流傳，指為盛事也。黃順生，廣東新會人，年逾百齡，一子亦年登花甲。順生向在粵東省會懋遷以謀生計。數年來，其子以父年逾百歲，精力雖不減，亦當娛老家居，以樂晚年，乃勸之還里。鄉人敬而愛之，與其子商，諸紳耆呈稟新會縣，轉詳督撫憲會奏請旌。光緒十六年十二月十六日，奉旨賞「昇平人瑞」字樣，建坊銀三十兩，並加恩賞上用緞一疋，太平紋銀錠十兩。今經咨行到省，飭發新會縣，轉給黃順生收領。龍章下錫，特隆敬老之文；鮐背拜颺，叨荷引年之典。聖恩所及，壽考無遺。洵熙朝盛典也。〔龍章寵錫〕

2331	原 269/5	廣金 5/37	大 8/149

飛蝗食人

法國有著名考物生名漢基路者，嘗遊歷至阿非利加洲之亞路並亞士地方。散步郊原，忽覺熱氣逼人，厭厭欲睡，遂入叢林，擇其蔭翳而憩息焉。未幾，一夢依稀，栩栩然作莊生之蝴蝶。不期有蝗蟲萬億，從空而下，如蟻附羶，如蠅逐臭，集於漢基路之身，將肆咀嚼。漢基路驚醒，業已不及趨避，乃縱火焚林，斃蝗數萬，始得逸。遂誌於游記簿中，蓋將持以示人也。越日，人忽不見，其友蹤跡之，得其屍於林密菁深之地，則已血肉無存，僅餘骨髮及一行囊在。探之囊內，得游記簿，始知其前之所遇。因疑今之死，復遭蝗患所致。未知果否？然以害苗之物，今更出而害人，亦猖獗之甚矣！〔蝨賊〕

2332	原 269/6	廣金 5/38	大 8/150

龍母紀異

粵之肇慶府屬悦城地方有龍母廟焉，廟側有龍母墓。相傳龍母幼時，本悦城聖女，生有異德；年甫及笄，常從墓間辟纑浣衣。忽於水濱獲一巨卵，歸而畜諸汲甕中。未幾，天大雷雨，有五龍破卵出，舞爪揚鬐，似向母叩拜。畢，飛騰而去。及母飛昇時，五龍復回。土人異之，尊曰龍母；建廟墓側，春秋奉祀焉。墓之對河有賴布衣塚。説者謂賴布衣善堪輿，嘗從江西至東粵追尋龍脈，直至墓間。遇龍母垂髻獨坐，操作女紅，知結穴已為所得。紿使遷坐，不可。復乞讓一錢之地，益不可。乃浩然長歎曰：「此天授也，非人力也。」及卒，而葬於對河之濱，至今猶存。五月八日為龍母神誕。每當演劇時，必有一尺餘之青龍蟠繞殿前，蜿蜒不動。雖人聲鼎沸，不稍卻。及戲將畢，龍忽不見。其去其來，人無有知之者。古云：「龍之為靈昭昭也」，吾於此益信。〔神靈莫測〕

2333	原 269/7	廣金 5/39	大 8/151

鹵莽肇事

秦淮素多畫舫，歌衫舞扇，時掩映於雲水光中。選勝者爭往問津焉。一日，有某觀察之公子，約紈袴少年四、五輩，雇劉四燈舫，載妓同游；駛至利涉橋邊，忽有惡少擲石拋磚，為打鴨驚鴛之舉。公子大怒，呼榜人泊舟，馳往禽之。甫登岸，惡少已鳥獸散。適某鄉宦之子，輕衫團扇，徙倚於碧柳陰中。榜人本係莽男兒，至此竟看朱成碧，拽其衣袂，飽以老拳。正喧鬧間，鄉宦聞聲出視，公子之從人復呵叱之。鄉宦雖怒不可遏，然心畏某觀察之聲勢，不敢與較，祇將龜子劉四送縣懲辦。公子則歌陌上花開緩緩歸，攜妓仍回香閣。甚矣！人情之勢利也。夫以鄉宦之力，雄視一方，往往常以官勢壓人；今乃為人凌轢，而亦不敢思逞。豈所謂能忍恥辱者歟？亦知勢之弗敵耳。然某觀察一任公子之胡行妄作，僕從之狐假虎威，亦清議所弗取者也。〔誤中〕〔副車〕

2334	原 269/8	廣金 5/40	大 8/152

獵獲奇獸

新嘉坡人某甲善畋獵。一日，約同志數人，行至山深林密之地，從禽逐獸，興甚豪也。忽有一獸，斑駁陸離，長嘯而至。群獸在前，無不辟易，在後則相逐而來。心異之，以為猛虎在深山，百獸震恐。何以今竟瞻前顧後，大不相同。及細視之，則虎其頭者，乃蛇其尾也。因料是獸必類黔驢無技，設計禽之，置諸檻阱舁歸。投錢求觀者甚眾。有某客見之，瞿然驚曰：世之所謂虎頭蛇尾者，原為近世官場之積習，不意今乃實有是獸。豈天心厭惡，特生是物，以為若輩寫照耶？抑天地之大，有其言者，必有其事耶？嘻！異已。〔虎頭蛇尾〕

2335	原 269/9	廣金 5/41 右	大 8/153

細崽先生

滬北虹口地方某西人住宅雇用細崽某甲。日前，見賣瓜人弛擔門前，因與論價不合，賣瓜人謂之曰：「細崽先生，欲以是區區者，領略浮瓜風味乎？請俟異日。」甲大怒，曰：「先生則竟先生矣。何必復以細崽相誚！亦知細崽出身，果有現為職官，汝輩見之，將稱之為大老爺者乎？」言畢，執戈欲逐之。賣瓜人乃逸去。時有東洋車夫囅然笑曰：「我儕嘗呼巡捕先生，或喚巡捕老爺矣！今又聞細崽先生，且知細崽果有身為老爺者。」予奇其言，遂筆而存之。〔夜郎自大〕

2336	原 270/1	廣金 6/41 左	大 8/154

貓鼠同眠

西人某甲家畜貍奴數十頭，愛養臻至。其妻當在家時，喜豢鼠十百成群，雖穿墉食黍，亦所弗恤。自嫁甲後，鼠常為貓所食，以致夫婦時占反目之爻。後經人調停，以樓之上下為界，若鼠至樓下，雖被貓食，婦弗得顧問；其貓至樓上，被婦撲殺，甲亦不得相責。議既定，遂和好如初。居數年，貓鼠相習既稔，時或同眠。適有華人某乙見之，異而問曰：「養貓以捕鼠也。今若此，毋乃相反乎？」甲曰：「子獨不見今之官兵乎？夫國家設兵以捕盜；乃今日之兵，不但不能捕盜，且有與盜相通，甚至為盜所用者。兵猶如此，於貓乎何尤？」〔吃糧不管事〕

2337	原 270/2	廣金 6/42	大 8/155

天池絕境

山頂有水為天池，天池以高大為奇也。天下天池莫高於千頃，尤莫大於千頃；而千頃天池，又不徒以高大奇。《一統志》言昌化西北有千頃山，上有龍湫者，誤也。昌化龍湫另是一山。千頃山在甯國東南，其下為百丈嶺，嶺高四十里，更上十里乃至天池。池廣千頃，旁有千頃寺。池中有三石山，一銳一圓一方，號「天上三神山」。遊三山者，行舟天上，可望可即。此山二十里以上無復薪木，虬松怪柏，蟠屈懸崖，長數丈，而高不逾尺。僧以蘆葦為薪。池中產木柹魚，相傳明代創寺時木柹所化。嶺東西八十里無人煙，而過客不時。山主人設義旅於嶺凹，石室三間，中儲薪水、炊具、草榻。牓其門曰：常留薪水供行客，只認雲山做主人。客至，自啟外扃，入而扃其內，敲石火以炊。次早，反關去，不費一錢。予外叔祖龍嵷山人冬夜宿石室，次日雪深三尺，度無生理，題絕命詩、鄉貫於壁。次日，糧已絕。黃昏聞屋上人語聲，呼之不應。夜半聞呼，客啟窗，已毀窗入，則寺僧。前夕見煙起，知有客，命健徒三人，各裹兩月糧，乘雪船一晝夜，始達石室。雪已沒簷，故由窗入。雪船能下不能上，必來春雪消，方得歸寺，故攜兩月糧然。寺僧新正即終日除雪，二月初始通，相與登寺。行雪穽中，有深一丈者，晶瑩射目，羞不能視。留寺中至三月下山，陰崖冰雪未消也。然則山人此行之奇，又不在天池矣。辛卯長夏溽暑，山門七十二洞天不食煙火。蓉裳道人跋此，不覺遍體清涼也。

〔蓉〕〔裳〕

2338	原 270/3	廣金 6/43	大 8/156

獸語可通

公冶長能通鳥語，介葛盧善解牛鳴，千百年來傳為奇事。然其人聰靈獨擅，非真有一術焉，能為審音之助也。近聞美國人某甲，夙以豢獸為事，畜有獮猴兩頭，一牝一牡，兩相歡愛，時或格格作聲。甲見之，意必有詞可通，爰將兩猴分別處置。俟牝猴作聲時，攜取傳聲機器，置其吻間，收取其聲。旋乃攜置於牡猴耳際開機使聽；牡猴聞之，即作找尋儔侶狀。甲乃時取傳聲機器，向猩猩奴聆音察理；旋得二語，若「欲水」及「牛乳」者然。復將是語向他猴述之，他猴果能領會，即攜一罐前來。甲於是漸通猴語，將更謀與他獸通詞之法。審是，則西人不獨馴獸有術矣！〔解人〕〔難索〕

2339	原 270/4	廣金 6/44	大 8/157

數羅漢

京師彰儀門內北煙閣善果寺，香煙鼎盛，冠絕一時。向於六月初五六日為闢廟之期。廟之兩廡塑有羅漢山六座。其間羅漢數百尊，皆作菩薩低眉，非若金剛努目，依次列坐，不一其形。而善男信女，爭爇瓣香者，群以自己年歲，按蓮座而數之；以羅漢之動作威儀，定一年之吉凶禍福。佞佛者深信之。不知其果有驗否也？今歲是日，寺僧循例大開山門，幡影鐘聲，頗形熱鬧。於是輕衫團扇，與鬢影衣香，逐隊而來。環行於珠宮貝宇間者，無不指而數之曰：「我今年係應某羅漢。」此倡彼和，踵接肩摩。我佛有靈，亦憎其煩瀆否？〔無理取鬧〕

2340	原 270/5	廣金 6/45	大 8/158

乞丐遇仙

客有喜談軼事者，言松江府署頭門有雲間第一樓，相傳兵燹之前，樓已殘毀，時有乞人留宿其間。某夜，一丐方就睡，忽聞柱上有二童子言，曰：「今夕有八仙自西方來。」丐誌之，因向西灑掃以待。未幾，八仙果至。見地上潔淨異常，相與駭異，曰：「是必有人漏洩機關矣！」遂折而回。丐尾隨之，直至廣福林。雖盈盈一水，七仙皆一躍而過，惟鐵拐李在後。丐牽其裾。鐵拐李擲一蘆柴於河，曰：「汝欲從我，盍同渡乎？」丐不可。乃授以二物，告之曰：「汝所宿之樓上有二木孩，彼為石匠、木匠之祖師。嘗夜出擾人，已有生靈氣。汝可將是物置其腹間。我在此待之。」丐從其言，往置之，則二木孩已釘死矣。迨反命，鐵拐李果在，乃謂之曰：「若既不肯從我，想若所欲無非利耳，今若日需幾何？」丐曰：「二百文足矣。」乃與以一釘，令隨地掘之，青蚨可立致也。丐從之，果如所言，日無缺乏。一日，忽多掘一文，釘便折，轉瞬不知所之。於是，此丐依然行乞云。〔奇人奇事〕

2341	原 270/6	廣金 6/46	大 8/159

毒謀天譴

蘇州葑門內楚家巷有汪氏婦，向以販珠寶為生。其子某自娶媳後，遽傷夭折，兩世寡居，煢煢自守，遂撫某氏子為螟蛉。及長成，習岐黃業，已於去年成婚。某氏自鬻子後，貧益甚，時向汪告貸。汪心惡之，謀諸孫媳。媳令授計傭婦，啖以砒霜，而以銀餅兩枚酬之。置備停妥，先與貓食以試之。逾時貓斃。乃使傭婦往邀某氏，殷勤獻食。某氏纔舉箸，忽雷雨驟至，霹靂一聲，將碗擊落塵埃中。未幾，汪先擊仆於地，氣猶未絕；歷供孫媳設謀情形，言畢而斃。時雷火滿屋，孫媳急取死貓一頭，謂：「我僅毒貓，尚未毒人。」欲避入書房，則雷已隨其後而殛之。既而傭婦跪於中庭，手持銀洋兩枚，自吐巔末而斃。是日，適有某縫工在其家製衣，目擊其事，言之鑿鑿。由此觀之，人謂天道遠，吾不信也。〔鑑觀不爽〕

2342	原 270/7	廣金 6/47	大 8/160

嚴防記室

某君，淛東人，以武肅之後身，為仲宣之傳食。在公之暇，惟以絲竹陶情；風月之場，久為此君管領矣。今歲劉峴帥履新，遇事整頓。凡各署記室，均匿跡韜光，不出蓮花幕一步。某君冶游如故，烏纓花下，時繫青驄。一夕，正在倚玉偎香，忽見窗外立青衣二人，良久不去；疑係龜鴇，初不措意。及遍歷花叢，二青衣如影追形，不離左右。某君駭然，急揚鞭遄返。馬上回顧，則步亦步，趨亦趨者，又逐霜蹄，疾馳而至。某君詰以爾係何人？到處追蹤，何不憚煩？二人同聲曰：「某為督轅戈什哈，奉諭稽查；遇有賓僚為狹邪游者，必窮其蹤跡，回署覆命。」言畢，不知所往。某君悵悵者久之。昔牛相以街卒護杜牧之於通宵，峴帥其即此意也夫？〔漏洩〕〔春光〕

2343	原 270/8	廣金 6/48	大 8/161

日人操刃

日本人尾本、福原、七釐、荒川、奈良等五人，寓居本埠城內石皮弄馮夷吾家，習學京語。其鄰有沈關福者，家畜黃耳一頭，每見日人，狺狺狂吠。日人銜之。五月廿七晚，尾本等自飲酒歸，醉態瞢騰，行經沈之門首，犬又大嘷。尾本等遂遷怒於沈，執沈痛毆。沈情急呼救。鄰人齊出，則見尾本等手持利刃向沈亂砍，且對眾施放空槍以為恫嚇計。眾畏其兇燄，無敢近前。迨沈傷至十餘處，遂一命嗚呼。當由屍屬協同地保報縣。袁邑尊立派幹差至馮處拘獲兇手，無一漏網。乃會同日領事鶴原君詣驗屬實；因從鶴原君之請，將該兇手等移交日領事署羈押。現已會訊數堂，尚未定斷。時有杞憂子謂予曰：「陸春江大令，今已去任矣！日人此案得毋又步法捕亞沙宜之後塵乎？」予曰：「此非爾所知也。袁邑尊素有氣節，辦理交涉案件，必能正直不阿。況日領事秉公辦事，眾望素昭，其肯枉法徇私，貽譏萬國乎？吾儕小人，請靜以觀之可也。」〔憝不畏死〕

2344	原 270/9	廣金 6/49 右	大 8/162

小鬼索命

會稽人陸某體素羸弱，而有登徒子之癖，肆意戕伐，精神日耗，幾成癆瘵。心憂之，聞人言小孩胞衣如能生致食之，病可立愈。某遂以重賂，倩某穩婆謀之。穩婆涎其重利，設計取之。某服之，病果稍瘳。方沾沾自喜。而嬰孩性命，不知喪了多少矣！一夕，某忽痛如刀割，夢群孩爭嚙其肉，搏膺而言曰：「還我命來！」驚駭而號，家

人集視，痛仍不止。某乃浩然長歎曰：「予殺人子多矣！能無及是乎？」言畢而斃。世有欲食胞衣者，可弗鑒歟？〔害人害己〕

2345	原 271/1	廣金 7/49 左	大 8/163

喬木述奇

樹木之異葩，經《爾雅》載之詳矣。其雜出於諸書者，更不可以數計。審是，則有一樹必有一名；天地之大，當無有未見未聞之木矣。乃日本愛媛縣宇摩郡富鄉村有奇木一株，高逾五丈，枝葉蟠曲，蔭廣數畝。其葉分三種，一為柏，一為檜，一為杉，各各敷榮，翹然特異，惟根則合而為一。瀛洲士女，結伴來觀，無不撫景盤桓，咄咄稱怪云。〔生是〕〔使獨〕

2346	原 271/2	廣金 7/50	大 8/164

伴觀音

六月十九相傳為觀音大士誕辰。佞佛之徒，爭以一瓣心香，皈依蓮花座下；或駕桂楫，或乘筍輿。凡此繡佛長齋，無不喚妹呼姨，廣結香閨伴侶，是彼固自有所謂伴也，而何與於觀音。乃證之鴛湖風俗，更有發人一噱者。緣該處觀音寺香煙鼎盛，凡詣寺拈香者，先於十八夜會啟無遮。不論老的少的，村的俏的，在寺之前後左右，低眉合十，露坐通宵，謂之「伴觀音」；一似觀音亦嫌寂寞，需人作伴者然。夫觀音固世所稱大慈大悲，救苦救難者也。今以祝嘏之故，使人風餐露宿，跼蹐街衢。在常人猶或不忍，況我佛乎？然則所謂伴者，亦祇伴其所伴；在觀音必不屑為伴，且亦不欲其伴。甚矣！人之惑也。〔褻瀆神明〕

2347	原 271/3	廣金 7/51	大 8/165

火蝦奇景

《詩》詠宵行，行螢也；唐子卿賦水螢，亦螢也。青陽縣城內青瑣溪中，近年產異蝦，通體有光，今年尤盛。每夕，但覺萬點流星，明漪絕底，望之如銀河瀉地，燭龍入城。天下奇觀，得未曾有。兩岸士女觀者如市。時周蓉裳廣文《主乘稿》因紀以詩云：「腐草為螢到處飛，行螢水螢見已稀。水中火蝦光竟體，注籍不載世未窺。青陽廣文官舍冷，晚涼散步青溪湄。溪入城南出城北，一水照耀洒珠璣。似映空中飛螢影，疑照天上眾星移。豈知游蝦火滿腹，白角光透水晶肌。浮者兩三泊漁火，沉者半露抱珠驪。徐擬水仙秉燭遊，疾恐海國軍火馳。細星無數湧銀漢，金光萬縷織明漪。昔聞獨夫侈夜遊，遊女百萬徵隋堤。昭昭蹈海義不汙，蟬脫塵世儕馮夷。又聞海蝦肖龍種，燭龍卵育息蕃滋。陰山歲久容不得，分派聚國族于斯。長須國中城不夜，水螢名似而實非。魚目蚌胎睡不得，通宵光射空玻璃。合浦珠還不離水，剖腹庶免貪夫迷。牛渚水怪形畢見，何勞溫嶠燃靈犀。嗟汝微物本潛伏，心地光明暗不欺。堂堂丈夫有血性，顯負天日應愧茲。山經爾雅軼記載，丹鳥砂虹名兩辭。呼為火蝦人莫信，丰采已擅天下奇。更深人散溪月黯，幽光自葆誰見知。自愧不才同朽木，欲與星月爭光輝。」〔的〕〔皪〕

2348	原 271/4	廣金 7/52	大 8/166

職員荒謬

粵垣有某者性險而狡，胸無點墨。由納粟得佐雜官，投効行伍，迭膺薦剡；遂保舉至知縣，在省聽鼓。適某當道與之有舊，委以釐廠總辦。旋即視事某邑，大搖大擺，居然作官兒模樣矣。初某之辦理釐務也，有某甲舟載梅鶴，滿載而歸；至卡請驗，時將昏黃，司事故意留難。事聞於某，親往查看，見財色心焉艷之；遂誣以走私，將全船扣留。至夜深，賄囑船戶，將甲鎖禁，墜諸深淵；並殺其幼子，然後據其所有。而擇其最美之妾，命侍巾櫛；餘二妾，則販諸勾闌。事已數年，幾謂沈冤莫白矣！幸一妾不忘故主，痛思報復，苦不得其間。一日，忽遇素所相識之某客，泣告前事。某客為之動容，於是代遞呈詞，令妾赴堂作證。現已為上憲所聞，將某撤任，調省查辦。吾不意官場中竟有若此之人也，然恐官場中猶不止此一人也。所願有整頓風化之責者，盡法痛懲，其庶可挽回末俗乎！〔衣冠禽獸〕

2349	原 271/5	廣金 7/53	大 8/167

奇方保赤

金陵機坊王龔某，年逾不惑，生一子，愛若掌珠。一日，不知何故，腎囊堅腫，紅而且熱；越夕尤甚，小便閉塞不通。延醫治之，亦未見效，奄奄一息。正在危急之間，適某太守微服出游至龔門前，忽發喘疾；見門左橫一白木凳，遂暫憩焉。龔款接之餘，淚猶涔涔下。太守異而詢之。龔直訴情由。太守曰：「是可治也。速取鴨五、六頭，倒懸雙足，以喙納磁盂中。須臾，涎滿一盂，取而塗之，不難立愈。」治之，果霍然。急詣太守處叩謝，兼詢得愈之由。太守曰：「此因天熱，抱孩席地而坐，被毒蚓噓氣入莖中，致有是疾。鴨善食蚓，故能治之。」龔聞言，叩首若崩角。太守笑而遣之。〔醫者意也〕

2350	原 271/6	廣金 7/54	大 8/168

護花受辱

某觀察風流瀟灑，喜擢青蓮於淤泥之中，故人皆謂其有古押衙之風。日者，因事至白門，帽影鞭絲，遍歷迷香之洞；嘗在釣魚巷某勾闌，略給身價，購得二雛鬟。龜鴇雖惡其奪卻錢樹子，然知勢不敵，亦無如之何。某夜，觀察復招小蘭校書，宴於狀元境百川通票號；酒闌歌罷，小蘭低訴苦衷，淚隨聲下。觀察憐之，遂借票號後樓為藏嬌之所。龜鴇知之，聚眾數十人，爭來騷擾，人聲鼎沸，勢甚洶洶。嗣探悉觀察憩息之處，出其不意，扭其髮辮，拽至街心。當有惡鴇亂批其頰，且行且詈，擁至四松園，聲言同赴督署鳴冤。觀察堅立不行，手攀電桿，允將小蘭給還，始得釋歸。然狼狽之形，已不堪回首矣。後聞此事雖經上元縣查辦，終以有礙官場體面，遂含糊了結。彼身為監司大員，好作狹邪游，而以護花鈴自任者，盍以此為殷鑒。〔有玷〕〔官箴〕

2351	原 271/7	廣金 7/55	大 8/169

抑強扶弱

某甲習拳勇，膂力過人，有項王拔山蓋世之概。平日目無餘子，雄視一方，常欲一顯其生平本領。一日，懷銀錠一枚，箕踞橋欄之上，謂有能推之使起者，當以此銀為壽。於是赳桓之輩賈勇試之，終不稍動。俄有一鄉人肩擔而來，眾告以故，鄉人欣然弛擔，出其不意，將甲推跌，取銀欲行。甲深以為辱，執鄉人欲與角藝；鄉人知不敵，願以原銀歸還，不敢較。甲不允。正相持間，適一老翁龍鍾鶴骨，扶杖而來。聞其事，勸甲釋手，弗聽。老翁令鄉人姑與較之，許以相助。甲欺其衰邁，毫不措意；遂約定各受三拳，而願以身先之。言畢，甲背牆而立，一任鄉人猛擊。迨擊罷，令鄉人倚立如前。甲甫一伸手，老翁將杖一挑，則見鄉人身已騰空，而甲拳竟入牆尺許矣。老翁乃令鄉人取銀而歸，復將甲嘲諷之，然後揚長而去。諺云：「強人還有強人手」，其此之謂歟！〔旁觀不平〕

2352	原 271/8	廣金 7/56	大 8/170

土偶無靈

溫州人某甲以手藝營生，生有三子。長、次年已近冠，克世其業，工作頗勤，以為箕裘克紹矣！詎近日疫癘盛行，三子皆傳染，呻吟床蓐，同病相憐。俄而長子竟登鬼籙，甲情深舐犢，憂慮益深，罄其所積之資，置備牲牢酒醴，祭禱瘟神，祈保次子痊愈。不料百藥無靈，五絲莫贖，越日亦相繼而逝。甲痛子情切，頓熾無明之火，遂取銕斧，直詣東門五靈廟；見五瘟神泥像猶端然高坐，舉手斫之，將好頭顱一一砍碎。惟時佞神者流，無不拍手咋舌，懼冥譴之立加；而甲竟安然無恙。然則神且不能自保其頭顱，而謂能為人判禍福、降吉凶耶？愚夫愚婦，觀此亦可以猛醒矣！〔犯而不校〕

2353	原 271/9	廣金 7/57 右	大 8/171

假煙膏

鴉片一名阿芙蓉，又名紫霞膏，總之以罌粟花熬煉而成，裝槍呼吸，風味偏幽。雖滬上煙館如林，膏之優劣，迥不相同，然不過大土、小土之分，灰少、灰多之異而已。從未有別出心裁，竟以他味攙雜者。不謂本埠城內有某小煙館，平日專用肉皮和以煙灰，熬之成膏，色味竟與煙膏無異。使客裝吸，亦堪過癮；惟其甚熱，食之最易致疾。事為總巡朱森庭明府所聞，率勇搜查，得肉皮百餘斤，并拘該煙館主審辦。是誠為吐霧吞雲者除一巨害也。所願各煙館，皆體明府之心，幸毋相率效尤焉可。〔以偽〕〔亂真〕

2354	原 272/1	廣金 8/57 左	大 8/172

貓不敵鼠

鼠不敵貓，夫人而知之。乃物反其常，竟有鼠王自大者。澳門有某甲者，來自外方。攜一銕絲籠，畜一鼠，重約一觔有奇；毛光潤，作銀灰色。飼以牛羊之腥。甲甚愛之。聞此鼠能與貓鬥，雖極烏圓之健者，無不敗北而回。有某西人聞之，攜貓而來，訂彩百金，約與鼠鬥。於是西人解銀練以放貓，甲啟銕籠以放鼠。則見貓雖攫拿作勢，而體巨不免遲鈍；鼠雖小弱，跳躍甚捷。相鬥頃刻，貓反被鼠傷其左目，竟退縮不前。觀者乃譁然曰：「鼠勝矣！鼠勝矣！」噫，鼠輩猖狂，竟至此乎！〔生剋〕〔無常〕

2355	原 272/2	廣金 8/58	大 8/173

日人賽美

前年美國有賽美會。一時環肥燕瘦，盡列品評。論者謂此會極盛，難繼矣！不謂日本猶有舉行者。聞其開賽之法，令國中婦女如有秀色可餐、顧影自憐者，各映玉照，送至會中；彼東施效顰、自慚形穢者不與焉。現計與賽者共有百人，類皆圓姿耀月，慧質羞花，絕無碧玉小家氣象。其玉照用架鑲成，高逾數尺，懸挂壁間，擬分五等編列號數。凡游人之赴會者，皆得令從壁上觀；其有我見猶憐者，則許按照號數投簽於筒。俟賽畢，核計各照投筒人數之多寡以分次第。吾知評以月旦，賞彼風流，有令人如入眾香之國者矣！〔好色〕

2356	原 272/3	廣金 8/59	大 8/174

雌虎寒心

某生，杭之仁和人也，性柔懦，夙有季常懼。妻某氏，潑悍異常，人皆以胭脂虎呼之。一夕，婦解衣就枕，朦朧中有鬼卒兩人導之，行至一殿宇，金碧輝煌；其中刀山劍樹，布置森嚴。堂上坐一法冠道服，赫聲耀靈，望之生怖。婦長跪，不敢仰視。高坐者問曰：「若知欺夫之罪乎？」婦汗流浹背，泣而答曰：「奴知過矣！然冥譴若何？則不知也。」高坐者令鬼卒導之游兩廊，則見眾婦羅列，或榨取其血，或剝去其皮，或就鼎鑊之刑，或受刀鋸之慘；旁立藥叉數十人，猙獰可怖。婦問何故？則曰：「彼生前皆好欺凌夫男，故在此受罪。」婦膽戰心驚，不敢再視。鬼卒仍導之回。婦急向堂上哀求寬恕。高坐者曰：「汝能斂獅吼之威，吾今赦汝；若如故，當併治之。」遂叱之退，婦抱頭鼠竄而回，則黃粱一夢也。醒後思之，猶歷歷如繪。自是夫婦和順，不敢反目。嘗自述夢境如此，故詳記之。〔天奪其魄〕

2357	原 272/4	廣金 8/60	大 8/175

能通豕語

人與畜本無言語可通也。自介葛盧識牛鳴，公冶長通鳥語，古今傳為佳話。於是物類之呼鳴，若有言詞可通者，正不必猩猩、鸚鵡能作人言，始易領解也。羅浮元通觀有嘯雲道人，羽衣鶴氅，雲游四方。六月某日，行至澳門，偕其友某甲聯襼而游。偶經一小村落，遙見林木陰森之處，一母彘前行，後有豚兒一群隨之；此呼彼應，口中不知作何語。甲謂道人曰：「聞君能知豕語，可得聞乎？」道人曰：「彼母彘言今日熱甚，天將颶風。來來來，可同往那樹下哺乳。如不信，可往驗之。」及至，果見母彘臥古榕陰下，豚兒十餘頭齊列懷中求乳。甲始信其言不虛。越日，颶風大作。道人之言悉驗，遂相傳詫為奇事，如該道人者，較之介葛盧、公冶長其人，亦何多讓焉！〔別有〕〔會心〕

2358	原 272/5	廣金 8/61	大 8/176

斯文掃地

秀水人某甲，老學究也；性狡而佞，善媚居停主人，人多樂延之。今春，館於某大家，供給頗豐，甲沾沾自喜。主人有婢，名喜春，貌頗韶秀。甲艷之，每見婢至，必蹻足拈髭，多方勾引。婢弗拒，紿令夜來相會。問榻設何處，婢以實對；而潛以狀告於主人。是夕，主人令婢宿於他處，而自臥婢榻。更魚三躍，甲潛至榻畔，低聲呼喚；主人復故作嬌聲應之。甲大喜，搶步而前，掀其帳曰：「僕思卿久矣！可速救吾命。」主人接以手。甲遍體撫摩，驀觸主人勢翹翹欲舉；主人便騰身而起，執問何人？甲知中婢計，遂哀告曰：「聞主人有斷袖癖，特來以後庭奉獻。」主人笑曰：「先生休矣！僕病未能也。」噫！無恥若此，師道之不尊也，宜哉！君子觀之，能無齒冷？〔廉恥道喪〕

2359	原 272/6	廣金 8/62	大 8/177

閱小操記

滬北小流氓時在曠地操演情形，有心人嘗竊憂之；今觀其陣式，有足駭人聽聞者。爰泚筆誌之。日前，鼎豐里有小流氓一群，約七、八十人，或執紙糊之刀，或執木削之鑣，或執竹梢短棒，而以執旗者為領隊。旗分六、七色，領隊亦有六、七人，大抵一旗之下領十數人。有執黃旗者一人，高坐樓梯之上；甫坐定，舉旗左右指揮，執旗者便分立兩旁。蓋各人之舉動，皆視旗為準的也。俄而黃旗左揮，則諸人皆自右而左；黃旗右揮，則諸人皆從左而右；黃旗高舉，則左右皆合而為一，若一字長蛇陣勢，執旗者相間而走。黃旗平舉，則以一字變成方陣，執旗者適在四隅中心。俄而黃旗左右旋若畫圈然，方陣又變而為圓。既而袖中又出一黃旗，指左右，則圓陣變為兩翼，如鳥之翔，如驂之靳。又有不入隊伍者四人，皆站立樓梯下，各執竹批；有行步不齊及先後錯落者，則四人者就陣中拽以出，撳而責之，不稍貸。步伐之齊整，號令之森嚴，較之軍營中亦不是過。説者曰：「是即小金枝之遺習也。地方官可不思患預防耶？」〔為虺〕〔弗摧〕

2360	原 272/7	廣金 8/63	大 8/178

賺取書畫

昔鄭板橋先生有被人賺取書畫一事，説部詳記之。不謂相隔數十年後，竟有事同一轍者。某太史，閩人也，工書善畫，卓然大家。一時紳富無不樂得墨寶以為榮。有富商陸某者出身微賤，賦性尤鄙，為太史所惡，獨不得隻字。陸深恥之。一日，探知太史性好游，心生一計，賂其僮而授以意。俄而，太史出游，信步出西郊，隨僮而行。至一幽僻處，有茅屋數椽，如魯靈光殿巋然獨存；大書「癯仙遯窟」四字。知為隱君子所居。叩關而入，見一老者竹杖芒鞋，角巾鶴氅。相敘之下，談論風雅，太史益心敬之。惟見室中陳設精雅，獨粉壁闃如，無一字畫。問之，則曰：「世多俗物，何堪污吾壁也？」太史曰：「某雖不才，聊能免俗，請一試之，得入吾翁目否？」於是命僕以縑楮進，未幾，筆硯俱齊。太史興酣落筆，揮灑如雲，頃刻間成十餘幀，書款而去。他日與其友言之，心疑與陸同名，復往視之；則茅屋已烏有矣！始知為該商所賺。使人窺之，果然。使鄭板橋先生知之，得毋曰：「君何猶蹈吾覆轍也？」〔狡獪不測〕

2361	原 272/8	廣金 8/64	大 8/179

春夢婆

任某，花縣人，早年喪偶，續娶再醮婦為繼室，相安卅餘年，任忽病歿。婦某氏，年屆古稀，承夫遺資百餘金；雖無子女，亦可藉以終老矣。詎婦春心未已，猶思別抱琵琶。鄰人紿之曰：「近有某富翁新賦悼亡，方效司馬相如操求凰一曲。爾能多情如卓文君乎？」婦信其言，堅求撮合，許重謝焉。鄰人曰：「我觀婆婆徐娘雖老，風韻猶存，無患不得某翁歡；但兩鬢如霜，恐不免以此見嫌。盍先以烏髮藥飾之而後往，則事必諧矣。」婦如其言。至日，晨妝既畢，即偕鄰嫗往。行至數里外，令婦稍憩桑陰下，以待翁至。坐良久，則見往者往，來者來，未嘗有某翁至也。俄而，驟雨淋漓，衣衫沾濕，髮際烏煙，經雨流下滿面，如潑墨一般。鄰嫗乃勸之歸，道旁見者無不相視而笑。及抵家，婦猶不知為人所誑；反恨某翁之爽約，而怨天公之不做美。是亦一場春夢也，何阿婆猶未醒耶？〔壯心未已〕

2362	原 272/9	廣金 8/65 右	大 8/180

鵩鳥誌異

粵東歸善縣屬有怪鳥焉，大如鵝，足高二尺餘，首如嬰兒，土人呼為「人頭鳥」。每至四、五更時，叫號不絕，其聲甚惡。鳥至時，必人口不甯，去歲曾有是驗，因是鄉人皆惡之。今夏此鳥復至該處，患病者一、二日即死。某日，有鄉人窺鳥所止，相去僅十數武，而鳥不驚避，如不見人者然。及持槍彈之不中，鳥始高飛而去，至夜復鳴如故。或曰：「此即賈生所賦之鵩鳥也。」彼聞而起舞者，猶得曰「此非惡聲」乎？〔不祥〕

2363	原 273/1	廣金 9/65 左	大 8/181

悖入悖出

粵東闈姓彩票，雖經額玉如廉訪出示嚴禁，而私售者仍屬不免。某日有香山某鄉人由澳門購票而回，路經前山，被無賴甲、乙兩人要之於路，冒稱兵役，搜獲票據，百端恐嚇。旁有一人佯為緩頰，鄉人無奈，任其搜括一空而去。迨後查知，截獲之票竟中頭彩，得銀一千一百枚，三人遂均勻分取；頃刻間鮮衣華服，擺尾搖頭，居然作闊老官模樣。於是眠花宿柳，喝雉呼盧，肆意胡行，無所不至。曾不旬日，揮霍已盡。是可見世間不義之財，偶然得之，斷難久享。天理不甚昭昭哉！〔光棍〕

2364	原 273/2	廣金 9/66	大 8/182

大殺風景

福州南臺某勾闌有姊妹花兩枝，艷幟高張，香名久噪。一曰細妹，所交多讀書人；一曰五十，所交多洋行經紀。二妓顧盼自豪，各以意中人相誇耀。一則曰：「玉堂金馬，聲價自高。安用此銅臭為？」一則曰：「腰纏十萬，錢可通神。彼由窮措大來者，那得有此？」相持不下，各告所歡。於是五十所私之洋行夥某甲，大開綺筵，廣招熟客。一時翩翩裙屐，年少風流，無不故裝空心大老官身分，排場闊綽，結伴而來，約有五、六十輩。甲擬分為八席，使座客常滿，樽酒不空。方謂北海豪情，不是過也。詎細妹已暗伏四翰林於香窟，俟其入座之際，突然而出；老拳到處，肴核爭飛，海錯山珍，幾類散錢滿地。各客面面相覷，不敢攔阻，任其大搖大擺而去。夫名士風流，怡情花月，古今恒有。然必因鶯燕之紛爭，效龍虎之交鬥，隋珠彈雀，亦未免不諒之甚矣！〔棄文用武〕

2365	原 273/3	廣金 9/67	大 8/183

蝙蝠洞

杭垣天竺寺香市之盛，甲於他處，由來非一日矣。今屆有客數人，禮佛既畢，挈伴閒游，忽入一洞，不久即出。五人中獨缺其一，同伴疑被妖物所祟，不敢往尋。廟僧聞之，欲觀其異，在洞外守候。閱一日夜之久，始見其人蹣跚而出，疲病不堪。僧急問何為在洞耽延許久？據稱進洞後，天昏地黑，道路不通，欲覓歸途，已不省識，因在洞暫宿一宵。嗣有白鬚老人送之出，遂得至此。且言洞中徑歧路曲，莫辨東西。是則於桃花源外，又添一異境也。聞此洞名蝙蝠，不知何所取義。有蕭然遺世之想者，曷不問津及之耶？〔異境天開〕

2366	原 273/4	廣金 9/68	大 8/184

枯楊生華

自來老夫之與少婦有年相懸絕，而聯為匹耦者。讀古人「一樹梨花壓海棠」之句，其樂亦可想見矣。從未聞有垂老之徐娘，得配風流之子弟者。有之，自粵婦始。粵婦某氏丰姿綽約，嫵媚動人；自少繡佛長齋，守貞不字。戚族有作伐者，婦聞之，輒怏怏不樂。人遂不以相強。及父母相繼逝，婦藉其遺資，得數百金，藉資溫飽。忽忽久之，年已花甲。忽憶錦衾角枕，獨宿堪悲，不免詠狐綏之詩，而以無裳為慮。有某武弁年剛花信，涎其積蓄饒裕，託冰人代為撮合，涓吉親迎。想屆時洞房花燭，魚水歡諧。一則玉女依然，撫白髮而始尋鴛夢；一則金夫有望，對紅妝而可免鰥居。吾知相親相愛之情，當有倍於尋常者。然使婦無阿堵物，亦誰肯得此鳩盤荼哉？甚矣，財之不可以已也如是夫！〔陽盛陰衰〕

2367	原 273/5	廣金 9/69	大 8/185

登科佳話

張承烈，字梧泉，吳江貧諸生。當未第時，有西塢人竇姓，因為債主所迫，將售妻以償之，相向痛哭。張慨然出金與之，俾償負及謀生理。是年，應江南鄉試。甫入場，三題下；張以筆墨荒蕪，竟棘手不能成隻字。沉思久之。俄而假寐，彷彿見一戴笠老人以窗作三篇持贈；視之即此題，發揮切實，出色當行。張喜極驚醒，乃一夢也。記憶頗詳，急起繕之。自是次場之經藝、三場之策，皆出老人手筆。叩以姓氏，曰：「我與君當重晤，日後自知。」不告而去。及歸，潛至西塢訪竇姓，見彼夫婦歡迓而賀曰：「先生高中經魁矣！」問何以知之？婦曰：「妾富氏。父為廣文，生前有經學，善制藝；無子，生妾一人。昨妾夢父告曰：『汝婿不自立，汝幾失節。賴張先生德，我感之。夢中報以三場，文已發刻，中第十八名經魁矣。』」張問富廣文是何等狀？婦斂衽曰：「君識得戴笠先生乎？」捧一畫幅至，曰：「此先廣文公小影也。」展之，與夢中所見相同。張對像再拜而別。榜發，果中十八名。此道光庚子年事也。宣瘦海先生記之頗詳。茲特錄其崖略，以為積德者勸。〔積德獲報〕

2368	原 273/6	廣金 9/70	大 8/186

潑悍宜責

周某，湘之武孝廉也；為人豪俠，有燕趙間烈士風。一日，閒步至古廟，瞥見佛龕下伏一女子，嚶嚶啜泣。異而問之，則係某茂才之簉室。因遭大婦凌虐，欲處以死；茂才素有季常懼，弗能保，故遁逃至此，不食已二日矣。周憐之，慨然以保全弱質自任，令妾導之行，及抵室，叩關入，舉室驚惶。俄而，獅吼聲甚厲，繼復遣傭婦喚妾入。周止之。忽磚石橫飛，中妾肩及周手；周若為弗聞弗見也者。婦不能耐，逕自奔出，執妾痛毆。時茂才袖手立，不發一言。鄰右亦都作壁上觀。周乃袖出一刀，擲於桌上，大吼一聲，如晴空霹靂，聞者無不失色。曰：「若知我為何如人乎？彼為我表姪女。初來訴汝凌逼狀，我猶不信；今目見之，尚能抵賴耶？」遂推婦跪於中堂，歷數其罪，痛加鞭撻。婦始而詈罵，繼而呼痛，終而求恕，呼救聲如殺豬一般。眾見周孔武有力，莫敢誰何，相與勸解。周乃令具「不再毆妾單」，由眾鄰具保，方釋手。其實，周與妾非真有葭莩誼也。予謂天下儘多胭脂虎，安得假此辣手，將潑悍之婦，盡飽以老拳耶？〔快人〕〔快事〕

2369	原 273/7	廣金 9/71	大 8/187

巧脫樊籠

姑蘇某校書雪膚花貌，顧盼生姿，煙花中翹楚也。有江省某公子見而悅之，盤桓匝月，揮霍數千金，嚙臂盟深，欲為脫籍；奈鴇母索身價甚昂，卒以未滿欲壑而止。一日，校書心生一計，函囑公子。公子從之，買棹而來，泊於某處以待。潛遣家丁數人扮作公差模樣，偽稱校書係良家女，被人拐逃，今已控案，奉官提訊云云。龜鴇聞之，大恐。校書曰：「事已至此，奴當見官。」遂乘肩輿而行，徑至泊舟處。公子乃效范大夫載西施故事，攜歸納諸側室。及龜鴇查知，懊喪不已。小妮子獨具慧眼，善自保全，卒能拔火坑而藏金屋，彼紅拂之從李靖，恐不得專美於前矣！〔解語花〕

2370	原 273/8	廣金 9/72	大 8/188

可欺以方

京都某鉅公持躬正直，率屬嚴明，遇事不少瞻徇，群下無不敬畏。一夕微服出，率聽差兵二名，潛至某城一帶稽查司夜兵之勤惰。適該兵已入睡鄉。公見之，勃然震怒，立將該管武弁摘去頂戴。事為他處兵士所聞，有黠者繞道出其前；見公正踽踽行，偽為不知也者，直前以長鉤拿捉。某公大聲止之曰：「吾某大臣也，汝將何為？」其人悚惶伏地，投鉤請罪曰：「查夜過此，不知是大人，以致冒犯。」公嘉其認真，詰朝賞以六品頂戴。一時聞者咸謂某公以堂堂大員，至為兵弁所愚弄，而卒迷然不悟，未免群相訾議。然以鄭子產之明，而不能察烹魚之校人。君子可欺以其方，正不得以此為公咎也。〔人心〕〔叵測〕

2371	原 273/9	廣金 9/73 右	大 8/189

婦人生龜

京師東直門外春寒房地方有曹氏婦，身懷六甲，荏苒三年，竟不臨蓐，舉家莫明其故。今夏六月下浣，忽腹中作痛；合室驚喜，意謂弄璋弄瓦，可慰頻年期望之心。詎至瓜熟蒂落，見孩身竟是一龜，盤旋伸縮，曳尾悠然。產婦不禁驚倒。家人群以為妖，舉棒擊之，即斃。說者

謂此必婦女深夜納涼，被龜精為祟所致。或又謂婦夫實有隱慝，故天生是物，以為寫照。然歟否歟？則非君子所知矣。〔妖由人興〕

2372　原 274/1　廣金 10/73 左　大 8/190

釀雨奇聞

英人美呂賓精格致，獨出奇法，能釀雨澤；曾在新金山、紐斯倫等處演試數次，無不立沛滂沱。當醞釀時，美呂賓入一密室，嚴扃門戶。不知如何播弄神通，雨即應期而至。先是有某處連日亢晴，或與之約期下雨。前一日果有細雨如棉。至期，杲杲出日，薄暮猶無雲意，人方群斥其妄；入夜，忽大雨傾盆，勢如銀河倒瀉，乃大相歎服。現有堅沙國聞其異，以重禮延之，欲觀其技。然則古有所謂呼風喚雨者，今果有其術矣。苟能擴此術以救旱災，不誠挽回造化，造福蒼生哉？而特恐其徒成虛語耳！〔巧奪天工〕

2373　原 274/2　廣金 10/74　大 8/191

蓬萊仙境

新金山有羅某，性好遊，嘗入一異境，記之頗詳。一日，邀俊侶，跨名駒，為續游計；裹餱而行，尋故道，袘邐數百里，山徑崎嶇，箐深林密，皆人跡罕到之處。俄而，兩山環抱，石壁千尋，中露一徑，窄僅通人，相與下騎入。復行五里許，豁然空曠，四面皆山；中有石室三座，高深宏敞，酷似大家，其中闃寂無人。眾入門，見四壁連瓦面，以至大門、屏門，皆係白石打成一片，無斧鑿痕；屏門及牆壁皆有牡丹花，浮凸凝滑，有神工鬼斧之奇。入屏門後，二進、三進亦如之。屋中間瓦面上有一石龍頭，張口流水注地；水所注處，有大石蓮花一朵盛之。皆天造地設，不假人力，迥非流俗人所能夢到。諸人遊畢，復乘騎而返。僉謂桃花源猶在人間，今而後皆可問津矣！〔別有天地非人間〕

2374　原 274/3　廣金 10/75　大 8/192

淑媛全貞

杭垣張某，小康家也，生一女，鍾愛逾恆，自幼許字鄰邨某姓之子。嗣以某姓家業中落，張欲悔前議，竟央原媒至某姓家，啖以金，使另娶。會有武孝廉李某艷女姿色，以厚幣倩人撮合，遽爾委禽。張知女性貞潔，秘其事弗宣。及李氏親迎有期，張置備妝奩，衣飾殊形豐美。女心異之，私聞於嬸，得其情，急求計。嬸慨然以女崑崙自任，曰：「事急矣！盍從老身同往婿家。」女曰：「私奔可乎？」曰：「予雖女流，然汝長上也；長上送之家，誰敢議其私奔？」女從其計，黃夜由後門出，迤邐數里，直達婿家。先從門隙窺之，見婿方夜讀，其母篝燈紡績。因叩扉入，嬸代述來意，急請闔扉下鍵，草草行合巹禮，成女志焉。迨後李迎女不得，控張於官。嬸聞之，投案詳訴巔末。官嘉之，將李申斥，不為理。夫女之有志全貞，固屬可嘉；然始終周旋其間而能不背於義者，嬸之力也。奇女子舉動，真令人可敬哉！〔誓不二適〕

2375　原 274/4　廣金 10/76　大 8/193

巨黿戲水

京師東便門外花兒閘河內有大黿一頭，每值天將侵曉，輒浮水面，舉首昂藏。曉行者遠望之，如蔚藍天際矗一浮圖。及行近是處時，聞水聲激撞，則舟人群呼曰：「黿將軍來矣！」或逐以篙竿，或擊以彈丸；而河伯使者，終不退避三舍。土人以餅餌投之，雖遠在數十步外，必乘風拍浪而來，無不盡其所有一吸而空。鄺權詩云：「我欲燃犀起蟄雷，漫誇海蘸紙錢灰。將軍不是池中物，也為區區餅餌來。」古人詠物之工，最為真切，蓋不止寫景而已也。他日，黿被漁人網獲，聞其背有奇珍，欲殺之。眾勸弗聽。及用鐵錘猛擊，忽現火光一道，黿已不知所之。豈神物自能遁去耶？然亦奇矣。〔元長史〕

2376　原 274/5　廣金 10/77　大 8/194

闡發幽光

雪竇山，亦四明之名勝也。自陵谷變遷而後，其間古蹟每多淪沒於荒煙蔓草間。有心人深憾之。日者，有鄉人偶至該處，掘得古式金釵一枝。視其旁有石碣一方，上題「才烈女子童小素之墓」；其餘小字已斑剝不可辨。鄉人歸，傳其事於眾。某紳士聞之，欣然往視。見其墓頗擅湖山之勝，知葬者必係名姝，戒鄉人毋再相犯；購其釵，將碑亭重新之，貯於其中，以垂不朽。吁！名士青山，美人黃土，惟此清風亮節，終不與草木同湮。小素小素，其朝雲乎？抑小青乎？或關盼與綠珠乎？吾知建斯亭也，立斯碑也，他日有照影月湖，攝衣雪竇者，必將以詩酒奠之矣！〔臨風〕〔弔古〕

2377　原 274/6　廣金 10/78　大 8/195

假官撞騙

吳江縣屬同里鎮有楊姓等五人，皆著名土棍也。初祇冒充巡丁，向往來貨船多方索詐，必遂其欲而後已。後竟狡獪愈甚。每於黃昏後，楊扮作汛地官模樣，以一差提燈前導，手執小竹板，後隨二人，一攜二馬車水煙袋，一肩皮交椅，周行街市。名為巡查，遇行路者則大聲恫喝，任意刑責。責畢，令搜身畔有無竊贓。鄉愚無知，任其搜括一空而去。如是者數夜。事為圖董金姓所聞。正在議論間，適汛官朱千戎至。談次，詢以前事，千戎愕然，後忽恍然曰：「此必楊等所為也。」飭傳受責之數人，詢其面貌，果無或爽。遂將五人拘獲，送至吳江縣署請辦。張大令判各責數百板，釋三人；而以為首之二人荷枷示眾。受其荼毒者，無不鼓掌稱快。〔有靦面目〕

2378　原 274/7　廣金 10/79　大 8/196

攀桂先聲

每屆大比之年，士子入場應試，孰不望香分蟾窟，手折桂枝？顧必三場諸作，一筆不苟，方能邀朱衣人之點頭。而金陵士子至三場射策時，每多空言了事，草草出場。求其條對詳明，發揮切實者，不可多得。蓋該處俗例，凡屆中秋之夕，必期人月雙圓。故是夕家有應試者，其室人必濃妝艷服，手折丹桂一枝，倚門以望。迨考者跨長耳公得得而回，則其家人祝以吉語；考者執之而入，高視闊步，意氣揚揚，真有秋風得意氣象。習俗相沿，比比皆

是。甚矣！金陵人之愚也。然即其夜涼似水，驢背吟詩，真是一幅天然圖畫。予故樂寫其景而為記其事如此。〔未能〕〔免俗〕

2379	原 274/8	廣金 10/80	大 8/197

活佛誌異

彭澤縣某邨有客民甲、乙二人，兄弟也；素以營工度日，胼胝之暇，輯睦克敦。甲平日皈依佛門，茹素諷經，無時稍懈。今年三月間，忽謂其弟曰：「我於某日當死。死後切勿棺殮，可將我屍淺埋於某山窩內。俟六月六日，爾將淺沙掀開一看，如屍已朽腐，再行深埋；倘皮肉無恙，乞告知眾檀越，將我屍貯入木龕內，供奉香火，能保佑一方清吉。」至期，甲果死。其弟悉遵遺囑辦理。及六月六日，邀集多人，掀沙審視；則精靈雖杳，而面目如生。由是哄動鄉人，喧傳活佛降世；醵資建廟，供奉肉身。一時男婦老幼，頂禮求福者，幾於舉國若狂。邑宰彭明府聞之，拘乙到案，飭即棺殮而掩埋之。活佛有知，其如此官法何？〔不朽〕

2380	原 274/9	廣金 10/81 右	大 8/198

古鐘出現

白蠟為南洋荒島，初無中國文物流落其間。不謂近日有人掘地，忽得巨鐘一口。形制甚古，周身鐫刻龍文，錶質金飾，耳作雙螭紐；所識款字皆蟲書鳥篆，未易辨識。高約三尺，口徑尺有五寸。初扣之，聲甚微，繼有人以梧桐木擊之，則聲聞數里，真似蒲牢怒吼者然。是豈漢武時騰光臺之遺製歟？抑齊武帝景陽宮之餘韻歟？不知何以流入外洋也。姑誌之，以待博物君子。〔聲聞于外〕

2381	原 275/1	廣金 11/81 左	大 8/199

石卵呈奇

南洋柔佛地方有漁翁某甲，煙簑雨笠，垂釣江干；一葉扁舟，時往來於柳陌菱塘之上。一日，舉網得一石卵，瑩潔如玉。向日照之，則河中宮殿、樓臺之影，星羅棋布，一一可觀；而俯視流水湯湯，則已如蜃氣之變幻，倏忽不見。心知其異，益寶愛之。忽而狂風驟起，波濤壁立，蛟螭幾輩，圍繞其前，漁舟幾遭傾覆。漁翁大驚，投石於水，風浪頓息。是何寶也？神出鬼沒，乃一至於是。安得起張華而問之？〔光怪〕〔陸離〕

2382	原 275/2	廣金 11/82	大 8/200

鷹攫試卷

士子入闈應試，變故多端。或登藍榜者有之；或交白卷者有之；或卷忽遺失，遍覓而竟不珠還；或卷自撕毀，心狂而不成隻字。此其人類皆小有隱慝，冥冥之中，不欲遽殺其身；特於棘闈中略示以報應耳。本屆江南鄉試首場，當未封門前，有一生領卷至明遠樓下，弛籃於地；欣欣然將試卷再三審視，反覆摩弄。正在手揮目送時，忽一鷹健翮凌風，從天而降，將卷攝去，若有神遣鬼使者然。該生倉皇無計，頓足長號，籲求監試轉求監臨補卷。錢閣學謂此中必有冤孽，不然何若是之巧而且奇耶？諭令該生以後不必應試，免遭陰譴。該生唯唯，垂頭喪氣而出。〔中有〕〔冤孽〕

2383	原 275/3	廣金 11/83	大 8/201

名泉忽湧

無錫西鄉明陽觀道院，相傳為宋時羅真人修煉之所。院旁有一古塚，石羊石馬，巋然猶存，亦宋時名卿瘞骨之處。因風水已被該觀所佔，故其子孫今已式微。然其說亦不可考。院之前有一古井，或謂是真人所鑿。歷年既久，已淪沒於殘磚敗瓦間。迄今覽風景者，後望產山、龍山之靈秀；旁瞻錫山、張山之蒼翠蓊鬱，無不歎為形勝焉。今歲三月下浣，雷雨交作時，忽聞霹靂一聲；後查知院前眢井已被阿香鑿開，名泉湧出，清澈異常。傳者譁然，咸謂井係天闢，必有仙氣，於是提甕汲水者，遠近踵至。不論何病，飲之立愈。更奇者，有謂無錫本有九龍十三泉之諺，所缺者碧螺泉耳。今得此水，可治瘰螺痧，因之求者益眾。後被某地棍將井封禁，擬俟投錢，始准取水。經某紳稟明縣署，出示諭開，故汲水者仍如歸市焉。〔不關人力〕

2384	原 275/4	廣金 11/84	大 8/202

禍起蕭牆

意大利國吉甸沙嘉地有某富翁家，生有一女，年將及笄，手致輕盈。翁愛若掌珍，勖以閨箴，不令輕出。對宇有兵房一所，內有某武員翩翩年少，放誕不羈，見女頗為屬意，女亦愛慕之。綠窗相對，眉目傳情，相印心心，早矢白頭之約，而翁固未之知也。事閱二年，翁將女許字某大家子。某武員知之，悵然若失，時在窗前指畫示意，求女設計轉圜。女覺之，即取檸檬一顆，用兩掌上下壓之，示事已決裂，無可挽回之意。蓋至此而婚娶之期已迫矣。詎某武員見之，驟類癲狂，入房不出者久之。迨至百輛盈門，潛伺於隙，見女登車，驟放一槍，一女應丸而斃。視之，則女已嫁姊也。武員知副車誤中，再發一槍，彈中新娘頭顱，當受重傷。眾大驚，圍繞兵房，誓禽兇手，又被槍傷數人。嗣經兵房人員破扉入視，武員乃放槍自擊而斃。甚矣！人心之叵測也，香閨淑媛，其可有所私哉？〔女德無極〕

2385	原 275/5	廣金 11/85	大 8/203

猶有童心

昔有老童應試，於卷中夾以紅箋，題詩相干曰：「老漢今年八十三，白衣猶未染成藍。身披皇賞蒙恩賜，不入鬢宮死不甘。」及出案，果蒙取錄。衡文者並批以寶塔詩曰：「翁，古董，老運通，白髮蓬鬆，姜太公令兄，新進童生祖宗，身披皇賞領花紅。」《笑林》所載，雖非實事；然可見一領青衫，固有取之非易者。今屆江蘇學憲楊蓉圃少廷尉科試金陵時，童子軍中，厥有五老介乎其間，蒼顏白髮，態甚龍鍾。諸童見之，群聚譁觀；而五老則撚髭自顧，嗤眾雛之無知。及發落時，其著青衫而領花紅者，皆係翩翩年少，則知此五老又皆落孫山以外。老運不通，五老殆有同慨歟？〔老夫〕〔耄矣〕

2386	原 275/6	廣金 11/86	大 8/204

沙磧亡羊

蒙古新和城外草牧地有富翁某，畜羊三百頭；雇一僮牧之，朝出暮返，相習為常。暮春某日，僮驅羊而出，驀見飛沙刮地，狂飆撲人，急驅羊入棧以避風災。甫至門，主人見日未夕而羊已下來，謂之曰：「此羊非子為政，乃不為之求芻，將立而視其死歟？不飽啖，請毋返。」僮無奈，復驅至牧場。不料風沙愈大，稍一矗立，沙已及膝。僮急足亂竄，而風輪又至，轉瞬間僮與羊群已不知歸於何處。數日後，主人疑其如黃初平之得仙也，意必有叱石成羊之異，遂蹤跡之。見土上有僮帽，俯拾之，則帽纓堅繫於土中，掘之而僮首見；又深掘之，而僮身具在，蓋已體僵氣絕，無術返魂矣！僮父母聞之，欲與主人為難。某乃出青蚨百串為棺殮費，事始得已。噫！沙場苦況，於此可見一斑。彼蘇武在匈奴牧羊十九年，而卒得生還漢室，豈不幸哉！〔補牢〕〔恨晚〕

2387　原 275/7　廣金 11/87　大 8/205

喬扮瞷夫

津人華某，家本小康，幸廁縉紳之列。性輕薄，好作狹斜游，棄家雞而逐野鶩，迷香洞裏，留戀難忘。妻力阻之，弗能從也。一日，伺華出外，使人尾其後以窺之；及得蹤跡，則返以告。婦乃改作男子裝，足穿京靴，大搖大擺，隨其人行至某勾闌，偽為尋花問柳也者；翩翩裙屐，徑自入門。聞室內清歌聲，窺之，則顧曲者非周郎，乃藁砧也。方欲效女嬃申申之詈，適鄒岱東太守下令禁娼，差役隨後突至，逢人便捉，將華夫婦二人雙雙就縶。華驟見之下，不虞床頭人之易釵而弁也，不禁吃了一驚。繼思治家不嚴，罪有應得。若與宿娼同科，何堪設想？乃以阿堵物厚賄差役，始得釋歸。不然，吾恐春閨弱質，拋頭露面，對簿公庭，巾幗之羞，抑亦鬚眉之恥也。〔不甘〕〔雌伏〕

2388　原 275/8　廣金 11/88　大 8/206

食鴿生鴿

晉江縣古窟鄉人蔣亞狗，年逾而立，結縭數載，文褓尚虛。去夏，婦腹膨然，蔣與婦私心竊喜，以為珠胎已結，可慰弄璋、弄瓦之心矣。詎臨盆，忽纍纍然有物自產門出；檢視之，則鴿卵數枚。剖而細察，其中已成鴿雛，毛羽皆備，惟無生氣。見者相顧錯愕，蔣夫婦乃恍然曰：「此殺鴿之報也。」先是蔣性嗜鴿，常豢千餘頭，不飼一粟，日放高飛，入山求食。附近農家晒稻於場，及有植物將成，每為群鴿所啄，咸深恨之；畏蔣兇悍，不敢攖其鋒。更有向蔣購鴿豢之者，不一二日即為群鴿引回。蔣遂呼婦宰而烹之，謂是已去復來者，應供小人之腹也。購者雖知之，亦無如之何。蓋蔣夫婦嗜食鴿肉，日必殺鴿以佐盤飧，其數不可以僂指計。此次婦既有此怪胎，乃翻然悔悟，誓不再殺；并將群鴿盡縱之，不復望其倦飛知還云。〔殺生之報〕

2389　原 275/9　廣金 11/89 右　大 8/207

計試蕭郎

蘇門答臘有粵妓阿彩者，艷名久噪，聲價自高。蓋風塵中獨具慧眼者也。去年有閩人張某，見而悅之，欲為脫籍，以主中饋。阿彩心許焉，而未識其情之真偽也，欲有以試之。一日，張翩然而來，手帶玉釧一雙，價值百餘金。阿彩摩挲撫弄，偽為失手也者，將釧擲地，砉然一聲而斷。張見之，談笑自若，非惟不怒，反慰藉有加。阿彩不禁憮然歎曰：「奴閱人多矣，幾見有多情如張郎者哉？」因召鴇母至，自出藏金，贖身券焚之；遂從張歸，成夫婦焉。〔掃塵慧眼〕

2390　原 276/1　廣金 12/89 左　大 8/208

人身傅翼

昔墨子作木鳶而能飛，世皆驚為奇異。不謂人心愈變而愈巧，機械愈出而愈奇。法京有機器師亞打前者，仰視飛鳥，意有所感；閉戶數年，冥思極索，匠心獨運，製成機器一具。附於肘腋間，可以淩空而起，上出雲霄；且能獨往獨來，左之右之，指揮如意，大有列子御風而行之概。是誠巧不可階矣。他日乘此四出，將見朝遊碧落，暮宿蒼梧，又何止「朗吟飛過洞庭湖」而已哉！〔巧奪天工〕

2391　原 276/2　廣金 12/90　大 8/209

誣良為盜

津沽盜案疊出，馬快窮於緝捕；乃扮作商船，藉餌盜以擒盜，計良得也。中秋之前，有某委員帶領練勇多名，沿河巡緝。適臬憲周玉山廉訪遣家丁馮某至津饋禮，所坐之船係大艕了，向曾載盜來往江湖者。此由縣差封僱而來，馮固不知其底細。眼線瞥見之下，遂指鹿為馬，認為盜船。委員深信不疑，飭勇持械上船。馮告以來由，勇弗信；即將馮綰以黑索，至艙搜查。忽見有中堂謝帖暨臬憲名片，始相率大驚；然已發難收，姑令舟子起碇。時岸上有售洋鋏匣者，與馮素識，見此情形，趕為報信。天津縣李大令聞之，飭役截留。正擬發落間，已奉臬憲電諭，飭將全案人等解省研究，邑尊從之，後不知如何了結。是役也，猶幸所誣者係臬憲之家丁；若係商民，有不冤戴覆盆者幾希。噫！誣良為盜，此風其可長乎？〔鹵莽〕〔從事〕

2392　原 276/3　廣金 12/91　大 8/210

風流孽債

紀曉嵐先生筆記云：「交河有農家婦，每歸甯，輒騎一驢往。驢甚健而馴，不待人控引，能知路徑。或其夫無暇，即自騎以行，未嘗有失。一日，歸稍晚，天陰月黑，不辨東西。驢忽橫逸，戴婦徑入秫田中，葉密叢深，迷不得返。半夜乃抵一破寺，惟二丐者棲廡下。進退無計，不得已，留與共宿。次日，丐者送之還。其夫愧焉，將鬻驢於屠肆。夜夢人語曰：『此驢前世盜汝錢，汝捕之急，逃而免。汝囑捕役縶其婦，羈留一夜。今為驢者，盜錢報；載汝婦入破寺者，縶婦報也。汝何必又結來世冤耶？』惕然而悟，痛自懺悔。驢忽是夕自斃。」世有恃財漁色者，尚其以為殷鑒。〔淫人〕〔之報〕

2393　原 276/4　廣金 12/92　大 8/211

水氣上騰

水曰「潤下」，其下流也，宜也。而有時亦可以上騰者，如孟子言「搏而躍之，可使過顙；激而行之，可使在山。」皆非水之本性，其勢然也。然亦有不藉乎勢，而忽焉上騰者。印度波理亞有大海焉，波濤壁立，一望無邊；逝者如斯，正不止秋水長天一色已也。一日，觀於海者忽見水氣上騰，直接霄漢；由遠望之；儼如白練垂空，下蟠無際。約歷一點鐘之久，水氣始止。繼而大雨傾盆，勢如銀河倒瀉，隨之而下者，有蜃蛤、魚蝦之類。土人拾而取之，以佐盤飧，無不額手相慶。按水氣上騰，俗謂之「龍挂」，我中國時或有之，特未聞有水旋下降耳。倘得將此施於災區，百萬飢民，皆得同飫珍鮮之品，不益顯大造生成之德乎？而惜乎其僅在印度也。〔洪水滔天〕

2394	原 276/5	廣金 12/93	大 8/212

嬌藏道院

嘉興郡城隍廟，殿宇巍峨，香煙鼎盛；有道士修煉其間，數年以來，頗相安也。日者，有某宦瀛眷詣廟拈香，頂禮既畢，到處隨喜，金蓮貼地，姍姍來遲。驀見一處房闥精幽，陳設古雅，一人雲帔鶴氅，道貌仙風；一人翠羽明璫，濃妝艷裹，相對列坐作葉子戲。見客至，傲不為禮，一若行所無事也者。宦眷深訝曰：「此何地而容野鴛鴦之雙宿雙飛耶？」拂袖而去，歸訴主人。官即簽差往拘，道士悚惶無地，急以阿堵物厚賄差役；而往他處雲遊，以避官符。夫近世羽士，每多不守清規；而藉此念咒捻訣之名，偏得誑人財物者，亦徒長其飽暖思淫之念耳。嗚呼！如該道士者，不誠老君之罪人哉？〔是何〕〔道心〕

2395	原 276/6	廣金 12/94	大 8/213

封姨猖獗

季春之杪，蒙古西口地忽起大風，走石飛沙，漫天匝地。行路者不遑奔避，皆狙伏於地，方免如葛仙翁之拔宅升天。當風猛時，有一老夫挈幼女乘牛車而出。行至中途，驀遇羊角風一陣，將女吹去。老夫急以手攀轅，得不被攝。還望其女，則似凌雲之鶴，遇風之鴻，在半空中飄忽無定，轉瞬已不知所之。是日，蒙古主教巴克斯乘小車駕，二驢拖之而行。至中途亦遇狂風驟至，飛石密打，點點如雨。急欲躲避，苦無村舍。二驢受石拋擊，狂奔亂竄。正在危急時，適逢他處車輛重載至此，即為攔阻，始得無恙。封家姨何猖獗若此哉？〔大風起兮〕

2396	原 276/7	廣金 12/95	大 8/214

鬥毆釀命

某甲捐納海防郎中，僑寓金陵；夙諳拳勇，與記名提督某乙訂交有年，彼此往還，頗稱莫逆。眷屬相見，亦不避忌。方謂雷陳交誼，不是過也。一日，偶因細故，始而角口，繼而角力；兩不相下，各自爭雄。乙妻某氏，亦娘子軍也，從旁窺伺，見其夫將有敗北之勢，遂挺身直出。陽效謝女之解圍，陰作梁媛之助戰。一鼓作氣，率同傭婦人等，七手八腳，奮勇而來。不啻吳宮美人，素習戰陣者然。甲至此孤掌難鳴，幾為群雌粥粥所窘；然自恃好身手，戰鬥多時，終不稍卻。俄而，甲忽蹈其瑕，一腿飛來，適中夫人要害，遽致玉殞香消。乙忿甚，將甲綰住，報請上元縣蒞驗，恐不免按律擬抵矣。逞一朝之忿，貽終身之憂。好勇者可不戒哉！〔凶終〕〔隙末〕

2397	原 276/8	廣金 12/96	大 8/215

鶌鳥止火

翠山之下，屋宇櫛比，一民居稠密之區也。一日，某姓家忽兆焚如，火光熊熊，上燭霄漢。鄰右倉皇奔避，如失巢之鳥，繞樹之烏；兒啼女號，惴惴焉咸以殃及池魚為慮。當火勢方熾之際，忽一鳥翩然而下，集於屋角。眾方詫曰：「此火鴉也。恐此鳥至，是處房屋將如秦世阿房，盡付楚人一炬矣！」詎鳥止後，火焰漸止。於是人皆轉驚為喜，群集而視。則此鳥狀如鵲，色赤而黑，兩其首而四其足。見者錯愕久之，咸以為神，有向之拜禱者。鳥見人亦不驚避。未幾，忽飛去，杳如黃鶴焉。事後互相傳述，莫得主名。有博物者聞之，曰：「此名鶌鳥。《山海經》嘗圖其形，謂可禦火。今方火災，而是鳥適至，宜祝融氏之退避三舍也。」古人之言，豈欺我哉！〔靈禽〕

2398	原 276/9	廣金 12/97 右	大 8/216

黠賊兔脫

金陵當大比之年，士子雲集，宵小亦從而繁滋。石壩街某宅主人患病，舉室張皇。突有一衣履翩翩者手攜衣包，大踏步而出；適醫生飛輿而至，謂曰：「小女有恙，煩高明診視，請先入可也。」言畢，忽忽去。甫出門，遇閽者自外歸，詰問何為？則以租客寓對。閽者亦不之疑。迨醫至後堂，見病者係一老叟，不勝詫異，因將前事問之。叟大為驚訝，急令女伴回房檢視，則珍貴之物，已不翼而飛。欲覓其人，已無從蹤跡矣。諺云：「賊有賊智」，信然。〔獨來獨往〕

2399	原 277/1	廣石 1/1 左	大 8/217

女巫惑世

津屬東大沽後街有女巫某氏，稱神說鬼，祈禱頗靈。惑之者舉國若狂，群以活神仙奉之。邇因各處疫癘大作，人有戒心。該女巫遂大書特書，遍處貼招，云：「天將降瘟於東沽一帶。惟予處所製平安藥水，可以治之；不然，必死。」聞者不察，爭往求之。協戎羅軍門惑於浮言，整肅衣冠，躬往拜禱，求以藥水治疾；且捐鶴俸為之修葺所居，以壯觀瞻。論者於是有不足於協戎。夫惑方士神仙之說，而至入海求長生之藥，古時英武之主，猶或不免，於協戎又何尤焉？〔飾智驚愚〕

2400	原 277/2	廣石 1/2	大 8/218

漢將英靈

四川大邑縣城東三里，地名銀屏山，有蜀漢鎮東將軍追謚順平侯趙雲字子龍之墓。溯其忠扶漢室，勇懾強鄰，偉烈豐功，焜耀漢史，瘞骨茲山幾二千載。當咸豐十一年六月，滇匪何逆圍攻縣城。經總督胡中和率湘果營勇由崇慶州赴援，路遇鄉兵一隊，旗書「趙」字，導其前驅，遂獲大勝，城圍立解。且地方每遇水旱偏災，祈禱輒應。士民感戴不忘，稟請列入祀典。劉仲良制軍當援嘉慶二十年閬中縣有蜀漢桓侯張飛祠墓，曾因靈跡素著，恩准入祀舊案，上章奏請。業奉硃批，著禮部議奏欽此等因。想見名將英靈，至今未泯，宜荷聖朝崇報之隆也。夫子龍當長阪救主時，以單槍匹馬，出入於百萬軍中，如入無人之境；英雄梗概，千載下猶有生氣。展謁其墓，令人慨想不置。〔禦災〕〔捍患〕

2401	原 277/3	廣石 1/3	大 8/219

鴕鳥忘卵

禽之中有鴕鳥者，產於阿非利加洲與亞喇伯境中。其鳥長頸高身，咮短目大，毛片鬆茸，性頗頑鈍；最能忍渴，有似於駝，故謂為「駝鳥」，以其從鳥族，亦曰「鴕鳥」。嘴鈍無力，嗜食田中五穀，故農夫甚憎惡之。鴕於禽中秉體特強，其腿甚長，蹄有二趾如駝，健步捷行，雖矯健之獵犬，亦不能及。其遺卵之時，預於沙中掘穴，約可藏十餘枚。於是每日遺之穴中，由十五枚至二十枚而止。惟其性善忘，土人欲取其卵，俟其出，即向穴中潛取。翌日鳥至，啟視無卵，以為尚未生育也；又育卵於內，人又竊之。逐日用此法以取卵，可至百枚而後已。是誠海外之奇禽也。予故誌其崖略，而為摹其圖如此。〔珍禽〕

2402	原 277/4	廣石 1/4	大 8/220

僧尼成偶

男女居室，人之大倫；自有僧尼一流，而大倫幾絕。然苟六根清淨，永成入定之身，猶可言也。若其色障未空，情魔易惹，與其另生枝節，何若於空門中自求匹偶乎？閩省泉城南門外某山之麓有靈源寺，向司香火者惟比邱尼數人。近得檀越廣為佈施，香積廚中饒有積蓄，遂不免飽煖思淫；以致野僧溷跡其中，儼若人間夫婦，伉儷甚諧。夏間某日，泉州府胡太守詣寺拈香，見僧尼雜處，多至十有餘人，嗟訝久之，謂：「我佛慈悲，乃容若輩在此宣淫乎？」爰擇其年相若者，各為定配，著令還俗；而祇留一老僧、老尼守寺。太守此舉，可謂曲體人情矣！〔姻緣巧合〕

2403	原 277/5	廣石 1/5	大 8/221

天佑節婦

京都某姓家，生有一子，已娶媳矣。去年子忽病歿，其媳柏舟自矢，之死靡他。有某富室窺媳美，啖翁姑以二百金，將納為側室。媳知之，憂憤交并，然終無如何也。至期，某富室以馬車來迎，使傭婦強被以綵衣，掖之登車。媳堅不肯行，則以紅巾反接其手，媒媼遂擁之坐車上。道旁觀者咨嗟太息，代抱不平。咸謂似此搶孀逼醮，惜無人焉訴諸官耳。不料僕夫振轡之頃，婦放聲大慟；鬱氣所達，上感神明。霎時間旋風暴作，馬忽驚逸不能止，不趨其家，而徑趨縣城。飛渡泥淖，如履康莊，雖仄徑危橋亦不傾覆。直至縣衙，乃屹然而止。適遇胥役數人，聞婦喊冤，即拘送諸官，其事遂敗。乃知庶女呼天，雷電下擊。史冊所載，當非虛詞。〔志不〕〔可奪〕

2404	原 277/6	廣石 1/6	大 8/222

翦綹獲賞

閩人楊某遨遊至叻，攜有金表一枚，繫以金練，而結於胸前之小衣中，外以呢衫罩之。偕友蔡某出游，轉瞬間表練已不見。楊大駭。聞粵人某甲，廣交三教九流之輩，與若輩相識甚多。急詣其處，令即查問。甲請少坐以待，忽忽徑去，頃刻即回；稱物已查得，若欲歸趙，須給以洋十元。楊慨諾之。甲復出須臾，攜表歸，果原物也。楊大奇之，深慕其人，欲一見以為快；請於甲，許賞犒焉。甲乃復出，及反，供以煙霞滋味，囑楊稍待。楊與蔡正對談間，有粵人五名先後至，在座談良久。甲私語楊曰：「竊表者在是矣，請誌之。」楊問為誰？曰：「行當奉告。」未幾，諸人皆散。甲乃曰：「頃與君對坐之瘦而短者是矣。彼曾持一煙桿，向煙燈就吸，使君得近觀其貌。今豈忘之耶？」楊至是始恍然，隨取十元酬甲；另以英洋四元囑轉給其人，以賞其技之精妙云。〔妙手空空兒〕

2405	原 277/7	廣石 1/7	大 8/223

鳴槍擊鬼

柔佛人某甲，性好獵。一日，持槍入山，從禽搏獸，意興甚豪；日已銜山，猶徘徊林際，至夜始返。時正上弦，微月一鉤，忽為浮雲所掩；獨行踽踽，途路依稀。陡聞林間有聲，趨前視之，遙見人影，高與林齊，心知其鬼，然已不及奔避。幸甲素以膽勇自負，故略不畏怖。俄而鬼聲嗚嗚，群影交至，皆作欲撲之勢。甲恨無鍾馗捉鬼之術，窘急萬分。忽憶爆竹可除癘鬼，今盍以手槍擊之；遂扳機而放，轟然一聲，則諸影盡散。蓋鬼為陰氣，得陽火以爆之，自無不散之理。誠得此法，又何慮張天師被鬼迷，有法無使處哉！〔以陽〕〔破陰〕

2406	原 277/8	廣石 1/8	大 8/224

大龜善飲

日本某漁人在救州邱釐之地，沿架收沙海旁網獲一龜。其身碩大無朋，徑度之有七尺。背之廣，可容四、五人在背上，亦能洋洋然游行水中，若不知其重者然。或謂此龜酷嗜日本沙基酒，好事之徒，遂取數斤供之。龜伸項張口，一飲而盡，若甚甘焉；較諸長鯨之吸百川，亦不多讓。觀者紛紛，咸謂此神龜也，不知其生有幾千百年矣。有日官某聞之，以重價購歸，放於花園之巨池；待至日本節令之期，乃放之大海中。龜而有靈，將何如感德耶？顧予嘗見世之甘戴綠頭巾者矣，當其搖頭擺尾，買醉酒樓，非不及此龜之飲量；而一責以負重之事，則遜謝不敏。若此類者，不誠遠出龜之下哉！噫嘻！〔伸頭縮尾〕

2407	原 277/9	廣石 1/9 右	大 8/225

鬻子奇聞

粵人袁某，富家子也，娶妻俞氏，生有子女各一。袁日事游蕩，家遂中落，漸流為丐。妻因挈子女歸甯，乃岳俞某固猶富厚，衹生一女，故視外孫若掌珠。一日，子女在門前嬉戲。袁潛過之，誘匿他所。俞失外孫，惶急無措，懸賞購求至百餘金。袁乃使人告岳，謂雙珠具在，但須以千金為身價；雖欲延俞氏嗣續，亦無不可。俞商諸女，給以五百金；復以一屋一婢與之，訂明不得變賣，俾成家室。至妻身，則任其自主，立有字據。議既定，乃擇吉交易，若忘其為翁婿也者，不亦異乎！〔泰山〕〔可靠〕

2408	原 278/1	廣石 2/9 左	大 8/226

奇症可疑

皖人胡筱峰先生，儒而醫者也。僑寓英界石路公興里。以其道濟世，所至有奇效。吾師高昌寒食生亟稱之。先生有哲嗣一人，隨侍滬寓，年十七，猶未習業。予見而問之。先生告予曰：「此子生有奇疾，自幼厭聞吟哦聲；故其讀書僅至《論》、《孟》止。最奇者，或有游方僧沿門求乞，擊木魚有聲。聞之輒厥去，不省人事；迨聲絕始蘇。每遇皆然。嘗問之西醫，亦惟曰：『腹有異蟲。』而竟無治之之術。」予曰：「此人生之大患也。夫被癲犬咬者畏鑼聲，今彼畏木魚聲，果何故耶？」世有博物君子及格致家，能為我進一解否？〔其病〕〔安在〕

2409	原 278/2	廣石 2/10	大 8/227

南闈放榜

江南鄉試，合上下江為一棚，考生每多至二萬餘人；故其放榜，亦較他省為獨遲。本屆辛卯正科，朝廷特簡金靜階閣學、李木齋太史入闈典試。呈進各卷，當經十八房同考官悉心校閱，凡有傑搆，無不鶚薦；而兩主試又復鑑空衡平，不遺餘力，始得如額取中，殿以副車。填榜既畢，業於本月二十一日揭曉。一時冰壺朗鑑，文章詩策取其全；金榜宏開，姓氏里居傳其盛。千門萬戶，走馬爭看者，無不昂首翹足，翕然而頌曰：「是聖天子掄才之盛，大主考取士之公也。」懿與休哉！〔盡賜〕〔及第〕

2410	原 278/3	廣石 2/11	大 8/228

天誅忍人

福建南安溪仔尾有甲、乙二人，誼本同姓，居又比鄰。甲有子五人，乙則祇生一子，愛若掌珠。一日，甲之少子與乙子嬉戲，年幼無知，誤將剪刀斷乙子勢，痛極而殞。乙咆哮索命，甲百計哀求。許以其子立為嗣，不可；許以百金，使自抱養，又不可。必欲殺甲之子而後快。甲畏其強，不得已，以少子與之。乙乃持鋤掘地，擬將甲子活埋。時觀者如堵，無敢勸者。穴既成，乙執甲子欲瘞之。甲子畏死，號呼跳躍，不肯下穴。正相持間，有興化賣雞雛者，觀而笑曰：「活埋不可，胡不以鋤擊斃，然後埋之乎？」乙聞言，欣然得計，遂將甲子擊斃。時白晝清朗，觀者尚未散。忽迅雷一聲，先擊賣雞雛者，次殛乙。由此觀之，殘忍之報，捷於影響。天道豈真夢夢哉？〔大發〕〔雷霆〕

2411	原 278/4	廣石 2/12	大 8/229

濫祀宜斥

地方之有孝弟祠，所以祀孝子悌弟也。必其人倫紀克敦，人言無間，方克邀斯盛典。自人心不古，不肖紳士見利忘義，竟昧三代直道之公，敢以揑詞朦稟，淆惑上憲耳目；於是有舞弊犯法之人，生為官法所不容，歿而反得邀祀典者。「蓋棺論定」之謂何？噫！異已。松郡有故書方瞎子，名叔陽，及薙髮匠汪家桂，生前作奸犯科，案卷重疊，曾禁囹圄者數年，彰彰在人耳目；惟所積造孽錢甚富。迨歿後，其子席父餘業，賄通某明經等，憑空結撰，臚列各種事實，朦稟楊學憲；因於去夏先後附入府學孝弟祠中。人言藉藉，忿不能平。今屆秋祭之期，某茂才等入祠虔祀。瞥見方、汪二牌位，勃然大怒，立將栗主擲地；且擬稟請府尊，轉詳學憲而撤之。甚矣！人之不可為惡也，雖有孝子慈孫，猶不能掩蓋於百世之下；況敢覥顏列入祀典乎？憲鑒可淆，公論不可逃也。〔公論〕〔難逃〕

2412	原 278/5	廣石 2/13	大 8/230

百日艾

南方有靈草，艾名而非艾也。山人含之入林，則猛獸辟易；目能洞地中，知沈琦處。但逾百日不歸，則艾入喉，毛尾成，而獸矣。橫山下有某者含一葉入山，迷失道，三月無耗，家人皆卜以異物。一夕，忽歸，遽抱其子。婦自外至見之，左臂猶帶沈囊，毛爪生而衣裳裂矣。大驚叱曰：「虎豹之戲，狐狸不可當，矧人乎？若爪利，毋殺兒。」某聞置兒，逡巡下階，引爪霍霍於石。婦乘間負兒登樓而號。鄉里盡集，擲生熟肉於前，以驗其人獸也。某兩食之。或欲以弓矢從事。眾有阻之者，曰：「彼猶財之惜而兒之戀，且亦人獸半也。人而獸，安知不獸而人乎？可亟療之。勿殺。」遂群逼而縛之。某掙擺搏噬，居然獸也。眾進益力，始就擒。以物振其喉，良久，艾出。尋藥而入之，半年始復名義，今尚存。雲史氏曰：「某至家辰，則人獸界也；療之而復，眾不猶良師友乎？」或曰：「有不披毛帶角，而行徑居然獸也，可療之乎？」曰：「可，振之以刃。」以上見安南《同文日報》。語意古奧，頗耐尋味，閱者鑒之。〔異草〕

2413	原 278/6	廣石 2/14	大 8/231

相逢意外

津人郭某，家有老母及一妻一子，前年以生計維艱，遠赴伊犁謀食。伊犁距津有一萬三、四千里之遙。郭去後，初時家書尚不空寄；後忽音問歇絕，蹤影杳然。忽忽十載，家境益窘。其母以子既生還無望，數諷其婦，使別抱琵琶，俾稍得身價資，以免共填溝壑。婦無奈，當託媒氏說合，將再醮於某姓。行有日。婦每念夫既死別，姑與子又復生離，不覺放聲痛哭。詎郭竟如海外東坡，依然健在。前之魚沉雁杳者，以無從傳遞耳。今春忽束裝歸，甫到津，即襆被回鄉。時已昏黃，聞婦哭聲甚哀，細聆所訴苦情，酷似床頭人。俄有男婦籠燈來勸，婦收淚。郭因上前視之，人皆素未謀面者。正疑訝間，為相識者所見，曰：「子非郭某也耶？何遽集于此。」婦聞言，抬頭審視，果藁砧也。遂一慟而絕，逾時始蘇。郭因挈之歸，闔家團聚，喜極而悲，咸抱頭大哭。翌日，出資償還媒氏，復為夫婦如初。〔破鏡重圓〕

2414	原 278/7	廣石 2/15	大 8/232

捕賊有術

天下有不操弧矛之大盜，未聞有不費拘拿之馬快。於此而有一術焉，能使為賊者，不打自招，人贓立獲，不誠緝捕中之快事哉！穗垣三多祝墟公和押舖有夥友某，心懷叵測，乘人不備，竊取銀首飾百餘兩、金首飾廿四號，且種火以滅其跡。幸火起時尚早，得即撲滅。次日，典東查知其事，而未知其人也。適其家中延有術士書符治病，因以此事告之。術士自謂能知其人，書符四張與之。迨攜至舖內，在神前將符焚畢。當有摺包夥某喃喃自語，面色如灰；手取并州快剪，立將髮辮自行截去。搜其身畔，則廿四號金器絲毫未失，惟銀飾已不翼而飛。詰之，該夥語無倫次。知其喪心病狂，送之回家；而令薦保人賠償其款。術士之術，可謂奇矣！倘天下捕賊者盡得此術，何患有難破之案哉？而特恐其未必悉驗也。〔立地成禽〕

2415	原 278/8	廣石 2/16	大 8/233

良馬殉主

前潮州鎮鄧保臣軍門有良馬一匹，性馴良，能日行千里，軍門甚愛之。自起身行伍以迄專閫，每出必乘之，嘗自比于關公之得赤兔。迨軍門一病不起，當易簀時，猶囑圉人善為豢養，迄今已四載矣。近其公子以靈輀浮厝未葬，覓得牛眠於銀坑嶺，擇於某日奉安窀穸。方發引之日，公子先乘此馬往視殯宮，至夜始返。及門，馬忽倒斃。眾駭而視之，則斑斑血淚，睫下雙垂。詢之圉人，則曰：「自卜葬以來，馬即不食，一若心悲舊主也者。不圖其果以身殉也。」公子憐之，遂裹以敝帷，葬諸墳後。夫馬也，而戀主若此。彼世之人有挾一技以事主者，方其獲重利，享美名，非不感恩知己。及一旦初心頓變，即反面若不相識，甚且樹之為敵。若而人者，不更此馬之不若哉！噫嘻！〔相從〕〔地下〕

2416	原 278/9	廣石 2/17 右	大 8/234

風鑑無憑

鄭城湖西崇教寺有住持僧某，自稱善麻衣相法；平日鑒貌辨色，座客常盈。問其術，則視衣之美惡，分眼之青白，而其他不知也。一日，有屠某者偕其友盧某，倩僧談相。僧見屠翩翩裙屐，顧影風流，極口稱譽，決為玉堂金馬中人；盧則樸素無華，不改韋布本色，僧故為危詞聳聽，決其壽且不永。盧知其詐，越數日，易衣復往。僧果不能辨認，又許盧可得知縣，而囑屠修心補相。屠大怒，詰其前後語言何以自相矛盾？僧不能答，大受折辱，乃合十曰：「今而後，不敢復相天下士矣。」然今之相天下士者，大抵如斯矣！于僧又何尤焉。〔〕

2417	原 279/1	廣石 3/17 左	大 8/235

嘉禾獻瑞記（上）

鄧州刺史蒯公雨人，名辰蓀，吳江人，少負不羈才。以六躓秋闈，絕意進取。慨然投筆從嵩武軍，馳驅玉門關外；入張朗齋宮保戎幕，參贊機務，所向克捷。以功授知州，指分河南；入讞局署太康，卓著政聲。歲丁亥，題補鄧州。鄧境與楚接壤，奸宄出沒，劫掠頻仍。公蒞任後，仿武侯治蜀法，購線緝拿；獲著名刀匪陳繼章等，置之法。強梁為之斂跡。己丑霪雨傷稼，楚匪連世傑等，乘機搆釁，謀為不軌。公首先訪聞，密會襄陽舒積之大令，督兵防勦，遂誅連世傑等，兩境賴以乂安。……

2418	原 279/2	廣石 3/18	大 8/236

嘉禾獻瑞記（下）

……先是豫撫倪豹臣中丞以公才勝繁劇，振作有為，嘗以賢良具疏保舉，曾邀朝旨嘉獎。庚寅夏，倪公閱兵至鄧，見政令肅然，益加引重。方欲奏請破格大用，會倪公薨，不果。時賢無不隱惜之。公蒞鄧三年，果於任事，百廢俱興。完城郭，嚴保甲，清詞訟，敦庠序。風俗蒸蒸日上，雖龔、黃復起，當亦無以過之。乃天和感召，瑞應疊徵。本年風雨應時，田禾暢茂，始則麥秀雙歧，繼則穀呈六穗。鄉父老聚而觀曰：「是刺史之德，實有以致之也。」於是紳耆丁南溪、田在田輩，競取以獻。士民復作歌頌之，其詞曰：「於鑠皇清，海宇承平。土爰稼穡，滋長發榮。迺命我公，來牧茲土。除暴安良，式歌且舞。政平訟理，調燮陰陽。年書大有，自天降康。貽我來牟，祥現麥秋。異畝同穎，滿車滿篝。功歸我公，謙讓未遑。春祈秋報，永賴彼蒼。彼蒼冥冥，默鑒德馨。以介景福，以錫遐齡。」如我公者，其今之良二千石哉！〔龢氣〕〔致祥〕

2419	原 279/3	廣石 3/19	大 8/237

江湖妙技

美國人有名施瓜者，素精醫學，名噪一時；常挾術以遊四方，足跡所經，眾口交譽。近者遨遊至叻，日在舊監前之曠地中，以高竿豎立火球二具，陳設各藥，效壺公故事。時適有穆拉油人，名下兒美甸者，久患足疾，扶杖來觀。施見而謂之曰：「爾何蹣跚若此？豈是纖芥之疾，是處諸醫竟不能救治乎？」遂奪其杖，為敷刀圭之藥，須臾促之行。該穆拉油人即急足疾馳，其病若失。尤奇者，其脫牙之術，無事用嵌；惟以藥一粒，閃鑠有光，如電火然，置人額上，而其人所患之牙，自能脫落。因此求治者愈聚愈多。甫閱數時，已獲二百餘金。其術可謂精矣。然跡其所為，頗類中國江湖賣解者流，不圖西國今亦有之。〔著手成春〕

2420	原 279/4	廣石 3/20	大 8/238

因夢成名

粵人張某幼失怙恃，依其叔，僑寓澳門。叔業小販，膝下尚虛，故視猶子，甚愛之。張年十六，知好色，與鄰居王氏女互相愛悅。叔知之，大加訓責。張恚甚。一夕，夢與叔爭辨，怒不可遏，持刀弒叔至仆地，驚懼而醒。時已四鼓，不知為夢；以為叔果被弒也，夤夜遠逃。時滇省軍務方興，雲督岑宮保派員到粵募勇。張應召投營，列於行伍。倏忽十載，多立勞績，由軍功保舉，迭晉官階。近因赴都引見，請假回籍。及抵澳，重尋舊宅，拜見其嬸，將以謝前過。忽見叔猶健在，因深訝曰：「然則往者，得非夢乎？」叔問知其故，始恍然於向之無故而逃，乃笑曰：「爾一夢驚懼，至十有五年而始醒耶？」予謂處世本如大夢，十五年而始醒，猶其醒之早焉者也。特恐其此後富貴，將又作一場春夢耳！吁，邯鄲一枕，未熟黃粱；南柯一覺，已空槐郡。古之人有因夢而淡名心者矣。彼張某，其亦知此意也哉？〔邀天之幸〕

2421	原 279/5	廣石 3/21	大 8/239

同轉放蛇

世傳深山大澤，實生龍蛇。是以周公為民除害，亦惟驅而放之菹，初不必如叔敖之埋蛇，始不失為仁人也。滬北楊樹浦大花園內豢有巨蛇一，色烏青，長約二丈，腹大如碗。初時本有二條，去冬天寒斃其一。今置在木箱上，用銕欄任人觀看，每日須飼以活鴿數頭。日者，曹潤甫同轉偶至園內，問知其故，慨然曰：「傷數千百命以養一命，不亦慘乎！」遂商請園主人放之。主人從其言。同轉又慮蛇之出而為患也；復函請施少欽封翁在仁濟堂叩問乩壇，宜放何處。旋奉柳真君降壇諭，以放在吳淞口外大小七山洋面無人居住之荒山上。同轉乃飭人雇舟，載蛇而往。當放之時，語之曰：「入洞修真，毋出傷人害物。」蛇遂

蜿蜒上山而去。〔好生〕〔之德〕

2422	原 279/6	廣石 3/22	大 8/240

驅祟被祟

《傳》曰：「妖由人興。人無釁焉，妖不自作。」誠哉是言。幾見有端人正士之家，而為邪魔所擾者乎？然則欲除妖異，當返求諸身心；身心正，則妖自退避，何必遠求諸羽士？夫羽士而果有法術，降龍伏虎，古亦有之。其如今之所謂羽士者，惟以念咒捻訣為名，騙人財物，徒鬧一場；是與妖魅之擾人家室者，亦復何異？而欲使魑魅魍魎見而遁形也，吾知其難矣。松郡西門外超果寺相近水洞口地方，有鄉人楊姓家某氏婦為蛇所祟，百治不痊；因倩東嶽廟西房某羽士等下鄉，建醮禳之。詎法師正在步罡布氣，噀水作法之時，忽有碗盞數隻，從空飛舞，擊傷某法師；血流滿面，披頭散髮而遁。自是蛇祟益甚。杭諺云：「王道士捉妖，有髮無法。」某法師其有髮者歟？〔法師無法〕

2423	原 279/7	廣石 3/23	大 8/241

誤入桃源

滬北虹口近鄉一帶，有小划船沿河停泊，鱗次櫛比，大抵係江北人所居。若輩男業皮匠，女工縫紉；朝出暮歸，生涯亦頗不惡。雖不耕不織，而亦居然浮家泛宅者流也。有某甲者酷嗜杯中物，厭厭夜飲，不醉無歸，數年來已相習為常。一夕，酩酊而歸，醉眼朦朧，誤至鄰船某乙處。適乙已赴賭場，竟夕未返。其妻誤為藁砧，棠睡方濃，不暇細辨，竟任其鼾睡。直至天將平明，甲夢回枕畔，始知昨夜被紅友所誤，瞿然大驚，急起欲遁。適乙茫茫然歸，見而大怒，遂扭至小茶館評理。甲深自引咎，願備香燭服禮；旁人復代為緩頰，其事乃已。甚矣！酒之誤人為不淺也，而賭之貽誤尤甚。今之好作葉子戲而徹夜未休者，無處蔑有。苟念及床頭人之獨宿何如，當亦爽然自失矣！〔我醉〕〔欲眠〕

2424	原 279/8	廣石 3/24	大 8/242

五木有靈

閩垣安海中街有李益三者，向開棉花舖，生意鼎盛，克勤克儉，積蓄頗饒。因聞邇來花會盛行，遂動劉盤龍之興。不數月，所藏金幾罄。極意羅掘，僅充孤注，恐又付之一擲也，乃為問鬼祈神之舉。聞龍山寺後有一古墓，靈應異常。即於某夜獨具香燭楮帛，詣墓禱求，因在墓前假寐祈夢。至夜半，果夢一白髮老人扶杖而來，衣冠甚古。謂曰：「予乃前明進士洪仲升也。後嗣式微，若敖已餒。聞汝欲求花會，特來告汝。倘汝能為予修墓，永遠奉祀，予當示汝以兆。雖然，亦衹能兩次獲彩，償汝前負。不可多得也。」李大喜，老人即示以二字，飄然而去。迨李夢回，如言試之，果得恢復多金，自是不敢復博。乃修其墓，泐其碑；而以牲牢、酒醴虔祀之。噫！故鬼之靈若此，不亦異乎？〔鬼神來告〕

2425	原 279/9	廣石 3/25 右	大 8/243

黔驢無技

異端中有所謂「神打」者，相傳此掌能役五雷。一紙符封，即中劍著鎗，自能皮毛無損。此風惟吉隆為最盛，實亦邪術之一端耳。日者，有該處人某甲，神打之徒也。偶至青樓買笑，偎紅倚翠，欲博妓歡，不覺技癢難搔，袖出利刃，砍案而言曰：「余生平習有奇術，利刃將無如我何也。」旋即呪語喃喃，拔刀刺股。妓急止之，入肉已盈寸，血流如注，痛極失神。妓大懼，急為報案。府尊訊悉前情，以其咎由自取，不予深究。噫！其愚若此，亦不值識者一笑矣！〔弄假成真〕

2426	原 280/1	廣石 4/25 左	大 8/244

西人赴試

客有應京兆試回者，述及本年有一西洋人，係稅務司之公子。久居中土，涵濡聖澤，心儀我國家文物聲名之盛，闚門覦俊之殷，幡然願舍其本國之教，服我衣冠，讀我詩書，習我文藝。一再請於大吏，願入中國籍。應試大吏嘉其誠，為請於朝，准其入籍應順天鄉試。仰見我國家文德誕敷，遠人向化。古所稱遣子入侍，讀書太學者，不得專美於前矣。懿歟休哉！〔用夏〕〔變夷〕

2427	原 280/2	廣石 4/26	大 8/245

預迎經魁

鄂省秋闈每屆放榜之前，向有迎五經魁之舉。本年辛卯正科，於九月初六日循例舉行。前導鑼鼓一班，次五乞兒扮五魁星，衣蟒服，戴面具，執筆坐紙鰲頭上，以方桌舁之而行。後隨一古衣冠，挂鬚執笏者，端坐紙亭內。亭匾大書「天開文運」四字，用四人擡之。人曰：「此文昌也。」殿後為江夏縣右堂乘輿，隨行至各憲衙署報發榜之期。循舊制也。迨揭曉後，行鹿鳴宴典禮時，撫署大堂甬道搭一板橋，上紮五彩天幔，遍綴紗燈；正中大書「月弓橋待」。各新貴拜謁禮成，次第入席。初時所扮五經魁、文昌神，皆掠月弓橋而過，然後歌鹿鳴之什三章。按此舉為他省所未聞。蓋鄂中俗尚，自昔為然。予故泚筆誌之。〔尚有典型〕

2428	原 280/3	廣石 4/27	大 8/246

微倖成名

昔有某甲，生有三子；長、次皆蜚聲庠序，惟三子不能文。每逢兩兄應試，為司炊爨，人目之為燒火三相公。某科鄉試，三相公捐監考遺，偶遇舊作，竟得錄名送考。及首場題紙下，首題係「譬如為山」一章。三相公竟日不能成隻字。鄰號有兩生與之善，為搜山陵典故，俾得堆砌成文，交卷而出。時同考官與主司會宴，請示衡文方略。正主試曰：「文無定法，惟真山真水便佳。」房官皆掩口胡盧，主試自知失言，心滋不悅。異日，房官某得三相公卷，招同僚視之，皆大笑，相約聯名公薦。正主試怒其謔己也，竟批為第一名。副主試爭之不可。迨揭曉日，報者至。其父初以為必長、次二子也。後知彼皆失望，其中者係三子。度不過副車耳；否則，備名榜末耳。報者曰：「非也，請先署賞錢可乎？」甲曰：「可。五十名前賞十兩，二十名前倍之，經魁又倍之，元則一百兩。」報者乃進筆請署百數，甲笑而從之。及開視，果元也。乃投筆而歎曰：「燒火三相公乃亦中解元乎？」蓋士子成名有不可以意計測者，此其一端也。〔朱衣〕〔點頭〕

2429	原 280/4	廣石 4/28	大 8/247

菩提證果

緬甸國俗佞佛好釋，在在浮屠，林立如帆檣。俗好齋僧布施，緇流之輩，身所衣，口所食，無非取諸齊民。酒囊衣架者固屬不鮮，證菩提者亦間有之。離緬都瓦城外數十里有村人某甲者，緬之土著也；家稱素封，嘗供養一僧，起三層浮屠以居之。某夜，甲得一夢。在大海中有萬朵蓮花，彌滿海際；方凝睇間，陡見空際浮屠橫海而過，僧踞其上。甲仰見，即匍匐膜拜，俯首作禮。僧謂之曰：「吾暫攜此塔歸西方。彼在人間限滿，固當還也。」俄而不見，甲亦頓醒。次日，晤僧以夜來夢告之。僧笑曰：「有是哉！此中別有因緣，過後自知。貧衲受檀越供養有年，吾亦當去矣。」甲錯愕不已。欲再問之，僧垂頭不答。鼻端有二玉柱下垂至胸，奄然而化。其夜，浮屠無故自焚，限滿當還之語亦驗。〔荼毘一箇〕

2430	原 280/5	廣石 4/29	大 8/248

卜士謬妄

楚人瞎銕嘴習子平業，僑寓金陵，每日敲鑼賣卜，藉資餬口。庸夫愚婦，群焉信之。一日行至磨盤街，有某氏婦以其夫遠出未歸，鮮通音問；遂邀之至家，占問休咎。銕嘴斷曰：「遊子出門，萍蹤已屢徙矣。現在非但不能遽歸，抑且身罹凶疾。」婦問何以知之？曰：「課中奧妙，未易言也。」婦心愈憂疑，復倩其為夫算命。銕嘴謂：「是人流年適有凶星在宮，故致有疾。若得青蚨四百九十翼為之退送，可保無虞。」婦信其言，從之。急備香燭紙錢，倩其祈禱。銕嘴方欲從事，忽有叩門負笈而至者，則婦之夫也。銕嘴聞而大慚，急思遁。偶一失足，頭破血流，乃裂布抬牌束頭而去。噫！今之卜士，大抵如斯矣，何靡靡者竟未之悟耶？〔瞎説〕

2431	原 280/6	廣石 4/30	大 8/249

園丁獵虎

古之善搏虎者，卞莊、馮婦尚矣；下此則未之有聞。乃印度有華商李某有一花園，其二園丁叔姪也。竊知園中所豢珍禽奇獸，常為檳榔嶼山上之巨虎至園吞噬；因設機架，上置一槍以待之。迨虎至，觸動機關，槍聲忽響，知虎已被擊，立率多人持刀械往追。及見地上血液淋漓，跡知爪印，諸人皆畏縮不前；獨二園丁分攜一刀一槍，窮其所往。見虎臥樹林中，胸前已洞穿一穴。見人至，一聲大吼，飛躍而前。園丁之叔急發一槍，未經擊中。虎遂直撲其面，叔以槍擋之；虎猛力嚙噬，槍折為兩。其姪自遠擊以槍，中厥腹，虎始倒地。不一刻又起立，勢更猙獰。叔急拔刀以刺虎，迎以爪，刀又墮地。其姪復擊以槍，中厥顱。虎倒而復起，仍未斃命。叔徒手與搏，被虎齕其左臂。姪又發一槍，彈中其頭，虎遂踣而死。乃舁之以歸。《詩》曰：「襢裼暴虎，獻于公所」，該園丁有焉。〔孔武有力〕

2432	原 280/7	廣石 4/31	大 8/250

以夢救夢

古人之説奇夢者，如南柯，如邯鄲，如蕉下，如槐西；是幻是真，言之盡矣。然未有因感乎夢中之事，而救乎夢裏之人者。有之，則自粵人某叟始。某叟曾於夢中見其子有凶險事。醒後，驚疑不定；因往其子寢室窺之。時已深夜，以為子必深入黑甜鄉矣。乃至其處，則見空幃寂寂，床上無人，滿腹疑團，轉身欲返。忽見簷際有一黑影，或往或來；凝眸視之，則其子也。身如弱柳臨風，彷彿欲墜。檐端距地數丈，脱一失足，則性命堪虞。叟急登屋，扶之問其何為？子不能對，惟雙目緊閉，兩足仍作欲行狀。叟疑其狂，疾聲喝之。子始醒。問其故？啞然笑曰：「兒方夢登危樓，不虞果以身至也。」遂扶父下。説者謂此叟若無惡夢，則其子早已跌斃矣。誰謂妖夢無徵哉！〔視爾夢夢〕

2433	原 280/8	廣石 4/32	大 8/251

吸毒石

「吸毒石」者，石名而非石也。昔有大蛇巨如龍，週身有鱗，五色爛然，如堆錦繡；首一角，長尺許。此蛇本至毒，而其角偏能解毒。見此蛇者，攜雄黃數斤於上風燒之，蛇即委頓不能動。取其角，鋸為塊。癰疽初起時，以一塊著瘡頂，即如磁石吸銕，相粘不可脱；待毒氣吸出，乃自落。置人乳中，浸出其毒，仍可再用。毒輕者，乳變綠色，稍重者變青黯，極重者變黑紫。此等藥石，固世所罕見者也。日者，有南昌人胡某乘舟而行，時將午炊，暫泊於某荒山之下。胡憑舷閒眺，瞥見岸上有一物，欣然曰：「是吸毒石也。」指令舟人拾取之，酬以錢數百文。同舟者見其物非木非石，不甚雅觀，咸不解其故。後胡攜歸，遇有患癰疽者，治之頗驗。不知何以淪落於泥沙耳。或曰：「是必識者所遺也，而胡乃無心得之。」豈非幸哉！〔刀圭〕〔至寶〕

2434	原 280/9	廣石 4/33 右	大 8/252

雌虎無威

粵東南海某氏婦，胭脂虎也。夫某甲性柔懦，素畏之。私娶一妾，別貯金屋。未及逾月，為婦偵悉，至其室撻而逐之。未幾夫故，貧不能守，再醮于人，不數年而又寡。時妾為某商繼室，生三子，家擁厚資，欲覓一傭婦。適某氏婦為貧所迫，倩人薦往。當時相見日淺，且隔別已十餘年，彼此不相認也。後因談及家世，某氏舉前夫姓氏及居址以對。女主默然久之。翌日，即與工金，辭之去。某氏不解其故，他日私詢諸人。或告曰：「此即汝前所逐之妾也。」婦聞而赧然。噫！天理循環，乃竟以施於人者，還而受於己乎？書此以為世之虐妾者戒。〔不堪回首〕

2435	原 281/1	廣石 5/33 左	大 8/253

奇胎又見

胎產之異，時有所聞。其載諸本報者，幾已數見不鮮。不謂愈出愈奇，更有駭人聽聞者。甯波人某甲向在大東門外某銀樓為夥，而棲梅鶴於滬城四牌樓地方。其妻某氏身懷六甲，數月于茲。前晚忽腹痛異常，臨盆產下一胎，啼聲甚壯，舉家歡喜，以為必英物也。詎舉火燭之，則見身如鱉，頭如卵，手足俱無，不似人類。家人以為不祥，遂棄之河濱。聞者爭往觀看，咸謂妖由人興。某甲殆有隱慝歟？抑其妻感觸邪氣，或為妖魅所祟，致有此異歟？則非君子所知矣。〔戾氣所鍾〕

2436	原 281/2	廣石 5/34	大 8/254

望榜笑談

昔有某太史退老林泉，日以課子為事，期望甚切。子亦名下士，早已庠序蜚聲。其年適逢大比，子甫出頭場，即令人取文稿。閱畢，不置一詞。嗣後每日必翻閱一次。迨放榜日，則見報馬四出，皆不及其門；魚更三躍，消息寂然。太史乃招其子入書室，手持戒尺，指其文而責之曰：「此處擒題宜緊，汝以緩筆出之，我作主司必不中；此處為通篇主腦，汝草率若此，我作主司必不中；此處宜翻，汝反正；此處宜短，汝翻長，我作主司亦不中。」每説一句，即擊其首一下。責畢，將就寢，忽報者至，曰：「公子已中解元矣！」闔家大喜，賀客紛來。太史爽然若失，竟置不理。復招其子至書室，仍手執戒尺，指其文而謂之曰：「此處欲擒反縱，我見不到，例當擊；此處急脉緩受，我見不到；此處籠罩全題，元箸超超，我見不到，亦當擊。」每説一句，自擊一下。其子極意勸慰，仍不肯休。擊畢，然後出堂受賀。〔科名〕〔佳話〕

2437	原 281/3	廣石 5/35	大 8/255

人面瘡

某甲，無賴子也，幼時傭於檳城某商家。性機警，善伺商意，商益信任之，遂以店業託其掌理。迨後商老病且死，甲欺其妾弱子幼，竟將所有盡行吞沒。娶妻置妾，生有子女三人。知其事者，幾疑天道渺茫矣！詎今春某夜，甲宴飲歸來，至半途，忽仆於地；及回家，左膝日漸腫痛，醫藥罔效。至半月後，其腫處漸現人形，首面五官，無不備具；細視之，恍惚類商面貌。蓋即所謂人面瘡也。甲至是知孽報已到，不勝惶怖。未幾而瘡之口眼漸開，痛苦益甚，晝夜哀號，寢食俱廢；且每遇其瘡口開時，痛極昏暈。即自述其當日如何吞噬情形，瘡口若為稍閉。雖有旁人在前，不能忍也。尤慘者，其所生子女三人，三月之間，竟皆以次夭殤。而其瘡既不能愈，又不即斃。日甚一日，痛楚難堪。是真所謂活地獄也。天網恢恢，疏而不漏。其如是之甚乎！〔果報昭彰〕

2438	原 281/4	廣石 5/36	大 8/256

花傭奇遇

德國有某嫗者，賣花傭也。一日，在鐵路中乘下等車時，車上別無他人。驀見一人頎然而長，亦來附車，隨向購花一朵。嫗索價二十文，其人向身摸索，實無一文，因給小洋一枚。嫗大喜。其人問嫗家況，嫗歷訴苦情，且曰：「丈夫本在鐵路上執事。旋以總理易人，致被辭歇，賦閒已數年矣。」問何不另謀生意？則曰：「他無所能。」問何不以此情訴之國皇？則曰：「我儕小人，焉能上聞。」問何不訴之太子？則曰：「諾。俟歸，與藁砧謀之。」言次，車已至，其人即先出車去。旁觀有識之者，知為太子；咸脱帽為禮，呼聲雷動。太子亦不顧而去。迨嫗下車，眾人亦大呼致敬。嫗茫然不解，向眾問故？始知前所同車者乃即太子也。因對眾人言太子買花事；於是眾人爭購其花，頃刻而盡。嫗遂乘車遄反。次日，其夫即仍復鐵路舊職。蓋德皇為太子時，好微服出游，其軼事往往有足多者。何物老嫗，乃得于邂逅時瞻覲龍光，其遇亦可謂奇矣！〔白龍〕〔魚服〕

2439	原 281/5	廣石 5/37	大 8/257

龜生明珠

自來希世之珍，必生於數百年物，其得甚非易易，正不獨老蚌生珠為然也。武昌城北某村有二童，日以牧牛為事。一日，夕陽西下，橫背歸來，行經斗方山之麓，驀見山凹中紅光上射，照耀通明。二童素聞父老言，此山常現紅光，必蘊異寶，遂相率根尋。至一洞，見有巨龜昂首洞外，二童相謂曰：「寶在是矣。盍碎其頭顱以取之。」乃取銕鍬向龜痛擊。龜首既裂，龜殼亦碎。從血肉模糊中檢得紅黑珠各一顆。一童性狡，意謂紅珠必是奇珍，遂袖藏之；其一則攜黑珠，置之囊中。分道言歸，各呈其父，置於密室之中。詎紅珠則匿彩韜光，毫無他異；而黑珠則光射四壁，實為無價之珍。是可見得者之運有通塞矣！昔鄭子產云：「象有齒以焚其身，賄也。」今此龜以懷寶之故，卒致自殺其身，況匹夫懷璧乎？君子觀於此，當懍然矣！〔寶同〕〔照琴〕

2440	原 281/6	廣石 5/38	大 8/258

扮鬼攫物

近世無賴之徒，種種裝束，每多奇形怪狀，以肆其鬼蜮伎倆。有心人或以活鬼目之，亦嫉惡過甚之言也。詎偷兒手段，竟有扮作無常、野叉之模樣者，如京都趙某所見，可異已。趙某於月黑昏黃之際，肩負衣包，道經彰儀門內王子墳地方，徑歧路僻，踽踽獨行。突有麻衣如雪、烏髮覆肩、目瞪舌出者一人，迎面而來。諦視之下，舌垂吻外，長約數寸，貌甚獰惡。趙素膽怯，神魂俱飛，竟至昏暈倒地，不省人事。迨醒後，撫躬自顧，則已赤條條一絲不挂；而所攜衣包亦歸無何有之鄉。始知所見者並非餒而之若敖，乃宵小之裝扮者也。當赴西城勇局歷訴前情，求為查緝。次晚，經勇丁等細行伺察，果獲此賊，遂解案審辦。夫陰不勝陽，理之常也。鬼為陰氣，見人必卻，而人反畏之，何也？其見理不明故也。彼趙某者一見活鬼，便如張天師被鬼迷，有法無使處，亦不免為路鬼揶揄矣！〔匪夷所思〕

2441	原 281/7	廣石 5/39	大 8/259

左道惑人

江北人陸某素以鍼灸為事。近因生涯寥落，幡然變計，改學巫覡之流。在法界西興里賃得平屋一間，供設觀世音、鍾進士、華陀等像，朝夕焚香頂禮；自稱為鍾進士後身，能為世人驅邪逐疫，救種種疾厄。頭裹元縐，身披神袍，腰繫五彩花裙，不僧不道，如醉如癡；見人輒手舞足蹈，雙目緊閉，口中喃喃，若有神依附者然。另雇車夫某甲在旁抄寫，待陸判斷吉凶，即向禱祀者勒索香金禮物，必滿其慾壑而後已。有踵門求治者，或以鍼砭從事，或給香灰一包，必令回去備辦香燭、三牲，至神前祀謝，始可勿藥有喜。其假神道以誘惑鄉愚，斂財肥己，大率類此。是亦人心風俗之隱憂也。有地方之責者，奈何效菩薩之低眉，而不作金剛之努目乎？〔王法不容〕

2442	原 281/8	廣石 5/40	大 8/260

木妖畏匠

河間紙氏有奴子王廷佐者，夜自滄州乘馬歸，至常家磚河，馬忽辟易。黑闇中見大樹阻去路，素所未有也。勒馬旁過，此樹四面旋轉當其前，盤繞數刻。馬漸疲，人亦漸迷。俄所識木工國姓、韓姓從東來，見廷佐痴立，怪之。廷佐指以告，時二人已醉，齊呼曰：「佛殿少一樑，正覓大樹。今幸而得此，不可失也。」各持斧鋸奔赴之，樹倏化旋風去。紀文達公聞之，為記其事，而引《陰符經》曰：「禽之制在氣。木妖畏匠人，正如狐怪畏獵戶。積威所劫，其氣焰足以懾伏之，不必其力之相勝也。」〔相尅〕

2443　原 281/9　廣石 5/41 右　大 8/261

蠱毒遇救

兩廣、雲貴等省素多蠱患，中其毒者，應期而死，他藥不能解也。南海人某甲曾在粵西營生，與某氏婦交好；去歲旋里，與婦言別，期以五月而歸。婦曰：「君言必信，否則將不利於君。」及期，甲恐中蠱毒，急欲踐言。妻不信，固留之。一日，陡然毒發，腹大如鼓，絞痛日甚。正在束手待斃之際，適有某醫生，江湖之流也，叩布鼓聲鼕鼕然過其門，遂延之入。見甲而言曰：「是蠱毒也，予能解之。但須以二十金為謝。」妻允之，醫生乃焚符誦咒，令取大盤置床前。頃刻間，甲覺腹中攪動，有無數小蛇從大便出，以盤載之，尚蠕蠕動。而其病若失，亦云幸矣！〔絕處〕〔逢生〕

2444　原 282/1　廣石 6/41 左　大 8/262

車夫仗義

胡阿庸者，向為西人馬爾生御包車。馬爾生失業後，積欠工資若干，弗能償。胡亦不向索取，遂自推東洋車以餬口。迨後見馬爾生貧不聊生，遂邀之同居車寓；而以車資所入，給其食用。歷數年如一日。馬爾生深感之。近日馬爾生老且病，勢將不起。胡奔赴密采里西客寓中，為作秦庭之泣。有某西友義之，同至病榻前，詢問後事。馬爾生歷訴胡之恩義而歿。眾西友念胡之古道可風也，為之醵洋二百三十元，以酬高誼。夫近世背恩負義之事，衣冠中人猶或不免，況其下乎？如胡者，可謂鐵中琤琤、庸中佼佼者矣！〔古道可風〕

2445　原 282/2　廣石 6/42　大 8/263

良吏軼事

已故泗州直隸州方子徵先生，諱瑞蘭，其生平循良政蹟，已由沈仲復中丞奏請，宣付史館立傳。而其軼事甚多，茲據所聞錄其一端云。當先生之令盱眙也，嘗跨山公一，至三界市。三界故多無賴子，而其尤著者，則為吳某、程某。一日，先生往訪吳某，吳見其容止不俗，厚款之。因問吳以程某居址。吳曰：「若不近人情，何必往見？」固強之，乃同至程所。程出，先生趨謁之。程傲不為禮。吳謂之曰：「此友新入夥者。」程曰：「既新入夥，必飽受吾三拳乃可。」蓋程素以技勇自恃也。先生曰：「恐雞肋不足當尊拳，請嘗試之。」程陡作泰山壓頂勢，先生不稍動。又作海底撈月勢，先生以手指向其眉心輕輕一點，曰：「去，何惡作劇乃爾？」則程某頹然倒矣。尋差役至，人始知為縣令也。程某尋斃杖下，吳某亦惶恐謝罪。釋之去，化為良民云。〔鋤暴〕

2446　原 282/3　廣石 6/43　大 8/264

賺聘惡計

新會七堡鄉李姓有甲、乙、丙三人，同姓不宗。甲向在新金山經商，近始滿載旋里；年逾不惑，中饋猶虛，倩乙物色之。乙涎其財，諾焉。某日偶經城隍廟側，見宋道士之媳，丰姿綽約。以新喪其姑，身穿縞素，遂心生一計。入見道士，託言族兄某甲近因遇祟，願得符咒治之；彼家資甚富，爾可要以多金，他日得財平分。道士惑之。乙往返數次，言甲已允重謝，約期以肩輿來迎。及回見甲，則言宋道士新抱喪明之痛，其媳年少貌美，道士欲嫁之，我已代為致意。甲往覘之，美甚。大喜。遂由乙言定聘金一百二十元，先交六元以為文定。俄而，甲卜得吉日，雇備鼓樂、彩輿，將往迎娶。先囑乙攜聘金一百十四元，偕某丙往交之。及見道士，忽忽數語，乙告以肩輿將至，可即預備啟行；且言應交之項，今已攜來。引至僻靜處交頭接耳，佯作交銀狀，實則慮丙之覷破也。少頃，乙、丙攜手出，道士檢齊衣缽以俟。閱一時許，笙簫輿從填咽街衢，抵道士家，各卸肩兀立。道士駭問故，反遭眾口誚讓。既而丙奔喘而至，謂：「吾方與乙到此，面交騁金。吾兄將娶爾媳為婦，爾尚欲狡賴乎？」道士聞之大怒，扭丙欲與拚命理論。移時始知彼此皆為乙所賺，急覓乙，則已蹤影杳然矣。〔妙想天開〕

2447　原 282/4　廣石 6/44　大 8/265

盜棺奇案

客有自浙之烏鎮來者，為言湖屬北柵地方裝車橋一帶，素多浮厝之柩，白楊衰草，夜間青燐。有桐邑諸生周品江者，歿後旅櫬，亦厝於此。祇以伯道興嗟，每屆清明時節，惟其妻攜麥飯、紙錢，伏地哭祭而已。庚寅冬，周棺忽為盜刨開，拋棄骸骨，取其槥以去。周妻聞之，訴縣請緝。旋經差役拘獲二匪，訊供已有端倪，不知如何遷延未結。周之門人暨其妻痛沈冤之未能昭雪也，復控于府。府尊委員履勘。汛兵、地保欲為搪塞計，貿貿然攜一骨甕來。委員不能決。忽有黃犬一頭奔至，嘷跳草間；俄即躍入水中，起伏十餘次，銜一骨出。周妻異焉，急倩人泅水求之，又得枯骨五十餘根；惟骨未全，且如先軫之喪其元。時觀者如堵，咸相歎異。想為民父母者，自當澈究嚴辦，以伸國法而快人心也。然此案若無犬之入水銜骨，其不為汛兵、地保所蒙者幾希。今乃藉此犬以獲其骨，冥冥中殆有使之然者歟？嗚呼！犬猶能為死者雪冤，謂為義犬，誰曰不宜。〔沈冤〕〔待雪〕

2448　原 282/5　廣石 6/45　大 8/266

降術神奇

南洋有某號雜貨舖，係閩人林某與潮人李某合夥所開，生理頗盛。一日，有穆拉油人某甲、某乙來求寄寓。林與李知其素諳降頭術，若不允，恐遭禍累；因勉從之，居以一室。甲、乙每夕至十點鐘，必相與出門，夜深始返，習以為常。時或日用不給，常向舖中稱貸；林、李亦稍濟之。然終以形跡可疑，心滋憂慮，因約同在暗處潛窺。是夕，俟甲、乙出。尾隨之。見二人行不數武，撲地化為兩虎，咆哮而去。林與李相顧錯愕，徹夜不眠，以待其來。至四點鐘時，突見兩虎自遠而近，雙目炯炯有光。

將及門，均以首點地，兩足朝天，轉瞬復化為人，叩扉而入。林與李恐二人之終為禍胎也，遂相約他徙以避之。夫降頭不過邪術耳，而其變化離奇，乃竟令人不可思議。人耶，獸耶？人而獸，安知不獸而人耶？噫嘻！〔變幻無端〕

2449	原 282/6	廣石 6/46	大 8/267

猛虎斷尾

清遠李氏婦家在邨外，面山而居，旁無鄰舍。生一子，甫二歲。某日薄暮，婦閉門席地而臥，漸入睡鄉。兒在側嬉戲，與牆根逼近。下穿一小穴，可通於外。忽有一虎至牆外踞坐，其尾伸入穴中。兒以手撫弄，虎亦良久不動。及婦醒，見穴內有一尾，長尺餘，毛色斑駁，知其為虎，駭極不敢作聲；潛向室中覓得大斧，猛力將虎尾斫斷。虎大吼一聲，屋宇震動，山鳴若應，大驚仆地；而兒則嬉笑如常。邨人聞有虎聲，咸鳴金挾鎗而出。婦始啟戶向眾備告前情。《易》曰：「履虎尾，不咥人，亨。」此孩之謂也。夫猛虎在深山，百獸震恐。一旦負嵎失勢，立於危地而不知，孩提之童且得玩弄於股掌之上，卒至如斷尾之雄鷄。而謂人生在世，顧可忽乎哉？〔自蹈危機〕

2450	原 282/7	廣石 6/47	大 8/268

捕蛇斫臂

蘇城某丐善捕蛇，蛇之被斃者以千百計；浪跡江湖數十年，從未一受其毒。一日，丐沿門求乞至香門內，適某甲家梁上有一小蛇，赬鱗斑駁，長僅尺許，閱一晝夜不去。甲束手無計。見丐至，弄蛇自得，知其善捕，酬以青蚨二千翼，令丐除之。丐緣梯而上，在腰間出小布袋一，塗涎於手，輕輕將蛇捉下，置之囊中；以為是蜿蜒者無能肆毒矣。詎一轉瞬間，手遽青腫；急下梯，則一臂已全腫。倉卒中取髮緶緊縛腫處，飛奔至某肉舖，奪取屠夫利刃，將臂砍下。鮮血噴薄，痛極聲嘶。甲見而憫之，倍酬而去。何物么麼，其流毒乃若是之甚耶？《前漢書》云：「蝮蛇螫手，壯士斷腕。」某丐亦壯矣哉！〔可保〕〔殘生〕

2451	原 282/8	廣石 6/48	大 8/269

牛女尋冤

特納格爾農家忽一牛入其牧群，肥健甚。久而無追尋者，詢訪亦無失牛者，乃留畜之。其女年已十三、四，偶跨此牛往親串家。牛至半途，不循蹊徑，負女度嶺越澗，直入亂山。崖陡谷深，墮必糜碎，惟抱牛頸呼號。樵牧者聞聲追視，已在萬峰之頂，漸滅沒於煙靄間。其或飼虎狼，或委谿壑，均不可知矣。皆咎其父貪攘此牛，致罹大害。紀曉嵐先生記其事，謂此牛與此女合是夙冤，即驅逐不留，亦必別有以相報。澹定室主人從而論之曰：「怨毒之于人，甚矣哉！夫牛之與女夙世有何冤孽，已不可知。然跡其無端而來，負女而去；去而必登萬峰之巔。冥冥中苟非有主使之者，何以若是之巧？蓋報應之道，歷久不爽。不于其身，于其後身。其理固有昭昭者。而奈何世之負心人猶昧然也。嗚呼！可不鑒歟？」〔咄咄怪事〕

2452	原 282/9	廣石 6/49 右	大 8/270

癡人雋語

番禺何氏子年逾弱冠，賦性癡愚。去年娶某氏女為室。凡閨房之事，雖有甚於畫眉者，親友問之，無不以實告。近日新生一子，或戲之曰：「此子非爾所生，爾知之乎？」何氏子曰：「我知之。」其戚某素輕薄，好訪察人之陰私。聞其言，以為實有其人也，因窮詰之。何氏子曰：「君能觴我，當實告。」戚是夕果招之飲，何恣意大嚼，不發一言。戚固問之。則曰：「待我醉飽後告君，未晚也。」迨飲畢，戚又問此子果係誰生？何附耳低言曰：「此我妻所生也。」語畢遂行，戚為之索然。〔靈心〕〔頓啟〕

2453	原 283/1	廣石 7/49 左	大 8/271

奇花占驗

西藏有一山名古里，峭壁參天，人跡罕至。山上有一樹，云係佛國傳來；高十餘丈，數千年物也。其花一歲兩開，初春色紅，秋時色白。若有異僧降世，則此樹之花，紅白並開，十分繁盛，歷年來應驗無爽。該處人神之。去秋，花開紅白相間。一時遠近紛傳，謂當有菩薩化身，莫不撫樹盤桓，望風遐想；特不知其降於何方耳。昔佛家有所謂菩提樹，以為僧人證果之驗。此豈其遺種歟？何其花之與僧相應若此也！〔佳木〕〔蔥蘢〕

2454	原 283/2	廣石 7/50	大 8/272

臥佛顯靈

邇來佛門弟子往往鬢絲禪榻，不恤以現身說法，同參歡喜之禪。而我佛慈悲，亦若憐眾生之孤寂，借此方丈之地，以為慈航普渡者。蓋菩薩低眉，久不作金剛努目矣。雖然，莫謂佛之無靈也。杭垣有臥佛寺焉，殿宇巍峨，香煙鼎盛；中奉臥佛一尊，身長二丈餘，大可數圍。每日焚香膜拜者頗不乏人。日前，有一美丈夫偕一麗人，陽託拈香禮佛為名，陰赴濮上桑間之約。遂於黃昏時候，詣寺頂禮畢，將臥於佛足之下，解衣磅礴。方欲夢入陽臺，忽見臥佛躍然而起，瞠目視之，舉手作欲撲勢。大驚，急披衣起，踉蹌奔歸。若是，則清淨之地，尚不至變為淫穢之場也。誰謂佛真塊然無靈哉！〔神明〕〔鑑之〕

2455	原 283/3	廣石 7/51	大 8/273

捉賭奇聞

某翁淮安人，僑寓白門，歷有年所。生平好與牧豬奴為伍，往往街前檐下，勝負紛爭，亦所弗恤。其子某甲以武職歸標，屢勸之。翁弗能從也。近日，甲因轅門效力已久，循例委一卡房巡緝差，每夜率親兵數人，戴月披星，四出巡察。一夕行至上元縣署西首，時交三鼓，見有短衣窄袖者七、八人蹲伏地旁，喝雉呼盧，喧呶不已。甲命從人拘之，聞者驚散，僅用草繩縶二人以歸。沿途恐為親友所見，皆以袖掩面而行。至卡房，甲方欲升座訊供，忽一人大呼曰：「汝目盲耶？何敢捉我至此！」其聲頗熟。趨視之，乃其尊翁也。立釋其縛，使人送歸。其一人雖知係小竊，亦並縱之，使弗聲張。一時聞者，皆傳為話柄云。〔犁牛之子〕

2456	原283/4	廣石7/52	大8/274

風漏郡公

《同文日報》云：「越南有妙手空空者，該處人名曰『白棓』，又呼為『風漏公』；專以移富濟貧為務，且又多竊不義富家，謂之『黑業』。前者，歲逢除夕，越南王微服出遊，欲覘白棓之心，乃向之曰：『我，貧士也。設帳於外，歲暮而返，途遇暴客，資斧蕩然，一家無以度歲。乞為援濟。』風漏曰：『我適囊罄。此間又無黑業之家，奈何？』王求之不已，乃留王共酌。及晚，謂王曰：『我竊以醫人之窮，所取皆其家非義之財。不然，路遺不拾也。子知有不義之富者乎？』王曰：『某家。』曰：『是賈而什一以富者，非不義也。』王又曰：『某家。』曰：『是耕而儲者，非不義也。』既而風漏曰：『得之矣！執金吾家主倉儲，盜國而富，我可竊以濟君。』王曰：『得毋非盜國乎？』曰：『某項名符而實乏，某帑外滲而內空。不妄誣也。』乃去。夜半返，袖朱提五贈王，曰：『橐中黃金不止此，我僅以濟君而所取止此耳！』王受之歸。元旦百官入賀，王召金吾，詰以失銀。不信，舉五金示之。金吾失色。王下廷議，更案監守自盜律。封竊者為風漏郡公；御書金匾予之，曰：『盜賊化為君子』。」〔義俠遺風〕

2457	原283/5	廣石7/53	大8/275

得失有數

諺云：「一兩黃金四兩福。」又曰：「命裏窮，拾著黃金變了銅。」可見財之得失，關乎運之窮通。苟非其人，雖小利亦未能強取也。東甌南門外虞師巷通記棉花行，某日有甲、乙二鄉人攜帶軟袋來購棉花，各出洋一元。甲先過秤，豈知花內有一手巾包，內儲英洋八十元，不知為何人所遺。該行夥亦未知覺。迨將乙花秤畢，甲見彼袋較大，以為己花必少，因向行夥爭論。復權之觔兩，固未見少。不信。囑取大籐籃倒出察驗。時行主在旁，有一包隨花墜出。取而觀之，則燦然者皆阿堵物也。甲見之，追悔無及，乃補花數斤而去。財之得失，洵有數哉！〔一毫〕〔莫取〕

2458	原283/6	廣石7/54	大8/276

合巹異事

侯官人某甲，武進士也。初聘鄰鄉某氏女，尚未迎娶。登第後遣媒議婚，女母索財禮百金。甲家貧，無以應，議遂中止。有某乙者聞其事，慕甲之貴也，願給以百金，而以其女妻之。甲涎其財，遂絕某氏婚而委禽於乙。某氏女聞之，志不二適，以死自誓。眾勸慰再三。女曰：「非得郎君一面，奴亦惟有一死而已。」有好事者急為通信於甲。甲許之，徑詣女所與之相見。女訴說衷腸，涕泣不已。甲憐之，許其仍從前議；惟兩女並娶，須以姊妹相呼，其少長之序，以完婚先後為斷，即合巹亦視此例而別。迨回家，甲族群責其非，力爭之；甲不可。乃潛遞消息於乙，囑令吉期早到，先拜堂者即長。屆期，某氏女近在咫尺，彩輿先到。甲族大譁，不令先拜，將媵者揮諸門外；直待乙女至，始令出轎行合巹禮。某氏女聞之，掀輿自出，直立男女兩人之中。乙女蓮鉤纖小，站立不穩，被擠而顛。時乙之僕從數十人，皆手挾利器，至此面面相覷，咸謂英雄無用武之地，莫可如何。後有解事者勸令如此立即如此拜，始成禮焉。〔左抱右擁〕

2459	原283/7	廣石7/55	大8/277

穢德彰聞

客有自閶閭城來者，言城外某姓有房屋數椽，為某甲賃居，藉蔽風雨，而安室家，已有年矣。嗣以甲賦閒既久，積欠租金甚巨。某姓屢索無償，不得已，遂下逐客令。而甲又無喬木可遷，因循日久，乃決意報官，將以差役押令他徙。甲至此知勢已無可挽回，因於某日盡室潛行，並未告知房主。迨房主查知，亦惟使人將門下扃而已。一日，有房客欲相此宅，引之入內。則見外而庭除，內而寢室，以及周圍牆壁，上至屋簷，下至階砌，如入黃龍府中，無不以穢物塗沫。聞者掩鼻而出。始知甲大撒爛污。為之祓除灑掃，而臭味終未能絕。說者謂是屋若非重新翻造，恐肆等鮑魚，終不免無人顧問。然而甲亦太惡作劇矣！〔惡作劇〕

2460	原283/8	廣石7/56	大8/278

妙語解圍

粵東某庵有比邱尼與某氏婦相識，常往來其家。婦溺於賭，曾貸尼銀數十兩，許以重利，久弗能償。近日，尼知婦屢戰屢北，逋負纍纍，日踵其門，向之逼索。鄰人惡其喧嚷不已，心生一計，欲為解圍。俟尼至，甲、乙二人突然而入，詢尼曰：「師何盛怒乃爾？」尼不應。甲曰：「師為佛門弟子，圖重利以索人財。彼請暫緩，即行謾罵。貪、嗔、癡三戒，師犯其二。恐非如來所喜也。」乙佯為解之，曰：「彼自討債，與汝何干？且勒收重利為如來家法，汝未知之耳。」甲問何以言之？乙曰：「汝不聞彼教中淨口咒云：修利修利，摩訶修利，修修利，娑婆訶。淨身咒云：修多利，修多利，修摩利，娑婆訶。此非修利為如來家法乎？」尼見口眾我寡，不敢辨，悻而去。翌日重至，則婦已逃匿無蹤，惟有徒呼負負而已。〔舌燦〕〔蓮花〕

2461	原283/9	廣石7/57右	大8/279

剖腹明心

津沽有張某者，向開藥局，生意頗盛。嗣以不務正業，漸形支絀。妻某氏屢勸之，弗能從也。某日，又收室中篋笥，付諸長生庫。妻以杼軸其空，不免爻占脫輻，張大怒，曰：「世言最毒婦人心。我今觀汝而益信。」妻聞之，怨恨交集，隨取并州快剪自割其腹，呼其夫曰：「汝視吾心果毒否也？」一言未了，人即倒地而斃。昔比干被紂剖腹以觀其心，千古稱為忠臣。今婦以反目之故，乃遽步其後塵，其愚真不可及也。〔遇人不淑〕

2462	原284/1	廣石8/57左	大8/280

菊開並蒂

京都某甲性愛菊。室中貯有數盆，冷艷奇葩，時娛清賞，頗不減陶淵明東籬之興。上月某日為其子迎娶吉期，玉鏡團圓，人方以連理樹、并頭蓮比之。時盆中所植之菊內，有一株花開並蒂，迥異尋常。人皆謂和氣致祥，故有斯兆；而於喜慶時得之，尤屬非易。由是甲興會淋漓，於款客之外，復開樽以為花壽云。〔瑞徵〕

2463	原 284/2	廣石 8/58	大 8/281

東瀛異俗

日本勞州島地方，其俗尚重男輕女，有較他處為甚者。凡男子既已成人，不論曾否完娶，每多溺志青樓，流連忘返。若其人已有妻室，其妻偵知藁砧所在，須具黍肉作羹湯，送至該處，以供大嚼，自示不敢嫉妒之意。而其夫與妓遂復淺斟低唱，恣意歡娛，不顧床頭人之從旁窺伺也者。觀此則該處婦女之見薄於其夫，已可概見矣。予謂中國婦女偶見其夫遊於妓館，即大興醋海之波；其甚者且拋頭露面，出而與妓女尋釁，罔知顧惜。即其夫亦懾於雌虎之威，索然興盡，而無可如何。凡若此者，何可勝數？誠使此等婦女，盡如勞州島之俗，不更為薄倖郎長鬚眉之氣哉？雖然，此亦不可為訓也。〔風氣不同〕

2464	原 284/3	廣石 8/59	大 8/282

雨師聽命

本報前紀「釀雨奇聞」一則，一時見者皆歎得未曾有。豈知天下事無獨有偶，機巧所至，造化無權，竟有愈出愈奇者。美國人智鄰料擅釀雨術，一日遊行至密蘭地方，適天時亢旱，農田望澤孔殷。該處居民聞其異，延之往試其術。智乃製一氣球，中載輕、養二氣，使之上騰至半空中。球忽炸裂，轟然大震，遠近聞聲。時尚赤日行空，雲未出岫，風雨鍼亦不低降。智復以紙鳶數具，繫以炸炮，乘風而起，俾轟散空中之霰氣。又以火藥佈于地中，計有數里之遙。未幾，炸炮在空中轟發。智即從下焚其火藥，煙燄騰起，上徹雲霄。於是陽氣銷除，約閱十分鐘之久，即雲行雨施，勢若傾盆，被其澤者幾有千里。人乃皆服其術。誠如是，有何慮乎旱魃之為虐哉？〔巧奪化工〕

2465	原 284/4	廣石 8/60	大 8/283

術可迷天

粵俗有所謂「迷天教」者，凡習此邪術，若不迷人，必禍反及己。故雖伉儷之篤，亦不能不施毒手，勢逼之然也。順德人羅某娶何氏女為室。婦自于歸後，即回母家，久而不返；翁姑屢遣人迎之，母家迫於大義，強之而歸。是夕，忽聞媳房有喃喃私語聲，亦不之異。翌早，忽見其子狀若癲狂，手持鋼刀，勢欲自殺。父母奪其刀，而窮詰其媳。媳以不知對。問答之餘，忽見有黃紙自媳身墜下；檢視之，則禁夫符籙也。詰所由來，媳不能答。再行窮搜，則蓆底床下皆有之；並在地主香爐得亂髮一束。翁大怒，立投訴公局。或為翁計曰：「解鈴須問繫鈴人，子盍婉求於媳。」翁從之，媳遂代為祈禱。數夕以來，子漸痊愈。噫！其術若此，安得賢有司為之禁絕耶？〔王法〕〔難容〕

2466	原 284/5	廣石 8/61	大 8/284

天雨黑粟

雨金雨粟，雨豆雨毛，雨線雨血，史不絕書。論者多謂由於災異。然天下之事，雖極奇極怪，其中必有所因；特人未明其故，則漫以為異耳。瓊州於十月初八夜三鼓時，北風凜冽，樹木怒號。去三叉坡里許，天雨黑粟，滿車滿篝，不可勝數。人拾視之，莫不咄咄稱怪。該處人以高州梅菉地方去歲七月雨黑豆，今夏四月雨黑米，隨即疫症流行。今海口時疫未消，復見此種異事，咸惴惴焉憂之。查此種黑米與常米無異，惟外色如淡墨耳。究竟災祥所在，請質之格物君子。〔是何〕〔祥也〕

2467	原 284/6	廣石 8/62	大 8/285

菩薩化身

客有自西藏回者，言藏中有一異僧，相傳其前生嘗為某寺僧。圓寂時謂其徒眾曰：「我於某月日當降生某地某家。汝等到時，先期往接。置磬搥於前，吾舉此為驗。汝等誌之勿忘。」屆期，徒眾先往，告知其家；言某日菩薩降爾家，我等故來迎接。其家款待之。及生時，徒眾為之誦經禮佛，一見即開目，啞啞而言，似猶能認識者。置磬搥於前，竟自取，向眾示之。徒眾膜拜而去。自是常往朝其家，父母育至三歲，送之返寺。今已七十餘歲矣。常入定數日，或十數日。前年時，有西人到藏探地，彼入定已三日，忽開目謂徒曰：「今有人到此探訪地里，已入界矣。此人有深謀遠慮，宜告眾謹備之。」自云住世八十年當再生，未知屆時又降何方也？〔如來〕〔再世〕

2468	原 284/7	廣石 8/63	大 8/286

蛟異

起蛟之事，時有所聞，未嘗有目擊之者。近據某客言在某省時，適其地起蛟。山水洶湧，所經之處，附近數村莊皆被沖刷，片瓦無存。因登樓而望郭外，樓正面山，見蛟乘水而來，其首似牛，浮於水面；水勢奔激如千軍萬馬，林如震聳。蛟近樓約二十餘丈，遂折而西。蓋將由此出海也。時客適有洋槍二桿，見其已轉身前去，取以擊之；連響四、五槍，有一彈似中蛟首。蛟竟若為不知也者。是處鄉人聞槍聲，急來相止；謂幸不得中，若中傷之，此地其為沼乎！客乃止。後事定，聞蛟入海之路有大樹旁蔭數畝，千餘年物，竟為蛟水衝倒於地。以初出土之蛟，而勢已如此；水之所發，其傷實多。安得周孝侯復生，為此地除其害也。〔終非池中物〕

2469	原 284/8	廣石 8/64	大 8/287

鬼能卻盜

邇來盜風日熾，搶劫之案，層見疊聞。兵不能捕，官不能禁。綠林豪客，明目張膽，久已無所顧忌。乃以不畏官、不畏兵之盜，而反畏無形無聲之鬼。是何故哉？此其中蓋亦有道焉。粵東有某姓者，家號素封，廣廈數十間以棲梅鶴。其西廳常有鬼怪。每當夕陽西下，室中即喧鬧異常。細聆之，如有十餘人相語聲；往往夜分漸深，其聲愈厲，每夕皆然。人皆懼而不敢入內。仲冬某夜，有暴客數人，突如其來，適至該廳外，正欲一擁而入。俄聞室中人聲大譁，因伏而聽之。未幾，復砉然一聲，屋宇震撼，恍惚舉刀砍案之勢。盜疑其有備，不敢入，遂相約他遁，而其家財產賴以保全。說者曰：「是鬼神呵護之力也。」其或然歟？〔呵護〕〔有靈〕

2470	原 284/9	廣石 8/65 右	大 8/288

詩妓

近時名妓動以色藝相誇，至欲以才華見者絕少；即間有

一、二以能詩名者，亦無非倩人捉刀。問有如蘇小小、馮小青、馬湘蘭其人乎？無有也。乃新嘉坡某校書則不然。校書本大家女，衹以遇人不淑，遂致墮入平康。生平得涉獵文史，兼工吟詠，時有不櫛進士之目。嘗有人見其〈自悼〉一聯，云：「自笑多情空對月，最憐無命又隨風。」〈感懷〉云：「色空畢竟終成幻，得脫紅羊又十年。」一時騷人墨客，群相傳誦，莫不羨其才之高而歎其境之困云。〔解語名花〕

2471　原 285/1　廣石 9/65 左　大 8/289

對花思睡

古人詩云：「寒與梅花同不睡。」又云：「祇恐夜深花睡去。」是善賞花者莫妙於不睡，至於睡而絕無趣味矣！即棠睡之説，亦不過比擬之詞；未聞有對之而可以動人倦思者。不謂美國近有一種奇花，令人嗅之即昏昏欲睡。該處人顧名思義，呼之曰「睡花」。凡人心血不足，終宵不能成寐；取一朵置之床頭，即引入黑甜鄉裏。是又一服安神丸也。特恐誤會其意，轉致如眠花宿柳者，耿耿不寐，不免成為笑柄耳！〔春夢〕

2472　原 285/2　廣石 9/66　大 8/290

勇力絕倫

英人名山多者，託業梨園，以勇力著於時。聞其在倫敦奏技之際，觀者如堵。則見此伶之力，能以兩手各挽五、六十磅之重，更以巾縛其雙目，以繩縛其雙足，可在臺上作仰面觔斗，依然兀立不倒。其尤奇者，能背負駿馬一匹，周行臺上。袒胸仰臥，胸上置一巨架；架上復置一巨琴，更以五人坐於架上。一彈再鼓之餘，仍復神色不變。其力之雄有如是者。昔項羽有拔山蓋世之概，千百年來視為空前絕後；今觀該英人之技，亦何多讓哉？然具此身手，苟能為國戮力，何患不立功疆場，垂名竹帛。乃託業卑微，而以一伶終老。吁！可惜也已。〔赳赳武夫〕

2473　原 285/3　廣石 9/67　大 8/291

邑尊訊鬼

天津楊柳青張茂四家有童養媳，素不貞潔；圓房七月，腹大如瓠。姑詰責之。媳以「新臺」誣其翁。張不能自明，遂尋短見；其婦張宋氏懼罪，同服紅礬，先後斃命。當時經官檢驗，誤信地方一面之詞；謂由夫婦反目所致，已飭其子具結完案矣。詎事隔一月某晚，縣署委廉王棣山大令正問案時，張子忽奔至大堂，聲稱張茂四冤枉。官聞之，飭傳進質訊；則又足將進而趑趄，稱為門吏所阻。官知有異，下堂訊問。據供被誣覓死情由，究其魂滯何方？稱在城隍廟內。官以人證未齊，允於次晚集訊。問其能投案否？曰：「奉傳即到，惟請於衙署後門出入。」官准之。翌日，飭傳地方闞、陳二人，暨張之魂魄。至晚，王大令會同李搏霄邑尊升堂研訊。闞、陳不敢隱，直訴前情。張魂又附子體而至，訴稱媳閱人已多，破瓜及孕係由孫洛；其誣指之詞，則由李高氏唆使。請一併究懲，並稱體被積壓，求為開釋。官允為昭雪，令焚楮帛送之。使人啟其棺，果係層疊，婦在上，而張在下。蓋其子素稱傻子，不能辦事，當下窆時，實假手於地方故也。及提媳等審問，一鞫而服。事亦奇矣哉！〔陰靈〕〔不泯〕

2474　原 285/4　廣石 9/68　大 8/292

娶婦異聞

婚姻之禮，各處不同，由其俗尚殊也。然未有如日本勞州島之奇而又奇者。緣該處新婚一事，其新郎必於迎娶吉期，遍探所識各友；而各友亦必預備，俟其踵門之際，加以怪怪奇奇之服飾，沿路簇擁，送回其家，以取笑樂。其裝束模樣，直同中國跳花鼓之流。嘗見有新郎身穿雨衣，係用油布製就；袖口襟前馱帶叶鐘、號筒及土木偶像，以作雜佩；頭上則冠紅冠，戴面具，如劇場上之丑腳。復以空火水罐繫於背後，自腰際垂至地，使行步間琅琅作響。尾其後者鼓掌譁笑，不知凡幾。人聞此例由官府設立，原欲此方之人知新婚時備嘗苦況；則燕爾既歌之後，自當琴耽瑟好，弗以家庭瑣屑，輒欲輕棄其妻。然亦謔而虐矣！〔輶軒問俗〕

2475　原 285/5　廣石 9/69　大 8/293

海外東坡

鄂中五里界人某甲以課徒為業，就館於漢口鎮，距家百餘里，往往數月不歸。有某乙者與甲有隙，時欲中傷之，而未得間。近見哥匪案起，遂心生一計，慫恿某丙報其家，曰：「爾夫實係哥老會匪，刻已被官擒獲，審實棄市；頭懸龍王廟示眾，已數日矣！」甲妻聞之，大驚而慟，即率子更易素服；而事無證據，心終懷疑莫釋也，因託夫弟某丁往探之。丁甫至龍王廟碼頭，適遇甲，大驚，立挽其衣，而喉已哽噎不能言。甲驟見此狀，疑妻必有故，急問曰：「得毋爾嫂急病暴亡乎？」丁漫應曰：「諾。」甲遂回館，星夜渡江。丁以購物，故暫留焉。次晨，甲將至家，為乙所知，復遣丙奔告甲妻，曰：「爾夫靈柩昨夜已至河下，何不往迎？」甲妻得報，正欲率子以往；而甲已入室，見堂上供有靈位，意謂妻死，放聲大哭。妻見其兀坐椅上，疑係魂歸，不敢遽前，祇遙詢曰：「君，人乎，鬼乎？」甲聞妻語，知其未死，而不解其種種作為，因佯應曰：「我非人，乃鬼也。」妻聞之，益信甲果死，卻步入室。被甲執而問之，始知為丙所弄，立詣丙處究之。丙曰：「乙實云然。」相與覓乙，則已不知所之矣。〔惡之欲其死〕

2476　原 285/6　廣石 9/70　大 8/294

西童跳舞

法租界工部局近以俄國歲歉，欲修救災恤鄰之道。爰於上月十五日在大自鳴鐘花園內創為跳舞之舉，令觀者納資而入；俟集有成數，即解至俄京助賑。是日，各西人麕集於三層樓大廳內，西童、西女應期而集者，不下百餘人。或戴獨角帽，或穿二色衣，或周身畫作樹葉、荷花瓣，或肖中國補褂，或扮作華孩及東瀛幼女。更有以少扮老，白髮蒼蒼，面上粉墨淋漓，五色具備者。屆時西樂競奏，有數孩手執銀鎗金刀，腰懸寶劍，奔入圈內，跳躍為戲。一西婦從旁教之，先令各孩一男一女挽手而行，如蟻旋磨上；俄而，各孩分手，每兩人作對，如穿花粉蝗，倩影雙雙；忽又分作四隊，攜手翻觔斗，逐一下臺。一時觀者皆拍手稱奇。是誠籌振之別開生面者也，何其法之善歟！〔善舉〕

2477	原 285/7	廣石 9/71	大 8/295

計賺登徒

杭俗無賴之徒游手好閒，喜自修飾，往往效作京伶模樣；平日三五成群，游行街市，一見婦女，恣意嘲謔，無所不為。此風殊為可惡。一日，有某甲嘯侶命儔，行至金釵袋巷，適有江北婦以縫紉為業者過其前。甲見而艷之，呼而至。婦曰：「無物可縫，將何為也？」甲取束腰帶，剪作二段，屬其縫補；順手捘其腕，婦若不知也者。縫畢，贈以青蚨百翼，約明日在此守候。次日傍晚，甲獨至其處，俟婦來，便與調笑，婦亦不拒。引至無人處，挨近身旁，作狎褻語。婦曰：「得錢則惟君命是聽。」甲從夾袋中，取鷹餅一枚與之。婦見其尚有兩枚，復伸手奪之，乃大呼救命。有老嫗亦縫工也，急足趨至，執甲而掌其頰。甲不能辨，遂逸去。蓋此婦知甲意，預約其姑以解圍也。計亦譎矣哉！〔人財〕〔兩失〕

2478	原 285/8	廣石 9/72	大 8/296

生前出殯

死者之有出殯，盛衰不等，亦視其家之貧富何如耳。從未有當生之年，逆料其死之日，且慮其子之不克盡禮，而預為發靷之計者。有之，則自天津河東藍氏婦始。藍氏以武科世其家，其婦早失所天。膝下衹一養子，亦入武庠；惟素行無賴，不得母歡。今其母年逾七旬，棺槨衣衾，均經預備；婦恐死後不殯而葬，喪儀或形落寞，不免為戚族羞。遂自擇吉期，於十一月初五日雇備執事、傘扇、旗鑼、幢旛、鼓樂，親乘八擡綠呢大轎，招搖過市，遍游河東街一帶。親朋送者不下數十人，如執紼者然。見者無不奇之。昔桓司馬自為石槨，而孔子譏之，為其預凶事也，況有甚於此者乎？該婦此舉，當有自笑其無謂者矣。〔敢冒〕〔不韙〕

2479	原 285/9	廣石 9/73 右	大 8/297

姊妹易兒

安南永同某甲，家有二女。太史阮公微時娶其姊；妹則適漁戶焉，連產三男；太史夫人則累產不育。其後二人俱有娠，家相近，同日而誕，俱男也。夫人遂陰與母謀，互抱而易焉。太史不知，漁夫婦亦殊夢夢。既而，太史擢第十，數年官於朝。其子漸長，不好紙筆，策之讀而逃焉，日事泅沒。太史聞之，咎以失教。尋致政歸林下，以勗之，夏楚頻加，而冥頑猶昔也。一日，太史病，歲旦祀家祠，命之主鬯。太史夢見家堂中數輩筌網而裸者上坐，公之先則衣冠庭外以立，弗歆。覺而疑夫人私于漁者。逼詰之，夫人始述其由以告。公亟就漁者告之，故約以復易。漁者見少子頗奇嶷，不之允。公聞於朝，時其母已亡，無從質證。朝議不決，而公之文派遂泯。漁之少子則拔髭拾芥，科第蟬聯，與公家伍。以上係節錄《同文日報》。〔 〕

2480	原 286/1	廣石 10/73 左	大 8/298

腹有應聲

潮州某生年逾知命，青箱家學，攻苦半生。近忽遘一奇疾，每讀書，腹內即有聲相應。久之，一言一話，亦無不然。考之方書所載，腹中應聲由於內有蟲生，名為「應聲蟲」，嘗有人患此。取《本草》讀之，至雷丸不應，即以施治，遂愈然。某生曾照此方用之，不效；延醫施治，亦不見痊。生遂自擬殺蟲行血之品，雖應聲漸小，而終未能全愈。余謂今之學為時文者，每拾人牙後慧而用之，大率皆應聲蟲也。然則腹中之疾，豈獨某生為然哉！〔人云亦云〕

2481	原 286/2	廣石 10/74	大 8/299

古碣出土

自古人勒石紀事，而碑碣以興。然千百年來，或為兵燹所摧殘，或為風霜所剝蝕，殘碑斷碣，埋沒於荒煙蔓草間者，吾不知其凡幾矣！不謂吉光片羽，猶有流傳，淮雨別風，差堪辨識。溫州曹仙巷口有市房數間，近由公大當購歸。當鳩工拆造時，忽於牆腳下掘出殘碑一塊，約有兩方桌大；上有數篆字可以辨認，餘皆漫漶不堪。甌人之好古者爭來觀看，謂係元時李榜眼園中物。傳說紛紛，莫衷一是。甚有愚夫以為古石必靈，焚香膜拜其旁，以祈花會之獲彩者。其果有鬼神呵護歟？抑顯晦有時，鬱極而自無不發歟？而蚩蚩者乃以私意求之，抑何可笑。〔歷久不磨〕

2482	原 286/3	廣石 10/75	大 8/300

石破天驚

鎮江西鄉一帶居民多以鑿石為事。大而牌坊、碑碣，小至河工碎石，及打磨米麥所用，無不取給於此。向來皆恃人力鑿取，殊形勞瘁。近有取巧之法，就石壙內橫鑿一孔，深尺許，大以寸計；實火藥於其中，引以長線，燃火後人即狂奔遠避。迨轟然一聲，幾類山崩，整碎石塊飛散半空，勢極可駭。前曾因此兩傷人命。今土人復用此法轟石，相距一里外有一牧童橫牛背上，適被石子擊中，牛驚而躍，將童顛撲倒地，幸未受傷，可謂險矣！夫軍火之利，無堅不破，其用亦廣矣哉！今乃以之取石，似較便於人力。然利在目前，禍生不測，轉不若人力之可無他患也。頑石有靈，當亦聞吾言而為之點頭。〔磊磊落落〕

2483	原 286/4	廣石 10/76	大 8/301

惡僧該殺

武林鳳山門外萬松嶺某寺僧，去年曾納一徒，年十八。不耐清修，屢逃被獲。一日，故智復萌，乘鄰房僧外出，竊其袈裟質得錢一千文，正欲遁逃，被師偵獲。時所質之錢，已用去二百文。鄰房僧大怒，唆令某僧必置之死地。某僧從之。甫經毆打，其徒大聲呼救。適樵夫某甲過而聞之，問知其故。謂以二百青銅斷送一命，居心未免太忍；而又苦阮囊羞澀，乃將一肩薪暫息作質，許俟歸家取錢，為之代償。兩僧唯唯。詎甲去後，兩僧即縛其徒，聚薪焚之。比甲至，見薪已成灰，徒則杳無蹤跡。詢之兩僧，則以釋去對。甲疑不能釋，細視灰堆，瞥見人足一雙，血肉模糊，乃知此徒業已焚斃。直詣錢塘縣喊控。邑尊伍大令勘驗屬實，拘僧研訊，供認前情不諱。遂按律定擬，將主謀之鄰房僧梟取首級，發往寺外懸杆示眾；某寺僧則擬以充軍。一時人心為之大快。〔金剛〕〔努目〕

2484	原 286/5	廣石 10/77	大 8/302

八戒為祟

《西遊記》一書，荒唐杜撰，名流所不屑道。書中所言之孫行者、豬八戒等，明係亡是公之流。然齊天大聖，鄉落間竟有建廟奉祀者；城中廟宇亦時有肖其像以附於神側，謂為異常靈感。此則人心所聚，物或憑之，非猴之真有靈也。至豬八戒則香火寥寥。同一偽託而有傳有不傳，豈猴之靈而豬之蠢與？惠州人何某家中所豢之豕，日者忽人立而啼；家人大駭，亟鬻之於屠戶。未幾，室內器物無故自動。其女年十四，忽昏仆在地，扶起即狂躁，大言曰：「我豬悟能也。汝女在唐時本陳姓，與吾有夙緣，今得相遇，合是前因未盡，當隨我去。」何驚懼，多方禳解，並延術士劾治，絕無所驗；因懇祀之於家，晨夕以香花供奉，始不為厲。聞《西遊記》中載豬八戒未遇三藏法師時，曾為陳家莊之婿；想必妖魅託此惑人，引以為據耳。〔妖魔敢爾〕

2485	原 286/6	廣石 10/78	大 8/303

奇樹三株

美國華盛頓京城某花園內有奇樹三株焉。一為啞樹。其枝幹與常樹無異；惟人誤拂之，口即啞，須俟七日始痊。有某拍賣館主從樹下過，手捋其枝，歸即口噤如啞；急為醫治，亦不見效，直閱七日，始漸能言。其友某聞之，笑其妄，親往樹下撫之，果如其言。於是人皆相戒，弗敢近。故目之為啞樹。一為恩愛樹。凡有婦女玩於樹下，而心焉好之者，此意一動，不必宣之於言，樹葉即隨風而捲，遍樹皆然。良久始舒展如故。惟婦女則然，男子不爾也。一為疑形樹。所生之葉，酷類澤麋之頭。每當夕陽掩映，夜月朦朧，葉為風動，旋轉於樹木叢雜之間。遠而望之，不啻麐麐之屬，常有獵者誤而弋之。以上三樹，皆《爾雅》、《山海經》所未載者也。錄之以告世之好奇者。〔別開〕〔生面〕

2486	原 286/7	廣石 10/79	大 8/304

術工禁制

某甲以販茶為業，嘗偕夥某乙至泉州，購備龍團、雀舌。居無何，乙忽為二豎所侵，纏綿床蓐，已三月有餘，氣息奄奄，常昏迷不醒。自乙病後，同伴常聞有吹角聲，一似近在咫尺，夜中尤響。心竊怪之。一日，甲與客清談，偶及此事。適座中有一道士，瞿然而言曰：「此禁制之術也。爾夥得毋為人所禁乎？」甲因請同往一觀，道士欣然從之。時角聲正鳴，向四壁側耳諦聽良久，指一處曰：「妖在此矣！我當為君除之。」迨取刀來破磚，視之，一羊角在焉。解角，則中有乙名姓及時日。曰：「此物為祟也，既取之，則不靈矣，病當自愈。」自此日有起色，月餘遂無恙。後道士問乙曰：「汝有何仇？」乙沉思半晌，曰：「前私一婦，後因嫌隙中棄。毋乃是乎？」道士曰：「然。」復問彼之禁術，何以能置羊角於人室中？道士笑而不答。或曰是蠱術之流亞也。吁，可畏也哉！〔睚眥〕〔必報〕

2487	原 286/8	廣石 10/80	大 8/305

賺出重圍

順德縣屬龍江地方有劉徇者，跖蹻之流也，身手高強，劫案山積。官憲懸賞購緝，迄未成禽，亦幾付之無可如何。近經順德協營勇拘獲其黨二名，探悉巢穴所在；營弁因許其將功贖罪，令為眼線，率兵往捕。甫至長路，兵勇方入巷，忽見一人倉皇而出，似覓失孩模樣。兵勇與之迎面，向前攔截。其人正聲厲色而言曰：「爾等良多不識，乃來圍吾耶？吾正上街尋子，非歹類也。」兵等面面相覷，不敢阻，遂縱之去。迨線人至，始知前所遇者，即係劉徇，則已鴻飛冥冥，不及動弋人之慕矣！諺云：「賊有賊智，盜亦有道。」觀於此而信然。〔急智〕

2488	原 286/9	廣石 10/81 右	大 8/306

馴獅妙法

世之畏河東獅吼者，每藉口於無法可施；而不知非無法之患，患在人之不求其法耳。順德周某夙有季常癖，畏妻如虎，心恥之而無如何也。一日，偶染微疾，求診於其友某醫。醫謂之曰：「君祇纖芥之疾耳，不久當自愈；但氣體柔弱，陰邪乘之，將變陽痿之證，是宜亟治無已。予請為君製藥酒。」未幾酒成，周攜歸，朝夕暢飲。半月後膽氣漸壯，時與娘子軍旗鼓相當；甚至怒髮衝冠之際，以長繩縶其妻，欲加以利刃。妻大窘，高呼救命，始經人勸釋。自是妻每見周至，即悚惕自危。周大喜，問友此酒何名？友曰：「此『起懦酒』也。飲之，則懦夫有立志。」〔陰消〕〔陽長〕

2489	原 287/1	廣石 11/81 左	大 8/307

別有會心

西國通俗，凡男女結婚，必先訂交，以窺習尚、性情。若果兩小無猜，然後再以書札往來，藉通情好，兩皆甘願，始得結為夫婦；故其琴瑟常調，從無反目之事者，由其慎於始也。美國有一女子，三七年華，艷名素著。人見其守貞待字也，爭相結納，冀中雀屏之選；求婚之信，紛至沓來。詎女之會心，別有所在。將所有來信，無論何人手筆，概編年月，以次糊裱於寢室中。分作上下兩層，上層遍粘信封，下層則排列魚書雁帛。每當香閨繡倦時，流覽一周，興復不淺。若此女者，殆亦別饒寄託者歟？〔有女〕〔懷春〕

2490	原 287/2	廣石 11/82	大 8/308

祀灶採風

黃羊祀灶及醉司命各典，歷見紀載之中。獨津門祀灶，則風氣有可哂者。本年臘月二十三日，彼都人士以東廚司命尊神，當於是日上詣九霄，奏報人間善惡。於是備香燭，市楮帛，焚香頂禮，送神焉於中庭；口中喃誦「上天言好事，回宮降吉祥」二語，求神呵護。已大失古人祀灶之遺意。其所供各物，猶有劉郎不敢題字之糕，及一切糖錫等物；意謂神如來格來享，當效金人之三緘其口，難將惡嘖上達天庭。噫！聰明正直之謂神，神豈能歆非祀耶？苟昧作善降祥，作不善降殃之說，而罪惡上干天怒，神能默爾以息耶？媚灶之情，與王孫賈大同小異，愚而可笑，莫甚於此。錄之以告採風問俗者。〔先民〕〔遺意〕

2491	原 287/3	廣石 11/83	大 8/309

躍鯉呈祥

自來慧業文人，其將高掇巍科，必先有嘉祥之兆；正不第李固芙蓉鏡下及第，足為卜榜花者之佳話也。天津府學有泮池焉，芹藻生香，清流可愛。相傳丁未春，池中有躍鯉之瑞。是年，南皮張相國果大魁天下。自是以後寂無所聞，迄今已數十年。論者謂畸人不世出，瑞應誠未易求也。乃本年有邑紳黃君，重修兩學，泮池忽見有金魚數尾，在池面以泳以游；大幾盈尺，天機洋溢，文彩斐然，頗有濠濮觀魚之概。黃君以前事證之，私心竊喜；以為明年金殿唱臚時，多士蹡蹌，當必有大手筆其人，潤色鴻業，以應斯瑞者。是耶，非耶？合誌之以觀其後。〔科名佳兆〕

2492	原 287/4	廣石 11/84	大 8/310

四代同堂

〈洪範〉「五福」而壽居首。誠以修短之數，未可強求。人生百年能有幾人。然如香山九老之圖，洛陽耆英之會，人之以壽考見者，古來正不乏人。所難者，兒孫繞膝，萃數世於一門，斯為盛事耳。溫州瑞安縣鄉間離城七里許有某甲者，年已百有四歲。長子八十有二，次子七十有八，孫亦五旬，曾孫年將及冠。同堂四代，藹如秩如，洵足為門庭生色也。十月二十三日，祖孫父子整肅衣冠，同赴縣署謁見袁大令。晉接之下，優禮有加，復慨捐鶴俸，賞以番佛四尊。甲等歡欣鼓舞而退。是非德門有慶，和氣致祥，曷克臻此。一時見者無不額手而頌曰：「俾爾熾而昌，俾爾壽而臧。」猗歟休哉！〔熙朝人瑞〕

2493	原 287/5	廣石 11/85	大 8/311

兩頭人

人稟天地之氣以生，五官四體，無不從同，而必以元首為一身之主宰，尊無二上，固其常也。譬之於物，色色形形，各有一體；苟反其常，則妖興焉。是以蛇有兩頭，叔敖憂之，以物類之失其常也。乃以含生負氣之倫，忽有旁挺駢生之異，是豈人之矯揉造作耶？果天造地設，父施母生，致有此奇人耶？漢皋市上有多人舁一籃輿，中坐一人；一身兩首，反背而生，耳目口鼻，無不具備，四手兩足，動作自如。聞此人係由江西某鄉載來。一口茹葷，一口茹素；每當朝夕兩餐，魚肉、菜蔬分陳並進。但見四手齊舉，竟無應接不暇之勢。五洲之大，真無奇不有哉！〔別開〕〔生面〕

2494	原 287/6	廣石 11/86	大 8/312

焚鬚惡劇

某翁，粵人也。年逾花甲，雅愛風流，常徵逐於秦樓楚館中。每以馬齒已長，虬髯不生為憾。嗣因購得生鬚藥，始僅長得數莖，如秋後枯草，寥寥可數。翁以其得之匪易，寶愛有加焉。一日，偶在馬交街某勾院與狎友尋花，見一雛妓，姿致可人，不覺心焉如醉，注視久之。妓以其老而狂也，為之一笑嫣然。翁誤會其意，以為彼美屬意於己；遂攜友入院，喚妓侑觴。妓意雅不欲，而迫於鴇命，強為承迎。酒半酣，妓竊以熟煙少許，中夾火柴一枝，用煙紙裹好，置諸桌上，託故而出；蓋欲誘翁誤吸，藉資笑劇也。俄而，翁果取吸，及半時許，火柴忽著，烘然上焚。翁倉皇擲煙於地。妓在簾外見之，放聲狂笑，其友亦掩口胡盧。翁至此引鏡自照，則鬑鬑者已如牛山濯濯矣。妓亦可謂惡作劇者哉！〔伐毛〕

2495	原 287/7	廣石 11/87	大 8/313

探囊急智

叻地有閩人某甲，裙屐翩翩，風流自賞。每當夕陽欲下，新月初升，往往徙倚街頭，臨風撫景，意良得也。一日，襟懸一鏢，繫以金鍊，行至拋球場一帶；適有穆拉油人擔賣燒牛肉。甲隨向購食，蹲地大嚼。俄有閩人某乙蹣跚而來，兩足皆貼膏藥，一似久患足疾，不良於行者；蹲于甲旁，揭其膏藥就煙火烘之。乙善滑稽，與甲一見如故，暢談趣語。甲為之失笑。久之，得意忘言，得言忘象。時乙所烘膏藥已融，乘甲不備，即取以黏於甲口，并推之倒地，然後大笑狂奔而去。甲雖心惡之，而尚不介意。即賣牛肉之穆拉油人，亦以為彼係素識，偶然戲謔，漠不關心。迨甲揭去膏藥，拭口欲行，探囊取錢，欲償肉值，不覺大駭；蓋金練已被剪斷，始知乙之所為，事已無可如何矣！彼偷兒狡詐，真令人防不勝防哉！〔妙手空空〕

2496	原 287/8	廣石 11/88	大 8/314

賭婦鬻夫

粵垣某甲手藝營生，而性柔懦。婦某氏，奇悍異常，甲深畏之；故年將大衍，嗣續猶虛，不敢謀納小星也。顧婦酷有劉盤龍癖，無如五木無靈，屢戰屢北，以致避債無臺。一日，婦忽勸甲另營篷室，謂有新寡如卓文君者，我當為君圖之。居無何，阿嬌果至，遂以金屋深藏。由是大絃嘈嘈，小絃切切，絕不聞河東獅吼聲。甲既喜且疑，偶言於妾。妾曰：「是非君所知也。自妾與君婦相識，各訴苦衷。彼以負債纍纍，謂有能代清宿累者，願以良人奉之。妾遂與其矢誓，于歸君家。今被取洋蚨已逾半千，而所需者尚在毛詩之數。彼之所以反其常性者，職是之故。」甲聞而釋然。時妾已半老徐娘，難期生育。因於其所攜侍婢三人中，擇一以侍巾櫛，俾荔枝旁挺，不致興伯道之悲。夫甲一食力之人耳，乃始則有陳季常之癖，事多掣肘，而莫可誰何；繼竟不費一錢而忽得左抱右擁之樂。其晚年艷福何其幸耶！雖然，世之如該妾者，豈易得哉？〔利令〕〔智昏〕

2497	原 287/9	廣石 11/89 右	大 8/315

泉竅忽開

越南所屬青廉縣，今夏天時亢旱，河水乾涸，民間汲用維艱。忽未艾總賽泰社野外湧出一竅，廣約五寸，深八寸，清澈異常，竟如活水源頭，涓涓不息。據社民言，前十日聞地下隱隱有雷聲，視之則泉竅忽闢，氣味腥甘。一時提甕挈榼而汲者，日至二、三百人；甚有謂能療疾，取以飲病人者。異哉斯泉！將為甘谷泉以壽吾民耶？將為帝臺漿以療心病耶？將為廉泉以警貪吏耶？將為醴泉以表嘉瑞耶？吾不得而知之矣。〔水哉水哉〕

2498	原 288/1	廣石 12/89 左	大 8/316

萬福攸同

自來以書法名於時者，大抵文人為多。若武人不識一丁，比比皆是，安望其能齊名草聖？然近來武弁中往往有書一筆「虎」及一筆「飛」等字，類皆取其專習一字，易臻佳妙；而其一氣呵成，魄力遒勁，轉為文人所不能及。若求以他字，則不免遜謝未遑焉。乃杭垣有某軍門，別出心裁，獨能以一筆書成「福」字，勁氣直達，迥異尋常。今正元旦，特書「福」字數百，遍贈同寅。當其臨池染翰，得意疾書，大有「興酣落筆搖五岳」之概。今而後，朝廷頒賜福之恩，臣下廣求福之意，所願與普天下蒼生同享無窮之福澤也已。〔喜慶大來〕

2499	原 288/2	廣石 12/90	大 8/317

僊鶴祝壽

鶴號僊禽，其物最多壽；故《大易》占之，詩人詠之，《春秋》書之。而其異雜見於諸書者，不可勝數。孰意事竟有愈出愈奇者。蜀西汪秋三太史，年屆九旬，孫、曾繞膝。其哲嗣錫朋太守需次滇南，去秋告養回籍，恭祝太史壽誕。忽有一鶴飛集於庭，氃氋而舞。舞畢，戛然長鳴，舉家歡喜，莫不為太史賀。太史乃召其子若孫至前，曰：「汝曹亦知鶴之來意乎？吾先人少好鶴，行年五十始放之。後四十年鶴曾一至，時吾先人方慶九旬華誕，命吾以至之年月日，書於尾。時吾年纔四十有九耳。忽忽五十一年中，今鶴又至。適吾亦開九秩壽筵，是鶴其殆為祝嘏來耶？何其舊主多情若此也。」及驗其尾，果有字跡，尚堪辨認；乃命亦以至之日書之。鶴留三日，遂凌霄飛去。亦可謂奇矣！〔奇人〕〔奇事〕

2500	原 288/3	廣石 12/91	大 8/318

掉元寶

迎春東郊，國家之定例也。杭俗每屆立春令節，各衙署吏役人等，恭舁芒神上山。然後白叟黃童，紅男綠女，咸登吳山，詣太歲廟中焚香頂禮。是日，人氣氤氳，香煙繚繞，如行山陰道上，有應接不暇之勢。更有一種人，各持紅燭一對，在山腳下恭迎芒神。神甫至，凡往來之人，無論素所熟識及無半面緣者，彼此相遇，必與一揖，將所持絳蠟互相更換，雖鉅細亦弗計，名之曰「掉元寶」，不知何所取義也。去年有友目擊其事，傳為笑談。後聞杭人言，知此等俗例，相沿已久，無歲不然。因追記其事，而不覺神往於六橋三竺間矣！〔習俗相沿〕

2501	原 288/4	廣石 12/92	大 8/319

掄元佳話

昔江右某生優於文，而屢困場屋。某科元旦，夜夢中擬鄉人儺一節題。文作完，忽欲燈下謄稿；紙未便，即於几上書之。天未明，復就睡。翌晨，其婿某生來賀年，見几上有文，取便紙錄之，即拭去。翁起，尋文閱，竟無矣。以為夢中事，不復記憶。後婿出鄉場，將文就正於翁。翁訝曰：「此余元旦夢中作也。惜講下遺提筆三句，因補云：『昔先王雖不以術愚人，未始不以神道設教也。則儺尚焉。』」婿遂備述前几上事，果有半行字跡模糊，尚未錄去。是科婿果發元，房師代補提筆，恰符三句。可見發達文章，自有前定。古之所謂蟾官織登科記者，當非虛語矣！〔天度〕〔鼇容〕

2502	原 288/5	廣石 12/93	大 8/320

奇財頓發

客有談軼事者，言昔年有漢陽李某以撐渡船為業。一日，有過客遺一包袱，內藏重資；後其人奔至尋覓，李遂舉以還之。其人分半酬之，固辭不受；因贈以豚腿，乃受。至月朔，李即以是腿供神，設船頭行禮。忽為鷹掠去，盤旋江干，欲下不下。李無奈，率舟以從。至荒洲無人處，豚腿墜下，鷹忽不見。甫近岸，岸已崩塌，半露敗舟形狀。諦視良久，中藏白鏹滿艙。舟木觸之成泥，則古時沙淤沉舟處也。滄桑之易，大抵然矣。不料為鷹牽引至此，造化真巧於安排哉！李載白鏹歸，居無何，前遺資者重李信義，邀其同販川米，疊獲重利，成富室焉。〔吉人天相〕

2503	原 288/6	廣石 12/94	大 8/321

及第先聲

蟾宮折桂，乃士子秋風得意之時。從未聞春日晴和，而得聞木樨香味者。乃證以近事，則竟不然。侯官某孝廉，才高八斗，學富五車，素為鄉里所推重。今正元旦，偕友出游，偶至廟內，忽聞桂花香撲鼻。時正游人如蟻，擁擠異常。孝廉獨趨一樹，折得已開桂花一枝，持以示友，莫不驚異。欲再攀折，則已不可復得。遂持歸供奉，眾皆稱賀；以為今科春試，必當高捷南宮之兆。按明正德時儀真蔣南金、王大用當未遇時，嘗於元日同遊于廟，曾各折桂花一枝。時童謠曰：「一布政，一知府，掇花魁，花到手。」後二人果中是科進士，卒如其言。不謂數百年後，又得斯兆。然則孝廉其果將高掇巍科歟？又何異焉。〔春桂〕

2504	原 288/7	廣石 12/95	大 8/322

螽斯衍慶

封人之祝帝堯，曰多男；詩人之詠文王，曰百子。曁古以來，未有不以嗣續繁昌為門庭之慶也。閩人葉某，年逾不惑，雅善經營，在新嘉坡開設店舖，已歷多年，饒有積蓄。娶妻陳氏，琴耽瑟好，伉儷甚諧。自結縭以來，每歲必結一珠胎，不賦弄璋，便歌弄瓦，芝蘭玉樹，羅列庭前。現已生有男孩十人，女孩八人。今年第十七胎係屬孿生，故共計男女十八名。其長者已崢嶸頭角，就傅讀書。而其幼者繞膝呱呱，尚須哺乳；氏不能遍給，雇有乳嫗三人。不知此後之載生載育，尚復何如？而就目前論之，已覺河東三鳳，荀氏八龍，恐亦未足為奇矣！〔乃熾乃昌〕

2505	原 288/8	廣石 12/96	大 8/323

畫雞餘韻

昔帝堯在位，有祗支之國獻重明鳥，一名「雙睛」。狀如雞，鳴如鳳，能搏逐猛獸虎狼，使妖災群惡不能為害。飼以瓊膏。國人灑掃門戶，以望重明之集。或刻木鑄金，為此鳥之狀，置於門戶之間，則魑魅醜類自然退伏。其說見諸《拾遺記》。迄今年湮代遠，固已杳無所聞矣。乃觀於楚客所言，知流風餘韻，猶有存者。據云湖南某鄉每屆元旦，居民必倩丹青妙手，繪畫為鷄，貼於戶上。亦有刻以木，鑄以金，鬥巧爭奇，藉為門楣生色者。甚有製作兒童游戲之具，戚族投贈之儀。以致翰音之類，遍布於千門萬戶間。其術之精者，竟有栩栩欲活之勢。是亦新春之佳話也，故誌之。〔俗不〕〔傷雅〕

2506　原 288/9　廣石 12/97 右　大 8/324

人鏡雙圓

鳩江陳某，小康之家也。藏有古鏡一，圍五寸，其形圓，光明異常，背鑄三十二字。銘曰：「鍊形神冶，瑩質良工。當眉寫翠，對臉傳紅。如珠出匣，似月停空。綺窗繡幌，俱涌影中。」相傳此鏡係景德中物，其祖以重價購歸，藏之維謹，能致人皆仁壽。陳寶愛之。每當元日，取鏡摩挲，愛不釋手。嘗謂其子曰：「予惟求人鏡雙圓也。」逾日，即珍藏，不肯輕以示人云。〔光明仁壽〕

2507　原 289/1　廣絲 1/1 左　大 9/1

出人頭地

漢口賽燈之舉，陸離光怪，極盛一時，此固無歲不然也。有某甲者，聞去春他處有五人踏長蹺之異，因於今正人日後，專習此技。每日足踏雙蹺，兩肩各立一童；童復盤旋跳舞，神色從容，不啻行所無事者然。聞其人能行十餘里，手舞足蹈，高唱入雲，頗有俯視一切之概。見者皆拍手稱奇。想屆時城開不夜，必能獨出冠時，而永無有駕而上之者矣！〔仰之〕〔彌高〕

2508　原 289/2　廣絲 1/2　大 9/2

走橋韻事

上元佳節，金吾有放夜之文，蘇味道詩云：「火樹銀花合，星橋鐵鎖開。」紀其實也。甬俗婦女於正月十四夜，有走橋之舉。相傳走過七橋，可得福壽。往往舉國若狂，往來於虹腰雁齒間；雖風露亦所弗恤。本年是夜，月明如晝，綠窗靜女，繡閣嬌娃，喚妹呼姨，輕移蓮步而來者，衣香鬢影，絡繹如梭。而文人韻士，秉燭夜游者，尤覺興高采烈。所最可惡者，少年無賴，逐隊偕來，品足評頭，恣意嘲謔。是以大家眷屬，不肯輕出閨門者，良有以也。聞今年燈市之盛，煙火之奇，較前尤甚。昇平景象，蓋于是乎見之矣！〔姍姍〕〔來遲〕

2509　原 289/3　廣絲 1/3　大 9/3

白門煙景

出聚寶門三里許，有雨花臺焉。相傳梁武帝時，雲光大師築臺說法於此，曾致天花飛墜之異，因得是名。其地左眺鍾阜，右瞰秦淮，山色波光，都歸一覽。山半有永甯泉，清洌甘芳，品泉者目為天下第二。每當春秋佳日，青衫白袷，游覽其間，相與慕玉川子之遺風，意良得也。今正自入春以來，風和日朗，景物鮮妍，墨客騷人，多會於此；往往流連茗話，竟日忘歸。而墜鞭俊侶，挾彈王孫，亦各挈伴偕來，登山臨水，洗滌塵襟。時則駿馬交馳於郭外，風箏遠放於空中。紫陌紅塵，到處人多於鯽。踏青既罷，拾翠而歸。六代餘風，猶覺彷彿遇之。誠哉，會心之不在遠也。〔及時行樂〕

2510　原 289/4　廣絲 1/4　大 9/4

再世奇緣

廣東肇慶陸翁，名伯鳳，大田鄉富室也。翁三代單傳，今年七十有一，無子。祇一女，年纔二八，姿色妍麗；祇以啞不能言，故尚未得乘龍之選。一日，有少年丐者至其門，女一見即呼之曰：「汝來何遲也？」丐愕然不知所謂。翁夫婦相與驚詫，詢丐來歷。自言身本金陵人，隨父宦遊，父歿省邸，貧無以自存，故流落至此。問其姓？曰朱，名爾祿。翁少周給之。丐去，女仍啞如故。翁夫婦問之，女惟搖首而已。數日後，丐又至。女有不悅之色，大言曰：「待子已久，何竟無情？」丐不能答。女曰：「子猶記前生乎？汝背有大紅掌印，是我手痕。可驗也。」翁乃披衣，視其背，信然。細詢之女。女備言前生本某家女，丐亦貴族子，彼此有情，未成眷屬；因相約效同命兜央，臨別以手拍其背，遂投繯卒。今日相見，實天合奇緣也，願父母玉成之。翁夫婦異其事，竟招丐為贅婿，館於別室云。〔天作之合〕

2511　原 289/5　廣絲 1/5　大 9/5

紫姑為祟

上燈夜迎紫姑神，其事始於唐代，相沿至今，甬人多好為之。西門外陳某，美手儀，習儒業。年未弱冠，常以才子配佳人自命，故尚未盟鴛牒，然冥想頗殷。本月十三夜，其鄰有卜紫姑者，陳亦往；詢功名婚配事，意有所感，悵悵然歸。歸而即病，至四更時，呼其父母起，告之曰：「兒承紫姑招為夫婿，元宵佳節即合巹期也。」其父母驚，問紫姑何在？以在床對。至天明，神思迷離。其鄰有以捕魚為業者，聞其事，即持魚網來，張於室內。陳忽神清，曰：「紫姑去矣。」於是挂網於床，將情訴諸城隍神。陳遂飲食如常。《傳》曰：「妖由人興，人無釁焉，妖不自作。」其陳之謂歟？〔造化弄人〕

2512　原 289/6　廣絲 1/6　大 9/6

挈妾尋芳

某公子翩翩年少，顧影風流；生平不慕榮華，而以縱遊天下名區為志。行蹤所至，挈一如君，固畫眉中人也，風雅絕倫；有時易釵而弁，並轡齊出，幾難識其廬山真面目。近日，公子僑寓漢口某客棧中，暇則選色青樓，見某校書而悅之，歸即述於如君。如君心為之醉，欲與俱往；於是改男子裝，輕裘緩帶，不啻衛玠璧人。及抵枇杷門巷，一時鶯鶯燕燕，款洽情殷；既而度曲開樽，備極倚翠偎紅之樂。自是恆二、三日一往，院中眾花枝頻頻留客，二人終不肯一顧。校書等乃私商醉二人以酒，而強留之。如君之雙鉤，不覺頓露。始皆掩口胡盧，然知其係貴冑豪宗也，不敢侮。至天明，為之雇輿送歸。如公子所為，亦可作一段風流佳話也已。〔撲朔〕〔迷離〕

2513　原 289/7　廣絲 1/7　大 9/7

為羊請命

昔齊宣王見牛觳觫，而命易之以羊；非不愛羊也，為其未見羊耳。蓋天下之物，「見其生，不忍見其死；聞其聲，不忍食其肉。」此固非一物為然也。京師宣武門外南橫街袁某，有忠厚長者風。一日清晨出門，見一羊肉舖縛羊三頭；方欲奏刀，忽見羊兩目圓睜，形狀悽慘，意良不忍。遂出朱提十五兩，令釋其縛，將羊購去。隨送交西磚兒胡同法源寺收養，每月復給以芻豆之資。是亦仁術之一端也。雖袁之所見僅此三羊，而其心地慈祥，樂於為善，不已加人一等耶！〔惻隱之心〕

2514	原 289/8	廣絲 1/8	大 9/8

餘桃潑醋

天津法租界第一茶樓有所謂「男落子」者，大抵皆龍陽之類；掃眉掠鬢，妝作好女子，登場度曲，引誘狂且。計樓中男落子共六、七人，其老者年已五旬；而猶撲朔迷離，薰香傅粉。泥人一笑，幾不辨烏之雌雄。是真兔窟之中，別開生面者也。有名洛者，與陳四素有斷袖交。馬夫張裕見而艷之，思染子公之指，洛未遽允。張再四嬲之。洛謂一曲後庭，已為陳占；如須問鼎，請斃陳而後可。張老羞變怒，禁洛不得登臺。經人轉圜，始得依然奏技。一日，陳在座，張貿貿然至，見陳與洛秋波頻注，別有會心，不覺醋海興波，互相用武。彼餘桃風味，乃亦致酸氣薰蒸哉！噫嘻！〔別有〕〔風味〕

2515	原 289/9	廣絲 1/9 右	大 9/9

漏稅巧計

美國有某婦，靚妝艷服，丰致嫣然，見之者幾疑為大家眷屬。嘗由芝加俄附船往紐約。除行李外，攜有白鵝一頭，用金練繫於籠內；往來數次，無一不然。人初亦不甚奇之。嗣有人見其形跡可疑，細為窺察，始知該婦之為此非他，瞞稅計也。蓋婦素以販賣鑽石為生，常攜向紐約銷售。因該處此稅甚重，婦乃異想天開，將鑽石與鵝吞啖；俟過關後，設法令鵝吐出，再行出售，冀得善價。其歷次偷漏關稅，已不可枚數矣。彼西婦之計，亦狡矣哉！〔鬼蜮技倆〕

2516	原 290/1	廣絲 2/9 左	大 9/10

樹上獲豹

甯波奉化竺廷華善拳棒，有飛簷走壁之能。一日，行至甯海裏山，日暮途窮，獨倚大樹下，徬徨四顧。忽聞腥風一陣，竺知有異，一躍而上，猱升樹巔。瞥見一獸奔至，對竺咆哮，意欲攫食，守之不去。竺急以手槍擊之，中獸。獸怒吼，亦騰身欲上。詎勢猛力鉅，竟將胸腹插入樹枝，莫能移動。至天明，竺始下樹。諦視之，識為錦豹。大喜，糾人取下，售得錢六千四百文。夫豹隱南山，霧雨不下者，將以遠害也。今乃不知藏身，輒欲肆搏噬之威，卒至身蹈危機，懸諸人手也宜哉！〔雖猛何為〕

2517	原 290/2	廣絲 2/10	大 9/11

水府奇聞

汪君錫祺，盱眙之奇士也。言其友高君子安所述一事，頗駭聽聞，爰節錄之。高本浙江烏程諸生，生而奇傑，常數日不起，亦不食。人問之，則以無恙對。其詩草有句云：「寄語燕磯諸舊友，紅塵雖好莫輕來。」莫知所指。詢之。高君則云：「燕磯即白下之燕子磯，為水府判事之地。主其政者，為河間紀文達公。」高君即其司員也，問所司何事？曰：「長江上下二千餘里，因風失利及沿江被火焚者，予等皆預知之；以火部、水部皆為燕磯所管轄也。惟焚溺時，悽慘萬狀，目不忍覩。此蓋世人自貽伊戚，事已無可挽回。」時在庚寅年，因言明歲輪船經鎮江，必有失事者；而各處教堂，亦多不可保。初不之信，後見其言果驗，因紀其事以告天下之好奇者。按裘文達公多有紀其為鄱陽湖水神者，今紀文達亦為燕子磯水神。奇事奇人，遙遙相對。可見生而為英者，無不歿而為靈矣！至欲知其事之有無，請還問之水府中人。〔姑妄〕〔聽之〕

2518	原 290/3	廣絲 2/11	大 9/12

賃傘公司

邇來生意之道，不論大小，苟有稍可獲利者，無不有人起而創辦之。亦可謂盡生財之道矣。美國紐約近設一宗生理，集得股本三萬磅，創設公司一間，命其名曰「花旗賃傘公司」，專購各式洋傘，出賃與人。計其所購之傘，共二萬五千柄，并設有分行八百間，在紐約各地方，星羅棋布。如有賃其傘者，歲給英金十二司令，該行即給大、小銕牌一面，繫於腰間，牌中注明號數。有此牌者，即係已經賃傘之人，倘或出游遇雨，即可就近持牌取傘，用畢復還，仍取一小牌。其領傘還傘之行，不必從同，隨在皆可，誠方便之一道也。特不知其獲利若何耳？治生之術，雖小不遺，一至於此，不誠千古所未見未聞哉！〔利覓〕〔蠅頭〕

2519	原 290/4	廣絲 2/12	大 9/13

水族奇形

水中之物，怪怪奇奇，無所不有。《山經》所載，《爾雅》所詳，已覺不可勝數。正不僅黿鼉、蛟龍、魚鱉為足盡生生之道也。近聞香港有一物，狀如鼈，有裙無足，有尾無首；背色青黑，文如龜，腹純白；有九口，中惟一口有牙二枚，巨如人指。權其重，幾二十斤。聞係某甲泛舟鵝潭，舉網所得。詢諸漁父，亦莫知其名。有陳某見而異之，疑為神物；以二金購歸，仍命人放諸鵝潭。按《晉書》溫嶠過牛渚磯，深不可測；遂燃犀角照之，得見水族，奇形異狀。可知尋常日用所見，囿於一名一物，未足與言水族之奇。今之所得，度必有博物君子能詳知其名者，吾願舉以質之。〔是何物也〕

2520	原 290/5	廣絲 2/13	大 9/14

女賊譎計

何某，江西人，僑居粵省南關，家小康，娶有一妻一妾。去冬，其妾一索得男，何大喜。至彌月大張筵讌，賓朋畢集。忽有乘肩輿而來者，一婢相從，另一幹僕肩禮物；及門，問此為何某家否？何詰為誰。從婢答云：「主婦某氏為府上表姑行，出嫁楚客吳姓，旋楚者十餘載。今由楚返粵，特來過訪。」何聞言，知為父之姨表妹，憶及從前，果有其人，遂迓之。及輿中人出，則一老媼，人約五旬餘。視之，確似無半面緣。方疑貌隨年改，或致相見不相識，亦未可知。媼一見何，即問此是表姪某否？何曰：「然。」遂延入廳內，使妻妾出拜。媼備述往事，皆一一吻合。遂深信之，留諸內室。越日清晨，媼託言參神，挈婢乘輿以去，竟日不返。何始疑之，急命妻查檢篋笥，則金銀首飾，已不翼而飛矣。彼婦之計，亦譎矣哉！〔出

人〕〔意外〕

2521　原 290/6　廣絲 2/14　大 9/15

畫舫飛災

粵省靖海門外迎珠街沿河一帶，帆檣雲集，簫鼓聲喧，乃煙花之淵藪也。去冬十一月廿二晚，有某妓船突兆焚如。時各船皆以銕練連絡，布成連環陣式，銜頭接尾，密若繁星。當火起時，鄰船不及解纜，頃刻間已被延及。龜鴇大聲呼救，妓女扉艇爭逃，燕亂鶯飛，頓失巢穴。而祝融氏更跋扈飛揚，竟如赤壁鏖兵景象，風雲為之變色，江水為之沸揚。雖各水龍聞警齊集，無如在水中央，無從施救，蘭橈桂楫，轉瞬成灰。計共燬妓船一百六、七十艘，皆平昔著名者。説者謂畫舫為藏嬌之所，少年沈溺，貽害非輕，故天特降此一劫歟？然雲水光中，已無復笙歌處處，訪舊者當不勝人面桃花之感矣！〔花叢大劫〕

2522　原 290/7　廣絲 2/15　大 9/16

登徒喪膽

河間魏藻性佻蕩，好窺伺婦女。一日，村外遇少女，似相識，而不知其姓名、居址；挑與語，女不答而目成，徑西去。魏方注視，女回顧，若招之。即隨以往。漸逼近，女面頳，小語曰：「來往人眾，恐見疑。君可相隔小半里。俟到家，吾待君牆外車屋中。」既而漸行漸遠，薄暮將抵李家窪，去家已三十里矣。遙見女已入車屋。方竊喜，趨而赴。女方背立，忽轉面，乃作羅剎形，鋸牙鉤爪，面如靛，目睒睒如燈。駭而返走，羅剎急追之，狂奔二十餘里，至相國莊已屆亥初。識其婦翁門，急叩不已。門甫啟，突然衝入，觸一少女仆地，亦隨之仆。諸婦怒譟，各持擣衣杵亂捶其股，氣結不能言，惟呼我我。俄一嫗持燈出，方知是婿，共相驚笑。次日，以牛車載歸，臥床幾兩月。魏自是不敢復作冶遊。路遇婦女，亦必俛首，是雖謂之神明示懲可也。〔天奪其魄〕

2523　原 290/8　廣絲 2/16　大 9/17

縱牛暴虎

以牛鬥虎，自古有之。誠以牛雖蠢然一物，而其力甚鉅，猶堪抵禦也。距柔佛十六、七里之內山，多為潮人所居；闢園種植，并畜雞豚狗彘之屬，藉以謀生。有陳洪者，與其宗人某比鄰而居，同有一園。因查知園中牲畜，屢遭虎噬；向其宗人訴之，則所言相同。乃共商以牛禦虎。各出雄壯水牛二尾，至晡後，飽啖之，并以利刃繫其角。虎至，陳即縱四牛出而搏擊。有牛一頭，奮勇先奔，為虎撲殺之。尚存三牛，仍復鼓勇而前，與虎鬥良久，終難獲勝。陳等在樓中見之，放槍相助，連放十七、八門，彈集虎身如雨。雖未中要害，卒以傷處已多，且被群牛所逼，遂至力盡而斃。陳等取而權之，重三百八十斤。雖四牛之中一死三傷，而既得除一虎患，則此後群生之賴以保全者，當不少矣！〔蠻鬥〕

2524　原 290/9　廣絲 2/17 右　大 9/18

禪理除魔

日本人名社叔者，娶有一妻，待之甚虐。妻忍耐之，抑鬱而終，絕無怨言。後社漸知其賢，思念成疾，每夜必見妻。心患之，請於某僧，欲以佛法治之。僧令備紅豆一升，俟鬼來，問其數。社從之，鬼不能對，大肆咆哮。翌晨，社復告僧。僧令購白豆一升，默記其數。待鬼至，問之。社歸而購豆，數得豆有二百十五粒。是晚問鬼？鬼應聲而答，適符其數；而聲色愈厲。社無奈，復訴於僧。僧曰：「子之所知，鬼亦知之；子所不知，鬼亦不知。是則鬼者，實子心為之，非真有是鬼也。」社聞言，恍然大悟，自是寢處如常，不復見鬼。僧誠善除魔障者哉！〔高僧〕

2525　原 291/1　廣絲 3/17 左　大 9/19

貢諛笑談

昔有自都中回者，往見其老師；老師蓋大僚而退居林下者。問以入都何所獲？對曰：「都中近來大行高帽子，門生曾攜得數頂來。」師正色曰：「此等陋習，誰則喜之？而乃亦沾惹及此。」則曰：「近來台閣諸公如老師之剛正者，能有幾人？此外，則喜奉承愛恭。惟滔滔者，天下皆是也。是亦一酬應之具耳。」師掀髯大笑，深為嘉許。興辭而出。友人途遇之，即謂其友曰：「都中所攜之高帽子，今日已消去一頂矣！」可見甘言所至，入人者深。誰則能於其言下即悟者？事雖笑談，而其旨固甚遠矣！〔甘言易入〕

2526　原 291/2　廣絲 3/18　大 9/20

女中豪俠

自來慷慨解囊擲數萬，求之鬚眉中，且不可多得，況巾幗乎？乃觀於陝西涇陽縣寡婦吳周氏，則有異已。該氏早喪所天，家擁鉅資。查得該縣學宮，自同治元年回亂被燬。中間暫拆廢寺屋材，搭蓋大成殿一座；因陋就簡，日漸傾頹。遂於光緒十一年稟請獨力捐修，自行擇人經理。當於是年五月動工，至十六年八月落成。巍峨壯麗，輪奐一新。共用工料銀四萬七百八十五兩有奇。報經撫憲委員，會縣詣勘，已蒙奏請旌獎。時該氏年祇二十三歲。當光緒十一年稟請捐辦之時，特十六齡，一弱女子耳！乃能深明大義，慨捐鉅資，力培學校，其急公好義為何如乎？並聞該縣設立書局，校刊經史等書，亦賴該氏捐銀五千兩，方得集事。是其樂善不倦，固皆出自性生。宜乎涇陽士庶，交口而稱也。〔樂善不倦〕

2527　原 291/3　廣絲 3/19　大 9/21

一蹶不振

演放氣毬之事，初未前聞。惟六年前曾有西人越習得此技，後為英皇所聞，曾在雲紗宮召其演試。未幾，俄皇聞之，亦不遠萬里，為之招致。一時稱為絕技焉。乃不數年，又有實邊沙之流，紛紛繼起；所至之處，獲利甚豐。於是捨命求利之徒，群相效尤。而其險，實有不可勝言者。去年，有英人棉士飛心慕其技，特往印度孟買地方，專心學習。初試一次，計昇至一萬四千五百英尺之高，為歷來所未有。觀者皆目為後來居上。嗣在該處公家花園中昇放，將及一萬英尺之高，忽見其毬略一震動，毬身忽扁。蓋球已破裂，其氣洩出，毬遂因風而墮。棉急欲開其機傘，奈繩索已亂，莫能為力，遂墮於花園之外。毬師兩足俱折。時有醫生在場，急為施救，業已無及，隨

即身亡。可見高而不危，自古為難。奈何以膽勇相誇者，竟不惜輕身嘗試也。〔跼天〕〔蹐地〕

2528	原 291/4	廣絲 3/20	大 9/22

妖魅幻形

溫州平陽縣北鄉港赤溪村地方有徐氏子者，年甫弱冠，家亦小康，曾聘鄰郁某氏女為室。去冬，徐子忽被妖迷，日復一日，漸致瘦比黃花。其父母憂之，擬為擇吉婚娶，以絕此患。屆期，備綵輿往迎新婦。回既抵門，循甌俗，用童男女兩人為儐相。不料，轎帘甫啟，則新婦雙雙，並肩而出；面目手足，衣冠環珮，無不從同。眾大駭，莫辨其孰真孰偽？遣人迎女母至，初言女身某處有一痣，試脫衣視之，果一有而一無。乃忽一放手，而妖身亦已生就一痣。女母因亦不能分別。厥後，喚縫工到家，令認所製衣服之鍼線痕，妖始敗露。眾遂取銕練鎖其頸，執送諸官，由差役暫行管押。次日，忽不見。是豈如京劇所演《五鼠鬧東京》及《泗洲城》之類耶？抑妖由人興，其變幻固未易窺測耶？姑錄之，以資談助。〔形神〕〔畢肖〕

2529	原 291/5	廣絲 3/21	大 9/23

鬼求伸冤

去冬某夜，有菜餅船停泊在松屬門富浜，突被某航船撞沉，溺斃七人，惟船主婦王秦氏及其子保仁遇救得生。旋至滬上，疑被陳世發之嘉興航船所撞，據情喊控；且指陳船首有傷為證。經上海縣提陳訊究，嗣以事在婁境，遂將人證解松。屢經婁邑宰嚴刑審訊，迫令承招；而陳堅不肯認，幾謂不斃於杖下，必將瘐斃獄中矣！不料，有深知此事者之某甲，於新正某夜出外小遺，驀被四鬼圍住，跪求伸雪，甲毛骨竦然。蓋撞沉菜餅船者，實係松郡西埠三號航船也。當時甲適搭此船，深知其事。該船主恐被漏洩，曾賄以洋六元。甲至此，恐遭鬼譴，於是逢人便說。漸為婁邑宰所聞，立將三號航船主拘案，一鞫而服。始知陳世發之冤，令從獄中提出開釋。陳泣謂身家性命，全盡於此，不肯去。張邑尊開導再三，始匍匐下堂。此案若無溺鬼顯形，彼陳之冤，其可雪乎？甚矣！用刑之不可濫，而審案之不可不慎也。〔死者有知〕

2530	原 291/6	廣絲 3/22	大 9/24

婦能禦侮

杭垣某氏婦，某協戎之簉室也；風神嫵媚，態度端凝，頗能得協戎歡心。上月十七日，扶婢出游，偶作踏青之舉，紅塵紫陌，蓮瓣輕移。忽有惡少三人尾其後，評頭品足，恣意輕狂。氏姍姍來遲，從容自得。惡少以為柔弱可欺，漸趨漸近，直偪其身；蓋不第「微聞薌澤」，且欲得其釵釧而甘心焉。不隄防氏輕舉玉腕，略一伸手，惡少已東倒西歪，直撲於地。始知婦固孔武有力，相與急起欲逃。豈知某協戎已有所聞，當飭勇丁數名，尋蹤而至，遂將該惡少擒獲懲辦。夫閨中弱質，而其膂力過人，乃能若此；彼吳宮美人，雖經習戰，未必有此神勇矣！〔巾幗〕〔鬚眉〕

2531	原 291/7	廣絲 3/23	大 9/25

螺螄成精

螺螄精之說，街談巷議，間或有之；大抵無稽之言，未可深信。乃甯波慈西有烏龍嶺焉，其左巉巖無路，右則削下百丈巨壑，最深處名烏龍潭。久旱不涸，相傳有龍窟其中。近數年來，月白風清之候，行人過嶺，常見一女郎，韶顏秀骨，飄飄欲仙，獨在嶺上玩月；及近視之，則杳無所見。去秋，有人覩女之後，其潭中有一螺螄，大如升，五彩奪目，事遂遍傳於各啚。今春，鄉人咸集潭側，謂如此大螄，既得精靈之氣，恐或出而為患；乃用車數十張，戽水出潭。竭終日之力，水不稍減。於是公議，將雇入海貢班落水，以覘其異。詎該班堅辭不往，鄉人無可如何。然則此螄也，安得除其精而碎其殼也哉？〔功深百鍊〕

2532	原 291/8	廣絲 3/24	大 9/26

沙魚化虎

物之能化者多矣。即如〈月令〉所載，「鷹化為鳩」，「田鼠化為鴽」，「雀入大水為蛤」，「雉入大水為蜃」。類皆隨時變易，無或差爽。至於水族之中，色色形形，無所不有。其能變化莫測者，惟蛟龍為最；然亦不能改鱗為毛，頓成山君之狀也。乃甯波有某航船，於去臘十二日，由象山回舟，過東渡口，天朗風平，中流容與。忽浪如山湧，船亦顛簸。舟子束手無措，瞥見水中一物，獸首而魚尾，攛登沙岸，滾跳數次；一轉瞬間，全身竟變為虎，回首向水，咆哮不已。時船中有老叟，呼令速駛，且語人曰：「此乃沙魚變化，即俗所稱沙虎者是也。其物履水如平地，若不急避，恐有不測。」該叟所云，當非無見者矣！〔變幻莫測〕

2533	原 291/9	廣絲 3/25 右	大 9/27

風流惹禍

新嘉坡熊某性輕浮，喜作狹邪游，與游娼粵婦有嚙臂盟。嗣以金盡床頭，被婦漸加白眼。熊心懷怨恨，潛懷鏹水一瓶至婦處，遍灑床蓐衣服而去。比婦見各物不霉而爛，知為熊所害，心甚銜之，爰生一計。稔知少婦某氏新染惡毒，招令艷妝而來，使之移花接木。安排既定，往邀熊至；熊果見少婦而悅之，私問於婦。婦便許為作合，誘與合歡。未幾，毒漸發，梅花點點，面目可憎。始知中婦之計；而痲瘋已染，恐終不可救藥矣！彼獵艷者，其亦鑒之哉！〔歡喜〕〔冤家〕

2534	原 292/1	廣絲 4/25 左	大 9/28

電表巧製

美國著名電匠愛笛生心靈手敏，冠絕群倫。近更別出心裁，製成一表，賽於俄京大會，見者皆鼓掌稱奇。聞此表名「自言表」。狀似一面，五官齊備。內藏傳聲機器，每點鐘及半點鐘、一刻鐘時，即見表面口開唇動，有聲自內出，宛若人言，詳報時刻。凡人欲早起，預撥暗機，對定時刻，置之牀邊，屆時表即呼曰：「可起矣，可起矣。」一連數十聲不止。有表若此，亦可見心之愈用而愈巧，機之愈出而愈奇矣！謂非鐘表中之別開生面者哉！〔靈妙〕〔無匹〕

2535	原 292/2	廣綵 4/26	大 9/29

孤寡銜恩

山東臥牛山紡織局在省城東二十里，為潘振聲先生所創建。先生才長心細，辦賑多年。因見東省賑務告竣，各局裁撤後，其中有寡婦、孤兒以及極貧之戶，實不能回去者，共有一千餘家。爰設是局，令婦女紡織其中，優給工價，藉資存活；幼孩多者，量加津貼。立法可謂善矣！無如款項支絀，支持誠非易易。嗣於黃水安瀾之日，復量為遣散。而其中困苦不堪，實無田廬可歸者，尚存八百餘家，男女老幼約共四千餘人，幼孩居其大半。此項災民，若遽行遣散，勢必孀婦因貧改嫁，幼孩餓死於道途，貧戶討乞無門，妻女轉鬻於異地。情形之慘，所不忍言。遂大呼將伯，廣募捐資，俾是局得以垂久。始終成全，苦口婆心，亦云至矣！世有慷慨解囊者乎？曷禁為災民禱祀求之。〔窮民〕〔得所〕

2536	原 292/3	廣綵 4/27	大 9/30

假獅驚人

英京某日報言：有火車裝載牲畜，行至文遮士打火車碼頭。當停車之際，諸工役循例點視貨物，逐車開看，見車內均係馬匹，并無他物。迨開至最後之車看視，則有巨獅一頭伏焉，張目獠牙，狀殊可怖。諸工突見此狀，不禁大驚失色；內一工人，竟至暈仆於地。嗣有具膽力者，急將火車門扃閉，即牢加以鎖，以防奔逸。事為司理人所聞，謂獅乃鷙獸，安可儕於馬群；即使同附前來，亦應以銕籠裝載。何乃漫不經心，不加束縛而置於火車之內？脱有不虞，何堪設想？立即發電至倫敦責問，而將載獅之車，另行扃貯。於是少年喜事者，咸往竊窺。詎視良久，獅終寂然不動，眾疑之。故驚以聲，則亦不動，眾益疑。再細視之，見獅之項間繫有小草一條，上縛小白布，內有字跡。細觀其狀，始知非生物，乃用獅皮而裹以棉絮，藉供玩好者，此不過皮相徒存耳。眾至是始反驚為笑，相與捧腹不置。〔皮相〕

2537	原 292/4	廣綵 4/28	大 9/31

騙術誌奇

杭垣清和坊某皮貨店，於去冬某日有乘輿而至者。口操楚音，狐裘黃黃，排場闊綽；選購皮貨數件，約值銀一千餘兩，囑店夥肩送。問其住址，則謂因公往閩，今泊舟萬安橋下。及店夥送至船中，見有旗鑼，知為貴官。未幾，有家丁持武林門外湖墅某錢莊銀票一紙，給付貨值。店夥嫌其路遠，欲易就近者，再三論説。為操楚音者所聞，即喚家丁，使同往上城某號易票。該家丁行至半途，謂店夥曰：「凡公館衙門，皆有規矩。予不作是想，但君須為東道主。」店夥唯唯，於是至豐樂橋麵館行沽飲。至半酣，託辭小便而出，一去杳然。店夥覓之不得，急往萬安橋下訪之，而船亦不知所往矣。噫！騙術離奇，竟如神龍之見首不見尾。闤闠中人，可不加之意哉！〔神出〕〔鬼沒〕

2538	原 292/5	廣綵 4/29	大 9/32

拾爆啟釁

粵東三水縣屬有真武廟焉。每屆歲首，必雇梨園子弟，登臺演劇；且復施放花爆，藉以娛神。其花爆所列號數，不一而足。相傳拾得首爆，是歲必獲吉利，而有神靈默佑之説。然比年來，拾首爆者，多係戲班中人，居民皆無如之何。今正初四日，循例施放花爆，班中人之拾爆者，俱穿紅褲，以為識認；附近各鄉人，亦摩拳擦掌，來與爭爆。不料，此次首爆又為班中奪得。獨拊岡蔡姓心有不甘，竟敢持刀相奪，斫其髮辮，致傷其額；被傷者奪其刀而還擊之，蔡遂負傷而倒，越日殞命。然則拾爆獲祐之説，本無可憑；而爭爆肇禍之端，已可想見。俗例之不可解，往往有然。何蚩蚩者不之悟耶？〔無理取鬧〕

2539	原 292/6	廣綵 4/30	大 9/33

誤狐為兔

婦女濃妝艷服，過市招搖，每遭輕薄少年百般嘲謔；甚至遺簪墮珥，往往有之。從未有七尺鬚眉游行街市，而亦為人所狎侮者。有之，自某公子始。某公子美丰儀，雅有衛玠璧人之譽。其尊人某觀察，已於上年赴任。公子僑寓白下，每當夕陽西墜，命儔嘯侶，散步芳郊，帽影鞭絲，風流自賞。有甲、乙二人性情佻達，一見公子，不以為雄狐之綏綏，而以為兔窟中之翹楚也，尾隨其後，口講指畫，無非斷袖餘桃之故事。公子聞之大怒，謂何物狂奴，乃敢以一曲後庭花，信口污衊，豈竟兩目青盲者耶？立命人將甲、乙擒送段卡，卡員某千戎飭將甲、乙重責百板，然後釋去。一時觀者無不掩口葫蘆。〔輕薄宜懲〕

2540	原 292/7	廣綵 4/31	大 9/34

冥譴難逃

客有自順邑來者，言容奇鄉黃氏婦有蟻媒鴇婦之行。當咸同年間，常販賣婦女至外洋，弋獲厚利。晚年來，稍知愧悔，日以誦經佞佛為事。客臘二十四日，俗傳為祀灶之辰。婦因虔誠供奉，向灶跪拜。忽其九齡婢手持木棒，將婦亂毆，聲言曰：「吾輩十餘人，或則羅敷有夫，恥覆水而甘藜藿；或則文君新寡，盟皦日而矢柏舟。乃汝鬼蜮為心，豺狼成性。懸河舌掉，謂受傭亦可佐家需；異域蹤羈，竟被逼而隸名娼籍。玉門難入，誰憐出塞之聲；黃土一坏，空隕首邱之涕。今幸游魂滯魄，得返家園。已請於灶君，撲殺此獠，以伸眾怒矣！」言畢，奮力復擊。家人急為護救，無如婢力甚大，致婦遍體鱗傷而斃。天網恢恢，疏而不漏，有如是乎！〔孽由自作〕

2541	原 292/8	廣綵 4/32	大 9/35

藥叉就擒

鄂人某甲性貪詐，貧無聊賴；因作懸壺賣藥計，廣立各種藥名，故高聲價。潛向他舖購備賤藥，裝以己匣，附以仿單，於中取利，非一朝矣。嗣以種種贗鼎被人窺破，遂致門前冷落，顧問無人；不得已，乃遁而之他。每值夕陽西墜，夜色迷濛，扮作藥叉模樣，伏於荒僻處；見有獨行踽踽者，出而要之。其膽小如鼷者，信為鬼迷，往往魂不附體，任其剝衣攫物而去。一夕，有某乙者，夙以膽氣自豪，行經其處，亦被攔截。乙毫不畏懼，竟將此鬼執住，欲斷其脛骨；謂汝冒為路鬼，嚇詐行人，豈欺鬼固無知，不能自為聲明耶？甲跪地哀求，誓不再為鬼蜮伎倆，乃縱之去。按邇來無賴之徒，如某甲之說真方，賣假藥者，所在多有。乃或則衣服輝煌，或則排場闊綽；凡若此類，殆欺騙之術，尚未敗露耳！夫安知得利於前者，不終見蹶於後耶？吁，如甲者，亦可為若輩寫照矣！〔黔驢無技〕

2542	原 292/9	廣緣 4/33 右	大 9/36

治病神術

祝由科以符咒治病，相傳久矣，而求其術之精者甚鮮。不謂杭垣有某甲者，沿途擺設攤場，書符念咒，獲效頗神。一日，有某氏婦左乳紅腫，乳頭已腐爛不堪，倩甲醫治。甲隨用清水一碗，以黃紙書符燒灰，納其中，左旋作圈，令婦吞服。復用水一碗，口中喃喃念咒，乃灑於乳上紅腫處；漸灑漸消，而乳頭漸大如雞卵。更向粉壁上畫一墨圈，其大小如乳頭，漸畫漸小，約數十圈，其小如豆；出利刃向壁上圈中直刺，深一分許，回顧乳頭已破，膿血泉流，而其病若失矣。嘻！術至此，抑何神歟？〔著手成春〕

2543	原 293/1	廣緣 5/33 左	大 9/37

行道有福

善化某翁，年逾古稀，精神矍鑠；生平好施濟，見人有急，雖質物以與之，亦弗吝也。去臘逋負纍纍，避債無臺。適有中表親某贈以十金，計償積負，僅及三分之一。翁正躊躇無措間，隔鄰某甲為債主所逼，計盡投繯，家人救而免。其妻匍匐至翁處求援，翁以十金適符其數，即舉以畀之。翌日，而大公子之家書至，則以游幕直省，先寄五十金以安家；翁遂得優游卒歲。因笑謂家人曰：「此所謂得幫人處且幫人，天必不負此心。」誠哉！達者之言。〔積善餘慶〕

2544	原 293/2	廣緣 5/34	大 9/38

河清獻瑞

黃河千年一清，有聖人出，方有斯瑞，固非可以強求者也。方今聖明在上，國運昌期。景星慶雲，天既交呈其彩；嘉禾瑞麥，地亦迭獻其靈。至於鳳儀獸舞之庥，醴泉靈芝之異，已等司空見慣，不登太史之書；蓋雍雍乎天庥薦臻，百靈效順，幾至海晏河清之盛焉。去臘上浣某日，天津河中冰凍忽開，豫河澄清，計兩時許；晶瑩澄澈，可數游魚。一時見者幾疑牛渚燃犀，奇形畢照；又疑蜃樓海市，幻境忽開。於是法孺子之濯纓，效許由之洗耳，彼來此往，實繁有徒。甚有謂「雲水光中洗眼來」，古詩已有明證；爭取此水以醫目疾者，頃刻間不知其凡幾人。彼鄉人不知符瑞，誠可笑也。古人有言：「俟河之清，人壽幾何？」猗歟此瑞，何幸於吾身親見之。〔馮夷〕〔効靈〕

2545	原 293/3	廣緣 5/35	大 9/39

鳩茲吊古

蕪湖江干有鶴兒山焉，平分翠黛，俯瞰黃流；舊建八角亭，與燕磯對峙。明崇禎間，山陰王思任榷蕪湖時，舉謝朓「天際識歸舟」之句，改名「識舟亭」；爾時文人學士，憑欄覽勝，題詠如林。自經兵燹，勝蹟無存。訪古者每不勝華屋山邱之感，然私心猶望其建復也。不謂去夏鬧教案起，該處天主教堂適與此山相毘連。事定後，西人因請于山之周圍築牆一道，以禁閒人窺探。經當道議准，已於去臘竣工。計牆長一百三十二丈，共費銀九百八十餘兩。從此崇垣堅扃，禁碑危豎。後之人，徒增滄海桑田之感，而不復知有古跡存焉。予因取前事而圖之，俾探幽選勝者，猶足動臨風懷古之思；此亦告朔餼羊之意，或不為同志所竊笑也乎！〔勝地不常〕

2546	原 293/4	廣緣 5/36	大 9/40

俄督微行

俄國舊都模士高城各麵包店前因聯合把持，不肯零星沽賣，頗為民困。事為該處制府所聞，心疑之，欲探其事之真偽也。乃於某日微服出行，作為細民裝束。至某麵包店，問以每磅價銀若干？店夥對以三高白半。制府曰：「現適余資未便，僅得三高白。請即以此數購買些須。若何？」店夥不允。制府故與辨論，店夥怒，欲逐之。制府不去，乃鳴捕拘之。制府遂束手就擒。詎差執制府後，不即送交差館；竟帶其游遍各處以示辱，然後交差館中。到差館後，有總差多人，呵叱萬端，不問情由，竟取案卷，入以滋擾店鋪之罪。書畢，即命制府書名卷上。制府亦不辭，援筆直署其名。諸人觀之，見所書者係制府之名，不禁駭然；及細視之，果制府也。於是諸人惶悚異常，制府乃大笑而出。未幾，有總差三名自盡；並有麵包店四家閉門歇業。制府此舉，誠大快人心哉！〔為民除害〕

2547	原 293/5	廣緣 5/37	大 9/41

迎春釀禍

迎春為天下之通禮，而粵省獨有擲石打春之俗；相沿已久，地方官亦幾無可如何矣。本屆立春前一日，廣州府及南海、番禺兩縣，循例至東郊迎春。因觀者擁擠，飭差驅逐，不肯散；令放洋鎗以懼之。適槍內誤藏藥彈，砉然而出，擊斃一孩，尚有數人受傷。眾不服，遂譁而起，先燬供奉太歲之篷廠；凡官輿在內者，俱付一炬。番禺縣李大令見機而作，命駕先回。各官皆退入演武所，眾棨石以投，勢如雨點。李太守見勢不佳，微服越後牆而出，潘太令困在廳內，頭上被石擊傷，鮮血被面。既而李大令易服督兵而至，始得救出重圍。後為兩院憲所聞，立調營兵，將滋事之人，當場拘獲，交縣審辦，定以枚流監禁之罪。其為首者，擬以永遠監禁；每屆迎春日，先期押赴東郊，枷號示眾，以昭炯戒，而儆效尤。想經此懲創後，此風當可稍息矣！〔頑民蠢動〕

2548	原 293/6	廣緣 5/38	大 9/42

水上生涯

昔陸龜蒙居震澤，養鬥鴨一欄；孟郊為溧陽尉，開射鴨堂；富陽庭畜鴨萬隻，每日飼以米五石，遺毛覆渚；吳王築城以養鴨，圍數十里，在吳縣東南，遂名「鴨城」。古來養鴨之多，有因人而傳者矣。乃粵省東莞地方，其民好養家鳧，千百為群，棲以巨艦，名曰「鴨排」。歲向番邑各鄉投充鴨埠。俟禾稻登場，載鴨而至，以食遺秉滯穗。故當晚稻已收，鴨排四出，毛褷褷而嘴唼唼者，輕唧萍藻，時與綠水為緣。游其地者，惟聞呷呷之聲。或為茵褥而鋪萍，或脫紅裙而笑裹。水上生涯，亦頗不惡。

詎為該處無賴所覬覦，竟糾集多人，竊去數十頭。看排者無如之何，咸惴惴焉有打鴨驚鴛之懼云。〔別有〕〔生涯〕

2549	原 293/7	廣絲 5/39	大 9/43

新婿被侮

惠屬歸善土俗，凡娶妻在六月以前者，新婿即往岳家修半子之禮；若娶在六月以後者，則俟來歲春初行之。最可笑者，新婿初列岳家，婦孺觀者，爭擲沙泥穢草，以為笑樂；其意以為新婦被惡少鬧房取笑，今而後得反之也。去冬，有洋裹村李某娶鍾洞村張氏女為室。因循俗例，於新歲五日，李某親詣岳家賀歲；僕從牽羊擔酒，李則衣冠掛紅，乘輿而往。至則村中婦女空巷而出。霎時間，沙礫塵土，迎面拋擲而來；幸如博浪之錐，一擊不中。迨登堂禮畢，華筵大開，李醉飽而歸。甫出門，兩旁觀者穢物交擲。中有一孟浪者，暗以巨木擲之；致破嬌客頭顱，痛極顛仆。僕見而大怒，立以竹竿迎擊之，始稍稍散去。陋俗如此，一何可笑乃爾！〔憔悴〕〔郎君〕

2550	原 293/8	廣絲 5/40	大 9/44

官邪受辱

今夫人一命甫膺，印纍綬若，出為四民之表，宜何如束身自愛，端重不佻。乃觀近來方面大員，奉公而出，往往徵歌選舞，視若固然。甚至欽差大臣，涉足花叢，流連忘返。其幸而無人指摘，猶可言也；不幸而遽列彈章，身敗名裂，為天下笑，悔已無追。嗚呼！官場也，而可作狹斜游乎？金陵為省會之區，鎮其間者，不乏大僚。何居乎江甯府屬有二雜職者，竟於腳靴手版之餘，潛赴柳巷花街之約，聽歌載酒，相習為常。方謂小杜風流，亦不是過。邇者迷香洞裏，漏洩春光。有土棍謝某遂於某日邀集多人，執二雜職而縛之；聲言欲稟太守，以儆官邪。二雜職恐一頂烏紗等閒拋卻，急倩孔方兄為和事老，方得逸歸。夫彼二雜職者，特宦海中之叩頭蟲耳；而乃偶作冶游，遽遭訛詐。然則聽鼓省垣，固非若捧檄他方者之可樂也。噫嘻！〔知法犯法〕

2551	原 293/9	廣絲 5/41 右	大 9/45

拒奔延壽

廣東江門吉雲里陳氏子，年僅弱冠，丰神秀美，稟性溫文。鄰有寡婦，年少貌艷，心竊慕之；果擲潘安，牆窺宋玉，非一朝矣。一日復至，見陳獨坐書齋，婦四顧無人，入登其榻，故作姿態以誘之。陳正襟危坐，不少動。婦無奈，旋即起坐。陳以正言勸止之，婦慚而去。此數年前事也。陳為婦諱之，不以告人。舊歲，陳染疾歿，恍惚至一衙署，見官長謂之曰：「汝命當終，念汝三年前有拒奔事，完人名節。特延以壽，許汝復生。」時陳死已越日，將就殮，果復甦。家人驚喜，莫明其故。陳徐述之，始有知其前事者。錄之以為戒淫者勸。〔陰德如耳鳴〕

2552	原 294/1	廣絲 6/41 左	大 9/46

彩雲易散

金陵人陳甲豪於財，年逾知非，猶悲伯道。去秋，納某氏女為側室。女以其老態龍鍾，不勝辜負青春之感。居無何，席捲而遁，蹤跡杳然。甲遍覓之，悉女所在，令冰人及僕從往拘。甫入門，見女艷妝在室，眾環詰之。女神色自若，謂眾曰：「妾本良家子，為小星已鬱鬱不樂；況適此皤然一老，後顧其尚堪設想乎？妾無他，蓋欲覓一清淨地，皈依三寶耳。爾等必強之使歸，妾惟有以頸血濺其室，不能再靦顏以事人也。」言畢，袖出利刃，割青絲縷縷，擲地上。眾急止之，歸以告甲。甲懼，不敢復問，徒呼負負而已。〔頓失掌珠〕

2553	原 294/2	廣絲 6/42	大 9/47

孝婦旌門

孝婦姓張氏，名玉貞，字麗卿，廣西臨桂人；星伯司馬建南長女，賓州鄒石卿司馬之麟子婦，唐蕢孝廉戴堯德配也。明詩習禮，事父母、舅姑，均以孝聞。嘗刲臂肉以療翁疾。儕湟背之孤忠，獲煎鬚之奇效。事非得已，行可為儀。乃誠孝足以感神明，慈惠不能延壽命。卒以娩難亡，年二十有七。論者惜之，同鄉官廣東者，合詞陳于大吏；事聞于朝，得旨旌表。光緒十六年十二月十八日也，行篤裙釵，輝增綽楔，於戲榮已。孝婦喜吟詠，女紅蘋藻外，與孝廉相唱和，有古韋蕙叢風。所著《靜宜軒遺詩》四卷，有稱于時。以賢若彼，以才若此，巾幗中豈易得哉！豈易得哉！〔光及〕〔泉壤〕

2554	原 294/3	廣絲 6/43	大 9/48

瀆神慘斃

東甌城西街府城隍廟中奉威靈公，赫聲濯靈，頗著顯應，士民咸信奉之。廟祝某甲，性懶而不潔，褻瀆神明，在所不免。正月廿二日，春寒料峭，甲鳶肩高聳，瑟縮難堪；乃取神前香煙內香梗，置諸地上，舉火燃之，跨身其上，以取煖意。不隄防衣服間垢污油漆，一經薰蒸，火即延灼，頓如孫行者之入火雲洞也者。時有某湘人在側，瞥見此狀，急令奔出，入水坑以滅之。詎甲至坑邊，繞走數四，不敢入；復回至大殿，向神前長跪，口稱不敢再瀆，叩求饒命。迨鄰婦取水桶至，向之澆灌，甲即倒地氣絕。夫神之不可不敬也久矣！古人敬神如在，時時有質旁臨上之心；而甲乃狎侮神明，暴殄天物，宜乎其獲譴之速也。嗚呼！慢神者可不戒歟？〔明神〕〔殛之〕

2555	原 294/4	廣絲 6/44	大 9/49

冤鬼爭妻

宋金，揭陽人，娶妻陳氏，生有一女，貌美如花；宋鍾愛異常，非得乘龍佳婿，不輕許字也。有大腹賈李某涎其色，倩人執柯。宋以其貌類然明，弗允。嗣有羅某者，神骨清秀，願訂絲蘿，遂中雀屏之選。李心銜之，而無如何也。乃生一計，偽與羅交好；相習既深，以降頭術蠱而殺之。時女嫁方匝月，寡鵠遽怨，初不知李之奸計也。後宋邀女歸寧，李乃不惜重資，結好于宋，重申前議；宋亦心動，竟以其女字之。未幾，李迎女過門。是夕，忽鬼聲嗚嗚，由房中起，恍惚似有幢幢鬼影，李驚而逸。女亦于朦朧之中，見前夫慘淡愁容，泣訴致死之由；謂卿縱不能手刃讎人，亦何忍效息夫人之事楚王哉？言畢，嗚咽而去。女至是始知前夫為李所害，罵李不仁，放聲痛哭。李在房外聞之，匿不敢動。翌晨，女奔歸母家，備告前事，遂服鴆而死。是亦一冤案也，安得排閶闔而訴之。

〔魂兮有知〕

2556 原294/5 廣総6/45 大9/50

誤認青樓

士子初應小試，向有童天王之目，言其龐然自大，旁若無人也。而近來士品日下，以應試為名，恣意嫖賭，視功名如兒戲者，比比皆是。吁！可慨也已。日者，甯波郡試之際，有鎮海考生數人喜作北里游，而未識枇杷門巷，因倩同籍煙夥柴某為先車之導。一夕，由某勾闌徵歌而出，意猶未足，乘興又至廿條橋小弄內某姓家。款門欲入，剝啄久之，未見啟關迎納，反有劉四罵人之聲。考生聞之大怒，以為何物龜奴，竟敢藐視我文天王耶？振臂一呼，排闥直入。時屋中皆已就枕。謂若輩有眼不識泰山，豈皆兩目青盲者耶？考生愈怒，方欲飽以老拳。一考生見壁懸弓箭甚夥，心知有誤，遂邀同伴出門，以燈照視；則門上高黏「鄞邑超勇軒考寓」。始知此處為武天王所居，相與急足奔歸，傳為笑柄云。〔指鹿〕〔為馬〕

2557 原294/6 廣総6/46 大9/51

靈爽式憑

粵垣士庶向崇奉康公主帥，所繪神像，面作赤色。相傳公李姓，為前朝大帥，功德及民，至今不朽。神靈顯赫，感而遂通。惟忌食鴨，倘曾嗜一臠，則雖敬爇心香，入廟後即見災異，若被神毆擊者然。故行香者，須先期齋戒。蓋公之生前，曾率師禦敵，偶爾失利，單騎逃匿。敵人跟蹤窮追，幸得家鳧踐滅其跡，敵遂迷蹤。公感其恩，故不忍食其肉。且其俗例不許婦女入廟燒香。如有強入者，立即頭暈腹痛，仆地不起。故凡弱質嬌娃，雖誠心叩禱，亦祗在廟門之外，深深下拜而已。夫聰明正直之謂神。神果有靈，不論善男信女，亦何不可敬以馨香？且己不嗜鴨，而欲怒人之食鴨；稍知大義者且不為，而謂神顧如是乎？奈何粵人竟靡然不悟也。〔神靈顯應〕

2558 原294/7 廣総6/47 大9/52

茂才薄倖

松郡西門外東塔弄某茂才，某太史之東床快婿也。嗣以鼓盆抱痛，習岐黃術，惘惘出門，懸壺於嘉善縣城內。見鄰近某姓婦而悅之，曲意逢迎，漸入溫柔鄉裏。事為良人所偵悉，怒髮衝冠，誓不兩立。婦知事不諧，竟效卓文君夜奔相如故事，將金珠、首飾、衣服據為己有，滿載而歸。已歲將一周矣。當婦來時，茂才賺以偕老，當不再續鸞膠。詎口雖是而心已非。荏苒光陰，早作破鏡重圓之計。二月初十日為續娶良辰。乃先期慫恿萱闈，將婦百般凌虐；致婦進退兩難，涕泗滂沱，買舟而去。一時聞者咸謂婦雖咎由自取，然某茂才既壞其名節，復攘其資財，始亂終棄，忍為天下負心人。恐杜郎薄倖，未必若是無情也。〔人之〕〔無良〕

2559 原294/8 廣総6/48 大9/53

獸作人立

姑蘇元妙觀前有操楚音者數人，牽一獸至。其為狀也，似豬非豬，似牛非牛；大如馬而身矮，又如狗短尾無耳，足似象而有爪。時以兩足起立，高及簷端。既而細步伶丁，故作嬝娜娉婷之態。見人注視，即以雙目傳情，幾如滬上野雞，到處引人入勝；所惜口不能言，不能學數句強蘇白，使狂且入耳銷魂耳。旋忽舞爪張牙，裝出威風凜凜；其貪饕惡狠、擇肥而噬之形，酷似今之小人得志，擅作威福，頓忘卻本來面目。一時圍而觀者，俱慨解腰纏，爭先遞與；獸亦能以前足代手，一一接之。嘻！人情冷煖，世態炎涼，往往一人之身而有幾般面孔，今乃以此獸為之寫照。然則世之心懷叵測者，是亦一獸耳；而或且以其機變之靈，謂非尋常戴角披毛者所能企及。無怪今之反覆無常者，皆詡詡然自以為雄也。〔彭生復見〕

2560 原294/9 廣総6/49右 大9/54

狎優龜鑑

福州南台光德里浦下地方某甲，性輕薄，酷有斷袖癖；見有孌童，必多方誘致之。一日，見優人某乙姿容美麗，不啻城北徐公；心悅之，招至家，效陳後主唱一曲後庭花故事。乙自是出入甲家，罔知顧忌。因思彼愛其艾豭，我愛其婁豬；宋朝已開前路，我何妨步其後塵。遂乘甲外出，覷得其妻午夢方酣，入登其榻，欲以其人之道，還治其人之妻。詎甲妻驚醒，大聲呼救；鄰人集而執之。迨甲歸，訊知前情，大怒，命以穢器進。使乙飽嘗木樨香味，為妻解羞。說者謂乙之思淫，甲實召之，又何怪其效尤哉！〔見而效之〕

2561 原295/1 廣総7/49左 大9/55

墨寶流傳

彭剛直公勳業震寰宇，志趣在山林；亮節清風，卓絕千古。生平雅善墨梅，每一揮寫，縱橫老幹，神韻天然。惜世上不多見，惟名勝之地，偶有留遺，亦如吉光片羽，不可多得耳。紹興爛柯山之七星巖，為公壯遊之地。昔年某日，竹衫臺笠，飄若神仙；嘗在巖上忽發豪興，取堊帚，畫墨梅於壁，并系以詩。其右有徐壽蘅文宗題詩數章。至今事隔數十年，不獨籠以碧紗，且以木欄護其壁。若得當道勒之於石，以永其傳，吾知墨客騷人，臨風懷古，當不勝物是人非之感，豈僅足為名山生色哉！〔名人采筆〕

2562 原295/2 廣総7/50 大9/56

古蹟重新

永嘉縣南境與瑞邑交界之處有頭陀寺焉。建在山上，屋宇殿廊，不下百數十間；僧人亦以百數計，乃前明敕建之大叢林也。自經兵燹，日就傾頹。住持僧某以靈蛇入座，知廣廈之將傾；古佛同龕，慮明禋之或褻。爰為勸募，廣乞布施，集有金錢，大興土木，美輪美奐，廟貌巍峨。又用機器製造木人，能令撞伐鼓；其靈活與小沙彌無異，真別開生面者也。山門外有金字匾額，大書「天下第十八福地」，從此雲山無恙，名勝常留，棟宇聿新，皈依有所。豈第蕭何作手，造未央宮殿以何難；徐福仙人，去弱水蓬萊而不遠哉！〔煥然改觀〕

2563 原295/3 廣総7/51 大9/57

風箏雅會

紙鳶俗名風箏，謂以竹為絃，吹之有聲如箏焉，故云。

相傳昔墨子作木鳶，飛三日不集，後人師其意為之。而《事物紀原》謂紙鳶韓信所作，而不稱墨子。蕭梁時，侯景亂，羊侃教小兒作此，因西北風放之，冀達援軍。《埤雅》謂紙鳶分絲而上，令小兒張口望視，以洩內熱。今人巧製不一，其上可懸燈。大抵正二月，俗競放之；清明後，風不升乃止。滬上張氏味蒓園，除亭臺池榭而外，平原芳草，隙地良多。邇當春日晴和時，有兒童來放風箏。主人顧而樂之，遂擬設一風箏會，招集中西裙屐作竟日遊；蓋以歐西素未有風箏，故思藉此一恢眼界也。想屆時紙剪筠裁之具，乘風遠放，飄拂空中；似鶴之摩盪入雲，如鷹之盤旋空際。此景此情，頗有一幅天然圖畫。彼唐楊譽作〈紙鳶賦〉，惜猶未覩斯盛耳。〔生面別開〕

2564	原 295/4	廣絲 7/52	大 9/58

生番異俗

客有自臺北內山出者，言番俗無工匠，不知建造房屋。但選視大石灣屈處，疊巨石以為頂，四圍以小石堆裹，中空一穴以為門戶。而其中頗有類石牀、石几者，彼即作為牀几。無布帛衾枕，石榻上以鹿麂等皮蒙之，藉以禦寒。無衣服，每逢盛夏，男則赤體，女子以鹿皮圍下體。漢人每以破褲易番貨，番女愛之如寶。又番俗男女皆好飲酒。每得酒，則男女並肩而飲，一吸立盡，其量幾如長鯨；惟不知以菜和酒，但沈醉耳。內山多野獸，番眾以鎗擊之，無不中；惟其地無虎，或曰此天之所以憐番人也。番地多木，其大至十餘圍者，觸目皆是，不以為奇。有巨木開紅白花數百朵，大如箕，異香馥郁，不知何名。其他可驚可愕之事，不能罄述。節錄之，以告世人之採風問俗者。〔奇聞廣見〕

2565	原 295/5	廣絲 7/53	大 9/59

雌雄莫辨

揚城某甲，年少翩翩，丰神秀美，雅有留侯之貌。顧性好游蕩，日從事於花天酒地之間，以致家業蕩然，餬口無計。不得已，遂商串蟻媒，以昂藏之體態，作婀娜之丰姿，足下雙趺，則削木以適屨。修飾停當，潛入某勾闌，與院中姊妹花各張艷幟。一時見者幾疑月殿嫦娥，翩然下降，無不交口稱之；於是香名大噪。每當花前度曲，月下開樽，非得甲至，舉座為之不歡。而甲亦能於群雌粥粥之中，翹然獨立。其有不吝纏頭，思得春風一度者；甲必多方迴避，務使桃花源裏，漁郎無從問津而後已。聞甲自蓄髮梳頭後，其計已施之年餘，並未被人識破。彼狎客聞之，其亦自愧兩目青盲否耶？然而，甲亦可謂妙想天開矣！〔鶴立〕〔雞群〕

2566	原 295/6	廣絲 7/54	大 9/60

果報昭彰

甯波有大朗德者，向為營兵，為人兇暴。其生平所作所為，雖不可知；而觀其斃命之慘，可想見其罪惡之難逭矣！緣德於元旦，在府城隍廟焚香。不知何故，猝發癲狂，自數其短。嗣經召巫醫治之，均目為鬼祟之證，相與束手。久之，獃癲益甚。一日，伏地長號，以舌舐地，酷似剛鬣公形狀；並令其妻將兩手踞地，效其所為；且令鄰婦以裙下雙翹，加諸其首，始覺快意。延至月餘，竟登鬼籙。垂斃之頃，比鄰咸聞毆打聲，德叫嘷不已；末後大笑三十餘聲，乃寂然。視其身，則遍體青腫，如受人鞭撻者然。特不知其作何冤孽，致遭此慘斃也。錄之，以為世人作當頭棒喝。〔兇人〕〔無終〕

2567	原 295/7	廣絲 7/55	大 9/61

遊街新樣

枷犯遊街示眾，刑之小者也，見之者亦幾視為常事；而忽有花樣翻新者，不可以不誌已。天津於二月初八日，有娼妓二口，忘八、乂桿三名，鋉索琅璫，經府差押令遊行街市。有見者謂兩妓年約二十餘，釵荊裙布，似是初墮風塵者。乂桿頭黏綠紙條，忘八則剪綠紙為帽。其式略似前明秀巾，並繪作龜形，黏諸背上。眼圈以碧色繪作圓形，雙瞳細如椒粒；意者謂其見錢開眼，故不惜筆墨以形容之歟！頰間紅若曉霞，團團然有似富家翁模樣；蓋受責後，紅腫故也。忘八者，開娼之龜子也；乂桿者，庇娼之龜黨也。津俗呼之如此，不知何所取義然？經此懲創，是亦足以大快人心矣！〔道塗矚目〕

2568	原 295/8	廣絲 7/56	大 9/62

詭計敗露

邇來男扮女裝，層見疊出，然久之必無不敗，人亦何樂而為此耶？粵垣某甲，年未弱冠，貌頗美好；祇以素性驕縱，一業未成，以致貧無聊賴，計無所之。乃矯揉造作，易鬚眉而為巾幗；蓋欲混跡於衣香鬢影間，藉施其探囊伎倆也。適孟春佳日，紅男綠女，競作花埭之游。甲聞之，大喜，以為其計可行。遂塗朱抹粉，嬝嬝婷婷，見有蓮步輕移，姍然而來者，便步武其後。豈知天道好還，即以其人之道，還治其人之身。行至大通寺附近地方，人稠路狹，有無賴數輩，見甲艷冶，故意擠近，伸手摸索，欲有所得。不隄防秘密機關，頓被窺破，諸人大譁。事為巡差所聞，拘甲察驗，果係男也；乃盡褫其衣履，飽以老拳，然後逐去。諺所謂「偷雞不著，落去一把米」，其甲之謂歟？〔爽然〕〔自失〕

2569	原 295/9	廣絲 7/57 右	大 9/63

慶封復見

甯波象山南渡王甲、金乙，性狂蕩，好飲善博，素為莫逆交。乙因出入甲家，與其妻有染；甲知之，亦弗禁。蓋居然一婦而有二夫焉。去臘某日，乙將娶朱溪陳姓女為室，先期與甲妻抱頭痛哭。甲見而惻然，再三婉勸。乙曰：「兄能效古人之通室乎？弟與尊閫情同膠漆，實不忍離。若兄代作新郎，俾弟得仍其舊好，感且不朽。」甲諾之。及合巹已畢，女漸有所聞，使人報知母家；然事已無可如何矣！噫，無恥若此，誰謂齊慶封不復見於今日耶？〔廉恥〕〔道喪〕

2570	原 296/1	廣絲 8/57 左	大 9/64

聊勝螟蛉

「不孝有三，無後為大。」求嗣之心，固人所共有者也。然必一脈相傳，不以異姓亂宗，方足以繼宗祧而承嗣續。否則，移花接木，不免謂他人父；而當局者且甘戴一頂綠頭巾，欣然自幸其有後也，是真無恥之尤者矣！鄂垣西廠口有水夫某甲，以擔水為生。其妻傭於某公館中，不知何人移種，暗結珠胎；致產私孩于主人屋傍。街坊憐之，為搭蓆棚，聊蔽風雨。旋為甲所聞，奔至，向眾叩謝，入棚慰妻，曰：「爾我二人之年合之，已過半百，而膝下猶虛。今既生兒，雖非真傳，不較愈于抱一螟蛉乎？」囑妻好為哺乳而去。聞者皆稱其宏量，而為之掩口葫蘆。〔半子〕

2571	原 296/2	廣絲 8/58	大 9/65

記孫貞女事

孫貞女者，合肥縣人，前直隸藩司孫方伯光之猶女孫，仲愚孝廉之姊也。貞女性好善，前在金陵創設閨閣振捐，遍向璇閨命婦、繡閣仙姝，廣募捐資，親往災區施賑。嗣復在省垣倉巷地方，設立閨閣善堂，建造廣廈五、六十間，以備節婦孝女棲息之所。旋往安徽清淮一帶，謁皖撫漕督，勸集鉅資，儲備堂中經費。現以工將落成，復返白門，詣大府致謝。有見者謂貞女年將大衍，日乘藍輿，張朱蓋，往來於道路間。僕從煊赫，前有穿號褂親兵數人，後有戴翎頂數人，奔走於香輿之側。不知者方疑為監司統領，而孰意安坐輿中者，固女中之豪傑也。乃或引雄飛雌伏之義，竊議於其旁，則當軸者自能辨之。茲特記其事而已。〔紅妝季布〕

2572	原 296/3	廣絲 8/59	大 9/66

名樓劫數

瓊花觀為揚郡城內第一名勝，傑閣三層，高聳雲表。當純廟南巡時，翠華臨幸，極盛一時。兵燹後，城中房屋蹂躪殆盡，而此樓則如魯靈光殿，巋然獨存。每當春秋佳日，傾城士女，結隊嬉游，咸登此樓，以為娛目騁懷之地。詎至今年正月初三日，忽罹火劫。選勝者臨風弔古，不勝滄海桑田之感焉！按是樓一名蕃釐觀，上供玉皇大帝、呂祖諸神像，及歐陽文忠公無雙亭。郡乘備載，班班可考。溯自漢武帝時始建，再修於唐、宋諸名臣，明萬歷間拓地重修，觀瞻頗壯。落成後閱一百四十五年，至乾隆四年，付於一炬。旋由鹺宦鹽商捐資修葺，迄今再閱一百四十五年，又燬於火。說者謂，前後兩火年數適符，此殆有劫數存乎其間耶？予因追記其盛，而繫以圖如此。〔勝地不常〕

2573	原 296/4	廣絲 8/60	大 9/67

西婦被窘

甯郡雙池頭地方有癲婦某氏，頓失恆性，常赤條條一絲不挂，日坐佽飛廟門口。行人掩目而過，不敢睨視。旋有解事者，用叉袋剪去兩角，令將雙足套入，如犢鼻褌然，更於腰間束以麻繩，始得遮羞。不謂事無獨而有偶。未幾，復來一男癲，亦坐該廟階下。適是日，有一某西人偕一西婦，行經其處。男癲見之，急追上前，將西婦緊緊抱住。西婦竭力撐擺，不得脫。西人舉棒喝之，亦不肯放。或告之曰：「此瘋子也。」西人徬徨無措。俄有一童子持籃來，內貯油半碗。男癲即向奪取，直澆西婦頭上。霎時間，不啻醍醐灌頂。乃大笑曰：「千有萬有。」蓋以「油」、「有」同音也。西婦恚甚，直被嬲至和義門，經局勇數人，將手劈開，始得飛步逸去。是亦可補《笑林》所未及也。故錄之。〔無可如何〕

2574	原 296/5	廣絲 8/61	大 9/68

番雞誌巨

《爾雅・釋畜》：「雞，大者蜀，蜀子雒。」郭璞註：「今蜀雞也，魯雞又其大者。」李時珍曰：「雞類甚多，朝鮮一種長尾雞，尾長三、四尺；遼陽一種食雞，一種角雞；南越一種長鳴雞，晝夜啼叫；南海一種石雞，潮至即鳴；蜀中一種鶤雞，楚中一種傖雞，並高三、四尺；江南一種矮雞，腳纔二寸許。」又《洞冥記》：「滿刺伽國有火雞，食火吐氣，島夷以其卵為飲器。」又竹雞似鷓鴣，居竹林間，性好啼，蜀人呼為雞頭鶻。又杉雞，陳藏器云：「出澤州有石英處，常食碎石英，腹下毛赤，不能遠翔。」又秧雞，白頰長嘴，短尾，背有白斑，夏至後夜鳴達旦，秋後即止。又《拾遺記》：「漢武帝大初二年，月氏國貢雙頭雞，四足一翼，鳴則俱鳴。」又《洞冥記》：「遠飛雞，曉飛四海外，夕還依人。」甚矣！雞類之繁也。不謂臺北生番中大宅紫猩社之雞，無論牝牡，高三尺以上；雞足皆長二尺，雞距之毛長一寸許。吾於此乃益信五洲之大，真無奇不有哉！〔雅號〕〔翰音〕

2575	原 296/6	廣絲 8/62	大 9/69

貪官見辱

嘗見貪墨之吏，招權納賄，罔上徇私，甚至賣國求榮，無所不至；熏心利慾，亦云甚矣。迨一朝敗露，身名俱裂，或尸諸市朝，或禍及孫子，清白之家聲頓墮，史書之譏貶難寬。中國之所以懲貪也，深矣！乃俄國外部大臣，近以俄國官員某某二人受賄營私，官常有玷，特於俄皇駕臨外部衙門之日，預將兩員之半身泥像，置於御駕必經之處。又以耶穌十字架，安諸其側。未幾，皇至，見此數物，問於該大臣曰：「卿既深知此兩人行為不善，何以將十字架與之並列？」該大臣答曰：「耶穌受難時，懸諸十字架上，原有二賊頭相伴。」蓋以兩人為國之賊，而不便明言也。若然，則貪黷之臣，不獨中國所不容，即西國亦在所深惡也。嗚呼！可不鑒歟！〔前車〕〔可鑑〕

2576	原 296/7	廣絲 8/63	大 9/70

歌童惡習

人當童稚之年，正性習初分之日。為之父兄者，宜何如訓迪有方，以端蒙養，俾成人有德，小子有造，豈不甚幸！無如近世人多姑息，舞勺舞象，便自詡為神童；佩韘佩觿，且相視為常事。推其心，固藉口於童子何知也。不知鳩車竹馬，原屬兒時游戲之常。獨奈何風氣日偷，愈趨愈下，竟以少小之年，悉染淫靡之習。嘻！可慨已。鄂省武漢三鎮，近日各童不知被誰誘惑，競習淫詞艷曲，在長街猛巷，信口狂歌。蔡少尹聞之，蹙然曰：「此桑間濮上之音也，胡為而入吾耳哉？」乃出諭示，申嚴禁，冀此風或可稍挽。而諸童竟視若弁髦，歌唱如故。一日，又為少尹所見，立飭拘拿。各童皆鳥獸散，僅獲一最幼之童，略予懲儆。如少尹者，真民之父母哉！〔失教〕

2577 原296/8 廣絲8/64 大9/71

泉亭勝跡

揚城西北有青龍泉焉。相傳昔有刺史禱雨不應，夜夢青衣童子指引汲泉；晨起，詣泉禱之，果大獲甘霖。于是泉之名大著。然終以地處僻隱，久之，日漸湮沒。光緒二、三年間，郡城苦旱，各官設壇祈雨，屢禱無靈。後有郡紳告以故，將泉修濬，甫禱而大雨立沛，四鄉霑足。是歲，轉歉為豐。官民感頌，築亭以薦馨香。時定遠方子箴廉訪持符鹺使，為文勒碑，以紀其事。自是以來，歲獲豐登。民忘愛護，名泉勝跡，幾淪沒於荒煙蔓草間而不可問。去冬，雨雪愆期，各官虔誠祈禱，復將是泉大加疏濬。泉甫通，而祥霙即降。郡守許太尊感神之靈應也，因捐廉俸，將舊亭重為修建。工竣後，刊碑紀之。彼飲和食德之流，游覽其間，當有低徊不忍去者矣！〔以答神庥〕

2578 原296/9 廣絲8/65右 大9/72

十年有臭

昔越王勾踐之事吳也，至親嘗其糞而不知恥。所謂能忍大辱者，方能成大事，此中自有不得已之苦衷。千載而下，當無有步其後塵者矣。乃甬北陽樓附近地方有吳氏嫗，年逾花甲，忽患喪心病狂，舍床臥地，啼笑靡常；甚至將飯搓成條子，和入木樨香味，對人便食，甘之如飴。見者皆莫明其故。有深知該嫗者，謂其生平鼓唇搖舌，素好離間骨肉，詛咒鄉鄰，故特借其口以藏垢納污。殆冥冥中有使之然者歟？不然，該嫗豈久入鮑魚之肆者哉？何竟不知其臭也。〔穢德彰聞〕

2579 原297/1 廣絲9/65左 大9/73

蛇附女身

牛鬼蛇神之異，世皆以為誕妄。而抑知宇宙怪怪奇奇，有是言，即有是事者；正不獨蛇鬥於鄭為奇聞也。江門奇槽村楊某家，生有一女，年僅破瓜。遽於去歲臘杪時，有一巨蛇蜿蜒而登女榻。楊妻見而驚喊，家人畢集，欲捕之；蛇已倏忽引去。越旬餘，乘人不在女側，蛇復登床；女亟呼而不能出聲。後為楊夫婦查悉，將女移置戚屬家。詎蛇於夜間仍至，惟女見之，他人不及察也。女父母多方禳解，終無驗意者。蛇于此女，其有夙冤乎？是安得以利劍斬之。〔猶有〕〔妖乎〕

2580 原297/2 廣絲9/66 大9/74

印人搶表

印度為英之屬國。其人民長而黑，蠻野性成，猶有狉獉氣習，初不知禮義廉恥為何物。十年前，滬上猶僅見之。自英人雇作巡捕，於是塊然黝黑之徒，羅立於租界間者，所在多有。曩年，虹口有印捕攫某僧之表，致被控告斥革，至今以為口實。可見若輩野性難馴，幸有捕頭之約束嚴明耳。孰意三月中旬，有紅頭印度人二名，見某甲持銀表一枚，在丹桂戲園門首細觀時刻，突將其表攫之，揚長而去。甲大聲狂呼，急起直追；至洪園茶館門前，適有華人多名自內出，幫同鳴捕，始得拘送捕房，略予懲儆。此二印人者，竟敢於大庭廣眾之間，肆其奪貨探囊之計，殆亦無賴之尤耳。然吾於此，益見印人之不仁矣！〔行同〕〔盜賊〕

2581 原297/3 廣絲9/67 大9/75

舟子不法

廈門四面環海，鄉民咸藉渡航，乘潮開駛，以通往來；而渡航不能逕泊江干，欲登渡航，必由小艇載送。駕小艇者，類多兇惡之人；甚至有強姦婦女情事，亦足令人聞而髮指已。二月廿五日，史巷路頭雙槳小艇吳阿理，探悉有一鄉婦，寄宿客館，欲待潮漲時，附搭渡航回鄉。乃於天將曙時，至客館詭言潮水已漲，渡船將開，可速起行。鄉婦信以為真，即隨阿理下小艇。阿理駕艇至僻靜處，將婦推跌艙內，強行姦污。婦無如之何，惟求載至渡航，切勿聲揚，以全顏面。阿理以為可無意外虞，仍將婦渡回港側。婦誑云：「頃間匆匆出門，忘攜洋傘一柄，煩偕往取之。」迨至碼頭，婦忽大呼救命。稅厘局勇丁聞之，立將阿理拘獲；問悉前情，解官審訊。據吳供認，強姦婦女已有十數人，而廈防廳乃僅以枷責了事。論者皆以其輕縱，嘖有煩言。嗣為道憲所聞，令將阿理收入站籠，一日而斃。懲淫兇而安良善。道憲此舉，其造福豈有涯哉！〔國人皆曰可殺〕

2582 原297/4 廣絲9/68 大9/76

城狐猖獗

狐異之事，說部載之詳矣；即證諸近事，亦往往有之。甯波慈谿山，北與杜嶺毘連之區，有隙地一所，土人呼為「祖仙城」。四圍有泥壘，高一、二尺，狀如泥城；中有舊屋一間，空無所有。相傳狐仙居此，求醫問事，靈應異常。附近人家，每見如哈叭狗者，竄跳於泥城內外，人或犯之，災病立至，故皆奉若神明焉。日者，杜嶺之東有陳姓兄弟二人，由府試歸來，自恃童天王之勢，往遊泥城。陳弟指斥揶揄，一小狐從屋內突出，投之以石，踣而竄走。兄阻之，令歸。甫出泥城，陳弟頭如斧劈，倩人扶掖至家，昏不知人。兄急往泥城哀禱，二更後，弟始大言曰：「念汝兄心誠，姑貰汝死。」病遂愈。何物妖狐，猖狂若此，亦可異已。〔莫之〕〔能攖〕

2583 原297/5 廣絲9/69 大9/77

新郎被縶

人世間最快樂者，莫如新婚；最敗興者，莫如官刑。從未有二事並在一時，是亦奇已。蕪湖汪某充當米市斛頭，數年前痛抱黃門，角枕錦衾，鰥魚滋戚；乃遍託良媒，為續膠計。春間某日，為合巹吉期，冠裳雲集，喜溢門楣。是日，適逢江安糧道憲委員購米，過斛起運，預由縣署諭飭斛頭屆時當差。汪以今夕何夕，竟腦後置之。監斛家丁屢傳不到，隨稟諸邑尊。時王明府正在江口保甲局，飭拘汪至，訊問誤差緣由。汪不知直訴其情，反出言頂撞，致觸官怒，立責小板六百下。汪猶倔強，乃帶回縣署，押候訊懲。室中賓客聞信，無不面面相覷；頃刻間，雲散風流。旋經邑尊訪知其情，即令提案開釋。特不知汪歸，將何以對閨中人也？然苟不作強項，今亦何至若是。咎由自取，夫復何尤？〔喜憂交集〕

2584 原297/6 廣絲9/70 大9/78

越臺懷古

粵東越王臺故趾，自漢迄今，星霜屢易；紅羊劫後，久已湮沒無存。相傳臺在城北硬步，今應元宮之東北，即其舊址也。近者瓦礫山積，復為客民佔居，篷屋數椽，炊煙四起，聚處於荒榛斷莽間。讀許丁卯「海邊花發越王臺」之句，慨霸跡銷沉，弔古者不禁繫盛衰之感焉。茲聞柳仲平、庶常芳、張編修學華偕同邑各紳，函商番禺縣李子華明府，請出示驅逐佔居客民，擬修復越王臺故址。將見歌舞岡頭，呼鑾道上，聿新鴻構，規復崇基。墨客騷人，尋詩北郭者，當有發思古之幽情，慨興王之安在，而不勝低徊往復者矣！〔憑弔〕〔欷歔〕

2585　原 297/7　廣絲 9/71　大 9/79

嬉戲釀命

石頭城外有木橋焉，高大異常，遠望之，如長虹之臥波。時有游人憩於欄杆之上，仰觀俯察，頗足洗滌塵襟。一日，有甲、乙二人負薪入城，藉覓蠅頭微利。中途疲乏，憑欄而坐，俯瞰清波，宛然在目。乙下地小遺，立於甲前，共談一事，頗有指天畫地之樂。甲忽高踞橋巔，語涉調笑。乙知其謔己，舉手中竹扁擔，偽為欲擊狀。甲急為退避，用力稍猛，兩腿不能自主，腳向上而頭向下，砰然一聲，已墮落波中。乙急呼漁舟援救，見甲頭顱已在石上觸碎，水由傷口灌入，痛極而暈，移時即斃。古云：「我雖不殺伯仁，伯仁由我而死。」清夜以思，乙其能安於心乎？甚矣！戲之無益也，可不戒歟！〔悔已何追〕

2586　原 297/8　廣絲 9/72　大 9/80

姦夫捉姦

杭州某氏女，風神秀麗，嫵媚多情。有某甲者，冶蕩性成，到處粘花惹草。女見而悅之，漸與眉語目成；以致偷韓掾之香，薦宓妃之枕，絲纏連理，似漆如膠。祇以屋小於舟，屬垣有耳，願作鴛鴦比翼，生防鸚鵡傳言。於是相攜至馬所巷某姓家，於曲房邃室之中，尋濮上桑間之樂。甲至此，心滿意足，樂不可言；幾如乞兒食五斗豬脂，自以為享人間未有之艷福矣。一日，從後屋短牆上猱升而入，見女與一惡少，橫陳繡榻，無限風流。不覺怒髮衝冠，一躍而下。惡少知機關已洩，遂效鴻飛。女則亭亭鵠立，雙頰霞赬。甲突出五指如撾，猛批其頰。女亦頗機警，大呼被甲強姦。鄰人聞聲趕集，將甲辮剪去半截。甲無從分辯，抱頭鼠竄而去。〔彼何人斯〕

2587　原 297/9　廣絲 9/73 右　大 9/81

倀鬼殺弟

倀者，聽役於虎之鬼也。虎齧人，人死，魂不敢他適，輒隸事於虎，其名曰「倀」。必須導虎復齧他人，乃可自代。嘗閱《聽雨記談》言人遇虎，衣帶自解，皆別置于地；虎見人裸而後食之，皆倀附人身所為。倀可謂鬼之愚者也。歸善南坑鄉彭某，年逾而立，性痴獃，孑然一身，惟以捕魚為業。數年前，有一胞姊，已死於虎矣。一夕，彭獨坐瀝畔。鄰人遇之，問其故？曰：「昨宵姊約我相期于此。」鄰人以為妄，一笑置之。迨次夜，彭復啟戶出，翌晨未反。俄聞人言，瀝邊有殘骸，血肉狼籍，惟餘上體。鄰人往視之，果彭也。計其地，即前夜所言與姊相期之處，乃知倀之為厲，無不相與咋舌。〔然乎不乎〕

2588　原 298/1　廣絲 10/73 左　大 9/82

誠孝格天

慈谿西鄉有柳友梅者，半耕半讀之流也。天性過人，事母克孝，里黨無間言。近以母患傷寒，醫藥罔效。柳迫切無計，遂於某夜潛在臥房，刲去左臂肉一塊，以布裹創。甫出房外，見其妻胡氏伏於簷下，禱天求代，柳亦不顧。旋將臂肉煎湯進母。至五更，母忽思食，飲以雙弓米一小杯。次日，母謂其家人曰：「昨夜予夢赤面神言，念汝子媳誠孝，貸汝還陽。予當可無患矣。」自是，日有起色，不久而愈。鄉里聞其事，僉議為之請旌。夫孝子難得，孝婦更難得。今乃萃于一門，宜其感格天心，永延親壽也。如柳者，蓋亦可以風世矣！〔祈天永命〕

2589　原 298/2　廣絲 10/74　大 9/83

妙製飛車

西人性最機巧，其術藝每多靈妙絕倫。近如火輪船、火輪車等，幾已無足為奇矣。去年，有某西人創為天上行舟之舉，聞者已歎得未曾有。豈知機械日出，更有令人不可思議者。法國技藝院中有法人名顛路畢者，心靈手敏，每製一器，務極精良。近更獨運匠心，創設飛車一架，能在半空中行走如飛。其車式形如扇，係用飛空手車製成者。頂有平板，旁有高板，皆藏以機括，後有一舵。如欲凌空而上，先將頂上之輪攪動，車便漸漸升高，再將座旁之機及座後之舵用力絞動，東西南北皆可任意指揮。凡安坐其上者，飄飄乎有摩盪入雲之概；較諸列子御風，不更泠然善乎。按稗史載，僬僥國善製飛車，能從空中行走。昔嘗疑其荒誕，今聞此事，該法人或果獨得心傳歟？〔巧不可階〕

2590　原 298/3　廣絲 10/75　大 9/84

劣醫宜辦

揚州城內皮市街有杭某者，少年輕薄，謬習岐黃。雖藥性湯頭，一知半解；而鮮衣華服，闊綽非常。鄉愚無知，幾疑盧扁復生，趨之若鶩。杭遂自高聲價，出必乘輿。每見大家眷屬，便獻媚殷勤；而於病之若何，漠不經意。近以誘拐某少婦一事，被其夫查知，立赴江都縣告發。邑尊方飭差拘拿，而杭已先期逃遁。惟見醫室門首，魚鑰雙銜。乃大張告示，飭眾協緝。于是向之信杭為良醫者，至此始知其劣跡多端；竟假診治之名，引誘良家婦女，奸淫拐盜，罪不容誅。一時互相傳述，登門辱詈。有指天畫地，聲言欲食其肉者；有畫影圖形，持軸高挂其門者。無不指而目之曰：「此固男婦大方脈世醫某某也。」噫嘻！醫術之壞若此，延醫者不益難乎？天下滔滔，獨杭某也歟哉？〔先生休矣〕

2591　原 298/4　廣絲 10/76　大 9/85

番社勝景

「山不在高，有仙則名；水不在深，有龍則靈。」苟有名勝之區，而無絕妙人物以點綴之，則亦黯然無色耳。嘗見富商大賈廣闢園池，每將怪獸奇禽，多方購置，以為林泉生色，而終不能位置自然者。可見大好風光，固不能以人巧奪天工也。臺北番社類多化外頑民，地係初闢，人習狉獉。其俗尚不知肩挑；凡有貨物，皆負於頭頂。見者無不目笑存之。而其地獨多勝景。他如山石、樹木之奇，前已記其崖略，玆姑不贅。所可愛者，該處鳳凰社番眾，獨能多畜珍禽。有荷池十餘處，常見孔雀、文鴛，迴翔其上。番人時相游憩，頗足自娛。域外荒區，居然別有天地，亦一幅天然圖畫也。吾思此境，不禁神往久之矣！〔別有〕〔洞天〕

2592	原 298/5	廣綜 10/77	大 9/86

怨耦堪危

粵俗女子向有結為金蘭友者，大都以十人為率。凡所結契之人，皆願與姊妹行常相聚處，不以有夫為樂。父母有強嫁者，則預習迷夫術以殺之，必歸甯與蘭友相聚而後已。此實該處一大惡俗，惜無人焉起而革除也。近聞西樵藻尾鄉張氏子，娶百滘村關姓女為室。到門時，已魚更四躍。乃令新婦暫宿洞房，而以郎君伴之；次日再行合巹禮。蓋因該處故有此俗也。詎婦見新郎，遽執髮辮纏其頸項；復以手固握前陰，勢將斷送其性命。張氏子大聲呼救。父母聞之，毀門而入，婦始釋手。而其子已憔悴不堪矣。乃倩人扶出，別居一室，未知能以怨耦變為嘉耦否？夫因緣貴乎好合，女既不樂有夫，夫亦何樂有此婦。若必以相強，蕭牆之內，暗伏干戈；枕席之旁，悉成荊棘。豈不危哉！豈不危哉！〔惡因緣〕

2593	原 298/6	廣綜 10/78	大 9/87

大黑天

大黑天者，日本所最尊敬之神。相傳昔有僧匿婦女於禪堂，客有問之者，答曰：「此大黑天也。」客遂不敢入。故至今稱僧妻以此，蓋亦戲言也。日本溫岳之下，高來郡南某佛刹住持僧某，不守清規，恣行漁色。前年，曾雇一婦，權為妻室，人皆以大黑天呼之。未幾，又與附近某嫠婦參歡喜禪，暗結珠胎，產下一女。僧以人言可畏，賄令穩婆斃之。當夜，與火工密埋於佛堂內。此去年四月間事也。近忽為大黑天所覺，大發雷霆，幾將此僧殛斃。僧懼甚，蛇行至大黑天膝前，崩角謝過；復將孩屍掘出，遷葬荒阡。大黑天顏始霽。夫以和尚而有妻，固昏天黑地之事也，其名之也固宜。然此僧不守佛戒，恐其所見，亦祇有一黑天，而不堪見青天矣。天乎！天乎！佛門弟子竟如是乎？〔和尚〕〔娘子〕

2594	原 298/7	廣綜 10/79	大 9/88

強劫閨女

婚姻之禮，首重媒妁；而後納采、請期，以至親迎，方不悖乎禮文。自世俗財禮之風盛，無力者始有搶親之舉。而其事要皆先已聘定，不得已而出此。初非無中生有，肆行劫奪之謀也。孰意浦東楊家渡地方有衛阿華者，年近五旬，守鰥滋戚；鴆媒遍託，迄無良緣。今春二月間，經其友姚和尚窺得郁氏女，早失怙恃，姿色頗佳，方寄居姊氏家；遂慨然以撮合山自任，舌燦生花，為衛作伐。女之姊訪知衛底蘊，已毅然辭絕。是衛與郁女，固如風馬牛之不相及者也。乃衛膽敢於三月十四日，糾集五六十人，皇然以搶親為名；雇備鼓樂、喜轎，蜂擁而來，欲將郁女強劫。幸女先已避匿，計不得行。事為地保所聞，協同局勇，將一干人拘獲數名，送縣訊究。噫！光天化日之下，若輩竟敢聚眾橫行，強劫閨女，其目無法紀為何如乎？此風一開，吾恐凡為閨女者，皆有岌岌可危之勢，豈賢有司所樂聞哉！〔目無〕〔法紀〕

2595	原 298/8	廣綜 10/80	大 9/89

粵婦產怪

粵婦某氏僑居虹口，身懷六甲，腹甚膨脝。某日臨盆，急延法界某穩婆，至則呱呱者已墮地矣。細視之，男也；而兩眉中間，又生陽物一具。四肢全備，而肚腹旁又生二手、二足。其家以為不祥，急斃之。穩婆請給帶回，將為合藥之用。行至新街，遇相識者詢其所攜何物，遂舉以示之。怪狀奇形，相顧錯愕。行路者蜂擁來觀。問知穩婆有合藥之意，群斥其忍，勸令掘土瘞之，亦一陰德事也。客有問於予曰：「若此者，不亦異乎？」予曰：「妖由人興；人無釁焉，妖不自作。人棄常則妖興。古人已先我言之。」近觀滬上所寓粵婦，恣睢暴戾，每多別有肺腸；就以淩虐婢女而論，慘酷萬狀，往往有目不忍覩者。今該粵婦有何隱慝，雖不可知，要亦殘忍一流人物。故天特生此妖以示之歟！吁，可鑒也已。〔妖由人興〕

2596	原 298/9	廣綜 10/81 右	大 9/90

竹林開花

修竹成林，何處蔑有；而粵垣海口地方所有竹林，竟於去臘一齊開花，千個萬個，含葩吐艷，燦然可觀。至入春後，花漸落，又復結子，如三春桃李然。遠近喧傳，群相驚異。然考之《博物志》，「竹生花，其年便枯。竹六十年一易根，易必結實而枯死；實落土復生，六年還成町。」是竹之生花結實，亦固其所，今殆會逢其適耳。而該處土人，乃以時多咳嗽、發熱之症，遂謂竹異之足以致疾也。亦知竹自為竹，人自為人。其所以有是疾者，殆以去冬未得深雪，天氣亢陽，實有以致之。又何疑焉？〔得未〕〔曾有〕

2597	原 299/1	廣綜 11/81 左	大 9/91

寶刀變價

日本北松浦郡小濱村人中村小彌太郎，當舊藩執政時，曾供職於大莊屋。惟新後，朱門華屋，頓化山邱。至去年，貧窘益甚；不得已，議將祖傳寶刀，求售於人，冀得善價。眾見刀上有「大佐」、「小國光」二銘，實係七百十二年前之物。詢之，云：「元歷二年，源平兵亂，清盛公之孫平家長避亂至我村，以是刀賜我祖中村戶右衛門。迄今已二十三世矣！」眾聞之，靡不感歎，隨由佐賀縣內田榮藏以八十金購之。噫！天地間奇珍異寶，不數傳而易姓者多矣，何獨一刀已矣哉？謂之何哉！〔物是人非〕

2598	原 299/2	廣綜 11/82	大 9/92

魚城可破

洞濱湖濱漁人戶蓄鸕鷀，即杜詩所謂烏鬼是也。大抵一烏鬼可取魚數十百斤。相傳某年歲暮，正值需魚之時，漁人日縱烏鬼下湖，竟一無所得。有善泅者入水偵之，知魚已成城矣。魚成城者，大魚互銜其尾，層累打圍於外，眾小魚實其中；又有極大之魚銜尾封蓋於上。居然眾志成城，摟守甚固，牢不可破。漁人躊躇無計。忽有人言宜昌某漁翁家蓄一烏鬼，鷙而且智，號為鬼帥，真神俊物也。若得假之來，何難立破此魚城哉！眾往求之，翁許諾。比攜至，遂先縱之入湖。鬼帥既達魚城四圍，循視復遍；察於上，見銜尾處有微隙可乘，以首鋭入，搖身遽下，遇小魚，橫亂啄之。小魚駭而逃，勢甚猛；大魚猝難堅持頃刻，其城立潰。漁人急縱群烏鬼乘之，遂一鼓而眾擒焉。〔漁翁得利〕

2599	原 299/3	廣絲 11/83	大 9/93

將機就計

朱氏婦性甚黠，夫亡守志。適有張姓欲求燕婉，問計於婦之姊夫王姓。王利其資，詭以姊病為言，以驢迎婦去。至一家，王呼婦曰：「此張巫所居，我欲邀巫療汝姊，汝可先入。」婦入而王逝矣。張歡笑承迎，謂今夕何夕，見此粲者。婦聞大怒，繼而憮然曰：「誤矣！我齒長，不能為汝妻。有姨女與汝年相若，如諧伉儷，真一對璧人也。」張知不可犯，不如將機就計。翌日，驅車赴姊家，謂姊曰：「姊夫為我撮合，意良厚。然苦寂寞，今迎大姑去，數日後即送還也。」姊目視大姑，大姑首肯，升車同去。日既夕，共宿一榻。婦潛出，易張入，其計得行。明日，姊夫登門逆女，則見親友駢集，鼓樂喧闐，生米已煮成熟飯矣。懊恨而返。張德婦甚，酬以百緡；且告於官，旌其節。〔冰雪〕〔聰明〕

2600	原 299/4	廣絲 11/84	大 9/94

絕大魚骨

考之《爾雅・釋魚》注：「海中有鱁魚，大者長二、三丈，鬚長數尺。」今青州人呼為鱎魚、鱣魚，亦長二、三丈；鱷魚長二丈，餘喙長三尺；鱘魚背如龍，長一、二丈。其甚者，如《列子》載溟海魚廣千里，長稱之。《古今注》：「鯨魚大者長千里，小者數十丈。」《元中記》：「東海有大魚，行海者一日逢魚頭，七日逢魚尾。」可見鱗族之中，曰吞舟，曰橫海，鱗鱗者種類不一。而第執《史記・貨殖傳》鮐鮆千斤之説，已詫為得未曾有，抑亦陋已。日者，甯波鄞東有某汛弁等，獲一大魚，置諸海灘，隨稟報提道各憲。嗣將此魚骨殖舁至提署大堂，經馮軍門驗收，賞給洋二十元。查該魚頭骨如屋一間，口如大門，脊骨長幾二丈，厚一尺一寸有奇，兩旁支骨粗如人腿。一時觀者皆莫知其名。昔孔子見專車之骨，而識為防風氏。吾觀此魚，能無思博物君子哉？〔鱗族奇觀〕

2601	原 299/5	廣絲 11/85	大 9/95

蜃樓幻景

嘗考《海物異名錄》：「蜃布泥有疆界，其蒸氣也為樓臺。」《本草》亦云：「蜃能噓氣，成樓臺、城郭之狀。將雨即見，為蜃樓，亦曰海市。其脂和蠟作燭，香聞百步，烟中亦有樓臺之形。」《漢書・天文志》：「海旁蜃氣象樓臺。」古記所載，班班可考。惟老於江湖者，時或見之耳。甯波象山所轄之南田，其間海灣甚多，過渡處或數里，或數十里不等。三月十三日黎明，有渡船自飛雲島往蝴蜨嶼，水面相隔約十五里。行未及半，忽見對岸城垣綿亘，樓堞依稀。又行數里，見城外民舍市廛，人蹤歷歷。渡客相顧錯愕，疑幻疑真。客有曾游粵海者，謂之曰：「此即所謂蜃樓海市也，頗有瘴氣。盍停舟暫避，俟日出再行。」眾從之。俄而房屋漸稀，垣墉零落；嗣忽大風一陣，一掃而空。是亦一奇觀也。〔海市〕

2602	原 299/6	廣絲 11/86	大 9/96

活佛出世

某生者，貧無行，不齒於鄉里。一日，因細故，與室人交謫，拂袖竟去，倀倀何之。見一醉僧臥道側，心怦然動，竊其衣缽、度牒；俯水自照，儼然僧矣。到處雲游，至粵東有古剎，規模壯麗，火焚其半；遍覽久之，憮然曰：「是可為也。」遂謁主僧，願供汲爨；出入勤慎，習而安之。一日晨興，忽冠毘羅，服紫衣，據大殿基，趺跏而坐。主僧往覘之。徐起曰：「佛旨在身，不能行禮。」詰問何故？答曰：「弟子於夜半，夢釋迦牟尼告曰：『是廟之興，惟汝能為。其勉力募化，以結善緣。』笑以手摩頂，授五色珠，使吞之，並付衣缽。弟子覺而尋之，果然。請師號召施主，觀弟子撰文書榜。」由是喧傳遐邇，男婦聚觀。見其展紙書疏，文如聖教序，字仿多寶塔。眾咸頂禮贊歎，呼活佛，佈施無算。旋以購木為名，攜金珠遁，歸家溫飽以終。〔惑世誣民〕

2603	原 299/7	廣絲 11/87	大 9/97

私掘鐵山

松郡府署頭門東偏有一亭，亭下有銕入地；郡人相傳為鐵山，已不知其幾何年矣。雖考之志乘，略記其事，然亦莫識其由來。清和上浣某日，忽有西士三人於大雨淋漓時，乘輿而來，相度銕山形勢。時有看守頭門之小甲阿金，為之指視。旋與其夥阿和攜鋤掘地，深數尺，得銕如栲栳椅形。西士潑之以水，擬用照相法攝取形模。事為恩詩農太守所聞，立飭家丁出而阻止。傳阿金等入署，升堂研究。阿金供認得西士番佛一尊，因為之掘銕。府尊赫然震怒，判責一千板，枷示頭門。阿和笞責五百下，叱退。飭將鐵照舊掩埋。而該西士則已將銕砍去一角，攜之以去，不知有何作用，殊令人欲索解人而不得矣！〔咄咄怪事〕

2604	原 299/8	廣絲 11/88	大 9/98

群盲聚賭

天下之最可憫者，莫過於瞽；生不見天日，目不別五色。具苦窳之形骸，痛冥頑之體態；既茫茫而無睹，亦倀倀其何之。較之眗有時而必徹，瞳有人而且重，既覺其不平；視之跛而艱於行，聾而重於聽者，更覺其難堪。所以持危扶顛，古者瞽必有相，凡以彌天地生成之缺憾也。從未聞無目之人，而亦好作摴蒱之戲，永朝永夕，樂此不疲者。乃金陵有甲、乙、丙、丁四瞽者，酷有劉盤龍癖。每當賣卜餘閒，群聚一處，大開博場，名曰打四虎。其法以牌全副，平鋪於几，每人取牌若干張。其成也，或天牌吃地牌，或人牌吃和牌。由此類推，以爭勝負。一時暗中莫索，惟聞呼喝之聲。背地揣摩，頗得精明之訣。彼盲也，而好博若此。誰謂五木無靈哉！〔瞎鬧〕〔一場〕

2605	原 299/9	廣祿 11/89 右	大 9/99

蟻媒詭計

金陵南門外王某務農為業，年逾而立，中饋猶虛；積有數十金，託老嫗林氏代為作伐。林氏固蟻媒也，利其資，商諸無賴某甲，使作女子裝束，招王往觀。王大喜，許給身價洋四十八元，諏吉迎娶。是夜洞房，甫入，新人藉詞煮茗，徑自入廚；遂由後門出，登廁卸衣。甫欲攜包逸，而王已尋蹤而至。見廁上有人，問曰：「頃間，爾見婦人何往？」甲佯應曰：「已往東矣。」王尾追之，不獲。知為林嫗所給，急覓嫗；而嫗亦蹤跡杳然矣。蟻媒之計，亦狡矣哉！〔人財〕〔兩空〕

2606	原 300/1	廣祿 12/89 左	大 9/100

善人是富

鹽官有朱氏翁，年週甲，為米市夥；為人和平中正，故人皆親之。每出行，遇有礙足之物，必去淨而後已。見棺槨之暴露者，必為掩蓋。一日，索逋至野，見破塚內有巨甕，白鏹滿中。翁恐目迷，方檢閱間，塚旁農人覩之，奔而前曰：「此我祖父墓也。方因雨破，汝徘徊其間，得無盜我墓中物耶？」翁謝過曰：「原物歸君，我未動毫釐也。」農人大喜，召家人共取之；則見甕中盤旋蠕動者，皆毒蛇也。農人恚甚，謂翁戲己；欲還戲之，乃舁甕至翁宅。後俟其寢息，昇屋撥瓦而傾之。翁夫婦躍起曰：「天雨金矣！」合計之，共得數千金，家由是富。〔得失有數〕

2607	原 300/2	廣祿 12/90	大 9/101

逢凶化吉

本埠西門外日暉橋左近有曠地百餘畝，為駐紮滬南各營操演之場。當大閱前數日，值各營合操之期，營官蕭雲卿軍門及楊統領等，各帶本營親兵將弁，至場操演。迨軍門等升坐演武廳，兵士開放排槍；忽有一槍飛出一彈，向演武廳軍門面上飛來。幸軍門眼快，急俯伏案上；彈從大帽而入，自後而出，離頭頂寸許，得保無恙。楊統領見而大怒，喝令查拿。經各勇查係某甲所為，拘解案下。統領欲以軍法從事，軍門急止之，謂當究其有心無心。統領乃提甲研訊，究得甲果出無心，實因火藥未經篩過，致肇意外之虞。驗之，果然。統領堅欲治以軍令；而軍門大度恢宏，恩施格外，反向統領勸阻，乃判插耳箭一天以儆。當彈之橫飛也，命之安危，間不容髮；而軍門乃瞥覩之下，卒獲轉危為安者，謂非如天之福歟？〔吉人天相〕

2608	原 300/3	廣祿 12/91	大 9/102

蛇妖

粵東某處素有妖蛇為患。某道士擅奇術，欲捕收之。約其友劉某，至曠野結草為壇，令劉立其中，而書符於其身。隨出一麥草籠，大尺許，揭其蓋授劉，曰：「聽吾引磬聲響，急闔其蓋，毋相忘也。」夜半，道士披髮作法。俄而，腥風陡作，群蛇畢至，怪狀奇形，不下百餘種；皆伏壇下，向道士稽首。道士一一以劍麾之去。次夜復然，蛇形迭變，每至雞三唱乃已。第三日三更時分，群蛇又至，較前尤異，或肖夜叉，或肖羅漢，或肖猛士，或肖美人；其中人首蛇身者，約數十種。更有首尾兩頭者，一頷兩頭者，一身三頭、五頭、九頭者。見道士，如前狀。道士皆麾去之。比四更時，忽一蛇至壇，長丈許，鱗甲五色，張口吐舌，目灼灼向道士直撲。道士以劍麾之，乃止。如是者三，始伏壇下三稽首，身頓縮小，僅數寸，一躍入籠。劉聞引磬聲，急闔其蓋。道士乃攜籠而去。粵民甚感之，常稱道弗置云。〔屠毒生靈〕

2609	原 300/4	廣祿 12/92	大 9/103

術妙回生

祝由一科，其術甚神；凡金瘡及跌打死者，頃刻能生之。係楚南破頭老祖所傳。其祖師北宋時人，迄今千餘年，尚存其傳，惟湖南辰州人則多擅此術耳。客有過豫州者，聞其土人言，某年汴城節署前之旗竿斗忽損壞，匠人以繩轆轤上升其巔，為之整理。竿忽為風所折，匠人墮為虀粉。僉謂無再生之理矣！會有辰州木客見之，曰：「猶可救也。」命人取板四片，以一板上置黃土，將匠人舁置土上；左右夾以二板，又以黃土遍撒其身。以手捏劍訣敕勒書符，口中喃喃誦咒畢；復吸清水噀其面。上蓋一板，以麻繩束之。七日後解去，啟視之，氣熱如蒸。匠人竟體大汗，欠伸而起，霍然甦矣。問以前事，茫然不知。嘻，何其術之神乎！〔神乎〕〔技矣〕

2610	原 300/5	廣祿 12/93	大 9/104

瘋子殺人

地方之有瘋子，親族鄰右，宜即報官收禁。其有容隱不報者，一經肇禍，當治以罪。定例何等森嚴。無如小民不知律法，或因其並未擾事，遂至互相徇隱。而竟肇禍端者，彼匿報者之被累猶淺；而無辜者之被害，不更慘耶？嘉興北鄉某漁戶，日者因販冰鮮，駕船往乍浦，中途日暮，舟泊黃泥堰。夜半，突有一瘋子蓬頭跣足，至船旁搬弄所下鐵錨。船戶初不介意，久之不去，恐有走錨之患，出艙驅逐。黑暗中，被瘋子持錨擲之。船戶猝不及防，受傷而仆。瘋子復飽以老拳，大笑而去。迨眾人集視，船戶已不省人事，延至天明而斃。乃協同地保，投報平湖縣，經吳邑尊驗屍填格，拘瘋子審訊。語無倫次，禁諸獄，不久亦斃。其果有夙冤歟？抑該舟子合罹其厄，故假手於瘋子歟？吾不得而知之矣。〔禍從天降〕

2611	原 300/6	廣祿 12/94	大 9/105

還妻得妻

甯波人李某素業賈，賦閒既久，餬口無資；不得已，議將妻某氏鬻之，以濟貧困。當託無賴某甲代為撮合。適富翁程某欲置一簉室，甲遂繩某氏之美於程。程觀之，大喜，允給身價洋一百五十元。議既定，乃迎某氏過門。見其花容慘淡，愁鎖雙眉，訝而問之；知係有夫之婦，以不忍分離故，鬱鬱若此。程為之惻然。次日，使人召李至，以其妻還之；不追其值，令好自經營，藉資養贍。李夫婦深感之。他日，李貿易至新嘉坡，疊獲重利；因在風塵物色，將覓一麗人攜歸報程。會有水販某攜一婦求售，貌甚韶秀，挈有一子，僅數齡。李出資併購之，遽載以歸。至甬，即送往程室。甫欲啟言，則見婦與程皆抱頭痛哭，備訴當日被匪徒用迷藥誘拐之故。李始恍然，不覺歎息而出。噫！還人之妻，人亦還其妻。天公報應之理，

不亦速歟！〔以德報德〕

2612　原 300/7　廣絲 12/95　大 9/106

虎為黿困

昔聞人言虎尾，其氣腥以羶；飢輒垂尾江邊，餌魚為食。岳州城故濱江，日有虎垂尾餌魚。適有大黿過，聞其腥羶，遽啣其尾。虎痛甚，急聳身一躍，墮城堞齒間。虎在堞內，黿在堞外，如負擔然。虎痛，尾愈擺，黿之持之也愈固。天明，有人過城下，見而兩得之，以黿擒虎有功，遂殺虎，而舁黿縱於江。本齋嘗圖其事，以資談助。乃桐城許叔平先生又言其鄉有濱江而居者，屋旁有柵豢豕，往往為虎所食，鄉人遂不復豢豕。他日，得一黿，暫閉於柵。虎夜過，聞咻咻聲，以為豕也；試探以爪，遽為黿所啣，竟不能脱。卒為鄉人所殺。是何虎之多厄於黿也？噫嘻！以虎之雄猛，而一為口腹所累，不免自殺其身。奈何世之假虎威者，竟貪狠而不悟也！〔固結〕〔不解〕

2613　原 300/8　廣絲 12/96　大 9/107

地保荒謬

蘇州閶門外有地保阿大者，貪而狠。時出入於虎邱俞姓家，見其富，垂涎之；與俞之薙髮匠陳某謀盜其財，陳允之。某夜，入室胠篋，得千餘金，闢門而出。比俞知覺，召阿大告以故，使查之。阿大諾諾而去。越日，忽謂賊已得之矣。問何在？曰：「某紙舖之小主人某甲也。」俞信之，即令拘至。不問情由，私刑弔打，并以冷水淋其腹。甲哀號不得白，旋令阿大送諸元和縣請究。甫出門，甲父母踉蹌奔至，涕泣叮嚀。見者為之惻然。既而李大令升堂研訊，甲申辨再三，淚隨聲下。阿大告官曰：「此黠賊也。非刑訊，必不肯招。」大令怒，竟如阿大言，施以重刑。堅不供認，連訊數次皆然。於是大令疑其有冤，提阿大，語責之，遂將盜竊情形和盤托出。復拘陳至案，果一鞫而服。乃釋甲，而禁二人於獄。彼地保之肉，其足食乎？〔誣良〕〔作賊〕

2614　原 300/9　廣絲 12/97 右　大 9/108

義賊

楚商胡某為其主收債，朱提盈箱，買舟而返。途遇一客負篋襆被，呼舟共濟，舟子辭之。胡憫其孤，招之同艇。其人談甚豪，襟懷慨爽，胡甚樂之；飲食與俱，款之彌厚，客甚德之。將抵境，謂胡曰：「余上八洞也。始睹公舟，知為重載。既蒙容納，益知有貨，若干已移我篋中。因公長者，敢以實告。請公驗之。」胡駭其所言之數相符。亟視箱，則封識如故，已空諸所有。客乃啟其篋還之，曰：「我不忍欺公也。」按上八洞者，盜之別名，其術最神。凡人之財物，不必露目，祇須與之同止息，即知其囊中物數。默運潛移，使人不覺。此客雖擅其技，而頗有豪俠風，是可知盜賊之不可概論也。〔豪客〕

2615　原 301/1　廣竹 1/1 左　大 9/109

二老互鬥

人當血氣方剛之際，好勇鬥狠，容或有之。若血氣既衰，似可無慮此矣！不謂金陵某處有老者二人，矍鑠精神，素相輯睦。一日，不知因何事故，忽以老命相拼，扭結不解，致各帶重傷；扶歸未久，旋即殞命。有見者謂二老，一已年逾杖鄉，一則年屆古稀。乃何事不可理喻，竟逞一時之忿，而頓喪厥身。〈洪範〉：「五福：一曰壽……五曰考終命。」今得壽而未能善終，甚矣！五福之未易備也。〔不自量力〕

2616　原 301/2　廣竹 1/2　大 9/110

遊山獲譴

某生夙有山水癖，幼時得異人術，能日行千里，毫無倦容。每出，自負一囊，囊有機括。日暮，猱升樹巔，將囊懸於高枝，中貯衾枕，展而蜷臥，距地數丈，以遠猛獸。嘗三至崑崙，山靈厭其貪，夜遣大鵬扇翅，撲折樹枝，墮生崖下而損其脛。生度無生理，望鄉而泣。昧爽，瞥有一老翁策杖來，問所苦？生具告之，且謂身填溝壑非所惜，奈家有老母何？老翁責曰：「崑崙為宇宙第一名山，多真仙所居。世人欲一至且不得，汝乃三至；天惡其貪，故罹此罰。予憐汝孝思，不忍不一援手。」袖出藥一丸，授之曰：「噍之當愈，然君歸奉母，勿再遠遊。」生拜諾，受藥吞之，頓愈。蓋老翁即山靈所現之相也。既歸，泣拜母前，足脛復損。自是杜門不復出云。〔爻占折足〕

2617　原 301/3　廣竹 1/3　大 9/111

女丐無敵

袁江西門外某糖行係魯人沈某所開，歷有年所，獲利頗豐。一日，突來一女丐，丰度端凝，腰支瘦小。至肆乞錢，店夥有輕薄者，以一錢投之。女怒叱曰：「視汝姑為何如人，而以一錢為戲耶？今日罰汝千錢，不然，吾不行矣。」隨坐大門檻，以阻人出入。時腳夫運糖包至，每包約重一百七、八十觔，皆壯而多力者肩之。疾趨至大門，見女礙路，喝之起。女故張其肱阻之。腳夫怒，作失手勢，以糖包壓之；女接而投擲，不甚費力。群夫大譁，僉以糖包共壓女。女無懼色，左抵右拋，如弄丸然；紛紛飛出市頭，反將群夫擊退。女大怒曰：「汝曹欺壓孤女，使之內傷。非多給錢養傷，事不能已矣。」幸主人頗解事，急以千錢贈女，好言勸慰，女始翩然而去。此女殆繩伎之流亞歟？何竟有此好身手也。嘻！異已。〔孃子軍〕

2618　原 301/4　廣竹 1/4　大 9/112

方外鍼神

婦女祝髮為尼，本屬萬不得已之事。必其人六根已淨，方藉空門以遁跡，俾得一意修真。而邇來庵觀之中，偏多幼尼。苟非拐帶而來，必係佛門淫種。往往老尼視為錢樹子，使之倚門賣笑，效勾闌行徑。凡若此者，急宜遣之還俗；而竟聽其以佛地而習刺繡，抑亦多此披剃之一舉矣。漢陽西門外教場旁有碧蓮庵者，向係比邱尼住持。每值佛誕，廣集十方女檀越，唪經禮懺，相習為常。近日，則多選幼尼，日以針黹為事，描鸞刺鳳，手不停揮。中有二尼，年屆破瓜，尤為嬌艷，見者皆疑為天女臨凡。于是輕薄之徒，以購求活計為名，爭集其門，甚于市肆；致將清淨之地，變為熱鬧之場。甚至留髡送客之事，往往而有。是亦風俗之隱憂也。賢有司其謂之何哉？〔錯繡〕〔鴛鴦〕

2619	原 301/5	廣竹 1/5	大 9/113

騙子被騙

澳門近有一種偽役，在江河之間，冒稱查稅，挨船搜索，訛攫銀錢，最為行旅之害。四月中旬，有楚商劉某販貨過此，舟泊江濱。突來壯役七八人，鐵索郎當，手持籤票，口稱官命查抄私貨。入舟搜檢，見銀錢皆取之，以充飯食。值劉病臥，其夥攔阻不及，資斧被攫殆盡，不覺垂淚。劉性頗黠，徐起見之，笑曰：「毋作婦人態。從來悖入者，亦悖出。彼將十倍償我，無憂也。」是時，同泊之舟，無一免者，人皆切齒。劉於是擇舟子之強有力者十餘人，飾以僕從之服；已則冠水晶頂，造作令箭，急易快舟尾追之。俟其擄掠滿載，忽繞出其前，使僕截擒，即以其鐵索鎖之。謂曰：「本廳奉軍門令箭，查拿偽役抄搶案，送省梟示。」先起其贓，得銀錢數千，運入己舟。乃將偽役交駟卒看守，遂揚帆而去。與舟子分其贓，無不歡呼痛快。〔天理循環〕

2620	原 301/6	廣竹 1/6	大 9/114

篙長解危

海昌有藥肆主王某，善少林術，嘗挫一游僧；僧知力不敵，慚而遁。逾年，乘舟過吳下，登岸閒玩，突遇前僧，以師命邀入方丈。王知不能卻，約俟返舟飯畢而來。僧喜，反奔入寺。王歸舟，度無生理，潸然泣下。篙長見之，問其故？王具以告，篙長曰：「無懼，吾能助君。請假衣冠，以師弟稱。若角技時，必呼吾先，可以無事。」王諾之，遂偕往。群僧迎至後圃。有地一區，高垣圍繞，中有閱武廳事，勢甚雄偉；柱壯兩圍，礎高三尺，隔以石欄。有椅二，主僧與王對坐，寮僧十餘皆短褐持仗站圍，群呼曰：「來來來！」王謂主僧曰：「請徒與徒對，師與師對，我命弟子先戲可乎？」主僧見篙長體貌清癯，漫應曰：「可。」篙長乃釋服曰：「禿有賊形，恐竊吾衣。必謹藏之。」乃蹲身，抱大殿之後柱，起尺餘，簷椽震動，磚瓦齊鳴。以左足掃礎，倒置衣其下；以右足扶直之，仍安柱。轉身呼門，聲若巨雷。於是群僧咸股慄不前，膜拜請服。王歸舟，感其保全之力，酬以百金，不受。該篙長亦人傑也哉！〔孟賁再世〕

2621	原 301/7	廣竹 1/7	大 9/115

官紳用武

紳宦為四民之望。鄉曲中苟有紛爭之事，且將藉其片言折斷，以服人心。豈有煌煌衣冠中人，至不可以理遣情喻，而竟互相用武者。有之，自鄂垣候補某員與在籍紳士某廣文始。先是廣文與該員聯為兒女姻親，頗相輯睦。嗣因該員不知何故，頓將兒媳揮之門外，分居各爨。廣文聞之，謂此小家之戾氣也，豈閥閱所宜有哉？遂向該員委曲規勸，冀其回心。該員膠執己見，置若罔聞。廣文怒謂：「非親試老夫手段，何以決劉呂之雌雄？」因俟該員衙參之日，先詣轅門守候。迨該員下輿，突然至前，扭住痛毆，拳打腳踢，惡狠狠一場大戰；直至朝珠星散，袍褂鶉披，始經旁人勸解而散。然狼狽情形，已無復官兒模樣矣！〔成何〕〔體統〕

2622	原 301/8	廣竹 1/8	大 9/116

以鬼殺鬼

鹽官朱橋鎮，布市也。相傳橋左舊有無常鬼，高丈餘，五鼓時始出。見者咸棄物奔逃，遲則驚斃。庄農王二家有急需，知布市，故早乃攜燈負布而往。至橋左，遙見大鬼昂然來。王駭極滅燈，潛入桑林內，猱升樹巔，藏叢葉間。時月色朦朧，鬼不及睹。行至桑林外，喟然歎曰：「明明一人來，倏忽不見，妖耶怪耶？」語未竟，又一大鬼來。服色面目相等，向前拱其手而過。前鬼疑其已得客貨，欲抽分之；遂將後鬼喚回向索。後鬼瞠目直視，忽揚大掌，攔腰一擊，前鬼撲地，首與上、下身及兩臂，跌分五截。俯捏之，得青烟二道；解佩囊納訖，長嘯而去。王二猶不敢下樹。至旦，見行人結隊來，始呼救。眾集而後逼視，則鬼之首係紙糊者；兩臂與手，削木為之；上身一人，下身一人，俱死，紙衣亦裂。始悟二賊頂接作長人，假鬼以行劫，而真鬼斃之。報亦巧哉！〔天奪〕〔其魄〕

2623	原 301/9	廣竹 1/9 右	大 9/117

誤銀為鐵

慈西許連喜以換糖為業，蹀躞街頭，藉資餬口。一日，行至東郊，見某姓家庭宇寬敞，而景似式微。有幼孩年僅數齡，見糖思啗，其母以阮囊羞澀，不之顧。孩嬌啼不止，母保赤情殷，不忍坐視；適桌下有壓繡之鐵獅，即取而向之掉換。許以糖少許予之。比歸，疑獅之重滯也，取石濯磨；係內皆紋銀，而外罩火漆，其黑如鐵。權之，重八十七兩。許遂喜出望外，謂非加以磨礲，恐此粲然之朱提，終與頑鐵無異。吁！物猶如此，人何以堪？〔物色〕〔無常〕

2624	原 302/1	廣竹 2/9 左	大 9/118

絕處逢生

凡人窮通貧富，莫不有命。故困頓無聊之輩，因掘窖藏而致暴富者，往往有之，初何足異。所不解者，當財之來，鬼神若先為之告語耳。鎮海梅墟戚三慶幼失怙恃，以肩挑背負，自餬其口。然素性柔弱，不與人爭，以致窮愁無計。一日，將尋短計，夜夢父告曰：「明晨，某碼頭有遺財，拾以購呂宋票，必大獲利。」次晨，果拾一手巾包，有洋二枚、錢二百。戚大喜，即購英四月分票，得彩四千餘金。人皆謂戚少年誠慤，故天特厚以報之。庸庸多後福，不於此可信哉！〔時來〕〔運來〕

2625	原 302/2	廣竹 2/10	大 9/119

龍見

「龍見而雩」，古有明訓。當其時，未聞有殃及民居者。乃澳門於四月二十六日十二點鐘時，忽見龍掛。由東而西，攝去屋頂不知其幾千萬落；所過之處，無一瓦全。內港船隻被毀數十艘，溺斃百數十人。最奇者，有東洋車一輛，平空攝上，連人帶車，高至丈許，突然墜下，車已虀粉；而坐客及御者俱未受傷。可謂幸矣！後此龍行至欽州相近，為該處兵船所見，亟開巨砲轟之，始免波及。當龍初起時，但見黑煙縷縷，橫亘半天，幾疑何處走水。有鳴鑼報警者，乃僅閱兩分時，而飛行之處，毀物已若是之多。甚矣！龍之為靈昭昭也。然則，「鬥于淵，見于

絳郊。」左氏之言，豈盡浮誇哉！〔一飛沖天〕

2626	原 302/3	廣竹 2/11	大 9/120

跑竿貢禍

市肆新張，設樂肆筵以款賀客，固其常也。而近來必踵事增華，窮工極巧，往往費至數十金、百餘金不等。推其意，一若不如此，不足以壯觀瞻也；不如此，不足以廣招徠也。此等俗習，各處不同。試舉京師一隅言之，亦可知其無益矣。該處俗例，凡市上新設店舖，先搭一彩棚，懸挂花紅於上；其朝天四柱，橫竿長約數丈，由棚匠紮就。然後該匠飛行其間，如繩技走索然。矯捷若猱，履之如平地，都人名之曰「跑竿」。亦軟紅塵中之絕技也。五月初旬，東直門內新開某雜貨舖，循俗舉行是例。詎棚匠正在游行絕跡時，竿忽中斷，致該匠一落千丈，頓即因傷殞命。逞一技之長，臨不測之險，以性命博微利，如該匠者，何其愚耶？然新開之店舖，未獲利源，先遭命案。事後思之，亦謂之何哉？〔大殺風景〕

2627	原 302/4	廣竹 2/12	大 9/121

兔起鶻落

諺云：「三場莫到。」言戲場、會場、操場也。凡此皆無益有損。其甚者，且有不測之禍，人亦何樂而趨之若鶩哉！松郡當大閱之前，各營弁兵雲集教場，操演各陣。一日，有某甲手擎洋傘，立於雉堞間，憑高望遠，意興甚豪。忽起一陣旋風，甲立足不穩，飄飄然墜落城外。幸是處偪近大張涇，為砲船上兵士所見，剪江而來，急為扶救；則已目瞪口呆，不省人事，灌以湯藥，逾時始甦。遂為之雇舟送歸，然腰肋已受傷甚重；即幸免性命之憂，恐亦終成殘廢矣！宇宙至寬，何處不可託足？乃必以居高為快，卒至身臨危地，禍及噬臍，悔之晚矣！後生小子，可不鑒歟？〔一蹶不振〕

2628	原 302/5	廣竹 2/13	大 9/122

麥化為蛾

「物必自腐也，而後蟲生之。」故腐草為螢，朽稻為蛩，考諸紀載，往往而有。金陵某翁，家小康而工心計。因見今春雨多晴少，逆料二麥登場，必難有秋同慶；遂先囤積陳麥數百石，居為奇貨。迨新麥既割，恐舊麥損壞，思效高鳳持竿曬麥故事。乃囤甫開，瞥見飛蛾如恒河沙數，花團雪滾，滿屋亂飛，約半日許，皆向空飛散。回視囤中，已顆粒無遺矣。此事喧傳遠近，議論紛然，咸謂某翁性素慳刻，好以重利盤剝；故天特喪其資於一旦，以為若輩儆歟！昔干寶〈變化論〉有麥化蝴蝶一說，予始疑其未必然；今觀於此，知古人必不妄言。況蛾之為物，世俗有呼之為麥蛾者。然則其變化無端也，安在不能盡其所有耶！〔物腐虫生〕

2629	原 302/6	廣竹 2/14	大 9/123

賴婚狡計

京師崇文門外唐西伯街居民管某，年逾不惑；祇生一女，前年曾許字於鄰人某氏子。某氏固操奇贏術，富有多金；而其子又美秀而文。當時兩小無猜，固將謂一對璧人，真美滿姻緣也。豈知事變無常。去歲，甲忽逝世，其子為匪人所誘，不數月而家資已罄。女母聞之，頗有悔婚意，因商諸女。女雖小家碧玉，夙嫻大義，誓不改適。母無如之何，頓生一計，覓一少年丐，使偽稱為婿，前來退婚。無何，丐至，母命女出與相見。女知其隱，毅然而出，一再駁詰，丐即辭窮而遁。女竊意「母也天只，不諒人只」，欲以三尺白綾，自圖畢命。母懼，撫慰之，允從其志。未幾，為甲子之族叔所聞，嘉女之志，為之擇日完娶。噫！人情冷煖，世態炎涼，鬚眉中往往有然，況巾幗乎！如該女者，亦可謂鐵中錚錚、庸中佼佼者矣！〔志不〕〔可奪〕

2630	原 302/7	廣竹 2/15	大 9/124

典夥鹵

俗稱典夥為「朝奉」，不知何所取義。大抵謂其夜郎自大，恃勢妄行，無所不至；故吳諺有「朝奉停歇，只好賣油炸檜」之說。蓋亦慨乎其言之也。甯波永源當有朝奉邵某，性剛愎；而又無眼力，任意估貨，每至顛倒是非。一日，有柳姓持銀鐲向質，邵以銅臭目之，大聲呵斥。柳不服，邵大怒，縛於柱上，痛撻之。正喧嚷間，有老朝奉周姓取鐲詳視，密謂邵曰：「此實銀質，惟成色稍劣耳！」邵不信，用石磨之。果然。乃釋柳而付以質本，另贈洋一枚以為壓驚費，事始已。該朝奉真便宜之至矣！夫既不能辨物之真偽，不受其質可也；乃該典夥始加以惡言，繼肆其忿鬥，胡行妄作，毫無顧忌。典規之不整，一至於此。賢有司其亦思有以儆之哉？〔彼昏不知〕

2631	原 302/8	廣竹 2/16	大 9/125

郝連大娘

北平民郝連大之妻於氏，天性賢慧，妯娌樂親之，群尊之曰「大娘」，示不敢爾汝也。其家山居，夫以樵為業。大娘生一子，甫周歲。一日，由母家歸，值農忙之際，弟兄不能送。有鄰人子年十四五，其母倩令送女，大娘偕之行。繞谿越嶺，人跡罕到處，有群狼來撲，鄰子倒地。大娘急呼曰：「此子不可食，請以我子易之。」遂投其孩童於地，而與狼力爭鄰子。狼竟舍之。扶鄰子踉蹌而歸。其夫見大娘顏色慘變，詢得其故，攜槍往捕。至其處，見群狼環伺之；其子端坐于中，空地摶土為戲。狼見人來，跳躍而去。乃抱其子歸，夫婦互慶。明日，送鄰子歸，述之，通邑稱異。未幾，鄰子赴野拾菜，竟為狼食。村人益神大娘，死而廟祀之。凡有遇虎狼者，大呼郝連大娘，則必有旋風護之。故至今香煙猶盛云。〔有功〕〔則祀〕

2632	原 302/9	廣竹 2/17 右	大 9/126

人面羊

嘗考《山經》、《爾雅》所載人面魚、人面鳥，種類甚多，厥名不一，未聞有人面羊者。乃上海西鄉白鶴港永盛羊肉舖購得老母羊一頭，奏刀宰割，腹內有一雛羊，四足兩耳，居然羊也；而身體眼鼻，酷似人形。略觀之，與滬北小流氓無異。屠羊人見之，恐其亦能攔路行兇，大驚失色。幸此物已為野叉收去，乃另儲一木盆內，任人觀看。說者謂此母羊或為牧童所淫，故有是異。或謂邇來人面獸心之輩，甚多人而獸，何必無獸而人乎？總之，物反常則為妖。戾氣所鍾，不幸於此羊見之耳！〔不尷不

尬〕

2633	原 303/1	廣竹 3/17 左	大 9/127

巨蚌生珠

揚州裏下河一帶，濱海之地，素饒蚌蛤；蜃樓海市，時見幻形。一日，鄉農某甲獨行隴畔，得一巨蚌，約重二、三十斤。因習聞父老言，蚌結珠胎，遂欣然攜歸。取刀剖視，果得一珠，大如胡桃，寶光四射。真希世之珍也。甲大喜，急倩識者品評，皆云寶貴非常。惜入於鄉愚之手，不免有明珠暗投之誚耳！按蚌之孕珠，如懷妊然；故謂之珠胎。昔有蚌如蘆席大，游行水際，輒發奇彩；光明如月，陰霧中人面相覩。人皆謂有奇珍。今甲乃無心得之，不亦幸乎！〔奇珍〕

2634	原 303/2	廣竹 3/18	大 9/128

捕蝗新法

今歲大江南北蝗蝻滋生，兵民竭力撲捕；終以遺孽眾多，未能盡絕。大憲為民除害，竭智盡能，亦幾曲盡人事矣！不謂成法所在，更有新奇。聞近日復得一制蝗之法。擇五行相剋之日，所謂「死日」者，用雄雞一隻，供於八蜡廟神前；各官虔誠行禮畢，將雞入沸鼎中，片時取出，手擘雞頭，令一腔熱血，涔涔滴下；承以白米數斗，易玉粒為丹砂，分賜各鄉。遇有蝗蝻處，以此米灑之，自能不捕而滅。五月初五日，劉峴帥親率僚屬赴八蜡廟，遵法奉行，肅肅雍雍，恪恭將事。想至誠可以格天，紅粟所頒，既遍阡陌，幺麼小醜，不難即行殄滅。誦詩至「蟊賊」之章，能無慨人事之未盡哉！〔關心民瘼〕

2635	原 303/3	廣竹 3/19	大 9/129

土地顯靈

為人之道，孝友為先。而求之今日士族中，且不可得，況其下乎？孰知事竟有不盡然者。甯波北門外有孫阿七者，素業小販。每日黎明即起，至江廈購貨，轉向各村肩挑喚賣，習以為常。五月十四日，戴月而出，行至吳家河塘，突被二黑衣人推之倒地，騎壓其身，用泥塞口。孫心雖了然，無如力不能敵，只得任其所為。正危急間，一老人手持鳩杖，貿貿然來，將黑衣人逐去；搵出污泥，扶孫至橋上小坐，囑之曰：「俟有同業人來，汝可偕去。」孫感激涕零，叩問姓名？老人曰：「吾土地也。念汝為人孝友，特來相救。」言畢，入地而沒。按是說頗為神奇。然古來孝子悌弟，以至誠格天心者，往往而有。今孫以鄉僻愚夫，乃能獨敦至性，允足為鄉里矜式矣。其邀鬼神之呵護也，宜哉！〔孝友可風〕

2636	原 303/4	廣竹 3/20	大 9/130

划水仙

海洋中有神焉，曰「水仙王」。不知始自何時，亦不詳其姓氏。凡海舶在大洋中，或遇颶風忽至，駭浪如山，舵折檣傾，繩斷底裂；技力不得施，智巧無所用。斯時惟有划水仙一法，能拯救之。划水仙者，洋中危急時，近岸不得，則率舟中人相與披髮，共蹲舷間，以空手作撥棹勢；而眾口復假為鉦鼓聲，如五日競渡狀，自能轉危為安，頃刻抵岸。一若有人暗中持之者，鬼神之力也。去年有二舶自臺郡開赴雞籠、淡水，忽為大風折舵，舶腹中裂。舟中人皆自分無再生之理，舟師告曰：「惟有划水仙可免。」遂依法行之。於是舟之沉者，旋復浮出，破浪穿風，疾飛如矢。須臾，即抵彼岸。故雖徒手撥虛棹，而能抗海浪、逆颶風，拯人命於呼吸之間。其效之神速有如是。嘻！奇已。〔救危〕〔妙法〕

2637	原 303/5	廣竹 3/21	大 9/131

錯認麻子

昔人詩云：「皇天愛我容顏好，將我容顏爽爽圈。」諷麻子也，至今傳為笑柄。乃竟有因之受累者。蕪湖三聖坊後某花煙館有一妓，稍著艷名，朝李暮張，所歡甚眾。初與某染坊主麻子某甲有白頭約。未幾，又與河口司門丁某乙情好甚篤。甲踢翻醋罐，誓欲得乙而甘心。乙知之，遂為先發制人之計，糾眾麕集煙館，相約俟麻子至，一齊動手。詎是日，甲適因事未至。適有某當舖朝奉某丙，面亦麻子，挈伴而來。甫入門，眾無賴見其面貌相同，遂大呼曰：「麻子至矣！」不由分說，爭以老拳奉敬；直至遍體鱗傷，奄奄一息。始經該當舖邀人救出，並拘獲兇手數人，送縣究辦。不知此麻子可免性命之憂否？諺云：「十麻九俏，不麻懊惱。」若丙者，誠不若光面之為愈矣！呵呵。〔面目相同〕

2638	原 303/6	廣竹 3/22	大 9/132

關西大漢

防風之骨可專車，長狄之身橫九畝。巨人自古有之，何必至今遂無其人哉！客有自山左來者，自言在該處見一老叟，身長一十二尺，首大十圍，腰圓兩抱，拳如巨缽，腿若堂柱；驅犢十餘頭，以三犁並耨，往來甚駛。客異之。時值山雨欲來，趨避樹下以觀。俄有壯者擔觔餅八枚、牛脯一甕來餉叟，亦止樹下食之，頃刻一空。客更駭異，詢其姓氏、年歲。叟曰：「我生之初，於今兩週甲子又五年矣。劉姓，無名，人呼我大漢，我漫應之。有地一十八頃，耕以自給。子六人，今存其半。餉我者為曾孫。我日必耕地十餘畝，以舒筋骨；否則，體便不快。惟衣食甚費，一短褐須大布五匹，中衣三匹，襪猶半匹也；兩餐需麵二百五十六兩，牛肉及白酒各三百二十兩。如是而已，無他能也。」客揖而退，嘗述之如此。予曰：客所言，昔所謂關西大漢，手持銅琶鐵板，唱〈大江東去〉者，毋乃即其人歟？〔非常之人〕

2639	原 303/7	廣竹 3/23	大 9/133

逆子入井

慈西郭姆渡農人李阿發，性情暴戾，酷嗜杯中物；平日以販柴為業，一肩甫卸，覓醉爐頭。常效灌夫之罵座，同儕咸齒冷焉。端陽日，蒲觴競進，深入醉鄉。比歸，適族中有尊長來。李傲不為禮，出言不遜。其母出而喝阻。李非惟不知悛改，反扭母髮而抶之。事為族眾所聞，謂似此悖逆，若不痛懲，何以伸家法。乃以長索縶之，欲沉諸井；實則使之懼而知悔，並非真欲置之死地也。詎李力大如牛，下井後，兩足亂蹬，砉然一聲，索斷人墜，顛入波心。眾大驚，急用挽篙鉤上，則魂已為井底之蛙矣。於是人皆謂忤逆之罪，上通於天，王法雖逃，冥誅宜至。

宜其不得死所也。〔天理〕〔難容〕

2640 原 303/8 廣竹 3/24 大 9/134

量人蛇

深山大澤，實生龍蛇；蛇類之繁，不勝枚舉。其中有所謂「量人蛇」者，見人則憑空矗立，若與人較長短者然。膽小者遇之，每因驚悸成疾，或至身死。此事嘗聞父老言之，究亦無人親見也。乃甯波某客自象山收茶回，自言在竹山地方，遣夥張姓從裏山運茶至市，相距十餘里，時有蛇從路旁出，昂然直立。張驟見之下，魂不附體，捷足狂奔。蛇復飛馳從之，相逐里許，蛇始不見，而人已神情昏憒矣。或曰：近來小街猺巷有等似蛇非蛇者，見人則攔路而立，不肯稍讓；或故意擠近人身，俟其開言，便肆兇橫，甚至搶錢攫物，以遂其擇肥而噬之心。若此者，皆由為虺弗摧，而至為蛇者也。嗚呼，蛇之毒猶可避，奈何人之毒更甚於蛇乎！〔咄咄逼人〕

2641 原 303/9 廣竹 3/25 右 大 9/135

溺女顯報

虎毒不食兒，況人乎？乃鄉僻婦女，往往有肆其殘忍，因牛女而遽行溺斃者。噫！是豈獨無人心者哉？甯波奉化唐嶴有馬阿垌之妻某氏，性悍而忍。膝下已有兩男一女，深慮食指日繁；後遇弄瓦，即行淹斃，非一次矣！夫深悔之，常勸以果報之說，勸令改過，婦佯允之。近日，復產一女，夫防之維謹。婦無奈，伺其出也，潛復下床，將孩仍覆於水。忙迫間，失足跌地，額角洞穿，血流如湧，越日殞命。《書》曰：「自作孽，不可活。」其此婦之謂矣！溺女者，其亦鑒之哉！〔死孩索命〕

2642 原 304/1 廣竹 4/25 左 大 9/136

神魚祝嘏

慈西四十里丈亭市，濱臨大江，為往來餘姚必由之路。市東近岸處有大活石一塊。每屆五月十二日昧爽時，由該處漁人登石垂綸，必有鮮黃魚二尾上釣，俗謂「龍王祝關帝生日」，每年不爽時日。初釣起，魚尚生機活潑，金光耀目。即送入城，供奉神筵。漁人不敢取值，謂此中若有神助。不然，江中平日素無黃魚，何於此而忽有耶？是亦一異也。〔悠然〕〔而來〕

2643 原 304/2 廣竹 4/26 大 9/137

賽會誌奇

武昌每於仲夏迎賽神會。有所謂「楊泗神」者，近則易名為「磨子菩薩」。凡各行磨子，總繫各行之名於磨子之上。如豆芽菜行業所供者，名「豆芽磨子」，籮夫所供者，名「籮夫磨子」。其迎賽也，尤為詭異。神轎以最重之木為之，內或加鐵板，或壓磨石，五百斤為率。所過處有燃鞭爆者，就其門前小駐；以雙手擎神輿過首，旋轉不停；視鞭爆長短為行止，鞭爆不止，手不敢休。故抬此輿者，必選二十餘歲之強有力者，或三四班，或五六班不等；蓋預備多燃鞭爆之家，或至力竭，則有以更換接替。武漢風俗，其好勇也如此。〔事同〕〔兒戲〕

2644 原 304/3 廣竹 4/27 大 9/138

鬧房肇禍

江浙風俗，新婚鬧房，有三日不分老少之說。於是少年好事之輩，謔浪笑傲，任意輕狂，絕不為新郎新婦地。此等惡習，紳宦家猶不多見；而舖戶居民，則往往有之。獨奈何因游戲之故，致罹切膚之憂耶！甯波江北灣頭地方有孫某者，性好弄，恣其輕薄之行，遇人婚娶，雅善鬧房。每乘人熟睡時，務取新婦衣飾以為笑樂。常詡詡然自以為雄。某日，為其中表親吳姓合巹吉期，賀客畢集，孫亦與焉。吳逆知其必故智復萌也；乃於房門上插數箸，貯水滿銅盆，置箸上以俟之。夜半，孫果挖門入，不隄防銅盆當頭墜下，洞穿其額，血流如湧，當即暈倒，旋經人扶出醫治。據言傷經水氣，殊多周折，後不知能無恙否？鬧房之俗，有損無益，不於此可見哉！〔樂極生悲〕

2645 原 304/4 廣竹 4/28 大 9/139

降神惡俗

九江俗例於五月十八日有舁賽神會之舉，藉以驅瘟逐疫。其他執事儀仗，姑不暇誌；所可異者，於神像中間，夾立一、二壯漢，名曰「馬腳」。馬腳有老有新，云能降神，老者能自降，新者須練其降之之法。先一日，會中人齊集神前，手提大鑼，在馬腳耳邊鏜鏜亂擊，其聲不絕；久之，大呼曰：「菩薩至矣！」在會諸人，皆膜拜祈佑。馬腳則狀類顛狂。或赤足飛跑於火練紅磚之上；或嚙磁碗如齏粉，吞入腹中；或將布纏項，令二人扯之；或箕踞於神頭，或矗立於神座。種種醜態，無非惑世誣民。而愚夫愚婦，往往深信不疑；甚至有邀其治病驅邪，至死不悟者。真惡俗也。賢有司何不嚴行禁止耶？〔無理取鬧〕

2646 原 304/5 廣竹 4/29 大 9/140

侮人自侮

客有自嘉禾來者，言其邑中，昔有標客金氏，為人和藹。幼習武藝，能運氣敵金刃；壯年出外保標，江湖赫赫有名，盜賊聞風而懼。及其老也，腰有千金，退歸林下，不外出矣。時邑中有惡少數十輩，皆習拳勇；推一人為翹楚。其人亦詡詡自得。眾皆曰：「我邑中老前輩惟金某為最。汝能勝此人，則傑出矣！」其人曰：「姑試之。」或勸其不可孟浪。曰：「戲之庸何傷！」於是群伺於市。是日微雨，金持蓋著屐出市。某人潛至身後，以右手挖其臂；金即運氣至臂，夾其手，使不得出，故作不知，徐徐而行。其人五指痛入心肺，不覺哀切求恕。金行自若，市人皆大笑。眾見少年色變，群遮金陪禮，金始鬆臂；其人跌出丈餘，伏地不動。眾視之，指臂皆青腫。金不忍遽死之，令扶至家，給以三丸，曰：「以酒服，當不至大損。」其人服之，下血升餘。疾雖愈，而右臂從此無力。〔自取其侮〕

2647 原 304/6 廣竹 4/30 大 9/141

捕蛇奇術

象山竹山市鼎豐盛糧食舖，開設有年，生意鼎盛。惟自去夏以來，舖中棧司多患面黃肌瘦，馴致不能力作，始行告退，屢易皆然。舖主疑之，而莫知其故也。一日，有江湖流丐二人至舖乞食，一顧盼間，謂舖主曰：「爾舖中有蛇，形似琵琶。主吸人神氣，耗人精力。再越三年，蛇生翼能飛，非天神不可制矣！」主人懼，急倩擒治，許謝青蚨六千翼。丐諾之而去。次日復至，以袋貯蛇三十餘尾，將地板開一洞，僅方寸，隨取所攜蛇放下，則觸板有聲。蛇盡啟板，則見此蛇已為群蛇纏繞。身作金黃色，長二尺餘；首之左右，各有二角；腹大如瓠，扁而不圓。雖其狀可怖，而身已為群蛇所困，莫能肆毒。乃挑置曠野，積薪焚之，其害遂除。〔以毒〕〔攻毒〕

2648	原 304/7	廣竹 4/31	大 9/142

倔強性成

李三，津人也。在縣署前與混混尋釁，以致身受棒傷，腿骨已折，控縣請究。李於忿怒之下，復以利刃自傷兩處，投縣請驗。時係用笸籮舁登堂上，困憊情形，見者慘目。驗畢，回寓養傷。舁者擬趨縣署後門，出北城闉而歸關上，則路途較近。甫經馬號，李于迷惘中驚醒，謂：「何不出頭門，經縣閣，何等堂堂正正；而顧旁趨側出耶？我與縣閣外混混尋仇，倘或道出他途，示人以怯。雖決西江之水，不足以雪此恥。」舁者佯若弗聞。李遂於笸籮滾下，匍匐而前，欲出頭門，一若不知創鉅痛深也者。舁者不得已，始從其意。甫出衙前，即矢口大罵，逾縣閣而止。該處混混，立如仗馬，噤若寒蟬。於是輕薄少年，咸以李三為錚錚鐵漢。北方之強，真所謂衽金革，死而不厭者也。〔憨不〕〔畏死〕

2649	原 304/8	廣竹 4/32	大 9/143

誘妓洩恨

邗江某翁家本小康，平日愛錢如命，不肯輕拔一毛；而其子偏喜作狹斜游，揮金如土，無稍吝惜。一日，乘父出外，竊取銀餅百數十枚，至土妓文寶處，偎紅倚翠，曲盡綢繆，大有此間樂不思蜀之意。比翁查知情形，偵騎四出，始得將子尋歸，而阿堵物則已盡作纏頭資矣！翁憤無所洩，心生一計，潛假子名，偽為召妓侑酒也者。文寶不知是計，濃妝艷裹，乘輿而來。甫及門，其子潛遣書童止之。文寶甫欲回身，而翁與其妻及女、媳等，已攔截歸路，東拖西扯，強將文寶拉入，龜奴悉屏門外。然後，閉文寶於邃室中，奪去衣飾，至赤條條一絲不挂，持棒痛毆，如捕快之打盜賊然。文寶嬌啼呼救，聲達戶外。乃由鄰人毀鍵而入。搜見文寶，則已遍體鱗傷，慘不忍覩。向翁婉勸再三，僅給衣袴，縱之使去；其餘貴重之物，則堅不肯還。翁真可謂為富不仁者哉！〔摧花折柳〕

2650	原 304/9	廣竹 4/33 右	大 9/144

拾金不昧

燕人某甲孑然一身，貧無聊賴；不得已，效鄭元和唱蓮花落故事，終日吹簫托鉢，游食市闤，意亦甚適。一日，有策馬而馳者，顛簸囊裂，落寶銀二枚於地。丐見而大呼，其人不覺，狂奔而去。丐乃拾之，自忖曰：「吾其以此易錢乎？彼肆主必疑吾為盜，何以自白；且緝捕者見之，必攘去；即不然，同儕見吾多金，有不思殺而奪之者乎？然則，此禍基也，不如獻諸官。」遂投獻縣署，邑宰奇之。適失金者詣縣稟陳。邑宰遂以寶物還之，而令其重酬丐者。風俗澆漓之會，乃有此義士，殆亦古之人歟！〔古道可風〕

2651	原 305/1	廣竹 5/33 左	大 9/145

選樓餘韻

昔王漁洋先生有《説部菁華》之輯，惜市上流傳甚少，未易購求。今本齋擬仿其例，特集各種稗官野史，自漢魏以迄明季，得書數百種；燦然全備，廣為蒐羅；上下五千年，縱橫七萬里；所有可驚可愕，可泣可歌之事，無不精心採錄，蔚為巨觀。集説部之大成，創前人所未有，未始非一大快事也。惟是卷帙甚繁，編輯非易。玆擬隨選隨錄，每篇仍繫以一圖，俟書成後再行編次。故目錄及序，須待後出。至其事實之新奇瑰異，上期已登列一篇，閱者自能擊節稱賞。諸君子有欲窺全豹者乎？幸勿見一斑而自足也可。〔洋洋大觀〕

2652	原 305/2	廣竹 5/34	大 9/146

一字忿爭

漢鎮木匠向惟漢陽、武昌二府人為多。漢陽稱文幫，武昌稱武幫；幫雖二而公所則一。每年集會，或前或後，皆在魯班閣內。前數年，曾懸一匾，上書「文武幫」三字。武幫中人見之，不欲武字居次，乃曰：「各行分幫，名以地起，匾上應書曰：『武漢幫』。文字何所取義？」兩造因此齟齬。星霜屢易，仇隙未消。今年值武幫單刀會期，文幫有數十人入閣喧譁，旋以干戈從事。其時，文幫人寡不敵眾，敗北而歸。訴其主，欲興問罪師，其主止之。眾匠怒，糾集百餘人，各執器械，反戈相向，欲與本幫各主為難。其主無奈，稟縣請究。邑尊飭役拘拿，獲匠數名，從嚴笞責，餘人始不敢逞。昔《呂氏春秋》成，懸諸國門，「能改一字者予千金」，故世有「一字值千金」之説。又孔子「一字之褒，榮于華衮；一字之貶，嚴于斧鉞。」一字之得失，鄭重若此。今復以一字而結不解之仇，謂非天下之奇聞哉！〔小不忍〕

2653	原 305/3	廣竹 5/35	大 9/147

單人命

天下之釀成命案者，或因毆鬥，或因角技。大率係兩人，斷未有一人空自揮拳，而亦墮入枉死城者。有之，則自某甲始。甲在蕪湖西門外曹家巷口開設小煙館。一日在櫃內挑煙，適一賣荸薺者踵門求售。甲順取一枚，張口欲啖。賣者不允，攫之遽走，至門外，口中猶咄咄不已。甲在玻璃窗中，伸拳作勢，大喝曰：「汝敢再來，定教汝嘗此風味。」言未已，但聞砰訇一聲，甲拳已打出窗外；蓋一時忿火上炎，忘其尚隔玻璃窗也。趕即收回，則臂上皮膚已被玻璃劃破，血如泉湧。然猶搶步出門，追過長街，血溢愈甚；自知不妙，飛步奔回，及門而倒，須臾即斃。隨由地保報縣相驗，備棺殮埋。老拳甫試，鬼籙遽登。既無角鬥之人，未設抵償之律，是亦人命之別開生面者矣！〔自取〕〔滅亡〕

2654	原 305/4	廣竹 5/36	大 9/148

查蝗舞弊

江甯各屬蝗孽之滋生也，地方官下鄉查勘，設法撲捕，無不盡心民事，然其間容或有不肖者存焉。聞有某縣尊以蝗蝻害稼，先委廉捕及某佐雜赴鄉查辦。迨廉捕等行抵鄉間，即飭地保傳諭各圩，速集民夫搜捕蟊賊。己則帶同家丁、胥吏，登高四顧；見有某圩民夫未集，立拘數人，贈以兩部肉鼓吹。鄉民無不毛髮悚然。地保知我公來意，乃諷示圩董：「苟能醵洋四元為廉捕壽，再醵其數為從者壽，管教汝圩鷄犬不驚。」鄉民從之，典衣糶穀，爭奉戔戔。於是他圩聞風興起，亦復效尤，果得四境安靜。夫委員查蝗，所以為民除害也；乃一害未除，一害復至。蝗之害，人共知之；查蝗之害，特鄉民知之，而大憲所不及知者也。雖然，此猶其小焉者耳。欲極其弊，請觀以下營勇犯姦事。〔假公〕〔濟私〕

2655	原 305/5	廣竹 5/37	大 9/149

營勇犯姦

金陵某營弁勇奉憲檄赴各鄉搜捕蝗蝻，宜如何戮力同心，為民除害。詎於五月二十八日，有勇七名約伴至某處。時則大低對曠，四顧無人；驀一女郎，破瓜年紀，解佩風神，隨一年甫弱冠之兄長前來。七勇見之，陡起不良心，叱其兄曰：「爾何人，斯敢約少女偕逃乎？」其兄未及回言，拳即如雨點下，乃駭而奔避，不復顧及嬌妹之弱質伶仃。勇遂於光天化日之下，將女次第輪姦。比其兄號召鄉人追蹤而至，則女已血污狼藉，魂赴泉臺矣！鄉民圍而擒之，七勇無一漏網者。乃稟由營官押解營務處，會同上元縣，驗明女屍，提勇推鞫，直認不諱。當由各官稟詳劉峴帥。峴帥勃然大怒，諭令以軍法從事，人心始為大快。吁！一時歡樂，駢首就誅。作惡者亦可以鑒矣！〔殺無赦〕

2656	原 305/6	廣竹 5/38	大 9/150

天理難容

甬人葉某家居慈谿之東，向以販售珠玉為業，恆出外數日不歸。家有一妻，與某媪比屋而居，頗相輯睦。一日薄暮，大雨時行，有過客入門求宿。婦告以夫婿不在，未便容留；無已，盍商諸間壁老婆婆乎？客曰：「雨大如斯，往來非易，衹求軒中一席地，坐以待旦，請行方便。」婦聞而惻然，乃假以棉袍一襲，曰：「以此為衾，亦足禦寒。」遂閉門登樓而寢。次日昧爽，客在樓下呼曰：「棉袍置在桌上。青蚨一百，權作寓資。吾亦從此去矣。」時某媪備聞其言，潛入竊取一空。迨婦下樓不見衣與錢，深自懊喪而已。下午葉歸，媪陰告以昨夜宿客事。葉大疑，向妻詰責。妻無以自明，晨起縊於柴間。天忽大雷雨，攝某媪長跪婦前，臂挾棉袍，手持青蚨，震死於地。婦因縊繩中斷，漸得復蘇，至是葉始知其冤。〔雷霆震怒〕

2657	原 305/7	廣竹 5/39	大 9/151

黑人

滬上有陳阿四者，狗偷鼠竊之流也。常在法界各碼頭輪船上探囊袪篋，擾害行人。前日，又至江裕輪船施其伎倆，經小工頭目陳阿路所見，立即拘獲。遂褫其衣服，從頭至足，遍抹柏油，黑若鬼薪，曝諸烈日之下。陳遭此荼毒，痛苦不堪。有某署幕友見之，謂人之本來面目，何可抹卻？因喚法巡捕解送公堂。葛同轉訝其滿身都是黑氣，不堪寓目，諭令包探帶去，為之澡身浴德。及提陳阿路到案，訊究供明，油係小工萬成所塗。同轉謂拘獲竊賊，理應送捕懲辦，何得擅用私刑。判罰洋兩元充公，再罰一元賠償阿四衣服。塗油之萬成，則尚須提案究辦。説者謂阿路之辦賊，固未免太惡；然阿四之作賊，亦豈容狡賴。乃因油漆塗身，遽邀恩典，黑人不亦占便宜耶？是無怪滬上之人，皆好服緇衣也。〔不清不白〕

2658	原 305/8	廣竹 5/40	大 9/152

馬夫兇橫

邇來租界中馬夫肇事，時有所聞。雖經捕房嚴為約束，無如若輩頑梗性成，不思悛改。嘗見洋場十里間，馬夫執轡而來，每遇東洋車避讓稍遲，往往揮鞭直撲；或途遇行人，亦必執策肆毆，然後加鞭飛駛。追之不及，執之不能，無怪若輩之膽愈大，而人皆付之無可如何也。日者，英租界四馬路有一半老徐娘，手挈幼孩，行至五層樓前，左顧右盼，得意揚揚。不虞後有鋼絲馬車飛馳而來。婦迫不及避，遂被馬首撞倒。霎時鬢雲撩亂，衣履沾泥；猶幸未受重傷，得即掙起。馬夫見之，忽揚鞭大罵曰：「爾豈兩目青盲者！何竟躑躅中途，不知趨避。萬一撞傷，誰執其咎？」舉鞭欲擊之。幸行路者咸抱不平，馬夫始策馬飛奔而去。然跡其兇橫情形，實足令人髮指。安得工部局嚴行查辦，有犯必懲，租界中人庶幾同歌樂國也夫。〔恣意〕〔胡行〕

2659	原 305/9	廣竹 5/41 右	大 9/153

邂逅姻緣

京師廣渠門外大交亭村有張姓婦，因赴他鄉索逋，挈同年纔志學之猶子以行。路經一村，時已昏黃，欲行不得，遂投某姓家寄宿。入門見二嫗及一少艾，相與並坐，略敘寒暄。少艾即詢童子曰：「年幾何矣？」曰：「十五歲耳。」又問曰：「汝曾有室否？」童子赧顏曰：「未也。」旋聞二嫗私議曰：「年雖稍幼，然風度頗佳。真快婿也。」是夜，遂向張姓婦面訂婚姻。次日，張婦歸，竟擇吉委禽焉。姻緣巧合，忽在邂逅相遇之時。月老牽絲，真出人意料之外哉！〔萍水〕〔相逢〕

2660	原 306/1	廣竹 6/41 左	大 9/154

毫髮無憾

髮膚踵頂，同為父母所遺，固人子所不敢毀傷者也。然陶母截髮留賓，古已傳為佳話。知人固有取資於髮者。惟蒼蒼者苦其白，皤皤者嫌其黃，種種者又患其短。良以華人之髮，皆取其黝。若以西人而取華人之髮，未免用非所宜。乃駐粵英國領事查得去年粵省出口頭髮計有八萬磅之多，係取自乞丐、監犯者居多。蓋西人染成黃色，載往外洋，以供西婦裝飾者也。審是，則八千根煩惱絲，亦足為中國一大宗生意。吾知擢髮而數者，皆將捉髮以迎矣！〔如雲〕〔如漆〕

2661	原 306/2	廣竹 6/42	大 9/155

堯峰毓銀

堯峰在蘇郡西南鄉。國初順治年間有長洲人汪苕文太史，在史館兩月，撰史稿七十五篇；稱疾而歸，嘗讀書其間。以文章為己任，標望彌峻，至今蘇人稱名勝焉。厥後山上建一叢林，暮鼓晨鐘，香煙鼎盛，僧徒數輩，卓錫於此，頗相安也。近日，忽來一西人，登山瞻望，往復數次，召住持僧語之曰：「予畀若金，願賃是山居住；但得一諾，雖多金亦弗靳也。」僧疑之，商諸紳董，擬議再三，莫解其故，相與入城稟諸官憲。委員履勘始悉，此山實產白銀，礦苗甚旺，纍纍者不啻鄧氏銅山、郭家金穴也。地不愛寶，古語信然。幸而該西人之計不遂，我中國得收天地自然之利。彼山靈不亦騰笑乎？〔富國〕〔有基〕

2662	原 306/3	廣竹 6/43	大 9/156

淩虛有術

王仙槎者，昌平州人，年近不惑，擅有異術，人皆以王半仙稱之。近日游行京師，風致翩翩，雅有孤雲野鶴之概。一夕，在某曲院中謂其友曰：「予夙善御風之術，能超越重城，時許游行二百餘里。昔在南省軍營，曾膺偵伺之差。今已無志進取，時藉薄技游戲人間。君亦願觀之乎？」友欣然請試其技。王隨步出院外，口中喃喃有詞，旋在地下以指畫符篆數次，躡足其上。果見憑虛而起，始僅離地二尺許；繼聞一聲長嘯，倏已高至丈餘，大有軒軒霞舉之勢。正驚愕間，而王已翩然下止；且謂極其術，可以上淩霄漢。今特小試之耳！叩其何術致此，笑而不答，遂一揖而別。次日，蹤跡之，已不知何往矣！王君其果有仙術乎？然以食人間煙火之身，吾恐未必果能飛昇也。〔飛行〕〔絕迹〕

2663	原 306/4	廣竹 6/44	大 9/157

履險如夷

慈谿俗例，每逢夏至前有龍食楊梅之說，其事甚奇。緣該處素多楊梅樹，當可摘取時，必有一日風雷雨雹，倏來倏止。然後園主出售，則色味並美。歷年來屢驗不爽，故人皆神之。本年五月二十六日下午，天忽大雷雨，雜以冰雹，人皆曰龍食楊梅矣！時北門外鄭岙地方王姓家有一孩，年甫六齡，坐一小輪車，令群兒拉行為戲。不虞雨雹驟至，奔避不遑，竟為封家姨攝去。兒在車上大驚而號。父母聞聲出視，惟見淩雲直上，飄飄欲仙；苦無列子御風而行之術，俾得升天救人。幸轉瞬間，天已晴霽，偵騎四出，遂於距家里許大楝樹枝杈上，見孩與車安然無恙。乃設法取下，詢其何以至此，亦不自知，遂疑冥冥中有鬼神呵護焉。其然乎？其不然乎？〔若有神助〕

2664	原 306/5	廣竹 6/45	大 9/158

室女產石

邇來胎產之異，時有所聞；從未有以血肉之軀，生成頑石者。詎甯屬鎮北范姓家有一女，年甫及笄，幽閑貞靜，閨訓風嫺。平居不出戶庭，輕薄少年，往往欲窺半面而不可得，固似玉女而非石女也。近日不知如何，結下珠胎，腹漸膨脝，已如五石瓠。見者皆疑其懷孕，不免嘖有煩言。至某日，竟產下一毬，提之頗重。揮刀砍之，內一石卵，長七寸許，粗如茶杯，光潤可愛。鋸而視之，則中有山水殿閣，人物歷歷可數。范驚疑交集，攜入郡城，向古玩舖詢究，皆莫知其由。或謂此女係感月華之氣，以致入腹成胎。語似近理。旋經某幕友以英餅十枚購去，殆亦有米元章之癖歟？特不知其亦將拜石為兄否也。〔奇胎〕

2665	原 306/6	廣竹 6/46	大 9/159

四頭奇獸

日本大阪坡近有一奇獸，貓首牛尾，身大如犢；其首有四，至脊部始合為一體。一時觀者莫知其名。或曰：《山海經》所載有一首而不一其身者矣，如鴟一首三身，肥遺一首兩身，何羅魚一首十身是也。至不一其首者，惟鸓有兩首，鵸䳜三首，鵸鵌三首六尾，鸀鳥六首。是羽族也，而非毛族。若獸之以旁挺側生見異者，則有諸懷四角，獙狪亦四角，長右四耳，猙五尾，從從六足，狐身九尾，猼訑九尾而四耳。安在不以多為貴，而不及於首。然跂踢則左右有首，并封則前後有首，首固有不一而足者；況天吳八首，蠱姪、開明皆有九首，何必遂無四其首之類？然則茲獸也，殆亦與顒有四目，人魚四足，鳴蛇、䲹鳥均有四翼，同為翹然特異之品，而惜其未遇博物君子為之審其名耳。〔毛族〕〔奇彪〕

2666	原 306/7	廣竹 6/47	大 9/160

粉黛變相

茶棧揀茶，向用婦女，取其價廉工細也。其中婦女雖妍媸美惡，各自不同。而一種青年少婦，往往搔首弄姿，妝束齊整；藉博司事之青睞，以冀工資之稍優。惡習相沿，匪伊朝夕，用女工者皆然，固不惟茶棧為然也。九江某茶棧，近由通山辦到子茶若干；招集小家碧玉，結隊成群，入棧揀選。慮眾女之懷茶而出也，循例派一老嫗，終日危坐門首，遇有嬌娃外出，逐加搜檢，如考場之搜夾帶然。一日，有數少婦各懷雀舌少許，未及出門，被老嫗搜出。棧中人聞而大譁，立將數少婦圍在垓心，任情笑罵。老嫗隨用墨煤，各塗其面。一時羞花美貌，陡變為夜叉奇形。見者無不絕倒。嗣經旁人解勸，令燃爆竹服禮，該少婦始得掩面趨歸。然其狼狽情形，已覺不堪回首矣！〔有何面目〕

2667	原 306/8	廣竹 6/48	大 9/161

問道于盲

僧人不守佛戒，無處蔑有。於此而欲求一六根清淨，五蘊皆空，能參上乘禪，演說佛家宗旨者，蓋戛戛乎其難之。不謂蕪湖河北龍王廟，近來一瞽僧，腹笥便便，頗極淵博。終日談經論道，口若懸河；且語多警悚，直欲喚醒世人。而一種渾穆之氣，自能令人肅然起敬。每至入妙處，雅有頑石點頭，天花亂墜之概。風聲所樹，聞者翕然。于是鳩江各僧眾，自著名之慧通禪師以下，均來訪道；竹杖芒鞋，絡繹不絕。僉謂該瞽僧有佛印之風，殆亦盲于目而不盲於心者耶？或謂該僧幸而兩目俱瞽，俾得一意參禪；所謂放下屠刀，立地成佛者是也。不然，吾恐雙目灼灼，未必不如今之賊禿、淫禿也。噫嘻！〔高僧〕

2668	原 306/9	廣竹 6/49 右	大 9/162

想想笑

某甲不知何許人，在金陵夫子廟前陳設一攤；中列五色紙包，星羅棋布，如數家珍。懸其牌曰：「出賣想想笑。」人詢其包中何物？答曰：「是即想想笑也。此物於晚間燈下開視，便放金碧之光，照耀奪目，灼如隋珠；惟早放則不驗。只需青蚨五文，即可攜回，以博闔家一粲。」人訝其價廉物美也，解囊購歸，如法開放。惟見螢火高飛，似以輕羅小扇撲來者。乃恍然曰：「予為彼所愚矣！」既而思之，不覺啞然失笑。蓋顧名思義，似尚不虛。騙術之巧，真想入非非；然其術易敗，卒亦不值一笑也。〔騙局〕

2669	原 307/1	廣竹 7/49 左	大 9/163

西婦殉節

新會人林某，年逾不惑，出洋至大呂宋貿易，積有餘資。娶一西婦為室，生一子一女，如蘇子卿之有胡婦而生子焉。嗣以生涯落寞，忽動歸思；顧心戀西婦，不忍遽去也。西婦知其意堅，請從行，且以勤儉自矢。林大喜，遂挈同子女而歸。及返里，婦乃易西服以廣妝，親操井臼，勞瘁不辭；時隨村婦登山樵采，以供炊爨。所過之處，婦孺皆聚觀焉。今春，林病歿，婦料理後事畢，旋以身殉。鄉里賢之。僉謂西婦性習奢靡之説，今而後未可概論也。〔矯矯〕〔不羣〕

2670	原 307/2	廣竹 7/50	大 9/164

畸陰畸陽

甯波石浦人王阿三，生有陰陽二體，即俗所謂雌哺雄也。年十三，父母愛其姣，好令作女郎裝束；雖蓮船盈尺，而丰致嫣然。至十七歲，傭於滬北榮錦里張彩雲妓院，為大姐已二年於茲矣。近以附輪返里，被法包探拘入捕房。葛同轉一再研訊，令送仁濟醫館黃春甫醫生驗視，將陰陽二具，考究詳明。慮其女妝有傷風化，著俟送縣遞籍，改作男裝。滬報館執筆人從而斷之曰：「此等案件，直可置之不理。包探拘拿，已覺多事。葛同轉於案牘勞形之暇，猶能參究物理，偏遇此等廢物，在不陰不陽、可陰可陽之間。雖有博物君子，亦無從著手，豈不令人發噱？昔孟子譏齊宣王之見牛未見羊，今我獨惜葛同轉之見陽不見陰耳！」其論如此，爰照錄之，以博一粲。〔好事者為之〕

2671	原 307/3	廣竹 7/51	大 9/165

哨官荒謬

炮船密佈內河，督以哨官，所以為衛民緝盜計也。然近來炮船之害，不可勝言。或與盜相通，或與盜無異，不以衛民，而轉以害民。滔滔者天下皆是。嘻！哨官至此，尚可問哉？南匯人高某，偕夥載米赴硤石銷售，得洋二百九十餘元。鼓櫂而回，於五月廿七晚停泊於嘉興南門外。突來暴客數人，將洋銀、衣物搜劫一空。翌晨，為該處炮船某哨弁所聞，不准報縣；且飭地保傳至。大喝曰：「爾係賭輸，何得捏稱盜劫？」逼令具結；高不允；迫以嚴刑，始懼而從之；而心實不甘，乃於廿八夜潛投秀水縣喊冤。次日，該處紳董及各店舖知之，義憤難平，呈遞公稟，控該哨官種種荒謬。迨劉邑尊履勘盜蹤畢，將更夫、地保飭責有差；隨諭差捕認真緝盜。不知尚能弋獲否？聞該哨官已經水師統領摘去頂戴，訊明詳辦。然則世謂兵勇通盜，比之貓鼠同眠者，嗚呼，豈虛語哉！〔膽大妄為〕

2672	原 307/4	廣竹 7/52	大 9/166

鴨生四足

蕪湖對江十五里之雍家鎮某姓家，豢有鷄鶩百餘頭，逐逐爭食，習以為常。內有一鴨，兩翼四足，惟前兩足能行，後兩足略短，衹能隨行，不甚得力。聞此鴨係今年正月間所生，因飲食如常，其家蓄之，亦不為異。一日，有客主於其家，見而駭然，謂是呷呷者何獨具奇形哉？夫羽族中之可異者，如鴸鳥三目，鸓鳥四翼，䳅一首三身，鸀兩首四目，䲹鷉三首六尾，鵸鵌六足三翼，酸與四翼六口三足，及鵸六足，瞿如三足，跂踵一足，畏力亦一足。物雖僅見，載諸《山海經》，班班可考，未聞有以舒鳧見異者。今若此，恐求之孟郊射鴨堂中，吳王養鴨城裏，亦未易得此異種矣！〔奇禽〕

2673	原 307/5	廣竹 7/53	大 9/167

雷公得賄

雷聲虩虩，所以伸天威也；故人或昧良，誅殛立至，非厚賄所能免也。無如世人不察，妄謂滔滔天下亦既賄賂公行矣，豈鬼神獨不是愛乎？於是有從而效尤者。蘇州於六月十二日，風狂雨驟，繼以雷霆，入夜其勢尤甚。時有葑門內楚庫巷某姓婦正在卸妝，不知有何隱慝，霹靂一聲，將身攝在門外。婦大聲呼救。鄰人圍而視之，猶見電光繞屋，臭氣薰蒸。婦意謂豐隆君可啖以利也，跪地哀求，許焚冥鏹若干。鄰人初尚驚疑，談不逾時，雲消雨散，雷亦收聲。乃譁然曰：「雷公得賄矣！」翌日，婦果以青蚨十餘千，倩人多購冥鏹焚化。紙灰未冷，婦已溘然長逝矣。然則雷公者，豈亦如今人受賄，事經發覺，仍不能為之庇護耶？呵呵。〔姑妄言之〕

2674	原 307/6	廣竹 7/54	大 9/168

山魈梗路

《神異經》載西方山中有鬼，長丈餘，人見之即病，名曰「山魈」，以爆竹驚之則走。予竊嘗疑之，不謂今竟實有其事。台州黃壇鎮四周皆山，疊嶂重巖，樹木叢雜。每當風清月白之時，有山魈出而與行人相戲。有人挈伴宵行，道經是處，即見有身長數丈，面作碧色，似人非人者，當路植立。急足返奔，必被追逐，小則重病，大則傷生；惟轟以火槍，或擲以木匠之墨線，則揚長而去。有膽大者追之，倏忽間已隱身不見，故人皆苦無術以除之。安得有啖鬼之鍾馗，為之捉獲，使魑魅魍魎，不致橫行；則肅肅宵征者，庶不致為路鬼揶揄也！〔何來〕〔怪物〕

2675	原 307/7	廣竹 7/55	大 9/169

以雞代婿

嘗聞婚姻之事，有因本夫不能行禮，倩人代之者，其事殊屬可笑。然猶曰氣類相同，不妨偶一為之耳。至驢夫犬婿，説部所載，淋漓酣暢。事雖不經，識者猶曲為解曰孽緣所在，事或有之。若羽族之中，雖鳴鳳以比其和，雎雁以喻其義，牝鷄司晨以戒其預聞外事，大抵即物借喻，非真以物配人也。吳諺雖有「嫁鷄隨鷄」之説，亦藉喻倡隨之意。而不謂粵人竟有虛題實做者。緣粵俗如遇男子先經聘定某姓女為室，後因出門貿易，久不得返。既不能親行合巹禮，又未便使女在母家終老。於是有權宜之計，擇雄鷄一尾，代作藁砧，將女迎娶過門。自是侍奉翁姑，儼與已嫁者無異。此等陋俗，不知始於何時。誠可發人一噱也。〔擬於〕〔不倫〕

2676	原 307/8	廣竹 7/56	大 9/170

庖丁絕技

山左人胡某善拳勇，昔在某大帥營中當庖丁，善作肉糜。手法靈敏，能裸人肩背作几案，置生豚一、二斤其上，揮雙刀雜沓剁之；及肉成糜，而背無毫髮傷。當時為大帥所悦，營中人無不奇之。厥後大帥解兵柄，胡賦閑無事，遂出其所長，效江湖賣解者流。每當吞刀吐火時，常喝采如雷。遠近聞其名，爭來觀看。有知其能作肉糜者，購肉使剁之。胡即令人承諸背，揮刀亂砍，旁觀者方驚詫失次；迨糜成而背果無傷，乃深相歎服。是殆如庖丁解牛所謂批郤、導窾，「以神遇，不以目視」者乎？昔莊子謂「郢人堊漫其鼻端，若蠅翼，使匠斲之，運斤成風，……盡堊而鼻不傷。」大抵習技精熟，毫芒不失。理固如是，又何疑乎庖丁哉！〔不可〕〔思議〕

2677	原 307/9	廣竹 7/57 右	大 9/171

奇胎駭聞

漢口高家樓地方高某之妻，懷孕三年，始有臨盆之勢。詎越七晝夜，仍未墮地。旋聞腹中言曰：「我本非人類。如欲我出腹，須上屋之三婆來此作保，方可。」三婆者，即向作穩婆之某嫗也。急邀入房，胎即墮下。視之，人面蛇身，口能言語。家人欲殺之。而怪已先覺，則曰：「我雖為怪，究未害人。如再起意不良，我當以怨報怨。」合家大懼，乃令產母哺以乳；則此怪纏繞母身，以首就乳，日凡三次。未幾，即身長八尺。人皆謂妖由人興，此殆由戾氣所鍾歟？〔孽種〕

2678	原 308/1	廣竹 8/57 左	大 9/172

妄想招邪

粵省花會一項，最為賭害。惑其中者，往往問鬼祈神，無所不至。河南歧興里某氏妾，年未花信，性嗜賭博。近以五木無靈，萬金已罄，遂動求鬼之思。聞烏龍岡上叢葬孤魂，迭著靈感，乃於夜間攜同僕婦，焚香往禱。比歸，寒熱交作，囈語喃喃。問之，則曰：「佳人愛我哉！夜臺寂寞，幸蒙相招。雖判幽明，情原一致。從此才子佳人，欣成眷屬；青天碧海，簿注姻緣。何快如之！」家人知是野鬼為祟，召醫巫治之，迄未痊愈。《傳》曰：「妖由人興。人無釁焉，妖不自作。」觀此益信。〔引鬼入室〕

2679	原 308/2	廣竹 8/58	大 9/173

良馬護主

嘗考古來名馬，其能援主人於危急間者，不一而足。如劉備避蒯越、蔡瑁之難，乘的顱至襄陽城西，渡檀溪，溺不得出。備急曰：「的顱，今日厄矣！可不努力。」的顱一踴三丈，遂得出。晉司馬休之奔廣固，慕容超欲害之，休之不知。居恆所乘騧馬，忽連鳴不食，注目視鞍。休之試被之，還坐，馬又驚跳。因試騎乘，才出門，便奔馳數里；顧望所住，已有兵至矣，遂南奔獲免。又苻堅為慕容沖所襲，堅馳馬墮澗，追兵幾及，計無由出。馬即踟躕臨澗，垂韁與堅，堅不能及；馬又跪，堅攀之，得登岸西走。此皆往事之可徵者也。孰意驗之近事，更有後先濟美者。英將麻勃拳一良馬，一日乘之，出遇匪人路劫，攻擊良久；馬忽奮勇衝鋒，嚙斃一匪，更將一匪踏斃，疾馳返里。聞此馬前為麻之兵官羅弼乘之，遠游被匪截阻，受傷仆地；匪欲割取首級，馬奮足踢之，匪不能敵。適有兵士蜂擁而至，匪始散去。羅得舁歸，醫治而愈。然則此馬也，較之古時良馬，何多讓焉！〔馳驅圖報〕

2680	原 308/3	廣竹 8/59	大 9/174

瘋官可笑

王某不知何許人，捐有候選通判，僑寓京師宣武門外銕廠內。在部投供有年，選期尚杳，欲加捐海防新班；又以阮囊羞澀，有願難償。王自是朝思暮想，陡患瘋狂。一日，忽衣冠濟楚，始作謁見上憲儀注，自言自語，歡笑異常；繼設公案作審判狀，並高唱京腔，聲音洪亮。觀者如堵，莫不嗤之以鼻。後經家人再三勸慰，覓醫調治，不知尚能痊愈否？或曰：「此殆由念切功名所致也。然觀其舉動，或者平日別有違心之事，致召此疾，亦未可知。」顧吾見今之南面者矣，姑勿論其出身微賤，令人鄙夷不屑道；迹其高坐堂皇，任意判斷，是非倒置，鞭撲橫施，非特貽笑中外，而自有識者觀之，直與瘋官無異。且其欺壓良懦，阿附權勢，不顧公論，罔恤人情，官之似瘋非瘋，反不若瘋官之似官非官也。噫嘻！〔勢利薰心〕

2681	原 308/4	廣竹 8/60	大 9/175

虎口餘生

粵西梧州、龍川等處，地接東境，峰巒高峻，樹木幽深，向為虎狼窟宅之所，行人咸視為畏途焉。一日，有某客行經其地，途遇猛虎六七頭，大小不一。客懼，欲避之。適有巨松一株植於道周，遂猱升其上。巨虎既至，昂首見人，欲攫不得，遂嚙其樹。不料唇舌為松脂所膠粘，結不能脱，虎遂躍至坑旁，臨流洗濯；而小虎猶逡巡不去。既而巨虎復回，見人尚在，仍將樹用力猛推。客默念，一經倒折，則覆巢之下，當無完卵。戰戰兢兢，不覺便溺齊下，正中虎身。虎性最潔，一觸穢物，即皮肉潰爛，漸至死亡。乃方眈眈逐逐之餘，忽遇醍醐灌頂，遍體淋漓；遂大吼一聲，狂奔而去，小虎隨之。客始得下樹，不致葬身虎腹；然談之，猶覺色變也。〔凶虎啞人〕

2682	原 308/5	廣竹 8/61	大 9/176

啞子奇遇

粵城西杜某，富商子也，丰姿韶秀；惟墮地即啞，故年十八，尚未論婚。一日，隨父外賈，為大風覆舟，杜抱巨木，流至沙灘，得免於難。遂迤邐沿岸而行，至一花園。杜潛匿其間。忽有麗人自內出，見杜而憐之，處以別室。麗人者，某翁之第三姬也。居無何，多言者洩其事於主翁。翁大怒，擒至中堂，將施夏楚；見其美而悅其啞，乃轉怒為喜，令認己為義父。易以女妝，雜諸金釵之中。緣翁富而無子，寵姬五人皆無所出，欲效呂不韋故事也。未幾，翁果占一索，湯餅筵開，親朋賀者初尚不疑。迨後連舉五子，族人大譁；然猶以翁在，不敢發也。及翁歿，族人首諸官；官盡隸諸姬，至見杜而疑之，首傳審訊。杜至是忽自能言，一一盡吐其狀。官乃以家財判歸族人，而以群姬及諸子歸杜。幸諸姬各有積蓄，杜亦居然成富室焉。〔意外〕〔遭逢〕

2683	原 308/6	廣竹 8/62	大 9/177

沖破姻緣

甬屬菱池頭范姓，小康家也。其子年逾弱冠，頭禿如鶖，鄰里羞與為婚，以致飽領鰥魚況味。近始有冰上人掉生花不爛之舌，欲與沈姓女締姻；雖未中雀屏，已將成鴛諾。然范姓子終以未識玉人之面為憾。會女有同居之胞叔卒，值首虞，延僧禮懺。范遂欣然得計曰：「妙哉！予之頂上光光，正與和尚相合也。」遂大著膽，服僧服，穿僧鞋，引鏡自照，居然僧矣。於是廁身僧眾中，至沈姓家藉窺女貌。見女果婀娜娉婷，不覺暗生歡喜。有某甲者，沈之戚，范之友也。是日唁臨，驀見范作僧裝束，大呼曰：「范某曷為抹卻本來面目乎？」范聞之，如晴空霹靂，神魂俱飛，遂窘極竄去。事為沈所聞，惡其輕薄，竟與絕婚。君子曰：咎由自取，夫復何尤？〔好事多磨〕

2684	原 308/7	廣竹 8/63	大 9/178

假官作賊

甯波南田青竹嶼孫姓，巨室也。平日留養佃丁、健漢及溫台不逞之徒，不下六七十人；牆垣堅固，鎗炮齊全，海盜相戒不敢犯。意固謂高枕無憂矣。詎六月初二日傍晚，有翎頂煌煌、衣服烜赫者二人，一乘轎，一騎馬，自稱文武委員，奉查門牌；隨帶兵役二十餘人，謁孫作東道主。孫固喜與官場交接者，見其勢燄，炙手可熱，極意逢迎，如承長吏，不虞其為不操弧矛之大盜也。至夜半，二人遂燃悶香，使闔家人昏昏沉沉，如夢如醉；乃將英洋三千七百餘元，並金銀、珠翠搜劫一空，攜贓宵遁。迨香燼天明，家人驚覺，則盜已蹤影全無矣。于是群尤孫曰：「此所謂開門揖盜也。」然盜賊之變詐若此，無怪世之好作官兒模樣者，比比皆是也。〔何物〕〔狂徒〕

2685	原 308/8	廣竹 8/64	大 9/179

異物飛昇

深山大澤，實生龍蛇，固其常也。孰意人煙稠密之區，竟亦有怪誕離奇之物，是可異已。金陵中正街有某舖夥，一日薄暮將閉門，忽見檐際倒垂一頭，綠耳、黃頸、巨口、赤舌、鉤鼻、長鬚、兩目熒熒然，其勢垂垂欲下。舖夥大駭，急約多人，各持器械往視；則此物忽然不見。俄而人去，忽承塵上黃沙亂噴，積几案間約寸許。舖主懼有禍及，急將貨物遷徙一空。旋遣水木工匠十數輩，揭瓦破壁，欲擒之。乃木工甫去仰板數塊，瞥見紅光一道，直穿屋頂，轟然一聲，是物陡長數丈；第見兩翼四足，如駕雲霧，高飛而去。市中人遂一鬨而散。或曰龍，或曰蛇。議論紛紛，莫衷一是。質諸博物君子，其何說之辭？〔破壁〕〔飛去〕

2686	原 308/9	廣竹 8/65 右	大 9/180

煙蛇害人

無錫人某甲夙有煙霞癖，在南市開設小煙館為生。今春某日，甫經過癮，忽無病而亡。當由其妻收殮，於夏間盤柩回籍，暫將店務囑子經管。甲子本不習上，俟母動身，遂在房中搜得煙膏一缸，攜出過癮；甫吸二口，即溘然長逝。眾大駭，知煙中有異。急將煙缸檢視，內有赤蛇一條，長約尺餘，業已腐爛，沈於缸底。迨其母至，始知甲之死，亦由於此。先是甲在日，於阿芙蓉膏頗為講究。如煙膏煮成後，必置地板下匝月，方出吸食。此缸煙膏置放時，忘卻蓋閉，及取出，亦不細察，致貽此害。然則吸煙者可不慎哉！〔惡毒〕

2687	原 309/1	廣竹 9/65 左	大 9/181

麗華再世

墨西哥人某甲，以牧牛為事。其婦羅秘氏，身長五英尺，其髮之長且美，世無其匹。當亭亭玉立時，烏雲覆地，除一身外，尚長四尺八寸。曾將柔絲密纏其身，能使不露形體。自近五年間髮長後，常覺頭痛。每月須人摘脫多莖，以疏通之，否則其痛愈甚。蓋髮乃血之餘，髮多則血易虧，宜其有此痛也。昔張麗華髮長委地，光可鑑物，古今傳為美談。該氏毋乃即其後身歟？〔鬒髮如雲〕

2688	原 309/2	廣竹 9/66	大 9/182

人工虎嘯

昔江東阮步兵以善嘯聞於時，不過自鳴其天籟，非能託其音於禽獸也。乃毛燕人某甲，僑寓新嘉坡，業小販，年逾而立，身瘦削若不勝衣，而善作虎嘯。每當大吼一聲時，林木震動，腥風凜然，幾疑猛虎之驟其技。時室中有一犬，門外停有馬車二輛。甲即踞地長嘯，劃然一聲，儼同霹靂。則見室中之犬，尾垂足顫，亂竄欲奔，座客無不悚然。有出視門外之馬車者，見馬亦有戰慄恐懼狀。嘻！技至此，不亦神乎？先是甲傭於北慕娘地方，曾承主命，偕伴欲探山路。無奈箐深林密，人跡罕通。夜宿樹間，習聞犀號虎嘯，久而能效其音。一日，途中猝遇猿猴數百頭，見人欲撲。同伴大驚。甲情急智生，即伏地作虎嘯聲。詎方引吭一鳴，而群猴已皆辟易。自是甲始知其技已成，凡遇猛獸，藉此恐嚇，俱獲保全。嘯之為力，亦足多矣哉！〔絕技〕

2689	原 309/3	廣竹 9/67	大 9/183

大風拔木

風者，大塊之噫氣也。太平之世，風不鳴條，而有開甲破萌之妙用；故虞舜有解慍之歌，楚王有披襟之樂。大抵祥和調暢，為天之喜氣所宣。至于爰居避而大風吹海，山揮見而大風布天；無順物布氣之功，有揚礫飛沙之異；繄古以來，載諸史冊，無代蔑有。京師於六月初九日，狂風忽起，屋瓦飛揚。廣安門外小井村有槐樹一株，大可數圍，是日竟被風拔起，高飛二丈有餘，始行撲地。適壓一農夫身上，陡即斃命。餘人被傷，輕重不等。一時呼號之聲，驚天動地，是亦一奇災也。昔周盛時，天

大雷電以風，大木斯拔，以至邦人大恐。今復見之，天之所以示警也深矣！〔天警〕〔昭垂〕

2690	原 309/4	廣竹 9/68	大 9/184

冰肆新奇

日本長崎一隅向無酷暑，凡人之欲納涼者，咸趨焉。近有人心裁獨出，在本石灰町勸商場畔設一冰肆，牌號「發明亭」；凡荷蘭水、洋酒之類，無不精備。有欲作竟日游者，酒饌亦聽客之便。入門有雛姬五、六輩款接登堂。地板高二尺餘，以通空氣；上則將樓板除去，壁亦衹留其半，障以黑布，以避炎日。中懸大扇數十，啟其機，則清風颯然而至。左右遍懸名畫，均係隆冬景色；旁有假山一座，枯枝倒掛，宛若下雪者然。下則掘一大池，池畔植松樹，池中置漁船數艘，有金魚游泳波中。若鯨魚幾頭，則係象生之物。水底暗藏機械，能噴水上衝山麓。設郵便電局一間。客至點定食品，交於侍女，侍女即取投局中。霎時即有小火輪車自後山飛馳而至，以為電達函館，此冰自函館經陸奥鐵道運至。雖曰以假作真，然亦足見匠心獨運也。〔別有〕〔洞天〕

2691	原 309/5	廣竹 9/69	大 9/185

造福無涯

嘗見近世守錢虜積銖累寸，以至什伯千萬；往往念切弓裘，為子孫作久長之計。苟有以施濟請者，雖一毛不拔也。而一遇家中有事，則揮金如土，極欲窮奢，亦所弗惜，自以為場面之闊綽宜然也。凡若此類，誠有如〈陽貨〉所謂「為富不仁」者。惟白門春生鑑主人某翁則不然。翁本富室中之巨擘，今已年屆古稀。懸弧之日，親友群來祝嘏。翁一概謝絕。節省浩費，廣種福田；備朱提一萬兩，舁入江甯府署，面請撥歸普育、清節、育嬰各善堂，作各項經費。李小軒太守聞之，謂輓近中有此善人，亦可以為斯世風矣。於是接以縉紳之禮，溫詞慰勞，美語褒揚；瀕行，命以輿馬送歸第宅。一時聞者，皆傳為佳話。〈洪範〉：「五福：一曰壽，二曰富，三曰康寧，四曰攸好德……」如翁者，其庶克當之而無愧乎！〔同登〕〔仁壽〕

2692	原 309/6	廣竹 9/70	大 9/186

猴能衛主

世人皆知犬馬有戀主之忱，而不知猴性靈捷；玩弄之者，亦有獲報之一日。如日者猴禦猛虎一事，可異已。蘇門答臘有華人某甲者，以種植羔丕為業。畜有一猴，性甚馴擾。甲常愛如拱璧，行坐不離。一日，甲赴某處，挈猴同行。途次忽有斑斕猛虎從林中躍出，見甲之來，涎垂吻外，大有撲噬之意。甲驚懼欲絕，欲走避而足軟，不能行矣。猴見此情形，恐虎傷甲，突由甲肩跳躍登虎背，挖其目而噬其耳。虎無計擺脱，狂吼而逃。久之，甲驚定言歸，以為猴必果虎腹矣！詎未幾，猴亦隨回，向甲作得意狀。甲亦喜不自勝，急購肉以飼之。自有此猴，吾知唐昭之孫供奉，郭休之尾君子，皆不得專美於前矣！〔獸有人心〕

2693	原 309/7	廣竹 9/71	大 9/187

剖腹出兒

西醫治病頗著神術。近數年來華人見其應手奏效，亦多信之。粵垣築橫沙某蛋婦，身懷六甲。至臨盆時，腹震動而胎不能下，閱一晝夜；穩婆無能為計，氣息奄奄，瀕於危矣。或告其夫曰：「是宜求西醫治之。」其夫遂駕舟載婦至博濟醫院。適女醫富氏因事他出，男醫關君見其危在旦夕，惻然動念，為之診視。謂兒已抵產門，只因交骨不開，故礙而不下。若剖腹出之，幸則猶可望生；不幸而死，亦自安於命而已。其夫遂為儌倖萬一計，聽其剖視。醫士乃施以蒙藥，舉刀剖腹，穿其腸，出其兒，則女也；呱呱而啼，居然生也。隨縫其腸，理而納之腹中；復縫其腹，敷以藥，撫之安臥。數日尋愈，婦乃將兒哺乳以歸。如關君者，真神乎其技矣！〔刀圭妙手〕

2694	原 309/8	廣竹 9/72	大 9/188

馬皮神術

揚州城北相距五里之觀音山，其上有神殿，內供觀音大士像。像前有一方池，為焚香之總所，土人名之曰「香海」。六月十九日神誕前後，善男信女，爭爇瓣香。屆時更舁神像出游。其中有所謂「馬皮」者，裝腔做勢，如醉如痴。每在會之前，導會至山巔；以所持銕鞭入香海熾火中燒灼通紅，提起用手一摸，但見清煙一縷，皮肉略無傷痕。且能赤膚跣足，在香海中跳躍自如，一若不知有烈燄上騰也者。說者謂：「香海中旃檀雜沓，火勢炎炎。日則濃煙馥郁，夜則光燭雲霄。常人遠隔十步之外，尚覺熱氣薰蒸，不可逼視；而彼竟坦然無懼，非神靈呵護之力，何以至此？」然吾聞粵省向有上刀梯之事，謂其人跣足，能立刀鋒之上，跳舞盤旋，如履平地。類皆矜奇炫異，誑惑愚民。究亦不知其何以若此也？〔入火不化〕

2695	原 309/9	廣竹 9/73 右	大 9/189

小竊受創

江西人某甲，僑寓金陵三坊巷。一夕在月下納涼，忽聞牆下有聲丁丁然，知有穿窬之賊，密呼家人看守。須臾，牆已洞開，該賊先舉一足進探，看守者用索扣住。甲命取硬毛刷一柄，將其足心一一刷之。賊癢不可耐，而又無從擺脱。直至天將破曉，始釋其縛，然一足已不良於行。某乃謂之曰：「爾若復來，須防此刷。」隨給青蚨二百翼，令圖別業，賊遂跛行而去。予少時曾聞人言毛刷刷賊事，不圖于今又有之。何世人之好作劇也！〔痛癢不關〕

2696	原 310/1	廣竹 10/73 左	大 9/190

蜈蚣誌巨

百足蟲，一名蜈蚣，性畏蜘蛛，凡遇其毒，惟此可剋，固夫人而知之矣。日本福井縣丹生郡大森村湯島天神前有窟焉，幽暗深邃，相傳有鉅蜈蚣蟠踞其中。村民相戒不敢近，已有年矣。六月中旬，片岡林藏人悴林吉偶往樵採，忽聞豁辣一聲，振襟返顧，瞥見一巨蜈蚣；長一丈三尺有奇，足長八、九寸，倒掛窟前，見人欲撲。林吉大驚欲逸，無如心急足違，致顛落深谷中。幸經同伴急為救援，始免于難。何物么麼，乃敢猖獗若此。因思古人為虺弗摧之戒，其慮患也深矣！〔為虺〕〔為蜴〕

2697	原 310/2	廣竹 10/74	大 9/191

天佑孝子

粵垣三寶墟地方農人某甲，生有至性，事老母以孝聞，鄰里無間言。前年，妻病歿，遺下子女各一。甲仰事俯畜，竭盡心力，不暇為續絃計也。所居老屋一椽，四壁蕭條，僅蔽風雨。一夕，颶風大作，驟雨隨之，屋中械械有聲，搖搖欲動。甲懼遭傾覆，急起身，效介子推之負母而逃。出未數武，陡聞背後轟然一聲，則屋瓦已倒矣。迨奔至墟中，覓地暫避，方幸母子得免于厄，而轉念子女在覆巢之下，必無完卵，不覺痛惜久之。俄而，雨止，奔視之，則屋後之小臥室半椽，巋然獨存，子若女猶鼾睡其中。急返告母，相與慶慰。旋復負母歸，結茅而居，事之尤謹。聞其事者，皆謂為孝感所致。誰謂天真夢夢哉！〔至誠感神〕

2698	原 310/3	廣竹 10/75	大 9/192

跡類濟顛

有僧名星林者，湖南長沙人。近日托鉢至九江，常在大庭廣眾間飲酒食肉，一若行所無事。身穿夾棉衣服，日坐炎風烈日中，談笑自如，從未見汗流浹背。即驟雨時，亦無庸張傘遮蓋。人因是異之。平時不甚言禪，而言言上乘，現身說法，理極深奧。慧業文人，每樂與之道涅槃妙諦；故以金錢施捨者，實繁有徒。而僧則隨得隨散，概施乞丐，不稍吝，曰：「吾以代行方便耳。」有時脫帽露頂，將光禿禿頭顱向下，以手據地，兩足朝天，使其身作倒懸狀；復屈一足，伸一足，口唱「開弓放箭，雙足齊彎」句；將腳連動如撾，並連喝曰擊鼓。一時觀者皆鼓掌大笑。僉謂此僧講經談道，似得釋家宗旨；而倒懸求佈，則近江湖惡習。然則該僧亦佛門之敗類而已。方之濟顛，所謂類而不類也。〔不癡不聾〕

2699	原 310/4	廣竹 10/76	大 9/193

奇樹天生

某西人旅居宜昌有年矣。足跡所經，喜作游紀。其所著雜說中，言該處有野樹一種，其樹葉之汁漿，與巴利是油相類，可作油飾各物之用；其高低與胡桃樹相埒。每年端陽前後，輒有人刻劃樹身，將蠔蚌等殼，從罅隙中插入，使汁漿涔涔流下。每日清晨，提壺挈榼，取以備不時之需者，踵趾相接。惟此樹精液無多，且每年祇有半月可以如法採取。該處土人知其可博蠅頭之利，往往終朝守候，挹彼注茲，以收天地自然之利。是亦可補《群芳譜》所未備也。彼玉膏灌丹木之根，金刀剖如何之實，今而後不得專美於前矣！〔取精〕〔用宏〕

2700	原 310/5	廣竹 10/77	大 9/194

野鹿知音

昔簫吹蕭史，而彩鳳飛翔；琴鼓伯牙，而游魚出聽。自來聲音之道，每有感及物類者，何獨于今遂無其事哉？法國西貢地方有樂兵若而人，於某夜蟻聚蜂屯，環列奏樂，一時笙歌嘹喨，音韻鏗鏘；或會于心，或舞以手，歐西裙屐稱極盛焉。當樂之初作也，有附近某園之鹿，聞聲踵至，傾耳以聽，擺尾搖頭，揚揚得意，一似知音人之深會曲中旨趣也者。有西人見而異之，蹴之以足，不稍動。群犬嗥嗥相逐，仍不退避。蓋是鹿之于音樂也，有得意忘言，得言忘象者矣。迨樂兵奏樂畢，牽鹿送還原主，且述其事，群相稱異。乃知〈鹿鳴〉之章，鼓琴瑟者，援以起興，詩人取義有以也夫。〔會心〕〔不遠〕

2701	原 310/6	廣竹 10/78	大 9/195

劣馬肆虐

邇來馳馬傷人之事，層見疊出。論者不歸咎於馬，而必歸咎於乘馬之人者，為其不善駕御也。若無磬控之人，而有噬嗑之變，豈馬與人固有夙冤歟？何竟效虎之咥人也。溫郡道前街為人煙稠密之地，某日清晨，有八齡女子踽踽獨行。正在左顧右盼，突有無繮劣馬得得奔來，見孩便嚙其左脅，奮足飛馳。孩驚極聲嘶，無從擺脫。居人見此情形，群起追逐，馬聞聲驚躍，始將女拋入路旁。眾趨視之，則已頭破血淋，面如土色，脅下齒痕入肉三分。幸非要害之處，可保無意外憂也。然是孩不葬身于馬腹，亦危矣哉！所望家有小孩者，及早防範，勿令在街獨行；而彼牧馬者，亦當放諸曠野，毋使闌入城市。庶幾馬首所瞻，人皆願為執鞭也夫！〔畜類猖狂〕

2702	原 310/7	廣竹 10/79	大 9/196

拐匪邪術

拐騙之術，大抵誘惑為多，其事究易敗露。近有拐匪心生一計，先以迷藥中人，使其人不論壯夫、少婦，一中其氣，便如醉如痴，可以左右惟命。計誠狡矣。粵東佛山相近之沙口村落有某氏婦，年甫二十，貌僅中人，每日抱布求售，藉博蠅頭；故該處店舖，並船艇蛋戶中人，無不識之。一日，有某蛋婦見其隨一老翁，趨步若飛，形神喪惘，心疑之。遂託言購布，呼之使至。該婦置若罔聞，隨行如故。蛋婦意其已中拐匪之計，糾約數人追獲之。遽執其手，婦雖停足，猶狀若木偶。眾蛋婦或撻以掌，或啖以糖，良久始醒。群詰之。則曰：「頃在前街，一老者言欲購布，吾因近前。詎被其口中所吸之煙，迎面一噴，遂茫然不知。」眾蛋婦乃送之歸。噫！光天化日之下，乃容若輩肆其陰謀，離人骨肉，破人室家，一至于是。有地方之責者，可不嚴行緝捕哉！〔防不〕〔勝防〕

2703	原 310/8	廣竹 10/80	大 9/197

狂且被辱

粵垣某氏婦傭於某姓家，年纔二九，丰韻嫣然。一日，承主命，往探戚屬。道經關部前，有無賴三人，對面相逢，目逆而送之。旋即形影相隨，不離跬步，謔浪笑傲，不堪入耳。迨至謝恩里，婦在某店門前，謂店中人曰：「若輩無禮，非賠罪不可。」無賴欺其孤弱，訕笑益甚。婦忿不可遏，蛾眉倒豎，大逞雌威，將手持雨傘，點一無賴脈門，即僵立呼痛；二人見勢不佳，急欲兔脫，復被婦次第點中，迫得哀聲求饒。店東亦為緩頰，婦始代施解救，分道而去。蓋婦為東莞人，其父素精技擊，自幼即傳以衣鉢，故其能擅絕技也。登徒子流，尚慎旃哉！〔頓遭辣手〕

2704	原 310/9	廣竹 10/81 右	大 9/198

妖豕兆災

蕪湖西周村，距東梁山二里許，有農人李朝齡者，家畜母猪一頭，十數年來，孳生甚眾。今夏某日產下一胎，得小猪若干頭；內有一人首猪身者，雙目灼灼，令人生怖。舉家驚異，皆目之為不祥。未幾，全村忽遭回祿，一炬無遺。論者於是謂猪異之兆驗矣！然吾考《山海經》所載災異之徵，如山㺀出而大風，長右見而大水，獙獙見而大旱，朱獳見而其國有恐，蜚見而大疫。獨不及是異。然則此說也，姑存之，以待博物君子之審定焉。〔咄咄怪事〕

2705	原 311/1	廣竹 11/81 左	大 9/199

瑞蓮可愛

古松蔽日，翠柏干霄，巨木千尋，世所常有；至求之於草本，則物罕為奇矣！香港上馬路隆成店有蓮一盆，植於欄外，紅衣映日，翠蓋臨風。主人常於此納涼焉。一日，盆邊忽橫出一小幹，生長極速。數日之間，已長至四五尺。主人恐其欹折，以竹支之。迨花開兩度，仍復繼長增高，生生不已。遠近赴觀者，咸以為瑞。想自此潛滋暗長，充其量，不難長至一二丈。覺太華峰頭，花開十丈，若耶溪畔，瑞發雙葩，恐不能專美於前矣！〔奇姿〕〔大挺〕

2706	原 311/2	廣竹 11/82	大 9/200

似山非山

定海人翁有法，向在西國輪船充當水手，已歷有年。所見海洋中水族各形，怪怪奇奇，無所不有；雖溫太真燃犀牛渚，亦無以過，洵可謂老於江湖者矣。夏間某日，該輪在太平洋遇風，略有損傷，遂擬覓一停泊之所，以便修理。駛行良久，忽見一山，層巒聳翠，高峙海濱，爰泊舟其下。繫纜甫定，有數西人持冊而出，急止之，謂：「考諸游歷各記，是處未聞有山，此必大魚偶焉出海，今特現其背耳。速開行，毋遲延取禍也。」時翁已登山，聞言之下，急即下舟，解維徑去。未及半里，俄聞大震一聲，浪激舟簸，回視前山，已杳然矣。翁由是得驚悸之症，乞假歸里，覓醫調治，嘗為人述其事云。〔魚可吞舟〕

2707	原 311/3	廣竹 11/83	大 9/201

猢猻肇禍

溫州撫標親兵小隊中，有兵丁某甲豢有一猴，赤幘丹巾，時好玩弄。說者謂有蜀人楊于度之風焉。猴性甚馴，升木迎車，頗為靈捷。甲嘗舉以炫人，曰：「乃祖孫供奉，當唐昭宗時，能隨班起居，邀取緋袍之賜。故今孫氏榮之。是猴雖無家風，然頗謹恪，亦不愧尾君子之稱。」維時聞者，皆笑之以鼻。一日，甲適外出，比鄰汪姓有小孫，年僅四齡，踽踽獨行，前來嬉戲。詎行近猴身，猴欺其幼弱，趁無人管束之際，向孩直撲，任意爬抓，至傷及要害。孩命正在呼吸之時，始經其母尋蹤而至。見孩已倒地，氣息奄奄，驚而大呼。眾兵聞聲出視，乃牽猴以去。未幾，孩竟因傷殞命。其父傷之，訴諸統領。統領怒，命將該兵責以木棍，殺其猴以償孩命，人心始服。夫玩物喪志，古有明訓。今以愛物之故，致啟禍人之端，卒致殃及己身。君子觀於此，亦可知所戒矣！〔以物傷人〕

2708	原 311/4	廣竹 11/84	大 9/202

孤苦堪憐

人當童稚之年，端賴有父母以為之保養；至父母雙亡，衣食無賴，苦矣！然或有親戚之賙恤，鄰里之收留，猶之可也。乃至舉目無親，寡兄弱弟，形影相依。既不能攜手同行，又不忍遽置道側；遂至以愛弟之故，頓貽殺弟之名。為之兄者，用心亦良苦矣！然則論事者不當略跡原心耶？京師永定門外管家村有某姓童子，年甫九齡，怙恃既失，戚族又無；祇有一弟僅三歲。家貧不能存活，又值今夏突遭水災；不得已，抱弟而出，日藉丐食為生。繼思挈弟偕行殊多不便，欲置諸路隅，又恐為人抱去。尋思至再，遂為掘穴埋弟之計；以為得食歸來，當可再圖相見。不虞其竟死於穴也。當啟土時，為巡差所見，拘以送官，該童供訴前情，淚隨聲下。官憐之，免其罪，設法保養焉。聞該童係京南霸州人，所遇如此，可謂窮矣！予記其事，不禁惻然者久之。〔童子無知〕

2709	原 311/5	廣竹 11/85	大 9/203

貞女急智

客冬熱河教匪之亂，劫掠焚殺，勢甚披猖。民之離室家，背鄉井，流離失所者，相屬於道。時有某姓女，年纔二九，丰韻頗佳。初隨父母遷徙，以蓮鉤瘦削，不良於行，為賊所擄，挾坐馬上，至一山谷。賊瞷無人，抱女下馬求歡。女笑曰：「固所願也，然必繫馬而後可。不然，恐奔逸矣。奈何！」賊然之，無如童山濯濯，絕無樹木可以維繫。正躊躇間，女曰：「君何愚也，若以馬繩繫君踝，復何慮耶？」賊大喜，從其言，纏繩於踝，摩挲妥帖。女急取賊所佩刀，力斫馬尻。馬負痛，曳賊足狂奔。賊猝不能脫，任其所之。女大笑，未幾，賊竟腦裂肢解，身無完膚而斃。女以里黨路熟，急足而遁，卒免於難。如此女者，不惟免辱，且能殺賊。倉卒應變，從容自如。亦可謂巾幗鬚眉矣！〔殺賊全身〕

2710	原 311/6	廣竹 11/86	大 9/204

豕生六足

嘗考《山海經》所載，物之以六足見者，惟水族為多，如肥鱧六足出太華山，冉遺魚六足出涴水，儵魚六足出鼓水，珠蟞魚六足出澧水，鮯鮯魚六足出深澤是也。若羽族中，要惟基山之鵸䳜則有六足，太行山之鷶亦有六足而已。至於毛蟲，則一足之夔，三足之㺄，已覺世不經見。如問六足，除從從而外，他無聞焉。乃京師阜成門外八里莊有屠戶李某，豢有烏喙將軍，百十成群。內一豕生有六蹄，首尾與常豕無異，而剛鬣獠牙，迥異常物。都人士聞而往觀者，踵趾相接，無間風雨，亦可見人情之好奇已。予以其事屬罕聞，特採錄之。以見《博物志》中，其搜羅固猶未廣也。〔奇獸〕

2711	原 311/7	廣竹 11/87	大 9/205

驅鬼遇鬼

楚人張某，素善白水神符，能為人驅鬼治病。嘗挾其技遨遊天下，所試輒驗，人皆神之。近自江右至潯陽，僑居旅館，擬售其術，使人遍貼招紙。一時聞名求治者，或服其藥，或佩其符。一經奏手，無不沉疴立起，幾謂鬼見之亦退避三舍矣！一日，有某鄉人慕其名，以肩輿迎往治病。張欣然從之。至一村落，日已銜山，忽手持之旱煙袋遺落草茵；張遂由輿中躍出，俯而拾之。蹲地不起，狂呼饒命；旋復以手自撾其胸，周身現青紫痕。道旁觀者雲集，謂彼係鬼迷，雖張天師亦無法可使。輿夫乃急舁至鄉人處，代延醫巫療治，不久尋愈。然聞者已譁然，謂張以驅鬼之人，一朝祟及己身，而竟困於鬼，亦可見其黔驢之技矣！奈何信之者，竟不悟也。〔無法〕〔可施〕

2712　原 311/8　廣竹 11/88　大 9/206

物性相制

《鶴林玉露》載有村叟見一巨蛇為蜈蚣所追甚急，追既及，蛇伏不敢動，張口以待。蜈蚣直入其腹，逾時而出，則蛇已斃矣。叟將蛇棄山中，旬日往視，則見小蜈蚣無數，攢食蛇肉；乃知蜈蚣入蛇腹時，已產卵于其中矣。夫蛇巨物而受制于蜈蚣。異矣！不知蜈蚣亦有所制。嘗見一蜘蛛逐一蜈蚣，蜈蚣入竹筒以避之；蜘蛛乃以爪跨竹而遺溺其中，逡巡以去。久之，蜈蚣不見出。剖竹視之，則已節節腐爛矣。說部所載如此，確否則不敢必也。乃觀于港報所載一事，而知其言不虛矣。據言佛山某酒肆有工役，見酒缸之下有百足蟲，長五、六寸；遇一蜘蛛，遂不敢動。蜘蛛張口啖之。詎蛛小而蟲大，吞之不下，猶餘半身在外搖動。酒工告於眾，爭往觀之，咸以為異。乃仍以缸覆之，後不知其究竟。〔小能剋大〕

2713　原 311/9　廣竹 11/89 右　大 9/207

犬異

京都石虎胡同有趙某者，充當刑部皂役。一日，行經大堂，突遇一犬，擺尾搖頭，狀若素識，追隨其後，形影不離。比歸，而犬亦隨至，揮之不去。趙甚異之。他人喂以食，不食；趙與之，則食；不與，則作乞憐狀。趙之子女每當飲啖，犬在旁耽耽怒視；趙叱之，始俯首。及睡時，犬亦伏於炕下。家人逐之，堅不肯出。自此趙每出門，不拘何往，犬必隨之；雖多方趨避，卒亦無如之何。如此者三日，趙慮其為患也，使人鎖禁之，使不得出。說者謂此犬與趙殆有前因，為禍為福，特欲於今報之。然乎，否乎？〔胡為乎來〕

2714　原 312/1　廣竹 12/89 左　大 9/208

古磚出世

古磚題字，不載於歐趙著錄，惟洪氏《隸續》有永平及汝伯寧諸磚，自後無有見者。至我朝好古之士，漸次搜羅，日出日多。凡所得漢、魏、晉、唐諸磚，合重文、異文及殘缺者，不下四十餘塊，又有無年月可考者十餘種。其詳備見於錢梅溪先生筆記中。類多康熙、乾隆年間人所掘得者。今則杳無聞焉。乃近者江陰西學家村旁有古墓，土忽傾頹。村人攜鋤啟視之，見有古磚二千餘方，其形甚大。每磚四隅有元通古錢嵌製其間，并有韓瓶一枚，不知何時遺物，存之以待考古者。〔顯晦有時〕

2715　原 312/2　廣竹 12/90　大 9/209

談經惑眾

日本大谷派本願寺法主光瑩，飛錫長崎，排得在唐館門十善寺鄉各大寺闡講宗風。遠近聞而來者，日以數千計。當講說時，寺內幾無立錐地。愚夫婦競以五十錢奉之，籲乞消災降福，而尤推婦女為多。大抵已奉金者，各散髮，詣僧前。僧手摩其頂數次，末則以白紙加其首；婦女即將此紙束髮而退。殊不解其是何取義也。次晚，往天草富岡鎮道寺，轉達南高末郡專念寺及川尻西蓮寺，將歷遍諸名勝，然後回山。按師係華族正三位出身，曾受日皇賜紫。隨帶法徒六緇七素，并二醫五僕，規模赫奕。僧俗迎送者，共有二千餘人。無論同派及佛光寺派各僧，悉來參謁；地方官亦來禮拜。足見日本雖改西法，然民尚聽信西竺遺風也。〔無遮大會〕

2716　原 312/3　廣竹 12/91　大 9/210

捨身求雨

今夏江浙各屬，俱苦旱乾。慕義之徒，捨身求雨，時有所聞。從未有如溫州樂清縣陳興文之捷於響應者。陳本家居大荊鎮鄉下白溪上，平日持齋為善，年逾花甲，志猶未倦。閏六月廿四日，村人正在迎龍賽會。陳忽謂眾曰：「我年老矣！何惜餘生。今願躍入潭中，面求龍王。爾等歸告我家，毋以我為念。我亦從此逝矣！」言畢，聳身躍下。潭深數丈，眾人挽救不及，遂祝之曰：「如果得雨，數村之人當建廟以報大德。」是日薄暮，忽黑雲從潭中起，夜半果大雨如注，直至翌午始止。田中水深尺許，農民無不以手加額，謂非至誠格天，何以至此？共議捐資，在太湖潭傍建祠報祀。聞其屍至次日浮起，猶面色如生，亦可見英靈不泯矣！〔為民請命〕

2717　原 312/4　廣竹 12/92　大 9/211

善泅可觀

日本江島在相模灣周圍約里餘，海水遙自太平洋來，巨浪拍天，小舟時虞傾覆。東歷八月二十三、二十四兩號，學習院生徒於此考試游泳。是日，皇太子亦駕臨玩賞。主試者為高島院長。學生共三十七人，另保護員六人。各獻所長，僅二人不能得手；餘俱閱一點四十分鐘時，能周游全島。聞昔之能周游此島者，惟漁父三人。今諸生年少者祇十一歲，長亦不過二十歲，竟能善泅若是，是亦特出之一技焉。太子顧而樂之，賜以酒肴。高島院長復判定甲乙，給與賞牌，并製祝文以謝。因憶左文襄公之創設漁團也，所得善泅之士，不下數百人。迄今其技當進而益上，惜不時加考試耳！區區數十人，又何足奇哉！〔力爭上流〕

2718　原 312/5　廣竹 12/93　大 9/212

裂石傷人

石生於山，雖一卷之多，而常足供人採取。或為室，或為城，或造橋梁，或治道路；以及為床為几，為枕為檻。與夫象物成形之類，利賴甚溥，不可枚舉；正不第女媧錬以補天，精衛銜以填海已也。京師西金山口，山峰聳翠，石壁摩空。中有地名石窩，計高數十丈，產石纍纍。時有石工搜求山骨，穿鑿雲根。歷年以來，初無他異。閏六月廿六日，眾工正在山頭攻錯，忽有石塊破空而下，壓斃三人，受傷者亦三四人。工頭曹某雖免飛災，亦以倉皇失措，跌落谿間，致折兩股。或曰：是殆山靈怒其

誅求無厭，特施此以示罰也；不然，頑石何知，何為而作此惡劇哉！〔磊磊落落〕

2719　原 312/6　廣竹 12/94　大 9/213

尼冒為僧

七月十五日前後，俗例有盂蘭盆會之設。廣延僧道，大啟醮場，舉國若狂，牢不可破。以致此數日中，羽客緇流，應接不暇，每有以不僧不道之輩，混廁其間者。孰意愈出愈奇，竟有以比邱尼冒為和尚者。嘻！何其妄耶？安慶某大家于中元前三日，延僧誦經，法鼓金鐃，廣宣梵唄。時有某甲入內觀看，見一僧雖頂上光光，而體態妖嬈，絕無鬚眉之氣。疑而審視，遂窺出破綻，知其非僧，乃呼而謂之曰：「法師亦欲於青蓮座下，現西方並蒂之蓮乎？」僧聞之，合十而謝曰：「願大檀越以佛法慈悲為念，廣開方便之門；則所以濟僧者，其功更勝于賑濟孤魂也。」甲乃不顧而去。噫！此等淫禿，吾知菩薩見之，方將以金剛降魔杵擣之不已，而謂其尚能普度幽魂乎？錄之，以告世之好結方外緣者。〔貌合神離〕

2720　原 312/7　廣竹 12/95　大 9/214

視而弗見

甯波有汪姓甲、乙二人，目光如豆，皆短於視。平日指鹿為馬，誤李為桃，時所常有。人見其戴一副近光眼鏡，老氣橫秋也，往往以老書生目之。一日，聯韆而行，至鎮南田野中。適該處多鑿池沼，淺水盈盈，上浮萍藻二尺。熟視無覩，以為草軟如茵，自是平原本色，不覺信步而行。惟聞撲通一聲，則甲、乙俱陷於沼。乙身小而靈，尚得誕登彼岸；甲則凶占滅頂，呼眾救起，已無術返魂矣！予謂近世有等目高於頂之人，一旦得志，便傲睨一切，蔑視同儕；見人若不相識，即呼之，亦岸然不顧。凡若此類，亦宜入此等池沼，以警其心。嗚呼！明眼人豈易得哉！〔有眼〕〔無珠〕

2721　原 312/8　廣竹 12/96　大 9/215

城頭墮馬

馬秉月精而生，得乾行之健，性善走；其良者有追風逐電之能，或行千里而不知疲，或歷蟻封而不知險。初未聞超登屋上者。蕪湖北門城下有某煙寮焉，一日，屋上忽來一馬，砉然有聲。眾皆趨出看視，幾疑天馬行空，不知從何而下。俄以屋破馬重，被毀數椽；而馬亦隨之滾下，視之已氣絕矣。於是觀者譁然，莫測馬之從何墜下。內有一人，昂頭審視，見城上青草綿芊，尚有營馬數匹，嚙草自若；乃知此馬係因病墮下者。時正薄暮，居民競在檐下納涼，覩此莫不驚駭。旋為營兵所聞，相與裹以敝帷，而瘞諸荒阡。諺云：「扒得高，跌得重。」以馬之強盛，而猶不免於此，人可不引以為鑒哉！〔一落千丈〕

2722　原 312/9　廣竹 12/97 右　大 9/216

蛇現誌奇

《西字報》言聖尊十屈地方之鴉路華道，一日有西婦獨行過此，忽見石凳上蜷伏黑蛇一尾。蛇項戴有一圈，製以精金，嵌以精玉，並繫以金鍊，另綴小玉圈一個。婦見之，深為詫異；即張其雨傘，欲驅蛇入內，載之以返。蛇疾行而去，婦見其色黑，知為最毒之物，亦不敢再為觸犯。未幾，途遇巡差，告知其異，并詳誌該處地形，冀他日復有所覩云。其果如朱雀啣環之類乎？殊令人無從索解矣。〔見怪〕〔不怪〕

2723　原 313/1　廣匏 1/1 左　大 9/217

夢囈可笑

天津李某，生平好閱《三國演義》，日夜孜孜，手不釋卷。一夕，與妻共寢，忽發夢囈，口中喃喃不絕，既而大聲曰：「不意太師作此禽獸之事！」一伸足間，已將妻踢翻下床。妻曰：「此是何為？」李應曰：「聞王司徒有七寶刀一口，願賜於操，入相府，殺董卓，雖死無恨。」妻曰：「幾幾乎將人踢殺，說什麼卓？什麼操？」李復應曰：「卓今頗信操，操因得近卓。」妻知其心迷於《三國志》也，付之一歎，另自連椅作榻而臥。須臾，李復曰：「有吾兒奉先，可高枕無憂。」旋又高聲大叫曰：「好！爾三姓家奴，那廂逃走？」只聞砉然一聲，已自墜於床下。有頃，始醒，妻笑問曰：「三國說完未？」李已茫然，不復記憶矣！〔寢饋不忘〕

2724　原 313/2　廣匏 1/2　大 9/218

求雨奇聞

美洲墨西哥地方嘉士登那省，大旱經年，未沾滴雨。省員以祈禱無靈，遂大會紳商，籌議善法。其議定各款云：「竊以主天上帝有意薄待此省。去年祇得小雨一次，今歲乾旱更甚。雖虔誠祈禱，賽會祭祀，而仍赤日肆威，滴雨未降。遂至地產無出，民不聊生，全省被災，將成不毛之地。故今議得各條：一，如八日間再無大雨，所有一省男婦人等，不准往教堂誦經祝禱；二，如十六日內不雨，則所有一省教堂、尼菴等處，全行焚燒，其教中所藏神器、遺寶等物，一概毀壞；三，如二十四日內不雨，即將一省之教士、女尼，并各等傳教人，悉處以大辟之刑。現在暫將各種禁令革除，任人作歹為非，俾主天上帝知我等決意與之為難也。」墨氏之頑愚如此，已足奇矣！更奇者，議事後第四日，天忽黑雲密佈，大沛甘霖；其雨之多且久，為數十年所未有，一若深恐教民之絕於人世也者。嘻！蒼蒼者天，而顧可以要求乎哉？〔想入非非〕

2725　原 313/3　廣匏 1/3　大 9/219

殺妻療母

日本人高羅，農家子也，平日事母以孝聞。其母夙患目疾垂十餘年，醫藥罔效，漸至失明。忽聞人言雞鴨、禽鳥等肺可以治之；遂百計搜羅，攜歸奉母，果得略瘳。惜為時不久，依舊青盲。高羅深以為憂。旋又聞言以人肺和藥，頗著靈驗。高羅求之不得，日夜躊躇；遂欲殺身取肺，以療親疾。每於無人處，操刀欲割，繼念己身既死，誰肯代刳此肺，烹以餉母；不如將甫五月之女孩殺之。及舉刀，而心又不忍，嗒然中止。然療母之心正未嘗忘也。一夕，愈思愈憤，呼其妻，告以殺女之志。妻知其志已決，無可挽回，請殺己以貸女死；乃取一繩，自加於項，使高羅用力縊殺。高羅從之，剖其腹，取其肺，返步入廚，覓釜甑欲烹之。有僕婦見其形迹有異，留心伺察，具得實狀，不禁大譁。事為妻妹所聞，訴諸官。官執高羅，

懲之如律。夫世間愚孝子有刲臂割股以療親疾者，若殺妻以療母，則愚而且忍矣！尚得謂之孝乎哉？〔別有〕〔肺腸〕

2726	原 313/4	廣鉋 1/4	大 9/220

赴潭搶龍

溫郡入夏以來，久無雨澤。民間雲霓望切，相率有求雨之舉。茶山各村聚至數千人，均往茶山之巔古龍潭內，迎請龍神，立壇祈禱，口呼蒼天，聲震山岳。又瑞安之龍山、樂清之烏龍娘洞，各村農莫不迎龍虔禱。所謂烏龍洞者，深數十里，行至盡頭，始見一潭，深不見底。凡民間欲赴潭搶龍者，務擇一亡命之徒，逕奔入洞，勇往直前。如見潭中有蛇鼈、魚蝦等物，立即用袋撈起，置之懷中；飛奔出洞，供諸雨壇，其應如響。此搶龍之所由來也。惟甘澍降時，難免有大風疾雷繼其後。去年樂清縣署被龍風損壞，人皆謂為職是之故。特不知此次亦有靈驗否？溫民有此祈雨之法，尚何有亢旱之足患哉！〔事近〕〔荒唐〕

2727	原 313/5	廣鉋 1/5	大 9/221

瞽目復明

今天下不乏扁盧妙手，因病施藥，輒奏奇功，而於目疾獨少治法。即市上偶有專醫眼科者，亦祇能治未瞽之目，而不能治已瞽之目也。乃福州時昇里塔亭衕地方有濟世醫館，其中西醫二人，皆有國手之目。凡疑難之症，醫治獲痊者，姑勿暇論。所奇者，有鄉人王玉山素業手藝，雙目失明，業已九年。一日至該館求治。經西醫亞丹先生為之診視，曰：「目珠似薤子，一重又一重，共三十二重。今子目有翳在第四重，宜用刀割之，藥水敷之；去其蔽障，則目自明矣。惟不可割至第五重，蓋第五重係最重要之樞。幸是處尚無翳耳。」如法治之，旬餘目果復明。於是該處瞽人聞而求治者，踵趾相接。不知西醫皆能療治，以彌天地之缺憾否耶？〔挽回造化〕

2728	原 313/6	廣鉋 1/6	大 9/222

攘雞故智

鎮海人吳某膺慈西章姓之聘，就館於白湖嶺陳姓宗祠屋內。館徒七人，中有王生，好弄不羈；見館後窗外為陳姓空園，旁有小屋三間，內蓄雞鴨數十頭。王生遂用繩繫鉤以鰍或小蚓為餌，藉釣雞鴨，如釣魚然。陳姓以家禽時失，詰責傭人；傭人忿甚，潛伏小屋伺之。見王又釣得一鴨，曳至窗前。傭人出而詬詈，謂：「讀書賊，何竟效日攘鄰雞之故事耶？今已目擊，不汝貸矣！」王生憂懼無措。有胡生者，頗有急智，急宰鴨瘞之。迨陳姓之弟至，悻悻然遽責吳以縱徒為非之咎。諸生力白其誣。陳大怒，謂非經搜檢，事終不明。遂翻箱倒篋，肆意搜尋，卒無所得；致被諸生阻其歸路，誓雪誣良辱師之恥。陳大窘，浼人求師，伏禮謝罪，事始寢。然恐此次不加懲創，該生心膽益豪，適貽養癰成患之勢。所貴乎師者謂何？而竟任其錯矩偭規，不為約束耶！〔大誤〕〔蒼生〕

2729	原 313/7	廣鉋 1/7	大 9/223

顛倒衣裳

蘇郡城南曇花庵有住持僧名一誠者，六根雖淨，五戒未除；與近處某氏婦有私，禪榻鬢絲，往來甚密。蓋此女潛至庵中，月必數次焉。一夕，魚更初轉，女又赴無遮之會；為鄉人偵知之，踰垣窺伺，備得姦情。遂排闥直入，將一對野鴛鴦，雙雙縶縛，飽以老拳。有惡作劇者，令將僧與女易其衣服。於是僧則紅錦抹胸，羅裙六幅；婦則袈裟一領，手持牟尼。待至天明，始送元和縣懲辦。沿途觀者莫不笑之以鼻。迨李紫璈大令升堂訊問，該婦經其親戚領回；僧則予以笞責，荷枷示眾，不久怛化。噫！以清淨之地，為污穢之場，佛地宣淫，滔滔皆是。彼世之婦女，動以入廟燒香為名，月必數至者，殆亦該女之故智耳。獨此庵也乎哉！〔不男不女〕

2730	原 313/8	廣鉋 1/8	大 9/224

捕蛇非易

粵東新會、新寧之交，有古兆山焉。山麓有穴，窈然而深，為修蛇所蟠踞。蛇大如椽，長丈餘，時出為害，鄉人皆無如之何。有陳龍標者，擅捕蛇術。鄉人爭延之，許以重酬，俾除此害。陳令引至蛇穴，審顧良久曰：「物雖巨，然我藥尚能制之。」乃與鄉人約，捕得此蛇，當酬洋蚨三百翼。鄉人允之。陳遂取藥，遍塗於身，並口含之，蛇行入穴。移時始出，則已為蛇所噬，中其毒氣，不久而斃。迨其徒後至，欲向鄉人索酬。鄉人以蛇尚在為辭，不之允；然憐其師死之慘也，略助喪資，使為殯殮。該徒痛師之為蛇而死，誓必除之以報；乃請鄉人酬如前例，鄉人許之。徒乃遍體塗藥，一如其師，遂手刃直入。至穴之深處，惟聞臭惡氣，不見有蛇；知蛇已死，出告鄉人。攜取鍬鍤掘之，果得死蛇，拽而出之。見蛇身發腫如斗，相與咋舌。蓋陳入穴時，曾與蛇鬥，蛇為藥所制，故兩敗俱傷也。鄉人因取金如數酬之，而患遂絕。〔除惡務盡〕

2731	原 313/9	廣鉋 1/9 右	大 9/225

寶鼎賤沽

粵垣城西孟光巷有故家子李某，以家世式微，舌耕餬口。一日，其婦在蓋篋內搜獲古瓷爐一枚，圓約九寸，高則逾尺，遍身紅色，塵垢蒙蒙。婦不知何物，用盛殘羹餘瀝，以飼雞犬。既而有收買舊物人沿門呼喚，婦欲售之，索銀三錢；該販祇肯出青蚨三十翼，不成而去。同里某甲聞而索觀，如價購歸；刮垢磨光，漸覺晶瑩可鑒。質諸古玩舖，謂為醉紅古窰，約值百金。事為李某所聞，欲向贖回，甲不允，再三饒舌，卒不可得。惟徒恨婦之貪小失大而已。〔不求〕〔善價〕

2732	原 314/1	廣鉋 2/9 左	大 9/226

花開稱意

自西國通商而後，西人之以華婦為偶者甚多，而華人之娶西婦者甚少。乃有不惟以西婦為室，而且居然得二美者。如金陵某甲，雖少年無賴，而雅善西國語言，貿易外洋，屢獲厚利，為西方美人所欣羡。先後娶有二西女，伉儷既敦，妯娌亦睦；彼此以姊妹稱呼，並不稍有齟齬，相安十年，幾忘異鄉岑寂矣！近甲忽動鄉思，攜婦東歸，賃居城北一枝園地方。一時聞其事者，爭先快覩，咸謂二西女皆和藹可親。而某甲左抱右擁，能使耦俱無猜，亦可謂享盡人間艷福矣！〔二女同居〕

2733	原 314/2	廣匏 2/10	大 9/227

國香聲價

蘭為王者之香，夫人而知當王為貴矣！然其品雖高，其種亦正不一。有愛花癖者，稍得翹然特異者數本，已莫不詡為國香。更誰能物色於空谷中，獨得秀英，足高聲價十倍者。惟日本駿州志太郎藝蘭於藤枝町，栽培得法，花適其性。因是斯地稱獨盛，而人之買者亦多。聞町殿岡宗平所植尤多貴品，估值竟在銀萬圓以上。內有蘭一本，計花三箭，購時出銀四千五百圓。目今春秋既易，越顯精神。若出售時可得七、八千圓之譜。又一本稍次，亦值四百圓，可謂富於蘭矣。此次又在東京覓得一本名天惠龍，據云值銀一萬五千圓。其聲價之高，蓋從來所未有云。〔花王〕

2734	原 314/3	廣匏 2/11	大 9/228

風捲燕脂

燕脂以紅藍花汁凝脂為之，燕國所出，後人用為口脂；蓋脣脂以丹作之，象脣赤也。杭垣皇誥巷某胭脂作坊，生意之佳，素甲他處。每值胭脂製成後，必擇隙地晒之，一色猩紅，鮮明奪目。七月下浣，復用筧簟，將胭脂曝諸日中。忽一陣狂風，刮地而起，所晒胭脂隨風吹上；千片萬片，斜斜整整，高入雲霄，不知落於何處。相傳係風神收取以貢玉女者，或一年一次，或二三年一次，則是年生意必大有起色。予謂此特該坊中人借以故神其說耳！夫大風之起，走石飛沙，無處蔑有，何有於區區胭脂。若如所說，然則胭脂墮下之處，居民之拾得者，亦將以邀天之貺而播為美談矣。嘻！無稽之談，一何可笑乃爾。〔飛入〕〔雲霄〕

2735	原 314/4	廣匏 2/12	大 9/229

斃於車下

火輪車之行，其疾若飛，其力甚大；人或觸之，未有不血肉橫飛，立即斃命者。宜乎人知趨避，不敢輕蹈危機矣。然偶一不慎，因而失事者，常常有之。日者，天津鐵路公司火車由蘆台開往塘沽。正當鼓汽開行時，有一客以附車不及，急起直追；見車行尚緩，遂手挽車上，聳身欲登。不虞足力已竭，而手握不牢，致墜車下，偃臥鐵軌之間；迅雷不及掩耳，遽被隻輪在大腿上碾過。駕車者見之，急即停輪查驗，則已肉糜骨折，氣息奄奄，不移時而魂歸泉壤矣。甚矣！人之不可履危蹈險也。雖徼倖獲免，世或有之，然何忍以性命輕為嘗試哉？所願觸於目者警于心，以為前車之鑒也可。〔慘不忍覩〕

2736	原 314/5	廣匏 2/13	大 9/230

孿生異狀

孿生之事，時有所聞，大抵一胎二子者為多；若一胎三子，世皆目為人瑞之徵，已屬不可多得。未聞有一胎五子而竟各具奇形怪狀者。有之，自蘇垣小市橋張姓始。張姓以肩輿為業，娶婦數年，久而不孕；以為草非宜男，花難結子矣。詎去年張婦忽結蚌胎，生珠有象，張喜甚。比臨盆，連舉五雄。有類周靈王之生而有髭者，有類黑王相公者，有類青面盧杞者。顏色既殊，形神迥別。遠近聞而往觀者，踵趾相接，莫不咄咄稱怪；謂含生負氣之倫，似此離奇，實得未曾有。而張亦以其不祥也，棄之於野；俾戾氣所鍾，不致常留於世云。〔面目〕〔可憎〕

2737	原 314/6	廣匏 2/14	大 9/231

動多忌諱

軍犯流配他方，每遇鄉人置鷄鴨於籠，肩挑喚賣者，必多方索詐。謂：「我已身羈縲絏，爾復何心？將彼誘入牢籠，為我寫照。」遂勒令開籠放出，以雪此恥。鄉人之解事者，稍酬以資，便可過去；否則，必攫其物而後已。此等惡俗，不知始於何時，而相沿成例，殊為鄉民之累，誠可惡也。近聞蕪湖有他省發配之軍犯，在江北裕溪口地方遇一鄉人，挑販家鳧數十頭，沿街求售。為該犯所見，以為觸其忌諱，務令開籠放之。鄉人以阮囊羞澀，百計哀求。該犯堅執不允。後經某舖代給青蚨十翼，始不纏擾。夫人既犯罪，宜如何痛思改悔，深自斂抑；乃復強為牽合，肆行詐訛，其兇橫為何如乎！而地方官乃竟置若罔聞，是可異已。〔欲加〕〔之罪〕

2738	原 314/7	廣匏 2/15	大 9/232

愚不可及

本年入夏以來，久無雨澤；甌甯各屬無知男婦，捨身求雨者，此倡彼和，亦幾數見不鮮矣。不謂有甬人任某者，向充元凱兵輪船水手，人頗勤謹。前年搜捕匿盜時，曾將一盜破腹慘死。任於事後深悔之。從此絕葷茹素，常思行善，以贖前愆。七月十四日，向船主貝鐵生協戎乞假歸。先期預備鐵鉤數十具，檀香數十塊，趁航至鎮邑，將鉤一面紮檀，扣入肉內；凡腰背、肩肋、臂腿，隨處紮滿。乃雇釣船至金堂海島。呼舟子，授以信一封、夾襖一件，令交元凱船上，向取船價洋二枚。迨駛至關外，任即聳身躍入老太婆礁下。事聞於貝協戎，為之殮其屍，恤其後，以為死事者勸。雖其誠可鑒，而其愚殊可笑已。〔匹夫之諒〕

2739	原 314/8	廣匏 2/16	大 9/233

褪殼龜

揚州某甲，家小康；所畜鷄鴨、犬豕，無故多亡去，舉家咸驚異之。一日，有游丐過其門，猝問甲曰：「君家近常失物否？」甲問：「何以知之？」丐曰：「吾知有妖物作祟。若不速除，禍將及君；然欲除此妖，非得錢十千緡不可。」甲許之，遂導之遍相宅中。至廚下，見水甕一具，瞪視良久，曰：「殆在是矣。」乃命市猪肉一方，煮半熟，以鐵鉤貫其中，繩繫其端，繯柱上，將熟肉置水甕畔。人則遙從壁隙窺之。果見甕下一物，聞肉香，探首出，張血口，遽銜其肉；鉤挂喉際，痛甚，急縮首欲遁，緣繩繯柱，猝不能脫。丐急出縛之，令甲審視，曰：「此褪殼龜也，厥名曰蜥。今幸得除之。不然，將食人矣！」先是甲家畜一大龜，亡去年餘，至今始憶及之。因共覓其殼，果於貓竇得之。丐乃令售其殼，索利刃剁龜為肉泥，并去血跡淨盡，然後取酬資而去。自是，所豢之物，無有失者。〔畏首〕〔畏尾〕

2740　原 314/9　廣匏 2/17 右　大 9/234

茅塞頓開

隨園老人《小倉山房詩話》中，載有詩丐一則，久矣傳為佳話。不謂愈出愈奇，竟有瘋狂閭井之人，隨口而成天籟者。遼陽有屠人某甲，素不識字，前歲忽得瘋疾，徜徉於市，啼笑無端。一日，行歌市上，隨觀者如堵牆；聽其所歌，皆成韻調。好事者問其年華，向操何業。即答云：「插腳紅塵四十年，此心殊不愧青天。未能放得屠刀下，學佛無成且學仙。」〔天牖其衷〕

2741　原 315/1　廣匏 3/17 左　大 9/235

拳師奇遇

江西人張某，江湖賣藝者流也。年逾弱冠，流落粵東，以技擊博人觀看，藉資餬口。一日，在高州城中獻技時，觀者如堵。有一老翁，注視良久，點首者再，因近前詢其家世。張具告之。翁自言吳姓，邀歸小敘，告之曰：「僕少時亦以此為生，今已不復為矣。生子三人，皆不能傳吾技。少女年及笄，得吾指授，能用四十觔軟鞭。今遇君子，願侍巾櫛，得乎？」張喜出望外，連聲叩謝。翁乃為之擇日成婚。迨後張欲試妻技，邀與相搏。甫交手，而張已顛撲於地。於是深服丈人峯之手段，願留甥館，冀傳衣鉢。萍水相逢，便成眷屬，不誠一段奇緣哉！〔萍水〕〔姻緣〕

2742　原 315/2　廣匏 3/18　大 9/236

夢裏胡行

西報言美國蚩利的飛亞城有幼婦某氏，貌頗嬌嬈，性亦機警；惟一入睡鄉，則心神迷懵，往往起而行走，亦不自知。一夕，婦方就寢，夢入華胥。忽起立，惘惘出門。身穿寢衣，足繫鎖練，躑躅街衢，不言不語，如醉如痴。見者疑其身中邪魔，咸目逆而送之，竊竊私語。嗣有相識者知其故態復萌，突作當頭之喝。婦始蘧然而醒。遂攜之回家，則見其夫某甲猶酣睡床中，其足亦繫以練。蓋甲知婦有此惡習，故於臨睡時，取小練將足互繫；俾婦一起行，牽動己足，當可驚醒。如此則可止其外出矣。不料，此次婦竟將練解開，潛步出戶；而甲尚在夢中，故昏然罔覺也。天下事，真無奇不有哉！〔懵懂一時〕

2743　原 315/3　廣匏 3/19　大 9/237

嬉笑怒罵

慈北與餘姚交界之處有雙河村焉。村中有慳先生、厭先生者，不詳其姓名。慳者目不識人，應用之款，一毛不拔；厭者作事乖謬，取人怨惡也。二人皆從大隱山遷居於此。先時慳頗慷慨。自與厭鄰居，而素行一變；於是怨慳者，莫不恨厭。七月二十六日，該處迎錫箔會賑濟孤魂。會中所扮，除《閻婆惜潘巧雲》、《目連僧》等劇外；有華服而手持一錢者，背插旗曰「慳先生」；後隨一人左手扯其袖，右手搖搖作阻令勿與狀，背亦插旗曰「厭先生」；再後則五六人，持響叉作欲刺狀，口中復喃喃罵詈不休。見者皆捧腹大笑，謂此真可謂善于諧謔矣！〔諧謔〕

2744　原 315/4　廣匏 3/20　大 9/238

祀兔成風

京師風俗，每屆中秋佳節，居民向有祀月之舉。取月屬兔精之義，製成爰爰巉巉之狀，或以泥塑，或以紙糊；市肆中陳設輝煌，大小不等，類皆爭奇鬥異，兩耳崢嶸。居民相率購歸，有以香花供奉者，有與兒童嬉戲者。維彼狡兔，竟有百千萬億化身，遍入於朱門綺閣間。何其盛也！按月為陰精，至中秋而倍明，祀之宜也。乃祀之者，即以兔像為月之神，則殊屬無謂。豈以傅元謂月中有玉兔擣藥，遂附會其說歟？然張華《博物志》言「兔望月而孕，口中吐子。」是兔為明月之精，不可即以為月也明矣。《論衡》又云：「儒者言月中有兔，夫月水也，兔在水中則死，夫兔月氣也。」古人辨之如此其詳，彼都人士，何竟昧昧耶？〔中秋〕〔佳話〕

2745　原 315/5　廣匏 3/21　大 9/239

佞神取禍

甯波、鄞慈之交，邵家渡地方有梁聖君廟焉。相傳女子祝英臺偽作男裝，與梁山伯讀書，共筆硯，交契最密。經年同榻，梁不知其為女也；解館歸家，始知其事，悔慕而亡。祝亦卒。有功於民，晉、宋皆敕封之。俗傳八月初一日為神誕之辰。遠近之心香敬爇者，舟車畢集；往往輕衫團扇與鬢影衣香，交相掩映，不減曲江春褉時也。本屆有鄮東某生挈同床頭人，艤舟而來，焚香頂祝；禮畢，聯襼偕出，覓原舟登之。生遽因泥滑失足，跌入波心，時浪湧如山，轉瞬間蹤影已杳。其妻瞥見此情，亦從船頭躍入江中，從夫而逝。見者皆稱其烈。夫世之好佞神者，凡以求神庇佑，能為人消災降福也。乃福尚未至，而禍已先臨，頃刻之間，遽致人亡家破；轉不若無求於神者，猶得自保其身家也。噫吁嘻！〔無妄之災〕

2746　原 315/6　廣匏 3/22　大 9/240

瓜具奇形

日本福井縣今立郡國高村字莊有地藏院，為天台宗比邱尼焚修之所。住持老尼年已七十有五，長齋繡佛，不染紅塵。院鄰姓鄉野者，庭內滿種胡瓜。陽歷八月初，老尼手自持籃，至棚下分除瓜蔓，擬擇熟者採之。瞥見一瓜如蛇形，耳、目、口、鼻皆具，不覺色然驚駭。轉念佛力或可解脫，乃摘而供諸佛前，合十誦經，昕宵不輟。閱四十餘日，其色青青，與初摘時無異；且眼瞋口開，向老尼作嚙噬狀。老尼心益恐怖，自揣有此變異，終我生不德所致；於是屏絕凡念，埋首於經卷云。按我朝康熙間，石城村民蓄番瓜以禦冬，內一巨瓜，形扁而圓，剖之作羹，中蟠大蛇。當時聞者莫不歎物理之難測，何今竟愈出愈奇耶？嘻，異已。〔咄咄怪事〕

2747　原 315/7　廣匏 3/23　大 9/241

以水化煞

粵人李某，家資豐裕，在惠城建一新屋，丹青土木，美奐美輪。落成後，喬遷入內，意謂窗明几淨，不染纖塵矣。詎是日薄暮，忽聞內外有撒沙聲，淅淅瀝瀝；細視檯椅，則無數細沙平舖其上，連日皆然。心異之，升屋瞭望，一無所覩，幾疑妖魅弄人，束手無策。一日，有某友至。

友固術者，問知前事，登屋四顧，曰：「此無他，屋有煞耳。當於正樑上置大水缸三，便可化之。」李如法安置，自是寂然，不復見沙痕。據友云凡屋犯煞，皆可以此法化之。不知何故。如該友者，信有神術歟？若如今之所謂術士者，占事多不驗，而顧沾沾焉，妄自夸大，惟利是圖，其不至為此友所笑者幾希？〔術者〕〔之言〕

2748	原 315/8	廣皰 3/24	大 9/242

豪豬

廣東惠州府屬海豐縣有山焉，其形如虎，土人呼之曰虎山。山峻而險，林深箐密，谷邃巖幽，人跡罕至，野獸居之。一日，有土人約同男女數輩入山刈稻，山下忽來一獸，其形如豬而略異；足高喙銳，身高二、三尺，其行較豬為捷。刈稻者各執田器，追逐將及矣。獸擺身作勢，其毛如箭，激射四出。追者皆著體被傷。獸乃鋌而走險，越嶺度谷而遁。農人不敢復追，拔著體之毛，長三、四寸，銳而勁，其色黑白相間，如婦人掠髻之骨簪。農人持歸示人，有識之者曰：「此豪豬也。《山海經》不云乎，『竹山有獸，其狀如豚而白毛，大如笄而黑端，以毫射物，名曰豪豬。』今蓋即其物也。」〔埜獸猖獗〕

2749	原 315/9	廣皰 3/25 右	大 9/243

循城求鱉

昔有守株待兔者，世人皆笑其愚；而不知天下之愚者，正復不少。奉天某氏子，一日在城下小遺，不知如何，城上忽墜一巨鼈，背大於盎。某俯拾之，束以帶，貨之於市，得青蚨數十翼。欣然得計，以為城上係產鼈之所，鼈子鼈孫定多窟宅。乃日向城頭尋覓，旬餘竟不復得，始語其事於人。是亦緣木求魚之故智也。較之取蕉覆鹿、鋸樹捉鳥者，不更發人一噱哉！〔徒勞〕〔無功〕

2750	原 316/1	廣皰 4/25 左	大 9/244

烈婢身殉

麗春者，粵垣河南某孝廉家婢女也。年十七，尚未字人，賦性貞靜，不輕言笑，頗得主人歡心。去歲有某生以正室無子，欲賦小星，偶與孝廉談及，孝廉遂以麗春許之。麗春聞之竊喜。未幾，生妻病故，其父為謀續絃，生遂沮納妾之議。孝廉知之，歸告家人；時麗春在側，聞之意若甚恨者。適有某孝廉造訪，言及欲營側室，孝廉因以麗春轉許之。麗春知之，不言亦不食，遽於是夕服紫霞膏畢命。枕旁遺一函，情詞哀切，有烈女不二適等語。孝廉閱畢，惋惜久之，厚為殮葬，以待旌焉。〔節勵松筠〕

2751	原 316/2	廣皰 4/26	大 9/245

重陽習射

重陽習射，始於南齊；時良以秋為金氣，講武習射，象漢立秋之禮也。降及後世，此風即歇絕無聞；蓋射禮之失也，由來已久矣。不謂朝鮮猶沿此習。本年是日，諸武孝廉之猿臂善射者，命儔嘯侶，采烈興高，相與會於三里寨之義山。謂佩萸囊，題糕字，古人陳迹，我儕不屑效也。然覩此佳節，何以遣懷？則試行鄉射之禮乎！於是左張弓，右挾矢，熊侯高樹，虎韔飛馳。或呈能於落雁吟猿，或獻技於穿楊貫蝨，或中雙禽而必疊，或徹七札於方蹲。其藝既命中挽強，其人皆志正體直；覺風勁弓鳴之勇，差足解風高落帽之嘲矣！〔猶有〕〔古風〕

2752	原 316/3	廣皰 4/27	大 9/246

狗醫

吳郡新郭里有藥材舖，舖主人姜姓者，浙江慈谿人。姜素知醫理，里中有疾病，輒請其調治，頗有驗。家畜一狗，甚馴；姜每出診，狗必隨之，搖尾侍坐以為常。一日，主人偶他出。有鄉人患濕氣，一腿甚紅腫，不知其所由，來以示姜；此狗忽向其腿咬一口，血流滿地，作紫黑色。主人歸，痛打其狗，而以末藥敷之，一宿而愈。有患隔症者，姜誤以為虛弱，開補中之劑；狗又號其旁，乃改焉，飲數服即痊。有孕婦腹便便，飲食漸減，姜認其水痼；狗侍其側，作小兒聲，乃悟其旨，而以安胎藥治之。越月而孿生，產母無恙也。姜以此狗知醫，每出診，必呼其同行。一時哄傳有狗醫之目。說者謂，是狗既知內外科，而又兼婦人科，以匡主人之不逮。歷數諸醫中，豈可多得哉！以視今之舟輿出入，勒索請封，若有定價，而卒無效驗，或致殺人者，真狗彘之不若也！〔犬性〕〔猶人〕

2753	原 316/4	廣皰 4/28	大 9/247

仙蝶呈祥

太常仙蝶，夙著靈異；此固上苑之祥徵，容臺之瑞應也。京師崇文門內東單牌樓水磨胡同貢院工程，前經工部奏請，欽派大臣督飭委員官商木廠前往興修在案。迨官商木廠人等，於八月初四日，派夫先運灰料、磚石、架木等物前去，以備初十日開工應用。有官商馬某甫入貢院龍門，忽見至公堂文光四射，瑞氣騰霄；旋天際有物飛至簷前。該商仰視之，即仙蝶也。遂備香燭楮帛，安設香案，望空拜祝。第見彩羽翩躚，忽現忽隱，一霎時展翅向明遠樓中飛去。據耆老云：「前十年曾有見者。今屆仙蝶重來，必有佳兆。明年適值舉行恩科，可為赴試諸君預祝鼇頭之占也。」〔荷天之庥〕

2754	原 316/5	廣皰 4/29	大 9/248

妖獸變幻

崑山附近地方有周浦鎮，一小市集也；居民多以務農為業，相安無事。一日，有鄉人數輩在田耕作，忽見一獸遍身赤色，大如貓而無尾，往來馳驟，其疾如風。鄉人見而譁噪，獸亦不避，雙目灼灼，似有所顧，逾時鑽入叢塚中。以鋤掘之，並無所見。越三日，見其飛奔如前，形大如狗。又三日，則龐然如牛，惟無角，兩耳如葵扇，颯颯有風。是夜，農家所豢鷄犬、牛羊，皆倒斃於地；細視之，雙目皆被挖去。如是者數日。鄉民不堪其擾，約同砲船勇丁，各持槍械，俟獸出，圍而攻之。詎此獸善於變幻，忽大忽小，轉瞬已失所在，令人無從下手。是何物也？安得起張華而問之。〔狡獪不測〕

2755	原 316/6	廣皰 4/30	大 9/249

蛇口吞童

巴蛇吞象，三年而出其骨，其事載於《山海經》；蛇口之巨，可想而知矣。然此等蛇，究不常見。其他常山率然之屬，縱有時毒害生靈，終不至效猛虎之食人也。乃竟有以血肉之軀，供其咀嚼者。日本岡山縣下津高郡舊日應寺村十二木山某姓，家有童子三人，相約入山刈草。忽聞叢棘中謖謖有聲，一童尋聲視之，突見一蛇；圍四尺餘，目晱晱如鏡，舌紅似火，見人直前追噬。二童遙見，駭甚即逃，歸家內，聲訴情由。村中壯者各持鳥槍、兵械，馳至是處；則一童已被吞其半身。於是各人咸燃槍以擊。閱多時，蛇身並無傷損，惟將童吐出而遁。撫之，已氣絕矣。何物妖蛇，肆虐若此，安得借漢高祖利劍斬之？〔荼毒生靈〕

2756	原 316/7	廣匏 4/31	大 9/250

猴子放火

閩人李某在咕叻作小販，積有百十金；因與鄉人葉某，至峇株巴曷共設一小店。是處有某甲畜一猴，厥性甚靈，一日忽走脫，覓之不獲。詎此猴出外，無所得食，常至各店肆擾。一夜，至李店竊取果餌，為葉所見，持槍擊之，一擊不中，猴即遠颺。葉漫焉置之，不以為意。至次夜，忽火光暴發。葉、李從夢中驚覺，則火勢已成，無從撲救。僅以身免，倉皇走出，業已爛額焦頭。當時葉、李二人，猶見火光中有一猴，跳躍而去，始悟猴挾恨縱火所致。而李之資財，未及半月，均已付諸一炬矣。噫！一猴也，而狡獪若此，何怪近時放火之多也！然則，放火匪徒，亦一猴之故智而已。〔猖獗乃爾〕

2757	原 316/8	廣匏 4/32	大 9/251

鱉寶

《聊齋志異》載八大王一事，言臨洮馮生拯一巨鼈後，鼈化作人形，是為八大王。欲報生德，口中吐一小人，僅寸餘；因以爪掐生臂，痛若膚裂，急以小人按捺其上，釋手已入革裏。蓋鼈寶也。由此，目最明。凡有珠寶之處，黃泉下皆可見；即素所不知之物，亦隨口而知其名。乃掘得藏鏹無算，竟至富埒王公，娶有郡主。厥後，夢八大王索還原寶，自是遂如常人。竊以為此特蒲留仙之舌燦蓮花耳，未必果有其事也。日者，有客自香港來者，為言該處有某姓家，於秋初購一巨鱉，額有白點，遽入釜中煮之。忽聞呼號聲甚慘，啟視寂然。及熟剖之，腹中得一小人，長三寸餘，龐眉白鬚，已被煮爛。有識之者，謂此即鼈寶，若生得之，可以致富，惜已無及矣。予曰：近時滬上有售馬寶者。一時庸愚之輩，不問真偽，迷然信之。如客所言，他日當更有售鼈寶者，亦何難高其聲價。蓋鼈雖死，而寶則猶是也。噫嘻！天下果有如是之寶乎哉？〔希世〕〔奇珍〕

2758	原 316/9	廣匏 4/33 右	大 9/252

漁婦生魚

溫州人王某，卜居大南門外，以魚販為生。家有一妻，年三十餘，伉儷甚篤。近日，妻珠胎暗結，腹漸膨脝。至臨盆，先產一女；繼即生一白魚，長七、八寸，形如河中之鯉，重約一觔餘。穩婆見之，亦以見所未見，相顧錯愕。而是魚既失水，已無圉圉洋洋之致，不久即斃。王乃取而投諸河，於是聞者譁然。或謂該婦當懷孕時，日聞魚腥，其氣所觸，結而成胎，致有此異。然歟否歟？敢質諸明理之君子。〔產異〕

2759	原 317/1	廣匏 5/33 左	大 9/253

文簫再世

東莞人張某弱冠時，娶妻汪氏，貌美艷而性柔婉，伉儷甚篤。不數月，妻得病將死，某悲不自勝。妻曰：「妾與君情緣未盡，當再世為夫婦，以了前因。」及易簀，某令人以西法攝取小影，什襲珍藏，聊自慰藉。越數年，某經人推轂，就館江西。偶於暇日出游，見有小家碧玉，拈花倚門，貌與前妻無異。私心竊喜，因遣冰人議聘，其母欣然許諾。及覩其年庚，恰當二八，心愈異之。娶歸後，性情溫婉，復與前妻同。至秋初，挈之返里，取映相較視，竟不能辨。戚族咸以為奇。始知文簫再世之事，說部所傳，非盡子虛也。〔重締良緣〕

2760	原 317/2	廣匏 5/34	大 9/254

鼠作人言

鷄談蝨語，千古傳為異聞。不知天壤間，無奇不有，物固有能作人言者。津郡河東二甲地方鄔金章者，小康之家也。夫婦二人，年逾知命，僅生一女，年甫二八，容貌娟好，愛若掌珍。所居房屋，每於夜間常聞人語聲。初疑為盜，起覘之，絕無影響。歸寢，語如故。復疑為鬼，姑置之。其女素膽怯，不敢獨宿，因與女僕同榻。一夕，弛衣就寢，更魚三躍，女猶未入睡鄉，忽聞人言自壁間出；傾耳聽之，類皆論女年少貌美，其言褻褻不堪。女懼甚，將女僕推醒，使聽之。女僕喝問何人？聲即寂然。次晨，為鄔夫婦言之，皆咄咄稱怪。越數日四更時，復笑語喧騰。女與女僕同時驚醒，伏枕傾聽。忽又交相怒罵，已而作毆鬥之聲，呼號終夜，聆之怖甚。翌日，女僕掃地，見房內桌下有死鼠四，俱長尺有咫，血肉模糊，似係咬傷致斃者。又見床下有穴甚深，倩人移其床，以火煙薰之，獲大鼠十餘頭，縱之郊外。自是不復聞人聲，乃知向之為人語者，即此群鼠也。〔獸妖〕

2761	原 317/3	廣匏 5/35	大 9/255

魂逐香車

京都某生，少負俊才，丰神秀朗，工吟詠，尤擅詞曲。人皆以小衛玠目之。中秋節人月雙圓之夜，翔步街衢；遙見一健奴跨駿驢，導鈿車前行。車上四面皆琉璃，月光射入，照見中坐一女郎，年可十五、六，花容玉貌，不啻神仙中人。生驟如神奪，車行絕駛，竭力奔隨，顏汗珠下；女亦頻頻回顧，行至鬧市，瞥然而逝。生瞠目直視，癡若木鷄。後經其戚某喚車送歸，僵臥不起，亦不言，惟日飲粥一匙。如是數日，群醫莫識為何病。初，生方注目急追，不覺魂已離殼，逕入輿中，與女並坐；須臾抵女家，隨女入閨，綢繆數日。一夕，忽遇朱衣人命僕送歸，遂蘧然而蘇。家人群集研問，生具道巔末，乃倩冰人往為說合，現已委禽。誠奇緣也，亦笑談也。不可以不誌。〔色中〕〔餓鬼〕

2762	原 317/4	廣匏 5/36	大 9/256

蟾蜍誌巨

日本人美奧斯精究輿圖之學，能查察地理。一日，在某山上見一大蟾蜍，高逾五尺，其口之闊，可銜馬、牛等類。美奧斯覩此龐然碩物，以為得未曾有；急歸告於眾，邀集三十人，復詣此山蹤跡之。則是物尚在，見人便噴氣，磅礡而出；頃刻間滿山籠罩，勢若煙雲，不啻蚩尤具大神通作五里霧也。眾為煙氣所迷，咫尺不能辨面目。迨霧氣四散，再覓是物，則已杳然矣。按蟾蜍形似蝦蟆，多在人家下處，形大，背上多痱磊，行極遲緩，不能跳躍，亦不解鳴；蝦蟆多在陂澤間，形小，皮上多黑斑點，能跳接百蟲，舉動極急。二物雖一類而功用稍別。又說蟾蜍壽三千歲者，頭上有角，頷下有丹書八字。從未有大而無當若此者。姑錄之，以質博物君子。〔碩大〕〔無朋〕

2763	原 317/5	廣匏 5/37	大 9/257

助賑驅祟

邇來災荒迭告，需賑孔殷。蒼生待命之秋，正鬼神福人之地；故捐助賑款者，凡有禱求，無不捷於影響。試觀近時新聞中，因助賑而愈病者，常常有之。其他近有逢凶化吉之奇，遠獲後嗣繁昌之報。耳聞目見，書不勝書。乃更有藉以驅祟者，可見神人感應之理焉。甯波鎮海江南岸有朱友洪者，家有一妻一妾，彼此不能相安，時相勃谿。戾氣所鍾，遂致五通作祟，忽而燃火，忽而搬物，忽而毀衣扃戶，忽而擲石抛磚。日夜喧嚷，不勝其擾。朱具牲醴禱之，而擾如故。不得已，乃修疏禱於城隍神，願以洋蚨二十翼捐助賑濟，求贖前愆。是夜，夢數人入門，繫數鬼以去，而家遂安。助賑之效，誠奇矣哉！〔神明〕〔默佑〕

2764	原 317/6	廣匏 5/38	大 9/258

母子重逢

粵垣城西某甲，本潮州某氏子，生時其母以家貧不能養。有某乙者，時賈於潮，年五十，無子；因以百金與其母，將子攜歸，僱乳媼育之。及五歲，挈之回省，忽忽數年，已屆弱冠。去歲，乙因病逝世，遺資頗厚。甲席其餘蔭，衣食裕如，雖戚族亦不知其為螟蛉子也。秋初，忽有老媼尋至，稱係其母。先使人投以書，歷敘原委，訂於某日到城隍廟相會。甲得書，異之，如期而往。果在廟中見一媼，髮已半白，見甲問曰：「汝即某某乎？」曰：「然。」媼問：「書中所言之事，汝知之乎？」甲問：「有何證據？」媼曰：「汝生時，臂有紅痣。且吾之來也，以晚年無子，曾禱於神。是夕，夢汝祖示我到此訪尋。今得相見，誠天幸也！」甲默念其言雖符，終難憑信，因即焚香禱神，願求夢示。問媼居址而別。次日，甲即親至媼所，泣拜曰：「誠吾母也。」媼亦悲喜交集，遂為母子如初。〔天假〕〔之緣〕

2765	原 317/7	廣匏 5/39	大 9/259

修蛇吸鳥

粵東海豐縣虎山山坑有一巖穴，深不見底。相傳有大蛇盤踞其中，出沒不常，人無見者。今夏杪，有樵者道經是處，忽見蛇昂首出穴，其大如斗，身之長尚不知其幾許也。樵者驚懼失色，急告近處之人。有好事者欲覘其異，潛伏伺之。俄有鳥飛行其上，蛇輒仰首吸之以氣；雖高隔數丈，無不隨其氣而墮。何物妖蛇？何其呼吸靈通若此也！予謂近世有毒於蛇者，說真方、賣假藥一流人是也。彼其得人重價，與人賤藥，視人性命如兒戲，一蛇蝎之心也。而遠方之人，不知真贋，惟信其自造標榜之言，不惜重資，昧然購此無用之物；俾此輩不致為餓殍者，一蛇所吸之鳥也。嗚呼！蛇之吸鳥，鳥固不甘為其所吸也。奈何似蛇非蛇者，人且樂飽其腹而不悟，可以人而不如鳥乎！〔毒氣上衝〕

2766	原 317/8	廣匏 5/40	大 9/260

棋癖

天下事，酷嗜之則有癖。不獨酒癖、煙癖、賭癖已也，棋之一道亦然。昔湯芷卿先生因事赴浙，道出鴛胆湖暫泊。舟人在船頭象棋。忽來一擔水夫，就舟坐觀。須臾，風利開帆，擔水夫注視局中，不知也。俟終局，忽回顧曰：「我擔桶何在？」則已離湖口五十里矣。先生慰遣之，使另附他舟以歸。事已奇矣，詎今尚有更奇者。溫州某典舖，一夕有朝奉二人，偶以象棋消遣。驀一偷兒入室，見二人凝神對局，恰投所好，從後諦觀之。見黑棋將敗，技癢不可忍，突出指示，竟忘其為胠篋探囊而來者。二人覩之，幾疑飛將軍從天而下；至此始知有賊，遂被執焉。隨園詩云：「有好都能累此身。」旨哉言乎！〔壹志凝神〕

2767	原 317/9	廣匏 5/41 右	大 9/261

錢妖

陳某，武林人，業瘍醫，鬻技自給。一夕就枕，聞床頂窸窣作數錢聲，竟夜不絕。喜謂妻曰：「此必神將見福，故示兆耳！」遂市香楮禱之。次早，案頭得錢如買物數，異之。至夜，數錢聲益急；因與婦商，廣購牲醴，夜分祝而祭之，冀得厚貺。是夕，聞撒錢聲急如雨點，不知幾千萬億。婦促曰：「速起搬運，毋少遲。」陳披衣起，捫之，已過尋丈。由錢堆匍匐尋戶出，心喜欲狂，往喚傭婦同運。及點燈入，則四壁如故，床前僅有大錢三枚。傭婦乃揶揄之。說者謂此即錢妖也。凡人日夜思得橫財，致為鬼怪所弄。錄之，以警世之同病者。〔鬼物弄人〕

2768	原 318/1	廣匏 6/41 左	大 9/262

衣製新奇

衣服之製，各國不同。而花樣之翻新，顏色之艷麗，當推中國為最；以云貴重，則猶未也。聞南洋蘇門答臘海島俗尚奢華，其間婦女尤喜裝飾，祇求奪目新奇，不計價值昂貴。所穿衣服，先以金銀煉為細線，織成片段，然後裁之為衣。故一領衣裳，幾費中人之產。似此金璧輝煌，洵屬人間少有。所慮者，嬌嬈美質，一捻纖腰，將有弱不勝衣之歎。蓋貴則貴矣，其如失之太重何！〔別出〕〔心裁〕

2769	原 318/2	廣匏 6/42	大 9/263

勇於排難

滬城某耆紳性好善，能濟人之急；生二子，先後俱掇巍科。識者謂為積善之報焉。近日，西門外有某鄉人忽失耕牛一頭，四處找尋，知在某自來火廠，向之索還。廠中人謂此牛突奔入室，毀物甚多，勒住不放。鄉人情急，遂至某紳處懇為排解。某紳允之，乘輿至廠，理遣情喻，善為說辭。廠中人素重該紳名，聞其言，無不唯命是聽。紳因令該鄉人備香燭服禮，牽牛以去。於是聞者皆服該紳之排難解紛，有魯仲連風焉。噫！吾見今之紳士矣，當其趾高氣揚，見有寒苦之士，且傲睨不為禮；若遇鄉人，往往多方欺侮，凌以勢力。求如某紳之勢利忘懷，能赴鄉人之急者，有幾人哉？然則如該紳者，宜其後裔之興未有艾也。〔魯連遺風〕

2770　原318/3　廣匏6/43　大9/264

虎不敵牛

虎為百獸之長，故狐假其威，猶使群獸辟易；幾見有山君之猛，而不敵一元大武者乎？乃南洋蘇門答臘於日前大開圍場，欲使虎牛相鬥，任人觀看。醵其資，以備賑濟地震各區之用。屆時觀者盈座。司事者先放雌虎一頭，與一太牢突圍而出，驅之鬥。不鬥，反在圍場內分道站立，一見如舊相識，擺尾搖頭，並無鬥志。雖經放炮燃火，多方恐嚇，而虎終屹立不動。眾大怒，立將雌虎擊斃。另驅一雄虎，復加一牛，使之相鬥。詎兩牛一虎，同在圍場，彼此相角，未及一合，虎即曳尾而退，伏不敢動。司事者以此虎竟如羊公之鶴，見客不舞，不覺大為掃興；忿無所洩，並將雄虎亦置諸死地。嘻！吾不知其虎威何在也？今似此畏首畏尾，豈所謂虎其頭而蛇其尾耶？然虎其頭而蛇其尾者，獨獸也乎哉！〔反強〕〔為弱〕

2771　原318/4　廣匏6/44　大9/265

華捕宜懲

租界華捕倚勢欺人，藉端恣橫，其事時有所聞。蓋若輩以巡捕房為護身符，一入捕房，知捕頭惟信其一面之詞，遂至混亂是非，顛倒黑白；即公堂之上，亦有售其欺，而無人發其覆者。邇來此風更甚。雖有時亦經發覺，而終未嘗痛加懲創，無怪其膽愈豪而心愈肆也。九月中浣，有英界三百零五號華捕石土金，因違章欲捉翁阿大所豢頸上有圈之狗，被翁阻止，遽肆兇毆；反自將號衣拉碎，號帽踏破，捏情朦控。不料此次惡貫滿盈，被蔡二源太守查悉前情，諭知捕頭立將該捕斥革，復管押一月，以為知法犯法者儆。想自此以後，巡捕之勢燄，或可稍殺矣！〔罪惡貫盈〕

2772　原318/5　廣匏6/45　大9/266

先咷後笑

福清東張街鯉尾地方有黃姓婦，前以伯道興悲，撫某甲為螟蛉子。及長，為之娶婦某氏，淑慧異常。無如甲不務正業，且染煙霞癖，致流為雞鳴狗盜之倫。同族恥之，公議沉甲於水，以絕後患。經其母再三求免。而甲怙惡不悛，一夕又竊鄰人某姓之物，恐被執懲，避匿於破屋者十餘日，不敢回家。其母及妻以為被人所沉矣！嗣有人覩溪畔有屍，載沉載浮，其形似甲，走告其家。母及妻聞耗，奔往審認，見衣服形貌果皆相似；驗其暗病，亦一一符合。遂抱頭痛哭，為之棺殮。其妻為服齋衰，設靈於家，日夜哀泣。未幾，鄰人有遇甲於破屋中者，捉之回。母與妻始知其誤，急將靈幃除去，相與轉悲為喜。然後知天下訛傳之事，正不獨海外東坡已也。〔鹵莽貽譏〕

2773　原318/6　廣匏6/46　大9/267

爭鳥涉訟

客有觀西人查典控應福昌一案，造予齋而論曰：「有是哉！租界案牘之繁，竟有以一鳥之故，啟中西人之爭端哉！」夫八哥鳥性最靈，故在西人處則能通西語，在華人處則能通華語；隨意學語，無不逼肖。其能得主人之歡也，固宜。乃查典豢養有日，鳥忽飛至應福昌家；應把玩久之，據為己有。事隔三、四月，旋被查典偵知，向索不還，遽行控告。事經公堂審訊，應稱鳥係己物，邀有鄰人十三家之公稟；查典則邀當時送鳥之陳阿榮至案作證。二人之視鳥，何其重也！蔡太守飭探查明鳥係查典之物，則給查典而已，非有所私也。應不知己過，猶敢於查典與粵婦攜鳥下堂時，空向饒舌，多見其不知量也。噫嘻！一鳥也，而成中西交涉之案，勞賢太守之研鞫，王包探之訪查，豈非案牘中之別開生面者乎？〔小題〕〔大做〕

2774　原318/7　廣匏6/47　大9/268

店夥昧良

人惟天良為不可昧；人而昧良，何事不可為？即極之盜賊，亦不過如此，而顧于店舖中有此夥友乎？崇明人某甲，性迂執，因與妻反目，挾資游滬；不數日，囊橐蕭然，窮愁無計。聞其徒某乙因事在滬南，遂往尋見。乙憐其窘迫，贈以番佛一尊，勸令速歸。甲不聽，得洋後，不忍兑散，忍飢仍至法界大馬路一帶，沿門求乞。至某南貨舖，為夥友某丙大聲呵斥。時甲飢火上炎，立足不穩，驚仆於地；致囊中之洋，墮地有聲。丙見之，頓起不良，誣為竊贓，扭甲痛毆，攫其洋，據為己有。而甲視洋如命，堅欲索還。丙乃一再捏詞，控押捕房。甲於釋出後，心不能甘，向索如故。旋為某乙所知，同往質証，謂此洋係己所給，有大字硬戳可憑。丙不得已，始將原洋交出。說者謂堂堂店舖中，乃有此昧良之夥友。竊恐其見利忘義，更有甚於此事者。人心不古，可慨也已。〔欺人太過〕

2775　原318/8　廣匏6/48　大9/269

黠賊兔脫

探囊胠篋者流，一遇幹捕，動輒束手就擒，而付之無可如何者，此笨賊也。賊中之狡黠者，自有一副好身手，使人無從捉摸；即不幸而偶焉就縛，亦必別有脫身之法。蓋賊有賊智，其事殊可供人談助也。滬上有陳連生者，擅穿窬技，專向長江各輪船肆竊，案積如山。近始為法包探破獲。葛同轉審訊之下，以其黨羽眾多，飭包探械其兩拇指，帶往各輪船碼頭指拿。九月中浣，陳知鄱陽輪船將開發，即隨探夥往船旁觀望。雙輪一轉，船即離碼頭數尺。陳聳身躍上，鼓浪乘風，逍遙出口。探夥瞠目久之，無可為計，乃據情回告捕頭。當時見者僉曰：「此賊之本領，亦高矣哉！否則，偶一失足，墮落波心，將有逃生而速之死者矣。故曰：『該探夥之智不如賊。』」〔旁若〕〔無人〕

2776　原318/9　廣匏6/49右　大9/270

犬生異獸

龍生九子，皆為鎮物之祥，由來尚已。近聞蕪湖黃池鎮某姓家，畜有老犬一頭，其聲狺狺，毛髮與群犬異，且慣作獅子舞，主人甚愛之。八月下旬，犬忽有娠。當生產時，此犬百般跳躍，似有痛不可忍之狀。是夜，生小犬九頭；內有一頭聲喔喔，善鳴善舞，絕不類犬。論者謂九犬中必有一犼，上應天星，下為瑞物。一時聞者皆先覩為快，詫為奇事。詎次日辰刻，忽騰雲而去。何神獸之出沒，竟令人以可見不可見耶？不圖犬子乃有此異！〔一飛沖天〕

2777	原 319/1	廣匏 7/49 左	大 9/271

歐西巨蟹

水族中有蟹焉，大小不一，大抵至秋深而始肥。其產蟹之盛者，如松江有蟹舍之名，鎮海有蟹浦之地。名雖著，而巨者則殊寥寥焉。近聞英京地方有某漁人捕獲一蟹，狀與常蟹無異；而碩大無朋，權之，重二斤有奇。漁人大喜，入市求沽。有好事者以一洋購之。謂嘗此風味，畢吏部不得專美於前矣！適有某客見之，謂：「此蟹與中國無異，豈自中國海洋中來乎？」該漁人折之曰：「方今中外通商，人民皆可往來，豈此蟹獨不准遠游乎？」客無以答，乃一笑而去。〔橫行無忌〕

2778	原 319/2	廣匏 7/50	大 9/272

放生獲報

放生獲報之說，善書中載之詳矣。不知者幾疑為感應之常談，而不知其事固確有可驗也。甯屬慈西張家渡有張士周者，素在漢江生理，性慈祥，戒殺；凡魚鼈、麃獾之鉅者，必購而放之，習以為常。秋間某日，趁輪回里，泊舟蕪湖碼頭。張方欲登岸，被人擠落水中，自料必無生理。詎身下忽若有物托住，推送上岸。張視之，則中一巨黿，旁有大魚數尾，若相護衛者然，均逾數秒鐘始逝。張仍得登輪回里，感激不忘；因在天后宮、水神、海神各廟演戲酬神。竊謂張不過放物之生，而物亦能救其生，以遂更生之慶。若如順直、山東、河南各災民，需賑孔亟，而能施捐款以濟其生，其食報不更無量乎！〔物亦〕〔知恩〕

2779	原 319/3	廣匏 7/51	大 9/273

控象奇案

天下惟人與人有不平之事，則起而鳴諸官；未聞有與畜類忿爭，以求賢長官之判斷者。有之，自英京某氏婦始。先是該婦以星期無事，偶至豢獸院中游覽一周；自覺形神稍倦，因在石磴上閒坐。時婦手攜淡黃色小皮夾一具，內藏金錢八枚，置諸膝上。無何有馴象一頭，過而見之，誤為麵飽，攝之以鼻，遽吞入腹。婦驟覩之下，大喫一驚。奈皮夾已入象腹。不得已，向豢獸者訴明其事，令以藥物飼象，俾得吐瀉而出。未幾，象果將夾瀉下，而其中金錢，僅存二枚，尚有六枚，終不可得。婦大怒，遂控此象於地方官，請為訊追。不知英官將如何辦理也？傳聞如是，不足令人噴飯哉！〔人與〕〔獸訟〕

2780	原 319/4	廣匏 7/52	大 9/274

冒喪圖騙

某甲性狡詐，失業後，專以撞騙為事。探得兵部尚書許星叔大司馬之嫂夫人，於客歲駕返瑤池之信；遂冒充孤哀子，印訃聞一千餘，分送各京官及門生故舊，擇於八月廿九日在土地廟下斜街長春寺內唪經開弔。先期有大司馬之門生吳太史，因屆期有事，不克親奠；預備奠銀百兩、素幛一幀，遣人逕送府第。閽人疑之，以稟大司馬。及索觀訃聞，始知冒騙情事，立傳該處地方官，密派甲捕多人，至期往長春寺守候。果見一素車蒞，中坐一人，麻衣如雪，儼如孝子，僕從亦俱素服。俄復有一素車行至，內坐一婦人、一少年男子、一女僕。甲捕乘下車時，一併擒獲，解赴司坊審訊。嗣詰得某甲係許姓之舊僕，故備知其家世；因貧無聊賴，出此詭計。不虞財尚未得，遽被破獲。大司馬遂格外施恩，不予深究。甲苟稍有人心，當何如改過自新、感激圖報哉！〔狡謀叵測〕

2781	原 319/5	廣匏 7/53	大 9/275

和尚變相

和尚魚素有是名，凡老於海洋者，常見之。其物初無足異，所異者，以皈依佛法之人，修煉半生，乃致投入魚胎，呈形顯醜於水族中耳。甯波鎮西之蟹浦地方有某漁船，於九月廿二日風雨交作之際，舉網得一怪物。長約六尺，上截宛如和尚，耳、目、口、鼻皆具；頭禿如鶖，頸下有皮如袈裟然。方譁然曰：「得一和尚屍首矣！」及細視之，則生氣盎然者，下截固仍魚身也。漁翁乃恍然曰：「此名『和尚魚』，出主風雨寒冷。我今不問其和尚不和尚，但和尚而既為魚，則無不可以魚目之；魚而仍為和尚，安知非以和尚變之。」於是入市求售，冀得善價。有某善士見之，稱為神物，再三勸諭，令縱諸江。當攜魚欲放時，觀者甚眾，僉曰：和尚和尚，何生此狀？豈菩薩惡其淫惡，特生此以示榜樣歟？抑魚中亦有所謂和尚歟？問之魚，不答。請以問之和尚何如？〔人面魚身〕

2782	原 319/6	廣匏 7/54	大 9/276

嬌娃被祟

楚人蔡某偕其妻寓於京師，生有一女，年已及笄，賦性聰慧，善女紅。父母鍾愛異常。八月十一日清晨，蔡夫婦推枕而起，時已日上三竿，猶不見女起，以為棠睡猶未醒也。迨其母入房察之，則惟見錦衾角枕，而女已頓失所在。方疑效卓文君私奔故事矣，繼思門戶皆閉，似非外遁。於是夫婦遍室搜尋，始得女于廚下，其身則匿於灶突間。蔡夫婦見而大呼，女若不聞也者。細視之，酣睡依然，罔知人事。蔡夫婦知為鬼祟，急延巫覡禳之，女始蘧然而醒。鄰里聞之，咸謂該宅向有鬼物潛形，入此室處，往往為其所祟，未有能久居是屋者。蔡聞之，遂作遷地為良之計，退避他處。然膽怯若此，恐不免為路鬼揶揄也！〔妖精惑人〕

2783	原 319/7	廣匏 7/55	大 9/277

募捐巧計

皖人王某家擁巨資，以鹺務為業；壯游兩淮，每三年必取道於浙，返徽省墓。適杭垣靜慈寺殿燬於火，主僧欲募重修，計非王不可。乃預遣畫工密赴揚，圖其形，塑一羅漢，露坐殿隅。探王游西湖，將至寺時，率合寺眾僧，具袈裟香花奉迎。王駭問何為？主僧曰：「夜夢迦藍神諭，今日羅漢以肉身返寺，故迎。」王不信，示以像，見果相似，乃大喜。視殿宇被燬，發願出資重修，而寺以成。說者謂此僧募化之計，雖詭而巧；較之竹笠芒鞋，游行四海，終日以木魚聲乞佈施者，其苦樂為何如哉！彼今之假善堂，藉施濟貧困為名，遍佈捐啟，求募資財；不惜以口舌之煩，乞憐富戶者，無論其計不行，即倖而獲行，以視該僧，當如小巫見大巫矣！〔妙想〕〔天開〕

2784　原 319/8　廣鉋 7/56　大 9/278

妒婦笑談

京師菓子巷有銓曹某部郎居焉。家有婦某氏，性悍妒，聞其夫欲納箎室，屢阻之。部郎心滋不悅。一日，謂其婦曰：「汝不容我納妾，今我已另築一安樂窩矣！」某氏聞而信之，遣人潛訪，知姨太太現住鐵老鸛廟大荔會館，遂率家人以往。及至，見門上所懸官銜姓氏，果屬不謬；不覺怒髮衝冠，直入內室，大呼姨太太何在？僕婦答曰：「在上房梳頭。」氏乃徑入上房，捽髮痛毆。某姨太太問厥由來？則曰：「我乃正太太，汝尚不知也耶？」姨太太因以善言勸慰，請俟主人來，再行計議。俄而，某部郎歸，詢悉情由，入與某氏相見，則兩人皆未謀一面者。叩其夫姓氏，知為宗年嫂，意亦不欲深究；惟姨太太以橫被毆辱，徐諷之曰：「既係我家老爺之正太太，今夕枕蓆之歡，自當奉讓。妾亦甘作小星也。」某氏不答，踉蹌遁去。蓋兩部郎係同姓同年同司所事者也。都人士聞之，遂鬨傳為笑柄云。〔一場〕〔胡鬧〕

2785　原 319/9　廣鉋 7/57 右　大 9/279

指甲現形

客有自嶺嶠來者，言本屆廣州府歲試時，有某縣文童徐某，縣、府試皆列前茅，以為采芹如拾芥矣。試期前數日，左手大指甲上忽見一道人，側面立身，潔白而眉目畢具，如繪畫狀。驚而示於人，皆謂耳目聞見所未有；或以為祥，或以為怪。越二日，又變作正面，而形貌益明，於是以為祥者亦怪焉。生始懼，以書刀刮去之，自念赴試得此，豈非佳兆乎？正搖惑不自定，而其母訃音至，不獲入試，一時之應乃如此。〔有覥〕〔面目〕

2786　原 320/1　廣鉋 8/57 左　大 9/280

偃武修文

粵東新寧縣有武童甘國華者，年當強盛，雅擅技能。當徐花農文宗於九月二十八日閱射時，甘挽強命中，藝冠群倫。隨復呈遞紅稟，面求自試文藝，並將平日擘窠大書「福」、「壽」二字呈堂；字體遒勁，具有筆力，文宗大為稱賞。但我朝試士，分文武為兩科；雖有全才，不准兼考。不知此童如何取錄。想鑑空衡平者，自有權衡，謂非士林之佳話歟？〔多材〕〔多藝〕

2787　原 320/2　廣鉋 8/58　大 9/281

強為傳戒

佛有「五戒」，曰：不淫、不盜、不殺、不妄、不遭酒敗；能之者，然後可與言戒律。今之為僧者不然，既不能自閑其心，而惟沾沾焉襲開堂傳戒之陳迹，哄動鄉愚，以為斂財之計。是仍戒而不戒也。蘇州倉米巷隆慶寺於本月上旬，為僧人受戒之期，時眾僧合十和南，以艾燃頂，忍痛不言。而中有十餘齡之小沙彌，亦被老僧以艾火焚其頂，不覺痛極聲嘶，飛步奔逃。比至山門，以雙扉緊閉，不得出，遂狙伏彌勒座下。僧眾竭力追出，強之使入。小沙彌哀啼求免，眾僧不允，扛頭曳足，舁之入，必強令受戒而後已。噫！似此矯揉造作，痛切剝膚，我佛慈悲，當亦何忍？今該僧等既不惜以父母之髮膚，受此苦楚，復何忍強以施人耶？故我不責僧之受戒，而恨僧之必強小沙彌以受戒。〔敢不〕〔奉教〕

2788　原 320/3　廣鉋 8/59　大 9/282

謂他人母

李甲，興甯縣人，賣菜傭也。一日，入市獲利而歸，忽於城闉覩一老媼，蓬頭菜色，老淚雙流。甲憐而問之。媼拭淚而答曰：「老身固丐婦，因病未能行乞，忍飢已兩日，恐不久將為餓殍，是以哀！」甲聞而惻然，因請曰：「媼如不嫌粗率，何不就食吾家，藉博一飽乎？」媼大喜，遂從之歸。甲為之具膳同食。食已，甲復從容請曰：「某少失怙恃，孑然一身。每羨世間椿萱並茂之家，歸則戲綵，出則倚閭，享盡天倫樂趣。今吾無母而媼無兒，一轉移間，可以兩彌缺陷，媼其肯納我此言否？」媼辭之。甲不可，乃即日市香燭，拜福神，作團圞會。從此呼食問衣，雍雍然如一家焉。〔甘作〕〔螟蛉〕

2789　原 320/4　廣鉋 8/60　大 9/283

揭帖笑談

匿名揭帖，乃群小不逞之所為，久為中國所例禁。若西國則未之有聞。孰意俄國近亦有此風氣。聞該處無君黨猖獗異常，心謀不軌；故俄廷防之極嚴，捕役日夜梭巡，不稍懈怠。街市遇有匿名帖，不論所說何事，均即揭毀。一日，天色昏黃，捕頭忽見地火燈上高懸白紙，隱約有黑字。該捕頭固短於視，意必黨人所為，聚眾起事之暗號，遂階而登，取視之；則漆匠所掛，謹防新漆污穢之字。捕頭怒擲於地，以足蹴之。時該捕頭滿身衣服已遍沾濕漆，各色俱備，無從拭淨，惟有自悔孟浪而已。然道旁觀者，僉謂該捕頭雙目不明，恐其顛倒黑白，信口雌黃，必更有甚於此者，此猶其小焉者也。〔自取其辱〕

2790　原 320/5　廣鉋 8/61　大 9/284

妖尼可惡

蕪湖某姓家有女郎，年纔十四，嬌小堪憐。前於閏六月廿四日，偕鄰女至陡門巷福善庵同觀盂蘭盆會，忽然走失。偵騎四出，蹤影杳然。至本月初，由其戚之旅次白門者，遇女於旱西門內觀音菴前，則已作幼尼裝束。急發函，告知其家。女父母聞信趕至，詢女巔末；始知當時被福善庵老尼空悟誘之入內，將兩手反縛，箝其耳，薙其髮，挈至金陵，轉寄於此者已數月矣。女父母大怒，遂控諸保甲總局。由馬觀察審明後，移歸蕪湖。初六日，女與父母始抵家。次晨，即率僕至福善庵，將二尼尋獲，縛於庵旁楊樹上；尼始猶極口呼冤，後令女當面質證，尼始俯首無詞。于是觀者大譁，有折樹枝，向尼頭當磬子敲者；有以手掌其雙頰者；有將碎石斷磚，擲破尼面者。蓋人心至是而始快焉。後經縣尊提案審辦，將庵發封。想當效金剛之努目，必不作菩薩之低眉矣！〔佛法何在〕

2791	原 320/6	廣鉋 8/62	大 9/285

蚌殼現佛

昔隋帝嗜蛤，有一蛤寘几上，一夜有光；及明，肉自脱，有一佛、二菩薩像。帝悔不食。此事載於《酉陽續編》。後之人頗以為疑。豈知天下事無獨有偶，見於古者，未必不見於今也。甯波象山所屬之石浦地方有漁人，在洋面施網。忽於夜間見網中放五色光，甚為驚異；急舉而視之，見有一蚌長約尺餘，光彩奪目。度其中必有奇寶，取刀剖之，則蚌肉堅硬不可食；而內有珠十八粒，大如黃荳。貨之，得錢三千六百文。一時觀者咸以明珠暗投，深為可惜。及觀其殼，則兩邊均突起人面九尊，法像端嚴，光華炫耀。有識者曰：「此十八羅漢之頭也。」旋為某署所聞，以鷹銀四翼，將殼購歸，供諸佛堂。斯亦奇矣！〔空中色相〕

2792	原 320/7	廣鉋 8/63	大 9/286

周倉嚇鬼

客有好談故事者，言昔有山右某孝廉，攜其僕名鄒倉者，體大而聲宏，赴禮闈。投邑館而人已滿。孝廉貧，不能他適，哀諸館人。執事者曰：「後有一宅，不利居者。如不得已，請權寓之。」孝廉欣然就宅，與其僕同臥起；然各有戒心，往往秉燭達旦，半月安然無恙。一夜漏三下，門忽自闢，陰氣凜然；有美婦入宅，向孝廉流盼微笑。孝廉恐，大呼鄒倉。倉於睡中驚覺，高聲答應。美婦惶駭，退跌座上，色變氣絕。是時，寓客聞聲，咸集共覩。美婦作時世妝，服飾富麗，儼然人也。公議連座遷于煤室，反關以俟之；如至日中不變，則聞諸官。明日啟關入視，空有一座而已。自此，宅竟平安，客笑曰：「周將軍之威，大矣！其相似者尚足以嚇鬼，無怪世之妄人，依傍大人先生門戶以嚇人也。」〔先聲奪人〕

2793	原 320/8	廣鉋 8/64	大 9/287

串騙新奇

蘇州閶門內於數月前來一游方僧，手敲木魚，沿街求募，人皆不以為意。某日，穿珠巷某珠寶舖，忽有某甲狀如顯宦，乘坐綠呢大轎，率僕從前來選貨。舖夥承迎備至，隨將奇珍異瑰，供厥搜羅。迨選定後，價值二千金，遂於身畔摸出某錢莊銀票一紙，令夥持往照看。少頃，舖夥回言票係真者，仍交甲手。時該僧在舖高聲求募，舖夥喝止不聽，而聲反益高。甲佯問此僧何為？夥具告之。甲遂以番佛一尊交僧使去，僧不受，跪於甲前，叩求增添。甲大怒，即擲銀票於地，曰：「我以此一併贈汝。何如？」該僧連連叩首，口稱不敢；因在地上拾票交還，仍取一洋而去。僧既去，甲以銀票成交而去。逾時，舖夥復往該錢莊取銀。莊夥曰：「此偽票也，適所驗者已取銀去矣。」蓋甲與僧本串通一氣，當擲票投地時，僧已易以偽票。夥不及覺察，致墮其計。騙術之巧，真令人難防哉！〔猝不〕〔及防〕

2794	原 320/9	廣鉋 8/65 右	大 9/288

無鹽遇主

穗垣鼓樓鄉李姓家有一婢，貌絕醜，行年三九，尚未字人。主人浼媒作伐，媒輒絕倒曰：「尊婢雅範，除卻閻羅老子，更有何人消受？」婢亦自笑，不敢作顧影想。一日，有客到鄉，言欲覓婢作媵，以為似續計；閱數大家婢，俱不諧。因詢之李，李有他婢貌甚美，呼出相見，客意殊不屬。俄而，醜婢汲水自外歸，適遇客，客屢目之。問主人曰：「此婢肯售否？」李疑其謔己，故索身價四百金。詎客信以為真，如數奉償，遂挈醜婢以去。此客真別具隻眼哉！〔無棄憔悴〕

2795	原 321/1	廣鉋 9/65 左	大 9/289

守貞獲福

呂某，粵之鶴山人，以傭自給。娶妻朱氏，頗賢淑，琴瑟之好怡如也。未幾，呂生計顰蹙，有友助之資，使經營於外埠。呂從之，留數洋與婦而去。不久，日用告匱，恆仰屋興嗟。有鄰媼利其色，誘作夜度娘。朱不聽。一日，炊煙頓斷。媼又至，置金環于几，而誘之曰：「此即某公子之物也。」朱拾而擲之，並唾媼面，而麾之門外。益發奮忍餓，甘作女紅度日。俄而，病隨貧至，湯水難求。正窮愁無計時，忽聞叩門聲甚厲，強起啟視之，則其夫已挾巨資而歸矣！悲喜之下，如在夢中。有識者謂為天之所以佑貞婦云。〔由苦〕〔得甘〕

2796	原 321/2	廣鉋 9/66	大 9/290

獅吼笑談

美國婦人某氏，貌美而性悍潑，人皆不敢問名。有農人某甲，不知底細，涎其色而娶之。初尚相安，不久，故態復萌，常虐其夫如奴婢。一日，為乃翁所見，不能忍，面斥之。婦大怒，竟舉木棒，欲作當頭之喝。甲恐父受創，以身蔽之；適棒從空下，中甲口唇，致脱兩齒。甲不敢較。未幾，婦因事外出，偶墜山坑，致傷一足。延醫調治，謂足已殘廢，當刖之而易以偽者。自是婦雖不良於行，而惡性依然未改也。某日，甲偶觸其怒，婦遂赴公堂控告。官詢問情形，未及差傳，而甲已跟蹤而至，立於婦旁。婦瞥見之，怒從心起，舉足便踢，不隄防假足繫縛不牢，竟超出數碼之遠。觀者為之粲然。官乃笑謂婦曰：「甲之凌爾，尚無証據；而爾竟於公堂之上，敢弄飛腳，則平日兇橫可知。尚敢誣控丈夫乎？」立令扶出不准，婦遂悻悻而去。〔一蹶不振〕

2797	原 321/3	廣鉋 9/67	大 9/291

探礦遇熊

李子青，甬人也，酷嗜西學，尤精礦務。今秋自開平回里，凡遇高山巨壑，必窮歷詳察，不憚艱辛。或告之曰：「象山南田島一帶，箐深林密之區，藏有佳礦。子盍觀之。」李欣然率僕同往，遂由象鼻墩裹糧而行，至二十餘里，峰巒叢疊間，時露紫氣。李大喜曰：「此下必有金穴。」復行七、八里，忽聞馳蹶聲，突見一人熊，驅搏諸獸而來。眾大駭，四散奔逃，各不相顧。李奔入一樹林。此林係野蜂結窠，蜜流遍地。李欲升其巔，詎樹已腹空儲蜜，滑跌其中，蜜陷及頸。李欲出無由，正情急間，忽熊攀樹以手探蜜。李遂堅執其手，熊驚欲逸，力拔之，李得隨之而出，熊亦竄去。歸視諸人，皆無恙。不以遇熊而喪命，轉以得熊而獲生，李真有如天之福矣！〔意外〕〔相逢〕

2798	原 321/4	廣匏 9/68	大 9/292

擲骰得妻

新會人林某，年逾弱冠，家貧，傭於縣城某姓家。某姓有婢，芳齡美貌，夜私就焉。林峻拒之，翌日辭去。數月後，忽夢一老人告之：「子拒淫奔，厥功甚偉。昨見冥官較善惡籍，注念四紅為汝妻。織女嫁黃姑，不待聘錢之借。佳期伊邇，敢報好音。」某醒而異其言，默識之。至去年，經人薦往香山某宅。某宅有戚，蓄一婢，韶顏稚齒，深得主人歡。方欲擇配，夜夢老人謂曰：「汝婢良緣至矣，赤繩已繫，勿以貧賤少之。」戚寤，異之。乃倩人宣言於外，約定某日置骰子於家。凡欲娶婢者，先行掛號，以百人為限；每人交銀一元，合成百金，以備奩物。有能擲骰得全紅者，即以婢許之。風聲所播，來者紛如，林亦與焉。及是日亭午，主人置盤於堂，令各人依次擲，至某而六子皆紅。主人大喜，遂以其婢歸之。論者謂係不淫之報云。〔三生有幸〕

2799	原 321/5	廣匏 9/69	大 9/293

望洋興歎

穗垣江門大徑里陳某之子，名福，年逾花信，忽遘狂疾，登高而歌，棄衣而走，凡耳目所不及者，皆能為之。且又孔武有力，石臼柱礎之類，并可舉作旋風舞。一日午後，大聲作虎嘯，飛奔出門，要遮者皆辟易，旋去如飛鳥。約一炊黍時，聲跡杳然。母與嫂恐其斃於水火，即躡跡尋之，至山下村之蠕山腳，則且躍且笑，將學魯仲連蹈海矣。亟趨而夾持之，甫行數武，福盡力作大蟒翻身，既而復高撲作獅子舞，則母、嫂俱乘風拋入中流矣。岸上人亟救之不及。昔袁子才先生作令時，頗著政聲。然記其辦一命案，審之似狂似醉，不能取供，乃即斃之杖下。意即此類也。〔瘋人肇禍〕

2800	原 321/6	廣匏 9/70	大 9/294

高僧入定

定海所屬之普陀山，素有高行僧，久為海內所欽仰。雖其間大小庵院不下百餘，而山之高深處，每有比邱僧搭廠清修，謂之「坐茅篷」。見者不知其根行何如，動以此輩目為高僧；而不知此猶和樣居多，衹求香客佈施，初無真實道行者也。惟後山有數篷真僧，六根已淨，五戒久除，平時不食煙火，髮皆圈捲；均有大蛇盤旋其側，座旁積食成堆。即而詢之，絕不回答。盤膝默坐，眼目下垂，近身均生青草，篷前亦無門扉。僧面作泥垢色，惟額顋隱隱有紅光，大抵皆百數十歲。人問諸老僧，亦未知其所自始。是果何修而得此也。予曰：「是殆所謂入定歟？目為高僧，誰曰不宜？」〔修煉功深〕

2801	原 321/7	廣匏 9/71	大 9/295

解衣情重

粵垣小東門外東基地方，為沙艇停泊之所。有蛋女阿愛者，珠娘中之翹楚也。一夕，有甲、乙二人欲雇艇子，問價於阿愛；阿愛以袖掩口，媚語承迎。甲已情為所動，遂登其舟，目語眉挑，綢繆倍至。甲至此，不禁神魂飄蕩，手與口俱。方欲倚玉偷香，而阿愛因羞生懼，逃至艇頭，暫為躲避。甲情不能舍，復踵而調之；不圖立足未穩，翻身落水。遂致戲水之魚，轉眼化為飲河之鼠。幸鄰舫竭力撈救，始得上船。愛憐其水衣如晝，寒噤連番；因解衣衣之，而自穿其濕衣，罔顧顛倒衣裳之誚。舟子見之，咸嗤之以鼻。迨衣乾，酬以洋蚨一翼而去。未免有情，誰能遣此。吾於阿愛亦云。〔誰能〕〔遣此〕

2802	原 321/8	廣匏 9/72	大 9/296

天降紅雨

廣西平樂府屬，於九月十二、三等日，忽覺細雨霏霏。著人衣服，皆作紅色，真如胭脂萬斛，灑遍人間。一時見者，無不搔首望天，咄咄稱怪。說者謂此為紅雨，食此水可治煙癮。殆天惡鴉片流毒，無從解脫，故先示此兆歟？或又謂邇來人心太黑，上天震怒，特降紅雨，使人各披赤心，亦未可知。或又謂紫之奪朱久矣，今天以絳色示人，殆欲使歸於正歟？然此皆附會之談，不足深論。昔者唐德宗時，天雨赤雪，見者駭然。茲之紅雨，正不知主何災祥也？天下惟知天者可與談天。鄙人無識，不敢妄言休咎，惟據所聞者錄之。至其事之有無，則非予之所知矣！〔染人甚于丹青〕

2803	原 321/9	廣匏 9/73 右	大 9/297

東瀛巨蟹

日前本報錄「歐西巨蟹」一則，見者方嘖嘖稱奇。殊不知此猶未足為奇也。日本北松浦郡志佑村字柏崎漁人松本喜作，於近海獲一大蟹，長徑三尺餘；衹一螯秤之，已重五百兩。而其餘更可想而知矣！兩眼突起向天，鋒銳透徹；皮甲堅凝，用利器刺其腹，始克就擒。持至家中，為同村人加藤某以銀三元購去，浸以藥水，以供玩好。聞日人於蟹都不喜食。故橫行之類，往往有一般也，而大如圓檯面；一足也，而大如人腿者。惜亦大而無當耳。觀此，當略見一斑。〔橫厲無前〕

2804	原 322/1	廣匏 10/73 左	大 9/298

不狐不兔

世俗稱優伶為兔子，此人而兔者也，而非真兔；又以差役之倚勢橫行，比之狐假虎威，此人而狐者也，而非真狐。乃有介乎兩似之間，而首尾偏不相類者，是豈合優伶、差役為一身耶？何其形之不尷不尬也。日本近出一獸，厥狀頗異。自首觀之，儼然似兔而耳小，尾脩復似狐；自後曲至首，前後兩足，左右皆有膜如袋然。其行如飛，時隱時見，不啻畏首畏尾也者。是可異已。世有一身作事，前後參觀，竟如兩截者。請以此為寫照何如？〔怪獸〕

2805	原 322/2	廣匏 10/74	大 9/299

肥遯風高

日本宮城縣中羽前街道，從事開鑿已閱多時。自加美郡東小野田村以達山形縣北村山郡母袋村，俗所謂柳瀨也。地處深山，人跡罕至。比工竣，忽於此處見一人家，家共五人。詢之老者，云於十年前卜居於此。揆其意，惟恐人見，蓋遯世者流也。覘其狀，面垢而髮結。宮城縣知事船越君聞之，親造其廬。見其所居之屋，支木為柱，上覆以草，下掘土為坑；屋內別無器具，惟小硃漆碗內盛放鹽水；常食木實，不舉煙火。船越君僅得其數語而返。

工人知其事，咸欲往視。於是男女老幼，駢肩接踵而至；及抵其處，杳無所見。想已遷往他處矣。若而人者，豈無懷氏之民歟？抑葛天氏之民歟？〔遺世〕〔獨立〕

2806	原 322/3	廣匏 10/75	大 9/300

害人自害

湖北武昌縣某氏婦，性淫蕩，常不安於室。其夫深惡之，訴諸妻兄，將執而沉諸淵。嗣經戚族相勸，遂縱之為尼。初與多寶寺某齋公參歡喜禪，旋又與某竹匠比鄰而居，因亦有染。尼得新棄舊，遂與竹匠謀殺齋公，而移其屍于兄之田中。蓋尼與兄本不睦，將以報宿怨而詐資財。而不意黑夜中，誤埋其屍於鄰田也。次日，尼親詣縣署，報兄謀殺其道友，且指其匿屍處以證。縣尊信之，率役前往，起屍不得，而得諸鄰田。驗之，果有傷。乃帶該尼與田主、鄰保等，回署研訊。先提尼推鞫，查悉寓處；復簽提其寓主，兼及左右鄰，故竹匠與焉。竹匠見差至，早已心虛，迨上堂見尼跪於階下，即大聲曰：「爾害我！我當時云殺人者要償命。爾云勿怕，且云可藉此詐錢成家。今何如耶？」官見竹匠不刑自承，大喜。立命錄供畫字，而案遂定。天網恢恢，疏而不漏，有如是耶！〔兇人〕〔無終〕

2807	原 322/4	廣匏 10/76	大 9/301

催科滋擾

閩省泉、漳兩府所屬州縣上下忙地丁錢糧，向有包徵、包解之弊。蓋戶房書吏當州縣官到任之始，先須呈進銀若干，名曰「點規」。點規之多寡，則視錢糧之多寡以為衡。一應報銷墊解，均仰仗於戶書。由是戶書任意訂定銀價，派差下鄉坐收；騷擾情形，不堪言狀。雖赴愬於官，亦苦不能伸雪。而弊之尤甚者，莫如安溪、同安之糧差。當糧差下鄉收銀時，所帶夥役，至少亦有二、三十人。既到鄉間，即以富戶人家為公館，日用飲食，皆由鄉老輪流供應；并令民間新嫁娘服役左右，獻茶侑酒，任其調笑。糧差顧而樂之，始目之為恭敬；否則，以為慢己，多方纏擾，民不堪命。而種種浮收、苛派以供中飽者，尤不必論。厲民若此，豈該處地方竟闇無天日者乎？嘻！異已。〔厲民自養〕

2808	原 322/5	廣匏 10/77	大 9/302

假捐被獲

邇來人心不古，假冒之事，層見疊出；而所最堪痛恨者，莫如借為善之名，以遂營私之見。即如滬上一隅而論，其冒稱善堂者，不可以數計。凡藉口施送醫藥，即託名送戒洋煙。更有一等專賣假藥者流，亦必藉施送美名，圖領地方官一紙告示，以為招搖地步。凡此皆借善舉之名，而猶不免藏頭露尾者也。乃粵屬瓊州地方，近有人冒稱奉李傅相札，專辦順直賑捐；在彼設局籌辦，所發實收係填給滬字號。迨粵省大憲派員前往勸捐，始知是處先已有人。當即電稟大憲，轉詢李傅相，知其實無此事。密飭地方官拿辦，隨即拘獲十餘人，解至省垣。內有一人裝入囚籠，面貌端正，頗似官員模樣，諒係為首之人。雖不知訊明後，如何懲辦，而人心已為之大快。安得將天下之假冒善舉者，一一嚴懲而痛絕之也。〔作偽日拙〕

2809	原 322/6	廣匏 10/78	大 9/303

戲場大火

廣東肇慶府屬高要縣金利墟，近因建醮，高搭戲臺，雇堯天樂名班演劇。十月十一日之夜，有賊徒混迹場中，強欲登臺看戲，為守臺者所阻。賊徒恨之，潛約黨類，四面射放火箭。戲棚本係竹木紮成，易於惹火；霎時棚上著火，煙燄飛騰，觀者倉黃奔避，至於塞途。忽臺上繩索焚斷，火從空中飛落。此時場中人山人海，登天無路，入地無門。非焦頭爛額而死，即互相蹂躪而死。玉石不分，同歸一炬。班中小武名崩牙啟者，方欲冒火而逃，奈身上寬袍大袖，急不能脱，為杉椽所絓，以焚其身。有丑腳三者，從戲臺躍過看臺，髮辮繚於棚竹，不能猝解，亦罹于難。惟花旦名白蛇森者，竄身人叢中，為人所壓；火過後，從積屍中匍匐而出，幸免於死，然已火傷及頸矣。是役也，被焚者甚眾，好善之士，備棺五百具，逐一收殮，大不敷用。蓋死者竟有二千餘人之多，類皆面目模糊，不堪辨認。傷心慘目，一至於此。彼賊徒之肉，其足食乎？〔浩劫〕

2810	原 322/7	廣匏 10/79	大 9/304

靈禽呼救

天下之物，好生惡死，具有同情。特人為萬物之靈，苟有疾痛慘怛，能呼人拯救，而物則不能也。鳥之有巢，猶人之有家也。一旦被人破其巢穴，戕其生機，其宛轉呼號，與人當亦無殊；特非通鳥語者，不能辨耳。不謂竟有類鸚鵡之能言，令人耳熟能詳者。河南某甲，捕雀為生，凡羽族之遭其荼毒者，不可以數計。一日，攜鎗至郊外，見樹杪有巢，中藏秦吉了三頭。甲發機轟擊。旁有農夫某乙，忽聞鳥呼救命聲，大為駭異，勸甲不可加害。甲不允，全數獲歸。詎返後，寒熱交作，病甚危殆。人以為多害生命之報。噫！鳥之將死，其鳴也哀。甲獨何心殘忍若此？彼山梁雌雉，色舉翔集，豈非深得其時哉？〔鳥亦能言〕

2811	原 322/8	廣匏 10/80	大 9/305

座船脱底

婦女乘坐肩輿，中途脱底，顛撲街心，貽人笑柄，世嘗有之。未聞有座船亦蹈此弊者。乃蕪湖水師營哨弁龍君，帶有所部杉板船一艘，專供營主差遣，以備防汛、巡哨等用，例不能棲梅鶴。因另購座船一艘，以為妻孥棲止之所。一舸煙波，浮家泛宅，見者皆望而知為哨弁之眷屬也。一日，小泊下水門外龍王廟河沿。詎該船數朽破壞，船底忽脱離沉下。船中之人，紛紛漂於水面，載沉載浮，如豕之涉波，如狐之濡尾。倉皇呼救，聲震江心。斯時舟子無所施其技，兵勇無所呈其能。哨弁全家，幾被靈胥逐去。猶幸時在白晝，各划船趕往撈救，得慶更生；然已淋漓盡致矣。《詩》曰：「載胥及溺」，其是之謂乎？又曰：「迨天之未陰雨，徹彼桑土，綢繆牖戶。」該船戶苟知此義，先將是船察看修理，何至貽患若此哉？〔一木〕〔難支〕

2812	原 322/9	廣匏 10/81 右	大 9/306

妖術可駭

鉛刀無一割之利，況紙刀乎？不謂妖術橫行，竟有以片紙制人命者。金陵金沙井某姓家有婢女，年僅十五、六，口角伶俐，善於承迎。一日晚間，立於中堂窗外。於燈光閃爍中，見有紙人長數寸，以紙刀加其頸；該婢不及趨避，登時血流如注。幸其主人立以止血藥敷其傷口，始得無恙。聞數日間如是者凡三家，有一女竟至斃命。說者謂此係白蓮教餘黨，欲取童男女鮮血以塗新鑄刀鎗之釁隙。然歟，否歟？姑置勿論。所望居家者正心修德，則邪自不得而乘之也。〔神通〕〔廣大〕

2813	原 323/1	廣匏 11/81 左	大 9/307

異人

甬北桃花渡絞花作門口，某日清晨，天寒料峭，人皆瑟縮異常。忽有一年逾不惑之人，上穿單夾袄，下著單裤，赤足坐於石上。禿頭露頂，汗出如珠，氣咻咻然如釜上蒸。面黑而垢，眼光閃爍。見者皆驚異之，群集詢問。其人一言不答，於是觀者益以為奇。有一人大聲曰：「莫非神仙來此游戲乎？」其人怒目直視，立即起身，倏忽不見。仙耶，鬼耶？抑妖魅之幻形耶？吾不得而知之矣。〔神出〕〔鬼没〕

2814	原 323/2	廣匏 11/82	大 9/308

燕窩洞

呂宋目窺地方有燕窩洞焉，峰巒聳翠，巨石紛披。洞口有椰樹一株，迎風搖曳，高約三、四丈；而洞之峭然，十倍其數，上合下開，旁通曲達，均有自然之門徑。最低一層，常倚一木梯，長二十四級，乃土人所設採燕窩者；且極峻險，非捫蘿破壁不能造其巔。土人之採燕窩者，各持火把而進。燕見火即避，如蛟之畏薰者然。其窩皆懸貼於洞中石壁，無異蜂之釀蜜。其性亦靈矣哉！石隙每有漿乳下注，噴湧如泉，點滴有聲；然為風日所炙，凝結成條，日長一日，成為石筍，大僅如指，而短長不一。當其垂注之時，土人以罇承之，用以洗眼，極為涼爽。所異者，石筍或被人折斷，則其漿遂不復滴。據土人云：「吐窩之燕，專吸煙霞之氣；故其窩潔白無疵，是亦一異境也。」予因採錄其說，而為之繫以圖焉。〔美在其中〕

2815	原 323/3	廣匏 11/83	大 9/309

海底仙山

客有自呂宋來者，言舟過蘇祿時，天朗氣清，惠風和暢。出港約一海里之遙，憑欄遠眺，但見一片汪洋，波平如鏡；俯視海中，深約五、六丈而清能見底。忽現一座奇峰，作半月形，高不及丈，而圍則十倍之。其間怪石巉巖，花木蔥秀，蟲魚禽獸，一一具全。山之腰開一屏幛，左右作龍虎排衙之勢；中有一石，平滑而方，其色紅白相間，如紙畫之棋局然。四面環列坐具，位次井然，但未見仙人對奕耳。客凝眸注視，心曠神怡，不覺拍掌大叫曰：「此海中之仙景也，抑一幅畫圖之沉於水底也？」同舟人疑之，群詰巔末。客以實告，有老於江湖者曰：「此處海面常有異景，各物皆屬生成，有自然之妙，非同蜃海之觀。」意者其為龍王游覽之所乎？何令人可望而不可即也。〔異境天開〕

2816	原 323/4	廣匏 11/84	大 9/310

大佛僅見

紹興新昌縣西門外有大佛焉，相傳其蓮臺以全山鑿就，法身約高七、八丈，盡貼金葉，光耀奪目。大殿緊貼佛像，高四丈餘，有樓三層，其頂層可至佛耳。耳中闊丈四、五尺，深不及丈。夏月，好事者於此中擺列二筵，尚覺綽有餘裕。佛像若此，誠洋洋乎大觀也哉！金剛丈六金身，已於佛門中龐然自大，以視此佛，渺乎其小焉者耳。特不知佞佛者聞之，將以佛之大莫與京，而益群焉信奉耶？抑以佛之大而無當，竟不向枯廟中燒香耶？或謂佛法無邊，本不能以大小限；然則皈依者只求佛之有靈而已，何必窮工極巧，務壯觀瞻。豈我佛莊嚴，亦如世人之好作大老官乎？呵呵。〔法像〕〔莊嚴〕

2817	原 323/5	廣匏 11/85	大 9/311

新官塗臉

嘗見窮措大一朝得志，印纍綬若，便詡詡然炫其衣服，闊其排場；遍謁平日之宗族交游，以為光寵。推其意，固曰官場之體面宜然也。然而以華人視華官，已嫌其一命甫膺，任猶未至方面大員也，賢猶未及鐵面御史也，何遽改卻本來面目若此也？不謂朝鮮風俗更有駭人聽聞者，緣鮮人新得一官，恐人未能辨識，必先以墨塗面，遊行市中，使婦孺輩耳而目之曰：「此即新官某某也。」詢其何所取義，僉曰：「是誇官也。」噫！一官也，而顧足誇乎哉？況該鮮人面雖有墨痕，夫安知其非胸無點墨者乎？幸而得官，不為貪墨猶可，乃甫當任事之始，已將廬山真面一齊抹卻，其謂之何？〔抹卻〕〔面目〕

2818	原 323/6	廣匏 11/86	大 9/312

賽會肇禍

閩人奉祀瘟神，群推張、鍾、劉、史、趙為五帝。其俗每遇皇上踐阼歷十有八載，必迎神賽會，謂之「十八帝會」。俚俗可笑，不知始自何時。今屆光緒十八年，凡五帝之廟食於各鄉者，遂一倡百和，次第舉行。其中推鄧石鄉趙帝會最為熱鬧。有十餘齡俊童所扮各戲劇，皆乘馬而行，櫻桃風致，妙絕一時。途中與前塘鄉會相遇。彼此相形，前塘鄉之會稍遜，不免為人所嘲；一言不合，大啟爭端，致被將二童奪去。論者謂事可中止矣！詎越日，依舊游行，有曾姓族人更添入馬上諸劇，行至中途，復被鄉民劫其歌兒以去。曾姓聞知，立即糾眾持械往鬥；一時刀光閃爍，各逞雄威，直至肉薄血飛，大有不可收拾之勢。鄉民懼，始將歌兒釋回，然已大殺風景矣。聞是役，糜金二萬餘。勞民傷財，非徒無益而又害之。吁！可慨也已。〔惡俗宜禁〕

2819	原 323/7	廣匏 11/87	大 9/313

抽水蛇

美國吉第路地方有某農夫善養蛇，家有二十尾，皆如噴水筒式；故人呼之為「抽水蛇」。教養極易馴熟，能為人工作。屆時用口一吹，其蛇齊至河邊。中推一蛇為首，自沉於水，其尾搭岸上；以次相啣，將尾互接，長三百尺，接至牛欄，灌水給牛飲。據農夫云：「往時有一屋堆積麥桿，忽然失慎，農夫急往撲滅，無人佽助；正苦無策間，忽抽水蛇相率往近處小河，以次啣尾，引水潑火。不逾時火即全息。惜當為首者入水時，因救火心急，吸水過於出力，遂致力竭而斃。」然則此蛇也，不但有用於農圃，抑且有功於救火，其利賴誠有足多者。聞此蛇產於美國那高打地方，身長十六英尺，徑三英寸，其舌底有一孔如筒，透至尾；孔徑二英寸，柔軟同橡皮，而堅固過之。每出成群結隊，約三百尾。是處之人，常掩取之，以資工作云。〔勢如常山〕

2820　原 323/8　廣匏 11/88　大 9/314

吳牛鬥獅

獅為百獸之王，雖虎豹亦多辟易，況一元大武乎？乃竟有與之相鬥者，是無異驅群羊而逐猛虎也。麥西哥人某甲豢有吳牛一頭，以善鬥聞。一日，有獵人捕獲巨獅數頭，遂出資建一柵欄，令將數獅放入，與牛互角勝負。其始吳牛奮勇角觸，凌厲無前；一獅被其所撲，似有力不能支之勢。幸在旁之獅啣嚙牛額，抵死不釋。為時未幾，牛即一蹶不振。復被數獅張牙肆噬，牛遂哀號數聲而斃。噫！兔死狐悲，物傷其類。獅與牛皆獸類也，而顧自相殘害若此。然非有人焉驅之使鬥，則獅與牛固各遂其生，而兩不相犯者也。彼吳牛者，不度德，不量力，欲逞一時蠻觸之勇，遽忘其平日所奉之王。其不自取滅亡也幾希？〔以弱〕〔敵強〕

2821　原 323/9　廣匏 11/89 右　大 9/315

作俑宜懲

搬演傀儡乃江湖賣解者之常技。然當時孔子已稱作俑者為無後；況變而加厲，居然以木偶而有生氣乎？甯波城內，日前有甲、乙二人，一掮錢袋，一挑箱擔，隨地演戲。往觀者如堵牆。一日，至後市徐姓門內，甫弛負擔，鑼聲鏜鏜然。其時，木人猶藏在箱內，隨問隨答，音啾啾似嬰孩。徐聞而惡之，突出攫其三木人；木人皆宛轉哀求，抶之呼痛。嗣經演戲者再三請釋，始還之使去。或曰：此即俗所謂「樟柳人」也，蓋以樟柳木斲成人形，而又攝生魂於內，故能栩栩如生。然則此即邪術之一端也，可不有以懲之哉！〔傀儡登場〕

2822　原 324/1　廣匏 12/89 左　大 9/316

左文襄公軼事（一）

客有談左文襄公軼事者，言文襄未遇時，以舉人偕其兄八先生公車北上，中途被盜，資斧蕩然。時善化陶文毅公澍方督兩江，往謁稱貸。文毅一見，目為偉人，留其兄弟贊幕府。文襄以親老力辭之，餽以千金，不受，僅受百金。文毅自念年老子幼，非此人莫可屬以後事者，因呼公子出，謂曰：「以此為君之婿，君其教育之。」文襄慨然允諾，挈之以歸。未幾，文毅薨於位，親族坌集爭競。文襄聞訃，星馳至，急索簿籍，謂眾曰：「公以孤託我，又為我婿。今公薨，家事惟我是主。他人不得過問。」眾懾其氣盛，不敢爭；然終不服，搖撼百端，繼之以訟。文襄屹然不動，為營後事，井井有條。既歸，則教其公子經紀其家事，歲取薪水二百金，他則一毫不染。……〔鵬程發軔〕

2823　原 324/2　廣匏 12/90　大 9/317

左文襄公軼事（二）

……時侯官林文忠公則徐，陶文毅門下士也，以欽差大臣駐廣東。文襄屢代陶公子上書，指陳治粵方略。文忠瞿然驚異，疑公子年歲尚弱，未能辦此，因抵書詰之。公子直陳其故。文忠欲禮致之，卒不能屈。會粵匪起，朝廷以張大司馬亮基巡撫湖南。張則文忠門下士也。文忠囑之曰：「必致左某。」張使邑紳道達誠意，文襄怫然曰：「張某何人欲召我乎？非三顧我，則不可。」邑紳以告。張公曰：「無已，我為一行。」湘陰本僻邑，大府涖止，舉國張呈。索左某，已不知所往。及再往，則匿某紳家不肯出，曰：「公欲有問，可以書來。」遂詢以東征之策。文襄援筆立對。張公得書大喜，謀三顧。會省垣有警，馳歸。久之，張公問于所親曰：「左某亦有所愛乎？」或以陶公子告。張公即檄善化縣，速令陶某助餉若干萬，否則拘以來。公子居鄉素謹，檄下，合郡皆驚。迨公子至，即繫之獄，莫敢請釋者。或謂文襄曰：「中丞素重君；君為一言，必得解。」文襄遂往竭張公，公欣然延入。文襄詰之曰：「公與陶公何仇而摧殘其後人？」公笑曰：「與陶公昔日無仇，與左公今日有緣耳！」文襄嗒曰：「誤我！誤我！」急起欲出，公拉止之。俄而，陶公子翩然出。三人同飯，論軍事甚快，遂留贊軍幕，與張公約法三章，公一一唯命。……〔自比〕〔諸葛〕

2824　原 324/3　廣匏 12/91　大 9/318

左文襄公軼事（三）

……居久之，駱文忠公秉璋繼撫湖南，聘之即至。曾文正公撰聯戲之曰：「季子自命為高，入乎山復出乎城，與人意見殊相左。」文襄對曰：「藩侯以身許國，聽其言而觀其行，問他經濟又何曾。」公在幕事多專決，忌者以劣幕訟于朝。詔下，曾文正、胡文忠二公力白之。因勸之仕，文襄曰：「某不能下人，願得獨當一面。」二公力薦于朝，遂以舉人加四品卿銜，幫辦軍務。公生平好奇尚氣，多類此。又文襄客駱文忠公幕時，駱公以事往商，見文襄方讀書，則默坐其旁，不敢驚也。俟讀畢，乃進言。文襄色然曰：「此何等事，乃以問我。」駱公惟唯唯謝過。大事則當機立斷，果毅無前。蓋天生偉人，其志節氣概，早有推倒一世豪傑之量，正不必待功名顯赫而始見也。嗚呼！豈不偉哉！〔國士之知〕

2825　原 324/4　廣匏 12/92　大 9/319

苦節獲佑

節婦朱氏，楚南人，生一子而夫歿。家貧年少，矢志柏舟，父母欲奪之，氏引錐劃面，刵鼻鉗首，以死自誓。父母知不可，不敢強。氏遂藉十指為生，上事邁姑，下撫孤子；日夜勤勞，頓得重疾，奄奄一息，將坐以待斃矣！忽來一游方僧，沿門乞化；聞呻吟聲，問何人染疾，願治之醫藥，不敢索償也。氏姑大喜，邀入診視，僧曰：「此易治耳。」遂出藥一刀圭，重若銅鐵，謂姑曰：「以此煎食，厥疾即瘳。」言畢，飄然而去。氏服之，病果霍然。及出罐傾藥，墮地鏗然作聲。俯拾之，則白鏹二錠；

權之，重十兩有奇。人皆謂為天之所以佑節婦云。〔操凜冰霜〕

2826	原 324/5	廣匏 12/93	大 9/320

菩薩遷居

蕪湖福善庵因妖尼案發，經官審斷，改為育嬰堂義塾。十月初三日，庵中各菩薩爰均遷入城內東能仁寺。先有緇流數人，為之引導。後用八擡顯轎，內坐金身羅漢、韋馱佛、四大金剛及十六阿羅漢，如來釋迦佛、觀音大士、救苦救難觀世音、送子觀音、千腳千手觀世音、南海觀世音，又有散花女菩薩、眼光女菩薩。均皆七寶莊嚴，佛光朗耀。其餘各佛，指不勝僂。由二街次第擡入寺中安位，觀者譁然，僉謂：「近來有等租客，積欠租金，不肯出屋，有被地方官押遷者，今菩薩也而亦類是乎？」噫嘻！菩薩遷居，誠創見也。不可以不志。〔佛家〕

2827	原 324/6	廣匏 12/94	大 9/321

戲言解禍

鄂垣大東門外某村農人為子娶婦，女家頗殷實，奩具甚豐。事為群丐所聞，不覺涎垂吻外。因伺吉期將屆，成群結隊，徘徊村落間；蓄將覬覦其財，肆行攘竊也。無如賀客紛集，無隙可乘，群丐不能舍，遂逗留不去。是時，同村某姓適有喪事，賓客往來如市；延一陰陽生，擇地於村後橫山廟側聚觀山向。同伴某大言戲曰：「今日能捉否？如不然，我輩相幫，務使不能逃脱。」意謂捉龍嘲陰陽生者。詎眾丐正傍斷垣朋炊，忽聞斯語，誤疑察知其隱，形現驚惶；炊熟餐畢，群起提筐挈榼而去。噫！無心戲言，恰入有心之聽。不測之禍，頃刻潛消；而婚者之家，竟得免於害。天之福人，無所不至。諺云：「逢凶化吉」，其家殆有陰德乎？〔因疑生畏〕

2828	原 324/7	廣匏 12/95	大 9/322

求凰得鳳

江北新橋福一圩某甲，年逾而立，尚未完姻。半生勤儉，積有資財，遂思譜求凰之曲。鄰圩有某乙願作冰人，代為物色。因告以同圩某姓女，年已及笄，尚未字人；雖無傾國傾城之色，而一笑嫣然，丰韻亦殊不俗。甲親往探訪，果愜素懷。某姓亦願諧秦晉，索取聘金若干，甲一一如命。擇定吉期，行親迎禮，迓以彩輿，導以鼓樂。入門後，紅氈交拜，相對盈盈。其時賓客喧闐，有送房者，有撒帳者，笑語歡呼。新郎顧而樂甚。方謂洞房春煖，圓成好夢，如探囊取物耳。及夜闌客散，春興方濃。新娘忽兩目圓睜，大喝曰：「汝何為者？」一手擲落頂上花冠，將髮辮解開，現出偉男子本來面目；遽批新郎之頰，大踏步而出。甲大驚失色，急呼鄰舍同追，不及而返。及尋原媒根問，則已不知所往矣。〔易弁而釵〕

2829	原 324/8	廣匏 12/96	大 9/323

產異

滬北新閘南首鎮德里對面柴行，係孀婦某氏所開。氏年近大衍，晚境優游，心如古井。自去夏起，忽覺腹漸膨脝，迄今已有十六箇月。一日，忽腹痛如割，似將分娩者然，急邀穩婆至，產下一大胞。經穩婆撕開，內有小胞七個。剖而視之，中有怪物，手、足、耳、鼻、口、眼俱全，齒長三寸許，人首猴身。家人見之，驚詫不已，以為不祥，懸於門前竹籬上。往觀者如堵牆。初時尚能伸縮，不久即斃。抛入蘇州河，隨波逐流而去。〔妖孽〕

2830	原 324/9	廣匏 12/97 右	大 9/324

狠心辣手

江西進賢門內某姓婦撫一女嬰，自行乳哺。一日，因事偶出，置嬰桶中，倩鄰婦暫為照料。婦頷之。不知何故，以鐵錘擊嬰之腦，人無知者。迨某姓婦歸，撫之不乳；問之鄰婦，諉為不知。未幾，嬰竟因傷殞命，某姓婦深自痛悼，然亦無可如何。越數日，鄰婦手腕忽生疔瘡，由腕心直透腕背，如鐵釘之釘物者然。鄰婦痛不可忍，始自述鐵錘擊嬰事；且謂陰曹已擬論抵之罪。由是痛漸甚，而瘡漸潰，數日而婦果不起。按報應之事，捷於影響。世之忍心害理者，可不引為殷鑒哉？〔惡報〕

2831	原 325/1	廣土 1/1 左	大 10/1

竹妖入夢

王某本江右人，寄籍番禺，年逾而立，體極肥重。生平喜寒惡熱，自夏徂冬，猶置竹夫人於床。一夕，夢一美人冉冉而至，自言為孤竹君之苗裔、湘夫人之後身。王某心醉魂消，枕蓆間綢繆倍至。自此曉去暮來，習為常事。王匿不告人，不覺形容漸形憔悴。家人時聞囈語，異而詰之，始知其故。有疑竹夫人置備已久，或有妖物憑之為祟者；因俟亭午時，舉火焚之。自是，美人竟不復至；王亦神氣清爽，魂夢俱安矣。妖由人興，境由情搆。彼王某能無自愧乎？〔以邪〕〔感邪〕

2832	原 325/2	廣土 1/2	大 10/2

女兵衛宮

軍中有女子氣，李廣以為深憂，恐其懈兵心也。未聞有閨閣中人，可列行伍者。自吳王闔閭令孫武在宮中教美人戰，千古傳為佳話；然亦偶然游戲之事，非真欲藉其力以捍衛也。不謂暹羅國王竟有襲其餘風，而令披堅執銳以禦外侮者。緣暹羅婦女素稱精壯，其雄赳赳而氣桓桓者，所在多有；故前王不以群雌粥粥為嫌，募之為兵，藉作干城之寄。每人各給短鎗一桿，衣以紅衣、紅裳，一色鮮明，頗極如火如荼之盛；規模雄壯，紀律嚴明。巾幗鬚眉，花木蘭不得專美於前也。近日，暹王以王宮需人護衛，即挑令女兵環集其間，執戟荷戈，妥為保護。暹王此舉，迨以今天下雌虎之威，足懾丈夫之氣。不第懼內者見而寒心；即宵小見之，亦當甘拜下風而退避三舍者乎！呵呵。〔孃子軍〕

2833	原 325/3	廣土 1/3	大 10/3

禦盜奇謀

湘鄉某軍門夙精技擊，以此起家。生一女，頗有膂力，為父所愛，盡傳其術；年稍長，即贅某大令為婿。居無何，大令將挈眷赴任，軍門送之。奩具甚豐，裝船數十艘，連檣而下。沿途為海盜所知，慮船多人眾，不敢發，尾隨之。盜黨愈聚愈多，至某村夜泊，盜眾相約起事。舟中人聞之，無不相顧失色。夫人曰：「是不難。我當有計以退之。」遂召鴉鬟數人，令更緊衣窄袖，各授碁子若干枚，伏於暗陬。佈置既定，潛自易衣而去。俄而盜黨躍上船頭，則船中毫無動靜；惟聞撲通一聲，一一顛入水內。盜魁在岸上見之，知桅上有人擲物，大喝曰：「俟乃公親去，誓當撲殺此獠。」詎身甫登舟，又已跌入波心。盜眾知不可犯，相率逸去。蓋夫人當在家習技時，常以碁子擊物，發無不中。其婢皆能之。是夕，夫人以子授婢，使登桅擊盜，繼知盜黨見之，必防其上，故自伏船底以擊之。此盜魁之所以不免也。按此事與白安人事相類，是一是二，不得而知。惟據楚友言之鑿鑿。姑錄之，以資談助云。〔不戰〕〔自北〕

2834	原 325/4	廣土 1/4	大 10/4

大士靈應

紹興各處船戶，常有劫殺之事；蓋雖內河舟子，而其兇狠，固不殊於海盜也。一日，有某委員之僕許升，奉主命赴杭公幹，攜有鷹銀三百餘翼，藏於包袱中。及過曹娥江時，天已昏黃，航船盡開；不得已，另僱小舟獨行。詎許甫登舟，瞥見兩舟子交頭接耳，心甚疑之。開船後，仍唧唧不休，惟聞云：「縛而沉之，可也。」地當樊江空闊，許知事不妙；稱欲登廁，堅請攏岸。舟子不允。適見岸旁大士閣，許生平奉持甚敬，因默求救應。忽旋風一陣，船即刮岸。許一躍登岸，狂奔而逃。至一村，哭告其事。有黃某見而憐之，糾眾乘舟追趕，獲許原包並空船以返，曰：「人已泅水而逃矣。」許乃出資捐修佛閣，以酬神佑。君子曰：「許其有陰德乎？」若競以佞佛為事，而謂能獲神之呵護，恐非「鬼神非人實親，唯德是輔」之義也。彼大士之佑人，豈有容心哉！〔轉危為安〕

2835	原 325/5	廣土 1/5	大 10/5

撫番善政

臺灣各社生番，披髮裸身，向習狉獉之俗。自經劉省三宮保妥為招撫，海島愚蒙始得稍知禮義。然恐不穿衣褲，不薙頭髮，則民番仍分，風俗難期漸變。乃派員深入番社，妥為開導。各社番攜帶男女，踴躍歸誠。當就撫時，即代為薙髮；每名口各給予衫褲一套，紅布頭巾一條。無不歡欣鼓舞，深頌皇仁。又念頭髮若僅予薙去一次，漸即長發，風俗仍難轉移；須按戶給刀一把、刀石一塊，令其自薙自磨。其女番並小番，衣褲一體製給，俾知廉恥。并於每社中，擇其氣質馴良者，充為正、副社長；遇有社中男女生端滋事，令其就近彈壓。是以每人加賞羽毛馬褂一件，以示區別。如此辦理，未始非善政之一端也。吾知番雖獷野性成，當亦有洗心革面者矣！〔天道〕〔好還〕

2836	原 325/6	廣土 1/6	大 10/6

人生尾

予閱《夷堅志》載有人生尾一節，心疑其妄，未必果有其事也。乃據蜀友臥雲生所述，一若世間奇奇怪怪，古人既有其言，今人即未必遽無其事。據言四川峨眉山相近有某甲者，年四十餘，耳、目、口、鼻與人無殊，惟腰間生有一尾；自少而壯，長逾四尺。甲恐其尾之垂也，圍而束之如腰帶然。是處兒童咸知其事，伺其出，要觀之，使露其尾。甲不得已，必解衣示之，圍始解。故甲嘗自慚曰：「畏首畏尾，身其餘幾，吾其獸乎？」顧其性甚傲，不肯如近人之好作搖尾乞憐態，不免常此尾大不掉耳。予聞之，不禁軒渠而言曰：「斯人也，真可搖頭擺尾，作今之闊老官模樣矣！」〔跋前疐後〕

2837	原 325/7	廣土 1/7	大 10/7

拜老官

蘇州流氓之多，甲於各省會。有所謂安慶幫者，橫行不法，遇事生風。凡入其幫者，必先擇著名無賴而事之，箇中人謂之「拜老官」。拜者須餽贄敬洋銀一、二圓，猶官場之欲結納上司，好拜老師列為門下也。既拜老官，又須開香堂拜老祖，如民間之敬天地者然。邇年此風尤盛，其黨不下二千餘人，甚至大家子弟、游手好閒，亦依附門牆，藉以自衛。良可慨也。一日，有未入幫之某甲，在元妙觀前某煙館向人大言曰：「我係幫中人，誰敢藐視乃公耶？」適有著名流氓某乙在側聞之，操切口盤問。甲茫然莫能對。乙惡其以贗鼎混充，糾合數人尋甲兇毆，并欲擊斷其脛，以儆效尤。旋經旁人極力解勸，罰出酒殽數席，始得無事。然光天化日之下，豈容若輩結黨行兇、聯盟拜會。有地方之責者，可不思患預防哉！〔流氓惡習〕

2838	原 325/8	廣土 1/8	大 10/8

捕鳥慘報

閩人某甲以捕鳥為生，聞有鳥處，輒欣然而往。凡羽族之遭其荼毒者，不可以數計。一日，有鄉人告之曰：「漳州府屬某村古廟中有大樹一株，上巢鷺鷥千百成群，生滋蕃衍。」甲聞之，即攜器入廟，猱升樹巔。甫欲捉摸，不隄防鷺鷥竟環集其身，肆行啄食，或嚙其肉，或吮其血；甚至面目間傷痕歷歷，猶圍繞不去。甲急欲退身，苦不能脱，一若鷺鷥有意與甲為難也者。有仁者見之，慨然曰：「甲之傷鳥多矣，能無及是乎！」夫鷺鷥一微物耳，何能與人相爭；乃莫或為之，若或為之。蓋以甲破其巢穴，覆其卵育，罪惡已多，積為天怒。故特假鷺鷥以困其身，俾知天有好生之德。雖一物之微，人亦不可過傷其生也。夫捕鳥，其小焉者也。〔風俗〕〔丕變〕

2839	原 325/9	廣土 1/9 右	大 10/9

賺娶醜婦

姑蘇葑門內金母橋有名阿元者，不詳其姓氏，年已弱冠，中饋尚虛。有蟻媒某甲見而詒之曰：「某鄉有某姓女郎，貌如西子，足比窅娘；而身價卻不甚高，祇須番佛五十尊，便可歡諧魚水。」阿元喜極，如數奉之，即擇吉行親迎禮。迨合巹已畢，揭紅巾視之，則眇一目，跛一足，鬢漸蒼，髮亦禿；霎時間喜地歡天者，忽而垂頭喪氣。賓客亦為之粲然。阿元羞忿交集，覓甲理論。甲無奈，將聘禮歸還。阿元亦將新娘送回，始得寢事。彼蟻媒不憚多此一舉，而忍令新郎虛此洞房花燭，亦太惡作劇哉！〔鳩盤茶〕

2840	原 326/1	廣土 2/9 左	大 10/10

掃雪遇仙

蕪湖西北鄉有茅亭焉，為耕牛作息之所，露淋日炙，觸目荒涼。十一月廿六日，忽有丐者寒肩高聳，棲止其中。

是夜雪花飛集，一白如銀，次日仍未稍息。人謂玉龍下降，早將丐者沒頭沒腦，攝入上真世界矣。時有某父老聞而惻然，披蓑戴笠，踏雪尋之。至則不見人跡，益大異。乃掃亭下雪，見巍然高起者；撥之，果有一人氣咻咻如釜上蒸。撫其體甚煖，呼之始醒，曰：「予方與雪彌陀相戲，君何攪擾乃爾？」言畢，忽不見。人皆以為遇仙云。〔天假〕〔之緣〕

2841　原 326/2　廣土 2/10　大 10/11

輕身仗義

英國有戰船名施華剌者，向駐阿非利加。船中有二弁，一名打麥，一名魯佛；二人頗交好，亦均諳水性。一日，閒暇無事，同泛一小舟，在港中游玩。時魯佛見河流清澈，忽發豪興，解衣磅礴，躍入水中。正在以泳以游之際，忽有巨鯊魚一尾，隨流而至，偪近魯佛，而魯佛猶未知。適打麥在舟中瞥見之，恐友之果魚腹也，遂聳身一躍，直入波心；跨鯊魚之背，效琴高跨鯉、李白騎鯨故事，并以老拳擊魚。魚驀受一驚，急從水底逸去。魯佛遂免於難，與打麥同舟而歸。英京某善會聞之，嘉其義勇，賞給銀牌一面，以為是真可為交道風矣！〔良友〕

2842　原 326/3　廣土 2/11　大 10/12

跳灶盛典

媚灶之說，始於王孫賈；而孔子譏之謂「獲罪於天，無所禱也」。自是而彌子有煬灶之醜，孫臏有減灶之法。灶之名，由來已久。而灶之神，至今愈尊。蓋灶神之列於祀典，不獨官民敬之，抑且朝廷奉之，其禮儀亦不容或愆矣。本屆十二月初一日為始，禮部箚飭太常寺揀選樂工四十名，每日申刻齊集，扮演灶君。塗面掛鬚，頭戴頂盔，身穿各色綵服，手舞足蹈，名謂「跳灶」。經禮部堂主事各官在禮部大堂監視演習，以備十二月廿四日，齊赴內廷御膳房跳舞，恭送司命灶君。濟濟蹌蹌，恪恭將事。休哉！何典禮之隆歟？〔東廚習禮〕

2843　原 326/4　廣土 2/12　大 10/13

撒錢惡劇

湖北漢口地方自上月廿四日以來，北風怒號，連朝大雪，積六、七寸厚；池塘積水成冰，晶瑩可鑑。大水港新河一帶有四童，踏冰游戲；緣是處冰不堅凝，一童偶焉失足，遽陷入水，竟致斃命。見者傷之，方執諸童之手，告以臨深履薄之危。蓋即孟子所謂「乍見孺子將入于井，皆有怵惕惻隱之心」也。詎有某甲者，道經其間，見諸童游興未闌，欣然欲效劉海撒金錢故事，遂探懷取青蚨若干，擲於冰上；俾諸童拾取，以恣游觀。童見錢如命，爭相俯拾，七手八腳，擠在一處；忽聞砉然一聲，冰裂人陷，幸水淺易救，得免於難。然如某甲者，獨不思愛人子者，人亦愛其子；而乃以娛目之故，幾喪各童之生。吁！夫獨無人心乎哉？〔是誠〕〔何心〕

2844　原 326/5　廣土 2/13　大 10/14

孖生志異

江右人某甲生二子，年約八、九齡，五官四體，悉與人同；惟臍下生肉管一條，粗如人臂，彼此連屬，宛若無縫天衣。細視皮肉中，隱隱有迴血管，即諺所謂青筋者；蓋血液藉以流通，知二體實即一體也。衣服亦無所異，惟肉管各圓其竅，上下用鈕扣束之。每行動，面面相對，以肩向前，狀如橫行之蟹；即一坐一立，亦殊無高下不齊之苦。詢其父，據云：孿生下地便成此形，臍肉牽連，百醫莫能分解。所尤異者，夜間就寢，此寐彼寤，此寤彼寐，從未同入黑甜鄉。有某縣令聞而異之，令入署細觀，亦咄咄稱怪。或謂二人前生本係狼狽為奸，上下其手，故特于今聯固，結不解之緣歟？世有異人而一鼻孔出氣者，對之能無悚然！〔聯珠合璧〕

2845　原 326/6　廣土 2/14　大 10/15

涉冰迎娶

世俗以嫁娶吉期，不可更改，雖值風霜雨雪，未有敢議易者也。松郡於本年十一月廿六日以來，大雪紛飛，嚴寒驟至，河水凝結成冰，船隻不能飛渡。適有泗涇鎮某姓子聘葉榭某氏女為室。屆時一水盈盈，中流被阻；不得已，令執事人等，將彩輿鼓樂，涉冰往迎，冀早誕登彼岸。於是各人褰裳以涉，躡屩而行；以為一片堅冰，坦如平地，當不類狐之濡尾、豕之涉波矣。詎行未數武，冰忽中陷，僕從十餘人，登時如欒范之陷於淖。時諸人鳶肩鶴骨，瑟縮難堪；忽受此驚，無不魂飛魄散，欲尋河伯而訴之。幸河水尚淺，不致有滅頂之占；然新婦、新郎已望眼欲穿，怨良時之錯過矣。天公真惡作劇哉！〔臨深履薄〕

2846　原 326/7　廣土 2/15　大 10/16

象有孝思

香港馬戲班中有馴象焉，係當時戲士車利尼所豢。教養既久，厥性甚靈，不必如崑崙奴馭之以戰，而跳舞頗有可觀。一日，象偶至樂班中之琴床相近，忽躍而奔。豢象者大為駭異，即而觀之，始知琴床上有一管，係此象之母牙所為；故象見之而驚心也。顧吾見世之人子矣，當親之在也，無論乾餱有愆，參商啟釁，是為名教罪人。即幸而菽水承歡，不致倫常乖戾；而及其沒也，弓劍飄零，杯棬淪落；問有翻手澤而珍惜者乎？其甚者，首邱未正，骨肉飄殘；水源木本之思，漠然不動。噫嘻！今天下若此者何多也，可以人而不如象乎！〔仁獸〕

2847　原 326/8　廣土 2/16　大 10/17

窮形盡相

甯俗每逢臘月，諸乞丐輒裝神弄鬼，向各店舖加索錢文，放館之兒童隨後譁笑。店舖恐妨生理，急援以錢令去，此常事也。乃近來各丐愈扮愈奇，有裝作財神、壽星者，有扮作和合送子者，有一人捧持紙元寶者，有置元寶於筐而二人共擡之者，有紙糊牛頭或虎頭者，怪狀不一。十八日，永豐神盔店有頭戴黃虎之丐乞錢。該店適接買客，未即開銷。隨後有二人舞短黃龍入舖，因龍尾挜破虎額，數丐扭結一團，買客走避。後經店主各贈青蚨一百文，始恨恨而散。此亦市面一惡俗也。〔乞丐〕〔行徑〕

2848	原 326/9	廣土 2/17 右	大 10/18

橘中苦

金陵石壩街魁元茶社，背向秦淮，面臨鍾阜，山光水色，蕩滌塵襟；真品茗之幽軒，尋詩之妙境也。一日，有溧水生二人攜一局楸枰，於此對壘，爭黑論白，勝負未分，急起雄心，互相怒詈。持黑子者一腔憤火，苦無所宣，突將手內茶杯，用力擲去，正中持白子者之頭額；一聲鏗爾，血液淋漓。幸傷勢尚輕，急覓七釐散敷之，然襟上已朱殷點點矣。昔人謂下棋為橘中樂。若二生者，徒自苦耳，何樂之有哉！因書其事，而戲標之曰：橘中苦。〔勝負相爭〕

2849	原 327/1	廣土 3/17 左	大 10/19

財神降臨

胡某，窶人也。以傭自給，性好善；常拾字紙、遺穀，纖悉靡遺。鄉里皆笑之。一日假寐，見有青衣人導一白衣人至其家，謂之曰：「某等聞君能惜福，奉上帝命，特來相就。數日內，黃兄亦至矣。」言畢，徑入內室。胡大駭欲號，遂蘧然而醒。起視之，寂無所有；見地上有物積甚厚，皆青錢、白金也。乃悟為銀錢之神。數日後，又有黃衣者造其室而滅，因得黃金百鎰，家遂暴富。人以為積善之報云。〔利市〕〔三倍〕

2850	原 327/2	廣土 3/18	大 10/20

耆英復會

昔文潞公留守西都時，慕唐白樂天九老會，乃集洛中卿大夫年高德邵者為耆英會，時人榮之。數百年來，久無嗣響；詎至今日，更有踵而行者。閩中素多紳宦，故家世族頗多，垂暮優游。去歲仲冬有老者八人，或係翰苑名公，或係孝廉雅望；其年之至高者已九十有四，其次八十、七十，最下者年亦六十有六。屆時肆筵設席，各人衣冠濟濟，依次列坐，為稱觴慶壽之舉。雍容一室，望之幾若神仙中人。一時文人學士，有賦詩稱頌者，有繪圖相傳者。而各家之桂子蘭孫，肅肅雍雍，鵠立兩旁以伺顏色者，多若鯽魚，半係渡江名士。噫！名高荀陸，允為後學之楷模；壽比松喬，洵是熙朝之人瑞。君子曰：如八人者，是真可以繼洛下耆英之會矣！〔有壽者相〕

2851	原 327/3	廣土 3/19	大 10/21

大放爆竹

爆竹昉於古，所以驚山魈，而非可藉鳴得意者也。乃邇來每屆新年，爆竹之聲，往往通宵達旦。業此者無不利市三倍，一若居家鋪戶，非此無以鼓其興旺之機也者。詎至今日變本加厲，愈出愈奇。更有如粵人郭某所為，斯真豪舉已。郭某，潮州人，家豪富，雅有石崇之奢；平居一擲百萬，毫不為意。鄉里皆艷稱之。去臘杪，忽發逸興，出資數千金，欲開千古游戲之局，創百年未有之奇。遍向各處花爆店定製花桶鞭、炮高升等數千百萬，花樣新奇，不使有一遺漏；如淮陰將兵，多多益善。至元旦，為大放爆竹之會，自曉至夜，聲震數里，見者為之目眩，聞者為之耳聾。而異姓之欲求爆竹而不得，蓋早被郭某一網打盡也。嗚呼！斯舉也，可謂盛矣！〔響遏行雲〕

2852	原 327/4	廣土 3/20	大 10/22

放鳩示惠

鳩鳥性最拙，不善營巢，常占鵲巢居之。今人呼為布穀，以農事方起，此鳥飛鳴於桑間，若云五穀可布種，故以是名之。去臘立春較早，鄉人或於田野得之，入市求售。當有某公子出資若干，購之以歸。旁人咸莫解其故。至正旦，公子衣裳楚楚，攜鳥至園，開籠放之；惟見振翮一飛，凌風而去。一時見者無不頌公子之好善。或曰是殆慕趙簡子之遺風乎？昔邯鄲之民以正旦獻鳩於簡子，簡子大悅，厚賞之。客問其故，簡子曰：「正旦放鳩，示有恩也。」又漢世亦有放鳩之舉；蓋滎陽有兔井，沛公避項羽，雙鳩集井上，漢人德之，故有是事。今公子何心，乃能獨敦古趣乎？是亦足以為世風矣！〔心存〕〔愛物〕

2853	原 327/5	廣土 3/21	大 10/23

香閨韻事

某太守生有一女，才艷絕世，太守頗鍾愛之。解職後，挈女歸里。所居之屋，背湖面山，境頗幽靜。女性極瀟灑，竟日靚妝，焚香讀書，風日清美，輒命畫舫造萬花叢中，吟賞忘倦。既恐有蹤跡者，遂於清夜易裝，紫衣烏帽，乘白雪駒；侍女數十人皆綠衫短劍，累騎從行。於時芙蓉秋放，笙管暮停，鏡水澄鮮，佳月流素；徙倚湖亭，自製新曲，聯袂歌之，聲振林樾，鷗鷺驚翔。興酣，更拔劍起舞，抑揚頓挫，與歌聲相應。於是劍光月光，花光水光，交相映發；湖中一草一木，皆有歌舞之態。萬舟如蟻，集觀亭外，寂然無譁。翌日，爭傳以為真仙下臨，皆莫知其為太守女也。臨川樂蓮裳記其事，予節錄之，并繫以圖，以見韻事之不可泯云。〔神仙〕〔眷屬〕

2854	原 327/6	廣土 3/22	大 10/24

海舶呈奇

昔有張將軍者，逸其名，嘗出海捕盜，駕大舟一；從健卒數人，自恃武勇，欲探虎穴。有少年書生，形儀雅飭，求附舟。舟人得其賄，私納之。為將軍所覺，召而詰之，將置之刑。書生自陳非盜。將軍視其貌，亦不類盜，遂赦而與之言。書生能作學問語，才語，仙佛語，農桑經濟語，俳優諧謔語；出風入雅，吐史談經，隨事酬應，動中竅會。將軍素長於文學，竟莫能屈，大加歎服。一日，及捕盜之事。書生曰：「盜可服，不可捕也。盜能見將軍，將軍不能見盜。」將軍慍然有不平色，問汝何以知之。書生笑曰：「以盜言盜，安得不知！」將軍愕然，時繁星麗空，海波碎月，萬里無片帆隻舶。書生取篳篥，自船頭吹之；不數聲，小舟千百，悉自波中湧出，明炬雪刀，須臾環集。將軍失色。書生笑曰：「盜不可捕也。今聊與將軍戲耳，願無恐。」復吹篳篥數聲，大呼曰：「將軍珍重，某去矣。」書生及小舟皆不見。將軍自是不敢復言捕盜。〔波譎雲詭〕

2855	原 327/7	廣土 3/23	大 10/25

鹿寨

雁有陣，蟻有兵，鵝鸛可成軍，虎狼敢當道；此物之以眾示強者，固人所共知矣。乃更有耳目所罕見者，如雲陽某客所述鹿寨一事，可異已。緣客於前年偶游山僻間，瞥見野鹿嗚呦呦而色濯濯者，成群結隊，會聚一隅；各以崢嶸頭角，屹然向外，環而圍之，表裏相應；中則有二鹿立乎其間，如軍營中之有主帥然。一時銜頭接尾，頗有嚴陣以待之勢；蓋羣鹿偵知有獵人將至，故特結寨相持。當成寨時，獵人或犯之，立被角觸，無有能破其寨者。必俟其解散，然後從而擊之，方能就獲。誰謂鋌而走險，急何能擇？鹿真冥然無知哉！然則，逐鹿者亦當知所避矣。〔或羣〕〔或友〕

2856	原 327/8	廣土 3/24	大 10/26

古道猶存

某大令以名進士現宰官身，邃於學，深明治理，能為民調和元氣。雖才羈百里，而政聲卓著，雅有古循吏之風；凡施一政，無不取法古人。每屆正朝，必令人宰一柔毛，取其頭懸諸門上，又磔鷄以覆之。時執事人等，私相議論，謂讀書人一行作吏，何竟若是之迂腐哉？大令聞之，啞然笑曰：「是古之遺意也。蓋春時土氣上升，草木萌動，羊齧百草，鷄啄五穀；殺之所以助生氣，是乃本縣順時宣化之道也。」於是聞者無不交口頌之。按是說始自裴元《新語》。論者慨古道之難復矣，今大令乃能遵而行之，誠可謂風塵中之賢令尹也已。〔宰羊〕〔磔雞〕

2857	原 327/9	廣土 3/25 右	大 10/27

拖鉤雅戲

游戲之具，亦不一矣。或擊丸蹴踘；或踏索上竿；或人帶獸面，男為女服，作角觝之戲；或置粟豆於灰，散之室內，以招失馬。他如荊俗之鏤金作勝，晉時之剪綵為人，寒食之鬥雞卵，戲鞦韆；雖皆好事者為之，要亦足徵樂景也。荊楚本有拖鉤之戲，其事失傳已久。不謂去臘立春日，復有童子六、七人，命儔嘯侶，相與以縆作篾纜相罥，綿亘數里，鳴鼓牽之，游行街市。見者駭然，莫明其故。予曰：「此尚有古意存焉。雖戲而無傷於雅者也，不可以不誌。」〔立春佳語〕

2858	原 328/1	廣土 4/25 左	大 10/28

白粥迎神

昔有人諱言「粥」，名之曰「雙弓米」。謂人苟無范文正之清行，未有不以斷虀畫粥為恥者也。乃竟有以之祀神者。杭人張某，家世業蠶，每屆元宵佳節，競作白粥，泛膏於上，供諸香案以祭神。而閨閣中人，喃喃默禱，頂禮維虔。有知者謂：「歷年來其家蠶桑百倍，獨盛於他家，蓋神明呵護之力也。」噫！神也而亦以一粥銘恩乎哉？考《齊人月令》言：「立春日，進漿粥，以導和氣。」其說近是。若祈蠶之典，天子有鞠衣之薦，后妃有躬桑之文。豈區區一粥所能明虔！然張之為此，亦非無見，故其事歷有徵驗。亟錄之，以告世之養蠶者。〔祈蠶〕

2859	原 328/2	廣土 4/26	大 10/29

一本萬利

粵東某縣有甲、乙二人，自幼締交，親如手足。嗣以家資中落，共往省會謀生。無如運蹇時乖，鷦棲莫卜，僦居旅館，典質一空。時屆除夕，乙謂甲曰：「阮囊羞澀，祇剩青蚨一翼矣。欲歸不得，其將奈何？」甲曰：「此一錢乃碩果也，得之便可營生。」乙笑問其故，甲曰：「今居家舖戶方宰牲祀神，清除屋舍。街頭巷尾所棄之鷄鴨毛及零紙甚多，盍共拾歸，自有作用。」乙從之。蓋甲頗有小慧，收拾既畢，遂以一文錢購麵粉調漿，徹夜經營，將鷄鴨毛製成飛鳥百十件，鬥角鉤心，惟妙惟肖。及元旦，二人攜之入市，光怪陸離，頗堪奪目。兒童爭相購致，未及日暮而貨物已空。數之，得錢二千餘文。自此夜則製造，日則求沽，匝月間共得百餘金；乃在省城開設耍貨店，名其牌曰「一文錢」。凡兒童游戲之具，星羅棋布，燦然畢呈。數年來，門庭如市，擁資鉅萬，竟面團團作富家翁云。〔財運亨通〕

2860	原 328/3	廣土 4/27	大 10/30

駱駝臨陣

駱駝古稱奇畜，背有兩峰如鞍，其足三節，其色蒼，形貌坡陀，氣骨傴嵬。昔者回紇用以耕田，龜茲鬥以卜歲，唐以明駝置驛，哥舒翰以白駝奏事。大抵以其能負重致遠也。而亦有藉以助戰者，如周世祖征濠，遣兵持炬，乘橐駝絕淮，濠兵驚以為鬼乘龍。偶然取勝，傳為笑談，其事殊不足法。不謂回教中人，竟有師其故智者。緣教中人善畜駱駝，平日束縛馳驟，雅有如杜甫詩云「胡兒制駱駝」景象。每當臨陣之際，必令駱駝成群結隊，驅逐敵人，如暹羅人之使象摧鋒然。去年，與埃及兵士戰於亞美俄地方，一時為前驅者，毛褥紛披，肉鞍是被，闐聲四震。不數腫背之馬，縱橫于血飛肉薄間。而少見多怪者，亦遂望風辟易，驚為天馬下臨。蓋自田單爇牛尾破敵以來，未有如此之行軍善法也。〔一軍皆驚〕

2861	原 328/4	廣土 4/28	大 10/31

銅街走馬

湘陰某公子，年少翩翩，風流倜儻，生平好馳馬，雅有公叔段之豪興。每當清閒無事，常偕里中同志，策款段出游。見者皆艷稱之。上元日，公子逸興遄飛，邀朋輩十餘人，各乘名駒，慕春郊試馬之風；特擇曠地一隅，限一里為度，或先或後，各逞罄控縱送之能，載馳載驅，大有「春風得意馬蹄疾」之景。前者既去，後者復來，逐電追風，奔走于紅塵紫陌間者，無不揮錦鞭，跨玉勒，直至夕陽西下，始各興盡而返。時各人據鞍顧盼，居然六轡在手，一塵不驚，詡詡然自鳴其樂也。說者謂是役也，頗類西商賽馬，而特略變其例，分先後而馳，無勝負之別；蓋亦近時創見之一端也。故誌之。〔揚鞭自得〕

2862	原 328/5	廣土 4/29	大 10/32

奇疾

臨川樂蓮裳先生云：「昔吾鄉一人有笑疾，視人顏色舉動少異，即大笑不止；復一人有哭疾，與笑者殆稱合璧。每兩人相遇，便各發其疾。笑者見哭者之哭，則大笑；哭者見笑者之笑，則大哭。愈哭愈笑，愈笑愈哭。聞者往觀，填衢塞巷，數十里之外，多有至者；亦或笑或哭，各因其哀樂之所感。而從旁駭歎者，亦十之五六。群狗聞人聲鼎沸，又從而狺狺不休。於是笑聲、哭聲、眾譁聲、千百狗吠聲，鬨然數里。兩家親朋勸慰言語，皆不聞。笑者至於痰喘氣索，哭者至於淚盡咽乾，猶相對張口拭目

不少止，但無聲而已。日暮，觀者漸散，家人強牽其臂，歸閉之室中乃已。」〔哭哭笑笑〕

2863	原 328/6	廣土 4/30	大 10/33

修德獲報（上）

蘇城某翁，性仁厚，有長者風。一日，有鄰人某甲偵知妻有外遇，將殺奸以洩忿；乃託故外出，伺奸夫既入，欲執之。為翁所知，邀與之言。甲告以故。翁曰：「淫蕩若此，誠可殺也。然或臨機膽怯奈何？聞之酒力可壯氣，今盍同往沽飲乎？」甲以為然，從之入酒肆，二人對飲。既罄三蕉，翁託言小遺，乘間而出，逕奔甲家，以其情相告。甲妻聞之大驚，立送奸夫去而靜以待之。翁還坐復飲，與甲盡興而散。甲持刀返室，尋奸夫不得，方欲執奸婦而殺之。翁聞聲趨至，喻之曰：「殺奸殺雙。今僅殺一婦，與君無益而反有罪。不如售之，全人命而獲厚利，在此舉矣！」甲如其議。旋有商人艷其色，以重價購歸。……

2864	原 328/7	廣土 4/31	大 10/34

修德獲報（下）

……居無何，翁因晚年運蹇，生計日艱，漸至流落他鄉，形同乞丐。而婦自嫁某商人後，因商人經營獲利，家擁鉅資；出則乘輿，行必扶婢，婷婷嬝嬝，居然稱大家眷屬焉。一日，偶至某廟燒香，濃妝艷裹，珊珊而來；禮佛既畢，登輿欲歸。適翁衣衫藍褸，在人叢中閒觀。婦瞥見之，亟命僕從扶之同返。翁驚異不置。既至家，婦即請翁上坐，翁踧躇不敢從。婦乃指翁而告其夫曰：「初妾有失德。非是人，早作刀下鬼矣，焉有今日。」遂與其夫同拜之，留養於家，禮無或怠。夫翁以一念之仁，能救二人之命。以視近世助桀為虐者，相去遠矣。其食報也宜哉！〔天理循環〕

2865	原 328/8	廣土 4/32	大 10/35

饋貧糧

上洋南市洞庭春茶肆，雀舌龍團，擅色香味之勝；有玉溪生癖者，無不翩然下顧，藉七碗以寄情。蓋亦品茗之幽軒也。肆中有某甲者，家甚貧，衣食之謀，常愁不給；終日以擔水為生，挹彼注茲，幸未弛其負擔。去臘杪，甲甫負擔而回，一水盈盈，由桶內傾出，勢如倒瀉銀河，湯湯不絕。不隄防跳珠濺玉間，忽有一紙包順勢而下。俯拾視之，內有小洋七十五角，合之得大洋七元五角。甲大喜，袖藏而歸。以為無衣無褐，何以卒歲。今得此利，正可以濟我之困也。是雖儻來之物，而要亦得之有數也。因名之曰：饋貧糧。〔取不〕〔傷廉〕

2866	原 328/9	廣土 4/33 右	大 10/36

樹神顯形

穗垣東關校場附近有榕樹焉，干霄蔭畝，古色蒼然，乃數百年物也。相傳此樹有神，夜間偶或出見，鄉人嘗有遇之者。一夕，東賢里居民某甲，獨行踽踽，在是處榕樹下，見有一人倚樹而立，赤鬚碧眼，高僅尺許，身披紅衣。心疑之。正凝視間，轉瞬即失所在。甲大駭，急足奔歸。喘息既定，述其狀於眾，咸相詫異。然則所謂古榕樹神者，洵有是事歟？〔靈氣〕

2867	原 329/1	廣土 5/33 左	大 10/37

鬻媳巧計

蘇城胥門內三多巷有張甲者，蓮幕中人也。前年與武員張乙為鄰，適兩人之妻皆有孕；念洽比之情，思結朱陳之好，遂指腹定婚焉。俄而，甲婦舉男，乙婦舉女。光陰荏苒，倏已長成。會乙奉上游檄，調赴白門差遣；因商諸甲，以女歸之，移家而去。去歲暮春，忽接甲信，言女病甚重。乙急令長子往視之。至則謂女已歿，且安窀穸矣。乃揮淚而返，亦不之疑。詎至冬間，乙子因事赴蘇，念戚誼，復往探視。入門，闃其無人，惟見一傭媼出。叩問近狀。媼不知其中曲折，盡吐其實。至是，始知妹尚在人間，蓋甲將其妹售諸滬上某宦家為簉室矣。貪利忘義，衣冠中有此敗類。聞之令人齒冷。〔衣冠禽獸〕

2868	原 329/2	廣土 5/34	大 10/38

人立鳥籠

去臘某日，滬上有單衣窄袖之某甲，手擎大鳥籠，上立三歲孩子，在法界新街一帶遊行。人皆見所未見，隨而觀者不下數百人，擁擠一處，途為之塞。捕房聞之，立飭巡街捕，將甲及孩帶入捕房。蓋甲於鳥籠中暗置鐵桿，上出籠頂，挽成圓圈，置孩於中；外用衣衫罩之，與賽會時所扮擡閣相似。捕頭問何故作此把戲。甲稱：目下戲園中演《善遊斗牛官》一劇，雜以燈彩，必以奇物點綴其間；恐幼孩登場懼怯，故在街坊行走，藉以練習。捕頭訊以戲館開設在英租界，不應在法界招搖過市，著即驅逐出外，不許再來。夫籠以盛鳥，今乃以之盛人，直欲以人代鳥矣。未獻當場之技，遽為巡捕所拘。矯揉造作者，固宜受此一驚。〔玩諸〕〔掌上〕

2869	原 329/3	廣土 5/35	大 10/39

槍炮致雨

《西字報》云：「美國有一將軍，自言能致上天降雨。每當亢旱之際，以槍炮迭相轟擊，并令人攜帶炸藥，安坐氣毬，直上扶搖，在半空中施放，能使陰雲四合，大雨時行。人固不之信也。一日，在某處大砲臺試之。砲聲隆然，槍聲砰然，氣毬中炸藥聲轟然。歷一晝夜間，涓滴全無，依舊雲開日麗。將軍大慚，人始知其前言之謬。」猶憶前年某地霪雨為災，時有某武員率領兵勇，高登城堞，令各開槍放炮，向天轟擊；以為陰霾之氣，可以從此轟散也。其說似尚近理。若以槍林炮雨之威，徵召雨師，竊恐未必聽命；不然，人巧可奪天工，天下尚何有旱乾之足患哉？該將所言，抑何欺人若此。〔姑妄言之〕

2870	原 329/4	廣土 5/36	大 10/40

案元被黜

潮屬澄海縣案元蔡某院考之日，題為「成己仁也，成物知也」兩句。蔡某之卷曳白，因而被黜。學憲掛牌云：「該縣案元，其卷自破承以下，無一通語。起講中有句云『而菜苓之規』一語，尤為荒謬。諒縣考時人數擁擠，被槍手冒名進考，因而倖獲批首。猶喜其院考之日，親自到考，不敢頂冒。雖該童于考試之日，自行告病；然縱有病，亦不應如是謬妄之甚。除將該童扣除不錄外，飭潮州府扎行所屬各縣，嗣後縣試務宜認真，嚴密稽察，以杜槍冒之弊」云云。夫「而菜苓之規」一語，其為釋菜而重先聖之典耶？抑榛苓而興美人之思耶？菜苓之澄海案元，可與《聊齋誌異》花菽之嘉平公子稱為勁對。〔名落〕〔孫山〕

2871	原 329/5	廣土 5/37	大 10/41

豕人異種

粵東南海縣屬神安司某鄉有牧豕者之家，一母彘產豚兒十二頭；中有一豚，首如人而無髮，惟身則是豕，毛疏落，生於頂上。其質獨弱，不能與諸豚爭乳，產下不久即斃。牧人棄之村外，有好事者執而懸諸某氏宗祠之外。時該祠適有圬者溫某賃為工廠。一時聞而聚觀者甚眾，相與嘖嘖稱奇。忽有一人鼓掌而笑曰：「此某甲之種也。」緣甲年已四十，貧不能娶，竟與母彘相交而有此產。事為牧者所覺，揚之於眾。或嬉笑之，或怒罵之，曰：「是非南子之婁豬，又非戚夫人之人彘，更非波斯女之媚豬。爾何無人畜之分而相從之乎？」鄉人莫不賤之，而呼為「豬郎」焉。甲因無面以見父老，遂逃去。今此豚兒，殆即甲之遺種歟？〔奇胎〕

2872	原 329/6	廣土 5/38	大 10/42

一騙再騙

客有談遺聞者，言昔年武陵大關有乞丐，耄而且聾。一日，見關前來一官舫，揚旗鳴鉦而泊。艙中有一官，探首見丐，使從者扶之登舟，認為義父；急令沐浴更衣，好為頤養。丐雖知其誤，姑漫應之。居無何，官謂丐曰：「兒衣不稱父身，將入市買金帛，為父修飾，以便同赴任所。但父曾在此行乞，恐有識者。閱貨時，合意者只須搖首，不可多言。」丐允之。遂喚肩輿二乘，隨帶二僕，父子衣冠而往。入銀樓，換金約臂，每個重四兩者兩對，謂舖主曰：「我將赴緞局，偕往兑銀可也。」舖主從之，入緞局。緞局見其排場闊綽，極意迎承。私叩從者，知少者為顯宦，老者是封翁。因欲為少者之妹置辦嫁物，所開單目約值三千餘金。緞局中人大喜，設讌款待，而邀金舖主作陪。宴罷，旋出紬緞各物，先奉封翁閱之。封翁皆搖首。局主訝之。官曰：「既不合父意，可與我妹觀之。」飭輿夫舁之，一僕押去。良久未回，又飭一僕往催。輿夫先回曰：「舟中人囑我稟官，紬緞經姑娘目，俱合意，不知應用何號平色銀兩。請官自去檢點。」官乃請其父暫留，乘輿而去。至舟中，多給輿夫資，令先喫飯去。輿夫往而舟遂開行矣。及緞局候久不至，詰之封翁。封翁支吾以對。始知被騙。乃與金舖主同褫其衣服，仍為丐者如初。〔詭計多端〕

2873	原 329/7	廣土 5/39	大 10/43

美人計

許培卿者，不知何許人，亦不知其向操何業；衣履翩翩，儼似大家子弟。與姘婦某氏賃屋於蘇城憩橋巷中，專以設計詐財為事。比鄰有朱茂才者，家頗小康，素精岐黃術。許與婦暗設一計，令婦偽為臥病，延茂才診治。茂才不知其有詐，翩然而往，逕入臥室，以房中並無凳椅，遂延坐床邊診脈。茂才正在審察病源，忽見許驀地闖入，大踏步上前，大喝曰：「誰家男子入人閨闥，非姦而何。捉姦捉雙，決不汝恕。」言畢，將茂才一把撳於床上，拳如雨下。茂才性本懦弱，雞肋不足當尊拳，任其所欲為。旋被雙雙縛住，擲置庭中，觀者如堵牆。嗣經人勸釋，而所穿袍褂及金約指、銀表、眼鏡、現洋等約共百餘元，已盡被攫去。事為茂才之親友所聞，代抱不平，擬即控官請究，而許已移家遠遁矣。計亦狡矣哉！〔借色〕〔圖財〕

2874	原 329/8	廣土 5/40	大 10/44

鐵線蛇

蛇有以鐵線名者，形如蚯蚓而小，其色深黑而有光，審視始覺其有細鱗；跳躍甚疾，酷與新磨鐵線無異，故以為名。多生於屋瓦上泥滓中，其毒最甚，人每以其小而忽之。不知者多疑為蚓，誤被其毒，無藥救焉。南邑三江陳某，昔年賈於粵西，今已歸隱在家，弄孫自樂，以娛晚年。雖擁多資，而素性鄙吝，世罕其儔；家中細務，多躬親之。去冬某日，因屋瓦上泥滓蕪穢，恐來春多雨，有阻簷溜，故先為未雨綢繆之計，遂自登屋芟除。不隄防泥滓中有一鐵線蛇，陳疑為蚓，不以為意，致被毒噬，初不甚痛楚。乃將泥滓取下。有見者識之，誡人勿近。跳躍疾厲，擊之堅韌；再力擊之，始斃。翌日，陳被傷處痛不可忍，始知為鐵線蛇所傷，急延蛇醫藥之。醫言不治，旬餘而斃。〔惡毒〕

2875	原 329/9	廣土 5/41 右	大 10/45

悍賊罵人

閩人鍾某，生長叻中，向居衣箱街，一妻三女，相依為命。一夕，登樓而寢，其妻忽於倦眼朦朧中，見燈下人影憧憧，徘徊不去。驚異而起，坐以覘之，瞥見一人將燈吹熄。俄有巨靈之掌，從暗中摑來。正駭異間，其人口操穆拉油音罵曰：「乃公入此室處，鵠候多時。小妮子胡不早眠，尚思坐以待旦耶？」鍾妻聞語，始知有樑上君子，大呼捉賊。其夫聞聲急起，賊已遠颺。檢點衣物，他無所失，惟三女所有金簪九枚，早已不翼而飛。噫！雞鳴狗盜之流，竟敢效鵂鶹之罵人乎？賊徒膽大妄為，一何乃爾。〔目無〕〔法紀〕

2876	原 330/1	廣土 6/41 左	大 10/46

腹刀可吐

英屬連朝地方某氏婦，不知近緣何事，忽自尋短見，將薙髮刀吞入腹內。閱時許久，痛徹心脾，勢將垂斃。旁人詢悉情由，送往醫院求治。醫生審視之後，未及一點鐘，竟能將薙刀取出；復用藥療傷痛，日有起色。其技若此，可謂神矣！顧近世之人有口蜜腹刀者，有笑裏藏刀者，有筆如刀者。彼其利害，不以自殺而以殺人，直較之真刀而更甚。雖有西醫，烏能出之。故君子謂為不治之證。〔神乎其技〕

2877	原 330/2	廣土 6/42	大 10/47

龜子報春

迎春為天下之通禮，未聞有所謂報春者，而鄂俗則相沿為例。去臘十七日立春令節，漢陽府逄太守先期率同眾官，排齊儀仗，乘亮輿詣晴川閣，恭迎芒神春牛。回至府署，各官叩賀而退。至十七日亥刻，行鞭春典禮。忽有一娼寮龜子扮作春官，紗帽紅袍，規模闊綽，搖頭擺尾，步上大堂，一若鄉紳干預地方公事晉謁官長也者。太守見而笑問曰：「某日某時立春？」龜子一一答之，乃縮頭而下。蓋該處風俗如此，令人招之使來，即所謂「報春」也。故每歲立春時節，輕薄子道逢狎友，必交相諧謔曰：「爾曾至府署報春乎？」按此事不知始自何時，足補《荊楚歲時記》之未備，殊可發人一噱也。〔本地風光〕

2878	原 330/3	廣土 6/43	大 10/48

糊塗知縣

知縣為親民之官，孰是肯自認為糊塗哉？然而有如鄭板橋之難得糊塗者，即亦有偶一糊塗者；雖不必實有其人，要無妨姑作是想。客有自金焦山來者，謂某大令於試燈風裏，特許差役人等賽燈遊玩。且為之別開生面，令一人扮知縣模樣。頭戴大帽，用紅蘿蔔為頂，松枝為翎；身衣皮袍，外罩白羊皮及毛馬褂；面塗朱墨，口掛髭鬚，帶蔑圈假眼鏡。用大槓一條，知縣騎於槓上，以兩人擡行。其餘執事、差役人等，亦皆雜塗粉墨，如戲劇中之小丑然。前呼後擁，頭牌上寫「糊塗縣正堂」、「賞戴紅翎」字樣，遊行街市。店舖中有放鞭爆迎接者，知縣即從槓上躍下，喝令提地保笞責。即有一人扮作地保，俯伏地下。扮差役者向之略作鞭扑勢，以為歡笑。是役也，於游戲之中寓規諷之意。某大令其欲借以自警乎？彼動多忌諱者，烏足以語此。〔裝出〕〔官樣〕

2879	原 330/4	廣土 6/44	大 10/49

官場話柄

客臘浙江某太守蒞任時，小民攔輿呈遞稟詞，稱前任判斷某案，私受洋銀六百元，幕友得四百元，門丁得三百元，差役亦得一百元。太守覽畢，將詞籠諸袖中。次日，呼殿至署，端坐大堂，飭差傳所控幕友、門丁、差役研究。惟差役公然到案，餘皆避匿無蹤。太守大發雷霆，鞭撲之聲，達於內室。其時前任太守尚留署內，一聞此事，踉蹌至大堂，聲稱：「我已來此備質。任汝惟所欲為！汝如何竟聽小民捏誣，不分皁白乎？」於是兩太守各拂衣而起，唇槍舌劍，互決雌雄。爭辨之餘，幾至用武。後經首縣某大令聞而馳至，再三排解，然猶餘怒未平。乃勸令前任所有幕友、門丁，連夜雇船他往。官場傳述如此，聞者無不齒冷。其是其非，請以質之深知其事者。〔我聞〕〔如是〕

2880	原 330/5	廣土 6/45	大 10/50

鬥雞殺人

鷄，禽屬也，人欲殺之固也，而乃有反以殺人者。豈以其殺人之鷄多矣，故特使此鷄即其刀以還殺其人乎？印度人高荷偕其婦寓於新加坡竹腳港邊，已歷年所。惟高向作鬥鷄之師。凡鬥鷄之徒，有登門求教者，高即為彼繫毒刀於鷄足，使與他鷄鬥，則必操券而勝。由是高之名大著，而獲利亦甚豐。去歲仲冬中浣，有穆拉油人甲、乙等與閩人三名，同造其門，求傳其技。高乃偕甲等攜雄鷄八翼，赴附近廖內之馬鞍山，與人互鬥。所獲之采，不可勝數。蓋高在雞足所繫之刀，異常惡毒，他鷄遇之，無不披靡。鬥至第三次，其鷄復勝。見者皆驚以為奇，莫明其故。高乃將鷄捧回，故作摩挲狀；不隄防雞足所繫之刀，誤觸掌心，立時毒發，痛極而歸；醫藥無效，竟至斃命。嗚呼！即以其人之道，還治其人之身。天之報施，何其捷也。然則，此鷄之殺人，即謂人之自殺可也。〔自相〕〔殘害〕

2881	原 330/6	廣土 6/46	大 10/51

水底行舟

西人機巧，日出不窮；氣毬之飛昇，輪船之迅疾，固人所耳而目之者也。厥後又有水底行舟之說，論者每以未見其事為惑。近有美國人某甲精格致學，自出心裁，新造沒水輪船一艘。其形似鷄蛋，長四丈，闊九尺，深一丈六尺，內外悉以堅木為之。舟內設汽機、電機各一副。行於水面則用汽機；及沉入水，則由電機運動其輪。輪有二，各四葉。每一點鐘約行英里九里，管機駛船祇需兩人。驗看之日，兩岸人山人海。該船先在水面行駛甚速，倏忽沉入水內，約深十丈。計兩點三刻鐘之久，始再浮出水面。說者謂水雷船能沒水而不能隨意行駛，是以毫無把握。今此新製既出，亦海戰時之一利器也。特不知果能利於用否。〔載沉載浮〕

2882	原 330/7	廣土 6/47	大 10/52

雪媒

甯波奉化黃渡進山小路有地名曰康家坪，煙戶十數家，散處東西，不相聯屬。有孔傳斌者，家於路口，就門首設小雜貨店，以覓蠅頭微利。家惟老母、幼妹，年二十餘，未聘也。一日，奉母命往省外祖母。出門行甫數箭之路，瞥見雪中臥一女子，近前撫之，氣息奄奄，勢將僵斃。孔為之惻然，遂扶起，背負而歸。其母性亦慈祥，幫同灌救。女始得慶更生。叩其居址，離此不遠，母乃令子報諸其家。孔去逾時，偕一嫗至。問知巔末，感喜交集，謂其母曰：「小女陋質，尚未字人。今承大德生全，無可報答。願為汝子侍巾櫛，可乎？」母喜諾。嫗以雪深難行，使女仍留婿所。請擇日合巹，當將妝奩齎送前來，聘金婚約亦所弗較。說者謂此女若不臥雪，彼窶人子烏乎遇之？遇而救之，仁也。一則未婚，一尚未字。天殆鑒其一點仁心，故使滕六君為之作合乎？姻緣簿上，又添一段佳話矣！〔天假〕〔之緣〕

2883	原 330/8	廣土 6/48	大 10/53

寄打絕技

寄打之術，傳自西藏喇嘛僧；省、佛、陳、龍、港、澳等處人多習之。當初學時，其師為之焚香禱告，如是者四十九日。於是宰雄鷄，冠血書符於白布，盛以小囊，佩帶身上，並授以符籙，謂可治病及燭照賊蹤。自是而後，學之者即覺有人隨其身後，或碧眼虬髯，身披袈裟，或狀如常人；從此刀械、槍炮不能傷，猛擊不知痛。惟符籙須虔誠供奉，師恩則飲食不忘；否則其術不驗。倘人出其不意而攻之，未知抵禦術，亦不驗。蓋亦左道之一端也。羊城某甲夙擅此術。一日，頭戴珠頂緞帽，行至帶河基，被匪將帽搶去，遞交同黨。甲即將匪追獲，匪恃無證據，與之辨論。其黨隨用刀械向甲亂斫，竟無所傷。旁觀咸相詫異。甲從容言曰：「汝欲飲我以刃，殊非易易。今限明日將帽交回我店；否則，必不汝宥。」言畢，遂釋之使去。如甲者，真神乎其技矣！〔不畏彊禦〕

2884	原 330/9	廣土 6/49 右	大 10/54

威伸巾幗

古有娘子軍之目，然未嘗真有勇力，能以巾幗之威，壓倒鬚眉之氣。故吾觀肇城西某鄉何某之婦而可異已。婦本城東梁某之女，其父夙精技擊；婦雖未嘗學習，而耳濡目染，亦能以拳勇自豪。去臘某日，由母家歸寧，錦瑟年華，釵鈿耀目，手攜襆被，中裹衣物。匪徒見而涎之，欺其懦弱，尾之而行。至圍隄之僻處，日暮人稀，徑前攫奪。詎其包早已堅持，被婦舉手一推，匪已顛撲倒地。時該匪猶欲急起相持，仍肆劫掠。婦格拒之下，奉以老拳中其鼻，血污被面，匪始抱頭鼠竄而逸。有力如此，誰謂裙釵中必無好身手乎？彼鷄鳴狗盜者，將奈之何。〔猶有雄心〕

2885	原 331/1	廣土 7/49 左	大 10/55

鼠蒙犬皮

俄京某貴家婦性好犬，宋鵲、韓盧，常隨左右。一日，出外游行，見某店有一小犬，性靈捷而毛光澤，心甚愛之。欲向購取；以主人索值過昂，尚無成議。俄而，婦如數以償，欲攜犬去。主人悔失言，不之允，謂必欲此犬，非倍增其值不可。婦愛不能釋，竟如其言，牽犬而歸，視同拱璧。顧犬有一癖，喜潛伏暗陬；否則，瑟縮不安，婦甚異之。某日，偶得珍味，呼犬飼之。犬果腹後，逡巡來去，忽砉然一聲，恍同裂帛。驚而視之，小犬已不知所在；惟見一碩鼠立堂中，而犬皮已卸於地。至是始知為人所紿。控之於官，未知如何審斷，是亦一奇案也。〔畜類假冒〕

2886	原 331/2	廣土 7/50	大 10/56

德政亭記

客有自梁溪來者，言該邑城南南水仙廟前，新建德政亭一座，中立碑二。一曰「民不能忘」，頌裘浩亭大令也；一曰「保衛恩孚」，頌劉詠臺、湯星韜二邑侯也。夫裘公自光緒丙子夏蒞任錫山，前後十年，優游布置，民間利病，知之最深。故其善政尤多，宜民仰之如慈父母；不以去位而易其心，不以時久而忘其德。苟非大有造於該邑，何以至是？若劉、湯二公，繼裘公之後，皆署任一年而去，似不足與裘公相提並論。所難者不存畛域之見，凡所設施，一以裘公為法，使民間知裘公雖去而未去；則二公在位之日，不啻裘公在錫之年。分而觀之可，合而觀之亦無不可。總之，皆德政也，而何不可卓然並峙千秋哉？亭成於壬辰仲冬，紳耆士庶衣冠慶賀者，一時畢集。吾知天下後世登斯亭，讀斯碑，感德懷人，必有甚於今日者矣！〔去思〕〔彌永〕

2887	原 331/3	廣土 7/51	大 10/57

純孝回天

陶君孝譜，蕪湖人，生長畎畝，不識一丁字；而天性純孝，迥異恆人。少年失怙，以漁樵養母，日奉甘旨；而己則糠粃不飽，怡如也。紅巾擾亂，負母而逃，忍飢跋涉，歷數日弗倦，卒免於難。聞者慕之。光緒九年，母病歿。孝子哭泣盡哀。視殮後，即厝於縣南七十里之藺堤；結廬墓側，風雨寒暑，不忍片刻離。如是者三年。適皖南山洪暴發，沿河墟堤沖決殆盡，藺堤岌岌可危。濤頭萬丈，洶湧而來。鄉民咸蒼黃逃命，陶獨繞柩呼號，聲甚慘切。無何，水忽壁立不流，且反退焉。鄉民大異之，爭相奔集，重行堵築。是年，遂獲有秋，人皆謂為孝感所致。乃敘其事，稟請上聞，得旌表如例。〔天心可格〕

2888	原 331/4	廣土 7/52	大 10/58

奇人軼事

自來奇傑之輩，英名四播，必有大過人之材，為眾人所不能及。特世無知者，不免沉淪草野，為人所不屑道耳。黃金滿者，向在浙江溫台海面聚眾肆劫，人莫能擒，固綠林中之豪也。自彭剛直公愛其勇，憐其知遇無人，招使歸順。黃感而從之，奮勉效力。未幾，公薦至太平府提署當差，授以外委末秩。倏忽十年，擢升千總，管帶炮船，守汛河中。提憲待之甚優。黃心樂之，頗有終焉之志。舊日英名，人幾習焉忘之矣！然每當提憲大閱及新正開操，令黃首先打靶，則鎗法嫻熟，數百武之外，無不穿心貫革。又聞郡人言，曾見黃督勇查夜，行至浮橋，令勇丁循橋而過；己則立於河濱，奮力一躍，已趕出諸勇之前。河面寬約二十餘丈，竟能飛躍而過。似此絕技，誠不多覯。設充其能事，用諸疆場，恐古來名將，不是過也。〔略見〕〔一斑〕

2889	原 331/5	廣土 7/53	大 10/59

岳墳鐵像

岳墳為西湖名勝之一。游人登臨憑弔，無不知有四鐵像；而不知鐵像亦已幾易矣。予聞之錢梅溪先生曰：「千古姦邪無踰秦檜，墮豕胎而雷殛，掘狗葬而焚灰，人心猶未快也。」今岳墳鐵像，明正德八年浙江都指揮使李隆始鑄銅為之，僅秦檜、王氏、万俟卨三人，反接跪墓前。久之，被遊人擊碎。萬歷中，按察副使范洙更鑄以鐵，而又添張俊一像。本朝乾隆中，熊公學鵬為浙江巡撫，四鐵像又已擊壞。縣官稟聞，擬請重鑄。熊未批準。竊念岳王靈爽在天，逆檜沉淪地獄久矣，頑鐵無知，何煩重鑄耶？是夜，熊夢四鐵像來，叩謝階下，醒而異之；仍飭縣官重鑄，至今存焉。錄而存之，俾懷古者知鐵像興廢之始末云。〔遺臭〕〔萬年〕

2890	原 331/6	廣土 7/54	大 10/60

雄雞異孕

廣東南海學正鄉有黃姓聚族而居。相傳該處每屆大比之年，鄉中人如有巍科高掇，得意榮歸者，必有雄鷄飛鳴屋瓦，以為捷報先聲。此歷年事也。近日，有黃甲畜一雄鷄，喔喔啼聲，時與狗吠相應，人固視以為常。某日亭午，鷄忽宛轉跳躍，呼聲慘切。眾方驚視間，忽產下一團；狀如人形，肢體畢具，與胎生無異。一時聞而聚觀者如堵牆。甲以為不祥，棄諸河，而仍將雄鷄畜養如故。或謂物反常為妖，勸甲殺鷄禳災。甲不允。蓋猶存畜老憚殺之意也。客有善詼諧者曰：「近日牝鷄司晨，此風大

盛。何怪雄鷄之反為雌伏乎？」曰：若是，則今天下何雄鷄之多也，吾竊代為危之。〔何由而生〕

2891	原 331/7	廣土 7/55	大 10/61

不愁無褲

嘗閱梨園中演《洛陽橋》一劇。有縫婦遇乞丐強姦，至解其裙，去其褲，不禁為該伶慮之。雖其下體尚有相如之犢鼻褌，然褻褻之狀，已覺不堪寓目矣。若夫婚姻大事，大庭廣眾之間，竟令婦女出乖露醜，以褫衣為能事，廉恥之謂何？而猶以不露色相，互為笑樂，亦可異已。揚俗新婚之家，伴送新娘往往喜用俊俏婦女，齒牙伶俐，以博客歡。某日，為某公子合巹吉期，其家用伴姑二人，並皆佳妙。其一年剛花信，慧黠異常。聽某客游戲之言，貪領賞洋，竟於簪裾畢集時，自褫其袴，如蟬蛻殼，至有七次之多；皆係罩褲，不曾露出裙帶中物。自四元以次遞增，共得洋蚨數十翼，觀者無不粲然。或謂該處素有此風，故該伴姑逆料其事，而預為之備耳。此而不禁，恐日甚一日，相率效尤，尚復成何體統耶？〔謔浪笑傲〕

2892	原 331/8	廣土 7/56	大 10/62

還魂述異

美國紐約城希理威醫院有名希倫者，得廢疾，入院求治。忽於夜間長逝。立著服役人戴彌、鐸士二名，將屍移往院後殮房。越兩時許，又有某甲病故。戴、鐸二人移屍如前。詎甫至殮房，見希倫手足運動，以氈裹身，昂然直立。二人大驚，急棄屍，跳出圍欄而逃。希倫亦奔出，回原房而臥。翌晨，同室人見之，大懼，相與力疾告退。醫生詰其故，則以見鬼對。醫生異而往視之，果見希倫臥床；呼之使起，舉動如常。問其如何復生，則謂當日彷彿一夢。迨醒時，已在殮房，身臥石板，寒凍異常，左右回顧，縱橫排列纍纍高臥者不知是何等人。旁有一人與己最近，細視之，則鬚眉如戟。問其此為何地，亦不答。乃覓氈裹身，欲逃不得。幸戴、鐸二人開門，始得隨出。蓋其人現已復生矣。〔更生〕〔有慶〕

2893	原 331/9	廣土 7/57 右	大 10/63

騙子難防

揚州泰興縣城內某煙店，素稱殷實，雄視一方。去臘，忽有排場闊綽，形似顯宦者投刺晉謁。主人見之，其人自稱精礦務，因見是處房屋四圍有金銀氣，特來奉告。不信，可於夜間試之。主人秘其事，果於是夜引至後進貨棧牆下掘土，辨驗良久，曰：「得之矣，是銀苗也。」旋取藥水一瓶至，命主人熾炭於爐，取土及藥水傾入鎔鑄。少頃，見土中流出，皆係朱提。權之，得六十餘兩。主人大喜，問：「礦中有銀若干？」則言：「可得二十餘萬兩，惟非得此種藥水不可。」主人信之，遂從其言，攜銀二千兩，偕至金陵某處購得藥水而歸，已失顯宦所在。試之，亦不驗，始知被騙，不覺懊喪久之。〔貪小失大〕

2894	原 332/1	廣土 8/57 左	大 10/64

麟閣英姿

南皮張香濤制軍，文章經濟，震鑠古今。由兩粵移節兩湖，恤士愛民，政聲卓著。想望丰采者，無不深高山仰止之思焉。顧制軍為當代偉人，跡其鴻烈豐功，固足以彪炳雲臺，輝煌麟閣；然望風逖聽者，末由仰接光儀也。茲得其小像，鬚眉畢現，奕奕有神。爰倩畫士摹繪成圖，冠諸報首。吾知四海之內，必有爭先快覩者矣。〔崧生嶽降〕

2895	原 332/2	廣土 8/58	大 10/65

彈絲聯響

天津協盛茶園於新正某日，招人演唱各樣詞腔雜耍，如拾不間、蓮花落、梨花片、大鼓五音、相聲雙簧等類；雜以小曲戲法，均堪悦耳娛目。內有彈絲聯響，尤為絕技。其技以四人排聯橫坐，首洋琴，次三絃，再次琵琶，四胡琴。其居首者右手敲擊洋琴，左手按捺三絃；次者右手彈撥三絃，左手按捺琵琶；再次者右手彈撥琵琶，左手按捺胡琴；第四人則右手托定胡琴，左手推挽弓子。四音聯絡，工尺諧和，應手得心，抑揚頓挫。一時臺下喝采聲，與臺上管樂聲，聲聲相應。令人誦「此曲衹應天上有，人間能得幾回聞」之句，相與神往久之。〔繹如也〕

2896	原 332/3	廣土 8/59	大 10/66

兒女英雄

蛟川劉某曾投效軍營，隨統帶出關，積勞保至參將，署都司事。嘗遇一賣身葬母之女，代其殮葬，娶為簉室。女柔婉順承，為劉眷愛，生有一子。去年，劉告假回里，頗有餘資，惟家中大婦亦育二子，長子年近弱冠，習儒應試。大婦見女艾好，妒忌異常，輒遭鞭撻；幸女能忍受，尚不至大相齟齬。新正廿四日二鼓後，突來劫盜三十餘人，劉夫婦登樓匿避。女忽持梃直出，打倒七八人。盜方欲開槍，已被女擊傷在地，餘盜欲遁。女喝曰：「走即打殺。」因令將軍械納下，並搜取銀洋，得贓甚夥。女復將諸盜右耳割下，叱之使去。盜得命，鼠竄而逃。劉出詢女何神勇乃爾。女始言父為北五省大教師，能以空手入萬軍中，取敵人矛以刺盾。父無子，盡傳於女。於是大婦駭懼，視如姊妹，不敢肆惡如昔矣。〔出奇〕〔制勝〕

2897	原 332/4	廣土 8/60	大 10/67

陵魚出海

客有自乘風破浪回者，言前年輪舶過海時，曾開軒四望，瞥見波中浮出一物，人面魚身，雙手雙足。遙視之，如吳兒之泅水者然。繼念海中不應有人游泳，呼同舟人共觀之。有一客曰：「此陵魚也。《山海經》曾載之。」蓋水族中之以人面見者，固不第英水之赤鱬、陽水之化蛇已也。惟陵魚手足畢具，儼然有人狀耳。且吾聞物之具人面者，厥類甚多。以毛族論之，曰獾也，曰山渾也，曰馬腹也，曰猾褢也，曰狍鴞也；以羽族言之，柦【柜】山之鴸，令丘之顒，羭次之橐芑，鹿臺之鳧徯，灌題之竦斯，北囂之鸞鶥【鷩鶥】，崦嵫之人面鴞。雖厥狀不同，其身互異，而面之類乎人也則一。豈獨陵魚為然哉！予因其言足廣聞見，爰記其事而繫以圖焉。〔鼓鬣揚鬐〕

2898	原 332/5	廣土 8/61	大 10/68

貧員苦況

某鹺尉在兩淮聽鼓有年，苦無差委，裘敝金盡，拮据異常。去冬某日，有某觀察入都，道出淮上。印委各官，鳴金呵殿而來，腳靴手版，紛紛不絕。鹺尉聞之，亦貿然往謁，苦無隨役，只得一身兼作僕，親遞銜名。甫上跳板，忽聞撲通一聲，顛入波心。岸上見者大聲譁噪。觀察在艙內聞之，急於窗隙潛窺，見一頂冠束帶者，在水中央，左手猶高擎手版。觀察飭人援起，扶以登岸，至小茶肆，飲以薑湯；一面詢其來意，惻然憫之。及觀察登岸拜客，小作勾留，揚帆而去。俄而鹺尉即奉差委。說者謂：「觀察實預為之地也。」舉室欣喜之餘，不禁有飲水思源之意。絕處逢生，否中得泰，皆水中一跌之力也。人生會合本無常，觀此益信。〔萍水〕〔相逢〕

2899	原 332/6	廣土 8/62	大 10/69

人頭大鳥

南海和順鄉於去冬大雪後，忽有一大鳥翔於樹上。鄉人見之，咸以磚石擲擊；鳥即高舉，而不越五、六丈即止。鄉人復逐之，集于田間，恐其猛鷙，正擬取槍轟擊。內一牧豎察鳥性馴，擒之以歸。權之，重三十斤。臉如猿猴，雙目圓閃。頂髮垂六、七寸許，柔似人髮。咀喙類鷹。足脛大逾嬰臂。昂首三尺有奇，展翅倍之。飼以牛羊、魚蝦、番薯等物，入口即咽；日須五、六斤。豢之數日，似解人意。有生人來看，輒背伏俯首，狀類畏羞；主人喚之，使朝面對客，始敢仰視。時官窯適有會景，豎乃攜鳥至會場，招人觀看；日收錢十餘貫，滿載而歸。似此異物，是蓋人頭而畜鳴者耶？而背面避人，尚知羞惡，世之忘廉寡恥者，對之能無自愧。〔奇禽〕

2900	原 332/7	廣土 8/63	大 10/70

枯骨為厲

江西吉安府北門外，地多榛莽，寂無人居；荒草離離中，不知何時停有棺柩一具，木已損壞，微露枯骨。居人以相隔甚遠，無礙行人，遂置不理，任其雨淋日炙，露蝕風飄。不意閱時既久，竟出為厲。始則夜半驚駭鷄犬，繼而晨昏撲逐行人。日甚一日，行者患之，相戒裹足，繞道而行。附近人家嬰孩受驚以致夭扎者，更不知凡幾。於是該處居民相約，連名具稟廬陵縣尊，咨會吉字營派撥營勇數名，各荷槍炮，施放助威。一面帶同壯役，道出北門，至柩所細視，並無字跡，和頭脱落，朽骨變赤，微有白毛叢生。旋令營兵、壯役鳴砲舉火；霎時烈燄張天，焚燒成燼。居民咸相告慰，此後遂無他異。世之停棺不葬者，尚其鑒諸！〔猶有〕〔妖乎〕

2901	原 332/8	廣土 8/64	大 10/71

人熊撫嬰

加剌吉打醫院中有一女子，傳者謂其係從荒野中尋獲者，現年約六、七歲。因其不通人語，轉交某牧師送至育嬰堂留養。先是此女在租碧羅地方木林中，與一母熊為侶，飲食乳哺，悉賴此熊為之調護。是處有採茶人屢見其出入，顧復深覺可疑。一日，告知某西人，攜備槍炮、器械，同至其地。先將熊驚逐；熊果遺下此女，遂攜之以歸。後將女送交地方官，轉送至醫院，為之解衣推食。女初至時，尚作獸行，或以兩手抓物而食；旋經多方訓導，漸改故態。惟迄今閱二三年之久，其言語依然鉤輈格磔；是以轉交某牧師，再為訓迪。未知尚能變易否也？〔不離〕〔于獸〕

2902	原 332/9	廣土 8/65 右	大 10/72

巧計卸過

鑷工某甲在粵城西某薙髮店為夥。一日，為某乙整容，誤剃其眉，而乙猶未之知也。甲不慌不忙，忽得一聲東擊西之計，故作歎息聲。乙問之。甲曰：「僕前者為某武員整容。偶不小心，將八字形削去其半。武員大怒，不肯干休。幸有魯仲連者再三排解，始得服禮了事。至今恥之。」乙曰：「無心之過，可以曲原。彼武員所為，無乃已甚。」甲又云：「君試設身處地，將若之何？」乙曰：「吾亦惟戒其將來，決不咎其既往也。」甲乃謂之曰：「實告君，僕今又蹈昔之覆轍矣。」乙不信，窺鏡自視，知已中計，只得隱忍而去。聞者咸為之解頤云。〔狡獪乃爾〕

2903	原 333/1	廣土 9/65 左	大 10/73

治聾有法

社酒治聾，古人原不過託諸空言，未聞其能奏實效也。乃日本獨有妙法，能使聾者復聰，以補人身之缺憾。緣日人有一種竹扇，專治此病。凡兩耳重聽者，持此扇按於門牙之下，自能聰聽，毫無隔膜之虞。此物行之於世，已有數年；而今則製作愈巧，取價日廉，比諸別等施治耳聾之物，尤為利便。此扇一出，尚何有充耳無聞之誚哉！奈何不為鄭昭而為宋聾者，今天下滔滔皆是，而卒莫知其所以治之也。〔使人昭昭〕

2904	原 333/2	廣土 9/66	大 10/74

賓筵用武

金陵南門外某氏園亭，有某武員假座其中，肆筵設席，款待嘉賓。是日共集十餘人，虎頭燕頷、孔武有力者居多。觥籌交錯，飲興方酣。首座一黑而髯者，向眾賓自矜拔山扛鼎之勇，謂舉世莫與敢抗；而乃僅以一小千把老，不覺撫膺惋惜。末座少年聞而不平，請效鴻門之會，搴其衣直趨階下。主人恐揮刃傷人，固請易之以梃。允之。於是執木棍較優劣，此來彼往，此高彼下，如游龍戲水，如俊鶻盤空，五花八門，幾致觀者目眩。既而呼呼有聲，風生四座。忽聞人大呼曰：「顛矣！顛矣！」就而視之，則髯者已倒臥砌下。回顧少年，則面不改色，鵠立依然也。髯者躍然而起，欲拚老命，與少年一決雌雄。主人固勸之，始悻悻而散。道旁觀者譁然曰：「于思于思，棄甲復來。」此二語可以移贈此君矣。〔折衝樽俎〕

2905	原 333/3	廣土 9/67	大 10/75

電氣大觀

美國博提莫耳地方有富室婚娶，屋宇崇閎，陳設精雅；於花瓶、畫幅、玩物、屏几等處，密設小電燈。吉時將屆，電氣一通，光明大放，恍入不夜城中。見者無不驚異。既而新人將入門，空際忽作樂，電鼓鼕鼕然，電鐘鏗鏗然，細響繁音，互相應答。客回旋瞻顧，絕無所見，幾疑此曲祇應天上有。婚禮既成，開筵宴客，佳肴甫列，電燈忽熄，舉室皆暗。忽見桌上所列果盆、花瓶，閃閃有光，忽明忽暗。俄而，新人髮際放大光明，晶瑩耀目，遂疑月裏嫦娥，離碧落而謫紅塵也。酒闌席撤，客吸呂宋烟，則有電器為之然火；飲加非茶，則有電器為之注瀹；客有善詼諧者，談言微中，則有電鼓大鳴，以代拍掌。迨客辭主人而出，輕車快馬，聯轡疾馳，主人則放電光以送之。一時見者，皆詫為得未曾有云。〔別開〕〔生面〕

2906	原 333/4	廣土 9/68	大 10/76

賁獲呈能

甯波慈東邵姓家有傭人鄭邦奎者，台州人也，膂力過人，常獨種田數十畝，故其工資亦較昂於他人。一日，有甲、乙家二牛在山腳相鬥，奔騰淩厲，勢不可當。時山下所栽菜蔬、春花，軟如茵褥。甲、乙見之，既恐蹂躪無遺，又慮逢人即觸，致釀命案。適見鄭至，趨而迎之，大呼曰：「若能使二牛不鬥乎？」鄭曰：「能。」遂至山腳，直伸兩手，各執牛之一角，使相去數尺，不能攏近。牛百計奔騰，竟莫能動。牛怒甚，退身向後，蓄力片刻，突往前衝；一牛角折而踣，一牛始懼而聽命。於是見者咸稱神力。甲、乙遂出資酬之。昔秦武王時有孟賁能拔牛角，烏獲能引牛尾，其勇莫與比倫。今復得鄭，誰謂古今人不相及哉！〔百夫之特〕

2907	原 333/5	廣土 9/69	大 10/77

小婕爭香

蘇城某氏女，年纔十七，丰致頗佳，傭於城中某姓家。先與乙童私識，曾得洋蚨數十枚；旋又通於甲童，誓海盟山，往來甚密。未及匝月，為乙所知，欲得甲而甘心。一日，女偶偕甲游玩至總捕署前，與乙相遇，彼此互扭兇毆不已。女竭力解勸，左右為難。詎乙醋氣直衝，突出并州快剪，向甲腿上直刺。甲痛極呼救，為署中惠司馬所聞，飭差拘案。先提女問悉前情，然後提二童詰之。甲供姓張，年十六歲，近與女相識；適乙行兇，務求伸冤。乙供姓王，年十一歲，數月前與此女繾綣情深；今忽被張獨佔艷福，故欲與伊拚此小命。司馬得供，大怒。以甲、乙二童小小年紀，竟敢恣意狹邪，踢翻醋罐，判令各予笞責，輕重有差。女掌頰二百下，交官媒候保。噫！此二童者，乳臭未乾，竟至輕薄若此，詠「佻兮達兮，在城闕兮」之句，能無慨世風之日下哉！〔狂童之狂也且〕

2908	原 333/6	廣土 9/70	大 10/78

日犬能言

鸚鵡能言，不離飛鳥；猩猩能言，不離走獸。至於鷄則談元，鳥能操語，此尤為世所罕有之靈物。而狺狺之犬，衹有見其掉尾乞憐，未聞能高談雄辨者。若日本報所紀之犬，則殊可異已。有日人畜犬一頭，能作人言。一日，主人遺失食物，遍尋莫得，疑犬竊食，於是肆口詈罵，出語不倫。犬聞言，似有含憤莫伸之意。俯首喃喃，欲明其冤；既而操日本語答曰：「我未之食也。」主人聞其言，詫為得未曾有，由是播揚於外，咸欲往觀。有好事者置資於犬前，若相餽贈者然，欲聞其如何以對也。犬注目視錢，喜溢眉宇，徐言曰：「此不過九枚錢耳！何足貴。」翌日，日人之欲與犬言者，于于而來。犬以嘉客盈門，益形歡樂，遂度曲以博一粲，未識座中亦有周郎顧誤否？聞有日人擬載此犬往美國芝加高賽會云。〔盧令志美〕

2909	原 333/7	廣土 9/71	大 10/79

老饕啖蛇

甯波府城有山東人王姓，僑居有年。生平有一奇癖，好生食五毒，如蛇、蝎、蜈蚣之屬，皆視為適口奇珍。一日，在南門內見人拆牆另築，有蛇一尾，蜿蜒而出。王捉之，持回家中。其蛇長約三尺，頭生兩短角，遍身作綠色。家人咸勸勿食，王不聽，兩手掬其首尾，就口齕之立盡。逾刻，涎流倒臥。家人以柴棍周身搥之。越一時許，始甦曰：「南蛇力厚味佳，絕勝北邊遠甚。」是亦可謂別有肺腸者矣。去年，粵人某甲因啖一異蛇，致戕身命。由今觀之，似與王有同癖，而不知解救之方者也。然啖蛇後，使人以柴棍搥身，竟能無恙，其事殊難索解。不知王某亦有何說？〔奇癖〕

2910	原 333/8	廣土 9/72	大 10/80

海外崇山

世之稱高山者，必推五嶽；不知五嶽外，正多著名之山。即如《山經》所載，《爾雅・釋山》所詳，已覺不勝枚舉。然勝跡流遺，正多遺漏，問誰能馳域外之觀乎？西報登秘魯之加剌拿地方，山高水長，人煙稠密。是處有某山巍然特立，高聳雲霄，上逾水面一萬五千三百五十尺。據考察地輿者謂，普天下地勢之高，當以此山為最。山中開鑿一徑，以通火車，鐵軌計長三千八百四十七里。山下長年積雪，並不消融。由火車路俯視琉璃世界，上下相距約六百餘尺，是亦洋洋大觀也。世有探奇選勝者，盍往求之；著為游紀，亦足為廣人聞見之助。而惜乎不克身踐其境也。然則，吾亦惟效宗少文臥游而已。〔壁立〕〔千仞〕

2911	原 333/9	廣土 9/73 右	大 10/81

產石誌奇

粵垣舊倉巷聚星里何某，擅鑲牙業。客秋，妻某氏腹漸膨脝，一若珠胎暗結者。然延醫診視，謂為陰虛，屢服補劑，仍未見效。事閱六、七月，一日忽大痛，產下水泡一顆，形如猪脬。越一日，又產二石，巨如鴿卵，形同白果。鄰里傳觀，駭為異事。何用火鍛其一石，色變微黃而不鎔化。何之妻母素患腹痛，醫治不效。或謂將二石按腹中，即可痊愈。如言試之，立效。現二石猶存，惟時聞內有祝祝之聲。惜無波斯碧眼賈，覷破此中消息耳！〔怪胎〕

2912	原 334/1	廣土 10/73 左	大 10/82

大富招忌

美洲有富翁名麥基者，問其所有，則十萬一紫標，百萬一黃標，尚覺多難悉數。人以其富也，群以銀王稱之；蓋以一郡之中，數富以對者，無與比倫也。一日，在山符冷思士高大埠游行，有一人尾隨其後，突出火鎗，向其背轟擊。旋即掉轉鎗頭，自擊其喉而死。麥基驚而審視，不解何故。幸己傷甚輕，延醫施救，得漸平復。有識此兇手者，謂其人名辣忌利符，向以賭博為生。據麥基云：與之素不相識，不解其何以出此辣手也。語云：「盜憎主人」，觀此益信。〔多財〕〔厚亡〕

2913 原 334/2 廣土 10/74 大 10/83

鳴鳳呈祥

鳳為羽蟲之長，備五德之全，致群鳥之從。居四靈之一，生於丹穴，翔於紫庭；其鳴鏘鏘，其羽翩翩。九苞六象呈其異，五文七德著其奇。非梧桐不棲，非竹實不食。必升中而降止，覽德輝而下之。昔軒帝出而巢於閣，簫韶奏而儀於庭，文王生而鳴於岐山。類皆盛世之休徵，非可倖致者也。鄂垣校廠前面建有萬壽宮，為官員朝賀之所。某日黎明，忽見一大鳥，長可丈餘，毛羽紛披，光輝五色，棲止殿屋之脊；幽鳴者三，隨北向翱翔而去。維時東方甫白，有田家三、五人見而異之。正談論間，適有老儒過此，問知其狀，曰：「是鳳也。」當茲慶祝聖壽之年，獲覩來儀之瑞，猗歟休哉！非甚盛德，何以致此。凡我食毛踐土者，宜如何額手相慶哉！〔盛世〕〔休徵〕

2914 原 334/3 廣土 10/75 大 10/84

僬僥遺種

古有所謂僬僥國者，其中侏儒之輩，不一其人；然未嘗身入其國者，固覺得一已足也。蘇城元妙觀素稱繁盛。正月間，有江湖賣解者攜一小人至，招人觀看。問其土產，云從西洋小人國載來。年已五十有一，長不滿二尺，頭帶西帽，服西服，鬚髮蒼然，手持煙桿吸旱煙，顧盼自雄。人有示以錢者，則笑逐顏開，鞠躬作揖，惟恐不及。有與之語者，則其聲嚶嚶不可辨。或云此人新在上海讀得幾頁外國書，與一二洋行侍者往來，故能略通西語，見人輒道。近頗有出仕之意。果爾，則置諸近日官場中，當是一個好手矣！〔真小人〕

2915 原 334/4 廣土 10/76 大 10/85

三足雞

日中有三足之烏，月中有三足之蟾。人皆知之而未克一見者也。他若《爾雅》所載：「龜三足，謂之賁；鼈三足，謂之能。」其物亦不多覯。厥後，又有三足之牛，獲之者因以致禍；於是有疑物反常為妖者。至於三足鷄，古時亦有所聞，莫不驚奇稱異；孰意今竟復有所覩。日本瓊江港外高島村百二十九番戶居民太田三寅，家有鷄卵數顆，令母鷄覆翼之。俄而，鷄雛滋生，有一頭獨具三足，右足不異於尋常。左腿之上，趾生二足。一足向胸稍曲，有三趾；一足之趾增三而為六，長可及地。右足一舉，捷走如飛。生數月後，雄健異常，迥非他鷄可比云。〔奇禽〕

2916 原 334/5 廣土 10/77 大 10/86

巨魚駭聞

澎湖海中於去冬忽來一巨魚，橫亘沙灘。土人初疑為輪船擱淺，爭來救護。及細察之，乃知為魚，然亦莫知其名。旋有勇夫某持巨斧以劈其頭。魚遽吐沫吹氣，其人暈倒幾斃。自是遂莫敢過問者。閱數日，魚困於涸水，漸不能動。沿海居民始各挾具臠割。聞是魚長五十餘丈，圍高一丈有餘，二目無珠。尤奇者，魚腹中有二魚，一重七八百斤，一重三四百斤，足見其鯨吞之猛。魚之腎囊下垂一丈餘，內有二子，大如斗，堅如石。魚牙長亦徑丈。澎湖鎮王蘭亭軍門曾拔一牙以獻撫軍。該處村氓或割其肉，或取其油，統計共得魚肉二三千擔，魚油七八百擔。及割剝將盡時，魚尾忽怒擺，旁有數千斤之巨石，被擲至數百丈以外。則其生時之大力，更可想而知矣。噫，異哉！〔網漏吞舟〕

2917 原 334/6 廣土 10/78 大 10/87

童子軍

小流氓之風，莫盛於上海，然不過十百成群，橫行街市，欺弱淩寡而已。至於糾黨至數百人之多，兩陣對圓，如臨大敵者，則尚未之有聞。北方風氣素稱剛勁，械鬥之案，時有所聞。少年子弟耳濡目染，遂至相習成風。日者，天津有某姓童子兩人，年僅十四齡，因細故口角，各集羽黨三百餘人，欲效楚漢之爭，以定滕薛之長。此則執枝作梃，彼則擲石為炮，互相攻擊，各樹一軍。前敵諸人始而摩拳擦掌，繼而氣喘魂飛，終而頭破血流，額裂睛突；餘亦各有痍傷，儼如敗北殘兵，紛紛抱頭鼠竄。各童父母見此情形，反以舐犢之心，頓起鼠牙之訟，相與赴縣控告。未知賢長官將何以安此一軍之皆驚也。〔北方之強〕

2918 原 334/7 廣土 10/79 大 10/88

活佛何來

九江府屬彭澤縣北鄉有農人汪某，耕鑿度日，為人誠謹，並無過失。去歲三月間，無疾物故，厝柩於野。迨至五月初，棺忽自裂，屍出墮地，盤膝端坐，馥氣如蘭，向身旋繞。鄉人見之，訝為神異。遂有齋公李某銳身自任，願為募化金資。不多時，金身廟宇，煥然一新；活佛之名，播傳遐邇。凡有祈禱，間亦靈驗。鄉人益神之。以為規模粗具，不足以崇祀典而壯觀瞻，遂有紳董數人詣縣稟請擴充廟貌。明府彭公佯許之。翼日，親自衣冠致祭，忽見其屍似有搖搖不安之意。明府隨諭紳董，謂此非正神，淫祀律所當禁；即命差役毀其廟，埋其屍，治齋公以謠惑人心之罪。自是活佛遂不復見。〔屍變〕

2919 原 334/8 廣土 10/80 大 10/89

庸醫自殺

距蕪湖四十里之黃池鎮有某醫士，未參孔、孟，自詡岐、黃，略讀一二部《本草》、《湯頭歌》，即自命知醫，懸壺市上。於寒、熱、溫、涼四性，茫然不知；於風、痰、暑、濕、燥、火六淫，迷而罔覺；於浮、沉、遲、速二十七脈，更不能分辨。而於十八反、十九畏，任意顛倒；甚至攻補並用，秘泄兼收。直以六腑為戰場，五臟為藥靶，歷年害人，指不勝屈。近日，該醫抱痰阻恙，閱日不痊。忽有一異人峨冠道服，狀如方士，自外而來，向該醫言曰：「必得砒霜與豆腐煮食，一日即愈。請嘗試之。」該醫信以為神，如法泡製，即日服之，立中砒毒，號跳三日夜而歿。追尋方士，杳無蹤跡。論者謂庸醫殺人，宜有此報，然猶覺其一不償百也。事近怪誕，而足為庸醫警，因姑錄之。〔死有〕〔餘辜〕

2920 原 334/9 廣土 10/81 右 大 10/90

公蝗蟲

《紅樓夢》中之劉老老，人稱之為母蝗蟲，以其善於飲啖，食量兼人也。今慈東乃亦有公蝗蟲，足與劉老老相匹敵。

其人本儒家子，骨瘦如柴，而色甚精悍。每逢宴會，下箸如風，同座者稍一停頓，輒貽枵腹之虞。嘗有人備八碟、八簋之菜，以覩其朵頤。公蝗蟲竟據案大嚼，所不盡者，三器而已。又有人烹肥鴨一頭，邀同午餐，頃刻已盡；晚膳時又進一頭，仍食之無遺。老饕若此，可謂將軍不負腹矣！〔碩腹便便〕

2921　原 335/1　廣土 11/81 左　大 10/91

解砒有術

伍氏子，新會人，性機警而孝友。遇後母待之虐，而愛其所生之子，年甫八齡者。操心慮患，恐後母置之死地也。居恆市砒石為末，日食半厘，覺腹痛，即以防風水解之。年餘，由少至多，可食砒錢許，預製防風膏置篋中。一日，因細故觸後母怒，遂以砒作蓮子羹，重加冰糖與之食。其弟見而竊嘗之，甫下咽，為後母所驚覺，亟呼之去。俄而，弟大呼腹痛，聲甚悲慘。伍氏子疑之，叩母以故，謂若明告，當有解法。母不得已，實告之。伍氏子乃出防風膏，開水灌之，須臾痛止。旋即自取蓮羹湯食之，後復調水服膏，安然無恙。後母見之以為神，自是待之無異心焉。〔孝友〕〔可風〕

2922　原 335/2　廣土 11/82　大 10/92

英將遺烈

昔髮逆之變，英將戈登目擊時艱，請纓殺賊，親督隊伍，願作前驅。時督師者為李傅相，壯而許之。乃大破賊於蘇城，華人至今猶艷稱之。每逢是日，則將當時殺賊情形，扮為故事，以誌其功。本年二月十五日，適當舉行之期。是日，有華人多名，或扮戈登，或扮西兵，皆效外洋裝束，拔隊先行。其扮作傅相者，則帶兵隨之沿街游行。復有一人偽作兩江總督，將所帶得勝之兵，親閱一遍，隨出廷寄一通，親交傅相。傅相捧受謝恩畢，然後班師而回。查該廷寄，乃因傅相克復城池，滅賊有功，逾格封賞者。華人此舉，殆於游戲之中，而寓感戴之意者歟？〔撫今追昔〕

2923　原 335/3　廣土 11/83　大 10/93

鶴峰紀勝

白鶴峰在歸善縣治城北，昔坡公寓惠，卜新居於此。公詩云：「買得白鶴峰，規作終老計」，蓋為此詠也。自宋迄今七百餘年，故宅尚存。而鶴峰環以城堞，為縣城娛江之門矣。故宅數楹，邑紳理而新之；中祀坡公遺像，兩旁祀公之子叔黨以配饗之。中有「思無邪齋」、「德有鄰堂」，額乃公所遺墨跡；而摹刻於石，以嵌壁間。階前蘇井古甃宛焉，其水清冽，作欄護之。公詩云：「晨瓶得雪乳，夜甕凝冰湍」，意蓋謂此。故前督學使者關槐擘窠大書「冰湍」二字，勒石井上，以紀遺跡。宅後之左右更規復墨沼硃池，亦仍其舊也。至今騷人墨客，每當春秋佳日，尋幽選勝，聯袂登臨，無不動懷古之思，而為之流連慨慕不置云。〔坡公〕〔餘韻〕

2924　原 335/4　廣土 11/84　大 10/94

大鬧考場

安慶府聯仙蘅太守示期三月初二日舉行府試。有懷甯縣文童陳浚者，當縣試時，列名第五。諸童嫉之，遍黏匿名揭帖，謂陳以金陵人冒懷甯籍，身家不清，應不准其冒考。於是呼朋引類，約於二月廿九日，在明倫堂與陳尋釁。廩保一聞是説，屆時託病不到，倩某童代辦保結。眾遂將某童扭毆，揪其髮辮，擁入縣署。包伯琴大令將童收押，眾始散歸。初一日傍晚，太守入試院，牌示首場，即考懷甯。是晚三鼓時，闢門開點，至破曉事畢。將封門時，各童忽然喧嚷狂喊，勢甚洶洶。明府恐釀巨禍，急向開導，許將陳浚扣考。各童置若罔聞，立將場中桌凳窗櫺擊毀殆盡；復擁至堂上，將公案、堂鼓一併掀翻。太守所乘肩輿，亦蹴成粉碎。左右牆壁亦被洞穿，並將頭二門拆毀。然後高呼罷考，各自提籃挈榼而歸。以論文之地，為用武之場。士習之壞，一至于此。有心世道者，能不為之隱憂哉！〔棄文〕〔用武〕

2925　原 335/5　廣土 11/85　大 10/95

強人作佛

甯波鄞、奉交界之區，有地名巖頭者，烟戶散處嶂壑間，不下二千餘家。中有梵宮曰毗婆菴，禿鶖六七輩，暮鼓晨鐘，以誘佞佛之徒。近時喧傳來一活佛，面方而皙，有光燦如，垂眼趺坐，任人膜拜，顏如童子，默不一言。於是遠近男婦潮湧而至，布施山積。是處圖董毛某聞之，令人迎至家中，欲覘其異。詢之，淚如雨下，終無一言。毛知其意，取筆墨，提手令書。乃寫云：「僕本餘姚人，為賊禿藥啞喉音，用猪油淡飯逐日拌食，四肢遂無微力。」因飲以薑湯、鹽茶，漸得平復。而菴中賊禿，已逃避無蹤矣。噫！世間本無所謂活佛也。為此説者，大抵僧道借以惑眾耳。試觀此事，不益可憬然悟哉！〔惡僧〕〔奸計〕

2926　原 335/6　廣土 11/86　大 10/96

愚人祭象

象為瑤光之精，產於南方，形體特詭，身倍數牛；或放於荊山之陽，或養於皋澤之中。崑崙奴馭之以戰，龜茲國戲逐於郊，楚王執燧象以奔吳師，宗慤狀獅子以禦群象。象之為用昭昭矣。顧未聞有奉若神明，群焉祀之者。庇能埠有火船名禮甯者，前往嘉剌吉打埠，載大象兩頭而回。聞該象自八墩里地方起載，當未下船之前，中有一頭，馬雚人奉為神物；特備油米牲醴，虔誠祭之，然後載之下船。亦一異俗也。夫象鼻為口役，身以齒焚，不過蠢然一物耳。彼何人斯，乃竟甘心媚之。其愚抑何可笑。或謂今天下龐然自大之輩，每喜人之諂附。百獸之中，以象為巨，故該處有此一祭。其説亦屬無據。噫！人為萬物之靈，曾謂人而不如象乎？〔大而〕〔無當〕

2927　原 335/7　廣土 11/87　大 10/97

喜怒不常

天下事之最吉者，莫如婚嫁。不論何人，無不目為喜慶；從未有見之而反生嗔者。而湖北黃陂鄉俗獨不然。該處凡遇花轎過門，每視為大不吉，或咒以毒口，或飽以老拳，務必羞辱百般而後已。是亦可見喜怒之不常矣。日者，該邑東鄉有李氏子，往婦家親迎而回。道經沈姓小村，有潑婦與惡少年出而唾罵。李氏僕從反唇相稽。少年攜有田器，竟將新郎之轎打碎；繼又信手揮去，誤傷轎夫一名。僕從百餘人，噭噭嘈嘈，岔爭不去。幸是處紳董聞之，出為排解；並于近村借轎，將新郎送回。勸解至再，李氏人役始肯啟行。次日，復經紳董竭力調停，事始寢息。按鄉村惡俗，蠻橫異常。偶見葬事，往往以為不吉，多方為難。然未有如此事之不近人情者。問諸箇中人，未知亦有何說。〔胡鬧〕

2928	原 335/8	廣土 11/88	大 10/98

神獸食豬

九江離城二十五里之蓮花洞太平宮地方，崇山峻嶺，茂林修竹；居民多以採樵、耕種為生。惟山多野豬，常成群結隊，肆嚙菜菽。丁男子婦苦於莫可搜捕，無不惄焉憂之。近日，忽有一異獸，狗頭馬尾，毛色純紅，高僅二尺許，出沒無時。人皆莫識其名。其性好食野豬，每超山越嶺，追捕無遺，野豬為之斂跡。於是舉農圃未易除之大患，一朝得此獸以除之，咸以手加額，交相慰曰：「此天公為民除害，故降此神獸也。」鄉人因其形色，遂呼之曰「紅毛狗」。是狗也，既不為搖尾乞憐之態，復不作狺狺亂吠之聲，而獨能將醜類翦除，捍衛田野，不得謂犬子之必無用也。《詩》曰：「翟翟毚兔，遇犬獲之。」由今以觀犬，豈僅能逐兔已哉！〔以物〕〔利物〕

2929	原 335/9	廣土 11/89 右	大 10/99

被騙輕生

金陵人某甲，屠夫也，設肆於新橋；雖獲利頗豐，而性殊慳吝。去冬某日，踏雪閒行，見一老翁拾得紙包一束，內有質票、錢票數張。翁故作目不識丁狀，倩甲代閱。甲見質票八紙，計本廿五千；印票十紙，計錢十千。隨詭辭告曰：「質票皆布衣，約本七、八串；錢票係五百一張，共錢五千。爾乃異地人，得之殊不便；盍以此貽我。我當以番餅五枚相酬。」翁從之，成交而去。甲持銀往贖，驗係贋鼎，被典夥執送捕署，經人保釋。及持錢票取錢，亦復爾爾。既歸，床頭人復從而揶揄之。甲憤甚，遂欲吞煙自盡，幸即灌救，得不死。本欲騙人，反為人騙。人果可有欺心乎哉！〔貪夫殷鑑〕

2930	原 336/1	廣土 12/89 左	大 10/100

游戲神通

粵東番禺市橋某甲，家號小康。雖無煙霞癖，而雅喜玩弄；見人呼吸，必代奏手。小者如豆，大者如棗，皆令吸者一氣呵成，絕無窒礙。其形為八面，為六角，為三尖，為四隅；圓其上為傘，凹其中為坎。無不晶瑩滑澤，光可以鑑。又能摶煙為丸，輕手插置，吸至半口，挑至針上，復安之斗中，謂之「打煙彈」。牽煙為絲，盡手長引，別燒煙顆，墊絲其上，隨吸隨盡，聲如龍吟，謂之「扯煙蛇」。其尤奇者，為雙魚，為龍頭。色色形形，無不指揮如意。有某富翁見之，歎為得未曾有，願以三百金聘之作餐霞之伴。噫，技亦神矣哉！〔煙霞供養〕

2931	原 336/2	廣土 12/90	大 10/101

公家書房

英國有所謂「公家書房」者，初時本無是名。自漫志得布廠主人某，富極儕輩，嘗蓄此志，欲購群書以備貧而好學者入內取閱；即他處書院缺少書籍者，亦購以贈之。當時已費銀五十萬兩，而未及成功，賫志以歿。其妻席其餘資，得銀一千萬兩。因思夫生前所好，遂欲踵成其志；無如載籍極博，搜輯為難。忽聞英上院議員世爵某君因貧乏資，願將自置有名之書房出售。急以銀一百萬而購之，并建大宅一所，作為公家書房。無論何人，俱可向管理之人取書誦讀，惟不得攜之出外，以防遺失。於是向學之士喜公家書房之成也，既美其夫，復稱其婦；謂天下惟非常之人能成非常之事耳。按中國各書院中，間亦有廣備群書以供士子披覽者；惟公家書房，恐萬不能有矣。誦杜少陵「安得廣廈千萬間，大庇天下寒士盡歡顏」之句，嗚呼，難矣！〔藝林佳話〕

2932	原 336/3	廣土 12/91	大 10/102

劍仙

嘗閱湯芷卿先生筆記，載有劍仙一則，其事可驚可愕，殊駭聽聞。爰錄而存之。據言昔有黃明府謙六攝篆東阿，延紹興錢君主刑名。對房柳姓，陝人，極樸誠；每夜靜，即閉門坐。錢以其木訥，試窺之。見柳背燈面壁，手一篋，語喃喃不可聞。次夕亦然。異之。伺柳出，潛往啟篋，但見白光丈餘，沖屋飛去。駭甚，亟掩篋出。柳歸，大聲呼曰：「孽矣！孽矣！誰開視此者，禍且立至。」錢駭絕自承。柳曰：「予，劍客也。有讐家在此，將甘心焉；不意為君所窺，劍既出匣，必傷數十人而後已。首將在子。」錢伏地求救。謝不能。錢哀求不已，乃曰：「速備巨缸七口，白雄雞六隻來。」於是疊缸為七層，層置一雞，而覆錢於底。四更許，忽霹靂一聲，柳呼曰：「大難已過，可出矣。」起視，則六缸皆碎，雞悉無首。方詣柳謝，已不知何往。〔神出〕〔鬼沒〕

2933	原 336/4	廣土 12/92	大 10/103

瞎子賽會

人至雙目俱瞽，一無所見，幾亦毫無興趣矣。而揚城眾瞎子，偏有一場瞎高興。每於三月三日，群迎三茅真君出巡。屆時，各瞎子至北河下齊集；由會中首事率領至神前，拈瞎香，行瞎禮，排瞎執事。音樂兩班，絲絃畢備，瞎敲瞎擂，瞎彈瞎吹，鏜鏜然，嗚嗚然，各自成調。各瞎成群結隊，瞎拉瞎扯，魚貫隨行；一路瞎喊瞎叫，隨意瞎行。正瞎鬧時，忽雨師稅駕，觀者各鳥獸散。會中各瞎聞此情景，心中瞎想，不如送駕回宮。遂亦瞎擠瞎碰，紛紛瞎跑，至晚始得瞎摸回寺。眾瞎皆散，獨瞎會首數人，復瞎排筵宴，瞎坐、瞎喫、瞎飲。三蕉既罄，不禁瞎歡喜，於是瞎行令，瞎猜拳。因彼此無靚，不免瞎疑惑，瞎吵、瞎嚷、瞎罵，幾至瞎打。直至杯盤狼籍，瞎灌得爛醉如泥，東倒西歪，不問何處，便倒身瞎睡。至是而瞎子會始畢。見者幸弗嗤為瞎說焉。〔暗中〕〔摸索〕

2934	原 336/5	廣土 12/93	大 10/104

佞神可笑

白馬山在蕪湖南門外二十餘里，石磴千層，盤旋而上。中有空洞，可容十餘人，乳泉滴瀝，涼沁心脾，即邑乘所謂「白門洞天」也。洞西百武有一古刹，莓苔滿徑，薜荔緣牆，人跡罕到。每年三月十九日，城鄉士女必逐隊進香，謂其中所供娘娘，極著靈應，求財得財，求子得子。惟既得之後，雖遠在數百里，必親往供奉瓣香，否則神必為祟。故登山越嶺者，每不憚跋涉之勞。本屆天氣晴和，景物明媚，佞佛者尤有舉國若狂之勢。香閨麗質，繡閣名姝，嬝嬝婷婷，輕移蓮步，相與攀躋而上者，或如猱之升木，或如兔之守株；有趫捷者，有逡巡者，苦無人為之援手也。不知佛家以慈悲為心，娘娘有知，其亦憐此苦況否？〔一瓣〕〔心香〕

2935　原 336/6　廣土 12/94　大 10/105

義犬護兒

粵東新寧縣某鄉有陳姓者，豢一黃耳。雖無盧令之美，尚不至狺狺亂吠，為害行人；惟飽食終日，無所用心，好在門前熟睡。陳惡之，欲售諸屠戶。其妻屢阻之，謂彼非人，何妨任其鼾睡於臥榻之側耶？一日，有拐匪過其門。婦方在廚炊爨，其子幼小無知，匍匐門外。拐匪見左右無人，抱之而去。犬突起，追其後，或噬其足，或銜其衣。拐匪手抱小孩，不能驅逐，為犬所困。村人見此情形，不勝詫異，遂攔截盤詰。匪疑為破綻已露，置孩於地，急足奔逃。犬盤旋孩之左右，若甚得意者然。俄而，陳妻追至，犬即上前，搖頭擺尾，導之見孩。婦大喜，向眾致謝，抱孩而歸。知掌珠之復得也，功狗之力居多，自是愛之逾於平日。蓋陳夫婦四十餘歲方得此子，苟非犬，則已落拐匪之手矣。夫犬，畜類也，而能護其幼主若此。彼衣人之衣，食人之食，而反至忘恩負義者，不亦狗之不若乎！〔戀主情深〕

2936　原 336/7　廣土 12/95　大 10/106

白煙難吸

白門某少年酷有阿芙蓉之癖，以致廢時失業，兩手拮据。思效滬上扦子手之行徑，藉發煙以圖一飽；又苦無人過問，而涕淚交流，煙癮時發。不得已，遂往某煙寮開燈試吸，吐霧吞雲，越時許久，方得神清氣爽。結算煙資，約須青蚨三百餘翼。少年不名一錢，覥顏欲請記帳。豈知此煙寮為某氏婦所開。婦年三十餘，兇悍性成，素有胭脂虎之目。青皮無賴，且不敢一攖其怒；而少年以為荏弱可欺，故貿然欲以空言了事也。婦聞之大怒，謂：「老娘倚此營生，何物狂奴，妄想來吸白煙耶？」遂一手握其髮，一手摑其頰，呼其女曰：「小妮子，可將我溺器來。」少年竭力撐持，苦不得脫。俄而，醍醐灌頂，髮膚衣服，備極淋漓。婦意猶未慊，必欲以穢布塞其口；幸得旁人苦勸，令少年叩頭謝罪而後已。夫少年本為煙霞供養而來，又得飽嘗木樨香味而去，可謂占盡便宜矣。然如聞者之觸鼻何？〔穢德彰聞〕

2937　原 336/8　廣土 12/96　大 10/107

一豬二身

一物各有一身，固也。若不一其身者，禽之中有鴟，則一首三身矣；鱗介中有肥遺，則一首二身矣，何羅魚且一首十身矣。而獸族無聞焉。不謂津城繆某家有一豬，形狀怪異，一頭三目，二身八足；通身作黑色，而有白毛相間，鳴聲啾啾，若鬼叫然。一時見者咄咄稱怪，僉曰：「是八戒之變相也，否則婁豬之後身也，抑媚豬之幻形也。」乃目為一豬則不可，分為兩豬又不能，偏有此狼狽之狀。表異于并封之前後有首，跂踼之左右有首，而獨於此豬斬以一首何耶？抑又聞之，長右四耳，從從六足，蠪姪九尾九首。物固有別開生面者，又何異乎一豬？所異者，身既有二矣，而又兼如鴕鳥之三目，螃蟹之八足。不尷不尬，具此奇形，是真令人不可解耳。〔畜生〕〔變相〕

2938　原 336/9　廣土 12/97 右　大 10/108

蛇蠱

粵西婦女多有蠱術，然非深觸其怒，不肯輕易施害也。關某在梧州開煙店，娶該處某氏女為妻。伉儷之間，不能輯睦，小不如意，便拳足交加。女常隱忍不言。一日，告其夫曰：「與君既為結髮，何無香火情，動輒以箠楚從事耶？今與君約，速改厥性；否則，奴發手之後，噬臍莫及矣！」關不信其言，凶悍如故；然從此一舉手，即胸腹作痛。始懼而向詰。女正色告之曰：「奴已放蛇蠱矣！郎如不信，請脫衣驗之。」衣甫解，果隱有蛇現於皮肉之間。求其用藥以解，女不語。關由是不敢作惡。〔咄咄逼人〕

2939　原 337/1　廣革 1/1 左　大 10/109

乩變

乩仙多奇驗，亦有因而獲咎者。近世士大夫多好為之。宛平吳少府需次湖北，出差漢口，遇陸法官，共為扶乩之戲。甫焚符，乩疾書曰：「吾真武也，問何白？」吳曰：「求賜詩詞唱和耳！」乩曰：「吳某何人，乃敢無故召我。飭從者縛去。」吳立時仆地。陸乃復召城隍至，問：「可救否？」答曰：「生魂拏去，但憑師法力耳。」陸亟易服，書符作法。至五更時始蘇，云：「方暈絕時，兩童子以紅繩繫頸，牽之行深谷中，黑暗如獄。忽見紅光，金甲神攝我空際，飛行至寓門擲下；則身臥床上矣。」從此，不敢復以為戲。〔褻瀆神明〕

2940　原 337/2　廣革 1/2　大 10/110

秀女候選

我中國前年有選秀女之舉。一時世家淑媛，閥閱名姝，無不翹首跂足，冀荷寵榮。本報已珥筆恭紀之矣。茲聞三月初一日，皇太后在南海暢和園覆看秀女。是日，八旗滿漢各宦家長，將年已及笄之淑女，均於黎明時乘坐繡幰，停車神武門外。候選者共一百二十餘乘。將車排成雁翅，車門均有木牌，書明第幾號，係某旂、某甲、某佐領某某之女，由內務府起居注司員帶領內侍按號唱名宣召，挨次魚貫而進，預備復看選擇。聞已選得宮女三十六人。其不入選者，仍令各旂章京領出，交其家長領回，俟下次再選。誠盛典也，爰續誌之。〔承恩〕〔希寵〕

2941　原 337/3　廣革 1/3　大 10/111

西婦聚會

中國風氣重男輕女，故有以婦人而用事者，輒譏之曰「牝鷄司晨」，明乎陰陽之不得顛倒也。泰西則不然，其貴女也，尤甚於男；是以閨閣才華，亦層見而迭出。近有所謂女醫士、女狀師、女司舟、女官宰者，不一而足。何西國閨才之盛，竟卓絕一時耶？邇聞英京杞公黨議設咸呂之律，詰駁者已不乏人。不意不惟男子為然，即婦人亦無不然；竟有婦人三千，在埃蘭聚會，論此律之不合，為之力行抗辯。是日議論滔滔，各抒所見，咸有侃侃而談，旁若無人之概。是役也，以三千之眾，俱屬巾幗中人；轉覺鬚眉之氣不敵脂粉，亦可為裙釵中吐氣矣。是烏得以內言不出者比哉！〔羣雌粥粥〕

2942	原 337/4	廣革 1/4	大 10/112

龍王出巡

登萊濱海每屆春秋佳日，向有龍王出巡之舉；歷年來相沿成例，久而弗更。予聞其說而未之信。近日有東魯生家居海濱，備詳其事。言當出巡之際，先期有夜叉持牌游行水面，牌上隱約有字，模糊莫辨，殆亦肅靜迴避之意。各漁舟見之，相戒莫敢舉網。至期，蝦兵、蟹將逐隊而來，龜子、鼈孫銜尾而逝。繼之以鼉將軍、蚌元帥。雜以鼉鳴鯨吼聲，波濤洶湧聲。怪狀奇形，數以千計。又有夜叉持旂旙數百事，排列徐行。隨後白霧一團，隱隱有鼓樂聲。道旁觀者且譁然曰：「龍王至矣！龍王至矣！」於是具香案，設牲醴，禮拜龍王，虔誠備至。過後，網罟競下，得魚倍常。凡老於江湖者，常見之談之，娓娓不倦。是亦足以新人耳目也，故錄之。〔瀛海奇觀〕

2943	原 337/5	廣革 1/5	大 10/113

拳師受窘

客有談軼事者，言昔有南陽楊彪，多力，精拳勇；遇糧艘擱淺，能肩負以行。鳳陽衛旗丁公延之，為通幫保衛空運。既歸次，楊即登陸，於縣學場演技，拳法、槍法無不精妙。授徒百人，皆少年無賴，恃楊橫行。一日，在場戲演刀械，出所用鐵鎚重五十斤，運之如運彈丸；復演拳勇，著處輒碎。觀者且數千人，無不叫絕。有白髮叟身不滿三尺，傴僂而前，痰嗽咯咯，略一睨視，似不許可。楊怒曰：「爾薄吾技，請當場一角勝負，打死勿悔。」叟邀眾署券訖，曰：「我今自縛於樹，飽君老拳，何如？」乃解衣坦腹，令人縛之於樹。楊於數十步外取勢，向腹奮擊。拳入腹，不能出；乃跪而乞哀焉。叟曰：「技止此乎！」鼓腹縱之，顛出三丈許。叟徐欠伸，縛寸寸斷。從容著衣，入小巷去。楊大慚，自是避居山中，不敢復出。〔強人自有強人手〕

2944	原 337/6	廣革 1/6	大 10/114

爭娶笑談

順德地產蠶桑，民人富庶；其風俗競尚絃歌，更唱迭和。所製曲本，有所謂南音者，有所謂大棚者，各饒雅趣，頗足悅耳怡情。習俗所趨，即繡閣嬌娃，亦三五成群，拂絃搦管，巧囀鶯喉。茲聞邑內有某姓女，家雖貧窶，而狃於積習，時呼群引類，顧曲徵歌。其父母已受鄰村某甲之聘，星霜三易，未詠桃夭。有某乙為同道中人，因度曲樓頭，與女認識；女遂潛為許字。繼而同業某丙，亦因善謳，與女相識；女又託以終身。迨至于歸有期，乙、丙聞之，亦各雇彩輿，往為迎娶。屆期，三家親迎儀仗不期而至。鄰里詫異，儐相爭執，集祠理處。族長以婚姻大事，須以父母之命、媒妁之言為重；遂以女歸甲。乙、丙掃興而返。聞者皆傳為笑談云。〔左右做人難〕

2945	原 337/7	廣革 1/7	大 10/115

捕亡奇術

武進所轄東安鎮有某紳，設一典肆。一夜，群盜數十人持械至，劫掠一空，并傷二夥。縣令嚴比諸捕，莫得主名。有薦西鄉某茂才善捕亡術，紳延至，閉之後圃。茂才曰：「當召盜魁生魂至，親鞫之。」人定後，茂才披髮仗劍，禹步作法。設一香案，以斗米炷燈，案下列空罈，書符誦咒。約一更許，令人伏罈口聽之，寂不聞聲。又焚符促之，漸聞罈中有聲，細纔如蜂。復大聲叱曰：「從實速供。」罈中泣曰：「緩我縛，我當實說。」遂云身本東安鎮縫工姓李。有弟向入白龍山匪黨，昨歸，述及貧苦；起意糾諸匪為盜，分得番銀一百四十餘餅，現以半埋灶下。其黨某某往某地方。一一供吐明白。天已大曙，茂才欲封其魂罈中，待晚再鞫；紳謝之，遂釋去。告官緝之，果悉符合。問李是夕作何狀，曰：「夢多人縛往陰司，欲置油鐺肉磨，乃一一認供；不意其為夢也。」〔勾魂攝魄〕

2946	原 337/8	廣革 1/8	大 10/116

養而不癢

杭州豐樂橋悅來閣茶肆開設以來，生涯頗不寂寞。騷人墨客品茗清談，相與驅睡魔，沁詩脾，致足樂也。某日，有入座啜茗之某甲，年逾不惑，口操北音，小憩之餘，繼以薙髮。該薙髮匠見甲鬚甚短，因問：「鬚養否？」蓋杭諺謂留鬚為養鬚也。甲誤疑為「癢」字，直告之曰：「不癢。」於是薙髮者奏刀削去，不留一絲，四座為之鬨堂。甲亦無可為計，因謂薙髮匠曰：「余向來薙髮，只給青蚨五十文，而今倍之。凡來此飲茶者，須罰爾送麵一碗。」薙髮匠認過不遑，一一應允。有嘲甲者曰：「子生平不拔一毛。今何削去齊根，類牛山之濯濯乎？」則應之曰：「近世有好改本來面目者，往往以返老還少為美事。該整容匠殆嫌鬑鬑之不雅觀耳。不然，是不止挫我一毫也，吾何能忍哉！」聞者為之一笑。〔以誤傳訛〕

2947	原 337/9	廣革 1/9 右	大 10/117

蟾蜍可殺

順德縣某鄉自入春以來，畦間早韭，隴畔新秧，越宿輒被嚙耗。老農、老圃或疑蛇蝎所為，或謂野豬肆噬；同心協力，防備綦嚴。有某甲於夜深人靜時，潛為窺伺，則見蟾蜍一頭，其大如箕，渾身黑色，在田隴間蹂躪蔬稻。乃知是物之為患也。翌日，具沸湯而俟之。未幾，蟾蜍至。甲急起直追，取湯澆灌。蟾蜍始猶忍痛撐持，卒以螳臂不能當車，頃刻傷重而斃。鄉人互相傳觀，咸以手加額曰：「畎畝間又除一大害矣！」然則具此龐然之體者，亦徒覺大而無當耳。嗚呼！大而無當者，獨蟾蜍也乎哉？〔形同蝦蟆〕

2948	原 338/1	廣革 2/9 左	大 10/118

幼孩識字

昔白居易生甫七月，便識「之無」，千古傳為美談。不謂靈秀所鍾，至今猶有繼起者。湖北襄陽地方有張世香者，身列膠庠，薄有資產。年四十，始獲一子，愛若掌珍。初兒之生也，其母夢一鬚眉丈夫，風神秀徹，自稱謝安。俄而兒生，晬盤試後，穎慧異常，人皆目為英物。一日，乳母抱至中堂，見壁間懸一聯，兒隨口朗誦，若熟讀然。其父聞而異之，即指旁列條幅問之，亦能一一對答。其父大喜曰：「此吾家千里駒也。他年蜚英騰茂，安知李賀〈高軒過〉不復見於今日哉？」〔謝安後身〕

2949	原 338/2	廣革 2/10	大 10/119

景仰先賢

宋周濂溪先生，世為道州營道人；營道縣出郭三十里有村落，曰濂溪，周氏家焉。先生晚年卜居廬阜，築室臨流，猶寓濂溪之名，故學者稱曰濂溪先生。所著《太極》、《通書》，奧義微言，皆足輔翼經傳。當時與河南二程、橫渠張子、紫陽朱子，同以道學鳴於時。呂東萊先生讀其書，歎其廣大閎博，若無津涯，蓋先生之嘉惠後學也多矣。歿後，從祀聖廟，俎豆千秋，永垂不朽。其墓在九江東南鄉譚家畈地方。世變時遷，易動滄桑之感。咸豐年間，彭剛直公過其墓，憫其荒圮，捐廉重修，令地方官歲時致祭。於是蔓草荒烟之地，忽有崇碑峻宇之觀。勝蹟留遺，遂冠一郡。每當春秋佳日，騷人雅士結伴來游，或牲醴輸誠，臨風展拜；或詩詞寄興，握管沉吟。無不慕道範而傾心，緬高風而增慨矣！〔流風未泯〕

2950	原 338/3	廣革 2/11	大 10/120

五雷勝景

甬東史子雲酷信青烏術，年前為葬故父，延請地師數人覓牛眠吉壤，不得。新歲，諸地師復集於史處，乃邀往五雷等山窮搜冥索，至二十三日回甬。查五雷地界奉化，萬峰叢雜，該山尤高峻孤聳。史於十二日進山，寓五雷寺。至十四日晨，重霧迷漫，咫尺莫辨。僧曰：「今日必雨。」已而果然。十五日黎明，登閣四望，煙靄四塞，如舟行大海，渺乎無涯。倏焉微風東來，雲氣舒捲，忽而一峰乍見，忽而絕壁半開，忽而千巒中斷，忽而萬壑合冥。既而陽烏漏光，雲氣收縮，有團團如輪者，飄飄如絲者，綿綿如雪者，漫漫如絮者，皆橫塞嶂麓間。轉瞬之際，翳障盡淨，紅日一輪，普照大地而已。聆其言，足當臥游。姑誌之，以質謝靈運一流人。〔天然〕〔圖畫〕

2951	原 338/4	廣革 2/12	大 10/121

大賽龜燈

嘗見聖廟前有一物，狀如龜，背上馱一石碑，此名贔屭；係大龜蟕蠵之屬，好負重，或名蚼蝂。今之所立，象其形也。世人不知，漫焉目之為龜，殆亦以其形似歟？邇來天下承平，賽燈之風，盛行宇內，鉤心鬥角，層出不窮；然如獅、龍等類，已成印板文字，故皆置之不錄。鳩江西南鄉有某甲等匠心獨運，別製烏龜馱碑燈大小數十具，新穎異常。碑上大書特書，曰：「天下第一享福之人」。見者皆鼓掌大笑，歎為得未曾有。當游行時，大的小的，闊的狹的，肥的瘦的，變態萬端，紛紛不一。有搖頭擺尾，如空心大老官高視闊步狀；有曳尾縮頭，如懦弱庸夫不堪提挈狀；有藏頭露尾，忽前忽卻，如近時假冒棍徒遮遮掩掩狀。噫！是何烏龜之多也。彼老元緒見之，得毋觸目驚心否？〔嬉笑怒罵〕

2952	原 338/5	廣革 2/13	大 10/122

製衣禦彈

彈丸脱手，著物必穿，此軍中利器也。邇來槍炮盛行，鉛彈之用尤廣。每見西人出獵，偶一不慎，彈子橫飛，往往肇禍，心竊傷之。蓋彈能破堅而入，苦無抵禦之法也久矣。乃澳京竟有縫工阿都，獨出心裁，創成禦彈之物。其物製如衣服，可黏於戎衣之上，重不過數磅；取槍轟之，彈丸迸出，著物即散。有人不信，試以木偶身穿戎服，外加此物，離二百蔑打或四百蔑打遙以槍中之彈擊之，丸不能入。按一蔑打約英里三尺三，二百蔑打已不為近。若四百蔑打，遠更倍之矣。説者謂槍彈擊物，無堅不破。今以此物禦之，竟不能穿孔而過，是何堅利乃爾？如以之製造別物，雖處槍林炮雨中，當亦無難捍衛，豈止能禦彈丸而已哉！果爾，則軍營中又添一利器。何幸如之。〔牢不可破〕

2953	原 338/6	廣革 2/14	大 10/123

更生有慶

紹興餘姚東鄉某氏嫗，年近古稀，兒孫繞膝；衹以龍鍾老態，纏綿床蓐，習以為常。一夕，朦朧而睡，忽昏迷不醒，越宿依然。家人疑其已歸泉府，撫視其體，則猶溫暖，不忍遽行收殮，任其酣臥榻上。如是者十餘日，寂無動靜；惟心頭尚有熱氣，故亦不以為怪。一日，手足忽動，欠伸而起。家人見之，恐為屍變，大驚失色。俄見嫗信步狂奔，徑出門外，疾行若飛。家人各持器械急起直追，無如嫗趫捷異常，終莫能及。直至古廟，嫗急投佛座香案下，蜷伏不出。迨眾至，勢欲舉棍毆擊。嫗搖手止之曰：「休擊！休擊！我實再生，無他變異。」家人近前視之，果見神清氣爽，一如平時，而宿疾亦已霍然而愈矣。乃扶回家中，盡心調養。自是，嫗忽有神術，問卜求醫，輒獲靈驗。聞者麕集，咸莫測其故云。〔不及〕〔黃泉〕

2954	原 338/7	廣革 2/15	大 10/124

拐妻謀命

日前，滬北八仙橋巡防局據原告阮徐氏，以其子阮阿狗於三月十八晚被捕夥吳妙林喚出，一去不回，生死莫測，控請訊究。當由局員將案移送縣署。黃愛棠大令以情節離奇，明查暗訪，略有端倪；提齊人証，隔別研訊，懾以刑威。始悉阮阿狗已被吳等謀斃，埋屍滅跡。詣驗屬實，乃提屍妻阮張氏及各兇等，詳細推鞫。將如何糾黨，如何謀斃，如何掩埋情形，一一供認。初吳妙林與阮張氏母家為鄰，當阮張氏未嫁時，被吳勾引成姦。及去年五月廿五日，張氏出嫁後，吳以舊歡難續，百計圖謀。至今年正月杪，哄令張氏逃逸，禁諸新悦來小客棧一月有餘。阮阿狗疑妻被吳藏匿，屢向索人。吳患之，謀諸同黨吳桂華、曹德標、馬阿二、莊金堂、獨眼阿六等，於三月十八晚同至阮家，誘令阿狗出外。阿狗不疑有他，從之行。至僻靜處，由桂華將阿狗擊倒，諸人拳毆腳踢之下，竟取褲帶套頸勒斃；而埋其屍於吳妙林祖墳之旁。方動手時，忽聞人聲，妙林即往坟頂望風。事畢，諸人索酬，吳乃將屍妻張氏售入花煙館為娼，得身價洋三十五元；每人各酬洋五元而散。以為鬼不知，人不曉矣！乃曾未數旬，事已敗露。王法具在，想不能為若輩恕也。人顧

可以忍心害理乎哉？〔殺無赦〕

2955	原 338/8	廣革 2/16	大 10/125

假冒新郎

荊州沙市劉家埸有王姓子者，好作狹邪游。其母屢戒不悛，急為納婦；以為既得家鷄，當不復逐野鶩矣。詎狼子野心依然未改，合巹未滿三朝，仍思洞入迷香，銷魂真箇。事為其友劉某所知，向王借得領褂一襲，即於是夜人靜後，以扇掩面，潛入洞房。伴娘不及細察，起身迎迓，遞奉茶煙。劉故不出聲，搖手止之，揮之使出。隨閉門滅燭，偎香倚玉，好夢同圓。次晨，伴娘窺出破綻，大呼有賊。王母聞聲趨視，赫然震怒，上前直批其頰。正呼眾綑縛時，王亦自外歸，遂將劉送請江陵縣究辦。新娘羞憤交集，屢尋短見，勸解不聽，卒吞阿芙蓉膏而斃。嘗讀「攜椅倚桐同玩月，點燈登閣各攻書」之句，竊歎才子佳人，以一時游戲，致啟強徒污辱之端，釀成千古冤案，恨不得執其人而唾罵之。乃千載而下，又有劉某之刁姦淫險，污人清白。其罪真不容於死矣！然如王之迷戀煙花，狎暱匪類，以致禍及閨闈。嗚呼，亦可以鑒矣！〔刁姦可惡〕

2956	原 338/9	廣革 2/17 右	大 10/126

嗜痂成癖

昔劉邕有嗜痂之癖，人皆譏之，為其不近人情也。孰意千百年後，竟有同此性情者，亦可見天下事，無獨有偶矣。甯波河南有胡聘三者，生性偏僻，自幼喜食牆上石灰及瘡上褪落之痂。因思此味若欲常食，非精理外症不能遂。長而習之，略識方書，貿然懸牌施治。聞者不察，拖膿帶血而往者，不乏其人。及至結痂，胡輒涎垂吻外，惟恐或失，有脫痂者甘之如飴。迄今年逾不惑，而酷嗜依然，人亦無不知其有此癖者。噫！嘗糞舐痔，今天下不乏諂佞之徒。彼胡固外科醫生也，亦情之常耳，又何誅焉？〔卑鄙齷齪〕

2957	原 339/1	廣革 3/17 左	大 10/127

女見歡

女見歡者，草名也，產自西洋。長尺餘，無枝葉，狀如王瓜，性柔軟，任人團屈不斷。或有蕩婦戲作淫具，即勃然而興；不數日，長與人等。長定即花，花止一朵，千瓣重臺，形如罌粟，而嬌艷過之；有紅、黃、紫、白各種。若不經婦人，雖日久不長，此名之所由來也。按中國有合歡樹、忘憂草、連理枝，而獨無是名。倘得將種移栽，異卉奇葩，亦足為園林生色。而惜乎其不克多見也。〔異卉〕

2958	原 339/2	廣革 3/18	大 10/128

力士賽行

西人享閣素以健步聞，行走若飛，人莫能及。年三十有七，遍游各國，每與人角，莫之與京。蓋既逞捷足以先登，無不得錦標而歸去；故足跡所至，咸耳其名。三月二十八日，曾在香港黃泥涌與人賽行。以四英里之程為度，每行半里，即用一力士與之並駕齊驅，以決勝負。當時由軍兵中擇定八人，互相角逐。港督羅制軍亦寓目焉。日者，該西人由港至滬，聞其名者，群相企慕。因擇西人之善走者八人，與之賭賽。度地於泥城外某姓園中，畫成一圈。議定享閣獨走四英里之遙，而以八人者各走半里，迭為徵逐，一如在香港時。則見追風逐電，趫捷異常。費長房縮地之術不是過也。謂非於賽船、賽馬之外，別開生面乎？按享閣，美國人。港報或稱慳閣，諒譯音之微有不同耳。〔亦步〕〔亦趨〕

2959	原 339/3	廣革 3/19	大 10/129

恭迎孝子

有地名小池口者，界乎江西德化、湖北黃梅二縣之間，孝子廖梅卿名賢槐者居焉。梅卿年逾而立，兄弟四人，居季。性至孝而好佛，鰥居不娶；晨昏定省外，日惟誦經禮懺而已。辛卯初春，因叔病，割左股救之。秋間，母病，割右股以奉，當獲小愈。及冬，母恙復發，勢甚危，遂割肝以進。母食之，病若失。於是立誓閉關，刺指血書《華嚴經》八十一卷，求延母壽。迄今三閱寒暑，經既成，擇於四月初三日出關。是日也，該處紳耆整肅衣冠，恪恭迎迓；更有比邱僧、比邱尼、優婆塞、優婆夷等，均披袈裟，沿途護血經而行。笙簫鼓吹，藹藹雍雍。約計僧俗共百數十人，由九江城內迤邐出西門，過大江，迎孝子至家，以風薄俗而示表揚。然揆諸孝子之心，竊恐有未安者矣！〔人無閒言〕

2960	原 339/4	廣革 3/20	大 10/130

銀鑄美女

美國芝加高省本年開賽四百年大會，創亘古所未有，成天下之奇觀。所賽之物，光怪陸離，無奇不備，而其最生色者，莫如賽美女一事。近聞日本選得佳人五十口，嬝娜娉婷，往與斯會。其他各國凡有殊色者，亦無不爭妍鬥媚，冀博傾城傾國之名，以為裙釵生色。而美國於此尤為加意，聞已選得一絕世姿容，而尤擅清歌妙舞者，使文天拿省之鑄銀廠，摹繪其貌，用銀鑄一全像，站在展翅之巨鷹上。鷹則立於銀毬，高約七尺。工竣後，置於會中亭頂，光彩煥發，奕奕如生，不啻天上姮娥甫離月窟，欲降塵寰。計費銀至七萬圓之多，可想見鉤心鬥角，製作精工；而古時絲繡平原，金鑄范蠡，轉覺無此精妙也。有登徒子之癖者，盍往觀乎？〔惟妙〕〔惟肖〕

2961	原 339/5	廣革 3/21	大 10/131

白雉獻瑞

《韓詩外傳》：「成王時，越裳氏重譯而來，獻白雉於周公。」《後漢書》：「明帝永平十年，白雉所在出焉。」班孟堅作〈白雉詩〉以頌漢德，比擬周成，指為大瑞。自是而後無聞焉。今者聖人在上，白雉復應時而出，以為天下文明之兆。然則前之鳳凰來儀，猶未足盡其瑞應也。湖北羅田縣境之天堂山，綿亘河南之商城、安徽之英山、霍山、潛山，橫繞數百里，為淮北險要之巨鎮。山中靈禽怪獸，異草奇花，不一而足。今春二月間，有入山採藥者見一大白鳥，形狀如雉，尾長數尺，光彩皓潔，高飛入雲，望之如匹練，照耀奪目；後有數百彩雉從之，五色備舉。採藥者炫然驚異，並拾落翎一枝，歸示鄉人，詫為奇遇。聞者咸額手慶之。〔文明〕〔有象〕

2962	原 339/6	廣革 3/22	大 10/132

菌具人形

鄂垣小東門外李家灣地方有古樹一株，老幹縱橫，干霄蔭畝，數百年物也。日者，有鄉人攜斧斤往伐，聲丁丁然，將析以為薪。忽見樹杈中並生大菌三頭，高尺餘，悉具人形，耳、目、口、鼻犁然畢備。鄉人始而驚，繼而疑，終復凝神審視；則其一已為斧斫破，惟二菌尚完好如故。遂攜歸，出以示人。聞者麕集，咸嘖嘖稱奇。有某少年見之，以為新奇可喜，出青蚨二千翼購之以去。按《爾雅・釋草》「中馗菌」疏：「此菌大小異名也，大者名中馗，小者名菌。」《博物志》：「菌食之有味，而常毒殺人。」今此菌乃獨具人狀，居然別有面目。是誠前古所未聞者矣。惟恐積年既久，蘊毒滋多，養生者幸勿輕以嘗試也。〔無斧鑿痕〕

2963	原 339/7	廣革 3/23	大 10/133

狗獾困人

甯波南田自設官分弁以來，無業流民，各占山田，認糧管業。由是愈墾愈廣，固已易荒原而為沃野矣。乃番茄渡迤南一帶，近日以來，忽有狗獾成群結隊，夜出肆擾；以致豆麥、菜蔬，非嚙噬無遺，即蹂躪殆遍。有台州人孫、吳二姓者患之，恃其火槍百發百中，相約登樹伺之。更魚初躍，果見狗獾數頭，咆哮而來，縱橫阡陌間。孫即燃槍擊之。獾大叫數聲，眾獾聞而畢集，愈擊愈眾，藥盡而圍不解。眾獾見樹上有人，不能效猱之升，乃將樹根之土，以嘴掘之，冀使樹倒人墜，亦狡矣哉！幸根柢深固，樹不動搖，不至為獾所困。黎明，眾獾始散，二人乃下樹，有二獾斃焉。於是各負其一而歸，宰之烹之，未始非壓驚之一物也。〔何其〕〔猖獗〕

2964	原 339/8	廣革 3/24	大 10/134

桐生異狀

湖南寶慶府邵陽縣東鄉距桃花坪四十餘里有桐樹焉，閏餘增葉，春季始華，數年來習以為常，毫無所異。本年正月初，勾萌未達之時，樹忽生意欣欣；一夕之間，蔥籠茂密，所發枝葉，均作刀槍、劍戟狀；不須製造，而規制宛然。於是見者咸疑為刀兵之兆，攀折紛紛。有曲為摩挲者，有用以起舞者，有手攜而歸者，有仰首而視者。彼來此往，不乏其人。該處父老見之，恐其類牛山之濯濯也，亟止之。僉謂同治四年間，此樹婆娑，亦復如是。是歲井閭安謐，年穀順成，至今二十餘年，更無他異。諺云：「見怪不怪，其怪自敗。」意者其此之謂乎？然過其地者，已如入刀山劍樹中，而皆目之為木妖云。〔木妖〕

2965	原 339/9	廣革 3/25 右	大 10/135

孝女化男

建平楊翁務農為業，夫婦二人，年近花甲；膝下止一女，年十七，性至孝，事父母先意承志。父病將不起，女刲臂肉三寸許，煎湯服之，良已。父顧女歎曰：「汝誠孝，可惜終是女身。吾鬼其餒矣，奈何？」女聞之，日夜露禱，願賜一子為父母嗣續計。是夜，夢一白髮媼，以袙裹蔗四寸、橘二枚，納女衾中。既醒，覺私處墳起，大驚，急白母。母隔褲探之，則一偉男子也。欣喜過望，遍告鄰里，為之易衣冠，作男兒裝束。後為娶婦，生二子。人皆謂為孝感所致，然聞者已駭然矣！〔挽回〕〔造化〕

2966	原 340/1	廣革 4/25 左	大 10/136

鬥草風清

鬥百草之戲，本為春閨韻事，今人或於天中節行之。姑蘇城內某大家有一女公子，絕世清才，別饒雅興。是日，約同姊妹花三五枝，遍覓異卉奇葩，陳列于庭，互爭勝負，衣香鬢影，掩映於花光草色間。或詡迎涼，或誇醒醉，或名標吉利，或美著合歡，或擅救窮之奇，或具獨搖之態，或如鄭康成之裁書帶，或如謝惠連之呼仙人。十色五光，令人目眩。蓋不止《石頭記》所云觀音柳、羅漢松、美人蕉、夫妻蕙已也。惟題紅品綠，誰奪錦標，請還問之箇中人。〔香閨〕〔韻事〕

2967	原 340/2	廣革 4/26	大 10/137

力大於獅

鄂垣督署東西轅外各有石獅一對，蹲立左右，每箇約重七百餘斤，以崇體制而壯觀瞻。由來蓋已久矣。某日，來一少年，雙舒玉手，將石獅抱起，去地約五、六寸；接連三抱，面不改色，口不喘氣。既而故意置石去原處約略半寸許，語眾曰：「余力已竭，請公等代還故處。」語畢，大踏步而去。旋有好事者八九人，上前推挽，則毫釐莫能移動；增至十四人，始獲推回。於是群服該少年之勇。昔孟賁、烏獲能舉周鼎，項羽亦能舉周鼎，皆千鈞之重，視之若甚輕者然。今觀該少年，亦何多讓哉！苟充其神勇，戮力疆場，何患不建成偉績。《詩》曰：「赳赳武夫，公侯干城。」可為少年詠矣！〔舉重若輕〕

2968	原 340/3	廣革 4/27	大 10/138

鍾馗捉鬼

鍾馗捉鬼，吳道子曾畫是圖。原不必實有其事，況名蹟留遺，已不可得乎。不謂湖南湘鄉縣某姓家，竟有見諸實事者。緣某姓承累世簪纓之後，家雖中落，而高堂大廈闃無人居，至為鬼魅所陰據者，所在多有。本屆五月五日，主人忽於畫軸中得一「鍾馗捉鬼圖」，見係吳道子署名，亦不知其真贗，應時懸挂，聊寓隨俗浮沉之意。詎是夜更魚三躍後，忽聞毆撲聲甚厲。家人驚起，穴隙窺之，果有如唐明皇所夢之藍袍鬼，狀貌猙獰，與群鬼互搏，有被啖者，有遭擊者。惟見鬼形鬼狀，鬼頭鬼腦，慌慌張張，遮遮掩掩；而鍾馗則張牙舞爪，愈擊愈厲，喧鬧異常，直至天明始止。自是魑魅魍魎，不復現形。主人聞其事，知係真筆，益寶藏之。蓋古人運筆精靈，往往如此。正不僅張僧繇畫龍點睛而破壁飛去，其事為不誣也。〔視死〕〔如生〕

2969	原 340/4	廣革 4/28	大 10/139

花叢蟊賊

浙人某甲，宦裔也，僑寓金陵；日以游蕩為事，家資盡耗，窘迫無聊。偵知信府河某妓廣積纏頭，遂往訂交，綢繆倍至。甲復不惜小費，龜奴、鴇子交口稱揚。妓益引為知己，將所有私蓄，一一告明；甲私識其處而不言也。一日，有少婦乘輿而來，大呼甲名；時甲在房，故作驚惶狀，謂余妻尋至，宜速避，怱怱由後戶逸。少婦索甲益力。妓曰：「娘子如不信，請自搜檢。」婦舉手向外一招，曰：「渠既讓我搜，汝等可來助一臂。」於是壯男六、七人，蜂擁而進，翻箱倒篋，搜括一空。婦曰：「我夫前取六百金，盡用於此。夫既攜來，我復攜去，有何不可。」妓欲奪之，苦力不能敵；亟呼龜鴇相助，終無一應。婦乘眾人攫物去後，口稱腹痛胎動，倒床而睡，暗將枕下金練一條、馬表一枚懷之；乃由二健婦自外入，掖少婦起，勸之使去。聞所失約五百餘金。蓋甲特施此計，先將龜鴇遣去，然後下此毒手。計亦狡矣哉！〔大盜不操弧矛〕

2970	原 340/5	廣革 4/29	大 10/140

惡犬成妖

漢陽胡某家資鉅富，平居自奉甚豐，臘肉風魚，懸諸房簷下者，不一而足。每夜必失去一、二，疑為家人所竊，嘖有煩言。家人輩含冤莫白，遂於夜間輪值起伺。至三更許，見灶下犬以首頂桌，人立徐行至房簷下；又頂一椅加桌上，乃一躍而登。嚙繩斷，肉墮地，犬下仍頂桌椅歸原處，銜肉大嚼。蓋其竊食之所以無形跡者，犬實能預為彌縫也。至此，家人以其情告主人，主人怒，立命擊殺之。詎犬似已先知，狂吠直撲。家人執械環撻之，犬始哀號數聲而斃。於是惡之嫉之者，紛紛議論。謂是犬也，當恩養之時，吠影吠聲，雄踞門內，不知者猶謂其心知報主也；而孰知搖尾乞憐之暇，即效監守自盜之為，宜令人防不勝防矣。嗚呼！犬之惡，人猶得而除之，彼似犬非犬，而其惡更甚於此犬者，人將如之何哉？〔狡焉〕〔思逞〕

2971	原 340/6	廣革 4/30	大 10/141

牛生六足

從從六足，見於《山海經》，而他無聞焉。乃甯波奉化虎嘯黃地方某姓家，有牝牛生一小犢，居然亦有六足，其前後四足與常犢無異，惟腰下復有二足，並行不悖，位置天然，初無狼狽之患。老牛乳哺之，頗極舐愛。於是聞而往觀者，踵趾相接，僉謂：「傂，牛形也，而三足；夔，牛類也，而一足。彼欲求四足且不可得，況六足乎？惟羽族中鵸有六足，鵸鵂【鵂】有六足，鱗介中肥鱧六足，冉遺魚六足，儵魚六足，珠鱉魚六足，鮯鮯魚六足。雖物之以六足見者，不一其類；要皆各肖其形，非毛族比也。今此犢何為，竟不惟母之是類，而轉類從從乎？」君子見其牛而不牛，竊歎今天下種類之雜，於人猶然，何異乎物？然則此犢也，謂之牛可也，即不謂之牛亦可也。〔不良于行〕

2972	原 340/7	廣革 4/31	大 10/142

一害三命

去九江三十里之段窯地方，某日有一婦襁負其子，並荷青蚨數貫，踽踽獨行。適遇手車五輛迤邐而來，見婦纖步難行，假意殷勤，請將錢安放車中，代為分勞，俾婦同行。婦信之，舉錢相付，緊隨不捨。不意若輩愈行愈疾，遂如風馬牛之不相及。始知墮計。正在倉皇失措時，見一老翁垂釣河干，因縷述前情，求寄子於其側。翁許諾，婦乃搶步跟追。去後，翁稍不經意，呱呱者忽墮河中，既驚且恐；自思婦返，無辭以對，不如以老命殉之，遂投水，與波臣共逝。未幾，婦因追趕不及，悻悻而回，第見一釣竿，而翁與子均失所在。婦至是人財兩空，悔恨交集，旋亦翻身入水。頃刻間，三命畢矣，彼車夫之肉，其足食乎？天道有知，恐終不能逃法網也。〔車夫〕〔可殺〕

2973	原 340/8	廣革 4/32	大 10/143

衣冠掃地

「枇杷黃，娘姨忙。小姐慌，嫖客藏。」此滬上端午節之謠也。然有時空心大老官與娘姨大姐狹路相逢，欲藏而無可藏者，如某少年一事可鑒已。某少年者，粵產也。平日衣裳楚楚，裙屐翩翩；口含雪茄之煙，眼戴西國之鏡；或乘鋼絲馬車，或挾著名妓女。前曾有人呼之曰「象牙肥皂」，蓋深知金玉其外，敗絮其中也。首夏之杪，搖頭擺尾，猶自徜徉街衢。及至午節已臨，頓爾銷聲匿跡，豈知不行於熱鬧之地，猶行於僻靜之區。一日，于英法交界之馬路旁，被妓傭所見，謂之曰：「踏破鐵鞋無覓處，得來全不費工夫。少爺乃在此閒游耶？小姐思之渴矣。請速去，毋緩。」少年始猶大言恐嚇，繼見妓傭聲色俱厲，知難脫身，遂屈膝求恕。妓傭既憐其窘，且畏其勢，竟釋之去。嗚呼，世之外強中乾而好作狹邪游者，豈少也哉？如某少年之不惜父母遺體，為龜傭屈辱，又何誅焉！〔前倨後恭〕

2974	原 340/9	廣革 4/33 右	大 10/144

泥貓肇釁

杭垣艮山門外娘娘廟，每逢春香時節，附近居民向製泥貓出售，俾進香者攜歸家中，以備黃口兒童嬉戲。金潤橋某甲子，年僅三齡，愛如拱璧，雇傭婦終日保抱，手持泥貓玩弄。不隄防脫落地上，碎如虀粉。孩疾呼。適孩面上略有指爪痕。甲指謂曰：「此痕何來？」敲枱拍凳，大肆咆哮。婦置若罔聞。及晚，忽失所在，偵騎四出，蹤跡杳然。而婦之藁砧已來向甲索婦，聲勢洶洶。甲計無所出，急覓中保，託故不至。不得已，酬以番餅十枚，始寢其事。用人者，可不慎哉！〔為小失大〕

2975	原 341/1	廣革 5/33 左	大 10/145

猴稱草聖

蕪湖西南鄉尹姓家畜一猴，性甚馴，善伺人意。主人甚愛之。日飼牛肉十餘文，如西人之豢犬然。一日，主人修書畢，忘將中書君藏好，被猴竊去；以其前足作學書狀，日復一日，習以為常。有時伸紙塗鴉，墨跡淋漓，屈曲莫辨。主人見之，啞然而笑。以其有類於草書也，戲呼之曰「草聖」。有某甲者聞之，信以為真，攜尺幅往求焉。主人笑諾之，於是此猴握管揚揚，旁若無人，真有自居草聖之概。然而張旭有知，能無慟哭？〔畜生〕〔無禮〕

2976	原 341/2	廣革 5/34	大 10/146

文塔騰光

廣東鶴山縣坡山海口有文塔焉，七層高聳，雄踞一方。堪輿家謂為一邑文風所關，蓋時有清秀之氣流露其間也。每當春秋佳日，青衫文士，白袷名流，聯袂偕游，拾級而上，臨風撫景，莫不有登峰造極之思。誦「欲窮千里目，更上一層樓」之句，恍惚於此塔見之矣。猶清和月某夜，忽有光芒一道，從塔頂斜出，望之如白練然；頃刻上沖霄漢，良久始滅。近處居人見之，目炫神搖，群相猜測。或曰：「是殆所謂雲無心以出岫耶？」有老名宿曰：「非也，方今文運昌明，人文蔚起，國家宏開恩榜，以俾多士觀光。然則此塔之瑞靄宣流，光華發現，度必有偉業文人高掇巍科，身應其兆者。謂予不信，請拭目俟之。」〔氣沖牛斗〕

2977	原 341/3	廣革 5/35	大 10/147

犬乳棄嬰

天津府屬青州南鄉有王姓兄弟二人，饒於財，一室怡怡，好行善事。兄某無嗣，視猶子毓秀如己出，將為異日兼祧計。去年某納一簉室，旋即有妊，預訂近鄰穩婆吳嫗，優禮以待。不料毓秀恐分其產，厚賄吳嫗；俟妾分娩，無論雌雄，均置之死。及妾產下男也，墜地無聲。方嘆曇花泡影，隨令傭婦將死孩裹之，埋諸荒郊。婦潦草塞責，土浮穴淺，忽忽而歸。先是某豢一牝犬，憐愛異常。是日埋孩後，忽失犬所在；新產犬子數頭，同時餓斃。某意甚懊恨，偶步門外，忽聞呱呱聲出自長林豐草間；蹤跡之，犬方乳孩。遽抱以歸，舉家歡慶。吳嫗聞之，親往探視，甫入門，犬奔嚙其股，痛極聲嘶，驅之不解。某大疑，窮詰其隱。嫗舉前事白之，犬始釋口。某亦不予深究。是可見善人有後，冥冥中蓋有天焉，豈人力所能為哉！〔命不〕〔該絕〕

2978	原 341/4	廣革 5/36	大 10/148

城隍示諭

近時風俗，凡有假善堂、假藥舖，輒請地方官一紙告示；大旨借善舉為名，禁止閒人滋擾，以為招搖地步。甚至如某堂之以告示時時誇耀，其實虛聲恫嚇，不值識者一笑也！不謂江北地方，竟至陰曹亦有此種風氣，不亦大可異乎？某日，揚州地藏寺前隙地，有某姓焚化冥屋，園林亭榭，花木池沼，刻鏤精工，幾至真偽莫辨。大門外上首粘死者官銜公館條一紙；下首貼冥示一道，詞意諄諄，無非示禁鬼魅佔住等因。讀之令人發噱。聞冥屋亦須至城隍廟稅契，鈐用神戳，焚化方可收用。夫城隍為廟祀正神，示諭煌煌，豈能任人臆造？今乃謬託神言，濫用神戳；恐事之准行與否，不可得知。而一旦究厥由來，轉令死者無以自解；鬼差鬼役，將有執之而去者矣。即不然，鬼而無知，本無需此告示；鬼而有知，安知不識破贗鼎，群起而揶揄之耶？噫！假善堂、假藥舖其有需地方官之告示也，非真欲宵小知畏，實欲誘人信從耳。陰宅何為，竟亦師此故智乎？君子曰：「此所謂鬼頭鬼腦，不足為明眼人道也。」〔嚇鬼〕

2979	原 341/5	廣革 5/37	大 10/149

幸離虎口

金陵水西門外停泊小舟二艘，掩映於綠楊陰裏。初不疑為拐船也。適某姓女年甫十四，於四月廿一日往戚里閒遊。歸途遇一白髮嫗，在後牽其腕，女即坦然相隨而去；心知為匪人所誘，苦於口不能言，足不能主。須臾登舟，閉諸艙後。聞人云：「事畢矣。胡不解纜？」嫗曰：「宜少待。尚有一活寶貝未到手。」時女藥性稍解，惟雙目枯澀，秋水不波；腹又脹滿，坐而小遺，淋漓滿褲。以掌掬涓滴塗其眶，穢氣一聞，豁然頓醒；回眸四顧，駭詫異常。見船外水不甚深，思得一計，奮身躍出。女半截立波中，以手攀援，大呼救命。時行人如蟻，亟上船，將諸拐匪一網打盡，數之則二嫗三男也。牽女登岸，詢悉情由，送縣辦理。邑尊命將該女送還，使人拽拐船焚之，治拐匪以律。然而此女之得離虎口也，亦幸矣哉！〔拐匪〕〔計破〕

2980	原 341/6	廣革 5/38	大 10/150

柏舟苦節

金陵倉巷內方氏女，幽嫻貞靜，閨訓克敦，適桃紅鎮湯某為室。結褵甫期年，生一子；而夫患沉疴，婦刲股救之。無如天不假年，卒赴玉樓之召。婦撫屍痛哭，經營後事如禮。自是撫孤守節，誓不二適，忽忽已四年矣。夫弟某乙，無賴也；見嫂美，欲圖之。潛與某甲勾串，賣與某鎮李姓為妻，已有成議。恐嫂不從，紿之曰：「汝母病重。今日專人來接，遇我于途，囑代致意。其人已先回去。嫂可速行。」婦信之，即託雇舟相送，忽忽挈子而去。行至半途，乙又以水路遙遠，慫恿登陸，易乘肩輿。婦初不疑有他。及至人煙稠密處，輿即戛然而止。忽聞人語曰：「新娘娘至矣！」婦大驚，知為小叔所賣。伏地哀求，情詞懇切，聲淚俱下；謂能送我還家，當將身價加倍奉償。時鄰里觀者咸為之動容。李迫於大義，不得已，竟從其請。然如婦之苦心，百折不回，可哀也，尤可嘉也。〔志不〕〔可奪〕

2981	原 341/7	廣革 5/39	大 10/151

瞎有趣

鎮江洋馬路有甲、乙二瞽者，操鬼谷術，日扶小童行走街衢，藉資餬口。邇來囊橐稍充，辛苦半生，頓思一尋樂境；遂相約至馬路左側小巷中，是處固煙花藪澤也。過某土娼門，適遇鳩盤荼數人呼之入，令將八字推算；甲、乙大喜。妓乃使二童坐於外，而延甲、乙入室，叩以命金多寡。甲、乙已心醉魂消，不暇酬答。妓見其狀，以為是可戲也，取剩粉殘脂，向其面上東塗西抹；又以粉在背上各畫一龜形；繼將瓜皮帽取下，翻出紅裏，摘其頂而反紉之，然後加諸其首。旋復轉相謂曰：「先生固愛體面者，似此花臉，何可見人。請為先生拭之。」固取舊布一塊，撒灰其中，塗其老臉。於是甲、乙之面，忽白、忽紅、忽黑，頃刻變幻。有頃，忽聞門外剝啄聲，妓曰：「某青皮至矣。請速去，遲則必遭毒手。」甲、乙急扶二童，由後戶逸，直至巷口。二童告之故，始知為妓所侮，踉蹌而歸。見者莫不掩口葫蘆云。〔明欺〕

2982	原 341/8	廣革 5/40	大 10/152

川沙鬧事

浦東川沙廳所轄五六團地方開辦升科一案，發議於同治九年。因官紳辦理不善，遷延至今，迄未就緒。其始總書曹杏村匿單勒索，欺壓平民；其繼以已革地保窩藏海盜，賄差報故。冒充圖董之王雨舟倚勢橫行，抬價抑勒。蓋王定升科之數，上則田每畝銀九錢，下則田七錢，另勒小費銀二錢；銀價以二千三百文為一兩，共計每畝須費洋五元之譜。各業戶以其數之反逾於田價也，挽人商減，又被王執送縣署；心滋不服，群起而攻。遂於本年三月杪，糾集男女數千人，擁至王雨舟家，誓欲得而甘心。幸其家人已先期遠颺，乃將室中雜物，悉數舁至空地，取衣服、文契撕毀棄之。然後將屋拆下，而以磚瓦木料覆於各物之上，禁不許人拾取。波及於王所開之藥舖、染坊，霎時間踐為平地。《傳》曰：「眾怒難犯，專欲難成。」其是之謂乎？〔不平〕〔則鳴〕

2983	原 341/9	廣革 5/41 右	大 10/153

當人頭

京師有某甲者，年約二十許；肩負口袋，步入西四牌樓北、當街廟路東恒注當舖。自稱現赴宛平縣涉訟，川資匱乏，乞借錢文。舖夥卻之，謂：「有物則當，無物速去。毋溷乃公事。」甲不出一言，即將口袋放下，解開收口之繩；取出血淋淋男、女頭二，手提其髮，口稱以此質錢如何。櫃夥見之，急出遮攔，請將首級收藏，所需總可商辦。甲允之。及櫃夥潛報官廳，兵勇到來，則舖門外，已有宛平分縣署差站立。蓋甲係殺姦自首，由縣丞押解，赴縣訊辦；途中資斧拮据，循例向當舖乞借些微也。兵勇無如之何，遂由櫃夥給以京蚨四十千，揮之使去。〔元首明哉〕

2984	原 342/1	廣革 6/41 左	大 10/154

鸚鵡啟釁

甯波人沈思敬豢一鸚鵡，婉轉能言，頗通人性。沈愛其靈巧，教之嬉笑怒罵，如蘇長公之文章，無所不至。一日清晨，攜鳥至茶寮品茗。有胡姓友貿貿然來，薄有醉意，將入座。沈戲令鳥詈之，鳥即呼曰：「臭烏龜！臭烏龜！」詎此言正中胡之隱情。蓋胡妻與人有染，昨夜糾人捉姦，被逃未獲，憤無可洩，借酒澆懷。至此忽聞是語，以為沈有意辱己，勃然大怒，即將茶杯劈面擲去，中沈之頰，血流滿面。旁人不服，立即鳴保，將胡拘住。幸沈傷不甚重，尚可醫治。隨令胡出養傷費兩元，服禮了事。古云「戲無益」，信然。〔惟口〕〔興戎〕

2985	原 342/2	廣革 6/42	大 10/155

于清端公軼事

客有論治盜者，謂國初于清端公知黃州時，有張某者，盜魁也，崇閎高垣，役捕多取食焉。慮少遼緩姦不得，乃半途微服，傭其家，詭名楊二，司灑掃謹。張愛之，使為群盜先。無何，盡悉盜之伴侶探囊、機密約號，乃遁去。鳴鉦到官，一日者集健兒，約曰：「從吾擒盜。」具儀仗兵械，稱娖前行。至張所，排衙于庭，大呼盜出。張錯愕迎拜，猶抵賴。公曰：「勿承，可仰面視，我楊二也。」張驚，伏地請死。公取袖中大案數十擲與之，曰：「為辦此，足以贖矣！」張唯唯，願一切受署。合門妻子環跪，泣曰：「第赦盜死，盜不能者，某等悉如公命。」公留健役助之。不數日，群盜盡獲，其殺人者治如律。〔治盜〕〔有方〕

2986	原 342/3	廣革 6/43	大 10/156

奕爭美婢

揚城某鹺商家資豪富，性奢侈而好博奕，雖一擲百萬，蔑如也。季春之杪，西蜀某公子過揚往謁，鹺商款之甚殷。一日，公子聞鹺商有善奕名，欣然求教。鹺商曰：「某生平不出無名之師。君果欲手談，必立一非常之彩，以決勝負。」公子曰：「彩亦多矣，何者為非常？一惟君命是從。」曰：「僕有寵婢蘭英，才色雙絕，願以此為孤注，能勝者歸之；但恐君無以作對，奈何？」公子曰：「是何難哉？」遂令家人立召江南春至；則該婢丰神吐屬，果不亞於蘭英。始知公子固載美以遊者。于是，展棋枰，分黑白，沉幾觀變，著著爭先。初尚旗鼓相當，未幾而鹺商北矣。無已，以蘭英歸之。蓋某鹺商自謂得橘中之秘，數年來未逢勁敵，旁若無人，已非一日。今見公子欲以此誇示，而不料公子之實為國手也。天下事，驕則必敗。何莫不然，獨一奕也乎哉？〔奇局〕

2987	原 342/4	廣革 6/44	大 10/157

鐵人善走

嘗考五行中，惟水火有形無質，餘皆可以製成人形。昔孔子見金人三緘其口，秦始皇鑄金人十二，越王鑄范蠡，用金鑄其像。金之可以製人也久矣。自作俑者出，或用木偶以從葬，或造傀儡以登場；至今日而土偶、木偶，比比皆是。其他銅人藉以示醫，石人用以表墓，習俗相沿，初無足異。惟近時美國有銀鑄之美女，見者嘖嘖稱奇。惜乎猶未能行動也。日者，美國有博士名佐芝模者，獨出新法，用鐵鑄一人形，高六英尺。口銜呂宋煙一枝。腹中藏有機器鑪鼎，以火燃之，其人即自能行走，迅捷異常。計一點鐘能走五英里之遠。頭上戴有一帽，即為煙囪，其水汽則由口中出，宛若人之吸煙也者。故當時見者皆疑為生人，初不料其為塊然之頑鐵也。嗚呼，技至此可謂神矣！〔良工〕〔苦心〕

2988	原 342/5	廣革 6/45	大 10/158

山西災狀

山右奇災，赤地千里。而災情之最重者，尤推豐鎮、薩拉齊一帶。但見各村房屋多已拆毀，僅留土壁。有一村去一半者，有一村去八成者，並有一村無一家者。淒涼景況，觀之慘極。人民逃者一分，死者一分，其奄奄待斃者一分。當查賑時，有一家臥匟不起者，有一家匟上一半已死者，有氣息僅屬不能出聲者。所食之物，以吃糠者為最上；其餘皆吃榆皮、蕎麥花、蕎麥梗、油麥莖、葦把子，皆豬犬不食之物。甚則攙和牛馬糞食之，用滾水澆數次，研極細末，摻蕎麥花，捏作餅子。更有數處，竟吃人肉；有一家吃了小孩數個者，有一人吃了九個人肉，隨亦自死者。路上死人，往往將肉剮盡，有骨無皮，可慘之甚。沿途囚首垢面，東倒西歪，日有倒斃，為掩埋所不能盡。其村莊居民，有面黑如墨者，有面黃如蠟者，有面紅如火者。不知吃何物件，或云係吃人肉所致，不知確否。〔目擊心傷〕

2989	原 342/6	廣革 6/46	大 10/159

控妻笑柄

周甲，金陵南鄉人。五月初八日，冒雨入城，至江甯縣署，鵠立大堂下，口稱投稟。差役有知其事者，勸甲不必興訟，訟亦不直。只須至戚調停，何勞長官判斷。甲不以為然，候之良久。聞門外鳴騶聲，知賢宰官回署，遂跪伏道旁，口呼青天，雙手將稟詞呈上。大令不知何事，接入輿中。甫閱一行，不覺失笑，上書：「具稟民人周大貴，年二十九歲，為妻拒夫宿，吵鬧不聽，叩恩准賣事。」大令不暇再看，便問曰：「汝娶妻幾載？」曰：「五載。」「子女共有幾人？」曰：「男女各一。」大令曰：「五載之中，璋瓦並弄，猶謂床頭人以閉羹待汝，吾不信也。」甲又曰：「從前甚輯睦，近年始占反目，緣有人唆使也。」大令於是正色斥之，擲還其稟，揮之使去；而甲猶聲言行將上控。觀者無不譁然，或曰此癲子也，觀厥情形，殆洵有痰疾者歟？〔夫也不良〕

2990	原 342/7	廣革 6/47	大 10/160

犬救主溺

甯波慈西丈亭相近有張五雲者，素以販洋貨為業，自郡城運至鄉間，藉獲微利以為事畜之資。家有黑犬一頭，搖尾乞憐，頗知人意。見賊則吠聲吠影，防之維嚴。蓋既有戀主之情，又盡司夜之職。張目為義犬，護惜尤深。每晉郡，必購牛肉、筋肺以飼之。五月初二日，張次子年甫七齡，在江畔嬉戲，偶一失足，顛入波心；載沉載浮，幾隨三閭大夫以去。犬突見之，即竄入水中，銜其衣，拖之近岸。旋復登岸竭力拖之。適為行人所見，急援以手。俄而家中人亦尋蹤而至，見孩雖帶水拖泥，而生意盎然，初無大損，既驚且喜，急抱以歸。時此犬則已力盡嘔血而斃。張憐之，斂以木箱，穴土疊石，為作一塚，以旌其義。〔古義〕〔可風〕

2991	原 342/8	廣革 6/48	大 10/161

狐兔爭鋒

本邑人小朱，乳名新觀，號惠甫，混名要緊完。幼年失怙，無人約束，以致日與無賴為伍。年十有五，嫖賭吃著，無一不全，密騙馬德芳等實左右之。妓女陸蘭芬者，即前已從良，不久復出之胡月娥也。小朱視如珍寶，殫精竭力，惟恐或失其歡心。而蘭芬卒以未滿所欲，心愛武伶小阿福。小朱知之，大含醋意，誓欲得小阿福而甘心。小阿福銜之，蘭芬不能為左右袒，朝秦暮楚，亦姑聽之。一日，小朱與蘭芬在味蒓園之六角亭閒眺，令馬德芳糾集流氓七八十人，嚴陣以待；遣人召小阿福至。小阿福亦不肯示人以弱，立邀三戲園武伶數十人，各攜利器，蜂擁而來。先謾罵以挑之，馬等畏其兇猛，不敢交手。後幸小阿福之父打鼓阿松馳至喝散，不至釀禍。否則一場血戰，恐有不堪設想者矣！《詩》詠蕩子曰「雄狐」，俗稱優伶為「兔子」，故吾於其爭鋒名之。〔醋海風波〕

2992	原 342/9	廣革 6/49 右	大 10/162

蒺藜似蝗

揚州高寶境內，蝻孽萌生，經地方官飭人捕捉，挖溝縱火，竭力搜除。無如遺種繁滋，未易盡絕，閱十餘日，盈塍遍野。間見有大寸許者，似蝗而無翅，首有兩角，躍而不飛，並無蠶食之患。詢之老農，云：「此名虮蜡，專嗜蛇腦。往年間或有之，皆不知其名。」或謂此蟲名蒺藜，一名蝍蛆。《串雅外編》謂其不獨嗜蛇，且可護蛙，無傷禾稼。洵如是，則迥非螟螽之比也。惜乎衍慶于蝗災之後，捕蟲者誤認為蝗，不免大肆荼毒。悲夫！〔蠕動蠉飛〕

2993	原 343/1	廣革 7/49 左	大 10/163

因疑釀禍

溫州永嘉項橋人陳秀正，操駕舟業。某日，有比邱尼附船赴郡，攜一衣包，內藏錫餅若干。秀正見之，疑為銀也；欲謀之，將船搖向僻路，促令登岸，揹其包，刺船徑去。時已日暮途窮，尼踉蹌至某農家，見有一婦一孩，夫尚外出未歸。尼哀求寄宿，婦許之，遂與同床而睡。次晨，辭去。及夫歸，見床前有濕鞋痕，果男鞋也。疑而問孩，孩言母與和尚同睡。夫大怒，立將其妻擊斃。越數日，尼以禮物踵謝，孩告父曰：「前夜與母同宿者，即此和尚也。」甲始知妻之冤，順手擊孩一下，頓即畢命。尼惻然於心，亦投河而死。未幾，秀正被雷殛死，手中猶攜錫餅。按此事皆由疑起。舟子疑錫餅為銀而故匿之，婦之夫疑濕影為僧鞋而輕信孩言，以致連喪三命。疑之為禍也烈哉！然天道誅首惡，故秀正不得免於雷殛。〔禍不〕〔單行〕

2994	原 343/2	廣革 7/50	大 10/164

養鴿傳書

以鴿傳信，中國自昔有之，特皆視為游戲之具，不甚加意考究。西國則視此事極重，且設專官以司之。陸軍用之已二十餘年。始創於法人，而盛行於歐、美二洲。昔年法德之戰，法為德困，曾放鴿三百六十隻，有三百零二隻飛回法京巴黎斯城。第二次放鴿一百餘隻，有遠至一百二十英里者；路過德營，德兵以鎗擊之，傷斃數隻；有九十八隻飛回法京原處，各帶有書信。德國見法京養鴿之有利也，亦踵行之；甚至設局派員，專理此事。然惟陸軍行之，若海軍則尚未之有聞。乃法國新聞紙云：「近時辦理海軍者亦創行此舉。先以數鴿交一兵輪，駛至海外，約去口岸五、六百里之遙，始放之空中；及鴿直上雲霄，倏忽不見。回岸詢之，則已飛歸矣。」若能從此練之得法，其裨益於海軍也，豈淺鮮哉？〔善于〕〔用物〕

2995	原 343/3	廣革 7/51	大 10/165

晉災續述

山西此次奇災，各村婦女賣出者，不計其數，價亦甚廉。且婦人賣出，不能帶其年幼子女同去；販子立將其子女摔在山澗之中，生生摧死。其夫既將其妻賣出，僅得數串銅錢；稍遲數日，即已淨盡，便甘心填溝壑矣。災民一見查賑人至，環跪求食，涕泣不已。許以早晚放賑，而彼皆苦苦哀告云：「但求先捨些微，稍遲便不能待矣。」往往查賑之時有此人，放賑之時即無此人。更可慘者，各人皆如醉如痴。詢伊苦況，伊便詳述，或父死，或夫死，或妻女已賣出，家室無存，而毫無悲痛之狀。惟互相歎息云：「死去是有福也！」蓋彼既無生人之樂，亦自知其不能久存矣。噫嘻！田園既荒，房屋又毀，器具盡賣，妻子無存。縱有賑濟，而一兩銀僅買米二斗，但敷一月之食；一月之外，仍歸一死。況銀賑並不及一兩乎？刻下施錢數百，可暫救一命；施錢數千，可暫救一家。當世不乏好善之士，盍於此加之意哉！〔流民圖〕

2996　原 343/4　廣革 7/52　大 10/166

奇童鼎足

客有各述其里中異事者，言相去不過三百里之遙，間氣所鍾，厥有三異。一在安徽之莫山縣同里黃陵衝地方有某甲，生一子，年甫三齡，形貌奇古，面生花紋。自大堂至地角以下寸許，赤色如火；左右額角至兩顴以下，則白點如雪，外復有赤色數分。絕類優人所扮武聖模樣。每見客，目光炯炯直視，令人驚怖。一在羅田縣東門外三河東街有王氏子，年十歲，生有異稟，天姿絕慧，貌亦俊美。每日所讀書可厚一寸，過目不忘；十三經外，已誦雜書至十數卷。尤奇者，目有重瞳，腎有四子，故其精力尤覺過人。一在黃岡縣之雅淡洲有劉姓子，年八歲，膂力過人，身長已如成人；以一手舉磨石，從容無懼色。此三童者，生於一時，惜不能萃於一處，蔚為奇觀耳。彙而錄之，未始非一段佳話也。〔三異〕

2997　原 343/5　廣革 7/53　大 10/167

妖狐憑佛

四川成都府西門外有白鶴寺焉，中奉觀音大士像，靈應夙昭，香煙鼎盛。佞佛者趨之若鶩。四月中旬，大士金身忽能自動，口講指畫，栩栩如生。該寺尼姑見之，驚為活佛，四處傳播。愚夫婦深信不疑，不遠千里，爭向蓮花座下虔爇心香者，日必數百人。見巍然上坐者，或手書方藥，或口授神機，與人相對，藹然可親。益信活觀音之說果屬不誣。甚有豪門貴胄，巨室名姬，亦來問卜求醫者。武進士胡某聞而異之，謂世間容有是事哉？因憶父老言，試院中有妖狐，前曾憑佛作祟，今豈復出耶？遂挾寶劍，牽獵犬，徑詣該寺。詎犬一聞狐氣，即竄身直奔佛座，而佛座旁突出一狐，倉皇欲遁。胡乃手掣利劍，向狐直砍，自是活觀音遂寂然。〔藏頭露尾〕

2998　原 343/6　廣革 7/54　大 10/168

瞎捉

蘇垣三山街某姓婦，早喪所天，生一子一女，子僅四、五齡，恆倚其姊攜抱。女年及笄，深閨待字，惟藉十指以餬口。附近有游蕩子某甲，瞷其美，屢以游詞挑之。女峻拒之。甲無計可施，中懷積忿。一日傍晚，有無賴數輩行經是處。甲頓生一計，謂之曰：「某女房中藏一和尚。君等素稱好漢，盍闖進捉姦耶？」諸無賴聞之，喜形於色，摩拳擦掌，一擁而入，直達女室。呼曰：「捉和尚！捉和尚！」女適抱弟酣眠，大驚曰：「我弟幼稚，何致開罪於君等，莫非誤耶？」蓋其弟乳名和尚也。諸無賴四處搜尋，毫無形影，自知鹵莽，即欲散去。甫及門，見一過路僧駐足閒看，遂為移花接木之計，急揪其耳，大聲曰：「姦僧已獲矣！」諸無賴一鬨而上。僧正在窘急時，幸某紳目擊情形，代抱不平，正言申斥。諸無賴始釋僧使去。〔難為和尚〕

2999　原 343/7　廣革 7/55　大 10/169

小人得志

距鐵甕城二十餘里武聖廟前有一曠地。某日有江湖賣解者流，攜犬一、小人一，鑼聲鏜鏜然，招人觀看。向眾指小人而言曰：「此人自僬僥國載來。你看他裙屐翩翩，好不似闊少模樣。」隨牽犬使騎，則見小人長二尺餘，高視闊步，直跨犬身，搖頭擺尾，向場中繞行一週。小人則顧盼自雄，其聲嚶嚶，手指口畫。謂某也嬉笑無禮，宜出錢三十；某也坐立無常，宜出錢二十；某也有煙容，某也有醉狀，各宜出錢若干。信口雌黃，唯意所欲。觀者粲然，各出青蚨與之。有措大二人，忿然不服，執小人而詰之曰：「爾何人斯，乃眼大如箕，出言無狀，動欲人錢乎！」小人大言曰：「若真兩目青盲者。吾今身在馬上，正春風得意之時。何物狂徒敢來挺撞？」二人怒，欲擊之。有解事者勸之曰：「爾毋然。彼小人得志，自宜爾爾，何足與較。」二人遂一笑而去。〔妄自〕〔尊大〕

3000　原 343/8　廣革 7/56　大 10/170

車夫還金

梁溪陳馬卿先生，今之和緩也。凡病者得其一診，無不立起沉疴，故求治者如市焉。日前，有江北人李三之婦某氏，病容可掬，向人索逋，收得英洋百枚，雇坐紹興人王某所拖之東洋車，至仁壽里陳處求醫。匆促下車，竟將洋包遺在車墊旁。及入門就診，忽大聲曰：「我有洋銀百元，並鈔票洋百元，放在爾家栲栳椅上，今已何往？」陳急命人查視，杳無所見。某氏大肆咆哮，經人勸散。至日暮時，車夫王某忽至陳處，問：「日間治病之婦人，可相識否？」陳問其故。王言：「此婦有洋元，遺忘車中，欲送還耳。」陳使入內稍坐，遣人邀婦至家。王以原包還之，當眾開看，絲毫無缺；惟並無所謂鈔票者。蓋係婦之妄言也。旁人勸婦重酬，婦僅給洋五枚。王謝而受之。噫！舉世披靡，此車夫獨能見利思義，卓然不搖。不誠難能而可貴者耶！〔古道〕〔獨敦〕

3001　原 343/9　廣革 7/57 右　大 10/171

孩生六臂

漢陽西門外頓家嶺有某姓農夫，日事犁雲鋤雨。一日，其妻某氏攜壺挈榼，餉夫於野，忽遇旋風一陣，撲面吹來，氏頓覺寒噤不可耐。詎歸家，即覺成孕。逾十月，誕生一孩，身體肥碩，眉目如畫，固寧馨兒也。惟生六臂六手，儼若廟中所塑哪吒太子像。一時比鄰紛紛傳述，咸以為異。後來匝月而殤。瑞耶，妖耶？固不得而知之矣。〔多助〕

3002　原 344/1　廣革 8/57 左　大 10/172

瀾丐

江西省城日前有一乞丐，年逾不惑，口操楚音，藍縷衣衫，不堪言狀；而頭上則紅頂花翎，皇皇奪目。自稱係記名提督，昔剿髮、捻各賊，疊著戰功，得蒙保奬。嗣奉裁撤歸田後，困頓無聊，因作出山之想，擬往投營。不料中途為二豎所侵，羈延月餘，川資盡罄。不得已，沿門求乞，非欲為卑田院中生色也。人見其氣概激昂，言詞悲壯，惻然垂憫，手取青蚨十數翼，呼而與之；丐

竟掉頭不顧而去。噫！吹簫吳市，誰識英雄；乞食淮陰，非無名將。今觀此丐，能無慨然！〔英雄〕〔末路〕

3003	原 344/2	廣革 8/58	大 10/173

長橋

美國紐約地方與博落連隔一海面，舟楫雖便，頗苦風濤，因議建一橋以通之。橋之中央，隆然高拱，下無柱礴，蓋恐礙行舟也。橋之首尾，用四練以鉤連之，旁建四塔以繫練。以英尺計，每練粗圍十五尺，其力可任重一萬二千墩。塔峰高聳，有齊雲摘星之觀，計高至二百七十八英尺。是橋長一千五百九十五尺，闊八十五尺；分馬車、貨車及徒步者為三路。可見其規制之宏敞矣。其創建之日，則自一千八百七十年始，直至一千八百八十三年告厥成功。共用洋銀一千五百萬元。工程之鉅，木石之堅，過其地者，咸歎為天下所未有，亘古所罕聞云。〔中流〕〔砥柱〕

3004	原 344/3	廣革 8/59	大 10/174

秀才難得

江夏南鄉有李姓者聚族而居，煙戶數十家；自明季以來，從無采芹折挂之人。至辛卯歲，有族中少年子應試獲售，忝列黌宮。闔族欣喜過望，預探回鄉之期，咸衣冠整肅，集於張公渡堤畔，迎輿而拜。旋至祖塋拜祭。畢，族老偕新生登塋頂左右視。一老曰：「風水之妙，至于此乎！」一老曰：「聞祖言，始葬之時，堪輿家已云寅葬卯發。」新生隨接口曰：「大抵應在斯矣！」各喜露眉宇而歸。嘗見某説部載有某生元旦夢日，是歲入泮，遂恍然曰：「吾夢其應於斯乎！」有某孝廉聞之，啞然曰：「爾一區區秀才，便有夢日之兆，如吾輩高發者何？」聞者咸笑其陋。今得該生，足與此輩把臂入林矣。〔井蛙之見〕

3005	原 344/4	廣革 8/60	大 10/175

李代桃僵

順德大良羅氏子，年近弱冠，自幼聘陳氏女為室，尚未于歸。今春正月，羅氏子遘疾危篤，其母患之。以俗有沖喜之舉，欲迎女過門，令媒商諸女家。女父母難之，不敢作主，以來意告女。女艴然不悦，堅不允從。有某氏女者，女之金蘭契友也，聞其事勸駕焉。女慍曰：「汝既有此意，何不代吾一行？」甲女曰：「可。」遂辭歸告父。父阻之不聽，女遂乘輿而往。時羅氏子氣不絕如縷，舉室旁皇。聞女至，以為陳氏也，喜迎之。女拜姑畢，即至羅氏子榻前。羅母使女飲以茗，茗立下；復飲以藥，藥亦盡。自是，醫藥有靈，病有起色，數日而瘳。舉家欣喜，咸謂非此女不至此也。女見羅氏子已愈，辭姑欲歸，且告以情。羅母驚喜交集，謂：「吾子非汝不生，何能恝置，吾當為子並娶之，俾效英皇故事。」遣人招女父至，告以故，與之三百金，俾置奩物。陳氏聞之，亦無異言。乃諏吉迎二女以歸，一時傳為佳話云。〔巾幗〕〔奇人〕

3006	原 344/5	廣革 8/61	大 10/176

家丁狂悖

家丁倚仗主人之勢，狂悖謬妄，無所不為，此有識者所當約束也。若不知禮法，曲意縱容；則若輩恃有護符，龐然自大，有自忘其身為隸卒者矣。蘇垣某紳名望夙昭，出入衙署，皆尊為上賓。日者，其戚串許太史第有輿夫名阿三者，因痛毆長洲縣捕役，被送至元和縣署。縣尊怒其無禮，將案移歸長洲縣訊辦。阿三知事不得了，央人至某紳處籲求保釋。某紳允之，飭家丁持名片赴縣求保。家丁衣服輝煌，排場闊綽，忘卻本來面目；乘藍呢大轎直至大堂，始行出轎。自以為敬其主以及其使，縣尊當若何優容也。詎眾役見而不平，謂其僕若此，主將若何；遂一哄而上，將轎擊成虀粉。家丁無奈，只得徒步而回。彼某紳知之，亦責其侈肆否也？〔禮法何存〕

3007	原 344/6	廣革 8/62	大 10/177

再生緣

齊某，南皮人，以販布為業，家有老母；年二十許，中饋猶虛。一日，抱布求售，彳亍于街頭巷尾間，見一女郎丰姿娟秀，楚楚動人，不覺魂輸色授。留意訪察，知女家貧母寡，藉十指營生；遂思所以進身計。值女呼齊購布，齊故賤其值與之；或許賒欠，亦不追償。女甚德之。日復一日，眉目傳情，固已心許矣。俄而，女忽暴病，越日身亡。母哭殮之，將棺暫厝於野。齊突聞女凶耗，哀動於中。俟至夜靜，潛市楮幣，奠於孤柩之旁；放聲痛哭，聲淚正濃。忽聞棺中有轉側聲，心異之。放膽啟視，則女固呻吟未死也。齊大喜，急負以歸，抵家叩門。其母聞聲啟戶，瞥見子背負一女，恍似屍骸也者，大驚倒地。適地上橫一鐵耙，誤觸其齒，傷及頭顱，痛極而暈。齊惶急無措，負女而逃。幸鄰人將其母灌救，始獲蘇醒。人謂齊以哭屍之故，得諧偕老之歡。殆閻羅老子鑒其苦衷，故使女返魂，俾有情人得成眷屬乎？嘻！〔情不〕〔能忘〕

3008	原 344/7	廣革 8/63	大 10/178

雙矮巧合

羊城河南昌昌鄉胡某，頭巨如斗；雖年逾而立，而形狀與六七齡之小兒無異。人以其眇小丈夫也，莫肯妻之以女。鰥居況味，岑寂難堪。其兄若弟皆業鞔工，篤於情誼，見煢煢孑立，愍焉憂之；欲出私蓄，代謀完娶。遍託月老，絕少相對之人。降格以求，遂有婢作夫人之想。適龍尾道某宅有一婢，年少於胡十歲，身材短小，酷似僬僥，待嫁有年，無人顧問。聞胡擇配，目為良緣，不論禮金，許以擇吉遣嫁。當夫氍毹交拜，花燭團圓，一對璧人並肩而立，無所短長於其間。觀者蟻聚蜂屯，咸嘖嘖稱羨，謂似此五雀六燕，銖兩悉稱，洵可謂佳偶天成矣！〔兩小〕〔無猜〕

3009	原 344/8	廣革 8/64	大 10/179

奇遇可疑

粵人某甲年少風流，雅有登徒之好。去年，在某戲園觀劇，坐近女棚，見某氏婦淡妝濃抹，綽約多姿，彼此留情，偕抵其室，詢婦家世。則言：「妾夫操計然術，設舖外埠，歲獲萬金，今已賦離鸞矣！新寡文君，久有絲桐之意。幸逢君子，願託終身。」甲惑之，流連數日，始辭婦返。婦贈以朱提二十，甲感之。因此來往如常。一日，甲方與婦敘談，忽有寄書郵叩門而入，出函索值，忽忽徑去。婦開函，使甲讀之。內言某埠舖中需人經理事。婦聞，似有愁色。甲遂效毛遂之自薦，婦許之。甲去後，婦月給家用無少缺。聞者皆羨為奇遇。未幾，婦忽至甲居，出甲手書示其父，言欲招親友某某等同往助理。親友聞之，亦欣然願往。共得十餘人，向婦領川資而去。詎自此之後，音信寂然，眾始疑焉。後聞某乙自誇奇遇，詢其所遭，與甲無異。益疑婦為拐販人口之流，然歟，否歟？何令人見首而不見尾也。〔騙術新奇〕

3010	原 344/9	廣革 8/65 右	大 10/180

醋海奇聞

婦人性妒，忌夫納妾，千古同情。未聞有以夫之矛，攻夫之盾，使藁砧箝口結舌，索然自沮其心，如福州某氏婦可異已。某氏婦貌姣好，而性奇妒。其夫某孝廉懦弱無能，夙有陳季常之懼；故年逾四十，子嗣猶虛，不敢發納寵之議。心憂之，無可為計，輾轉籌思，臥床不起，亦不飲食。婦問其故，孝廉撫膺不答。婦知其有心事也，誘之使言，焚香設誓，志在必從。孝廉喜，遂告以意，婦佯諾之。數日後，婦忽堅臥不起。孝廉問之，婦要之如前，乃曰：「君欲娶妾，奴欲娶一小丈夫耳！」孝廉語塞，娶妾事遂作罷論。〔酸風撲鼻〕

3011	原 345/1	廣革 9/65 左	大 10/181

老猴閱文

湘垣除徽麓外，平埂百里，絕少崇山峻嶺。乃城廂內外，往往有絕大猿猴，隨地滋擾，被擾之家，亦不敢設謀捕弋，殊不可解。一日，倉皇街有某冬烘就宅課讀，夜闌就寢，燈尚明亮。突見案旁一物，似人非人，擅據皋比，偷帶眼鏡；旋取案頭禿筆，滿濡濃墨，就館徒呈政文字點上加點，圈上加圈。塗抹甫畢，鼓掌大笑。某細察之，知為升木之猱，駭極大呼，物遂遁去。然眼鏡已墮地而碎，文字亦塗抹莫辨矣。有詼諧者戲呼之曰猴先生，以視今之好為人師，將人文字任意亂塗者，得無近是。〔咄咄〕〔逼人〕

3012	原 345/2	廣革 9/66	大 10/182

英京慧女

英國有操岐黃術名麥加蒂者，一女年九歲，聰慧絕倫，於音學一道，精而且純。一日，女在杞相國府中操縵撫絃，洋洋盈耳，深得和平雅頌之音。一時側耳傾聽，環聚而觀者，相與駢肩累脅，幾無容足之地。英皇孫及新福晉，并福晉之父澤公與其夫人，皆鼓掌稱賞。喝采附和者，更覺歡聲雷動，以為得未曾有。杞相國於賞音之餘，特獎一冊，以嘉其技。時論榮之。昔蔡文姬能辨琴音，謝道韞能工吟詠，未必皆在韶齡稚齒，而後世已傳為佳話。今麥氏女年僅九齡，竟能獻技於皇孫相國之前，而榮蒙獎賞；方之蔡、謝二女，殆有過之，非僅可以媲美已也。〔秀骨天成〕

3013	原 345/3	廣革 9/67	大 10/183

迂哉夫子

鄂省某翁，老諸生也。自言赴秋闈者十六次，出房者八，堂備者四，均以額滿見遺；因得狂疾，時發時愈。邇來獨具一稟，跪於江夏縣頭門外，攔輿喊稟。縣尊見翁鬚髮皓然，長跪道旁，必有重冤，亟命停輿收稟。及觀稟中所言，乃欲加廣中額之説。因諭翁曰：「此乃大憲之事，非本縣所能辦理。」擲稟還之。翁聞言，爽然若失，執某役而問之曰：「各大憲處亦可攔輿乎？」役漫應曰：「可。」翁乃日奔走伺候於督、撫憲及學憲之門，往往乖錯而不得一遇。當此炎熇灼骨，翁身衣白布長衫，頭戴舊涼帽；雖汗流浹背，未嘗一日稍息。有憐之者索稟觀之，則係翁手書洋洋數千言，似亦不為無見。惟翁以久困棘闈之故，忽萌加廣中額之思，未免貽人笑柄。然今天下之思加廣中額者，獨某翁也歟哉？〔功名〕〔心熱〕

3014	原 345/4	廣革 9/68	大 10/184

狐祟

廣東臬署每屆朔望黎明時，內堂演戲一次，沿以為例。相傳署中有狐仙，不演戲則出為祟也。一日，該承應官差之普慶祥班，先將戲箱扛進，置諸十房之前。迨至次日，開箱取衣，則已空無所有，遂大譁。事聞於王廉訪，以豸署要地，外人斷不敢擅入行竊，且內堂深邃，戲箱又封鎖牢固；深夜之間，非署內奔走之人，斷不能竊。幸時未天明，諒必贓尚未出，乃飭令差役封閉頭門，按房尋覓。當下遍處燭尋，人聲鼎沸；自上房僕婦起，以迄頭門各役寢室所有箱篋，皆查無形跡。時天已大明，查至十房之後，忽見戲服遍掛於曠地之大樹上；逐件取下，全數具在。或曰是狐祟也。據情稟明，臬憲仍飭各役嚴密查緝，卒無所獲。遂弗復問云。〔柏臺軼事〕

3015	原 345/5	廣革 9/69	大 10/185

鬼拆梢

栩栩生素善夢。自言前晚就枕，恍惚至一處，竹林深密，野景蕭疏；相距一里之地有一巨宅，如今之巡防局也者。駐足視之。忽有小流氓十餘輩，蜂擁而來，謂：「此係何地，汝敢擅入偷覷耶？」生聞言，徬徨無措。眾流氓遂強拖硬曳，搜攫財物，恣意拆梢。生情急，大呼救命。正喧擾間，遙見巨宅中有一官員模樣者，大踏步而出，飭令差役拘拿。眾流氓始釋手，欲逃不得，被執以去。生大懼，急欲奔回，有一差止之曰：「先生毋懼，今陸老爺奉包孝肅命來此巡查。不肯姑息養奸，如人世巡防局之有名無實。我等供役之人，亦不敢任情勒索，託名燈捐，藉飽私囊。請入質訊可也。」俄聞吆喝聲，謂彼係生人，可即放歸。生遂驚而醒，則一夢也。噫嘻！如生所言，何冥官執法之嚴耶？以視今之巡防局，其能免鬼之揶揄也幾希。〔陰陽〕〔各別〕

3016	原 345/6	廣革 9/70	大 10/186

延師笑柄

羊城南海某富翁，生有一子，年十四始學為文。延師家內，日督課程。脩脯既微，又苛於責備；師或因事外出，返館稍遲，即令妻妾室中詬詈，使之聞之。曾聘某生至家，生情不能堪，辭館徑去。於是富翁廣求良師，託友代訪。有一客問之曰：「君欲延師，未審擇師之意若何？」翁曰：「吾無他求。但得應考顯名，有聲庠序；皋比之坐不輟，束修之奉復廉。如是而已。」客曰：「僕有一友，似可當君意。如欲聘，請試隨我候之。」問其居址，客曰：「伊寄寓某祠中，去此不遠。」富翁欣然願往。客乃引至附近某姓祖祠。富翁入望，闃其無人，心竊疑焉。客指座上木主有「皇清顯考巴庠生」字樣者，謂之曰：「此生既『應考顯名』，復『有聲庠序』。若延之家內，可使青氈坐守，終日不離；至修金之奉，更可多寡任意。君意何如？」富翁以為戲己，怒而奔回。聞者咸傳為笑柄云。〔惡謔〕

3017	原 345/7	廣革 9/71	大 10/187

逸馬投廁

滬北新閘北首，前日有馬夫六人驅馬六匹在此放青。迨日影西沉，五人各驅馬一頭，越河而去。惟一馬生成傲骨，倔強不前，在田中往來馳驟縱橫；二三十畝棉花之被其踩躪者甚多。俄而，跌入坑內。馬夫某甲計無所出，許以重酬，央令郭裕文等數人幫同救起。則馬夫忽食前言，反奔告捕房，控郭等匿馬不還。捕頭信之，偕甲同向索馬。郭等恨無謝儀，堅不肯與，將馬交地保，轉送巡防局移縣訊辦。後聞畜馬者以此馬為不祥，遂殺之。噫！今天下逐臭之徒，其得優游保首領以歿者多矣。此馬特效其尤耳。乃穢德甫彰，殺機已伏。苟得善御之人，使此馬不致奔軼，安見不可幸免於禍？然則馬之被殺，雖謂馬夫殺之可也。〔十年有臭〕

3018	原 345/8	廣革 9/72	大 10/188

煙鬼

程豫生，浙紹山陰人也，夙有煙霞癖；家居鄉僻，每夜至小煙館過癮，相去里餘，不以為遠也。一夕，忽忽出門，瞥見道旁有餐霞窟，規模稍大，煙客如林，異而入之；呼燈試吸，吞吐雲霧，一如平時。其煙客數輩，有代為發煙作扦子手者，有代償煙值作東道主者，有一吸數錢煙癮深大者，有略吸數口逢場作戲者。觀其狀，猙獰可怖；察其所言，類多刑名案件。意其為衙署中人，藉此消遣，亦情之常。及過癮畢，徒步而歸，則涕淚交流，依然如故。俄而大嘔，腥臭異常。心益疑焉。既而憶及是處素無煙館，乃恍然曰：「誤矣！誤矣！予其遇鬼矣。」翌日跡之，杳無所見。是知吸煙之人，竟有與鬼為鄰者。或呼之曰「煙鬼」，其真不負此雅號矣！〔似人非人〕

3019	原 345/9	廣革 9/73 右	大 10/189

誕生怪物

京師西便門外蔡公莊廟後有奚氏婦，身懷六甲，歲將一週，碩腹便便，幾如五石瓠。某日臨蓐，見所誕生者，似人非人，目有雙睛，頭生兩角；且獠牙巨齒，令人可怖。又滿腮紅髯，如周靈王之生而有髭。是可異矣。所更異者，是物一經落蓐，便滿地旋轉，有手舞足蹈之概。產婦見之，魂飛天外，穩婆亦無所措手。幸得強有力者用盆扣住，得以制其倔強之性。奚姓以為不祥，絕其乳，數日而斃。〔奇產〕

3020	原 346/1	廣革 10/73 左	大 10/190

鱉怪

杭城某巨室亭臺樓閣，富麗壯觀；中有荷池，畜一巨鼈。自祖若父以來，不知其幾何年矣。主人有夜明珠一顆，無價寶也，什襲珍藏之。一日，忽失去，遍覓不得，疑係僮僕所竊，詰之皆不承。遂延擅圓光術者至家試驗，瞥見荷池上起一巨鼈，伸首變一老翁，鬚髮蒼蒼，踰窗入，竊珠而去；回至池上，老人仍化一鼈。主人見之，心始恍然。于是糾工戽水，捕鼈殺之，剖其腸，原珠具在。人謂此鼈精靈變化，有此廣大之神通；而卒以竊珠而取殺身之禍，不亦大可憐乎！〔神出〕〔鬼沒〕

3021	原 346/2	廣革 10/74	大 10/191

八大人

「大人」之稱，莫甚於今日。凡文武大員，其屬下皆稱之曰「大人」，即旁觀亦從而和之曰「大人」。不知所謂大人者，必具非常之才，建非常之業，生則為英，沒則為靈者也。何居乎有建祠立像之餘，依然仍沿此稱者？甯郡西門內巷子衕中有西洋寺焉，其殿後供奉八大人像，冠裳整肅，翎頂輝煌，赫赫威儀，皆作本朝裝束。旁有似長隨模樣者數像，環侍其側。案上則茶甌煙管，陳設琴瓏。人見其奕奕如生也，以為官憲升堂，赫聲濯靈，動人敬畏。及即而視之，始知堂皇高坐者，實係非人，不覺大驚；往往有因以成病者，禱之輒愈。好事者遂附入五都神之下，馨香奉祀，致恪致誠。意者八大人必有功德在民，故能動人謳思也。特不知祀典亦曾載及否耶？〔威儀赫奕〕

3022	原 346/3	廣革 10/75	大 10/192

七死一生

廣東惠屬博羅縣鐵場鄉係朱姓聚族而居。族中有姊妹行者八人，同聚一室，心性相投，遂結金蘭之契，死生與共，有同心焉。一日，女伴出游，見方塘中浮一雄雞，以竹竿挑起，攜歸畜之。越數日，尋雞者踵至，女伴允還之，而告以前情。失雞者不信，始而諷，繼而詈，終出穢語以辱之。八女聞之，以為大辱，誓不欲生，遂相約同死；又恐臨死時，或有畏縮不前者，乃以帶互相連綴而繫之。則死時之身既聯貫而去，即死後之魂，亦並肩攜手而不患相失也。相約既定，八女遂乘夜潛出，至前雄雞浮水之處，將就溺矣。諸女衣服若一，皆係棉布為之，惟一女獨穿夏衣。諸女伴以其異己也，促令歸而易之。此女至家，心忽悔悟，畏葸不敢復往。七女待之良久，不至，乃投塘死焉。迨各家父母知之，撈屍殮葬，痛淚頻揮。君子謂七女之死，其情可憐，其愚亦不可及已。〔命若〕〔鴻毛〕

3023	原 346/4	廣革 10/76	大 10/193

雷殛石獅

雷霆震殛，或人或物，時有所聞。論者每以陰陽果報說繩之。然人物皆有生機，或至罪大惡極，為天地所不容；若塊然頑石，復何能為，乃亦難免一震之威，不亦可異乎？寧國府城內有鼈峰焉，兩旁有石獅一對，屹然並峙，頗為一郡勝跡。《宛陵郡志》詳載之，謂此獅雖係石質，而擊之則作銅音；閱數百年之久，風霜剝蝕，巋然獨存。六月初十日，忽黑雲潑墨，大雨傾盆，豐隆君大奮神威，霹靂一聲，頓將二石獅同時擊碎。所最奇者，石中水流如血，不知何來。里人莫不疑訝。是豈物之存亡，亦有數存耶？抑如西國格致家所謂偶觸電氣耶？〔天竟何心〕

3024　原 346/5　廣革 10/77　大 10/194

虛室生花

秣陵某邨有舊宅一所，為某甲之產，塵封蛛網，闃無人居。其中廳事三楹，既高且大，向扃以魚鑰。每屆歲時伏臘，為族眾聚會之所。今歲夏五，廳中忽作異響，鄰人聞之，驚以告。甲啟而視之。甫入門，即聞奇香撲鼻；及蹤跡之，則見廳屋中樑柱、窗檻以及凡屬木者，無不發葉生花，馥郁滿堂，不數奇葩異卉。且木已枯槁，觸處皆生葉，類蜀葵，色深碧；花大如盤，綠質紫章，狀如牡丹，深淺不一，花心深黃。映日則表裏明澈，芳氣襲人，味似沉檀，布滿室中，絕無間隙處。尤可異者，人或折之，則花葉立時萎化；而折處轉眼復生，不見痕跡。一時聞風來觀者甚眾，皆不知其名。是何祥也？敢以質諸博物君子。〔春意盎然〕

3025　原 346/6　廣革 10/78　大 10/195

孀婦奇智

河南正陽縣某甲，游手好閒，鰥居無偶，日以沾花惹草為事。比鄰某氏婦，文君新寡，頗擅丰姿。甲見而悅之，多方勾引。氏不為動。甲再四思維，心生一計，潛取素紙一幅，製作高冠，曝于庭際。事機不密，為婦所見，知甲弄此狡獪，必為己而設，一笑置之，潛即預為之備。至晚，甲峨冠博帶，塗面持繳，扮作無常鬼，昂然而入，直抵婦室。維時銀釭無燄，羅帳低垂，意彼姝香夢方酣，今夕當償素願矣。詎揭帳視之，見一紅衣婦披髮伸舌，耳、目、口、鼻狼藉血污；雙目灼灼，如欲攫人。甲覩此，不覺大驚，立時暈倒。蓋婦扮作縊鬼以待甲，所謂以子之矛，刺子之盾也。婦見甲已倒地，攬衣急起，呼集鄰人詳告其事。眾皆眥裂，執甲欲毆。審視之，則已氣絕。翌日，婦詣縣伸訴。縣尊驗屍後，嘉婦智節兩全，擬為之詳請旌表云。〔將計〕〔就計〕

3026　原 346/7　廣革 10/79　大 10/196

八哥知火

《傳》言：「鳥鳴于亳社，如曰嘻嘻。」宋國火災，鳥為之兆。此吉凶之先見者也。新會人王某畜一八哥鳥，已越年餘，剪舌能言，不啻隴山鸚鵡。每當家人聚語時，輒飛集其前，呀呀學語。王愛玩之。一日午後，八哥忽自言曰：「今夜有火。」王詢家人，鳥何時學斯語。家人皆曰：「不知。」至暮，八哥連呼曰：「火！火！」聲甚急。王異之，謂：「八哥祇能人云亦云，必不能獨自建白。今忽作此語，恐非吉兆。」令家人慎防火燭，復詣友人家，借得噴水筒，預為之備。至夜四鼓後，果有偷油鼠口銜燈草，燃及蚊帳，頃刻間火燄飛揚，延及樓板。王驚醒，亟以噴水筒激射；家人群相撲救，隨即熄滅。王甚感之，謂：「我之得以先事預防也，實賴八哥之力。」因令以金絲結成一釧，套八哥足，以旌其功。〔靈禽〕

3027　原 346/8　廣革 10/80　大 10/197

龜子請客

小東門外，一枝春街對面煙鴇大弟子及如意、巧雲等三人，為花叢之領袖，素有雌虎之目，無敢蹈其尾、捋其鬚者。同類廣東奶奶之龜子名小弟，及爛污阿寶之龜子名阿榮，與天津伶人結為十弟兄。以綠頭巾為傳家衣鉢，忘卻本來面目，轉至別家煙妓處尋歡。諺有「龜嫖龜，要罰三擔燈草灰」之語；蓋此中亦有一定規例也。如意之姘夫潮州人某甲，見龜子學作狎邪遊，嚴詞厲色，呵斥一番。龜子不以為然，與甲反唇相稽。甲邀大弟子姘夫天津人某乙及眾伶人，向小弟等評論是非。嗣經和事老排解，令在小東門醉白園陳設酒肴兩席，請潮州人大弟子等赴讌。龜子執盞，殷勤相勸，蝦兵蟹將，拇戰歡呼，至興盡而散。此兩席也，謂之謝媒酒不得，謂之合歡酒亦不得，則直謂之龜子請客而已。〔鯨吞〕〔牛飲〕

3028　原 346/9　廣革 10/81 右　大 10/198

無頭小孩

明季時，粵東有一人生而無頭，惟項下有小孔；其母不忍棄，滴乳養之。及長成，母教以織草鞋為活。無頭人與母相依為命。母死，無頭人項孔中噴血，日餘而亡，此異氣所鍾也。近有山西客民蘇某之妻，產一無頭男孩。夫婦見而大驚，以為形作刀頭之鬼，留之不祥，以灰盤醃斃之。蓋蘇妻當懷妊時，曾出外游行，偶經天字馬頭，適值駢戮數犯，棄屍于地，見而大驚，遂有此產。此古人胎教之說，所以令孕婦不可妄視也。意深哉！〔戾氣〕〔所感〕

3029　原 347/1　廣革 11/81 左　大 10/199

相士欺人

余某，不知何許人；自稱為唐舉子卿之流，奔走江湖，博得半生溫飽。邇復在粵垣珠環橋賃屋一椽，高談天庭地角；時或有中，遠近神之。有福州人胡某者，茶商也，連年運蹇虧本，聞余名，往叩之。謂：「何日可能致富？」余物色良久，復請其庚，算之曰：「否極泰來，財運不遠矣。只惜凶煞阻間，小耗當頭，未能如願。我當為君步罡踏斗，禳而除之。且需以金生金，如古人青蚨子母之術，非白金二百兩不可。」胡篤信不疑，遂忘其欺，如數與之。翌日復往，則門已扃鐍，人跡杳然。有詼諧者謂胡曰：「相士財運大至，今已改業他往矣！」聞者為之一笑。〔利令〕〔智昏〕

3030　原 347/2　廣革 11/82　大 10/200

女塾宏開

西人輕男重女，而女子之能事，亦不亞於男；讀書也，彈琴也，以及一切雜藝，無不與男子相若。人第見西國閨才輩出，而不知其童而習之，有由來矣。滬上為通商總匯，西人之挈子女而來者，實繁有徒。前年，某教士願宏樂育，因分別男女，於西童書院外，另設女童書院于本埠三馬路之西。凡繡閣嬌娃，瓊閨麗質，或年纔瓜破，或貌似花嫣，入塾優游，各攻一業。塾中女師嚴為督課，所訂章程，斟酌盡善；故各女童學業亦多竿頭日上，精進有功。某日為獎賞之期，由女塾師敦請各國閨秀蒞塾觀看，婷婷嬝嬝，一室怡然。君子觀於此，而知泰西閨秀之所以盛也。休哉，何坤化之大行歟！〔閨教綦嚴〕

3031	原 347/3	廣革 11/83	大 10/201

誤惹情魔

某甲，無賴也，游手好閒，遂以演唱淫詞小說為事。某日，在鄂垣長街某巷內，誘惑人心。有女郎七八人招之以手，給以青蚨百翼，使唱祝英臺、梁山伯故事。甲獨據高几，檀板輕敲，清音徐度。時正涼風吹袂，螢火沾衣，圍坐聽者皆興高采烈。有某女郎忽失聲大哭，掩袖入內，良久未出。其女伴急入臥室覘之，女郎方以裙帶繫于床楣，以頸相就。女伴大呼，相將抱下。詢其故。不答，惟長歎而已。女伴中有知其事者，言其十三歲時與某公子同學，年貌相若，情投意合，曾私定終身，以死相誓。公子屢託人商諸父母，其父母以門第故，不從。公子遂抑鬱成病而卒。殯後，女屢欲縞衣素裳，親往祭奠，亦格於親命，不得遂其志。自此每有感觸，輒尋短見。聞者傷之。然而此女雖深于情，亦太痴矣！〔視死〕〔如歸〕

3032	原 347/4	廣革 11/84	大 10/202

惡僧釀命

蘇州齊門內臨頓路獅林寺巷之獅林寺，為著名梵宇。其中小沙彌不下二、三百眾；游方僧之過境者，亦多于此掛單焉。寺之鄰近有壽器舖主某甲，年逾半百，僅生一子，年甫十二，聰明俊秀，品自不凡。父母鍾愛之。每當課讀餘閒，恆詣該寺隨喜。詎是月初五日，忽一去不回。甲頓失掌珠，情急萬狀，偵騎四出，蹤影杳然。及尋至該寺，得諸掛單僧房床後牆下，則已橫臥于地，一息奄奄矣。詢其故，口不能言，惟含淚指下體而已。視之，血液狼藉，知被惡僧姦污。方欲舁歸，已奄然而逝。父母撫屍大慟，向住持僧理論。住持僧以是晚掛單僧業已逸去，無從查究，浼人向甲緩頰。迄今尚未弋獲。或曰：此非掛單僧所為也。能破巨案而伸奇冤者，是在明決之賢父母。〔罪不〕〔容誅〕

3033	原 347/5	廣革 11/85	大 10/203

山魈搏人

山魈為患，古人惟製爆竹以驚之，從未有敢與人相搏者。甯波岱山康嶺地方，相傳有山魈梗路，人皆不敢夜行。有屠豕夫周某以膽氣自豪，其友某甲謂之曰：「若能于夜深人靜時，孑身過嶺，我當以盛筵款之。」周許諾，因潛約屠牛夫楊某偕行。某夜，各懷屠刀，持魚網，徑至東埠，果見一長人約三丈餘，面色深青，下嶺而來，見人欲攫。周以網投之，竟被擲棄。楊即出劏牛刀剁之，魈伸手徒搏，楊斬其一指，插于腰間。魈大怒，執楊縛之以網，懸諸松樹枝上。周急欲遁逃，亦被追獲，擲諸五里外山田中。比曉，二人始醒，次第歸來，惟楊身臥樹上，手足悉在網中，受困尤甚。幸有人援救，始得下樹。出視所斬手指，則檜枝也，粗如手臂。當楊之往也，豈不謂山魈可一網打盡；而孰知竟自投羅網哉！吾願世之設網者，咸以此為鑒。〔妖魅猖狂〕

3034	原 347/6	廣革 11/86	大 10/204

幼孩失勢

甯波奉化有甲、乙二家比鄰而居，頗相輯睦。甲婦生一子一女，女年十一齡，子僅三歲。邇以天時炎熱，婦抱子眠于窗口桌上；令女在旁學繡，順便看守。轉瞬，乙子年甫六齡，前來嬉戲。女忽欲如廁，囑乙子少坐，代為照顧弱弟。適旁有繡剪一把，乙子取而玩弄，欲試其鋒，苦無著手處。驀見甲子仰臥桌上，胯間白鳥鶴鶴，因就而剪之，應手而落。遂大喊一聲而殞。迨家人集視，詢悉情由，立將乙子控諸縣署。縣令謂兩小無嫌，誤傷人命；命將乙子縛坐檻車，遍遊街市，旋議解詳郡尊。不知高坐堂皇者，若何判斷也。或謂童子何知，何處不可嬉戲，而必著意于其勢者。意者殆亦有夙冤耶？所望凡為父母者，尚其于保抱提攜之外，加之意哉！〔小人命〕

3035	原 347/7	廣革 11/87	大 10/205

悍姑虐媳

溫州永嘉高盈里某煙館係某甲所開，一妻一子，生計裕如。去年，甲病故，婦以文君新寡，不耐孤眠，遂與其夥阿奎有染。久之，鵲巢鳩占，不避嫌疑，居然鰜鰜比翼矣。甲子年未弱冠，婦為納一童養媳，小家碧玉，丰致嫣然。婦即令伺應煙客，藉廣招徠；而女夙嫻閨訓，背人啜泣，淚下沾巾。婦知之，怒其觸己也，時作當頭棒喝，并以煙扦燒紅，刺其手臂。女吞聲忍氣，不出怨言。一日，又觸怒於姑，立將女髮抓住，以開水一壺，如醍醐灌頂，淋漓而下。時值炎暑，霎時間肌膚潰爛，痛楚欲絕。阿奎復助紂為虐，按住手足，使不能掙扎。旁觀者咸抱不平，告知女之母家，由女母控縣。縣尊惡其殘忍，判將阿奎笞臀五百，婦掌頰三百。一時人心為之大快。〔全無〕〔心肝〕

3036	原 347/8	廣革 11/88	大 10/206

遊園肇禍

滬北泥城外張氏味蒓園，亭臺樓閣，位置天然。曩年問津者尚少。自園主人刻意經營，茶寮也，煙榻也，酒筵也，髦兒戲也，一一佈置，色色俱全；於是游客紛紜，如蟻附羶，如蠅逐臭。向之競趨於愚園者，今已絕足不至；或偶一至，而仍回張園行樂者有之。論者謂生涯之盛，主人之心計有以致之；要亦關乎地氣之旋轉有時，盛衰有數也。日者，有某少年挾其婦，乘四輪轎式馬車至該園游玩；行至荷花池畔，馬忽驚躍，以致跌入池中。園主人見之，高呼諸馬夫至，幫同援救，將粲者由車中曳出；甫經登岸，立足不牢，一欹側間，重復跌下。迨援登彼岸，夫婦二人已帶水拖泥，宛如落湯雞矣。有識者乃歸咎於婦女不宜輕出閨門，是也。然吾獨謂該園荷池畔亦宜圍以欄杆，免致偶不經意，傾跌堪虞。質諸主人，以為何如？〔伊誰〕〔之咎〕

3037	原 347/9	廣革 11/89 右	大 10/207

捕遭賊騙

重慶千廝坊有某甲者，老捕快也，歷破巨案，頗有能名。向開煙館於城門口，生涯頗不落寞。一日，有某乙者口操成都音，短褐不完，窘形可掬。自言係江湖拐子，手段頗高；今有一宗生意，若得母錢一串，可得子錢十串。然非衣履整潔，亦不能去；有能信我者，攜手同行，不啻探囊取物耳。甲惑之，欣然允諾，徑取衣服與錢相付。日暮，同行至某燭舖，買香三枝、紙捻一根，持至某錢舖旁，語甲曰：「爾可持香至斜對過巷口。見我足入舖，即燃紙捻，焚香以待。」甲從之，立候良久，不見其出，始知中計，懊喪而歸。三十年作老娘，一朝為倒繃孩兒，某甲能無愧殺！〔嗒焉氣喪〕

3038	原 348/1	廣革 12/89 左	大 10/208

見利思義

粵東增城廖村某甲，以耕種為業。數年前，在田隴畔見瓦缶，藏有朱提製成牛舌形者約數百兩；自以無故而得多金，恐於己不利，仍掩埋之。未幾，鄉中紳耆以祖祠年久剝蝕，謀醵資修之。甲言於眾曰：「如伯叔兄弟有欲興建此祠者，某雖貧，願毀家助之。」族中某富室誚其大言，曰：「汝能捐十金，我當助百。」甲曰：「無戲言。」曰：「然。」甲乃自署百金，謂富室曰：「我助百，則汝助千，毋食言也。」富室以為妄，笑應之。翌日，甲攜鋤掘銀，果以百金送祠。富室大驚，商於眾，減助五百金，而其功以成。如甲者見利不動，見義勇為；能以驟獲之資，留以有待。誠加人一等哉！〔不貪〕〔為寶〕

3039	原 348/2	廣革 12/90	大 10/209

巨鐘新製

自鳴鐘創始於西歷一千三百七十九年。有德人名威克者，製以供法皇嘉利斯第五宮中所用。此為西國製鐘之始。自是以來，造鐘表者日多一日，靈心妙製，層出不窮。就其大者言之，如滬上法工部局、徐家匯、虹口天主堂、學堂、跑馬廳等處，皆有大自鳴鐘按時錘擊；惜其聲不甚宏亮，未能四境之內，無不傾聽也。江海北關設在滬北英租界黃浦灘上，規模宏敞，輪奐聿新。近日新造鐘塔一座，屼立中央，高聳霄漢；並向外洋購運大鐘，安設其上。此鐘每開一次，可走八日。計大小鐘共有五架，權之，約重五千八百八十斤。報時者最大，其聲甚洪，與工部局之警鐘不相上下。報刻之小鐘，聲如洋琴，悠揚可聽，亦可遠聞數里。且四面皆可望，夜間則燃點電氣燈，照耀如晝。每錘擊時，臨風送響，如周景王之無射，噌吰鞺鞳。不獨租界居人既便于流覽，即浦江十里，賈舶千帆，水面聞聲，亦有入耳會心之妙。不誠大有益於斯民哉！〔聲聞于外〕

3040	原 348/3	廣革 12/91	大 10/210

書生獲賊

甯波西門外灣頭吳家橋地方有范姓書館，生徒十餘人，絃誦其間，歷有歲月。其屋後係公家塚地，厝棺纍纍，白楊衰草，時露青燐。常有賊匪刨棺盜物之事，鄉民不敢報案。因此匪膽愈熾，殘骸遍野，收拾無人，殊為可歎。館徒中有年稍長者五人，屢聞其事，各懷義憤；欲為之聲罪致討者，非一日矣。槐黃時節，塾師應試棘闈。李生遂約同學數人，黑夜詣塚地巡視。歷時未久，即捕獲一賊，擁回館中，命膳夫縛柱上。賊審視良久，問曰：「捉我之巡勇何在？」李生曰：「捉汝者我也，有何巡勇。」賊歎曰：「今而知鬼不可侮也。頃見巡勇二十餘人，故不敢動；君等雞肋，能當吾老拳乎？」李生以其知悔，釋之使去。以書生而動公憤，毅然以捕賊為己任；固宜死者感德，生者欽心。乃自我獲之，自我釋之。以殘及枯骨之人，不為之送官究治；賊之幸，抑亦骷髏之大不幸也！彼書生不足責，南面者何竟一無聞見耶？〔其志〕〔可嘉〕

3041	原 348/4	廣革 12/92	大 10/211

牛遭雷殛

粵東南邑神安司鍾村李某，農家者流也；有牛五頭，常令牧童牽往荒郊，俾資芻牧。每當跨背歸去，扣角狂歌，野趣優游，怡然自得。某日清晨，牽牛至此，忽風雨驟至，霹靂一聲，如天驚石破；頃刻間將童攝起數丈，落於平陽，幸獲無恙。起視大武，則三牛已轟斃，兩牛跪於地上，絕無傷損。見者群相驚異，謂牛有何罪，而顧上干天怒耶？嘗見小說中言某農家豢一牛，碩大肥腯，忽被雷殛。眾大疑。俄而，牛背忽現字跡，謂此牛係秦檜轉身；故雖墮畜類，猶難免天誅也。然則，今之所殛，冥冥中殆亦有故歟？而何以五牛同聚一處，生死判然，一若顯示其罰也。嘻，異哉！〔物有何罪〕

3042	原 348/5	廣革 12/93	大 10/212

法官捉妖

鄂垣保安門外十字街有韓某者，羽衣鶴氅，日以念咒捻訣為生。邇因弟婦某氏孀守閨門，被妖作祟，請得法官數人至家捕捉。法官隨書符數道，命封前後戶，又焚符請神，將菈壇鎮宅。堂上高燒紅燭，案頭盛陳牲醴；法官則披髮使劍，禹步踏罡，口中念念有詞。逾時，以齒嚙舌，噴血成紅雨，偕其捧罈之侶，躍入寡婦房中，即聞閣閣作蛙鳴聲。法官遂云：「妖已入罈矣！」以符封口，攜之而出，語韓曰：「根株已絕。今而後，庶可高枕無憂矣。」韓大喜，厚酬之而去。杭諺謂：「王道士捉妖，有髮無法。」如韓者不能自捉，反請法官，其真所謂有髮無法者歟？〔具大〕〔神通〕

3043	原 348/6	廣革 12/94	大 10/213

醉舞墮樓

澳門人某甲喜杯中物，兼嗜狹斜游，與其友乙、丙評花醉月，朝夕過從，頗稱莫逆。每當聯袂偕游，興高采烈，往往飛花令到，百罰不辭；少女謎成，雙關為笑。見者皆目為翩翩俊侶，而不知其為市儈之俗骨也。一日，甲招邀舊侶至新填地街某私寮。迷樓既登，此心先醉，可人呼得，遞勸深杯。適是夜天氣酷熱，調冰雪藕，猶苦涼意全無。甲酒至半酣，漸覺肉屏不耐，因起坐於樓窗畔，披襟當風，快然自得，高談雄辨，醉而愈豪；頓忘容膝之外，即下臨無地也。一時頓足起舞，不覺飄墮下樓，戛然一聲，至前街而止。同儕急往撫視，已頭破血流，罔知人事。舁往醫院求治，已云不救。俄即隨劉伶、阮籍把臂而去。說者謂：「王郎酒酣拔劍斫地歌莫哀，何等激昂慷慨。甲何人，斯貿焉起舞，其不至樂極生悲也幾希！」〔一落千丈〕

3044	原 348/7	廣革 12/95	大 10/214

巨蛛轟斃

南田明遠山為明季張兵部煌言抗命效忠，設瞭望遠之地。該處西望象山石浦，東望南洋島嶼，均一目可了。秋初，紅船武弁梁姓將陟山望盜，雇土人為鄉導，至山下，見白光十餘丈，皎若練絹，土人驚曰：「蜘蛛出矣！不可登矣。」蓋山上有蜘蛛，不知其大小，飢時求食，則張網於路，遇人畜在數丈外，即可吸食。梁乃回舟，取扛炮火箭，並各軍器，向之轟擊。俄頃，光斂練燃。梁得登山，旋命軍士拾取餘練，審之如布，喜曰：「以此作金創藥，較別劑更良。我今得之，何幸也。」於是軍士四處搜尋，瞥見巖洞口一物，大如巨竟，身中數洞，血肉模糊而死。蓋即所謂蜘蛛也。一旦除之，不誠蒼生之福哉！〔為民〕〔除害〕

3045　原 348/8　廣革 12/96　大 10/215

燕磯蟒異

燕子磯屼峙江上，旁多山洞，幽深繚曲，人跡罕逢。山下茅屋數椽，半係鄉人居住。秋初某夜，某鄉人起溺，忽見長空橫臥一物，自東而西，若巨木然。鄉人私忖是處素無此物，今何來耶？呼人起視，見一物斑剝陸離，光彩耀目，蜿蜒數丈間。僉曰：「是蟒也。」蟒見人，亦遂盤旋而去。惟聞江水淜湃有聲，已不知蟒之何往矣。相與驚詫而歸。按蛇之最大者為蟒，故《爾雅・釋魚》稱之曰「王蛇」。僕謂蛇類甚多，荒野之地，時有所見。其與人相遇，本係適然；人亦當以適然處之，何必群相驚異，過與為難，轉致有激則生變之虞。無如鄉愚無知，一呼百應，譁噪異常，甚至禍及噬臍而不悔，不亦大可憐耶！今幸此蟒見機而作，尚不為患耳。不然，彼鄉民將如之何？故曰：見怪不怪，其怪自敗，古人之言，洵有至理也。〔蜿蜒山際〕

3046　原 348/9　廣革 12/97 右　大 10/216

路鬼揶揄

雲陽之山，蹊徑幽僻，樹木叢深。相傳其地有鬼魅梗路，夜行者咸有戒心。一夕，有某甲膽素怯，踽踽而行，倏經是處，心搖搖恐鬼之驟至也。俄有一人迎面來，甲心急足違，黑暗中不辨誰氏，大呼曰：「鬼！鬼！」其人亦呼曰：「鬼！鬼！」互扭不解，喧鬧片時。後有一人踵至，謂之曰：「夜猶未半，何得有鬼。」勸之釋手，各問姓氏，則素所相識者也，不覺啞然失笑。於是三人攜手同行。未及半里，忽後來者大笑曰：「二公真雅量，如僕之鄙陋，亦能相容。」二人急回顧，則見其人身長二丈餘，面色黑白參半，相與大驚而逃。夫某甲初以不識人而誤認為鬼，繼則既見鬼而猶信為人。人鬼之間，可不辨哉！是故君子貴在識人。〔目不〕〔識人〕

3047　原 349/1　廣木 1/1 左　大 10/217

解元老爺

槐黃時節，各處省城士子雲集，莫不意氣揚揚，以解元自命。鄂垣有某生者，初次至省，一日短衣蒲扇，偕二、三友人彳亍街頭，藉豁眼界。不意行至古樓，人多擁擠，忽遇鄉人某甲肩荷一擔貿貿而前，誤撞某生之臂。某生大怒，立將甲扭住，批其兩頰，大罵曰：「何物老奴，敢撞吾臂。」旁有一生，復指生而謂之曰：「此係本科解元老爺，爾宜服罪。」甲聞言，叩頭如搗蒜，且曰：「小人不知老爺駕到，誤撞老爺的臂，罪該萬死。望老爺恕我這目不識丁的窮措大。」某生乃釋手使去，一時聞者傳為笑談。〔貽笑〕〔大方〕

3048　原 349/2　廣木 1/2　大 10/218

假冒翰林

湘人某甲，無賴也，館於鄂垣湖南會館中。自稱曹姓，係玉堂金馬中人，因進京過此，遍謁督、撫、司、道衙門。譚中丞疑之。時有何君詩生丁憂卸任，館於鄂，素以繪事名。甲聞之，持扇索畫。何君見甲，亦疑其有詐，欲試之。因擇日邀甲赴宴，先延由京到鄂人員數名，以待識認。有陳君曼秋者亦與焉。及甲欣然而至，何君迎入上坐，晤談數語。陳君於屏後突出，責甲曰：「無恥之徒，今又改姓曹氏耶？」甲將欲強辨，陳歷數前愆。甲始低頭無語。何君遂飭人執送江夏縣懲責。蓋甲于前年曾在京城冒充翰林，招搖撞騙；被人識破，送交刑部，飭差押解原籍。時陳君宦於京，因念同鄉之誼，代為緩頰，始得釋歸。及陳君以主事請降知縣，部選湖北宜都縣知縣。將赴鄂，道經申江，又見甲在某客棧私充翰苑；復嚴責之，令速回籍。甲諾諾而去。初不料由申至鄂，尚敢復萌故態也。甲之復遇陳君，殆天奪其魄歟？〔怙惡不悛〕

3049　原 349/3　廣木 1/3　大 10/219

輕狂受辱

某少尉聽鼓金陵，宦囊頗裕；慕秦淮燈舫之盛，招邀賓客，泛乎中流。某公子亦在座。吳姬越妓，侑酒徵歌，頗相得也。及酒酣耳熱，諸客各攜意中人，舍舟登岸；惟少尉與公子尚在木蘭舟上。忽對面鷁首，飛來粥粥群雌，令人心醉。中有麗人年近二十許，著藕色衫，臨風閒眺，眉目含情。少尉不知誰家眷屬，評頭品足，信口詼諧。未幾，拍掌曰：「倘與若箇女郎銷魂真箇，僕將終老是鄉，不復攀凡葩于塵世矣。」一語未終，公子忽以巨靈掌擊其頰；少尉不解其故，亦以老拳回敬。公子愈怒，遂將少尉推倒，按胸捶臂，摧折一番。招招者不敢勸解，飛告諸客，始得解紛。細詢巔末，乃知向所見者非他，即公子之瀛眷；著藕色衫者，其小星也。疑少尉有心輕薄，故惱羞變怒也。錄之，以為輕狂者戒。〔該打〕

3050　原 349/4　廣木 1/4　大 10/220

釘關宜毀

佛家有所謂立釘關者，其法先製釘關一具，高約丈餘。關內密布鐵釘，關外有鎖百餘把，或金，或銀，或銅，或鐵，或鉛。有願開其鎖者，須言明樂助捐款若干。禿奴故智，久已不值識者一笑矣。日者，有僧四五人置一釘關，由楚載至杭垣。聲稱長安五峰山擬建造如來大殿并韋馱殿，經費浩大，須集成巨款，方能興工。因遍粘募啟，擇於七月初一日進關，立釘關七日云云。屆期往觀者，人山人海，見該僧年約五十左右，身材短小，有類侏儒，其徒三四人肩荷竹筒，以木槌擊之，周游街市間。事為上城保甲總巡盧大令所聞，立飭差役拘提到案，毀其釘關，著掌頰二百下，逐回原籍。一時見者僉謂佛法不敵官法之大，向該僧揶揄之。彼佞佛者，不當憬然悟哉！〔黜邪崇正〕

3051　原 349/5　廣木 1/5　大 10/221

巨蛇吞豕

《山海經》載：「巴蛇吞象，三年而出其骨。」予嘗疑之，孰意證諸近事，竟有大同小異者。粵人金元生賃屋於梧槽地方，家有一婦，以植圃豢牲為業。圃中有剛鬣公一頭，最稱博碩肥腯。某夜，金夫婦方就寢，忽聞猪鳴聲甚慘，如遇屠宰一般。心異之。祇以睡思朦朧，不遑起視。詎翌日晨起，不見有豬，惟鉅蛇一尾，其腹隆然，橫臥猪欄之外，已不能動彈。因想該豕定遭蛇噉，呼集鄉人，將蛇擊斃。奏刀宰之，果見蛇腹中有一豕，全體具在，而生氣毫無矣。聞此蛇長十有三英尺，乃因口腹之故，致殺其身，何其不知量也。世有圖飽口腹而貪得無厭者，盍以此蛇為鑒。〔流毒〕〔孔長〕

3052	原 349/6	廣木 1/6	大 10/222

誤僧為尼

蕪湖江夏里口有美國女教士數人，賃屋而居，高據講壇，談經說法。時有一少年禿子貿貿然來，隨眾聽經，頗似解意也者。西婦默識之。越日，行經洋關後面，適該禿子倒臥道旁，云係發痧。西婦以為尼也，見而惻然，命人舁至己宅，投以藥餌而愈。禿子感激涕零，自稱係江西某庵主持；由白下受戒，回經此地，貧病交攻，務求援手，俾得常侍左右，共參妙道。西婦大喜，遂留之，令幫司縫紉，固不疑其他也。一日，西婦聞其心腹不時作痛，親自偕往弋磯山福音堂西醫院內診治。西醫司君令其解衣察脈，禿子甚為羞縮；迫之，則廬山面目全見，蓋尼而僧也。司君大怒，立批其頰，再叱令傭工執送蕪湖縣懲辦。邑尊惡其惑世誣民，判笞數百板，荷以巨枷，期滿遞回江西原籍。〔雌雄莫辨〕

3053	原 349/7	廣木 1/7	大 10/223

煞神被弄

《隨園筆記》云：淮安李姓者與妻某氏琴瑟頗調。李年三十餘，病亡已殮矣。妻不忍釘棺，朝夕哭泣，啟而視之。故事民間人死七日，則有迎煞之舉。雖至戚皆迴避，妻獨不肯；置子女於別室，己坐亡者帳中待之。至二鼓，陰風颯然，燈火盡綠。見一鬼紅髮圓眼，長丈餘，手持鐵叉，以繩牽其夫，從窗外入。見棺前設酒饌，便放叉解繩，坐而大啖；每咽物，腹中嘖嘖有聲。其夫摩撫舊時几案，愴然長歎，走至床前揭帳。妻哭抱之，泠然如一團冷雲，遂裹以被。紅髮神競前牽奪。妻大呼，子女盡至。紅髮神踉蹌走。妻與子女以所裹魂放置棺中，屍漸奄然有氣；遂抱置臥床上，灌以米汁，天明而蘇。其所遺鐵叉，俗所焚紙叉也。復為夫婦二十餘年，妻已六旬矣。偶禱於城隍廟，恍惚中見二弓丁舁一枷犯至，睇之所枷者，即紅髮神也。罵婦曰：「吾以貪饞故，為爾所弄二十年矣；今乃相遇，肯放汝耶？」婦至家而卒。〔說鬼〕

3054	原 349/8	廣木 1/8	大 10/224

煙館知幾

金陵城南有邗江人某甲設立一肆，與某剃髮店望衡對宇。甲有妻某氏，二九年華，丰姿綽約。待詔某乙垂涎之，而未得間。一日，遇婦澣衣，偶遺手帕於地，乙俯拾之，而婦猶未覺也。未幾，甲之表兄某至該店整容，聞乙談手帕事，頗涉褻褻，盡情告甲。甲疑之，歸以詰婦；始而詈，繼而毆。婦百口莫辨，大遭挫辱，憤不欲生；至晚間潛購阿芙蓉膏吞服，仰臥榻上以待死。迨甲查知，亟延醫灌救，候之良久，見婦神色無異，疑之。覓得殘膏涓滴，以舌試之，先苦後甘，異而詢諸煙膏店，始恍然大悟。蓋婦往購煙時，淚痕如漬，擲青銅三百，曰：「愈多愈妙！」店主知有別故，以己所服參耆膏誑之也。甲感謝而歸，始知鑷工之詐，而婦之冤乃白。噫！庸夫愚婦，偶因細故忿爭，輒尋短見，以紫霞膏為畢命之具，致墮枉死城者，何可勝數。苟各煙館皆能如該館之隨機應變，其救人當亦不少。故吾欽該館主之用心，而冀同業之交相勸勉焉。〔救人一命〕

3055	原 349/9	廣木 1/9 右	大 10/225

大棗療飢

瓊山人章某，年逾大衍，讀書不慕榮利；性好遊，聞有佳山水，輒欣然願往，逸興所至，時有留題。去秋，因慕定安碧翠峰之勝，裹糧而往，日行夜宿，不敢告勞。嗣以餱糧不繼，循路而歸。詎過峻嶺時，背囊忽墮絕澗中，糧盡失；無以為計，隨路四望，冀得山果療飢。行半日餘，無所得，心煩意亂，不覺失途。時日將西墜，遙見十數丈外有樹，離離綴霄，映照紅鮮，急往援之。果實如棗，形類王瓜，較荔枝色香味，尤稱三絕；食至兩顆，即已果腹，復摘十數顆而歸。其友聞而慕之，問徑而往，杳無所見。然則安期生食棗如瓜，今而後，不得專美於前矣！〔海山〕〔仙果〕

3056	原 350/1	廣木 2/9 左	大 10/226

借書笑柄

借書三豨，古人已先我行之，原為風雅之事。乃金陵人某甲，則有異已。先是甲欲借《三國演義》一部，託其友向藏書家代借。其友亦胸無點墨者，直書之曰《三國志》，修函而往。藏書家因檢陳壽《三國志》付之。詎甲見之，大為驚詫，謂此非善本，予不欲觀，即使其友還之，而譏以惡語。藏書家因復出《演義》付之，曰：「子所借者，毋乃是乎？然此為《演義》而非《志》也。」借書者大慚，歸咎於甲，甚至角口之下，繼以角力，血流披面，欲赴江寧縣署呈控。聞者無不掩口胡盧云。〔強作〕〔解人〕

3057	原 350/2	廣木 2/10	大 10/227

龜鴇遊湖

秦淮燈舫之盛，六朝以來，濫觴已久；然只容名士清游，未許俗人踵武。近日刀筆之流，碩腹之賈，雜遝其間，已為山靈所竊笑。不謂愈趨愈下，竟足令人噴飯。某日，有畫船一艘蕩漾中流，中坐男子四五人作葉子戲，旁列中年婦二三，蓮船盈尺，往來彳亍。初不解其誰何，及諦視之，上坐者龜，旁列者鴇也。未幾，雙槳搖來，直入笙歌叢裏；個中人高談闊論，旁若無人。遊客大怒，呼健僕往縛之，毋令踹躝者漏網；一唱百和，人聲沸然。龜鴇大駭，環跪艙中，叩首如搗蒜。自稱並非泛棹納涼，因雇此船作盂蘭會，僧侶未到，先在此舖設一切，懇求寬恩免究。榜人亦代為緩頰，眾客始麾之使去。非然者，山溫水膩之鄉，不幾為曳尾鏦羽者所玷辱哉！〔涇渭〕〔不分〕

3058	原 350/3	廣木 2/11	大 10/228

山神靈異

新嘉坡峇厘附近有佛山焉，山上供一神像，靈應異常。相傳欲登此山者，一至山腳，即當步行；否則便有千百獮猴前來騷擾。有閩人李某侍叔來遊，自騎良馬一匹，按轡徐行。比至山腳，叔告之故，令速下馬。李因欲覘其異，故意遲遲。正據鞍顧盼間，忽猴子六七十頭，自山上狂奔而下，或執馬足，或拉人衣，圍簇叫號，不勝其擾。李乃舍馬而步，而圍仍不解。其叔笑謂猴曰：「若殆欲以物贖罪耶？」眾猴聞之，擾稍緩，群相跳舞，一似喜其解意也者。適有賣糕者至，叔遂呼而購之，奈衹剩十餘枚，其數不敷。乃命歸取，而以所剩糕置於地下，各猴守之，無敢或攫。俟賣糕人復至，始各持一枚而散。說者謂猴性最頑，見物即攫。今能守候均分，無相侵奪，意者果有神物憑依之歟？未可知也。〔因物〕〔為祟〕

3059	原 350/4	廣木 2/12	大 10/229

以酒餌賊

勾章白湖嶺下陳某耽於麴蘖，有舉觴欲封酒泉王之概；糾同志八人，擬青蓮學士醉八仙歌，第未能定其甲乙。中元節有五人飲於陳處，陳約日共集較量優劣。眾皆諾。陳恐不敵，先以鬧楊花浸酒，分儲三壺，置於廚下。次夜，有二劇賊越牆入內，燃用悶藥，翻箱倒篋，擇值錢之物，分包兩袱，攜至廚房。二賊因腹饑，思得一飽，見有酒有肴，坐而大嚼，未三杯而頽然酣臥。迨五更香燼，主人起視查檢，並未失物，家人已縛賊以待。陳施以解藥，賊醒乞哀。陳笑曰：「君與我同調也，第酒戶甚狹，而公然效畢吏部行徑耶？」賊崩角求饒，乃釋之去。某姓之贓，失而復得，皆酒力為之也。然則世之好吃白酒者，亦慮有成擒之日也哉！〔人贓並獲〕

3060	原 350/5	廣木 2/13	大 10/230

地下樓臺

日本東京牛込區町三丁目十六番雜貨商士族中川三吉，自其先為舊藩幕臣，居住此地已七十餘年，與十七八二番地相通。歷年來，其家恆有病晦，甚至三抱喪明之痛。論者咸歸咎於房屋之不吉，否則或為赤龍子暗佔。而精術數者則謂戌亥有古井作祟。主人中川君疑之，遂時向邸內戌亥一方徘徊審視，果於十七番地內探得一穴，如井戶然。掘之，則穴中側面又出一小穴。從小穴直進穴中，竟有住房數間，凡客房、內房、門房、棧房、廂房，無一不備。其構造之式已古，不知建自何時。或言昔年舊藩設此，以為避難之所。說似近理，一時遠近喧傳，聚而觀者不下二千餘人。都新聞社曾繪圖誌說，以誌其異。是殆伯有窟谷之遺制歟？春秋時已有之，今又何異焉？〔別有天地〕

3061	原 350/6	廣木 2/14	大 10/231

出爾反爾

粵東甯居里某娼寮有校書名順喜者，工顰善媚，姿態嫣然；與狎客某甲嚙臂盟深，願諧伉儷。不知者皆以有情人目之。詎甲金玉其外，敗絮其中，專以柔媚迎合妓意，心中實存叵測。妓既無慧眼，日與繾綣，促使脫籍。一日，甲謂妓曰：「吾計得矣，若深夜以繩為梯，由簷而下，直達通衢，予為外應，可脫也。果爾，卿得人而事，予亦不費多金，何妙如之？」妓從其計，至某夜更闌人靜時，度去紅綃，寂無影響。翌日，七十鳥知之，偵騎四出，高懸花紅五十元，冀得珠還合浦。未幾，即有報信者曰：「與吾花紅，吾為導，妓可得也。」如言往渡頭守候，果見妓乘四人肩輿，翩然而至。鴇大怒，立率蝦兵蟹將，一擁上前，曳妓出，執以歸而痛笞之，問何人主使。妓泣曰：「儂為甲所賣矣！」蓋誘妓逃者甲，領花紅者亦甲也。出爾反爾，人心果易測乎哉？〔無賴之尤〕

3062	原 350/7	廣木 2/15	大 10/232

良馬通靈

英大馬路一帶為馬車往來孔道，行人最宜留神。而童子無知，每有捷足狂奔，與馬車爭駛；以幸免為可喜，而不知不測之禍，即伏於須臾。予嘗見而危之，惜此輩頑梗難馴，無可勸喻。欲免此禍，惟有令巡捕隨處留意而已。日者，有某西人駕一馬車，風馳電掣，行經大馬路日昇樓茶館之西。適有幼孩年甫六歲，在路嬉戲，倉猝不及避讓，遽跌於地。幸馬性通靈，見地下有人，高舉四蹄，輕輕越過。孩在馬腹下未遭蹂躪，毫無損傷。該西人下車諦視，既驚且喜，始整轡而去。聞此孩係太豐水煙店主之子。當命在呼吸之時，其得轉危為安者，不可謂非如天之福。然苟非此馬善知人意，其不喪生於馬足也幾希。謂為良馬，誰曰不宜。〔仁獸〕

3063	原 350/8	廣木 2/16	大 10/233

武夫失色

金陵城北有某蘭若焉，基址本廣，兵燹後僅剩後進敗屋數椽。前面有曠地一區，邇有武夫數人在此練習拳勇；拋石鎖，舉石擔，紛紛擾擾，日以為常。寺僧心厭之，而未敢發也。一日，有行腳老僧入廟寄宿，問曰：「佛門清淨，何容若輩在此喧嘩？」廟僧告以好勇鬥狠之徒，難以理論，故隱忍久之。翌晨，習藝者復至，老僧出而止之。武夫譁然曰：「何來老禿，強預而翁事。爾受得何人一拳乎？」老僧曰：「僧耄矣，無能為也已，安敢與居士等交手。」武夫又曰：「爾能將石鎖、石擔移至何處，我等即至其處。」老僧曰：「願居士毋戲言。」遂將四石鎖、三石擔累疊，挾之行步如飛，大呼曰：「諸君欲置何處，僧人唯命是從。」眾武夫相顧失色，知非凡僧，乃分肩之，鼠竄而去。如此僧者，洵有神力者哉！〔相形〕〔見絀〕

3064	原 350/9	廣木 2/17 右	大 10/234

禿奴狡獪

蛟川江北朱姓家距城不遠，聚族而居，煙火相接。有三娘子者，貌姣美而性端淑，家無儋石。其夫肩挑雜貨，往各鄉兜銷，恆數日不歸。某日，天將黃昏，有一少年戴紗帽，披羅衫，挨身入內，謂：「三娘子可憐我日暮途窮，無可棲止。願借尊府暫宿一宵。」袖出番佛二尊，曰：「願以為賃屋資。」婦拒之。其人懇之再三，甚至長跽以請。鄰人某瞥見之，知非端人，曳之使出。不隄防髮辮掛於桌腳，忽焉脫落，則濯然一禿奴也。於是卸其衣，除其帽，飽以老拳，縱之使去。向使此婦拒之不堅，或見利而動，

有不墮其詭計乎？故居家者不可不慎。〔心存〕〔叵測〕

3065	原 351/1	廣木 3/17 左	大 10/235

虎避孝子

曲阜人徐某，習計然術，年逾而立，秉性肫誠，事父母能盡孝道。每在肆營生，恆數日一歸；歸必持甘旨以奉親，鄉里交推之。一日，接家信，知父被疾。時已黃昏，迫不及待，乘馬而歸。行至半途，馬忽跼局縮栗，若有所畏。馭者曰：「近處其有虎乎！」適月色微明，遙望數百步外叢薄中，果有一虎弭耳而過焉。蓋已見之，徐亦怖。然思親念切，強加鞭而往，卒獲無恙。君子謂為孝感所致云。〔人物〕〔相感〕

3066	原 351/2	廣木 3/18	大 10/236

奸商拔舌

潯陽城外某甲者，皖人也，夸詐性成，效壺公術以資餬口；自恃三寸不爛之舌，誘騙鄉愚，弋獲厚利。春間，有某乙誤購其藥，致入枉死城中。家人雖知之，而亦無如之何。一日，甲衣服麗都，獨行踽踽；陡發狂疾，喃喃自語。奔至武聖廟，向神前自批其頰；旋又伸手拔舌，駭汗直流，若有鬼神依附也者。司祝瞥見之，急為扭住，叩其故。言：「途中遇一狀貌猙獰者，謂被控有案，拘我至此；始知其人即係周倉，令我長跪神前。俄而，武聖大聲呵斥，謂：『人參雖係補藥，用或不當，易致殺人；今汝動託人參以弋重利。無論假者不足以奏功，即真者亦暗中殺人不少；乃猶鋪張揚厲，詡詡然自鳴得意。汝獨不知某乙已來此索命乎？』命周倉擊其足，拔其舌。我大驚而號，苦不能拒。幸蒙相救，故得更生。」言畢，猶覺股慄。司祝令甲詣神前懺悔，然後送歸。不知果能無恙否？信如所言，我不知滬上說真方、賣假藥一流人，其得免於拔舌者何其幸也！錄之，以作當頭棒喝。〔武聖顯靈〕

3067	原 351/3	廣木 3/19	大 10/237

戕及佛骨

粵垣城西華林寺為該處著名四大叢林之一。座中恭塑高宗純皇帝聖像，龍鳳之姿，天日之表；向離端坐，手持萬年青草一株。兩旁塑羅漢像五百尊。有奇形古貌者，有慈顏壽相者，有猙獰努目者。形狀各異，無一相同，皆以金飾之。相傳昔年祇園和尚卓錫京師，其寺中塑此以祝萬歲；因摹之以歸，特於華林寺內留此勝蹟。迄今入堂叩佛者，猶津津樂道之。不意有利慾熏心、不畏佛法者，竟因刻下金價昂貴，敢於佛身上肆行戕伐，蓋佛像皆係金身莊嚴法相。該匪徒於某夜潛入，將羅漢身上羌羅之手斫去百十餘臂，以為鍛煉得金，所得當不貲也。惟我佛尊嚴，迄今轉受肢解之慘。菩薩有知，將誰救此苦難也？〔菩薩無知〕

3068	原 351/4	廣木 3/20	大 10/238

蛟牛大鬥

順直此次水災，蔓延各處。聞有某村距城甚遠，蔀屋茅簷，鱗次櫛比，皆務農為業。當雨水暴漲時，居民岌岌可危，呼號之聲，震驚山谷。有鄉人見群蛟激躍崖谷間，摧峰破岸；觸處成淵澤，室廬如洗，田禾一空。大雨五晝夜不止。俄有牛數十出乎峻巔，乘流而下，與蛟鬥於山麓。時黑霧雲繞，火光迸射，經一夕乃霽，水得仍循故道。則一蛟長十餘丈，已死於岸上。鄉民群以為神，有奉牲致祭者。頃之，有龍見於雲端，首尾半露，萬眾仰觀。蓋化為牛而殺此蛟者，實龍也。乃知聖天子在上，百靈效順。苟非神龍化身，彼民其魚乎？惜是處地頗荒僻，無搢紳先生為之敘述稟詳，亦徒成一鄉之軼事而已。〔神龍變化〕

3069	原 351/5	廣木 3/21	大 10/239

奇男子

日本大阪江戶町掘北通道有奇男子焉，厥狀怪異，迥異常兒。其胸次又生一首，兩手環抱於大者之身，臍下則聯為一體。足共三，內一足在足跟，又叉為二，手共四而指皆九。啼哭乳哺，別無他異。見者皆歎得未曾有。當兒之未生也，其母某氏年甫三十，懷孕後腹大如五石瓠。論者咸目為孿生。迨至分娩，艱苦萬狀，幸經名醫奏手，始得母子俱安。說者謂是兒也，既有鼎峙之形，又得臂助之力，異日長養成人，何患不出人頭地。以視世上奇童，或以三足相誇，或以兩頭見異，不更兼而有之乎予？故標其目曰：奇男子。〔旁生〕〔側挺〕

3070	原 351/6	廣木 3/22	大 10/240

悖入悖出

甯波鄞縣馬快某甲，緝捕勤能，疊破巨案。顧性嗜阿堵物，每獲一賊，往往不予報官，有賄以不動尊者，即得逍遙法外。否則，必多方勒索，不遂其慾不已也。穿窬者銜之刺骨，而彼則厚擁資財。居然面團團有富家翁之概。有某乙者，箇中好身手也。聞其事，心焉不平；遂勾結外賊丙、丁二人，于某夜越牆而入。先燃悶香，使室中人都在醉夢之間；然後以硃墨塗臉，入房搜索，將其平日敲肌剝髓而來者，悉皆囊括而去。臨行，在壁上大書曰：「賊偷馬快，於事無害。若再不改，性命恐壞。」次日天明，馬快等甦醒，查檢所失，約值千餘金，深以為病，戒眾勿宣。古云：「貨悖而入者，亦悖而出。」其此之謂也夫。〔無施〕〔不報〕

3071	原 351/7	廣木 3/23	大 10/241

火蛇吞火

《神異經》載：「南荒火山中有火鼠，重百斤；毛長二尺餘，細如絲，可以作布。常居火中，色洞赤，織其毛以為布，名火浣布。」故火鼠之稱，人皆知之。他若火龍、火鴉之類，雖有其名，皆不常見。從未聞常山率然之屬，而亦有不畏火熱者。乃粵垣司後街之東頭地方，每夜輒有巨蛇蜿蜒而出，昂頭吐舌，如戲水雙龍。附近居民多有見之者，無不惕然以驚。某夜，更魚三躍，有賣熟食者弛擔其間。猛擊竹桶，閣閣有聲。正左顧右盼間，忽有聲如風雨驟至，直入洪爐熾火之中。驚視之，則兩大蛇身粗如兒臂，可七八尺，將炭直啖，隨吸隨吞，竟若不知烈燄之酷也者，蓋火蛇也。其人大驚，疾走而呼。一時街鄰聞聲齊出，立將兩蛇擊斃。於是毒害既除，行者可免叔敖之泣矣！〔別有〕〔肺腸〕

3072	原 351/8	廣木 3/24	大 10/242

控訴陰司

人惟不平則鳴。苟有冤誣，自有地方官公平訊斷，又何事控訴於陰司。蓋幽明相隔，人世間事固非冥冥中所得而知也。乃竟有舍近圖遠，反叩諸虛無縹渺之間者。何其愚也！皖垣撫標練軍某營勇，某日領得餉銀，持赴錢店易得洋蚨三枚、青銅數百；攜至三牌樓焦家巷地方，忽焉遺失。正疑訝間，回首見一婦人，挈一十餘齡之幼子；勇即向索失洋，婦茫然不知所對。勇欺其懦弱，肆行搜索，無所得；尚不自悔，欲令婦家賠償。幸婦夫趕至，又得好事者再三排解，令兩造購備香燭，詣城隍廟對神發誓。始得寢事。不知城隍神有知，將為之提案訊究乎？抑遂含糊了事乎？然營勇不法，已於此可見。神而有靈，當先治以誣控之罪。〔求神〕〔默鑑〕

3073	原 351/9	廣木 3/25 右	大 10/243

嗜蝨成癖

昔嶺南節度鮮于叔明嗜臭蟲，識者譏其不近人情。不謂遙遙千百年後，竟有與之同調者。甯波奉化竺翼雲乖僻性成，喜食蝨；每當飯後茶餘，常購蝨千百枚，泡以溫湯，略去穢濁，隨用熱酒沖服。或詢之曰：「此豈別有風味乎？」則曰：「是能活血，其功較勝洋蟲。倘日久不食，即覺心志不安。」蓋亦嗜痂一流人也。以人所最難適口之物，而彼竟甘之如飴。然則王景略捫蝨而談時務，又何足為奇哉！〔成何趣味〕

3074	原 352/1	廣木 4/25 左	大 10/244

歐西小女

歐西邊那士亞理士地方有女童名杜巴氏，年十有六，生而短小，自頂至踵，長一英尺有八寸；權其重，僅得十五磅。以及笄之年，而藐小如是，若再長數年，當亦不過爾爾。聞其父母本法國人，身軀皆極雄偉；而所生之女，偏類僬僥遺種，見者皆嘖嘖稱奇。或謂西人譚淡素以矮小得名；以女絜之，尚短一、二寸，其手腕僅得英尺二寸半。似此孱弱之態，異日若得聯成眷屬，不誠天生佳偶哉！特不知月老肯成全否？〔僬僥遺種〕

3075	原 352/2	廣木 4/26	大 10/245

羅漢出遊

羅漢殿幾遍天下，少則十八尊，多或五百尊，傀儡紛陳，金光奪目。雖其狀不一，而我佛有靈，究不知憑依何所。其有偶焉獲見者，豈非三生之幸哉！聞故老言，昔年常郡南門外端明寺，宋時所建大刹也；羅漢十八尊，耳目體態，宛轉如生。寺旁荷花池有白翁者，天乍明，乘曉涼種菜。見少年僧十餘眾，或浴於池，或歌於岸；既而各執荷花荷葉，相攜入寺。尾之至寺，門尚未啟。諸僧棄花葉於地，以次由門縫入。最後一僧，回首見翁，笑以蓮實一枚與之，亦入。翁攜歸，覺漸重；視之，則渾金所鑄也。平之，重斤許，由此起家稱素封焉。〔金身〕〔顯聖〕

3076	原 352/3	廣木 4/27	大 10/246

龍王造宮

昔聞先輩言，直隸永平府灤州河下，每年有神龍運木之事。頗涉荒誕，予初未之信。近晤灤州人鄭君新平，為言此事甚確，至今河上人猶或見之。蓋每屆龍王造宮時，先期在古北口狂風大作，將山中巨木拔起無數；然後由黃、白二龍挽運而來。每木百枝，一夜叉管守之。其木在水中鱗次櫛比，皆矗立空際，順風而行，上掛一紅燈為號。遠望之，如竹林千個，高聳雲霄。凡舟楫見之，皆寂然無譁，不敢相犯。有誤竊其木者，龍怒，風雨大作，波浪壁立，山石皆飛；立遣夜叉尋覓，必得之而後已。關外商人販木，相約待龍發水時，依附運行，神速無比。亦一異也。〔神通〕〔廣大〕

3077	原 352/4	廣木 4/28	大 10/247

三朵花

本年秋初，江右妖言四起。時忽有一道士，首戴紙花三朵，招搖過市，口喃喃好談仙佛語。庸夫愚婦圍繞爭觀，皆目之曰神人，求病問卜，相隨不捨。所過之處，屬耳目焉。論者紛然，亦不知其為何許人也。嘗聞《東坡集》云：「房州有異人，常戴三朵花，能作詩，皆神仙異談，又自能寫真，嘗作詩曰：『學道無成鬢已華，不勞千劫漫蒸砂。揭來且看一宿覺，未暇遠尋三朵花。兩手欲遮瓶裏雀，四條深怕井中蛇。畫圖要識先生面，試問房陵好事家。』房人咸稱為三朵花先生。又有一詩云：『戴花三朵鎮長春，進識元中不二門。醉裏自傳神似活，終當不老看乾坤。』後紹興初，江淮劇盜張琦亦稱三朵花，意欲冒其名以惑眾。」今該道士何亦師其故智耶？嘻，異已。〔矜奇炫異〕

3078	原 352/5	廣木 4/29	大 10/248

串月可笑

蘇州石湖以宋相范成大得名，別墅諸勝載在府志。今自庚申亂後，荒涼甚矣。八月十八日為「串月」之期，不知何所取義，其事亦殊屬可笑。是日宿雨初晴，畫舫笙歌，群集於此，遊船絡繹不絕，約有數百。竟有滿江紅峨峨大艑，容與中流，小輪船汽筒嗚嗚，馳駛湖際。又有鄉人弄刀弄棍，群擊鑼鼓助之，謂之「打拳船」。類多無理取鬧，於石湖煙景全不領略。堤上有行春橋，洞門凡九，上方山治平寺一塔亭亭；近則海潮寺、鑑湖閣亦小而有致。所奇者，游人皆不上岸，一若數千百人是日只準酣嬉水際者。日晡即歸，東舸西舫，無一留存。將串月之謂何，而一國之人皆若狂，何竟若是也？〔浪游〕

3079	原 352/6	廣木 4/30	大 10/249

蝟怪

陽武縣某村有小廟，神最靈。觸之殃禍立至，以故遠近敬禮。鎔赤金為眼珠，靈性亦範銀為之。有虞某者，負博不能償，乘夜著青蓑入廟，推神仆，盡攫其金去。明日，神附廟祝召村人至，告以被賊。眾叩竊者姓名，神曰：「睡夢中見一物青而毛。比醒，追之已杳，不知為何類也。」虞將金銀付質，連博大勝。不數月，所負悉復。心終不安，仍夜往還之。甫啟門，見燈燭輝煌，知為村人所陳牲醴，乃伏暗陬。少頃，神龕中一蝟長三尺餘，據案人立，引觴大啖。須臾，頹然伏案。虞頓悟憑神作威福者此也；逕前捉縛，負以歸。蝟醒，謂虞曰：「與爾無讎，如見釋，當以千金奉報。」虞不顧，趨妻沸湯，投釜加薪焉。香火頓絕，廟亦燬。〔刺刺不休〕

3080	原 352/7	廣木 4/31	大 10/250

法官墮廁

鄂人佞鬼，有病不知求醫，動延法官看視。而所謂法官者，亦遂以治病自命，罔顧害人。竊怪蒼蒼者何，不稍為示儆。乃竟有天奪其魄者，亦可為若輩戒矣！聞鄂垣山前徐公祠內有貿布黃某，早年抱鼓盆戚，近始憑媒說合，娶一再醮婦。未幾，黃某忽患傷寒，勢頗沉重。妻因循俗例，延請某法官至家窺伺。據言係黃之前妻及婦之前夫為祟，非設法除之不可。是夜，法官則法冠法服，手執七星劍，踏罡步斗，禹步作法；雜以鑼聲、鼓聲、口中念咒聲。良久，忽言曰：「天神降矣，鬼將安往？」言畢，急至後門，向外狂奔。不料，偶一失足，遽墮入廁。經人援之以手，始得起立，為之易衣而去。說者謂此輩妖言惑眾，貽誤病人，固宜飽嘗此木樨香味。乃身入危地，不能自救，轉賴他人救之，而謂其尚能救人乎？吁，謬矣！〔十年有臭〕

3081	原 352/8	廣木 4/32	大 10/251

白貓示變

宜昌城外劉氏有宅，廣廈如雲，向為紳宦賃居，人皆以公館稱之。惟居之者輒有怪異，白日現形，多方騷擾。前後處者皆以不寧徙去，究亦不知為何物也。今春有某大令挈眷而來，賃居是屋。雖擾者如故，以其不甚為患，且屋價較廉，亦姑安之。某夜，大令甫入臥室，呼其子篝燈課讀。忽其子見一物狀如貓，毛潔白如雪；自室突出，向外狂奔。子大驚而呼，隨出窺探。其母與姊持燈從之。大令聞人語紛紜，亦疾趨出視。甫下廊廡，惟聞砉然一聲，如天驚石破。則屋已頹然而倒。凡器皿、桌椅之被壓者，悉成齏粉矣。向非白貓示變，不幾同罹此厄哉？然則物之能為禍者，未必不能為福。古語云：「禍福無門，惟人自召。」洵然。〔禍福無常〕

3082	原 352/9	廣木 4/33 右	大 10/252

誦經致異

馮生藥畦入都，赴京兆試；道出阿城，止於旅舍。有老嫗持佛經一本，向生請曰：「君讀書人，求教誦數句，以便焚修。」生戲授以《中庸》「天命之謂性」三句，令虔心默念，當有奇驗。嫗拜謝去。馮匿笑之。及報罷出都，復經其地，遇前嫗。嫗喜曰：「活佛至矣！蒙授我靈咒，誦之一月後，夜中滿室光明。凡村中有怪病者，我往密誦百遍，病輒愈。」生不信，嫗導生至家，出黃豆一升置几上，復以空升並之。炷香合掌，默念一遍，則一豆躍落空升中；連誦數十遍，豆躍過如撒珠然。是豈此嫗積誠所致耶？然亦可見聖經勝於梵語也。〔誠〕〔則靈〕

3083	原 353/1	廣木 5/33 左	大 10/253

侮狐被弄

安徽石埭縣署後有樓五楹，終年扃閉，時有麗人憑樓凝眺。有紹興友桂某戲祝曰：「久慕芳容。如不嫌塵濁，俯賜援拾。」如是者屢矣。一日薄暮，方欲申祝，見樓窗內一美人妙麗如仙，一婢侍立亦娟好。桂欲上而苦無樓梯。尋思間，婢擲足布下垂，令桂緊繫腰際，拽以登。二女更番扯拽，未及樓而止。桂懸空中，搖搖欲墮。至曉，廚役見之，始梯而下。可為佻達之戒！〔自取其咎〕

3084	原 353/2	廣木 5/34	大 10/254

裝鬚冒考

江右某監生胸無點墨，銅臭薰天。年來有志觀光，遂於槐黃時節，逐隊而來，貿然欲應錄科之舉。有同輩為倩某生入場捉刀。生固寒於家而富於文者，不恤身冒不韙，冀博蠅頭以佐資斧之不足。顧某監生年逾不惑，繞頰鬑鬑，有目共覩；生則年少丰神，深為不類。不得已，潛購假鬚一具，靦然帶上，隨眾進場；以為人多時促，度無人焉識破廬山真面也。不意肩摩趾錯之餘，鬚被擠軋，突有垂垂欲下之形。事為學憲所見，知係頂名代倩者流；立即扣考，並將該生逐出，不予深究。人皆頌學憲之仁明。然以文學之儒，而效優伶之行，靦彼面目，不亦短鬚眉之氣乎？〔皮相之士〕

3085	原 353/3	廣木 5/35	大 10/255

向神借珠

湖北荊州府關聖廟神冠有辟塵珠一顆，大徑寸，光照一室。相傳唐武后所製。某年月朔，某中丞詣廟拈香，視珠不見；執寺僧問之，絕無消息。中丞怒，飭守令拏獲真盜。守令嚴比捕役，置其家屬四十人於獄。諸捕惶遽無策，乃往祝神，求示賊蹤，以便偵緝。中丞夜夢關聖來語曰：「珠係故友張文遠十七世直隸正定總兵某歸途無資，問我借典。某素重然諾，將必來還。」醒而異之，使人偵伺。未幾，某鎮果親至酬神上珠。中丞延見，風骨凜然。夫聖帝取友，必端生平。於曹氏諸將與張最契；其餘鼠輩，固不足數也。世閱多代，無異生平，區區一珠云爾哉！〔信義〕〔交孚〕

3086	原 353/4	廣木 5/36	大 10/256

岳襄勤公遺事

岳襄勤公幼時即有膽略。康熙三十二年，從其父敏肅公登州鎮署。敏肅以公事赴省，公偕把總張泰聯騎，腰弓矢，遊城北丹崖山，登蓬萊閣。見欄柱黏片紙，書「海濱有怪，游客宜慎」八字，墨色猶新。詰知為海中夜叉出噬行客。公喜，就酒肆擘牛脯酣飲。天漸晚，泰請回，公不從；乃攜斗酒、一牛髀，往海灘上席地引滿。明月徐上，海氣蒼涼。俄聞馬蹄蹙踏聲，則旗牌十人奉太夫人命尋蹤至，促公速回。公曰：「奈何令夜叉笑人，正好擒之，博吾母一笑耳。」顧謂眾曰：「不願留者速去。若夜叉出而去者，非岳家軍也。」久之，海水突高數丈，一黑人持槍登岸。公發二矢，皆中要害，若不甚覺；而一馬已為所啖。公怒，遽前奪其槍，黑人棄槍跳海去。迴視眾人，悉僵仆。呼泰，語亦不應。而大聲發水上，前怪牽群黑人皆手械躍出。最後一人高數丈，首若譙樓，面貌不甚可辨；但見兩目如炬。公發矢中之，狂吼一聲，怒濤矗立，月色頓闇。自顧手巨如箕，高與大人等，棄弓手搏，眾皆辟易。忽排槍聲甚喧，火光如晝；則城中百餘騎馳至矣。俱云遙見兩巨人對搏，一則頭似山峰削成，彷彿世所繪狻猊狀。細察辨，為公子。乃敢拖放火器也。公後以所獲槍賜親軍王習。習面黑多力，人呼王夜叉云。〔驚神泣鬼〕

3087	原 353/5	廣木 5/37	大 10/257

吃夢笑柄

金陵俗例，士子秋闈後，向有「吃夢」之說。蓋放榜之前，預糾同志數人，日赴酒家宴飲，另邀一前科孝廉為佐證。名曰「夢神」。所該酒資，俟揭曉後，由中式者歸償。本屆慶榜宏開，有士子六人邀某孝廉為夢神，至某酒肆宴飲。酒保聞係吃夢而來，勃然變色，謂孝廉曰：「諸君之夢，固有醒日；小店之項，則無還期。姑請他顧，莫再負累。」蓋去年孝廉曾為夢神，後因眾皆康了，還款無人，故有此語。孝廉未及答，六人者以為不祥，勃然大怒，毀其器，拘其人，送請保甲局懲辦。不期局員非箇中人，莫明其妙，謂士子曰：「僕觀諸公皆係清醒白醒，何必故裝作夢耶？如諸公真要作夢，何妨早早安眠，待至三更睡熟，自能領略黑甜風味。」眾知其不解，莫可如何，鬨然而散。或曰：「夢」字係「望」字之訛，取望榜之義也。〔口食〕〔是求〕

3088	原 353/6	廣木 5/38	大 10/258

登高致禍

重九登高，出之桓景。原不過為避災起見，後人不辨意義，競焉效之，已屬可笑；然猶曰雅人深致，不妨蹈故襲常耳。乃更有實事求是，多方造作，以登高而轉貽口實者。不獨為古人所竊笑；即問諸當躬，應亦自悔其無謂矣。甯波鄮西張生，性素乖僻，屋後空園大樹六七株，頗有干霄蔽日之觀。本年題糕節届，張預於前數日，度樹枝之高低，雇工架木，並在橫木上鋪之以板。布置既妥，即邀四五契友，憑高遠眺；杯酒論文，意甚得也。逾刻，又有四人踵至，復梯而上。方高談雄辨，樂不可支；忽聞格磔一聲，則以人多勢重，架木已頹然中斷矣。臺上主賓、僕從共十有二人，皆如亞夫將軍之從天而下。有二人竟占折股之爻，餘則尚無大害。噫！登高以避災也，今乃不能避災，而反以召災。世之好襲古人陳迹者，盍亦鑒諸。〔顛覆堪虞〕

3089	原 353/7	廣木 5/39	大 10/259

一角怪獸

昔有某明府遣僕張某，由靈寶回常州。因大路雨後泥淖，遂乘馬隨一役，由山後繞路而行。至一處，怪木森挐，亂石嶙峋，矗如刀劍；羊腸一線，詰屈甚紆。乃舍騎步行，忽見前路數人狂奔而來。問之。不及答，但揮手曰：「速返！速返！怪物至矣。」急隱身石後覘之。一物馬頭，一角，高二尺餘，渾身赤毛，已疾追至。向人以蹄蹋地，塔塔有聲，人即撕衣倒地。怪以角觝腹，肺腸盡出，啖之，立盡數人。張思必將及己，憶衣包中帶有小火鎗，急取出，敲火擊之。物狂吼竄去。視役，已脫衣臥。營救移時始醒。仍由官路行。沿途問人，莫知何物。〔猙獰可怖〕

3090	原 353/8	廣木 5/40	大 10/260

縣令袪蜂

蜂之為物有數種，而釀蜜者為佳。黃蜂、馬蜂其尾針最毒，傷人最易；然城市不恆有，惟山深林密處，往往有之。而未嘗於通衢要道，俱為蜂衙也。蕪湖一天門為北門外至太郡孔道，居赭山之麓；雖有樹木參差，而人踪絡繹不絕。八月杪，有某甲經過其處，見一極大蜂房，盤旋曲折，聚蜂數萬。徘徊良久，忽為蜂蠆所傷，繼之者亦復被螫。於是遠近喧傳，集眾撲打。而是處墳主謂為風水攸關，不許撲滅。經地甲報知蕪湖縣，邑尊立即督率差勇、民壯數十人，並帶火銃軍械，鳴騶而往，始將蜂房一律殲滅。惟勇役為蜂所螫，仍復不少。數日間，竟有皮肉潰爛者。蜂蠆有毒，於此益信。〔懲前瑟後〕

3091	原 353/9	廣木 5/41 右	大 10/261

賊遭犬噬

甯波鎮海山北范某，家豢一韓盧，悍猛異常；頗得守夜力，主人深愛之。八月十九夜，有擅穿窬技者飛簷走壁，一躍而下。犬伏暗陬，見之，突然而前，嚙其臀肉。賊竭力撲下，犬即啣其腎囊。賊大驚，不覺失聲呼救。范氏家屬起視，犬猶嚙賊不釋，遂就禽焉。初擬縶柱痛笞，旋見面色頓異。詰知係囊破腎傷，乃縱之使去。說者謂此犬食人之食，乃能報主之恩，不圖於畜類中見之。奈何世之忘恩負義者，甘為犬之不若哉！〔宵小〕〔寒心〕

3092	原 354/1	廣木 6/41 左	大 10/262

修眉被薙

廣東河南尾某整容店與老叟某甲比鄰居焉，昕夕過從，習為常事。一日，風雨交作，生意寂寥，甲詣該店，請修頂上圓光。薙髮匠某乙為之奏刀，既去其髮，復修其面。忽狂風揚塵，陡迷匠目；而匠銀海雖眩，玉手仍不停揮轉，瞬間致將八字眉一筆勾銷，僅成孤立之形。甲覺之，大怒曰：「汝何人斯，不欲我揚眉吐氣耶？」匠再三謝罪，旁觀復代為緩頰，始悻悻而去。〔拔毛〕〔連茹〕

3093	原 354/2	廣木 6/42	大 10/263

呂仙顯聖

峽州遠安民家篤信仙佛，嘗作呂公純陽會，道眾預者頗盛。齋供既罷，一老者從外來，著敝青布袍，躡破麻鞋，負兩篘籠，弛擔踞坐，呼叫索食。卻之不可。其家尚有餘饌，隨與之。既又求酒。畀以小尊，一吸而盡；至於再三皆然。主人駭其量，語之曰：「尚能飲乎？」曰：「固所願也。但為君家費已多，不敢請耳。」酒至，到手即空，不遺涓滴。徐問今日所作齋會。主人指壁間畫像示之。客注視微久，不能識云何，告以故，客曰：「非也。倘真人自來，甯識之乎？」因笑曰：「我卻曾識他狀貌結束，全然與此別。與我絹五尺，當為追寫一本。」主人喜，既付之。客接絹，不施粉墨，但實手中摹挲；俄而大吐，就以拭殘污。主人惡焉，度其已醉，無可奈何。旁觀者至，唾罵引去。良久，納絹於空瓶，笑揖而去。一童探瓶中取視，則仙像已成，悉與向客無小異。其家方悟真人下臨，悔恨不遇。標飾置淨室，事之尤加謹焉。〔精誠感格〕

3094	原 354/3	廣木 6/43	大 10/264

幸免天誅

霸州文安縣人胡煌居莫金口，家稍豐，好義忘利。一僕曰嚴安，執役二十八年，恭謹有信，未嘗輒受傭值。煌待之如弟，嚴亦呼煌為兄，而謂其妻為嫂。一日，嚴把煌袂入室，云有一密事。煌笑曰：「非從我索積歲僱值乎？」曰：「否。」「嫂與外人私乎？」曰：「否。」「然則捨二者外，有何可密？」嚴曰：「兄將死，又不以善終。自今七十日，當遭雷震於縣市。弟有一術可救。」及期迫亟，叩其術。嚴授以秘咒，曰：「纔脱兄厄，吾亦從此逝矣！」至期，天宇晴霽，四野無雲。嚴垛疊桌凳數層，假僧袈裟蒙其上。至午，煙霧坌興，迅雷激電，引煌入伏桌下，使急誦咒。須臾，火光迸裂，旋繞左右，若有所尋索。一大神披甲使鉞，呼諸鬼物曰：「胡煌無處求，今已失時，此人既免天誅，且延一紀之壽。吾曹將奈何？」霍然而散。日猶未晡，嚴絕不知所在。〔鬼神弗福〕

3095	原 354/4	廣木 6/44	大 10/265

人馬同殉

福建侯官縣役某甲，性成狙詐，平日狐假虎威，魚肉良懦。人皆側目視之。生子某乙，年逾弱冠，視乃父為護身符，橫行無忌，鄉里莫敢言。中秋前一日，乙衣服麗都，至侯署前散步閒眺。適有脱韁馬一匹，奔騰而來，直至乙前；伸喙肆咥，嚙其臀肉一大塊，落地復咬其胸脅。乙鮮血直流，昏仆倒地；而是馬亦昂首一躍，仰臥而斃，一若冥冥中有使之然者。迨家人聞信，舁乙回家，延西醫診治，則渺渺幽魂，已隨赤兔而逝矣。於是議論紛然，或謂此馬與乙有夙冤，故特與之併命。或謂馬素病狂，至將死時，奔突而前；乙不幸而遇之，遽被狂噬，以致喪生，亦可憐矣。之二説者，孰是孰非，姑置勿論。然自好談因果者言之，吾知必以前説為是。〔死不足惜〕

3096	原 354/5	廣木 6/45	大 10/266

力除妖魅

道州人楊甲，習行天心法，視人顏色，則知其有祟與否。一日，出行市里，逢衙役舒乙，呼問之曰：「汝必為邪鬼所惑，不治將喪身。」舒謝曰：「無有。」連日三過之，皆不肯言。楊曰：「汝不怕死耶？告我何害，此祟非我不能治也。」舒聞其語，始怖懼曰：「實與鄰室女子私通耳。相從已久。雖不識其家，但舉措嗜好，一切與人不少異，無復可疑。今所云若此，豈其物乎？」楊曰：「然。汝且秘之勿洩。宜預備長綵線，穿以針；今夕來時，密縫其衣裾。仍匿彼冠履一二種，若使是人，固足為戲笑；不然，便可推驗矣！」舒敬奉教。女至，悉如之。雞鳴，女起。忽失翠冠及一履，意狀慌張，尋索弗得。舒佀佯寐，陰察其所為。天且明，怫然而去。舒視二者，乃揑泥所製，即攜示楊。楊行法考訊，遣吏遍訪群祠；蓋城北唐四娘廟侍女也。舒往驗之，真所偶者，頭上無冠，一足只著襪，綵線出於像背。楊誦咒舉火焚厥軀，舒得無恙。〔鋤邪有術〕

3097	原 354/6	廣木 6/46	大 10/267

烏龜受罰

鎮江土娼莊三娘之子某甲，藉阿母纏頭之錦，年少風流，忘卻本來面目，與皮箱店主王某好作狹斜游。某日，在妓女金寶家宴飲。酒酣耳熱之時，突有狎客某生偕友而至。以迷香洞裏先已有人，潛自門隙窺之；見係老元緒之流，不覺大怒，蜂擁而入，翻其檯面，執莊欲毆之。莊謂之曰：「我與兄何讎，何相逼乃爾？」生批其頰曰：「龜子敢與老爺稱兄弟耶？」同伴聞之益怒，群將莊執住，欲捆成四馬攢蹄。莊哀哀求免，有好事者戲之曰：「爾如願罰，可以免辦。」莊亟問何罰，曰：「汝家規例，龜嫖龜，要罰三擔燈草灰；必以此為罰，我當為爾保之。」莊曰：「易易！其價幾何，謹當如命備齊。」生叱曰：「誰要爾之銅臭。非得燈草灰，休想兔脱。」莊急使人出資購覓，良久僅得燈草數十斤；不得已，請寬期一日，自當購齊。生不為已甚，遂令莊長跪門前，口稱「龜子再不敢放肆」；俟現得之燈草燒完，方准起立。莊從之，事始寢。亦便宜矣哉！〔虛題實做〕

3098	原 354/7	廣木 6/47	大 10/268

痴官

稗官小説每紀獃官之事，不一而足。大抵有為而言，竊疑其未必真有是事也。乃由今觀之，始知此等事，固或有然者。槐黃時節，有某邑尊因調簾差，所遺員缺，經上憲委即用知縣某明府前往署理。人方謂名進士文章經濟，將於此一施其抱負矣！詎某明府體素羸弱，接篆後案牘勞形，日夜孜孜，陡成痰疾，如痴如醉；將堂事盡委諸捕廉，不啻紙糊泥塑也者，士民大為失望。一日，憶及囷於囹圄者，纍纍赭衣，大可憫惻；慕唐太宗縱囚之風，竟欲盡行開釋。刑禁人等知事關重大，不敢從命。某明府怒，欲自毀牆入內，親釋其縛。事為州尊所聞，立行阻止。據情申稟上憲，迅飭前任速回，以免貽誤。迄今官場中咸傳為話柄矣！〔喪心〕〔病狂〕

3099	原 354/8	廣木 6/48	大 10/269

雷警逆子

漢陽西門外白鶴井某氏婦，早喪所天，家業小康。生有一子，撫育成人，年已弱冠，為娶裘氏女為室；遂將家事委諸子媳，而己則持齋禮佛，以娛暮年。詎其子不務正業，日事游蕩，甫逾年而家資已花銷殆盡。母氏屢戒不悛。其妻裘氏性尤悍潑，非惟不知規勸，反袒其夫而詈其姑，日肆勃谿，愈無忌憚，甚至敢於毆犯。甲見之，亦弗為阻止。氏仰天嘆曰：「阿彌陀佛，媳之潑，子養成之也。」言未畢，忽西南黑雲如蓋，風勢大作，頃刻雷雨交加。甲惶恐無地，長跽母前，狂呼曰：「求母親救兒性命，快打兒幾下，免遭雷殛。」氏悟，舉手擊之。未幾，即雲消雨散。一時警動鄰里，環視如堵；但見甲頸項下有黑跡一塊，洗之不去。人曰：此重妻輕母，天庭震怒，留以志過也。可勿畏歟？〔天道〕〔彰昭〕

3100	原 354/9	廣木 6/49 右	大 10/270

文童打鬼

甯波鄞邑文童范子良，年少而狂，趾高氣揚，有旁若無人之概。某夜，更魚三躍，由文會歸家，路經藥皇會館後，見一長人，高約二丈，負牆而立。范笑曰：「乃翁豈畏鬼魅哉？」持燈直前，以老拳擊其腹；豈知便者竟軟如綿，拔拳審視，一無所有。抵家就寢，亦無他異。至次晨洗臉，始見右手及小臂已黑如煤炭，滌之不去。見者皆稱異不置。誌之，以告世之說鬼者。〔無而〕〔為有〕

3101	原 355/1	廣木 7/49 左	大 10/271

下第焚鬚

甯郡鄮西貝生性迂拙，功名念切，而酷信風鑑之術。本年春間，有相士謂生貌清癯名貴，若早留鬚，必能青雲直上。貝信之，遂留養焉。迨秋風報罷，依然羅隱無名。日偕契友四出遣懷。遇術者，皆言繞頰鬑鬑，留之太早，以致朱衣人望而卻步。貝深悔前之孟浪，即日倩待詔為之剗削。待詔以甬俗留鬚再薙，大為不祥，不之允。貝憤甚，遂對鏡自照，忍痛燒之。尚未能如牛山之濯濯，而上頦紅腫，已如齊天大聖矣！吁，其事雖愚，其情不亦可憐乎！〔痛切〕〔剝膚〕

3102	原 355/2	廣木 7/50	大 10/272

術妙化生

某明府，徐州人，家資豪富。自納粟得官後，喜交游，凡地方紳士及同鄉之來請謁者，無不延之上座，人謂有孟嘗風。一日，有天台人魯生來見。明府愛其丰姿灑落，留止外館，優禮款待。顧魯生性好弄，每逢人輒出小戲劇，資歡笑而略無所求，見之者咸大悅。一日，明府會族友，飲於後圃。酒方行而魯生至。明府曰：「今日無以為樂。先生能效古人化鮮鯉作膾，與眾享之乎？」魯笑曰：「此易易耳，但須得魚鱗一片為媒，則可。」明府命僕取數片授之。乃索巨甕，滿貯清水，投鱗於中，冪以青巾，時時揭視。良久，甕內數鱗騰躍而出。一座大驚。庖人受魚治膾，鮮腴適口，迥非買於市者可比。其術雖幻，何其神通之廣大也！〔無而〕〔為有〕

3103	原 355/3	廣木 7/51	大 10/273

求雨誌奇

客有自河間府來者，言去年該處自入夏以來，連月不雨。太守為民請命，祈禱彌虔。聞西塔寺僧慧如戒律精嚴，為緇流所宗仰，因往請之。僧曰：「身老無以動天地。惟每日說法時，必有一老叟來聽講，莫知所從來，疑為龍也。使君欲有所求，宜於明旦至此，潔誠以待。」太守從之。如期，叟至。太守望見，即焚香稽首。叟驚止之，問何故。太守以亢旱求雨，懇切陳辭。叟默然久之，嘆曰：「效豐干饒舌者師也。今機已泄，吾雖獲罪於天，當有以報之。」言畢，忽不見。翌日，一雨歷三晝夜，田疇霑足，是歲民獲有秋。按小說載釋元照講《法華經》于嵩山，有三叟日來諦聽，自言是龍。照以天旱，令降雨。三叟曰：「雨禁絕重，倘不奉命擅行，詬責非細；唯孫處士能脫弟子之禍。」照為之謁孫思邈致懇。是夜千里雨足。三叟化為獺，匿於孫所居後沼，遭使者捕執，孫使解而釋之。與此事頗相類。〔誠則靈〕

3104	原 355/4	廣木 7/52	大 10/274

神誅不孝

甬東有董孝子者，相傳係漢時人，名黯，事母至孝。母喜飲句章水，即築室其上居焉。時鄰人黃某有梟獍行，其母惡之，偶語於董母。為黃所聞，登門痛詆，董弗較也。後二母俱死。董乃執黃手刃之，割其首以祭其母。詣官自首，有司以其孝，為出獄。朝命屢徵不起，邑人賢之。死後立廟奉祀，稱純德徵君。每屆九月間，舁神出巡，循為常例。本年十五日回殿之期，夜將半，有呼童巷張二耀之母，惡其子之忤逆也已久。是夜又因細故，被子詰責，憤憤而出。值神駕過，母拜手祝曰：「神為孝子，吾今受逆子折磨，奈何不為救援。」祝畢入內，似有黑衣人隨之偕行，轉瞬不見。忽其子大言曰：「董孝子捉我至陰司勘罪。望母救我。」言畢而斃。一時忤逆兒為之喪魄，是何神靈之顯赫耶？〔梟獍寒心〕

3105	原 355/5	廣木 7/53	大 10/275

功名心熱

漢陽某生以能文名，鄉闈畢後，挈伴歸來；將場作遍呈師友，濃圈密點，眾口交推，以為掄元奪魁，此其選矣。于是生揚揚自得，望榜心殷。至揭曉之夕，令家人預購絳燭，入夕即燃點通明。拂冠上之塵灰，滌藍衫之污垢，安排妥帖。復使梅鶴裝扮整齊，滿望泥金帖到，共出相迎。且料三更之後，報馬必渡江矣。端坐書齋，正襟以待。凡門外人聲犬聲，鑼聲炮聲，稍有響動，即啟關出問。連宵達旦，音耗杳然。破曉，賣《題名錄》者至，購閱之，知己名落孫山。自念如此佳文，依然康了，不禁痛罵主司之無目。將琴書盡毀，筆硯自焚。或勸之曰：「滬上近有《鄉闈遺珠集》之刻，亦可為不第者解嘲。盍以奇文共賞乎？」生怒曰：「此奸商罔利之計，不肖者覥然趨之。豈吾輩所為哉！」遂飽以老拳，揮之使出。自是眾皆結舌，一任生之如醉如痴，書空咄咄云。〔文章〕〔憎命〕

3106	原 355/6	廣木 7/54	大 10/276

曲全情種

甬城某甲在南門開設絞花局，家內堆疊花包甚多。有笄女明眸皓齒，丰致嫣然，與鄰人某氏子幼小相憐，情投意合。稍長，誓為夫婦；而桃源早為漁郎問津矣！重陽日，女忽招某至花包房，效楚王雲雨巫山之會。不隄防甲忽回家，發花見一對小鴛鴦，勃然大怒，執而笞之。女泣曰：「父親，兒實不肖，願甘重責，毋累他人。」某亦大呼曰：「伯父，小姪作此不端，貽累令嬡。望將小姪處死，勿致弱質啣冤。」時甲弟在旁，邀兄潛商曰：「殺之不忍，縱之不妥。某家亦世族，不如因而成之，以掩此羞。」甲從其言，乃令某書立盟誓，倩冰上人求親焉。君子曰：「始而亂者，終以禮成。彌缺憾之端，掃牆茨之恥。」甲弟之言，亦善矣哉！〔天從人願〕

3107	原 355/7	廣木 7/55	大 10/277

鼉龍貪餌

慈西丈亭迤西石山渡地方，季秋來一鼉龍，即俗所稱「猪婆龍」也。此物最喜掘堤，雖堅必倒。居民皆患之。聞上虞蒿壩潘某有捕治之術，厚禮聘之，冀除此患。潘遂詣該處，勘視良久，謂人曰：「此可以釣而致也。」令取小豕一頭，奏刀宰之，剖其腹，刳其腸臟，以魚胞儲藥及酒，實諸豕腹；以繩縫之，而繫以巨鉤。次日凌晨，沉於渡之北岸。須臾，龍果躍而吞食。潘偕眾拽之不動，命姑置之。約逾一點鐘時，潘復率眾拽之，得登彼岸。蓋已為藥力醉倒矣。有見者謂是物之背，大如四張八仙桌，背凸；而首如獺頭，較人首尤鉅；四足力甚大。水中惡物也。今得除之，水陸之人有不額手相慶哉！〔情同釣鼇〕

3108	原 355/8	廣木 7/56	大 10/278

古樹自焚

銀杏樹歷年既久，必有焚燒之禍。或謂雷殛，或係自然。往往火光日夜不息，而樹卻不遽枯死，有半枯半菀，來春仍復欣欣向榮；甚有一樹而曾燒數次者，其事殊不可解。真如鎮有銀杏樹一株，蔭畝干霄，青蔥可愛，週圍三丈有奇，真數百年物也。邇當白果結實之時，負販者流咸在樹下拾取，以搏蠅頭微利。不料九月二十九日，樹中忽然起火，青煙縷縷，直上雲霄。居人遙望，見之疑為失慎。尋蹤而至，但覺清香撲鼻，不知火之從何來也。歷兩晝夜始滅。雖樹腹已空，而樹皮依然無恙。見者咸嘖嘖稱奇。或謂春取榆、柳之火，夏取棗、杏之火，夏季取桑、柘之火，秋取柞、楢之火，冬取槐、檀之火。木能生火，理有固然；銀杏樹特變而加厲耳。然歟否歟？敢質諸高明。〔剝果〕〔僅存〕

3109	原 355/9	廣木 7/57 右	大 10/279

牝雞殉牡

牝雞司晨，維家之索，今天下比比皆是矣；而亦有不盡然者。鄱陽王氏家畜雙雞，一牡一牝。牝生子，正抱喙于棲。值有客至，王喚童取其牡，將殺而烹之。牡叫呼，牝聞聲，走行棲外，孜孜注盼，哽咽悲鳴，若訴王而脫之。王弗悟，竟殺之。牝躑躅哀鳴，不復顧群雛，終夕唧唧，晨起不復食，凝立砌下，沉沉如醉然。少焉氣溢其吭，遂喘而死。夫雞一物耳，至哀其偶而與之同死，有貞婦之節。世有視其夫死肉未冷，而即背去者，此雞羞之矣！〔物猶如此〕

3110	原 356/1	廣木 8/57 左	大 10/280

賽燈盛會（一）

本月初十日，為西國官商慶賀開埠五十年之期。由浦灘至大馬路一帶，預由捕房豎立燈桿；上用麻繩牽連，懸挂各色旂幟及五色紙燈。沿途市肆亦皆懸燈結彩，鬥巧爭妍；蓋以聯中外之情，敦輯睦之誼也。是日清晨，西商團練兵及英、德、美兵輪船水兵荷槍拖砲，由兵官督率，至跑馬場操演各陣。演畢，回至浦濱巴夏禮公使銅人像之北首。則見牧師慕維廉先生身穿公服，卓立皮凳上，宣揚五十年中通商盛事，滔滔清辨，如數家珍。水陸兵丁及中西人皆凝神靜聽。講畢，各兵站隊送之。此賽燈之日，開宗明義之第一章也。……〔有開必先〕

3111	原 356/2	廣木 8/58	大 10/281

賽燈盛會（二）

……俄而日落崦嵫，各燈次第燃點。會中人興高采烈，逐隊游行。初則青白色紙紮龍燈一條，繼以英界洋龍裝成旗燈。並立西童二名，年約八九齡，身穿紅衣，頭戴銅帽，手持號叫。蓋效救火會中模樣也。皮帶車十輛，亦紮成燈彩，旁插流星九龍，隨路燃放，上燭重霄。龍頭紮成燈彩，用二人舁之。救火會人裝束，一如二西孩，皆手持火把。其次美界洋龍，于皮帶龍頭扎成奇燈；法界火龍則紮冬青柏枝，編綴明燈，插以彩旂，亦有皮帶龍頭燈如前狀。又有藥水洋龍一座，諸西人有掮鐵叉、鐵斧，為拆屋之用者。西樂一班三十餘人，西商五十餘人，隨行歌唱，得意洋洋。西水手六十餘名，手持拆屋器具。兵輪上音樂一班，約二十餘人，一路歡呼。頗極中外一家之樂。此西國水龍會也。……〔火政〕〔修明〕

3112	原 356/3	廣木 8/59	大 10/282

賽燈盛會（三）

……若中國各會之燈，則以廣幫為最。先是有金頂煌煌者二人，手執令旂，策馬前行，如軍營之武弁然。旋有逍遙傘、萬名傘二頂，玻璃傘燈一頂，絹製人物傘一頂，三角燈旂一面，紙燈十餘對，粗細音樂各一班。更有童子年甫八九齡，作軍士裝束，負弓腰箭，高坐駿馬上，作小將軍打獵狀。後隨軍士三十餘名，均穿紅馬甲，或執籐牌，或持木棍。繼以寶蓋一頂，上書「廣幫瑞獅」四字及「魚兆年豐」燈牌。隨有一獅，頭巨如圓桌，沿途跳舞，鑼鼓聲喧。其道旁店舖所紮燈彩，則以廣成昌煙館紮成之「壽」字燈一盞，大如戶限，可點燭四十八支。蓋亦足為廣幫生色也。……〔珠江〕〔勝跡〕

3113	原 356/4	廣木 8/60	大 10/283

賽燈盛會（四）

……其中雜以鯉魚、金魚，並各色魚燈，大小共七八十條，均以絹紮成；五光十色，可為水國增一故事。隨後遮扇一對，間以擡擱十座，均用俊俏童子，裝扮如《哪吒鬧海》、《水漫金山》、《槍挑小梁王》、《蕩湖船》等劇，極巧窮工，惟妙惟肖。會中人均穿綢服、五色花馬甲、花鞋、紅辮線。沿途觀者如行山陰道上，有應接不暇之勢。蓋粵東多豪富之商，其所製燈彩，自能獨出冠時，駕乎各幫之上。由跑馬場迤邐而來，無不鼓掌喝彩。轉覺新署東首昇大馬車行紮成之圓式走馬燈，雖大逾尋常，約可點燭數百枝者，僅能及其萬一。珠江勝景，於此可見一斑。……〔出色當行〕

3114	原 356/5	廣木 8/61	大 10/284

賽燈盛會（五）

……他若振華堂之會，前導有報馬一匹；次以大旗三面，高與樓齊，上書「令」字旗，尖上懸燈三盞，旁有中西巡捕為之照料。雜以高腳燈及大鑼兩面，鳴聲鏗然；鑼後亦懸燈二盞。後有九連燈二對，以玻璃為之；一人掮一串，每串五盞，共十餘串。更有傘燈數頂，雕刻玲瓏，恍惚琉璃世界中。有俊童三名，各騎白馬，緩緩而行。隨後即五彩燈籠，或用紙糊，或以絹紮，各盡其妙。旋見鳴鑼擊鼓，絲竹之音，洋洋盈耳；則龍燈一架，蜿蜒而來，光耀奪目。時則萬燭齊輝，光明如晝；與福利、亨達利等洋行所懸之旂幟燈彩，交相輝映。舉凡西邦裙屐，南

國冠裳，恍游不夜之城，如入長春之國，相與翹首跂足，立而望之。……〔黼黻昇平〕

3115	原 356/6	廣木 8/62	大 10/285

賽燈盛會（六）

……則見牌燈一對，玻璃燈一對，上書「通商大慶」四字。人曰：「此甯波幫也。」中有九連燈十串，均作蝙蝠式。繼以船燈一艘，係黃楊木雕成，以數人舁之，鬥角鉤心，真有陸地行舟之象。末後乃大龍頭一條，用數十人擒之而行，盤旋夭矯。其間旂鑼、傘扇，並獅燈、馬燈之屬，簇簇生新，目不暇接。蓋不知幾費經營，乃得有此精妙也。行至鳳祥銀樓、大茂錩各舖門前，洋臺上衣香鬢影，皆嘖嘖稱羨，歎為得未曾有。其歡欣鼓舞之情，惜未能曲意形容耳。惟鳳祥之燈彩較為出色，大茂錩之洋臺最高，照式結彩懸燈，高扯黃色龍旂，為眾人所屬目。他若總匯門前之地火燈，裝月華式、人頭式、花草式，生面別開。及匯豐、麥加利各銀行，並各洋行之地火燈，組成西文，列以行名，猶屬美不勝收。略敘一二，知不免掛一漏萬也。……〔四明〕〔盛事〕

3116	原 356/7	廣木 8/63	大 10/286

賽燈盛會（七）

……更若絲業、茶業，則有牌燈二對，上書「四海永清」字樣。鑼燈一對，圓傘燈十六頂，每傘四頂，即間以聚寶盆燈共四盞，六角傘燈八頂，蝴蝶燈三對；蠟炬騰輝，倍形燦爛。內有清客、細樂一班，共二十餘人，抑揚宛轉，聽者神怡。樂器上皆懸挂小燈一盞，別出心裁，巧妙無匹。又有燈亭二座，龍舟一艘，擡擱、鼓亭各一架；錯采騰輝，陸離光怪，掩映于紅男綠女之間。由大馬路至泥城橋兩旁，皆懸挂紅燈。而泥城橋堍更紮有高大牌樓，用冬青柏枝包紮，上面遍綴明燈；旌旂飄颺，錦簇花團，璀璨奪目。惟時鸞凰耀采，鴉雀無聲，誦「火樹銀花合，星橋鐵鎖開」之句，恍惚此時景象。……〔本地風光〕

3117	原 356/8	廣木 8/64	大 10/287

賽燈盛會（八）

……末後，則兆豐洋行之牌燈二盞。更有美丈夫扮作《黃鶴樓》、《八仙上壽》戲劇各一齣；皆乘駿馬，錦韉玉勒，顧盼生姿。八仙手中各執花燈萬民傘一頂。樂工一班及高昇輪船、劉東記之牌燈二對，九連燈三對，馬戲二匹，鼓亭一架，花龍燈一條，類皆匠心運用，製作精工。會過之處，踵趾相錯，人類混雜。所幸中西捕隨路巡察，極為嚴密，故是夜未聞有肇事之端。聞此數日中，東洋車、馬車增價十倍；而各客棧不論大小，亦無不利市三倍，甚至無容足之地。恐走馬長安看花景象，未必若此熱鬧也。五十年之大會，於斯為盛。又何惜乎糜費至十萬餘金之多哉！然以華人而能曲順西人，同心協力，襄此大舉，益可徵其雍睦之情矣！……〔花團錦簇〕

3118	原 356/9	廣木 8/65 右	大 10/288

賽燈盛會（九）

……斯時觀者肩摩趾錯，鵠立兩旁，男的女的，老的少的，村的俏的，遠近麕集，咸以得一寓目為幸。所最可笑者，當燈過時，有七堡人孫翰青，翩翩衣服，雜在人叢中，被債主某乙所見，氣糾糾執其髮辮，伸手作欲擊勢。孫乞哀不已，長跪請命。有好事者問之曰：「客之迎燈，何其恭也？」其人低頭不答，羞縮難堪。眾乃勸令釋去。噫！眼福乍飽，宿負難償，以致出醜街衢，貽人笑柄；轉不若藏頭露尾，株守一鄉之為愈也。錄之，以作賽燈之尾聲，俾好游者知所戒云。〔尾聲〕

3119	原 357/1	廣木 9/65 左	大 10/289

完人骨肉

閩人好負螟蛉子，習俗皆然；不獨無嗣者為然也。往往有家資鉅萬，子姓眾多，而亦不吝身價，謂他人子，坦然居之而不疑者。孰意舉世波靡之會，竟有矯然特異者乎！福州順昌洋行有盧善蓀者，於六月間買得男孩一口，年甫六齡，口操江浙音。因見其容貌舉止，似是大家模範，深慮離人骨肉，惻然於心；特函託施少欽大善士代覓親屬認領。施大善士遂為拍照二十張，除本埠仁濟堂懸挂外；寄存杭州同善堂、蘇州桃花塢、馬大籙巷兩賑所及各善堂。以便親屬往認，覓保領回，俾得團聚。是皆仁人之用心也。嗚呼，其食報豈有涯哉！〔好行〕〔其德〕

3120	原 357/2	廣木 9/66	大 10/290

節孝可風

漢陽東門外汪忠連之妻陳氏，自喪所天，誓守柏舟之節。家無擔石，無以自存，遂辭翁姑，攜二子入貞節堂。翁年已七十，素患風疾，四肢麻木不仁。氏常以針黹所得，寄回家中，為翁甘旨之需。近以病勢日劇，氏於九月中旬，歸家省視，恐終不起；乃爇香於爐，自操利刃，剖腹取肝出，復裹以帛。手不顫，色不變也。旋將肝縷切，入廚下煮之，跪而獻翁。翁啖之甚甘，不知其剖肝也，由是舊疾若失。漢陽縣薛大令之太夫人聞其事，慨想其為人，招氏入署，解衣驗視，刀痕宛然。太夫人贊歎不已，贈洋四元，以大轎送歸。至九月二十日，大令又遣本署差役，以全副儀仗，鳴金升炮，送陳氏進貞節堂。道旁觀者莫不嘖嘖稱羨。他日邑乘紀之，國史采之，彤管揚輝，可與山水同其不朽矣！〔名教完人〕

3121	原 357/3	廣木 9/67	大 10/291

吞賑顯報

某大令以幹才稱。去年山右奇災，蒙上憲委辦賑務，挾資查放，事必親歷，不假吏胥。人咸服其勤能，初不疑其有他也。一日，在災區散賑，支廠以居。將進午餐，瞥見飯碗外有一巨蛇蜿蜒其間。大令大驚，令人易之。而是蛇盤繞如故，三易皆然；其餘杯盤及旁列飯甌咸無恙。眾為之錯愕。俄而，大令之僕，狂呼曰：「汝吞賑款若干，將謂鬼神不知乎？不速還，當制汝命。」某大令驚惶失色，乃默禱曰：「誓不昧心，姑寬前罪，以觀後效。如何？」言畢，蛇即倏忽不見，僕亦如夢初醒。按此事頗涉不經；惟傳者鑿鑿，故錄而存之。亦言者無罪，聞者足戒之意云爾。〔天道〕〔可畏〕

3122	原 357/4	廣木 9/68	大 10/292

錢虜喪膽

蕪湖河南某嫗好説鬼，能知冥間事。嘗言富人取財非義，盤剝小民，坐擁厚資，見困苦艱難而不顧；甚至耽於酒色，玷辱斯文，無惡不作。如俗所謂守錢虜者，讞入極苦地獄。曾見某富翁生前赫赫，擅作威福；死後至冥司，拷研備至。閻羅王訊之曰：「爾生前所愛者錢。」即命二鬼卒取青蚨二十千，令其吞服；而某富翁吞未百文，其腸中已咯咯有聲，不能下咽矣。冥司仍令再服，某則哭聲動地，謂再生斷不愛錢矣。某嫗所言如是。噫嘻！阿堵本身外之物，幸而得之，正宜及時施濟，豈可獨私一己。乃為富不仁者，往往昧然罔覺，卒至子孫不能長享，歿後親受其殃。言雖不經，理殊不爽。吾願世人勿以荒誕而忽之。〔唯利是圖〕

3123	原 357/5	廣木 9/69	大 10/293

迂腐受欺

士人讀書明理，通經達權，方能隨事處置，攸往咸宜。其出也，為國家作柱石臣；其處也，為鄉黨樹師儒望。固非徒稱先則古，便詡詡然自矜為道學名流也。乃降而下之，竟有不通世故，罔識人情，以迂腐而受人欺侮者。是豈詩書誤人乎？夫亦自誤之耳。天津武清賀甲，一村學究也；生平好講宋儒語錄，一舉一動，極為拘謹。年來藉舌耕以餬口，設帳河北，課授生徒。每逢課題文，無論通與不通，若抄寫宋儒語錄數句，必擊節稱賞。識者莫不笑之以鼻。一日，學究手持水煙袋，散步齋外，誦宋儒語錄，聲出金石。鼠竊知其迂也，徑前奪其煙袋，並頭上小帽，由小徑而逃。學究追之至小徑，乃曰：「古人云『行不由徑』，又曰『窮寇毋追』。」乃止。〔自貽〕〔伊戚〕

3124	原 357/6	廣木 9/70	大 10/294

人乳哺豬

螟蛉有子，蜾蠃負之，世常有之，大抵皆取其相類也。至《詩》詠：「誕置之狹巷，牛羊腓字之；誕置之平林，鳥覆翼之。」以周棄之聖神，百靈為之呵護。是人之賴物以生，雖非常理，事猶可信。乃以絕不相類如人與畜之懸殊，而竟肯同慈母之撫字者，不誠天壤之奇聞乎！暹女某氏適閩人沈賞為室，卜居星加坡環青閣後福全園，以種植園圃為生；琴瑟既調，魚水相得。自弄璋後，婦乳汁極足，如沸池檻泉，常有汩汩其來之象。該園同籍人楊演豢一母豬，生有小剛鬣十餘頭。母豬左右哺乳，頗虞不給，以致小剛鬣常有枵腹之虞。楊躊躇無計，因擇其瘦小者兩頭，棄之園隅。為暹婦所見，抱之以歸。自思己乳頗多，餘瀝曷不分潤以活之；遂毅然收養，置諸懷中，無異己之赤子。然見者皆歎母氏劬勞，恩深再造。惜其畜類而不知耳。嗚呼！忘生我之恩而不知所以報者，於人猶然，於畜又何誅焉！〔千古〕〔奇聞〕

3125	原 357/7	廣木 9/71	大 10/295

鬧房肇禍

婚家吵鬧新房，最為惡俗；各處皆有之，而甬地尤甚。其因此肇事者，不一而足。本報亦常常記之。無如世俗之見，牢不可破，甚至變而加厲，以致自戕其生，卒不悔悟。噫！伊誰之咎哉？九月廿六日，甯波江東陳姓為其子完姻。有邵某者，陳之內姪也；素善戲謔，以鬧房雄於眾。陳子又激之，邵私計房中備禦堅固，萬難闖入；不如拆楣上磚，側身而入。詎掉身轉內，忽焉失足，從上墜下，大叫一聲，頓然昏暈。新郎好夢驚醒，趕即燃燈檢視。知邵跌仆門外，開門細審，見邵橫臥地上，燭扦插入鼻孔，水煙筒嘴戳進腹中，鮮血直流，染地成碧。急為扶進，延請傷科診視。據稱內傷甚重，恐不免性命之憂。其母見之，抱頭痛哭。遂於次日舁回家中，不知能起死回生否。即幸而猶免，終亦無益有損。觀此人亦何樂乎鬧房哉？〔戲無益〕

3126	原 357/8	廣木 9/72	大 10/296

一女兩婿

男大須婚，女大須嫁，人之常情也。未聞有一女兩字，兩婿同日親迎者。有之，自金陵利涉橋南東關頭某姓家始。某姓生有一女，先曾許字某甲；嗣以甲家中落，頓萌悔意，復議婚於某乙。由媒説合，擇吉迎娶。以為俟女既嫁，雖前婿追問，不難託孔方兄為和事老也。豈知事機不密，為甲所聞。有借箸者為之計，令於是日先備輿馬，登泰山之門而求親焉。時某張燈結彩，頂冠束帶。忽報新婿到門，肅恭迎入，正在行禮。又報曰：「新婿到矣！」某駭甚，進退維谷。迨兩婿相見，不交一言。先後媒人皆向丈人峰評理，立鳴之官。奉差提究，飭暫緩于歸，俟訊斷後始准完娶。想先入為主，後婿不免有向隅之憾也。世之不善相攸，棄禮蔑義，以貧富易其心者，曷不各安天命哉！〔左右〕〔為難〕

3127	原 357/9	廣木 9/73 右	大 10/297

爆竹成妖

奉化劉渡有古屋一所，相傳宋時所建。其屋高大堅固，與今迥殊。賃人居住，輒有笄女以邪病殞命。有王家仁，亦居於此。其女近亦中祟，巫覡皆不能治，頗患之。王有表弟葛某從學法師，始終八年，頗得五雷正宗。時適歸訪，王遂以祟告。葛呼女詢之，女曰：「第見一穿紅袍、首插獨根雉尾者至，則昏迷不能自主。」葛頷之。次日，結壇於廳，敕擒妖至。果見紅衣人隱約壇前，立而不跪。葛大怒，發掌心雷擊之，仆地不見；惟見鞭炮一枚而已。葛令梯視樑上，尚有二枚。始知區區之物，亦能成精作怪也。〔幺魔〕

3128	原 358/1	廣木 10/73 左	大 10/298

智拒狡童

漢鎮後堤某寡婦，生有一女，愛若掌珍。幼曾就傅讀書，與鄰子某年相若，同塾而居，暇則弄梅騎竹，兩小無猜。氏固不之異也。迨年華漸長，知識已開。鄰子以女係總角交，未免有情，時來挑引。而女夙嫻閨訓，貞靜自持，因此鄰子不得逞。一日，聞女母外出，須越宿而返；遂掩入女室，思效池上鴛鴦。女礙於顏面，揮手使去。鄰子誤會其意，以為夜來，事當可諧，翩然而出。至夜，竟從曬樓上，潛入女室，作暗度陳倉之計。突聞女在樓上與其母喁喁絮語，乃恨好事多磨，悄然而返。蓋女於鄰子初去時，慮其復至，預邀鄰嫗作伴，故為母女相語，

使之聞之也。及母歸，告其事，謀遷居以避之。如此女者，亦可謂巾幗之智囊矣！〔無踰我牆〕

3129　原 358/2　廣木 10/74　大 10/299

兄代妹嫁

本邑楊樹浦軋花局某女工，年華二九；雖亂頭粗服，而丰致別饒。自幼許字引翔港迤東某乙；嗣以索聘過奢，以致結褵無日。乙求凰念切，商諸冰人，約同鄰里，擇於某日作搶親之舉。事為女兄某甲所聞，奇想天開，忽得一計。因自掃眉掠鬢，傅粉簪花，扮為其妹模樣，靜坐待之。至二鼓時，忽聞剝啄聲，啟戶視之。乙等一擁而入，不分真贗，抱置彩輿中。爆竹一聲，如飛而去。既至，由喜娘扶出，與新郎雙雙行交拜禮。甲任其所為，默不一語。迨花燭團圓之候，突有娘子軍洶洶而至，謂深夜劫我丈夫，欲為汝家何人覓漢耶？時新人聞之，亦拋頭露面，大踏步而出，見物即毀，逢人便毆，頃刻間竟成外攻內應之勢。乙始知中計，大為懊喪，後經親族排解，向甲謝罪，令將其妹于歸，俾成眷屬。異日情深伉儷，得毋以桃僵李代，恨阿兄之多事乎？〔求凰〕〔得鳳〕

3130　原 358/3　廣木 10/75　大 10/300

鵲巢鳩占

五羊城內某珠燈舖有一女郎，雪膚花貌，艷若神仙；見者無不魂輸色授。有某子者，旂人也，夙有登徒癖，見女而悅之；齧臂盟深，往來甚密。嗣以奔走不便，思欲納為小星，據情告父。父以格於旂例，不之許。公子躊躇無計，商諸其僕王某，令彼居納室之名，而己為入幕之客；別營金屋，妥貼安排。迨王僕與新婦合巹既畢。公子時或問鼎，則僕居外室避之。未幾，王僕以女係己所親迎，忽含醋意，不容公子入室。公子念鵲巢豈容鳩占，隱忍而退。藉他事愬諸父，將僕辭去。王大恐，且女亦不甘以彩鳳隨鴉。不得已，倩友緩頰，願將溫柔鄉讓諸公子，不敢再效鷸蚌之爭，始得免於賦閒。說者謂此僕不費分文，擁有艷質，致使簪纓子弟暗戴一頂綠頭巾，固已便宜占盡。乃竟思強賓奪主，亦太不自量矣。然如該公子者，何其局量之宏耶！〔強賓奪主〕

3131　原 358/4　廣木 10/76　大 10/301

新郎惡劇

鄂垣山前御菜園黃甲，小本營生，薄有積蓄。因念中匱不可乏人，憑媒聘俞姓女為室。吉期既屆，迎娶過門，銀燭兩行，送入洞房深處。時賀客紛紛，多係不衫不履；夜宴既畢，酒酣耳熱，相與鬧房。此說新郎，彼談新婦，或仰瞻丰采，或極意描摹，或演唱歌詞，或恣情摸索。謔浪笑傲，嘈雜難堪。新郎心厭之，頓生一計，以為虛聲恫喝，俾望風者自當披靡而退。遂揎袖而起，暗以新婦所用之便桶，向某客作醍醐灌頂之勢。不期偶一失手，竟將木樨香味奉餉嘉客。霎時間穢氣薰蒸，如入鮑魚之肆。眾客掩鼻不遑，忿然作色，謂似此臭味差池，攪人清興。何物新郎，狂妄若此，今夜管教汝難成好夢也。言畢，摩拳擦掌，將室中陳設搗毀一空。新郎見勢不佳，急央人解勸，客始悻悻而散。〔大鬧〕〔新房〕

3132　原 358/5　廣木 10/77　大 10/302

昧良速報

朋友相交，貴重氣誼；可與共患難，可以託死生，此五倫所以不廢也。自末俗人情澆薄，無識者復謬託以肝膽，遂有負心昧良之事；然報應甚速，正不可以冥冥無知而忽之也。鄞東張甲與慈東王乙善，丁亥秋，乙在東洋病篤，時同客者惟甲在。因告曰：「吾一生積蓄有洋五千枚及赤金三鋌，望交妻孥養贍。此外，洋五百數十元，可備身後及盤櫬諸費；尚有碎銀四百餘兩，當贈君以酬勞勩。吾死瞑目矣！」言畢而逝。乙【甲】乾沒其金，草草棺殮，以其柩並洋二百枚，使人歸之。乙家固不知也。甲貿易多年，奄有貲財八萬，辛卯仲冬始挾資回里，逾年死。至本年六月間，甲子夢父訴稱：「以吞蝕乙款事，生於台州某村某姓家為牛，須將資本歸足，方得自便。汝可速將洋蚨五千三百枚、赤金三鋌交與乙妻。事畢，即購犢與犢母，歸以救我。」言訖，跪子前，囑勿以妖夢視之。其子驚異，如命而行。攜歸甬地，放生於橫溪某庵。時甲妻尚在，對之痛哭，犢亦淚下如雨。嗚呼！人可昧良乎哉？〔墮入〕〔畜道〕

3133　原 358/6　廣木 10/78　大 10/303

醫視鬼病

金陵有葛仁齋者擅岐黃術，懸壺於北門橋；出必乘輿，衣必錦繡，人皆目為名醫。一日薄暮，有一臧獲模樣者踵其門，言主母為二豎所侵，願求先生至太平門外新屋內俯賜診視，當付號金二百文，導葛乘輿而往。甫入門，葛心神恍惚，見一少婦臥短榻上；就榻診之，竟不辨何症，草草立方而出。隨有一人餽葛銀餅二枚，輿資一貫。忽忽而返，途遇一舊識者，止輿與語曰：「頃見子停輿曠野，徘徊墟墓間。何故？」葛至是神思稍清，聞言深訝之。急遣輿夫回顧，果如所言；檢視醫金等，均係紙灰。相與駭然。噫！人有病而不能治，至於為鬼，則已矣。乃鬼亦竟至染病，且延醫為之治病。豈此醫竟名聞鬼國乎？不知近來醫生之昏憒，雖不遇鬼，時常如遇鬼狀。其治病也，大都速人作鬼耳。又何怪鬼之復求醫治哉！〔昏天〕〔黑地〕

3134　原 358/7　廣木 10/79　大 10/304

煞神被刺

俗傳回煞日，於亡者房內陳設如生前，列筵以款煞神。江陰趙生伉儷最篤，妻亡慟甚。回煞之夕，設筵房外以款煞神，而設亡人衣履於房內，伏帳後窺之。三更許，煞神赤髮獰面，一手持叉，一手以索牽其妻入；見酒肴羅列，解索逕坐。妻至榻前，揭帳坐床上歎息曰：「郎君安在？咫尺家庭，不能一見耶？」因泣下。生突出抱之。妻駭，囑勿聲，以手指外曰：「勿為所覺。」生問死後何如，曰：「薄有罪罰，現已無事，可望轉生。不能拋君，故一來相視耳！」生窺煞神方據案大嚼，抽刀從後刺之，仆地；捉納罈中，封口畫八卦鎮壓焉。啟棺，抱妻魂納入，至天明，妻起坐。又三十一年而亡。〔無形無聲〕

3135	原 358/8	廣木 10/80	大 10/305

誤毒己子

粵東羅定州人陳某，操成衣業。數年前，抱鼓盆戚，遺一幼子，年纔十一齡。嗣陳續娶再醮婦莫氏為繼室，氏挈其六齡女，即俗所謂「拖油瓶」者歸之。逾年，產一男。由是恆虐待前妻之子。陳知之，每出挈子同行，以避其鋒。氏恨之益甚，每思有以害之。陳有薄田數畝，時方刈穫，遂商諸陳，令其子相助為理。陳從之，使子操勞。穫畢，復令在家舂粱，不使少逸。未幾，毒謀頓發，以砒霜和成粉團，中納飴糖蒸熟之。先令女攜其親生子往外游戲，然後呼前妻之子歸，餉粉團，使在瓦鼎中自取食之。豈知其女以母作食而不己與也，潛攜幼弟以歸。見兄方取粉團，幼弟啼泣索食。乃兄欲取悅於母也，遂盡讓諸弟；己則仍甘枵腹，復回舂粱。氏見而問之，則以幼弟索食對。氏大驚，急歸視之，業已食罄。不覺搥胸頓足，急求解救；迨覓藥歸，子已斃命矣。噫！欲殺人之子，而適以自殺其子。天道好還，可不畏哉？〔人財兩失〕

3136	原 358/9	廣木 10/81 右	大 10/306

殺妻求妻

林某，甬東人也，饒於財而好漁色。娶妻葛氏，丰致頗佳。初時伉儷甚諧。旋赴戚家，偶見鄰女范氏，貌美於妻，百計求通，得與女及其兄若母相稔。時女兄困於家食，逆知林意，商令女偽與款洽，謀取其資以濟貧。女從之。林顧而色喜，乘間狎之。則曰：「此禽獸之行，非人所為。如與君有夙緣，當為鸞膠之續。」林頷之，回家逼其妻自盡。妻無奈，遂投繯焉。時范氏得林投贈已將千餘金。及林遣冰上人至，其母卻之。林大驚，乃央其戚與女面違。女曰：「彼忍於殺結髮人，真豺狼也。豈可與居哉？」堅拒不允，自是不復相見。〔害人自害〕

3137	原 359/1	廣木 11/81 左	大 10/307

錯學馮煖

鄂垣花隄某甲，家道殷實，歿後遺下一妻二子。子年均逾弱冠，長不慧而次揮霍，皆視錢如糞土。數年來，已消耗過半。一日，甲妻詣近鄰某姓家作葉子戲，敗北而歸，以備再接再厲之資。突見長子效道士裝束，植立廳事前，手燃紙片，口中高念「靈寶大法師」不止。詢其所焚何紙，曰：「替母親上表也。」逼視之，所焚皆錢票，急向奪取，得七十餘紙，尚未焦灼。詰其票係何來。曰：「取諸錢櫃。」甲妻大驚，亟入室檢視，則所存花票八百紙，已僅存其什一。不覺搥胸痛哭，徒喚奈何。昔馮煖為孟嘗君焚券，千古傳為美談。今甲子雖學之不當，然負債者莫不稱快，亦未始非一時豪舉也。〔癡兒〕

3138	原 359/2	廣木 11/82	大 10/308

財神降福

山右人吳某，家徒壁立，肩販為生。一夕三鼓後，忽見牆角放光，熒熒如炬；有巨人緋袍金冠，似世所畫財神像，緩步至床前，諭之曰：「翌日為余誕期，苟設酒饌享我，當報以鉅萬金。」吳起，叩首敬諾。天明，檢視歷書，果危危日也。乃罄其資，盛設牲醴，作祀維虔。入晚不寐，立而待之。則東牆下火光燐燐，不計其數，乍明乍滅。次早，即在其地掘之，得白鏹一瓮，約三千金。心雖竊喜，以未符鉅萬數疑之。是夜，夢神來告曰：「爾日間所得者，母金也。以此權子，生生不已，數十萬可立致也。」吳悟。還捨舊業，游江湖間。凡所經營，無不利市三倍。甫年餘，已搆大廈，置良田，騾馬成群，僕婦滿室，面團團作富家翁云。〔時運亨通〕

3139	原 359/3	廣木 11/83	大 10/309

猴能捕鱷

閩人許石，曾在曼坡丹戎海嶼以捕魚為業。一日，在該嶼瞥見有鱷魚一尾，重約百餘斤，在沙坡樹下向陽而曬。驀有數黑猴至前嬉戲，鱷故佯死以俟之，而猴不知，日在鱷身侮弄。突被鱷張口吞噬，葬其腹者有二猴，餘始跳躍而逃。方謂鱷之食猴，其計已奇；而不知猴之取鱷，其計更有奇者。蓋鱷於食猴後次日，仍在該處，幾若守株待兔也者。俄而，黑猴千百，呼嘯而來，爭緣樹上。於鱷所伏處身上之枝群聚焉而使墜下；中有靈捷者，仍在鱷身戲侮。又有數猴將籐橫貫鱷魚身下，綑縛清楚；復將籐之一端，繫在枝上。然後長嘯一聲，群猴爭從樹上躍下。於是向之樹枝低垂者，今則復抽而上，將鱷魚高弔空中，搖搖如懸旌然。時石見之，驚以為奇，急回告人同往觀看，魚猶高掛樹上云。〔功勝昌黎〕

3140	原 359/4	廣木 11/84	大 10/310

綠頭巾

粵東某甲，年逾不惑，服賈省垣，好作狹斜游，與新填地天羅巷某院校書狎。春風幾度，豆蔻含胎。校書言於甲。甲自計年將半百，嗣續尚虛，不如納作小星，或得蘭夢有徵，幸延一線，固猶勝負以螟蛉也。遂備身價脫其籍，攜以歸香巢。始定僅四閱月，即居然生子，載弄之璋。彌月設靈酌，以宴親朋。甲之伯叔心竊非之，比之以牛易馬，以呂易嬴，不許其子入族。其妻鄉居，聞夫納妓作妾，醋意頓起，心不能平。乃手製綠頭巾一頂，並作手書，於甲子彌月之日，由鄉寄出。甲以為尋常賀儀，當冠裳雲集之時，遽爾展視。以其有意謔己，勃然大怒，捽其巾，投擲於地。既而笑曰：「邇來是物盛行。彼衣服輝煌，場面闊綽，陰戴此綠頭巾者，不知凡幾。床頭人不知世故，乃為此惡作劇乎？」座客為之譁然，再三勸解，甲始收而藏之。不知果令此孩戴之否？〔牢牢〕〔戴上〕

3141	原 359/5	廣木 11/85	大 10/311

新婦退敵

常郡之東鄉，王得祿父子皆善槍棒，尤精於彈。常挾鐵丸，為人保鏢，群盜無敢近者。南北往來數十年，稱「鐵彈王三」云。子藝亞其父，未甚知名。偶為人送鏢至東昌。盜魁徐彪勇絕倫，糾夥直前，彈早至，限徐左目。眾負之去，思欲報復。乃改裝，乞食至常，訪王三家，求為傭。王不察，留之，愛其勤慎。徐執役亦謹，冀得當而甘心焉。顧王父子雖家居如臨敵，故同居數月，無隙可乘。一夕，王子娶婦，徐意此雪憤時也。俟夜分，抽刀拔關入。揭帳，一足飛起，刃落地。新婦著紅褻躍出，駢二指削徐肩，痛如刀割，手不能舉，復騰足蹴其領仆地。新郎亦起，欲誅之。新婦曰：「似此庸懦，不值污吾刃。不如

縱之，使諭群盜，俾知我家仁勇兼至也。」後徐改行，為糧艘篙師，逢人輒言之。〔兒女〕〔英雄〕

3142　原 359/6　廣木 11/86　大 10/312

優宿空箱

紐約人某甲習梨園技，聲價頗高；嗣以失業賦閒，下榻於該處某酒店。不久，囊資盡罄，典質一空。店主係巾幗中人，深恐積負難償，下令逐客。時甲行李祇一空箱，別無長物。至晚扃戶而寢。詰朝起視，已不知所往，疑已他徙，亦不之問。豈知甲當時躊躇無計，忽憶此處房屋向建夾衖，別通旁門，以備火警時可以逃避；素為人跡罕至之處，正可藉以藏身。因於夜間，潛肩其箱，梯升瓦面下而居焉。夜則鋪紙箱中，蠖屈而臥。如遇風雨，則障以傘。及天甫黎明，即闔箱由夾衖出，以謀飲食。如是者數日，竟無一人知覺。後甲復操舊業，得所棲身，始舉其事以告人云。〔別有天地〕

3143　原 359/7　廣木 11/87　大 10/313

狐入人腹

商城俞孝廉身軀雄偉，讀書蘭若中；偶晝寢，似有人以手摩其頂。驚而醒，見一美人坐榻側，笑謂曰：「午睡酣乎？」俞疑鄰女，正色拒之。美人拂衣而逝。俞晚餐後，忽聞腹中吃吃作笑聲，且俏語曰：「腐頭巾就之不納，今我已附魂飯顆，入汝腹矣！」捻其肺腸，痛徹心腑，輿擡而歸。家人奔問，女在腹中一一酬答。問何冤，曰：「此前生事也。」禳解百端，竟不能制。俞有舅氏某聞其事，招俞向張天師求治。女不願曰：「若敢動，當碎齧臟腑。」俞逡巡不敢行。舅叩天師，遣李法官至，設壇，取大鏡書符，遍塗墨，持入房，令孝廉坦腹向之。腹忽表裏空明，一美人長三寸，踞膈上。遂斷竹箸寸寸，咒以符水，箸軟如棉，令孝廉吞之，嘔出一狐。法官勘訊之，狐言俞前生曾盜吞其丹，故欲復仇。法官斥其謬誤，謂當申解祖師發落，具牒焚之。見二金甲神縮狐騰空去，俞遂愈。〔噬臍何及〕

3144　原 359/8　廣木 11/88　大 10/314

樹脂醫病

英國所屬之澳大利亞一洲，生有一種雜樹，厥名油加榴鋪，隨人移植，無不邕茂。所尤奇者，此樹之脂，能醫居人疾病；凡沾染時氣，發為寒熱等症，皆能治之。方初種時，樹之前後左右附近居民，永無寒熱感冒。以為會逢其適，眾猶未之異也。及後，見樹隨處播種，於此地見驗者，於彼地亦見驗；久且隨地種之，無乎不驗。然後知諸人之得無他疾者，皆此樹之功居多。而此樹之能免人疾病者，實由樹內含有一種脂膏之故。因令精於醫術者考驗樹脂之質性如何，一時既能收效，後日是否不致別生他害。再三試驗，乃知此樹果為上等藥品。於是各將樹脂採取，以備治病之用云。〔壽世〕〔有道〕

3145　原 359/9　廣木 11/89 右　大 10/315

魚腹有蛇

歐洲勒留地方有某乙，行吟澤畔，見躍於淵者，圉圉洋洋，不覺生羨。于是退而結網，得有一魚，長英度三尺有咫；剖其腹，復有一魚，長一尺有四。再剖之，則有常山君在焉，長有二尺；盤旋屈曲，口含青蛙，皆已就斃。噫！蛇之得蛙，以為快我朵頤，自鳴得意；而不知小魚之伺其後也。小魚捕蛇，亦惟知蛇可果腹；而不知大魚已相逐而來也。大魚弱肉強食，傷殘其類，自以為雄，而不知網羅早已及之也。君子於此可觀世變矣！〔并吞〕〔肆毒〕

3146　原 360/1　廣木 12/89 左　大 10/316

井底雞鳴

井底之蛙，古有之矣。若雞則與犬俱仙，而有同升諸天，未聞有入於井者。乃金陵城中有里名金沙井者，以里中有井得名，在崇善堂門首。里人提甕汲水，以資挹注者，實繁有徒；歷年來，初無他異。日者，忽哄傳井中有鷄鳴聲，或粥粥若呼雛，或膠膠若叫旦。一時風傳遠近，紅男綠女，相率而至，皆欲一廣見聞。有好事者倚金井闌，枕流而聽，果有翰音自井中出。雖非風雨之夕，而喔喔者正未已也。據左近居人云：「井中聲頗不一，有時作犬吠，有時作兒啼。」豈竟如桃花源裏別有世界耶？嘻！異已。〔咄咄怪事〕

3147　原 360/2　廣木 12/90　大 10/317

統制打圍

霜寒地迥，風勁弓鳴，此正射獵之時也。京口副都統保頤龕統制豪情倏發，逸興遄飛。特於本月初一日清晨，諭在伍之前鋒，整行韝之小隊；騎士則負弓矢，步兵則攜線鎗；架壯鷹者幾輩健兒，驅獵犬者一隊稚子。統制則便衣就道，策騎飛馳；出郊坰，適平野，指揮任意，顧盼自如。在長林豐草之間，放狡犬、蒼鷹而出，四圍奔逐，一霎飛騰；驚羽翔集於草間，狐兔狂奔於道左。矢無空發，槍不虛燃；灑血雨毛，不可勝數。統制顧而色喜，命合圍等人稍憩，將所帶酒榼食物，遍行賞給。果腹之餘，天色尚早。統制飭令再獵一圍，然後言旋。隨將所得諸物，分贈中西各官。不特武略邁倫，亦見風流出眾矣！〔寒狩〕〔盛典〕

3148　原 360/3　廣木 12/91　大 10/318

銅佛何來

天津閘口延壽寺頭陀，性喜確守清規，禮佛甚虔，為居民所信服。一日晨起，寺門未闢，甫欲焚香頂禮，忽見座上有銅佛像四尊，皆長尺有咫，不知其何自而來，且爐中尚有香火未息。出視寺門，仍扃鐍如故，相與咄咄稱怪。由是風聲所播，佞佛之徒，信以為神，群詣該寺，爭爇瓣香，真有如水如雲之盛。按此說出自僧家，安知非因寺中香煙寂滅，故作神通以惑觀聽。惜世人不察，昧昧焉入其彀中耳。不然，此佛果從何處飛來，則必某廟；失去四像之事，何竟絕無聞見耶？僧人因佛以得食，又託佛以惑人。按諸佛法，得何罪過，吾恐難逃如來顯鑒矣！或曰：此非汝所知，彼佛法廣大，安能以去住限之。〔神通〕〔廣大〕

3149	原 360/4	廣木 12/92	大 10/319

狗咬雷公

粵人顧某，與鄰婦某氏有染；祗以羅敷固自有夫，未能往來自在。因與婦密謀，預置面具、毛衣等物，乘雷雨時，扮作雷公模樣；潛從瓦面沿索而下，猝然入室，將婦夫砍斃。旁人無有知者。事後，婦召巫來，為出喪榜。巫驗之，見其鮮血被面，不似天誅，直告諸官。官驗視之下，則刀斧痕鑿鑿，提婦根究。婦不認。官令提其子，慰以溫語，詢其父致死之由。時子年纔五齡，已能言語。初以被雷殛死對。繼問之，則言當雷公舉斧直劈時，犬尚狂吠，力咬雷公之腳跟；雷公痛而倒地。幸母親持藥為敷傷處，雷公乃越趄登屋去。官知其偽託也，乃相其宅，則血跡尚存焉。遂執婦嚴鞫，盡得其實，治姦夫以律。聞者快之。〔吠聲吠影〕

3150	原 360/5	廣木 12/93	大 10/320

死生有命

距柔佛坡十三英里之遙，有閩籍人十六名，挈伴前往該處耕種，通力合作；先蓋有草屋一座，然後斬棘披荊，開山通道。眾方逐隊入山，行不數武，中有名廖清者，忽然腹痛不能興，眾遂勸其回屋暫睡。至夕陽西下時，清見眾人未歸，不勝駭異，因往探之。將近該處，遠遠望見有猛虎一隻，在林內張牙舞爪，跳舞咆哮。清懼極，趕即潛遁，連夜回坡，報知東主。次日，率數人，各攜洋槍利器，入山搜尋；但見尸橫遍地，肢體狼藉，血跡模糊。清不覺失聲痛哭，隨將零手斷足，叢葬一區。有見者謂該山有猛虎成群，約十六七頭。然則廖清苟非腹痛，不幾同葬身於虎口哉？或曰：「廖清殆有陰騭。」未可知也。〔幸離虎口〕

3151	原 360/6	廣木 12/94	大 10/321

鷹蛇纏結

美國某山之麓有洞焉，為鷹鸇之巢穴。生斯育斯，千百為群，而無所得食；日惟徘徊於長林豐草間，擇蛇以為糧。居民以其與人無患，與世無爭也，亦相安之。其地有蛇一種，身若鞭，形如蟒。土人象其形而名之為「馬鞭蛇」，性最狡獪。捕者受其毒，靡不垂斃。日者，有童子數人獵於曠野，陡聞密林有聲瑟瑟，繼而嘎然長鳴；仰視有巨鷹口銜小蛇，翱翔而上，直衝霄漢。未幾，鷹漸斂一翼，搖搖欲墜，或上或下，其鳴甚哀；半晌翩然墜地，寂然不動。群童上前察看，則鷹被蛇纏，翼為之折；而口猶銜蛇未釋。童於是享漁人鷸蚌之利，持之以歸。〔雖猛何為〕

3152	原 360/7	廣木 12/95	大 10/322

女巫計敗

粵東三江司某鄉鄧某，家擁鉅資，其妻某氏遘疾不起；岳母愛女情篤，召巫問之。巫言有女鬼為祟，索資驅遣，病益增劇。巫訪知鄧前有一女幼殤，屈指年將及笄，復告其岳母曰：「今查此鬼非他，即病者之女也。倘擇泉下少年郎為婿，則佑母愈矣！」岳母欲如言而行，苦無佳耦。巫言有姨甥何乙，久客安南，已登鬼籙，可以相配。遂由巫執柯兩家，結冥婚焉。後鄧妻果由醫治而愈，不知者咸以為巫之功。未幾，何乙忽自滇南返，其母見之，大喜，毀其牌位，並諱冥婚之事。詎鄧幸婿生還，願締姻婭，特設盛筵，邀乙宴飲。迨乙至，時有外戚潘某在座，因述女巫謬妄之事。潘曰：「吾當為子少懲之。」越數日，遂率弁役，將女巫執之，繫以黑索，欲解官究辦。幸旁觀代求，始得釋縛。自是人始知女巫之詐云。〔跋前〕〔疐後〕

3153	原 360/8	廣木 12/96	大 10/323

人身猴形

凡人之生，各以其類。雖形貌微有不同；而父子之間，每多相肖，蓋得乎氣稟者然也。物亦猶然。虎吾知其生虎，龍吾知其生龍。從未有明明人也，而偏與物似，竟至類而不類者。此何故耶？漳州龍溪縣屬河邊社蔡某生有一子，年十有二齡，身僅二尺；面目手足酷似猴形，而口不能言。每至飢餓欲食時，則猰猰有聲，其母以時飼之。間有親友來觀者，輒以手抓其面，若甚羞愧也者。有英國某牧師聞之，願給洋蚨一百八十翼，購回廈門。其父母以舐犢情深，不之允。噫！人耶，猴耶？何其不尷不尬，竟至若斯耶？抑其人生前別有因果耶？天地之大，何奇不有。欲以常理測之，不綦難哉！〔不類〕

3154	原 360/9	廣木 12/97 右	大 10/324

披蓑爂火

廣東新興縣洞口嘴，兩水匯流，來源頗遠，東接恩開，西接河頭。一遇天雨滂沱，則兩江之水，奔流而下；大魚鱗鱗，小魚戢戢，漁者視為利藪焉。上月積雨連朝，河流泛溢。鄉人陳日臨淵而羨，披蓑荷笠而往。捕魚歸來，不脫蓑衣，就火取煖。不覺火延及蓑；解之不及，火傷身體，毒氣攻心，醫治不效，延至二日而死。粵諺有「披蓑衣救火」之語，言自惹其災也。陳之死，其殆有合於諺所云乎？〔自取其咎〕

3155	原 361/1	廣禮 1/1 左	大 11/1

酒蕈愈病

慈東邵某酷嗜杯中物，漸成酒膈，百藥無靈；自是絕不思飲，坐以待斃。邵乃雇匠製造壽具，先將小屋一間，為之掃除，以備停貯之所。傭人工作時，於牆角得所遺陳酒一埕，捧呈諸邵。邵驗視，埕外有「癸丑年」字，欣然曰：「此吾祖時酒也。」開視，則埕底如清水者，尚有升餘；稍上則白蕈一朵，大如碟。邵不知何物。時適有江湖醫士馬姓在座，賀曰：「此名酒蕈，專醫酒膈，萬金難覓。若以微火焙研細末，吞之立能見效。」邵從之，服後腹如雷鳴，如廁兩次，瀉下穢濁甚多，痼疾遂愈。〔妙〕〔藥〕

3156	原 361/2	廣禮 1/2	大 11/2

虬客突圍

鎮江某武生南宮應試，下第歸來，至關碼頭上，行來數武，忽爾小遺。為巡街捕所見，潛至身旁，以無情棍作當頭棒喝。生驚愕回顧，捕又舉棍欲擊。生側身閃過，奪棍回毆。捕知力不敵，急吹號叫。眾捕齊集，將生團團圍住，竟如項重瞳之被困垓下。正在孤掌難鳴，進退維谷時，突有一五十餘歲之虬髯叟，身長七尺，面黑睛圓，入圍排解。捕急欲扭生，略不之顧。叟舉手一推，一捕已掀出數丈。眾捕大怒，一齊踴上，欲拘叟同至捕房。叟兩手各按一捕，倒地已不能轉側。他捕見此情形，哀哀求恕。叟掀髯大笑，與生偕出。生叩問里居姓氏，已如疾鷹飛隼，不顧而去。叟其今之魯仲連歟？何其排難解紛，竟如神龍之見首不見尾也。〔神〕〔勇〕

3157	原 361/3	廣禮 1/3	大 11/3

巧婦應變

金陵西門外橫街，於十一月初六夜，祝融氏忽焉稅駕。時西北風正勁，炎炎之勢，直上雲霄。適某甲新亡一兒，見火光已逼，急於搬物，不遑兼顧孩屍。幸其婦某氏頗有急智，當忙迫時，納孩空箱中，填以土石，置之門外。搶火者見之大喜，即竊負而逃。比至中途啟視，則一死孩也，懼而棄去。直至煙消火滅，運物回家，甲以焚孩為憾。婦曰：「已置板箱，寄諸道左矣。不信，可往視也。」乃同至巷外，覓得舁歸，殮而葬之。甲乃深服婦之巧計。夫於倉皇無措之時，獨能隨機應變，借人力以全骨肉；求諸鬚眉且不多得，乃於巾幗中見之。豈非難能可貴者乎！〔急〕〔智〕

3158	原 361/4	廣禮 1/4	大 11/4

龍圖破案

皖商某甲販茶獲利，由漢回里，道經江陰某鄉，足疲口渴；遇四石匠在路工作，向借水煙袋吸之，遂暫憩焉。石匠見甲行囊頗裕，頓起不良。俟其去時，潛尾其後，行十餘武，眾匠舉斧砍之，旋即斃命。是處地本荒僻，人跡罕逢，匠即掘穴瘞埋。有某乙謂之曰：「若欲雪冤，除非包龍圖復生方可。」事後，分贓而散。未幾，乙因近處演戲，隨眾往觀；適臺上正演《鍘美案》一齣，伶人大袍闊袖，扮作包龍圖模樣。方欲大踏步而出，忽該伶頓失常性，直往臺下狂奔，一似驟發瘋病也者。群伶大驚，急起直追，觀者亦從而和之。直至瘞屍之處，指謂眾曰：「是非謀財害命之所乎？」眾即發視之，則原屍具在。時乙亦在觀看，面色頓異。該伶復向詰問，乙具吐實情，遂執而送諸官。詰知同黨姓名，悉數拘之，無一漏網。案遂定，治四匠以律。說者謂該茶商之陰魂實憑依之。報施之理，殆或然歟？〔雪〕〔冤〕

3159	原 361/5	廣禮 1/5	大 11/5

慨還遺金

鐵甕城西有甲、乙、丙三人，黌門秀士也。某日，館政餘閒，聯袂而出，行至途中，拾得舊袱一個。啟而視之，內儲番佛十三尊，青蚨百翼，銀飾二事。三人私相擬議，恐係貧戶所失，不免有性命之憂，因立而俟之。約一炊許，果有老婦舉步蹣跚，汗流浹背，垂涕而至；東探西望，慌急異常。良久，一無所得，啼泣逕去，行至江邊，甫欲奮身躍下。三人潛尾其後，急拽之，叩以故。老婦言：「家有病人垂斃，奔告親戚，貸得洋銀、首飾，以備後事。今忽失落，無顏見人，不如死耳！」三人詰以所失之數，果相符合，遂舉以歸之。老婦感激涕零，叩謝而去。按拾金不昧，見諸往事，皆獲厚報。惜世人見利忘義，而古道遂不可問矣！今該三人獨能不受儻來，全人身命。證諸上天報施之道，其前程遠大，詎可限量哉！〔義士〕

3160	原 361/6	廣禮 1/6	大 11/6

善人是福

鎮江某少年，獵人也，事老母甚孝。性情慷慨，以所鬻野味資，濟人急難，略無吝色。一日，貨野鴨歸來，得錢數百翼。有鄰嫗泣告曰：「炊煙已斷一日。遣小子質衣購米，又被扒手竊去。無可奈何，嗷嗷待斃。敢求一飽以永今宵。可乎？」某慨然允諾，遂出餘錢三百，令持歸使用。嫗曰：「幸承援手，感莫能忘；但盡數贈我，先生將何如？」某曰：「子但攜去，不必介懷。」是夜，某夢入九華山，忽遇一物，尖頭圓眼，三角崢然，其形如豹，其色如煤，腹黃尾白；大吼一聲，響振山嶽。某戰兢不已，退縮難前。一轉瞬，其物化為白鴿。逼視之，則瑩瑩然一錠闊紋。轉驚為喜，正擬攜歸，俄聞撲鹿一聲，蘧然驚醒，思之甚異。翌日，竟入是山，尋其處，果得一錠紋銀。拾歸權之，重五十餘兩，人以為孝善所感云。〔美報〕

3161	原 361/7	廣禮 1/7	大 11/7

長蛇吸水

廣東南海縣屬橫沙鄉對岸有松洲岡焉，岡上有松，因以為號。岡不甚高而有巖穴，常山君蟠踞其中，少所出現；故土人雖久居其地，亦莫之知也。某日清晨，有某鄉渡早發，移棹至岡下，見有巨蛇，身長丈餘，頭大如斗，鱗甲深黑而有光；臨河飲水，水聲湯湯，凌空飛起，恍如噴雲濺雪。舟中人見之，相與咋舌，歎為得未曾有。謂此蛇甚毒，若被取水噴射，必受其殃，不如移舟避之。迨舟去二里餘，蛇仍呼吸自如。於是無識之徒，有疑為神龍潛身在此取水者，不知此蛇固以松岡為窟宅者也。噫嘻！蛇，龍類也，而人乃因其似，而竟信為真焉。彼似蛇非蛇，而其毒更甚於蛇者，人可不知所辨哉！〔飛泉〕

3162	原 361/8	廣禮 1/8	大 11/8

龍鬥為災

龍鬥之事，史不絕書。求諸近日，則不數覯；然鄉曲中每有所見。去姑蘇三十餘里有鄉名謝浦，臨水成村，居民多以耕種為業；煙火四十餘家，生斯食斯，頗相安也。某日午後，忽有兩龍起自雲中，夭矯盤旋，凌空舞鬥。俄而大雨傾盆，狂風拔木，瓦屋十餘間，茅屋三十餘間，同時吹倒；有牛七頭亦被封姨捲去。當災作時，該處鄉民各在家中驚惶失措。迨災過神定，則身在田間，不自知其如何而出。是豈有鬼神默攝之耶？抑神魂搖惑，有此驚疑耶？刻下災民風餐露宿，觸目淒涼，皆孽龍有以害之也。安得擅屠龍手段者，為吾民除其患也哉？〔禍水〕

3163	原 361/9	廣禮 1/9 右	大 11/9

驢異

天壤間奇奇怪怪之事，靡所不有；而欲以常理測之，烏得而測之。天津西門內某姓磨坊畜一牝驢，懷孕數月，始產一驢；奇形怪狀，迥異尋常。二首相歧，五足並行。

見者莫不咄咄稱怪。某見之大喜，謂家人曰：「此奇貨可居也，宜小心喂養。異日長大，可以載往四方，博人觀覽。吾知好奇之士，必有重價求購者。」驢乎！驢乎！果能如其願以償之乎？〔怪物〕

3164	原 362/1	廣禮 2/9 左	大 11/10

夢讝退賊

某甲，漢陽蔡甸人，在漢鎮大夾街某棧中司爨炊。自幼有夢中發狂之疾，長而益甚。棧中人習聞之。一夕，有初來寄宿之某客，轉輾伏枕，不能成寐。忽聞有窸窣聲，偷覷之，則見一人燃紙撚，自外入，疑之。驀聞甲榻大聲狂呼，其人即滅火奔去。約半時許，前人又入。甫以手取几上鐘，甲榻又狂呼。其人復遁去。至是，客乃知其為樑上君子也，大呼有賊。棧中人皆起，燭之，物無所失，賊已遠颺。客舉見聞告之，回視甲，則鼾聲如雷。人乃知夢中囈語，實已驚退此賊云。〔先聲奪人〕

3165	原 362/2	廣禮 2/10	大 11/11

畜犬拯溺

古人有言：「棄人用犬，雖猛何為。」此為晉靈嗾獒噬人而言也。若用以救人，則其法誠巧，其功亦奇矣。法國巴黎士京城近有人創一教犬救溺之議。先是，該處勇士往往視死如歸，稍有不洽，即向仙河投水自盡；差役援之不及，恆遭溺斃。有心人憫之，爰擬多養烏浮崙所產大犬，訓練馴熟，使成隊伍。然後安置木排或小船之上，分泊河中，使救溺者，以匡差役之不逮。緣此等犬耳目聰明，身體靈便，用以救人，自能百不失一。聞法人於數十年前曾有此舉，惜當時教習未善，未克收效耳。今誠能矢以恆心，持以果力，吾知是犬見人赴水，必將力爭上流，援登彼岸。從此龍宮深處，可免遊客羈魂矣。彼似犬非犬，而專以推波助瀾為事者，不將犬之不若哉！〔借力於獸〕

3166	原 362/3	廣禮 2/11	大 11/12

黃冠絕技

梁某，粵之東莞人也，年逾不惑。少習拳腳技能，疊四磚捶之，碎如虀粉；高可躍四、五尺，橫可躍七、八尺。雄視一鄉，人莫能敵。一日，見一老黃冠瘦骨支離，一若手無縛雞之力也者。易視之。黃冠叩梁姓名，知為教師，因歎曰：「僕少時曾習此技，今老矣！且近以火器為重，技雖精，亦無所用矣。」梁聞言，固請較藝。黃冠曰：「較藝則彼勝此負，必有所傷。不如待僕一獻其技。」梁曰：「且試之。」黃冠令人以大桶滿貯水五十斤，置中堂；重足立，以牙齩之起，繞堂三匝，始放下。隨後，掛桶繩於臂，繞行如前；行畢放桶，拍掌一聲，已躍登簷上。梁為之咋舌，請受業為弟子。黃冠曰：「君已過中年，不能學矣。」遂辭去。或曰黃冠，潮州人，本姓龍，聞授自少林云。〔矯若游龍〕

3167	原 362/4	廣禮 2/12	大 11/13

雪中逐鹿

甯波鄞西翁巖村，居民百餘戶，皆依山搆屋，臨水啟門，誠絕妙鄉村風景也。入冬後，雨雪霏霏，玉琢銀裝，頓改世界。是處少壯閒暇無事，招邀伴侶，馳逐於懸巖絕壑間，搏獸從禽，興復不淺。有范甲者追逐一鹿，至路轉峰迴之處，適有水乙在旁見獵心喜，相與急起直追，咸思食其肉寢其皮以為快。甲恐麃為捷足先得，飛步而前，不遑他顧。詎在石上偶一蹶足，石墜而身亦隨下，山勢壁立，一落千丈。及乙往援，而甲已腹裂腸流，魂遊泉府矣。夫中原逐鹿，得失難知。今復在雨雪之中，宜如何謹慎從事；乃因爭競之心，遽罹不測之禍。天荊地棘行路難。嗚呼！可不戒歟？〔玩物喪志〕

3168	原 362/5	廣禮 2/13	大 11/14

獅嶺金苗

基隆離八堵六七里地方有獅球嶺焉，層巒峭壁，四面圍環。其間樹木叢雜，鳥道紆迴，為由基赴郡必經之路。自火車從嶺下穿洞而過，人跡始稀。嶺巔有土地廟，屢著靈異，前劉省三爵帥曾請朝命晉封焉。近聞有某甲夜宿廟內，一枕荒涼，方效莊周化蝶。時將三鼓，忽見最高峰上有赤光一道，矯若游龍，奔馳而下，倏忽間已不知所向。未幾，山麓間又有一物，其大如牛，盤旋迴繞，光彩照人；轉瞬似作電光一道，由東至西，其物亦渺。甲從夢中驚醒，駭異久之。翌日，遍告鄰里。有識之者曰：「是即該嶺金苗也。每至月黑夜深，常有所見。」然歟，否歟？請質諸深知礦務者。〔地不〕〔愛寶〕

3169	原 362/6	廣禮 2/14	大 11/15

養虎貽患

養虎貽患，寓言也。孰意竟有見諸實事者。距浙紹餘姚三十餘里集善村有張某者，農圃操勞，撫妻育子，意良自得。去年，在山麓間捕得生甫數月之虎子一頭，毛色斑駁，狀若狸奴，不忍遽殺，攜歸留養；以其馴擾，不之防範。其子年纔七八齡，捋虎鬚，蹈虎尾，狎習已久，初無咥人之凶。詎至秋間某日，張出外工作。時虎已豢年餘，其力漸猛，驀地間張牙舞爪，啣其子向外狂奔。迨妻聞呼號聲甚慘，急視其子，已在虎口，呼眾追逐。虎逕投荒榛而去，不知所之。迨張歸，妻與鄰里咸以養虎食子，交唾罵之。張痛哭失聲，急往覓屍，杳無所得。歸而歎曰：「虎兕出柙，是誰之過？」遂憂悸成疾，不久而亡。君子觀於此，而知遠害之宜早也。〔自殺其子〕

3170	原 362/7	廣禮 2/15	大 11/16

天雨紅粟

雨金雨粟，雨豆雨魚，自古迄口【今】，史冊所傳，代有可考，不足異也。所異者，以大造清虛之府，而有粟紅貫朽之奇，不誠亙古所未聞乎？醴陵縣東北鄉今冬某日，天忽陰霾，風雨隨之。俄而，一片聲響，屋瓦皆鳴，恍有大珠、小珠落滿盤之概。行人初疑雪珠，群相驚避，約一時許始止。檢視地上，則粟米纍纍，其色微紅，其質未腐。居民群以升斗爭相拾取，淅而炊之，猶堪適口。聞是日雨粟僅及六七里，而有八百餘石之多。一時里閈間歡聲雷動，交相賀曰：「此天拯我民，俾無飢餓之憂也。」說者謂太倉之粟，陳陳相因，故有紅朽之患。今所雨者，乃亦如之。是豈天上人間，不相懸絕乎？嘻！異已。〔多若〕〔神倉〕

3171	原 362/8	廣禮 2/16	大 11/17

錯認西施

粵東新會人某甲，年逾大衍，術擅堪輿。中年忽得目疾，雖瞳人宛在，早與青盲無異；祇以藉術餬口，諱莫如深。每有人延相吉地，其子實左右之。友有知其諱疾者，以甲性似登徒，思得一計，以資戲謔。遂盛言珠江某妓姿色之美，約令甲在寓設席，當為招致之。次日，偕數人攜妓而至；別遣人喚一老妓，令多施脂粉，乘輿而來。甲朦朧視之，不辨何物，惟覺蘭麝之氣，撲人眉宇，信為絕色，大加歎賞。友知其謬，臨行囑老妓加意逢迎，匆匆出門，相顧譁然；而甲不知也。及甲留妓伴宿，忽聞枕畔有墜物聲，暗中摸索，得一假髻。心異之。捫其頭，髮已禿矣。憤然而起，詰其年歲、居址，始知向之信為西施者，實效顰之東施也。不覺怒髮衝冠，急逐之去。聞者咸為之捧腹焉。〔妍媸〕〔莫辨〕

3172	原 362/9	廣禮 2/17 右	大 11/18

是何蟲豸

湖州烏程縣西北鄉，本年秋初，忽有飛蟲無數，似蝗非蝗，似蝶非蝶，飛舞於魚塍鳩隴間；其聲薨薨，大有聚蚊成雷之勢。該處農人患之，一呼百應，群相驅撲；或紈扇輕揮，或徒手從事。一時風聲所播，舉國若狂，惜無有知其名者。或曰：「蜂蠆有毒，況眾乎？」曰：「若是，則近世小流氓成群結隊，到處亂鬨；雖非蟲豸，得毋相似？」〔蠕動蠉飛〕

3173	原 363/1	廣禮 3/17 左	大 11/19

佈金滿地

杭州張某遊京師數年，無所遇；困極欲歸，苦難就道。聞多旗杆廟神甚靈。凡人命註財祿，皆可預借；驗後，酬以旗杆，或二或四，久而成林。張因往禱，夜夢神教其往神武門以俟。醒而異之。如言往，竟日杳然。如是月餘，寖倦矣。一日，伺至日中，飢甚，姑向餅師謀果腹。見間壁荒貨店有鐵象棋一盒，漆光黝然。張素嗜此，出數百文購之。持盒回寓，進門蹉跌，盒碎，子拋落地，有一二子略致墜損，微露黃質。細視，皆渾金而外塗火漆者。平之，得一百四十餘兩，因市牲牢酬神，擁資而歸。〔珍同〕〔拱璧〕

3174	原 363/2	廣禮 3/18	大 11/20

麒麟送子

德清蔡聲甫先生，自言前世為杭州賣腐媼，勤修精進，得轉男身。一生茹齋奉佛，慈惠和平，京師有「蔡婆婆」之目。年二十四領鄉薦，聞報日意頗自得。夜夢一羽士謂之曰：「君鄉捷雖早，會試同年尚未生也。盍往觀。」隨行登高山極頂，仰視蔚藍尺五，星辰可摘。忽天門豁開，旗幡羽葆，紛紛結隊而出。俄有峨冠博帶者數十人，騎馬前導；旋聞仙樂繚繞空際，一嬰兒如玉，跨有角獸，若俗所謂麒麟送子者，按轡徐行，向東南去。羽士指謂蔡曰：「此汝同年狀元潘某也。」蔡醒，以為夢幻。既而，九赴春宮不第，癸丑已無進取意。同人敦勸，始就試。隔號遇美少年，問氏籍，曰：「蘇州潘某。」即相國芝軒先生也。榜發，果同捷。〔安排狀元宰相〕

3175	原 363/3	廣禮 3/19	大 11/21

福田利溥

杭垣城內有朱翁者，家世素豐，性情慷慨，少年好施濟，見人急難，輒賙恤之。自各省水旱告災，翁毀家鬻產，疊助鉅資，全活不可勝計，而家業已因此中落矣。一日，有羽士翩然入室，告翁曰：「君積德已厚，上帝鑒之，福將至矣！」翁問何福，曰：「頃望氣，見後園中有金光，是可取也。」翁因偕之至園，見一小池，水已涸矣。指謂翁曰：「此中窖金不少，試取之。」翁喜，立召家眾，以畚挶從事，開掘至數尺深；則朱提燦燦，美不勝收。權之，共十萬餘金。時兒孫繞膝，婦女在旁，相顧色喜，無不深德羽士。欲以半分贈之，羽士執不可，謂：「此天所以賜君者，非予所宜取也。」言畢，倏忽不見。翁詫異久之，仰天歎曰：「予平生好善，所施至十萬餘金，家資盡耗，無稍悔心。今復得此，是予所施者，天已還之。修德必獲報，吾子孫豈可獨私一已哉！」子孫皆曰：「諾。」是日，復助賑五千金，聞者皆艷羨不置。果若是，朱氏之福，殆未有艾歟？〔善人〕〔是富〕

3176	原 363/4	廣禮 3/20	大 11/22

相國軼事

湯芷卿先生云：「海寧陳相國未遇時，入都道經曹州。適當牡丹盛開，聞富室周氏園尤艷麗，遂往觀。亭中列大玻璃缸，朱魚百頭，唼喋可玩；略一摩挲，缸忽開裂。方竊惶愧。主人歡笑承迎，邀入酒饌，款待極殷，展詢邦族，喜溢顏色曰：『夜夢黑龍盤缸上而缸裂，今君適應其兆。他日必貴。願以兩息女附為婚姻。』相國辭有妻室。主人曰：『即備妾媵亦無不可。』相國夙精星命，見其意誠，索二女生造推之，並夫人格也；惟次女帶桃花煞，竊疑之。解玉佩一枚，聘其長女。是年捷京兆，旋入詞館，迎女合巹焉。後出使，道經茌平，輿中見一女郎雜村婦行，酷似夫人，女亦頻視。相國使紀綱訪之，果夫人妹也。自翁故後，嫁東阿士人，早卒。連遭荒歉，遂落平康，非所願也。相國以千金贖歸，重為擇配，嫁滿洲都統，亦八座云。」〔攀龍〕〔附鳳〕

3177	原 363/5	廣禮 3/21	大 11/23

南極星輝

有客告予曰：「去冬某日，行至漢鎮集稼嘴河下，見有二叟鬚髮蒼然，步履康健；當循階而上時，手不扶笻，氣不稍喘，直抵埠巔。相顧言曰：『是埠不甚見高，偶一同行，已不能如少時之捷。老夫耄矣，無能為也已。』前行者問曰：『足下春秋幾何？』曰：『虛度光陰已九十有七矣。君今若何？』後行者曰：『僕年百有三歲，忝長六齡。徒增馬齒耳。』二叟正相問答，前行之叟後隨二童，忽失足傾跌。叟急趨前，拉起慰之曰：『徐步而行，毋再驚駭。』後行者復問二童是誰。叟曰：『此僕第五代孫也。』沿途問答，不盡記憶。姑述一二，以見二老之具有壽相也。」熙朝人瑞，吾於此欲上「天保九如」之頌矣！〔俾爾壽而康〕

3178	原 363/6	廣禮 3/22	大 11/24

卜歲奇談

卜歲之法，由來已久。《詩》所謂：「太人占之，眾維魚矣，實維豐年。」此為卜歲之濫觴。至於簡冊所載：「風從艮地起，主人壽年豐」，總之不離乎占卜者近是。乃聞皖中風俗，則有異焉。距安慶城外五里許有龍王廟，貝宇琳宮，規模軒敞，香煙繁盛，為一方之冠。是處農民每年正月初七日，各集重資，倩黃冠羽士，大設道場，鐃鈸喧天，幢旛拂地，謂之「敬窨」。復以磁碗二隻，各盛半生半熟之飯，上以空碗覆之，置於神龕之側。至是歲除夕，喚齊大眾，當場啟視，以飯之生熟，定歲之豐歉。如上面生下面熟，便知上半年歉，下半年豐。推之左右前後，無不皆然。四境之內，瞭如指掌。去歲杪，眾復詣廟驗視。有識者竊笑之，而不知其實循向例也。〔鏡聽遺意〕

3179	原 363/7	廣禮 3/23	大 11/25

漁人遇仙

客有自常郡來者，言昔年送仙湖旁有韓某者捕魚為業，性嗜飲，得錢輒付酒家。一日，攜酒罌坐磯畔獨酌。一跛道人曳杖蹩躠而來，穢垢不可近，向韓問訊曰：「赤日奔波，願得少酒一潤渴吻。何如？」韓盛巨瓢與之，一吸而盡。韓曰：「快哉，飲乎？」連酌以瓢，罌立罄。道人蹙然曰：「君杖頭未必裕如，奈何以我故盡其有！」因搔爬垢膩，得一丸，付韓曰：「以此抉死鱗立活，終身謀醉有餘矣。」轉瞬間忽不見。方悟所遇殆拐仙也。由是捕魚日多，獲利無算。漁者妒之，乘間欲攫其丸。韓納丸於口，忽已下咽。不覺頓悟元機，佯狂街市，歌哭不倫，言多奇中。其種種仙蹟，不勝枚舉。後入陽羨山，不知所終。〔骨相非凡〕

3180	原 363/8	廣禮 3/24	大 11/26

頌洽多男

古者八元八愷，悉屬孿生，論人才者稱極盛焉。自是而後，螽斯衍慶，代不乏人。大抵皆山川靈秀所鍾，祖宗留貽之厚，方能有斯人瑞也。我朝自開國以來，積厚流光，迄今二百餘年，偉人間出。如一產三男、一產四男之事，時有所聞，不足為異。乃京都西藍靛廠某旂丁家，英俊駢生，竟有愈出愈奇者。緣該旂丁娶妻某氏，連生四胎，皆已天然成偶，方謂伯仲叔季已如成周之有八士矣。不料十月下浣，忽又分娩，甫獲兩雄，腹痛猶未已；逾時復生二男，啼聲呱呱，洵英物也。時戚族額手相慶，謂該婦五胎而得子十二人，自古多男之瑞，未有盛於此者也。他若同時北城鼓樓西劉姓家一胎三子，南下窪諸姓家一胎二子，更不足比數矣。猗歟休哉！輦轂之下，英才並出，若斯其多。向非德意覃敷，仁風翔洽，何以至此？〔瓜綿〕〔椒衍〕

3181	原 363/9	廣禮 3/25 右	大 11/27

松風拂戶

端午懸蒲，重陽賞菊。良辰佳節，藉草木以生輝，古事流傳，於今弗廢。不謂更有取乎長春之松柏者。江右風俗，每屆元旦，居民群折松枝，懸諸門外。一時清氣襲人，青蔥可愛，與所貼宜春之字，輝映門閭。不獨繩樞甕牖為然，即華屋高堂亦有藉此以生色者。誠不知何所取義也。按董勛《問答》曾載：「歲首折松枝者，取其芬香也。」今該處猶沿此風歟？未可知也。〔輝映桃符〕

3182	原 364/1	廣禮 4/25 左	大 11/28

小財神

鄱陽醫生姜子芳擅活人術，所至有聲，貧病者尤感德焉。去臘，遷居豐泰門內。因夜歸，停燭獨坐，尋繹方書；見老人附戶而立，注目視之，已不見。知其為怪，而未暇窮其迹。他夕，赴市民飲席，醉歸復遇之，灼然可識；龐眉皓首，髭髯如雪，著皂綠素袍。姜大呼叱之，沒於地。姜曰：「是必有窖藏物欲出耳。」遲明，發土二尺許，獲銀小錠，重十有二兩。復斸之鏗鏗然，聞金革之聲，堅不可入。姜慮無妄之福，或翻致禍，乃止。因告人曰：「予所遇者，殆小財神歟？不然，何竟不能獲利倍蓰也。」〔得之〕〔有命〕

3183	原 364/2	廣禮 4/26	大 11/29

上元登高

重九登高，古今傳為佳話。不知汝南桓景聽費長房之説，藉以避災，後人無災可避，原不必踵而行之也。然百觀韓昌黎〈人日城南登高記〉，又桓溫參軍張望亦有七日登高詩。是登高不盡在重陽也。若上元而效登高之會，惟石虎《鄴中記》載之，《隋書》文帝時有之。今則闃寂無聞焉。乃香港有某茂才等忽發逸興，每屆正月十五日，必偕名流數輩，輕裘緩帶，同至高閣；載酒吟詩，臨風玩月，雅有當年滕王閣高會景象。而瞻望丰采者，亦幾疑為神仙中人。斯時也，萬家燈火，照徹通衢。游客往來，蜂屯蟻聚，相與豔羡不置。謂非及時行樂之佳話乎？〔雅人〕〔深致〕

3184	原 364/3	廣禮 4/27	大 11/30

蠶王

《酉陽雜俎・支諾皋》篇載：「新羅國人旁㐌求蠶種於弟，弟蒸而與之，㐌不知也。至蠶時有一生焉，日長寸餘，居旬大如牛，食數樹葉不足。弟伺間殺之，百里內蠶飛集其家，意其王也。」是説殊怪誕。近宿州符離北境農民王友聞，居邑之蔡村，與弟友諒同處；娶邑人秦彪女，天性狠戾，日夜譖諒，竟分析出外，或經年不相面。諒嘗乞蠶種於兄，秦以火熇而遺之。諒妻如常法煖浴，以俟其出。過期，亦但得其一；已而漸大，幾重百斤。秦氏伺諒夫婦作客東村，但留稚女守舍；秦呼其夫同詣之，詐女往庖下，直入蠶房。見蠶臥牖畔，喘息如牛，食葉如風雨聲。秦鞭以巨梃。每一擊，輒吐絲數斤。秦震怖，魂魄俱喪，急促夫歸。因病心顫，踰日而死。及諒蠶成繭，皤然如甕，繰之，正得絲百斤。〔經天〕〔緯地〕

3185	原 364/4	廣禮 4/28	大 11/31

獨樂神燈

薊州獨樂寺，每元旦有神燈二，自盤山白塔頂出，直投寺中。寺建唐初，有太白書「大士閣」三字額。觀音像，銅錢鑄成，高七丈，與真定大佛相伯仲。宛平湯芷卿先生遊薊門，聞神燈之異，思得見之。一夜，與友對飲，忽僮呼曰：「神燈出矣。」見空中初止一二點，旋散作千萬點；乍離乍合，忽高忽低，皆有行列。須臾聚成一團，復成一點，入寺中去。次日，遊盤山，乘騎夜歸，見滿山皆火。行漸近，作閃碧色，或在馬前，或在馬後，馬惕然欲驚。圉人曰：「此易制耳。」脫鞋倒著之，踊躍再三，火皆滾聚足下，隨踢而滅。俯拾，則棺釘一枚。連蹋連取，火悉散滅。圉人藏釘腰間，云可治小兒驚癇。土人云：「此漁陽古戰場，所見蓋燐火也。」〔虛無縹緲〕

3186	原 364/5	廣禮 4/29	大 11/32

卜繭私祈

蓍蔡之用，自古稱神。故君平、詹尹之流，藉其術以鳴於世；類皆知微知顯，判斷神奇。蓋卜以決疑，不疑何卜，昔人已有明訓矣。然亦有無疑而戲為之者，如世俗之卜諸燈花，除夕之卜於鏡聽。事屬無徵，已不免為識者所笑。至《開元遺事》載有繭卜一節，其事失傳已久，初不料至今日而更有人踵行也。去年上元日，都下人造繭麵，書官品於紙簽或竹木片，置之餡中，各探取之，以卜異日頭銜之高下。一時縉紳先生吉語爭書，群占一歲禍福。真如楊萬里詩所云：「心知繭卜未必然，醉中卜得喜欲顛。」是雖俗尚，亦可見人情之復古矣。〔吉祥止止〕

3187	原 364/6	廣禮 4/30	大 11/33

和尚過年

每屆臘尾年頭，各叢林釋子群向紳商、富戶爭求佈施；江浙咸有此風，不足異也。乃杭州近年風俗，竟有別開生面者。去臘杪，該處僧人群至閥閱之家，托缽募齋，或十餘人，或二十餘人。率以住持僧手執如意，身披大紅袈裟；侍者一負錫杖，一負籐杖，一持名帖，一捧缽盂；餘則或香或盤，或魚磬或牟尼。每至一家，必登堂旋繞三匝，口誦消災延壽經；諸檀越即施以錢米，謂可藉結善緣。就近城廂各社廟香工，則更分送柏葉、竹枝，為祀神掃舍之用。亦須以白粲酬之。諺有之曰：「富家買田，和尚過年。」此之謂也。〔打齋飯〕

3188	原 364/7	廣禮 4/31	大 11/34

人面蟹

蟹之一物，八足橫行，本不足怪。即古人所詠「九月團臍十月尖」之句，亦惟供騷人墨客，左手持杯，右手持螯之趣而已。不謂有形異常，翹然獨成，為無腸公子者。鎮海潮宗坊，一海市也。漁兒數輩，水族紛紜，以供食客購求，藉博微利。一日，有某漁人持蟹十餘隻，入市喚售。見者初不之異，後見該蟹肚下皆是雙臍，而背中具人面形，口鼻間似有氣呼出者，不覺鼓掌稱奇。旋有湘勇出阿堵物購之而去。據云欲以上獻大吏，未知確否。聞西方所出者有區蟹、飛蟹；今東方有雙臍蟹、人面蟹。安得寇君玉其人，重為摹繪哉？天地之大，無奇不有，觀此益信。〔橫行〕〔無忌〕

3189	原 364/8	廣禮 4/32	大 11/35

智不如猴

甯波奉化烏村有烏滎陽者，勤儉持家，擁資頗厚；半耕半讀，一室怡然。固自以為南面王不與易也。一夕，魚更三躍，蝶夢初醒，忽聞庭中有剝啄聲，疑係雞鳴狗盜之流，穿窬而入；故示以咳嗽聲，使之聞之，俾早遁去。詎履聲橐橐，仍不少休。不得已，執刃持梃，拔關而出。驚見猴子五六頭，奔走階前。大聲嚇之，亦不驚懼，反直入內室；將小件衣物，強拖硬取，呼嘯而去。滎陽追之不及，惟徒呼負負而已。噫！何物妖猴，乃敢猖狂若此。豈亦欲借以禦寒乎？抑有人教之使然也？然滎陽以鬚眉丈夫，而不敵猴子五六頭，竟聽其如取如攜，若入無人之境。何其智反出猴之下也！〔猖狂乃爾〕

3190	原 364/9	廣禮 4/33 右	大 11/36

酒仙

揚郡西北鄉一帶有梅花數十株。去臘，芳蕊盛開，幽香撲鼻，騷人墨客，聯袂來遊；或賦清詩，或攜美酒，賞心樂事，咸於此流連焉。一日，有似書生模樣者，邀同儕侶，沽酒往遊，藉地對酌。未幾，又來四人，皆舊交，因亦留飲。傳壺把醆，玉山並頹；而斟酌不窮，如有挹注。客曰：「君今攜酒幾何，而百吸不盡耶？」言已，啟壺，則涓滴無存。眾謂得遇酒仙云。〔可望不可即〕

3191	原 365/1	廣禮 5/33 左	大 11/37

削鼻求豔

美國紐約埠女伶拖頓，籍隸舊金外，態度娉婷，香閨待字；其歌舞之技，已名噪一時。惟其鼻準隆高，自嫌鏡對菱花，恍似孤山獨竦；乃欲延醫改削，庶幾可以人事補天工。乃商於醫士麥般尼，麥以其麗質天生，何必改作；而女伶終以為嫌，苦求修飾。醫士遂從所請，與克匿醫士協力為之；將其山源先剝其膚，再削其骨，敷以藥石，不日而痊。將見登臺歌唱，笑逐顏開，更覺玉立亭亭，無偏無陂矣！〔修短合度〕

3192	原 365/2	廣禮 5/34	大 11/38

淩波仙子

客有談仙蹟者，言粵東新會某富翁生有一女，賦性貞嫻，平日長齋繡佛，不出閨門。年甫及笄，父母為謀婚配，女聞輒峻拒之。翁有中表戚某，勢豪也；聞女美，欲納為媳。翁不敢抗，勉允之。吉期既屆，百兩盈門，女從容妝飾，登輿而去。父母喜，以為人各有耦，女固猶乎人也。及抵夫家，交拜禮畢，洞房花燭，春意盎然。女忽乘人不備，徐步出門。俄而，見者大譁，群戚畢集。觀其形，不類病狂，因蹤跡之。直至江邊，顧謂夫族曰：「妾從此逝矣！期年後，可訪妾於西城某寺也。」時新郎與媵伴急欲援以手，則女已直入波心。蓮步輕移，如履平地；口中效藍采和之踏踏歌，蹈海西去，不知所終。岸上觀者僉曰：「是淩波仙子也。」逾年，則西城已建一寺。訪之鄉人，云得女夢，當廟食茲土。迄今香煙甚盛云。〔涉水〕〔不濡〕

3193	原 365/3	廣禮 5/35	大 11/39

大度包容

甯郡東門外及靈潮門半邊街一帶，為往來之孔道。行人蟻聚蜂屯，手挈肩挑，紛紛駐足，亦一小市集也。去臘杪，有某鄉宦安步當車，過老江橋迤邐而來。時路上行人狼奔豕突，擁擠異常。不隄防有東鄉夫己氏，年約弱冠，挈瓶無智，與鄉宦覿面相撞；致將瓶中之油，盡傾於狐裘大袍上。路人相顧駭然；夫己氏亦驚皇失措，呆若木雞。而鄉宦則言色不變，談笑自如，猶慰之曰：「爾無恐。吾不汝瑕疵也。今而後，宜謹小慎微，勿再鹵莽。」言畢，遂呼輿，乘之而去。一時見者咸稱鄉宦之宏量為不可及。然則牛衣兒器度宏深，汪洋若千頃波者，不得專美於前矣！〔敝之〕〔無憾〕

3194	原 365/4	廣禮 5/36	大 11/40

雪痴

昔孫康嗜學，映雪讀書；袁安居貧，臥雪不出。昌黎有雪擁藍關之讖，鄭綮有灞橋風雪之思。蘇子卿嚙雪延生，王子猷冒雪訪友，惠連則賦雪梁苑，游楊則立雪程門。或掃雪以迎嘉賓，或烹雪以遣清興，或倚江雪而獨釣，或評梅雪之爭春。正不徒乘高輿，披鶴氅，王恭涉雪，見者歎為神仙中人已也。寧波鄞南通津橋有陳氏女，年已及笄，嬌艷絕倫，顧性沖淡。自幼酷嗜雪，每當天公玉戲，往往忘餐廢寢，對景盤桓。去臘二十一日，當滕六君稅駕之時，世界清涼，頓變銀堆玉琢。該女郎即姍姍蓮步，踏雪而行，不蓋傘，不著屐；笑容可掬，獨往獨來。頗有樂此不疲之態。如該女者，謂為「雪痴」，誰曰不宜？〔淡泊〕〔為懷〕

3195	原 365/5	廣禮 5/37	大 11/41

多財為患

世家大族籌集鉅資，以備一鄉公款，誠義舉也。然經理一不得人，利弊相循，甚且變而加厲。吁！可慨已。江右某縣有某姓族人，向有公財萬餘金，衹以立法未善，經理者時有吞蝕之心；每思藉端開支，苦不得其當。去臘適有差催稅契一事，遂挾嫌，誣指某生報稅未妥，即廣招彪手數十百人，設公堂，造私刑，將某生提到。堂列大椅兩行，經理者與二三紳士列坐其間；彪手站旁，某生跪地。威風懍懍，謂之「白虎堂」。刑用大竹削成，其重且大逾官杖數倍。迨將某主推問，某生不承。酷受刑虐，將置之死地，買兇抵償。事為生之妻孥所知，奔訴於官；立派兵救出，驗明傷痕，想須盡法懲治。然口糧差費已開支數千金，經理者且自詡為得計矣。多財之為患，如是如是。〔奇貨可居〕

3196	原 365/6	廣禮 5/38	大 11/42

龍神附舟

鎮江附近鹽廠處，有某商船寄碇焉。一日，船中忽譁傳有龍神降臨。好事者就而詢之，則稱途次遇一老翁，蒼顏白鬚，孑身求附。舟子以其老也，姑允所請。詎下艙未幾，翁已蹤影俱無。及抵鎮江，惟見一龍在艙內，龍身如蛇，長約四尺，黑章巨首而有四足。舟人即在艙內虔奉之。事聞於居民，咸焚香頂禮，躬往祈禱，冀邀神佑焉。按我朝聖德神功，河清海晏。百靈效順之事，時有所聞。而以龍神為尤著靈應。凡各省將軍、督撫，封章入告，請加封號及頒藏香者，不一而足。即龍神顯形，登輪附載，好游之士，往往見之，不足異也。神其果能福我民歟？竊物尸祝奉之，馨香祀之矣！〔游戲人間〕

3197	原 365/7	廣禮 5/39	大 11/43

逐鬼驚人

儺為方相氏所掌。雖近於戲，古禮存焉，故至今不廢。去臘，鄞東繆家橋有乞丐某甲，元衣朱裳，執戈揚盾，猙獰狀貌，絕類俗所繪捉鬼之鍾馗也者。大言炎炎，謂能入室驅疫，實則藉乞一文錢，以延殘喘而已。某日，至某姓家，推門竟進。適一女郎手壓針線，擁爐自坐；瞥見丐入，狂叫一聲，猝然倒地。家人竭力灌救，歷時始醒，然從此即言笑自若，歌泣不常。急為診治。據醫云：心膽驚碎，恐難挽回。而丐則已逃避無蹤矣。按臘尾年頭，惡丐扮作種種醜態，求人佈施。惟儺猶近古，其事可笑，其情可憐。特不應突如其來，致驚人家小兒女耳。如該丐之肉，其足食乎？〔猙獰可怖〕

3198	原 365/8	廣禮 5/40	大 11/44

善門難開

上海人王某者，年近花甲，類中郎之有女，嗟伯道之無兒；家住滬城南門相近，素以樂善好施為事。每逢夏令，施茶施藥，冬間則施棉衣、米票；歷久行之，不稍厭倦。客歲，王又出錢數十貫，購得米票數百張；每紙或一斗，或五升。於嘉平廿四日，沿途散給。至除夕，尚存五六十張。傍晚時，王行至道前街左近，忽來鵠面鳩形者二十餘人，紛紛圍住，向王索討。王每名發給一張或二張。若輩尚不滿意，任意拉扯，或拖髮辮，或扭衣服；致王所穿甯綢皮袍、皮馬褂，均被扯破，如蝴蝶之隨風。手中米票亦被攫一空。若輩尚向王索取錢洋。正在進退維谷之際，該處鄰人及行路者，齊抱不平。中有孔武有力者，突入人叢中，將王救出重圍，始得脱險；然已受驚不小矣！善門難開，於此見之。〔貪得無厭〕

3199	原 365/9	廣禮 5/41 右	大 11/45

犬羊交鬥

滬人金某向操輪船生意，卜居老閘浜北唐家衖中。一日，命車夫送物至虹橋鎮，事畢而回；行甫里許，瞥見田間有柔毛一頭，與一韓盧張牙舞爪，互相撲鬥。車夫駐足觀之，喟然歎曰：「狐兔有同類之傷，今何相殘若此？」有陸某者聞之，挺然出曰：「今日之羊，我為政也。子今棄人用犬，雖猛何為？」車夫力辨其誣，不之信。角口之下，甚至角力。而犬已乘間遁去矣。車夫謂之曰：「我與爾非居犬牙相錯之地，亦非犬吠相聞之人；何得吠聲吠影，一至於此。不令爾肉袒牽羊，賠禮謝罪，誓不干休。」遂歸告主人，喚地保至，令陸負荊焉。事始寢。〔同類〕〔相殘〕

3200	原 366/1	廣禮 6/41 左	大 11/46

芝生於房

廣東順德人某甲，前數年於本村買得吉地一區，經營宅宇。落成後，園內忽生一芝，其大如盤。家人婦子不知其為瑞也，拔而棄之。前數日，忽偶遺物於地，搜之床下，見有物甚重累。燭之，一芝大如五斗栲栳，週身作五色暈，結頂葳蕤如流蘇。大異之。半月後，仍不萎。以手撫之，質勁如鐵。乃連根移於盎，倩識者觀之。咸曰：此瑞芝也。然則漢武時芝生於房，正不得獨有千古矣！〔和

氣〕〔致祥〕

3201	原 366/2	廣禮 6/42	大 11/47

海外壽民

琉球八重山石垣間切竹富村與那國筑登地方有一老翁居焉。翁年八十有一，童顏鶴髮，神采飛揚。其元配年亦相若，康寧協吉，鴻案相莊。有時子婦丁男侍立兩旁，紛紛者多至百數十人。蓋其子若孫，芝榮蘭秀，已百有七人。計男三十九，女六十八。殤者僅三人。合之子孫所娶之媳，雁行鵠立，宜其多若鯽魚也。而翁精神矍鑠，環顧之餘，時見頭角崢嶸；含飴繞膝，家庭之內，藹如秩如。或謂翁於五六年前曾患目疾，故目力稍減；脣齒體容，均未衰頹，不獨如趙廉頗之健飯也。從此德門有慶，氣象日新，將見麟定螽斯，合一門而為瑞；瓜綿椒衍，聚數世以同居。翁苟克享遐齡，他日躋堂稱壽之人，不有多多益善者哉！〔瑞靄德門〕

3202	原 366/3	廣禮 6/43	大 11/48

咽彈傷命

江湖賣解者流，當場獻技，往往有吐火吞刀諸名目。雖曰藉資餬口，然其間可驚可愕之處，亦自有足以動人者。從未聞有黔驢之技敗於一時，竟至因此殞命者。乃山左人某甲，日前在滬南會館場前賣弄拳棒。諸技既獻，隨以鐵彈咽入腹中，俄即取出，此亦司空見慣，咸不介意。不料，彈已損傷，於第三次咽下後，竟未能吞吐自如。甲慌急異常，多方用力，卒莫能出，漸致流入腸胃；久之，大呼腹痛。甲自知無計回生，倩人扶回寓次。至晚，鐵彈墜下，腸斷而斃。厥狀之慘，亦可憐矣。嗟乎！宇宙甚寬，何事不可託業？至以游戲之事，博取資財，已非正理矣。而復以血肉之軀，與鐵石爭生活；即幸而獲免，不亦危乎？如甲者，亦可以鑒矣！〔危在呼吸〕

3203	原 366/4	廣禮 6/44	大 11/49

奪豕爭先

福建侯官縣屬垚沙鄉唐姓，望族也。正月十七日，族中三十二家各舁一豕，至大王廟酬神。至晚間，族長上香已畢，砲響一聲，眾將堂下所陳各豕，盡行舁回，謂之「奪豬」。每豕約重一百斤，須強有力之人，方可負之而回。以先到家為吉利。亦有行至半途跌倒者，則以為不祥。鄉中大小男女盈千累百，咸出觀看。次日，陳設酒筵，款待親友，謂之「吃豬血酒」。此風相傳已閱百餘年矣。有見者謂當舁出廟門時，惟見無數剛鬣公，奪路狂奔，幾莫辨「皮之不存、毛將焉傅」矣！而孰知人立者，固即公子彭生之流亞也。噫嘻！閩人其謂之何哉？〔陋俗〕

3204	原 366/5	廣禮 6/45	大 11/50

慘遭牛禍

武科之考硬弓，功令所垂，歷久不廢。然查製造硬弓之法，必用牛筋。牛死而再剝取，則斷而不屬，故必生取成條。其狀之慘，為有心人所不忍覩。特非目擊者，未必傷心耳。聞生取牛筋之法，恐其痛而觸人也；置牛於牆外，穴而納尾於內。以絞關寸寸挽之，牛則痛楚莫名，左右抵觸而不得脱，哀號徹一、二里間。久之又久，筋盡而牛始如土委地，雙目炯炯，猶未死也。噫！牛之力，耕種資之；故無端宰殺，《陰騭文》猶且舉以戒之。乃不第食其肉，寢其皮，必欲生取其筋，以成一朝之利器。夫器則利矣，其如殘殺牛命之太過何！雖硬弓為考武所必需；然天下不乏才智之士，何獨不能別思一法，以代良弓之用。此奉天韶詠翁所以歎息流涕，為一元大武請命也。世有具菩提心者，其亦加之意哉！〔為物〕〔請命〕

3205	原 366/6	廣禮 6/46	大 11/51

送麒麟

邗江風俗，每至新正有一種鄉民，三五成群，以五色紙紮成麒麟一頭，麕其身，牛其尾，馬其蹄，象形維肖，栩栩然毛蟲之長也。導以鑼聲鼞鼞然，鼓聲鼕鼕然，麟則擺尾搖頭，或推或挽。由竹籬茅舍間，直至大街小巷，挨門歌唱，吉語喧傳。謂之「送麒麟」，蓋取麒麟送子之義也。每至一家，給以青蚨數翼，居民以其吉利，無或靳而不與者。相傳取麒麟頷下鬚數莖，可得弄璋之喜；故凡抱鄧伯通之戚者，莫不伸拳攘臂，爭相拔取。一若天上石麟，真能下降也者。甚有欲多摘數莖鬚，分贈友人，以冀各占熊夢。而鄉人一毛不拔，致將麒麟摔成虀粉，人則頭破血流，喧譁肇事，往往有之。君子讀〈麟趾〉三章，不禁歎鄉民之愚，而目笑存之矣！〔惑眾斂錢〕

3206	原 366/7	廣禮 6/47	大 11/52

百身莫贖

肇慶對河鄉人何某，椿陰早謝，萱蔭猶榮。向以攻木藝，傭於城東某木店。前數月，店主命往某宅作工。宅有某婦，苗條態度，花信年華，早晚饔飧，親自供給，弄姿流盼，眉目送情。何惑之，言語間雜以戲謔。婦不之拒。何情不自禁，遂與通焉。後聞人言，婦夫曾染伯牛之疾。初而驚，繼而駭，終而慟哭；然猶疑告者之過也。未幾，眉毛脱落，面目漸非。遂於前月杪，市阿芙蓉膏，攜之而歸；逕至母前，倒身下拜，叩首不已。其母異而詰之，何不答。至晚，與妻異宿，將所市煙膏服之，畢命。其妻搜得遺書，始悉巔末，乃為之殮葬焉。嗚呼！一失足成千古恨，再回頭已百年身。三復斯言，可不懼哉！〔悔之〕〔無及〕

3207	原 366/8	廣禮 6/48	大 11/53

當場出醜

英租界四馬路有品玉樓書場焉。妓女十餘人，手撥鵾絃，皆以低唱高歌為事；座客雖未常滿，而附羶逐臭，尚不乏顧誤之周郎。一夕，有某甲年約二十許，身穿元布棉袍，徜徉入座，傾耳以聽。未幾，忽發豪興，取牌點戲，連點十六齣；計妓女十五人，有一妓獨唱二齣。一時稱為滿堂紅，共需洋蚨十六翼。龜奴鴇子，蟹將蝦兵，僉謂今夕何夕，乃有此大財神降臨也。及值堂人傴僂而前，向收纏頭；詎甲竟阮囊羞澀，不名一錢。值堂人大怒，謂：「馬路中鮮衣華服，搖搖擺擺，不乏空心大老官，從無有如爾之廉恥盡喪者。今若不一懲之，恐此輩效尤日眾。」遂奮其拳，捽其髮，幽於小房之中，以待贖回。逾一晝夜，始經其母聞而蹤至，謂伊父向開帽作，閉歇已久。今雖十六文猶難辦之，況如許洋蚨乎？隨向眾人連叩響頭，

乞將其子領回管束。眾憐而許之，是誠可謂自取其侮矣！〔自貽〕〔伊戚〕

3208	原 366/9	廣禮 6/49 右	大 11/54

神童料事

廣東開平水口潘姓家有一童，頭角崢嶸，年甫七齡；其父在外洋貿易，依祖為生。一日，見竹園無人看守，忽請於祖，使慎防之。其祖漫應之，未之信也。童又促之。祖乃使數人守之。是晚，賊至，見已有備而逃；眾逐之，傷其二。賊疑焉，察知童謀，思劫而斃之；而童亦若預知也者，亟促其母，攜往外祖家避之。及賊入，搜劫不得，怏怏而去。人皆奇之。未幾，見有村塾，求入學鼓篋；其祖以束脩莫具難之。童曰：「毋慮，我父將有白金寄回矣。」尋果有洋蚨數百，由金山寄至。於是延師課讀，一目十行，宛如夙業焉。向非得天獨厚，烏能若是？〔談言〕〔微中〕

3209	原 367/1	廣禮 7/49 左	大 11/55

弔鐘花

頂湖之山有弔鐘花生焉，苞綻而花吐，狀如小鐘，箇箇倒垂。花中有心，而小如鐸鈴之有舌；花頂有蒂，而曲如鐘之有紐，故有是名。當花時無葉，花落而葉始萌。有深紅、淺紅、淡白三色。他處無之，惟頂湖則遍山皆是。而尤以所生之地，可聞寺鐘聲者，其花為最佳。至冬，葉落初盡，而苞始生。山僧伐其枝幹，售於花估，由花估轉鬻城市。其有枝幹奇古，蓓蕾壯大者，一枝可值一二金。居其邦者，莫不以重價購歸，插諸膽瓶，為歲朝清供云。〔異卉奇葩〕

3210	原 367/2	廣禮 7/50	大 11/56

曲成鴛偶

古者男子三十而娶，女子二十而嫁，此定禮也。今雖不必盡合乎古，而亦當婚姻以時。其偶有小小年華，遽行嘉禮者，已驚為奇事。然皆窮閻委巷，庸愚無識之所為；而世家宦裔，尚不至此。不謂時至今日，竟亦有尤而效之者，是豈有不得已之苦衷耶？石頭城內有某宦筮仕江蘇，其公子年甫五歲，弄梅騎竹，愛若掌珍。適某公館有女郎，年僅四齡，含苞丰韻，嬌好天然。先由冰上人説合，締成秦晉之歡。邇以某宦將回珂里，恐從此東勞西燕，會合無期；遂擬預行親迎禮，用全部鼓吹，迎娶過門。迨一對璧人參天交拜，送入洞房，伉儷之間，絕無尋常兒女態。蓋郎與婦固皆血氣未定，知識未開者也。成就良緣，俾異日無怨曠慮，豈非未雨綢繆之妙策乎？然而聞者駭然矣。〔兩小〕〔無猜〕

3211	原 367/3	廣禮 7/51	大 11/57

孟光復生

奉化大橋為一邑巨鎮，有竺某者，家有一男一女，男已娶室，女則待字深閨。祇以小妮子獨具隻眼，凡遇家堪溫飽，思與論婚，女輒嗤之以鼻；雖父母不能強也。以此芳年三七，猶占不字之貞。一日，有某少年形容孤苦，足跣貌癯，自言怙恃俱失，昆弟亦無，願投身為傭，藉餬厥口。女見之，以為骨格清奇，喜形於色，入告庭幃曰：「兒夫婿至矣！」父母出外視之，相顧而笑。入謂女曰：「若人一貧至此，自顧不遑，安能顧及床頭人耶？爾何所見，而欲以白頭相訂。」女曰：「貧富有命，兒自願與彼偕老耳。若有他議，願以死誓。」父母從之，遂以女妻之。留諸甥館，擇日成禮焉。昔孟光荊釵布裙，願得梁鴻為婿，後世傳為佳話。該女郎豈其後耶？何前後如出一轍也。〔自求〕〔佳偶〕

3212	原 367/4	廣禮 7/52	大 11/58

慘無天日

距蘇州橫塘鎮西半里許有一小村落，煙戶三、四家。門外疏籬一曲，脩竹千竿，饒有雲林畫意。正月二十八日，有甲、乙二人道經是處，遙見有雨傘一柄，斜倚竹旁；意必行人遺失者，信步上前，意圖拾取。忽見其旁橫臥一人，細視之，肚腹剖開，臟腑全露，不覺駭極狂呼。遠近村人聞聲集視，愈聚愈多。該處地甲以人命關天，不敢隱匿，當投吳縣署報知。淩敬之大令立即蒞場，飭仵相驗。旋驗得死者年僅二十以外，渾身穿著皆似新製者；其上衣雖披於身，而兩手皆未穿入；褲腰及套褲扣帶皆褪於腿際；左手墜地，右手按胸。驗其傷勢，係刀從臍內入，向下直破至腎囊而止。最奇者，五臟六腑雖皆流露於地，而四圍則血漬毫無，其為移屍無疑。大令驗明後，填格回署，飭差緝拿兇手。想天網恢恢，疏而不漏。不日即當破獲，為死者一雪此沉冤也。〔命案離奇〕

3213	原 367/5	廣禮 7/53	大 11/59

苦肉計

蕪湖河南岸有賭窟焉，喝雉呼盧，聲達戶外。凡有劉盤龍之癖者，咸趨之若鶩；惟地方有司，則寂無所聞耳。正月二十日，有某甲者，縣役之子也，見獵心喜；自顧阮囊羞澀，不能獻技當場。旁觀者又從而誚讓之。甲憤甚，陡從腰間拔出明晃晃柳葉刀，自向腿上作割雞之勢；旋即取肉兩塊，血淋淋置之桌上，願為孤注。且大言曰：「輸則何妨再割。如贏，則亦須割肉以償也。」時賭客相顧錯愕，恐遭波累，各解腰纏贈之。甲始左手持肉，右手持洋，揚長而去。噫！賭之為害，每至典妻鬻子，以供十指之揮霍而不悟。其稍知自悔，而能斬指以誓戒者，能有幾人。而乃傷厥體膚，不惜痛深創鉅；竟藉髀肉以博金錢，是真賭場中之別開生面者矣！〔不知〕〔自愛〕

3214	原 367/6	廣禮 7/54	大 11/60

彼狡童兮

邇來拐風日熾，拐術愈奇；不惟壯歲無賴為之，即髫齡稚齒，亦有施其鬼蜮伎倆者。是不可不亟繪一圖，以冀保赤者之加意隄防焉。廣東雙門底附近地方某甲家，膝下甯馨適屆就傅之歲。一日，偶爾出游，上街迷路，泣涕漣如，蹩躠靡騁。忽有一童年將舞勺，遽至其前，多方引誘。甲子心為之動，遂隨之行。至粵秀書院前，適與甲戚遇，詢子何往。子具告以故。戚以此非歸途，而童竟誑言誘惑，向童斥責。童始遁去。隨有識者謂童係著名拐匪某乙之子，近以蹤跡昭著，恐罹不惻；遂授子以衣缽，使出售其技，己則遙為接濟。童曾為人所縶，旋因年稚釋之。乙遂有恃無恐，今復縱虎歸山，其為害將伊于胡底耶？

執而懲之，是在善保民之賢父母。〔小拐子〕

3215	原 367/7	廣禮 7/55	大 11/61

庸醫奇遇

粵人陸某，無賴也。煙霞癖重，無計營生；不得已，略讀《湯頭歌訣》，以醫自鳴。人無顧而問之者。陸憤甚，日在街頭彳亍，藉遣悶懷。驀地間拾得手抄書本，上半備列藥方，下半則紛陳符籙。蓋驅邪治病之秘本也。陸喜，略為涉獵，便大書特書，招搖街市；蹤跡所至，圜而觀者如堵牆。俄有一乳媼負孩而來。緣孩係某幕友之少子，年甫數齡，忽得奇疾，醫巫莫能治。主婦早置度外。適媼抱孩出游，見陸口角風生，進而請治。陸先為布卦推卜，沈吟半晌，曰：「此邪病也。如惠洋半元，當為治之。」媼從之。乃出符二，一令化灰以茶沖服，一則佩帶於身，叮嚀而去。至晚，孩忽起立如常，夙疾若失。主人聞之，喜出望外，使人邀陸至家，殷勤禮接，仍求符請治焉。是夜，孩夢一黑衣人倉遑遁去，惟二人尚在左右。因復求符二道，如前佩服之。尋二人亦去。孩既獲安，主人感其德，令陸遷居其家，歲為供給；且以孩託為螟蛉焉。陸自是無虞匱乏，人皆目為奇遇云。〔否極〕〔泰來〕

3216	原 367/8	廣禮 7/56	大 11/62

鞭屍笑柄

古人有言：「死生亦大矣。」豈不痛哉！況至無室無家，無戚族之可依，無友朋之可託，至於貧病交迫，殞命於風簷月牖之下；雖其人不足惜，而其情亦殊可憐已。何居乎有某委員之鹵莽滅裂，竟師伍員鞭屍故智，作威福於冥頑無知之軀殼乎？杭垣武林門吊橋下有某甲者，鳩形鵠面，一病纏綿。某夜，僵臥於某姓屋簷下，身鋪稻草，氣息全無。有保甲分巡某委員，巡至該處，呼令他徙；至再至三，其人絕不應答。委員疑其詐死，命役笞責五十板。該役亦呆如木雞，不探其身之冷熱，漫焉笞之。竹肉聲喧，毫無痛楚狀；而臥者仍如故。委員大異之，細視其體，始知其為路斃。傳地保報明善堂，備棺收殮。一時聞者譁然，咸謂該屍何辜，某委員猶不容輕恕也。委員瞠目不答。〔死者〕〔何辜〕

3217	原 367/9	廣禮 7/57 右	大 11/63

以錢煮茗

某甲家於姑蘇郡城隍廟前，家道小康，年逾不惑，衣租食稅，與世無求。正月二十六日清晨，忽瞠目大言曰：「我將去矣！」於是書空咄咄，對影喃喃，似痴非痴，終日語無倫次。一日午後，突取番佛十尊，至某錢鋪易得錢籌五十枝，回至廚房，從容投入茶爐內。其妻見而詰問。則笑曰：「我生平一毛不拔。今特以此烹苦茗，聊裝片時大老官耳。」妻慌忙從火中撥出，則已悉化灰飛矣。嘻，異哉！〔空心老官〕

3218	原 368/1	廣禮 8/57 左	大 11/64

再生緣

羊城某孝廉風流瀟灑，喜作狹邪游。前年眷一校書，綢繆倍至，臨別託以死生。孝廉憐而許之。越數月，校書果歿，乃為厚殮，送歸姑蘇安葬，立碑誌之。此十餘年前也。去歲，試罷南旋，道出滬上，遇某校書於徵歌之處，見其丰姿態度，酷似舊相識，因與定情。偕抵妝閣，注視之，目不轉瞬。校書疑而詰之。孝廉具道前事，且曰：「前所眷者，胸際有紅痣如守宮砂，卿得毋類是耶？」校書聞言，嗚咽曰：「此殆前生事，何所言之相合也！」披襟示之，則腥瘢宛然。詢其原籍，亦係古吳，心益駭異；繾綣有加，灑淚而別。未幾，校書忽以函招孝廉。孝廉既至，則一病悽然，惟以骸骨相託而已。言畢而逝，孝廉殮之如前，葬於前墓之側。聞者皆傳為異事焉。〔似曾相識〕

3219	原 368/2	廣禮 8/58	大 11/65

西犬彈琴

《西字報》云：「戲士某善豢犬，能使作種種戲劇。一日，忽誇於眾曰：『我能使犬鼓琴。』人咸以為聞所未聞，爭欲一睹其異。及演戲時，座客如雲，幾無容隙地。戲士乃橫琴於几，使犬高踞座上，伸兩足，作一彈再鼓狀。琴韻悠揚，雖不能如白雪陽春，曲高和寡，然亦足令聽者移情。忽座中一客大呼：『鼠子！鼠子！』犬聞之，即舍琴捕鼠。蓋西犬固皆能捕鼠，非若中國之必待狸奴也。詎犬已離座，而案上之琴，仍自應絃赴節，雅合宮商。座客為之粲然。始知琴中設有機關，抑揚宛轉，動合自然。初不關乎犬之能解音律也。於是戲士之技遂窮，戲士之詐亦著。」夫琴雅樂也，彈琴雅事也。何物畜生，乃敢謬許知音，竊附風雅。苟非當場敗露，不幾羞當世之按絃操縵者耶？〔欺人太甚〕

3220	原 368/3	廣禮 8/59	大 11/66

佛門除害

客有自武陵來者，言昔年有某中丞，少年英俊；出鎮疆圻，治尚嚴明，群僚懾服。聞某寺有比邱尼蹤跡詭秘，人莫能測；傳問郡縣，皆以寺規清靜對。中丞頷之，潛於夜間易服微行，逕詣該寺，以借宿為名。寺尼初猶不允，後見其風儀秀雅，便殷勤迎入，微露留髠之意。中丞偽喜，詢以寺中情形。尼一一和盤托出，且請登樓選夢焉。中丞欲窮其跡，偕之上樓，則床上眠病人，形容枯槁，轉側維艱。群尼拽之下，將置諸死地，蓋得新棄舊故也。中丞怒，拂袖欲出。眾尼爭持之，曰：「魚鑰森嚴，雖飛將軍不能越雷池一步矣！」幸中丞勇藝絕倫，略一指揮，尼皆辟易，遂毀關而出。立回節署，召中軍官，使督兵掩捕之；連前病者，悉解至堂，無一漏網。一面傳府縣官至，俾侍立聽審焉。則見眾尼蒲伏階下，供詞狡展。中丞指一尼謂之曰：「爾不識吾面目乎？頃與吾親言之，尚何諱為？」尼不敢辨，乃皆服罪。分別懲治，逐尼毀寺，淫孽遂除。至今都人士猶樂道之。〔奉若〕〔神明〕

3221	原 368/4	廣禮 8/60	大 11/67

信及豚魚

有周烈女者，乃湖北高城鎮周君易詳之淑媛也；小字仙姑，年纔十九，幽嫻貞靜，性類關睢。幼憑媒妁，許字同鄉雷氏子。雷子芸窗攻苦，目不窺園，有董仲舒風。邇以摽梅迨吉，將為百兩之迎；詎未照紅鸞，先臨磨蝎。吉期將屆，雷子忽以病亡。女驟聞噩耗，中心如擣，一慟之下，誓以身殉。適父母因事他出，女乃易服自縊，願從良人於地下。及父母知之，撫屍大哭。事為戚族鄰里所聞，欽其貞節，醵資百餘緡，願代從豐棺殮，以為里閭矜式。又以紙竹紮成妝奩，使人致意於雷。雷允之，因為立嗣，用鼓吹執事，將女柩迎回，與子合葬。一時執紼而送者，不下數百人。及瘞畢，即將妝奩付之一炬。所最可異者，當迎柩時，鄰村有二豕，躑躅在後，若送葬然；窀穸既安，繞塚三匝，始昂首哀鳴而去。見者以為女之精誠，可以感格豚魚云。〔有感斯應〕

3222	原 368/5	廣禮 8/61	大 11/68

鷹攫野雞

鳥之中有雉焉，古時初不以野雞名之。自漢因呂后諱，名雉為野雞；則所謂野雞者，係雉之別名。乃滬上於各項生意外，凡馬車、扛夫等類，皆有野雞名目。蓋如功名之分以正途、異路也。其最盛者，莫如近時之野雞倌人。如四馬路正豐街口因野雞妓女駐足之所，遂名為「野雞墩」。可想見其盛已。不謂竟有見諸實事者。福州南門外有野雞集者，係該處一小市鎮也。其地向多獵戶，每日攜野雞出售者，實繁有徒。或生或熟，價值頗覺相宜。一日清晨，負販麕集之際，忽一巨鷹攫有二雉，一銜於口，一挽以足，健翮凌風，翱翔而過。市人昂首觀之，相與譁噪。僉曰：是真可謂打野雞矣！予謂上海野雞之多，亦幾成市，與該處無異焉。惜無此等巨鷹，為一網打盡之計耳。彼隨雌雉而翔集者，對之能無生愧？〔不飛則已〕

3223	原 368/6	廣禮 8/62	大 11/69

禿奴兇暴

僧人捨身救劫，有舉火自焚者矣。求之今日，已不可得。而敗壞清規，屢戒不改，治以佛法，執而焚之之事，則時有所聞。然必罪大惡極，申詳僧官，然後可以如法懲治。未聞有罪未昭彰，竟敢妄逞兇威，以私憤而擅殺小闍黎者。將謂其有《翠屏山》故事耶？則何不暴其惡於眾也，又無怪人言之藉藉也。客有自常州來者，言某日西門外天甯寺有禿奴數輩，狀貌猙獰，力如牛大。不知何故，將二小僧手足用繩綑縛，以絮塞其口，置諸積薪之上，舉火焚燒。小僧氣喘聲嘶，哀求寬恕，禿奴置若罔聞。霎時間，將二小僧化成枯木兩段，黑如焦炭。而禿奴無一憫惻之意，其兇暴亦甚矣。或謂該寺住持色相未空，禪房中暗藏春色，被小僧覷破，恐在外漏洩，故下此毒手以滅口。此說若確，則小僧之死，實可憐已。光天化日之下，竟容兇惡禿奴橫行無忌，並不一究其是非。嗚呼！是誰之過歟？〔慈悲〕〔何在〕

3224	原 368/7	廣禮 8/63	大 11/70

歛錢惑眾

湖北人某甲自稱黃鶴山散人，浪游越郡，遍黏招紙，言能以白水神符，包治病症，不效還錢。蓋即滬上說真方、賣假藥一流人也。有延之者，便令焚香點燈，肅恭將事；喃喃作咒，焚黃紙數張，取水作敕勒狀，命主人再拜。乃書病者姓名、年歲及現患病源，一一通疏。祝畢，將令牌響擊三下。又焚黃紙數張，用雄雞一頭，舉香書符，口含符水，對雞頭一噴；取一長針，從雞眼中釘入，懸於楹間。復命主人肅拜，隨取大錢一枚，令主人用紙包好，以左手緊握之。俟誦咒書符後，將紙包解開，變為藥粉，即向主人索洋數元。乃將藥粉傾入符水內，置諸酒壺封之，令以香燈供奉；俟過二十七日後，燉熱服之，能使神人驅除病魔云云。噫！其說若此，其荒謬亦可概見矣。奈何蚩蚩者猶墮其術中耶？〔墮其彀中〕

3225	原 368/8	廣禮 8/64	大 11/71

火從何來

某甲，不知何許人，亦不詳其姓氏；傳者謂其素性譎詐，喜拾人牙慧，而實則未能自出心裁。少時曾試筆為文，慣於抄襲，迄無一成，衣食無資，遂至流落申浦。初九日下午，至法界南誠信煙館東探西望。人咸不知其意欲何為。及信步而出，驀地間煙霧薰蒸，自衣袖間縷縷冒出；甲則大聲狂呼，奮身跳躍。時樓上下觀者，皆莫明其故。俄而，光燄熊熊，滿身皆是，已如孫行者在火雲洞中，令人不可嚮邇。直至身如無袴公，始見琉璜一包墮地；甲則皮焦肉爛，踉蹌而去。乃知此人殆故智復萌，將效縱火匪徒，如畫家之作依樣葫蘆也。聞人言如此，其是其非，不得而知，想亦非無所見而云然也。惟其人已罹剝膚之災，即意存不良，已足示儆，又何必究其虛實耶？〔殃咎必至〕

3226	原 368/9	廣禮 8/65 右	大 11/72

邪術復仇

新會人某甲與某乙有不共戴天之仇，志圖報復，無計自全，躊躇至再。聞外籍人某丙精茅山術，可以不操兵刃，制人之命，因從而求教焉。丙曰：「習吾術者，妻財子祿，必遭折損。爾如有志，請焚香自誓可也。」甲如其言，乃授以符籙。從游數月，寸步不離，盡得其秘。爰辭丙歸家，剪紙作人形，書仇姓名其上，密誦咒語，以針刺其心；仇即心痛，百藥罔效，不數日而死。有知其事者，謂甲父曾與乙爭田畝，乙借他事陷之，瘐死囹圄中。甲性素孝，故有此報也。其事雖不正，其情亦可憐矣！〔暗箭〕〔傷人〕

3227	原 369/1	廣禮 9/65 左	大 11/73

意欲何為

本邑城內某醫生，於正月某日為其子完姻。禮畢，特設盛筵，款待舅氏。當燈紅酒綠，興會淋漓時，新郎忽整襟而起，忽忽出門。當時初不介意，良久不歸，眾始異之，偵騎四出，杳無影蹤。越日，始由鄉人扶送回家。某醫生酬以金，致謝而去。先是新郎出外後，直行至某村落，夜靜人稀，遽躍入水。適某姓夫婦業已就枕，忽聞村尨狺狺亂吠聲，急起燭之；至河上，見有載沉載浮者。不忍膜視，相與援登彼岸，易衣灌救，乃得更生。噫！是豈有物為祟耶？何不念洞房春煖，而竟甘問諸水濱也。真令人索解不得矣！〔自潯〕〔煩惱〕

3228	原 369/2	廣禮 9/66	大 11/74

法人崇佛

佛教之入中國已二千餘年矣。世人咸知佛為中國人所崇奉，而不知佛本生於西方。故西藏、印度等處，至今尤多佞佛之人。惟漢帝之夢金人，唐皇之迎佛骨，為中國奉佛之濫觴耳。韓昌黎云：「夫佛本夷狄之人，況其身死已久，枯朽凶穢，宜付有司，投諸水火，永絕根本。」其言最為明快；惜未見聽，卒以盛行於世，豈非天耶？然佛法雖大，祇能誘愚夫愚婦之流，而不能強西人而信之者，則以西國之有天主也、耶穌也。乃不謂法京竟亦有崇奉之者。聞該處有三萬餘人慕如來丈六金身，皆願皈依蓮花座下；并將古時佛經，刊印成書，互相分送，引人入會。且請某法儒撰成會中規條，俾共遵守。一時佛門弟子，咸欣欣然相告曰：「法人崇佛矣。」是豈佛法無邊，又將佈行於歐西各國耶？吾不得而知之矣。〔釋教大行〕

3229	原 369/3	廣禮 9/67	大 11/75

小鬼賽會

鎮海西門外張澗碶及虹橋一帶，每屆仲春，有迎賽小鬼會之舉。本年二月初六七等日，為賽會之期，前導有大旗六十面，隨風飄蕩，五色齊呈；餘則頭牌、旂鑼、船鼓、聯燈以及彩閣、高蹺、女太保等，均與常會相同。惟會中有小鬼面塗怪怪奇奇之態，手執長叉，前後分班而行。皆裸其上體，而披以五色綢製成之領衣；兩臂之釧各數十對，為銅為錫，不一其類。沿路口中嗚嗚作鬼叫聲，令人毛髮皆竦，誠不知其何所取義也。夫近時之小流氓，一冥間之小鬼也。冥間小鬼有時放之，亦有時收之；而獨此小流氓者，一任其擾害地方，靡所底止。則是小流氓之兇惡，不更甚於小鬼之猙獰耶？今扮此鬼模鬼樣者，夫亦以彼善於此，故樂於從事歟？未可知也。〔地獄變相〕

3230	原 369/4	廣禮 9/68	大 11/76

妖狐何在

胡某，薊北人，好酒色。一日，途遇名姝，自稱何氏，招以手。胡大喜，尾隨之。至一第，陳設精雅，肴饌紛陳，殷勤款接，眉目傳情。時惟一婢侍側，胡樂之，遂有終焉之志。自是凡心有所求，無不如意。方羡其術不已，亦不知其為狐也。居二年餘，胡子得功名，將之官，迎父赴任所。胡商於何氏，氏有難色。固請之，始行，惟揮淚而言曰：「有巫者言某是歲不利西行，徒為公死耳！」遂聯騎而往。至馬嵬，何氏乘馬居其前，胡乘驢居其後，婢別乘又居其後。是時，西門圍人教獵狗於洛川已旬日矣。適值於道，蒼犬自草間躍出。胡瞥見何氏欻然墜於地，復狐形而南馳。蒼犬逐之。胡追呼之，不能止。里餘，為犬所獲，胡出錢贖而瘞之。迴視其馬，囓草於路隅；衣服悉委於鞍上，履襪猶懸於鐙間，若蟬蛻然。惟首飾墜地，餘無所見，婢亦不知何往矣。或曰：此殆有數存焉。不然，以妖狐之何惡不作，而獨不能制一犬。何哉？〔制命于犬〕

3231	原 369/5	廣禮 9/69	大 11/77

路鬼揶揄

漢南人某甲有事於鄉間，比歸已晚。瞥遇一人，與之同道。行未半里，忽稱腹餒，欲圖一飽。甲未及答，其人從口中吐出鋼奩子一枚，杯盤酒饌，無不具全；遂相與開懷暢飲。旋又謂甲曰：「僕曾隨一婦人，擬邀之侑酒，以慰寂寥。可乎？」甲曰：「善。」其人張口吐之，則一女子，齠年玉貌，冉冉而出。歡飲移時，其人醉眠不起。女謂甲曰：「儂雖與渠情好，心實懷怨。向亦竊一男子同行，今欲乘間招之。君其勿言。」甲亦曰：「善。」女遂向口中，亦吐出一美少年，風流倜儻。略敘寒暄，便行酒令。未幾，醉臥者忽招女同夢，女恐春光漏洩，吐一錦行障遮之。當時席上惟女所吐之美少年與甲而已，旋謂甲曰：「此女與僕貌合神離。向亦竊得一婦同行，今欲見之。幸君勿洩。」甲曰：「善。」乃從口中吐出一婦，美逾於前。正在洗盞更酌時，忽晨雞一聲，寂無所覩，甲則滿口泥漿，踉蹌而歸。始知為鬼迷云。〔無中〕〔生有〕

3232	原 369/6	廣禮 9/70	大 11/78

鐘鼓自鳴

武聖廟內鐘鼓自鳴之異，西川某善士嘗剴切言之，蓋謂武聖固有警民覺世之意也。然亦誰見之而誰聞之哉？乃粵垣小東門外永勝古廟崇奉關聖帝君，素著靈異。某晚，更魚三躍，殿前鐘鼓無故自鳴，時該廟司祝已入黑甜鄉裏，無所聞知。適有更夫名阿生者聞之，疑係好事者所為，呼之不應，復秉燭觀之，渺無人跡。更夫大異，急呼司祝告之。正驚疑間，鐘聲、鼓聲復鳴如初。相與錯愕久之。翌日，遍告本街各舖，擬請該處紳宦向神祈禱，以占吉凶。某紳謂禱之則可，問吉凶則不可。蓋亦敬鬼神而遠之，不欲以怪異動人也。〔誰為為之〕

3233	原 369/7	廣禮 9/71	大 11/79

鬧房笑柄

鬧房本為惡俗，而甬東此風尤甚。鄞南鴉渡橋相近有成衣匠蔣甲，聘鄰村某乙之女為室。女貌頗可人，惟幼患臘梨，致類牛山濯濯。比長，蒙以假髻。不知者惟見烏雲覆額，亦莫辨其真偽也。邇以甲內顧乏人，涓吉親迎。迨合巹後，設筵堂上，以款嘉賓；而新婦則宴於堂中。酒過數巡，有少年喜事之徒，見新婦鴉鬟，知係空中樓閣，急欲打破悶葫蘆，以博哄堂一笑。於是口講指畫，戲謔百般。俄而，鼕鞳一聲，則新婦所戴之冠與所蒙假髻，已墜於地。伴娘急為俯拾，被諸客轉相授受，倏忽間已不知去向。而新婦披百花之衲，露圓光之頂，雙眉微蹙，口中申申作女嬃之詈。伴娘遂扶入洞房暫避。嗣經人調停，始將冠髮送還；然新婦已不免老羞成怒矣。彼諸客之惡作劇，毋乃已甚乎！〔逼人〕〔太甚〕

3234	原 369/8	廣禮 9/72	大 11/80

殺虎報仇

廣東沙溪地方邇多虎患。有農人陳某兄弟二人，痛其寡嫂之見害於虎也，誓必為之報仇。每日各持鳥槍，入山尋虎，意欲得而甘心焉。一日，見虎蹲臥岩石間，兄欲以槍轟擊，復恐一發不中，反為所害。因偕弟詣族人家，借取曲挑洋槍，令弟攜鑼隨往。囑俟擊虎時，鳴金集眾，冀獲臂助。及至，虎猶酣臥未醒，兄潛近其前，以槍頭曲挑刺虎耳，隨即攀機發響；轟然一聲，虎立死。弟見之，舉鑼亂鳴。各鄉人聞聲麕集，見刺虎者不釋手，鳴金者不絕聲。近前察視，虎已僵斃，令拔槍休息，兄置若罔聞；令止鑼勿喧，弟奮擊不輟。旋由鄉人將陳兄弟分拉彼此，方知釋手。乃割虎舌以祭嫂墳，攜歸貨之，得洋九十餘

元。如陳兄弟者，亦可謂有志竟成矣！〔赳赳武夫〕

3235	原 369/9	廣禮 9/73 右	大 11/81

現身說法

鎮江昭關坡上，日前有兩乞兒，解衣磅礴，談笑歡諧；一年將大衍，一袛弱冠。一曰：「憶昔十年前今日，正在娼寮歡飲；可人兒一展蛾眉，曾慨贈白金五十。」一曰：「我不然，去歲猶烏衣公子耳！千金一笑，意興何豪。曾幾何時，已窘迫至此。一經回首，能無黯然。」二丐相與欷歔久之。忽老丐顧謂少者曰：「子毋多言，試看坡上之衣重裘，戴晶鏡，手扶麗人，姍姍來遲者，較之我輩昔日何如？」年少者起身太息曰：「正為我輩當年寫照耳！老丈去休，我將效鄭元和蓮花落故事，為之現身說法。」乃各長歎一聲而去。吁！狹邪者其鑒諸。〔喚醒夢夢〕

3236	原 370/1	廣禮 10/73 左	大 11/82

食蛇惡報

粵人江某善捕蛇術，烹之炮之，目為佳饌。行年五十，嗣續猶虛。近始納一小星，不逾年，蚌胎已結。江欲占璋瓦，使人卜之。其繇曰：「魚無鱗，龍脫角，借君之軀為血肉。」卜者審象良久，以手加額曰：「此宜男兆也。」江大喜。詎將臨蓐，婦痛楚難忍，晝夜呼號。歷兩日，產下肉帶一條，如剝皮之蛇，蠕蠕而動。婢見之大驚。江怒，拔劍斫之，埋諸荒郊。自是改業，易捕蛇而捕魚焉。一日，網得巨魚一尾，重十餘觔。將攜歸，忽墮地變為赤蛇，如妾所產狀，向江猛噬，傷其頸，數日毒發而斃。人以為嗜蛇之報，然歟，否歟？〔口腹〕〔為害〕

3237	原 370/2	廣禮 10/74	大 11/83

為國除奸

高麗叛臣金玉均者，當光緒十年大院君之變甫定，金乘機煽惑，陰謀不軌。當是時，社稷幾瀕於危。幸我中國興師戡亂，為之誅鋤逆黨，高始復安。金見事機已敗，偕其黨易服潛遁，改其名曰岩田三和。始至日本，旋竄泰西各國，行蹤飄忽，迄無定在。高王陰使人求之，卒不可得。如是者已十有一年矣。有洪鍾宇者，以金係大逆不道之人，不宜久留，以貽國家隱患；奉高王命，願為剪除。因至日本往從之，佯與之友，蹤跡漸密，冀圖一逞。而金防之綦嚴，相隨久之，無隙可蹈。二月下浣，見金乘船至滬，旅居於日人吉島德三所設東和客邸，亦託辭從之。適值金北窗假寐，睡興方濃，遂乘間發槍三響，立制金之死命。當時由上海縣臨場相驗，恐有別情，電詢高國。旋得回電，始知洪鍾宇此舉，實大有造於高麗，業已派員來迎，會當論功行賞矣。然則如洪者，烏得以專諸、聶政目之哉？〔功在〕〔社稷〕

3238	原 370/3	廣禮 10/75	大 11/84

蛛精鬥龍

海州有朱道人居如意山，貌似七十叟；自言宋太祖時蜘蛛，修煉千年，得寶珠，可證仙班。平時不飲不食。往往出遊，恒經年累月，歸必述所遇之人而平騭之。謂：「閻百詩可與談道；毛西河堅僻自是，所學不純；吾家石君嗜古好道，淹貫不及竹垞，惟道氣差勝。」人與往還，問以休咎，不答。一日謂居人曰：「我未曾傷犯生靈，而惡龍輒思攫我珠，不能不與鬥。」越日，果有龍來，大戰三日，龍敗遁去。又謂居人曰：「龍敗後，必邀其黨類報復。居此恐傷禾稼，將以某日往雲臺空曠處俟之。」堅囑山下人各閉戶，無恐。至期，狂風驟起，飛沙走石，雷電交作。道人吐赤珠，光耀閃爍，明於白晝。兩龍又敗，墮山澗中，為絲所縛。越日，有火龍至，燒其絲，始得逸。道人歎曰：「海濱多怪，不可久居。」遂隱去。〔具大〕〔神通〕

3239	原 370/4	廣禮 10/76	大 11/85

福從天降

江西安義縣某鄉有一老嫗，年逾不惑，早喪所天，膝下僅餘一子，以娛暮景。耕種為生，克勤克儉，數年來衣租食稅，匱乏無虞。顧嫗性好善，平居自奉，務從儉嗇。時或分其有餘，即殘羹冷粥，時以濟人；故鳩形鵠面者流，咸受其惠。如是者數年如一日也。今春二月某日，忽烈風雷雨，天地昏晦。鄉人相顧失色，不知所為。嫗聞屋後倉廒有聲隆隆，恍如千軍萬馬乘勢而來，驚駭之餘，手足無措。呼其子，令往探視；則見倉門大開，儲穀纍纍，已有京坻之觀。亟趨白於嫗。嫗以斛量之，得穀千三百餘石；爰以手加額，向天禱告，拜受所賜。及天晴，復邀集眾鄰，每家各贈穀一石；除散去外，尚餘數百石。一時聞者皆謂為好善之報。然果如所言，上天鑒觀之道，毋乃煩乎？意者其有狐鬼憑之，「裒多益寡」，以報私惠歟？理或近是。〔我倉〕〔既盈〕

3240	原 370/5	廣禮 10/77	大 11/86

高不可登

甯郡天封塔，千尋壁立，高聳雲霄，相傳建自前朝。凡遇烽煙告警，登高而望，如在目前。迄今數百年，雖雨淋日炙，剝蝕良多，而鞏固之形，依然未改。蓋如魯靈光殿之巍然獨存焉。當中法搆釁時，有施阿久者，身輕似燕，足捷如猱；逞其才能，直登塔頂，蟠坐於頂上之小缸中，人小如豆。一時見者幾疑為神仙中人，無不嘖嘖稱異；甚至舉首仰觀者，有萬人空巷之勢。時守郡者為宗湘文太尊，聞而惡之，飭差往擒；而勢隔雲泥，無從攀躋而上。乃命燃槍擊之，阿久始懼，緣牆而下，荷校三天，治以登塔驚眾之罪。此十年前事也。乃邇來忽有髮挽小髻，身披道服者數人，口操楚音，肩荷藥籠，日繞塔旁行走；口講指畫，一若塔巔必有靈芝異草可採作仙藥者。其殆左道惑人之流亞歟？不然，彼施阿久一庸夫耳，猶能登峰造極；曾是儼然道貌者，竟無軒軒霞舉之概哉？〔攀躋無路〕

3241	原 370/6	廣禮 10/78	大 11/87

槁餓自甘

有好游客，鞭絲帽影，隨處流連。當杏花春雨時，游歷至巫來由地方采風問俗，謁逆旅主人而居焉。無何，主人餉以佳果，飲以清泉，情話纏綿，意頗忘倦。自晨及晡，一飽難求，惟領略清涼風味而已。異而詢之。主人曰：「客亦知此間有餓年之俗乎？蓋自二月初二日以來，不論大家小戶，均淨餓一月，不食人間煙火。慮枵腹之不足以永朝夕也，則以乾鮮果品聊當饔飧。習俗相沿，久而不變。亦不知其何所取義，非必以米珠薪桂而然也。」客不信，出外覘之，見闤闠間高黏字樣，彼此相同；即酒樓飯館，亦皆閉門謝客，不事生涯。客喟然歎曰：「有是哉，地非首陽，竟甘槁餓；時非寒食，忽禁炊煙。甚矣！俗之陋也。吾不甘處僻陋之俗。」言畢，遂驅車而出。為述其問答如此。〔不求〕〔溫飽〕

3242	原 370/7	廣禮 10/79	大 11/88

一婦六夫

古人有言：「人盡夫也。」此不過據未嫁時言之耳。否則，惟妓女足以例之耳。其他如息夫人之恥事二夫者，比比皆是。世無夏嫗其人，安能一適再適，多多益善，而無左右做人難之慮哉？乃西藏風俗則有駭人聽聞者。緣該處男多女少，不敷配匹，往往一婦可嫁六夫；惟所有家務，皆為婦人料理，若牧馬放牛，祝雞呼鴨，皆惟婦所命。所謂六夫者，其四夫則於伯叔兄弟間擇之，其二夫則由異族招贅。然而家人嗃嗃，婦子嘻嘻，無嫉妒也。藏人身軀甚健，惟婦人罕見有生二、三子者。想風俗如此，日久將有嗣續匱乏之憂。所食者大率棉羊、山羊、麥及蔬菜而已。每日食二次，渴飲粗茶。其人不耕而食，不織而衣。印度商人恒以洋布、針線、火柴、煤油市之。治之為喇嘛僧云。然則百里不同風，千里不同俗，不於此可見哉！〔左右為難〕

3243	原 370/8	廣禮 10/80	大 11/89

元神

新安江貢山布衣遊黃山歸，餉雲一罈。罈口糊封厚紙，刺針孔，即有濃煙一縷自孔出，由窗隙徐騰檐際，聚成白雲一片。久之，始隨風颺去云。所歷仙蹟，不可枚舉，常夜宿僧寺。曉日初出，見對屋脊上一嬰兒長尺許，眉目如畫，手掬日光啖之。僧曰：「此茅棚諸真之元神也。」導至寺後，有茅棚十餘處。棚坐一叟，枯瘠如木石。棚結草為之，數百年不壞。有知之者謂係宋末避難居此。有無故自焚者，為功行已滿，遺蛻可棄；有忽然朽腐者，則由道念不堅，復生塵世。若元神一日在身，其軀殼一日不壞也。向非苦志焚修，何能元精耿耿若此哉？彼依附佛門，而專以唪經禮懺為事者，烏乎知之。〔功深養到〕

3244	原 370/9	廣禮 10/81 右	大 11/90

童化魚身

粵東清遠南村有一巨塘，水清見底，中無大魚。去冬有某童溺斃其間，初無他異。至今春忽有巨魚一尾，泳游水面，時或見之。有某甲者因伺塘畔，俟其出，掩捕之，獲一魚，重十餘斤。宰之，鬻於市，藉獲微利，喜不自勝。詎是夕，甲即病發，作童語曰：「吾不幸死於水，與溺鬼為鄰，故附魂魚體，日出遊戲。今被汝割烹，痛楚難忍，予當有以報之矣！」甲家人聞言，知童魂為祟。許焚楮帛，不允；許延僧超薦，亦不允。翌日，甲遂呼號而卒。鄉人之購食魚肉者，亦相繼成病。聞甲事，大懼，急以牲醴冥鏹，向塘禱祀，始獲無恙。嘻，異哉！〔猶能為厲〕

3245	原 371/1	廣禮 11/81 左	大 11/91

更新守舊

粵東新會人某生，品端學粹，鄉里稱賢。一日，有少婦以大士籤求解，問更新與守舊孰佳。生疑婦有異志，漫應之曰：「守舊則吉，更新則凶。」婦去，生以曲全名節，詡詡然自誇於人。有某甲者聞之，駭然曰：「先生誤矣！是處風俗，凡婦人不歸夫家曰守舊，從夫而處曰更新。此婦若聽先生之言，其背夫也必矣。」生自知失言，深悔之。未幾，又有一婦亦以籤語相示，其問如前。生乃告之曰：「更新大吉。」婦歸從之，果驗。蓋此婦以夫病未愈，易醫調治，意不能決；聞生言，卒服其藥，而病竟霍然。甚矣！言之不可不慎也。〔談言〕〔微中〕

3246	原 371/2	廣禮 11/82	大 11/92

以術制術

保定某甲，江湖賣解者流也。其女定兒貌美技精，富戶張翁子見而悅之。求為妾，不遂，乃跋涉相隨焉。妓父佯喜，許贅在家。張欣然從之。既諏吉成禮，每欲與女狎，輒遍體痛楚不可言。月餘，無怨色，而情好彌摯。定兒之嫂憐之，私語之曰：「若知吾翁之意乎？誘子來，非真為婿，例於歲除殺人祀神。」張駭極求救，嫂曰：「無難，但密除睡褥下符及枕中針，即可無楚。定兒既委身於君，彼自有以脫子禍也。」張如其教，魚水極歡。定兒歎曰：「身已屬君，當隨君去。」乃縛雞傘頂授張，張之速行，戒勿回顧。「聞雞號聲，則難過時也。妾即隨來，君勿念。」又出一紅球，令懷之。張狂奔百餘里，雞鳴去傘，則雞首已失。抵家，懷中球忽墮地，盤旋騰擲，劃然中分，定兒躍出，屬曰：「我父明日必來追，宜預為計。」乃脫裙衫，嚙指血書符於上，令張持至路歧懸之，伏莽以俟。父果操刃至，見女衣，痛哭持去。遂偕老焉。〔轉危為安〕

3247	原 371/3	廣禮 11/83	大 11/93

北海奇觀

嘗觀侍衛哈達《窮北海記》，言康熙時命往窮北海。假道俄羅斯，北行歷數十驛，至一部落。氣候嚴冷。叩北海所在，因留其地數月。臨行，其酋脫身上火裘厚衣之，以羊革蒙面；選明駝合乘，派部人導往。日食乾脯，夜即伏駝背，臥歷數十昏曉，始抵其處。遙見門高數百丈，寬百餘丈，門外積冰中方。蚌皆長丈餘，每蚌藏一夜叉，藍面赤髮，極可怖。門上大金字二，小金字三，蚪屈不可識。以刀劃牛皮，誌其點畫，藏於懷。門內深黑，聞水聲如雷。方再諦視，夜叉作欲躍出相攫狀；其背粘連蚌殼，不能脫，翻滾上岸，其行甚速。馳驟急歸，既至，則偕往之部人已凍斃五六矣。遂別其酋，行二年餘，始回京。以所劃牛革進呈，乃蝌蚪文，譯之為「幽門姒禹題」五字。豈《尚書》所載宅幽都即此地耶？〔窮源竟委〕

3248	原 371/4	廣禮 11/84	大 11/94

繩妓絕藝

梁溪人某甲娶妻某氏，本係繩妓，有挾山超海之能。自歸甲後，惟一箱人莫能啟。每夕就寢，必先夫而後婦，甲深以為疑。一夕，佯為酣睡，欲覘其異。旋見婦啟箱，出假面具戴之，短衣窄袖，居然一鬚眉丈夫，踰窗而出。時城外泊有解餉船，某鏢師在船頭假寐。婦由艙隙入，提銀三千兩，拍鏢師肩而逸。鏢師驚起追之。婦一躍入水，鏢師從之，相去僅數武，而竟莫能及。婦慮攜銀為累，潛置某處石橋之下，乃身輕如燕，轉瞬不見。蓋婦已踰窗而歸矣。鏢師自失銀後，停舟偵察久之，見婦淅米於水濱，疑之。遂藉端求見，詢以前事。婦曰：「有之，子亦知規例乎？」鏢師願歲以六百金為壽。婦許之。因告以藏銀之處，鏢師如數酬之。自是，甲家無虞匱乏。〔飛行〕〔無迹〕

3249	原 371/5	廣禮 11/85	大 11/95

失足可憐

新嘉坡人某甲生有一子，愛若掌珍，年甫舞勺，隨群兒嬉戲，浴於河濱。突為鱷魚所噬。甲子痛極聲嘶，轉瞬間已遭吞沒。群兒大驚，逸歸告之甲家。父母痛子情切，望洋揮淚，招魂而歸，誓報此仇為子雪恨。乃不惜厚幣賂穆拉油人某乙，冀藉其術以殺之。乙雖具有神通，未甚廣大，不自量力；遂披髮仗劍，口中喃喃作咒，涉水而行，欲除鱷患。詎未數武，忽大聲呼救。時觀者甚眾，急援以手，得登彼岸；則沉吟痛楚，已如一足之夔矣。眾訝而問之，乙言「水中有大鯊魚一尾，聲勢洶洶，狂噬予足，遂被啣其一以去」。言畢，號咷而哭。聞者笑之，僉曰：「此真可謂一失足成千古恨矣。」嗚呼！世之黔驢無技，而謬思獻醜當場者，正復無限，可不引乙為鑒歟？〔智不〕〔如葵〕

3250	原 371/6	廣禮 11/86	大 11/96

樹生人物

人秉父母之氣而生，物因牝牡之交而孕；各因其類，變化無窮，原不假乎人力也。他若畫士有設施之巧，雕工有刻畫之能，為人為物，亦能奕然如生，塊然成質，可謂以人巧而奪天工矣。從未有象形惟肖，斧鑿無痕，竟如飛將軍之從天而降者。有之，自山東平原縣始。該處當南北孔道，其道旁老柳數株，大可合抱。一日，樹腹中裂，迸出人物數斗，狀若僬僥。牧童見之，爭相拾取。見其人僅寸餘，色微黃白。有冠冕者，有小帽者，有鬚眉如戟者，有巾幗流芳者。老少不一，長短不齊，類皆神采生風，眉目如畫。更有驢騾牛馬，宛轉玲瓏，逼肖真者。其果天造地設有自來歟？抑神工鬼斧，特施狡獪以惑眾歟？吾不得而知之矣。〔木妖〕

3251	原 371/7	廣禮 11/87	大 11/97

狐請看戲

河南蘭儀工次行館，備河督防汛駐工暫憩。昔有某河帥按臨，甫入上房，即堅閉其戶。令各屬來見者一概謝絕，惟留一僮侍起居飲饌，亦屏不進。如是三日，諸河員莫測其故。公出。叩問。公笑曰：「狐仙請看戲耳！前日甫入門，有白鬚叟率麗者六人，叩頭曰：『知公將到，特備梨園一部，伏乞寵光。』轉瞬間，戲臺已設，酒筵甚豐。叟以倭几，率諸麗者席地坐。兩伶呈戲目，扮演登場關目，宛轉如生。曲白之妙，有非俗伶所能者。叟殷勤勸酒，麗者以次行觴。叟曰：『皆息女也。』公與縱談，甚樂。戲至八齣，叟起敬曰：『公倦矣！盍少休。』遂入房，就榻憩臥。入夜，燈戲尤麗，魚龍曼衍，目所未覩。連觀三日，並忘其倦云。」〔貢諛獻媚〕

3252	原 371/8	廣禮 11/88	大 11/98

考試異事

士子操觚為文，入場應試，一衿甫得，人皆稱之曰生員。生員者，秀才之通稱也，而乃有不盡然者。聞之某君言，昔年遇一老狐，自稱為前人科生員。因問之曰：「仙尚考試耶？且生員何又論科分？」曰：「泰山娘娘每六十年集天下諸狐考試，擇文理優通者為生員。生員許修仙，餘皆不准。六十年考一次為一科耳。」問考時若何情形。曰：「近來士習日壞，賄通關節，倩人捉刀，往往而有。仙家則不然，當其命題作文，揮毫濡墨，雖亦與人無殊，而伏案沉吟，不敢搖頭搖尾也；正襟危坐，不敢露尾藏頭也；人面獸心，不敢廁衣冠之列也；毛舉皮相，不敢盜處士之名也。且必花甲一周始開一科。苟無壽相者，先不能應試，更無能為生員。此生員之所以可貴也。彼詩書其貌，禽獸其心者，視吾輩為何如？」〔斯文〕〔將喪〕

3253	原 371/9	廣禮 11/89 右	大 11/99

大盜神通

江甯人金某有奇術，行蹤詭秘，人莫能測。比鄰某生聞而異之，一夕，穴隙潛窺。見金置大銅盆於几，儲以水，中然小燈一檠。閉戶，更短衫，佩利刃，負空橐。環屋而走，愈走身愈小，長幾寸許。躍登几，跳入盆水不見；而燈火熒熒矣。炊許，忽盆中有聲，燈光大明，有小人自水中躍出，颯然墮地。須臾復故貌，仍金也。背上橐傾出白鏹纍纍焉，得六、七千金。生為之咋舌，意此必江洋大盜也。懼其術，不敢發。後年餘，金為老捕所執，始舉其事以語人云。〔兔起〕〔鶻落〕

3254	原 372/1	廣禮 12/89 左	大 11/100

石異

南昌某甲好遊山水，曾於途中拾得一石，晶瑩清澈，皭然可觀，心愛之。攜歸置諸空盎，一轉瞬而盎中已滿注清泉，疑係童子所為，因另易他盎貯之。詎未片刻，又如源頭活水，汩汩而來矣。甲大奇之，方與二、三知己鼓掌稱賞。不隄防，彼此傳觀之際，偶一失手，石墮於地，陡時碎裂；中有大蝦一枚，跳躍而出，未幾即斃。甲嗒焉若喪，口稱負負不置。説者謂似此奇珍，苟邀賞識於風塵，何患不連城價重，今乃自炫於庸耳俗目之前，以至不能瓦全，徒為玉碎。豈其中有數存耶？然而君子惜之矣！〔頑而〕〔有靈〕

3255	原 372/2	廣禮 12/90	大 11/101

蟒能前知

桂林臬署相傳有一異。緣署背倚城隍，且近山，常山率然之流，緣卑濕而滋長，弗觸之，無害也。署之客廳窗後，植芭蕉數本，堆假山，極嶙峋。山足土洞，口圓如井，大僅如盞。瞰之，似不甚深。填以土，旋啟。中有巨蟒為之宅。蟒身作黃金色，頂有肉角寸許，色殷紅，粗如桶，長十餘丈。居恒不甚出。凡官有遷擢信，必預自榻後出，峨峨盤廳事中，目睒閃視人，然絕無噬人意。旋逡巡，仍自榻下沒。出三日，官果遷。其徵驗如此。第榻後護壁，皆木板無隙，不知其從何出入也。顧身已蟒矣，猶知韜晦，恐致雷誅。迨官有鶯遷，必預報鵲喜，似有衛主之心。較之腆然人面，引鬼以挾主者，不大相逕庭乎？〔報君〕〔喜信〕

3256　原 372/3　廣禮 12/91　大 11/102

酒色釀禍

滬妓林黛玉、薛寶琴二人，性淫貌美，名噪一時。日前，由春申江上買棹至豫章，寄寓百花洲畔。香巢甫定，座客常盈。一日，有鹽署家丁宋某，結伴數人前往訪艷。適二妓已應某公子之召，桃花人面，邂逅無緣。宋等悵然而返，遂赴長樂居酒館覓醉。更闌燈灺，興猶未闌，復向天台訪尋仙子。無奈醉眼朦朧，誤將某都司公館之門撞開而入。時漏已三下，都司與夫人正欲安睡，忽聞人聲嘈雜，出問何人。宋等見其年近古稀，龍鍾可掬，多方欺侮；復入臥室，摟其夫人而出。都司大聲呵斥，宋等即將所帶煙槍作當頭之棒喝。都司猝不及避，被其擊中頂門，腦漿迸流，登即倒地。宋等恐釀人命，始各鳥獸散。次日，報由南昌縣詣驗，提人收禁；視傷勢如何，再行定讞。然該家丁如此兇橫，一誤於色，再誤於酒，卒至敢於犯上，干國法而不自知，皆林、薛二妓有以啟之也。彼二妓真禍水哉！〔膽大於身〕

3257　原 372/4　廣禮 12/92　大 11/103

伏妖有術

本邑城內某氏婦，小家碧玉，丰致嫣然。去年，忽有妖物憑之為祟。當來時，見一美少年鮮衣華服，調弄風情，究不知為何物。其夫庸懦無能，雖厭之，不能除也。一夕，婦謂少年曰：「予有急需，須得鷹餅二百枚，方可解憂。汝能施其法力，咄嗟立辦乎？」少年慨然應允而去。越十餘日，復至，則空無所有。婦索之益堅，少年不得已，約次日集事。詎屆時，僅攜青蚨二百翼，皆係康熙大錢，似人家用以壓箱者。婦大怒，擲於地不受，然終無如何也。一日，心生一計，私將月水所污之袴，以線縫之，做成收放之勢。俟其至，佯與諧謔，出而試之。及袴加頸，一為收口，妖竟不能擺脫，藏頭露尾，向外狂奔而去。自此竟不復至，聞者稱異。或謂穢物可辟妖魅，此其驗歟？〔入我彀中〕

3258　原 372/5　廣禮 12/93　大 11/104

三官救難

宛平某觀察將之任，接眷赴署，經鶯脰湖，舟中失火，風烈日燥，救撲不及。隨從及舟人皆跳避小舟去。夫人攜兩郎一婢，正惶遽間，見修隄一線，浮出水面。挾攜而上，遂得達岸。回首失婢，隄亦不見。須臾，家人輩駕大船來。船已灰燼，意舟中人已付一炬，試尋覓。則夫人攜兩郎坐地哭，皆無恙。大喜，請登舟。岸邊拾得檀香三官像各一尊，夫人喜。大難得免，歸功神佑。後建三元閣祀之。於是佞佛之徒，僉謂夫人虔奉三官，平日茹素焚香，必誠必敬。故臨難時，有此奇報。然予以理斷之，或者觀察素有陰德；此次夫人與公子本命不該絕，故神靈呵護，特於冥冥中為之挽救歟？未可知也。〔神明默佑〕

3259　原 372/6　廣禮 12/94　大 11/105

力能制象

英京有西人名飛獵班五雷者，即西廊班五雷之父。蓋西例先名後姓也。生平以游獵著，膽勇之豪，五十年前久已名馳遠塞，所殺象至一千五百頭。時有都戎名羅牙士，素喜打獵，與飛結刎頸交，獵必偕行，相倚如左右手。曾見羅為野象所迫，幾瀕於危。飛鼓勇直前，力救得免。自此兩人交益密。然飛亦曾為野象所仆，象踏以足。飛奮身相搏，終慶生還。由是技愈精，膽愈壯。時值西廊所產野象日見蕃滋，禾稼田園，悉遭蹂躪。野老不堪其擾，訴之於官。官即高懸賞格，謂有能殺象一頭者，立予重賞。飛聞斯耗，操戈而往，一日斃象至十五頭，獲賞既多，英名更噪。暮年，始返故土，每與人談往事，英風猶凜凜也。一旦作古，人皆惜之；然其軼事猶嘖嘖在人耳目間也。故誌之。〔勇氣〕〔百倍〕

3260　原 372/7　廣禮 12/95　大 11/106

縱蛟入水

〈月令〉：「季夏之月，命漁師伐蛟。」《周禮》：「壺涿氏掌除水蟲，驅以瓦鼓，投以焚石，幹以牡橭，貫以象齒。」無非欲殺其神，使不為害也。乃神蛟失水，幾與螻蟻無異。而婦女無知，竟不憚一手一足之勞而轉之清波者。嘻！是可異已。湖北黃陂曠山地方有某村婦，晨起洒掃庭除，俯見階下有泥鰍一尾，長約四寸，儼如涸轍之鮒，奄奄待斃。婦不忍坐視，急以盤水盛之。鰍張目四顧，左右盤旋，非復前時困阨之狀。婦轉念，恐為兒童所傷，因攜至後戶小池放之。詎鰍甫入水，風雷立至，大雨傾盆，池水亦泛溢異常。婦見勢洶洶，不敢復歸故宅，奔立高原，以觀其異。俄見大木一株，長約丈餘，從池中浮出，向西北流去，水隨退落。周圍邨落悉無損傷。有識者曰：此即蛟也。猝然而得之，猝然而縱之，其遺害將胡底哉？〔婦人之仁〕

3261　原 372/8　廣禮 12/96　大 11/107

畫士情痴

金陵畫士潘某，術既不精，性亦痴愚，筆耕所入，僅敷餬口，行年三十，孑然一身。邇以鰥況難堪，忽動尋春之興，遂就某土娼問津焉。娼固煙花中最下之品，門前冷落，車馬久稀。見潘獃容可掬，知其可欺，紿之曰：「妾之身價僅須番佛七尊。若能代償，此身即屬君矣。」詎潘一身以外，別無長物；聞娼言，悵惘久之。娼怒，潛令無賴多人，群起而攻，并用鍋煤塗抹其面。潘始抱頭鼠竄而去。既歸家，開奩自照，忽失廬山，疑為其友陶某所弄。急往，與之為難。某愕然問故。潘不答，扭其髮而飽以老拳。陶諒其痴也，不與深較。潘復奔至江甯縣署，極口呼冤。縣役叩問端倪，見其語無倫次，呵斥使去。潘始號咷大哭而歸，聞者笑之。〔痰迷〕〔心竅〕

3262　原 372/9　廣禮 12/97 右　大 11/108

巨鱉食人

介蟲中有鼈焉，曳羅襦，戴烏帽，能飛能舞，不知者幾疑為老元緒一流人也。然當煮以為臛，或投於沸鼎，或愛其重裙，或把箸而乞哀，或醉酒而就斃；厥狀之慘，亦殊可憐。未聞有反能噬人者。乃朝鮮江原道某村梁潭中有一巨鼈，九其肋，四其足，既無天王之字，儼應黿鼉之鳴。每遇往來行人，猝焉攫食，人常有不及防者。惟據道路傳言，僉謂所食者皆係兇暴之徒；若在善良，雖昏夜孤客，亦無所傷。不知何所見而云然。然以蠢然一物，而敢擇人而噬，其兇惡亦已甚矣！安得有力者起而除之。〔為害行旅〕

3263　原 373/1　廣樂 1/1 左　大 11/109

貞烈可風

渝郡人田氏女，貌美而性莊，向住東川書院側。有某巨紳之子，一見心傾，誘之不得。乃賂鄰婦，擬醉以酒而淫之；被女窺破，計弗得逞。生怒，遂造背盟之書，訟諸琴堂，又倩某紳為之先容。官信之，立將女父拘至，勒令踐約。女父不可，迫以刑，下諸狴犴。女聞信，自縊而死。人皆冤之。未幾，生暴病卒；某紳與鄰婦亦相繼亡。知其事者，莫不歎報應之速。去歲，黔南景旭林太史方昶來主講席，下榻院中，聞某生病中作烈女聲，歷述前事。許為表揚，而生病遂愈。太史乃作文勒石，立於院左德星亭中。聞其事者，皆肅然起敬焉！〔表揚〕〔潛德〕

3264　原 373/2　廣樂 1/2　大 11/110

地師被創

宜興地師張某，性妄誕，好為大言，往往有奇驗。桐冠山有地一區，地主賂張，使向富戶焦姓撮合焉。張見地無龍脈，囑於某日時從某處起委蛇，高下縱燒硫磺，使煙氣騰出，我當偕焦來視。至日，指煙氣謂焦曰：「此龍氣也，富貴可立致。」焦信其言，以千金購之。及葬其妻，掘地得窖金焉。既又有舊紳欲鬻其宅，亦賂張，使言於焦。張遂告焦曰：「此大吉宅，廳柱下必有藏鏹。」既成交，掘之，果得銀數萬。張索謝甚豐，家頓裕。生平恃口舌以惑人，大率類此，初不知青鳥書為何如也。晚年身價益高，非厚幣，未易招致。一日，遇皁衣卒引至一署，見古衣冠人憑案喝曰：「賊奴，汝在世妄以術惑人，婪取多金，試問《葬經》何人作乎？」張瞠目不能答，古衣冠者曰：「汝亦知術不精而妄言屢應之故乎？汝本應得一品，享萬鍾，因妄言削盡矣！」呼左右力創之，痛極而醒。盲廢十年而死。〔妄言〕〔獲罪〕

3265　原 373/3　廣樂 1/3　大 11/111

採藥遇仙

河內縣朱某開藥行，折閱殆盡，懼見責，不敢歸家，逃入王屋山。山頂一帶，春時香會，廟門始開，餘時皆閉鐍也。朱登山頂，欲投繯，躊躇不忍。餒甚，掘廟旁草根食之，覺甘芳，不類常草；渴則覓飲澗水，習以為常。數月後，忽輕舉。夜宿殿中，曉則出外覓食。一夕，月夜仰視，銀河咫尺，星大如斗，似可手摘。雲中七、八人羽衣星冠，倏爾飄墮。朱知為仙，跪求傳道，一長髯者諦視曰：「汝生成俗骨，不能求仙。」遂指階前草，命朱採取，曝乾藏之，可治噎症，半生衣食裕如也。朱再拜回首，諸真已杳。明年三月，將屆香會。廟眾啟門，見朱大駭，詢知河內人，報信其家。家人至，泣挽之始歸。復進肉食，軀重如故矣。後懷慶守夫人患噎，百藥不效，朱索千金，煎草服立愈。以治噎症，無不應驗，果致小康焉。〔絕處〕〔逢生〕

3266　原 373/4　廣樂 1/4　大 11/112

神兵除害

雲間古浦塘之北，野曠人稀，僅有農戶數家，相安無異。上月某夜，忽見燐火熒熒，若近若遠。譁傳陰兵遍野，樹頭皆有火光；光中隱隱有旗幟，黑衣紅褲，層布如林，惟面目模糊不可辨。正目眩間，俄又有陰兵無數相繼而至，其聲嗚嗚，如千軍萬馬。彼此分列，作兩陣對圓之勢。相持良久，後至者似將不支。旋見有赤面神馳至，或謂是武聖降臨，督令周倉等驅兵赴敵，勇氣百倍。前至者始望風披靡，追奔逐北，不知所之。鄉人見而駭然，鳴金逐之，聲震林木。及事後就寢，有某甲夢赤面神來告曰：「頃有鬼卒數百，行將為瘧為疫，肆害閭閻。被予查知，飭兵捕治，幾為所窘。幸予策馬視臨，始得剿滅，不然殆矣！爾等其無恐。」言畢，忽不見。甲醒而異之，遍告鄰里，事遂喧傳。予聞之，喟然曰：「近世官兵多通盜賊，甚有身為盜賊，而官尚不知，反督令緝捕者。以視陰曹之為民除患，有犯必懲，其亦自知汗顏否？噫，吁嘻！」〔冥譴難逃〕

3267　原 373/5　廣樂 1/5　大 11/113

別有肺腸

江湖賣解者流，向有吞刀、吞劍、吞彈等技；大都勵習功深，能吞能吐，非真可以下咽也。乃竟有不畏堅硬，肆其咀嚼，居然可為口腹之資者。是豈銅筋鐵骨，本諸生成耶？抑融釋有方，故能不受磨折耶？真令人索解不得已。蘇城街市間近有吹簫托缽之流，年逾弱冠，口操江北音，貌極孱羸，而腹大如五石瓠。彳亍街頭，大呼曰：「收買瓦石磁器。」隨而觀者常數十人。有好事者與以青蚨數翼，令吞石塊瓦片；彼即欣然入口，齒格格有聲，毫無艱苦狀。惟與以磁器，必索重價而後食，瞪目伸頸，微有哽咽難下之勢。是雖歛錢惑眾之一端，究不知其操何術以致此也。是真可謂鐵石心腸矣。〔利口〕

3268　原 373/6　廣樂 1/6　大 11/114

變幻離奇

粵垣河南某姓家一門數口，家人嘻嘻，婦子嗃嗃，相處固晏然也。一日，男婦共集於庭，忽覺檐際有一物，臨風搖曳；視之，人足也。大駭曰：「日方亭午，何來偷兒？」語未畢，見其足漸長，自股及踵，約可丈許，直垂於地。轉瞬間化為一童子，嬉笑出門，不知所往。闔家驚詫，幾於寢饋不安。於是傳說紛紜。有謂該屋素有怪物，往往白晝出現，變化多端；故居是屋者，類皆不久即徙。或曰：「此說非也。《傳》云：『妖由人興，人無釁焉，妖不自作。』某姓宜退自修省，持以誠正之道，則妖魔自當退避，尚敢呈形於大庭廣眾之間哉？」雖然，天地之大，無奇不有。則是說也，不必問為何物，亦存而勿論可也。〔是何妖也〕

3269	原 373/7	廣樂 1/7	大 11/115

烏煙劫

陽湖吏沈姓者，夜夢其友蔣某，亦吏之已故者，謂之曰：「烏煙局現造劫數，簿籍煩多，乏人書寫。我已薦君往充是役，君可隨我至局中辦事。」偕行至一公署，正殿用琉璃瓦高接雲漢。殿上並坐五神，或古衣冠，或本朝服飾；正中一人，白鬚冕旒，儼然王者。階下列巨缸數百，中貯黑汁；諸鬼紛紛入，輒令酌少許始去。沈私問缸貯何物，曰：「迷膏也，即世稱鴉片煙。凡在劫者，令飲少許，入世一聞此味，立即成癮矣！近世人心日趨澆薄，冥王震怒，故造此烏煙劫；使淫蕩者促其生驕，侈者破其業。今劫運初開，冊籍浩繁，日集三萬人書之，尚須三年而畢。」因導歷諸司，見數千間均滿貯冊籍。中有一樓貯巨冊，用紅黃標簽，曰：「此皆王公卿相之入劫者，故另貯之。」遂促沈速歸，料理後事。某日當來奉邀，將此事辦完，可得一優獎。授職地下，無苦也。沈醒，處分家事畢，及期果卒。〔預注黑籍〕

3270	原 373/8	廣樂 1/8	大 11/116

媳代女嫁

鐵甕城對江有小市廛名花子洲鎮，鎮中有潘某操糧食業。生有子女，子已娶媳，女則自幼許字於楊氏子。邇以楊子年已長成，思為納室，遂擇吉行親迎禮。豈知潘女先已不貞。聞此消息，密商於所私之某甲；約於三星在戶之前三日，效紅拂奔李靖故事。甲自得女後，煙波一舸，載美同行，而楊不知也。潘偵騎四出，杳無影蹤。及彩輿臨門，愁急無措，尋思再四，忽得一李代桃僵之計。因告冰上人，欲將其媳代女于歸。媳迫於翁命，其子亦無異言，不得已，允從之。當登輿時，忽促間忘以帕蒙面。觀者為之粲然。及鸞簫奏協，魚水歡諧。新郎以璧已非完，心生疑竇；細審面貌，已類徐娘。當向冰上人盤問，則又言語支吾。遂窮詰之，真情畢露。楊大怒，執而毆之，同詣潘處理論。旋有魯仲連其人，出為排解，未知有轉圜之術否？〔顧此失彼〕

3271	原 373/9	廣樂 1/9 右	大 11/117

納寵異聞

羊城某甲，家小康，中年乏偶，遂憑媒妁，以《毛詩》之數，納一小星。當下聘時，妾母先與約曰：「老身祇此弱息，如蒙不棄，請一月而中分之，半侍巾櫛，半侍庭幃；否則，雖聘錢十萬，不忍捨此掌上珠也。」甲無奈從之。每與女相處，常杜門不出。有某乙者，甲之密友也，聞其事，往訪焉。因亦納一篷室，各誇艷福，乙先請見之。甲以時在下弦，女適歸甯，請乙作拋磚引玉之舉。乙許之，甲乃盛服而往。女知之，千呼萬喚，終不肯出。乙入房強曳之。甫出堂前，即翩然而入。甲見之大駭，窮詰來由，知為女母所賺；羞而售之，不復問女之蹤跡矣！〔一婦二夫〕

3272	原 374/1	廣樂 2/9 左	大 11/118

擲杯笑談

阿大，不知何許人，傭於鎮江某宅，操作頗勤。一日，正值午炊，匆促間誤碰灶上飯碗，舂然墜地，碎如虀粉。小主人聞聲驚問，傭素善謔，因詭對曰：「適纔眼跳不止，恐有奇禍，故碎碗以禳之。少刻購賠可也。」小主信以為實，不復詰責。日前適小主婚期，交拜後送入洞房，行撒帳禮，飲交杯酒。忽新郎左目驚跳，觸某傭禳解之説，舉杯遙擲於地。鐺的一聲，碎磁滿地。伴娘不解其意，呆若木雞。時諸親友聞之，爭來看視，新郎含笑顧眾曰：「區區小事，何勞驚問。適因眼跳不祥，故碎杯以禳之，何異焉？」聞者咸為之捧腹。〔天壤王郎〕

3273	原 374/2	廣樂 2/10	大 11/119

萬年鐘

美國紐約埠有大自鳴鐘一具，相傳名人瑪爾定所作。其鐘高廣與深皆一丈六尺，重一千一百斤。輪盤二百六十五枚，鬥筍相合，以一擺運動。擺有十二錘牽掣，藉以激盪。第一錘每八日回絞一次，其第十二錘二千年祇需一絞。製法渾厚，質甚堅固，可用至一萬年不必修改。過此則須更易其製矣。鐘上報秒數、分數、點數、日數、七日數、月數、年數及閏月數，均極周密。有圖像一百二十八幀，每幀高一尺五寸，係耶穌及十二宗徒與各名人像。每下鐘，一宗徒出，俄即退下，挨至十二點鐘，則耶穌像出，伸手作祝福狀。各名人像則遇節氣而出。每日四次，鐘中奏八音盒，宮商迭和，聲聞百步外。鐘頂裝銅雞一，每閱六下鐘，雞作喔喔聲，與生者無異。西人之爭奇鬥巧，幾令人不可思議如此。〔實大〕〔聲宏〕

3274	原 374/3	廣樂 2/11	大 11/120

拋童子會

西蜀風俗，以三月三日有入廟求嗣之舉；因此各廟召優演劇，以妥神靈而昭盛舉。其最熱鬧者，則有拋童子會。會中首事人衣冠嚴肅，用金漆盤盛木刻彩畫童子三尊，恭送至戲樓。擇梨園子弟之美秀者，扮作張仙打彈故事，手持琱弓，即以木童子作彈，張弦打下。強有力者，往往結隊搶奪。有已得復失者。有力不能敵，多人扭結不放，因而帶傷者。故不結隊，雖奪亦不能得也。若上年搶得木童子後，果誕麟兒，當於此日還願，亦備木刻童子，由戲樓彈下，藉此以解忿爭。惟會中之童身有火印，還願者無是也。迨搶得木童後，用執事彩轎送往乏嗣之親友家，其主人翁必設筵款客。此風十年前惟廣生宮為然，今則各廟皆效之。噫，何其舉國若狂也！〔求子奇談〕

3275	原 374/4	廣樂 2/12	大 11/121

尸居有象

梁某，鶴山古勞人，年五十餘。數年前，遭際坎軻，結念成癡，日坐家中，役使子媳。邇忽染病，飲食陡減，自謂必死。令其子預備棺衾衣服，俾一見之。子弗聽。梁日夕怒索。子無奈，市以歸。梁令為之更衣，自寢棺中，喜不自勝。既而復謂曰：「我死，汝等必設奠於庭，待魂兮來饗，不若生祭之為快。」子諾之，而不為設。梁日促之。子不得已，設筵於堂。梁令燃炷香燭，端坐其上，並令延黃冠修薦，仿虞祭行事。黃冠至，對之誦經，笑不可忍。梁兀坐不動，踞案大嚼，頃刻而盡。飲啖畢，投箸而起曰：「快哉！莫敖氏之鬼無此樂也。」後病竟霍然。子欲置棺於別室，梁不許，每夕仍臥其中。人皆傳

為異事云。〔未死〕〔營喪〕

3276	原 374/5	廣樂 2/13	大 11/122

陰曹視事

杭垣許某，庠序中人也，生平好善而和藹可親。曾夢至一宮殿，有王者略與為禮，令為速報司，訓以賞善罰惡之道，使鬼卒引出就署。既至則堂上設席，堆積名冊，許即升座。眾皆紛紛取冊登記某某善，某某惡。許乃總其成。自此每夜必往，殆無虛夕。一夕，見一老婦傴僂而前，眾皆肅然起敬；許傲不為禮。既而，有一衣冠者進告曰：「上帝升爾楚江王，明日視事；但爾不敬節婦，蒞任後罰俸三月。」次夕，見輿馬來迎，許即登輿而去。其署如人世州縣衙門，座間設刑具三：一為逆床，編以鐵絲，下用通紅栗炭焙之，罪者臥床上，覆以鐵板，厚半尺；一為逆籠，與逆床相彷彿；一為長鉤，凡有口過者，將舌根用鉤勾出，離脣尺餘，呼號之聲，慘不忍聞。蓋冥間最重孝子悌弟，雖有大罪，亦可抵消。惟姦夫淫婦則厥罰綦嚴，永不得轉輪人世云。〔福善禍淫〕

3277	原 374/6	廣樂 2/14	大 11/123

是何怪物

京師右安門內東偏窯地方有一窪區，積潦甚深，葦蘆一片，密茂青蔥。三月二十日前後，忽有大聲發於水面，吼若牛鳴，終夜不輟。遂相傳謂其中必有怪物。好事者互相附會，往觀如堵。而物則夜鳴晝吼，聲益厲。附近居人相率於日暮闔門，不敢出入，由是竟目之為大老妖。有指為水怪者，有謂為蛟鼉者，紛紛傳播，莫衷一是。甚有某刻字舖刻印怪物圖像數千張，在該處售賣。其像係驢身牛頭，頭生兩角，身有白鱗。居然一時利市三倍，後被官兵捉去懲治。事經福箴庭中堂會同左、右翼各憲，親往查勘，而聲仍不絕於耳。乃飭地方官派令兵勇若干名，或持釣竿彈壓，或將洋槍施放；而厥聲則愈吼愈高，卒無捕捉之法。是何物也，猖獗乃爾？敢質諸博學君子。〔有聲如牛〕

3278	原 374/7	廣樂 2/15	大 11/124

奇童治病

離渝城四十里地名井口。有周姓子名長壽者，年方就傅，貌頗溫文。一日晨起，大聲呼家人曰：「菩薩令我治病。凡有疾者，可速來醫。」家人及鄰右皆異之，戲以東鄰之啞子令治。長壽遂以黃紙硃砂，書符使服，不逾刻而啞竟能言。由是遐邇喧傳，爭來求治。每日祇辰、午、申三時登臺畫符，過此則游戲如常兒。一日，乃父私受人賄。童斥之，雙目立瞽。父悔而禱之，則復明如初。江北某紳患足疾十餘年，醫莫能治；聞其異，乘輿往治。未幾，亦愈。紳大奇之，酬以重金。不受，謂：「予奉神命普救世人，不敢妄取人財。」故信從者尤眾。巴縣耿大令素號神明，恐有歛錢惑眾等事，潛飭家丁偵察，見無他異，然終以為疑。因將童攜歸署內，課以學業；而童則時昧時明，毫無畏懼狀。是豈果有神物憑依歟？何以童子無知，忽能治病若神也。〔若有〕〔神助〕

3279	原 374/8	廣樂 2/16	大 11/125

牛儆逆子

粵人某甲，寓居珍珠山下，平日為木工以餬口。有老母已近六旬，雖與同居，平日未嘗得甲一餐之奉。甲工作餘資，惟自行花耗。母以縫紉度日，艱苦備嘗。日前，偶得會銀十五元；甲知之，即向索取四元。母靳而不與。甲忿甚，遂與口角，并用索縛母之手，徑入母房，肆意搜括，得銀五元，急足奔出。適有一吉寧人御牛車道經其門。甲忽遽出門，突被牛車撞仆於地；車輪復在甲腿上馳過，致受重傷。時母已將縛掙脱，追逐出門；見子受傷臥地，且笑且罵。時鄰人見母手中帶索，亟為解脱。詢知其故，莫不歎為忤逆之報。夫牛固蠢然一物耳，復何能為；而會逢其適，莫或使之，若或使之，竟足喪逆子之膽而奪其魄，有如此者。謂非天特假手於牛以示懲歟？不然，何其巧也。〔天理〕〔難容〕

3280	原 374/9	廣樂 2/17 右	大 11/126

苦了先生

漢鎮喬家巷旁弄某姓婦，年方二九，明眸浩齒，妖冶動人。見者無不垂涎焉。一日，婦倚立門前剝食蠶豆，顧盼生姿。有雜貨舖主某甲，翩翩華服，過而見之，驚為天人，徘徊不忍去。婦會其意，戲將手中所握餘豆，拋諸門外，隨以閉門羹待之。甲以為有隙可乘，私心竊喜，俯拾所遺，揚揚自得。忽有二犬狺狺惡鬥，從甲項背撲過。甲猝不及防，大驚失足，顛仆倒地，一身羅綺，遍染污泥。婦從門隙窺見，笑聲達外；惟聞「苦了先生」一語，既而寂然。甲慚憤而去。此可為輕薄者戒。〔狂且〕〔褫魄〕

3281	原 375/1	廣樂 3/17 左	大 11/127

少尼神勇

漢陽魚市聚於西關外大街。每當風雨之晨，外江內湖，網羅非易，魚價輒因之陡漲。十三日清晨，有一年少比邱尼手攜魚籃，向攤上揀得青鯉二尾，以論價不合，大肆譏誚。旁觀者亦同聲附和。尼惱羞變怒，出言詬罵。漁人欺其弱，遽伸手欲撻之。不料，該尼頗得少林秘訣，手未及身，而漁人已顛撲尋丈外。時方雨後，街道泥濘，漁人勉強起立，尚欲與決勝負。路人急為攔阻。尼始緩步而去。誰謂弱女子竟無大力量哉？〔法力〕〔無邊〕

3282	原 375/2	廣樂 3/18	大 11/128

借髮種髮

泰西某婦髮光可鑑，美若元妃；向在某機房司理機器，井井有條，毫髮無憾。一日，正在工作，婦偶不經心，首觸機捩，其機飛動正速，忽將該婦如雲鬢髮盡行拔去。頃刻間如濯濯牛山。血濡其首，婦痛極而暈，臥地不起。有某醫士心細於髮者也，憐之。啟告眾人，謂如有樂善之人，許在頭上捨給髮根者，請來助髮。越日，捨髮來者不可數計。醫出尖小利刃，於每人之首，各雕髮根一絲，如農蓺黍，種於禿婦之首。人數眾多，或賦「予髮曲局」之歌，或詠「髮則有旟」之句，分其有餘以補不足。未幾集事，醫復以他藥敷之；則黝然而黑者，不啻復生。雖各色相間，固已復卷髮如蠆之觀，無擢髮難數之苦，

轉覺星星種種者，無此美盛也，烏得以心長髮短目之哉？西醫之技，可謂神矣！〔毛將〕〔焉附〕

3283	原 375/3	廣樂 3/19	大 11/129

鍾馗為祟

粵東南關地方，邇以疫證流行，各街坊因舁龍王神巡遊境內，以消災疹。某甲扮成鍾馗像，虬髯如戟，狀貌猙獰；隨行其後，鳴鑼行杖，皆作小鬼形相。甲歸後，是夕忽發寒熱，喃喃譫語，謂鍾馗詰責。未幾，復作鍾馗罵詈，言：「今日神遊，我隨其後，何物小子，敢模寫我形？」家人懼，為之禱謝解罪。不允。病勢日劇，至初三日遂死。按鍾馗本無其人，祇出唐時小說，昔人辨之詳矣。假大圭之名，謬說終南進士；繪藍衫之狀，實出齊東野人。乃竟能作祟於人，諒未必然也。意者甲染病之時，精神瞀亂，日扮鍾馗之像，即夜作鍾馗之言；故無識者信之，怯膽者且畏之耳！〔鬼迷〕

3284	原 375/4	廣樂 3/20	大 11/130

竹報平安

靈芝無根，醴泉無源，隨地而生，各應其瑞。固夫人而知之矣。乃廣東番禺縣署附近有某甲者，忽於某日突見榻下有一竹筍破土而出。詫之，移榻以觀其異。翌日，已高與樓齊，乃洞穿樓板以就之。又越日，則已拂瓦而出。一枝搖曳，竟過牆來，大有干霄淩雲之勢。一時見者咸嘖嘖稱奇。遠近喧傳，爭來觀看。有謂竹報平安，古有是語，今得此象，其有以應之乎？且數日即高尋仞，是平地一聲雷之瑞也。於是愚夫愚婦，踵門稱賀者有之，喜色相告者有之，究亦不知其有驗否。惟以理觀之，竹有君子之稱；昔人一日無此君，以為不可。今乃突如其來，或者和氣致祥，飛騰之兆，預徵於此，亦未可知。然而事不經見矣。〔異卉天生〕

3285	原 375/5	廣樂 3/21	大 11/131

毒甚虎狼

鎮江某地有某甲者娶婦某氏，生四子而婦歿。甲不耐獨宿，隨託冰人，又納某氏為繼室。某氏性情乖戾，視子如眼中釘，日夜縈思，必欲置諸死地。潛以其意私商於甲。詎甲固人其面而獸其心者，聞婦言，不為阻止，竟依言而行。設計既定，用生鴉片煙和諸餅餌，令四子食之；以為連害數命，從此得專家政矣。其長子年已弱冠，毒發即斃，不及解救。幸第二、三、四子煙毒將發，業經灌救，得慶更生。事為府尊所聞，飭拿到案，命將夫婦二人，用頭號重枷，鎖在衙前示眾，以為不慈者戒。噫！虎毒不食兒。人雖殘忍，何至親害其子。何物長舌婦，乃竟荼毒生靈，草菅人命，一至於此；而又有同惡相濟之父，助其成而速之死。不特倫常之變，抑真別有肺腸者已。君子觀於此，能無不深世道人心之慨哉？〔忍人〕

3286	原 375/6	廣樂 3/22	大 11/132

術邁少林

白泰官，武進東鄉人，精拳勇；常為人保鏢，遨遊數省，未嘗有敵。一歲，為人領鏢至山西，入太行山，休於逆旅。忽一僧持帖來拜，自稱「鐵肚佛」，知綠林之魁也。白問來意，僧曰：「耳君名久矣，將來較藝。今憑君先打三拳，如不能勝，車中物悉當見惠。」白怒，擇要害處，盡力擊之。僧不少動。白大驚。僧笑曰：「技止此乎？原銀勿動，明日當來取也。」白終夜自思，不能成寐。忽憶師言，凡遇僧道挺身出門者，必有絕人之技。惟能鍊氣將人道縮入少腹者，不可輕敵；今僧猶纍然下垂，似尚可乘。次早，僧驅健驢來。白迎之，笑曰：「吾師神勇，僕已敬佩，能再憑我打一拳否？」僧曰：「可。」蹲伏不動。白於數步外取勢猱進。但聞僧狂叫一聲，兩腎丸已為白抉置掌中矣。僧遂遁去。〔出奇制勝〕

3287	原 375/7	廣樂 3/23	大 11/133

鬼護節婦

粵垣某村某氏婦，年十七，即賦于歸。未及四年，遽喪所天，遺腹生一子。幸家尚小康，撫孤守節，迄今已五年矣。邇有盜黨數輩入室行劫，時室中祇一老嫗、雛婢侍側。盜搜索之餘，見無長物，勃然大怒，勒令婦自行獻出。婦辭以雖有衣飾，早已變價度日，別無寄頓之處。盜不甘空返，因相與謀曰：「某氏數房只此一子。若持去，可索贖多金。且婦頗有姿色，婢年已長，售以為娼，數百金可立致也。」乃抱兒，逼婦與婢同行。嫗相持大哭，被盜推仆於地。婦不得已，從之。行至村外，有縊鬼某婦之柩厝焉。行人過者多被祟。是時，道經其旁，陰風凜然。婦忽覺有人抱兒交其手，隨見婢轉身分路回村。盜黨向村外行，不覺也。婦至家回首，見一人頸拖繩索，眼突舌出，大呼曰：「嬸來招我甚善，我本不欲生。」但見鬼將手搖擺，倏然不見。婦驚魂稍定，見兒在懷，婢侍側，晨雞三唱，骨肉團圓，始悉鬼神默護之功。遂以酒醴楮幣，詣柩叩謝。識者不歎鬼之靈而矜婦之節焉！〔暗中〕〔保佑〕

3288	原 375/8	廣樂 3/24	大 11/134

痛定思痛

甬江鎮海舉行東嶽會時，行過謝家河塘，有某甲直立不動，正作壁上之觀。忽見大旗捲瓦，砉然墜下，適中其首，一時血流如注，面頰霏紅。旁有某婦衣服翩翩，亦被染及，因作女嬃申申之詈。甲謂：「我已災生無妄，何物雌虎，竟略無體恤之心耶？」言出手隨，愈用其血如楊枝甘露，滿面灑來。婦急以羅帕拭之，而如花粉臉，幾類渥丹。於是變羞成怒，大肆咆哮。幸旁觀者竭力排解，婦始入室洗面更衣；而甲亦抱頭鼠竄而去。按古者烈士有喋血之勇，忠臣有泣血之誠，強侯主歃血之盟，良將摽血流之杵。皆能以血性動人，腥聞不染者。今甲徒以血肉之軀，遷怒於痛癢不相關之婦人，亦多見其不知量也。〔老羞變怒〕

3289	原 375/9	廣樂 3/25 右	大 11/135

生而能行

自古生而有齒，生而能言者，吾聞之矣；若生而能行，則未之聞也。河南寶岡腳有賣油者行七，人因以「賣油七」呼之。去年，妻身懷六甲，踏月後，將及臨盆，腹中震動，產下一男，呱呱一聲，舉室大喜。詎穩婆方欲伸手接取，而兒已站立於床矣。大驚，急為斷臍。兒更把持不住，由床一躍下地，雀躍而行。視之，形狀略如獮猴，身體亦比常兒差瘦。未幾，即倒斃。說者曰：「此神行太保復生也，何竟不永其壽耶？」〔怪產〕

3290	原 376/1	廣樂 4/25 左	大 11/136

太上先生

甯波北門外下灣頭地方孫某素業貿易，嗣以落魄無聊，溷跡舌耕，藉餬厥口。有某學童讀《詩經》卷二至〈坎坎伐檀〉章。孫見此章每句皆有「兮」字為收；獨「河水青且連猗」、「清且直猗」、「清且淪猗」三字與「兮」字不同。以為此必剞劂者之訛；遂以硃筆均改「連兮」、「直兮」、「淪兮」。童母舅胡某，明經也，見之捧腹。次日，囑其甥遞函孫某，曰：「葩經由宣聖手刪，非斲輪巨手，何敢妄為點竄。今足下筆削，傍若無人，直可屈尼山之席，而尊為太上先生也。」聞者皆傳為笑話。〔大誤〕〔蒼生〕

3291	原 376/2	廣樂 4/26	大 11/137

魚身有火

魚，水族也，依水為生，與火相剋。是以蛟龍失水，雲霧難興。初非若火龍之可以兆災，火鴉之居然成陣，為能忿火直燒，炎炎上熾也。乃竟有事本反常，物亦求異者。東洋報言西本月二號，有人在理加打捕獲鮮魚七十餘筐，即附火車，欲運往剌嘉那地方發售。詎車既啟行，輪機震動，筐中之魚，鱗翅摩擦，激而成火，煙燄蓬勃，幾兆焚如。幸車中人役立即醒覺，將火撲滅，不致成災。噫！此魚也，何為而有火也？是豈佛家之所謂無名火耶？抑祝融氏借魚以故示神通耶？張華復生，當亦不能解其異矣。或謂東土之人好談奇事以駭聽聞，此特其故智耳，未必實有是事也。然吾恐今之說真方、賣假藥者見之，必將曲為解說，佯考性味，以為製藥之助，而巧立一稀奇名目矣。呵呵！〔水族〕〔奇聞〕

3292	原 376/3	廣樂 4/27	大 11/138

虎口餘生

客有好作海外游者，言昔十年前由檳榔嶼乘風而行，波浪大作，誤擱一島。見有野人面皆作墨色，髮如蓬葆，首插雉尾，形狀殊獰惡。舟中共數百人，有三十人為其所悅，誘之登岸，聚而殺之。後有二十餘人猝遇諸途，亦被擒殺。居月餘，眾以食盡，乃拚一死戰，伏而要之門。良久，藥盡，野人力益奮，盡拘而驅之。至其巢，縛於木柱，以長刀割其肉，炙而啖之，共相笑樂，無一存者。惟留七人，使之各居一寮，供以飲食。野人日攜七人，往別處遊覽，自此相安無忌。住五十餘日，無計得脫。一日，方偕野人登山臨水，忽聞呼聲震地，各鳥獸散。七人不解其故，野人遙指火船以示之。則濃燄高騰，雙輪迅鼓，方向此島而來。野酋急走，復招手令避去。七人急趨之海濱，則前舟尚在，爰登舟，各擘舊衣，縫為大旗，懸之桅間，飄颺風前。火船見之，即駛小艇到探，七人由是得出於險。〔幸而〕〔免耳〕

3293	原 376/4	廣樂 4/28	大 11/139

龜子殺人

江西棉花市巷內有某娼寮焉。艷幟高張，芳名大噪；龜奴數輩，往往恃有護符，夜郎自大。一日，有甲、乙、丙、丁數人尋芳至此，雖衣服聯翩，而排場不甚闊綽。龜子心生鄙薄，欲款以閉門羹，若諷若嘲，漸至用武。有某戊者素擅拳勇，該龜倚為左右手。至此遂挺身而出，手執小刀，出其不意，將甲、乙二人殺斃；丙、丁亦受重傷。時有某己聞聲趨至，力為勸阻，亦被一刀；急奔入鄰家避之。龜子見已釀成命案，相約私逃。正商議間，已由鄰人協保報官。各官聞信，督率兵役次第而來，排闥直入。龜子乃登樓執刀，呼曰：「有上樓者，請試吾刀。」兵役逡巡不敢前。官大怒，令各緣梯而上，仍為所拒，相率退避。後令毀壞樓壁，用梯數道，數十人各執槍刀蜂擁而上；格落某戊之刀，始得成禽。龜子已猱升屋脊，亦飭有力者登屋擒之。遂將二人解縣訊辦。老元緒之猖獗至此，可謂極矣！〔狡思焉逞〕

3294	原 376/5	廣樂 4/29	大 11/140

猴有煙癮

某甲，粵之香山人，向有煙癖。蓄一猴，初常鎖置煙室中，吞吐之餘，雲迷霧繞。久之，猴濡染煙味。甲偶外出，則疲倦欲眠。甲歸，吸食阿芙蓉，猴遂一噴一醒。甲自是解其縶，使之繞屋游行。每日亭午時，猴見甲然榻上燈，即躍眠腋下。甲俯吐，則猴仰吸，習以為常。甲以長竹一竿，上穿方木，高丈餘，豎於階下。猴雲煙供養之餘，每一登戲，路人常聚觀之。一日，甲因事往戚串家，午後歸稍遲。猴繞榻徘徊，或上或下，既復升坐木上，俯視路人，似待甲歸，目不少瞬。未幾，甲果返，猴遠見，即狂喜。甲入門，猴急欲下，忽失足墜，隨即昏然。甲設法救之，猴竟不復甦。甲為之惋惜不置。〔由人及物〕

3295	原 376/6	廣樂 4/30	大 11/141

草製新婦

蘇州閶門外李繼宗巷有成衣匠某甲者，年逾不惑，小有積蓄；見江北船某氏女而悅之，挽人作伐，竟委禽焉。迨擇吉往娶，綵輿登舟，果見新人以紅帕蒙頭，冉冉從艙中出；並有一衣包同置輿中。鼓樂喧闐，簇擁而去。原媒伴嫁等俱坐於船，以俟駛至，然後登岸，俾成嘉禮。乃花轎到門既久，而船竟不來。甲恐錯過良時，權託鄰婦相禮。詎將新婦扶出，則身輕如燕，弱不勝衣；雖玉立亭亭，而手足宛如木偶。訝而諦視之，乃一草人也。再視衣包中，盡係磚石瓦片，特以壓轎耳。由是闔室鼎沸，相顧駭然。新郎則面色如灰，手足無措，欲覓冰人理論，已不知所往。好事多磨，有如是乎？〔難為其匹〕

3296	原 376/7	廣樂 4/31	大 11/142

武弁用武

上海五方雜處，打架之事，時有所聞，大抵惟委瑣齷齪之輩則然耳。至於衣冠中人，雖多濫竽，尚不多見；蓋耳目所在，稍或不慎，口實滋多，何居乎！有二武弁者，氣概昂藏，頂翎赫奕。平日挾有嫌隙，積不相能，已非一日。上月下浣，忽遇於江蘇海運局前，始則舌劍唇槍，各不相下；繼且老拳互奮，扭結成團。有一人頭面受傷，鮮血淋漓，不堪逼視。旋經人告知地甲。地甲見之，大驚曰：「此皆有職人員也。當其高車駟馬，意氣揚揚，且將望而卻步。今因爭競隨路，耀武揚威。僕何人斯，乃敢干預。」不顧而去。有識者曰：「此某某也，苟有不平之事，是非曲直，何不上訴憲轅，聽諸公論；乃竟於大庭廣眾之地，貿然用武，抑何其不自愛也。吁！」〔血氣〕〔之勇〕

3297	原 376/8	廣樂 4/32	大 11/143

獅靈示夢

川垣小紅土地廟有廟祝某道士，一夕睡夢間，見有一人貌甚獰惡，自謂隱地下百餘年，今合受一方香煙云云。道士異之，問神何姓，天曹居何職。曰：「姓石，職拜太師。」再叩，不答。瞿然而醒，以為妖夢無憑也，姑置不理。乃次夕，復夢如故，并言：「我本菩薩座下弟子，祀我當使汝得大好處。何見疑？」為語竟，吼聲如雷，逡巡入土而沒，凡二夕皆然。乃告於本街清醮會，會中人集議，攜鋤發掘，啟土甫及數尺，即見石獅一頭，雕鏤精工，身軀雄倅。始悟「獅」、「師」同音，所謂菩薩座下弟子者；蓋以佛門有獅子王菩薩以獅為坐騎之故。一時傳播遠近，善男信女之攜瓣香敬禮者，頗不乏人。有謂該道士因兩餐維艱，倣壁上琵琶故智，藉以愚人，亦未可知。然苔蘚石花，絕非近日新埋之物，況該廟向無石獅；倘從他處移來，則地屬通衢，豈無人見。是誠不可解者也。〔鬼神〕〔來告〕

3298	原 376/9	廣樂 4/33 右	大 11/144

鼠劫

邇來粵省疫症流行，疾病相繼；偶或不慎，輒被傳染，往往朝發夕死，不及醫治。匝月以來，登鬼籙者不知凡幾。道家者流，每曰此劫數也。聞其症之由，厥因鼠起。初時各家之鼠，不知何故，忽見死者狼藉，爭棄於溝渠、坑廁間。雨淋日炙，穢氣薰蒸。觸之，即染疫而亡。有羅介卿守戎心焉憫之，出資收買死鼠，以為思患預防之計。一日中共收得一千餘頭，其不及收者，更不可以數計。宜乎疫之終不可防也。碩鼠碩鼠，其果罹於劫而不能逃乎？奈何劫之所在，由鼠始者，不由鼠終也。〔無計可竄〕

3299	原 377/1	廣樂 5/33 左	大 11/145

磨折十年

金陵某甲患軟腳病，行乞於市，已歷年所。日前過市，忽步履輕健如飛，有客異之，呼而問其故。甲乃自言素操染業，少年好鬥，自恃勇力過人，見弱小者輒魚肉之。前十年，路經花市，與一翁相撞，翁攜油瓶，撲之於地。翁已無言，予猶詬誶；翁小不服，更敬以拳。忽旁一人大聲呼曰：「此子無禮，會當磨爾十年。」乃以手輕擊腰下，三日之後，即行步維艱矣。今年數月前，乞食倦甚，偶酣睡於奇望街，忽有人仍在腰下輕擊一掌，及醒而趨步如常矣。是殆所謂紅沙手、黑沙手之藝乎？〔奇人〕

3300	原 377/2	廣樂 5/34	大 11/146

武帝顯靈

武帝忠義貫日月，仁勇冠古今，享祀千秋，官民共仰，神靈赫濯，感而遂通。昔曾顯聖殿庭以除妖魅，故敕封伏魔大帝。乃羊城於四月杪，當疫症流行之際，忽喧傳西來初地有煙絲店所奉武帝像，於所繪偃月金刀外，復現一刀影。見者咸嘖嘖詫為奇事。俄而城廂內外各店皆然，即珠江之南及佛山鎮亦莫不同覩斯異。所最可駭者，西關永慶大街某轎房所懸聖像，有水點滴自刀首出，如灑楊枝甘露。一時庸夫愚婦焚香膜拜，求取神水者絡繹不絕，謂服之可治疫癘。惟祇二十九一日，次日即涓滴全無矣。並聞禺山武廟殿前有七星刀，是日神座後亦現一刀。按粵人平日莫不崇奉武帝，今特顯靈以除疫歟？何所見之相同也。〔然乎否乎〕

3301	原 377/3	廣樂 5/35	大 11/147

畫師狡獪

世傳張仙能衛厥子孫，故凡艱於嗣續者，多繪像以祀之。其像為美丈夫，錦袍角帶，廣頤豐髭，左挾彈，右攝丸，飄飄乎有霞舉之概。某縣一畫師尤善於此，所作者眉目如生，勃勃有神氣。人以是信之，求者甚眾。縣東數里許某邨有民家娶婦而美，數年不育；乃親詣畫師求之，往返再四，甫得尺幅以歸。及至家，香火奉祀，意甚虔潔。旬餘，夫偶他出，婦獨寢，即有偉男子衣冠甚都，至榻前謂婦曰：「我張仙也，夙昔鑒汝誠，思以甯馨錫汝。今來代汝夫播種，汝勿驚訝。」言已，解衣登榻。婦睨其美，從之，達旦始去。夫歸，秘不以告。嗣是夫出即至，情好益隆，甚至夫在亦來。婦始不能諱，傾吐其實。夫察知妖異，取其像焚之，及幀首有細字一行，則人之年庚八字也。亟爇之。越數日，而畫師暴卒。有知者聞其述夢與婦狎，自謂奇遇事；及臨歿大呼之言，方共信其狡獪云。〔妖由〕〔人興〕

3302	原 377/4	廣樂 5/36	大 11/148

猴攫葵扇

天目多猴，山行者往往被嬲。村人販蕉扇經其地，手持一扇，且行且搖。群猴驟至，攫所販立盡；而各效客之所為，客搖亦搖，客止亦止。村人憤甚。閱日，乃多覓剃刀，肩擔至其地，視猴且至，取刀作自剄狀，委之而去。群猴取而效者，多斃焉。土人擇其出入之所，就山石鑿小竅，內寬外窄，僅可容手。取木為彈丸，丹漆其外，放穴中，潛伺之。猴見丸，探手入攫，人即鳴鑼驚之，其手虛入而不能實出，遂被縛。噫！萬物之眾，猴性最靈；惟不能自出心裁，動輒師人故智，亦猶文人之好為抄襲歟？今一出以貪得無厭之心，卒致身入陷阱而不自覺。人謂其黠，吾謂其愚。嗚呼，獨猴也歟哉！〔鼠偷故智〕

3303	原 377/5	廣樂 5/37	大 11/149

絕處逢生

閩人楊甲，家貧少孤，無以謀生，遂作出山之想。聞胞姊某旅居新加坡，航海前來，藉資依倚。其叔即紿之曰：「予知若將來，聞某埠需人工作，已為先容。今偕汝前往，每月工資十元可致也。」楊信之，偕至某輪船，載往荷屬峇來之碩里旁港中，鬻於某木廠為傭。迨叔得銀去，楊始知被愚，已身陷牢籠，無計可脫。不得已，隨眾操勞。苦於言語不通，日受鞭撻。居年餘，淩虐愈甚，又不知何年期滿，因恨成怨，頓思逃遁。遂於某夜潛取木板二塊，以籐纏縛，已即乘坐其上，放乎中流，任其所適，一身以外，別無所攜，早置死生於度外矣。詎漂流三日，忽至峇來附近之砂勝灣，飢渴已甚。遙見岸旁茅屋數椽，中有燈光，知有人居，爰即攏岸趨就之，叩門求食。屋內人亦操閩音，捕魚為業；見楊窘狀，憐之，給以飲食，留數日，乃醵金送之歸。其叔聞之，先期遁跡。楊覓之不見，向人縷述之，莫不歎其叔之無良焉。〔徼天之倖〕

3304	原 377/6	廣樂 5/38	大 11/150

藉術防姦

取枯，粵俗。以生龜為卜，諺謂之「排龜」。其法，以六十四卦書繇詞，排於竹器中，隨出龜於囊，使行其中，視龜所止之處，即得其卦。此術多出於高州。羊橋有某氏婦素習此術，奔走江湖，藉資餬口。一日，與兩婦同至三貴鄉賣卦，占者既多，日暮始出村。維時林樹蒼茫，雲山黯淡，躊躇四顧，瞥見山上有蓬寮一座，急往就之。攀崖而上，至則數石匠在焉。不得已，向之借宿。石匠心懷不良，喜而諾之。及至中夜，四山寂寞，各擁婦求歡，婦拒之。石匠仍不能捨，將為強暴之污。三婦遂口中喃喃，默念咒語。霎時間諸石匠呆如木雞，不言不動，若束縛然。比眾工齊集，驟覩此狀，奔告匠頭。匠頭至，詰知其故，代為緩頰，且求解法。三婦乃念咒戟指，厲聲叱之，負囊而去。石匠始能移動，漸復其初。噫！術之不可以已也如是。使非三婦，其不身受玷辱也幾希！〔不擊自敗〕

3305	原 377/7	廣樂 5/39	大 11/151

步武逢蒙

大嵐山中分四十八村落，為餘姚縣分界之所。前當髮逆擾亂時，有土豪吳楓林起自白頭義勇，以勤王為事，與賊對壘，即此處也。山中居民皆精拳棒，衣缽相傳，代不乏人。有嚴某者年屆古稀，尤擅此中秘授；平生有數技，不肯輕傳。其徒鄭某勇冠儕輩，而不免遜師一籌，深以為恥。遂師逢蒙故智，謀之日亟。適見嚴登廁，不覺大喜，遂乘機背飛一刀以刺之。詎鋒將及，而嚴已先覺，急以手中鐵桿向後一指，己故聲色不動，仍坐廁上。及事畢而起，見其刀遠墜田中；而鄭則臥地呻吟，奄奄待斃，蓋臂骨已盡斷矣。嚴憐之，為之負歸醫治。噫！鄭藝未精，頓思滅師以自炫；而不料其師已早為之備，以致戕及己身，無益有損，亦逢蒙之不若矣！然而如嚴者，不更高出乎羿之上哉？〔神乎〕〔其技〕

3306	原 377/8	廣樂 5/40	大 11/152

電火焚身

浦東王阿虎年甫三十有二，向在電氣燈公司為工匠；每夕至百老匯路沿途管理電燈，素稱勤謹。前晚一點一刻時，道經外大橋畔，見第十六號電燈其光忽暗。此燈本係同事某甲所管。王尋甲不見，恐歷時太久，必罰管燈者工資；因念同袍之誼，遂扒上電杆，代為修葺。及至竿頭，忽大呼救命。巡街捕聞聲仰視，見王渾身是火，飛報美捕房，捕頭飭報電氣公司。司機者聞之，即將電機緊閉，一面遣人至該處驗視。王已焦頭爛額，墮於地下，上下衣服幾同灰燼，幽魂一縷早赴泉臺。迨其妻聞耗，號咷而來，電燈公司復為之賻助，始克成殮。噫！世風澆薄，古道日非，雖以骨肉之親，且有視同秦越者。今王一食力之人耳，而乃敦情尚義，為友捐軀一至於此，不亦加人一等者哉！〔無妄之災〕

3307	原 377/9	廣樂 5/41 右	大 11/153

聚螢瓶

薛墅港佃戶某甲，言前年某日鋤地得一磁瓶，長六寸，口大腰細，金碧色，光彩射人，攜藏室中。入夜，螢火數萬繞瓶內外，一室明賽燈燭。比鄰駭曰：「此有鬼祟，久恐得禍。」佃戶碎之。至晚，螢復集，碎磁片片皆明，遂拾磁投河中。有客聞之，亟詣其處，見土垣旁猶留片磁，晶瑩可鑑。質之骨董家，真柴窯也。惜止半指許。鑲嵌帽花，晶光四射，無異寶石也。意沉埋久，得至陰之氣；螢本積陰之化，以氣相感召歟？〔知己〕〔難逢〕

3308	原 378/1	廣樂 6/41 左	大 11/154

得失有數

樵夫名山伍，居甌郡小南門外上河鄉，家惟一妻，貧無聊賴。一日，與同伴至楊府山採薪，見地有小樹一株，將施斧斤，而樹根之土甚鬆。爰舉手拔之，樹起而兩缶見。試開之，則纍纍者皆本洋也，恐為同伴見奪，詭詞偕歸。時已夕陽西下，擬小臥片時，俟人靜後再往掘取。詎山忽作夢囈，竟將日中所見窖藏事，歷言無隱。鄰有萬姓兄弟，亦樵夫也，平日事母極孝。時適隔牆聞之，遂同往探取，果得洋四百餘枚，欣喜而歸。迨山夢醒往取，已不可得，懊喪而歸。一得一失，不能強求。此其中豈非有數乎？是以君子貴安命。〔生財〕〔有道〕

3309	原 378/2	廣樂 6/42	大 11/155

陰陽一體

嘗聞先輩言，昔年某府一通判舟行赴其任所。行及江中，日有一巨艦與之偕，晝隱晦現；其籠燈、牌額則亦某郡分府也。乃大驚，疑為奸人冒贋，而行藏都又不類。至夜泊舟，因具官服往拜之，亦欣然延入。視其人，年屆六旬，岸然道貌，舟中亦載細弱，遂不敢疑其他。坐次，微叩之曰：「公之所之者，某府之倅乎？」答曰：「樗櫟之材，實忝此任。」曰：「然則將焉置予？」答曰：「不知也。」遂不勝憤懣，亟索其憑。慨然相示。閱之，與己無殊，而所鈐者則東嶽大帝之篆也。駭然詢之。始自白曰：「公所蒞者人，予所蒞者鬼耳。生前為某邑教職，以清介得擢斯任，何竟不相容耶？」疑雖盡釋，心倍悚然。亟告退。強留之飲，歡然竟夕。次夜，徑來答拜。由是往還莫逆。直至江干帆影乃沒。〔人神〕〔相感〕

3310	原 378/3	廣樂 6/43	大 11/156

淫兇破案

惡痞魏某，錦城人，流寓重慶。前三年曾私一婦，因欲謀殺本夫，婦不從，反為袒護。魏恨之刺骨，倒戈殺婦，踰垣而逸。時婦娠已數月，一死兩命。次日，其母屬聞信來視。鄰人某甲與婦夫素有嫌，誣以捉姦刃婦。泰山、泰水深信不疑，扭婿理論。婿無以自明，潛吞阿芙蓉膏以殉。遂由妻族草草殮埋，事未經官，人無知者。今歲，魏因窮迫，偵知某觀道士積蓄頗豐，與其友楊某設計圖詐。詣觀，託故投宿，道士許之。次日，即向觀中搜出情書、脂粉等物，其實皆預栽者也。因誣以不守清規，大聲恫喝，詐稱縣署內丁堅索百金。道士情急智生，佯許而故留之，陰使人訴知亭長。亭長乃率眾縛魏，解諸巴縣。邑尊立即升堂提訊，魏口若懸河，竟將前歲刺婦事一一供訴。邑尊知有沉冤，擬即按律懲辦；楊則僅坐詐擾罪，從輕發落。人謂惡貫滿盈，故冤魂附體，使之自招，理或然歟？〔兇人〕〔無終〕

3311　原 378/4　廣樂 6/44　大 11/157

牆中有女

花縣、清遠、三水之交六步鄉有一巨室，相傳係乾隆間某富翁所建，堅固寬大，雄冠一鄉。翁歿後，子孫陵替，不能守堂構，屢欲將此屋易主；奈厥價頗昂，相宅者絕少當意。以此曠之經年。諸子不得已，群議拆而零沽之。遂將磚瓦、木石以次分拆，至後座牆堵，方抽去磚塊，見牆心僵臥一人。視之，一女子也。年約二十許，貌美而艷，身穿藍衫，頭梳大辮，繞以紅線，足穿花鞋，和衣而臥，氣息猶存。既掘得，即能起立。主人大驚，逼問由來。女不能言，惟以手指口而已。與以飲食，亦弗受，餘則無異常人。所最異者，兩手特長，竟至委地，行路飄飄然，不啻通臂之仙也。主人乃置諸密室，外加鎖鑰焉。吁！百年之後見此陳人，不亦怪乎？〔咄咄〕〔怪事〕

3312　原 378/5　廣樂 6/45　大 11/158

蕉公為祟

粵東陳村舊墟某甲，恒出外營生。有女未嫁而喪其二夫，年逾花信，猶感摽梅。每當針黹餘閒，常至屋後荒園小憩。園內有芭蕉數株，每纍纍結實。內惟一樹綠天雄挺，體壯而身高，屢閱春秋，不花不子。女異而愛之，輒以手撫摩，謂婢曰：「此蕉公也。樹猶如此，人何以堪？」因此冥坐懷春，輒作非非之想。未幾，女忽病，一息奄奄然。白晝猶不甚苦。至夜，則譫語大作。迷懵中，恒見一綠衣男子，妄來相干，乍陰乍陽，頑艷顛連，備極褻狎。女頗苦之，潛告其母。母知為邪，日事禳禱。終不愈而勢轉劇。既而甲歸，聞女狀憂之，乃以女平日行蹤問婢。婢言別無他奇，惟或笑指蕉公示某等耳。甲曰：「噫嘻！是殆此也。吾聞物老則成精，非斬除之不可。」遂鼓刀赴園，向蕉一揮而倒，根下似隱隱有血痕。從此女疾遂瘳；但多露怯行，不復敢日涉成趣矣。〔草木〕〔無情〕

3313　原 378/6　廣樂 6/46　大 11/159

溺女果報

渝城姚家巷某氏婦，性悍而狠毒，先後溺斃四女，未產一男。戚屬有以果報惕之者。反謂：「自我生之，自我殺之，有何罪過？」竟不悛改。去秋，婦又有娠，延至今年春，腹大如箕，震動不已。氏痛暈者屢矣。四月十四日，將次分娩，腹痛欲裂，死而復生。及產，乃一蛇首人身之物。穩婆驚駭欲絕。氏因胞衣未下，仰臥床邊，囑穩婆將蛇拋入溷中。蛇忽怒目張牙，迴首囓氏產門。氏大呼一聲，隨即暈絕。閱兩點鐘始甦。家人畢集，立將此蛇擊斃。氏被囓處，墳起壅腫，痛徹心骨，呼號不已。次日愈甚，且言冥中受刑事，奄奄一息。其夫頻於灶君前焚疏懺悔，恐已晚矣。世之溺女者，其鑒諸。〔冥譴難逃〕

3314　原 378/7　廣樂 6/47　大 11/160

湖州水怪

今春三月間，京師右安門內東偏窯窪內，譁傳有一水怪，狀似牛，頭生兩角；日夜吼聲不絕，以致驚動多人，卒不得其捕捉之法云云。有某宿儒聞之，謂予曰：「此猶未足為患者也。溯查嘉慶九年春末，湖州山中大水驟至，有物如牛，一角，踏波而行甚駛。某千總勇而善泅，急操刀，赴水與鬥。物張口噴火，千總已成飛灰。火所至處，凡樹木樓閣之矗立水上者皆燼。忽雷雨交作，湖中飛出一龍，徑前抱物。物似欲掙脫狀。龍急持之，將尾一掉，沿湖數百家悉沒水中；竟捽物入湖去，水始退。數百里內淹斃人民無算。尤奇者，棺中屍皆被攝去，辮髮絲絲，分粘樹枝，解之不脫。皆不知為何怪。」以此較彼，不亦更駭聽聞乎？〔神通廣大〕

3315　原 378/8　廣樂 6/48　大 11/161

妙製入神

前報登衣能禦彈事，初以為不過小試其技耳；而孰知證諸近日所聞，竟有能徵實效者。英京電報云：「有德人姓斗者曾將所製禦鎗彈之衣，在英國親王甘勿里芝及前任印度元戎羅末并前演試。命人至數碼之遠，燃鎗試擊，其彈果不能擊入。猶記斗在德時，製就此衣，固請於官，欲自衣之，任人轟擊。官恐有誤，不允；惟許將此衣木上，而後用鎗擊之而已。嗣經演試數次，果無傷損。乃以德國軍中所用之後膛鎗試擊，先放一鎗擊樹，其彈深嵌入樹。斗乃衣此衣，命持鎗者試擊。觀者方代為之危，斗談笑自若。迨鎗彈擊至，不過懸於衣外，其衣略無所損。再以此衣蒙馬而擊之，馬若不知也者，仍在平原嚙草。」其製若此，洵可謂神妙絕倫矣！〔巧奪天工〕

3316　原 378/9　廣樂 6/49 右　大 11/162

孩生異手

人秉天地之氣以生，孰不樂有四肢之安逸，而願得指臂之相助。苟稍有缺陷，即舉動不靈，雖非戾氣所鍾，實亦人生恨事也。日者，滬上有口操異鄉音者，背負一孩，年甫三齡，耳、目、口、鼻無異常孩。惟左手僅長寸許，粗如指而尖銳，柔若無骨。右手長約四寸，生三指，而兩指駢合，一指完全，能持物，但不甚靈便，故以兩足代之。聞孩父之手亦僅兩指。長寸許，然則血脈相感，實成斯形，未始非一肖子也。〔孽種〕

3317　原 379/1　廣樂 7/49 左　大 11/163

巨蜂成精

甯波舟山陳家村陳甲之子乙，年屆花信，玉鏡猶虛，情竇既開，不免時形幻想。一夕，倚床脈脈，倦眼朦朧。忽有佳人推門而入，秋波一翦，嬌艷頓增。乙喜出望外，不問由來，擁之燕好。由是夕來曉去，習以為常。乙漸不能支，形神枯槁。家人見而大驚，嚴詰之，始得其實。禱之禳之，皆弗驗。會有黃冠某路遊至此，謂能祓邪驅妖。急延至家。焚香噴水之餘，口中喃喃，手執寶劍，向乙臥床一揮，瞥見帳中一巨蜂飛墮於地；挺劍刺之，

患遂絕。家人神其術，厚餽而去。〔非鬼〕〔非祟〕

3318	原 379/2	廣樂 7/50	大 11/164

狹路遇救

宿遷呂太守攜眷赴任，道出山東池河鎮，大雨，衢路皆溢。至一橋，一人橫刀立，厲聲索資。時雨愈傾注，河流驟漲，行李皆沒，殊難進退。有老叟向呂曰：「此阨非魏五爺不解。盍求之，所居離此里許耳。」呂冒雨策蹇往。一偉丈夫科頭出曰：「太守亦知人間有魏國英乎？」呂備訴所苦。曰：「易耳！」戛然一呼，數百人立階下，令曰：「將太守眷口、車輛來。」遂蜂擁去。頃之，十數輿皆擎舉而至。旋有婦人出迎眷屬，入即具盛饌，為呂勸酬，談辨風生，夜分乃罷。呂以其豪雅，頓忘羈旅，留三日始別。出金酬之，拒不納。更以小紅旗付呂曰：「但插此車上，千里皆坦途」云。〔彼何人斯〕

3319	原 379/3	廣樂 7/51	大 11/165

天師難侮

天師某，為常州趙氏至戚。每朝京師，過常必詣趙，留連信宿。廚役不信，乘夜竊戲班冠服，面塗黑煤，持刀至臥處。天師出不意，呼曰：「值日神安在？」忽霹靂一聲，廚役震死。主人聞，急白天師；書「赦」字，焚之立醒，天師曰：「幸是先壇神慈，若遇王靈官，碎鞭下矣！」又一年夏月，天師至，共為葉子戲，以消長晝。苦蚊，客戲曰：「區區蚊不能禁，何術為？」天師笑，以指向壁畫一圈，蚊悉集圈內。是夜，趙夢其先人曰：「天師駐此，已六宅不安。汝尚激之禁蚊，致我等汗流傴摟，於汝安乎？」趙驚醒，明日不敢更請禁蚊。〔戲無益〕

3320	原 379/4	廣樂 7/52	大 11/166

狐女多情

津人尚某，僑寓秣陵。倏有麗人深宵入室，繾綣殷勤，竟無虛夕。尚以為奇遇，秘不告人。未幾疾作，女親視湯藥，儼如伉儷。雖有友至，亦弗見，蓋女固有隱形術也。嗣以女憂勞過甚，偶或露形。適為友見，大疑之。時鍾山某道士擅敕勒術，驅遣最靈。友乃攜資造請焉。道士慨然偕至，甫入房，曰：「妖氣甚深，非符咒所能驅。」乃度地為壇，四面皆張獵網。道士禹步作法，且戟手而指曰：「速！速！」良久，有黑氣一團，欻投網內。視之，則一白狐。毛雪色，口啣小草，閃灼有光。道士急掣劍欲斬之，狐匍伏乞命，以喙向病室而嗥。道士驗其草為芝，知狐乃採以療疾者；遂勗以大義，憐而宥之。尚疾獲芝亦愈。嗚呼！世之膜視其夫者，不幾此畜之不若哉？〔採芝〕〔療疾〕

3321	原 379/5	廣樂 7/53	大 11/167

龍鬥僵屍

河南西華縣東鄉繆叟，瓜時結圍蕉田畔，以便看守。每三更許，輒見一女子紅衣綠裙，從田左過，將曉則返。尾之，入破廟去。翌日，至廟，塑像外悉無存。顧村中少年及小兒往往暴死，叟疑其魅，莫可為計。適驟雨，一龍飛至廟前。一物渾身白毛，狀極獰惡，立廟脊上，張口吐氣，赤如火，兩手作攫拿狀。龍鬥移時，敗去。既而疾雷暴至，物吐氣如前，霹靂一聲，始仆。眾趨廟，視神座下，提出一棺，衣裳灰燼，一女屍僵臥棺中，如所見物狀。焚之，村中遂安。〔妖焰薰天〕

3322	原 379/6	廣樂 7/54	大 11/168

信船自盜

邇來信船遇盜之案，時有所聞。其間實情，被劫者固不乏人，而捏詞誑報，圖吞財物者，亦在所難免。如日前嘉興信局林永和划船報縣一案，謂被匪排擋，劫去洋銀五百六十餘元云云。甯邑尊准詞，前往踏勘，見其中疑竇頗多。次日，復往覆勘，旋至端平橋下，令將所稟情形，如法試演。先飭關鎖水柵，然後將該舟排入。詎甫及柵外，竟不能過。眾目共見，皆謂該局自盜無疑。幸甯邑尊慈祥在抱，不予深求；准將舟子交局主保去，諭令如數賠償各寄主。時論者咸為該局幸，乃該局不知恩典，妄向寄戶收主央懇減成，無怪眾人嘖有煩言也。按此等案件，幸經勘破，否則無辜波累，不可勝言。律以監守自盜之罪，誰曰不宜。今乃幸逃咎戾，轉使黑白混淆，虛實莫辨。不幾令人有戒心乎？〔牛渚〕〔燃犀〕

3323	原 379/7	廣樂 7/55	大 11/169

奇門捉賊

奇門遁甲之術，世有傳人；然多得其崖略，藉資餬口，未聞有專門名家者。昔毛介侯先生嘗訪李青崖。坐甫定，風吹落簷瓦數片。謂李曰：「今夜防有偷兒。」因取長几十餘張，縱橫排列而去。次早起視，果有偷兒往來几間。問之。曰：「在長衖中盤旋終夜耳。」李聞而異之，欲求其術。先生曰：「凡精此者多不祥，何必耗心血為無益之事耶？」先生素以醫名，雖善壬甲術而不敢自炫，故人亦無有知之者。此特小試其技耳，而已足使偷兒褫魄，胠篋無由。較之近日江湖術士大言不慚，而毫無寸效者，能無氣沮？〔畫地〕〔為牢〕

3324	原 379/8	廣樂 7/56	大 11/170

縊鬼求替

漢陽大別山下荒榛叢莽，時見青燐。附近有茅屋數椽，半為無告窮民棲止之所。一夕，更魚三躍，有某店夥孑身過此，聞哭聲甚哀，不覺心動，趨而聽之，得其所在。穴隙竊窺，見一少婦持巾拭淚，悲不自勝。旁一婦向之跪拜，拜畢起立，以手指樑，似欲使婦自經也者。時榻上睡一小兒，婦情不忍捨，起身趨視，旁婦再三促之。婦首肯，即於床下覓得一繩，搭懸樑上。旁婦支凳促登之。甲膽素豪壯，見此情形，知是縊鬼求代，大聲疾呼，驚醒鄰右，群出詰問。告以故，偕眾排闥直入，鬼即遁去；而繩則猶在樑也。正喧嚷間，婦之邁姑驚起，向眾揖謝，謂媳因日中略受訓責，不料其遽尋短見也。比甲歸，告諸夥友，莫不相與咋舌。〔命懸呼吸〕

3325	原 379/9	廣樂 7/57 右	大 11/171

嗜鱔孽報

貴筑鄭某，老饕也，性嗜鱔，每食必具；年近六旬，矍鑠如故，而好之尤篤。一日，赴市買鱔，見蜿蜒者不甚肥大，必欲得而甘心焉。漁人不暇應接，令就缸自取。鄭揎袖露臂，探手摸之，群鱔繞臂競嚙，旋繞旋緊，痛絕仆地。嗣有人報知其子，急擡回家，以剪斷鱔，齒盡入肉，長號而死。一時聞者皆謂為嗜鱔之報。然世之嗜鱔者實繁有徒，烹之炰之，亦固其所。何物么麼，猶能報怨乎！吁！是亦足為世之好殺生者戒，故錄之。〔殺生〕〔炯戒〕

3326	原 380/1	廣樂 8/57 左	大 11/172

丐醫

都城李公子年逾弱冠，指甲中忽生一肉管，其色赤紫，頃刻長三尺餘，下垂至地。其管能動，動則痛極昏暈，斷之出血數斗，未幾復出如初。群醫束手，莫可誰何。旋有弄蛇丐踵門請見，自稱能治。李公延之上座，許以獲效當酬以家產之半。丐曰：「速呼少夫人至。」命屏左右，乃置大蛇於地，令少夫人持之，納諸裳中，兩腿蹲地，鑿裳孔以出蛇。握首定視，蛇首與肉管相對，蛇以氣吸之則消，定當勿藥。俄而，蛇呼吸有聲，肉管漸縮。視之，則蛇已紅絲百道，僵臥死，而病竟霍然矣。遂厚酬而去。〔以毒攻毒〕

3327	原 380/2	廣樂 8/58	大 11/173

巫支祁

盱眙縣東北三十里彭城龜山大禹鎖巫支祁處有沈牛潭。縣志載唐永泰元年，李湯刺楚州，有漁於山下者綱不能舉，沒水求之，見鐵索盤繞山足，莫尋其端。出告湯，命善泅者數十人隨往。其索甚長，五十牛拽之。索盡物出，狀如青猿，白首長鬐，雪牙金爪，目緊閉，口鼻流沫，徐欠伸，張目如電，引索拽五十牛投水中沒。乾隆年學使者謝公按淮安，適河督李公亦以勘工來。具舟數十，由水路至山麓，命力士多人輓索。甫動，怪風驟起，湖水壁立，天昏如墨，舟顛簸岌岌欲覆。急解維，從間道去。按堯時支祁父子黨惡，傷害生靈。禹王遣將戮其子孫，使庚辰鎖之山下；三萬年後，孽滿方赦。其說荒唐，不見經史。特以事跡甚奇，故錄之而繫以圖如此。〔怪物〕

3328	原 380/3	廣樂 8/59	大 11/174

我佛化身

新安縣屬之六祖大鑑禪師素著靈應。前月，由該邑人恭迎至省，安奉於城西菜墟地方，藉以驅除癘疫。一時焚香膜拜者，肩摩踵接。前數日，由菜墟值事醵資建醮七晝夜，用酬神貺。正當壇開紫府，經誦黃庭，適有人肩送檀香數十斤，著令照單交值。各緣首謂我等並未購求此物，何由而至。送貨者自言為狀元坊某檀香店伴，頃見有道骨仙風者，令將此香送來，何忽云無。緣首方與辨論，其人趨至神案前，凝眸一視，指所奉偶像而言曰：「頃之到店者，岸然道貌，與此無殊。惟昔則黃冠羽衣，今所見者，頂上圓光，別饒神采耳。」各值事人反覆詰問，審知其確，乃如數給值使去。於是遠近喧傳，皆謂為六祖化身，以致瞻禮者益眾。噫，異矣！〔無而〕〔為有〕

3329	原 380/4	廣樂 8/60	大 11/175

大龜擒賊

阿墨利加洲之南海中產巨龜，人有攖之者，輒被噬，不肯釋。該處有某醫生，一日設法獲之。圓徑三尺許，置之筐中攜歸，將以備藥籠中物也。是夜，有妙手空空兒入室，暗中摸索，苦無所得，以手探筐，覺其中有物，急拽之。龜伸首突出，噬指痛甚，掙之不脫；相持頗久，痛已徹骨，無奈大聲呼救。家人驚起，以火燭之，見龜咬賊手；而賊則匍匐慘楚，低首哀嘶，惟乞饒命解厄而已。家人環視而笑。該醫見其面若死灰，知痛苦特甚；乃持斧斫去龜頭，釋賊使去。噫！是役也，賊之不得逞其志者，龜之力也。該醫不賞其功，反戕其命，不亦過乎？〔保家〕〔之主〕

3330	原 380/5	廣樂 8/61	大 11/176

投江產子

川垣南門外有某甲者，家道小康，娶妻某氏，伉儷甚篤。近氏身懷六甲，已將臨月，忽語言無狀，行止失常。其女年僅五齡，性頗孝，恐母有不測，依依膝下，不敢少離；故氏屢尋短見，均被女覺察而免。甲大恐，密為防護，冀免疏虞。旋有人謂為邪魔所祟，遂延術士祈禳，果得稍愈。自是防亦稍懈。一日晨起，忽失氏所在。迨女起身，覓母不得，呼甲尋視，蹤跡杳然，合家惶急，不知所措。詎氏出門惘惘，躍入江心，已隨波而下流十餘里。兒產於水，江為之赤。適甲友過而見之，知係甲婦，援之登岸，解衣衣之，雇轎送回其家。甲見母子無恙，大喜。乃斷兒臍帶，將氏灌救，少頃始醒。問以前事，茫然不知矣。或謂是兒福大，非江水洗濯不潔，故冥冥中若有神使。然歟，否歟？請以驗諸異日。〔天生〕〔異人〕

3331	原 380/6	廣樂 8/62	大 11/177

草木皆兵

漢陽某店夥夜行至大別山相近。昏黃月黑，四顧無人，心急足違，頓生疑沮；而又欲進不得，欲退不能。掉臂而前，目中所見，無非青燐歷歷；耳中所聞，都是鬼聲啾啾。若遠若近，忽高忽低。心大怖，恐與鬼為鄰，不免被迷為祟也。俄而，所攜燈籠被風吹滅。夜深無從乞火，益覺倀倀何之。正躊躇間，突聞背後似有人相逐聲。意必為己而來，愁急益甚。不得已，放步狂奔，不復顧路之高下。直至武聖廟碼頭，惟見一燈如豆，渡夫尚未寢，徑趨入船。良久，喘息始定。驀覺有物礙衣，搴視之，則荊棘一條，挂於辮線；故行動作響，不啻追之者緊逼也。夥至此，不禁啞然失笑，乃點燈而歸。蓋該夥甫入荒僻之地，心已疑慮。於是有聲有影，雖無鬼燐，無往而非鬼燐，遂不啻鬼燐之相逼而來也。天下本無事，庸人自擾之。觀此益信。〔因疑成象〕

3332	原 380/7	廣樂 8/63	大 11/178

狼子野心

東粵周某曾在許星臺方伯署中充當長隨，積有多金，僑寓姑蘇鐵瓶巷。偶於途遇一落魄少年，藍縷如丐。詰其家世，係淮揚產，其父即許方伯門役也。周念及世誼，惻然憫之，呼至家，令供灑掃之役。不料該少年見周有女年已及笄，誘與之狎，竟成苟合。既而事洩。周自悔失計，畀女數百金，令從少年歸淮揚。少年大喜，即挾女至滬，恣意揮霍，數百金立盡。遂鬻女於勾欄。又罄其資，落魄藍縷如曩日狀。不得已，復赴蘇，稱貸於周。周問女何在，少年以實告。周怒甚，控諸吳縣，痛懲遞籍。於是少年益銜周，竟於六月初一日潛匿床下，乘周夜起小遺，突將小匕首飛出，刳周傷腰。周大呼救命，家人搜縛之，則少年也。乃送縣收禁，不知處以何罪。噫！如該少年者，真所謂狼子野心，全無人類者矣。〔恩將仇報〕

3333	原 380/8	廣樂 8/64	大 11/179

青蠅示警

〈陰騭文〉云：「救蟻中狀元之選，埋蛇基宰相之根。」可見物命雖微，苟有一念之仁，未有不獲其報。反是以觀，無論為禽為獸，為水族為飛蟲，恣其殺戮，亦必以類相報。考諸記載，往往有之。乃觀近日某巨室青蠅復仇一事，益令人警心觸目已。某巨室夫人某氏，性好潔，尤惡蠅。每當夏日，自課婢媼撲殺之，習慣已數十年。一日晨起，梳洗畢，方靜坐。見樑間燈鉤上蠅集如毬，約數萬。正呼人登撲之，群蠅嗡然飛集於面，鑽耳穴鼻，一望皆滿。迨婢媼畢集，爭以塵尾驅之，猶不遽散。直至再三協力，乃復其止桑止棘之常；而夫人已芳心驚碎，滿面玷污矣。或告之曰：「此皆平日殺蠅太過之報也。」自是殺機頓息。噫！青蠅，微物也。詩人以比讒人之可畏，今乃更能復仇，誰謂營營者無知耶？是以君子以好生為念。〔虫飛〕〔薨薨〕

3334	原 380/9	廣樂 8/65 右	大 11/180

雞卵生兒

沙市劉家場糖房後金姓蓄一母雞，一日生蛋後，咿喔嘐啫，其鳴不已。初亦不以為意，及拾蛋視之，形方而胎軟，且中如有物蠕蠕而動。異而剖視，則血絲包裹，絕類胎衣，內有一二寸餘小人，已具男形；耳、目、口、鼻，無一不備。置諸畚，手足猶伸縮，作支拒狀。閱一時許，始斃。一時聞者爭集，欲觀其異，跋來報往，戶限幾穿。主人不勝其擾，因棄之溷中，故後至者均以未覩為憾云。〔戾氣〕〔所鍾〕

3335	原 381/1	廣樂 9/65 左	大 11/181

醫林笑談

暹羅人某甲，性狂妄，在般鳥公司木廠司看守之役。平日口講指畫，自詡知醫，廠中工人群焉信之。一日，有某乙偶染微疴，浼甲使辨證候，甲曰：「此邪病也，非藥石所能治。必痛笞之，庶足使妖魅退避三舍乎！」乙然其言。甲遂用籐鞭，盡力狠擊，竟若忘其為血肉之軀也者。乙始猶呼痛，繼竟聲息寂然。視之，則已氣絕矣。懼罹官法，立即逃遁，不知所之。噫！甲之謬妄極矣。乙獨何辜，竟死諸毒手之下。愚人之愚，誠可笑而可憐者也。〔鞭撻餘生〕

3336	原 381/2	廣樂 9/66	大 11/182

電母接生

成都陳某，其婦某氏懷妊將滿十月；忽腹痛大作，以為瓜熟蒂落，行當分娩矣。乃呻吟床褥者又四月，百計催生，胎終不下。奄奄一息，垂斃堪憐。詎於四月二十六日，天大雷雨。俄而，電光激射，直入房帷，陡然提婦出院，將腹擊破，胎始得出。家人惶遽趨視，則一雄也；而母子竟得無恙。因以帛裹婦腹，越日創口即合。視之，如紅線一道，長尺許，亦無所苦。於是議論譁然，僉謂何物老嫗生此甯馨兒，而煩阿香神女為之脫胎。是必他日功名富貴，異於常人，故先有此奇兆歟？然聞雷公、電母最畏污穢。豈剖腹取兒，別有蕩垢滌瑕之法，因以施上天好生之德歟？嘻！異已。〔天神〕〔呵護〕

3337	原 381/3	廣樂 9/67	大 11/183

鳥言賈禍

荊沙某武弁有鸚鵡四翼，一綠羽曰翠衣娘，一白羽曰雪衣娘。調養多年，善解人意，能詠千家詩十餘首。廳事有聯云：「出牆老竹青千個，泛圃輕鷗白一雙。」遂令誦之。比至爛熟時，翠衣曰「輕鷗泛圃一雙白」，雪衣曰「老竹出牆千個青」；雪衣曰「竹青千個出牆老」，翠衣曰「鷗白一雙泛圃輕」；翠衣曰「一雙泛圃輕鷗白」，雪衣曰「千個出牆老竹青」。信口拈來，頭頭是道，主人異常寶愛。有人欲以名馬寶劍換之，弗許也。一日，自公退食，連呼伴當不在。翠衣曰：「伴當在奶……」，雪衣不待詞畢，急止之曰：「毋多言，毋多言。」詎翠衣卒曰：「奶奶房裏。」幸主人未察，顢頇而罷；而奶奶則聽之昭昭也。明日，翠衣忽中毒死。以問雪衣，不對；惟兩目盈盈，絕粒亦死。〔唯口啟羞〕

3338	原 381/4	廣樂 9/68	大 11/184

燃炮明心

佛山北帝祖廟，相傳昔有司祝僧管理廟中款項，為人所疑。該僧乃以瓦罈作一大炮，內儲火藥數升，於燃放時緊抱此炮，向天矢誓謂：「貧僧如有不躉，定遭粉身之禍。」既而炮果不鳴，祇有空焰由引門噴出，如天花之亂墜；至煙焰已息，而此物仍得瓦全。人皆謂僧之潔清與神之靈顯，皆足垂諸不朽。而該僧見冤抑已伸，仰天長笑，燃炮未畢，已氣絕登仙矣。此事載於《佛山誌》。自是以後，每年三月初祖廟迎神迴鑾，俱製作大炮，在該廟附近之田陌間，由值事秉火燃放然。其引線長逾尋丈，火發即遠遠走避，無敢行近之人矣。夫公道在人，是非難昧。倘使捫心無愧，固不妨指天日以自明；乃必相襲陳跡，抑獨何歟？〔昭質〕〔無虧〕

3339	原 381/5	廣樂 9/69	大 11/185

神讓貴人

江西龍虎山天師府向有齋官樓三間，設值日神將名位。每旦親謁焚告後，即加扃鎖，即親人不得妄入，迄今猶然。昔方宮保太夫人，天師胞姊也。宮保九歲，隨至舅家，欲窮其異，瞰舅他往，竊登樓。見一黑袍神倚鞭於壁，就几假寐。逕前撼之，神持鞭起。大驚，奔至樓邊，急無避處，乃回身瞋目叱之。神即退立，乃徐徐下樓去。天師歸，咎其姊，奈何縱甥擾值日神將，姊曰：「無之。」天師曰：「幸此子異日有名位福澤，故神暫退讓，否則被殛矣！」次早，天師親詣，拈香以謝過。可見非常之人，當建非常之業。冥漠中先已知之，故雖鬼神亦為呵護也。〔幽明〕〔相感〕

3340	原 381/6	廣樂 9/70	大 11/186

妖鼠作祟

江陵胡家場合興典屋宇重疊，有鼠四、五頭，大如巨貓，時出祟人。典中設香火供之則安，否則衣物往往被嚙。群以鼠精呼之。近日其燄尤盛，被祟死者已十有餘人。每至人家，必有妖風一陣，隨聞聲啾啾然，鼠即踞屋對人而立。其身一抖，則毛皆直豎；張巨口如茶杯，以氣吸人之精。其氣著人如被冰雪，奇冷侵骨，人遂寒熱大作，面如黃蠟，不數日必斃。以致談及鼠精，無不人人生畏。有楊家瑞者，剛正士也；所居即在其旁，素不信鼠精事。未幾，其嫂竟被祟死。一月後，其兄亦死。現竟祟及於己，身著重綿，房中復滿熾爐火，猶寒戰不已；奄奄一息，難保無性命之虞。何物妖魔，肆虐如此。安得仗七星劍誅之？〔兇焰〕〔莫戢〕

3341	原 381/7	廣樂 9/71	大 11/187

義犬解紛

義犬之事，不乏見聞。或殉以身，或救其難，類皆出自戀主之情；未嘗有排難解紛，以盧令之美，而效魯連之所為者。有之，自漢口劉氏家始。劉氏本閥閱，卜居羅田大河岸有年矣。書香相繼，四代同堂，濟濟雍雍，共欽有德。一日，其從弟兄偶因細故，遽啟爭端。弟理雖不直，性甚躁，急攘臂而前，與兄扭結。家人憚其暴，無敢奈何。忽素豢之老犬奔進，口嘲弟足，拖之使散；然嘲不甚緊，故足仍不傷。如是者三。弟竟為之感悟，當具衣服，向兄謝過，遂和好如初。噫！犬，畜類也，而能調和昆仲如此。彼受人豢養而間人骨肉者，視此犬得毋愧甚！〔和氣〕〔致祥〕

3342	原 381/8	廣樂 9/72	大 11/188

人鬼不同

蘇垣邵某以訓蒙為業。自去年得疾後，死而復蘇者三。今春三月杪，邵病尤篤，勢將不起。一日，忽似夢醒，自言係冥司錯勾，因而放歸；且述冥中多認識之人，有生前赫赫而死後汶汶者。由一殿至五殿，石級數層，步履匪易。堂上各官皆執筆森嚴，破除情面，非若陽間之關節可通。其間有富貴者，皆係從前倡勸賑捐之人。至於披枷帶鎖之徒，多半皆衣裳楚楚，蓋金玉其外而敗絮其中者也。惟釋放時，護送解差需索冥金若干，名為衙門費。當時囊中空無所有，因向素識之某富翁告貸。詎富翁皺眉告之曰：「幾見有生前富貴而能帶至泉臺者乎？」不覺悪然而退。言訖，其子遂燒冥鏹若干，而翁竟康健如常焉。〔炎涼〕〔變態〕

3343	原 381/9	廣樂 9/73 右	大 11/189

醜漢可憐

某氏女，不知何許人，幼善梳掠，貌亦可人。年十五墮落平康，艷名大噪，垂二十年，積得纏頭資若千金。近已徐娘半老，舍業閒居，有雉鳴求牡之想。有某甲者聞而慕之，無如貌類鍾馗，猙獰可畏；勉加修飾，倩某嫗為之作伐。嫗以當場獻醜，不如藏拙為言。甲固強之，乃導之見婦。婦自簾內窺之，即訾嫗太不解事。而甲則目灼灼直入簾內，必欲一見而甘心。婦諷之不去，遂提溺器奔出，向甲作醍醐灌頂之勢，致甲淋漓滿身，抱頭鼠竄而去。未為金屋之藏，先領木樨之味。咎由自取，夫復何尤？〔情不能堪〕

3344	原 382/1	廣樂 10/73 左	大 11/190

改頭換面

倭人稱兵犯順，擾我高麗。自知兵力萬不能取勝，乃詭計百出，派出奸民五百餘人，扮作華人裝束。或蓄髮留辮，或披薙為僧，或為醫相，或入軍營，油頭涎臉，分投東三省及直隸邊境；賄通各漢奸，詷察軍情。并有工匠、商賈冒充華人姓名，散居內地者。我華人食毛踐土二百餘年，奈何不加詳察，竟容此輩溷跡其間耶？或謂倭民既言華言，服華服，行見其君若臣亦將改革故態，一變而從華俗矣！雖然，此等魑魅魍魎不容於聖明之世；有地方之責者，可不加之意哉？〔匪類難容〕

3345	原 382/2	廣樂 10/74	大 11/191

牙山大勝

牙山離海口不遠，向為華兵戍守之所。此次葉曙卿、聶功亭二軍門之督兵援高也，駐守其間，頗得形勢。乃倭人不知利害，突於六月二十五、六等日，有倭奴之名亞希瑪者，聞中國大軍將到，深恐四面受敵，無處逃生，遂率倭兵四千餘人前來攻擊。時華軍僅二千餘名，各奮神威，短兵相接，無不一以當十。鏖戰良久，我軍大獲勝仗，斬獲倭首二千餘級，刃傷倭兵不計其數。倭兵官見勢不佳，急調佔踞韓京之兵回陣助戰；而兵鋒既挫，依然敗北而逃。倭兵死亡枕藉，滿目瘡痍。有自相踐踏者，有長跪乞哀者。悲慘之形，動人憐憫。華軍聲威大振，奏凱而回。是役也，我軍以少勝多，傷亡無幾。而倭兵已死傷過半矣。若待厚集雄師，大張撻伐，吾恐倭人皆不知死所矣！〔我武〕〔奮揚〕

3346	原 382/3	廣樂 10/75	大 11/192

海戰捷音

倭人不遵萬國公法，戰書未下，遽爾開兵。六月二十三日，見我濟遠鐵甲兵船駛至高麗海面，突出兵艦開炮轟擊。我船統領方君素嫻韜略，亦即開炮還擊，各兵亦奮勇爭先。第一炮將倭船之將臺擊去，第二炮又將其船身擊穿一孔。炮火喧天，精神益奮，酣戰至四點鐘之久，倭水師提督殲焉。時濟遠船面等處稍有損傷，舵輪亦折。幸方君深嫻海戰，將輪捩轉，仍得行駛自如。船既轉，突開後面巨炮以擊倭船，倭船受傷更甚。倭兵官知不能敵，急高掛龍旗乞降，并懸白旗以求免擊。其時方統領正在麾兵奪取此船，忽有倭兵艦三號衝波而至，遂將此船救出。濟遠乃折回威海。所可惜者，同時廣乙兵輪管駕林君督兵鏖戰，迨濟遠既去之後，船既擊損，猶能力敵倭兵艦四艘，碎其一艘，傷三艘。卒以眾寡不敵，遽被擊沉，林君亦及於難。嗚呼，其功不亦偉哉！〔殺敵致果〕

3347	原 382/4	廣樂 10/76	大 11/193

形同海盜

英商怡和洋行之高陞輪船，為李傅相雇裝兵士一千餘名也。當中日未經開戰之先，按照萬國公法，本無不准之理。乃倭人悍然不顧，伺其駛近高麗海面，突出兵艦數號，叱令下碇。隨有倭弁上船查問，迫令船主偕至倭船。時中國兵將皆以死自誓，不肯降倭；且不許西人之降倭。忠義之氣，凜然勃然。船主不得已，請於倭弁謂：「我船從大沽出口，途中尚未開仗。今既不許前進，願即折回大沽可也。」倭弁悻悻回艦，遽放魚雷轟擊，并將船邊諸炮一齊開放，以致高陞立時粉碎，沉入海心。華兵在水面浮沉，倭人更用機器炮逐一擊斃。致我軍千餘人同及於難，遇救獲生者僅二百餘人。傷心慘目，全無人理。乘我不備，開炮先轟；又以數兵艦共擊一商輪，獨不知此船係掛英國旂號。英人以兩國未下戰書，例准裝兵，並無不是之處；是以英律師謂其與海盜無殊。吾恐海盜尚不至殘忍若此也。〔橫行〕〔無忌〕

3348	原 382/5	廣樂 10/77	大 11/194

拘民當兵

日本國小民貧，不自量力，甘為戎首，欲與中國從事干戈。自用兵以來，早將庫儲搜括一空。無可如何，至將東北海道二處鐵路約長西度六百里者，向美國人抵得銀二百五十萬元。恐又不敷，擬借國債；誘以重利，而應者仍屬寥寥。其窘狀亦可見矣。迨牙山大敗，死亡枕藉，知兵力之不足；乃在國中招募壯丁，編入營伍。謂報名時當先給銀十五元，既隸營中，日給口糧銀五角。倭民雖愚蠢無知，亦知此行必同歸於死，不敢應募。倭官不得已，乃使人肆出拘拿，不論老少，務令一概當兵。倭民怨聲載道，僉謂與其作他鄉鬼，毋寧捐故土之生。於是引刀刎頸者有之，自經溝瀆者有之。兒啼女哭，困苦流離，不堪言狀。甚至老嫗嫠婦亦皆劫去，令司營中炊爨、洗滌之役。雖杜老石壕吟無此慘狀。或謂滬上各倭商流連不去者，非敢盤踞也，懼回國後驅令當兵耳，未可知也。〔央人〕〔使戰〕

3349	原 382/6	廣樂 10/78	大 11/195

倭兵無狀

倭人無端啟釁，擾我高麗，佔踞京城，縱兵肆擾。市人畏之如虎，相率閉門歇業，闤闠為之蕭條。倭兵雖皆攜帶食物，而新鮮蔬果，苦於無從覓購；兼之兵多不服水土，得病而亡，壁壘之旁，屍骸稠疊。其中少年鹵莽者困守多日，往往剖腹自裁；則其生者亦如釜底游魂，不久即斃矣。乃猶恣意猖獗，擾及英國領事葛君與其夫人，致將乘輿攔阻，恃眾肆毆。又仁川租界中向有一井，倭兵硬欲佔奪。適稅務司之傭人正在井旁汲水，倭兵阻之。傭人回告稅務司，倭兵怒，以刀背加其頸。稅務司止之，倭兵即與稅務司為難。其他糾眾以劫韓京某茶館，沿途而辱英兵輪管駕官；放火劫物，無所不為。真不啻江洋大盜也。噫！其亦知兵感於外，餉絕於內，死期之至，即在目前；反不若剖腹自裁之輩，猶得從容就死也。然而倭兵不悟也，豈不可哀也哉！〔烏合之師〕

3350	原 382/7	廣樂 10/79	大 11/196

僵屍會親

長隨朱某以女嫁周嫗子，即出遊十餘年。周嫗死，朱尚不知。一日歸來，抵家先經女門，因入視女。周嫗出，延朱入門左室中。寒暄畢，即有小婢捧茶出餉客，嫗絮絮問朱出門後光景。朱女適自棺前過，見蓋倚壁立，棺空無屍。駭絕。尋至門側，見其父與姑對坐，大呼。屍蹶然仆地。視其婢，乃芻靈也。相與舁屍入棺，至郊外焚之，後亦無他異。按是説頗近荒唐，豈有青天白日，塊然僵屍竟敢與生人晤語之理。又況婢既芻靈，安能捧茶餉客，運動自如，直至其女見之，始各露出鬼狀。此雖理之所必無，安知非情之所或有。故錄之。〔一死一生〕

3351	原 382/8	廣樂 10/80	大 11/197

瓜棚異事

漢陽縣屬席家台地方，一大村落也。其間江姓老圃中有南瓜一畝，結實纍纍，獲利頗不菲。六月初十夜，風雷之後，忽有一瓜藤其先粗僅如指，頃刻不圓而扁，闊幾尺許，長約三丈有奇，蟠曲者十八節；葉皆順生籐外，密排若鱗；藤頭向上，生兩大葉，若張口形，上出五六寸更生黃花，分列左右，酷似雙目。甲見之，驚以為神。愚夫愚婦，相率往觀。甲復過神其説，謂日間假寐時，曾夢神人告以須在此小住一月，然後升天云云。於是遠近紛傳，踵趾交錯。或摘其葉以催生，或購其瓜以治疾。香花供奉，拜跪於荒煙蔓草之間，實繁有徒。聞皆著有靈驗。甲家因此獲利。亦咄咄怪事云。〔妖言〕〔惑眾〕

3352	原 382/9	廣樂 10/81 右	大 11/198

生魂忘死

都門開黃酒館，多山東榮成縣人。有某與鄰肆錢債細故銜恨，伏要路刺殺之。刑部審明，擬抵刑有日矣。某故與劊手善，賂以金，囑曰：「願少令痛楚。」劊諾之。臨刑，劊力扣其頸曰：「刃加頸矣，速走。」某竭力一掙，魂從竅出，奔雄縣飯館中為傭。故善割烹，大得主人歡，贅以女。年餘，主人死，遂掌櫃焉。一日，劊訪親至雄縣，適投其店。某見之，謝活命恩。劊驚問伊誰。曰：「我即所縱囚某也。」劊曰：「君誤耶？若是某，則爾日伏法矣。」某聞，瞠目仆地，衣冠如蜕。〔身從〕〔何來〕

3353	原 383/1	廣樂 11/81 左	大 11/199

大鳥伏誅

墨西哥某漁人臨淵結網，垂釣江干。自言每日見一大鳥，鷹瞵梟視，奮翮臨風，自以為仰飲甘露，俯食蚊蟲，天際盤旋，人皆莫如予何矣。一日午後，晴空中忽聞霹靂一聲，見有金甲神張弓挾矢，射中其翼。神復以劍揮之，鳥即翩然而下。其墮入海中，已果蛟龍之腹歟？抑為土人所得，食其肉而寢其皮歟？大鳥，大鳥，何猶迷然不悟。胡作妄為，曾不知禍不旋踵，悔之已晚乎？〔殷鑑不遠〕

3354	原 383/2	廣樂 11/82	大 11/200

紙幣充餉

倭人無端啟釁，勞師動眾，費用浩繁，至國庫空虛，曾不悔悟。其商人猶詡詡然誇於華商曰：「我日本自用兵以來，餉糈不免支絀。因而地方縉紳暨大腹賈，會議捐助，一呼百應，踴躍輸將，三日之內集資四千萬元。不知貴國能如此急公好義否？」華商曰：「貴國所用皆紙幣。今所捐助者為紙幣乎？為現銀乎？」倭商曰：「一時安得如許現銀，紙幣即可作現銀用耳！」華商笑曰：「若僅紙幣，則我中國滬上一埠，當此中元令節，賑濟孤魂所用冥鏹錫箔，何止四千萬元。貴國兵餉不敷，我中國可以此分贈，斷不吝惜。若謂紙幣即可作現銀用，貴國自欺其兵弁則可矣，恐不能欺天下萬國也。」倭商聞之，愧赧而退。〔形同〕〔冥鏹〕

3355　原 383/3　廣樂 11/83　大 11/201

西艦救人

怡和洋行之高陞商輪，日前裝載華軍駛赴高麗，被倭兵艦擊害情形，早繪為圖；以見倭人之殘忍性成，不遵萬國公法矣。乃事後，忽有法國兵船駛經其地，救起華軍四十五人，旋有德國兵艦亦救起華人一百五十餘名。皆載至威海衛，送交華官保護。李傅相聞之，飭查該船主是何職名，行將奏聞，以示旌異。倭兵之不仁如彼，二西艦之好義若此。向使此二船早到一刻，則我軍可多救一人。今華兵一千餘名，合以船中水手人等，生者僅二百餘人，其餘皆同時殉難。忠義之氣，千古如生。嗚呼！倭奴之肉其足食乎？〔好行〕〔其德〕

3356　原 383/4　廣樂 11/84　大 11/202

倭奸被獲

初五日下午有西式遊船一隻，行經製造局前，由巡勇放棹查問，據稱係西人游獵之船。然又並無照會，巡勇阻其前進，該船竟飛棹西行。巡勇以形跡可疑，立即稟知局憲，關會防營，登時排隊江干。而該船離局已遠，即經某防營炮臺上開放一炮未中，炮彈落於漕河涇鎮相近之漕河廟前田內。俄而，此船逕收入龍華港，停泊百步橋邊。船中人將欲登岸，適該處火藥防營亦已得信。營中弁勇整隊而來，將該船盤緝。拘獲日本人一名、外國人一名、粵人二名；起出銅炮一尊、藥水兩瓶、洋槍兩枝。其駕船之水手鳧水而逸。并聞該處火藥局門首，先有一中國人欲往內探看，經看門勇丁盤獲。至是與船中人一併拘解，以馬車兩乘，載至製造局。不知如何懲辦也。〔天網〕〔難逃〕

3357　原 383/5　廣樂 11/85　大 11/203

戒酒設會

西國烈酒之害，與中國鴉片相同；西人每嗜之，多有沉迷不返者。是以各國多設戒酒會，俾得朝夕命提；而能戒與否，固不敢必也。俄屬西伯利部杜波士省有亞理士架鄉者，其鄉人亦設是會。其中會友例以每年九月聚集一次，在禮拜堂內先歌抑戒之章，復效弁峨之舞；或作傾跌難扶，或作嘔吐狼藉。為醉酒者寫照，居然盡相窮形，令人望而生愧。舞畢，然後互相勸勉。其有麴糵【蘗】癖者彼此商允，訂以一年為限，即須盡戒，各簽立誓章為據。倘有違約破戒者，一經查出，即罰銀二十五羅卜，撥作禮拜堂經費。嗣後會中之友，可以交唾其面，置諸不齒。此戒酒會之大凡也。〔有口〕〔無心〕

3358　原 383/6　廣樂 11/86　大 11/204

裝盜報怨

常熟人錢潤甫世居徐莊，家頗殷實。有族姪名東森者，年逾弱冠，家亦小康；前曾納監下場，謬附斯文之列。與潤甫之妻丁氏夙有仇恨，而與箍桶匠某甲稱莫逆交。本年某日，潤甫與甲因事口角，致折其斧，甲銜恨在心。東森知之，遂與密計，乘潤甫他出，裝作綠林模樣，以煤塗面，手持利刃，潛於深夜扒牆而入。至嬸母臥室，先將傭婦砍斃，次將表妹刃傷。復至嬸氏床邊連砍數刀，身無完膚；嗣又將胸腹剖開，臟腑流出。於是翻箱倒篋，略取衣飾，負包而遁。當越牆時，丁氏之女受傷雖重，氣息尚存，約略聞其在牆外細語曰：「所恨之人業已殺卻，尚何求哉？」事後報案，勘驗屬實，經差役留心偵緝，旋即弋獲。想審明後定當擬抵也。然人心險詐，一至於斯。世風尚可問乎？〔人心叵測〕

3359　原 383/7　廣樂 11/87　大 11/205

蛇妖難治

山西岢嵐州署向有白衣美婦夜出媚人，被其害者不知凡幾。某刺史者，天師婿也，到任未一月，即被蠱而死。夫人大慟，裝殮畢，攜子赴龍虎山，泣訴天師。命查之，嗜曰：「此蛇妖也。非我自往請老天師不能剿滅。」遂率法官，星夜赴山西。選精壯八百人，令三百人將雄黃、硫黃、松香等物縛草束，至某山後洞熏之；五百人火鎗、毒矢，伏洞外，聞雷聲，即起助戰。乃登壇作法七晝夜。至期，聞雷聲隱隱從壇上起，洞中湧出白氣，瀰漫數十里，腥穢異常，觸之立仆。五百人潛伺洞口，見巨蛇如楹柱者，千百飛出。即聞空中金鼓聲，眾亦鎗箭并發，群蛇紛墮，最後砉然一聲，崖崩石墜。一蛇頭大如七石缸，蜿蜒至壇前，張口作欲吞勢。忽老天師導一元鶴自空下，鶴引吭長鳴者三，蛇即墮地死。隨有金甲神以劍斬其頭，獻壇下。計離壇二百餘步，蛇身猶半藏洞內也，寸斷焚之。洞後人骨山積云。〔罪惡滔天〕

3360　原 383/8　廣樂 11/88　大 11/206

羅將軍逸事

羅提軍思舉以草澤餘生，奮跡戎馬，出奇制勝，儼然狄武襄、岳忠武後身。客有稔其故事者，謂其投謁軍門，面陳方略，身入虎穴，手縛雌王，猋舉電發，真令人覺毛錐子無處生活。當將軍為雲南大理提督時，愛惜士卒，衣食與同。某日，與家將以射鏑賭跳為戲，某地有兩崖對插霄漢，一崖略見人跡，其一壁立萬仞，無徑可登。一日，將軍令卒荷三百二十斤鐵戟，視人跡所登，取路直達崖巔。少憩，將軍即解襪出鐵尺二，委之地，一手持戟，聳身至對崖；掘坎植戟，仍跳而過，率眾下山焉。後將軍調任別省，出己節縮廉費銀六千，貯藩庫以備公用。嗚呼！料事明，臨敵勇，待士仁，約己廉。雖古名將，何可多見哉？〔一代偉人〕

3361　原 383/9　廣樂 11/89 右　大 11/207

青衣遇魅

廣東寶華坊某甲，承先人餘蔭，坐擁厚資。家有雛鬟數輩，環肥燕瘦，各擅其長。有名瓊仙者，群婢中之翹楚也。主人甚愛之。一日早起，忽失所在，偵騎四出，杳無影蹤。疑效出牆紅杏，隨亦度外置之矣。詎數日後，有婢登樓，倏聞人聲出自空屋中，呻吟不絕，驚疑之下，奔告主人。主人率眾啟鑰，逼視，則即前所失之瓊仙也；偃臥地上，狀若痴呆。灌以湯，始醒。言前晚見數女子約遊仙境，遂至於此。主人知其遇魅，不予深究，愛之如前焉。〔鬼迷〕

3362	原 384/1	廣樂 12/89 左	大 11/208

自殺同謀

大鳥圭介，日本用兵之首謀也，而其同謀有兩副將。其一欲請假就醫，大鳥不允。其一代為之請，大鳥忽謂：「前此用兵係爾等主謀。今兵敗民怨，乃欲自便其身圖耶？既欲歸，余當送爾歸。」遂出手槍，立斃二將。其下聞之，多有仇大鳥者。〔同而不和〕

3363	原 384/2	廣樂 12/90	大 11/209

破竹勢成

七月廿四日下午四點鐘，接天津來電。略云：十七日華軍至平壤大勝倭兵，南追五十里，克復中和府城。十八、十九、二十等日，我軍陸續調往中和府者，計有萬餘人，前後統計已有三萬四千人。諸統領已定於二十二日進軍南征。目下倭兵駐紮山口約有二萬五六千人，相距二十餘里。已將輜重等物搬移上船，殆所謂未知勝負何如，先辦一條去路也。倭人之可笑如此，而尚欲以蚍蜉之力而撼大樹，奮螳螂之臂以當車轅。是真不度德、不量力、不親親、不徵辭。此而不已，更何待？一節之後迎刃而解，此其時矣。〔屢戰屢捷〕

3364	原 384/3	廣樂 12/91	大 11/210

戰倭三捷

中倭交綏，牙山屢捷。倭奴之斷頭截足，鼠竄狼奔，其一切情形，早已繪影繪聲，惟妙惟肖。茲又接到仁川來信，知日本兵艦十九艘、運兵船十三艘，於七月十八日至大同灣海口，所載倭兵計六千名，均已登岸。行至半途，適遇游弋華軍一千二百餘騎，奮勇直前，衝入敵陣。倭人首尾不能相顧，紛紜潰敗。不料附近山頭尚有馬隊排砲埋伏，俟倭兵度嶺將半，伏兵齊起。倭兵大驚，不敢戀戰，奪路奔回大同灣海口。該處有日本兵船十數艘，燃大砲以擊追兵。窮寇勿追，我軍遂唱凱而返。是役也，倭兵死者一千一百三十四人，傷者無數。可以謂之大崩矣！〔三戰三北〕

3365	原 384/4	廣樂 12/92	大 11/211

萬福來朝

蝙蝠一物，俗呼為「簷鼠」，蓋以群鼠所化也。乃其中亦有領袖如王者然。荊州郡城承天寺，數百年古剎，向多蝙蝠；千百維群，中有一大如巨盆者，鼓翅一飛，則從者蔽天。其散處四方者，每於東方初白，群集於前，如朝賀然。土人稱之為「萬福來朝」。每日遺矢至擔許，其氣令人不可嚮邇。今夏以寺漸傾圮，住持募金重修。因為文以祝蝠王，請暫為遷移，以便興工。不謂物性通靈，祝畢，即率其類移於後殿樑間。正殿工畢，將修後殿。又祝之，乃盡族而行。現已不知何往。噫！安土重遷，物性且然。祝之即徙，猶勝人之強詞佔據，糾纏不去者。〔嘉休游臻〕

3366	原 384/5	廣樂 12/93	大 11/212

雷誅暴客

乍浦人俞秋濤，每歲貿遷蘇杭；由福山泛海達餘東，道捷而費省。一日，至福阻風，寓旅邸。屋凡四楹，最東為緞客常年所居。俞下榻最西。隔壁先有一客，云係鄞人。俞上宿之次夕，忽雷電交作，夢中驚醒。滿屋硫黃氣，霹靂一聲，鄞客震死。店主然燭來照，客跪床下，手執小刀，腕刺四字，莫識其故。緞客駭曰：「是殆欲殺我也，連日與我暱問收帳若干，余以實告，且言即日當去。大約今夕正欲下手耳。」細驗腕字，則「謀財害命」，筆畫隱然可辨。嗚呼！欲殺者不之知，同居者未之聞。孽由心造，彼蒼蒼者固可逃乎哉？〔惡跡昭彰〕

3367	原 384/6	廣樂 12/94	大 11/213

無常行劫

漢陽某姓家道小康，父子俱出外營生，室惟姑媳二人及一老嫗而已。某日，其媳自母家歸，時已薄暮，尚未卸妝，忽聞剝啄聲甚急。老嫗啟之，則一高冠舌出，如俗所稱無常鬼者，昂然直入，驚號仆地。姑媳見之，亦狙伏桌下，屏息不敢出聲。詎無常雙目灼灼，逕向該媳首上拔取珠花一隻，向後狂奔而去。迨諸人既醒，尋蹤覓跡，至後戶，得一紙帽，視其舌，以腐衣為之。驚定而笑，恍然曰：「此假無常也。」賊徒膽大妄為，公然於街市之間，敢行此狡獪伎倆。較之無賴棍徒，深夜潛伏荒陬，要劫行路，不尤覺駭人聽聞乎？然苟持以鎮定，臨事不驚，何至受其朦蔽若此。是故居家者，不可以不明理。〔假鬼〕〔欺人〕

3368	原 384/7	廣樂 12/95	大 11/214

願效雄飛

滬妓賽月樓，津人也。修眉皓齒，態度昂藏，祇以六寸膚圓，喜作男兒裝束。於是冬則狐裘風帽，秋則團扇輕衫，擺擺搖搖，居然有空心大老官模樣。否則為鄭櫻桃流亞，而不知其為花木蘭後身也。然逐臭之夫往往炫異矜奇，趨之若鶩。入夏以來，身穿宮紗衫，手握鵰翎扇，寶馬香車，徜徉街市。方自謂易釵而弁，誰能辨我雌雄也。某日，有狎客某甲召至三馬路公陽里某妓家侑酒。該妓如前修飾，乘輿而往。甫及門，適為英包探顧阿六所見，詫然曰：「此撲朔迷離者，今何敢於洋場十里中漫無顧忌乎？」遂上前拘住，解入捕房，轉送英公廨審辦。想賢有司雖護花情重，當不使巾幗之人亂我冠裳之列也。然該妓已香魂驚散矣。〔易釵〕〔而弁〕

3369	原 384/8	廣樂 12/96	大 11/215

逆子懺悔

京師安定門外有某乞人，年約而立，衣衫藍縷，拱手長跪於弔橋之上；口中喃喃，如泣如訴。有好事者給以一文錢。不受。問其故，則悫然曰：「為懺悔耳！嘗見神人如世所稱閻羅殿上判官狀，謂某忤逆不孝，視父母如贅疣，致父母氣忿病死；罪大惡極，當墮十八層地獄，歷受刀山、劍樹、油鐺諸苦惱，永遠不得超生。某聞言大懼，叩首祈免。神不顧。某遂遮其前，哀之曰：『從前罪惡，自知難免。但求一改過行善之法，奉行不替，冀其稍寬一線耳。』神曰：『嘻，爾至今日懺悔晚矣！』某益哀之。

神始諭曰：『爾須擇鬧市人多之處，長跪街頭，自述生平諸逆跡，以儆天下人子。或能稍動天聽，略薄責罰，未可知也。』某方拜謝，蘧然而醒，則一夢也。遂謹遵神命，奉告世人無若某之忤逆不孝焉。」言畢，以手自掌其頰，并以夏楚反叩其脛。見者憐之謂：「是真可以儆天下之為人子者矣！」〔猶有〕〔人心〕

3370　原 384/9　廣樂 12/97 右　大 11/216

一面緣

陳雨亭，鎮江人，淮北場商也。工音律，善艷歌，攜妾寓板浦鎮。偶被酒，擊桌自歌；忽聞有和之者，其聲清脆，依腔按節，音欲繞梁。諦聽，乃出壁間。叩壁問為何神。內應曰：「我仙也，因與子同嗜，故一呈其藝耳！」由是隔數日輒一歌。問善絲竹否？曰：「笙笛素所習，箏琶亦略嫻之。子唱我和，何如？」陳如言，壁內即作箏聲，哀感激揚，蕩人心魄，迥異時手。陳祀之甚虔，屢請見，固辭不可。如此數年。忽一日，陳歸入室，一人在旁為之除幘易衣，初以為妾。至榻，則妾方晝臥。前所見乃狐也。明日，聞壁內曰：「昨與君一面，緣盡矣！」從此寂然。〔請勿〕〔復見〕

3371　原 385/1　廣射 1/1 左　大 11/217

軍令森嚴

倭兵之在朝鮮姦淫搶劫，無所不至；故鮮民恨之入骨，其望中國救兵如望歲焉。近日華軍鎮守平壤，某日有華兵兩名偶取鮮民什物；營官查知，立即就地正法。鮮民聞之，無不同聲感戴；然後知禮義大邦，其軍令固不同於東瀛海寇。古所稱節制之師，殆不是過歟！〔秋毫〕〔無犯〕

3372　原 385/2　廣射 1/2　大 11/218

計本火牛

我軍後隊之續赴朝鮮者，由左軍門寶貴統帶，皆係奉省練軍勁旅。鼓行而前，多士桓桓，勇氣百倍。倭人思據險以扼之，巨砲如霆，迎頭轟擊。我軍暫止不進，相持數日。左軍門別出奇計，縛炬於牛角，以為前驅，共得百餘頭，直奔倭營。而別遴雄兵，從間道而入，攀籐附葛，抄出敵營之後。倭人之守山口者，瞭見火星點點，漫山遍野而來，立即發砲，盡力以禦。我軍聞砲聲，知敵已中計，從敵營後面，登土阜擊之。倭人大驚，疑飛將軍從天而降，魂飛魄散，捨命奔逃。我軍既奪此隘，遂乘勢追殺，得堅城而守之，其氣愈壯矣！〔將從天降〕

3373　原 385/3　廣射 1/3　大 11/219

大同江記戰（一）

七月十八日，我軍由中和府出隊，沿江南駛。方過大同江，突遇倭兵艦十三艘，開砲攻擊。猝不及防，略有死傷。緣陸營行砲不如船砲之大，可以及遠也。我軍乃暫退至內地避之；旋即派令馬步砲隊列砲三十二尊，排齊轟擊。適值潮退，倭艦三艘，一曰磐城，一曰天龍，一曰鳳翔，均擱於淺，被我軍盡行擊毀。倭兵大隊忽紛然亂竄。我軍急起追殺，至晚始止。既而探知葉軍門由牙山抄出倭軍之後夾擊，故倭兵有此大敗。茲聞葉軍門已克復黃州矣。〔天厭之〕

3374　原 385/4　廣射 1/4　大 11/220

大同江記戰（二）

七月十三日，由陸路赴朝鮮之盛軍、毅軍前隊精兵共計五千名，殺散倭軍，衝開血路，直抵平壤。該處地方官係倭人所派，不肯迎接，遂將該員梟首示眾。而朝鮮百姓則爭先投入我軍，求頒軍火，情願當先引領，乘勝長驅。十四日，我軍又有馬步大隊四千餘人，由義州而來，遂於望日進攻倭營。倭兵倉黃奔竄。我軍拔隊從之，紮大營於距中和八里，距平壤五十里，深溝高壘，以待後軍。十六日下午，大隊一萬三千餘人悉至，諸將畢集。十七日，進攻倭軍陣，斬倭兵四千餘，所獲軍火輜重無算，遂克中和府城。〔小怯〕〔大勇〕

3375　原 385/5　廣射 1/5　大 11/221

倭人膽落

我軍陸路赴韓，次第麕集平壤。旋得朝鮮之中和府發來電音云：「距中和城二十四里，有山當其衝，稱要隘焉。倭兵據隘以拒華軍，計扼守之兵二萬餘。」七月二十一日下午六點半鐘，我軍直抵山前下寨。次日清晨，統領毅軍宋祝三宮保、統領盛軍衛達三軍門，會飭馬步砲隊四哨，用後膛砲六尊，列陣遙擊；另派馬隊八百名分左右兩路包抄，聲震山岳，勢若風霆。倭奴見之，無不股栗蜷伏，不敢出聲，無一人出敵者；但勉強燃砲數響，虛作聲勢而已。倭人之膽同於鼷鼠，我軍之氣奮若熊羆。紅旗之報，拭目俟之。〔望風而靡〕

3376　原 385/6　廣射 1/6　大 11/222

乞靈土偶

日本之俗，及歲必為僧，謂之「習禮」，猶中國之出就外傅然。有出仕而告歸者，則又以寺院為菟裘，習俗然哉。自與泰西通商以後，佛教始漸衰。今年與中國搆釁，屢敗於華軍，死傷孔多；倭人朝野驚懼，昕宵皇皇，乃妄希乞靈於佛祖。特於七月十三日起十九日止，集髡奴二百餘人，設壇於東京上野東叡山之寬永寺，禮懺七永日，默乞慈雲，潛為呵護。日廷亦敕禮臣前往膜拜，喃喃誦禱，如醉如痴。美其名曰臨時大祈，實急來抱佛腳耳！倭人之志，真不可及。〔抱佛腳〕

3377　原 385/7　廣射 1/7　大 11/223

盜認年伯

湖州武孝廉沈金彪，善騎射，精拳勇；能挾兩碌碡，躍三丈許溪河。常赴河南訪親。即入都會試，道出陳州。忽一騎馬少年橫刀阻其去路。沈欣然下車與鬥，少年辟易去。仍驅車前行。未二里，道旁一女郎跨青驄馬，以紅綃束額，貌極娟麗。方審諦間，二鏢飛至。沈以刀格之，刀折為兩，乃抽鐵鞭躍下敵之。未及數合，鞭又折。棄車而逃。林中二女婢跨健騾出，盡發其行李去。沈屏息，急奔十里外。喘甫定，見道旁有空舍，憩焉。視兩手，虎口已震裂。方嗟訝間，見女從二婢押行李飛騎至，向沈下騎，叩首伏罪曰：「適發行篋，見文書，乃知是年伯，特來送還，并致贐百金。」問其父何姓名，曰：「年伯到京相晤自知。」致聲孟浪，霍然上馬逕去。沈抵京，向河南同年中細訪其父不得。女亦不知所終。〔奇女子〕

3378	原 385/8	廣射 1/8	大 11/224

小竊酬恩

常俗凡晝入人家攫物者，謂之「白日闖」。西營里劉翁晨起，忽見一人狂奔而至，向劉口稱救命，躲入門側。俄數人追至，問劉曾見一白日闖否？劉詭對入左巷去。越年餘，劉赴馬洲收租，洲農爭地械鬥；因劉係田主，操兵向劉。劉急奔至河干，無船可渡；追者將至，惶遽欲自沉。忽葦中一人操小舟出，覩劉欣然曰：「乃恩人耶！」載劉至家，呼妻出拜。劉謝曰：「承相救援，實切感涕；但素未謀面，何故以恩人呼我？」其人曰：「我即昔年被縱之人也。棄故業，操小舟謀生，已有家室矣！」殺雞為黍，款待臻至。明日以舟送歸。〔救人〕〔自救〕

3379	原 385/9	廣射 1/9 右	大 11/225

松鼠

戴關寺松鼠能幻形。有龔生者讀書寺齋，僧告以故。龔頷之。一夕，方展卷讀，忽梁上窸窣有聲，一小人長七寸，羽纓箭袍，旋走几上。龔不為動。小人怒，以靴蹴其書墮地。擊以界尺，倒硯池中，墨汁淋漓，渾身皆黑。怪大呼：「夥計快來，共擊此無賴賊。」忽壁縫中鑽出小人無數，嚙衣攀領，嬲擾不休。龔四面揮擊，應手輒倒；愈聚愈多，不勝其擾。僧眾持械入，乃滅。明日遂移去。笥中衣服多被嚙云。〔靈物〕

3380	原 386/1	廣射 2/9 左	大 11/226

天誅不孝

丹陽農家子忤逆母，役同奴隸。冬日與妻臥；呼母抱幼孫，朝起炊粥。粥沸吹之，熱氣騰灼，目不能開。孫忽躍鍋死。母急逃至女家。不孝子起，見兒死，抽刀往。轉念姊必救阻，藏刀道傍樹中，往見母；詭言兒醒，促母歸。姊窺其顏色不善，遂同行。至樹間，探手入抽刀，樹忽合，力拔不出。視之，已長成如一矣。過者駭問，緬述其事。每日僅食一餐，云有神守之，不令多食。就樹架茅為屋，以蔽風雪。遠近觀者如堵，輒助其母數文，母以是稍自贍。年餘，子兩腿肉片片自落，漸及胸腹、肩臂，若鱗剮然；五臟皆出，頭乃旋落。妻收其骨，埋樹下。夜暴雷雨掣出，擊如粉。妻亦震死。〔梟獍〕

3381	原 386/2	廣射 2/10	大 11/227

木罌渡軍

中國由鳳凰城遵陸以赴朝鮮之義州，再輾轉而至平壤；鴨綠江，其必經之路也，江水湍急，非舟楫莫能渡，頗費周折。乃前月三十日，接到津友來信，言近日以來，江水甚淺，江面不甚寬闊，倭兵輪不能直入。我軍乃於江中搭造浮橋一座，剋期竣工，堅固異常。嗣後，凡運兵轉餉，皆以由橋逕達朝鮮，無須繞道，亦不慮倭船攔截。聞倭人得此消息，深為駭異。然則長驅之基立，而破竹之勢成矣。倭人雖橫死無日耳！〔不雨而虹〕

3382	原 386/3	廣射 2/11	大 11/228

嚴鞫倭奸

倭奸楠吶友次郎及福元林平來作奸細，被獲後，由美領事移解進城，道憲親提嚴鞫。其時，關防嚴密，無從悉其細情。惟據傳聞之詞，則云楠吶友次郎供：「幼時曾在上海讀書，平時偶在滬城馮姓家閑遊。現在東京為官，如中國知縣之職。奉政府之命，來申探聽軍情。因我膽怯，派福元林平作伴。」又據福元林平供稱：「年二十八歲，向在東京耕種為生。家有老母，年已衰邁。有田三十餘畝，頗堪自給。六歲時曾讀華字書。至二十一歲來滬，在梅溪書院肄業四年。二十六歲回國，又赴各國遊歷。今來中國，無非為國家之事。被獲別無所恨，惟念老母在堂，終朝倚閭，深負不孝之罪耳。」言次，淚隨聲下。觀察既得確供，即稟詳督憲，現已解往金陵矣。〔鬼蜮〕〔伎窮〕

3383	原 386/4	廣射 2/12	大 11/229

營兵不法

本屆江南鄉試，有松郡士子某某等糾約同伴八人，雇乘江北民船，載至離鎮江下關之北河口；突有左八營兵數人，持旂佩刀，聲稱封船，登舟恫喝。船中有潘、張二生恐其有誤場期，力與之爭。兵銜之，旋即回營，復約兵勇十餘人，各持刀械前來報復。先將一老傭擊倒，入艙搜查。遇張即舉刀亂砍，手臂及額均受重傷；潘則既被刃傷後，復擲入江心。有陸生者，性最純謹，見此情形，惶急無措，亦即投江。其餘徐、錢、金、汪諸生受傷輕重不等，與受傷最重之張某逃至金陵，歷控各衙門。當由劉制軍立飭營務處前往該處點驗左八一營，內缺五兵，已飭查緝。一面由江甯縣驗明各傷，好言撫慰。刻聞潘、陸二屍已由救生船撈獲，未知此案如何了結也。噫！光天化日之下，省城鬧市之區，營兵不法，一至於此。若不從嚴懲辦，將來各屬士子應試，咸有戒心。尚復成何世界耶？〔形同〕〔盜賊〕

3384	原 386/5	廣射 2/13	大 11/230

割股祈雨

祈雨之術多矣，從未聞有割股以禱天者。有之，則自湖北黃梅縣之甘姓鄉農始。緣今年該處旱魃為虐，農田望雨，久而不得。甘向來茹花齋，耕耨之餘，惟以唪經為事。瞻仰昊天，雨澤未沛，爰設壇代眾祈禱。自七月朔日起，跪求於烈日中三日，雨仍未至；乃割股肉一塊，盛之盤中，以作供奉。次日停午，雷電以風，大雨繼至；頃刻間田疇沾足，溝澮皆盈。鄉人德之，備鼓樂，肩輿迎歸，以示庸顯。此豈曰殺身以成仁乎？可笑而亦可憐已。〔腥聞〕〔于天〕

3385	原 386/6	廣射 2/14	大 11/231

以身報國

倭人婦女本無廉恥，男女同浴而不避；客館中當值者，多以婦人充之。傭之若使婢，暱之為客妻，皆無不可。前此曾結隊來中國，在滬地開東洋堂子以及設茶館。為女堂倌者，幾於遍處皆是，儘人調戲，全不知羞。後經倭國領事官見而恥之，始驅逐回國。故東洋妓女最多亦最賤。近以倭兵屢敗，國庫已空，乃創設恤兵部，令民間獻納金銀。不足，則捐及娼家夜度之資，或兩元，或一圓。即使終年門鼎無人，亦須以五十錢上獻，以充作兵餉。嘻！小妮子捐軀報國，將來必與戮力疆場者，同膺懋賞也。〔喪廉辱國〕

3386	原 386/7	廣射 2/15	大 11/232

弄假成真

中元例有盂蘭盆會。盂蘭盆者，佛言普濟也。而後人誤會其意，以麵果盛之於盆，以作齋供，失其本旨矣。乃踵事增華者，至今愈甚。粵人信鬼尤為不經，宜其以此賈禍也。今年虹口有陸仲餘及林姓建設盂蘭盆會，隨時點景，窮極奢華；并以紙糊成華捕，臂上西文書一百五十二號，置之會中。適有一百五十二號華捕巡路過此，見而大怒，謂其有意侮弄；將林、陸二人及紙巡捕一併拘送公堂。宋別駕判罰林洋五元，陸二元，以為狎侮巡捕者警。〔紙糊〕〔巡捕〕

3387	原 386/8	廣射 2/16	大 11/233

借屍還魂

直隸長垣縣農家侯姓女，貌頗佳，共母紡績，未嘗出門。一日，舉家赴田拾麥，獨女留。比鄰孫生夙稔女美，乘其獨居，往挑之。拒不納。孫淫詞褻語，備極調笑。女怒，自房內以剪刀由門縫擲之。孫駭走，倉皇間遺一扇一帶於地。適女嫂自田回家，見孫神色有異，至庭中復得遺物，疑女有私，白之翁、媼。翁、媼不察，女遂自縊。孔姓者，鄰村巨族也，有女年十七患瘵死，忽蘇曰：「此何處耶？我何為至此。」家人詰之。自言侯姓女，為嫂冤死，冥王嘉其貞節，因陽算未盡，判令借屍還魂；急欲歸家，以明前生之冤。家人苦禁之，告諸其家鄰，詢前生事，良確。其父雜稠人中，往見之，女逕前抱持大哭，備述冤死狀，欲仍回家。孔不可，父母亦勸止之。〔激揚貞風〕

3388	原 386/9	廣射 2/17 右	大 11/234

詐病真死

有某甲者詐病，僵臥道旁，口流涎沫；令其黨指為中途中惡，廣募醫藥資。忽焉自批其頰，狂詈不休，謂：「我猝死於路，乃係數定。爾何人斯，敢於效顰？」蓋此地先本有一人暴斃也。躁詈移時，竟寂然而死。其黨乃醵貲為之棺殮以去。如甲者，當其詐病，已有死之心矣，不死何俟？〔自作孽〕

3389	原 387/1	廣射 3/17 左	大 11/235

潭陷志奇

蘇鄉望亭鎮於七月下旬某夜，大雨傾盆，雷聲虩虩。居人從夢中驚醒，不知震死何物。次日查知，是晚擊傷稻田四十餘畝外，有某處竟陷成一潭，約深四尺許，潭內有粉元寶、角黍、米粒等物，不知從何而來。豈其為孽龍所攫而飄墮於此耶？抑有物潛藏，攝諸民間，以資飲啗，今已被雷殛斃，僅存此物耶？有識者以理推之，必有能折衷一是者。〔物從〕〔何來〕

3390	原 387/2	廣射 3/18	大 11/236

鴨綠江戰勝圖

倭奴肇釁，戰局已成。皇上特命吳清卿中丞、周玉山廉訪、袁慰廷觀察督率陸師前往助剿。又恐中途為倭奴所乘，因令北洋海軍兵船十二艘，曰鎮遠、定遠、靖遠、致遠、來遠、經遠、威遠、濟遠、平遠、揚威、超勇、廣甲；並水雷船六艘，由旅順護送至大同江登陸。事畢，即出大同江，將近鴨綠江，即一名大東溝者，忽見倭奴大鐵甲船十二艘，衝風逐浪而來。時海軍正提督丁禹廷尚書與副提督德員漢納根，俱在定遠船上，急扯旗令各船準備迎敵。及倭船既近，定遠當先開炮，擊傷倭奴最大最堅之船一艘。時十八日正午也。我國兵船除濟遠、平遠、威遠三艘，並水雷艇六艘，另駐江口護衛運兵船之外，實剩八艘。兩軍炮火交加，各注意於提督座船。我國致遠船鄧管駕世昌見各船未能取勝，開足機器撞沉倭艦一艘；致為倭軍所圍，與林君永叔所帶之經遠船同時沉下。倭奴兵勢已分，我軍更奮身百倍。直至傍晚五點鐘，共擊沉倭船四艘，傷三艘，餘皆敗北而逃。倭奴死亡枕藉，傷者更不計其數，詎不足以伸天討而快人心也哉！〔大勳克集〕

3391	原 387/3	廣射 3/19	大 11/237

亮節可風

福州將軍希贊臣侯帥，秉性忠貞，持躬謹飭；蒞任以來，愛惜軍士，整頓操防，卓卓政聲，燦人耳目。閩人士咸稱道之。秋間忽患沉疴，猶力籌海防，昕夕靡暇，遂致不起。同寅痛悼之餘，檢其行篋，仍兩袖清風，幾難成殮；乃代為料量，始克成事。其清介有如此者。內寵二人，惟馬氏無出；其二子均在襁褓，係第三如夫人所生。馬氏賦性溫淑，尤得侯帥歡；故自侯帥薨後，哀痛迫切，願以身殉，竟絕食七日，禱告靈前，吞金覓死。幸旁人知覺尚早，立為灌救；一面勸慰再三，權以紙人一具代殉，始稍進飲食。吁，志節若此，亦可嘉矣！〔是宜〕〔旌表〕

3392	原 387/4	廣射 3/20	大 11/238

孔雀傷人

孔雀出西域，又名越鳥，身毒謂之摩由羅；以今印度之音證之，固不相遠也。古人稱孔雀厥德有九：顏貌端正，一也；聲音清澈，二也；行步翔序，三也；知時而行，四也；飲食知節，五也；常念知足，七也；不分散，八也；少淫，九也。是固與家禽之五德不相侔矣。然其性最多忌嫉，自矜其尾；遇婦女之衣服麗都者，必翹其尾。與之相競，或逐而啄之。小坡拋球場有一孔雀，形體甚巨，遍體圓文，五色相繞如帶。適有土人侯某弱冠年華，鮮衣華服，道經於此，孔雀追而啄之。侯不知避，且欲捕之，遂被傷肘，哭而歸。彼文采風流者，慎勿動其忌心而致遭毒口也。〔人不〕〔如鳥〕

3393	原 387/5	廣射 3/21	大 11/239

化蛙雪恨

青山人曾某年逾不惑，販貨營生，生平好善；不茹葷酒，尤惜字紙。暇則為人説因果事，輒娓娓不倦；鄉里因以善人目之。一日，天正酷熱，晚間口渴，下床啜茗；暗中摸索，似被蜂螫，痛不可忍。燃燈尋覓，毫無蹤影。倩醫視之。皆曰：「是中蛇毒，不可救藥。」曾忿甚，對家人誓曰：「果是蛇傷，吾死後，必化為蛙，與蛇相逐。汝等可助余一臂之力。」言終目瞑。曾有一弟充當某營健兒，聞信馳歸，見兄慘死，為之飲泣。安厝後，遵俗三日覆山之例，與家人共詣塚旁。忽見常山君一條，長逾竟丈，盤旋蹈舞；旁一青蛙怒目跳躍，不離蛇右，如龍戲珠者然。

弟憶兄言，怒從心起，急抽佩刀，效沛公誅白帝子故事，舉手一揮，蛇即中斷，蛙亦不見。是可異矣！〔死能〕〔報怨〕

3394	原387/6	廣射3/22	大11/240

鬼姻緣

松郡東門外某姓女郎，青年玉貌，丰韻天然。父母鍾愛之，思覓東床快婿未果也。無何，女染瘵疾，漸致不起，謂父母曰：「兒身當配西嶽廟楊侯之公子。死後，可塑像送至廟中，俾遂倡隨之樂。」家人嗤其妄，未之信。此去年事也。今夏，女父母忽暈絕於地，作故女聲曰：「吉日將臨，像今安在？」家人大驚，許願備辦，以締鬼緣。二人始甦。乃倩人裝一女偶，眉目如畫，恍若天人。屆期，導以執事，送入廟中。一時觀者相謂曰：「今日照天侯娶媳，與東門外某某是親家。依草附木，何其榮也？特不知冥間趨炎慕勢之徒，其亦奔走侯門，爭相叩賀否耶？」或謂：「楊侯子去年曾在靖江王施相公案下習醫，今某姓得此乘龍，即使疾病相侵，當亦可以無虞矣。」此說也，請為某姓解嘲何如？〔冥判〕

3395	原387/7	廣射3/23	大11/241

命繫一毛

蘇垣有富室某翁，年逾半百，忽生一子。及彌月，賀客滿堂。客有善相者遍視座客，無一當意人。至翁子，始大贊曰：「此兒富貴雙全，將來不可限量。第胸有一毛，當拔去之；不然，與翁家多不利。」無如翁甚鍾愛，堅執不肯。迨後其子漸長，食必膏粱，衣必文繡；任意揮霍，視銀錢如糞土。翁屢阻之，不聽。然以愛故，亦無如何。近復竊田產百畝，鬻之以償賭債。翁知之，怒不可遏，立呼其子至前，褫其衣，縛諸庭柱；行將笞責，忽見胸際一毛。因恍然曰：「吾悔不聽相者之言，至有今日。」令拔去之。詎其子竟因毛孔受風而死。翁哭之慟，現竟鬱成心疾，終日如醉如痴，書空咄咄。見之者咸相與嘆惜云。〔災等剝膚〕

3396	原387/8	廣射3/24	大11/242

學徒惡劇

常郡西門外地名南河沿，所居臨河，舍後幽曠，荒冢累累，僅微徑可通往來。某館師設帳其間。生徒五六人，皆弱冠少年。一日，師回家，諸弟子醵錢沽飲。漏三下，月色甚朗，乘興遊矚，望亂墳縱橫如起漚泡。一人曰：「此中多僵屍，盍往擒之。」鬨而前。見一墳後有穴，大可徑尺。探之，得棺蓋傍立，中空無骸。眾曰：「此必屍已他適。」於是強有力者數人，將蓋出，絡之樹間；而各緣別樹杪以伺。未幾，一毛人自西來，入穴即出，張皇四顧；至樹下，踴躍欲上，高不得登；撼樹長嘯，其聲哀慘，毛髮皆豎，天明始倒地。猶不敢下，師入塾，生徒皆不見，尋至樹上得之，各加夏楚。焚其屍。〔膽大妄為〕

3397	原387/9	廣射3/25右	大11/243

妄傳凶信

本屆甲午科鄉試，有常熟某生經理賓興等款，攜銀至金陵，僑寓洞神宮道院。自謂大權在握，操縱自如，當給領時，每名勒扣洋一元，雖清議弗顧也。諸生聞之不服，有黠者頓生一計，潛以病歿等詞，發電報知其家。其妻知之，悲慟欲絕，隨挈子女急赴白下奔喪。及至道院詢問情由，適院中所寓考生皆已入場。道士見其麻衣如雪，泣涕漣如，詢厥由來。群相駭異。直至某生出場，始知為諸生所弄，連呼恨恨不絕。想自此慳囊所入，破耗良多，當自悔多此一舉矣。然諸生之惡作劇，不亦過乎？〔考生〕〔荒謬〕

3398	原388/1	廣射4/25左	大11/244

古木孕鶻

邑上沿鎮地名團林，有古木大數圍，老且枯矣。忽為風拔，土人劈為薪炭，中空一穴，狀如木瓢；有二鶻伏其中，一雌一雄，羽毛青碧可愛，非復尋常習見之物。每鶻約重十一二兩，雖不飲啄飛鳴，而精彩自若。穴無歧孔可以出入，蓋木自孕也。一戇漢擊而棄之，不朽腐，越異時猶香。或曰：「此必精氣為物也，木枯而精氣凝結，必有用處。惜當時不知珍惜耳。」〔憑空結構〕

3399	原388/2	廣射4/26	大11/245

西員受賀

德員漢納根向在北洋練軍有年，素為李傅相器重。自倭人肇釁擊我商船，漢君泅水逃生，回津候用。傅相知其才，委以副提督之任，仍令督率海軍，襄同丁禹廷宮保護兵赴高。八月十八日，遇倭於鴨綠江，漢君策勵將士，調度有方；頓使向之畏縮不前者，奮激用命。遂得擊沉倭艦四艘，奏凱而回。身雖受傷，厥功甚偉。華人仰之如景星，咸以得瞻丰采為幸。津郡紳商情尤愛戴，爰倩名手著賀辭一篇，敘述漢君戰績，以銘其功；且請天津縣李摶霄大令同齎賀辭至海軍副提督公館中，照西例朗誦賀辭，稱謝助華戰勝各情。誦畢，漢君謙讓再三，始行措辭受賀；隨設茶點款待各官紳，良久始別。是役也，識者謂為我華創典。故誌之。〔中外〕〔傾心〕

3400	原388/3	廣射4/27	大11/246

瞽人說象

西域某國有一象，形體甚巨，國王畜之於虎圈。國中群瞽爭欲識其狀，乃邀人導之入象圈，撫之以手，或得其足，或得其尾，或得其脅，或得其腹與頭，或得其耳、牙與鼻，欣然相喜，自以為得象矣。導者戲問其狀，群瞽相率而對，曰：「請言其似，勁焉似鐵非鐵，確焉似石非石，其屋柱乎？」或曰：「不然，似麈尾，可以拂塵，其中有骨焉，似木之有枝。」或曰：「不然，廓乎其有容，似石鼓而無聲。」或曰：「不然，堅而實，似牆壁。」或曰：「不然，突焉而聳，似高山之頂。」或曰：「不然，似石臼，千夫不能舉也。」或曰：「不然，非羽非竹，而搖動生風，殆皮扇也。」或曰：「不然，尖而活，似竹筍之出地。」或曰：「不然，似長蛇之赴壑焉，舒卷不定。」既乃各執所見，互相爭辨。問之導人。導人曰：「皆是也。試與君言之；似屋柱者，其足也；似麈與木枝者，其尾也；似石鼓者，其腹也；似牆壁者，其脅也；似山頂亦似石臼者，其頭也；似扇者，其耳也；似筍之出地及似蛇之赴壑者，其牙及鼻也。故曰皆是也。」於是群瞽乃交相語曰：「得

象矣！今而後，有不知象者，吾輩明以告之，無隱也。」〔暗中〕〔摸索〕

3401	原 388/4	廣射 4/28	大 11/247

節孝格天

福州南臺泰環山地方有村落焉，茅舍竹籬，掩映於山花野草之中。共計九十二戶，望衡對宇，無一陶瓦，殆亦因貧而然也。不意八月初五夜，有一家晚炊失慎，炎炎而上。值北風怒發，不可嚮邇，聽祝融氏飛揚拔扈，盡興而罷。事後檢點，焚去九十一戶。所存之家係是兩世孀居，其媳因姑病不可移，且亦無人助力，遂誓死相守。乃一念之誠，天已鑒之。現在過其地者，爭相傳述，咸以為節孝之報云。〔若有〕〔神助〕

3402	原 388/5	廣射 4/29	大 11/248

婢能擊賊

西洋諸國皆習武藝，武吃氏者，俗尚剛猛，藝精者父母榮之，鄉黨尊之，曰「牛實地」，猶華言大好漢也。武斷一鄉，無不樂從；故不論男女，十歲以上，即演習鎗刀、跳舞諸戲。其刀鎗法有秘傳。柳谷王碧卿嘗泛海至荷蘭，買一婢掌珠，年十七八，初未之奇也。隨往馬辰，中途遇賊，倉皇失措。舟師曰：「眾寡不敵，奈何？」婢曰：「事已如此，當共努力。」持鎗逕出，守於樓門。賊擁至，立斃數人。賊相謂曰：「此間何得有武吃氏鎗法？」婢叱曰：「我即武吃氏也。」賊懼，解舟逸去。王感之，遂納為妾，攜歸終老焉。〔幗國〕〔丈夫〕

3403	原 388/6	廣射 4/30	大 11/249

倭奴無禮

倭奴犯順，疊遭挫衄，往往諱敗為勝，忌人傳播，此常技也。乃前月下旬，香港某報館接得葉軍門剿倭大捷電信，印成傳單，遣人派送閱者。有某甲在街上且行且派，路人有持單宣讀者，言殺死倭奴數千人。聞者皆鼓掌大笑。適有倭奴六人經過，遷怒於甲，勒令不許再派。甲曰：「吾受主人之使，不得不然。豈汝所能禁耶？」因之兩相齟齬，幾致用武。旁觀者恐甲不能敵，欲合力相助。甲謝曰：「蒙諸公盛意，銘感實深；但區區倭奴，斷非吾之對手。請公等袖手旁觀。吾如不勝，相助未晚也。」倭奴聞甲誇張，憤不可遏，圍甲痛毆。甲從容鎮定，拳足交施，立將六倭奴擊仆於地。眾人齊聲喝采，倭奴大慚，回告領事。領事責其滋事，不與伸理。吁！以六人之眾，不敵我一華人。倭奴之無用如此，乃猶敢窮兵黷武，抗我天戈哉！〔五體投地〕

3404	原 388/7	廣射 4/31	大 11/250

冤魂附體

九江城內毛家巷有一井焉。日者，有某甲提綆汲水，瞥見浮屍一具，駭極而號，奔告街鄰。雇人撈起，則已面目模糊，不可辨認。正驚訝間，有流氓余某在旁曰：「是必八角市屠夫高某也。」眾曰：「子何以知之？」余目瞪口呆，一言不發。時屍母已號咷而至，見余，即直前扭住曰：「此殺我子之仇人也，請眾為我執之送官。」眾詢其故。曰：「我子性好賭博，以致虧負纍纍。前日余至我家索逋，將我子強曳而去，數日不歸，今已至此，非彼殺而何？」眾見余神色慌張，心知有異。即喚地保，扭余赴德化縣喊控。薛邑尊升堂訊供，余直認不諱。及飭仵檢驗，委係毆傷致命，死後棄井者。想不日當明正典刑矣。或曰：是必冤魂附體，不能遠行，故使之不打自招也。然歟，否歟？〔殺人償命〕

3405	原 388/8	廣射 4/32	大 11/251

貨船觸雷

崇明南境之崇寶、石頭兩沙，攔江捍海，橫亙水中，為大江第一門戶。今夏，倭人弄兵，江督劉峴帥飭設浮碰水雷多具，護以兵輪，以防倭奴偷渡。又恐愚民不慎，或蹈危機；因先令地方官張貼告示，曉諭各項商船，不許駛近。可謂慮周藻密矣。無如民間船隻多貪便捷，往往冒險倖進，致有觸機毀壞者。如八月初，金義泰五枝桅沙船罹禍，物飛人杳，觸目驚心。無何，又有大釣船一艘滿載貨物，黑夜偷渡，圖免關稅，故意息燈暗行；漸抵石頭沙，忽聞霹靂一聲，人船貨鈔，四散星飛。駐守兵輪聞聲急出，則見另有民船一只，風馳而前，船頭數人用篙撈物。兵輪上人方欲喝止，乃大聲又發，此船亦片片飛空，一無完物矣。噫！愚民競貪小利而忘大害，卒致骨折心驚，身罹不測，詎不大可哀哉！〔立成〕〔齏粉〕

3406	原 388/9	廣射 4/33 右	大 11/252

煙鬼

長隨張某出差北平。張嗜鴉片，下榻時，解裝出煙具，燃燈欲吸。一丈夫昂然入，冠水晶頂，短襟窄袖，作行人裝束。張疑客官，避之。其人登床恣吸，徐步去。張俟其出，呼傭保責之曰：「店中各住各房，奈何導客來擾？」傭曰：「今日止寓君一人，並未有他客。」張曰：「頃峨冠而入吸煙者誰耶？」傭駭極，細詰狀貌，曰：「此南河某司馬也。司馬前歲出都止此，煙絕，令人飛騎赴東昌購買，待一日不至，癮發而卒；卒後遇有攜煙具至者，常出過癮」云。〔生死〕〔不變〕

3407	原 389/1	廣射 5/33 左	大 11/253

鬻菜翁

都門有鬻菜翁，日荷於市，往來某京官寓前，貿易日久，相習忘形，互相談論。翁見某京官博取科名，氣象軒昂，有不可一世之概，微問曰：「請問明公貴科？」曰：「某科。」又問何題。曰：「某題。」曰：「是科題無好文字。」京官怪其妄。翁曰：「非無好文字，因主試者未取好文字。」京官更怪之。翁曰：「小人不知教子，故小子不知衡文。」京官問小子為誰。翁曰：「某某。」京官詳詰籍貫科分。翁歷歷陳之。京官長揖而前曰：「翁竟太老師乎？令嗣即小門生座主也。」大驚訝慚恧，請翁居上座，方肅衣冠禮下之。翁不顧，竟荷菜而去。蓋翁亦予告翰林，其子已出學差。翁居京邸，見宦情險薄，隱而為鬻菜翁云。〔吏隱〕

3408	原 389/2	廣射 5/34	大 11/254

倭奸正法

倭奸楠吶友次郎與福原林平二人改扮華裝，潛至滬上偵探軍情，被獲解案。經制憲劉峴帥檄飭解省，委員訊實，批令明正典刑。於九月初十日發出令箭，各官奉命之下，飭將二倭奸由縣監提出。時縣署大堂高供令箭，文武各官次第升座，命將二倭奸洗剝乾淨，如法捆綁。福原知死期已至，大哭不止，謂家中尚有父母，容我寫信告知。官不准。俄而，判下斬條，一聲砲響，有營官數人帶領洋槍隊、大刀隊、鋼叉隊，寒光閃鑠，簇擁以行；更有紅頂花翎者掛刀押後。由評事街至笪橋市，劊子手范老八立揮白刃，即將二倭奸斷送回國去矣。吁！倭奸已矣。彼食毛踐土，世受國恩，而竟賣國輸敵，甘作漢奸者，當置何律？奈何小者誅之，大者反縱之乎！〔殺無赦〕

3409	原 389/3	廣射 5/35	大 11/255

請飲便酒

大比之年，每有一種棍徒自稱藩署吏房，代人雇槍買薦，經手分肥，四出冒騙。無識者信之，輒受其愚，無所控告。本屆某省有甲、乙二人，衣極都麗，見某生於茶肆，相與接談，如舊相識。次日，至生寓，私以傳通關節等語，説得天花亂墜，謂祇費五百金，便可香分蟾窟矣。生惑之，以其語商諸師。師曰：「此騙局也。如不信，可就計擒之。」遂約密友及健僕數人，藏諸室，潛約甲於夜分過付。屆時，二人果至，以手拍生肩曰：「恭喜！恭喜！當飲君喜酒矣。」生友聞之，即率健僕躍然而出，謂：「今宵先有便酒，可試嘗之。」二人知事不妙，飛步欲逃，已被群僕擒住。搜其衣，得偽據纍纍。詢其姓名，堅不吐實。友曰：「拿喜酒來。」僕攜溺壺進，笑謂甲曰：「不腆醇醪，請為君壽。」僕握髮箝口灌之，鼻皆出血。乙知不免，張口就飲。生笑曰：「先生量大，請再斟一壺。」乃吐實。至黎明，始釋之去。此可為無識之士，功名心熱者，作當頭棒喝。故錄之。〔臭味〕〔差池〕

3410	原 389/4	廣射 5/36	大 11/256

捆仙索

捆仙索者，妓家之蠱法也。妓家每欲蠱惑一客，齋沐卸妝，閉繡闥，闢淨地，搦筆畫其人之小像，略得神似，訪其生辰甲子，同黏於壁。以繡針七根釘之，因熒熒點孤檠。夜靜，披髮禹步，對之拜呼其名。甫六七日，其人家居即神搖魄蕩，淫念纏心；每夕輒夢至一處，與美人聚首。至十日，更坐臥不甯，必欲得其人而後已。漢陽某校書善此術。一日，某公子偕某生至。生固介然自持，不苟言笑者，見群妓亦鮮所當意。公子潛謂校書曰：「若能招致此人，吾當以三百金脱汝籍。」校書笑而諾之。是夜，即潛行此術。旬餘，生果情不自禁，復與公子訪艷而來。時院中群妓盡出迎迓，生遍矚之，皆非意中人。更問其他，乃出校書。見之，竟為神奪，因止宿焉。蓋校書即夢中所見者也。公子遂出其籍，以校書歸之。生知之，笑曰：「仙可捆乎？乃仙人自捆，非索之真能捆仙人也。」〔入我〕〔彀中〕

3411	原 389/5	廣射 5/37	大 11/257

鴿戲

嚴公子，蜀人也，家富於財。生平好鴿，有善種，必羅致之。一時如晉之坤星、魯之鶴秀、黔之腋蜨、梁之翻跳、越之諸尖及靴頭、點子、大白、黑石、夫婦雀、花狗眼、夜遊、鞋韃之類，無不畢備。公子尤善豢養，鴿亦甚馴，能識公子意。教之飛則飛，教之鳴則鳴，教之睡則睡。久之，則隨意指揮，無不曲盡其妙。公子大喜。每值良辰佳節，必邀親友觀之。其鴿五色俱備，燦若雲錦。有在地上盤旋無已時者；有集階上作鶴舞者；有兩鴿互飛，且鳴且鬥，每一撲必作觔斗者；有大如鶩延頸而立，張翼作屏，宛轉鳴跳，忽有小鴿集其頂，翼翩翩如燕子落蒲葉上者。俄而，公子撮口一呼，群鴿盡散。或作點水蜻蜓狀，或作穿花蝴蝶狀。一飛一鳴，往來顛倒，令人不可思議！親友皆讚歎而去。按此與《聊齋》所記〈鴿異〉一事相彷彿。大抵天下之物聚於所好，事或有之，亦安見今人之不如古人哉？〔靈禽〕

3412	原 389/6	廣射 5/38	大 11/258

巧受苞苴

昔有某制軍性喜苞苴，而諱莫如深，不肯輕受。曾有朝珠一副，寄於骨董店，取價三千兩。凡有送督轅禮者，獨受此朝珠，該骨董店即往受價；督轅又將朝珠發出，骨董店仍將銀送入。一往一復，習以為常，不知其幾何次矣！南海某明府心惡之，因召珠寶巧匠數名，閉至署中。往骨董店取其朝珠送督轅禮，連夜使巧匠照式製成一面；取自造者送往督轅，將真者交回骨董店。及督轅受禮，以為己物；發出該店，始知明府仿造。不敢結怨，因自出資。蓋該骨董店因朝珠寄賣，賺錢不少，故某明府戲之也。此則孟子【孔子】所謂：「舍曰欲之而必為之辭」者也，謂非巧於取財乎？〔諱莫如深〕

3413	原 389/7	廣射 5/39	大 11/259

蛇驅惡客

蛇之為物，厥性陰毒。世人有善捕捉之者，有喜玩弄之者，甚有烹而嗜之以為美味者。雖其性別有所好，然識者已謂其非人情，不可近矣。乃更有愈出愈奇者。淮安人周某善書嗜飲，疏狂不羈；性最喜豢蛇，床笫藩溷中，無不蜿蜒拳曲，相處為常。夏日，周怯暖，兩臂所盤者蛇，腰際所圍者蛇，赤足插甕中者亦蛇也。否則膚燥欲裂，襟煩若燒，寢食不安矣。如有惡賓過訪，周談而厭之，撮口一呼，蛇坌至，蠕蠕然，蠢蠢然，縷縷修修然，登案繞榻。客狂呼大奔，往往有驚破膽者。或謂近世不乏陰惡之徒，傾人貲財，離人骨肉。若皆能藉蛇以驅之，將世界亦為之一清矣！惜乎周法之不傳也。〔怪癖〕

3414	原 389/8	廣射 5/40	大 11/260

賭徒滅父

杭垣艮山門外鄉人某甲，年甫弱冠，好牧豬奴戲，一聲雉喝，萬翼蚨飛。家有嚴君禁之，弗聽也。一日，盜得阿翁麥價洋銀十六圓，易服入城，與狐群狗黨潛赴某茶樓，以花骨頭角勝負；孤注一擲，旁若無人。不料其父追蹤到來，大罵逃奴，那得如許豪興。甲恐為儕輩所哂，佯為不知也者，乃高聲曰：「僕與汝素未識荊，何如此風月良宵，敗人清興耶？」眾無賴復群起而和之，如兩岸蛙鳴，不復能辨一語。甲父氣填胸臆，口不能言，惟戟手罵狗彘奴而已。甲覷便抽身，攜洋大踏步而去。旁觀者莫知顛末，皆從壁上觀。迨甲父喘息片時，明言其故。群始恍然於唇槍舌劍，竟施之於生我育我之人也。嗚呼！奇矣。〔天良〕〔喪盡〕

3415	原 389/9	廣射 5/41 右	大 11/261

名妓好施

京畿被水，又成災象，飢民嗷嗷待哺，籌賑維艱。不意有得泉妓寮之小梅女史，即都門稱為狀元一仔者，目擊流離苦況，惻然於心；慨捐三百金，交賑所董事代購米麵，妥為散放；不書姓名，亦不取捐票。此真可謂好行其德矣。以一妓女而慷慨若此，誰謂巾幗無鬚眉之氣哉？彼富紳巨賈而鄙吝性成者，對之能無愧殺！〔紅妝〕〔季布〕

3416	原 390/1	廣射 6/41 左	大 11/262

惡夢驚人

粵東潮州人劉阿仁，在新嘉坡旗山腳某甘蜜店為書記，寢斯食斯，無他異也。一夕，登樓就寢，深入睡鄉；正當鼾聲如雷，忽一躍而起，開窗跳下，致將手腕折傷，痛極始醒。同伴聞聲出視，爭問其故。據云：頃見一人持刀追逐，故越窗逃逸，不知其為夢也。聞者咸笑其妄。次日，為之延醫調治，未知無大礙否。噫！近世不乏醉生夢死之人，若皆有此一跌以驚醒之，亦何至終日昏沉，罔知世事耶？然則劉之夢也，謂為冥中之當頭棒喝，亦何不可。〔如醉〕〔如癡〕

3417	原 390/2	廣射 6/42	大 11/263

勢成騎虎

花縣從化之交，箐密山深，素多虎患。日前，有一虎伏叢莽中，眾逐之。虎咆哮出，直奔稻田。適有一童饁於野，突聞人聲、虎聲相逼而來，心急欲避，緣一大樹猱升其巔。詎虎見樹有人形，猛然相觸，樹為撼搖。童大怖，一鬆手間，人隨墮下，不先不後，恰在虎背，恐遭反噬，牢握其項。虎亦以背上有人，驚竄益力，穿山過澗，不一炊時，已度千巖萬壑，直入從化界內。村人聞有虎至，鼓譟而出，見童在虎背，絕跡飛行，持械逐之。虎亡命而逃，適一溪當其前，虎躍而過，將童掀墜於岸。幸虎已力竭，陷於溪中，卒被眾人擊斃。時童已暈絕，如法灌救，得慶更生。翌日，餉以虎肉一肘，虎牙數枚，以為壓驚，且謝其降虎之力也。〔欲罷不能〕

3418	原 390/3	廣射 6/43	大 11/264

土炮誌奇

新嘉坡兒嗎惹有古砲一尊，係以土摶成，長丈餘，炮口粗如巨柱，置於巨山最高峰頂。相傳係數百年前神物，雖風雨飄颻，毫無損壞。該處咸奉此炮為神，每值禮拜五日，紅男綠女，相率至炮前祈禳。土人言其神異殊常，有如影響，且能預報警兆。因述此砲於二十年前，曾無故發聲，轟震山谷，居民咸相惴懼。未幾，即時症蠭起，死亡甚眾。至八月十五日晚七點鐘時，該炮又無故轟震。居民聞聲，莫不倉皇失色，有連夜登山，趨至炮前膜拜以禳災難者。詎不數日，該處之穆拉油人多染寒熱之疾，日斃數人，今猶未已。然耶，否耶？請以質諸目擊者。〔若有〕〔神助〕

3419	原 390/4	廣射 6/44	大 11/265

求榮反辱

某車傭素零丁，年逾三十，積值娶婦，囊金營販，遂豐於財；目不識丁，納粟得官，焜耀鄉里。子一，鈍於學，望其成名若渴。時有某甲者，自稱為學政幕友，在外招搖，許五百金授文取進；約先期在某莊內看銀封固，書立券據，至榜出時交兑。及期，兩造皆至。是莊素有文昌神像。正封銀時，門外鑼聲驟至，輿馬騶從十餘人，傳呼入縣太爺來此行香，驅逐閒人，叱咤聲甚厲。某措手不及，倉皇褁銀，匿廊簷下，覆以衣。官行香畢，顧謂騶從曰：「這一行人麞頭鹿耳，形跡可疑，幹的甚事。」著搜驗之，皆股栗，果得銀包、券據。官設座拷問，各批頰數十，遂吐實。官怒曰：「私售名器，舞弊過贓，大干法律。」收其銀包、券據，即將幕友鎖去，按例究辦。某父子交莊僧看守，候移文查核。某慚懼，賂僧，質子私歸，復取百金贖之。竟無事。後始悟其入掣騙者之圈套也，已悔之無及矣。〔名利兩失〕

3420	原 390/5	廣射 6/45	大 11/266

冒官伐木

鎮海鄉間，日前有某甲，僕從煊赫，搖擺而來。自稱係營務委員，奉憲封伐樹木，每見墓上松楸，便以一紙官符，高黏其上。鄉人或阻之，甲即踞坐公案，厲聲斥責，謂：「海防吃緊，本委奉大憲諭札，伐木堵口，汝輩敢阻止乎？」黠者或進以銀餅，即顧而之他。有陳某者，庠生也；聞墓木被封，為私為官，不辨真偽，直前婉商之。甲曰：「爾乃讀書人，自應明理。《詩》云：普天之下，莫非王土，今當戰事孔亟，猶敢以私計而撓公務耶？」陳曰：「墓木之斫，律有專條，亦以其木非尋常比也。此中不得不辨。」甲見陳齒鋒犀利，因小語之曰：「汝既婉求，本委當從權辦理。姑為勿斫可也。」陳揖而退。後數日而事敗，經人告發，高卓如邑尊以冒作委員，詐擾鄉曲，罪不容恕，立即飭差拘提。則甲已聞風遠遁，惟從人猶未盡散，遂拘之解案。未知能究出甲之蹤跡否？〔膽大妄為〕

3421	原 390/6	廣射 6/46	大 11/267

姑嫂成親

英大馬路五雲日昇樓北首某銀樓主甯人某甲，曾聘某氏女為室，擇吉九月二十日迎娶成禮。緣有母舅在甬，例須親自迎迓，遂於十六日前往相邀。適值輪船停班，數日未開；而滬地已張燈結彩，安排妥貼，專待烏鵲填橋，女牛相會。不期候至黃昏，依舊紅鸞信杳。不得已，由冰上人婉商坤宅，緩日成婚。坤宅不允，乃令新郎之妹結束男裝，代行交拜之禮，遂草草入洞房云。有見者謂新郎之妹，年甫八九齡，一長一短，相去懸殊，較之京班中演《巧姻緣》一齣，得毋相似？蓋近來梨園中多用幼旦故也。然新郎新婦，辜負良宵，已不知若何懊惱矣。〔群雌粥粥〕

3422	原 390/7	廣射 6/47	大 11/268

豺倚人行

豺狗，狀類狗，毛栗色，嗥如鬼哭；長喙張尺餘，齒疏，旁牙寸許，鋒銛若針，舌芒刺如蜂螫；足高踁峭，伸趾掌大於人手；爪利，每抉兒心腹，如刀剖然。早晚伺人屋角及隱僻處，縮其首尾如枯木狀；腹行若蛇，挨擦微動。故至稠人旁，多不覺。離嬰孩數丈，一躍便掠去。人咸訝為鬼怪焉。某邑鄉村鬧花鼓戲，金鼓喧譁。有一人後行，豺人立，翹前兩足，搭其肩徐行數十步。彼以為同伴者相戲耳。旋覺有毛刺其頸，且微聞羶氣。回視之，豺也。蓋此人前有負小兒行者，豺方垂涎前負兒，忘其足搭人肩而走。青天白日之下，竟使豺狼當道若此。居是地者，能無念蝗不入境，虎且渡江之良吏耶？〔成何〕〔世界〕

3423	原 390/8	廣射 6/48	大 11/269

鬧房肇禍

滬城杜家灣錢某，家有女及笄，前晚贅婿入門，雙拜花燭，賀客盈門。合巹畢，送入洞房。諸親友喜筵飲罷，為鬧新房之舉，俗例相沿，了不為怪。但見人叢中歡呼笑語，手舞足蹈，棼若亂絲。正在興酣時，忽聞女子呼喊聲，謂被人飽嘗雞頭風味，大不干休。主人極力勸解，始罷紛爭。不意此女同來者共有數人，辭別後，俟於道側，專待唐突之人，欲得而甘心。俟其行近，伏兵齊出，猛批其頰。兩下均有同伴，遂互毆不已。女以被辱難堪，遂躍入河中，欲逐湘妃而去。幸旁人赴救，得以誕登彼岸，然已眼零雨而首飛蓬矣。鬧房之有損無益，如是如是。〔喜怒〕〔不常〕

3424	原 390/9	廣射 6/49 右	大 11/270

人面瓜

江邑代書鄭某住西方寺旁，屋後隙地數畝遍種番瓜，延蔓無容足，地籐之粗者如大碗，屈曲類游龍。近生一瓜，癰結處略似人面。鄭見之，以為鬚眉畢現，必有神異。鄰右好事者復從而附會之，謂是瓜每於夜間張口吸水，能飲一桶。一時鄉人聞風而來，祈方求嗣，實繁有徒。旋有某甲出謂鄭曰：「物反常則為妖。今若此，恐致不祥；且妖言惑眾，律有明條，不如斫去。」鄭從之，亦無他異。鄉人之愚，真不可及也。〔眉目〕〔如畫〕

3425	原 391/1	廣射 7/49 左	大 11/271

倭王小像

東洋，一島國耳。其地不過中國兩省之大，民貧國小，素為歐西各國所輕。乃不知度德量力，兵連禍結，寇及中邦，兩國生靈不免同遭塗炭。而究其釁之由啟，莫不歸咎於倭主，爭欲食其肉而寢其皮。今有濯足扶桑客以倭主小像見示，爰倩名手，悉心摹繪，其鬚眉逼肖，神氣宛然，固自有海外梟雄之概。世有請纓繫虜之志者，尚其識此面目焉可。〔梟酋〕

3426	原 391/2	廣射 7/50	大 11/272

紙製征衣

倭奴渝盟犯順，勞師動眾，窺伺北方，已逾數月。轉瞬天寒地凍，糧盡援絕，不死於槍林炮雨之中，亦必由啼飢號寒而死。軍心皇皇，大有譁潰之慮。倭主知之，爰令國人廣製衣裳，頒給軍士。國人曰：「無帛縷，奈何？」則曰：「以紙為之。從前爾等所製紙衣，頗堪適體，今豈不能禦寒耶？」國人不得已，遂各出技巧，日夜操作，成數千套。有婦女之從軍者，亦一律給以男衣，俾得雌雄混雜。聞已由廣島頒到，軍士得之，始則歡聲雷動，繼則髮上衝冠。謂：「誠如是也，而亦恩同挾纊乎？」或謂倭人之衣用紙製，已非一日。近更製作愈佳，頗似中國棉襖之類，亦可見良工心苦矣。然吾見中國紙紮舖所做冥衣，其玲瓏工巧，亦各不同；世無漢奸販出貽贈耳。否則，我華人於賑濟孤魂之外，不又賑無數倭鬼乎？呵呵。〔不寒而慄〕

3427	原 391/3	廣射 7/51	大 11/273

瓜瓞迎祥

「綿綿瓜瓞，民之初生。」詩人取以譬生男之象，非謂瓜瓞之真能迎祥也。乃竟有見諸實事者。荊俗每屆中秋之夕，人月雙圓，向有迎瓜之舉。謂如此可免伯道之戚，以故舉國若狂，歷年來每有所見。本屆有謝姓者，年逾不惑，膝下猶虛，戚友中之好事者，互相醵錢為迎是會。前導有宮燈二十對，雜以笙歌繚繞，金鼓喧闐。俊童數人，錦衣駿馬，顧盼生姿，扮演麒麟送子諸故事。有一童衣文繡，跨名駒，手托瓜果一盤，即是會命名取義之所在。迤邐而行，直至謝宅，此送彼迎，異常熱鬧。謝復張燈結彩，肆筵設席以款賓客，僉以吉語共相慶賀，一若迎之真得夢蘭之兆也者。不知冥冥中，果能奪其主宰否？〔綿綿〕〔不絕〕

3428	原 391/4	廣射 7/52	大 11/274

門兵傷宦

松郡四門城門，向於黃昏時即行關閉，而以西門為尤早；閉後凡欲出入，祇須青蚨四、五翼，即可呼於其門。現雖倭寇跳梁，海防戒嚴，堞樓上屯駐老營兵士二十人，而夜深時仍有持錢叫門者。疇昔之夜，有徐姓某宦者去親串家飲酒後，乘轎歸家，時已三鼓，使人傳呼開門。守門兵士索以青蚨百翼。正躊躇間，詎闉闍上某兵士乘月光以瓦礫擲入轎中，恰中徐姓之頭，即時鮮血涔涔。徐姓亦無如之何。迨至家，即遣人稟明某營員。某營員恐甚，於次日親至徐姓家問視；并將某兵士重責軍棍三百，革去名糧。委員某武弁亦有約束不嚴之責。何物兵士，敢傷鄉宦之頭。非有某營員善為周旋，恐不止責革已也。〔桀石投人〕

3429	原 391/5	廣射 7/53	大 11/275

黿神顯靈

昔陳文恭督兩湖時，鄱陽湖有黿將軍廟，照例往祭。公心念我欽使也，而為黿將軍致祭，竟無一介之接，何耶？方轉念間，忽狂風大作，波浪掀天；有黿數十萬，昂首鼓浪，蔽湖而來。始悟將軍遣族來接，傳命棼柬止之。風平浪息，穩渡風帆而去。抑予聞之，該處黿將軍香火素盛，頗著靈異。曾有某觀察攜妾赴湖南，渡鄱陽湖，守風夜泊。月光甚朗，妾啟窗觀之，水波澄鮮；方凝神獨坐，一巨黿躍水出，攫妾去。觀察望湖長慟，立為文，檄黿將軍查之。次夜，夢一人戎服帶劍，高冠峨峨，揖而入座，謂觀察曰：「頃得檄，遍查諸部，皆未傷人。吞君妾者，乃外江闌入蠢類，已戮之在某處湖灘。」言畢而

去。明日蹤跡之，果一巨黿死焉。剖其腹，則妾之釵珥俱未化。將軍之聲靈如是，其廟食斯土也，蓋由來已久矣。〔問諸水濱〕

3430	原 391/6	廣射 7/54	大 11/276

喇嘛異術

京師素多喇嘛僧，滿洲人皆崇信之；然其術亦頗神奇。浙江莫筠士孝廉嘗館某都統家；都統素崇奉喇嘛，一日並載赴雍和宮。入門，見大殿下男婦膜拜頂禮者不下萬人。須臾一喇嘛持一空罈至，供庭心，以紙糊之。大喇嘛率其徒自殿下繞罈，咒數十匝，罈訇然裂，出米數斗。大眾各與一撮。眾人囊盛帕裹，視若珍奇。孝廉不甚置意。是秋回家，忽患痢，日泄瀉數百遍，醫藥罔效，奄然待盡。適都統來視，亟命其從人歸取米至，熬湯服之，一啜而愈。即罈中物也。自是孝廉亦深信喇嘛，嘗與宛平湯芷卿先生述之。〔佛法〕〔無邊〕

3431	原 391/7	廣射 7/55	大 11/277

褻瀆神明

嚴某，湖城東門外人也。向業耕種，家頗小康，鼓瑟一調，弄璋四賦，優游林下，意興怡如。祇以癖嗜摴蒱，三戰三北，幾致囊槖蕭條；忿不能平，常有反敗為勝之志。一日，詣該處總管廟，虔誠許願，謂若藉神力獲返青蚨，當以牲醴為壽。詎一誠難感，五木無靈；孤注一擲，又輸三百金。嚴大怒曰：「我以為赫赫神明，必能佑我。今若此，聲靈安在？」遂以糞穢遍塗其面，幾致龕座之上盡染木樨香味，嚴始恨恨而返。不意三日後連殤三子；祇剩一子如碩果僅存，亦已為二豎所侵，勢頗危險。嚴至此始悔觸怒神明，心驚膽裂，急詣該廟，痛哭懺悔；且願重塑金身，以贖前過。一子遂得無恙。乃即雇匠，將神像修整，擇吉開光，聞者咸嗤之以鼻。夫逞一時之忿，致喪三子之生，幾至害及己身，人亡家破。雖曰神降之罰，亦以見賭博之為禍也烈矣。嗚呼，可不戒哉！〔冥漠無知〕

3432	原 391/8	廣射 7/56	大 11/278

呼彘為母

蘄州某無賴性狡黠。一日，至富翁某姓門首，訪問翁豢有母豬否，已產兒豚若干否。翁問何故。無賴曰：「小人有母，歿已數年。今小人廬墓服滿。前半月夜，小人見母引小孩一群，在一高大宅中遊玩；頂背上搭有白巾一條，如挂孝狀，命我接他回去。言訖，化為豬，大小十六口，子母哄哄有聲。忽驚醒，竟是一夢。不能恝置，遍訪至此。遙望翁門首恍惚夢中景象，特來煩擾。」翁聞而異之。自言廬墓亦是孝子，因詰曰：「爾憶夢中景，能自尋否？」曰：「然。」連度數門，直至豬圈；果見母豬腦後至背白毛一片，與豚兒十五同臥。泣曰：「老娘，老娘，今在此，兒已尋半月矣！」情甚慘切，哭倒於地。翁為之惻然，貺以錢米，命其領歸放生。逾旬，攜金往訪，不得其人。但聞近處人曰：「某無賴前數日牽大小豬子母十餘口，已分償博債矣。」翁慚歎而去。〔人面〕〔獸心〕

3433	原 391/9	廣射 7/57 右	大 11/279

義雀

某生自都訪戚至北路廳署，下榻衙齋。辰起，一雀飛集案頭，向之大噪，似有所訴。旋飛出戶，隨之集衣衿間，頻睇樑上。取長竿探之，見蛇方困一雀，蜿蜒避去，雀已死。此雀向之哀鳴，若傷悼然。因作〈義雀行〉記其事。惜稿已散失，僅得其崖略如此。昔有人讀〈義鶻行〉，輒掩卷太息，然固鶻也。雀則微矣，不忍同類見阨，宛轉求援。人禽之別，果有異乎？〔良禽〕

3434	原 392/1	廣射 8/57 左	大 11/280

倭后

后姓一條，名美子，今年四十有五，長倭主睦仁二歲。此像係其少時所拍。近以倭主黷武，脅民為兵，國人怨之，咎及國母不知阻止。爭覓其像，有付之一炬者，有投之水濱者，有碎同虀粉者。雖曰愚民無知，藉以洩忿；然咒詛如此，未免太覺狂悖矣。本齋得而圖之，傳觀四海。謂為揚名，則吾豈敢。〔玉樹〕〔臨風〕

3435	原 392/2	廣射 8/58	大 11/281

賽燈申慶

去年十月初十日，西商開埠五十年之期。本埠商家各賽燈彩，爭奇鬥巧，極盛一時。當時燈牌有預祝「萬壽」等字樣。識者笑之，以為獻媚西商，何必牽涉中國；且安見先後之必同揆耶？今年本月初十日為我皇太后六旬萬壽，嵩呼華祝，遍及海陬。本埠商家亦張燈結彩，較勝往年；而賽燈游行之舉，則竟如〈廣陵散〉之不可復聞。惟美租界中虹橋左首粵海鬃工所建之魯班殿中，猶有人出為醵資，獨於是日賽燈。前導為桃燈一對，上書「普天同慶」、「萬壽無疆」八字。繼以玻璃執事十餘對，鑼鼓亭一座，四人舁之而行。中有數十人身穿五彩綢衣，沿途奏樂。由是而繡金盤龍傘十餘頂，綢絹紮成之雄獅二頭。殿其後者為巨鼓一面，厥聲逢逢，聞於遠近。遍游各處，始收隊而回。是役也，雖不及從前之盛，猶見衢歌巷祝之一端。禮失而求諸野，吾於此亦云。〔衢歌巷舞〕

3436	原 392/3	廣射 8/59	大 11/282

土地解餉

滬北離城十二里之江灣鎮東市有東嶽廟一所。該處鄉人每至秋收豐稔，輒由好事之徒刷刊完餉單，挨戶給發。每三年解完天餉一次。用箔糊之大元寶、黃阡，共舁各鄉土地，解至東嶽廟焚化。載以小車，復舁土地神像出遊一週。共有十餘起，均用全副儀仗，「肅靜」、「迴避」等銜牌，軍健班、陰皂隸、馬執事、對子馬、敕印廳、提爐、傘扇等項；並有愚夫愚婦扮作犯會等名目。前因連年荒歉，停解已歷十年。今歲秋收較稔，遂擇初十日皇太后萬壽節期，舉賽起解天餉之會，並祝萬壽無疆。自早至暮，分舁神像遊行各村莊，哄動男女，鬧熱非常。亦盛事也。〔藉神惑眾〕

3437	原 392/4	廣射 8/60	大 11/283

重陽桀石

重九良辰，題糕佩萸，最為韻事；然各處風俗亦正不一。

今閩、粵人多於是日祭祀先塋，謂之「拜重陽」。而粵中人又復於桓景登高之外，效高固桀石之為。每屆九日，往往有象勺年華兒童數輩，不以弄梅騎竹為事；而好在北郊外列隊相擊，磚石分飛，常有誤傷行人之事。惡俗相沿，正不知何所取義也。本年九月九日，復有孩童百數十人分為二隊；一在五層樓，一在狗頭山，互列成行，擲石為戲，居然作兩軍對壘勢。俄而，愈聚愈多，長幼混雜，興高采烈，幾至傷破頭顱，釀成巨禍。幸附近居民齊出禁壓，始各鳥獸散。〔童子軍〕

3438	原 392/5	廣射 8/61	大 11/284

生魂書額

酆都縣冥王府相傳有森羅寶殿，其匾額字跡係前明進士崔鳳所書。崔本淮陰人，精擘窠書。為諸生時，晝寢夢一隸役，牽騎奉迎，至一王侯第下馬。隨役自大門入，守者呵之；招役與語，始放入。二門亦然。登堂，役先入白。俄一人攜椅至殿中，又有筆墨置一小几。崔意其求書，自忖無案席。役若已知，曰：「書匾耳。」仰視，懸一無字匾。役令坐椅上，恍惚間覺椅與筆墨几同時自起，高與匾齊。持者曰：「要書四字。自左而右，先殿字，次寶字，次羅，次森。」至森字末，筆墨重下垂，以袖扺淨畢，椅自下。役引之出，仍乘前馬至門；而覺袖上墨痕猶涔涔欲點也。後崔官酆都，潛詣其處，猶見字跡宛然。任滿返里，常為人言；至今里人猶能道其梗概云。〔鬼借人力〕

3439	原 392/6	廣射 8/62	大 11/285

為民請命

郡城隍之敕封威靈公，相傳自乾隆年間始。時常州太守胡文伯清廉慈惠，卓著政聲。會大旱，六旬不雨，遍求無應。太守蒲冠草履，步禱諸神，且為文責之。夜夢神曰：「此天意。冥吏分卑，安能違天。後夜五更，鍾離祖師過境，天甯寺門外有頎而長者即是。君挈以手，竭誠求之，當可致雨。」越日，胡宿天甯寺以待。五更許，果有數丐宿寺門外。胡如神教，伏地泣禱。丐曰：「我行乞者，安能祈雨？」猛推欲行。胡堅執其手，膝行隨之。丐曰：「念汝實心為民，當違天降雨一尺二寸。」因西指曰：「汝不見雨來乎？」一回首，即失所在。頃刻陰雲瀰漫，大雨一晝夜，八邑霑足。胡因以衛國衛民，詳請奏加封號。往來迅速，半月即返，若有神助焉。是歲轉歉為豐。太守倡捐修廟，至今神靈猶赫濯焉。〔禦災〕〔捍患〕

3440	原 392/7	廣射 8/63	大 11/286

疑主為鬼

某翁家素封，而子弟無詩書氣。族中之貴盛者，輒揶揄之。翁怏然不樂，急延師督課以雪忿。西席某諸生，邑名宿也。時天方曉，起小便，見門簾外隱隱有盛服人行稽拜禮，疑為鬼。後屢見。西席素望科名，私喜有神鬼拜謁，必大貴。蚤起，於簾內陰伺之，定捉活鬼。及如前狀，搴簾視之，乃主人翁也。驚問其故。翁以他語遮掩。西席詳詢其僕。僕曰：「主人望相公讀書成名，特敬聖人與先生耳。於今已三年矣。」西席語人曰：「為人師而不盡心教讀者，無人心也；為人子弟而不盡心讀書者，非人子也；此人子弟而不食讀書報者，無天理也。」〔迂哉赤子〕

3441	原 392/8	廣射 8/64	大 11/287

爆竹除怪

某明府幼居白門外家；嘗言城東有住房一所，常見怪異，扃閉多年。有蔡某貪其值廉，購之。先遣匠役修葺。夜分，窗外一手入，掌大如箕，指如漆。眾大號。鄰人登牆，擲火把下，始渺。明日，主人弟某，年甫弱冠，極頑劣。聞之，就宿以覘其異；約群匠有膽力者數人，攜酒肴及火具往。是夕，月色甚皎，掃除中庭，轟飲以待。將二鼓，手入；某以片肉與之。掌握而去。須臾，又入。某探懷中爆竹，燃藥線，如前置之。亦握去。未幾，霹靂一聲，似有所傾塌者。急出視，則院中銀杏折半株，壓左廊倒矣。杏斷處有血滴。乃知樹怪也，掘根焚之。〔陰陽〕〔相剋〕

3442	原 392/9	廣射 8/65 右	大 11/288

潤賊

滬北近有一種扒竊，裝作紈袴子弟。專在里巷居家，或假訪親戚，或偽租房屋，信口胡言，闖然直入；乘人不備，順手竊物。名為「白日撞」。日前，有某甲衣履翩翩，身穿甯綢馬褂，至新署後某姓家門首，見有招租字樣，遂即入內。詢知其家祗有婦女，因故意論價，潛將銀鑲煙槍懷袖而去。及經察覺，已杳如黃鶴矣。〔大模〕〔大樣〕

3443	原 393/1	廣射 9/65 左	大 11/289

倭太子

倭太子名嘉仁，為倭主第三子，今年十六歲。其妻名房子，蓋倭俗不娶外姓，必於親族中自相配偶。雖南山雄狐之譏，弗顧也。太子性亦剛愎，有乃父風。自倭主移駐廣島，奉命監國，一切政令相助為虐。倭民大失所望，僉謂儲君若此，後患無窮。安得中國長驅直搗，代行廢立之權，則島國其庶有豸乎？吁！青宮養望，已為眾怨所歸，則其人亦可想而知矣。〔小君〕

3444	原 393/2	廣射 9/66	大 11/290

藉瀑生電

瀑布飛流，本屬名山勝景；未聞有借以生電者。自美國電氣盛行後，知其功效無窮，殫心竭力，日求其法；於是於借風生電之外，又有藉飛泉懸水之力以成電機者。先是美之南省有一峻嶺，其瀑一瀉百里，勢甚建瓴。有格致之士見而異之，謂是力之猛，可有為也。因在嶺下鑿一小河，引注瀑水；別置輪軸於河口，藉其湍激之力，鍊成電汽，可抵二十萬匹馬力。試之既效，乃遷製造廠於河干，就近取電，以便轉運機器，可省煤費。從此愈推愈廣，利賴無窮。西人心機之巧，製作之精，不更加人一等哉！〔別出〕〔心裁〕

3445	原 393/3	廣射 9/67	大 11/291

異鳥淩風

白門青龍山，樵者登山臨水，伐木丁丁，已有年矣。日前，手握斧柯，援登山頂。正從事於林麓間，忽有大風自西而來，飛沙走石，辟易萬夫。樵者仆臥大松下，蝟伏不敢動。俄而風止，聞松巔作嚶嚶聲，若嬰孩之啼者。仰視之，枝頭集一大鳥。其首類犬，兩睛突，赬若丹砂，喙長尺餘，翅如車輪，修尾利爪，身長五、六尺。樵者大呼。鳥雙目俯視，似欲下啄也者。樵者情急，持斧逐之。鳥飛而風又大作。樵者大驚，竄伏蒿萊中；則見鳥從空盤旋，欲下不下者數四，始鼓翼飛去。迨樵者覓路歸時，回視大松，已多攀折。遂述其狀，問諸父老，皆莫識其名。志之，以告博物君子。〔一飛沖天〕

3446	原 393/4	廣射 9/68	大 11/292

兩世喬妝

成都人諶某，家擁鉅資，中年無子，屢得屢亡，心竊憂之。私訪諸星士，有告以厭勝之法者，曰：「足下兩世命中所照臨者，多是雌宿。雖獲雄，無益也。惟獲雄而以雌畜之，可以補救。」諶信之。已而，生子。遂教以穿耳、梳頭、裹足；呼為「小娘子」。比長，風神韶秀，性格溫存。居閨閣中人亦莫辨其為雌雄也。後娶不梳頭、不裹足、不穿耳之女以為室。一陰一陽，顛之倒之，魚水之樂，不異常人。未幾，生一孫，偶以郎名，孫即死。於是舉室相戒，每孫生，仍以女畜之；果得無恙。客有過其家者，見其子出為酬應，舉止嫻雅，絕不露鬚眉本色；而二孫亦儼然作巾幗妝。殆習慣成自然歟？〔顛倒陰陽〕

3447	原 393/5	廣射 9/69	大 11/293

豬虎同懸

山君之威，震懾百獸。雖牛之蠻觸，猶不可當，況孱弱一豬乎？然憑其凶猛之力，橫行無忌，竟欲肆其弱肉強食之謀。一旦天奪其魄，威力難施，有見困於無知之一物，而反俯首待斃者。豈強弱之有異哉？倒懸之困，無人解之也。而當踰垣入室時，則固萬不料此。黃梅縣老祖寺僧飼一豬於圈內，百餘斤。圍牆八九尺。虎聞聲，踰牆入，啣豬，仍踰牆出。力不能支，足未及踏牆而墜；豬項挂於虎牙，豬懸牆外，虎懸牆內，狀如搭連袋。及天明，僧飼豬，望之不勝駭然。即而視之，則豬與虎俱斃矣。眾笑曰：「本是虎啣豬，偏成豬拖虎矣！」〔相維相繫〕

3448	原 393/6	廣射 9/70	大 11/294

打退神仙

漢鎮有柳瞎子者，自稱某處觀音附體言事，輒有奇驗。鄉愚聞之，問病求卜，踵接趾錯，交集其門。其索謝儀也，憑其腰橐所藏，預計其數；言無不中，然後取之。故人雖傾囊以與，無不樂從，因群呼為「神仙」。有某紳者聞而惡之，以妖術聚眾，入告邑侯。時某大令性惡佞佛，懸示申禁，雷厲風行。立飭差拘繫，跪法堂前。笑問曰：「爾是神仙，果能知本縣今日欲責爾多少方恕爾？」某瞠目不能對。大加懲創，始得釋歸。自是所言之事，竟亦不靈。眾謂其打退了神仙。按近日蘇臬韓廉訪嚴禁佛店，各佛店遂將佛座紛紛藏匿。雖柴薪瓦礫之中，亦弗暇顧；而在神物竟皆默無一言，不再為厲。豈冥冥中，亦畏此無情棒乎？一笑。〔官法〕〔可畏〕

3449	原 393/7	廣射 9/71	大 11/295

韋馱救人

宿州李九者，販布為生，路過霍山，天晚店客滿矣；不得已，宿佛廟中。漏下二鼓，睡已熟，夢韋馱神撫其背曰：「急起，急起，大難至矣！躲我身後，可以救汝。」李驚醒，踉蹌而起；見床後厝棺砉然有聲，走出一尸。遍身白毛，如反穿銀鼠套者，面上皆滿；兩眼深黑，中有綠睛光閃閃然，直來撲李。李奔上佛櫃，躲韋馱神背後。僵尸伸兩臂，抱韋馱神而口咬之，嗒嗒有聲。李大呼，群僧皆起，持棍點火把。僵尸逃入棺中，棺合如故。次日，見韋馱神被僵尸損壞，所持杵折為三段。方知僵尸力猛如此。群僧報官，焚其棺。李感韋馱之恩，為塑像粧金焉。以上見《隨園筆記》。〔一靈〕〔不泯〕

3450	原 393/8	廣射 9/72	大 11/296

智賺縊鬼

金陵葛某嗜酒而豪，逢人必狎侮之。一日，與友四五人遊雨花臺，臺旁有敗棺，露見紅裙。同人戲曰：「汝逢人必狎，敢狎此棺中物乎？」葛笑曰：「何妨。」往棺前，以手招曰：「乖乖吃酒。」如是者再，群客服其膽大，笑而散。葛暮歸家，背有黑影尾之，聲啾啾曰：「乖乖來吃酒。」葛知為鬼，慮避之則氣先餒，乃向後招呼曰：「鬼乖乖，隨我來。」徑往酒店上樓，置一酒壺、兩杯，向黑影酬勸。旁人無所見，疑有痴疾，聽其所為。共飲良久，乃脫帽置几上，謂黑影曰：「我下樓小便，即來奉陪。」黑影者首肯之。葛急趨出歸家。酒保見客去遺帽，遂竊取之。是夕，為鬼纏繞，口喃喃不絕，天明自縊。店主人笑曰：「認帽不認貌，乖乖不乖。」〔嫁禍于人〕

3451	原 393/9	廣射 9/73 右	大 11/297

漁人獲璧

金陵太平門外有元武湖焉。某日更闌之候，有漁人獨釣其間，忽見水面騰光，上燭霄漢；舉網視之，得一白璧，徑五寸許，文作蒲穀，潔淨無瑕。漁人大喜，攜往骨董舖求售，僅得洋數枚。識者惜之，或謂此璧青熒綵緻，無殊趙氏連城。苟能待價而沽，千金可立致也。乃竟貪微利，甘失奇珍。豈曰「匹夫無罪，懷璧其罪」乎？該漁人真戇矣哉！〔顯晦有時〕

3452	原 394/1	廣射 10/73 左	大 11/298

賽行致病

蘇垣堯峰山施某與同村人馬某相善。日前，萬壽聖節期內，聞城中燈景之盛，馬自誇捷足，與施約曰：「願限二刻往返六十餘里。違，則倍罰；能，則汝以英餅一枚酬我。」施諾之。對准日晷，奮步疾行。不逾時而馬已歸來。施以為誑。馬出城中稻香村茶食示之。凡稻香村售物，必印日期於紙裹之上。施見其非妄，如約酬之，同赴酒家買醉。甫入座，馬即口吐鮮血，一息奄奄。施大驚，急延傷科，某醫索酬多金，始肯施治。戲真無益哉！〔戲無益〕

3453	原 394/2	廣射 10/74	大 11/299

西使覲光

十月初十日為我皇太后六旬萬壽；普天率土既共申慶祝之情。而各國駐京公使亦以睦誼既敦，不可不稍伸忱悃；爰定十五日覲見皇上，呈遞賀書。先由總理衙門奏准，然後英公使歐格訥、美公使田貝、俄公使喀希呢、德公使紳珂、法公使施阿蘭、比公使陸彌業、瑞公使柏固、西班牙公使梁威理，屆期各具公服，由東安門東邊而進。早有總理衙門官二員在彼迎候，導引入內。皇上御文華殿正中端坐，後懸黃緞龍鳳繡幔，為皇太后龍座所在。堂廉之內，肅靜無譁。各公使遞書畢，口操西語敬致頌詞，繙譯官轉達恭邸代奏聖聽。皇上龍顏甚霽，和氣迎人。各公使仰覩威容，無不肅然起敬。禮成告退，咸感我皇上優待之恩，歡欣鼓舞，稱頌不置。懿歟休哉！誠盛典也。〔萬國衣冠拜冕旒〕

3454	原 394/3	廣射 10/75	大 11/300

嵩呼華祝

上月初十日，皇太后六旬萬壽。除於宮中受賀外；其北長街一帶點綴各景，曰戲臺，曰經臺，曰鐘鼓樓，曰景物樓，門角鉤心，爭奇炫異。沿途廟宇旁建坐落棚，內設寶座，五光十色，璀璨陸離，蓋以備拈香少坐也。舖戶亦燈彩一新，輝煌奪目。所有外省來京祝嘏之督、撫、將軍、藩臬、副都統、提鎮暨隨同班列之道、府、協、佐、將、備等員，各依省分次序，在道左排班跪送。呈請祝嘏之大小官員、舉監、耆民人等，在各省之次。內外蒙古、呼圖克圖回部人員、朝鮮使臣隨員、西藏貢使等，皆依次於道左分班跪送。迨皇太后乘金輦經過，沿途覽視畢，還蹕寧壽宮。宮中各種景物，典麗裔皇，更非人世所有。受萬國之貢珍，隆一人之孝養。堂哉皇哉！美矣備矣！〔萬壽無疆〕

3455	原 394/4	廣射 10/76	大 11/301

書獃獻策

張香帥之調任兩江也，有腐儒某貿然投轅；自稱有奇策上獻，制軍能采用吾言，倭奴不難立破。巡捕官索閱之，某秘不肯洩。巡捕官亦不相強，入白香帥。香帥愛才若渴，即令傳入。某長揖不拜，袖冊面陳。香帥披閱之下，未及數行，擲地大笑曰：「爾真可謂書獃矣！」某口中喃喃，尚欲有言。香帥已拂衣入內。某乃拾冊，踉蹌而歸。有見其稿者，言內有一計，令軍士各攜水一桶，見倭兵來，即以水潑之；謂倭奴以火器攻我，故取水剋火之意。一計令軍士各攜竹竿，見倭兵來，將竿委地，以阻其行；其意謂外國人腿直，一經傾跌，不能站起，待其遇竿滑跌，即可擒斬云云。鄉里冬烘見聞狹隘，豈不令人噴飯乎？特不知其他妙策，更復何如耳。惜哉！吾未之聞也。〔遼豕〕〔同議〕

3456	原 394/5	廣射 10/77	大 11/302

名利兩全

青邑某孝廉素未知名，頓邀鄉捷；泥金帖至，喜溢門楣。日前，因念先人遺澤，晨謁松楸，挈僕乘輿，規模顯赫。牧童樵子，竹馬歡迎。及祭掃既畢，高視闊步，意氣揚揚；瞥見塋旁隙地隱約坌起，心疑之，命僕取鋤發掘。深數尺許，果見一罈，封甚固，重不可舉。啟視之，則朱提纍纍實其中。時觀者麕集，涎流吻外，七手八腳，躍躍欲試，皆有攘為己有之心。孝廉偽謂眾曰：「此吾先人所留遺，以備公車費者，有籍可按也。」眾懾其勢，不敢譁。迨孝廉舁歸，事已傳播。有謂其中有數千金者，有謂祇五百金者。窮措大否極泰來，一朝得志，名利雙全，豈亦有定數耶？或謂「孝廉」兩字，當顧名思義。今於邂逅之間，見財便取。雖未知其孝何如，而廉則未免傷矣。然較諸今天下巧取豪奪者流，猶為彼善於此云。〔雙喜〕

3457	原 394/6	廣射 10/78	大 11/303

倭龜

禮義廉恥，國之寶也；不惟中國為然，歐西各大國無不知之。惟倭奴行同禽獸，冥頑無知；同族也可以為婚，客妻也可以出賃。前年，滬上東洋妓館遍地皆是。迨後，領事恥之，以為與其貽醜於中國，不如賣俏於國中；驅回本國，仍作皮肉生涯。蓋其婦女既多淫蕩，而為之官者，亦全無羞惡之心。習慣自然，固無足怪。故雖在軍營之中，凡所設施，總不忘其本色。此次誘我逃軍背卒，編入降營。初時，倭帥日給鷹餅一枚，數日後即以紙幣繼之。降軍以此項紙幣，飢不可食，寒不可衣，相約譁騷，竟圖潰走。倭帥遂幡然變計，令從軍婦女就降營賣娼，每婦徵夜度資三元。降軍遂以紙幣作纏頭，大有此間樂不思蜀之意。然則倭奴之視華人，固人盡可夫矣。謂之曰龜，其何說之辭？〔廉恥道喪〕

3458	原 394/7	廣射 10/79	大 11/304

賠棺異聞

金陵通濟門外施某，生三子，家道頗寒，饔飧難給；近為二豎所纏，參苓罔效，遂於十月初三日，一命嗚呼。經親友湊助殮費，買三寸桐棺，料理殯殮。廿四日為三七之期，雇夫擡至祖塋；詎料碼頭夫爭論扛力過於槥具之價。經街鄰再三排解，碼頭夫始肯從事；然猶悻悻不樂。將至半山，一夫偶不留心，失足墜下，眾夫隨之俱倒。屍棺如飛將軍從天而下，轟然一聲，已成粉碎。孝子三人大怒，謂碼頭夫所欲不遂，有意將棺跌散，即赴上元縣衙喊冤。經鄉中年老者以仲連自任，出為排難解紛。罰去扛力，並賠棺木一具，餧口一臺，以慰陰靈，始寢其事。〔成千古恨〕

3459	原 394/8	廣射 10/80	大 11/305

倭兵凍斃

倭奴悖理，肆意稱兵，佔我朝鮮，擾我東省，殘害我黎庶，攘奪我貨財；兇暴昭彰，天下髮指。跡其所為，即不見滅於天戈，亦必同遭夫天譴滅亡之禍。有識者早已逆料及之。而況北地苦寒，雪虐風饕，甚於他處。我華人性耐勞苦，軍士同袍共賦，不愁禦寒無資。若倭奴則紙製征衣，聊蔽肢體；一遇冰凍，有不瑟縮如僵蠶，委轉於溝壑乎？十月初九日，關東大雪厚三尺餘。倭奴蜷縮無地，積雪沒脛，堅冰在鬚；非呼號於風簷之下，即就斃於冰窖之中。其殘喘苟延者，亦皆朝不保暮，痛恨倭酋而莫可如何。人曰：「此天亡之時也。」吁，可哀也

哉！〔三寒〕〔難過〕

3460	原 394/9	廣射 10/81 右	大 11/306

漏洩春光

滬上佛店之多，甲於他邑。無知婦女，入其彀中，以致敗名喪節者，不知凡幾。蘇臬韓古農廉訪勵精圖治，首以整飭風化為心，嚴札各屬禁除佛店。凡在禿奴，宜如何銷聲斂跡。乃英租界永平安里龍井寺僧竟敢容留婦女，高臥禪床，致為差探當場執獲。並有菜筐一具，蓋藉購物為名，潛赴巫山之會者。事雖彌縫過去，不予深求。然佛地宣淫，大率如此，此特不幸而見獲耳。佛店之惡，如是如是。昌黎復生，豈止燒佛骨而已哉？〔暗藏〕〔阿嬌〕

3461	原 395/1	廣射 11/81 左	大 11/307

庸醫刺面

荊沙觀音寺某甲略涉方書，詡詡然便以知醫自命。日前，聞某乙患疾甚危，因效毛遂之自薦，草草按脈，指為大寒症；痛斥群醫之誤，獨書附桂湯，令速煎服。乙子疑之。甲曰：「爾父服吾方，設有不測，吾當償命。」詎藥甫入腹，頃刻發燥，中夜而亡。次晨，託詞邀甲。比至，而手批其頰，責令償命。甲叩頭求恕。乙子不允，縛於屍側；以小刀刺其面，成「庸醫殺人」四字。鮮血淋漓，始釋縛而去。澹定主人曰：「天下庸醫多矣。彼不操刀而殺人者，未遭懲創，以致一誤再誤。何若乙子之直刺其面，使人見而知懼乎！」〔金字〕〔招牌〕

3462	原 395/2	廣射 11/82	大 11/308

自投羅網

倭人犯順，佔及金州。日前，復在城內迤北埋伏地雷多個，聯以電線。其有暗機處，或置石塊，或婦女首飾及銀殼表等引電之物；意謂華軍貪財，見而往拾，觸機即發。此等密計，惟倭將親兵知之，餘兵不知也。不料倭兵經此，一見銀飾，爭往拾取，觸動電氣；但聞轟然一聲，不啻天崩地裂，火光萬道，上薄層霄，殲斃倭兵三千餘人。倭人設此詭謀，本欲陷害我軍；卒之天網恢恢，即假手於倭，使之自斃。快哉此舉，當為浮一大白。〔天理〕〔循環〕

3463	原 395/3	廣射 11/83	大 11/309

遁身現法

廣東南海縣屬松崗側，日前有男婦三人，搬演戲法，跴繩躡索，變化離奇，令人不可思議。俄令鄉人取一舊酒埕至，焚符封口；隨即探手埕中，牽出一及笄處女。露首埕外，風鬟霧鬢，搖曳生姿；自言裙布釵荊，不敢出醜。法師乃向眾宣言，願借繡鞋艷服一用。有好事者歸取諸母。法師盡納埕中，屢促女出。不應。旋著同伴入埕拘之。久之，仍不見出。聞其伴在埕中疾呼，速取粉盝脂奩來，以便梳掠。法師復取木箱納之，叱令速出見客。又聞其伴曰：「女索買花錢二百。」眾擲與之，而不出如故。法師怒謂：「婢子無禮，余當親往擒之。」遂仗劍一躍而入，自是形跡杳然。近視埕內，已空無所有。好事者以衣履被騙，急歸告母。母謂：「汝已取物歸來，何忽忘耶？」啟篋與視，相與駭然。噫，技至此可謂神矣！〔神出〕〔鬼沒〕

3464	原 395/4	廣射 11/84	大 11/310

女學士

川省名媛童氏，以宦裔為某士人妻。不幸青年早寡，因來都門，依其母兄某部曹以居。童氏幼讀詩書，長於書畫，時以片紙尺縑，鬻諸書肆，藉為生計。近其書畫傳入禁中，皇太后見而賞歎。詢知其故，召入掖廷，令其教習各宮嬪筆墨，並供奉圖畫之事。每月賞給薪水銀五十兩，五日出外休沐一次。是亦可謂奇人奇遇也已。〔彤管流芳〕

3465	原 395/5	廣射 11/85	大 11/311

藉賑索賄

災民流離困苦，待哺嗷嗷，情殊可憫；撫而賑之，固其宜也。有何忍藉軫恤之美名，逞圖財之詭計乎？十月下浣，津郡有冒充委員司事之人到大灘放賑（大灘係城西村落，去城約四十里）。尚未查戶，先給每戶大口錢五百文，小口半之。一時貧戶聞風而來，不異蜂屯蟻聚；惟其傔從按戶需索錢五百文，始准報名。貧戶以劣員放振向有此舉，羅掘與之，領得楊柳青錢帖而去。詎三河頭聞信驅車，恭迓委員；而委員司事僕從一共八人，方於店內圍食麵湯。河頭人等疑之，立飭領振；村人持帖至楊柳青取錢，以辨真偽。及至舖，辨知其為贋本河豚，於是闔村群起與之為難。八人中已逸其六，僅獲二人，由汛轉送縣署究辦。噫！災民之苦甚矣，待振之情亟矣。乃若輩竟於垂厄待斃之人，不加援手，反從而朘削之。以流民之脂膏，供一己之揮霍。此豈尚有人心乎哉？執而痛懲之，是所望於賢父母。〔假仁假義〕

3466	原 395/6	廣射 11/86	大 11/312

形同狼狽

京師西華門北長街，當皇太后萬壽聖節期內，搭有戲臺、經樓，懸燈結彩，與民同樂。紅男綠女，結伴往觀，日夜不絕。十二日，該處巷內有某旂女公子，年約二九，搔首弄姿，立於人叢，凝眸注視。隨有某僧擠立其旁。流氓見之，暗將僧衣女衫以線縫合。迨後僧欲舉步，驀將女公子拖倒，撲於僧懷。女大聲疾呼。家人集視，見此情形，皆怒僧之無禮，僉以巨靈掌批其頰。僧無以自明，被扭至地面官廳，解交步軍統領衙門訊辦。説者謂僧與女素不相識，並無別情。今無端被人牽合，殆佛氏所謂有緣乎？惟如該流氓之惡作劇，竟得逍遙事外，未免太覺便宜耳。〔勉強〕〔牽合〕

3467	原 395/7	廣射 11/87	大 11/313

雞異

雞之異者，曰伺晨，曰長鳴，曰遠飛，曰雙頭；伊古以來，不一其類。至求其毛羽豐滿，高與人齊，朱朱祝祝之中，殊不多見。乃竟於邂逅得之。然則如馬韓國所出細尾雞，其尾皆五尺許者，不得專美於前矣。日者，江西省城有一鄉人擔雞兩籠，腷腷膊膊，聲越以清。另一大籠僅貯雄雞一頭，朱冠錦羽，大異常物，高及人肩；喔喔一聲，宏中肆外；尾毛長二尺有咫，五色斑斕，英風凜凜。大有一飛沖天，一鳴驚人之概。下視群雌粥粥，真不啻鶴立雞群。或曰：是即《爾雅》所謂「雞三尺曰鶤」也。按鶤雞，乃鳳凰之別名，惜其不能奮飛耳。抑吾聞之，日宮一樹有一雞王棲其上，此豈其雞之亞歟？何其於翰音中龐然獨大也。〔碩大〕〔無朋〕

3468	原 395/8	廣射 11/88	大 11/314

匿孩肆竊

賊有賊智，自昔已然，於今尤甚。蘇垣閶門內一帶，店舖林立，當皇太后萬壽期內，點綴景物，爭奇炫異，各出心裁。探裹胠篋者流，遂皆廁足其間，藉施妙手。有某偷兒肩荷炭簍，在人叢中游行；甫經某舖門前，忽失一紅綢綵球。群相驚異，莫解何因。或有疑及荷簍者，尾其後蹤跡之。見其又至他舖門首，簍甫擦過，球已分飛。遂上前拘之。搜其簍，則綵球纍纍，實其中有一孩，年甫五六歲，手持并州快剪。始知其見球便剪，已不止一次矣。乃交地甲解縣懲辦。人皆謂該賊黠甚，吾獨謂該賊愚甚。若非利令智昏，貪得無厭，將如神龍之見首不見尾，何至猝被拘獲哉？〔賊有賊智〕

3469	原 395/9	廣射 11/89 右	大 11/315

犬乳幼主

金陵洪武門外張某，有子及媳，食貧居賤，形影相依。數月前，子遽夭折，媳義不獨生，屢尋短見。嗣以腹已受孕，苟延殘喘，冀舉一雄，可綿宗祀；然朝暮悲泣，其情已暗傷矣。及呱呱者墮地，則產母已魂遊地府。張某乃為棺殮，舁出暫厝；中途憶及嬰孩，急返視之。見素豢之牝犬，匍匐在床，大驚呼叱。詎犬聞聲，人立而號，露乳示之，一若告以代哺之意也者。張某喜出望外，急飼以飯。回視小犬，早經嚙斃。從此犬與孩眠，酷似乳媼。嘻！異已。彼世之受恩不報，反從而傾覆之者，不將此畜之不若哉？〔知恩必報〕

3470	原 396/1	廣射 12/89 左	大 11/316

忠孝兩虧

請長纓，繫虜頸，此丈夫之壯志也。是以古之名將，或願以馬革裹屍，或恐有髀肉復生之歎。蓋其忠義之氣，皆發於不容自已；非若近世畏死偷生之輩，望風先靡也。九江有鄉民某甲，聞倭奴起事，有志殺賊，特詣長勝左營求充勇丁。事為父母所知，尋蹤而至，稟告營官，勒令回里。詎甲從戎志切，百折不回，行至中流，乘人不備，躍入水中，竟隨伍大夫以去。嗚呼！愚矣。昔人謂忠孝不能兩全。若甲之死，忠歟，孝歟？吾不得而知之矣。〔愚夫〕

3471	原 396/2	廣射 12/90	大 11/317

寒冬麥秀

麥之為物，種於暮秋，祈於季春，登於孟夏；伊古以來，無或失時。是以《春秋》無麥必書，收麥必書，不聞別有他異。自後世好言符瑞，於是麥秀兩歧，遂傳為盛事。實則地有肥瘠，氣有盈虧，無足異也。所異者，播種未久，以寒冬之候，忽露芃茂之機，是豈土脈之獨厚歟？抑天時之不正歟？何金陵人言之鑿鑿也。據言該處北鄉某農人，自鞠榮以後，來年之種，遍播田間；方謂經冬必堅，有穗乃久，固其常也。詎未逾兩月，而潛滋暗長，迥異常時。近且茁芽抽穗，長三寸許，頗似麥秋氣象。一時聞者皆嘖嘖稱異。是耶，非耶？請以質諸目擊者。〔不暖〕〔不食〕

3472	原 396/3	廣射 12/91	大 11/318

舁神試冰

恰克圖四部，其地近接俄羅斯，風俗與諸部異；地居北海之南，過北岸則為狗頭國。其民向祀申公豹像。每當秋冬，海冰即合，兩岸相距，渺無涯際。商旅未敢履冰，徑過必詣申廟焚香拜請數日，舁像入水試冰。其像以木為之，裸體不著一絲。舁至海中，直立不仆，漸次入水；俟滅頂，即可履冰過海，車馳馬驟，了無妨礙。至次年二、三月，遙望巨浸中，見一指破水出，即群相告誡，速斷行蹤。逾數日而拳出，又數日而神體全出；即聞堅冰碎裂，海水沸騰，像即矗立水面。彩輿舁歸，報賽惟謹。按申公豹事，見於《封神傳》，原屬荒誕之言，乃彼地奉之維虔。此與西藏唐孫行者等師徒四眾廟，閩省齊天大聖廟，皆以寓言而為後世信奉，并著靈異。可知人心所向，神即因之，不必實有其人也。〔異俗〕

3473	原 396/4	廣射 12/92	大 11/319

持斧砍佛

昔韓昌黎擬燒佛骨，天下憚之；然不聞其將千百化身，果能付之一炬也。自是而後，佞佛者眾。雖以唐蕭瑀之賢，偶有詆毀佛法者，且曰：「地獄之設，正為此人。」蓋佛教之盛，由來已久矣。降至今日，易服削髮，皈依空門者，更不知其幾千萬。若輩藉修持為名，坐擁香積廚，不耕而食，不織而衣。其奉我佛為至尊，相依為命，固其常也。何居乎竟以刀鋸從事哉？松郡西門外超果寺畔有僧人手持月斧，足踏菩薩一尊，用力砍劈，其聲丁丁，一若樵夫析薪也者。噫嘻！異矣。諺云：「吃老爺，著老爺，灶裏無柴燒老爺。」殆此僧之謂耶？〔破身莫報〕

3474	原 396/5	廣射 12/93	大 11/320

鴰為蝠制

江甯夫子廟內，蝙蝠之多，以千萬計。每至黃昏時候，成群飛出，求食於外；往往被鴰攫取，以供晚餐。故當夕陽西下，將暝未暝之際，鴰即盤空而下，振翼奮擊，蝙蝠亦若咸知儆惕者，爭相躲避。此即物各有靈之驗也。近日廟中，忽有巨蝠一頭，其色純白，大如葵扇；見鴰至，便出與鬥，嘗將鴰頸擊斷，拋擲地上。上月十三日暮，又有俊鴰疾飛而來，欲圖一飽；巨蝠遂從「天下文樞」牌樓內飛出。兩相追逐，歷半時許，俱墜於戟門丹墀之下。好事者群趨視之。俄見巨蝠冉冉而起，仍集牌樓；而鴰則已頭碎項折，僵斃草間，行供螻蟻食矣。噫！有高爵厚祿，權勢赫赫，一旦邂逅么魔小醜，鋒未交而跡先遁者，其有愧於此蝠多矣。嗚呼，可以人而不如物乎？〔以弱〕〔敵強〕

3475	原 396/6	廣射 12/94	大 11/321

借物警人

江蘇候補道某觀察，年逾花甲；一交冬令，即患手足麻木不仁，遍醫罔效。近有一醫告之曰：「此腎水枯竭也，非得活狗獾不為功，然尤以雄獾為貴。」觀察信之，立懸重賞，遣丁求取。閱兩三月不可得。未幾，有清涼山某叟獵得活獾兩頭，持獻觀察。驗之，皆雄也。問其價。叟不索酬，自謂：「近據星家言，今年小人命犯白虎，合受官刑，求責一百鞭以為獾值。」觀察嗤其妄。叟苦求之。觀察笑而諾之，親持雞毛帚，薄予施刑。至五十下，叟云：「且住，小人已領半價。請以其半留給同事者。」觀察異而詰之。叟云：「同事者與我訂定，凡有買賣，所得一概平分。倘有偏私，察出議罰。今小人既已鞭責，當與同事者共之。」觀察急問同事為誰。叟云：「即大人之門政大爺也。」觀察大怒，立喚門丁至，叱侍者重責五十鞭，立予斥革；并擬枷示，哀求方免。人謂此叟善於譎諫云。〔譎諫〕

3476	原 396/7	廣射 12/95	大 11/322

色鬼

羊城李某，富家子也，性好徵逐，不醉無歸。日前，又在青樓選曲徵歌，樂而忘返；直至酒闌燈灺，始歌「陌上花開」之句。抵家後，寒熱交作，囈語喃喃。家人以為醉也，不之異。詎翌晨更甚，父母疑有鬼祟，群相驚駭。越數日，忽瞪目直視，厲聲而言曰：「我乃大頭九也，生前花酒是耽，沒後性情未改。無如阮囊羞澀，徒憐杜牧多情。適遇賢郎厚資坐擁，是以相隨而歸。倘假十萬朱提，即可獨往怡情，評花地下，不復在此擾累。」問其如何交付。則曰：「但至榮桂里，口呼名焚化，自能收領。」父母如其言，為備冥鏹十萬，齋醮七天，往所指處送之。病竟霍然听如。大頭九者，花柳迷情，至死不變。其真色鬼之尤歟！然非李某有以召之，必不至此。可不懼哉！〔死亦〕〔風流〕

3477	原 396/8	廣射 12/96	大 11/323

和尚被熠

金陵某紳因遇太夫人之喪，延某叢林方丈誦經禮懺。方丈見素幃內有一麗人，雙目注視，挑以游詞。麗人者，紳之愛妾也；訴於紳，不得直，欲尋短見，以明心跡。紳見之，轉怒為喜。遂生一計，出一繡帕，令妾持贈方丈；如彼接受，則調戲有明徵矣。妾從之。至晚，施放燄口。方丈乘隙調情，妾果授以繡帕。方丈喜，急納懷中。時紳適接踵而至，與之絮語。移時始請方丈拈香，隨上施食臺，合十和南，普施甘露。不覺攢眉蹙額，似有萬分苦楚狀。眾異之。及念至「化子來則淚如雨下」，念不成聲，突由臺上顛下，飛步出門。長領內星火炎炎，向空直冒。眾咸驚異，急將上下衣撕脫，則膚肉已糜爛不堪矣。蓋適所贈之繡帕中，以香灰裹一燒紅炭墼也。紳真謔而虐矣！〔色即〕〔是空〕

3478	原 396/9	廣射 12/97 右	大 11/324

犬識舊主

甯人某甲畜一洋犬，性甚馴，搖尾乞憐，能得主人歡。去歲三月間，忽然走失，蹤跡杳然，至今已逾一年有半矣。日前，行經二馬路，見一韓盧，酷似前之失物；試呼以名，則犬即應聲而至，繞足銜衣，倍極依戀。甲不覺狂喜。迨後豢犬之某乙尋至，欲將犬領回，而犬竟掉頭不顧。乙義之，不與計較，竟給甲領去。善哉！犬之不忘其舊也。世之貪利忘義，得新棄故者，對之能無愧死。〔媿美盧令〕

3479	原 397/1	廣御 1/1 左	大 12/1

拾銀笑柄

爪亞瞽者沙禮既貧且廢，無以謀生；因手一杖，搖鈴市中，藉按摩之術為餬口計。某晚，行至峇釐街口，其杖落地，忽覺鏗然有聲。異之。蹲而捫索，覺有一紙裹洋銀二枚，喜甚持歸。質於人，則花紋翹然，果銀蚨也。復以其紙倩人視，則係十元之鈔票。見者方相慶幸，詎沙禮忽號咷大哭。人問其故。則曰：「惟恨彼蒼偏使我兩目失明耳。不然，則如炬之眼光，應不知多拾幾許矣！」聞者始知其痛哭之故，莫不為之掩口胡盧。〔貪得無厭〕

3480	原 397/2	廣御 1/2	大 12/2

姑嫂保鏢

紹興某大家自言其先世某方伯曾在滇南開藩。當引疾將歸時，心慮道遠金多，或遭不測；聞該處鏢師張某名，聘之護送。張適遠出，其家中子婦及少女利其重聘，應招而至，約酬金若干。各跨一健騾，懸鐵胎弓鞍旁，行萬里若涉坦途。既抵紹，方伯心謂女子有何武藝，徒以大言欺人；中悔，欲減半酬之。兩女變色言曰：「我張氏鐵胎弓累代馳名。前在某山某隘，皆盜藪也。所以帖然者，以我兩人從耳。」遂策騾至教場，張弓取鐵丸對彈；但見兩彈相觸，錚然迸落。連發二十餘丸，無一參差者。觀者駭絕，方伯無言，付金如數而去。〔勇藝絕倫〕

3481	原 397/3	廣御 1/3	大 12/3

挽回造化

盧福生者，江陵富家子也；年三十，無子，望之甚切。去臘，偶赴姻家湯餅宴，臨食而嘆。同坐有寶慶人駱梅樓叩以故。盧縷述衷曲。駱曰：「信如君言。某有小術，曷為君謀之？」盧聞之，喜不自勝，乃與偕歸，令妻出拜。駱命持大磁盆一隻，滿注清水，沉康熙大錢二文於水底，一係陰面，一係陽面。駱為書符念咒，以手向水面畫字，用黃表紙覆於其上；良久揭起，字入紙上，作紫赤色。乃使盧妻向水中取錢，諄囑勿致錢翻。妻如其教，詎持之未固，一錢復落於盆，僅攜一錢出水；視之，則陰面也。駱頓足曰：「惜乎其女也。若不令翻，則男矣。」乃復使俯視水中，深若丈餘，隱隱有一女嬰，百體俱具。群驚其術之神，駱遂飄然而去。是月果孕，今歲九月，竟舉一女。噫，是真神乎其技矣！〔人巧奪天〕

3482	原 397/4	廣御 1/4	大 12/4

錢癖

蘇城某甲，籍隸浙江，性僻且吝，援例納粟，以縣令得補某缺。被參罷職，甲即將數年收括之十餘萬金，在蘇廣置田園，放款收息。盤剝又三十餘年，家資約積數十萬，面團團作富家翁矣。生平有錢癖。每遇以洋易錢，必選錢之光潔厚重者，預於空屋中掘坑數十，分別存儲；而以紅銅薄質錢用之。其所選之錢，如初年積儲者，尊之為始祖；由始祖遞至二世、三世，今已積有四十餘世。

有以祖龍諷之者，甲終不悟。每逢祭祀之辰，必先祭錢祖而後及其本身之祖。嘗囑巧匠造一紅木神龕，名曰「路頭堂」，內供財神及招財、利市等像。顏以橫額曰「來者不拒」。懸以長聯曰：「刻薄尖酸是守錢奴，可以使他富貴；慈祥愷悌非保家子，亟應罰彼貧窮。」其語如此，生平已可概見矣。〔利令〕〔智昏〕

3483	原 397/5	廣御 1/5	大 12/5

咄咄怪事

蘇城察院巷施相公衖口煜勝祥土棧對門某洋廣貨店，於上月廿七夜三鼓時，大門已閉，各夥方散坐閒談。一老嫗在廚下洗滌杯盞，忽聞屋後有扣門聲，嫗問為誰。門外答云：「某係迷失路途，誤行曠野，不知此是何處？君家前門臨何街市？」嫗云：「此間空地名為北局，前門即觀前大街，爾何人斯？黃夜至此，可速去。」其人懇嫗暫行方便，欲由店內假道。嫗有難色，未及回言，門忽自啟，其人逕由店堂拔關而出，狀甚忽遽。店夥正在笑談之際，瞥覩後堂躍出一人，頭戴紅纓大帽，身披縞素袍、元色外褂，足穿皂靴，面目黧黑，行走如飛。均各異常驚駭，急尾其後。時路上已無行人，但見其人一步一縱，高與簷齊，向東而去。比追至大成坊巷口，相距不遠，陡聞長嘯一聲，頓失其人所在。真怪事也。〔來去〕〔無蹤〕

3484	原 397/6	廣御 1/6	大 12/6

妙手割瘤

本埠西鄉有某甲者，在六年前娶某氏女為室。該氏胸前本有一瘤，甲亦不以為意；惟日見漲大，心頗厭之，遍醫罔效。延及近日，瘤竟垂至腹下。甲憂之。旋聞西門外西國女醫羅醫生能治奇疾，因往求診。醫生見其碩大無朋，甚為詫異；權之，重二百四十磅。詳加診治，似非不救之症。遂於日前邀請在滬諸西醫會診，并將該氏舁置機器鐵椅上，施以悶藥，用利刃將瘤割下，然後噴水令其蘇醒。再權其身，衹得七、八十磅；則割下之瘤，竟重一百五、六十磅矣。刻下該婦業已就痊，行坐起居，如釋重累，不禁喜出意外。據西醫云：此等大瘤從來未有，故已浸以藥水，寄往泰西大醫院中，藉資考究。〔如釋重負〕

3485	原 397/7	廣御 1/7	大 12/7

謂他人父

日前，《申報》後幅登有告白，標其題曰「願作螟蛉」。異而視之，始知其人年甫廿四，因設業耗本，一貧如洗，無地插身，欲覓老年乏嗣者收為義子。後見百花衕藥局老人，亦登告白曰：「余為爾父」，訓以為子之道，招之使來，謂能受訓成人，當為成家立業云云。亦一笑置之。居無何，聞老人得一回信，自述其志不願作夥，故欲覓一開行設業者，奉之為父，方不失為小主人；如欲見面，可至甯波府署前悅來茶園相訪。老人怒，馳書訓斥，遂作罷論。然其人痴心未死，尚欲更端以試也。噫嘻！世之撫螟蛉者多矣；或自幼養之，或因親納之。從未有素不相識，人已長成，不出自長者之命，效毛遂之自薦者。乃如此人者，業擅經營，心忘廉恥；竟欲以變易姓氏，圖賺資財，以為家業唾手可得，而不知其適為人愚也。天地之大，無奇不有。觀此益信。〔無恥〕〔之尤〕

3486	原 397/8	廣御 1/8	大 12/8

臭味相投

某豪右家有銀倉，租以萬計，極驕奢；以銀製溺器，外飾龍鳳，罩以繡花緞套，至佃收租，置田人祖筵上。一俠漢見而怪之，問何物。紿曰：「盛人參湯器也。」俠漢啟視，聞臭味知之，曰：「請飲。」不從，就其口而灌之。乃直言曰：「是溺耳。」俠漢怒曰：「爾以溺污人祖宗。彼即佃爾田，何狎視乃爾？況上有『天地君親師』等字，豈不傷天害理耶？」即以此物擊其頭面，尿血並流，鼠竄而去。後生一兒，極痴獃，不數年已將家資蕩盡。人謂其覆亡之禍，早於乃父置溺器時。卜之世之虐佃者，其鑒諸。〔侮人〕〔自侮〕

3487	原 397/9	廣御 1/9 右	大 12/9

野燒斃孩

鄉里孩童，每於隆冬時焚燒田間枯草以為嬉戲，向無甚害，故官長不之禁也。日前，本埠東鄉周家嘴相近有某童與其左鄰六歲小孩出外游玩，瞥見某姓墳上茅草叢叢，隨風俯仰，相與攀登其頂。因見鄰村方作野燒之戲，見獵心喜，亦出火具，效其所為。不料，風勢正狂，燎原無際，恍如獵火，一山俱紅。某童拔步飛奔，僅焦衣服；而鄰孩則逃避不及，已如介之推之抱樹而亡矣。吁，慘哉！〔同歸于盡〕

3488	原 398/1	廣御 2/9 左	大 12/10

孝女刲臂

女姓何氏，高昌寒食生先生之長女也，性淑慧，善鼓琴，讀書能識大義。嘗見古孝子有割肝刲股等事，心竊慕之，問先生曰：「若此者，可謂孝乎？」先生告之曰：「此愚孝也，不可訓；然其心亦可嘉矣。」今歲仲冬，先生患瘍疾，勢甚凶；庸醫治不得法，誤投補劑，日益劇。時女年十有八，憂形於色，日夜徬徨，無以為計。乃於深夜焚香禱天，竭誠求代，潛刲臂肉一臠，和藥以進。先生食之甘，疾稍痊；然終不敵庸醫用藥之力，以致純孝不能格天，先生遂歸道山。事後，家人浣濯衣裳，見翠袖間腥點斑斑；私驗其臂，則刀痕宛然，猶未結痂也。嗚呼！先生以忠孝傳家，今得淑媛若此，亦足為名門光矣。〔欲報〕〔之德〕

3489	原 398/2	廣御 2/10	大 12/11

江神顯靈

江干一帶，各蘆洲皆有魚套。若潮水低涸之際，漁人必備香楮，虔申禱祝，名曰「做套」。又定章冬後三日，致祭江神，否則率多怪異；故皆遵守，不敢或違。今屆金陵觀音門外某洲主，獨不肯信俗例，遽爾做套；甫經挑築，入夜即坍。再築再坍，至於三四，工迄不就。洲主忿甚，立即招人捕魚；詎意網乍下而水已陡漲，登時將套衝卸。突見巨魚一尾，頭如鐵杵，大逾尋常；漁人之入水者，莫不被其撞倒。眾知有異，共勸洲主仍循舊例祭江。後三日，再築魚套，剋期成事，平靜如恆；所獲魚鮮，亦視往昔無減。江神誠靈怪矣哉！〔狂瀾難挽〕

3490	原 398/3	廣御 2/11	大 12/12

冒兵詐妓

貴州古州鎮總兵丁衡三軍門，督率苗兵三千，馳赴北洋，剿除倭寇；沿途經過地方，皆秋毫無犯。見者咸歎為節制之師。日者，道經漢口，軍門嚴加約束，並不滋擾閭閻。乃忽有無賴多人，扮作苗兵，至某妓院尋歡索詐。龜鴇見其不類，婉辭卻之。無賴大怒，攘臂伸拳，竟欲與娘子軍成對壘之勢。嗣有知其心事者，餽以番佛數尊，始悻悻而去。夫今天下假冒之事，不一而足。當其未經破綻，雖自稱觀察，自稱司馬，人亦孰得而知之；及其敗露，身名俱裂。該無賴乃逞兵丁過境之時，發訛詐娼妓之想。由斯以推，何往而不可冒。其得如神龍之見首不見尾也，何其倖歟！〔膽大〕〔妄為〕

3491	原 398/4	廣御 2/12	大 12/13

蛇腹吞羊

南洋麻六甲之武吃覽迷地方有巫來由人沙逸者，於上月廿六早，在園牧羊，轉瞬間群羊爭先奔竄。檢點已失一頭，初甚異之。繼見臨坑草裏盤踞一蛇，矯若遊龍。沙逸驚呼截擊，登時倒斃。鄰園有粵人溫日新者，持刀而至，剖開蛇腹，則羊在焉。始知前此失羊，即被其所吞噬。由是取其膽而剝其皮，聚薪焚之；皮化成灰，入以藥料，再加淘洗，約得精金一錢四分之重。據云：此蛇膚革含有金質，故以化學之法取之也。然觀者雖眾，頗疑其為夸詐之談，未必果精於化學。惜南洋未有格致書院，否則持其說以相質証，當必有以決之。〔弱肉〕〔強食〕

3492	原 398/5	廣御 2/13	大 12/14

刀起拳落

鄉里游民群居小店，言不及義，好勇鬥狠，無所不為；每至釀成巨禍，逮繫囹圄，仍不悔悟，其情殊可傷矣。潯陽有二少年在某屠店嬉戲，一伸拳於肉墩上，曰：「爾敢斫吾以刀乎？」諒人必不以刀來也。一舉刀而咤叱曰：「爾敢當吾一斫乎？」諒彼必將引手去也。言未已，刀起拳落，跳躍於地。見者大譁，執兇人送官，而受傷者已血盡氣亡矣。想按律定擬，當不免以戲殺抵命也。夫游戲之事，無益有損。世之以戲言而興大獄者多矣，況兇器乎？嗚呼！彼惟存一倖免之心，遂至皆不能免。可憫也夫。〔弄假〕〔成真〕

3493	原 398/6	廣御 2/14	大 12/15

丐俠救婢

湖北黃梅縣東山鎮某姓家夫婦，皆有阿芙蓉癖；蓄一婢，年十三四，日夜伺候，無頃刻休。因婢疲倦睡，以碗盛水置頂上，水潑即捶楚之，睡仍不止。復穿其唇舌，繫一鈴一錢，引長線於榻畔；婢睡，則線曳而搖其鈴，鈴響，婢即醒矣。口不能食，血涔涔下。一丐視之，大為不平，佯求乞，故作刁難；得飯要米，得米要錢，得錢要衣銀，相爭嚷而鬥毆焉。丐曰：「老子豈屑受爾嘑蹴物哉！不過藉此舒憤耳。今願送官，為若婢伸冤。人有貴賤，皮肉則一。我大清律例無此刑法；但聞閻王有鉤舌之說，爾異日在冥中受罪，我未必親見。不如我今日權作活閻王，使爾夫婦一嘗此味，以快我心。」言訖，即操大錐，以巨繩繫一秤錘，逕提其口而箝其舌。某夫婦懼而乞哀，呼人解婢舌上線。丐頻來省視，若婢母家然。人謂此丐乃義俠者流，亦信。〔見義〕〔勇為〕

3494	原 398/7	廣御 2/15	大 12/16

逆婦變龜

崑山某農婦性悍而逆，事姑不以禮，欲置之死地而未得間也。聞村有售毒鼠藥者，婦問：「亦能毒人否？」或言：「中有砒，云胡不能。」婦喜，挽鄰婦購之，製餅十二枚，往喚姑。姑自鄰家返，至門，一丐向之求乞。姑曰：「我家新婦今日作餅，大是難得，那有施汝？」丐即脫兩衣奉姑，曰：「以此易餅，何如？」姑視甚鮮潔，留之，而付以餅，己仍啜於鄰家。婦見姑攜衣歸，問之。告以故。婦喜，試著之，忽仆地化為龜。姑驚呼其子及四鄰共視，漸縮漸小，方廣尺餘。人謂此忤逆之報，冥冥中有天意焉。然吾謂婦女變龜殊屬不類。彼搖搖擺擺，自儕衣冠之列，而莫識為曳尾之流者，宜現其本相，以勸天下寡廉鮮恥者，奈何以婦女當之哉？或曰：此造化之變幻也，豈其然歟？〔墮入畜道〕

3495	原 398/8	廣御 2/16	大 12/17

執柝賊

更夫執柝，所以巡賊；未聞賊亦執柝者也。金陵北城某甲，疇昔之夜，忽聞其門戛然有聲，開門出視，見有某乙蹲伏路旁。甲遂向前拘獲。乙從容謂甲曰：「我更夫也。安見有賊而手中執柝者乎？」甲視之，果然，問乙曰：「不擊柝，在此何事？」乙曰：「前路有賊，一聞柝聲，彼必潛遁，故靜以待之。」甲信之，闔扉而入。俄聞鄰家某丙大呼捉賊。甲復出視，見乙肩荷衣包，如風疾走。丙持木棒在後窮追。甲遂攘臂相助，趕至里許，前有更夫截住去路，始得擒獲。時木柝猶在身旁也。丙乃將衣包取回，送乙至保甲局處治。聞乙慣以此術惑人，一遇被獲，反稱捉賊。人見其有柝也，輒受其愚，往往信而釋之。今卒被擒，彼狡黠亦何用哉？〔欺以其方〕

3496	原 398/9	廣御 2/17 右	大 12/18

卜人解事

粵垣某甲，君平之流亞也，日在省城中垂簾賣卜，言事輒有驗。都人士皆信奉之。一日，有某學究隱以中倭勝敗事託諸生，意以占休咎。甲詳審繇詞，斷曰：「客強主弱，非吉兆也。」學究大怒，指為漢奸，扭之欲毆。甲不知其故，柔聲下氣，轉相請教。學究乃以實告。甲笑曰：「先生早言，則不必尋鬧矣。夫先入為主，高麗之禍實由倭人啟之，所謂主也；我因其犯順而應之，所謂客也。卜繇雖同，而事勢自異，吉莫大焉。」學究遂霽顏謝過，厚贈而去。一時見者咸笑學究之痴，而服卜人之解事。〔隨機應變〕

3497	原 399/1	廣御 3/17 左	大 12/19

祥徵榜眼

廣西省某縣某孝廉，學邃而性純，好行善事，為一邑矜式。去年某晚，忽夢一神贈以目珠一顆。醒而異之，言於親友，咸莫得其解。某太史聞之，賀曰：「此今科榜眼之兆也。」或問其故。則云：「昔陝撫畢秋帆中丞幕府孫淵如、洪稚村二公未遇時，各得是夢，後皆以第二人及第。由是觀之，則其夢之有徵必矣。」姑誌之，以觀其後。〔吉夢〕

3498　原 399/2　廣御 3/18　大 12/20

大福無量

《爾雅・釋鳥》：「蝙蝠，服翼。」註：「齊人呼為蟙蠌，或謂之仙鼠。」《揚子方言》：「自關而東，蝙蝠謂之服翼，或謂之飛鼠，或謂之老鼠。」李白詩序：「荊州清溪有乳穴，穴中玉泉交流，有蝙蝠千歲，體白如銀。」《焦氏易林》：「蝙蝠夜藏，不敢晝行。」韓愈詩：「山石犖确行徑微，黃昏到寺蝙蝠飛。」此皆各紀其實，無他異也。粵東某大紳前曾官吏部侍郎，自退休林下，當道各官爭謁其門。去年冬至節，簪裾交集之時，忽有蝙蝠大如車輪，小如釜蓋，盈千累百，飛集廳堂。眾皆翹首仰視，或曰：「福自天來，大人其將徵召出山乎？」紳笑曰：「此諸君之鴻福也。老夫何力之有焉？」一時聞者傳為佳話。〔仙鼠降臨〕

3499　原 399/3　廣御 3/19　大 12/21

神朝天師

某中丞素與天師善，嘗延至署。時將歲逼，天師辭歸。中丞問之。曰：「每歲元旦，諸神朝天畢，必朝龍虎山。此乃大典，不容不歸。」中丞強之，為之祓除後樓五間以備設壇，召諸神來朝。天師不得已而允之。至小除日，天師沐浴齋戒，戒人不可竊窺。時有小童性巧黠，聞其事，乘夜潛自登樓，伏座後窺之。五更許，天師金冠盛服，向天禮畢，升坐。旋見霞彩滉耀，異香徐來。諸神以次入謁，天師拱立受參。最後，一赤面長髯者下揖。天師離座，旁立恭俟。紅光耀目，不可逼視。須臾，怪風驟起，一神至。天師急舉袖障面。童凝視其神，形體正方，遍身皆眼，精光射人。駭極仆地。天師覺之，俟神去，徐下樓，呼從人將童灌醒。自言所見。天師曰：「此太歲也。我尚避之不敢見，汝何人，乃敢偷窺。不出七日死矣。」後果暴卒。〔不忘〕〔恭敬〕

3500　原 399/4　廣御 3/20　大 12/22

掘窖暴富

金陵人陶某以負販為業，性誠謹，克勤克儉，積有數百金。其戚友或有急難，稍稍賙恤，盡其力之所能，絕無吝色。有某甲者，本世家子，嗣以家業中落，欲將祖遺房屋十餘間求售於陶。陶遂以三百金得之，於是鳩工庀材，大興工作。一日掘地，得窖金二十餘萬。陶謂甲曰：「此汝祖所遺也，予何敢獨私。」分半與之。甲喜而雀躍，亟往攜取，則纍纍者已化清泉，無復向之朱提矣。知非己有，仍以歸陶，復成巨鎰。乃知財之得失，自有天命，未可強求。諺云：「一兩黃金四兩福。」又曰：「命裏窮，拾著黃金變了銅。」觀陶與甲，益可信矣。〔驟獲多金〕

3501　原 399/5　廣御 3/21　大 12/23

氣球妙用

西人格致之學，愈試愈精，充其力，實足洩造化之奇，闡古今之秘，誠創局也。氣球之製，曩年有人乘之登雲，越海超山，安如平地。然西人性好奇，恥襲陳跡，每能別出心裁。近有人以橡皮氣球起水中沉溺船隻，更以此法略為更改，且可起巨石於水底。其法以帆布為球，十尺對徑，實以橡皮，上下護以銅板；中有一鐵管，管上皆孔，下接白鉛器一具，中藏炭氣。放入水中，即可鼓氣入球，然後將球繫於船身兩旁鐵上，則浮力自能升船出水。近有一石重一萬八百磅，沉於水中，深及三丈，亦以此法起而出之云。〔愈出〕〔愈奇〕

3502　原 399/6　廣御 3/22　大 12/24

財神內向

正月初五日，相傳為財神誕辰；其說不經，然世俗多信之。於是香花供奉，獻媚百般，以為財神庶幾其福我也。其甚者，且塑趙元壇像，自騎黑虎，右手執鞭，左手持寶，供諸中堂，北面瞻拜。楚北一帶往往有之。獨漢口某藥材舖謂財神外向，安能貯財；曾於去年獨塑一像，反其道而行之，騎虎內向，左手執鞭，右手持寶。意謂從此財不外散矣。而其舖中生意，亦興盛異常。見者嘖嘖，僉述其事之靈應。不知神而無靈，為之無益；神而有知，必不樂受人約束，得毋慮其怨恫乎？嗚呼，謬矣！〔不假外求〕

3503　原 399/7　廣御 3/23　大 12/25

說經奪席

履端肇慶，首祚迎祥；或進香湯，或飲椒酒，或放鳩而獻雀，或燒鵲而懸羊；類皆采烈興高，及時行樂也。乃江右有某宿儒者，學既淵深，性尤純樸；擁康成之席，傳劉向之經。每屆元辰，生徒賀歲者，衣冠濟濟，駢集門牆。先生留以午膳，薦以辛盤，乃謂之曰：「昔漢戴馮說經，奪席五十餘，至今榮之。汝等解經有年，盍各抒所見，互相考證。異日進身，安見戴馮之學，不復見於今日乎？」眾皆曰：「諾。」於是各坐一席，令各辨論。有不通者，奪其席以益通者。一生獨坐四五席。先生獎勵有加。如是者習以為常，故每科高第蟬聯，青雲翔步者，多出其門。蓋先生裁成之力居多云。〔饒有古趣〕

3504　原 399/8　廣御 3/24　大 12/26

純孝相感

常州楊姓母子二人，母衰老，子擔賣鮮果為生，奉養無缺，侍奉不離，生計益絀。一日，持方向肆貰藥。肆中人辭以所負已多，窘甚。適一藍縷道人過，詢狀，向肆中乞素紙，長三尺許；就借筆墨作疏柳數行，一叟坐船頭垂釣，一手把卷。下筆如飛，須臾畫訖；題「雪舟漁唱」四字。付其子曰：「持此赴西門外三洞橋，坐橋石上；張畫索價，可得萬錢。敷汝醫藥費矣。」如言往，良久無遇，懊喪欲歸。忽遠遠聞鳴鑼聲，三四大舸順流東下，過橋卸帆停泊。一貴官上岸閒眺，覩畫把玩不能釋，問欲售耶。曰：「然。」問需值幾何。曰：「十貫。」遽攜畫入艙，呈一老婦。婦捧卷，若甚喜，招楊至船，問何自得之。實對，歎為仙筆，如數贈之。蓋貴官係遺腹，生未嘗見父，屢懸擬，終苦不似；視畫上叟，神態儼然。老婦乃太夫人也。孝念所感，仙乎！仙乎！〔神仙〕〔佑人〕

3505	原 399/9	廣御 3/25 右	大 12/27

韓文驅鱷

昔韓昌黎為潮州刺史，見鱷魚為患，為文祭之，鱷遂南徙。論者謂係精誠所感。乃粵人羅某借其遺文，竟亦得桴鼓之效。斯亦奇已。羅某性豪俠，善技擊，貿易至西洋，積有年所，為眾悅服。聞有鱷魚為害居民，官不能制；乃為壇於海濱，陳牲帛，朗誦昌黎祭文，焚之。鱷一夕遁去。華彝敬畏，尊為客長。吁！鱷，頑物也。昌黎文驅之於千載以前，復徙之於千載以後。古聖賢語言文字，昭如日星矣！〔誠能格物〕

3506	原 400/1	廣御 4/25 左	大 12/28

綵勝同簪

昔東坡立春日簪幡勝，過子由。諸子姪笑指云：「伯伯老人，亦簪幡勝耶？」名士風流，傳為佳話，至今不可復覯矣。乃邗上有某太史者，久列清班，卓有建白；自退歸林下，築別墅於石帆瓜步間，琴詩寄志，杯酒言情，良自得也。今歲元旦，慕蘇學士之遺風，預造金銀幡勝，率兒孫同簪諸鬢；新樣親裁，飄搖過市，若忘其為黃髮駘背也者。一時見者皆羨為神仙中人，而不知其實古趣獨敦云。〔宜古宜今〕

3507	原 400/2	廣御 4/26	大 12/29

占鰲迎兆

俗稱狀元獨占鰲頭，此典闕然久矣。然世之喜吉祥者，每於燈彩中見之。正不獨王珪詩云：「雙鳳雲中扶輦下，六鰲海上駕山來」也。江右某君，甲午科新孝廉也；積學能文，高視闊步，有不可一世之概。自計今春將應禮部試，擬迎吉兆，以奪先聲。遂出家資，雇覓巧匠，紮成狀元遊街故事；佐以鰲山，間以雜色燈彩，使人舁遊各處。燭光照耀，粲若明星，六街三市之間，觀者蟻集；以為未至上元，得觀燈景，群誇眼福不置。人有識其意者，則曰：「此孝廉求名之念也。」若果朱衣暗點，人將群起而迎之；其如愚不可及何。習俗移人，賢者不免。吾於孝廉亦云。〔功名〕〔心熱〕

3508	原 400/3	廣御 4/27	大 12/30

精金遇主

宛平湯芷卿先生筆記云：「通州燕郊鎮為山海關出入總路，道旁有廢寺，殿宇傾頹，惟一香鑪、兩燭臺在焉。鑪高七八尺，臺丈餘，重莫能舉，以故久而獲全。乾隆四十二年，純廟謁陵，經其地，入寺，以鞭扣鑪，曰：『此非鐵聲也。』令侍衛錐破之，皆黃金鑄成，外塗火漆，命移入內庫。寺之緣起，《州志》不詳。後於牆陰掘得一碑，乃明嘉靖時太監李璵家廟。按明世宗約束內寺頗嚴。李璵名不見史冊，似非當時權貴；而已豪富如是，足知前明璫類之橫矣。」此物委棄荒煙蔓草中四百餘年，往來行人何啻億萬計，而皆不之識。留待駐蹕，始入大內。於以知黃金積至數萬斤，斷非臣庶所能倖獲也。〔積厚流光〕

3509	原 400/4	廣御 4/28	大 12/31

倭酋好鴨

人情不一，嗜好各殊。葉公好龍，懿公好鶴；鍾情過甚，癖以成焉。近觀西報所述倭酋好鴨一事，則大可異矣。倭酋不務國政，專以游戲為事。宮中廣開池沼，通行外河之水，挹注其間；兩岸栽植榆柳百株，以為園囿。外河本是居民養鴨之所，一水相通，時有唼唼者游泳於池沼間。倭酋見之，以為奇觀。日領王公大臣及嬪妃等，潛伏樹下，拋撒以米穀，引鴨爭食；即命各人張網捕捉，將以鴨之多寡，分功之高下焉。乃各人舉網，百惟得一；而倭酋則每網必數十頭。於是誇於眾人，以為巧思獨具。其亦知所務者小，所失者大乎？昔者吳王育鴨，以此名城，而吳地卒至為沼。倭酋殆欲步其後塵乎？〔玩物〕〔喪志〕

3510	原 400/5	廣御 4/29	大 12/32

財運亨通

京師有所謂黑市者，大抵皆狗偷鼠竊之輩，蝟集其間，詐偽百出。人或貪賤購覓，往往被其所紿。贋本河豚，所在皆是；然亦間有獲厚利者。桐城方某乘夜往市，遇一人以袱裹一裘求售；捫之袱，頗光滑，裘亦輕軟，以賤值得之。攜歸置篋，毫不為意，以為此蘇季子之敝裘耳。迨曉啟視，則錦袱所裹者，貂裘一襲也；驚喜欲狂，將裘展視。忽聞墜地有聲，乂得珊瑚素珠一串。急鬻諸肆，陡獲千金。或謂此某邸之失贓也，方於黑夜得之；未獲窩藏之譏，反得厚重之資。是殆其財運亨通，故物雖儻來，而不致受其害歟？〔富而可求〕

3511	原 400/6	廣御 4/30	大 12/33

親迎淨桶

諺有之云：「一去三五里，各處一鄉風。」俗人俗例，原不足怪。所最不堪者，惟漢陽鄉間土名草鞋廟一帶，凡有婚娶之家，先期一日由女家致送妝奩，男家在路迎迓。其新婚之淨桶，必令新郎穿帶衣冠，拱候道左，接挑到家，擺於神前，行三跪九叩禮；旁人加以吉利語。稱為「子孫桶」。相沿成習，牢不可破。近有某生年少讀書，頗知禮義；幼聘鄰村某姓女為室，卜吉去臘十九日迎娶。前一日，乃翁令其子舉行俗禮，其子雅不謂然；迫於父命，冠服而往。至前村，肩荷淨桶，迤邐而行。鄰人皆笑之。其子既羞且怒，未至家中，竟將淨桶委地而去。旋經旁人代肩至家。叟見之，怒不可遏，速命擺列神前，香花供養，罰令其子向淨桶行三跪九叩首禮乃罷。嘻！此真所謂無於禮者之禮也，可怪孰甚焉。〔承上〕〔接下〕

3512	原 400/7	廣御 4/31	大 12/34

奇形怪狀

《傳》云：「亥有二首六身。」此言庚甲之隱語，非狀胎產之奇形也。乃首以相合而見為奇，身亦以相連而益見為奇。則自古及今，未有如日本報所載之奇產矣。日國秋田縣有某甲者，娶妻生子，儼成室家。近其妻又誕二子，似孿生而非孿生，非孿生而亦孿生。蓋一首兩身，背與背相黏而不能離，兩面相背而亦不能離；惟四手四足，各備於其身而不合耳。肢體相連，面目各別，前後復有男女之辨，是一人而具二人之身，恍如合兩人而成者。產後已將彌月，如比翼之鳥，如比目之魚，為歷來胎產之少見者。天下之大，何奇不有。是殆造物偶示其端，

以廣人眼界歟？〔異人〕

3513	原 400/8	廣御 4/32	大 12/35

掘窖見怪

世之想發財者，莫不願掘獲窖藏；然有無心得之者，有得而旋失者。此其間有命焉，固非營營者所可強求也。陽湖汪翁宅後園牆角，夜輒有光，意必窖金；乃乘人靜，與姪掘之，入土丈許，得兩缸對合。啟視，一物獅身黑毛，頭大如甕，合目趺坐其中。火至，目頓開，睛光閃爍。駭極，急覆缸，填以土，猶聞缸中鼓氣如雷，天明始息。半月後，無故火發，房舍悉燼，家頓落。里人言其事，莫不歎異。有謂汪無福消受，故錢神幻形以懼之者；有謂妖由人興，汪苟無釁，怪不自作，是火災之先兆也。傳說紛紛，莫衷一是，世有博物家，吾願舉以質之。〔利令〕〔智昏〕

3514	原 400/9	廣御 4/33 右	大 12/36

盜亦有道

青浦人某甲向以經商為業。去臘，販洋貨至崑山出售，獲利數十元；擬至蘇城轉販桃花塢之畫、張虎邱之捏像，運申轉售。詎行抵沙河塘相近，時已昏暮，突來暴客五六人，手執利刃，攔截去路。甲度不能免，長跪哀告曰：「某係小本營生，囊中止有三十餘金。今遇諸君，亦運會使然，敢不傾囊相贈。顧念老母弱妻皆賴以為命，失此資本，則生機絕矣。可否以半數為諸君壽？」一盜聞言，慨語眾人曰：「我等誰無父母妻子。今取一人之物，而戕一家之命。我不忍為也。」言訖，擲還其金，呼嘯而去。甲遂得脫此難。〔綠林豪客〕

3515	原 401/1	廣御 5/33 左	大 12/37

魚腹藏珠

金陵城北三條巷某叟，年逾六旬，性嗜鯉，幾於每飯不忘。一日，在魚攤上購得活鯉一尾，欣然攜歸，命家人烹以佐膳。詎知魚腹乍剖，忽露光芒，有明晃晃如菉豆大之真珠，藏於腸內；數之，約二十餘粒，不禁喜出望外，訝為天賜奇珍。有販售珠寶者聞之，願出重資以購。叟居為奇貨，不之允。有見者謂此珠係人遺失河中，為此魚吞噬，故珠上有眼。某叟得之，其亦有定數歟？〔得之〕〔有命〕

3516	原 401/2	廣御 5/34	大 12/38

活路頭

俗稱財神為「路頭神」。相傳於正月初四夜，接以牲醴，奉以香花，以卜一年利市。滬上各店舖向沿此習，無不循例舉行。乃美租界漢碧理路同興飯館，於今正初四夜，正在陳牲獻幣時，忽有西人醉態瞢騰，排闥而入，公然據案上坐，虎咽狼吞，刀箸並舉。店主即以路頭神目之，任其飽啖而去。或曰：「是野路頭神也，雖享大烹，亦無所用之。」店主愕然。解之者曰：「近日接路頭者甚多。安有如許神明，享受人間煙火；大都以假路頭代之。假路頭不如活路頭。今該店竟得一西人降臨，肆其大嚼。冥冥中殆有真神憑焉，亦未可知。則該飯館其將發洋財乎？」聞者為之粲然。〔來格〕〔來享〕

3517	原 401/3	廣御 5/35	大 12/39

娶妻歸妹

金陵南門外四十餘里有某村焉。村中鄭姓之妹於四五年前為奸人拐去，尋訪無蹤。臘月中，鄭某在江北託人聘訂王姓女為妻，先迎至甯，擬俟吉時成禮。詎新人入門，見而大哭。冰人惶恐，不知何因。鄭母亦驚詫不已。亟詢之。新人乃自道乳名，蓋即鄭某前失之妹也。昔年由匪拐去，賣與王姓為女；王復許字於鄭。當被拐時，妹年已十一，能記家中門徑；今一旦復見親人，不覺悲從中來。於是母女各訴離情，幸尚未與其兄成禮。滿堂賀客，各相慰藉。鄭亦深自欣喜，令將吉席改作慶筵，以識其骨肉重完云。〔骨肉〕〔重圓〕

3518	原 401/4	廣御 5/36	大 12/40

鐵面僧

游僧惡化，本干例禁；然若輩鬼蜮伎倆，肆意妄行，仍有視禁令如弁髦者。去臘某日，京師前門外廊房頭條胡同某畫店門首，有游方僧手托缽魚，沿門求化。店夥卻之。僧竟厲聲惡色，勢甚洶洶。店夥置若罔聞，不較亦不逐也。僧計不得逞，袖出鋼針一枚，長約尺餘，自將左頰穿通，釘在門框之上，血流如注，以為恫嚇地步。鄰右有膽怯者，見而大驚，謂同一血肉之軀，彼豈不知痛楚者；亦不過為錢神忍受耳，盍厚酬使去。而該僧則謂不看佛面當看僧面，自恃法力，相持不去。旋經地面官人欲扭送官憲懲辦，僧始垂頭喪氣，遁而之他。人謂此僧之面係鐵鑄成，豈其然歟？〔痛癢不關〕

3519	原 401/5	廣御 5/37	大 12/41

人面獸

物之具人面者，《山經》記之詳矣。以羽族論，鴸則人面，顒則人面，鴞則人面，橐𩇯人面，梟徯人面，竦斯人面，鵸䳜人面；以介族論，赤鱬人面而如魚，化蛇人面而豺身，陵魚人面而魚身；以獸族論，猾具人面，山𤟤人面，狍鴞人面羊身，馬腹人面虎身。三者之中，惟羽族為多。而人面龜不與焉，豈以其類而不類耶？乃蘇垣閶門外朱家莊某姓家有老牛產一犢，面目、雙耳與人無異，身長四尺，黃毛修尾，頭生二角，四足長尺許。一時見者皆咄咄稱怪。是何物也？殆為近世人面獸心者寫照歟？抑若輩再世歟？吾不得而知之矣。〔不倫〕〔不類〕

3520	原 401/6	廣御 5/38	大 12/42

瘟神化身

去冬，溫郡天花盛行，嬰孩半遭夭折。好事者遂集資，在楊府山海檀庵建立醮壇；紮成紙船一艘，焚化江濱。是夜，東門外福升飯店忽來二婦，肩挑水鴨千頭，踵門求宿。店主婦許之。繼思水鴨甚多，何妨竊其數頭；乃乘二婦睡熟時，偷取三隻，藏在雞鴨籠中。向明，二婦挑鴨去，若不知失物也者。主婦心竊喜，將籠開放，群鴨皆出；而昨夜之鴨，仍然不見。俯視籠中，祇有孩屍三具。主婦大驚，以為瘟神過境也，急將孩屍瘞諸荒野。然遠近喧傳前死之孩，皆化水鴨，業被瘟神挑去矣。嘻！其果瘟神之幻形耶？抑傳說之非真耶？說甚不經，錄之以補《述異記》之不逮。〔保赤〕〔無方〕

3521	原 401/7	廣御 5/39	大 12/43

古塔自焚

河南南陽府泌陽縣東鄉有一塔焉，蒼苔碧砌，高聳千尋，相傳係唐時所建。雖年湮代遠，而塔上僧徒住持其間，香火甚盛，猶能時加修葺。該處土人咸推為一邑名勝焉。去冬某日夜半，塔忽無故自焚，光燄熊熊，上燭霄漢。僧從睡夢驚回，急出鳴鑼求救。幸得各水龍齊集，吸水狂噴，火勢漸衰。至天明，龍散。詳查起火之由，則皆茫然不知。逾日視之，塔仍完善如故。僧大驚，疑為夢幻；則又眾目共覩也。或曰：「是必妖狐故施狡獪以顯神通也。」傳者鑿鑿，姑誌之。〔火從〕〔何來〕

3522	原 401/8	廣御 5/40	大 12/44

浮家泛宅

倭奴犯順，勢甚猖獗。居民風聲鶴唳，各思避地圖存；於是有挾資挈眷，雇舟以適樂郊者。然風浪險惡，偶或不慎，因而失事者，亦時有所聞。日者，閩人某甲聞威海失事之信，鼠憂特甚；因雇舟數艘，載運人口雜物，將至申江，以免同罹鋒鏑。不虞中途忽遇旋風一陣，遽將各舟掀翻，筐筐篋笥悉付水濱；惟人口幸經他船拯救，免葬魚腹。夫安土重遷，人孰無情，至不得已而流離轉徙，其情亦可憐矣。乃海水無情，復為傾覆，至其器用泯焉蕩焉而無存焉，非助倭奴為虐乎？噫！維彼倭奴，吾安得食其肉而寢其皮也？〔海水無情〕

3523	原 401/9	廣御 5/41 右	大 12/45

履舄交錯

鎮海有漁人甲、乙者，莫逆交也。客臘某日，二人因為麴秀才所困，酩酊之下，遂致履舄交錯，分道而回，皆不知也。翌晨，甲見床下雙舄，並非己物，疑其妻有外遇；默然出戶，奔告於密友某丙，約同夜間持刀捉奸。至晚，怱怱而往。途遇巡查官，見其手持利刃，指為匪類，遂送諸官。越日，乙聞之，急往禁中探問。甲詳告底蘊，出履請驗。乙訝曰：「此僕之履也。何為而至君足？」甲視乙履，乃己物也，亦甚驚疑。追思良久，恍然始悉其故；乃同白諸官，得釋縲絏。聞者遂傳為笑柄云。〔醉漢鹵莽〕

3524	原 402/1	廣御 6/41 左	大 12/46

大氣盤旋

巴華利人某，附輪至英，寄寓倫敦城中。其人具有異能，每鼓其氣於腔際，則皮膚脹腫，漸至頭頂。若由額鼓行，則皮脹隆然。目之凹者，固被遮掩；即準之隆者，亦更增高。若由兩頤鼓起，則頭顱全脹，恍同無口之瓢，耳、目、鼻俱不可辨。醫家見之，亦末由測其何術至此也。〔皮裡〕〔陽秋〕

3525	原 402/2	廣御 6/42	大 12/47

痌瘝在抱

西人素好仁義。其至中國行醫傳教者，類皆視民如傷，救人救澈；而於兩國交兵之會，尤能盡心竭力，拯人困阨，惟恐不及。近見中國蓋州之戰，傷痍最多；威海之師，受創尤甚。特於營口、煙臺兩處，設立紅十字會；邀集同志、牧師，并著名醫生，置備刀圭、布帛，專醫華兵之受傷者。於是肢體不完，血污狼藉之流，呻吟痛楚，匍匐而來，日約數百人。西醫有求必應，勞瘁不辭，無不各得安痊而去。惟慮經費不敷，函請上海教士慕惟廉先生廣為勸募，各善堂復為之協力籌捐，以襄義舉。噫！西人猶是人也，而樂善性成，且泯畛域之見；而謂華人食毛踐土，素明大義者，反吝解腰纏乎？施當其厄，此其時矣。〔樂善不倦〕

3526	原 402/3	廣御 6/43	大 12/48

倭兵殘廢

倭酋無道，虐使其民，鋌而走險，已閱半年餘。其士卒之罹鋒鏑、膏草萊者，不知凡幾矣。而未死游魂，苟延旦夕。華兵不忍加害，縱令逃歸者，或則爛額焦頭，或則殘肢斷體，瘡痍滿目，悲痛呼號；皆有求生不得，求死無門之苦。倭酋深居私窟，置若罔聞。其后笑曰：「不斷其脛，不剖其心，主上之仁也。然如此，太不雅觀。妾當以人事補之。」於是出囊舍若干，飭用木製假手假足，將殘廢弁兵，逐為裝補。其缺鼻截耳亦一律彌補，俾無缺陷；惟五官雖全，終不免斧鑿痕耳。噫！創鉅痛深之下，不為敷治，徒飾觀瞻；卒之運動不靈，有與無等。倭奴雖狡，奈與木偶等何。婦人之仁，豈不大可笑哉！〔截長〕〔補短〕

3527	原 402/4	廣御 6/44	大 12/49

倭僧招魂

倭人陰狡，劫釀刀兵；不能故土自安，甘至中邦就死。自去夏開釁以來，大小數十戰。為華軍陣斬轟擊及自相踐踏、墮河凍斃者，不下五六萬人；惡魄孤魂，飄零無所。孰殺其子，孰斃其夫；死者地下含冤既難伸訴，生者幽居痛哭不忍聽聞。倭酋至此，內不自安；乃出要結之權術，以挽離渙之人心。特召寺僧二十一人，令攜鐘幡、鐃鈸之類，分詣各營；一遇開仗，即於事後大建醮壇，諷經作法，收召亡魂。特恐倭奴全軍盡覆，該僧且不知死所，遑問其他。即幸而免矣，千萬冤魂果得盡歸故國矣，吾恐合眾鬼而為厲，倭酋之亡無日矣。嗚呼！生也何恩，殺之何咎，倭酋獨無人心乎哉？〔首邱〕〔莫正〕

3528	原 402/5	廣御 6/45	大 12/50

長三四六

紹興某村富家生一子，年七歲，愛如掌珠。清明，門前賽會。鄰有無賴子方博負，見兒臂金鐲；遂以絮塞其口，竊抱至野，盡所有，投兒廁中。其家遍尋不得。一農人早起過廁，見兒，報其家。赴縣控驗。遍訪無蹤，乃宿城隍廟虔禱，夜夢神贈以牙牌二，視之，長三、四六也，疑莫能解。易服，親至其村訪焉。適一廟演劇，令於廟外牆陰啜茶。一少年扯少年辮髮出曰：「長三，此地殊擁擠。何不往後臺去看婦女？」其人曰：「四六，勿強扯人。戲文正做到好看處，我不往。」令頓悟，密呼役拘之，一詢吐實。長三、四六乃其小字也。由是山陰城隍香火益盛。〔神靈顯應〕

3529	原 402/6	廣御 6/46	大 12/51

太歲被打

俗例有所謂「打春」者，蓋古者出土牛以送寒氣之遺意也；

而粵人則不止打春牛，且打太歲。不知其何所取義。嘗閱道書云：「太歲，形如肉球，千口千眼，閃鑠旋轉不定。人見之，急擊撻則貴，否則不利。」豈師此意耶？但錮習相沿，已非一日。從前竟有拋擲瓦石，乘機搶掠者；事後拿獲搶匪，搜出贓證，瘐斃囹圄。迨張太守蒞任廣州，嚴申厲禁。去年遂無敢犯者。本年迎春，此風雖未盡革，而憲章預禁，人無喧譁。惟春牛太歲舁回府轅時，路經東門，遇某鄉人荷鋤而來，曰：「去年未打汝，使人民不安。今覿面相逢，不可不受老子一棒。」遂揮鋤，照太歲頂上打去。其首以木雕成，前年曾遭毀折。嗣得陸判官為之更易，乃用鐵插入頂中。今陡遭棒喝當頭，遂至噬膚滅鼻。一時見者莫不謂鄉人敢在太歲頭上動土，其勇誠可嘉矣。〔膽識兼優〕

3530	原 402/7	廣御 6/47	大 12/52

游戲三昧

昔劉文恭公生辰，有巨公薦一術者，云善煙戲；呼至，則癰叟也。出煙管尺許，煙斗大逾盎盂；盛煙，令滿吸。一時許，徐起，登高几吐之。水波浩淼，雲霧瀰漫。旋而樓閣重重，森立水面，乘鸞跨鶴者紛集；一鶴銜籌，翔舞空際，為海屋添籌之戲。吐畢下几，煙凝結半日始散，真絕技也。湯芷卿先生曰：憶少時見一僧，向煙肆募煙，出其煙具略同術人。吸畢，徐徐吐出，盤旋空際，歷時乃散。又一旂丁吸煙畢，吐圈無數，連吸連吐，箇箇皆圓；徐出濃煙一縷，直穿圈中，纍纍相屬，如青蚨之在貫也。〔憑空〕〔結撰〕

3531	原 402/8	廣御 6/48	大 12/53

神貓捕鼠

海分司署，相傳有巨鼠二盤踞十數年，滋生無數，衣裘什物輒被毀嚙，白日亦往往徐行無忌。當鄧司馬諧綰篆時，憤其竄擾，遍覓善撲貓入穴，轉為所噬。毒以藥，似預知者，悉傾之。合署為之不安。適因公赴揚，見浙江旂丁粘一招貼，以失去神貓，有送信者酬銀八兩。異之，呼問旂丁。曰：「此貓所在，鼠皆就死。」鄧喜，因與約曰：「汝貓果尋得，能為我署中除害，當以五十金相酬。」因告以寓所。丁抱貓至，短項，突睛，虎斑，狀果雄偉。與鄧偕往，抵署，鼠已先期五、六日寂不聞聲。乃先覓一常貓，至穴口欲入，已為巨鼠嚙其耳，狼狽去。神貓繼進，佯若不勝，臥穴外。二鼠躍出夾攻。狂吼一聲，牝鼠傷；牡鼠悉力相搏，斷喉死。秤之，得三十斤。鄧許購以百金，旂丁不肯，仍攜去。〔制其死命〕

3532	原 402/9	廣御 6/49 右	大 12/54

移尊候教

婚姻失時，曠夫搶親之舉，時有所聞；而怨女自薦之端，尚不多見。乃漢鎮有陳氏女者，夙饒姿首，自幼許字劉姓子。近以年剛風信，興起摽梅，乘乃父新喪之際，白於母嫂，欲圖賴婚。嫂戲之曰：「此何等事，他人皆不便明言。惟妹自往，或可有成。」意謂小姑必無此悖謬事也。詎女聞之，大為得計，竟於臘杪躬詣劉宅，自陳於翁媼之前。翁媼卻之。鄰女聞其事者，均往揶揄。女不怒，亦不告歸，留數日不去，乃為之草草行合巹。人曰：「無恥若此，河間婦不是過也。」〔顏之厚矣〕

3533	原 403/1	廣御 7/49 左	大 12/55

庸醫龜鑑

甬江曹某，今之所謂名醫也。居恆身價自高，不肯輕出；門診取洋五角，出診須洋二元，路途稍遠者倍之。孳孳為利，初未計病者之死生也。年七十餘，一子六孫，承歡膝下，人皆以福壽稱之。詎天道昭彰，報施不爽。去冬其跨灶之子忽赴修文之召，未幾二稚孫復相繼殤。長孫未完姻而斃，孫媳矢志守貞，抱主成婚。次孫甫結褵，亦歸泉壤。旋長孫媳又病，彌留時謂曹曰：「祖翁勿再行醫，尚可留遺一線；否則，將子孫錢用盡，恐為若敖之餒矣！」言畢而逝。吁！岐黃家其鑒之。〔冤鬼索命〕

3534	原 403/2	廣御 7/50	大 12/56

瘋人難防

法國巴黎城有瘋人院一所。凡在內就醫者，動至千餘名，各以房禁之，使不能發狂滋擾。一日，不知緣何失察，各瘋人皆脫絆而出，爭取院中刀斧，向空亂舞；更有躍上屋脊，拋瓦礫以擊人者。司事等奔避不遑，頗受其害。幸院門堅固，牆壁峻高，不至逃出院外。旋為地方有司所聞，即命救火局諸人駕水龍而至，射之以水。詎水懦易狎，各瘋人不以為懼，反以為喜，手舞足蹈，直衝而來。乃改命砲兵一隊，以有藥無彈之槍，向之轟擊。霎時間煙燄迷漫，瘋人始狙伏一隅，不敢復動。繼遒使強有力者入院擒縛，始得就獲，仍歸禁所。然則防範之道，其可忽乎哉？〔如醉〕〔如癡〕

3535	原 403/3	廣御 7/51	大 12/57

災荒異獸

《鏡花緣》說部載女兒國一則，言其國內均屬女子，飲泉而孕；若生男子，即不能育。寓言八九，世罕信之。乃觀暹羅異獸則竟有如所謂女兒國者。可見六合之內，無奇不有。彼詫為異事者，殆亦見槖駝為馬腫背之類耳。蓋暹國荒僻之區有山名蠻谷者，產有異獸一種，狀類獼猴，身作灰黑色，暹人呼之曰「憐奴」，大抵皆有牝無牡。據野老相傳，此獸若受南風即有孕，所產皆牝；若生牡者，不過三日即死。且是獸也，其鳴甚哀，常呼曰「伴伴」，深夜悲鳴，能令聞者下淚。查暹語呼夫曰伴。然則此獸之聲，殆若呼其夫婿者然，是以暹人常謂此等異獸為謀害親夫者所化。語雖不經，亦可為薄俗懲矣。〔群雌粥粥〕

3536	原 403/4	廣御 7/52	大 12/58

白黿兆災

古者季夏之月，命漁師取黿。是黿之為物，取之有時，本不足為患。後世此典久廢。遂至聚族而居，龐然日大，竟有釀成巨患者。去年，京師大水為災，河決十數口。先於蘆溝橋下有人見洪波濁浪中有白黿四，大如栲栳，浮沉水際。當時初不介意，旋為父老所聞，即蹙頞相告，謂巨黿出現，危堤恐難保全。既而堤果決至數十丈，故人皆以見黿為慮。予謂此說恐不盡然。水之將興也，黿必知之，先時而出，以適其游泳之常，亦固其所。何必過為傅會，以驗其兆耶！然人情好異，父老之言不幸而中；

則此後未雨綢繆，季夏取黿似宜舉行。特不知關心河務者，其亦有志否？〔頑物〕〔何知〕

3537	原 403/5	廣御 7/53	大 12/59

力制雌虎

溫州打鑼橋有某甲者，陳季常後身也。妻某氏夙號胭脂虎，夫不敢犯，俯首帖耳，日夜乞憐，習為常事。一日，偶拂其性，一嘯生風，視眈眈而欲逐逐，大有得甲而甘心之勢。甲畏首畏尾，噤不敢聲，急向石榴裙下深深下拜；而虎猶張牙舞爪，餘怒未平。鄰人某乙，卞莊子之流亞也，聞虎負嵎，攘臂而起，謂：「光天化日之下，豈容雌虎當道。汝若不自歛戢，予將作食肉寢皮之想矣。」雌虎怒，吼聲如獅，直前相撲。乙素有叔段能，襢裼暴虎，搤其吭，蹈其尾，誓必驅虎而後已。虎懼，乃搖尾乞憐焉。說者謂：「天下胭脂虎甚多，惜不得某乙辣手為之一一剪除，使歸馴擾。然則乙亦人傑也哉！」〔不愧〕〔英雄〕

3538	原 403/6	廣御 7/54	大 12/60

情鬼鸞書

客有僑居新嘉坡者。一夕，與二三友人為扶乩之戲。未幾，針果跳動，遂書云：「香埋玉碎忽三年，夢斷京華路八千。多少淒風寒月夜，傷心猶憶舊釵鈿。」眾見詩鬼氣森然，且知係女郎，相與駭異。乩復書云：「料峭輕寒逼帳紗，滿廬風雨打枇杷。有人尚解憐香意，默向燈前檢落花。」眾咸不解所謂。時座上有某生泫然曰：「卿夢碧耶？」遂大慟。乩復書云：「緣短情長皆由天數，郎君幸勿悲傷，妾亦從此逝矣！」書畢，遂寂然。再叩之，不復動。或問生以故，蓋其繼室名夢碧，素善吟詠，其乩書第二首詩，即當日閨中之作也。生自女死後，曾作詩吊之，有云：「可憐紅粉皆黃土，惟有青山鎖白雲。」又云：「從今不寫相思句，寫到相思已斷魂。」讀之令人聲淚俱下。死而有知，宜其不能忘情也。〔癡魂未泯〕

3539	原 403/7	廣御 7/55	大 12/61

設阱陷人

京師前門外有高某者，素以拐販人口為生。常由近畿各鄉誘騙婦女至其家，雖亂頭粗服，必令加意梳掠，塗脂傅粉，眉樣入時；而又約束其裙下雙鉤，步步生蓮，以為引人入勝地步。凡游客欲訪桃源，非有熟人指引，亦無從問津。蓋於柳巷花街之外，別樹一幟焉。日者，有某宦入京赴選，被狎客為之作撮合山，與某氏婦結成歡喜緣。俄而，某宦經部銓選，將諏吉赴任。該婦為之餞行，曲盡綢繆，酒闌鐙灺，情不自禁，仍效鴛鴦交頸而眠。高遂設計串詐，勒索千金；不然便捉將官裏去，科以姦宿民婦之罪。某宦愛惜聲名，不得已，設法周旋，以了風流孽債。亦可為不守官箴者儆。然高之誘良為娼，其罪實不容誅。有地方之責者，豈竟漫無聞見耶？〔入我〕〔彀中〕

3540	原 403/8	廣御 7/56	大 12/62

山君為患

南洋素多虎，而由連餘入芙蓉之路，山深林密，幽險異常，虎尤倚以為巢穴。行人道經於此，必多方防範，以免蹈尾之危。一日，有老嫗雇牛車一輛，突如其來，忽有山君嘯風而至；御者即斷牛縛而逃，至數里氣竭力盡，倒於地。老嫗狙伏車內，幸虎不加害，越澗去。旋經旁人救免，惟其牛則不知所往。由是人咸視為畏途。有兩獵戶素以勇著，聞其事，攜獵犬而來。適猛虎在林，先與其所攜犬相撲為戲。迨人至，虎舍犬作勢，兩獵戶潛以洋槍擊之。虎中彈跳躍，旋躍旋墜，未幾遂踣。視其犬，尚未斃，惟頭上闕肉一塊，鮮血淋漓。兩獵戶遂舁虎至捕房，得賞洋五十元。權其虎，則身重三百數十磅。今一旦除之，實為行人去一巨患也。〔談虎〕〔色變〕

3541	原 403/9	廣御 7/57 右	大 12/63

狎客偷鞋

太真羅襪，求看百錢；崔家小靴，工吟七字。觴鞋曾傳乎韻事，繡履且藉以香塵。美人足下之物，每有形諸詠歌，供人把玩而不嫌其褻者矣。廣州城內某妓寮雛姬數輩，久擅香名。一夕，有某客衣裳楚楚，翩然而來，倚翠偎紅，倍極繾綣。比見榻上有弓鞋一雙，纖小僅寸許，繡成金縷，綴以明珠。心愛之，竊懷袖中而出。迨妓查點器物，頓失雙鳧，大呼捉賊。龜奴要客於門外，搜之，則鞋在焉。遂大譁。是豈果為竊屨來歟？何獨注意於此也。〔未免〕〔有情〕

3542	原 404/1	廣御 8/57 左	大 12/64

直道不孤

安曉山侍御維峻以言獲罪，謫戍軍臺。其未至也，有開車廠之某甲，未謀一面者，為之沿途布置，并在戍處預備行館；然後告以嚮風慕義之忱，飄然而去。斯已奇矣。乃其既至也，又有素昧平生之某乙踵門求見。侍御辭之。至於以死相邀，必覿侍御之面而後已，其言曰：「好好。願君無負此初心。君寒士也。此行無異登仙，然世路崎嶇，非財莫濟。我非盜者，今備若干金為君壽，君幸納。無他言，惟願君無負此初心而已。」語畢，如飛而去。回視客座，存有銀券一。乃知直道自在人心。如侍御之亮節高風，自有動人欽佩者，烏得以奇人奇事目之哉！〔義士〕

3543	原 404/2	廣御 8/58	大 12/65

應變多才

自倭奴犯順以來，奉天、山東等處城池失守，時有所聞；而克復者十無一二。推原其故，非盡由於武官之不能力戰，亦由於文員之應變無才。試觀海城一邑，旋失旋得，而可知其故矣。海城縣徐少芳大令，幹濟才也。當倭奴圖犯時，即親投宋帥營稟報。及回，而城已被賊竊踞。大令乃改扮乞丐，衣衫藍縷，混入城中。居五日，獲悉倭奴儲糧運械屯兵之所，然後逸出，密報宋營。宋帥即飭蒙將韓邊外督兵攻之。韓邊外韜略夙嫻，驍勇善戰。至此奪其糧械，戮彼鯨鯢，舊日河山，復歸鞏固。人皆多韓將之力，而不知徐大令之智勇，實有以致之。彼蒼皇於臨事，觀望於當機，棄城於前，褫職於後，束手無策，甘以怯懦保其首領者，非獨無以對君父，抑亦貽笑於敵人。以視徐大令，能不汗顏無地哉！〔功足〕〔補過〕

3544	原 404/3	廣御 8/59	大 12/66

掃除五國

安徽太平府民風強悍，蒙養不端。去年立有五國等名目，其童自舞象以至弱冠，各就所居地段，自號為國。如東街稱為甲國，西門為乙國，南寺巷為丙國，馬驛街為丁國；而以客民較多，頑童較強，最為謬妄絕倫之柴巷為日本國。每國頑童三四十人，或六七十人，各立頭目，並將在事各童編造名冊，如營伍然。每日早晚聚會一次，三、八日則學操，一月則五國會操。時在曠地搭一蘆棚，名曰演武廳。五國頭目坐其中，袖出令旗，隨意招展，其下即翕然成隊，曰四方陣，曰八字陣，曰兩圓陣；變化離奇，疾徐有節。且有桴鼓以司號令，洋槍刀矛以供頭目之用。羽黨則以竹槍從之，一切營制紀律，號令賞罰，無不惟妙惟肖。五國時而修好，時而相仇，不一其局。誠風俗人心之隱憂也。事為當塗縣湯大令所聞，出示禁止，風始稍息。人謂大令以一紙官符，能弭五國兵釁，其功不亦偉哉！〔民變〕

3545	原 404/4	廣御 8/60	大 12/67

平雞將軍

將軍，皖人也，談者未詳其姓氏。曩廁淮軍為牙將，赭寇平定後，隨大軍駐津沽。今值倭釁初開，捧檄至奉天招募軍士八營，初紮八叉溝等處。嗣岫巖州失陷，倭人由析木城一路進犯海城。將軍頗能明哲保身，始退至石橋子，繼又退至油坊，漸進營口。近日，忽有米石倩店鋪代售。市儈不知軍法，咸以為軍中祇須採買米石，從未聞有將米售之民間者。將軍一笑置之，並不道破其中元妙。近日，將軍麾下諸武士見鄉民多有畜雞者，喌喌之聲，聞於四野；疑以為倭人之至也，奮勇而出，悉數殲除。鄉民懷德畏威，贈以美號曰「平雞將軍」，謂比之古者蕩寇將軍、平虜將軍之列云。〔稱雄閭里〕

3546	原 404/5	廣御 8/61	大 12/68

開山得舟

舟以行水，不圖於山間得之。外洋來信云：哪威國境內高克斯塔地方向有土山一座，廣不過十五丈，已垂千百年矣。相傳當日有王者葬此，土人即呼之為「王山」。去冬，該處農人開山取土，忽見有木料露出，群相詫異，遂走告於公會中人。會中即派一博古之士前往監工，開挖數月之久，竟於土中挖得一舟。其舟以栗木為之，長七丈五尺，闊一丈六尺，桅木一支，高二丈二尺，其式與中國長龍船相彷彿。船身尚屬完固，現已粉飾一新，置諸博物院中，用供眾覽。聞舟中尚存軍器，或疑為海盜之船；大約盜魁歿後，其黨即以舟為棺，埋葬此山，故土人以王山名之。猶憶一千八百六十三年時，丹國某處曾於地中挖得一舟，越四年，哪國亦獲一舟；然均不及此次之大而完固。真一異事也。〔鬱極必宣〕

3547	原 404/6	廣御 8/62	大 12/69

海闍黎

蘇垣城外有某僧者，不知其駐錫何處；大抵如《水滸傳》中海闍黎之流，平時禪榻鬢絲，莫能得其蹤跡。一日，手持青蚨數百翼，向某典贖取女衣一襲。忽忽而出，恐被旁人露眼，急攜之隱僻處，貼身穿著，外罩法衣，揚揚自得，信步銅街。不虞為無賴所窺破，潛尾其後。至熱鬧處，驀效秀鐵面之當頭棒喝，曰：「爾輩既登覺岸，何得復染塵緣。豈曾被摩登伽女攝入淫舍耶？安用此袒衣為？」僧無可置詞，惟合十念南無阿彌陀佛。無賴嗤之以鼻，曰：「來來，當教汝學魯智深之赤條條來去無牽挂，免得再墮情天色界中。」遂將僧服、女衣一併褫下；并攫其身畔鷹銀數枚，一鬨而散。僧目瞪神呆，良久始抱頭鼠竄而去。説者謂此僧僅失衣物，未喪厥軀；較之海闍黎，不尤為占盡便宜乎？〔不雌〕〔不雄〕

3548	原 404/7	廣御 8/63	大 12/70

炸藥自轟

日本大阪府境內有大克山所開之火藥廠焉。某日清晨，忽被炸藥轟去。緣是日大克山親手釘一木箱，其中滿裝炸藥；上釘時，偶不經心，將一釘釘入箱內，觸動藥性，登時轟發。大克山被藥轟成肉醬，其子某亦被擊斃，另有一子致命。爾時，適有男婦各一人行過門外，同罹是劫。又擊傷對面某舖中二人，一輕一重。四面房屋之燬壞者，不一而足。遠處居人咸聞天驚石破之聲，則藥力之猛可知矣。噫！古今好殺人者必自殺。大克山造此炸藥，志在殺人；而不料適以自殺其身，并殺其子。天之報施何速耶？寄語群倭，其各以此為龜鑑。〔自作孽〕

3549	原 404/8	廣御 8/64	大 12/71

賭棍遇騙

蘇城有一種賭棍，手法通靈，無往不利。一日，閶門某客棧來一顯者，與有同嗜，往與相角。不半日，顯者輸洋五百元。次日復至，顯者又輸一千元。諸賭棍請蟬聯一局。顯者訂以夜間，且云：「輸贏太小，不能盡興。如夜分無數萬金之款，不必前來唐突也。」賭徒大喜，糾其黨不足，又益糾局外十餘人，計四十八股，得紋銀四萬八千兩，齊運至棧，以為拋磚引玉計。顯者令人逐一秤兑，然後開發籌碼。先是顯者為主，不炊許，贏五千金。嗣甲、乙為主，顯者又贏數千。群益駭，因竭眾人之力以與之爭；詎五木無靈，三戰三北，竟將所湊之款悉付一擲，相率悔恨而去。僅餘一人伏地哀求，顯者乃贈以二千金，使歸語眾曰：「爾等來意甚惡，豈不知強中更有強中手乎？今後須宜加慎。」眾始悟為箇中人，急訪之，已去如黃鶴矣。〔悖入〕〔悖出〕

3550	原 404/9	廣御 8/65 右	大 12/72

詐死騙錢

滬北偷雞橋附近有皮箱匠某甲，頻年失業，衣食不周，困苦流離，不堪言狀。一日，有某乙者投報公所，謂甲已效首陽高節，步武夷齊，請照章給棺殮資。公所中人允之，隨往審視，見甲僵臥竹床，寂無聲息。枕畔設燈一盞，半明半滅，榻下紙錢灰餘燼未熄；信以為真，遂給錢十七千文以作殮費。詎越日，竟遇甲於途，始知其詐，拘請懲辦。聞之昔年陳竹坪善士嘗往某喪家查視，誤墮黃煙灰於屍手，手痛而縮；善士大驚，事遂敗露。人心之詐偽若此。善門難開，不益信乎？〔可欺以方〕

3551	原 405/1	廣御 9/65 左	大 12/73

鼠號財神

東省人楊某，窮無立錐地，賃屋一楹，大僅如斗；日與其妻牛衣相泣，幾不知有生財之道矣。詎某夜，篝燈相對，愁緒交縈。時忽聞窸窣有聲，往來奔走，不啻千百成群。意謂鼠子攪擾乃爾，既無黍苗可食，亦姑置之。迨翌日晨起，偶向床下取物，則見洋蚨貼地，纍纍無數；不禁狂喜，亟拾之，共得五百餘元。乃悟昨宵之鼠，果為運財而來者，遂市楮幣酬之。按江俗呼鼠為財神。今是鼠真不愧財神之號矣。嘻！異已。〔儻來之物〕

3552	原 405/2	廣御 9/66	大 12/74

謫宦榮行

安曉山侍御立朝正直，卓然有聲，久為中外所欽仰。去冬，痛陳時事一摺，危詞莊論，罔顧忌諱；幸聖恩寬大，曲予矜全，謫戍軍臺，效力贖罪。一時都人士相顧欷歔，有代為扼腕者，有溫言解慰者；而侍御處之淡如也。當侍御荷戈出塞時，一琴一劍，行篋蕭條。都下自卿士大夫以至里魁市儈，聞而惻然，相與醵金，以壯行色，不謀而同。並各投贈詩文，慷慨激昂，不乏可驚可愕，可歌可泣之作。而以海上倦游客五律二首，立言得體，共推壓卷。詩云：「朝綱千古重，家法百王隆。主聖惟思孝，臣愚枉竭忠。聽鐘憶長樂，列燧照離宮。君勿憂多壘，疆圻勛望崇。」又云：「狂直過梅福，慈仁宥杜根。累朝不殺士，百爾定驚魂。諫草焚清夜，朝衫裹淚痕。相思關塞隔，天際暮雲昏。」嗚呼！如侍御者耿耿忠忱，上貫天日。彰彰大節，遠播海陬。雖當驪歌載道之時，而朝野傾心賦詩贈別者，竟至雲合響應。蓋亦有足多者矣！〔公道在人〕

3553	原 405/3	廣御 9/67	大 12/75

忠勇絕倫

前報記克復海城之役，知縣徐少芳大令之力居多；然大令僅能出奇謀，非能施奇勇。其卒賴以攻城破敵者，蓋係蒙將韓邊外之功。當時慕韓之為人，惜未詳其里居世系焉。茲悉韓邊外者，山東人，韓其姓，渾號邊外；自幼貧困無依，流蕩遼東。年十七，入大東溝金廠，溷迹金匪；久之而為廠中渠魁，蓋匪而傑者也。廠接吉林，倭寇屢犯而屢敗於韓。吉林將軍聞而嘉之，召為統領，令率蒙古兵以剿倭。每當接仗時，身臨前敵，驍勇非常。倭奴聞而膽落。嘗率親兵數十人飛騎，出外哨探；一見倭奴，即在馬上開槍轟擊，竟能連開十三鎗，連倒倭寇十三名。故軍中咸以「飛騎十三槍」呼之。宋祝三宮保倚如左右手，密保於恭邸。現已入都晉謁，寓南城打磨廠。有見者謂韓年已六旬，而英氣勃勃，不減趙廉頗矍鑠氣概。吾知恭邸愛才若渴，接見之下，行當棄瑕錄用，而為國家慶得人者矣！〔軍中有一韓〕

3554	原 405/4	廣御 9/68	大 12/76

竹放奇光

廣東南海縣西樵山麓，峰巒清秀，景趣宜人。鄉民之好尚清雅者，擇地營居，聚族引朋，自成村落者，計有十三鄉。地靈所鍾，人傑斯出。近年以來，文名蔚起，科第蟬聯，頗為邑人所稱道。茲據鄉人來言，該處有竹猗猗成林；近於每晚忽發奇光，熊熊然燭照遐邇。居民疑祥疑孽，其說不同。有好事者折技，供諸瓶中；至夜，光芒復發，燈燭失色。粵諺有「竹樹開光，科名鼎甲」之語。聞數年前曾有是兆。今當公車北上之際，又逢其奇。吾知七十二峰、二十四泉間，殆有探花上苑、與宴瓊林者乎？錄之，以徵後驗。〔靈秀所鍾〕

3555	原 405/5	廣御 9/69	大 12/77

誤彘為妻

去年有某屠夫醉後歸家，呼其妻為「好大肥豬」，舉刀欲砍；幸妻速逃，得免為刀下之鬼。斯已險矣。不謂事隔數月，有相反而卻相類者。奉化南渡有某甲者，樊噲一流人也，平日鶩刀宰豕，游刃有餘。人皆以「屠伯」呼之。一日，由戚家晚飲，深入醉鄉，酩酊而歸；誤入豬欄，暗中摸索，意甚褻狎。母彘大嗥。其妻疑為穿窬至，急呼鄰人，持燈往觀。見甲手抱母彘，醜態如繪。眾皆吃吃笑不能止。甲醉眼朦朧曰：「此僕溫柔鄉也，何煩君輩顧問耶？」其妻聞言，怒不可遏，曰：「老傖豈人彘耶？何人面而畜鳴如是也。」甲瞠目不能答。鄰人之強有力者，乃負之入室，俾床頭人不致吃乾醋，相與一鬨而別。翌晨，甲醒，抱慚無地。然已喧傳為笑柄焉。〔不得〕〔言狀〕

3556	原 405/6	廣御 9/70	大 12/78

神雞不死

蘇垣齊門新橋巷某甲家，曾蓄雌雞一頭，癸巳年秋間某日忽失所在。家人疑為仙去，否則被人攘奪，決無生還之理矣。詎至今正下旬，甲因修葺房屋，啟視臥室中地板；忽見有雞毛一團，遂用竹帚掃之，陡聞喔喔之聲。細察之，乃一枯瘦牝雞，僅存毛骨；雖有氣息，不能行動。舉室驚駭，莫測其異。旋憶及二年前所失之雞，毛色與此相同。始知曩時誤從破洞中鑽入，以迄於今也。然事隔數年，彼家禽有何長生之術，乃能不飲不啄，重覩天日耶？聞甲於疑訝之餘，飼以雙弓米，約半日許，即朱朱祝祝，無異常雞。故人皆驚以為神云。〔珍禽〕

3557	原 405/7	廣御 9/71	大 12/79

借雪雪憤

本埠於十九、二十兩日春雪紛飛，高積尺許，清平世界悉變瓊瑤美界。三菱公司碼頭有小工多人，因候輪船未到，戲將積雪堆成人形，蓋即俗所謂雪彌陀也。而該處三號棧房門首，另有人堆一倭奴形像，口含呂宋煙一枝，手攜竹棒，惟妙惟肖。有好事者見而大怒，謂倭奴輕啟兵端，生靈塗炭，安可再塑其形；遂爭取雪塊擲之，轉瞬間斷頭折臂，不復可觀。而堆是像者則以為良工心苦，忽遭擊毀，心實不甘。因之互相口角，繼以爭毆。是雖小民一時之義憤，然亦可見我中國人心團結，人人有忠君愛國之忱。充此志也，即食倭奴之肉而寢其皮亦復何難。乃猶迷然不悟，恃其小勝，狼突鴟張。吾恐其不冰消雪化也幾希！〔有激〕〔而然〕

3558	原 405/8	廣御 9/72	大 12/80

馬倒車翻

灞橋風雪，騎驢背而尋詩，逸士清游，千古傳為佳話；

然當求之清涼寂寞之濱，非所論於塵市喧囂之地也。乃有某甲者翩翩裙屐，顧影自憐；當上月中浣，春雪瀰漫之際，道途滑撻之時，忽動豪情，薄遊遣興。於是駕駿馬，控高車；甲則風帽狐裘，高坐其中，載馳載驅，僕僕於洋場十里間。旁瞻遠矚，意氣自豪，洵足以滌塵襟而消俗慮矣。詎行經二馬路，馬忽一蹶仆地，足繭不能起。車既傾翻，人亦跌出。縱不至積雪沒脛，堅冰在鬚；而粲粲衣服，已不免泥濘沾染矣。斯時，甲則魂飛天外，面色如灰；馬則伏櫪悲鳴，怯寒瑟縮。回視御者，控勒如故；迨甲乘東洋車狼狽歸去，始勉強牽馬而回。一團高興，頃刻雲消，轉不若斗室圍爐，優游自在。甲能無自悔多此一舉哉？〔阻人清興〕

3559	原 405/9	廣御 9/73 右	大 12/81

魚形志異

羊城內四牌樓市上，近有盆魚兩尾，一重兩餘，一倍之；形如塘虱，鬐鋭如針，遍體作金紅色，泳游活潑，極為可觀。據云：從肇慶某魚塘得來，在此覓售；惟取價頗昂，故少問津者。嗣有一少年經過，見而大喜，給值購歸，置放花園金魚池內，各金魚四圍繞之，如朝見也者。少年益喜，設席，邀諸親友到園共賞，遂譁傳其異焉。〔泳游自如〕

3560	原 406/1	廣御 10/73 左	大 12/82

生而有髭

昔周靈王生而有髭，數千年來傳為異事，未聞有步武而起者。不謂降至今日，猶有嗣音。湖郡北門外澍莊地方甲妻某氏，於某日分娩，一索得男；赤面長髯，哭聲宏大，幾疑伏魔大帝託生人家。舉家驚駭，議論譁然。有謂為不祥者，有引靈王故事，卜為後日貴人者。甲亦不忍傷天地好生之德，因留育之。至彌月後，為之剃髮割鬚，亦與常兒無異；惟鬑鬑者不免略有痕跡耳。〔周靈後身〕

3561	原 406/2	廣御 10/74	大 12/83

求神驅魅

客有來自五羊城者，據言某日有以肩輿舁一少女直入省城。前導有健僕兩人，手持爆竹，沿途施放，轟轟烈烈，聲如貫珠。一老婦攔於轎口，若恐少女之傾跌也者。女在輿中且罵且哭。眾以為奇，尾而觀之，見其直入城隍廟。轎停神前，老婦背女出。年方二九，狀若痴呆，自頭至足，罩以魚網。背至神前，且跪且拜。老婦喃喃不知作何語。拜畢，仍舁至轎中。健僕環轎，點放爆竹，輿夫兩人舁輿衝煙而去。眾不解其所以，或曰：此某甲之女也，為鬼所祟，故求神庇佑。特不知廟食斯土者，果能顯厥威靈，為此女驅除妖魅否也。〔別有〕〔見解〕

3562	原 406/3	廣御 10/75	大 12/84

牛稱老祖

印度俗尚佛教，往往託於物，以致其誠敬。死物則祀土偶木石，生物則奉走獸飛禽；而其尤誕者，莫如祖死化牛一節。彼俗父母將死，即擇白牛一頭，召僧徒誦經禮拜，立為聖牛；給以殊食，配以數牝。日則縱遊里巷，夜則引處美欄。相習成風，蠢陋極矣。去臘某日，僑居新加坡之印度人仍循舊規，設有敬牛公會；於是日停止駕牛，謂是日係牛祖誕辰。例須擇群牛中毛色純美者，各奉以為神，敬而拜之；其餘牛均牽至丹戎巴葛曠埔，縱遊以示敬。並效華俗，燃放紙爆以助其歡。數典不忘其祖，印度人有焉。其如事同兒戲何？〔擬於不倫〕

3563	原 406/4	廣御 10/76	大 12/85

名山勝景

蕪湖南門外二十餘里有白馬山焉，巍峨竦峙，怪石嶙峋。山行半里許，泉聲潺潺；路轉峰回，現一古剎。數椽淨室，光潔無塵，曲徑通幽，山光照檻。廊外有一古樹，高約十餘丈，枝幹縱横，廣蔭數畝；稍起微風，則樹上驚濤萬頃，宛如陣馬奔嘶。樹後有小池一，憑檻而觀，鬚眉皆碧。廟後亂石堆疊，下藏巨洞。躡足而入，漆黑無光。不數武，清光一線，別開世界。草廈兩間，起於山半；上懸一巨石，似墜未墜；並有積瀑交流，鏗鏘可聽，承以瓦器，用烹佳茗，清沁心脾。是洞暑日生涼，寒冬溫煦。向所謂白馬洞天，瑯嬛福地者，洵足兼而有之矣。〔以遨〕〔以遊〕

3564	原 406/5	廣御 10/77	大 12/86

眾怒難犯

高麗舊俗，自新正初一至十五日，往往以石擊人，相為戲樂。每一鄉村輒糾伴侶，由頭目率領至別村，先以謾罵啟釁；彼村人不甘坐視，亦反唇相稽。漸至不鬥口而鬥力，乃共擲石以投人，有不敵者率眾逃遁。有損傷者，有釀命者，地方官亦無如之何，不之禁也。今年民間仍循舊例，正在興高采烈時，為倭奴所知；以此種俗例不合舉行，即派巡捕多人往拘。該捕皆穿倭奴號衣，而亦有係高民充當者。村人見而憤甚，遂合二村人為一處，同仇禦侮，群以石相擊。爭持之下，擊斃高捕五人，日捕一人，餘皆受傷而遁。俟捕去，二村之人仍擲石如故。可見倭奴欲以新法脅制高人，高人終有所不服。彼倭奴其奈之何哉？〔習俗〕〔難移〕

3565	原 406/6	廣御 10/78	大 12/87

烏龜索命

金陵葛某素嗜龜，廚中蓄龜甚夥；每食必殺數頭，幾於非此不飽。鄰翁某性好善，見葛殺生太甚，屢勸之。勿聽。月前，葛某忽染奇疾，遍身腫脹，須倩人以杖撻背，晝夜不歇，身體乃覺稍舒。否則肌膚欲裂，漸至腫處潰爛，腥水沾染衣襦，猶呼人撻背不已。一日，家人撻背稍輕，怒而辱詈。家人乃重撻之，一杖甫下，而葛忽大叫一聲，登時氣絕。知者莫不歎為現報。蓋食龜之法，當龜既烹熟後，必用木杖向龜背用力一擊，其肉始突出殼外。葛受擊背而死，與龜絕類；且其周身潰爛，亦與出鑊之龜無異，情狀至為可慘。世之縱口腹而任意殺生者，當以葛為龜鑑。〔報應昭彰〕

3566	原 406/7	廣御 10/79	大 12/88

瘋人誣婦

麋臺、鹿苑之間有某明經焉，鬱鬱家居，致成心疾；書空咄咄，不減殷浩當年。室人某氏，賢慧性成，居賤食貧，絕無怨色。一日，明經忽至某署大堂擊鼓叫喊，差役大驚，奔告明府。明府立出坐堂，見其滿身血污，急詢有何奇冤。答稱為妻所毆，將有性命之憂，急迫至此。明府見其情形，似若可信，立飭差役往提其妻。其妻茫無頭緒，隨差到署。據供：「丈夫素有瘋症，此次實由渠自用花瓶擊破頭顱，並非小婦人所毆。」明府覆問明經，則目瞪口呆，語無倫次。未幾，其姪某茂才亦至，訴明叔痴情形，遂領歸焉。兼聽則明，偏聽則暗，世有訊鞫之責者，其可據一面之詞而漫加刑責哉？〔唯口啟羞〕

3567	原 406/8	廣御 10/80	大 12/89

以布名肉

僧人持齋茹素，分也。然禪寺幽深之地，吾不敢謂飲酒食肉之必無其人，特不敢公然破戒耳。漢南某僧，故和樣而又和障者也，性好酒肉，每飯不忘；懼儕輩譏笑，常私行出寺，向某葷菜館避人獨酌。先與值堂人約，如需豬肉則呼「白布」，牛肉則呼「紅布」；各以其物供之，蓋非一日矣。前晚又至館中，登樓大啖，酒半酣，杯盤狼藉，遂呼速拿紅布來不已。隔座適有賣布者，誤會僧意，竊喜得一主顧，急抱紅布數疋，趨至僧前，請彼揀選。時僧飲興正濃，以為客不解事，怒而斥之，謂余何須此物。詎賣布者亦被麴先生所中，以僧為戲己，當即敲檯拍凳，痛罵不休，幾至用武。幸走堂聞聲奔視，說明其故；相與失笑而罷。自今以往，又於水梭花、穿籬菜外，增一別名矣。〔諱莫如深〕

3568	原 406/9	廣御 10/81 右	大 12/90

六盡先生

江陵某秀才教讀一生，備嘗苦況，自稱為「六盡先生」。有人問之，謂春夏秋冬坐盡，酸甜苦辣嘗盡，贄敬束修算盡，鰥寡孤獨受盡，單夾棉皮當盡，親戚朋友斷盡。然此六盡，不獨某秀才也，凡教讀者皆然。紀之為天下教書人一哭。又昔年有某老童生年近七旬，尚圖進取。會文宗知之，憐其老而有志，另出一題，命當堂作文，擬俾獲售。詎該老童既不能作文，復不能書卷，塗鴉了事。至揭曉後，文宗另懸牌示，准給衣頂，代命其名曰「四外先生」；謂年在甲外，文在題外，字在格外，學在額外。今六盡先生，要可與為的對，真無獨有偶。〔迂哉夫子〕

3569	原 407/1	廣御 11/81 左	大 12/91

夜光豬

海州北潮河柴港有胡姓者，日前薄暮，宰一剛鬣公，洗剝既淨，懸諸室中，以待天明分售，藉博微利。詎嚮晚，腯肥所在，忽放光明，儼如一輪皓月。驚視之，光出於肉。恐駭聽聞，秘不告人。次日，鸞刀奏處，購者紛來，食之亦無他異。或曰：「此夜光豬也。瀕海多亮魚、亮蝦，放光如螢，又何異乎此豬？」〔勢焰逼人〕

3570	原 407/2	廣御 11/82	大 12/92

靈芝呈瑞

昔馬伏波交趾立功，多載薏苡；武鄉侯平蠻竟事，隨取蘆菔。皆因少見之物，故為藏篋之珍。去年，粵東潮州府署內寶雲樓下之右古桑樹產靈芝。未幾，上房小院古榕樹亦產靈芝三。原係全潮瑞氣所蒸。時署府曾太尊見而大悅，特將桑樹靈芝，繪圖註說，鐫石以垂久遠。命匠將六芝取下，藏之行篋，冀呈親長；較之載薏苡、取蘆菔，似差有別。太尊并將靈芝陳列大堂，先期出示告誡，與民共覩，四日方止。潮之人至今猶樂道之。向非盛德宣流，化風翔洽，曷克有此瑞徵也？〔風草〕〔芸生〕

3571	原 407/3	廣御 11/83	大 12/93

天道昭彰

蕪湖對江雍家鎮左近某姓，家小康，生有一女，許字鄰村某窶人子，擇吉合巹。因俗例有送三朝茶之禮，女母私出番佛二十尊，囑媼送至女處。事為鄰人某流氓所知，陡起不良；偵知是晚婿不在家，挺身假冒，既污其體，復盜其洋。而女不知也。迨其夫自外歸，始知人財俱已被竊，愧悔無及，竟自乘間就死於尺組之下。由婿報知女家，以為素嫌夫貧所致，草草殯殮。此冤遂無一人知者。是日旁晚，忽陰雲密布，雷雨交加，突將該流氓提至女柩前，登時殛死，所竊番蚨二十翼，尚在手中。而女柩則已劈開，屍身復甦，其事得白。仍為夫婦如初。聞者咸嘖嘖嘆異。〔噬臍何及〕

3572	原 407/4	廣御 11/84	大 12/94

情殷殺賊

蘇垣東鄉某茂才，事親甚孝而性拘謹。前聞倭奴犯順，憤然不樂；恨不得棄文就武，效班生投筆、終軍請纓故事，斬盡狂倭，寢其皮而食其肉。嗣知北兵失利，益覺怒髮直指，幾欲將一頂儒冠沖入九霄雲裏。近因憂憤太甚，陡發瘋疾，舞刀弄棍，力大如牛，一躍出門，逢人便打，口中大呼「殺倭子」、「殺倭子」。家人恐其肇事，閉諸內室。茂才不肯安居，積檯凳為梯階，越上屋頂，依然手舞足蹈，喊殺連天。忽然失足墜地，頭破血流，家人趕急扶起。茂才爽然若失，又恍然大悟曰：「噫，何其謬也！」一笑而愈。〔志士〕

3573	原 407/5	廣御 11/85	大 12/95

幼罹大辟

臺北新竹縣幼童某，年方十四五，而性兇狡。去歲，因誘其鄰男女孩各一出外遊玩，見男項繫銀鎖一具，陡起不良；行近溪邊，用手強奪，偶一撐持，推墮水中。女即男孩之姊，見弟被害，心不甘服，向論間亦被乘勢推入。兩小無猜，登時魂遊水府。該童回家，於孩父母前多方掩飾。乃未幾，溪邊浮出屍身兩具，視之，即其子女。早疑為該童謀害，而尚未得其端倪也。越數日，忽於本城某押舖中見子所繫項鎖；叩詢來歷，知由該童典質。於是稟請邑尊拘訊，盡得始末，擬罪論抵。仲春之初，由縣尊接到上憲公文，提出綁縛，坐諸無頂肩輿，押解至小南門外，明正典刑。噫！人心不古，世道日非。五尺之童，忍害兩命，卒至身罹大辟。可慨也夫！〔殺無赦〕

3574	原 407/6	廣御 11/86	大 12/96

人禽之別

香溪某氏婦姿容娟美，品格端莊。年十五適某茂才，于歸未半載，即喪所天，生遺腹子一，貌亦妍秀。婦守貞撫孤，矢志不苟。子年十四五，知識漸開，思詠〈鶉奔〉之什，久之積想成疾，勢甚危篤。婦知其意，私叩之。子初有愧色，繼見婦盤詰益力，遂據實以告。婦笑曰：「俟爾病痊，一任所欲可也。」子聞言，喜不自勝。不久，病已霍然，欲其母踐前約。婦笑諾之。是夕，攜子之手緩步庭中，間敘其守節之苦、撫孤之難。半晌，促其子入一豬圈。子問其故，婦曰：「前爾病篤時，我若違爾意，是速爾死；今病愈矣，我若從爾言，是篾倫理。況爾欲作亂倫之事，真與畜類何異？故命爾入內，任爾自便也。」子聞言，大悟且愧，痛哭倒地，向母請罪。婦始含笑歸室，復為母子如初。〔生我〕〔劬勞〕

3575	原 407/7	廣御 11/87	大 12/97

龜過橋

前報錄烏龜索命一則，言金陵人葛某好食龜肉，殺生太過，鄰翁勸之不聽，卒致身罹奇疾而斃，亦足以警世之老饕者矣。茲悉葛某當鄰翁屢勸之時，嘗謂龜肉為滋陰聖品，乃養生者所必需；且味美於回，迥非鰛鼈膾鯉所能及。惟以絮聒不休，思有以解其意，乃創為烏龜過橋之法。先將釜湯燒至百沸，然後以扁擔一條，橫擔釜面，捉龜數頭，置諸扁擔之上；謂若能蹣跚而過，不落釜中，即舍而不食。然這條奈何橋，元緒公之得過且過者，十無一二焉。鄰翁知不可勸，遂置弗論。自是日食龜肉，永無不入耳之言。其法巧，其心毒矣！而孰知龜殼雖碎，龜心未死，猶能報之於朽骨已寒之際乎。〔忠言〕〔逆耳〕

3576	原 407/8	廣御 11/88	大 12/98

幺麼小醜

嘗論天地生人，不能使其有長無短，有大無小，此天地之缺憾也；然短小亦正不一。近世侏儒之輩，身不滿五尺而心雄萬夫者，頗不乏人。惟如古時所謂僬僥國，則欲求其遺種已不可復覯矣。乃鄂垣市上近有一丐，身僅二尺，鬑鬑繞頰，老態宛然。叩其年華，已逾知命。日持小鐵尺沿街跳舞，博人嬉笑，以乞青蚨。鄂民少見多怪，聚而觀者如堵牆。故此丐空囊而出，滿載而歸，意氣揚揚；轉以甘居人下為樂者，不知其是何肺腸也。聞有好事者操杖逐之，曰：「老而不死是為賊。子尚覥然面目，逍遙過市乎？」丐應之曰：「方今老而不死者，獨予也歟哉？彼夫高官厚祿，誤國病民，戕賊四海者，子何不是之尤，而尤予區區一丐乎？」好事者瞠目不能答。〔短人〕

3577	原 407/9	廣御 11/89 右	大 12/99

雷誤擊人

丹陽東鄉館師某，一日晨起，塾臨大河，見過路二客熟睡岸側涼亭中。一老者背負包裹，領旁插尖角小黑旂如錢，一少年枕傘臥。館師戲取旂插少年頸。忽大雷雨，霹靂一聲，少年死。懵然如夢。聞空中呼曰：「誤矣。華先生速來！」有古衣冠者以藥一醆，灌之入口，冷香沁骨，躍然而蘇。又霹靂一聲，老者擊斃。館師亦傷一手一目。華先生，殆元化耶？〔天威震疊〕

3578	原 408/1	廣御 12/89 左	大 12/100

虎威何在

虎為百獸之長，昔人取其威猛以比勇士。故在《詩》，曰「矯矯虎臣」；其在《書》，曰「虎賁三千人」。然苟恃其威猛，張牙舞爪，以逞其鋒，則世不乏強有力者，有起而捕之者矣。香港某獵人擒獲一虎，置諸柙；日舁市上給人觀看，以博微資。有好事者見而笑曰：「今之搖尾乞憐，受人約束者，非向之一嘯生風，威震百獸者乎？」彼平日坐擁虎帳，號為虎臣，一遇敵人，反貽引虎入室之禍，卒致身困縲紲者，與此虎將毋同？〔入我〕〔牢籠〕

3579	原 408/2	廣御 12/90	大 12/101

花大如輪

南洋諸島中有巨山焉，層巒聳翠，上出重霄。一日，有博物士數輩聯袂遊行，直造山巔，俯覽群峰，遍觀勝景。見有草焉與眾迥殊，所開之花大如車輪，蕊長二尺有奇，重約二十餘磅。詢土人以此花之名。答曰：「波蘿也。」博物士以花大難攜，遂用照相具映其狀，並摘採枯葉而歸，寄往布蠻士羅埠之花園。該園官稱此花昔時曾在蘇門答臘島見過。以其出自野產，世所罕見，無可為名；故當時以該處總督剌富士之名以為名云云。按古籍載太華峰頭之蓮，其大如船；然則此花雖大，猶未足與之匹矣。〔妖卉〕

3580	原 408/3	廣御 12/91	大 12/102

倭奴火化

倭奴強佔朝鮮，改更新法，天怒人怨，皆所弗恤，自謂鮮人皆莫敢誰何矣。而不知東學黨人心未泯，猶能以忠君愛國之義，激勵同儕，起而與之相持。雖勢力不敵，而忽起忽伏，騷擾多端，倭奴時有疲於奔命之慮。日前，有倭巡捕數名偶游街市，為黨人所見，肆行毆擊，大受鱗傷；既而舁置積薪之上，舉火焚燒。迨祝融氏怒氣炎炎，煙燄瀰漫，已將倭巡捕自頂至踵，化為灰燼；但覺穢聲四播，不堪觸鼻矣。或謂黨人曰：「子是之行，不亦過乎？」黨人曰：「彼國不顧天理，輕啟兵端，虐我高民，擾及上國，生靈之塗炭者，何止數十萬人。跡其造孽之深重，縱碎身萬段尚不足蔽辜，子何煦煦孑孑為？」或退而歎曰：「黨人不忘故國，深惡倭奴如此；彼倭奴其能高枕無憂否耶？」〔可憐〕〔一炬〕

3581	原 408/4	廣御 12/92	大 12/103

別樹一幟

左軍門寶貴之殉節於平壤也，實喪其元，不可復得。其夫人痛夫情切，既恨葉、衛二革員之畏縮不救，致以孤軍為敵所陷；又惡倭奴以眾擊寡，薄人於危，致其夫為國捐軀，毅然不顧。於是捐簪珥、啟橐囊，奮厥雌威，爭為雄長；號召巾幗中之有鬚眉氣者，給以號衣，授以軍械，編為隊伍，別成一軍，日夜訓練；共得三千人，皆身手高強，技藝精熟，可以殺敵致果者。現已由籍起程，馳赴前敵，誓滅倭虜，以報夫君於地下。其志之成與否，雖不可知；以視堂堂武職大員臨敵退縮，絕不以忠君愛國為事者，真妾婦之不若也！嗚呼，若左夫人者，亦女中之奇傑歟！〔女中丈夫〕

3582	原 408/5	廣御 12/93	大 12/104

解圍韻事

石頭城畔某女郎，年可十五六，丰姿綽約，不啻天人。某日薄暮，至皇宮東首，手攜紙鳶，臨風牽放。途人見之，咸詫為洛浦神仙小作人間遊戲；以致足為之繭，神為之移。更有少年子弟立於其側，評頭品足，恣意謔談。女則落落大方，了無羞縮之狀。諸少年益無忌憚，有某甲者竟走近女身，故牽風箏線索，頗有耽耽逐逐之意。適王廢基營中親兵某乙經過，見而不平，大聲呵斥。甲大怒，立即揮拳相向；詎非乙敵，略一交手，已仆於地。甲黨六七人遂一擁而上，將乙圍住。迺乙了不畏葸，東衝西突，直至甲黨落花流水，四散奔逃，始大踏步而去。若此解圍，亦風流韻事歟！〔護花有力〕

3583	原 408/6	廣御 12/94	大 12/105

貪詐相生

甬江南門外人某甲，性極慳吝，有一毛不拔之稱。近因蓋造房屋，日役工匠數十人。既效夏禹王之菲飲食，又效秦始皇築長城故智，督工嚴切；因此眾工側目，咸有怨心。而甲尚弗之覺也。一日，水、木二匠藉酒後偽相口角以撩甲。甲果責其不應吵鬧，更脅以送官懲辦。語猶未終，一匠暗將頭顱劃破，故撞甲身而倒，登時血污滿面。眾匠喧然而起曰：「我等以工換錢，非爾奴也。豈可任意辱打。」甲見已動眾怒，且不辨匠傷輕重，不得已，極口認錯。眾匠曰：「欲無事，必立百日保。除醫藥養傷外，又須百日工錢；否則不必待爾送官，我等自詣縣署請驗矣。」甲一一遵命，始寢其事。噫！甲之慳吝無非愛財耳。豈知愛財即折財之媒，天下事大抵皆然。甲何憒憒哉？〔眾怒〕〔難犯〕

3584	原 408/7	廣御 12/95	大 12/106

嗜煙鬻子

蘇人某甲向在刷染坊為夥，因有煙霞癖，遂致賦閑。近以百級債臺無可彌補，乃肩荷染具為人刷染衣裙，藉覓蠅頭，以資餬口。有一子，年甫八齡，乏人撫育，恆隨父蹀躞往來。前日，甲至某煙寮一榻橫陳，呼吸良久。其子以飢腸轆轆，放聲而啼。甲睨視之，慨然曰：「無子一身輕，吾何必戀戀於此，以致日受贅疣之累。」遂與煙寮主某乙商議，願將子出賣。適有某丙年逾六旬，嗣續尚虛，當即許洋二十枚。甲連聲允諾，親書鬻子契一紙，隨時交割。其子聞之，牽裾悲泣，不忍分離；而甲竟拂袖而去。噫！叔寶豈全無心肝者哉？夫亦為鴉片所累耳。世有嗜阿芙蓉者，尚其以此為鑒。〔舐犢無情〕

3585	原 408/8	廣御 12/96	大 12/107

神警僭越

玉人趙某本古越產，僑寓蘇城，自父及身已二世矣。邇因其父逝世，借用周王廟餘屋盛設喪儀。以為該廟本玉工薈萃之所，生前既為領袖出入其間，死後何妨暫假以耀觀瞻。詎事畢而回，忽夢其父踉蹌而至，大聲切責，謂：「陽世但知勢利，於親喪絕不哀痛，而求工於儀文之間，以為觀美。不知冥間於此尚存古道；凡有不應為而為者，必與責罰。予本一生意人，爾竟貿貿然借用周王廟陳設喪事。神明大怒，將予送至春申君處嚴辦。爾其速備香楮，至春申君廟為予求寬其罪。」其子既覺，以為妖夢無憑，不以為意。未幾，其族人某與某巫遇；謂某日路過春申君廟，見趙父枷號頭門，不知所犯何事。其子聞之，始恍然於前夢之非虛。然則世之治喪者，尚其各守禮法，勿以僭越之故，重貽地下憂也可。〔冥法〕〔難逃〕

3586	原 408/9	廣御 12/97 右	大 12/108

雷殛青蛙

京師阜成門外有古樹一株，高凌雲漢，大可數圍。相傳內蟄一蛙大逾牛，居此已三十餘年。真非常物也。日前雷雨之際，豐隆君忽地賁臨，徘徊樹下者再；而蛙竟通靈，潛避護城河畔之渡船內，冀逃劫數。豈知天誅卒不能逭，曾不逾時，霹靂一聲，已將渡船擊成粉碎，蛙亦斃於水中。於是好事者遂謂此蛙積惡已稔，故遭天譴。然渡船何辜，忽焉波及，謂非無妄之災乎！〔閣閣無聲〕

3587	原 409/1	廣書 1/1 左	大 12/109

天足會

《道山清話》：「李後主宮嬪窅娘，纖麗善舞。後主作金蓮，高六尺，蓮中作品色瑞雲。令窅娘以帛纏足，纖小屈上作新月狀，著素襪。舞雲中，迴旋有凌雲之態。」又《南史》：「東昏侯所愛潘貴妃，名玉兒。帝大起芳樂、玉壽諸殿。鑿金為蓮花以貼地。令妃行其上，曰此步步生蓮花也。」裹足之作俑，實始於此。千百年來婦女之輕受磨折者，不知凡幾；然卒無人焉起而能易其俗。此泰西士女所以有天足之會也。是會共集百餘人，蓋憫中華婦女裹足之苦，設法勸戒，使得還其六寸膚圓天然真足，是亦西人好義之一端也。特恐中國積習未能驟移，不免辜負此雅意耳。〔斲雕為樸〕

3588	原 409/2	廣書 1/2	大 12/110

驚殺劊子

劊子手者，殺人之徒也；凡罪人當刑，地方官必假手於劊子。術雖不仁，然亦奉法而行；非其人自恃好身手，遽可斫人頭顱也。日者，粵東陽江廳有巨匪曾教者，被捕擒獲。解官審訊，直認不諱；業經按律詳辦，奉飭處決。劊子手從事其間，舉刀一揮，頸血立濺。不隄防該匪頭雖落地，尚能翻身驟起，將劊子之胸緊緊抱住，抵死不放。劊子大驚仆地，遂與俱倒。後經營勇將手扯開，而該劊子已顏色慘變，口不能言。急雇肩輿送回，至夜而殞。蓋其膽已嚇破故也。說者謂該匪性甚倔強，當獲案時，歷經問官研鞫，皆兀立不跪；惟有問即招，強項之形，至死不變。不意死猶為厲，竟能與殺之者同時併命，其兇悍亦可想而知矣。楚靈王之言曰：「予殺人子多矣，能無及是乎？」該劊子當亦自悔其擇術之誤也。〔還我頭來〕

3589	原 409/3	廣書 1/3	大 12/111

衣冠賊

鎮海某生，人皆知為庠序中人；而不知其兼擅走壁飛簷之技，不拘小節，恃其手段高強，胠篋探囊，習為常事。惟每至人家僅取金銀，累墜之物概不取攜，故捕役雖識其面，未得贓證，亦付之無可如何。日者，陳家莊有某宦遊倦歸來，橐囊頗裕。被生偵知，即於漏下三商時，踰垣而入。先燃點悶藥，使家中人均如醉夢，無一清醒，然後窮搜冥索，挾資而遁。臨行，謂宦曰：「汝多不義財，姑分半以濟貧乏。吾衣冠人也。汝若控告，必使汝身首異處。無貽後悔。」宦心憾之而諱其事，竟不控追。噫嘻！如生者，真文人之敗類也。然世之巧取豪奪，朘削民膏，為國家之蠹賊者，獨非衣冠中人乎？以視生之擇肥而噬，不畏彊禦，不欺孤貧，猶為彼善於此云。〔斯文〕〔掃地〕

3590	原 409/4	廣書 1/4	大 12/112

迷途未遠

拍花迷人之事，向得諸野老傳聞。有能道其略者，謂此輩係白蓮教一流，善用幻術迷引童男童女，或戕其性命，或鬻其身軀。初被迷者大半神眩目淆，一似猛虎逐於後，大河阻於前，百般窘急；斜有狹徑，不得不奔趨逃命。及至僻靜處所，然後任其所為云云。而余始未敢深信也。乃日者，京都西四牌樓北有旗兵某者，於日晡在某軒啜茶；忽見其子直趨而南，情形可怪。某兵疾呼問話，詎子略不回顧，若罔聞知。某兵情急，逕前掖住問之。不答。某兵駭甚。有旁觀者告以恐被拍花妖人所迷，可急取涼水灌之。從之，始醒。然則邪教惑人，言果非虛，保赤者可不慎哉？〔幾失〕〔掌珠〕

3591	原 409/5	廣書 1/5	大 12/113

剝衣亭

冠履之辨，自古綦嚴；貴賤尊卑，皆有一定服色，非可混淆也。自近世奢華日甚，遂開僭竊之端。無論富商大賈妄恃銅臭，必飾鮮華以為觀美。即工人藝士之徒，僕隸輿臺之賤，遇有事故，亦無不晶頂煌煌，靴聲橐橐。冠裳之壞，世道之憂也。至今其尚堪究詰乎？不知陽世雖置諸不問，而冥法仍辨之維嚴。嘗有再生客自述所見，言冥間竟有所謂剝衣亭者。凡人死之後，殮裝服色稍有僭越，冥王見之，必付剝衣亭褫脫。有呼號哀痛，稱為子孫所愚者；有生前侈肆，至此而并發其罪者；更有彌留時焚化華服，致受暴殄天物之誅者。見之實可寒心。然則昔人詩云：「夜半剝衣亭子上，何人看去不分明。」殆真有其事耶？乃世之人踵事增華，不顧名分，不問是非，奢侈踰禮，僭用一切，自以為得計，曾不知其適貽身後之累也。覩剝衣亭，能無凜然。〔章身〕〔無具〕

3592	原 409/6	廣書 1/6	大 12/114

嗜賭喪子

男子嗜賭，已足受害；若以婦女而嗜之，則害益烈矣。某日，武昌平湖門內某甲妻，因夫出外賭博，在家無事，陡觸素好，邀集二三女友作葉子戲。夜深未輟，使其幼女代領子襁褓而臥。及三更後夫回，始各散場。入房登埸乳子，豈知其子早已為姊壓斃。婦驚哭失聲。夫聞大怒，捽婦髮而痛撻之，遍體流血，逼婦使償兒命。順手將室內器物搗毀一空，又執廚刀欲殺婦。鄰右聞聲奔視，奪去其刀，并群責其出外赴賭之非。甲乃嗒焉若喪，遍揖諸鄰曰：「吾今而後，知賭之害人，誓不再犯。且子雖死，可以復生，不敢作殺妻想矣。」其妻聞言，遽輟泣而應曰：「必生，必生。」眾鄰咸大笑而散。〔人財兩失〕

3593	原 409/7	廣書 1/7	大 12/115

石佛為祟

蘇城有甲、乙、丙三人，年皆不過二十，相約至虎邱嬉遊；行過古廟，見階前有石像一尊橫臥叢草間。甲奉若神明，立為扶起，置之殿上，未幾即去。詎行不數武，忽仆於地，口吐白沫，雙眸圓睜。問之，亦不答，勢頗危險。乙、丙不知所措。適一老者經過，問乙曰：「爾等得毋冒犯石老爺乎？此神素著靈應，其性甚烈，人或忤之，必不寬貸。惟素好酒食。爾試急以酒脯祀之，庶免於厄。」乙如其言，向神禱祝，不逾時而甲果霍然。乙問其故。甲言：「甫出廟門時，見一人怒目執鞭，向之猛擊，遂昏然倒地，不知人事。今神方據案大嚼，叱予速歸，始蘧然而醒。」果若此，則神真無賴之尤矣。夫宵小拆梢，途遇鄉愚，輒肆敲詐，往往飲酒食肉，唯狼吞虎咽之是圖；然一經差捕訪聞，猶必拘獲以待官法懲治。何物頑石，猶能憑人為祟耶？且甲之供置，非玩弄之也；乃以怨報德，藉肆要求，亦禽獸之不若矣。吁！如甲者，可為佞佛者作一炯鑒。〔頑石〕〔通靈〕

3594	原 409/8	廣書 1/8	大 12/116

屍手毆人

無錫人陸某落魄申江，久而無遇，寄跡於法界鄭家木橋南首某氏婦所開小客寓；積欠寓資，不能歸楚。寓主婦屢索罔應，忿而掌其頰三下。陸鬱鬱不能久居，遂徙他處，憂憤之下，漸成痼疾。或謂之曰：「頰為婦掌，不祥莫大焉。盍向理論，以雪前恥。」陸然其說，立倩人舁往該寓。婦知之，即款以閉門羹。良久，不聞聲息，疑而啟視，見陸已魂歸泉府。大驚失色。急倩鄰右代為調處，願為死者備棺成殮。事為屍妻及姊所聞，興師問罪，謂棺殮之費不勞越俎；惟死者因被寓主婦掌頰，致喪殘生，則即以其人之道，還治其人之身；當令寓主婦跪伏於地，亦將死者之手掌頰三下，方肯息事。婦無奈，從之。有見者謂死者怒目圓睜，兩手緊握，迨掌畢，拳始伸而目亦瞑。怨毒之於人，誠甚矣哉！〔雖死〕〔猶生〕

3595	原 409/9	廣書 1/9 右	大 12/117

香生九畹

金陵自入春以來，街市間擔售蘭蕙者，幾至賤同蕭艾。都人士貪其價廉，莫不購致數莖，以備芸窗清玩；其中間有佳品，亦不過荷瓣、蠟瓣及素心諸類，此外誠不多覯。日前，青溪某寓公偶購得蕙蘭數盆，含葩結蒂，似與凡品不同。比及盛開，果然一花九瓣，共開六莖，悉皆並蒂花；瓣作玻璃色，花心作淡黃色。幽香馥郁，實為絕無僅有之物。主人於無意中得此佳種，欣喜莫名；遂治酒餚，遍邀親友，相與共賞奇葩。是亦一時韻事也。〔無言自芳〕

3596	原 410/1	廣書 2/9 左	大 12/118

試雷邀賞

袁祖禮，不知何許人；昔年曾歷戎行，保有都司職銜，精格致學。今春入京晉謁，恭邸與之言，見其學有本源，遂加收錄，交神機營試造地雷。三月杪造成，由神機營在南苑演放。先埋地雷於土中，插旗其上，以為標識。令人於一里外以長索牽木車輓行，車經其處，雷自轟發，聲震巖谷，而車已粉碎。恭邸大喜，立予保加二品頂戴。人之不可無技也如此。特不知此次禦倭時，何以所設地雷均歸無用也？噫嘻。〔行軍〕〔利器〕

3597	原 410/2	廣書 2/10	大 12/119

贊成和局

日人無禮，擾我中土。幸有李傅相大度包容，重申和議；乃猶多方要挾，賠費而外，兼索割地。泰西各國聞而不平，遂於四月十四日中日換約之期，各派兵艦赴煙觀看。迨日使伊籐美久治坐八重山兵船齎約至煙，海關道劉含芳觀察及中國所派伍、綸【聯】兩觀察率兵數十名在江干迎迓。其時煙臺口內泊有俄國大小兵船十二艘，德、法、英、美諸國亦有兵船數艘泊於口外。因李傅相所立之和約，有須重行更改者；如還地、加費等事，即行改定，方可簽字。時在下午四點鐘，砲臺及泊在海面之各兵船均放砲為禮。當未簽字之前，俄兵船嚴陣以待，似將開仗者。日使知眾怒難犯，不得不降心相從，乃於夜分時換約而去，而中日之和局遂成。〔公道在人〕

3598	原 410/3	廣書 2/11	大 12/120

奇人軼事（上）

王千戎金滿，奇人也。現經江督張香帥拔諸偏稗，授為統領。非常知遇，度必有以大展其才矣。客有談千戎軼事者，言千戎本浙之台州人，姓金名滿，迨為綠林渠魁，改姓曰王。當其踞銅錘山之為巢穴也，貝鎮戎錦泉領兵往剿；千戎亦列陣相待，令旗高挂，諸嘍囉咸聽指揮。俄而藥彈告罄，千戎笑謂鎮戎曰：「吾欲停戰矣！」遂鳴金而退。鎮戎見其隊伍整齊，首尾相應，不敢緊逼，亦退，而告屬弁曰：「吾不如也。」一日，千戎隻身為官軍所圍。是地貧黎有素受其賙濟者，欲為出拒。千戎阻之曰：「汝輩不知戰法，徒致血薄肉飛耳。不如令我臥於舊櫬，汝輩縞衣泣送，藉以出圍。」貧黎從之，男導於前，婦哭於後。官軍未知其計，遂為所瞞。及翌日，比戶查搜，竟不可得，不知千戎已逃至三百里外之某島也。……〔暗度〕〔陳倉〕

3599	原 410/4	廣書 2/12	大 12/121

奇人軼事（下）

……迨後官軍竭力進勦，而千戎亦勢窮形蹙，逼困海濱。有黨數人皆為之仰天號泣曰：「大兵逼於前，巨川阻於後，吾輩其同盡於此乎？」千戎曰：「事急矣。海闊數千里，惟我尚可勉力泅遁。為今之計，不若將君輩先縛於樹。倘官軍逼近，當大呼援命，而詭告之曰：『我輩俱為王某所縛，蓋渠已由西路竄去。恐洩其蹤跡，故被倒懸在此。』」官軍信之，急釋其縛，勒兵而西；不知千戎實匿跡於東，已與厥黨從容遁去。其計之妙，類如是然。千戎雖仗俠氣為此劫富濟貧之舉，而有心歸正。旋願投誠於彭剛直公，約定不官浙省。良以梓鄉富室夙昔多遭蹂躪，恐其挾嫌報復，致千戎身蹈危機故也。嗚呼！剛直公之所以保全之者，非以千戎為國家有用之才哉？〔苦肉計〕

3600	原 410/5	廣書 2/13	大 12/122

保尸不變

埃及國古時向有釁尸之法；凡王公、后妃薨逝後，即用香料塗其屍，可以歷久不壞，狀貌如生。蓋上古埃人咸謂人之魂魄，常附遺體；故精究釁屍之法，不使少有損壞也。近有法人某在埃及之北梯弼斯古都地方山內，尋得古王陵塚已葬三四千年者，計得古王及后妃等棺三十六具；墓中并有石器甚多。悉攜至埃及博物院，任人觀看。聞各屍皆以香料塗釁，狀貌宛然如生。西人之好古者，無不嘖嘖稱奇。惟釁屍之法，今已失傳。精於化學之西人雖曾思出新法，究未能出埃及人之上。然埃人惟以釁屍之得法，不能入土為安；至於千百載下，猶有人起其骨殖而暴露之。鬼而有知，能無怨恫於九原也？〔生死〕〔肉骨〕

3601	原 410/6	廣書 2/14	大 12/123

菩薩遭劫

昔髮匪之亂，擾及各省。其時庵觀、寺院凡塑有泥木偶像者，無不遭其蹂躪。說者謂其慢神實甚，神弗之福，此寇盜之所以亡也。厥後承平日久，神廟興復；居民供奉香火必恭必恪，以為是堂皇者，固未可輕犯也。間有無知鄉愚偶焉相觸，則譴罰立加，一若赫濯聲靈，固示人以不測者。乃何以湘省善化縣城隍廟中，於三月二十四夜，竟有人將大小諸神，用刀斧砍傷；並將財神之首，丟入糞穢中。且於粉壁上題有俚句，語多荒誕，不值一笑。而平昔之所謂神靈顯應者，至此亦竟一無所施；是豈廟中之神，過作威福，宜有此劫數歟？抑亦畏其兇燄，致被摧殘而無可洩忿歟？或曰：此必不逞之徒，藉以謊嚇愚民，作此疑鬼疑神之舉，未可知也。〔神靈何在〕

3602	原 410/7	廣書 2/15	大 12/124

綵輿空返

浦東張家橋人金某之女，自幼許與鄰村鄒姓子為室。邇來男女均已長成，鄒特央媒送信，擇吉成親。迨吉期將屆，女忽席捲而逃。金偵騎四出，蹤影杳然。及期，彩輿到門，金計無所施，萬分焦急。冰人等候良久，見金夫婦面面相覷，誤謂索加門包一項，遂告之曰：「如有所需，無不遵命。」金至是竟有難以回答之勢，祇得託言稍待，勸女出閣；旋入屋後坑廁中解帶自縊。家人心知有異，急尋至廁，將金救下，半晌始甦。金知此事實難隱瞞，當向冰人述明原委。迎親諸人一聞是語，無不垂頭喪氣而返。對此空輿，不知新郎將何以為情也？〔黃鶴高飛〕

3603	原 410/8	廣書 2/16	大 12/125

馬夫惡劇

英大馬路迤西泥城橋一帶為馬車往來必由之路。時有無賴輩成群結隊，在彼駐立。如見來往馬車中坐有婦女，若輩則拋磚擲石，拍掌歡呼。此等惡作劇，受其害者不可勝計。前日傍晚時，有少婦二人行經是處，婷婷嫋嫋，蓮步輕移。突有馬夫流氓名明春者，偕同其黨小江北攔住調笑。適該處正在修理陰溝，明春即握取溝內污泥，塗抹諸婦之面。該二婦大呼巡捕。馬夫等狂笑一聲，逕向龍飛馬房內奔逸。然二婦已花容慘淡，驚碎芳魂矣！〔別有〕〔肺腸〕

3604	原 410/9	廣書 2/17 右	大 12/126

老命該盡

青浦縣東鄉小陳村人陳甲，年逾六旬，務農為業；生有二子，均傭於某石灰窯內。一日，其次子向張、李二孩購得鵓鴿數頭，短付百文，約期歸楚。屆時往索，陳子無以應，潛匿窯中，不敢出。張、李二孩索益急，且作女嬃申申之詈。事為陳甲所聞，不責其子之非，反出而大聲呵喝。二孩年幼性頑，略不畏懼。甲大怒，遂欲扭二孩至其父處理論。詎因年高力弱，偶一欹側，遽爾倒地，越時殞命。報經地方官蒞驗無傷，憐二孩之幼稚無知，即予開釋。君子謂甲不度德，不量力，欲欺童子，反喪其生，實咎由自取云。〔禍及噬臍〕

3605	原 411/1	廣書 3/17 左	大 12/127

紫燕啣珠

紫燕一物，秋去春來，確有定候；來則巢於梁上，生卵育雛，性甚馴伏。虞城東南藕渠村左近某甲家，客歲新築堂樓數楹，今春有雙燕來巢，不以為異。日前，甲偶坐樓頭，見兩燕連翩入巢，口中各銜一物，光甚明淨，瞬即飛去。甲疑甚，取梯升視，則見巢內有明珠二顆，探手取下。其物既圓且潔，璀璨異常，的是新光珍品。嗣經識者估看，約值洋四十元有奇。甲珍同拱璧，什襲藏之。而雙燕出入依然，別無他異。實不知珠之所自來也。〔感恩舊主〕

3606	原 411/2	廣書 3/18	大 12/128

伏闕陳書

臺灣為南洋門戶。自經李傅相與倭訂約，允將全省拱手讓之；全臺人士義憤填膺，僉願自備軍餉與倭接戰，為國剿除狂虜。其閩省諸孝廉之在京會試者，會同京官、商民繕就呈詞，洋洋數千言，赴都察院陳情。繼而浙江、廣東、湖北、奉天、山東、山西、河南、湖南、廣西、四川、江西等十省及陝、甘、雲、貴、江蘇、安徽、直隸七省各孝廉聯名呈請代奏。眾口一詞，皆謂此地萬不可讓已。據都察院於四月初四日將先後所呈各情繕摺具奏，未經發抄。是以初六、初八兩日，都察院內各省孝廉又聚至千餘名之多，紛紛議論，勢若鬨堂。旋經京畿道前往彈壓。諸孝廉聲稱歷朝有事，文死於諫，武死於戰；今我國家被侵受辱至於此極，而文不聞有死諫者，武未見有死綏者。三百年養士之恩所成全者，固如是卑鄙無恥耶！一唱百和，院憲等皆莫可如何。我國家士氣人心如此堅固，彼倭虜其知之否？〔忠君〕〔愛國〕

3607	原 411/3	廣書 3/19	大 12/129

教匪拒捕

四川秀山縣有姚復乾、姚紹得父子，世居插壁嶺，素習鐙花教，交結匪類。每年二月十九、六月十九、九月十九等日，會集拜鐙上表。有巫師毛老司者，與之交好，常至其家演習法術；以符水飲人，能令瘋癲笑舞，稱係降神附體，能避槍炮。受其愚者，紛紛發顛；男女雜沓，唱歌跳舞，持械喊殺，習以為常。後因姚與謝明春、田萬芳二人積有嫌隙，率眾報復，致有燒殺多命一案。迨縣官會營帶領兵勇、團丁前往兜拿，姚等竟率瘋顛男婦多人，執持刀械，手畫足跳，直撲下嶺。被官兵施放槍炮轟斃夥匪數名。姚等見法術不靈，退回嶺上拒守。官兵乃分路進逼，格斃巫師毛老司等二十餘名，焚其巢穴，始將姚等擒獲正法。按此事已見邸抄。因歎邪教惑人，理無不敗，錄之以為愚民儆。〔目無〕〔官長〕

3608	原 411/4	廣書 3/20	大 12/130

木隸催糧

蘇州延青巷有潘謙之者，年逾不惑，家號小康。日前，長洲縣主王大令查有欠糧情事，差傳未到，惡其抗欠，思有以愧之。遂效陸稼書先生宰嘉定時用木皁隸催糧故事，飭匠製就木皁隸二具，手執硃單，舁至潘姓內堂供奉。令差役早晚焚香膜拜，焚化冥鏹；兩壁懸挂紙帛，恆無間隙。一時街道哄傳，遠近來觀，幾無容足地。潘子冬生，年已弱冠。以父在鎮江，飛函告知，想須到案質訊也。客有知其事者，謂潘實為漕總張盛溪所誣。初潘與張為莫逆交，前年中秋節，張虧空漕項銀數百兩，賴潘借給田單抵銀了事。嗣至年底，虧負更鉅；向潘商，出潘仁壽本棧期票一紙，計洋七百五十元，交入漕項內，事得彌縫。迄今縣主以票銀無著，傳張訊問，張卸過於潘，詭稱此票係潘歷年所欠，致王大令有此一舉。不亦可見人心之不古若哉！〔邑侯〕〔新政〕

3609	原 411/5	廣書 3/21	大 12/131

蓮瓣罹殃

纏足之風，盛行於中國，幾於無地不然。推其矯揉造作之苦，肉糜骨折，幾歷寒暑，始克有此金蓮之瘦削。稍有人心者，莫不憐之憫之。是以泰西士女前在博物院中設立天足會，繪圖演說，勸戒華人，冀得從此返其天真，不致備受折磨之慘也。而孰意倭子竟全無人心，非惟不加憐憫，反從而淩虐之。嗚呼！此尚得以人類目之哉？客有自牛莊來者，謂該處自被倭子侵佔以來，百姓遭難甚慘。而最足令人髮指者，則倭子每選民間婦女之蓮步姍姍者，勒令解下纏帛，跣足工作；而將繡鞋懸於襟間，以作雪茄煙袋。一時雪膚玉骨，不良於行，類皆徘徊歧路；甚有被倭子之鞭笞者，雖鐵人亦為之下淚。無怪俄、德、法諸國皆為之仗義而起也。〔惡作劇〕

3610	原 411/6	廣書 3/22	大 12/132

嬰孩過關

四月十八日俗傳為星主誕辰，滬上向有兒童過關之例。凡家有寧馨者，必於是日抱至各廟，焚香頂禮，名曰「過關」。先是羽衣翩躚之輩，群在佛殿以竹竿製成關橋一座，週圍插五色小旗，上置「關煞開通」四字，以鐵線絡之。待日之方中，蘭閨弱質，繡閣名姝，或乘魚軒，或攜鴉婢，衣香鬢影，各抱小嬌生，聯翩而至。羽士始將鐵線放開，俾襁褓者繞走一週；以為此關已過，從此關煞開通，可以平安無事也。客有身經其地者，見貝闕珠宮，香煙繚繞，傅粉郎一顰一笑，各率天真。而婦女之保抱攜持，尤覺誠恪備至；一若神靈赫濯，真能保其掌珍者。不禁目笑存之。夫聰明正直之謂神。降殃降祥，自有主宰，豈禱祀所能求哉？此蓋僧道斂錢之法，巧立名目，以愚婦孺也。〔情殷保赤〕

3611	原 411/7	廣書 3/23	大 12/133

以身殉鷂

紙鳶之製，由來舊矣。世俗以兒童翹首仰放，可洩內熱，故往往不加禁阻。不意竟有因此戕生者。金陵某姓之子，年甫十有三齡，生性酷嗜風箏；父母每嚴禁之，而卒莫之能改。今歲初春，積得除夕押歲錢千餘文，倩工製一大雁，高五尺餘，繪畫精緻；逐日攜之四野，迎風施放，已非一日。某日，又至城北太平門外，甫當縱雁翱翔之際，陡遇大風，雁力較平昔數倍。某姓子力漸不支，而不忍割舍，遂被狂飆連人飄至半空。及至風平，落於元武湖中。其家見子不歸，四出尋覓，次日方得其子溺所，手仍牢握紙鳶。遂雇舟人撈起，則已腹大如牛，與波臣為伍久矣。隨園詩云：「有好多能累此身。」某子之枉死，非斯之謂歟。〔升沈〕〔有數〕

3612	原 411/8	廣書 3/24	大 12/134

逃婦械足

木匠李敦甫，甯波產也，卜居美界西華里。娶妻蕭氏，年剛花信，稍具丰姿，在鄰居幫傭度日。近日不知何故，忽喚回家，與寡姊卓李氏，將蕭氏百般淩虐。並用泰西大木一根，鋸開鑽成兩孔，合於蕭氏足上，更用鐵釘在兩面釘住；致蕭氏寸步難移。呼痛之聲，達於戶外。歷三日，猶未釋放。鄰人群抱不平，報由捕房解經英公堂，由宋通刺升座提訊。見蕭氏遍體鱗傷，足帶巨木；遂飭官媒驗視傷痕。據稱所釘巨木甚緊，雙足又腫；週身有青腫痕，係毛竹打傷；背上有洋刀劃傷痕。通刺惻然，立傳木匠，令將巨木鑿開；詎所釘甚堅，分毫不動。通刺以李敦甫非刑虐妻，罪不容恕，移送縣署，以便重懲。縣尊黃大令訊據李敦甫供，妻蕭氏時常逃逸，故用木枷釘住其足，似非無因；惟責其管教妻子不應如此酷虐，令具不再私刑切結，從寬一併斥釋。〔寸步〕〔難移〕

3613	原 411/9	廣書 3/25 右	大 12/135

豆腐錢莊

甯波江北岸天主堂前有新設錢莊焉，青蚨數萬翼，母往子來，此固市肆之常，不足為怪。所奇者，莊內帶售豆腐，陳列櫃上；但覺圓者成貫，方者分格。入門一望，真有循規蹈矩之觀。一時聞所未聞者，皆欲見所未見；而終不知其命意所在。或云昔有揮金如土者，其家人嘗借諺語以戒之曰：「得錢匪易，應從豆腐上磨之而後用。」該莊主之別開生面，其殆深得斯意乎？故誌之以發一笑。

3614	原 412/1	廣書 4/25 左	大 12/136

倭兵喬裝

山東文登縣某孝廉嘗言，去冬倭兵陷榮城時，有別股敗兵三名，各持軍械，闖至其家。時孝廉眷屬皆驚避不遑。詎倭兵云：「爾等不必驚慌，吾非雄飛而雌伏者。不信，盍視吾乳。」言畢，坦胸示之，且泣求留匿。孝廉以非我族類，麾之使去。蓋倭自興兵搆怨以來，國中男子半多陣亡，故倭主迫令婦人改裝，當兵臨陣。特恨我軍茫然不悟，以致望風而靡耳。嗚呼！失機不戰，伊誰之責哉？〔易笄而弁〕

3615	原 412/2	廣書 4/26	大 12/137

索門生帖

天津《直報》云：軍機大臣孫萊山大司馬府第在順治門外繩匠胡同。四月二十二、三等日，有山東、湖南兩省京官及新舊各科門生多人，因中日約款諸多不便，特詣大司馬第請見。以為老師既掌樞密，位極人臣；當茲主憂臣辱、主辱臣死之秋，此種約款何以不能極諫阻止？若使門生輩到老師地步，必然以死相爭。大司馬婉為開導，不意大拂諸門生之意，立刻索還門生帖，不願再列門牆。大司馬無可如何，答以執贄者甚多，一時礙難查檢，遲日璧還何如？乃各門生眾口一詞，謂帖之有無姑不具論，請書給每人一「銷」字，則此心安矣云云。噫！書生迂闊，不通權變，以致三朝元老遭此奚落。亦可見眾怒之難犯矣。〔當仁〕〔不讓〕

3616	原 412/3	廣書 4/27	大 12/138

象怒殺人

柔佛國前得一灰色稚象，係白蠟蘇丹所贈。國王命夫役納諸園囿，善為豢養，久之野性漸馴。詎近日夫役驅象入圈，象忽抗不肯遵。強之再三，象怒，以鼻捲起空中，從高擲下；且以牙刺入夫役之目，睛出血流，勢甚岌岌。乃送入醫院調治，僅逾一宵，傷重而亡。象似知傷斃人命為法律所不容也者，破圈逸出，竄入內山。王之懿親名加立者善獵，隨用洋槍入山尋覓；遇諸山麓之賽馬場，燃槍擊之。連中六彈，方始倒地斃命。蓋柔佛貴人賤畜，故雖夫役之微，亦必有親王為之復仇也。若如暹羅國人奉象如祖，甚至國王亦為象持服。吾恐象雖殺人，誰敢過而問者。國俗之不同如此，采風者不可不知。〔輕于〕〔一擲〕

3617	原 412/4	廣書 4/28	大 12/139

化吉為凶

海門林叟年近知命，鸞絃雙斷，熊夢猶虛；寂寂鰥居，頗以伯道為慮。親友知其意，慫恿續膠，業由冰人說合，聘定陳氏女為繼室。林探知女年纔花信，貌美足纖，不覺眉飛色舞，樂不可支。近以中饋不可久虛，選擇吉期，俾早遂倡隨之樂。迨彩輿一至，花燭雙輝，老夫少婦，並肩而立。儐相高聲贊禮。甫行交拜，詎林竟匍匐不起，眾亟趨視，則已聲息寂然。急用參茸灌救，亦不見效。蓋魂靈兒早已飛上極樂世界矣。於是賀客變為弔客，合室喧嚷，莫知所措。最可憐者，青年閨秀，乍歌燕爾，遽慨鸞離；此後光陰，不知若何處置也。嗚呼！紅顏薄命，自古已然。為問月老，得毋錯配此一段姻緣耶？〔紅顏薄命〕

3618	原 412/5	廣書 4/29	大 12/140

女公子

女公子，不知何許人，齠年玉貌，粲若神仙。日前，忽易巾幗而為鬚眉，紈扇輕衫，烏靴橐橐。雇坐大號官舫，行至金山縣屬之張堰鎮。帶有長隨二名，傭婦一人。起居服物，卓然大家，固翩翩濁世之佳公子也。後因公子出艙眺望，偶不留神，脫落一靴，露出蓮鉤，瘦不盈握，以致觀者大譁。報由勇丁拘送至局，稟經某委員升座訊究。公子面不改色，席地盤膝而坐。問其姓氏，不答。但求楮墨，就地直書，頃刻千餘言。自敘履歷，乃父現為金陵顯宦，伊因不甘雌伏，是以改裝出遊，別無他意。其男女僕人均係途中自雇。語頗剛直，不作搖尾乞憐之態。委員難於發落，移送縣署。未知縣尊如何核辦也。跡其所為，誠今世之奇女子也。惜世人少見多怪，致有此風波耳。〔木蘭〕〔後身〕

3619　原 412/6　廣書 4/30　大 12/141

種銀受騙

銀可種乎？不可種也。然人惟自惑於貪之一念，於是為此說者，得售其欺，有墮其術而不悟者矣。羊城某氏婦家居五仙門內九曲巷，嘗在門前見一道士，長袍闊袖，手搖卦筒，自稱靈驗。婦呼入問卦。道士見室無他人，遂惑以種銀之說。婦心動，先以銀一員試之。道士納諸瓦罐內，喃喃作咒畢，置於土神座側，跪而祝之；戒婦勿動，約俟次日作法後，方可啟視。試之，得銀三員。道士嫌其利微，請再試之。仍如前法，蓋以符籙。翌日啟罐，得銀九員。道士曰：「財氣雖不旺，然以一得二，尚屬便宜。倘投以多金，富可漸致也。」婦喜，竭力摒擋，得銀百餘兩。道士又如前法，約期而行，一去杳然，遂如黃鶴。婦疑而視之，粲粲朱提已歸烏有，不覺大慟，尋以積憂成病而亡。吁，何其愚也！〔利令〕〔智昏〕

3620　原 412/7　廣書 4/31　大 12/142

李怪

草木之妖類能為厲，從未有如天津李怪之甚者。聞該處某姓富甲天下，建有大花園一所。其中有李樹一株，大可數圍，高逾百尺，數百年物也。去秋，忽有一叟絳袍紗帽，鬚髮蒼然，高立樹巔，臨風望月。家奴不知其為神也，拾石擲之。神怒，日夜作祟，或以疾病相侵，或則衣物自碎，擾擾紛紛，迄無寧晷。主人患之，焚香頂禮，曾不稍戢。乃邀僧道禳解，并延法師驅除。詎此怪神通廣大，勢燄薰天，終不畏懼。且自此更添一小怪，猴形人體，常在樹上，時隱時見，憑高擲石。見者神搖。雖眾目聚觀，亦不稍卻，一若相助為虐也者。而某姓家資因此折耗，已不堪僂指計。何物妖魔，猖狂若此。安得伏魔大帝早為國家除此巨孽也？〔變本加厲〕

3621　原 412/8　廣書 4/32　大 12/143

頭上生頭

英界長發棧今春寓有某氏婦，口操山左音，前曾產一孩，頗具異相。人初不之知也。日前，聞美界同仁醫院之西醫生擅扁盧術，能視奇疾；遂乘肩輿，抱孩往診。先由女醫驗視，見孩五官無異，惟首上有首，二首層疊若葫蘆然；上一首雖不能吮乳，而耳目口鼻無異常兒。爰告知院主文醫士，邀集在滬之中西諸名醫到院商議。婦請將孩之上首用刀割去。諸醫以孩生甫彌月，氣力過弱，一經奏刀，恐不免有性命之虞；請俟稍長，始可設法割治。婦無奈，怏怏而回。按前者滬上來一兩頭孩，係前後背生，兩面皆能飲食。一時傳為異事。今乃頭上加頭，斯真可謂出人頭地矣。〔視若〕〔贅疣〕

3622　原 412/9　廣書 4/33 右　大 12/144

視錢如命

鄞縣東鄉某甲，前因需用，倩鄰媼持衣赴質，權濟燃眉。鄰媼質得青蚨四百翼，以手巾包裹，匆匆而歸。行至中途，值天雨，避於涼亭。有二販夫相繼亦至。迨雨止，媼先起行，忘取其包。兩販拾之，各分其半。正欣幸間，媼奔回尋覓，兩販靳不肯予。媼情急涕泣，叩頭謂：「若不還，無顏見人，當以身殉之耳。」兩販不為稍動，媼不得已，遂投河而殞。兩販亦不救，挾資逕去。至夜分，二人忽遭雷殛，持錢矗立涼亭中。區區之數，不惜身殉。吁！可哀也已。〔利害〕

3623　原 413/1　廣書 5/33 左　大 12/145

相士賈禍

朱子琴者，自稱係唐舉子卿之流也，足跡半天下，或稱江西人，或言楚北籍。標榜所至，不憚大書特書，以愚天下希榮慕勢之徒；實則舌上生花，無他謬巧耳。前年，曾在滬上高張艷幟，簧鼓紛紜，侈談休咎，計亦可以餬口。不知何以不自推算，忽赴京都，自取咎戾，致有奉旨查拿，押解回籍之事。或謂朱在京師前門外琉璃廠東北園關帝廟內，藉其微術，交結內侍；曾赴內廷講說于平，得銀五十兩。過事招搖，經司坊官拿獲，解交刑部訊明，僅予驅逐。事本不足異。所異者，該相士既具神術，何不能趨吉避凶，從違皆準耶？或曰：「是所謂工於謀人，而拙於謀己也。」噫！〔拙于〕〔謀己〕

3624　原 413/2　廣書 5/34　大 12/146

海外扶餘

臺灣自入版圖，經營締造二百餘年。今被倭人無端索割，全臺人士義憤填膺，屢次叩閽，求予免割，未蒙允准。於是群情迫切，思自奮發，公議自立為民主之國。以臺撫唐薇帥智略過人，民心愛戴；爰循西例，推為總統，尊之曰「伯理璽天德」，主持一切軍國政事。公同刊刻印信，文曰：「臺灣民主國總統之印」，換用國旗藍地黃虎，於五月初二日，由紳士率眾送至撫署。薇帥見眾情難拂，權行收受。其電奏中朝云：「臺灣士民義不臣倭，願為島國，永戴聖清。」則其奉正朔而作屏藩，其維繫之功，已不可沒矣。今雖時事多變，成敗利鈍，尚難逆料；而臺地紳民食毛踐土，忠君愛國，亦足以伸士氣而壯國威。至薇帥處此危局，佈置艱難，與劉淵亭軍門雍容坐鎮，屹若長城；迥非甘心媚敵，俯首事仇者所可同日語矣。〔島國〕

3625　原 413/3　廣書 5/35　大 12/147

站肩卻疾

迎神賽會，嘗有幼童扮作罪犯，站立人肩，游行市上；大都係食力之家，或酬神願，或動豪情。江浙皆有之，惟賽會之外無聞焉。乃武漢風俗，每屆端陽佳節，各將小嬌生裝束一新，傅粉塗脂，矯如玉樹。或戴紗帽著綢袍，或雉尾雙翹，戎裝嚴肅，或效京戲中之楊四郎，或作《水滸傳》中之楊雄、石秀。盡態極妍，惟妙惟肖。各壯夫肩荷而行，其有筋力強固者，直立如山，屹然不動；其次亦必高踞雙肩，顧盼自得。有遍遊廛市者，有赴親戚家者，名曰「站肩」。謂自此可免一夏疾病，雖世家巨族，無不奉行。是豈積習之難返乎，抑籍耀觀瞻乎？蓋父母之望子也，唯疾是憂，而少時為尤甚。苟可以免子之疾者，縱冒不韙而不辭。不然，該處不乏通人，何竟舉國若狂也？〔保赤〕〔心誠〕

3626	原 413/4	廣書 5/36	大 12/148

錢神守庫

內務府東庫向儲制錢數十萬串，皆雍正、乾隆時物也；歷年既久，竟為神所憑依。或云：見有老人鬚眉垂白，披淡黃袍，手持竹杖，趺坐錢上；以故此項制錢不敢動用。每逢開庫收放銀錢時，必於其前燃供香燭，庫官行一跪三叩禮，歷經沿為故事。本年四月下澣，庫官某履新之始，斥其妄，堅不允行。迨庫丁將錢搬運，見繩索日久霉爛，錢猶貫串，且炙手可熱。庫丁以聞，並呈錢於案上。某官方欲取視，瞥見錢如蛇行，盤旋不已。某官駭絕仆地。當經同寅飭人扶歸，并將錢仍置原處。探視某官，方已甦醒，云：「當驗錢時，見一老人怒目而視，舉杖痛擊，因而暈仆。」時猶頭痛如裂，乃倩同寅代為服禮，竭誠禱祀，果獲無恙。然則錢神之說，豈虛誣哉？〔無法可施〕

3627	原 413/5	廣書 5/37	大 12/149

竹妖

黃岡之地，古稱多竹；雖兵燹疊經，而卓然成林，依然如故。去歲，某姓竹園忽傳竹中有神，能治異疾。初因某姓家人有疾，需用竹茹，使人入園磨刮，甫經動手，瞥見一古衣冠叟探懷出竹茹，與之曰：「以此治汝主疾，當立愈。」持歸試之，果占勿藥。乃述所見，咸信其神，遂以香花祀謝之，而竹中之神名乃大著。村童鄰叟偶有禱求，皆獲奇效。好事者復為附會，立一竹夫人之位，享受人間香火。於是茂草平林之側，變為珠宮蘭若之場。鬢影衣香，絡繹如織。當其深深膜拜，叩禱喃喃時，一若青翠叢中真有神明在上，為人驅疾降福也者。自此某姓香資所入，日以千計，其家遂致小康。是豈修竹有靈，故顯神通，以酬主人培植之恩歟？要亦不過妖物為祟耳。然以較諸前報所記李怪一則，迴乎不同矣！〔若有〕〔神助〕

3628	原 413/6	廣書 5/38	大 12/150

釁起倫常

蘇城某茂才家擁良田數百畝，生一子，已娶媳。而茂才遽賦悼亡，嗣以鰥況寂寥，潛與某蕩婦結露水緣，納為續絃，視子婦若眼中釘子。若婦又不能曲體親心，仰承眉睫；於是訴誶之聲，時達戶外。茂才惑於床笫之言，時為左袒，甚至棒擊其媳。媳之母族聞知，大抱不平，糾約壯男子十餘人，興師問罪，被毀什物無算。茂才痛定思痛，驚定思驚，以釁起子媳，誓欲驅除；遂繕就呈詞，控告忤逆。縣尊升堂提訊，洞燭其隱。不忍過傷顏面，略告以身修家齊之道，俾自閉門思過；而茂才意猶憤憤。長舌婦之厲階，不大可懼哉？雖然，人子處倫常之地，不能負罪引慝，感格隱微，亦為正論所不容。若茂才者，盍先於修身齊家加之意哉！〔治家〕〔無道〕

3629	原 413/7	廣書 5/39	大 12/151

草偶顯靈

芻偶送殯，實本古人殉葬之意，而要不足值識者一笑。未聞有出而為厲者。乃觀津門梁氏之事，可異已。前年，梁氏營造墓田，極奢侈，旁建房舍亦宏壯。事過境遷，人不為意。是村有富戶某姓，每當秋穫，積粟盈倉，往往虧短。歷年皆然，莫知其故。異而察之，殊無盜跡。疑其僕所為，誚責之。僕含冤莫白，欲窮其跡。至夜，潛伺之，瞥見二巨人頭大如釜，身高丈餘，金鎧輝煌，手持畫戟，踰垣而過；直至倉廒，門自啟，鞠躬入，俯掬菽麥，飽飫而去。月光之下，來蹤去跡，歷歷分明。僕遙尾之，入梁氏殯宮而沒。心知其為祟也。次早，白諸主人，集眾往搜，見有送葬芻靈方弼、方相二草偶，酷似夜間所見。破其腹，得菽麥數十斛。火之，怪遂絕。嘻，異哉！〔姑妄言之〕

3630	原 413/8	廣書 5/40	大 12/152

天誅逆子

距金陵城數十里東北鄉有某甲者，性情悖謬。家有老母，龍鍾殊甚，不能助子操作。甲惡其徒耗菽粟，事之不以禮，日惟婦言是聽。婦則蓬頭闊足，頗耐服勞；而視姑如刺，往往助甲為虐。姑老弱，無如何也。一日，夫耕婦饁，正在田間。嫗看守門戶，偶一不慎，有小竊攫其茶盂而去。子婦查知，肆口交詈，繼竟將嫗推仆。鄰人畏其兇悍，莫敢與聞。方謂天道無知，而不知豐隆君業已查悉；霎時大發雷霆，霹靂一聲，已殛甲於階下，而跪其婦於旁。則見甲腦後、足跟，各一小孔，青煙縷縷，有硫磺氣；兩目突出，面焦如鬼。婦則逾時始醒，四顧見嫗坐暗隅，即匍伏詣其前，叩頭如搗蒜；自陳種種罪戾，願從此革面洗心。嫗懾於平昔之威，猶覺倉皇無措，反問甲胡為乎泥中。聞已死，則又呼兒者再，嚶嚶啜泣。觀者麕集，為之慘然。蓋母之愛子如此，而子之逆母如彼，宜為天所不容也。嗚呼！如甲者，真死有餘辜矣。〔名教〕〔罪人〕

3631	原 413/9	廣書 5/41 右	大 12/153

靈姑術破

漢鎮某嫗自言靈姑附體，為人關亡問卜，藉博資財。一日，橫堤某氏婦因藁砧久出，邀嫗祈問。嫗坐甫定，即聞腹中唧唧有聲。人皆驚異。旋即愕然作色云：「爾夫客邸別有所歡，但予我香資十千，為爾作法間其情好，庶得回心歸里。」婦惑其言，以家貧求減。議尚未妥，夫兄某甲適自外歸，知其事，笑婦受愚，揮嫗令去。嫗不服，以咒詛要之。甲乃命老婦二人搜其身畔，得叫子二、木偶人一。蓋先時之唧唧者，即叫子也。旁人頓悟其奸，嫗亦自知敗露，抱頭鼠竄而去。世之好為關亡問卜者，其知之。〔鬼蜮技倆〕

3632	原 414/1	廣書 6/41 左	大 12/154

密訪桃源

甬北洋場前經總捕華生禁逐娼妓，雷厲風行，一時鴇皆鎩羽，龜盡縮頭，熱鬧之場，幾變而為清涼之界。而一種村娃賣俏，香巢暗築者，仍不免陽奉陰違。華生聞知，密喚某巡捕授以計，令依言而行。巡捕乃輕衫團扇，扮作書生，至某私窩門首，徘徊不去。果見一婦靚妝華服，笑靨承迎，低聲邀入。巡捕欣然從之。婦殷勤獻茗，數言未畢，便欲攜手促登陽臺。巡捕從容解衣，漸露號褂。婦大驚，求方便。不許。被拘判罰，始獲釋歸。總捕辦事認真，不於此見其一斑哉！〔誤認漁郎〕

3633	原 414/2	廣書 6/42	大 12/155

不納倭款

臺民不幸，同處覆載之中，不能為聖朝之赤子；至以版圖戶口，隸歸倭籍。又不幸而擇一總統，宏謨遠略，不能保守巖疆；反以雄兵利器，助敵自攻，乘間出亡，束手無策。致有基隆、臺北之失。已矣哉！天實為之，民復何望；所望者，惟劉淵亭軍門一人而已。日前，本埠各商家接得臺信，言軍門鎮守臺南，軍容嚴肅，望而知為節制之師。倭人屢欲進犯，亦懾其餘威，不敢輕率；乃遣帳下健兒齎一密函，投入劉軍，兵士率見軍門。則函中有願納款百萬，請將臺南讓出之語。軍門命執其使而呵之曰：「爾國以我為可賣耶？我受朝廷厚恩，蒙臺民推戴，願滅狂虜，不敢有違初志。今爾主慣以賣國求榮教人，爾受指使，罪亦難逃。」立命推出斬之。未幾，獻首階下。臺民聞之，額手慶曰：「劉軍門真屹若長城矣！吾儕無目，擇主不當。不然臺北天險，何至糜爛至此哉？」〔不為〕〔利誘〕

3634	原 414/3	廣書 6/43	大 12/156

西士規釋

釋氏以清淨寂滅為宗，無父無君，不事生業；惟恃梵宮貝宇為藏身之固，而轉得不耕而食，不織而衣。千百年來，流毒天下間。有能踵昌黎而起，如所謂人其人，火其居，持正論以闢邪教者乎？嗚呼！吾不得而見之矣。英國教士李提摩太君，博學能文，著名滬上。日前，因偕包君作天台之游，返棹甬江，下榻於教士闞斐迪君處，暇則偕往延慶寺瞻禮。適方丈大和尚他適，由副方丈迎入禪堂。茗譚良久，和尚高談雄辨，詡詡然自誇教旨；謂本教各比邱咸守佛戒，是以歷蒙聖清尊崇。李君聞而生鄙，告以教之興衰，隨乎國運。今大局多變，貴教恐難久持，不若去虛就實，離邪歸正，使得共登道岸也。和尚聞言，如晨鐘暮鼓，亦效頑石之點頭，李君等遂興辭而出。噫，同一教也，而以教規教，獨出讜論，李君誠加人一等哉！〔攻乎〕〔異端〕

3635	原 414/4	廣書 6/44	大 12/157

背母尋妻

杭城皮市巷趙甲夫婦生有一子，年已逾冠，已於去春為之納婦。姑某氏，兇悍異常，待媳甚虐。媳以母族乏人，無可伸訴，吞聲飲泣已非一日。姑欺其柔弱，淩逼益甚。媳怨憤之餘，自嗟薄命，遂取并州快剪，削去八千根煩惱絲，遁入比鄰某尼庵，長齋禮佛。姑亦置之不問。其子無力挽回，時往庵中勸慰，又為其母所責，不准重與見面。其子痛妻無罪見逐，意良不忍，乃於前晚乘間啟後門，擬由庵側廢園踰牆而入。適某乙在牆外遺矢，見其形狀慌張，疑為穿窬，報知老尼。老尼大驚，急率道姑、佛婆四圍掩捕，遂將甲子獲住。詰知來意，老尼責其鬚眉丈夫，上不能悟其親，下不能保其婦，以致青年弱質遁入空門，尚不知愧，敢以痴男怨女玷污清淨之區耶？甲抱慚而去。其事可笑，而其心亦可悲矣。〔未免〕〔有情〕

3636	原 414/5	廣書 6/45	大 12/158

監犯娶親

丈夫生而願為有室，女子生而願為有家，情理之常，無足異也。未聞有身羈犴狴，樂賦鴛鴦，以幽囚縲紲之區，為花燭團圓之地者。有之，自徐州宿遷縣高某始。高某，不知所犯何事，拘繫獄中已歷年所。近以年已不惑，積有盈餘，頓思鰥況之堪悲，願訂鴛盟以偕老。央請有力者稟商縣尊。縣尊念不孝有三，無後為大；該犯雖獲罪戾，不應遽斷嗣續。遂本王道不外人情之意，許其在監成禮。高奉諭大喜，急倩媒妁，以生花舌說合某姓女為室，擇吉四月初旬行合巹禮。一時笙簫迭奏，儐相歡迎，喜慶筵開，幾不知人世有囹圄之苦。而凡蓬首垢面，相對欷歔者，轉不免生艷羨心。羑里彈琴，蠶室著史，恐無此樂境也。特不知洞房作於何所，歡會能有幾時耳？〔妻不下堂〕

3637	原 414/6	廣書 6/46	大 12/159

郡神迎路

某刺史，浙人也，歷任湖北要缺，卓著政聲，為上游所器重。前年，將赴某州任，載其瀛眷，鼓棹而前。將入境，天忽晝暝，飛沙走石，對面不辨人。舟子急艤舟傍岸，刺史出立船頭，仰天眺望。俄聞空中有鳴騶聲，輿從甚盛；中擁絳袍紗帽，如世所塑城隍神者，翩然蒞止，與刺史拱手為禮，謂：「愚弟守土於茲，愧無治化。久聞使君名，傾慕良殷。今聞榮蒞是邦，觀化有日。喜躍之餘，特來奉迓。」刺史答揖如儀，再三謙遜，神始辭去。未幾，天即晴朗，刺史恍如夢覺，疑信參半。迨接印後，詣城隍廟祀謝；則所塑之神，果如舟次所見，驚訝久之。慨捐鶴俸為新其廟，後亦無他異。刺史有幕友某君，雲間人也，述其事於予，因誌之。〔好官〕〔可做〕

3638	原 414/7	廣書 6/47	大 12/160

紙牌殉葬

瑞典國之亞緬地方有某富翁，生平酷嗜葉子戲。以壯歲經營，不能專心致志；迨暮景頹唐，始向林泉息影，得與二、三故舊，日從事於紙牌，意良得也。邇以老病日深，自知不起；因從國例，邀請某狀師至家，為立遺囑。其囑書之語，除將家財分撥外；另有一款，言死後須購精緻紙牌一包，置於棺內。出殯之日，即請某某諸君荷棺前往。某某即平日與博之良友也。靈柩必由某茶館經過，蓋即平日往博之所。柩經門首，即請暫停。某某諸君可入館中儘情一博，博後再舁棺至殯所。諸君能遵斯言，願各贈資若干云云。未幾，翁亡。其友遵言而行。聞者莫不捧腹。按古人於所愛之物，多有以之殉葬者，如晉陵之壺、次君之畢，此類甚多。良以生平所愛，不忍遺於死後，故以殉之也。某翁所愛在於紙牌，以此為殉，蓋深得古人遺意矣。〔辟於〕〔所愛〕

3639	原 414/8	廣書 6/48	大 12/161

雉妓爭雄

野雞妓女遍播洋場，而尤莫盛於四馬路胡家宅一帶，翱翔街市，招引游蜂。年少狂且，偶為所惑，流連忘返，以致墮名失業者，時或有之。蓋此等妓女，利慾薰心，既不自知廉恥，亦不顧人廉恥也。有某甲者，擅賈大夫射雉技；常在大興、梅春等里設網張羅，誦宣聖「時哉時哉」之句。前晚，正與某妓由大興里出，攜手同行，笑談自得。適為梅春里所眷之妓瞥見，不覺醋罐頓翻，一陣酸風，直撲至甲處。甲恐貽行路羞，鼠竄而去。於是二妓脣槍舌劍，各不相下；繼竟以娘子軍旗鼓相當，鏖戰良久，始各分散。見者皆嗤之以鼻。幸未逢巡捕，得免羈押。然非以爭雄故，何至輕身忘害若此。覩翔集之雌雉，妓能免名不副實之誚乎？〔差池〕〔其羽〕

3640	原 414/9	廣書 6/49 右	大 12/162

還金愈疾

拾金不昧，陰騭昭彰，從未有如蘇人某甲獲效之神且速者。緣甲與某乙同居閶門皋橋地方，嘗偕至鶴陽樓品茗。甫入門，拾得一紙包，啟視之，五百金券也。乙意必瓜分，不覺大喜。甲告之曰：「予素有膈症，朝不保夕，安用此為？爾亦貿易中人，得此未必即能致富，不得此亦未必終窮。若此鉅款，失者恐有性命憂，不如待其人而還之。」乙許諾。未幾，見一學徒垂涕而來，四顧失色。甲詢其故，并及券上號數，果相符合，遂勸乙還之。詎自此一念之誠，已感天意。迨甲回家，頓覺目眩心驚，移時吐出痰塊，堅如牛皮，而膈症遂愈。〔善念回天〕

3641	原 415/1	廣書 7/49 左	大 12/163

喜從天降

蕪湖吳痂子妓院有校書名玉霞者，來自二分明月，作四條絃索生涯，芳齡二八，秀骨珊珊；然不工酬應，獨具出塵之想。鴇母雖利誘刑驅，終不為所動。日前，竟效嫦娥奔月故事，惘惘出門，至江干官碼頭，一棹輕舟，渡登彼岸。適見舟子年猶弱冠，貌亦溫文。既抵岸，舟子促登。玉踟躕半晌，即自陳從良之志。舟子謂：「我雖未授室，而家業飄零；且山居在湖北之大冶縣。茹苦含辛，恐非汝願。」乃玉聽之娓娓，願以井臼自任，且出銀餅數枚，暫濟眉急。舟子遂載美以歸。標其目曰：喜從天降，何幸如之？〔艷福〕

3642	原 415/2	廣書 7/50	大 12/164

示人不測

劉淵亭軍門勇敢善戰。前年越南之役，所部不過二、三千人，每能出奇制勝，轉鬥無前，久為中外欽服。此次鎮守臺南，雖屢聞臺北警信，而此軍仍屹立不動，倭奴屢圖進犯，疊遭挫衄。聲威所播，四海傾心。於是有某英人僑居臺北，雅慕其名，前往臺南，躬詣節轅；自述來意，謂願一見顏色，非有他求。麾下士許之，引至大堂東偏大書房內，揭簾而入。其中陳設極為精雅，中有五人鵠立而俟。遍視之，則皆紅其頂而花其翎，朝珠補褂，服式一律。細瞻廬山真面，則皆依稀彷彿，毫無區別。異而詢之，則又皆劉其姓，而永福其名也。某英人如身入山陰道上，五花八門，莫辨真偽，為之舌撟不下者久之。不數語，即興辭而出。歸臺北後，逢人便告，尚驚疑不止云。〔變化無窮〕

3643	原 415/3	廣書 7/51	大 12/165

倭兵中計

本埠各日報接得臺友來信，言劉大將軍購運棺木，滿裝火藥花彈。託詞民人受疫而死，送往山頭各要隘潛埋妥貼外，復於沙頭一帶，預設地阱，內以棺木盛火藥、煤油等物，上覆土，種植荳仔、蕃薯等雜糧。迨聞倭人遣一兵船，在鳳山縣後游弋。大將軍知其詭計，必賄通奸民引路。乃將計就計，令所部兵勇數百人，以一二百人偽為沿海漁民，駕駛漁船，私受其賄，潛將倭兵八、九百人接引由沙頭地方登岸。及倭人在此經過，猝不及防，陷入阱中，官兵即燃火以焚之。倭兵八九百人竟無一生還；而通敵之勇，亦死傷二、三十人。倭兵艦即展輪他往。大將軍奇謀勝算，真不減十年前與法人在越力戰時也。〔納諸陷阱〕

3644	原 415/4	廣書 7/52	大 12/166

臺軍大捷

日人既得臺北，進犯新竹縣境。經林蔭棠觀察督率民兵，並招集熟番數千人，出奇制勝，敗之於桃仔園。旋又調兵三百餘名，往攻中力；被觀察四面兜勦，悉數殲滅，無一生還。計日兵在桃仔園共打大仗七次，竟無一仗不敗者。日人心有不甘，又調大隊三千人駕格林砲四十尊，馬兵數十匹，復攻中力。卒不得逞。五月底及閏五月初二等日，兩軍交戰，又被客兵、義兵所大創。斬馘二千數百人，屍橫遍野，血流成渠；格林砲亦盡為臺軍所得。僅存馬兵三四匹，戰兵二三百名；然已身受重傷，狼狽不堪，相與舁之以去。日人無奈，急將殘兵退出桃仔園，仍回臺北駐紮，以待添兵援救。此臺中近日大勝之情形也。雖由於將士用命，抑亦惡貫滿盈，自有天意存乎其間耳！想乘此聲威，規復基滬，直指顧間事。請拭目以俟之。〔屼若〕〔長城〕

3645	原 415/5	廣書 7/53	大 12/167

扣餉養妓

營官剋扣軍餉習為故事，以致軍心離散，水陸各軍遇敵先逃，望風輒潰。至倭人乘勝要挾我朝，有割地賠費之舉，皆此輩營官職之咎也。臺灣事起，凡稍有志節者，皆願敵愾同仇，以維危局。而其間不肖之官，往往因以為利。如統領基隆、滬尾兩口營哨兵官，尤亟以聚斂私財為避地計。甚有前充統領營官諸人，邀集賓客，以扣餘之餉作買笑之資，大都各人均擁資三、五萬。有某軍門者在臺灣南北十數年，積資百萬；凡隸標下者，即哨官亦有數千金之多。此次暫寓福陞客館，每日夜必呼流娼、擋子班土妓、歌妓彈絲品管，以解悶愁。吁！國家不惜爵祿使統領各官訓練士卒，而為之統領者，乃不能報國養士，競以苛刻為能，扣兵之餉以養妓女。時事如此，尚可問哉？〔知法犯法〕

3646	原 415/6	廣書 7/54	大 12/168

鬼會

牛鬼蛇神本屬無徵之事，而世之佞神信鬼者，往往好為附會，過神其説，以聳聽聞。近時各處賽會，除儀仗執事外，每裝扮各鬼，窮形盡相，儼似十八層地獄中逃出者，不知何所取義。蕪湖於上月中旬有好事者不樂人生，雅慕鬼趣；舉賽一會，抹卻本來面目，裝出鬼頭鬼腦，顧盼自如，游行街上。如地方鬼則白衣長身，面塗粉墨，宛如山門所立者；黑面鬼則面黑如漆，獠牙吐舌；大頭鬼則頭大於斗，搖搖擺擺，鬚眉宛然，頗有大老官模樣；小頭鬼則尖頭把戲，扭扭捏捏，不免似裝腔做勢一流人。此外五猖鬼、偷飯鬼、摸壁鬼以及無名各鬼，啾啾唧唧，成群結隊，變態萬端。為吳道子所不及畫，鍾進士所不能捉者，不圖於清涼世界見之。〔絕無生趣〕

3647	原 415/7	廣書 7/55	大 12/169

舟子被騙

孝豐人某甲，僑寓湖州城內，擅「馬扁」術，家有梅鶴，咸仰給焉。近因炊煙將斷，探得務前河下船戶某乙積資頗裕，潛使床頭人雇乙之船，以探親為名，挈女赴鄉。乙信之，煙波十里，欸乃數聲。甫過潘公橋，甲即如飛追至，大喝前船快停。乙正錯愕間，甲已向岸上人聲言，此船拐伊眷屬私逃；幸早知覺，得即追及，乞眾臂助。眾不知其計，幫同將乙縛住。乙雖極力剖辨，眾終疑信參半。迨問諸船中母女，則含淚無言，頗似私奔景象。而甲則聲勢洶洶，邀同亭長，定欲送官懲辦。乙固鄉愚畏事者，恐到官後所費更屬不貲。於是吞聲飲泣，任憑亭長議罰番佛數十尊，以了其事。甲遂笑逐顏開，攜妻女揚長而去。〔以取〕〔資財〕

3648	原 415/8	廣書 7/56	大 12/170

鼠子演戲

游戲之事，日出不窮。除優伶搬演故事及木偶登場外，即物類之微，每多通靈，學作種種戲法。近如西國馬戲，跳舞呈能，高下合節，久為中外所稱道。而我華江湖賣解者流，則藉猢猻、韓盧加以教練，俾奏所長，博人歡笑，以取資財。然未聞有晝伏夜現之物，靈動如人，亦能作梨園子弟者。山東人某甲素以戲法謀生，而尤能別開生面。日前在蘇州元妙觀中，以高約七尺，形如雨蓋之木架一，安插地上；架內懸挂圓圈及各種槍刀、耍物之類。而以碩鼠十餘頭處其中，能聽鑼聲以為進退。所演各劇，如《李三娘挑水》、《孫悟空鬧天宮》等，類皆惟妙惟肖。并能以竹刀、木槍用爪抓住，盤旋而舞。見者皆歎得未曾有。鼠亦靈巧矣哉！〔酷似〕〔伶人〕

3649	原 415/9	廣書 7/57 右	大 12/171

男丐喬裝

甬地某乞婦，雖一身襤褸，而髻螺高挽，橫以竹釵，裙下圓膚六寸，亦裹作尖筍形。惟鬚健如戟，數日一割，不使脱穎而出。人之不知者，咸以雌伏目之，而其實則雄飛者也。該乞婦雅慕齊人風致，一妻一妾，同居某地，伉儷甚諧。惟自思男丐易遭人厭，於是易冠而笄，蓄髮改作女妝；沿門托鉢，果得酒肉醉飽。緣諸女菩薩見是女丐，無不各解慳囊也。然而撲朔迷離，其弊豈堪設想。上有良有司，宜據男扮女妝之律以治之。〔撲朔迷離〕

3650	原 416/1	廣書 8/57 左	大 12/172

將星誌異

劉淵亭軍門，大將才也。生而有奇智，善馭士卒，每戰輒捷，有周亞夫、岳武穆風。前年越南之役，卓著戰功，久為中外所欽服。中日和局既成，臺灣事起，軍門鎮守臺南，屹然不動。倭人屢圖進犯，卒為所挫，喪兵折將，不可數計，蓋軍門之力也。論者乃過神其説，謂軍門係趙元壇所騎黑虎星降生。每當目睫初交，帳下健兒常見黑虎徘徊左右。及醒而沒。語雖無稽，傳者嘖嘖，皆樂道其事云。〔道聽塗説〕

3651	原 416/2	廣書 8/58	大 12/173

計沉倭艦

倭人既得臺北，圖踞臺南，又憚劉淵亭軍門之威，不敢輕進；屢願納款，誘令軍門歸降。軍門峻詞拒之。至末第五次改稱以臺南仍歸節麾鎮守，軍門始允。一面密令中軍官督率諸軍，分投埋伏，約俟日兵艦齊集，開砲為號。日人不知，欣然得計，驅將兵艦十八艘一齊駛入。中軍官見之，恐來勢太猛，一時未易剪除。甫過十艘，即行開砲；伏兵齊出，槍砲俱鳴，將其十艘悉數轟沉，尚有八艘得被免脱。劉軍門聞之，頓足痛恨。以中軍官違令，致強敵未能聚殲，反傷臺兵多名，立正軍法。然聞者已為之大快矣。事見十二日《新聞報》。〔水火〕〔交濟〕

3652	原 416/3	廣書 8/59	大 12/174

狗陣破倭

昔田單熾牛尾，以衝敵陣，千古許為奇謀。未聞有不用牛而用犬者。有之，自劉大將軍始。劉大將軍之鎮守臺南也，聞倭人佔踞臺北，警信疊傳，屹立如故；且故令臺兵節節敗退，連失營盤五六座。然後號砲一聲，突出臺兵數萬，將所失營盤團團圍住。又有戰狗數百頭，分為五陣，群起而攻；每狗頭戴火藥一包，衝入倭寇所佔營內。倭寇見群狗湧至，開炮便擊。狗聞炮聲，東奔西竄，頭上所戴火藥，觸處皆燃；且營內先有火藥藏在地坑。迨至火燄沖天，進退無路，臺兵乘勢殺入，無一得脱，以致全軍覆沒。謂非天心厭亂，而假手於我劉大將軍哉？〔出奇〕〔制勝〕

3653	原 416/4	廣書 8/60	大 12/175

皇華生色

我朝自與泰西通商，遴簡使臣，分往各國，星軺遠駐，朝聘有時，用以彰國體，用以固邦交。典至重，任至專也。及其回國也，地方有司循例送行，保護出境，亦事之常。從未有皇華迢遞於郊迎廷見之外，重勞其君之遠送者。若此次王芍棠星使在俄時，不誠光國典而耀鄰封乎！王芍棠星使之春去年奉命赴俄羅斯；蓋弔舊君之喪，且賀新君踐阼之喜也。當星使在俄時，俄君臣授粲適館，禮貌有加。及事畢，言旋辭別。俄廷俄皇優予犒勞，迥出尋常；廷臣亦以珍物交相投贈，縞紵聯歡，如舊相識。戒行之日，俄皇親出宮門，乘火車相送至四百里之遙，始珍重數言，

握手而別。說者謂俄皇當為太子時，與星使有舊，故此次有加禮焉。然非星使善於詞令，情誼交孚，安能若此？〔壯哉行乎〕

3654	原 416/5	廣書 8/61	大 12/176

江上飛魚

揚子江頭於五月中旬某日，曉霧漫空，咫尺莫辨。惟聞霧中有聲，不殊眾鳥飛翔，江水亦為之壁立。迨霧氣稍斂，則見有物由江面出，飛向山麓；縱橫迅疾，如鴉作陣，如鶩就群。維時雲水蒼茫，尚不能測其為何狀。既而濃霧全消，引領仰視，始知逐隊入山者，皆魚也。按歷代〈五行志〉本載有飛魚之異；然究未聞巨鱗千百，同時不翼而飛。是誠莫識其朕兆矣！又據野老云：「鯉魚能隨霧飛起，入水則仍為魚，入山則化穿山甲。」以此論之，則魚之群飛入山，亦如雀之入水為蛤。化機所鼓，不足異焉。〔化機鼓盪〕

3655	原 416/6	廣書 8/62	大 12/177

歸馬如飛

本年乙未科新狀元駱殿撰成驤以海內無雙之士，作蓬瀛第一之人；射策才高，傳臚首唱，固已名馳日下，群焉羨之矣。近聞殿撰授職後，以謝恩、謁聖、謁師諸禮，均已畢事；遂詣本院請假，回籍省親。諏吉五月二十六日，束裝起程。由通乘舟至津，晉謁各當道，小駐元旌，再行附輪遄回四川珂里。並聞川省已閱多年未獲鰲頭之選。今殿撰大魁獨占，是以合省紳士公議捐置狀元田若干畝，朱提若干兩。日後文星戾止，彼都人士且將以一見顏色為榮。讀韓魏公〈晝錦堂記〉，殿撰何多讓焉？〔衣錦〕〔榮歸〕

3656	原 416/7	廣書 8/63	大 12/178

鬼話

豫人張元達流寓吳城，賦閑日久，一家數口，待哺嗷嗷，無可為計，將圖自盡。乘夜啟扉潛出，奔至葑門外某姓墳旁，瞥見相離數步之遙有三人席地聚語，異而聽之。一人曰：「求死莫如赴水。泠然沁骨，汩然滿頤，如渴得漿，如熱得涼。莫樂於此也。」一人曰：「燒死尤勝。炙手可熱，著體皆融。赤面如福德神，黑面如元壇帥。巍巍顯赫，不亦顧盼自雄乎！」末一人曰：「二君之言皆非也。死莫妙於自縊耳。兩足蹈空如躡雲，一項懸繩如吸月；雖千秋架上不及如是之逍遙自得也。」張聽畢默笑，人之求死尚有何樂，乃猶為是齗齗。少頃，見三人以爭論而至交詈，其聲啾啾，不禁大駭。天亦漸明，人忽不見，始悟為鬼；遂不復萌死意，懊喪而歸。〔無稽之言〕

3657	原 416/8	廣書 8/64	大 12/179

賽狗求雨

武漢自入夏以來，天氣亢旱。好事之徒先以一人赤身坐於椅上，椅後插細青竹枝，手持一板，左右搖擺，以四人舁之。導以鑼鼓，飛行街市，居民爭以木瓢、瓦缽盛水澆灌，謂為祈雨。事已奇矣。嗣以迎人無效，改而迎犬。其法捉一靈獒，倒翻木椅，束縛於中，復用竹扛，以二人擡之，游行大街小市。問其所以為此者，蓋欲發眾人之笑，而因之得雨也。然猶恐不足以大解人頤，乃取羽纓涼帽一頂，戴於狗頭；帽上裝一大紅頂，後拖松枝如雀翎然。又有無賴輩，花臉素衣，奔走前導；更有扮作雷公、電母者。鑼鼓之聲，喧鬨不已。紅男綠女，空巷出觀。卒為本鎮官憲所知，拘拿懲辦，亦所勿恤。蓋其俗素有笑狗天陰之說也。然而愚矣！〔無理取鬧〕

3658	原 416/9	廣書 8/65 右	大 12/180

打鴨驚鴛

甬城開明山左近某嫠婦，出身衏衕，悍鷙不仁，積藏金飾數事，銀餅百餘枚。一日，忽失所在，搜尋幾遍，蹤跡杳然。疑為夫己氏所竊，而未便指實。爰為打鴨驚鴛之計，遷怒於養女，縛其背而鞭撻之。且大言曰：「吾誓殺此女，俾老天知事由遭竊而起，將竊賊付諸雷部也。」至翌日，則黃白物已歸原處，不少絲毫。嫠婦始破涕為笑，遂釋養女之縛；蓋逆料夫己氏相居不遠，故為此以警之也。嫠婦真譎矣哉！〔使之〕〔聞之〕

3659	原 417/1	廣書 9/65 左	大 12/181

山猿報時

《唐代叢書》載：「商山隱士高太素起居清心亭下。每至一時，即有一猿詣庭前，鞠躬而啼，不易其候。」予竊疑之。不謂事竟有未可盡誣者。客有與金山某逸士為友者，暇日訪之。見山上茅屋結構天然，旁列茂林修竹，奇花異卉，有猿一群，馴擾得所。坐未幾，忽一猿啼於前。逸士曰：「此何時也。」居無何，猿啼如故。又曰：「此何時也。」客異而問之。逸士曰：「此報時猿也，累驗不爽。」客歸述之。蓋於雞報曉、鶴知更之外，又增一新說矣。〔不物于物〕

3660	原 417/2	廣書 9/66	大 12/182

出奇制勝

臺軍勝仗，疊志本報。茲又據上月廿三日《滬報》云：「臺北陷後，中路守將吳霽軒軍門、林蔭棠觀察知倭人必由陸路來犯新竹。遂預製白旗，密遣心腹舊部，糾同地方紳耆，俟敵兵至，執旂迎勞。倭軍安營甫畢，復爭獻牛酒，盡情酬酢。敵信之，不為備。迨子夜信炮輒發，民盡為兵，一齊殺入，殲其眾二千餘。又將大湖口橋梁拆毀，設伏於淺水易涉處，俟敵半渡，突出邀擊。敵兵步伐已亂，自相踐踏。軍門、觀察各將千人分兩路兜襲倭軍之後，以絕敵之歸路。邱水部逢甲復躬率義勇五營，以遏其前。倭人無一倖逃者。統計本月初旬前後五戰，陣斬倭人二萬數千級。每戰臺軍輒以輕騎數百人嘗試戰酣，另以奇兵千許，或左或右，衝入敵陣。俟敵陣角亂，始以全力搏之，故敵鮮有不敗者。」〔節制〕〔之師〕

3661	原 417/3	廣書 9/67	大 12/183

倭兵大創

劉大將軍自與倭兵接仗，前後數戰，露布紛馳，宜為倭人所膽落。然大將軍知其必來報復也。先於安平口內外安設水雷、魚雷，及浸透桐油之松柏稻草，紮縛成捆，上壓巨石。又將雞毛編成大扇，以粗糠浸透火油，置於扇上，一一埋藏海底。安排既畢，忽探報倭兵艦多艘，已駛入安平口外六十里下碇。於是水兵、水鬼先將粗糠順流放下，且以毛竹圍之，不令飄散。繼去巨石，而所壓之松柏柴草亦飄浮水面。維時水鬼已將亂繩鐵線，暗繫倭艦輪舵、輪機。迨倭人心知有異，開炮欲退，船已不能移動。不得已，傳令開仗，又不見劉軍蹤跡，但見雜物蔽塞海面，急放杉板撈取。忽聞號炮一聲，水雷、魚雷齊發；岸上亦鎗炮環施。致將水面之竹木粗糠引火燃著，烈燄飛騰，恍如曹阿瞞鏖兵赤壁時。計燒燬木質兵船二十四隻，鐵甲船亦盡成廢物；燒斃倭兵二萬餘人，全軍盡覆。豈非天奪其魄哉！〔形同〕〔赤壁〕

3662	原 417/4	廣書 9/68	大 12/184

海嘯淹軍

某軍門前以倭人起釁，督率將士數千名，紮營於天津海口地方，以備防堵。方幸和議已成，全軍得保。不料四月初旬某夜，忽然海嘯，滔滔汩汩，勢若建瓴。軍門疑為驟雨，密戒軍士不得妄動。詎水勢愈逼愈緊，壁立千尋，陡將軍械、火藥悉數衝沒；營兵亦多隨波逐流而去。軍門至此，始知海嘯成災，急令拔營。軍士從洪濤巨浸中倉皇奔走，恍如湘、淮各軍之遇倭寇。然雖豕突狼奔，終不敵伍胥、靈均運籌決策。於是載沉載浮之際，悉悬為鵝為鸛之徒。其幸遇拯救者，雖不乏人，而直入鮫宮深處者，亦頗不少。説者謂此輩平日搶掠鄉村，奸淫婦女，無惡不作；一旦臨敵，復何所用。故天特假手於海龍王，以掃除此孽也。殆亦理數使然歟！〔憑夷肆虐〕

3663	原 417/5	廣書 9/69	大 12/185

開窗選婿

都中某大員由科第起家，屢典春闈，鴻名日盛。夫人某氏，系出名門，知書習禮。生女公子六人，詠絮才高，羞花貌美，頗得堂上歡。一時王謝名流，金張世冑，慕其名者，爭委禽焉。而某大員愛女情深，恐一旦誤選雀屏，或多抱憾。因於武后選婿之法，參酌變通。先於廳事壁間橫開一窗，飾以雜寶，縵以碧紗，常日使六女戲於窗下。每遇公卿子弟晉謁台階，令女於窗中密自選擇。凡具衛玠丰姿，潘安才調者，無不獲中乘龍之選，而邀跨鳳之榮。某大員此舉，真使李林甫不得專美於前矣。按相攸之法，古今不一，惟具慧眼者有以鑒別耳。然姻緣皆由前定，福澤亦自天生，非人力所能相強。今某大員使之自主，俾無後悔，殆亦效西俗之男女自為配偶歟？然自華人視之，已嘖嘖傳為佳話矣。〔好自〕〔為之〕

3664	原 417/6	廣書 9/70	大 12/186

青蚨化銀

常熟某氏嫗年近六旬，體甚健，向傭於城中某姓家。性佞佛，每歲必詣寺拈香，以昭誠敬；且惑於釋氏因果之説，平日積灰糞錢施給乞丐窮餓之流，無吝色。月前，又結伴侶買棹赴某廟燒香。知廟前多丐，預於囊內另貯散錢二百文，以備施濟。及頂禮畢，甫出廟門，鳩形鵠面托鉢而來，爭求女菩薩佈施。嫗取諸囊中，摸索之下，知孔方兄俱變小洋，不勝驚喜；然疑為佛佑，仍按名分給，視若弁髦，絕不稍吝。至回船，言於諸伴侶，群詫其妄。嫗乃復探其囊，則纍纍者仍是小洋，而數更有盈無絀。於是見者皆嘖嘖稱異。嫗隨將洋略為分潤，復購衣物數事，尚餘百數十枚，攜之歸家。僉曰：「是我佛靈應，藉酬其虔誠之願也。」而其間有識者則謂：係妖狐故弄神通，以愚婦女，殆或然歟？〔不翼而飛〕

3665	原 417/7	廣書 9/71	大 12/187

銃擊巨蛛

虞城某姓家有屋五進，末進樓房三幢，仰山俯水，雅勝天然。相傳為狐仙所居，故人蹤不到者已二十年。一日，有某老人素以放銃為事，謬以趙子龍之大膽，思效關雲長之伏魔，税屋以居，拂塵設榻，位置咸宜。入夜秉燭登樓，履聲橐橐，惟見黃鼠狼成群結隊，走逐紛紛。心訝之，以為是么麼，何能為厲。至魚更三躍，一榻橫陳，吞雲吐霧。正興酣時，忽聞樑間窸窣有聲，驚起仰視；見一蜘蛛腹大如斗，懸空而下，毛足俱作赬色，絲白如銀線。老人從容不迫，燃銃擊之。砉然一聲，天驚石破，蛛已不知去向。次日，告知屋主某姓，招人遍尋，惟於屋角獲黃狼數十頭，蛛則絕無蹤影。自是此屋安靜如常。人謂怪已被銃擊退，抑竟斃於火彈之下，均未可知。惟怪多陰類，火器發陽，自足相剋。古人用爆竹以驚山魈，正此意也。〔響滅形墮〕

3666	原 417/8	廣書 9/72	大 12/188

虐妾宜辦

粵龜汪世悌在虹口開設廣瑞田煙館，而另栽花枝於廣東妓院。家有一妻一妾，酷似齊人。妻柳氏，性悍且暴，常將妾吳氏非刑淩虐。汪縮頭曳尾，不敢問也。四月之杪，柳氏雌風大發，又將吳氏按倒在地，用煙扦亂戳下體數百下，致吳氏宛轉呼號而斃。時鄰右皆粵人，素性仗義，聞而不平，為動公呈，鳴冤於上海縣署。縣尊黃愛棠大令驗之確，提汪夫婦審訊數堂；繼知其同居者尚有陳梁氏、周張氏二婦，飭差提審，供亦相符。乃飭將柳氏釘鐐收禁，照例擬辦。按粵婦性情殘暴，淩虐婢妾無所不至，往往視為常事。其見於公堂案中者，時或有之，而皆未予重辦。此次汪柳氏之虐妾致斃，前有眾鄰之公憤，卒有黃大令之嚴明。海底沉冤終得昭雪，不可謂非死者之幸也。〔含冤〕〔可白〕

3667	原 417/9	廣書 9/73 右	大 12/189

嬰絕復蘇

江夏縣北鄉張某，年逾知命，膝下猶虛，而好行方便事。妻年相若，腹忽膨脝，一索得男。臨蓐之際，倩某穩婆接生，床下陡失青銅八百。心疑之，嘖嘖私語。為穩婆所聞，立設重誓。經人排解始息。至三朝洗兒，兒忽墮水死。張痛哭瘞之，惟自怨命窮而已。詎是夜天大雷雨，攝兒至簷下，呱呱聲直達室內。疑而起視，見襁褓物生機盎然，果己子也。欣喜抱歸。次日，視瘞所，則穩婆已震死，手握錢八百，且有一銅挖耳簪。歸驗兒臍，傷痕宛然，蓋扼傷兒臍之物也。雷公之靈，一何顯應乃爾？〔天威顯赫〕

3668	原 418/1	廣書 10/73 左	大 12/190

番食倭肉

倭奴蔑視中國，大肆要求；凡在華人罔不欲食其肉而寢其皮。而無如前敵諸將畏葸不前，張其毒燄，致有此次割畀臺灣之事。聞者爽然。而不料食其肉者，乃在此臺地之生番，豈非天從人願乎？番人雖被王化，而性甚蠻野，喜食生人。前經官軍扼守大科嵌，以防出擾。今倭兵突至，官軍遂弛其禁，密遣番人四出埋伏。倭人每見劉軍絕無動靜，三五成群，潛探要隘，輒被番人截殺，如宰豕然，立時分食，或攜歸作羹，日必數起。僉曰：「倭肉雖臭而美。」然則番人亦知味矣！〔快我朵頤〕

3669	原 418/2	廣書 10/74	大 12/191

克復名城

臺北失後，新竹、竹塹等處雖被倭人乘虛佔踞，而臺軍勇敢善戰，鎮以劉大帥之威名，所向無前，已使倭人無從竄擾。釜魚幕燕，識者知其必亡，而倭人不自知。止於上月二十三日，又為臺軍所敗，陣斬倭兵二千餘人，傷者不計其數。倭人心驚膽落，棄械狂奔。臺軍奮勇窮追，又殺數百人，逃而免者寥寥。臺兵乘勝長驅，勢如破竹，立將新竹縣城、竹塹城並桃仔園等處克復，聲威大振。蓋倭人之畏劉大將軍也，風聲鶴唳，草木皆兵。雖大帥未嘗親自督師，而倭人視之，亦疑大帥在內；一見黑旂，氣為之沮。故臺軍易於奏手。又劉大帥素善設伏，或抄其前，或襲其後；諸將領面受機宜，罔不獲勝。諸葛復生，恐亦無以過之矣。〔還我淨土〕

3670	原 418/3	廣書 10/75	大 12/192

大帥誓師

劉淵亭大帥運籌決勝，恍若天神。倭人疊遭挫衄，心膽俱裂，固已如鼠畏貓，如犬畏虎矣。而大帥養士以恩，御眾以律。不獨客兵、義民皆樂用命；即在生番，形同化外，亦皆願效前驅。眾志成城，堅不可撼，東南半壁，藉以維持。大帥慮臺北之未復也，爰於上月二十日集臺南中各路統將，就城內搭一高臺，對眾誓師；言詞慷慨，大有臺存與存、臺亡與亡之概。各統將亦誓以身殉，無稍貳心。紳士以總統早已出亡，咸擬推戴大帥為民主；大帥堅辭其請，謂本帥何敢妄冀非分，祇期將臺疆克復，仍作大清之民。誓畢，即統率黑旂精兵五營，自臺南直攻台北。義旗所指，掃淨妖氛，克復名城，直指顧間事。大帥真今之人傑矣哉！〔堂堂正正〕

3671	原 418/4	廣書 10/76	大 12/193

劉家軍

劉淵亭軍門生有丈夫子三人，女公子二人，自幼皆讀兵書，善技擊，有乃父風。平時公子嘗招壯男子百人，女公子亦集娘子軍百人，皆一時人傑；厚其糧餉，日加操演，督練成軍。而女公子所統之兵，尤為精健；蓋由此輩婦人體既強壯，一經專心習練，自能獨樹一幟也。又得軍門每逢朔望親自校閱，一切機宜，皆經面授。故此次在臺助戰，所向之處，罔不有功。聞其平日軍門升帳閱軍時，男女公子各率部兵在家演武，兩陣對圓，五花八門，循環變化，曲盡其妙；而軍容之肅，號令之嚴，則儼有周亞夫細柳風，非灞上、棘門可比。昔人謂岳家軍不可撼，今而知劉家軍亦不可撼。然則復臺地而搗扶桑，豈非意計中事乎？請拭目俟之。〔先聲奪人〕

3672	原 418/5	廣書 10/77	大 12/194

聞聲相應

峨眉山有隱士，不知何許人，亦不詳其姓氏，自稱「退補閒人」。傳者謂其壯年歷仕清要，卓著能聲。嗣見世路險巇，毅然歸里。因愛是山之勝，飄然隱此。生平練有運氣術。在山頂建茅屋數間，茶煙經卷，位置天然，號其讀書處曰「忘名軒」。每遇賓客過從，詩酒言歡，琴書寄志，蕭然有遺世獨立之概。山下飛禽走獸亦多馴擾，嘗與客憑軒而觀。取一鐵磬子，以槌擊之，其聲清澈；鳥獸聞之，爭集軒下。客初不為意，久之每擊皆然。問其故。笑而不答。是遵何術而能鼓動化機也？昔唐時郭退夫隱於太白山，能擊鐵片，召集禽獸，時人呼為喚鐵隱士。豈其流亞歟？何先後之相同也。〔有心哉擊磬乎〕

3673	原 418/6	廣書 10/78	大 12/195

渴龍攫瓜

浮瓜、沉李本夏時辟暑之需；而瓜則涼沁心脾，甘流口吻，尤為適口。固不僅調冰雪藕為招涼佳話已也。蘇鄉人某甲以負販為生，日前雇載西瓜一船，將往城中銷售。煙波十里，欸乃數聲，怡然自得。不料行至中途，晴空天氣忽變沉霾。俄而走石飛沙，一陣旋風，將瓜攝入空中，圓箇箇作蝴蝶飛，東飄西蕩，恍惚有物攫取也者，船亦幾乎傾覆。甲目定神搖，不知所措。時岸上人見有神龍一尾，摩盪雲中。知是船特因取水波及耳。或曰：「非也。龍在天在淵，飛躍無定。雖未嘗處熱鬧場，未始不求清涼境。則其有取乎瓜也亦宜。惟趨炎附勢之流，呵氣成雲，揮汗如雨，忽少此解渴風味，有無奈此一腔熱血者矣。」〔零落無常〕

3674	原 418/7	廣書 10/79	大 12/196

蜥蜴成妖

蜥蜴，一名蠑螈，又曰蝘蜓；又稱蛇醫，凡蛇體有傷者，輒含草傅之，故名。又名守宮，古時以器養之，食以硃砂，體盡赤；搗以點女臂，驗人貞否，故曰「守宮」。而俗謂之壁虎，為其緣壁而行也。蕪湖三聖坊後某教坊為煙花薈萃之藪，一夕有蜥蜴游行於壁。某校書斃之。未幾就枕，見一小人長僅數寸，邀之入一穴中；有小人數十，其最大者長尺餘，儼然上座，大聲呼喝，責其傷我族類，令執而笞之。校書懼，悲啼求免，始遣之出。醒而異之，憶得穴在東牆角，試掘之，得蜥蜴無數，盡斃之；而不見最大者。居無何，天忽雷雨，陡將東牆傾圮其半。突一身長尺許之蜥蜴從牆下出，急向校書床下躲避；不期霹靂一聲，已擊成虀粉。校書至此，始述夢境，乃知蜥蜴能作人形。今之被殛，豈以其能為厲耶？〔么麼〕〔小醜〕

3675	原 418/8	廣書 10/80	大 12/197

撈人疑怪

襄樊、安陸等處於上月初十日發蛟水，高數丈，排山倒峽，悍莫能當。天門某垸農民報賽酬神，正在演戲；梨園子弟裝束登場，鑼鼓聲喧，氍毹彩煥。興高采烈，萬目凝觀。忽遇波濤，倉猝不及避登高阜，以致畢命於雲水光中者甚夥。戲檯亦為水衝塌，優伶亦多漂流水面。有某伶人大袍闊服，氣象軒昂，突被洪流漂至某山灣下。居人見之，疑為怪物。迨撈起撫視，肢體尚溫，設法救活，詢知其故，皆大笑曰：「海龍王召汝演劇，以侑荷觴，何得留戀在此？」該伶哀懇曰：「我無罪。故在水時有神人告曰：『汝尚不宜至此。彼上海著名花旦引誘良家婦女，肆意奸淫者，宜來獻技，不久當自召之。』諸君不信，請觀後日。」伶遂叩謝而去。〔適從何來〕

3676	原 418/9	廣書 10/81 右	大 12/198

閹子遇救

蘇州葑門外人黃某，開設水果行為業；娶妻某氏，年甫二十，貌亦可人，生一子，已週歲矣。邇來婦忽患瘋，如醉如痴，不省人事。一日，抱子於懷，聞啼聲呱呱，以為將便溺焉，為之去襪更新，用手撫摩，而子啼如故。婦怒，觸發瘋疾，隨取并州快剪將赤子莖頭剪落；雖未除根絕種，然已鮮血淋漓，痛極聲嘶。為夫所見，大驚無措。幸鄰人為延天賜莊西醫，趕即施救，敷以刀圭，得保性命。然亦險矣。〔不絕〕〔如縷〕

3677	原 419/1	廣書 11/81 左	大 12/199

明察秋毫

道咸間，琴川有某姓者擅長楷書，而目力甚佳。能於芝麻一粒上寫「黿鼉蛟龍魚鱉生焉」八字，又能於瓜子殼中寫「今夫天」一節，或古詩數篇，或《多心經》一卷。書成，以顯微鏡窺之，但覺楷法精嚴，一筆不苟。日前，有人覓得象牙琢成之有柄芝麻二粒、瓜殼二爿，俱有某之墨蹟，章款齊全。聞將攜之北上，以待善價。説者謂美國將開博覽會，如將此物送入會中，亦一奇觀也。然而藐乎小矣。〔一絲〕〔不苟〕

3678	原 419/2	廣書 11/82	大 12/200

女將督師

劉淵亭軍門生有女公子三人，皆習武藝，有乃父風。而其第三女公子尤為智勇兼全，平時集娘子軍百人在家操演。前報已記之矣。自軍門移節臺南，公子成良首先督兵助剿。女公子聞之，亦義憤填膺，爭來投效，願作前驅。除備帶前練之百人外；適到有左軍門寶貴之夫人隨帶女兵三千，為夫報仇，誓滅倭虜。軍門遂飭統歸第三女公子節制。迨倭人進犯臺南，女將密令數婦誘之深入；行至中途，一聲號砲，伏兵齊出。倭人欺其巾幗，直前撲犯。詎女兵人人奮勇，箇箇爭先，短兵相接，愈戰愈酣。倭人力不能支，敗北而逃，又被追殺無數。此六月初事也。臺友某君述其事甚詳。志之，當為浮一大白。〔智勇兼全〕

3679	原 419/3	廣書 11/83	大 12/201

婚禮志奇

英京仙壘地方，近出一奇婚之事焉。緣有英籍閨女名利馬者，在為因獸戲班充當腳色，技藝精巧，見者莫不嘖嘖稱善。近忽與一牧豎名美歇者約為夫婦。按西例凡行合巹之禮，須在禮拜堂成婚，乃該二人以為此事已成熟套，與其循舊，不若翻新，竟在該班之鐵櫃中行禮。鐵櫃中有獅六隻，兇猛異常；而自該二人視之蔑如也。遂延臬憲名憐馬們者，親臨閱視。結婚禮既成，夫婦攜手而出。一時旁觀之人，如牆如堵，無不鼓掌而賀，以為事屬創見，實為得未曾有云。〔事同兒戲〕

3680	原 419/4	廣書 11/84	大 12/202

人瘦我肥

菱湖北柵卡司事彭某，西林革生也，當賦閑時，嘗慨然謂人曰：「吾輩一窮澈骨，實為詩書所負。苟一朝大權在握，必使人瘦我肥，方見大丈夫本領。」迨夤緣到卡，遂創立卡規，多方勒索。不十年，腰囊頗裕，居然面團團作富家翁矣。去年新任局總慕其名，倚如左右手；與彭議定，北卡釐金每年以四百為率，有餘則悉為彭壽。於是彭財勢益甚，任意妄為，無所不至。前月以勒索某絲行絲捐，為鄉民毆辱。後經人調停，令鄉民送一德政匾，以為服禮。鄉人遂浼人書一額，文曰「人瘦我肥」。導以鼓吹，送至卡上。懸挂之下，眾皆粲然。按俗例紳民公頌德政，每多諛語。今該鄉民獨能紀實，不事揄揚，亦近世之矯矯者。特不知彭某將何以為情也？〔四字定評〕

3681	原 419/5	廣書 11/85	大 12/203

當堂自刎

旂民平宣氏自抹一案，先見邸抄，不知其詳。後悉此案原審官係刑部司員覺羅崇廉。緣平宣氏有一胞妹，經其母慶王氏許給慶富氏之子為妻，過門童養，年纔十二三歲。被慶富氏轉賣，恐被索人，反向催問。迨經女母慶王氏控告，查提甚急，慶富氏知難隱藏，潛令人將女送至平宣氏家。經人找出，疑係平宣氏拐帶。承審官不加細察，將其夫平安下監，又嚴傳該氏到案。初訊即予掌責四十；繼復故意吹求，且用言恐嚇，謂若不招認，立將汝夫問擬軍罪。迨覆訊日，平宣氏手抱一數歲小孩，又手牽一幾歲幼子上堂。官令取下耳環及頭帶之首飾，又欲掌責。平宣氏答仍前供。官謂：「汝不認拐，有何憑據？」平宣氏應曰：「有。」官呼皂隸將其手抱小孩奪下。平宣氏遂取懷內薙刀自刎，以致堂堂刑部出此大案。道路相傳，駭人聞聽，謂非威逼民命而何？刻下事經徐、啟兩欽憲審明，分別責懲有差，亦可見辦案之不宜操切也。〔威逼民命〕

3682	原 419/6	廣書 11/86	大 12/204

預卜榮行

甯郡某氏婦生有一女，玉質冰肌，頗可人意。近以年已及笄，擬擇東床，以成佳偶。計惟滬上繁華勝地，人才爭出其間，遂有挈女赴申之意而未決。日者，先詣西門某瞽叟處卜問行期，三錢甫擲，瞽叟曰：「此行大吉。福運已起於發軔之初，宜在望前趁輪。記取開舟時必有燃炮恭送者。」婦欣然從其言，整頓行李，於十四日挈女登北京輪船。時適甬上某大員亦乘是船赴滬，乍解纜即聞炮聲隆隆，蓋元凱兵艦及各小輪之恭送行旌也。婦與女追憶前言，不覺手舞足蹈，歡喜無量。噫！瞽叟其談言微中耶？抑果挾前知之術也？第不知後事果有驗否耳。〔言必〕〔有中〕

3683	原 419/7	廣書 11/87	大 12/205

木朽蛀生

巡防員勇原為緝捕盜賊而設。乃非惟不能緝捕，反授盜以劫人之證，啟民以疑盜之心，非咎由自取而何？湖郡新市鎮某姓家，於閏月初六夜，有盜三十餘人明火持刀，破扉而入，肆行劫掠。迨盜去，主人出視，見遺下刀械皆保衛局之物，其燈籠亦係巡查所用。蓋是夜局員出巡之際，猝與盜遇，盡棄諸物，鼠竄而去。盜得之，故遺於此。事主遂疑委員為盜，指為憑證；將官鎖住，連刀械、燈籠送至德清縣署。彼委員將以何說置辨耶？夫委員縱不至於為盜，而遇盜先逃，自是長技。誠不獨某委員為然，惟某委員特遺之贓證耳！無怪民之嘖有煩言也。嗚呼，巡防、保甲比比皆然。木朽蛀生，非一朝一夕之故矣！〔自取〕〔其禍〕

3684	原 419/8	廣書 11/88	大 12/206

易履奇聞

匪徒搶帽之風，世所常見；而換履則未之聞焉。乃甬江於上月廿二日，湖西財神殿有雇梨園子弟還願酬神者，一時綠女紅男爭來觀看。有某甲衣服華麗，亦廁足於人叢中。正在鼓鑼聒耳，袍笏盈眸之際，突有惡少某乙等左衝右突，在甲身前後故意擁擠。甲立足不牢，觸石而跣。俄而，乙突圍先出，則前所著之舊草履已易得一對花鞋矣。甲頓失其履，呆如木雞。旋有好事者於原地尋得草履以進。甲羞容可掬，默不一言，而又不能徒跣以行；遂倩人代雇肩輿，乘之而歸。甬人目之曰：「是真白日鼠之流亞也。」然偷雞剪綹，習慣自然；稍不留意，即為暗算。人可不慎之於先哉？〔不能〕〔衛足〕

3685	原 419/9	廣書 11/89 右	大 12/207

縊鬼幻形

今之狀縊鬼者，披其髮，伸其舌，猙獰可怖是已；而不知縊鬼之形，不盡如是。客有好為東坡之說鬼者，言揚州北門關下某浣衣婦某日午睡正酣。聞有闢門聲，急起視之，門已洞開。有物如瓜，能跳躍，繞其足以行。俄而，此瓜漸近漸大，轉瞬似豕。婦大驚，呼鄰求救。物遂瞥然而逝。人皆以為妄。詎至日晡，婦竟以白綾三尺，斷送香魂。始信婦之所見，或係縊鬼討替，特於白晝幻形耳。然不早救之，悔已遲矣！〔何物妖魔〕

3686	原 420/1	廣書 12/89 左	大 12/208

福星照臺

閩省某紳宦素識天文，能知星象。前晚，偶與諸同志仰觀穆清之表，遙指天南一星曰：「光芒皓大，紫氣照臨。此劉淵亭軍門之福星也。天象若此，滅倭必矣。」彼為軍門危者，方兢兢以地小援絕為慮；又烏知天之故留軍門於臺南者，久欲除敵燄而快人心哉！客言如是，爰照錄之。〔天人〕〔相應〕

3687	原 420/2	廣書 12/90	大 12/209

倭又敗績

倭之圖臺也，先前共有侍衛兵一萬一千五百人，踴躍前驅，目無餘子。不料天心厭亂，一敗再敗之餘，繼以疫癘，兵士不死於戰，即死於病。至刻下僅剩倭兵數千人，其亦可以稍戢矣。乃倭人以臺北不宜困守，日前又進攻臺中。時臺中黎伯蕁太尊已布置周密，與官紳兵民聯絡一氣；又添募新楚軍十營，駐紮新竹、苗栗一帶。見倭兵狼奔豕突而來，即與接仗。倭兵見臺軍勇猛異常，望風膽落，勢已不支。適劉大將軍又調勁旅前來助戰。倭人遂如驚弓之鳥，不戰而潰；仍退守臺北，以待援兵。釜底游魚，吾知其覆亡無日矣！〔銳氣〕〔消磨〕

3688	原 420/3	廣書 12/91	大 12/210

天厭倭奴

倭人窮兵黷武，虐害生靈，早為神人所共憤，天道所不容。觀於六月初四日夜半時日本鐵路失事情形，天心亦可見矣。查此路係由吉野以達神戶，在海畔經過。是日，裝載受傷倭兵四百數十人，於是晚開行至半途；正當風馳電掣之時，忽聞大聲驟發，有山崩石裂之勢。一轉瞬間，鐵軌及輪車已飛起空中，一半入海，一半即墮於路側。入海之兵淹斃不少，其因碰撞及跌傷者，為數尤多；乃將傷兵舁至醫院療治。日主聞此消息，甚覺悽慘，即發洋銀五百圓為賞賚之資。有人言前數日日本各地狂風暴雨，有拔木走石之勢。平地幾成澤國，將鐵路基址淹損。管路人尚未知覺，並不禁止行車，致遭此禍。殆亦惡貫滿盈之報歟！〔死不〕〔足惜〕

3689	原 420/4	廣書 12/92	大 12/211

擒獲倭奸

倭人犯順以來，全以賄賂購通中國奸民作為間諜，是其長技。而我中國人民食毛踐土，不顧天理，惟敵是媚，固屬罪不容誅。然其間防微杜漸，豈遂無術，而竟令若輩輸敵以情，資敵以用，為所欲為，絕不能先時覺察者，蓋有執其咎者矣。曾是劉大將軍之神明，而亦可以詭計嘗試乎？乃倭人以圖臺失利，計無所施，遂爾故智復萌。在澎湖地方賄通漁船三隻，將圖逞志於臺南。而劉大將軍神機妙算，早已洞知。不動聲色，潛遣兵士，將船擒拿。當查出號衣數百套並軍械等物。又獲粵東人三名、澎湖船戶三名，立予正法。大將軍嚴密防奸若此，彼倭將何所施其技哉？〔自外生成〕

3690	原 420/5	廣書 12/93	大 12/212

名將風流

劉淵亭軍門之坐鎮臺南也，倭兵初尚不知敬憚；以為擁虛名，據高位，特臺北之續耳。及見其指揮若定，風鶴不驚，又鑒於前此窺臺南時屢遭挫敗，遂有戒心，不敢再作圖南之計。軍門閒暇無事，乃雇本地民船，蕩漾於青林碧澗之旁；攜美饌，備佳釀，訪素心人，樂數晨夕，沖襟朗抱，不誠陶徵士一流人。幾令人忘其為百戰百勝之名將。是奇人也，亦快人也。臺地每歲三熟，五穀豐收；兵民食用，儘敷接濟，大可無虞。加以目下資糧堆積如山，士飽馬騰，民心愛戴。觀此情形，大可與日人歷久相持。日人雖狡，其何能為？〔嘯游林泉〕

3691　原 420/6　廣書 12/94　大 12/213

倭敗確情

倭人自與臺兵接仗，未獲一勝，死者埋骨異地以數萬計。而其受傷回國者，亦經廣島醫院醫生查悉情形，與去年在中國交戰受傷情形，大不相同。去年在高麗、盛京等處受傷之兵，其傷多在頭顱及臂腿等處，無關緊要，容易醫痊。今在臺灣受傷者，其傷多胸背及肘腋等要害之處；傷孔又甚深，彈子入內，未易取出。初不解從前受傷之何以易治，刻下受傷之何以難治。詢諸自臺回日之兵官，則稱臺灣義兵甚諳戰事，每遇臨陣時，雖勢值危迫，而仍踴躍向前，誓死不退。有時日兵以大隊至，臺兵見勢不敵，即佯為退去。一轉瞬，已不知去向。俟日兵相距十餘步，或二十餘步之近，彼即放鎗猛擊，每發輒中，彈子皆在要害，故未易取出。其受傷而尚能回國者，尚屬幸事，否則畢命行間矣。倭人之言若此。雖欲諱敗，其可得乎？〔瘡痍滿目〕

3692　原 420/7　廣書 12/95　大 12/214

墮水索詐

甬城某甲素善泅水，游手好閒，貧無聊賴。日前，與同黨乙、丙、丁等串設一計。甲先坐於湖橋石欄上，見有某戊負薪而來，其擔偶與甲相撞，甲即仰體而墮，撲通一聲，蹤跡全無。乙、丙、丁等遂效努目金剛之狀，聲言釀成命案，當將戊扭住，敬以老拳。戊大窘，泣求方便。乙曰：「快倩人撈甲出水，或可化大事為小事。」言次，丙、丁等皆願為之援救，惟酬資非銀蚨四翼不可。戊不知所為，諾諾連聲。丙、丁等乃結伴下水，將甲橫扛上岸，促戊交出銀蚨，相與作鷺鷥笑而去。〔行路難〕

3693　原 420/8　廣書 12/96　大 12/215

履險如夷

常邑福山等處濱臨大海，口外島嶼寥寥，故一望汪洋，浩無涯涘。自非達摩擅履葦之術，未有能不假船筏而飛渡者。邇日，忽有一老嫗自海上來，不駕船，不乘筏，涉波如履平地；抵岸後，人俱圍而觀之。見此嫗年約五六旬，身服敗絮，形類瘋癲；髮尚黝而眉獨白。臀後常流鮮血，淋漓不止。不言不笑，問之亦不答。與之食則食，不與亦不求。見有雞犬羊豕等物，即攫取而生啖之，僅留其骨。盡數頭而無饜色。偶見孩提之童，亦有饞涎欲滴之勢。後經好事者資雇小車一輛，將嫗縛置車上，驅至荒野而棄之。或謂：此係海島荒民，因飢寒過甚，失其本性。未識然否。〔淩波〕〔仙子〕

3694　原 420/9　廣書 12/97 右　大 12/216

人畜關頭

今人謙稱己子每曰「小犬」，此蓋濫觴於劉景昇兒子之言。不過虛題耳。不謂竟有實做者。鎮海小西門有一母犬，於五月初旬產一小犬。人其頭，人其足；而犬其身，惟毛則短而且稀。忽呱呱，忽狺狺，啼聲不一。聞而往觀者甚眾。有某甲恐其凍殭，抱送育嬰堂中。觀者仍人山人海。堂中恐滋事，諱莫如深。聞諸鄰里云：「此母犬畜於東西某姓家，夜不守戶；而與某丐同寢饋。此蓋其遺孽也。」然乎，否乎？〔犬子〕

3695　原 421/1　廣數 1/1 左　大 12/217

褒鄂英姿

劉淵亭軍門前在越南，屢摧強敵，奇功偉績，彪炳人寰。一時想望丰采者，莫不以得一執鞭為幸。事平後，授廣東南澳鎮總兵；入都陛見，道出滬江。維時本齋曾得小像，摹登報首，以慰薄海快覩之心。今忽忽十年餘，而軍門年已五十有九矣。移鎮臺南，拄持危局，東南半壁屹若長城。世之仰見顏色者，情益切，意益殷。適有臺友寄贈之新像，爰倩畫士，重繪為圖，奕奕鬚眉，惟妙惟肖。竊願與彼都人士尸祝奉之，馨香祀之矣！〔當代偉人〕

3696　原 421/2　廣數 1/2　大 12/218

賢母守城

客有自鯤身、鹿耳間來者，述及新竹之役。有駐守該處義民頭目吳某，年僅十九歲，志勇雙全，家財鉅富，上有萱堂。當倭兵攻新竹時，即帶領義兵千名，與倭對敵，屢敗倭兵。六月十六日，又與交綏。吳復將義兵千名，分兩路抵敵。鏖戰移時，究以兵力單薄，不能取勝，致被倭兵四面圍困，吳亦為倭所執。其母聞警，即出而指揮，其城得以保守。惟吳被擒後，倭官甘言勸降。嗣以罵不絕口，卒為所害。臨刑時，猶將自己舌尖咬破，向空一噴；監斬倭官頓時倒地，旋亦殞命。吳母仍將所部義兵堅守其城，口糧則由家財給發；爰禱告天地，誓不與倭俱生。是夜，吳託夢於母，謂臺地義民亦頗不少；如能殺倭，還當冥中護佑，必不令倭奴得志也。忠勇若此，亦可嘉矣！〔一門忠勇〕

3697　原 421/3　廣數 1/3　大 12/219

輿尸以歸

日人屢為臺兵所挫，死傷之數，不堪枚舉。前報已將廣島醫院兵士受創情形，及火車失事，由臺載回之傷兵又遭轟裂之苦，分繪各圖；以見日主窮兵黷禍，殘民以逞，為天下萬國所不容。固不敢謂瘡痍之數，盡於此也。近據大稻埕茶棧中人言，日人疊次出攻，連遭敗衄。將帥盡血飛肉薄，兵士多骨折心驚；一遇土番、臺兵，往往不敢直前，相率狂奔亂竄，退回臺北。惟將陣斃之屍骸，受傷之殘卒，由火輪車裝運至海濱，用輪船載回本國；以致斷脛折股之輩，殘骸零骼之流，穢氣薰蒸，呼聲慘惻，沿途絡繹。令人目不忍覩，耳不忍聞。彼誠何辜，罹此鋒鏑？還念我聖主大度如天，不忍生靈塗炭，曲意求和之意，能無怨倭主之不仁哉？《書》曰：「自作孽，不可活。」倭人其知之否？〔不亡何待〕

3698　原 421/4　廣數 1/4　大 12/220

捕蛇奇術

句容南鄉戴邨地方向有巨蛇出沒靡常。鄉人患之，不敢近也。今夏，該邨左右多患瘡疽，以為蛇毒所致，於是遍覓捕蛇之人。嘗於陵省得甲、乙、丙三丐，甲其師，乙、丙其徒。需貲甚鉅。邨人醵貲應之。三丐乃隨邨人同往，攜有鐵絲蘿一隻，籮中貯蜈蚣無數。既至蛇窟，甲啟籮，儘食蜈蚣。食畢，身體漸腫。運氣片時，其腫始消；惟右手食指與中指則大於甕。乃命乙、丙分立蛇窟兩旁，甲則以兩指探入窟中。少頃，儘力拔出，乙、丙各以鐵鉗助之。蛇已僵斃，惟緊嗾甲指不釋。乙、丙以藥水洗甲兩指，頃刻即愈。計所捕之蛇，長約八尺有奇，身有鱗甲作金碧色，其首純紅，高逾五寸。三丐擡之而去，自此蛇患遂絕。〔以毒攻毒〕

3699	原 421/5	廣數 1/5	大 12/221

鳥獸前知

奧京利亞未地未震時，有司理火車人某甲所豢之貓鷹，忽作驚皇之狀，兩翼振振有聲。甲莫明其故，又見山上有獐鹿一陣狂奔亂竄，恍若遇獵突圍而出者。俄而，地輿旋轉，震動異常。由是始悟向之鳥獸驚竄者，蓋預知有地震之事也。不甯惟是，又有富人某甲於地未震時，見高塔上鴿雀環飛，不敢安集，大有「繞樹三匝，無枝可依」之態。而自己所駕之馬，與他人之馬，亦皆絕塵而馳；有倒仆者，有失蹄者，有衝撞者，種種不一。並聞四境之內狗聲狺狺然，雞聲喔喔然，紛如鼎沸。居人咸不解所以。未幾，即有地震之事。由是以觀，則飛禽走獸之具有先知也明矣。世有一知半解，便詡詡然自命不凡者，不且對此而有愧哉？〔物靈於人〕

3700	原 421/6	廣數 1/6	大 12/222

墮桃鳴冤

江甯南鄉花神廟地方某甲家相去里許有小山阜，阜下有一智井。井上植桃一株，頻年不實；近忽結子三、四枚。一日，為村童二三人所見，如取如攜，爭學東方曼倩故事。忽一桃墮井中，一童縋井求之。身甫下，覺有物觸其腰。俯而諦視，則見一人倒插井中。急出而告諸同伴，皆大駭而奔。事為地保所聞，立報縣署。翁笠漁明府即帶仵詣驗，屍尚未腐。人皆曰：「此某甲也。」明府採訪輿論，始知甲有妻某氏，素性放蕩，與同村某乙結露水緣，蹤跡甚密。甲性素懦，雖知之，不能發也；而婦則疾甲愈甚，日與尋釁。今年四月間，忽失甲之所在。鄰里有叩婦者，則以他適對。而乙則寢處甲室，兩月以來，儼同伉儷。至此，翁明府飭差拘獲，訊有端倪，想當按律懲辦。是案也，井上之生桃，諸童之採桃，採桃而適墮於井，墮桃而入井以求。冥冥中若或使之，以免淫凶漏網。不然，井底之冤，豈易一朝伸雪哉？〔井有〕〔人焉〕

3701	原 421/7	廣數 1/7	大 12/223

溺鬼索豆

溺鬼好食蠶豆，世俗無稽之讕語也。不謂有其言，即有其事。常郡北門三河口鄉間某農夫，日間耕種，夜習捕魚。一夜，獨駕小舟臨流舉網，口嚼蠶豆以消遣。乃當中流容與之際，忽有巨手自水而出。某素矜膽略，知溺魂之求食也，分而與之。少頃又然，又與之。無何而數手齊出，群作求乞狀。而某已身無餘粒矣，詭云須至家取來，方可給。諸手仍伸而不動。甲乃取利刃，用力砍之；但聞戛然一聲，諸手皆沒。急刺船傍岸，邀集多人往覘其異。則見刀浮水面，抽出視之，有枯木一片，粘於刀頭，牢不可脫。置諸岸上。次日，以烈火燃之，格格有聲，異常腥臭。視其灰，則白色如枯骨狀。是耶，非耶？請質諸目擊其事者。〔鬼猶求食〕

3702	原 421/8	廣數 1/8	大 12/224

夾蛇龜

龜為介蟲之長，多奇而性甚靈，為占卜家所必需；故臧孫有藏龜之室。《禹貢》詳納龜之文，無咎於人，有功於世，誠瑞品也。自近人以比淫賤之徒，而龜之品褻矣。按元緒公之為物，種類甚繁，見於古書者不一而足。六月初五日晚，有鄉人手持巨龜一頭，至城中某茶肆求售，稱自田間得來。其龜殼長七八寸，形與常龜無異，惟腹下甲上橫裂一巨縫。試以竹箸，即突然夾上，其力甚猛；但聞砉格一聲，竹箸已成虀粉。識者曰：「此名夾蛇龜，性喜食蛇；遇蛇必截分為二，食盡其血而後已。故凡此龜之所在數里內，無常山率然君之迹。辟蛇靈藥無逾於此。」旁有一少年聞之，知其有此妙用，即出鷹蚨二翼，給與鄉人，欣然攜龜而去。〔靈心〕〔四映〕

3703	原 421/9	廣數 1/9 右	大 12/225

發狂投水

蘇垣近有一種時症，往往發狂投水，以致畢命。殊駭聽聞。日前，胥門外棗市橋口有一人行步如飛，至河上柳陰深處，脱卸衣履，置諸岸旁，縱身躍入河心，游泳片刻，悠然而逝。旁觀者以為澡身浴德之流，未甚介意。俄而，一嫗踉蹌而至，瞥覩衣履，號咷大哭曰：「此我子之物也。今在此，必斃於水矣。」叩其何故覓死，則因傷寒發狂所致。然則患此者，可不慎防歟？〔熱昏〕

3704	原 422/1	廣數 2/9 左	大 12/226

碩鼠奇形

常熟城內某甲，家畜一狸奴，其大無匹，善捕鼠。日前，於臥床內擱楞上攫獲秏子一頭。其尾叢叢然，長尺有咫。當被群兒瞥見，奪下細視之。身大如拳，形與常鼠無異；惟耳則有四，而足則有八。惜已為貓口所傷，故仍任啣去大嚼。是何物也？《山經》、《爾雅》均所未詳。質諸博物君子，能知此鼠之名乎？〔狸奴〕〔果腹〕

3705	原 422/2	廣數 2/10	大 12/227

劉軍門軼事

劉淵亭軍門坐鎮臺灣，與日人相持已歷數月之久；勝仗頻聞，海氛漸息。談者嘖嘖，罔不欽軍門之俠氣英名矣。初，日兵之佔澎湖以圖犯臺灣也，調兵約有一萬人。繼以疫癘盛行，又屢為臺兵所扼，死亡枕藉，其得苟延殘喘者不過五千人。雖佔臺北一隅，然乘臺地兵變而入，並非爭戰之力；況所佔壤地不多，未免局促轅下。然日人之意，狃於往日之戰勝，究不免藐視臺灣；以為得此區區，如探囊取物耳。自此以後，屢由臺北進擾臺中，冀以漸達臺南。兵過之處，見綠野良苗，咸欣欣有生意。胼手胝足者相與負耒耕耘，怡然自得，幾疑為世外桃源；遂淡然置之，不以介意。一霎時，瞥見耕者釋耒，耘者施鎗，隴畔之農夫變作行間之健卒。日兵猝不及防，披靡而遁。其見挫於臺軍，大率以此。雖覆轍相尋，兵心大沮，實未嘗與劉軍門接一仗、晤一面也。〔寓兵〕〔于農〕

3706	原 422/3	廣數 2/11	大 12/228

焚屍滅跡

自來兩國戰爭之道，獻俘而外，以搶屍為先；所以勵死事而慰忠魂也。雖其間積屍枕藉，臭穢薰蒸，在所不免；然苟非全軍覆沒，國破家亡，未有不以歸骨為榮者。而要不可語諸殘暴不仁之倭子。倭自勤兵襲遠以來，大小數十戰，兵士死亡以數萬計，乃猶不稍軫恤。以通國之力，爭一區區之臺島，不能取勝，反折勁旅萬數千人。此萬數千人者，臺地之賊，乃倭國之忠良也。即使倭主不以生靈塗炭為念，凡有袍澤之誼者，亦宜稍加憐憫，為之掩骼埋胔。度劉大將軍好行仁政，澤及枯骨，亦必不事苛求。豈知倭酋全無心肝，生則知用其力，死則莫惜其身；竟將歷次陣亡之軍士及患疫斃命各屍，積薪焚燒，煨為灰燼。既盡其血肉，復滅其骷髏；俾臺疆一片乾淨土，不使有葬身之所。冥冥中殆有天意歟？嗚呼！噫嘻。〔靡有孑遺〕

3707	原 422/4	廣數 2/12	大 12/229

劇盜成擒

江省義甯州有郭維昌者，江洋大盜也。當同治初年，值某大令宦成身退，由粵東任所挈眷回閩。舟經某地，被郭率同盜黨，殺其全家，并及船戶，屍棄海中。人無知者。惟大令之女公子，年已十三四，抱數歲小弱弟，匿入艙底；被郭搜獲，逼取為妻，而棄其孩於海。自是席其所有，改業茶商，頗獲大利；牌號數起，遐邇著名。郭本籍廣東。一日有某孝廉來謁。郭設筵款之，酒酣談及某大令全家被盜殺，其公子棄海遇救，現為廣東道員，實有天幸。女公子聞之，確使人潛約孝廉面謁某道員，備述巔末，已二十八年矣。道員即飛咨江西捕盜。義甯州尊因郭曾助餉萬金，素與相識；奉文後不動聲色，密約弁兵，嚴密布置。方具手版迎郭入署飲宴，席間詰以二十八年前之事。郭知發覺，聳身一躍，趫登屋脊，伏兵四起，各以長鉤搭住，始得就擒。現已移解廣東歸案訊辦。天網恢恢，疏而不漏。其是之謂乎！〔冤沉〕〔海底〕

3708	原 422/5	廣數 2/13	大 12/230

土地驅瘟

邇來瘟疫流行，蔓延江浙。民間死亡之速且多，為從來所未有；號哭之聲，聞於四境。天誠何心，刀兵之後，繼以疫癘；而世人多歸之於劫數。神明廟食斯土，亦皆熟視無覩，束手不救。豈疫鬼橫行，神亦退避三舍耶？抑人心日壞，合罹此劫，在數難逃耶？然例以為民禦災捍患之道，恐不若是。乃他處不乏神靈顯赫，何竟寂無所聞，而惟常州東門之土地神獨著靈應。聞該處土神香火鼎盛，素為士民所虔奉。近因人多患疫，呼籲神前者，視昔尤眾。一日，忽見土地頭顱破碎，莫明其故。詢諸廟中司祝，則言前日土地夢中相示，謂：「有瘟司船兩只駛入境內。予位卑職小，不能擅作威福，亦未便裝作痴聾。意欲為民驅除，無如疫鬼猖狂，恃眾相擊，反致傷我頭顱」云云。好事者遂為斂錢，重塑神像。語雖無稽，姑妄言之，亦可見福德神之盡心民事矣！〔禦災〕〔捍患〕

3709	原 422/6	廣數 2/14	大 12/231

白晝殺人

伶人淩虐生徒，慘無人理，比比皆然；然未有如江省小福星戲班某某二伶之甚者。二伶，一為花旦，一為淨面，技藝俱佳。前月應臨江府某姓之召，旦攜有生徒三人，同往演劇。事畢，遵陸回省。以三徒稍拂其意，大加痛責。徒憤極思逃，奈前臨大河，不得行，乃雇舟以渡。并啗舟子重利，謂師來覓渡，請嚴拒之，舟子諾之。未幾，旦與淨面果至，喚渡不應，許以番佛三尊，始首肯。旦發舟後，問為何人所阻，舟子以實對。旦與淨俱大怒，誕登彼岸，飛步狂追。而該徒等恃有舟子之阻，正在緩步徐行。忽被師追及，將一徒兩足擒住，用力一撕，立分其身為兩半。次徒恐禍必及己，投河自盡。事為近處鄉人所見，群抱不平，各持農器奮擊，誤中某淨之首，登時殞命。旦雖力大如牛，奈寡不敵眾，返身圖逸。當為砲船勇丁截住，解省報案。想三尺法具在，斷不能為若輩寬也。〔慘無人理〕

3710	原 422/7	廣數 2/15	大 12/232

手揮目送

自詞小曲實為誨淫之端。而婦女無知，往往心領神怡，聽之忘倦；以為若輩雙目失明，雖履舄交錯，不須避忌也。而不知奸人窺伺之心，已乘機而入，稍不加察，弊即生焉。觀於京師宣武門外某宦家事，可鑒已。某宦，不知何許人，其瀛眷清閒無事，日邀瞽人説書唱曲。夫人、女公子列坐左右，圍而聽之，藉以遣悶愁而消永晝，致足樂也。不料，有某無賴者聞而艷之，遂將機就計，裝作師曠一流人，隨眾混入，低唱高歌，獨冠儕輩，所獲纏頭之賞亦異尋常。豈知其醉翁之意不在酒，見女公子入內，則以目送之；及其出也，復以目迎之。夫人從旁窺察，知非於陵仲子之真無所見者；猜其意，決非善類，立命家人捆之，送官究辦。無賴懼，跪求再四，始痛捶而逐之。從此不再召瞽唱曲。幸而夫人明察，勇於改過，不致敗壞門風。否則不堪設想矣。世之好聽彈唱者，尚其以此為戒。〔冶容〕〔誨淫〕

3711	原 422/8	廣數 2/16	大 12/233

坐地虎

坐地虎者，京師德勝門內某甲之渾號也。甲拴轎車數輛，雇夫趕車度日，推算精明，人無敢欺。一日，車夫某乙載客某丙，偶遺紫金定十八子香串於車上。乙日暮歸，呈交於案。甲問香串何來。乙以實對。次日，丙遇乙於途，向索遺物，多開數件。乙不服。丙怒，將送諸官。甲聞之，遣人邀丙過其家，謂丙曰：「遺物具在，惟君自認。」頗禮貌之。丙自謂得計，香串之外，多選貴重物數件。甲問：「物足數否？」丙曰：「適符。」甲猛向乙曰：「遺爾趕車，爾竟匿人物耶？」呼家人縛乙馬棚中，將以鞭笞之至死。丙見勢不佳，亟改口向甲婉勸。甲反目曰：「汝體面人，將詐車夫物耶？車夫可欺，車主不可欺。汝不聞坐地虎即某耶！」言畢，扭丙之官，欲問其詐索之罪。丙懼，不敢往，潛央多人向甲賠禮而罷。〔人中之傑〕

3712	原 422/9	廣數 2/17 右	大 12/234

乘涼肇禍

火傘張空之候，小家婦女每當夕陽西下，露坐納涼，藉消炎熱。少年無行之徒往往乘機生事，所在皆有；而鎮江則尤甚。若輩每於夜靜更深，爭執明燈，橫行於大街小巷，品足評頭，恣情諧謔。前晚，有某甲者持燈行至王家巷，誤觸某氏衣袖，火威猝發，裙衫衣履頃刻被燒。當經旁人撲熄，扭甲痛毆。甲正在撐持之際，旋有魯仲連力為排解，罰賠青蚨千翼，事始寢息。亦幸矣哉！〔痛切剝膚〕

3713	原 423/1	廣數 3/17 左	大 12/235

謀財誤殺記（上）

印度人某甲，富於資，喜作汗漫游。一日，獨行至萬山中，欲覓歸途，夕陽已下。正在進退維谷，遙見綠陰深處，隱有人家；乃邁步向前，舉手扣扉。隨有二女郎攜手出，問客何來。甲以日暮途窮，求下一榻為請。時小女默無一言，長女慨然許之。甲大喜，見豆花棚下設有籐床，遂笑踞其間，出腰纏盧比一千枚，寄交長女。……〔人心〕〔叵測〕

3714	原 423/2	廣數 3/18	大 12/236

謀財誤殺記（下）

……少焉，長女以夜膳進。甲食畢，就迴廊下交椅上偃臥。長女回至寢室，私語其妹曰：「是客腰橐甚豐，今具存我處。若乘隙殺之，富可立致也。」妹不允。適贅婿某乙至，妹翩然出。長女以其意白乙。乙許諾。其妹恐姊之果起毒心也，潛至迴廊，洩其謀於甲。甲屈膝求救，女遂納諸幽室中；蓋平日不輕啟鐍者也。未幾，女之弟工畢而返；因入室蚊多，步出迴廊，踡臥交椅上。而長女已偕其夫，持舂米巨槌至，黑暗中不辨何人，舉槌猛擊，立碎其首；意以為甲也，舁屍至土穴瘞之。方相慶幸，詎至天明，忽見其妹引甲出，索昨宵所寄物而去。甲遂赴捕房控訴。捕頭立派巡捕往查，見迴廊下微有血蹟；拘長女及其夫至，詰得實情，抵之於法。甲感小女救生恩，即以所攜盧比酬之。〔虎口〕〔餘生〕

3715	原 423/3	廣數 3/19	大 12/237

伯樂前身

總理萃軍營務處蔡麗勳太守豢有小馬一匹，毛色鮮赤，鬃尾俱黑，頂則白玉，昂首擺尾，狀頗神駿。太守每出，必乘斯馬來往街衢。任其控縱，行走如飛，有六轡在手，一塵不驚之概；且值小溝窄港，或泗或躍，無不如意。聞此馬太守購自粵東，其價甚廉，馬齒只三歲。去冬出師，道經贛州，有識此馬者出銀二百笏請讓之。太守笑而不應。尤異者，此馬性躁烈，且善鬥；鬥則前足懸空，後足行走，與鬥之馬不交而馳。喂馬勇役不敢進前備鞍攬轡，懼其躍而且噬；惟太守親至其前，則帖然馴伏。此馬不輕嘶，嘶則群馬聞之，共相避逸。此所謂驥不稱其力，稱其德也。果何幸而逢此賞識哉！〔名駒〕〔遇主〕

3716	原 423/4	廣數 3/20	大 12/238

琉民戀主

琉球為中國藩屬；自被日本流為沖繩縣後，土族中流離瑣尾，咸有「旄邱」、「式微」之思。故本年六月中，有舊土族七八人至東京為舊主侯爵尚泰供奔走之役。事聞於日政府。野津內務大臣特招至官邸，問爾等意見若何。同稱我等願意全在琉球仍為藩屬，其歸入日本版圖勿論矣。野村告之曰：「爾等試觀日本之國體。今日之制度何等闊大，何等精良。爾等宜弗執前迷。試思尚氏蒙帝室光榮，賜以侯爵，寵遇已屬不淺；且整理尚家財政，教育士民學業，皆為爾舊君謀隆盛之計。倘值機緣，尚可榮任內閣大臣，何有於區區一縣知事哉？爾等宜速歸縣，各圖振興。此即沖繩縣及尚氏之福也。」語畢，諸人遂廢然而返。〔不忘〕〔舊君〕

3717	原 423/5	廣數 3/21	大 12/239

禳星解難

蘇垣嚴衙前汪某前夜在庭納涼，披襟延爽，朦朧睡去。忽覺胸際隱隱作痛，頓時汗淋浹背，大驚而醒。以火燭之，見有一印深入膚際。呼家人共觀之，係方印一顆，內有圓圈，中間有一「難」字；洗之以水，愈濯愈顯，一似錐鑿而成者。心惡之，然事已喧傳遐邇，觀者麕集。汪更疑懼不置。戚友有來勸慰者，亦莫解其由。而汪則謂冥冥中明示以難，若置不問，難將隨之。或者祖宗預令禳解之意，故示以兆。於是日延羽衣鶴氅之流，大啟道場，禳星禮斗。冥漠有知，果能感經懺之功，俾解此難否？噫！異已。〔咄咄〕〔怪事〕

3718	原 423/6	廣數 3/22	大 12/240

頌揚得體

江右姜某，猾吏也，雅善逢迎，頗得長官歡，事無巨細，必與之謀，以是稍有蓄積。嗣見簪纓之顯，心竊羨之；遂納粟入官，隨班聽鼓。詎料自入仕版，宦囊所入反不如前。因思當世獲利之易，莫如娼妓一流。出其餘資，購得錢樹枝數株，設一妓院；既可獲利，又得尋歡。於是出則為官，處則為龜；官勢雖卑，龜形頗巨。一時見者、聞者罔不齒冷。有故作德政牌匾以嘲之者，牌曰：「頭銜喧赫」、「質地堅剛」、「名傾仕籍」、「威震泥塗」、「白簡待參」、「綠簑穩稱」。而尤妙者，則莫如匾語四字，曰「壽山福海」。人有叩其故者。則曰：「姜某以猾吏起家，居然出仕，不為無福矣；而四靈之中，龜齡最永。是則祝之以壽山福海，誰曰不宜。」按近來官場最喜頌揚。今若此，可謂別開生面矣！〔善戲謔兮〕

3719	原 423/7	廣數 3/23	大 12/241

有顯者來

狎妓飲酒，本干例禁。雖上海係通商大埠，達官貴人往來輻輳，間有借風月之場為宴遊之地；然皆輕車減從，微服出游，從未有衣冠而往者。乃前日，滬北兆富里某妓院，忽有顯者乘坐馬車，身穿實地紗袍褂，頭戴紅頂花翎，昂然直入該院。娘姨大姐亦皆似曾相識，歡笑承迎，大呼客至。旁觀者莫明其故，相顧錯愕。嗣有知其事者謂：「是日院中適值某妓生日，顯者係鴇之寄子，實為姊妹行祝嘏而來。」噫嘻！信如斯言。某顯者竟能降屈尊嚴，下臨衏院，何其略分言情若此耶？慨自捐例疊開，仕途混雜；卑鄙齷齪之輩，往往濫列簪纓。廉恥之不知，安有志節？某顯者特其尤耳。嗚呼！其如國家名器何？〔龜鴇增光〕

3720	原 423/8	廣數 3/24	大 12/242

花叢獲盜

英租界胡家宅某野雞妓院，前晚有八人口操湘音，聯袂作狹邪游。妓殷勤款接，見其揮霍頗豪，相顧色喜。詎包探何瑞福、黃四福、顧阿六、孔阿才等以其形跡可疑，潛心伺察，早已帶同探夥，跟蹤而至。時盜黨正在倚翠偎紅，任情調笑；突被包探一擁上前，悉數擒獲，如縛豕然，無一漏網。當在身畔搜出毀壞銀飾及金珠、翠玉等物；並往某客棧起出衣箱各贓，搜獲洋槍、藥彈、刀械等十餘件。繼又獲到船戶三人。解由公廨研訊，均係來自湖州者。初尚供詞閃鑠，嗣經移縣審訊，果得端倪。的係新陽縣劫案中要犯，均各供認無諱。新陽縣蘇大令因嘉包探之勤能也，賞洋一千枚，以酬其勞。吁！若輩冒駢首之誅，獲不義之利，曾不旋踵，已遭破獲；事後思之，亦何樂而為此哉。〔自投羅網〕

3721	原 423/9	廣數 3/25 右	大 12/243

畫符去針

蘇垣有某道士者素善辰州符術，惟非得重聘，不輕奏手。今夏，東白塔子巷有李某陡患急痧，被某待詔用針挑治；偶一不慎，致銀針遽斷於胸際。合家惶恐，急延某道士求治。道士索銀三十二元，方以術生。奈李貧無以應。不得已，募諸同巷富戶，得洋二十四元。道士忿然作色，拂袖欲行。諸人苦留之。更乞得某善士助洋八元。道士乃對病者振振有詞，未及半時，針即移置柱上，病亦若失。吁，道士之術神矣！然不遂所欲，將坐視其死而不救，此豈尚有人心者哉？〔爽然若失〕

3722	原 424/1	廣數 4/25 左	大 12/244

聲在樹間

杭州花牌樓某公館，向有鬼祟。花廳後小室三間，鬼尤多。有某者自矜膽壯，自他處來，聞其異，遂借寓焉。下榻花廳之側，高燒銀燭，朗誦聖經，以覘動靜。初無聲息，至夜半時，忽聞窗外嗚嗚然，尋蹤而往，知聲在薔薇花枝上。於是秉燭出視，見薔薇上有偃仰二葉作張翕狀，其聲即由此而出；抑揚宛轉，如泣如訴。客以細繩一圈，將兩葉輕輕套住，用力一收，但聞砉然一響，其聲頓止。及旦，告諸主人，互相欣慰。自是，鬼不復祟。吁，異哉！〔鬼物〕〔憑依〕

3723	原 424/2	廣數 4/26	大 12/245

疑兵御敵

客有談近日臺灣軍務者，言後山一役，日兵計有六千人，約期大戰，正由臺中後山僻路抄出。忽見林木叢雜間，三五人一隊，四散分佈，約計有數百人之多；黑旗招颭，持鎗兀立。日兵遂亦分四面紮住，恃其鎗之命中及遠也，照準敵人連環轟擊，約越半點鐘之久；而林間之人兀立如故，無一中鎗倒斃者。日兵驚疑不定。又開鎗向之猛擊，詎料不動如故。因遂約束全軍，高舉鎗頭，向前衝進。及至該處，則見排立之人皆以稻草結成，非真兵也。知已中計，急思退出。忽足下轟然一聲，煙火迷離中，日兵俱已不知去向。惟在後之二千四百人倖獲逃出；然皆爛額焦頭，被創實甚。劉大將軍神機妙算，真無微不燭哉！〔出其〕〔不意〕

3724	原 424/3	廣數 4/27	大 12/246

僕犬同殉

管帶北洋致遠兵輪鄧壯節公，粵海人。去歲，中日大東溝之戰，督率該船首先陷敵，轟沉日人巨艦一艘，並擊沉魚雷船兩艘。嗣以他船不肯冒死從事，日兵船又環集而攻，公遂連發數砲，赴海而死。事聞九重，賜謚壯節，追贈太子少保銜。知其事者，罔不肅然起敬。當公之殉難也，有義僕劉相忠隨之赴水，擕浮水木梃授公，欲令之起；公力拒勿納，罵敵而死。同時有所豢義犬尾隨水內，旋亦沉斃。一人忠義，同類感孚。雖奴僕之賤，犬馬之頑，亦知殉節。是則世之受國厚恩而臨敵畏葸不願效死者，誠此僕、此犬之不若矣！〔犯難好義〕

3725	原 424/4	廣數 4/28	大 12/247

日兵狂妄

日兵在臺屢被劉軍挫辱，其氣燄亦可稍戢矣。而日人則心矜氣浮，依然不改；推原其故，良由臺灣各事全以武員主持，文員不得過問，以致兵士之氣益張。華人在路行走，如遇日兵，務須脫帽為禮，否則即以鎗尖挑去其帽。種種戲弄，不可名狀。某日，有某西人坐車經過，日兵亦勒令下車脫帽。西人以向無此例，堅不允從；稟由該管領事官函致日官辨論此事。日官恐干眾怒，現已允為禁除此令。吁！日人在臺多行無禮，久為中西所齒冷。乃己不自重，而欲人之重我，甚至肆行要挾，不恤人言。自古驕戰必敗，今日兵趾高氣揚至於此極，有不覆亡立至哉？〔夜郎〕〔自大〕

3726	原 424/5	廣數 4/29	大 12/248

六足蛇

畫蛇添足，古已傳為笑談，言蛇之必無足也。乃竟有見諸實事。特於從從六足，鵸䳜六足，冉遺魚六足外，別顯奇形者，此固何物耶？臺灣大邊地方忽於季夏生出一種毒蛇，其足凡六，形同壁虎，或在樹上，或在溪邊；人或被嚙，無不立斃。日兵初尚不知利害，被傷甚多，每致毒氣攻心，不可救藥。臺民則巧於趨避，蛇亦不得而傷之。日人僉以為神。說者謂：日兵好殺，大干天地之和，故生此物以戢其凶暴之性。殆或然歟？按《山海經》載：「肥鳢一物，蛇其形，六其足，出大華山，見則大旱。」今豈其此類耶？特不傷臺人而獨傷日兵，一若物亦有眼，偏與尋仇也者。是為可異耳。〔肥鳢之類〕

3727	原 424/6	廣數 4/30	大 12/249

好客遺風

杭州西湖昭慶寺之西，建有原任山東巡撫張勤果公祠；旁建一花園，亭臺壯麗，花木幽深，有世外桃源之想。與人同樂，本不禁行客遊玩。某日，公之哲嗣子儀觀察適在園內水明樓上宴客，勝友如雲，清談霏雪。適有文士二人至彼選勝，意欲登樓，為家丁所阻，以致兩相口角。觀察聞之，立即下樓，申斥家人；向文士婉言謝罪，并邀請上樓同飲。二人連聲稱謝，抱慚而退。吁！近世宦家子弟席其餘蔭，倨傲性成，往往聲勢赫然，妄自尊大；人或偶違，便以官勢相制，比比然矣。如觀察之謙以下人，禮以待士，真能不墜名臣風範者。明德之後，必有達人。觀此益信。〔有豪〕〔俠氣〕

3728	原 424/7	廣數 4/31	大 12/250

釁起重儓

蘇垣有名阿季者，不知其姓，某署重儓也。平日舉止闊綽，有類大家子弟。某日至戴仁橋附近某成衣舖，見有孩童數輩麕集於地，為鬥蟋蟀之戲。一童大呼曰：「此三尾子也，何得混充蟋蟀。」三尾子者，吳俗呼重儓之謂也。阿季聞之，以為有心侮己，遂大踏步闖入，拍桌敲檯，怒不可遏。孩父某乙知其誤會，取蟋蟀盆視之曰：「此不是三尾子耶？君何多心若此。」阿季怒更甚，扭住乙之髮辮，竭力兇毆。乙不敢支撐，竟被毆傷數處。旋經人勸至沁芳茶肆啜茗，擾嚷不休。事為元和縣葉大令所聞，拘拿研鞫，分別懲治。噫！一語之微，言者無心，聽者有意；以致釁端大啟，匍匐公庭。事後思之，得毋啞然自笑乎。〔蟋蟀在堂〕

3729	原 424/8	廣數 4/32	大 12/251

妓女作賊

花叢肆竊乃常有之事，未聞有妓女而竊及姊妹行者。乃兆富里妓女李桂英平日賣俏生涯，不能取勝；因瞷同院之王雅琴纏頭富有，心竊慕之。適前晚王妓以夜不安枕，邀李同眠，藉引睡魔，以消永夜。李遂乘王熟睡，肆其胠篋手段。竟至夜半潛竊首飾箱一隻，取其金釧兩付及珠花、金約指等約值千餘金，而棄其箱於晒臺之上，以為賊由外至，決不疑及共被人也。至天明，王妓驚醒，查知失竊；且見珠客寄存之珍珠一大包，亦未取去。當遣人報知捕房。由包探蒞場察看，知非外賊，遍處搜尋，得諸李桂英房中；則原贓具在，遂將人贓送廨訊究。屠別駕念係女流，判押兩禮拜，交保勒令回籍。而李桂英從此不得為妓，是真煙花中無恥之尤者矣！〔無恥之尤〕

3730	原 424/9	廣數 4/33 右	大 12/252

一震之威

如皋地方前晚大雨滂沱，雷聲震耳，學宮前泮池石欄杆倒塌五六丈。適有老僧在彼，經過迅雷一震，忽然倒地。迨至天明，行人向前看視，尚有餘氣，即取開水灌醒。該僧自云：「是晚由西門施食回寺，道經學宮，見泮池中現出大魚一條，約計丈餘；又見大蛇一條由五王殿迤邐至文定橋飲水。是以被嚇倒地」云云。事為董、林二廣文所知，隨即移請縣尊，會同查勘，議將石欄修葺矣。〔大發雷霆〕

3731	原 425/1	廣數 5/33 左	大 12/253

祝融示罰

金陵水西門內某炒貨店，某日亭午有鄉人擔糞過其門，偶一不慎，致將木樨潑翻地上。鄉人大恐，急代打掃，以解穢惡。時該店主正在煮炒蠶豆，甫將油傾入鍋中；聞門前喧嚷聲，突出尋釁，務欲鄉人脱衣揩拭而後已。正扭結間，不料祝融氏鑒觀在上，怒其兇惡，已將鍋油燃著。砉然一聲，火已透出屋頂。迨店主返身入救，勢已燎原。雖幸眾力協救，得即撲滅，然已焚燬一、二家矣。語云：「小不忍則亂大謀。」觀此益信。〔報應立至〕

3732	原 425/2	廣數 5/34	大 12/254

木偶成軍

木牛流馬，昉自諸葛武侯；原屬行軍奇計，非後世所宜仿效也。乃日人於遼東一境，雖經俄、法、德三國仗義，勒令退出，迄今遷延日久，非但不即讓還，反又增兵數千。又以人數不足，製就木偶千餘，佩刀戎服，氣象糾桓，宛似細柳營中所謂男兒好身手者；且其中設有機括，可以兩手持槍開放。驟覩之下，絕類生人。遼人少見多怪，無不服其巧思。説者謂：「日本國內空虛，人民流散，抽丁不足；乃以木質製成偶像，藉補死亡之數。今幸奉天、山東等處徼倖成功，此項軍士未付劫灰，故又在遼東以示威武。蓋不自知其隱情之敗露也。」然日人素狡，乃近與臺軍相持，不復敢以木偶嘗試，反為劉大將軍稻草紮成之兵士所敗。抑何前智而後愚耶？嘻！〔無生之氣〕

3733	原 425/3	廣數 5/35	大 12/255

日兵訴苦

日兵在臺屢遭挫敗，久已心驚膽裂，不復敢與劉軍交鋒。而日督不加體恤，驅迫如前；以致日兵情急自縊，有斃命三十八名之多。聞此三十八人嘗為臺中父老言云：「我等在家以手藝營生，均有父母、兄弟、妻子。去年兄死於北，今年弟死於南。又並未吃過錢糧，學過槍砲。自去年挨戶抽丁，解赴火船，載運朝鮮。由牙山至遼陽一帶，苦不堪言。今幸和議已成，滿望可以回國；不意又將我等載至此間。初云戍守數月，便可遄回。豈知又是打仗。劉軍又如此利害。我等同來者共有一千二百名，均是鄰近一處；到臺時尚有一千上下。至今四月之久，受傷陣亡及疾疫病斃者九百餘人；今僅存三十八名，又要出隊送死。因思同是一死，不如自縊之為快」云云。吁！日兵之言，慘切若此。豈不可哀也哉。〔其鳴〕〔也哀〕

3734	原 425/4	廣數 5/36	大 12/256

童子逃禪

某達官僑寓金陵已歷數載。公子一人，年已十五，聰明韶秀，迥異常兒。自幼延師課讀，每於聖經賢傳而外，輒喜背觀內典諸書；及稍知字義，則更嚮往空門。家人疑其具有夙根，亦不之禁。某日，同老嫗往某寺進香。頂禮畢，公子力遣老嫗回家；自願捨身蘭若，皈依佛座，以了前因。寺僧知係宦家子弟，不敢收留，當即送回其家。詎公子六根已淨，五戒久空。未及數日，復潛至城外某寺，求僧披薙。僧詢明來歷，告知其家，強挾以歸。某達官以祖宗一脈香煙，俱繫於此，未便遽令逃禪，致斬前人血食；乃扃置書齋，不令出外。然公子則心依禪榻，不改初衷，恐將來仍須參禪入道也。是誠何心哉？〔具有〕〔夙根〕

3735	原 425/5	廣數 5/37	大 12/257

道士前知

武漢兩幫前因細故啟釁，勢不相下。各集黨類數百人，執持利器，豕突鴟張；踞書院為巢穴，視官府若弁髦。白晝殺人，慘無人理；甚至店舖罷市，士庶逃亡。地方官束手無策，飛稟上憲，調兵查辦。上憲委令李竹虛觀察督兵前來，勸諭解散，勒繳器械。現已次第歸順，不敢恃眾抗官，自取滅亡之禍矣。先是閏五月二十八日有一道人科頭跣足，衣服藍縷，手一葫蘆，如醉如痴，口中大呼云：「一個人，兩個包，人人手中執大刀；愁莫愁，喜莫喜，但看六月初一起。」呼畢，佯狂而去。人初不甚介意。未幾，械鬥之事果起。追憶前言，始悟該道人實有先見之明。是殆善於推數者歟？抑事機未形，先有朕兆可窺歟？吾不得而知之矣。〔言而有中〕

3736	原 425/6	廣數 5/38	大 12/258

佛地交鬨

金陵聚寶門外有普德寺焉，自由方丈大倫募化創建，歷有年所。其間房廈寬廣，林木幽深。按年四季於寺後園中栽種鮮花，異彩射人，奇芬撲地，以備供奉香火者至此賞覽。近有某土棍忽與大倫藉端生事，連披僧頰數下，逐出門外。適為某廟之僧名大成者所聞，勾通衙役，遂得掌管寺務。而大倫以己廟為他人所佔，不勝忿恨，即於前日糾集僧黨數十名，大興問罪之師。其時大成見眾僧勢甚兇惡，不敢交爭，遽開後門而遁。至是夜，大成亦率僧兵百餘名，明火執仗，擁進寺門，互相爭鬥。越數點鐘之久，大倫力不能支，敗北而去，眾僧俱飛簷走壁而逃。以持齋禮佛之場，為稱干比戈之地。僧之無賴至此，地方官豈竟寂無聞見耶？〔惡禿〕

3737	原 425/7	廣數 5/39	大 12/259

捉迷肇禍

湖州東鄉青鎮地方某甲，耕讀傳家，生有兩子，長年十一。前日，約鄰近孩童六七輩，在戲臺上為捉迷藏之戲，閉目亂踹，東躲西避。甲子失足，跌入天井，觸於石角，腦漿迸裂而死。諸孩見之，相率逃歸家中，人無知覺者。後經貼鄰開窗望見，報甲知之。查得係某乙之子推墮，於是邀集眾人至乙家問罪。經人再三調停，罰乙出資買棺成殮。甲不允。因罰令修小石橋以便行人，甲子則自行收殮。其事遂寢。凡戲無益，誠哉是言。然彼孩提之童，烏足知此。為父母者，可不先事防維乎？〔小人人命〕

3738	原 425/8	廣數 5/40	大 12/260

大姐含冤

清和坊二弄龜奴金玉卿所開妓院有妓女金菊仙者，日前失竊金釧、銀指甲等物。金玉卿疑係大姐馮阿金所竊。不由分說，串同探夥大塊頭、阿戇、張龍彪等，用紅頭繩繫住頭頸，從前房拖至後房；並用外國手拷，私刑弔打；且以煙籤將其面頰、左右乳及臂腿下身等處亂刺。玉卿捏住兩手，任令動刑，慘酷情形，不堪言狀；以為事有探夥在，人固無如我何也。不意旁人具有公憤，群起而攻，毀及龜巢，扭控英廨。屠別駕意存寬厚，不予深究，將以薄責了事。無如外間人言藉藉，皆歸咎於探夥。事為好捕頭所知，立帶西醫親蒞驗視，意欲認真查辦。奈何阿金父母鄉愚無知，輒為謠言所阻；後經阿金之姨母陸周氏投縣鳴冤，且舁女請驗。黃大令飭仵驗傷屬實，見而惻然。訊及眾供，除惡龜逞兇外，最慘者以探夥阿戇、張龍彪等非刑酷虐，尤為髮指。遂飭差提辦。想探夥玩法已極，此次惡貫滿盈。黃大令必能盡法痛懲，為小妮子雪此奇冤也。〔慘受非刑〕

3739	原 425/9	廣數 5/41 右	大 12/261

一拍送命

《刑律・人命》謀、故、鬥、誤殺人之外，又有戲殺、過失殺兩條。蓋傷人者死，理所當然；而事非有心，不妨原情定罪，稍從末減。亦哀矜庶獄之意也。鄂垣賓陽門內，日前有甲、乙二人並肩而行。言笑之間，甲偶反手拍乙胸膛，且戲之云：「明日尋爾皮絆。」言猶未已，乙遽倒地。甲大驚，撫視，氣息全無，蓋已避進鬼門關去矣。甲乃哭告乙家，倩人舁返。未知能免涉訟否？噫！甲、乙二人偶然戲謔，鑄此大錯，豈前生本有夙孽耶？然亦可見游戲之無益也。〔不及〕〔措手〕

3740	原 426/1	廣數 6/41 左	大 12/262

拘姪得婢

某甲在杭城小橋地方開設砑紙舖，並無家室，衹有一姪，年方十餘歲，依以為活。甲欺其孤弱，逼令每日砑紙若干。姪不堪其虐，忽於前夜三更時，私自開門而逸。甲正睡醒，聞聲趕出，追至東文昌閣涼亭；黑暗中見有一人，意是姪奔逃不及。一手抓住前襟衣服，拖之回家，將門關閉，取火攜棍，方欲責打；轉身見之，乃一娟好女子也。遂留宿於家，願為夫婦。後經好事者查知，此女係某姓逃婢，送歸其家。甲遂不免仍守鰥魚之況云。〔求雄得雌〕

3741	原 426/2	廣數 6/42	大 12/263

番目投誠

臺南鳳邑後山金狸社番目牛鳴老歪，躬率慣戰番丁千人赴劉大將軍麾下投效，願供驅策。深為淵帥嘉許。旋經淵帥指授機宜，令即返山，號召全臺生、熟各番不下三萬人，擬與嘉義之繡姑巒社長、淡水之台朐坪安社長，各將萬人，一取道三角湧，進規淡水；一由塊南，歷大半天、小半天，逕襲宜蘭；一出七星巖，進攻雞籠。淵帥則酌派猶子及將佐數人留守打狗旗后各海口；一面厲兵秣馬，筮日誓師，渡大甲溪，直搗臺北，使日人首尾不能相顧。自此廓清海甸，盪掃欃槍，不禁拭目俟之已。〔去逆〕〔效順〕

3742	原 426/3	廣數 6/43	大 12/264

籠絡生番

日人佔據臺北後，屢為生番所困。乃即變計，密令日諜結識番目，待以優禮；令回山告知番眾，約在大科崁山下相會。屆期，各生番有以細毯章身者，有以長布搭膊者，有以木珠綴於項下者；耳穿竹圈，手貫銅鐲。男婦裝束不稍異，惟番婦則穿一長衣，自肩以下蔽其全體，腰間復纏以布帶；男則頭戴一帽，似用鹿皮製就者。日官謂：「我欲與爾等結為好友，可以常相往來；各贈小刀、巾布、紅絨等件。」隨誘至日營，烹羊宰牛，供其大嚼。繼又邀至臺北府城見其督帥，娛以音樂，寵以珍饈。盤桓數日，徵歌度曲，嘲唧咿啞。日官使識番語者和之，極形浹洽。

又令五十人奏西樂，使之傾聽。有生番撫一銅鼓，謂此物酷類我國打仗所用，摩挲不已。日督諭令回去，率領幼童來習日國文字。蓋亦牢籠要結之計也。〔權術〕

3743	原 426/4	廣數 6/44	大 12/265

鐵丸誌異

客有從日本長崎來者，述及大波戶有鐵丸一顆；其鐵甚古，四圍具有朽蠹痕，周圍計五尺六寸，重約千斤。用石臺一座，將鐵丸安置其上，四面用鐵欄杆圍住，立於海旁碼頭之右。據云：「此丸係唐代薛仁貴征東時所遺留於此者。曾有日人將該丸拋於海中，其人即病；趕打撈起水，置於原處，其人旋愈。如是者已非一次矣。日人視為神物，於明治五年作石臺以置之。」石臺旁有記一段。大概記該鐵丸之大小、輕重。或云「寬永中原賊所鑄」，或云「濱田兵衛弟所鑄」。其說互異，然亦足見我華武功之盛，已非朝夕。該鐵丸垂二百餘年，猶令日人敬慕若此。謂非有神靈呵護之哉？〔前人〕〔手澤〕

3744	原 426/5	廣數 6/45	大 12/266

妖術驚人

武漢兩幫械鬥時，沿途搶毀店舖，各逞其能。有三府街彭義豐雜貨店者，湖南人某甲所開也。漢幫誤認為武幫中人，毀門而入，刃傷店夥，悻悻而去。湖南幫聞之，以為大辱，投袂而起，糾集千餘人為報復計。其中有女子八人為之前導，年二三十不等，星眼劍眉，狀貌威猛，幾忘其為巾幗中人；手中不持兵器，輕移蓮步，捷若猿猱。至堤上，見柵門緊閉，女子戟指之，門即呀然自啟。見者愕然，謂：「娘子軍具此神術，可想見其本領高強矣！」或謂：「湖南人素善符術，該女子尤具神通，故幫中推為領袖。」世豈無破妖法而扶正氣者，奈何令若輩橫行街市，肆無忌憚若此也。〔指揮如意〕

3745	原 426/6	廣數 6/46	大 12/267

神龍護木

江口吳萬順木棚，日前有木牌一架來自江西；經過安慶時，有一蛇盤旋牌上。方欲操杖驅逐，則蛇已如神龍之見首不見尾，遂不知所之。抵蕪後，將牌拆卸，則蛇猶潛於夾層之內；乃放乎江流，聽其蜿蜒他去。即將牌篷移舁岸上。不料越宿，蛇又在篷之脊梁，鎮日懸繞。棚主見之，謂此蛇遠道相隨，棄之仍復來歸，其殆神乎？是不可以不酬。乃雇工搭臺於江滸，日夜演劇，以答神庥。一時丁歌甲舞，翠暖珠香，哀絲豪竹之聲，與江流相激盪。杜工部「半入江風半入雲」之詩，不啻為此時寫照也。翌午，始失蛇所在。〔靈物昭昭〕

3746	原 426/7	廣數 6/47	大 12/268

伶人獲盜

京師盜賊，為害行旅，傷人劫物之事，時有所聞。雖經報官，無如兵差怠於緝捕，獲案之事十無一二；以致若輩橫行無忌，遍地荊榛，殊可異也。某日，有一嫗騎驢至京南某處探親，行過海子牆外，忽有賊匪三人出白刃，橫驢前，意圖劫掠。嫗跪祈饒命，願以衣驢贈之。三人即取之而去。少焉，有一人乘車至此，問悉情由，勃然大怒；由車上掣鐵尺一躍而下，飛步狂追，見賊便擊。賊力不能敵，被傷其一，復縶二人，交與鄉約，一併捆送通州署。刺史升堂嚴訊，始知車中人為某梨園武伶，出白金五十兩犒之；一面派役將嫗護送回家。其受傷之賊，傷勢甚重，難保無性命之憂。語云：「強人自有強人手，還有強人在後頭。」觀此益信。〔孔武〕〔有力〕

3747	原 426/8	廣數 6/48	大 12/269

賊捉捕快

溫州某邑馬快某甲，充役日久，慣向竊賊婪索分贓。此固若輩長技也，而甲尤貪而狠。祛篋者流銜之入骨。近日，甲忽不見，有知之者謂甲於某日路逢一賊，甲邀之向索常例規費。賊云：「近日在鄉營生，足跡不入城市。爾要錢，盍隨我往乎？」甲深信不疑，偕坐小船至鄉。賊於某煙館具饌饗甲，而密通信於其夥黨，預為布置。入夜二鼓，即與甲同往取錢。行經某嶺腳，路絕行人。賊夥突起，執甲痛毆；并將竹筒插入雙目，挖去眼珠。未知能免性命之憂否？按鼠竊狗偷之輩，挾仇設阱，其罪誠不容誅；而該捕之貪利上餌，致罹不測，亦不可謂非咎由自取也。〔自投〕〔羅網〕

3748	原 426/9	廣數 6/49 右	大 12/270

瘧鬼畏刀

蘇州李氏婦寄寓津沽，患瘧疾。昏亂中見一物如貓，躍登其榻。細視，乃一小童子，綠衣紅袴朱履，頭綰雙髻，向之笑。輒寒熱交作，至昏昏睡去，則不知何作矣。如是數夕，悟其為瘧鬼，欲驅之而無術也。一夕，甫登床，作退縮狀。婦返顧，見窗上有剖瓜刀一柄，因思必其所畏。次日，以刀置枕畔，果不敢近；婦取以擲之，物吱吱嘷叫而遁。自是病愈。〔辟邪〕

3749	原 427/1	廣數 7/49 左	大 12/271

仙侶同舟

客有駕一葉扁舟至湖州東鄉索逋者，中流容與。經由護浪塘，見一叟鵠立灘邊，高喊趁船。船夫不之顧。坐客憫其年老，又兼細雨侵人，姑令泊舟載之。迨叟登舟，鶴髮童顏，精神矍鑠。相與談論，頗為浹洽。行至羅漢寺地方，叟忽欲上岸，與坐客一揖而別。未嘗停舟，回首已不見叟之蹤跡矣。於是坐客、船夫群相歎異。或曰：「是神仙也。」恐不其然，以意揆之，或係妖狐化身，游戲人間，適然相遇耳。〔天緣〕

3750	原 427/2	廣數 7/50	大 12/272

就地正法

昔夏禹見囚下車而泣，憫其將死也。君子「見其生不忍見其死」，於物猶然，況人乎？乃如本埠斬決新陽縣盜犯一案，當時觀者人山人海，則又何說？新陽縣屬王爾蘭之被劫也，報經蘇大令重懸賞格，移請上海協緝。曾未浹旬，已由英包探何瑞福等先後獲犯十一名，解官訊實；詳奉上憲批飭，就地正法。於是蘇大令會同本縣黃大令，飭將監犯提出，如法綑縛；由城汛官率領馬隊、營兵若干名，沿途護衛，押赴小九畝地方。飭令劊子手輪流用刑，刀光飛處，竟將好頭頸逐一斫落。盜中一最少者，年僅十七，意氣剛強，談笑自若。真憨不畏死者矣。餘皆面色如灰，悲慘萬狀。又況前者既仆，後者又臨；須臾之殘喘難延，一息之生機遽絕。當此之時，上天無路，入地無門。始知身犯刑章不可倖免，晚矣！世有靦然面目，陰懷盜之心者，其亦閱是圖而爽然也乎。〔首領莫保〕

3751	原 427/3	廣數 7/51	大 12/273

校書避地

粵城塘魚欄馮九寨有某校書，年逾花信，貌亦可人。近有料工鄺某悦而狎之，兩情繾綣，數月綢繆，嚙臂聯盟，終身願託；鄺欲為之脱籍，已有成矣。八月十五晚，鄺復到院尋香，再修舊好。翌晨，失妓所在，房中箱篋亦已一空。元緒公馮九不勝駭異，以事屬可疑，遂以鄺拐妓行竊，喝令綑縛，責令償還。而鄺實懵然不知，莫明其故。至十六晚，該寨傭婦聞妓房隱隱若有人聲，不敢啟視；告知鴇母，開門入室，秉燭四照。忽見該妓匿於床下，搜其身，失物具在。始知鄺實被誣，令和事老出為排解，給以花紅若干，釋之使去。然如該妓之行蹤詭秘，正不知其是何居心也？或曰：是殆有妖物憑依，故使不能自主，意或然歟？〔奇中奇〕

3752	原 427/4	廣數 7/52	大 12/274

彩輿迷路

粵省東莞石龍一埠，商務興旺；該處地方有東祿元、西祿元之分，舖戶雲屯，閭閻霧列。近日，有小享黎姓娶石龍柴屋巷某氏女為媳，舖排儀仗，禮效牽羊，鼓樂風馳，笙歌雲遏。詎該人夫等均不識柴屋巷所在。始由河邊直上東祿元而過西祿元，遍尋不見；又從東祿元轉歸西祿元。由晨至午，逡巡半日，始詢悉迷津，直赴女家。迨迭次催妝，新娘上轎，舁至東祿元，又轎杠斷折，幾將新娘跌出轎外。舁夫某乙癖嗜煙霞，有煙燈一盞，滿注膏油，置於轎底，亦被傾倒；蘭膏瀉出，沿路淋漓。及抵中途，時將入暮，復遇雨師驟至，阻滯行程。迨回至男家，已魚更幾躍矣，遂草草成禮而退。婚姻大事，幾等兒戲，糊塗蟲真可笑之極。不知新郎、新婦將如何急殺也？〔蹩躠靡騁〕

3753	原 427/5	廣數 7/53	大 12/275

畜生難教

江右洪茂才為童子師有年矣。去歲，撤帳歸，忽一客造廬請謁云：「有兩豚兒敢勞教誨，願歲贈三十金為壽。」洪少其數。客云：「村中尚有鄰子三人同來請業，先生可無慮也。」言畢，出鹿脯為贄，徜徉徑去。迨元宵過後，客忽夜來叩扉，掖洪而去。山路拗折，良久至一室，狀奇古。有二童子出拜，皆猿目鳶肩，狀如梟獍。教之讀，頑鈍異常，而性殊暴烈。數日，伴讀鄰童三人悉被擊傷。先生責之。不服，反顏相向。訴諸居停，反謂先生袒護鄰子，語忿且詈。洪怒欲行，甫出門，聞室中群兒爭號聲。返顧，見二子擘鄰童胸，探食肺臟。驚曰：「此畜生也，豈易教哉？」覓路逃歸。偶與天師言及。天師曰：「彼乃虎妖，非人也。汝幸逃歸，不然危矣！」〔人面〕〔獸心〕

3754	原 427/6	廣數 7/54	大 12/276

蛇吸人氣

新會石滘村某甲娶鄰鄉林氏女為室，十年伉儷，相得甚歡，生有子女各一。甲常出外貿易，室惟母子三人而已。邇來林氏忽面黃肌瘦，四肢皆腫，無病若病，日惟歸房就寢。延醫調治，亦不識其為何症。前日，林氏在床晝寢，其女入室省視，瞥覩巨蛇一尾，長約七尺，大如飯盌，黑章而口闊。蓋俗所謂飯匙頭也。由蚊帳懸首而下，吸食人氣。林氏熟睡，不知其蛇頭與婦口相距僅二寸而已。女大聲叫喊，蛇即蜿蜒而上。林氏聞喊而醒，惟手足麻木，不能履地。其女即扶出廳堂。鄉人聞喊入視，蛇仍未去，蜷伏一隅；遂各持棍械入房搜捕。蛇昂頭而起，殺氣騰騰，與眾相拒。擊刺良久，乃斃之。於是知林氏之病，皆蛇為之也。〔不絕〕〔如縷〕

3755	原 427/7	廣數 7/55	大 12/277

釁起禿驢

麥家圈綺園煙館日前有三禿驢橫陳一榻，噴雲吐霧，其樂無涯。忽有一售小書者持書而來，向之兜賣云：「今有《清廉訪案》出售，盍試一觀。」僧愕然，則云：「《清廉訪案》即《殺子報》也。」又云：「尚有《翠屏山》戲劇一本。」蓋意存侮弄之也。該禿聞而大怒，隨手一掌，正中其頰，清脆可聽。三禿復群起為難，拳打足踢，難解難分。不料售小書者髮已種種，當扭毆之間，被該禿將辮拉脱，頂上圓光幾類牛山濯濯，於是三禿忽變成四禿矣。譁笑之聲，達於戶外。巡捕聞聲而入，經旁觀煙客告以肇釁情由，遂將四禿一併牽連而去。後不知所終。〔和障〕

3756	原 427/8	廣數 7/56	大 12/278

車中失火

陸地行車，由來尚矣。自滬地大開商埠後，小車而外，盛行馬車、東洋車。迨後人情趨便，小車一業，幾至無人顧問；惟運載貨物，尚多用之。其間折輪脱輻之事，雖亦時有所聞，從未聞有轔轔轆轆之餘，忽兆烈烈轟轟之禍者。有之，自某小車始。前日午後，有小車一輛滿載竹花，運至英界石路中市，不知如何遺火，驀從竹花中濃煙縷縷透出紅光。時適西風大作，頃刻滿車皆火。車夫急即停立，呆若木雞。後經近處居人汲水澆灌，始得息滅。按年來失火之事層見疊出，甚至輪舟行海亦時有焚如之禍。天心之示變與？抑人事之不慎與？乃車正雲行，火忽飆起。誰司其事，竟漫無覺察若此耶？〔杯水〕〔難救〕

3757	原 427/9	廣數 7/57 右	大 12/279

山神拯阨

皖人胡葵生好遠游；自言在貴州時，嘗誤投迷路至一山谷，鵂鳴狐叫，毛骨竦然，急返身而退。忽有二狼從荊棘中躍出，倒銜其衣，曳行數武。度無生理，驚駭欲絕。俄一老人褐衣高冠，鬚長過胸，持杖擊二狼，斃之。謂之曰：「此豺虎之鄉也，汝胡至此。」遂示以途。得歸後，夢中又見老人，持衣問姓，且謝拯救恩。老人曰：「老夫此山之主。貪狼肆虐，分所宜除。何謝為！」胡寤，始知老人實為山神云。〔絕處逢生〕

3758	原 428/1	廣數 8/57 左	大 12/280

齒落增悲

前年，山陰何桂笙先生年四十七，每脱一齒，填詞一闋以誌之，著有《齒錄》一卷行世。先生曠達人，不作悲慨語，然不久竟歸道山矣。可見暮齒催人，老其將至，未免有情，能無增感。鄮山某茂才年逾耳順，屢困場屋，而青雲之志益堅。近以氣血已衰，齒多脱落，茂才持之啜泣，慘惻動人。或問其故。則曰：「吾哭齒，吾實有負于齒耳。蓋斯齒也，平時咀英嚼華，詩書有味，賴之以嘗。乃吾也，踏棘多角文之日，未與之宴鹿鳴；伏茅無捧檄之期，未與之邀鶴俸。至於梅羹之調，綾餅之賜，吾齒更未得領略其味。今者大功未酬，與吾長謝，吾能不抱慚無地，泣以送之乎！」言畢，淚涔涔下。聞者亦為之憮然。〔豁然〕〔開朗〕

3759	原 428/2	廣數 8/58	大 12/281

彭公軼事

彭剛直公之巡閱長江也，深知釐卡積弊，為患商民；嘗易服私行，密為察訪。偶過湖北某卡，見有鄉人之移家者，載得雜物一船經由其地。巡丁大聲呼之曰：「爾船有貨乎？」鄉人正以無有告，而船中裝有剛鬣君兩頭，嗥然大鳴。巡丁聞之，指為漏捐，將船鎖住，硬欲以剛鬣充公。鄉人以為此係我所豢養者，今以遷居，故載之而往，並非販賣可比。巡丁以鄉人強辯，愈攖其怒；將鄉人縛之於柱，鞭撻不休。剛直公見之，偽為解勸也者，呼巡丁而告之曰：「鄉人無知，姑恕其罪。我以番餅兩枚，代償其捐。可乎？」巡丁怒曰：「我自辦公，毋預爾事。」將兩洋擲之於地。彭公命跟丁立傳地方官。某令聞信，乘馬馳至。公命將巡丁梟首示眾，并科卡員以重罪。於是遠近各卡聞風生懼。商民戴德，頌聲載道。以迄於今，傳者猶津津樂道之。〔除暴安良〕

3760	原 428/3	廣數 8/59	大 12/282

墜樓驚駕

京師西直門迤西一帶有茶肆焉，名曰會昇樓，向為盧仝、陸羽一流人駐足之所。每值輦轂經行其處，必先由靜鞭官飭令關閉，以冀一塵不驚。八月十八日，皇上循例至萬壽山皇太后前請安。鸞旂在前，屬車在後，翠華臨幸，肅靜無譁。不料該茶肆樓窗雖閉，而座客當品泉瀹茗之餘，各廑就日瞻雲之意，仍有蹲伏樓上竊仰龍姿鳳質者。以致人多力重，將窗擠落，一人隨之跌下，恍如落花流水，呼痛欲絕。一時扈從各官相顧失色，僉以樓人驚駕，立將樓主人鎖拿以去，當交刑部審訊治罪。有見之者謂：「當其人翻身落下時，猶幸蹕路已過，不致驚動聖心。否則其罪尚可寬哉？」〔魂飛〕〔天外〕

3761	原 428/4	廣數 8/60	大 12/283

求天赦罪

距漢鎮三十餘里王家灣地方有某甲者，年甫而立，性甚忤逆，有梟獍行，視其母若奴僕然，久為鄉里所不齒。八月二十七夜，甲在家中晚餐，忽見電光雷火直射屋內。其母及妻驚畏異常，而甲猶肆口亂詈。詎豐隆君鑒觀不爽，霹靂一聲，將甲擊斃。迨雨止後，其妻不見甲形，倩人尋覓。見甲跪於田壠中，面目焦黑，不可復辨；鼻梁上一孔如針大，兩腮上現有「惡逆」二字。其妻雇人將甲擡歸，欲為收殮；詎竭數人之力，終莫能動。有省事者語婦曰：「亟請道眾上表謝罪，或能移動。」妻從其言，果得移動。惟滿身皆硫磺氣，令人不能觸鼻。天鑒不遠，為惡必誅。世之人面獸心者，可不戒歟！〔死有〕〔餘辜〕

3762	原 428/5	廣數 8/61	大 12/284

先生被嫁

某茂才，姑蘇人，年十七八，姿容柔麗，家貧，訓蒙村塾。有湖州筆客鄭某往還甚昵。一日，謂某曰：「有小事奉求，未知允否？」問何事。曰：「息女行年二十矣，某日遣嫁，願求文星照臨草舍，祓除不祥。」某欣然諾之。至期，操舟來迎，某即與偕中流。鄭忽變色，抽刃擬某言曰：「實告君，吾女已允鬻洞庭孫某為妾。期今日過門，忽病不起，欲借子代行耳。」某駭絕，聽其所為。即有女子奉巾幗為之改妝。俄岸上鼓樂來迎，眾擁某登輿去。入門卻扇，儀態萬方，比初見時尤艷絕也。比夜分，孫為代緩裝束。某大聲呼曰：「我某縣生員某某，豈為人為妾。」孫大驚，訊得實，亟控官追捕，而鄭已杳如黃鶴矣。〔鬚眉巾幗〕

3763	原 428/6	廣數 8/62	大 12/285

新婦擒盜

廣東肇慶城北石坑村中有駱某者，年已六旬，精於拳棒。生一女，小字阿英，年十三四，駱即授以技藝，長尤膽略過人，許字同鄉艾某為媳。艾固富家，聞女奇，故聘之。日前，三星在戶，為迎娶吉期，履舄駢闐，觥籌交錯。至更魚二躍，客已半散，忽來外客五六人登堂賀喜，連稱到遲。艾以客來不速，重張綺席款之，并命扶新娘出拜。未幾，諸客盡散，五六人忽放下酒杯，拔出刀槍，肆行劫掠而遁。艾姓家人伺其去時，登屋鳴鑼。村人與更練聞警，四出追捕，要賊於中途。賊且戰且走。方至村外，陡聞槍聲一響，火光照耀，軍械齊出，已將五六人悉數擒獲，贓物亦無一失，眾皆驚異。蓋新婦於出拜時，察出若輩破綻，知為綠林豪客，密囑新郎急投泰山求救。駱某即親率子弟十數人，狙伏暗陬以待。女自持洋槍，先為偵探，扼賊要衝。內外夾攻，無一漏網。娘子軍真勇矣哉！〔智勇〕〔兼全〕

3764	原 428/7	廣數 8/63	大 12/286

僧被鬼侮

俗稱中元為鬼節，各處地方往往延請僧道施放餤口，普濟孤魂；舉國若狂，到處皆是。意蓋為佛法無邊也，而不知其有不盡然者。浙江長興縣屬之洋南兜地方，村眾集資於某日延僧在船上設放餤口，容與中流；並放水燈，超度孤魂，以冀水陸平安。坐中主僧頭戴毘盧帽，身穿大紅金線袓衣，彷彿唐三藏模樣。鈴杵響處，眾鬼知其施食來者，於是叢集船邊。奈該主僧道行甚淺，但能召之使來，不能退之使去。拍桌敲檯，眾鬼愈聚愈多，霎時間船沉水底。鐃鈸鐘磬、鈴杵木魚悉被波臣收去。幸有隨後空船數艘，將各僧救起，不致淹斃。村人歸咎於僧，罰令重放餤口一堂。僧不敢問諸水濱。翌日，舍舟就陸，

聊以塞責。此亦聞所未聞也。〔眾鬼〕〔揶揄〕

3765 原 428/8 廣數 8/64 大 12/287

馬牛其風

滬北泥城外，自設有宰牛所以來，凡牛之牽過其處者，往往觳觫不前，甚有長跪乞憐，雖鞭笞而亦不肯行者。好生惡死，若有靈性。殊令見者慘目，聞者傷心矣。乃日前有鄉人牽牛而過，甫至某馬棚前，牛忽驚逸，扭斷鼻繩，狂奔至某馬房，奮力角鬥。時馬房中驊騮騄駬均為羈勒所困，既不能絕鞅而馳，又不能奮勇相觸；惟有騰踔不已，仰首長鳴，委轉受傷而已。迨鄉人追至，見傷馬甚多，急將牛擊斃；而馬夫已起而與之理論矣。一時見者僉曰：「此之謂馬牛其風。夫牛走順風，馬走逆風。兩不相及者也。乃此牛一迫以畏死之心，遂逞其奔逸之性。雖與素不相及者，不覺冒昧直前，奮其武怒，以與相爭。其鬥也，非仇馬也，求免死耳。而不知適速其死。此情豈不大可憫哉！」〔蠻觸之爭〕

3766 原 428/9 廣數 8/65 右 大 12/288

引人入彀

蘇垣葑門望思園為某觀察舊第；觀察故後，遺卜珠翠甚多。日前，其公子某遇一客於某校書處，相見甚歡。詢知為蕪湖某大僚信人，係奉命置辦住房而來者。彼此傾談，往來徵逐，結為金蘭，且下榻焉。倏忽半月，深以一無廣廈為恨。公子心動，隨曰：「令東若出五萬金，敝居可相讓也。」客大喜曰：「君如割愛，當以六萬金立券。請先奉三千金為質。何如？」公子然之，立付莊票三千兩。曰：「房已看定，再為小夫人購定珠翠，可回蕪覆命矣。」公子聞言，正欲懷寶自獻，遂盡出家中珠翠，以待品評。內有一珠大如雞豆，光彩奪目，尤為罕覯。客狂喜曰：「如此奇珍，若得小夫人自擇，二三萬金不難立致。兄其見信否乎？」公子至此，已入彀中，隨令取去。自是音信杳然。訪之蕪人，則某大僚府中實無其人。知已被騙，懊喪欲絕。古稱大盜不操弧矛，其是之謂乎？〔大盜〕

3767 原 429/1 廣數 9/65 左 大 12/289

千里井

房山農人偶山行，據石小憩，見石大如斗，晶瑩洞澈，中貯以水。攜歸示人，或云：「石膽可治目疾。」詣都求售，並無問者；怒碎之，水濺地上。後又有某乙得一石，大僅如拳，水瑩然如玉壺冰。攜至都。遇西人請其值。對以百金。西人云：「如此異寶，價豈僅是，客得毋戲耶？」乃贈以四百金。乙欣然售之曰：「實不相欺，僕本拾自山中者，不知其為何寶焉？」西人曰：「此名千里井。置諸坎中，水用之不竭，行軍賴之。故寶耳。」〔異寶〕

3768 原 429/2 廣數 9/66 大 12/290

拱北飛災

招商拱北輪船於八月間在錦州運兵，每次約裝一千名。至第三次，復在錦州裝兵八百名；以尚有三百名未至，暫泊以待。詎船首藏有火藥，不知如何，忽然炸裂；致將全船震動，人物俱傷。船主見事勢已急，令將救命艇放下，以便救人。倉猝中，惟聞藥彈炸裂聲；忽一開花炮更紛紛飛散，幾如石破天驚。船主知事不可為，指揮各人避入小艇，而眾兵爭先恐後；致懸艇之繩中斷，人皆墜入海中。諸西人復拋繩索入船，使水中人緣之而上。驀又轟然一聲，船之前半身遂全無蹤影；惟在後半身者皆猱升桅上，以待援救。忽天降冰雹，繼以大風。各人苦守一日夜，始遇民船救之；然亦不及二百餘人矣。查失事之由，實緣統帶官不事管束，任令各兵私攜藥彈，隨意吸煙，致罹斯厄。天耶，人耶？明眼人自能辨之。〔水火〕〔既濟〕

3769 原 429/3 廣數 9/67 大 12/291

假冒神人

金陵城中於夏秋間癘疫盛行，染者輒死。有某甲者性最黠，遂以英蚨二十翼，買囑某巫人，假託瘟神附體，手執鋼鞭，喃喃自語；直入患病之家，謂敬神則愈，否則必死。愚者不察，趨之如騖；甚有某命婦及某觀察亦來祈福消災。該巫竟被神服，高踞受禮，恬不為怪。其膽大妄為，亦已極矣。一日，江甯縣翁笠漁明府行經某街，見一人絳袍紗帽，口講指畫；心竊異之，命隸役帶之回署，押候訊辦。蓋即某巫之徒也。某巫既得信，冠神冠，服神服，乘輿直抵縣衙，喝將其徒釋放，口稱：「知縣官何得無禮。」並欲面見知縣。閽人卻之，人白明府。明府公服升坐大堂，惡其藉神惑眾，命取燒酒噴其面，而以桃枝鞭其身。良久，忽呼「大老爺開恩」。明府遂令將該巫師徒分別笞責，供出根由，尚須嚴究。聞者始恍然，咸悟其詐云。〔妄人〕

3770 原 429/4 廣數 9/68 大 12/292

古井騰蛙

古樂府有「妾心古井水」，以其不起波瀾也。不料天下事竟有出人意外者。金陵省會本前明京都。日前，明故宮井中忽波瀾浪湧，歷三時許，水溢井外，流及平地，滔滔汩汩，其聲若雷。附近居人聞而往觀，咸相驚詫。正慌亂間，見一青蛙大若栲栳，隨流而上。俄而陰雲四合，暴雨如注。人皆奔避不遑。及至雨霽復往，則井欄巨石已裂為二，四圍積水猶深尺餘。俯視井中，則水仍澄澈如故，而青蛙亦不知何往矣。〔興波作浪〕

3771 原 429/5 廣數 9/69 大 12/293

毛人擲食

紀文達公筆記云：「吉木薩臺軍嘗逐雉入深山中，見懸崖之上似有人立。越澗往視，去地不四五丈，一人衣紫氁毼，面及手足皆黑毛茸茸，長寸許。一女子甚姣麗，作蒙古裝；惟跣足不靴，衣則綠氁毼也。方對坐，共炙肉。旁侍黑毛人四五，皆如小兒身，不著寸縷，見人嘻笑。其話非蒙古非額魯特，非回部非西番；啁哳如鳥，不可辨。觀其情狀，似非妖物，乃跪拜之。忽擲一物於崖下，乃熟野騾肉半肘也。又拜謝之。皆搖手。乃攜以歸，足三四日食。再與牧馬者往迹，不復見矣，意其山神歟？」〔恍若〕〔神仙〕

3772 原 429/6 廣數 9/70 大 12/294

天師除妖

某觀察，西蜀人，向在湖北歷當要差。室有少妾，輕柔婉麗，寵擅專房；忽為妖魅所憑，遇觀察入，即百般肆擾，務令退避三舍而後已。觀察患之，延醫禱神，終不見效。乃以重幣延天師治之。天師方入房，病者仰目視上，不作一語。噀水噴之，神氣稍定。設壇建醮凡七日，每日有小鳥三隻，飛集神座前。至日，懸牌拿妖，天師仗劍，令人導至後門外一小廟前。廟故終年長扃，亦不知所祀何神。天師以劍三擊，聞廟內隱隱有雷聲。啟視，三泥神頭已落。妾病隨愈。按此廟不知所祀何神，大抵皆五通之類。五通淫迹，雜見於稗官小說中。自湯文正公奏毀淫祠後，迄今其燄復熾。不知冥冥中果有正神，何以不能驅除淨盡，致令區區泥偶猶能為厲，必待天師除之。此亦事之不可解者也。〔淫祀〕〔宜斬〕

3773	原 429/7	廣數 9/71	大 12/295

癡不忘名

士人功名心切，命與時違，抑鬱窮居，書空咄咄，往往有釀成心疾；此因積想所致，非一朝一夕所可喻也。乃竟有忽焉而痴，忽焉而愈，不先不後，適當入場點名之時，一若小功名亦關福命者。如江甯某生事，可異已。某童生習舉業有年矣，平日素無疾病，芸窗攻苦，冀青一衿。此次龍大宗師蒞甯按試時，滿望一登龍門，聲價十倍。不意文章憎命，心竅迷痰。當各童衣冠濟楚，負笈入場時，該童忽言語不倫，狂態畢作。同鄉某與之同寓，勸令不必赴考；而該童功名心熱，不肯少留。遂赤身躍起，一手挽考籃，一手攜卷袋，奔至場門口。無如為時已晚，大門業已封閉。該生止不得進，以首撞門；大笑一聲，仍回寓所。詎入房後，以被蒙首，臥至夜半，病竟若失。豈其中別有陰騭耶，不圖於歲試時亦見之。〔熱中〕

3774	原 429/8	廣數 9/72	大 12/296

狗熊傷孩

山東人董正明，江湖賣解者流也。畜有狗熊一頭，猙獰可怖，能作人立，並舞鋼叉等技，博人觀看，藉斂貲財。近以生意不佳，禁不與食。至第三日，甫在場上搬弄戲法，狗熊以飢餓難忍，大肆咆哮；嚙斷所繫之鐵鍊，眈眈逐逐，竄入街衢。適有某姓女孩，年纔四齡，在此駐足。狗熊迎面便嚙，傷其頭顱，竟去其半，血流如注，孩即登時殞命。旁人解救不及，當將狗熊獲住，鎖禁河干；一面投報巡防局，將董拘獲。嗣經人竭力排解，罰董出洋四十元為棺殮費，並殺狗熊以償孩命，事遂寢息。好談因果者，遂謂孩與狗熊殆有夙世冤，故於此報之。然以獸之野性難馴，求食不得，安在不可嚙人，何必孩，亦何必非孩也？吁，玩物果何益哉！〔率獸食人〕

3775	原 429/9	廣數 9/73 右	大 12/297

妖術迷人

江蘇龍大宗師按試江甯時，信府河李姓家寓有高淳童生某，於應試出場後腹脹如廁。遇一道士，頭束金箍，披髮執仗，先在廁中。起身時以仗向童前劃地作圈而去。童即心神恍惚，忽忽起身，尾行其後。傍晚已抵朝陽門外之紫霞洞。道士小憩其中，問童曰：「爾喜吃光刀麵否，抑下湯圓否？」童至是心已漸明，知其言語蹊蹺，必無好意，隨答云：「願吃稀飯。」道士頷之。旋以神倦，各已酣睡。至夜深時，童忽驚醒，乘隙急逸，得出危地，回告同伴，控府飭緝焉。何物妖道，竟敢以術迷人，其能倖逃法網耶？〔草菅〕〔人命〕

3776	原 430/1	廣數 10/73 左	大 12/298

火星化石

廣東源頭村距城西六七里有鄺某者，農家子也。前晚三更時，露坐門外，忽睹空際有一火星，紅如烈燄，由天半墜落家中。鄺大駭，急返屋覘之，已無所睹。秉燭四照，見天井有石一，拳形，方寬廣逾寸許。檢視之，光瑩若赤晶。鄺某以為天降奇珍，貯以木盒，非常寶愛。愚夫婦聞之，踵門求覩，絡繹不絕。夫星隕化石，傳記載之，無足異也。如鄺之所為，不亦少見多怪乎？〔從天〕〔而降〕

3777	原 430/2	廣數 10/74	大 12/299

官眷成擒

蘇垣吳衙場有盛長子者，號德齋，名永福，皖之合肥人。身材長大，人故以長子呼之。本為巨梟心腹，羽黨約有五六百人。前年經李質亭統領招之使降，授以營哨職，漸保至副將。韓古農廉訪署臬篆時，以海口戒嚴，擢為營官，飭令督兵剿梟。知遇不為不深矣。豈知長子野性難馴，為梟為盜為賭棍，皆與往來，藉獲漁人之利；以致案如山積，破獲無期。邇以盜案中有數起皆牽涉長子之名，為趙中丞所知，密飭元和縣帶兵往拿；而長子已先期逃遁，祇獲其婦蔡氏及徒二名，解送撫轅，上鐐收禁。搜其家，起獲火藥、槍彈並金飾、銀洋等不計其數。中丞務在徹底根究，立限炮船嚴緝長子審辦，以為匪徒濫廁官場者儆。噫！今之朱其頂花其翎，搖搖擺擺，或為卡官，或為營弁，其不暗通梟匪盜賊者幾何哉？盛長子特罪惡貫盈，不幸而為趙中丞所識破耳。試問前數年勢燄赫奕，出入官衙時，其亦有人窺其底蘊否耶？〔罪及〕〔妻孥〕

3778	原 430/3	廣數 10/75	大 12/300

仙女聽琴

王某，蜀之成都人，善鼓琴，足跡不出戶閾，從學者甚眾。有妹三人，皆貌美，通音律。其幼妹色藝尤佳，兼工書畫，為諸姊所不及。每當月明風靜，按軫調經之際，輒有宮妝女子隱約竊聽。久之，居然呈身露體；然惟幼妹見之，他人均不之見也。且聞閨中時有喁喁細語聲，既不為厲，又無疾病。兄嫂雖知之，亦莫可禁也。擬為擇配，以避其禍。妹不從。逾年，無疾而化。愚者遂謂為仙去。致女死之後，兩姊在家猶思一見宮妝女子，私心默禱；常以不得復見為恨。或語之曰：「此妖魅也。汝妹遇之，卒殞其生。汝獨不畏死耶？世豈有神仙化身，游戲人間，而促人壽命者耶？」女始懼，不敢復作是想；然其家終疑信參半云。〔知音〕〔共賞〕

3779	原 430/4	廣數 10/76	大 12/301

賭棍毆官

賭徒兇橫，無往不然；然未有不畏官法者。乃如江西袁州南門外，離城三十餘里游橋地方之賭徒，則可異已。該賭棍共有數十人，日集徒黨，肆行賭博。事為惠太守所聞，飭縣派差查拿；差以得賄包庇。太守大怒，即帶親兵數人，乘小轎往捕。賭棍恃眾拒捕，將親兵毆至重傷，復大譁曰：「爾等昨日方得錢，今日又來捉賭乎？」一呼百應，竟將太守頭額毆傷，血流如注。轎夫告之曰：「此知府也。何得無禮。」無如人多口雜，聲勢洶洶，幾無天日。幸有賣油炸檜者大叫曰：「認真是知府。打不得。」急取皮絲煙塞住傷口，救出重圍。賭棍乃漸散。迨太守回城，飭差協兵往拿，得獲數名，嚴訊重辦。人謂太守之被毆，乃得規庇賭者害之，不知將如何懲儆也？〔目無〕〔法紀〕

3780	原 430/5	廣數 10/77	大 12/302

蟲亦畏威

劉淵亭大帥鎮守臺南，出奇制勝，日人屢為所困，心驚膽戰，幾如驚弓之鳥，每次輒望風而逃。威望所孚，談者嘖嘖，固不獨江西士民為然也。而江西士民屬望之心，尤為關切。故其聞臺中之失守也，諸父老皆泣下沾襟，唏噓欲絕。旋聞其克復也，則又笑逐顏開，欣慰無極。時適天氣亢旱，螟蝨螣賊四出傷禾，大有成災之象。農民憶及大帥威名既足以懾虎狼，豈獨不能驅蟲豸。遂以小旗書「劉大帥」三字，插諸田中，姑以試之。詎插後，蟲竟立止。於是效尤者書旗遍插，幾滿魚塍鳩隴之中。吁！幺麼小醜，其果震懾餘威耶？抑會逢其適耶？或曰：昔劉猛將以驅蝗有功，廟食至今；茲之所畏，畏劉，非畏大帥也。然吾見有舁神出巡，而蝗仍遍野者，則又何説？〔幺麼匿跡〕

3781	原 430/6	廣數 10/78	大 12/303

樹神求救

距天津城外二十餘里某姓家有古槐二株，蔭廣數畝。主人欲廣其宅，將伐樹。時觀察某公之太夫人寓居近處，忽夢二童子綠衣雙髻，韶秀可愛，泣拜於床前云：「小人輩無辜被執，將遭刀斧。乞太夫人言其情於大人，庶可活命。」詢其為誰，二童並云：「姓槐，寄居於某姓宅中。不圖主人妄思戕害。明日大人輿從經過時，亟求究問，則猶可及止也。」叩頭而去。太夫人醒而異之，以告觀察。觀察遣役往探某姓，見其庭中有二槐，繩索縮繫，諸工將縱斧矣。急止之，得不伐。異哉！槐也，不能求救於主人，必藉聲勢赫赫之觀察以為護符；又不能自達於觀察，必求太夫人為之轉圜。亦可謂善投門路者矣！〔餘蔭可庇〕

3782	原 430/7	廣數 10/79	大 12/304

山魈顧曲

天長夫子廟後地甚空闊，每屆夏日，有習崑山曲者恆歌於此，借以納涼。一夕，數輩正倚歌而和，絃管嗷嘈，雲為之遏。其南面城雉堞齒齒，突見一巨人，較方相尤偉；側身坐女牆，背北面南，拍掌聽曲，若示許可狀。眾大驚欲遁。一某姓子膽素壯，曰：「請仍歌，無恐。吾當與之惡作劇。」扣市兒門，購最巨爆竹一挂，鷺行伏巨人後，火燃爆裂，連珠奇震。巨人不及回顧，遽邁步，跨河如跨羊溝，搖搖入南山去。時月明如晝，眾登城，見巨人衣黑裳，頭如五石甕。時方盛暑，風過處木葉脱落，飛舞瑟瑟。人曰：「此山魈也。」乃性喜聽曲，豈亦鬼中之風雅者歟？〔風流鬼〕

3783	原 430/8	廣數 10/80	大 12/305

冥案存疑

津門張嘯崖先生，性至孝；母死，廬墓三年，鄉里咸推重焉。客有談其軼事者，謂先生將終時，夢二役延至冥府；冥官降階迎揖，讓坐案側。方欲致辭，忽聞呼冤。視之，一皇后長袖宮妝，背立墀下。俄而，諸鬼縮縛提鎚，擁一金甲將軍，伏跪案前。二人質辨多詞，官略詰數語，旋命俱退。先生詢其情。官曰：「此前朝事，公來自知。勿勞詰問。」先生曰：「辱蒙見招，不知有何驅遣？」官云：「僕之冥差期滿，例應交卸。公當榮任此職。」先生聞之，甚駭，託詞推卻。官曰：「此上帝所命，僕不敢專。請歸，速理後事，至期遣役相迓。」先生霍然，遂寤。未幾，無疾而逝。或云：「后乃楊妃，將軍則陳元禮也。」然則玉環其含冤乎？何百世之後，猶未結此一重公案也。〔有何〕〔冤作〕

3784	原 430/9	廣數 10/81 右	大 12/306

三頭鳥

杭垣清波門外，重山疊嶂，草木暢茂，禽獸繁多。一日，有某獵戶在岳王墳山後，用洋鎗打得一鳥。其形類鵲，而大倍之，一身三首，頂羽作淡紅色，如孔雀然，嘴如鸚鵡，爪利如鷹，遍體毛色綠而有光；聽其聲，則又啾啾然。不知究係何鳥。因即攜赴市上求售，人皆詫為罕見之物云。按《山海經》載羽族之異，一首而三身者，曰鴟；兩首而四目者，曰鸓；六首者，曰䴅鳥，皆與此不類。其三首者，如鵸鵌，則六其足；鵸鶉，則六其尾。而此獨不詳其足與尾。是何鳥也，願質諸博物君子。〔奇禽〕

3785	原 431/1	廣數 11/81 左	大 12/307

碩大無朋

人之肥瘠不同，即以其碩大者言之，亦不過百餘斤而止。從未有重逾常人十倍者。有之，自英國人某甲始。某甲身軀雄偉，且復肥碩，為天下古今所無。計其重，有九百二十七斤十二兩之多，而其身不過六英尺七寸之長；惟胸周圍有七十英寸，腰圍八十三英寸，腿圍廿六英寸。即此數者觀之，人已嘖嘖稱羨。大造間有此異狀，殆所謂畸氣獨鍾者歟？〔異乎尋常〕

3786	原 431/2	廣數 11/82	大 12/308

怨聲載道

揚州十二圩淮鹽總局之被毀也，緣該處窮民向藉掃鹽為生。其中有湖北幫，有扒桿幫，有本地幫。每幫婦女居多。每逢由場運鹽到棧，或由棧運鹽上船，拋撒之鹽，任人分掃，且准人自賣。相沿已久，從未禁阻。此次許太守寶書奉江蓉舫都轉委辦儀棧事宜，頓改向章。鹽雖任掃，不准售賣他人，均歸局中收買。於是局中司事，大其秤，小其價，藉以上下其手；以致物議沸騰，怨聲載道。而太守不知也。婦女情急無告，詣局求恩，未蒙允准。怨憤之下，振臂一呼，人人自奮，頓集娘子軍四五千人，將鹽局打毀淨盡。太守見勢不佳，踉蹌逸去。此上月下浣事也。蠢哉婦女！以柔弱之軀，竟敢與官長為難，獨不計及身家性命乎？勇哉婦女！竟憑一怒之威，一發貪殘之覆，而褫其魄。亦可見專欲之難成矣。〔眾怒難犯〕

3787	原 431/3	廣數 11/83	大 12/309

否極泰來

金陵聚寶門外彭祥泰紙行間壁有馬姓者，食指繁多，生計日絀。不得已，將祖遺住宅轉售於人。有成議矣，惟房銀尚未兩交。忽憶後進廢院內，有殘磚破瓦，堆積有年，何不折算，售與瓦工。暨定價後，瓦工攜鋤荷擔而至。時適主人外出，遂就院中掇拾磚瓦，加以鋤力，掀動浮土；突見迸出巨瓦二片，并腳鐐一副。正把玩間，主人適從外來，瞥見是物，知為奇貨，遽拊其背曰：「此係廢鐵，年深日久，朽物也。何把玩為？」瓦工摩挲不捨，刮去泥土，漸露黃色，意中大有分曉。聲言是物無論為鐵為銅，願與主人各得其半。主人知不可欺，立時署券，付紋銀五百兩以為謝。迨估值，是物實係黃金所鑄，計重廿八斤，合銀約一萬數千兩。家遂轉貧為富，宅亦託故不售。人謂其否極泰來云。〔掘窖〕

3788	原 431/4	廣數 11/84	大 12/310

水怪中毒

江陵丫角驛鴨篷中豢鴨數萬頭。負販者群聚於此，往往千百成群，驅之湖中，使啄蟲魚水草，以泳以游。生涯頗不寂寞。近因每晨歸篷，必少數隻，或數十隻不等。疑為宵小所竊，伏深林中伺之，了無所覩；而晚間所少如故。翌日，留心察視，見鴨泛泛水中，忽若有物啣之使下者。乃以布包毒藥，繫於鴨腿，仍驅入湖。少頃，瀾翻浪湧，突見物死於水上。視之，似魚無尾，其頭如牛，遍體黑毛，牙長數寸。剖其腹，鴨爪猶存。不知是何怪物也。乃以貪饕之故，肆其啄食，卒受其毒，身為人獲。嗚呼！香餌果可戀乎哉？夫鴨其小焉也。〔保全〕〔鴨命〕

3789	原 431/5	廣數 11/85	大 12/311

神火誌異

距漢陽數十里之遙有九直山者，絕壁千仞，高聳雲霄。其上古柏長松，森森獨秀，龍拏虎跳，颯颯生姿。偶一攝足其巔，大有俯視塵寰之想。父老相傳該山有神物憑焉。每遇大旱之年，如漢陽、川沔等縣官長為民請命，親詣祈禱。往往立沛甘霖，好雨隨車，有求輒應。該山因之益著名焉。乃邇來一屆更深夜靜，輒有火光自山頂射出；大小不一，初或燈影幢幢，繼則疏疏落落，分布山頭，幾不可以指數。又或大如龍眼，小若跳盤之珠，往來倏忽。否則如晨星之寥落，則樹木為之暗淡。或如圍棋之密布，則巖壑為之通明，光怪陸離，駭人奪目。迨至月落參横，村雞群唱之際，始作鏡花水月，仍歸於無何有之鄉。誠奇觀哉！〔若有〕〔若無〕

3790	原 431/6	廣數 11/86	大 12/312

龍駒渡河

安東武生某，家多馬，內一馬尤健。乘之赴淮，比回至黃河涯，天已曛黑，重霧瀰漫，縱馬自行，倏忽已到縣城。訝其並未渡河，命家人秉燭視之；則四蹄皆濕，上及於脛。方知馬銜霧徑渡。生發怒曰：「幸吾祖宗有靈，否則葬魚腹矣！」遂抽刀刺死。次日，剝其皮，見四蹄及腹皆露鱗甲。方知是龍，懊恨不已。夫天生神物，不貢之天閼，而為武夫所乘，已極困辱；乃不自斂抑，踏波飛渡，少展神駿，而已獲禍如此。嗚呼！士之抱異才絕藝，不自檢束，卒至困阨以終，類此馬者，比比皆是。世無識者，則雖負絕倫軼群之材，其不老死櫪下者幾可哉？或曰：「斯馬殆憤激武生，欲為傖父殺，不願為傖父用也。彼傖父者，亦烏得而有之。」〔不逢〕〔伯樂〕

3791	原 431/7	廣數 11/87	大 12/313

參木樨禪

湖州東鄉鄭家匯有土地廟焉。相傳九月二十五日為土地誕辰，會中人每僱名優試演各劇，藉答神庥。今屆袍笏登場，魚龍曼衍之際，居民扶老攜幼，蟻聚蜂屯，圖飽眼福。有某姓女郎與焉。某僧人窺其姿色，不覺垂涎，以為潘巧雲在座，安見小僧不是海闍黎？時手中攜有白銅水煙袋，遂殷勤獻媚，強令吸煙；并解青蚨購備茶食，雙手持贈，藉表寸心。而女郎低垂粉頸，頰暈紅潮，嬌羞不受。該僧以為情可動也，至再至三，必求女菩薩賞收，喃喃不已。詎該僧色膽如天之際，旁觀已代抱不平，攘臂一呼，群集響應。霎時間將僧按倒於地，拳如雨下。而僧猶不自知過，反敢肆口狂詈。於是有惡作劇者，將僧拖入廁中，直至臭穢淋漓，不可嚮邇，然後縱之使去。道旁人皆掩鼻而過，僉曰：「此之謂參木樨禪。」為之鼓掌稱快者再。〔玷污〕〔佛地〕

3792	原 431/8	廣數 11/88	大 12/314

現身說法

天津某孝廉與數友郊外踏青，皆少年輕薄；見柳陰中少婦騎驢過，欺其無伴，邀眾逐其後，嫚語調謔。少婦殊不答，鞭驢疾行。有兩三人先追及，少婦忽下驢軟語，意似相悅。俄某與三四人追及。審視，正其妻也。但妻不解騎，是日亦無由至郊外；且疑且怒，近前訶之。妻嬉笑如故，某憤氣潮涌，奮掌欲摑其面。妻忽飛跨驢背，別換一形，以鞭指某數曰：「見他人之婦，則狎褻百端；見是己婦，則恚恨如是。爾讀聖賢書，一『恕』字尚不能解。何以挂名桂籍耶？」數訖，徑行。某色如死灰，僵立道左不能去，竟不知是何魅也。〔路鬼揶揄〕

3793	原 431/9	廣數 11/89 右	大 12/315

頑父殺子

浦東沈莊鎮東鄉有儲仲咸者，向業木匠。其子阿美頗勤儉、孝順，農暇時出門舂米，以食其力。娶婦某氏，略有姿色。雖無貂蟬之貌，而仲咸頗有董卓之心，每以子為眼中釘。前日，阿美工畢回來，宿於牛車棚內，看守禾稻。時至深夜，漸入睡鄉。其父見之，頓生惡念，即以手中所持鐵錐，望準阿美咽喉，連戳數下，登時畢命；並將屍身拋棄河中。翌日，婦聞浮屍所在，撫之大慟；并見岸側有一鐵錐，心知乃翁所為。向人歷述巔末，聞者無不切齒。噫，虎不食子，如仲咸者，真禽獸之不若矣！〔忍心〕〔害理〕

3794	原 432/1	廣數 12/89 左	大 12/316

獵虎併命

樵夫某甲言在萬山叢中，遙見兩人立而對搏，移時不釋。心異之。近前諦視，則見一人短衣窄袖，氣象赳雄，狀似獵者，持斧猛砍虎頭；虎人立，作攫拏勢。怖而欲卻，細辨之，已無生動氣。蓋獵人鬥虎，力竭身亡；虎欲攫人，亦被砍斃。風吹日炙，並不朽腐。不知死於何日，亦異事也。〔行路難〕

3795	原 432/2	廣數 12/90	大 12/317

將軍出險

劉淵亭軍門之鎮守臺南也，人皆以奇勳偉績望之。及其勢孤力竭、避地圖存，則又未嘗不憐之、惜之，而歎其出險之難。嗚呼！臺事遂從此結束矣。軍門之苦心不當共諒哉？方軍門困守孤島時，有某西人重其忠義，願為保護。軍門遂費保險銀九千二百兩。密約既定，乃盛陳兵卒，託言閱視砲臺，易服登輪。而潛易一貌相若者，服其服，冠其冠，仍整隊回營，使人不疑。乃甫經展輪出口，即有日船前來查察，於是將軍門藏諸箱中。幸賴鬼神呵護，中途凡查三次，皆未敗露。迨將抵廈門，又有追者，船主不顧，直使入口。日船怒其不停也，將開砲以擊之。該船乃高懸求救之旗者九。英兵官見之，爰渡登日船，斥其無理。日人唯唯，但求一查各客箱籠，餘不敢犯。弗獲已，乃又將軍門出諸箱而藏於煤內。纍纍石炭，高可隱人。日人不及察，軍門乃得出險云。觀於此，而知日人遍布間諜，密伺軍門蹤跡，必欲得而甘心也。甚矣！向非天牖其衷，使之搜索無術，能無為軍門危哉！〔脫離〕〔虎口〕

3796	原 432/3	廣數 12/91	大 12/318

石獅失所

海城聖人廟前有石獅一對，獠牙獰目，踞坐兩旁。見者肅然有起敬之心。固物以人重者也。自去歲倭氛不靖，城被侵陵，圜橋壁水間忽雜以被髮左衽之族。石獅有知，當不知若何怒目也。乃自和議既成，退還有日。倭人以此處石獅，大逾尋常，竟動覬覦之心，潛用大車兩輛，連環互接，以馬騾十八只拉運一獅。該獅約重數萬觔，其座盤重相等，亦用車載運如前式，共四車，用騾七十餘匹。至營口官碼頭，運上輪船，送回本國，將貢諸日廷，以示珍罕，而耀觀瞻。聞石獅未運之前，鄰邑某廣文夢二老人，自稱石姓，卜居海城聖廟前，今將永別，淪入蠻邦，對之飲泣。廣文方欲致問，翩然而杳，意頗異之，至是始悟焉。噫！生公說法，頑石為之點頭。今該獅以數百年依附門牆，一旦入於異族之手，石而通靈，得毋自嗟失所乎？〔銅駝〕〔同慨〕

3797	原 432/4	廣數 12/92	大 12/319

穿窬絕技

陽湖北鄉人王某生有神力，少年落拓汗漫，游江湖，遇異人，授以武藝，能伏水七日夜；因此疊犯竊案，差捕纍纍，無能弋獲。蓋亦如王金滿一流人也。一日，有某武舉自負槍法，約與較藝。王身長八尺，而舞躍蹻疾如猱。牆穴大僅盈尺，舉鎗一揮，身如飛鳥，輒穿而過。某雖自恃絕藝，然無以過也。噫！孟賁、烏獲，當世豈乏其人。惟善用之，則立功疆埸，威震殊俗；不善用之，則恃其膂力，為害鄉閭。世多穿窬者流，豈盡無恥。亦負其飛簷走壁之能，無所展布，不得不藉此以營生耳。今時方多故，吾願王某善自韜晦，勿如善射之羿、盪舟之奡也可。〔驍勇絕倫〕

3798	原 432/5	廣數 12/93	大 12/320

掘碑志異

客有自吉安來者，言該處有營窀穸者雇工數人，荷鋤掘土。甫及三尺，得一古碑，上鐫「不可扳」三字。土人不信，竟竭力扳之，瞥見其下又有一碑，狀如前式。復掘之，又得一碑。上刊「不可扳」、「不可扳」六字，尾刊「二十三」三字，碑陰又有「若要扳」、「若要扳」六字，并「在鄱陽湖中間」等字。此外土蝕斑駁，字跡模糊，無從索解。或謂此三碑疊藏地下，未知埋於何年何月何日，何人之手。其下必更有奇異處，惟恐人知，特故作危詞以竦聽聞耳。且味其字句，亦甚鄙俚，一若使人在可解不可解之間，必非無意而出此也。至謂好事者為之，恐亦無所取義也。〔不可〕〔思議〕

3799	原 432/6	廣數 12/94	大 12/321

父子遊街

今使執途人而問之曰：「爾有子，將令其為盜賊乎？」未有不色然以駭，勃然以怒者。可見人之愛子，固皆望其務正業者也。乃如潯陽人某甲，則有何說。某甲不知何業，生有兩子，一九齡，一七齡。雖梗頑成性，童子無知，而甲不知教誨，竟令學作三隻手生涯。以為年紀幼小，人固不及防也。日前，在西門外涂春陽店見有鄉人在彼購貨，探知身上藏有錢票二串。一九齡者遂效順手牽羊故智，取而轉遞與弟，送交父收。己則仍在其旁，伸手摸索，被鄉人知覺，登時抓住。以其弱小，不應膽大妄為若此，其中必有指使之人，爰送請保甲總局懲治。吳儀生明府訊問之下，知其父實為主謀，飭將兩孩各責手心四十下；并傳其父到案，責以教子行竊，反敢接贓，判令荷校帶子遊街示眾，以為訓子無方者儆。是亦整頓風俗之一端也。〔蒙養不端〕

3800	原 432/7	廣數 12/95	大 12/322

似非人類

人類不齊久矣；然為男為女，短長肥瘠，各有其形。雖其心有不可問者，則固未嘗不儼然人也；反是，則為妖為怪而已。周浦西鄉百曲村有瞿姓十餘家，聚族而居，皆農戶也。族中某甲娶某氏婦，懷孕數月，以為頭角崢嶸，必有超乎人類者出焉。詎至十月初旬分娩，胎經下地，則見尖其頭，長其尾，四足分開，毛茸茸然遍身皆是。驚而呼曰：「此非人之種，胡為乎出人腹而不具人形也？」家人以為不祥，舉鋤擊斃，懸於樹巔，暴露三日，任人觀看，然後以火焚之。蓋俗謂產怪必如此，方免下次再來也。夫以人生人，事之常也。乃某氏婦偏不與人同，豈別有為人所不齒者耶？或謂烈風暴雨時若得胎孕，必多怪異。此豈其偶應耶？總之妖由人興，局中人所當深省焉。〔產怪〕

3801	原 432/8	廣數 12/96	大 12/323

請觀刑具

中西律例不同，由來久矣。而西人謂彼國刑罰除監禁外，至重者用槍擊斃，餘無所謂刑具。吾不知其信焉否也。我朝世承寬大，前代非刑革除已盡；而箠楚之下，何求不得？不能不藉此以懲強暴者，蓋本刑期無刑之意也；然惟地方正印官方得用之。滬上英、法兩界雖設有會審委員，皆不得用重刑；故法國欽差某君，欲觀各項刑具，當求諸上海縣署。日前，乘輿進城，詣縣拜會。黃愛棠大令知其來意，即命禁卒將夾棍、天平架等排列花廳，導之閱視。某君察覽一週，興辭而別。西人於中國刑政加意講求，不於此見一斑哉？或謂：「官刑不如私刑之慘。他不具論，即如英、法兩界各包探，皆有種種私刑。苟令法欽差見之，吾不知其傷心慘目何如也。」〔是誠〕〔何心〕

3802	原 432/9	廣數 12/97 右	大 12/324

驚破鼠膽

沙市王姓有空房一所，內儲家用雜物及米箱等件。邇以米箱常被鼠嚙，竟成一穴，以致粒米狼藉，收拾為難。其子留心伺察，瞥見群鼠啾啾唧唧，不下數十頭，互相爭食。爰購花砲一枚，潛置破壁中，引火燃著，轟然一聲，鼠皆不及奔避，纍纍震斃。剖腹視之，膽盡破裂，蓋鼠膽最小故也。《詩》曰：「碩鼠碩鼠，無食我粟。」今以食粟而遭驚斃，謂非自取之咎哉？〔一震〕〔之威〕

3803	原 433/1	廣文 1/1 左	大 13/1

童遭鳥禍

客有自黎里來者，言初秋有某姓子偕一鄰童，偶在田間游戲，突一巨鷹自上而下，直啄其頂，童痛極聲嘶。幸一老者經過，急揮以扇，鷹懼始去，然童已鮮血淋漓，遍霑襟袖矣。扶歸至家，據醫云：「腦已被傷，恐不永年。」先是童初生時，嘗倩星家推命，言六七歲時當有飛來橫禍，宜自慎防。至此果驗，殆不幸言而中歟？〔飛災〕

3804	原 433/2	廣文 1/2	大 13/2

犬助行軍

歐西行軍每喜用犬隨營，以供驅策；其事之詳，不得而知也。茲聞德國營中有教戰犬傳信一法，曾在杜理士甸處試驗。將各書信應交何處，向犬一一指點；令啣置口中，來往於軍營及外汛之間。雖相隔甚遠，而往返迅速，且照號妥交，毫無混亂。可知古來黃耳傳書，實未足為奇也。并聞此犬不獨可以帶信，且可傳遞藥彈。蓋兩軍交戰，齎帶過重，運掉不靈。自得此法，則開仗之際，每遇兵士藥彈將盡時，即令此犬負帶前往；犬即能依次分給，有條不紊。每犬一次可負藥彈二百五十枚，空彈三百五十枚。其靈警有如此，洵行軍之一助也。彼儼然人面，受國厚恩而臨敵畏縮，曾無寸效者，不將此犬之不若哉？〔愧死〕〔鬚眉〕

3805	原 433/3	廣文 1/3	大 13/3

墜鯉遇救

楚省龍坪鎮有某甲者，向在漢鎮四段開設某棉花行，生涯頗盛。一夕，細雨濛濛，行中數人因夜談未睡。忽聞簷瓦有聲，既而下墜，一似碎瓦落地者。然階下本有水缸一口，缸側忽有一物活潑跳動。挑燈視之，見有金鱗烏鯉，共驚為異。有好事者即以該行十八兩三錢之棉花秤權之，計重四斤餘兩。喧譁達旦，即備香紙，將魚送入大江。魚入水時，三去三還。至第四次，又復點頭者三，然後穿波而去。按鯉之為物，乘霧能飛，本不足異。乃先必訝為墜瓦之聲，後復神其感恩之說。楚人好奇，於此見之。〔胡為〕〔乎來〕

3806	原 433/4	廣文 1/4	大 13/4

虐婢報女

東光某富室生有一女，年五六歲，聰明韶秀，鍾愛異常。一日，因出外觀劇，被匪人拐賣，杳無蹤跡，已越五六年矣。忽拐賣者事敗，經官研鞫，供出某富室女亦為伊用藥迷拐，鬻於某宅。官移檄來問，女始得歸。歸時，視其肌膚，鞭痕、杖痕、剪痕、錐痕、烙痕、燙痕、爪痕、齒痕，遍體如刻畫。其母抱之泣數日；每言及，輒霑襟。先是女自言主母酷暴無人理，幼時不知所為，戰慄待死而已。年漸長，不勝其楚，思自裁。夜夢老人曰：「爾勿短見。再烙兩次，鞭一百，孽報滿矣。」果一日縛樹受鞭，甫及百，而縣吏持符至。蓋其母遇婢極殘忍。凡觳觫而侍立者，鮮不帶血痕，回眸一視，則左右無人色。故神示報於其女也。噫！髮膚身體，人之所同。彼婢不過出身微賤耳，乃虐之者，往往不待以人理。今得冥冥者巧為報復，即以其人之道，還治其人之女，誰謂天道無知哉？〔天道〕〔好還〕

3807	原 433/5	廣文 1/5	大 13/5

刀下餘生

紀文達公筆記云：「瑪納斯有遣犯之婦入山樵採，突為瑪哈沁所執。瑪哈沁者，魯額特之流民，無君長，無部族。或數十人為隊，或數人為隊，出沒深山中；遇禽食禽，遇獸食獸，遇人即食人。婦為所得，已褫衣縛樹上，熾火於旁，甫割左股一臠。倏聞火器一震，人語喧闐，馬蹄聲殷動林谷。以為官軍掩至，棄而遁。蓋營卒牧馬，偶以鳥鎗擊雉，彈子誤中馬尾；一馬跳擲，群馬皆驚，相隨逸入萬山中，共譟而追之也。使少遲須臾，則此婦血肉狼藉矣。豈非若或使之哉！婦自此遂持長齋，嘗謂人曰：『吾非佞佛求福也。天下之痛苦，無過於臠割者；天下之恐怖，亦無過於束縛以待臠割者。吾每見屠宰，輒憶自受楚毒時。思彼眾生，其痛苦恐怖，亦必如我，故不能下咽耳。』此言亦可告世之饕餮者也。」〔野性〕〔難馴〕

3808	原 433/6	廣文 1/6	大 13/6

聲震醫林

醫家以救人為術，固宜著手成春，而無所用其表暴也。自近世醫學日濫，凡稍讀《湯頭歌訣》者，便詡詡然出而問世。於是治病者百無一愈。偶有一二奏效之人，遂不覺舖張揚厲，鼓舞稱奇。此揚名頌德之匾額所由來也。而不知自識者窺之，未有不竊笑於其旁矣。邗上北鄉黃家橋某醫生，平日未聞其名。近因治痊某甲之病，甲感恩再造，不忍恝然，為製牌匾，導以鼓樂，送往懸挂。某醫欣然延接，款以盛筵。當此之時，冠裳交錯，里閈生輝。醫之親若友聞之，亦遂具禮申賀。醫卻而不受。乃醵資購置爆竹無數，用長桅數十桿，分豎醫門左右；自辰刻起悉數然放，聲震遠近。聞有牧豕奴於午刻行經該處，二里外猶聞其聲不絕於耳。亦云盛矣！特不知某醫自此次表揚後，果能活人有術、名震醫林否？〔響若連珠〕

3809 原 433/7 廣文 1/7 大 13/7

道士奇談

江西滕王閣畔，日前有一羽衣者流，竹冠草履，左持藜杖，右執拂塵，躑躅往還，自言自語。見者咸以為異，群聚而觀。問其從何處來？則曰：「從來處來。」問其在何處修真？則曰：「在修真處修真。」問其來此何事？則曰：「將覓有緣者而化之。」問其吾輩今日相見，未始非緣，願醵資以壽，汝當受否？則曰：「君等俱非三生石上人，吾不敢領也。」問緣之有無，烏乎辨？則曰：「吾以隱語試之。遇有緣者，吾祇化一張輪船執照而已。此外更無所求。」問輪照將何用？曰：「此即隱語也。君等不知，認以為真。吾固知皆非有緣者也。何嘵嘵為？」遂將拂塵一揚，向婁妃墓前提杖，飄然而去，不知所終。嘻！此異人也，異言也。胡為乎來哉？說者謂：「或即白蓮、哥老之流，未可知也。」〔妖言〕〔惑眾〕

3810 原 433/8 廣文 1/8 大 13/8

賭鬼迷人

甯郡有呂咸卿者，性情豪縱，好為叉麻鵲之戲，幾無虛日。自今夏其友劉某逝世，呂遂此調不彈，居常鬱鬱不樂。前日薄暮，偶至靈潮門小酒肆開樽獨酌，不覺酩酊，付鈔出門。行未數武，見劉笑容可掬，拱手道左，呂忘其已死也，欣然隨之。行經道場前叢莽處，劉指一門曰：「寒舍是矣。曷請入室。」乃攜手而進。先已有二人在焉。呂方欲致詰，劉即出麻鵲牌，趣同圍坐，相與博戲。呂竟大勝，得洋數十翼。逮雞聲三唱，倦而假寐。少頃，覺涼露侵肌，天色漸曉。拭目視之，蓋所居之地，實即劉之殯宮也。急覘夜間所贏之洋，皆係紙質。乃載拜而返，人咸咄咄稱怪。然則賭之有鬼，不於此可信哉？〔至死〕〔不變〕

3811 原 433/9 廣文 1/9 右 大 13/9

巧取豪奪

漢鎮某甲，外邑人，操胠篋術。一日，在河街某巷宅內竊得水煙袋二支、布包一，倉皇竄至前巷。東張西望，被積竊某乙所見，操切口以聒之。甲聞而懼，擲物於地，飛步奔逸。乙喜出望外，拾而懷之，忽忽行走。突遇某署捕役拍其肩曰：「老兄財運若何暢茂？」乙迫不及避，遂笑應之曰：「此特為兄作嫁耳。不嫌菲薄，請自攜歸。」捕役笑諾而去。語云：「螳螂捕蟬，不知黃雀乘其後。」其斯之謂歟？〔賊亦難做〕

3812 原 434/1 廣文 2/9 左 大 13/10

助雷擊蟒

某獵戶善鳥鎗，常出外游獵。夜夢一黑衣人屬曰：「明日助我，當厚報。」及早歸，日將午，風雨驟至，不及避，遂憩大樹下。雷聲旋繞，電光閃灼，若有不能近之勢。因憶夢中人語。仰望樹，見巨蟒盤踞其上，閃一電，吐一煙，雷即卻。獵者從下發一鎗，霹靂聲隨應，蟒墜地矣。能制雷而不能防鎗，首尾難顧，理勢之必然也。視蟒，則寸節含珠，獵者遂因此致富。〔天功人代〕

3813 原 434/2 廣文 2/10 大 13/11

武穆聲靈

西江風俗喜演《說岳全傳》，使人感發忠義，亦勸懲之意也。惟演至武穆被害，往往雷電以風，雨勢滂沱不止。後雖刪去被害一節情形，而演劇之時，往往雷雨仍不得免。足見忠義之氣，千古長存也。秋末，萬載縣復演是戲。僅演其公子被害，而天色已變，慘無日光，雨勢傾盆，如響斯應。觀者皆嘖嘖稱奇。噫！武穆被難之慘，忠臣義士所不忍聞；乃至千載而下，偶爾提及，顯應立至。豈其在天之靈，不得雪怨於當時，猶能示報於後世耶？真令人不可解矣。〔其應如響〕

3814 原 434/3 廣文 2/11 大 13/12

奇女入幕

奇女周氏世居蠡里鎮，天賦異稟，自幼讀書，目十行下；經史而外，旁及諸子百家，並各種奇書。女遂自命不凡，矢志不嫁。年十九，父母相繼作古，即改易男裝，南游吳楚，北至燕趙，遍交當世賢士大夫。人無有知其為女子者。今秋自楚歸，有降調某觀察，女戚也，說之往見某制府。女聞之曰：「某制府學有根柢，真我之賢主人也。」欣然應允。即日仍服女裝，偕觀察與某大令同赴節署。大令先為通意，制府大喜，立刻接見，優禮相待，詢以當世事；女斟古酌今，應答如流。制府擊節歎賞，稱為不易才，即聘之入幕。以某大令舉薦得人，並賞以優差，某觀察亦有指日開復之望云。〔賓主相得〕

3815 原 434/4 廣文 2/12 大 13/13

救火奇法

救火之法多藉水龍。滬地則以各處有自來水管，有先用皮帶汲水噴射，以殺火勢者。其法最為靈便。然大要則貴截斷火路，故如撓鉤等類，凡講求火政者，多備之。非若神仙妙用，可以噀酒滅火也。乃如滬上賈紳所言，雖非仙法，實擅奇能矣。賈紳字跂雲，本邑人，現握甘肅經州篆務。邇聞梓鄉火患頻仍，爾深廑系，特由任所函致家屬。內稱甘省地方凡遇火災，用雞蛋三枚，大頭書一「溫」字，小頭書一「瓊」字，望火燄最高處拋擲；口念敷施，發「潤天尊」一句。雖當熊熊烈烈之時，無不煙消燄滅。歷試皆驗，今可仿行云云。果若此，不誠救火之捷法哉？特不知果有效否。按雞為積陽南方之象，未聞用其卵可以救火者。亦姑妄言之，姑妄聽之而已。〔談何〕〔容易〕

3816 原 434/5 廣文 2/13 大 13/14

傀儡成妖

崔莊某君饒於資，設一質庫，用沈某總司其事。嘗有提傀儡者質木偶二箱，高皆尺餘，製作頗精巧。逾期未贖，亦無可轉售，遂為棄物，久置廢屋中。一夕月明，沈某見木偶跳舞院中，作演劇之狀；聽之，亦咿嚶似度曲。沈故有膽，厲聲叱之，一時迸散。次日，舉火焚之，了無他異。蓋物久為妖。焚之，則精氣爍散，不復能聚。故有所憑亦為妖。焚之，則失所依附，亦不能靈。固物理之自然耳。

〔物久〕〔通靈〕

3817	原 434/6	廣文 2/14	大 13/15

睡鞋繫辮

觴鞋為古人韻事。然自有識者窺之，卑鄙齷齪，終不登於大雅；況以婦人足下之物，加諸男子毫髮之間哉！沙市李某好狹邪游，與某妓有嚙臂盟，兩情契洽。臨別，妓贈以湖縐二面、夾手巾各一，並以己之紅睡鞋一雙，以示睹物思人之意。顧李妻性悍而妒，李雖常背妻把玩，不敢令妻見也。一日，妻於無意中尋見睡鞋，知非己物，必係所歡；不覺酸風撲鼻，思有以羞辱之。乃於次晨，為夫梳辮時，將鞋剪碎，暗繫髮端。是日，適姻家壽事，李往拜賀，繫鞋而行。沿途觀者皆匿笑不止。李心異之，而莫明其故。直至姻家，賓客哄堂，李始獲悉，顏為之赤。明知係妻所為，慚赧而歸。一時傳為笑柄。何酸娘子之惡作劇乃爾耶？〔惡作劇〕

3818	原 434/7	廣文 2/15	大 13/16

剖割怪胎

本地人張雲彪，向操淮南王術，住南市鹽碼頭。娶妻某氏，年已三九。邇來珠胎暗結，將近臨盆，肚腹膨脹如五石瓠。前日，忽覺腹痛，張邀收生婆至家伺應。不料孩至產門，進退兩難，甚為棘手。該收生婆以無能為力而去。張驚惶無措，不得已，舁至西門外國醫院求救。醫生亦以無法可施，只得用刀，將孩頭割落，囑其擡回。張見事不佳，復送至同仁女醫院求治。經女醫生驗得，如欲取出孩胎，非將肚腹割開不可。張至此，無法可施，惟有唯唯從命。女醫生乃先敷以麻藥，繼而用刀將肚割開，孩胎始出。視之，已斃。但見四手四腳，手若二人對抱者；除前割去一頭外，尚有一頭，惟身軀僅一耳。醫將肚腹縫好，外敷丹藥，究以受創過深，氣虛而脫，死於院。聞死孩尚浸以藥，儲在割剜房內，以備博物院中考驗。人皆咄咄稱怪云。〔冤孽〕

3819	原 434/8	廣文 2/16	大 13/17

夜叉盜酒

海之有夜叉，猶山之有山魈；非鬼非魅，乃自一種類，介乎人物之間者也。諸城濱海處有結寮捕魚者。一日，眾棹舟出，有夜叉入其寮中盜飲其酒，盡一罌，醉而臥。為眾所執，束縛捶擊，毫無靈異，竟困踣而死。或謂此夜叉殆慕畢吏部之風，故特步其後塵，以博風流之趣。惜其主人多係傖父，不能容物，竟以區區酒食，喪厥殘生耳。雖然，夜叉亦有自取之咎焉。向使飲而不醉，醉而先逃，彼漁人將何從執而殺之。今以貪飲之故，酩酊就縛，可見吃白食亦非容易者。嗚呼，獨夜叉也歟哉！〔畢卓遺風〕

3820	原 434/9	廣文 2/17 右	大 13/18

小惠大費

滬南興仁里某錢莊主，性素慈祥，常以放生為事。前日，攜孫至外灘馬路，忽見一鄉老牽羊而來，知將售宰。孫見之，請於祖，買而放之。莊主欣然允諾，當即言明價錢六百，正擬回莊過付。適有莊夥行過，莊主呵止之，囑至帳房代付羊錢六百。夥歸，隨以莊主言告知帳房，詎帳房竟誤「羊」為「洋」。俟鄉老至，照咐洋錢六百而去。及莊主歸，詢知原委，始頓足懊喪；而莊主竟一笑置之。抑何大度汪洋若此？〔好行〕〔其德〕

3821	原 435/1	廣文 3/17 左	大 13/19

老眼無花

廣州城內衛邊街有三水縣生員梁星堂茂才者，年逾花甲，工篆隸，尤精雕刻。嗣因年老，目力稍遜，幾至不能操刀。詎近年瞳瞳者，竟似金篦刮過，忽放光明，能以一寸闊石刻《千字文》全部。因顯微鏡窺之，果覺刀法精嚴，一筆不苟。去歲，曾刻一石，呈前任學憲徐花農文宗，大蒙賞識。文宗代向各當道揄揚。由是名大著，聲價遂高。若茂才者，真可謂老眼無花矣！〔明察〕〔秋毫〕

3822	原 435/2	廣文 3/18	大 13/20

河神顯靈

王渼，前下南河同知也，於道光二十一年正月初五日落水殉難。其時，埽面已有銜燈在風雪中熒熒遠駛，至竭人目力而滅。見者共譁其神異，當由大臣奏恤在案。此後，每值河工險要，見有神幻蛇身，迭著靈異。凡神身經歷之處，夜間即見雙燈前導，令人可望而不可即。始知為王渼成神顯化。迎入神棚，官民禱訴，旋行爐煙篆就王字，示非妄誕。從此，益昭靈應。遇有河工岌岌可危，皆賴神力化險為平。因由紳士稟請，敕加將軍封號，建祠奉祀。已由許仙屏河帥入奏，得旨允准。神而有靈，當益加感奮矣！〔禦災捍患〕

3823	原 435/3	廣文 3/19	大 13/21

劍俠

烏程卞某粗涉詩書，而性好拳勇，善擊刺。嘗為某中丞送萬金至浙，阻風鄱湖。同泊有巨舟，類貴人，儀從甚夥。一少年坐小舟，貌甚溫雅。隔舟攀談，彼此通姓名鄉籍，知客袁氏。邀卞過小舟飲，謂卞曰：「君以孑身，挾重資，行遠道，不虞江湖暴客耶？」卞腰間出利刃，斫案曰：「賴此君耳。」袁接視，殊不介意，袖出一小劍削刃，脆如瓜壺。卞不覺失色。袁曰：「勿駭！我非害君者。巨艦乃綠林之雄耳，涎子非一日，君榜人亦其同類，風順揚帆即下手矣。」卞長跪求救。袁取筆，以寸紙作數畫，付之曰：「事急焚此，當相救。」卞感謝，頃之回舟。舟子即解纜去。入夜，榜人大呼寇至。一孤艫上流箭激而來，鎗砲不絕聲。卞急焚符，一物如飛鳥落，則袁也。黑衣紅束額，持匕首立。榜人舞刀入，揮劍殪之。盜繼登，紛紛墮水死，遂駭逸。事既解，謂卞曰：「前途伏戎正多，當護汝行。」遂留舟中，入江南境，始別去。〔救人〕〔救澈〕

3824	原 435/4	廣文 3/20	大 13/22

新人被侮

漢南某甲，家道小康，既非伯道無兒，而且中郎有女，未始非家庭之餘樂也。女受聘於漢口某乙之子為室，前日適屆迎娶吉期。先三日，甲子向乙家索彩轎迎婚，否則十斛明珠不與易也。乙家姑頷之。及期，竟雇筍輿一乘，鼓樂既無，僕從亦少，冷冷落落，貿然而來。適甲子他出，新人無奈，登輿逕去。比甲子返，聞之大怒。趕至漢口武聖廟碼頭，恰與筍輿撞見；忿莫能遏，立碎其輿，委之清流。以致新人露面拋頭，羞澀無言，默坐岸次。一時兩岸觀者多如恆河沙數。嗣經鄰右竭力挽勸，易雇便轎一乘，將新人舁去，甲子始悻悻而歸。吁！何其傎也。〔太不〕〔雅觀〕

3825	原 435/5	廣文 3/21	大 13/23

秦淮勝會

金陵貢院斜對門有廣東人陳某，開設慶華照像館，已歷有年。初陳在廣東、上海一帶，時與西人交接，故其格致之學，頗有心得。現當中日和約告成，凡西人之來陵者，半與陳相識；每或造訪，陳必設筵款待，以伸地主之情。前日，又有某西人來此，係陳莫逆交也。陳因特雇秦淮來喜頭號洋式燈船，並預辦外國酒席，恭款西人，并請在陵各西人登舟覽眺。時則波平似鏡，風靜無聲，容與中流，興正不淺。加以陳又在釣魚巷招得名妓數十人，徵歌侑酒；西人顧而樂之，無不拍手喝采。是日凡城中閥閱少年，名門麗質，亦各雇輕舠，隨波游玩。秦淮韻事，不於此別開生面哉？〔江山生色〕

3826	原 435/6	廣文 3/22	大 13/24

買油得土

山陰人某甲在紹郡開設一肆，小本營生，頗堪溫飽。日前，攜洋蚨十八翼至甬江，購得洋油八箱，載歸零售，以博蠅頭。詎啟視箱中，纍纍者皆係洋藥。權之，實得兩箱有奇，可售洋二千餘元，並無所謂洋油也。甲喜出望外，遂按照市價售之，驟得致富。一時鄰里聞者，不勝艷羨，僉謂：「甲財運亨通，故有此百倍之利也。」按洋藥現章均由香港載運而來，關稅綦嚴，無從偷漏。乃此項土藥，竟裝於洋油之箱，不知從何而至，其為偷稅計歟？何以後無知者，輾轉誤售至甲，始獲其利。可見儻來之物，亦關氣運，非可以人力強求也。〔富可〕〔立致〕

3827	原 435/7	廣文 3/23	大 13/25

虎患難除

距豐城縣七八里之區有山焉，樹林陰翳，草木叢雜。當秋深黃隕之際，居民入山樵採，絡繹於途。近忽譁傳有一白額虎盤踞林谷，偶不隄防，輒被其害，以致人皆視為畏途。湯味齋大令惄焉憂之，特飭營兵協力擒捕，為民除患。詎此虎恃有負嵎之勢，眈眈逐逐，猛不可當。該營兵初猶長槍大戟，直前相撲，反被虎傷斃二人；始莫之敢攖，一鬨而散。現已遍貼訪單，延請馮婦其人，務除虎患。夫民之畏兵如虎也久矣。乃平時則假虎之威，臨陣則望虎而遁。虎賁、虎旅之謂，何曾不敢捋虎鬚、蹈虎尾也。國家亦曷貴有此兵也哉？〔談者色變〕

3828	原 435/8	廣文 3/24	大 13/26

喜從天降

福建人陳阿大向在臺灣販賣雜貨。嗣因中朝割棄臺地，拋妻撇子，孑然一身，避居滬上老閘浜北，販賣檀香為生。前日，行經雲春里，見有陳姓家掛燈結彩，正在預備迎親。陳亦佇立觀看。俄見新郎送客出門。細視之，即其子也，不禁錯愕久之。正躊躇間，子已瞥見；直前相認，互相問訊。始知妻與子均由某輪船護救出險，在船時該輪買辦愛其聰慧，將女許字。今日乃迎娶吉期也。悲歡離合之情，一時交集。陳之得此，如夢始醒。從此一家團聚，妻賢子孝，以享餘年。謂非天假之緣、否極泰來之候乎？〔得諸意外〕

3829	原 435/9	廣文 3/25 右	大 13/27

腹有人言

蜀人某甲肩柴為業；妻亡後，續娶某氏為室，結褵三載。近忽受孕，兒在母腹內能作人言，道人隱事。由是遠近傳聞，爭以穀米、布帛相贈，求判各事，無不奇驗。臨盆之日，兒自稱係聖人臨凡，不得以敗絮破褌包裹；當用潔淨木盆、紅布盛之。此語一揭，佈施紅布者，竟多至七八百段。逮兒下地，雖與常人無異，惟已有門牙兩個；甚至有客來去能呱呱作送迎聲。不知是何怪胎也。〔聲聞〕〔于外〕

3830	原 436/1	廣文 4/25 左	大 13/28

日東怪獸

日本橫濱北仲通二丁目民人籐原新之助，素善獵獸。某日，狩於奧野，歸經甲州南都留郡之菅山。正行路時，見數丈高之朽木，前面木已成洞。洞中有怪獸踞焉。籐急燃槍擊之，獸中丸而墮。視其身，如海虎，鼠色，腹帶白色，形似蝙蝠，尾長一尺五寸許，翼開亦二尺許，足及陰部卻又似人。實為從古未見之怪物。因攜歸，以質諸博物家；然亦竟莫知其名也。〔何物畜生〕

3831	原 436/2	廣文 4/26	大 13/29

女俠洩忿

男女互鬥，昔稱罕見，今則常有之矣；然未有如奧京某女之事，不干己而妄逞兇鋒者。奧京有男女二人，男操岐黃業，女守深閨，兩不相涉也。一日，不知何故，男忽開罪於女，女亦甘受無辭。而女之友，年甫十九歲，固巾幗而鬚眉者。聞之，代抱不平，隨向醫申申作女嬃詈；并聲言若不認錯，必不干休。某以昂藏七尺之軀，不肯遽下英雄之氣。女友怒曰：「汝項雖強，而曲直自在。請以械鬥決雌雄。」某初以為戲之耳，置諸弗恤。女友復聳以危言，某始應允。屆期，各執利刃而往。合圍一戰，娘子軍大逞威武，某果頗受痍傷。女友乃欣然曰：「曲誠在彼，彼惡敢當我哉？」某瞠目直視，不敢復作一言。殆女中之朱家、郭解歟？然未免多事矣。〔不平〕〔則鳴〕

3832	原 436/3	廣文 4/27	大 13/30

火在水上

客有自漢口新磯來者，言該處為由川入鄂要道；凡蜀中商船，多聚泊其間。雨絲風片，煙重帆低，櫓聲咿啞中，時有鷺鶿飛起，真一幅天然好畫圖也。某日下午，有某姓船忽爾失慎，濃煙四布，鎖住空江。少焉，即烈烈轟轟，火毬亂擲，差疑周公瑾火焚赤壁，水面通紅。惟聞男呼女哭聲，與江濤相應答。幸岸上水龍兩架吸水狂噴，回祿氏知力不敵，始偃旗息鼓而遁。共焚船兩號，失去貨物不貲。果如客言，則水火未濟，是為小狐濡首之象。然不知其失事在何時也？〔溺焉如擣〕

3833	原 436/4	廣文 4/28	大 13/31

活沉賊婿

鎮海大碶頭左近村落有某甲者，不務正業，常操三隻手生涯。一日，至外家竊物圖遁，為妻父所執，用繩捆縛，鞭撲交施。甲出語不遜，妻父怒甚，令眾拘至其家，呼甲父母而辱詈之。父母以子實不肖，任岳所為。岳乃與眾議，擬投甲於河，以除一方之害。恐女怨言，因呼甲妻而謂之曰：「汝若愛夫，能保其後不為竊，則生之。否則死之。」其妻不敢發一言。有年老者在旁勸甲悔過，詎甲語益無狀。妻父忿極，竟用長櫈將甲仰臥，縛其四肢，取百餘斤重秤硾兩枚，縮於兩頭；使強有力者舁赴港口，令投諸淵。夫婿，嬌客也；岳，至親也。婿雖作賊，罪不至死，豈丈人所可殺者，乃竟坦然為之，不稍顧忌，此豈尚有人心哉？〔翁真〕〔忍人〕

3834	原 436/5	廣文 4/29	大 13/32

輿服被焚

金陵夫子廟門首設立下馬石，由來已久，共聞共見。乃往來者一若熟視無覩，乘堅策肥，任其馳騁而過，日不知凡幾。諸生愀然傷之，會議於明倫堂，欲為懲一警百之計。因同出學宮，在門外駐足半晌，忽見有肩輿來者，直行不顧。該生等上前攔住，責以此地不得無禮。詎乘輿者係白髮老翁，病廢頹唐，兩耳重聽，詰責再三，渠始會意，拱手謝罪。憐其老而遣之。少頃，有某甲策蹇直前，眾喝責如初。甲云：「先生休矣！此地乃下馬石，非下驢石。阻我何為？」遂無如何，甲得加鞭以去。俟至旁晚，遙見顯者乘坐藍呢大轎，僕從十餘人，迤邐至此。近視之，知為觀察某公。生等勒令駐轎，某公不服。乃逕將其拽出轎外，復褫其狐皮馬褂。某公自人叢中逸去，不敢遣人來理。生等乃將衣轎積薪焚之，並請本學教諭鮑廣文監視。快哉！此舉洵足挽澆漓而維禮法矣。〔發聾警聵〕

3835	原 436/6	廣文 4/30	大 13/33

召亡示報

同安劉某娶妻周氏，甚婉順；劉遇之暴戾，動加撻詈。周操作益勤，連舉四子，未嘗少有怨言。劉聞人言海外貿販之利，悉罄所有，結伴浮海去。由是周益大困。舍後有破屋數椽，適富鄰欲購之，廣其園囿，得價百金；藉此以作經營，家漸充裕。諸子以次長成，各習貿易，次第為之授室；故居改造一新，居然巨室矣。劉浮海數年，不得志，懊喪而返。至家，見門閭華煥，逡巡不敢入。鄰人告諸其子迎歸。時周已死，諸子泣訴母困苦及起家故。劉悼極而悲。聞張天師有召亡術，具重貲往求。屆期，導入密室，見一黑面大漢持刀相擬。劉出，以為誑。天師曰：「是真汝妻。前生為盜，殺汝而劫其貲；此生為妻償負，今已了卻。殊多此一見也。」劉憮然，神傷頓減。〔喚醒癡迷〕

3836	原 436/7	廣文 4/31	大 13/34

新郎難做

松郡西關外長壽橋南首程姓，富紳也，年屆八旬；其子早已逝世，遺有二孫，愛之如掌上珠。長已授室陳氏。次孫年近弱冠，委禽葉榭鎮壽姓之女，於前月下旬完姻。松俗凡坤宅送妝到門，素有講妝犒之習。壽姓以所犒太菲，倩其親族人等，到乾宅大肆惡言，致干眾怒，反顏相向而散。逮至吉期，親婿親迎，款待於媒氏金姓家。蓋金姓係兩家至戚，又為壽姓近鄰之故。不料華筵甫設，壽姓族人以上日為乾宅所侮也，競取牛溲馬渤，作海味山珍，紛投席上。新郎君見勢不佳，急即竄進內室。幸金姓竭力勸止，不然恐新郎既領似此盛筵，又將飽受老拳風味矣。娶妻不亦難乎？〔睚眥〕〔必報〕

3837	原 436/8	廣文 4/32	大 13/35

天網難逃

嘉邑東鄉人某甲，素無賴，年五十餘，日以游蕩為事，屢向其兄強討惡索。兄厭之，不能應，怒叱遣之。甲銜之。兄暮年乏嗣，因置簉室，得舉一雄，年甫六齡，留諸家，囑傳午餐。己則率家人往田間工作。適甲攜鐵鍬至，四顧無人，即以鍬向兄子胸前直刺，洞其腹；復舉鍬割其頭顱，藏於廚下。兄屋後有溪。甲固善泅，竄身入水，將圖夜分潛逃。詎田間人俟饁不至，回家見其狀，大駭，奔告地甲。時鄉人聞耗麕至，瞥見水中有人，噪而擒之。甲也。遂一面報縣請驗，一面將兇身送官，想難倖逃三尺法也。〔束手〕〔就縛〕

3838	原 436/9	廣文 4/33 右	大 13/36

群孩索命

浦東人某甲負販營生，性殘忍，好食孩屍。常於叢葬處私掘小棺，敲肌剝髓，加以烹飪，藉佐饔飧，謂甚甘美。雖零觜斷骼拋棄滿地，或為野犬殘食，勿顧也。一日，將就寢，瞥見床上有無數小孩相逼而前，爭嚙其肉。甲痛極而號，惟聞群孩嚶嚶啜泣曰：「爾食人多矣，能無及是乎？」心知孽報，悔已無及。遂至膚裂骨出，悲慘萬狀而斃。世有與甲同癖者，尚其戒之。〔眾怨〕〔所歸〕

3839	原 437/1	廣文 5/33 左	大 13/37

殲除虎穴

興化府仙游縣東北二十里有古重巖焉，深廣各四丈，旁有石室十餘所，隙路相通。舊為神仙窟穴，近因人跡罕到，已變為豺虎之鄉。附近居民常被其害，以致人有戒心。聞獵人某甲擅馮婦術，醵資延至，告以虎穴所在。甲乃偕二夥，各持利器，入山搜查。瞥見雛虎一頭由穴中出。三人或搤其吭，或騎其身，或履其尾，頓將雛虎立置之死，再圖殲除之策。聞連日已斃二虎。入虎穴而得虎子，甲其有焉。〔馮婦後身〕

3840	原 437/2	廣文 5/34	大 13/38

天亡回逆

客有自甘肅來者，言董軍門剿回之得手也，實有天意。蓋甘肅回匪自四月間謀逆以來，河狄、西甯相繼被困；賊蹤遍地，豕突鴟張，大有岌岌可危之勢。迨朝廷赫然震怒，命將出師；於是喀什噶爾提督董軍門福祥統率雄師，由京南下，前往剿辦。將入甘境，正在節節布置駐軍。偵探忽獲降回十餘人，詢知回眾潛遣其黨，分投各省，向教中人收取捐款銀兩；并購運軍火若干，將由某輪船運解前來。軍門聞之，即飭某統領督兵千人，駐紮該處；俟船至，立往搜查，果有銀兩、軍械不計其數。初時詰問，詭言解濟官軍。某統領即謂官軍在此接應，不勞運送。立飭兵士入船，將船中所有搬運回營，并擒獲回目等百餘人。升帳研訊，供出由逆首所使，不料被官軍所得，真天意也。隨將百餘人悉數正法。向非天戈所指，百靈效順，烏能有此意外之俘獲哉？〔天奪〕〔其魄〕

3841	原 437/3	廣文 5/35	大 13/39

兵不厭詐

客又云：回逆麕聚洮河西岸有十餘萬眾，勢甚猖獗。聞知董軍門將至，潛令賊目馬永壽等率兵三千人，扮作西兵模樣，步伐陣式悉仿效之，為當頭迎擊之計。以為官軍素畏西兵，必將先奪其魄。詎軍門神機妙算，早已洞矚敵情，隨告諸將曰：「是可將機就計也。」爰令某總兵率兵三營，先往誘敵；而以某副將伏兵於要隘；某提督隨後包抄，使之腹背受敵；再以一軍繞出其前，以禦洮河之賊。布置既定，回匪已衝突而來。官軍遇之，相率偽敗。回眾乘勝追之，行至中途，伏兵齊起，鏖戰甚力。俄而後面官兵又來策應，前後夾攻，三千人聚而殲焉，無一倖免。自是威聲大振，回黨望風披靡，皆此一戰作之基也。按此說為邸報所不見，是否不得而知。惟客既津津樂道，僕亦娓娓可聽。姑錄之，以告世之留心時務者。〔將機就計〕

3842	原 437/4	廣文 5/36	大 13/40

河州解圍

董軍門自渡洮後，屢戰皆捷。回眾雖倉皇逃遁，然尚盤踞北原，勢不稍殺。因思攻堅城者，以克復為要；援危城者，以解圍為先。河州圍已半年，城中薪芻罄盡，疲病交加，岌岌然朝不保夕；而賊係土著，又復以逸待勞，最足以老我師。遂議緩緝餘匪，先解城圍，俾成反客為主之勢。立飭趕搭浮橋兩處，以何建威一軍鎮紮狄道口渡口，葉占標一軍鎮紮康家崖渡口。隨派馬步八營由狄道西山口進兵，軍門自帶十營及馬安良回勇四營旗，由康家崖進兵，復派馬步兩營扼守太子寺。次日，行抵甯河之火石溝，時河州八坊逆目閔伏英等糾賊數千，於四十里舖抗拒。我軍督隊自火石溝猛進，賊皆望風奔逃，直抵河州城下，重圍立解。旬日之間，頓將名城克復。不益見軍門之聲望夙著、謀勇兼優哉？〔克復〕〔名城〕

3843	原 437/5	廣文 5/37	大 13/41

屋陷志異

甘肅客又言該處高家集十五里地方，當回匪未叛之前，有某姓矮屋數椽，巋然獨立。室中一老嫗及子婦二人，子生有至性，奉母甚虔，祇藉耕織餘資，以備甘旨。人皆以孝稱之。不意某日，人在田間，惟聞砉然一聲，恍如天驚石破；則是屋忽下陷成潭矣，室中器物，悉遭淪溺。幸家人俱出，不及於難。嫗驟覩情形，痛無所歸，放聲大慟。鄰近居民聞而麕集，或相勸慰，或相咄嗟，皆莫測其故。有謂其下有蛟蟄居思動；則不應只此一家，餘不波及。有謂其家夙有隱慝，故致其地淪陷。何以不及其人？又有謂天傾地陷，皆有定數。某姓子因有孝行可取，家雖遭殃，人不及難，冥冥中殆有天意。之數說者，予不敢決，姑並存之；以見天荊地棘，不待行路而始知其難也。〔載胥及溺〕

3844	原 437/6	廣文 5/38	大 13/42

先淫後烈

南海人王月樓，前年曾在檳榔嶼貿易，開設一肆，積有多金。納妓月仙為簉室，淑順和婉，克盡婦道。戚左咸稱其賢。先是妓本李姓，良家子也，幼已字人。因為某氏子所誘，年少無知，遂與有染。迨出閣，以不貞故，夫家逼令大歸。父母恥之，逐女不納。女被逐後，孤苦無依，致墮蟻媒之手，輾轉入平康籍，深自悔艾。及遇王，以為誠實可靠，委身事之，將偕老焉。詎紅顏薄命，磨蝎忽臨。嫁甫半載，王忽一病不起。女哀毀絕粒，誓以身死。戚友以喪葬大事責之，始斂哀。料理後事畢，促人作訃，招夫弟至。女縞衣出見，詳告一切。偕往墳前，祭畢而歸；出王生前蓄，囑為善藏，并以店業付之。竟於是夜仰藥以殉。人咸欽其節烈，為之盛殮，與王合葬焉。按此女始雖失身，繼至為妓，卒能捨身殉節，亦可謂善於晚蓋矣。人顧可以一節之虧，概其終身哉？〔善全〕〔晚節〕

3845	原 437/7	廣文 5/39	大 13/43

父子殉桑

湖州歸安縣東鄉，今春蠶事初興之際，桑葉大減；惟某姓園中獨盛，養蠶者爭購於其門。一日，有某甲議價購桑，園主人已允許矣；而其子猶以為少，堅執不從。父無奈，乃於夜間潛往竊取，庶可應甲之求。及登樹采捋，忽其子慮桑貴被竊，手持利器，直來伺察。瞥見樹上有人，以為賊也；向前刺之，父即狂叫而倒。其子被刃回擊，適中要害，隨亦殞命。媳某氏在家守，夫良久不至，潛出窺探。見父子屍身同在一處，不覺悲從中來，驚暈倒地。當經鄰人扶持救醒，眾議譁然，皆謂此事不能報官，遂殮而葬之。噫！植桑以圖利也，桑而人少我多，尤利之所在也。乃父若子，俱以圖利之故，竟致同殉以身。君子觀於此，雖曰其子之罪固不容恕，然父亦有自取之道焉。嗚呼，脩身齊家，聖賢之訓，可不加意講求哉！〔因利〕〔喪命〕

3846	原 437/8	廣文 5/40	大 13/44

色相未空

五臺山僧人某向在滬上開設佛店，偽託清修，常犯色戒。每於夕陽西墜時，華服高冠，作俗家裝束，招搖過市，勾引良家婦女。種種劣跡，固已罄竹難書矣。初冬時候，該僧飛錫漢上，見某勾欄雛鶯乳燕，頗覺可人；不覺故智復萌，大動尋春之興。妓等見其裙屐翩翩，信為佳客，清歌曼舞，曲獻殷勤。有某少年者，與雛妓某有嚙臂盟。是日意氣揚揚，昂然而至。見座中客油頭怪臉，雙目灼灼，知非善類，僭以詰妓。為該僧所聞，老羞成怒，反唇相稽。少年不能忍，拂袂而起，敬以老拳；適中該僧之頭，髮隨帽落，露出頂上圓光。僧大窘，向少年合十曰：「請看僧面，曲予寬容。」少年笑曰：「不看僧面，姑看佛面。饒汝這條狗命罷。」僧乃抱頭鼠竄而去，群花為之粲然。〔金剛〕〔怒目〕

3847	原 437/9	廣文 5/41 右	大 13/45

獅吼可怖

漢口有某甲者，彪形大漢也。專使酒肇事，三蕉既罄，幾不知天地為何物；顧獨有季常癖，一聲獅吼，即瑟縮不敢聲張。日前，醉態懵騰，昂昂然行至得勝街，見一少年慘綠翩翩，相繼而至。不覺無名火起，向前揪住，按倒於地，拳毆足踢。正在紛紛擾擾時，突一悍婦直入人叢中，指大漢而呼曰：「汝此時還不歇手耶？速隨老娘歸，毋再在街頭釀禍也。」大漢見之，即面如土色，急捨少年，隨婦去。蓋悍婦即其妻也。聞者為之啞然。〔賤丈夫〕

3848	原 438/1	廣文 6/41 左	大 13/46

金鑄范蠡

昔越王勾踐於范蠡去後，追念其功，令人鑄金事之；迄今代遠年湮，亦惟有望風懷古而已。乃證諸近日所聞，方知范大夫靈爽式憑，竟有歷千古而不磨者。江右臨安人某甲，日前於冷店中見一古裝人物，金漆黝然，以銀餅半元購之；持歸供奉，亦不知其寶也。一日，客至，偶與觀看。客固淵博，疑其重，且譣背上有篆籀文，乃曰：「此范蠡金身也。」吉光片羽，無心得之，喜可知已。〔越國名臣〕

3849	原 438/2	廣文 6/42	大 13/47

玉堂富貴

揚城某道院有花園一所，廣蔭數畝，中儲花本甚多。去春之暮，玉蘭未謝，牡丹又開，爛熳媗妍，不數玉堂富貴氣象。適某道士倚門閒眺，瞥覩二麗人嬝娜丰神，輕移蓮步，扶一雛鬟，冉冉而至。以為誰家眷屬來賞名花。正在凝神注目間，旋聞二女喁喁私語。一曰：「妾等荷東皇培植，獲享榮華，數年於茲。今一旦他適，傷何如之？」一女曰：「縱然易主，不愈於守此荒院乎？」道士聞之，又見裝束甚古，疑是花神，忽大嗽一聲，麗人頓杳然。不解所謂，姑置之。越數日，有某大紳聞知道院花好，向索數本。道士不敢拂，遣人送之，始知花神實有前知。具述所見，然聞者終疑信參半也。〔花仙〕

3850	原 438/3	廣文 6/43	大 13/48

團圓佳話

甯波有某甲者，幼由父母命，聘定鄰鄉某氏女為室。迨後，甲從其戚赴外洋。椿萱相繼逝，雲山遠隔，飄流異域者三十餘年，雁杳魚沉，存亡莫卜。該女守節閨中，勤勞針黹，從不為外言所惑。日就月將，不復作比翼鶼鶼想矣。詎前年冬，甲忽從異域歸，積有餘資，行裝頗厚。及抵家鄉，兒童不識，皆問客從何處來。蓋甲自弱冠離家，至今年將花甲，鬚髮蒼然矣。嗣經鄉耆細詢根由，始知同宗一脈，由是求田問舍，重振家風。既而繫念婚姻，探悉聘妻苦節，不勝感戀。欲覓往日原媒，已難蹤跡，祇得另尋月老致詞而納幣焉。人謂某氏苦節可嘉，故得終邀天眷云。〔為歡幾何〕

3851	原 438/4	廣文 6/44	大 13/49

德門盛會

杭垣艮山門外獅子嶺地方胡姓翁，年九十餘，夫婦齊眉，身體康強，而頗好善。家有良田數頃，桑園十餘畝，種粟養蠶，每年所入，不乏餘資。翁遇貧困之家，無不周恤。子五人，現存其三，皆勤儉持家；且能稟承父志，樂善不倦。孫十餘人，遊邑庠者三。曾孫七人，長亦讀書聰穎，年十四，補博士弟子員。前歲完姻，年甫十六。翁之意，蓋欲早抱元孫，以期五世同堂之慶。去年七月間，新婦分娩，果得一男。翁欣然色喜，謂家人曰：「吾家承祖宗餘蔭，薄有田產，食指雖繁，不虞凍餒。吾年臻耄耋，不為不壽。所竊冀者，得能再添一代，則五世同堂矣。今果如願而償，喜何如之。」彌月之日，懸燈結綵，大開筵宴。翁談笑自如，毫無倦容，人皆目為福壽兼備云。〔頌洽已多〕

3852	原 438/5	廣文 6/45	大 13/50

鱉作人言

鱉與龜，同類也。而世人多喜食鱉而不食龜者，豈以龜有不妒之量，特留此一線生機以示報與？然而鱉則烏乎服其心。湖州南潯鎮某甲，耕讀為生，頗堪溫飽。去臘中旬，購得腳魚大小數尾，留待烹煮。至晚，忽聞天井內嘖嘖有聲，疑有樑上君子也。執火照之，瞥見巨鱉一尾，喁喁私語曰：「《中庸》論水，黿、鼉、蛟、龍、魚之外，惟吾著名，而龜不與焉。今彼乃搖頭擺尾，超泥塗而披錦繡，熙熙然佈滿天下，幾忘卻本來面目者，其獨非龜也歟？而吾獨同處覆載之中，不獲同享浮沉之樂。何吾類之不幸也！」數小鱉環列兩旁，若作點首狀。甲見而大駭，翌日舉以問人。或曰：「鱉作人言，從古未有之事。此吉兆也。」甲不敢食，遂放諸河而祝之曰：「鱉乎！今其與龜相逐乎？毋徒羨龜之自鳴得意也。」〔一鳴驚人〕

3853	原 438/6	廣文 6/46	大 13/51

大龜獻寶

某翁以販寶為生，好作海外游。嘗自波斯國載一大龜殼，至杭城某紳家求售。叩以價。則云：「非五萬金不可。」紳固饒富，癖嗜珍寶，聞之大喜；囑令攜至園中，細加審察，知係萬年物。相傳龜已化龍飛去，遺蛻此殼。中有二十四肋，按天上二十四氣，每肋中間節內有大珠一顆，皆有夜光，乃無價寶也。遂如數購之，一面令良工探取，果得珠二十四顆。人謂該翁作此大龜好買賣；而紳則欣然自得，遂名其園為「得寶」云。〔希世〕〔奇珍〕

3854	原 438/7	廣文 6/47	大 13/52

雨葉

西報稱法國羅亞爾河濱有雨葉一事，實屬絕無僅有。緣有某君者，於是日午餐後，驅車循羅亞爾河而行。時值日暖風清，萬籟俱寂。途遇友人，相與班荊傾蓋。不數武，忽見有萬千樹葉從空而下。下車諦視，皆松、柳等葉也。乃縱觀四圍樹梢，並無搖曳之態，始知飛來蝴蝶，實皆降自雲霄。勒轡暢觀，約有一刻之久。某君與友均詫愕殊甚，歸述其異於同人，亦卒無一能解其故者。〔天女〕〔散花〕

3855	原 438/8	廣文 6/48	大 13/53

神通廣大

太原顧生，世家子，讀書別墅。嘗見一披髮女子為持鞭神所逼，憐而救之。漸與歡愛。久之，形容羸瘠，為父母所覺，舁歸醫治，年餘始痊。一夜，門戶未啟，失生所在，心知為魅所憑，然已無如何。年餘，音耗杳然。顧因喪子無聊，訪其婦翁於陜州。薄暮行亂山中，渴甚；見道旁蘭若，試入覓飲，則一空寺。尋向後殿，聞噥噥作兒女私語。異而入之，見一女郎並一少年坐，則生也。生見父欲起。女郎抱持之，疾馳去，瞥然不見。至陜，婦翁謂此間某寺有異僧，君能誠求，當有驗。顧乃詣寺，跪禱七日，僧首肯。偕至空寺，僧跏趺誦咒良久，有金剛神負生至。神云：「魅為飛天夜叉，神通廣大，非韋陀不能降伏。」俄一神持杵對僧立，若稟令狀。不半日，擒一赤髮藍面、渾身如靛者，嗥臥亭下。僧持缽咒畢，魅化白氣，投入缽中，納諸袖；與顧舁生歸戚所。生迷惘若痴，研服硃砂，七日後始能言；然神氣索然，舉業遂廢。〔降伏妖魔〕

3856	原 438/9	廣文 6/49 右	大 13/54

僕婦仗義

粵東寶源坊某，籍隸鶴山，先世服賈，頗饒積蓄，遂家焉。某年既長，屢經折耗，家業蕩然。舊時僕從相率辭歸。某既一貧如洗，又為二豎所困，纏綿床第，醫藥難謀，頗有束手待斃之勢。一日，有某媼前曾傭於其家者，行經其門，窺知窘狀，慨然曰：「媼昨收一會，得銀十兩，今願以半贈之。」忽忽逕去。迨某疾瘳，以其餘資移歸故里，此前三年事也。去歲，某因族叔乏嗣，承繼而來，得資甚富。念媼舊德，遍訪之；則媼已老態頹唐，賦閒獨居，乃厚酬之。噫！世態炎涼，人情顛倒。是僕是主，亦可以風矣。〔庸中佼佼〕

3857	原 439/1	廣文 7/49 左	大 13/55

財神送寶

俗傳正月初五日為財神誕辰，經營中人例於是日牲醴奉祀，以卜一年利市，亦常情也。荊州風俗有等無賴之徒，製就衣冠，仿財神送寶故事，此唱彼和；擇城中巨家富戶，直登其堂，作種種吉語，貢諛獻媚，藉博賞資。非得青蚨數百翼，不肯舍而之他。殊不知若輩生財之道，正主家耗財之時。吉兆未來，破費先去。靜言思之，真不值識者一笑也。〔惠然〕〔肯來〕

3858	原 439/2	廣文 7/50	大 13/56

剿回獻俘

董軍門福祥自渡洮後，屢戰皆捷。回匪震懾兵威，旬日之間，河州城圍立解，事已見諸邸抄。去臘本報復為之繪圖貼説矣。嗣悉軍門於解圍後，凡隊伍所經，三甲集、太子寺、大東鄉、下東鄉，賊悉遁藏。此外，如景古城、高家集、甯河堡等處盤踞各匪，均已解散。由是先聲奪人，駸駸乎有一鼓盪平之勢。聞軍門之所以未經敗衄者，良由信賞必罰，軍令森嚴。每獲勝仗，軍士論功，爭獻俘馘，以首級之多寡，定獎賞之等差。軍門則親率諸將升帳點驗，一面詳為存記，無稍冒濫；故前敵諸軍皆樂用命。孫、吳復生，當無以過之。刻下省路已通，西甯、甘涼尚多餘孽。想乘此聲威，必能指日蕩平。膚功迅奏，牖下書生遙望邊疆，曷禁為被難生民額手稱慶。故為之作獻俘圖。〔功在河山〕

3859	原 439/3	廣文 7/51	大 13/57

跳鮑老

跳鮑老戲，甬俗稱為「大頭和尚」，事見《説鈴》。相傳柳翠前身本苦行僧，與月明和尚同持戒。縣尹柳某以紅蓮計破其戒。大悔恨，臨死曰：「吾必敗柳門風。」遂投身為柳女，名翠。柳死，翠為妓，名藉甚。時月明已成道，知其怨已報，乃為度脱。故曰：「月明和尚度柳翠」云云。乃俗訛「度」為「馱」。此戲終場，和尚馱柳翠跳舞而下，已失本義。今屆新春時節，彼都人士試演如故。惟見一和尚，一柳翠，各戴假面，曲曲神傳。俗傳演此可免一歲祝融之患。是以大家小戶，無不折柬相招，綠女紅男，爭相觀看。若輩亦有技畢獻，使人笑口皆開。亦點綴昇平之景象也。〔游戲人間〕

3860	原 439/4	廣文 7/52	大 13/58

畫鼠失鼠

金陵東牌樓有王某者，開設慶昌煙莊。其子素工繪事，名播遠近，並在煙莊經理店事。某夜，忽見白鼠自銀櫃躍出。王子從臥榻披衣起視，則見白鼠又從煙架上躍入櫃中。王子急啟櫃而視，但見銀洋，並無白鼠蹤跡。心甚奇異。次日，又復如是，竟莫名其神。某晚，王子偶為人畫扇面；心有所觸，遂作白鼠一隻。畫成後，時近三鼓，忽見白鼠自扇面跳下，循牆而走；回視扇面之鼠，已渺無形跡，只存白扇面一方。至次日，忽聞鄰右某姓家書房所懸條幅畫中，忽多一白鼠。自此之後，房中之白鼠，亦不復見。但覺店中生意，近來日益興旺，餘亦並無他異；惟聞其事者，莫不為之奇詫。特誌之，以資談助。〔姑妄言之〕

3861	原 439/5	廣文 7/53	大 13/59

夜游宜戒

上元節先後數日，甯波各屬競尚燈戲。而十四之夜，居民尤為采烈興高。婦女輩例於是夕結伴招朋，有走七條橋之舉。自第一條橋起，至第七條橋止，路忌重行，道宜繞越。雙勾瘦小者，高其外裙，務使金蓮畢露，以供月下提燈者細評其後。用是橫街曲弄，或效姊歸之喚，或作郎罷之呼，笑語嘈雜，粉香醉人。間有好事之流，暗埋飛炮、流星；及至阿嬌拾級登橋，焚香祝告，則一轟而起，幾欲驚碎芳魂。此雖雅戲，而未免惡作劇矣。〔謔而虐〕

3862	原 439/6	廣文 7/54	大 13/60

舃飛示變

昔王喬入朝，先有雙鳧下降。神仙妙用，可使履舃紛飛；苟無其術，則為妖矣。參將某在烏魯木齊時，有麗姬四人，脂香粉澤，綵服明璫，儀態萬方，寵愛特甚。一時見者莫不傾倒。後遷金塔寺。參將戒期啟行。諸童檢點衣裝，忽篋中繡履四雙翩然躍出，滿堂翔舞，如蛺蝶群飛；

以杖擊之，乃墮地，尚蠕蠕欲動，呦呦有聲。識者訝其不詳。嗣以鞭撻臺員為鎮守大臣所劾，論戍伊犁，竟卒於謫所。蓋梟飛之兆驗矣。人之將敗，物示之機。惜憒憒者常不悟耳。〔災兆〕

3863　原 439/7　廣文 7/55　大 13/61

北方之強

北方風氣剛勁，人多恃強，往往有衽金革，死而不厭者。自古已然，於今尤烈。去冬，京都西四牌樓某賭局中，忽來一童子，年甫十七齡，以刀自割拇指，置諸案上，藉作孤注。局中人以何物孺子，敢攖乃公清興，勃然大怒，飽以老拳；繼以木棒雨下，幾至兩腿骨折筋斷。童子面不更色，似無少痛楚者，口中猶喃喃謾罵。時有某甲者，棍徒中翹楚也，見其強項，在旁喝采，近前為之遮攔。群毆者始駐手。甲向子伸巨擘稱之，並喚車載之使去。如該童者，強則強矣；然徒遭磨折，貽害體膚，亦謂之何哉？〔愍不〕〔畏死〕

3864　原 439/8　廣文 7/56　大 13/62

禦火至寶

天下寶物多矣，類皆徒供玩好，不適於用；雖累千百萬資財，亦何所取。獨建陽虞氏家有一物，初視之，不甚奇。其物係連環竹圈二枚，大如杯口，厚二分。兩環相連，欲析為二，須藏於衣底，得暖氣則分；仍於衣底連之，即合為一。蓋至寶也，相傳能禦火患。其年適值建陽火災，虞氏析此圈為二，擲一空際，有光一圈，漸大如屋，覆所居。四圍鄰居皆燬，獨虞宅巋然如魯靈光殿。迨火熄，圈自落，兩圈仍合為一。眾目共覩，莫不嘖嘖稱奇。昔楚王孫圉論寶，言：「珠足以禦火災，則寶之。」猶是虛語。今觀虞氏此圈，其功用不益立見哉！〔保全〕〔家室〕

3865　原 439/9　廣文 7/57 右　大 13/63

象占虎變

台州人胡圖禮、胡圖義者，兄弟也。善搏虎，有馮婦名；而二人亦詡詡以膽力自豪。去秋，擒得一虎，初尚幽於柙中。嗣見馴擾，以為是可狎而玩也。奇想天開，忽作騎虎遊山之舉。詎當疾行如風，顧盼自得之際，虎忽聳身一躍，已掀二人於地。禮手足靈捷，騰身上樹，得免於難；而義竟被虎抓住，頃刻間自頂及踵，已入其口而果其腹矣。禮歸，為家人述之，猶覺色變。君子曰：「是虎變之象也，然足為狂妄者戒矣！」〔馮婦貽譏〕

3866　原 440/1　廣文 8/57 左　大 13/64

紫姑靈異

紫姑謫居廁所。每屆上元燈節，香閨婦女迎賽問卜；有應有不應，固其常也。從未有如杭城周姓之奉若神明者。緣周姓虔信紫姑，香花供奉，歲以為常。歷年所卜各事，如響斯應，竟無或爽。因之哄動戚黨，名姝麗質，嬝娜而來；或叩金龜之消息，或探玉女之年華。鬢影衣香，亭亭玉立。殊覺興高采烈云。〔咄咄〕〔怪事〕

3867　原 440/2　廣文 8/58　大 13/65

遠尊孔教

客有自俄羅斯倦游而歸者，述及俄國彼得羅堡京城內有一大博物院，為法之富人某捐四萬萬佛郎克所締造者。中有一院專供中土各神像，韋馱、財神、王靈官之屬，皆不足異。獨先賢冉子神位，不知何以獨到此間。閱其記載，蓋一千八百年前於中國一廟中得之者。噫！冉子固稱藝士；《幾何原本》一書，即冉子所著。今其靈爽豈隨之西渡，故歐洲之創造乃能日精一日耶？前聞香山卓君承勞帥命，游歷泰西各國，獨俄京立孔子廟。近日又聞俄京增立孔子廟，莊嚴鉅麗，費金約百餘萬云云。果爾，則誠如《中庸》所云：「凡有血氣，莫不尊親。」此孔教遠被之初基也，又豈特崇祀先賢一位而已哉！〔聲教覃敷〕

3868　原 440/3　廣文 8/59　大 13/66

百鳥朝王

福建延平府南平縣太史溪上有凝翠閣焉，背山面水，遠景畢收。去臘除夕，有某太史邀集二、三知己，觴詠其間。夜半，忽覩樹林深處百鳥翱翔。前則有孔雀之燦爛、仙鶴之翩躚；次之彩鸞也，金雞也。雁行鵠列，鷺序鵷班，肅然秩然，有條不紊。雍雍乎一和聲鳴盛之象也。餘如鴛鴦、鸚鵡、杜鵑、鷓鴣、翡翠、鵰鶚、鸛鴿、鸂鶒之類，載飛載鳴，不計其數。若共游熙皞之天，而怡然自得也者。太史恍然曰：「此百鳥朝王之盛也，世有是圖，何幸於吾身親見其事。猗歟休哉！非聖明之世，曷克致此。」〔盛世休徵〕

3869　原 440/4　廣文 8/60　大 13/67

魚耶獸耶

鱗者，吾知其魚也；毛者，吾知其獸也。未聞有鱗也而毛附焉，毛也而鱗生焉，儼然獸形，又似魚族者。吁！此何物耶？浙紹會稽之東鄉，樹木叢雜，阡陌縱橫，為耕樵聚集之所。一日，忽聞河中水聲湯湯，有一物龐然作人立狀。似穿山甲，而頭似鹿，兩角崢然，遍身鱗甲，腹下茸茸有毛，四足修尾，見人狺狺，如犬欲吠。眾皆莫知其名，相顧失色。有膽小者慮為所噬，急足奔逸。物亦並不登岸，眈視良久，仍入水去。按此物為《山經》、《爾雅》所不見。惜該處土人不知設法捕獲，送入博物院中，以待識者。徒令是魚是獸留此尷尬之身，使人莫得主名也。〔水中有怪〕

3870　原 440/5　廣文 8/61　大 13/68

人逢妙鬼

宿遷李蕖者，少時使酒多力，好以氣凌人。冬夜，腰多金，赴西隄博徒約。遙聞鼓吹聲，見隄下鐙火漸近，儀衛烜赫；趨觀，為迎新婦者。河灘本非官道，所經又冰堅，舟不可達，怪而隨之。迤邐進一甲第，簫鼓喧闐，給事者絡繹如織。審其地，曠絕無居人，知是狐鬼狡獪。欲窮其異，因雜眾中，歷門庭數重。主人服繡衣，偉軀幹，濃髭，口操北音。地上鋪紅氍毹，歌伶皆短袍窄袖，玉玲瓏腰繫，右佩刀荷囊，左手紅巾。兩兩便旋，轉喉發聲，蕩人心魄。一曲終，主人催賜纏頭，即見兩人以紅氈蒙矮腳几，舁青蚨置座前，可十萬。伶擘一膝跽謝，給事者唱曰：「免。」乃起。李素佻蕩，不覺手足舞蹈。頓為主人所窺，詫曰：「佳客適從何來？」邀入席。伶以歌扇進戲目。李欣然點二齣，靡音促節，一座盡傾。李連引巨觥，探懷中資贈之。主人樂甚，拍其肩曰：「客真妙人。」李大聲曰：「公亦妙鬼。」座客皆變色遽起，燈火驟息。斜月入檐，藉草露坐而已。〔別有〕〔天地〕

3871　原 440/6　廣文 8/62　大 13/69

大令審樹

金陵有染坊夥某甲，為其居停歸帳，路過王府園，忽欲如廁；見路旁桑園內有隙地，急不暇擇，蹲於樹下，解其腰繫之搭連，橫挂樹枝上。迨匆匆就道，竟忘攜起。既歸，主人詢其所收何如，始憶收得二百七十元，盡藏搭連內，遺失該處。急往尋之，則已無有。主人不之信，意其偽託，拘送諸官。經上元王伯芳大令察知其冤，隨鳴騶出署，履勘其所遺之地，因即審樹。樹不答，又命將樹拷打，振落小葉二片。大令喜曰：「得之矣。」立時簽差提葉二。差因問地甲，果有葉二其人者，係本街茶館之水夫也。比提到案，云：「見宰坊小老板拾去。」於是並提到案。始不供認，繼經詰責，方吐實。令將原款繳出，則用去六元。大令不與深究，復以四元賞葉二，餘交還失主。案遂白。〔借題發揮〕

3872　原 440/7　廣文 8/63　大 13/70

城隍微行

某邑南門外某酒肆主某叟，年逾花甲，人極誠敬。上元日祇以一炷清香，在家供奉。忽有一客岸然道貌，入肆沽飲，獨酌無親，與叟閒談甚洽。叟曰：「今日城隍廟中香煙鼎盛，游人麕集。客何不往觀熱鬧，乃獨在此遣興乎？」客曰：「予非他，即本邑城隍神也。今日以元宵佳節，寓滬士女集廟拈香。殊不知神明鑒人以心地為重，不在乎將事之虛文也。今彼等或為逐臭之夫，或出纏頭之費；其甚者行為險惡，心計害人，儼然衣冠，實同禽獸。不修平日之行，漫欲以香燭牲醴獻媚吾神；以致穢氣薰蒸，不能久處。不若汝素行無虧，精誠可鑒，故予逃此暫避。汝毋多言也。」叟聞言惶悚，伏地奔角有聲。俄頃，忽失所在，乃益信其為神。錄之，以見人之內行不修，雖日夜焚香禮神，終歸無益耳。〔警省〕〔世人〕

3873　原 440/8　廣文 8/64　大 13/71

淫禿再世

慈谿人胡某，夫婦齊眉，家堪溫飽；有二子皆出外營生。長子已娶媳，懷孕有日，勢將臨盆。一夕，胡某忽覩某寺僧，科頭草履，昂然直入；舉火跡之，倏忽不見。俄聞內室大呼腹痛，則兒已落蓐。心知是和尚投胎，默然久之。後知媳婦係產一女，意甚不懌。蓋叟素稔該僧生前喜參歡喜禪，平日勾引婦女，游宿娼妓，無所不為；今不墮入畜道，託生為女，必將償其風流孽債也。迨女年稍長，妖冶逾恆，旋被匪人拐去。叟不之戚，告家人曰：「此孽種也。若留之，必敗吾門風。不如去之。」未幾，女輾轉入平康籍，名大噪。叟之子偶游勾闌，見而退出，歸述其事，恥而秘之。乃信父言之不虛，而某僧淫孽於此已報焉。吁！世之和尚好與婦女結香火緣者，其亦念及報應之道而爽然自失否？〔果報〕

3874　原 440/9　廣文 8/65 右　大 13/72

調戲被侮

沙市青蓮閣地方，某日之暮，有某甲從某姓家疾趨而出，頭戴淨桶，遍體糞穢淋漓。後一婦人手執木棍，大罵狂追。詢諸知其事者，謂此人與婦同居，涎婦之色，屢屢調戲。是日，因婦夫外出，竟至婦房百般戲謔。被婦紿至床後，出其不意，猛以淨桶翻戴於頭，使之飽受木樨香味，以洩厥忿。聞者快之。〔無面〕〔見人〕

3875　原 441/1　廣文 9/65 左　大 13/73

樹魚

英京某富室碧池內有樹魚焉。相傳此魚常浮水面。初觀之，則枝榮葉秀，蓊鬱蔥蘢，儼然一樹。而不知其適游泳之性，具活潑之機者，固洋洋焉魚族也。天地之大，無奇不有。而西人好奇，不惜廣為羅致，尤於此可見。其得擅博物之稱也宜哉！〔動植相兼〕

3876　原 441/2　廣文 9/66　大 13/74

孝烈可嘉

湖南人某甲娶婦某氏，雖出小家，頗諳大義；入門後事翁姑甚孝，勤勞操作，菽水承歡，絕無怨色。前年，甲應募投營，家事一委諸婦。時婦身懷六甲，澣濯縫紉，不敢告勞，藉供堂上甘旨，已則日食糠粃。未幾，忽產一男，保抱乳哺，不免分心。婦憂之。一日，將出淅米，潛煮沸湯，以孩投之，冀除孽種，俾可專力事親。詎孩痛極聲嘶，為姑所聞，急為援起，已拳縮如蝟。姑見而不忍，婦猶搖手止之。此婦豈無愛子之心。蓋其心知有翁姑，不知有他，忍而為此，不知其迴腸幾折也。以視世之保赤如命，視翁姑若眼中釘者，詎可同日語哉？〔苦心〕〔孤詣〕

3877　原 441/3　廣文 9/67　大 13/75

上匾洩忿

胡某，越產也，游幕江西垂二十年。前在藩幕時，為李方伯所契。及方伯被議北上，胡亦被前撫憲某中丞飭屬驅逐，不准逗遛。於是匿跡韜光，不復干預外事，迄今約六七年；然恨中丞入骨髓。當時忿不得洩，禱於省垣城隍廟，苟得中丞敗事，即當懸匾酬願。今中丞業已被參解任，而胡始敢出頭。憑其夤緣妙術，獲膺某直刺之聘。現將束裝赴館，行有日矣。第思一朝入幕，而旋省未卜何時。追憶前情，即飭臧獲輩，向舖戶製成藍底金字大匾一方，擇吉送至省垣城隍廟大殿懸掛。其文係「驅凶除惡」四字。說者謂隱寓其洩忿之意云。〔睚眦〕〔必報〕

3878　原 441/4　廣文 9/68　大 13/76

營官鹵莽

某營官緝捕勤能，素為上游器重。近以省城地方，梟匪、盜賊出沒不常，經某中丞假以事權，授以令箭，俾得便宜行事，藉專責成。營官遂購得眼線，率兵至某鎮，將為一鼓成擒之計。豈知眼線未經覷的，遽指某某二鄉人為同黨，致與盜匪一併被拘。營官以有令在前，不加細詰，遽予駢首之刑。後經屍屬、鄉耆等赴省鳴冤，而死者不可復生，刑者不可復續矣。嗚呼！緝捕盜賊原憑眼線，然是否正身，須待審訊明確。今該營官信一面之詞，不暇詳究，何其膽大妄為若此乎？錄之，以見眼線之不可輕信也。〔草菅人命〕

3879　原 441/5　廣文 9/69　大 13/77

大守宮

東方曼倩之言曰：「臣以為龍又無角，謂之為蛇又有足。肢肢脈脈善緣壁，若非守宮即蜥蜴。」而世俗統謂之壁虎，皆一物也。段成式《酉陽雜俎》言其大者長尺許，而洪邁《夷堅志》則有長三、四尺之說。時已共驚為奇，可知此外皆無足比數矣。乃津沽某世家藏書閣上有大守宮焉。相傳此閣終歲扃閉，不敢啟視，內有守宮長幾盈丈。每遇暑夜，見閣檐際有雙燈灼灼然，其目光也。閣之簷下豢有群鴿，恒被守宮啖食，幾無遺類。主人懼而禱之，每朔望供雞子數十枚，輒被食去。自此群鴿遂安，蓋此物似有靈也。〔非蛇非龍〕

3880　原 441/6　廣文 9/70　大 13/78

海狗鳴冤

某西人足跡遍天下，乘風破浪，好作海外游。每有所得，輒載筆記，或付丹青。固近世之有心人也。日前，汗漫至滬，出其所拍海狗圖見示。蓋用照相法攝成者。且告之曰：「此物生於海濱，厥狀如是。當舟過時，聞長鳴聲，不類尋常狺狺之族。因與同人出艙觀之，見大小不一，向人哀鳴，且有人立，自露其陰者。」予曰：「此海狗若有所求，豈其中有冤乎？」時同人皆笑予妄。予亦姑聽之。今見滬上各藥舖有爭用海狗腎之說，一唱百和，幾盡海狗而悉閹之。及觀其圖，絕不相類，則其腎之如何，更不問可知。予姑不暇為若輩辨。因憶前此海狗之鳴，無意而若有意者，得毋欲伸此日之冤乎？彼海狗不足惜，人之託海狗以謀生者，亦不足惜；獨惜世之服是腎者，其不為海狗所竊笑也幾希？〔狺狺〕〔亂吠〕

3881　原 441/7　廣文 9/71　大 13/79

畢命誌奇

鎮海某翁工計然術，由經營起家，積資巨萬。生二子，俱已娶媳，且抱孫有慶矣。去秋某日，忽失所在。家人蹤跡之，得諸後門外之水缸內。大驚而號，急倩雇工曳之起，則已氣息全無。而缸中水不及半，不知何以溺斃。惟缸側遺有絕命詞一紙，語多不可曉。若謂失足墮水，則人非倒栽，其非失足也可知。嗚呼！莫或使之，若或使之。冥冥中豈有默為牽制者歟？聞翁為人甚謹，素行無虧，而一旦畢命之奇，乃至于此。所謂天者不可測，壽者不可知。不信然歟！〔載胥及溺〕

3882　原 441/8　廣文 9/72　大 13/80

沒後生鬚

周靈王生而有鬚，此誕降殊尤，天生異質，已成千古美談。至於沒後生鬚，則尤伊古以來未之有聞也。有之，自伍某始。伍某，廣東古岡州橫江舞佾生也，年將有室；向在穗垣從諸名宿遊，談道讀書，雅饒仙氣。去秋放館後，未幾買棹旋鄉，謂其妻曰：「鴛鴦佳耦，將作勞燕分飛矣。」其妻怪而問之。則曰：「爾夫曾奉上師賜以寶劍、玉印，來日當往南海作仙。予去後，汝勿悲。但市楮錢數千焚之足矣。」其妻以為妄，漫聽之。翌晨，伍果無疾而終。檢其身，藏有小龍泉一柄，額上現有方印紋，色赤。迨瞑後面貌如生，蛻而不僵；頷下忽生于思，毶毶如五柳長鬚，光潤而澤。鄰里聞知，咸來趨視，莫不咄咄稱異云。〔尸居〕〔餘氣〕

3883　原 441/9　廣文 9/73 右　大 13/81

打滑

京師風俗，每屆冬令有「打滑撻」一事。其法，先汲水澆成冰山，高三、四丈，瑩滑無比。使勇健者著帶毛豬皮履，其滑更甚。從頂上一直挺立而下，以到地不仆者為勝。此於打莽式、打鞦韆之外，別示神通者。蓋一游戲之端，而矜奇鬥勝已如此。古人履冰是凜，彼北人何未之知乎？〔冰山〕〔難恃〕

3884　原 442/1　廣文 10/73 左　大 13/82

合肥傅相小像

3885　原 442/2　廣文 10/74　大 13/83

財神請客

蘇州任蔣橋財神廟素著靈應。前日，在廟諸人設酒款神，並擬大放餤火以答神庥。有好事者為神特下請柬，恭邀左近之猛將尊神同慶昇平。經猛將堂司事回帖應允。遂於旁晚，先用全副執事將財神擡在空闊平地，安置妥貼。然後排齊儀仗，恭迎猛將。未幾，神亦乘轎而來，分賓主東西坐。獻茶既畢，上菜宴讌。隨即舉放餤火八齣並流星花炮等。迨魚更三躍，猛將堂轎役人眾始排道來接劉天王大駕返署，財神送客後，亦即呵殿而歸。是日哄動，紅男綠女結伴往觀，俱謂財神請客，事屬創聞。實為見所未見云。〔行同〕〔兒戲〕

3886　原 442/3　廣文 10/75　大 13/84

孝媳感神

粵東鶴山李某，年逾花甲，夫婦齊眉。有二子，曰誠，曰信。誠已娶婦，性極賢孝。鄉里無間言。去歲，誠欲為信完娶，積有洋蚨三十枚，交妻暫貯。不足，將貸諸鄰鄉之戚友。出門後，忽被宵小穴壁竊銀而去。誠妻醒後覺之，追悔無及，痛不欲生，潛自投繯以圖畢命。適誠歸，解而救之，得免。詢知其故，慰以好言，復報知女家，請緩星期。而其妻終不安也。嗣聞歸博有榜花可卜，即典衣飾，得洋二元。該處有福神祠向著靈應，即沐浴詣祠，向神祈禱，乞賜闈姓字，俾獲中式，為叔完婚。不料，竊銀之匪因賭敗計窮，潛伏神案下陶然高臥；聞誠妻所禱，知其為己來也。翌晨，取闈姓街招，妄書二十字，置神前香爐下以紿之。即晚，誠妻復至，叩禱如初。禮畢，起見爐下有字紙，撿歸，向誠詰問。誠曰：「惠府闈姓字也。」其妻私喜，暗遣人投之。去臘榜發，果獲頭彩，得銀數百，諏吉為其弟完姻。聞者莫不謂其妻孝感之報云。〔成人之美〕

3887	原 442/4	廣文 10/76	大 13/85

強中有強

沙市三清觀有萬人臺焉。臺下分六小路可以出入，所以便觀劇者聚散計也。正月十八日為三元班演劇之期，粉墨登場，萬人喝彩。突有荊關護軍三五人，身穿號衣，鼓勇登臺，左顧右盼，若有求而弗獲者。俄來一軍中領袖，揚兩手過額作高式，諸軍皆搖首而咋舌焉；又舉手合圍作粗式，諸軍又搖首而咋舌焉。口中喃喃，不能辨一語，旋即下臺去。莫解其故。後有知其事者，謂當日該領袖在場觀劇，被一粗笨大漢用手一推，險遭顛仆。方上前理問，大漢一回首，又懼而退。然素善拳勇，平日睚眦必報，從不輕受睥睨。至此遂招集同儕，分紮六路，自帶三五人，前與大漢尋仇。四覓不獲。見戲臺上所扮大漢與前相似，故登臺探視。仍無其人，乃呼嘯六路眾軍，振隊而回。聞該領袖自言：「被大漢推時，則身軟如棉；大漢回顧時，則目光若電；大漢一呼吸，則余身閃閃欲動，頭昏目眩，幾不克自立。」然則其身手高強，概可想見矣。〔辟易千人〕

3888	原 442/5	廣文 10/77	大 13/86

燒香被圍

正月廿四日為庚申日，杭地男女之信佛者，創為庚申會。先期發帖，命僧人備齋，各出分金，在殿禮懺。是日各廟香火均極繁盛。有某姓少婦年約三十餘，濃粧艷抹，乘坐藍輿至吳山太歲殿。山上有惡少多人見之，蜂擁而入。該婦出輿升殿，點燃香燭，展拜已畢。諸惡少吆喝一聲，齊立於殿門之外。婦不得出。遊人愈聚愈眾，竟將該婦圍困其中。輿夫欲上前攔阻，反被毆打。幸吳山分巡委員聞知，趕即帶差前來彈壓。其眾始紛紛奔逃，如鳥獸散。婦得乘輿而去。婦女入廟燒香，本干例禁。為家長者，可不戒之。〔當場出醜〕

3889	原 442/6	廣文 10/78	大 13/87

高蹺肇禍

金陵城內炭業湖北幫紮燈演劇，并有高蹺會，熱鬧逾常。週遊城廂內外，見者嘖嘖稱羨不置。惟裝高蹺者已裝成故事身段，手足均不得如尋常之舉動自如；而又以木之高五尺許者，用繩牢繫於其人之腿上。迨其挺身立起，其肩背已與屋檐相齊，距地太高，似夷實險。一日，高蹺將出遊街市，甫從會館後殿裝束已畢，先由後殿階上下試行若干步。不意有某甲者恃其純熟，竟大踏步向前。未數武，滑跌於石階之下，腿筋足骨立時折斷。會中人見甲受傷甚重，急命人舁往基督醫院調治。是會遂因之敗興。語云：「戲無益」，信然。〔一蹶不振〕

3890	原 442/7	廣文 10/79	大 13/88

冠禮異聞

巫來油風俗素奉回教，而於冠、婚、喪、葬諸大端，莫不拘泥成法，奉行維謹。其中最足令人可笑可憎者，莫如冠禮一節。蓋彼族男女例於成童擇配，而後諏吉行冠、笄禮；預備羊隻、酒殽，讌會親朋。擇其教中之老成人，深諳禮制者，為之主持。屆期，以車駕迎送新郎、新婦到教堂中。男則捧酸柑一枚，端坐堂上；另設一盆盛沙少許，置於膝下。而主持禮教者則手執利刃，並用禮器如箸子然，夾新郎之陽具而略去皮膜，見血即止，點滴沙盆。眾皆喝采道賀，禮成而退。其新婦笄禮亦如之。近日，小坡王府邊有新郎名烏實曼者，舉行冠禮。因教牧手法未精，奏刀時用力過猛，誤將新郎之陽具割傷太重，以致鮮血噴注，洶湧如泉。陋俗如是，其亦悔於心乎？〔幾乎〕〔失勢〕

3891	原 442/8	廣文 10/80	大 13/89

異鄉年景

叻埠穆拉油人向崇回教。其年例，每逢臘月，則日間概不舉火，一切食物，屏而勿御；即茶煙之類，亦不沾唇。名曰「餓年」。至上燈後，則具膳而餐。如是者一月而止。至來月初旬，則登高望月；若見一灣月色，即為度歲。彼此相與賀年。若逢陰雨，或值濃雲掩其月光，則又俟諸來夜。向皆如是。茲悉穆拉油人正月初二晚，即入餓年之節，然則二月初二三夜若能見月，即是新年矣。嘗稽彼族之曆，向無步算，每月以三十日為率。既無中曆之閏月，亦無西曆之閏日。每年祇得三百六十日。於餓年、望月等事，常有耽延數日者。以此算之，恰可扣至三百六旬有六日之數。聞回曆每閱三十五年，則與華曆同時度歲云。〔別有〕〔洞天〕

3892	原 442/9	廣文 10/81 右	大 13/90

都司討債

武進西鄉巢翁善居積，財雄一鄉，與都司某交最密。都司積數千金，陸續交巢營運，而未立券。一日，暴病死，家人雖微知之；而事無左證，巢遂乾沒。巢年已五十餘，忽納妾，有娠。夜夢都司來，遂生一子，名恩，絕聰慧，翁束之嚴。少長，漸出門與人飲博，性揮霍。不數年，翁所畜盡罄。憤懣成疾。將死，呼恩至，曉之曰：「我負汝者，汝盡蕩去，我亦不較；惟我生平手自積累，與汝無干，何乃亦欲傾之耶？」恩笑曰：「上帝命也。翁所致財產，其來尚可問耶？」翁隨卒。今遺櫬尚露河濱。〔冤怨相報〕

3893	原 443/1	廣文 11/81 左	大 13/91

雞異

粵垣西南鄉有鍾某者，賣卜為生，事母甚孝。一日午初，見母雞方據石而鳴，其聲雄而長。鍾大詫，以為牝雞司晨，惟家之索，欲殺之。為母所阻。而雞則雄冠日聳，毛色亦轉紅。不數日，化為一雄，形體壯偉，每啼不忘故處。及移石置他所，而雞鳴仍戀其址。異而掘之，不尺許，見一埕小而黑。探其中，有物類錢而大，洗而磨之，乃露銀光，居然不動尊也。計一百三十餘元，平之，每元可九錢有奇。不知是何代物，埋自何年。乃必待此雞發之，不亦異乎？〔戛然〕〔長鳴〕

3894	原 443/2	廣文 11/82	大 13/92

俄援高亂

高麗之亂，自去秋八月間謀弒閔妃後，逆黨盤踞朝廷，蠢焉思動，時有岌岌可危之勢。至去臘二十八日，高臣金宏集、鄭秉夏等，復受日賄賂，暗約二十九夜火焚王宮，以冀燬屍滅跡。事機不密，為某忠臣所知，暗奏國王，早為防備。王思此事惟俄公使館或可救援，因即飛請俄兵總領進見。時宮內本有俄兵五十名護守。當俄總領進見時，國王緣左右皆係逆黨，不敢宣言；惟舉手作勢，以示求救之意。俄總領亦微聞逆謀，即解其意；當即出宮，點齊俄兵五十名。俟至深夜，乘宮內逆臣睡熟之時，用小轎三乘，將太公、國王及世子等護送至俄公使館。迨天明，眾逆臣始知，相率逃逸，僅由俄總領拘獲二名。《傳》云：「不去慶父，魯難未已。」有志之士，蓋未嘗不歎息痛恨於眾逆臣也。噫！高麗以弱小之邦，主闇民亂；權臣逼處於內，強鄰窺伺於旁。舍日就俄，俄猶日也。欲圖自立，不亦難乎？〔鋌而〕〔走險〕

3895	原 443/3	廣文 11/83	大 13/93

壽考作人

王鳳儀，震澤縣人，家世業農，而性好善。每當于耜、舉趾之餘，好行濟困扶危之事。戚里之受其惠者，咸以善人目之。行年八十有一，夫婦齊眉，琴耽瑟好。有子四、孫七、曾孫十、元孫三。男耕女織，雍穆一堂。子若孫尤能仰體親意，克勤克儉，事畜攸資。每年所得，除家用外，悉歸於上，從無半粟寸絲儲藏私囊。鳳儀以其所奉廣為賙恤，嘗謂人曰：「積錢以貽子孫，而子孫未必能享；何如積德以貽子孫，俾子孫猶或食其德乎！」蓋亦近世之隱君子也。前日為王壽誕，邑宰劉公贈以聯云：「四代兒孫繞膝，八旬夫婦齊眉。」洵佳話也，亦盛事也。故樂得而誌之。〔厚德載福〕

3896	原 443/4	廣文 11/84	大 13/94

標客肇禍

山東人李二鐵頭者，素為標客，名著江湖。自去歲保某官回川後，流落沙市，求助川資。適遇賣技者流，招之入伍。時值桃符煥彩，柏酒斟香；遂在該處天后宮前分作兩班，開廠獻技。游人蜂屯蟻聚，期飽眼福而擲纏頭。有童子五六人在廠內東突西竄，以為笑樂。鐵頭惡其騷擾，拔劍奮擊；某童急遮以手，砍斷兩指。眾皆譁然。鐵頭知已釀禍，乘勢用武，連傷三童。旁觀皆手無寸鐵，莫可如何。鎮南營什長某見而不平，立即脫下號褂，掩其不備，用號褂揮去，將刀擒住。眾益助威。鐵頭見宮前有一塘水，聳身躍入，將圖鳧水逃逸。什長下水擒之，并獲其敲鑼者一名，交官審辦。聞所傷三童，一年十四，砍壞所戴氈帽，削去額角一半，腳踢腰下一處，勢已垂危，越日殞命。一孩童傷甚重，頭顱腫大如斗，亦難保不測。惟斷指之童，尚可保全性命云。〔耀武揚威〕

3897	原 443/5	廣文 11/85	大 13/95

流水無情

金陵顏料坊某公館有如夫人某氏，初在釣魚巷高張艷幟。自某官為之脫籍，納作小星，寵擅專房，驕侈日甚。一日，乘輿至財神廟拈香，衣服輝煌，僕從烜赫，官家眷屬，一望而知。廟祝雅善逢迎，撞鐘伐鼓，聲徹街衢。好事者麕集觀看。適某茂才道經門首，駐足閒觀。見麗人膜拜已畢，輕移蓮步，出廟登輿者非他人，即前之勾闌某校書也。一度春風，豈不相識；遂大踏步向前，低聲小喚卿卿，冀念舊好而敘闊衷。詎某氏竟視蕭郎如陌路，反面無情，惱羞成怒；立命家丁拘某茂才帶回公館，訴於某官，令持片送縣懲辦。論某茂才之狂妄，固宜受此小懲；然彼如夫人者，亦不情之甚矣！然則如何而可？曰：置若罔聞，登輿逕去可也。〔陌路〕〔蕭郎〕

3898	原 443/6	廣文 11/86	大 13/96

訓蒙受累

杭有莊某者。邑庠生也，家境蕭條，素以訓蒙餬口，住居螺螄門之新開弄。正月廿一日午後，莊因事出外，諸頑徒共為捉迷藏之戲。有王姓童年約十二三，伏於積薪之上。蒙以破席，諸童無可捉摸，正在追尋。莊適自外歸，王一時驚惶無措，從柴上翻下，頭觸於石，血流如注。莊急以香灰敷之，一面通知其家。而王之父母，反以教訓不嚴，大肆咆哮。莊無奈，再三懇求，願出資包醫，始命人舁之而歸。惟聞受傷頗重，不知能無恙否。至包醫之費，需洋甚鉅。莊無可籌措，因將衣物典質，先付三元，餘俟續找。教子弟者，可不慎諸？〔師道〕〔不尊〕

3899	原 443/7	廣文 11/87	大 13/97

窮財神

財神趙元壇主司人間財帛。凡求富者爭趨之，是財神宜無患貧之日矣。而抑知不然。滬北六馬路有財神殿焉。祇因求禱無靈，以致香煙寥落。司祝者仰屋興嗟，乞靈無術，積欠租金若干。財神不能救，為房主所窘。不得已，遂議變產以償，令將廟中所有，招人拍賣，以抵租金。於是財神之一名一物，任人如取如攜。雖有神通，亦苦無錢難使。惟剩財神孑然一身，房主人憐之，飭人送其像至西門外晏公廟設座。有好事者復為之登報，以謝房主之德。嗟！彼財神何其窮也。僕嘗見滬上欠租拍賣之事，大都出於無業貧民；否則詐騙之徒，空中樓閣，如神龍之見首不見尾耳。乃以堂堂司祿之神，亦竟蹈此覆轍，狼狽至此。世之求神致富者，覩此能無爽然。〔富不可求〕

3900	原 443/8	廣文 11/88	大 13/98

推孩投火

安慶某姓家某日作釘鐺會，在藥王廟前隙地焚化冥鏹並冥屋數幢。當火光熊熊時，緇流羽士戛玉敲金，聲雜人喧，頗稱熱鬧。附近孩童聞之，群集觀玩，趨炎附熱，采烈興高。有剃髮匠某甲之子，年甫弱冠，猶有童心。忽將某乙數齡之子，向火一推；其意以為偶然游戲，非真欲投諸火窟也。不意乙子年幼無力，立足不穩，竟仆跌火內，痛極聲嘶。旁觀急為搶救，業已頭焦額爛，登時泡腫，眉目不分，令人不忍卒視。孩父兄聞信趕至，痛哭流涕，向甲理論。甲以釁由己子而起，立予責罰，一面備藥，勸乙帶回調治。未知有性命之憂否？甚矣！戲之無益也。世有善於戲謔，大則釀倫常之變，小則貽口舌之譏者，無莫非言動之不慎有以致之也。彼夫己氏之子，有何誅焉？〔剝膚之災〕

3901	原 443/9	廣文 11/89 右	大 13/99

神物誕生

廣東潮連鄉某氏婦，年將週甲，早喪所天。近數月間，忽碩腹便便，一似珠胎暗結也者。戚族皆疑之。既而，膨脝日甚，腹痛難堪，產下二物，皆長不盈指，而儼具人形。五官、四肢與人無異；惟質堅似石，眉目之精細，有如巧匠雕成者。或曰：「是不祥也。宜投諸荒野。」其家不信，虔卜於神，隱示以神物式憑之意。遂以木函安置家內，奉以香煙。何其奇也。〔石子〕

3902 原 444/1 廣文 12/89 左 大 13/100

道不拾遺

山西人魯某僑居沙市，開設一舖，藉權子母，獲利裕如。一日，以錢票五十張盛眼鏡匣中，怱怱行走。甫及中途，知鏡匣業已遺落，四顧張皇，仍由舊路俯首尋覓。見一丐鶉衣鵠面，立於道左。見魯，問尋何物。魯實告之。丐出鏡匣於懷，曰：「是非君物也耶？候之久矣，可取歸也。」魯異之，詢悉姓名，挈之歸，給以川資，俾返原籍。古有之拾金不昧，得於今日良難；得於今日之乞丐則尤難。〔古道〕〔可風〕

3903 原 444/2 廣文 12/90 大 13/101

公宴使相

文華殿大學士合肥太傅，以七十四之高年，秉數萬里之使節，啣命出都。於二月初二日，道經滬上，待法公司輪船到埠，附乘前往，抵地中海；再換登俄廷所遣迎接之船，直達俄京，賀俄皇加冕之禮。典至崇，恩至渥也。當相節暫駐時，滬上官紳聯名二十四人，擇吉初四日，設宴公餞於張氏味蒓園；并雇梨園菊部登臺演劇，以娛清聽而表頌忱。屆時，使相屏去一切鹵薄之盛，戴紅頂三眼翎，身穿黃馬褂，乘四輪雙馬轎車，前後馬兵數十人擁護而行。雍容肅穆，不驕不矜。逮至園中，各官恪恭迎入。送茶畢，恭請入座。一時筵開玳瑁，曲奏氍毹。開二百年宰相出使之風，扶五十載中外通商之局。傅相於此，其亦有感時撫事而自幸躬逢其盛乎？〔盛筵難再〕

3904 原 444/3 廣文 12/91 大 13/102

探極人回

西歷一千八百九十三年，那威國曾派進士南升前赴北極查探形勝。當由南升造一輪舟，重八百墩，馬力一百六十匹。艙面設桅三枝，可順風揚帆，以省煤力。船底有機能壓碎冰屑，以杜寒沍。是年七月二十四號啟行，選帶耐寒之人十二名，自那威開行。一去三年，杳無音息。近日，南升自北極回輪，已抵俄國北境之矮根地方。矮根人群往問信。據南升言，將近北極，船已不能駛行。忽見冰底有破壞輪舟木料，知為北極對面之地。船雖前進，冰實退行，是以萬難再進。旋得一法，繞赴冰之上流，隨冰而度。指南針業已起立，約在北極迤偏十五度。於是船遂有進無退，乃得查明情事，見所未見而返。此開闢以來，初探北極之情形也。〔創舉〕

3905 原 444/4 廣文 12/92 大 13/103

野番巢居

南洋番島中有黑人島焉。其中番族或有酋長別成部落，或散處四野並無統屬；而皆習於爭鬥，嗜食人肉。近有英船行其境，登岸游歷，遙望山嶺樹木成林，其中結有巨巢，意以為大鵬鳥之所棲者。迨後逼視，則野番居焉，乃恍然悟皆人巢。其巢之廣，可容數人。其下亦有房屋，並無雲梯相鉤連，其登降以籐為之。野番晝則居於房屋，夜則棲於樹巢。巢旁繫筐筥數十具，儲石悉滿，以防仇敵潛攻，登巢則將籐梯收懸樹杪。其備患之周密，蓋有如此者。〔構木為廬〕

3906 原 444/5 廣文 12/93 大 13/104

樹結成刀

客有自三湘七澤間來者，言去年日警方亟時，該省某鄉有一梧桐樹，大可數圍，高聳霄漢。忽有樹枝結成彎刀一把，不假斧鑿，厥形宛然。鄉中好事者遂疑此刀為滅寇之資，鋸而斷之，投獻撫轅。撫憲某中丞素號知兵，升堂受獻，遂慨然有澄清天下之志。先是中丞嘗假寐書齋，見一叟似地方模樣者，率同二役跪呈一冊。中丞驚而呼家人集問，則室中固闃其無人也。迨中丞奉命視師，奉天之役，士卒譁潰，湘中子弟傷亡實多。論者謂此中蓋有定數云。〔天造〕〔地設〕

3907 原 444/6 廣文 12/94 大 13/105

新娘赤足

蘇州鐘樓頭農家子楊姓，自幼聘定東小橋王氏女，美而艷，而且弓鞋一搦，婀娜生姿。女母素為喜嬪，出入貴家。於是墜鞭公子，走馬王孫，慕女貌美，恆託故往來。母遂隱有悔意。楊急欲完婚，屢次央媒向説。母橫索財禮，百計要求。楊知其隱，乃於前日糾集親友擁至女家，突作搶親之舉。時女正虛掩雙扉在房洗足，楊遽抱女登轎，怱怱行抵家門，急令人為女裹紮停當，交拜成禮。一時觀者如堵，僉謂金蓮旖旎，覩窅娘新月之形；玉珮參差，效仙子凌波之步。新郎當此，其亦有不堪回首者乎？〔無遮無礙〕

3908 原 444/7 廣文 12/95 大 13/106

孝丐

常州豐樂鄉有一丐，生有至性，事老母甚孝。雖在吹簫托鉢時，頗能先意承志，昏定晨省，務得歡心。鄉里知其孝，施之較常丐少豐；富室孫某尤厚。越年，母死，與鄉人共為棺殮。又逾年，丐病死，適孫亦病亡。孫隨冥役二人入冥府，見比戶排列香案，似陽世賽會迎神狀，私問二役。曰：「迎某孝子。」及見冥王，方檢簿，忽報孝子至。見鼓樂旗幡，八人舁一輿至庭中，則丐也。冥王降階趨謁，延至上坐。孫不覺呼救。丐起立，顧謂王曰：「此孫某係丐恩人，何令跪此？」王曰：「孫某數盡，以其功過足抵，擬令候轉生。君云恩人，亦嘗受其施乎？」丐歷述孫厚恤之故。王曰：「即此可延壽半紀。我當即令回陽。」孫遂甦，言初醒時猶見丐更衣，由二童導引，冉冉升天云。〔死有〕〔餘榮〕

3909 原 444/8 廣文 12/96 大 13/107

麻雀紛爭

麻雀一物，飛禽中之小鳥也；而亦知尋仇搏鬥，若有不解之冤者。言之殊堪駭異。如前日旁午，有無數麻雀成群結隊，向周浦西南而去。翌日，有人自召家樓來言，麻雀相鬥於是處樹林間，約有半里之遙，其數不知凡幾。

觀者以竹竿驅之不散，嗣以鳥鎗施放，始各驚逸。然鬥死墜地者，已有數百頭之多。蠢然細然，尚知敵愾同仇。以視夫人之躬膺節鉞，坐鎮巖疆，力敵當前，不戰自退者，相去如何？噫，可以人而不如鳥乎！〔蠢然思動〕

3910	原 444/9	廣文 12/97 右	大 13/108

產蛇

乃生男子，為熊為羆；乃生女子，為虺為蛇。此借喻語也，未聞有見諸實事者。乃九江東門外某姓婦，懷胎十月，至某日臨盆；產下兩物，大如粗蔗，長三尺許，盤旋於地。穩婆以見所未見，驚惶欲絕。視之，則雙蛇也。舉室駭然，亟扶產婦上床，幸獲平安無恙。婦夫惡其不祥，殺而埋之，無他異。是何戾氣所鍾歟？何儼然人腹而有蛇胎也？〔孽種〕

3911	原 445/1	廣行 1/1 左	大 13/109

李傅相行年七十四之像

3912	原 445/2	廣行 1/2	大 13/110

迎匾誌盛

上海城隍神相傳為秦公裕伯，自有明迄今，屢著靈異，已加封護海公矣。上年，又經蘇撫奎大中丞奏請，賜給匾額，以答神庥。茲已蒙恩，頒到御書「保釐蒼赤」四字；行知下縣，飭經當事敬謹製就橫匾一方，先供諸萬壽宮。屆時，由廟中住持羽士備齊儀仗、鹵簿及一切執事人役，於黎明時前往宮門伺候。迨地方官員及紳士人等齊集行禮畢，然後將匾額恭請，置諸龍亭。前擁後護，由宮起行。一路香花繚繞，鼓樂喧闐。甫抵廟門，即有印委各官及紳董等，按班跪於道左，敬謹恭迎。亦備神墊於門首階前，作肅迓狀，重君命也。迨將匾額恭懸殿上，官紳又以次行禮申賀，乃分道而回。而觀者猶途為之塞云。〔天語〕〔袞嘉〕

3913	原 445/3	廣行 1/3	大 13/111

玉猴救主

客有好談軼事者，言金陵蔡生有一玉猴，長五寸許，白類羊脂，而雕琢生動，祖遺物也。偶游湘中，戀一妓瀟雲，欲娶之而無力，乃以玉猴獻某中丞。中丞故與有舊，得猴喜甚，贈三百金，遂贖妓歸。既抵家，薄田數畝，適連歲荒歉，貧不可支，遂仍出游。舟泊大姑山，夜夢一白衣道人，向之舉手曰：「別主人三年，今將復歸。明日可俟我於大姑神祠。」醒而異之。至曉，赴祠瞻謁。適某中丞子亦至，少一游矚，即匆匆出，遺一物於階下。拾視，則玉猴也。狂喜懷歸。以其通靈，繫腰間，坐臥與俱。適白蓮教竊發，生連夜逃歸，中途遇寇露刃相向。忽一白猴從跨下躍出，撲殺諸匪，乃得脫。心知玉猴之神，抵家，供祖先神龕中，朝夕禮拜焉。〔神物〕〔通靈〕

3914	原 445/4	廣行 1/4	大 13/112

麥秀兩岐

麥秀兩岐，古稱國瑞。見於往籍者，如晉太康十年，嘉麥生扶風，一莖四穗，收寶【實】三倍。又張堪為漁陽太守，民歌之曰：「桑無附枝，麥穗兩岐。」又《唐書》：「河南壽安縣人劉懷，家有大麥六畝先熟，與眾麥殊，中有兩岐、三岐、六岐者。」此皆應時之瑞，未可倖邀也。乃近日浦東廿一圖安基地方，鄉人蔣元炳家有薄田一畝二分，遍栽麥草。當暮春之初，天氣轉熱，麥竟次第發秀。大小各麥中有六十餘棵均係雙穗。一時哄傳遠近，僉稱異事。據老農云：此係天氣過熱之故。理或近是，然未始非豐年之兆也。故樂得而誌之。〔天庥〕〔葆臻〕

3915	原 445/5	廣行 1/5	大 13/113

佳耦天成

廣東羅定州屬相傳昔有雙陰宮主廟，不知建於何代。據其土人言，時有某宮主生而雙陰。其君父以天地生人必有偶，天既生雙陰之女，亦必生雙陽之男以配之。於是密遣侍臣，遍訪天下。及抵廣東羅定州屬，見有群孩赤身落水撿拾田螺，忽聞一孩遙呼某童而詢之曰：「孖檌二，汝拾得田螺若干耶？」侍臣聞而異之，佯為市螺也者，喚童起而驗其下體，果生有陽具一雙。乃告諸地方官而迎入大內，與雙陰宮主成親，封雙陽郡馬。此雙陰宮主廟所由來也。或曰：雙陰地名，未知孰是？〔無獨有偶〕

3916	原 445/6	廣行 1/6	大 13/114

褻字被殛

字紙向由善堂收買焚化，所以敬惜聖賢字蹟也。乃近來有種江北人，專收舊簿、《新聞》、《申》、《滬》等報紙，放價十倍；販運出口至津沽，發售於各鞋鋪墊作紙底，每斤可得錢五十文左右。悖理營私，莫此為甚。被惜字會紳董查知，稟請縣尊出示禁止。業由巡防局員拘獲三人，送縣笞責，押候遞籍。然官法可以倖逃，天誅卒不可逭。試舉往事言之。昔揚州徐凝門外有王彬者，家本赤貧，多製篋筐，撿拾字紙；於三、六、九日向二廊廟惜字局秤賣，斤值五文，家漸溫飽。後將字紙滌去墨跡，售各紙局更造，獲利較豐。一日，方燃燈細檢，燈倒紙著，彬焚死，餘屋悉燬。此猶曰會逢其厄耳。若溧陽富室娶媳，亦富家女，奩資既豐，人亦淑婉，過門未旬日，一家皆稱其賢。一日，為暴雷震死，莫解其故。而雷聲隱隱，仍繞臥房；忽霹靂一聲，將箱籠擊碎。檢視，則鞋底皆字紙鋪襯也。合觀二事，褻字之罪，皆不可逭；而襯作鞋底，有意踐污，尤為蔑理之甚，故天特顯示其罰。嗚呼！可不鑒歟？〔自作孽〕

3917	原 445/7	廣行 1/7	大 13/115

命案駭聞

江蘇撫標中營管帶戴二尹天培，年逾弱冠，暴戾性成。近以遷移公館至護龍街，督令營勇起築照牆，以壯觀瞻。有中哨親兵譚洪發者，背上患一巨瘡，不能操作，瀝情求免。二尹不准。譚不得已，求開去差使。詎愈觸二尹之怒，幾欲以軍法從事。既而曰：「今日姑從寬典，貸汝一死。」喝令左右重責皮鞭一千下。左右猶有人心，見譚患瘡甚劇，痛苦堪憐，代為求免。二尹大怒曰：「至少須鞭五百下。」眾皆面面相覷，不忍動手。二尹遂一躍而下，執鞭亂箠。譚痛極不能出聲。二尹始釋手而罷。然怒猶未息，仍欲綑送縣署重懲遞籍。譚再三哀懇，終不得免。忿極，突取利刃向左腰戳入，用力一劃，至右腰際而止，登時腹剖臟流，立即殞命。二尹知釀命案，恐譚之胞弟告發，閉置營中，不使得出。譚妻某氏聞夫慘死，奔投撫署泣求伸冤，業由吳縣淩大令帶回訊核。想國法具在，斷不能任微末員弁妄自尊大，草菅人命也。〔逼人太甚〕

3918	原 445/8	廣行 1/8	大 13/116

天網難逃

滬北臺基之多，為從來所未有；明目張膽，顧忌毫無，誠不知其何所恃而不恐也。豈知捕頭之耳目可以蒙蔽，而上天之鑒觀，卒難倖逃。如英界中旺街一帶臺基五六家，素為著名之處。行人過客，罔不周知。以有巡捕為護身符，平日出入其門，儼同家室，人皆莫敢誰何。詎有大純棉紗廠之司事陳某，與蕩婦張桂寶苟合，樂極生悲，竟至脱陽而死。臺基主人知釀命案，紛紛逃避；而華捕吳明春猶在房與陳翠金調笑，致被捕房聞知，牽連拘獲。一時鄰近之人拍手稱快，謂吳捕之被獲，不可謂非天奪其魄。捕頭執法如山，請官重辦；判以笞責四百，管押一月，期滿遞籍。凡出入臺基之門而恃為保護者，今而後，當知所儆矣！所惜者，各臺基主僅予掌頰二百，管押一月，不復援律痛懲，何虔婆之大幸也？或曰：開設臺基者，不止中旺街一處；往來臺基者，不止吳捕一人。環顧洋場，滔滔皆是。嗚呼！安得有清淨之一日哉？〔淫惡之報〕

3919	原 445/9	廣行 1/9 右	大 13/117

火羊飛天

火羊之説，未知始自何時，説頗不經。然世俗相傳，落於何方，其地必遭回祿，屢試不爽，亦不知何所見而云然。沙市地方於正月初九日九下鐘時，青天無雲，繁星密佈，忽譁傳有一火羊大如盤盂，自南而北，疾如鷹隼。見者皆惴惴，恐飛災之一時降臨也。然而奇矣。〔莫須有〕

3920	原 446/1	廣行 2/9 左	大 13/118

濟人不易

高郵某布商自漢口攜厚資，僱舟南下。舟人皆一家眷屬，有女年十六，能把舵矣。行次小姑山，適大風雨。一尼倉皇張蓋淋雨中，求附舟赴皖。舟人不答。商憐而許之，且虛房艙以居焉。越日雨霽，船開，舟放江心。方早餐，尼忽出鐵錘擊案，厲聲叱曰：「汝等亦知江湖張鐵錘乎？各自為計，勿污我錘。」商大哭。女懇曰：「現炊粥將熟，但求飽食而死，則無憾矣！」尼許之。粥熟，女掇鍋入艙，出不意，遽覆鍋尼首。尼狂叫痛絕。商得脱，甚德之。以千金聘為妾，攜女而歸。〔人心叵測〕

3921	原 446/2	廣行 2/10	大 13/119

仙人易衣

房山仙蹟甚多。山腰一古寺，後殿三楹有三叟鬚髮倉然，衣冠古處，趺坐其中，枯瘠如木石，不飲不食不言。相傳元時避難隱此，每屆三十年，寺僧為之易衣一次。黑夜殿中光明如晝，其室常扃，終年無點塵。仙乎，仙乎，數百年後猶有去故就新之候乎？抑吾聞黃山有茅棚十餘處，棚坐一叟，自宋迄今，有無故自焚者，為功行已滿，遺蜕可棄；有忽然朽腐者，則由道念不堅，復生塵世。之三公者，守其軀殼，久而不棄，而又不朽腐。豈其道念雖堅，功行未滿歟？〔章身〕〔有具〕

3922	原 446/3	廣行 2/11	大 13/120

義貓救主

廣東禪山城南有葉某者，家世業農。父早喪，生平事母甚孝。娶妻某氏，賢能相夫。去冬，生有一子，愛逾掌珍。某素有阿芙蓉癖。家畜一貓，性甚馴善，葉愛之，常在燈前作伴，雲霧之氣，沾染日深，似亦成癖；因此追隨左右，跬步不離。一日，妻在蠶室，置孩於筠籬，因事他往。適葉閒步簷前，向內窺伺，見籬上有蛇蟠旋，逼近兒臉，不覺大驚。正思所以捕之。不意貓已直前相撲，將蛇銜下，輾轉地上；蛇亦將貓纏繞，滾作一團。某且驚且喜，急抱孩出，呼家人捕蛇。婢僕畢集，先以鐵鉗脱其蛇，斃之；而貓已受傷甚重，遍身作瘀黑色。急覓貓醫，和藥塗治，業已不及，貓亦尋斃。某德其殺蛇救子也，厚葬焉。世有食人之祿，不能忠人之事，一旦偶臨患難，輒即輕身遠去，唯恐不及者，覩此貓能無愧殺。〔情同〕〔犬馬〕

3923	原 446/4	廣行 2/12	大 13/121

奮身救火

戶部顏料庫科房不戒於火，於二月二十二日延燒戶部大堂等處。其詳細情形，已見邸抄，無煩贅述。惟當火熾時，五城各善龍吸水噴救，有捐軀殉難，不可湮沒者，宜表而出之。三里河同義水會紳士張君，善人也；救災捍患，若本性生。當時督夫舁龍前往援救，因見火勢飛揚跋扈，猛不可當；飭夫竭力噴射，冀遏其鋒。又恐龍中水尚不足，探首水門，藉窺水勢。不料龍夫意在壓水，顧上忘下，致將張之頭顱，立時壓扁，頃刻血肉模糊，慘然殞命，遂擡回棺殮。聞其事者，皆歎息不置。説者謂張君以救火之故，奮不顧身；其平日見義勇為，已可概見。例以以死勤事之義，宜邀朝廷祀典。不知當道諸公，果有以慰英魂毅魄否也？〔禦災〕〔捍患〕

3924	原 446/5	廣行 2/13	大 13/122

燒香被責

杭省普陀香市素稱繁盛，相傳神最靈應。凡焚香者稍不虔誠，輒遭顯罰，因此愚夫婦益崇奉之。暮春之初，滬上有「七十鳥」一群，約伴呼姨，乘舟詣寺，心香一瓣，虔達蓮臺，方期佛法有靈，護花常好，詎當喃喃默祝，俯身頂禮之頃，有某鴇忽自掌其頰，曰：「爾等以頻年齷齪之錢，污我佛地。我佛努目而視久矣！今汝摧折花枝，逼勒良善，較彼尤甚。乃敢以造孽錢供奉香花，獻媚乞靈，妄求降福，將以佛為可啖乎？則是以陽世之貪官視我矣。速回改過，尚保餘年，否則當擊斃於此時。」同來者皆駭汗浹背，相顧失色；有代求緩頰者，有情願懺悔者。霎時間某鴇始奔角有聲，踉蹌而起，猶口稱「不敢」、「不敢」。一時聞者皆謂神明此舉，實大快人意。特不知肅肅其羽者，果能因此而洗心革面否？〔惡鴇寒心〕

3925	原 446/6	廣行 2/14	大 13/123

高國妖人

朝鮮之變，傳述紛紜。近有鄉民過神其説者，謂十餘年前，慶尚道某郡地方有某夫婦獲產一男。落地之時，門首來一僧人聲請化緣。給以錢米，不受。惟言頃聞主母生養貴兒，乞賜一觀。其夫抱與相見，僧撫視良久，疊言此兒好相；但家中萬不可留，可否給與老僧，俟三年後送歸。夫婦聞言，俱不允；而僧竟納入懷中，霎時逸去。越三年，又生一子。僧取之如前，臨行言十五年後，當准爾母子相見。逮去冬變民四起，忽有二少年騎馬至家，稱係兄弟，登堂拜母，相持大哭。少頃，忽言刻下世亂兵荒，母在家中萬勿憂慮；此一二年大勢未能承平，須俟西北方黑晝將軍出世，兒等乃可回家奉母。言訖欲去，其母留之不果，上馬疾馳而逸。說者謂即係鄭姓慶尚道領兵元帥，年僅十五六歲，即是此童。其然，豈其然乎？〔妄言〕〔妄聽〕

3926	原 446/7	廣行 2/15	大 13/124

殺馬求馴

金陵自張香帥創設自強軍，延聘德國、比國洋員來省教習，分馬、步、槍、炮為四隊，一切均聽調度。前日，有馬隊教習某洋員，所乘之馬係由口外新到，倔強性成，不受羈勒。洋員屢騎屢蹶，忿然曰：「是非良馬也。」某日，行至中途，馬又直立不前，加以鞭策，仍不稍動。洋員怒，以手鎗擊斃，而另易他馬以乘。詎馬不畏威，依然倔強。洋員又欲擊之。御者乃牽馬而請曰：「馬由口外初來，野性難馴。非訓練數次，終不受節制也。」乃止。夫世多良馬，率其奔踶之性，不逢伯樂之知，以致仰首悲鳴，枉死櫪下者，何可勝道。今此二馬，以偶觸洋員之怒，幾同罹不測之災，亦馬之不幸也。嗚呼！獨馬也歟哉？〔駕馭無方〕

3927	原 446/8	廣行 2/16	大 13/125

厲鬼畏犬

京師菜市口為行刑之所，相傳鬼最多。有某生者，嘗飲於友人家，夜深無覓車處，乘月步歸。經其地，見一人高丈餘，遍身皆白，類所塑無常鬼而大過之。生駭絕，急躲身市廊下，取蓆數片以自蔽，穴孔以窺。手中亦不知何執，向地力擲，即迸出無數人首及斷臂缺足，翻滾滿街。長人掬啖之，格格有聲，立盡數骸；似已果腹，揚揚向西去。群物隨之跳擲而行。方欲出，忽風聲大作，又有無頭鬼數千湧跳而前。末後一物追至，遍身作藍，腿粗於象，以豹皮蔽下體，目灼灼在臍帶間，鬚髯翕張，兩牙外露長尺許。四顧搜群鬼不得，見生避蓆中，抒手欲攫。生心膽欲裂。方危急間，二犬至，嚙物足，物怒，舍生逐犬。犬走而吠益急，群犬聞聲亦吠；遠近相應，如百千豹聲，既而群集環嚙之。物艱於轉旋，似窘，叱聲震屋。有街卒驚起，擊以鳥槍，倒地化為碧燐，移時始滅。乃救生以歸。〔誅除魑魅〕

3928	原 446/9	廣行 2/17 右	大 13/126

蜰蟲為患

京師後門某古寺，有客屋三楹，人居輒死，不知凡幾。有數少年欲窮其異，相約具酒肴，入室坐守覘之。至夜半，諸人但覺口有出氣，無進氣。久之，益不可耐。大驚，急啟戶出。秉燭四矚，室之內外牆壁梁柱悉蜰蟲布滿，蠕動枕蓆，如恆河沙數，駭甚避去。次日，再入周視，無所得，惟一巨鐘蹲地。跡之，蜰蟲滿焉。其出入當鐘組處孔竅，乃用泥封固，外熾烈火。移時，震動有聲，流血水數斛，臭不可聞。自是患絕。〔氣焰〕〔逼人〕

3929	原 447/1	廣行 3/17 左	大 13/127

將軍顯靈

池陽獵人某，素性暴逆，奴畜其母，常以烹鹿蹄失飪，撻幾死。妻賢，每以規勸，並遭箠楚。一日，網得生兔，命母飼養。繩弛逸去。母懼，伏匿積薪中。某欲殺之，被妻所阻，母得狂奔。某怒，遂殺妻，復追母。母過關聖廟，大哭而呼曰：「關爺救命！關爺救命！」某至廟門，驀見聖帝座前泥塑之周將軍馳出，以木刀腰斬某，倒地上。觀者麕集，見神像一足立戶外，瞪目望屍，鬚眉奕奕，若有餘怒。刀上血猶淋漓滴瀝也。眾乃收屍，為之妥神歸廟。自是不孝者聞之，皆改行。將軍之靈，亦赫矣哉！〔神誅〕〔不孝〕

3930	原 447/2	廣行 3/18	大 13/128

仙翁猶在

客有自珠江來者，言粵有驪䨼卿者，明中葉時於羅浮出家學道，今四百八十餘歲。其子孫甚繁衍，嘗至羅浮叩請其祖回家，一省祠宇。䨼卿初不許，求之至再，乃首肯。遂以肩輿舁至宗祠，約炊許，即欲還山。子孫環拜，請曰：「老祖宗既歸，何不少留？」䨼卿讓之曰：「此間塵俗氣太重，那可久住。」子孫不得已，又命肩輿送其還山。行過市廛，人多見之。其身長如十三四歲童子，白髯垂胸，爪長數尺。甫出城，舁者覺肩上漸行漸輕。察之，身漸縮小。未幾，纔如初墮地之嬰，尋歘不見，輿中僅存瑪瑙煙瓶一具。以獻其子孫，寶之以為宗器。〔服氣〕〔鍊形〕

3931	原 447/3	廣行 3/19	大 13/129

佳人拾翠

踏青佳話，自古流傳。近則多出自小家碧玉，若名門淑媛，巨室寵姬，每不多見。蓋膏粱羅綺之身，久不暇作風流韻事矣。不謂上巳之辰，猶於蘇垣見之。蘇垣盤門外青楊地一帶，有某觀察之如夫人乘坐官舫，帶以小火輪，高扯商務局旗號，泊諸吳門橋畔。婷婷嬝嬝，手提花籃，由船登岸。扶二艷婢，輕移蓮步，姍姍至芳草叢中；蹲踞而立，親試纖手，摘菜入籃。輕裾飄蕩，搖曳風前。其所摘係金花菜，不似春韭、秋菘之可貴，而彼美乃薄言采之。好事者紛紛集視，群以為奇，不知此即拾翠之遺意也。說者謂觀察固風雅中人，故其如夫人亦有餘韻。惜吳人少見多怪，以致芳心小受虛驚。觀察聞之，得毋因愛生憐否？〔春閨〕〔韻事〕

3932	原 447/4	廣行 3/20	大 13/130

會神訊案

光緒十九年七月十四夜，常熟徐莊錢潤甫家有盜踰垣入室，將其妻某氏剖腹斷脰，剁成數段，并殺斃傭婦一口。其年未及笄之朱姓，則刃傷頭面二處。旋翻箱篋，搜取資財，大踏步出門而去。事後，報經常熟縣朱大令勘驗飭緝。後經差捕拘獲箍桶匠顧炳觀，供出錢姪名福森者為是案正犯。迨拘福森刑訊，堅不認承。大令固善以神道設教者，至此虔詣城隍廟拈香祈夢，毫無應驗。爰於深夜設案廟中大殿，與城隍神並坐訊鞫。福森一味叫屈，神亦不能剖析案情。大令則默坐沉思，付之太息而已。案懸三年，迄未訊結。近經元和縣葉潤齋明府訊有端倪大約，待拘到甲、乙，當可定讞。吳人追述往事，僉以朱大令會神訊案，為得未曾有云。〔幽明〕〔相隔〕

3933　原 447/5　廣行 3/21　大 13/131

放鷹掃興

紙鳶之製，人物蟲豸，大小不一。其中有所謂磨鷹者，翅支如輪，盤旋如磨，故有是名。非強有力者，不能作此戲。沙市後鄉隙地為群孩爭放風箏之所，有某少年與焉。少年口操吳音，衣履翩翩，手持綵線，命奚奴持一磨鷹，臨風展放，約高數十丈。正在揚揚得意。詎鷹忽翩然欲下，距樹杪僅尺許。少年駭甚，急挽手中線，向後退奔。適一女郎隨嫗展墓歸，徑路欹側，距少年約數步，兩不相顧，猝然相撞，女顛而少年亦跌。女郎羞憤之下，申申作女嫛詈。少年急謝過，而女郎猶雙眉直竪，柳眼圓睜，大斥狂奴無禮。旁人聞而觀者甚眾，飛短流長，議論不一。幸經和事老竭力排解，女郎始隨嫗悻悻以去。然仰視飛鷹，已早從樹外跕跕墮水中矣。少年遂掃興而歸。〔履舃交錯〕

3934　原 447/6　廣行 3/22　大 13/132

水怪搏人

鎮江士人某讀書焦山，夜飲薄醉，月色甚朗。某故善舞銅鞭，乃潛啟山門出，對月舞鞭，盤旋往復，意甚自得。忽江中跳出一物，魚首人身，長丈餘，掌如蒲扇，臂短，而腿粗幾如楹柱，跳躍而來。某駭絕，急避入，物已躍至。計不如先發制之，遂以銅鞭迎擊其首，中鼻。怪吱吱作聲，似益怒。舒臂來攫，不能及身。視其腿，亦不能伸屈。乃伏身猱進，連以鞭擊其腰跨。物怒益烈，往來騰踔。某喘汗交作，力將不支，避入御碑亭。物身長不得進，攫亭上瓦擲亭中，兩手撼亭，岌岌欲壓。雞鳴一聲，怪忽驚竦。已而群雞疊唱，慌遽跳入江，某始得脫。從此山門夜不敢啟。〔驚破大膽〕

3935　原 447/7　廣行 3/23　大 13/133

輪船撞沉

輪船失事，禍最慘烈。前年寶清上海之事，思之猶有餘痛。何圖於今日復見之。上月十七晚，怡和洋行之安和輪船由浦灘開行，至吳淞口之攔江沙，時值三點鐘，人多熟睡。適有太古行之牛莊輪船迎面而來，猝然相遇，不及避讓，陡然相撞。致安和船腰受傷甚重，約越十分餘鐘，竟即沉沒；惟剩桅杆半枝，挺然高矗。船中人皆隨波逐流，浮沉無定。美兵船見之，急放杉板，竭力施救，並有他船同心協力，始獲救起水手、搭客七十餘人，餘皆問諸水濱。事後由該洋行及仁濟善堂募夫雇船，在上下游打撈屍身，安置岸灘；各拍一照，各編一號，代為棺殮，以便家屬認領。直至二十五日，共撈得男女大小屍身一百八十四具。除一百十一具已有人認領外，尚有未經認領者七十三具。有屍已發變浮大，面目模糊，不堪拍照，無從辨認者。其未獲之屍，或葬身魚腹，或飄蕩外河，均不得而知。嗚呼，慘矣！「可憐無定河邊骨，猶是春閨夢裏人。」唐人之詩，令人不忍卒讀。〔死生有命〕

3936　原 447/8　廣行 3/24　大 13/134

喬裝可惡

男扮女妝，本干例禁；獲則懲之，不必問其有無姦情也。日前，南市增祥碼頭有甯人徐瑞林者，向操船業，輕薄性成，見對鄰祝某之妻徐氏而悅之，百般挑引，蓄意不良。氏亦水性楊花，不作投梭之拒。徐遂與某嫗商議，囑借婦女衣飾，為易弁而釵之計。裝束整齊，恐人窺出破綻，潛令嫗之童養媳王翠林，偽為親戚也者，聯步領至祝室。迷離撲朔，人皆莫辨其雌雄。徐方自為得計，詎誨淫之道，天理難容。無意中被氏夫祝某察破，惡其有意圖姦，扭送巡防北局請嚴懲辦。祝翼雲二尹以徐自供為婦之堂弟，因愚戲弄，並無別情；婦亦自認為徐之堂姊，極口伸辨。又以事屬暗昧，不便深求，判責徐一百板，驅逐出境。婦則交夫領回管束。王翠林亦從寬開釋。不知者或譏二尹為省事，殊不知保全名節之苦心，固昭然可鑒也。惟徐瑞林幸逃法網，未免太覺便宜耳。〔包藏〕〔禍心〕

3937　原 447/9　廣行 3/25 右　大 13/135

煙狗

鴉片流毒中國，我華人之受害者，已為正人所不齒，況畜類乎？然非所論於今日。今則猴與犬多有染之者矣！日前，法界某煙館有某氏婦，攜一白毛哈吧狗，開燈過癮，狗蜷伏婦人懷中，狺狺作聲。少頃，婦在榻上於呼吸之下，將餘煙向狗口鼻噴去；狗即搖頭擺尾，不勝欣躍。旋吸旋噴，直至五次始止。婦既過癮，狗亦一躍下榻，尾隨而去。天下事之無奇不有如此。〔有同〕〔嗜焉〕

3938　原 448/1　廣行 4/25 左　大 13/136

蜜騙

吳下某翁開設某藥肆，頻年獲利甚豐。室中有蜂房一所，群蜂釀蜜，取之不窮。一日，其夥有見極大蜂窠者，奔告翁。翁以為得未曾有，喜躍隨之。取蜜入口試其味，甘美逾恆，連飲少許。旋至他所，忽覺頭顫，昏然仆地。急延醫治之，莫識其由。後有告以翁曾飲蜜者。始恍然曰：「此中蜜毒也。」遂一藥而愈。夫天下至甘之境，往往有至苦者存焉。惜世人不察，多為蜜語甜言所誤；又何怪蜜騙者之得行其術哉！〔得而甘心〕

3939　原 448/2　廣行 4/26　大 13/137

海邦尚齒

日本松山地方於前月二十六日開設尚齒會，至者百二十九人。年最高者百有三歲，餘皆八十、九十以上。壽民四十人，壽婦八十九人。內齊眉者二，白首康強，同來赴會。誠海鎮之佳話也。舊藩主久松侯偕小牧知事，於各壽人咸有綢絹、便面等物之贈。查松山乃日本南海道伊豫國之屬郡，以偏僻之區，享遐齡之眾。嘗聞方壺、圓嶠之間，每產久視長生之藥。彼秦皇、漢武之遣使採求者，良有以也。〔壽星明〕

3940 原 448/3 廣行 4/27 大 13/138

海底清泉

地球之面，南北氣候寒燠不齊。其熱度之盛，以波斯國南海岸之波斯灣為最。查該處每當西歷七八月間極熱之際，以寒暑表測之，日則升至四百三十度，即夜晚亦有百度之上。而且海水苦鹹，居民食飲皆惟井泉是賴。有專以鑿井售水為業者，曰井戶。但浚井非深至二三百尺，不能見水，甚有井深五百尺者；蓋該處天氣酷熱，土燥水竭故也。然人非水不能生活。茲聞距海灣里許海底，忽有清泉噴薄而出。附近土人操小舟，攜羊皮袋，相率汲取；每日可得五六百袋。惟水自海底湧出，不免海水攙入，略帶鹹味。是以汲者尋流溯源，復於百餘里外得一山澗，有泉水流注海中，約二十丈寬廣，海面之水清淡，可供食用。遠近聞之，提瓶而來，爭相汲取者，載途塞道云。〔綆短汲深〕

3941 原 448/4 廣行 4/28 大 13/139

齋貓

持齋茹素，佞佛者類然，而要不可例之畜類；然畜類亦有時能默化者。滬南某庵住持尼酷愛狸奴，豢有十餘頭之多。每至飯時，呀呀之聲，不絕於耳。該尼為之撫摩抱弄，供以白粲，佐以素肴，為之喂飼。香積廚中從無魚腥等味為貓破例，貓亦習慣自然；鼓腹之餘，頗若津津有味。即平時所捕之鼠，亦均嚙斃不吞。窺其意，一似齋戒甚嚴也者。然則俗諺所謂「那個貓兒不吃葷」者，斯言固未可盡信也。乃近世不肖和尚性嗜酒肉，終日烹羊炰羔，習為常事；名雖齋戒，實似老饕。曾不知低眉之菩薩，已悉為努目之金剛者。以視此貓，能無愧煞。〔物隨人化〕

3942 原 448/5 廣行 4/29 大 13/140

還金救子

銅陵大通鎮有余翁者，在江滸設一旗亭，為過客啜茗之所。一日，客散後，翁於座上拾一布橐，內貯白金三百兩，知客所遺，姑藏待之。少頃，一客遑遽而來，四顧尋覓，翁問何為，客以實告。翁驗其言符合，遂如數還之。客感甚，願分半相酬。翁堅辭不受。客乃拜謝而去。將渡江，適遇天風，見中流一舟，簸蕩欹側，勢甚危急。客惻然心動，即手持白金，大聲呼曰：「有能救來舟之急者，當重犒之。」時岸艤漁舟甚多，群貪其利，破浪爭往，將來舟眾人扶登漁舟。來舟載輕，得以無恙。即達岸，客出金，分犒舟人。眾人同聲致謝。內一少年攬客袂曰：「小人危急，脱不遇君子，斷無生理。請至舍間，當使合家拜德。」客再三辭之不得。及至其家，少年亟呼父出見客。其父非他，即余翁也。翁年六旬，僅此一子，向非還金，則已葬魚腹矣。天道報施，真巧矣哉！〔善人〕〔有後〕

3943 原 448/6 廣行 4/30 大 13/141

刨棺破案

甯波四鄉剝屍之事，屢有所聞，從未破獲；故聽者亦疑其事屬影響。茲聞慈谿縣所轄新渡地方有某姓女棺，權厝於此。於某夜被甲、乙、丙三匪鑿開和頭，將頭上之金簪、珠環，手上之金鐲、金戒，盡行攫去；復將屍身以繩懸掛大樹下，再剝其身上之衣。甲、乙已飽慾壑先去。丙心未足，將脱紅綯繡花褲；不意繩忽中斷，屍即由樹上墮下，兩足騎丙兩肩。丙驚而仆地，屍隨丙而倒，伏其身上，再三掙脱，牢不得脱。迨天明，有人過此，丙呼救。人曰：「自作自受，我不能與魂結不解之冤也。」望望而去。少頃，觀者如堵牆。屍屬聞耗前來，始將丙拖出。向之盤詰，盡吐出實情。於是先將丙送縣請辦，並懇嚴緝甲、乙云。〔天奪〕〔其魄〕

3944 原 448/7 廣行 4/31 大 13/142

日抽妓税

臺灣自割讓日本以來，更張制度，日異月新。因臺北大稻埕、艋舺等處，日本流妓紛至沓來；是以日官擬定妓女税則。凡十六歲以上者，每人每月税洋五元，十六歲以下者三元；無論藝妓、娼妓及藝娼兼業者胥同。蓋日妓凡工彈唱侍酒者，謂之藝妓；陪寢索取夜度資者，謂之娼妓。是以捐税各有等差。茲在臺灣仿而衍之。聞此項所抽之税，另積一款，作為派赴各處探事細作之用，謂之曰「秘密費」。相傳中日有事之時，日本派赴中國南北各地探事之人，共用秘密費洋至百萬元之多。以皮肉之生涯，供國家之帑項，是誠日本之獨出心裁者也。〔殊失〕〔國體〕

3945 原 448/8 廣行 4/32 大 13/143

為夫懺悔

青浦人張耀斗僑居滬北德安里，數年前作客外埠，吞沒某客資本洋數百元，家遂小康。而某客則因此斃命，遺下一女，流離失所，由某女尼披剃為徒。張妻某氏因夫為富不仁，時占反目，常負氣出門，至庵觀諷經禮懺，藉修善果，得與某女尼相識。一日，見某女尼并其徒於某戚家，心訝小尼之舉止大方，邀與共語，詢厥里居。小尼直道前事，謂家破人亡，皆由張姓昧良所致；而不知即氏之夫也。某氏知係其夫所為，暗為酸鼻；臨行約小尼次日來家一敘。小尼疑有佈施，欣然果至。詎某氏即燃香點燭，喚張至前，歷指前非畢，將八千根煩惱絲全行剪卻，復屈雙膝跪拜尼前，謂：「夫也不良，累師遭此奇苦。心殊不忍，行當奉拜為師，遁入空門，與夫永訣。」語畢，嗚咽不止。張瞠目直視，不發一言，任妻攜隨嫁衣飾，雇舟隨尼而去。〔遇人〕〔不淑〕

3946 原 448/9 廣行 4/33 右 大 13/144

守貞

中州某甲娶妻某氏，伉儷甚敦。旋因貿易京師，十年始歸，夫妻團聚，情倍親暱。忽於晚間登床後狂叫一聲，絕不復蘇。氏大驚，急起燭之，勢已閹割，不留餘蒂，恐懼不知所措。詰旦，親鄰畢集，疑有姦謀，控之官。年餘不能定讞。時勾越有商先生者，申韓家老手也，善斷疑獄。官厚幣聘之，與議此獄。商亦疑之。爰招某氏至，審其無凶悍狀。屏去左右，令言當日床笫情形。氏無奈，從直縷述。商遂思得一法，令穩婆以豬肉少許，切作人勢狀，中貫鐵鉤，塞入某氏陰道中試探之。果有一物力嚙其肉，如魚吞餌然。急拔出視之，其物長七寸，竟體黃毛，四足修尾，酷類鼯、鼪。始悟某甲之變，而某氏之冤案遂白。

或謂此物名守貞，亦名「血鱉」，凡婦女久曠者有之。噫！異已。〔怨氣〕〔凝結〕

3947　原 449/1　廣行 5/33 左　大 13/145

夜郎可笑

浦東人丁雨香向為成衣匠，近在塘橋柘林營分汛充當汛兵，由某弁贈以空白功牌一紙。丁詡詡自喜，自謂已得保舉，立可有缺。每自出入，必令家中人放鳥鎗三響，高呼老爺；並著人分發報單。門上另貼黃紙報條兩紙，上聯曰「欽賜恩典」，下聯曰「五品頂戴」。閱者咸為之捧腹不止。後改報條云：「獎賞五品頂戴，江南補用把總」，挨戶分派。至謝家宅，被某鄉婦拒而不納。分者竟從笆外拋入。亦世所未聞者也。〔龐然自大〕

3948　原 449/2　廣行 5/34　大 13/146

追頌前勛

法界大自鳴鐘石級下有銅像一座，係法國水師提督卜買德君之像。其下石墩旁嵌銅板一方，敘述卜君戰功事蹟。當同治紀元，髮逆擾亂之日，卜君助國剿賊，陣亡於浦東之南橋。當蒙恤贈提督銜，並在南橋建立專祠，春秋致祭，以慰忠魂。西歷五月十七號為卜君戰沒之期。法總領事暨法兵艦統帶追念前勳，致祭行禮畢，法兵官穿金線大衣，佩帶寶星，率領水師八十餘名，分班站立於銅人之前。兵官操西語，宣揚卜君之戰功事蹟；復在銅像左右前後繞道三匝，然後分道而返。聞此舉自建立銅像以來，實為創始云。〔流風〕〔未泯〕

3949　原 449/3　廣行 5/35　大 13/147

敵人羞稱

長崎西式酒肆清洋亭懸有「燈紅酒綠」匾額，為中國已革海軍提督，以兵船贈日本之丁汝昌署名，倩幕友書贈者。當時丁率水師至長崎，時在肆中宴飲買笑。亭主以得此題贈為榮，裝潢甚精，懸之久矣。今春，忽將「丁」字改為「王」字。有客怪而問亭主曰：「向者丁在汝家揮金如土，且以兵船悉數贈諸日本，可謂待爾國不薄矣。何爾家將伊所贈輕賤若是？」亭主笑曰：「否否，此係華人所改。」問者乃笑而不復言。孟子云：「羞惡之心，人皆有之。」觀此益信。〔蓋棺論定〕

3950　原 449/4　廣行 5/36　大 13/148

西士義憤

蘇垣養育巷某洋廣貨店，前日有甲、乙兩勇因購香水起釁，敲檯拍凳，拔刃行兇。適糧道陸春江觀察鳴騶而過，停輿飭拿。乙勇已被兔脱，僅獲甲勇，交地保解縣究辦。詎乙勇逃回，立糾羽黨二十餘人，霜鋒雪刃，蜂擁而來，向該店索人；並扭一店夥，欲帶歸砲船，聽候送勇來贖。擾擾紛紛，正在扭結不解之際，該店對門耶穌教堂西教士杜波茜見之，代抱不平，攘臂直前，大聲喝拿。於是旁觀協力相助，當場獲住兩人，餘被逸去。事後，杜教士赴縣代訴情由。縣尊淩大令派差拘提，一併收禁。以勇丁肇禍均係鹽捕營，立即上稟。撫憲趙中丞大怒，飭俟查明，將以軍法從事云。是役也，向無西教士之奮身仗義，吾恐營官必為袒護，有司莫敢究詰。閭閻之害，其可除乎？〔不平〕〔則鳴〕

3951　原 449/5　廣行 5/37　大 13/149

流氓兇橫

滬北唐家弄一帶，每有小流氓成群結隊，身藏利刃、銕尺、銅蝙蝠等利器，遇事生風，藉端滋詐，時有所聞。前夜，有著名流氓羅阿二、薛秀堂、吳阿四、陳阿六等，因撚酸起釁；身藏利刃，至唐家弄八百七十八號瑞興飯店，刃傷該店主婦金趙氏并其女彩娥。時有天福老虎灶前擺餅攤之時阿二，前來解勸，被陳阿六一刀刺傷喉間，立時殞命。嗣經捕房得悉，通飭秦、黃、趙、孔各包探，分班追緝，拘獲兇手九名；暨刺刀十把、銕尺、銅蝙蝠等兇器。並有某公館用人因出外喊捕，亦被刺傷等情。解經英廨，飭令報縣。黃大令親詣相驗，訊明行兇各情，均已分別承認，想當按律懲辦。以為自此釀命之後，各流氓當稍知儆懼，從此匿跡銷聲矣。詎越日，又在該處持刃橫行，被探捕拘獲數名，解案訊懲。何若輩之目無王法，愍不畏死，竟一至於此。古云：「治亂民，用重典。」竊願有地方之責者，作懲一儆百之想，萬勿姑息養奸，是則滬北生民之福也。〔成何世界〕

3952　原 449/6　廣行 5/38　大 13/150

摘伏如神

江陵杜生美丰姿，聘妻某氏，亦名門淑媛也。合巹之夕，聞同學周生私議，將俟夜闌，潛伏書樓上，以弄神通。杜遂思預防之策，比將寢，往覘之。則樓上已有人扼其喉，杜即昏暈仆地。而其人卸卻己衣，即易新郎冠帶，徑詣洞房，滅燭求歡。新婦訝其不類，堅不允從，遂逸去。當新郎墮地時，家人聞聲集視，扶回寢室，良久始能出聲。雖心恨周生，幸婦未被辱，遂亦隱忍。而不知周雖有是言，因醉未果；至酒醒，已踉蹌歸去矣。婦之母族聞之，惡周行為，急控於官。官拘周於獄，見無兇惡狀，屢訊未能決。越年餘，某明府宰是邑，閱卷至此，疑必有冤。尋思久之，恍然曰：「其人既易衣而去，當有遺衣在室。覓得之，便可分曉。」遂排導至杜家，飭差向書樓上搜索。果得破衣數襲，內有招賭書，乃杜家乳媪之子名也；素無賴，為杜父驅逐。拘之，訊得實情，治以法，周遂得釋。〔明察〕〔秋毫〕

3953　原 449/7　廣行 5/39　大 13/151

坍屋傷人

經綸繅絲廠為拔維晏洋行經理，開設在新閘橋北堍。甫於二月二十四日開車工作，機聲軋軋，婦女雲屯，大有日新月盛之勢。詎四月十六日午前，風雨大作，雷電交加，轟然一聲，忽廠中東首樓角突然倒塌，壓傷機車十六部。眾女工不及避讓，被傷五十餘人，有二女孩竟傷重斃命；餘人或傷手足，或傷頭面，狼狽奔逃，不堪言狀。當經廠中延醫施治，分別重輕，給予養傷費，並將死者妥為撫恤。事後，司事者慮及分廠亦有倒塌情事，飭匠修理；而氣樓竟亦突倒，致該匠受傷甚重。噫！絲廠大屋，偶因風雨，竟屢見倒坍，幾如銅山西崩、洛鐘東應。豈工料之不堅歟？誰司其事，曷以安死者之心而慰傷者之望也？〔是誰之過〕

3954	原 449/8	廣行 5/40	大 13/152

屠夫殉豕

金陵黃某鼓刀而屠，設肉肆於聚寶門內，生涯鼎盛，家道小康。有甲、乙二子，均能操刀而割。乙奏刀尤中窾竅，剛鬣公之飲其刃者，誠不能以數計。一日，乙由門外豬行買得肥豕一頭，驅之不行，因用麻繩縶之拖拽而行。經小河沿，豕忽如渴驥奔泉，一試其涉波伎倆。乙恐蹈不測，急思縱之使遊。無如牽豕赴途之時，恐其奔逸，將繩縛繞於手者數道。至此竟結不解之緣，遂被豕牽落水中，竟為波臣攝魄勾魂而去。及人知覺，設法撈起，乙已大腹膨脝，形同肥牡。有識乙者趕即報知其家，業已無救；然麻繩猶牢縛手中，而豕則一息尚存。忿極，即拔刀先將繩索割斷，旋用刀將豬戳斃，然後將屍收殮。說者謂屠夫殉豕，未始非多戕生命之報也。〔身不由主〕

3955	原 449/9	廣行 5/41 右	大 13/153

驅蚊神術

廣東某寺僧貧苦清修，持戒甚嚴。夏日，有遊方道士來求寄宿。僧慮荒刹湫隘，毒蚊甚多，一敝布幃，恐難應客。道士懇切告求，僧遂讓榻款客；而己露宿他處，竟夕亦無蚊患。異而問之。道士笑曰：「緣感慈悲，略用小術，將蚊盡驅於後園竹葉上矣。」趣驗之，果見數百竿葉上，各栖一蚊，俱化文字。出謝道士，已不知何往，蓋仙人也。聞蚊所栖之葉，皆可避蚊，爭購之，園竹為空。僧由是致富。〔高枕〕〔無憂〕

3956	原 450/1	廣行 6/41 左	大 13/154

土地顯靈

杭垣忠清里某屠肆，日前有一嫗前往沽肉，手攜洋五十枚，安置櫃上。旋以年老善忘，事畢逕去。被該肆夥某甲收而藏之，匿不以與。嫗索之不得，忿不能平，日禱於福德神祠，冀邀靈佑。越旬，甲忽詣祠前，兀然獨立，如醉如癡。旁觀詢以何事，甲神色倉皇，喃喃自語，如對質狀。未幾，忽語人云：「床頭有英佛五十尊，請諸君代還某嫗，了此公案。」語畢，豁然而醒。人謂土地顯靈，以為昧心者儆，理或然歟！〔神道〕〔設教〕

3957	原 450/2	廣行 6/42	大 13/155

加冕盛儀

俄皇加冕之禮，定於華歷四月十四日舉行。文武百官先期由避寒宮奉冕至木司哥故京，雄兵沿途護送。迨俄皇與后同幸木司哥城，即接見各國賀使，復排日幸各教堂禱告，并閱視營伍畢。屆期在宮中賜大臣筵讌，所有慶筵先後凡二十一日。除俄廷自備外，各國使臣設宴致賀。俄皇與后一一臨幸，計每筵約須佛郎五十萬圓，席客則千人之譜。法京特備膳夫五十人，至駐俄法署預備一是。惟意國以戎事失利，國庫空虛，故不為設讌。俄皇因推與民同樂之意，將民間積欠錢糧一律豁免，以後十年內，祇取半賦。民人犯法者，小罪赦宥，大罪依次減輕。一時行慶施惠，民間無不鼓舞聲軒云。〔萬國〕〔來同〕

3958	原 450/3	廣行 6/43	大 13/156

日后巡行

日本東京所建靖國神社，合祀陣亡諸將士。上月六號為例祭之期，宮內省預先傳旨，皇后行幸。是日午前后，由宮中整駕啟行，隨從太夫、式部、侍醫、女官等十餘人。迨駕抵社前，海、陸二軍大臣肅恭迎迓，導引入殿行禮。禮畢，太夫香川氏引海、陸二軍大臣及宮內省等官恭謁皇后。旋啟駕回宮，一路惟都下人民仰瞻手采。有見者謂后身御淺鼠洋服，容顏甚麗，洵不愧為一國之母云。〔姆儀共仰〕

3959	原 450/4	廣行 6/44	大 13/157

還炮誌盛

二月二日相傳為土地神誕。粵俗例燃花炮以伸慶賀。當放炮時，居民爭相拾取，往往滋生事端。迭經官憲出示嚴禁，不啻三令五申；無如積習相沿，牢不可破。城西大笪地叢桂南約之北帝廟，每屆燃放花炮，其能得首炮及結子炮者，必獲大利，歷驗不爽。故趨之者尤蜂屯蟻聚，至有挾刃帶鎗，以求必得者。及逾年還炮，踵事增華，異常熱鬧，然亦不一其類。聞今屆二月初一日，詣廟還炮者為某元緒公。因去年拾炮卜中榜花首名，獲利不貲；特雇八音亭宇，并喬扮雛妓三十二人為散花仙女，華妝艷服，過市招搖。見者皆嘖嘖稱羨，謂其不忘綠頭巾本色云。〔俯拾〕〔即是〕

3960	原 450/5	廣行 6/45	大 13/158

假道學

江陵某君才名藉甚，設皋比座於沙市，桃李盈門。其人矩步規行，言笑不苟，人皆敬之。嘗與門弟子講《詩經》，至「鄭」、「衛」諸篇，必反覆譬喻，謂儒生切不可以名士風流自命；一有淫行，則為名教罪人。聽者每神為之聳。一日晚膳後，挈門徒散步，道經妓寮，謂門徒曰：「此地如唐之平康里，左右皆是。吾輩於此等處，宜有把握。不可偶一失足。」門徒唯唯。正言議間，一妓倚門悄立，某君若弗見也者。妓忽呼某君曰：「騷秀才，時辰表何久持去不歸耶？」某君又若弗聞也者。妓飛步扯其衣曰：「勿假作道學腔調。欠嫖錢十餘串，復帶吾時表充財主耶？」從衣扣間解之而去。某君紅漲於頰，行幾不能成步。門徒喧傳其事，眾始知為色莊者也。事見《博聞報》。〔色厲內荏〕

3961	原 450/6	廣行 6/46	大 13/159

呂蒙後身

山右某生，邑中名士也。生一子，目重瞳，雙眸炯射，諦視眶中，有兩瞳神，時方周晬，狀極魁偉。鄉里咸許其不凡。至七齡，家人抱往武聖廟，覩帝君像，忽勃然盛怒，戟手大罵。家人駭甚，亟抱歸，是夜即殤。或曰：「吳下阿蒙後身也。」按呂蒙於麥城之役，設計害公；兩人結怨之深，史冊昭昭，是非具在。乃公則廟食百世，尊為帝君，四海九州無不共相尊敬；而呂蒙無聞焉。惟《齊諧記》載某處新設一呂蒙廟，一夕烈風猛雨，大發雷霆，立毀其廟。說者謂是帝君之靈，不容淫祀。而不料千載而下，轉世之後，夙怨未消；猶於一見時立現詞色，而卒不永

其生。吁，奸佞之徒，果不敵忠義之氣乎！〔一靈〕〔不泯〕

3962　原 450/7　廣行 6/47　大 13/160

重懲馳馬

杭垣上城總巡孫司馬，丰裁嚴厲，嫉惡如仇。日前，有某甲短衣匹馬，由金剛寺巷飛馳而過。司馬瞥見之，以其有干例禁，勒令下騎。時甲見司馬衣冠未卸，不知為誰，加鞭如故。司馬以赫赫總巡，甲故藐玩，不覺大發雷霆。立飭差甲拿下，判責大板二千。後經甲母到來叩頭請釋，司馬怒猶未息，命再重責二千板，以為藐視官長者儆。一時見者僉以司馬威福自專，罔不慄慄危懼，相顧咋舌。或謂：「司馬是日在羊市街金紳家彈壓，誤辱某公子，被公子之父直言詰責，幾於無地自容。事後憤氣填膺，莫可發洩。適某甲誤觸其怒，遂至大肆威風。其實馳馬雖違憲令，究無大罪。今竟視同劇盜，重刑至四千板。總巡之威，真可畏也！」〔憲威可畏〕

3963　原 450/8　廣行 6/48　大 13/161

嫁禍於人

浦左人某甲僑居滬上，困苦不堪。以女許字周浦傅某為妾，得受身價洋二百元。女不知也。及星期將近，為女所聞，不甘自儕於小星之列，誓不允從。甲不得已，遂生李代桃僵之計。窺見鄰居某氏女年既相若，貌亦姣好。密使成衣匠某乙代為作伐，詭言傅某斷絃，急欲續娶；若以女妻之，一生吃著不盡矣。氏惑其言，許之，言定聘金八十元，餘皆不計。及傅某迎娶到周成禮時，令其參見大婦，女乃正色而言曰：「既云續娶，大婦何來？如果作妾，吾母曾得身價若干，可將婚據取來一閱。如以勢逼，甯死不從。」大婦聞續娶之說，勃然大怒。兩相爭執，經人勸喻，卒未允洽，不知如何了結。竊謂此事，甲實罪魁禍首，始則利人重幣，甘置己女於篷室；繼因其女不從，復生詭計。貽誤他人而陰利其賄，致某氏女遭此騙婚之冤。甲之肉，其足食乎？〔桃僵李代〕

3964　原 450/9　廣行 6/49 右　大 13/162

嫖帳難討

空心闊少每屆三節，藏匿不出，藉避嫖債，此常技也。故諺有「枇杷黃，娘姨忙。小姐慌，嫖客藏」之遙。邇以端節將屆，嫖客已多藏頭露尾。其最黠者，莫如滬南大關左近某米行之小主人周某是。周性喜冶遊，積欠滬北公陽里某校書局帳洋一百餘元。被二女傭相遇諸塗，欲逃無術，謊令同至老白渡某衛船借貸。及抵衛船，艙中忽奔出黃犬一頭，狂吠亂嚙，咬傷頭面手臂等處；致女傭驚惶無措，幾乎墮浦。後經舟子將犬驅逐，女傭始得逸歸。討嫖帳如此，不亦難乎！〔棄人用犬〕

3965　原 451/1　廣行 7/49 左　大 13/163

雞醫

涇邑陳某，諸生也。家有一雞，相傳能已疾病；然亦不甚深信，久之且忘其說。適陳一子疾，已易數醫，治不稍驗。家人偶憶雞能治疾，姑試其術。時病者痰涎汛湧，舌本僵硬，憒不知人，懨懨臥榻，僅餘弱息。雞見病者，輒騰身以上，當胸而立，探喙於病者之口，吸其頑涎；半晌始下，則病者已呻吟有聲，立見起色。問之，則言胸中壘塊頓然宣豁。索茶一飲，精神頓爽。咸訝雞術之神。延數刻，攜雞再治。覺盧扁刀針，不過如是捷也。〔五德〕〔具備〕

3966　原 451/2　廣行 7/50　大 13/164

風災

杭屬德清縣西鄉地名六柵，又名徐村，煙火數百家，比屋而居，別成村落。四月十七夜，雷雨之下，陡起狂風，將所有田廬屋舍悉數刮去，水中船隻被攝空中，居民男婦老幼亦皆作破壁之飛；不辨為人為物，蕩然無存，儼有拔宅升天之象。直至落花流水紛紛墮地，惟見屍骸狼藉，器物飄零，慘目傷心，不堪言狀。其中僅存三戶，巋然如魯靈光殿。由地保據情報縣，邑尊親赴踏勘。先飭將屍收殮，其受傷未死者數十人，即在近村社廟中安插，再議妥為撫恤。誠奇災也。聞起災之由，相傳該處山中有一大蜈蚣，長約數丈。是晚適與龍鬥。蜈蚣口噴煙火，高入雲際。居民誤為火發，鳴鑼警眾，以致龍風頓起，肇此奇災云。或謂：「是鄉居民率多兇悍，故遭天禍如此之烈。」其說近刻，君子無取焉。〔不翼〕〔而飛〕

3967　原 451/3　廣行 7/51　大 13/165

神鯉

浦左人張某捕魚為業，每日臨流舉網。凡有所獲，輒入市求沽，藉圖醉飽。固不問其在藻依蒲者為何物也。前日大雨後，張煙蓑雨笠，垂釣江竿，忽網得鯉魚一頭。遍身鱗甲作金碧色，兩目灼灼，不類常魚，枕間隱隱有一「王」字，而尾大於身，形如葵扇。權之，重三觔有奇。張知為神物，恐供刀匕或致災殃，因仍投諸水濱。見鯉在浦面點頭者三，始銜波破浪而去。時有小魚百數尾環繞而行，歷歷可覩。魚過處，猶浪高數尺。人皆嘖嘖稱奇。按説部所載，龍子龍孫偶作鯉魚，出而游戲，以致被人所侮，時或見之。此魚豈其類耶？諺云：「白龍魚服，困於豫且。」乃捕魚者不為豫且之續，樂為放生，以適其泳游之性，不可謂非幸事也。〔攸然〕〔而逝〕

3968　原 451/4　廣行 7/52　大 13/166

孽貓

滬城夢花樓左近李某者，不知作何事業，平生最喜飲酒；家畜狸奴一頭，愛如拱璧。月初，生育小貓三隻，不料被某處野貓嚙斃其二；致李如失至寶，忿恨異常。每日恆持木棒以伺，欲得該野貓而甘心焉。前日，貓果復至，李遂狠加毆打。詎聞怒吼一聲，貓忽一躍而起，離地數尺；驀將李臂咬住不釋，登時鮮血淋漓，痛極倒地。當經伊妻喚同鄰人上前驅逐，李愈形喊痛不止。眾皆束手無策，咄咄稱怪。移時始釋，貓遂被眾擊斃。然李已傷勢甚重，氣弱如絲。刻雖延醫敷治，尚難保無性命之憂。噫！是殆釋氏所謂前身冤孽歟？〔情深嚙臂〕

3969　原 451/5　廣行 7/53　大 13/167

人劫

俄皇於四月十四日舉行加冕之禮，內外文武大臣及各國賀使，皆在廷慶祝。民間亦結彩懸燈，璀璨陸離，無不各極其妙；而買司掛地方獨見甚盛。緣是日該處人民置酒作賀，並陳設一切，鋪張揚厲，藉壯觀瞻。遊人道經其間，隨意矉餽，以申遙祝，而表寅恭。一時不期而聚者數十萬人。肩摩轂擊之餘，自相踐踏而斃者，有二千餘人之多。亦一劫也。然亦可想見其盛矣！〔無地可容〕

3970	原 451/6	廣行 7/54	大 13/168

賺贓

沙市錢舖全恃錢帖為周轉，其中有戴長泰者，巨擘也。每日出入，多至數百千。店章每票一紙，計錢一千文，每百票為一束，日暮呈執事者清釐焉。某日，櫃夥繳數，忽失四束。甲、乙、丙、丁四夥皆張皇無措，遍搜不得。事聞於主人。主人從容出謂曰：「諸公皆君子也，老成清介，夙所欽遲。然此中固大有人在，明晨當為諸公言之。」言已，即去。四夥靜候一宵，早起待命。日亭午，主人始出，具盛筵以款。四夥以失物未得，勉強終席，復向主人請命。主人答之如前。惟言事已暴露，諸公能各自盟心，以保令名乎？皆對曰：「唯命。」主人曰：「今有一法，與諸公約。四人須同伴不離，至各家房外，本人不准入室。但呼家人而謂之曰：『昨日攜歸之物，已為眾夥偵知。今宜分潤少許，免致出首。試將原物出，與眾夥瓜分之。』如家人不知所對，即告辭出，再試他家。諸公願之乎？」皆曰：「願。」並邀主人同行，候於門外。歷至甲、乙家，皆無影響而退。至丙家，丙如教呼之，其母即將二束出。三夥又令呼其妻，其妻亦將二束出。三夥遂邀主人驗贓而歸。次日，丙忽逸。說者謂該主人真善於應變云。〔則某竊取之矣〕

3971	原 451/7	廣行 7/55	大 13/169

兵釁

金陵自張香帥創設自強軍，聘請德員教習，日在小校場操練，冀成勁旅，以立自強之基。其第五隊兵為德員格老司君所部。以操地距營較遠，往來不便，窺得督標新兵營操場即在該營前，闢地數畝，貪其利便，擬假為自強軍操場。於四月二十日督軍而來，排陣列隊，正欲開操。新兵營管帶官以其實逼處此，將置本營於何地，亟出阻止。格老司君以同為中國效力，何得顯分畛域，不免反唇相稽。詎該管帶不服，揮眾用武，致格老司君被擊墮馬；兵士遂奪其馬，復攫其手鎗，四面圍攻，大肆威武。格老司君徒手與搏，寡不敵眾，見勢已急，捨命狂奔。幸得所部第五隊兵來救，始脫重圍，然已身受多傷。事為督憲劉峴帥所知，飛飭營務處兩觀察及王、楊兩協戎趕往解釋；并向德員致意道歉，一面延醫調治。想吉人天相，定當勿藥有喜。事後查知新兵營管帶實有不合，立予撤差，聽候參辦。德兵艦聞之，皆服峴帥之公，始無言而退。如該管帶者，毋亦自悔孟浪乎？〔如臨〕〔大敵〕

3972	原 451/8	廣行 7/56	大 13/170

龜橫

金陵信府河朱二土娼家，畜有鳩盤荼三四輩；春風一度，榆筴一竿，厥價甚廉，趨者若鶩。前數日，有某公子尋芳到此，見幾枝春色，一例惱人，忽忽欲去。各娼因其吝解腰纏，未免鴉嘴撩人，語言犀利。公子不禁大發雷霆，始而叱燕嗔鶯，繼竟笞鸞鞭鳳。朱二疑為流氓，即召蝦兵蟹將，縛公子於庭，撻之流血，猶不停手；直至一息僅存，始解其縛。朱又旋赴江甯縣公館捏稟，蓋朱自恃係南捕廳卯差，必邀縣尊恩准之故。時胡大令已得姪公子為龜奴毆傷之信，閱稟疑之。當將朱二暫行收押，旋即派差查看，知被毆受傷者，實即公子無疑。大令微服而往，詢察情形，旋回公館，即修書上達南捕廳尊，請將朱二斥革；一面函請上元縣照案訊辦。雖由龜奴之兇橫可惡，然公子亦有自取之咎。觀此，人可不自愛哉？〔難為上客〕

3973	原 451/9	廣行 7/57 右	大 13/171

蛇報

杭有朱阿福者，向以捕蛇為生。每向長林豐草間尋覓捕捉，裝於竹籠中，沿街求售，得錢即以沽飲；若無售主，則剖而食之。日前，捕一大蛇，長約丈餘，因無人顧問，欲殺此蛇，取其膽以作酒資，即以其肉為下酒物。正欲動手，石隙間忽出一小蛇，不過尺餘，緊對福之咽喉咬住。福負痛難熬，略一釋手，而兩蛇均已逃去。福被咬後，口不能言，同類急覓藥草敷治，終不見效，越日即斃。〔毒逾蜂蠆〕

3974	原 452/1	廣行 8/57 左	大 13/172

五鳳呈祥

孿生之異，至再至三，已足傳為佳話。從未有一胎五子，而皆秉體結實，如西報所載美婦事。誠足異矣。據云：美國美非亞地方鄉人亞司格賴恩之妻某氏，於西五月初二日，一胎連生五子。其先下地之四男，權之，皆重四磅半；最後所生之一男，權之，重五磅。產後，其母起居自若，分乳五子，綽乎有餘。據醫生細驗，五子體氣皆結實無病，易於長成。秉賦之異如此，然則竇家五鳳，不得專美於前矣。〔人瑞〕

3975	原 452/2	廣行 8/58	大 13/173

靈官顯靈

靈官為道觀護法神，向無專廟；惟淮安之阜甯特建靈官廟。每歲賽神，威靈丕顯，香火殷盛。祈願者各隨所許，於賽神日照扮赴會。道路填溢，遠近咸集。人心震怖，如臨刀鋸。一言亂口則口腫，一視亂目則目眯；旋作旋報，其應如響。以是無敢犯戒者。有貧兒某以香願扮囚徒。或告之以衣履當整潔，則謹受教；然窘於財，無力謀新，加意浣濯，滌瑕盪垢，亦覺氣象煥然。窶人子補綴未能完備，下衣一襲，腐朽不足以蔽踝；因通變於閫中，冀免襤褸之笑。服成，敬捧香楮詣廟。甫入門，忽身若被攝，騰空而起。階下大鐵爐中炷香數斛，火光爛漫，氣燄噴人。某空懸立其上。上下衣燔炙焦灼，遍體紅霞煥發，頃刻寸布不存。旁觀悉為惱懼，數十人環伏代禱，崩角不暇，始釋某而下。膚肉略無痛苦，亦並無點滴斑痕。其靈跡有如此。〔神威不測〕

3976	原 452/3	廣行 8/59	大 13/174

考童吃醋

蘇州於四月間舉行府試，各屬童生紛紛雲集。其有性好狹邪者，相率至定慧寺巷某酒肆沽飲。肆中有名花二株。

凡招令入座侑酒，須得熟識者為之先容，否則桃花源未許問津也。某夜，新陽文童汪某以縣中案元公自謂，取青紫如拾芥，欣然得意，命儔嘯侶；至該處淺斟低唱，意興甚豪。不料有崑山童生陶某突如其來，欲作狂夫之闖席。汪等大怒，肆其利口，遽效劉四之罵人。陶既憤且慚，飛奔而出。未幾，即糾合同伴十餘人蜂擁而來。汪見勢不佳，即取席上碗盞信手飛擲；適中陶某頭顱，鮮血淋漓，痛極而踣。汪遂乘機自後而逸。於是崑山考童群抱不平，將陶擡請地方官驗傷，且請將汪扣考。後經提調官偕同兩學師，求將汪某已成功名，格外矜全，始蒙府尊依允，收考如常。不然，一領青衿，不幾為醋罐所毀乎？或曰：是蓋酸秀才之預兆也。呵呵！〔秀才〕〔風味〕

3977	原 452/4	廣行 8/60	大 13/175

咒盜

丹徒韓某販紅花為業，與白門富商王某各囊巨金，同載一舟。暮泊馬當，有盜十數人持刀束燧，搖一小艇，劫其舟。兩客俱孱弱，不能用武。見盜至，驚悚戰慄，齒牙籔擊，期期不成聲。盜指揮啟篋出金呈進，叩首乞命而已。諸盜既得金，搖棹欲去，迷罔不知所向；終夜催槳，徒繞舟側，往復循環，不離故處。晨光已泛，終不得脫，知有作祟者。不得已，盡擲金還其舟，然後得去。客見巨金完璧，茫不解其何故。及窺船尾，見香煙燭影中，披髮叩神前喃喃咒誦者，舵工也。呼而問其故。舵工曰：「此祖傳秘法也。凡遇盜劫，雖盡破其篋，不與較；但散髮咒於神前，盜心自惑，必盡還其金而後已。或留一金不返，終不得脫，迨曉則成擒耳。」自是，兩客皆恃舵工為泰山之倚。凡有販運，非舵工舟不賃。澹定室主人曰：「此何法也？安得叩舵工而問之，為天下行舟者方便哉！」〔出奇〕〔制勝〕

3978	原 452/5	廣行 8/61	大 13/176

朝鮮妖孽

朝鮮忠清道木川郡地方有大山焉。山下有洞，其深莫測，人跡罕到。今春，洞內喧傳忽出一妖，馬首虎身，吼聲如牛。人若聞之，登即頭痛。不時外出噬人，居民故相戒遠避；而異鄉人之被其吞嚙者，不知凡幾。據該處父老言及，昔王姓國王當鼎革時亦有一妖，人首獸身，專吃生鐵。凡街市鐵鍋器皿一切，被嚙一空。後以無鐵可餐，所有人家門首釘鎖等物，均被咬盡。居人捕之，鎗刀不入。後經鮮官奏知國王，奉敕用火燒死。詎料甫經引火，該怪滿街亂滾；所過之處，民房皆被延燒，災及數千餘家，直焚至三日夜始息。而李國王亦遂有社稷。今之此怪，主何災祥，願質諸博物者。〔率獸食人〕

3979	原 452/6	廣行 8/62	大 13/177

鳴鶴在陰

鶴為仙種，高人逸士，往往好之，特不似衛懿公之甚耳。滬城西門內穿心河橋對岸祝姓家，庭中有大樹一株，上宿烏鵲、八哥等類，不可勝數。前日下午，忽來一鶴，羽白如雪，兀立樹杪，引頸長鳴，聲聞於天。群鳥聞之，繞樹分飛，不敢逼近。一時圍觀者密若堵牆，至深夜尚未飛去。鶴乎，其果作不平之鳴歟？抑有求和之情歟？真令人不可思議矣。〔羽化〕〔登仙〕

3980	原 452/7	廣行 8/63	大 13/178

死裡逃生

熊類不一，而人熊為最靈且悍。去年，有賈人何某同鄒姓夥趣裝至赤水峽，登岸閒行。忽一人熊驅羊數十頭而來。兩人不及避，為熊驅入羊群中，隨行至山巔，逼入一洞。熊後入，掇巨石以塞洞口。兩人戰慄，不敢少動。熊攫得鄒，坐石上，擘而食之，若甚甘，頃刻而盡。食已，輒倚壁成寐，狀若酩酊爛醉者。何視洞中，火槍、鐵叉狼藉滿地，皆獵戶所遺器也。何擇鐵叉中，取其最利者，左右手各握一叉；窺正熊睫，窮其力刺入眶內，掣兩睛拔之。目既矐，熊索何不得。尋至洞口，撤去所堵巨石，守門以待。羊見洞闢，漸有竄出者。每出一羊，熊輒捉而摩之，自脊及踵，有毫則縱之。何睨洞中，見有羊皮無算，因取以裹身，穿皮成孔，貫以帶，綰結甚固。乃驅羊連隊，陸續走洞口。熊試羊至數十，意亦煩怠，撫背一掠，即掌其臀，使騰而出。何乃偽為羊行以過。何既出，向人訴述，猶驚魂欲絕。人謂其真死裏逃生云。〔命懸虎口〕

3981	原 452/8	廣行 8/64	大 13/179

嫖客剝衣

本邑城內唐家弄某甲，平時衣履翩翩，舉止闊綽。日遨遊於滬北各妓寮，徵歌選舞，逸興遄飛。不知金玉其外，敗絮其中，家固無以供揮霍也。迨端陽將屆，積逋纍纍，無可彌縫。不得已，匿跡銷聲，暫為避債之計。龜鴇望眼欲穿，日遣男女傭伺諸其家左近。久之，見甲躑躅出門，各傭不敢遽逼，潛隨其後；至西門外，始直前扭住，向索夜度資。甲猶言節日未到，何便相逼乃爾。無如各傭視為甕中鱉、砧上魚，深恐稍縱即逝，不肯輕釋，團團圍住；有牽衣者，有挽手者，有訕笑者，有怒罵者，紛紛擾擾，將甲困在垓心。正在上天無路，入地無門之際，幸有親串某乙經過；見甲一副大老官面皮，已露空之本相，不得不代為排解。令將身上所穿縐紗夾衫及領衣、眼鏡等物，暫行褫下，付諸質庫。權以英洋十餘元，令先持去；餘約節日歸清，始得解圍而去。嘻！今之漂嫖帳者多矣。未有如甲之當場出醜者。觀此，亦可為冶遊者作殷鑒焉。〔不堪〕〔回首〕

3982	原 452/9	廣行 8/65 右	大 13/180

覆車可鑒

朝鮮人某甲，孔武有力，每日趕車餬口，自謂有穎考叔挾輈之能。一日，載二客至仁川，行經三里寨，有一車當其前，阻不能行。甲心頗好勝，意欲突前而過。不料力弱路窄，前車未越，後車先覆。甲之兩腿，已為車輪壓斷，口吐鮮血不止。經人舁至醫院，不及調治而斃。其所載二客，一受微傷，一亦腿遭壓損，僅免性命之憂。逞一時之血氣，忘其身以及他人。彼年少氣盛者，可不鑒歟？〔一蹶〕〔不振〕

3983	原 453/1	廣行 9/65 左	大 13/181

長臥奇聞

奧人琴皮埃者，臥經一百六十九日之久始醒。蓋其人於西正月間，在美國地方某客寓中，忽然倒臥，經送濟貧院醫治。醫生日夕看視，凡易五十餘人，皆不識其病源。至四月二十二日，其人忽起，張目四顧，不發一言。翌日，復從床上躍出窗外，跌至二丈餘遠，卒不受傷，扶之入室。又兩日，仍睡去。及至五月二十日，有人置花於鼻，嗅之即能張目；喃喃數語，拍枕復睡。七月底，又有友至；則竟一躍而起，與其友談笑如故。自言在美國遇一黑婦，以紅胡椒投入咖啡茶中。飲之，遂有此異云。〔醉生〕〔夢死〕

3984	原 453/2	廣行 9/66	大 13/182

罄控呈能

京內精捷營兵嫻習騎馬，為行軍利用。創始於高宗純皇帝，每年閱視一次，著為成例。自同治初元，赭捻用兵，羽書旁午，未暇舉行，冗擱至今。我皇上遵守成憲，爰於清和時候，駕至圓明園觀演各技。各兵爭獻所長。有躍馬而上者，有躍馬而下交換一馬者，有互從馬上躍換者；并有手持一桃，馳馬之候，桃中放出一鴿，飛於空中，鈴聲清脆者。種種巧藝，共十餘樣，皆敏捷絕倫。皇上顧而樂之，著令歸隊，仍照例食餉；且定此後每年一視，以昭鄭重。〔一塵〕〔不驚〕

3985	原 453/3	廣行 9/67	大 13/183

前因可證

江右新建人范氏，家素封，好施濟，有善人之目。今春，生一子，甫彌月，召群僧會食於家，藉祝其壽。忽一胡僧突如其來，目灼灼，貌甚醜陋。家童咸惡之，另佈敝席，俾坐庭中。及齋畢，范氏命乳母抱嬰兒出，群僧皆合十喃喃，前致祝辭。胡僧忽自階而升，謂嬰兒曰：「別來無恙否？」嬰兒顧之，似有喜色。眾大驚異。或詰之曰：「此子生纔一月，師何故言別久耶？」胡僧曰：「此非檀越所知也。」范氏固問之。胡僧曰：「此子乃魏良弼之後身耳。夫良弼自縣宰陟諫垣，直聲滿天下。新建人莫不奉為典型，今復降生於世，將為斯民造福。吾往歲在金陵與此子友善。今聞降於范氏，吾固不遠而來。」范氏異其言，因以良弼字之。不知其後究竟如何也。〔明月後身〕

3986	原 453/4	廣行 9/68	大 13/184

蛇妻

王甲，華陰縣人。娶妻趙氏，富家女也，美容貌，性亦和婉，歸王後，伉儷甚敦。逾年，忽有一少年翩翩慘綠，顧影生憐。每伺王出，輒至趙氏寢室；往來既稔，臥榻之側，遂容鼾睡暗昧之私。外人不敢言也。忽一日，王自外入，見少年與妻同席，杯盤狼藉，歡笑逾恒。王大驚訝。而趙氏忽自仆地，一息奄奄，不絕如縷。其少年則化一大蛇，奔突而去，疾如飛隼。王令侍婢將趙掖起，方圖救治。俄而，趙氏亦化一蛇，蜿蜒俱去。王怒，遂逐之。見隨前蛇俱入深山，久之不見。想從此雙宿雙飛，永與常山君為偶矣。夫妖物魅人，幻作少年形狀，說部中常有其事。若趙氏者，明明人類，既為王婦，忽化蛇形；向非妖種，何能變幻若斯耶？蓋王某室有妖婦，未經衝破以前，固未之知也；然則王某之有妻，特一蛇耳。噫嘻！人之毒如蛇者，獨王之妻也歟哉？〔全無人心〕

3987	原 453/5	廣行 9/69	大 13/185

貓怪

狐與狸各種。聞之，狐必數百年而後靈。有貔狐者，狸種也，生而能靈。南方為祟者，多此種。人見其形狀似貓，或傳為貓怪焉。花堰民俞某昆季三人，屋三椽，中有貓怪，種種作惡，無片刻安。後延一僧作經懺懺怪。繪像數十軸，布滿一堂，自釋伽、文殊以下，鬼卒、鬼獄皆備；鐘磬鐃鈸，喧闐徹晝夜。乃以三四人扛一鼎，熾炭其中，烈火熏灼，燒一銕練，秤鎚為墜，使通體紅徹。以長銕筯挑練懸火上，步步灌醋，噴之酸氣四溢，撲鼻莫納。俞兄弟各炷瓣香一爐，篆煙繚繞，託盤以隨步僧後。僧戴毘盧帽，仗劍誦咒，踏梯以上；響器並作，聲徹霄漢。潑火醋頻頻加緊。忽空落中躍起一大貓，修尾蓬蓬，目光如炬，疾駛若飛，足不及地。時窗扃未啟，而貓竟破窗遠竄，空無阻礙。自此怪遂絕。〔狡焉思逞〕

3988	原 453/6	廣行 9/70	大 13/186

龍鬥蜈蚣

德清風災，本報已繪圖貼說，且述其起災之由，謂因龍鬥蜈蚣所致，亦不甚信其說。茲有客自該處來者，謂此說頗為不虛。先是山中有一大蜈蚣，長約數丈，時出時沒，勢甚披猖。居人畏其毒燄，莫敢誰何，相戒裹足。是晚，不知如何，忽與龍鬥，蜈蚣口噴煙火，光燄熊熊，高燭霄漢。居民疑為火警，急鳴金鉦，召眾欲救。不意適觸龍怒，一陣狂風，已將全村捲去，而龍已見首不見尾矣。至蜈蚣之仍在與否，無人敢探，不得而知。客言鑿鑿，謂實目擊其事云。按龍鬥之事，屢有所見，不必龍與龍為然也。大抵凡物久而成精，皆有相觸相鬥之事。今此蜈蚣長至數丈，其足與神龍相抗也固宜。乃因兩物交鬨，災至數百戶之多，苟非兩敗俱傷，恐亦難免天譴。說雖不經，理所或有，何妨即其事而圖之。〔釀成風災〕

3989	原 453/7	廣行 9/71	大 13/187

天鑒不遠

「愛之欲其生，惡之欲其死。」是惑也，而世人之能破此惑者幾何哉？即如夫婦一倫，伉儷共敦，固屬人生樂事；不幸而稍有不睦，亦何至欲喪其生。豈知一念之毒，人昧之而天知之，天知之而顯罰隨之。人亦何樂乎為此哉？觀於松郡東郊華陽橋相近某甲與乳婦某氏事，可鑒已。先是甲與乳婦有染，雲情雨意，似漆如膠；惡大婦之屢為規諷也，積怨成仇，視若眼中之釘，思必有以中傷之。乳婦復極力慫恿，因此甲蓄念益堅。一日，兩人潛商，密購砒霜一包，擬置食品中，俾供大嚼，斷送殘生。以為人不知，鬼不覺也。詎碧翁翁鑒觀在上，大發雷霆，霎時間疾風猛雨，電光閃閃，直入其家。甲心膽皆虛，知天不可欺，急將砒拋棄，冀蓋前愆。無如天怒未已，霹靂一聲，陡將兩人弔跪庭階，手捧砒包，向人歷訴情狀。一時觀者甚眾，咸歎天道之報施不爽云。〔自作〕〔孽〕

3990	原 453/8	廣行 9/72	大 13/188

鬧房釀命

鬧房惡俗，無處蔑有，而揚州為尤甚。儀徵有潘某者，年少性狂，豪於飲，嬉笑怒罵，放誕不羈。人有花燭喜慶，每顛倒新人，窮極伎倆。人之困於潘者屢矣。其年，潘自賦桃夭，賓朋畢集，慮有虐報；酒半乘隙潛竄，匿跡後園，自謂藏身甚固矣。時席間有同窗六人，曾苦燕爾時遭潘狂嬲不情，蓄意必圖倍復。見潘背客而逃，即窮搜極索，直至後園，得諸空舍複壁中。不分皁白，直拽橫拖，勢如捕盜。旋復下門扉兩扇，縛潘臥其中，各解腰帶，纏繞門扇，宛轉數匝，兩扉對舉，腹背受敵。潘雖哀嘶乞恕，俱置不聞。惟彼此引帶，儘力緘札，綰結已固，一鬨而散。其家前後隔絕，人無知者。至次日，新人俟郎君不至，遍探無音耗，遣人往跡諸友家，始有言其曾被縛於後園者。馳往視之，則已冰矣。乃脱門扇而出其屍。涉訟連年，人亡家破。鬧房之禍，不亦烈乎？〔惡作〕〔劇〕

3991	原 453/9	廣行 9/73 右	大 13/189

救鯉遺珠

汾水之濱有一老嫗，無意中獲 赬鯉，顏色異常，攜歸；不忍加害，鑿一小池，汲水養之。經月餘後，忽見雲霧興起，其赬鯉即騰躍，漸昇霄漢，水池亦竭。至夜，又復來如故。見者皆驚訝不置。嫗恐為禍，頗追悔，遂親至池邊，祝曰：「我本惜爾命，容爾生，反欲禍我耶？」言纔絕，其赬鯉即躍起，雲從風至，漸入汾水；唯空中遺下一珠如彈丸，光晶射人。希世寶也。嫗得之，大喜曰：「此赬鯉遺我，以答我之惠也。」眾皆傳為奇異云。〔狡焉〕〔思逞〕

3992	原 454/1	廣行 10/73 左	大 13/190

嗜痂得道

嗜痂之癖，世人鄙之，而不知有時亦能得道。明季有吳真人者，初本漁人，性至孝。相傳一日販魚歸，道左見一乞丐兩足腐爛，膿血淋漓，臭不可邇，不覺顧而歎息。丐叱曰：「汝歎何為？若誠憐我，盍跪而舐之，患可已也。」吳面無難色，伏地跪舐，不聞其臭。舐訖，痂落盈掬，膚潤如荑。心竊異焉。丐歎曰：「汝真義士。我非他，乃拐仙也。聞汝好義，特來相試耳。今將所得之痂，好為收藏。凡有枯魚，取片痂置魚籃中，可盡活。一痂能活萬魚。餘以自服，可卻病延年，度登仙籍也。」吳自是心地光明，聞道輒悟。觀此，不足為嗜痂者添一佳話哉！〔仙緣〕

3993	原 454/2	廣行 10/74	大 13/191

瑤池宴會

吳真人既得道，與江西崔道士俱客某公子門，矜奇炫異，幻術頗多。一日，吳謂公子：「欲一遊瑤池乎？」公子大喜。吳袖出布帕，方五尺許，挈公子與崔立其上。叱曰：「起，起。」帕果淩空而升，頃刻身登天界。但見仙山樓閣，金碧耀目。其中琪花瑤草，千態萬狀；蟠桃多樹，時方著花。五色迷離，芳氣沁骨。既至一亭，上榜「俯視一切」四字，亭中几榻皆設錦裀繡褥。吳拉公子少坐，笑曰：「枯坐少趣，臣敢請阿母賞給清讌，派遣仙姬為勸一觴。」乃下坐，向內稽首者三，口中喃喃，不知云何。少選，仙童數輩果齎酒肴而至；麟脯龍肝、冰梨火棗之屬，羅列滿案。吳率公子拜謝而後就坐。王母尋命侍兒范成君、婉淩華、許飛瓊、董雙成四仙姬前來勸觴，並奏仙樂。諸仙姬以次迭歌，洋洋盈耳，一洗凡響。歌畢，吳率公子再拜。興辭，仍登帕，淩空冉冉而下。公子拭目視之，大駭。蓋去時秋杪，歸已暮春矣。其幻跡多類此。〔天上人間〕

3994	原 454/3	廣行 10/75	大 13/192

德皇逸事

德國報言：「德皇一日由外回宮。於柏靈道上遇一武弁，戴古制奇異頭盔。念此項頭盔，陸軍中早棄而不用；故德皇見之，甚留意焉，遂以彼為勇士而愛敬之。蓋先代皇帝符理多力之像，德皇拜謁之際，未嘗不愛而敬之；今見此武弁，亦猶是也。德皇當日即停車下問，彼此話舊約數刻之久。該武弁佩帶頭等鐃十字勇號，言語慷慨，並陳明當普法之戰，得頭盔護救不止一次；故彼不能恝然棄之，並懇請德皇准其戴盔以終餘年。德皇藹言慰勞，准其所請，固不待言。且笑而語之曰：『老朋友，吾終不忘此事也。』遂驅車而回。」〔安不〕〔忘危〕

3995	原 454/4	廣行 10/76	大 13/193

舞刀御敵

有荊襄客貿易鳩茲。眾無賴思侮之，反為所困，聚眾欲圖報復。偵知客姓名、寓所，投刺約期邀至一觀，下鍵加鑰焉。觀甚閎邃，預伏兇徒千數百人。客至，群請一角勝負，以決劉呂之雌雄。客曰：「兩虎相鬥，一死一傷，皆無所利。無已，吾有一法，請略施小技。苟謂可敵，則敵之；脱有不可，則縱我去。可免兩敗也。」眾許之。客令取小豆一斛來，俾眾各手一撮。即撒灰畫地成圈，以己立灰圈中，而眾環其外。解布束，出雙利刃，囑之曰：「我刀且舞，則諸君各以所握豆一顆一擲，飛投以入。或落圈外者，非所敢知；如圈內有一完豆，即以油鼎烹我，弗悔也。」囑畢，掄刀而舞，四面盤旋，如白練一團，一不見影，豆飛如雨，惟聞刀聲淅淅而已。豆既盡，則客舞方罷。視圈內，積豆厚寸許，皆碎割無復完者。客曰：「諸君悟否？倘一見敵，則觀中人皆如此豆矣。」眾默然，遂肅客而去。〔保身〕〔有技〕

3996	原 454/5	廣行 10/77	大 13/194

五子遭雷

江西某氏婦，年逾五旬，向居廣潤門外。夫早世，有子五人，長已授室，次亦相繼成立。因夫薄有遺貲，遂於每年青黃不接之時，專以出貸米穀，盤剝窮民為事。家中舊置大、小兩斗，小出大入，陰刻性成。五子亦皆恪奉母儀，同惡相濟。於是頻年獲利，家竟小康，問舍求田，蒸蒸日上。不意前日亭午時，五子在田力作，忽雷聲隆隆，風雨交作。俄聞霹靂數聲，五子列跪田間，同遭殛斃。迨氏聞信趨視，不覺呼天痛絕，大慟失聲。是殆生平谿刻之報歟？抑別有隱慝，乃至於是歟？何以五子之多，竟皆不容於天也。〔同惡〕〔相濟〕

3997	原 454/6	廣行 10/78	大 13/195

捕蟾行術

江西省城有一術士，行裝修潔；隨從一傒僮，貌如冠玉。初來時，術士本一黑頭公；及出紅丸一粒吞之，則精神煥發，故態悉更，童顏鶴髮，居然神仙者流。乃盡易前裝，結束作老子狀。擇一清淨場，布席安坐，陳設精良；支一丹鼎，古銅雅製，架爐熾炭，滿盛清水煮之。術士升座，呼道童，授金錢一纏，囑之曰：「為我取寶來。」座前有方塘數畝，童擲金錢，釣於水。有物浮波以起，望錢奔赴，如吞餌然。引而出之，一三足蟾也。綠光泛彩，瘰粒連綴，圓若紺珠。審睇之，茸茸遍體，置蟾鼎爐側，偃伏甚馴。有患病者來就治，則以金鉤探蟾口，鉤出其舌，刀刲一線許，瀝以鼎中沸湯以飲，病者無不立效。有瞽者數十年目矐，經治復明，雙目炯能視一切。蟾舌旋刮旋復，唇邊略有血漬，卒無所傷。衒術凡月餘，所獲不貲，始捲而他去。所異者，其治愈之盲人，歷四十餘日後，目仍復盲，不知其是何幻術也。〔左道〕〔惑人〕

3998	原 454/7	廣行 10/79	大 13/196

賭騙

金陵騙局，詭譎百出。肆主某嘗出金羅漢一尊，與騙兒賭。約期三日，能攝羅漢以去者，即以贈之。騙兒若有難色，請緩其期為七日約。某可之，即設几門外，供羅漢其上，自坐守之。過者多注目焉。迨第三日，騙兒見過，某使坐己側，與之語言。次有七齡小豎並一垂髫女，共扛冷灰一簣，息肩几前。豎指守羅漢者，顧謂女曰：「兩頰鬑鬑，形似韓伯也。」女曰：「毋妄言。韓伯眇一目，此老不類也。」豎又指鑄像曰：「此萬佛樓羅漢也。今設於此，其殆募化者乎？」女斥其謬曰：「是為油漆匠繕補金身缺壞耳。」豎曰：「否。金完如故，奚待更新。汝目且盲耶！」口中叨叨，早手羅漢起，將以示女。女怒，批豎頰曰：「小家子手癢乃爾！」豎被擊手，驚失羅漢，墮於灰。女急掏出之，拂拭還几上。即整理簣繩，加擔豎肩。豎且泣且詈以去。俄而，騙夥持羅漢至，謂某曰：「是非君几上物耶？君誠長者，竟為乳臭兒所賣。」某大奇之，即以羅漢贈之，騙兒不受，相與嘲笑而去。〔心靈手巧〕

3999	原 454/8	廣行 10/80	大 13/197

馳馬殷鑒

馳馬肇禍，時有所聞，故地方賢長官往往出示懸禁。無如誨者諄諄，聽者藐藐。不惟齷齪闒茸之輩，時或蹈其覆轍；甚有搢紳子弟，亦因此而釀成性命之憂，貽父母之恥者。嗚呼！如江右孫公子可鑒已。公子為候補府孫太守祖烈之哲嗣，性喜馳馬，平日六轡在手，一塵不驚，詡詡然顧盼自雄。太守固未嘗約束也。日前，鞭絲帽影，行經裘家廠左近，得意疾馳，旁若無人。不隄防有候補縣甄頤伯明府之太夫人乘輿而過。公子不及避讓，倉猝撞倒。太夫人由輿中顛撲於地，馬從身上踏過，受傷甚重。公子圖遁不能，遂為家丁等追獲，報知明府。趨視之下，令將太夫人扶掖上輿，逕送至太守公館內室，倒臥於床；並將室中陳設搗毀一空，責太守以教子無方之罪。太守自知理屈，認過不遑，願留太夫人在公館妥為醫治，俟愈送歸。明府不得已，曲允其請。無如太夫人年屆古稀，氣血已衰，受傷尤重，非刀圭所能奏效，越日竟赴瑤池。明府聞之，搶地呼天，誓欲得公子而甘心。不知後來如何了結。然馳馬之禍，則固如是其烈也。〔樂極生悲〕

4000	原 454/9	廣行 10/81 右	大 13/198

寬仁獲福

松郡西門外吳天益衣舖，資本豐盈，生意繁盛，郡城衣業中一巨擘也。日前，有妙手空空兒翩然下降，時夥友正在應酬主顧，不及隄防。乃賊運欠佳，陡為購貨客所見，立時擒獲。牽至西嶽廟中，縶諸香鼎，大肆鞭箠。舖主吳君知之，以物未被竊，已屬幸事，更何事乎誅求，急往勸釋。賊得鼠竄以去。越日，聞該賊竟以急病暴亡。至此，乃知寬仁實獲福之基也。故處世以「忍」字為第一要義。〔是可〕〔忍也〕

4001	原 455/1	廣行 11/81 左	大 13/199

指節騰龍

山東歷城縣馬王廟有李二者，磨漿餅為業。右手大拇指內，自幼有奇癢，凡閱六年，調治罔效。忽一日，癢大作。呼母視之，無他異。惟自指甲外側上通臂膊，有黑縷細僅如絲，無可為力，仍姑置之。李癢不自勝，擎臂翹其指，回項背首，口惟疊呼癢癢。眼光偶觸，見有直影如帶，騰出指甲上；人遂昏瞶，不復有知。及醒，則指上黑縷若失；而仰視屋梁，一切豁如。時方急雨傾盆，遠近來觀者，僉喧傳為李氏室中龍起爪劈屋梁飛去云。〔咄咄〕〔怪事〕

4002	原 455/2	廣行 11/82	大 13/200

鮮國孤忠

鮮王自駐蹕俄公使館後，內外大臣莫敢一言。乃有某老翁者，年近七旬，鬚髮斑白，頭戴竹笠，身穿雨衣，腰紮麻帶，足登草履，手捧本章一道，腰插開山大斧，大踏步於某日冒雨而來。鮮兵阻之，問何事。翁云：「欲陛見大君主，有事面奏。」於是在街行三跪九叩首禮畢，即盤膝端坐於路，閉目養神。或問有何事陛見國王。翁欷噓曰：「某無他，欲警蹕回宮，以安天下耳。」又問腰懸大斧何用。翁言：「倘本上國王不准，當用此斧畢命君前，誓以死諫。」言訖，大哭不止。兀坐七八日，無人顧問。復攜有小棹一張，將本擺列棹上，仍腰懸大斧，閉目而坐。雖朝鮮大臣往來不斷，未有叩其所為，代奏鮮廷者。吁！是亦可謂鮮國孤忠矣。〔苦心〕〔誰諒〕

4003	原 455/3	廣行 11/83	大 13/201

女巫跳神

朝鮮內有女巫跳神之舉。其法於晚間八點鐘時，先由及笄小女巫手拍鼓板，口唱鮮曲。約一刻許，另一十七八歲女巫手持冷水一瓢，遙祝接神。然後將滿臺燈燭盡皆然點。大巫即領袖上臺，更換朝鮮武將衣服，手執大刀，至臺亂跳。有尺餘高大鼓、銅鑼，一齊奏響。越一點鐘，大巫站立臺中，促齋主至臺，跪禱一切。少頃，忽大叫「日里神已至」。乃將臺上燈火盡皆吹滅。大巫脫去衣履，曲踊高躍，離地三尺有餘；復將所供菜蔬果品隨意攫食畢，眾巫始復登臺點燭，唱曲送神。習俗相沿，由來已久。聞前年春，王宮中每值深夜時，門窗作響，似有邪祟作怪，曾請女巫跳神。巫言六月間恐宮內有災，請王及早移居。未幾，果有日人之變，是以鮮人奉之益虔云。〔神道設教〕

4004	原 455/4	廣行 11/84	大 13/202

風塵逸士

某孝廉設帳於藍山僧寺，門牆桃李多豪氣少年。一日，有過客年可三十許，衣履不甚修潔，獨行至剎，走殿上，巡視塑像一周，即旁窺書舍。與諸生語。皆以客為落魄旅人，大加白眼。進就某孝廉，亦落落不甚為禮。客掃興而出。時方整潔神像，有護法靈官業已裝就金身，未及正位山門，暫供佛殿上；有關帝聖像繪采未成，閒供山門外。客感其事，欲留數行墨以示輕己者，因向雛僧索筆硯。僧乞憐於諸生，無肯予者。客於灰爐中撿得松煤，題壁云：「古來傳語不欺人，佛要金裝衣要新。看汝靈官居上座，漢廷夫子在山門。」題罷，大笑而去。師偶步殿下，見題句，大奇之。問知係適來客所留墨，自悔雙目青盲，竟失子羽，使其徒追返之。客笑而不允。牽裾固請。益堅拒，不顧而去。吁，誰謂風塵中無佳士哉！〔落落大方〕

4005	原 455/5	廣行 11/85	大 13/203

大煞風景

津沽曲院中有校書俞絳真者，善談謔，姿態平常；但蘊藉不惡，時賢雅尚之。因此聲價甚高，尋常賓客，不輕交一語。有某公子富而豪，聞眾譽，亦不知其好醜，即席趣召之。狎客某潛與校書計議，每令辭以他事，不肯翩然遽來。公子謂其輕己也，連增其值，終無難色。會他日校書實患疾，不能赴召。公子意其故態復萌也，殊不之信，增緡不已。同儕非笑之，莫以實情告者，而校書終不至。時有武舉某居其里中，能制諸妓。公子立使人召至，授以銀券五十金，曰：「能取某校書至者，可取此。」武舉某貪其賂，徑詣該院邃室，拽校書出，逼入筍輿中，相與至宴所。至則蓬頭垢面，涕泗漣洳，非復從前嬝嬝婷婷矣。公子搴簾一覩，謂母藥叉何自而來，亟使舁回。然所費已百餘金矣。〔強作〕〔解人〕

4006	原 455/6	廣行 11/86	大 13/204

犬除狐媚

山左馬公子讀書別墅，忽覩一麗人，姿容絕世，顧盼傳情。調之，不甚拒，遂與繾綣，夜來曉去，親暱逾恆。麗人固善吟詠，工酬和，尤善伺意旨，頗得公子歡；因此寵擅專房，久不返室。事為大婦所知，疑篷室之奪寵也。每夜使人踰垣竊視，覺嚶嚶兒女聲，恍惚在耳；晝日入室搜尋，了無蹤跡。心疑其妖，然觀公子丰神豐美，舉動如常，頗不似遇妖者。婦素稔老僕董三，性最黠，密召謀之。僕曰：「聞狐畏犬，盍姑試之。」於是瞰公子之亡也，縱犬獵其舍。犬嗅而入，狂騁逼帳後，拽女以出；咋其喉，倒地化為狐而斃，衣服履舄如蛻。婦大喜，而公子已自外至，擁死狐慟哭，欲裂腦以殉。婦僕扶勸莫能止。母聞之，急入勸慰，許即殺犬以報狐，葬以人禮。公子始斂哀，為母述其賢能。是夕，狐母至，謂：「兒死固由自取。然董三代人肆虐，心何以甘？」言畢而去，忽失死狐所在。蓋狐以得正首邱為貴也。逾數日，董三忽自刎死。人謂狐之報復云。〔投其〕〔所忌〕

4007	原 455/7	廣行 11/87	大 13/205

賊猶嗜賭

蘇垣有吳某者，卜居松鶴板場，素有劉盤龍癖，終年聚賭為生，履常盈戶。一夕，更闌客散，吳至庭中小遺，見牆邊倚一竹竿，不知何來，令僕持火細燭。及至暗陬，突一人手舉洋槍猛然鬨擊，幸無藥彈，不致受傷；然僕已魂飛魄散，奔避不遑。其人乃乘間登屋而逸。翌夜二更許，賭客盈前，呼喝如故。忽有一物從空擲下，著地有聲。眾驚視之，則小磚一塊，外面裹有竹紙，上書云：「僕以好賭，流為梁上君子，不虞諸君之猶耽於此也。昨夜偶經貴府，聞聲技癢，欲作壁上觀，奈何竟疑為竊耶？恨恨。」從此飛磚擲瓦無夜不至，在局者惴惴焉咸有戒心。噫，因賭而流為賊，為賊猶不忘賭。賭之害人，亦甚矣哉！〔樂此〕〔不疲〕

4008	原 455/8	廣行 11/88	大 13/206

果報昭然

果報之說，儒者不譚，然亦不可謂竟無其事。晉人白某在滬販米為生，往來嘉湖等埠。今春三月間，乘船戶陳堯中之船，赴浙買米，攜帶銀洋一千五百元。陳素知白異鄉人氏，滬上亦無親族。某日之夜，舟至南橋浦面，白至船後大便。陳頓起不良，將白推入浦中，葬身水底。陳以為人不知，鬼不覺，取其所有，居然面團團作富家翁矣。於是謂舊廬之不足壯觀也，鳩工翻造。在浦東家中畚揭雲屯，顧盼自得。忽一日，陳自取木匠之斧，向頭猛砍，一時鮮血直流。家人急為阻止。陳厲聲辱罵，歷述謀財害命各節。妻子等跪求寬恕，並延僧道超薦。而陳終日昏沈不語，延至前晚斃命。似此報應昭彰，可見天道固非真夢夢云。〔冥誅難逭〕

4009	原 455/9	廣行 11/89 右	大 13/207

異鳥

金陵民間，日者喧傳獲一鳥。高二尺有奇，鷹嘴而鴨腳，通體毛衣皆老黃色。鳥頭圓頂，腦後巨團倍於大佛寺之布袋羅漢，狀與獼猴相恍惚。眼大於碗珠，若水晶球之中含黑子焉，度晶球外朗者厚約寸許，方及黑子；眼眶常不闔，按手摩挲，鳥弗覺也；扣其睛，聲響若銅。是何鳥也？誠莫得其主名矣。然則《山海經》所載奇禽之狀，豈足以盡之哉！〔奇氣〕〔特鍾〕

4010	原 456/1	廣行 12/89 左	大 13/208

剖鯉獲鏡

鄂垣某大紳嘗登黃鶴樓，望沅江之湄，有光若殘星焉；密令家丁往覘之。遂棹小舟，直至光所，乃釣船中也。詢彼漁者。漁者云：「適獲一鯉，光則無之。」家丁乃攜鯉而來。既登樓，某令庖人剖之。腹中得古鏡二，如古錢大，一面相合；背則隱起雙龍，雖小而鱗鬣爪角悉具。既磨瑩後，遂常有光輝。某寶之，納巾箱中。後不知其究竟。〔獲寶〕

4011	原 456/2	廣行 12/90	大 13/209

款迎相節

李傅相之持節赴俄也，俄國家款接之儀，固已至優極渥；而其最盛者，莫如俄國巨商巴勞輔一役。緣巴向在中國辦茶，曾蒙傅相青睞；故於相節行抵模士高城時，即邀請駐節其家，免勞地方有司供給。傅相允之。巴於是供張一切，在門前高搭牌樓一座，樓額即嵌傅相像，四壁高懸中國黃龍旗，窗門屏帳間皆懸華字，上書係吉祥頌禱語。門以內氍毹貼地，排列盆景花草。相節到時，巴即遣其婦子出迎，并行金盤獻鹽餅之禮。按此禮惟俄國見君父行之；今以施諸傅相，示尊崇也。迨傅相乘車入門，兩部所陳之樂，洋洋齊奏；先以中國樂章，繼乃續奏俄樂。更預飾童子二十四人，各衣紅黃緞服，手捧散花一盤，排立門內。傅相下車，諸童即排對前迎，各以名花佈地，為傅相墊靴。入座後，令少女獻花球一顆，為相公壽。旋令子弟四人，親導傅相憩息精舍。吁！迎迓之禮，美矣備矣。非我相公德能柔遠，何以及此。〔遠人〕〔懷惠〕

4012	原 456/3	廣行 12/91	大 13/210

訛傳笑柄

蕪湖雞窩街一帶，於六月初二日，急雨狂風之後，忽喧傳臨江灘精健營濠溜有穿山甲一條，被雷擊暈，浮沉水面。一時聞所聞而來者，咸得見所見而去。該物雖觸雷，然尚能搖頭擺尾，擲以磚石，仍自沈伏深淵。少頃，則沉者復出。因之雌黃者益神其說，謂營牆近為此物鑽倒數垛；力能穿山，不宜縱之，使為他患。於是有為漢武帝浮潯陽射蛟者，滿挽鐵弩，一鼓成擒。視之，則固一扁洋銕壺，尾繫稻草一束，滿腹泥污，被水飄起。遠望似首尾生動，而不知事皆影響。姑妄言之，姑妄聽之，以至湊成笑柄耳。持弓者不禁掩口絕倒而去。〔隨聲附龢〕

4013	原 456/4	廣行 12/92	大 13/211

蚌珠難得

高郵甓社湖大三十里，相傳前年有物夜吐光，能照行人，朗如白晝。忽來一番僧，僦居湖干鎮，日緣湖審視，如是者有年。一日，折柬遍招鄰眾，肆筵設席，備極豐腆。眾問何求。曰：「求諸君翌晨助老僧一臂。」眾漫應之，如期畢至。僧出鉦鼓數百具授眾，使分立湖四隅，求為鳴擊，以助聲威。自冠毗盧，著袈裟，仗劍躍入湖中。少選，風狂浪作，勢如萬馬千軍，眾遵其所囑，擊鼓鳴鉦，愈加奮勇。自晨至於日中昃，僧始踏浪而出，搖手喻眾停止。登岸後，滿袈裟血漬淋漓，腥氣撲鼻。眾問何為。曰：「此湖有老蚌。自開闢以來，胎孕寶珠，光奪日月。老僧欲仗法力攘劫之；奈彼道行甚高，幾為所吞。今右殼被寶劍斫傷，遁往東海，竟無法可制。當作後圖矣。」稽首別眾而去。或曰：珠已為僧所劫，其所云乃詭辭欺眾也。然乎，否乎？〔佛法〕〔有限〕

4014	原 456/5	廣行 12/93	大 13/212

天警淫媼

姑蘇洞庭山寡媼某氏，性狡惡；每遇嫠婦，視為利藪，必設法慫恿，務令別抱琵琶，已則從中漁利。入其彀者，不知凡幾。他日，自蘇州城中為某氏執柯畢，趁舟旋家。舟至中流，忽雷雨大作，雲霧模糊，人不能自見其掌。須臾，雨霽雷止，遍稽舟中，不見某媼，眾皆驚訝不置。既而舟將泊岸，聞蘆葦中有人呼救聲。群審其音，疑是媼。跡之果然。但見泥塗遍體，狼藉不成人形，莫測其所以至此之由。僉謂必媼有隱慝，故天假雷公電母之手，姑薄譴以示警也。不知媼之平日敗人名節，久已積怒於天矣。聞媼自經此變，反行為善，不復為馮婦。亦可謂善於改過矣。而近世之好作蟻媒者，乃積惡日稔，不知悛改。吾不知其當膺何報也。〔雷霆可畏〕

4015	原 456/6	廣行 12/94	大 13/213

水懦易狎

奧國夏總領事之死也，聞者惜之；然其間莫不有命。蓋以領事之尊，忽作泅水之戲，又在沿海之地，竟忘知命者不立巖牆之訓。嗚呼！吾能無為夏領事痛哉？先是夏領事於前禮拜日，忽發豪興，偕其夫人暨意國領事、甯波海關西人等，在普陀山沿海作鳧水之戲。忽夏領事力不勝水，幾將沉沒，高呼援救。當經海關西人援之以手，正在用力；忽被巨浪迎面沖來，致將夏領事沖入汪洋，不知去向。海關西人經山上寺僧竭力救起，惟夏領事屍身卒無下落。其夫人痛哭流涕，黯然返滬。本埠各國領事署均下半旗，以誌哀悼。旋復舉行追思之禮，然後夫人束裝回國，傷失偶也。古云：「水懦易狎。」君子觀於夏領事之役，可不鑒歟？〔不知〕〔自愛〕

4016	原 456/7	廣行 12/95	大 13/214

爭水釀命

法界自來水管，向由工部局管理，任人汲取，並不取資，亦不禁阻，著為成例。嗣以汲水者報往踧來，日無休息；爰定以時刻，過此便不准取水。然人多管少，汲者擁擠，往往易啟爭端。有心人惄焉憂之，謂是宜早籌一妥善之法；否則恐釀成禍端也。不幸言而偶中，竟於前日有爭水釀命之案。先是，甯馨街孫協和篾作主孫海壽之次子，名慶成者，年甫十八，人頗儉勤；於六月廿二日清晨，提桶挈榼，挹彼注茲。時適有揚州人劉子卿，恃強爭奪；輒爾起釁，將孫痛擊三拳，適中要害，倒地斃命。事為法捕房所知，查拿報縣。當經黃大令詣驗，雖曰扭毆後發痧身死，然人命至重。如劉之細故逞兇，致釀此禍，想亦當從嚴懲辦也。吁！有管理自來水之責者，安得別籌善法，使民皆稱便哉。〔細故〕〔逞兇〕

4017	原 456/8	廣行 12/96	大 13/215

弩弓射虎

獵戶某甲善弩弓射虎法，往來甯國山中，專以射虎為業。其法用藥箭，視虎跡往來慣道，張弩要隘處，活引機括，牽繩以候虎。其傅箭藥煮成時，試以雞。雞著藥可三跣者，力薄，殺虎不捷；一跣而斃者，其藥可用矣。甯之東北境群山連繞，榛棘蓊翳。有虎大異常虎，傷人甚夥。甲循徑張弓虎過處，凡三張，皆箭脫而虎不死。甲大疑之。乃夜據徑側高樹上，蔽身下視。是夕，月影朦朧。三漏時，嘯起風發，即有披髮鬼踽踽然走至張弓之處，拔箭擲地以去。鬼去半里許，則虎過其處矣。乃知所謂虎倀者，即拔箭者是矣。次夕，伏樹如前狀，俟倀拔箭

去，下樹復張之。既升樹，虎至，中箭而奔，蹤跡得之，虎患以絕。獵虎者可不亟求其法哉？〔除患無形〕

4018	原 456/9	廣行 12/97 右	大 13/216

驢異

桐城某生集客三數輩，開筵夜宴。燭前忽有巨臂出燭影下。主賓大懼，相與觀之，其臂色黑而有毛甚多。主人知其索食也，置肉少許於掌中，臂遂引去。俄復伸臂如初。與之，又去。於是謀絕其怪，伺再來，當斷其臂。頃之，果來。拔劍斬之，臂既墮，其身亦逸。俯而視之，乃一驢足，血流滿地。翌日，因以血蹤尋之。直入某姓家，告以故；則某姓家養一驢且二十年矣，夜失一足，有似刃而斷者。舉前事告之，乃大駭。即殺而食之，怪遂絕。〔老怪〕

4019	原 457/1	廣忠 1/1 左	大 13/217

適從何來

本埠楊樹浦某紗廠，於六月廿九日，忽見一人身穿緇衣，面目模糊，手攜一筐，外有英洋二元，貿然而前；恭揖端坐階石之上，默不一言。廠中人疑是工人，欲向詢問，倏已不見。當在地上拾得英洋二元，意必此人所遺，留侍歸還。詎翌日，其人復來，仍如前狀。急上前詢問，忽又不見，地上仍遺洋如故。合之，共得四元。眾皆驚駭，不敢藏匿，告知洋人，已投報捕房，將張網以緝之矣。或曰：此殆靈狐游戲人間也，然歟，否歟？〔起滅自由〕

4020	原 457/2	廣忠 1/2	大 13/218

雄兵貽笑

甘肅回匪猖獗，經大憲在南省調軍助剿，滿望膚功早奏，共唱凱旋。乃聞該處領操西弁言之，則竟有令人聞而噴飯者。據言，日前有南兵八營往攻蘇家堡，即在該堡相距三里許紮營，連日開砲攻擊。不見城上樹有旗幟，亦無回匪一騎一卒。衹以恐有埋伏，不敢直逼；惟以炮火從事，轟轟烈烈，遙示聲威。如是者四日，城中毫無動靜。至第五日，又有陝兵一營來助，皆不敢進城。嗣有北省營兵奮勇登城，欲以短兵相接。甫到城壕，忽一老嫗在城上駐立，問帶兵官：「此五日中，因何疊用大炮攻打空城？蓋自五日前，堡中頭目得探報，謂有大兵八營來攻；因官兵帶有大炮，不敢對壘，早已率眾避往山中。初不知官兵之認作空城計也。余以年老足傷，不良於行，故在此待死；尚有二瞽者目不能視，亦束手待斃」云。時南軍跟蹤北營，已抵城門，聞老嫗言，面面相覷，不知所對。一時咸傳為笑柄焉。〔畏敵如虎〕

4021	原 457/3	廣忠 1/3	大 13/219

醫疫奇效

法國醫生尤新因聞去年廣東、香港等處核疫流行，詳加考察；藉知核內有毒蟲，發源於地，傳播於人。若掘地至十二英尺，即可得蟲。於是將蟲寄回法國盧氏醫生。經盧在醫院內豢養疫蟲，究得疫蟲治法，製為藥水，傳其法於尤新。先在越南、東京建院，蓄養疫蟲，豢馬二十匹，以製藥水。凡醫治染疫牲畜，無不應手奏效，而卒未試諸患疫之人也。日前，蒞止羊石，往見雛牧師。適牧師義塾中有某童染疫，股際起核，痛楚異常，僵臥地上，勢瀕於危。牧師以告尤新。尤即欣然從懷中出藥水二三樽。每樽水僅一匙，其色微紅而清潔；蓋取疫蟲之毒，以殺疫蟲，即以毒攻毒之法也。尤復出一小針，插入樽中；針上有泡，約容藥水一樽。以手按之，水即源源而下。灌入病人皮內，須臾而盡。童已昏迷不醒，不知痛苦。尤坐守其旁，達旦，而童病若失。亦可見其效之奇矣。〔沉痾〕〔立起〕

4022	原 457/4	廣忠 1/4	大 13/220

水怪成擒

天地間物，奇奇怪怪，不一其名；其見於《山經》、《爾雅》諸書者詳矣。即《山經》、《爾雅》所未見者，本報有聞必錄，莫不繪圖貼說，以待博物家質證。茲又得浦左橫沔鎮一物焉。相傳物在該鎮近鄉河中，首似桀犬，足如甲魚，尾長三尺。群目之曰怪。或有以鐵叉戳之者，物齒甚利，被咬之下，叉竟受損。鄉人十餘輩聞之大譁，各持器械，爭向肚腹亂擊，物始俯首就禽。權之，重三十六斤，雖叉傷遍體，猶蠕蠕而動，尚未僵斃。有好事者見之曰：「此穿山甲之類也。」以洋蚨數翼購之，不知其作何用處。特恐識見未真，竟以似是而非者，認作穿山甲之用；則藥物誤人，其所關豈淺鮮哉！亟圖之，以質諸識者。〔人靈〕〔于物〕

4023	原 457/5	廣忠 1/5	大 13/221

一震而蘇

江西省垣廣潤門外對渡有沙洲一區，名曹王洲，為曹、王二姓聚族而居，其人皆以操舟為業。某日，有老嫗閒坐柳陰深處。適遇甲、乙二孩從河濱浴罷，登岸後偶拋磚石以為戲樂；誤擊老嫗頭額，血污被面，腦漿迸出，暈倒而絕。其子若媳聞之，悲從中來，立與孩之父母為難；紛紛擾擾，勢將報案，以待賢長官判斷。忽雷雨交至，霹靂一聲，將嫗屍攝至泥水塘中，矍然起立，一若身無痛苦者然。時嫗死已半日，見其行走如常，語言無恙，知其復生，不覺驚喜欲狂。或驗其額間傷處，似有香灰痕一線。遂喧傳為該嫗命不該絕，故天遣雷部為之救醒。然必如此，將使天下無枉死之人而後可；否則有救有不救，天其謂之何哉？蓋該嫗一時暈絕，經雷震動，逾時復蘇，固意計中事，而會逢其適也。〔天心〕〔仁愛〕

4024	原 457/6	廣忠 1/6	大 13/222

道術被破

江右有崔道士者，擅道術，性忮刻，不能容物。時有吳某者亦以術鳴，出崔右。崔妒之，積不相能，時欲中傷之。嘗以足戲蹴吳腹，隱痛下墜。吳知其將以術殺己也。閉門內視七日，腹中下一鐵砧，重十餘斤。惡之。後與崔遇，以掌拍其背曰：「君何惡作劇？然鐵砧之惠，不可不報也。」崔心痛甚，知吳報己。急歸家，亦將閉門鍊氣以解之，計過四十九日，當無患。匝月後，吳使人探諸其家，崔子遵父命，拒不使見。其人紿之曰：「汝何愚也。我知汝父閉門鍊氣，今已月餘矣。焉有人經月餘，勺水不嚥而猶能存活者乎？」其子以為然，試往覘之。甫一推門，見崔趺坐榻上，背有五小虎，口各唧銅釘而力拔之。

釘約長五寸許，拔出過半。見生人至，虎遁而釘仍入內。崔厲聲長歎，而氣遽絕。夫崔之術，能驅遣猛虎為之醫傷，而不能禁吳之不破其術，則以其術固出吳下也。己無過人之術，而反欲害人以圖快。其不能見容於人也，宜哉！〔勢不〕〔兩立〕

4025	原 457/7	廣忠 1/7	大 13/223

陰兵夜戰

并州之北七十里有一古塚，相傳故將軍張公葬此，不知其何代人物也。去秋，每至日夕，譁傳有鬼兵萬餘圍繞此塚。須臾，塚中亦出鬼兵數千，相持力戰，夜即各退。如此者近一月。忽一夕，復有鬼兵萬餘，自北而至，去塚數里而陣。時有一耕夫道經其地，被一鬼將擒去，謂曰：「我瀚海神也。今煩爾詣此塚，傳言張公曰：『昔年爾曾納我畔將，借兵抗我，經我親討，爾既伏其罪矣。今何故不自悛改，竟敢盜我愛妾而逃。請速還之，不然，禍必及爾。』」耕夫如其言。良久，塚中引兵出陣，有二神人并轡而立，亦召耕夫，使傳言曰：「我生為銳將三十年，死葬此，從我者步騎五千餘。曩雖小挫，旋即整練精強。爾之愛妾，何與我事。欲戰則戰耳，毋相瀆也。」耕夫又傳與瀚海神。神大怒，引兵前進，令其眾曰：「不破此塚，不復歸矣。」遂又力戰，三敗三復戰。及初夜，塚中兵敗，拘其愛妾以歸。張公及其眾并斬於塚前，塚亦被焚。次日，耕夫往觀之，塚旁有枯骨木人甚多，始向人縷述其事。〔猶能為厲〕

4026	原 457/8	廣忠 1/8	大 13/224

少林復生

有好遊客曾行至皖山深處，見某蘭若巋然在焉。僧眾數十，聚食其間，皆強有力；又有悍騺少年寄此習藝者，亦數十人。上座一僧，貌溫文，諸人奉之維謹，悉聽指揮。蓋即少林之流亞也。諸少年身皆輕捷，每躍起，迅如飛鳥。寺前銀杏十數株，圍可三四尺。有數少年每曉起，向樹上疾飛一腿，迅即退立樹外；葉上露零如雨，無涓滴沾衣者。或立百步外，以丸彈楊葉，第認定何枝，彈丸風發，頃刻繁葉亂墜，無一存者；他枝不誤損一葉。或立瓦一片，駢二指削之；則一角落而瓦立如故。或囊沙懸於四側，人立其中，四面擊之，囊無著身者。又有以手挾數十觔沙囊，聳身中堂，以指搯屋梁而掛其上，半晌乃下。諸如此類，人各一技，晨夕演習不倦。客謁主僧而謂之曰：「天下勇士，其聚於斯乎？方今時事多艱，尚其留此有用之材，為國戮力，毋徒流為匪僻也可。」〔有拳〕〔有勇〕

4027	原 457/9	廣忠 1/9 右	大 13/225

女祟惑人

浦左張家橋人張金林，在滬南毛家弄口楊姓飯店為夥。前日，由家至滬，因天氣炎熱，未曉先行。約三里許，至曹家祠地方，瞥見一婦，華年玉貌，肩荷鐵鋤，相隨在後。張回首注視，婦頗脈脈有情。挑以游詞，亦不甚拒。張知其可乘也，返身攜手，至田畔作巫山之會。事畢而起，忽一陣陰風，失婦所在。大駭而奔。至滬後，忽下體腫痛，寒熱大作，勢頗瀕危，醫言不救。君子曰：此可為貪色忘身者戒。〔淫魄〕

4028	原 458/1	廣忠 2/9 左	大 13/226

牛販轉生

輪回之說，出於佛經，儒者不言；然亦有確然可徵者。四川有牛販趙姓者，疾篤時，自謂將投生某場張室，仍得為男；且言該姓今日買田一區，值五百金，午時立契。家人以其言異，亟以墨塗其兩足，著人往訪，果買田生子與否。張聞唯唯，索兒出觀，則兩足心皆黑。使者歸述其事，兩家乃相與往來，甚形莫逆云。〔姑妄言之〕

4029	原 458/2	廣忠 2/10	大 13/227

菩薩救火

反風滅火，仙家有此妙用；求諸近時神佛，則杳不可得。乃日前，漢口夾街某篾墊舖失慎，有十方菴古剎與該舖相距甚邇。當時該寺住持僧見火勢甚熾烈，焰如星飛，落在後院竹柵上；急率眾取水，竭力澆灌。無如祝融氏跋扈飛揚，大有不可收拾之勢。住持僧至此，忽令將門緊閉，集諸沙彌，向蓮花座下深深膜拜；且擊鼓鳴鐘，冀以虔誠感格。時外間觀者方相駭異，乃我佛有靈，居然轉危為安；霎時間火漸熄滅，該剎竟如魯靈光殿巋然獨存焉。於是人皆謂菩薩顯靈，故得轉圜甚易云。〔神之〕〔格思〕

4030	原 458/3	廣忠 2/11	大 13/228

留碑遺臭

中國降日已革水師提督丁汝昌，上年在威海衛統率兵船，遇敵先樹白旗，甘為降將，日人喜之。成盟以後，日人屢請我國朝廷，謂丁某功績昭彰，精忠夙著，宜開復舊職，加以崇銜。皇上大怒，嚴旨不許。日人無可如何，因議在威海衛立一壯士碑碣，以獎其忠。按丁汝昌奸庸昏狡，凡我華民，皆思寢皮食肉。今欲在威海衛樹碣，直堪遺臭萬年矣。昔魏忠賢附祀孔子廟中，以為千古笑柄；今丁汝昌之事，更有過之。誠千古獎奸異數也。〔求榮〕〔反辱〕

4031	原 458/4	廣忠 2/12	大 13/229

望子奇聞

朝鮮順天郡林某，財產富有，妻妾滿前，而有伯道之戚。其友有金某者，林莫逆交也。相隔數十里，一日來訪。林聞其多子也，大喜，殺雞為黍以款之。酒半酣，林屏人語金曰：「聞子操老彭之術。今吾與子有通家之好，不妨效乞種之舉。」金固端人也，不可。又商之於其妻，妻亦不可。金飲過量，送入妻之臥室。妻欲避，而林將門反鎖焉。金酒醒，見一燈如豆，明滅中覩一婦面壁坐。金悟林之所為，而嘆婦之貞潔，爰得詩二句云：「雖有作人術，難欺心上天。」反覆諷誦，以待天明。林至啟門，金一笑而別。金去後，林妻居然有妊，月滿，產一子。迨穩婆洗兒，見背上有墨跡兩行。林讀之，則當夜金某所誦句也。嘻！異已。〔人之生也直〕

4032	原 458/5	廣忠 2/13	大 13/230

人不如鳥

唐沽人甲、乙素相友善，甲有畫眉鳥一頭，愛之如拱璧。

乙亦因甲之愛而愛之，偶爾攜歸，突被脱籠飛去。甲忿甚，挾刃索償。乙笑謂區區一鳥之微，亦值得以白刃從事耶？蓋不虞甲之認真也。詎甲竟反顏相向。乙謂吾兩人既為朋友，曾一鳥之不若？忿不能制，奪刃刺之，遽中要害，而甲遂死。當由地方報官請驗，並將兇犯解請訊詳擬抵。夫鳥，微物也；朋友，大倫也。以微物之故，忍傷大倫，卒致戕人之生，害及己身，亦何不諒之甚。君子曰：是可謂人不如鳥。〔細故〕〔釀命〕

4033	原 458/6	廣忠 2/14	大 13/231

佯狂免辱

甬江某甲以竹牌為業。妻某氏，生性極魯，不能得藁砧歡。一夕，甲歸家叩扉，適某氏深入黑甜，不之應。甲大怒，排闥直入，將某氏痛加鞭笞，且謂之曰：「詰朝，定斷送汝一命。」某氏聞之，大形觳觫；籌思終宵，忽得一策。晨起，即效孟姜裝癲之鬟，手取鉛粉，自塗其鼻，如梨園之小丑，嬉笑怒罵，一時畢發。時鄰佑聞而觀者麕集，某氏曰：「吾已竊得王母一玉璫，上獻天子，那得不封我為一品夫人。」鄰佑皆大笑。甲至是亦呆如木雞，深悔昨夜之過，致氏失魂，獲斯奇疾；為之禱佛禮神以自懺。越日，而某氏病竟若失。故人謂某氏之愚，吾獨嘉其有急智。〔急智〕

4034	原 458/7	廣忠 2/15	大 13/232

媚鬼求財

廣東白鴿票盛行已久。雖經大憲嚴申前禁，地方文武加意緝捕，而票匪乘機伺隙，往往在僻處設廠，派黨帶收。貪鄙之民，愚賤之婦，或乞靈於土木之偶，或諂媚於淫昏之鬼，甚至路斃之屍，荒岡之塚。不憚侵晨而起，昏暮以求。莫不顛倒若狂，卜字猜買。日前，佛山陳大塘仰先街某家婢，溺死蓮塘。當陳屍待殮時，各處男婦多備香燭楮錠，向婢屍搖籤卜字；更有捉屍之手，或令執籤，或令點字者，種種色色。不憚該屍之穢，不顧為鬼所笑。屍前香燭之盛，幾遍路隅。吁！愚民之愚，一何可笑乃爾。〔冥漠無知〕

4035	原 458/8	廣忠 2/16	大 13/233

蛇入船孔

滬南有一種紅頭釣船，均係閩、浙人撐駕為業，專運青糖、碗、香等貨。有閩人鄭光，初素性佞佛拜神；有釣船一只，於前月中浣，在閩載赤糖來滬，停泊增祥碼頭。迨將貨卸空，水手等駭見艙底有孔甚大，有一巨蛇塞入孔中，以致水不得進。其蛇長約丈餘，身大無匹，業已斃命。鄭以此蛇定為神物，否則艙中入水，早已浸沒大洋。即用香燭禱告，然後飭人持赴荒郊埋訖，以誌其德。然自有識者觀之，此蛇殆貪食糖物以殉其身，而不虞適填漏洞，俾船中人不致葬身魚腹。不可謂非幸也。〔救人〕〔救漰〕

4036	原 458/9	廣忠 2/17 右	大 13/234

意欲何為

本城大東門內彩衣街，日前有禿驢某甲，手攜布袋一只，其中滿儲青草，彳亍而行。至厚生典當門首，踞坐石上，將袋青草取出，狼吞虎噬，頃刻而盡。一時圍而觀者，聚若堵牆。好事者向其詢問，何故食此青草。該禿兩目灼灼然，并不答應，即起身，向東躑躅而去。是果何為也耶？〔如醉如癡〕

4037	原 459/1	廣忠 3/17 左	大 13/235

兩頭鵝

京江某姓家生一鵝，一身而兩首。或以為妖。或曰：「非也。按紀曉嵐先生筆記，載〈兩頭鵝〉一節，謂人有孿生，卵亦有雙黃。雙黃者，雛必枳首，固已數見。」或曰：「凡鵝一雄一雌者，生十卵即得十雛；兩雄一雌者，十卵必㱡一二，父氣雜也；一雄兩雌者，十卵亦必㱡一二，父氣弱也。雞鶩皆不妨，物各一性耳。」錄之，以見天下事無獨有偶，固有後先一轍者。〔氣稟〕〔獨異〕

4038	原 459/2	廣忠 3/18	大 13/236

嶽神判案

杭州法華山東嶽廟，每屆七月間朝審時，相傳有審問瘋人之事，往往輒著靈驗。今屆七月初六日，有瘋人一名，年逾弱冠，由其家人舁至廟內。至晚，將該瘋人穿上赭衣，頸繫細鐵索，鎖入地獄。另紮一芻人同繫焉。及三更時，嶽帝升座；由案書傳諭提牢廳，將兩犯提出，叱令跪下。案書隨問瘋人有何冤孽，瘋人瞠目不語。又命將芻人重責，復訊，始代鬼供云：「冤魂吳姓，係無錫人，瘋人前世朱姓，吳縣人。二人合夥開窯，貨店由朱經手。店既折本，朱又乾沒洋三百元，遂鬱鬱以死。今向索欠，叩求伸冤」云云。案書即傳大帝之命云：「冤家宜解不宜結，況錢債細故乎！今判令朱某備冥資十萬以償，另延高僧禮懺超度，以了此一重公案。汝願之乎？」瘋人方低首無言，移時即自稱遵斷。隨命畫供，亦即捌管遵畫而退。所需冥資，由庫借給，當堂焚化，然後舉行朝審。至天明，瘋人病果霍然。〔臣叔〕〔不癡〕

4039	原 459/3	廣忠 3/19	大 13/237

臺民待賑

臺灣一島自割歸日本後，內地人民不獲同被中華化澤，亦已付之無可如何。乃臺民苦日虐政，不自量力，妄奮螳螂之臂，與日抗衡；以致日人結怨愈深，肆虐愈甚，到處焚殺，血流成河，哭聲遍野，大有滅此朝食之勢。迄今雲林一帶城市、村莊悉成墟落。臺民流離蕩析，無可安居，避入內山；男女老幼，不下四萬餘人，露宿風餐，異常困苦。日人既視若寇讎，莫肯援手；而華官亦目為化外，無復代謀生理。嗟彼遺民，亦幾束手待斃矣！乃有怡記洋行主人佩恩君者，目擊心傷，惻然動念，為之廣刊日報，遍告同人。一俟義粟仁漿，源源疊沛，即擬入山施放，俾數萬窮黎復覩天日，誠西人中之好行其德者。其高風亦足欽已。〔西士〕〔仗義〕

4040	原 459/4	廣忠 3/20	大 13/238

鬼迷遇救

溺鬼討替，説雖不經，而見諸近事者，則往往而有。蘇垣有布店司某甲，一日晚歸，路經西橋，見一少婦獨坐橋上嚶嚶啜泣，異而詢之。婦言夫家某處，母家溫家岸，聞老母病危，急欲歸省。詎出門惘惘，莫辨路途，進退兩難，是以悲耳。甲聞而惻然，令姑少待，當送爾歸家，怱怱而去。及交帳畢，回至舊處，見婦仍鵠立；乃導之以行，直抵溫家岸某家門首。婦感其誠，邀入小坐。甲喜，相將偕入。正趑趄間，忽有人當頭一擊，悚然而醒；則見河水茫茫，婦已不知何往。旁一柴船，有老人猶持棒在手。蓋老人在船乘涼，瞥見甲貿然入水，狀甚迷惘，知係遇鬼，故一擊以醒之。時觀者如堵，僉謂：「是處今夏溺水死者已有四人，子幸遇救，否則與鬼為伍矣。」某聞大駭，乃叩謝老人，躑躅而歸。〔當頭棒喝〕

4041	原 459/5	廣忠 3/21	大 13/239

水族奇形

金陵太平門外元武湖中，素產菱、藕、魚、蝦之屬。歲納官租錢六百緡。土民之賴以生活者百數十家，傍湖結屋，以水作田，良自得也。今年湖產忽大不及昔，人皆莫明其故。一夕月光初上，有漁人三五輩臨流偶坐，忽見水中有一怪物，長七尺許，首若羊而無角，身若龜而無甲，兩目灼灼有光，四足皆有爪，尾大不掉。厥狀類魚，口似血盆，一呼一吸，水即滔滔而入；略一騰踔，浪激風生，月光忽覺昏暗。漁人為之大驚，召眾環視，怪物聞人聲喧譁，遂潛水底。乃悟今歲湖產失收之故，殆此物為患。共謀所以除之。次日，伺其出沒之處，遍設網罟鉤叉，將弋而取之。入夜，遙立觀看。久之，聞大聲發於水上，波瀾洶湧，聲如萬馬千軍。觀者皆膽小如鼷，恐遭波及，急足奔歸，不敢復視。翌晨，復招眾往觀，則怪物已不知所往。惟網罟為荷所牽，未遽漂沒，然已寸斷不堪矣；其滾鉤、漁叉等物，則茫無覓處。相與驚異不置，從此不復敢作掩捕之想矣。〔咄咄逼人〕

4042	原 459/6	廣忠 3/22	大 13/240

瘋人放火

瘋人某甲，不詳其姓氏，亦莫識其里居；日在蕪湖地方手舞足蹈，躑躅街頭。見者皆目笑存之。不料初九日下午，甲獨行踽踽，步上西門城樓，將所供狐仙木主與燈屏、帷幔拉雜摧燒；復再猱升城樓瓦面，手抱一鼓，且擊且唱。居人聞天半《漁陽三【參】撾》，咸出仰視；則見城樓中濃煙縷縷，知為失火。抱甕登救，不約而同。俄頃，洋龍馳至，矯首仰噴，良久始滅。當拽其人下地訊之，直認縱火不諱；謂這木主殊嫌煩雜，不如付之一炬為快。言畢，又狂歌大笑，瘋狀可掬。因守城團總恐其復來滋事，拘稟蕪湖縣，飭查有無家屬，再行發落。然觀其高坐瓦面，擊鼓高唱，拉雜木主付之一炬，亦覺快人快事。是豈不得志之士所為耶？〔殃及〕〔池魚〕

4043	原 459/7	廣忠 3/23	大 13/241

以盜懾盜

永安人張百順貿易鳩茲，挈子同往；年五十餘，子亦弱冠。勤儉持家，積資二百金，捆載而歸。父子生長水鄉，習慣篙櫓，因買一小舟，自駕以行。一夕，舟泊小港，忽聞水聲拍拍，有大漢已提刀立船頭，自稱老阿爺，呼無頭鬼速出艙受刃。張父子無所為計，惟屈膝求饒命而已。盜令自運箱籠過船奉獻，不得私匿寸縷。張奉命唯謹，罄艙歸盜，叩首而退。父子相對漣如，空手不復作歸計。商議長策，遂相謀為盜。覓船中，獲一短柄斧，淬厲而新之。是夕，蕩槳江濱，淡月朦朧，連延數百艘，無從插足。望隔江煙景中，一星幽火，不絕如豆。掛席西駛，瞬息而至。執斧越船，聲喝一如前盜狀。舟人子皆俯伏請命，遂盡得其所有以歸。驗之，即前所被劫物也。乃大喜，謂其術可行，遂樂此不疲，卒被擒縛，置諸重典。可謂不善變已。〔悖入〕〔悖出〕

4044	原 459/8	廣忠 3/24	大 13/242

賣嫂易妻

滬南萬裕碼頭船戶張柏和，家住浦東陸家嘴左近，因內顧乏人，託同村人小弟物色佳耦。小弟以撮合山自任，聞知鄰村包姓婦文君新寡，年亦相若，該氏有夫弟包某，素性貪鄙，可以利誘者。因向說合，議定茶禮洋八十元。由張如數措交，約期迎娶。詎至日，音信杳然。當向小弟根追，知該婦不願再醮；然包所收之洋，已將次用罄，無可為計。囑張邀約多人，作搶親之舉。乃婦早有所聞，俟眾人入門時，即取利刃劃破面腮，血流滿面。眾恐釀命，大驚而逸。蓋該婦柏舟矢志，固百折莫回矣。次日，張又向包理論，包理屈詞窮；不得已，遂作李代桃僵之計，願將妻子易嫁。張始首肯寢事。乃送妻交張，己遂鰥居無偶。欲圖賣嫂，反失其妻。此真可謂天理不爽矣。〔遇人〕〔不淑〕

4045	原 459/9	廣忠 3/25 右	大 13/243

偷兒殺人

杭州湖墅郭家兜地方僻靜，居民結茅而居，素為偷兒出沒之藪。日前，有偷兒於夜靜後，至某乙家行竊。適乙傭工在外，家惟十五齡幼女看守。偷兒破扉直入，女大呼求救。偷兒情急，即取泥土塞入女口；并擕大瓦盆一具，置女胸前。女即氣塞斃命。賊得飽竊以去。次日，乙歸見之，稟官相驗，不久賊即弋獲，想當按律懲辦。可見天網恢恢，疏而不漏云。〔豺狼成性〕

4046	原 460/1	廣忠 4/25 左	大 13/244

尼姑有道

滄州有一游方尼，好清修。每至人家說法，不求佈施；惟勸之存善心，作善事而已。一日，至某巨室，有僕婦以布一疋施之。尼合掌致謝，取布置几上，片刻仍舉付此婦，曰：「汝之功德，佛已鑒之。既蒙見施，即我布也。頃見尊姑衣甚藍縷，謹以奉贈，為製一衣可乎？」僕婦大慚而退。此尼誠深得佛心者哉！〔佛法〕〔慈悲〕

4047	原 460/2	廣忠 4/26	大 13/245

別有肺腸

泰西醫士善治各種奇疾，無不應手奏效者，良以其能探究五臟六腑受病之源，而用以施之於其人也。然人之五臟六腑亦各不同，試觀歐洲不夜拖里和事，可異已。不夜拖里和者生有奇癖，喜食各種毒物及一切器皿等類，甘之如飴，若甚可口。嘗至美國紐約地方某醫院中，自誇其能娓娓不倦。時值諸名醫列坐一室，聞其緒論，互相驚訝；以為人生天地間，體質雖異，血肉則同，安有鐵石心腸如此者。爰將玻璃、磁石，授之使食，不夜一一入口，任意嚼之，頃刻已碎如泥沙，而口齒毫不破損。又以毒藥之可殺二十人者，俾令吞下，亦若行所無事。又飲以硫酸、火油并蠟燭、木屑、煤炭、銀洋之屬，紛紛下咽，俱無所苦；惟見煙氣蓬勃，自口中縷縷而出。諸醫至此，相顧錯愕。是真所謂別有肺腸者歟？〔奇人奇事〕

4048	原 460/3	廣忠 4/27	大 13/246

捉姦笑柄

嘗見京劇中演《瞎子捉姦》一齣，描摩瞎子之顢頇，姦夫姦婦之肆無忌憚；而歎人生特苦無所見耳，未有甘戴一頂綠頭巾而貽人笑話者。然天下事之因瞎子而貽人笑話者，正不必相同也。蘇州閶門汪姓嫗雙目已瞽，年逾大衍，早喪所天，家惟一子一媳。媳有艷名。嫗每聞鄰里稱述，心竊疑之，恐貽門戶羞，思有以防閑之。深苦目無所見，不能得其蹤跡，因以耳代目，潛心伺察。一夕更魚三躍，陡聞喁喁私語聲出自媳房，意為奸夫，直入搜之。果於床上覓得髮辮一條，儘力拽之，大呼捉奸。牆卑室淺，鄰右咸聞，聚而觀者如堵。正欲奮臂相助，徐聞其子呼曰：「我，我，阿娘何云捉奸也？」眾始鬨然，嫗亦爽然若失。蓋嫗惟知竊聽，而不知其子之先已入房也。一時遂傳為笑柄云。〔一誤〕〔再誤〕

4049	原 460/4	廣忠 4/28	大 13/247

片言折獄

揚城某甲，某太史之外甥也。一日，見有人手持舊城四望亭某錢店錢券一紙，上書「一百六百文」。笑問其人：「此券若干？」曰：「六百文。」甲願以現錢易之，其人不允；復增其倍，始成交而去。甲得券大喜，隨持至該店取錢。店中執事胡某見而詫異，立查底簿，實祇一百六十文。知為筆誤，向甲婉陳。甲曰：「一百個六百，須付錢六千文。」胡再三伸辨，願出番佛十尊為壽。甲堅執不從。或謂甲曰：「此券付一百個六百，則一千六百文之券，豈不要付一千個六百文乎？」甲置若罔聞，大肆騷擾。店中人知其利慾薰心，難以理喻，遂互扭至甘泉縣署喊稟。程大令升堂訊問，廉得其情，索票觀之，曰：「此事細甚，照票一百六百計之，乃七百文耳。」立命家人向帳房如數取之給甲，收領票則擲還錢店銷燬，各令退去。人皆服大令折獄之才。〔準情酌理〕

4050	原 460/5	廣忠 4/29	大 13/248

蛇繞人頸

甯城某機坊為李姓所開。有學徒某甲者，年少貪涼，每屆暑天，往往席地而眠，初不知銀床冰簟為何物。邇雖酷暑漸消，秋飆颯至，甲尚貪戀故處，高臥依然。忽一日天將破曉，聞甲狂呼救命，聲如殺豬一般。坊主及夥均從夢中驚起，則見該徒頸上有一長蛇，黑質白章，繞縛數匝；昂其頭，伸其舌，注視耽耽，勢在呼吸。眾皆束手無策，相顧色駭。正危急間，有織匠某乙奮然而起，遂以劉四斬蛇手段，竭力扼之，蛇不得逞，遂委轉殭斃，其縛始解。然徒已面無人色，暈絕數次。逾刻飲以解毒各藥，始稍清醒。說者謂此蛇與徒殆有夙冤，故蛇將一逞其毒。幸有某乙救之，否則其尚堪設想乎？〔結不〕〔解冤〕

4051	原 460/6	廣忠 4/30	大 13/249

魚形誌異

日本大分縣西國東郡岬邨大字見地方有宮崎佐一者，捕魚為業。一日，在海濱見魚一尾，形狀詭異，碩大無朋，知非一人所能取。急回邨內，號召同類，招集十餘人，互相設法，張網捕之。旋覺沉重，相與拽起取視。則見此魚雖有鱗甲，而形似蜻蜓，長一丈有三尺，闊八尺餘。頭上有角如牛，向後兩角之中有竅，直徑八九寸；竅中有白玉一塊，大如拳，晶瑩潤澤，美媲羊脂。惟有骨無肉，欲快朵頤者，未免大失所望。然該漁戶則奇貨可居，聞將送入博覽會中，以供賞識。天地之大，真無奇不有哉！〔海外〕〔奇觀〕

4052	原 460/7	廣忠 4/31	大 13/250

五命同殞

湖南長沙大西門外，有甲、乙兩孩幼小無知，同在河濱游戲。甲孩手執并州快剪，見乙孩之勢，戲欲剪之；無心失手，適中肯綮，勢隨刀落，乙孩遂殤。其母聞而奔視，悲憤填膺；時適手持搗衣木杵，怒向甲孩作當頭之喝。詎用力過猛，甲孩腦漿迸裂，亦即倒地。甲母見之，怒不可遏，即扭乙母同投於河。正在載沉載浮之際，有某負販見而憐之；躍入波心，作從井救人之舉。奈不諳水性，三人復同時畢命。吁！頃刻之間，遽傷五命，亦可憐已。〔輕于鴻毛〕

4053	原 460/8	廣忠 4/32	大 13/251

攫鼻奇聞

蕩婦某氏性極淫，搔首弄姿，有河間醜行。昔曾染患惡瘡，毒透筋骨，致鼻爛去，好事者遂以「爛鼻頭阿二」呼之。然婦自顧五官不全，雖有西施美貌，亦不雅觀。聞西法有能裝假鼻者，因出洋蚨四十元，俾令湊手。人巧奪天，果將缺陷彌縫，泯然無跡。不知者見其隆準儼然，皆目為生成，迄今三載，幾於難辨真偽矣。惟是婦陋形既掩，故態復萌；日在滬南各煙館中，勾引少年至家苟合。前日，婦方姍姍來遲，有惡少數輩明知故隱，齒牙伶俐，大肆譏嘲。有某甲者忽大呼「開天窗」一語；婦老羞變怒，高奮麻姑仙掌，欲批其頰。奈惡少人手眾多，乘婦不備，竟將假鼻攫去。婦自知無面見人，遂抱頭鼠竄而逸。觀者為之粲然。〔惡〕〔作劇〕

4054	原 460/9	廣忠 4/33 右	大 13/252

目淫宜懲

九江某少年性輕薄，翩翩慘綠，自詡風流；喜窺人家婦女，窗罅簾隙，百計潛伺。雖為人所憎厭，弗顧也。一日，酒酣晝寢，狎友某入室見之，戲以膏藥糊其雙目而去。及少年夢醒，陡覺腫痛，急揭去之，眉及睫毛為膏粘住，急切不得脫，拔之幾盡。且所糊者即所蓄媚藥，性至酷烈；目受薰灼，竟以漸盲。彼性喜漁色而好誇眼福者，尚其以此為鑒。〔昏瞽〕

4055	原 461/1	廣忠 5/33 左	大 13/253

蠼螋

琴川人張某，性嗜酒。一日醉歸，道經司徒廟，遙見殿宇巍峨間欐楄上火光熠熠，如數百金蛇。近前視之，見有一物，足數百條，繞楹而行，錚鏦作金鐵聲。諦視，乃一大蠼螋也。某倚醉膽壯，拾石投之，入殿後去。至曉往視，見柱下遺一足，長二尺餘。攜以示人，觀者無不咋舌云。〔大哉虫豸〕

4056	原 461/2	廣忠 5/34	大 13/254

龍王返駕

客有自吳苑來者，言閶門外吊橋灣南童子門左近，向為清江浦船幫停泊之所。今歲清和時候，有船自清江來。兩岸居人遙見船上高燒紅燭，鼓吹聲喧，咸譁曰：「龍王來矣！」及到岸視之，則見龍王蛇身龍首，遍體黃色，長約尺許，盤踞盆中。據船主言，在清江時憑空躍至，推之不去。詢諸識者，謂此是金龍四大王，即宋代謝將軍也；有廟在蘇，香火不絕。當下試問龍王要到蘇否？王頷以首，眾愈肅然，因移櫂到此。是日，龍王廟僧人聞之，接入供奉；傳伶演劇，以娛神聽。尤奇者，自龍王到蘇後，連日大雨傾盆，徹夜不止。居民咸沾渥澤，無不欣欣色喜，迨王去而天忽放晴。龍之為靈，誠昭昭哉！〔變化不測〕

4057	原 461/3	廣忠 5/35	大 13/255

水中有火

丹戎巴葛有粵人傭工館一所，門臨大海，有時清風徐來，水波不興，誠納涼之一佳所也。一日，諸傭工三五成群，各披襟散髮，以延爽氣。忽見水中作作有芒，一若流星旋轉。正在疑駭之際，適某西人至，因拋磚以擊之，觸水有聲，煙隨石起。群以為水中出火，乃亢旱既久，熱日薰蒸所致；而一二有識者流，則謂陰極陽生，水中出火，雖有是理，而究罕見；想或電氣偶洩，故汩汩滔滔，隨波上下，而光焰不熄耳。敢質諸博物君子。〔陰極陽生〕

4058	原 461/4	廣忠 5/36	大 13/256

韓盧大鬥

蘇州吳縣落鄉香山之後塘橋者，一小市鎮也；東西兩村，戶口不下三四百家。日前，有東村人某甲入城購物，乘舟抵鎮，時已夜半，遙聞兩村交界處犬吠狺狺，斷續不絕。迨至相近，見犬數十頭環列兩旁，互相搏噬；既而愈聚愈多，約數百頭，磨牙怒目，如臨大敵。嗥聲震地，塵土蔽天。舟中人目駭心驚，未敢登岸。至天明始散，則有死犬三四頭，倒斃叢莽中。次日下午，旗鼓復張，一嗥百應，聚犬至千餘頭之多；良久始復散去，則岸上有死犬五頭。雖曰勝負之數，非人所敢知；然其鼓勇善鬥，無一退縮，則固可想而知矣。甲見而異之，慨然曰：「中東一役，華兵東征西調，不為不多；乃皆望風披靡，不戰先潰。求其能奮勇直前，背城借一者，竟不可多得。以視此犬，能無汗顏也哉！」〔勢甚猖獗〕

4059	原 461/5	廣忠 5/37	大 13/257

雷儆小竊

常熟大東門內某整容店，日前有鄉人某甲寄存竹筐一隻，內有青蚨七百翼，忽忽而去，並未言明。迨甲回，向店取籃，訝其輕甚；啟而視之，已空無所有，當向理論。店主某乙指為索詐，糾夥毆之；後復扭至某茶肆評理，旁人咸斥甲非。甲忿無可洩，潛向某飯舖購得白飯一碗，出一手巾包裹，跪禱於天，將包拋入坑廁。未及片時，忽大雷雨，電光閃爍，繞屋不止。俄而，乙之徒某丙被雷提出，長跪中庭，大呼曰：「籃內有錢七百文，是我竊藏。今願如數歸還也。」言已，雷電即止，而左手已為電火灼傷。甲既得原璧，即向廁內將飯撈起，用清水淘食而去。觀此而知天理昭彰，昧良事固不可為也。然以區區七百文之數，驚動上天，勞雷霆為之聲罪，物雖得，何其愚耶？〔有如天日〕

4060	原 461/6	廣忠 5/38	大 13/258

龍破磚窯

粵東新會圭峰山下有龍潭焉。相傳有孽龍蟠踞其中，每挾風雨出，為閭閻之患，數十年來，固已數數覯矣。西樵之西為西海，過此即為鶴山高明之境。西海太平沙各鄉落，望衡對宇，聚族而居者數千人。中有磚窯，生涯鼎盛，貨物雲屯。某日，天忽陰霾，鄉人仰視空際，見黑雲團結，中有物旋轉，其氣下垂。頃刻間，飛沙走石，將窯中所有，掃蕩無遺。時有磚船一艘，滿載磚塊，泊在河內，亦被攝至數十丈高，輕如木葉，飄蕩半空；旋即翻覆，墜沙灘中。鄉人惶恐，不知所措。聞西人有龍畏火炮之説，姑試之，群以火槍望空轟擊。未幾，龍氣升騰，果得雲收雨散。吁！彼磚窯也，何惡於龍；而龍必悉力破之，一若注意於此而他不波及者，此何故耶？真令人索解不得矣。〔飛沙〕〔走石〕

4061	原 461/7	廣忠 5/39	大 13/259

咳獸述奇

湖州城北某姓家，自今歲春間起，每夜魚更二躍倚枕就眠時，輒聞有老人咳嗽聲。初疑是梁上君子惠然肯臨。留心窺伺，將掩捕之。詎自此每夜皆然，而其聲又出於屋角；始知非胠篋者所為，然終莫能得其蹤跡也。久之，其聲又作，心甚異之。因偵知其處，以棒撩撥，忽見一獸疾趨而過。急搏之，墮地有聲。鄰人集視，見其形比狸奴略小，毛作灰色，四足一尾，了無異處。惟鳴聲嗚嗚，酷似老人咳嗽；隔牆聞之，尤為逼真。好事者目為不祥，欲擊斃之。某姓不允，釋之使去。或曰：昔陸清獻治賊之法，每見屢犯不悛，則令飲醋一碗，使人掖行而擊其背；則其人終身有嗽疾，不能再作賊，犯則必被人弋獲。此物殆因偷食，被人為是惡劇歟？然則是貓也，又何異焉？〔一鳴〕〔驚人〕

4062	原 461/8	廣忠 5/40	大 13/260

貪色忘身

鎮江天主街某茶棧，生涯鼎盛。每日有婦女十餘人到棧揀茶，履舄交錯，笑語喧譁，固已肆無忌憚。夥某甲，登徒子一流人也。日前在樓上印發揀票，少婦某氏持票蓋戳。

甲見其搔首弄姿，粘花惹草，不覺淫心大發，入以游詞，百般諧謔。氏且笑且詈，不甚推拒；旋忽高擎麻姑仙掌，故作當頭棒喝之勢。甲至此神魂飛蕩，竟忘其身倚闌干，後無退步；甫一舉足，昂藏七尺之軀，一落千丈，竟忽墮地，磕破頭額，血湧如泉。當經人趕即扶起，延醫救治，始免性命之憂。此可為少年子弟貪色忘身者鑒！按近來繅絲、揀茶多用婦女，而又不能斥夥友之輕薄，以致敗人名節者，往往而有，獨某甲也歟？如甲，特天奪其魄耳，嘻！〔登徒〕〔殷鑑〕

4063	原 461/9	廣忠 5/41 右	大 13/261

計脱叔囚

朝鮮慶尚道密陽郡孫某有一姪，幼失怙恃，就養於家，年十餘歲，性頗頑梗。叔惡而逐之。後叔因毆斃村人，為眾拘繫屍傍，由保看守，候驗問罪。姪聞之，心生一計，乘夜潛詣尸旁，將燈吹熄，負尸立起，作呻吟聲。見者大驚，屏息窺察，見屍向門外狂奔，潛尾其後。不數武，躍入大河，無從援救。次日，始將尸身撈獲。迨官至，詰知其狀，疑非孫某毆斃，故有復活投水之事，遂薄罰釋之。蓋孫姪固善泅水，特設此以救叔也。乃官竟為其所愚，何顢頇乃爾？〔急智〕

4064	原 462/1	廣忠 6/41 左	大 13/262

丐癖

人非萬不得已，決不甘效鄭元和唱蓮花落故事；未聞有樂此不疲者。然則如某甲，誠可異已。甲在津沽乞食有年，人初不知其里居姓氏。性孤傲，腰間掛一紫沙酒壺；如乞不獲，始以酒一澆胸中塊壘，嬉笑怒罵，纏擾不休。居人惡之，俟其至，均擲以錢，俾速去；遲則索錢維倍，或奉以老拳，則非數百文不足以償雞肋。人咸以惡丐目之。一日，途遇同鄉人勸之歸。甲不允，掉頭竟去。或詢其故。同鄉人曰：「甲乃武清縣王慶坨人，姓孫，行二。家有腴田兩頃，衣食豐足；且有子有孫，讀書識字。固居然一田舍翁也。乃竟甘心為丐。屢經家人尋歸，不久復遁。」非即説部中所謂丐癖者歟？〔貧賤驕人〕

4065	原 462/2	廣忠 6/42	大 13/263

奇園讀畫

英大馬路泥城橋西首有奇園焉，中懸戰圖，為南北美利堅交仗事。時在一千八百六十年，因黑奴起釁，彼此交兵；直至一千八百六十五年，方始奏凱。其間用兵至六年之久，死亡數十萬人。泰西名畫史身歷其境，繪成全圖；時歷十二年，費至十二萬金。其用心可謂苦矣。圖中所載營壘、砲臺、園林、樹木，歷歷在目。而兵士之交綏者，前者既仆，後者直前；有中砲而血肉紛飛者，有受彈而僵踣於地者，有方如牆之進者，有因敗衄而逃者。山麓之間，屍橫枕藉，或斷脰，或折脛，或刃交於胸，或顱為之碎。更有以綳布舁受傷人為之敷治者，則紅十字會中之醫生也。而港汊之中，兵艦、商船往來如織。則見烽煙迷目，塵土障天，慘目傷心，日色黯淡。真不啻讀李華〈古戰場文〉也！〔得未〕〔曾有〕

4066	原 462/3	廣忠 6/43	大 13/264

求神可笑

京江某處有財神殿焉。廟貌雖極巍峨，祇以年久失修，漸形頹敗。香客亦甚寥落。自春間某商以求神得利後，靈應遽昭，香煙日見鼎盛；而不知神固猶是土木偶也。詎該處愚民謂求神可以致富，相率詣廟燒香；遂致紅男綠女，擁擠於門。神而有知，當笑人情之冷暖與時變遷矣。乃日前更有某舖主，以近來生意清淡，獲利甚微，約同夥友數人，至該廟燒香叩禱。適又有某某等數家捷足先登，在神前膜拜喃喃。一時雲屯霧集，實繁有徒。不知者疑為聚眾把持起見，而豈知其向財神求財而已。諺云：「閒時不燒香，臨時抱佛腳。」正此之謂。抑思財神果有神通，何以不能自修其殿宇，而顧能為諸人代謀饒富乎？不知安命，妄自媚神，可笑也已。〔利欲〕〔薰心〕

4067	原 462/4	廣忠 6/44	大 13/265

北極采風

北極地處遼遠，風俗渾噩。其民緊癡箕諆者，皆環北極而居，分東西兩種；居雖相隔而言語則同。緊癡箕諆者，譯言食生魚人也。其人目細而黑膚，色頗黃，兩顴高聳，居無常所，隨時遷徙。其屋多以骨角為柱，或以樹木支架，蓋以獸皮，上覆巨石；更有用冰雪作室者。其式皆圓。平日以獸肉為食，不用灶煮。男女皆衣獸皮，惟女衣後有長尾，以為美觀。其縫衣線以獸筋削細為之，針則用象牙，或魚骨。人雖樸野，而頗知鐫刻圖畫諸事。有以金石畫圖相示者，甚為喜悦。一日，英人船至其處，以其人頗異，欲畫一女影回國。其女母涕泣求免。問其故。則云：「吾女如此貌美。今英人圖形回見英主，英主悦其美，必求聘為后。不肯，則兵劫之悔無及矣，為此求阻」云云。吁！其殆無懷、葛天之民與？蓋猶風氣未開者也。〔渾渾〕〔噩噩〕

4068	原 462/5	廣忠 6/45	大 13/266

節婦為神

武漢江夏南鄉泥瓦匠汪甲，生三子。長媳某氏，雖出自小家，而秉性淑慎。于歸三月，遽喪所天，遂以柏舟自矢。父母、翁姑欲奪其志。氏不聽。翁姑難之曰：「吾撒百針於地。爾能於黑夜中撿還原數，即聽爾守志。」氏唯唯。詰朝，果不缺一。翁姑信之。如此者數載。忽一日，其鄉人謂甲曰：「適見爾媳獨坐某山石巖中，何也？」甲以語婦，婦入媳房視之，則方操作針黹，無異平時。共相駭異。不久，氏竟死。族中有好事者，為之裝塑女像，導以鼓樂衣冠，相送至石巖中。奉以馨香，春秋祭祀。而題其額曰「節婦巖」，洵足為家垂光矣！〔生死〕〔靡他〕

4069	原 462/6	廣忠 6/46	大 13/267

樟柳神

張大眼者，催租隸也。一日清晨，忽忽起行至一茅屋，傍豆花棚下偶憩焉。轉側間，見棚上有一小木雕嬰孩，粉面朱唇，眉目端好，長二寸許，其聲嚶嚶，作跳躍狀。因被線繫住，不能逸。張心知其為樟柳神，必茅屋中有術人止宿，夕繫於此喫露水者。素審神之靈妙，能報未來事，即竊而藏諸笠內以去。旋聞小語曰：「張大眼，好大膽，來捉咱，一千銅錢三百板。」言之不輟。心異之，而莫解所謂。甫進城，適邑宰某公呵導而來，見張心急足忙，疑為匪類，呼役執之伏地。問伊誰，張語鈍滯喘息，流汗不能達。宰怒，命笞之。笞三十，張忽大笑。宰異而詰之。曰：「小人預知有三十板之厄。今果然，故笑耳。」宰婉訊其故，張具述路得樟柳神預告受杖事。宰命以神獻。張即於笠中取出呈上。宰輿中詳審，知有靈，立命賞給青蚨一竿，以慰其冤責。宰由是聽獄必以神置帽，中坐堂皇，為兩造預言曲直如目覩。人爭誦神明，而不知公帽中有樟柳神也。〔木偶〕〔有靈〕

4070　原 462/7　廣忠 6/47　大 13/268

雞生人面

美國紐育街市有販雞戶，家畜雞雛萬餘翼。內有異種一頭，人其面，雙目突出，口鼻舌與人無異，爪亦如人；不食米穀，喜食麵包。不知是何種類。見者皆嘖嘖稱奇。或曰：「今天下之人其面而心不可問者多矣！即如羽族一物，以《山經》所見而論，有鴸焉，狀如鴟而人面人手，出柜山；有顒焉，狀如梟，人面四目有耳，出令邱山；有橐𩇯焉，狀如梟，人面，出羭次山；有鳧徯焉，狀如鴆雞而人面，見則有兵，出鹿臺山；有竦斯焉，狀如雄雞而人面，見人則躍，出灌題山；有鵸鵌【鷩鶘】焉，狀如鳥，人面，宵飛而晝伏；更有所謂人面鴞者，雌身犬尾。諸如此類，不勝枚舉。今美國所見之人面雞，殆亦鳧徯竦斯之類歟？嗚呼！人其面而心不可問者，獨此雞也哉？」〔不倫〕〔不類〕

4071　原 462/8　廣忠 6/48　大 13/269

天從人願

袁桂生，江西人，家本素封；昔因故土水災，遂至妻離子散，流落江湖。經同鄉某友給以資本，販碗來申銷售，頗獲利益。近已稍有積蓄，衹以孑身隻影，回首難堪，每遇貧乏，輒周恤之，因此心灰意懶，蕭然有出塵之想。乃悉售各貨，得洋二千餘元，擬入普陀山，從師剃度為僧。及至登輪渡海，同船有某顯宦攜眷赴鄂任所；內一白髮嫗身穿華服，似曾相識，見而異之。嫗亦注視良久，旋遣家丁來詢家世。袁具述巔末，家丁反命。嫗即遣人邀入內艙，相持痛哭。袁驟覩此狀，莫明其故，不禁錯愕久之。及細視，蓋非他人，即前之髮妻也。為言被災時，遇救獲生，得顯宦攜之同行。其女年及笄時，為某顯宦三公子納作小星。時以大婦新亡，顯宦知女賢，即命扶為正室。迎婦與女至任所，便道至普陀山禮佛還願，故得於舟次相見云。蓋屈指離散時，已二十年矣。袁悲喜交集，遂不復作出家想。人皆歎為奇遇云。〔破鏡重圓〕

4072　原 462/9　廣忠 6/49 右　大 13/270

農婦刺虎

漢陽之木蘭山，素有山君出入。過其地者，咸有戒心。山畔農家婦某氏，力齊賁育，膽略過人。一日，探戚而回，路過此處，持刀作伴。果見芳叢中躍出一物，其大如牛，其形如貓，張牙舞爪，向婦直奔。婦從容不迫，貼伏於地，將刀從虎腹下穿過，鮮血淋漓，虎即伏地不動。後有行人踵至，偕婦舁歸。見之者莫不色變，且交口譽曰：「古之馮婦，不得專美於前矣。」〔膂力過人〕

4073　原 463/1　廣忠 7/49 左　大 13/271

人面犬

烏鎮楓橋頭蔡某家豢有母犬一頭，前日忽產三子。內有一犬，後足及首均具人形，其餘與常犬無異。一時哄動遠近，觀者甚眾。主人以為不祥，將母犬及子一併擊斃。吁！冤矣。夫獸之具人面者，山㺊、狍鴞，厥類不一。乃此犬竟以此遭殃，獨不慮人面獸心者之滔滔皆是也耶！〔怪產〕

4074　原 463/2　廣忠 7/50　大 13/272

褒功令典

戈登軍門，英人也。當咸同年間，李傅相督師滬上，投效軍營，為帶兵官；訓士有方，臨陣無敵，大小數百戰，所向有功。嗣以奮勇捐軀，奏上戰績，蒙我朝恤贈有加。迄今承平日久，而我華人追述往事，無不津津樂道；蓋其偉業豐功，有足多者。今傅相以勛高望重之人，奉使持節，歷聘諸國。既抵英京，慨然想見戈登之為人；爰率同各隨員往觀戈登鑄像，以極華美之花圈，掛於鑄像足下。花圈上題有西字，其意為「李鴻章恭獻中國將帥、中國好友」云云。掛畢，平視一周，行一跪三叩首禮，隨員叩拜亦如之。旋乘馬車至聖保羅禮拜堂，謁戈登衣冠墓，獻花圈及桂葉圈各一。堂中執事牧師，率同戈登善堂內所育小孩迎迓，傅相向小孩勉勵數言而別。英人以戈登為中國戮力，蒙傅相推重如此，是為泰西千百年來第一偉人，無不共相欽敬云。〔臨風弔古〕

4075　原 463/3　廣忠 7/51　大 13/273

煙火奇觀

煙火之戲，離奇變化，靈妙非常。中國向有斯製，而未有如英國匯豐銀行所放之奇而又奇者。緣華歷七月初二日，該行為款接李傅相，特設此戲；待宴畢，即行施放。陸離五色，幾如海市蜃樓，忽現一大孔雀，臨風展翅，神采如生；旋復幻成一大廟，鉤心鬥角，光燄熊熊，令人不可思議。傅相顧而樂之，大加稱賞，詢問何人所製。主人令巧匠某氏出謁。傅相謂：「汝之手段可謂精巧絕倫。本爵臣今日得以見所未見，可謂眼福不淺矣！盍一至中華，俾四百兆人民同欣快覩乎？」匠乃稱謝而退。復以電線通至傅相座前，請傅相按以手。甫一按，忽遠處現「長壽富貴」四華字。見者皆大聲稱快。英人之款待傅相，禮貌崇隆，至矣備矣。非我傅相德能柔遠，何以及此？〔巧不〕〔可階〕

4076　原 463/4　廣忠 7/52　大 13/274

洞中有怪

朝鮮漢城漢陽山下有三清洞焉，向為國王避暑之處。中秋前某晚，有過客十餘人行經其地，見洞內忽出一怪物，形似人類，身高丈餘，二首八足，行動有聲。人投以石，則其體忽分兩段。是何物也？吉凶焉在？敢質諸博物君子。考《山經》所載，獸族之狀如人者，山㺊、猾褢，種類不同。他如從從六足，蠪蛭九首，而絕無有二首八足之物。至并封有二首而在前後，跊踢有二首而在左右，皆於此不類。然則此八足者，果何物耶？有巧為附會者曰：「國家將亡，必有妖孽。二首者指鮮臣之首鼠兩端，無卓然自立之人也；八足者指慶尚道鄭姓揭竿為亂，有橫行不法之象。蓋一物也，亦應變而生焉。」然歟，否歟？則非予之所敢知矣。〔胡為〕〔乎來〕

4077　原 463/5　廣忠 7/53　大 13/275

符術驅蠅

永嘉縣所轄各村鎮地方，近有一種烏蠅，貽害秧苗，甚於蝗蟲。蟲色黑質輕，細如秕糠，飛必成雙，群附稻葉，專嚙脂膏。農民以手捕之，殊無灰末。聞有十八家、雙嶼山等處，曾因蠅患，聯名赴縣，呈求牒請城隍，一面申文天師府，務為驅除等因。最奇者有七都江樣地方，竟因烏蠅為患，諏吉招致平陽符術師公高搭九臺。屆期，師公五六人頭縛紅布，短衣白褌，左手揮劍，右手執龍角，口中喃喃作聲；將方棹四角，護以毛竹，其人盤旋而上。直至第九桌，即在桌上以兩手握竹，將九桌提起，離地三尺許；三起三落，而桌不傾頹，人始徐徐而下。其術如此，殊同兒戲。未知於田禾有益否也？〔事同〕〔兒戲〕

4078　原 463/6　廣忠 7/54　大 13/276

蜘蛛食鼠

蜘蛛一物，種類不同。有在器下者，有緣壁捕蠅者，有於空中作網狀如魚罟者。大抵於點水蜻蜓，穿花蛺蝶而外，自成一物者也。乃法國巴黎斯京城博物院內，有一蜘蛛，大如麻雀，周身有毛，而足甚多。每一飲食，不同常物；常在地上布絲張網，伺鼠出，即捕食之。頗能自尋生活，不必人為喂飼。院中人居為奇貨，以琉璃製成一匣，納蛛於中，盛以熱水，俾得溫煖，以便觀瞻。聞是蛛係從南亞美利加捕得，性甚毒。凡人物一經嚙噬，頃刻毒發，為害不淺。無怪鼠輩之屢遭荼毒也。噫嘻！區區一蜘蛛而敢龐然自大，妄肆其毒若此，況大於蜘蛛者乎？況大於蜘蛛而更毒於蜘蛛者乎？〔自投〕〔羅網〕

4079　原 463/7　廣忠 7/55　大 13/277

求神護法

金陵城西護國寺內有某僧者，係北直隸產；在該寺拜住持老頭陀為師父，曇花貝葉，同參真諦。每值晨鐘暮鼓，膜拜佛前，梵音互答，頗不岑寂。顧徒性甚暴，遇師呵斥，頗不能效菩薩之低眉；積忿既久，時相牴牾。日前又因細故，互相饒舌。徒忿不欲聞，姑詣他處避之；而師呵叱聲比前尤厲。徒大怒，自拍光光者云：「俺老子豈畏事者。衹以龍華會上略有香火因緣，故含忍至此。今爾亦有何大法力，請即施行。俺當甘心折服也。」老頭陀至此愈思愈恨，正欲藉此稍振清規，爰向韋馱神前叩頭如搗蒜，求借護法杵，以為不遵師訓者作當頭棒喝。時堂下幸有客師數輩，和南慰勸，始未大動干戈。次日，徒已圓寂。叩其故，係因羞憤服毒自盡。然則即謂韋馱神懲治之，亦奚不可。〔豐干饒舌〕

4080　原 463/8　廣忠 7/56　大 13/278

人食犬乳

周浦西鄉人馮某，向以小本營生。其子阿明，年僅四齡，性頗頑劣，終日奔馳道路，與各小孩互相爭鬥，有時竟睡臥街衢。父母以其習慣，亦置不理。日者，又躺身路隅旁，適有雌犬新產小犬數頭，在此哺乳。有好事者戲謂阿明曰：「汝敢食此犬乳，我給汝錢四文。」阿明聞言，即伏身犬腹，摸乳而含哺之。犬亦任其所為，一若所生小犬無異。好事者又戲一孩；乃該孩甫近身，犬即露牙起立，狂吠欲噬。觀者無不拍手，笑阿明之奇異。安識此犬視阿明為同類耶？抑阿明之頑性膽大使然耶？噫！異已。〔小畜〕

4081　原 463/9　廣忠 7/57 右　大 13/279

屍變述異

新嘉坡某處房屋，為娼婦待死之區。日前，有某雛妓因病身逝，陳屍待殮，倩甲、乙二傭守之。至夜半，忽見屍之兩足漸漸展動。甲知屍變，急足奔出。而屍已起坐。乙度不及奔逃，狂竄登樓，為暫避計。詎屍若有靈，乘後追逐，亦躡梯而上。乙倉皇入室，急闔其扉，而用力過猛，扉隨手仆；不得已，扶扉起，抵之以背。甫定，而屍適至，觸扉有聲。乙已驚魂欲絕，自此懵然罔覺，不復知屍已隨觸隨仆矣。迨甲率眾而至，查悉蹤跡，將乙灌救得甦。乃歷述前狀，猶覺神魂飛蕩云。〔若有〕〔所憑〕

4082　原 464/1　廣忠 8/57 左　大 13/280

撒豆成形

福建北門某巨室，向有阿紫為祟。一夕，漏深人靜，忽聞風雨驟至，揚沙走石之聲，驚魂動魄。主人開戶出視，則滿天星斗，零露方濃。燭視庭中，又見有豆盈斗。諦視之，豆中盡現人面形，團圞如月，不啻富家翁日啖花豬肉者；躍躍欲活，萬頭攢動。見者大怖，罔知所措。其殆蒲留仙所紀嫦娥、青鳳之變相耶？〔譸張為幻〕

4083　原 464/2　廣忠 8/58　大 13/281

白象西來

朝貢之事，自古有之；各以其所產之物，以示尊敬。從未有以白象獻者。惟《唐書》載高宗時，周澄國遣使上言：「訶陵國有白象。以水洗其牙，飲之愈疾。請發兵迎取以獻。」上不從，後亦無見者。不知其說之真否也？乃我聖朝盛德所被，珍禽瑞獸應運而生。一時貢物遙來，超軼前古。原不得援玩物喪志之說，遠絕梯航，而其獻瑞亦不止祥麟、威鳳而已也。日前，京師有官員數人，似作蒙古結束，押解白象兩頭，前後護衛，直入正陽門，將以上貢朝廷。道旁官紳迎迓，禮貌肅然，不知究為何國入貢也。昔越裳貢雉，西旅獻獒，史策流傳，已足許為盛事。今觀萬國來同之盛，百靈效順之奇；凡屬臣民，敢不拜手稽首而頌曰：「天子萬年！」〔瑞獸〕

4084　原 464/3　廣忠 8/59　大 13/282

演劇笑談

昔唐明皇信崇道教，憑道士葉法善之力，中秋之夕，導引升天，暢游月宮；備聆仙樂，記其節奏，譜成〈霓裳羽衣〉之曲。稗史所載，原屬夢中之事，虛渺無憑。後世援為故事，搬演成劇，由來久矣，不足異也。乃當袍笏登場之際，竟有手舞足蹈，若或憑依者，是何故耶？據客言，邗江某宦家於題糕令節，召集菊部，開場演劇。至《遊月宮》一齣，有某老生寬袍闊袖，扮作唐皇模樣，大踏步而出，忽高呼曰：「汝何人斯，有何運量，敢以小人面目，謬穿天子衣冠耶？」言畢，指旁演葉法善者，怒目而視。座客為之粲然。班中人知其發瘋也，遂以他伶代之。或謂：「該班素崇奉老郎神，夜必設祭。是夕偶爾遺忘，致有斯變。」予謂不然，此必厲鬼託名唐皇，盜享人間香火，乃敢為祟大庭廣眾間，不亦異乎？〔誰為為之〕

4085	原 464/4	廣忠 8/60	大 13/283

俠客受欺

張某，天津人，磊落慷爽，有燕趙烈士風。性嗜酒，每當飲酣拔劍，常自稱豪俠。人非笑之，遂有張俠士之目。一夕黃昏時候，有雄赳赳、氣昂昂者，腰劍，手囊貯一物，流血於外，入門謂曰：「此非張俠士居也耶？」曰：「然。」張揖客甚謹。既坐，客曰：「有一仇人，十年莫得。今夜獲之，喜不可已。」指其囊曰：「此其首也。」問張曰：「有酒否？」張即命酒飲之。客曰：「此去三數里有一義士，余欲報之，則平生恩仇畢矣。聞公氣義，可假余十萬緡，立欲酬之，以畢夙願。此後赴湯蹈火，為狗為雞，無所憚也。」張素不慳吝，深喜其說，傾囊與之。客曰：「快哉！壯士無所恨也。」乃留囊首而去，期以卻回。及期不至，五鼓絕聲，東曦既駕，杳無蹤跡，張慮囊首彰露，以為己累。客既不來，計無所出，遣家人將欲埋之。開囊出之，乃豕首也。始悟被詒，喟然歎曰：「虛其名而無其實，而見欺若是。可不戒歟！」自此豪俠之氣，遂索然盡矣。〔有名〕〔無實〕

4086	原 464/5	廣忠 8/61	大 13/284

水中砲彈

攻敵利器，向推水雷；良以水雷沉伏水底，猝然轟發，為人所不及防，故能制勝也。而豈知西人格致之學，日精月盛，竟有能別出新法，駕乎水雷之上者。英國博紫馬伍斯港有一種水中砲彈，功力甚大，能用以防守砲臺、船塢。其用之之法，俟潮退盡時，將阿姆斯脫郎砲安置海灘前面，遠置二十一寸厚堅木板，板後再置三寸厚鐵板，鐵板後再置窳朽軍艦一艘。候潮滿時，海水越過砲上六尺，即用電氣向水上點放。轟然一聲，除穿過木鐵兩板外，其彈力又將軍艦下部之兩側擊穿兩孔。以此制敵，何敵不摧；以此攻城，何城不克。今而後，海軍中又添一利器矣！〔攻其〕〔無備〕

4087	原 464/6	廣忠 8/62	13/285

阿香滅灶

灶有司命之神，居家者所當虔奉，固不僅王孫賈之獻媚已也。然炊煙四起，比戶皆然，從未有觸怒雷霆，突然傾陷，一若天亦有為而為之，如崑山某嫗家者。吁！異已。客言該處小西門外某姓家一老嫗，某日適因午炊，濕薪未燃，而煙縷已滿一室。疑有匪人種火情事，出門窺探。但聞雷聲頓起，見煙囪中濃煙冒沖三次。急回屋內，則非但濕薪不知何往，而灶亦片磚無存，地上僅留泥土少許。煙囱卓立無恙，其旁又剩三鍋；鍋邊均有蝌蚪文，蔓衍迨遍。地鑿一穴，口徑二尺，其深無底，大約灶磚盡在其中。一時觀者絡繹不絕。不知阿香何惡於斯灶，而竟降此殄滅之罰也。或曰：灶下必有毒物潛藏，灶特偶然波及耳。是耶，非耶？仍當還問之蒼蒼。〔獲罪于天〕

4088	原 464/7	廣忠 8/63	大 13/286

謠言宜禁

《益聞報》云：泰州為揚屬一大邑，早經設立電報局，以便官商寄信之用。乃近有匪徒造言，謂電報局所用電氣，係以死者之魂鍊成；故專收人家供奉之神主牌，每牌值價洋四五十元，須在三年以內者，方為合用。局中買得此牌後，飭人領至墳所，口念咒語，即有小蟲從墳中出，即係死者之魂，捉入木匣。又挖取牌上主字，則有鮮血迸出，滴於瓶內。持歸合藥，鍊成電氣，便可傳消遞息。此語傳遍遠近，鄉愚皆信以為真。甚有某甲，竟攜一牌，赴局求售。局員問作何用，以局中需購此物對。局員知其為造謠者所惑，立即驅出；一面函請州尊趙小帆剌史，出示諭禁云云。噫！愚民輕信人言，不問理之有無、情之虛偽，以致釀成大變者，比比而然。今如此事，不亦可笑之甚乎！〔誣民惑世〕

4089	原 464/8	廣忠 8/64	大 13/287

謀財害岳

朝鮮黃海道豐川民人金某，年屆花甲，夫婦齊眉。膝下止一女，字鄰村趙某為室。趙素無賴，不事生業，而夫婦相得甚歡。一日，金貨牛歸，身懷銀百兩，偶過婿門，略為小憩。婿若女殷殷迎入，沽酒市肴，極盡綢繆。金飲過量，遂止宿焉。夜半，趙婿偕妻踞金之身，持廚刀直刺其喉，金遂畢命；埋屍後園，泯然無跡。以為人不知，鬼不覺矣，詎事為女之四歲子所見。迨金嫗候夫不歸，夜間得一惡夢，見其夫滿身血污，手持趙夫婦之頭歸家，驚號而覺。意或在其婿相近之處被人所害，急往叩問。趙夫婦神色倉惶，諉為不知。嫗號泣不已，其外孫忽撫嫗之背曰：「何哭為？外公之屍埋於後園松林下，猶不知耶？」趙夫婦聞之大驚，即從後門逸去。嫗乃糾集鄰人，偕至後園掘取，屍尚未腐。現已控官捕治矣。〔惡〕〔姻緣〕

4090	原 464/9	廣忠 8/65 右	大 13/288

賣驢被騙

京師騾馬市，大集也。有貴官戴五品冠，服色甚麗，氣象雄偉，似武弁入朝者。至鞍韉市擇一佳者，出大銀一錠，謂肆主曰：「我僕因購物他往。敢煩汝夥肩此鞍至騾馬市，以便試購良馬。」主人遣夥從之。至市，擇一大騾，甚駿，價值數百金，命來人以鞍韉備之，曰：「汝在此姑待，我試騎之。」賣騾人見有僕在，任其鞭馳而去。良久不反，謂其人曰：「汝主何往耶？」其人曰：「我鞍韉鋪之夥，非其僕也。」賣騾人大駭曰：「是必騙子也。汝鋪諒亦被誆矣。」夥言幸有銀在，遂偕往鋪中，出銀公估，則鉛心偽物也。共鳴諸官，海捕而已。〔賊有〕〔賊智〕

4091	原 465/1	廣忠 9/65 左	大 13/289

鶴雛下墜

鄂垣於重陽節日午刻，忽有一雛鶴，墜於正衛街某姓家門首。為群兒所獲，將其兩翅翎毛拔落，繫之以繩，握於手中，傳觀為戲。其雛大如鴿，喙形尖利，色帶青綠；頂上非冠非毛，色亦鮮紅，其餘毛羽皆灰色；足長過身，爪四如雞，近腿之毛有紅色。人皆莫知其為何鳥。有一老者過而見之曰：「此鶴雛也，適從何來，而竟落無知之手哉！」噫嘻！昔秦王有言，毛羽不豐滿者，不可以高飛。此雛乃不自量力，妄欲奮其沖霄之翮，宜其入於豎子之手也。夫鶴，其小焉者也。〔不能〕〔奮飛〕

4092	原 465/2	廣忠 9/66	大 13/290

人尾述奇

嘗考異域之人，三身者有之，三首者有之，三面者有之，長臂而長股者有之，一目而一臂者有之。無脊國則人無肥腸，奇肱國則一臂三目，讙頭國則人皆有翼。斯已奇已，不謂於貫胸交脛之餘，羽人毛民之外，更於愈出愈奇者。近據法國武弁子可裂大佐云，在亞剌比亞美子軋地方，見該酋長而問曰：「聞亞非利加內地有一種稱既廉實者，世傳其生而有尾，未悉確否？」酋長曰：「君欲觀其人乎？」即立呼一僕至前，使裸其體。果見臀部生有短尾，約衹三寸，柔軟如猿猴。大佐見之，大為驚異。歸國語諸學士會院，皆歎為得未曾有。吁！其言如是，又何異乎藏頭露尾者之紛紛也。〔跋前〕〔疐後〕

4093	原 465/3	廣忠 9/67	大 13/291

剖竹探丸

福建黃巷某姓家設有鸞壇，素以神靈著聞戚里。有某甲患瘵病，奄奄一息，將往芙蓉城與石曼卿為友矣。家人無計可施，就乩問兆，思以一滴楊枝水，作反魂之術。乩乃大書於盤，命斫庭中翠竹尺餘，兩首帶節，搖之當轆轆有聲，試剖吞之；不異一帖清涼散，可令其再向紅塵游戲也。聞者半信半疑，顧以仙人言，不敢有逆，姑如其法，引刃解之。不意果有絳丸數十顆，騰躍而出。病者一服而愈。次日，即能起立。噫，怪矣！〔如獲仙丹〕

4094	原 465/4	廣忠 9/68	大 13/292

不平難抱

鎮江有某甲者，向在督標新兵前營司理文牘。九月初四日上午，行經又新街，見某醬園門首有營勇三人，向一少女任情調笑，顧忌毫無。甲不覺髮指，大聲叱曰：「青天白日，爾等何無禮若是？」三勇睜目曰：「吹縐一池春水，干卿底事。」紛然趨上，將甲扭住，敬以老拳。一勇手持鐵尺，擊斷甲之左足。甲大聲呼救，旁人見三勇兇橫異常，不敢饒舌。適總捕劉大令乘輿過此，詢悉情由，喝將三勇拿下，帶回署中。而甲已寸步不能行，遂雇人舁至丹徒縣署請驗。旋驗得足骨已斷，趕即延醫診治。劉大令飭差持片，將三勇送往縣署請辦。夫國家設勇，所以衛民也。今乃不能衛民，反以擾民；甚至代抱不平者，立受其殃。其兇橫之情，尚可問乎？奈何有督勇之責者，竟漠然不問也。〔英雄〕〔氣短〕

4095	原 465/5	廣忠 9/69	大 13/293

貓犬同殉

常郡鼓塘橋某姓嫗，年已八旬，零丁孤苦。家有一貓一犬，性甚馴良，善解人意。嫗愛之，暇即撫摩備至。人因以貓奴犬婢目之。前日傍晚，嫗入灶煮飯，年老健忘，遺火積薪，突兆焚如之禍；而龍鍾老態，奔避不遑，遂致葬身火窟。時救火者如堵牆。瞥見貓與犬驚號數聲，直撲火內，一若知嫗死所而以身殉之者。迨灌救得熄，從磚瓦叢中，爬剔尋覓，見嫗皮肉無存，僅留骨殖一副，亦幾同焦炭；而貓犬則蹤影全無，蓋其皮骨俱為灰燼矣。夫義貓義犬，說部中時或見之，而未有如此之烈者。然則身受豢養之恩，聞變先逃，不圖報稱，甚或負心賣主者，雖明明人類，吾知貓犬將不食其餘矣。〔義不〕〔獨生〕

4096	原 465/6	廣忠 9/70	大 13/294

異僧食蛇

客有自峨眉山來者，言四川大邑縣武廟，數年前有某瘋僧，俗本戚姓。生平好與小兒嬉戲；年長者或與之語，皆置不答。性嗜蛇，群兒得蛇，必爭獻之，僧喃喃作咒，嚼而食之，血肉狼藉，不以為怪。一日，有賣涼粉劉麻麻者，見而異之，向之索食。僧吝不與。索之再四，始以蛇尾示劉曰：「不嫌穢毒，即此若何？」就勢一擲，落於某姓醬園之旁。劉趨視之，乃係鮮藕一節，不禁大喜，取而啖之。從此貿易驟利，獲金數百。諸如此類，不一而足。及僧圓寂，都人士始知其異，有深悔當日未與相親者。殁後，舉其棺，若輕無所有。而生時恆終身不欲更衣，惟其嫂持衣命換，始勉強易之。所臥之床，並無墊褥。床下有大石三塊。火夫以其崚嶒，為移他處。少頃，復存。其令人不可思議有如此者。或曰：是濟顛復生也，是耶非耶？〔嗜好不同〕

4097	原 465/7	廣忠 9/71	大 13/295

屠狗償命

犬有守夜之功，其性甚靈，能解人意，不獨蒲留仙〈義犬〉一則為足膾炙人口已也。揚州有一惡丐，專以屠狗為生；韓盧、黃耳輒遭戕殺者，往往血肉模糊，以供同類之大嚼。其擊狗之技，衹須一棒，即斃其命。蓋頻年以來，狗之斃命於其手者，不可以數計矣！沙鍋井繆宅蓄一狗，身軀雄壯，與常狗異。丐見而涎之，又欲得而甘心者，已非一日。豈知狗若有前知，猝睹丐至，嗾群狗往，直趨而前，嚙丐之右足，兼嚙其股。丐無所施其技，大呼狂奔。狗之勢愈猖獗。丐大受夷傷而逸。越一日，竟死矣。說者謂：「屠狗之報，自應如此。」吁！犬猶能報其怨，況人乎？奈何世之恣行兇惡者，皆不憚為此丐之續也！〔報應不爽〕

4098	原 465/8	廣忠 9/72	大 13/296

借嬰捕鱷

錫蘭素有鱷魚之患。受其害者，不知凡幾。而是鱷也，或潛於池塘，或伏於沙渚，出沒無定，令人防不勝防。最喜食肥壯嬰孩，瘦者不顧也。有獵師某者善捕鱷。其捕之之法，必先投其所好；探知有鱷之處，以肥嬰置於岸傍，用繩索繫嬰之足，使不得移動。嬰孩不獲自如，必放聲啼哭。獵者伏於嬰傍草內。迨鱷聞哭聲，從水中躍出，意圖吞噬；獵者即出其不意，鎗擊其目，鱷遂斃。惟嬰之性命，呼吸之間，頗形危險耳。嘗見錫蘭新聞登獵師告白云：「現因捕鱷，需借用肥壯嬰孩數名。如有人願借者，用過奉還，仍保嬰孩無病安全。」聞願假者甚多，父母不以為嫌。蓋與其遭鱷吞噬，何如借以為餌；不徒除鱷，且以保嬰，宜乎人皆樂從也。〔為民〕〔除患〕

4099	原 465/9	廣忠 9/73 右	大 13/297

焚符御鼠

廣陵人杜甲，性嗜飲，有劉伶荷鍤之概。顧貧無聊賴，每詣酒肆，從不給值。人多厭之。甲有友某乙，列酒旗於城西隅；遇其絕飲，常招之往，久而無吝色。一日，甲貿然而來，見乙倉皇失色。問故。知係客寄衣服，被鼠齧損，須合照賠，是以踧然耳。杜曰：「僕少曾記得一符，甚能御鼠。今姑請試之。術或有驗，則盡此室永無鼠矣！」就將符依法命焚之，自此鼠蹤遂絕。顧鼠輩猖狂久矣。安得求其符術，俾普天下永絕其患哉！〔小試其技〕

4100	原 466/1	廣忠 10/73 左	大 13/298

行人掘窖

金陵人某甲素業機房，住居張府園左近；家無恒產，而食指繁多，恆苦不繼。某夕適自外歸，道經跑馬巷側，地甚荒墟。時甲手提燈籠，踽踽獨行。忽因小便，置燈路隅，就而溺焉。溺竟土開，露出一小罈口。舉燈燭之，則罈口無缺，疑有藏鏹，剔蘚俯視，則盈盈者果朱提也。遂出布袋、荷包等物，分儲既滿。忽聞後有擊柝而來者，恐被覷破，急以土覆罈而去。迨夜深復至，盡數探取，至罈底又獲一罐，中盡金葉，攜歸家，遂暴富。人問其故，始以實告。聞者莫不生羨焉。〔生財〕〔有道〕

4101	原 466/2	廣忠 10/74	大 13/299

棋局翻新

浙湖鉅富某君，席先人餘蔭，不知稼穡之艱難；賦性奢豪，雅喜賓客，雖食費萬錢無所吝。有某甲者素供奔走，承顏希旨，頗得某君歡。嘗言：「石崇行奕，有用美婢為棋故事。今君之富，不異石崇。如此豪舉，何不仿而行之。」某君聞之，眉飛色舞，願效其事；而慮美婢見客，恐貽家聲之玷，遂以齠年俊童代之。合之得三十二人，分布於堂之四隅。即日邀某公子對奕，公子見而大喜。其行棋之法，欲行何子，祇一啟口，其人即至何處，不須舉手之勞；而布局之妙，動合自然。局終，為之拍手稱快者再。然屈計一局之費，一日之間，數已不貲。而無知少年，鮮衣美食，游手好閒，僅以供無益之用。誤人子弟，貽害尚可言哉？乃獻諛貢媚者流，反互相讚賞，歎為別開生面，何其見之淺也！〔用人〕〔不當〕

4102	原 466/3	廣忠 10/75	大 13/300

少見多怪

北極風俗，本報前已錄登。亦可見其風氣未開，渾渾噩噩之氣象矣。茲悉其人民所謂緊癡箕謨者，皆環北極而居，在美國北境；其人皆天真爛漫，知識渾然。當一千八百十八年，有美國船駛至該處，其人以見所未見，甚為驚駭，相率國人匍匐近岸視之。蓋如此船大人大，固生平所未經見者也。群相問曰：「那箇從日邊來耶？從月邊來耶？」美人曉之曰：「船耳，亦猶居室；但在水中能泛泛耳，非有異也。」其人不以為然，謂是必蓬萊、方嶠羽化者，不然何以能空中飛來也。遂皆錯愕，各自挈其鼻而走。挈其鼻者，蓋甚驚懼之意也。〔適從何來〕

4103	原 466/4	廣忠 10/76	大 13/301

宅妖

妖異之事，史不絕書，散見於稗官說部中者尤夥。大抵為亡國敗家之徵，非德門所宜有也。川省新街後巷有曾姓者，籍隸彭縣，富甲一邑；自遷居以來，於茲三十年。其宅閎閎廣大，棟宇巍峨，望而知為搢紳閥閱之家。無如德不勝妖。室中常有一女，首插雙雉尾，身衣戎服，如京劇中所扮武旦模樣者，時出時沒，蹤跡靡常。驟見之，魂飛魄散。繼而日久相安，並不為厲，亦不知其主何朕兆。近以為子完姻，鳩工庀材，大修厥室，忽有流血自樓而下。驚惶之餘，莫測所來。登梯檢視，則又別無痕跡。心雖駭異，亦不識為妖之示變也。未幾，所娶新人忽無病而逝。遂疑所見者為不祥之物，知非吉地，將移居以避之。然此三十年中，該宅早有是妖，既無鎮壓之方，又昧趨避之道。必待變生不測，始悟其為妖孽之徵。然則新婦之死，命也，數也，妖何能為哉？〔敗亡之兆〕

4104	原 466/5	廣忠 10/77	大 13/302

人食虎乳

昔楚鬥穀於菟，得虎乳而生，史冊傳為盛事。古今來有幾人哉？孰意千載而下，竟有先後同揆者。西蜀峨眉山何姓家有一女，年甫齠齡，偶出游覽，日暮失路，誤入深山。見有雛虎兩頭，文彩斑斕，伏而待哺；心驚足繭，欲逃不能，度必葬身虎腹矣。俄一雌虎咆哮而至，俯身乳其子；四顧見人，亦無惡意。迨乳畢，女念虎雖不噬，而腹中飢甚，終無生理。不得已，跪禱於虎，謂既蒙不殺之恩，尚求收養以拯餘生。則見雌虎俯首搖尾，沉吟良久，即躺身露腹，示之以乳。女會意，匍匐吮之，得飽其腹。自是虎哺子既畢，必分潤及女，日以為常。而女自食虎乳，筋力強健，膂力過人。歲餘，為獵人所得，心疑其非人也，叩厥由來。女緬述前事，始知為穀於菟之類，為之嘖嘖稱異不置。〔虎口餘生〕

4105	原 466/6	廣忠 10/78	大 13/303

忍辱免禍

金陵省垣油市大街某茶社，前日有某甲獨坐評茗，為債主某乙偕原中某丙尋至，向索舊欠。甲怒，欲以老拳奉敬。旁人皆責其無禮。詎甲蠻橫異常，擦掌磨拳，竟欲與為難。乙微笑曰：「渠今日想是酒醉。不然，當不致胡鬧若此。姑俟明日再與理論可也。」眾見債主且不與較，遂亦置之。而甲猶餘怒未平，躍至乙前，欲摑其頰。乙側身一笑，攜丙徑去。甲追之不及，還坐原處，猶叫詈萬端。同時座客莫辨是非，有竊竊私議者。甲謂其誚己，攘臂而起，一聲狂吼，直奔其人；乃身甫離座，猝然倒地。一堂哄然，良久不見起立。近前視之，已聲息俱無，口鼻流血，四肢冰冷矣。蓋甲以負債過重，無可理償，已先

服毒，將以一條窮命拚之也。幸乙見機知避，得免於禍，否則其尚堪設想乎？〔戒之在鬥〕

4106	原 466/7	廣忠 10/79	大 13/304

舟涉重洋

有德國船向行大西洋，名夫而士特俾思麥者。舟中有客所登西歷六月十八日記一段甚奇。云：「是日清晨，海面天晴無風。忽見有一葉舟迤邐而來，上無帆篷，僅有二人棹之。其時我舟距美國海岸尚逾四百海里之遙，四望並無他舟。瞥見此舟，以為洋面遇難而求援者；遂將舟移近，向小舟駛去。及至小舟將近，聞舟中二人大呼曰：『止。余等從美洲來，今將向歐羅巴洲。君等至美，煩代致聲。』其時舟中美國人見之，皆欣欣然以為幸，若足為美國人生色者。」計其行經四百海里，至少需十四日程。總計由美至歐，路程約有三千海里。未知何日可達。昔有瑞士國船水手二人，立志由哈夫爾至紐約海口，曾見之日報。或即其人，竟償素志，未可知也。〔乘風破浪〕

4107	原 466/8	廣忠 10/80	大 13/305

典妻販婢

劉某，廣西平南人。妻某氏，年二十餘，丰姿綽約，靜好無尤；雖居賤食貧，絕無怨意。今春平南荐饑，貧家賣男鬻女為救饑之計，女價頗廉。劉思生財之道，別無他計，若販女轉售東粵為婢，利市可獲三倍。而家貧，苦無資本，一再躊躇。因商於妻，將稱貸於富家，而以妻作抵焉。妻許之。富家涎其美，遂貸以三十金，約期取贖，過期即作割絕論。署券而去。劉得金，即販兩婢，附船東下；以為指日獲利，床頭人不難璧返也。詎舟至省河，夜泊花埭之茶滘。被匪三人窺破行徑，知其孤弱可欺，竟駕舢板，託言巡查，登舟檢視；見有二女，誣以拐帶，劫之以行。劉再三分辨。匪即按鎗指嚇。劉畏其兇悍，不敢與較，任其揚長而去。而自顧兩婢既失，家室又空，歸無可歸，懊恨欲絕。始悔前之妄思發財，作此無恥之事，而反不能自保也，亦已晚矣！〔人財〕〔兩失〕

4108	原 466/9	廣忠 10/81 右	大 13/306

義貓反哺

英界二馬路有潮州人張某，挈其梅鶴，卜居於此。室中常有碩鼠作祟，蓄貓兩頭，弗能捕食，惡而棄之。未幾，有一丐攜一雛貓，踵門求售。張見貓目光閃閃，知為良貓，當出重價購之。奈貓太少，無乳不能撫養，勢將垂斃。忽有一母貓帶孕自來，產四子，相繼俱斃，遂將雛貓撫而乳之。不一月，肥大加倍，善捕鼠，發無不中。每得鼠，先奉母貓，伺其食餘，方就食；若報螟蛉之德，而藉深烏鳥之情也者。彼天下之為義子者，觀此亦可以自儆矣！〔未免〕〔有情〕

4109	原 467/1	廣忠 11/81 左	大 13/307

思妻扶乩

蘇城胥門內某善堂設壇扶乩，頗著靈驗。有葉茂才者，新抱鼓盆之痛。伉儷情深，心恆鬱鬱；遂詣該堂，冀藉乩靈，聊伸積愫。詎其妻果然降壇，大書四句云：「牛衣對泣，愁淚如新。馬鬣難封，淒魂欲斷。」茂才見之，大哭而去。有目睹之者，謂字跡清楚，若有神助。聞其妻素善文墨，芳魂未散，留此哀音。令人覽之，頓增惝惘矣。〔情之〕〔所鍾〕

4110	原 467/2	廣忠 11/82	大 13/308

盤古生日

混沌之世，初無所謂人民也。自盤古氏生於大荒，開闢天地，通達陰陽；於是茹毛飲血，渾渾噩噩，無思無為，自成風俗。歷五帝之寥廓，涉三皇之登閎，世遠年湮，類難稽考。迄今幾千萬年，天運迭更，人事互異。冠裳禮樂之國，將一變而為兜離僸佅之風。為問鴻濛未開以前，尚知有盤古氏之建極四表乎？無有也。乃不意荊州地方獨有盤古氏舊廟一所，不知建自何時；中塑神像，草衣卉服，如世所塑神農遺像然。相傳以十月十六為盤古生日，屆時衣冠薈萃，馨香尸祝，肅肅雝雝，頗極一時之盛。吁！自盤古去今遠矣，而彼都人士猶能報本返始，追溯遺徽；不獨該處士風之厚，抑亦古皇之流澤孔長也。〔道冠三皇〕

4111	原 467/3	廣忠 11/83	大 13/309

鸚鵡罹殃

西人某甲家世業農，勤於胼胝，衣食裕如。豢有鸚鵡一頭，翠衿紅嘴，夙號能言。甲愛若明珠，載飛載鳴，純任自然，不加鎖縶；鳥亦如舊燕之情深故主，並不飛入他家。顧甲日在閑閑十畝之間，禾黍油油，篝車是望。而黑烏不能體恤農艱，往往千百成群，翔集隴畔，大肆啄食；以致金穰一片，半被摧殘。甲惡之。因攜洋鎗一桿，儲藥以待。迨烏復翺翔飛集，甲遽扳機燃擊，轟然一聲，烏墮彈倒，死者傷者，不一而足。甲欣然往視。不隄防平日所愛之鸚哥，正在其間，同罹斯厄；幸祇傷一足，尚無性命憂。乃攜歸調治，其子見而問之。甲曰：「鸚哥誤入鴉群，不知趨避，尚受是殃，況人之與友乎？小子誌之，擇交不可不慎也。」詎此鳥自遭此變，每見小主人與蠻童為伍，即口述前事以戒。君子謂此鳥善於補過，并能警人。何其智歟！〔嚶鳴求友〕

4112	原 467/4	廣忠 11/84	大 13/310

賴債行兇

京師宣武門外南橫街某米舖，為山東人某甲所開。前以本資不足，曾貸某宦朱提五十兩，久而未返。嗣某宦因病逝世，家境蕭條，一琴一鶴外，別無長物。其公子甫逾志學之年，遽抱失怙之痛。補苴無術，不得已，親向米舖索償。甲言語支吾，一再延約。直至中秋後，又往催索。甲約以晚間必將本利如數歸趙。迨公子率同女僕貿貿然來，甲即託詞誘至後院，縶其手足，如縛豕然。旋將煤球用火燒紅，向蔗下體。公子及女僕痛極呼救，聲達戶外。幸為官役所聞，排闥而入，扭甲至步軍統領衙門訊辦，一面解公子等於倒懸之中，始免剝膚之厄。噫嘻！索債常事也。索而無償，婉辭卻之可也。計不出此，膽敢肆行兇暴，至欲效商紂炮烙之刑。謂嫩皮膚其堪忍受乎？幸而公子救星遽至，否則恐有不堪設想之勢。甲真犬彘之不若矣！斷斯獄者，將如何懲治，以為兇惡者儆也。〔暗無天日〕

4113	原 467/5	廣忠 11/85	大 13/311

形同贅疣

江右廣潤門外曹王洲地方某氏婦，徐娘半老，暗結珠胎。某日早，腹痛如絞，勢欲臨盆，急延弔橋邊某穩婆前往收生。比至門，而甯馨兒已試啼矣。細視之，頂門墳起，上生陽物一具，兩乳中間，又多一手，奇形怪狀。家人相顧錯愕，咸以為不祥，囑穩婆斃而棄諸郊外。提攜過市，聚觀者途為之塞，無不咄咄稱異。《傳》曰：「妖由人興，人無釁焉，妖不自作。」豈其家果有隱慝歟？或謂江省婦女性多暴戾，非淩虐養媳，即鞭撻婢女；往往慘酷萬狀，有令人目不忍覩者。該氏之惡，雖未昭人耳目；而厲氣所鍾，生此怪物，冥冥中豈無故而然哉？吁！可鑒也已。〔奇人〕

4114	原 467/6	廣忠 11/86	大 13/312

頑徒侮師

師道之尊，由來久矣。自人好為師，鄉曲冬烘，皋比坐擁，全不以誤人子弟為念。師不自尊而欲人之尊之也，得乎？雖然，師雖有自侮之道，而弟子則烏得侮師。師而可侮，則其徒之不可教誨也必矣。蘇城有顧生者，青青子衿也，設帳於任蔣橋某姓家。雖有西河、北海之名，而無化雨春風之澤；致學徒怠荒而嬉，咿唔呫嗶之聲，時作時輟。生知之，施以夏楚，大聲疾呼，冀其悔悟。無如該徒冥頑不靈，不以為戒，反以為怨。竟伺師出，潛將米田共一物盛於茶壺，默置几上。師歸，適抱相如之渴，挈壺暢飲，瓊漿玉液，直達肺腑。初不辨色香味三者之何如也，及聞木樨香霏於壺外，而半甌濁水已入五臟神殿，不能效陳仲子之出而哇之。忿無所洩，將壺擲諸地上，窮詰該徒。徒裝聾作聵，掩袖而笑，則侮弄師長之情躍然自現。顧喟然歎曰：「鳥獸不可與同群，吾烏能鬱鬱久居此。」遂辭館而去。〔梗頑〕〔難化〕

4115	原 467/7	廣忠 11/87	大 13/313

毛將焉附

楚北青皮蕭堂生前因犯事，攜妻及女巧雲來滬，開設野雞妓院。巧雲近患毒瘡，髮盡脱落，貌頗妖艷；且天氣已涼，因紮縛網巾，綰以義髻，仍舊接客。不知者視之，幾若毫無破綻。有茶客徽州人某甲，一見傾心，出洋數百元，娶作小星，於前日過門拜見大婦。詎料大婦無江汜容人之量，一聲獅吼，驀將巧雲揮拳便毆；扭扯之間，網巾墮地，髮髻脱落，露出頂上圓光，葫蘆提既潤且滑。一時賀客有咋舌者，有撫掌者，有訕笑者，有欲逼令出門者，有令尋原媒理論者。甲亦自知被紿，急即趕尋蕭等，詎已去如黃鶴。旋由甲之妻族再三解勸，始無可如何而罷。〔頂上〕〔圓光〕

4116	原 467/8	廣忠 11/88	大 13/314

莽夫殺妻

粵東聚龍社木工李某，一妻一子，與母妹同居。妻性兇橫，與老姑時相勃谿，聲聞戶外。李雖心非之，不能禁也。一日，復因細故，與小姑口角，并辱及其姑。李母怒甚，奔告於李，促其返家調處。李有夥伴數人，皆少年選事，聞之大為不平，謂此等潑婦，事姑不孝；何妨師吳起故智，一刀殺卻，以絕後患。詎李某平日蓄忿於心，早有此志；今聽各伴慫恿，陡覺火起無明，即入廚，取菜刀藏諸袖，急奔返家。其妻見夫怒形於色，度無善意，亦入廚執刀自衛。李見之，誤為妻將先發制人也；突前猛斫，連砍數刀，妻即仆地，血流如注，頃刻嗚呼。李自念殺妻無名，律當抵罪，立即逃去。迨其母回歸，見此情形，槌心痛哭；而該處地保已稟官請驗矣。夫妻有失德，勸之可也；勸而不從，出之可也，乃計不出此，漫聽夥伴忿激之談，遽藏殺機，釀此大禍。李之鹵莽，可謂極矣。嗚呼！李之罪固不能逃；彼助李為此虐者，其將如何懲儆也哉？〔吳起〕〔故智〕

4117	原 467/9	廣忠 11/89 右	大 13/315

情死奇聞

美國桑港菜市口橫街有地名阿魯弗阿司者，向有客寓一所。一日，有男女二人偕來投宿，狀若母子，而狎暱殊甚。心頗疑之。次日晨起，二客攜手出游，艾豭婁豬，怡然自得。至晚復歸寓，闔戶就寢，忽聞其室內手鎗二響，寂無聲息。寓主大驚，啟戶入視，見婦仰臥長椅，男則頭枕婦人腰際；均作相抱之勢，胸部皆中彈。桌上遺有書信一封。女名連拉，係軋魯俠之妻，年約四十餘；男名樂滅樂，年二十餘，書中大致謂情之所鍾，自願同死云云。吁，奇矣！〔願作鴛鴦〕

4118	原 468/1	廣忠 12/89 左	大 13/316

還珠邀獎

本城新北門內天主堂街甯人吳湘如所開天順燭號，有珠寶掮客某甲借居舖內。被陳立芝將珠竊出，藏於魯班殿階下，意圖變賣。詎為小孩包鳳才、胡四保拾獲，送還失主，分受謝儀。事後，經保甲總巡鍾明府訪聞，謂此案不容私自了結；備齊卷宗，連同兩孩，申解至道憲行轅請示。呂鏡宇觀察升座花廳，提訊兩孩。供稱：「此項珠寶，由小的等拾獲。恐干未便，是以送交失主是實。」觀察以兩孩古道可風，大為嘉獎，判令當堂各賞洋二十元，以風薄俗而示鼓勵。〔振靡式浮〕

4119	原 468/2	廣忠 12/90	大 13/317

沙漠古蹟

瑞典有尋古探奇之士名歇迭影者，嘗討古蹟於戈壁沙漠中，見木植露出地面約有三四里之廣，不知何故。但見黃沙渺渺，根究無從。於是以鍤從事。未幾，忽覩牆壁，始悉沙中埋沒人家屋宇。掘愈深而形跡愈顯。牆係燈芯草雜泥土築成，內外皆白堊五色彩畫，極其精妙。中畫一婦人跪而合掌，其他人物、犬馬、車輛、花草等。又一牆畫佛陀坐象；傍立一天女伸其右手指諸天，左手撫胸，若祈禱狀。後面放大光明，意致莊嚴，想亦當時名筆也。還見樹株若白楊者，若梅及杏者。卻不知是何年代陸沉於沙漠之中。歸而按諸歷史。據史載怯里社、大里社河邊於一千年前，此處向有都邑，溝渠甚多，人家用水極便。未幾，一變炎荒之境，敻不見人。古謂東海揚塵，豈虛語哉！〔探奇〕〔選勝〕

4120	原 468/3	廣忠 12/91	大 13/318

信妖演劇

五通淫祀，南人多崇奉之。自湯文正撫蘇時燬絕廟宇，其風為之稍熄。乃未幾而其燄復張，淫祠之設，幾遍鄉村，竊享人間香火。而愚夫愚婦，形容妖之怪異者，或謂荷衣蕙帶，倏來忽逝；或謂風馬雲車，莘莘繼繼。此群妖遭迕、眇睞冶夷之概，固不同明神之歆馨頌德也。日者，甯波小教場前某舊貨店，妖又暫踸閃屍。初則布堆中濃煙直冒，火光炎炎，急為撲滅，而布無焦灼痕。入夜，復然。種種肆擾，卻不傷物，令人不可思議。皆曰：「此五通神也，侮之不祥。」遂人人有栗栗危懼之意，漸致現諸夢寐，恍惚呈身現形，乃益信其說。詣廟禱求數日，果得安謐。不久，仍同黎邱奇鬼羼騷如故。某呼籲無靈，因擬演劇以伸敬意。方涉想間，妖已先知，即示夢；令招大吉升班菊部，並點各劇而去。某庸懦無能，不得不一一如命。翌日，遂在小教場開檯演唱。不知此妖視無形、聽無聲者，此後果能安輯否也？〔奉若〕〔神明〕

4121	原 468/4	廣忠 12/92	大 13/319

孝廉成擒

本邑舉人童心田孝廉，因挾宣廣文註劣扣考之嫌，糾黨趙光第、姜承烈等；以學師擅領嫠婦、盜賣學田等三十六款，疊赴省垣上控。是非曲直，經黃大令審訊明白，判斷了結，以為可無事矣。詎童不知官憲保全功名之意，竟恃一舉人為護符，索瘢求疵，恣行藐法；於是節孝祠則闖入滋鬧矣，骨罈則移以嫁禍矣。有心傾陷，將謂天下事無不可為乎。豈知公論自在人心。宣廣文雖不能置身事外，而童之惡跡，則早為士論所不容。此本邑紳士姚子讓孝廉等所以崛然而起，具呈控諸蘇臬轅也。臬憲陸春江廉訪惡童無禮已極，批飭查明詳革，并扎松江府就近審辦。府尊陳太守乃派差來申，協同縣差守提歸案。差等知童之兇橫，不可以理喻也；邀集夥役等二十餘人，先圍童之住宅，設計誘童出門。一聲暗號，各差蜂擁上前，扭其髮辮，兩人掖之，或曳於前，或推於後。及其庖人徐升，併縶以去。此孝廉成擒之大概也。一時觀者如堵如牆，皆為童惋惜不置云。〔自投〕〔羅網〕

4122	原 468/5	廣忠 12/93	大 13/320

阿姨代嫁

皮匠阿四，江北產也；攜其妻女在新閘左近，以船為家。每日挑擔營生，妻女則至絲廠工作度日。其女貌尚端麗，而次者尤佳，惜頭髮脫落，且左足稍短，略不雅觀。先是其姊曾受某絲廠夥之聘，而暗與所歡結有珠胎，將次彌月。迨夫家迎娶在即，事為阿四所知，商之次女，作李代桃僵之舉。至前日，吉期已屆，竟即裝作新人，登輿而去。一時耳目固易掩飾，新郎亦不暇細辨也。次日，見新婦貌雖娟麗，而梳妝時何以短鬢蓬鬆，且足又長短，舉步參差。詰知被調情由，勃然大怒；旋至阿四家興問罪之師。阿四覥顏見婿，謂：「此女五官雖有不足，然以代嫁，全璧歸君，尚覺無愧，何多語為？」新郎見事已無可挽回，怏怏而返。滬上為通商埠頭，宜事之無奇不有哉！〔完璧〕〔還趙〕

4123	原 468/6	廣忠 12/94	大 13/321

劫親駭聞

虹口楊樹浦一帶，「八十個黨」流氓名聞天下，兇惡昭彰，久為途人所側目。該處某姓婦生有一女，年已及笄，曾經憑媒許字李某為妻，尚未迎娶。近因女家索聘過奢，致李糾約多人，雇備肩輿，效搶親之舉。迨抱女入轎，呼嘯而去。行未數武，被該處流氓頭目張桂卿偵知，以為奇貨可居。立即號召羽黨「火藥包」、陳永林及「沖天砲」等攔住去路，將新人劫去。聲稱非償洋百元，斷難贖回。後經李姓再三商懇，始給英洋三十元，得將新人領回成禮。噫，張之橫行不法，案積如山，誠足令人髮指，豈特此劫親一舉哉？然青天白日，竟任若輩肆無忌憚，一至於此。吾不知國法何在也。或曰：「地方官亦曾屢次飭拿，奈其神通廣大、卒不可得何。」噫嘻！〔目無王法〕

4124	原 468/7	廣忠 12/95	大 13/322

天道禍淫

潘某，本邑人，住南市楊家渡左近，性喜漁色；婦女之墮其術者，不知凡幾。不料其女遣嫁未久，其婿暴病而亡。今春，其子攜資赴外埠貿易，半途葬身魚腹。以一雙寡鵠，留養在家。媳貌頗極妖艷，漸與洋行侍者某甲有私。其女見而心動，亦與鞋店夥某乙有染。潘妻年雖半老，覩女若媳之所有，亦暗與其甥某丙蒸焉。由是穢聲四播，不可聞問。日前，甲又忽得心疾，終日喃喃，歷述其生平姦佔婦女各事。甚至用刀自刎，或歌或泣，作種種醜態。其妻因商媳女，各隨所歡，捲逃他去。家中僅剩破舊木器及潘一人。房主見此情形，意欲驅之，奈已奄奄一息，勢將垂斃，竟至無可如何。噫，潘之結局若此，誰謂非好色之報哉！〔還風流債〕

4125	原 468/8	廣忠 12/96	大 13/323

絞決兇犯

兇犯吳妙林因與淫婦阮張氏通姦，欲將本夫阮阿狗謀斃；偕同吳桂華、馬阿二等，肆行兇暴，埋屍滅跡。事發，經黃大令詳細訊實，通詳上憲，按律分別定擬。正兇吳妙林一犯，已於去年照例斬決；惟桂華、阿二尚稽顯戮。前日，縣中接奉刑部公文，飭將二人絞決。於是大令立飭差役，將二犯由監提出，如法綁縛，押赴大教場逐一處絞；三收三放，呼吸之間，相繼畢命。當行刑時，校場中人山人海，見二犯色如土灰，形容悽慘，有指而詈之者曰：「爾當謀害阮阿狗時，狠心毒手，無法無天。想阿狗之慘狀，當更甚於爾。不料爾亦不旋踵而相從於地下，其亦自悔於心乎？」二犯瞠目不能答。曾不轉瞬，已屍骸倒地，橫臥於荒榛斷莽間。有心人為之喟然歎曰：「天理如此。國法如此。兇惡之徒，盍亦觸目而警心也夫。」〔凶人〕〔無終〕

4126	原 468/9	廣忠 12/97 右	大 13/324

誤踐囚屍

吳桂華、馬阿二二犯，前日絞決之後，遺屍荒野，尚未收殮。適有住居陸家浜之江北人彭某，偕甲、乙二人在北市飲酒。入晚歸來，途經大校場，時已三鼓，淡月迷濛之際，忽覺足底有物塊然，幾為所絆。張目細視，見係囚屍兩具，駭極倒地。甲、乙在後見之，不知其故，狂奔而逸。迨至僧寺，獲遇途人，詢悉是日決囚緣由。相與回至原處，將彭喚醒，扶送回家。然彭已得驚癎之疾，不知能痊愈否？此可為醉漢夜行者戒。〔莫可〕〔收拾〕

4127	原 469/1	廣信 1/1 左	大 14/1

藝林佳話

粵省某書塾雇一僮，供洒掃奔走之役。每當塾師辟咡講解時，輒傾耳以聽，若有默會也者。師頗異之。一日，有友求寫名片，師舉筆揮就。偶入廚下，回見僮運筆如飛，亦書此數字；銀鉤鐵畫，韶秀異常，不覺大驚。復試以大字、小楷，亦皆有晉唐遺意；而草書尤夭矯拔俗。師大為贊賞，叩厥由來。據言早失怙，母某氏本大家女，善書，嘗教以八法，因貧不能讀，故命為館僮，俾有所私淑。師聞言大喜，即命僮為弟子而教之，且捐廉以贍其母。培植寒畯，出自儒生，亦藝林中之佳話也。〔神童〕

4128	原 469/2	廣信 1/2	大 14/2

參戎好善

浙西巡鹽領哨吳福海參戎春和，常川駐紮閔行等處，督率勇弁，巡緝上南、華青各縣，緝私頗為認真。然秉性慈祥，每遇孤老貧民，最樂捐資周濟；以故頌聲載道。前日，帶勇巡至新閘吳淞江一帶，適有江北小划船載得食鹽十數斤，迎面駛來。該船主一見巡船，驚惶無措，旋負鹽斤，一躍入河。參戎瞥見，立喝勇丁赴水趕救。後經查得該船只有船主夫婦二人及小孩兩口，並非積販，惻然憫之。除不深究外，另給英洋二元，著其作為資本，另謀別業，不得再犯王章。船主感激涕零，叩頭無算而去。參戎真好行其德哉！〔出死入生〕

4129	原 469/3	廣信 1/3	大 14/3

野鴛情重

鎮江城內有孫某者，年方弱冠，丰致翩翩。甫於去歲完姻。雖伉儷情深，每出外，恒數日不歸。家人問之，則支吾以對，人亦不疑其有他也。忽一日歸來，已似染病，呻吟床褥，寒熱交作，醫藥罔效，尋赴修文之召。家人倉皇罔措，置備桐棺，草草收殮；擬俟三日後，再謀窀穸，而苦無從借貸。正焦急間，忽門外喧呼：「女客至！」及下輿，則一麗人縞素衣裳，年僅逾笄，翩然有驚鴻之貌；撫屍大慟，倍極悽然。家人驚視之，皆不相識。女哭畢，始跪而自陳云：「妻與郎君有白頭之約，誓不相負。郎君之病，起於妾家。方期爻占勿藥，不料一病奄然，故來守孝耳。」爰出己貲，為延僧道誦經，并營喪葬。自此，守棺伴靈，哀哀啜泣。若該婦者，雖非禮之正，其亦情之所鍾歟！〔女心〕〔不爽〕

4130	原 469/4	廣信 1/4	大 14/4

水賊難擒

離金陵城十里之上新河，一巨鎮也，向為木商會萃之所。近因木排泊於河干，時有被竊情事，心疑此等笨重之物，必非一人所能為。屢經稟官請究，而終查無蹤跡。未幾，由該商自獲一賊，姓張，名八台。聞其伎倆能於水中潛伏數日。其竊木也，每於夜間攜刀入河，潛將排繩割斷；乘勢曳出，趁潮而行，瞬息百里。迨近岸時，其黨多人即齊來搨運，霎時而盡。該商詰知其故，即縶以麻繩，用船載之入城，行將赴縣稟究。不意行未逾時，賊忽欲遺矢。舟人扶之以出，甫至船頭，賊即聳身竄入河中；頃刻自釋其縛，復露半身於水面，拱手曰：「少陪諸公。我與波臣把臂去矣。」商等憤極追之，賊竟於水中拱手退行二、三里許；然後滅頂，不知所之。吁，技至此，亦神矣哉！〔履險如夷〕

4131	原 469/5	廣信 1/5	大 14/5

儉不中禮

蘇垣禪興寺橋有盛澤人某甲居焉。甲性慳吝，罔顧大體，有一毛不拔之風。前日為子完姻，正欲行親迎禮，坤宅索臨門喜犒洋一百元。甲佯諾之。及至發轎，則暗以康熙大錢兩枚，用紅紙封裹，上書「臨門喜犒總函」，飭人持贈。坤宅見之，以其有意侮弄，大發雷霆，立向冰人理論。冰人面面相覷，雖有生花之舌，苦難解說，相率拂袖而去。甲始知事已決裂，無可挽回，乃力挽親友為之轉圜。仍由原媒再三調處，權以房契一張暫抵坤宅，作為門犒之款，始得娶婦登輿而去。而為時已越一日矣。夫坤宅索犒之奢，原為惡習。特事已至此，量力而行，亦當妥為商榷，何至以青蚨兩翼代之。至旁觀解體，卒有押契換妻之笑柄。甲之辱，豈非自取乎？〔愛錢如命〕

4132	原 469/6	廣信 1/6	大 14/6

負心必報

江陰人某甲向在滬上測字為生。時有英界某氏婦因夫在新嘉坡貿易，寄有銀信，倩甲代閱。知夫已有佳就，可月寄洋八十元以備家用，喜出望外；即倩甲裁答，薄酬而去。自此月以為常，至半載餘，積得洋蚨四百翼，潛藏首飾匣，常置枕畔。一日，甲乘氏不備，掩入臥房，攫其飾匣而逸。氏蹤跡之，遇甲於某茶肆中，不敢遽聲其罪，仍婉言邀之到家，冀圖璧返。適家書又至，甲讀之，佯作驚狀，謂：「爾夫暴病身故，棺木暫寄中華會館。囑往盤回，此惡耗也。」氏聞之大慟。甲乘間百般誘之曰：「卿悲寡鵠，我賦鰥魚。若一轉移間，兩全其美，何不玉成其事乎？」氏為所惑，任其連宵輕薄，閑檢蕩然，而飾匣終不交還。催之，即負氣而去，杳不復至。氏飲恨於心，不敢言也。未幾，夫之銀信復至，倩鄰人閱之，則海外東坡依然健在。氏大慚，始知被騙，羞恨欲絕，當晚即服毒而斃。此去年事也。甲得飾匣，攜歸原籍，至今秋出資修理房屋。忽有大蛇自牆隙飛出，緊噬其項，痛極狂呼。家人畢集，蛇已逃去，而項腫如斗。覓藥敷之，腫消而瘋病大發，歷述謊騙情事，延僧超度，亦不見效。比將銀用罄，始自斷其勢而絕。〔喪盡天良〕

4133	原 469/7	廣信 1/7	大 14/7

淫婦喬裝

川沙某氏女善修飾，黏花惹草，素有「桑濮」行。當未嫁時，與鄰人某甲結露水緣，情好彌篤。嗣適鄉農某乙為室。藍橋相隔，未獲時續舊歡，因此悒怏不樂；時與藁砧占脱輻之爻。旋從姦夫之謀，私自奔出；剃頭梳辮，作男兒裝束，雙雙遠颺，卜居小灣鎮。甲復潛愬女之母屬，唆以燬屍滅跡等詞，控乙於川沙廳署。官正飭差查訊間，適鎮中有報賽事。甲乘興往觀，留女在家。適當午炊，恐煙囪中濃煙縷縷，易動人疑，遂塞之，以圖滅跡。詎煙無洩處，盡從牆壁門限射出。行人疑係失火，大聲呼救，排闥而入。見一美男子方司炊爨，互相驚訝。而甲已回家，託言契友，多方掩飾，挈以外行。途中適遇女夫某乙，不及奔避，被扭至某茶肆。甲即乘間逃去。乙見眾圍繞不釋，曉之曰：「此僕逃妻也。今帶有繡鞋一雙，可為符證。」言畢，出鞋令著之，果不差累黍；乃助乙褫去外衣，解歸廳署訊辦。想淫惡如甲，既佔其妻，猶思嫁禍，其罪必不容恕也。〔撲朔〕〔迷離〕

4134	原 469/8	廣信 1/8	大 14/8

小龜出醜

滬北泰和館中，前晚有客衣服聯翩，口銜雪茄煙，眼戴外國鏡；呼朋聚類，開筵暢飲，拇戰酣呼。初不知為老元緒一流人也。座中有阿和者，向在么二妓院擡轎出身；忽忘卻本來面目，大書花箋，促召東棋盤街新長春妓女蔡文卿侑觴助興。蔡妓見之，不覺柳眉雙竪，戟指大罵曰：「爾何人斯？乃敢戲弄老娘。且爾亦記前失業時，爾妻身為煙妓，屢至老娘處叩頭借錢；給爾贖妻身價，並留在老娘處幫傭擡轎、擔水燒湯耶？」語未竟，阿和立擲洋三元，強拉就坐。妓不顧而去。次日，龜黨以「龜嫖龜，須罰三擔燈草灰」，援例與阿和評論。阿和自知理屈，願以香燭服禮，始得寢事。噫！酒館中排場闊綽，舉止豪華，載號載呶，謔浪笑傲，如阿和者豈少哉？特阿和不知自諒，以致當場出醜耳。〔忘卻本相〕

4135	原 469/9	廣信 1/9 右	大 14/9

大家風範

荊州某巨紳家有女傭孔氏，籍隸襄樊，年已知命，自云係至聖七十代孫女。以家貧，致執賤役；雖亂頭粗服，而舉止綽有大家風範。一日，紳以廚刀擲犬，婦忽從旁歎曰：「惜乎！擊之不中。」紳驚問：「汝何出此語？」因叩所學，則經史子集、歷代興亡及其先人譜系，原原本本，如數家珍。問其何以至此。則云：「父名某，本襄樊名士。祇生女一人，在塾教讀十三年。長嫁陳姓，遇人不淑，以致流落如此。」言畢，涕泗縱橫。紳勸慰之。自此待以優禮，且擬醵金為贈，遣歸以資養贍云。〔女學士〕

4136	原 470/1	廣信 2/9 左	大 14/10

海底月

杭垣清河坊大街有漁人某甲，持一鱉欲售，自言此名「海底月」，乃数百年物也；藏諸篋簍，不輕示人。有好事者欲索一觀。漁人出而示之。其鱉全白無瑕，背有篆籀二字，人皆不識。權之，重三十兩。據云在赭山江口網得，能治陰虛虧損，須香佛三十尊，方可持贈。此鱉可謂身價自高矣，不知物色風塵者以為何如也？〔藥籠中物〕

4137	原 470/2	廣信 2/10	大 14/11

好古被愚

京師有戶部正郎某君者，家資巨萬，雅好古玩。其戚某，世家而中落者。二人交素莫逆，而正郎性吝，緩急不通，戚深啣之。一日，偶於小市以賤值購得古銅鼎一枚，謂是可以紿某正郎也。即將鼎深埋庭院中，蓋以土泥，上復覆以磚。未幾，天大雨，地頓下陷。某正郎偶然過訪，見地陷處，問及緣由。其戚佯為不知。正談笑間，瓦匠適至，飭令趕緊墊平。甫舉鋤，即云下似有物。因命刨之，纔至數尺，而古鼎現焉。某一視，歡喜異常，以為是真古物，即藏諸內室。某正郎雖甚垂涎，難於啟齒。次日，託人婉轉與商，求其割愛。往返數次，始議妥，與以千金，舁之而去。吁！如某正郎之好古，不亦令人齒冷乎！〔癖等嗜痂〕

4138	原 470/3	廣信 2/11	大 14/12

電焚鐵甲

英報載上月三十日，天大雷電以風。斯培席亞海口泊有意國防海鐵甲一艘，名魯馬者，為電所觸，致兆焚如。火光熊熊，幾及火藥房；且將延及同泊之巴列士多船。時巴列士多船滿載炸砲轟藥，設被燒及，禍更不堪設想。不得已，遂將魯馬船中水手人等，援登該船；且放二水雷將魯馬船擊沉海底，始免蔓延之禍。夫電火之觸，焚船焚屋，時有所聞。即西人講求避法亦既有年，而卒令人防不勝防者，此何故耶？〔天降之災〕

4139	原 470/4	廣信 2/12	大 14/13

盧令利用

德國西歷本年某月某日為大操之期。其軍士之雄壯，技藝之精純，固足稱強天下；而其中最奇異者，為隨軍之狗。此狗專尋受傷兵丁及遞帶書信之事，經人訓練有素。遇有戰事，欲其出尋，但命之曰：「尋。」並指其應走之方向；狗即搖頭擺尾，欣然而去。路中雖遇他物，亦不羈留；一若身有公事，不敢牽涉他務也者。及尋得受傷兵丁，即由兵丁身上撕一衣角，或取其帽，或取其帶，回至軟轎隊。軟轎者，受傷人所坐之轎也。擡夫見狗銜物為證，知其信有所獲；遂隨之而行，果得將受傷兵丁舁回醫治。從未有目覩瘡痍，棄而不救者。其遞信之法，將緊要信函置一匣內，掛狗頸上；此狗即逕詣投遞，既無差誤，尤為迅速。以一狗之微，而在軍中有此利用。彼坐耗國家厚祿，而未戰先逃，望風即潰，曾不能得其一手一足之報效者；吾不知於此狗謂之何哉？〔頗有〕〔人性〕

4140	原 470/5	廣信 2/13	大 14/14

狹路相逢

巨棍張桂卿，前經關道憲、呂觀察訪拿，一紙官符，非常緊急。人人皆為張慮，謂此番斷難逃法網矣。豈知張毫不悚懼，依舊耀武揚威，目無餘子。前晚八點鐘，帶領黨羽時達三、朱老炳、皮鞋金三等十人，行經虹口二十三保十圖新廟地方。廟內係小茶肆，為鄉人麕集茗話之所，離圓通寺巡防局約一里許。鄉人陳健山與張有隙。前晚陳適在肆啜茗。張棍行經門首，遙見陳端坐閒談，遂昂然直入。喝令朱等將陳輕輕提出，揿伏於地。張示以手槍，繼出鋼刀加陳頸上，大喝曰：「吾與汝素有仇隙，今幸相遇。某現為官訪拿之人，倘一朝被擒，生死未卜。意欲將爾先行結果，以洩吾恨。」一時眾鄉人咸奔避不遑。陳再四泣饒，張始令釋手。搜其身畔，得洋五元，掉頭而去。

〔欺人〕〔太甚〕

4141	原 470/6	廣信 2/14	大 14/15

巨棍成擒

虹口著名巨棍張桂卿，為「八十個黨」流氓頭目；遇事生風，橫行不法，積案多至三十餘起。稔惡多年，至近日而膽愈豪、餤愈熾；劫閨女，逼窮嫠，擄人勒贖，挾刃尋仇，無法無天，毫無顧忌。以致行人側目，道路寒心。巡防局不敢問，地方官弗之拘。受害莫伸，天荊地棘，尚復成何世界耶？而幸也，呂鏡宇觀察時適權署上海道篆務，遂傳該管官，責以姑息養奸之咎；并召縣捕柴繆，懸賞洋二百元，飭令拘拿到案，否則血比。於是柴繆畏刑悅賞，協同英美各探捕，出其不意，訪知巢穴，深夜掩捕；遂并其姦佔之有夫婦女蔣銀大，一鼓成禽。解送道轅，從嚴訊辦。一時鄉民拍手稱快曰：「巨棍成禽，吾小民今得高枕無憂矣。」果何幸而得此賢長官哉！〔孽〕〔由自作〕

4142	原 470/7	廣信 2/15	大 14/16

嫉惡如仇

巨棍張桂卿既已被獲，解至道轅。呂觀察即傳集黃愛棠大令、鍾壽伯明府，會同升座，嚴加訊鞫。先由沈、羅二地保供明張棍種種惡迹，兼及聚眾結盟情事。張棍知罪無可逭，一加刑訊，即供認劫婦尋仇各節。觀察命書供，蓋印指模，擬詳上憲，從嚴懲辦。聞張棍罪惡滔天，動輒劫人勒贖；不滿其欲，即肆行弔打。被害者不知凡幾，皆含冤莫訴，隱忍至今。此次除農民奚炳威之子被詐各情，已由同黨錢發生供出外；其接踵赴美捕房控告者，已有數起。或稱前曾控縣，批斥不准；或稱畏其凶焰，不敢控官。今既被獲，行將歸案審辦。想此外含怨者，尚不乏人。併案嚴懲，大有罪不勝誅之勢。然則前之縱容，正以恣其毒而速其敗。今之捕治，足除養癰之患，謂非滬上生民之福哉！〔無所逃罪〕

4143	原 470/8	廣信 2/16	大 14/17

蠹差被困

滬南黃浦灘一帶建造馬路，設立工程局，以朱森庭明府總其成。明府辦事素號認真，事必躬親，任勞任怨；而差役不能仰體憲意，以致狐假虎威，倚勢作惡，往往而有。小民日受淩虐，積忿於心，非一日矣。前日，有草泥船停泊該處，夫役多名正在灘畔掘泥，為工程局某差所見。喝阻之餘，即一躍上船，令搖至大碼頭局中候示。各草泥夫見其隻身，佯為允諾。搖至大關碼頭，各人躍登彼岸，將船推入中流。該差手足無措，呆若木雞。時適潮漲，水急波溜，草泥船順流而下，橫撞於烏山船之船頭，勢將傾覆。該差情急，狂呼救命，始經人援救出險。雖曰草泥夫之惡作劇，然該差稔惡多端，一朝被困，亦未始非請君入甕之報也。〔束手〕〔無策〕

4144	原 470/9	廣信 2/17 右	大 14/18

詩婢

粵東順德某富紳家有婢女名秋燕，貌婉麗，年十二，善吟詠。一日，紳之幼子在塾學詩，題係「隔千里兮共明月」得「明」字，句尚未成。婢即代賦云：「月好人何在，離情竟夕生。遙憐千里隔，同是十分明。」師疑而詰之。童以秋燕對。師因以「秋燕已如客」，命婢賦之。婢援筆立就云：「話到堂前燕，添來別後愁。渾如千里客，已負五湖秋。」師大驚賞，以告紳。紳詢知家世書香，因失怙恃，飄零至此。心愛其才，欲為次子納作媳，聞已有成議。果爾，則康成詩婢不得專美於前矣。〔鶴立雞群〕

4145	原 471/1	廣信 3/17 左	大 14/19

孝婦苦衷

朝鮮忠清道恩津郡有宋珠圭者，年七十餘，家道赤貧。子名珠環，娶婦金氏，事翁極孝。一日，因夫外出沽酒，市牛肉一片以博翁歡。嗣以所市之肉，色變而臭，頗疑有毒；切一臠與狗食，狗立斃。婦大愕，遂將此肉全行購回埋之，免害他人。計費二十金，得將全牛埋於後庭；而翁不知也。翁本嗜牛肉，見婦購牛，滿擬大嚼；詎至晚餐，不見一臠。疑婦已囑其子持歸母家，愈思愈忿。至次日，猶午睡不起。既而子歸，翁責子出婦。婦知其故，泣訴原委。翁始悟，遂團聚如初。有婦若此，得不謂之賢孝乎？〔救人〕〔救徹〕

4146	原 471/2	廣信 3/18	大 14/20

女貞不字

朝鮮黃海道附近高達山處某氏家生有二女，容貌美麗，頗有艷名。年及笄，求婚者踵趾相接。父母欲許之。女矢志守貞，聞言哭泣，誓不允從。父母以為黃花女羞澀故態，因佯發雷霆，逼令他去；意蓋冀其悔悟，終必遂其于飛之樂也。孰知二女立志彌堅，聞父母命，即翩然而出，直入此山；於山腹搭蓋茅廬，以為棲止之所。並墾山田數畝，種蒔雜糧，以資糊口；閑時更於屋後樹桑育蠶。衣食胥足、凍餒不愁者，於今已七八年。客有選勝者涉足其間，詳悉其事，遂遍傳於人口云。〔高山仰止〕

4147	原 471/3	廣信 3/19	大 14/21

啞孝子

孝子吳姓，魯之恩邑人，喑啞不能言，擔水度日，鰥居無偶。以其所入，奉母維謹。凡母欲食何物，以手作勢，孝子能會意購辦，百無一失；己則日食糟糠，不令母見。年五十如一日，未嘗稍有變更。里人傳其行，爭以啞孝子目之。一日，正擔水至某肆中，適某公子盛服至，誤潑水濺其衣。公子怒而叱之。孝子強項不屈。或告公子曰：「此吳家啞孝子也。願公子恕其過。」公子驚詢其事蹟，慨然曰：「是可為末世風。」遂轉怒為喜，假青蚨五竿贈之。孝子堅卻不受。或舉無名指示之，始伏地稽首，拜謝而去。蓋凡啞者以無名指為母。孝子知公子憐伊有老母，故歡欣鼓舞，受之而歸也。詎母見子荷錢至，驚問何來。孝子口呀呀，不能道一字。母疑有不軌行，叱令長跪。徑自扶杖出門，遍問鄰里有失物者否，終莫得其蹤跡。及至該肆，詳告緣由，知為某公子持贈，始曳杖而歸，撫孝子背笑慰之。孝子始起立。自是事母益謹，邑宰某公嘗旌其門。今孝子雖已歿，然里人道其事猶嘖嘖不已云。〔苦心〕〔孤詣〕

4148	原 471/4	廣信 3/20	大 14/22

虎子暖足

宏教禪師前在杭垣靈隱寺卓錫，談禪説法，名動公卿。凡好締方外交者，多樂與之游。僧道德既高，名利日淡，頗以應接為苦；乃潛遁至五度山，卓庵於虎穴之南。每屆天寒地僻，風饕晝夜，恆苦足冷。時虎方乳，僧取其兩子，加足皮毛之間，藉沾煖氣。迨虎母歸，不見其子，跑哮躑跳，聲振林谷。有頃，尋至庵中，見其子在焉，目灼灼瞪視僧良久。僧曰：「吾不害爾子，以煖足耳。」虎乃啣其子，曳尾而去。或問：「此虎何其馴擾？」予應之曰：「僧家本有伏虎術。自禿驢無技，作奸骫法，實蹈虎狼之行。人且畏之，虎焉能伏？今該僧不趨勢利，厭塵囂而好清淨，其識力已超人一等；又卜居虎穴之旁，以拒夫人之虎而冠者。其視穴外之人如此虎何也？人而虎，曷若虎而人乎！僧既樂就之，其神通法力蓋可知矣。彼猛虎烏能為害？」〔佛法〕〔無邊〕

4149	原 471/5	廣信 3/21	大 14/23

犢生異形

角者，吾知其為牛；鬣者，吾知其為馬；犬、豕、豺、狼、麋、鹿，吾知其為犬、豕、豺、狼、麋、鹿。獸無不可知也；惟不類而類，類而不類之物，則不可知。粵東順德縣鄉人某甲，農家者流也，平日鋤雲犁雨，足胝手胼，家豢母牛一頭，藉以代勞。某日，牛產一犢，一首雙尾，足則有八。鄉鄰以見所未見，咸到觀看。犢吸乳嚙芻，無異常牛；惟行動蹣跚，其行不便。加意牧養。越二十餘日，已肥腯茁壯，遠勝常牛。乃前數夕，忽爾失去，有謂被無賴偷盜，居為奇貨，鬻諸外洋者。然甲以失卻異畜，為之悒怏不適者數日。〔似牛非牛〕

4150	原 471/6	廣信 3/22	大 14/24

驅蛇被困

江右城南有石洞焉，為群丐蟠踞之所。平日以蛇為羹，啖之若甚適口者。問其捕蛇之術。則云：「擅有伏蛇之咒，即俗名驅蛇。如欲用蛇，開卷讀之；蛇即不論巨細，蜿蜒而來，俯伏聽命，前後右右，棋布山立。」丐乃取其大者，用指捏之；蛇不能去，烹炰剝煮，任人而已。如不合用，復振振有詞，群蛇始散。有村學究某甲偶於道旁拾得一冊，喜而誦之；忽見群蛇風馳電掣，飆然畢集。大懼而奔，蛇尾其後，跟蹤而追行至二十餘里。甲疲憊不能動履，蛇乃纏繞其身，固結不解。幸丐尋書而至，開卷讀發放咒，蛇遂去。甲始得匍匐而歸。〔作法〕〔自弊〕

4151	原 471/7	廣信 3/23	大 14/25

斫臂何為

人非困頓無聊，哀痛迫切至於無地自容，未有不愛其體膚，而肯輕於毀傷者。然剖肝、割臂、刲股等事，忠臣孝子時或有之，未可以為非也。否則，匹夫之諒，吾無取焉。近世惡僧募化，往往有無端斫臂，冀聳聽聞，甚有因而斃命者。噫，謂之何哉？江西廣潤門外，日前有一僧，芒鞋竹笠，胸前荷巨木魚，至某闤闠門首，大鳴小鳴，叩叩不已。旬日無應者，僧大忿。適一日有好事者譏之曰：「此輩募捐，名為修寺塑佛，實則修五臟殿、締歡喜緣耳。何嘗建一寺、禮一佛哉！此剢剢者又奚以為？」僧聞言大怒，即袖出利刃，立斫其臂，以明心跡。霎時鮮血迸地，人亦倒地。眾大驚，相與醵資捐助，某闤闠亦輸白金十笏。及僧甦醒，畀之而去。噫，是豈佛氏捨身之説歟？然以募捐之故，出此下策，則此僧之薰心利慾也可知。謂之惡化，誰曰不宜？〔亡命〕〔之徒〕

4152	原 471/8	廣信 3/24	大 14/26

新娘撒潑

百花茶樓對弄內有丁姓者，憑媒張某，聘某氏女為媳。前日迎娶，賀客盈門。午後彩轎到門，隨身粧奩，祇有便桶一具。丁以景況蕭條，向張媒詰問。詎女竟應聲自轎中奔出，厲聲喝曰：「汝豈不聞娶媳不計厚奩之古訓乎？何物老奴，竟敢嘵嘵若是。豈以老娘為良懦耶？」語畢，竟將頭上鳳冠摔落，並將身上蟒袍扯去；桌上花燭亦被打落無遺，口中尚恨恨不已。一時上下人等，莫不大驚失色。丁無奈，當倩後堂女戚數人前來解勸；始得新娘息怒，草草成親。其時張已詐稱尋找女兄理論，託詞逃去，杳不知其所之。然當時見者莫不為之掩口葫蘆，嘆為得未曾有云。〔廉恥淪亡〕

4153	原 471/9	廣信 3/25 右	大 14/27

鏡圓結髮

金陵人賀某，弱冠能文；娶妻賈氏，美而賢，琴瑟之情頗篤。嗣以家道式微，避債遠行，久而不返。賈氏孤幃困守，無可奈何，遂祝髮於某蘭若，齋魚粥鼓，謝絕塵緣，瞬已十載於茲。賀自離家後，束髮為羽士，以卜筮術餬其口。歲獲稍豐，略有儲積，仍還俗家裝，訪求故劍，莫得音耗。一日，遇賈於途。疑之。潛倩女戚往詢巔末，果其結髮人也。欲圓破鏡，而氏以牛山濯濯為慮。賀曰：「何見之迂也。今天下事，無不可作偽。」遂購髮綱與之。賈攬鏡凝妝，依然三十許麗人也。携歸，卜居花露岡，復為夫婦如初。〔未免〕〔有情〕

4154	原 472/1	廣信 4/25 左	大 14/28

全人眷屬

陳得桂向住六馬路，以販運雜貨為生，積銖累寸，頗有盈餘。年屆花甲，尚抱伯道之憂。妻頗賢淑，慮夫乏嗣，暗購雛女阿寶，納置篷室。及陳入房，見女嚶嚶啜泣，疑嫌己老，慰而問之。阿寶瀝述家世，謂父係蓮幕中人，幼字某幕之子。今因父故無依，故母出此下策。嘒彼小星，實命不猶，言之不覺傷心耳。陳復詳詢女原夫籍貫，喟然曰：「吾年老矣，復何忍離人婚姻哉！」遂函招女夫來滬領回，且助以妝奩，俾成眷屬。女感激涕零，拜陳為義父，聞者多之。〔成人之美〕

4155	原 472/2	廣信 4/26	大 14/29

一鳴驚人

中國講求軍政，堅兵利器，訓練有年；歲靡巨帑數百萬金，以為有備無患之計。二十年來製造之精勤，訓練之純熟，當亦可以及鋒而試矣。而去年中東一役，各營兵士竟至不戰而逃，望風即潰者，是果器之不利歟？抑亦無人焉為之善其事也？劉峴帥深知其弊，懲前毖後，慨然有整頓之志。爰於十月十二日有閱視水陸砲雷之事。是日，由節轅至江口草鞋夾，先令水師學堂中教習學生携帶魚雷多具，在中流施放。詎電機屢掣，雷不一鳴。峴帥深滋不悦。迨後閱視砲臺操演巨砲，運機至再，砲亦不震。勇丁疑之，急開後膛審視；而子藥均已燃著，一鳴驚人，彈皆反擊，致傷弁勇十四人之多。統帶官恐失憲眷，飾辭稟報。峴帥默默而退，不知將如何辦理也。聞此説係官場中傳述。中國兵事承平時猶如此，若遇有事，將若之何？杞人之憂，曷其有極？〔自相〕〔攻擊〕

4156	原 472/3	廣信 4/27	大 14/30

眾志成城

臺灣義民不靖，本埠《新聞報》常載其事。茲悉該報又得續信，謂日本總督頗以義民為患。因託某繙譯婉示求和之意；並准與義民立約，從長計議云云。眾義兵因知會番社，訂期往見日督。是日，為首者共五十名，各穿戎裝，親赴會宴。席間，眾義士起而言曰：「臺民自歸化中朝以來，咸恃土產樟腦、茶葉、金沙、煤木等物為活。今爾國果欲求和，我等亦無不可。惟不剪髮，不改裝，且一切民間利權，仍應悉聽民間自便；爾國不得殺戮無辜，奪民之利。至於征收地丁錢糧一項，臺產向有上中下三等之分，應聽鄉社董事先議減征一半；然後再由總董復核，收交貴總督存案，按冊科征，庶幾不失兩家和好。否則，詰朝相見，恐將於貴國不利也。」日督聞言，猶豫未決。眾義民乃一哄而散。語曰：眾志成城。彼日督其將奈之何哉？〔氣奪〕〔三軍〕

4157	原 472/4	廣信 4/28	大 14/31

靈符活人

辰州符術能治各種疾病，每有奇驗；然近世多江湖冒託之流，故多不效，非真符水之不靈也。聞至今辰州府人尚有擅此術者。其得邂逅相遇，應手而起死回生者，殆亦佛氏所謂有緣者歟！漢皋前有某姓泥水坊主，被夥伴毆傷。經人舁至都閫府高玉華參戎處求驗時，已面色如金紙，岌岌有不可終日之勢。適有辰州婦某氏乘輿而過，聞喧嚷聲，詢悉其故；亟命停輿，啟幃而出，按視其身，書符治之。少頃，泥水坊主即能起立，病已霍然若失，再三向氏叩謝。參戎神其術，叩婦姓氏里居。亦不吐實，遂從容乘輿而去。巾幗中有此能手，偶發惻隱，立起沉迷；翩然而來，飄然而去，不求名，亦不求利，不可謂非奇人也。彼術士略得皮毛，毫無裨補，輒敢大言不慚，多方勒索者，何賢不肖之相去懸絕哉！〔起死〕〔回生〕

4158	原 472/5	廣信 4/29	大 14/32

落花流水

小家碧玉臨流浣濯，操作勤焉；此固婦道之常，不得遽以名門淑媛例之也。蘇垣某氏婦蘭心蕙質，有西子浣紗之風；裙下雙鉤，瘦不盈握。以故思解漢皋之佩，貽洛水之珠者，望之若天人，頗有「盈盈一水間，脈脈不得語」之概。葭月二十五日，天寒風峭，婦姍姍來遲，又在新學前河畔提筐洗菜。時適二三姊妹花玉立婷婷，一時畢集，喁喁小語，共話家庭委瑣事。詎灘畔低窪處所水結成冰，偶不經心，略一傾側，滑澾澾已顛入波心，宛在中央，幾類凌波微步。幸河伯無娶婦之智，女伴有援手之心。持危扶顛，免效桃花之逐水。然柳腰一搦，已盡淋漓。蓮瓣雙移，半多錯落。少年選事遂大呼為出水芙蓉。惟思秀色之可餐，不顧芳心之欲碎。輕薄人抑何忍心乃爾？〔凌波微步〕

4159	原 472/6	廣信 4/30	大 14/33

火會成圖

救火之政，自古有之，而莫精於今日，尤莫精於今日之西人。西人自與我中國通商以來，先在滬上開埠，凡租界中遇有失慎情事，無不立駕洋龍皮帶車及藥水等，馳往撲救。火會中人衣赭衣，戴銅帽；常思奮不顧身，以趨租界居人之急殆。所謂「欲善其事，先利其器」，西人能深得此旨歟。此事英、美、法三界皆然，而法界獨有映照之舉。事在十一月初九日，法國管龍西人就工部局石級前，將龍及車排列齊整，各水夫均穿衣戴帽，一如救火時裝束，鵠立兩旁，然後用照相機器映成一照。聞將帶回本國，上獻國皇，以示滬地之聿修火政也。他日者圖陳殿陛，萬里外事如在目前。賞賚之頒，當可預卜。而凡該國臣民之閱是圖者，其頌揚又可想見矣。曷禁為火會諸人預賀之。〔火政〕〔修明〕

4160	原 472/7	廣信 4/31	大 14/34

鬧房嘗糞

鬧房惡俗，江浙皆有之，而甯波為尤甚。既恣其詼諧，又肆其輕薄；甚有甘心蠖屈，潛伏陽臺之下，以偵見聞者。謔浪笑傲，中心是悼；回首思之，亦復有何趣味哉？且婚姻大事，人世所不能無。推己及人，弗欲弗施，亦宜稍示限制。必為已甚焉，亦無怪其受辱而莫伸也。甯人李阿福販賣竹籃為生，幼聘同里張姓女寶姐為室。前日迎娶過門。有表親王某鬧房之興，風發霞舉；乘人不備，蹲伏床下，將待楚襄神女雲雨巫山，一聽此中消息。迨新婦登床，聞下有蟋蟀聲，驚疑而起。暗捧淨桶，向內直傾；穢水淋漓，致王觸鼻難忍，蹣跚而出。新婦舉火燭之，笑臉相迎，連稱萬福，且謝曰：「妾疑妙手空空兒，故使一嘗木樨香味。早知君子，焉敢如此。」王目瞪口呆，一言不發，飛步而逸。次日，李恐傷親誼，因持香燭，為之服禮。按此舉雖曰孟浪，然亦可為好事者作當頭棒喝也。〔臭味〕〔差池〕

4161	原 472/8	廣信 4/32	大 14/35

頭上生頭

某宦昔在滇南，嘗見一壯漢服飾華麗，所戴之帽甚高，異而跡之。或告曰：「此武秀才也。」其帽之高者，緣其頭上生一小頭；髮清眉秀，眼有珠而口有舌。日則倦睡，夕俟生熟寐，而小頭乃醒。與之言，則能答，遇強梁穿窬而入，則能喊。且該生小頭之靈，不屬於大頭也。曾有人留之宿而偵覷之，更深，欸武生睡，須臾鼾聲起，而牀中童音作，自言自語。揭帳而視，果小頭醒也。見人而喊，告之曰：「予非強梁也。」則止。問之不答。次早問武生，茫然不知也。天地之大，無奇不有，又何必少見多怪為？〔元首〕〔明哉〕

4162	原 472/9	廣信 4/33 右	大 14/36

嚙勢奇聞

挑泥夫陳長法，越產也，借居美界天潼路老街某客棧。前晚忽失絲帶一條，遍尋無著，肆口辱罵；致觸同寓江北人張阿生之怒，幾乎動武。當由旁人勸息，旋各安睡。詎張餘怒未平，乘陳睡熟，奔至床邊，揭開被窩，猛嚙其勢。陳痛極狂呼，血殷牀褥。棧主聞之，趕為解救，而陳已受傷甚重。因喚某號華捕，將張拘入捕房；一面將受傷人送同仁醫院求治，俟傷痊核辦。説者謂該二人口舌之爭，無與下體事，乃忍而為此，謂之何哉？吁，奇矣。〔損下益上〕

4163	原 473/1	廣信 5/33 左	大 14/37

頑童惡劇

兒童游戲，事不一端；蹴踘、鞦韆，何事不可為樂。然偶一不慎，猶且最易滋事，況復別開生面乎？邇來松郡風俗有頑童數輩，動以繡針繫雞毛於尾，納竹筒中；口吹之，針如箭發，鋒利莫匹。有心人方切隱憂，謂設或傷人，事將若何。一日，有華亭縣署前某整容匠之子某甲，與鄰孩某乙問玩街頭；乙孩吹針為戲，適中甲孩之目，登時痛極仆地。幸其父聞啼趕至，急為拔出，而睛已受傷匪淺，恐不免獨具隻眼矣。噫，蒙養之正，果誰之責哉？〔戲無益〕

4164	原 473/2	廣信 5/34	大 14/38

北極難尋

北極風氣，本報前已錄登。茲閱《西字報》，洋人那仙往尋北極，歷十餘年，迄尚未到。自是而後，從未有人能造其極者。聞前有船艘至極冷之海，為冰雪膠粘，牢不能移。是處寒氣侵人，水亦成冰，萬不可飲；蓋恐寒冷之物，入口即凝，腸胃被其割裂。故所飲者，油酒而已。即火柴亦不能燃。該船主知不能免，遂吮筆伸紙，欲繕一函，留待後人尋蹤者知其情形；奈書未數行，坐而拭目。迨後船至，見其人尚拈毫而坐。大抵寒極之區，人雖亡，而身不化也。西人好奇，後先相映，不畏難，不避遠，一至於此。誠加人一等哉！〔人跡〕〔罕至〕

4165	原 473/3	廣信 5/35	大 14/39

畫師奪魄

關中畫師馬振善工筆，好繪秘戲圖；即景生情，曲盡其妙，聲名藉甚，求畫者踵相接焉。日夜摹寫，恒苦不給；久之，兩目漸盲。醫治不效，無可為計。乃朝夕禱於神前，齋戒沐浴，詣壇扶乩。乩批責其穢筆誨淫，合受雙盲之罰。馬乃誓改前非，并勸同業，哀哀求救。乩又批令七七靜修，可許光明之兆。馬乃設壇靜坐，亦學扶乩，朝夕運煉。坐至四十九日，目漸微明。乃懸手舉筆，筆自能動，初則滿紙畫花。復閱月餘，一日，懸筆試之，見筆滾滾飛舞作圈，一篓數千圈乃已。次日，又試之，又復作圈數千。連試十八日，目竟明。視之，乃天神、天將之像也。其眉目頭面，手足身體，盡是圈成；而且一筆到底，並無粗細。真鐵筆也。即白描名手，亦不造於至極。是蓋神鑒其悔過之誠，而特降其壇以圖之，使之凜乎不敢再犯。彼畫家喜繪秘戲圖者，其戒之。〔誨淫之報〕

4166	原 473/4	廣信 5/36	大 14/40

童子化虎

廣州東莞場有某姓童子，小名阿三，父母使遊村塾就傅。一日，塾師歸家，諸童相戲曰：「山村僻野，頗思肉味。」阿三曰：「何難之有。我能致之。」遂於神前炷香，叩首而去。逾時，荷死豬至，任意恣啖，諸童喜悦。閱半載，師又外出，重曰：「先生歸去，尚有數日。若能再得生腥，何妨肉食。子盍為我致之。」三以為然。館近山中，旁有土地祠。三遂焚香楮，以首據地，脱衣化為斑虎，咆哮而去。諸童方欲入祠觀其所為，忽見一虎飆然奔走，皆大駭而走。或曰：「脱形化虎，若有人見，不能復化原形。」諸童遂奔告其家，大相驚異。其父次夜見虎蹲踞門外，不去亦不傷人。眾曰：「若是斑哥，理宜遠去；若是阿三化虎，應入深山。」虎乃曳尾而走。由是朝來暮去，歲以為常。鄉人見之，呼名即避。廣州人有見之者，皆為之嘖嘖稱異云。〔人面〕〔獸心〕

4167	原 473/5	廣信 5/37	大 14/41

大襪計

《説文》：「襪，足衣也。」《唐六典》：「王公一品朱襪，六品至九品白襪。」襪之制，由來久矣。其大小稱足，為之無不當，蓋天下之足同也。然則大襪何為而作乎？曰：「大襪之作，乃節婦拒姦之計也。」節婦拒姦，何為而用大襪？曰：「京師西單牌樓茶葉店夥某甲，少年輕薄。慕鄰居某寡婦有卓文君之風韻，而思為援琴之挑，不得其間，心生一計；因購標布一疋，踵門求製素襪一雙。意固不在襪也。婦見布綽有餘裕，因問表裏精粗皆取裁於此乎？抑另用粗布乎？甲誤會其意，隨又購本色粗布二丈予之。婦問：『欲作若干雙？』甲以一雙對。婦乃將攜交之布儘數裁成大襪一雙，手自製就，送至該鋪櫃上。甲展視之下，知其計不行，不覺忸怩失色，問需工價若干。婦索一百二十弔。甲嫌其貴。婦曰：『襪大，手工亦大。非此不辦，毋多言也。』甲無可置辨，如數給之。蓋婦人情性往往喜佔便宜，故甲多留有餘，縱之使取。此中詭計，固有大欲存焉。而不料婦已洞燭其奸，竟能裝作痴聾，如言裁製；卒使包身大襪顯呈於大庭廣眾之前，使其計不言而自破。同一計也，婦亦善於將機就計也哉！」〔妙想天開〕

4168	原 473/6	廣信 5/38	大 14/42

賊膽如天

蘇垣松鶴板場李姓，巨室也。前日為子娶婦，妝奩之盛，焜耀一時。有梁上君子見而生心，乘月黑風高之夜，施其飛檐走壁之能，從空而下，直入卧房。時新婦好夢方回，聞聲躍起，意欲偵察，忽被悶香暈倒，翌晨始醒。則見房門洞開，衣裳墮地。查檢之下，知失首飾盒一只。旋見東牆下遺有竹竿一根，且飾盒及銀器皆在；惟珠翠珍寶已皆不翼而飛，約計千金之譜。開單報官，雖經履勘勒緝，而該賊毫不畏懼，當晚又至。其時人皆未睡，開窗遙望，見賊踞坐檐端，揭瓦飛擊。家人不敢捕捉，任其騷擾終宵而去。自是無夜不至，或肆口詈罵，或擲瓦狂笑，作

種種惡劇，而卒皆付之無可奈何。吁，賊膽若斯之大，是尚成何世界耶？〔目中〕〔無人〕

4169	原 473/7	廣信 5/39	大 14/43

海外奇談

西人格致之學，精矣，備矣，登其峰，造其極矣；而西人猶思其藝日新月異，進而益上，有務洩天地之奇，窮造化之變者。輪船之行於水也，火車之行於陸也，氣球之升於天也，涉險登高，風馳電掣。華人視之固已奇矣，而西人視之猶不甚奇。乃於三者之外，思製一遊海之車；謂天可升而海不可入，不足以窮人官物曲之變也。於是仿火車之式，參用輪船之製，窮工極巧，造成一車。能使入水不濡，遊行自在；諸客乘之，如履平地，別有洞天。當試行之日，果有好奇之士聯袂偕來。迨車既開行，破浪乘風，瞬息千里。見者皆為之寒心。越旬日，而車復駛回，客皆無恙；且歷述沿途所見，禽獸草木，一如國中。然則地球之外復有地球之說，果未盡虛誣歟！姑錄之，以資談助。〔巧奪天工〕

4170	原 473/8	廣信 5/40	大 14/44

妹報兄讎

廣東龍門廖恆福，農夫也。家有一妹，名媛，年僅及笄，相依為命。恆福傭於鄰村陳姓家。陳有子名大高，性輕浮，艷恆福之妹，欲納為妾。恆福拒之。大高使人說以禍福。恆福不之動，遂辭工而去。大高憤甚，陰使人攢毆之，鱗傷而返。妹問致毆之故，不答。未幾，傷重而斃。彌留時，始以大高毒計告。妹聞之，悲憤交集，誓必為兄報讎，隱忍未發。旋至陳姓家求賻，見大高而挑之以目。大高果心動。次日，託為弔唁，持物至女家。女款接甚歡，大高樂甚，流連無去志。女促之，大高以黃昏為約，女笑諾之。既去，女乃遍訴親鄰，詳述巔末，謂：「今日之事，奴當手刃仇人。眾能相助一臂否？」眾有難色，女曰：「脫有後禍，身自任之，無相累也。」眾諾之，女復授以計而散。比暮，大高果至，女出其不意，舉刀刺之，洞其腹，痛極仆地。女大呼強姦，親鄰聞聲畢集，逾時殞命。其父及妻聞耗奔至。眾曰：「黃夜入人家，非姦即盜，殺之何害。」且有告以大高倩人毆死恆福之故者。始知曲在大高，爽然而返。夫以一弱女子而能為兄復讎，不誠巾幗中之奇人乎？〔巾幗〕〔奇人〕

4171	原 473/9	廣信 5/41 右	大 14/45

羽士遇鬼

羽士誦經捏訣，有驅遣鬼神之能，故人樂供其衣食之用。豈有及身遇鬼，而反畏避不敢前乎？松郡東郊有甲、乙二羽士，於某日更魚三躍時，道經張涇浜，見河東一人植立不動，呼之不應。舉燈遙視，則見形容閃鑠，面目離奇；頭與足皆白，而中間似甚黝黑。不辨誰何，大聲叱之，僵立如故。旋投以磚石，亦不畏避。甲頓憶雷誥可以驅鬼，乃朗誦一過。見其形漸縮小，心知為鬼，不敢前行。相與携手飛奔，叩某姓門而暫避焉。鄉人譁然曰：「王道士捉妖，有髮無法。」吾於甲、乙亦云。〔無法可施〕

4172	原 474/1	廣信 6/41 左	大 14/46

天賜金豆

貴州黔西縣東鄉荒僻之所有魁星閣一所，巋然獨立，四無民居。有某生發憤讀書，愛其清靜，攜一臧獲賃居焉。無何，天大雨，日夜不輟。生消愁無計，憑窗俯視，見簷溜滴處，白光熌熌。潛用竹簽挑之，得金豆數顆；乃於滴溜處挨次挑之，合得金豆一筐。恐金不真，因裹二三十顆，命僕進城，就質在肆，易錢購辦用物。及僕至當鋪，鋪夥估看，問曰：「子欲當銀若干？」答曰：「一金十銀。」夥曰：「此生金也。必煅鍊，八折而成。當則六折。」僕如言當之，購物而回。生自僕去，又遍挑之，收五六筐，積閣上，潛令家人運歸，遂暴富。〔措大〕〔不窮〕

4173	原 474/2	廣信 6/42	大 14/47

神仙可致

嘉善人某甲嘗憩一亭，倦而假寐，夢妻真人赤腳露項，呼之曰：「來來。」遂攜手同行，隨之入廟。見神像莊嚴，甲欲下拜。真人掖之，以袖拂牆而開，自窗躍入。客不能過。挾之起，如履平地。四面空洞，棟梁屋宇，表裏通明，如行鏡中。須臾，引至一處，啟扉而入，書廚林立如倉，金光耀人，多芸香氣。真人拱手，廚自開，有童子捧盒山，內貯五色果七枚，如鮮荔枝。真人取一枚給客。吞之，頓覺心境空濶，氣爽神清。偕入後院，高臺聳峙，攀援以上，遙望塵世，皆在足下。惟西窗封鎖嚴密。客問之。真人曰：「此內有洗心池，紅塵人能到此者，當令洗之。」遂探匙開鐍，推窗同望。客方凝眸注視，不覺心從口出，躍入池中，洗濯數次。大驚異，長跪請還。真人笑曰：「洗盡不須還。已將一片冰心換卻矣。」客大悟，蘧然而醒；遂棄業，雲遊不知所終。〔洗心〕〔滌慮〕

4174	原 474/3	廣信 6/43	大 14/48

龜寶

楚商胡某好作萬里游，重利輕離，視為常事。去秋，乘舟入海，忽於水面見一水晶瓶，愛其瑩潔，設法取之。見瓶中貯一龜，大如榆莢，而瓶口甚小。揆其情，萬不能入，疑訝久之。隨即收藏，不以為意。俄而群龜無數，雲屯霧集，倚疊如阜，阻舟不得行。眾客大驚，有老於江湖者曰：「客中其有懷寶者乎？盍速放之。」胡憶及此瓶，遂投之海，而老元緒果漸曳尾而散，沒水不見。舟至外洋，胡遇一估客，告以此事。估客曰：「此龜寶也。乃群龜之王，雖小而珍寶無比。其瓶產自海底，惟龜王可入。自有天成之妙，非人力可取。子今得而復失，命矣夫。若由吾輩得之，自有辟龜之法。稀世奇寶，決不令以手失之也。」胡聞之，懊喪不已，嘗為人述其事，亦不知其信否也。〔希世〕〔奇珍〕

4175	原 474/4	廣信 6/44	大 14/49

飛紽餘韻

荊溪之俗，每屆春日，向有飛紽之戲。飛紽者，用五色彩囊盛豆菽若干，各攜至平原芳草間，紅男綠女，分列兩行；或奮雞肋，或效狼奔，此拋彼接，往來飛舞，迴環不絕。大有十盪十決，再接再厲之勢。雖吳嬌越艷，踏青而來，皆於此流連不置，誠游戲場中別開生面之一端也。

或曰：《溪蠻叢笑》中嘗載是事，該處土人特追其餘韻耳。是耶，非耶？〔雅俗共賞〕

4176	原 474/5	廣信 6/45	大 14/50

元寶飛舞

粵東佛山鎮，某日晴空無雲，忽有元寶數百對憑空飛舞，響聲瑯璫不絕。市儈賈豎引領群喧。須臾，飛至某姓屋欲下不下，眾皆爭趨其家，填街塞巷，擊碎大門。某姓見勢洶湧，恐殘民命，急燃香燭，叩頭跪告曰：「天祐寒家，驟賜金來。煌煌眾目，攫取難禁。況在繁鎮，居密民稠。庭院擁擠，蹂躪可危。若寶下地，命也有殃。乞神昭鑒，收寶歸藏。」禱畢，寶漸漸高飛，往東南而去。無何，而其家漸見豐盈，或為是得寶之故。然天既有心富之，何不於宵深人靜時默運其家，而必待眾目昭彰之後，跪禱之餘，多此一番週折。其理殊不可解，意者其為狐仙所戲弄耶？必曰天命，天下之善人，其可勝富哉？〔自天申之〕

4177	原 474/6	廣信 6/46	大 14/51

雙龍搶珠

花埭人李某在山麓間拾得一珠，大如雞卵；光耀奪目，能令暗室生光，不用燈火。洵奇珍也。李自獲珠後，連年獲利，以為神助。去秋篮日，編棚建醮演劇，盛設供奉；并用雕鏤玉盤，貯珠於內，供於神前，派令十人守之。醮事已畢，正在袍笏登場之際，天色澄清，四無雲翳。忽黑雲飆至，雷電交加，急雨滂沱。雲中有青、黃二龍，凌空飛舞。俄而青龍直入神壇吸珠，直上雲霄；黃龍亦飛入神壇，見珠已被攫，急轉頭飛去。但聞風聲怒號，雨勢狂猛。兩龍在空中互鬥，逾時始散。蓋即龍搶珠也，不圖今日果有其事。〔探驪獨得〕

4178	原 474/7	廣信 6/47	大 14/52

巨黿求救

湖南醴陵縣有漁人獲一巨黿，重千餘觔；以十六人舁之至市，議宰割分售。有某巨紳聞而異之，令舁至第前，蹲伏不動。見巨紳出，則昂首曳尾，若求救狀。紳欲以銀易而放之。漁人故昂其值。紳不可，令舁出。前十六人盡力舉之，不能移寸步。眾皆駭然，乃受紳值。當黿暫置第前時，兒童有登背狎之者，有敲首曳足者。黿皆若無所知。及家人雇舟備放，紳鐫一鐵牌，誌年月日，穿於黿肩，乃載赴大洋放焉。時風浪大作，波濤鼓盪，悠然而逝，倏忽逆潮，昂首如謝恩狀，乃沒水不見。夫救蟻中狀元之選，埋蛇基宰相之根，古人言之鑿鑿。某紳此舉，其食報當未可量也。〔物若〕〔有靈〕

4179	原 474/8	廣信 6/48	大 14/53

喜得牛眠

浙鄞某翁，慈祥愷悌。嘗拾得一手巾包，中藏白鏹百兩、納糧單一紙也。慨然曰：「此必地保承催錢糧者，彼何堪受此賠累哉！」遂自詣縣，代為完納。還按都圖，訪知名姓，至其家，惟聞舉室喧譁聲；則因失銀畏累，地保投繯圖盡，方解救得生。翁急告曰：「失銀幸在吾處，已代完納，請毋慮。」舉家大喜，叩謝而去。閱十餘年，翁思覓牛眠吉地為身後計。延堪輿，遍相陰陽，至某山下，謂翁曰：「此佳城也。」時旁有耕作者流，翁隨往問訊。有一叟遽前曰：「長者得非某翁乎？吾即前遺銀之地保某也。今已歇役，頗堪自給。」因邀還家，而告曰：「翁愛是地，即吾產也。願以奉酬翁德。」翁不可，索看原契，價銀十六兩，如數與之。後翁葬其地，子孫昌熾。然則欲求福地，不當先培心地乎？〔發祥之地〕

4180	原 474/9	廣信 6/49 右	大 14/54

偷嫁觀音

越人某甲富有家財，老而無子，思納一篷室為嗣續計；託人物色，久而無當意者。有蟻媒某氏聞之，慨然以撮合山自任。隨於十里外覓一佳麗，贈其父白銀十兩，借作觀瞻；移藏他室，邀甲過視。甲大喜，隨以五百金署券，約期迎娶。至期前三日，忽稱女病瘧，求緩期。甲允之。如是者一而再。蟻媒怒，勸甲就近營一金屋，為藏嬌之所；己則率健僕以劫之。甲從其言。及媒與僕抱衾捲人而來，安卧室中，囑甲小心伺應而去。甲靜候良久，不聞聲息。用手撫之，面冷於冰，疑其已死。取火燭之，乃一白面木觀音也。勃然曰：「彼敢以觀音嫁我為妾，慢神極矣。」急尋媒婆，已不知所往矣。後查知某庵所塑觀音被人竊去，遂以香燭送還。是真天下所稀聞者也。〔譸張為幻〕

4181	原 475/1	廣信 7/49 左	大 14/55

剜肉醫瘡

津人趙順亭者，家居靜邑某村，性至孝，事老母能承顏旨。鄉黨無間言。去秋，母病疽，痛不可忍。趙料量醫藥，忘餐廢寢，數月無倦容，而創益甚。趙憂心如焚，形諸夢寐。忽一夕，見一金甲神告曰：「汝母之疾，當用人膏塗之，可立瘳也。」醒而異之，遂以利刃刲右臂一臠，熬膏敷母患處，逾時痛止；未幾即收口而愈。而趙受創後，亦不甚痛楚，旋即平復如常。人謂是孝感所致。鬼神之來告也宜哉！〔孝思〕〔不匱〕

4182	原 475/2	廣信 7/50	大 14/56

千炬圍

甯郡某寺，浙省之十大叢林也。住持僧法喜具有神通，出入搢紳之家，人多信服。僧徒數十人，粥鼓齋魚，頗不寂寞。正月初九日相傳為玉帝誕辰，法喜預向大戶募捐巨燭若干枝，絳蠟雙輝，明同星月，列於香案之四圍。至晚，冠毘盧，衣袈裟，登臺作法，念念有詞；其徒十餘輩復在旁鳴鐘擊磬，互相和答。名為恭祝佛誕，實則如開元中楊國忠所為之千炬圍也。和尚無理取鬧，大都如是。〔光明〕〔如晝〕

4183	原 475/3	廣信 7/51	大 14/57

婦女保標

北路素多馬賊，雜以游匪、光棍，沿途搶劫為患。行旅出其塗者，咸有戒心。設遇行囊充裕，輜重繁多，必雇著名鏢師為之保護，方可平安無事。此北地所以有鏢局之設也。然亦有身手高強，不入鏢局，非得重聘，不肯輕出者。初不在男女老少、形跡年歲之間也。其有以婦女而能挺身以出者，皆由其父兄手法相傳，獨得衣鉢，決非漫無本領者；故強梁見之，每不敢輕於嘗試。誰謂巾幗中無英雄哉？去臘某日，天津浮橋一帶有某姓鏢車四五輛，中載貴重貨物。一婦人年逾四旬，身縮火鎗，踞坐車前，大呼而過。觀者粲然曰：「此保鏢能手也。不圖釵環中見之，不甘雌伏而效雄飛，亦足為若曹生色矣。」〔巾幗鬚眉〕

4184	原 475/4	廣信 7/52	大 14/58

因禍為福

蘇垣思婆巷某姓房屋素稱不吉，三十年來七易其主，凶亡迭見，以致賃居者無人顧問。去秋，有某傷科不知底蘊，從白塔港遷居於此。無何，而對鄰某公館不戒於火，突兆焚如。當起火時，該傷科恐未能免禍，將所有銀洋概置一腳爐，抛之入井。幸火未延燒，得免殃及。乃俟冬令水涸之際，雇泥水匠兩名入井撈取。一爐之外，又獲四爐；揭蓋細視，見纍纍者均係本洋，亦不明言其故。重賞匠人而去。迨後悉數撿點，共得本洋五千元，欣喜過望；以為財神默佑，特借火神以露其端也。遂虔備香楮牲醴，敬謹祀謝。語曰：「禍福無門，惟人自召。」某傷科殆別有陰騭歟！〔小往大來〕

4185	原 475/5	廣信 7/53	大 14/59

裂石除蛟

蛟，龍屬也；其狀似蛇而四足，小頭細頸。每出必發洪水，為害一方。其未出殼之日，相傳蛇、雉遺卵於地，千年為蛟。然則欲除蛟患，當先使人搜求遺卵，設法誅除。豈非一大快事，俾不至養成大患。而說者謂蛟洪之災，亦由氣數。故雖思患不能預防；然則及其未成蛟也而除之，豈非一方之福乎？湖南玉池山地方，巉巖絕壑，樹木幽深。其間村落數家，竹籬茅舍，大都以樵採為生。有某甲擬在山腰疏鑿一井，以便汲飲。雇人從事，畚插掘地至丈餘之深，尚不及泉。忽覺堅如鐵石，叩之有聲。心竊疑異。隨集多人，窮探根底，得一圓卵大如五石瓠，亦不知其為何物。以火焚之，轟然爆裂。中有一物蟠繞屈曲，鱗甲宛然，惟首尾混沌無竅。有鄉父老見之曰：「此蛟卵也。當春夏之交，蛇與雉媾，因而得卵。一經雷震，即縮入地中，年久漸成此物。若再越數十百年，全形畢具，破土而出。此方之人，其為魚乎！」言畢，為之額手稱慶者再。〔石破〕〔天驚〕

4186	原 475/6	廣信 7/54	大 14/60

父子陌路

金陵狀元境一帶，街道本不寬濶；自創行車輛以來，撞人損物之事，時有所聞。去臘某日，宿雨初晴，泥塗滑澾。突一東洋車轔轔而過。有某少年衣服麗都，不及避讓，致被輪上淤泥擦污衣袖。少年憤甚，立將輿夫扭住，責令賠償。輿夫長跽請命，旁觀復為乞憐。少年無可如何，遷怒於車中人。適車前青簾高掛，莫辨誰何，遂謾罵曰：「何物小子，擦污乃翁衣服，尚不下車服罪耶？」車中人聞言，即掀簾而出，一斑白老叟也。少年見之，色沮神喪，不發一言，立時趨避。叟亦不置一辭，升車而去。觀者咸不解少年之前倨後恭，究因何故。嗣有識之者曰：「叟係某署書吏，少年即其子也。」聞者咸為之鼓掌。〔若不〕〔相識〕

4187	原 475/7	廣信 7/55	大 14/61

娘子軍威

粵東南海縣境內仙人嶺之九洞村等處，山深箐密，徑僻人稀，久為匪徒出沒之藪。婦女行走，必雇強有力者為之護符；否則未有不遭劫奪者。去臘，有某少婦由母家攜銀歸。聞田莊某氏婦膂力過人，邀之作伴，以衣包託之，己則扶僕婦以行。至半途山坳路狹，有無賴甲乙二人自林中出，露刃大呼曰：「留錢買命。」某氏婦從容，將衣包置地，使僕婦坐守之。手持挑竿，顧謂無賴曰：「爾等近在鄉里，非姻親，即故舊。若欲發財，當覓遠客。何必在咫尺間作此不法耶？」無賴怒，揮刃相向。某氏婦嗤之以鼻，即持挑竿，當頭一擊。甲不能當，抱頭竄去。乙復上前逞強。婦力運挑竿，將其頭顱打破，傷及手腕，雙刀墮地。乙亦逃去。詎前走者不知利害，猶礫石投人。婦追及之，奪其刀，刺其股，至仆地不能行。婦乃送某少婦同歸婿家，詳告之故。其婿使人往探之，地上血漬猶殷然也。娘子軍威，亦壯矣哉！〔突圍而出〕

4188	原 475/8	廣信 7/56	大 14/62

瘋父阻嫁

男婚女嫁，禮之大經也；故生男而願為之求婚，生女而樂為之贈嫁。人情之常，父母之所樂聞也。未有從而阻之者，而要不可以語瘋人。江北人梁福生，僑居滬上已歷有年，向有心狂之症，時發時愈；生子女各一，均已長成。去臘上浣，為其女嫁杏吉期。梁料理妝奩，初尚井井。不料迎親之際，忽發舊病，見彩輿臨門，阻不使進，謂其女曰：「生育之恩，昊天罔極。汝忍一朝捨我而去耶？」嗣經親友誘以甘言，梁始釋手。其女乃升輿而去。詎梁又從後窗跳出，飛奔至老閘，適遇某姓家迎娶事。梁誤為其女，攔輿扭住。從人訝其不倫，大聲喝阻。梁深以為羞，遂聳身躍入河中。幸該處泊有划船，立時救起，扶送回家。然此不獨迎親者所稀聞，抑亦天下所未有也。聞其事者，莫不為之掩口葫蘆。〔無理取鬧〕

4189	原 475/9	廣信 7/57 右	大 14/63

急智斃狼

金陵人某甲貨銅為業。去臘下浣，因欲完姻，乞假歸家，肩負雜物以行；道出通濟門數里，購備熟芋以作餱糧。至半途，人烟絕少，突遇一狼由叢莽中躍出。甲無可奔避，急趨大樹，猱升其巔。則狼已躡跡而至，見樹上有人，欲噬不得，長嗥數聲，張口囓樹，枝柯搖撼。甲大驚，情急計生，出懷中芋投之；一面解腰纏布帶，結成活扣，自樹杪緩緩垂下，布置狼旁。又投山芋數枚在帶扣中，狼果俯首入扣就食。甲急引布末，用力收緊，狼不能脱，遂畢命。甲乃拽死狼以歸。〔人靈於物〕

4190	原 476/1	廣信 8/57 左	大 14/64

童有善心

杭有章姓童子，住居三橋址，其父曾入邑庠。童五齡失怙，賴母針黹撫育，年十三，附塾讀書。去冬某日，散學歸，在路旁拾得一手巾包，內儲洋三元并典票一紙。初而狂喜，繼思此洋係典質而來，人必窮苦；因恐有性命之憂，在街鵠候。俄有老婦啼哭而來，四面觀望。詢其所為。則云：「我在某宅幫傭。主人因有急需，命入市典質。中途將洋及票失去」云云。童叩問其數，一一相符，乃將原物付之。婦稱謝而去，歸告主人。次日，主人命酬洋一元。童母亦不受。鄰有某塾師聞之，以此童居心仁厚，招之到家授讀焉。〔路不〕〔拾遺〕

4191　原 476/2　廣信 8/58　大 14/65

大王顯靈

新聞大王廟於元宵日米船幫演戲後，十六日由本廟會首雇天福茶園續演兩檯。各會首至上燈後，均齊集大王神座前拈香。忽有某鄉人跌扑而起，口宣神諭，謂：「王爺顯聖，大眾靜聽。今年春間將有瘟疫，爾諸民等切須行善。四月十六宜奉神巡行，驅疫護民。週圍只准以二十里為限，不得越界。」并諭米業中人，謂：「同治年間曾集廟捐，何得至今尚未報銷；惟廟董瞿某、陸某辨事無私，深堪嘉奬」云云。言畢，即囑將神船整理，當夜擬赴黃河巡察一切。該鄉農即豁然而醒，聞者罔不悚然。〔大言〕〔不慚〕

4192　原 476/3　廣信 8/59　大 14/66

踏車軍隊

足踏車旋轉自如，其迅捷猶勝於馬車。法人以此車利於行軍，特命第二軍團演習行駛，編成一中隊。按一中隊兵卒六十人，兩中尉各領其半，指揮四小隊；每一小隊軍曹一人、伍長二人。足踏車制度與尋常稍異，可以拆疊；不用則負之而行，甚輕便。兵卒服色與打獵兵相似，紅色衣袴，絨帶青色，帽子、靴亦輕靈，適於踏車。身上佩帶各具，與步軍無異。革帶懸刀、短銃、真藥彈三盒，每盒置彈四十枚。腰掛絨囊，內蓄修銃器具、飲具並該。卒掛者、負者未免過多，唯恐笨重，礙於行走，要知仍行靈便，足見西人器具之精，不可思議。又聞此車能登高涉低，毫無阻滯。車之下有汽囊，倘足力已疲，即將囊汽放出，則車如飛而去。誠巧不可階矣。〔捷足〕〔爭先〕

4193　原 476/4　廣信 8/60　大 14/67

詐術日新

粵東佛山田邊街附近有某甲者，老元緒也。因宅有餘屋，擬分賃於人；又恐地僻生嫌，所得有限。因思大基尾地方為藏垢納污之藪，小家婦女貪利喪節，在所不免。今若開方便之門，俾私結蚌胎者，假作臨盆之所，則可獲重值。於是每賃一房，小住逾月，動獲二三十金。誠可謂生面別開矣。日前，有老媪攜一女，濃抹，腹便便，婀娜而來，詢問租價。甲知其意，索價甚昂。經媪再三商議，約定銀三十兩，并以三之一分潤於媪；先交其半，俟瓜熟蒂落後，如數交清。甲允諾。翌日，女至，身外別無長物。甲居為奇貨，曲意承迎。越數日，忽有操異音者排場煊赫，帶同壯漢二十餘人至甲家，責其拐賣良家姬妾，大肆恫喝。甲愕然以實對。未幾，女忽自內搴簾出，一見即泣下曰：「自念被拐至此，不復見天日矣。願爺救我。」甲至是百辭莫辯，自願以二百餘金為壽，諸人始悻悻攜女去。事後，甲尋媪追究，則人面桃花，已不知在何處矣。〔無縱詭隨〕

4194　原 476/5　廣信 8/61　大 14/68

吳儂說鬼

蘇垣有某公子者，素負才名；惟數奇不能獲一衿，以故放浪詩酒，往往醉眠市上。日前，又痛飲於閶門外方吉泰酒鋪內，大白滿浮，陶然復醉。歸途過專諸巷時，業已夜深。忽見城上燈火熒然，人頭攢聚。公子異之，信步登城。諸人見公子來，甚歡，謂公子曰：「城牆甚低，可躍而下也。」公子未應。而諸人或推或挽，竭力慫恿之。公子至此，方乘酒興，竟一躍出城。其餘數十人各附其後，魚貫而下，瞬息間忽又不見。公子大駭，回視城牆，高可六七丈，自問不能飛度；且幸跳下時覺身體甚輕，略無傷痛。此時酒已驚醒。始悟鬼欲出城，特借人力以助之也。〔無踰我牆〕

4195　原 476/6　廣信 8/62　大 14/69

探極榮回

哪威國名士南順新前往北極探視，已歷有年。近日，自探極回哪京，輪船之往迎者共七十艘，隨同南君進口者有兵艦廿艘。口門內外居民皆歡呼迎迓。南君座船即由此泝流而上，直抵彼岸；舍舟而車，馳赴王宮。車過之處，鼓樂齊作，沿途鋪戶均懸旗結綵，并用冬青等物紥成高架，約有數處；同輩之款迎者有一萬二千餘人。抵宮時，哪王與太子均降階相迎，誠異數也。是日午刻，哪王即設宴於跳舞廳中，為南君洗塵。席設一百座，南君從者及文武官員皆與焉。〔奇人〕〔奇事〕

4196　原 476/7　廣信 8/63　大 14/70

賃衣被騙

本月元宵日，有某少年身穿藍寧綢皮袍褂，頭戴絨帽，大搖大擺，至滬城老北門內計家弄劉鴻元租衣鋪中。自稱係西門內金姓醫生之子，因明日欲往親串處作頂馬，賃借狐皮套及灰鼠袍一用。劉許之，言明賃資洋三元。少年先給一元為定，告辭而去。翌日，劉持衣包，送至金醫門首。忽見少年立待，謂劉曰：「爾何稽遲若此？今親戚已遣人屢來追請，可速將衣交我。」劉遂以衣包授之。數日未見璧返，當至金醫處催取。金大駭，謂：「我子年尚幼稚，安有此事。爾其遇騙乎？」劉目瞪口呆，良久猶曰：「我親自將衣送至門口，未嘗錯誤。」金曰：「爾不將衣送入門內，已自疏忽。今將向誰索償乎？」劉始恍然悟，悵悵而回。〔利令〕〔智昏〕

4197　原 476/8　廣信 8/64　大 14/71

婚禮志異

越南山峒內有土、芒、儂、蠻各族類，均為越南所屬；而其飲食居處、嗜好語言，迥然各異。土人有琴、牢、岑、何、刁、黃、白、丁等姓，散居於十六州，衣服均以黑布為之；冠婚喪祭，飲食居處，略如華民。惟其字畫式樣，類於法國，而有三十六字母，隨事轉音取義，書法則直行。其土語則鉤輈格磔，稱父母曰「晡眉」，呼食飯曰「堅扣堅得」，呼飲水曰「堅凜」。倘素未相習，即越南人亦不能辨其一字云。當成泰四年，有改縣為州者，州官仍以土官子孫為之。婚禮則於男族親迎時，女家之族黨沿途擲以果餌或泥土等物。及入門，則以炭屑和豬膏爭塗其面，以取歡笑。新婿與婿族遭此惡劇，往往濯之不去，而亦不以為嫌也。〔如醉如癡〕

4198　原 476/9　廣信 8/65 右　大 14/72

貓鼠併命

金陵城北復成官倉素患鼠耗，日甚一日；推原其故，實有巨鼠身長一尺餘，兩眼灼灼，色類丹砂，齒露唇外寸許，狀甚可怖。執事患之，急覓狸奴以除此患。去冬某日，購得雄壯獅子貓，置於倉中，冀除此患。人有竊窺之者，見巨鼠從穴內突出，見貓復縮入；窺者欣然，以為巨鼠果畏貓也。乃貓蹲伏洞口，目不傍視，而巨鼠又從傍穴潛出，躍登貓背，嚙其頸；貓亦回嚙鼠頸。相持良久，鼠忽忍痛狂奔，貓亦負創急竄。窺者駭然，莫不咄咄稱異。〔不往〕〔不克〕

4199　原 477/1　廣信 9/65 左　大 14/73

先賢何罪

宋先賢范文正公嘉言懿行，昭垂史册，為一代名臣。而蘇郡係公桑梓之鄉，天平山下有公祠在焉。祠中塑建公像，高二丈有奇，峩峩道貌，栩栩欲生。自宋迄今，歷遭兵燹，而公祠與像巋然獨存。詎前日看祠人早起，忽見公之元首墜於地下，大驚失色，隨即飛報范莊。經公之後裔相約詣祠細看痕跡，係為人鋸解而下。以事屬非常，不欲張揚，遂密喚漆匠依樣裝塑，然彼都人士已無不譁然矣。誰為為之？孰令致之？匪人之肉，其足食乎？〔咄咄〕〔怪事〕

4200　原 477/2　廣信 9/66　大 14/74

毛民志異

德國伯林府下所設客斯塔博物院，其中珍禽奇獸、異樹名葩以及宇宙間怪怪奇奇之物，罔不搜羅殆盡，陳列於湘簾棐几之前。入其中者，皆於此歎大觀焉。近聞院內有一童子，遍體生毛，茸茸如獸，其色黃，長數尺，披於兩肩；面上惟唇眼處無毛，餘則毶毶皆是。口大而牙黑，勇力過人。如獅非獅，似犬非犬。聞係產於僕辣篤地方，兼通德語。有姊弟二人，身長不滿二尺，重僅十餘斤。誠奇人也，亦奇事也。天下之大，無乎不有。然則《山海經》所載毛民之族，固未盡子虛也。〔人面〕〔獸心〕

4201　原 477/3　廣信 9/67　大 14/75

車行水底

北美合眾國紐約有名布拉子斯者，創造一種腳踏車，能在水中潛行。每遇駕駛時，將車放入水中，人坐其上；旋轉升降，運動自如，欲東則東，欲西則西。其機器之靈捷，真有出人意表者。聞其車式與尋常之腳踏車無異，但兩旁多空氣筒兩個。坐車者須首戴頭盔，使水不能入；腦後有皮條二綆貫入氣筒，以通人之呼吸。座之前面有一機器，按之則下沈，放之則上浮；俯仰之間，怡然自得。以視氣球之淩空而行，尤覺靈心妙腕，巧不可階，誠天壤間一大奇製也。〔如履平地〕

4202　原 477/4　廣信 9/68　大 14/76

蝦蟆獻金

栢林寺某僧六根雖淨，七慾未除。性喜阿堵物。生平銖積寸累，歷數十年，藏有白金十兩，鎔成一錠；盛以荷囊什襲，納諸胸前，閒時把玩不釋。久之，忽失所在，遍覓不得，冥想窮搜，竟難璧返；因此鬱鬱，染成一疾，頹然有不起之勢。闔寺僧眾悉知其故，皆為扼腕；然其金究不知失於何處也。寺中有一溷廁，深且闊，積穢既多，每僱人掃除潔淨。一日，忽於廁中得一蝦蟆，大如升，緊抱一物不少鬆。放力擘之，見一荷囊，內貯金一錠，恰符十兩之數。眾僧異之，莫知所自；且時際隆冬，蝦蟆何以獨生。正猜疑間，忽憶某僧失金事，持以示之。僧喜甚，即蹶然而起，而蝦蟆倏已不見。豈我佛慈悲，憐僧思金之苦，特借蝦蟆以還之耶？然而不可思議矣。〔有感〕〔斯應〕

4203　原 477/5　廣信 9/69　大 14/77

犬護醉主

紐約有洋人名嘉傅利者，性嗜酒，每飲輒醉。畜犬兩頭，碩大無朋。一日，在某酒肆泥飲出門，兩犬隨行，或左或右。至某處門首偶坐，不覺竟入睡鄉，兩犬俯伏左右。移時，路人見其醉臥，扶其肩而搖之。詎兩犬騰撲其身，行人狂逸，大呼救命，驚動四鄰。兩犬亦不遠追，回伏如故。後有人奔告巡捕。捕呼之不應，推之不醒。兩犬忽躍起，前後夾攻。捕大喊一聲，奪路而走。時觀者如堵，見犬負隅，莫之敢攖，嘉傅利則仍鼻息如雷也。迨後巡捕六人踵至，犬復見而直撲，勢甚洶洶。六人不能敵，不得已，電達捕房求救。旋有巡捕十五人乘馬車而至，甫下車，整隊以進。犬逢人便嚙，愈戰愈酣，乃相率退避，在馬車上策馬直前。犬復夾攻之。馬驚逸不止，御者不能制。幸巡捕思得一計，持物擲嘉傅利之身，中其腹，旋即蘇醒。捕急告以故。嘉傅利乃呼兩犬回，犬始俯首伏地不敢動。遂拘至捕房，罰洋十元了事。〔義媲盧令〕

4204　原 477/6　廣信 9/70　大 14/78

善門難開

蘇垣王廢基棲流公所內有失業公所，係專為無業游民而設。上月二十日突來一人，口操浙音，面見司事。謂去歲挈眷旋南，船經黑水洋，風波險惡；忽子婦生產，勢極危殆，對天許願，幸保平安。茲特備洋來蘇，給發貧民，了此心願；煩將所內之人按名給洋。司事奉令惟謹，立刻照冊點名。當經來者親自給散，每人一元。計發去銀洋八十三元。不留姓名，脫然而去。翌晨，其人又至，在棲流公所發給丐者大口一元，小口五角，又散洋三百餘元。詎風聲流露，城內窮民扶老攜幼，紛然麕至，且有無賴流氓混雜其中；約二三千人，紛紛擾擾，聲若湧潮。司事知已肇事，隨即赴縣，請差到來彈壓。其人始得飄然而去。諺云：「善門難開。」觀此益信。〔人心不古〕

4205　原 477/7　廣信 9/71　大 14/79

巨魚報德

閩人李德、蘇乾雨，去臘同駕一小舡，由浮羅敏載物至叻，道經大加東。李因乘風轉帆，天雨船滑，以致失足墜水。蘇雖目擊，不能救也。迨抵叻登岸，向海關申報，適見李淋漓盡致，由海灘上岸。慰問之。李言：「溺後，雖諳水性，力不自持，幸有一巨魚以背乘我之腹，遂得身浮水面，轉瞬已抵海旁。魚即棄而他適。始悟水淺魚巨，不能再進。蓋是魚固有意救我也。急泅至無水處，瑟縮而上，與君重見天日，亦一異事。回憶五年前，曾在加東海捕獲巨魚一尾，形狀怪異，目光閃爍，憐而釋之，悠然而逝。今茲救我者，豈即當年所縱者耶？」語畢，兩人相對咨嗟，遂歸舟而去。〔慶獲更生〕

4206	原 477/8	廣信 9/72	大 14/80

忍心奪食

甯人程麻皮向在某洋行經理租房事務，刻覈異常，往往不顧大局。法界鄭家木橋南首一帶房屋係其管轄之產也。近有永康米店因資本不繼，閉門歇業。該店主以外間尚有米票若干未來領取，留米六石，以待貧民鼓腹之需。當收閉時，出房稍遲一二日，曾向程商讓租值。程不允，將米悉數攫取，以爭捷足之先。迨午後貧民持票而來，則金穰玉粒早已不翼而飛。待哺嗷嗷，臨門飲泣。旁觀者為之慘然，咸謂程似此奪食，不止奪他人之食，將盡奪其子孫之食。造孽若此，真全無心肝者哉！或謂：「程專以舊料造房，首創增租之議，盤剝起家，積資甚富；乃猶不肯讓此一二日之房金，致令貧民枵腹終日。天道不遠，有心人且靜以觀之。」〔人瘦〕〔我肥〕

4207	原 477/9	廣信 9/73 右	大 14/81

鼠諳律法

湘南益陽縣署中素多巨鼠，不蓄貓，不設機，數年來無敢捕之者。相傳鼠能護庫。庫內有一鼠穴，月有常餼，以時飼之；晝夜憧憧，絕不為患。近刑席某君以為妄誕，斃其一頭。不數日，案頭失去狀紙一張，頗關緊要，遍尋無著，焦灼甚深。刑席之僕曰：「得無因擊斃一鼠，故有此惡作劇乎？」某君不之信。縣尹姑從其言，飭隸到庫內焚香謝過。旋以有事，約某君到籤押房小坐。比回書室，而案頭忽一死鼠在焉。未幾，隸在鼠穴前見一狀紙，檢呈，即失物也。蓋係死鼠所竊，故斃之以昭法律云。〔物亦〕〔有靈〕

4208	原 478/1	廣信 10/73 左	大 14/82

鱷魚誌巨

西曆二月十五號，西蘭哥埠有武員名柯馬，擊斃鱷魚一頭。以英尺量之，身長十六尺十寸，圍徑六尺十寸。剖其腹，則有小鱷、泥龜及魚一尾，石九團，約指二具，人脊骨二塊暨魚網等物。皆已漸就鎔消。考驗約指，知為某甲之物。蓋甲於客臘在杉板被鱷魚拖墜深淵，遍覓無蹤。不圖其營馬鬣於此間，然則脊骨亦甲之遺體歟？柯之擊鱷也，共放鎗二十二響，彈無虛發，鱷始輾轉就斃。則其體之堅剛，亦可想見矣。〔龐然自大〕

4209	原 478/2	廣信 10/74	大 14/83

合歡橘

草有「忘憂」之號，樹有「長春」之名，各具本心，不相强也。今正，揚郡某巨紳府第有木奴一株，上有並蒂橘二十餘枚，舉室喧譁，僉以為異。或謂：「蓮開並蒂，韻事流傳。不聞橘亦有是！」奔告巨紳。紳固風雅士也，流覽久之，掀髯大笑曰：「是祥瑞也，可命其名曰『合歡橘』。」翌日，大設綺筵，招集名流墨客，飲酒賦詩，為橘賀，為得橘者賀也。邗江人士，遂喧傳為盛事云。〔瑞徵〕

4210	原 478/3	廣信 10/75	大 14/84

離婚奇談

美國星昂州跌度壘依度市鉅富名劃度者，有女美姿容。嫁與白耳義國稀滅公爵，富貴相埒；而女居常鬱鬱，偏屬意於卑田院中名老過者。一日乘隙，竟與偕亡。臨行時，粉頸猶繫鑽石金練，胸前掛一麻袋，內貯乞食之具，與老過攜手同行。櫻口微渦，笑容可掬。去年夏，遂行抵匈牙利國都府布達別斯度市，惟時謠傳俄政府將不利於該國，密派婦人為間諜，稽察綦謹。因見老過與女投宿旅店，形跡可疑，巡捕遂入室搜查。毫無憑證，只有某國王與女調情書一通。喚女質訊，始悉女係白國公爵夫人。事為稀滅所聞，引以為恥，即呈離婚書於訟庭。女聞之不服，雇法京巴黎有名律師賣脱魯阿魯來影者，控稀於法。衙不知如何辦理也。〔人心不同〕

4211	原 478/4	廣信 10/76	大 14/85

賭算讕言

沙市下十餘里觀音寺塲有甲、乙二人相友善。一日，甲謂乙曰：「有一難題，子請為我言之。」乙請教。甲曰：「二十六缸九船分裝，只許裝單，不許裝雙。有能解此，酬以豆觴。」乙思之不得，遇某丙而問之。丙曰：「迂哉！與其課虛，何若徵實。為子計，曷以若干缸與若干船試裝之。」乙曰：「某也貧，焉得缸？」丙曰：「某缸鋪與予善，可以謀之。」乙曰：「顧安所得船乎？」丙曰：「江干多是釣人居。若問諸水濱，九艇可立致也。」乙從其言，借得九艇，移近缸鋪。將三十六缸置之河干，以一、三、五、七、九之數遞加遞減，卒餘一缸，莫可位置。須臾力倦，乙與丙至茶肆小憩。有好事之某丁，忽欲借箸代籌，展轉互易。不數次，忽墜一缸於水。丁大驚失色，旁有黠者戲之曰：「如此結局甚妙，不然終無了日，盍紿乙焉。」丁然之，以告乙。乙視其船，或三或五，或七或九，而又不見餘缸。不暇核數，大喜欲狂。乙與丙、丁向甲索東道，或推或挽，竟得大嚼。後驗其船，果皆單數，而獨缺一缸。甲問乙，乙不知。丁至此始吐其實，且願賠缸。乙始恍然大悟。聞者皆匿笑不置。〔得分佳趣〕

4212	原 478/5	廣信 10/77	大 14/86

野性難馴

太平洋數島中為野人棲息之所，登坡穿樹，捷若猿猱，其性獷悍不馴，喜食人肉。嘗有美國帆船道經其間，因船中食水斷絕，登島汲取，忽覩野人結隊而來，裸袒睢盱，椎髻獠牙，不禁大為錯愕。幸已先為之備，各持槍在手，擬與之敵。野人亦不敢近。須臾，取水回船，有一野人隨至。後攜一女，僅九齡許，色微赬，面圓額廣，眼巨闊，唇短齒露，軀尚壯健；惟手足纖小，似與全體不稱。野人向舟師言求售此女，請以舟中食物相易。舟師許之。野人又謂：「若無糧時，此女可殺而食，亦可聊充一飽。」

舟師搖首歎息，謂：「我自有糧，豈忍以汝女充口腹？」野人乃去。旋以此女畀汶士。汶士者，亦舟師也。挈之至家，善為撫育，愛之若掌上珠。女亦相依肘下，如飛鳥之投林；惟秉性善驚，一生客至，則戰慄無人色；蓋懼人烹而食之也。〔梗頑〕〔不化〕

4213	原 478/6	廣信 10/78	大 14/87

蠻觸紛爭

湖州城內某巷口有福興煙館，為鳩形鵠面者流過癮之所。其招牌懸於巷內。某日，春雨新晴，泥塗滑㶶，有鄉人掮柴經過，不知如何，將牌觸撼，致墮於地。鄉人膽小如鼷，飛奔而去。及該煙館男婦聞聲出視，適見粿工二人高肩匾額一方，抬搖而至；遂不問情由，上前扭住，謂撼牌墮地，有礙一年利市。洶洶之勢，誓不干休。掮匾人再三伸辯，無如口眾我寡，無從剖白。旁有好事者出為勸解，罰令賠償服禮，以了其事。掮匾人忿火中燒，指天誓日，勉強認過。知其事者，莫不為之呼冤。此真可謂無妄之災矣。〔會逢其適〕

4214	原 478/7	廣信 10/79	大 14/88

跪樓笑柄

昔人有嘲懼內者，為改《千家詩》一首以贈之，曰：「雲淡風輕近午天，分花拂柳跪牀前。時人不識予心苦，將謂偷閒學拜年。」為一時傳誦，不謂近日竟有於大庭廣眾中見之者。某甲年逾弱冠，衣服翩翩，素有陳季常癖。前日，偕某乙至四馬路萬家春大餐館晚膳，隨喚妓女陸蘭芬侍酒，猜枚行令，低唱淺斟，意甚得也。忽甲之大婦蓮步姍姍，突然而至。甲欲遁不能，被扭髮辮。大喝曰：「汝敢舍家雞而逐野鶩耶？」甲戰慄，不能措一詞。婦回顧陸妓，方欲扭毆。經乙攔阻，陸始抱頭鼠竄而去。甲懾於獅威，不得已，乃演雜劇中《羅章跪樓》一齣，謂：「千不是，萬不是，總是小生的不是。娘子請息怒，卑人而今而後斷斷不再妄為。」婦始霽顏，拉之起立，押令出門而去。滿樓觀者為之粲然。〔醜態畢露〕

4215	原 478/8	廣信 10/80	大 14/89

信局肇事

自郵政開行後，各處傳消遞息，諸多窒礙；且郵夫人地生疏，不熟路徑，以致魚沉雁杳，音問稀通。居民均稱不便。各處信局相率歇業，甚有起而與之為難者。蓋以奪其生計故也。前日，鎮江郵政局遣走足甲、乙、丙、丁等，齎信至揚州，分向各店投送。事為信局夥所聞，當即糾集同類，向甲等尋釁，聲勢洶洶，如臨大敵。不知事關國家，與走足何涉；乃竟遷怒及此，是真愚民之見也。迨後甲等敗北逃回，訴諸郵局。經稅務司稟請關道委員查辦，大費周章，誠屬何補於事。然郵局之利弊，則固人所共知。特在經理者之變通辦理，俾居民無阻滯之虞，民局有沾潤之惠，斯為兩無遺憾耳！〔蠻觸紛爭〕

4216	原 478/9	廣信 10/81 右	大 14/90

犬知朔望

粵西新甯埠畜一烏犬，強壯異常。飼時烏犬不至，羣犬不食。惟朔望讓群犬食之，而烏者一日不食。黎明，四足跪於神佛座前，頭搶於地，似作叩首狀；蓋其前生茹素禮佛者也。常見主人憂，則黑者低頭垂尾，斂聲不揚；主人喜，則搖首縱身，膝間虛繞。一日，主人遇得意事，掀髯大笑，烏犬亦跳躍大快。眾皆異之。且能不侍筵宴，恐干主之怒叱也；不吠華胄，恐嘉客之受驚也。後聞其主死，嗚咽七宵，絕食而斃。〔猶有〕〔人心〕

4217	原 479/1	廣信 11/81 左	大 14/91

醉判

蘇州某大令，性喜與麴秀才游。往往於醉後坐堂審事，口中喃喃，不知何語；而堂下之是非曲直，彼固如在雲霧中也。日前審辦押遷一事，竟不問情由，突將房主大加箠楚，謂：「汝既有房屋，何不自居而租於他人，以致涉訟，殊屬該打。」房主以被告未曾訊辦，而反自受痛苦，遂大呼冤枉。一時兩旁觀審者無不大笑鬨堂；而大令亦自知誤判，立即退堂而散。嘻，如該令者何其謬也！〔糊塗蟲〕

4218	原 479/2	廣信 11/82	大 14/92

老當益壯

江西進賢縣人張甲，務農為業，家稱小康；幼聘鄰村李姓女為室，未合巹而紅巾寇至，一家星散。輾轉數十年，甲在臺灣為人灌園度日，克勤克儉，積有餘資；有與之議婚者，拒不納。蓋其心固未嘗一日忘女也。女自甲去後，矢志不嫁。旋行江俗拜鏡禮，過門奉侍翁姑。以孝聞，無倦色。拜鏡者，凡新郎久客不歸，由乾宅用大鏡一面，供設中堂，迎女與之交拜，取鏡裏團圓之意。未幾，翁姑相繼逝世。女備辦殯葬，且擇甲同父弟所生三齡幼子，撫養成人，讀書入泮，為之納室。去冬，生一孫，正值誕彌厥月，大開湯餅之筵。甲忽襆被歸來，見賓客滿堂，詢知其事，向眾具道巔末。女聞之，知係藁砧，懷疑莫釋。猛憶舅姑遺囑，謂甲胸前有一大黑瘢，左膝後有一紅痣。請驗之。果皆脗合，女始泣認為夫。時甲年已七十有四，女小二歲，已七十有二矣。乃由其子雇備樂人，俾一對白頭人同完花燭。一時傳為佳話云。〔離合〕〔悲歡〕

4219	原 479/3	廣信 11/83	大 14/93

同病相憐

粵東城西黃沙陳某，以辦米為業；往往高擡時價，壟斷居奇。前兩年，忽染疫而亡。遺有二子，長曰甲，次曰乙，年俱已冠，游手好閒。自父亡後，遂癖嗜煙霞，兼好賭博。不及一載，產業蕩然。復將祖墳變賣，漸至流為乞丐，亦已年餘。今春天氣嚴寒，連旬下雨。黑白米無錢可買，煙飯癮有癖難療。乙貧病交侵。致成重疾，奄奄一息，殘喘僅延。一日，同在西榮巷社亭前兄弟相逢，欷歔太息。乙枕其兄之股，徒作呻吟；兄抱其弟之頭，徒興悲泣。雖窮途落魄，亦痛癢關心，回憶當時花萼樓中，煙霞窟裏，何等雄豪；今乃同病相憐，一寒至此，可勝歎哉！翩有與其父相識者，見而憫之。賙以小洋數枚，乃相率而去。〔窮途落魄〕

4220	原 479/4	廣信 11/84	大 14/94

假鬼逐虎

福州東門外有老圃黃某，因園中蔬菜常被人偷刈，深夜偵之，驟見黃斑猛虎入園蹲踞，駭極而歸。自是，夜間不敢一至。久之，有人言及園中猛虎乃偷菜者所為；若果真虎，泥中何不一印虎跡。黃漸悟其詐。未幾，又有來告者曰：「頃得假虎消息矣。右鄰陳某素為此術。盍捕之。」黃以洽比情深，執之不便。心生一計，思以假鬼恐嚇假虎。是夜，乘月色朦朧，自裝厲鬼模樣，蜷伏園中。陳不知，又衣虎衣而往。黃遙見趨之，虎立而奔。黃尾追不舍，陳以虎衣掛木而仆。黃按其背，虎已暈絕。黃恐人命相關，亦反奔至家。次日過訪，則依然無恙。蓋自黃歸後，陳亦頓甦而返。自是近鄉無虎患。〔將機就計〕

4221	原 479/5	廣信 11/85	大 14/95

井圈浮水

水性輕浮，石性沉重，不相載也；而其事要不盡然。蕪湖北鄉十里牌地方某姓魚塘，清水一泓，聊可見底；漁人爭集其間，素無他異。上月二十三日清晨，忽有石井圈一個，無端浮起；頃刻間池水流丹，勝似長城之窟。附近鄉民麕集觀看，莫不駭為異事。一時喧傳遐邇，往觀者絡繹如梭。至翌晨，忽失所在。吁，其又沉入水底耶？抑被人收拾以去耶？一石之沉浮，真令人疑團莫釋矣。聞之該處鄉父老言，道光戊申大水之年，皖江數百里盡成澤國，曾聞此物浮水一次。今忽復見，不知主何朕兆。讀書明理之君子，亦惟以見怪不怪處之可也。〔載重若輕〕

4222	原 479/6	廣信 11/86	大 14/96

四上弔

粵東肇城北鄉某甲家，茅屋一椽，聊棲梅鶴。頻年失業，生計維艱，以致炊煙屢斷，牛衣對泣，莫可如何。一日，夕陽已下，半粟難謀，其子年甫三齡，凍餒交加，呱呱不已。母顧而惻然，戲謂子曰：「汝毋泣。母當製粉欄，以療汝飢。」子聞言，啼果止。旋出泥團給之，翻身入內，良久不出。未幾甲歸，入宮不見，尋至後園；則妻已雉經於樹上，一縷芳魂，已不知飛往何處。甲至此悲從中來，自念生而如此，不如速死，無累後人。遂將孩繫樹，亦自縊焉。迨鄰右不見甲夫婦踪跡，相與尋覓，突見一樹四屍，臨風搖曳，大驚失色。近前諦視，知已無可挽回，乃醵資為之殮埋。聞其事者，莫不欷歔欲絕。嘗見《三上弔》一劇，輒令人黯然寡歡。不圖於今而又增其一焉。吁，可哀也已。〔同歸于盡〕

4223	原 479/7	廣信 11/87	大 14/97

放鴿未成

京師前門外某宦，去冬欲納一小星，藉伴客中岑寂。當託賣花嫗某氏為之物色，旋選得某氏女玉貌娉婷，堪藏金屋；遂以三百金納之，寵擅專房，兩情歡洽。賣花嫗亦常至寓所，與女小語喁喁，行蹤詭秘，宦不之察。一夕，女謂宦曰：「君亦知賣花嫗為何如人乎？」宦驚詢其故。女曰：「奴系出名門。自前年被拐後，一售於東里，再售於西鄉，於今而三矣。該嫗得金不少，今又屢來催促，約奴潛逃。期在明日，彼當復至。蓋慣放白鴿之老蟻媒也。奴見君誠實可靠，不忍別抱琵琶，敢以情告君。如不信，請執而訊之可也。」翌日，嫗果至。宦命從人繫之以索，嚴加詰問。嫗知事洩，跪求恕罪，請從此去，不復踵門。女亦代為緩頰，宦遂釋之。女喜曰：「今而後，乃得為君婦矣。」自是和好逾常。〔獨破〕〔奸謀〕

4224	原 479/8	廣信 11/88	大 14/98

車穿馬腹

江北小車夫陳阿老，在滬上推車度日，駕輕就熟，徜徉於洋場十里中，意甚得也。前日，推車至美界北四川路，適遇公大馬車行馬夫陳阿妹駕車而來。阿老偶不經心，誤將車擋戳入馬腹。馬痛極倒地，鮮血淋漓，奄奄一息，旋即因傷斃命。阿妹怒從心起，立將阿老扭住，喚集華捕，拘送捕房，以憑訊究。事為公大行主所聞，急往察視。知馬之生死自有定數，而阿老貧苦細民，萬難遭此賠累。惻然動念，遂投捕房，求為銷案。捕頭准之，將陳開釋。噫！世之恃勢妄行者，偶遭損物，必多方勒令賠償，剝髓敲肌，在所弗顧。今該行主乃能體恤寒微，原情宥罪。不獨好行其德，即其識見不亦加人一等乎哉？〔不善〕〔駕馭〕

4225	原 479/9	廣信 11/89 右	大 14/99

埋沒英雄

某甲，不知何許人。擅少林術，時在粵東賣武，自謂素精武藝，而貌如處子，故人皆輕之。日者，有教師乙、丙二人，所謂喑嗚則山嶽崩頹，叱咤則風雲變色者。欺甲孱弱，欲與角技。甲既謙遜不獲，因而伸其猿臂，奮彼鶴拳，或左或右，或後或前，進退自如，伸縮合度。公孫之舞劍，未足擬其飛騰；宜僚之弄丸，難以狀其旋轉。俄而，一聲吆喝，則乙、丙二人已仆數步之外，而莫敢再前矣。一時作壁上觀者，莫不嘖嘖稱奇。〔有力如虎〕

4226	原 480/1	廣信 12/89 左	大 14/100

狗能救人

通州輪船往來南北洋，素稱安謐。船上豢有一狗，性極靈敏，善泅水；雖茫茫大海，風浪滔天，弗懼也。去年，曾有搭客攜一孩，年纔五齡，偶因失足，跌入波心，人無知者。狗適在旁見之，即躍入海中，銜之而起，循梯以上，將孩放於艙面，向之狺狺亂吠。客異而跡之，始知孩已落水，為狗所救，急取薑湯灌之，漸得蘇醒，而孩體絕無狗嚙痕。因感其德，為購牛肉數元，以資飽啖。聞是狗救人已非一次，然則人面而獸心者，不將此狗之不若哉？〔獸有〕〔仁心〕

4227	原 480/2	廣信 12/90	大 14/101

大鬧洋場

本埠英、美租界各小車夫，因英工部局議加月捐二百文，聚眾歇業。至前日，竟糾約數千人，各持扁擔、槓棒，會於黃浦灘總會門首。適見某姓塌車滿載而來，該車夫等見而大怒，圍住不放。旋有騎馬印捕上前驅逐，若輩遂遷怒於捕，一聲號召，羣起為難。該印捕急吹號叫，中西各捕聞聲赶至，拳棒並舉，各逞雄威。而若輩眾志成城，愈聚愈多，拆毀某洋行鐵欄以為戰具。經總會各西人急打德律風告知各捕房。各捕房皆鳴鐘告警，召集寓滬各團練及各馬隊、炮隊等，至捕房四面駕砲。先將工部局保衞，然後分投往救。停泊浦江之各兵艦，亦燃放齊心炮四響，相率排隊登岸。該車夫等見勢不佳，各鳥獸散。後經中西官設法調停，暫免加捐，已各安業如常矣。〔激則生變〕

4228　原 480/3　廣信 12/91　大 14/102

春郊鬥馬

蘇城大郎橋巷某宦家豢有駿馬數匹，藉供驅策。每當夕陽西下，玉鞭金勒，顧盼稱雄，致足樂也。前日命儔嘯侶，偕往春郊作鬥馬之戲。其法每人各騎一馬，此往彼來，不相避讓，有相遇而卻步者，即非男兒好身手，勝負因此而判。故當馳驅之際，先鞭爭著，捷足同登，有與西商之賽馬同而不同者。唐人詩云：「春風得意馬蹄疾，一日看遍長安花。」該宦裔豈將借此以解嘲耶？抑如滕文公之好馳馬試劍，所謂未嘗學問者耶？然縱轡疾馳最易肇禍，近經官憲煌煌示禁，而縉紳中竟置罔聞，亦未免肆無忌憚矣。〔分道〕〔揚鑣〕

4229　原 480/4　廣信 12/92　大 14/103

伙夫產子

津沽沿海要隘駐紮軍營。每值仲春，例由各軍總統派弁至津，備造勇丁夾服，謂之作春衣。客有自該處營伍中來者，言有某軍某營伙夫某甲入營最久，人素和平。月初，其同棚人忽於夜間聞有呱呱之聲，不覺詫異；秉燭覓視，惟見該伙夫產生一男，血污滿身，伙夫已如半死。當即據情稟報，管帶官派人查覆屬實，遂徹底根究。營制每棚除什長外，正勇十名，伙夫、長夫各一名。生子之伙夫，原係女扮男裝，與同棚之長夫為夫婦。雖在營數年，而竟無有知者。究詰得實，即提該哨哨官、哨長、棚頭，詰其失察之咎，予以棍責。長夫夫婦二人，立即斥革，并諭嗣後招募時，必須驗看明白，不得再使女流朦混。若然，則又於木蘭從軍之外，添一佳話矣。〔牝雞〕〔司晨〕

4230　原 480/5　廣信 12/93　大 14/104

幼娃退賊

肇城西門外後街某氏婦，徐娘半老，已喪所天。隨夫宦游，頗有積蓄；遺下一女，年僅十齡，小名阿英，生而聰穎。氏夜間無事，恒往鄰家共鬥牙牌，以破岑寂。一夕魚更四躍，猶未散場，遺女在家看守門戶。燈光如豆，月色倍明。聽候母歸，不敢就寢。瞥見窗外黑影憧憧，俄有一人探首欲入，英知為樑上君子惠然肯來。一時智慧頓生，撫枕私語曰：「阿爹莫操刀，兒心怕甚。」賊聞其言，不敢遽入。英又揚聲曰：「爹莫怱忙，賊猶在外，俟其入時，方可下手也。」賊在牖外備聆其語，即由瓦面飛奔而去。逾時，氏由鄰家歸。英白諸母，大為驚駭。翌晨，出語於人。聞者莫不嘉其女之英慧焉。〔急智〕

4231　原 480/6　廣信 12/94　大 14/105

女立大學

《蘇報》云：「日本向無女子大學校。今有成瀨仁藏者，謂日本風氣大開，男女同權；不立女子大學校，何足以資造就，使不櫛進士獨抱向隅。教化之端，重男輕女，實背乎同權之義。於是糾約同志者，得淑女三百餘人。醵金創立女子大學校於大阪府治。其中倡首者為伊籐侯爵、岩崎男爵、大山侯爵、大隈伯爵、松方伯爵、近衞公爵各爵夫人暨住友吉左衞門、磯野小右衞門、廣瀨宰平諸氏細君，共得十七名。其他紳士贊襄其間者，為松方西鄉、大隈板垣、蜂須賀德、大寺北昌、橋本澁澤、三井岩崎、大倉籐田、下田鳩山、三宅各華族；繼之以新聞館主、議院議士等。」〔坤化大行〕

4232　原 480/7　廣信 12/95　大 14/106

戲外有戲

鎮海小港村張某，其兄已於前年物故。見嫂某氏青年寡居，多方挑逗，遂有陳平行；鵲巢鳩佔，習慣自然，居然一對好鴛鴦也。前日，邑廟雇詠霓班優伶演劇，張挈嫂往觀，興高采烈。班中有某武伶芍藥年華，櫻桃風韻。某氏見之，驚為天人，不覺傾心。久之，該伶在臺上亦以眉目傳情。一點靈犀，早已脈脈相印矣。及該伶演畢，婦先託故而返，倚門相待。須臾下臺，該伶慾火如焚，不及更衣，竟以彩服粉面，尋蹤而至。巫山會合，彼此魂消。蓋於真戲之外，又串一齣秘戲矣。迨至雲收雨散，瀹茗清談，張忽施施從外來；見該伶丰姿楚楚，誤為其嫂，意興欲狂，突前摟抱。伶大驚失色，屈膝求饒，始知其誤。旋經該伶再三哀求，始以番佛二尊息事。亦可謂便宜之極矣。〔緣聯歡喜〕

4233　原 480/8　廣信 12/96　大 14/107

和尚捉姦

英界六馬路鳳臨里一弄第五家某雉妓，徐娘半老，丰韻猶存，好與佛門弟子結歡喜緣。曩由精通拳棒之僧人某甲，每月貼洋若干，日在迷香洞裏真箇消魂。妓亦初無閒言。嗣因甲僧香積廚中不敷揮霍，妓得隴望蜀，又與游方僧某乙啟無遮大會。此往彼來，從未覿面。妓固不知左右做人難也。前晚，甲僧正在該妓房中與活菩薩現身說法，同證因果。適乙僧亦施施而至，驀覩情形，不覺無明火發，大呼捉姦，急持金剛法杵向法聰頭亂打。甲僧素習少林術，至此不及披衣，徒手與鬥，拳來脚去，勢若仇讎。嗣以乙非甲敵，被撞倒地，互欲扭至捕房控訴。後有流氓數人，出場解勸。二僧恐干未便，合掌稱是，悻悻而散。〔色戒〕〔未空〕

4234　原 480/9　廣信 12/97 右　大 14/108

猴知報德

星加坡有樵夫某甲，夙有煙霞癖。結廬茂林豐草之中，常有猿猴往來踪跡，不之異也。一夕，有小猴一頭直登其榻，撫之甚馴。甲愛之，戲以煙噴猴面，久且導猴以食，因成癖焉。未幾，甲思歸故里，慮猴煙癮未除，勸令戒煙。猴似會其意者。迨甲收拾行囊，猴口啣枯籐數寸，前來贈行，遂置籐於篋。如是者三。及船行四五日，舟中忽乏淡水。偶見甲篋中之籐，遂出重價購之。汲取鹹水，以籐浸之，水即化淡，始知為淡水籐。獲資而歸，家賴以富。〔故人〕〔情重〕

4235	原 481/1	廣元 1/1 左	大 14/109

天生異人

蒙古烏魯木沁親王，今春輪值年班進京之期，已於去歲自蒙起程，先期抵京。聞其陛見時，在太和殿前行禮，有二人在旁扶掖。其體碩大無朋。據其隨從人云：「權之，得三百八十餘斤。此次在路上車時，曾壓折車檐一具。每食須中等羊一頭，始供一飽。當上殿時，扶者頗形吃力；而王汗流氣喘，一似不勝其憊者。」真奇人也。〔碩大〕〔無朋〕

4236	原 481/2	廣元 1/2	大 14/110

御風行舟

美國某學堂教習蘭萊近思得新法，用礬石等類輕質，製造風舟一隻。舟內有汽鍋一、汽器一、暗輪二、風翼四、舵一。風翼寬二邁當又百分之四十。曾在華盛頓地方試行，頗覺靈捷。此船在空中行駛，或上或下，運動自如；雖遇風雨，亦無關礙。乘風上駛，可至三百邁當之高。西人格致日精，製造之巧，真出人意外哉！或曰：是殆變氣球之式，匠心運用，製成此舟，使之運氣騰空，飛行絕迹。較之列子御風而行，尤覺超前軼後。按本報前曾記水底行舟一則。水且到底，風自凌空。相提並論，誠當今之奇事也，亦天地之大觀也。〔凌空夢想〕

4237	原 481/3	廣元 1/3	大 14/111

官紳被辱

松郡北門外五里塘開濬河工，前因天雨連綿，尚未告竣。近經蔣海帆二尹前詣勘視，不知如何起釁，鄉民一呼百應，聚集千數百人，羣起為難，將蔣二尹所穿袍服，任意撕毀，乘輿亦被打破。隨從人等有被扭倒地者，有受傷甚重者，幾至落花流水，狼狽不堪。未幾，有東門外華陽橋紳董顧君亦被鄉民扭住，毆傷頭面等處，竟至拖出一里許路，始經釋放。蔣捕廉拖泥帶水，步履蹣跚，幸得借乘顧董肩輿，回城而去。聞同時有分董姚明經亦遭毆辱。説者謂因二董揩匿米票，勒扣經費，辦事不公，致有此變。後經陳蓉曙太守委華、婁兩明府出城彈壓，開導再三，始寢其事。〔大失〕〔體統〕

4238	原 481/4	廣元 1/4	大 14/112

蓬島奇觀

離蓬萊縣城十餘里有蓬萊島焉，四面環水，矗立海中。島上有一高閣，凌雲插天，異常幽雅，游其地者，往往作雲外想。每當夕陽在山，銀盤逗水，魚龍吐霧，結成幻景。遙而望之，樓閣參差，人民雜沓；或負厥薪，或釣於水，或疑王母之驂鸞，或似牧童之騎犢，變幻離奇，頃刻異致。閣中向有羽士名貝葉者，年符大衍，住持其間；日夜枯坐蒲團，不預外事。亦有時出外化緣，則於路側築一小壇，僅容獨坐。前後無門，四面僅留隙尺許，上下左右遍插利刃，鋒芒似雪。兀坐其中，不能稍動。該羽士不言不語，不寤不食，直至四十九天，始將此壇撤去，婆娑而出。於是奉佛者流，無不爭先施捨，冀結仙緣。聞該羽士風晴雨晦，頗能前知。人謂蓬萊仙境，故宜有此真人也。〔蜃樓海市〕

4239	原 481/5	廣元 1/5	大 14/113

神靈何在

周浦鎮有西山王廟，不知所塑何神，該處居民奉之甚虔。每屆二月廿四日為出巡之期，會中儀仗熱鬧異常。本屆會中人興高采烈，更勝於前。內除尋常執事外，有龍燈一條，盤旋飛舞，夭矯不群；雜以高蹺檯閣，陸離光怪，目眩神移。游人蟻聚蜂屯。正在嘖嘖稱羨時，忽天色昏霾，大雨如注；會中人淋漓盡致，皆如落湯之雞。不得已，擬舁神輿暫寄王家弄口。詎輿夫心急足違，又因泥塗滑澾，偶一傾側，神像遽從轎中跌出；木偶仆地，不能起立。眾人急為扶持，則神袍已拖泥帶水，狼狽不堪。會中人遂掃興而歸。神靈果何在哉？〔一蹶〕〔不振〕

4240	原 481/6	廣元 1/6	大 14/114

起死回生

朝鮮漢城府犁洞金姓，年僅花信，幼時失怙，由其母教養成人。今正聘定某姓女為媳，擇吉合巹。詎料新郎忽先一日急病身亡。金母苦宗嗣之遽斬也，因思吉期已屆，何妨俟媳過門以後，螟蛉一子，俾續香煙。乃惟言新郎病重，現臥床間，不可呼喚，由其自醒，遂反扃其門而出。時僅新娘一人，伴尸兀坐。夜半後，朦朧中見有紅白二雞從空而墜，互相鬥啄。少頃，白雞敗竄亡郎被窩之中。郎似驚醒也者，連呼要水。新娘含羞應之，出門往取，門不能開。郎醒多時，方始明白。乃言爾我合有夫妻之分，吾固死而復蘇者。於是二人悲喜交集。金母聞新房喁喁私語聲，不禁大駭，急往叫門。新郎下床，拔關而出。兩不提防，致母一驚倒地，即已氣絕。嘻，奇已。〔妙手生春〕

4241	原 481/7	廣元 1/7	大 14/115

猴能報信

新嘉坡人某甲以樵為業，家有一猴一犬，出入必偕，愛如拱璧。一日，甲入山采薪，偶一失足，由山巔跌下。雖未殞命，兩腿已受重傷，跛躄難行，臥地呼痛。詎猴與犬見主人墜地，尋蹤而至，盤桓左右，不忍遠離。俄而，猴忽昂頭，若有所思；旋啣其帽，向甲示意，超躍而奔。至甲家，號跳者再，復作傾跌狀，舉帽示之，似來告主人被跌也者。家人異之，即由其長子延一醫生，隨猴而行。果見甲受傷倒地，則犬尚在旁依依作伴。乃經醫生敷以傷藥，扶送回家。説者謂猴能感豢養之恩，圖報主人於艱危之地，與犬之坐守不去，其義均堪嘉尚。以視世之背恩忘義者，相去奚啻霄壤哉！〔物靈〕〔于人〕

4242	原 481/8	廣元 1/8	大 14/116

鼠精作祟

奉賢縣屬南橫鎮有監生任某，饒於財。惡鼠為患，常設法捕之，食肉寢皮，不知凡幾。一日晝寢，忽聞履聲橐橐，心竊訝之。旋有壯士數人，長僅尺餘，身穿華服，面若塗金，目光炯炯，自床下躍出；向任附耳喃喃，不知何語。俄一壯士袖出白刃，躍登其榻，揭被猛刺之。任大驚，急投以枕，不中。諸壯士復蜂擁而前。任情急狂呼，傭僕畢集，各以梃棍逐之。諸壯士已杳如黃鶴，不知所之。遠近喧傳，咸謂鼠精作祟，乃食鼠太多之報。然吾聞鼠膽最小。今觀其毅然直前，不稍畏卻，一若忘晝伏夜出之故智也者，豈生鼠畏人，死鼠竟不畏人乎？鼠子猖狂，一何乃爾。〔么麼小醜〕

4243	原 481/9	廣元 1/9 右	大 14/117

小人大頭

甯郡東鄉民人陳姓，生有一子，年已七齡，長不滿尺，而頭大如斗，幾與身埒。貌似東方曼倩。行步蹣跚，頗有頭重腳輕之病。某西人見之，願出重價購歸，將送博物院中。其父母雖利其資，祇以中年止此一子，不忍割愛，弗之許。聞此孩言語啁啾，不類常兒，不知異日長成，作何形象也。〔不堪〕〔回首〕

4244	原 482/1	廣元 2/9 左	大 14/118

短人有種

英京某日報云：美國有力是丁者，性聰穎，善經營，精通英、德文字，現充救火局水龍員弁，並開設酒樓。行年已三十有二，身長二英尺六寸；其妻貌美而短，亦身長二英尺七寸。生有一女，甫兩歲，長二十寸。其幫同兑酒一夥，與力某並長。查力某高祖生一兒甚短，在德國製酒；曾祖生一兒甚短，在德國為律師；乃祖生一兒又甚短。是力某自高祖及身，凡數世代生短人，不亦奇乎？且既得一短女為力某之婦，又得一短男為力某之夥。異族同材，天然類聚，則奇而又奇者也。〔僬僥〕〔遺類〕

4245	原 482/2	廣元 2/10	大 14/119

開關納客

德國文士鶴爾富赴湘游歷，行至長沙，欲入省城一覽此邦風景。不料湘人士譁然群起，必欲驅逐出境以為快；聚眾脅官，勢甚險惡。而鶴爾富又以不得入門為恥，竟遣人發電至京，將詰總署以不准游歷之故。於是臬憲桂廉訪等大費躊躇。有深夜開門私相結納，以償鶴爾富之素願者。初以景鎮軍不肯啟鑰，事遂中止。後因張香帥批詞嚴厲，各官惶懼，仍從前議。乘湘人熟睡時，派兵由草潮門迎入，在撫署東又一村款接，旋即護送出城。次日，鶴爾富始揚帆而去。一若開門納客，惟恐百姓得知也者。幸鶴君見機而作，不為已甚，否則吾不知該處地方官將若何處置也。或曰：「湘人一見洋人，深惡痛絕。五十餘年來防微杜漸，不為不嚴，雖官府亦付之無可如何。鶴君之來，何獨不然。地方官知民心之難拂，故有此權變之舉也。然而其心亦苦矣。」〔貽誚鄰封〕

4246	原 482/3	廣元 2/11	大 14/120

墜樓生變

蘇垣葉家弄顧某聘婦有年，諏吉三月初九日迎娶過門。合巹禮畢，送婦登樓。時已黃昏，親友一擁而入，作鬧房之舉。伴娘等恐遭惡劇，急護新娘從後房繞出，意欲至翁姑房中暫避。以中間有樓梯之隔，乃將樓門關好，攙扶新娘踏門而過。詎人多板薄，砉然一聲，板落人墜；竟效綠珠故事，紛紛者同墮於地。時新郎以親友鬧房太過，急欲登樓勸解。不意上梯三級，一新娘、兩伴娘從空而下；致立足不住，同時傾跌。遂令一對好鴛鴦，血跡模糊，昏暈不醒。旋經眾人急為灌救，幸保無恙。不知鬧房者將何以為情也。〔一蹶〕〔不振〕

4247	原 482/4	廣元 2/12	大 14/121

小題大做

金陵鍾、尊兩書院，於三月初八日輪值松方伯課試之期。是日係府縣官監場。府尊柯太守因見二門外停有餃麵擔甚多，惡其擾亂文場，面飭縣尊立予驅逐。時江甯縣胡大令忿火中燒，竟奮「搥碎黃鶴樓，踢翻鸚鵡洲」之勇，高擡靴腳，向擔一踢，欲使該擔飛向半天以為快。不隄防偶一失足，滑跌於地。見者為之粲然。大令益怒不可遏，立派差役多名，將挑擔者拘拿數人，從重責罰。考生中有不肖者，即乘間攫取點心，肆口大嚼。喧譁擾攘，幾變文場為武場。説者謂胡大令以區區細故，不飭差役拘拿，漫屈尊嚴，不自愛重，亦未免小題大做矣。〔輕舉妄動〕

4248	原 482/5	廣元 2/13	大 14/122

合浦難還

鵑水之濱素產蛤蚌。時有光彩煥發，相傳中有明珠，特無人善為採取耳。日前，有某鄉人駕扁舟一葉，容與於綠波碧浪間；張網搜羅，將蚌將軍一齊收拾，滿載而歸。行至中途，有聲閣閣出自蚌中。異而聽之，內有五寸許巨蚌，形狀瑰異。剖之，得珠一顆，大逾龍眼，光彩奪目。欣喜欲狂，反棹急歸。權之，計重四錢六分，知為奇寶，什襲珍藏。自謂得此，一生吃著不盡也。自此日夕把玩，謂其子曰：「予將作富家翁。汝曹皆將饜膏梁、被錦繡矣。」其子拾而視之，忽一失手，珠墮地上，頓失所在。共覓之，窮日夜之力，竟不可得。舉家號泣，咸云：「已被鮫人收去，恐不能復還合浦矣。」然則得失果有定數耶？〔得而〕〔復失〕

4249	原 482/6	廣元 2/14	大 14/123

馮婦復生

彝陵東北鄉某地，山深林密，人跡罕逢。近忽有一猛虎四出擾害，人心皇皇，夜不安席，談者皆為之色變。有某氏婦年逾不惑，生有一子一女，膂力過人，有拔山扛鼎之勇。其家一門三人，以女為最，母次之，子居其下。聞該處虎患，拂袖而起，自願為一方除害。遂聯袂入山，將虎逐出，俾失負嵎之勢，徐為擒拿。詎虎見女奮身直撲，女急發一標，正中虎口，洞穿頸項；母子乃從後擊之，虎遂倒地而斃。剝其皮，售入宜昌城內某宦家，得銀二十八兩，其肉與骨尚擬出售，所值不貲。奮一朝之勇，利人利己，一舉兩得。馮婦復生，亦何樂而不為哉？〔一舉〕〔兩得〕

4250	原 482/7	廣元 2/15	大 14/124

人墮煙囱

蘇城盤門外有某絲廠焉，機聲軋軋，女手纖纖，噓氣成雲，異常熱鬧。廠屋上有煙囱一頂，高矗霄漢，常見煙燄蓬蓬勃勃，遍野漫天。前因霪雨月餘，囱頂稍有損壞，雇令甯波匠某甲猱升頂上，妥為修理。適值廠中散工之際，各女工皆婷婷嬝嬝而出。該匠頓觸登徒之好，居高望遠，極目窺探。詎因立足未穩，致被狂風吹墮煙囱之內，一落千丈，無計攀援。當由廠中人扒開大磚，設法拉出；

而甲已頭顱粉碎，腦漿直流，返魂無術矣。陟險升高者，尚其鑒諸。〔一落千丈〕

4251　原 482/8　廣元 2/16　大 14/125

春藥害鼠

售賣春藥，向干例禁，恐其害人性命也；故有家藏此藥者，必非常隱密，惟恐人知。上海則不然。説真方、賣假藥一流人，專以此等藥物，助人淫興；曰「壯陽」，曰「種子」，巧立名目，層出不窮，大書特書，明目張膽。近年來此風更熾，受其害者，不知凡幾；而後來者猶漫不加察，竟願以性命為兒戲。吁！可慨也夫。嘗見紀曉嵐先生筆記中載，季慶子嘗宿友人齋中，忽見二鼠騰擲相逐，滿室如飆輪旋轉，彈丸迸躍，瓶、彝、罍、洗，擊觸皆翻。久之，一鼠踊起數尺，復墮於地。再起再仆，乃僵。視之，七竅流血，莫測其故。急呼家僮收檢器物，見所晾媚藥數十丸，囓殘過半。始知鼠誤吞此藥，狂淫無度。牝不勝嬲而竄避，牡無所發洩，蘊熱內燔以斃也。其友出視，且駭且笑，乃盡覆所蓄藥於水。夫燥烈之藥，加以煅煉，其力既猛，其毒亦深，吾見敗事者多矣。世有數不應盡者，盍以此鼠為鑒。〔前車可鑑〕

4252　原 482/9　廣元 2/17 右　大 14/126

淫婦毒手

奉賢西鄉吳氏婦，本姑蘇產，早喪所天，遺下一子，名婉如，年甫十齡。氏寡鵠興悲，不耐獨宿，與附近蒙師某生有白頭約，往來甚密。婉如雖年幼，而性甚聰穎；見母所為，心竊非之，常於言色間微露忿忿之氣。氏恨之刺骨，稍有不合，輒以鞭笞從事。某日，又因細故，怒不可遏，遽入廚，掣取菜刀一柄，揪其髮辮，按到於地，欲效京劇中所演《殺子報》故事。適某生至，驟見形狀，驚問其故；知忤逆緣由，竭力解救，得免毒手。生遂攜歸，撫如己出。如生者，亦可謂善於補過者矣。〔殺子報〕

4253　原 483/1　廣元 3/17 左　大 14/127

不認同年

蘇垣東花橋巷某富翁，以昔年曾在協濟局報捐軍餉，賞給舉人，遂以孝廉自命。居然出入衙門，驥附於縉紳之列；仗勢淩人，時有所聞。前日，以某租戶稍欠房金，又遣僕持同年弟名帖，稟送押遷。某大令沉吟良久，回顧家丁曰：「余是壬子科舉人，他是銀子科舉人，同名異類，似是而非。」即飭將帖擲還，稟亦不准。一時聞者無不傳為笑話云。〔名不〕〔副實〕

4254　原 483/2　廣元 3/18　大 14/128

燒香遇禍

天津如意菴為供奉天后神像之所。每屆三月十六日，例行舁神出巡，名曰「皇會」，至西頭之如意菴駐蹕。俟十九二十等日，再行接駕回宮。相傳是會曾邀御覽，故尊其名。每數年一賽，所費約數萬金，誠非常熱鬧也。本屆三月十七日，菴內張燈結彩，爛縵紛披。進香婦女亦蟻聚蜂屯，流連不去。適是晚封家姨飛揚拔扈而來，將懸掛綢彩吹入燈內，頃刻蔓延，火勢不可遏抑。各婦女慌張失措，羣趨後門，意欲奪關而出；無如司鑰者被擁難前，只得作壁上觀。轉瞬間，菴成焦土，人化煙灰。婦女被焚，不知凡幾；惟有幼孩數十名，避匿神座下，竟得安然無恙。據云火起時，聞殿上呼喚，因即趨入，得免於難。豈其中死生之數，果有定耶？然各婦女因求福而遇禍，至於如此之慘。彼性喜燒香佞佛者，亦可以知所返矣。〔神勿〕〔福也〕

4255　原 483/3　廣元 3/19　大 14/129

雷警惡人

松郡華邑亭林鎮劉乾和南貨店主某甲，性奸刁，善權子母；盤剝貧民，頗獲厚利。家有老母，鶴髮龍鍾，不堪操作。甲待之甚虐，稍有違言，輒肆詈罵。上月某日參橫斗轉時，在黑甜鄉中忽聞狂風怒吼，大雨傾盆，雷電隨之，屋瓦震動。俄而霹靂一聲，洞穿其屋。甲忽從床中驚起，兩手高擡，望空矗立，一似被人束縛也者。痛楚難堪，矢天悔過；謂從今後，定當痛改前非，決不再干天怒。誓畢，天即寬其既往，啟以自新。感應之機，捷於影響，果得運動如常。甲欲蓋其跡，某日雇工修屋，而該匠之臂，又忽麻木不仁，事遂止。意者天將留此缺陷，以彰惡跡與？然而事亦奇矣。〔天奪其魄〕

4256　原 483/4　廣元 3/20　大 14/130

邑侯路斃

邗江薛家巷口土地祠前，有一人挈其梅鶴，鳩形鵠面，一家四口，止宿其中。既而其人勢已垂斃，妻孥哭泣，悲痛逾恒，不知如何收殮。以為是必失路之窶人也。後有知之者，謂是人亦中州望族，筮仕台疆，曾握銅符。嗣以台灣割棄，挈眷內渡，擬送妻子返鄉，再作出山之計。不料關河迢遞，宦囊空虛，未及半途，資斧告竭。客秋道經邗上，僑寓佛照樓客棧。因與某當道有年誼，冀分鶴俸以潤窮途。詎所贈甚微，殊失所望。逗遛日久，典質皆空。計欠房資，毫無所出。幸主人以豪俠自任，除所欠不計外，復慨助朱提一流，以資行李。乃此公雖貧，而竟不受人憐，彿然竟去。自此席地幕天，東飄西蕩，又不知幾歷晨夕，以至於此。共為太息者久之。嗚呼！異鄉淪落，誰悲失路之人；故里迢遙，莫卜歸魂之日。百里侯下場，竟如是耶？可深慨哉。〔不堪〕〔回首〕

4257　原 483/5　廣元 3/21　大 14/131

猴子殺賊

蘇城有陳某者，家本小康，素性愛猴，豢有童猴四五頭，終日把玩。猴性甚靈，能解語言，能供指使，雖奴僕不啻也。前夜，忽有一梁上君子踰垣而入，躡梯登樓，欲施胠篋探囊之技。詎各猴從黑暗中驚見之下，驀然向前，出其不意，囓其足，堅不釋放。賊情急倉皇，不知為猴，飛步欲逃，誤踐樓板隙處，頃刻墮地，奄奄一息，勢在垂危。家人從睡夢中驚醒，急起尋視，見樓梯下橫臥一人，大呼有賊；而賊若懵然不覺也者。舉燭諦視，一縷幽魂，則已向森羅殿上再試拿雲手段矣。家人以人命攸關，報知地保，備棺收殮，並不報官相驗。亦可異也。説者謂此賊之死，猴子迫之，實非猴子致之。其命之輕於鴻毛也，宜哉。〔紅豆〕〔相思〕

4258　原 483/6　廣元 3/22　大 14/132

三生有幸

粵東順德容奇地大街陳某，窶人子也；年方弱冠，貌頗溫文，時在道旁擲賣地豆。地豆，一名落花生，又名相思豆，蓋即南國之所謂紅豆也。附近東射坊有李氏女，綽約丰姿，齒與相若，標梅未賦，嫁杏愆期，日在某絲廠託業女紅。嗜食此物，過而必購。每向姊妹行盛稱其調味之精良。或戲之曰：「花生仔，汝心上人也。曷不同結絲蘿，以了夙願。」女曰：「阮囊羞澀，奈何？」既而思曰：「奴盍自投闈票，以卜良緣。倘得天賜玉成，則箱盈黃竹，自必玉種藍田矣。」遂以洋蚨半元，託人購票一條。俄而枚卜果中頭彩，得銀三百餘金；遂效毛遂之自薦，乘間語甲。甲以天上碧桃，日邊紅杏，本非俗子所敢妄想；又況家無擔石，兄尚鰥魚，安能天作之合耶？女曰：「是不難，汝能矢以盟誓，儂自有區處。」從之。女遂予以百金，令歸先與其兄完娶；後復畀以多金，使行聘禮，遂諏吉迎娶焉。良緣由夙定，佳耦本天成，觀此益信。〔憋不畏法〕

4259　原 483/7　廣元 3/23　大 14/133

兇惡性成

前有某縣某大令，帶領差役押解秋審人犯十餘名，前赴蘇垣，道經滬上，由英界迤邐向北。行至盆湯弄，適值天雨，飛珠濺玉，撲面而來，衣服淋漓，道途滑澾。有手持雨具乘車而來者，該犯即肆行搶奪。不與，則舉琅璫鐵索，向前拋擲。謂：「我輩已犯國法，不能重覩天日。爾等不思避讓，又敢高張巨蓋，遮掩上蒼，犯我忌諱耶？」言畢，復上前攫取，必得之以為快。聞是日被搶者共有洋傘五頂，並被打毀包車一輛。大令與解差雖目擊情形，亦喝阻不理。身羈縲絏，而兇惡之性依然未改，竟敢於眾目昭彰之地，橫行無忌，是真目無王法者矣。〔鬼話連篇〕

4260　原 483/8　廣元 3/24　大 14/134

悔不可追

紀曉嵐先生筆記云：「一書生最有膽，每求見鬼不可得。一夕雨霽月明，命小奴攜罌酒，詣叢塚間，四顧呼曰：『良夜獨游，殊為寂寞。泉下諸友，有肯來共酌者乎？』俄見燐火熒熒，出沒草際。再呼之，鳴鳴環集，相距丈許，皆止不進。數其影，約十餘。以巨杯挹酒灑之，皆俯嗅其氣。有一鬼稱酒絕佳，請再賜。因且灑且問曰：『公等何故不輪迴？』曰：『善根在者，轉生矣；惡貫盈者，墮獄矣。我輩十三人，罪限未滿，待輪迴者四；孽報沉淪，不輪迴者九也。』問何不懺悔求解脫，曰：『懺悔須及未死時，死後無著力處矣。』酒灑既盡，舉罌示之，各踉蹌去。中一鬼回首丁寧曰：『餓魂得沃壺觴，無以報德。謹以一語奉贈，懺悔須及未死時也。』」〔守財〕〔虜〕

4261　原 483/9　廣元 3/25 右　大 14/135

流水無情

天津東門外娃子胡同有富室王姓居焉。每夜雇令女僕坐更看守，以防宵小。一夕，月落參橫時，一女僕出院將私焉，褪卻布袴，向牆隅作箕踞勢。適一穿窬突伸巨靈掌，由穴探入，觸著私處，不覺大呼曰：「好晦氣！好晦氣！此非桃源洞口，何以落花流水，著手成春耶？」遂疾趨而逸。女僕猛吃一驚，提袴急起，奔而嘶曰：「有賊，有賊。」及家人驚起趨視，則賊已不知去向矣。聞者皆為之掩口葫蘆。〔妙手空空〕

4262　原 484/1　廣元 4/25 左　大 14/136

鼠能復讎

日本山口縣安籐礦山內熊谷由太郎家米倉之內，日前忽見大鼠二頭、小鼠四頭陸續奔出，在地亂竄。為犬所見，立斃其五。僅剩大鼠一頭緣屋柱而上，怒目視犬；口中唧唧有聲，旋即逸去。未幾，犬育子四頭，將及匝月，老犬愛護不離。適某夜老犬覓食走出，忽聞窩中小犬驚嗥不已，若痛楚聲。熊谷心知有異，爇火視之，見十數大鼠從窩中竄出。回視小犬，則耳目口鼻均已被噬，血肉模糊，奄奄一息，至次日皆斃。噫！鼠小畜也，亦知召集儕類，同仇敵愾，可以風世之忍辱事仇者矣。〔猶有雄心〕

4263　原 484/2　廣元 4/26　大 14/137

王妃顯靈

朝鮮已故王妃閔氏，金棺安設慶運宮；而君主遂亦駐駕於此，日理萬機，勞倦已極。於某夜隱几而寐，時值魚更三躍，萬籟無聲，忽睹王妃姍姍其來，拜於王前曰：「臣妾遺蛻置於此宮，萬慮縈心，不能瞑目，魂魄徬徨，無所歸附。倘蒙陛下憫妾遭變，死於非命，請移置景福宮；則陛下鴻恩，生死共感矣。且陛下久處此宮，亦當有變。為國珍重，乞還御景福宮」云云。君主聞言，一慟驚醒，因詢侍臣是何緣故。侍臣奏曰：「斯陛下不忍忘先后之懿行淑德，並不忍還宮之念，交感而成靈夢，豈盡無憑耶？」君主默然久之。適又聞韓臣某有事出入景福宮，恍惚遇見王妃靈魂，向索紙煙。某知其死，戰慄奉之，瞬息不見。蓋亦一異事也。〔死不〕〔瞑目〕

4264　原 484/3　廣元 4/27　大 14/138

拔出火坑

蘇閶倉橋浜素為煙花叢藪，虐妓之事，常有所聞。前日，彭公子在老頭彩娥家設筵讌客。正當酒綠燈紅，淺斟低唱時，忽聞芳音一縷，宛轉哀號，若遠若近，傳至耳際。公子聞而慘然，託故出座，留心細訪。至一耳房，燄光隱隱，見一雛妓伏倒在地，旁坐陳鴇手舉籐條，毒施箠楚。公子偵聽良久，仍回原座。即飭轎夫人等立將該鴇擒來，並傳雛妓至前。見年約十三四齡，舉止嫻雅，貌頗不俗；身上僅留小衣，餘則一絲不掛；青紅紫綠，滿體斑斕，無一完膚。公子見之，不覺大怒，令將該鴇綑縛，擬欲送官。經蝦兵蟹將再三跪求，公子乃叱令起去。詢明雛妓身價，立給銀洋一百二十元。命雇小轎一乘，送妓先歸府第，俟為擇配遣嫁云。〔未免〕〔有情〕

4265　原 484/4　廣元 4/28　大 14/139

牛生小孩

客有自莫釐山來者，據言該處東北鄉一帶，茅屋櫛比，居民均以耕織為生。有某姓者，一鄉之富室也，家有牛二三頭，一犁春雨，數畝良田，耕作辛勤，匪伊朝夕。

每當夕陽西下，牧童歸去，短笛橫吹，數年來無他異也。詎去冬有一母牛，忽產一胎，視之雄也；呱呱而啼，聲音洪亮，舉室喧譁，既驚且喜。驗其體，則五官四肢均與常兒無異；惟頭大如斗，口吻翕張，似欲吮乳也者。主人初以為不祥，思棄之。有勸之者曰：「非種相生，必非凡品。盍留育之。」其家從之，當雇一媼為之哺乳，頃刻而盡，不能饜其欲。日增至五媼，始供一飽。某姓異其事，勉應之，數月後肥胖異常。聞此孩已能言語，善解人意，頗能得人之歡心。不知異日長成，果能光大其門閭否也。然以牛而生人，固為駭人聽聞之事。豈果如說部所載因牧童與媾成此奇胎歟？抑近來滬上各藥鋪創行種子之術，偶見效於此牛歟？嘻！異已。〔非我〕〔族類〕

4266	原 484/5	廣元 4/29	大 14/140

溺鬼搶物

蘇垣道前街某書坊，前晚有學徒某乙至養育巷店主家中取飯而出。一手攜籃，一手緊提飯鍋，街頭躑躅。甫經出巷，突被一人將飯鍋銅蓋搶去，飛奔而逃。乙即以籃鍋等物寄存某店，在後追趕。雖大聲喊捉，而前面之人若無聞見。未幾，其人逕出胥關，繞塘而走。緩趕緩行，緊趕緊行，一若全無懼色。乙少年情性，不肯舍去，直追至楓橋河邊，始將其人扭住。著手處膚冷若冰，疑似之間，仍被兔脱。回顧河邊旁泊小舟，其人即下船而去；反探頭出外，以蓋相招。乙恐中奸謀，站立不動。既而寒山鐘響，驀被人當頭一擊，恍如夢醒。見兩足已在水中央，不禁手搖足顫，驚不能動。棒喝者遂援之登岸，細詢情形。且見其兩手青紫，始知其遇鬼云。〔陰盛陽衰〕

4267	原 484/6	廣元 4/30	大 14/141

鏢師拒盜

江西新城縣某土莊備有白金萬兩，分作廿包，僱夫十名，挑運之省。莊辦土發銀時，預募鏢師保護，以禦強暴。及行甫數十里山僻之處，果遇綠林豪客呼嘯而來。挑夫弛擔而鬥，鏢師振臂直前，一時拳足紛飛，各逞雄力。所幸鏢師技藝絕倫，群盜均非所敵，盡皆披靡遁去。回視銀物，分毫未動，惟挑夫受傷數人，不能負擔，祇得折回。該莊以銀雖未失，而人已受傷，立即據情呈稟縣署。邑宰閱詞，籤差嚴緝。不知冥冥飛鴻，尚能弋獲否？〔有力如虎〕

4268	原 484/7	廣元 4/31	大 14/142

蜂蠆有毒

滬上小流氓成群結隊，動輒沿街騷擾，為患行人。父母不能管束，官府不能嚴懲；佻達輕儇，日增月盛。無怪其膽愈大而燄愈張也。日者，南市十六鋪中街有小流氓甲、乙二人，見某丙肩酒釀一擔，沿途喚賣。甲遂上前向購，偶與爭執。乙即出其不意，攫取酒釀一缸，飛步狂奔。甲指而告之曰：「酒釀被搶矣。」丙佯為不知，不予追趕。或問其故。丙曰：「此等小流氓性最黠。誘我往追，彼即挑擔而逸。是我一失再失，受累益深矣。」蓋塞翁失馬，焉知非福，丙固有前車可鑒也。聞者為之恍然。語云：蜂蠆有毒。信然。〔髮短心長〕

4269	原 484/8	廣元 4/32	大 14/143

剝屍顯報

甯郡盜棺之案，層見疊出，從未有一起經官拿獲，故若輩之膽因而愈大。日者，東鄉殷隘地方某鄉民宅後，厝有棺木一具。夜間被賊盜發，既出其屍，剝去外衣。視其褲尚新，心不能捨；遂將屍放平，以肩承其兩足，俯而褫之未即下。詎肩為屍足所壓，項頸竟被夾住，牢不可破；竭力掙扎，頭不得出，氣促汗喘，狂呼救命，苦無應者。直至天色平明，有童子開門出見，呼眾舉屍，始得脱。當將此賊縛送諸官，不知能照例懲辦否。説者謂：「盜賊橫行，刨棺迭見，官不能治，役不能捕；而此鬼獨能一顯其靈，將賊擒獲。殆亦有鑒於紙糊泥塑者之不足與有為乎？吁。」〔束手〕〔成禽〕

4270	原 484/9	廣元 4/33 右	大 14/144

老奴無良

漢江常德市中有錢儈某甲，坐擁厚資，思納一妾，恐為妻所阻，於是百計媚之，乞婦允其所欲。婦被糾纏，驟思一計，向其藁砧曰：「爾欲得妾。我欲得財。爾能以朱提若干給我，則屏列金釵十二不阻也。否則，無再唐突。」甲聞此語，知妻可以計給之。旋赴錫店，買得點錫若干，託爐坊鎔鑄元寶二十錠，持歸謂妻曰：「寶銀一千兩，為納妾不腆之敬。既蒙金諾，此後幸毋作獅吼也。」妻見偽銀，笑逐顏開，於是包裹珍藏，置甲不問。迨至今春，其婦取銀應用，持至錢店兑換，始露贋鼎。妻至此，無可如何，惟頓足詈罵老奴之無良而已。〔悔之無及〕

4271	原 485/1	廣元 5/33 左	大 14/145

兒生有尾

客有自泉州來者，述及陸提中軍張雲台參戎新生一男，五官四體，悉如常人；惟臀下生有一尾，毛毿毿然，長三寸許。數月後，嬉笑如常，亦無他異。每見其股一搖，尾必連擺不定，若與之聯絡一氣者。誠不知其何由而生也。有善詼諧者笑謂之曰：「中國官場競尚雀翎，翹然於後，亦頗類一尾耳。今此兒生有異相，其為將來賞戴花翎之兆乎？」聞者為之鬨堂。〔後勁〕

4272	原 485/2	廣元 5/34	大 14/146

傅相逸事

紐約《希勞日報》云：李傅相前至該處時，在某酒樓憑欄下望，驀見一少女容貌既好，衣飾亦華艷異常，駕一獨輪車飛行而至。傅相大悦，命人延之登樓，晤談良久。少女自稱本處人，堂有父母，閨名為加流地雅士。現在讀書。言語玲瓏，如乳鶯啼曉。傅相以非敘話之所，約少女至寓暢談，少女諾諾而去。比返，少女果如約而至。適傅相睡熟，不便驚動。少女乃留書遂行。傅相得書，見其詞意肫摯，不勝欽慕。由是不得復見。及使罷回國，追憶該少女不置。自以口述，命善西文者譯書寄之，并贈以皇太后所賜香包一個，上繡四字，文曰「萬事如意」。物雖薄，禮彌隆也。傅相於此，其亦未免有情乎！〔未免〕〔有情〕

4273	原 485/3	廣元 5/35	大 14/147

虎登王位

西報載日里咨丹地方於西歷四月十七號，即華三月十六日早九點鐘時，有一猛虎不知從何處來，逡巡於穆拉油王之宮門口，視眈眈而欲逐逐。人民望見，皆有膽裂之象；而守宮兵弁覩此猛物，咸生畏心，招呼黨羽，迅速開炮。虎不中彈，冒煙奔入，若欲與人拚敵之勢。兵亦半躲半擊，皆不能中。該虎直前勇往，奔至殿中盤踞御座。親臣聞知，隨即面奏。王令該兵竭力設法活捉此虎。及被捉後，王謂群臣曰：「是誠何物，敢登予座。何膽之壯耶？豈真不畏死耶？抑或天欲奪我君位，默遣該虎來示端倪耶？」或謂不然。當眾兵發炮之時，虎因無所逃匿，奔至殿上。見有王座，訝為山磴，登踞其間，以為有所憑藉。而不知四面受敵，反以速其擒獲也。理或然歟？〔其威〕〔可畏〕

4274	原 485/4	廣元 5/36	大 14/148

祝壽坍檯

蘇垣大郎橋巷前，荊宜施道某觀察居焉。本月初八日為夫婦七旬雙慶。觀察以宦囊充裕，大開筵宴，演劇三日，以款嘉賓，而娛晚景，意良得也。顧性傲慢，不肯與人同樂；深恐屆時熱鬧，鄰里小民或有闖入觀看，未免有擾清興。預向營中借兵十名，令各持籐條把守大門，聲勢顯赫，甚可畏也。詎初九日午後，附近鄉鄰聚有百數十人，紛紛擾擾，一擁入內。觀察大發雷霆，喝令兵勇一齊驅逐。如有不遵，立即執縛送官。眾人聞之，愈覺不平；復向戲檯一擁而上，勢莫能當。忽聞一聲響亮，竟將新造之戲檯登時擠塌，以致頭傷足蹶者不計其數。諸人見已肇事，遂各哈哈大笑而去。按觀察本一介寒儒，以遭際聖明，榮膺監司大員；據有資財百萬，雄視吳中，窮奢極欲，往往好為欺人之事。此特其一端耳。語云：「眾怒難犯」，觀察其知之否？〔眾怒難犯〕

4275	原 485/5	廣元 5/37	大 14/149

劍池龍躍

距姑蘇閶門七里有虎邱山焉，面臨獅子山，遙遙相對，望而知為名勝之地。山上近經某觀察建有樓臺，為游人飲息之所。山巔有一劍池，上有千人洞大石一方，平鋪地上，光滑無比。旁有一小石，相傳為「生公說法，頑石點頭」之處，故一名「點頭石」。池之對面有二仙亭，中奉呂純陽、陳希夷二石像。劍池中一泓清澈，可數游魚；內有一小龍潛伏其下，厥狀若蛇。愚民見之，往往大呼，龍即倏忽不見。亦未見其變化之奇也。前日，予友在蘇游覽，忽在池側見一龍躍起，淩空直上，頃刻飛入雲霧中，杳不復返。驚異久之。詢諸土人，據云池中素有一龍，出沒不常，人亦習見不避。今茲破壁飛去，並不擾害閭閻。殆亦賴仙人之靈，有以降伏之耳。〔一飛沖天〕

4276	原 485/6	廣元 5/38	大 14/150

樹妖誌異

越郡嵊縣東門外距城十里許枯樹灣地方，有槐樹兩株，一枯一活；活者大十數圍，枯者僅存樹根一段。相傳為上古物也。三月初八日，有陳氏女于歸，道經該灣，綵輿行將及樹，倏一陣旋風，陡失新人所在。正詫駭間，適有樵夫擔柴而至。詢其詳。笑謂之曰：「此去正北五里許有山焉。余頃從山下來，見山半有女坐焉。盍往觀之。」語罷，即不見。眾知為神。亟往視之，果見新人所著絳襖紅裙，已片片化蝶飛去。詢之。形如木偶，茫不知對。不得已，將喜娘之裙襖脫與穿之，登輿而去。時已夕陽西下，匆匆成禮，亦無他異。三朝後，親友皆歸，夫婦相對笑語。忽聞叩門聲，新郎即出啟扉，久不見回。新娘急出視之，見已僵臥於地，頭顱已不見矣。急喊救命，四鄰咸集。料係妖物所為，據情控於有司。鍾大令前往查勘後，命將枯、活二樹舉火焚燒，至成灰燼，亦無形跡可據。嘻！何其異也。〔意欲何為〕

4277	原 485/7	廣元 5/39	大 14/151

玩世不恭

新聞大王廟前日賽會時，其儀仗之輝煌，執事之顯赫，高蹺檯閣所扮各劇之新奇奪目，人口嘖嘖，不待贅言。其所最堪發噱者，六房書吏後有解糧官一員，頭戴紗帽，身穿絳袍，手提酒壺一把，沿途揮洒作勢，做出糊塗官模樣。前導銜牌數對，大書欽加十三品銜，特授滕州府湯水縣正堂，賞戴沙角翎，賞穿披蓑衣，極意形容，不嫌自道。繼以親兵數名肩荷紙糊洋槍，護解糧車一輛，搖擺而行，維妙維肖，為從來會景所未有。嬉笑怒罵，窮形盡相，可謂無微不至矣。不知若輩見之，其亦啞然自笑乎？或謂：「自捐例大開，仕途愈濫。泣魚之輩，曳尾之流，藉花粉之資，博頭銜之寵。滔滔天下，所在良多。特其銜牌則必多所掩飾，今乃特為此輩寫照。」《詩》曰：「善戲謔兮，不為虐兮。」吾於此亦云。〔借題發揮〕

4278	原 485/8	廣元 5/40	大 14/152

慨發慈悲

滬南大佛廠某僧，持齋禮佛，戒行精嚴。前日，行經某羊肉鋪，四顧旁皇，欲行又止。瞥見鋪中繫有柔毛三頭，其一已在砧上，將次屠宰。兩目灼灼，向僧注視，俄復哀鳴數聲，一若號呼求救也者。僧見而惻然，令屠立解其縛，照價購之，牽之欲去。不料旁繫之二羊似解人意，見前羊之逢凶化吉也，亦向該僧悲鳴不已。僧憐之，并購之，牽往救生局放生而去。佛法慈悲，該僧其有焉。按邇來和尚不守佛戒，往往於花天酒地中恣情行樂，不惜所費。至有以善事相勸者，便愁眉雙鎖，不拔一毛；謂出家人吃四方，汝安得吃及五方耶？今該僧乃於無意中廣行方便，普救眾生。亦可謂鐵中錚錚、庸中佼佼者矣。〔群生在宥〕

4279	原 485/9	廣元 5/41 右	大 14/153

姻緣錯配

金陵省垣有某氏女，素性執拗，不近人情。近嫁某武員為室，結褵後，欲行周公之禮，以盡人倫樂事。女峻拒之。該武員以為女兒羞澀之態，不之異。未幾，又欲敦倫。女大怒，謂：「若箇莽男兒，咄咄逼人。」突取佩刀，自斷其指，以示決絕。武員無奈，急覓傷藥為之敷治。俟傷痊，仍見獵心喜。女復取并州快剪，將舌斷去。武員又為醫治，而春心仍不稍減。女恐白璧終難保全，於是懷石自投於河；詎又入水不沉，經人救起，扶送回家。

人謂琴瑟之好，具有同情。不知此一段姻緣，月老如何錯配也。〔是誰〕〔之過〕

4280	原 486/1	廣元 6/41 左	大 14/154

頭重腳輕

甯波莫枝堰地方某店門首，前日坐一某少年，龐然巨首，形若紙泡燈籠；其面貌則若方弼、方相。然身不滿五尺，而瘦削殊甚，似不勝其頭之重者。行必沿壁，以手摸索。髮種種不過數莖，臨風飄拂。見之者莫不失笑。詢之其人。據云：「鄭其姓，年將弱冠，為賦形所累，生計毫無。」吾不知天生斯人，何為也哉？〔首屈〕〔一指〕

4281	原 486/2	廣元 6/42	大 14/155

殺人放火

松郡華邑大陽六圖地方有金阿小者，遊手好閒，不務正業；日在小街僻巷中竊取人家衣物，變錢花用，久為鄰里所側目。阿小家有茅屋三椽，妻已逝世。生有一男，年約五六齡，寄養於親戚家。祇剩孑然一身，與敝廬相守。前日，忽有忍人起意，將阿小用繩綑綁，擲置屋中，四面縱火焚燒，以絕後患。時阿小猶能竭力掙扎，從火中躍出，冀圖逃命。無奈該處土人重行拖入，直至阿小皮焦肉爛，呼號而斃，始各散歸。事為其姑母所知，以阿小死於非命，厥狀甚慘，擬欲控官究辦。經魯仲連再三解勸，許給每歲養兒費若干、白米數石；復為阿小禮懺三日，以資超度，其事始了。吁！光天化日之下，此等鄉愚膽敢殺人放火，真可謂目無法紀矣。〔目無〕〔王法〕

4282	原 486/3	廣元 6/43	大 14/156

老將笑柄

本年輪值校閱蘇省營伍之期，蘇撫趙中丞按臨各郡。一時細柳營中張皇無措，紛紛效秀才之臨場抱佛腳者，不一而足。其最足發人一噱者，則有平望營老將一事。緣是日有一哨弁頭戴紅緯大帽，足穿廣襪快靴，滿面煙容作黃金色，在校場中箕踞而坐，口操鄉音，呼兵丁而語之曰：「爾輩今朝須要擺還我規矩來。切不可仍作舊日模樣。」蓋老將在鎮皆有恒業，或為挑水夫，或做小貿易，固不知所謂營規也。弁於是又作笑容曰：「今日起跪須要依禮而行，還鎮後請爾輩吃酒，東道皆是我出。」兵至此始作首肯狀。相與互告曰：「三老官開鎗時，切須留心，莫要放痛了手！」聞其言者，無不為之捧腹。噫，中國營務廢弛一至於此，有心人能不浩歎哉？〔事同〕〔兒戲〕

4283	原 486/4	廣元 6/44	大 14/157

砍樹問罪

越郡嵊縣東門外距城十里許地名枯樹灣。前有槐樹為妖，將某姓彩輿中之新人攝至他處等情，業已繪圖登報。茲悉某姓實係阮氏，事後族人以新郎死於非命，據情控縣。鍾大令提訊數堂，供詞無異；遂飭差雇工八名、鋸匠八名，親往該處勘視，並無形跡可尋。乃令將槐樹先行齊根鋸斷，又將根掘去，亦無他異。因令再挖，下甫及尺餘，忽聞鏗然一聲。視之，係一石板。揭起之下，有一穴大如井，以石投之，杳無底止。知係妖窟所在。自顧德不勝妖，恐被觸犯，即命駕回署，不知如何審辦也。按前年白門某大令有審樹一事，一時傳為奇談。今觀此事，大同小異。抑何木妖之多耶？抑其中別有故耶？吾不得而知之矣。〔草木何知〕

4284	原 486/5	廣元 6/45	大 14/158

火藥肇禍

安慶東門內鷺鷥橋向有火藥庫兩所，中隔一塘。一庫有弁兵看守，一庫為各營存放軍械之所，魚鑰森嚴，無人居住。現因鄧中丞創建鑄造銀元局，總其事者擬將儲物之老火藥局鳩工改造，飭令練軍兵勇將庫中軍械移運他處。不隄防有近處居民劉、練二姓，見而覬覦，相約於夜深人靜時，越牆圖竊。不知如何遺火，登時炸裂，轟然一聲，天驚石破，沖毀房屋一間，二人同時被禍。練某自灼傷後，奔到家中，越半日始斃。惟劉衣服被焚，皮肉脱落，裸臥頹牆之下，殊令人見而慘然。尚幸火藥不多，否則其禍更烈，恐有不堪設想者。側聞近來火藥庫所在，偷竊之事，時有所聞，特未便指實耳。今觀安慶之事，亟繪為圖，所願司理者早加之意也。〔變起倉卒〕

4285	原 486/6	廣元 6/46	大 14/159

武弁不法

蘇垣三多巷李姓婦，早喪所天，冰清玉潔，守節多年；生有二女，均饒姿首，而長尤嬌艷動人。有武弁徐某者，自稱係提鎮職銜，賃居於李姓餘屋內。窺知婦家積蓄頗豐，兼涎女色，竟於前夜帶刀入內，勢欲強姦。婦知勢不敵，巧言安慰，即挈二女潔身潛避，借宿附近某親串家。弁遂將婦之所有據為己物，不容搬取。婦冤莫能伸，倩人繕就稟詞，乘蘇撫趙中丞騶從經過時，攔輿遞稟。中丞不動聲色，立飭元、吳兩邑宰嚴密查拿。於是李紫璈、賴葆臣兩大令飛輿而往，託言拜謁。弁不知來意，居然紅其頂，花其翎，衣服輝煌，出外晉接。兩大令喝令擒拿；而差役猶畏其氣燄，不敢動手。李大令以事機已洩，親將該弁當胸扭住，差役人等始一擁上前，執縛以去，回稟中丞。想當按律嚴辦也。〔任性〕〔妄為〕

4286	原 486/7	廣元 6/47	大 14/160

太不自重

暹王車駕前過西廊之際，曾赴堅尼某寺中拜佛；因索觀佛牙，寺僧不許，忿然而去。當王駕由廊登輪之際，國家曾派兵差在碼頭列隊恭送，并有暹羅王子四人亦在碼頭恭候。時有某西人適在該碼頭登岸，不意偶然失足，跌於水中。時四王子見之，不覺鼓掌而譁。幸該西人尚諳水性，得以泅登彼岸。惟以諸王子見其下水，不惟不救，且加喧笑，遂疑為輕薄少年，因竟向前直批其頰。事為該處巡捕所見，乃急上前阻止；并向該西人說明此係暹王之子，汝曹安得無禮。該西人始知驚懼，旋向王子再三請罪。諸王子乃一笑置之，并不與較。雖云大度，亦咎由自取也。〔咎由自取〕

4287	原 486/8	廣元 6/48	大 14/161

死不旋踵

金陵漢西門外圩內宋姓，姑媳兩代寡居，異常困苦。上月初三日三更時分，突有盜匪多人撞門而入，劫去衣物，僅值數緡，并及宋媳床下舊布鞋一雙，係其夫遺物也。事後，嫗投縣報案，先至城外保甲總局求請緝究。訴畢，忽忽出門，見一男子自東徂西，所著之履，酷似其子遺物；因復入局稟陳。袁榆笙觀察聞之，立派督捕營兵數人，跟蹤往捕。旋將其人拘獲，嚴加盤詰，供出同黨九人。當時僅劫得布衣褲十餘件，舊布鞋一雙，計將衣褲售錢五千，八人均分。伊因在外把風，故祇得舊鞋一雙。現在三人尚匿某甲家，餘均遠去云云。觀察遂復派兵，將三人擒獲，研詰屬實，詣轅稟知督憲。劉峴帥以四盜獲贓雖微，情節重大，飭即正法；并再嚴緝夥盜，務獲懲辦。一時見者，為之竦然。皆謂以區區之數，而取殺身之禍，亦殊不值得矣。〔噬臍何及〕

4288	原 486/9	廣元 6/49 右	大 14/162

虎不食人

曼坡地方有名武吉曼者，係華人種植甘蜜、胡椒之場。日前，有華人某在該山場剪取甘蜜之葉，詎附近有一斑斕大虎，猛撲而來。其人驚倒在地，乃該虎并不以之充腹，但將其人翻來覆去，如貓之玩鼠然。迨及旁人趕集救援，虎始從容遁去，眾遂將某舁往曼坡醫院調治。查其人身上多係虎爪傷痕。其所以致病之由，係被驚嚇所致。是真所謂虎口餘生矣。〔幸而〕〔免耳〕

4289	原 487/1	廣元 7/49 左	大 14/163

妙畫通神

西國有畫師某，能以穀一面畫出茅屋一椽，農人一名背米一囊，緣梯而上，意欲曝米於屋瓦上。茅屋乃在山坡，其旁立馬一匹，車一輛，路上行人數名。按此穀面寬廣不過二分，此畫瞭然若揭，得未曾有。曾聞粵西陳啟源能以穀一面寫七絕詩四首，用顯微鏡窺之，見其筆畫玲瓏，字墨端楷，已稱妙手。今西國畫師能繪此畫，倘得陳君題詩其後，洵稱合璧也。〔明察秋毫〕

4290	原 487/2	廣元 7/50	大 14/164

航海奇觀

今屆英皇御極六十年之期，各國均遣重臣前往致賀，英國紳商亦各伸慶祝，共獻葵忱。香港定於五月二十三日舉行慶典，先令海面各船鋪張一切，以供清賞。嗣由巡理府屈太守擬定大致，謂各小輪有欲會賽景物者，准於五月初八日以前到會中掛號。其布置之法，以一魚雷船先導，由船政官林君為之指揮。各小輪船啣接而行，如牟尼一串；各貨艇則分列兩傍，如鳥之張翼然。船艇之上一概高張燈火，照澈波間。自夜九點鐘起，水陸各兵均派赴各船助興，並分給燭籠等物，使各小艇亦魚貫游行。是誠香海之大觀，極一時之勝概也。故珥筆誌之。〔洋洋灑灑〕

4291	原 487/3	廣元 7/51	大 14/165

訓犬成軍

踏車軍隊，近日泰西各國多有以此為矯捷之軍，誠軍營中創製也。乃德國京城柏林思得一法，以破敵人踏車之軍。其法率犬千頭，使之習練，為預攻踏車軍所用。所選之犬，以英種為尚，每日在演武場訓練，使其認識誰是法、意、俄敵人，并何人為德軍、澳軍。又將各軍勻雜，使犬見敵則噬之下車，以亂其軍。倘誤噬德、澳，則笞之以鞭；噬敵人，則喂之以肉。教訓不過數日，而犬已能分辨誰是敵人，誰是主人。他日有事之秋，用此等韓盧以破踏車軍，當可操必勝之權也。〔自成〕〔一幟〕

4292	原 487/4	廣元 7/52	大 14/166

龍穴已破

京師永定門外西南六里許馬家堡，現已築成鐵路。所有涼水河相近之九龍山一帶地畝，均經某西士購買，建造棧房，業經開工；遇有凸凹處所，開挖平墊以備起造。正在開挖九龍山之際，穴中突出大蛇三頭，身長十餘丈，圍粗若桶，盤旋逾時，御風而去。一時傳播遠近，男女觀者如堵。並聞附近鄉人云：「九龍山共有九蛇穴居其中，故名九龍，今見其三凌空飛去，此間風水已為所破，恐將來陵谷變遷，不知作何景象。」誦「華屋山邱」之句，不免為之愴然耳！〔噓氣〕〔成雨〕

4293	原 487/5	廣元 7/53	大 14/167

樹妖案結

越郡嵊縣樹妖殺人一案，本齋已兩繪為圖。嗣經嵊邑尊鍾企亭大令一再推究，以此案先失新娘裙襖，次失新郎頭顱；既在樹間掘有妖穴，不得不遣人入穴一探，方能明白。因將獄中已定死罪之鄧小毛提出，令往枯樹灣妖窟中帶一質証，可貸一死。該犯欣然從命。遂於四月二十八日，飭令捕役八名，押帶該犯前往，以繩繫身，縋之使下。逾時，該犯即拽繩而上，并攜有新娘裙襖及新郎頭顱，當即回署。稟稱下窟時神志昏迷，屈曲而行，地漸闊大，倏見奇花異草，境界迥殊，心目為之清爽。再行里許，見一巨宅。有守門者詰問何來，告以故。守門人入而復出，擲以裙襖、頭顱，揮令速去。及回首，而巨宅已杳。乃循原路而回，餘無他異。鍾大令得供，遂傳屍親到案，備述一切，飭令具結，案遂了。聞者皆鼓掌稱奇。〔咄咄〕〔怪事〕

4294	原 487/6	廣元 7/54	大 14/168

珠光變幻

北方消息，言某日廈門地面忽爾遍地生珠，毫光閃爍，大小殊形。土人見之，爭相拾取，售於珠飾鋪，得貲頗厚。詎事越兩三日，珠忽變態，化而為蟲，蠕蠕散動，至是始知為蟲卵而非珍珠也。當首飾店初購時，並不思及陸地萬無生珠之理，徒貪其價值之廉，互相購買，什襲而藏，待價而沽。以為獲此意外奇逢，巨富不難立致。詎料越時變化，轉眼成空，悔已無及。聞諸土人云：此蟲生卵，實為饑荒之象，似非地方之福。或曰：「饑荒是否不可知。然卵珠所生，計有三四十里之廣；將來變化成蟲，不知費幾許物料，始足果其腹耳！」〔明同朝霞〕

4295	原 487/7	廣元 7/55	大 14/169

強中有強

蘇垣元妙觀前有一江湖賣解者，口操山左音，赳赳桓桓，氣宇雄壯，耍拳舞棒，旁若無人。且對眾大言曰：「咱老子挾技餬口，周游六省，從未逢一敵手。竊怪天下之大，人民之多，區區少林術，豈遂足雄視一世乎？」言未畢，忽人叢中有一行腳僧，身材短小，貌黑而瘦，肩負一藥囊。從容前曰：「好漢既有拔山扛鼎之勇，小僧今願領教。可以一角勝負否？」賣藝者拍手笑曰：「汝不怕死，儘可前來。」其意頗存藐視，遂斜飛一拳劈胸而來，被僧當場捏住。賣藝者猶大言不慚，請顯刀技。僧許之。於是手持雙刀，左右盤旋，刀光閃鑠，呼呼有風。僧見其漸使漸近，忽將包袱解開，用力一捲，雙刀已奪在手。賣藝者至此，始面紅耳赤，收拾器械，垂頭喪氣而去。謂今而後，不敢妄自尊大矣。語云：「強人自有強人手，還有強人在後頭。」觀此益信。〔好勇鬥狠〕

4296	原 487/8	廣元 7/56	大 14/170

犬能獲賊

京師彰儀門內南煙閣地方陳某，農圃起家，倉箱富有，騾馬成群。因患盜賊，以功人不如功狗之愈，乃畜犬八頭，用肉餵飼，俱碩大無朋，以為守夜之計。該犬能知主人之意，偶見生人經過其門，即狺狺相向，利牙鋸齒，有虎豹攫噬之狀。人咸畏之，有望而卻步者。陳顧而樂之，謂自此棄人用犬，可以高枕無憂矣。上月某夜時交三鼓，忽有偷兒穴牆而入。黑暗中先為一犬所見，向之狂吠，七犬從而和之，趨出環咬。賊影隻形單，不敵眾犬，致被噬傷足骨，負痛難行，大呼救命。陳由夢中驚醒，攜燈出視，立將群犬喝散，賊猶逡巡不去。因問其故，賊垂淚叩首而言曰：「君家畜有猛犬，小竊被傷，不良於行，非不欲逃也。求恩人姑饒狗命，何如？」陳笑而釋之，自是益珍視此犬。世有食其祿而不能忠其事者，得毋犬之不若乎！〔守夜功高〕

4297	原 487/9	廣元 7/57 右	大 14/171

兩頭鱉

甯波江北岸某廣貨店，日前購得一鱉，將肆烹炙。庖人以刀決其首，首落血淋。頃刻又伸一頭，昂然而出。不覺大驚，失聲狂喊。店中人群集觀看，亦不遽效老元緒之將頭縮入，猶見此鱉雙目灼灼，旁若無人，頗似近世狂奴暴發，有昂頭天外之概。相與咄咄稱異者久之，謂此物雖有出頭之日，終亦一畜類耳。急命人取而投諸淵，鱉遂悠然而逝。嘻！異已。〔孽〕〔畜〕

4298	原 488/1	廣元 8/57 左	大 14/172

龍姿鳳彩

英國女君主維多利亞，生於西歷一千八百十九年五月二十四號，即中國嘉慶二十四年。自一千八百三十七年，即中國道光十有七年登極以來，迄今一千八百九十七年六月二十一日，為在位六十年屆滿之期。屈指春秋七十有八，生四男五女，有孫男女及外孫男女三十餘人，內外曾孫男女十餘人。富貴壽考，五福兼隆，洵為天下之冠。本屆舉行慶典之期，各國人民莫不樂瞻丰采。本齋亟求真像，摹繪成圖，冠之報首，以慰都人士瞻雲就日之忱云。〔女中〕〔堯舜〕

4299	原 488/2	廣元 8/58	大 14/173

演龍行慶

滬上水龍會之舉，遇有喜慶則行之，而未有如此次之盛者。此次為英國金鋼鑽大慶之期，故燈彩之外，復有是舉。先是英、美兩界工部局將各洋龍紮以綢絹，裝作龍形及龍船之類。救火會中人紅衣銅帽，簇護其旁，隨以繩索、撓鉤救火之具。龍上遍懸五色明燈及各種彩畫，飛禽走獸，龍前有英皇維多利亞像。各西人咸手持電光燈，緩步徐行。由大英領事衙門繞道浦灘，以達法界，會齊法國水龍，至新開河略憩片刻，然後仍由原路折回。會中有洋龍四架、皮帶車八輛。沿途導以西樂，鼓吹悠揚，燈球照耀。其最後之洋龍，植立一人，頭帶銅鍪，白衣如雪。當經過各洋行時，各西人見之，均脱帽為禮，拍手歡呼。或曰：「是大兵頭也。西人備預不虞，借行樂之場，寓防患之意。」其火政之修明有如是者。〔安不〕〔忘危〕

4300	原 488/3	廣元 8/59	大 14/174

西童賽馬

上月廿二日，旅滬英商慶賀英皇踐阼六十年屆滿之期。各處張燈結彩，輝煌絢爛，盛極一時。各西人尊君親上之心於斯可見，予亦不敢妄贊一詞。惟西人藉行慶以行樂，於恪恭震動之中，寓舞蹈發揚之意。初不拘拘於禮節之間，而禮節自不可廢。紳商之外，有學童焉，亦西國之子民也，向在西童書院肄業。是日掌教某君率領至公家花園，餉以茶點，娛以各種玩具；聯袂優游，互相歡忭。繼而學童二三十人復至賽馬場，各騎駿馬，按轡揚鞭，顧盼自得。迨至並駕而馳，此呈磬控之能，彼奏騰驤之技；錦韉過處，電掣星馳。此雖賽馬之常情，而出之童子，則我中國謝不敏焉。此其人才之盛所由來也。〔各奏〕〔爾能〕

4301	原 488/4	廣元 8/60	大 14/175

賽腳踏車

腳踏車，一代步之器也；曷足以彰明典禮，而未始不可以鼓動性情。前年海上尚不多見，至近年來，始盛行之。本屆慶賀英皇之日，各西商喜腳踏車之多而乘坐者之眾也；於是豪情霞舉，逸興雲騫，共集於坭城橋迤西之賽馬場。車則鋼絲如雪，輪則機括維靈。一升一降，不疾不徐，如鶻之飛，如鷹之隼。瞬息婁里，操縱在兩足之間；而東洋車不能方斯迅疾，馬車亦無此輕揚。由其駕馭之熟而練習之深也。以視跑馬之專藉馬力、跑人之專用人力者，迥乎不同矣。現在德國已訓成踏車軍隊，更練犬隊以破踏車軍隊。行見腳踏車之利用日盛月新、有進而益上者。此特小試其端耳。〔天工人力〕

4302	原 488/5	廣元 8/61	大 14/176

狐欽孝女

九江姑塘關委員彭麟甫少尹蒞差十餘年，素稱勤幹。其夫人某氏僅生一女，年方及笄，事親甚孝。去歲，適黔撫嵩書農中丞之公子為室。邇以中丞罷官歸里，女亦省親而歸。適夫人患疾，日見沉重。旋經何芙卿參戎診治，數劑而痊，舉室相慶。正在開筵宴客時，忽見庭外憑空懸下一物。少尹趨視之，係一線板，外裹紅紙一條，上書七絕一首。其詞曰：「割股孝女真可敬，天增母壽十餘春。誰知此間賢孝女，看來生女勝生男。」旁有小字：「鄰居胡狸生書」。諦視，墨跡淋漓未乾。舉座驚歎。且線板係夫人舊用之物，少尹追問其女，亦茫無頭緒。蓋公廨大廳側樓上向有狐仙，實欽其孝；故有此事云。〔感乎異類〕

4303	原 488/6	廣元 8/62	大 14/177

球升忽裂

西人實邊沙前在香港演放氣球，聲名藉甚；既而挾技往遊穗垣，頗有所獲。前日，復回至港，在鵝頸地方，再將氣球試演。是日，觀者人山人海。實邊沙逸興遄飛，乘球而上，騰霄凌漢，如鵬摶風。人方拍手喝彩，詎料升至半空，球忽爆裂，不待放氣，隨即隕墜。實邊沙堅持所綴之傘，聽其落下；惟此傘僅開其半，落於新建火水池之山畔。一時仰觀者皆驚心咋舌，代為之危。以為此次一蹶不振，當必赴森羅殿上再獻手段矣。於是有奔山越嶺，向前相救者。乃實邊沙饒有膽識，不慌不忙，僅傷左脛骨。經人舁至小火船，送往西醫院療治。聞受創雖重，尚不至有殘廢之虞。亦云幸矣。〔一落〕〔千丈〕

4304	原 488/7	廣元 8/63	大 14/178

龜殼幾碎

珠江為煙花淵藪，名勝之區也，畫舫燈船到處皆是。各衙門差役例有陋規，按月收納。日前，某船上先有自稱縣差者數名來索規費。龜黨應付之，飄然而去。未幾，又有縣役到來。龜大駭曰：「適纔收費者，非明明公門中人耶？汝何人，斯敢來混冒。」不由分說，大動干戈。差以寡不敵眾，恨恨而逃。立即號召黨羽，興師問罪，誓欲與老元緒一決雌雄。龜黨至此，縮頭不敢復出。始知前來之差，實係冒充。急挽有力者出為排解，願獻香佛若干尊為壽；一面備辦香燭，當場服禮，其事始了。不然，覆巢之下，必無完卵，豈止龜殼之立碎而已哉！然作皮肉生涯者，不知又費夜度資幾許矣。不亦冤乎？〔鑄成大錯〕

4305	原 488/8	廣元 8/64	大 14/179

西蜀古錢

客有自鄂垣來者，為言湖北竹山縣城內有一山焉。清和時節，大雨傾盆，山忽崩裂。中有鐵錢無數，與咸豐年所鑄當十銅錢大小相似；一面鑄有「致和通寶」四字，一面鑄有「西蜀」二字。附近居民聞此信息，爭往拾取。嗣經紳士稟官，即來禁止，一面飛報督憲。除居民拾去外，約獲鐵錢六七百萬緡。當將錢攜赴省垣，呈經張香帥驗視後，即委員弁將錢浸以藥水，立即變成白色。擬以三百貫盛貯於箱，解京進呈。聞已委黎觀察、陳太守於五月初一日，起程押解入京矣。〔國用〕〔攸須〕

4306	原 488/9	廣元 8/65 右	大 14/180

老蛤貪餌

粵東南海去官窯數里有清水潭焉。潭上有一大樹，干霄蔭畝；下有石穴，穴內有一老蛤，大逾覆碗。人皆莫能捕之。一日，有唐溪某甲賣蛤歸來，聞其事，設計擒之。乃於夜深人靜時，以銅線尺許繫一角鉤，用稚蛤納鉤於其腹，隱身樹後，將稚蛤懸於穴口。未幾，老蛤果貪餌而起，吞鉤不能復吐，為甲所獲。權之，重十三四兩。次日，有老農見之，謂此蛤一出必有風雨；否則隱伏不動數十年，驗之不爽。有好事者以兩金購之，欲以驗風雨，終以鉤不能出而斃。世之貪餌忘身者，其鑒諸。〔利令〕〔智昏〕

4307	原 489/1	廣元 9/65 左	大 14/181

太史愛才

蘇城元妙觀前有卜人羅姓，攜帶一童，年甫九齡，眉清目秀，氣度安閒；能背誦七經，朗朗不絕，詩賦文藝亦均楚楚可觀。吳下文人多有到寓試才，贈以花紅者。前日，王幹臣太史耳童之名，招之至家，命題面試。該童對客揮毫，不假思索，立成起講一首、五言詩一章。太史愛其敏捷，並招卜者至，細詢家世，知係粵西名族。乃留童在家，延師課讀，亦可謂愛才若渴矣。〔教養兼施〕

4308	原 489/2	廣元 9/66	大 14/182

掛劍遺風

西報言中國前任駐美大臣楊子通星使，於西歷五月七號命駕往謁前美國總統加蘭之陵，代李傅相手植御柳一株，以誌不忘。此樹高約六尺，乃中國御園中物。楊星使親自檢泥一掬，播而植之。旋出誄文一道，係傅相讚慕加蘭總統功德；并述歷年交誼，藉此柳樹以垂不朽。在場觀者三千餘人。加蘭夫人感其情，即請楊星使寄意伸謝李傅相，亦有愴懷舊雨、無限低徊之意。溯加蘭總統有生之年，攜妻及子遊歷天下，取道津門。時傅相在直督任，與加蘭傾蓋論交，杯酒談心，頗為相得。及傅相使俄游歷至美，往謁加蘭之陵，不勝今昔殊情之感，老懷棖觸，故惓惓不置也。〔故人〕〔情重〕

4309	原 489/3	廣元 9/67	大 14/183

濶老出醜

黃某，諱其名，向在粵省操榜人業；善夤緣，得受知於前任廣東水師提督吳鎮威軍門，榮以衣頂，奉差至梧州，囊橐充裕。及將軍樹折，銷差閒居，面團團儼作富家翁矣。黃有髮妻郭氏，仍以渡客為業。自黃貴後，厭棄糟糠，不通聞問者二十餘年。一日，黃乘畫舫，載雛姬數輩，容與中流。適郭氏駕小舟導一妓至，見黃踞坐胡床，不覺怒從心起，直前問曰：「薄倖郎尚認得舊時故劍否？」黃佯作不聞，揮之使去。氏曰：「去亦何難，惟須厚贈，否則必出君醜矣。」黃怒，以手批其頰，且擠之下水。氏乃鳧返小舟，取白鐵面盆一具，以柴擊之，其聲瑯瑯然。大呼曰：「請我輩船戶來看薄情郎，陳世美再生，金奪鰲未死。」唱畢，鳴盆一聲，即嫚罵一聲，并述其少年時各種醜態。繞於畫舫之左右，追之不及。黃無奈，衹得移碇他處避之。一時岸上觀者拊掌曰：「今日濶老出醜矣。」〔自貽〕〔伊戚〕

4310	原 489/4	廣元 9/68	大 14/184

貪色忘身

粵東鹽步黎邊鄉馮某，鄉人也。在鄉外支篷作廠，豢鵝為生。妻某氏，年華花信，容貌苗條，與馮伉儷甚篤。相約夜半歸棲，虛掩柴門，不持燈燭，習以為常。不料有瘋人某與馮同鄉，悉馮所為，涎之已久。一夕，適馮因事不歸，某乃排闥直入，揭鴛鴦之帳，登翡翠之床。氏時芍藥方濃，芙蓉乍醒，以為夫也，聽其所為。迨至雨散雲消，春回夢覺，暗中摸索，始知其誤；乃牢握瘋人下部，疾聲呼救。某不能掙脱，遂為鄰里所執縛。紛紛集議，懲以家法，投之濁流，俾從屈大夫之後。人皆快之，惟氏終以被污之故，抱慚無地。未幾，自經而死。聞氏有娠，經已數月，則一死二命也。吁，氏之遇苦矣！然氏之節，亦不可沒也。〔自作〕〔孽〕

4311	原 489/5	廣元 9/69	大 14/185

誣竊釀命

江甯府上元縣捕廳蘇慶生少尉有炯，蒞任三十年，慣以詐贓索賄為事。五月十二日，有更夫某甲與吉王府地賣菜傭夏景舟有嫌，誣以竊豬，扭控捕署，以洩私忿。蘇少尉不問虛實，適因內橋陳炳泰肉鋪不肯賒貨，思報之而未得其間；遂令夏認罰洋五十元外，供出所竊之豬，售與該鋪，予即不汝罪矣。夏性耿直，堅不允從。致觸少尉之怒，笞責至一千八百板；復用夾棍、天平架等嚴刑，致夏已奄奄一息，始思以花紅鞭炮，飭人舁送回家。該家屬知已氣絕，拒不肯納。差役委屍而逃。由其家復倩人舁返捕署大堂，爭向蘇少尉索命，洶洶者多至三四千人。嗣經府尊委員相驗，見傷痕纍纍，確係嚴刑斃命，無可諱飾；猶念同寅之誼，勸令賄和。屍屬不允，停屍捕署。雖已收殮，必俟定案方肯舁歸。刻下蘇業已撤差候辦，畏罪服毒者兩次，均已遇救得生。至此求死不得。可見貪官污吏，自無不敗之理也。嗚呼，可不鑒歟！〔無法〕〔無天〕

4312	原 489/6	廣元 9/70	大 14/186

惡聲何來

揚州北門外一帶居民，於上月二十日三更時分，有聲四起，忽遠忽近；若惡犬之吠，若怪鴞之鳴。細聽之，其聲悽楚。新舊二城，莫不皆然。接連三四日，無夜不聞。有好事者不解其所由來，拔關尋覓，渺無蹤影，不覺咄咄稱怪。聞未有惡聲以前，有天寧寺僧人於夜半參禪誦佛時，突見一物，從空直下，破門而出。急起追之。是夜月色朦朧，但見黑雲一片，隱約間有一怪獸，似駝非駝，似馬非馬，吼聲如輪船之放氣；其行甚疾，無異電掣星馳。追至南字營門首，營勇亦見此異，幫同追趕。直至廿四橋左近，時已東方將白，黑雲漸散，物亦杳然，不知所之。惟見四蹄所著之處，有跡宛然，酷似蒲扇。是何祥也？吉凶焉在？敢質諸博物家。〔妄言〕〔妄聽〕

4313	原 489/7	廣元 9/71	大 14/187

花林擺陣

粵東城西甯居里私窩林立，中有某寨植錢樹數株，燕瘦環肥，修短合度。暴客聞而艷之，思劫之而未有間也。一日午後，驕雲散雨，鬼轉蛇騰。正當霹靂一聲，匪遂乘威闖入，奪其三妓，納諸肩輿，若風捲殘雲而去。該寨元緒公乃督率鴇羽，沿路追戰。一時雨聲、風聲、雷聲、鎗炮聲及四圍鬧閧兜截之聲，上下左右，混成一片；即伍子胥素車白馬驅千軍，壁立濤頭，亦無此陣勢也。迨趕至十二甫，始將其三妓奪回，並獲其肩輿三乘，如獻俘馘囚狀。笑言啞啞，意氣揚揚，固彼類中一大生色也。然行路者則已喫驚不小矣。〔鷸蚌相爭〕

4314	原 489/8	廣元 9/72	大 14/188

韋馱被毆

松郡西門外妙嚴寺後有三乘庵焉，向為比邱尼焚修之所。近經某大員之夫人某氏解囊修葺，將各菩薩裝塑一新，色相莊嚴，輝煌金碧。每屆朔望，以心香一瓣，爭爇於蓮花座下者，輕衫團扇，絡繹如梭。近又在該庵門前高築照牆一堵，以壯廟貌而避覬覦。詎此牆適與吳姓住宅遙遙相對，吳因惡其有礙風水，屢次向尼理論。該尼恃有護符，竟置不睬。吳忿甚。前夜乘醉而歸，仗麴秀才之勢，命儔嘯侶，同至庵中大聲呼喝，謂：「爾如不拆此牆，予誓不看佛面也。」時旁有韋馱神像，不覺怒從心起，立奮老拳，將神兩手臂折斷，悻悻而去。於是聞者譁然曰：「佛法無靈。及身之禍尚不能佑，安能拯人之阨哉？」自是香客為之頓衰。〔老拳奉敬〕

4315	原 489/9	廣元 9/73 右	大 14/189

智珠獨得

龍珠在頷，蛟珠在皮，蛇珠在口，鼈珠在足，魚珠在眼，蚌珠在腹。見陸佃《埤雅》，是皆珠之可貴者。若百足蟲而有珠，則又出乎數者之外焉。粵東省城於五月十九日午刻，黑雲翻墨，阿香隆隆而來。忽聞霹靂一聲，其雷由西關蓬萊里昇昌餉當而起，劈去磚瓦數塊。有百足蟲一條，已被雷火燒斃，約重一觔之譜。店東視之，忽於腦際現出一珠，拾置掌上，的爍晶瑩。以故珍而重之，雖至戚亦不輕示。未知其寶值幾何也。〔喜從〕〔天降〕

4316	原 490/1	廣元 10/73 左	大 14/190

慈悲何在

某甲，不知何許人。少隨父宦游粵東，藟然有出塵之想。當乃祖在時，嘗與某寺僧善，香積廚中佈金幾滿。近以家道中落，遂與僧蹤跡漸疏。日前，偶有所需，輾轉躊躇，計惟僧夙有交誼，因詣之。僧見之曰：「今日天氣頗涼，公子何僅穿葛？」曰：「余病未能也。」僧曰：「何病？」甲言：「恐藥不對症。奈何？」僧曰：「試猜之。猜著，當以何物見酬？」曰：「即以阿師藥物酬，阿師當不靳也。」僧攢眉咋舌者久之，辭不克應。言之再三，始貸一金。甲不顧而去。吁，出家人以慈悲為本，況又夙承佈施之檀越耶？乃竟無情若此，亦可為好締方外交者作一龜鑑矣。〔交情〕〔乃見〕

4317	原 490/2	廣元 10/74	大 14/191

氣球破敵

今之談摧敵者，皆曰：「須創妙物以破鋼炮鐵舟，然後可操勝算。」及遲之又久，不聞有推陳出新之軍械，足見創造之不易耳。茲閱《西字報》，言有西人里那製成新式氣球一具，能載八千五百磅之重。昇放空中，每點鐘行二十五咪。各國苟製造此球為行營之用，則水陸之兵可以廢。況配大砲於球中，居高擊下，凡鐵橋、輪艦、砲臺、火藥庫、電報局及水陸兵弁，皆不可恃。此氣球之善於摧敵也。〔軍中〕〔利器〕

4318	原 490/3	廣元 10/75	大 14/192

鼠山貓鎮

粵東番禺縣屬之沙茭鄉，本盜賊出沒之區，居民患之。昔有堪輿相度形勢，謂此地因有鼠山，故至於此；令鑄鐵貓兒蹲伏於穴旁，兼鑄一鐵漢，名之曰「善人」，以為鎮壓之計。當時或笑其妄，詎自此之後，竟爾雞鳴無患，厖吠不驚。於是益神其説，謂此舉為有功地方，深恐世遠年湮，草埋苔沒，數十百年之後，或至無人顧問，每年例由大憲委員前往巡視一次。本屆由張明府允武捧檄而來，會同地方官察看如常，業已回省稟復。事雖近乎無稽，而官府志在安民，奉行惟謹；甯信其有，不信其無，其意亦未可厚非也。誰謂形家之言，必不可信哉？〔厭勝之術〕

4319	原 490/4	廣元 10/76	大 14/193

瞽姬被虐

佛山某甲，前日偕友至某煙館，正在吞雲吐霧時，適來一瞽姬。其友遂喚令度曲，甲亦入以柔詞，弄月嘲風，恣情諧謔。瞽姬厭之，謂甲曰：「爾之輕狂如此，友之文雅如彼。汝二人臭味何大相差池耶？」甲老羞成怒，謂：「爾這盲鬼，放肆乃爾。此後吾不准汝來，看誰為汝出氣。」瞽姬以為誑也，一笑置之。一夕，甲糾領多人，手持穢物，伏於該煙館左近暗陬，見瞽姬至，各出攔阻。有謂歌喉甚好，當以黃酒一壺賞之；有謂晚妝已殘，當以膏沐一握賜之。瞽姬應接不暇，滋味備嘗，直至灌頂醍醐，淋漓盡致。心知受甲之侮，而亦付之無可如何。他日重整琵琶，蹣跚而出，又為甲劫去衣飾。其相者欲待聲揚，持刀嚇之，遂任其飽掠而去。何物狂奴，摧折殘花一至於此。吁，亦太過矣！〔不明〕〔不白〕

4320	原 490/5	廣元 10/77	大 14/194

丐求祖師

松郡洙涇鎮有一古廟，為鄭元和一流人盤踞之所。近經該處紳董雇集某戲班開檯演劇。當將戲箱舁入時，有某丐在殿旁吸煙，忽失煙灰若干，疑係扛夫某甲所竊。丐等不問情由，將甲兇毆。各伶人聞而大怒，群起而攻。班中有武伶數人，自恃身手高強，紛紛擁至廟內，將群丐打得落花流水，狼狽不堪；而洶洶之勢，猶不肯休。丐等情急，乃懸丐祖嚴丞相像，默求庇佑。一時鳩形鵠面之徒，放聲號泣，幾令人不堪入耳。後經地甲購備香燭鞭砲，令丐頭至領班處負荊請罪，其事始寢。相傳嚴嵩當日奉旨討飯，而又不許人家給飯，以致餓死，遂為乞兒之鼻祖。其法力止此，安能佑及後人，況梨園中固奉李三郎為祖師乎？呵呵。〔氣靈于鬼〕

4321	原 490/6	廣元 10/78	大 14/195

天理循環

肇慶府開平縣屬有水東鄉焉，其土產以煙葉為大宗。每屆春末夏初之際，綠陰蔭畝，煙葉漸長時，有蝤蟲蠕蠕蠢動；稍不檢拾，過宿，葉即被嚙無遺。故業此者，多雇女工為之捕捉。其法先煮糯粉為糊，如湯圓大，以次按葉搓之，蟲隨粉出，葉可保存。舍此別無良法也。惟各女工素無午饁，未免啼飢，故有竊取糯粉以充腹者。主人惡之而無如何。有鄉人某甲性最黠，思得一法，遂偽向眾女工言曰：「今後粉團中多置砒霜以殺蟲。爾等幸勿入口，自取咎戾也。」眾女工疑信參半，數日無敢染指者。一日，有某氏婦潛竊一團，試之豬與犬，皆無恙，因笑甲之説為誑。未幾，又有某氏婦甫竊一團，正欲入口，忽見甲所生五齡之子，匍匐而至，婦遂與以少許，以驗其事之有無。詎此子食畢，頃刻毒發，百藥罔效，不半日而殤。甲詰問由來，人皆惡其寡恩，莫肯實告。語云：「作法自斃。」其甲之謂乎？〔害人自害〕

4322	原 490/7	廣元 10/79	大 14/196

虛題實做

本埠馬車，每屆夏令好行夜市，往往夜半而往，天明始歸。在泥城外愚園一帶，或進園啜茗，或并不下車，竟在車上息燈，停於樹陰之下。而輕薄選事之徒，奔走於車輪馬足間，冀得一親薌澤者，時有徘徊不忍去之意。前禮拜夜，有洋行夥某甲衣服翩翩，口含香煙，立在某校書車畔。正在注目凝神之際，忽馬夫加鞭疾駛，某退避不及，衣袖為車輪軋住。行未數武，人即倒地，一袖斜掛車上，隨拖而行。其人情急呼救，馬夫始停輪。某則經人救起，尚無大傷。觀者譁然曰：滬諺所謂「弔膀子」者，原不過寓言耳。今彼乃見諸實事，可謂虛題實做矣！〔狂且奪魄〕

4323	原 490/8	廣元 10/80	大 14/197

狗亦荷枷

海甯城內居民皆蓄犬守夜，以防宵小，故韓盧、宋獵充斥於途，初不虞其橫行官署也。一日，有犬九頭忽入州署，大搖大擺，直至東花廳，或升於炕，或登於椅，相對狺狺，狂吠不已。旋竟將刺史之女公子咬傷手指，痛極聲嘶，為刺史所聞；以犬黨無禮已極，親率家丁持械亂擊。眾犬竟不稍讓，跳躍而前，大有反噬之勢，致廳上陳設各物，撞傷無數。刺史大怒，立命傳齊丁役，緊閉宅門，將所有各犬併力擒住。荷以巨枷，飭差押赴硤石鎮游街示眾；枷上並批「滿月釋放」等語，如流氓無賴之犯罪荷校也者。或謂：硤石素有劣紳把持公事，故刺史特借犬以示辱。然乎，否乎，非予之所知矣。〔畜類無知〕

4324	原 490/9	廣元 10/81 右	大 14/198

夙孽相報

申浦之左蕭家油車地方鄉民某甲，畜一耕牛，素稱馴擾，已有年矣。惟見某氏村童必怒目直視，似有眈眈欲噬之狀。童亦恐懼已久，途中相遇，必先趨避。近童年逾舞象，偶在河畔摘菜，見牛在對岸食草，以為蠢然一牛，必不能飛渡而來。遂遙叱曰：「爾若跳過河來，吾當立斃爾命。」詎牛聞言，若即領悟，一躍入河，梟水登岸。童不及奔避，被撞倒地，以角猛觸其身，洞穿臟腑，登時殞命。人謂是夙世之冤，勸令牛主幫同棺殮，並售牛於屠，以平死者之氣。童之父母亦無言而罷。〔死不〕〔足惜〕

4325	原 491/1	廣元 11/81 左	大 14/199

蒙師難做

天津縣屬荒草坨地方某姓家，有武清縣人某生在彼設帳，皋比坐擁，束髮作猢猻王已半年矣。不知如何，各生束脩至今未送。生促之，反一鬨而散。生忿甚，日前具詞詣縣，攔輿遞稟，據情求追。邑尊沉吟半晌，謂生曰：「看爾這模樣，不似讀書人，何能教讀本縣。今提四書兩句，若能接下，方可收詞。」生唯唯。提曰：「人之患」。生茫然。又提曰：「空空如也」。仍復茫然。邑尊微哂左右，顧曰：「如此，尚不得謂書生，何能作先生耶！」遂將稟擲還。生赧然而去。〔先生〕〔休矣〕

4326	原 491/2	廣元 11/82	大 14/200

王子私婚

希臘國王太子於土希未開兵釁之前，訪悉某處鄉落有閨女名羅里沙者，美絕人寰，待字深閨，未受溫臺之聘。不覺神為之往。然猶恐人言不實，急欲一見顏色，以慰渴懷。但念身為貴胄，倘效走馬王孫公然過訪，不特人言可畏，且難試彼真情。於是喬扮水兵，潛赴該村，訪悉芳蹤，道達傾慕之意。女亦殷勤款接，願訂白頭，定情而去。時女尚未知其為太子也。太子言歸，亦不敢向希王稟命。既而戰局已成，王命太子督兵前往，掌理攻戰之事。至是，女始知聯婚之水兵，即青宮之儲貳，愈加驚喜。不意兵敗而歸，大拂希王之意。嗣悉太子私婚之事，乃益震怒；呼太子責之，詞嚴義正。太子惶懼，不知所措。未知此一段姻緣，月老尚能玉成否？〔重情忘義〕

4327	原 491/3	廣元 11/83	大 14/201

樹老通靈

京西海甸黑龍潭廟中有樹一株，蔽日干霄，蔭可數畝。其樹身之大，使十數人合抱，尚不能圍。斑駁鱗皺，洵古物也。日前奉皇太后懿旨，令官商木廠人等，鋸伐備用；於是雲斤月斧，椓之丁丁。詎樹腹已空，中有常山君無數。其大者即騰空而去；小者長七八尺、五六尺不等，千百成群，銜頭接尾，隨之而行。嗣後，各工在樹上往往無端跌落，或被樹枝壓倒，受傷者不計其數。聞此樹係唐朝尉遲公修廟時手植。風霜剝蝕，日月遷流，已歷千有餘載；物久通靈，有此怪異。其如大數已至，斫伐隨之。以我皇太后之威福，縱有樹神，亦當退避三舍。乃猶故施狡獪，欺彼小民，致遭傾仆，謂之何哉？〔伐木丁丁〕

4328	原 491/4	廣元 11/84	大 14/202

計破賊船

廣甯縣屬之頭水墟地方，煙戶鱗櫛，時有商販運貨往來，以逐什一之利。前日，有黃某等載貨至埠，善價沽之，悉購雜貨回鄉轉售，計甚得也。不意有匪徒糾眾登舟，勒取行水銀百兩。黃某等一再婉商，願以三十金為壽。訂於解維之日，如數交付。若輩許之。翌日，匪黨盡赴酒樓開筵轟飲。黃某等偵知蹤跡，遂一面置備炮火，一面揚帆迅渡。迨各匪知其背約，即駕快船二艘，向前追截。駛行數里，黃某之船將為所及，連發火槍數十響，匪船被擊沈沒。各匪知勢不敵，哀求饒命，該貨船乃捨之而去。問是役轟斃匪夥四名，傷數名，若輩遂為之膽落。然恐將來報復，禍正難測。寄語黃某，尚其及早改圖焉可。〔智勇兼備〕

4329	原 491/5	廣元 11/85	大 14/203

賊思嫁禍

蘇垣竊案之多，近來疊見；而賊膽之大，亦愈出愈奇。烏鵲橋弄有撫署書吏夏姓居焉，日前被賊竊去珠花一對、珠圈兩副；因此多方戒備，徹夜不眠。一夕魚更五躍，各人以為轉瞬天明，可以安睡。詎夏尚未就枕，忽聞有長嘯聲。探頭出視，瞥見一人手持寶刀直立帳前，不覺魂飛天外，噤不敢聲。未幾，賊即躍入庭心，飛登簷際，連躥帶跳而去。夏至是始大聲叫喊，家人畢集，檢點箱籠，未失一物。瞥覩牆上高貼紅紙一張，上書「日前收到珠花等件，計值洋二百元。謹領。謝謝。惟僅堪備一餐之用，尚少路費千金。務望一并資助，即速備齊，送至張廣橋張公館」云云。覽畢，驚惶尤甚，翌日報縣。經王芸莊大令親往履勘，飭差嚴緝，未知能弋獲否。聞張公館連夜備賊維嚴，賊不得逞，故為此移禍之計。亦狡矣哉！〔膽大〕〔妄為〕

4330	原 491/6	廣元 11/86	大 14/204

笑駡由他

蘇人陸某善詼諧。鄰婦素嫻閨訓，不苟言笑。或謂陸曰：「汝能說一字，能令鄰婦笑，復說一字，能令鄰婦駡，吾輩當具酒食為君壽。」陸曰：「是何難。僕雖不才，願領此筵宴。」一日，婦正立門首，一韓盧伏於前，陸趨前向狗長跪曰：「爺。」婦果大笑。旋復昂首向婦曰：「媽。」婦又大駡不止。陸起，向眾人曰：「諸君東道輸矣。」眾皆服其絕世聰明，相與飲酒，盡歡而散。或戲之曰：「設當時無此犬，君將若何？」陸應之曰：「運用之妙，存乎一心，亦如武穆將兵不能一定。子又何必膠柱鼓瑟哉？」《詩》曰：「善戲謔兮，不為虐兮。」其陸之謂乎？〔聰明誤用〕

4331	原 491/7	廣元 11/87	大 14/205

驚散鴛鴦

滬上有校書林黛玉者，善採戰，有河間婦之行。閱人雖多，以為世間內媚之道，莫善於天仙茶園武伶趙小廉；傾心結納，似漆如膠。視貴介王孫如土壤也。近雖宿疾新瘥，鶴骨支離，依舊淫心勃發。每當宵深人靜時，必移樽就教，親往趙伶家顛鸞倒鳳，重拾墜歡。前晚，又乘馬夫福元之快馬車，由趙伶家攜手登車，馳驟於愚、張二園。霎時間，淫興又動，遽命福元驅車至王家庫綠陰深處，野田草露，復作神女襄王之會。不料為該處騎馬印捕所見，馳至車前，大喝一聲，突伸巨靈掌，欲併扭至捕房。二人見之，神魂飛蕩，不得已，雲收雨散，隨至捕房。捕頭訊之，二人觳觫若堂下牛，不覺雙膝下跪，崩角有聲。捕頭見一對可憐蟲，且笑且惱，不忍作打鴨驚鴛、焚琴煮鶴之舉。飭押片時，縱之使去。且謂之曰：「本當送解公堂從嚴懲辦，今姑從寬。後如再犯，一併治罪。」二人叩謝而出。聞者皆傳為笑柄云。〔漏洩春光〕

4332	原 491/8	廣元 11/88	大 14/206

黃犬變人

過靜安寺王家沙地方吳某，家有一妻一妾。妻性妒刻，一月前，患咳血而死。妾本有娠，近將臨盆，腹絞痛而胎不下。或云：「得狗肝宰食，可解產厄。」吳即命丐捕得黃犬一頭，縛於柱下，將欲屠割。忽化為婦人，詰之不語，牽之不動，兩目炯炯有光；忽一翻身，即亡妻殮時衣飾也。不勝驚駭。闔村以其事奇異，聚觀者甚眾。是夜忽大風一陣，人犬俱失所在。次日，其妾竟生一子。發妻壙視之，衣飾依然，究莫測其何故。以上見《游戲報》。或曰：「是殆妒婦幻形，故弄此狡獪也。」然其事頗涉荒誕，其為海市蜃樓歟？抑得諸傳聞，而未可盡信歟？姑錄之，以資談助。〔妒心〕〔未死〕

4333	原 491/9	廣元 11/89 右	大 14/207

吞洋自刎

虹口吳淞路某號門牌有呂宋人某甲，挈婦某氏居焉。前日，甲飽飲黃湯，酩酊大醉，戲將墨西哥銀餅一枚，放入口中，聊為咀嚼。不料呼吸間，洋竟滾入喉間，哽咽不下。張皇無措，情急發狂，立掣小刀，向喉自戳，血跡淋漓，昏暈倒地。旋經其妻將刀奪下，一面延醫救活。未知能免性命之憂否？錄之，亦可為世之好游戲者戒。〔急何〕〔能擇〕

4334	原 492/1	廣元 12/89 左	大 14/208

捉月奇談

閩人雲中子，自幼得異人傳授，能演隱形、縮地諸法，變幻無端，令人不可思議。其最奇者，莫如捉月一事。一夕，有友人聞其異，踵門求教。雲中子辭不獲已；乃潔治一室，口念咒，手捏訣。時正月朗中天，忽見白雲一片，冉冉而來，月光頓掩。良久，則闇室漸明，一輪明月儼在掌握之中，轉覺古之所謂廣寒宮殿者，未必不在塵寰矣。見者皆為之咋舌稱奇。俄復禹步作法，塵沙飛揚，霎時迷目；則嫦娥固仍在天上也。然則太白捉月，何必盡託空談哉！〔巧奪〕〔天工〕

4335	原 492/2	廣元 12/90	大 14/209

元寶翻身

妓女陸蘭芬原名胡月娥，貌頗輕盈，性尤淫賤；喜與戲子、馬夫相狎，與林黛玉有同癖。各張艷幟，名噪一時。以故逐臭之夫，雖知為蕩婦，不以為嫌；且反喜其有採戰之術，視同活寶。蓋所謂嗜痂之癖，別有會心也。蘭芬有客某甲，張六郎之流亞也，能得枕席之歡心。前日，與某妓乘坐馬車，揚鞭飛駛，適為蘭芬所見，不覺醋海興波；立乘包車，飛步追逐。不期行至四馬路三萬昌轉角處，與馬車相撞，砰然一聲，人車俱倒。蘭芬倒栽地上，兩瓣金蓮，凌空飛舞；不覺嬌呼救命，粉汗淋漓。一時見者皆拍手喝彩曰：「元寶翻身矣。」迨經車夫扶起，玉釵翠鐲，多半拋殘；惟失一鑽戒，值價甚巨，尋之不獲。遣人投報捕房，口稱奉東家娘娘之命。捕頭知其為元緒公也，逐之使去，不予准理。蘭芬聞之，懊喪不置。〔顛倒衣裳〕

4336	原 492/3	廣元 12/91	大 14/210

舟子捉鬼

滬南沿浦灘一帶，邇來夜靜更深之際，忽有婦女三五成群，身衣彩衣，往來歌泣；且有白衣白帽，形似無常者，相隨於後。遇有婦人、孤客信步行來，便多方追逐，做出種種鬼狀，虛聲恫嚇；以致行人遺簪失物者，不計其數。無夜不然，人皆視為畏途，相率裹足。前夜，有小船幫人六七名，年壯力強，聞之，欲窮其異，相約於夜半時分投閑行。有某甲至增祥碼頭浦畔，佇立甫定，果見無常鬼首先執桿，後隨紅衣婦三名，或歌或泣，搶步前來。甲知其偽，大喝曰：「何物妖魔，敢在此作祟耶？」少頃，若輩漸近，向甲直撲，竟將扇、傘攫去。正欲遁逃，甲黨紛紛畢集，奮力拘之，獲兩婦。細察之，非鬼也，係江北划船婦作此狡獪，冀便私圖也。甲等本欲送官究辦，旋因同幫中人再四懇求，始縱之去。居民至此始知世間真鬼固無攫人財物者，然已晚矣。〔醜態畢露〕

4337	原 492/4	廣元 12/92	大 14/211

知法犯法

租界華捕倚勢橫行，無處蔑有。小民受其荼毒，皆苦無冤可伸，以致巡捕之膽愈大，而其燄愈張。日前，有落差華捕王信海於黎明時，至英界胡家宅張和尚所設之豆腐店內購買腐漿。因嫌遲緩，任意辱罵。張夥錢順元向勸。王竟怒髮衝冠，驀向街心糾同上差華捕顧春元，偕往張店，持棒亂毆，致張頭額受傷，血流滿地。該二捕猶不釋手。街鄰等見之，群抱不平，大聲呵止。二捕不知眾怒難犯，猶欲持棒向眾毆擊。適包探黃賜福經過，目擊情形，詢知咎在二捕；當即上前，一併拘送捕房，訴明一切，解經屠別駕訊理。以二捕恃勢凌人，未便寬縱，判各責二百板，枷號三禮拜，以為知法犯法者儆。一時聞者咸為張和尚慶，謂設無持正不阿之黃賜福，必將誣以毆捕之名，反致含冤莫白矣。嗚呼，巡捕之惡，可勝言哉？〔欺人〕〔太甚〕

4338	原 492/5	廣元 12/93	大 14/212

匪黨煽惑

徐州府屬前有大刀會匪作亂，自剿平以後，迄今變名大紅拳，不免有死灰復燃之患。凡入黨者，先須謁見老師，出束脩銀二千文，即用黃紙書立神位，供奉中間。復用硃畫符三道，使燒灰吞之，每道各用涼水一碗送下。每日在牌位前燒香三次，兼在墳上及十字路口各燒香一炷，謂之接神。即其地上磕響頭三，謂自此以後，可不知疼痛。各用新磚自擊足踝，又用刀自砍，名曰「用功夫」。至一月後，謬謂刀砍斧剁，均不能入，并能避鎗丸云云。以致庸愚為其所惑，信從者頗不乏人。然有人在陳樓地方見一人刀砍至肘灣交節處，鮮血迸流，呼痛不止。老師謂其心不誠敬，為之念咒，謂可速痊。孰知養傷二旬餘，毫不見效。又一人刀砍肘上，入肉三分，血流不止，延醫調治，迄未結痂。似此結黨煽惑，誠非地方之福也，可不及早圖之哉？〔故智〕〔復萌〕

4339	原 492/6	廣元 12/94	大 14/213

拐孩匿窖

邇來京師拐孩之事，層見迭出，雖經失孩者紛紛報官查緝，迄無一起弋獲。人心皇皇，深以莫得蹤跡為憾。乃日前彰儀門外七里莊地方有董姓茶社之子，年甫七齡，與群兒嬉戲時，忽言我家有一地窖，內藏小孩六名云云。時適有陳某者新失一孩，聞其事，密稟廣安汛某遊戎，飭役前往搜捕，果見地窖一所。董某見事不佳，當即越牆逃逸，惟獲其婦倪氏。一面將所藏各孩詳細盤詰，猶能供出住址及被拐情由，乃飭傳各家屬分別認領。倪氏解經步軍統領衙門，咨送刑部，訊明口供，按律定擬，并飭嚴緝董某到案，從重究辦，無使漏網。噫！董某拐人子女，離人骨肉，絕人嗣續，積案纍纍，罪不勝誅，一朝於其子口中破之，是天奪其魄也。其能久逃法網乎哉？〔諱莫〕〔如深〕

4340	原 492/7	廣元 12/95	大 14/214

圖畫紈袴

西國有畫師某，素以丹青著名，所繪人物惟妙惟肖；一經寫生，莫不歎為頰上添毫，形神畢現。有紈袴子數人，向以豪華自詡，翩翩裘馬，闊綽一時。乃畫師竟將此數人繪成圖畫一幀，懸諸門前發賣；一似遺跡久存，非時人手筆者。然其所繪之形，皆甚落拓，鳩形可掬，英氣頓消。然索價甚昂，視同拱璧，不肯輕易相售。旋為紈袴子所知，以其有意揶揄，不得已，以重價購歸，潛自毀棄。蓋圖上容貌宛然相肖，不欲他人覩此寒酸醜態也。嘻！畫師之技神矣。乃為此惡作劇，以賺人財物，何其狡耶？〔窮形盡相〕

4341	原 492/8	廣元 12/96	大 14/215

假夫妻

男扮女裝之事，時或有之；大抵偶然游戲，藉掩一時耳目。未聞有以身嘗試，至欲真薦枕蓆者。有之，自鎮江駐防之某旗人始。某旗人，卜居鎮江城內，與同籍某姓家締姻，擇吉六月初二日為合巹之期。是日，百兩盈門，笙管嗷嘈，排場顯赫。璧人一對，郎才女貌，同稱美滿姻緣。時則春暖洞房，歡聯花燭。揭芙蓉之帳，登翡翠之床。方擬解羅襦，展錦被，蓬山不遠，迷香洞指顧可尋矣。詎料新郎春心雖熾，而新婦則慾海難填。一觸手間，固具旗鼓相當之勢，於是魂飛天外，意興索然。詰以撲朔迷離之故，則新娘老羞成怒，謂：「我見說部中有〈巧姻緣〉一則，以為世間真有兄妹代行婚嫁之事，故此冒險而來，冀得一當。不意與君兩雄並棲，致出此醜，是亦姻緣之不巧也！我將自去，何用多言。」聞者且笑且惱，遂喧傳為話柄云。〔姻緣〕〔不巧〕

4342	原 492/9	廣元 12/97 右	大 14/216

失卻真面

甬東姜山鄉人某甲，農家者流也。邇當農忙之際，犁雲鋤雨，勞瘁異常。一夕，入房酣寢，忽於睡夢中大聲呼痛，血液淋漓，手摸下頦，已失所在。引鏡自照，形如刀削，不覺驚駭欲絕。家人集視，急延醫療治。皆云遇怪，然究不知其何故也。吁！天下之大，真無奇不有哉！〔相顧失色〕

4343	原 493/1	廣亨 1/1 左	大 14/217

樹神治疾

甯波鄞鄉韓嶺市地方有古樹一株，花時故故，垂蔭參差，洵數百年物也。相傳每當星月交輝之夕，嘗見一女子危坐樹巔，衣裳楚楚，或隱或顯。人亦不以為奇也。上年四鄉偶有疾疫，有兩女子挾術行醫，每至病家，給藥少許，即應手而效。謝之不受。問其姓，一花、一桐，自云現居某村。及病痊者牽羊擔酒，往訪居址，則村中並無此二姓，始知為花桐樹之神。自是凡有病者，每往祈禱，無不立應。鄉人立廟祀之，香煙頗盛。至今猶其應如響云。〔何物〕〔妖魔〕

4344	原 493/2	廣亨 1/2	大 14/218

砲隊鉅災

滬南製造局東南隅半里許，駐有炮隊營。四面圍築泥牆，中為中軍營房二十餘間，兩旁共設營房四十餘間。營房西南角土城上有瞭臺一座，下面即係火藥房，中儲大砲兩尊及銅帽火藥等各種軍火。本月十二夜，不知如何，火星飛入火藥堆中，立時炸裂，燃及大砲，轟然一聲，天驚石破。各營房遂次第延燒，霎時延及中軍營房。各營兵奔逃不及，以致葬身火穴者十有三人；有肢體不全者，有蹤影全無者，類皆慘不忍覩。其受傷者三十七名，均舁至仁濟醫院求救。間有火毒過重，不可救藥者。當火熾時，營房中繫有四馬；事後三馬屍均浮諸浦面，惟一馬尚存。又有一人被擊至五里外草田間，安然而返。人多異之。至附近居民房屋門窗被震毀壞者，不可數計。維時管帶劉毓湘因在滬北冶游，得免於禍。聞是役共燬營房六十餘間，軍火尚不甚多，而遠近居民已受驚不淺。無怪松郡之大火藥庫，松人士皆憂心如焚，不能安枕也。〔殃及〕〔池魚〕

4345	原 493/3	廣亨 1/3	大 14/219

來不得

桂林諸山奇特甲寰宇，而棲霞山尤擅其勝。相傳中有一大洞，為鬼神窟宅，人跡所不到。昔有丁、劉二少年，負盛氣，逕自燃炬而入；未百步，瞥見四面洞口若蜂房。丁怯不敢進。劉曰：「何餒也？炬足供夜游，且窮其異。」遂攜手行，視兩壁，果有生成石塔、石菩提、石羅漢、天人菩薩諸像，頗甚怪異。正窺矚間，忽有大聲如山崩石裂，炬即頓滅，黑如漆。覺有無數鬼物來撲，炊許始已。鑽火燃炬，視之，蓋千年如扇大之白蝙蝠也。努力前行，洞更鉅，忽一白石插面如鏡，鐫三字曰「來不得」。心始懼，欲尋歸路，竟不可辨。炬盡，以衣履代之；衣履又焚，仍不得出。相對悔泣，坐以待斃。久之，忽聞金鼓聲大震，始驚而起。蓋兩家長上兩日不見子歸，遍訪之，始知入洞事。乃募有膽力者二十餘人，燃炬分隊入，呼二子名。久之，遙聞應者，尋聲而進。突見其身無寸絲，面目模糊，已如鬼狀。急負歸，月餘病始痊。噫！危矣哉！世有好奇癖者，其鑒諸。〔一往〕〔情深〕

4346	原 493/4	廣亨 1/4	大 14/220

不愧孝廉

四川酉陽州獄內向有犯人三十名，大半會匪；本屆忽勾通外匪，意圖劫獄。五月十三日薄暮時，州尊陳厚菴刺史在署，忽見四火蛋從空飛入，又聞喊聲大震。正在飭差彈壓，旋聞獄中一片喊聲。據報已被眾匪殺斃禁卒，打開獄門，犯人一齊擁出，與外匪合聚，一路逃逸，逢人便殺。時刺史正在大堂指揮擒拿，不隄防當頭一棒，撲地不起。其子鴻倬孝廉隨後趕至，見父已遇害，奮不顧身，躍進重圍，以身覆父，任匪刀槍如雨，絕不畏懼。未幾，城守營聞信，率兵趕到，當場獲住匪徒十餘名，立予梟首。轉身入署，見孝廉受傷甚重，勢已垂危；刺史則傷非要害，尚無性命之憂。惟獄中祇存病犯二、女犯一。其匪黨旋經鄰縣拿獲十餘名，一併正法。約計前後二十四名，尚有三名未獲。噫！如該孝廉者，以身代父，死得其正。證以「孝廉」二字之義，誠可當之而無愧者矣。〔殺身〕〔成仁〕

4347	原 493/5	廣亨 1/5	大 14/221

擊犬戕生

金陵城西犁頭尖某巷內，前日午後，有某甲負薪一綑，蓋以彎刀一柄，載欣載奔，顧盼自得。不意途遇惡犬數頭，狺狺狂吠，寸步不離。甲忿甚，顧犬曰：「乃公非畏吠影吠聲者。爾再如是，請試當頭一棒。」詎犬並不解意，或立於前，或隨其後，依舊長嗥不已。甲大怒，舉刀擊之。不隄防刀口適對其頸。猛一用力，犬已脱逃，而甲之好頭顱已如瓜落，冤魂一縷，立赴枉死城中。次晨，其家屬查知，以咎由自取，不能向犬索命，當即收殮。吁！冤矣！或謂：犁頭尖為水西門熱鬧所在，且擊犬時，即或失手，亦何至適斫其頭如此之巧。究竟虛實，不得而知。惟望輕於一怒者，閱此知小不忍往往有誤大事者，不可謂非處世之道也。故錄之。〔孽由自作〕

4348	原 493/6	廣亨 1/6	大 14/222

賊遭賊算

蘇垣有偷兒某甲，鬚髮斑白，胠篋中斲輪老手也。日前，在護龍街行竊某姓家。以慾壑未滿，又至鐵絣巷左近某公館，穴隙而入，竊得衣飾若干，并成一包。方欲圖遁，忽覺腹飢；爰至廚房，煮肉煖酒，狼吞虎嚥，既醉既飽。見鍋中尚餘熱水，復傾諸盆，脱衣洗浴。及浴畢，倚欄假寐，深入睡鄉。時適有小賊過而見之，知必同業所為，匍匐而進，意圖分肥。詎至後庭，見一人赤身仰臥階下，鼻息如雷，遂盡其所有，包刮而去。未幾天明，傭婦起身，忽見此賊，大驚狂喊。家人疑係火起，急率婢僕提甕挈榼而至。賊從夢中驚醒，東衝西突，露體奔逃，旋被家人擒獲。詰其何以至此，該賊認竊不諱，惟贓物已杳如黃鶴，即身上破衫褲亦不知所在。主人方悟其為賊所愚。因所失有限，給以犢鼻褌，笑而釋之。〔樂極生悲〕

4349	原 493/7	廣亨 1/7	大 14/223

殺子下酒

法界八仙橋西首善里有甯波人章某，開設乾太錩小酒店。其妻某氏屢產不育，章伯道興悲，心常鬱鬱。嘗謂小鬼屢次投胎，擾人實甚；非痛絕之，不能禁其不來也。蓄念久之。適前日妻又分娩，仍歌弄瓦之章，且等曇花之現。章于是怒氣填膺，徑呼傭婦，持切菜刀將小頭顱砍下；復剖其腹，取出五臟，洗滌潔淨，和以香菌，入罐煮之。旋沽美酒一壺，肆口大嚼，至十分之二。事為傭婦所洩，鄰人謝姓知之，以章似此狠心辣手，絕無人理，爭向唾罵。章知犯眾怒，縮頭不敢與較。噫！虎毒不食子；如章者，其毒不更甚於虎乎！〔別有〕〔肺腸〕

4350	原 493/8	廣亨 1/8	大 14/224

欲蓋彌彰

松屬華奉交界之何家橋地方有趙某者，向在浙省新市鎮貿易。因吞沒某姓存款，故得資本充裕。嗣有硬佔某寡婦屋基，致被控官查究。趙遂逃至該處，開設油車。所售菜油多以花生油攙雜，食之者或至染病傷生，指不勝屈。前月某日，忽雷雨交作，霹靂一聲，竟將油車所豎煙囪立時擊破。趙乃向天跪禱，立誓從此以後，不作喪心害理之事。乃天怒方平。趙恐人竊笑，即取白米二三石，拋在煙囪左右，謂此次雷擊，實因傭工不惜米穀所致。一時見者，無不掩口葫蘆。然抑知人可欺，天不可欺乎？〔欺天乎〕

4351	原 493/9	廣亨 1/9 右	大 14/225

人幻蛇形

廣州清遠何某，販煙為業。二十年前生有一女，長而嫵媚，楚楚可人。何夫婦愛若掌珠。女自及笄後，其母嘗見有巨蛇盤旋於其帳，驚而喚覺，依然女也；及睡熟，則又明明是蛇。屢試皆然。因此秘其事，以為佳兆，擇婿甚苛。旋為附近梁某聘娶為室。合巹後，梁即負笈從師；故女雖時露本來面目，而梁不知也。未幾梁返里，時妻正午夢方酣，鼾聲大作。梁入室，急欲一見顏色，以慰渴思。不意羅幃乍啟，瞥見蠢然一物，駭極而奔。及家人環集，將以軍械從事，則主婦外，別無他物。眾以為奇。自此，梁心知其為異類，不敢與同寢處，女遂鬱鬱以死。〔人禽〕〔之界〕

4352	原 494/1	廣亨 2/9 左	大 14/226

賣瘋宜防

粵垣有孟、仲兩生者，外府人也。邇因來省應試，僦居老城內之大塘街。一日早膳後，孟出探朋，留仲守寓。時有蛋女彳亍門前，手挽竹籃，滿載鮮果。仲見其年方瓜破，貌可花羞，脈脈含情，欲語不語，不覺心醉魂消。延之入室，正倣漢高祖擁戚夫人於膝上故事，適遇孟突然而返。見此情形，立命書僮欲縶此女，并褫衣服。該蛋女見機關已破，屈膝求饒。又經旁觀一再緩頰，始縱之去。蓋粵地素有賣瘋之舉，仲特幸即撞破耳。不然，其尚堪設想乎？〔以色〕〔為餌〕

4353	原 494/2	廣亨 2/10	大 14/227

劇賊神通

蘇垣近獲劇賊一名，姚其姓，不知其名號，籍隸安徽；年約三十左右，貌美秀而文。乘坐大號官舫，高扯「翰林院庶吉士」旗號。由捕役沿途伺察，見其所過之處，有時穿靴戴頂，袍服輝煌，乘輿謁客；有時短衣窄袖，上岸閒游。船上一僕一妾，同坐同食，謔浪笑傲，毫無忌諱。捕役等見其形跡可疑，絕不類玉堂人物；遂一路跟蹤，由南京至蘇，遂以就擒。由總捕劉司馬移送長洲縣，會同王芸莊大令訊供。該賊供稱投師做賊將及十年，從未破案。客歲到蘇，賃居某姓房屋，門黏「姚公館」字樣。計竊三家，均係巨室，贓約萬金。詢以僕妾來歷。知僕係同夥，妾係南京勾闌中人，以五百金購之者。船雖長以雇定，實不知情。王大令以家屬、船戶既係無干，應即開釋。聞其同黨共有七十餘人，皆散佈四方；因在富郎中巷某煙館中查獲楊姓副賊，亦供認不諱。現已起到贓物不少，將解歸陽湖縣訊辦。前日，某大憲詢及王大令，謂此賊模樣究竟像官與否。大令謂較之捐班道府很還體面。大憲亦付之一笑云。〔裝腔做勢〕

4354　原 494/3　廣亨 2/11　大 14/228

鏢師退賊

蘇垣竊賊之多，明目張膽，官府不能治，差役不能捕。到處橫行，無惡不作，以致各家徹夜戒備，不敢高枕而臥。其稍有財勢者，往往延鏢師為之保護。省垣重地，幾致荊棘叢生，誠駭人聽聞之事也。齊門路有富室王姓，連夜有梁上君子三五成群，或蹲於屋，或立於牆，擲石拋磚，多方騷擾，每夜皆然。主人患之，因向某戚家借得鏢師一人，以為先聲奪人之計。是夜，月明如晝，涼飆襲人。鏢師倚棍在旁，舉酒獨酌。至三更以後，忽聞屋上窸窣聲。有人低聲問曰：「夜深矣，君何尚未睡耶？」師曰：「余慣不眠，稍習少林術。爾等本領高強，請一交手如何？」未幾，見對面屋上兀立六人，隔窗遙望，饞涎欲滴而不敢下。師置若罔聞，三蕉既罄，飲興益豪，若不知十目十手為何物者。賊知非敵手，連聲嘆息，飛檐越壁而去。自此賊蹤遂絕。〔勇者不懼〕

4355　原 494/4　廣亨 2/12　大 14/229

看戲遇禍

太倉州東門外離城十里之陸渡橋地方，鄉民因酬神貺，於六月二十六日徵伶演劇；魚龍曼衍，袍笏登場，妙舞清歌，賞心悅目。一時觀者人山人海，大有噓氣成雲、揮汗如雨之勢。及至一曲方終，游人俱散，有具吳兒好身手者，解衣磅薄，躍入波心，復作泅水之戲。於是好事之徒鵠立橋上，倚欄而觀，如蜂之屯，如蟻之聚。不料橋欄年久失修，木枯石爛，人多擁擠，砉然一聲，登時折斷。橋上人紛紛跌入河中，約有五十餘人。有拖泥帶水蹣跚登岸者，有頭破血流經人救起者。其中惟命犯水厄者，竟被馮夷勾魂攝魄，業已無術回生。約計撈起屍身十一具，用網罟撈起者七具。有一婦手抱幼孩堅持不釋。旋經各家屬分別認領，舁歸殯殮。尚有三屍無人認領，大抵係客籍中人，偶爾出游，遽占滅頂。聞者哀之。語云：三場莫入。嗚呼！好游者可不戒歟！〔庸人〕〔自擾〕

4356　原 494/5　廣亨 2/13　大 14/230

豪奴犯上

杭垣駐防旗丁素稱兇橫，受其害者，不知凡幾。前日，某旗丁因與土人尋釁，糾眾四五十人，各執器械，聲勢洶洶，如臨大敵。地保知難理喻，飛報保甲局中路總巡貝達夫。大令聞信，即飛輿而至。見土人受傷者已多，因飭差役拘獲旗丁三人，帶回候訊。未幾，有某尚衣之親信家丁，率同兩僕，持尚衣名片，詣局索人。大令不允。致觸該家丁之怒，竟敢掣取銕尺，飛舞而前，擊傷大令頭背等處，血涔涔下。幸經僕役趨前救護，未受重傷。該家丁乃揚長而去。大令氣憤填膺，當即上院稟知廖穀帥。穀帥礙於尚衣情面，曲加安慰；立命首府澈底查辦，而該家丁深匿不出，事將含糊了結矣。旋為學憲徐季和文宗所聞，忿然曰：「是可忍，孰不可忍！」立時往見中丞，謂：「家丁毆官，王法安在？公若畏事，僕當單銜獨奏，不忍長豪奴之氣也。」中丞聞之，當仁不讓，爰即專摺奏聞，請旨定奪。藐茲豪僕，諒不能倖逃法網矣。〔目無王法〕

4357　原 494/6　廣亨 2/14　大 14/231

搶親奇事

世俗搶親，每因坤宅索聘過奢，不得已而為強搶新娘之舉。從未聞有搶及新郎者。觀於周浦西鄉瞿某事，可謂別開生面矣。瞿本農戶，家頗溫飽，生有一女，因無子嗣，由媒說合，贅附近沈某之長子為婿。現已男長女大，正宜詩賦桃夭，奈沈生有三子，家況拮据，無力措辦茶禮，以致遷延未就。瞿知之，諒厥苦衷，婉告媒妁，謂：「祇須擇日送婚過門，一切費用，均由坤宅自備，可不問也。」詎料沈以長子年少力強，正在耕作得力之時，入贅之事，已萌悔意，仍復託故遲之。瞿知其意，乃與原媒密商，率強有力者十餘人，乘沈不備，立將女婿搶之回家，喚集儐相人等，即行合巹禮。沈尚欲有言，經人解勸，謂：「不費分文而得新婦，乃人生難遇之事也。汝何樂而不為耶？」沈知生米已成熟飯，默默而歸。猶曰：「便宜了坤宅。」嘻！異哉！〔不慣〕〔無郎〕

4358　原 494/7　廣亨 2/15　大 14/232

冒官串詐

常州人吳興寶向在本邑城內開設糖食店，人頗奸狡。邇因虧欠某甲洋數十元，欺其懦弱，與吳秋香設成一計，意欲圖賴。秋香平日常冒充提督軍門，裝作官模官樣，大言炎炎，到處恫嚇。鄉愚無知，往往望而氣懾。前日，二吳商議既定，即倩紙業友王某，誘甲入城至聚寶茶樓。則見秋香紅頂花翎，堂皇高坐；旁有某丙頭戴晶頂，扮作差官，滿口官腔，謂：「甲欠吳多金，不思歸趙，尚敢在此多言乎？」甲嘵嘵置辨，謂：「吾有借券為證。」秋香令丙奪之，斥其捏造，令將所穿銀羅長衫褫去，質洋一元五角，以為軍門壽。甲孤掌難鳴，祇得任其所為，揚長而去。後在法馬路與吳興寶相遇，不覺怒從心起，扭入捕房，據情控訴。捕頭以拆梢賴欠，情難寬恕，解經鄭大令，訊供屬實。俟拘吳秋香到案，分別懲辦。似此冒官串詐，亦邇來滬上別開生面之事也。〔藉勢欺人〕

4359　原 494/8　廣亨 2/16　大 14/233

貪色忘命

溽暑未消，夜涼如洗，少年輕薄之輩，往往攜美妓，駕名駒，一鞭斜指，笑逐西郊。輒於車塵馬足之間，作神女襄王之會，偶或情濃興極，每至誤事喪身。吁！其真色中之餓鬼歟？何竟甘為亡命之徒也。前晚有狎客某甲，與公陽里某校書同坐轎式馬車，至靜安寺一帶納涼迎爽。行至王家庫地方，風清月朗，淫興勃然；不覺相偎相倚，顛鸞倒鳳，姿意輕狂。詎當一洩如注之時，忽如漢成帝之服海外慎恤膏，笑吃吃元精流洩不止。校書大驚，失聲狂叫。時有女傭坐在車後，固箇中斲輪老手也。聞聲急令停車，令校書速將客之人中咬定。校書倉皇之際，誤將客之鼻尖咬下。客痛極呼曰：「痛死我也！」昏暈良久，始漸蘇醒，扶臥送歸。不知能保無礙否。然世之貪色忘身者，亦可以戒矣。〔樂極生悲〕

4360	原 494/9	廣亨 2/17 右	大 14/234

雞卵生怪

距漢口大智門外二十餘里李家墩地方有村民李某者，前日因留客小飲，特取雞卵數枚，欲烹之以侑酒。不意內有一卵，其狀迥異尋常，甫經擊破，即有一物從中躍出，在桌上奔馳，旋轉不已。主人大驚，細視之，但見其物頭尾畢具，生有四足，毛毿毿然，似鼠非鼠，似馬非馬。求諸《山經》、《爾雅》之中，亦莫得主名。李以為不祥，立時擊斃，棄之門外。蕞爾么魔，猶作此奇形怪狀，真令人索解不得矣。〔么魔小醜〕

4361	原 495/1	廣亨 3/17 左	大 14/235

殺兒求醮

粵東番禺六步司屬有何某者，家貧貌陋。娶妻某氏，粘花惹草，顧影自憐，不勝彩鳳隨鴉之感。未幾，婦生一子，不知為嬴為呂。夫愛之若掌上珍。嗣以歉歲頻逢，謀生愈拙。婦不能守，投鄰媪求作伐焉。適有某富翁年五十餘而鰥，經媪説合，奈翁已兒孫滿前，聞婦攜孩偕來，不之許。婦聞之，心艷翁富，託故移寓於鄰媪家，將子扼斃，偽遣人抱送回家。其夫見已體冷如冰，哭而瘞之。事為富翁所知，不敢復娶。淫婦毒手，亦何益哉？〔忘恩〕〔負義〕

4362	原 495/2	廣亨 3/18	大 14/236

姦盜笑柄

餘杭有胡某者，初娶李氏女為室，生一子。未幾，氏因病逝世，胡遂復娶一有夫之婦，伉儷之間，頗稱相得。不數年，胡亦病卒，所有積蓄皆歸婦手。其子屢乞弗與，遂思乘隙竊之。詎婦青年不慣獨宿，已約前夫某甲，偕來續舊。疇昔之夜，兩人正在高唐興雲佈雨，子竟挖門而入，搜取財物。婦忽驚覺，大呼有賊。甲亦從夢中驚起，幫同捕捉。子見母床有人躍出，大呼有賊。於是鄰人畢集，燭之，賊乃後夫之子，姦乃前嫁之夫也。兩人扭結不解。子云：「子取父財不為賊。」婦曰：「母伴前夫豈是姦。」旋經族人聚議，謂事若涉訟，必致兩敗俱傷，徒玷門楣，不如自治。乃以餘金歸其子，而聽婦自便焉。賢哉族人！如經官斷，豈有此直捷痛快哉？〔家醜外揚〕

4363	原 495/3	廣亨 3/19	大 14/237

凌轢花枝

粵城下陳塘廣珍酒樓，前日有張某者開筵小飲，召高佬廣寨內某校書侑觴，低唱淺斟，偎紅倚翠，意甚樂也。不料張金樽既倒，玉山遽頹，載號載呶，醉容可掬。該妓不善逢迎，反加誚讓。張不能堪，大肆輕薄。妓情急呼救。適該寨與酒樓毗連，龜黨聞聲集視，以為客打鴨驚鴛，欺人太甚，遂出鎗指嚇。張亦罵不絕聲，事後檢點懷中，銀單已失所在，意欲控官。龜黨懼，乃挽人緩頰，請重開綺席，令該妓跪在庭中，叩頭謝過。張允之。是日華筵大啟，銀燭高燒。狎客畢來，雛姬環侍。張自據中筵，指堂前命該妓下跪，賞以魚翅之花，淋以過頭之湯。妓直受不辭，深深引咎。張始揚揚得意而去。然亦未免太煞風景矣。〔大殺〕〔風景〕

4364	原 495/4	廣亨 3/20	大 14/238

庵尼被砍

揚州新城北河下有月影庵焉。住持某尼年逾古稀，薄有積蓄。七月十二日五鼓時，忽有偷兒穿窬而入，正欲胠篋探囊。適該尼睡起，盥洗既畢，上殿焚香；瞥見賊猶未去，因令庵童出外呼救。無奈地甚荒僻，人無應者。尼思被逸去，竟奮縛雞之力，將賊扭住。賊竭力掙之不能脱，一時情急，頓起歹心，拔取小刀，將尼亂砍；致該尼手膀共傷七處，又砍落一指。而尼猶忍痛不釋，嗣被砍傷頭顱、面頰等處。尼暈絕仆地，賊乃兔脱而去。迨村人聞警麕集，賊已杳無蹤跡；惟該尼一息奄奄，不能言語，逾時殞命。旋經尼之親旋報縣，甘邑程仙舫大令詣驗後，緝兇懲辦，當拘獲一人，擬以重辟。語云：「困獸莫鬥，窮寇莫追。」該尼參禪既久，何猶昧於斯義乎？〔不知利害〕

4365	原 495/5	廣亨 3/21	大 14/239

大人遊街

蘇垣某巷有某甲者，藉祖父之餘蔭，平日高視闊步，擺擺搖搖，自稱為某大人；脅肩諂笑之流亦以某大人呼之，而不知其為馬扁一流人也。邇因誆騙湖人綢緞被控案發，地方官以甲雖無賴，終屬縉紳，意欲代為斡旋。不料某大憲執王子犯法與庶民同罪之説，執法如山，不稍寬假。默念此案懸擱已久，豈容含糊了結。因飭吳縣賴葆臣大令照例重辦，庶奪貴倨豪宗之氣，使之有所顧忌而不敢為非。大令迫於憲諭，無可彌縫，乃於日前拘提質訊。甲知無所逃罪，直認不諱。大令念係宦裔，未便重懲，姑令掌責百下，荷以巨枷，游街示辱。當出游之日，觀者塞途，皆謂：「某大人今日巡行，前擁後護；鑼聲鼛然，人聲譁然。乃竟在街上享此盛筵一席也，不亦大失官體乎？」或曰：「某大人經人緩頰，已蒙大令姑全顏面，免予遊街。子之言，毋乃過乎？」然以大人而有遊街之判，其不成為大人也可知。雖未遊街，又何妨作遊街觀。〔千夫〕〔所指〕

4366	原 495/6	廣亨 3/22	大 14/240

碩鼠害人

《博物志》：「鼠食巴豆三年，重三十斤。」《酉陽雜俎》：「鼠食死人眼睛，則為鼠王。與夫山中鼶鼠、塞外冰鼠，皆鼠之最大者也。」《談藪》言：「鼠在大木上自拔其毛，著虎身，則遍體生蟲，瘡爛而死。」《蟫史》言：「土鼠身臭，貓、犬不食。此鼠之能害物者也。」廣東番禺縣屬白塔鄉有甲、乙、丙三人，鋤雲犁雨之流也。前日，正在荷鍤于田之際，瞥見一巨鼠過其前。三人攫而得之，喜甚。權之，重一觔有奇。相與攜歸，割烹以進，聊為下酒之資。一臠初供，三杯立罄，既醉既飽，快慰平生。食罷，三人大言曰：「今夕飽嘗異味，可謂將軍不負腹矣。」詎至夜半，三人忽覺腹痛。逾半晌，痛漸緊。久之，攪腸大痛。鄰人聞其事，爭以方藥相救。甲、乙體素健，中毒尚輕，幸獲無恙；而丙竟因此殞命。世有饕餮之徒，觀此能不寒心。〔老饕宜戒〕

4367	原 495/7	廣亨 3/23	大 14/241

嗜奇笑柄

某紳，楚人也，嗜奇成癖。一日，有友人招飲於別業，及醉，贈以枕曰：「此宓妃枕也。枕之，當有奇遇。」紳信之。臥後，甫入夢，忽床頭有人撼之。張目起視，一麗人古裝肅然；燭光之下，儀態萬方。紳驚問曰：「卿宓妃耶？」麗人頷之。問曹安在。麗人曰：「篡國之賊，久付幽囚，何足掛齒。」紳復與笑語，強之解衣，備極繾綣。黎明，麗人興辭。紳贈一漢玉鐲，問後會之期。答以三五良宵當自至，乞勿宣洩，遂去。紳早起，友人問枕驗否。紳詭言曾夢見一麗人，惜未與接談；此枕何人所貯，可價買否。友曰：「此家藏物，本係萬金不售。今以君故，姑索三千金，可乎？」紳大喜，立付三千金，取枕歸，什襲藏之，以待後驗。而不知麗人者，固友飾妓，教以言詞，乘其醉以誑之也。聞者無不絕倒。〔投其〕〔所好〕

4368	原 495/8	廣亨 3/24	大 14/242

不敢與交

英界胡家宅一帶，雉妓林立，乃煙花之淵藪也。有買大夫癖者，往往三五成群，徘徊不去。疇昔之晚，有甲、乙兩西人，不知何國人，碧眼紫髯，昂然直入某妓家，口操華語，聲稱「媽媽與我一歡如何？」妓恐非其敵，大驚失色，峻拒之，不令作入幕之賓。二西人旋入德人里某妓家，嬲之如前。妓等見其魁梧奇偉，形狀可怖，皆望風披靡，抱頭鼠竄，不敢與之背城一戰。時旁有鴇婦及某大姐，二西人情急，即分摟求歡。該鴇等亦不敢以小敵大，以弱敵強，相與魂飛魄散，駭極狂呼。後經竭力抵禦，始得脱身，而二西人仍盤踞不出。鴇無奈，立即奔赴捕房，據情控告。經捕房諭令嗚捕拘辦，始各逸去。〔齊大〕〔非偶〕

4369	原 495/9	廣亨 3/25 右	大 14/243

兩頭鷹

距湖州南門外十餘里有衡山焉，峰高林密，為眾鳥翔集之地。日前，有老農某甲入山採薪，忽聞怪鳥聲出於半空，心異之。舉首遐觀，見一大鷹項生雙首，羽毛豐滿，盤空飛舞，有足亂浮雲、翱翔天地之概。是何物也，求諸《山經》、《爾雅》，不知何名，敢質諸博物君子。〔怪鳥〕

4370	原 496/1	廣亨 4/25 左	大 14/244

牧童掘窖

江陰南門外有焦氏兄弟，人素規矩，為鄉里所稱。日前遣一牧童牽牛兩頭，放於磨盤墩何文秀墓側。一牛忽驚跳欲遁。童視牛跡所踐處似有異，急持鐮尖掘之。初見巨磚兩塊，撥開之下，則見兩罈並列，覆以瓦瓿。童報知主人，啟瓿開罈，則見上鋪本洋數百翼，下之粲粲者皆白鏹也。遂呼傭工運回，予童百元外，他傭亦俱有賞賚。古云：善人是富。不有明徵歟？〔善人〕〔是富〕

4371	原 496/2	廣亨 4/26	大 14/245

賢令丰裁

官場積習，每當交卸之日，往往有地方紳士製送萬民傘、德政牌等，貢諛獻媚，以誌去思。蘇俗此風尤甚，竟有書吏人等向鄉民斂資勒索者。長洲縣王芸莊大令深悉此弊。當交卸時，有附近陽山一帶鄉農高擡牌匾，導以執事，恭送至署。大令見而拂然，揮之使出。鄉民惶恐無地，大聲囉唣，致觸大令之怒，自持竹板一根，下堂驅逐，遂一攪而散。後即出示曉諭。大旨謂：「本縣自蒞斯任，毫無功德及民，方滋慚愧；乃有某都某圖鄉民某某等送牌匾前來，深惜爾等以有用之錢，作此無益之事，甚為本縣不取。若能安分耕種，年年早納太平之税，不受追呼之辱，則本縣受賜良多。為此曉諭闔屬居民，毋再蹈此覆轍」云云。似此風清弊絕，可想見賢令風猷矣！〔矯枉〕〔過正〕

4372	原 496/3	廣亨 4/27	大 14/246

王子比武

法國王子軒利柯連膂力方剛，性尤好勝；平日高視闊步，有拔山蓋世之概。聞意國將軍鴉拔頓氣凌賁育，術擅孫吳，思與一較武藝；意將軍允之。乃於前日，各奮神勇，約定共分五次，每次四分鐘久。詎料第一次，法王子已傷肩膊、皮膜等處。至末後刺腹一傷，所關甚要；雖傷未及腸，王子業已仆地。然猶能奮身躍起，須臾與意將軍握手言別，旋即自行登車而回。意將軍則僅傷手上之皮，即日回國。語云：「千金之子，坐不垂堂。」法王子何不自愛乃爾，然亦可為好勇鬥狠者戒已。〔好勇〕〔鬥狠〕

4373	原 496/4	廣亨 4/28	大 14/247

巨梟神通

巨梟施老窩子騷擾江浙，橫行不法，稔惡非一日矣。前年，已有擒獲之信。迨後忽謂所獲者係屬白面，尚有黑面者遺孽未除，以致今日而其燄復熾，窮江浙兩省之兵力，迄未成擒。蘇撫趙中丞引以為憂，爰飭營務處杜觀察聯絡各軍，嚴行搜捕。經吳廣升都戎之弟某某等三人廣購眼線，探悉該梟一人匿跡巢湖某鄉，立集丁壯多人，將其宅前後圍住，假充其黨，扣扉擁入。與該梟格鬥片時，始得就獲，遂飛電報知觀察。觀察大喜，正欲派撥兵輪前往迎護，忽接續信，謂所獲者係同名同姓，並非真正黑面施老窩子，已經該處鄉人在縣聯名保釋。吁！該梟豈有化身之術耶？何以面既有黑白之分，人亦有真假之判，種種情形，真令人索解不得也。〔忽真〕〔忽假〕

4374	原 496/5	廣亨 4/29	大 14/248

肉身燈

吳郡馬醫科巷南海庵，為比邱尼焚修之所。上月晦日地藏王誕辰，善男信女，聯袂摛裳，詣該庵進香者絡繹如梭。庵尼不避嫌疑，招請僧徒誦經禮懺。當鐃鈸聲喧、梵音雜奏之際，有某宅閨眷二人，身穿絳衣紅袴，頭燃巨燭，植立法壇左右。望之如玉樹臨風，光輝四映。彼教中名之為「肉身燈」。一時輕狂之輩，往觀者蟻聚蜂屯，品足評頭，恣情戲謔。而當軸則抛頭露面，雖淫禿雙目灼灼窺伺其旁，毫不為恥。卒至天心震怒，立遣雨師雷部並轡前來，將各人悉行驅逐，以致乘輿而來者，莫不敗興而返。拖泥帶水，皆如落湯之雞云。〔當場出醜〕

4375	原 496/6	廣亨 4/30	大 14/249

強索陋規

蘇城閶門內倉橋浜向為煙花之藪。中秋佳節，各衙署執事夫役均往索取節規，居之不疑，視為固有。至某勾闌時，適有某公子在彼開筵宴客，惡其喧擾，叱令他去。該執事夫役等竟不問誰何，立即糾集同類八十餘人前來滋鬧。幸有戴阿大者，該處著名無賴也，至此以護花鈴自任，出為解勸。邀約該處妓寮六家，合成洋二百元為各夫役壽，各夫役始揚揚得意而去。按每屆三節，各署例有節規饋送。近如唐宦之吞沒某署節規至三百兩之多，以赫赫大員猶靦然為此不肖之事。無怪其與某報以私相干，妄造黑白，亦為某執筆於暗中索取陋規二十五元。私行吞沒，多方掩飾，以為人皆無如我何，而不知其欲蓋彌彰也。吁！如夫己氏者，不亦衣冠之敗類歟？或曰：是亦蘇地各署執事夫役之流也，又何誅焉？〔惟利是圖〕

4376	原 496/7	廣亨 4/31	大 14/250

番瓜幻龍

花開並蒂，麥秀兩岐，草木之禎祥，間或有之。至若番瓜結聚龍形，誠罕見罕聞之事也。揚州府署西首，居民郭姓家有荒園半畝，春初早韭，秋末晚菘，頗享林泉之樂。內有番瓜數本，滿架黃花翠蓋，蔚鬱可觀。每屆夕陽西下，抱甕徐來，以為是有種瓜得瓜之慶矣。詎花既開過，絕少綿綿，惟見牆角一株依稀不類瓜狀。登梯視之，則儼然瓜也。頭角崢嶸，鱗甲畢具，大有矯矯凌空之態。一時鄰里喧傳瓜結龍形，咸往觀看，莫不咄咄稱奇云。〔似雲〕〔非雲〕

4377	原 496/8	廣亨 4/32	大 14/251

淫禿行兇

佛家以清淨為宗，以慈悲為本。至和尚而捉姦，無所謂清淨矣；至捉姦而行兇，更無所慈悲矣。吁！是豈僅以金剛降魔杵所可治其罪也耶！蘇垣星造橋三官堂某和尚，年逾弱冠，有海闍黎之行；與附近某蕩婦參歡喜禪，月往星來，已非一日。近婦又與比鄰某乙結露水緣。相形之下，覺和尚頭光髮禿，終不雅觀。因此得新忘舊，相愛之情較前頓減。和尚偵知其情，不覺忿火中燒。竟於前日暗約和樣和障一流人，俟乙在婦室時蜂擁而入。見乙與婦正相偎相倚，勃然大怒。遂運韋馱之力，振臂一呼，將乙扭至橋邊推入河中。幸鄰右聞聲趨救，始不至與三閭大夫為伍。如該僧之淫兇，竟敢明目張膽一至於斯，不知該處地方官其亦有所聞否耶？〔佛門敗類〕

4378	原 496/9	廣亨 4/33 右	大 14/252

黃泥果腹

湖南衡州府清泉縣東鄉罐子街離縣八九十里向有一山，名黃泥仙；山圍約里許，塊然空穹。山生花泥，色若檳榔；手拈滑膩，初無奇異。近日，該處飢荒，鴻嗷遍野，人多以泥為食。傳揚愈廣，遠近來取者實繁有徒。山鄰胡姓富而多財，聞其事，異之；遂亦挑泥以飼豕。詎豕不服泥味，悉數斃命。胡大為悔悟。因此激發善心，至挑泥之處，見有貧民，各給點心少許，并派人四出施食。且於山之周圍備設鋤鈀多柄，俾便挖掘。是亦勇於改過者也。可不嘉歟！〔急何〕〔能擇〕

4379	原 497/1	廣亨 5/33 左	大 14/253

仙人傷足

滬城某甲好談道術，往往於更深夜靜時，披髮仗劍，步罡踏斗，形蹤詭秘。常語人曰：「我得仙人傳道，擅隱身法；浮行空際，離地三尺。爾等俗眼，視之不見也。」傍有一人聞之，惡其言之怪誕。越日，伺其走過，用長竹竿橫擊其足。甲負痛，大呼問：「與汝無讎，何故打我？」其人故作驚詫狀，曰：「我並未打爾，得毋誤乎？」某大鬧曰：「明明打我，有傷可驗。」其人熟視曰：「子非昨日所言仙人傳道者乎？爾言浮行空際，離地三尺。今我以竹竿在地下掠物，離地不及一尺，何曾打及爾足？」某大慚，始無言而去。聞者皆鼓掌不置。〔痛切剝膚〕

4380	原 497/2	廣亨 5/34	大 14/254

醫生出醜

常熟西城內讀書里口有某甲者，綽號番瓜，向充糧差；積有餘資，令其子某甲學習醫術。未幾，甲居然懸壺市上焉。惟生意清寥，恐不免為人所輕。因特思得一計，每日必乘輿而出，繞遍城中，一若延請之家甚多，有應接不暇之概。其意蓋欲炫人耳目，以廣招徠耳。前日乘輿出門，行經本城廟弄。輿夫等飛步之際，偶不經心，誤撞路人曾某之肩。曾故世家子，不禁勃然大怒，定不肯輕與干休，立欲執輿中人而問之，以顯其醜。當經旁人向曾一再婉勸，始縱之使去，然亦未肯了結也。甲至此自知開罪於人，祇得於翌日徒步至曾處服禮謝過，其事遂寢。而甲之醜態已遍播里閭矣。〔貽笑〕〔大方〕

4381	原 497/3	廣亨 5/35	大 14/255

彩雲變幻

蜀人田某以茶業起家，擁資甚厚。邇在鄂境販貨歸來，泊舟某處。見鄰舟一女有傾國傾城之色，時以眉目傳情。田素有登徒之好，遂以重賄謀諸近處蟻媒，以重金啖其兄某甲，許為正室，迎娶登舟，事始得諧。詎合巹既畢，時已深夜，新郎喝去伴娘，欲親薌澤；呼之不應，撫之不溫。逼視之，則婉孌者非他，乃西洋所售之皮人也。不覺大怒，立舉而投諸河。次日，正欲尋媒理論，適甲衣冠而至；田突前，責以誆騙之罪。甲不服，必欲見妹。田曰：「已棄諸河濱矣！」甲聞之，遂臨流痛哭，謂吾妹何罪，被逼投河；不速將屍首尋獲，誓不干休。田至此辨無可辨，遣人四處打撈，則杳不可得。不得已，復以朱提三千，私和了結。蓋當田將皮人擲河之時，甲即雇人

駕舟撈取，早已藏匿無蹤矣。騙局翻新，真無奇不有哉！〔色即是空〕

4382 原 497/4 廣亨 5/36 大 14/256

犬知代責

某觀察系出世家，有晉靈公之癖，搜羅韓盧、宋獚，愛養倍至，用一僕某甲專司其事。去年，夤緣要津，獲署某缺；公餘之暇，常詠〈盧令〉三章，陶然自得。一日，其僕某甲因事罣誤，觀察大發雷霆，立即升座喝笞二百板。詎行刑時，忽群犬奔集，奮身蔽護。觀察異之，隨命停刑，問汝於犬有何恩惠。甲對曰：「僕奉主人之命，善飼各犬。每得一味之甘，必以分食，無不公平，不知有他也。」觀察喟然嘆曰：「犬，畜類也，猶感恩而思代責，可以人而不如犬乎？」隨命免笞，犬即四散。一時聞者皆傳為異事云。〔畜有〕〔人心〕

4383 原 497/5 廣亨 5/37 大 14/257

人馬同殉

蘇垣有某武員者，日前往申購馬四匹，於八月初旬載返省垣，隨有馬夫某甲為之控馭焉。是日，由婁門舍舟登陸，武員以有事，須先至閶門，囑甲徐徐牽馬隨來。於是甲身乘一騎，曳帶三騎，揚鞭得得，意頗自豪。迨行過齊門木會西首，所牽三馬忽爾跳躍，將手中之繩竟被拉斷，狂奔投入護城河中，以泳以游。甲遽見脱逃，又恐淹斃，一時驚慌無措，忙迫中策騎入河，欲思救護。詎甲不諳水性，馬亦不能效的盧之躍過檀溪，以致人馬雙雙均遭淹沒。先渡河之三馬反得泅登彼岸。説者謂此中有夙孽存焉，是耶，非耶？不得而知也。〔渡河〕〔而死〕

4384 原 497/6 廣亨 5/38 大 14/258

鴨鬥

吳俗素尚鬼神。每交夏秋，建醮禳災；黃冠者流，幾有日不暇給之勢。因有一種似道非道之儔，亦能為人咒水誦經，名曰「斗友」。特未領貴溪龍虎山真人府道籙，例不准披戴道冠道服。日前，江陰東鄉某姓延友建斗醮。正在登壇作法，適被羽客數人當場捉下。一路拖扯，致法服斜披，法冠歪戴，法劍倒曳；宛如名劇中所演王道士捉妖，反被妖纏模樣。見者無不掩口葫蘆。嗣聞人言藉藉，欲送縣署請究，不知如何了結也。或謂：「道士，鴨類耳；特家鴨與野鴨微有不同。乃竟同類相殘，肆行爭鬥，至於此極。不亦可異之甚乎？」〔道人〕〔無道〕

4385 原 497/7 廣亨 5/39 大 14/259

少爺鹵莽

安省四牌樓西街有某甲者，年約二十以外。某日，彳亍街頭，適見一筍輿迎面而至，端坐一人似曾相識。甲遂上前喝阻，拖下輿中人，欲與為難。及細視之，則如諺所謂認一鬍子便是伯伯者，當即釋手，聲言錯誤。乙被拉時，如平空霹靂，莫知其由。待甲釋手言錯，始知誤認；不覺忿火中燒，謂何物狂奴，又非盲目，竟敢如此無禮，喝令拿下。蓋乙乃聽鼓中人也。甲自知不合，再三陪罪，又經旁人為之緩頰，輿中人始含怒而去。時觀者塞途，詢甲之故。甲自稱係某宦之後，現居河南會館。因有候補某員與伊父世交，並有往來欠項，連詣數次，避不見面；邂逅相逢，故扭之理論。豈知乙貌與某員相似，是以錯認。言畢，遂拱手慰勞而去。〔當街〕〔出醜〕

4386 原 497/8 廣亨 5/40 大 14/260

惡鼠焚屋

愛屋及烏，世有之矣。未聞有以焚屋斃鼠而以為可喜者。有之，自越郡朱某始。朱某家本小康，素多鼠患，某深惡之。不吝重值，廣求良貓，冀得捕治；饜以腥膏，眠以氈罽，愛之惟恐不足。詎貓既飽且安，非惟不能捕鼠，甚且與鼠游戲；因此鼠輩猖狂，較前益暴。某怒，遂不復畜貓，以為天下無良貓也。復設機誘鼠，鼠弗蹈；餌以毒，弗食。某惱怒，殆無虛日，然終無如何也。他日失火，焚廩及寢矣。某趨出門外，大笑不止。鄰人爭為撲滅，某恚甚，曰：「碩鼠方殲於一炬，諸君救之何也？」噫，鼠牙穿墉，古今同慨。今朱某至災及一家，而反以為快，其積恨為何如乎？然而其愚不可及矣。〔家室蕩然〕

4387 原 497/9 廣亨 5/41 右 大 14/261

燐火何來

福州南門外吉祥山，昔年叢葬處也。山之半設有都司箭道，築以圍牆。近日牆外於夜黑更深時，輒有白光蓬勃而起，迷漫數尺，高可尺餘。居人見之，大為駭異；及至其處，則青草茸茸，絕無他異。有好事者拔草數莖，攜歸驗視。拋於暗隅，其根依然熊熊；雖至枯槁，曾不散歇。所異者，該地之草已被人拔盡，而夜光曾不稍減。按此即燐也。王充《論衡》謂：「燐形混沌，積聚若火光之狀。」大抵積屍之氣，醞釀以成耳。〔光騰自地〕

4388 原 498/1 廣亨 6/41 左 大 14/262

因夢得物

漢口武邑葛店東路里許有吳姓童子，年十五，父母雙故，寄食姊家。忽夢一老翁，黃袍白髮，導往一處，指地示曰：「汝有銅鐧一對、書一部在此，可掘而得之。上有銅佛坐壓。汝速取之，勿遲也。」童子驚覺。次日，告其姊，持鋤試之。及往該處，掘未及尺，果得銅佛一尊，長八九寸；下有書一部，內多圖畫；前有銅鐧一對，計重廿四斤。童悉持歸，其姊家皆大驚異。旋因其事宣洩，來觀者甚眾。事為童之族長所聞，與以貲斧數竿，囑其出外投軍而去。不知是何神異也。〔若合〕〔符節〕

4389 原 498/2 廣亨 6/42 大 14/263

公子威風

吳郡倉米巷有江蘇候補通判沈某居焉；其公子某素行輕狂，久為道塗側目。中秋之夕，偕友步月歸來，至護龍街通關坊口某煙間門首，忽見對門有胡姓女，丰姿綽約，楚楚動人。不覺色授魂輸，上前調戲；旋欲奪其手帕，以為美人之貽。女不與。正相持間，經鄰人聞聲出視，公子始釋手。遂在該煙間開燈過癮，大言不慚，虛聲恫喝，致觸旁觀之怒，愈聚愈多。女有弟二人，不勝其憤；遂將公子扭交地保，由南路保甲局轉送總捕署請究。不料行經飲馬橋，突有公子之弟率同惡僕攔截搶奪，并將地保肆毆。幸路人共抱不平，群起而攻，不至被劫。沈某聞之，以子被羈押，顏面攸關，遣丁持函，立將公子保釋。反倩劉司馬將地保斥革，并予重笞，荷以巨枷，發公子犯事地方示眾。公子威風洵可畏哉，然而該地保冤矣！〔欺人〕〔太甚〕

4390	原 498/3	廣亨 6/43	大 14/264

生死關頭

漢鎮某甲，富室也；兒孫繞膝，福壽雙全。鄉黨戚族莫不同聲稱羨。日前為甲七十生辰，大開盛筵以款嘉客。凡與有交誼者，皆以兕觥春酒，介壽登堂。其稍有體面者，更撰「松柏同春」、「岡陵協頌」等語，以伸祝嘏之忱，此常例也。不料有某姓戚送到壽幛一幅，為自來祝壽家別開生面。其文曰「生死關頭」。大書特書，輝煌奪目。甲不以為侮己，竟欣喜欲狂，令人懸掛中堂。一時旁觀者注目凝視，相與笑之以鼻。說者謂：「世人多諱言死；不知死生有命，諱亦何為。徒進諛詞，幾等塵羹土飯；轉不如以惡語相加，反為直捷痛快也。」故如某甲，可謂達人知命；如某戚，可謂玩世不恭。〔善頌善禱〕

4391	原 498/4	廣亨 6/44	大 14/265

道士捐官

揚城北柳巷有董子祠，舊僱道士司香火，月須俸金由運庫支給。茲聞道士某已經還俗，並納粟入官，終日晶頂袍褂，酬應士大夫之間，而董子祠香火，遂致缺如。事為地方紳士所聞，稟請運憲辦理。茲聞江蓉舫都轉已札委毛鹽尹，傳驗該道是何裝束。如果屬實，即令逐出，另行招選。說者謂：道士曾開罪於某當道，故有此舉。然耶，否耶？還請質之個中人也。〔名器〕〔淩夷〕

4392	原 498/5	廣亨 6/45	大 14/266

鬼話哄官

某公館長隨劉某，平生最善說鬼話；一舉一動，莫不鬼話連篇。一日，主人命其辦事，又以誑言騙之，誤事不小，幾於前程有礙。主人怒甚，送縣懲辦。縣官升堂訊問曰：「好混帳，汝竟敢誑言欺騙主人。膽大已極，著重笞一千板。」劉某大呼求宥。官曰：「汝現在能立刻在我面前說一誑話，或可倖免；若不能，加倍笞責。」劉曰：「小的之鬼話，蓋祖父傳有鬼話譜一本。目前無書看，何能妄造。」官命人到伊家去取鬼話譜來。其人去而復返，曰：「伊妻云家中並無此書。」官詰其故，劉曰：「小的家中實無此書。緣老爺命說鬼話，希圖免打，故造誑語耳。」官遂一笑釋之。〔空中〕〔樓閣〕

4393	原 498/6	廣亨 6/46	大 14/267

孝女感神

杭垣積善坊巷有邊氏孝女者，年僅十餘齡，順天人，隨父宦遊來浙。其母惡疾纏綿，病經五載。藥石罔效，名醫亦為之束手。孝女偕兄嫂及姊，皆躬侍湯藥，歷久不倦。其父知病係宿世因果未能解釋所致，乃廣作諸善事，以求冥感。年餘，病覺稍瘥，而一種呼喊慘切之聲，終未得減。孝女傷心特甚，每於夜半默禱神明，求以身代。闔家未之知也。今秋其母忽於寢室東壁，見有金色字跡，燦如電光，乃呼孝女錄之。隨錄隨滅，約計千數百言。詳言其母之夙孽及女之誠孝可嘉，細敘情節，准令其母減疾延齡等語。文皆駢體。自此，母病日見輕鬆，大約可望無恙。語云：「誠能動物。」若孝女者，真孝可格天矣！〔至誠〕〔格天〕

4394	原 498/7	廣亨 6/47	大 14/268

妖人可怖

樂陵村民李某之婦某氏，懷妊將彌月。忽於傍晚時在門外遇二媪，年約五十左右，自稱王姓姑嫂，將至戚家，日暮求宿。李不納。固請之。李以家無別室，讓榻與妻同宿，己則避往素識之僧寺宿焉。僧問何來。具言之。僧駭曰：「爾婦其危矣。爾速返，或可救也，遲必有變。」李茫茫然歸。僧恐李非其敵手，躡跡從之。比至，門已扃，叩之不應。僧故習拳勇，頗趫捷，遂踰垣入。方及地，二媪並出，以梃奮擊。僧奪梃反揮之，且揮且號。俄而村鄰畢集。僧呼曰：「此妖人也，亟擒之勿失。」因將媪縛住，見李昏仆地上。室內燃燈，號呼聲甚慘。眾趨入，見近牆釘二木，李婦赤身靠牆反縛，兩足分張繫木上，火燔其陰，半身已焦。婦閉目號喘曰：「但求速死。」言次，陰血暴注，胎已墮。急解其縛，奄然斃矣。亟出，以冷水沃李面，良久始甦。憤甚，撻二媪無完膚。天明送諸官，置之法。〔令人〕〔髮指〕

4395	原 498/8	廣亨 6/48	大 14/269

易妻貽笑

新北門虹橋左近某甲，家本小康，娶妻某氏，素性淫蕩。鄰店某乙，翩翩美少年也，與甲妻有染。甲不耐以一頂綠頭巾壓倒鬚眉，只得自尋野花閒草。窺乙妻美而艷，賂鄰嫗通之。一對床頭人，居然互相掉換，而甲、乙俱不知也。中秋夕，甲與極情濃，邀乙妻至四馬路一品香大餐。詎乙早攜甲妻，在其隔壁一間大嚼，杯盤狼藉，極倚翠偎紅之樂。適為某丙所見。丙因與甲、乙相識，大為詫異。探頭視之，為甲所見，勃然大怒，謂：「何物狂且，窺人眷屬。定當扭送捕房。」丙笑曰：「君試起觀之。各以老婆相易侑觴，尚不縮頭，而欲乃公道破機關，使人皆知老元緒作為耶？」乙在隔座聞之出視，各見其妻，掩面大慚，曳尾而遁。〔彼此情深〕

4396	原 498/9	廣亨 6/49 右	大 14/270

指不若人

人之形體，悉本大同。其有不同者，便譁然群以為奇矣。番禺豆豉巷中有窶人子，沿門行乞，其左右手足均生七指，支支離離，殊形駢拇。或曰：「此寒乞相也。」然吾見某孝廉足指歧生，其手亦各多生一指，且其三代皆戟指，而俱列賢書。可見人苟不安暴棄，枝指固足以顯其奇；人若自甘下流，枝指轉適以形其醜。彼以指不若人為恥者，盍鑒諸。〔駢拇〕

4397	原 499/1	廣亨 7/49 左	大 14/271

犬識主人

法總領事白藻泰君失去洋犬一頭。法捕房飭探帶同探夥，分投查緝。嗣悉此犬性極馴良，能解人意，白君在外洋以五十金購來。雇夫兩名，留心豢養，前日忽然走失。捕頭飭探四處尋訪，迄無蹤影。日昨，白君閒騎款段至鄉間游玩，忽見此犬正在東奔西竄，即呼其名。犬聞呼立至，一見主人，似不勝欣喜者。白君如獲拱璧，即帶回本署，仍令狗夫留心飼養。物歸原主，不負素日豢養之恩。凡世之背主而遁者，是真犬之不若矣。〔失而〕〔復得〕

4398	原 499/2	廣亨 7/50	大 14/272

攀留佳話

蘇撫趙展如大中丞之去任也，各府縣士民攀留節駕及製送聯額牌傘之人，中丞一概辭謝不收。惟江、震兩縣士民一千五六百人，強將四傘插置大堂，并釘額一方，不顧而去。初六日巳刻，中丞由胥門解纜而南，遇有青浦縣士民船十餘艘，載額二方，一曰「國人皆曰賢」五字，一曰「恩威並濟」四字，方自密渡橋下轉舵而西。忽聞中丞船將東來，急急飛棹至盤門外吳門橋下，將中丞座船迎頭攔住，大喊：「大人休去，青浦縣士民攀留。」並各各上船，叩頭不起。中丞聞之惻然，急忙出見還叩，撫慰再三，竟至彼此下淚。旋又迎至艙中，略坐道歉，許將兩匾送懸撫署大堂。遂送各人過船，依依告別，而淚痕猶滿頰也。嗚呼！長孫樹德，空傳樓上之名；叔子辭官，爭墮碑前之淚。去思如此，誠晚近以來絕無僅有者。〔使君〕〔神明〕

4399	原 499/3	廣亨 7/51	大 14/273

石龍出見

昔漢武帝立石鯨於昆明湖，頗費人工。嗣是而後，石獅、石馬雕刻成形，莫不惟妙維肖。又賈魯濬河時，童謠云：「石人一隻眼，挑動黃河天下反。」先為之讖。知石之能成人物，皆由人巧，非屬天工也。乃湖北漢陽縣屬北鄉柏泉山一帶，前日鐵路公司差人採辦石塊時，掘至睡虎山下，見土中有石龍一條，長約丈餘，頭角崢嶸，鱗甲畢具。鄉人見之，駭異殊甚。旋有解事者大聲呵斥，謂此係寶物，不可驚動，令即停工。嗣聞此山乃黃金愷之祖塚，故由黃姓出為阻止，遂不能再掘。按石龍世不經見；大抵與石燕、石蟹之類，同得天地之精氣，生成自然，非可以尋常視之也。茲之出現，果何為乎？〔其鱗之而〕

4400	原 499/4	廣亨 7/52	大 14/274

角藝釀命

福建湯門外雞山後山地方有名剃頭洪者，無賴也；粗知武藝，遂於該處招徒開廠，傳授拳棒。近處先有張教師，亦開一廠，有徒數十人。平日徒眾往來時，未免各誇師藝之高，己學之精。始不過徒眾口角爭強，繼則兩師各相較藝。詎交手之下，洪非張敵。洪竟不服，突用利刃，向張砍去，劈開腦門，頓時倒地。後又向張小腹亂刺，以致立時斃命。徒眾見師被殺，一擁上前，將洪綑住，鳴保押送閩縣呈控。寇子春大令據報後，隨帶仵作、書差人等，蒞場相驗，委係因傷斃命。當即填明屍格，飭即棺殮。回署提洪審訊，聞已畫供收禁，備文出詳。想殺人者死，三尺具在，斷不能為洪寬也。〔弄假〕〔成真〕

4401	原 499/5	廣亨 7/53	大 14/275

煙壺破案

通州鄉民某甲，前因母病，措資入城購藥，曾先紆道購得白布一疋。比歸忽忽，竟將布與餘錢遺忘該藥鋪內。及知覺後，重往根尋，鋪夥不認。兩相爭執，喧鬧不休。適州尊嚴直刺鳴騶而過，略詰情由，命將鄉民與鋪夥一併帶回，升堂研訊。先諭鋪夥，此事既無憑証，其為鄉民圖詐無疑，汝可起立。鋪夥欣然。因素嗜鼻煙，取壺嗅吸。為直刺所見，令即呈閱，謂：「本州亦有此件。」飭差持赴內堂，比較優劣。一面傳鄉民至案，叩以家常瑣碎之事。約一時許，忽見該差將布錢取至。蓋直刺以煙壺為信，令差持往取物也。鋪夥至此，惶遽失色。直刺大怒，謂：「原贓具在，爾有何辭？姑念生意中人顏面攸關，罰銀五十兩，並所取布錢，飭交鄉民，俾奉老母。」案遂結。按此等案件，一動聲色，便索然無味。今直刺以煙壺為機括，游戲中具有巧思，非晚近時之能員乎哉？〔具有巧思〕

4402	原 499/6	廣亨 7/54	大 14/276

媚神笑柄

申浦之南有白沙廟焉，向隸奉賢縣管轄。廟塑男女像各一，男則城隍，女即俗所稱城隍太太者是。終年香煙冷落，無人過問。惟至十月二十四日，相傳為神出巡之期，近村居民咸詣廟敬謹將事一切，升堂點卯，與滬地三節會無或少異。所異者，當舁像出廟時，突有扮作形似家丁者，馳赴輿前，傳太太命，向神稟白嘵嘵數十言，皆係獅吼之聲；並由跕立神旁之家丁，一一代答畢，然後鳴鑼喝道而出。據個中人云：「因神生時有季常之懼，不如此，必觸太太怒，或年穀不登，或人口不安，雖神亦無如之何。」及詢神姓名、籍貫，則又茫然不知。夫《聊齋志》載杜十娘、伍髭鬚事，閱之深以為異。今得此事，其妙又匪夷所思。正不知千載後，更有如何舛誤也。〔季常〕〔後身〕

4403	原 499/7	廣亨 7/55	大 14/277

是何妖魅

湖北蘄水縣城外某鄉村某甲家有靈櫬，諏吉安葬。於出殯前一夕，更深人靜時，有稚女突見一婦蓬首從外來，急入孝堂內，用手劈棺，形勢可怖。稚女駭呼，家人齊至，近前將婦拘獲。幸棺雖開，尸尚未損。甲與家人將婦綑綁拷問，但笑而不答。疑係妖婦。比即送縣，嚴刑審訊，婦仍大笑。縣尊詫異，命人取印，向頭擊之，忽然不見；只見骷髏一具，牛皮一張，與無數雞毛而已。先是該鄉村屢次失雞，毫無形跡，至此始悟為怪物所祟。究竟是何鬼魅？聊誌之，以質諸搜異者。〔神出〕〔鬼沒〕

4404	原 499/8	廣亨 7/56	大 14/278

骨肉奇逢

妓女張秀寶籍隸江北，幼年被匪誘拐至滬，賣入妓院為娼。年未破瓜，幸遇某封翁出資，納為小星，入門後頗形寵愛。未幾，又產男孩。祇因該孩時患疾病，醫藥無效，由女親詣各廟求神，願保平安。茲已全愈。於上月某日，乘馬車至虹廟完願。出門後，見路隅有白髮嫗，頗覺面善。一時心動，喚令詢問；知係同鄉流落在申，因令雇車帶回。細究姓名，竟即女之親母。蓋嫗自失女後，復遭水荒，夫婦來滬販運雜貨，尚可中飽。今得相遇，真屬僥天之幸。刻聞封翁因愛女之故，特邀親友，擬在某酒館開筵慶賀，並雇貓兒戲侑觴盡歡。事後尚欲至各廟助匾，用答神庥。一時聞者咸傳為佳話云。〔天假〕〔之緣〕

4405	原 499/9	廣亨 7/57 右	大 14/279

狸奴救主

杭垣察院前有陳某者，寓浙多年，孑身就縣衙小席；居處無常，亦不知其何處人也。性喜狸奴，隨身行李外，蓄貓一頭，己食則食，己臥則臥，視如子女；而貓亦善解人意，依依不去。邇來某忽患痢，劇甚。有友攜煙具來，囑其吸食。某領之，即吸數口。友去而某亦神倦假寐。詎料煙燈未息，一轉側間，衣袖被火焦灼；頃刻炎炎直上，延及蚊帳。某尚熟眠不知。貓忽跳上某面，以舌舐之，某始驚醒。而鄰家亦聞聲而至，得以救息，不致成災。噫！如此貓者，何知恩報恩如是也！〔命不該絕〕

4406	原 500/1	廣亨 8/57 左	大 14/280

紙灰化蜨

紙灰化作白蝴蝶，此杜工部詩也。不謂今日竟有身歷其境者。京師有倪二者，盛姓家庖丁也。一夕，偶貪杯酌，漏三下始賦言歸。行至城隍廟前，醉眼迷離，見蝴蜨一雙，從廟中飛舞而出，粉翅翩躚，頗具穿花逸致。暗思秋涼夜寂，栩栩生適從何來，豈身入莊周夢境耶？攘臂撲捉，獲其一。審之，乃送殯所撒之紙錢也。不覺毛骨竦然，汗出酒醒，急奔回家。寒熱交作，自此染病不起。聞者皆詫為異事云。〔路鬼揶揄〕

4407	原 500/2	廣亨 8/58	大 14/281

禁城失火

京師紫禁城東安門內南池子御藥房隔壁官所，於九月初五日午刻，陡然起火。本地官弁暨城內各路水會，飛馳而至；步軍統領、三堂大人亦陸續駕臨。見火勢正熾，而是處與大內慈寧宮接壤，僅隔一牆；禁垣之東南角樓又復相對咫尺，勢甚危急。署步軍統領左堂阿大人克丹親登屋脊，執激桶嘴引水救火，故官弁人等益復踴躍從事。俄而外城各水會齊至，奮力澆灌，回祿神始不得逞所欲為。至申刻始漸熄滅，共計焚燬房屋二十間有零。係恭親王進內換衣處，御藥房幸保無恙，諸王大臣有在該處寄放衣物者，盡付一炬。當火熾時，東華門外大街人聲鼎沸，車馬縱橫。李爵相乘朝馬飛奔入內，矍鑠精神，不減疇昔。此外，王公大臣聞警趨至者，不勝枚舉，皆俟火息始退。〔光芒〕〔萬丈〕

4408	原 500/3	廣亨 8/59	大 14/282

塗山鬥牛

西歷本年九月初五日，即越南八月初十日，該處海防塗山八社舉行鬥牛會，循曩例也。是日鬥者共有八牛。附近居民往觀者，肩相摩，趾相錯。其始也，以兩牛，出一人取旗拂之。牛若會意，各奮神勇，大吼而前，角相抵，力相敵，所謂洵武且力者，固不相上下也。久之，其一不敵，奔而逃。其後元武公依次而出，然皆不及前二君之孔武也。會終，無一傷斃者，挺然場上。一時寓目者，亦惟力之強弱是視，固非隨人說妍媸，終貽矮人看場笑也。以上見安南《同文日報》。此會之設，不知何所取義。豈如泰西賽馬之舉，相習成風歟？姑錄之，以備採風問俗者之一助。〔有力如虎〕

4409	原 500/4	廣亨 8/60	大 14/283

頑石成魔

美國卡那達省啞痕鐵利啞附近地某山上，有一大怪石，略具耳目口鼻，形如人面。土人呼之為「惡魔頭」。據云昔有土人之祖歿後，其首領化為此石。石高二十尺，闊二十一尺，厚十尺，口中有金塊，係土人所納，為禮拜之標識。近有某礦師行經該處，徘徊審視。據言此中藏有礦苗甚富，不知確否。按魔字，古從「石」作「磨」，梁武帝改從「鬼」，蓋即鬼也。今以人頭化成，其說奇矣。然生公說法，頑石為之點頭。天下事之不可思議者，往往為理之所無，而為情之所有。正不必以後世刻畫日精，概目石人為雕琢而成也。〔居然〕〔點頭〕

4410	原 500/5	廣亨 8/61	大 14/284

頭角崢嶸

安徽寧國府南陵縣北郊八蜡廟左近鄉民某甲，向以耕種為生，事母至孝。甲年逾大衍，其妻亦逾不惑，從未懷妊。忽於去冬碩腹便便，至仲秋居然生子。方面大耳，貌頗英俊，惟囟門兩旁生肉角一對，長寸許，綿軟無骨。該處土俗於洗兒後，須剪去臍帶，然後上床。時適人眾忘卻剪之所在。詎兒不但不啼，且於盆中開口曰：「剪刀掛在門後，不必慌張。」甲聞而大驚。尋之，果在。群以為怪物，急往後園，欲尋鐵鋤，以圖擊斃。乃甫至園，見所豎晒衣架之松桃枯枝，同時開花發葉，香氣氤氳。甲大奇之，遂不遑尋鋤，返白於眾。有老者曰：「此吉兆也。宜報之官。」甲從其言，邑尊孫雲九大令聞報，即偕典史、城汛各官，命駕蒞止；驗看屬實，各賞番佛四尊，以助湯餅之費。一時觀者途為之塞云。〔天生〕〔英物〕

4411	原 500/6	廣亨 8/62	大 14/285

氣球炸裂

氣球乘風而行，淩空直上，原係至危至險之事。故非膽包身者，每不敢輕易嘗試。前者西人實邊沙在香港演放後，因球破墮下，僅成殘廢，不致殞命，亦云幸矣。乃以危險之境，而於深夜行之，其禍有不立見哉？德國柏靈京城，某日晚間有著名球師華爾威，偕同機器師拿必二人，在唐不老福地方，演放輕汽燈之氣球，高至一百邁當。忽硼然一聲，氣球懸燈之處忽然炸裂，球身著火，延燒所乘之籃；繫於球下者，亦兆焚如。一剎那間，球自空中旋轉而下，仍落於唐不老福左近地方。眾趨視之，則見二人面目焦爛，血肉模糊，已不可救藥矣。聞被焚之故，緣球燈之燄，遇風上炎，遂肇此禍。亦可慘矣。〔技不〕〔可恃〕

4412	原 500/7	廣亨 8/63	大 14/286

名花任俠

本埠有妓女洪文蘭、李文蘭者，煙花中翹楚也。前日，乘坐馬車縱眺行樂。道經西北鄉，瞥見草房內有某氏婦身穿縞素，領一垂髫女郎，口操湖北音，嚶嚶啜泣。不覺惻然停車，散步向前問故。據言：「夫故無依，負債纍纍。被逼難支，欲將此女作抵。今分離在即，是以悲從中來耳。」洪等詰以債主何人，答稱金姓。洪曰：「得非某某其人乎？」氏曰：「然。」洪等知金係相識者，遂許為之斡旋，各贈洋十元，撫慰而去。越日，洪果邀金至某大餐間，代為緩頰。金以片言九鼎，出自美人，遂即慨然允諾，並將垂髫女認為螟蛉，俾得往來關顧一切。噫！人心不古，澆薄成風。疏財仗義之事，求之鬚眉中猶不可多得，況巾幗乎？乃不謂於青樓中見之，且能始終成全，解囊相贈。目之曰「俠」，夫何愧哉！〔紅妝〕〔季布〕

4413	原 500/8	廣亨 8/64	大 14/287

臺基游街

滬上臺基星羅棋布，幾於無處蔑有。往往有著名之處，通國皆知，而捕房包探若罔聞見者，此何故耶？乃前日英界馬路中忽聞鑼聲鏜然，大呼曰：「游街者至矣！游街者至矣！」及諦觀之，見一婦年逾四旬，鴉髻堆雲，和盤托出，垂頭喪氣，蹣跚而來。前導一小旂，上書「臺基游街」四字；後有巡捕、差役押之以行。乃知該婦係開臺基之鴇。此次經翁笠漁明府訪獲，大發雷霆，判令荷校游街，致有此舉。予不禁啞然笑曰：「是殆該婦之不幸耳。不然，開設臺基者多矣，何以明目張膽，著名如二馬路之安泰小客棧，歷時既久，而反安然無恙也。」噫！吁嘻！〔淫嫗奪魄〕

4414	原 500/9	廣亨 8/65 右	大 14/288

豬孽

松郡南鄉大洋五圖地方農民陸慶娶婦某氏，於今春生有一男，頗為鍾愛。月前，陸因在田工作，其婦隨之偕往，將男孩縛置榻旁。該處為陸蓄豬之所。有豬一頭，曾於夏間買來。不料無人之際，竟至榻旁，將孩兩臂盡行咬下。逮陸歸來，見而駭然，立呼婦回，無如孩已氣絕。旋將棚內各豬盡行殺斃，藉以洩忿。噫，農民蓄豬本屬常事，乃竟有此意外，是豈前生冤孽歟？殊令人詫異不置也。〔有何〕〔夙冤〕

4415	原 501/1	廣亨 9/65 左	大 14/289

大頭蘊寶

廣東十一甫地方，前有鉅富楊姓生一女，年甫三四齡，頭大如斗。一日，僕婢輩抱之門首，與群兒嬉戲。一西洋人偶過其前，諦視良久，操華語謂之曰：「此女孩汝主撫之無用。若肯與我，當酬以三千金。」問需此何用，曰：「此兒頭內育一生鷹。破顱出之，可得異寶，名曰『定風鷹』。置之出洋船上，雖遇風浪滔天，船自平穩。惟兒死則喪寶矣。」僕婢以告其主，其主卻之。後女至廿七八歲而歿。不知該西洋人之言果有驗否？〔海外〕〔奇談〕

4416	原 501/2	廣亨 9/66	大 14/290

金豬炫富

新舊金山為產金之區。當昔盛時，曾有掘地得金者，見金堆積如山，欣喜欲狂。因宰一犢，取其肉為下酒物，剔其骨為糞田料。乃將金苗滿貯犢皮之中，縫紉牢固，無針線痕。立其犢於稠人廣眾之中，栩栩如生，以示誇耀。一時豪富，千古美談，真莫與之京矣。乃近閱《新金山報》，載有礦工新聞一則。言某工人有一剛鬣公，無端暴斃。適值金苗暢旺之時，工人景仰遺徽，亦效前人所為，將豬皮剝下，實以金苗，較該豬生時尤為肥腯。揚言於眾曰：「如此作劇，可不讓古人專美於前矣。」然富則富矣，欲為觀美，竊恐未必。想一時見者當亦不過曰：「是多金之豬也。」雖金實其中，而仍無失為豬。彼世之金玉其外而敗絮其中者，不更是豬之不若哉？〔自他〕〔有耀〕

4417	原 501/3	廣亨 9/67	大 14/291

交印奇談

客有來自皖中者，言及某日清晨，突有人攜一小包，置諸藩署門丁處。斯時門丁某甲尚未起床，後見是物，詢之閽人。據云：「物由某老爺交來，今已去矣。」門丁異而啟視，則見五河縣典史鈐記一方；外有稟啟一件，大略謂：「五河典史熊晴章不知因何事撤省署中向有津貼，被縣令扣除。在任時礙於堂翁之面，未便向索。茲因交卸有期，遂向堂翁索取。縣尊不與，幾致口角，毫無尊卑氣象，無可如何，衹得將印攜帶來省交代」云云。噫！是亦官場之異聞也。〔忍而〕〔為此〕

4418	原 501/4	廣亨 9/68	大 14/292

鴿歸萬里

前有西國志士名難仙者，性好奇，往探北極，恐其妻在家盼望，攜鴿而去，以便傳書。詎其妻某氏久待閨中，不得音耗，朝占鵲噪，夕卜燈花。正不知冰海雪山，飄泊何所，而死生安危，亦覺夢寐難通也。一日，正在尋思，突聞撲窗有羽翼之聲。某氏推窗視之，則見其夫帶往之鴿，忽已飛回。鴿見女主，似曾相識，即作飛鳥依人之勢，投入懷中。氏喜撫之，見足間繫有寸紙，乃夫之平安家報也。始知其夫已到北極，不覺喜極欲狂。蓋事隔三年零三月，而此鴿仍能飛回故里，可謂靈矣。現聞北美合眾國博魯紫麥司海軍造船廠盛畜海軍戰時所用之傳書鴿，訓練有效，擇日試驗，竟無一鴿誤飛他處。是鴿不獨能傳家書，并能通軍報。功用昭彰，不亦靈而且捷乎？〔鳥亦〕〔通靈〕

4419	原 501/5	廣亨 9/69	大 14/293

換枷駭聞

蘇垣獅子口前有湖北人冒認屍親、藉端圖詐一案，經元和縣李紫璈大令提案研訊，先將通風報信之某矮子杖責八百下，荷以二號木枷，發該處示眾。眾差役以該矮子毫無使費，遂令暫坐班房，紿之曰：「此枷太重，某等好行陰德，代爾換一輕枷何如？」矮子聞言大喜，稱謝不已。該差等即將舊枷開脱。未幾，有四差取到新枷一面，大而且厚，重約百十餘觔，喝令攢入。矮子一見大驚，登即哀啼求饒。眾差不由分說，強拖硬拽，如鷹捕雀，如虎擒羊，立將好頭顱輕輕裝入，拽之以去。噫！該矮子雖咎由自取，然該差之蛇蝎其心，上下其手，竟敢施之於省會之地，真令人望而生怖矣。〔上下其手〕

4420	原 501/6	廣亨 9/70	大 14/294

殺子報

津人李某負販營生。一日晚歸，途遇劫賊欲擊之。李曰：「吾無財物，惟身上衣。請自褫之。」賊不知其計，竟低首代解。李趁勢取杵，猛擊其首，賊暈而仆地。李乃狂奔迷路，見有燈光，叩門求宿。其家祇一婦，以家無男子辭。李告以遇賊狀，哀其拯救。婦曰：「側邊一室，可與吾兒同臥。」李入，和衣臥，轉側不能寐。中夜聞剝啄聲，婦拔關納之，問：「何狼狽乃爾？」曰：「今日大不利，劫人反被人劫。」婦低聲悄語曰：「適來求宿者，自云遇賊。毋乃即其人耶？」問：「何在？」曰：「現宿側房。」男子恨恨曰：「是矣，是矣。」遂入室，李知非美意，乘間欲逃，恐追及，伏室旁豕圈中。俄聞刀聲砉然，出曰：「了之矣。」婦曰：「吾子固在彼，爾曾審視否？」男子愕然曰：「未也。速具火來。」旋聞婦哭曰：「殺吾子矣。」相持大慟。李遂馳走十餘里，天已曙抵家，始述其事於人云。〔天理循環〕

4421	原 501/7	廣亨 9/71	大 14/295

花叢蟊賊

閩省南臺三保地方某勾闌有某校書，年逾二九，色藝俱佳。一時墜鞭公子，挾彈王孫，無不爭擲纏頭，藉博一笑。綠林豪客垂涎久之，乃假憐香惜玉之名，為煮鶴焚琴之舉。一夕，有甲、乙、丙三人衣服華都，僕從烜赫，大搖大擺，至該堂徵歌選舞。自云係長門某營管帶某砲臺營官，大開綺筵，恣情暢飲。校書百般獻媚，款接殷勤。更魚二躍，又有數人尋蹤而至，稱係同營哨官。時校書已被甲等灌得爛醉如泥，仰臥榻上。甲等一聲暗號，一齊動手，先將蝦兵蟹將用繩執縛，並用棉花塞口，閉諸一室。乃將校書衣飾盡行褫下，任意輪姦，然後傾箱倒篋而去。吁！花叢蟊賊，大殺風景，竟敢忍心至此。安得十萬金鈴，將天下名花好為護持哉？〔狂暴異常〕

4422	原 501/8	廣亨 9/72	大 14/296

異獸將來

嘗謂天下之物，奇奇怪怪，載之《山海經》一書者，詳矣盡矣。然當時禹行而見之，伯益知而名之，孟堅聞而志之，則其所不見不聞而無能名者，更不知其凡幾。如日本佐賀縣所出之獸，斯可異已。該處於八月中旬運一黃牛至長崎，身高三尺許，兩尾六足，其行與常牛無異。見者譁然，皆歎得未曾有，牛後觀者幾千百人。僉謂從從六足，其狀如犬，與此不類；其具牛形者如夔，止一足；傿生三足，又無所謂六足。且三尾為讙，狀如狸；五尾為猙，狀如豹；九尾為狐，為蠪蛭，為猼訑。而獨無生兩尾者。是誠何物也？前日，又運至大阪，有華人之好奇者願以四百金易之。聞將帶申，以博看資。果爾，則中西士女皆將於此一擴眼界矣。世有張華，吾願質之。〔〕

4423	原 501/9	廣亨 9/73 右	大 14/297

僧魂顯靈

支硎山麓有德雲庵焉，向為某僧卓錫之所。自僧示寂後，香火頓衰，庵亦漸就荒廢。鄉人某挈家居之，藉資看守。一日，婦方早餐，忽擲盞瞋目叱曰：「我，某僧也。爾何人斯，敢以選佛場作巫山會。老僧雖心如木石，亦何忍以木榻蒲團俾作秘戲。行將褫爾魄矣。」隨手批頰數十下，血流被面。其夫惶駭跪求，僧怒益甚。後有與該僧相識者為之緩頰，許將僧榻懸之高閣，享以牲醴，贈以冥鏹，僧始寂然。婦尋愈。吁，佛地宣淫，何止該處。安得盡如該僧之一顯其靈哉？〔無名〕〔火發〕

4424	原 502/1	廣亨 10/73 左	大 14/298

命等彈丸

九江選鋒右營哨弁黃子陵、范羽儀、余啟泰三員，於上月十九日，督率兵丁，赴大校場操演打靶；硼然一聲，連珠迸出。時有孩童十餘輩，群聚對面山岡，爭拾鉛子。哨弁呵止之，不聽。旋有某兵執鎗審靶，尚未開放。一孩自矜膽大，植立靶前，志在必得。詎一轉盼間，鎗子已向該孩眼角直甩而過。幸僅傷及皮肉，不致殞命。然為之父母者，奈何漠不加察耶？〔童子無知〕

4425	原 502/2	廣亨 10/74	大 14/299

樹之風聲

我朝《聖諭廣訓》一書，為聖祖仁皇帝御製，實寓化民成俗之意。自世道寖衰，鄉約之舉，廢而不講，風俗愈趨愈下，有識者慨然憂之。今上御極後傳旨，將御製《勸善要言》一書頒行天下，飭令地方官隨時講論，闡明正義，亦古者讀法懸書之典。無如官府奉行不力，依舊虛應故事，以致民俗日偷而人心愈壞。吳中地氣澆薄，民習尤覺輕浮。前湖南巡撫吳清卿中丞大澂在胥臺珂里目擊心傷，思為挽回之道。爰於本月初三日起，躬詣元妙觀開講鄉約。是日清晨九點鐘，中丞朝服而至。先由元和縣李紫璈大令降階相迎，略敘寒暄；中丞即登臺宣講《聖諭》一節。一時傾耳而聽者，莫不心領神會，手舞足蹈；謂今而後，振聵發蒙，小民於是乎知禮義云。聞此舉每逢三、六、九日，依次續講。中丞扶持世教之功，不綦偉歟！〔型方〕〔訓俗〕

4426	原 502/3	廣亨 10/75	大 14/300

蜘蛛救駕

英報云：「前德皇弗禮里力當與敵人戰勝之時，在上書房勵精圖治。膳夫進珈琲茶一杯，德皇不遑啜飲，安置几案之上。少頃，德皇欲飲，見一蜘蛛死於杯，傾瀉於地；適有二犬舐之，旋即斃命。德皇遂思此事定係敵人賄囑膳夫下毒害己，隨召膳夫根究。膳夫見事機敗露，無地可容，遂開鎗自行擊斃。德皇亦不深究。及德皇既薨，嗣皇即位，因思前皇所以不墜毒藥之計者，皆仗蜘蛛之力。因將金線結成蛛網，書明事實，繫以華籤，同前皇在時御用珍寶，羅列上書房之內，所以使後世子孫不忘先人創業之苦也。」噫！蜘蛛微物耳，而其忠君愛國之心，猶能貫日月而薄雲霄，可以人而不如蛛乎？〔忠誠〕〔貫日〕

4427	原 502/4	廣亨 10/76	大 14/301

游魂冒騙

嘗見說部載有路鬼冒名索食，疑為作者寓言，而不圖果有其事。廣東順德梁甲擅岐黃術，行其道於南洋，大獲利市；遂在該處開張藥肆，招其姪某乙挈家居焉。前月，甲因為子完姻，言旋故里，將店務託乙經理。及抵粵垣，僦居河南。吉期既屆，賀客盈堂。忽青衣婢暈仆於地，目瞪口呆。家人驚起環問。婢哭曰：「我乃爾姪某乙也。中秋節夜腹痛如廁，醉眼昏花，失足落溷，慘遭淹斃。廑念家園，化鶴來此。適遇吾弟婚期，特來為叔道喜。」時乙母及妻俱在座，聞之，不勝悲惋。惟甲則疑信參半。蓋自別後，音問時通，近又接得八月下旬之信，皆乙親筆，何來中秋遇難之事。再三詰問。鬼即不答。翌日，電詢南洋。旋據回電，則乙固安然無恙。乃知游魂野鬼欲獵飲食，為此冒名圖騙之事。吁！凡世之冒名圖騙者，其不與此鬼為鄰者幾希？〔形同〕〔光棍〕

4428	原 502/5	廣亨 10/77	大 14/302

信鴿靈捷

魚腹傳書，雁足繫帛，千古傳為美談；而物有不盡此者，則鴿之靈是已。英國奈司脫累里次地方火車站有波司乃克信鴿公司，嘗於某日清晨五點鐘，放鴿六十頭，令飛回公司；其最捷者，十點鐘即已飛至。查波司乃克公司在薩遜麥甯恩省，距奈司脫累里次三百一十啟羅邁當。鴿飛僅歷五點鐘之久，每點合六十二啟羅邁當，可謂速矣。按西人於靈鴿一物，講求功用，最為關心。近如北美合眾國博魯紫麥司海軍造船廠，亦畜海軍戰時所用之傳書鴿；千百成群，訓練純熟。一日，攜雛鴿五十羽往博斯敦與博魯脫蘭度兩處，均隔造船廠六十西里，向空放之。及一點半鐘，即飛回故巢。又攜十餘羽至勉州索閣地方，隔造船廠四十西里。放之，亦於一點一刻鐘時悉行飛回。西人之留心豢鴿如此，又烏得以玩物喪志，遽斥為無用也哉！〔往還有定〕

4429	原 502/6	廣亨 10/78	大 14/303

失勢奇聞

九江府屬黃梅縣境孫家墩地方孫某，自幼聘定單姓女為室。比長，與鄰婦王氏有染，立誓終身不娶。嗣以迫於親命，依舊完姻。數日後，仍往王處續舊。王氏性極妒。惡薄倖郎之頓背前約也，佯與殷勤；陰持并州快剪，俟交合時，出其不意，竟將陽物齊根剪去。孫負痛奔歸，是夜即斃。其父母以子死於非命，疑為單氏謀害，立即信知單族。單之父母賦性粗魯，謂女殺夫，律難寬恕，囑令同棺活埋。單氏極口呼冤，不得白，遂亦畢命於棺中。時王氏私心快慰，反來孫宅觀看；將孫某之勢，用布包裹，欲置單氏床下為證。不知如何，仍將其勢攜回，自納首飾匣內，鎖以魚鑰。而冤魂未散，旋各託夢於兩家父母。醒而異之，乃邀保鄰同至王氏家問罪。王氏不服，開匣驗之，則血淋淋之原物在焉。王氏詞窮，遂報官，抵以罪。〔狠心〕〔辣手〕

4430	原 502/7	廣亨 10/79	大 14/304

懺情斷指

某甲，不知何許人，僑居滬上，好作狹邪游；與某校書有白頭約，山盟海誓，戚右皆知。一夕，與友某乙等在某妓院大開綺筵，乙謂甲曰：「今日歡會，不可無花。何不飛召名姝，藉助清興。」甲曰：「參橫月落，恐驚好夢。奈何？」乙等譁然曰：「聞貴相知靈犀一點，早已屬君。若果有心，漫言深夜，雖在天明，亦當立至。君毋推諉也。」甲無奈，傳箋往喚。少頃，回稱佳人頭痛，已入黑甜。同座者聞之，顧謂甲曰：「如何，吾固謂青樓中無多情種也。」甲經此訕笑，忿忿出門，欲尋該妓理論。及至蘭房，見妓與客正如交頸鴛鴦，雙雙同宿，不覺怒髮衝冠，半晌無言。其友恐肇禍端，勸令回寓。奈甲遽揮慧劍，將小指截去一節，謂今而後，再惹情魔，有如此指。噫！迎新送舊，曲院之常。妓固無情，甲亦未免太認真矣！〔我見〕〔猶憐〕

4431	原 502/8	廣亨 10/80	大 14/305

老官難做

蘇垣青陽地自開埠以來，市面日臻繁盛，游人雲集，皆以一擴眼界為榮。有住居婁門丁香巷之陳某，翩翩年少，顧影自憐。某日，雇花舫一艘，命儔嘯侶，低唱淺斟，致足樂也。詎當夜闌席散之際，招之者向索舟資。陳竟阮囊羞澀，不名一錢；不得已，權詞約以昧爽。屆時往取，則陳已早登避債之臺。該舟子無可如何，怏怏而去。閱數日，陳豪興未已，又雇一舟，載酒攜花，維繫於五龍橋畔。適為前次船戶所見，登舟索債，聲勢洶洶，意欲褫去衣福為質。陳當場出醜，羞忿難堪，遂奮身躍入波心，效李青蓮捉月故事。幸人手眾多，趕急撈救。雖腹已膨脝，灌以薑湯，尚得一吐而愈。以行樂之場為覓死之地，空心老官洵不易做也，獨陳某也歟哉？〔無地〕〔可容〕

4432	原 502/9	廣亨 10/81 右	大 14/306

偷兒晦氣

蘇城香花橋某氏家，前夜更魚四躍時，在華胥國中微聞淅瀝之聲；披衣驚起，見少箱子一隻。喚起家人，由門縫窺視，瞥見一黑衣人屏息不語，旋見屋上一人將箱遞下。氏開門突出，狂呼捉賊。屋上人猛吃一驚，失手將箱墜下，適中黑衣人之首。但聞呼痛一聲，抱頭鼠竄而去。時箱上猶熱血淋漓也，該賊何晦氣乃爾？〔物傷〕〔其類〕

4433	原 503/1	廣亨 11/81 左	大 14/307

幻術得穴

英國所屬鶯希魯地方工部局員，日前欲於局中曠地穿鑿一井；連掘數處，深至數仞，均不及泉。心竊異之。聞英人牙低加工變幻術，急延之至局相地。牙君隨帶弓勢籐木一枝，約長三四英尺，略誦數語，即閉目念咒；兩手握彎木兩端，正立曠地之上。少頃，遍身搖動，散步亂行。及至一處，忽然止步曰：「此處掘下，不及兩仞，便可得泉。」如言試之，果有清泉湧出。乃酬以英金十磅。自是其名大震。凡開礦者延之，輒有奇驗云。〔水有〕〔源頭〕

4434	原 503/2	廣亨 11/82	大 14/308

碑沉海外

北美洲墨西哥國麥克人而挪地方，近有人掘得古碑；碑文所載，皆中國之事。當為墨廷所聞，立派博古之士，能識中國文字者數人，前往查驗。該博士等將碑文錄出，譯為西文，呈於墨主。據云：此中國千餘年前之物，碑文所載係華人第一次至墨西哥之事。博士等旋將所譯碑文，質諸旅居墨境之中國文士。據稱此碑確是中國之物，惟碑文係在耶穌未生前一百餘年所勒者；且同時不止勒此一石，其餘亦均在墨西哥境云云。時墨廷猶未深信。未幾，有人在麥克大面挪之北，石谷白之護礦營左近，查得古墓數處，又得古碑數方。始悟華士所言確有證據。而華人之至美洲，已早開風氣之先矣。〔千古不磨〕

4435	原 503/3	廣亨 11/83	大 14/309

財可通神

南人佞神，北人佞鬼，習俗使然，本無足怪。不料愈出愈奇，竟有陽捐陰職之事。閩俗有都城隍廟，都人士信奉最盛。後殿有夫人及世子宮室兩廊，分祀十二司暨神將、神差等偶像。各司均有衙署書差充當會首，惟總理大堂其權最重。每遇十月朔迎會之期，必先開堂理事，如陽官之舉行甄別，論功過而定升降，咸由若輩任意妄為。本屆新充大堂副總理林紫堂者，以紈袴而好左道，家設乩壇，父故多年。今夏妄稱乩判其父因生前積善，已升壇中總政之神。愚人信之，於是有會首某竟賄以五百金，代父捐升獎善司之職；紫堂遂代神懸牌下委，敕赴新任。噫！賄賂公行，名器日濫，國事之所以壞也。乃竟以此誣及神明，天下事尚可問乎？〔左道〕〔惑人〕

4436	原 503/4	廣亨 11/84	大 14/310

尾人被劫

紐約伍阿魯度新聞云：「去年西四月，駐劄緬甸第四故魯卡斯軍隊，由緬甸萬達烈地方啟行，至印度隙龍伍途中阿霍母人種之處經過。適天降大雨，欲避無從。遙見土庫一所，急趨而至。詎土庫中人拒之不納。軍弁不聽，毀門直入。內有阿霍母人四名，係和尚，正在禮佛。阿霍母三字係梵言，無比方也。最惡白種人，而白種人亦未嘗見過。細視，人面若猿猴，手足皆長，足指能取物，尻際有尾。該軍弁奇之，遂擄其婦與一孩以歸。拍照分寄各處，以廣見聞。」〔後顧無憂〕

4437	原 503/5	廣亨 11/85	大 14/311

武士除妖

鐵甕城南某姓家，房廊深邃，素多怪異，居之者必不獲安。因此，後軒數楹，魚鑰森嚴，不輕啟視。日前，其戚武生某自金陵試畢，襆被歸來，下榻左廂。夜半，月明霜肅，百感俱生，伏枕不能成寐。且臥房逼窄，氣鬱難舒。遙望軒中，異常敞朗。遂提酒壺及熟豬蹄，脫扃而入，開懷獨酌，對影生憐。正在沉吟之際，忽聞牆角啾啾唧唧，其聲聒耳。因就月下視之，則見小人十數，高七八寸，如古所謂僬僥種類者，或男或女，裝束入時，皆背負小竹筐，彎腰拾所棄蹄骨，置諸筐中，移時而盡。武生心知其妖，膽壯氣豪，思捕治之，苦無寸鐵。不得已，將案頭酒壺用力擲去，中一人踣之，餘皆逃入暗洞。趨視所踣，乃一碩鼠，業已斃矣。自是，怪遂絕。蓋鼠輩猖狂，裝妖作怪，欺弄愚人，由來已久。今以武生破之，並無用僧道之藉神作法，可見人之一氣，不可自餒也。〔浩氣〕〔流行〕

4438	原 503/6	廣亨 11/86	大 14/312

恥入雞群

蘇人某甲擅梨園業，雞鳴狗盜之流也。娶妻某氏，小家碧玉，頗擅鸞鳳之姿，平時顧影生憐，每歎遇人不淑。不料甲性成輕薄，不解溫柔，常舍家雞而逐野鶩，往往數日不歸。氏以鴛鴦同夢，何堪勞燕分飛，常與絮聒不休。甲輒作一聲鷺鷥笑，揚長而去。氏至此愈思愈憤，引鏡自照，洟然出涕曰：「紅顏薄命，千古同悲。妾雖無才，不能與粥粥群雌為伍也。」言畢，手掣并州快剪，將八千根煩惱絲一齊削去，徑投某庵比邱尼為師，以為從此遁入空門，皈依蓮座，誓不與薄倖郎相見矣。乃甲自入宮不見，偵騎四出，且投近處巡防局陳訴。旬日後，為局勇所聞，遂邀甲同詣該庵索人。見氏雖面目猶是，而頂上光光已無復烏雲盤髻，急扭之回。局員略詰情由，慰以好言，判為夫婦如初。然則此婦雖矯然一鶴，恐仍不免與雞鶩爭食矣！〔羞與〕〔為伍〕

4439	原 503/7	廣亨 11/87	大 14/313

目不識丁

滬上洋行買辦，往往目不識丁，不第往來書信倩人提刀，甚至家用火食帳，亦須託人寫算。推原其故，皆緣幼時專讀西文，不習華文之弊也。日前，有一翩翩少年衣服麗都，立於某弄口，御者執鞭以待。方欲登車，忽一僕持函至。少年啟緘視之，良久不能辨一字，隨答曰：「知道了。俟我行中得暇，即來可也。」僕曰：「家主並非相請，不敢有勞玉趾。」少年曰：「然則貴上究有何事？」僕曰：「盡詳函中。」少年忸怩曰：「日來眼目昏花，且貴上之字太草，不悉其中三昧。請道其詳。」僕曰：「聞家主云，尊府有西洋來之哈巴狗數頭，欲乞惠其一，以備守夜之用，不敢奉屈台駕也。」少年聞之，雙頰暈赤，連呼纏得太差，登車而去。〔沒字碑〕

4440	原 503/8	廣亨 11/88	大 14/314

是何冤孽

甯波鎮海鄉民某甲，向傭於某姓，為牧牛碾草之役。前日，因牛性不馴，蹄蹶跳躍，經甲向前羈勒，不料適觸牛怒，奮其蠻力，舉角亂撞。甲以事出意外，猝不及防，頃刻間被角刺入目中，眼珠挖出，痛不可忍，遽仆碾槽之內。而大武公猶若積忿未洩，負碾飛馳，周而復始，將甲碾成肉醢。非惟無人援救，亦并無人知覺也。迨主人見甲久不外出，入內觀看，牛尚牽輪旋轉不已；則見槽內骨碎肉糜，血流成渠，慘不忍覩。知甲已遭牛害，大驚而號。家人畢集，皆謂甲與牛不知有何夙冤，乃竟相報如是之慘酷。此說也，雖為佛氏因果之說，然吾觀近世人心之險，竟有以落阱下石為得計者。彼其人而必無報應乎，兇惡者將無所不為矣。故天特俾此牛一逞其欲，以為若輩顯示之儆，亦未可知也。〔傷心〕〔慘目〕

4441	原 503/9	廣亨 11/89 右	大 14/315

非種何來

漢鎮後街張姓紙店主婦某氏，身懷六甲，甫及數月，其腹已大如五石瓠。前日，忽然坐蓐，共產怪物六七頭，似鼠非鼠。家人大驚，立即投諸濁流。而婦因驚恐太甚，隨為二豎所侵，輾轉床褥，水漿不進。家人懼，延巫作法。巫云：「三日以內，當會赴蟠桃。」屆期，婦果悠然長逝。吁！婦人生產，本屬常事，乃忽有此怪異，以致母命同殉，不亦孽乎？〔催〕〔命鬼〕

4442　原 504/1　廣亨 12/89 左　大 14/316

何怨於禽

粵垣城西某甲，紈袴子也，性愛飛禽。其家僮僕以事鳥之能否，定工值之低昂，有不善事鳥者黜之。某乙，傭其家已三黜矣，心銜之，必思於鳥一洩其忿。一日，復踵其門，求甲收用。甲曰：「若能為我畜鳥乎？」乙曰：「今而後，始知鳥之性猶人之性也。」乃復用之，使為鳥浴。乙遂取百沸之水，遍澆各鳥。未幾，鳥盡撲死。乙亦逃去，不知所之。甲見而大慟，謂殺吾之鳥，如殺人之罪。將重賞購乙，誓必為鳥復讎。其友急止之，事始已。吁！怨毒之於人甚矣哉！〔人不〕〔如鳥〕

4443　原 504/2　廣亨 12/90　大 14/317

游觀臺

法國巴里一千九百年開設萬國大博覽會。時法國人阿魯莽遏思創一奇器，以眩各國來觀者之耳目。於是獨出心裁，創造游觀臺，長四吉米二百米突，距地高十五米突，安設於會場之首。游觀者緣梯登臺，臺上可載五萬一千七百三十二人。未幾，臺自行走一點鐘，可行中國十七八里。循游會場，縱覽一周，可代足力。每行一周，計收臺價每客五十參云。按此說見之《西字報》。大抵仿火車之製而改其式為樓臺，鼓以煤氣之力，俾得運動自如，游行甚捷。惟其載客之多，不獨火車無此力量，即火船亦無此規模也。然則其匠心之妙，豈獨加人一等哉！〔巧不〕〔可階〕

4444　原 504/3　廣亨 12/91　大 14/318

新郎負婦

子輿氏有言曰：「人少則慕父母，有妻子則慕妻子；慕也者，中心藏之，何日忘之也。」此雖本乎自然，而其機有判於猝然者。榕垣北門外某姓家生有一子，自提攜保抱以迄長成，飲食教誨，亦既有年。前日，為之授室，藉了向平之願。車馬盈門，簪裾滿座，佳兒佳婦，合巹聯歡。堂上雙親固怡然自得也。入夜，燈燭輝煌，觥籌交錯，酣呼拇戰，豪興雲蒸。忽聞新房中人聲鼎沸，攬袖狂奔，不覺大驚失色。旋見新郎效楚大夫負季羊故事，手抱新婦，飛步偕逃。方譁然曰：「軟玉溫香抱滿懷，君何倉皇至此也？」新郎不及對，惟應之曰：「火！火！」乃知有失慎情事。時紅光熊熊，業已冒穿屋頂。所有妝奩衣物，均不及搬出，同付一炬。祝融氏之阻人好夢，誤人佳期如此。或曰：「變起倉猝之頃，新郎祇知有婦，惟恐不及奔逃；故輒然負之以出，此即所謂伉儷之情也。然則其父母之得免於難也幸矣！」〔恐失〕〔佳偶〕

4445　原 504/4　廣亨 12/92　大 14/319

婦負新郎

新郎負婦，既於洞房失火時見之。而觀者曰：「吾於搶親家常常見之，不足異也。若新婦負郎，斯為罕有耳。」蘇城閶門外南濠蕩口鄉有某甲者，聘宅鄰村某氏女為室，因坤宅勒索財禮，不能應命，擬循俗例作搶親之舉。於是新郎高視闊步，直至天台，冀效劉阮遇仙故事。詎當高瞻遠矚之際，有情人已窺知底蘊，急趨而前曰：「郎來，郎來，妾父適他出。時哉！不可失也。」新郎聞之大喜，不暇絮語，將女劍負而逸，以為沙叱利、崑崙奴不足道也。無今【奈】身軀短小，婦又如牛似虎，久之，雞肋難勝，力竭氣喘，而追者瞬息將至。女見事勢已急，恐新郎之隕越貽羞也，遂將蓮船一伸，背負新郎，直向男宅狂奔而去。一時觀者莫不鼓掌。女之父母亦自覺無顏，赧然而返。世有索聘過奢，使女抱標梅之戚者，當以此為殷鑒。〔陰盛陽衰〕

4446　原 504/5　廣亨 12/93　大 14/320

落花有主

人生離合悲歡本無一定，而其間離而復合，合而仍離者，雖曰人事，豈非天緣哉？番禺人張某承父遺業，富有多金。前在桂林貿易，與某青樓校書名翠鳳者，訂囓臂盟；揮金如土，惟恐不得其歡。不及一年，腰纏盡罄，龜鴇遂下逐客令。張亦無面還家，流為行乞。從前恩愛，悉付東流。不料鳳自張絕跡後，旋為大腹賈脫籍迎歸，置諸小星之列。為大婦所不容，責罵之餘，繼竟被逐。出門惘惘，歧路徘徊。忽張鳩形鵠面，蹣跚而來。鳳至此，回憶舊好，乃對張泫然曰：「卿一寒至此耶！是妾之過也。」時張形穢自慚，佯為不識。鳳因縷述遇人不淑事，乞為重憐。張曰：「力不能庇佳人，奈何？」鳳曰：「是不難，妾前有五百金，置於某店生息。今可往取也。」言畢，出揭單授之。張得此銀，遂重整歸裝，載鳳同返，相與偕老云。〔急何〕〔能擇〕

4447　原 504/6　廣亨 12/94　大 14/321

煉金妙術

中國古書嘗載術士煉金，後之學者疑其鋪張揚厲，未必確有是事。不謂近時西報亦述煉金之事，確否雖難逆料；第就事論事，頗覺奇異，姑照譯之，以資談屑。據云：美國格致師鶯孟士竭數年辛苦之力，製成一種藥水，能使白鏹變為黃金。西歷一千八百九十七年四月間，鶯在紐約都城機器廠內，持銀七錠作十份算，參銅一份，和以藥水，放入火爐，試驗變化。及爐火純青之後，鶯某令廠中各匠開爐審視。以該銀作一百份算，中有九十份皆係足色紋銀，且九十份之中能得精金三十份。於是鶯某誇耀煉金手段。及各匠詢其變金之術，而鶯又諱莫如深也。吁，異哉！〔功深〕〔九轉〕

4448　原 504/7　廣亨 12/95　大 14/322

與犬同枷

杭垣有胡阿牛者，無賴中巨擘也；畜有西犬一頭，愛之若拱璧。前晚在珠寶巷口，有行人某甲誤踐犬足，致犬失聲長嗥。阿牛聞而大怒，謂犬之性猶人之性，今有傷而弗醫，犬縱無言，人其能輕恕乎？言畢，扭住不釋，其意蓋欲索詐者。詛經旁人不服，代為喝散。阿牛以未遂所欲，愈思愈忿，遷怒於荐橋某整容匠；糾集痞類數十人，興師問罪，擁入該店，磨拳擦掌，聲勢洶洶。鄰右恐釀事端，立即代報保甲局。當經局憲飭差保拘拿。各無賴見勢不佳，抱頭鼠竄而去。惟阿牛及幫兇之阿寶二人不及奔逸，致被拘獲到局。經桂丹洲別駕升座提訊，以阿牛等不安本分，動輒行兇，判令各笞一千下；分荷頭號巨枷，發滋事處示眾。且以禍從犬起，令將該犬繫於枷下，以為輕人重犬者儆。一時見者無不拍手稱快，謂如別駕者，真得治狗黨之道矣！〔玩物〕〔喪志〕

4449	原 504/8	廣亨 12/96	大 14/323

奇魚四翼

粵東三水縣屬漁人某甲，善捕魚；每當風定日斜，煙水蒼茫，一竿垂釣，良自得也。前日薄暮，網得一魚，巨口細鱗，狀如松江之鱸，而雙尾四翼，金色燦然，又與常魚迥殊。權之，重三觔有奇。見者皆莫識何名，相與咄咄稱怪者久之。旋有善士見而謂甲曰：「此殆白龍魚服，困於豫且者。汝盍放之，吾當酬洋二元。魚如有靈，他日報德。未可知也。」甲曰：「暫置市上，觀者必眾。若每人索錢數文，區區二元，不足道也。」善士曰：「不然。魚養於水，得水則適其性，失水則亡其身。若再遲一二日，恐無莊周手段，將索之於枯魚之肆矣。盍依吾言，請益一元。何如？」甲感其言，許之，遂放之河中。魚即悠然而逝。余讀《山海經》所載：如鰼魚、嬴魚、文鰩魚均生鳥翼，鯥魚蛇尾有翼，鮯鮯魚鳥尾，鯈魚三尾，鰼鰼魚十翼。與此魚均不類。惟鳴蛇四翼，而其狀如蛇；然則此果何物耶？天下之大，無奇不有。質諸博物家，當必有能辨之者。〔自投〕〔羅網〕

4450	原 504/9	廣亨 12/97 右	大 14/324

善解相思

新會人張某，年華二九，自命風流。嘗遇一麗人，一笑相逢，以為悅己，惑之成病。其友某聞之，謂張曰：「是吾姑弱息也，與僕為中表親，易為力耳。」乃往說姑，則女已字某姓矣。友恐張尚縈懷，問計於姑。姑曰：「而與若來，予當以攻心法藥之。」友遂紿張至女宅。至則女母在堂，大聲叱曰：「你這個癩蝦蟆，乃想食天鵝肉耶？」女在簾內，亦蛾眉倒豎而呼曰：「人家笑人家的事，想你甚麼，想你個薯莨頭來染布，想你個煙筒腳來作柴麼。」張聞之，猛然汗出，豁然病已。遂去，不復與言。〔攻心為上〕

4451	原 505/1	廣利 1/1 左	大 15/1

良友存孤

存孤之道，程嬰、杵臼尚矣，此豈今人所可及哉？然事有難易，境有苦樂；而其為人延一脈、保宗祧一也。廣東南海縣屬彭邊鄉人某甲生有遺腹子。因弟某乙利其富，欲立其子，使婦伺嫂分娩時，佯為洗兒，陰致之死，棄之於野，而人皆不知也。詎是日甲友某丙適自外歸，聞田畔有呱呱聲，即之，則蓆裹一嬰，惻然憐憫，懷歸育之。半月後，因事至甲家，詢悉其子生死時日及棄置之處，欣然曰：「果爾，則是兒固無恙也。」遂以巔末告之，命人送歸，而乙夫婦之計始敗。〔命不〕〔該絕〕

4452	原 505/2	廣利 1/2	大 15/2

名將丰裁

昔郭令公單騎見回紇，卒能不屈而回，千古傳為盛事；時至今日，固莫能望其項背矣。雖然，臨難不避，大節克持者，亦不可謂無其人也。山東膠州鎮總兵章軍門高元當德釁初啟之時，欲守不能，欲戰不得；強鄰相逼，朝命難抗，而膠州灣砲臺已為德兵佔據。軍門目擊時艱，義憤勃勃，謂：「是可忍，孰不可忍！吾當以大義責之。」言畢，拂袖而起，立率親兵四十名及繙譯等數人，往謁德國水師提督。詰以無端佔奪之非，侃侃而談，詞嚴義正。德提督以其言直，氣為之奪而心不能平。遂託故羈留，迫令會銜，同出安民告示，以懾人心。軍門義形於色，堅持不可。越兩日，而詞氣激烈，竟有南山可移，此志不可奪之概。於是德人肅然起敬，謂：「若此，則中國未嘗無人。吾德人何敢輕慢忠臣節士，以貽天下羞。」乃派馬兵一隊，護送至五里之遙，方各回營。軍門此行不惟可壯國威，且可懾敵膽。吾華人不亦稍伸其氣乎？〔志節〕〔可嘉〕

4453	原 505/3	廣利 1/3	大 15/3

石化人物

山崩之事，自古有之。於今又何異焉？所異者，於天驚石破之中，露鬼斧神工之巧。斯則中國千百年來未有之事也。河南南陽府屬有一山焉，高聳雲霄，巖壑幽僻，為獸蹄鳥跡出沒之區，行人相戒不敢往游。乃於九月中旬，風雨大作，時忽霹靂一聲，波搖嶽撼。俄而天昏地黑，石走沙飛。居者、行者莫不膽落魂飛，手足無措。及天色晴霽，始據附近是山之鄉民言及，該山叢已劃作兩截，豁然洞開，別成門戶。洞中空曠處有石人、石馬及石牛之類，不計其數，位置井然，形容畢肖；竟若天造地設，絕無斧鑿之痕。相與咄咄稱怪久之。柳柳州云：「吾疑造物者之有無久矣。及是，愈以為誠有。」吾於此山亦云。〔天造〕〔地設〕

4454	原 505/4	廣利 1/4	大 15/4

吃肉不易

釋氏以慈悲為主，戒殺為心；故一入空門，便當長齋茹素，一意清修，而不敢輕作食肉之想。然欲責諸今日之俗僧，難矣！今日之僧，大都與酒肉飲食相徵逐；苟非嫖、賭、吃、著四者皆全，已為難得之人。而流氓不知此義，偶見有佛門弟子沽得花豬肉若干，驚以為奇，群起為難，抑何不諒之甚耶！日前，京口大校場左近某寺僧以水豆腐太淡，出購豬肉五觔，裹以破衲，欣然攜歸；以為腦滿腸肥，香積廚中，可供大嚼矣。詎為無賴某甲所知，尾隨於後；比行至拖板橋下，出其不意，將包一踢，肉盡墮地。乃大譁曰：「和尚豈食肉之人？肉豈供和尚食哉？」一手扭住，必欲該僧至茶肆評理。該僧目瞪口呆，向眾合十曰：「不看僧面看佛面，暫請息怒可乎？」甲不允。旋有同黨某乙，佯為勸解，令僧出洋數元，始釋之去。肉則依舊不能果腹。人皆笑其口福未修云。〔不正〕〔不食〕

4455	原 505/5	廣利 1/5	大 15/5

老鷹復讎

客有自湖湘來者，談及白鶴洞有古寺焉，茂林修竹，蓊鬱蔥蘢，固一幅天然圖畫也。寺前有古木一株，黛色霜皮，淩霄蔽日。有鷹巢其上，棲息卵育，已非朝夕。前日，忽有巨蛇一尾，身粗如碗，蜿蜒而上，取其子，破其巢；雛鷹數頭，羽毛未滿，突遭狂暴，嘎然長鳴。正當呼吸之頃，忽老鷹摩空而來，電掣風馳，翩然一擊，蛇即墜地。時眾僧亦持械而至，往視之；則見蛇騰踔不已，而雙睛業已失去，蓋早為老鷹所啄矣。夫鷹之鷙猛，以鳥雀為食，其毀他鳥之巢而破其子也，不知凡幾矣。乃以蛇之陰毒，一旦逼處，而鷹竟能立時報復，翼庇其子不受欺淩，何其勇耶！吁！今天下有殺人之孤，攘人之產，而人皆付之無可如何，莫敢一攖其鋒者，殆斯鷹之類耳。是豈天之報應未及其時耶？抑天真夢夢耶？〔以毒〕〔攻毒〕

4456	原 505/6	廣利 1/6	大 15/6

人鱷

西部阿非利加素稱危險之地。該處除猛獸、毒蛇外，有一種人鱷，最喜殺人而食，行旅者皆患之。其部內有大川一條，絕無風景。加以天氣酷熱，行船經過，每當日午，必就樹陰崖石之旁小憩。是處有一種土民所奉之教，讎視異鄉人，謂能殺而食之，則得神靈保佑。於是身披鱷魚之皮，潛居水濱，窺視行船之人，乘其倦臥，竊登其舟；掣取利刃，猛刺其喉，以口就創處吸其血。迨血盡人死，則刲其肉生啖之，或炙而食之，凶暴無人理，而行人皆付之無可如何。聞川中鱷魚甚多。然鱷之性，非飢則不食人，又非人欲殺己，亦不害人。故行船習見，不甚防備。乃觀人鱷之殘，實有甚於真鱷者。乘風破浪者，其將何以防之？〔狼子〕〔野心〕

4457	原 505/7	廣利 1/7	大 15/7

雞子傷人

粵俗凡婦人之懷六甲者，謂之「有四眼」。「有四眼」者，最忌小孩在脅下行過。若誤犯之，恐觸胎神，必致嬰兒抱病。其驗嬰之法，則視睫毛之是否交加，便可分別。至欲求其治法，或以白礬在門首焚之，或以雞卵向社壇破之，則嬰病自能消除。習俗相沿，牢不可破。佛山鐵佛廟前有社壇一所，香火甚盛。社公社婆，左顧右盼，獲利不貲。日前有一老嫗，鶴髮雞皮，蹣跚而至。心香一瓣，敬爇神前，頂禮之下，默禱喃喃，不知作何語。已而手取雞卵，向空擲之，旁觀始知其為保嬰而來者。詎當雞子墜落時，正中壇外所立某嫗之額；嫗惡其不祥，作女嬃申申之詈。始而各鼓長舌，繼竟互揮老拳；一對胭脂虎，鬨鬥移時，始各釋手。見者為之粲然。〔愚婦之見〕

4458	原 505/8	廣利 1/8	大 15/8

魚被鱉咬

揚俗呼婦女之大腳者曰「黃魚」，謂其形如黃魚之長大也，亦謔而虐矣。本月初一日，左衛街普照寺因迎請藏經，僧徒七八十人身披袈裟，沿途迎護；其中儀仗鼓吹及龍亭經箱，莫不輝煌奪目。夾道之人，聚觀甚眾。當行過磚街北頭一帶時，有某煙間主婦綽號「大腳黃魚」者，逐隊游觀，洋洋自得。詎為眾人擁擠，婦立足不牢，竟跌坐於某漁人魚籃內。適籃中有大鱉一頭，誤為魚肉，可供果腹，伸口便咬。該黃魚知痛，狂叫一聲，強拖硬拉，而鱉咬愈緊，竟至皮肉脱落，血液淋漓，始得悠然而逝。一時觀者譁然，謂：「黃魚本供人食，今被鱉吞，豈該黃魚別有風味耶？抑鱉不知同類，致有相殘之誤耶？」婦赧然曰：「今天下大啟『不纏足會』。行見黃魚之多，遍地皆是。爾等休得取笑。」人亦為之默然。〔物傷其類〕

4459	原 505/9	廣利 1/9 右	大 15/9

貧員鬻妾

蘇垣有候補某君潦倒風塵，無可為計。聞戚某在豫游幕，頗得居停寵任，思往訪之，苦無資斧不得行。時妾某氏窺知其意，請於夫曰：「妾以食指累君久矣。今妾留，則君不能行。不如鬻妾以助行裝，不差勝同歸於盡乎？」某君初有難色。妾堅請者再，乃託蟻媒議得身價百餘金，復被強吞其半，無奈揮之使去。當分襟時，夫牽妾手，子拽母衣，嗚咽不復成聲。見者惻然。誦李青蓮「悲莫悲於生別離」之句，不圖宦海中人竟有此沉淪苦況也。〔宦海〕〔沈淪〕

4460	原 506/1	廣利 2/9 左	大 15/10

白頭艷福

男女相悦，或以情牽，或以緣合，大抵皆愛少而惡老，此情之常，而亦未可概論者。粵垣城西寶華坊，月前來一少婦，金蓮瘦小，玉貌娉婷，自言新寡文君，只待相如卜嫁。一時登徒子聞之，皆鮮衣華服，紛紛自薦。婦從屏角窺之，皆不當意。附近某翁年六十餘，孑然一身。聞其事，詣媒笑語曰：「聞婦不喜少年，豈效河東君有臉黑髮白之賞耶？請導我往，冀得一當可乎？」媒哂其妄，姑從之。詎婦見而大悦，出堂與談，只索聘金三十元；而婦之妝奩衣飾，值十數倍。近已車來賄遷，并出所蓄，營一椽以遂雙棲。人皆謂白頭翁有此艷福，不知幾生修到云。〔奇緣〕

4461	原 506/2	廣利 2/10	大 15/11

納賄放妖

薩加佛者，仁教之宗也；住於錫家塞，去後藏六日程。薩加者，寺名也。其人工法術，善捉妖驅鬼。凡數年必一入藏地，為人捉妖。其捉之法，輒指富家婦女為妖，鎖以鐵鍊，聲言帶回山上，以供服役。婦女畏其勢燄，莫可與辨，往往許願，每年納銀若干，始得看番佛面上，縱之使去。若綠窗貧女、貞節自持者，亦不敢妄加需索，蓋醉翁之意不在酒。彼固擇肥而噬之計也。今正因達賴延請，攜眷至藏，勾留數月，迄今尚未回去。人皆懍懍然，惟恐其妖之出於其口也。且此次達賴聘請之時，曾與訂約，謂嗣後凡遇妖鬼，務必捉回山上，試驗虛實，不許得賄私放，效衙役差保之所為。故時閱半載，尚未聞捉有妖鬼也。吁！真妖不捉，專捉人妖。是豈以人而妖，不如妖而人乎？亦可異已。〔賣法〕

4462	原 506/3	廣利 2/11	大 15/12

搶媳奇聞

蘇垣婁門塘有沈炳如者，開設灰窯，生涯頗旺。前年，為子文定閶門外某姓女為室。邇以男長女大，屢託冰人傳言擇吉迎娶，而坤宅堅索重聘，多方為難。沈忿甚，不得已，乃循俗例，糾合機匠數十人作搶親之舉。又恐其子雞肋難勝，不避翁媳瓜李之嫌，行所無事，代作新郎，毅然親往。時女方刺繡，瞥見莽男子成群結隊，突如其來，知勢不妙；然已束手無措，只得任力大如牛之老翁當胸抱住，飛步而奔。女雖放聲號泣，而翁竟置若罔聞。迨坤宅躡跡追至，則已合巹禮成，生米煮成熟飯矣。按搶親之事，已等司空見慣；從未有以父代其子者。如沈所為，夫亦太覺孟浪矣！〔老而不死〕

4463	原 506/4	廣利 2/12	大 15/13

錯認主人

粵垣城西樂燕社與附近一坊曰「南陽」者，相隔數武。前日，兩處均有婚嫁事，亦同為黃姓，且彼此同日設筵，同時起轎。是日，有某甲乘坐肩輿，欲往樂燕社黃姓處道喜，詎為輿夫誤舁至南陽黃姓處。甲亦怱怱，未及細察，但見門首黃姓字樣，便靴聲橐橐，晶頂煌煌，大踏步而入。時鼓樂大作，賓客滿堂，相與一揖。正在周旋晉接間，主人已肅衣冠而出，覿面之下，毫不相識，不勝錯愕，未免覷望不前。甲亦錯愕，望望而退。始知目中一黃，意外又一黃也。因大笑而出曰：「誤矣！我以為樂燕社之黃也。」主人亦笑，遣之曰：「我原是南陽里之黃也。」一時諸客鬨堂，聞者無不絕倒。〔客何〕〔鹵莽〕

4464	原 506/5	廣利 2/13	大 15/14

土和尚

山和尚，鳥名也；海和尚，魚名也。在名之者，不知何所取義，相傳如此，故人云亦云。茲有客自奉化來者，述及桐礁鄉有居民掘地數尺，得一獸，大如犬，遍體生毛；而首則若受戒之僧，兩旁焚痕歷歷可數。且雙手合十，喉間喃喃，如狸奴之誦經。居民見而大譁，縛獻某大戶，數日不食而荼毗矣。人咸以該獸如僧，遂名之曰「土和尚」。〔形同〕〔木偶〕

4465	原 506/6	廣利 2/14	大 15/15

迎神遠遊

廈門俗例向有迎神之舉，名曰「王爺到港會」。值年董事至期皆虔誠演戲，以答神庥。聞神先期降乩於某處，設公館某神為中軍。執事人等乃造一龍舟，與戰艦無異。船中柴米、蔬菜、衣服等物，無一不備；並選派水手、舵工數人，擇期出海，隨風而行，聽其所止而休焉。如到沿海各縣及村莊等處，該地居民必率眾奉敬，不得怠慢。間有飄往外洋者，船中水手以一載為期；逾期不歸，亦聽之。不知該處人民何所取義，不惜身命，甘作此無謂之舉也。邇有曾姓由港回廈，聞係八年前充當船舵，飄然長往，今始歸來。人皆驚為異事，相與醵洋千元，以補工費。其家老幼亦喜出望外，嘆為神靈呵護之力云。〔荒誕〕〔不經〕

4466	原 506/7	廣利 2/15	大 15/16

老婦撒嬌

吳中有一種佻達子弟，喜作夜游，專伏暗陬；見有年輕婦女姍姍而來，任意調笑，無所不至。日前，蘇垣某巷中有某甲散步閒游，聞前面弓鞋的的之聲，趨迎而前，面目不甚可辨；但覺身材窈窕，風致可人。遽以手拍其香肩。旋聞該婦作嬌聲曰：「做倽嘘？」甲聞言，知其不拒，竟與攜手同行。婦亦默然。及至燈光之處，甲凝眸審視，乃一老嫗，不覺嗒然氣喪，轉身欲逸。婦堅執不放，曰：「我少年時亦係名娼。今老矣，久無問津者。蒙君見愛，亦三生石上一段姻緣，斷不放爾過去。非特爾愛我，我亦愛爾。爾如不肯一過寒舍，我當隨爾以歸。」某大窘，觀者四集。婦忽老羞作怒曰：「爾戲老娘。老娘如此俯就，爾尚不應。無怪老娘動手。」言畢，欲掌其頰。某至是哀求不已，旁觀亦代為解勸，令某出洋兩元為婦遮羞。婦允之，接洋微笑曰：「此小兒孝順老娘也。」〔登徒奪魄〕

4467	原 506/8	廣利 2/16	大 15/17

一誤再誤

崇明人范某，在滬城西門大街賃屋，開設成衣店，有夥五六人，生涯亦頗不惡。前晚魚更三躍時，其夥某甲臥在桌檯之上，正在栩栩化蝶時，忽翻身墜地，致將檯上各物悉傾於地，其聲丁然。旁有某乙疑係竊賊，從夢中驚醒，急起欲捕；不意睡眼朦朧，偶一失足，跌仆於甲身上。時當黑夜，彼此不辨，互相扭毆。旋有某丙聞聲躍起，意謂賊在內室，恐被逃出，急將大門守住，狂呼捉賊，一片聲喧，直達戶外。四鄰聞之，又誤為火警，群來撲救。及至，則門尚緊閉，不見火光，僉謂是必有賊無疑也。於是有好事之某丁，破扉直入，黑暗中與丙相遇，遂呼曰：「賊在此矣。」當胸扭住，各奮老拳。正在固結不解之際，幸經鄰人取火察視；則見各夥皮破血流，皆素所相識者，始知其誤。相與撫掌大笑，各夥亦為之啞然。人生疑似之間，可不詳加審察哉？〔錯〕〔中錯〕

4468	原 506/9	廣利 2/17 右	大 15/18

童子識鬼

山東平都州北鄉高望山，為由煙台至膠州必經之路；山徑崎嶇，艱於步履。商旅往來，咸惴惴焉。近有某莊小兒，能白晝見鬼。村中人有未信者，囑其在山坡上瞻視。一日，有某商驅車而至。兒驚起，大呼曰：「不可去，不可去。前有無數厲鬼眈眈坐視。」商以所言荒誕，不之聽，竟爾前往。未至山腰，車輪忽折，商人跌踣而斃，車夫亦受重傷。於是遠近聞小兒所言，多有戒心云。〔洞燭幽隱〕

4469	原 507/1	廣利 3/17 左	大 15/19

掩骼得金

山東費縣鄉民張三，操淮南王業，事母至孝。一日，荷擔曉出，行未數武，忽遇一人頭大如斗，雙目炯炯，漆黑有光，毛茸於面，似卷髮然，長不過二尺餘，兀立於前，喃喃語曰：「君東去途中遇我，幸為我掩之，當有以報。」言畢，倏忽不見。錯愕久之，復行半里許，又若有絆其足者；俯拾之，迺一髑髏。始知前鬼之所求者在是；

乃擇路旁隙地，掘土埋之。甫下手，見下有破甕，白鏹纍纍，堆積其中。張喜出望外，急掩其骨，拾金而歸。鄉鄰知其事者，僉謂天道福善之報云。〔天佑〕〔善人〕

4470	原 507/2	廣利 3/18	大 15/20

剖腦療瘡

美國紐約有一女子名秀蓀者，年二十有九，家貧；性至孝，藉傭工以養其寡母，母女二人相依為命。比來此女忽得暗疾，其患在腦；遂如倍爾佛佑醫院求治於好意脱醫生。該醫生固外科聖手也。視之，謂曰：「此病腦中有瘡。須用刀剖開腦殼，將毒取出，方保無虞；否則，必不救也。」秀蓀初尚猶豫，繼恐一旦不諱，寡母無人供養，因決計聽醫所為。初服蒙藥後，昏迷不省人事。好意脱醫生即以破腦之針，破其右邊腦旁一孔，取出腦旁一小骨。復另以一細針，針旁有刀可割者，由所破之孔探入，取出如豆大之腦一粒。驗之，腦中果有毒瘡，一如所言。幸此瘡僅如濃漿，尚未凝結，其質猶軟，不必用刀割刮；但以溫水噴灌入內，其毒悉從右邊針破之孔流出。俟毒流盡，一經洗滌，疾即霍然。未幾，秀蓀果如夢醒，便開口問曰：「老母何在？」一若絕無所苦者。醫生之技，不亦神乎！〔起死〕〔回生〕

4471	原 507/3	廣利 3/19	大 15/21

寶鏡新奇

自泰西格致之術精，而鏡之為用大。千里鏡可以洞遠也，顯微鏡可以析芒也，豈惟是古鏡照人、妍媸莫遁哉？不謂愈出愈奇，更有燭及幽隱者。蘇垣天賜莊博習醫院西醫生柏樂文，聞美國新出一種寶鏡，可以照人臟腑；因不惜千金，購運至蘇。其鏡長尺許，形式長圓。一經鑑照，無論何人，心腹腎腸昭然若揭。蘇人少見多怪，趨而往觀者甚眾。該醫生自得此鏡，視人疾病即知患之所在；以藥投之，無不沈痾立起。以名醫而又得寶鏡，從此肺肝如見，藥石有靈；借彼光明，同登仁壽，其造福於三吳士庶者非淺。語云：「欲善其事，先利其器。」西醫精益求精，絕不師心自用，如此宜其技之進而益上也。〔物無遁形〕

4472	原 507/4	廣利 3/20	大 15/22

水孩兒

湖北沔陽州屬新堤鎮人煙輻輳，魚族繁多。其西一港，船舶如雲，有茅屋數十椽，皆開設煙寮、娼院，素為藏垢納污之藪。十月十六日，忽浮來男孩一名，年僅及期，身穿綠紬衣；兩手劃波，若不知有水厄之苦也者。居民亟為拯起，則粉裝玉琢，嬌稚可憐。時有茶館主陳某，年老乏嗣，見而大喜，急向眾索歸；以為天賜佳兒，大宴賓客，并招傭媼乳之。至廿二日，忽失所在。闔家張皇，四處尋之，見此孩仍浮水中，不知何以出門。陳急往援救，孩忽沉溺波心，一瞥不見。立命人持竿撈之，而江闊波深，惟有望洋歎息而已。吁！異哉！〔活潑潑地〕

4473	原 507/5	廣利 3/21	大 15/23

道人有道

京師德勝門外呂祖祠某道人，黃冠野服，瀟灑出塵。日荷長鑱，並挑筐筥，赴鄉村僻靜處，撿拾死鼠、死貓、死孩之類，掩而埋之，多行方便。人皆謂其得道教之宗旨。日前，至沙窩地方，見有小棺一具，顏色甚新，浮置土面；知係土工貪懶，任意拋棄者。道人見而惻然，方欲掘土代埋，忽聞棺中啼聲呱呱，知已復蘇。劈而視之，孩僅歲餘，目光熒然，氣息僅屬。亟解衣裹之，抱至城內體仁堂，乞為療治，并覓乳哺之。一時傳為異事，遠近來觀者不下數百人。適某氏婦有乳，允為代哺，孩尚能嘘吸，自此可期活命。語云：「救人一命，勝造七級浮圖。」似此現成功德，該道人其真有道者歟！〔好生〕〔之德〕

4474	原 507/6	廣利 3/22	大 15/24

知幾免禍

粵垣有某甲者，向在稅關充當司事；而以其梅鶴寄寓城南，每日公畢，皆乘長行艇而歸。前日，偶因事繁，歸時已晚，舊艇先已開行。甲急何能擇，即雇一沙艇。該艇舟子三人皆少年強有力者，方以為喜。詎行至中途，該艇竟棹向海心，旋聞一人問曰：「今夜再割雞否？」二伴答以聽從其便。甲經歷江湖，頗諳綠林隱語，知將不利於己，遂偽為同道，與共談笑；且出洋蚨十餘翼，置諸艙板，請供一飽。舟人初不肯受。甲輾然曰：「同屬弟兄，義託手足。區區微資，何必介意？」三人乃互商而後受。談次，拂落一元。甲俯首撿拾，見艙底有首級三顆，血痕猶新，不覺毛骨悚立。強作笑容問三首何來，答以係亞姑所付。甲知係線人被其挾嫌殺害者。俄而，舟已抵岸，甲因告以姓名、居址，急奔回家。自謂虎口餘生，私相慶幸。天荊地棘行路難，人可不見幾而作哉！〔虎口〕〔餘生〕

4475	原 507/7	廣利 3/23	大 15/25

失鼓警惰

擊鼓其鏜，踴躍用兵，此古人以鼓激勵士氣也，而今人乃以警懈怠之軍心。日者，九江鎮憲宋佩箴軍門恐各局員巡防不力，潛於某夕四鼓時，密派內戈什黃阿五等三人，遍查城廂內外各卡房弁兵勤惰。至城內都天廟冬防分卡處時，差弁張把戎志銘暨什長眾兵等，俱深入黑甜鄉，寂無人聲；而廟門洞闢，一燈熒然。因潛入察視良久，即將其更鼓舁回轅門。該弁兵竟無一知覺者。次晨，黃據實稟復。軍門勃然震怒，立傳該弁，再三詰究。張把戎答稱爾時正值出巡，未敢偷安就寢。軍門以非尋常疏忽可比，當將該什長斥革，永不敘用。張把戎本擬降為外委，姑寬以觀其後。并以青蚨二串賞給黃戈什，以示鼓勵。〔借物〕〔警人〕

4476	原 507/8	廣利 3/24	大 15/26

貪淫無厭

粵省新婚向有「吃燒豬」之陋習，名為勵俗，實則鮮恥莫甚焉。日者，城內雙槐洞有熊玉衡者，娶黃宅婢阿嬌為妾；年方二八，姣好動人。言定身價銀二百八十元，先付定洋三十元。於九月廿四日過門。至廿五日，熊忽稱阿嬌吃不得燒豬，索還定洋三十元，并罰賠洋三十元，共得六十元。熊始將阿嬌送回。阿嬌以身既受污，痛不欲生，屢次服毒圖盡，幸救得免。婢母蔡陳氏聞之憤甚，將熊扭送到縣。裘明府研訊之下，據熊供認，先曾買受河南某宅女為妾，於八月十一日過門，姦宿數次，驗其不貞，次日送回；藉為口實，索得賠銀。今又故智復萌，仍以前法行之，藉償私願等語。明府以既污其身，又敗其名，竟於八九兩月之內，一犯再犯，可惡已極。判令先行鎖項，遊街示眾，並將判語錄於牌上，令其肩扛行走，再行從嚴究辦。人皆快之。說者謂：「賤至娼妓極矣；而為狹邪游者，尚費夜合資。今熊藉本地陋習，於兩月間姦兩處女，得銀六十元。試問天下貪淫狡黠有逾於此者乎？而謂其肉尚足食乎？」〔人財〕〔兩得〕

4477　原 507/9　廣利 3/25 右　大 15/27

疑姦釀命

榕垣南關外成衣匠某甲，為子納一童養媳，年已漸長；因子不肖，遣嫁鄰鄉某乙為妻。其子思之，時往窺探。媳納之。嘗為乙所見，詢知底蘊，防範綦嚴，并託鄰嫗代為伺察焉。乙之對門有某丙者，瞰氏韶秀，久思染指，常藉訪乙為名，時至乙家。一日，乙赴宴外出。子復至，未幾即去。丙即繼往。鄰嫗疑子在內，俟乙回以告。乙怒，叩門甚厲。女啟鍵後，丙尾之而出。乙黑暗中不辨誰何，抽刃便刺，丙負傷而逸。事後查知其誤，則丙業已倒斃。知釀人命，遂棄家而逃。然如丙之貪色亡身，亦可為登徒子警矣！〔好色〕〔亡身〕

4478　原 508/1　廣利 4/25 左　大 15/28

輪舟作佩

世界輪舟之小，莫小於美國博覽會所陳設之小輪舟。其中機器共一百五十件，均金銀所制，鬼斧神工，精巧無比；用顯微鏡照之，歷歷可數。氣筒直徑只十六分之一，輪軸直徑八分之五，重共三兩五錢。所有機關接筍悉用旋螺釘，機器乃天平式，用清水數滴流入銀製汽罐內，即自行運轉。一分間可轉三千回，屢試不爽毫釐。渺乎其小，可作腰間之佩飾。製造人名借母罷。聞經半年，始行造成。此人亦係貧寒。曾有人出價一千圓，尚不忍出售也。〔遊戲神通〕

4479　原 508/2　廣利 4/26　大 15/29

強項何來

鄂垣督署前日有南省京官任某，頭戴藍頂舊帽，身穿樸素衣服，乘坐敝輿，並無跟僕，翩然戾止，遣輿夫投刺。號房接帖而入，旋即出報云：「大人有公事，免見。」任置若罔聞，徑自下輿，至官廳略坐。又囑號房復入，務告巡捕官：「我定要見你大人。如真有公事，須請巡捕來，我有話說。」及號房出，仍然免見，并云：「巡捕官亦不得暇。」任聞之怒，大聲叱曰：「有甚公事，我獨非有要事而來乎？」竟將廳上鏡器盡情打毀。巡捕等大驚，而又不便出見；囑人趕請協臺與江夏縣至署，詢其何事謁見，可以轉稟。任堅不肯告。協臺等令其明日來見。任云：「撫臺我已見過。香帥處因往勘隄，羈候數日。今日定要一見，我便就道回籍。」後又請某委員至，勸令暫退。至晚，未允。不得已，香帥見之。任顏色憤憤而出，人皆莫明其何故也。〔卻之不恭〕

4480　原 508/3　廣利 4/27　大 15/30

禁僧入城

朝鮮京城向不准僧尼入城，定例森嚴，莫敢或越。曾有日本僧人佐野善勵聞之不平，因與韓之執政大臣辨此例之非是。韓廷通融，遂解此禁，已經數年。近又以韓王受尊號之際，出幸圜丘，適有僧侶二三名從帳幔偷視；韓王知之，以為不祥不敬，遂重申前禁，依然不准入城。〔無法可施〕

4481　原 508/4　廣利 4/28　大 15/31

螟蛉難養

京師有旗人某甲，生一子，已娶媳矣。又納某姓兒為螟蛉子，飲之食之，恩養備至，而不教之讀。年漸長，生計毫無，又不知仁義禮智為何物。去歲，甲逝世，子襲父業，月領餉銀三兩餘，以資日用。螟蛉子憤不能平，無所事事，向母力爭之；不可得，啣恨於心。一夕，乘人不備，掣取利刃，俟夜深熟睡時，將母與兄嫂用力猛刺，未幾寂然。螟蛉子知事不得了，旋亦自刎而斃。次日，鄰人訝其久不啟戶，叩之無聲，排闥入室；則三屍橫陳，惟其母尚有一息，亦已口不能言，尋即溘然而逝。一家四命，頃刻同殉。奇禍之來，令人難測。其殆前生夙孽歟？然甲既有親生之子，不應再撫螟蛉。乃昏髦無能，老犁牛偏喜多事，以致家破人亡，悉在此豎子之手。甚矣！螟蛉之難養也。〔禍不〕〔單行〕

4482　原 508/5　廣利 4/29　大 15/32

顛僧謁貴

揚城有顛僧竹隱者，以書畫名，作擘窠大草字，頗能遒頸【勁】入古，間亦作詩自娛。或擕杖頭錢百文，至茶肆品茗，得意之餘，坐客中無論識與不識，輒招與縱談今古，頗有旁若無人之概。日前，何秋輦觀察之少君，既領鄉薦，都人士賀者盈門。竹隱亦持小詩數章，登門請謁。為閽人所阻，悻悻而去。翌日，具一說帖，詳述閽人阻止之狀。為觀察所見，奇其詩才迥越流俗，乃親往宛虹橋火星廟中，以禮答拜。接談良久，兼謝閽人無禮，與訂方外交而出。一時人咸服竹隱之才，與觀察之度焉！〔略分〕〔言情〕

4483　原 508/6　廣利 4/30　大 15/33

傳文有賊

自來飛簷走壁之徒，能為破塞攻巢之用。故不得志則淪為盜賊，得志則為國干城。故武員中往往有綠林豪俠、草澤英雄，而不能論其出身者。未聞有以文場，而亦用及此輩者。乃陽月杪，甯波府程太尊考試鎮海正場時，因關防嚴密，傳槍者無間可入，以致校士館屋上有梁上君子潛伏其間。經巡差瞥見，稟明太尊，捉至案前；搜出文稿，供稱係代某生傳遞某某等五童。太尊大怒，立將該童查明扣考，并於發案時，戒責三十下。該賊則荷以巨枷，鎖於頭門示眾。說者謂：「小試為士子進身初基，應知植品為先。乃傳槍倖取，竟借資於雞鳴狗盜之流。士風之壞，殊足慨已！」〔弋取功名〕

4484	原 508/7	廣利 4/31	大 15/34

送活嫁妝

本埠英界北泥城橋有小販某甲，挈其梅鶴，賃居於此，膝下尚有一女，早經許字某乙為室。因翁婿本係舊好，故未迎娶之前，乙已時常往來，女亦習見不避。嗣以男長女大，情竇已開，相見之餘，各不勝情，不免藍橋暗渡，以致珠胎暗結，臨蓐有期。前日為迎娶之期。女尚未登輿，忽覺腹痛欲裂，未幾即產下男孩。在座親朋相顧驚訝。詎女兄見之，羞惱交并，以為此恥西江莫濯。當用籐筐將妹與小孩一併裝入，遮以被褥，雇夫兩名擡送乙家，偽稱嫁妝。乙不察，即為啟視，忽見新人手抱一孩，端坐其中。詢知其故，當即搶抱而入。一時見者莫不掩口葫蘆焉。〔梅鶴同來〕

4485	原 508/8	廣利 4/32	大 15/35

殭屍出嫁

甯波蟹浦某姓家，於上月十六日為合巹吉期，預備鼓吹、彩輿，至坤宅迎娶。迨新人濃妝艷抹，扶入輿中，舁之而回。彩輿登堂，親友咸屏立而觀。伴娘扶之出轎，頗覺甚重。意為新人嬌羞故態，即掖之植立，揭去方巾，將行交拜。詎新人兩足如殭，不能跪拜。視之，已氣息全無。蓋已在輿中仙去。始各大驚，手足無措。急遣人告知女家。前來吵鬧，謂為夫家謀斃。而夫家諸親友，目見出轎已殭，僉稱女家以殭屍出嫁。各執一詞，定欲興訟。紛紛擾擾，不知作何了結也。是豈中途中惡所致耶？殊令人難於索解矣。〔咄咄〕〔怪事〕

4486	原 508/9	廣利 4/33 右	大 15/36

開關有價

京師門禁向極森嚴。每晚下鑰後，將匙繳呈提督衙門，至黎明始行請鑰，不得私自啟閉。日前，因西陲提督董星五軍門被命入覲，預備召見，故奉榮大金吾暫准留門，夜間僅閉關而不下鑰。蓋專候軍門騶從也。詎料某西人由天津附第二次火車入京，行至前門，見雙門已閉，呼之不應；遂賄以番佛一尊，乃得入。洎回津，輒以此相嘲笑，謂京師城門祇值洋一圓，有之，則可啟閉自由，往來無礙。其他事件亦不過十圓、百圓或至千圓，即可餌令俯首帖耳云。嘻，西人之輕我中國，何竟至於此極耶？〔出入自如〕

4487	原 509/1	廣利 5/33 左	大 15/37

聽響報

聽響報者，於除夕禱於灶神，以水注釜令滿，急攪之，浮木瓢於水面。候水定，視瓢柄指何方，夜半往聽人語，以為試驗。昔有蔣氏胞兄弟，皆名諸生，銳意科名，曾為此舉。諸生如瓢所指，至湖邊止，靜候良久。有二人乘小艇來，莫辨泊所。一問曰：「去岸幾遠？」一應曰：「兩槳耳。」二人大喜，以兩槳與兩蔣同音。是年，果兄弟同榜。〔登科〕〔有兆〕

4488	原 509/2	廣利 5/34	大 15/38

喜覲龍光

嘉慶中葉，某庶常散館，改戶部主事，人咸惜之。然素修潔，鰥居京師，無浮華氣。至小除夕後，工部人員以歲晚務閒，有眷屬者各為卒歲計，與某商曰：「君眷未隨，宅內寂寥，無與為歡。不若以衙為家，尚可消遣。吾輩派供應以待，君為晉國管庫之士可乎？」某曰：「諾。」時上勵精圖治，勤於宵旰，忽思歲杪制國用而清理之。除夕前一日，詔幸戶庫，在家各員未及豫備，而翠華已臨。某迎鑾巡視，上見一介行李，枕庫而棲，憫之曰：「大家處室作圍爐會，爾肯鬱鬱居此耶？」跪奏曰：「皇上視天下為一家，臣願視國事為家事。」上慰勞之。及各員麕至，翠華已還宮矣。諸臣愧懼，詣闕請罪，上寬宥之。次年元旦，詔下某以府道用，旋升閣部，典試禮闈。人爭羨之。見無意而得奇遇，造物若為修潔者補報焉。〔福自〕〔天申〕

4489	原 509/3	廣利 5/35	大 15/39

陞官有數

某部郎性恬退，竟日伏案，以經史自娛；久之，并堂期亦不至署。一夕，夢其父謂曰：「明日應上衙門。」醒而異之。少頃，又夢聲色俱厲。因告夫人，叱為奇事。夫人曰：「此不奇，君自奇耳。司官傫直，循分應然。君視到署若登天，實所罕覯。既阿翁諄諭，何妨破格一行乎？」從之抵署，同官都已到齊。時某相國方管理此部，是日有公事將至。內一少年戲之曰：「君今日殆為中堂道喜來？」某問何喜。少年隨口摭事以實之。相國至，諸司謁畢，某獨行賀禮。相國以面生，疑為別部司員，宜從謙抑，怱忙答禮。某慌，遽謝不敢，不覺手拽相國朝珠。珠絕。相國怒問，知為本部司官，怒曰：「俟入內回，再與計論。」登輿去。群責少年。少年亦惶恐，轉懇排解之策。浼相國較契之某某帶某至朝房，候其出，為之關說。良久，相國出，顏色溫霽，指某曰：「便宜他。」眾不解所謂，環立悚然。相國啞然曰：「某省知府要缺請簡放。上詢汝部郎中員外內有才具勝任者否；乃諸君姓名概不記憶，不覺以某對。已奉旨補授矣！」某向相國叩謝，前嫌亦釋。〔轉禍為福〕

4490	原 509/4	廣利 5/36	大 15/40

澤流一國

亞非利加有孤島名馬達加斯者，島主係女子。今此島已屬法蘭西，女主遂廢。當未廢前，每年一次舉行沐浴大典。屆期，女主臨幸浴殿，百官之扈從者分執巾櫛、肥皂、香水以及修容之具，雍雍穆穆，行至殿前。先由侍官入內試湯之溫涼，然後於殿上張帷幔，恭請女主入浴。殿外施放爆竹，伐鼓撞金。約十五分鐘時，浴畢著衣。胸前挂寶石纓絡，輝煌奪目，手執銀鑲牛角杯，杯中滿貯浴湯。遵大道還宮，總理大臣前導，御前排列鹵簿，百姓夾道而觀。女主以樹枝蘸杯中浴湯，遍灑觀者，得沾濡一二滴，以為榮幸非常。佛言觀音大士手執楊枝，灑遍大千世界，此其濫觴歟？〔涓滴歸公〕

4491	原 509/5	廣利 5/37	大 15/41

菩薩拜年

南人信鬼，北人信神，畿輔、浙、閩皆沿之。元旦，各菴院寺觀僧道有舁木偶土苴像，互投紅片賀年，如武聖廟、大士閣、岳王祠、天后宮等；住持者稱男神為老爺，女神為姑太太。互相譁然曰：「咱某老爺拜你姑太太」，「咱某姑太太拜你老爺」。以人物輻輳之區，作市井兒戲狀，不獨慢神，而稱謂亦令人噴飯。按諸神時代隔千百年，以後拜前猶可說；若以前拜後，是稷、契、皋、夔拜太任、周姜，娥皇、女英拜子產、伯玉也。有是理乎？〔戲嬉神明〕

4492	原 509/6	廣利 5/38	大 15/42

姻緣美滿

廣東省垣邇來百物騰貴，生意艱難；比戶小民皆憂，如長安之居大不易。而嫁娶之事，則反奢侈於前。向之鋪墊用大紅呢金線花者，今則改為紅緞顧繡矣；向之桌椅用梘木者，今則非紅木即香楠矣。即小而鏡盞脂奩，亦無不取諸外洋，務極鬼斧神工之妙。某日，白、周、鄧三宅迎娶儀仗之盛，固不待言。所奇者，前導有美女十餘人戎裝執刀，花團錦簇；中隊更有女頂馬，明裝艷服，高跨連錢。轎旁復用艷婢十餘人扮作旗裝，手持玉唾壺、五彩花瓶、白玉如意、宣德銅爐之類。後則女郎四十餘輩，均盈盈三五，姿首絕倫；較之大觀園中晴雯、襲人、雪雁、紫鵑，當亦不相上下。嘻！是真生面別開者耶！然亦足見其糜費不貲矣。〔催妝〕〔佳話〕

4493	原 509/7	廣利 5/39	大 15/43

裙釵大會

上海女學堂之設，倡議於電報局總辦經蓮珊太守，而嚴筱舫觀察、陳敬如軍門、施子英太守等從而助之。既大會賓客、互相討論、妥定章程矣，又以事關坤教，非大啟巾幗之會，不足以廣集益之思。爰於去冬十一月十三日，假座張氏味蒓園之安塏第設筵暢敘。是日到者，華官以蔡和甫觀察之夫人為主，而滬上各官紳瀛眷從之。西國各領事及各狀師之夫人，并教會中各童貞女，亦罔不簪環畢集，杯酒聯歡。共計到者一百二十有二人，而西女居其大半。最奇者，京都同德堂孫敬和之私婦彭氏寄雲女史亦與焉。是誠我華二千年來絕無僅有之盛會也，何幸於今日見之！〔彤管〕〔流芳〕

4494	原 509/8	廣利 5/40	大 15/44

同軌蒙庥

有西人名弗來薩、倫恆、羅怡等三人，年均二十左右，乘腳踏車周遊天下。冬月杪，道出申江梵皇渡。寓滬西人咸乘腳踏車往迎，不下一百餘人。後至禮查西客館暫駐。計三西人自英國起程，屈指已五百三十二天；其間一百五十一日係在華地，所行之路共一萬四千三百二十二英里。前禮拜二始由蘇郡來申，云凡長江一帶，皆已轍跡遍經。說者謂：「昔周穆王欲周行天下，將皆有車轍馬跡，而卒不果。乃數千百年後，不圖於三西人見之。亦可異矣。」〔轍環天下〕

4495	原 509/9	廣利 5/41 右	大 15/45

觀音洗心

先達李天培，字佑世，居楚之黃梅縣澤畔，家赤貧。其尊人業漁，送公讀，極尊師。每結網，必擇尤者供之。公姿鈍，又善忘；師課之嚴，終無濟。一日，師恐負所託，麾麾去，令仍就父業。父以為不受教，撻之。抑鬱無聊，思自盡。及夜，將投縣門前巨李；緣至樹半，憊甚，憩枝間，心忽迷。有婦破其胸脰，引臟腑滌盪之，浙浙有聲，旋納入。驚覺，墮樹下，若釋重負。天明，入塾中，師聞誦聲琅琅，詫其爽朗異前，屬其背誦前習者，不遺一字。授以書理，如響斯應。遂為邑名宿。時傳為觀音洗心云。〔困極〕〔斯通〕

4496	原 510/1	廣利 6/41 左	大 15/46

金龜發財

甯波鄞縣署東某絲線店門首某舊貨攤上，有一小龜，似係銅質，長二寸有奇；置之盤中，久無顧問者。日前，有骨董客某甲過而見之，駐足凝視；則刻紋深細，色甚黝黑，持之甚重。意必精銅所製，以青蚨六百翼易之而歸。摩挲把玩，權之，得四兩；以其物小而重，心竊異之。至首飾鋪，以火吹之，則爍爍者皆赤金也。兑得洋二百餘元。喜出望外，遂小康焉。唐人詩云：「無端嫁得金龜婿，辜負香衾侍早朝。」是殆唐時龜佩舊製歟？質諸識者，以為何如？〔聲價十倍〕

4497	原 510/2	廣利 6/42	大 15/47

為民請命

宛平莊、錢二家科名鼎盛。人第羨其聲望之隆，而不知其祖宗積累之厚。初，莊南村先生柱與錢鑄庵先生人麟，中表也。莊官浙之溫處道，適所屬大荒，人相食。莊蒿目災黎，稟請發帑十萬，赴臺灣買米平糶賑飢。大府駁斥，謂臺灣遠隔重洋，須候潮汛，往返稽時；萬一船多飄沒，帑歸何著，實屬不曉事體。正深懊悶，適鑄庵先生來訪。莊心緒惡劣，神情索寞。錢怒曰：「至戚遠來，未必分闊宦橐，何遂無中表情？」莊告委曲，即求良策。錢曰：「然則君固身家念重而視民命輕也。既為監司大員，視有便於民者，能辦則辦，何必拘拘稟白。君果能出庫項，我當為君赴臺；君既不惜功名，我亦何惜性命。」莊計遂決，啟庫出銀錢，連夜起身泛海去。莊移宿城隍廟，禱於神曰：「幽明同有民社之責。如不忍數百萬哀鴻就於死地；願賜帆風，俾米速到，起此溝壑。」果未半月而錢返，米百餘萬悉集，數郡賴以全活。後莊兩子皆大魁，錢生文敬公亦以第一人及第，至今猶有餘澤焉。〔功德〕〔無量〕

4498	原 510/3	廣利 6/43	大 15/48

鼓鐘無聲

大叩大鳴，小叩小鳴，此鐘聲也；而亦有不然者。揚州新城之東北隅有普陀寺焉。寺中住持僧慧海，傳聞道行甚深。善男信女咸呼之曰「老師」，凡有募化，不吝佈施。數年之間，竟將山門大殿、後樓廊房一律修建齊整。曩日之廢井頹垣，皆變為琳宮梵宇矣！去春，又遍告四方檀越，擬鑄大鐘一具，繪成圖樣，廣集金資，贊成此舉。至嘉平望日，為鑄鐘告成之期。一時香閨麗質，繡閣名姝，寶馬香車，咸來一擴眼界，大有舉國若狂之勢。共計所得金錢，約有三千餘串之多。不料，鐘既成，施以木架，置諸殿隅，叩之以梃，噤不能聲。說者謂：「冶民之術不精，故至於此。」或又謂：「鼓鑄之時，婦女觀者過多，必有污穢感觸所致。」其然，豈其然乎？〔不鳴則已〕

4499	原 510/4	廣利 6/44	大 15/49

灶神福善

某甲年已古稀，膝下三子五孫；長子已登賢書，尚有二子均業賈，家僅小康。凡有善舉，莫不踴躍爭先。鄉人咸以善士稱之。其妻素患目疾，藥石無靈。其子憂之，日夜祈禱，願以身代。除夕，甲夢青衣童召至一處，見一王者，彷彿世所傳灶君模樣。諭之曰：「爾一生謹慎，略無過失。爾妻目疾乃多食魚鮮之故。以後如能戒殺放生，不難復明也。今賜爾黃金萬兩，爾其力行善事，終身弗懈，受福無窮也。」醒後，異之。未幾，二子均滿載而歸。妻自後持齋念佛，目疾頓愈，較前益明。語云：「為善無不報，而遲速有時。」人可不深自猛省哉？〔鑑觀不爽〕

4500	原 510/5	廣利 6/45	大 15/50

女金剛

美國某鄉釀酒為業。女子名馬里馬者，既不領憑照，又不納稅金，公然設肆售酒，毫不掩飾。於是被政府查悉，欲行拘禁；然皆望望去之，莫之敢近。蓋因此女重六百九十磅，身軀肥大，不能出入門竇。拘之者，又不能毀門引女而出。蓋外洋毀門有罪故也。此女長成屋內，足跡從未出戶外。故有意藉此抵抗照稅。嘻！計亦狡矣！〔大而〕〔無當〕

4501	原 510/6	廣利 6/46	大 15/51

嶺陷奇聞

荷屬慕娘之務力地方有嶺名萬顏那南者，嶺上有小村落焉。居民十六家，約及百人，向以種植為生。所居屋宇大率皆蔀屋茅檐，大有西秦版屋之風。西十月七號夜闌，該處忽覺有石從空而下，巨細不一，若雨點之紛飛。眾驚惶走遁。迨至翌早，忽聞響聲大震，忽覺是嶺中分而為二，其分裂處有硫磺水汩汩而出。其水流於嶺下，以故附嶺一帶田園廬舍俱被所傷。迨至其災略定，則是嶺之形，已覺小其一半。蓋當陷裂之際，嶺上土石多從陷中卸下故也。尤幸其災之作，尚非猝暴，以故居民得以從容奔避，不至大受傷殘，惟有八人於災後不知下落耳。是亦一罕聞之異也。〔鬼斧〕〔神工〕

4502	原 510/7	廣利 6/47	大 15/52

財神無目

客有自龍虎山來者，言及某處財神殿香煙鼎盛，靈應夙昭。求富者踵接其門，莫不渥邀神佑。去臘，有香客詣廟求禱，忽見財神雙目洞然，不知已於何時被人挖去，相與駭然。廟中住持聞之，恐不雅觀，急倩匠重為裝塑。是夜，夢神來告曰：「予職掌祿籍，享盡人間香火。祇因善惡不分，有求輒應，以致世上惡人大率鑽營獲利，勢燄薰天，而一二安貧樂道之流，反困守蘧廬，幾致不能自給。上帝震怒，以予刑賞太濫，禍福無憑，形同瞽者，用降之罰。遭此慘痛，予實悔心。今當閉門謝客。爾等亦不得妄斂資財，重為予累。」遂蘧然而醒。客言若此，虛實不得而知。亦可見天道福善禍淫，雖神明不能或濫，其理固有如是者。〔姑妄言之〕

4503	原 510/8	廣利 6/48	大 15/53

假鬼盜穀

陳某，粵東三水縣屬大望鄉耕夫也。去冬某日，打稻方畢，時已日暮，遂露積場中，以俟翌晨收晒。暫貯筠籮，層累而上，蓋以葵蓬，而宿其中以守。鄉中無賴欲盜之，而恐其認識；自度以力取，不如以計取。知陳素膽怯，先分其黨暗伏隔隴茅舍之旁，待至夜深，佯作啾啾鬼泣聲，自遠而近。陳獨宿淒清，夜不成寐，聞聲慘然。賊黨復以紙捲樟腦，然火以恐之；其火乍紅乍綠，忽聚忽分，熒熒然，光甚慘淡，旋轉隴間，真似碧燐萬點。陳大懼而奔，賊黨遂乘機將穀盜去。時夜已深，鄉人有宿於族祠外者，陳就之，以鬼告。或問其狀，陳具述所見。中有老者曰：「他人守夜，從未見鬼。何鬼獨揶揄於爾乎？今當餘糧棲畝之際，爾乃舍之以去，其為匪人所算矣。盍往視之。」有膽力者，更與荷戈偕往，則廿餘籮黃粱，已盡失所在。盜亦不知何往。吁！計亦狡矣哉！〔賊有賊智〕

4504	原 510/9	廣利 6/49 右	大 15/54

攘雞失雞

閩人某甲向以販雞為業，每日籠雞適市，雖曰雞肋生涯，亦不失為糊口自得也。一日，籠雞十餘頭而出，道經僻巷，見有伏雌哺雛者十餘翼，祝祝道左。四顧無人，不覺貪涎欲滴；遂歇擔道傍，出米一握撒於地，誘雞共啄。出其不意，將子母一一攜至籠中。方謂人莫余知，不意有穆拉油人在樓上憑窗而坐，目擊所為。迨甲荷擔欲行，始大呼捉賊。甲知事敗，棄擔奔竄，亦不追逐。籠雞而歸，頗獲漁翁之利。〔不貪〕〔為寶〕

4505	原 511/1	廣利 7/49 左	大 15/55

杏苑先聲

昔武進瞿麗江，給諫溶之祖，乾隆甲戌會試中第三名。文已發刻。填榜時，總裁忽以莊本醇殿撰卷易之，莊於是科大魁。瞿聞以恚憤卒。嘉慶甲戌，給諫計偕北上，甫登舟，夢莊持杏花一枝，贈之曰：「還君家故物。」事隔六十年，不於其子而於其孫，易魁而元，似加利以償者。事亦奇矣！〔登科〕〔佳話〕

4506	原 511/2	廣利 7/50	大 15/56

天生偉人

肇將軍惠生而能行。未逾月，父母俱亡；育於其姑，七八歲即長大多力。偶過市，見群不逞攢毆一人，肇勃然奮擊，皆披靡竄去。方四顧尋鬥，一道士從後掣其肘，即隨之行至西山一茅庵。道士口吐一物，令吞之。留教拳勇，并《孫吳兵法》，半年乃歸。姑疑已死，哭之慟，蓋去已三年矣。家貧，無以為生，於滿營就步糧。為街卒時，來文端公兼攝九門，見諸卒潑水不過丈餘，肇獨遠及十餘丈外，奇之。呼與語，甚戇；命鞭之，如擊石焉。肇曰：「性耐刀鋸，不耐鞭笞。」公見其狀貌，既已奇之；及聞言，益大詫異，令明日至府面試。挽強命中，揮刀運石，力大無窮。與談行軍紀律，侃侃而言，動與古會。來大喜，閱日見上，叩頭者再，曰：「為國家得一大將。」上問何人。曰：「街卒肇惠。其人雖賤，大將才也。」即日召見，命射，九發皆中，授一等侍衛。平定西域屢立

大功，卒成名將，文端力也。〔物色〕〔風塵〕

4507　原 511/3　廣利 7/51　大 15/57

僧尼過年

杭垣紅門局內有沿街樓屋一間，於歲尾有遠方人攜眷租居。主人不暇細訪底蘊，貿然允之。鄰近人家見其置備器具什物，一若新成家室者。然街談巷議，事為游手好閒輩所知，日往偵其動靜。細觀之下，男者年三十餘，貌類某處所見僧人；女則僅將廿齡，明眉皓齒，楚楚動人。歲除前三日夜半，為祀年之舉，門戶洞開，紅燭高燒，香煙裊裊。無賴輩乃入而戲拖其辮，高呼：「和尚，恭喜過年。」男子聞言，大驚失色。一反手間，帽隨辮落，露出禿驢本來面目。一時群相訕笑。入拽其女，早已聞聲從後兔脫。當即喊到地保，盤詰之下，該和尚供實係某庵之尼，年廿一歲，今實不知何往。遂由保送入保甲局懲辦，以儆佛門敗類云。〔俗緣未已〕

4508　原 511/4　廣利 7/52　大 15/58

爭奪財神

周浦五路財神廟本在西街城隍廟隔壁。自髮逆擾亂後，牆塌屋倒，不堪供設；因將裝塑神像借居北市小雲臺為行轅，歷有年所。去年，西街會首將廟宇重新修建，工竣後，即擬迎請回轅。而北街會首以神袍、靴、帽及旗、鑼、扇、繖皆由北市捐辦，不願送回，爭執多時，未曾議妥。新正初四夜，例有迎財神之會。西幫會首暗集多人，俟迎至西街時，即將柵門關閉，硬將神像舁入廟中。北幫會首未曾防備，勢難爭奪，含忍而散；惟心未甘服，不免別起爭端也。〔招之〕〔使來〕

4509　原 511/5　廣利 7/53　大 15/59

專欲難成

蘇州府屬縣某大令，籍隸之江，由部選授知縣。少年輕躁，公事茫然；而橫徵暴斂，往往刻於催科。致漕書一缺，人多不敢承當。去年將屆秋收，傳諭各圩，經董公舉一人。董等既奉縣諭，不得已，舉某甲為總漕。而田中收成又形歉薄，設櫃開徵，比較往年，洋數略短。大令大發雷霆，於客臘下旬，將總漕某甲枷鎖大堂，以儆糧戶。詎未及三日，甲脫鎖而逃，追緝無蹤。大令以各董舉保不實，紛提到堂，諭須公賠銀洋五千元，立刻完繳，否則一概收監，永不開釋。各圩董再三跪求，堂上書役亦代為哀告。大令益怒，連喝套上刑具，速速收禁。於是堂上堂下相顧失色，拍手哄然而散。大令至此，亦無可如何。退堂之後，自覺無顏，乃具文到省，求請交卸。噫！專欲難成。大令何弗熟思之乎？〔催科政拙〕

4510　原 511/6　廣利 7/54　大 15/60

騙子神通

杭垣回回堂之萬源綢莊，去臘某日，忽來一人。乘輿攜僕，藍其頂，花其翎，身穿白狐袍褂，滿口官腔；至鋪購綢，云係送某顯宦者，約計需洋二百餘元。正在付價，突來肩輿一乘。一乳嫗抱一幼孩，首遮錦帕，身披綢綾，并帶金飾多事。口稱小少爺啼泣不止，故奉太太命，抱之前來；明年小姐應用各料，請老爺一律買好。其人因請店夥將前貨先行收價，再看別貨。夥友見係真洋，遂深信不疑，另將各貨請揀，一一翦好。正擬攜帶上轎，又一家人持帖飛步而至，云家老爺在日昇昌銀號恭候，請大人立即降臨。其人聞言，即囑乳嫗留意哺乳，切勿冒風，忽忽而去。未幾，乳嫗聲言小少爺已睡，願借尊榻一眠。店夥允之。該嫗又云腹中飢餒，請引至近處麵館點飢。詎料待至傍晚，主僕三人均一去不回。查檢帶去各貨約值七百餘元。啟視榻上所眠者，乃一死孩，金飾皆係鍍金者。始知遇騙，又恐其藉屍訛詐，當即鳴保報官存案，并殮孩屍。所失已不資矣。嘻！騙術離奇如此，真令人防不勝防矣！〔入我彀中〕

4511　原 511/7　廣利 7/55　大 15/61

巡船買禍

距蘇屬平望十數里之遙地名雙陽鎮者，一小市廛也。客臘除夕，該處鄉民相約為喝雉呼盧之戲。正在興高采烈時，適有某營緝捕差弁曹子齡所購眼線劉某、董某及甲、乙四人，雇坐民船，由南潯訪案回省度歲；瞥見之下，隨即停船，登岸拘拿。鄉民猝不及防，當被拿獲數人，帶至舟中，即行解纜。各鄉民以此船並非水師搶划，亦無營中號褂，疑為巢湖幫光蛋所為；遂各鳴鑼聚眾，齊集河干，尾後追趕。劉某等見人多勢眾，不覺意亂心慌，把舵不牢，將船傾覆河心，人亦落水。鄉民先將劉某等四人逐一綑縛，並將被獲者釋回，乃一併解送震澤縣請辦。公門中人動輒選事，遭此懲創，亦可為假公濟私者戒已。〔自貽〕〔伊戚〕

4512　原 511/8　廣利 7/56　大 15/62

狐仙警世

山陽陳茂才薄有才名，而狂傲特甚。每緣事侮其兄，兄固長者，含忍之。一日，陳早起，於案頭得一紙，書曰：「陳某自負通品，倫紀未明，尚得謂讀書人乎？余暫借汝居，日來見汝無一可取，惟欺凌其兄，故發憤一道，汝宜及早痛悔，勿謂暗室無人也。」陳閱畢，疑兄所為，益怒詈。忽空中碎石雨下，頭面皆破。陳往延邑紳某侍御至。聞大聲曰：「尊人道德文章，足為當代欽式，我故敬畏；君不過藉蔭得官，乃以道長自居耶？不早去者，視吾石。」俄一石擊侍御，前案立碎。陳方念呈控嶽帝，空中又一紙飄落曰：「陳某，汝某日某事欺兄，如何昧心，歷疏二十餘條。余以正言相規，不見聽納，反欲讎我。今夕當以烈燄燒汝矣。」至晚，方共妻臥，火自發。陳裸身投地，長跪乞哀。叟曰：「求我無益，當求汝兄釋汝。」陳不得已，與妻偕至兄所，跪房外涕泣求哀。叟令自陳向日負心事。兄不忍聞，亦痛哭，掖之起曰：「吾弟知悔，祖父之福也。」叟曰：「既汝兄弟復睦，我且去。」次日，兄弟同詣家祠，誓改舊轍，設筵望空祭謝焉。陳由是門庭雍睦，家法為一邑最。〔詞嚴義正〕

4513　原 511/9　廣利 7/57 右　大 15/63

解酒妙法

解酒之物固多，然但聞其解於既醉之後，未聞預吃此物，能令牛飲而不醉也。茲據美國新聞報載，稱美人某甲素有豪飲之名，未至百川之量。月前與外國酒客數名賭飲，眾客醉倒如泥，甲獨神色不動。客既醒，拜服某甲海量。後因甲之友人查出，甲未飲之先，偷飲外國橄欖油一杯，飲至半度，復吃一杯，故得不醉。其所以不醉之故，因內府機竅被該油蒙蔽，酒氣無從發洩也。〔眾醉獨醒〕

4514	原 512/1	廣利 8/57 左	大 15/64

犬救主難

西人某甲蓄一犬，色白皙，名曰「白兒」；又蓄一狼，色黝黑，名曰「黑兒」。性皆靈警，善伺人意。西人甚愛之，出入相隨，夜則蜷臥身畔，不離左右。每有過失，西人擊之以棍。白兒俯首帖耳；黑兒則必怒目張牙，若有不服之狀。一日，黑兒誤碎桌上玻璃杯盞。西人怒，鞭撻之。黑兒不食者累日。至晚，西人醉臥，忽聞狼犬相撲聲，驚醒起視。則見黑兒左跳右舞，似欲登榻狂噬也者；白兒力阻之。乃知狼子野心，終不可蓄，覓棍擊斃之。於是愛犬之心較前尤摯。〔義勇可嘉〕

4515	原 512/2	廣利 8/58	大 15/65

包探私刑

滬上包探動用私刑。不論是賊非賊，一經軋入茶會，便百般淩虐，慘無人理。自通商開埠以來，受其害者，指不勝屈。皆懾於捕房威勢，含冤負痛，飲恨吞聲。幾至人人側目，視包探如虎狼，而不敢一發其覆者，以為此其事捕房未必不知之，故皆付之無可如何，而若輩之膽遂因此愈大。虹口包探韋阿尤、任桂生、傅阿金等，其尤著者也。前日，因萃順昌船局夥陳元奎所接客人張禮堂失洋九十二元，報由該探等查緝。韋等茫無頭緒，即疑陳係竊賊，拘至萬陽樓茶會處。閉置一室，用銅箝軋其手指，復將兩足放在凳上，將木棍毒打；抱其頭，塞其口，不許聲張。自夜間十點鐘起，至十一點，逼令招供，肆行慘酷。陳因受刑不過，遂誣指贓存周子祥處，始獲鬆放。韋等遂自為得計，次日又將周拘獲，刑逼如前，致二人手足受傷，不能行動。於是韋等之心大快，以為箠楚之下，何求不得？吾挾此技，以獲破案之功多矣。彼如陳、周者，不知凡幾，於陳、周又何惜哉？〔無辜〕〔被累〕

4516	原 512/3	廣利 8/59	大 15/66

私刑定讞

豈知捕房用人，向例不准擅自毆人，況私刑拷打乎？此次韋等罪惡貫盈，天奪其魄，恣其毒，正以厚其亡。陳、周自遭此痛苦，抱屈難伸，經人訴知有力者，立即投告捕房。麥總巡查驗既確，即將韋等解廨，並邀請英工部局商董某君到廨觀審。眾供鑿鑿，韋等無可抵賴。於是，薩副領事大怒。以該包探倚勢妄為，膽敢擅用私刑，將無贓無證之人平空威逼。不知平日陷害多少良民，殊關工部局定章。此案既經發覺，不得不嚴行懲辦。張直刺亦奉道憲查辦之諭。遂判韋阿尤、傅阿金每人各押三年，每押半年另枷一月，期滿候示。任桂生押兩年，每年內各枷一月。尚有助虐之探夥陳阿土、桂文標、王雲飛，則各押一年，再行遞籍。其容留包探私刑之萬陽樓主趙發茂等，從寬分別懲儆有差。〔重見〕〔天日〕

4517	原 512/4	廣利 8/60	大 15/67

枷示劣探

韋阿尤、傅阿金、任桂生三革探此次案發定判，可見天理昭彰，決無不敗之事。而三人中尤以韋阿尤最為惡劣。其種種兇暴，得諸耳聞目見，令人目眦髮指者，已不勝記。即以此案而論，韋自知罪無可逭，當包探王阿虎解往虹口捕房時，出其不意，乘隙脱逃，匿跡銕馬路東華里併【姘】婦某氏家。自謂藏身之固，可以法外逍遙矣。不料天網恢恢，疏而不漏。即有前為韋探誣賭蕩產之粵人李紀，聞捕房懸緝有賞洋五百元之格，遂日夕偵知蹤跡，趕報捕房，而韋探遂不能免。卒以緝獲，與傅、任二探同時禁錮。又以此案發自萬陽茶樓，由蘭副捕頭派令華捕二名、印捕一名。先將三革探押往該茶肆中，枷號示眾。一時人心為之大快。特不知包探私刑之風，能從此聞而知懼，稍為斂跡否？〔罪惡貫盈〕

4518	原 512/5	廣利 8/61	大 15/68

穴居有人

香港馬理信山，前日有西差在彼巡察，偶見巖穴中居有一人，皮如漆黑，髮若蓬飛，遍身污穢，衣服破敗不堪，兩足粗赤，並未穿靴，狀如羅刹。因詢其生長何國，其人答稱不知；惟能操法國語，兼通英話。問其來從何處，則言受傭於美國某三枝桅帆船，由檀香山載之而來。因船主待之甚虐，不願回船，又苦無資斧，無可税居，遂信步至此。將所攜舊槳洞開一穴，隱處其間，飢食樹葉，渴飲溪水，習而安之，已蟾圓兩度矣。西差查驗穴外並無長物，衹一破槳及生薯兩顆，遂挈之同到捕房。文幫辦略加研詰，其人初稱腹痛，飲以烈酒，其痛即止。旋以砵酒、雞卵、牛油、麵飽啖之，頃刻而盡。嗣經解到巡理府，判令暫押羈留所，再籌遣歸之法，以免漂留異地，笑傲山林，伍友麋鹿焉。〔別有〕〔天地〕

4519	原 512/6	廣利 8/62	大 15/69

舉網獲屍

蘇垣日新昌新安輪船於去臘中旬炸裂，為禍甚烈，失去潘公子屍骸。經局懸賞招尋，日久無獲。群以為已葬魚腹矣。詎至正月下浣，忽有江北漁人劉阿三在寶帶橋一帶捕魚，因覺網中沉重，疑有大魚。舉燭視之，見一屍骸，老者以為不祥，方欲棄置。其子急止之，謂頃見日新昌尋屍賞格，或即是此屍，豈不得一財星。老者韙之，遂將屍網之入船。細視衣服，果與招帖無異；且腰間繫有金表，神色不變，奕奕如生。知係公子無疑。遂安置艙中，覆以破網，囑婦看守。父子二人分投潘宦處及輪局通報。當經公子家屬認明無誤，舁置岸上，設棚盛殮。該輪局遂照給賞洋五十元，潘宦亦酬洋二十元。父子二人欣然領賞而去。謂今而知漁翁得利，固不盡在鷸蚌也。〔漁翁得利〕

4520	原 512/7	廣利 8/63	大 15/70

活葬喇嘛

西藏為喇嘛所居，佛法森嚴，向不准有犯戒之事。不料，去年有某寺之大喇嘛，竟與其妹有私，曾產一孩，恐露耳目，立即淹斃。事為該寺管事僧訪知，以其不守清規，罰銀一千兩，從寬了事。後經地方番官查知，又罰銀五百兩，免與追究。以為佛門廣大，固當無所不容也。詎至去冬，被掌理黃教之達賴聞知，不覺大發雷霆。謂近來天時不正，疫厲流行，山震地動，時有所聞，皆因地方出此不端之事，以致天心示儆若此。此而不嚴為究辦，何以儆效尤而端佛教。遂命番官協同寺主，將亂倫之喇嘛與淫婦，捉拿到案。審實後，定以活埋之罪，即於是日掘地埋之。雇工築一石塔以示後人，並出示嚴戒眾僧。一面將該僧家產抄封入官，其受賄之管事僧及番官等，一併革職，各罰黃金二百兩，以示薄懲。〔戒之在色〕

4521	原 512/8	廣利 8/64	大 15/71

紅拂難奔

紮腳好者，粵城大巷口之妓也。年華少艾，姿首可人。裙下雙鉤，又復俏如菱角，以故紅粉隊中，芳名大噪。有某氏子見而悅之，憐其墜溷沾泥，方欲出資脫籍。無如鴇母索價大奢，謂買笑既值千金，作妾應須十斛；以至朝雲暮雨，仍滯巫山。好不得已，乃效紅拂之私奔。今正初三日，某乃約同兩友，在擎觴酒樓招好侑酒，開筵坐花，飛觴醉月。李青蓮春夜之宴，洵可樂也。已而酒至數巡，魚更四下，乃以帶縋好由窗而下，己亦潛遁，與好同行。路經沙基，詎為營勇所見，疑而詰問，言語支吾。未幾，元緒亦覺，到此訪尋，遂將二人一並獲返。現某以「佳人既屬沙叱利，義士難逢古押衙」，著人歸家，求救於財帛星君。不知天下有情人，果能終成眷屬否也。〔良緣錯過〕

4522	原 512/9	廣利 8/65 右	大 15/72

火藥遺害

本邑鄉人林阿五，灌園為業。前日，偕同夥友駕駁船二艘，裝載菜蔬，至虹口蘇州河畔顧桐興水果行求售。時當潮退，忽有火藥浮於岸側。林在船守候，因吸旱煙，致將自來火投諸火藥上。轟然一聲，立將二船悉行轟燬。所幸人口未傷，當即投告捕房。嗣經包探查知，此項火藥係前者滬南龍華灣翻覆火藥船一艘，由王大毛撈獲數十磅，攜歸兜售。無人顧問，因拋棄在河。不意今日尚能肇此橫禍也。人可不隨時加慎哉！〔死灰〕〔復然〕

4523	原 513/1	廣利 9/65 左	大 15/73

一枝蘭

一枝蘭者，偷兒某之自命也。一夜，入甬紳袁姓家，先至廚下，從容飲啖，然後潛入內室，一試妙手。室中珠玉錦繡，美不勝收。乃翻箱倒篋，而所失止棉褲、皮袍褂各一件。事主察其來去無蹤，知為斲輪老手，正慮復來，嚴加防範。次夜，果又至，題詩於壁，且大書：「我皖人一枝蘭也。暫借君家物，異日當璧還。」不取一物而去。牆垣依舊，雞犬不驚。賊之技亦精矣。具此好身手，不用之於正，而為鼠竊狗偷，猶自命曰「蘭」。嘻！蘭焉與哉？是毒莽耳。〔劇賊〕

4524	原 513/2	廣利 9/66	大 15/74

水門被燒

杭垣之湧金門水城門，地處幽僻，絕少人行。一日，不知如何，回祿君忽然税駕。半壁枯籐，滿牆敗草，一時皆著，煙焰燭天；恍似赤城霞起，湖光山色，相映皆紅。城守營兵瞭見，趕即鳴鑼集眾。地方文武次第駕臨，火會中人亦陸續馳至。奈城門在水中央，岸上人竟無從施救。嗣將水龍群舁於舟，竭力噴救，火勢始殺，然已焚燒大半矣。城門臨水，且包鐵皮。事後推求，終不知火所從出。當火熾時，相近河水皆熱，真所謂「城門失火，殃及池魚」者。〔殃及〕〔池魚〕

4525	原 513/3	廣利 9/67	大 15/75

義猴鳴冤

獸之有猴，獸之似人者也。然似人之貌，未必似人之心；似人之形，未必似人之靈。不意亦有似人者，且有勝於人者，印度之義猴足記矣。印度人某甲以獸戲名。甲之於獸也，能知其所欲，并能知其不欲；獸之於甲也，能通其所言，并能通其未言，蓋馴習固已久矣。內有一猴，尤稱靈警。一日，甲挾諸獸遠遊，日暮欲息；而山村荒僻，無可投宿。因擇林菁深處，環諸獸於外而宿其中。夜將半，忽來暴客三人，斃甲而埋之，并殺諸獸。此時狠如羊、貪如狼、狡如兔、猛如虎皆駢頸受戮；而猴獨逃藏於林陰，度力不敵，不敢出視。盜去，潛尾之，見其入一室；乃奔捕房，繞屋哀啼，聲淚俱下。捕頭異而詰之曰：「汝有冤乎？」點其首者再，且奔且顧，若為先導。捕頭飭捕役隨之，三盜無一免者。猴見冤之已申也，至埋甲處，長嘯數聲，升入林際，踊身碎腦而殞。夫不輕敵，智也；必殉甲，義也。人所難能，而此猴能之；豫讓、荊軻遜之矣！〔義獸〕

4526	原 513/4	廣利 9/68	大 15/76

方敏恪公逸事一

桐城方氏因《南山集》一案，遣戍者十餘人；敏恪公父亦在遣中。敏恪間歲至塞外省親，恆隻身徒步，往返萬里。嘗流轉至浙，往甯波訪其戚某。比至，歲已逼除，某公門前諸奴皆貂帽狐裘，甚豪倨。自顧襤褸，彳亍不前。乃於其巷中賃屋以居，欲往投刺，恐遭呵逐，遲疑未決。顧以資斧將盡，進退兩難，日於門檐下探聽某公居鄉若何。對門一屠見之，奇公狀貌，展詢邦族，并道來意。屠搖首曰：「我與同巷二十年，未見其恤一親族。去恐無益。」方聞言，深悔輕至。屠問：「先生既係士族，必能書。未知解算否？」公曰：「略諳之。」屠曰：「時將度歲，我有帳目，煩先生結算，代開帳單，以便索欠。寒舍不遠，便可下榻。何如？」公見其意誠，遂往。屠呼妻出見，款留甚殷，人亦爽直，為之握算持籌，半日已畢。屠出索逋，三日得錢，比每歲獨豐。除夕，具酒肴，延公上坐，而與其妻分坐左右，作守歲宴。屠一女五歲，亦隨屠婦側坐。入旦，公欲行。屠曰：「雨雪載途，願小留數日。已囑荊人製絮袍相贈，庶長途可以禦寒。」公為勉留五日。至期，方黎明，屠捧絮袍，婦攜襪履至，奉公服訖。見公帽破碎，乃脫己氈笠易之；并贈青蚨二千，遂別去。……〔日暮〕〔途窮〕

4527	原 513/5	廣利 9/69	大 15/77

方敏恪公逸事二

……至杭，無所遇。閒步西湖，見數百人圍星士談相。

星士瞥見公，撥人叢出，揖曰：「貴人至矣！」公疑其揶揄，曰：「我不求相，何遽相戲？」星士上下諦視，曰：「此非深談處。」遂收卜具，邀公同入小廟，延坐曰：「子某年為何官，某年至總督，惜不能令終。現今官星已露。可速赴都，以圖機遇。」公曰：「無論罪人子無仕進路，即有機緣，徒手亦何由北上？」星士曰：「此不難。」開箱取二十金贈之，曰：「速行，勿遲。」并出一名條，囑曰：「他日節制陝甘，有總兵遲誤軍機當斬。千萬留意拯之，此即報我也。」叩其姓氏，不答，遂行。……〔物色〕〔風塵〕

4528	原 513/6	廣利 9/70	大 15/78

方敏恪公逸事三

……至直隸，行李為人篡去。欲繞道至保定，訪其素識某。行抵白河，大雪。凍斃古寺旁。寺僧啟戶，見虎臥，走白主僧。出視，果虎；逼之，乃公僵臥雪中。扶入灌救，始甦。留數月乃行。先是寺中老僧蓄金石極多，老僧圓寂後，無講此者，因悉出所蓄，挽公鬻之。捆載至保定，就督署前設行肆焉。制府出，前導嗔公收肆遲，叱加鞭撲。公憤甚，棄去赴都，至東華門拆字，以資旅食。適平定郡王輿過，見招帖，善之；呼問，知為公書，延歸掌記室，甚蒙禮遇。久之，藩邸楹帖盡出其手。高廟臨幸見之，詢何人筆，王以公對。即召見，賞給中書。……〔風雲〕〔際會〕

4529	原 513/7	廣利 9/71	大 15/79

方敏恪公逸事四

……從此受知，由監司而至建節，不過十年。公既貴，招屠至，贈以三千金，令改業，並為其女許嫁士人，遣人至白河新古寺。總制陝甘，督餉嘉峪關外總兵某違誤軍機當斬，力為開脱，則星士乃其父也。公思晚節不終之語，恆懼不免，迎星士至署，求解免之法。星士曰：「定數也。惟大善事，救千萬人命，或冀感動彼蒼。」公遍查案牘，見直隸通省報流民路斃者，每歲多至數百起；思設留養局以拯之，方定見而未發也。早旦往見星士，賀曰：「公滿面祥光，必已為莫大功德；不特獲免刑戮，并可望累代貴顯矣。果何事而致此？」公詳告之，遂奏行焉。後陝甘軍營事發，兩督撫、一將軍皆見法；公亦應坐，特旨原免。公有自序長冊存宗祠中。〔修心〕〔通相〕

4530	原 513/8	廣利 9/72	大 15/80

盜扮女裝

粵東某航，一日將解纜，突來三健婦，求為附載。舟子見其濃眉大眼，蓮船盈尺，知非善類；然無辭可卻，姑聽之。開船後，密囑夥伴留心伺察，覺其婀娜中含剛健，終不類巾幗中人。同舟諸客亦切切私議，遂群起而縛之。探其私處，則翹然者，果身帶淫具者也。遍搜身上，皆有利器，乃縛送諸官。則固劇盜，因緝捕嚴緊，欲借此遠颺。不圖天網恢恢，疏而不漏。盜雖狡，亦何益哉？〔藏頭露尾〕

4531	原 513/9	廣利 9/73 右	大 15/81

戲妻服禮

滬北鄉農某甲，有女名阿雲者，年方及笄，貌比花嬌，幼曾許字與鄰人某乙之子。日前，女在某絲廠工作，回家歸途已暮。行經乙門，不料乙子在黑暗中突出摟抱，欲求歡會。女極聲喊救，始釋手而去。次日，女父詢悉情由，邀乙至某茶肆評理，紛擾多時。經人勸乙，香燭服禮以寢其事。〔忍殺郎君〕

4532	原 514/1	廣利 10/73 左	大 15/82

網魚得金

漢陽江中前日有某漁划臨江打網，遨遊上下，頗獲鮮鱗。夕陽西下時，正欲收網而歸；手中撈起一物，甚覺笨重，漁猶以為巨鱗也，不少疑異。及出水面，始見晶瑩奪目，燦然有光，係白金寶紋一錠。喜出望外，該划一路遂泛舟而去。漁翁得利，不可喜歟？〔漁翁得利〕

4533	原 514/2	廣利 10/74	大 15/83

士林公憤

本城保甲總巡鍾壽伯明府，前在西門內劉公祠西首蔡老新家捉賭。因誤拘附近賈紳之公子伯賢茂才，并及其僕，肆行毆辱；於是茂才大怒，回家後，邀集姚子讓等舉貢生監二十餘人，聯名公稟，控諸道憲，欲雪黌門之恥。時值上丁釋菜之期，姚孝廉等俟各員祭聖畢，先將情告知宣廣文，然後作鳴鼓之攻。當經道憲蔡觀察再三勸慰，一面傳鍾明府到轅申飭，務伸士氣而戢兇威。明府於此，頗覺悚惶無地。兼之此事拘及守備署勇丁李、邢二人，不送營官自究；致程守戎大抱不平，將總巡之門丁拘禁。又城汛李千戎遷怒地保，擅自刑責，以致文武不和，大啟齟齬。種種轇轕，鍾明府亦自悔多此一舉矣。刻下聞已調妥，一場脣舌，化作煙雲。亦可見和事老之維持調護，煞費苦心矣！〔不平〕〔則鳴〕

4534	原 514/3	廣利 10/75	大 15/84

父子奇逢

李晉升，越賈也。有一子，當四歲時，被匪所拐，四處尋求，杳無蹤跡，亦已絕望。李固工心計者，操奇計盈，算無遺策。歷年既久，囊資漸充。惟是繞膝無兒，箕裘將墜。雖擅陶朱之富，難消伯道之憂。自念後繼無人，多財何益，因力行善事，遍周族黨，而己則攜貲作汗漫遊。聞川鄂災，思親賑。行抵京江，偶入戲館，見隔座一少年，舉止類己，疑為子而不敢遽認。少年見其頻頻回顧，因各展姓氏，詳詢邦族，則果己子也。被匪賣於某商作螟蛉，商死，承其業，固已娶妻有子矣。蓋被拐時，尚不能記姓氏，雖自知非商子，然亦不知生身之父，尚在人間。李喜出望外，挈之而歸。說者謂：「李之得子，蓋行善之報，造物有心以勸世耳！」〔骨肉〕〔團圓〕

4535	原 514/4	廣利 10/76	大 15/85

俠僧

有為人寄銀信者，行經龍潭西鄉被劫，僅以身免；行十餘里，晚投旅店，閉門而泣。俄來一游方僧，口操北音，而形貌壯偉。聞其泣，入而問。故告之。僧奮然曰：「有是哉，鼠子敢爾？暫為君索原物，予速回則事濟；否則身殉，不累君也。」言畢，掉臂去。食頃，有聲如暴風起。出視之，見從空而下者，僧也。置銀於几案，果其故物，喜問其詳。曰：「我往見盜，令還原物，盜群起，持械環攻。我足踏一人，手搏兩人，互擊之。眾盜羅拜，歸銀，乃釋之而返耳。」一店聞之，群來視僧，問其姓名，不答。次日未明，僧已杳矣。〔鋤強〕〔扶弱〕

4536　原 514/5　廣利 10/77　大 15/86

至性感神

孝童沈姓，越之王家村人，年六歲，父死，依其母以居。父故佃也，身無完縷，家少蓋藏；惟勤耕種剝耡，庶足一家衣食。一旦逝世，母子幾不聊生。而童齒雖稚，一似知稼穡之難者，諸事能體。母雖煢煢無告，而撫茲膝下，亦足解憂。一日，其母臨流洗物，失足墮水。童大聲呼號，適無應者。孝童救母心切，自投於河。後其母經漁舟救起，而童屍至次日始獲，四體皆冰，已無生望。不意方欲殮埋，忽聞啼哭；吐水數口，竟爾霍然。是蓋至性所格，冥漠中有神助焉。世之忘毛裏而薄其親者，亦有感歟？〔孝感動天〕

4537　原 514/6　廣利 10/78　大 15/87

迷藥宜防

湖北漢陽南岸某炭鋪，前日忽來口操湘音之二人，稱係江岸某貨船購買錢紅十千文。言定價值，在船取錢。炭鋪主令夥某甲負錢同往。行至中途，其人約甲同在路旁某茶館少歇，囊出茶葉一撮，令堂倌泡茶三碗。甲飲之口麻，復飲喉緊，心知有異；乃奔至隔壁某店，將錢暫寄，轉身飛跑回鋪，口已難言。鋪主見甲玉山頹倒，口吐涎沫，恐係急痧，延醫診治。一晝夜無效，後有某醫至，審視一週，曰：「觀此形像，恐是中毒。試取甘草生薑汁飲之。」一吐而甦。醒後，言之歷歷，乃往取錢而歸。按迷藥害人，最干例禁。安得賢有司嚴拿懲辦，以為閭閻除害也哉？〔意欲〕〔何為〕

4538　原 514/7　廣利 10/79　大 15/88

狗熊食虎

熊之於虎，至不敵也，乃有時虎轉受制於狗熊。陝之東山素多狗熊。一虎入其山，搖尾自得。忽有從而撲其首者。虎勃然大怒，回顧，則一狗熊也，已跳身去。虎愈怒，盡力撲之。熊走竄巖穴。虎廢然而返。行數步，又有撲其首者，則又一狗熊也。虎怒且逐如故。狗熊竄伏亦如故。如是三五。虎怒無所洩，計無所施，乃奮身騰擲，聲震林木，而狗熊遠走閒觀。迨虎力既殺，蹲地作喘，十數熊乃奔走偕來，或嚙其頸，或銜其尾，而虎乃安坐以聽狗熊之大嚼。嗚呼！亟曳以罷之，多方以誤之，吳所以敗楚也。虎之猛，何如熊之智哉？〔勇不〕〔如智〕

4539　原 514/8　廣利 10/80　大 15/89

扇化枯髏

髮匪之亂，南京未陷時，一士人日於茶肆見一道士持扇化緣，士人施與無倦。一日，道士謂之曰：「此處不久有變。盍去諸。」士人不之信。次日復見，道士曰：「不信吾言，殆矣。」舉袖拂其面，則見行路者斷頭折足，鬼形不一。大駭。明日即行。道士送於城外，贈以扇曰：「見此而笑者，皆鬼也，不可住。無人笑扇，斯樂土矣。可棄此扇。」行三四日，始不見有笑者。士人依道士之言，棄扇於田間而去。未數武，回顧之，則已化髑髏矣。〔逃劫〕

4540　原 514/9　廣利 10/81 右　大 15/90

縊鬼現形

鬼怪之事，儒者不談，然亦有目覩可據者。如日人高君在蘇垣滄浪亭前三賢祠寓所，前夜歸來，行經門房，見殘燈如豆，窸窣有聲。穴窗窺之，見一輕年美婦作懸樑狀，愁容慘淡。駭而大呼。僕人某甲從黑甜驚醒，披衣啟戶。高君入視，則所見美婦蹤跡杳然。四處找尋，惟頹然老僕一人而已。再一仰首，有朽緶一縷懸繫樑間，方悟所見者為縊鬼，不禁毛髮森豎。次日，詢於鄰右，知十年前果有一婦自經於此。遂囑僕剪其繩索，投諸丙丁。自此遂無他異。〔咄咄逼人〕

4541　原 515/1　廣利 11/81 左　大 15/91

射龍睛

遊擊朱霽軒，技擅穿楊，發無不中。一夕，乘舟哨海，至某處洋面，遙望前面紅燈兩盞，漾空而來。朱奇之，疑為盜，試彎弓射之，一燈遽滅。俄而驚濤洶湧，駭浪拍空；始知所射者非燈，乃龍睛也。狂風怒號，同舟盡沒。朱浮片板，至次日遇漁舟，始慶更生。至今逢此日，則海中惡風大作，遇陰雨之夜，紅燈止見其一矣。〔中於遠也〕

4542　原 515/2　廣利 11/82　大 15/92

青樓好義

滬妓洪文蘭，青樓中之翹楚也。性豪爽，好任俠，英姿颯爽，別具風流。善歌舞，一曲登場，纏頭爭擲，以故得任情揮霍。遇同儕有急，輒解囊周之，女孟嘗之名，藉藉人口。與女伶李紅寶為閨中膩友，李亦巾幗而丈夫者，氣味相投，遂稱莫逆。一日，二美同車，至愚園一帶領略三春景色。夕陽西下，返轡而回，途遇一湖北婦，手抱周歲兒，在河畔痛哭不已。洪停車詢問，憫其途窮，因顧李曰：「同是天涯淪落人，相逢何必曾相識。今日之事，宜有以周之。」各贈以番佛，婦乃得歸。昨經婦夫親詣拜謝，並掛紅申敬，而女孟嘗之名乃益著。〔紅妝季布〕

4543　原 515/3　廣利 11/83　大 15/93

黃耳傳書

昔陸士龍有犬名曰「黃耳」，性靈警，能解人意。士龍仕洛中，一日戲語犬曰：「汝能賚書取消息否？」犬搖尾作聲，因以筒盛書繫其頸。犬出，尋路南走，達家得回書，復馳還。載諸故籍，傳為美談。千古以來，犬之靈警，莫黃耳若矣！乃《西字報》所載潑賴斯之犬，有過之者。英國那佛沙省富商潑賴斯豢一犬，極馴熟。凡遇出遊，必隨其後。相習既久，一似能預知所往者。潑賴斯異之。適有事弗克出門，試遣犬代行，繫小箱於項，納書其中，囑而遣之，如身親也。歷試皆無誤。潑愛之，坐臥必俱。

噫！士龍之黃耳熟一處之途徑已耳，而是犬能歷認諸人之門戶。宜乎臥錦茵，眠玉簟，獨得主人之鍾愛矣！〔置郵傳命〕

4544　原 515/4　廣利 11/84　大 15/94

鍾情土偶

甬東花神廟像為名手裝塑，形貌如生。諸女像俱極美麗，其第三荷花神尤妖艷動人。有郭生年少而狂，入廟見像，若流睞相矚。生惑之，眷戀備至，曰：「娶妻如荷花神，死無憾矣！」商之於僧，遷寓其中。日坐殿廷，對荷花神切切私語，狀若病癡。一夕，僧於夢中聞鼓吹喧笑聲。起視，見紅氈貼地，生與荷花神方行交拜禮；而美女數十俱手執名葩，環繞其後，噤不敢聲。次早，見生抱荷花神，口鼻相對，體已冰矣。後人遂相戒不敢入。而神像剝落，亦無復舊時光彩。〔妖由〕〔人興〕

4545　原 515/5　廣利 11/85　大 15/95

術士禦盜

廣東南海山南堡某甲，前日由某處而回。行至牛屎灣，野曠人稀，突與二匪相遇。甲衣裳整潔，以傘柄荷一衣包，頗為重大。匪欲要而奪之，突從樹林走出，露刃提槍，大喝：「速將衣包卸下，乃可前行。否則洋槍無情也。」甲將衣包放下。匪復令褫衣以獻。甲曰：「吾自浙江千里遄回，積七八年辛苦，始得百十金歸，君奚為迫人太甚？」二匪欺其軟弱，互加威迫。甲駢其二指，咄咄書空。二匪瞬目呆立，狀如木偶。甲乃負荷如故，從容而行。及至三江口濟渡，對舟子語其事。舟子曰：「彼有性命之虞否？」曰：「不解救，不死亦成廢疾。」舟子曰：「懲之使斂跡，行人亦獲安矣。」甲取生芻一束，復書符，授舟子曰：「納匪口中，可無恙也。」如言，匪遂得蘇。甲技亦神矣哉！〔劍指書空〕

4546　原 515/6　廣利 11/86　大 15/96

蕩子喬裝

蘇垣顧某，美丰姿，性柔順；年輕子弟與之徵逐笑謔，不以為怒也。前日，有同窗友韋某謂之曰：「君若能扮作女裝，偽為余妻者，在觀前行一週，撲朔迷離，無人看破，則我當以酒肉為餉。」顧諾之。次日旁晚，艷裹濃妝，塗脂抹粉，姍姍蓮步，自西徂東。韋則扮作鄉老，大布之衣，大帛之冠，跟隨其後。眾人俱未留意。不意行至觀橋左近，顧忽與妹相值，交臂而過，欲避不及；竟被認出廬山面目。大喊一聲，拖拽回家。一時蓮瓣朝天，花鈿委地。路人聞知其事，咸跟往看觀。一路向南而去，後不知其所終。〔易弁〕〔而釵〕

4547　原 515/7　廣利 11/87　大 15/97

紅線猶存

偷兒召某，工穿窬術，昏夜所至，無不如意。一夕，行竊揚州某巨室。其家屢被盜，防守甚嚴，而召不知也。既穴垣入，重重啟其戶，預備出路；返身入室，將發箱匱。忽紅光一閃，有十七八好女子紅襖錦褲，自帳中躍出；手雙劍，直刺其背。召駭而逃，幸門已先啟，得無阻。女追之，劍光如雙白龍，旋繞其後，將為所及。召窘甚，見道旁有河，遂自湛焉。素習水性，伏久之，探頭出視。女猶倚劍立河側。乃潛泅至隔岸，出水而遁。明日訪之，知女為巨室新娶姬，蓋精於劍術者。〔驚破賊膽〕

4548　原 515/8　廣利 11/88　大 15/98

海參化人

慈杯化鶴，葛飯成蜂，仙人游戲，變幻莫測。然其所以變者有術焉，非物之能自變也。至山精木魅，則必受日月之精英，感天地之戾氣，而後可若物已。同几上之肉，釜中之魚，而猶能若稻之化蠶、麥之化蝶，則真世所尠聞矣。吳人某嗜海參，所藏不下數十斤，乃往往不翼而飛；竊疑庖人必有烹子產之魚者，因移置床前而臥守之。一旦，矇朧間見海參一一自甕中躍出，倏變為人；或作御者裝束，或作優伶打扮，忽忽出門。某尾之，歷平康諸里至一處，有金甲神攝以去。噫！充海參之功用，極海參之造詣，不過受一鰺缶將軍或封一脯腊侯已耳。乃不向銅鑄門靜候供奉，而妄冀度鴻溝、窺月窟。質非金石，其能久乎？卒之為金甲神所攝，不知瑤池會上能當一禁臠否？〔么麼〕〔作怪〕

4549　原 515/9　廣利 11/89 右　大 15/99

魚身人首

天下事有類而不類者，即有不類而類者。如人得天地之氣以生，雖人心不同如其面，然五官備、百骸全，固不類而類者。乃不知陰陽之舛、生育之奇，有聞所未聞者。平望友人述及該處某氏婦，珠胎早結，魚夢愆期，孕至十二月始產。產則非人非怪，乃一魚也，而首則人。夫生子不備者有之矣，未聞有產及水族者。天下事固無奇不有哉！〔兒魚〕

4550　原 516/1　廣利 12/89 左　大 15/100

救嬰獲報

因果之說，雖為儒者所不談，而報應往往不爽。江北鹽城人周某，向在蘇垣葑門外黃天蕩捕魚為業。十餘年前，曾在市上行沽，偶見一婦手抱嬰孩，淚珠滿面，迤邐而來，意欲將孩投棄河中。周急止之。婦隨置孩於地而去。周抱歸，視之，女也。苦無乳不能哺。適鄰舟有婦生孩而殤，遂寄養焉。光陰荏苒，女長而美，性亦貞靜。有邗江某富商見而悅之，倩人說合，娶為繼室。女思念父母，現已迎回供養。周亦拋棄故業，樂敘天倫；年逾八旬，精神矍鑠。知其事者，咸謂當時救嬰之報云。〔天牖其衷〕

4551　原 516/2　廣利 12/90　大 15/101

曹交再世

閩省陸路提憲程軍門麾下有武巡捕官一員，籍隸山左，身軀魁梧奇偉，大有文王十尺、湯九尺之概。前日，獨步市上，一時少見多怪之流，群相驚駭；而無知頑童，更成群結隊，前後左右，擁護而行，相與嘖嘖稱異。猶憶昔年徐中丞撫閩時，亦帶有巡捕一員，其高與埒。夜間偕友某君出署，散步街頭。其友矮而且小。行經某姓門首，適有婦人蹲於門前，設供地主，焚化紙錢，茫不為意。甫一擡頭，瞥見一高一矮，彳亍而來，驚為無常鬼出現，一嚇倒地，神魂失散，因之斃命。嗣為中丞所聞，恐滋事端，遣之回籍。至今閩人士猶有指其事以為口實者。《詩》云：「赳赳武夫，公侯干城。」某武弁其果當之而無愧者歟！〔碩大〕〔無朋〕

4552	原 516/3	廣利 12/91	大 15/102

猛虎怕官

客有自粵東來者，述及花縣獅子嶺地甚荒僻，常多虎患。有某員因公，乘肩輿道經此處，見茂林陰翳，山巒雄秀。正在留連賞眺時，已夕陽西墜，暝色四合。忽風聲颯颯，頓爾石走沙飛，突有山君當路而出。輿夫一見驚絕，棄輿疾奔。某坐轎中，嚇得魂飛魄散，欲逃無計；只得拚此一命，聽其前來吞噬。某員頭戴紅帽，身披補服，眼帶墨晶眼鏡，八字紅鬚，儀表甚偉。山君以爪掀其簾，見一紅頭黑眼者，端坐於內，以為怪物；大嘯一聲，狂奔而去。某竟得幸免，豈老虎亦怕官歟？可見今之官，更凶於老虎也。〔擅作威福〕

4553	原 516/4	廣利 12/92	大 15/103

木鐸徇路

木鐸徇路，夏時遒人之職，至周而猶存。其制相沿及今，則郡縣鄉里中各有公正耆老，年至八十以外者，由地方官給以印照，贈以竹杖，使搖木鐸巡行鄉邑；遇有背理不法者，輒撲責之。蓋猶古制也。今則愈趨愈下。每有借此為行乞地步，沿街搖鐸，不值一文，大都係無告老丐充之；而搖鐸之責，遂不足重。不謂返古振今，猶有能名副其實者。蘇城平江路前日有一逆子，形同梟獍，兇毆其父。觀者塞途，莫敢進勸。適來一搖鐸老人，急詢其故，舉杖擊子，諭令服罪。其子不服，舍父還毆；致令老人撲地。老人忍氣吞聲，置不與辨。鄰右憐其年邁，且詢悉杖責毆父事；乃令其子向父取青蚨百翼，為老人和事酒資，扶之使去。噫！省垣之地，風俗日偷；以致不孝之徒橫行無忌。而此老人獨能首先擊之，亦加人一等者矣。〔古道〕〔可風〕

4554	原 516/5	廣利 12/93	大 15/104

電氣捉賊

意大利國有名八樂既者，創造電氣安置宅內，可以捕捉盜賊。其法於宅內安置電氣。夜間有賊潛啟戶扉，扉啟則電氣忽明，賊必猛吃一驚。維時電氣光中已將賊之面目拍成一照。迨後電光漸滅，電鈴響動，直達捕房。巡捕得知，即掩至拘捉。按圖索驥，百無一失，至妙之法也。或曰：「賊有賊智，可先將宅內電線割斷，則以上功效全無所用，然後緩緩竊取。而宅中主人恃有電氣，毫不防備，往往有一任賊之所為。故置電不如豢犬之為愈也。」〔遁身無術〕

4555	原 516/6	廣利 12/94	大 15/105

羽士猖狂

宣講鄉約，本地方紳士之責，而積久遂等諸告朔之餼羊。前湖南巡撫吳清卿中丞惄焉傷之，於解組歸田之後，在麇臺鹿囿間親自登壇，為古吳人士發明義理。故各處菴觀寺院，足跡所至，頌聲翕然。一日，輪應至北街天后宮宣講。因有要務，爰倩某君代之。是日，某君登臺開講《聖諭廣訓》。一時環而聽者如堵牆。某君於口講指畫之餘，偶駁斥釋、道二教之謬。該廟住持羽士胡宗賢聞之，以為入國問禁，不應當面嘲笑，前向理論。某君侃侃而談，理直氣壯。胡無可置喙，遂致因羞成怒，突前將某君拖下，聲勢洶洶，幾致用武。經人竭力勸解而罷。某君憤甚，乃據情投控元和縣署。由李紫璈大令飭差將胡拘押，從寬責釋。噫！若該羽士者，抑何猖狂乃爾？〔道士〕〔無道〕

4556	原 516/7	廣利 12/95	大 15/106

遺臭萬年

杭州西子湖濱岳武穆墓，向由地方官隨時修理。其墓前之柏樹數株，至今枝頭盡向東指，不准遊人攀折。墓道右之白沙泉，亦不准民間私行取汲，均派有墓丁看管，以崇忠義。惟墓門兩旁石囚籠中之鐵鑄秦檜、長舌婦兩奸像，星霜剝蝕，風雨摧殘，世遠年湮，鐵皆朽爛。瞻仰忠墓者至此，雖遺矢唾罵，猶不免視為憾事。刻由紳士稟知當道，在城中眾安橋將軍祠中，購鐵開爐重鑄奸像，擇期舁往墓前，以存古蹟。其石籠上，曾有人代秦奸夫婦作悔過一聯，讀之誠可發一噱也。聯云：「咳！都是你掉舌弄唇，反累俺赤身綑綁，一泡尿當面撒來活臭。呸！若非汝欺君賣國，害得奴屈膝塵埃，兩只乳被人摸得精光。」〔死有〕〔餘辜〕

4557	原 516/8	廣利 12/96	大 15/107

黑虎轉身

我朝嘉慶年間，松文清相國豐功碩望，彪炳寰區；而不知其微時境遇之困，遭際之奇，有異於尋常萬萬者。客言相國童時，在吉林為人飼馬。適蒙古某公簡放吉林將軍，夜過其地。忽見馬草中火起，遣人往撲；至則並無火光，惟一黑虎臥草堆上。將軍親往，遠視猶虎；逼觀之，則一蓬髮童也。呼醒問之，奇其狀貌，攜歸撫為己子，教之讀書習射。阿文成公一見，許為偉器。臨歿，仁廟臨，問：「卿歿後，誰可當大任者？」以公及慶相國保對。屢任封疆，為一代名臣，勳業具載國史。生平喜書「虎」字。廣東撫署二堂往往多怪異，公書一大「虎」字鎮之，怪遂絕。得其「虎」字者，懸之室中，能愈瘧。嘉慶二十五年六月，仁廟幸熱河。七月，公忽披髮席藁，望東晝夜哭。未幾，而大行上賓信至。識者駭公之前知也。〔生而〕〔為英〕

4558	原 516/9	廣利 12/97 右	大 15/108

離婦苦衷

自來勞人思婦，即物寓情，或寄當歸之藥，或贈迴紋之詩，無非動其還家之念耳。乃觀香港某西婦則異是。某西婦踽踽然至某照像店，求照一花容。店夥允之，為之調和藥水，安置像架，囑婦就坐。婦坐定。俟夥將揭鏡，突出六門手槍，向太陽穴欲自轟擊。眾夥大驚，爭前奪取。婦笑曰：「我豈視死如歸者。何必驚惶如是。所以作此狀者，以藁砧自行回國，棄我如遺，久無音耗；故特照此像畀之，示以如再不來，行將覓死之意。冀其睹像心驚，航海速來，並無他意。」夥知之，始如其狀，照像而去。〔君子于役〕

4559	原 517/1	廣貞 1/1 左	大 15/109

失金得寶

人生得失，本自無常；每有得不足喜、失不足憂者，不必塞翁之馬為然也。金陵有故家子，近已中落，蓄有番佛二十尊，以備緩急。詎前日開笥，洋已不翼飛去，疑墜於地板下，掘起覓之。忽見牆角有光，逼視之，有紙一裹。啟之，得珠數十顆，並寶石二，一紅一白。延精於賞鑒者辨之，以珠為常物，不甚足貴；白寶惜重數錢，僅值數百金。其紅者實屬難得，權之，得一兩一錢七分，價重連城。現聞其人將欲來申求售。是豈得失之數，果有前定歟？〔禍福〕〔無常〕

4560	原 517/2	廣貞 1/2	大 15/110

盜賊指異

人心之不同如其面，而手指亦何獨不然。大抵窮通貴賤，人各有相，即人各有指；必謂能驗其人獲罪之輕重，則未之前聞。乃閱《檳城報》錄英國官醫生云：「某閱罪人甚多。審視罪人之手指，與常人有別。如鼠竊之人，指皆纖小；其第一指與第二指當其開時，指頭相隔甚遠，第五指有微彎。劫盜之人指肉粗，指頭禿；指骨轉輪之處則甚細。殺人之人指短而粗，爪根尤長，手腕極雄壯有力。以上三等，皆屢經試驗，幾至千人一律。故某近來驗犯，不必問其所犯為何事，但由其指以斷其人，已覺毫釐無爽。」是雖該醫生悉心體驗，獨能一目了然；而罪犯之指不若人，亦實有歷歷可證者。豈曰神乎其技云爾哉！〔瞭如〕〔掌上〕

4561	原 517/3	廣貞 1/3	大 15/111

癱童入泮

常熟席姓，大族也；科甲蟬聯，簪纓世胄，族中子弟從無白丁之目。惟席少甫之子名大成者，年逾不惑，未領青衿；旋因色慾過度，致成瘋癱。童子軍中久不逐隊爭勝。少甫以單傳一脈，期望頗切；因於瞿大宗師按臨考試時，先將情由面稟，請准隨一僕人肩負進院，俾遂觀光之願。宗師閱稟後，即批該童雖已成廢，尚有志上進，但僕從進院有違功令。著巡綽官扶送，以示體恤云云。該童遂得入院應試，抽秘騁妍，揮毫自得。迨揭曉招覆，居然高列。自此歌泮水之章，挹鬟門之秀。如該童者，殆身雖殘廢，心尚靈明者歟？〔珊網探搜〕

4562	原 517/4	廣貞 1/4	大 15/112

甕中捉賊

廣西省垣有聚興醬園焉，歷年以來，生涯頗不落寞。某夜，有竊賊蜿蜒而入，正在胠篋探囊之際，店夥已從睡夢中驚醒，急起搜捉。賊窘甚，急躲入醬甕中。時眾夥皆起，四面兜拿，杳無蹤跡。有謂明明見其升屋而去者，有謂恐其穴壁而遁者，議論紛紜，莫衷一是。其黠者則謂，賊尚未去，必當窮搜冥索。於是將醬甕蓋逐隻揭起，見賊果蜷伏於內，遍體淋漓，已似醯雞醋鱉。蓋是甕尚存原豉半缸，而此賊誤投其中，遂被提出，縛送有司，懲辦如法。〔束手〕〔就縛〕

4563	原 517/5	廣貞 1/5	大 15/113

轟灘遇怪

灘溜之險，每多不測，說者謂其下必有怪物存焉。數千年來，無法防禦。自西人有轟灘之術，而灘水始不足為患；然亦有不盡驗者。蓋其物之神通廣大，不可以勢力制也。由宜昌而往川道，中有河名青灘者，水極險溜。往來船隻受害頗多。當經好善者設法欲除之。因聞西人轟灘藥之妙，欲藉其力，將河石轟去。詎料轟開一尺後，水勢洊騰滂沛，洶湧異常。忽見一物長約丈許，背上鱗翅高四五尺，閃鑠舞動，其行若飛。西人見之，為之氣沮；驚恐而退，不敢復試。吁！是何物也，能使西人退避三舍，不以鬼斧神工之巧，施於洪濤巨浸之中。是豈灘有可轟不可轟之別耶？抑藥力之猛，不敵物力之大耶？怪乎，怪乎，彼西人其奈之何？〔無法可施〕

4564	原 517/6	廣貞 1/6	大 15/114

孩提告狀

孩提之童，無不知愛其親者，性也。未聞有失其父母，而轉相尋覓，且至訴冤於賢長官之前者。有之，自甬郡某童始。某童兄弟二人，一五齡，一七歲，先在街頭巷口一步一拜，口中喃喃，自陳種種冤苦。聞者憐之。三月朔，值鄞縣劉大令在城隍廟拈香。該童俟禮畢，即攔輿訴苦。大令准詞，飭差將孩抱去，聽候訊辦。有知其事者，謂孩母歸甯外家，良久不返；其父因往尋覓，不見其妻，大啟狐疑，致與泰水口角。忽岳家草屋無故被焚。岳母遂以被婿放火圖劫等詞，控之於縣。孩父遂拘禁班房，而孩母仍無下落。兩兒情急救父，哀痛迫切，無可呼籲，遂有此舉。不知劉大令將若何判斷也？吁！犁牛之子騂且角，其情可憫，其孝亦可嘉矣！〔童子〕〔何知〕

4565	原 517/7	廣貞 1/7	大 15/115

賭棍會盟

美界沈家灣地方共有大小賭檯七只，受其害者，何至數千萬人。該處左近圓通寺巡防局設立有年，風聞皆受陋規，故任各賭徒凶橫至是。刻下局員李蘭史二尹破除情面，非惟不受釐毫私賄，且曾屢次往拿，以致各賭徒咸有戒心。前日，賭檯大小首領八人，聚集賭徒有七百餘人，備辦牲醴，酬酢賭神畢，肆筵設席，暢飲歡呼，多至一百餘桌。為首八人向眾宣言，此後如再有捕房巡局來捉，咸應奮勇拒敵，爭先者賞，退後者罰；倘有不遵約束之人，休怪不情，毆使半死云云。眾賭徒聞言之下，俱各起立，向為首者謂：「悉聽尊命。」於是始盡歡而散。噫！賭棍之橫行不法，一至於此。不知賢有司何以善其後也？〔目無〕〔法紀〕

4566	原 517/8	廣貞 1/8	大 15/116

瞎子串騙

邇來騙術之多，愈出愈奇；不惟眼明手快者優為之，即瞽者亦沾染此習。京師崇文門外，近日有一瞽者，持哈喇呢馬褂出售，索值二千文。某乙喜其價廉，擬購之。瞽者謂：「我目一無所見。必須捉住衣襟，始敢以貨相交。」乙允之。突有某丙走告乙曰：「曉市之物，不可不仔細審視。去歲我亦曾受若輩欺，今當為君一辨真偽。」即在乙手中取過細視，反覆再四，忽擠入人叢遁去。乙欲追之，奈衣襟被瞽者牽住，定欲付值，始可放行。乙無如何，向眾分訴。眾皆勸乙出錢一千五百文，以了此事。〔不盲于心〕

4567 原 517/9 廣貞 1/9 右 大 15/117

公是公非

蘇垣候補班中有兩觀察焉。一則氣象巖巖，自居前輩；一則家聲赫赫，自命時髦。前日，有某同寅肅柬招客，設席宴讌，而首座者即為兩觀察。原係同鄉，兼有戚誼，於是開懷暢飲，言無不談。酒行數巡，俱有醉意。偶述及康長素主事新擬條陳一節。前輩觀察掀髯長歎謂：「如此好摺，惜乎堂官不肯代呈，未能見之施行。」時髦觀察驟聞此言，怒形於色，大聲曰：「此等條陳，言之匪艱，行之維艱。堂官不遞，大有見識。」彼此紛爭，各執一見；繼竟攘臂而起，扭作一團。幸主人及客竭力勸開。滿座之人皆不歡而散。說者謂：「兩觀察之爭，雖跡近粗魯，然在公而不在私，豈徒為是悻悻云爾哉！」〔一朝之忿〕

4568 原 518/1 廣貞 2/9 左 大 15/118

酒龍

皖人劉大士善畫嗜飲，每攜瓶酒往山林幽靜處坐飲。一日，至山半松下，石平如砥，草軟如茵；四顧峰巒，蒼翠可愛。忽杯中一蟲如線，蠕蠕然類魚游泳。驚顧間，酒傾杯翻。蟲一躍，已失所在。俄而霹靂一聲，黑雲繚繞，一金龍騰空飛去。〔破壁飛去〕

4569 原 518/2 廣貞 2/10 大 15/119

輪車賽會

倫敦某工藝會奇技淫巧，冠絕一時。前日，嘗懸賞格，招人互作自行遊車，以賽巧思；謂如有人能造成最妙者，賞銀一千一百磅。於是智能之士，各運匠心，爭出妙法。計賽會者已有七十二人。其最妙者，一為三輪車，一為四輪車，皆不用馬牽，能自行於康莊大道之上。以二人乘之；但以指啟閉其機關，即能行動。每一點鐘，最快能行十二英里。或往或來，無不如意。其力乃燒煤油，或先燒火酒。每次添入煤油，能行二十英里。每車連機器共重約一千四百磅。當賽行時，聯翩裙屐，約伴往觀，車水馬龍，異常繁盛。想奪得錦標者，當別有一番興致也。刻下三輪車業已運至滬上，此後日增月盛，必有可觀。可見西人之集思廣益，故能心裁日出，巧不可階也。〔爭奇〕〔鬥巧〕

4570 原 518/3 廣貞 2/11 大 15/120

酷吏慘戮（上）

明末常州守宗灝，籍隸湖州，初為筆客。遊蘇、常間，宏光立，夤緣馬士英以貲得官。適宛平管太史大紳起用為禮部侍郎，鄙其為人，言於吏部，褫其職。宗銜之入骨髓。乃以千金購麗人，聞大軍東下渡江，獻之豫王。迨江南平，宗遂守常，屠管全家，坑儒士千餘人。縉紳皆重足立。先是，白公貽清，天啟朝官倉侍，為璫所惡；罷歸，居東鄉白家橋，杜門不出。一日，聞門外喧鬨，問之。閽者曰：「游丐求食未饜，肆詈傭工，悉為所仆，無能敵者。」白出視，丐虎頭燕頷，顧盼非常。叩其生平，云尚姓，名可喜，關東人；與閩撫有舊，千里相投，不意作古。資用歉乏，故沿途乞食；奈飲啖可兼數十人，數月未得一飽，非得已也。白即為具豚蹄、斗米，更贐以金。時遼左用兵，囑其乘時立功，為樹立計。尚叩謝去。……〔小人〕〔得志〕

4571 原 518/4 廣貞 2/12 大 15/121

酷吏慘戮（下）

……及薙髮令下，宗暴益熾。白乃以磚壘門，期紓家禍。一日，傳某王統大軍至橋下，執居民問白所在，發磚徑入。白疑為宗邏卒，積薪欲自焚。王至，出謁。王令家將按上坐，再拜曰：「昔年賤丐，自分流落。得荷拯援，始有今日。願以所有奉報，且勸出山。」白始憶為尚，辭曰：「亡國衰朽，不堪世用，願老林泉。」尚以巨金為壽。亦力辭。因請所欲，白具述宗守威虐，士民喘息，能易他守，則獲報多矣。王憤曰：「賊奴乃爾！」立出令箭，命偏裨往。一飯頃，宗已戮西門外，剝皮揎草，懸尸通衢，闔郡稱快。後白獨得不薙髮終身，尚王力也。〔罪惡貫盈〕

4572 原 518/5 廣貞 2/13 大 15/122

狐戲狂生

滄州王氏家多狐仙，平昔供奉甚謹。一日，有客寄宿其廳，主人諄戒備至，客笑而不信，詞頗狎謔。主人搖手止之，恐有他變，潛使館僮來伴寢。客以膽氣自矜，力辭去。及主人歸，客甫就枕，便聞堂中作響。忽寢門自開，有健男四人突入曰：「毀謗吾輩，聊懲創之。」相與登床，各執客一體，曳至庭中，向空力擲，高過屋脊，飄然若駕雲霧。將及地，四人以臂承之，得不墜。如是三四作，雖未跌損，然心膽驚落矣！忽階上立一叟，白鬚垂胸，曰：「且勿，且勿，夠彼消受矣。」置客地上，相與鼓掌而散。客嘔吐昏暈，殆不知人。曉為僕人救蘇，備言其故，人始知其咎由自取云。〔自貽〕〔伊戚〕

4573 原 518/6 廣貞 2/14 大 15/123

翠竹生花

粵東要、明兩縣地方，於去年六七月間，到處竹林開花。詢之耄耋中人，皆言米貴之徵。聞者皆虞枵腹，莫不雙鎖愁眉。嗣後，省會及各處村墟米價果然陡漲。大憲饑溺為懷，立即發輪，往外埠運米，又發倉穀數十萬石，交米店代糶平沽。是竹花開放，信為米貴之符。茲聞南邑西樵及官窯等處方横數十里，凡有竹處，不論何種，無不著花成穗，作串下垂；其色白而近淡，其氣清而微香。無怪鳳凰之食其實也。猶憶梁君斗南點狀之年，其附近鄉村竹盡放花，夜有光氣閃閃騰空。今西樵、官窯及南海、三水文人蔚起之地，或者平安之竹，先兆及第之花，與梁君時事，後先輝映，亦未可知。誠吉兆也，不其懿歟！〔藝林佳話〕

4574 原 518/7 廣貞 2/15 大 15/124

美人計

揚州人某甲，僑寓鎮江小碼頭，平時專以騙詐取人財物。人之墮其術中者，不知凡幾。前日，甲因炊煙將斷，無計謀生，探得新河船戶某乙囊中頗裕，遂生一計。使床頭人及膝下一女，雇乙之船，佯稱欲往江北和尚洲探親。乙信之，煙波十里，欸乃數聲。甫過蒜山，甲忽如飛追至，大喝：「前船快停！」乙正錯愕間，甲已向岸上人聲言：「此船拐伊眷屬私逃。今幸追及，乞眾共助一臂之力。」眾不知是計，將乙綑住。乙雖極力剖辨，人終惑於先入之言，疑信參半。迨問諸船中母女，則皆含淚無言，頗似私約奔逃光景。而甲則聲勢洶洶，隨喚地保，欲送琴堂。乙一時孤掌難鳴，不得已，憑地保罰洋十餘枚，事遂了。甲乃笑逐顏開，遂攜妻女揚長而去。是亦可謂窮極計生矣！〔以色誘人〕

4575	原 518/8	廣貞 2/16	大 15/125

夜叉報怨

常熟人趙某妻龐氏，通詩書，習武技，趙寵任之。性奇悍，反目輒便痛楚，畏之如虎。有僚友聞而憤甚，思以口舌折服之，趙苦勸不聽。乃結伴至其家。趙入。龐問何事。趙不敢隱，以實對。速客甫入其庭，龐自室出，雄健勝於偉男，指客曰：「有屁快放。」眾皆愕然。一豪客曰：「因何日撻尊夫？」曰：「結交懦漢，理合重懲。」客曰：「吾何嘗懦？」龐遽持白梃逐之。眾各鳥獸散。一馬姓年邁，行稍遲，為婦所擒，裂袴痛撞其後庭，叫苦乞免。婦釋之，大笑曰：「老馬反為駒，不顧其後矣。」自此，無敢作說客者。又數年，暴虐益甚，一日謂其夫曰：「汝前生虐我，我今生報之。怨已解矣。」登床坦臥。家人視婦頂上如煙，繞床三匝，至門化為青面夜叉，騰空飛去。試捫婦體，已冷如冰而目瞑矣。〔季常〕〔再世〕

4576	原 518/9	廣貞 2/17 右	大 15/126

羽人國

有客乘海舶，遭風飄至一處沙灘，寥闊數里。外有山島，一樹高數丈，槎枒枯立。有人結巢而居，如猱而小，黑黝無衣，背生雙翼，在地上或拾蛤蜃，或抱木枝，紛紛不計其數。語音如鴞不可辨。見人至，群相驚飛上樹。後遇順風船歸，詢諸西人，曰：是羽人國也。〔將翺將翔〕

4577	原 519/1	廣貞 3/17 左	大 15/127

金雞被獲

長隨某甲，自言昔年寓保定某客店，困苦異常。主人每欲逐之，婉言相求，使居後院空室。月明如晝，愁思未眠，忽聞窗外蹴踐聲。視之，一五彩金雞，雄健無比；以為店中所畜也，不之怪。既而每夕必出，及曉隱去。心異之。遂待其來，拔刀逐之，至牆下而沒。掘之，得黃金一錠，重五十兩，藏諸橐，負裝而歸。覺左手微痛，乃逐雞刀所誤傷者。至家創大發，延醫調治，金盡始愈。財其可強求乎？〔財星〕〔照命〕

4578	原 519/2	廣貞 3/18	大 15/128

石神有靈

昌黎有句云：「偶然題作石居士，便有無窮求富人。」可見神之所鍾，雖蠢如木石，亦能降靈顯應，錫福於人，固不僅左氏所謂「石言於晉」、「神降於莘」，方足為異也。蘇城婁門新橋巷安節局東首有石佛一尊，高不盈尺，不知何許神，亦不知建於何代，向來無人敬祀。詎日前，忽有一翎頂輝煌者乘輿而至，焚香燃燭，叩首連連，意頗誠謹。一時觀者如堵，異而詢之。據云：「余以佐職，需次吳垣，歷有年所。客冬因訪友，途經此處，偶許一願，謂如能得缺，當來叩謝。今果奉委署理某篆。神之所佑，實深銘感；故特虔誠了願，以答神庥也。」附近有賣水果之孫某，適患外症，聞其語，亦往求禱，果然一宿而病若失。由是群以為神，於是哄動多人，爭往祈福，而香火遂異常繁盛。〔富而可求〕

4579	原 519/3	廣貞 3/19	大 15/129

御碑焚燬

金陵清涼山北峰之巔有翠微亭焉，南唐避暑宮遺址也。純廟南巡時，兩江總督尹文端公奉命修復。亭成，中立一碑，四週雕刻龍紋。碑面刊五言律詩一首云：「石城埋香界，此路舊曾經。俊業真稱白，好山不改青。每尋辛未句，因上翠微亭。觸景成新會，清機悅性靈。」乃純廟二次南巡時御製也。兵燹後，碑亭雖甚荒僻，而勝跡猶存。前年有督標護軍營朱管帶公遠，奉檄駐營山坡，竟以斯亭為馬廄，堆積草料柴薪，圍以蘆蓆，令圉人守之。詎於三月廿八夜，不知如何，忽然失慎，全亭被燬，御碑亦為祝融氏所摧。事後朱管帶惶急無措，自願以三千金賠修贖罪。龜玉毀櫝，不知上憲能曲為原宥否？〔厥咎〕〔匪輕〕

4580	原 519/4	廣貞 3/20	大 15/130

天道好還

常州差役某甲，性方鯁。有犯婦將收禁，眾役欲逼淫之。甲知之，力阻；親視眾役送婦入禁而後返。甫至家門，見鄰叟領一女子狼狽而至，近視，則甲之女也。叟云：「適老夫往視秫田，遇兩惡少逼是兒，將施無禮。予奮老拳，兩兒驚遁。幸無玷也。」甲拜謝，而叟已渺，始恍然悟其為鬼也。蓋叟沒已久，甲倉猝而忘之。詢其女，果如叟言。噫！己不使人淫人之婦，鬼神即不使人淫己之女。彼蒼之意可知矣！〔陰騭甚大〕

4581	原 519/5	廣貞 3/21	大 15/131

雷驚怨女

浦左高橋鎮騰湯巷鄉人朱春春之女小妹，年華二九，丰致尚佳，向在楊樹浦華盛紗廠充當女工。自幼憑媒王裕森，許與張永堂為室，近已迎娶過門。詎張年纔舞勺，人道未諳；而女則情竇早開，以致自怨自艾，有巧妻錯配拙夫之憾。上月杪，竟心起不良，將白米一碗棄淨桶中，禱告天地，願將為媒之人，立予天誅，以為巧言撮合、誤人終身者儆。迨至下午，果見黑雲密佈，雷電交加；旋忽有金甲神將女提出，跪在空地。女至此，驚惶失措，自訴情由。當經旁人將淨桶拋入河中，始雲開雨霽。誰謂天道真夢夢哉？〔暴殄天物〕

4582	原 519/6	廣貞 3/22	大 15/132

假鬼勾魂

山左某縣署後有隘巷，寬僅容身，中多怪異，日暮即斷人行。有任住者，謂縣隸某曰：「君素豪強，敢夜入此巷，我願備東道。」隸諾之。住邀數人，俟於巷外。隸思嚇眾，乃披髮塗面，著白袍以往。至巷內，見對面來一人，狀與己同，隸疑任住所為，不之恐。及近，其人遞一物與隸，隸接而納諸懷，相與側身而過，卒無一語。至巷口，眾見隸大驚。隸曰：「膽壯者，固如是乎？」眾聞聲，始知其偽，遂相戲笑而歸。酒筵已設，隸詢眾曰：「適裝鬼而與我遇者，誰耶？」眾言其無，隸亦愕然；出懷中物視之，乃城隍勾牒一紙，差隸勾致任住者也。眾失色，而任住已倒地斃矣，隸亦無恙。〔因人成事〕

4583	原 519/7	廣貞 3/23	大 15/133

失餉奇聞

東省練軍馬隊駐紮泰安、萊蕪、費縣等處，以防盜賊劫掠。該管帶官李總戎福雲於前月初二日，特派差弁王凱臣等三人，到省領餉銀五百餘兩。各弁分包攜帶，於初五日出省，行抵長清縣境崮山莊，同伴皆引馬飲水；獨王某之騎堅不肯飲，超佚而去。未至二里許，陡然黑風刮面，聲如虎吼，王眩暈墜馬。俄頃，風過天清，同伴亦至，見王昏然倒地，急喚之醒。尋覓坐騎，已離該處百餘步外，所馱銀二百餘兩，已杳無蹤影矣。不得已，回稟營官。幸王某素性誠篤，久為上游所重，亦不與為難；一面移文所屬州縣，飭差查緝。王某失銀後，自慚無從剖辯，初十夜投入河中，竟與屈大夫遊。慘哉！〔形同〕〔遇祟〕

4584	原 519/8	廣貞 3/24	大 15/134

持籌誘姦

漢鎮從仁堂粥廠，前日有小工甲、乙、丙等三人，乘間竊得本堂粥籌數十根。逕往老官廟河邊荒民蓬戶叢中，見婦女中之稍有姿色者，即將粥籌獻之，欲賦野田草露之句。以為斯飢季女見此果腹之物，無不如願相償矣。孰意小家碧玉俱知廉恥，堅拒之下，大聲疾呼。鄰人聞之，以為何物黃鼠狼乃想吃天鵝肉耶？號召一聲，紛然麕集，將甲、乙、丙三人圍在垓心，拳足交加。迨旁觀竭力排解，甲等始抱頭鼠竄而去。噫！以行善之資，為若輩誘姦之具。幸而婦女貞節自守，不為所污。否則，善堂中有此大不善之人，作此大不善之事，不知堂董將何以辭其咎也？〔幸災〕〔樂禍〕

4585	原 519/9	廣貞 3/25 右	大 15/135

鬼能驅賊

天津某氏婦新寡，停夫柩於窗外。夜有偷兒隔窗探物。婦覺，衣已失去，賊猶未行。窘急無策，乃拔關出，大號。賊一驚而蹶，鄰人咸至，見賊已死，欲鳴於官。須臾，賊甦，哀求始免。或詰之曰：「汝何畏一婦？」賊曰：「吾方伏棺探物，忽有冷手如冰，力握予臂，驚而欲遁；則見簷下立一大鬼，鋸牙電目，口張血盆，聲如霹靂，攘臂欲撲。予遂暈絕。」聞者始知為鬼能驅賊云。〔呵護有靈〕

4586	原 520/1	廣貞 4/25 左	大 15/136

黃人作祟

湖北人某甲，日暮途窮，投宿逆旅。獨坐空屋，瞥見磚隙中出一物，長寸許，狀如人，其色黃；轉瞬即高與人等，突前相撲。甲素膽怯，昏暈久之。懼遷他室，復見如前。不堪其擾，心頗患之。或教以削桃木劍擊之，可除此患。甲從之。次日物出，乘其不意，拔劍擊之，嘎然而倒，化為黃鼠狼。殺之，怪遂絕。〔幺麼〕〔小醜〕

4587	原 520/2	廣貞 4/26	大 15/137

海中有樹

海市蜃樓，離奇莫測，本人世間偶見之事，而其實則在虛無縹緲間也。不謂海中既有樓臺亭閣之幻形，亦有蓊鬱蔥蘢之古樹，不徵諸虛而徵諸實，不出於聞而出於見者。三月間，有火船名漳州者，由星加坡駛抵香港。報稱途次北緯線第十度二十五分有半，東緯線二百一十度三十八分有半時，行過海中，見有大樹一株，參天蔽日，高約百尺，圍大十一尺。想千章古木，其蟠生海底已不知數千百年？因是處為各船來往星港要道，故特報知，俾知迴避云云。大哉觀乎！不知聞所聞而來者，亦能見所見而去否？〔根深柢固〕

4588	原 520/3	廣貞 4/27	大 15/138

蝴蜨迷人

蝴蝶為探花使者，性耽春色，隨處偷香，正不徒夢入莊周，有栩栩欲仙之概也。靜海草米店村古墳中有蝴蝶焉，歷年既久，變幻無常。每自穴出，迥異常蝶，漸飛漸大，直上雲端，飄飄然如紙鳶淩空。遇有踏青游女，或飛穿裙底，或翔舞髻端。人或以扇撲之，終不可獲。村中有朱氏別業一所，廊房華麗。蝶入其廳，一展翼，則牆為之滿，翅上花草雲霞，五色燦爛，雖畫工不能描寫。常隔窗以喙吸人口鼻，往往血流不止而死。村人患之，伏軍器於穴外，待其出，弩箭齊發，而蝶已飛遠，杳無蹤影。後忽來一道士，神采飄逸，自稱胡姓，謂村人曰：「予託庇多年，今將別矣！」翛然而去。自此蜨遂不見，村人始額手相慶。〔栩栩欲仙〕

4589	原 520/4	廣貞 4/28	大 15/139

大龜

太倉瀏河口有沈姓者，以鬻貨為業。於海中網一大龜，長一丈二尺，載至梁姓行，數十人曳之上岸。沈臆念此龜必有明珠，索價二千兩。久之，無有售者。越二十三日，不飲不食，觀者填門。梁厭其喧擾，詭言有司查訊，幸即持去，無累我也。沈懼，仍曳上船，放入於海。始舍之，圉圉焉不動。船乃還。約離三里許，見龜頭一伸，放白光三丈餘，悠然而去；觸浪排空，左旋右轉，海水為之沸騰。乃知前此之任人捕之、曳之、視之、載之、放之，而巍然不動者，恐傷人耳。真靈物也。〔蔡〕

4590	原 520/5	廣貞 4/29	大 15/140

城坍斃馬

揚州營所畜之馬，每當春令，游行郊外，任其所之，謂之「放青」。雖有養馬之廄，芻豆不設；故圉人經理其事，亦皆漫不經心。日前，有一健馬在小東門城頭嚙草。不料城根磚塊已為偷兒挖掘殆盡，致上半截吃重不起，登時倒卸，馬亦因之跌斃。管馬之兵，趕緊僱人舁往郊外埋瘞；並以病斃稟報，嗣即補買足額。說者謂：禁挖城磚，前經城守營出示曉諭，並曾嚴辦，不啻三令五申。

乃若輩仍復視若弁髦，致大小東門一帶舊址，多所傾頹，殊可慨也。〔殃及池魚〕

4591	原 520/6	廣貞 4/30	大 15/141

驚鴛打鴨

邇來和障和樣之流，大都不守清規，好犯淫戒；欲求一塵不染、五蘊皆空者，久已不可多得。然未聞有僧犯奸淫而嫁禍于羽士者。蘇垣某寺僧了因，喜參歡喜禪，往往現身說法。前日，在某處誦經念佛，步月而歸；密約所歡至城南僻靜處，會啟無遮，普施法雨。不料正在談因證果之際，為近處惡少偵知；躡跡而至，一聲吆喝，蜂擁而前。僧大驚，遽起兔脫，惟見一半老徐娘，雲鬢蓬鬆，遮遮掩掩。諸惡少勾藤牽蔓，窮搜極索，必欲得僧而甘心。時適有火居道士自城外歸，聞聲趨視。惡少見其闊袖寬衣，誤認為僧，上前扭住，拳足交加，直至眉青目腫，始得釋去。道士一腔冤憤無可發洩，奔至某寺，覓僧評理；奈不見蹤跡，悵悵而歸。吁！淫僧嫁禍，羽士蒙羞。打鴨驚鴛，天下事固有如此者。〔自投〕〔羅網〕

4592	原 520/7	廣貞 4/31	大 15/142

羅漢擒賊

東光縣屬鐵佛廟中，兩旁有羅漢十八尊，係用黃銅鑄成，燦爛如金，光耀奪目。強梁之輩見而垂涎，乘夜竊取一尊，載以小車，茫茫然歸。詎倉猝間，神志忽迷，不辨道路。極力推挽，東衝西撞，竟不得其門而出。奔波終夜，至天明則仍在廟中。為僧所見，執送有司。據賊供：「自羅漢登車之後，吾等方欲出門，突見一丈八金身者，大喝曰：『此處去不得。汝等欲得歸路，盍隨吾行。』信而從之。不料馳驅良久，路徑全非。時欲舍佛奔逃，無奈此身惝恍，如歷千山萬水，困倦異常。旋來一和尚，疑為真羅漢下凡，魂魄飛喪，遂為所執。」官命笞責釋之。遠近聞其事，一時香煙為之頓盛。〔無所逃罪〕

4593	原 520/8	廣貞 4/32	大 15/143

阿香除妖

大凡物不得天地之精氣，則不能成妖；而妖無禍人之心，則不至於遭雷擊。物無論大小，其所以上干天怒，不能逃此一劫者，推原其故，莫不皆然，而蝎虎其小焉者也。據客言：「天津田家莊關帝廟中有古槐一株，黛色霜皮，干霄蔽野，數百年物也。一日，天忽陰雨，繼以雷聲隆隆，電光閃閃；則見樹巔立一童，年纔五六歲，身無寸縷，手執紅旗。旗一麾，雷電輒退，相持數刻，始無蹤跡，天亦開霽。好事者近前窺視，惟見廟牆上有一大蝎虎，長七尺餘，業已僵斃。意雷所誅者，即其妖也。」〔邪不〕〔勝正〕

4594	原 520/9	廣貞 4/33 右	大 15/144

器作箴誡

有人至蘇州府城隍廟住持袁某處，見案頭有紫檀木小棺材一具，長三寸許，有一蓋可闔可開，笑曰：「君製此物何用耶？」袁曰：「人生必有死，死則便入此中。吾怪世之人，但知富貴功名，利慾嗜好，忙碌一生，而不知有死者，比比是也。故吾每有不如意事，輒取視之，可使一心頓釋，萬事皆空。即以當嚴師之訓誡、座右之箴銘可耳。」若袁者，其殆有道之士歟！〔達哉〕

4595	原 521/1	廣貞 5/33 左	大 15/145

天官示兆

某太守自言昔年讀書別業，聞空室中人語噥噥。穴窗視之，見堂中坐一人，金冠蟒袍，手持金如意鉤，若世傳之天官像。細覘袍下，雙跣其足。傍侍一女子，宮妝長袖，衣服燦然，眉目如畫。凝睇良久，拭目再視，則不見矣。迨後位至黃堂，退歸時，妻子俱亡，晚年惟一女。始悟當時所見，實為之讖云。〔靜觀自得〕

4596	原 521/2	廣貞 5/34	大 15/146

大魚吐珠

湘中紳宦蔣吏部，解組後好行善事，家有田千餘畝，施貧賑乏無倦容。某年歲歉，公議減成收租。其子甫十齡，謂公曰：「窮佃無告，吾家何惜此斗斛之需，盍盡免之。」公韙其言，從之。佃甚感德，相率至蔣門叩謝。中有佃網得一魚，重十餘觔，以獻蔣。受之，給錢二千文。忽見魚口中吐出一珠，蔣謂佃曰：「此汝物也，汝其持歸。」佃喜甚，歸舟至鄱陽湖。珠漸大，從掌中躍入河，忽起祥光，湧出一塔；塔頂現樓臺，閃爍絢爛，五色氤氳，頃刻而滅。或謂：「此珠乃天所以富善人。佃今貪而取之，宜卒變幻以去也。」〔善人〕〔是富〕

4597	原 521/3	廣貞 5/35	大 15/147

節婦生鬚

女子生鬚，見段成式〈諾皋記〉，謂是寓言八九耳。津沽有楊氏女適高氏子，琴耽瑟好，相得甚歡。年餘，遽喪所天，女柏舟自矢。母與姑皆以家貧年少，勸令改嫁。女不肯。有武弁聞其美，以百金餌其姑。女知其謀，閉戶自經。奔救不果。弁索女急，謂若不得阿嬌藏諸金屋，速即還我原金。姑無計，使媒緩頰。弁云：「得博一夕歡，即不索償。」意謂先污其身，然後可奪其志。姑乃引弁入室，女思自盡，奈眾守察維嚴，不得已，自摑其頰。忽覺兩腮熱如火灼，須臾，鬖鬖然已生長鬚，宛然一傖叟矣。弁至，一笑置之，取原金以歸。人謂節婦生鬚，殆天鑒苦衷，俾守其志歟？然而事亦奇矣。〔女中丈夫〕

4598	原 521/4	廣貞 5/36	大 15/148

村牛搏虎

陝西漢中府西鄉縣，去年出一猛虎，傷人無算。獵戶與官兵莫能制之。有善搏虎某者，年老不能下車矣；眾獵戶、官兵稟縣固請，其人始出。遂入山，手握鐵鞭，拾級而上；卒遇此虎，竟為所殺。時村家養牛數十頭正在山上，見此虎至，群牛皆退縮。惟一牛獨前，與虎熟視者久之；忽奮力一角，正穿虎喉，虎立斃。報之縣官，遂將此虎賞畜牛之家，并以銀五十兩獎之。一縣稱快。越數月，畜牛之家偶將虎皮出曬於石磨上。牛臥其旁，醒而見之，以為真虎也，又奮力一角，力盡而死。〔以弱〕〔敵強〕

4599	原 521/5	廣貞 5/37	大 15/149

歡喜冤家

黔人文某生二子，長喜兒，次歡兒。喜於八九歲時，入山獵取禽獸，輒生啖之。一日，喜偕歡戲於深林，謂之曰：「百獸百禽，味已各別。聞人肉美，未知何味。子之心肝，細嫩肥脆。今我饑餒，可能為我一果腹乎？」手撲歡兒，以尖刀欲挖其心。時有耕夫至，為解其厄。歡得免，歸家以告。父母將喜鞭而禁之，不得出。數月後，禁稍弛，喜乘間逸，攫歡至竹深處，剖取心肝，吸血而食。其母訝歡兒久不見，適喜自外至，微聞身有腥氣，驚視唇上，尚有血痕。嚴詰得其情。其父尋至歡兒屍所，哭而瘞之。復以棒將喜兒擊斃，抛入深坑，以償其弟之冤。一夕，其父夢神示之曰：「爾二子乃冤仇也。前生喜本獵狗，歡乃狡兔。兔見狗追之急，遂詐死。狗擖足以待主之至。誰知主至而兔已逸。主人怒，擊之，誤斃其狗。狗恨兔心毒，控之冥府，使之同生一家以報仇。」此真所謂歡喜冤家也。〔狗兔〕〔尋仇〕

4600	原 521/6	廣貞 5/38	大 15/150

雷埋逆婦

新建人洪某，御人也，事母甚孝。母老且盲。洪每傭得錢，必市酒肉歸，使婦作食。婦顧氏，性忤逆，尤好饞；每乘夫不在，輒先自啖，以少許食姑。姑無如何也。後婦產一男，已數月矣，而饞愈甚。適洪市切麵歸，令婦熟以進母。婦盡食之，不以與姑。姑索食。婦欺其盲，烹蚯蚓進之。姑食而嘔吐。時天方晴霽，忽烈風暴雨，雷震一聲，失婦所在。雨霽，洪御車歸，過石山，見一裸婦；即之，乃其妻也。腰以下葬於石中，周身皆石，宛如鎔鑄，力拔不得出。問其故，喑啞不能言，亦不死。石旁雷書二十四字，深入石中，其文云：「埋半身以存孤，豁雙乳以哺子。日一食以延生，期三年而擊死。」洪日抱兒就乳；并挈飲食餉之，日止一餐，遵雷教也。觀者如堵。三年雷復擊，婦死，暴屍于外。遍體焦爛，蚯蚓嘬之。而石縫仍合如故。〔不絕〕〔如縷〕

4601	原 521/7	廣貞 5/39	大 15/151

珠光示異

上海、崇明之間有巨蚌焉，長約四五丈許。相傳中銜一珠如小兒拳，非常寶貴，人莫能取。前年，寶山縣民見此蚌將珠吐納，白光亙天。俄有五龍盤旋其上，霎時間風雨晦冥。一白龍奮爪攫珠，為蚌所銜嚙，良久始脫。忽沉入海，餘四龍悉散。須臾天霽，蚌仍浮海面，珠光照耀如雪。聞海上人言，每當珠光一現，數日內必有風雨。其光紫赤，上燭霄漢，忽開忽闔，難以言狀。或謂：「珠光現，兩三年內其地必有漲沙，屢試屢驗。」予按前崇明令陳雲伯明府嘗親見之，作〈神珠引〉以紀其事。〔州懷川媚〕

4602	原 521/8	廣貞 5/40	大 15/152

妖物可怖

永平朱某以公務獨乘一騎，腰弓矢，夜行至一狹路中。忽聞哭聲甚哀，翹首四望，見直西數十步外，有一白衣婦人坐林下，彷彿甚巨，疑其妖也。遂駐馬，張弓抽矢，向空施一骲頭響箭，聲如唳鶴，直出林表。其哭頓止。又施之，婦人忽起立，高與林齊，奮步來追。朱大驚，策馬而奔，入一古廟，棄馬閉門，穴隙窺之。俄見婦至，披髮白面，怒色怖人，往來尋索。既而見馬，知人在廟中，探身攫撲，階石皆碎。朱驚仆昏絕，憊極而睡。次辰方醒，大聲呼救。時路上行人漸夥，集問所苦。朱以夜間所遇告，聞者靡不咋舌，共出視馬，但見皮骨狼藉滿地，鞍韉亦成齏粉。眾大懼，自此相戒不敢夜行。至朱所遇，或以為魑魅，或以喪門之神，究不知為何物也。〔驚心動魄〕

4603	原 521/9	廣貞 5/41 右	大 15/153

海獸何來

海鹽八團地方，前日大雨雹。海潮退後，有一獸涸轍沙灘，長八尺餘，色純黑，毛如海虎，尾尺許無毛，四足如魚刺，頭如駱駝，眼口若塗硃。以梃擊之，不動；以刀示之，則垂淚。土人觀者數百人，咸以為不可殺。擡至海口，遂躍入海中。不知何物也。誌之，以俟博物者。〔形同〕〔涸轍〕

4604	原 522/1	廣貞 6/41 左	大 15/154

虎睛放光

泰西某格致家曾在高山獵得猛虎一頭，殺之，以其肉飼同輩。惟虎之左目，每夜放光，一室通明。因用藥水浸透，藏於玻璃盒中。有人欲觀，必先索資若干。其色亦不一定，大抵隨人吉凶而為之；有見紅黃色者為吉，見灰黑色者為凶。有某生亦上海名士，性極孤高，睥睨一世。一日，因見虎睛黑白色，恐有不利，遂祝髮空門，改名曰「空潭」云。〔談之〕〔色變〕

4605	原 522/2	廣貞 6/42	大 15/155

錫杖禦盜

邇來和障和㨾之流，遁跡空門，行同盜賊者，比比皆是。叩以佛家三昧，大都茫然不知，更安有所謂法術也哉？聞先輩嘗言，昔年諦輝和尚駐錫靈隱寺時，一夕忽呼侍者曰：「取吾錫杖，橫山門間。今夜有凶人來，當慎之。」三更後，果有大盜數十人，各持器械，號呼而來。僧眾皆驚，但見錫杖空中自舞，盜皆退避。少頃又來，復如之。凡三次而天明矣。自後寺中儲粟富有，而盜終不敢犯。嗚呼！諦輝遠矣！〔廣大〕〔神通〕

4606	原 522/3	廣貞 6/43	大 15/156

虎不犯貴

某貴人微時，有鄰人獵南山柙二虎而歸，一牝一牡。飼之既久，虎甚馴，開柙出之，昂頭扇尾若貓犬然。有私議者曰：「虎性至暴，奈何狎之？宜早為之。」所意勸鄰人殺之也。牝虎遂人立而言曰：「將以我為噬公者耶？則何為遲遲而與貓犬輩伍也？」時觀者如堵，貴人亦在。雖異之，而各不畏懼。於是虎如人行，歷抱數人起而復置之，若欲試其體之重輕者。諸人皆辟易而奔。復將抱貴人，貴人乃直其體，正其首，定神默慮，瞋目而視。虎以爪微觸貴人手，貴人不動，又微觸其喉，復不動。虎相視良久，遂咆哮而奔，牡虎隨之。鄰人追之莫及。其為虎所抱之

數人，旬日內皆死。貴人後官至尚書。〔無傷盛德〕

4607　原 522/4　廣貞 6/44　大 15/157

得子奇緣

陝西獲鹿縣村民某甲，生一子，年甫十二三，與鄰童相嬉，誤將鄰童推入井中；懼而逃，不敢復返。甲大索不獲，以為無嗣矣，思置篴室，或免戚抱鄧攸。久之，因事至亳州，物色風塵，絕無當意。後得一女子，年華二八，眉目娟好，遂以重金購之。及夜，設枕布衾，將謀好合。女不肯曰：「奴生不辰，鬻身為人妾。雖不足齒，然亦當歸家蠲吉，方不至草草終身。如欲旅店苟合，雖死不敢奉命。」某異其言，因細詢邦族。女曰：「父本獲鹿某村某，十二三歲時，以戲毆鄰童落井，懼而逃出。今二十餘年矣！」屈指計之，適與其子合；遂同床各臥，反側不能寐。質明，亟覓其父至，則已兩不相識。詰其巔末，果與女合。甲仰天癡立，良久曰：「若然，則固我子也；然吾子身上某處有一黑痣，豈其然歟？」解衣，驗之信。不覺喜極而悲，相持大慟，女亦跪牽祖父衣，嚶嚶啜泣。逆旅觀者咸為之惻然。甲乃命子攜妻挈女以歸，一室團圓，共慶天佑。時鄰人子亦已長，聞其事，來相慶賀。蓋當時投入眢井，遇救得生，固未死也。〔天作之合〕

4608　原 522/5　廣貞 6/45　大 15/158

紅線遺風

歙吳豐南，奇傑士也；富而任俠，工擊刺，尤深劍術。客游楚南。一日，有翁偕少女造門，女年可十四五，儀態萬方，溫柔中懍若霜雪。具述來意，求較劍術。吳欣然，期會於郎官湖上。吳往，女已先在。兩劍相躍，上下盤挐，雌霓雄風，倏離倏合，觀者為之目眩。良久，吳遽跳出圈地，呼曰：「止，止。」女乃收劍，微笑曰：「君亦大不易，無怪吾師嘖嘖不置。」吳詰蹤跡，與女同師，固邀過寓。詰姓名，不言；贐之金，亦不受，遂別去。後吳傳藝甚廣，獨不言劍法，恥作第二流矣！〔劍術〕

4609　原 522/6　廣貞 6/46　大 15/159

捕役誣良

浦東爛泥渡巡防局捕役張錦堂素多不法，居民為之側目。前日，因洋涇圖董潘某目見流氓譚金梅沿路攫物，忿不能平，函請局員飭捕查拿。捕役張錦堂將譚拘獲後，因看番佛之面，私縱之逃。而潘董催提甚急，局員劉穆亭二尹遂比捕勒緝，雷厲風行。張錦堂不得已，竟出偷天換日手段，探知有某船戶與譚同名，在小東門外某煙館吞雲吐霧；因即入門，大聲呼喚。該船戶不知是計，應聲而出，即被扭送法捕房，解經公堂，轉解回局。劉二尹提訊之下，以無實供，誤為狡展，喝笞一千二百板，仍無供詞。時該船戶已皮開肉爛，一息奄奄，僵臥不能起矣。眾鄉民以該捕不應指鹿為馬，屈抑無辜，當場譁噪。二尹疑之，立邀潘董及證人到案，審知其非。二尹如夢初覺，始知為該捕所賣，赫然大怒。飭將張捕送縣重究，一面將船戶交保醫治，并備香燭服禮。吁，冤矣！然而捕役害人之技，不亦可畏乎？〔目無〕〔王法〕

4610　原 522/7　廣貞 6/47　大 15/160

捕賊賈禍

台州人陳三向為小本營生，挈妻張氏，僦居新閘浜北梅園西舍。前晚就枕，忽於黑甜鄉中聞有翻箱倒篋之聲；心知有賊，大呼而起，奮步窮追。甫出門，有鄰人薛香亦聞聲出視；遂將陳三認作真賊，扭住痛毆。眾鄰倉猝莫辨，咸來相助，各敬老拳。至陳遍體鱗傷，奄奄一息。始經剖白，而真賊已不知何往矣！蓋薛香素與陳有隙，日思報復而未得其間，至此乃一洩其憤。張氏見此情形，擬投巡防局控究。旋經該圖地保出為理勸，令薛醫傷服禮，始得浪息風平。然因捉賊而反為人捉，卒至真賊倖逃，假賊先困，呼號痛楚，難白於眾拳如雨之時。陳三之冤無可雪，薛香之肉其足食乎？〔將機就計〕

4611　原 522/8　廣貞 6/48　大 15/161

匪棍橫行

松郡俗例三月二十八日，向有神會六起，熱鬧異常。今屆因值院試停賽，鄉間遂訛傳為閏三月十八日為舁神出巡之日。遂有葉榭鎮周姓、張姓數鄉婦同舟而來；繫纜西門外竹竿匯，聯袂登岸，入市游觀。為同里人小阿榮所見。阿榮固無賴，專事訛詐為生。伺其歸，潛尾之，徑登鷁首；時已薄暮，縱談鄉誼，移時始去。鄉婦亦不以為意也。詎入晚二鼓後，小阿榮竟糾棍徒十餘人，裝作外路口音，洶湧登舟，掠取衣物。當被某鄉婦扭住其衣，極聲呼救。小阿榮大懼，扼婦咽喉，使不能聲。正危急時，幸有張澤航船主陸某聞聲來援，協同岸上居民，獲住棍徒兩名，一即小阿榮，當交地保送官懲辦。噫！地值衝衢，時非深夜，而匪棍橫行一至於此。居者行者，其能高枕無憂耶？〔形同〕〔盜賊〕

4612　原 522/9　廣貞 6/49 右　大 15/162

鱉怪迷人

北平某生未第時，館蘇氏後圃，齋臨大池。池東有樓三楹，四面紅窗，不時啟閉，疑為主人內眷所居。一日薄暮，有美人雲髻憑窗，睨生而笑。駭其非時世妝，私問生徒，始知空樓扃鐍已久，生益駭。閱日又見，乃潛詣樓下，躡梯以窺；一怪獨立，上人而下鱉也。回顧見人，砰然投池中。急白居停，涸池，覓之不得，後亦無他異。〔有靦面目〕

4613　原 523/1　廣貞 7/49 左　大 15/163

身輕若燕

楚人尤某，家有一婢，嘗令入山採薪，忽然不見，如是數年。一日，尤至山後古廟中避雨，忽見一女子，即前失之婢也。驚問數年相失之故。婢曰：「曩入山時，誤墮極深枯坑中，欲上不能。日以清泉翠柏聊解飢渴。數月後，便身輕可飛。」尤約令同歸。詎次日，婢入坑良久，竟飛緣樹杪，翩然而去。尤大怒，靜俟其來，燃槍欲擊之。婢始懼而下。攜歸禁錮，日給飲食，數日身重，自是不復能飛。〔軒軒〕〔霞舉〕

4614	原 523/2	廣貞 7/50	大 15/164

西人恤囚

英界會審公廨所押人犯，近因外間嘖有煩言，於是英捕房總巡柏君與惠副捕頭，偕同律師小威金生及繙譯曹君吉甫，於四月初四日午後，蒞廨查看男女各押所。先由差役、皂快及官媒等伺候，然後詳詢各犯「因犯何事」、「已押幾日」、「每日可有飯食」一切。各押犯蓬首垢面，觳觫陳情。或云被人納賄誣害，或云擔保賠累，或云負欠被拘。至於火食，有力者出資自備，無力者由官日給兩餐。復查至樓下押所，見各犯皆貧苦不堪。柏君等惻焉憫之，慨然給洋四元，俾令均分購食。旋至頭門口，見柵欄內病民甚多。詢知每天除倒斃六七人給棺收殮外，其餘均送棲流公所醫養。近因公堂不將罰款派送，以致公所不肯收受，多所倒斃云云。威狀師等聞之，皆歎惋不置，後乃分道而散。不知別有良法，以起此顛連困苦否也？〔宅心仁厚〕

4615	原 523/3	廣貞 7/51	大 15/165

佞臣遺臭

京師繩匠衚衕有花墅一區，屢見怪異。杭垣某孝廉，性豪放，喜其幽僻，遂僦居焉。是夕，甫就枕，牆壁動搖，室中器皿皆盤旋空際，叱之頓止。次夕復然。孝廉不為動。一夕方展卷，忽履聲橐然。一朱衣人闖入曰：「君誠有膽。然我葬此二百餘年，上居生人，則下被薰灼。君亦何必實逼處此？」孝廉因延詢邦族。朱衣人愀然曰：「余前明天啟間給諫也。當僕立朝時，同官動以彈劾見長，頻遭黜逐；惟僕『請加廠公九錫』、『誅東林遺孽』兩疏，極蒙褒納，立見施行。自謂哲人知幾，不料崇禎時為讎家所中，遂以此被議落職。賦命不辰，夫復何言！」孝廉大怒曰：「逆豎持權亂政，薰燎天下，荼毒善良，異代猶為髮指；爾乃甘為鷹犬，尚復知人間有羞恥事耶？」以劍擲之，隨手而沒。明旦，掘地得一朱棺，焚之郊外，臭聞數里，怪遂絕。〔蓋棺論定〕

4616	原 523/4	廣貞 7/52	大 15/166

冥官慎獄

嘉定有老儒名朱綱者，為人方正不苟，頗信佛老之說。一日，忽夢二冥使來召，便隨之行至冥府，心甚怖之。少頃，閻君打鼓陞殿，司門者報云：「東昌府知府到。」綱聽稱其知府，遂不甚驚。綱上階，閻君下座相揖，分賓主禮。閻君問曰：「公在任時判許昌弒母一案，得無過當耶？」綱一聞此言，知前世事忽然現前。對曰：「許昌實不曾弒母；毒殺其母者，乃惡妻也。昌從外歸，一知消息，即當黜妻，首官正罪；乃以情愛難割，含糊隱忍，猶同枕席，尚得為人子乎？綱擬以《春秋》許世子不嘗藥，趙盾不討賊之例，斷之曰弒母。誰曰不宜？」閻君點頭曰：「公言誠是。」乃長揖，送下階，仍命二冥使導之歸。遂醒。綱自此益信鬼神之事，長齋繡佛，杜絕世故，以終其身焉。〔律重誅心〕

4617	原 523/5	廣貞 7/53	大 15/167

蛤蚧酬恩

粵西胡甲，性孤介。嘗入山採藥，見一死蛤蚧，長尺許，心惻然，破土瘞之。是夜，夢一黃衣短褐、綠襖黑裙者，踵謝曰：「予郭介也。誤行山穴，為蛇所吸。蒙君掩之，感且不朽。今已得生，然明日尚有大難。倘蒙垂憐，見有人攜竹榼而來者，幸再救之。」醒而異之。翌日，果有友人攜一筠籃，踵門顧訪。問之，曰：「適行山中，見古木上有兩蛤蚧，因思是物可醫廄中馬病，捕之，得其雄者，將歸以醫馬也。」胡請舍之，友不允。遂詳述夢中之託，友異而放之。後胡復游山林，忽出一蛇，昂首閃舌，飛越而來。胡情急，欲避不得。正倉皇間，忽一小蛇躍起，直立蛇首，大蛇遂俯首不動。胡驚視之，乃蛤蚧也。而蛇則已死矣。因憶及勸救蛤蚧事，故得此報。不覺喟然歎曰：「吾今而知放生之大有功德也。」〔物亦〕〔通靈〕

4618	原 523/6	廣貞 7/54	大 15/168

少林尚在

吳屬有靈巖山焉，佳木蔥蘢，頗多古蹟；中有蘭若，亭臺曲折，池沼迴環。人皆目為瑯嬛福地。一夕，有綠林豪客明火執杖，結隊而來，持石撞擊山門，將一試男兒好身手。不料住持僧某固少林之流亞也，少壯從戎，精通拳棒；聞之，披衣急起，喚集其徒數人，各執器械，拔關奮勇而出。持梃相鬥，約炊許，盜眾披靡，各鳥獸散。某僧飛步追趕。將出山麓時，適某宦興造墳墓。小工數人夜以繼日，輪流操作；見僧逐盜至此，互相阻攔，當場獲住三人，餘皆抱頭鼠竄而逸。翌日，解送吳署，略問口供，當飭釘鐐收禁，擬治以律。觀此可見空門中不乏武藝高強之輩。惟彼則為盜，此則捕盜，良莠之不同如是。嗚呼！此僧亦加人一等哉！〔佛法〕〔神通〕

4619	原 523/7	廣貞 7/55	大 15/169

木人為祟

星命之學，自古傳之；而絕不可解者，年用夏正而月首寅，日用周朔而時起子也。宋儲泳《祛疑說》曾辨之，究未明晰；且年月日時相同者，而富貴貧賤各異，又何說焉？於是看五星，辨分野，說愈岐而術愈謬矣。然而巫蠱厭勝皆用本人生命。今吳越間有沿街算命者，每用幼孩八字，咒而斃之，名曰「樟柳神」。星卜家爭相售買，得之者為人推算，靈應異常；然不過已往之事，未來者則不驗也。鄉人某甲行荒野中，聞有小兒聲，似言「奈何」；傾聽之，又言「奈何」。乃在草間拾得一木人，即星卜家之所謂樟柳神也。留家戲玩數日後，諸小兒皆不安，或作寒熱，或啼哭不止。有老者曰：「此不祥物也。」遂棄之，安然如故。〔作俑〕〔無後〕

4620	原 523/8	廣貞 7/56	大 15/170

捉姦割耳

姦夫捉姦，本奇聞也；至捉姦而割耳，則奇而又奇矣。鎮江西城外王家巷後銅匠店主某甲，登徒子一流人也。有弟婦，雖小家碧玉，而丰致嫣然。甲垂涎良久，以弟出外貿易，乘機調戲，遂相好合，情如膠漆。詎氏水性楊花，喜新厭舊，又與成衣匠某乙有染，雙宿雙飛，匪伊朝夕。久之，為甲所知，潛於某日清晨，破扉直入，雙雙獲住。憤無所洩，將乙左耳操刀一割，勢如破竹，登時血流如注。氏則與己有私，恐被說出，暗縱之去。乙至此大呼曰：「捉姦捉雙，今姦婦何在，而令屬垣者含冤抱屈若此乎？」洶洶之勢，佯欲稟官究辦。旋經人勸，甲給予養傷費，并俟傷痊，備筵服禮，其事始寢。然乙之姦，與耳何干？乃適罹其厄，損上益下，毋乃甚乎？〔痛切〕〔剝膚〕

4621	原 523/9	廣貞 7/57 右	大 15/171

墩異

江陰馬姓移居一宅，相傳中有怪物，長不滿二尺，狀極臃腫，滿身皆眼，綠色閃爍，如螢火躍地登登然。每夜半即出，遇之輒病。一夕，僕婦夜半小遺，物適至，情急無措，遂以溺桶冒其首，怪不能動。燭之，則鍛工木墩也。此宅距鐵工住時，已五易主矣。而此墩積久通靈，無人敢發其覆。一旦破於僕婦之手，此其中豈亦有數存乎？〔穢物辟邪〕

4622	原 524/1	廣貞 8/57 左	大 15/172

雷異

安徽歙縣有洪氏婦者，一日晨起梳洗畢，聞對門喧聲甚厲，心異之。啟戶佇視，忽大雨如注；迅雷一聲，由婦足下騰起，直穿門樓而去。婦驚仆。雨過，婦故無恙；而裙襖皆被火焚。履處一小孔，深不可測。所戴簪珥、釵環之屬，悉擲二里外田畔，鎔成一餅。聞者皆為之咋舌云。〔平地〕〔一聲〕

4623	原 524/2	廣貞 8/58	大 15/173

映照誌奇

自泰西照相之術盛行於中國，不論人物、草木、樓臺、殿閣，皆可盡納於尺幅之中，纖毫畢現。蓋其究心於光學也精矣！德藩亨利之入覲龍光也，恭遣隨從人員攜帶照相器具，將聖明接待外臣垂裳端拱之容，攝成一圖，以昭瞻仰，而示寵榮。他如臨天、地壇及遊歷西山諸名勝，均映成照片，朗若列眉。惟照國子監大成殿時，初拍迷漫不清，祇見白氣一團；再拍，則變為黑氣，仍一無所覩。德藩異之，遂作罷論。時慶邸、李中堂、張侍郎等在旁陪從，皆莫明其故。亦可異也。〔風景〕〔全非〕

4624	原 524/3	廣貞 8/59	大 15/174

御風而行

有客來自廣西，據言去秋某縣大風時，有海濱人見兩龍鬥於空中；城內外風過處，民間窗槅、簾箔及所晒衣物，均吹上半天，不知去向。時有某姓一婦，沐浴後簪花傅粉，抱一孩，移竹榻坐於門外；被風吹起，冉冉而升，萬目觀望，如虎邱泥偶一座。少頃，沒入雲中。明日，婦人自鄰鎮還家，相距四十餘里，安然無恙。自云初上時，惟聞風響，心中甚懼；既而愈上愈涼爽，俯視城市，但見雲霧，不知高低。落地時，亦徐徐而墜，穩如乘輿，但心中茫然耳。聞同時有宴客者八盤十六碟，隨風而去。少頃，落于數十里外某姓家，肴果擺設，絲毫不動。真異事也。〔仙乎仙乎〕

4625	原 524/4	廣貞 8/60	大 15/175

優伶頌德

英、美租界會審委員張賡三直刺，自蒞廨治事以來，一以除莠安良為務；故雖嚴刑重罰，而頌聲仍自翕然。其為政也，善因勢利導；故受其恩者，尤感不能忘。已革劣探何瑞福，即何文卿，丹桂戲園之主也。前與天儀茶園涉訟。幸直刺不為左袒，事乃得直。於是園中文武各優伶，同聲愛戴，恭製「公正廉明」匾額一方，媵以萬名繖一頂，備書各優名姓，由何偕同花旦周鳳林，雇人舁送至廨。導以鼓吹，嚴韻悠揚。直刺顧而色喜，立命懸掛大堂之上。何革探復就廨之東西角門，懸掛紅燈數盞，大書「恭頌會審公府張青天德政」。一時署中人皆嘖嘖樂道其事。聞堂上尚有匾額一方，文曰「肺石風清」。牌四扇，文曰「月瑩蓮幕」，「花皎蓉臺」，「四知守戒」，「三影齊名」者，乃典業董事黃靜園等，步武何瑞福之後塵，越日恭送者也。〔惠及梨園〕

4626	原 524/5	廣貞 8/61	大 15/176

賭棍銘恩

張賡三直刺之德政，自丹桂各優伶送匾頌揚之後，接踵而起者，不獨典業董事黃靜園等也；尚有虹口賭棍王泉合等十三名，亦製「惠及遐方」匾額及萬名繖一頂，清水一盂，並大燈兩盞，上書「官清民樂」字樣。導以鼓樂一班。王等翎頂輝煌，沿途護送。當經過馬路時，適為新巡捕房惠副捕頭所見，喝令中西各捕勒令舁回。事為直刺所聞，急倩幫審委員鄭瀚生大令，赴捕房緩頰。惠副捕頭不為已甚，遂允其請。王等乃得直送至署。據箇中人云：「我等因糾人聚賭，為捕頭訪悉，督令包探拘送請懲。張直刺本欲從重究辦，後忽悉數開釋。此真我等重生父母也。今為此舉，不亦宜乎？」〔網開三面〕

4627	原 524/6	廣貞 8/62	大 15/177

邪不勝正

某僧善劍術，雲游天下，蹤跡詭異。嘗至皖南黃茅峰頂，攜一蕩婦居茅棚中。自恃法力神通，以為人莫予侮矣。士人某甲，亦黑白衛、紅線一流人也；聞其事，欲往試之。及登峰，僧瞥見，張口吐氣，狀如青蛇，盤旋飛舞，將繞甲頸。甲不怖，亦吐一氣如白蛇，出與相鬥。惟見空中摩盪，如雙龍戲水，夭矯迴環，倏離倏合。久之，青氣忽中斷，白氣復指僧而來。僧大驚，即墜巖死。甲乃收其劍，挾婦還家。可見雌霓雄風，術雖不一，而邪總不能勝正也。〔劍氣沖天〕

4628	原 524/7	廣貞 8/63	大 15/178

馬腳大露

巫師中有所謂馬腳者，大抵裝神弄鬼；遇人疾病，輒以禳解之法，騙人財物。間亦有驗者，或其病本非不治，非真其術之靈也，而愚人多信之。滇黔此風尤甚。有徐某者患疾纏綿，延一巫為之擇日跳神；而此巫之術不甚精，至此大言炎炎，先取一老蛙置空桑中，以為取信之具。病家某甲知之，潛易以蛇，而巫不知也。屆期，巫率弟子數人至，已則華妝艷服，禹步作法。久之，戟指書符，手入桑中，將取怪物。忽一蛇昂首，吞嚙大指，旋即盤繞其身。巫痛極呼號，群弟子舉棒亂擊。迨蛇斃而巫已僵仆樹旁，口不能言。群弟子急舁以歸，頃刻間皮膚潰爛，手指盡脱。延醫調治，半年而愈。蓋此巫略得皮毛，

實無他技，故不覺馬腳之盡露耳。〔作法〕〔自弊〕

4629	原 524/8	廣貞 8/64	大 15/179

鬼父擇婿

韓某，吳人也。早歲入邑庠，家貧，尚未締姻，館於白蓮涇王姓家。前日奉母命而歸，行至楓橋時已深夜。道旁遇一老者，自稱盧姓，即前村人。詢其夜行之故，韓直告之。老者歎曰：「真孝子也。君其已有室乎？」答曰：「未也。」曰：「若然，則僕有季女，年華二九，貌尚不惡，可以為君子配矣。」言畢，出玉環一雙授之，曰：「豚兒若不信，可以環相示。」韓大喜，欲別。盧曰：「明旦係予七秩壽誕，兒輩設筵祝嘏。恐未遑款客，予當親為一行。」遂相率至其家。是夕，韓寢於盧室。迨天明鼓樂大作。韓驚起，自房中出。家人大駭，奔告主人。主人出，揖曰：「大駕宵來，有失迎迓。先父之命，予已得夢。但君亦有所証乎？」韓出玉環示之。主人喜，令即旋里告知其母，擇日迎娶。一時聞其事者，無不詫為奇異云。〔未能〕〔忘情〕

4630	原 524/9	廣貞 8/65 右	大 15/180

蠅亦知醫

愈某，浙之名諸生也，家清貧，久病不能具醫藥。偶見几上有醫書一冊，以意檢而服之，皆不效。忽一蒼蠅飛入，鳴聲甚厲，止於冊上。生泣而禱曰：「蠅者，應也，靈也。如其有靈，我展書帙，擇方而投足焉，病其庶有瘳乎！」徐展十數葉，其蠅瞥然投下，乃犀角地黃湯也。如方服之，數劑而愈。人謂此蠅若出而治疾，亦可為今之名醫云。〔知其所止〕

4631	原 525/1	廣貞 9/65 左	大 15/181

黃耳多情

義犬之事，屢有所見。粵垣某姓家有一婢，性愛一犬，親調飲食，出入與偕；相依數年，習為常事。前日，婢忽為時疫所侵。主人恐其傳染，令人舁往他所，苟延殘喘。時惟一犬相從，徘徊榻下，頃刻不離。未幾，婢病歿，犬悲鳴不已。及棺殮時，犬竟啣其衣角，堅不肯釋，一似不忍分離也者。家人逐之，去而復來。直至送往塚上，瘞埋既畢，始不復見。異哉犬乎！亦可謂深於情者矣。〔義犬〕

4632	原 525/2	廣貞 9/66	大 15/182

抗捐肇變

甯郡南鄉素產貝母，近因釐局改章加捐，致激眾怒，聚眾四千餘人，擁入城中。為首者肩大旗一面，上書「叩求免捐原委」，下署「眾姓公具」；其餘各持小旗，亦書「叩求免捐」字樣。每人足登蒲鞋，身負餱囊；而人之進退，則以肩黑旗者左右之。於是該處空手幫乘機而起，附和為亂，愈聚愈多；一擁入城，毀釐局，毆營官。至鄞署，劉大令出堂開導，准令免捐。各流氓仍置若罔聞，衝入內署，逢人便毆，見物即毀。甚有一人口咬大令手臂，捋去手釧，並搶劫雜物衣飾甚夥。聲勢洶洶，形同大盜。旋又拆毀民房無數。此四月二十日民變之大略情形也。〔誰生〕〔厲階〕

4633	原 525/3	廣貞 9/67	大 15/183

禍首伏誅

甬鄉愚民藉口免捐，聚眾入城，釀成毆官毀署大變。越日，經署中各差役協同吉字營勇丁多名，拘獲空手幫二十餘人。內有王德隆一名，經劉大令認係奪釧咬臂之犯。王亦直認不諱，並扳出鄔德標尤為兇惡。尚有到案之張金官，自認拋擲瓦片。訊實後，飭即釘鐐收禁，餘人責釋有差，一面電稟撫憲請示。二十五日，奉到復電，飭令就地正法。乃將王、鄔、張三犯從府署綁出。由統領吳軍門督兵蒞場，將王、鄔二犯押至縣署照牆前，明正典刑，梟首示眾。張金官因有蓆店數十家出具保狀，祇令陪綁，得免刑誅，再當減等治罪。聞王德隆係一圬者，其技甚精，素不務正，家有母妻，殊屬可憐；鄔德標係天津流氓，橫行不法。一旦駢首伏誅，真所謂「可憐而不足惜」也。〔殺無赦〕

4634	原 525/4	廣貞 9/68	大 15/184

觀察自刎

浙江某觀察，籍隸金陵，由軍功捐升知縣，精明強幹，歷當要差；並權首邑十載，素為上游器重。去冬捐升道員，過班候補，遂為洋務局總辦。自此利令智昏，肆行無忌，竟勾通某洋人運販米糧出口；輪舶往來，已歷多次，獲資不可以僂指計。以致內地米糧一空，深虞乏食，皆其罪也。乃天網恢恢，疏而不漏。前忽為某處海關查獲，並有觀察家丁親筆書函為証，遂一併解送。南洋大臣劉峴帥聞之大怒，不動聲色，託故電召觀察到省。觀察不知就裏，立即赴轅稟到；仍蒙傳見，溫諭有加。夜間設席相邀，酒至半酣，始將書函遞下，詰問情由。觀察倉皇不知所對。峴帥大怒，即飭恭請令箭，行將罷官正法。觀察跪求再三，乞請全屍，乃命左右予以佩刀一柄，扯至堂下，逼令自裁。此觀察自刎緣由也。吁！貪利忘身者，亦可鑒矣。〔身敗〕〔名滅〕

4635	原 525/5	廣貞 9/69	大 15/185

壽翁吃醋

蘇垣劉家浜某富翁，年屆耄耋，雖孫曾繞膝，而老興彌狂。前日係翁八秩正壽，其子某舍人大開筵宴，為翁稱觴。一時官紳士庶踵門祝嘏者，車馬喧闐。詎翁鬧中思靜，靜中思動，竟獨帶俊童悄悄出門，買一葉畫舫，仍赴青陽地覓所歡而去。乃高小寶校書以是日為翁壽辰，當不復來，早赴某公子之約。翁入房不見，窮詰蹤跡。鴇母等百般支吾，一面飛飭龜傭促校書歸來；而翁已醋海興波，大含酸氣。幸小妮子頗能解意，託言詣佛殿拈香，祝老壽星返老還童，並長跪晉觴。翁始掀髯大笑，摟置膝上，其樂如故。說者謂：「富翁做壽，不在家庭吃酒，而至北里吃醋，豈醋興勝於酒興，山珍不如野味乎？」呵呵。〔興復不淺〕

4636	原 525/6	廣貞 9/70	大 15/186

舉鼎懾盜

某司寇未遇時，赴試禮闈，攜僕僱騾北上。公固有勇力，精擊刺。一日，遇雨不能進，暫憩於道旁破廟中。見有健男子二十餘輩，首裹黑帕，持刀杖，具牲牢，若將祭享者。眾見公，問姓名，且叩何以至此。公具告之。眾喜，邀與同祭。祭畢，圍坐共飲，公量素鉅，連舉十餘觥。雨止欲行，眾堅留住宿，許俟天明，當少資贈。公知為盜，飲次，託故出。有大鐵爐重數千斤，舉以拒廟門。入席復飲，須臾席散，各執械將行；而門為爐所拒。駭問誰為此者。公笑曰：「特與諸君戲耳！」眾知力不敵，皆羅拜曰：「公真神人也。我等皆願受約。」公遂勸令改業歸正。後公貴為司寇，諸人應召出，各有成就，歷官有差。〔惟力〕〔是視〕

4637	原 525/7	廣貞 9/71	大 15/187

埋佛惑眾

徽州土厚而鬆。一日，有游僧至新嶺涼亭，棲足三宵；忽揚言見嶺上放光，當有異事。越日，果見金佛從地出，先透頂，次露面，三日全身自現。僧以為活佛降世，日夜誦經，勸人施捨，建一殿宇。落成之日，哄動愚民，聚觀者以萬計，皆謂佛由土中漸漸而出，群信為神。僧又雕木如意簪數千枝，凡遇施主投之以銀，僧即拔簪與之曰：「帶之，可以延壽。」不二十日，獲金萬餘，僧乃捲之而逸，人始疑之。後查知是僧先向破寺中偷取木佛像一尊，潛在新嶺旁掘坑埋之。底下墊以黃豆數斗，上覆以土；早夜以水灌之，豆漲土鬆，佛遂聳身而出，故人皆不知其詐也。〔妖僧〕

4638	原 525/8	廣貞 9/72	大 15/188

水牛化龍

客有自海州雲臺山游倦而歸者，據聞舟人所述云：「安東縣長樂北鄉名團墟。昔有鄉民張姓者，畜水牛百頭，入水輒失其一。一夕，張夢牛云：『我已成龍，與桑墟河龍鬥不勝。君可於吾角上繫二刀以助之乎？』張旦起，視群牛中誰可繫刀者。有一牛最大，腹下起鱗如龍然，遂以雙刀繫之。次日大風雨，桑墟河龍傷一目，遁去。此牛遂入大河化為龍。今過大河，諱牛字；過桑墟，諱瞎字。否則風濤立至矣！」〔是何〕〔神通〕

4639	原 525/9	廣貞 9/73 右	大 15/189

母豬產犬

滬北裡虹口陳家浜有鄉人朱景景者，家有母豬一頭，素無他異。詎前日，忽產小犬數頭，毛蒙茸，其色皆黑，不似剛鬣公所出者。鄰右聞之，男婦往觀者甚眾，相與嘖嘖稱異。或謂：此豬殆與犬交，故有是產。試觀近世華婦姘識西人，其所生之子，往往類父而不類母。可見生育之道，氣稟自父。天下之似此者多矣，豈獨豚兒為然哉？〔雜種〕

4640	原 526/1	廣貞 10/73 左	大 15/190

貓作人言

湘鄉某軍門，昔年雄鎮江西，虎符坐擁。及退歸林下，日惟以奕飲為娛。宅有兩貓，能作人言，而軍門不知也。一日，見兩貓對談喁喁，若有所訴。軍門大驚，奮步欲擒之，一貓即躍上屋去，獨擒其一。貓開口向軍門曰：「我生已十有二年，恐人驚怪，故不敢言。今偶啟齒，致驚清聽，公能恕我，即盛德也。」軍門異而放之。後亦無他異。〔咄咄〕〔怪事〕

4641	原 526/2	廣貞 10/74	大 15/191

評花韻事

某富紳籍隸南潯，僑寓吳門顏家巷，歌臺舞榭，雄傑一時。其公子某甲與戚某乙皆翩翩年少，自賞風流，日作北里之游。如有所眷，意欲採折，歸來供之金屋，遂婉稟椿萱。而兩母某氏夫人恐子言難信，命於前日遍召名花，廣為選擇。屆日午刻，花中姨妹無不濃妝艷抹，飛輿而來。細點花枝，共有漢宮之數，環肥燕瘦。兩夫人為持玉尺，仔細評衡。猶慮霧裏看花，或多失眼，乃約群芳赴柴河頭照相館各留一照，並命薛鳳鳳、高小寶、唐文蘭三校書合照一圖，靜待復命。入席盡歡，始各聯翩而去。見者僉謂畫圖選艷，殊屬富家韻事云。〔妙想〕〔天開〕

4642	原 526/3	廣貞 10/75	大 15/192

莽公子

莽公子，不知何許人，亦不詳其姓氏；因其賦性粗魯，遂以「莽公子」呼之。僑寓杭垣，恃其父為柳營雄長，卓著虎威，於是飽煖思淫。聞近日三橋及城頭巷一帶，來有蘇申姊妹花數枝，芳名大噪。不覺狂態頓萌，輕衫團扇，攜僕偕來，欲得一迷香洞，為竟夕流連計。詎色眼迷離，竟誤入某紳別墅。適是日紳家除應門五尺之童外，皆係閨閣中人；瞥見蠢漢突如其來，紛紛避入後進。而公子猶以為環肥燕瘦，半屬可人，何必故作欺人之態？遂踞上座，高呼茶來，久之不應。敲枱拍桌，大肆咆哮。俄見某紳大踏步而來，責以誣良為娼之罪。公子始知誤入桃源，觳觫謝過。紳怒猶未息，必欲送官究辦。幸某太守代為緩頰，乃縱之去。〔誤入〕〔桃源〕

4643	原 526/4	廣貞 10/76	大 15/193

文人不法

湘垣北門內文昌廟，有袁學博者設帳其中；門前桃李二十餘輩，大都成童、弱冠之年，遠方負笈者也。上月某日，有偷兒偶入其室，將各生所有衣履等物竊掠一空。袁適因事下鄉，不在塾中。翌日，各生將詣縣報案。長沙縣閽人以其貿貿然來，且無稟狀，置諸不理。各生惱憤而歸。不知如何設計，將某捕班誘至塾中，私刑拷打；並褫其衣服，以棉絮浸透火油，納諸臍內，舉火燃之，登時殞命。縣令賴子佩、通守承裕聞之大怒；飭將動手各生，按名收捕，置之囹圄，將治以故殺之罪。吁！所貴乎士者，為能讀書明理也。今乃作此無法無天之事，亦未免太不自愛矣！〔草菅〕〔人命〕

4644	原 526/5	廣貞 10/77	大 15/194

休妻笑談

漢口孫家磯地方有某甲者，前年娶大堤口某姓女為室。女家貧族寡，而性極淫蕩。歸甲後，常不安于室，且事舅姑不以禮。甲戒之，弗悛也。因此怨恨交併，親寫休書一通，挈婦至大堤口埠頭，當眾直聲其罪；謂似此悍潑，留之無益。今我已恩斷義絕，如有能呼我三聲爺，在地九叩首者，即以此婦與之，兼付休書，永無異說。一時圍而觀者如堵牆，莫不相顧錯愕。不意孝感人某乙竟大踏步而出，呼爺叩首一如其數。甲遂付以婦與休書，且告之曰：「余在某輪舟司事。如有人向汝饒舌，可來尋我，當為作主也。」言訖，掉頭而去。乙喜出望外，正欲攜手同行，忽有某丙突前批其頰數下，而誚之曰：「天壤甚大，乃有似汝之無恥耶？」乙方驚顧木立，而丙已將婦挈之以去。有識之者謂：丙即婦之夙好也。特未知乙將何以為情耳？〔賤丈夫〕

4645	原 526/6	廣貞 10/78	大 15/195

知音犬

杭垣某紳喜音律，凡能唱巴渝調、操〈琵琶行〉者，無不趨之若鶩。家有一犬，每聞曲聲便至，坐於笙笛者之前，喑喑然似遙相和狀；驅之不去，聞之又來。共呼之曰「知音犬」，蓋亦豪門之曲友也。人謂此犬前世必是優伶，予謂不獨犬也。昔紀曉嵐相國之祖姚安公，有里人負其金不還，反出怨言。其人死後，姚安公忽夢此人來。適圉中生一青騾，疑其託生，以其名呼之，輒昂首作怒狀。此人平生好彈三絃，唱〈邊關調〉。辛彤甫先生見其事，嘗作詩紀之，云：「六道誰言事杳冥，人羊轉轂迅無停。三絃彈出邊關調，親見青騾側耳聽。」是騾亦知音也。吁！鍾期既死，流水無聞；下里巴人，滔滔皆是，又何怪近世之所謂知音者，皆不出乎騾、犬之類也。〔是亦〕〔朋友〕

4646	原 526/7	廣貞 10/79	大 15/196

秘戲難演

蘇人程老七席先人餘蔭，富有多金，酷嗜煙霞癖，且喜與牧豬奴為伍，以致被官訪緝，不能安居。不得已，攜妾某氏逃至申江，賃居新馬路昌壽里。某氏本係燈船上妓女，賦性淫賤；見程日事煙賭，不解溫柔鄉風味，不免因此觖望，與其馬夫某甲有私。既而時往天仙茶園觀劇，與武伶趙小廉情暱異常，得新棄舊，致馬夫大興醋海之波。前晚偵知趙伶於演戲之暇，又在程處試演神女襄王各種秘戲，遂告知程，糾約多人，為捉奸之舉。及將趙執獲，程礙於顏面，勒寫伏辨一紙，并罰銀若干，以酬馬夫，其事始寢。說者謂：「同一演戲，乃演之於大庭廣眾之中，則可博纏頭之賞；演之於密約幽歡之會，則反遭責罰之羞，是豈秘戲之難演歟？」呵呵。〔馬夫〕〔捉姦〕

4647	原 526/8	廣貞 10/80	大 15/197

蠹役驚人

鎮江西門大街有擺設舊貨攤之楊某，人皆以「骨董」呼之。其實彼所售碎銅爛鐵、破帽殘衫之類，皆由換糖、換碗而來，安有骨董鋪之琳瑯滿目。所以為是稱者，蓋嘲之也。鎮俗每逢三節，凡衙門中均有陋規；今屆蒲節，若輩照例往收。而楊則一錢如命，靳不肯予，以致積成怨恨，乘機欲陷以罪。越數日，邀其羽黨七八人，聲勢洶洶，擁至其家，聲言：「楊某收受賊贓，今將何往？」言畢，竟出鐵索，欲捉將官裡去。楊聞言，噤不敢聲，抱頭大哭。正在紛擾之際，其妻在室恐夫遭縲紲，何以為生；遂以一盞紫霞膏，自圖畢命。幸其女瞥見，大聲呼救，得即救治以生，而衙蠹則早已乘機遁去矣。噫！予讀〈泰山婦〉、〈捕蛇者說〉等篇，想見當時吏役之酷。不圖今日更有甚焉，可不畏哉？〔幾釀大禍〕

4648	原 526/9	廣貞 10/81 右	大 15/198

神鳥

印度風俗最陋，其可嗤可鄙者，本報前已略記一二。近閱《泰晤士日報》，又有駭人聽聞者。據言其俗每逢人死，必將屍骸懸諸高處，或露臺之上，或樹木之巔，一任飛鷹呼群啄食。雖皮肉狼藉，人見之，不之驅也。土人呼之曰「神鳥」，不知何所取義。聞西藏等處，近日亦沿此俗，殊無謂也。〔陋俗〕

4649	原 527/1	廣貞 11/81 左	大 15/199

飛鳥牽人

直隸某縣有一浮屠，千餘年前故蹟也。一日，忽聞塔頂撲簌有聲，人皆驚異。已而頂上時有磚塊飛下，於是共疑為怪，不敢往覘。有某者素以膽氣自矜，乃鼓勇緣梯盤旋而上，至極高處察之，見一大鳥盤踞其中。顧但見其足，遂力持之，將曳以下。詎鳥鼓翼高騫，竟將某曳入雲端，飄飄欲墮。某情急，不敢下視，惟極力抱其足。鳥不能久持，遂漸漸飛下，至近地，方釋手。問之居人，其地已距本處數百里。乃求乞而歸。聞其事者，莫不咋舌。〔青雲〕〔直上〕

4650	原 527/2	廣貞 11/82	大 15/200

強奪公所

本邑西門外四明公所，創自嘉慶二年，迄今正及百年，所葬屍骸不下萬餘具，為甯幫氣脈所關，最為慎重。同治十三年，曾因訛言鬧事，經前法總領事葛體恤商情，給示保護，並令速築圍牆，以清界限。又經十一國領事簽約，准令甯幫永遠執業等因各在案。不料法人頓背前言，藉口欲將該公所改造學堂、醫院、宰牛場等所，逼令遷讓。甯人不從，地方官亦未允許。法人知難如願，悍然不顧公論，竟於五月二十八日清晨，調兵八十名，各執洋槍，並攜巨砲一尊，由法總領事會同工部局董事等，率領至四明公所。布置已定，即傳諭各兵將公所三面圍牆立時拆去，遂成三洞，約二丈有奇，法兵遂乘勢直入公所。時觀者人山人海，眾喙交鳴。各無賴亦愈聚愈多，手無寸鐵，相率拋磚擲石，勢如雨下。雖以法兵之強，中西探捕之嚴密巡緝，而終賴地方文武各官竭力彈壓，故法人得免於難，不可謂非幸也。〔實逼處此〕

4651	原 527/3	廣貞 11/83	大 15/201

法人殘忍

法人自拆毀四明公所圍牆後，寓滬甬人義憤填膺，相率停工罷市。其中小工木匠、游手好閒者，不下萬餘人。幸董事力為勸導，尚不致十分滋事。而法界之流氓無賴遂乘機而起，先於法人毀牆之夜，潛將電氣燈、自來火悉行擊毀，致沿途燈火無光，暗如漆室。法人啣之。次晨，各無賴又在法捕房一帶拋擲磚石。法兵逐之不散，竟實以彈子，用無煙火藥向人施擊；以致同時斃命者男子三名、婦女一口。居民大譁，遂各閉戶。聞是日四明公所相近，亦被法兵擊斃三名。又小東門外法捕房亦因無賴意欲毀牆，被法兵放槍轟擊，并被沿途任意擊斃數人。合計是役受傷者二十四人，而死者有十七人之多。類皆外幫之人無端遇禍，聞者憐之。內有甯人二名，因在某茶樓搖會，適樓下火油燈練忽斷，驀聞人聲鼎沸，誤為火起，倉皇奔出。而法兵則疑為甯幫起事，貿然開槍，致死非命。諸如此類，可見甯人實未鬧事，而法人之殘忍無理，竟有如此者。嗚呼！噫嘻！〔欺人〕〔太甚〕

4652	原 527/4	廣貞 11/84	大 15/202

幾釀人命

懸壺賣藥為人生性命所關。操其業者，宜如何小心謹慎，配合惟虔，方不至有毫釐千里之謬。而求諸近來藥鋪，則往往不可多得。本埠英租界大馬路青陽里左近有采芝堂焉，棟宇軒昂，場面似甚闊綽；而豈知其夥友選貨配藥，竟不免草率從事。前日，竟將某甲方中貴重藥一味，誤以麥冬代之；而服者不覺，致病增劇。旋為醫生驗得藥渣，始知該鋪夥之荒謬，因往理論。一時觀者為之譁然。有欲除其招牌者，有欲扭夥痛毆者。擾擾紛紛，群責該鋪以草菅人命之罪。幸該鋪執事席某急央人出勸，乃得服禮了事。予恐此輩賣藥之徒，掉以輕心已成習慣，將來仍不能小懲大戒也。特繪是圖，俾知所儆云。〔草木〕〔無情〕

4653	原 527/6	廣貞 11/85	大 15/203

祖師何罪

各業之有祖師，飲水思源，隆其報饗，禮也。即不然，亦何至輕為毀辱，借祖師以伸私憤哉？乃如近所聞某道人，則可異焉。某道人素奉老氏之教，羽衣鶴氅，為人禮懺誦經，素無他異。前日，聞滬南小普陀橋南首有同道之沈雲卿與子阿三，邀集同輩在家陳牲納幣，恭祀祖師。遂大發無明之火，號召其黨二十餘人，蜂擁而至。見堂上懸有祖師神軸，不問情由，立即扯分兩截。一時聲勢洶洶，人皆望而辟易。阿三亦自知力不能敵，急匿他處避之。有好事者叩其何故瀆神。該道士始言阿三之繪畫此神也，曾向醵資若干；後忽與我等不合，另糾他人入會，置我等於不問。顧此神軸係公共之物，故特毀之，不欲使我祖師享此非禮之祀也。嗣由阿三之父向眾服禮，始各悻悻而去。然會雖不同，而道則同。祖師有知，其甘受此挫折乎？〔道人無道〕

4654	原 527/6	廣貞 11/86	大 15/204

冶容誨淫

蘇州青陽地一帶，自日本開闢租界以來，市面雖日見興旺，而煙戶寥寥，尚多荒地。吳人囿於耳目，已詫為熱鬧之場，得未曾有。以故傾城士女挈伴出游者，扇影衣香，絡繹如織。而游手好閒之輩，亦多錯雜其間。日前，有某紳之女公子濃妝艷抹，婢僕如雲，在天樂茶園徵歌選舞，興會淋漓。及一曲終場，塵襟未滌，復輕移蓮步，徑至荒曠之處，徒倚納涼。詎踽踽獨行之際，忽有無賴多人尾隨其後，評頭品足，任意輕狂。女公子至此，進退維谷。幸幹僕尋蹤而至，大呼：「我家小組乃某紳宦之女公子。鼠輩不得無禮。」旋又喚巡捕到來，女公子乃得解圍而去。觀此可見女子不宜輕出閨門，凡為家長者，可不隨時約束哉？〔驚破芳心〕

4655	原 527/7	廣貞 11/87	大 15/205

盜舟贖妓

蘇閶葉小蘭校書，煙花中翹楚也；自遷青陽地後，香巢穩築，車馬如雲。與太倉某公子有白頭約。奈公子無銅山金穴之財，不能填鴇慾壑，以致遷延未果。端陽佳節，聞嘉定爭賽龍舟，非常繁盛，公子遂買畫舫載校書以偕游。鴇恐有意外事，亦整羽隨之。迨游畢，公子以餘興未闌，固留數日；登山臨水，藉豁煩襟。有時一曲清歌，不免炫人耳目。於是有盜匪數十人乘機而起，各駕搶划，泊近畫舫，一躍而登，強劫校書以去。時適公子在岸上，比及報知，偵騎四出，已無蹤跡。居無何，忽得一盜書，知小蘭固在，須備千金可以相贖，且約某日某時在原處交割云云。公子既驚且喜，不得已，摒擋如數，在舟次靜候。屆時，果有小舟五六艘如飛而至，厲聲呼問：「某公子在否？」公子股栗出應，即見一盜挾小蘭出艙，躍登其舟，收銀而去。該鴇以錢樹子失而復得，不覺喜出望外，惟公子則懊喪殊甚。蓋千金贖妓雖曰一時豪舉，而阿嬌則仍不能貯之金屋。不免有人財兩失之憾耳。〔一擲千金〕

4656	原 527/8	廣貞 11/88	大 15/206

大打山門

杭垣望江門外有海潮寺焉，瀕臨錢塘江，旁多田畝。寺中房屋高大異常，而僧人亦以數百計，固叢林中首屈一指者也。惟該處為盜賊淵藪，其僧人亦多習少林術，藉資捍衛。故強梁不逞之徒，數年來無有敢犯之者。寺在桑田麥隴之間，臨街設一頭山門，以司啟閉。山門之內，有農民數十家，相安無異。前日，寺中方丈聞城內謠傳不一，城門傍晚即閉；因將頭山門遣徒早閉，以免滋生事端。而農民在外耕作，未之知也。及歸，見雙扉已掩，無路可入，相與各奮老拳，竭力剝啄。寺僧聞擂門甚厲，誤為有盜，聚集徒眾，一聲呼嘯，大開山門，一擁而出；倉猝間不暇細辨，恃其餘勇可賈，見人即打，胡鬧一場。迨後方知誤會，急即住手，而各鄉人已頭破血流，情形狼狽。有三人受傷最重。痛定思痛，驚定思驚，蓋亦可憐而實可笑云。〔平地〕〔風波〕

4657	原 527/9	廣貞 11/89 右	大 15/207

老奴訐主

周密庵大令，籍隸江都。前年，曾綰江西萬載縣篆。被議後，退居邗江東圈門舊宅，林下優游，意亦良得。詎日前忽有老僕下魁，用黃紙一張，詳書大令陰私之事。謂有「應分贓款七百餘千悉被吞沒」等語，粘於背上；手擊木魚，聲鏗鏗如僧人之募化者然，日在市廛熱鬧處往來行走，觀者如堵。其果有挾而求歟？然以奴訐主，此風亦斷不可長也。〔狡焉〕〔思逞〕

4658	原 528/1	廣貞 12/89 左	大 15/208

侮兄笑柄

美界虹口有某甲者，素為其弟所侮。一夕，弟自外歸家，見一西人立於門首，怒目直視，手舉木棍，似欲相擊也者。弟大駭，卻步反奔。俄聞履聲槖槖尾隨其後，意恐追及，奔馳益力，至數百步外，喘息僅屬。忽聞兄自後呼之。回顧，則見前洋人脫帽去鬚，果其兄也。忿其弄己，

齗齗與爭。兄曰：「汝侮我多矣，今姑一報。然汝一見西人，亦何至如此耶？」弟乃大慚。〔畏強〕〔淩弱〕

4659	原 528/2	廣貞 12/90	大 15/209

割耳代首

今年因奸商販米出洋，為數過鉅，以致東南各省米價騰貴。小民粒食維艱，激而生變。有戕害官吏者，有焚燬衙署者，有強劫富戶者。各報所紀，幾於遍地皆然。即滬上一隅，前者謠言蜂起，亦正岌岌。官長以飢民之挺而走險，究非亂民可比，故多從寬辦理。然強悍之風不可長，亦有嚴刑從事，以冀殺一警百者。如溫郡等處搶米之人，一經拿獲，皆立即梟示。金陵搶米一案，首犯四名由營緝獲，解縣訊實；稟覆峴帥，亦命梟首示眾。經劉嘉樹太守宅心仁厚，力求矜全，峴帥之怒稍解。始飭將四犯割去雙耳，遊街示眾，以為強搶不法者戒。而四犯因口腹之累，已占滅耳之凶矣。記曹孟德有割髮代首一事，今該四犯之割耳代首，遙遙千古，竟與相對，不亦奇乎？〔哀矜〕〔勿喜〕

4660	原 528/3	廣貞 12/91	大 15/210

換棉獲利

無錫人錢某，在城外開一棉花鋪，換布以為生理。鄰居有女子，年可十三四，嬌艷絕人，常以布來換棉花。某常多與之，並無他志也。不數年，某本折利虧，遂閉歇；慨然出門，流落京師者十餘載，貧病相連，狀如乞丐。一日，行西直門外，忽見車馬儀從甚盛，有一綠幃朱輪大車，坐一女，珠翠盈頭。某遙望，不敢近。其女見某，注目良久，遂呼僕從召至車前曰：「君何至此也？」某已不識認，渾如夢中，唯唯而已。遂命從者牽一馬，隨之入城。至一朱門大宅，見其女進內宮門去。蓋某王府副福晉也。頃之，召某進，謂之曰：「余即鄰女某人，向與君換棉花者，感君厚德，故召君。」因認為中表兄妹，出入王府數年，獲利無算，人皆羨之。〔福自天來〕

4661	原 528/4	廣貞 12/92	大 15/211

調停得法

蘇州元妙觀前松鶴樓酒菜館向有名望，凡抱老饕之癖者，無不前往一快朵頤。自近數年來，市面欠佳，生意清淡，遂經店主盤與婁門外彭姓頂開，將松鶴樓改為嵩鶴樓。詎原店主邇日在盤門外復開一所，仍名松鶴樓；以故彭姓聞之，心滋不悅，具稟控縣，案懸莫結。事為劉子貞太守察知，立傳店主到案。以兩造各不相讓，遂令彭姓出洋十元，代製新招牌一塊，名曰「松呼樓」，並用鼓吹送至盤門外該店懸掛。於是店主欣欣拜謝，而案遂結。如太守者，亦可謂善於調停者也。〔一舉〕〔兩得〕

4662	原 528/5	廣貞 12/93	大 15/212

螢城

鵲解填橋，渡雙星於巧夕；雁行成陣，儼武士之止齊。或取法於物，或假託諸神，自昔相傳，非盡無稽之語。不謂微末如螢，亦能邀群引類，蔚成大觀者。粵東南海縣屬有大山焉，林深菁密，蓊鬱幽翳，為獸蹄鳥跡之道。人有一至其地者，往往觸嵐瘴以死；因此相戒，不敢涉足。一夕，忽有流螢數千萬團聚一處，周圍三四里光燭霄漢，較之霞起赤城，尤覺晶瑩瀅澈。觀者如市，五日乃滅。遠近哄傳，莫解其故。夫腐草化螢，中外格物，均歸一理。山中落葉與鳥獸之糞，相積既久，成螢之多，原無足異。惟團聚至五日之久，誠屬罕見。意者蜂屯蟻聚，物各有知，卵生化生，原無二致歟？〔明星〕〔萬點〕

4663	原 528/6	廣貞 12/94	大 15/213

時文鬼

國家以制藝取士，歷二百餘年。一旦忽改為策論，士子半生學力盡付東流，不免同深扼腕。且不問其學習與否，驟以新法強令率爾操觚，其事之難，固不待言。然事勢所至，天為之，非人為之也。不意廣西某郡有士子千餘人，竟不達時務，敢以鄙陋之見，欲回君上之聽。遂於日前摳衣束帶，陳於黃堂之前，意謂目下考試請仍用時文，俟二三年後，再行遵旨辦理。一唱百和，異口同聲。某太守知難理喻，急請某廣文至署，再三開導。謂此係奉旨之事，不得有違。爾等讀書明理，當努力自愛，毋為非分之干云云。各士子聞之，赧顏喪氣而去，互相咎戾。一時見者，且目之曰「時文鬼」，又呼之曰「冒失鬼」。中國士習之陋，大率如此。可笑也夫！〔不識時務〕

4664	原 528/7	廣貞 12/95	大 15/214

報荒受責

蘇垣天久不雨，三縣高田概未種秧。前日，又有甲、乙兩農人赴某縣報荒；而某大令適求雨歸來，憔悴異常。一見鄉人，頓觸其怒，謂：「爾等不思戽水，而反棄田不種。藉端報荒，幸災樂禍。殊屬可惡。」喝令重責二百板，以儆效尤。責畢，兩農人抱頭鼠竄而去。按近來鄉人日漸狡猾，偶遇水旱偏災，動輒報歉，以為後來免糧地步。今某大令有鑒於此，稍加撲責，免卻後來無數葛籐，亦一省事法也。〔呼籲無門〕

4665	原 528/8	廣貞 12/96	大 15/215

脩心補相

德興吳洪瀟灑豪俠，時人目之為遠大之器。一日途遇術人，謂之曰：「觀子之貌，某年當入泮，某年當食餼，某年秋闈當得而復失，某年某月日時，當斃於敗牆。」後一一如其言。至某日，恐蹈禍機，大懼。偶遊真武觀，見一少婦攜幼子而哭，吳問其故。少婦曰：「家貧夫沒，無以為殮。行將相從於地下，故悲。」吳憫之，贈以銀五兩，少婦去。未幾，忽見牆外有物如球滾滾而出，急趨避之。纔舉足，牆忽倒於身側，幸免於禍。後復見前術士，笑曰：「異哉，陰騭紋滿面，子今且延壽矣！」觀此可見天人感應之機，捷於影響。脩身補相，其道固有如此者。〔陰德〕〔自鳴〕

4666	原 528/9	廣貞 12/97 右	大 15/216

乘舟觀怪

鎮江八濠口河塘內，近日喧傳出有怪獸一頭。好事之徒皆紛紛買棹往觀。聞該獸首類驢，身如牛，尾似獅，毛作青黑色，而頭角崢嶸，又似有飛騰氣象。平時伏處水中，至午時熱極，則出而喘。見者但嘖嘖稱奇，均不知為何物。筆之報端，以質諸博物君子。〔覩物思人〕